Buchna, Leichinger, Seeger, Brox
Gemeinnützigkeit im Steuerrecht

Gemeinnützigkeit im Steuerrecht

Die steuerlichen Begünstigungen
für Vereine, Stiftungen
und andere Körperschaften –
steuerliche Spendenbehandlung

Von

Dipl.-Finanzwirt Johannes Buchna,
Oberregierungsrat

Dipl.-Finanzwirtin Carina Leichinger, MBA

Dipl.-Finanzwirt Andreas Seeger,
Steuerberater

Dipl.-Betriebswirt Wilhelm Brox,
Steuerberater

11. Auflage
2015

efv ERICH FLEISCHER VERLAG · ACHIM

Online-Ergänzungen

Ergänzende Informationen, wie z. B. Dokumente, Formulare oder Hinweise auf Änderungen im Gemeinnützigkeitsrecht, können Sie auf der Homepage des Erich Fleischer Verlags www.efv-online.de abrufen.

Auf der Produktseite des Bandes Gemeinnützigkeit finden Sie dazu den Button „Online-Ergänzungen". Nach Eingabe Ihres Zugangscodes GZB 11 gelangen Sie zu den gewünschten Zusatzinformationen.

Bibliografische Information Der Deutschen Bibliothek

Die Deutsche Bibliothek verzeichnet diese Publikation in der Deutschen Nationalbibliografie; detaillierte bibliografische Daten sind im Internet über http://dnb.ddb.de abrufbar.

ISBN 978-3-8168-4041-1

© 2015 Erich Fleischer Verlag, Achim.

Das Werk einschließlich aller seiner Teile ist urheberrechtlich geschützt. Jede Verwertung außerhalb der engen Grenzen des Urheberrechtsgesetzes ist ohne schriftliche Zustimmung des Verlages unzulässig und strafbar. Das gilt insbesondere für die Vervielfältigung, Übersetzung, Mikroverfilmung und die Einspeicherung und Verarbeitung in elektronischen Systemen.

Gesamtherstellung: Griebsch & Rochol Druck GmbH, Hamm

Vorwort zur 11. Auflage

Die Änderungen innerhalb der Gesetzgebung, Rechtsprechung sowie der Verwaltungsanweisungen, die seit der Vorauflage im Jahr 2010 eingetreten sind, zeigen deutlich, dass das Gemeinnützigkeitsrecht in Einklang mit den gesellschaftlichen, politischen sowie wirtschaftlichen Rahmenbedingungen einem steten Wandel unterliegt. Inhaltlich werden daher insbesondere die Neuerungen des Ehrenamtsstärkungsgesetzes vom 21.03.2013 sowie diverse Änderungen innerhalb der Neufassungen des Anwendungserlasses zur Abgabenordnung aus den Jahren 2012 und 2014 die 11. Auflage formen.

Prägend für einen Praxisratgeber ist jedoch nicht ausschließlich die Darstellung rechtlicher Fakten, sondern insbesondere die Federführung durch die Autoren aus der Verwaltungs- sowie Beratungspraxis. Häufig ist es ein Zusammenspiel aus persönlicher Einschätzung und rechtlichem Inhalt, das insbesondere das lebensnahe Gemeinnützigkeitsrecht für die Entscheidungsträger in gemeinnützigen Körperschaften, rechtliche Berater sowie die Mitarbeiter der Verwaltung anwendbar und für Interessierte begreifbar macht.

Leider ging mit dem Tod von Herrn Johannes Buchna im Jahr 2013 ein über Jahrzehnte prägender, persönlicher Einfluss verloren. Herr Buchna hat beginnend mit der 3. Auflage im Jahr 1988 dieses Werk entscheidend weiterentwickelt und maßgebend beeinflusst. Es ist gerade auch sein Verdienst, dass dieses Buch bei gemeinnützigen Einrichtungen, Finanzverwaltung und Beratungsunternehmen gleichermaßen große Beachtung und Anerkennung gefunden hat. Mit der 11. Auflage möchten wir ihm unsere fachliche und menschliche Wertschätzung entgegenbringen und das Werk in seinem Sinne weiterführen.

Mit Frau Carina Leichinger konnte eine weitere Autorin gewonnen werden, die seit Dezember 2011 mit Herrn Buchna in der Oberfinanzdirektion Nordrhein-Westfalen am Standort Münster zusammengearbeitet hat und dort für die Besteuerung gemeinnütziger Körperschaften sowie der juristischen Personen des öffentlichen Rechts zuständig ist. In der 11. Auflage zeichnet sie sich für die Bearbeitung der Einführung, der Abschnitte zu den §§ 51 bis 63 AO sowie für die Ausführungen zum Spendenabzug verantwortlich.

Herr Andreas Seeger und Herr Wilhelm Brox setzen ihre bereits seit der 10. Auflage bestehende Autorentätigkeit fort und erweitern ihren fachlichen Verantwortungsbereich um den Abschnitt zu § 64 AO sowie die Ausführungen zu den einschlägigen Steuergesetzen.

Wir möchten uns für die Hinweise und Anregungen, die seit der Veröffentlichung der Vorauflage bei uns eingegangen sind, herzlich bedanken. Ein besonderer Dank gilt Frau Dorothea Buchna, die die Vorbereitungsarbeiten zur 11. Auflage persönlich begleitet hat. Ferner ist den Mitarbeitern der CURACON GmbH Wirtschaftsprüfungsgesellschaft, Herrn Sjard Bolle, Herrn Frank Roller und insbesondere Herrn Dr. Christoph Kappenberg sowie Frau Verena Starzonek und Frau Sandra Strauch zu danken, die sich mit großem Engagement und Sachverstand eingebracht haben.

Münster, im Juni 2015

C. Leichinger   A. Seeger   W. Brox

Inhaltsübersicht

1 Einführung
1.1	Vorbemerkungen	19
1.2	Entwicklung des Gemeinnützigkeitsrechts	21

2 Erläuterung der Bestimmungen des Abschnitts „Steuerbegünstigte Zwecke" in der AO

2.1	§ 51 AO: Allgemeines	27
2.1.1	Körperschaften im Sinne des Abschnitts „Steuerbegünstigte Zwecke"	27
2.1.1.1	Struktureller Inlandsbezug	31
2.1.1.2	Extremistische Zielsetzungen	34
2.1.2	Vereine	35
2.1.2.1	Rechtsverhältnisse der Vereine	35
2.1.2.2	Stellung der Vereinsorgane	37
2.1.2.3	Rechtsfähiger und nichtrechtsfähiger Verein, Großvereinsregelung	39
2.1.3	Sonstige Zweckvermögen	41
2.1.4	Stiftungen	41
2.1.4.1	Rechtsverhältnisse der Stiftungen	41
2.1.4.2	Die rechtsfähige Stiftung; Stiftungsaufsicht	42
2.1.4.3	Die nichtrechtsfähige Stiftung	46
2.1.4.4	Örtliche, kirchliche und öffentliche Stiftungen	48
2.1.4.5	Stiftungen im Zustand der Gründung	49
2.1.4.6	Verbrauchsstiftungen	50
2.1.5	Kapitalgesellschaften	52
2.1.6	Betriebe gewerblicher Art von juristischen Personen des öffentlichen Rechts	53
2.2	§ 52 AO: Gemeinnützige Zwecke	55
2.2.1	Förderung gemeinnütziger Zwecke	56
2.2.2	Begriff der „Allgemeinheit" i. S. des § 52 Abs. 1 AO	59
2.2.3	Schädliche Eingrenzung der „Allgemeinheit"	61
2.2.4	Offener Zugang zu gemeinnützigen (Sport-)Vereinen	64
2.2.5	Gemeinnützige Zwecke i. S. des § 52 Abs. 2 AO	69
2.2.6	Zu den gemeinnützigen Zwecken des § 52 Abs. 2 AO	71
2.2.7	Einzelfragen zur Gemeinnützigkeit	84
2.2.8	ABC gemeinnütziger Zwecke und Einrichtungen	87
2.3	§ 53 AO: Mildtätige Zwecke	104
2.3.1	Allgemeines	105
2.3.2	Persönliche Hilfsbedürftigkeit	106
2.3.3	Wirtschaftliche Hilfsbedürftigkeit	108
2.3.4	Nachweis der Hilfsbedürftigkeit	112
2.3.5	Beispiele	114
2.4	§ 54 AO: Kirchliche Zwecke	114
2.5	§ 55 AO: Selbstlosigkeit	116
2.5.1	Grundsätzliches zur Selbstlosigkeit	117
2.5.2	Selbstlosigkeit – wirtschaftlicher Geschäftsbetrieb	119
2.5.3	Schädliches eigenwirtschaftliches Handeln	121
2.5.4	Einzelfälle	123

Inhaltsübersicht

2.5.5	Mittelverwendung (§ 55 Abs. 1 Nr. 1 AO)	125
2.5.5.1	Einzelfälle schädlicher Mittelverwendung	126
2.5.5.2	Verluste im steuerpflichtigen (steuerschädlichen) wirtschaftlichen Geschäftsbetrieb	131
2.5.5.2.1	Verluste im steuerpflichtigen wirtschaftlichen Geschäftsbetrieb – eine Mittelfehlverwendung	131
2.5.5.2.2	Wann liegt ein schädlicher Verlust vor?	132
2.5.5.2.3	Umgang mit „Abschreibungsverlusten" und „gemischten Aufwendungen"	133
2.5.5.2.4	Verrechnung von Verlusten und Anlaufverluste	135
2.5.5.2.5	Entzug der Gemeinnützigkeit und/oder Erteilung von Auflagen	137
2.5.5.3	Verluste im Bereich der Vermögensverwaltung	139
2.5.5.3.1	Verluste in der Vermögensverwaltung – eine Mittelfehlverwendung	139
2.5.5.3.2	Wann liegt ein schädlicher Verlust in der Vermögensverwaltung vor?	140
2.5.5.3.3	(K)eine Vorgabe für die Anlagestrategie	141
2.5.5.4	Ausstattung eines steuerpflichtigen (steuerschädlichen) wirtschaftlichen Geschäftsbetriebs mit (zusätzlichem) Kapital	143
2.5.5.5	Ausgliederung (Outsourcing) von wirtschaftlichen Geschäftsbetrieben	145
2.5.5.6	Zuwendungen an Mitglieder	153
2.5.5.7	Förderung politischer Parteien	157
2.5.6	Rückzahlung von Kapitalanteilen und Sacheinlagen (§ 55 Abs. 1 Nr. 2 und Abs. 2 AO)	157
2.5.7	Begünstigungsverbot (§ 55 Abs. 1 Nr. 3 AO)	158
2.5.8	Vermögensbindung (§ 55 Abs. 1 Nr. 4 AO)	162
2.5.9	Grundsatz der zeitnahen Mittelverwendung (§ 55 Abs. 1 Nr. 5 AO)	164
2.5.9.1	Mittelverwendungsrechnung/zeitnahe Verwendung von Mitteln	164
2.5.9.1.1	Grundaussagen	164
2.5.9.1.2	Erstellung einer Mittelverwendungsrechnung	165
2.5.9.1.3	Beispiel einer Mittelverwendungsrechnung	170
2.5.9.2	Folgerungen aus Verstößen gegen das Gebot zeitnaher Mittelverwendung	174
2.5.9.3	Ausnahmen von der zeitnahen Verwendungspflicht/besondere Fallgestaltungen	175
2.5.9.4	Einzelfragen zur zeitnahen Mittelverwendungspflicht	177
2.5.10	Stiftungen und Betriebe gewerblicher Art (§ 55 Abs. 3 AO)	184
2.6	§ 56 AO: Ausschließlichkeit	184
2.7	§ 57 AO: Unmittelbarkeit	187
2.7.1	Grundsatz der Unmittelbarkeit	187
2.7.2	Einzelfälle	189
2.7.3	Zusammenarbeit zwischen steuerbegünstigten Körperschaften; Kooperationen	190
2.7.4	Hilfspersonentätigkeit	191
2.7.5	Dachorganisationen	194
2.8	§ 58 AO: Steuerlich unschädliche Betätigungen	195
2.8.1	Mittelbeschaffung für steuerbegünstigte Zwecke (§ 58 Nr. 1 AO)	196
2.8.1.1	EU-/EWR-Körperschaften als Förderkörperschaften nach § 58 Nr. 1 AO	199
2.8.1.2	Mittelweiterleitung an inländische Körperschaften des privaten Rechts	200
2.8.1.3	Mittelweiterleitung an ausländische Körperschaften	200
2.8.1.4	Mittelweiterleitung an inländische juristische Personen des öffentlichen Rechts	201

Inhaltsübersicht

2.8.1.5	Mittelbeschaffung durch Förderkörperschaften	202
2.8.1.6	Hinweise zur Satzung einer Mittelbeschaffungs-Körperschaft	203
2.8.2	Zuwendungen an andere Körperschaften (§ 58 Nr. 2 AO)	205
2.8.2.1	Zulässige Weiterleitung und Nachweis	205
2.8.2.2	Weiterleitung von Mitteln darf teilweise erfolgen	207
2.8.2.3	Preisnachlässe für Leistungen an steuerbegünstigte Körperschaften	208
2.8.3	Lockerung des Endowmentverbots (§ 58 Nr. 3 AO)	209
2.8.3.1	Notwendige Zweckidentität	211
2.8.3.2	Verbot einer „Endowmentkaskade"	212
2.8.3.3	Endowment aus zulässigem Vermögen	212
2.8.4	Überlassung von Arbeitskräften (§ 58 Nr. 4 AO)	213
2.8.4.1	Ausnahme vom Grundsatz der Unmittelbarkeit	213
2.8.4.2	Überlassung gegen Entgelt	214
2.8.5	Überlassung von Räumen (§ 58 Nr. 5 AO)	214
2.8.6	Stiftungen (§ 58 Nr. 6 AO)	215
2.8.6.1	Versorgung des Stifters und seiner nächsten Angehörigen	215
2.8.6.2	Begrenzung der Zuwendungen	216
2.8.6.3	Leistungen an den Stifter selbst oder seine nächsten Angehörigen	217
2.8.6.4	Unterstützungsleistungen bis zu einem Drittel des Einkommens der Stiftung	218
2.8.6.5	Unterhaltsleistungen	218
2.8.6.6	Regelung der Unterstützung in der Satzung	220
2.8.6.7	Steuerpflichtige Einkünfte für Stifter	221
2.8.7	Gesellige Zusammenkünfte (§ 58 Nr. 7 AO)	221
2.8.8	Förderung des bezahlten Sports (§ 58 Nr. 8 AO)	222
2.8.9	Zuschüsse an Wirtschaftsunternehmen (§ 58 Nr. 9 AO)	223
2.8.10	Erwerb von Gesellschaftsrechten (§ 58 Nr. 10 AO)	223
2.9	§ 59 AO: Voraussetzung der Steuervergünstigung	224
2.9.1	Satzung i. S. des § 59 AO	224
2.9.2	Vertrauensschutz bei geprüfter Satzung	226
2.9.3	Einzelfragen zur Satzung	226
2.10	§ 60 AO: Anforderungen an die Satzung	227
2.10.1	Gesetzliche Vorgaben für die Satzung	229
2.10.2	Pflichtfestlegungen in der Satzung	230
2.10.3	Bedeutung der Satzung für Einzelsteuergesetze	233
2.11	§ 60a AO: Feststellung der satzungsmäßigen Voraussetzungen	233
2.11.1	Verfahren zur Feststellung der formellen Satzungsmäßigkeit	234
2.11.2	Zeitpunkt der Feststellung	236
2.11.3	Gegenstand der Feststellung	237
2.11.4	Ablehnung eines Antrags auf Feststellung	238
2.11.5	Aufhebungsgründe	240
2.12	§ 61 AO: Satzungsmäßige Vermögensbindung	241
2.12.1	Ausgestaltung der Vermögensbindung	241
2.12.2	Folgen nachträglicher Änderung der Vermögensbindung	243
2.12.3	Rückwirkende Besteuerung	244
2.13	§ 62 AO: Rücklagen und Vermögensbildung	246
2.13.1	Gebundene Rücklagen	247
2.13.1.1	Rücklagen zur nachhaltigen Zweckerfüllung (§ 62 Abs. 1 Nr. 1 AO)	247
2.13.1.2	Rücklagen für Wiederbeschaffung (§ 62 Abs. 1 Nr. 2 AO)	250

Inhaltsübersicht

2.13.1.3	Darstellung von Rücklagen nach § 62 Abs. 1 Nr. 1 und 2 AO	250
2.13.1.4	Bildung von Rücklagen in steuerpflichtigen wirtschaftlichen Geschäftsbetrieben und im Bereich der Vermögensverwaltung	251
2.13.2	Weitere Rücklagen (§ 62 Abs. 1 Nr. 3 und 4 AO)	252
2.13.2.1	Freie Rücklage (§ 62 Abs. 1 Nr. 3 AO)	253
2.13.2.1.1	Rücklagen aus dem Überschuss der Vermögensverwaltung	253
2.13.2.1.2	Rücklagen aus sonstigen Mitteln nach § 55 Abs. 1 Nr. 5 AO	255
2.13.2.1.3	Aufbau und „Verbrauch der Rücklage" nach § 62 Abs. 1 Nr. 3 AO	256
2.13.2.2	Rücklagen zum Erwerb von Gesellschaftsrechten (§ 62 Abs. 1 Nr. 4 AO)	258
2.13.3	Grundsätzliches zur Bildung und Auflösung von Rücklagen (§ 62 Abs. 2 AO)	260
2.13.4	Zuführung von Mitteln zum (zulässigen) Vermögen (§ 62 Abs. 3 AO)	261
2.13.5	Vermögenszuführungen bei Stiftungen (§ 62 Abs. 4 AO)	262
2.14	§ 63 AO: Anforderungen an die tatsächliche Geschäftsführung	263
2.14.1	Tatsächliche Geschäftsführung	263
2.14.2	Zuordnung von Mängeln der Geschäftsführung zu einem Veranlagungszeitraum	266
2.14.3	Verstöße gegen die Vermögensbindung	267
2.14.4	Verfahrenshinweise bei Entzug der Gemeinnützigkeit	268
2.14.5	Nachweis/Aufzeichnungspflichten	268
2.14.6	Außersteuerliche Aufzeichnungspflichten	270
2.14.7	Gesonderte Aufzeichnungspflichten nach Handels- und Steuerrecht	271
2.14.8	Hinweise zur Gewinnermittlung nach § 4 Abs. 3 EStG	275
2.14.9	Weitere Unterlagen und Beweismittel	276
2.14.10	Fristsetzung zur Verwendung von Mitteln	277
2.14.11	Anzeigepflichten	278
2.15	§ 64 AO: Steuerpflichtige wirtschaftliche Geschäftsbetriebe	278
2.15.1	Grundsätzliches	279
2.15.2	Begriff des wirtschaftlichen Geschäftsbetriebs	281
2.15.3	Abgrenzung des wirtschaftlichen Geschäftsbetriebs von der Vermögensverwaltung	284
2.15.3.1	Überlassung von Grundstücken und Betrieben	285
2.15.3.2	Halten von Beteiligungen an Kapitalgesellschaften	286
2.15.3.3	Beteiligung an Personengesellschaften	290
2.15.4	Beispiele (steuerpflichtiger) wirtschaftlicher Geschäftsbetriebe und Einzelfälle	291
2.15.4.1	Sponsoring	291
2.15.4.2	Personal- und Sachmittelgestellung	295
2.15.4.3	Betriebsaufspaltung	298
2.15.4.4	Werbeleistungen und Verpachtung des Werberechts	300
2.15.4.5	ABC der steuerpflichtigen wirtschaftlichen Geschäftsbetriebe	303
2.15.5	Der einheitliche (steuerpflichtige) wirtschaftliche Geschäftsbetrieb (§ 64 Abs. 2 AO)	311
2.15.6	Die Besteuerungsgrenze (§ 64 Abs. 3 AO)	312
2.15.7	Wirkung der Besteuerungsgrenze	313
2.15.8	Das sog. Zellteilungsverbot (§ 64 Abs. 4 AO)	315
2.15.9	Reingewinnschätzung bei Altmaterialverwertung (§ 64 Abs. 5 AO)	316
2.15.10	Pauschalbesteuerung von wirtschaftlichen Geschäftsbetrieben	318
2.16	§ 65 AO: Zweckbetrieb	320
2.16.1	Allgemeines	321

2.16.2	Beispielhafte Aufzählung einzelner Zweckbetriebe	327
2.17	§ 66 AO: Wohlfahrtspflege	331
2.17.1	Allgemeines	331
2.17.2	Einzelbeispiele	333
2.17.3	Umfang eines Zweckbetriebs nach § 66 AO	338
2.18	§ 67 AO: Krankenhäuser	339
2.18.1	Der Begriff „Krankenhaus"	339
2.18.2	Anwendungsbereich des Krankenhausentgeltgesetzes (KHEntG) und der Bundespflegesatzverordnung (BPflV)	341
2.18.3	Krankenhäuser i. S. von § 67 Abs. 2 AO	343
2.18.4	Berechnung der Zweckbetriebsgrenze nach § 67 AO	343
2.18.5	Wirtschaftliche Aktivitäten eines Krankenhauses	346
2.19	§ 67a AO: Sportliche Veranstaltungen	358
2.19.1	Grundsätzliches	359
2.19.2	Begriff der sportlichen Veranstaltung	359
2.19.3	Vermietung von Sportstätten und Sportgeräten	362
2.19.4	Zweckbetriebsgrenze (§ 67a Abs. 1 AO)	364
2.19.4.1	Einnahmen i. S. des § 67a Abs. 1 AO	365
2.19.4.2	Wirkung der Zweckbetriebsgrenze	366
2.19.5	Wahlrecht (§ 67a Abs. 2 AO)	367
2.19.6	Steuerpflichtige oder steuerfreie sportliche Veranstaltungen (§ 67a Abs. 3 AO)	368
2.19.6.1	Bezahlte/unbezahlte Sportler	369
2.19.6.2	Vereinssportler	369
2.19.6.3	Vereinsfremde Sportler	370
2.19.6.4	Einnahmen und Ausgaben sportlicher Veranstaltungen	371
2.19.6.5	Hinweise der Umsatzsteuer	374
2.19.7	Sonstige Einzelfragen zu Sport und Steuern	374
2.19.7.1	(Lohn-)Steuerpflicht der Zahlungen an Sportler und Funktionäre	374
2.19.7.2	Arbeitgeberpflichten der steuerbegünstigten Körperschaften	376
2.19.7.3	Geringfügige Beschäftigungsverhältnisse	378
2.19.7.4	Hinweise zur Abzugsteuer nach § 50a Abs. 4 EStG	381
2.20	§ 68 AO: Einzelne Zweckbetriebe	382
2.20.1	Altenheime und vergleichbare Einrichtungen (§ 68 Nr. 1 Buchst. a AO)	384
2.20.2	Kindergärten usw. (§ 68 Nr. 1 Buchst. b AO)	386
2.20.3	Selbstversorgungseinrichtungen (§ 68 Nr. 2 AO)	386
2.20.4	Beschäftigung von behinderten Menschen (§ 68 Nr. 3 AO)	389
2.20.4.1	Werkstätten für behinderte Menschen (§ 68 Nr. 3 Buchst. a AO)	389
2.20.4.2	Einrichtungen für Beschäftigungs- und Arbeitstherapie (§ 68 Nr. 3 Buchst. b AO)	393
2.20.4.3	Integrationsprojekte (§ 68 Nr. 3 Buchst. c AO)	393
2.20.5	Einrichtungen der Fürsorge für Blinde und Körperbehinderte (§ 68 Nr. 4 AO)	396
2.20.6	Einrichtungen über Tag und Nacht (Heimerziehung) oder sonstige betreute Wohnformen (§ 68 Nr. 5 AO)	396
2.20.7	Lotterien und Ausspielungen (§ 68 Nr. 6 AO)	398
2.20.8	Kulturelle Einrichtungen und Veranstaltungen (§ 68 Nr. 7 AO)	400
2.20.9	Volkshochschulen usw. (§ 68 Nr. 8 AO)	401
2.20.10	Forschungstätigkeiten (§ 68 Nr. 9 AO)	401

3 Steuerlicher Spendenabzug

3.1	Grundsätzliches	407
3.1.1	Rechtsgrundlagen	407
3.1.2	Abzug von Zuwendungen (Spenden und Mitgliedsbeiträgen) bei der Gewerbesteuer	409
3.2	Zuwendungsberechtigte Körperschaften	409
3.2.1	Inländische Zuwendungsempfänger	409
3.2.2	Zuwendungsempfänger im EU-Ausland und EWR-Gebiet	410
3.2.3	Zuwendungsempfänger, die außerhalb des EU- bzw. EWR-Gebietes ansässig sind	414
3.2.4	Berechtigung zur Ausstellung von Zuwendungsbestätigungen	414
3.2.5	Durchlaufstellen	416
3.2.6	Ausstellung von Zuwendungsbestätigungen nach Auftragsrecht in einem Listenverfahren	417
3.2.7	Zuerkennung der Berechtigung zur Ausstellung von Zuwendungsbestätigungen	418
3.2.8	Hinweis auf Spenden zu staatspolitischen Zwecken	418
3.3	Ausgaben zur Förderung steuerbegünstigter Zwecke	419
3.3.1	Mitgliedsbeiträge	419
3.3.2	Spenden	420
3.3.2.1	Allgemeines	420
3.3.2.2	Freiwilligkeit	420
3.3.2.3	Unentgeltlichkeit	421
3.3.2.4	Spendenmotivation	422
3.3.2.5	Abgrenzung zu (Sponsoring-)Betriebsausgaben	422
3.3.2.6	Zeitliche Zuordnung – Abflussprinzip	424
3.3.2.7	Verzicht auf Aufwandsersatz	424
3.3.2.8	Abgrenzung zwischen Spende und verdeckter Gewinnausschüttung i. S. von § 8 Abs. 3 KStG	427
3.4	Sachspenden	429
3.4.1	Allgemeines	429
3.4.2	Ansatz mit dem gemeinen Wert	430
3.4.3	Ansatz mit fortgeführten Anschaffungs- und Herstellungskosten	432
3.4.4	Sachspenden aus dem Betriebsvermögen; Buchwertprivileg	433
3.4.5	Umsatzsteuer bei Sachspenden aus dem Betriebsvermögen	435
3.4.6	Nutzungen und Leistungen für steuerbegünstigte Zwecke	436
3.4.7	Weitere Einzelfragen	437
3.5	Begrenzung des Abzugs für Ausgaben zu steuerbegünstigten Zwecken („Spendenhöchstbetrag")	438
3.5.1	Allgemeines	438
3.5.2	Berechnung des allgemeinen Abzugshöchstbetrages	440
3.5.3	Gesonderte Feststellung des Spendenüberhangs (§ 10b Abs. 1 Satz 9 EStG)	443
3.5.4	Abzug von Zuwendungen i. V. m. der Begünstigung nicht entnommener Gewinne nach § 34a EStG	444
3.5.5	Spendenabzug unter Beachtung der Abgeltungsteuer ab dem Veranlagungszeitraum 2009	445
3.5.6	Zusätzlicher Abzug für Zuwendungen an Stiftungen	448
3.5.6.1	Abzugsbetrag für Zuwendungen an Stiftungen (§ 10b Abs. 1 Satz 3 EStG)	448

3.5.6.2	Abzugsbetrag für Zuwendungen in das zu erhaltende Vermögen (Vermögensstock) von Stiftungen (§ 10b Abs. 1a EStG)	448
3.5.6.2.1	Rechtsentwicklung	448
3.5.6.2.2	Voraussetzungen für den Zusatzabzug	449
3.5.6.2.3	Antragsrecht des (Zu-)Stifters	450
3.5.6.2.4	Abzug bei Ehegatten	451
3.5.6.2.5	Bestimmung des Abzugszeitraums (10 Jahre)	451
3.5.6.2.6	Folge von Fehlverwendungen	454
3.6	Einzelfragen zu den Abzugsbeträgen	455
3.7	Vertrauensschutz für den Spender	455
3.8	Haftung des Spendenempfängers	458
3.8.1	Allgemeines	458
3.8.2	Haftungstatbestände	460
3.8.2.1	Ausstellerhaftung	461
3.8.2.2	Veranlasserhaftung	462
3.8.3	Haftungsschuldner	464
3.8.4	Erlass von (Spenden-)Haftungsbescheiden	466
3.9	Zuwendungsbestätigungen	467
3.9.1	Verbindliche Muster	467
3.9.2	Sammelbestätigungen, Vereinfachungsregelungen	470
3.9.3	Aufbewahrungs- und Aufzeichnungspflichten	471
3.9.4	Elektronische Erstellung von Zuwendungsbestätigungen	472
3.10	Einzelfragen zum Spendenabzug	472

4 Behandlung der steuerbegünstigten Körperschaften nach den verschiedenen Steuergesetzen

4.1	Körperschaftsteuer	481
4.1.1	Grundsätzliches	481
4.1.2	Verfahrensmäßige Behandlung	483
4.1.2.1	Zuerkennung der Steuerbegünstigung	483
4.1.2.2	Aberkennung der Steuerbegünstigung	485
4.1.2.3	Erteilung eines Bescheids nach § 60a AO	486
4.1.3	Grundlagen der Beteiligungsbesteuerung	487
4.1.4	Einschränkung der Steuerbefreiung, Auswirkungen auf das Anrechnungs- und Halb- bzw. Teileinkünfteverfahren	491
4.1.4.1	Einführung des Halb- bzw. Teileinkünfteverfahrens	492
4.1.4.2	Notwendigkeit zur Durchführung der besonderen Feststellungsverfahren im Halb- bzw. Teileinkünfteverfahren	493
4.1.4.3	Behandlung von Beteiligungserträgen und Gewinnen aus der Veräußerung von Beteiligungen im Halb- bzw. Teileinkünfteverfahren	494
4.1.4.4	Beteiligungserträge im Bereich der Vermögensverwaltung und der Zweckbetriebe	495
4.1.4.5	Beteiligungserträge in wirtschaftlichen Geschäftsbetriebeni. S. der §§ 14, 64 AO	495
4.1.5	Besteuerung der wirtschaftlichen Geschäftsbetriebe	497
4.1.5.1	Gewinnermittlung	499
4.1.5.1.1	Grundlagen	499
4.1.5.1.2	Zuordnung von Wirtschaftsgütern	500
4.1.5.1.3	Zuordnung der Betriebseinnahmen und -ausgaben	501
4.1.5.1.4	Kostenkorrektureinlagen oder -entnahmen	503

Inhaltsübersicht

4.1.5.1.5	Leistungen „unter Preis" in der Gewinnermittlung	504
4.1.5.1.6	Leistungsaustausch zwischen gemeinnützigen Körperschaften	505
4.1.5.1.7	Verdeckte Gewinnausschüttung als Risiko für steuerbegünstigte Unternehmen	508
4.1.5.1.8	Unternehmensvertrag bei steuerbegünstigten Einrichtungen – Cash-Pooling	511
4.1.5.1.8.1	Grundsätzliches	511
4.1.5.1.8.2	Gesellschaftsrechtliche Vorgaben	511
4.1.5.1.8.3	Gemeinnützigkeitsrechtliche Vorgaben	512
4.1.5.1.8.4	Implementierung eines Cash-Pool-Systems unter gemeinnützigkeitsrechtlichen Gesichtspunkten	513
4.1.5.2	E-Bilanz	515
4.1.5.3	Einzelfragen	518
4.1.6	Beginn und Erlöschen einer Steuerbefreiung	522
4.2	Kapitalertragsteuer/Zinsabschlag/Abgeltungsteuer	526
4.3	Gewerbesteuer	530
4.4	Vermögensteuer und Einheitsbewertung	532
4.5	Umsatzsteuer	532
4.5.1	Allgemeines	532
4.5.2	Grundtatbestandsmerkmale des Umsatzsteuergesetzes	535
4.5.3	Innergemeinschaftliche Erwerbe (Warenbezüge aus dem EU-Ausland)	547
4.5.4	Der Unternehmerbegriff	549
4.5.4.1	Allgemeiner Unternehmerbegriff (§ 2 Abs. 1 UStG)	549
4.5.4.2	Unternehmerbegriff in umsatzsteuerlichen Organschaftsfällen (§ 2 Abs. 2 UStG)	550
4.5.5	Unternehmereigenschaft	561
4.5.5.1	Unternehmereigenschaft und steuerbegünstigte Körperschaften	561
4.5.5.2	Unternehmereigenschaft und Unternehmerbereich bei sportlichen Veranstaltungen	563
4.5.5.3	Die Sphären im Umsatzsteuerrecht	563
4.5.5.4	Unternehmereigenschaft und Betrieb von Anlagen zur Energieerzeugung	566
4.5.5.5	Beginn und Ende der Unternehmereigenschaft	569
4.5.6	Lieferung und sonstige Leistung	570
4.5.6.1	Speisenversorgung	571
4.5.6.2	Werklieferung, Werkleistung und Beistellungen	579
4.5.7	Ort der sonstigen Leistung	579
4.5.8	Steuerbefreiungen	584
4.5.8.1	Grundstücksvermietungen und ähnliche Vorgänge	585
4.5.8.2	Steuerbefreiungen bei Lieferungen und sonstigen Leistungen im Gesundheitswesen	591
4.5.8.3	Arbeitsmarktdienstleistungen	603
4.5.8.4	Altenheime und Pflegeheime	604
4.5.8.5	Lieferung von menschlichen Organen etc. und Krankenbeförderung	613
4.5.8.6	Leistungen der freien Wohlfahrtspflege	614
4.5.8.7	Umsätze der Blinden	621
4.5.8.8	Theater und andere kulturelle Leistungen	622
4.5.8.9	Unmittelbare Leistungen für Schul- und Bildungszwecke	624
4.5.8.10	Vorträge, Kurse, Sportveranstaltungen	629
4.5.8.11	Beherbergung und Beköstigung von Jugendlichen	632

4.5.8.12	Jugendhilfe	635
4.5.8.13	Ehrenamtliche Tätigkeiten	637
4.5.8.14	Personalgestellung	639
4.5.8.15	Lieferung von Gegenständen ohne Vorsteuerabzug	640
4.5.9	Steuervergütung (§ 4a UStG)	640
4.5.10	Verzicht auf Steuerbefreiung	641
4.5.11	Bemessungsgrundlage für die Umsatzsteuer	642
4.5.11.1	Entgelt i. S. des § 10 Abs. 1 UStG	644
4.5.11.2	Bemessungsgrundlage bei unentgeltlichen Wertabgaben	648
4.5.11.3	Mindestbemessungsgrundlage (§ 10 Abs. 5 UStG)	652
4.5.12	Steuersätze	653
4.5.12.1	Allgemeines	654
4.5.12.2	Wirtschaftlicher Geschäftsbetrieb – Zweckbetriebe – Abgrenzung	656
4.5.12.3	Wirtschaftlicher Geschäftsbetrieb – Zweckbetriebe – Beispiele	657
4.5.12.4	Ermäßigter Steuersatz bei Leistungen der Zweckbetriebe steuerbegünstigter Körperschaften	665
4.5.12.5	Leistungen, mit deren Ausführung die steuerbegünstigten Zwecke nicht selbst verwirklicht werden	670
4.5.12.6	Einzelfälle	672
4.5.13	Bezug von Leistungen von im Ausland ansässigen Unternehmern (Leistungsempfänger als Steuerschuldner)	678
4.5.14	Ausstellung von Rechnungen	683
4.5.15	Vorsteuerabzug	687
4.5.15.1	Das Vorsteuersystem	689
4.5.15.2	Rechnungen, die zum Vorsteuerabzug berechtigen	690
4.5.15.3	Vorsteuerabzug bei gemischt genutzten Gegenständen	691
4.5.15.4	Vorsteuerausschluss	694
4.5.15.5	Erleichterungen beim Vorsteuerabzug	695
4.5.15.6	Vorsteuerabzug bei Werkstätten für behinderte Menschen	699
4.5.15.7	Vorsteuerpauschale für steuerbegünstigte Körperschaften (§ 23a UStG)	702
4.5.16	Berichtigung des Vorsteuerabzugs	704
4.5.17	Kein voller Vorsteuerabzug bei gemischter Nutzung von Gebäuden – Hinweise auf Aufhebung der sog. Seeling-Entscheidung des EuGH	707
4.5.18	Änderung der Bemessungsgrundlage	707
4.5.19	Besteuerung der Kleinunternehmer (§ 19 UStG)	709
4.5.20	Aufzeichnungspflichten	710
4.5.21	Umsatzsteuererklärungen	711
4.6	Steuerfreie Aufwandsentschädigungen	711
4.6.1	Übungsleiterfreibetrag (§ 3 Nr. 26 EStG)	711
4.6.2	Aufwandsentschädigungen für Vorstandsmitglieder usw. (§ 3 Nr. 26a EStG)	716
4.7	Grundsteuer	718
4.8	Erbschaftsteuer und Schenkungsteuer	719
4.8.1	Voraussetzungen für die Steuerbefreiungen	719
4.8.2	Erlöschen der Erbschaft- und Schenkungsteuer in besonderen Fällen nach § 29 Abs. 1 Nr. 4 ErbStG	722
4.8.3	Zuwendungen an ausländische Einrichtungen	723
4.9	Lotteriesteuer	723

5 Umstrukturierungen gemeinnütziger Unternehmen

5.1	Umstrukturierungen nach Umwandlungsrecht	725
5.1.1	Grundsätzliches	725
5.1.2	Steuerliche Folgen von Umstrukturierungen	725
5.1.2.1	Gemeinnützigkeitsrecht	725
5.1.2.2	Ertragsteuern	725
5.1.2.3	Schenkungsteuer/Umsatzsteuer/Grunderwerbsteuer	726
5.1.3	Formen von Umstrukturierungen	727
5.1.3.1	Verschmelzungen	727
5.1.3.2	Spaltungen	728
5.1.3.3	Vermögensübertragungen	730
5.1.3.4	Formwechsel	730
5.2	Verselbständigung von Zweckbetrieben und steuerpflichtigen wirtschaftlichen Geschäftsbetrieben	731

Anhang

Anhang 1	Auszug aus dem Anwendungserlass zur AO	737
	AEAO zu § 51 – Allgemeines:	737
	AEAO zu § 52 – Gemeinnützige Zwecke:	740
	AEAO zu § 53 – Mildtätige Zwecke:	747
	AEAO zu § 54 – Kirchliche Zwecke:	750
	AEAO zu § 55 – Selbstlosigkeit:	750
	AEAO zu § 56 – Ausschließlichkeit:	757
	AEAO zu § 57 – Unmittelbarkeit:	758
	AEAO zu § 58 – Steuerlich unschädliche Betätigungen:	759
	AEAO zu § 59 – Voraussetzung der Steuervergünstigung:	762
	AEAO zu § 60 – Anforderungen an die Satzung:	763
	AEAO zu § 60a – Feststellung der satzungsmäßigen Voraussetzungen:	765
	AEAO zu § 61 – Satzungsmäßige Vermögensbindung:	767
	AEAO zu § 62 – Rücklagen und Vermögensbildung:	768
	AEAO zu § 63 – Anforderungen an die tatsächliche Geschäftsführung:	772
	AEAO zu § 64 – Steuerpflichtige wirtschaftliche Geschäftsbetriebe:	773
	AEAO zu § 65 – Zweckbetrieb:	780
	AEAO zu § 66 – Wohlfahrtspflege:	781
	AEAO zu § 67 – Krankenhäuser:	782
	AEAO zu § 67a – Sportliche Veranstaltungen:	783
	AEAO zu § 68 – Einzelne Zweckbetriebe:	790
Anhang 2	Gesetzestexte und Verwaltungsvorschriften zum Spendenabzug	795
	§ 10b EStG Steuerbegünstigte Zwecke	795
	§ 9 KStG Abziehbare Aufwendungen	797
	§ 9 GewStG Kürzungen	799
	§ 50 EStDV Zuwendungsnachweis	800
	Einkommensteuer-Richtlinien 2012 mit den amtlichen Hinweisen 2014	803
	R 10b.1 EStR Ausgaben zur Förderung steuerbegünstigter Zwecke i. S. d. § 10b Abs. 1 und 1a EStG	803
	H 10b.1 EStH 2014	804
	R 10b.2 EStR Zuwendungen an politische Parteien	807
	H 10b.2 EStH 2014	807

	R 10b.3 EStR Begrenzung des Abzugs der Ausgaben für steuerbegünstigte Zwecke	808
	H 10b.3 EStH 2014	808
	Körperschaftsteuer-Richtlinien 2004 mit den amtlichen Hinweisen 2008	809
	R 47 KStR Ausgaben i. S. des § 9 Abs. 1 Nr. 1 und 2 KStG	809
	H 47 KStH 2008	810
Anhang 3	Zuwendungsbestätigungen	812
	Muster für Zuwendungsbestätigungen (§ 10b EStG)	812
Anhang 4	Bescheide nach § 60a AO	843
Anhang 5	Mustersatzung nach Anlage 1 zu § 60 AO	844
	Muster-Satzung eines gemeinnützigen Vereins	844
Anhang 6	Muster einer Monats-Überschussrechnung	849
Anhang 7	Muster eines Bestandsverzeichnisses	851
Anhang 8	Muster einer Vermögensrechnung	852
Anhang 9	Erklärungsvordrucke	853
Anhang 10	Freistellungsbescheid	859
Anhang 11	Antragsvordrucke	863
Anhang 12	DATEV-Kontenrahmen	867
Anhang 13	MwStSystRL	875

Literaturhinweise 881

Abkürzungen 891

Paragraphenschlüssel 893

Stichwortverzeichnis 897

1 Einführung

1.1 Vorbemerkungen

Die Erhebung von Steuern existiert seit dem Altertum und begleitet uns bis in die Gegenwart als wichtigste Einnahmequelle des Staates. Das hochkomplexe Steuersystem der Bundesrepublik Deutschland dient allerdings nicht mehr nur der Finanzmittelbeschaffung, sondern der Fiskus verfolgt gleichsam wichtige politische Zielsetzungen. Um insbesondere einer angemessenen Umverteilung finanzieller Ressourcen Rechnung zu tragen, kommt der gezielten Einräumung von Steuerbegünstigungen bzw. -befreiungen eine entscheidende Bedeutung zu.

Einige Institutionen haben es sich zum Ziel gesetzt, nicht in erster Linie eigenwirtschaftliche Ziele zu verfolgen, sondern dem Wohl der Allgemeinheit zu dienen. Dies kann auf vielfältige Weise geschehen, sodass der Fiskus eine abschließende Aufzählung ganz bestimmter Zwecke, die nach seinem Verständnis förderungswürdig erscheinen, festgelegt hat. Mit ihrer Verwirklichung sind besondere steuerliche und außersteuerliche Vorteile verbunden, gleichzeitig aber auch wichtige Pflichten verknüpft. Da sich der Staat immer mehr auf die Kernbereiche hoheitlichen Handelns zurückzieht, ist es aus seiner Sicht durchaus sinnvoll, durch steuerliche Anreize Tätigkeiten Dritter zugunsten der Allgemeinheit in Gestalt einer gemeinnützigen, mildtätigen oder kirchlichen Zweckverwirklichung zu fördern. Sinn der gesetzlichen Begünstigungen ist es, Einrichtungen, welche letztlich auch die öffentliche Hand entlasten, nicht durch die Erhebung von Steuern in ihrer Leistungsfähigkeit einzuschränken.

Die steuerliche Gerechtigkeit erfordert, dass Vergünstigungen nur in solchen Fällen gewährt werden, in denen ein **selbstloses Handeln** vorliegt und keine eigenwirtschaftlichen Interessen einzelner Personen bestehen. Eine missbräuchliche Inanspruchnahme von Steuervergünstigungen muss vermieden werden. Das kann praktisch nur bei Körperschaften sichergestellt werden. Bei natürlichen Personen (auch zusammengeschlossen zu einer Personengesellschaft) kann ein wirtschaftliches Eigeninteresse nicht ausgeschlossen werden. Die hier angesprochenen **steuerlichen Vergünstigungen kommen deshalb nur für Körperschaften in Betracht.**

Da auch steuerbegünstigte Körperschaften unternehmerisch tätig sein können und sich auf diese Weise am allgemeinen Wirtschaftsleben beteiligen, ist es möglich, dass sie in Konkurrenz zu voll steuerpflichtigen Unternehmen treten. Es wäre nicht vertretbar, wenn eine begünstigte Einrichtung bei einer Beteiligung am allgemeinen wirtschaftlichen Verkehr durch die Gewährung von Steuererleichterungen Wettbewerbsvorteile erlangen würde, durch die nicht begünstigte Marktteilnehmer in ihrem Wettbewerb benachteiligt werden. Aus diesem Grund sehen die gesetzlichen Bestimmungen eine differenzierte Betrachtung sowie steuerliche Behandlung einzelner Tätigkeitsbereiche einer steuerbegünstigten Körperschaft vor, die sich insbesondere in einer (partiellen) **Steuerpflicht für wirtschaftliche Geschäftsbetriebe** widerspiegeln.

An der Steuerpflicht der wirtschaftlichen Geschäftsbetriebe hat der Gesetzgeber auch bei der Neuregelung des Gemeinnützigkeitsrechts in der Abgabenordnung festgehalten. Er hat sich aus grundsätzlichen Erwägungen den an ihn herangetragenen Wünschen, die Steuerbefreiung auf wirtschaftliche Geschäftsbetriebe von gemeinnützigen Sportvereinen auszudehnen, nicht angeschlossen.

1 Einführung

Die Grundlagen des Gemeinnützigkeitsrechts, das in einem weiteren Sinne auch mildtätige und kirchliche Zwecke mitumfasst, waren bis zum Inkrafttreten der Neuregelung am 01.01.1977 in den §§ 17 bis 19 Steueranpassungsgesetz (StAnpG) und in der Gemeinnützigkeitsverordnung (GemV) geregelt. Im Zuge der Reform der Abgabenordnung erschien es dem Gesetzgeber aus rechtsstaatlichen Gründen geboten, das Gemeinnützigkeitsrecht in das allgemeine Abgabenrecht zu übernehmen. Unter der Bezeichnung „Steuerbegünstigte Zwecke" sind in den §§ 51 bis 68 der AO 1977 die allgemeinen Bestimmungen des Gemeinnützigkeitsrechts zusammengefasst worden. Art und Umfang der jeweiligen Steuervergünstigung sind (wie früher) den einzelnen Steuergesetzen zu entnehmen. Die verschiedenen Vergünstigungstatbestände sind je nach Art der Steuer teilweise unterschiedlich geregelt. Weitgehende Übereinstimmung besteht hinsichtlich der Befreiung von der Körperschaftsteuer (§ 5 Abs. 1 Nr. 9 KStG) und der Gewerbesteuer (§ 3 Nr. 6 GewStG).

Die frühere Konzeption des Gemeinnützigkeitsrechts ist in den Grundzügen beibehalten worden. Der Gesetzgeber hat jedoch dem im Laufe der Zeit eingetretenen Wandel der Aufgaben und der Art des Wirkens steuerbegünstigter Körperschaften weitgehend Rechnung getragen und gegenüber dem früher geltenden Recht einige Änderungen vorgenommen. Diese führen bei den betroffenen Körperschaften im Allgemeinen zu steuerlichen Verbesserungen; in Einzelfällen können sich aber im Vergleich zum früheren Recht ungünstige Auswirkungen ergeben.

Die Bestimmungen in der AO über „Steuerbegünstigte Zwecke" betreffen nur **„Körperschaften"**, das sind Körperschaften, Personenvereinigungen und Vermögensmassen im Sinne des Körperschaftsteuergesetzes.

In den §§ 51 bis 68 AO sind die Begriffe „gemeinnützige Zwecke", „mildtätige Zwecke" und „kirchliche Zwecke" bestimmt und die allgemeinen Voraussetzungen für steuerliche Vergünstigungen – insbesondere Selbstlosigkeit, Ausschließlichkeit, Unmittelbarkeit, Anforderungen an die Satzung und an die tatsächliche Geschäftsführung – festgelegt.

Die einzelnen Steuergesetze schließen Steuervergünstigungen im Allgemeinen insoweit aus, als ein **wirtschaftlicher Geschäftsbetrieb** i. S. von § 14 AO vorliegt. § 64 AO bestimmt deshalb, dass beim Vorhandensein eines wirtschaftlichen Geschäftsbetriebs das diesem Betrieb dienende Vermögen und die aus ihm fließenden Einkünfte und Umsätze zu besteuern sind. Die Steuerbegünstigung der Körperschaft im Übrigen wird dadurch nicht beeinträchtigt.

Ein wirtschaftlicher Geschäftsbetrieb löst **keine Steuerpflicht aus,** wenn es sich um einen **Zweckbetrieb** i. S. der §§ 65 bis 68 AO handelt (§ 64 Abs. 1 AO).

Für **jede Steuerart** und für **jedes Steuerjahr** ist im Veranlagungs- oder Feststellungsverfahren zu prüfen, ob die Voraussetzungen für steuerliche Vergünstigungen erfüllt sind. Eine besondere förmliche Anerkennung als steuerbegünstigte Körperschaft mit Wirkung für verschiedene Steuerarten ist nicht vorgesehen (vgl. auch BFH vom 11.03.1999, BStBl 1999 II S. 331). Der BFH hat in seinem Urteil vom 28.08.1968 (BStBl 1969 II S. 145) ausgeführt:

> „Die Anerkennung der Gemeinnützigkeit bedarf als deklaratorischer Akt für jeden Veranlagungs- oder Erhebungszeitraum der erneuten Prüfung."

Neben den Vergünstigungen bei verschiedenen Steuern kommt den Bestimmungen über steuerbegünstigte Zwecke besondere Bedeutung für den **Spendenabzug** zu. (Die einzelnen steuerlichen Vergünstigungen und die Auswirkungen auf den Spendenabzug sind in besonderen Abschnitten näher erläutert.) Darüber hinaus werden Zuschüsse aus öffentlichen Kassen und die Befreiung von Gebühren oft an die Voraussetzung geknüpft, dass es sich um eine steuerbegünstigte Körperschaft handelt oder dass steuerbegünstigte Zwecke verfolgt werden. Die „steuerliche Anerkennung" als begünstigte Körperschaft wird von der Bevölkerung gewissermaßen als „amtliche Bestätigung" des Wirkens für die Allgemeinheit und der Unterstützungswürdigkeit betrachtet.

Auskünfte der Finanzverwaltung an Dritte auf die Frage, ob eine Körperschaft wegen Verfolgung gemeinnütziger, mildtätiger oder kirchlicher Zwecke steuerbegünstigt ist oder nicht, unterliegen grundsätzlich dem Steuergeheimnis (§ 30 AO). Derartige Auskünfte können aber im Zusammenhang mit der Beurteilung der Abzugsfähigkeit von Spenden an die betreffende Körperschaft (vgl. auch Tz. 3.10) oder zur Vorbereitung einer Konkurrentenklage zulässig sein (AEAO Nr. 4.7 zu § 30 AO).

Es gibt keine zentrale Erhebung von steuerbegünstigten Körperschaften in Deutschland und dementsprechend auch keine Aufschlüsselung nach der jeweiligen Zwecksetzung i. S. der §§ 52 bis 54 AO. Schätzungen zufolge existieren in der Bundesrepublik etwa 500.000 gemeinnützige Vereine und etwa 15.000 gemeinnützige Stiftungen, denen jährlich rund 4,5 Mrd. Euro zur Verwirklichung ihrer satzungsmäßigen Zwecke zur Verfügung stehen (vgl. BT-Drucksache 17/1515 vom 11.05.2010).

1.2 Entwicklung des Gemeinnützigkeitsrechts

Steuerliche Vergünstigungen für ein der Allgemeinheit dienendes Wirken sind in den Steuergesetzen bereits seit langer Zeit vorgesehen. Schon unter der Steuerhoheit der Länder (bis 1919) waren in einzelnen Steuergesetzen Steuererleichterungen für Betätigungen **gemeinnütziger** Art geregelt. Die ersten Steuergesetze des Deutschen Reiches sahen steuerliche Vergünstigungen bei Erfüllung gemeinnütziger, mildtätiger und kirchlicher Zwecke vor (§ 2 Ziff. 5 und § 6 Ziff. 2 KStG 1920, § 5 Ziff. 7 VStG 1922). Die Bestimmungen über die Befreiung von der Körperschaftsteuer wurden im Wesentlichen in das Körperschaftsteuergesetz 1925 übernommen und während der Geltungsdauer dieses Körperschaftsteuergesetzes insofern ergänzt, als die Befreiung von der weiteren Voraussetzung abhängig gemacht wurde, dass kein über eine Vermögensverwaltung hinausgehender wirtschaftlicher Geschäftsbetrieb unterhalten wurde.

Ursprünglich enthielten die verschiedenen Steuergesetze und Durchführungsverordnungen zum Teil unterschiedliche Regelungen der Begriffe gemeinnützige, mildtätige und kirchliche Zwecke. Diese Begriffe sind erstmals **einheitlich für alle Steuerarten** in den §§ 17 bis 19 StAnpG vom 16.10.1934 definiert worden. Zur Durchführung der §§ 17 bis 19 StAnpG wurde die (erste) Gemeinnützigkeitsverordnung vom 16.12.1941 (RStBl 1941 S. 937) erlassen.

Diese Gemeinnützigkeitsverordnung, die wie das Steueranpassungsgesetz von nationalsozialistischem Gedankengut beeinflusst war, enthielt nähere Vorschriften über die satzungsmäßigen und tatsächlichen Voraussetzungen für Steuervergünstigungen, die Ausschließlichkeit, die Unmittelbarkeit, die Vermögensbindung und über wirtschaftliche Geschäftsbetriebe. Unter welchen weiteren Voraussetzungen und in welchem Umfang bei den einzelnen Steuern Erleichterungen in Betracht kamen, bestimmte sich – wie vorher und noch jetzt – nach den Bestimmungen der einzelnen Steuergesetze.

1 Einführung

Die nach Kriegsende gebotene Änderung der Gemeinnützigkeitsverordnung erfolgte in den Jahren 1945 und 1946 durch Kontrollratsgesetze. Dabei handelte es sich nur um Änderungen formaler Art; sie sind in der Anlage 1 B zur Verordnung zur Änderung der EStDV vom 16.10.1948 (WiGBl 1948 S. 139) aufgeführt. Bedeutungsvolle Zweifelsfragen sind durch das Rundschreiben der Finanzverwaltung des vereinigten Wirtschaftsgebiets vom 15.09.1949 (MinBlFin 1949/1950 S. 3) geklärt worden.

Aufgekommene Zweifel an der Rechtsgültigkeit der (geänderten) Gemeinnützigkeitsverordnung wurden von den Gerichten bestätigt, die einige Bestimmungen der Gemeinnützigkeitsverordnung für rechtsungültig erklärten. Die vorübergehend bestehende Rechtsunsicherheit beseitigte die Gemeinnützigkeitsverordnung vom 24.12.1953 (GemV 1953 – BStBl 1954 I S. 6), deren Durchführung mit gleichlautenden Erlassen der obersten Finanzbehörden der Länder (BStBl 1954 II S. 50) erläutert wurde. In der GemV 1953 fanden die Entscheidungen der Steuergerichte zum Gemeinnützigkeitsrecht und die auf diesem Gebiet gesammelten langjährigen Erfahrungen ihren Niederschlag.

Im Zuge der Reform der Abgabenordnung erschien es dem Gesetzgeber aus rechtsstaatlichen Gründen geboten, die bisher in den §§ 17 bis 19 StAnpG und in der Gemeinnützigkeitsverordnung enthaltenen Vorschriften unter Beibehaltung der bisherigen Grundkonzeption in die §§ 51 bis 68 der am 01.01.1977 in Kraft getretenen AO 1977 zu übernehmen. Mit dem Inkrafttreten der AO 1977 sind das Steueranpassungsgesetz und die Gemeinnützigkeitsverordnung außer Kraft getreten (Art. 96 EGAO).

Mit Schreiben vom 24.09.1987 hat das BMF den Anwendungserlass zur Abgabenordnung (AEAO) veröffentlicht (BStBl 1987 I S. 664), der an die Stelle des Einführungserlasses zur Abgabenordnung vom 01.10.1976 (BStBl 1976 I S. 576) trat und zwischenzeitlich mehrfach geändert und neu gefasst wurde. Die derzeit aktuelle Fassung ist in Anhang 1 auszugsweise abgedruckt.

Im Zusammenhang mit der Beratung des Steuerbereinigungsgesetzes 1986 in den letzten Monaten des Jahres 1985 wurde dem Finanzausschuss des Deutschen Bundestages eine Vielzahl von Änderungsanträgen zum Gemeinnützigkeitsrecht zur Entscheidung vorgelegt. Der Finanzausschuss kam bei der Beratung der ihm vorliegenden Gesetzesanträge zu der Auffassung, dass der Zustand auf dem Gebiet des Gemeinnützigkeitsrechts, insbesondere die Abgrenzung zur reinen Freizeitgestaltung, unbefriedigend sei. Das Gemeinnützigkeitsrecht sei ein „Flickenteppich" und insgesamt nicht mehr stimmig. Deshalb müsse eine grundlegende Neukonzeption ins Auge gefasst werden (Gutachten der Unabhängigen Sachverständigenkommission zur Prüfung des Gemeinnützigkeits- und Spendenrechts, S. 13 bis 15).

Die Bundesregierung setzte daraufhin eine Sachverständigenkommission mit dem Auftrag ein, gutachtlich zu der Frage der Vereinfachung und Verbesserung des Gemeinnützigkeits- und Spendenrechts Stellung zu nehmen. Mit dem in der Schriftenreihe des BMF, Heft 40, im März 1988 veröffentlichten Gutachten hat die Kommission das bisherige Gemeinnützigkeits- und Spendenrecht untersucht und Vorschläge zur Änderung gemacht. Die Vorschläge der Kommission zielten u. a. darauf ab, in die AO einen abschließenden Katalog von sog. Gemeinwohlzwecken aufzunehmen. Bei diesen Zwecken sollte die Förderung jeglicher eigennütziger Zwecke der Mitglieder der Körperschaften (z. B. die Geselligkeit oder Freizeitgestaltung) ausgeschlossen sein. Insbesondere sollte die Förderung des Sports künftig nicht mehr als gemeinnütziger und damit auch nicht mehr als spendenbegünstigter Zweck gelten.

Der Gesetzgeber hat sich mit dem zum 01.01.1990 in Kraft getretenen Gesetz zur Verbesserung und Vereinfachung der Vereinsbesteuerung – Vereinsförderungsgesetz – vom 18.12.1989 (BStBl 1989 I S. 499) jedoch weitgehend von den Vorschlägen der Gutachter gelöst. Das Vereinsförderungsgesetz hat im Gegensatz zu den Vorschlägen der Gutachter die Vergünstigungen der Gemeinnützigkeit sogar erstmals ausdrücklich noch auf bestimmte Freizeitzwecke erweitert und Vereinfachungen bei der Besteuerung steuerpflichtiger wirtschaftlicher Geschäftsbetriebe sowie von sportlichen Veranstaltungen geschaffen. Mit dem Vereinsförderungsgesetz wurde für einen großen Teil der nach § 5 Abs. 1 Nr. 9 KStG steuerbefreiten Körperschaften auch erstmals die Möglichkeit zur Pauschalierung der Vorsteuer geschaffen (§ 23a UStG). An dieser Stelle ist aber auch darauf hinzuweisen, dass das Vereinsförderungsgesetz zum Teil heftige Kritik erfahren hat (vgl. dazu z. B. Thiel/Eversberg, DB 1990 S. 290 m. w. N., sowie Gmach, FR 1995 S. 85 ff.). Der Finanzausschuss des Deutschen Bundestages hat in seiner Beschlussempfehlung zum Vereinsförderungsgesetz auch darauf hingewiesen, dass eine durchgreifende Reform des Spendenrechts zu einem späteren Zeitpunkt vorzunehmen sei (BT-Drucksache 11/5582).

Mit der zum 01.01.2000 in Kraft getretenen Neufassung der §§ 48 ff. EStDV wurde diese Reform durchgeführt. Ab dem Jahr 2000 sind alle Körperschaften, die steuerbegünstigte Zwecke i. S. des § 10b EStG fördern, zum unmittelbaren Empfang von Spenden und damit zur Ausstellung steuerwirksamer Spendenbestätigungen nach amtlich vorgeschriebenem Muster berechtigt. Das sog. Durchlaufspendenverfahren wurde damit abgeschafft. Auch nach der neuen Regelung des Spendenrechtes sind solche Mitgliedsbeiträge und -umlagen vom Spendenabzug ausgeschlossen, die an steuerbegünstigte Körperschaften geleistet werden, die überwiegend Leistungen an ihre Mitglieder erbringen oder von den Spendern in erster Linie im Hinblick auf die eigene Freizeitgestaltung geleistet werden.

Mit dem Gesetz zur weiteren steuerlichen Förderung von Stiftungen (Gesetz vom 14.07.2000, BStBl 2000 I S. 1424) wurden ebenfalls mit Wirkung ab dem Veranlagungszeitraum 2000 für laufende Zuwendungen sowie für Zuführungen zum Vermögensstock einer Stiftung über den normalen Spendenrahmen hinaus zusätzliche Möglichkeiten geschaffen, Ausgaben als Sonderausgaben steuermindernd in Abzug zu bringen. Gleichzeitig hat der Gesetzgeber erstmals den Grundsatz der zeitnahen Mittelverwendung klarstellend gesetzlich mit der Einführung des § 55 Abs. 1 Nr. 5 AO geregelt und dabei zusätzlich auch besondere Ausnahmeregelungen für die Mittelansammlung von Stiftungen geschaffen (§ 58 Nr. 12 AO). Er hat damit die bisher von der Verwaltung und Rechtsprechung entwickelten Grundsätze in das Gesetz übernommen. Erstmals hat der Gesetzgeber mit diesem Gesetz im Bereich der Gemeinnützigkeit rechtsformspezifische Regelungen geschaffen (= Sondervorteile für steuerbegünstigte Stiftungen). Ebenfalls mit Wirkung ab dem Veranlagungszeitraum 2000 hat der Gesetzgeber (unabhängig von der Rechtsform) die Möglichkeit eröffnet, für bestimmte steuerpflichtige wirtschaftliche Geschäftsbetriebe den Gewinn pauschal zu ermitteln (siehe § 64 Abs. 6 AO, eingefügt durch das Gesetz zur Änderung des InvZulG 1999 vom 20.12.2000, BStBl 2001 I S. 28).

Das Gesetz zur weiteren Stärkung des bürgerschaftlichen Engagements vom 10.10.2007 (siehe auch BT-Drucksachen 16/5200 und 16/5985) verfolgt das Ziel, steuerliche Erleichterungen für gemeinnützige Körperschaften und damit für das bürgerschaftliche Engagement zu schaffen. Das mit Wirkung ab dem 01.01.2007 in

1 Einführung

Kraft getretene Gesetz hat eine Abstimmung und Vereinheitlichung der förderungswürdigen Zwecke im Gemeinnützigkeits- und Spendenrecht dadurch erreicht, dass in § 52 Abs. 2 AO eine fast abschließende Aufzählung der gemeinnützigen Zwecke aufgenommen und der Spendenabzug für diese Zwecke ohne besondere Einschränkungen in § 10b Abs. 1 EStG, § 9 Abs. 1 Nr. 2 KStG und § 9 Nr. 5 GewStG zugelassen wird (die Anerkennung einer besonderen Förderungswürdigkeit bei Zuwendungen für gemeinnützige Zwecke ist entfallen). Zudem wurde der Höchstsatz für den Spendenabzug einheitlich auf 20 % festgelegt und die sog. Großspendenregelung abgeschafft. Ab dem 01.01.2007 gilt, dass Zuwendungen, die sich im Abflussjahr steuerlich nicht ausgewirkt haben, unbegrenzt in die Folgejahre vorgetragen werden können. Ebenso wurde der Höchstbetrag für die Ausstattung von Stiftungen mit Kapital – Zuwendungen in den Vermögensstock von Stiftungen – (§ 10b Abs. 1a EStG) auf 1 Mio. Euro erhöht.

Ab dem 01.01.2007 wurde mit dem o. a. Gesetz auch die Besteuerungsgrenze des § 64 Abs. 3 AO und die sog. Zweckbetriebsgrenze bei Sportvereinen (§ 67a Abs. 1 AO) auf 35.000 Euro erhöht (bis einschließlich 2006 lagen diese Grenzen bei 30.678 Euro). Als erste Reaktion auf die Rechtsprechung des EuGH zu der Frage, ob eine Körperschaft, die weder Sitz noch ihre Geschäftsleitung im Inland hat, im Rahmen der beschränkten Körperschaftsteuerpflicht die steuerlichen Vergünstigungen des Gemeinnützigkeitsrechts in Anspruch nehmen kann (vgl. das EuGH-Urteil vom 14.06.2006 – C-386/04 „Stauffer", DB 2006 S. 2481), hat der Gesetzgeber mit dem Jahressteuergesetz 2007 vom 13.12.2006 die Befreiung für staatlich beaufsichtigte Stiftungen von der Vermögensbindung gestrichen (§ 62 AO). Stiftungen, die nach dem 13.12.2006 errichtet wurden, müssen für die Anerkennung der Gemeinnützigkeit zwingend eine den Anforderungen der AO genügende Vermögensbindung in ihre Satzung aufnehmen (dieser Grundsatz war auch für ausländische Körperschaften mit anderen Rechtsformen bereits vor 2007 bindend).

Zudem wurden die Vergünstigungen für Übungsleiter, § 3 Nr. 26 EStG, verbessert (ab 2007: Steuerfreistellung von Vergütungen an nebenberuflich tätige Übungsleiter, Erzieher etc. bis zu 2.100 Euro im Jahr) und es wurde eine Freistellung für Zahlungen an nebenberuflich tätige Personen im Auftrag steuerbegünstigter Einrichtungen – mit Ausnahme der Übungsleiter etc. – i. H. von 500 Euro eingeführt (§ 3 Nr. 26a EStG).

Mit dem Jahressteuergesetz 2009 – JStG 2009 – (Gesetz vom 19.12.2008, BStBl 2009 I S. 74) hat der Gesetzgeber mit Einführung des § 51 Abs. 3 AO die unmittelbare oder mittelbare Förderung extremistischer Zielsetzungen für unvereinbar mit dem Gemeinnützigkeitsrecht erklärt und damit die bis zu diesem Zeitpunkt geltende Verwaltungsauffassung kodifiziert. Darüber hinaus hat der Gesetzgeber mit dem JStG 2009 als weitere Reaktion auf die Rechtsentwicklungen im Zusammenhang mit den Urteilen des EuGH betr. die Rechtssachen „Stauffer" (a. a. O.) und „Persche" (EuGH-Urteil vom 27.01.2009 – C-318/07, DStR 2009 S. 207 ff.) – zusätzliche – Voraussetzungen für die Zuerkennung der Gemeinnützigkeit eingeführt. Danach ist bei Verwirklichung steuerbegünstigter Zwecke im Ausland die Gewährung der Steuervergünstigungen der §§ 51 ff. AO nur möglich, wenn natürliche Personen, die ihren Wohnsitz oder ihren gewöhnlichen Aufenthalt im Geltungsbereich dieses Gesetzes haben, gefördert werden oder die Tätigkeit der Körperschaft neben der Verwirklichung der steuerbegünstigten Zwecke auch zum Ansehen der Bundesrepublik Deutschland im Ausland beitragen kann – **struktureller Inlandsbezug**.Hiermit wird verdeutlicht, dass gemeinnütziges Handeln und der damit verbundene Verzicht auf Steuereinnahmen vom inländischen Gesetzgeber nur dann für gerechtfertigt angesehen werden, wenn die geförderten gemeinnützigen, mildtätigen oder kirchlichen Tätigkeiten – auch wenn sie von ausländischen Organisationen erbracht werden – einen Bezug zu Deutschland besitzen (vgl. hierzu auch den Bericht des Finanzausschusses zum Entwurf des JStG 2009; BT-Drucksache 16/11108 S. 57).

Mit dem Steuerbürokratieabbaugesetz (Gesetz vom 20.12.2008, BStBl 2009 I S. 124) hat der Gesetzgeber durch Ergänzung des § 50 EStDV um einen Abs. 1a den Weg dafür frei gemacht, Zuwendungsbestätigungen ab dem Veranlagungszeitraum 2009 elektronisch erstellen zu können.

Mit dem Gesetz von 08.04.2010 (BGBl 2010 I S. 386) hat der Gesetzgeber u. a. dem Urteil des EuGH vom 27.01.2009 – C-318/07 „Persche" und dem Anschlussurteil des BFH vom 27.05.2009 X R 46/05 (BFH/NV 2009 S. 1633) Rechnung tragend festgelegt, dass nunmehr auch Zuwendungen den Spendenabzug auslösen, wenn sie an eine juristische Person des öffentlichen Rechts oder an eine öffentliche Dienststelle, **die in einem EU-/EWR-Mitgliedstaat** belegen ist, geleistet werden sowie an eine Körperschaft, Personenvereinigung oder Vermögensmasse in einem EU-/EWR-Mitgliedstaat, die nach § 5 Abs. 1 Nr. 9 i. V. m. § 5 Abs. 2 Nr. 2 zweiter Halbsatz KStG steuerfrei wäre, wenn sie inländische Einkünfte erzielen würde.

Entsprechend sind nunmehr auch Spenden in den Vermögensstock einer in einem EU/EWR-Mitgliedstaat belegenen Stiftung des öffentlichen Rechts oder einer im Inland weder unbeschränkt noch beschränkt steuerpflichtigen Stiftung des privaten Rechts, die von der Körperschaftsteuer befreit wäre, wenn sie inländische Einkünfte erzielen würde, nach § 10b Abs. 1a EStG begünstigt.

Das Gesetz zur Stärkung des Ehrenamts (Ehrenamtsstärkungsgesetz) vom 21.03.2013 (BGBl 2013 I S. 556), dessen Regelungen größtenteils zum 01.01.2013 in Kraft getreten sind (alternativ zum 29.03.2013, 01.01.2014 bzw. 01.01.2015), trägt zu einer Erweiterung der Begünstigungen gemeinnütziger Körperschaften bei.

Dies schlägt sich z. B. in einer Vereinfachung einzelner Dokumentationspflichten nieder. So wird im Bereich einer Verwirklichung mildtätiger Zwecke durch die Unterstützung wirtschaftlich hilfsbedürftiger Menschen (§ 53 Nr. 2 AO) für bestimmte Körperschaften die Möglichkeit eines antragsgebundenen, vollständigen Nachweisverzichts geschaffen.

Eine Verlängerung der Frist zur zeitnahen Mittelverwendung um ein Jahr (§ 55 Abs. 1 Nr. 5 AO) sowie die Lockerung des sog. Endowment-Verbots (§ 58 Nr. 3 AO) zwecks Ausstattung einer anderen steuerbegünstigten Körperschaft mit Vermögen aus zeitnah zu verwendenden Mitteln begünstigt ein wirtschaftliches Handeln gemeinnütziger Körperschaften sowie die Schaffung konzernähnlicher Strukturen, die das Bild des Dritten Sektors mittlerweile ebenfalls prägen.

Mit dem neu eingeführten Verfahren zur gesonderten Feststellung über die Einhaltung der satzungsmäßigen Voraussetzungen nach § 60a AO, welches das Vorliegen bzw. Fehlen der formellen Satzungsmäßigkeit rechtsmittelfähig bescheidet, soll die Rechtsposition der Körperschaft gestärkt werden.

Eine Anhebung von Höchstbeträgen kommt Körperschaften, die mit der Durchführung sportlicher Veranstaltungen einen Zweckbetrieb i. S. des § 67a AO unterhalten, zugute, indem die maßgebliche Einnahmengrenze von 35.000 Euro auf 45.000 Euro angehoben wurde. Aber auch die mit den steuerbegünstigten Körperschaften durch Erbringung ihrer Arbeitsleistung verbundenen Personen können mit Wirkung vom 01.01.2013 einen sog. „Übungsleiter-Pauschbetrag" (§ 3 Nr. 26

EStG) i. H. von 2.400 Euro bzw. eine sog. „Ehrenamtspauschale" (§ 3 Nr. 26a EStG) i. H. von 720 Euro abziehen.

Die Rechtsform der steuerbegünstigten Stiftung profitiert zum einen von einer Verlängerung der Frist zur Stärkung des Grundstockvermögens aus zeitnah zu verwendenden Mitteln (§ 62 Abs. 4 AO) und zum anderen von einer Erweiterung der Abzugsmöglichkeiten von Stiftungsstockspenden (§ 10b Abs. 1a EStG), die von zusammenveranlagten Ehegatten (§§ 26, 26b EStG) geleistet werden und nunmehr über einen gemeinsamen Spendenhöchstbetrag i. H. von 2 Mio. Euro verfügen. Auch wird das Modell der sog. Verbrauchsstiftung (§ 80 Abs. 2 BGB) unter Festlegung bestimmter Tatbestandsvoraussetzungen nunmehr auch zivilrechtlich legitimiert.

2 Erläuterung der Bestimmungen des Abschnitts „Steuerbegünstigte Zwecke" in der AO

2.1 § 51 AO: Allgemeines

(1) ₁Gewährt das Gesetz eine Steuervergünstigung, weil eine Körperschaft ausschließlich und unmittelbar gemeinnützige, mildtätige oder kirchliche Zwecke (steuerbegünstigte Zwecke) verfolgt, so gelten die folgenden Vorschriften. ₂Unter Körperschaften sind die Körperschaften, Personenvereinigungen und Vermögensmassen im Sinne des Körperschaftsteuergesetzes zu verstehen. ₃Funktionale Untergliederungen (Abteilungen) von Körperschaften gelten nicht als selbstständige Steuersubjekte.

(2) Werden die steuerbegünstigten Zwecke im Ausland verwirklicht, setzt die Steuervergünstigung voraus, dass natürliche Personen, die ihren Wohnsitz oder ihren gewöhnlichen Aufenthalt im Geltungsbereich dieses Gesetzes haben, gefördert werden oder die Tätigkeit der Körperschaft neben der Verwirklichung der steuerbegünstigten Zwecke auch zum Ansehen der Bundesrepublik Deutschland im Ausland beitragen kann.

(3) ₁Eine Steuervergünstigung setzt zudem voraus, dass die Körperschaft nach ihrer Satzung und bei ihrer tatsächlichen Geschäftsführung keine Bestrebungen im Sinne des § 4 des Bundesverfassungsschutzgesetzes fördert und dem Gedanken der Völkerverständigung nicht zuwiderhandelt. ₂Bei Körperschaften, die im Verfassungsschutzbericht des Bundes oder eines Landes als extremistische Organisation aufgeführt sind, ist widerlegbar davon auszugehen, dass die Voraussetzungen des Satzes 1 nicht erfüllt sind. ₃Die Finanzbehörde teilt Tatsachen, die den Verdacht von Bestrebungen im Sinne des § 4 des Bundesverfassungsschutzgesetzes oder des Zuwiderhandelns gegen den Gedanken der Völkerverständigung begründen, der Verfassungsschutzbehörde mit.

2.1.1 Körperschaften im Sinne des Abschnitts „Steuerbegünstigte Zwecke"

Steuerliche Vergünstigungen nach den §§ 51 bis 68 AO können nur von **Körperschaften,** Personenvereinigungen und Vermögensmassen im Sinne des § 1 KStG in Anspruch genommen werden. Das sind:
- Kapitalgesellschaften (insbesondere Europäische Gesellschaften, Aktiengesellschaften, Kommanditgesellschaften auf Aktien, Gesellschaften mit beschränkter Haftung);
- Erwerbs- und Wirtschaftsgenossenschaften;
- Versicherungsvereine auf Gegenseitigkeit;
- sonstige juristische Personen des privaten Rechts;
- nichtrechtsfähige Vereine, Anstalten, Stiftungen und andere Zweckvermögen des privaten Rechts;
- Betriebe gewerblicher Art von juristischen Personen des öffentlichen Rechts.

Körperschaften, Personenvereinigungen und Vermögensmassen im Sinne der vorstehenden Aufzählung sind im § 51 AO unter dem Begriff **„Körperschaften"** zusammengefasst. In diesem erweiterten Sinne wird auch im Folgenden der Begriff „Körperschaften" verwendet.

Die jeweilige Rechtsform der Körperschaft ist für die Inanspruchnahme steuerlicher Vergünstigungen grundsätzlich ohne Bedeutung. Die Steuervergünstigungen des

2 Erläuterung der Bestimmungen des Abschnitts „Steuerbegünstigte Zwecke" in der AO

Gemeinnützigkeitsrechts werden in der Hauptsache von rechtsfähigen und nichtrechtsfähigen Vereinen, von rechtsfähigen sowie nichtrechtsfähigen Stiftungen sowie von Betrieben gewerblicher Art von juristischen Personen des öffentlichen Rechts in Anspruch genommen. Die Voraussetzungen für steuerliche Vergünstigungen können aber auch von anderen Körperschaften (z. B. von einer GmbH oder auch einer AG) erfüllt werden.

Durch das Gesetz zur Modernisierung des GmbH-Rechts und zur Bekämpfung von Missbräuchen (MoMiG) vom 23.10.2008 (BGBl 2008 I S. 2026) ist seit dem 01.11.2008 die Gründung von Gesellschaften mit der Bezeichnung „Unternehmergesellschaft (haftungsbeschränkt)" oder „UG" zugelassen (sog. **Mini-GmbH**). Bei dieser Unternehmensform handelt es sich nicht um eine neue Rechtsform, sondern um eine GmbH, d. h. um eine Körperschaft i. S. des § 1 Abs. 1 Nr. 1 KStG. Es gelten lediglich die in § 5a GmbHG festgelegten erleichterten gesellschaftsrechtlichen Vorgaben. Besonderes Kennzeichen der Mini-GmbH ist der Umstand, dass für die Gründung dieser Gesellschaft ein Stammkapital von 1 Euro ausreichend ist. Die Mini-GmbH muss jedoch fortlaufend 25 % ihres Jahresüberschusses in eine gesetzliche Rücklage einstellen. Diese Pflicht fällt weg, wenn die Rücklage die Schwelle des § 5 Abs. 1 GmbHG von 25.000 Euro für die Gründung einer „normalen" GmbH erreicht und das Stammkapital entsprechend angehoben wird. Die Bildung dieser Rücklage ist bis zum Erreichen des Stammkapitals von 25.000 Euro in Einklang mit dem Grundsatz der zeitnahen Mittelverwendung gem. §§ 55, 62 AO (bis 31.12.2013: § 58 AO) möglich (siehe AEAO Nr. 21 zu § 55 Abs. 1 Nr. 1 AO sowie Tz. 2.5.5). Die Mini-GmbH kann daher die Steuervergünstigungen der §§ 51 ff. AO in Anspruch nehmen (vgl. hierzu auch Oberbeck/Winheller, DStR 2009 S. 516).

Die Steuervergünstigungen sind für Personengesellschaften (z. B. OHG, KG, BGB-Gesellschaft) ausgeschlossen (vgl. auch Tz. 1.1 und Hüttemann in Gemeinnützigkeits- und Spendenrecht, 3. Auflage 2015, Rz. 2.83 f.).

Das Körperschaftsteuergesetz hat vor Inkrafttreten des JStG 2009 die steuerlichen Vergünstigungen wegen Förderung steuerbegünstigter Zwecke i. S. der §§ 51 ff. AO ausdrücklich für Körperschaften ausgeschlossen, die weder ihren Sitz noch ihre Geschäftsleitung im Inland haben, § 5 Abs. 2 Nr. 2 i. V. m. § 2 Nr. 1 KStG (**„Ausländische Körperschaften"**, s. dazu auch Tz. 4.1.3 und Tz. 2.2.2). Die Gewährung von steuerlichen Vergünstigungen für ausländische Körperschaften wurde u. a. deshalb als nicht gerechtfertigt angesehen, weil bei diesen Rechtsträgern die Möglichkeit zur Überprüfung der Voraussetzungen und zur Überwachung im Allgemeinen nicht bestehe und sie nicht der deutschen Steueraufsicht unterlägen (BFH vom 11.11.1966, BStBl 1967 III S. 116). Teilweise waren jedoch in Doppelbesteuerungsabkommen auf Gegenseitigkeit beruhende Steuerbefreiungen für religiöse, mildtätige, wissenschaftliche und erzieherische Einrichtungen vorgesehen (siehe z. B. das DBA mit den USA in Art. 27). Vergleichbare Regelungen sind mit weiteren Staaten wie Frankreich oder Schweden vereinbart (siehe auch Schauhoff, Handbuch der Gemeinnützigkeit, 3. Auflage 2010, § 22 Rz. 3 bis 7).

Körperschaften, die **ihren Sitz und ihre Geschäftsleitung** in einem der **Mitgliedstaaten der EU** haben, können sich grundsätzlich gegenüber den inländischen Finanzbehörden zur Zuordnung von Steuervorteilen, wie sie für (inländische) unbeschränkt körperschaftsteuerpflichtige Körperschaften gelten, auf den Grundsatz der Kapitalverkehrs- bzw. Dienstleistungsfreiheit nach dem EG-Vertrag berufen (siehe hierzu das EuGH-Urteil vom 14.09.2006 Rs. C-386/04 „Centro di Musicologia Walter Stauffer" und BFH-Urteil vom 20.12.2006 I R 94/02, BStBl 2010 II S. 331, sowie die EuGH-Urteile vom 27.01.2009 Rs. C-318/07 „Persche" und vom

2.1 § 51 AO: Allgemeines

18.12.2007 Rs. C-281/06 „Jundt"), wenn sie in ihrer Person die Voraussetzungen des Abschnitts „Steuerbegünstigte Zwecke" der AO erfüllen. Mit den Auswirkungen der Stauffer-Entscheidung beschäftigen sich u. a. auch Hüttemann/Helios sehr ausführlich (DB 2006 S. 2481). Sie kommen m. E. zu Recht zu der Einschätzung, dass die fiskalischen Effekte des Stauffer-Urteils nicht überschätzt werden sollten. Ebenfalls haben sich Hüttemann/Helios umfassend mit dem grenzüberschreitenden Spendenabzug in Europa nach dem EuGH-Urteil in der Rechtssache „Persche" befasst (siehe DB 2009 S. 701).

Im Urteilsfall „Centro di Musicologia Walter Stauffer" hatte die Stiftung ihren Sitz und ihre Geschäftsleitung in Italien. Sie erzielte aus der Verwaltung eines im Inland belegenen Geschäftsgrundstücks einen Überschuss (= vermögensverwaltende Tätigkeit). Die Stiftung hatte zur Überzeugung des BFH, der diese Rechtssache zur Vorabentscheidung dem EuGH vorgelegt hatte, tatsächlich gemeinnützige Zwecke verfolgt (Auslobung von Studienhilfen für junge Schweizer für den Bereich der Musikgeschichte und Musikwissenschaft). Der EuGH kommt in seiner Entscheidung zu dem Ergebnis, dass im Hinblick auf die Grundsätze der Kapitalverkehrsfreiheit die Überschüsse, die die italienische Stiftung im Inland aus der Verwaltung des Grundstücks erzielte, nicht besteuert werden durften. Die Steuervorteile des Gemeinnützigkeitsrechts (= Nichtbesteuerung der Überschüsse aus der Vermögensverwaltung) durften der italienischen Stiftung nicht unter Hinweis auf die Einordnung als beschränkt steuerpflichtige Körperschaft versagt werden. Der BFH hat dem folgend in seinem Urteil vom 20.12.2006 (I R 94/02, BStBl 2010 II S. 331) entschieden, dass § 5 Abs. 2 Nr. 2 KStG in der für das Streitjahr maßgeblichen Fassung auf beschränkt steuerpflichtige gemeinnützige Körperschaften nicht anzuwenden ist.

Es ist zu erwarten, dass **gemeinnützige Körperschaften** mit Sitz und Geschäftsleitung im **EU-Ausland** neben der Freistellung der Gewinne aus Zweckbetrieben und der Überschüsse aus der Vermögensverwaltung von der Körperschaft- und Gewerbesteuer auch weitere Steuervorteile wie etwa die Anwendung des ermäßigten Umsatzsteuersatzes auf die Leistungen i. S. des § 12 Abs. 2 Nr. 8 Buchst. a UStG (vgl. Tz. 4.5.12) anstreben werden. Sicherlich wird aber auch über die Berechtigung von im EU-Ausland ansässigen gemeinnützigen Körperschaften zur Ausstellung von steuerwirksamen Zuwendungsbestätigungen (vgl. dazu Tz. 3.2.2) unter Beachtung der EuGH-Entscheidung in der Rechtssache „Persche" und dem mit dem JStG 2009 in § 51 Abs. 2 AO verankerten Inlandsbezug (siehe nachstehend) zu entscheiden sein.

Angestoßen durch die Stauffer-Rechtsprechung des EuGH und der sich seinerzeit bereits abzeichnenden Entscheidung des EuGH in der Rechtssache „Persche" hat der Gesetzgeber mit dem JStG 2009 das KStG geändert. Der Gesetzgeber hat durch eine entsprechende Neufassung des § 5 Abs. 2 Nr. 2 KStG festgelegt, dass beschränkt steuerpflichtige Körperschaften mit **Sitz und Ort der Geschäftsleitung im EU-Ausland und im Gebiet des Europäischen Wirtschaftsraums,** die Zwecke im Sinne des Abschnitts „Steuerbegünstigte Zwecke" der AO verfolgen, die Steuervorteile der Gemeinnützigkeit in gleichem Maße in Anspruch nehmen können, wie sie für unbeschränkt steuerpflichtige Körperschaften gelten. Zur „Öffnung" des Spendenabzugs für Zuwendungen an Einrichtungen in EU-/EWR-Mitgliedstaaten siehe Tz. 3.2.1 ff.

Diese Änderung gilt nach der ausdrücklichen Festlegung in § 34 Abs. 5a KStG i. d. F. des JStG 2009 auch für Veranlagungszeiträume vor 2009.

Dabei ist zu beachten, dass bereits der EuGH in der Stauffer-Entscheidung ausgeführt hat, dass es grundsätzlich Sache jedes einzelnen Mitgliedstaates ist, ob und für welche Arten von gemeinnützigen Tätigkeiten er Steuervergünstigungen vorsieht. Die Vorteile der Gemeinnützigkeit können daher einer Körperschaft, die ihren Sitz und ihre Geschäftsleitung im EU-/EWR-Ausland hat, nur dann durch die inländische Finanzverwaltung gewährt werden, wenn die EU-/EWR-Körperschaft alle Voraussetzungen für eine Zuerkennung der Gemeinnützigkeit erfüllt, die auch von inländischen Körperschaften zur Erlangung der hier in Rede stehenden Steuervorteile erfüllt sein müssen (vgl. BMF-Schreiben vom 16.05.2011, BStBl 2011 I S. 559, und ausdrücklich auch das FG Münster in der Folgeentscheidung in Sachen „Persche" vom 08.03.2012 – 2 K 2608/09 E, EFG 2012 S. 1539; offener in seiner Auslegung das FG Bremen vom 08.06.2011 – 1 K 63/10 (6), DStRE 2012 S. 1321). In diesem Zusammenhang sind insbesondere zu nennen:

– **Die Satzung** der EU-/EWR-Körperschaft muss **alle Vorgaben der §§ 60, 61 AO** erfüllen. Das betrifft insbesondere die ab dem Veranlagungszeitraum 2009 geltenden strengeren Anforderungen hinsichtlich der zu verwendenden Formulierungen, wie sie sich aus der Anlage 1 zu § 60 AO ergeben (Stichwort: ausdrückliche Verwendung der Begrifflichkeiten zur Ausschließlichkeit, Unmittelbarkeit etc.; siehe auch Tz. 2.10.2) und die exakten Vorgaben zur Vermögensbindung.

Bezüglich der Vermögensbindung ist zu beachten, dass für alle nach dem 31.12.2008 errichteten gemeinnützigen Körperschaften keine Ausnahmen von der Vermögensbindung mehr bestehen (vgl. im Einzelnen zu § 62 AO unter Tz. 2.12 in der Vorauflage).

– **Die tatsächliche Geschäftsführung** der EU-/EWR-Körperschaft muss den Anforderungen der §§ 52 ff. AO entsprechen. Auch hier gelten die Nachweispflichten des § 63 AO (ordnungsgemäße Aufzeichnung der Einnahmen und Ausgaben und einer ggf. bestehenden Pflicht zur Vorlage ergänzender aussagekräftiger Unterlagen, vgl. im Einzelnen Tz. 2.13.5).

– Zudem muss die EU-/EWR-Körperschaft im Rahmen ihrer tatsächlichen Geschäftsführung in ausreichendem Maße den mit dem JStG 2009 in § 51 Abs. 2 AO eingeführten **strukturellen Inlandsbezug** erfüllen.

Im Übrigen sind in diesem Zusammenhang auch die eingehenden Vorschriften zur **zeitnahen Mittelverwendung** zu nennen (§ 55 Abs. 1 Nr. 5 AO, Tz. 2.5.9).

Ferner muss beachtet werden, dass der EuGH in seinen Urteilen in den Rechtssachen „Stauffer" und „Persche" darauf hinweist, dass die inländischen Finanzbehörden zur Überprüfung der tatsächlichen Geschäftsführung der ausländischen Körperschaft die Instrumente der gegenseitigen **Amtshilfe** nutzen können. Kritisch sieht es z. B. Heger (RiBFH), die angesichts einer erweiterten EG und eines nicht harmonisierten Gemeinnützigkeitsrechts eine wirksame Überprüfung gebietsfremder gemeinnütziger Organisationen im Wege der Amtshilfe als nicht realistisch einschätzt (FR 2004 S. 1154; in diesem Sinne auch wohl jetzt der BFH in seinem Urteil vom 20.12.2006, a. a. O.). Zu berücksichtigen ist dabei, dass nach den allgemeinen Regelungen der Verteilung der Feststellungslast zunächst die Körperschaften, die die Vorteile des Gemeinnützigkeitsrechts in Anspruch nehmen wollen, den Nachweis führen müssen, dass sie mit der tatsächlichen Geschäftsführung die Voraussetzungen des Abschnitts „Steuerbegünstigte Zwecke" der AO tatsächlich erfüllt haben (siehe auch BFH-Urteil vom 15.07.1998, BStBl 2002 II S. 162, und vom 20.12.2006, a. a. O.; der BFH hat das FG mit Zurückverweisung der Sache „Stauffer" zur erneuten Entscheidung und Verhandlung ausdrücklich auf die Beachtung einer wirksamen inländischen Steueraufsicht hingewiesen; zur Verteilung der Feststellungslast bei gemeinnützigen Körperschaften allgemein siehe auch in Tz. 2.13.5). Vor dem Hintergrund, dass hier ausländische Sachverhalte zu klären sind, wird das zuständige Finanzamt erhöhte **Mitwirkungsverpflichtungen** auf der Grundlage des § 90 Abs. 2 AO einfordern (zur Mitwirkungsbereitschaft im Zusammenhang mit grenzüberschreitenden Spenden nach dem EuGH-Verfahren in der Rechtssache „Persche" siehe auch Hüttemann/Helios, DB 2009 S. 701 ff., Tz. IV.3., und Fischer, FR 2009 S. 249).

2.1.1.1 Struktureller Inlandsbezug

Mit Wirkung ab dem 01.01.2009 (vgl. Art. 97 § 1d EGAO) hat der Gesetzgeber in § 51 Abs. 2 AO für die Gewährung der Steuerbegünstigungen eine weitere Voraussetzung eingeführt. Danach kann die Steuervergünstigung bei Verwirklichung steuerbegünstigter Zwecke im Ausland nur zuerkannt werden, wenn damit natürliche Personen, die ihren Wohnsitz oder ihren gewöhnlichen Aufenthalt im Geltungsbereich dieses Gesetzes haben, gefördert werden oder die Tätigkeit der Körperschaft neben der Verwirklichung der steuerbegünstigten Zwecke auch zum Ansehen der Bundesrepublik Deutschland im Ausland beitragen kann.

Mit der Einführung des strukturellen Inlandsbezugs wird verdeutlicht, dass die vom Deutschen Bundestag erwünschten Steuervergünstigungen für gemeinnütziges Handeln und der damit verbundene Verzicht auf Steuereinnahmen nur insoweit zu rechtfertigen sind, als die geförderten gemeinnützigen, mildtätigen oder kirchlichen Tätigkeiten – auch wenn sie von ausländischen Organisationen erbracht werden – einen Bezug zu Deutschland besitzen (so im Bericht des Finanzausschusses zum Entwurf des JStG 2009; BT-Drucksache 16/11108 S. 57).

Mit Einführung des strukturellen Inlandsbezugs ist – wie bisher – im ersten Schritt zu prüfen, ob die Voraussetzungen der §§ 52 ff. AO bei der betreffenden Körperschaft erfüllt sind. Mit der Gesetzesänderung ist keine Veränderung in der Auslegung des Begriffs „Allgemeinheit" verbunden (siehe auch AEAO Nr. 7 zu § 51). Wenn die „Allgemeinprüfung" nach Maßgabe der bisherigen Regelungen ergibt, dass eine Zuerkennung der Steuerbegünstigungen wegen Förderung gemeinnütziger, mildtätiger und/oder kirchlicher Zwecke erfolgen kann, ist im zweiten Schritt der „strukturelle Inlandsbezug" zu prüfen.

Der Finanzausschuss führt hierzu erläuternd u. a. Folgendes aus:

> „Umgekehrt ist bei der Prüfung des Inlandsbezugs nicht ein weiteres Mal zu ermitteln, ob die Organisation gemeinnützige, mildtätige oder kirchliche Zwecke im Sinne der §§ 52 bis 54 AO fördert. Im Zusammenhang mit dem Inlandsbezug erfolgt keine zusätzliche inhaltliche Prüfung der Tätigkeit. Es ist daher auch unerheblich, ob die gemeinnützige Tätigkeit mit den im Ausland geltenden, gegebenenfalls abweichenden Wertvorstellungen übereinstimmt und folglich nach ausländischen Maßstäben ein Beitrag zum Ansehen Deutschlands geleistet werden kann. Falls die Verfolgung der in den §§ 52 bis 54 AO genannten förderungswürdigen Zwecke zu bejahen ist, ist daher davon auszugehen, dass eine solche Tätigkeit dem Ansehen Deutschlands nicht entgegensteht.
>
> Die Verwirklichung förderungswürdiger Zwecke im Ausland wird folglich nicht erschwert. Die Tatbestandsmerkmale des § 51 Abs. 2 AO müssen nur und insoweit vorliegen, als die sonstigen Voraussetzungen des Dritten Abschnitts der Abgabenordnung – nach deren unverändert fortgeltenden

Kriterien – gegeben sind, die Körperschaft jedoch (auch) im Ausland tätig wird. Falls der Bezug zu Deutschland dabei nicht schon durch die Förderung der hier lebenden natürlichen Personen – unabhängig von deren Staatsangehörigkeit – gegeben sein sollte, ist die Alternative des „möglichen Beitrags zum Ansehen der Bundesrepublik Deutschland im Ausland" bei in Deutschland ansässigen Organisationen – ohne besonderen Nachweis – bereits dadurch erfüllt, dass sie sich personell, finanziell, planend, schöpferisch oder anderweitig an der Förderung gemeinnütziger, mildtätiger oder kirchlicher Zwecke im Ausland beteiligen (Indizwirkung).

Der Feststellung der positiven Kenntnis aller im Ausland Begünstigten oder aller Mitwirkenden von der Beteiligung deutscher Organisationen bedarf es nicht. Es wird darauf abgestellt, dass „die Tätigkeit der Körperschaft neben der Verwirklichung der steuerbegünstigten Zwecke auch zum Ansehen der Bundesrepublik Deutschland im Ausland beitragen **kann**". Es bedarf danach keiner spürbaren oder messbaren Auswirkung auf das Ansehen Deutschlands im Ausland. Der mögliche Ansehensbeitrag ist auch nicht als eigenständiger Nebenzweck der Organisation gemeint. Die Körperschaft muss daher weder ihre Tätigkeit noch ihre Satzungszwecke speziell darauf ausrichten. § 51 Abs. 2 AO steht folglich auch der weiteren Begünstigung von sog. Mittelbeschaffungskörperschaften, die ausländische Körperschaften unterstützen (§ 58 Nr. 1 AO), nicht entgegen, da beim Inlandsbezug allein auf die Mittelbeschaffungskörperschaft selbst abgestellt wird, sodass es insoweit keiner besonderen Regelung bedarf.

Auf eine Alternative zur Voraussetzung der „Förderung der im Inland ansässigen Personen" kann umgekehrt nicht verzichtet werden, da ansonsten inländische Körperschaften, die sich vorrangig oder nur im Ausland engagieren – beispielsweise in der Katastrophen- oder Entwicklungshilfe –, von der Steuerbegünstigung ausgeschlossen würden. Ausländische Organisationen können den Inlandsbezug ebenfalls erfüllen, indem sie beispielsweise in Deutschland lebende natürliche Personen fördern, selbst wenn die Personen sich zu diesem Zweck im Ausland aufhalten. Die oben dargestellte Indizwirkung der Tatbestandsalternative des möglichen Ansehensbeitrags zugunsten Deutschlands entfällt zwar bei ausländischen Organisationen, die Erfüllung dieser Tatbestandsalternative durch ausländische Einrichtungen ist aber nicht grundsätzlich ausgeschlossen."

Im Zusammenhang mit der Zuerkennung der Vorteile der Gemeinnützigkeit durch den inländischen Fiskus für eine Institution, die ihren Sitz und die Geschäftsleitung in einem EU-/EWR-Staat hat, ist vorab stets zu prüfen, ob es sich bei der EU-ausländischen Einrichtung nach inländischen Maßstäben um eine Körperschaft i. S. des § 1 Abs. 1 KStG handelt (vgl. hierzu auch Tabelle 1 und 2 zum BMF-Schreiben vom 24.12.1999, BStBl 1999 I S. 1076 ff.).

Mit dem nachstehenden Beispiel wird die Wirkungsweise des ab 2009 geltenden strukturellen Inlandsbezugs aufgezeigt.

Beispiel:

Anfang 2009 wird in Italien eine Stiftung nach Maßgabe des italienischen Zivil- und Stiftungsrechts gegründet und entspricht damit einer Körperschaft i. S. des § 1 Abs. 1 Nr. 4 KStG. Sie hat ihren Sitz und ihre Geschäftsleitung in Italien. Die Stiftung hat das Ziel, jungen Schweizern für den Bereich der Musikgeschichte und Musikwissenschaft Studienhilfen zu gewähren. Sie hat sich eine Satzung gegeben, die den Vorgaben des § 60 AO i. d. F. des JStG 2009 entspricht. Die in der Satzung ebenfalls ordnungsgemäß festgeschriebene Vermögensbindung sieht für den Fall des Wegfalls steuerbegünstigter Zwecke, der Aufhebung oder der Auflösung die Weiterleitung der (Rest-)Mittel an die Stadt Münster mit der Maßgabe vor, dass diese die übernommenen Mittel für steuerbegünstigte Zwecke zu verwenden hat.

Zum Vermögen der Stiftung gehört ein Wohn- und Geschäftshaus in der Innenstadt von Münster, das die Stiftung an diverse Mieter langfristig entgeltlich zur Nutzung überlässt.

Die Stiftung unterliegt im Inland als **beschränkt** steuerpflichtige Körperschaft mit ihren inländischen Einkünften grundsätzlich der Ertragsbesteuerung. Die Stiftung begehrt bei dem für sie zuständigen Finanzamt Münster-Innenstadt die Zuerkennung der Gemeinnützigkeit, um den Überschuss der Vermietungstätigkeit nicht der Besteuerung unterwerfen zu müssen, und strebt die Möglichkeit an, Spendern oder (Zu-)Stiftern aus Deutschland steuerwirksame Zuwendungsbestätigungen (§ 10b EStG) ausstellen zu können. Sie beruft sich dabei auf die EuGH-Entscheidungen in den Rechtssachen „Stauffer" und „Persche" sowie § 5 Abs. 2 Nr. 2 KStG i. d. F. des JStG 2009.

Lösung:

Das Finanzamt Münster-Innenstadt erkennt der Stiftung die Steuervergünstigungen nicht zu.

Die Überprüfung auf der ersten Stufe ergibt, dass die Stiftung einen Zweck i. S. des § 52 Abs. 2 Nr. 7 AO fördert (Erziehung und Studentenhilfe) und die satzungsmäßigen Vorgaben der AO in vollem Umfang erfüllt sind. Die Überprüfung auf der zweiten Stufe ergibt jedoch, dass der sog. strukturelle Inlandsbezug bei der Stiftung nicht erfüllt ist (§ 51 Abs. 2 AO n. F.). Es fehlt an einer Förderung von Personen, die ihren Wohnsitz oder ihren gewöhnlichen Aufenthalt im Geltungsbereich der AO haben. Auch ist für das Finanzamt nicht erkennbar, wie die Stiftung durch ihre Arbeit mit jungen Schweizern das Ansehen Deutschlands fördern kann.

Gleichfalls sehe ich bei dieser Gestaltung keine Möglichkeit, für Zuwendungen von Inländern an diese Stiftung einen Spendenabzug nach § 10b EStG zuzulassen. Es fehlt hier an einer Förderung eines steuerbegünstigten Zweckes i. S. der §§ 52 bis 54 AO. Denn wie vorstehend dargestellt, fehlt es hier am strukturellen Inlandsbezug, der unter Bezugnahme in § 10b EStG, § 9 Abs. 1 Nr. 2 KStG und § 9 Nr. 5 GewStG auf die steuerbegünstigten Zwecke der AO auch für Zwecke des Spendenabzugs erfüllt sein muss (siehe Tz. 3.2.3).

Hinweis: *Wie bereits Hüttemann/Helios (DB 2009 S. 701 zu V.3.) ausführen, dürfte der Aufwand, den man betreiben muss, um eine Direktspende in das EU- oder EWR-Ausland steuerlich im Inland abziehen zu können, kaum hinter demjenigen zurückbleiben, der bei der Gründung einer inländischen Förderkörperschaft nach § 58 Nr. 1 AO zum Zweck der Mittelweiterleitung ins Ausland anfällt.*

So hat der Finanzausschuss des Bundestags ausdrücklich darauf hingewiesen, dass die Einführung des strukturellen Inlandsbezugs mit dem JStG 2009 der weiteren Begünstigung von sog. Mittelbeschaffungskörperschaften, die ausländische Körperschaften unterstützen, nicht entgegensteht, da beim Inlandsbezug allein auf die Mittelbeschaffungskörperschaft selbst abgestellt wird (BT-Drucksache 16/11108 S. 56).

In den §§ 51 bis 68 AO sind mit verbindlicher Wirkung für **alle Steuerarten** die allgemeinen Voraussetzungen geregelt, unter denen Steuervergünstigungen gewährt werden. Art und Umfang der Steuervergünstigungen und weitere Voraussetzungen für deren Inanspruchnahme ergeben sich aus dem jeweiligen Steuergesetz (z. B. § 5 Abs. 1 Nr. 9 KStG, § 3 Nr. 6 GewStG, § 4 Nr. 18 UStG, § 12 Abs. 2 Nr. 8 UStG, § 13 Abs. 1 Nr. 16 Buchst. b ErbStG).

2.1.1.2 Extremistische Zielsetzungen

Der Ausschluss sog. extremistischer Körperschaften von der Steuerbegünstigung wird gesetzlich in § 51 Abs. 3 AO geregelt. Hierdurch wird verdeutlicht, dass die Zuerkennung der Gemeinnützigkeit mit einer unmittelbaren oder mittelbaren Förderung extremistischer Zielsetzungen unvereinbar ist. Hierdurch wird die bisherige Verwaltungspraxis kodifiziert (vgl. AEAO i. d. F. des BMF-Schreibens vom 22.12.2009, BStBl 2010 I S. 9, dort Nr. 16 zu § 52 AO und Nr. 3 zu § 63 AO, Anhang 1). Die Regelung will damit insbesondere diejenigen Vereine von der Anerkennung als gemeinnützige Körperschaft ausschließen, deren Zweck oder Tätigkeit namentlich gegen die freiheitlich demokratische Grundordnung, den Bestand oder die Sicherheit des Bundes oder eines Landes gerichtet oder deren Einrichtungen in ihrer Funktionsfähigkeit erheblich zu beeinträchtigen geeignet ist. Mit der zusätzlichen Aufnahme des Tatbestands des Zuwiderlaufens gegen den Gedanken der Völkerverständigung werden z. B. ausländerextremistische Spendensammelvereine von der Zuerkennung der Steuerbegünstigung ausgeschlossen. Gegen den Gedanken der Völkerverständigung richtet sich z. B. eine Körperschaft, wenn sie auf eine Störung des Friedens unter den Völkern und Staaten abzielt, sich gegen solche allgemeinen Regeln des Völkerrechts wendet, deren Ablehnung zu einer ernsthaften Störung des Zusammenlebens der Staaten und der Völker führt, oder auch von bestimmten rassischen Anschauungen ausgeht (Alber in Dötsch/Pung/Möhlenbrock, Rz. 16 zu § 5 Abs. 1 Nr. 9 KStG unter Hinweis auf Art. 9 Abs. 23 GG).

Ob die Ausschlusskriterien auf den konkreten Verein zutreffen, kann sich nicht nur aus der Satzung, sondern insbesondere auch aus dem tatsächlichen Verhalten der Vereinsmitglieder ergeben. Ob eine Körperschaft Bestrebungen i. S. des § 4 des Bundesverfassungsschutzgesetzes fördert oder dem Gedanken der Völkerverständigung zuwiderhandelt, ist von den Finanzbehörden in eigener Zuständigkeit zu beurteilen.

Die Finanzbehörde hat den Sachverhalt nach § 88 Abs. 1 AO grundsätzlich von Amts wegen zu ermitteln. Dabei wird die Aufklärungspflicht der Finanzbehörde durch die Mitwirkungspflicht des Beteiligten (§ 90 AO) begrenzt. Nach der Rechtsprechung des BFH gilt dabei im Regelfall, dass die Finanzbehörde die Feststellungslast für die Tatsachen trägt, die vorliegen müssen, um einen Steueranspruch geltend machen zu können. Der in Anspruch genommene Steuerpflichtige trägt dagegen die Feststellungslast für die Tatsachen, die Steuerbefreiungen und -ermäßigungen begründen oder einen Steueranspruch aufheben oder einschränken. Jede steuerbegünstigte Körperschaft trägt danach die Feststellungslast dafür, dass Satzung und tatsächliche Geschäftsführung den Anforderungen des Gemeinnützigkeitsrechts genügen.

Dass die Körperschaft im Rahmen ihrer tatsächlichen Geschäftsführung nicht gegen die Wertordnung des Grundgesetzes verstößt, ist allerdings eine negative Tatsache, die von der Körperschaft nur dann darzutun ist, wenn die Finanzbehörde konkrete Anhaltspunkte dafür vorträgt, dass dies nicht der Fall ist (siehe auch Jachmann/Unger in Beermann/Gosch, AO, § 51 AO Rz. 99). Als ein solcher Anhaltspunkt kommt grundsätzlich die Erwähnung der Körperschaft in einem Verfassungsschutzbericht des Bundes oder eines Landes in Betracht.

Zur Verfahrensvereinfachung bestimmt § 51 Abs. 3 Satz 2 AO hierzu, dass die Aufnahme einer Körperschaft in den Verfassungsschutzbericht des Bundes oder eines Landes als extremistische Organisation die widerlegbare Vermutung begründet, dass diese Körperschaft nicht die Voraussetzungen des § 51 Abs. 3 Satz 1 AO erfüllt (siehe hierzu den Bericht des Finanzausschusses in BT-Drucksache 16/11108 vom 27.11.2008, S. 45). § 51 Abs. 3 Satz 1 AO ist danach eine – auf die Anwendung des § 51 Abs. 3 Satz 1 AO begrenzte – gesetzliche „Beweislastregelung". Liegen die Voraussetzungen dieser Vorschrift im Einzelfall vor, muss die Finanzbehörde hinsichtlich dieses Teilaspektes keine eigenen Ermittlungen mehr anstellen. Es obliegt dann allein dem Betroffenen, die gesetzliche Vermutung zu widerlegen.

Während bei der Erfüllung des Tatbestands des § 51 Abs. 3 Satz 2 AO zunächst von einer weiten Auslegung ausgegangen wurde, wonach neben einer ausdrücklichen Einstufung als extremistische Einrichtung bereits das Vorliegen belegbarer Hinweise für eine entsprechende Einstufung als ausreichend angesehen wurde (AEAO Nr. 10 zu § 51 Abs. 3 i. d. F. des BMF-Schreibens vom 17.01.2012), ist der Tatbestand des § 51 Abs. 3 Satz 2 AO nunmehr nur bei solchen Organisationen als erfüllt anzusehen, die im Verfassungsschutzbericht des Bundes oder eines Landes für den zu beurteilenden Veranlagungszeitraum **ausdrücklich als extremistisch** eingestuft werden (vgl. BFH-Urteil vom 11.04.2012 I R 11/11, BStBl 2013 II S. 146; AEAO Nr. 10 zu § 51 Abs. 3 AO i. d. F. des BMF-Schreibens vom 31.01.2014).

Aus Gründen der Verfahrensvereinfachung sollen nach einer Abstimmung zwischen Vertretern der obersten Finanzbehörden sowie der Verfassungsschutzbehörden des Bundes und der Länder die Verfassungsschutzberichte der Länder ab 2014 jeweils über einen Anhang verfügen, in dem sämtliche Organisationen aufgeführt werden, die ausdrücklich als extremistisch eingestuft worden sind.

Hat das Finanzamt die Körperschaft bisher als steuerbegünstigt behandelt und wird später ein Verfassungsschutzbericht veröffentlicht, in dem die Körperschaft als extremistisch aufgeführt wird, kommt ggf. eine Änderung nach § 173 Abs. 1 Nr. 1 AO in Betracht.

Bei Organisationen, die nicht unter § 51 Abs. 3 Satz 2 AO fallen, ist eine Prüfung nach § 51 Abs. 3 Satz 1 AO vorzunehmen. Insbesondere eine Erwähnung als „Verdachtsfall" oder eine nur beiläufige Erwähnung im Verfassungsschutzbericht, aber auch sonstige Erkenntnisse bieten im Einzelfall Anlass zu weiter gehenden Ermittlungen der Finanzbehörde, z. B. auch durch Nachfragen bei den Verfassungsschutzbehörden (AEAO Nr. 10 und 11 zu § 51 Abs. 3 AO).

Zudem sind die Finanzbehörden gem. § 51 Abs. 3 Satz 3 AO in Einklang mit den Bestimmungen zur Wahrung des Steuergeheimnisses (§ 30 Abs. 4 Nr. 2 AO) befugt und verpflichtet, den Verfassungsschutzbehörden Tatsachen, die den Verdacht begründen, eine Organisation verfolge extremistische Ziele, unabhängig davon mitzuteilen, welchen Besteuerungszeitraum diese Tatsachen betreffen.

2.1.2 Vereine

2.1.2.1 Rechtsverhältnisse der Vereine

Die Rechtsverhältnisse der Vereine sind in den §§ 21 bis 79 BGB sowie im Gesetz zur Regelung des öffentlichen Vereinsrechts – Vereinsgesetz – vom 05.08.1964 (BGBl 1964 I S. 593) geregelt.

Ein Verein ist eine Vereinigung, zu der sich eine Mehrheit natürlicher oder juristischer Personen für längere Zeit zu einem gemeinsamen Zweck freiwillig zusammengeschlossen und einer organisierten Willensbildung unterworfen hat. Es wird zwischen Vereinen unterschieden, deren Zweck auf einen wirtschaftlichen Geschäftsbetrieb gerichtet ist, und Vereinen, die ideelle Zwecke verfolgen (**Ideal-**

vereine, § 21 BGB). Für wirtschaftliche Vereine kommen steuerliche Vergünstigungen nicht in Betracht.

Wesensmerkmal des **wirtschaftlichen Vereins** ist, dass er wie ein Unternehmen am Wirtschaftsverkehr teilnimmt und planmäßige Leistungen anbietet (vgl. dazu auch BGH-Beschluss vom 14.07.1966 II ZB 2/66, BGHZ 45 S. 398). Wirtschaftliche Vereine erlangen die Rechtsfähigkeit durch staatliche Verleihung (§ 22 BGB ff.). Sie sind in der Praxis selten anzutreffen und kommen, da ihr Handeln nicht als selbstlos i. S. des § 55 AO eingeordnet werden kann (siehe Tz. 2.5 ff.), für steuerliche Vergünstigungen i. S. der §§ 51 ff. AO nicht in Betracht.

Kennzeichnend für einen Idealverein i. S. des § 21 BGB ist neben der Tatsache, dass sich eine Mehrzahl von Personen zur Verwirklichung eines gemeinsamen Zwecks zusammenschließt, dass dieser Zusammenschluss über eine Satzung verfügt, er einen eigenen Namen führt, er eigene Organe hat und als solcher von dem Wechsel seiner Mitglieder unabhängig ist. Die Ziele, die Idealvereine verfolgen, sind nicht (in erster Linie) wirtschaftlicher Natur. Sie verfolgen beliebige ideelle Zwecke, wie sportliche, künstlerische, wohltätige Ziele, oder andere Idealzwecke. Strebt ein Verein die Steuervergünstigungen der §§ 51 ff. AO an, muss die Satzung schriftlich abgefasst sein (zu den steuerlichen Vorgaben, die die Satzung erfüllen muss, wird im Einzelnen auf § 60 AO; AEAO zu § 60 AO, Anhang 1; Tz. 2.10 verwiesen). Die **Vereinssatzung** muss nach § 25 BGB (für nichtrechtsfähige Vereine gibt es keine besonderen Formerfordernisse) den Zweck des Vereins, den Namen sowie den Sitz enthalten und sollte auch über Aussagen zum Ein- bzw. Austritt der Mitglieder, zur Beitragserhebung sowie der Bildung des Vorstands verfügen. Bei der Gestaltung bzw. Abfassung der einzelnen Satzungsbestimmungen haben die Gründungsmitglieder weitgehende Freiheiten, da dem Verein als Ausfluss des allgemeinen Grundsatzes der Vertragsfreiheit die Möglichkeit gegeben ist, sich eine eigene innere Ordnung zu geben (das Muster einer vereinfachten Vereinssatzung einschließlich der steuerlichen „Mussvorschriften" ist in Anhang 5 abgedruckt).

Die (Gründungs-)Satzung soll von mindestens 7 Gründern unterschrieben und datiert werden (§ 56 BGB). Die Mindestanzahl von 7 Mitgliedern kann nur in Ausnahmefällen unterschritten werden (siehe dazu Palandt/Heinrichs, 63. Auflage, Rz. 1 zu § 56 BGB). Im Fall des nachträglichen Ausscheidens von Mitgliedern kann ein rechtsfähiger Verein (e. V.) auch mit nur einem Mitglied weiterexistieren. Für einen nichtrechtsfähigen Verein sind hingegen mindestens 2 Mitglieder erforderlich (siehe Heinrichs, a. a. O., Rz. 7 zu § 54 BGB). Über die Bestellung des ersten Vorstands ist ein Protokoll anzufertigen, das von allen Gründern zu unterzeichnen ist (zu Grundlagen und ausgewählten Fragen des Vereinsrechts siehe u. a. Friedrich in DStR 1994 S. 61 und 125).

Durch Eintragung in das Vereinsregister des zuständigen Amtsgerichts erlangt der Verein **Rechtsfähigkeit.** Diese bleibt ihm bis zur Löschung der Eintragung erhalten. Die Eintragung erfolgt aufgrund eines Antrags, der von allen Vorstandsmitgliedern **vor einem Notar** zu unterzeichnen ist (§§ 77, 129 BGB). Es ist zu beachten, dass der rechtsfähige Verein das Registergericht über Änderungen des Vorstands unterrichten muss (§ 67 BGB) und Satzungsänderungen zu ihrer Wirksamkeit der Eintragung in das Vereinsregister bedürfen (§ 71 BGB). Als rechtsfähige Körperschaft kann der Verein eigenes Vermögen erwerben und ist auch in den übrigen rechtlichen Belangen den natürlichen Personen weitgehend gleichgestellt. Für Vereinsverbindlichkeiten haftet allein das Vereinsvermögen. Die Vereinsmitglieder selbst haften nur bei unerlaubter Handlung u. Ä. oder wenn eine gesonderte Schuldübernahme vereinbart ist (zur Haftung für Steuerschulden durch die Vorstandsmitglieder siehe BFH vom 23.07.1998, BStBl 1998 II S. 761).

Hinweis: *In seinem Beschluss vom 18.01.2011 (25 W 14/10) hat das KG Berlin einem Trägerverein für Kindergärten und Kindertagesstätten die Eintragung in das Vereinsregister mit der Begründung verweigert, dass es sich bei Kitas um sog. „wirtschaftliche Geschäftsbetriebe" i. S. des § 21 BGB handele.*

Die weitere Entwicklung der Praxis der Registergerichte bleibt abzuwarten. Im Einzelfall sollten die Verantwortlichen zur Erlangung der Rechtsfähigkeit der zu begründenden Einrichtung dann über die Wahl einer anderen Rechtsform, wie etwa die der gemeinnützigen (Mini-)GmbH, entscheiden.

2.1.2.2 Stellung der Vereinsorgane

Eine zivilrechtliche **Haftung der Organe** (des Vorstandes) des rechtsfähigen Vereins ist grundsätzlich ausgeschlossen. Ein Haftungsanspruch gegen den Vorstand persönlich kann jedoch dann entstehen, wenn der Vorstand die ihm eingeräumte Vertretungsmacht überschritten hat, da das von ihm vorgenommene Geschäft dann für den Verein nicht verbindlich ist. Eine Haftung für Steuerschulden des Vereins trifft den Vorstand persönlich, wenn der Vorstand in seiner Eigenschaft als gesetzlicher Vertreter des Vereins steuerliche Pflichten vorsätzlich oder grob fahrlässig verletzt hat. Auch ein ehrenamtlich oder unentgeltlich tätiger Vorstand eines Vereins haftet wie ein Geschäftsführer einer GmbH, siehe BFH vom 23.07.1998 (BStBl 1998 II S. 761) und vom 13.03.2003 (BStBl 2003 II S. 556). Ausführlich nimmt hierzu u. a. Werner in INF 2004 S. 20 Stellung.

Daneben besteht grundsätzlich die Möglichkeit für den Verein selbst oder auch für die Mitglieder des Vereins, bei einem durch den Vorstand verursachten Schaden gegenüber dem Vorstand einen Haftungsanspruch geltend zu machen. Dieser Anspruch kann auf der Grundlage der Bestimmungen zum Auftragsrecht (§§ 664 bis 670 BGB) begründet werden (zur Wirkung der Entlastung des Vorstands durch die Mitgliederversammlung siehe auf S. 38).

Die zivilrechtliche Haftungsfrage für unentgeltlich tätige Organmitglieder oder besondere Vertreter i. S. des § 30 BGB wurde mit dem Gesetz zur Begrenzung der Haftung von ehrenamtlich tätigen Vereinsvorständen (VerHftBrgG) vom 28.09.2009 (BGBl 2009 I S. 3161) unter Einführung des § 31a BGB beantwortet und durch das Gesetz zur Stärkung des Ehrenamts (Ehrenamtsstärkungsgesetz) vom 21.03.2013 (BGBl 2013 I S. 556) novelliert. Danach haftet ein Vorstand, der unentgeltlich tätig ist oder für seine Tätigkeit eine Vergütung erhält, die 720 Euro (bis 31.12.2012: 500 Euro) jährlich nicht übersteigt, dem Verein oder den Vereinsmitgliedern für einen in Wahrnehmung seiner Vorstandspflichten verursachten Schaden nur bei Vorliegen von **Vorsatz** oder **grober Fahrlässigkeit.** Für den Nachweis einer vorsätzlichen oder grob fahrlässigen Verursachung tragen der Verein oder die Vereinsmitglieder die Beweislast.

Für den Fall, dass der Anspruch auf Schadensersatz, der bei der Wahrnehmung der dem Organmitglied bzw. dem gesetzlichen Vertreter obliegenden Pflichten ohne Vorliegen von Vorsatz bzw. grober Fahrlässigkeit verursacht wurde, einem Dritten zusteht, kann von dem Verein die Befreiung von dieser Verbindlichkeit verlangt werden (siehe hierzu auch BT-Drucksache 16/13537 und 16/10120).

Dieselben Maßstäbe sind mit Einführung des § 31b BGB durch das Gesetz zur Stärkung des Ehrenamts (Ehrenamtsstärkungsgesetz, a. a. O.) mit Wirkung ab dem 29.03.2013 auch auf Vereinsmitglieder anzuwenden, die im Rahmen der ihnen übertragenen satzungsgemäßen Vereinsaufgaben tätig werden.

In Bezug auf Vergütungen für eine Vorstandstätigkeit ist im Vereinsrecht zu beachten, dass der Vorstand nach den gesetzlichen Regelungen in § 27 Abs. 3 i. d. F. des Ehrenamtsstärkungsgesetzes vom 21.03.2013 (a. a. O.), §§ 664 ff. BGB unentgeltlich tätig ist. Für die Rechtsstellung des Vorstandes verweist der Gesetzgeber in § 27 Abs. 3, § 86 BGB auf die Vorschriften des Auftragsrechts. Für Mitglieder anderer Organe (wie etwa dem Beirat oder dem Aufsichtsrat) gelten diese Grundsätze entsprechend. Damit haben die Organmitglieder von Vereinen nach § 670 BGB nur Anspruch auf Ersatz der ihnen tatsächlich entstandenen Aufwendungen.

Von dieser gesetzlichen Vorgabe kann nach § 40 BGB nur durch eine ausdrückliche Satzungsregelung (eine „Öffnungsklausel") abgewichen werden. Will ein Verein seine Organmitglieder für die Erledigung ihrer Aufgaben bezahlen, muss dies in der Satzung ausdrücklich vorgesehen sein. Gemeinnützige Vereine, die ohne eine entsprechende Öffnungsklausel in der Satzung entsprechende Zahlungen leisten oder pauschal „Aufwendungsersatz" i. S. des § 3 Nr. 26a EStG zahlen, bewirken damit eine fehlerhafte Mittelverwendung i. S. des § 55 AO, die zum Entzug der Gemeinnützigkeit führt (siehe hierzu BMF vom 21.11.2014, BStBl 2014 I S. 1581, sowie die klarstellende Festlegung im AEAO Nr. 23 zu § 55 Abs. 1 Nr. 3 AO i. d. F. des BMF-Schreibens vom 17.01.2012; ausführlich zu den Regelungen in diesem Schreiben und den zivilrechtlichen Grundlagen siehe Hüttemann in DB 2009 S. 1205). Zum Begriff „Ehrenamt" siehe u. a. Tz. 2.5.7. Ein Formulierungsvorschlag für eine „Öffnungsklausel" ist in der im Anhang 5 abgedruckten Mustersatzung enthalten.

Hinweis: *Vereine, die bereits als steuerbegünstigt anerkannt sind und ihre Satzung mit Blick auf die Zahlung von Vergütungen an ihre Vorstände ändern wollen, während ihre letzte Satzungsänderung bereits vor dem 01.01.2009 vorgenommen wurde, müssen dabei die Festlegungen der Mustersatzung (= Anlage 1 zu § 60 AO) zwingend übernehmen (vgl. dazu Art. 97 § 1f Abs. 2 EGAO und Tz. 2.10.2 sowie die im Anhang 5 abgedruckte Mustersatzung für Vereine).*

Die Mitgliederversammlung ist das höchste Organ eines (rechtsfähigen oder nichtrechtsfähigen) Vereins. Durch die Stimmabgabe der Mitglieder während der Mitgliederversammlung wird der Wille des Vereins gebildet (§ 32 BGB). Ein zufälliges Treffen der Vereinsmitglieder ist noch keine Mitgliederversammlung. Eine wirksame Mitgliederversammlung muss vom Vorstand (oder, wenn die Satzung eine andere Regelung getroffen hat, von dem dort genannten Gremium) einberufen werden. Die Einberufung/Einladung muss den Ort, den Zeitpunkt sowie den Zweck (Inhalt) der **Mitgliederversammlung** angeben. Über den Verlauf der Mitgliederversammlung ist ein Protokoll anzufertigen (durch Schriftführer und/oder Vorstand). Der Vorstand muss gegenüber der Mitgliederversammlung zum Stand der Geschäfte Auskunft geben (= über alle Vereinsangelegenheiten). Diese Informationspflicht besteht nicht gegenüber einzelnen Mitgliedern. Regelmäßig muss der Vorstand daher auf der Mitgliederversammlung seinen Rechenschaftsbericht über das abgelaufene Geschäftsjahr abgeben (Information über Entwicklung des Vermögens, Mitgliederbestand, besondere Ereignisse des Geschäftsjahres etc.; zu den Rechenschaftsverpflichtungen und den daraus abzuleitenden Aufzeichnungspflichten siehe in Tz. 2.13.5 zu § 63 AO).

Dem Vorstand kann die Mitgliederversammlung (i. d. R. nach Vorlage des Rechenschaftsberichts) Entlastung erteilen. **Entlastung** bedeutet, dass der Verein auf mögliche Schadensersatzansprüche, die ggf. aufgrund fehlerhafter Geschäftsführung gegen den Vorstand oder einzelne Vorstandsmitglieder bestehen können, verzichtet.

2.1.2.3 Rechtsfähiger und nichtrechtsfähiger Verein, Großvereinsregelung

Entscheidend für die Möglichkeit der Eintragung im Vereinsregister ist, dass der Hauptzweck des e. V. **nicht auf eine wirtschaftliche Tätigkeit** ausgerichtet ist. Grundsätzlich ist zwar eine wirtschaftliche Betätigung dann zulässig, wenn sie dem Hauptzweck des Vereins dient und wenn der Geschäftsbetrieb diesem untergeordnet ist (sog. „Nebenzweckprivileg"). Wenn ein e. V. diese Grenze jedoch überschreitet, könnte er aus dem Vereinsregister gelöscht werden. Er würde damit seine Rechtsfähigkeit verlieren; siehe hierzu auch das Urteil des BGH vom 10.12.2007 II Z R 239/05 (Anmerkung: Nach meiner Erfahrung überwachen die Registergerichte den Umfang der tatsächlichen Geschäftstätigkeit von eingetragenen Vereinen jedoch nicht intensiv).

Die Rechtsstellung der **nicht eingetragenen Vereine** (= nichtrechtsfähigen Vereine) ist weitgehend dem rechtsfähigen Verein angeglichen (siehe dazu u. a. Palandt/Heinrichs, 62. Auflage, Rz. 1 zu § 54 BGB, und Friedrich, a. a. O.). Es ist ihm (lediglich) nicht möglich, im Rechtsverkehr in allen Bereichen als eigenständige Rechtspersönlichkeit aufzutreten. Für rechtsgeschäftliche Verbindlichkeiten, die im Namen des nichtrechtsfähigen Vereins abgeschlossen werden, haften die Mitglieder als Gesamtschuldner beschränkt auf ihren Anteil am Gesamtvermögen. Einem Gläubiger haftet der Handelnde daneben nach dessen Wahl stets persönlich (§ 54 Satz 2 BGB).

Zu den Körperschaften i. S. des § 1 Abs. 1 KStG zählen sowohl rechtsfähige Vereine (= sonstige juristische Personen des privaten Rechts, § 1 Abs. 1 Nr. 4 KStG) als auch nichtrechtsfähige Vereine (= § 1 Abs. 1 Nr. 5 KStG). Da die steuerlichen Vergünstigungen nach den §§ 51 bis 68 AO **allen** Körperschaften im Sinne des KStG gewährt werden, ist die Frage der Eintragung oder **Nichteintragung im Vereinsregister** (zivilrechtliche Nicht-/Rechtsfähigkeit) für die Zuerkennung der **Gemeinnützigkeit** ohne Bedeutung (zum Beginn der Steuerpflicht bzw. einer Steuerbefreiung nach § 5 Abs. 1 Nr. 9 KStG siehe H 2 KStH).

Untergliederungen eines **(Groß-)Vereins** (z. B. regionale Gliederungen wie Landes-, Bezirks-, Ortsverbände) sind dann als nichtrechtsfähige Vereine und damit als selbständige Steuersubjekte im Sinne des KStG (§ 1 Abs. 1 Nr. 5 KStG) oder des UStG (§ 2 Abs. 1 UStG) anzusehen, wenn sie

a) über eigene satzungsmäßige **Organe** (Vorstand, Mitgliederversammlung) verfügen und über diese auf Dauer nach außen im eigenen Namen auftreten

und

b) eine eigene **Kassenführung** vornehmen.

Zur Parteifähigkeit von nichtrechtsfähigen Vereinen in einem Rechtsstreit siehe auch BGH vom 02.07.2009 II ZR 111/05.

Für die Annahme eines selbständigen Steuersubjektes ist es **nicht erforderlich,** dass die Untergliederung neben der Satzung des Hauptvereins eine eigene Satzung hat. Der Zweck, die Aufgaben und die Organisation der Untergliederung können sich auch aus der Satzung des Hauptvereins ergeben (BGH vom 19.03.1984, NJW

1984 S. 2223, DB 1984 S. 1673; siehe hierzu auch FG Münster vom 07.05.2002, EFG 2002 S. 1134; BFH vom 13.03.2003, BStBl 2003 II S. 556).

Die Untergliederung kann jedoch nur dann als steuerbegünstigt anerkannt werden, wenn sie eine **eigene Satzung** hat, die den gemeinnützigkeitsrechtlichen Anforderungen genügt (§§ 59, 60 AO; Tz. 2.9 und 2.10). Es ist zivilrechtlich zulässig, dass der Hauptverein seinen Untergliederungen eine Satzung gibt (vgl. auch Palandt, 58. Auflage, Einführung vor § 21 Anm. 10, und Friedrich in DStR 1994 S. 61, Tz. 1.5). Liegt eine bürgerlich-rechtlich wirksame Satzung für die Untergliederung vor, lässt sich ihre steuerliche Anerkennung nicht mit dem Argument verneinen, die Satzung sei nicht von der Mitgliederversammlung der Untergliederung beschlossen worden (siehe auch BMF-Schreiben vom 22.05.1989, DB 1989 S. 1166; KSt-Kartei OFD Frankfurt a. M., Karte H 37 zu § 5 KStG). Zu den Möglichkeiten des Hauptvereins, (verkürzte) Satzungen oder Mustersatzungen für Untergliederungen abzufassen und vorzugeben, siehe FinMin NRW vom 18.09.1990 (DB 1990 S. 2096).

§ 51 Abs. 1 Satz 3 AO bestimmt ausdrücklich, dass **funktionale Untergliederungen** von größeren Vereinen (einzelne Abteilungen, die nach einer gewissen Verselbständigung nach außen jedoch weiterhin im Innenverhältnis dem Hauptverein untergeordnet sind), z. B. bei einem einheitlichen Sportverein die Fußball-, Tennis-, Schwimmabteilung etc., auch dann, wenn sie die Voraussetzungen für die Annahme eines selbständigen Steuersubjektes (siehe oben) erfüllen, nicht als selbständige Steuersubjekte gelten und damit die steuerlichen Vergünstigungen wegen Gemeinnützigkeit nicht gesondert in Anspruch nehmen können (siehe dazu Thiel/ Eversberg, DB 1990 S. 290, **395**).

Das Bundesministerium der Justiz gibt einen Leitfaden zum Vereinsrecht (aktueller Stand: Juli 2013) heraus. Er kann kostenlos über die folgende Internetseite heruntergeladen werden: http://www.bmj.de/SharedDocs/Downloads/DE/Broschueren/ DE/Leitfaden_Vereinsrecht.pdf?__blob=publicationFile.

Die **Abgrenzung** zwischen einem nichtrechtsfähigen **Verein** und einer **Gesellschaft des bürgerlichen Rechts** (für die die steuerlichen Vergünstigungen ausgeschlossen sind, vgl. Tz. 2.1.1) kann im Einzelfall schwierig sein. Aus der gewählten Bezeichnung der Personenvereinigung (z. B. Klub, Gemeinschaft, Verband) können oft keine zuverlässigen Schlüsse auf die Rechtsform gezogen werden. Bei der steuerlichen Beurteilung kommt es darauf an, ob nach der rechtlichen und tatsächlichen Gestaltung die zusammengeschlossenen Personen „Mitglieder" eines Vereins oder „Mitunternehmer" (Gesellschafter einer Gesellschaft des bürgerlichen Rechts) sind.

Merkmale für das Vorliegen eines nicht eingetragenen Vereins sind insbesondere der Zusammenschluss eines größeren Kreises von Personen sowie das Vorhandensein einer Satzung und geschäftsführender Organe (Mitgliederversammlung, Vorstand). Im Übrigen sind Vereinsmitglieder an den Einkünften und am Vermögen des Vereins nicht unmittelbar beteiligt. Der Wechsel der Mitglieder ist ohne Einfluss auf den Bestand des Vereins. Für eine körperschaftliche Organisation spricht im Übrigen ein Gesamtname oder die Vertretung durch einen Vorstand. Wesensmerkmale der Gesellschaft des bürgerlichen Rechts sind dagegen das Gesamthandsvermögen, der Anspruch der Beteiligten auf Verteilung der erzielten Einkünfte und die Auflösung der Gesellschaft, wenn einer der Beteiligten ausscheidet (sofern vertraglich nichts anderes vereinbart ist).

Auch Vereine mit einem ideellen Zweck unterhalten zur Erreichung ihres (oft steuerbegünstigten) Zwecks nicht selten einen wirtschaftlichen Geschäftsbetrieb (z. B. Kantinenbetrieb, Durchführung von Festveranstaltungen, Verkauf von Druckerzeugnissen, Werbung für die gewerbliche Wirtschaft) und erzielen damit Umsätze und gewerbliche Gewinne. Sie unterliegen insoweit der Besteuerung, auch wenn sie im Übrigen die Voraussetzungen für Steuerbefreiungen erfüllen (Tz. 2.14).

2.1.3 Sonstige Zweckvermögen

Unter einem Zweckvermögen versteht man eine selbständige Vermögensmasse, die aus dem Vermögen und der Verfügungsmacht des bisherigen Eigentümers (z. B. des „Stifters", Spenders) ausgeschieden ist und einem bestimmten Zweck dienen soll (siehe dazu auch FG Rheinland-Pfalz vom 29.06.1966, EFG 1966 S. 588; siehe auch BFH vom 24.03.1993 I R 27/92, BStBl 1993 II S. 637). Beispiel eines **nichtrechtsfähigen Zweckvermögens** ist das durch öffentliche Sammlung für einen vorübergehenden Zweck aufgebrachte Vermögen (§ 1914 BGB). Die aus diesem zweckgebundenen Vermögen fließenden Einkünfte (z. B. Zinsen) sind Einkünfte der selbständigen Vermögensmasse.

2.1.4 Stiftungen

2.1.4.1 Rechtsverhältnisse der Stiftungen

Das Recht der Stiftungen ist nicht bundeseinheitlich geregelt, sondern ergibt sich aus dem Zusammenspiel der Stiftungsgesetze der Bundesländer und dem BGB. Weder im BGB noch in den Stiftungsgesetzen der einzelnen Bundesländer gibt es eine gesetzliche Definition der Stiftung (die jeweiligen Landesstiftungsgesetze stehen zum Download unter www.Stiftungen.org zur Verfügung). Als Stiftung wird sowohl ein Vorgang als auch ein wirtschaftliches Gebilde bezeichnet. Mit dem Vorgang ist die rechtsgeschäftliche Widmung einer Vermögensmasse zu einem bestimmten Zweck durch den Stifter gemeint (= **Stiftungsgeschäft** i. S. des § 81 BGB). Das wirtschaftliche Gebilde „Stiftung" entsteht aus diesem „Vorgang". Das Gebilde ist dann **eine eigenständige Vermögensmasse,** die einem (vom Stifter) bestimmten Zweck gewidmet ist. Diese Vermögensmasse als solche hat weder einen Eigentümer noch Mitglieder. Die Stiftung „gehört sich selbst". Sie ist Körperschaft i. S. des § 1 Abs. 1 KStG – entweder als sonstige juristische Person des privaten Rechts (§ 1 Abs. 1 Nr. 4 KStG) oder als nichtrechtsfähige Stiftung (§ 1 Abs. 1 Nr. 5 KStG). Eine eigenständige Vermögensmasse (Stiftung) ist anzunehmen, wenn

– ein im Einzelnen bestimmtes (Stiftungs-)Vermögen vorhanden ist,
– ein durch das Stiftungsgeschäft vom Stifter (in Schriftform) festgelegter Stiftungszweck gegeben ist

und

– eine (regelmäßig auch vom Stifter vorgegebene) Organisation für die Stiftung besteht

(zur steuerlichen Behandlung einer Stiftung in der Gründungsphase siehe Tz. 2.1.4.5 am Ende).

Die vom Stifter an „seine Stiftung" gestellte Forderung/Erwartung geht dahin, dass die vorhandene Vermögensmasse rentierlich angelegt wird, um mit den erzielten Erträgnissen die vorgegebenen Zwecke auf Dauer erfüllen zu können. Grundsätzlich soll der einmal **festgelegte Zweck** auf lange Sicht (**"auf ewig"**) aus der Vermögensmasse heraus verwirklicht werden, sofern im Stiftungsgeschäft und in der Stiftungssatzung keine anderweitigen Festlegungen getroffen wurden (zu den Besonderheiten einer Verbrauchsstiftung siehe unter Tz. 2.1.4.6). Die Auflösung einer Stiftung oder Änderung der Stiftungszwecke (unter Beachtung des Stifterwillens, § 87 BGB) ist grundsätzlich erst dann möglich, wenn sich z. B. in späterer Zeit wegen Änderung der Verhältnisse, des Wegfalls des Zwecks etc. die Unmöglichkeit der Erfüllung des Stiftungszwecks erweisen sollte. Da die Stiftung weder einen Eigentümer noch Mitglieder hat, kann bzw. muss sie – allein dem Satzungszweck folgend – die festgelegten Zwecke verwirklichen.

Hinweis: *Da der Stiftungssatzung konstitutive Wirkung zukommt, sodass in Auslegungsfragen stets auf den im Zeitpunkt der Stiftungserrichtung manifestierten Stifterwillen abzustellen ist, empfiehlt es sich, der Stiftung durch geeignete Satzungsgestaltungen ein Mindestmaß an Flexibilität zu erhalten, um auf geänderte gesellschaftliche, wirtschaftliche oder politische Rahmenbedingungen reagieren zu können, und auf diese Weise ein nachhaltiges Tätigwerden zu sichern. Dabei ist stets zwischen der dauerhaften Statuierung stifterlicher Maximen und den Vorteilen einer Flexibilisierung abzuwägen.*

Die Gründung einer Stiftung kommt daher gerade für diejenigen in Betracht, die für den künftigen Verbleib ihres Vermögens keinen direkten Erben einsetzen können oder wollen, die den Erhalt des Vermögens in einer Hand anstreben oder bestimmte steuerliche Vorteile ins Auge fassen (insbesondere zu den erbschaft- und schenkungsteuerlichen Vorteilen einer Stiftungsgründung siehe Thiel in DB 1993 S. 2452). Umfassend hat sich Orth in JBFSt 1993/1994 S. 417 ff. mit der **Stiftung im Wirtschaftsverkehr** auseinandergesetzt. Ich verweise hierzu auch auf Schiffer, Die Stiftung in der Beraterpraxis, 2. Auflage 2009.

2.1.4.2 Die rechtsfähige Stiftung; Stiftungsaufsicht

Die Stiftungen finden ihre Rechtsgrundlage in den §§ 80 bis 88 BGB sowie den Landesstiftungsgesetzen der einzelnen Bundesländer. Die Stiftungen des privaten Rechts erlangen Rechtsfähigkeit durch Anerkennung (§ 80 BGB). Eine als rechtsfähig anerkannte Stiftung wird dann auch als **selbständige Stiftung** bezeichnet. Die Voraussetzungen, die in dem jeweiligen Bundesland für eine Anerkennung erfüllt sein müssen, regeln die Stiftungsgesetze der Bundesländer. Da die einzelnen Landesregelungen sowohl bei den Voraussetzungen, die für eine Anerkennung der Stiftung erfüllt sein müssen, insbesondere aber in Bezug auf die Regelungen zur Stiftungsaufsicht in Abhängigkeit zum gewählten Sitz der Stiftung Unterschiede aufweisen, kann die Wahl des Sitzes der Stiftung besondere Bedeutung erlangen.

Die Anerkennung der **Rechtsfähigkeit** in einem Bundesland hat Wirkung für das gesamte Bundesgebiet.

Eine rechtsfähige (selbständige) Stiftung des Privatrechts entsteht nach § 80 BGB durch **Stiftungsgeschäft** und Anerkennung durch die Behörde, die in dem jeweiligen Bundesland für die Stiftungsaufsicht zuständig ist. Die Zuständigkeit für die steuerlichen Belange einer Stiftung richtet sich nach dem Ort, von dem die Geschäfte der Stiftung geleitet werden (§ 20 AO). So kann z. B. der statuarische Sitz einer als rechtsfähig anerkannten Stiftung in Berlin gewählt werden, sodass diese Stiftung die stiftungsrechtlichen Regelungen des Landes Berlin zu beachten hat (= die Stiftungsaufsicht Berlin wird tätig sein), während die Stiftung steuerlich aber bei einem Finanzamt in einem anderen Bundesland geführt wird (am Ort der Geschäftsleitung).

Das Stiftungsgeschäft ist ein Rechtsgeschäft, das auf die Schaffung einer Stiftung gerichtet ist. Für das Stiftungsgeschäft ist die Schriftform zu wahren (§ 82 Abs. 1 BGB). Nur wenn Grundstücke (mit-)übertragen werden, ist gem. § 925 BGB eine

notarielle Beurkundung des Übertragungsgeschäftes (Auflassung) erforderlich. Eine notarielle Beurkundung ist auch dann erforderlich, wenn Gesellschaftsanteile an einer GmbH Gegenstand des Stiftungsgeschäftes sind (§ 15 GmbHG).
Bestandteil des Stiftungsgeschäftes ist die Stiftungssatzung (§ 85 BGB). Nach den Regelungen in § 81 Abs. 2 BGB besteht die Möglichkeit des Widerrufs des Stiftungsgeschäfts bis zum Zeitpunkt der Anerkennung der Stiftung durch die Aufsichtsbehörde.
Bei einer Verfügung von Todes wegen kann das Stiftungsgeschäft durch **Testament** oder **Erbvertrag** erfolgen. Die Stiftung wird dabei als Erbe eingesetzt, kann aber auch als Vermächtnisnehmer eingesetzt werden.
Dabei ist zu beachten, dass von Todes wegen errichtete Stiftungen des privaten Rechts im Fall ihrer Genehmigung bzw. Anerkennung aufgrund des § 84 BGB bereits ab dem Zeitpunkt des Vermögensanfalls (Todeszeitpunkt) rückwirkend subjektiv **körperschaftsteuerpflichtig** sind (BFH vom 17.09.2003, BStBl 2005 II S. 149). Daher sind alle im Zusammenhang mit dem Stiftungsvermögen verwirklichten Steuertatbestände der (neuen) Stiftung rückwirkend zuzurechnen. Die in § 84 BGB angeordnete Rückwirkung wirkt jedoch dann nicht auf die Regelungen zur Anerkennung der Gemeinnützigkeit zurück, wenn für diese Stiftung im Zusammenhang mit dem Stiftungsgeschäft noch keine Satzung erarbeitet wurde oder die Satzung nicht den Voraussetzungen entspricht, die nach der AO für eine Anerkennung als gemeinnützige Körperschaft erforderlich sind (siehe auch das rechtskräftige Urteil des FG Hessen vom 18.03.2004, EFG 2004 S. 1251; beachte: Abweichend zu dem Sachverhalt, den der BFH in seinem Urteil vom 17.09.2003 zu beurteilen hatte, müssen jetzt auch staatlich anerkannte Stiftungen eine ordnungsgemäße Vermögensbindung in die Satzung aufnehmen, siehe Tz. 2.12 zu § 62 AO in der Vorauflage). Für Neugründungen ab 01.01.2009 gilt die Pflicht, eine Vermögensbindung in die Satzung aufzunehmen, ohne jegliche Ausnahme (siehe § 61 AO, Tz. 2.11.1 i. V. m. dem vollständigen Wegfall des § 62 AO durch das JStG 2009). Hüttemann (Gemeinnützigkeits- und Spendenrecht, 3. Auflage 2015, Rz. 2.56) äußert jedoch m. E. zu Recht Bedenken gegen die Steuerpflicht der Erträge einer rechtsfähigen Stiftung, die auf den Zeitraum zwischen dem Tod des Erblassers und der Anerkennung der Stiftung entfallen, wenn erst im Laufe des Anerkennungsverfahrens eine den gemeinnützigkeitsrechtlichen Anforderungen genügende Satzung (§§ 59, 60 AO) vorgelegt wird (siehe auch das rechtskräftige Urteil des FG Düsseldorf vom 20.03.2003 – 15 K 5912/00 K, EFG 2003 S. 895, das die steuerliche Rückwirkung einer Satzung bei einer Stiftungserrichtung von Todes wegen angenommen hat).
Sowohl bei Begründung einer Stiftung, die als gemeinnützige Körperschaft ausgestaltet werden soll, als auch bei einer Stiftung, die etwa als sog. Familienstiftung gegründet wird, sind stets die allgemeinen Regelungen des BGB zu Pflichtteils- und Pflichtteilsergänzungsansprüchen sowie die Formvorschriften des § 2231 BGB für das Testament und des § 2276 BGB für den Erbvertrag zu beachten (siehe insoweit auch BGH vom 10.12.2003 IV ZR 249/02). Hat der Erblasser zu Lebzeiten eine Stiftung errichtet, kann der Pflichtteilsberechtigte nach § 2323 BGB als Pflichtteilsergänzung den Betrag verlangen, um den sich der **Pflichtteil** erhöht, wenn das gestiftete Vermögen dem Nachlass zugerechnet wird. Ein Pflichtteilsergänzungsanspruch entfällt nur, wenn zur Zeit des Erbfalls 10 Jahre seit der Stiftungserrichtung vergangen sind (siehe Berndt in Stiftung und Unternehmen, 4. Auflage, S. 40 m. w. N.; Götz in NWB aus 08/2005, Fach 2 S. 8797, Richter in Stiftung & Sponsoring 2004 S. 21). Für diese Fälle kommt der vorsorgliche Abschluss eines Erbverzichtsvertrages (§§ 2346, 2348 BGB) unter Vereinbarung einer festgelegten Abfin-

dung oder der Zusage zur Bekleidung eines prestigeträchtigen Amtes innerhalb der Stiftung in Betracht (siehe Ihle in RNotZ, Bonn 2009 S. 569). Praxishinweise zur Errichtung von rechtsfähigen und nichtrechtsfähigen Stiftungen gibt auch Schiffer in Die Stiftung in der Beraterpraxis, 2. Auflage aus 2009.

Die Satzung einer Stiftung sollte mindestens zu den folgenden Punkten Aussagen enthalten:

– dem Namen der Stiftung,

– dem Sitz und dem Zweck der Stiftung,

– den Organen der Stiftung sowie deren Bildung, Aufgaben und Befugnissen,

– dem Vermögen der Stiftung,

– der Verwendung der Erträge des Stiftungsvermögens,

– der Rechtsstellung der durch die Stiftung Begünstigten (= Destinatäre),

– der Anpassung der Satzung an geänderte Verhältnisse,

– der Auflösung der Stiftung,

– dem Anfall des Vermögens bei Erlöschen.

Neben den in den Stiftungsgesetzen festgeschriebenen (Satzungs-)Vorgaben muss eine Stiftung, die die Gemeinnützigkeit anstrebt, die sich aus den §§ 60 und 61 AO (vgl. dazu unter 2.10, 2.11) ergebenden Satzungsanforderungen erfüllen. Wird die Gründung einer rechtsfähigen (selbständigen) Stiftung angestrebt, schalten die Genehmigungsbehörden i. d. R. auch die Finanzverwaltung in das Prüfungsverfahren ein (siehe dazu z. B. OFD Münster vom 13.02.1996, DB 1996 S. 504; Arbeitshilfe der OFD Münster, Stiftungen aus steuerlicher Sicht, 2. Auflage – Stand: 01.04.2012 –, S. 16).

Muster für die Errichtung steuerbegünstigter Stiftungen mit einem Vorschlag für die Abfassung des Stiftungsgeschäftes sowie der Stiftungssatzung sind in NRW in Abstimmung zwischen den Finanz- und Innenbehörden erarbeitet worden. Sie können u. a. auf der Internetseite des Innenministeriums NRW abgerufen werden. Dort sind auch weitere Hinweise und Empfehlungen zu finden, die sich mit der Gründung von rechtsfähigen Stiftungen befassen. Vergleichbare Informationsangebote sind regelmäßig über die Internetseiten der in den einzelnen Bundesländern für die Stiftungsaufsicht zuständigen Behörden abrufbar.

Zu Satzungsgestaltungen bei gemeinnützigen Stiftungen siehe umfassend Fischer/Ihle in DStR 2008 S. 1692. Durch das Gesetz zur Begrenzung der Haftung von ehrenamtlich tätigen Vereinsvorständen vom 28.09.2009 (BGBl 2009 I S. 3161) hat der Gesetzgeber **Haftungserleichterungen** für Vereins- und Stiftungsvorstände eingeführt (in § 86 BGB wird für Stiftungen ergänzend auf den § 31a BGB verwiesen). Schiffer/Pruns geben in Stiftung & Sponsoring 2009, Heft 4 S. 38 f. hierzu Einschätzungen für die Praxis und einen Ausblick (siehe auch Sobotta/von Cube in DB 2009 S. 2082).

Die Organmitglieder von Stiftungen sind grundsätzlich nach Auftragsrecht für ihre Stiftung tätig. Nach § 62 BGB haben sie die Geschäfte der Stiftung daher unentgeltlich zu besorgen. Die Organmitglieder können zwar nach § 670 BGB den Ersatz der ihnen tatsächlich entstandenen Aufwendungen (wie z. B. Fahrtkosten, Unterkunft, Porto), aber keine Entschädigung für die eingesetzte Arbeitszeit und -kraft erhalten. Von dieser gesetzlichen Vorgabe kann nach § 40 BGB nur durch eine ausdrückliche Satzungsregelung (eine „Öffnungsklausel") abgewichen werden. **Will die Stiftung Organmitglieder etwa für Geschäftsführungstätigkeiten bezahlen,** muss dies in der Satzung ausdrücklich vorgesehen sein. Gemeinnützige Stiftungen, die **ohne**

eine Öffnungsklausel in der Satzung entsprechende Zahlungen leisten und z. B. Zahlungen im Rahmen der sog. „Ehrenamtspauschale" i. S. des § 3 Nr. 26a EStG vornehmen, bewirken damit eine fehlerhafte Mittelverwendung i. S. des § 55 AO, die zum **Entzug der Gemeinnützigkeit** führt (siehe hierzu BMF-Schreiben vom 21.11.2014, BStBl 2014 I S. 1581, sowie Tz. 2.5.7 und AEAO Nr. 23 zu § 55 Abs. 1 Nr. 3 i. d. F. des BMF-Schreibens vom 17.01.2012; ausführlich siehe Hüttemann in DB 2009 S. 1205; zu den Sonderfragen bei Stiftungen siehe auch Mecking in Stiftung & Sponsoring 2009, Heft 4 S. 43 f.). Zum Begriff „Ehrenamt" siehe u. a. Tz. 2.5.7. Wird für diese Tätigkeit eine (fremde) Geschäftsführung eingesetzt (= ohne Beteiligung von Organmitgliedern), stellen sich diese Fragen nicht.

Die als rechtsfähig anerkannten (selbständigen) Stiftungen unterliegen nach Maßgabe der Stiftungsgesetze der Länder neben der Prüfung bzw. der Besteuerung durch die Finanzverwaltung einer laufenden Aufsicht durch die jeweils zuständige **Stiftungsaufsichtsbehörde**. Diese Behörden führen dabei eine Rechtsaufsicht durch (es erfolgt hier keine Fachaufsicht) und haben dabei zu überwachen, dass die Stiftungsorgane stets (nur) den Stiftungszweck verwirklichen. Sie haben in gewisser Hinsicht eine Garantenstellung mit der Aufgabe, Sorge dafür zu tragen, dass der Wille des Stifters „auf ewig" tatsächlich befolgt wird. Bei groben Pflichtverletzungen durch die Stiftungsorgane kann die Aufsichtsbehörde auch Organmitglieder abberufen oder einen sog. Sachverwalter einsetzen.

Das Stiftungsrecht in NRW wurde durch das Gesetz vom 15.02.2005 an die Bundesvorgaben angepasst und am 10.02.2010 in einigen Punkten erneut überarbeitet. Mit dem StiftG NRW wurde im Ergebnis eine weitgehende Deregulierung vorgenommen. Zu den wesentlichen Punkten die nachstehenden Hinweise:

– Das StiftG NRW hat die Aufgaben der Stiftungsaufsicht in weiten Bereichen neu umschrieben. Es hat die bisherigen Anzeige- und Genehmigungspflichten in weiten Bereichen abgebaut und auf eine reine Rechtsaufsicht beschränkt.

– Der Stiftungsvorstand hat der Stiftungsaufsicht innerhalb von 12 Monaten nach Ablauf des Geschäftsjahres eine Jahresrechnung mit einer Vermögensübersicht und einen Bericht über die Erfüllung der Stiftungszwecke vorzulegen. Wurde die vorgelegte Jahresrechnung der Stiftung durch eine Behörde, einen Prüfungsverband, einen Wirtschaftsprüfer, einen vereidigten Buchprüfer etc. einschließlich der Erhaltung des Stiftungsvermögens geprüft, kann (= wird) die Stiftungsaufsicht keine eigene Prüfung vornehmen.

– Die Stiftung hat (nur noch) die beabsichtigte Veräußerung oder Belastung von Grundstücken oder sonstigen Vermögenswerten oder von Bürgschaften der Aufsichtsbehörde anzuzeigen (bisher galt ein Genehmigungsvorbehalt). Diese Anzeigepflicht besteht, wenn der Geschäftswert der beabsichtigten Maßnahme zusammen mit vorhandenen Belastungen 30 % des Stiftungsvermögens beträgt. In diesen Fällen kann die Aufsichtsbehörde gegenüber der Stiftung tätig werden, weitere Erläuterungen verlangen oder ggf. auch einschränkende Hinweise oder Auflagen erteilen.

– Weiterhin bedürfen wesentliche Satzungsänderungen der Genehmigung durch die Aufsichtsbehörde.

Auf der Grundlage des § 12 StiftG NRW wurde im Land NRW ein Stiftungsverzeichnis erstellt, das fortgeschrieben wird und über die Internetseite des Ministeriums für Inneres und Kommunales NRW allgemein zugänglich ist (http://www.mik.nrw.de/nc/stiftungsverzeichnis-fuer-das-land-nrw/stiftungen-suchen.html). In ihm werden alle im Land NRW als rechtsfähig anerkannten Stiftungen ausgewiesen. In diesem Verzeichnis sind folgende Angaben erfasst:

- Name der Stiftung
- Sitz der Stiftung
- wesentliche Zwecke der Stiftung
- Anschrift der Geschäftsstelle der Stiftung
- vertretungsberechtigte Organe sowie die Art ihrer Vertretungsberechtigung
- Datum der Anerkennung als rechtsfähige Stiftung
- zuständige Stiftungsaufsichtsbehörde

Über die Homepages der in den Bundesländern zuständigen Aufsichtsbehörden sind regelmäßig Verlinkungen zu dem jeweiligen LandesStifG sowie den **Stiftungsverzeichnissen** der betreffenden Länder geschaltet.

Die Vertreter-Organe der Stiftung werden nach Maßgabe der Stiftungssatzung bestimmt. Bei dem Stiftungsvorstand handelt es sich gem. § 81 Abs. 1 Satz 3 Nr. 5 BGB um das einzig verbindliche Organ, das für die Stiftung im Rechtsleben auftritt und eine Rechtsstellung wie der Vereinsvorstand genießt (er kann aus mehreren Personen bestehen). Daneben können weitere Organe bestehen (z. B. Aufsichtsrat, Kuratorium).

2.1.4.3 Die nichtrechtsfähige Stiftung

Von einer **unselbständigen** oder **fiduziarischen** Stiftung wird gesprochen, wenn bezüglich einer Vermögensmasse die Grundvoraussetzungen für die Annahme einer Stiftung (= im Sinne einer selbständigen Vermögensmasse) erfüllt sind, die Anerkennung der Rechtsfähigkeit aber nicht erfolgt ist (ggf. gezielt auch nicht angestrebt wird = es handelt sich dann um eine Körperschaft i. S. von § 1 Abs. 1 Nr. 5 KStG, die bei Einhaltung der Vorgaben der §§ 51 bis 68 AO als gemeinnützig anerkannt werden kann). Zum Begriff der nichtrechtsfähigen (unselbständigen oder fiduziarischen) Stiftung siehe auch BFH vom 16.11.2011 (I R 31/10, BFH/NV 2012 S. 786).

Die nichtrechtsfähige (unselbständige) Stiftung muss sich eines rechtsfähigen Trägers bedienen, der für sie im Rechtsleben auftritt und die Erfüllung des Stiftungszwecks sicherstellt. Der Stifter muss sich dazu des für die (nichtrechtsfähige) Stiftung bestimmten Vermögens entäußern und es auf eine andere (rechtsfähige) Person übertragen, die es dann im Sinne der Satzung treuhänderisch zu verwalten hat. Träger (Treuhänder) sind meistens juristische Personen des öffentlichen Rechts (z. B. Städte, Universitäten, Kirchengemeinden). Es können aber auch andere rechtsfähige Einrichtungen (z. B. Stifterverband der deutschen Wissenschaft e. V.), eine als rechtsfähig anerkannte Stiftung (ggf. eine „Dachstiftung"), eine Kapitalgesellschaft oder eine natürliche Person als **Träger einer nichtrechtsfähigen Stiftung** auftreten. Das Vermögen steht in diesen Fällen im formalrechtlichen Eigentum des Trägers, der es auch verwaltet und dabei obligatorisch dem Stifter gegenüber an den Stiftungszweck gebunden ist. Das Stiftungsvermögen ist dann verselbständigt (Rengers in Blümich, KStG, § 1 Rn. 110) und ein vom übrigen Vermögen des Empfängers getrenntes wirtschaftliches Sondervermögen, das von ihm zu verwalten und dauerhaft zur Verfolgung der vom Stifter gesetzten Zwecke zu verwenden ist (BGH vom 12.03.2009 III Z R 182/09). Die Rechtsbeziehungen der Beteiligten unterstehen dabei dem Schuld-, Schenkungs-, Treuhand- oder Erbrecht.

Bei einem Treuhandverhältnis ist der **Träger des Stiftungsvermögens** (der Treuhänder) dem Stifter (und seinen Rechtsnachfolgern gegenüber) schuldrechtlich verpflichtet, das Vermögen zur Verwirklichung des Stiftungszwecks einzusetzen. Der

Stifter (Treugeber) kann das Treuhandverhältnis grundsätzlich nach § 671 Abs. 1 und 3 BGB jederzeit widerrufen.

Erhebt ein als steuerbegünstigt anerkannter Stiftungsträger von der Treuhandstiftung Entgelte für die Verwaltung, Beratung etc., begründet er damit einen steuerpflichtigen wirtschaftlichen Geschäftsbetrieb i. S. der §§ 14, 64 AO.

Für den Fall, dass der Treuhänder und die nichtrechtsfähige Stiftung identische Zwecke verfolgen, muss zur Annahme eines eigenständigen KSt-Subjektes i. S. des § 1 Abs. 1 Nr. 5 KStG eine ausreichende wirtschaftliche Selbständigkeit der nichtrechtsfähigen Stiftung gegeben sein (siehe hierzu u. a. Hüttemann/Herzog in DB 2004 S. 1001, 1005, und OFD Frankfurt vom 30.08.2012, DB 2012 S. 204).

Um die von ihm angestrebte Verwirklichung der Satzungszwecke auf Dauer zu erreichen, sollte der **Widerruf des Treuhandverhältnisses** jedoch auf das Vorliegen eines wichtigen Grundes beschränkt werden. Beim Tod des Erblassers haben dann die Erben grundsätzlich die Möglichkeit, den Treuhandvertrag zu kündigen (= bei entsprechend abgefasstem Treuhandvertrag dann aber nur aus wichtigen Gründen). Soll dieser Treuhandvertrag grundsätzlich auch nach dem Tod des Stifters weiter bestehen, empfiehlt es sich, dass der Stifter dies in einem Testament ausdrücklich festlegt.

Hinweis: Zu den besonderen Anforderungen an die Vertragsgestaltung für eine Treuhandstiftung siehe auch Geibel in Nonprofit Law Yearbook 2011/2012.

Bei Verwendung von vorformulierten Musterverträgen durch Stiftungsträger, die entsprechende Dienstleistungen regelmäßig anbieten, kann die Anwendung des § 309 Nr. 9 Buchst. a BGB eine Laufzeit von max. 2 Jahren auslösen (BGH vom 12.03.2009 III Z R 182/08).

Wird eine fiduziarische Stiftung hingegen durch eine Schenkung unter Auflage errichtet, so fehlt es an einem Vertragsverhältnis wie dem Treuhandvertrag. Eine so gegründete Stiftung kann also nicht durch Widerruf rückgängig gemacht werden (Ausnahme: Rückforderungsrecht des Stifters wegen Notbedarfs, §§ 528 ff. BGB).

Die treuhänderische Stiftung verfügt also über keine eigene Rechtspersönlichkeit. Sie muss sich eines Treuhänders bedienen, der die Stiftung nach Maßgabe der Vorgaben des Stifters (nach der von ihm festgeschriebenen Satzung) verwaltet und im Rechts- und Geschäftsverkehr nach außen vertritt.

Unter einem **treuhänderischen Stiftungsgeschäft** versteht man daher eine Zuwendung von Vermögenswerten durch Rechtsgeschäft unter Lebenden oder durch Verfügung von Todes wegen an eine natürliche oder juristische Person mit der Maßgabe, die ihr übertragenen Werte dauerhaft zur Verfolgung eines vom Stifter festgelegten Zwecks zu nutzen.

Dabei bedarf die treuhänderische Stiftung weder der staatlichen Anerkennung noch untersteht sie mit ihrer laufenden Tätigkeit der staatlichen Aufsicht.

Die Regelungen des BGB, die sich auf rechtsfähige Stiftungen beziehen, sind nach § 87 BGB auf nichtrechtsfähige Stiftungen analog anzuwenden.

Da das Vermögen der unselbständigen Stiftung immer Teil des Vermögens des Stiftungsträgers ist, besteht grundsätzlich die Gefahr des **Zugriffs von Gläubigern** des Stiftungsträgers auf das Stiftungsvermögen (siehe auch OLG Frankfurt vom 01.03.2012 – 16 U 152/11, dass im Fall der Insolvenz des Treuhänders kein Aussonderungsrecht in Bezug auf das Stiftungsvermögen besteht). Die durch die zuständige Stiftungsaufsicht übernommene Garantenstellung zur „ewigen" Umsetzung des Stifterwillens bei den als rechtsfähig anerkannten Stiftungen fehlt hier. Es muss daher beachtet werden, dass der dauerhafte Bestand und eine dauerhafte Arbeit der unselbständigen Stiftung nicht garantiert sind.

Wie Hüttemann u. a. in „Die Treuhandstiftung" (S. 58) deutlich macht, handelt es sich bei der „Umwandlung" einer nichtrechtsfähigen Stiftung in eine rechtsfähige Stiftung nicht um eine Umwandlung im Sinne des UmwG, sondern um eine Auflösung der nichtrechtsfähigen Stiftung (also um eine Beendigung der schuldrechtlichen Vertragsbeziehungen zwischen Stifter und Stiftungsträger) und die Einbringung des Stiftungsvermögens durch den Stiftungsträger als Grundstockvermögen in eine neue vom Stifter errichtete rechtsfähige Stiftung. Hierbei fließt das Stiftungskapital im Wege einer Drittleistung nach § 267 BGB zu, welche gleichsam die Einzahlungsverpflichtung des Stifters nach § 82 BGB erfüllt.

Allerdings wird damit weder dem Stifter noch dem Stiftungsträger ein Sonderausgabenabzug nach § 10b Abs. 1 bzw. 1a EStG vermittelt, da weder der Stiftungsträger noch der Stifter insoweit einen „eigenen" Aufwand im steuerlichen Sinne trägt.

Hinweis: *Umfassend zur Treuhandstiftung u. a. der Tagungsband „Die Treuhandstiftung – Ein Traditionsmodell mit Zukunft", herausgegeben in 2012 von der Deutschen Stiftungszentrum GmbH (http://www.stifterverband.info/ stiftungen_und_stifter/publikationen/treuhandstiftung/index.html).*

2.1.4.4 Örtliche, kirchliche und öffentliche Stiftungen

Zu den selbständigen oder unselbständigen Stiftungen im o. a. Sinne gehören auch

- sog. örtliche Stiftungen, die von einer Gemeinde verwaltet werden,
- kirchliche Stiftungen, die kirchlichen Aufgaben dienen und von der Kirche verwaltet werden,
- Familienstiftungen, die vorrangig den Interessen der Mitglieder einer oder mehrerer Familien dienen.

Zu unternehmensverbundenen Stiftungen und verschiedenen Gestaltungsüberlegungen hierzu siehe Ihle in RNotZ 2009 S. 557 bis 573 und S. 621 bis 642 sowie Schiffer in Die Stiftung in der Beraterpraxis, 2. Auflage 2009.

Von den privatrechtlich organisierten Stiftungen sind die **öffentlichen Stiftungen** zu unterscheiden. Sie entstehen durch öffentlich-rechtlichen Errichtungsakt (z. B. entsprechendes Gesetz, Verordnung). Öffentlich-rechtliche Stiftungen sind auf die mittelbare Staatsgewalt ausgerichtet und damit dem Allgemeinwohl dienende Einrichtungen. Sie dienen der Wahrnehmung öffentlicher Aufgaben durch andere Rechtsträger als den Bund und die Länder. Die Stiftungen öffentlichen Rechts stellen somit selbständige Verwaltungsträger dar. Die dem Allgemeinwohl dienenden Aufgaben der Stiftungen des öffentlichen Rechts sind nicht unbedingt dem hoheitlichen Bereich zuzuordnen (siehe hierzu auch Milatz/Kemcke/Schütz, Stiftungen im Zivil- und Steuerrecht, Verlag Recht und Wirtschaft GmbH, Heidelberg). Rechtsfähige **öffentlich-rechtliche Stiftungen** sind z. B. die Stiftung Preußischer Kulturbesitz oder auch die Bundeskanzler-Adenauer-Haus-Stiftung. Sie sind juristische Personen des öffentlichen Rechts, die ihre Rechtsstellung, Aufgaben und Organisationsstruktur aus dem jeweiligen Errichtungsakt ableiten. Sie unterliegen mit ihren hoheitlichen Aufgaben nicht der Besteuerung, sondern sind allenfalls mit den von ihnen unterhaltenen Betrieben gewerblicher Art (§ 1 Abs. 1 Nr. 6 i. V. m. § 4 KStG) steuerpflichtig. Erfüllt ein Betrieb gewerblicher Art (BgA) einer öffentlichen Stiftung die Anforderungen des Abschnitts „steuerbegünstigte Zwecke" der

AO, kann dieser BgA für sich die Vergünstigungen der Gemeinnützigkeit in Anspruch nehmen (siehe im Übrigen unter 2.1.6).

2.1.4.5 Stiftungen im Zustand der Gründung

Zivilrechtlich entsteht eine rechtsfähige Stiftung bürgerlichen Rechts mit der Anerkennung durch die zuständige Aufsichtsbehörde (§ 80 BGB). Das FG Schleswig-Holstein kommt in seinem Urteil vom 04.06.2009 (1 K 156/04, EFG 2009 S. 1486) in diesem Zusammenhang zu dem Ergebnis, dass eine Stiftung auch erst in diesem Zeitpunkt die Eigenschaft als eigenständiges Steuersubjekt erlangt, und verneint ebenso wie der BFH im Urteil vom 11.02.2015 X R 36/11 (vorgehend FG Baden-Württemberg mit Urteil vom 08.02.2011 – 4 K 4080/09, DStRE 2012 S. 537) die Existenz einer „Vorstiftung". Allein mit der Erstellung des Stiftungsgeschäftes liege noch kein Steuersubjekt i. S. des § 1 Abs. 1 Nr. 4 KStG vor. Diese Beurteilung wird insbesondere aus dem Umstand abgeleitet, dass dem Stifter bis zum Zeitpunkt der staatlichen Anerkennung die Möglichkeit des jederzeitigen Widerrufs des Stiftungsgeschäftes nach Maßgabe des § 81 Abs. 2 Satz 1 BGB gegeben ist (in diesem Sinne auch Wallenhorst/Halaczinsky in Die Besteuerung gemeinnütziger Vereine, Stiftungen und der juristischen Personen des öffentlichen Rechts, 6. Auflage, Kap A, Rz. 46). Die zwischen der Verfassung des Stiftungsgeschäfts und der Errichtung der rechtsfähigen Stiftung (= Anerkennung) liegende Interimsphase könne jedoch durch die zeitweilige Gründung einer unselbständigen Stiftung überbrückt werden. Hingegen scheide eine analoge Anwendung der Vorschrift des § 84 BGB auf eine zu Lebzeiten des Stifters gegründete und anerkannte Stiftung aus.

Danach kann die bislang auf Grundlage eines Erlasses des FinMin NRW vom 30.11.2000 – S 2223 – 1040 – V B 2 – vorgesehene Billigkeitsregel, die unter Beachtung verschiedener Voraussetzungen einen Spendenabzug bereits für den Veranlagungszeitraum vor dem maßgeblichen Jahreswechsel vorsah (vgl. Vorauflage), grundsätzlich keine Anwendung mehr finden (s. auch die Ausführungen in der Arbeitshilfe „Stiftungen aus steuerlicher Sicht" der OFD NRW, 4. Auflage, Kapitel 8.4.2).

Der BFH hat in seinem Urteil vom 11.02.2015 in einem obiter dictum offen gelassen, ob die betreffende Zuwendung des Stifters an die rechtsfähige Stiftung im Veranlagungszeitraum ihrer Anerkennung als Spende gem. § 10b EStG bzw. § 9 Abs. 1 Nr. 2 KStG (siehe dazu Tz. 3.10) abziehbar ist. Allerdings kann im Rahmen einer sachgerechten Lösung nur von der (zeitlich nachgelagerten) Abzugsfähigkeit der Zuwendung ausgegangen werden, wenn die übrigen Voraussetzungen (insbesondere das Vorhandensein einer ordnungsgemäßen Zuwendungsbestätigung nach § 50 EStDV) gegeben sind. Die Stiftung kann über diese Zuwendungen nach einer Bekanntgabe der positiven Feststellung über die Einhaltung der satzungsmäßigen Voraussetzungen nach § 60a AO (bis 28.03.2013: der vorläufigen Bescheinigung) oder des Freistellungsbescheides durch das für sie zuständige Finanzamt (im Nachhinein) dann steuerwirksame Zuwendungsbestätigungen erteilen (siehe hierzu auch Wächter in DStR 2009 S. 2469 unter Bezugnahme auf FG Schleswig-Holstein vom 04.06.2009, DStRE 2009 S. 1386).

Der Beginn der Steuerpflicht und damit auch der Zeitpunkt, ab dem eine steuerwirksame Zuwendungsbestätigung erteilt werden kann, ist für nichtrechtsfähige Stiftungen ebenfalls gesetzlich nicht ausdrücklich festgelegt. Nach Auffassung des BFH (Urteil vom 16.11.2011 I R 31/10, BFH/NV 2012 S. 786) ist bei der Bestimmung dieses Zeitpunktes auf die Umstände des jeweiligen Einzelfalls abzustellen. Indem § 1 Abs. 1 Nr. 5 KStG die nichtrechtsfähige Stiftung unter den Oberbegriff der Zweckvermögen einordnet, muss das Vermögen, da es auf eine rechtliche Selbständigkeit nicht ankommen kann, stattdessen wirtschaftlich selbständig sein. Diese wirtschaftliche Selbständigkeit liegt nach den Entscheidungsgründen des BFH unter Hinweis auf entsprechende Ausführungen in der Fachliteratur grundsätzlich vor, wenn das Vermögen aus der Verfügungsmacht des Stifters so ausgeschieden ist, dass die Erfüllung des Stiftungszwecks nicht mehr von dessen Willen abhängig ist.

Im Übrigen sind die steuerlichen Besonderheiten, die für Stiftungen gelten, bei den jeweiligen Gesetzesbestimmungen behandelt (vgl. insbesondere Tz. 2.5.5.6, 2.5.6, 2.5.8, 2.8.5, 3.6 und 3.10).

2.1.4.6 Verbrauchsstiftungen

Stiftungen sind stets darauf gerichtet, einen bestimmten vom Stifter festgelegten Zweck dauernd und nachhaltig zu verwirklichen (§ 80 Abs. 2 Satz 1 BGB, siehe auch Tz. 2.1.4.1). Während die Vermögenswidmung im Regelfall mit dem ungeschmälerten Erhalt des Grundstockvermögens einhergeht und nur die Erlöse aus selbigem nebst etwaiger Zuwendungen für eine Verwirklichung des Stiftungszwecks eingesetzt werden, ist es aus zivilrechtlicher und steuerlicher Sicht ebenfalls zulässig, einen planmäßigen (endgültigen) Verbrauch des Vermögensstocks im Rahmen der Zweckverwirklichung vorzusehen (sog. **Verbrauchsstiftungen**). Obgleich die im Zuge der Novellierung des Stiftungsrechts im Jahr 2001 durch das Bundesministerium der Justiz ins Leben gerufene Bund-Länder-Arbeitsgruppe Stiftungsrecht bereits die Zulässigkeit von Stiftungen auf Zeit sowie Verbrauchsstiftungen unter den Voraussetzungen einer bestimmten (nicht näher definierten) Lebensdauer sowie eines geeigneten (endlichen) Stiftungszwecks bejahte (vgl. Bericht der Bund-Länder-Arbeitsgruppe Stiftungsrecht vom 19.10.2001, S. 41), stehen sowohl der zeitlich begrenzten als auch der sich planmäßig verbrauchenden Stiftung innerhalb der Literatur zum Teil kritische Stimmen gegenüber (siehe nur Muscheler in FS-Werner 2009 S. 129 ff.).

Mit dem Ehrenamtsstärkungsgesetz (a. a. O.) wurde das Modell der Verbrauchsstiftung mit Wirkung ab dem 01.01.2013 zivilrechtlich (§ 80 Abs. 2 Satz 2, § 81 Abs. 1 Satz 2 BGB n. F.) sowie steuerrechtlich (§ 10b Abs. 1a EStG n. F.) offiziell legitimiert. In diesem Zusammenhang wurde auch die Lebensdauer einer Stiftung, die für die Annahme einer dauerhaften Zweckerfüllung erforderlich ist, mit einem Zeitraum von mindestens **10 Jahren** festgeschrieben. Die Vornahme des Vermögensverbrauchs während des Bestehens der Verbrauchsstiftung ist der Höhe nach (z. B. in Form eines gleichmäßigen Abschmelzens des Vermögensstocks) gesetzlich nicht vorgeschrieben. Es ist jedoch erforderlich, dass die Stiftung während ihrer gesamten Lebensdauer stets handlungsfähig und in der Lage ist, ihre satzungsmäßigen Zwecke angemessen zu erfüllen. Damit scheidet ein überproportionaler Vermögensverbrauch in den ersten Jahren, der zu einem Handlungsstillstand in dem verbleibenden Zeitraum führt, aus (so auch Küstermann zum 8. Stiftungsrechtstag an der Ruhr-Universität Bochum und Hüttemann in DB 2013 S. 778).

Durch die neue Gesetzgebung wird nunmehr auch klargestellt (§ 10b Abs. 1a Satz 2 EStG), dass das zum Verbrauch bestimmte Ausstattungsvermögen einer Stiftung nicht dem besonderen Sonderausgabenabzug nach § 10b Abs. 1a EStG zugänglich ist. Dieser bleibt ausschließlich dem grundsätzlich ungeschmälert zu erhaltenden

Vermögensstock vorbehalten. Etwaige Zuwendungen können jedoch nach Maßgabe des § 10b Abs. 1 EStG in Abzug gebracht werden. Eine Erweiterung hinsichtlich der Möglichkeit zur Inanspruchnahme erfährt die Vorschrift des § 10b Abs. 1a EStG hingegen im Fall zusammenveranlagter Ehegatten (§§ 26, 26b EStG) durch die Abkopplung des bislang personengebundenen Höchstbetrages i. H. von 1 Mio. Euro von der Person des Zuwendenden. Dadurch steht zusammenveranlagten Ehegatten mit Wirkung zum 01.01.2013 ein gemeinsamer Höchstbetrag i. H. von 2 Mio. Euro zur Verfügung (siehe näher unter Tz. 3.5.6.2).

Spätestens seit der offiziellen bundesgesetzlichen Legitimation von Verbrauchsstiftungen zum 01.01.2013 mehren sich bei den Stiftungsaufsichtsbehörden sowie der Finanzverwaltung nicht nur die Anträge auf Errichtung einer (neuen) Verbrauchsstiftung. Darüber hinaus wird auch die Möglichkeit der **"Umwandlung"** einer Ewigkeitsstiftung in eine Verbrauchsstiftung begehrt, um insbesondere finanzschwachen Stiftungen, deren dauerhafte Zweckverwirklichung nicht mehr gesichert erscheint und die die Tatbestandsvoraussetzungen nach § 87 Abs. 1 BGB erfüllen, einen im Vergleich zu einer Aufhebung durch die Aufsichtsbehörde möglicherweise moderateren Weg der Abwicklung aufzuzeigen (siehe Küstermann, a. a. O., Hüttemann/Rawert in S&S, RS 1/2014, sowie Schulte/Ambroziak in Die Stiftung 1/14 S. 20 f.).

Bei der Beurteilung der rechtlichen Zulässigkeit der Umwandlung einer Ewigkeitsstiftung in eine Verbrauchsstiftung kommt es zum einen auf die zivilrechtliche Würdigung durch die Stiftungsaufsicht an, deren Zustimmung auf Grundlage des § 5 Abs. 2 Nr. 1 2. Alt. StiftG NRW i. V. m. § 87 Abs. 1 BGB vorausgesetzt wird. Dabei ist es notwendig, dass im Vergleich zum Zeitpunkt der Stiftungserrichtung eine wesentliche Änderung der Verhältnisse (i. d. R. eine finanzielle Notsituation, die eine – zumindest faktische – Handlungsunfähigkeit bedingt) eingetreten ist. Zudem prüfen die zuständigen Aufsichtsbehörden, ob die Umwandlung in eine Stiftung, deren Vermögen (nunmehr) zum Verbrauch bestimmt sein soll, mit dem ursprünglichen Stifterwillen vereinbar ist.

Hinweis: Falls die Stiftungssatzung über keine etwaige Festlegung verfügt oder der Stifter zum Zeitpunkt der Entscheidung über den Antrag bereits verstorben ist, stehen einer Umwandlung – zumindest aus stiftungsrechtlicher Sicht – derzeit noch Vorbehalte durch die Aufsichtsbehörden gegenüber. Die im November 2014 auf Initiative der Innen- sowie Justizministerkonferenz vom Bundesministerium der Justiz und für Verbraucherschutz ins Leben gerufene Bund-Länder-Arbeitsgruppe Stiftungsrecht ist u. a. damit befasst, eine einheitliche Handhabung der aufgezeigten Fallgestaltungen auszuarbeiten.

Zum anderen stellen sich in diesem Zusammenhang auch **steuerlich relevante Fragen,** die insbesondere eine Sicherstellung der gemeinnützigkeitsrechtlichen Vermögens- und Mittelbindung nach § 55 Abs. 1 Nr. 1 und 4 AO sowie etwaige Folgen im Zusammenhang mit dem besonderen Sonderausgabenabzug nach § 10b Abs. 1a EStG betreffen.

In Übereinstimmung mit den Ausführungen von Hüttemann/Rawert in Stiftung & Sponsoring (RS 1/2014 Tz. III 3) ist die Vermögens- bzw. Mittelbindung dann weiterhin als gegeben anzusehen, wenn das nunmehr zum Verbrauch bestimmte Vermögen nebst etwaiger Erträge ausschließlich für steuerbegünstigte Zwecke, die in entsprechender Anwendung der Regelungen zum "regulären" Vermögensanfall nicht mit den bisherigen Satzungszwecken übereinstimmen müssen (siehe dazu Tz. 2.12.1), verwendet wird.

Der besondere Spendenabzug nach § 10b Abs. 1a EStG kommt dem Gesetzeswortlaut nach nur für Zuwendungen in das dauerhaft und ungeschmälert zu erhaltende Vermögen in Betracht. Ausnahmen sind lediglich für eine vorübergehende und teilweise (i. d. R. auf etwa 15 % des Stiftungsvermögens begrenzte) Inanspruchnahme vorgesehen, die durch die Pflicht zur zeitnahen Wiederauffüllung des Grundstockvermögens (i. d. R. innerhalb von 3 Jahren nach einer Inanspruchnahme) gekennzeichnet sind. Mithin entfallen grundsätzlich im Zuge einer Umwandlung nachträglich die Voraussetzungen zur Inanspruchnahme eines Spendenabzugs nach Maßgabe des § 10b Abs. 1a EStG. Einer Änderung der maßgeblichen Einkommensteuerfestsetzung(en) (z. B. nach § 175 Abs. 1 Nr. 2 AO) bedarf es nach einem aktuellen Beschluss der ESt-Referatsleiter der obersten Finanzbehörden des Bundes und Länder allerdings nicht. Danach werden für den Spender keine negativen Folgen gezogen, auch wenn er für die Ausstattung der ursprünglich für die Ewigkeit konzipierten Stiftung den besonderen Sonderausgabenabzug nach § 10b Abs. 1a EStG in Anspruch genommen hat. Auch eine Spendenhaftung kommt insoweit nicht in Betracht.

Diese steuerliche Behandlung ist aus meiner Sicht auch sachgerecht, da sich die Gefährdung eines Steueranspruchs, welche für das Vorliegen eines Haftungstatbestandes nach h. M. gefordert wird (siehe Rathke/Ritter in NWB 42/2012 S. 3377, Kirchhof EStG Rz. 79 zu § 10b EStG sowie unter Tz. 3.8.2.2), vor dem Hintergrund, dass mit dem Verlust der Abzugsberechtigung des § 10b Abs. 1a EStG das „Aufleben" einer Abzugsberechtigung nach § 10b Abs. 1 EStG einhergeht, ohnedies in Grenzen halten dürfte und bei einer zeitraumübergreifenden Betrachtung allenfalls Progressionsvorteile entstehen können.

Hinweis: *Seit dem Inkrafttreten des Ehrenamtsstärkungsgesetzes (a. a. O.) mehren sich in der Praxis zudem die Fälle, in denen die Stiftungssatzung ein „Misch-Modell" zwischen ungeschmälertem Vermögenserhalt und Verbrauchsvermögen (= Teilverbrauch) vorsieht. Etwaige Konstellationen sind, sofern die dauernde Erfüllung des Stiftungszwecks gesichert ist, aus steuerlicher Sicht zulässig (vgl. BMF-Schreiben vom 15.09.2014 – IV C 4 – S 2223/07/0006, BStBl 2014 I S. 1278), bergen jedoch einen erhöhten Dokumentationsaufwand durch die unterschiedliche Behandlung beider Vermögenssphären (hinsichtlich eines lediglich teilweise erhöhten Spendenabzugs nach § 10b Abs. 1a EStG sowie der divergierenden Bedingungen, die an einen – ungeschmälerten – Vermögenserhalt geknüpft sind). Zudem begegnen sie – zumindest vereinzelt – Vorbehalten durch die Stiftungsaufsicht.*

Mithin kann es sich empfehlen, sich im Zuge der Stiftungserrichtung für eine einheitliche Behandlung des (ggf. entsprechend geringer zu dotierenden) Grundstockvermögens zu entscheiden und die Leistungsfähigkeit der Stiftung z. B. durch spätere Zustiftungen oder laufende Zuwendungen zu stärken.

2.1.5 Kapitalgesellschaften

Steuerbegünstigte Zwecke im Sinne der AO werden auch von Kapitalgesellschaften verfolgt. Die Gründung einer gemeinnützigen GmbH bietet sich aus den verschiedensten Gründen vor allem im Bereich der Wissenschaft und Forschung, des

Sports, des Umweltschutzes, insbesondere jedoch zum Betrieb eines Krankenhauses, Altenheimes, einer Behindertenwerkstatt, einer Jugenderziehungseinrichtung oder sonstiger größerer Zweckbetriebe i. S. der §§ 65 bis 68 AO an. Für die Rechtsform der Kapitalgesellschaft spricht dabei neben der eindeutigen Haftungsbegrenzung eine im Vergleich zum Verein straffere Organisations- und Entscheidungsstruktur (vgl. dazu auch die Ausführungen unter Tz. 2.1.2.1 zu wirtschaftlichen Vereinen). Wie für alle anderen Körperschaften gilt auch für eine Kapitalgesellschaft, dass die Satzung (der Gesellschaftsvertrag) neben den zivilrechtlichen „Muss-vorschriften" zur Erlangung der Steuerbegünstigungen die besonderen (Satzungs-)Vorgaben der §§ 60 und 61 AO (vgl. auch Mustersatzung zu § 60 AO, Anhang 1; siehe auch Tz. 2.10 bis 2.11) zu beachten hat. Ausschüttungen an den Gesellschafter sind einer steuerbegünstigten Kapitalgesellschaft grundsätzlich untersagt (siehe hierzu Tz. 2.5.5.6). Auch steuerbegünstigte Kapitalgesellschaften unterliegen den allgemeinen Rechnungslegungsvorschriften des Handelsrechts und sind publizitätspflichtig. Hinweise zu Vertragsgestaltungen aus steuerlicher und gesellschaftsrechtlicher Sicht geben Theißen und Daub in INF 1994 S. 277 und Priester in GmbHR 1999 S. 149; siehe auch Thiel in GmbHR 1997 S. 10 und Hüttche in GmbHR 1997 S. 1095.

Die Möglichkeit für eine GmbH, die ausschließlich und unmittelbar steuerbegünstigte Zwecke nach den §§ 51 bis 68 AO verfolgt, in ihrem Firmennahmen die Abkürzung „gGmbH" zu führen, wurde durch das Ehrenamtsstärkungsgesetz (a. a. O.) geschaffen.

2.1.6 Betriebe gewerblicher Art von juristischen Personen des öffentlichen Rechts

Juristische Personen des öffentlichen Rechts sind rechtsfähige Gebilde, die ihre Rechtsfähigkeit aus dem öffentlichen Recht des Bundes oder eines Landes herleiten; die Rechtsfähigkeit kann auf Gesetz, Verleihung oder Landesverwaltungsübung beruhen (siehe dazu auch BFH vom 13.03.1974, BStBl 1974 II S. 391; Beispiele dazu siehe Streck, Kommentar zum KStG, § 4 Anm. 3). Die juristische Person des öffentlichen Rechts (wie z. B. die Gebietskörperschaft, berufsständische Kammer, der Träger der Sozialversicherung und die öffentlich-rechtliche Religionsgesellschaft; zu kirchlichen Hoheitsbetrieben siehe Schön in DStZ 1999 S. 701) unterliegt mit ihren **hoheitlichen Aktivitäten** selbst grundsätzlich nicht der Besteuerung. Die steuerlichen Vergünstigungen der §§ 51 ff. AO haben daher für sie dem Grunde nach keine Bedeutung (zum Spendenabzug für Zuwendungen zur Verwirklichung hoheitlicher Aufgaben der juristischen Person des öffentlichen Rechts siehe Tz. 3.2.4).

Unterhalten juristische Personen des öffentlichen Rechts einen Betrieb gewerblicher Art, sind sie Steuersubjekt wegen jedes einzelnen Betriebes gewerblicher Art. Jeder (einzelne) Betrieb gewerblicher Art kann die steuerlichen Vergünstigungen der §§ 51 bis 68 AO für sich in Anspruch nehmen (§ 1 Abs. 1 Nr. 6, § 4 KStG; siehe BFH vom 31.10.1984, BStBl 1985 II S. 162, und vom 11.02.1997 I R 161/94, BFH/NV 1997 S. 625).

In der AO wird noch in Anlehnung an das früher geltende Körperschaftsteuerrecht der Begriff „Betriebe gewerblicher Art von Körperschaften des öffentlichen Rechts" verwendet (z. B. § 55 Abs. 3 AO). Dieser Begriff ist im KStG 1977 durch den Begriff „Betriebe gewerblicher Art von juristischen Personen des öffentlichen Rechts" ersetzt worden. Dadurch sollte klargestellt werden, dass auch Betriebe von Anstalten und Stiftungen des öffentlichen Rechts körperschaftsteuerliche Gebilde sind. Eine Rechtsänderung ist damit nicht eingetreten. Auch für den Bereich der Abgabenordnung ist der Begriff „Betriebe gewerblicher Art von juristischen Personen des öffentlichen Rechts" anzuwenden.

Betriebe gewerblicher Art sind **„Einrichtungen"** von Körperschaften, Anstalten und Stiftungen des öffentlichen Rechts, die einer nachhaltigen wirtschaftlichen Tätigkeit zur Erzielung von Einnahmen außerhalb der Land- und Forstwirtschaft dienen und die sich innerhalb der Gesamtbetätigung der juristischen Personen wirtschaftlich herausheben. Die Absicht, Gewinn zu erzielen, und die Beteiligung am allgemeinen wirtschaftlichen Verkehr sind nicht erforderlich. Sie sind rechtlich unselbständig, haben aber innerhalb der Gesamtbetätigung der öffentlich-rechtlichen juristischen Person eine gewisse wirtschaftliche Selbständigkeit (§ 4 KStG und R 6 Abs. 4 KStR).

Auf der Grundlage der Rechtsprechung des RFH und des BFH ist die Tätigkeit einer juristischen Person des öffentlichen Rechts nur dann als Betrieb gewerblicher Art anzusehen, wenn sie von einem gewissen wirtschaftlichen Gewicht ist. Ein Betrieb gewerblicher Art wird im Allgemeinen nicht angenommen, wenn der Jahresumsatz nachhaltig 30.678 Euro nicht übersteigt (vgl. R 6 Abs. 5 KStR).

Die Ausübung der hoheitlichen Gewalt (Hoheitsbetrieb) ist kein Betrieb gewerblicher Art.

Als Betriebe gewerblicher Art, die steuerbegünstigten Zwecken dienen, kommen insbesondere in Betracht: Krankenhäuser, Altenheime, Sozialküchen, Kindergärten, Fürsorgeeinrichtungen, Museen, Theater, Schwimmbäder und viele andere. Steuerbegünstigte Zwecke werden dagegen nicht durch Versorgungs- und Verkehrsbetriebe der öffentlichen Hand verfolgt.

Soweit sich eine juristische Person des öffentlichen Rechts für ihre Betätigung einer anderen privatwirtschaftlichen Rechtsform bedient, liegt kein Betrieb gewerblicher Art vor. In einem solchen Fall wird der steuerlichen Beurteilung die gewählte Rechtsform zugrunde gelegt (R 6 Abs. 7 KStR).

Mit den steuerrechtlichen Aspekten der wirtschaftlichen Aktivitäten von Hochschulen, insbesondere mit der Frage, in welchen Fällen ein Betrieb gewerblicher Art anzunehmen ist, dem ggf. die Vergünstigungen der Gemeinnützigkeit zuzuerkennen sind, hat sich Strahl in FR 1998 S. 761 und UR 2001 S. 277 auseinandergesetzt (siehe hierzu auch OFD Frankfurt a. M. vom 26.06.1998, DB 1998 S. 1543, sowie OFD Münster, Grundsätze der Besteuerung der Hochschule, www.ofd-muenster.de). Institute „an" einer Hochschule, die privatwirtschaftlich organisiert sind, gehören nicht zum hoheitlichen Bereich einer Hochschule (siehe hierzu auch Doemen, UR 1997 S. 285).

Unterhält eine juristische Person des öffentlichen Rechts (z. B. eine Stadt) mehrere Betriebe gewerblicher Art, so muss sie – wenn steuerliche Vergünstigungen begehrt werden – **für jeden dieser Betriebe** eine Satzung oder sonstige Verfassung aufstellen, die den Erfordernissen der §§ 59, 60 AO genügt (vgl. BFH vom 31.10.1984, BStBl 1985 II S. 162, und vom 11.02.1997 I R 161/94, BFH/NV 1997 S. 625; AEAO Nr. 2 zu § 59 AO, Anhang 1).

Die persönliche Steuerbefreiung des Betriebs gewerblicher Art nach § 5 Abs. 1 Nr. 9 KStG greift jedoch nicht, soweit dieser einen steuerpflichtigen wirtschaftlichen Geschäftsbetrieb i. S. der §§ 14, 64 AO unterhält (BFH vom 30.11.1989, BStBl 1990 II S. 246).

2.2 § 52 AO: Gemeinnützige Zwecke

(1) ₁Eine Körperschaft verfolgt gemeinnützige Zwecke, wenn ihre Tätigkeit darauf gerichtet ist, die Allgemeinheit auf materiellem, geistigem oder sittlichem Gebiet selbstlos zu fördern. ₂Eine Förderung der Allgemeinheit ist nicht gegeben, wenn der Kreis der Personen, dem die Förderung zugutekommt, fest abgeschlossen ist, zum Beispiel Zugehörigkeit zu einer Familie oder zur Belegschaft eines Unternehmens, oder infolge seiner Abgrenzung, insbesondere nach räumlichen oder beruflichen Merkmalen, dauernd nur klein sein kann. ₃Eine Förderung der Allgemeinheit liegt nicht allein deswegen vor, weil eine Körperschaft ihre Mittel einer Körperschaft des öffentlichen Rechts zuführt.

(2) ₁Unter den Voraussetzungen des Absatzes 1 sind als Förderung der Allgemeinheit anzuerkennen:

1. die Förderung von Wissenschaft und Forschung;
2. die Förderung der Religion;
3. die Förderung des öffentlichen Gesundheitswesens und der öffentlichen Gesundheitspflege, insbesondere die Verhütung und Bekämpfung von übertragbaren Krankheiten, auch durch Krankenhäuser im Sinne des § 67, und von Tierseuchen;
4. die Förderung der Jugend- und Altenhilfe;
5. die Förderung von Kunst und Kultur;
6. die Förderung des Denkmalschutzes und der Denkmalpflege;
7. die Förderung der Erziehung, Volks- und Berufsbildung einschließlich der Studentenhilfe;
8. die Förderung des Naturschutzes und der Landschaftspflege im Sinne des Bundesnaturschutzgesetzes und der Naturschutzgesetze der Länder, des Umweltschutzes, des Küstenschutzes und des Hochwasserschutzes;
9. die Förderung des Wohlfahrtswesens, insbesondere der Zwecke der amtlich anerkannten Verbände der freien Wohlfahrtspflege (§ 23 Umsatzsteuer-Durchführungsverordnung), ihrer Unterverbände und ihrer angeschlossenen Einrichtungen und Anstalten;
10. die Förderung der Hilfe für politisch, rassisch oder religiös Verfolgte, für Flüchtlinge, Vertriebene, Aussiedler, Spätaussiedler, Kriegsopfer, Kriegshinterbliebene, Kriegsbeschädigte und Kriegsgefangene, Zivilbeschädigte und Behinderte sowie Hilfe für Opfer von Straftaten; Förderung des Andenkens an Verfolgte, Kriegs- und Katastrophenopfer; Förderung des Suchdienstes für Vermisste;
11. die Förderung der Rettung aus Lebensgefahr;
12. die Förderung des Feuer-, Arbeits-, Katastrophen- und Zivilschutzes sowie der Unfallverhütung;
13. die Förderung internationaler Gesinnung, der Toleranz auf allen Gebieten der Kultur und des Völkerverständigungsgedankens;
14. die Förderung des Tierschutzes;
15. die Förderung der Entwicklungszusammenarbeit;
16. die Förderung von Verbraucherberatung und Verbraucherschutz;
17. die Förderung der Fürsorge für Strafgefangene und ehemalige Strafgefangene;
18. die Förderung der Gleichberechtigung von Frauen und Männern;
19. die Förderung des Schutzes von Ehe und Familie;
20. die Förderung der Kriminalprävention;
21. die Förderung des Sports (Schach gilt als Sport);

22. die Förderung der Heimatpflege und Heimatkunde;
23. die Förderung der Tierzucht, der Pflanzenzucht, der Kleingärtnerei, des traditionellen Brauchtums einschließlich des Karnevals, der Fastnacht und des Faschings, der Soldaten- und Reservistenbetreuung, des Amateurfunkens, des Modellflugs und des Hundesports;
24. die allgemeine Förderung des demokratischen Staatswesens im Geltungsbereich dieses Gesetzes; hierzu gehören nicht Bestrebungen, die nur bestimmte Einzelinteressen staatsbürgerlicher Art verfolgen oder die auf den kommunalpolitischen Bereich beschränkt sind;
25. die Förderung des bürgerschaftlichen Engagements zugunsten gemeinnütziger, mildtätiger und kirchlicher Zwecke.

$_2$Sofern der von der Körperschaft verfolgte Zweck nicht unter Satz 1 fällt, aber die Allgemeinheit auf materiellem, geistigem oder sittlichem Gebiet entsprechend selbstlos gefördert wird, kann dieser Zweck für gemeinnützig erklärt werden. $_3$Die obersten Finanzbehörden der Länder haben jeweils eine Finanzbehörde im Sinne des Finanzverwaltungsgesetzes zu bestimmen, die für die Entscheidung nach Satz 2 zuständig ist.

2.2.1 Förderung gemeinnütziger Zwecke

Der Gesetzgeber hat in § 52 Abs. 1 AO die gemeinnützigen Zwecke definiert. Gemeinnützige Zwecke werden verfolgt, wenn die Allgemeinheit auf materiellem, geistigem oder sittlichem Gebiet selbstlos gefördert wird. Nach Ansicht des BFH decken materielle Werte den Bereich des wirtschaftlichen Lebensstandards ab, während mit Geistigem oder Sittlichem der ideelle Bereich der Vernunft und des Schöngeistes angesprochen werde (BFH vom 23.11.1988, BStBl 1989 II S. 391, und Hüttemann, Gemeinnützigkeits- und Spendenrecht, 3. Auflage 2015, Rz. 3.19 m. w. N.).

Ergänzend zu § 52 Abs. 1 AO waren in der bis zum 31.12.2006 geltenden Fassung des § 52 Abs. 2 AO die Zwecke beispielhaft aufgeführt, die unter den Voraussetzungen des § 52 Abs. 1 AO nach den Vorstellungen des Gesetzgebers als gemeinnützig anzuerkennen waren. Diese nicht abschließende **Aufzählung** in § 52 Abs. 2 AO musste i. V. m. dem bis zum 31.12.2006 geltenden Spendenrecht betrachtet werden. Zuwendungen an Körperschaften, die gemeinnützige Zwecke i. S. des § 52 Abs. 1 i. V. m. Abs. 2 AO verfolgten, waren bis zum 31.12.2006 nur dann beim Spender steuerlich abzugsfähig, wenn es sich dabei entweder um Zuwendungen zur Förderung der in § 10b Abs. 1 EStG, § 9 Abs. 1 Nr. 2 KStG oder § 9 Nr. 5 GewStG genannten Zwecke (Förderung mildtätiger, kirchlicher, religiöser, wissenschaftlicher Zwecke) oder um Zuwendungen für als besonders förderungswürdig anerkannte gemeinnützige Zwecke handelte. In der Anlage 1 zu § 48 EStDV waren die als besonders förderungswürdig anerkannten Zwecke im Einzelnen genannt. Die Anlage 1 zu § 48 EStDV enthielt also ebenfalls eine (beispielhafte) Aufzählung gemeinnütziger Zwecke.

Die beispielhafte Aufzählung gemeinnütziger Zwecke in § 52 Abs. 2 AO a. F. i. V. m. der Anlage 1 zu § 48 EStDV ist mit der Neufassung des § 52 Abs. 2 AO durch das Gesetz zur weiteren Stärkung des bürgerschaftlichen Engagements vom 10.10.2007 (BGBl 2007 I S. 2332) mit **Wirkung ab dem 01.01.2007** durch einen (fast) abgeschlossenen Katalog der gemeinnützigen Zwecke ersetzt worden. Dieser Katalog ist wesentlich umfangreicher als die bisherige Aufzählung in § 52 Abs. 2 AO, da er auch alle Zwecke enthält, die bisher nach der Anlage 1 zu § 48 Abs. 2 EStDV allgemein als besonders förderungswürdig i. S. des § 10b Abs. 1 EStG anerkannt

2.2 § 52 AO: Gemeinnützige Zwecke

waren. Durch die gleichzeitige Aufhebung dieser Anlage und einen Verweis in den neu gefassten § 10b Abs. 1 EStG, § 9 Abs. 1 Nr. 2 KStG und § 9 Nr. 5 GewStG auf § 52 AO ist erreicht worden, dass ab dem 01.01.2007 Zuwendungen für alle gemeinnützigen Zwecke steuerlich abziehbar sind. Eine Unterscheidung in (einfach) gemeinnützige und als besonders förderungswürdig anerkannte gemeinnützige Zwecke ist damit entfallen. Gleichzeitig hat der Gesetzgeber auch die bisher zum Teil unterschiedlichen Begriffe in § 52 Abs. 2 AO a. F. und der Aufzählung in der alten Anlage 1 zu § 48 EStDV vereinheitlicht.

Ab dem 01.01.2007 können Körperschaften Steuerbegünstigungen wegen Verfolgung gemeinnütziger Zwecke nur noch dann erhalten, wenn sie einen der in § 52 Abs. 2 Satz 1 AO aufgeführten Zwecke unter Beachtung der Voraussetzungen des § 52 Abs. 1 AO fördern (siehe auch BFH vom 22.04.2009 I R 15/07, BStBl 2011 II S. 475). Ergänzend dazu ist natürlich auch weiterhin die Zuerkennung der Steuerbegünstigungen möglich, wenn mildtätige (§ 53 AO) oder kirchliche Zwecke (§ 54 AO) verfolgt werden.

Die Förderung von Zwecken, die hinsichtlich der Merkmale, die ihre steuerrechtliche Förderung rechtfertigen, **mit den in § 52 Abs. 2 AO genannten Zwecken identisch** sind, ist (weiterhin) gemeinnützig (vgl. AEAO Nr. 2 zu § 52 AO). Infolge der Umstellung auf den abgeschlossenen Katalog der gemeinnützigen (und zugleich spendenberechtigten) Zwecke reicht es aber nicht aus, dass die Betätigung einem der genannten Zwecke nur ähnlich ist.

Mit der in Satz 2 zu § 52 Abs. 2 AO aufgenommenen Bestimmung hat der Gesetzgeber eine Art **„Öffnungsklausel"** geschaffen. Der dem Grunde nach als abschließend einzustufende Katalog der gemeinnützigen Zwecke kann durch eine Finanzbehörde, die das jeweilige Bundesland zu bestimmen hat, erweitert werden. Damit ist der im Entwurf für das Gesetz ursprünglich verfolgte Ansatz, in den § 52 AO eine abschließende Aufzählung der als gemeinnützig anerkannten Zwecke aufzunehmen, im Ergebnis nicht umgesetzt worden. Ein Zweck kann aber nur dann „für gemeinnützig erklärt werden", wenn die Allgemeinheit bei Verfolgung des betreffenden Zwecks auf materiellem, geistigem oder sittlichem Gebiet selbstlos gefördert wird. Die Zuerkennung der Gemeinnützigkeit für weitere Zwecke wird bundeseinheitlich abgestimmt (AEAO Nr. 2.6 zu § 52 AO). Auf diese Weise wird erreicht, dass eine erfolgte Anerkennung durch die dafür in dem betreffenden Bundesland zuständige Finanzbehörde – auch die Zuerkennung der Eigenschaft, ein gemeinnütziger Zweck i. S. des § 52 Abs. 2 Satz 2 AO zu sein – von den Finanzbehörden des Bundes und der übrigen Bundesländer übernommen wird. Der Gesetzgeber selbst hat keine weiteren Bestimmungen mit dem § 52 Abs. 2 Satz 2 AO verbunden. Die Finanzverwaltung wird für den Umgang mit dieser Öffnungsklausel zu gegebener Zeit noch ergänzende Regelungen (zur Wirkungsweise der Anerkennung nach § 52 Abs. 2 Satz 2 AO, wie und auf welchem Weg eine Entscheidung hierzu zu ergehen hat, einer Rechtsmittelbefugnis etc.) erlassen. Die Umstände, dass der Katalog in § 52 Abs. 2 Satz 1 AO sehr umfangreich ist, mit dem Gesetz zur weiteren Stärkung des bürgerschaftlichen Engagements vom 10.10.2007 (a. a. O.) in jüngerer Vergangenheit umfangreich aktualisiert wurde und auch „identische" Zwecke unter die Katalognummern in § 52 Abs. 2 AO eingeordnet werden können, liefern die Begründung dafür, dass das in § 52 Abs. 2 Satz 2 AO angebotene Verfahren grundsätzlich nur in Einzelfällen zum Tragen kommt.

Hinweis: Aus den vorgenannten Gründen ist es ratsam, vor der Beantragung einer etwaigen Inanspruchnahme der Öffnungsklausel nach § 52 Abs. 2 Satz 2 AO genau zu prüfen, ob die beabsichtigte Zweckverfolgung nicht bereits unter einen der anerkannten gemeinnützigen Zwecke gem. § 52 Abs. 2 Satz 1 AO subsumiert werden kann.

Eine Körperschaft verfolgt gemeinnützige Zwecke, wenn sie die Allgemeinheit auf materiellem, geistigem oder sittlichem Gebiet selbstlos fördert. Es genügt, wenn sich die Förderung auf eines der vorgenannten **gleichrangigen** Gebiete beschränkt.

Dabei ist zu beachten, dass die (alleinige oder überwiegende) Verfolgung **politischer Zwecke** keine gemeinnützige Tätigkeit darstellt (vgl. BFH vom 14.03.1990 I B 79/89, BFH/NV 1991 S. 485, und vom 09.02.2011 I R 19/10, BFH/NV 2011 S. 1113, sowie AEAO Nr. 15 zu § 52 AO und Tz. 2.2.7).

Die Tätigkeit der Körperschaft muss „darauf gerichtet" sein, „die Allgemeinheit ... zu fördern". Der BFH hat in seinem Urteil vom 13.12.1978 (BStBl 1979 II S. 482) dazu die Auffassung vertreten, dass eine **Vollendung der Förderung nicht erforderlich** ist. Tätigkeiten einer neu gegründeten Körperschaft, die die Verwirklichung der steuerbegünstigten Satzungszwecke nur vorbereiten – wie z. B. der Aufbau einer Vereinsorganisation, das Einsammeln von Mitteln zur Erfüllung der Satzungszwecke –, reichen aus, um die tätigkeitsbezogenen Voraussetzungen der Steuerbefreiung zu erfüllen. Die Tätigkeiten müssen jedoch ernsthaft auf die Erfüllung eines steuerbegünstigten satzungsmäßigen Zwecks gerichtet sein. Die bloße Absicht, zu einem unbestimmten Zeitpunkt einen der Satzungszwecke zu verwirklichen, genügt nicht (BFH vom 23.07.2003, BStBl 2003 II S. 930). Denn „fördern" bedeutet, dass etwas vorangebracht, vervollkommnet oder verbessert werden soll (BFH vom 23.11.1988, BStBl 1989 II S. 391). Es ist unschädlich, wenn eine Körperschaft an der Erfüllung eines gemeinnützigen Zwecks längere Zeit durch außergewöhnliche, von der Körperschaft nicht zu beeinflussende Umstände gehindert wird (BFH vom 11.12.1974, BStBl 1975 II S. 458). Sie muss die nach den jeweiligen Umständen **frühestmögliche Verwirklichung der steuerbegünstigten Zwecke** anstreben (siehe Hüttemann, Wirtschaftliche Betätigung und steuerliche Gemeinnützigkeit, Köln 1991, S. 23 ff.; zum Grundsatz der zeitnahen Mittelverwendung siehe auch § 55 Abs. 1 Nr. 5 AO und Tz. 2.5.9). Verfolgt sie nach ihrer Satzung mehrere gemeinnützige Zwecke, ist es für die Zuerkennung der Steuerbegünstigung nicht notwendig, dass diese stets gleichzeitig und in gleichem Umfang verfolgt werden. Es muss jedoch erkennbar sein, dass jeder Satzungszweck eine ernsthafte und nachhaltige Verwirklichung erfährt, indem kein Zweck dauerhaft unberücksichtigt bleibt (anders noch in der Vorauflage).

> **Hinweis:** *In der Praxis kommt es gelegentlich zu einer „Überladung" der Satzung mit steuerbegünstigten Zwecken, im Einzelfall werden sogar sämtliche Zwecke i. S. der §§ 52 bis 54 AO aufgeführt. In etwaigen Fällen sollte eine gewissenhafte Abwägung zwischen einer ernsthaften und nachhaltigen Zweckverwirklichung und der Absicht einer gelegentlichen Förderung der steuerbegünstigten Zwecke erfolgen, die im letzteren Fall ggf. alternativ durch eine Mittelweitergabe nach Maßgabe des § 58 Nr. 2 AO erfolgen kann. Die Anzahl der Satzungszwecke sollte sich zudem an der wirtschaftlichen Leistungsfähigkeit der Körperschaft orientieren (vgl. Urteil des OVG NRW vom 19.12.2012 – 16 A 1451/10, DVBl 2013 S. 449).*

Für den Zeitraum der **Anlaufphase** nimmt der BFH schon eine Steuerbegünstigung an (vgl. BFH vom 23.07.2003, a. a. O.). Der hier zum Ausdruck kommende Rechtsgedanke ist m. E. auch auf eine **Auslaufphase** einer steuerbegünstigten Körperschaft anzuwenden, wenn z. B. nach Einstellung der steuerbegünstigten Tätigkeit umfangreiches Vermögen zu verwerten oder größere Verbindlichkeiten zu begleichen sind. In diesem Sinne auch Hüttemann, Gemeinnützigkeits- und Spendenrecht, 3. Auflage 2015, Rz. 2.20 ff. (anders der BFH in Konkursfällen, BFH vom 16.05.2007 I R 14/06, BStBl 2007 II S. 808). Die Finanzbehörden sind jedoch angewiesen, einer Körperschaft die Gemeinnützigkeit zu versagen, wenn die eigentliche steuerbegünstigte Tätigkeit eingestellt und über das Vermögen der Körperschaft das Konkurs- oder Insolvenzverfahren eröffnet wird (siehe AEAO Nr. 6 zu § 51 AO, abgedruckt im Anhang 1; zu gemeinnützigen Körperschaften in der Insolvenz siehe auch Dehesselles, DStR 2008 S. 2050, und Becker, FR 2008 S. 909).

2.2.2 Begriff der „Allgemeinheit" i. S. des § 52 Abs. 1 AO

In seinem Urteil vom 13.12.1978 (I R 39/78, BStBl 1979 II S. 482) bringt der BFH zum Ausdruck, dass es bei der Frage, ob **eine Tätigkeit die Allgemeinheit fördert** (eine Tätigkeit, die im Interesse der Allgemeinheit liegt), nicht allein auf die Anschauung der Bevölkerung oder einer Mehrheit der Bevölkerung ankommen könne. Nach der ständigen Rechtsprechung des BFH (vgl. BFH vom 29.10.1997 I R 13/97, BStBl 1998 II S. 9) handelt es sich bei der „Förderung der Allgemeinheit" um einen unbestimmten Rechtsbegriff, der seinen für das Steuerrecht maßgeblichen Sinngehalt nicht ohne Weiteres erkennen lässt und der näheren Qualifizierung und Beurteilung bedarf, die grundsätzlich nach objektiven Kriterien zu erfolgen hat. Der BFH hat dazu in seiner grundlegenden Entscheidung vom 13.12.1978 (a. a. O.) ausgeführt: „Entsprechend der unzähligen, nach Gehalt und Umfang recht unterschiedlichen Möglichkeiten, die Allgemeinheit zu fördern und damit dem allgemeinen Besten zu nutzen, ist zur Qualifizierung und Wertung an eine Vielzahl von Faktoren (Werten) anzuknüpfen. Diese bestimmen im jeweiligen Einzelfall in ihrer Gesamtheit oder doch einzelne oder mehrere von ihnen den Inhalt des Gesetzesbegriffs. Dessen Sinngehalt wird im Wesentlichen geprägt durch die herrschende Staatsverfassung, wie sie der Bundesrepublik Deutschland als einem demokratischen und sozialen Bundesstaat durch das Grundgesetz gegeben ist, durch die sozialethischen und religiösen Prinzipien, wie sie gelehrt und praktiziert werden, durch die bestehende geistige und kulturelle Ordnung, durch Forschung, Wissenschaft und Technik, wie sie aufgrund ihrer Entwicklung dem neueren Wissensstand und Erkenntnisstand entsprechen, durch die vorhandene Wirtschaftsstruktur und die wirtschaftlichen und sozialen Verhältnisse sowie schließlich durch Wertvorstellungen und Anschauungen der Bevölkerung." Die Leistung (Tätigkeit) der Körperschaft muss die Belange der Allgemeinheit – das öffentliche Wohl – unmittelbar fördern.

Eine feste, offen- oder **allgemein kundige Meinung der Bevölkerung** kann dabei als Indiz für die Frage nach einem möglichen Nutzen einer Tätigkeit für das allgemeine Beste zu berücksichtigen sein (BFH vom 20.01.1972 I R 81/70, BStBl 1972 II S. 440, und vom 29.08.1984 I R 203/81, BStBl 1984 II S. 844). Es ist daher durchaus denkbar, dass verschiedene Körperschaften als gemeinnützig anerkannt werden können, obwohl sie jeweils einander entgegenstehende Zwecke verfolgen, wie z. B. Kernkraftbefürworter oder -gegner (siehe Alber in Dötsch/Pung/Möhlenbrock, Rz. 23 zu § 5 Abs. 1 Nr. 9 KStG).

Eine Förderung der Allgemeinheit ist grundsätzlich auch dann anzunehmen, wenn die von der Körperschaft verfolgten Ziele, wie etwa die Förderung des Umweltschutzes, **staatlichen Zielen widersprechen** (BFH vom 13.12.1978, a. a. O., Bürgerinitiative gegen den geplanten Bau einer Schnellbahn).

Mit seinem Urteil vom 29.10.1997 (BStBl 1998 II S. 9) hat der BFH klargestellt, dass nach seinem Verständnis die in § 52 Abs. 2 Nr. 2 AO a. F. aufgezählten Zwecke als

Tätigkeiten anzusehen sind, mit denen die Allgemeinheit gefördert wird. Selbst dann, wenn eine der dort aufgeführten Tätigkeiten in Widerspruch zu einem anderen in § 52 Abs. 2 AO ausdrücklich genannten Zweck stehe, könne der betreffenden Tätigkeit die Eigenschaft „Förderung der Allgemeinheit" nicht abgesprochen werden. Entsprechende Zielkonflikte (im Urteilsfall bestand der Konflikt in Bezug auf die Förderung des Motorsports und des Umweltschutzes) innerhalb des Katalogs des § 52 Abs. 2 AO müssten durch Einschränkungen im Polizei-, Umwelt- und Ordnungsrecht gelöst werden.

Nur bei Vorliegen besonderer Umstände könne bei Verfolgung der in § 52 Abs. 2 AO ausdrücklich aufgeführten gemeinnützigen Zwecke eine Förderung der Allgemeinheit i. S. des § 52 Abs. 1 Satz 1 AO verneint werden (BFH vom 29.10.1997, a. a. O.).

Bei der Frage, ob mit der vordergründigen Verfolgung eines gemeinnützigen Zwecks tatsächlich immer auch die **Allgemeinheit** gefördert wird bzw. ob die Förderung im Interesse der Allgemeinheit liegt, kann es durchaus zu Wertungskonflikten kommen.

Beispiel:
Die **Paintball-** oder **Gotchavereine** mögen vordergründig den Sport i. S. des § 52 Abs. 2 Nr. 2 AO fördern. Gleichzeitig verfolgen sie Tätigkeiten, die als allgemeinwohlschädlich einzuordnen sind (Anleitung zum Kriegsspiel bzw. zur Simulierung von Tötungshandlungen, siehe dazu auch Spiegel 42/1991 und Bundesrats-Drucksachen 579/97 und 585/02). Die hier vorzunehmende Abwägung muss m. E. zur Versagung der Steuerbegünstigungen nach §§ 51 ff. AO führen (siehe auch OFD Nürnberg vom 22.04.1999, DB 1999 S. 986, sowie FG Niedersachsen vom 08.09.1998, EFG 1998 S. 1667, und FG Rheinland-Pfalz vom 19.02.2014 – 1 K 2423/11, die Paintball ausdrücklich nicht dem Schießsport zuordnen).

Die Förderung der Kunst und Religion ist z. B. auch dann als gemeinnützig anzuerkennen, wenn es sich um bestimmte **Kunstrichtungen** oder um nichtchristliche Religionen handelt (BFH vom 31.10.1963 I 122/62 U, BStBl 1964 III S. 83).

Eine Körperschaft, die sich darauf beschränkt, nur gegenüber einer anderen gemeinnützigen Körperschaft (der Urteilsfall betraf einen Caritasverband) tätig zu werden, fördert nicht die Allgemeinheit i. S. des § 52 AO (vgl. FG Baden-Württemberg vom 31.07.1997, EFG 1997 S. 1341, und BFH vom 07.03.2007 I R 90/04, BStBl 2007 II S. 628; zum Grundsatz der Unmittelbarkeit nach § 57 AO siehe auch in Tz. 2.7 ff.).

Die **Wahrnehmung öffentlicher Aufgaben,** zu deren Erfüllung z. B. Gemeinden verpflichtet sind (Aufgaben im Sinne des gemeinen Wohls), sind nicht zwangsläufig der begrifflich engeren Erfüllung gemeinnütziger Zwecke gleichzustellen (BFH vom 31.01.1973 II R 62/69, BStBl 1973 II S. 690; vgl. hierzu auch Tz. 2.2.8 zu „hoheitlichen Aufgaben" und Tz. 2.5.4), wenngleich im Bereich der freiwilligen sowie pflichtigen Selbstverwaltungsaufgaben zahlreiche Übereinstimmungen mit gemeinnützigen Zwecksetzungen im Sinne des Abgabenrechts existieren.

Bei der Frage, ob und ggf. unter welchen Voraussetzungen die Allgemeinheit i. S. des § 52 Abs. 1 AO gefördert wird, stellt sich u. a. die Frage, ob sich diese Förderung etwa nur auf die Bewohner oder Staatsangehörigen der Bundesrepublik beschränken muss. Angestoßen durch die Stauffer-Rechtsprechung des EuGH (EuGH vom 14.09.2006, www.curia.eu) und der sich während des Gesetzgebungsverfahrens bereits abzeichnenden Entscheidung des EuGH in der Rechtssache „Persche" (EuGH vom 27.01.2009, www.curia.eu), hat der Gesetzgeber mit dem JStG 2009 u. a. das KStG und die AO geändert. So fordert der Gesetzgeber mit Wirkung ab dem 01.01.2009 (vgl. Art. 97 § 1d EGAO) in § 51 Abs. 2 AO für die Gewährung der Gemeinnützigkeit bei Verwirklichung **steuerbegünstigter Zwecke im Ausland,** dass diese Tätigkeiten einen Inlandsbezug aufweisen. So wird ausdrücklich gefordert,

- dass natürliche Personen, die ihren Wohnsitz oder ihren gewöhnlichen Aufenthalt im Geltungsbereich dieses Gesetzes haben, gefördert werden oder
- die Tätigkeit der Körperschaft neben der Verwirklichung der steuerbegünstigten Zwecke auch zum Ansehen der Bundesrepublik Deutschland im Ausland beitragen kann.

Auch nach Einführung des sog. **strukturellen Inlandsbezugs** ist im ersten Schritt zu prüfen, ob die Voraussetzungen des § 52 AO bei der betreffenden Körperschaft erfüllt sind. Es ist also zu fragen:

- Erfolgt eine Förderung eines oder mehrerer der in § 52 Abs. 2 AO genannten Zwecke?
- Erfolgt die Förderung dieses Zwecks „unter den Voraussetzungen des Absatzes 1" des § 52 AO? Wird also mit der betreffenden Satzungstätigkeit die Allgemeinheit auf materiellem, geistigem oder sittlichem Gebiet selbstlos gefördert?

Dabei ist zu beachten, dass mit dieser Gesetzesänderung keine Veränderung in der Auslegung des Begriffs „Allgemeinheit" verbunden ist (zum Begriff der „Allgemeinheit" i. S. des § 52 Abs. 1 AO siehe die nachstehenden Ausführungen unter Tz. 2.2.6 sowie AEAO Nr. 7 zu § 51 Abs. 2 AO).

Erst wenn die Prüfung ergeben hat, dass eine Zuerkennung der Gemeinnützigkeit dem Grunde nach erfolgen kann, ist im zweiten Schritt der „strukturelle Inlandsbezug" zu prüfen. Zum strukturellen Inlandsbezug siehe zu § 51 AO und Tz. 2.1.1.1.

Nach meiner Erfahrung sind in der Praxis häufig Fälle zu beurteilen, bei denen der Schwerpunkt der Tätigkeit Zwecken zugeordnet werden kann, die bereits kraft ihrer Definition einen eindeutigen **Auslandsbezug** aufweisen (siehe z. B. § 52 Abs. 2 Nr. 13 und 15 AO; vgl. in diesem Zusammenhang auch Hüttemann/Helios, Tz. III 2. a) aa) in DB 2006 S. 2481 und in DB 2009 S. 701 Tz. V.3.).

Ergänzend ist zu beachten, dass die steuerlichen Vorteile wegen Förderung gemeinnütziger Zwecke nur von inländischen Körperschaften oder allenfalls von Körperschaften mit Sitz in einem EU-Mitgliedstaat in Anspruch genommen werden können (vgl. hierzu auch unter Tz. 2.1.1; zu Fördervereinen, die ausländischen Körperschaften – auch Körperschaften in Nicht-EU-Staaten – Mittel zuwenden dürfen, siehe § 58 Nr. 1 AO und Tz. 2.8.1.3).

Die Einschaltung einer ausländischen Körperschaft ist aber auch dann unschädlich, wenn die **im Ausland** ansässige Körperschaft im Verhältnis zur inländischen Körperschaft **als Hilfsperson** i. S. des § 57 Abs. 1 Satz 2 AO einzustufen ist (vgl. dazu unter Tz. 2.7.4). Zu den Nachweispflichten bei Verwirklichung der Satzungszwecke im Ausland siehe unter Tz. 2.13.9 und OFD Frankfurt a. M. vom 11.12.1997 (FR 1997 S. 194).

2.2.3 Schädliche Eingrenzung der „Allgemeinheit"

Eine Förderung der **Allgemeinheit** i. S. des § 52 Abs. 1 Satz 2 AO bedeutet, dass die steuerbegünstigte Körperschaft für die Allgemeinheit geöffnet sein muss und die geförderten Zwecke im Interesse der Allgemeinheit liegen. Die Tätigkeit der Körperschaft muss der Allgemeinheit zugutekommen. Diese Forderung ist nicht erfüllt,

2 Erläuterung der Bestimmungen des Abschnitts „Steuerbegünstigte Zwecke" in der AO

wenn der Kreis der Personen, dem die Förderung zugutekommt, fest abgeschlossen oder dauernd nur klein ist.

Eine **schädliche** Abgeschlossenheit in diesem Sinne ist immer dann gegeben,

a) wenn das Wirken der Körperschaft nur einer ganz bestimmten **(eingegrenzten) Personengruppe** zugutekommt. Eine schädliche Eingrenzung liegt immer dann vor, wenn sich die Ab- bzw. Ausgrenzungskriterien nicht an den gemeinnützigen Zwecken selbst, sondern an „sachfremden" Merkmalen orientieren. Das Gesetz selbst nennt als „sachfremde" Kriterien die Zugehörigkeit zu einer Familie oder der Belegschaft eines Unternehmens. Als ebenso sachfremd könnte es im Einzelfall zu beurteilen sein, wenn z. B. die Aktivitäten der Körperschaft nur wegen der Zugehörigkeit zu einem bestimmten Beruf oder des Standes dem betreffenden Personenkreis zugutekommen oder sie davon ausgeschlossen sind. Dabei ist es ohne Bedeutung, ob der zu einem Unternehmen, einer Religionsgesellschaft etc. gehörende Personenkreis absolut betrachtet tatsächlich groß oder klein ist (siehe BFH vom 05.08.1992 X R 165/88, BStBl 1992 II S. 1048). Die Einschränkung auf eine bestimmte Religionszugehörigkeit sieht der BFH dann als unschädlich an, wenn eine große Religionsgesellschaft wie etwa die katholische oder evangelische Kirche angesprochen ist (siehe BFH vom 02.12.1955 III 99/55 U, BStBl 1956 III S. 22).

> **Beispiele:**
>
> Angehörige eines Betriebs schließen sich zu einem Verein zusammen, um einen Kindergarten zu betreiben. Eine Förderung der Allgemeinheit liegt vor, wenn in den Kindergarten nach der Satzung **und** auch **tatsächlich** Kinder von Nichtbetriebsangehörigen (ohne Bevorzugung der Betriebsangehörigen) im Rahmen der zur Verfügung stehenden Plätze aufgenommen werden. Würden in den Kindergarten nach den Satzungsbestimmungen oder der tatsächlichen Handhabung nur Kinder von Betriebsangehörigen aufgenommen, wäre eine Förderung der Allgemeinheit nicht gegeben. Das gilt selbst dann, wenn die Zahl der Arbeitnehmer des Betriebs (ggf. Konzerns) sehr groß wäre.
>
> Bei einem Traditionsverband hat der BFH mit Urteil vom 31.10.1963 (I 320/61 U, BStBl 1964 III S. 20) eine Förderung der Allgemeinheit als zweifelhaft beurteilt, weil die Tätigkeit der Körperschaft auf den Kreis der ehemaligen Angehörigen einer Infanteriedivision beschränkt war.
>
> Im Urteil vom 05.08.1992 (X R 165/88, BStBl 1992 II S. 1048) hat der BFH die Gemeinnützigkeit eines Motorsportclubs beurteilt. Er sah es als zweifelhaft an, ob der Verein für die Allgemeinheit geöffnet war, weil die ordentliche Mitgliedschaft beim Motorsportclub von der Mitgliedschaft im (nicht gemeinnützigen) ADAC abhing.

Eine sachlich gebotene – **unschädliche** – Begrenzung ist jedoch dann anzunehmen, wenn sich die Kriterien für die Auswahl der Personen an den jeweils verfolgten Zwecken bzw. angestrebten Zielen orientieren.

> **Beispiele:**
>
> Ein Verein, der die Berufsaus- und/oder -fortbildung in einem bestimmten Bereich fördert, stellt sein Aus- und Fortbildungsangebot satzungsmäßig und tatsächlich nur den Zugehörigen der entsprechenden Berufsgruppe, ggf. gestaffelt nach vorhergehenden Leistungsnachweisen (abgeschlossenen Ausbildungsabschnitten), zur Verfügung (siehe dazu auch BFH vom 23.06.1988 IV R 21/86, BStBl 1988 II S. 890 zu § 3 Nr. 26 EStG).
>
> An den Veranstaltungen und Lehrgängen eines Tauchsportvereins können nur Personen teilnehmen, die sich erfolgreich bestimmten medizinischen Untersuchungen unterzogen haben.
>
> Ein Verein fördert den Segelsport. Er stellt talentierten Jugendlichen Hochleistungsboote zur Verfügung, übernimmt Trainingskosten etc. Da seine finanziellen Mittel

begrenzt sind, hat er diese Leistungen auf Jugendliche begrenzt, die bei bestimmten Meisterschaften einen der ersten 10 Plätze belegt haben.

b) wenn die Förderung einem **dauernd nur kleinen Personenkreis** zugutekommt. Das Gesetz selbst spricht beispielhaft von einem dauernd nur kleinen Personenkreis infolge der räumlichen oder beruflichen Abgrenzung. Das entscheidende Kriterium ist hier die Anzahl der (dauernd) geförderten Personen.

Beispiele:
In einem Stadtteil wird ein Verein zur Förderung des Fußballsports gegründet. Der Verein führt ausschließlich sportliche Veranstaltungen für seine Mitglieder durch. Die Mitgliedschaft in dem Verein ist auf die Bewohner einer bestimmten Wohnsiedlung beschränkt. Sonstige Einschränkungen hinsichtlich der Mitgliedschaft bestehen nicht. Da der geförderte Personenkreis auf Dauer nur klein ist, fördert der Verein nicht die Allgemeinheit.

Die Förderung der Einwohner einer Stadt (BFH vom 20.12.2006 I R 94/02, BStBl 2010 II S. 331) oder der Angehörigen eines zahlenmäßig größeren Berufsstandes würde hingegen ausreichen (BFH vom 02.12.1955, BStBl 1956 III S. 22).

In dem Urteil des BFH vom 22.11.1972 (I R 21/71, BStBl 1973 II S. 251) wurde unterstellt, dass „kaufmännische und technische Angestellte aus Industrie und Handel sowie selbständige Kaufleute" als Allgemeinheit anzuerkennen sind.

Der Kreis der durch die Betätigung der Körperschaft begünstigten Personen darf also nicht von vornherein nach bestimmten (sachfremden) Merkmalen begrenzt sein. Die gesetzliche Vorgabe, eine Förderung der Allgemeinheit anzustreben, kann aber andererseits nicht bedeuten, dass die Körperschaft stets sicherstellen muss, dass eine unbegrenzte Anzahl von Personen auf das Tätigwerden (auf die Leistungen) der Körperschaft einen Anspruch hat. Ein Nutzen der Allgemeinheit ist auch dann anzunehmen, wenn tatsächlich nur einzelne oder wenige Personen gefördert werden. Die Förderung eines engen Personenkreises ist dann als eine **Förderung der Allgemeinheit** anzusehen, wenn dieser enge Kreis als **Ausschnitt der Allgemeinheit** angesehen werden kann und in ihm zugleich das Wohl der weiteren Allgemeinheit gefördert wird (BFH vom 13.12.1978 I R 39/78, BStBl 1979 II S. 482; Bauer, FR 1989 S. 61; zur Frage der Selbstlosigkeit hierbei siehe Tz. 2.5 ff.). Hierzu rechnen jedoch nicht fest abgeschlossene Personengruppen; diese bilden vielmehr einen von der Allgemeinheit losgelösten, eigenständigen Kreis, der in erster Linie auf dem Gedanken der Selbsthilfe, nicht aber auf dem Gedanken der Gemeinnützigkeit beruht (BFH vom 13.12.1978, a. a. O.).

Ein Personenkreis ist auch dann nicht als Ausschnitt der Allgemeinheit anzusehen, wenn er selbst zu erkennen gibt, dass er sich **von der Allgemeinheit absondert** (BFH vom 26.01.1973 III R 40/72, BStBl 1973 II S. 430). Das kann z. B. der Fall sein, wenn die Förderzwecke nur auf Männer oder nur auf Frauen beschränkt sind, ohne dafür eine sachliche Begründung zu geben (siehe dazu ebenfalls BFH vom 26.01.1973, a. a. O., sowie FG Bremen vom 09.07.1982, EFG 1983 S. 194; siehe auch Alber in Dötsch/Pung/Möhlenbrock, Rz. 25 zu § 5 Abs. 1 Nr. 9 KStG).

Die finanzielle oder sonstige Unterstützung (z. B. durch Beratung) jeglichen **gewerblichen Unternehmens** (z. B. auch sog. „alternativer Betriebe", Existenzgründer, Technologiezentrum) – zur Wirtschaftsförderung siehe BFH vom 21.05.1997 I R 38/06 (BFH/NV 1997 S. 904) – verstößt gegen den Grundsatz der Gemeinnützigkeit, da hierdurch nicht die Allgemeinheit, sondern die jeweiligen (eigen-)wirtschaftlichen Interessen der unterstützten Gewerbebetriebe gefördert werden (siehe auch zu fehlender Selbstlosigkeit Tz. 2.5.3 und Schauhoff, Handbuch der Gemeinnützigkeit, 3. Auflage, § 6 Rz. 42). Ein Verstoß hinsichtlich der Förderung der Allgemeinheit kann sich bereits aus der Formulierung der Satzung ergeben. So hat der BFH in seiner Entscheidung vom 06.10.2009 I R 55/08 bei einem Abmahnverein entsprechende formelle Mängel angenommen, weil „die Bekämpfung des unlauteren Wettbewerbs und der Wirtschaftskriminalität im Interesse der Allgemeinheit, der gewerblichen Unternehmen, der freiberuflich Tätigen, insbesondere der Mitglieder" als Satzungszweck benannt war.

Es kommt bei einem Verein grundsätzlich nicht darauf an, ob der **Kreis der Vereinsmitglieder** eventuell nach bestimmten Gesichtspunkten eng begrenzt ist. Entscheidend ist vielmehr, ob der **geförderte Personenkreis** als Allgemeinheit angesehen werden kann. Je nach Zielsetzung des Vereins kann der geförderte Personenkreis jedoch mit dem Mitgliederkreis übereinstimmen, er kann darüber hinausgehen oder es können für die Förderung nur andere Personen als die Vereinsmitglieder in Betracht kommen.

Beispiel:
Der Verein hat sich die Förderung des Umweltschutzes i. S. des § 52 Abs. 2 Nr. 8 AO zum Zweck gesetzt. Der Zweck wird u. a. mit der Durchführung von Informationsveranstaltungen zu ökologischen Projekten sowie der Herstellung und dem Vertrieb von Info-Materialien zum Bereich des Umweltschutzes verwirklicht. Zu den Veranstaltungen haben alle interessierten Personen Zutritt. Das Info-Material wird öffentlich verteilt bzw. verkauft.

Für den Fall, dass die Satzung des Vereins die Mitgliederzahl und den Zugang zur (Voll-)Mitgliedschaft z. B. auf Personen aus einer bestimmten Familie beschränkt, wird vorliegend die Förderung der Allgemeinheit und damit die Anerkennung der Gemeinnützigkeit nicht in Frage gestellt, da sich die Aktivitäten des Vereins an die Allgemeinheit richten. Durch die jedermann zugänglichen Informationsveranstaltungen bzw. die öffentlichen Publikationen werden der Allgemeinheit die Arbeitsergebnisse (Leistungen) des Vereins zugänglich gemacht, sodass die Allgemeinheit von selbigen profitiert.

2.2.4 Offener Zugang zu gemeinnützigen (Sport-)Vereinen

In Fällen, in denen die Tätigkeit einer Körperschaft überwiegend oder fast ausschließlich auf die **Förderung der Vereinsmitglieder** ausgerichtet ist (z. B. bei Sportvereinen), muss der **Zugang zum Verein** grundsätzlich der Allgemeinheit **offenstehen** (siehe auch BFH vom 23.07.2003, BStBl 2005 II S. 443). Das bedingt zum einen eine „Offenheit" nach den Satzungsregelungen, aber auch eine „Offenheit" im Rahmen der tatsächlichen Geschäftsführung. Der Umstand, dass eventuell aktive oder/und fördernde Mitglieder die Aufnahme befürworten müssen und dem Vorstand durch Mehrheitsbeschluss die Entscheidung über die Aufnahme vorbehalten ist, kann nicht als Beschränkung bei der Mitgliederaufnahme gewertet werden (BFH vom 13.12.1978, BStBl 1979 II S. 488). Die Gemeinnützigkeit (Förderung der Allgemeinheit) ist nicht schon deshalb aus formellen Gründen ausgeschlossen, weil in der Satzung nicht geregelt ist, aus welchen Gründen Personen die Aufnahme in den Verein verwehrt werden kann (BFH vom 13.08.1997, BStBl 1997 II S. 794, betr. die Aufnahmemodalitäten bei einem Golfclub; enger ist das FG Schleswig-Holstein [Urteil vom 15.12.1995 I 541/93; zum Nachweis siehe Gast-de Haan in DStR 1996 S. 405], das in der Satzung klare und eindeutige Kriterien für die Mitgliederaufnahme verlangt; siehe auch Hüttemann, Gemeinnützigkeits- und Spendenrecht, 3. Auflage 2015, Rz. 3.39).

Der Beitritt zum Verein darf für weite Bevölkerungskreise praktisch nicht dadurch ausgeschlossen sein, dass z. B. hohe **Eintrittsgelder** und Mitgliedsbeiträge erhoben werden (so auch BFH vom 23.07.2003, a. a. O.; zu „Eintrittsspenden" siehe Tz. 3.10).

2.2 § 52 AO: Gemeinnützige Zwecke

Das gilt auch, wenn z. B. der Verbleib in dem Verein faktisch von der Zahlung einer verhältnismäßig hohen „Spende" abhängig gemacht wird oder wenn Mitglieder zu hohen Umlagen herangezogen werden, um Investitionen des Vereins zu finanzieren. Dabei ist zu beachten, dass **„Beitrittsspenden"** auch dann nicht als Spenden im Rahmen des § 10b EStG abzugsfähig sind – und damit in die Höchstbetragsberechnung (siehe nachstehend) einzubeziehen sind –, wenn sie „freiwillig" gezahlt wurden (BFH vom 02.08.2006 XI R 6/03, BStBl 2007 II S. 8; siehe Tz. 3.10), da es hierbei regelmäßig an der Spendenmotivation – an der Unentgeltlichkeit bzw. einer Fremdnützigkeit – bezogen auf die „Beitrittsspenden" mangele.

Die Finanzverwaltung hat zu **Höchstgrenzen für Mitgliedsbeiträge** und Aufnahmegebühren bei Sportvereinen grundlegend in AEAO Nr. 1.1 ff. zu § 52 AO (Anhang 1) Stellung genommen. Die dort angesprochene **Investitionsumlage** darf von gemeinnützigen Vereinen ab dem Veranlagungszeitraum **1995** gebildet werden (vgl. letzter Satz des vorgenannten BMF-Schreibens).

Bei Sportvereinen ist eine Förderung der Allgemeinheit i. S. des § 52 Abs. 1 AO (noch) anzunehmen, wenn

a) die Mitgliedsbeiträge und -umlagen zusammen **im Durchschnitt** 1.023 Euro je Mitglied und Jahr

und

b) die Aufnahmegebühren für die im Jahr aufgenommenen Mitglieder **im Durchschnitt** 1.534 Euro

nicht übersteigen.

Der AEAO stellt klar, welche Arten von Aufwendungen bei den hier anzustellenden Durchschnittsberechnungen zu berücksichtigen sind.

☐ Mitgliedsbeiträge und Mitgliedsumlagen sind:

alle Geld- oder geldwerten Leistungen, die eine Person aufwenden muss, um in dem Verein verbleiben zu können.

= Mitgliedsbeiträge, regelmäßige Sonderumlagen, Zusatzentgelte wie Jahresplatzbenutzungsgebühren etc., aber auch Umlagen, die an eine neben dem Verein bestehende Personen- oder Kapitalgesellschaft gezahlt werden müssen und die für den laufenden Spielbetrieb notwendig sind.

(Nicht jedoch Mitgliedsbeiträge, die auswärtige Sportler an andere Sportvereine zahlen.)

Als Mitgliedsbeiträge oder Mitgliedsumlagen in diesem Sinne sind solche Zahlungen zu verstehen, auf die der Verein rechtlich oder faktisch **einen Anspruch** hat (siehe zur faktischen Verpflichtung unten), und auch „Beitrittsspenden", für die ein Spendenabzug ausgeschlossen ist (BFH vom 02.08.2006, BStBl 2007 II S. 8).

Hinweis: Wird der Beitrag oder die Umlage in Form eines zinslosen oder zinsverbilligten Darlehens an den Verein geleistet (= der Verein verpflichtet sich z. B. zur Rückzahlung der Beiträge bei Ausscheiden des Mitglieds), sind in Höhe des dem Verein gewährten Zinsvorteils Mitgliedsbeiträge bzw. -umlagen anzunehmen.

Haben sich die Mitglieder des Vereins (häufig in Zusammenhang mit der Aufnahme in den Verein) **zusätzlich** zu den sonstigen/üblichen Mitgliedsbeiträgen und -umlagen zur Gewährung eines **Darlehens** an den Verein verpflichtet (waren sie dazu ggf. verpflichtet), kann die Darlehenssumme selbst weder als (zusätzlicher) Mitgliedsbeitrag noch als Bestandteil der Aufnahmegebühr gewertet werden. Nur dann, wenn das Darlehen zinslos oder zu einem günstigeren Zinssatz als dem auf dem Kapitalmarkt üblichen gewährt wird, ist in Höhe des jährlichen **Zinsverzichtes** ein zusätzlicher (jährlicher) Mitgliedsbeitrag anzunehmen (BFH vom 13.11.1996 I R 152/93, BStBl 1996 II S. 711). Als zusätzlicher Mitgliedsbeitrag sind pro Jahr bei einem zinslosen Darlehen 5,5 % des Darlehensbetrages und bei einem zinsgünstigen Darlehen der Betrag, den der Verein weniger als bei einer Verzinsung mit 5,5 % zu zahlen hat, anzusetzen.

Zur Berechnung des **durchschnittlichen Mitgliedsbeitrags** ist die Zahl der Personen anzusetzen, die im Veranlagungszeitraum (Dauer-)Mitglieder des Vereins sind. Dabei sind auch diejenigen zu berücksichtigen, die im Laufe des Veranlagungszeitraums aus dem Verein ausgetreten sind oder in ihn aufgenommen wurden.

☐ Aufnahmegebühren sind:

alle Leistungen in Geld oder Geldeswert, die eine Person aufwenden muss, um in den Verein aufgenommen zu werden.

Neben den ausdrücklich vom Verein geforderten Aufnahmegebühren werden in einigen Fällen weitere Leistungen eingefordert, zu deren Zahlung die (Neu-)Mitglieder rechtlich oder faktisch verpflichtet sind. Diese Beträge sind (mit Ausnahme einer gesonderten Investitionsumlage, siehe unten) als Aufnahmegebühren im o. a. Sinne zu werten.

– Häufig werden von den Mitgliedern auch Zahlungen zur Erlangung einer Spielberechtigung etwa durch **Erwerb von Gesellschaftsanteilen** an einer Gesellschaft, die neben dem Verein besteht, die die Sportanlagen errichtet oder betreibt, gefordert. So wurde in Einzelfällen etwa die Zeichnung einer stillen Beteiligung, eines Kommanditanteils, die Übernahme eines GmbH-Anteils, der Erwerb einer (Sportanlagen-)Nutzungsberechtigung gefordert. Die Zahlungen hierfür wurden von der Finanzverwaltung bisher den Aufnahmegebühren zugeordnet, sodass bei Überschreiten der Höchstgrenze für Aufnahmegebühren die Gemeinnützigkeit nicht zuerkannt wurde. Der BFH hat in seinem Urteil vom 23.07.2003 (I R 41/03, BStBl 2005 II S. 443) jedoch entschieden, dass Aufwendungen für den Erwerb von Gesellschaftsanteilen an einer Spielbetriebs-KG mit Ausnahme des Agios nicht als zusätzliche Aufnahmegebühren behandelt werden können. Der BFH stützt seine Entscheidung vom 23.07.2003 u. a. auf die Annahme, dass sich mit dem Erwerb des Anteils an der **Spielbetriebs-KG** beim (Neu-)Mitglied kein Vermögensabfluss vollzogen hat. Er ist davon ausgegangen, dass es bei den (Neu-)Mitgliedern insoweit nur zu einer Vermögensumschichtung gekommen ist, und nimmt nur in Höhe der Refinanzierungskosten eine Belastung bei den (Neu-)Mitgliedern an. Die Finanzverwaltung wendet dieses Urteil in allen noch offenen Fällen grundsätzlich an.

Die obersten Finanzbehörden des Bundes und der Länder haben die Finanzämter jedoch gleichzeitig angewiesen, Sportvereinen, die ihren Mitgliedern die Sportanlagen nicht selbst zur Nutzung überlassen, sondern die **Sportausübung nur über eine außenstehende Person** ermöglichen (z. B. durch Einbindung einer Spielbetriebs-KG), **die Gemeinnützigkeit nicht zuzuerkennen** (= bei bestehenden Vereinen die Gemeinnützigkeit, soweit verfahrensrechtlich möglich, also auch abzuerkennen, vgl. AEAO Nr. 1.3.1.6 zu § 52 AO). Das BMF-Schreiben vom 21.04.2008 (BStBl 2008 I S. 582) nimmt in diesen Fällen einen Verstoß gegen den Grundsatz der Unmittelbarkeit (§ 57 AO) an.

Es stellt sich aus meiner Sicht in diesen Fällen jedoch die Frage, ob die (neuen) Kommanditisten tatsächlich (anteilige) Anschaffungskosten im Hinblick auf die (anteilige) Übertragung der im Gesamthandseigentum der KG stehenden Wirtschaftsgüter aufgewendet haben oder ob diese Aufwendungen nicht überwiegend mit dem Ziel getragen wurden, eine Spielerlaubnis/Spielmöglichkeit im Zusammenhang mit dem Vereinsbeitritt zu erlangen (siehe hierzu auch die überzeugenden Ausführungen des 11. Senats des BFH in seinem Urteil vom 02.08.2006 XI R 6/03, BStBl 2007 II S. 8). Eine nach allgemeinen Grundsätzen durchgeführte Unternehmensbewertung (zur Anwendung des Ertragswertverfahrens für Zwecke der Unternehmensbewertung siehe u. a. FG Niedersachsen vom 11.04.2000, GmbHR 2001 S. 310) für die Spielbetriebs-KG würde den **Marktwert/Teilwert der Beteiligung** zeigen. Die im Zusammenhang mit der Übernahme der KG-Beteiligung getragenen Aufwendungen sind dann in einen tatsächlichen Gegenwert für die KG-Beteiligung und einen Anteil für ein Eintrittsgeld/eine Aufnahmegebühr aufzuteilen. Auch der Umstand, dass das Vereinsmitglied mit dem Ausscheiden aus dem Verein die Kommanditbeteiligung grundsätzlich entgeltlich weiterübertragen kann, führt m. E. nicht zu einer anderen Beurteilung. In der Regel ist es neuen Mitgliedern bei Gestaltungen dieser Art freigestellt, entweder eine Eintrittsspende zu leisten oder **in gleicher Höhe** eine Beteiligung an der KG zu erwerben (so auch im Urteilsfall). Das ist nach Wallenhorst (DStZ 2004 S. 38 in den Anmerkungen zu dem BFH-Urteil vom 23.07.2003) eine typische Gestaltung bei Golfvereinen. Das im Fall des Ausscheidens aus dem Verein mit einer Weiterübertragung der KG-Beteiligung erzielbare Entgelt wird sich daher nicht an dem Marktwert der KG-Anteile, sondern an den in dem betreffenden Jahr festgelegten Eintrittsspenden orientieren.

- Ebenso sind sonstige **Sonderzahlungen** einzubeziehen. Diese werden häufig von den (Neu-)Mitgliedern und dem Verein als Spende bezeichnet. Die häufig als „Beitrittsspenden" bezeichneten Zahlungen sind auch dann, wenn sie mit einer gewissen Freiwilligkeit geleistet werden, nicht als Spende abzugsfähig (BFH vom 02.08.2006, BStBl 2007 II S. 8; siehe auch Tz. 3.10). Mit dem EuGH-Urteil vom 21.03.2002 in der Rechtssache „Kennemer Golf & Country Club" (DB 2002 S. 1538) stellt sich auch in Bezug auf Zahlungen dieser Art die Frage, ob sich dieser Vorgang nicht in einem Leistungsaustausch vollzieht.

- **Darlehen,** die Mitglieder im Zusammenhang mit der Aufnahme in den Verein zu gewähren haben, sind **nicht** als Teil der Aufnahmegebühr zu werten. Lediglich ein dem Verein zugewandter Zinsverzicht ist dem jährlichen Mitgliedsbeitrag zuzurechnen (siehe oben).

Vielfach wird von den Vereinen und den (Neu-)Mitgliedern vorgetragen, die Zeichnung einer Beteiligung sowie die Leistung von „Spenden" sei freiwillig erfolgt. Nach den angesprochenen Regelungen im AEAO muss die Finanzverwaltung hinsichtlich der vorgenannten Zusatzleistungen jedoch **stets** von einer **faktischen Verpflichtung** (widerlegbaren Vermutung) zur Erbringung von Aufnahmegebühren ausgehen, wenn 75 % der (Neu-)Mitglieder eine gleich oder ähnlich hohe Sonderleistung erbringen. Zur Annahme/Prüfung einer faktischen Verpflichtung

- sind sämtliche Zahlungen, Beteiligungszeichnungen, die neben den laufenden Mitgliedsbeiträgen und -umlagen oder den Investitionsumlagen von (Neu-)Mitgliedern **innerhalb von 3 Jahren** nach dem Aufnahme**antrag** geleistet werden, zusammenzurechnen (auf den tatsächlichen Aufnahmezeitpunkt ist für die Bestimmungen der Zeitspanne nicht abzustellen);

- ist für die Klärung der faktischen Zahlungsverpflichtung (im Gegensatz zur Durchschnittsberechnung im Übrigen) allein auf **die aktiven (Neu-)Mitglieder**

2 Erläuterung der Bestimmungen des Abschnitts „Steuerbegünstigte Zwecke" in der AO

abzustellen (passive, fördernde, jugendliche und auswärtige Mitglieder sowie Firmenmitgliedschaften bleiben außer Betracht).

Im zweiten Schritt sind die durchschnittlichen Aufnahmegebühren zu ermitteln. Ist nach den vorgenannten Kriterien davon auszugehen, dass die (Neu-)Mitglieder zur Erbringung von „Sonderleistungen" faktisch verpflichtet waren, sind diese Beträge in die Berechnung der durchschnittlichen Aufnahmegebühr (1.534 Euro) mit einzubeziehen. Als Divisor zur Errechnung des Durchschnittswertes ist auf alle in dem betreffenden Veranlagungszeitraum neu eingetretenen (Dauer-)Mitglieder abzustellen. Wie (Neu-)Mitglieder sind auch Zahlungen der Mitglieder zu behandeln, die z. B. nach Erreichen einer festgelegten Altersgrenze oder dem Abschluss der Berufsausbildung Aufnahmegebühren nachzuentrichten haben.

In die **Zahl der durchschnittlichen Mitglieder** und Personen, die im betreffenden Jahr Aufnahmegebühren oder Mitgliedsbeiträge zahlen, sind grundsätzlich neben den aktiven auch die fördernden, passiven, jugendlichen und auswärtigen Mitglieder (zum Begriff auswärtige Mitglieder siehe AEAO Nr. 1.3.1.3 zu § 52 AO) einzubeziehen. Ausgenommen davon sind nur die Fälle, in denen der Verein ihre Einbeziehung missbräuchlich ausnutzt. Der AEAO führt dazu beispielhaft aus, dass dies anzunehmen sei, wenn die Zahl der nicht aktiven Mitglieder ungewöhnlich hoch ist oder festgestellt wird, dass im Hinblick auf die Durchschnittsberechnung gezielt nicht aktive Mitglieder beitragsfrei oder gegen geringe Beiträge aufgenommen werden. Nicht zu erfassen sind juristische Personen oder Firmen in anderer Rechtsform sowie die natürlichen Personen, die infolge ihrer Zugehörigkeit zu diesen Organisationen Zugang zu dem Verein haben (siehe AEAO Nr. 1.3.1.4 zu § 52 AO).

Der AEAO stellt klar, dass Aufnahmegebühren und Mitgliedsbeiträge **(= Pflichtzahlungen) nicht als Spende** steuerlich abzugsfähig sind. Insoweit mangelt es an der für den Spendenabzug erforderlichen Freiwilligkeit der Zahlungen. Das gilt auch für die mit einer gewissen Freiwilligkeit geleisteten „Beitrittsspenden" der Mitglieder (BFH vom 02.08.2006, BStBl 2007 II S. 8). Werden gleichwohl Zuwendungsbestätigungen durch den Verein mit seiner Mithilfe „erwirkt", droht der Entzug der Gemeinnützigkeit (vgl. AEAO Nr. 3 zu § 63 AO, Anhang 1) und die Spendenhaftung (Tz. 3.8). Mitgliedsbeiträge, Eintrittsgelder und Aufnahmegebühren, die an Sportvereine zu entrichten sind, sind nach § 10b Abs. 1 Satz 8 Nr. 1 EStG vom Abzug ausgeschlossen (vgl. insoweit Tz. 3.1.1 und 3.3.1).

Vereine dürfen unter folgenden Bedingungen eine **Investitionsumlage** (oder ein Darlehen) von den Mitgliedern **neben** dem Mitgliedsbeitrag und den Aufnahmegebühren **ohne** Gefährdung der Gemeinnützigkeit fordern (die Beschränkung auf Neumitglieder ist zulässig):

– mit den Umlagemitteln muss ein konkretes Investitionsvorhaben oder z. B. eine größere Reparaturmaßnahme finanziert werden (= die Umlage kann nicht für laufende Ausgaben gefordert werden, da hierfür die Mitgliedsbeiträge und Aufnahmegebühren einzusetzen sind). Ob die Investitionsvorhaben ausreichend konkretisiert sind, ist in Anlehnung an die Grundsätze des § 62 Abs. 1 Nr. 1 und 2 AO (bis 31.12.2013: § 58 Nr. 6 AO) zu entscheiden.

Diese Umlagen können die Vereine zur Finanzierung von Projekten im Bereich der ideellen Zwecke, der Vermögensverwaltung, aber auch in steuerpflichtigen wirtschaftlichen Geschäftsbetrieben einfordern:

– Der Verein darf die zufließenden Mittel sofort (zeitnah) zur Finanzierung des Projektes einsetzen,

- er kann diese Mittel in einer (gesonderten) Rücklage nach § 62 Abs. 1 Nr. 1 und 2 AO (bis 31.12.2013: § 58 Nr. 6 AO) ansammeln
- oder sie zur Tilgung von entsprechenden Investitionsdarlehen verwenden.

Der Höhe nach ist die **Investitionsumlage** auf einen Betrag **je Mitglied** von max. 5.114 Euro über einen Zeitraum von 10 Jahren begrenzt. Dabei muss dem Mitglied die Möglichkeit eingeräumt werden, die Investitionsumlage in 10 Jahresraten zu zahlen (die Jahresraten müssen nicht gleich hoch sein). Wird statt einer Umlage ein (Investitions-)Darlehen gefordert, gelten die vorstehenden Bedingungen sinngemäß.

Zahlungen im Rahmen der vom Verein eingeforderten Investitionsumlage sind vom **Spendenabzug ausgeschlossen.**

Da diese Umlage **neben** den Mitgliedsbeiträgen und Aufnahmegebühren erhoben werden darf, kann ein Verein maximal folgende (durchschnittliche) Höchstbeträge von seinen Mitgliedern mit einer rechtlichen oder „faktischen" Verpflichtung ohne Gefährdung der Gemeinnützigkeit einfordern:

- im Jahr der Aufnahme bis zu 3.068 Euro
(1.534 Euro Aufnahmegebühr, 1.023 Euro Mitgliedsbeitrag und 511 Euro Investitionsumlage);
- von den Dauermitgliedern laufend bis zu 1.534 Euro jährlich
(1.023 Euro Mitgliedsbeitrag und 511 Euro Investitionsumlage).

Oft wird eine Förderung der Allgemeinheit aus finanziellen, technischen oder anderen sachlichen Gründen auf ein bestimmtes Maß beschränkt sein (z. B. bei einem Tennisclub, dessen Kapazität durch die geringe Anzahl von Spielfeldern begrenzt ist; hinsichtlich Golfclubs siehe BFH vom 23.07.2003 I R 41/03, BStBl 2005 II S. 443). Eine Förderung der Allgemeinheit ist in diesen Fällen noch anzunehmen, weil die **Förderungsmöglichkeiten** durch die tatsächlichen Gegebenheiten **eingeschränkt** sind und es sich insoweit regelmäßig nicht um eine bewusste und von vornherein gewollte (sachfremde) Begrenzung auf einen geschlossenen Personenkreis bzw. eine dauernd nur kleine Zahl handelt.

Eine Förderung der Allgemeinheit ist bei **Kindergärten, deren Beiträge weit über denen kommunaler oder kirchlicher Kindergärten liegen,** nicht mehr anzunehmen (FinMin Hessen vom 22.07.2004, DB 2004 S. 1912).

2.2.5 Gemeinnützige Zwecke i. S. des § 52 Abs. 2 AO

§ 52 Abs. 2 AO in der bis zum 31.12.2006 geltenden Fassung enthielt nach dem Verständnis der Finanzverwaltung in Nr. 1 und 2 eine **beispielhafte,** in der Nr. 3 eine abschließende und in der Nr. 4 eine annähernd abschließende Aufzählung der wichtigsten gemeinnützigen Zwecke und gab damit eine Hilfe zur Auslegung des Begriffs „gemeinnützige Zwecke". Weitere Auslegungshilfen gab die Liste der als besonders förderungswürdig anerkannten gemeinnützigen Zwecke (Anlage 1 zu § 48 EStDV a. F.).

Die in § 52 Abs. 2 AO a. F. sowie in der ab dem 01.01.2007 geltenden Fassung (n. F.) aufgezählten gemeinnützigen Zwecke sind nach dem Wortlaut des § 52 Abs. 2 Satz 1 AO (nur) „unter den Voraussetzungen des Absatzes 1 als Förderung der Allgemeinheit anzuerkennen" (siehe hierzu ausführlich Bauer, FR 1989 S. 61; siehe dazu auch Gmach in FR 1996 S. 308). Bauer zieht daraus u. a. den (m. E. zutreffenden) Schluss, dass bei der Frage, ob die Allgemeinheit durch eine Tätigkeit auf materiellem, geistigem oder sittlichem Gebiet gefördert wird, wertend **abzuwägen**

2 Erläuterung der Bestimmungen des Abschnitts „Steuerbegünstigte Zwecke" in der AO

sei, ob die **Vorteile,** die der Allgemeinheit daraus entspringen, größer sind als die **Nachteile,** mit denen die Allgemeinheit durch die angestrebten Maßnahmen oder Tätigkeiten belastet wird.

Grundsätzlich sind die vom Gesetzgeber in § 52 Abs. 2 AO aufgeführten Tätigkeiten als Zwecke anzusehen, die auf die Förderung der Allgemeinheit abzielen. Der BFH hat in seinem Urteil vom 29.10.1997 (I R 13/97, BStBl 1998 II S. 9) klargestellt, dass selbst dann, wenn eine der dort aufgeführten Tätigkeiten in Widerspruch zu einem anderen der in § 52 Abs. 2 AO ausdrücklich genannten Zwecke stehe, der betreffenden Tätigkeit als solcher die Eigenschaft „Förderung der Allgemeinheit" nicht abgesprochen werden könne. Entsprechende **Zielkonflikte** (im Urteilsfall bestand der Konflikt in Bezug auf die Förderung des Motorsports und des Umweltschutzes) innerhalb des Katalogs des § 52 Abs. 2 AO müssten durch Einschränkungen im Polizei-, Umwelt- und Ordnungsrecht gelöst werden. Nur bei Vorliegen besonderer Umstände könne bei Verfolgung der in § 52 Abs. 2 AO ausdrücklich aufgeführten gemeinnützigen Zwecke eine Förderung der Allgemeinheit i. S. des § 52 Abs. 1 Satz 1 AO abgesprochen werden (BFH vom 29.10.1997, a. a. O.). Dieses Verständnis der Aufzählung in § 52 Abs. 2 AO steht daher in einem Spannungsverhältnis zum Wortlaut des Gesetzes.

In der Praxis wird immer auch die (voraussichtliche) Geschäftsführung zeigen, ob die zu beurteilende Körperschaft die Förderung der Allgemeinheit tatsächlich anstrebt.

Der BFH hat in seinem Urteil vom 11.03.1999 (V R 57, 58/96, BStBl 1999 II S. 331) ausgeführt, dass Kameradschaft unter dem Gesichtspunkt der Gemeinnützigkeit grundsätzlich wertneutral sei. Für die Frage der Gemeinnützigkeit komme es allein darauf an, ob das Verhalten, auf dessen Grundlage Kameradschaft sich entwickele oder gepflegt werde – der Satzungszweck und dessen tatsächliche Verwirklichung –, dem allgemeinen Besten diene. Daher ist die **Erwähnung der Kameradschaft in der Satzung** für die Zuerkennung der Gemeinnützigkeit grundsätzlich unschädlich.

Die Förderung der allgemeinen **Freizeitgestaltung für erwachsene Menschen** ist nach ständiger Rechtsprechung des BFH, der sich die Finanzverwaltung angeschlossen hat (siehe dazu auch AEAO Nr. 14 zu § 52, Anhang 1), kein gemeinnütziger Zweck.

Mit dem Vereinsförderungsgesetz vom 18.12.1989 (BStBl 1989 I S. 499) ist der Katalog der gemeinnützigen Zwecke um Aktivitäten erweitert worden, die in erster Linie der persönlichen Freizeitgestaltung jedes Einzelnen dienen (siehe hierzu insbesondere das Gutachten der Unabhängigen Sachverständigenkommission zur Prüfung des Gemeinnützigkeits- und Spendenrechts, S. 32; kritisch dazu auch Bauer und Gmach, a. a. O., die in der Verweisung des § 52 Abs. 2 Satz 1 AO auf die allgemeinen Voraussetzungen des Absatzes 1 in § 52 AO einen Ansatzpunkt dafür sehen, bei sog. Freizeitvereinen die selbstlose Förderung der Allgemeinheit und damit die Steuerbegünstigung als solche in Frage zu stellen). Die Ausweitung der Gemeinnützigkeit durch das Vereinsförderungsgesetz vom 18.12.1989 (a. a. O.) ist in der Fachliteratur zum Teil heftig kritisiert worden (siehe dazu u. a. Gmach, FR 1992 S. 313 und FR 1996 S. 308, **311** m. w. N.). Mit Gmach (a. a. O.) ist m. E. die Frage zu stellen, ob § 52 Abs. 2 Nr. 4 AO a. F. (Nr. 23 in der ab 2007 geltenden Fassung) den herkömmlichen Gemeinnützigkeitsbegriff umgestaltet hat, ob also die „egoistischen Freizeitvergnügungen" mit den Grundvorstellungen des Gemeinnützigkeitsrechts, nämlich der steuerlichen Entlastung der altruistischen Gemeinwohlverfolgung, in Einklang stehen.

§ 52 Abs. 2 AO enthält in der Nr. 23 (§ 52 Abs. 2 Nr. 4 AO a. F.) eine **abschließende** Aufzählung der **(Freizeit-)Zwecke** (AEAO Nr. 9 zu § 52 AO, Anhang 1).

Die Finanzverwaltung geht zwar weiterhin von dem Grundsatz aus, dass die Förderung der Freizeit dem Grunde nach kein gemeinnütziger Zweck i. S. des § 52 AO ist (siehe dazu auch Tz. 2.2.7). Freizeitaktivitäten außerhalb des Sports werden von der Finanzverwaltung nur dann als Förderung der Allgemeinheit anerkannt, wenn sie ausdrücklich in § 52 Abs. 2 Nr. 23 AO als solche aufgeführt sind oder sie hinsichtlich der Merkmale, die ihre steuerrechtliche Förderung rechtfertigen, mit den im Katalog des § 52 Abs. 2 Nr. 23 AO genannten Freizeitgestaltungen **identisch** sind. Es reicht dabei nicht aus, dass die Freizeitgestaltung **sinnvoll** und einer der in § 52 Abs. 2 Nr. 4 AO genannten **ähnlich** ist (siehe dazu BFH vom 14.09.1994 I R 153/93, BStBl 1995 II S. 499, und vom 21.12.1994 I R 10/94, BFH/NV 1995 S. 1045, sowie AEAO Nr. 9 zu § 52 AO, Anhang 1).

Darüber hinaus ergeben sich auch im Spendenrecht Einschränkungen für Körperschaften, die Zwecke verfolgen, die typischerweise dem Bereich der Freizeitaktivitäten zuzuordnen sind. Körperschaften, die wegen Förderung des Sports (§ 10b Abs. 1 Satz 8 Nr. 1 EStG), kultureller Betätigungen, die in erster Linie der Freizeitgestaltung dienen (§ 10b Abs. 1 Satz 8 Nr. 2 EStG), der Heimatpflege und Heimatkunde (§ 10b Abs. 1 Satz 8 Nr. 3 EStG) sowie der in § 52 Abs. 2 Nr. 23 AO genannten Zwecke als gemeinnützig anerkannt sind (§ 10b Abs. 1 Satz 8 Nr. 4 EStG), dürfen über **Mitgliedsbeiträge,** Mitgliedsumlagen und Aufnahmegebühren **keine Zuwendungsbestätigungen** i. S. von § 10b EStG, § 50 EStDV ausstellen. Zur Begründung ist darauf hinzuweisen, dass unter Berücksichtigung einer typisierenden Betrachtungsweise von diesen Körperschaften überwiegend Leistungen gegenüber Mitgliedern erbracht werden bzw. diese Mitgliedsbeiträge in erster Linie im Hinblick auf eine eigene Freizeitgestaltung geleistet werden (siehe in diesem Zusammenhang auch Tz. 3.3.1; zur Einordnung von Musik-, Theater- und Gesangvereinen, in denen sich die Mitglieder selbst kulturell betätigen, Tz. 3.3.1).

2.2.6 Zu den gemeinnützigen Zwecken des § 52 Abs. 2 AO

Wissenschaft ist der ernsthafte, planmäßige Versuch zur Ermittlung der Wahrheit (Forschung) und die Weitergabe der Erkenntnisse in nachvollziehbarer, überprüfbarer Form (Lehre) (siehe Geserich in Kirchhof/Söhn/Mellinghoff, Kommentar zum EStG, Anm. B. 110 zu § 10b EStG). Der gemeinsame Oberbegriff „Wissenschaft" bringt dabei nach Auffassung des BVerfG in seinem Urteil vom 29.05.1973 (BVerfGE 35 S. 79) den engen Bezug von **Forschung** und Lehre zum Ausdruck. Forschung als „die geistige Tätigkeit mit dem Ziele, in methodischer, systematischer und nachprüfbarer Weise neue Erkenntnisse zu gewinnen" (Bundesbericht Forschung III, BT-Drucksache V/4335 S. 4), bewirkt angesichts immer neuer Fragestellungen den Fortschritt der Wissenschaft; zugleich ist sie die notwendige Voraussetzung, um die Lehre als eine Übermittlung wissenschaftlich fundierter Erkenntnisse, welche durch die Forschung gewonnenen wurden, zu charakterisieren. Andererseits befruchtet das in der Lehre stattfindende wissenschaftliche Gespräch wiederum die Forschungsarbeit. So beschreibt das BVerfG eine wissenschaftliche Tätigkeit als Handeln, das nach Inhalt und Form als ernsthafter planmäßiger Versuch zur Ermittlung der Wahrheit erfolgt.

Nach dem Gutachten der Unabhängigen Sachverständigenkommission zur Prüfung des Gemeinnützigkeits- und Spendenrechts (S. 62) umfassen **wissenschaftliche Zwecke** die Forschung und Lehre auf dem Gebiet der Geistes- und Naturwissenschaften, der theoretischen und angewandten Wissenschaft und Forschung. Körperschaften, die die Wissenschaft und Forschung fördern, führen z. B. selbst wissenschaftliche Forschungen durch oder unterstützen wissenschaftliche Vorhaben oder einzelne Forschungsprojekte. Neben den Universitäten verfolgen insbesondere auch Fachhochschulen wissenschaftliche Zwecke. Zu den Begriffen Wissenschaft und Forschung i. S. von § 52 Abs. 2 Nr. 1 AO siehe im Übrigen auch FG Schleswig-Holstein vom 22.03.1996 (EFG 1996 S. 940 m. w. N.) sowie BFH vom 07.03.2007 (I R 90/04, BStBl 2007 II S. 628). Dabei muss die Förderung von Wissenschaft und Forschung darauf gerichtet sein, die (Arbeits-)Ergebnisse der wissenschaftlichen Betätigung der Allgemeinheit zugänglich zu machen, was i. d. R. durch eine Publikation selbiger erfolgt (siehe auch Schauhoff in Handbuch der Gemeinnützigkeit, 3. Auflage, Rz. 53 zu § 6).

Die Durchführung von Forschungsaufträgen gegen Entgelt **(Auftragsforschung)** dient in erster Linie der Erfüllung der Zwecke der Auftraggeber. Eine selbstlose Förderung der Allgemeinheit hat der BFH in seinem Urteil vom 30.11.1995 (V R 29/91, BStBl 1997 II S. 189) insoweit verneint (so auch BFH vom 07.03.2007 I R 90/04, BStBl 2007 II S. 628, und vom 04.04.2007 I R 76/05, BStBl 2007 II S. 631). Zur Zweckbetriebseigenschaft von Forschungseinrichtungen siehe § 68 Nr. 9 AO, Tz. 2.19.10.

Bildung ist die Vermehrung der Kenntnisse und Fähigkeiten des Einzelnen, und zwar sowohl im Bereich der Allgemeinbildung als auch in Bezug auf Berufsausbildung oder Fortbildung (berufliche Weiterbildung) einschließlich Studium (siehe dazu FG Schleswig-Holstein vom 22.03.1996, a. a. O., unter Hinweis auf Frotscher in Schwarz, AO § 52). Zur Berufsausbildung vgl. BFH vom 23.06.1988 (IV R 21/86, BStBl 1988 II S. 890) und vom 26.03.1992 (IV R 34/91, BStBl 1993 II S. 20), zur Erwachsenenbildung siehe BFH vom 10.03.1976 (II R 163/70, BStBl 1976 II S. 469). Zur Bildung i. S. des § 52 Abs. 2 Nr. 7 AO zählt auch die (Aus- und Fort-)Bildung in den verschiedenen Einrichtungen der freien oder an bestimmte religiöse, soziale, politische oder weltanschauliche Richtungen gebundenen Erwachsenenbildung, wie z. B. Volkshochschulen. Eine Beschränkung auf bestimmte Spezialgebiete steht einer Anerkennung der Gemeinnützigkeit nicht entgegen (BFH vom 10.03.1976, BStBl 1976 II S. 4). Körperschaften, die eine (Privat-)Schule betreiben, fördern unter den im AEAO Nr. 4 zu § 52 AO genannten Voraussetzungen die Bildung und Erziehung i. S. des § 52 Abs. 2 Nr. 7 AO. Werden Entgelte für die Leistungen der Bildungseinrichtungen erhoben, liegt insoweit i. d. R. ein Zweckbetrieb i. S. des § 68 Nr. 8 AO vor (siehe Tz. 2.19.9).

Bildung muss sich dabei nicht auf theoretische Unterweisungen beschränken, sie kann auch durch Aufruf zu konkreten Handlungen ergänzt werden (BFH vom 23.09.1999 XI R 63/98, BStBl 2000 II S. 200). Der Inhalt der Bildungsarbeit muss dazu geeignet sein, die Allgemeinheit zu fördern (so auch das FG Baden-Württemberg vom 04.02.1988, EFG 1988 S. 270, betr. einen Esoterikerverein). Auch politische Bildung kann als Bildung in diesem Sinne angesehen werden, wenn sie auf eine allgemeine (breite) Information über die Grundlagen des Staates abzielt. Sie ist jedoch von der (partei-)politischen Betätigung zu unterscheiden (siehe auch BFH vom 23.09.1999, BStBl 2000 II S. 2 und Tz. 2.2.7). Zur Abgrenzung zwischen gemeinnütziger Bildungsarbeit und (partei-)**politischen Zwecken** sei auf die im Erlass des FinMin Thüringen vom 23.06.1993 (StEK AO 1977, § 52 Nr. 23) genannten Kriterien verwiesen. Sogenannte Freiwilligenagenturen sind wegen Förderung der Bildung als gemeinnützig einzustufen.

Der BFH hat in seinem Urteil vom 17.05.1990 (IV R 14/87, BStBl 1990 II S. 1018) den Begriff **Erziehung** als planmäßige Tätigkeit zur körperlichen, geistigen und charakterlichen Formung junger Menschen zu tüchtigen, mündigen Menschen umschrieben. Die Freizeitgestaltung dient beim Jugendlichen der Erziehung (BFH-Urteil vom 21.11.1974 II R 107/68, BStBl 1975 II S. 389). Bei Erwachsenen wird der Begriff Erziehung im Allgemeinen nicht mehr als Prozess verstanden, da man davon ausgeht, dass die Entwicklung des Erwachsenen im o. g. Sinne im Wesentlichen abgeschlossen ist. Man verwendet hier den Begriff **Erwachsenenbildung,** wenn man von Weiter- und Fortbildung spricht.

Die Förderung der **Kunst und Kultur** (kulturelle Zwecke) schließt u. a. die Förderung der Pflege und Erhaltung von Kulturwerten sowie die Förderung kultureller Einrichtungen, wie Theater und Museen, oder kulturellen Veranstaltungen, wie Konzerte und Kunstausstellungen, ein (siehe AEAO Nr. 2.2 zu § 52 AO) und umfasst über die bereits genannten Zwecke hinaus auch z. B. die Förderung der Filmkunst, der Bildhauerei sowie der Malerei. Es ist grundsätzlich nicht auf bestimmte Kunstrichtungen oder ein bestimmtes Niveau abzustellen (vgl. Tz. 2.2.1). Das BVerfG (Beschluss vom 24.02.1971, BVerfGE 30 S. 173, 188) und mit ihm der BFH (Urteile vom 12.04.1984 IV R 97/81, BStBl 1984 II S. 491, und vom 02.08.1989 I R 72/87, BFH/NV 1990 S. 146) sehen die freie schöpferische Gestaltung, in der Eindrücke, Erfahrungen, Erlebnisse des Künstlers durch das Medium einer bestimmten Formsprache zu unmittelbarer Anschauung gebracht werden, als wesentlich für eine künstlerische Betätigung an. Dabei kann sich die Tätigkeit der Körperschaften z. B. darauf erstrecken, die Allgemeinheit an die Kunst heranzuführen, die Möglichkeit zu einer eigenen künstlerischen Betätigung zu geben, die Ziele durch Stiftung von Kunstpreisen, die Durchführung oder Finanzierung von künstlerischen Veranstaltungen zu fördern. (Zum Begriff „Kultur" siehe auch das FG Schleswig-Holstein vom 22.03.1996, EFG 1996 S. 940.)

In seinem Urteil vom 02.08.1989 (a. a. O.) hat der BFH entschieden, dass **Zauberkunst** keine Kunst i. S. des § 52 Abs. 2 Nr. 5 AO ist (zum Kunstbegriff im Sinne des Gemeinnützigkeitsrechts ausführlich B a u e r, FR 1989 S. 61 m. w. N., und FG Schleswig-Holstein vom 22.03.1996, EFG 1996 S. 940). Auch Gesangvereine, Theaterspielvereine und Theaterbesucherorganisationen können wegen Förderung der Kultur als gemeinnützig anerkannt werden.

Zur steuerbegünstigten Förderung der Kunst und Kultur kann auch die Förderung bestimmter Arbeiten oder **Projekte eines Künstlers** gehören. Voraussetzung dafür ist jedoch, dass grundsätzlich alle in Betracht kommenden Künstler Zugang zu diesen Mitteln haben (= die Kriterien für die Vergabe der Fördermittel müssen öffentlich bekannt sein und die Förderentscheidung muss nachvollziehbar auf der Grundlage dieser Kriterien erfolgen; vgl. auch Tz. 2.2.7 zum Stichwort „Preise verleihen"). Als Verstoß gegen den Grundsatz der Selbstlosigkeit (§ 55 AO) wäre hingegen die Finanzierung des Lebensunterhalts eines bestimmten Künstlers einzustufen (siehe auch R 10b.1 Abs. 1 Satz 2 EStR 2005).

Hinweis: Beim Spendenabzug sind für kulturelle Zwecke, die in erster Linie der Freizeitgestaltung dienen, Mitgliedsbeiträge und -umlagen vom Spendenabzug ausgeschlossen (siehe Tz. 3.3.1).

Eine einheitliche Definition des Begriffs **Religion** existiert nicht. Religion beinhaltet die Frage nach Gott, nach der Deutung der Welt, nach Lebenssinn und Wert, nach

Normen sittlichen Handelns (siehe BFH vom 23.09.1999 XI R 66/98, BStBl 2000 II S. 533, und Geserich in Kirchhof/Söhn/Mellinghoff, § 10b EStG Rz. B 151). Eine Einschränkung nur auf christliche Religionen ist unzulässig (siehe auch Tz. 2.4). Hierzu sei auf das Urteil des FG Münster vom 25.05.1994 (15 K 5247/87 U, EFG 1994 S. 810) zur Abgrenzung der Scientology-Organisation von religiösen Zwecken i. S. des § 52 Abs. 2 Nr. 2 AO hingewiesen. Zur Förderung **weltanschaulicher Zwecke** im Vergleich zur Religion siehe BFH vom 23.09.1999 (BStBl 2000 II S. 5). Wenn Körperschaften ihre (religiösen) Zwecke mit rechtswidrigen Praktiken verfolgen, können sie nicht als gemeinnützig eingestuft werden (siehe auch FG Nürnberg vom 29.08.2000 I 78/99, EFG 2000 S. 1351). Die Förderung von Religionsgemeinschaften in der Rechtsform einer juristischen Person des öffentlichen Rechts ist als Förderung kirchlicher Zwecke nach § 54 AO begünstigt.

Nach § 52 Abs. 2 Nr. 13 AO ist die Förderung internationaler Gesinnung, der Toleranz auf allen Gebieten der Kultur und des Völkerverständigungsgedankens ein gemeinnütziger Zweck. Die **Völkerverständigung** soll zur Entwicklung und Stärkung freundschaftlicher Beziehungen zwischen den Völkern und damit zur **Friedenssicherung** und Entspannung beitragen. Ihr dienen, so die Unabhängige Sachverständigenkommission zur Prüfung des Gemeinnützigkeits- und Spendenrechts (S. 124), alle Aktivitäten, die zur zwischenmenschlichen Begegnung der Völker beitragen, das Wissen über andere Völker mehren und die Einsicht in die Vorteile friedlichen Zusammenlebens der Völker vertiefen (dazu auch BFH vom 23.11.1988 I R 11/88, BStBl 1989 II S. 391, sowie FG Berlin vom 26.01.1998, EFG 1998 S. 1193, und FG Niedersachsen vom 16.07.2003, EFG 2003 S. 1654). Hierzu zählen etwa die Betreuung ausländischer Besucher in Deutschland, die **Förderung der Begegnung** zwischen Deutschen und Ausländern in Deutschland sowie der Austausch von Informationen über Deutschland und das Ausland (siehe auch Nr. 10 in Abschnitt A der bis zum 31.12.2006 geltenden Anlage 1 zur EStDV). Darunter können auch Maßnahmen eingeordnet werden, die Kenntnisse über die jeweilige Wirtschaftsordnung vermitteln und ganz allgemein auch das wirtschaftliche Zusammenleben fördern. Die Vermittlung von Einzelkontakten (z. B. der Aufbau einer Kontaktstelle für deutsche Unternehmen und Unternehmen in dem Partnerland) kann jedoch wegen Verstoßes gegen das Gebot der Selbstlosigkeit nicht als Förderung der Völkerverständigung nach § 52 Abs. 2 Nr. 13 AO eingestuft werden. Davon abzugrenzen sind auch Reisen mit vorwiegend touristischem Charakter (auch sog. Bildungsreisen) in das Ausland oder subversive Tätigkeiten unter der Bezeichnung „Völkerverständigung", wie etwa die Betätigungen der der verbotenen Arbeiterpartei Kurdistans (PKK) nahestehenden Vereine.

Unter **Entwicklungshilfe** (Entwicklungszusammenarbeit) ist die partnerschaftliche Zusammenarbeit zum Fortschritt der Entwicklungsländer zu verstehen. Sie bezweckt die Förderung der wirtschaftlichen und gesellschaftlichen Entwicklung in Ländern, die dazu aus eigener Kraft zu den üblichen internationalen Austauschverhältnissen nicht in der Lage sind. Es dürfen jedoch keine Maßnahmen gefördert werden, die den Interessen der Bundesrepublik Deutschland zuwiderlaufen (siehe dazu auch BMF vom 20.09.2005, BStBl 2005 I S. 902). Eine **Liste der Entwicklungsländer** ist in § 6 des Entwicklungsländersteuergesetzes enthalten (keine abschließende Aufzählung). Die Entwicklungshilfe ist nicht auf die Länder der sog. „Dritten Welt" beschränkt. Die Förderung der wirtschaftlichen und gesellschaftlichen Entwicklung in den Ländern Mittel-, Südost- und Osteuropas ist ebenfalls als Förderung der Entwicklungszusammenarbeit i. S. des § 52 Abs. 2 Nr. 15 AO anzusehen. Die Entwicklungshilfe umfasst auch den Schutz der Umwelt, die Verbesserung der Energieversorgung, die Förderung des Bildungswesens und bevölkerungspolitische Maßnahmen. Vielfach überschneiden oder decken sich daher Maßnahmen zur Entwicklungshilfe mit mildtätigen, wohlfahrtspflegerischen oder anderen gemeinnützigen Zwecken wie der Gesundheitspflege, Jugendfürsorge, Erziehung etc. Körperschaften, die in erster Linie im Rahmen eines Gesamtkonzeptes mit entsprechenden Einzelmaßnahmen die wirtschaftliche oder gesellschaftliche Entwicklung eines Landes fördern, sind wegen Förderung der Entwicklungshilfe als gemeinnützig anzuerkennen. Insbesondere bei der Unterstützung privatwirtschaftlicher Unternehmungen ist stets auch die Frage der Selbstlosigkeit (Tz. 2.5.3) zu prüfen, siehe auch OFD Köln vom 09.12.1991 (DB 1992 S. 68).

Eine Förderung des **Umweltschutzes** ist bei allen Maßnahmen gegeben, die darauf gerichtet sind, Schädigungen des natürlichen Lebensraums der Menschen zu verhindern. Dazu gehören auch alle Maßnahmen, die die natürlich gewachsenen, lange bestehenden Lebensräume für Menschen, Tiere und Pflanzen erhalten und sie vor schädigenden Eingriffen – welcher Art auch immer – zu bewahren suchen bzw. ein gestörtes ökologisches Gleichgewicht wieder ausgleichen wollen. Zum Umweltschutz gehören insbesondere der Immissionsschutz (Reinhaltung von Luft und Wasser, Lärmschutz einschließlich Fluglärmschutz, Lärmbekämpfung, Strahlenschutz) und die Abfallbeseitigung. So hat der BFH in seinem Urteil vom 29.08.1984 (I R 203/81, BStBl 1984 II S. 844) z. B. einen Verein, der gegen den Bau bzw. Betrieb einer nuklearen Entsorgungsanlage für radioaktive Abfälle eintrat, wegen Förderung des Umweltschutzes als gemeinnützig anerkannt. Damit in Zusammenhang stehende politische Auswirkungen sind regelmäßig unbeachtlich für die Frage der Gemeinnützigkeit (siehe auch Tz. 2.2.7). Der Umweltschutz wird in § 52 Abs. 2 Nr. 8 AO i. V. m. der Förderung des Naturschutzes und der Landschaftspflege im Sinne des Bundesnaturschutzgesetzes und der Naturschutzgesetze der Länder genannt. Dazu zählen auch der Küsten- und Hochwasserschutz. Mit dem **Sammeln und Verwerten von Abfall** wird grundsätzlich ein steuerpflichtiger wirtschaftlicher Geschäftsbetrieb (§ 64 AO) begründet (vgl. BFH vom 27.10.1993 I R 60/91 und vom 15.12.1993 X R 115/91, BStBl 1994 II S. 573 und 314). Abfallentsorgungsgesellschaften sind daher grundsätzlich nicht gemeinnützig. Das gilt auch für Einrichtungen, die Sonderabfall entsorgen (siehe u. a. OFD Magdeburg vom 14.08.1995, DB 1995 S. 1887).

Zur **Denkmalpflege** (§ 52 Abs. 2 Nr. 6 AO n. F.) ist auf AEAO Nr. 2.3 zu § 52 AO zu verweisen. Sie ist Teil der Kulturförderung und betrifft insbesondere Schlösser, Kirchen, Ruinen, Stadtbefestigungen, Bürgerhäuser, technische Denkmäler und Naturdenkmäler (Unabhängige Sachverständigenkommission zur Prüfung des Gemeinnützigkeits- und Spendenrechts, S. 115). Konkret ist sie auf die Erhaltung und Wiederherstellung sowie Pflege entsprechender Denkmäler nach Maßgabe der jeweiligen landesrechtlichen Vorschriften ausgerichtet. Eine Anerkennung ist durch die Bescheinigung der zuständigen Stelle nachzuweisen.

Unter **Heimatpflege** und **Heimatkunde** (§ 52 Abs. 2 Nr. 22 AO) ist die Pflege der Verbundenheit mit der Heimat als sozialem Erfahrungs- und Zugehörigkeitsraum (mit ihrer geschichtlichen und kulturellen Tradition, mit ihren Lebensformen) und dem ihr innewohnenden Bildungswert (Unabhängige Sachverständigenkommission zur Prüfung des Gemeinnützigkeits- und Spendenrechts, S. 115) zu verstehen. Dazu zählt u. a. die historische Landesforschung sowie die Landes-, Volks- und Heimatkunde; die Pflege der regionalen Sprache (Mundart), Musik und Kleidung, die Brauchtumspflege, Unterstützung von Heimatmuseen und Förderung der Schulen im Fach Heimatkunde, die Pflege der Tradition der außerhalb des Bundesgebietes beheimatet Gewesenen (Vertriebene); das Herausgeben von Chroniken und landschaftsbezogener Fachliteratur (siehe auch BFH vom 21.08.1985 I R 3/82, BStBl 1986 II S. 92). Je nach Betätigung im Einzelnen kann dazu auch die Förderung von Kunst und Kultur gesehen werden. Dazu gehören auch z. B. die Förderung von Regionalsprachen, wie Niederdeutsch sowie Dänisch, Friesisch, Sorbisch und das Romanes der deutschen Sinti und Roma. Zur Brauchtumspflege siehe auch § 52 Abs. 2 Nr. 23 AO und AEAO Nr. 2.4 zu § 52 AO.

Die **Jugendhilfe** (§ 52 Abs. 2 Nr. 4 AO) verfolgt das Ziel, junge Menschen in ihrer Entwicklung zu fördern und dazu beizutragen, dass sie zu eigenverantwortlichen und gemeinschaftsfähigen Persönlichkeiten heranwachsen (siehe hierzu auch SGB VIII). Jugendhilfe umfasst daher den gesamten Bereich der Jugendbetreuung, Jugendpflege und Jugendfürsorge sowie die Bildung (Ausbildung) und Erziehung Jugendlicher. Zu „Jugendlichen" werden in Anlehnung an die im § 4 Nr. 23 UStG und § 7 Abs. 1 Nr. 4 SGB VIII getroffenen Regelungen Personen vor Vollendung des 27. Lebensjahres gerechnet (siehe auch Tz. 2.19.2 und AEAO Nr. 2.1 zu § 52 AO).

Zur „Jugendhilfe" gehören insbesondere Angebote der Jugendarbeit, der Jugendsozialarbeit, des erzieherischen Jugendschutzes, die Förderung der Erziehung in der Familie etc. sowie die Einrichtung und Unterhaltung von Kindergärten, Jugend-, Schul- und Lehrlingsheimen oder Jugendherbergen (zur Zweckbetriebseigenschaft dieser Einrichtungen siehe § 68 AO, Tz. 2.19.2). Träger der der Jugendhilfe dienenden Einrichtungen sind oft konfessionell, weltanschaulich oder politisch ausgerichtete Jugendverbände. Dies ist steuerlich unschädlich, solange die jugendpflegerische Tätigkeit nicht hinter einer – die Gemeinnützigkeit eventuell ausschließenden – politischen oder weltanschaulichen Zielsetzung zurücktritt (siehe dazu BFH vom 14.03.1990 I B 78/89, BFH/NV 1991 S. 485).

Unter **Altenhilfe** (§ 52 Abs. 2 Nr. 4 AO) sind alle Tätigkeiten zu verstehen, die dazu beitragen, Schwierigkeiten, die durch das Alter entstehen, zu verhüten, zu überwinden oder zu mildern, und alten Menschen die Möglichkeit erhalten, am Leben in der Gemeinschaft teilzunehmen (§ 71 SGB XII). Hierzu zählen auch Tätigkeiten, die der Vorbereitung auf das Alter dienen.

Als Leistungen der Altenhilfe kommen nach § 71 Abs. 2 SGB XII insbesondere in Betracht:

– Leistungen zu einer Betätigung und zum gesellschaftlichen Engagement, wenn sie vom alten Menschen gewünscht werden,

– Leistungen bei der Beschaffung und zur Erhaltung einer Wohnung, die den Bedürfnissen des alten Menschen entspricht,

– Beratung und Unterstützung in allen Fragen der Aufnahme in eine Einrichtung, die der Betreuung alter Menschen dient, insbesondere bei der Beschaffung eines geeigneten Heimplatzes,

– Beratung und Unterstützung in allen Fragen der Inanspruchnahme altersgerechter Dienste,

– Leistungen zum Besuch von Veranstaltungen oder Einrichtungen, die der Geselligkeit, der Unterhaltung, der Bildung oder den kulturellen Bedürfnissen alter Menschen dienen,

– Leistungen, die alten Menschen die Verbindung mit nahestehenden Personen ermöglichen oder

2.2 § 52 AO: Gemeinnützige Zwecke

- Nachbarschaftshilfevereine, Tauschringe etc., deren Tätigkeiten sich darauf beschränken, alte (und hilfsbedürftige) Menschen zu unterstützen (vgl. AEAO Nr. 5 zu § 52 AO).

Leistungen der Altenhilfe können nur dann, wenn sie auf Beratung und Unterstützung abzielen, ohne Rücksicht auf vorhandenes Einkommen oder Vermögen der angesprochenen Personen erbracht werden.

Zu den begünstigten Tätigkeiten, die auf die besonderen Bedürfnisse eines fortgeschrittenen Alters ausgerichtet sind, zählen auch die Freizeitgestaltung oder Gewährung von Erholung. (siehe auch Tz. 2.2.7). Mangels eines gesetzlich oder verwaltungsseitig festgelegten **Mindestalters** für den Eintritt in einen förderungswürdigen Personenkreis ist allerdings nicht das tatsächliche Lebensalter, sondern vielmehr der Inhalt der durchgeführten Fördermaßnahmen nach dem Vorbild der o. g. (beispielhaften) Aufzählung maßgeblich. Zur (unterstellten) Hilfsbedürftigkeit im Sinne der Mildtätigkeit, § 53 AO, bei Personen, die das 75. Lebensjahr vollendet haben, siehe AEAO Nr. 4 zu § 53 AO (Anhang 1).

Zu beachten ist § 68 Nr. 1 Buchst. a AO. Danach sind Alten-, Altenwohnheime und Mahlzeitendienste als Zweckbetriebe nur dann steuerlich begünstigt, wenn sie in besonderem Maße den in § 53 AO bezeichneten Personen dienen (vgl. Tz. 2.3.2 und 2.19.1 f.). In Anlehnung an die Beurteilung eines Zweckbetriebes als Einrichtung der Wohlfahrtspflege (§ 66 Abs. 3 AO) ist diese Voraussetzung dann als erfüllt anzusehen, wenn den förderungswürdigen Personen i. S. des § 53 AO mindestens zwei Drittel der zweckbetrieblichen Leistungen zugutekommen.

Nicht die Voraussetzungen für eine Förderung der Altenhilfe erfüllt die (einfache) Überlassung von Wohnungen. Das gilt auch dann, wenn die Wohnung auf die besonderen Belange älterer Personen etwa mit einer besonderen Küchen- oder Badausstattung, technischen Sondereinrichtungen, einem Fahrstuhl etc. ausgerichtet ist. (Allein) die besondere Ausstattung einer Wohnung führt nicht dazu, dass die **Wohnungsüberlassung an ältere Personen** damit als Förderung der Altenhilfe einzustufen ist. Die (Dauer-)Vermietung entsprechender Wohnungen ist bei einer Körperschaft, die im Übrigen steuerbegünstigte Zwecke verfolgt, als vermögensverwaltende Tätigkeit einzustufen (vgl. auch Tz. 2.14.3). Die ggf. ergänzend dazu gesondert zu vereinbarenden und gesondert abzurechnenden Betreuungs- oder Pflegeleistungen können als Altenhilfe i. S. des § 52 Abs. 2 Nr. 4 AO eingestuft werden und begründen dann insoweit regelmäßig einen Zweckbetrieb i. S. des § 66 AO (siehe dazu auch BFH vom 16.12.2009 I R 49/08, BStBl 2011 II S. 398). Das gilt auch dann, wenn diese Leistungen durch Körperschaften, die wegen Förderung der Altenhilfe steuerbegünstigt sind, kombinierbar angeboten wurden (= häufig unter dem Stichwort: **„betreutes Wohnen"**, siehe auch Tz. 2.3.2).

Zur Förderung des **öffentlichen Gesundheitswesens** gehört neben den in § 52 Abs. 2 Nr. 3 AO besonders aufgeführten gemeinnützigen Zwecken wie Seuchenbekämpfung, Arbeitsschutz, Unfallverhütung u. a. auch die vorbeugende Gesundheitshilfe i. S. des § 47 SGB XII. Nach den Feststellungen der Unabhängigen Sachverständigenkommission zur Prüfung des Gemeinnützigkeits- und Spendenrechts zählt zu den Schwerpunkten der öffentlichen Gesundheitspflege auch die Bekämpfung von Zivilisationskrankheiten, von Krebs und Aids, die Bekämpfung des Drogen- und Rauschgiftmissbrauchs, die Förderung der Jugendzahnpflege sowie der Bekämpfung von Tierseuchen (vgl. auch BFH vom 07.03.2007 I R 90/04, BStBl 2007 II S. 628). Die Tätigkeiten müssen eine von der individuellen Hilfe gegenüber dem einzelnen Patienten losgelöste, auf das öffentliche Gesundheitswesen bezogene, übergreifende Funktion haben; die Hilfe in individuellen Krankheitsfällen gehört deshalb nicht dazu (so BFH vom 06.02.2013 I R 59/11, BStBl 2013 II S. 603 m. w. N.). Entsprechend kommt der BFH in seinem Urteil vom 06.02.2013 (a. a. O.) zu dem Ergebnis, dass individuelle Laborleistungen nicht unter § 52 Abs. 2 Nr. 3 AO fallen, da sie keine auf die Allgemeinheit bezogene Funktion, wie etwa die der vorbeugenden Gesundheitspflege, erfüllen. Stattdessen kann die Hilfe in individuellen Krankheitsfällen als Förderung des Wohlfahrtswesens (§ 52 Abs. 2 Nr. 9 AO) gemeinnützig sein (vgl. Seer in Tipke/Kruse, a. a. O., § 52 AO Rz. 32; Hüttemann, Gemeinnützigkeits- und Spendenrecht, 3. Auflage 2015, Rz. 3.105). Darüber hinaus kommt eine Zuordnung zum Bereich der Mildtätigkeit in Betracht (siehe BFH vom 06.02.2013, a. a. O.).

Zur Gesundheits- und Krankenpflege siehe im Übrigen RFH vom 24.07. und 23.10.1937 (RStBl 1937 S. 1103 und 1160). Krankenhäuser fördern zwar auch (möglicherweise sogar überwiegend) mildtätige Zwecke i. S. des § 53 Nr. 1 AO. Da sich ihre Tätigkeit jedoch z. B. auch auf den diagnostischen Bereich oder auf das Gebiet der vorbeugenden Gesundheitspflege erstreckt – also insoweit nicht ausschließlich mildtätige Aktivitäten entfaltet werden – und sich die unterschiedlichen Tätigkeiten im Krankenhaus nicht eindeutig dem mildtätigen oder gesundheitspflegerischen Bereich zuordnen lassen, sind Krankenhäuser stets wegen Förderung der Gesundheitspflege steuerbefreit (§ 52 Abs. 2 Nr. 3 AO).

Was unter Pflege des **Wohlfahrtswesens** im Einzelnen zu verstehen ist, ist in § 66 Abs. 2 AO aufgeführt (Tz. 2.16.1). Umfasst ist dabei jede Maßnahme, die der allgemeinen Fürsorge hilfsbedürftiger Menschen dient (Wohlfahrtspflege). Zu den Tätigkeitsbereichen gehören u. a. die Altenhilfe, Jugendpflege, Familienhilfe, Kranken-, Suchtkranken- und Behindertenhilfe sowie die Asylantenhilfe, mithin die gesamten Maßnahmen der Sozialhilfe nach dem SGB XII (öffentliche Fürsorge; vgl. Koenig, AO, 3. Auflage, zu § 52 Rn. 37).

Die in § 52 Abs. 2 Nr. 10 AO zusammengefassten förderungswürdigen Personengruppen, wie **politisch, religiös oder rassisch Verfolgte, Flüchtlinge, Vertriebene, Aussiedler, Kriegsopfer, Behinderte oder Opfer von Straftaten** sind aus persönlichen, sozialen oder politischen Gründen hilfebedürftig. Das Verständnis von Menschen mit Behinderung kann dabei in Einklang mit der Behindertenrechtskonvention (BRK) aus der Definition nach § 2 SGB IX i. V. m. § 3 des Behindertengleichstellungsgesetzes (BGG) abgeleitet werden und meint eine mit hoher Wahrscheinlichkeit länger als 6 Monate anhaltende Beeinträchtigung der körperlichen Funktionen, geistigen Fähigkeiten oder der seelischen Gesundheit im Vergleich zu dem für das jeweilige Lebensalter typischen Zustand.

Der Begriff **„Sport"** i. S. des § 52 Abs. 2 Nr. 21 AO umfasst Betätigungen, die die allgemeine Definition des Sports erfüllen und der körperlichen Ertüchtigung dienen. Erforderlich ist eine körperliche, über das ansonsten übliche Maß hinausgehende Aktivität, die durch äußerlich zu beobachtende Anstrengungen oder durch eine dem persönlichen Können zurechenbare Kunstbewegung gekennzeichnet ist (vgl. BFH vom 29.10.1997 I R 13/97, BStBl 1998 II S. 9, zum Motorsport m. w. N.). Der BFH sieht den Sportbegriff auch dann als erfüllt an, wenn die sportliche Aktivität eine Körperbeherrschung, z. B. hinsichtlich des Wahrnehmungsvermögens, der Reaktionsgeschwindigkeit oder der Feinmotorik, erfordert, die i. d. R. nur durch Training erlangt und aufrechterhalten werden kann. Wesensmerkmal des Begriffs Sport ist die körperliche Ertüchtigung. Sport i. S. des § 52 Abs. 2 Nr. 21 AO ist auch dann anzunehmen, wenn die körperlichen Anstrengungen nicht so offensichtlich sind, wie z. B. beim (Auto-)Motorsport und dem Sportschießen (siehe dazu BFH vom 29.10.1997, a. a. O.). Als Sport i. S. des § 52 Abs. 2 Nr. 21 AO ist z. B. auch das Ballonfahren eingestuft worden (AEAO Nr. 6 zu § 52 AO, Anhang 1). Für die steuerliche Förderungswürdigkeit einer Betätigung ist entscheidend, dass die betreffende Aktivität grundsätzlich **zur körperlichen Ertüchtigung geeignet** ist. So hat auch der Finanzausschuss des Deutschen Bundestages in der Begründung zur Einführung der AO 1977 dazu ausgeführt,

> „daß in der Sache die körperliche Ertüchtigung (auch weiterhin) wesentliches Element des Sports ist, so daß beispielsweise der Skatsport oder der Denksport nicht als Sport im Sinne dieser Begriffsbestimmung anzusehen ist ... Der Begriff des ‚Sports' im Sinne dieser Vorschrift umfaßt demnach auch den Motorsport in allen seinen Erscheinungsformen."

Die mit der Sportausübung verbundenen Gefahren, wie sie bei zahlreichen Sportarten, etwa dem Skifahren, Turnen, Tauchen, Reiten, Drachenfliegen etc., bekannt sind, beeinträchtigen nicht die Förderungswürdigkeit einer Sportart, da die schädlichen Folgen, die bei einer sportlichen Aktivität auftreten können, ungewollt sind (siehe BFH vom 29.10.1997, a. a. O., unter Hinweis auf Frotscher in Schwarz, Kommentar zur AO, § 52 Rz. 4a). Auch der Umstand, dass eine Betätigung zwar den Sportbegriff des § 52 Abs. 2 Nr. 21 AO erfüllt, damit aber gleichzeitig in einem **Zielkonflikt zu anderen steuerbegünstigten Zwecken** steht, kann nicht bedeuten, dass der sportlichen Tätigkeit die Förderungswürdigkeit (die Eignung zur körperlichen Ertüchtigung) grundsätzlich abzusprechen ist. Nur bei Vorliegen besonderer Umstände im Einzelfall kann eine Förderung der Allgemeinheit i. S. von § 52 Abs. 1 Satz 1 AO verneint werden (im Urteilsfall war der Zielkonflikt zwischen Motorsport und dem Umweltschutz aufgetreten, siehe dazu auch Tz. 2.2.1), so z. B. bei Vereinen, die das Wettfischen fördern (Verstoß gegen den Tierschutz; BMF vom 25.09.1991, DB 1991 S. 2518).

Als **sportliche Betätigungen** sind z. B. Gymnastik, Leichtathletik, Ballspiele, Schwimmen, Wandern, Tennis, Squash, Reiten und Federball anerkannt (siehe dazu BFH vom 12.11.1986 I R 204/85, BFH/NV 1987 S. 705, und KSt-Kartei NRW Karte H 15 zu § 5 KStG). Hingegen können weder der sog. Skatsport noch der Modellflugsport, Hundesport etc. als sportliche Betätigungen im Sinne einer Sportförderung nach § 52 Abs. 2 Nr. 21 AO i. V. m. § 67a AO angesehen werden (siehe dazu AEAO Nr. 6 zu § 52 AO im Anhang 1, zu Modellflug- und Hundesport siehe Tz. 2.2.5). Ausführlich haben sich mit dem Begriff „Sport" auch Arndt/Immel (BB 1987 S. 1153) und Bauer (FR 1989 S. 61) auseinandergesetzt.

Das Merkmal der körperlichen Ertüchtigung ist somit ein wesentliches Element des Sportbegriffs i. S. des § 52 AO. Fehlt es daran und dient z. B. ein Spiel im Allgemeinen der Unterhaltung und Beschäftigung in der Freizeit, ist diese Tätigkeit auch bei Ausführung in Form eines Wettkampfes und unter einer besonderen Organisation nicht zum Sport i. S. des § 52 Abs. 2 Nr. 21 AO zu zählen (BFH vom 12.11.1986, a. a. O.). Deshalb können z. B. Skat-, Bridge- oder Go-(Sport-), Gotcha- und Paintball-Vereine sowie Vereine, die (auch) das IPSC-Schießen (International Practical Shooting Confederation) anbieten, nicht als gemeinnützig anerkannt werden (vgl. auch AEAO Nr. 6 zu § 52 AO, Anhang 1; zur fehlenden Steuerbegünstigung auch bei wettkampfmäßig betriebenem Paintball-Spiel vgl. das rechtskräftige Urteil des FG Rheinland-Pfalz vom 19.02.2014 – 1 K 2423/11). Nach einem Beschluss der KSt-Referatsleiter der obersten Finanzbehörden des Bundes und der Länder wird es bei bestehenden steuerbegünstigten Körperschaften (i. d. R. Schützen- bzw. Schießsportvereine) verwaltungsseitig bis längstens zum 31.12.2015 nicht beanstandet,

2 Erläuterung der Bestimmungen des Abschnitts „Steuerbegünstigte Zwecke" in der AO

wenn das IPSC-Schießen als Satzungszweck benannt und ein entsprechendes Trainingsangebot bereitgehalten wird.

Anders verhält es sich nach der Rechtsprechung des FG Köln (Urteil vom 17.10.2013 – 13 K 3949/09, EFG 2014 S. 484) bei der Ausübung von Turnierbridge gemäß den Turnierbridge-Regeln der World Bridge Federation (WBF). Nach Ansicht des Gerichts handelt es sich dabei zwar ebenfalls nicht um Sport i. S. des § 52 Abs. 2 Nr. 21 AO, jedoch erfolgt über die Öffnungsklausel des § 52 Abs. 2 Satz 2 und 3 AO eine Beurteilung als gemeinnützige Tätigkeit. Die seitens des Klägers sowie der Finanzverwaltung eingelegten Revisionen sind derzeit anhängig (I R 8/14 und I R 9/14). Auch kann nach Auffassung des FG Hessen (rechtskräftiges Urteil vom 23.06.2010 – 4 K 501/09) die Förderung des Tischfußballs in der Form des wettkampfmäßigen Drehstangen-Tischfußballs gemeinnützig sein.

Bei Betätigungen wie Minigolf, Kegeln, Tanzen, Billard usw., die von weiten Kreisen der Bevölkerung als reine Freizeitbeschäftigung gesehen und betrieben werden, ist eine Einordnung als Förderung des Sports i. S. des § 52 Abs. 2 Nr. 21 AO nur dann möglich, wenn diese **Betätigungen** im Rahmen der tatsächlichen Geschäftsführung **„sportmäßig" betrieben werden.** Sport im Sinne des Gemeinnützigkeitsrechts ist z. B. dann zu bejahen, wenn die Körperschaft einen geordneten Trainingsbetrieb unterhält (z. B. regelmäßige Trainingseinheiten absolviert werden, ein Trainingsplan vorliegt, die Verpflichtung von Übungsleitern erfolgt und eine laufende Fortbildung der Übungsleiter stattfindet, eine Anschaffung bzw. Anmietung der Sportanlagen und -geräte festzustellen ist oder eine Mitgliedschaft in dem entsprechenden Sportdachverband unterhalten wird). Weiteres Indiz für die Annahme einer sportlichen Betätigung i. S. des § 52 AO ist auch die (regelmäßige) **Teilnahme an Wettkämpfen** (in diesem Sinne auch BFH vom 27.04.2006 V R 53/04, BStBl 2007 II S. 16 zur Einordnung von Tanzkursen). Die Finanzverwaltung wird gerade in den oben genannten Fällen in besonderer Weise die „Sporteigenschaft" untersuchen.

Ähnliche Überprüfungen dürften bei sog. Freizeit- und Vergnügungsfliegerei geboten sein; siehe hierzu auch Gmach (FR 1996 S. 308).

Tipke (siehe Tipke/Kruse, Anm. 29 zu § 52 AO) kommt zu dem Ergebnis, dass eine sportliche Tätigkeit dann nicht (mehr) steuerbegünstigt werden kann, wenn die Schädlichkeit die Nützlichkeit überwiegt oder erheblich beeinträchtigt.

Schach gilt als Sport (§ 52 Abs. 2 Nr. 21 AO). Durch die seinerzeitige Erweiterung des § 52 Abs. 2 Nr. 2 AO a. F. (eingeführt durch das Gesetz vom 25.06.1980, BStBl 1980 I S. 395) ist Schach in den Katalog der gemeinnützigen Zwecke aufgenommen worden. Damit hat der Gesetzgeber den Umstand berücksichtigt, dass Schach Elemente der Bildungsförderung und Erziehung aufweist. Schachvereine (Klubs) sind den Sportvereinen gleichgestellt. Das gilt auch hinsichtlich der Entgegennahme steuerlich abzugsfähiger Spenden.

Aus der Fiktion „Schach gilt als Sport" wird ebenfalls deutlich, dass der Gesetzgeber der Auffassung ist, dass die körperliche Ertüchtigung wesentliches Element des Sports ist. Nach den Vorstellungen des Gesetzgebers kann die ausdrücklich für Schach getroffene (Ausnahme-)Regelung nicht auf andere Brett- oder Kartenspiele übertragen werden.

Nach der bis zum 31.12.1989 geltenden Gesetzesfassung (§ 58 Nr. 9 AO a. F.) war es für die Gemeinnützigkeit von Sportvereinen unschädlich, wenn der Verein neben der Förderung des Sports auch **dem Sport nahestehende Zwecke** förderte. Diese Ausnahmeregelung ist mit dem Vereinsförderungsgesetz vom 18.12.1989 (BStBl

1989 I S. 499) entfallen. Eine Förderung von (Neben-)Zwecken, die selbst nicht dem Sport i. S. des § 52 Abs. 2 Nr. 21 AO oder einem der übrigen gemeinnützigen Zwecke i. S. des § 52 AO zugeordnet werden können, führt daher grundsätzlich zur Gefährdung der Gemeinnützigkeit wegen Verstoßes gegen das Gebot der Ausschließlichkeit, § 56 AO.

Die allgemeine **Förderung des demokratischen Staatswesens** wurde mit dem Parteienfinanzierungsgesetz vom 22.12.1983 (BStBl 1984 I S. 7) in den Katalog des § 52 Abs. 2 AO aufgenommen (heute § 52 Abs. 2 Nr. 24 AO). Die gemeinnützige Förderung des demokratischen Staatswesens ist nur gegeben, wenn sich eine Körperschaft umfassend mit den demokratischen Grundprinzipien befasst und diese objektiv und neutral würdigt. Die Förderung einer oder mehrerer Parteien fällt nicht unter diese Regelung (in diesem Sinne BFH vom 23.09.1999 XI R 63/98, BStBl 2000 II S. 200 m. w. N.). Bestrebungen, die nur bestimmte Einzelinteressen staatsbürgerlicher Art verfolgen oder die auf den kommunalpolitischen Bereich beschränkt sind, sind nicht begünstigt. Zuwendungen zur Förderung staatsdemokratischer Zwecke sind seit dem 01.01.2007 im Rahmen der Zuwendungshöchstbeträge (§ 10b EStG, § 9 Abs. 1 Nr. 2 KStG, § 9 Nr. 5 GewStG) abzugsfähig.

Die Förderung der **Pflanzen- und Tierzucht** kann dann nicht als gemeinnützig anerkannt werden, wenn sich gewerbliche oder berufsmäßige Züchter zusammenschließen (Verstoß gegen das Gebot der Selbstlosigkeit, § 55 AO, siehe auch AEAO Nr. 12 zu § 52 AO, Anhang 1). Ein solcher Zusammenschluss kann ggf. als Berufsverband nach § 5 Abs. 1 Nr. 5 KStG steuerbefreit sein. Die gemeinnützige Förderung der Tierzucht ist nicht auf bestimmte Tierarten beschränkt (nach dem ersten Gesetzentwurf sollte nur die Kleintierzucht begünstigt sein). Hierzu zählt auch die Förderung der Erhaltung vom Aussterben bedrohter Nutztierrassen und Nutzpflanzen. Begünstigt sind also z. B. Vogelzucht-, Brieftauben- und Kaninchenzuchtvereine ebenso wie Pferdezuchtvereine (OFD Frankfurt vom 25.02.2003, KSt-Kartei Hessen § 5 KStG, Karte 84; zur Pferdezucht siehe auch BFH vom 22.04.2009 I R 15/07, BStBl 2011 II S. 475). Zur steuerlichen Beurteilung von Rassegeflügel- und Rassekaninchenzuchtvereinen für Veranlagungszeiträume vor dem 01.01.1990 ist auf das Urteil des BFH vom 28.11.1990 I R 38/86 (BFH/NV 1992 S. 90) zu verweisen, in dem er die Züchtung von Tierformen nach ästhetischen Gesichtspunkten nicht als Förderung der Allgemeinheit eingestuft hat.

Aquarien- und Terrarienvereine fördern ebenfalls die Tierzucht i. S. des § 52 Abs. 2 Nr. 23 AO (AEAO Nr. 10 zu § 52 AO, Anhang 1).

Die Zwecke der **Obst- und Gartenbauvereine** können regelmäßig der Pflanzenzucht i. S. des § 52 Abs. 2 Nr. 23 AO zugeordnet werden. Ebenso die Förderung der Bonsaikunst (AEAO Nr. 10 zu § 52 AO, Anhang 1).

Pferderennvereine, die Leistungsprüfungen nach dem TierzuchtG durchführen, fördern damit grundsätzlich die Tierzucht i. S. des § 52 Abs. 2 Nr. 23 AO (FinMin Nordrhein-Westfalen vom 21.11.1994, FR 1995 S. 293). Dabei ist die Auslobung von Preisgeldern bisher von der Finanzverwaltung als notwendiges Mittel zur Erreichung der Vereinszwecke eingestuft worden (siehe OFD Frankfurt vom 25.02.2003, a. a. O.). Zur Frage der Selbstlosigkeit des Wirkens von Pferderennvereinen siehe Tz. 2.5.3. Kritisch hier auch Tipke in Tipke/Kruse, Anm. 29 zu § 52 AO.

Mit Urteil vom 22.04.2009 I R 15/07 (BStBl 2011 II S. 475) hat der BFH gegen die bisherige Praxis der Finanzverwaltung entschieden. Er ist zu dem Ergebnis gekommen, dass **Trabrennen,** die ein im Übrigen wegen Förderung der Tierzucht gemeinnütziger und deshalb steuerbefreiter Verein veranstaltet, steuerpflichtig sein können. Die von dem Verein verfolgten Zuchtzwecke und auch die pferdesportlichen Leistungsprüfungen im Einklang mit dem Tierschutzgesetz hat der BFH als Nebenzwecke zu den kommerziellen Rennsportveranstaltungen eingestuft, da der Geschäftsbetrieb „Rennbetrieb" nicht in seiner Gesamtrichtung dazu diene, die steuerbegünstigten Zwecke (= die züchterischen Zwecke) zu verwirklichen, sondern sie mindestens in gleicher Weise auch durch den sportlichen Charakter der Rennen geprägt seien (§ 65 Nr. 1 AO). Die Auslese besonders leistungsfähiger Traber mache es nicht erforderlich, sie vor zahlendem Publikum und i. V. m. der Auslobung erheblicher Preisgelder durchzuführen (§ 65 Nr. 2 AO). Der BFH hat in seiner Entscheidung ausdrücklich darauf hingewiesen, dass keine Förderung der Allgemeinheit bei einer Förderung der gewerblichen Tierzucht angenommen werden könne. Die gegen das Urteil beim BVerfG eingelegte Verfassungsbeschwerde (Az.: 1 BvR 2924/09) wurde durch Beschluss vom 26.01.2011, der eine Nichtannahme zur Entscheidung zum Inhalt hatte, erledigt.

Die KSt-Referatsleiter der obersten Finanzbehörden des Bundes und der Länder haben demgegenüber entschieden, dass eine Aufnahme des Zwecks Förderung des Sports (§ 52 Abs. 2 Nr. 21 AO) in die Satzung der Pferderennvereine aus abgabenrechtlicher Sicht denkbar sei (wenngleich die Aufnahme zumindest in einigen Bundesländern zu Problemen bei der Genehmigung des Totalisators führen dürfte, da die zuständigen Landwirtschaftsministerien i. d. R. nur den Zweck der Tierzucht, § 52 Abs. 2 Nr. 23 AO, akzeptieren). In Fällen, in denen die Körperschaft nach ihrer Satzung den Sport i. S. des § 52 Abs. 2 Nr. 21 AO fördert, kann eine Pferderennveranstaltung (Trabrennen) eine sportliche Veranstaltung i. S. des § 67a AO sein. Zur Pauschalbesteuerung von Totalisatorbetrieben siehe Tz. 2.14.10.

Die **Kleingartenvereine** waren auch vor Einführung des § 52 Abs. 2 Nr. 23 AO schon als gemeinnützig anerkannt (aber ohne Spendenempfangsmöglichkeit), siehe dazu KSt-Kartei NRW Karte H 18 zu § 5 KStG.

Ausgehend von der Formulierung im Gesetz selbst ist die Pflege des **Brauchtums** als solches eine (nicht gemeinnützige) Freizeitaktivität. Dabei ist nur die Förderung des **traditionellen** Brauchtums als Verfolgung gemeinnütziger Zwecke i. S. des § 52 Abs. 1 AO anzusehen. Der Gesetzgeber hat einschränkend deutlich gemacht, welche Aktivitäten nach seiner Auffassung zur traditionellen Brauchtumspflege zählen. Er ordnet die Förderung des Karnevals, der Fastnacht und des Faschings als Brauchtumspflege in diesem Sinne ein.

Historische **Schützenbruderschaften** können ebenso wegen Förderung der Brauchtumspflege, **Freizeitwinzervereine** wegen Förderung der Heimatpflege, die Teil der Brauchtumspflege ist, als gemeinnützig behandelt werden. Dies gilt nach AEAO Nr. 11 zu § 52 AO (Anhang 1) auch für **Junggesellen- und Burschenvereine,** die das traditionelle Brauchtum einer bestimmten Region fördern, z. B. durch das Setzen von Maibäumen (Maiclubs). Die besondere Nennung des traditionellen Brauchtums als gemeinnütziger Zweck i. S. des § 52 Abs. 2 Nr. 23 AO bedeutet jedoch keine allgemeine Ausweitung des Brauchtumsbegriffs im Sinne des Gemeinnützigkeitsrechts. Studentische **Verbindungen,** z. B. Burschenschaften, ähnliche Vereinigungen, z. B. Landjugendvereine, Country- und Westernvereine sowie Vereine, deren Hauptzweck die Veranstaltung von örtlichen Volksfesten (z. B. Kirmes, Schützenfest) ist, sind deshalb i. d. R. nach wie vor nicht gemeinnützig. Schützenvereine, die nach ihrer Satzung neben dem Sportschießen (= Hauptzweck) auch das **Schützenbrauchtum** fördern, sind allein wegen der Förderung des Sports als gemeinnützig anzuerkennen. Wird in der Satzung auch die Förderung des Schützenbrauchtums genannt, ist die Satzung nicht fehlerhaft (siehe AEAO Nr. 6 zu § 52 AO, Anhang 1, und FinMin Niedersachsen vom 28.03.2000, DB 2000 S. 900).

Eine **Brauchtumspflege** i. S. des § 52 Abs. 2 Nr. 23 AO kann hinsichtlich der Förderung anderer Traditionen nur angenommen werden, wenn diese mit den Zielen des Karnevals, der Fastnacht oder des Faschings **identisch** sind (vgl. dazu BFH vom 14.09.1995 I R 153/93, BStBl 1995 II S. 499). Es ist jedoch stets auch zu prüfen, ob die anderen Traditionen nicht ggf. als Teil der Heimatpflege i. S. des § 52 Abs. 2 Nr. 22 AO (vgl. dazu Tz. 2.2.6 und Tz. 2.2.8) zu werten sind (wie etwa Trachtenvereine etc.).

Zu den Betätigungen, die nicht als identisch mit den in § 52 Abs. 2 Nr. 23 AO genannten Zwecken zu zählen sind, gehören Sammeltätigkeiten (z. B. das Sammeln von Briefmarken, Münzen, Autogrammen, Steinen), das Kochen, das Bierbrauen, das Wettrauchen und -spucken, die Tätigkeiten von Reise- und Touristik-, von Sauna-, Geselligkeits- und Kosmetikvereinen.

Im AEAO Nr. 12 zu § 52 AO (Anhang 1) macht die Finanzverwaltung deutlich, dass besonders bei Tier- und Pflanzenzuchtvereinen, Freizeitwinzervereinen sowie Junggesellen- oder Burschenvereinen auf die Selbstlosigkeit (§ 55 AO, Tz. 2.5.1) und die Ausschließlichkeit (§ 56 AO, Tz. 2.6) zu achten ist. Eine Körperschaft verstößt z. B. gegen das Gebot der Ausschließlichkeit, wenn die Durchführung von Festveranstaltungen (z. B. dem Winzerfest, dem Maiball) Satzungszweck ist. Bei der Prüfung der tatsächlichen Geschäftsführung dieser Vereine ist außerdem besonders darauf zu achten, dass die **Förderung der Geselligkeit** nicht im Vordergrund der Vereinstätigkeit steht. Diese Anweisung ist auch in Bezug auf Schützenvereine oder ähnliche Körperschaften zu beachten.

Die **Betreuung** der aktiven **Soldaten** und der **Reservisten** ist ein gemeinnütziger Zweck i. S. des § 52 AO. Die Soldatenbetreuung kann insbesondere auf die Förderung von Kontakten zwischen den Soldaten und der Zivilbevölkerung gerichtet sein und Angebote zur Freizeitgestaltung der Wehrpflichtigen, Zeit- und Berufssoldaten machen sowie sportliche oder kulturelle Aktivitäten umfassen oder auch Hilfen beim Übergang in das Zivilleben bieten (AEAO Nr. 13 zu § 52 AO, im Anhang 1). Die Betreuung von Reservisten i. S. des § 52 Abs. 2 Nr. 23 AO kann z. B. auf die Stärkung der Verbundenheit der Reservisten mit den aktiven Soldaten gerichtet sein oder auch die militärische Weiterbildung der Reservisten (z. B. durch Übungsmärsche oder Übungsschießen) zum Ziel haben. Damit ist die Betreuung deutscher Soldaten und Reservisten angesprochen. Allein die Pflege der Tradition durch Soldaten- und Reservistenvereine ist weder steuerbegünstigte Brauchtumspflege noch eine steuerbegünstigte Betreuung i. S. des § 52 Abs. 2 Nr. 23 AO. Ebenso wenig ist die Pflege der Kameradschaft als solche ein steuerbegünstigter Zweck. Eine Körperschaft, die wegen Förderung der Soldaten- und Reservistenbetreuung im vorgenannten Sinne als steuerbegünstigt anerkannt ist, gefährdet daher ihre Steuerbegünstigung, wenn sie gesellige Zusammenkünfte über das zulässige Maß hinaus (§ 58 Nr. 7 AO) abhält. (Soldaten-)Traditionsvereine oder z. B. Vereinigungen von ehemaligen Mitgliedern der Waffen-SS oder der HIAG können nicht als gemeinnützig anerkannt werden.

Amateurfunkvereine können nach § 52 Abs. 2 Nr. 23 AO als gemeinnützig anerkannt werden, wenn es sich dabei um einen Zusammenschluss von Funkamateuren handelt, die im Besitz einer Amateurfunkgenehmigung nach dem Amateurfunkgesetz vom 23.06.1997 (BGBl 1997 I S. 1494) und der dazu ergangenen Durchführungsverordnung vom 15.02.2005 (BGBl 2005 I S. 242, zuletzt geändert durch VO vom 25.08.2006, BGBl 2006 I S. 2070) sind bzw. eine solche Genehmigung anstreben. CB-Funk-Vereine sind als identisch mit dem Amateurfunken einzustufen. Neben den **Modellflugvereinen** ist auch der Bau und Betrieb von Schiffs-, Auto-, Eisenbahn- und Drachenmodellen als gemeinnütziger Zweck i. S. des § 52 Abs. 2 Nr. 23 AO anzuerkennen (vgl. dazu BFH vom 14.09.1994 I R 153/93, BStBl 1995 II S. 499, und AEAO Nr. 9 zu § 52 AO, Anhang 1).

Die Förderung des **Hundesports** erfüllt nicht die Voraussetzungen des Sportbegriffs i. S. des § 52 Abs. 2 Nr. 21 AO (BFH vom 13.12.1978 I R 2/77, BStBl 1979 II S. 495; AEAO Nr. 6 zu § 52 AO, im Anhang 1). Die Aufnahme des Hundesports in den § 52 Abs. 2 Nr. 23 AO steht möglicherweise im Zusammenhang mit der Aufnahme der Tierzucht in den Katalog der gemeinnützigen Zwecke (Thiel/Eversberg, DB 1990 S. 290).

Zur Förderung der Freizeitaktivitäten siehe Tz. 2.2.5.

Darüber hinaus ergeben sich auch im **Spendenrecht Einschränkungen** für Körperschaften, die Zwecke verfolgen, die typischerweise dem Bereich der Freizeitaktivitäten zuzuordnen sind. Körperschaften, die wegen Förderung des Sports, der Heimatpflege und Heimatkunde, kultureller Betätigungen, die in erster Linie der Freizeitgestaltung dienen, sowie der in § 52 Abs. 2 Nr. 23 AO genannten Zwecke als gemeinnützig anerkannt sind, dürfen gem. § 10b Abs. 1 Satz 8 EStG über Mitgliedsbeiträge, Mitgliedsumlagen und Aufnahmegebühren keine Zuwendungsbestätigungen i. S. von § 10b EStG, § 50 EStDV ausstellen. Zur Begründung wird angeführt, dass unter Berücksichtigung einer typisierenden Betrachtungsweise von diesen Körperschaften überwiegend Leistungen gegenüber Mitgliedern erbracht würden bzw. diese Mitgliedsbeiträge in erster Linie im Hinblick auf eine eigene Freizeitgestaltung geleistet würden (siehe in diesem Zusammenhang und zur Einordnung von Musik-, Theater- und Gesangvereinen, in denen sich die Mitglieder selbst kulturell betätigen, Tz. 3.3.1).

Zur Kritik an der Zuordnung der in § 52 Abs. 2 Nr. 23 AO genannten Zwecke zu den steuerbegünstigten Zwecken siehe Tipke in Tipke/Kruse, Anm. 32 zu § 52 AO m. w. N.

Erstmals wird durch das Gesetz zur weiteren Stärkung des bürgerschaftlichen Engagements vom 10.10.2007 (BGBl 2007 I S. 2332) ausdrücklich auch die Förderung des **bürgerschaftlichen Engagements** unter der Voraussetzung, dass es sich auf die Förderung steuerbegünstigter Zwecke im Sinne der AO beschränkt, als gemeinnützige Tätigkeit genannt (§ 52 Abs. 2 Nr. 25 AO). In der BT-Drucksache 16/5200 wird dazu darauf hingewiesen, dass diese Nennung letztlich der Hervorhebung der Bedeutung, die ehrenamtlicher Einsatz für unsere Gesellschaft hat, dient. Eine Erweiterung des Katalogs der gemeinnützigen Zwecke ist damit hingegen nicht verbunden (vgl. AEAO Nr. 2.5 zu § 52 AO; siehe auch Hüttemann, Gemeinnützigkeits- und Spendenrecht, 3. Auflage 2015, Rz. 3.146).

2.2.7 Einzelfragen zur Gemeinnützigkeit

Im AEAO Nr. 15 zu § 52 AO – siehe Anhang 1 – ist ausgeführt, dass **politische Zwecke** (Beeinflussung der politischen Meinungsbildung, Förderung politischer Parteien und dergleichen) grundsätzlich nicht zu den gemeinnützigen Zwecken zählen (so auch BFH vom 23.09.1999 XI R 63/98, BStBl 2000 II S. 200). Für politische Parteien gelten besondere Steuerbefreiungen (§ 5 Abs. 1 Nr. 7 KStG). Dies kann aber nicht dazu führen, dass jede politische Zielsetzung im umfassenden Wortsinn oder das Ziel, die politische Meinungsbildung zu beeinflussen, Gemeinnützigkeit ausschließen. Viele der in § 52 Abs. 2 AO als gemeinnützig anerkannten Zwecke sind nach der allgemeinen Bedeutung des Wortes „politisch" zugleich auch politische Zwecke. In seinem Urteil vom 29.08.1984 (I R 203/81, BStBl 1984 II S. 844) hat der BFH daher ausgeführt, dass eine **gewisse Beeinflussung** der politischen Meinungsbildung die Gemeinnützigkeit nicht ausschließt. Eine politische Tätigkeit ist danach unschädlich für die Gemeinnützigkeit, wenn eine gemeinnützige Tätigkeit nach den Verhältnissen im Einzelfall **zwangsläufig** mit einer politischen Zielsetzung verbunden ist und die unmittelbare Einwirkung auf die politischen Parteien und die staatliche Willensbildung gegenüber der Förderung des gemeinnützigen Zwecks weit in den Hintergrund tritt. Ist der Zweck einer Körperschaft und/oder seine tatsächliche Geschäftsführung allein oder überwiegend auf eine politische Zielsetzung ausgerichtet, kann er auch dann nicht als gemeinnützig anerkannt werden, wenn er „daneben" steuerbegünstigte Zwecke verwirklicht (BFH vom 14.03.1990 I B 79/89, BFH/NV 1991 S. 485). Diese Rechtsprechung hat der BFH in seiner Rechtsprechung vom 09.02.2011 (I R 19/10, BFH/NV 2011 S. 1113) bestätigt.

Die gelegentliche Stellungnahme zu tagespolitischen Themen ist unschädlich, wenn die Tagespolitik nicht Mittelpunkt der Tätigkeit der Körperschaft ist oder wird, sondern der Vermittlung der Ziele der Körperschaft dient (BFH vom 23.11.1988 I R 11/88, BStBl 1989 II S. 391).

Eine Wahlaussage/Wahlinformation aus Anlass einer bevorstehenden Wahl führt grundsätzlich zur Versagung der Gemeinnützigkeit, weil eine solche Tätigkeit auf eine **bestimmte politische Meinungsbildung** und damit auf eine Beeinflussung der Wahlentscheidung gerichtet ist. Die Gemeinnützigkeit ist auch zu versagen, wenn ein politischer Zweck als alleiniger oder überwiegender Zweck in der Satzung der Körperschaft festgelegt ist oder die Körperschaft tatsächlich ausschließlich oder überwiegend einen politischen Zweck verfolgt (zur Abgrenzung der Bildung zur (partei-)politischen Bildung siehe FinMin Thüringen vom 23.06.1993, StEK AO 1977, § 52 Abs. 2 Nr. 7, und BFH vom 23.09.1999 XI R 63/98, BStBl 2000 II S. 200).

So haben die Finanzgerichte entschieden, dass z. B. die allgemeinpolitischen Betätigungen eines Studentenverbandes (FG Köln vom 19.05.1998, EFG 1998 S. 1665) oder eines Jugendverbandes, der nach seiner Satzung u. a. „die Idee des Sozialismus an junge Menschen herantragen und zu sozialistischer Tätigkeit erziehen" will (BFH vom 14.03.1990 I B 79/89, BFH/NV 1991 S. 485), nicht als gemeinnützig anerkannt werden können.

Die Steuerbegünstigung wird zuerkannt, wenn Zwecke verfolgt werden, die im § 52 AO genannt sind. Auch nach Schaffung des § 52 Abs. 2 **Nr. 23** AO (siehe dazu Tz. 2.2.6) stellen Aktivitäten zur Förderung der **privaten Freizeitgestaltung** und Gewährung von **Erholung für erwachsene Menschen** grundsätzlich **keine Förderung der Allgemeinheit** dar. Als gemeinnützig können nur solche Freizeit- und Erholungsaktivitäten anerkannt werden, die auf besondere Art und Weise (z. B. auf sportlicher Grundlage) ausgeübt werden oder die einem besonders **schutzwürdigen Personenkreis** zugutekommen (wie z. B. Jugendlichen oder alten Menschen, vgl. dazu AEAO Nr. 14 zu § 52 AO, Anhang 1). Das bedeutet, dass z. B. Hobby-Klubs, denen auch oder überwiegend Erwachsene angehören, nicht als gemeinnützige Körperschaften anerkannt werden, bestätigt durch OFD Münster vom 24.06.1994 (FR 1994 S. 551) betr. Selbsthilfegruppen alleinstehender Menschen. Der BFH hat in seinem Urteil vom 22.11.1972 (I R 21/71, BStBl 1973 II S. 251) ausgeführt, dass die Erholung arbeitender Menschen (dazu ist allgemein die Freizeitgestaltung zu rechnen) in erster Linie Angelegenheit dieser Menschen selbst ist, siehe hierzu auch

BFH vom 30.09.1981 (III R 2/80, BStBl 1982 II S. 148), AEAO Nr. 9 zu § 52 AO (Anhang 1).

Die Förderung von Freizeitaktivitäten außerhalb des Bereichs des Sports kann im Übrigen nur dann als Förderung der Allgemeinheit anerkannt werden, wenn die Aktivitäten hinsichtlich der Merkmale, die ihre steuerrechtliche Förderung rechtfertigen, **mit den im Katalog des § 52 Abs. 2 Nr. 23** genannten Freizeitgestaltungen **identisch** sind. Es reicht nicht aus, dass die Freizeitgestaltung sinnvoll und einer der in § 52 Abs. 2 Nr. 23 AO genannten Tätigkeiten lediglich ähnlich ist (BFH vom 14.09.1994 I R 153/93, BStBl 1995 II S. 499; AEAO Nr. 9 zu § 52, Anhang 1). Als nicht identisch im Sinne der vorgenannten BFH-Rechtsprechung sind u. a. folgende Betätigungen zu beurteilen (vgl. bereits 2.2.6): Sammeltätigkeiten (z. B. das Sammeln von Briefmarken, Münzen, Steinen, Autogrammen), Karten- und Brettspiele (wie etwa Skat, Bridge oder Go), Kochen, Bierbrauen, Zaubern, die Tätigkeit der Reise- und Touristikvereine (z. B. Förderung der Motorradtouristik), die Tätigkeit der Saunavereine, der Geselligkeitsvereine, Kosmetikvereine oder der Oldtimervereine (z. B. Pflege der Tradition eines bestimmten Automobilwerkes und Erhaltung der Fahrzeuge aus diesem Werk). Bei Oldtimer-Vereinen kann aber eine Anerkennung der Gemeinnützigkeit wegen Förderung der (technischen) Kunst und Kultur nach § 52 Abs. 2 Nr. 5 AO in Betracht kommen (AEAO Nr. 9 zu § 52 AO; OFD Erfurt vom 28.11.1996, DStR 1997 S. 116).

Nach der Rechtsprechung des BFH ist der Sinngehalt des unbestimmten Rechtsbegriffs „Förderung der Allgemeinheit" i. S. des § 52 Abs. 1 Satz 1 AO wesentlich geprägt durch die objektive Wertordnung, wie sie insbesondere im Grundrechtskatalog der Art. 1 bis 19 des Grundgesetzes zum Ausdruck kommt. Eine Tätigkeit, die mit diesen Wertvorstellungen nicht vereinbar ist, kann nicht als Förderung der Allgemeinheit beurteilt werden. Als eine Förderung der Allgemeinheit sind danach solche Bestrebungen nicht anzuerkennen, die sich gegen die freiheitlich demokratische Grundordnung Deutschlands richten (vgl. BFH vom 11.04.2012 I R 11/11, BStBl 2013 II S. 146 m. w. N.). Eine Körperschaft ist auch dann nicht (mehr) als gemeinnützig zu behandeln, wenn sie sich bei ihrer Betätigung nicht im Rahmen der **verfassungsmäßigen Ordnung** hält oder gegen verfassungsrechtlich garantierte Freiheiten richtet (BFH vom 16.10.1991 I B 16/91, BFH/NV 1992 S. 505). So hat der BFH z. B. einem Verein die Gemeinnützigkeit versagt, dessen Geschäftstätigkeit auf die Umgehung eines gesetzlichen Verbotes, Geldmittel zur Förderung kommunaler Einrichtungen zu erlangen, gerichtet war (BFH vom 13.07.1994 I R 5/93, BStBl 1995 II S. 134). Die verfassungsmäßige Ordnung wird schon durch die Nichtbefolgung von polizeilichen Anordnungen durchbrochen. Gewaltfreier Widerstand, z. B. Sitzblockaden, gegen geplante Maßnahmen des Staates verstößt hingegen grundsätzlich nicht gegen die verfassungsmäßige Ordnung (vgl. AEAO Nr. 5 zu § 63 AO, Anhang 1). Eine solche Tätigkeit muss jedoch dem Verein „zuzurechnen" sein (BFH vom 29.08.1984 I R 215/81, BStBl 1985 II S. 106; vgl. auch Tz. 2.13.1). Der BFH hat in seinem Urteil vom 27.09.2001 (V R 17/99, BStBl 2002 II S. 169) z. B. eine dem Verein zuzurechnende Lohnsteuerverkürzung/Lohnsteuerhinterziehung als Verstoß gegen die Rechtsordnung in diesem Sinne angesehen. Die Gemeinnützigkeit wird von der Finanzverwaltung also regelmäßig dann entzogen, wenn eine Körperschaft vorsätzlich oder grob fahrlässig steuerliche Pflichten verletzt oder Zuwendungsbestätigungen missbräuchlich ausstellt (siehe z. B. BFH vom 15.03.2007 II R 5/04, BStBl 2007 II S. 472, sowie AEAO Nr. 3 zu § 63 AO).

Dass sich die Tätigkeit eines Vereins gegen die verfassungsmäßige Ordnung richtet, kann auch aus dem Umstand abgeleitet werden, dass er seine Räumlichkeiten anderen **Organisationen mit verfassungswidrigen Zielsetzungen** zu Veranstaltungszwecken überlassen hat. Der Verein kann sich der Zurechnung rechtsextremistischer Äußerungen von Referenten auf von ihm mitveranstalteten Tagungen nicht dadurch entziehen, dass er im Tagungsprogramm darauf hinweist, die Vortragsinhalte seien ausschließlich von den Vortragenden selbst zu verantworten (OVG Lüneburg vom 29.03.2000 – 11 K 854/98, NWB Fach 1 S. 80). Der Ausschluss sog. extremistischer Körperschaften von der Steuerbegünstigung ist gesetzlich in § 51 Abs. 3 AO geregelt. Hierdurch wird verdeutlicht, dass die Zuerkennung der Gemeinnützigkeit mit einer unmittelbaren oder mittelbaren Förderung extremistischer Zielsetzungen unvereinbar ist. Hierdurch wird die bisherige Verwaltungspraxis kodifiziert (vgl. AEAO Nr. 4 und 5 zu § 63 AO, ausführlicher siehe unter Tz. 2.1.1.2).

Mit dem Erfordernis der Unmittelbarkeit (§ 57 AO; vgl. auch Tz. 2.7.1) ist es grundsätzlich vereinbar, wenn z. B. eine Stiftung **Preise verleiht** oder Stipendien gewährt. Die Förderung der Allgemeinheit wird darin gesehen, dass die Allgemeinheit auf die besonderen Leistungen hingewiesen und zu ähnlich herausragenden Leistungen angespornt wird. Dazu reicht es grundsätzlich aus, wenn die Öffentlichkeit über die Preisverleihung ggf. auch erst im Nachhinein informiert wird. Es muss jedoch sichergestellt sein, dass die Allgemeinheit grundsätzlich Zugang zu den Leistungen entsprechender Körperschaften hat. Die betreffende Körperschaft muss (mindestens intern) für die Vergabe der Preise oder Stipendien eindeutige Kriterien festlegen, die die gemeinnützige Zielsetzung, insbesondere die Offenheit des Zugangs i. S. des § 52 Abs. 1 AO, sicherstellen. Damit die Allgemeinheit Kenntnis von der Möglichkeit des Erhalts eines Stipendiums oder eines ausgelobten Preises hat, sollte die Körperschaft ihr „Angebot" sowie die Vergaberichtlinien in geeigneter Weise veröffentlichen (in diesem Zusammenhang siehe auch FinMin Thüringen vom 25.04.1996, DStR 1996 S. 921, und OFD Frankfurt a. M. vom 29.07.1997, DB 1997 S. 1692, die ausdrücklich für Sporthilfe-Fördervereine eine Offenlegung der Förderrichtlinien fordern).

Die **Satzung** entspricht den Anforderungen des § 60 AO, wenn als Maßnahmen der Zweckverwirklichung allgemein die **Verleihung von Preisen** oder Stipendien angegeben werden. Eine weiter gehende Konkretisierung, etwa in Bezug auf die jeweiligen Vergabekriterien, ist nicht erforderlich.

2.2.8 ABC gemeinnütziger Zwecke und Einrichtungen

Rechtsprechung und Finanzverwaltung haben bereits in vielen Einzelfällen dazu Stellung genommen, ob Steuervergünstigungen wegen Erfüllung gemeinnütziger Zwecke gewährt werden können. Die auf der Grundlage des bis zum 31.12.1976 geltenden Rechts (vgl. Tz. 1.2) ergangenen Entscheidungen und Verwaltungsanweisungen sind – soweit sie nicht in Einzelfällen durch gesetzliche Neuregelungen als überholt anzusehen sind – auch weiterhin anzuwenden. Im Folgenden werden in alphabetischer Reihenfolge insbesondere solche Beispielsfälle angesprochen, von denen angenommen werden kann, dass ihnen eine größere praktische Bedeutung zukommt, oder aus denen Rückschlüsse auf die Behandlung ähnlich gelagerter Fälle gezogen werden können. Die angeführten Beispiele bieten nur Anhaltspunkte für die gemeinnützigkeitsrechtliche Beurteilung von Körperschaften, die gleiche oder ähnliche Zwecke verfolgen. Ob in vergleichbaren Einzelfällen Steuervergünstigungen gewährt werden können, ist davon abhängig, ob auch die übrigen Voraussetzungen dafür vorliegen (insbesondere müssen Satzung und tatsächliche Geschäftsführung den abgabenrechtlichen Anforderungen genügen). An sich gemeinnützige Zwecke und Einrichtungen müssen stets von einer steuerbegünstigten Körperschaft oder von einer juristischen Person des öffentlichen Rechts verfolgt bzw. getragen werden (vgl. u. a. Tz. 2.1.1).

Auch wenn die Voraussetzungen für die Gemeinnützigkeit gegeben sind, können Steuervergünstigungen insoweit nicht gewährt werden, als ein (steuerpflichtiger) wirtschaftlicher Geschäftsbetrieb i. S. des § 64 AO unterhalten wird (vgl. Tz. 2.14 ff.).

Abfallbeseitigung – auch **Sonderabfallbeseitigung** – ist nicht gemeinnützig (BFH vom 27.10.1993 und vom 15.12.1993, BStBl 1994 II S. 573 und 314; OFD Magdeburg vom 14.08.1995, DB 1995 S. 1887).

Abmahnvereine, die ausschließlich das Abmahngeschäft betreiben, sind **nicht** gemeinnützig (OFD Rostock vom 10.05.2001, DStZ 2001 S. 605). Vereine, die die Interessen der Verbraucher wahrnehmen, können regelmäßig wegen Bekämpfung des unlauteren Wettbewerbs (Verbraucherschutz, § 52 Abs. 2 Nr. 16 AO) als gemeinnützig anerkannt werden (siehe auch BFH vom 16.01.2003 V R 92/01, BStBl 2003 II S. 732).

Aids: Vereine, die den Schutz vor Aids und Geschlechtskrankheiten fördern, können gemeinnützig sein (OFD Frankfurt a. M. vom 13.10.1998, DB 1998 S. 2300).

Aktionsgemeinschaften siehe Bürgerinitiativen.

Forschung und Lehrtätigkeit auf dem Gebiet der **Akupunktur** und **Aurikulo-Medizin (= Ohrakupunktur)** wird als gemeinnützig anerkannt (KSt-Kartei NRW § 5 KStG Karte H 19, DB 1980 S. 357). **Reiki** hingegen kann nicht als gemeinnützig anerkannt werden (OFD Frankfurt a. M. vom 20.07.2006, DB 2006 S. 1765).

Bekämpfung des **Alkoholmissbrauchs** ist gemeinnützig (BFH vom 06.06.1951 III 69/51 U, BStBl 1951 III S. 148).

Alpenverein: Deutscher Alpenverein fördert gemeinnützige Zwecke (siehe StEK EStG § 10b Nr. 33, 97 und 146).

Alten-, Altenwohn- und **Pflegeheime:** Sie sind gem. § 68 Nr. 1 Buchst. a AO als (steuerbegünstigte) Zweckbetriebe anzusehen, wenn sie in besonderem Maße den im § 53 AO genannten persönlich oder materiell hilfsbedürftigen Personen dienen.

Altenhilfe siehe Tz. 2.2.6.

Altherrenvereine (studentische Verbindungen) können wegen Förderung der Geselligkeit nicht als gemeinnützig anerkannt werden.

Amateurfilmen s. AEAO Nr. 9 zu § 52 AO (Anhang 1).

Amateurfunkvereine sind grundsätzlich gemeinnützig (vgl. Tz. 2.2.6).

Anglervereine sind grundsätzlich wegen Förderung des Naturschutzes und der Landschaftspflege als gemeinnützig anerkannt, sofern kein Wettfischen stattfindet (BMF vom 25.09.1991, DB 1991 S. 2518). Casting kann als Sport i. S. des § 52 Abs. 2 Nr. 21 AO eingestuft werden.

Aquarien- und Terrarienvereine fördern gemeinnützige Zwecke i. S. des § 52 Abs. 2 Nr. 23 AO (siehe OFD Erfurt vom 28.11.1996, DStR 1997 S. 116).

Arbeitnehmerüberlassungsgesellschaften s. auch zu Beschäftigungsgesellschaften.

Arbeitslose: Zu Spenden zur Förderung der Initiativen für Arbeitslose siehe OFD Frankfurt a. M. vom 15.12.1994 (FR 1995 S. 287).

Arbeitsloseninitiativen können gemeinnützig oder mildtätig sein, wenn sie in erster Linie die Erziehung, Volks- und Berufsbildung fördern und Hilfe bei wirtschaftli-

2.2 § 52 AO: Gemeinnützige Zwecke

chen und seelischen Notlagen gewähren (vgl. OFD Münster vom 29.05.1985, DB 1985 S. 1374; siehe auch BMF vom 11.03.1992, BStBl 1993 I S. 214, zu Beschäftigungsgesellschaften), siehe hierzu auch Tz. 2.15 (§ 65 AO) und zu Beschäftigungsgesellschaften.

Arbeitsschutz ist ein gemeinnütziger Zweck (§ 52 Abs. 2 Nr. 12 AO).

Arbeitsvermittlung und -beratung, auch wenn sie im Auftrag der Agentur für Arbeit oder anderer juristischer Personen des öffentlichen Rechts erbracht worden sind, fördern als solche keine gemeinnützigen Zwecke.

Astrologievereine sind nicht gemeinnützig (FG Schleswig-Holstein vom 22.03.1996, EFG 1996 S. 940).

Astronomievereine können wegen Förderung der Wissenschaft und Forschung als gemeinnützig anerkannt werden (FG Schleswig-Holstein vom 22.03.1996, EFG 1996 S. 940).

Atomkraftgegner können wegen Förderung des Umweltschutzes als gemeinnützig anerkannt werden (BFH vom 29.08.1984, BStBl 1984 II S. 844).

Auftragsforschung siehe § 68 Nr. 9 AO, Tz. 2.19.10 und zu Forschung.

Autohilfsclubs können gemeinnützig sein. Spendenempfangsberechtigung kann jedoch nur gegeben sein, soweit eine Förderung der Verkehrserziehung (§ 52 Abs. 2 Nr. 7 AO) oder Rettung aus Lebensgefahr (§ 52 Abs. 2 Nr. 11 AO) vorliegt; für den Bereich der Pannenhilfe ist ein Spendenabzug ausgeschlossen.

Automatenspiel, wie es auch in sog. Spielhallen angeboten wird, ist nicht gemeinnützig.

Automatenverkauf von Einmalspritzen kann wegen Förderung der öffentlichen Gesundheitspflege gemeinnützig sein (OFD Frankfurt a. M. vom 13.10.1998, DB 1998 S. 2300).

Badminton ist grundsätzlich Sport i. S. des § 52 Abs. 2 Nr. 21 AO (BFH vom 30.09.1981, BStBl 1982 II S. 148).

Ballonsport wird regelmäßig als Förderung des Sports i. S. des § 52 Abs. 2 Nr. 21 AO anzusehen sein (siehe auch AEAO Nr. 6 zu § 52 AO, Anhang 1, und BFH vom 01.08.2002 V R 21/01, BStBl 2003 II S. 438).

Behindertenbetriebe: Zweckbetriebe (vgl. § 68 Nr. 3 AO – Tz. 2.19.4).

Beratertätigkeiten für steuerbegünstigte Einrichtungen begründen keine Gemeinnützigkeit (BFH vom 07.03.2007, BStBl 2007 II S. 628; für Dachorganisationen siehe § 57 Abs. 2 AO); ebenfalls keine gemeinnützige Betätigung stellt die Vermittlung und Weiterentwicklung von ganzheitlichen und prozessorientierten Management- und Qualitätsentwicklungsverfahren nebst einer Betreuung der steuerbegünstigten Anwender dar.

Berufssport siehe Tz. 2.18.6.1 und **Betriebssport** siehe Tz. 2.2.2.

Beschäftigungsgesellschaften sind im Allgemeinen nicht als gemeinnützig anzuerkennen (vgl. BMF-Schreiben vom 11.03.1992, BStBl 1993 I S. 214), ggf. ist die Steuerbefreiung nach § 5 Abs. 1 Nr. 18 KStG gegeben. **Arbeitstherapeutische Beschäftigungsgesellschaften** (= Gesellschaften, die schwer vermittelbare und zuvor längere Zeit arbeitslose Personen – insbesondere Suchtkranke, Arbeitsentwöhnte oder Behinderte – arbeitstherapeutisch beschäftigen und berufs- oder sozialpädagogisch betreuen, um dadurch die Eingliederung in den normalen Arbeitsprozess zu fördern) dienen gemeinnützigen Zwecken. Sie unterhalten mit ausgeführten Lohnaufträgen regelmäßig einen Zweckbetrieb nach § 65 AO, wenn sich der Umfang der

Marktteilnahme auf das für die Zweckverwirklichung erforderliche Maß beschränkt (BFH vom 26.04.1995 I R 35/93, BStBl 1995 II S. 767, sowie vom 13.06.2012 I R 71/11, BFH/NV 2013 S. 89).

Betriebsarztzentren sind regelmäßig nicht gemeinnützig (KSt-Kartei NRW § 4 KStG Karte 8, siehe auch BFH vom 26.04.1989 I R 209/85, BStBl 1989 II S. 670, betr. einen Verein, der einen überbetrieblichen arbeitsmedizinischen Dienst unterhält).

Billard (Pool- und Carambol) kann Sport i. S. des § 52 AO sein; Voraussetzung ist, dass derartige Vereine Billard sportmäßig betreiben und die Pflege der Geselligkeit nicht im Vordergrund steht (siehe KSt-Kartei NRW § 5 KStG Karte H 28).

Blaukreuz-Vereine (BKD) werden i. d. R. wegen Förderung der Mildtätigkeit, § 53 AO, steuerbegünstigt (siehe KSt-Kartei der OFD Frankfurt a. M. Karte H 76 zu § 5 KStG).

Bogenschießen siehe Schießsport.

Bonsaikunst ist als Förderung der Pflanzenzucht i. S. des § 52 Abs. 2 Nr. 23 AO einzustufen (siehe OFD Erfurt vom 28.11.1996, DStR 1997 S. 116).

Bootsverleih ist nicht gemeinnützig (siehe Freizeitvereine und AEAO Nr. 14 zu § 52 AO, Anhang 1).

Brauchtumspflege siehe AEAO Nr. 11 zu § 52 AO (Anhang 1) und Tz. 2.2.6.

Bridge ist nicht gemeinnützig (siehe AEAO Nr. 6 zu § 52 AO, Anhang 1); anders: Turnierbridge gemäß den Turnierbridge-Regeln der World Bridge Federation (WBF) (vgl. FG Köln vom 17.10.2012 – 13 K 3949/09, EFG 2014 S. 484, Revisionen anhängig unter I R 8/14 und I R 9/14).

Briefmarkensammlervereine: nicht gemeinnützig (AEAO Nr. 9 zu § 52 AO, im Anhang 1).

Bundesliga-Fußballvereine: Sie verfolgen i. d. R. (wie andere Sportvereine) gemeinnützige Zwecke. Sportliche Veranstaltungen gegen Entgelt sind aber als (steuerpflichtiger) wirtschaftlicher Geschäftsbetrieb zu behandeln (vgl. § 67a AO, Tz. 2.18).

Bürgerinitiativen: In Anbetracht des weiten, nicht abgrenzbaren Betätigungsfeldes kann eine allgemein verbindliche Aussage nicht getroffen werden. Es ist darauf abzustellen, ob mit dem verfolgten Zweck die Allgemeinheit gefördert wird. Das kann z. B. im Rahmen des Natur- und Umweltschutzes der Fall sein. Der Anerkennung der Gemeinnützigkeit steht nicht entgegen, wenn sich die Bestrebungen der Bürgerinitiative gegen staatliche oder kommunale Planungen richten. Es ist aber erforderlich, dass sich die Betätigung im Rahmen der verfassungsmäßigen Ordnung i. S. des Art. 2 Abs. 1 GG hält (Hinweis auf die BFH-Urteile vom 13.12.1978 I R 39/78, BStBl 1979 II S. 482, vom 29.08.1984 I R 203/81, BStBl 1984 II S. 844, und I R 215/81 BStBl 1985 II S. 106; AEAO Nr. 5 zu § 63 AO, Anhang 1). Die Gemeinnützigkeit wäre in Frage gestellt, wenn versucht würde, die (an sich begünstigten) Ziele durch ungesetzliche Mittel (Rechtsverletzungen) durchzusetzen (vgl. auch Tz. 2.2.7).

Das Bestreben, die politische Meinungsbildung im Rahmen von als gemeinnützig anerkannten Zwecken zu beeinflussen, steht der Anerkennung der Gemeinnützigkeit nicht entgegen (siehe auch Tz. 2.2.7; AEAO Nr. 15 zu § 52 AO, Anhang 1).

Bürgernetzvereine: Bayern Online siehe FinMin Bayern vom 05.03.1997 (DB 1997 S. 652), siehe auch **Internetvereine**.

Campingplatz: Ein Verein, der einen Campingplatz betreibt, wird im Allgemeinen nicht als gemeinnützig anzuerkennen sein. Das Gewähren einer Erholungsmöglich-

2.2 § 52 AO: Gemeinnützige Zwecke

keit reicht nicht aus (Hinweis auf die BFH-Urteile vom 22.11.1972 I R 21/71, BStBl 1973 II S. 251, vom 30.09.1981 III R 2/80, BStBl 1982 II S. 148, und vom 22.10.1971 III R 52/70, BStBl 1972 II S. 204; siehe AEAO Nr. 14 zu § 52 AO – vgl. auch Stichwort: Erholungs- und Kurheime).

Carsharing ist mangels Selbstlosigkeit nicht gemeinnützig (siehe auch FG Köln vom 21.04.2005, EFG 2005 S. 1234).

CB-Funk-Vereine sind gemeinnützig (siehe AEAO Nr. 9 zu § 52 AO, Anhang 1).

Consulting-Leistungen für andere steuerbegünstigte Körperschaften begründen keine Gemeinnützigkeit (BFH vom 07.03.2007 I R 90/04, BStBl 2007 II S. 628; siehe auch Beratertätigkeiten).

Dartclubs können gemeinnützig sein (siehe KSt-Kartei NRW Karte H 73 zu § 5 KStG).

Denkmalschutz, -pflege siehe Tz. 2.2.6.

Design-Zentren fördern in erster Linie die eigenwirtschaftlichen Interessen der Industrie (ähnlich Wirtschaftsförderungsgesellschaften). Sie können nicht als gemeinnützig anerkannt werden.

Dialyse-Vereine, deren Zwecke auf die Betreuung und Versorgung von Dialyse-Patienten gerichtet sind, können grundsätzlich als gemeinnützig anerkannt werden. Die Dialyse-Vereine unterhalten regelmäßig mit ihren Tätigkeiten Zweckbetriebe nach § 65 AO. Der Wettbewerb zu Ärzten, die eine vergleichbare Leistung anbieten, ist unschädlich, da die wirtschaftlichen Tätigkeiten mit der (gemeinnützigen) Zwecksetzung dieser Vereine übereinstimmen (= der Wettbewerb ist insoweit unvermeidbar i. S. des § 65 AO). Im Zuge der Zuerkennung der Gemeinnützigkeit ist jedoch stets der Frage der (mangelnden) Selbstlosigkeit nachzugehen, wenn die mit dem Verein verbundenen Ärzte auch beruflich mit der Dialyse befasst sind (vgl. dazu u. a. OFD Frankfurt a. M. vom 30.03.1993, DB 1993 S. 1116).

Dritte-Welt-Läden, über die Waren und Erzeugnisse aus der Dritten Welt vertrieben werden – auch wenn dieses selbstlos geschieht –, sind als steuerpflichtige, wirtschaftliche Geschäftsbetriebe zu beurteilen, für die steuerliche Vergünstigungen nicht gewährt werden können (so auch FG Baden-Württemberg vom 11.02.1998, EFG 1998 S. 846).

Drachenflug mit Modellen ist als gemeinnützig anzuerkennen, wenn sich die Tätigkeit auf die Förderung des Baus der Drachenmodelle erstreckt (identisch BFH vom 14.09.1994 I R 153/93, BStBl 1995 II S. 499), AEAO Nr. 9 zu § 52 AO (Anhang 1).

Die Bekämpfung des **Drogenmissbrauchs** ist gemeinnützig.

Der Schutz von **Ehe und Familie** ist ein gemeinnütziger Zweck (§ 52 Abs. 2 Nr. 19 AO).

Eheanbahnungsinstitute: Der BFH hat es abgelehnt, ein von privater Seite betriebenes Eheanbahnungsinstitut als gemeinnützig zu behandeln (BFH vom 28.08.1968 I 242/65, BStBl 1969 II S. 145).

Einkaufsvereinigungen sind nicht gemeinnützig, da in erster Linie eigenwirtschaftliche Ziele verfolgt werden (vgl. auch RFH vom 17.07.1930, RStBl 1930 S. 702).

Eisenbahnmodellbau siehe AEAO Nr. 9 zu § 52 AO (Anhang 1).

Eislaufen ist eine gemeinnützige Tätigkeit i. S. des § 52 Abs. 2 Nr. 21 AO (BFH vom 30.03.2000 V R 30/99, BStBl 2000 II S. 705).

Entwicklungsgesellschaften vgl. Wirtschaftsförderungsgesellschaften.

Entwicklungshilfe siehe Tz. 2.2.6.

2 Erläuterung der Bestimmungen des Abschnitts „Steuerbegünstigte Zwecke" in der AO

Erholungs- und **Kurheime:** Nach § 68 Nr. 1 Buchst. a AO sind Erholungsheime als (steuerunschädliche) Zweckbetriebe anzusehen, wenn sie in besonderem Maße den im § 53 AO genannten persönlich oder materiell hilfsbedürftigen Personen dienen. Vereine, die die allgemeine Erholung arbeitender Personen bezwecken, sind nicht gemeinnützig (AEAO Nr. 14 zu § 52 AO, Anhang 1). Der BFH hat in seinem Urteil vom 22.11.1972 (I R 21/71, BStBl 1973 II S. 251) ausgeführt, dass das Gewähren von Erholung nur dann steuerbegünstigt sein kann, wenn es einem besonders schutzwürdigen Personenkreis (wie z. B. Kranken oder der Jugend) zugutekommt oder in einer bestimmten Art und Weise (z. B. auf sportlicher Grundlage) vorgenommen wird. Die Erholung arbeitender Menschen ist in erster Linie Angelegenheit dieser Menschen selbst (vgl. auch Tz. 2.2.5 und 2.15.1).

Ersatzschulen können von gemeinnützigen Körperschaften geführt werden (AEAO Nr. 4 zu § 52 AO – Anhang 1).

Esoterikervereine können laut FG Baden-Württemberg vom 04.02.1988 (EFG 1988 S. 270) nicht gemeinnützig sein, so auch die Finanzverwaltung (siehe OFD Frankfurt a. M. vom 20.07.2006, DB 2006 S. 1765).

Die Förderung von **Existenzgründern** ist mangels Selbstlosigkeit nicht gemeinnützig (entsprechend den Überlegungen zu Technologiezentren; siehe dazu auch BFH vom 21.05.1997 I R 38/96, BFH/NV 1997 S. 904, betr. Wirtschaftsförderung).

Familienferienstätten siehe Erholungs- und Kurheime.

Federball siehe Badminton.

Festhalle (Mehrzweckhalle): Ein Verein, dessen Zweck allein auf die Errichtung einer Festhalle gerichtet ist, kann nicht als gemeinnützig anerkannt werden (siehe dazu Tz. 2.8.4).

Feuerbestattungsvereine, die selbst ein Krematorium betreiben, können nicht als gemeinnützig anerkannt werden (siehe OFD Frankfurt a. M. vom 11.12.1996, DB 1997 S. 205; zur – gemeinnützigen – Aufklärungs- und Beratungstätigkeit siehe auch BFH vom 14.12.1978 I R 122/76, BStBl 1979 II S. 491, und das rechtskräftige Urteil des FG Sachsen-Anhalt vom 22.01.2004, EFG 2004 S. 1087).

Feuerwehrverbände, Feuerwehrvereine: sind regelmäßig gemeinnützig (Förderung des Feuerschutzes mit Brandschutzerziehung und Brandschutzaufklärung, § 52 Abs. 2 Nr. 12 AO). Zum Charakter der Freiwilligen Feuerwehr siehe BFH vom 18.12.1996 (I R 16/96, BStBl 1997 II S. 361), Zuwendungen an Freiwillige Feuerwehren siehe H/H/R, Kommentar zum EStG, Anm. 200 zu § 10b EStG; zu unterscheiden ist hierbei insbesondere, ob die Förderung des Feuerschutzes, die Ausbildung der Freiwilligen etc. im Vordergrund stehen oder ob der Fokus auf der Organisation und Durchführung geselliger Veranstaltungen (= steuerpflichtige wirtschaftliche Geschäftsbetriebe nach § 64 AO) liegt; in jedem Fall sollte bei einer Unterhaltung unterschiedlicher Tätigkeitsbereiche eine klare (wirtschaftliche) Trennung vorgenommen werden.

Film- und Fotoclubs fördern i. d. R. die Freizeitgestaltung erwachsener Menschen (vgl. Freizeitgestaltung Tz. 2.2.6).

Flughäfen siehe Regionalflughäfen.

Flugrettungsdienste sind als gemeinnützig anerkannt und unterhalten, wenn sie entsprechende Leistungen gegen Entgelt erbringen, insoweit einen Zweckbetrieb (siehe auch Tz. 2.16).

Flugsport: Vereine, die Flugsport betreiben, erfüllen grundsätzlich die Voraussetzungen der Gemeinnützigkeit, vgl. auch Tz. 2.2.5; bei Rundflügen, die Nicht-Mitgliedern gegen Entgelt angeboten werden, handelt es sich regelmäßig um steuerpflichtige wirtschaftliche Geschäftsbetriebe nach § 64 AO; zum **Motor**flugsport siehe BFH vom 29.10.1997 (I R 13/97, BStBl 1998 II S. 9), zur Freizeit- und Vergnügungsfliegerei siehe Gmach (FR 1996 S. 308).

Fördervereine: Vereine, deren Zweck sich darauf beschränkt, Mittel für die steuerbegünstigten Zwecke einer anderen Körperschaft zu beschaffen (z. B. Schulförderungsvereine, Vereine zur Förderung des Baues von Krankenhäusern, Museen), können grundsätzlich gemeinnützig sein. Die Beschaffung von Mitteln für die steuerbegünstigten Zwecke einer anderen Körperschaft stellt nach § 58 Nr. 1 AO eine steuerlich unschädliche Tätigkeit dar (vgl. Tz. 2.8.1).

Forschungseinrichtungen der Industrie: Wenn die Einrichtung nicht in erster Linie eigenwirtschaftlichen Interessen dient, kann Gemeinnützigkeit gegeben sein. Das soll nach der Verfügung der OFD Münster vom 11.09.1969 – S 2726 – 12 – St 13 – 41 (KSt-Kartei NRW § 5 KStG Karte H 1) im Allgemeinen der Fall sein, wenn die Forschungsergebnisse durch Veröffentlichung z. B. in Fachzeitschriften auch der Allgemeinheit zur Verfügung stehen. Bei Vereinigungen, die auf eine Gemeinschaftsforschung gerichtet sind, wird es aber oft an der geforderten Selbstlosigkeit fehlen, weil die Mitglieder an den Forschungsergebnissen oder an zu vergebenden Forschungsaufträgen wirtschaftlich interessiert sind. Eine umfassende Darstellung der verschiedenen Fallgestaltungen im Bereich der Forschung von Lang/Seer ist in BB 1993 S. 262 abgedruckt. Mit Einführung des § 68 Nr. 9 AO durch das JStG 1997 ist die **Auftragsforschung** unter den dort festgelegten Voraussetzungen als Zweckbetrieb einzustufen (siehe dazu auch Tz. 2.19.10). Hier ist zu beachten, dass nach Auffassung des BFH (siehe Urteil vom 07.03.2007 I R 90/04, BStBl 2007 II S. 628) auch bei Veröffentlichung der Forschungsergebnisse die Körperschaft dann nicht als gemeinnützig anerkannt werden kann, wenn eine Trennung der Forschungstätigkeiten von Tätigkeiten im Dienste der Mitglieder oder Gesellschafter nicht möglich ist. Die in § 68 Nr. 9 AO getroffene Regelung bestätigt letztlich, dass nur altruistisch betriebene Forschungsaktivitäten als gemeinnützige Tätigkeiten eingestuft werden können (siehe hierzu BFH vom 30.11.1995 V R 29/91, BStBl 1997 II S. 189, und vom 04.04.2007 I R 76/05, BStBl 2007 II S. 631).

Forschungstätigkeiten an Hochschulen siehe OFD Frankfurt a. M. vom 26.06.1998 (DB 1998 S. 1543, siehe auch Strahl in FR 1998 S. 761 und DStR 2007 S. 1468).

Frauenhäuser (Schutz misshandelter Frauen): Im Regelfall werden mildtätige Zwecke (§ 53 AO) verfolgt.

Freikörperkultur (FKK): Vereine, die die gesunde und harmonische Freizeitgestaltung für die ganze Familie fördern, können nicht als gemeinnützig anerkannt werden (BFH vom 30.09.1981 III R 2/80, BStBl 1982 II S. 148). Das gilt auch dann, wenn neben der Freikörperkultur die Förderung des Sports verfolgt wird (siehe das rechtskräftige Urteil des FG Niedersachsen vom 18.02.1997, EFG 1997 S. 1340). An der vom FinMin NRW mit Erlass vom 23.05.1980 (DB 1980 S. 1571) vertretenen gegenteiligen Auffassung kann nicht festgehalten werden (siehe auch Alber in Dötsch/Pung/Möhlenbrock, Rz. 35 zu § 5 Abs. 1 Nr. 9 KStG).

Freimaurerlogen sind nicht gemeinnützig. Ein Personenkreis kann dann nicht als Allgemeinheit angesehen werden, wenn er das selbst nicht sein will, wenn er vielmehr zu erkennen gibt, dass er sich von der Allgemeinheit absondern will. Dies zeigt sich nach Auffassung des BFH bei den Logen u. a. darin, dass nur Männer Mitglieder der Loge werden können, obwohl die Ziele der Loge auch für Frauen wertvoll sein könnten (BFH vom 26.01.1973 III R 40/72, BStBl 1973 II S. 430, und vom 13.12.1978 I R 36/76, BStBl 1979 II S. 492; FG Bremen vom 09.07.1982, EFG 1983 S. 194).

Freiwilligenagenturen, die u. a. die Qualifizierung und Vermittlung von Personen, die sich ehrenamtlich betätigen wollen, an steuerbegünstigte Körperschaften zum Ziel haben, können wegen Förderung der Bildung als gemeinnützig anerkannt werden.

Vereine, die den **Fremdenverkehr** auf regionaler und/oder überregionaler Ebene fördern, sind nicht gemeinnützig (siehe OFD Frankfurt a. M. vom 27.10.1995, DB 1995 S. 2500).

Die Förderung des **Friedens** ist i. d. R. gemeinnützig und im Begriff der Völkerverständigung (§ 52 Abs. 2 Nr. 13 AO) enthalten. Körperschaften (z. B. Vereinigungen der Friedensbewegung), deren Satzungszweck die Förderung des Friedens ist, sind auch dann als gemeinnützig anzuerkennen, wenn sie gelegentlich zu tagespolitischen Themen im Rahmen ihres Satzungszwecks Stellung nehmen (BFH vom 23.11.1989 I R 11/88, BStBl 1989 II S. 391).

Gerechtigkeitskomitees können wegen (Mit-)Verfolgung politischer Zwecke nicht als gemeinnützig anerkannt werden.

Gesangvereine: Gemeinnützigkeit kann vorliegen, wenn die geselligen Veranstaltungen nur einen nicht zu umgehenden Nebenzweck darstellen (vgl. auch Tz. 2.8.8).

Geschlechtskrankheiten: Vereine, die den Schutz vor Geschlechtskrankheiten und Aids fördern, können gemeinnützig sein (OFD Frankfurt a. M. vom 13.10.1998, DB 1998 S. 2300).

Golfclubs können gemeinnützig sein (siehe BFH vom 13.12.1978 I R 64/77, BStBl 1979 II S. 488, und vom 13.08.1997 I R 19/96, BStBl 1997 II S. 794). Eine Förderung der Allgemeinheit wird anerkannt bei Einhaltung der bei Sportvereinen genannten Höchstgrenzen für Aufnahmegebühren und Mitgliedsbeiträgen (vgl. Sportvereine, Tz. 2.2.4; AEAO Nr. 1.1 und 1.2 zu § 52 AO, Anhang 1).

Gospiel ist kein Sport i. S. des § 52 Abs. 2 Nr. 21 AO (AEAO Nr. 6 zu § 52 AO, Anhang 1).

Vereine zur **Gütesicherung** bestimmter Produkte können mangels Selbstlosigkeit nicht gemeinnützig sein (ggf. sind sie nach § 5 Abs. 1 Nr. 5 KStG steuerbefreit).

Hallenbauvereine, die nach der Satzung und nach der tatsächlichen Geschäftsführung ausschließlich und unmittelbar die Halle bzw. Räume der Halle steuerbegünstigten Körperschaften zur Nutzung für deren steuerbegünstigte Zwecke überlassen (§ 58 Nr. 4 AO), können die steuerlichen Vergünstigungen wegen Gemeinnützigkeit nicht in Anspruch nehmen (vgl. auch Tz. 2.8.4).

Heimatvereine, die die Heimatkunde und -pflege (§ 52 Abs. 2 Nr. 22 AO), z. B. durch Erhaltung der Trachten, des Volksgesangs und des Volkstanzes sowie alter Sitten und Gebräuche, fördern, sind gemeinnützig (siehe BFH vom 21.08.1985 I R 3/82, BStBl 1986 II S. 92; zur Brauchtumspflege siehe auch AEAO Nr. 11 zu § 52 AO, Anhang 1, und Tz. 2.2.6).

Hobby- und Freizeitvereine sind nur bei Verfolgung der in § 52 Abs. 2 Nr. 23 AO namentlich genannten Zwecke gemeinnützig (siehe AEAO Nr. 9 zu § 52 AO, Anhang 1, und Tz. 2.2.6).

Vereine oder Kapitalgesellschaften, die von juristischen Personen des öffentlichen Rechts zur Erfüllung der ihnen obliegenden **hoheitlichen Pflichtaufgaben** gegründet werden, wurden bislang mangels Selbstlosigkeit nicht als gemeinnützig anerkannt (BMF-Schreiben vom 27.12.1990 – IV A 2 – S 7300 – 66/90, BStBl 1991 I S. 81; siehe dazu auch Tz. 2.5.2 und Beschluss des BFH vom 27.04.2005 I R 90/04, BStBl 2006 II S. 198 – in seinem Urteil vom 07.03.2007 I R 90/04, BStBl 2007 II S. 628, hatte der BFH hierzu noch keine Entscheidung getroffen); das FG Berlin-Brandenburg hat am 07.02.2012 (6 K 6086/08, EFG 2012 S. 1088) entschieden, dass eine GmbH bei der Wahrnehmung hoheitlicher Pflichtaufgaben ihres Gesellschafters (= Landkreis) selbstlos gemeinnützige Zwecke verfolgt, wenn die übernommenen Aufgaben (hier: Notfallrettung, Krankentransporte sowie die Einrichtung und der Betrieb von Rettungswachen) als gemeinnützig anzusehen sind; diese Auffassung hat der BFH jüngst im Revisionsverfahren mit Urteil vom 27.11.2013 (I R 17/12, BFHE 244 S. 194) bestätigt.

Homosexuellenvereine siehe auch FG Berlin vom 25.06.1984, EFG 1985 S. 146; Gemeinnützigkeit kann nur zuerkannt werden, wenn der Zweck entsprechender Körperschaften darauf gerichtet ist, die Personen, die aufgrund ihrer Homosexualität in einer besonderen Notsituation sind (hier i. S. von § 53 Nr. 1 AO), zu unterstützen. Die Förderung von Freizeitaktivitäten für Homosexuelle (AEAO Nr. 14 zu § 52 AO) oder sonstige nicht gemeinnützige Aktivitäten sind nicht begünstigt.

Die Förderung der **humanistischen Weltanschauung** ist nach § 10b Abs. 1 Satz 1 EStG begünstigt (siehe BFH vom 23.09.1999 XI R 66/98, BStBl 2000 II S. 533).

Hundesportvereine (Hundezucht) sind nach Einführung des § 52 Abs. 2 Nr. 23 AO gemeinnützig. Die Frage der Selbstlosigkeit und Ausschließlichkeit ist bei diesen Vereinen besonders zu beachten (AEAO Nr. 12 zu § 52 AO, Anhang 1).

Interessengemeinschaften siehe Bürgerinitiativen.

Internetvereine können als gemeinnützig anerkannt werden, wenn sie den Umgang mit dem Internet schulen (Bildungsarbeit leisten). Die Zurverfügungstellung von Zugängen zu Kommunikationsnetzen als solche ist keine begünstigte Tätigkeit (OFD Münster vom 06.02.1996, DB 1996 S. 656, und AEAO Nr. 3 zu § 52 AO, Anhang 1). Zu Bayern Online siehe FinMin Bayern vom 05.03.1997 (DB 1997 S. 652).

Jagdvereine, die unmittelbar die Jagd ausüben, können m. E. nicht als gemeinnützig anerkannt werden. Von ihnen werden regelmäßig auch die eigenwirtschaftlichen Belange ihrer Mitglieder gefördert. Jagdvereine und Hegeringe, die das Jagdwesen als solches mit Maßnahmen zur Erhaltung der Wildtierbestände, der Landeskultur, der Landschaftspflege etc. fördern, können grundsätzlich unter dem Gesichtspunkt der Förderung des Naturschutzes als gemeinnützig anerkannt werden. Die Gemeinnützigkeit ist jedoch ausgeschlossen, wenn festzustellen ist, dass auch diese Einrichtungen die wirtschaftlichen Belange ihrer Mitglieder in unzulässigem Umfang fördern (siehe dazu Tz. 2.5.1).

Vereine, die die **Jugendweihe** durchführen, können gemeinnützig sein (OFD Frankfurt a. M. vom 06.01.1999, DB 1999 S. 460).

Jugendheime, Jugendherbergen sind wegen Förderung der Jugendhilfe (§ 52 Abs. 2 Nr. 4 AO) als gemeinnützig anzuerkennen. Es handelt sich gem. § 68 Nr. 1 Buchst. b AO um (steuerunschädliche) Zweckbetriebe (siehe dazu auch BFH vom 18.01.1995 V R 139, 142/92, BStBl 1995 II S. 446), wenn der Umfang der Beherbergung allein reisender Erwachsener (= Personen nach Vollendung des 27. Lebensjahres) außerhalb ihres satzungsmäßigen Zwecks 10 % der Gesamtbeherbergungen nicht übersteigt (siehe AEAO Nr. 3 zu § 68 Nr. 1 AO; Tz. 2.19.2).

Jugendreligionen und sog. **Jugendsekten** kann regelmäßig die Gemeinnützigkeit nicht zuerkannt werden, weil die Zielsetzungen derartiger Vereinigungen zur Einschränkung der Willens- und Entscheidungskraft führen und damit insbesondere Jugendliche gefährden können (vgl. Hessisches FG vom 28.10.1982, EFG 1983 S. 196, Aufhebung und Zurückverweisung durch BFH vom 11.12.1985, NJW 1986 S. 2458). Zur Scientology-Church siehe unten, im Unterschied dazu siehe auch zu Meditationsgemeinschaften.

Zu **Junggesellen- und Burschenvereinen,** die das traditionelle Brauchtum (§ 52 Abs. 2 Nr. 23 AO) fördern, siehe OFD Frankfurt a. M. vom 12.01.1999 (DB 1999 S. 460).

KAB-Vereine (Katholische Arbeitnehmer-Bewegung) sind regelmäßig gemeinnützig.

Kameradschaft: Der BFH hat in seinem Urteil vom 11.03.1999 (V R 57, 58/96, BStBl 1999 II S. 331) ausgeführt, dass Kameradschaft unter dem Gesichtspunkt der Gemeinnützigkeit grundsätzlich wertneutral ist. Für die Frage der Gemeinnützigkeit komme es allein darauf an, ob das Verhalten, auf dessen Grundlage Kameradschaft sich entwickle oder gepflegt werde – der Satzungszweck und dessen tatsächliche Verwirklichung –, dem allgemeinen Besten diene. So ist auch die Erwähnung der Kameradschaft in der Satzung für die Zuerkennung der Gemeinnützigkeit grundsätzlich unschädlich. Keine Gemeinnützigkeit mangels einer Förderung der Allgemeinheit ist jedoch gegeben, wenn sich der Zweck eines Vereins nur auf die Kameradenhilfe und die Kameradschaftspflege unter Angehörigen einer ehemaligen Wehrmachtsgruppe beschränkt (BFH vom 31.10.1963 I 320/61 U, BStBl 1964 III S. 20).

Kameradschaftsvereine siehe „Soldatenbund".

Karnevalsvereine sind nach § 52 Abs. 2 Nr. 23 AO grundsätzlich gemeinnützig (siehe auch Tz. 2.2.6 und 2.15.2).

Katastrophenschutz ist Teil des Zivilschutzes und damit gemeinnützig (§ 52 Abs. 2 Nr. 12 AO).

Kinderbetreuung durch Babysitter oder Tagesmütter siehe OFD Frankfurt a. M. vom 09.10.1998 (DB 1998 S. 2245).

Kindergärten, Kinderheime: Es handelt sich um (steuerunschädliche) Zweckbetriebe i. S. von § 68 Nr. 1 Buchst. b AO.

Kinesiologie ist nicht gemeinnützig (FG Münster vom 21.10.2008, EFG 2009 S. 617).

(Kommunale) **Kinovereine** können unter den in DB 1993 S. 1060 genannten Voraussetzungen als gemeinnützig anerkannt werden (FinMin Mecklenburg-Vorpommern vom 06.04.1993). Zu Amateurfilmen siehe AEAO Nr. 9 zu § 52 AO (Anhang 1).

Kleingärtnervereine sind gemeinnützig (§ 52 Abs. 2 Nr. 23 AO). Es kann davon ausgegangen werden, dass derartige Vereine nicht in erster Linie eigenwirtschaftliche Zwecke verfolgen (vgl. KSt-Kartei NRW § 5 KStG Karte H 18). Davon zu unterscheiden ist die „Kleingärtnerische Gemeinnützigkeit" i. S. des § 2 Bundeskleingartengesetz (BGBl 1983 I S. 210; siehe auch FinMin Brandenburg vom 13.04.1993, DB 1993 S. 960).

Kolpingvereine sind regelmäßig gemeinnützig.

Krankenhäuser: Es handelt sich um Zweckbetriebe i. S. des § 67 AO – Tz. 2.17 f.

Krankenhausapotheken begründen grundsätzlich mit ihren Leistungen an Dritte sowie an andere Krankenhausträger einen steuerpflichtigen wirtschaftlichen Geschäftsbetrieb (siehe BFH vom 18.10.1990 V R 76/89, BStBl 1991 II S. 268; siehe auch Tz. 2.19.3). Als zum Bereich des begünstigten Zweckbetriebs nach § 67 AO

2.2 § 52 AO: Gemeinnützige Zwecke

gehörig wird hingegen die Abgabe von Zytostatika durch Krankenhausapotheken anlässlich einer ambulanten Behandlung im Krankenhaus beurteilt (vgl. BFH-Urteile vom 31.07.2013 I R 82/12, BStBl 2015 II S. 123, und I R 31/12, BFH/NV 2014 S. 185; siehe auch Tz. 2.18.5). Um die vorgenannten Urteile für die Praxis handhabbar zu machen, wurde der AEAO zu § 67 AO durch BMF-Schreiben vom 14.01.2015 (IV A 3 – S 0062/14/10009, BStBl 2015 I S. 76) um Ausführungen ergänzt, die den Umfang des Zweckbetriebes Krankenhaus näher definieren. Danach sind diesem alle Einnahmen und Ausgaben, die mit den ärztlichen und pflegerischen Leistungen an die Patienten als Benutzer des jeweiligen Krankenhauses zusammenhängen, zugehörig (siehe auch BFH vom 06.04.2005 I R 85/04, BStBl 2005 II S. 545). Darunter fallen auch die an ambulant behandelte Patienten erbrachten Leistungen, soweit diese Bestandteil des Versorgungsauftrages des Krankenhauses sind. Gleiches gilt für Einnahmen und Ausgaben, die in Zusammenhang mit der Abgabe von Medikamenten durch Krankenhausärzte an ambulant behandelte Patienten des Krankenhauses zur unmittelbaren Verabreichung im Krankenhaus stehen. Dabei ist es unbeachtlich, wenn die Behandlungen von Patienten durch einen ermächtigten (Chef-)Arzt als Dienstaufgabe innerhalb einer nichtselbständigen Tätigkeit (§ 19 EStG) erbracht werden.

Die verwaltungsseitigen Erläuterungen stellen insoweit klar, dass zwischen der krankenhausärztlichen Heilbehandlung und der Abgabe der Medikamente ein unmittelbarer sachlicher sowie zeitlicher Zusammenhang bestehen muss, sodass eine Gleichbehandlung für Medikamente, die in standardisierter Form abgegeben und/oder vom Patienten selbst verabreicht werden, ausscheidet. Aufgrund der in der Praxis sehr differenziert gestalteten Leistungsbeziehungen zwischen den Patienten und dem jeweiligen Krankenhaus bzw. dem behandelnden (Chef-)Arzt ist darauf hinzuweisen, dass die Urteilsgrundsätze des BFH vom 31.07.2013 (a. a. O.) nur für die Fälle einschlägig sind, in denen gesetzlich versicherte Patienten innerhalb einer ermächtigten Institutsambulanz nach §§ 116a ff. SGB V behandelt werden oder ein nach Maßgabe des § 116 SGB V persönlich ermächtigter Chefarzt, dessen Behandlungsleistung innerhalb seines Anstellungsvertrages ausdrücklich als Dienstaufgabe deklariert ist, gegenüber privat bzw. gesetzlich Versicherten tätig wird. In den Fällen, in denen ein nach § 116 SGB V ermächtigter Chefarzt außerhalb seiner dienstvertraglichen Pflichten handelt und Aufgaben im Rahmen seiner Nebentätigkeitserlaubnis wahrnimmt (Privatambulanz), sind die Urteilsgrundsätze des BFH nicht anzuwenden mit der Folge, dass eine Zuordnung der betreffenden Leistungen (Heilbehandlung nebst Medikamentenabgabe) zum Anwendungsbereich des § 67 AO ausscheidet (siehe Verfügung der OFD NRW vom 26.01.2015 – S 0186 – 2014/0002). Für die Zuordnung von Leistungen zu einer der vorgenannten Fallgruppen sind die jeweiligen gesetzlichen bzw. vertraglichen Grundlagen maßgeblich.

Krankenhauswäschereien begründen mit ihren Leistungen an Dritte, auch wenn es sich bei den Leistungsempfängern um steuerbegünstigte Körperschaften handelt, einen steuerpflichtigen wirtschaftlichen Geschäftsbetrieb (BFH vom 18.10.1990 V R 35/85, BStBl 1991 II S. 157; siehe auch Tz. 2.19.3). Zentralwäschereien mit eigener Rechtspersönlichkeit, in denen z. B. die Wäsche für mehrere steuerbegünstigte Krankenhäuser oder Altenheime gewaschen wird, sind nicht gemeinnützig (siehe auch BFH vom 19.07.1995 I R 56/94, BStBl 1996 II S. 28).

Kriminalprävention: Grundsätzlich ist Gemeinnützigkeit gegeben (siehe OFD Hannover vom 03.11.1997, DB 1997 S. 2407; siehe auch § 52 Abs. 2 Nr. 20 AO).

Küstenschutz ist ein gemeinnütziger Zweck, vgl. § 52 Abs. 2 Nr. 8 AO.

Ein Verein, der eine **öffentliche Kunsteisbahn** betreibt, unterhält damit keinen Zweckbetrieb (BFH vom 07.05.1997 V B 95/96, BFH/NV 1998 S. 96; siehe dazu auch BFH vom 20.03.2000 V R 30/99, BStBl 2000 II S. 705, und AEAO Nr. 4 zu § 65 AO hinsichtlich eines umfänglichen Schutzes des Wettbewerbs).

Kunstvereine fördern die Kultur, § 52 Abs. 2 Nr. 5 AO.

Kurmittel-, Kneipp- und **Naturheilvereine** sind wegen Förderung der öffentlichen Gesundheitspflege (§ 52 Abs. 2 Nr. 3 AO) gemeinnützig (vgl. FG Niedersachsen vom 23.07.1974, EFG 1974 S. 588).

Lehrwerkstätten: Als Einrichtungen der Jugendhilfe und der Berufsbildung (§ 52 Abs. 2 Nr. 4 und 7 AO) können Lehr- oder Lehrlingswerkstätten gemeinnützig sein. Soweit als Ausfluss der Ausbildungstätigkeit Waren veräußert oder Dienstleistungen entgeltlich erbracht werden, kann in sinngemäßer Anwendung der Grundsätze des BMF-Schreibens vom 11.03.1992 (BStBl 1993 I S. 214) ein Zweckbetrieb angenommen werden (siehe auch BFH vom 26.04.1995 I R 35/93, BStBl 1995 II S. 767, sowie unter Beschäftigungsgesellschaften). Wird die Einrichtung jedoch von einem Verein oder einer Kapitalgesellschaft getragen und werden überwiegend Lehrlinge ausgebildet, die von Mitglieder- oder Gesellschafterunternehmen stammen, so wird davon ausgegangen, dass die Mitglieder und Gesellschafter mit der Lehrwerkstatt eigenwirtschaftliche Zwecke verfolgen; Gemeinnützigkeit kann dann nicht angenommen werden. Auch hier ist m. E. das BMF-Schreiben vom 09.02.2007 (BStBl 2007 I S. 218) sinngemäß zu beachten (ermäßigter Steuersatz, § 12 Abs. 2 Nr. 8 Buchst. a UStG, siehe auch in Tz. 4.5.12).

Luftsportvereine siehe Flugsport.

Meditationsgemeinschaften: Nach dem BFH-Urteil vom 20.01.1972 (I R 81/70, BStBl 1972 II S. 440) ist ein Verein, der die Verbreitung der Meditation zur Förderung geistig-seelischer Werte anstrebt, gemeinnützig; zweifelnd BFH vom 09.07.1986 I R 14/82 (BFH/NV 1987 S. 632; siehe auch zu Jugendreligionen, -sekten und Transzendentaler Meditation).

Mietervereine sind mangels Selbstlosigkeit nicht gemeinnützig.

Die Förderung der **Mineralsalztherapie** nach Dr. Schüssler ist nicht gemeinnützig (OFD Frankfurt a. M. vom 02.04.2009 – S 0171A-176-St 13).

Minigolf als Geschicklichkeitsspiel zur Freizeitgestaltung ist i. d. R. nicht gemeinnützig. Nur dann, wenn dieser Zweck „sportmäßig" betrieben wird (siehe dazu Tz. 2.2.3), kann ausnahmsweise Gemeinnützigkeit vorliegen.

Modellbauclubs, Modellfluggemeinschaften, siehe dazu Tz. 2.2.6.

Motorsport fällt unter den Begriff des Sports i. S. des § 52 Abs. 2 Nr. 21 AO (BFH vom 29.10.1997 I R 13/97, BStBl 1998 II S. 9; siehe auch Tz. 2.2.6 zu „Sport").

Motorsportclubs, die satzungsmäßig und/oder tatsächlich mit dem nicht gemeinnützigen ADAC verbunden sind, sind nicht gemeinnützig (BFH vom 05.08.1992 X R 165/88, BStBl 1992 II S. 1048). Nur dann, wenn Motorsportclubs nach der Satzung und tatsächlichen Geschäftsführung selbständig sind und sich vom nicht gemeinnützigen ADAC abgrenzen, kann die Gemeinnützigkeit anerkannt werden. Zu entsprechenden Satzungsbestimmungen etc. siehe OFD Frankfurt a. M. vom 13.07.1994 (KSt-Kartei Frankfurt a. M. Karte H 9 zu § 5 KStG).

Müllverbrennung, siehe dazu Abfallbeseitigung.

Museen: Zweckbetriebe (vgl. § 68 Nr. 7 AO).

Musik- und Spielmannszüge, Orchester: regelmäßig gemeinnützig (Förderung der Musik und des Gesangs, § 52 Abs. 2 Nr. 5 AO). Auftritte, bei denen Einnahmen

2.2 § 52 AO: Gemeinnützige Zwecke

erzielt werden, sind kulturelle Veranstaltungen i. S. von § 68 Abs. 1 Nr. 7 AO (AEAO Nr. 14 zu § 68 AO, Anhang 1).

Musikschulen sind regelmäßig gemeinnützig. Die Erteilung von Musikunterricht gegen Entgelt wird als Zweckbetrieb i. S. von § 65 AO beurteilt (KSt-Kartei NRW § 5 KStG Karte H 11).

Nachbarschaftshilfevereine sind regelmäßig nicht gemeinnützig, es sei denn, die Förderung erstreckt sich ausschließlich auf die Unterstützung bestimmter, förderungswürdiger Personen(gruppen), wie alte Menschen, hilfsbedürftige Personen oder Kinder (AEAO Nr. 5 zu § 52 AO, Anhang 1).

Nachhilfeunterricht ist als gemeinnützige Tätigkeit (§ 52 Abs. 2 Nr. 4 AO) einzustufen (AEAO Nr. 5 zu § 52 AO, Anhang 1).

Narrenzünfte siehe Karnevalsvereine.

Naturschutz im Sinne des Bundesnaturschutzgesetzes und der Naturschutzgesetze der Länder wird auch durch den Erwerb und die Aufforstung von Regenwaldgebieten gefördert. Maßnahmen dieser Art haben positive Auswirkungen auf das Weltklima und kommen damit auch dem Inland zugute (siehe auch Tz. 3.10; zur Schaffung von naturschutzrechtlichen Ausgleichsflächen siehe auch OFD Frankfurt a. M. vom 13.03.2006, DB 2006 S. 753).

Die von Ärzten zur Sicherstellung der ihnen nach § 75 SGB V obliegenden Verpflichtung zur Durchführung eines Notdienstes gegründeten **Notfallambulanzen** können nicht als gemeinnützig anerkannt werden, da sie letztlich den eigenwirtschaftlichen Interessen der beteiligten Ärzte dienen.

Obst- und Gartenbauvereine: Gemeinnützigkeit (§ 52 Abs. 2 Nr. 23 AO) kann anerkannt werden, wenn die wirtschaftlichen Einzelinteressen der Mitglieder nicht in erster Linie gefördert werden (siehe dazu auch Kleingartenvereine sowie AEAO Nr. 10 und 12 zu § 52 AO, Anhang 1).

Öffentliche Aufgaben siehe Tz. 2.2.5 und „hoheitliche Aufgaben".

Oldtimer-Vereine können in Ausnahmefällen wegen Förderung der Kunst und (technischen) Kultur als gemeinnützig anerkannt werden (AEAO Nr. 9 zu § 52 AO, Anhang 1).

Orchester siehe Musik- und Spielmannszüge.

Paintball (oder Gotcha) ist nicht gemeinnützig (siehe dazu Spiegel 42/1991; siehe auch OFD Nürnberg vom 22.04.1999, DB 1999 S. 986, AEAO Nr. 6 zu § 52 AO, Anhang 1, und Tz. 2.2.2 m. w. N.; dies gilt auch für den Fall, dass die Tätigkeit wettkampfmäßig betrieben wird, siehe rechtskräftiges Urteil des FG Rheinland-Pfalz vom 19.02.2014 – 1 K 2423/11).

Pfarrbüchereien sind regelmäßig gemeinnützig.

Pferderennvereine: Gemeinnützigkeit wird von der Finanzverwaltung bisher regelmäßig anerkannt (vgl. auch FG Niedersachsen vom 18.09.1981, EFG 1982 S. 320). Die Finanzverwaltung erkennt ihnen grundsätzlich die Gemeinnützigkeit zu (§ 52 Abs. 2 Nr. 23 AO, Tz. 2.2.6). Meines Erachtens sind diese Vereine mangels Selbstlosigkeit nicht gemeinnützig, da durch diese Vereine regelmäßig in erster Linie die Pferdezucht und damit eigenwirtschaftliche Interessen der Züchter gefördert werden (siehe auch zu Tierzucht, Tz. 2.2.6).

Zur abgabenrechtlichen Beurteilung der durch einen solchen Verein veranstalteten Trabrennen siehe bereits Tz. 2.2.6 sowie das BFH-Urteil vom 22.04.2009 I R 15/07 (BStBl 2011 II S. 475).

Nach den Feststellungen der Sachverständigenkommission zur Neuordnung der Parteienfinanzierung (Beilage Nr. 25/83 zum BAnz. 97 vom 26.05.1983 S. 188) waren die den **politischen Parteien nahestehenden Stiftungen** als gemeinnützig anerkannt. Wenn diese Stiftungen die politischen Parteien durch Geld- oder Sachleistungen unterstützen oder gemeinnützigkeitsschädlich im Sinne der Tz. 2.2.7 wirken, liegt eine satzungswidrige Mittelverwendung bzw. ein Verstoß gegen § 52 AO vor, der die Gemeinnützigkeit der Stiftung gefährdet (siehe auch Alber in Dötsch/Pung/Möhlenbrock, Rz. 35 zu § 5 Abs. 1 Nr. 9 KStG m. w. N.).

Politische Parteien, politische Vereine: Die auf politischem Gebiet tätigen Körperschaften gehören nicht zu den steuerbegünstigten Einrichtungen i. S. der §§ 51 bis 68 AO, weil die politische Zielsetzung – Beeinflussung der politischen Meinungsbildung – nicht unter die gemeinnützigen Zwecke fällt (Hinweis auf AEAO Nr. 15 zu § 52 AO, Anhang 1; vgl. auch Tz. 2.2.7). Für politische Parteien gelten besondere Steuerbefreiungen (siehe § 5 Abs. 1 Nr. 7 KStG). Das gilt auch für Jugendverbände politischer Parteien (BFH vom 14.03.1990 I B 79/89, BFH/NV 1991 S. 485).

Pool-Billard kann als gemeinnützig anerkannt werden (OFD Düsseldorf vom 13.05.1982, DStZ/E 1982 S. 194).

Zu **Privatschulen** s. AEAO Nr. 4 zu § 52 AO (Anhang 1).

Rassegeflügel- und Kaninchenzuchtvereine, siehe dazu Tz. 2.2.6.

Eine Förderung **rassistischer Tendenzen** ist nicht gemeinnützig (FG Hamburg vom 07.09.2004, EFG 2005 S. 158; siehe auch Tz. 2.1.1.2 zu § 51 Abs. 3 AO).

Die Förderung von **Rechtsfortbildung** ist grundsätzlich nicht gemeinnützig (FG Niedersachsen vom 18.03.2004, EFG 2004 S. 1650).

Zu **Regenwaldgebieten** siehe unter Naturschutz und Tz. 3.10.

Regionalflughäfen: Gemeinnützigkeit wurde vom BFH nicht anerkannt, weil die Allgemeinheit nur mittelbar gefördert wird. Der Kreis der durch die Tätigkeit unmittelbar geförderten Personen ist zu klein, um als Allgemeinheit angesehen werden zu können (BFH vom 21.08.1974 I R 81/73, BStBl 1975 II S. 121).

Reiki ist Teil einer esoterischen Heilslehre und damit nicht gemeinnützig.

Reisevereinigungen der Taubenzüchter fördern die Tierzucht (vgl. auch Tz. 2.2.6). Die kritischen Anmerkungen zum Pferderennsport gelten hier sinngemäß (siehe dazu auch unter Tz. 2.5.3).

Reit- und Fahrvereine: Gemeinnützigkeit ist regelmäßig zu bejahen, sofern sie auf die Förderung des Amateurreitsports ausgerichtet sind. Die Aufstellung und Wartung von Pferden der Mitglieder (Pferdepensionsbetrieb) ist nach dem BFH-Urteil vom 02.10.1968 (I R 40/68, BStBl 1969 II S. 43) als steuerpflichtiger wirtschaftlicher Geschäftsbetrieb anzusehen (siehe dazu auch BFH vom 22.01.2004 V R 41/02, BStBl 2004 II S. 757; siehe auch OFD Münster vom 13.05.2005, DB 2005 S. 1029). Dagegen ist die Erteilung von Reitunterricht als „sportliche Veranstaltung" i. S. von § 67a AO zu beurteilen (vgl. auch Tz. 2.18.2).

Ressortforschung (Auftragsforschung) für bestimmte öffentliche Einrichtungen ist keine Förderung der Allgemeinheit (BFH vom 04.04.2007 I R 76/05, BStBl 2007 II S. 631).

Rettungsdienste, die medizinische Hilfeleistungen erbringen, sind gemeinnützig; zur Zweckbetriebseigenschaft siehe Tz. 2.15.

Lokale Rundfunkvereine im Sinne des Rundfunkgesetzes für das Land NRW können als gemeinnützig anerkannt werden (OFD Münster vom 14.04.1988 – S 2729 –

111 – St 13 – 31). Zu Trägervereinen des **nichtkommerziellen Rundfunks** in Hessen siehe OFD Frankfurt a. M. vom 27.09.1995 (StEK AO 1977, § 52 Nr. 84).

Schachclubs: Schach gilt als Sport und ist damit gemeinnützig (vgl. auch Tz. 2.2.5).

Schülerbetreuung nach dem Unterricht stellt einen gemeinnützigen Zweck (§ 52 Abs. 2 Nr. 4 AO) dar (siehe OFD Düsseldorf vom 11.11.1996; DB 1996 S. 2364); zu Mensavereinen an Schulen siehe Tz. 2.15.2.

Historische Schützenbruderschaften, Schützenvereine können wegen Förderung der Brauchtumspflege nach § 52 Abs. 2 Nr. 23 AO gemeinnützig sein (siehe auch AEAO Nr. 11 zu § 52 AO, Anhang 1, und Tz. 2.2.6). In diesem Zusammenhang ist darauf hinzuweisen, dass Schützenvereine, die nach ihrer Satzung neben dem Sportschießen (= Hauptzweck) auch das Schützenbrauchtum fördern, grundsätzlich allein wegen der Förderung des Sports als gemeinnützig anzuerkennen sind. Wird in der Satzung auch die Förderung des Schützenbrauchtums genannt, ist die Satzung nicht fehlerhaft, da die Förderung des Schützenbrauchtums integraler Bestandteil des Hauptzweckes Sportschießen ist. Schützenvereine sind nicht steuerbegünstigt, wenn neben der Förderung heimatlichen Brauchtums und der Pflege des Schießsports die Geselligkeitsveranstaltungen nicht nur einen Nebenzweck darstellen. Schützenfeste sind stets steuerpflichtige wirtschaftliche Geschäftsbetriebe (Tz. 2.8.8, siehe auch AEAO Nr. 6 und 11 zu § 52 AO, Anhang 1).

Schulen in freier Trägerschaft können auch dann noch als gemeinnützig anerkannt werden, wenn in der Satzung des Vereins festgelegt ist, dass bei 25 % der Schüler keine Sonderung nach den Besitzverhältnissen der Eltern i. S. des Art. 7 Abs. 4 Satz 3 GG und der Privatschulgesetze der Länder vorgenommen werden darf (BMF vom 28.09.1999, FR 2000 S. 281; vgl. auch AEAO Nr. 4 zu § 52 AO).

Zu **Schülerfirmen** s. auch Tz. 2.15.2 und OFD Koblenz vom 20.10.2003 (DB 2003 S. 2572).

Schulfördervereine siehe Fördervereine.

Die Förderung des **Schwimmens** in einem jedermann zugänglichen **Schwimmbad** ist als ein gemeinnütziger Zweck (Förderung des Sports bzw. des öffentlichen Gesundheitswesens) zu beurteilen (siehe auch AEAO Nr. 13 zu § 67a AO).

Scientology-Church ist nicht gemeinnützig. Das FG Münster hat insbesondere unter Hinweis auf diverse Urteile von Verwaltungsgerichten und das nachhaltige Gewinnstreben den Scientology-Einrichtungen mit überzeugenden Argumenten die Gemeinnützigkeit versagt (FG Münster vom 25.05.1994, EFG 1994 S. 810); siehe auch Bundesarbeitsgericht vom 22.03.1995, das den Scientology e. V. als Gewerbebetrieb und gerade nicht als Religion oder Weltanschauungsgemeinschaft einstuft (DB 1995 S. 1714). Ausgaben für Scientology-Kurse sind keine Betriebsausgaben (FG Nürnberg vom 06.07.1988, EFG 1989 S. 12).

Segelsport ist als gemeinnützig i. S. des § 52 Abs. 2 Nr. 21 AO anerkannt (siehe RFH vom 28.05.1931, RStBl 1931 S. 553, und BFH vom 20.01.1982 I R 256/78, BStBl 1982 II S. 336).

Sekten und Weltanschauungsgemeinschaften: Eine Anerkennung der Gemeinnützigkeit wegen Förderung der Religion kann in Betracht kommen (BFH vom 06.06.1951 III 69/51 U, BStBl 1951 III S. 148, und vom 23.09.1999 XI R 66/98, BStBl 2000 II S. 533; siehe hierzu auch ausführlich Alber in Dötsch/Pung/Möhlenbrock, Rz. 35 zu § 5 Abs. 1 Nr. 9 KStG). Vergleiche auch Meditationsgemeinschaften und Jugendreligionen, -sekten.

2 Erläuterung der Bestimmungen des Abschnitts „Steuerbegünstigte Zwecke" in der AO

Selbsthilfegruppen alleinstehender Menschen: grundsätzlich keine Gemeinnützigkeit (OFD Münster vom 24.06.1994, FR 1994 S. 551).

Skatclubs sind nicht gemeinnützig (siehe BFH-Urteil vom 17.02.2000 I R 108, 109/98, BFH/NV 2000 S. 1071; AEAO Nr. 6 zu § 52 AO, Anhang 1).

Skiclubs sind regelmäßig gemeinnützig (§ 52 Abs. 2 Nr. 21 AO).

Soldatenbund: Der BFH hat die Gemeinnützigkeit verneint (BFH vom 31.10.1963 I 320/61 U, BStBl 1964 III S. 20).

Sportfischereivereine dienen der Allgemeinheit auf dem Gebiet der Gesundheitspflege, des Naturschutzes sowie der Landschaftspflege und sind deshalb gemeinnützig (siehe auch Anglervereine).

(Sport-)Schießen ist gemeinnützig (vgl. BFH vom 12.11.1986 I R 204/85, BFH/NV 1987 S. 705, siehe auch FinMin Niedersachsen vom 28.03.2000, DStR 2000 S. 1093); anders: IPSC-Schießen (vgl. bereits unter Tz. 2.2.6).

Sportvereine: Die Gemeinnützigkeit ist anzuerkennen (siehe auch Tz. 2.2.5); dabei wird vorausgesetzt, dass nicht durch hohe Aufnahmegebühren oder Mitgliedsbeiträge der Zugang der Allgemeinheit zu dem Verein praktisch verwehrt ist. Eine Förderung der Allgemeinheit wird noch angenommen, wenn

a) die Mitgliedsbeiträge und sonstigen Mitgliedsumlagen zusammen im Durchschnitt 1.023 Euro je Mitglied und Jahr und

b) die Aufnahmegebühren für die im Kalenderjahr aufgenommenen Mitglieder im Durchschnitt 1.534 Euro nicht übersteigen.

Daneben darf eine Investitionsumlage erhoben werden, siehe dazu Tz. 2.2.2 (Hinweis auf BStBl 1980 I S. 786, BStBl 1991 I S. 792 und BStBl 1998 I S. 1424 und Tz. 2.2.3 sowie AEAO Nr. 1.1 ff. zu § 52, Anhang 1).

Die Betreuung von **Strafgefangenen** ist begünstigt (§ 52 Abs. 2 Nr. 17 AO).

Stadthalle siehe Festhalle.

Studentenheimvereine, Studenten-Wohnbauvereine: Die Gemeinnützigkeit wird anzuerkennen sein, wenn eine Aufnahme in die Heime satzungsmäßig und tatsächlich nicht von der Zugehörigkeit zu einer Verbindung abhängig ist; siehe auch BFH vom 24.07.1996 (I R 35/94, BStBl 1996 II S. 583), betr. eine Körperschaft, die Wohnungen an bedürftige Personen vermietet.

Studentenverbindungen, Altherrenvereine sind nicht gemeinnützig (vgl. auch FG Hamburg vom 25.08.1964, DStZ B 1964 S. 522, sowie AEAO Nr. 11 zu § 52 AO, Anhang 1).

Studentenwerke sind grundsätzlich wegen Förderung der Studentenhilfe (§ 52 Abs. 2 Nr. 7 AO) gemeinnützig. Mensa- und Cafeteriabetriebe sind Zweckbetriebe i. S. des § 66 AO (siehe BFH vom 11.05.1988, BStBl 1989 II S. 908; AEAO Nr. 5 zu § 66 AO); die Beurteilung als Zweckbetrieb der Wohlfahrtspflege kann auch auf eine Cafeteria für Studierende auf dem Campus übertragen werden, wenn diese durch eine andere (steuerbegünstigte) Körperschaft als ein Studentenwerk betrieben wird.

Tanzsportvereine: Die Gemeinnützigkeit ist anzuerkennen, wenn der Zweck des Vereins darauf gerichtet ist, das Tanzen sportmäßig zu betreiben, und die geselligen (gesellschaftlichen) Veranstaltungen nicht im Vordergrund der Vereinstätigkeit stehen (FinMin NRW vom 08.12.1972, DB 1973 S. 80).

Technologie- und **Gründerzentren** sind wegen Förderung der eigenwirtschaftlichen Interessen der „Existenzgründer" nicht gemeinnützig.

Tennisclubs: Die Gemeinnützigkeit ist i. d. R. anzuerkennen (§ 52 Abs. 2 Nr. 21 AO). Wegen der steuerlich zulässigen Höhe der Eintrittsgelder und Mitgliedsbeiträge siehe Sportvereine.

THW-Helfervereinigungen sind grundsätzlich wegen Förderung des Zivilschutzes (§ 52 Abs. 2 Nr. 12 AO) gemeinnützig (siehe FinMin NRW vom 11.05.1989, DB 1989 S. 1498).

Der Betrieb eines **Tierparks** ist als gemeinnütziger Zweck anerkannt (FinMin Brandenburg vom 17.08.1994, DB 1994 S. 1902; siehe hierzu auch § 4 Nr. 20 UStG).

Tierschutz ist gemeinnützig (§ 52 Abs. 2 Nr. 14 AO). Dem Tierschutz dienen Tierparks, zoologische Gärten (FinMin Thüringen vom 30.08.1994, DStR 1994 S. 1691) und Tierheime.

Tierzuchtvereine siehe Tz. 2.2.6.

Tischfußball und **Tippkick** sind nicht gemeinnützig (vgl. BFH vom 12.11.1986 I R 204/85, BFH/NV 1987 S. 705); anders: die Förderung des wettkampfmäßig betriebenen Drehstangen-Tischfußballs als Förderung des Sports, § 52 Abs. 2 Nr. 21 AO (siehe rechtskräftiges Urteil des FG-Hessen vom 23.06.2010 – 4 K 501/09; vgl. bereits Tz. 2.2.6).

Transzendentale Meditation kann als Förderung des öffentlichen Gesundheitswesens beurteilt werden; lediglich aufgrund von Satzungsmängeln wurde im Urteilsfall die Gemeinnützigkeit versagt (BFH vom 26.02.1992 I R 47/89, BFH/NV 1992 S. 695).

Umweltschutz: Im § 52 Abs. 2 Nr. 8 AO ist die Förderung des Umweltschutzes ausdrücklich als gemeinnütziger Zweck aufgeführt (siehe dazu Tz. 2.2.6).

Die **Universale Kirche** wurde durch rechtskräftiges Urteil des FG Nürnberg vom 29.08.2000 (EFG 2000 S. 1351) nicht als gemeinnützig anerkannt.

Verbraucherschutz/-beratung wird als die anbieterunabhängige Information, Beratung und Unterstützung der Verbraucherinnen und Verbraucher in Fragen des privaten Konsums bezeichnet. Sie erfolgt z. B. durch die Erteilung von Auskünften bei unübersichtlichen Angebotsmärkten und bei komplexen Marktbedingungen durch Berichterstattung in Medien, um die Öffentlichkeit über wichtige Verbraucherthemen, verbraucherrelevante Aktionen, Projekte und Ausstellungen zu informieren, aber auch durch die Vertretung von Verbraucherinteressen auf politisch-parlamentarischer Ebene. Verbrauchervereine, die die Vertretung von Einzelinteressen (Rechtsschutz etc.) anbieten, verstoßen damit jedoch gegen den Grundsatz der Selbstlosigkeit (§ 55 AO). Sie kann allenfalls gegen Entgelt im Rahmen eines (steuerpflichtigen) wirtschaftlichen Geschäftsbetriebes (§§ 14, 64 AO) erfolgen.

Zu **Verkehrs-** und **Verschönerungsvereinen** siehe OFD Frankfurt a. M. vom 27.10.1995 (DB 1995 S. 2500).

Verkehrssicherheit ist als Förderung der Unfallverhütung anzusehen (§ 52 Abs. 2 Nr. 12 AO).

Versicherungsvereine sind nicht gemeinnützig.

Die Fürsorge für **Vertriebene** ist als gemeinnütziger Zweck i. S. des § 52 Abs. 2 Nr. 10 AO zu beurteilen (siehe dazu FinMin Niedersachsen vom 14.11.1995, DB 1996 S. 356, insbesondere Hinweise zur Abfassung der Satzung).

Versorgungs- und Verkehrsbetriebe sind nicht gemeinnützig.

Völkerverständigung ist gemeinnützig, siehe auch Tz. 2.2.6 und § 52 Abs. 2 Nr. 13 AO.

2 Erläuterung der Bestimmungen des Abschnitts „Steuerbegünstigte Zwecke" in der AO

Zum Begriff der **Volksbildung** siehe BFH vom 23.09.1999 (XI 63/98, BStBl 2000 II S. 200) und § 52 Abs. 2 Nr. 7 AO.

Volkshochschulen sind gemeinnützig, siehe auch § 68 Nr. 8 AO.

Volkstanz und **Volksgesang** siehe „Heimatvereine".

Wählergemeinschaften sind nicht gemeinnützig.

Waldorfschulen sind gemeinnützig wegen Förderung der Erziehung und Bildung (§ 52 Abs. 2 Nr. 7 AO). Zu Schulkostenbeiträgen siehe Tz. 3.10.

Wandern kann Sport i. S. des § 52 Abs. 2 Nr. 21 AO sein (vgl. KSt-Kartei NRW § 5 KStG Karte H 15).

Weltanschauliche Zwecke können grundsätzlich wegen Vergleichbarkeit mit der Förderung religiöser Zwecke als gemeinnützig anerkannt werden (siehe BFH vom 23.09.1999 XI R 66/98, BStBl 2000 II S. 533).

Wirtschaftsförderungsgesellschaften können nicht als gemeinnützig anerkannt werden. Seit dem Veranlagungszeitraum 1993 greift für diese Körperschaften eine eigenständige Steuerbefreiung (§ 5 Abs. 1 Nr. 18 KStG; siehe auch BFH vom 21.05.1997 I R 38/96, BFH/NV 1997 S. 904, und vom 03.08.2005 I R 37/04, BStBl 2006 II S. 141).

Yoga-Psychologie ist nicht gemeinnützig (vgl. BFH vom 09.07.1986 I R 14/82, BFH/NV 1987 S. 632).

Zauberkunst ist keine Kunst i. S. des § 52 Abs. 2 Nr. 5 AO (BFH vom 02.08.1989 I R 72/87, BFH/NV 1990 S. 146).

Zeugen Jehovas: Zu Zweifeln, ob die Zeugen Jehovas ihre Tätigkeit im Rahmen der verfassungsmäßigen Ordnung ausüben, siehe BVerwG vom 26.06.1997 7 C 11.96 und BVerfG vom 19.12.2000 2 BvR 1500/97 (siehe OFD Münster vom 11.10.2002, DB 2002 S. 2136); das Land Berlin hat den Zeugen Jehovas am 13.06.2006 die Anerkennung als Körperschaft des öffentlichen Rechts ausgesprochen (Amtsblatt für Berlin 2006 Nr. 33).

2.3 § 53 AO: Mildtätige Zwecke

> Eine Körperschaft verfolgt mildtätige Zwecke, wenn ihre Tätigkeit darauf gerichtet ist, Personen selbstlos zu unterstützen,
>
> 1. die infolge ihres körperlichen, geistigen oder seelischen Zustandes auf die Hilfe anderer angewiesen sind oder
>
> 2. deren Bezüge nicht höher sind als das Vierfache des Regelsatzes der Sozialhilfe i. S. des § 28 des Zwölften Buches Sozialgesetzbuch; beim Alleinstehenden oder Alleinerziehenden tritt an die Stelle des Vierfachen das Fünffache des Regelsatzes. ₂Dies gilt nicht für Personen, deren Vermögen zur nachhaltigen Verbesserung ihres Unterhalts ausreicht und denen zugemutet werden kann, es dafür zu verwenden. ₃Bei Personen, deren wirtschaftliche Lage aus besonderen Gründen zu einer Notlage geworden ist, dürfen die Bezüge oder das Vermögen die genannten Grenzen übersteigen. ₄Bezüge im Sinne dieser Vorschrift sind
>
>   a) Einkünfte i. S. des § 2 Abs. 1 des Einkommensteuergesetzes und
>
>   b) andere zur Bestreitung des Unterhalts bestimmte oder geeignete Bezüge
>
>   aller Haushaltsangehörigen. ₅Zu berücksichtigen sind auch gezahlte und empfangene Unterhaltsleistungen. ₆Die wirtschaftliche Hilfebedürftigkeit im vorstehenden Sinne ist bei Empfängern von Leistungen nach dem Zweiten oder Zwölften Buch Sozialgesetzbuch, des Wohngeldgesetzes, bei Empfängern von Leistungen

nach § 27a des Bundesversorgungsgesetzes oder nach § 6a des Bundeskindergeldgesetzes als nachgewiesen anzusehen. ₇Die Körperschaft kann den Nachweis mit Hilfe des jeweiligen Leistungsbescheids, der für den Unterstützungszeitraum maßgeblich ist, oder mit Hilfe der Bestätigung des Sozialleistungsträgers führen. ₈Auf Antrag der Körperschaft kann auf einen Nachweis der wirtschaftlichen Hilfebedürftigkeit verzichtet werden, wenn auf Grund der besonderen Art der gewährten Unterstützungsleistung sichergestellt ist, dass nur wirtschaftlich hilfebedürftige Personen im vorstehenden Sinne unterstützt werden; für den Bescheid über den Nachweisverzicht gilt § 60a Absatz 3 bis 5 entsprechend.

2.3.1 Allgemeines

Mildtätiges Handeln i. S. des § 53 AO zielt darauf ab, Personen, die sich in einer **Notlage** befinden, mit der Intention zu helfen und zu unterstützen, die eingetretene Notlage zu beseitigen oder zu lindern. § 53 AO unterscheidet bei den Notlagen zwischen einer Hilfsbedürftigkeit wegen des körperlichen, geistigen oder seelischen Zustandes (§ 53 Nr. 1 AO) und der Hilfsbedürftigkeit wegen der wirtschaftlichen Lage (§ 53 Nr. 2 AO).

Der entscheidende Unterschied zur Verfolgung gemeinnütziger Zwecke i. S. des § 52 AO besteht darin, dass sich die mildtätigen Aktivitäten „nur" auf die konkret in Not geratenen Personen erstrecken – also sich auf einen ggf. auch zahlenmäßig kleinen, nach den Vorgaben des § 53 AO (siehe dazu im Einzelnen Tz. 2.3.2 und 2.3.3) abgegrenzten Personenkreis beschränken. Eine **Förderung der Allgemeinheit** ist nach § 53 AO **nicht gefordert**. Deshalb kann z. B. einer Körperschaft auch dann wegen Förderung mildtätiger Zwecke die Steuerbefreiung zuerkannt werden, wenn sich ihre Maßnahmen und/oder Zuwendungen ausschließlich auf hilfsbedürftige Zugehörige oder ehemalige Zugehörige eines Betriebs, eines bestimmten Verbandes etc. erstrecken. Auf die Anzahl oder sonstigen Einschränkungen in Bezug auf die zu umsorgenden Personen kommt es grundsätzlich nicht an. Alleiniges Kriterium für eine Begünstigung der betreffenden Körperschaft ist, dass sich die **Leistungen an hilfsbedürftige Personen richten**. Dabei ist die Hilfsbedürftigkeit ausschließlich nach § 53 Nr. 1 und 2 AO zu bestimmen.

Einschränkend hierzu hat die Finanzverwaltung in AEAO Nr. 3 zu § 53 AO (Anhang 1) die Finanzämter angewiesen, eine Körperschaft, zu deren Satzungszwecken die Unterstützung von hilfsbedürftigen Verwandten der Mitglieder, Gesellschafter, Genossen oder Stifter gehört, nicht als steuerbegünstigt anzuerkennen. Bei einer derartigen Körperschaft stehe nicht die Förderung mildtätiger Zwecke, sondern die Förderung der Verwandtschaft im Vordergrund. Ihre Tätigkeit sei deshalb nicht, wie es § 53 AO verlange, auf die **selbstlose** Unterstützung hilfsbedürftiger Personen gerichtet. Dem stehe bei Stiftungen § 58 Nr. 6 AO nicht entgegen. Diese Vorschrift sei lediglich eine Ausnahme von dem Gebot der Selbstlosigkeit (§ 55 AO), begründe aber keinen eigenständigen gemeinnützigen Zweck. Bei der tatsächlichen Geschäftsführung sei die Unterstützung von hilfsbedürftigen Angehörigen grundsätzlich nicht schädlich für die Steuerbegünstigung. Die Verwandtschaft dürfe jedoch kein Kriterium für die Förderleistungen der Körperschaft sein (siehe hierzu auch Leisner-Egensperger in H/H/Sp, Rz. 17 zu § 53 AO).

Im allgemeinen Sprachgebrauch wird in Bezug auf die steuerbegünstigten Körperschaften häufig kein Unterschied zwischen der Förderung mildtätiger oder gemeinnütziger Zwecke gemacht. Wird der Körperschaft die Steuerbegünstigung wegen Verfolgung begünstigter Zwecke i. S. der §§ 52 bis 54 AO zuerkannt, wird i. d. R. von „gemeinnützigen Körperschaften" gesprochen.

2 Erläuterung der Bestimmungen des Abschnitts „Steuerbegünstigte Zwecke" in der AO

Der Begriff der „Mildtätigkeit" i. S. des § 53 AO hat nicht nur Bedeutung für steuerbegünstigte Körperschaften i. S. der §§ 51 ff. AO.

Bestimmte steuerliche Vergünstigungen im UStG oder GewStG, die z. B. auch von natürlichen Personen oder auch von voll steuerpflichtigen Körperschaften in Anspruch genommen werden können, stellen ebenfalls auf den Begriff der „Mildtätigkeit" nach Maßgabe des § 53 AO ab (so z. B. § 3 Nr. 20 GewStG).

Zum Verhältnis der mildtätigen Zweckverfolgung zur Wohlfahrtspflege siehe Tz. 2.16.1.

Körperschaften, die mildtätige Zwecke verfolgen, können die steuerlichen Vergünstigungen nur erlangen, wenn ihre **(mildtätige) Zweckverfolgung selbstlos** erfolgt (zur Unterstützung von Verwandten der Mitglieder etc. siehe oben). Es gelten in Bezug auf die Mildtätigkeit nach § 53 AO also die allgemeinen „Selbstlosigkeits-Regelungen" des § 55 AO (Tz. 2.5 ff.). Es ist nicht erforderlich, dass mildtätige Körperschaften ihre Leistungen unentgeltlich erbringen (in diesem Sinne auch BFH vom 24.07.1996 I R 35/94, BStBl 1996 II S. 583). Werden in Zusammenhang mit der Zweckverfolgung Einnahmen erzielt, unterhalten die Körperschaften damit i. d. R. Zweckbetriebe i. S. des § 68 AO, des § 66 AO oder des § 65 AO. Die mildtätige Zuwendung darf nur nicht des Entgelts wegen erfolgen. Mildtätigkeit setzt begrifflich ein Vermögensopfer voraus (siehe dazu u. a. BFH vom 26.04.1989 I R 209/85, BStBl 1989 II S. 670, sowie AEAO Nr. 2 zu § 53 AO).

So hat der BFH in seinem Urteil vom 24.07.1996 (a. a. O.) festgestellt, dass eine GmbH mildtätige Zwecke verfolgt, wenn sie **Wohnungen** an Personen **vermietet,** die die Voraussetzungen des § 53 Nr. 1 oder Nr. 2 AO erfüllen, und dabei einen Mietzins verlangt, der lediglich die tatsächlichen Aufwendungen der GmbH einschließlich der regulären AfA deckt. Mit der zusätzlichen Erhebung eines Gewinnaufschlages oder einer anteiligen Eigenkapitalverzinsung würde die Körperschaft jedoch eigenwirtschaftliche Zwecke verfolgen, die die Annahme mildtätigen Handelns ausschließen würde. Vermietet die GmbH daneben (andere) Wohnungen an nicht bedürftige Personen zum marktüblichen Mietzins (einschließlich Gewinnaufschlag und Eigenkapitalverzinsung), sei insoweit regelmäßig eine vermögensverwaltende Tätigkeit, §§ 14, 64 AO (siehe dazu Tz. 2.14 ff.), anzunehmen (zu „Betreutes Wohnen" siehe auch zu „Altenhilfe" in Tz. 2.2.5 und 2.3.2).

Im § 53 AO wird unterschieden zwischen **Hilfsbedürftigkeit** wegen des **körperlichen, geistigen** oder **seelischen Zustandes** (persönliche Hilfsbedürftigkeit) und der Hilfsbedürftigkeit wegen der **wirtschaftlichen Lage** (wirtschaftliche Hilfsbedürftigkeit).

2.3.2 Persönliche Hilfsbedürftigkeit

Zu dem Personenkreis, der wegen körperlicher Hilfsbedürftigkeit i. S. des § 53 AO angesprochen ist, zählen u. a. Personen, die pflegebedürftig i. S. des § 61 Abs. 1 SGB XII sind. Pflegebedürftig sind nach § 61 SGB XII Personen, die wegen einer körperlichen, geistigen oder seelischen Krankheit oder Behinderung für die gewöhnlichen und regelmäßig wiederkehrenden Verrichtungen im Ablauf des täglichen Lebens der Hilfe bedürfen. Hilfsbedürftig ist eine Person insbesondere auch dann, wenn sie zwar zu den Verrichtungen imstande ist, aber infolge geistiger oder seelischer Regelschwierigkeiten und einer dadurch hervorgerufenen Antriebsschwäche sie nur unter Anleitung und Aufsicht durchführen kann. Zu dem begünstigten Personenkreis gehören **pflegebedürftige Personen,** bei denen mindestens ein Schweregrad der Pflegebedürftigkeit i. S. des § 61 Abs. 1 SGB XII i. V. m. § 15

SGB XI besteht. Bedürfen Personen der Hilfe „nur" in Bezug auf einzelne Bereiche des täglichen Lebens, also nicht in der umfassenden Weise, wie § 61 SGB XII diese sieht, und erstreckt sich die Hilfeleistung der Körperschaft nur auf diesen Bereich, ist auch mildtätiges Handeln i. S. des § 53 Nr. 1 AO nur insoweit gegeben.

Es kommt nicht darauf an, dass die Hilfsbedürftigkeit wegen des körperlichen, geistigen oder seelischen Zustandes auf Dauer oder für längere Zeit besteht. Deshalb sind u. a. auch Hilfeleistungen wie „Essen auf Rädern", die Gestellung von Pflegekräften bei vorübergehender Krankheit, der Fahrdienst für Kranke und Behinderte, die Begleitung hilfsbedürftiger Personen bei Einkäufen oder Behördengängen etc. als mildtätiges Wirken einzustufen.

Die **persönliche Hilfsbedürftigkeit** i. S. des § 53 Nr. 1 AO umfasst ausdrücklich auch die Hilfsbedürftigkeit wegen seelischer Probleme. Daher sind z. B. die Telefonseelsorge sowie andere Formen der seelsorgerischen Betreuung als mildtätige Aktivitäten einzustufen (siehe dazu auch AEAO Nr. 1 zu § 53 AO, Anhang 1; vgl. auch Wiemhoff, BB 1978 S. 959). So gehört auch der Opferschutz, wie er z. B. vom Weißen Ring e. V. praktiziert wird, zu den mildtätigen Zwecken (siehe auch H/H/R, Anm. 200 zu § 10b EStG).

Hohes Alter (Gebrechlichkeit) oder Jugend (Kleinkinder) können eine persönliche Hilfsbedürftigkeit begründen. Beim Vorliegen persönlicher Hilfsbedürftigkeit kommt es nicht darauf an, ob auch wirtschaftlich ein Unterstützungsbedürfnis vorliegt. Die Maßnahme, die der Not leidenden Person Hilfe gewähren soll, muss aber bei dem Zustand der unterstützten Person hilfreich sein. Eine bloße finanzielle Unterstützung einer wirtschaftlich gut gestellten Person, die der körperlichen Hilfe bedarf (z. B. durch Pflege), reicht nicht aus. Eine bloße finanzielle Zuwendung liegt auch dann vor, wenn z. B. Zuschüsse für Medikamente oder Hilfsmittel (z. B. die Anschaffung eines Rollstuhls oder einer behindertengerechten Wohnungsausstattung) gegeben werden. Zuwendungen dieser Art können daher nur unter der Voraussetzung einer wirtschaftlichen Bedürftigkeit i. S. des § 53 Nr. 2 AO hingegeben werden (a. A. Leisner-Egensperger in H/H/Sp, Rz. 30 zu § 53 AO).

Körperschaften, die die Steuervergünstigungen wegen Förderung mildtätiger Zwecke in Anspruch nehmen wollen, müssen nachweisen (siehe auch § 63 AO, Tz. 2.13), dass sie tatsächlich mildtätig handeln. Sie müssen dazu grundsätzlich **Einzelnachweise zu den betreuten Personen** vorlegen. Dazu eignen sich z. B. Mitteilungen der Pflegeversicherung zur Pflegestufe der betreuten Person, Auszüge aus Gutachten, Bestätigungen eines Arztes oder eines Therapeuten, Abrechnungsunterlagen der Kranken- oder Pflegeversicherung. Ist bereits anhand der Art der ausgeführten Tätigkeiten leicht erkennbar, dass damit tatsächlich mildtätiges Handeln umgesetzt wird, kann die Finanzverwaltung aus meiner Sicht im Einzelfall auf personenbezogene Einzelnachweise verzichten (etwa bei der Unterhaltung eines Hospizes). Die mit dem Ehrenamtsstärkungsgesetz vom 21.03.2013 eröffnete Nachweiserleichterung gem. § 53 Nr. 2 Satz 8 AO gilt jedoch ausdrücklich nur für Fälle der wirtschaftlichen Hilfsbedürftigkeit i. S. des § 53 Nr. 2 AO (siehe auch unter Tz. 2.3.3).

Persönliche Hilfsbedürftigkeit wegen des körperlichen Zustandes i. S. von § 53 Nr. 1 AO kann ohne Nachprüfung bei **Personen** angenommen werden, die **das 75. Lebensjahr vollendet haben** (AEAO Nr. 4 zu § 53 AO, Anhang 1; kritisch dazu für umsatzsteuerliche Zwecke FG Schleswig-Holstein vom 21.10.1992, EFG 1993 S. 347). Auch wenn die Finanzverwaltung ohne Nachprüfung bei Personen, die das 75. Lebensjahr vollendet haben, von Hilfsbedürftigkeit i. S. des § 53 Nr. 1 AO ausgeht, kann eine Einrichtung, in der ältere Menschen wohnen, nicht allein deshalb als mildtätig eingestuft werden, weil dort ausschließlich oder überwiegend Personen leben, die 75 Jahre und älter sind. Die (Dauer-)**Vermietung von Wohnungen** – auch, wenn sie eine altengerechte Ausstattung aufweisen – ist grundsätzlich als vermögensverwaltende Tätigkeit i. S. der §§ 14, 64 AO einzustufen. Hingegen wird mit (aktiven) Tätigkeiten, die darauf abzielen, Abhilfe oder Milderung der altersbedingten Einschränkungen zu erreichen, mildtätig gehandelt. Mit (ergänzenden) Tätigkeiten dieser Art begründen gemeinnützige Körperschaften i. d. R. einen Zweckbetrieb i. S. der §§ 65 ff. AO (zu Pflegeleistungen als Zweckbetriebstätigkeiten i. S. des § 66 AO siehe auch FinMin Sachsen-Anhalt vom 11.04.1996, DB 1996 S. 1703). Gleiches gilt nach der Rechtsprechung des BFH (siehe Urteil vom 24.07.1996 I R 35/94, BStBl 1996 II S. 583), wenn eine steuerbegünstigte Körperschaft Wohnungen vorrangig an Personen vermietet, die die Voraussetzungen des § 53 Nr. 1 oder 2 AO erfüllen (z. B. Personen, die aufgrund besonderer sozialer Probleme Schwierigkeiten bei der Beschaffung von Wohnraum haben, wie Strafentlassene, Asylsuchende oder Obdachlose, und dadurch notleidend sind). Zur Wahrung des Selbstlosigkeitsgebots nach § 55 AO ist es in diesem Zusammenhang jedoch erforderlich, dass der Mietzins nur die tatsächlichen Aufwendungen nebst der regulären AfA deckt und keinen Gewinnaufschlag enthält. Nur wenn i. V. m. der Überlassung von altengerechten Wohnungen auch Pflege- und Betreuungsleistungen im Rahmen eines Heimbetriebes unter Beachtung der Vorgaben des Heimgesetzes angeboten werden, kann bei Belegung dieser Einrichtung zu mehr als ⅔ mit Personen, die in § 53 AO genannt sind, insgesamt ein Zweckbetrieb i. S. des § 68 Nr. 1 Buchst. a AO angenommen werden (siehe auch Tz. 2.19.1).

Davon abzugrenzen ist die Überlassung von Wohnraum zu einem Entgelt unterhalb der marktüblichen Miete an Personen, die aus wirtschaftlichen Gründen hilfsbedürftig sind (siehe Tz. 2.3.3). In diesen Fällen muss die wirtschaftliche Hilfsbedürftigkeit der Mieter überprüft und anhand von geeigneten Unterlagen nachgewiesen werden (Tz. 2.3.4).

2.3.3 Wirtschaftliche Hilfsbedürftigkeit

Im § 53 Nr. 2 AO sind die Grenzen für die Annahme der wirtschaftlichen Hilfsbedürftigkeit festgelegt. Danach dürfen die Bezüge der unterstützten Personen das Vierfache und in Übereinstimmung mit den Änderungen durch das Gesetz zur Umsetzung der Amtshilferichtlinie sowie zur Änderung steuerlicher Vorschriften (Amtshilferichtlinie-Umsetzungsgesetz – AmtshilfeRLUmsG) vom 26.06.2013 (BGBl 2013 I S. 1809) beim Alleinstehenden oder Alleinerziehenden das Fünffache des Regelbedarfs der Sozialhilfe i. S. des § 28 SGB XII (jeweilige Regelbedarfsstufe) nicht übersteigen. Auszugehen ist dabei von dem Regelbedarf ohne etwaige Zuschläge wegen eines Mehrbedarfs (z. B. für werdende Mütter, Kranke, behinderte Menschen, § 30 SGB XII). Auch sind Leistungen für die Unterkunft nach § 35 SGB XII nicht besonders zu berücksichtigen (siehe AEAO Nr. 5 zu § 53 AO). Zum Ausgleich dafür ist bei Alleinstehenden und bei Alleinerziehenden der Regelbedarf mit dem Fünffachen anzusetzen. Bei der Berechnung der Grenzen der wirtschaftlichen Hilfsbedürftigkeit i. S. des § 53 Nr. 2 AO sind die maßgeblichen Regelbedarfswerte einer Bedarfsgemeinschaft stets zusammenzurechnen.

Der für die Gewährleistung des Existenzminimums notwendige Lebensunterhalt umfasst insbesondere Ernährung, Kleidung, Körperpflege, Hausrat, Haushaltsenergie (ohne die auf Heizung und Erzeugung von Warmwasser entfallenden Anteile), persönliche Bedürfnisse des täglichen Lebens in Form einer vertretbaren Teilhabe am sozialen und kulturellen Leben in der Gemeinschaft sowie Unterkunft und Heizung (§ 27a SGB XII). Der notwendige Lebensunterhalt ergibt den monatlichen Regelbedarf, welcher in sechs unterschiedliche Regelbedarfsstufen nach dem Regelbedarfs-Ermittlungsgesetz vom 24.03.2011 (BGBl 2011 I S. 453) gegliedert ist. Diese berücksichtigen bei Kindern und Jugendlichen altersbedingte Unterschiede und bei erwachsenen Personen deren Anzahl im Haushalt sowie die Führung eines Haushalts. Konkret sind die folgenden Regelbedarfsstufen zu unterscheiden:

– Alleinstehende oder Alleinerziehende mit eigenem Haushalt ≙ Regelbedarfsstufe 1

– Zusammenlebende Ehegatten bzw. Lebenspartner mit gemeinsamem Haushalt ≙ Regelbedarfsstufe 2

– Sonstige Volljährige ohne eigenen Haushalt ≙ Regelbedarfsstufe 3

– Personen ab Beginn des 15. bis zur Vollendung des 18. Lebensjahres ≙ Regelbedarfsstufe 4

– Personen ab Beginn des 7. bis zur Vollendung des 14. Lebensjahres ≙ Regelbedarfsstufe 5

– Personen bis zur Vollendung des 6. Lebensjahres ≙ Regelbedarfsstufe 6

Der für die Einstufung nach § 53 Nr. 2 AO maßgebliche **Regelbedarf der Sozialhilfe** wird auf der Grundlage des § 28 SGB XII festgelegt und weist seit 2011 für alle Bundesländer gem. der Anlage zu § 28 SGB XII die folgenden Ansätze aus:

gültig ab	Bedarfsstufe 1	Bedarfsstufe 2 (jeweils)	Bedarfsstufe 3	Bedarfsstufe 4	Bedarfsstufe 5	Bedarfsstufe 6
01.01.2011	364 €	328 €	291 €	287 €	251 €	215 €
01.01.2012	374 €	337 €	299 €	287 €	251 €	219 €
01.01.2013	382 €	345 €	306 €	289 €	255 €	224 €
01.01.2014	391 €	353 €	313 €	296 €	261 €	229 €

Berechnungsbeispiele (ab 01.01.2014):
Bei einem Alleinstehenden:
391 € × 5 =   1.955 €
Bei einem Ehepaar ohne eine weitere zum Haushalt gehörende Person:
353 € × 4 =   1.412 €
1.412 € × 2 Personen =   2.824 €

Kommen weitere Haushaltsangehörige hinzu, erhöhen sich diese Beträge entsprechend den festgelegten Regelbedarfsstufen. Bei Kindern ist zu beachten, dass die Regelbedarfe sich nach dem Alter der Kinder staffeln.

Was unter **„Einkünften" im Sinne des Einkommensteuergesetzes** und unter anderen zur Bestreitung des Unterhalts bestimmten oder geeigneten „Bezügen" zu verstehen ist, ergibt sich grundsätzlich aus R 33a.1 EStR und H 33a.1 EStH.

Unter Einkünften i. S. des § 53 Nr. 2 AO sind alle Einkünfte i. S. des § 2 Abs. 1 EStG zu verstehen. Sie sind **in vollem Umfang** zu berücksichtigen, auch wenn die Verfügungsbefugnis über sie beschränkt ist (z. B. vermögenswirksame Leistungen, ein-

2 Erläuterung der Bestimmungen des Abschnitts „Steuerbegünstigte Zwecke" in der AO

behaltene Sozialversicherungsbeiträge oder auch die zu zahlenden Einkommensteuer- bzw. Lohnsteuerbeträge).

Als Bezüge, die zur Bestreitung des Unterhalts bestimmt oder geeignet sind, sind die Zuflüsse in Geld oder Geldeswert zu erfassen, die nicht im Rahmen der einkommensteuerlichen Einkunftsermittlung erfasst werden. Die Finanzverwaltung nimmt zur Auslegung der Begriffe „Einkünfte" und „Bezüge" i. S. des § 53 Nr. 2 AO grundsätzlich Bezug auf die Ausführungen in R 33a.1 EStR (AEAO Nr. 5 zu § 53 AO, Anhang 1). Als **anzurechnende Bezüge** in diesem Sinne sind zu erfassen:

der Abzug nach § 13 Abs. 3 EStG, steuerfreie Gewinne nach den §§ 14, 14a EStG, die steuerfrei belassenen Veräußerungs- bzw. Aufgabegewinne nach § 16 Abs. 4, § 17 Abs. 3 und § 18 Abs. 3 EStG, die steuerfrei belassenen Pensionsbezüge (der Versorgungs-Freibetrag, § 19 Abs. 2 EStG), bereits pauschal versteuerte Bezüge (z. B. § 40a EStG, „450 Euro-Tätigkeit" – „Mini-Job" [bis 31.12.2012: 400 Euro-Job]), Kapitalerträge i. S. des § 32d Abs. 1 EStG ohne Abzug des Sparer-Pauschbetrages nach § 20 Abs. 9 EStG, die nach § 22 Nr. 1 Satz 3 EStG steuerfrei bleibenden Teile der Leibrenten, Unterhaltsleistungen des geschieden oder getrennt lebenden Ehegatten, soweit nicht bereits als sonstige Einkünfte i. S. des § 22 Nr. 1a EStG erfasst, Einkünfte und Leistungen, soweit sie dem Progressionsvorbehalt unterliegen (siehe R 32b EStR), sowie auf Sonderabschreibungsbeträge entfallende Einkommensteile.

Hinzuzurechnen sind auch die nach § 3 Nr. 40 EStG steuerfrei bleibenden Beträge abzüglich der damit verbundenen Aufwendungen i. S. des § 3c Abs. 2 EStG.

Nicht anzurechnen sind z. B. steuerfreie Aufwandsentschädigungen und Vergütungen i. S. des § 3 Nr. 12, 13 und 26, 26a EStG.

Unterhaltsansprüche sind zu berücksichtigen (§ 53 Nr. 2 Satz 5 AO). Bei der Beurteilung der wirtschaftlichen Hilfsbedürftigkeit von unverheirateten und minderjährigen Schwangeren und minderjährigen Müttern, die ihr leibliches Kind bis zur Vollendung seines 6. Lebensjahrs betreuen und die dem Haushalt ihrer Eltern oder eines Elternteils angehören, sind die Bezüge und das Vermögen der Eltern oder des Elternteils nicht zu berücksichtigen. Bei allen Schwangeren oder Müttern, die ihr leibliches Kind bis zur Vollendung des 6. Lebensjahres betreuen –, einschließlich der volljährigen, verheirateten und nicht bei ihren Eltern lebenden Frauen – bleiben ihre Unterhaltsansprüche gegen Verwandte ersten Grades unberücksichtigt. Die im Rahmen der Sozialhilfe geleisteten Beiträge für Krankenhilfe, häusliche Pflege und Mehrbedarf einschließlich Mehrbedarfszuschlag sind ebenfalls außen vor zu lassen (siehe hierzu auch Leisner-Egensperger in H/H/Sp, Rz. 40 f. zu § 53 AO m. w. N.).

Eine wirtschaftliche Bedürftigkeit i. S. des § 53 AO verneint der Gesetzgeber, wenn die betreffende Person über **eigenes Vermögen** verfügt, das sie zur nachhaltigen Verbesserung ihres Unterhalts verwenden kann (siehe dazu auch Tz. 2.3.4).

Geringes Vermögen ist unbeachtlich (R 33a.1 EStR). Als geringfügig kann i. d. R. ein Vermögen bis zu einem gemeinen Wert (Verkehrswert) von 15.500 Euro angesehen werden. Dabei können außer Betracht bleiben:

- Vermögensgegenstände, deren Veräußerung offensichtlich eine Verschleuderung bedeuten würde,

- Vermögensgegenstände, die einen besonderen persönlichen Wert, z. B. Erinnerungswert, haben oder zum Hausrat gehören, und

- ein angemessenes Hausgrundstück, wenn es allein oder zusammen mit Angehörigen, denen es nach dem Tode weiter dienen soll, ganz oder teilweise bewohnt wird (R 33a.1 Abs. 2 Satz 3 Nr. 2 EStR). Zur Angemessenheit eines Hausgrundstücks wird auf § 90 Abs. 2 Nr. 8 SGB XII hingewiesen. Die für das Sozialrecht insoweit geltende Verschonungsregelung ist nach einer Abstimmung der obersten Finanzbehörden des Bundes und der Länder auch für steuerliche Zwecke vor dem Hintergrund weiterhin anzuwenden, dass der BFH in seinem Urteil vom 30.06.2010 (VI R 35/09, BStBl 2011 II S. 267) entschieden hat, dass bei der Ermittlung des eigenen Vermögens eines Unterhaltsempfängers ein angemessenes Hausgrundstück zu berücksichtigen sei.

Mit der nachstehenden Übersicht sollen die vorgenannten Ausführungen verdeutlicht werden:

Bezüge und Vermögen i. S. des § 53 Nr. 2 AO sind:

a) **Einkünfte i. S. des § 2 EStG**
d. h. „Brutto-Einnahmen" **vor** Abzug der Lohn- oder Einkommensteuer

b) **zur Bestreitung des Unterhalts bestimmte/geeignete Bezüge**
(siehe hierzu R 33a.1 EStR und H 32.10 EStH)

c) **Vermögen, das zur nachhaltigen Sicherung des Unterhalts geeignet ist**
unbeachtlich ist ein geringes Vermögen (< 15.500 Euro), Hausrat etc., ein angemessenes Haus (siehe Tz. 2.3.4)

Bei den nachfolgend angesprochenen Personengruppen sind in die Berechnung beispielsweise die folgenden Einkünfte bzw. Bezüge einzubeziehen:

a) **Rentner**
- der **gesamte** Rentenbetrag (der der Besteuerung unterliegende Anteil + der steuerfreie Anteil + Sozialversicherungsabgaben)
- **auch steuerfreie Renten**

b) **Pensionäre**
- der gesamte Pensionsbetrag
- **gemindert** um **nachgewiesene** Werbungskosten (eine Werbungskostenpauschale greift nicht, AEAO Nr. 8 zu § 53 AO, Anhang 1)

c) **Arbeitnehmer**
- (Brutto-)Einnahmen
- **gemindert** um **nachgewiesene** Werbungskosten; eine Werbungskostenpauschale greift nicht

d) **Personen mit Einkünften aus gewerblicher, landwirtschaftlicher oder freiberuflicher Tätigkeit**
- der Gewinn (ggf. der Verlust) (einschließlich nach § 3 Nr. 40 EStG steuerfrei bleibende Beträge, gemindert um die nach § 3c Abs. 2 EStG nicht zu berücksichtigenden Ausgaben)
- beachte: Ist der Gewinn durch Sonderabschreibungen gemindert, muss ein entsprechender Zuschlag berücksichtigt werden.

e) **Einnahmen aus Kapitalvermögen**
- Zinseinnahmen, Gewinnanteile (einschließlich nach § 3 Nr. 40 und 40a EStG steuerfrei bleibender Beträge, gemindert um die nach § 3c Abs. 2 EStG nicht zu berücksichtigenden Ausgaben) etc. einschließlich der der Abgeltungsteuer unterliegenden (brutto) Kapitalerträge
- **gemindert** um **nachgewiesene** Werbungskosten; eine Werbungskostenpauschale greift nicht

Hinweis: *Die in § 53 Nr. 2 AO genannten Beträge sind jeweils Monatsbeträge. Die eigenen Einkünfte und Bezüge der in Betracht kommenden Personen* sind bei Prüfung der Hilfsbedürftigkeit daher auch auf Monatsbeträge umzurechnen.

Zuwendungen mildtätiger Körperschaften an bedürftige Personen können in **Geld oder auch in Sachleistungen** (z. B. unentgeltlicher Verpflegung, Unterbringung) bestehen.

Auch die **Zuwendungen** der mildtätigen Körperschaften **selbst** zählen zu den nach § 53 Nr. 2 AO zu berücksichtigenden Bezügen. Dadurch kann die zu beachtende Grenze überschritten werden.

Beispiel:

Eine alleinstehende Person hat eigene Einkünfte und Bezüge i. H. von monatlich 1.000 €. Eine Stiftung, die mildtätigen Zwecken dient, prüft, in welchem Umfang sie diese Person monatlich unterstützen darf. Das Fünffache des Regelsatzes der Sozialhilfe beträgt 1.955 € im Monat. Bis zu dieser Grenze darf die Stiftung die betreffende Person mit Geld- und/oder Sachmitteln unterstützen.

Sie darf daher nur bis zu 955 € monatlich zuwenden.

Die Bezüge und **Einkünfte aller Haushaltsangehörigen,** für die ein Regelbedarf berücksichtigt wird, sind zusammenzurechnen. Führen Familienmitglieder einen eigenen Hausstand, ist für diese eine getrennte Bedürftigkeitsprüfung durchzuführen.

Bei der Ermittlung der „Bezüge" sind jährlich insgesamt 180 Euro abzuziehen, sofern nicht höhere mit den Bezügen zusammenhängende Aufwendungen nachgewiesen oder glaubhaft gemacht werden (AEAO Nr. 8 zu § 53 AO, im Anhang 1). Bei der Ermittlung der Bezüge sind ausdrücklich auch Unterhaltsansprüche zu berücksichtigen, soweit diese realisierbar sind (§ 53 Nr. 2 Satz 5 AO). Kinder sind demgemäß nicht wirtschaftlich bedürftig, weil sie keine eigenen Einkünfte oder Bezüge erzielen. Die wirtschaftlichen Verhältnisse der Eltern sind in die Beurteilung einzubeziehen (RFH vom 31.05.1938, RStBl 1938 S. 597).

Es genügt nicht, dass die Einkünfte und Bezüge die festgelegten Höchstgrenzen nur zu Beginn der Unterstützung nicht überschreiten. Die Voraussetzungen müssen während der **Dauer der Unterstützung** im jeweiligen Veranlagungszeitraum erfüllt sein. So kann z. B. die wirtschaftliche Hilfsbedürftigkeit entfallen, wenn sich die Vermögens- oder Einkommenssituation der unterstützten Person in einem späteren Zeitpunkt verbessert (z. B. infolge einer Rentenerhöhung oder Erbschaft). Unentgeltliche Leistungen an einen Heimbewohner zählen jedoch nicht zu den Bezügen i. S. des § 53 Nr. 2 AO; sie können eine bei Eintritt in das Heim gegebene wirtschaftliche Hilfsbedürftigkeit nicht beseitigen.

Mit der zum 01.01.2013 durch das Ehrenamtsstärkungsgesetz vom 21.03.2013 (BGBl 2013 I S. 556) wirksam gewordenen Änderung in § 53 Nr. 2 Satz 5 AO sind gezahlte und empfangene Unterhaltsleistungen als Einkünfte und Bezüge bei Prüfung der wirtschaftlichen Hilfsbedürftigkeit i. S. des § 53 AO zu berücksichtigen. Dadurch entfällt die bis VZ 2012 notwendige Prüfung durch die Finanzbehörden, ob die unterstützten Personen ohne die Unterhaltsleistungen einen Anspruch auf Sozialleistungen hätten und auf welche Höhe sich diese Ansprüche belaufen würden.

2.3.4 Nachweis der Hilfsbedürftigkeit

Bei Hilfeleistungen wegen körperlicher Hilfsbedürftigkeit können als Nachweis der entsprechende Behindertenausweis des Versorgungsamtes, die Einstufung durch

2.3 § 53 AO: Mildtätige Zwecke

die Pflegeversicherung, ärztliche Einzelgutachten oder sonstige geeignete Unterlagen dienen.

Eine mildtätige Körperschaft, die Leistungen an wirtschaftlich Hilfsbedürftige i. S. des § 53 Nr. 2 AO erbringt, muss sich von der Hilfsbedürftigkeit jeder unterstützten Person überzeugen (z. B. durch Anforderung von Erklärungen von den unterstützten Personen über ihre Einkommens- und Vermögensverhältnisse sowie ggf. durch Vorlage entsprechender Nachweise). So reichen z. B. lediglich Angaben über die Berufsbezeichnung und eine danach vorgenommene Zuordnung zum Personenkreis des § 53 Nr. 2 AO nicht aus (BFH vom 28.10.1960, BStBl 1961 III S. 109). **Unterlagen oder Aufzeichnungen** über eine entsprechende (Einzelfall-)Überprüfung sind von der Körperschaft im Hinblick auf § 63 AO (vgl. Tz. 2.13.5) **aufzubewahren** (siehe auch OFD Frankfurt a. M. vom 14.03.2002, DB 2002 S. 870; AEAO Nr. 11 zu § 53 AO).

Die wirtschaftliche Notlage i. S. des § 53 Nr. 2 AO gilt seit Bekanntgabe des BMF-Schreibens vom 15.08.2012 bei Empfängern von Leistungen nach dem SGB II oder XII, § 27a des Bundesversorgungsgesetzes oder eines Kinderzuschlags nach § 6a des Bundeskindergeldgesetzes durch den vorgenannten Leistungsbezug bereits als nachgewiesen. Im Zuge der Beantragung etwaiger Sozialleistungen prüft die Sozialbehörde sowohl die Vermögens- als auch die Einkommensverhältnisse der antragstellenden Personen. Verfügen sie über ausreichend finanzielle Mittel (Einkommen oder einzusetzendes Vermögen), dann werden die beantragten Leistungen nicht bewilligt. Es ist also ausreichend, wenn Empfänger etwaiger Leistungen ihren für den Empfangszeitraum maßgeblichen Leistungsbescheid oder eine Bescheinigung des Sozialleistungsträgers über den Leistungsbezug bei der steuerbegünstigten Körperschaft einreichen. Die Körperschaft hat eine Ablichtung des Bescheides oder der Bestätigung aufzubewahren (AEAO Nr. 11 zu § 53 AO). Diese Nachweiserleichterung hat der Gesetzgeber durch die Neufassung des § 53 Nr. 2 Satz 6 und 7 AO durch das Ehrenamtsstärkungsgesetz vom 21.03.2013 (BGBl 2013 I S. 556) nunmehr verbindlich geregelt.

Darüber hinaus wurde mit Wirkung vom 01.01.2013 innerhalb des § 53 Nr. 2 Satz 8 AO die Möglichkeit eines antragsgebundenen, vollständigen **Nachweisverzichts** im Einzelfall eröffnet, wenn aufgrund der besonderen Art der gewährten Unterstützungsleistung sichergestellt ist, dass nur wirtschaftlich hilfsbedürftige Personen i. S. des § 53 Nr. 2 AO unterstützt werden. Auf die (Einzel-)Nachweisführung kann ausnahmsweise verzichtet werden, wenn aufgrund der Art der Unterstützungsleistungen typischerweise davon auszugehen ist, dass nur bedürftige Menschen unterstützt werden. Hierbei sind die besonderen Gegebenheiten vor Ort sowie Inhalte und Bewerbungen des konkreten Leistungsangebotes zu berücksichtigen. Im Regelfall trifft dies auf Kleiderkammern, Suppenküchen, Obdachlosenasyle und Tafeln zu. Die pauschale Behauptung, dass die Leistungen ohnehin nur von Hilfsbedürftigen in Anspruch genommen werden, reicht nicht aus (AEAO Nr. 12 zu § 53 AO).

Mit dem Antrag auf einen Nachweisverzicht sollte die betreffende Körperschaft die Art und den Umfang der erbrachten Leistungen sowie den begünstigten Personenkreis genau beschreiben, um feststellen zu können, ob der gesetzlich geforderte Tatbestand erfüllt ist. Zu diesem Zweck sollte die Körperschaft z. B. im Vorfeld über einen repräsentativen Zeitraum überprüfbare Aufzeichnungen zu den Einzelleistungen und den unterstützten Personen anfertigen. Die Finanzbehörde entscheidet in einem gesonderten Verwaltungsakt über den Antrag. Treten Änderungen im rechtlichen oder tatsächlichen Bereich ein, dann gelten für eine Änderung des

Bescheides über den Nachweisverzicht die Absätze 3 bis 5 des § 60a AO entsprechend.

Ein positiver Bescheid über den Nachweisverzicht gem. § 53 Nr. 2 Satz 8 AO entfaltet für Tätigkeiten der betreffenden Körperschaft auch Tatbestandswirkung hinsichtlich einer etwaigen Prüfung der Zweckbetriebseigenschaft nach § 66 AO (siehe AEAO Nr. 7 zu § 66 AO).

Die Beantwortung der Frage, ob vorhandenes Vermögen zur nachhaltigen Verbesserung des Unterhalts ausreicht und ob es zumutbar ist, das Vermögen dafür zu verwenden, hängt von den jeweiligen Umständen des Einzelfalles ab. Es sind vor allem der Umfang und die Art des Vermögens sowie die Lebensumstände der betreffenden Personen zu berücksichtigen. Es wird nicht zumutbar sein, ein Eigenheim oder eine selbst bewohnte Eigentumswohnung zu veräußern, um eine nachhaltige Verbesserung des Unterhalts zu erreichen. Ebenso wäre es nicht zumutbar, auf eine für den Notfall angesparte angemessene Rücklage zurückzugreifen.

Die Regelung in § 53 Nr. 2 Satz 3 AO gestattet es, z. B. in **Katastrophenfällen** wie Erdbeben, Überschwemmungen, Hausbränden oder in vergleichbaren Notsituationen wirtschaftliche Bedürftigkeit auch dann anzunehmen, wenn Einkünfte oder Vermögen die genannten Grenzen übersteigen.

2.3.5 Beispiele

Mildtätigen Zwecken können z. B. dienen: Wohltätigkeitsvereine, Stiftungen, Betriebe gewerblicher Art, Anstalten, kirchliche Körperschaften und die öffentlichen Verwaltungen, die persönlich oder wirtschaftlich bedürftige Personen betreuen (Mahlzeitendienste, Krankenpflegedienste, Blindenfürsorge, Altenheime, Erholungsheime, Behindertenbetreuung) oder Hilfe in Katastrophenfällen, wie z. B. Erdbeben, Überschwemmungen oder Krieg, gewähren. Die Zwecke, die von den Verbänden der freien Wohlfahrtspflege und ihren angeschlossenen Organisationen verfolgt werden, sind gemeinnützige Zwecke (§ 52 Abs. 2 Nr. 9 AO); sie sind in vielen Fällen aber auch als mildtätig zu beurteilen (siehe dazu Tz. 2.16.1). Eine GmbH, die ihr gehörende Wohnungen vorrangig an Personen vermietet, die die Voraussetzungen des § 53 Nr. 1 oder Nr. 2 AO erfüllen, verfolgt mildtätige Zwecke (BFH vom 24.07.1996 I R 35/94, BStBl 1996 II S. 583).

2.4 § 54 AO: Kirchliche Zwecke

(1) Eine Körperschaft verfolgt kirchliche Zwecke, wenn ihre Tätigkeit darauf gerichtet ist, eine Religionsgemeinschaft, die Körperschaft des öffentlichen Rechts ist, selbstlos zu fördern.

(2) Zu diesen Zwecken gehören insbesondere die Errichtung, Ausschmückung und Unterhaltung von Gotteshäusern und kirchlichen Gemeindehäusern, die Abhaltung von Gottesdiensten, die Ausbildung von Geistlichen, die Erteilung von Religionsunterricht, die Beerdigung und die Pflege des Andenkens der Toten, ferner die Verwaltung des Kirchenvermögens, die Besoldung der Geistlichen, Kirchenbeamten und Kirchendiener, die Alters- und Behindertenversorgung für diese Personen und die Versorgung ihrer Witwen und Waisen.

Kirchlich sind solche Zwecke, durch deren Erfüllung eine Religionsgemeinschaft des öffentlichen Rechts ausschließlich und unmittelbar selbstlos gefördert wird. **Religionsgemeinschaften des öffentlichen Rechts** sind z. B. die evangelische und die katholische Kirche in ihrer Erscheinung als Landeskirche, Bistum oder Pfarr-

2.4 § 54 AO: Kirchliche Zwecke

gemeinde, die jüdischen Kultusgemeinden (Synagogengemeinden) und andere kirchliche Gemeinschaften, die in einem Land der Bundesrepublik als Körperschaft des öffentlichen Rechts anerkannt sind (eine Liste der im Land NRW anerkannten Religionsgemeinschaften siehe ESt-Kartei NRW Fach 5 Nr. 800 zu § 10 EStG; siehe auch die Aufzählung in Kirchhof, Handbuch des Staatsrechts, Bd. I, § 22, S. 687; zur Rechtspersönlichkeit einer katholischen Pfarrgemeinde siehe BFH vom 19.02.1998 IV R 38/97, BStBl 1998 II S. 509).

Die Regelungen des § 54 AO vermitteln keine Steuervergünstigungen für die als Körperschaft des **öffentlichen Rechts** anerkannte Kirche selbst. Diese unterliegt als juristische Person mit Erfüllung ihrer hoheitlichen Aufgaben ohnehin nicht der Besteuerung. Stattdessen eröffnet § 54 AO Steuerbegünstigungen für Körperschaften des **privaten Rechts,** die die Zwecke von Religionsgemeinschaften, welchen der Status einer Körperschaft des öffentlichen Rechts durch Verleihung zuerkannt wurde (siehe BFH-Urteil vom 30.06.2010 II R 12/09, BStBl 2011 II S. 48), selbstlos fördern. Eine beispielhafte Aufzählung kirchlicher Zwecke enthält § 54 Abs. 2 AO.

Ein besonderes Merkmal des § 54 AO ist, dass die Erfüllung dieser Zwecke nicht auf die Förderung der Allgemeinheit ausgerichtet sein muss. Entscheidend ist die Förderung der genannten Religionsgemeinschaften des öffentlichen Rechts selbst. Auf die Größe sowie Abgeschlossenheit des damit (mittelbar) geförderten Personenkreises kommt es nicht an. Stattdessen stellt sich die Steuervergünstigung nach Gesetz und Verfassung organisationsbezogen dar: Organisationsförderung gilt als Zweckerfüllung (vgl. Gutachten der Unabhängigen Sachverständigenkommission zur Prüfung des Gemeinnützigkeits- und Spendenrechts, Schriftenreihe des BMF, Heft 40, 1988, S. 102; Sondervotum Isensee/Knobbe-Keuk, S. 360).

Kirchliche Religionsgemeinschaften des **privaten Rechts** sind unabhängig von einer vorhandenen Rechtsfähigkeit i. d. R. durch ihre Organisation sowie ihre Tätigkeit in die anerkannten kirchlichen Körperschaften des **öffentlichen Rechts** inkorporiert (BVerfG vom 25.03.1980 2 BvR 208/76, BVerfGE 53 S. 366 [392]). Sie können damit durch Förderung einer Religionsgemeinschaft des **öffentlichen Rechts** kirchliche Zwecke i. S. des § 54 AO fördern. Sie selbst können jedoch von anderen steuerbegünstigten Einrichtungen nicht auf Grundlage des § 54 AO gefördert werden.

Zu kirchlichen Zwecken verweise ich insbesondere auch auf die Ausführungen durch Leisner-Egensperger in H/H/Sp zu § 54 AO m. w. N.

Religionsgemeinschaften des öffentlichen Rechts selbst unterliegen allenfalls mit ihren Betrieben gewerblicher Art (§ 4 KStG) der Besteuerung. Die Befreiungsbestimmung des § 54 AO hat deshalb im Wesentlichen Bedeutung für Betriebe gewerblicher Art i. S. von § 1 Abs. 1 Nr. 6, § 4 KStG dieser Religionsgemeinschaften und für andere Körperschaften (z. B. Stiftungen), die mit ihrer Tätigkeit eine öffentlich-rechtliche Religionsgemeinschaft im Inland oder im Ausland fördern (zu kirchlichen Hoheitsbetrieben siehe Schön in DStZ 1999 S. 701). Nach der rechtskräftigen Entscheidung des FG Köln vom 15.01.2014 (13 K 3735/10, EFG 2014 S. 667) ist eine Spende an den Papst (als Vertreter der römisch-katholischen Weltkirche, des Bistums Rom sowie des Vatikans als staatliche Einheit) nicht als abzugsfähig zu beurteilen, da mit der Zuwendung nicht gleichsam eine Zuwendung an die deutschen Untergliederungen der Kirche verbunden sei und vom Vatikan weder eine Gewährleistung zur Beachtung deutscher Gesetze noch der deutschen verfassungsrechtlichen Bindungen ausgehe.

§ 54 Abs. 2 AO zählt die wichtigsten kirchlichen Zwecke auf. Kirchliche Zwecke sind gleichzeitig auch religiöse und damit gemeinnützige Zwecke. Der gemeinnüt-

zige Zweck „Förderung der Religion" (vgl. Tz. 2.2.3) ist als gemeinnütziger Zweck nicht auf die Förderung einer Religionsgemeinschaft des öffentlichen Rechts beschränkt und geht deshalb über den Begriff „kirchlicher Zweck" hinaus.
Einen kirchlichen Zweck verfolgen z. B. Dombauvereine (zu einer GmbH, die u. a. die Übernahme und Planung kirchlicher Bauaufgaben zum Satzungszweck hat, siehe BFH vom 26.07.1996, BStBl 1996 II S. 583), Paramentenvereine, von kirchlichen Behörden verwaltete Stiftungen, Priesterseminare, Konvikte u. a. Die kirchlichen Orden, Genossenschaften, Kongregationen und andere Gemeinschaften verfolgen religiöse, kirchliche, mildtätige oder gemeinnützige Zwecke, i. d. R. also mehrere Zwecke nebeneinander.
Eine unmittelbare Förderung **kirchlicher Zwecke** ist **nicht** in der Durchführung von Kirchenbesichtigungen, Kirchturmbesteigungen (RFH vom 25.10.1938, RStBl 1938 S. 1189, und vom 27.06.1939, RStBl 1939 S. 910) und in dem Verkauf von Messwein durch eine Messweinstiftung zu sehen (OFH vom 12.02.1946, StRK § 1 KStG R 4).
Zu den steuerbegünstigten kirchlichen Zwecken gehört gem. § 54 Abs. 2 AO u. a. die Verwaltung des Kirchenvermögens. Hierzu hat der BFH festgehalten, dass die Verwaltung des Kirchenvermögens als solches nicht nach gemeinnützigen oder mildtätigen Kriterien erfolgen muss (Urteil vom 26.07.1996, BStBl 1996 II S. 583). **Kirchenvermögen** i. S. des § 54 AO ist nur solches Vermögen, das im rechtlichen Eigentum einer Kirche steht oder ihr steuerrechtlich zuzurechnen ist. Eine Kapitalgesellschaft, die z. B. den Zweck hat, das im Eigentum der Kirche stehende Vermögen zu verwalten, verfolgt danach kirchliche Zwecke i. S. von § 54 AO.
Bringt eine Kirche Vermögen (z. B. Grundbesitz) in eine Kapitalgesellschaft ein, so handelt es sich bei dem in die Kapitalgesellschaft eingebrachten Vermögen nicht mehr um Kirchenvermögen. Die Kapitalgesellschaft verfolgt dann mit der Verwaltung ihres Vermögens keine kirchlichen Zwecke i. S. des § 54 AO, aber auch keine religiösen Zwecke i. S. des § 52 Abs. 2 Nr. 1 AO.
Religionsgemeinschaften, Sekten und Weltanschauungsgemeinschaften, die nicht Körperschaften des öffentlichen Rechts sind, können wegen Förderung der Religion als gemeinnützige Körperschaften (vgl. § 52 Abs. 2 Nr. 1 AO) anerkannt werden (siehe FG Berlin vom 19.10.1977, EFG 1978 S. 278, betr. eine neuapostolische Gemeinde). Die religiösen Ziele der betreffenden Religionsgemeinschaft und die Art ihrer Verwirklichung dürfen aber nicht den abendländischen Kulturauffassungen zuwiderlaufen (BFH vom 06.06.1951 III 69/51 U, BStBl 1951 III S. 148; vgl. auch Meditations- und Weltanschauungsgemeinschaften, Tz. 2.2.8).
Religiöse Zwecke sind zum Beispiel die Herausgabe und Verbreitung religiöser Bücher und Schriften, die Förderung der Mission, die Abhaltung von Exerzitien und Einkehrtagen u. a. Die Unentgeltlichkeit solcher Tätigkeiten kann nicht verlangt werden. Ein Verstoß gegen den Grundsatz der Selbstlosigkeit liegt jedoch vor, wenn solche Tätigkeiten nur des Entgelts wegen ausgeübt werden.

2.5 § 55 AO: Selbstlosigkeit

(1) Eine Förderung oder Unterstützung geschieht selbstlos, wenn dadurch nicht in erster Linie eigenwirtschaftliche Zwecke – zum Beispiel gewerbliche Zwecke oder sonstige Erwerbszwecke – verfolgt werden und wenn die folgenden Voraussetzungen gegeben sind:

1. $_1$**Mittel der Körperschaft dürfen nur für die satzungsmäßigen Zwecke verwendet werden.** $_2$**Die Mitglieder oder Gesellschafter (Mitglieder im Sinne dieser Vorschrif-**

ten) dürfen keine Gewinnanteile und in ihrer Eigenschaft als Mitglieder auch keine sonstigen Zuwendungen aus Mitteln der Körperschaft erhalten. ₃Die Körperschaft darf ihre Mittel weder für die unmittelbare noch für die mittelbare Unterstützung oder Förderung politischer Parteien verwenden.

2. Die Mitglieder dürfen bei ihrem Ausscheiden oder bei Auflösung oder Aufhebung der Körperschaft nicht mehr als ihre eingezahlten Kapitalanteile und den gemeinen Wert ihrer geleisteten Sacheinlagen zurückerhalten.

3. Die Körperschaft darf keine Person durch Ausgaben, die dem Zweck der Körperschaft fremd sind, oder durch unverhältnismäßig hohe Vergütungen begünstigen.

4. ₁Bei Auflösung oder Aufhebung der Körperschaft oder bei Wegfall ihres bisherigen Zwecks darf das Vermögen der Körperschaft, soweit es die eingezahlten Kapitalanteile der Mitglieder und den gemeinen Wert der von den Mitgliedern geleisteten Sacheinlagen übersteigt, nur für steuerbegünstigte Zwecke verwendet werden (Grundsatz der Vermögensbindung). ₂Diese Voraussetzung ist auch erfüllt, wenn das Vermögen einer anderen steuerbegünstigten Körperschaft oder einer Körperschaft des öffentlichen Rechts für steuerbegünstigte Zwecke übertragen werden soll.

5. ₁Die Körperschaft muss ihre Mittel vorbehaltlich des § 62 grundsätzlich zeitnah für ihre steuerbegünstigten satzungsmäßigen Zwecke verwenden. ₂Verwendung in diesem Sinne ist auch die Verwendung der Mittel für die Anschaffung oder Herstellung von Vermögensgegenständen, die satzungsmäßigen Zwecken dienen. ₃Eine zeitnahe Mittelverwendung ist gegeben, wenn die Mittel spätestens in den auf den Zufluss folgenden zwei Kalender- oder Wirtschaftsjahren für die steuerbegünstigten satzungsmäßigen Zwecke verwendet werden.

(2) Bei der Ermittlung des gemeinen Werts (Absatz 1 Nr. 2 und 4) kommt es auf die Verhältnisse zu dem Zeitpunkt an, in dem die Sacheinlagen geleistet worden sind.

(3) Die Vorschriften, die die Mitglieder der Körperschaft betreffen (Absatz 1 Nr. 1, 2 und 4), gelten bei Stiftungen für die Stifter und ihre Erben, bei Betrieben gewerblicher Art von Körperschaften des öffentlichen Rechts für die Körperschaft sinngemäß, jedoch mit der Maßgabe, dass bei Wirtschaftsgütern, die nach § 6 Abs. 1 Nr. 4 Satz 4 des Einkommensteuergesetzes aus einem Betriebsvermögen zum Buchwert entnommen worden sind, an die Stelle des gemeinen Werts der Buchwert der Entnahme tritt.

2.5.1 Grundsätzliches zur Selbstlosigkeit

Die gemeinnützigen, mildtätigen und kirchlichen Zwecke müssen **selbstlos** verwirklicht werden. Das Erfordernis der Selbstlosigkeit ist von der Rechtsprechung entwickelt worden (vgl. bereits RFH vom 17.07.1930, RStBl 1930 S. 702) und für alle steuerbegünstigten Zwecke (§§ 52, 53 und 54 AO) gesetzlich **ausdrücklich vorgeschrieben**.

Selbstloses Handeln ist nach § 55 Abs. 1 Satz 1 AO immer dann gegeben, wenn eine Körperschaft nicht in erster Linie eigenwirtschaftliche Zwecke verfolgt. **Schädliche (eigenwirtschaftliche) Interessen** in diesem Sinne verfolgt eine Körperschaft dem Grunde nach einerseits, wenn sie mit ihrer Tätigkeit eigenen wirtschaftlichen Interessen nachgeht. Das ist grundsätzlich schon immer dann der Fall, wenn die Tätigkeit der Körperschaft darauf abzielt, eigenes Einkommen zu erwirtschaften und das eigene Vermögen zu mehren. So hat es der BFH mit Urteil vom 26.04.1989 (I R 209/85, BStBl 1989 II S. 670) als schädlich in diesem Sinne angesehen, dass die betreffende Körperschaft ausschließlich durch Darlehen ihrer Gründungsgesellschafter finanziert wurde und sie dieses Fremdkapital satzungsmäßig tilgen und verzinsen musste (siehe dazu auch AEAO Nr. 1 zu § 55 Abs. 1 Nr. 1 AO, Anhang 1; siehe dazu auch BFH vom 24.07.1996 I R 35/94, BStBl 1996 II S. 583). Der langfristige eigenmittelfinanzierte Aufbau eines Vermögensstocks, aus dessen Erträgen die gemeinnützigen Zwecke realisiert werden, ist unzulässig (siehe Leisner-Egensperger in H/H/Sp, Rz. 79 zu § 58 AO).

Ein Verstoß gegen das Selbstlosigkeitsgebot liegt insbesondere auch dann vor, wenn die Körperschaft die **Förderung der** wirtschaftlichen Interessen der **Mitglieder, Gesellschafter, Stifter** (oder deren Angehörigen und Erben) etc. betreibt (zum Verbot der Mittelzuwendung an Mitglieder etc. siehe Tz. 2.5.5.6). Der Begriff der „wirtschaftlichen Interessen" ist hier im Sinne der Verfolgung „gemeinnützigkeitsfremder" Interessen zugunsten der Mitglieder zu verstehen (siehe dazu auch IFSt Nr. 330 S. 29). Hierzu zählen insbesondere auch (wirtschaftliche) Vorteile, die sich bei den Mitgliedern außerhalb der (steuerlichen) Einkunftserzielung niederschlagen (z. B. die Verschaffung von Preisnachlässen). An der Selbstlosigkeit fehlt es (erst dann), wenn der Eigennutz der Mitglieder in den Vordergrund tritt (BFH vom 13.12.1978 I R 39/78, BStBl 1979 II S. 482). So ist z. B. die materielle Förderung einzelner Personen ohne Rücksicht auf ihre finanzielle Förderungsbedürftigkeit als Verstoß gegen den Selbstlosigkeitsgrundsatz einzustufen (siehe FG Niedersachsen vom 18.03.2004, EFG 2004 S. 1650).

Die Förderung von schädlichen Interessen in diesem Sinne zugunsten der Mitglieder ist immer dann besonders kritisch zu untersuchen, wenn der Kreis der geförderten Personen mit dem Kreis der Mitglieder der fördernden Körperschaft identisch ist (siehe dazu u. a. BFH vom 22.08.1952 III 256/51 U, BStBl 1952 III S. 270).

Die **Gewährung ideeller Vorteile,** wie z. B. das Anbieten von Möglichkeiten zur Ausübung sportlicher Betätigungen (etwa die Überlassung von Sportstätten, Sportgeräten oder Durchführung des Trainings etc.), stellt m. E. jedoch grundsätzlich (noch) keinen Verstoß gegen das Gebot der Selbstlosigkeit dar (hierzu kritisch siehe Hüttemann, Wirtschaftliche Betätigung und steuerliche Gemeinnützigkeit, S. 36 und 63). So hat auch der BFH in seinen Entscheidungen zur Gemeinnützigkeit von Sportvereinen trotz der damit verbundenen **Verfolgung gewisser „Mitglieder – gruppeneigennütziger – Zwecke"** im Bereich der privaten Lebensgestaltung (vgl. auch Fischer, Gemeinnutz und Eigennutz in der steuerlichen Sportförderung, in Festschrift für Offerhaus, S. 609; Geserich in Kirchhof/Söhn/Mellinghoff, EStG, § 10b Rdnr. A 40 f) – noch – keinen Verstoß gegen das Gebot der Selbstlosigkeit angenommen.

> *Hinweis: Der BFH hat in seinem Urteil vom 05.02.1992 (BStBl 1992 II S. 74) ausdrücklich darauf hingewiesen, dass die Regelungen für die Steuervergünstigungen nach §§ 51 ff. AO und zum Spendenabzug nicht synchron laufen. So hat z. B. der BFH in seinem Urteil vom 02.08.2006 (BStBl 2007 II S. 8) Zuwendungen von Mitgliedern an einen Sportverein (= eine „Beitrittsspende" bei Aufnahme in einen Golfclub) die Spendenfähigkeit nach § 10b EStG versagt, ohne gleichzeitig die Zuerkennung der Gemeinnützigkeit für den Golfclub in Frage zu stellen. Der BFH hat den Spendenabzug ausgeschlossen, weil diese Zahlungen unmittelbar und ursprünglich mit einem durch den Verein ermöglichten Vorteil zusammenhingen und damit einen spendenschädlichen Entgeltcharakter angenommen haben. Es fehle an der „Fremdnützigkeit" im Sinne des Spendenrechts.*

Selbstlosigkeit bedeutet ein **opferwilliges Handeln** unter Verzicht auf einen eigenen Nutzen. Selbstloses Handeln drückt sich im Allgemeinen durch **freiwillige Hingabe** materieller Mittel oder einer Arbeitsleistung aus, ohne dass dem eine angemessene Gegenleistung gegenübersteht. Das Handeln selbstlos tätiger Körperschaften ist dadurch geprägt, dass sie ihre Mittel in erster Linie für steuerbegünstigte („gute") Zwecke verwenden und damit fremdnützig tätig werden. Im Gegensatz dazu steht das Streben nach eigenem Nutzen. Steuerbegünstigt ist eine Tätigkeit, wenn sie (subjektiv) selbstloser Gesinnung entspricht (BFH vom 13.12.1978 I R 39/78, BStBl 1979 II S. 482 und 487, und vom 26.04.1989 I R 209/85, BStBl 1989 II S. 670). Der RFH hat dazu in seinem Urteil vom 27.04.1932 (RStBl 1932 S. 979) ausgeführt:

> „Eine steuerrechtliche Gemeinnützigkeit ist dann gegeben, wenn sowohl die objektive Voraussetzung der Förderung des Gemeinwohls als auch die subjektive Voraussetzung des Gemeinsinns als bestimmende Ursache vorliegen. Gemeinsinn ist der Beweggrund, Gemeinwohl das bezweckte Ergebnis der Gemeinnützigkeit. Fehlt eine der beiden Voraussetzungen, dann kann eine steuerliche Gemeinnützigkeit nicht anerkannt werden."

Es ist nicht jegliche Förderung eigenwirtschaftlicher Interessen im o. a. Sinne schädlich für die Gemeinnützigkeit. Eine Körperschaft handelt nach dem Verständnis des § 55 AO (noch) selbstlos, wenn die Förderung der eigenwirtschaftlichen Interessen – **nicht in erster Linie** – verfolgt wird. Nur wenn die eigenwirtschaftlichen Interessen im Vordergrund des Handelns der Körperschaft stehen, also letztlich überwiegend der Antrieb für das Wirken der Körperschaft sind, liegt keine Selbstlosigkeit nach § 55 AO mehr vor. Die ideellen (steuerbegünstigten) Zwecke müssen das Handeln der Körperschaft (in erster Linie) bestimmen (siehe auch BFH vom 27.04.2005 I R 90/04, BStBl 2006 II S. 198). Ein **Indiz für selbstloses Handeln** kann z. B. darin gesehen werden, dass eine Körperschaft zwar gegen Entgelt tätig wird, dieses aber unter den Selbstkosten liegt (zu Selbstkosten und Selbstlosigkeit siehe BFH vom 20.07.1988 I R 244/83, BFH/NV 1989 S. 479; zur Vermietung von Wohnungen an Personen i. S. des § 53 AO zu Selbstkosten siehe BFH vom 24.07.1996 I R 35/94, BStBl 1996 II S. 583).

2.5.2 Selbstlosigkeit – wirtschaftlicher Geschäftsbetrieb

Eine Körperschaft ist nicht allein deswegen „eigennützig", weil sie einen **wirtschaftlichen Geschäftsbetrieb** i. S. der §§ 14, 64 AO unterhält, oder kann allein wegen der Größe des von ihr unterhaltenen wirtschaftlichen Geschäftsbetriebs als Körperschaft eingestuft werden, die in erster Linie eigenwirtschaftliche Zwecke verfolgt. Stattdessen erfährt das Gebot, die satzungsmäßigen Zwecke ausschließlich zu verfolgen (§ 56 AO), durch die Formulierung des § 55 Abs. 1 Satz 1 AO eine gewisse Durchbrechung. Sie eröffnet den steuerbegünstigten Körperschaften die Möglichkeit, wirtschaftliche Geschäftsbetriebe, die keine Zweckbetriebe (§§ 65 ff. AO) sind, und vermögensverwaltende Tätigkeiten (die sich i. d. R. als eigenwirtschaftliche Betätigung darstellen) ohne Verlust der (vollen) Steuerbefreiung zu unterhalten (vgl. auch BFH vom 21.08.1985 I R 60/80, BStBl 1986 II S. 88; Gutachten der Unabhängigen Sachverständigenkommission zur Prüfung des Gemeinnützigkeits- und Spendenrechts, S. 154).

Bis zu einer Bekanntgabe des BMF-Schreibens vom 17.01.2012 (BStBl 2012 I S. 83) bestand aus Sicht der Finanzverwaltung im Fall der Unterhaltung eines steuerpflichtigen wirtschaftlichen Geschäftsbetriebs i. S. des § 64 AO die Pflicht, zwischen diesem und der steuerbegünstigten Tätigkeit der Körperschaft zu gewichten. Eine ausbleibende Anerkennung bzw. Aberkennung der Steuerbegünstigung kam dann in Betracht, wenn die wirtschaftliche Tätigkeit der betreffenden Körperschaft bei

2 Erläuterung der Bestimmungen des Abschnitts „Steuerbegünstigte Zwecke" in der AO

einer Gesamtbetrachtung das **Gepräge** gab (vgl. AEAO Nr. 2 zu § 55 Abs. 1 Nr. 1 AO i. d. F. des BMF-Schreibens vom 15.02.2002, BStBl 2002 I S. 267; siehe auch Tz. 2.6). Als objektiver Maßstab zur Messung der Gewichtigkeit der unterschiedlichen Tätigkeitsbereiche wurde neben den erzielten Einnahmen insbesondere auch der investierte Zeit- und Personalaufwand einbezogen (vgl. die gleichlautenden Verfügungen der OFD Frankfurt a. M. vom 06.08.2003, DStZ 2003 S. 817, und der OFD Kiel vom 25.08.2003, DB 2003 S. 2360). Mit dieser gewichtenden Gegenüberstellung der begünstigten und wirtschaftlich motivierten Tätigkeitsbereiche wich die Finanzverwaltung lange Zeit von der Beurteilung des BFH ab, der bereits in seinen Urteilen vom 15.07.1998 (I R 156/94, BStBl 2002 II S. 162) und 04.04.2007 (I R 76/05, BStBl 2007 II S. 361) zu dem Ergebnis kam, dass die Selbstlosigkeit einer Körperschaft nicht bereits deshalb verneint werden könne, weil die durch einen steuerpflichtigen wirtschaftlichen Geschäftsbetrieb vermittelten Aktivitäten die gemeinnützigen übersteigen. Maßgeblich sei vielmehr, ob das Vermögen der gemeinnützigen Körperschaft zweckgerichtet für die ideellen Zwecke eingesetzt werde und die Überschüsse aus der nicht begünstigten Tätigkeit für eine Förderung der begünstigten Satzungszwecke verwendet würden.

Mit der Novellierung des Anwendungserlasses zur Abgabenordnung durch das BMF-Schreiben vom 17.01.2012 (a. a. O.) wurde die innerhalb der Fachliteratur stets umstrittene gewichtende **Geprägesichtweise** aufgegeben, die nicht nur ein Mittelbeschaffungshemmnis darstellte, sondern auch der Konzeption der partiellen Steuerpflicht innerhalb des § 64 AO widersprach, welche ihrerseits eine zulässige Mittelbeschaffung gerade voraussetzt (siehe Seer in Tipke/Kruse, Rz. 5 zu § 55 AO, 132. Lieferung 05/2013 m. w. N.; siehe auch Tz. 2.6). Mithin ist der Umfang etwaiger wirtschaftlicher Aktivitäten einer steuerbegünstigten Körperschaft für die Beurteilung der Selbstlosigkeit unerheblich, wenn selbige Vorteile (i. d. R. monetärer Art) für die Verwirklichung der Satzungszwecke bereithalten, indem eine satzungskonforme Verwendung der Mittel nach Maßgabe des § 55 Abs. 1 Nr. 1 AO erfolgt. In diesem Sinne argumentierten bereits Lang und Seer (FR 1994 S. 521, 527) vor einer offiziellen Aufgabe der Geprägesichtweise. Sie befürworten, dass auch gemeinnützige Körperschaften weitreichende **wirtschaftliche Tätigkeiten** ausüben können (insoweit ist die Rede von einer paritätischen Verfolgung der jeweiligen Aktivitäten), wenn der wirtschaftliche Geschäftsbetrieb als „Mittelbeschaffungseinrichtung" letztlich den Charakter einer **„Hilfstätigkeit"** im Verhältnis zur steuerbegünstigten Tätigkeit annimmt und dieser sachlich untergeordnet ist (siehe hierzu auch Bopp in DStZ 1999 S. 123 und Eversberg in Rote Seiten zu Stiftung & Sponsoring 5/2001). Die erforderliche sachliche Unterordnung der wirtschaftlichen Aktivitäten (= nicht in erster Linie Verfolgung eigenwirtschaftlicher Zwecke) wird deutlich, wenn die mit dem steuerpflichtigen wirtschaftlichen Geschäftsbetrieb oder der Vermögensverwaltung eintretenden (gezielten) Vermögensmehrungen (die zusätzlichen Mittel) tatsächlich zeitnah für die steuerbegünstigten Zwecke eingesetzt bzw. „verbraucht" werden. Zum Gebot der zeitnahen Mittelverwendung ist auf Tz. 2.5.9 und betr. die korrekte Verwendung von Mitteln auf Tz. 2.5.9.11 zu verweisen; in diesem Sinne auch Orth in FR 1995 S. 253 ff.

Da die Körperschaft die steuerlichen Vergünstigungen wegen Verfolgung gemeinnütziger Zwecke begehrt, hat sie nach den allgemeinen **Beweislastregelungen** den Nachweis zu führen, dass sie nicht in erster Linie eigenwirtschaftliche Zwecke verfolgt (siehe auch BFH vom 15.07.1998 I R 156/94, BStBl 2002 II S. 162, und vom 23.07.2003 I R 29/02, BStBl 2003 II S. 930). **Die Körperschaft** muss also darlegen, wann und in welchem Umfang sie die im Bereich der Vermögensverwaltung oder im steuerpflichtigen wirtschaftlichen Geschäftsbetrieb erzielten Vermögensmehrungen (= hinzugewonnenen Mittel i. S. des § 55 Abs. 1 Nr. 1 AO) tatsächlich für die steuerbegünstigten Zwecke eingesetzt hat oder einsetzen wird (zur Möglichkeit der Rücklagenbildung siehe § 62 Abs. 1 Nr. 1 bis 4 AO (bis 31.12.2013: § 58 Nr. 6 und 7 AO) sowie Tz. 2.8.6; zur Rücklagenbildung im wirtschaftlichen Geschäftsbetrieb siehe AEAO Nr. 2 zu § 55 Abs. 1 Nr. 1 AO, Anhang 1, und BFH vom 15.07.1998, a. a. O.).

Eine ständige Ausweitung eines steuerpflichtigen wirtschaftlichen Geschäftsbetriebs oder der Vermögensverwaltung, ohne dass die dort erzielten Überschüsse tatsächlich im ideellen Bereich Verwendung finden, muss hingegen zur Aberkennung der Steuerbegünstigung führen. In diesem Zusammenhang müssen gemeinnützige Vereine auch die Grenzen des Zivilrechts beachten. Im Rahmen der **Abgrenzung eines Idealvereins** (§ 21 BGB) von dem nur äußerst restriktiv zugelassenen **wirtschaftlichen Verein** (§ 22 BGB) wird nämlich gefordert, dass ein wirtschaftlicher Geschäftsbetrieb in einem funktionalen Zusammenhang mit dem nicht wirtschaftlichen Zweck des Vereins steht (siehe hierzu u. a. BGH vom 29.09.1982, BGHZ 85 S. 48; OLG Düsseldorf vom 10.12.1997, NJW RR 1998 S. 683, Herfurth in INF 1999 S. 48 und Lettl in DB 2000 S. 1449 m. w. N.; siehe auch in Tz. 2.1.2.3 zu nichtrechtsfähigen Vereinen). Wird einem Verein die Eigenschaft nach § 21 BGB entzogen, ist regelmäßig eine OHG gegeben. Mit dem Entzug der Vereinseigenschaft würde also gleichzeitig der Verlust der Gemeinnützigkeit verbunden sein.

Zur Abgrenzung der gemeinnützigkeitsunschädlichen wirtschaftlichen Aktivitäten einer steuerbegünstigten Körperschaft von einem schädlichen **Selbstzweck** vgl. BFH-Urteil vom 04.04.2007 (a. a. O.), AEAO Nr. 1 zu § 56 AO i. d. F. des BMF-Schreibens vom 17.01.2012 sowie Tz. 2.6.

2.5.3 Schädliches eigenwirtschaftliches Handeln

Als Beispiele (steuerschädlichen) eigenwirtschaftlichen Handelns sind im § 55 AO gewerbliche und sonstige Erwerbszwecke genannt. Wenn die Körperschaft selbst oder deren Mitglieder oder auch andere Personen, die auf die Verwendung der Mittel und die Tätigkeit der Körperschaft Einfluss nehmen können, durch die Betätigung der Körperschaft eigenwirtschaftliche Zwecke verfolgen, ist die Voraussetzung der Selbstlosigkeit nicht erfüllt (vgl. auch RFH vom 17.07.1930, RStBl 1930 S. 702).

Es ist steuerlich unschädlich, wenn die auf Gemeinnützigkeit gerichtete Tätigkeit einer Körperschaft auch den Mitgliedern mehr oder weniger zugutekommt. Verfolgt die Körperschaft ausschließlich und unmittelbar steuerbegünstigte Zwecke und fallen die Vorteile für Mitglieder gewissermaßen als **Nebenprodukt der begünstigten Tätigkeit** (mit) ab, schließt das grundsätzlich die Anerkennung der Steuerbegünstigung nicht aus. In seinem Urteil vom 13.12.1978 (I R 39/78, BStBl 1979 II S. 482) führt der BFH dazu weiter aus:

> „Der begünstigten Tätigkeit kann in diesen Fällen die Selbstlosigkeit nicht abgesprochen werden.
>
> Ein selbstloses Handeln kann jedoch dann (aber auch erst dann) nicht mehr angenommen werden, wenn die ihm eigene Opferwilligkeit zugunsten anderer wegfällt oder in den Hintergrund gedrängt wird und an deren Stelle in erster Linie Eigennutz tritt. Das ist nach der gesetzlichen Regelung der Fall, wenn die fördernde Tätigkeit in erster Linie eigenwirtschaftliche Zwecke verfolgt ..., z. B. gewerbliche Zwecke oder sonstige Erwerbszwecke.

Ist die Verfolgung solcher Zwecke „in erster Linie" der Antrieb für das Wirken der Körperschaft (zugunsten ihrer Mitglieder), so mangelt es insoweit an einem selbstlosen Handeln."

Die Förderung **eigenwirtschaftlicher Interessen** kann sich z. B. aus der Zielsetzung der Körperschaft (dem Satzungszweck), der tatsächlichen Geschäftsführung (Auftreten der Körperschaft in der Öffentlichkeit und gegenüber den Mitgliedern) oder der Stellung der Mitglieder im Privat- und Erwerbsleben ergeben (BFH vom 13.12.1978, a. a. O.).

Bei **Tier- und Pflanzenzuchtvereinen** ist nach AEAO Nr. 12 zu § 52 AO (Anhang 1) besonders auf die Selbstlosigkeit zu achten. In der Verfügung vom 25.02.2003 (KSt-Kartei Hessen § 5 KStG Karte H 84) hat sich die OFD Frankfurt a. M. zur Frage der Selbstlosigkeit bei Pferdezucht (bzw. Pferderennvereinen) geäußert. Darin wird die Auffassung vertreten, dass die mit den Pferderennen (Leistungsprüfungen) verbundenen positiven Wirkungen (wirtschaftlichen Vorteile) für den **Züchter bzw. Pferdebesitzer** (Bestimmung bzw. Erhöhung des Marktwertes der Pferde, Verschaffung von teils erheblichen Preisgeldern) nicht als Verstoß gegen die Selbstlosigkeit i. S. des § 55 AO zu werten sei. Diese Beurteilung ist m. E. nicht frei von Zweifeln. Die **(eigen-)wirtschaftlichen Vorteile,** die bezahlten Sportlern von gemeinnützigen Sportvereinen gewährt werden, sind dem Grunde nach mit den wirtschaftlichen Vorteilen vergleichbar, die den Pferdebesitzern und -züchtern von den Pferderennvereinen vermittelt werden. Der Gesetzgeber hat die insoweit bestehenden Fragen der (mangelnden) Selbstlosigkeit gezielt für den Bereich des Sports mit Einfügung der §§ 67a und 58 Nr. 8 AO gelöst. Pferderennvereine fördern i. d. R. die Tierzucht nach § 52 Abs. 2 Nr. 23 AO (= nicht den Sport i. S. des § 52 Abs. 2 Nr. 2 und § 67a AO). In diesen Fällen sind mangels einer den §§ 67a und 58 Nr. 8 AO vergleichbaren Regelung für Pferderennvereine die Pferderennen m. E. entgegen der Auffassung der OFD Frankfurt a. M. (a. a. O.) als steuerpflichtige wirtschaftliche Geschäftsbetriebe nach § 64 AO einzustufen. Wenn diese Aktivitäten zusammen mit den übrigen steuerpflichtigen wirtschaftlichen Geschäftsbetrieben, wie dem Totalisator, der Werbung etc., den Hauptzweck des Vereins bilden, ist den Pferderennvereinen die Gemeinnützigkeit insgesamt zu versagen (in diesem Sinne auch BFH vom 22.04.2009 I R 15/07, BStBl 2011 II S. 475). Etwas anderes kann nur für den Fall gelten, dass Pferderennvereine in Übereinstimmung mit einem aktuellen Beschluss der KSt-Referatsleiter der obersten Finanzbehörden des Bundes und der Länder nach ihrer Satzung den Sport (§ 52 Abs. 2 Nr. 21 AO) fördern, sodass etwaige Pferderennveranstaltungen (Trabrennen) nach Maßgabe des § 67a AO als sportliche Veranstaltung und mithin als Zweckbetrieb beurteilt werden können (vgl. bereits Tz. 2.2.6).

Es ist **in jedem Einzelfall abzuwägen,** ob die wirtschaftlichen Vorteile für die Mitglieder im Interesse der Allgemeinheit (noch) hinzunehmen sind. Dabei stellt sich die Frage, ob die Förderung der Allgemeinheit tatsächlich im Vordergrund der Tätigkeit der Körperschaft steht oder der Nutzen für die Allgemeinheit hinter dem Eigennutz der Beteiligten zurückbleibt (siehe auch Hüttemann, Wirtschaftliche Betätigung und steuerliche Gemeinnützigkeit, S. 68, und Schauhoff im Handbuch der Gemeinnützigkeit, 3. Auflage, Tz. 67 zu § 9; zu der in diesem Sinne vorgenommenen Abwägung siehe auch BFH vom 23.10.1991 I R 19/91, BStBl 1992 II S. 62).

Fehlt es an einer selbstlosen Förderung der steuerbegünstigten Zwecke, können der betreffenden Körperschaft die Steuervergünstigungen nicht zuerkannt werden. Ändert eine Körperschaft nach vorheriger Anerkennung der Gemeinnützigkeit ihre Aktivitäten mit der Folge, dass keine Selbstlosigkeit i. S. des § 55 AO mehr angenommen werden kann, ist die Gemeinnützigkeit zu versagen; ggf. greift in einem solchen Fall auch die Versteuerung für die vorherigen Veranlagungszeiträume, § 61 Abs. 3 AO, Tz. 2.11.2 (beachte hierzu insbesondere § 13 Abs. 4 KStG, Tz. 4.1.5).

2.5.4 Einzelfälle

Bei einem Zusammenschluss von Gewerbetreibenden, Freiberuflern oder von Land- und Forstwirten kann stets von der Vermutung ausgegangen werden, dass ihrem Handeln ein eigenwirtschaftliches Interesse zugrunde liegt. Im Regelfall wird dadurch das eigene Unternehmen gefördert. Selbstlosigkeit ist deshalb regelmäßig zu verneinen z. B. bei

- berufsständischen Vereinigungen (Berufsverbänden, vgl. dazu R 16 KStR),
- Fremdenverkehrsvereinen (RFH vom 20.05.1941, RStBl 1941 S. 506; OFD Frankfurt a. M. vom 27.10.1995, DB 1995 S. 2500),
- Börsenvereinen (BFH vom 16.11.1954 I 114/53 U, BStBl 1955 III S. 12),
- Wirtschaftsförderungsgesellschaften (BFH vom 03.08.2005 I R 37/04, BStBl 2006 II S. 141, und BMF vom 04.01.1996, BStBl 1996 I S. 54, sowie Schauhoff in Handbuch der Gemeinnützigkeit, 3. Auflage, § 9 Rz. 15),
- Förderung der gewerblichen Tierzucht (BFH vom 22.04.2009 I R 15/07, BStBl 2011 II S. 475 zu einem Trabrennverein) sowie
- einem Verband, der (auch) die gewerblichen Mitglieder im Rahmen der Bekämpfung des unlauteren Wettbewerbs fördert (BFH vom 06.10.2009 I R 55/08, BStBl 2010 II S. 335).

Selbstlosigkeit wird im Allgemeinen auch nicht vorliegen bei Vereinigungen, die **Gemeinschaftsforschung** betreiben, wenn die Mitglieder an den Forschungsergebnissen ein wirtschaftliches Interesse (Erlangung von Exklusivrechten) haben oder an der Durchführung von Forschungsaufträgen beteiligt werden (siehe dazu Tz. 2.14.4.5, Stichwort: Auftragsforschung, und BFH vom 07.03.2007 I R 90/04, BStBl 2007 II S. 628).

Das wird z. B. der Fall sein, wenn sich verschiedene Industrieunternehmen zu einer Forschungseinrichtung zusammenschließen und ihre Ergebnisse den beteiligten Unternehmen exklusiv zur Verfügung stellen (siehe dazu auch Thiel, DB 1996 S. 1944; siehe auch Tz. 2.14.4.5, 2.19.10).

Geht es einer Körperschaft vorrangig darum, seinen Mitgliedern **den ermäßigten Umsatzsteuersatz zu vermitteln,** liegt ein Verstoß gegen das Gebot der Selbstlosigkeit vor (FG Köln vom 10.10.2002, EFG 2003 S. 422 zur Charterung von Flugzeugen).

Ebenfalls können solche Vereine, die regelmäßig unter den Bezeichnungen „**Nachbarschaftshilfe,** Talentmarkt, Tauschbörse oder LETS (Lokal Exchange Trading System)" auftreten und deren Mitglieder gegenüber anderen Vereinsmitgliedern kleinere Dienstleistungen verschiedener Art (kleinere Reparaturen, Hausputz, Kochen, Babysitting, Nachhilfe, häusliche Pflege) gegen ein (geringes) Entgelt erbringen, grundsätzlich nicht gemeinnützig sein, da in erster Linie die eigenwirtschaftlichen Interessen der Mitglieder gefördert werden. Eine andere Beurteilung ist nur für die Fälle zutreffend, in denen sich die Förderung nach der Satzung sowie tatsächlichen Geschäftsführung jeweils auf Personen beschränkt, die nach Maßgabe der §§ 52, 53 AO als förderungswürdiger Personenkreis in Betracht kommen (Kinder und

Jugendliche, alte Menschen oder hilfsbedürftige Personen), siehe OFD Frankfurt a. M. vom 03.01.2011 – S 0171 A-124-St 53.

Die von einem Verein oder einer GmbH getragene **Lehrwerkstatt,** in der nur oder in der Hauptsache Lehrlinge von Mitglieder- oder Gesellschafterbetrieben ausgebildet werden, fördert im Allgemeinen eigenwirtschaftliche Zwecke der Mitglieder (vgl. auch Tz. 2.2.8).

Das Niedersächsische FG hat eine Gesellschaft, die **Bestattungen aller Art** gegen Entgelt ausführte (Ausführung der Leistungen zu Selbstkosten), nicht als gemeinnützig anerkannt. Im Vordergrund der Tätigkeit der Gesellschaft stehe die Erfüllung persönlicher Pflichten der Einzelnen (Niedersächsisches FG vom 16.06.1983, EFG 1984 S. 84; bestätigt vom BFH mit Urteil vom 20.07.1988 I R 244/83, BFH/NV 1989 S. 479). Der BFH macht in seinem Urteil vom 20.07.1988 (a. a. O.) deutlich, dass „zu Selbstkosten" nicht mit Selbstlosigkeit i. S. des § 55 AO gleichgesetzt werden kann (bestätigt in BFH vom 15.12.1993 X R 115/91, BStBl 1994 II S. 314).

Bislang wurde eine privatrechtliche Gesellschaft (z. B. Kapitalgesellschaft), die ein Hoheitsträger zur Erfüllung der ihm gesetzlich zugewiesenen **Pflichtaufgaben** eingeschaltet hat, wegen fehlender Selbstlosigkeit nicht als gemeinnützig anerkannt (vgl. BMF-Schreiben vom 27.12.1990, BStBl 1991 I S. 81). Nachdem der BFH hierzu in seinem Urteil vom 07.03.2007 (I R 90/04, BStBl 2007 II S. 628) noch keine Entscheidung getroffen hatte, führt er in seinen Entscheidungsgründen zum Urteil vom 27.11.2013 (I R 17/12, BFHE 244 S. 194) aus, dass eine Eigengesellschaft einer juristischen Person des öffentlichen Rechts grundsätzlich – auch dann, wenn sie in die Erfüllung gesetzlicher Pflichtaufgaben ihres Gesellschafters (hier: Durchführung des bodengebundenen Rettungsdienstes) eingebunden ist – nach § 5 Abs. 1 Nr. 9 Satz 1 KStG und § 3 Nr. 6 Satz 1 GewStG i. V. m. §§ 51 ff. AO steuerbegünstigt sein kann.

Mit dem **Sammeln und Verwerten von Abfall** (Veräußerung der bei der Müllverbrennung entstehenden Energie in Form von Strom und Fernwärme) begründen entsprechende Unternehmen einen **einheitlichen** steuerpflichtigen wirtschaftlichen Geschäftsbetrieb (vgl. BFH vom 27.10.1993 I R 60/91, BStBl 1994 II S. 314, 573). Ist diese wirtschaftliche Tätigkeit der alleinige Zweck der Körperschaft oder steht sie im Vordergrund ihres Wirkens, ist die Körperschaft **nicht** steuerbegünstigt. Zur steuerlichen Behandlung der Sonderabfallentsorgung siehe u. a. BMF bzw. OFD Magdeburg vom 14.08.1995 (DB 1995 S. 1887).

Eine Körperschaft, die zur Förderung ihres Satzungszwecks **Preise verleiht,** kann grundsätzlich als gemeinnützig anerkannt werden (vgl. auch KSt-Kartei NRW Karte H 12 zu § 5 KStG). So gibt es zahlreiche Vereine und Stiftungen, die z. B. für besondere wissenschaftliche, kulturelle oder sportliche Leistungen oder auch für ein besonderes Engagement in der Gesellschaft einen Preis ausloben. Die Person, die den Preis in Empfang nimmt, erlangt zwar von der Körperschaft ganz gezielt einen wirtschaftlichen Vorteil. Da die Körperschaft mit der Auslobung des Preises jedoch gerade eine allgemeine Hebung und Förderung der verfolgten Zwecke erreichen will, ist die Selbstlosigkeit nach § 55 AO nicht gefährdet. Dabei muss jedoch sichergestellt sein, dass die Allgemeinheit über die Preisverleihung und die prämierte Leistung informiert wird (siehe hierzu auch unter Tz. 2.2.7 am Ende). Bei einem Stipendium sind die Förderleistungen grundsätzlich so zu bemessen, dass sie die tatsächlichen Aufwendungen des Begünstigten für die zu unterstützenden Aktivitäten (etwa die Aufwendungen eines Wissenschaftlers für Forschung und Lehre) nicht übersteigen. Dies schließt die Alimentation des Begünstigten nicht aus, soweit er durch seine Tätigkeit gehindert ist, am Erwerbsleben teilzunehmen (siehe Geserich in Kirchhof/Söhn/Mellinghoff, Anm. B 59 zu § 10b EStG).

In § 55 Abs. 1 Nr. 1 bis 4 AO sind weitere Voraussetzungen für das Erfordernis der Selbstlosigkeit festgelegt.

2.5.5 Mittelverwendung (§ 55 Abs. 1 Nr. 1 AO)

Steuerbegünstigte Körperschaften dürfen ihre Mittel nur (ausschließlich) für die satzungsmäßigen Zwecke verwenden (verbrauchen), § 55 Abs. 1 Nr. 1 Satz 1 AO (so ausdrücklich auch noch einmal BFH vom 01.07.2009 I R 6/08, BFH/NV 2009 S. 1837). Dem Fragenkomplex der (korrekten) Mittelverwendung kommt eine besondere Bedeutung zu; er wirft bei den Körperschaften häufig viele Fragen auf. Da insbesondere Verstöße gegen das Mittelverwendungsgebot die Gemeinnützigkeit gefährden können, ist den steuerbegünstigten Körperschaften anzuraten, diesem Bereich besondere Aufmerksamkeit zu widmen. Dabei muss gesehen werden, dass die Grenze zwischen unzulässiger und zulässiger Mittelverwendung oft nur schwer zu ziehen ist.

In § 55 Abs. 1 Nr. 1 und Nr. 3 AO hat der Gesetzgeber festgelegt, **welche Form** der Mittelverwendung durch eine steuerbegünstigte Körperschaft **unzulässig** ist, und in Nr. 2 und 4 den Grundsatz der Vermögensbindung für den Fall der Auflösung oder Aufhebung der Körperschaft, den Wegfall steuerbegünstigter Zwecke sowie für den Fall des Ausscheidens von Mitgliedern geregelt.

Die **Pflicht zur zeitnahen Verwendung** der Mittel ist in § 55 Abs. 1 Nr. 5 AO ausdrücklich festgeschrieben.

Mit dem Begriff „**Mittel**" i. S. des § 55 Abs. 1 Nr. 1 AO sind **sämtliche Vermögenswerte** der Körperschaft gemeint, die im Eigentum und in der Verfügungsmacht der Körperschaft stehen und zur Erfüllung des Satzungszwecks geeignet sind (vgl. dazu insbesondere BFH vom 23.10.1991 I R 19/91, BStBl 1992 II S. 62). Dazu zählen:

a) die von den steuerbegünstigten Körperschaften erzielten **Einkünfte** (nach Abzug der darauf entfallenden Steuern). Einkünfte in diesem Sinne sind die erzielten Überschüsse aus vermögensverwaltender Tätigkeit ebenso wie die Gewinne aus den steuerpflichtigen wirtschaftlichen Geschäftsbetrieben (§§ 14, 64 AO) und den Zweckbetrieben i. S. der §§ 65 bis 68 AO (siehe auch AEAO Nr. 2 zu § 55 Abs. 1 Nr. 1 AO, Anhang 1),

b) die von den Körperschaften vereinnahmten **Zuschüsse,** Beiträge und Spenden (siehe AEAO Nr. 3 zu § 55 Abs. 1 Nr. 1 AO, Anhang 1)

c) sowie alle übrigen Vermögenswerte (die Wirtschaftsgüter der Zweckbetriebe, der steuerpflichtigen wirtschaftlichen Geschäftsbetriebe, der Vermögensverwaltung oder auch des ideellen Bereichs).

Der Mittelbegriff i. S. des § 55 Abs. 1 Nr. 1 AO ist umfassend. Eine Betrachtung i. V. m. den Bestimmungen zur Vermögensbindung (§ 61 AO) zeigt, dass der Gesetzgeber fordert, dass alle Mittel der Körperschaft mindestens final für die satzungsmäßigen Zwecke der Körperschaft zu verwenden sind. Aus dem Zusammenspiel der Regelungen in § 55 Abs. 1 Nr. 5 AO und § 62 Abs. 1 Nr. 1 bis 4, Abs. 3 und Abs. 4 AO (bis 31.12.2013: § 58 Nr. 6, 7 sowie 11 und 12 AO) wird deutlich, dass die Körperschaft dabei verpflichtet ist, einen Teil dieser Mittel zeitnah zur Verwirklichung der Satzungszwecke zu verwenden bzw. in Gebrauch zu nehmen (siehe auch Hüttemann in Gemeinnützigkeits- und Spendenrecht, 3. Auflage 2015, Rz. 4.113 ff.). Dabei ist allerdings zu beachten, dass eine Rücklagenbildung zulässigerweise nicht nur für den ideellen Tätigkeitsbereich und etwaige Zweckbetriebe in Betracht kommt, sondern ebenfalls für einen steuerpflichtigen wirtschaftlichen Geschäftsbetrieb bzw. den Bereich der Vermögensverwaltung. Als Instrumente der Mittelbeschaffung steht es auch diesen Tätigkeitsbereichen zu, Kapital zu binden, das nach vernünftiger kaufmännischer Beurteilung als existenzsichernd eingestuft wird (siehe BFH-Urteil vom 15.07.1998 I R 156/94, BStBl 2002 II S. 162, AEAO Nr. 2 zu § 55 Abs. 1 Nr. 1 AO sowie Tz. 2.5.9).

Eine Verwendung von Mitteln i. S. des § 55 Abs. 1 Nr. 1 AO ist nicht nur dann gegeben, wenn die steuerbegünstigte Körperschaft Mittel zur Verwirklichung der satzungsmäßigen Zwecke einsetzt (verbraucht), sondern auch dann, wenn sie diese für die Anschaffung oder Herstellung von Wirtschaftsgütern, die satzungsmäßigen Zwecken dienen, verwendet (§ 55 Abs. 1 Nr. 5 Satz 2 AO). Davon nicht umfasst ist der Erwerb von Anteilen an einer Kapitalgesellschaft – unabhängig davon, ob diese selbst steuerbegünstigt ist oder nicht. Eine Anschaffung etwaiger Anteile unter Einsatz zeitnah zu verwendender Mittel verstößt gegen das Gebot der Selbstlosigkeit, die Mittel nur für satzungsmäßige Zwecke zu verwenden. Auch lässt die Vorschrift des § 58 Nr. 2 AO die Anschaffung von Anteilen an einer gGmbH nicht zu (siehe gleichlautende Verfügungen der OFD Rheinland und der OFD Münster vom 20.09.2012 – S 0174 – 2012/0005 – sowie – S 2729 – 82 – St 13 – 33 –, die auf Grundlage eines entsprechenden Beschlusses der KSt-Referatsleiter der obersten Finanzbehörden des Bundes und der Länder ergangen sind). Auch wenn eine steuerbegünstigte Kapitalgesellschaft ihrerseits gemeinnützige, mildtätige oder kirchliche Zwecke verwirklicht, sind die Anteile bei der beteiligungstragenden Körperschaft dem Bereich der Vermögensverwaltung zuzuordnen (siehe AEAO Nr. 3 zu § 64 AO). Gleiches gilt für die Beteiligung an einer steuerpflichtigen Kapitalgesellschaft, es sei denn, dass ein entscheidender Einfluss auf ihre laufende Geschäftsführung ausgeübt wird oder ein Fall der Betriebsaufspaltung vorliegt (siehe BFH-Urteil vom 30.06.1971 I R 57/70, BStBl 1971 II S. 753) und die Kapitalgesellschaft nicht nur vermögensverwaltend tätig ist (siehe AEAO Nr. 3 zu § 64 AO). Da erst etwaige Beteiligungserträge zeitnah für die satzungsmäßigen Zwecke zu verwenden sind, ist mit dem Erwerb von Anteilen an einer Kapitalgesellschaft eine lediglich mittelbare Förderung verbunden.

2.5.5.1 Einzelfälle schädlicher Mittelverwendung

§ 55 Abs. 1 Nr. 1 AO verpflichtet die steuerbegünstigten Körperschaften dazu, ihre (gesamten) Mittel nur (ausschließlich) für die satzungsmäßigen Zwecke zu verwenden. Mit der Verwendung von Mitteln für andere als die satzungsmäßigen Zwecke verstößt eine Körperschaft gegen den Grundsatz der Selbstlosigkeit. Ein **Verstoß dieser Art** wird i. d. R. zum **Entzug der Gemeinnützigkeit** führen. § 55 Abs. 1 Nr. 1 AO stellt zwar auf die „satzungsmäßigen" Zwecke ab. Eine zulässige Mittelverwendung ist aber unter den besonderen Voraussetzungen, die gem. § 55 Abs. 1 Nr. 4 AO im Zeitpunkt des Vermögensanfalls greifen, oder im Rahmen des Ausnahmetatbestandes nach § 58 Nr. 2 AO auch gegeben, wenn die (teilweise) Verwendung zur Verwirklichung für steuerbegünstigte Zwecke (§§ 52, 53, 54 AO) erfolgt, die in der Satzung nicht ausdrücklich genannt sind. Zur Verwirklichung satzungsfremder steuerbegünstigter Zwecke siehe aber auch Tz. 2.6 und AEAO Nr. 1 zu § 56 AO (Anhang 1).

Das Mittelverwendungsgebot des § 55 Abs. 1 Nr. 1 AO gibt den steuerbegünstigten Körperschaften die Verpflichtung auf, ihre Mittel – ausschließlich – zur Verwirklichung der satzungsmäßigen Zwecke einzusetzen (im Ergebnis also – final – nur für die steuerbegünstigten Zwecke zu verbrauchen). Etwaige Mitglieder oder Gesellschafter dürfen ausdrücklich keine Gewinnanteile und in ihrer Eigenschaft als Mitglieder auch keine sonstigen Zuwendungen aus Mitteln der Körperschaft erhalten. Ein Verstoß gegen das Selbstlosigkeitsgebot ist danach insbesondere auch anzunehmen, wenn die steuerbegünstigte Körperschaft an ihre Anteilseigner oder ihnen nahestehende Personen eine verdeckte Gewinnausschüttung tätigt (§ 8 Abs. 3 Satz 2 KStG; siehe auch Beschluss des BFH vom 12.10.2012 I R 59/09, BStBl 2012 II S. 226, zu einer gemeinnützigen Kapitalgesellschaft, die ihrem ausscheidenden Gesellschafter über seine eingezahlten Kapitalanteile hinaus über den als Gehalts- und Abfindungszahlung verschleierten Kaufpreis Gewinn ausschüttete).

Dem Mittelverwendungsgebot des § 55 Abs. 1 Nr. 1 AO wohnt außerdem die Forderung inne, dass von den steuerbegünstigten Körperschaften ein wirtschaftlich sinnvolles Ausgabeverhalten gefordert ist, um die satzungsmäßigen Zwecke möglichst effektiv und nachhaltig zu verwirklichen (so Hüttemann, Gemeinnützigkeits- und Spendenrecht, 3. Auflage 2015, Rz. 5.33 f.; vgl. hierzu auch BFH vom 23.02.1999 XI B 128/98, BFH/NV 1999 S. 1055). Dieser Grundsatz ist von den steuerbegünstigten Körperschaften in allen Bereichen (= dem ideellen Bereich, der Vermögensverwaltung, den Zweckbetrieben und den steuerpflichtigen wirtschaftlichen Geschäftsbetrieben) gleichermaßen zu beachten (vgl. auch BFH vom 28.10.2004 I B 95/04, BFH/NV 2005 S. 160). Schauhoff spricht im Handbuch der Gemeinnützigkeit, 3. Auflage, in diesem Zusammenhang von einer geforderten **angemessenen Mittelverwendung** (siehe dort Rz. 19 zu § 9; zum Grundsatz eines wirtschaftlich sinnvollen Handelns siehe auch Leisner-Egensperger in H/H/Sp, Rz. 24 und Rz. 138 ff. zu § 55 AO).

Der BFH hat in seinem Urteil vom 18.12.2002 (I R 60/01, BFH/NV 2003 S. 1025) bestätigt, dass gemeinnützige Körperschaften auch Maßnahmen durchführen dürfen, die (nur) mittelbar die Satzungszwecke fördern. Eine (zulässige) Förderung in diesem Sinne nimmt der BFH an, wenn derartige Aufwendungen zur Begründung und Erhaltung der Funktionsfähigkeit der Körperschaft dienen und damit auch eine Verfolgung des Satzungszwecks bewirkt wird. So darf eine gemeinnützige Körperschaft **Verwaltungsausgaben** ebenso tätigen wie Mittel zur Einwerbung von Spenden, Zuschüssen etc. aufwenden.

Allgemein gilt, dass grundsätzlich als angemessen anzusehen ist, was für eine vergleichbare Tätigkeit oder Leistung üblicherweise auch von nicht steuerbegünstigten Einrichtungen (Wirtschaftsunternehmen, staatlichen Einrichtungen) gezahlt wird. So kann z. B. ein (auch sonst übliches) Spitzenhonorar für den Vortrag eines Wissenschaftlers oder dessen Tätigkeit im Beirat einer wissenschaftlichen Zwecken dienenden Stiftung noch als angemessen anzuerkennen sein. Im Allgemeinen sollten sich gemeinnützige Körperschaften an den von der **Rechtsprechung zu verdeckten Gewinnausschüttungen** (§ 8 Abs. 3 KStG) entwickelten Grundsätzen orientieren.

Jede einzelne Ausgabe ist auf ihre Angemessenheit hin zu überprüfen. Das gilt für jede einzelne Verwaltungsausgabe wie etwa die **Gehaltszahlung an den Geschäftsführer** oder den Aufwand für Mitglieder- und Spendenwerbung auch dann, wenn der Gesamtaufwand der Verwaltungsausgaben sowie für die Mitglieder- oder Spendenwerbung in der Summe im Einzelfall betrachtet noch als unschädlich eingestuft werden kann (siehe auch AEAO Nr. 18 ff. zu § 55 AO, Anhang 1).

2 Erläuterung der Bestimmungen des Abschnitts „Steuerbegünstigte Zwecke" in der AO

Unangemessen ist ein Ausgabeverhalten auch dann, wenn damit gegen ein gesetzliches Verbot oder gegen die guten Sitten verstoßen wird (FG München vom 07.05.2001, EFG 2001 S. 1178 bei Einschaltung einer Werbeagentur gegen Beteiligung am Mitgliedsbeitrag).

Einen Verstoß gegen das Mittelverwendungsgebot des § 55 Abs. 1 Nr. 1 AO hat der BFH z. B. angenommen, weil eine Körperschaft, deren Satzungszwecke auf die Unterstützung hilfsbedürftiger Personen gerichtet war und die sich weitgehend durch Geldspenden finanzierte, ihre Mittel nicht überwiegend für ihre satzungsmäßigen steuerbegünstigten Zwecke, sondern zur Deckung ihrer **Verwaltungskosten** und der zum Erhalt von Spenden betriebenen Öffentlichkeitsarbeit (Spendenwerbung) verwendete (BFH vom 23.09.1998 I B 82/98, BStBl 2000 II S. 320; siehe auch BFH vom 18.12.2002 I R 60/01, BFH/NV 2003 S. 1025).

Für den (noch zulässigen) Umfang von Verwaltungsausgaben und die Aufwendungen für Spenden- und Mitgliederwerbung enthält das Gesetz keine absolute oder prozentuale Obergrenze. Entscheidendes Kriterium ist, ob bei Berücksichtigung der Umstände des Einzelfalles das Ausgabeverhalten der Körperschaft in Bezug auf die zu untersuchende Einzelausgabe sowie die Gesamtausgaben dieser Art angemessen ist (BFH vom 23.09.1998, a. a. O.). Übersteigt eine Einzelausgabe oder die Summe aller Ausgaben für die allgemeine Verwaltung einschließlich der Werbung für Spenden (und Mitglieder) die Grenze der Angemessenheit, kann die Körperschaft nicht mehr als gemeinnützig anerkannt werden. Zur Prüfung der Frage, ob die Gesamtausgaben für Verwaltungszwecke und Werbemaßnahmen den noch als angemessen einzustufenden Rahmen überschreiten, stellt der AEAO (Nr. 17 zu § 55 AO, Anhang 1) auf das **Verhältnis der Verwaltungsausgaben einschließlich der Spendenwerbung zu den gesamten vereinnahmten Mitteln** (Spenden, Mitgliedsbeiträge, Zuschüsse, Gewinne aus wirtschaftlichen Geschäftsbetrieben etc.) ab. Nur in der Gründungs- oder Aufbauphase einer Körperschaft (i. d. R. ist m. E. dieser Zeitraum mit bis zu 2 Jahren anzunehmen) dürfen die Mittel für die Spenden- und Mitgliederwerbung sowie die Verwaltungsausgaben 50 % der vereinnahmten Mittel übersteigen. Nur in Ausnahmefällen kann von einer Gründungs- und Aufbauphase von bis zu 4 Jahren ausgegangen werden (siehe Tz. II. 2 im Schreiben des BMF vom 15.05.2000, BStBl 2000 I S. 814).

Wird auch bei Unterschreiten der 50 %-Grenze festgestellt, dass **einzelne Ausgaben unangemessen** sind (= nicht sinnvoll und nicht effektiv, siehe oben), kann die Körperschaft nicht (mehr) als gemeinnützig anerkannt werden. Hierbei muss berücksichtigt werden, ob die Einrichtung operativ tätig wird und ihre Zwecke selbst verwirklicht oder lediglich durch die Vergabe von Mitteln steuerbegünstigte Zwecke – etwa als Förderverein i. S. des § 58 Nr. 1 AO – fördert. Orientierungshilfen bietet hierzu z. B. das Deutsche Zentralinstitut für soziale Fragen, DZI (Berlin, Bernadottestr. 94), das grundsätzlich die Vertretbarkeit von Werbe- und Verwaltungsausgaben mit 35 % der Gesamtausgaben einer gemeinnützigen Körperschaft quantifiziert (siehe hierzu auch Geserich in DStR 2001 S. 604).

Hinweis: *Das DZI erteilt nach Prüfung das sog.* **Spenden-Siegel;** *zum DZI siehe im Internet unter* www.DZI.de.

Zu den laufenden Ausgaben für die Verwaltung sowie die Spenden- und Mitgliederwerbung zählen u. a. die laufenden Aufwendungen für das Verwaltungspersonal (insbesondere die Gehaltszahlungen für den Geschäftsführer), Reisekosten, Bürobedarf, Beratungsausgaben, die Verwaltungseinrichtungen und -gebäude etc. Die Personalkosten sind entsprechend der für diese Tätigkeiten aufgewendeten

2.5 § 55 AO: Selbstlosigkeit

Arbeitszeiten zu berücksichtigen (siehe hierzu auch Geserich, a. a. O.). Nach AEAO Nr. 20 zu § 55 AO sind die Gehaltszahlungen des Geschäftsführers grundsätzlich in vollem Umfang den Verwaltungsausgaben zuzuordnen. Eine Zuordnung zu den steuerbegünstigten Tätigkeiten wird nur insoweit als möglich angesehen, als der Geschäftsführer unmittelbar bei gemeinnützigen Projekten mitarbeitet.

Bei der Zuordnung der Aufwendungen zum Bereich der Verwaltung oder der Spendenwerbung muss auch beachtet werden, dass diese Aufwendungen regelmäßig zugleich auch der allgemeinen Öffentlichkeitsarbeit und damit den satzungsmäßigen Zielen der Körperschaft dienen. Da sich also insoweit i. d. R. keine klaren Zuordnungskriterien finden lassen, sind diese Umstände **im Schätzungswege zu berücksichtigen.** Es ist nach meiner Erfahrung davon auszugehen, dass die Finanzämter bei Überprüfung der tatsächlichen Geschäftsführung der gemeinnützigen Körperschaften den Fragen der Angemessenheit von Verwaltungsausgaben und Aufwendungen für Spenden- und Mitgliederwerbung stets dann besondere Aufmerksamkeit schenken, wenn diese Ausgaben die 50 %-Grenze erreichen bzw. überschreiten.

Der Einsatz gewerblicher Unternehmer zur Spenden- und Mitgliederwerbung ist nicht generell gemeinnützigkeitsschädlich. Schließen steuerbegünstigte Körperschaften jedoch **Verträge ab, die gegen die guten Sitten verstoßen** (siehe dazu das Urteil des OLG Stuttgart vom 19.12.1984, DB 1985 S. 911, mit dem ein Vertrag über die Zahlung von 50 bis 60 % der Mitgliedsbeiträge und Spenden für die Werbung eines neuen Mitglieds durch gewerbsmäßige Handelsvertreter als sittenwidrig eingestuft wurde), und leisten sie auf solche Verträge hin Zahlungen, liegt insoweit eine unzulässige (unangemessene) Mittelverwendung im Sinne des BFH-Urteils vom 23.09.1998 (I B 82/98, BStBl 2000 II S. 320) vor. Das FG München hat in seinem Urteil eine Beteiligung von 29 % bzw. 42 % als schädlich eingestuft (siehe EFG 2001 S. 1178).

Im Zusammenhang mit der Beurteilung von Ausgaben für eine einmalige **Aktion zur Mitgliederwerbung** kann m. E. zur Ermittlung der „Unschädlichkeitsgrenze" auf die durchschnittliche Dauer der Vereinsmitgliedschaft abgestellt werden. Besonders kritisch sind die Aufwendungen für Mitglieder- oder Spendenwerbung zu untersuchen, wenn zwischen Funktionsträgern der Körperschaft und dem eingeschalteten Werbeunternehmen eine personelle Verflechtung besteht (so z. B. Sachverhalt im Beschluss des FG Köln vom 14.01.1998, EFG 1998 S. 753).

Die Forderung, dass eine gemeinnützige Körperschaft nur angemessene Aufwendungen tragen darf, gilt uneingeschränkt auch für den Bereich der Vermögensverwaltung und – wie der BFH in seinem Beschluss vom 28.10.2004 I B 95/04 (BFH/NV 2005 S. 160) ausdrücklich festgestellt hat – auch im steuerpflichtigen wirtschaftlichen Geschäftsbetrieb.

> **Beispiel:**
> Eine gemeinnützige Körperschaft hält Geschäftsanteile an einer steuerpflichtigen Kapitalgesellschaft und verfügt über einen entscheidenden Einfluss auf die Geschäftsleitung dieser Gesellschaft. Der Geschäftsführer der Kapitalgesellschaft erhält ein unangemessen hohes Gehalt. Die gemeinnützige Körperschaft duldet die fortlaufende Auszahlung der überhöhten Gehälter.
>
> Bei der gemeinnützigen Körperschaft tritt auf diese Weise eine Verminderung ihrer Mittel ein (Verzicht auf Ausschüttungspotenzial; in diesem Umfang hat die gemeinnützige Körperschaft auf Mittel verzichtet, die ihr ansonsten zur Verwendung für steuerbegünstigte Zwecke zur Verfügung gestanden hätten). Auf diese Weise hat die gemeinnützige Körperschaft dem Geschäftsführer Vermögensvorteile zugewendet,

die aus gemeinnützigkeitsrechtlicher Sicht als schädliche Mittelverwendung i. S. des § 55 Abs. 1 Nr. 1 i. V. m. Nr. 3 AO einzustufen sind.

Dieses Beispiel zeigt, dass der Grundsatz der Selbstlosigkeit mit dem Gebot, dass nur angemessene Ausgaben getragen werden dürfen, auch auf den Bereich der Vermögensverwaltung bzw. hier: des steuerpflichtigen wirtschaftlichen Geschäftsbetriebs durchschlagen kann.

Bei Verstößen gegen die Selbstlosigkeitsgrundsätze kann der gemeinnützigen Körperschaft grundsätzlich die **Steuervergünstigung** für den entsprechenden Veranlagungszeitraum der Fehlausgabe **aberkannt** werden. In besonders gelagerten Fällen wirkt eine Fehlverwendung jedoch über den betreffenden Veranlagungszeitraum hinaus:

> **Beispiel:**
> Eine steuerbegünstigte Stiftung erwirbt ein Grundstück von ihrem Stifter zu einem weit überhöhten (unangemessenen) Kaufpreis.
> Mit der vollzogenen Mittelfehlverwendung i. S. des § 55 Abs. 1 Nr. 3 AO liegt ein Verstoß vor, der zur Aberkennung der Gemeinnützigkeit für das Jahr des Grundstückserwerbs führen muss. Dieser Verstoß kann jedoch auch zu einer Versagung der Gemeinnützigkeit für die Folgezeiträume führen, wenn die Stiftung z. B. Ersatz vom Stifter wegen einer ungerechtfertigten Bereicherung fordern könnte, tatsächlich diesen Anspruch jedoch nicht geltend macht.

Wandelt sich bei einer gemeinnützigen Körperschaft die Beurteilung einer wirtschaftlichen Betätigung – d. h., bisher lagen die Voraussetzungen für die Annahme eines Zweckbetriebs nach den §§ 65 ff. AO vor, in einem späteren Veranlagungszeitraum ist hingegen von einem steuerpflichtigen wirtschaftlichen Geschäftsbetrieb nach § 64 AO auszugehen –, stellt sich auch hier die Frage, ob mit der „Wandlung" gleichzeitig eine fehlerhafte Mittelverwendung eingetreten ist. Mit dem Wandel hat das Vermögen eine andere „Qualität" erhalten. Statt einer unmittelbaren Verwendung für steuerbegünstigte Zwecke ist es deren Verwirklichung nunmehr nur noch mittelbar dienlich durch die Erträge, die im Bereich des (neuen) steuerpflichtigen wirtschaftlichen Geschäftsbetriebs erwirtschaftet werden. Mit dem Wandel des Betriebs ist zwar kein schädlicher Mittelverbrauch, der zur Gefährdung der Gemeinnützigkeit führt, eingetreten. Allerdings lebt für die zeitnah zu verwendenden Mittel, die seinerzeit (zu Recht) in den steuerbegünstigten Zweckbetrieb investiert worden sind (§ 55 Abs. 1 Nr. 5 Satz 2 AO), die Mittelverwendungspflicht (insoweit) in Höhe des Verkehrswerts der betreffenden Vermögensgegenstände wieder auf, da die umgewidmeten Wirtschaftsgüter dem steuerbegünstigten Bereich (endgültig) entzogen wurden (siehe AEAO Nr. 28 zu § 55 Abs. 1 Nr. 5 AO i. d. F. des BMF-Schreibens vom 31.01.2014, BStBl 2014 I S. 290).

Die Verwendung von Mitteln zum **Erwerb neuer Gesellschaftsanteile** im Rahmen einer bestehenden Beteiligung zur Erhaltung der prozentualen Beteiligungsquote ist nach Maßgabe des § 62 Abs. 1 Nr. 4 AO (bis 31.12.2013: § 58 Nr. 7 Buchst. b AO) zulässig.

Ein Verstoß gegen die Selbstlosigkeit liegt nicht vor, wenn aus dem Gewinn eines steuerpflichtigen wirtschaftlichen Geschäftsbetriebs an eine andere steuerbegünstigte Körperschaft eine Spende geleistet wird (BFH vom 03.12.1963 I 121/62 U, BStBl 1964 III S. 81).

Nach § 58 Nr. 7 AO (bis 31.12.2013: § 58 Nr. 8 AO) dürfen steuerbegünstigte Körperschaften **gesellige Veranstaltungen** in untergeordnetem Umfang durchführen. Die Durchführung geselliger Veranstaltungen ist für sich betrachtet jedoch keine steuerbegünstigte Tätigkeit (Ausnahme: Veranstaltungen zur Betreuung eines besonderen Personenkreises als Ausfluss eines steuerbegünstigten Zwecks, z. B. im Rahmen der Jugend- oder Altenbetreuung). Die Körperschaft darf für diese Veranstaltungen keine (gemeinnützigkeitsrechtlich gewidmeten) Mittel verwenden (Ausnahme: Aufwendungen zur Betreuung der Mitglieder, siehe Tz. 2.5.5.6 und Tz. 2.5.7).

2.5.5.2 Verluste im steuerpflichtigen (steuerschädlichen) wirtschaftlichen Geschäftsbetrieb

Die Forderung des § 55 Abs. 1 Satz 1 AO, Mittel nur für die satzungsmäßigen Zwecke zu verwenden, verbietet es, Mittel für satzungsfremde Zwecke, insbesondere für nicht steuerbegünstigte Zwecke, zu verwenden (zur Verwendung für steuerbegünstigte Zwecke, die nicht den nach der Satzung vorgegebenen Zielen der Körperschaft entsprechen, siehe § 58 Nr. 2 AO, Tz. 2.8.2).

Steuerbegünstigten Körperschaften ist es daher untersagt, Mittel des ideellen Bereichs (etwa Mitgliedsbeiträge, Spenden, Zuschüsse, Gewinne aus Zweckbetrieben, Rücklagen) oder Erträge aus der Vermögensverwaltung und das entsprechende Vermögen zum Ausgleich von Verlusten eines steuerpflichtigen wirtschaftlichen Geschäftsbetriebs oder von Verlusten der Vermögensverwaltung (siehe Tz. 2.5.5.2 und 2.5.5.3) zu verwenden. Mit dieser Frage hat sich der BFH in seinem Urteil vom 13.11.1996 (I R 152/93, BStBl 1998 II S. 711) auseinandergesetzt und seine bisherige Rechtsprechung in dieser Sache (BFH vom 02.10.1968 I R 40/68, BStBl 1968 II S. 43) geändert.

2.5.5.2.1 Verluste im steuerpflichtigen wirtschaftlichen Geschäftsbetrieb – eine Mittelfehlverwendung

Mit seinem Urteil vom 02.10.1968 (a. a. O.) hat der BFH relativ geringfügige Verluste in Nicht-Zweckbetrieben, die aufgrund einer Fehlkalkulation entstanden waren, noch als unschädlich für die weitere Zuerkennung der Gemeinnützigkeit beurteilt. Mit Urteil vom 13.11.1996 (a. a. O.) ändert (= verschärft) der BFH seine Rechtsprechung schließlich in diesem Punkt und verweist dabei auch selbst auf Tipke, der das Urteil vom 02.10.1968 als Billigkeitsentscheidung eingestuft hat (siehe hierzu in Tipke/Kruse, 15. Auflage, 1995/1996, Rz. 3 zu § 55 AO).

Grundlage für die nachstehenden Überlegungen ist die vom Gesetzgeber in § 55 Abs. 1 Nr. 1 Satz 1 AO aufgestellte Forderung, nach der eine steuerbegünstigte Körperschaft ihre Mittel nur für die satzungsmäßigen Zwecke verwenden darf. Dieser „Gesetzesbefehl" verbietet es, Mittel für andere als die satzungsmäßigen Zwecke der Körperschaft zu verwenden (= zu verbrauchen). Ausnahmen vom Mittelverwendungsgebot hat der Gesetzgeber in § 58 i. V. m. § 62 AO abschließend aufgeführt. Eine Ausnahme für einen Mittelverzehr durch Verluste in steuerpflichtigen wirtschaftlichen Geschäftsbetrieben ist dort nicht aufgeführt.

Der BFH kommt in seiner Entscheidung vom 13.11.1996 (a. a. O.) zu dem Ergebnis, dass Verluste in Nicht-Zweckbetrieben grundsätzlich als Verstoß gegen das Mittelverwendungsgebot des § 55 Abs. 1 Nr. 1 Satz 1 AO einzustufen sind. Denn mit einem Verlust in einem Nicht-Zweckbetrieb tritt ein Mittelverzehr in einem Bereich ein, in dem keine steuerbegünstigten Zwecke verwirklicht werden. Dieser Mittelverzehr verstößt gegen das Mittelverwendungsgebot des § 55 Abs. 1 Nr. 1 AO, das die Verwendung sämtlicher Mittel (zum Mittelbegriff siehe Tz. 2.5.5) mindestens final ausschließlich für steuerbegünstigte Zwecke vorschreibt.

2 Erläuterung der Bestimmungen des Abschnitts „Steuerbegünstigte Zwecke" in der AO

Eine Mittelfehlverwendung dieser Art kann nach den Vorstellungen des BFH (nur) in Fällen einer Fehlkalkulation **im Nachhinein** (bis zum Ende des dem Verlustjahr folgenden Wirtschaftsjahres, bei Rumpf-Wirtschaftsjahr: innerhalb von 12 Monaten nach Ende des Wirtschaftsjahres) geheilt werden. Die steuerbegünstigte Körperschaft muss dazu diesen Mittelverzehr durch eine entsprechend hohe Zuführung von Mitteln von außen (z. B. durch Umlagen der Mitglieder, gezielte Zuwendungen von Dritten etc.) oder durch Erwirtschaftung eines entsprechend höheren Überschusses des Nicht-Zweckbetriebs im Folgejahr wieder ausgleichen.

Die Finanzverwaltung hat in AEAO Nr. 3 ff. zu § 55 Abs. 1 Nr. 1 AO (Anhang 1) ausführlich zur steuerlichen Einordnung von Verlusten in steuerpflichtigen wirtschaftlichen Geschäftsbetrieben Stellung genommen und im Ergebnis die sehr strenge Sichtweise des BFH im Umgang mit Verlusten in diesem Bereich etwas abgemildert. Gleichzeitig hat die Finanzverwaltung klargestellt, dass diese Regelungen – und damit die Grundsätze, wie sie der BFH in seiner Entscheidung vom 13.11.1996 aufgestellt hat – sinngemäß auch für den Bereich der Vermögensverwaltung gelten (AEAO Nr. 8 zu § 55 Abs. 1 Nr. 1 AO). In diesem Zusammenhang weise ich auch auf das Urteil des BFH vom 16.05.2007 (I R 14/06, BStBl 2007 II S. 808) hin. Hier hat der BFH unter Hinweis auf eine Rechtsprechung aus dem Jahre 1974 ausdrücklich noch einmal festgestellt, dass die Vermögensverwaltung kein steuerbegünstigter Zweck i. S. der §§ 52 bis 54 AO ist.

Der BFH hat mit seinem Beschluss vom 01.07.2009 I R 6/08 (BFH/NV 2009 S. 1837) seine (strenge) Entscheidung vom 13.12.1996 noch einmal bestätigt. Mit diesem Beschluss hat der BFH das Urteil des FG Thüringen vom 19.11.2007, mit dem das FG einem Verein, der eine Gastwirtschaft über mehrere Jahre mit Verlusten betrieben hatte, die Gemeinnützigkeit aberkannt hatte, bestätigt. Die Anweisungen der Finanzverwaltung zum Umgang mit Verlusten in steuerpflichtigen wirtschaftlichen Geschäftsbetrieben (AEAO Nr. 3 ff. zu § 55 Abs. 1 Nr. 1 AO, Anhang 1) hat der BFH in seinem Beschluss vom 01.07.2009 (a. a. O.) angesprochen, ohne im Ergebnis die getroffene Entscheidung darauf ausdrücklich aufzubauen. Zu den in der Fachliteratur gegen die Rechtsprechung aus 1996 erhobenen Einwendungen – hierzu verweist der BFH auf Hüttemann (Gemeinnützigkeits- und Spendenrecht, 3. Auflage 2015, Rz. 6.21 ff.) – hat der BFH nicht Stellung genommen (zur aktuellen Diskussion siehe Tz. 2.5.5.5.2.5 am Ende).

2.5.5.5.2.2 Wann liegt ein schädlicher Verlust vor?

Maßstab für den Umgang mit Verlusten in steuerpflichtigen wirtschaftlichen Geschäftsbetrieben sind also auch weiterhin die vom BFH entwickelten strengen Rechtsgrundsätze und die Anweisungen der Finanzverwaltung im AEAO Nr. 3 ff. zu § 55 Abs. 1 Nr. 1 AO (Anhang 1). Danach gilt Folgendes:

Für die Frage, ob ein schädlicher Verlust in diesem Sinne vorliegt, ist auf das **Gesamtergebnis des steuerpflichtigen wirtschaftlichen Geschäftsbetriebs** i. S. des § 64 Abs. 2 AO abzustellen (AEAO Nr. 3 zu § 55 Abs. 1 Nr. 1 AO, Anhang 1). Ein Verlustausgleich zwischen einzelnen steuerpflichtigen wirtschaftlichen Geschäftsbetrieben ist zulässig, da nach § 64 Abs. 2 AO alle steuerpflichtigen wirtschaftlichen Geschäftsbetriebe einer steuerbegünstigten Körperschaft, die keine Zweckbetriebe sind, für die Frage, ob eine Körperschaft die Vorteile der Steuerbegünstigung in Anspruch nehmen kann, als **ein** steuerpflichtiger wirtschaftlicher Geschäftsbetrieb behandelt werden (siehe hierzu Tz. 2.14.5; anders bei der Besteuerung der – einzelnen – wirtschaftlichen Geschäftsbetriebe im Rahmen der partiellen Körperschaftsteuerpflicht, siehe dazu Tz. 4.1.4).

Diese Grundaussage gilt jedoch nicht für wirtschaftliche Geschäftsbetriebe, bei denen die gemeinnützige Körperschaft „planvoll" Verluste produziert bzw. dauerdefizitäre Ergebnisse aus einer Tätigkeit billigend in Kauf nimmt, wie dies etwa bei einer sog. Liebhaberei-Problematik angenommen werden muss. Verluste dieser Art sind unabhängig davon, ob das Gesamtergebnis aller steuerpflichtigen wirtschaftlichen Geschäftsbetriebe i. S. des § 64 Abs. 2 AO unter Einbeziehung dieser „Sonder-Verluste" noch mit einem ausgeglichenen Ergebnis abschließt, in jedem Fall als Mittelfehlverwendung einzustufen. Denn dann hat die Körperschaft bereits bei Begründung des wirtschaftlichen Geschäftsbetriebs – oder einer bestimmten Investition im Bereich der Vermögensverwaltung – mit dem Eintritt von (Dauer-)Verlusten gerechnet oder sie billigend in Kauf genommen. Damit ist der eingetretene Verlust bereits dem Grunde nach gemeinnützigkeitsschädlich (BFH vom 13.11.1996, a. a. O.; siehe auch Tz. 2.6 zur Definition eines dem Ausschließlichkeitsgebot entgegenstehenden schädlichen Selbstzwecks). So muss z. B. davon ausgegangen werden, dass ein Verlust „einkalkuliert" wurde, wenn der Geschäftsbetrieb Leistungen „unter Preis" (unterhalb der marktüblichen Entgelte) erbringt, indem er etwa den Mitgliedern „Vorzugskonditionen" einräumt (siehe hierzu auch Tz. 2.5.5.6 und AEAO Nr. 12 zu § 64 Abs. 2 AO, Anhang 1) oder auch überhöhte Entgelte für den Wareneinkauf bzw. den Ankauf von Einrichtungsgegenständen etc. zahlt.

Ob und ggf. in welchem Umfang sich eine steuerbegünstigte Körperschaft mit dem Ausgleich eines Verlustes, der im (einheitlichen) steuerpflichtigen wirtschaftlichen Geschäftsbetrieb oder in der Vermögensverwaltung angefallen ist, gemeinnützigkeitsschädlich verhalten hat, bestimmt sich allein nach den Grundsätzen des Selbstlosigkeitsgebots (§ 55 Abs. 1 Nr. 1 AO). Für die gemeinnützigkeitsrechtliche Wertung der Verluste kommt es also nicht auf den nach ertragsteuerlichen Grundsätzen ermittelten Verlust an (siehe auch OFD Cottbus vom 10.09.1996, DB 1996 S. 2004). Zur **Ermittlung der (gemeinnützigkeits-)schädlichen Verluste** in diesem Sinne ist auf die Aufwendungen abzustellen, die ohne den wirtschaftlichen Geschäftsbetrieb nicht oder geringer angefallen wären. (Nur) auf die nach diesen Grundsätzen ermittelten Verluste müssen sich die Maßnahmen der gemeinnützigen Körperschaft zur Vermeidung bzw. Abwendung von Gemeinnützigkeitsproblemen beziehen.

2.5.5.2.3 Umgang mit „Abschreibungsverlusten" und „gemischten Aufwendungen"

In der Regel werden die Ergebnisse jedes einzelnen Geschäftsbetriebs nach den ertragsteuerlichen Gewinnermittlungsgrundsätzen (hierzu Hinweis auf Tz. 4.1.4.1) ermittelt. Ergibt diese Ermittlung **vor** Berücksichtigung der Abschreibungen für Abnutzung (AfA) mindestens ein ausgeglichenes Ergebnis, entsteht also ein – schädlicher – Verlust allein durch Abschreibungen auf die in dem Geschäftsbetrieb eingesetzten Wirtschaftsgüter, ist auch dieser **„Abschreibungsverlust"** grundsätzlich gemeinnützigkeitsschädlich. Ausgenommen sind lediglich „Abschreibungsverluste" infolge erhöhter AfA, Sonder-AfA, degressiver AfA etc. Bei der „Schädlichkeitsprüfung" ist allein auf die Abschreibung abzustellen, die durch diese Nutzung tatsächlich verursacht wird (ggf. einschließlich einer Teilwertabschreibung). Dieser Grundsatz gilt stets, wenn die genutzten Wirtschaftsgüter **ausschließlich dem Geschäftsbetrieb zugeordnet** sind (z. B. AfA auf die Gebäudeteile und Einrich-

2 Erläuterung der Bestimmungen des Abschnitts „Steuerbegünstigte Zwecke" in der AO

tungsgegenstände, die dem Gaststättenbetrieb eines Sportvereins dienen). Eine Zuordnung in diesem Sinne ist immer dann vorzunehmen, wenn ein eigenständiger Sektor eines Gebäudes (räumlich abgrenzbar) für Zwecke des Geschäftsbetriebs genutzt wird (der AEAO nennt in Nr. 4 zu § 55 Abs. 1 Nr. 1 AO – Anhang 1 – beispielhaft ausdrücklich den Gaststättenbetrieb in einer Sporthalle; zur Zuordnung der – anteiligen – Gebäudeteile wird auf BFH vom 18.05.1995 IV R 31/94, BStBl 1995 II S. 718, verwiesen).

Der **„Abschreibungsverlust"** gefährdet die Gemeinnützigkeit dann **nicht,** wenn der Verlust nur dadurch entstanden ist, dass ein dem ideellen Bereich dienendes Wirtschaftsgut zur besseren Kapazitätsauslastung und mit dem Ziel, zusätzliche Mittel für den ideellen Bereich zu beschaffen, teil- oder zeitweise in einem steuerpflichtigen wirtschaftlichen Geschäftsbetrieb genutzt wird. Das gilt jedoch nur, wenn die Körperschaft in dem betreffenden Betrieb marktübliche Entgelte fordert und wenn keine gezielten („Erweiterungs-")Anschaffungs- oder Herstellungsaufwendungen für die Nutzung im Geschäftsbetrieb angefallen sind. Diese grundsätzlichen Überlegungen gelten sinngemäß auch für andere **gemischte Aufwendungen** der Körperschaften, wie z. B. für den Bereich der Personalkosten (vgl. OFD Cottbus vom 10.09.1996, DB 1996 S. 2004; siehe hierzu auch Tz. 4.1.4.1.3).

Beispiele:

1. Ein wegen Förderung der Volks- und Berufsbildung als gemeinnützig anerkannter Verein unterhält eine überregionale Fortbildungseinrichtung mit angegliedertem Internat.

   An Wochenenden oder in Ferienzeiten vermietet der Verein einzelne Räume an verschiedene Gruppen, Firmen etc., die in den Gebäuden eigene Fortbildungsveranstaltungen oder auch Freizeiten durchführen. Aus dem in dieser Zeit ebenfalls nicht genutzten Internatsbetrieb heraus erbringt die Fortbildungseinrichtung für die Gruppen entgeltliche Beherbergungs- und Beköstigungsleistungen. Die Küche der Fortbildungseinrichtung liefert gelegentlich in der Art eines Partyservice Mahlzeiten oder Büfetts. Um den Lieferservice ausführen zu können, hat die Fortbildungseinrichtung eigens einen Lieferwagen mit speziellen Vorhaltungen für die Auslieferung angeschafft.

   Die erzielten Entgelte entsprechen den marktüblichen Preisen für vergleichbare Leistungen. Mit den erzielten Einnahmen werden zum einen die mit der Fremdvermietung anfallenden zusätzlichen Personal- und Sachkosten gedeckt sowie zum anderen ein Gewinnaufschlag erzielt, der letztlich zur (teilweisen) Deckung der bei der Körperschaft anfallenden laufenden Kosten dient. Die Einnahmen- und Ausgabenrechnung für den wirtschaftlichen Geschäftsbetrieb „Fremdvermietung" schließt unter Berücksichtigung der anteilig auf die gewerbliche Nutzung entfallenden Regel-AfA für die genutzten Räume etc. mit einem Verlust ab. Der Partyservice schließt ebenfalls mit einem Verlust ab. Ohne die Regel-AfA auf den angeschafften Lieferwagen wäre noch ein ausgeglichenes Ergebnis erzielt worden.

   Nach den vorstehenden Grundsätzen führt (nur) der Verlust aus dem Partyservice zur Gefährdung der Gemeinnützigkeit der Bildungseinrichtung.

2. Der als gemeinnützig anerkannte Kulturverein betreibt ein Kunstmuseum. Der Verein betreibt in diesem Museumsgebäude einen Museumsshop und ein Café. Weitere Geschäftsbetriebe werden von ihm nicht unterhalten.

   Der Museumsverein ermittelt die Ergebnisse der steuerpflichtigen wirtschaftlichen Geschäftsbetriebe im Wege einer Einnahmenüberschussrechnung. Der Verein hat als Betriebsausgaben Gebäudeabschreibungen (anteilig) mit 5 % berücksichtigt, soweit sie auf die für die Geschäftsbetriebe genutzten Gebäudeteile entfallen. Die weiteren Gebäudeaufwendungen, soweit sie auf die durch die Geschäftsbetriebe genutzten Gebäudeteile entfallen (wie Zinsaufwand zur Finanzierung der Herstellungskosten des Gebäudes, Instandhaltungs- und sonstige Verwaltungsaufwendungen), wurden anteilig berücksichtigt. Abschreibungen auf die Einrichtungsgegenstände, Betriebsvorrichtungen etc. für den Gaststättenbereich sind in vollem Umfang als Betriebsausgaben dem Café-Betrieb zugeordnet.

Zur Gesamtbeurteilung des Falles ist zu berücksichtigen, dass der Café-Betrieb in einem baulich gesondert dafür hergestellten Bereich eingerichtet wurde und der Museumsshop im Eingangsbereich des Museums betrieben wird (= die anteiligen Gebäudeaufwendungen wären auch ohne die Unterhaltung des Museumsshops bei dem Verein angefallen).

Die Ergebnisse nach allgemeinen Gewinnermittlungsgrundsätzen betragen:

Museumsshop: ./. 32.000 €

Café: + 10.000 €

Für Zwecke der Gewinnermittlung ist damit bei dem Verein von einem Verlust i. H. von 22.000 € auszugehen. Diesen Verlust kann der Verein nach Maßgabe des § 8 Abs. 1 KStG i. V. m. § 10d EStG im Rahmen der für die Geschäftsbetriebe bestehenden partiellen Ertragsteuerpflicht im Veranlagungsverfahren zurück- bzw. vortragen.

Ob und ggf. in welchem Umfang in Bezug auf die erzielten Verluste eine Mittelfehlverwendung anzunehmen ist, ist unter Beachtung der nachstehenden Angaben gesondert zu beurteilen:

Zum Museumsshop:

Anteilige Gebäude-AfA (5 %)
5.000 €
Anteilige sonstige Gebäudeaufwendungen
8.000 €

Zum Café:

Anteilige Gebäude-AfA (5 %)
5.000 €
(tatsächlicher wirtschaftlicher Wertverzehr – anteilig – mit 2 %; 2.000 €)
Anteilige sonstige Gebäudeaufwendungen
8.000 €

Da der Museumsshop ohne besondere bauliche Vorkehrungen im Eingangsbereich des Museums betrieben wird, wären die auf den Shop entfallenden Gebäudeaufwendungen auch ohne die Unterhaltung dieses Betriebs bei dem Verein angefallen. Ebenso ist zu beachten, dass der tatsächliche Wertverzehr für das Gebäude mit 2 % anzunehmen ist.

Für die Überprüfung einer möglichen Mittelfehlverwendung durch einen „Verlustbetrieb" ist daher das ertragsteuerliche Ergebnis des (Gesamt-)Geschäftsbetriebs gesondert zu bestimmen. Hier ist eine Korrektur wie folgt zu berücksichtigen:

Museumsshop: + 13.000 € (AfA, sonstiger Gebäudeaufwand)

Café: + 3.000 € (Korrektur der „Sonder-AfA")

Der nach ertragsteuerlichen Grundsätzen ermittelte Verlust ist daher um 16.000 € zu mindern, sodass hier (lediglich) von einer Mittelfehlverwendung i. H. von 6.000 € auszugehen ist. Unter Beachtung des Mittelverwendungsgebotes sind daher (nur) Maßnahmen zum Ausgleich i. H. dieser 6.000 € zu ergreifen.

2.5.5.2.4 Verrechnung von Verlusten und Anlaufverluste

Hat die Körperschaft bereits in den Vorjahren steuerpflichtige wirtschaftliche Geschäftsbetriebe unterhalten (auch insoweit ist auf den einheitlichen Geschäftsbetrieb abzustellen) und Gewinne dem ideellen Bereich zugeführt, können die **Verluste des Entstehungsjahres mit den „zugeführten Gewinnen"** der sechs vorangegangenen Jahre **„verrechnet" werden** (siehe AEAO Nr. 3 zu § 55 Abs. 1 Nr. 1 AO, Anhang 1). Hier wird von einer Rückgabe der in Vorjahren aus dem Bereich der steuerpflichtigen wirtschaftlichen Geschäftsbetriebe vorgenommenen Mittelzuführungen (Gewinnabführungen) gesprochen. Hat der Geschäftsbetrieb in den

2 Erläuterung der Bestimmungen des Abschnitts „Steuerbegünstigte Zwecke" in der AO

Vorjahren an den ideellen Bereich jedoch tatsächlich nur Teile des Gesamtgewinns (nach Abzug der darauf entfallenden Steuerbeträge) abgeführt, etwa weil die Möglichkeit der Rücklagenbildung im wirtschaftlichen Geschäftsbetrieb in Anspruch genommen wurde (siehe auch Tz. 2.8.6.4), kann sich die „Verrechnung" auch nur auf die tatsächlich abgeführten Gewinne beziehen. Verbleibt auch nach dieser Verrechnung noch ein nicht ausgeglichener Verlust, führt die Abdeckung dieses Verlustes mit gemeinnützigkeitsrechtlich gebundenen Mitteln im Verlustentstehungsjahr (noch) nicht sofort zur Aberkennung der Gemeinnützigkeit. Die Körperschaft muss innerhalb von 12 Monaten nach Ende des Wirtschaftsjahres, in dem der Verlust entstanden ist, dem ideellen Bereich wieder Mittel in entsprechender Höhe zuführen. Diese **Mittelzuführung** kann aus dem Gewinn des (einheitlichen) steuerpflichtigen wirtschaftlichen Geschäftsbetriebs des Folgejahres erfolgen. Die Körperschaft hat aber auch die Möglichkeit, gezielt für den Verlustausgleich Umlagen und Zuschüsse von ihren Mitgliedern oder Gesellschaftern einzufordern. Dabei ist zu beachten, dass diese Zuwendungen keine steuerbegünstigten Spenden i. S. des § 10b EStG sind (Tz. 3.10 und FG Köln vom 27.01.1998, EFG 1998 S. 756).

Beim Aufbau eines neuen (steuerpflichtigen) wirtschaftlichen Geschäftsbetriebs ist häufig mit **Anlaufverlusten** zu rechnen. Nach den Ausführungen in AEAO Nr. 7 ff. zu § 55 Abs. 1 Nr. 1 AO (Anhang 1) sind Anlaufverluste dann unschädlich für die Steuerbegünstigung, wenn mit ihnen zu rechnen war und wenn die Körperschaft innerhalb von 3 Jahren nach dem Ende des Verlustentstehungsjahres dem ideellen Bereich die wegen der Verlustabdeckung zuvor entzogenen Mittel wieder zuführt. Diese Zuführung kann entweder über entsprechende Gewinne im einheitlichen wirtschaftlichen Geschäftsbetrieb der Folgejahre erfolgen oder muss durch entsprechende Umlagen oder Zuschüsse sichergestellt werden. Der AEAO spricht hier davon, dass die Mittelzuführung „in der Regel" innerhalb von 3 Jahren nach dem Verlustentstehungsjahr erfolgen muss. Ist deutlich erkennbar, dass eine Mittelzuführung tatsächlich erfolgen wird und wird die 3-Jahres-Frist dabei nur unwesentlich überschritten, ist m. E. eine „Fristverlängerung" im Einzelfall möglich.

Nach einem Beschluss der obersten Finanzbehörden des Bundes und der Länder liegt eine für die Gemeinnützigkeit schädliche Verwendung von Mitteln auch dann nicht vor, wenn dem Geschäftsbetrieb die erforderlichen Mittel durch die **Aufnahme eines betrieblichen Darlehens** zugeführt werden bzw. bereits in dem Betrieb verwendete ideelle Mittel mittels eines Darlehens, das dem Betrieb zugeordnet wird, innerhalb der Frist von 12 Monaten nach dem Ende des Verlustentstehungsjahres an den ideellen Bereich der Körperschaft zurückgegeben werden. Voraussetzung für die Unschädlichkeit ist, dass Tilgung und Zinsen für das Darlehen ausschließlich aus Mitteln des steuerpflichtigen wirtschaftlichen Geschäftsbetriebs geleistet werden (AEAO Nr. 6 zu § 55 AO, Anhang 1).

Die Belastung von Vermögen des ideellen Bereichs mit einer **Sicherheit für ein betriebliches Darlehen** (z. B. Grundschuld auf eine Sporthalle) führt grundsätzlich zu keiner anderen Beurteilung. Die Eintragung der Grundschuld bedeutet noch keine Verwendung des belasteten Vermögens für den steuerpflichtigen wirtschaftlichen Geschäftsbetrieb. Die steuerrechtliche Zuordnung der Schuld zum wirtschaftlichen Geschäftsbetrieb ändert nichts daran, dass die Körperschaft mit ihrem gesamten Vermögen für alle Schulden haftet (siehe u. a. OFD Hannover vom 12.07.2000, DStR 2000 S. 1564).

Beispiele:
1. Der als gemeinnützig anerkannte Sportverein unterhält seit Jahren einen (einheitlichen) steuerpflichtigen wirtschaftlichen Geschäftsbetrieb (Vereinsgaststätte, Werbung, Merchandising). Er hat in den Veranlagungszeiträumen 01 bis 06 insgesamt einen Gewinn von zusammen 120.000 € (vor Steuern) erzielt. Die Körperschaftsteuer und Gewerbesteuerzahlungen belaufen sich unter Berücksichtigung eines Verlustrücktrages (siehe Verlust 07) für die Jahre 01 bis 06 auf insgesamt 40.000 €. Der Verein hat wegen einer Erweiterung der Vereinsgaststätte im wirtschaftlichen Geschäftsbetrieb eine Rücklage von insgesamt 60.000 € gebildet (zur Möglichkeit der Rücklagenbildung im wirtschaftlichen Geschäftsbetrieb siehe auch Tz. 2.8.6.4). Im Jahr 07 hat der wirtschaftliche Geschäftsbetrieb mit einem Verlust von insgesamt 40.000 € abgeschlossen (AfA wurde dabei nur in Höhe der Regel-AfA-Beträge berücksichtigt, siehe oben).

   In den Jahren 01 bis 06 wurden dem ideellen Bereich also in folgendem Umfang Mittel zugeführt:

Gewinn 01 bis 06:	120.000 €
Ertragsteuern	./. 40.000 €
Rücklagen	./. 60.000 €
Mittelzuführungen	20.000 €

   Der Verlust des Jahres 07 kann zunächst nur mit den tatsächlich dem ideellen Bereich zwischen 01 und 06 zugeführten Beträgen verrechnet werden, sodass die darüber hinausgehenden 20.000 € für einen notwendigen Ausgleich nach den vorgenannten Grundsätzen verbleiben. Entschließt sich der Sportverein allerdings, die Rücklage für die Erweiterung der Gaststätte um 20.000 € zu kürzen, sind dem ideellen Bereich im Nachhinein im Ergebnis weitere 20.000 € aus dem Geschäftsbetrieb zugeführt worden. Der Verlust des Jahres 07 stellt sich dann nicht (mehr) als Mittelfehlverwendung dar.

2. Abwandlung: Der Verein hat in den Jahren 01 bis 05 eine Rücklage zur Erweiterung der Vereinsgaststätte i. H. von 60.000 € angesammelt. Die Erweiterungsinvestition wurde in 06 durchgeführt. Die angesammelten Rücklagenbeträge wurden in 06 zur Finanzierung dieser Maßnahme eingesetzt.

   Eine Kürzung der im wirtschaftlichen Geschäftsbetrieb angesammelten Rücklage ist in diesem Fall im Nachhinein nicht mehr möglich. Dem ideellen Bereich des Vereins wurden in den Jahren 01 bis 06 tatsächlich nur 20.000 € zugeführt. Der Verlust des Jahres 07 kann daher nur i. H. von 20.000 € mit den Gewinnen der Vorjahre verrechnet werden. Die Steuerbegünstigung für 07 wird dem Verein nur dann erhalten bleiben, wenn er

   – im Jahr 08 aus dem Gewinn des einheitlichen wirtschaftlichen Geschäftsbetriebs dem ideellen Bereich mindestens 20.000 € zuführen kann. Diese Zuführung muss er entweder aus den laufenden Gewinnen des Geschäftsbetriebs sicherstellen oder der Verein könnte sich zur Veräußerung von Wirtschaftsgütern des Geschäftsbetriebs entschließen.

   Alternativ müssen dem Verein

   – noch in 08 Umlagen und Zuschüsse zum Ausgleich des Verlustes 07 zufließen oder der Verein müsste ein betriebliches Darlehen zur Verlustabdeckung aufnehmen (siehe OFD Hannover vom 12.07.2000, a. a. O.).

2.5.5.2.5 Entzug der Gemeinnützigkeit und/oder Erteilung von Auflagen

Erfolgt die Verlustabdeckung (Mittelzuführung) nicht innerhalb der 12-Monats-Frist bzw. bei Anlaufverlusten nicht innerhalb der 3-Jahres-Frist, verbleibt es bei einer gemeinnützigkeitsrechtlichen Fehlverwendung. Diese Fehlverwendung bezieht sich auf das Verlustentstehungsjahr (BFH vom 13.11.1996 I R 152/93, BStBl 1998 II S. 711). Sind z. B. auch in Folgejahren (weitere) Verluste im steuerpflichtigen wirtschaftlichen Geschäftsbetrieb entstanden, für die ebenfalls die Mittelrückführung nicht gelingt, ist auch für die betroffenen Folgejahre jeweils eine **Mittelfehlverwendung** gegeben. Für den bzw. die betreffenden Veranlagungszeiträume können der Körperschaft die **Vorteile der Gemeinnützigkeit nicht zuerkannt werden.**

Um sicherzustellen, dass eine Änderung der Steuerbescheide (des Freistellungsbescheides) für das Verlustentstehungsjahr auch nach Überprüfung der Folgejahre noch möglich ist, werden die Finanzämter diese Bescheide i. d. R. mit einem **Vorläufigkeitsvermerk** (§ 165 AO) versehen bzw. werden sie diese unter dem **Vorbehalt der Nachprüfung** (§ 164 AO) erlassen.

Erkennt die gemeinnützige Körperschaft, dass der steuerpflichtige (steuerschädliche) wirtschaftliche Geschäftsbetrieb Verluste erwirtschaftet, muss der Vorstand sofort handeln. Die für den Mittelerhalt (die Vermeidung künftiger Verluste) sinnvollsten Maßnahmen sind von ihm umgehend zu ergreifen. Entweder muss innerhalb des Betriebs durch eine geänderte Geschäftspolitik für eine Verbesserung der Ergebnislage gesorgt werden (z. B. neue Ausrichtung des Betriebs, Veränderung der Preiskalkulation etc.) oder die Körperschaft muss für den Fall, dass eine solche Maßnahme nicht erfolgversprechend erscheint, den Geschäftsbetrieb verkaufen oder die Geschäftstätigkeit aufgeben (noch vorhandene Vermögensgegenstände sind zu veräußern; die Erlöse sind sodann zeitnah für die satzungsmäßigen Zwecke zu verwenden, so auch BFH vom 01.07.2009 I R 6/08, BFH/NV 2009 S. 1837). Die Finanzverwaltung erteilt in einigen Fällen gezielt eine **Auflage zur Einstellung des betreffenden Geschäftsbetriebs** und wird bei Nichtbefolgen der Auflage oder auch in den Fällen, in denen sie feststellt, dass der Vorstand trotz Erkennens der Verlustsituation keine Maßnahmen zur Abwendung bzw. Beendigung entsprechender Verlustsituationen ergriffen hat, die Gemeinnützigkeit aberkennen (siehe hierzu auch in Schauhoff, Handbuch der Gemeinnützigkeit, 3. Auflage, Rz. 7 zu § 7).

In seinem Beschluss vom 01.07.2009 I R 6/08 (a. a. O.) weist der BFH ausdrücklich darauf hin, dass ein Verstoß gegen § 55 Abs. 1 Nr. 1 AO im Verlustfall auch dann anzunehmen ist, wenn die Körperschaft mit dem steuerpflichtigen wirtschaftlichen Geschäftsbetrieb lediglich Einnahmen einschließlich Umsatzsteuer erzielt hat, die die Freigrenze des § 64 Abs. 3 AO von 35.000 Euro nicht überschritten haben. Denn die Rechtsfolge des § 64 Abs. 3 AO erschöpft sich darin, dass die diesem Geschäftsbetrieb zuzuordnenden Besteuerungsgrundlagen nicht der Körperschaftsteuer und der Gewerbesteuer unterliegen. Der wirtschaftliche Geschäftsbetrieb ändert auch in den Jahren, in denen die Besteuerungsgrenze unterschritten wird, seinen Charakter nicht. Er wandelt sich dadurch insbesondere nicht in einen Zweckbetrieb. Verwendet eine Körperschaft für diese wirtschaftlichen Tätigkeiten Mittel des ideellen Bereichs, verstößt sie gegen das Mittelverwendungsgebot des § 55 Abs. 1 Nr. 1 AO (vgl. auch BFH vom 04.04.2007 I R 55/06, BStBl 2007 II S. 725, und die vom BFH in seinem Beschluss vom 01.07.2009, a. a. O., aufgezeigten Literaturhinweise).

Wenn man die grundlegenden Ausführungen des BFH in der Entscheidung vom 13.11.1996 (a. a. O.) und die Anweisungen der Finanzverwaltung in AEAO Nr. 3 ff. zu § 55 Abs. 1 Nr. 1 (Anhang 1) betrachtet, entscheidet sich die Zuerkennung der Steuerbegünstigung allein danach, ob ein eingetretener Verlust durch „Verrechnung" mit Gewinnen bzw. Überschüssen der Vorjahre, nachfolgenden Gewinnen bzw. Überschüssen oder gezielt eingeworbenen Mitteln zur Verlustabdeckung aufgefangen werden kann. In der Literatur hat sich u. a. vor dem Hintergrund der aktuellen Wirtschafts- und Finanzkrise eine intensive Diskussion zur gemeinnützigkeitsrechtlichen Beurteilung von Verlusten in steuerpflichtigen wirtschaftlichen Geschäftsbetrieben und der Vermögensverwaltung entwickelt (vgl. etwa Hüttemann in Gemeinnützigkeits- und Spendenrecht, 3. Auflage 2015, Rz. 6.21 f. und

Rz. 5.47; Schauhoff, Handbuch der Gemeinnützigkeit, 3. Auflage, Rz. 7 zu § 7; Hüttemann/Schön, Vermögensverwaltung und Vermögenserhaltung im Stiftungs- und Gemeinnützigkeitsrecht 2007; Orth, DStR 2009 S. 1397 m. w. N.). Hier wird mit durchaus überzeugenden Argumenten vorgetragen, dass für die Frage, unter welchen Voraussetzungen ein gemeinnützigkeitsschädlicher Verlust anzunehmen ist, darauf abgestellt werden sollte, ob die Investition oder Anlageentscheidung aus der Perspektive **ex ante** wirtschaftlich vertretbar war oder bei anhaltenden Verlusten mit einer Änderung des Betriebskonzeptes oder der Einstellung der Tätigkeit reagiert wird. Auf diese Einwendungen ist der BFH in seinem Beschluss vom 01.07.2009 I R 6/08 (a. a. O.) nicht weiter eingegangen.

2.5.5.3 Verluste im Bereich der Vermögensverwaltung

2.5.5.3.1 Verluste in der Vermögensverwaltung – eine Mittelfehlverwendung

Das Gebot der Selbstlosigkeit (§ 55 Abs. 1 Satz 1 AO) verpflichtet die steuerbegünstigten Körperschaften dazu, ihre Mittel nur (ausschließlich) für die satzungsmäßigen Zwecke einzusetzen (BFH vom 13.11.1996 I R 152/93, BStBl 1998 II S. 711). Den ideellen Bereich in diesem Sinne bilden die nach der Satzung festgelegten Tätigkeitsbereiche, die die Körperschaft im Zuge ihrer tatsächlichen Geschäftsführung ggf. mit Zweckbetrieben (i. S. von §§ 65 bis 68 AO, Tz. 2.15 ff.) verwirklicht. Ausschließlich für diese Tätigkeitsfelder muss bzw. darf die Körperschaft final ihre Mittel verwenden (final im Sinne des BFH-Urteils vom 05.02.1992 I R 63/91, BStBl 1992 II S. 748). Der Bereich der **Vermögensverwaltung steht außerhalb der ideellen Sphäre** (BFH vom 16.05.2007 I R 14/06, BStBl 2007 II S. 808). In seinem Urteil vom 13.11.1996 (a. a. O.) hat der BFH ausdrücklich festgehalten, dass der Ausgleich von Verlusten, die in einem steuerpflichtigen wirtschaftlichen Geschäftsbetrieb entstanden sind, mit Mitteln, die für die ideellen Zwecke gebunden sind, gemeinnützigkeitsschädlich ist (siehe hierzu ausführlich zu Tz. 2.5.5.2.1 unter Bezugnahme auf AEAO Nr. 3 bis 7 zu § 55 Abs. 1 Nr. 1 AO, Anhang 1).

Auch für Verluste aus dem Bereich der Vermögensverwaltung gilt der Grundsatz, dass ein Ausgleich dieser Verluste durch ideell gebundene Mittel gegen den Grundsatz der Selbstlosigkeit verstößt (siehe dazu auch Schauhoff in DStR 1998 S. 701 m. w. N.). Für Verluste, die im Bereich der Vermögensverwaltung entstanden sind, gelten die Ausführungen unter Tz. 2.5.5.2.5 daher sinngemäß (siehe AEAO Nr. 8 zu § 55 Abs. 1 Nr. 1 AO). Zur aktuellen Diskussion siehe u. a. Orth, DStR 2009 S. 1397 m. w. N.

Gemeinnützige Körperschaften müssen die Mittel, die sie bis zur endgültigen Verwendung für steuerbegünstigte Zwecke halten, ertragbringend anlegen (siehe auch BFH vom 23.10.1991 I R 19/91, BStBl 1992 II S. 62; siehe in diesem Zusammenhang auch zur unzulässigen Thesaurierung von Mitteln in Tochter-Kapitalgesellschaften Tz. 2.5.9.4).

Im Übrigen muss mit der jeweils gewählten Anlageform gewährleistet sein, dass der Körperschaft die **Mittel zeitgerecht** zur Finanzierung der steuerbegünstigten Zwecke **zur Verfügung stehen** (z. B. bei Bildung einer Rücklage nach § 62 Abs. 1 Nr. 1 und 2 AO [bis 31.12.2013: § 58 Nr. 6 AO] müssen die Finanzmittel zum Zeitpunkt der Verwirklichung des Projektes „flüssig" sein).

So wird in AEAO Nr. 15 zu § 55 Abs. 1 Nr. 1 AO (Anhang 1) darauf hingewiesen, dass z. B. die Gewährung von Darlehen, die Maßnahmen, für die eine Rücklage nach § 62 Abs. 1 Nr. 1 bzw. 2 AO (bis 31.12.2013: § 58 Nr. 6 AO) gebildet wurde, nicht verzögern dürfen. Besondere Probleme können auftreten, wenn die Körperschaft selbst eine Beteiligung an einem (gewerblichen) Unternehmen hält und sie diesem Unternehmen darlehensweise Mittel zur Verfügung stellt oder wenn sie **Darlehen an Unternehmen** gewährt, die ihren Mitgliedern nahestehen. Der **Kreditnehmer muss** in ausreichendem Maße **„sicher sein"**. Ist diese Voraussetzung nicht (mehr) gegeben, müssen die Mittel in angemessener Frist von dem Unternehmen abgezogen und anderweitig angelegt werden (vgl. R 13 Abs. 2 KStR). Gerade in den Fällen, in denen wegen fehlerhafter Risikoabschätzung gemeinnützig gebundene Mittel „verloren gehen", also fehlverwendet werden, droht unmittelbar der Entzug der Gemeinnützigkeit. In besonders schwerwiegenden Fällen kann ggf. die Gemeinnützigkeit für einen Zeitraum von 10 Jahren vor diesem Ereignis rückwirkend entzogen werden (§ 61 AO, Tz. 2.11). Zur Angemessenheit von Zinsvereinbarungen siehe u. a. BFH vom 30.05.1990 (I R 64/86, BStBl 1990 II S. 1000) und Thiel (DB 1992 S. 1900, Tz. V. 5. a), der hierzu eine „Margenteilung" vorschlägt.

2.5.5.3.2 Wann liegt ein schädlicher Verlust in der Vermögensverwaltung vor?

In AEAO Nr. 8 zu § 55 Abs. 1 Nr. 1 AO (Anhang 1) ist ausdrücklich bestimmt, dass diese Weisungen sinngemäß auf vergleichbare Fragestellungen im Bereich der Vermögensverwaltung anzuwenden sind. Damit ist grundsätzlich nicht jedes einzelne Anlagegeschäft der gemeinnützigen Körperschaft auf ein mögliches Verlustproblem hin zu untersuchen. Sind die Ergebnisse aus dem gesamten Bereich der Vermögensverwaltung noch ausgeglichen, stellen Verluste aus Einzelgeschäften im Rahmen der Vermögensverwaltung also grundsätzlich keine Mittelfehlverwendung dar.

Diese Grundaussage gilt jedoch nicht für Einzelgeschäfte, bei denen die gemeinnützige Körperschaft „planvoll" Verluste produziert oder billigend in Kauf genommen hat, wie dies etwa bei einer sog. Liebhaberei-Problematik oder bei der Investition in besonders risikoreiche (spekulative) Anlageformen angenommen werden muss. Verluste dieser Art sind unabhängig davon, ob der Bereich der Vermögensverwaltung unter Einbeziehung dieser „Sonder-Verluste" noch mit einem ausgeglichenen Ergebnis abschließt, in jedem Fall als Mittelfehlverwendung einzustufen.

Für „Anlaufverluste", die auch i. V. m. neuen Anlagegeschäften auftreten können, gilt, dass diese dann unschädlich sind, wenn sie i. d. R. innerhalb von 3 Jahren nach Ende des Verlustentstehungsjahres durch Mittelzuführungen wieder ausgeglichen werden (siehe AEAO Nr. 7 zu § 55 AO, Anhang 1). Insoweit gelten auch hier die Ausführungen zu Tz. 2.5.5.2.4 ff. sinngemäß.

Steuerbegünstigte Körperschaft dürfen ihre Mittel nur für die satzungsmäßigen Zwecke verwenden, § 55 Abs. 1 Nr. 1 Satz 1 AO. Diese gesetzliche Bestimmung verbietet es, Mittel für andere als die satzungsmäßigen Zwecke der Körperschaft zu verwenden. Ausnahmen vom Mittelverwendungsgebot hat der Gesetzgeber in § 58 AO i. V. m. § 62 AO abschließend aufgeführt. Eine Ausnahme für einen Mittelverzehr durch Verluste in steuerpflichtigen wirtschaftlichen Geschäftsbetrieben oder der Vermögensverwaltung (zur Einordnung der Vermögensverwaltung in diesem Sinne siehe BFH vom 16.05.2007 I R 14/06, BStBl 2007 II S. 808) ist dort nicht aufgeführt.

Der Mittelbegriff des § 55 Abs. 1 Nr. 1 AO ist umfassend. Er bezieht sich, anders als die Regelungen zur zeitnahen Mittelverwendung nach § 55 Abs. 1 Nr. 5 AO (Tz. 2.5.9), auf das gesamte Vermögen und die gesamten Erträgnisse (siehe u. a. Orth, DStR 2009 S. 1397, Tz. 4.1 m. w. N.) und fordert i. V. m. den Vermögensbindungsregelungen mindestens eine finale Verwendung der Mittel für steuerbegünstigte Zwecke.

Zur Beantwortung der Frage, ob im Bereich der Vermögensverwaltung wegen angefallener Verluste eine Mittelfehlverwendung eingetreten ist, sind grundsätzlich neben dem Ergebnis aus der laufenden Verwaltung auch Verluste der Vermögenssubstanz zu berücksichtigen. Sie sind spätestens dann eingetreten, wenn sie ausgabenwirksam geworden sind (vgl. auch Wallenhorst/Halczinsky in Die Besteuerung gemeinnütziger Vereine, Stiftungen etc., Kap. C Rz. 99b). Dabei bieten aus meiner Sicht die gesetzlichen Bestimmungen zur zeitnahen Mittelverwendung keine Grundlage dafür, bei der Einordnung von Substanzverlusten eine besondere Unterscheidung dahingehend vorzunehmen, ob es sich dabei um Vermögen handelt, das mit Mitteln beschafft worden ist, das zuvor in eine freie Rücklage (§ 62 Abs. 1 Nr. 3 AO, bis 31.12.2013: § 58 Nr. 7 Buchst. a AO) eingestellt worden ist, oder ob es sich dabei um Vermögen handelt, das Gegenstand der Vermögensausstattung war (vgl. in diesem Sinne Orth in DStR 2009 S. 1397, Tz. 4.5). Etwas anderes ist m. E. nur dann anzunehmen, wenn die Vermögensausstattung etwa vom Spender mit besonderen Auflagen zur Verwaltung dieser Vermögensgegenstände verbunden wurde (durch die Vorgabe bestimmter Anlagestrategien etc.).

Auch wenn im Bereich der Vermögensverwaltung nach diesen Kriterien ein dem Grunde nach schädlicher Verlust entstanden ist, sollte sich das zuständige Finanzamt unter Berücksichtigung der Verhältnisse des Einzelfalls m. E. dabei auch von den Ausführungen unter Tz. 2.5.5.2.5 leiten lassen.

Zur Bestimmung der Höhe eines schädlichen Verlustes in diesem Sinne gelten sinngemäß die Ausführungen unter Tz. 2.5.5.2.3 (Umgang mit „Abschreibungsverlusten" und „gemischten Aufwendungen") sowie zur Verrechnung von Verlusten mit Überschüssen der Vorjahre unter Tz. 2.5.5.2.4.

2.5.5.3.3 (K)eine Vorgabe für die Anlagestrategie

Der Vorstand einer steuerbegünstigten Körperschaft entscheidet darüber, wie die Anlage der Mittel vorzunehmen ist. Eine bestimmte Anlageform wird durch das Gemeinnützigkeitsrecht nicht vorgeschrieben. Zur Aufrechterhaltung der Leistungsfähigkeit sind die Mittel jedoch so zu verwalten, dass die dauerhafte Verwirklichung der Satzungszwecke sichergestellt ist. Gerade in Zeiten niedriger Zinsen stellt diese abgabenrechtliche Vorgabe die handelnden Organe vor eine Herausforderung.

Eine Gefahr für die Gemeinnützigkeit einer Körperschaft kann dann gegeben sein, wenn im Zusammenhang mit der gewählten Anlage Verluste entstehen. Daher muss die gemeinnützige Körperschaft bereits bei der Wahl der Anlageform mit großer Sorgfalt agieren. Eine gemeinnützige Körperschaft muss darauf achten, dass die **Anlageform in ausreichendem Maß für die Sicherheit der eingesetzten Mittel** bürgt. Sobald die steuerbegünstigte Körperschaft erkennt, dass diese Voraussetzung nicht (mehr) gegeben ist, muss sie alle Möglichkeiten ausschöpfen, um die Mittel in angemessener Frist aus der gewählten Anlage auszusondern und sie in anderer Weise anzulegen (siehe R 13 Abs. 2 KStR zu Pensions- und Unterstützungskassen).

Das FG Münster (vgl. das rechtskräftige Urteil vom 11.12.2014 – 3 K 323/12 Erb; das Revisionsverfahren [II R 11/15] wurde nach einer Rücknahme der Revision eingestellt) hat jüngst in diesem Zusammenhang entschieden, dass an die **Anlagestrategie** steuerbegünstigter Körperschaften folgende **Anforderungen** zu stellen sind:

2 Erläuterung der Bestimmungen des Abschnitts „Steuerbegünstigte Zwecke" in der AO

- Eine vermögenserhaltende Anlagestrategie muss darauf ausgerichtet sein, ausreichende Erträge zu erzielen.
- In Zeiten eines abnehmenden Zinsniveaus ist es aus gemeinnützigkeitsrechtlicher Sicht unschädlich, anstelle von sog. mündelsicheren Anlagen zugunsten höherer Ertragschancen auch Anlageformen zu wählen, die ein höheres Risikopotenzial aufweisen; allerdings darf eine risikobelastete Anlage das Gesamtvermögen nicht gefährden.
- Notwendig ist eine ausgewogene Risikostreuung: Riskanteren Anlagen müssen mithin ein ausreichendes Gegengewicht in solchen mit geringem Risiko besitzen.
- Hochspekulative Anlageformen sowie Investitionen in Anlagen, die einseitig und ganz oder teilweise nicht ausreichend besichert sind, sind unzulässig.

Diesem Anforderungskatalog ist zuzustimmen, sodass u. a. das Instrument der **Diversifikation** geeignet erscheint, um den Zielkonflikten zwischen Nachhaltigkeit, Sicherheit und Rentabilität im Rahmen der Vermögensanlage zu begegnen. Zur Erreichung einer ausgewogenen Risikostreuung, bedarf es allerdings der nötigen wirtschaftlichen Kenntnisse über die maßgeblichen Finanzprodukte. Diese müssen durch die Mitglieder der entscheidungsbefugten Organe – ggf. mit Hilfe externer Beratung – erworben werden, um vernünftigerweise auf Grundlage angemessener Informationen annehmen zu dürfen, mit der verfolgten Anlagepolitik zum Wohle der Körperschaft zu handeln (vgl. § 93 Abs. 1 Satz 2 AktG analog).

Hinweis: *In der Praxis entwickeln zahlreiche Vorstände steuerbegünstigter Körperschaften* **Anlagerichtlinien,** *in denen die jeweiligen Kriterien einer sinnvollen Vermögensanlage festgeschrieben sind. Diese sollten regelmäßig einer objektiven Prüfung unterzogen und bei sich ändernden Rahmenbedingungen (Kapitalausstattung der Körperschaft, Entwicklung des Finanzmarktes etc.) entsprechend angepasst werden.*

Durch die Formulierung von Anlagerichtlinien dokumentiert der Vorstand, der seine Anlageentscheidungen nach ihnen ausrichtet, dass er seiner Pflicht zu einer verantwortungsvollen Vermögensverwaltung nachkommt.

Auch andere – erwerbswirtschaftlich ausgerichtete – Einrichtungen sind verpflichtet, eine ausgewogene Anlagepolitik zu betreiben. So ist die Situation einer Lebensversicherung bei der Frage der geordneten Anlage von Mitteln (zumindest bedingt) mit der einer steuerbegünstigten Körperschaft vergleichbar (Sicherung und erfolgreiche Anlage der vorhandenen Mittel im Sinne des Satzungs- bzw. des Versicherungszwecks). § 54 VersicherungsaufsichtsG (VAG) i. V. m. der dazu erlassenen Anlageverordnung gibt den Versicherungsunternehmen im Einzelnen vor, wie/in welchen Anlageformen das Sicherungsvermögen und das sonstige gebundene Vermögen zu verwalten sind. Danach dürfen diese Mittel in Grundpfandrechten, bestimmten Schuldverschreibungen und in begrenztem Umfang in Aktien und Investmentanteilen angelegt werden. Die Anlage in Forderungen gegen Unternehmen, Genussrechte, Aktien und sonstige Gesellschaftsanteile sowie Anteile an Sondervermögen kann danach bis zu einer Höhe von max. 35 % des Sicherungsvermögens erfolgen. Zu beachten ist, dass innerhalb dieser Quote zusätzliche Beschränkungen für Anteile an Aktien bzw. Gesellschaftsanteilen, Sondervermögen und besondere Risikoinvestmentanteile gelten. Bei der Anlage von Mitteln in Hedgefonds wird in der Fachliteratur allenfalls eine kleine Beimischung in das Portfolio als unbedenklich eingestuft (vgl. Funken/Alexander in Stiftung & Sponsoring 2005, S. 26; Kayser/Richter in Handbuch Alternativer Investments,

Band 2, S. 606). Ein weiteres Beispiel aus der Privatwirtschaft wird durch die Standards, die die Bundesanstalt für Finanzdienstleistungsaufsicht (BaFin) in den Mindestanforderungen an das Risikomanagement (MaRisk – zuletzt überarbeitet durch das Rundschreiben 10/2012 vom 14.12.2012; vgl. www.bafin.de) für alle Kreditinstitute und Finanzdienstleistungsinstitute in der Bundesrepublik festgeschrieben hat, repräsentiert.

Steuerbegünstigte Körperschaften, die ihre Anlagepolitik mit der Sorgfalt eines ordentlichen und gewissenhaften Geschäftsleiters gestalten, handeln damit nach meiner Auffassung im Einklang mit dem Mittelverwendungsgebot des § 55 Abs. 1 Nr. 1 AO. Auch bei einer Anlagepolitik dieser Art lassen sich **Verluste im Zusammenhang mit einzelnen Anlageformen** nie völlig ausschließen. Stellt sich die betreffende Investition aus einer **Ex-ante-Sicht** allerdings als richtlinienkonform und damit wirtschaftlich sinnvoll dar, kann m. E. ein eingetretener Verlust allein mit Blick auf die Anlageart/die Anlagestrategie nicht als gemeinnützigkeitsschädlich eingestuft werden (in diesem Sinne auch das rechtskräftige Urteil des FG Münster vom 11.12.2014 a. a. O.; siehe auch Hüttemann in Gemeinnützigkeits- und Spendenrecht, 3. Auflage, 2015, Rz. 5.47; zum Stand der aktuellen Diskussion in Bezug auf Verluste der Vermögensverwaltung siehe Tz. 2.5.5.2.5, vgl. auch den Beschluss des BFH vom 01.07.2009 I R 6/08, BFH/NV 2009 S. 1837).

Im Übrigen sollte in diesen Fällen z. B. erwogen werden, die weitere Zuerkennung der Gemeinnützigkeit von der Erfüllung verwaltungsseitiger Auflagen zum zukünftigen Umgang mit bestimmten Vermögensgegenständen (ggf. Umschichtung innerhalb einer angemessenen Zeitspanne oder Forderung nach einer – weiteren – Zuführung von Mitteln zum Verlustausgleich) abhängig zu machen.

Kommt das zuständige Finanzamt zu dem Ergebnis, dass wegen der in einem oder in mehreren Jahren eingetretenen Verluste im Bereich der Vermögensverwaltung die Gemeinnützigkeit nicht mehr zuerkannt werden kann und ggf. auch für bereits veranlagte Zeiträume nachträglich die Gemeinnützigkeit zu entziehen ist, gelten insoweit die Ausführungen unter Tz. 2.5.5.2.5 sinngemäß.

2.5.5.4 Ausstattung eines steuerpflichtigen (steuerschädlichen) wirtschaftlichen Geschäftsbetriebs mit (zusätzlichem) Kapital

Die (erstmalige) Ausstattung eines steuerpflichtigen wirtschaftlichen Geschäftsbetriebs mit **Mitteln** i. S. von § 55 Abs. 1 Nr. 5 AO, **die der zeitnahen Verwendungspflicht unterliegen** (siehe Tz. 2.5.9.1), führt grundsätzlich zur Gefährdung der Gemeinnützigkeit. Ähnlich wie bei der Ansammlung von Kapitalvermögen ist das hier eingesetzte Kapital auf lange Sicht/auf Dauer der zeitnahen Verwendung für satzungsmäßige Zwecke entzogen (siehe hierzu auch Hüttemann, Wirtschaftliche Betätigung und steuerliche Gemeinnützigkeit, S. 45 und S. 84 ff.). Gemeinnützigkeitsschädlich ist auch die Fremdfinanzierung steuerpflichtiger Aktivitäten, wenn für Zins- und Tilgungsleistungen Mittel verwendet werden, die der zeitnahen Verwendungspflicht unterliegen. Unschädlich wäre nur eine Fremdfinanzierung, die aus den steuerpflichtigen Aktivitäten selbst getragen werden könnte (siehe auch OFD Hannover vom 12.07.2000, DStR 2000 S. 1564).

> **Beispiel:**
> Ein Sportverein richtet auf seinem Gelände eine Vereinsgaststätte ein, die er selbst betreiben will, und verwendet dafür gemeinnützigkeitsrechtlich gebundene Mittel.

Anders sind die Fälle zu beurteilen, in denen die steuerbegünstigte Körperschaft ihre Mittel lediglich kurzfristig im Rahmen steuerpflichtiger wirtschaftlicher Geschäftsbetriebe einsetzt. Dies wäre der Fall, wenn sie z. B. nur in bedarfsschwachen Zeiten Teile ihres Vermögens Dritten zur Nutzung überlässt, diese Wirtschaftsgüter für die eigenen satzungsmäßigen Tätigkeiten aber im Übrigen uneingeschränkt zur Verfügung stehen (z. B. gelegentliche „Fremd"-Vermietung der Seminargebäude eines Bildungsvereins oder Vorfinanzierung eines Vereinsfestes, BFH vom 21.08.1985 I R 60/80 und I R 3/82, BStBl 1986 II S. 88 und 92, sowie Herbert: Die wirtschaftlichen Geschäftsbetriebe des gemeinnützigen Vereins, S. 121).

Grundsätzlich bleibt festzustellen, dass der endgültige „Verbrauch" von Mitteln i. S. des § 55 Abs. 1 Nr. 1 AO in einem steuerpflichtigen wirtschaftlichen Geschäftsbetrieb (§§ 14, 64 AO) die Gemeinnützigkeit einer Körperschaft gefährdet (vgl. die insoweit bestehende „Verlustproblematik" sowie die dazu oben gemachten Ausführungen). Ebenso ist der „Verbrauch" von Mitteln in der aus gemeinnützigkeitsrechtlicher Sicht nur „geduldeten" Vermögensverwaltung für die Steuerbegünstigung einer Körperschaft gefährlich.

Gleichwohl stehen gemeinnützige Körperschaften häufig vor der Frage, ob und unter welchen Voraussetzungen sie selbst entweder bei Gründung oder Erweiterung eigene **Mittel in einen steuerpflichtigen wirtschaftlichen Geschäftsbetrieb investieren** können. Die Ausstattung des wirtschaftlichen Geschäftsbetriebs mit Eigenkapital ist nur eingeschränkt möglich.

Die gemeinnützige Körperschaft kann allenfalls die Mittel, die bei ihr im Zeitpunkt der Investition (noch) nicht der Verpflichtung zur (zeitnahen) Verwendung für die steuerbegünstigten Zwecke unterliegen, in den eigenen Betrieb investieren. Sie hat quasi das Wahlrecht zwischen einer Kapitalanlage bei einem Dritten oder der „Anlage" im eigenen Betrieb. Die Körperschaft muss bezüglich der in den wirtschaftlichen Geschäftsbetrieb investierten Mittel sicherstellen, dass die Mittel nach Maßgabe der entsprechenden Bindungen zu den richtigen Zeitpunkten wieder für die Verwendung zu steuerbegünstigten Zwecken zur Verfügung stehen (so auch Thiel, Rote Seiten, Stiftung & Sponsoring 1998). Sammelt die Körperschaft beispielsweise für ein Projekt, das sie in voraussichtlich 10 Jahren verwirklichen will, Mittel über eine Rücklage nach § 62 Abs. 1 Nr. 1 AO (bis 31.12.2013: § 58 Nr. 6 AO) an, müssen diese Mittel zur Finanzierung des Projektes am Ende des 10-Jahres-Zeitraums wieder aus dem wirtschaftlichen Geschäftsbetrieb freigestellt werden.

Verfügt die Körperschaft hingegen über Mittel, die sie nach § 62 Abs. 1 Nr. 3 AO (bis 31.12.2013: § 58 Nr. 7 Buchst. a AO) angesammelt hat, kann sie diese **Mittel dem Grunde nach unbefristet im eigenen Betrieb „parken".** Die Körperschaft muss dem eigenen Betrieb quasi ein „Darlehen" gewähren und die laufende oder einmalige Tilgung von der Art der Mittelbindung abhängig machen (so auch in BFH vom 01.07.2009 I R 6/08, BFH/NV 2009 S. 1837). Eine gesonderte (marktübliche) Verzinsung ist nicht erforderlich, da der gesamte Gewinn des steuerpflichtigen wirtschaftlichen Geschäftsbetriebs (damit der ersparte Finanzierungsaufwand für eine gedachte Fremdfinanzierung) ohnehin für die steuerbegünstigten Zwecke gebunden ist.

Die vorstehenden Überlegungen gelten sinngemäß auch für die Finanzierung des Erwerbs oder die Erhöhung von Beteiligungen an (gewerblichen) Personengesellschaften, atypisch stillen Beteiligungen oder Anteilen an Kapitalgesellschaften, die bei der steuerbegünstigten Körperschaft einen steuerpflichtigen wirtschaftlichen Geschäftsbetrieb begründen (siehe dazu auch Tönnes/Wewel, DStR 1998 S. 274,

278). Ein Übergang bzw. die Einlage von gemeinnützigkeitsrechtlich gebundenen Mitteln, ohne diese Bindungen zu berücksichtigen, ist unzulässig. Denn mit dem Übergang auf eine voll steuerpflichtige Personen- oder Kapitalgesellschaft verlieren die bisher vom steuerbegünstigten Mitunternehmer bzw. Anteilseigner unmittelbar gehaltenen Mittel die Bindungen des Gemeinnützigkeitsrechts. Weder die Mittel selbst noch deren Erträge unterliegen ab dem Einlagezeitpunkt bei der steuerpflichtigen Personen- oder Kapitalgesellschaft der Verpflichtung, sie ausschließlich, unmittelbar und zeitnah für steuerbegünstigte Zwecke einzusetzen. Der **Verlust der gemeinnützigkeitsrechtlichen Mittelbindung** ist auch dann gegeben, wenn der steuerbegünstigte Anteilseigner alle Anteile an der steuerpflichtigen Gesellschaft hält und diese überwiegend oder ausschließlich für den ideellen bzw. zweckbetrieblichen Bereich der Körperschaft tätig wird (a. A. Schick in DB 2008 S. 893; ähnlich wie Schick auch Thiel/Eversberg in DB 2007 S. 191 und DB 2007 S. 1436; kritisch dazu Rösch/Woitschell in DB 2007 S. 1434). Schick stützt seine Überlegungen u. a. auf verschiedene Entscheidungen der Finanzverwaltung und Finanzgerichte zur Einordnung und Besteuerung von Beteiligungen sowie wirtschaftlichen Geschäftsbetrieben. Die hier anstehende Frage ist jedoch allein mit Blick auf die engen Mittelverwendungsregelungen des § 55 AO zu beantworten (so auch Schmidt/Fritz in Stiftung & Sponsoring 5/2001 S. 19). Dies gilt selbst dann, wenn z. B. die Gründung oder Ausstattung einer voll steuerpflichtigen Personen- oder Kapitalgesellschaft mit gebundenen Mitteln aus betriebswirtschaftlicher Sicht vorteilhaft wäre. Auch hier gilt, dass der „Preis" für die Vorteile der Steuerbegünstigung die Bindung an die strengen Anforderungen des steuerlichen Gemeinnützigkeitsrechts ist (Thiel, GmbHR 1997 S. 10).

Werden gemeinnützigkeitsrechtlich gebundene Mittel in einer steuerpflichtigen Beteiligung in zulässigem Umfang „geparkt" (siehe dazu oben), muss im Unterschied zum Einsatz dieser Mittel im steuerpflichtigen wirtschaftlichen Geschäftsbetrieb eine angemessene Verzinsung sichergestellt sein.

Zur Problematik, unter welchen Voraussetzungen Spendenmittel in einem steuerpflichtigen wirtschaftlichen Geschäftsbetrieb eingesetzt werden können, siehe Tz. 3.10.

2.5.5.5 Ausgliederung (Outsourcing) von wirtschaftlichen Geschäftsbetrieben

Mit der Frage, ob wirtschaftliche Geschäftsbetriebe aus einer gemeinnützigen Körperschaft ausgegliedert werden können und welche gemeinnützigkeitsrechtlichen Konsequenzen damit verbunden sind, beschäftigen sich u. a. ausführlich die Beiträge von Orth in JbFStR 1993/94 S. 342 und in Recht und Sport, Boorbergverlag, Band 25, sowie von Tönnes/Wewel in DStR 1998 S. 274 und Schröder in DStR 2004 S. 1815 und 1859; zur Ausgliederung von Tätigkeiten der wissenschaftlichen Hochschulen (Betrieben gewerblicher Art) siehe Strahl in FR 1998 S. 761. Zudem werden aktuelle Zweifelsfragen zu Umstrukturierungen bei steuerbegünstigten Körperschaften aktuell innerhalb einer Arbeitsgruppe auf Bund-Länder-Ebene erörtert. Zivilrechtlich kann eine Ausgliederung als Einzelrechts- oder als Gesamtrechtsnachfolge vollzogen werden. Zu den zivil- und steuerrechtlichen Grundlagen einer Umstrukturierung gemeinnütziger Körperschaften siehe Schauhoff im Handbuch der Gemeinnützigkeit, 3. Auflage, Rz. 3 ff. zu § 19 (zu Umstrukturierungen gemeinnütziger Unternehmen und deren steuerlichen Folgen siehe auch Tz. 5).

Mit einer Ausgliederung (Outsourcing) wird regelmäßig das Ziel verfolgt, bestimmte Tätigkeiten und die damit verbundenen Vermögenswerte auf einen anderen (rechtlich selbständigen) Rechtsträger zu übertragen. Die Übertragung kann gegen Zahlung eines Kaufpreises in Geld oder – im Regelfall – **gegen Gewährung von Anteilen oder Mitgliedschaftsrechten** an dem übernehmenden Rechtsträger erfolgen. Eine Ausgliederung ist grundsätzlich immer dann ohne Nachteil für die Steuerbegünstigung der betreffenden Körperschaft, wenn die auf den neuen Rechtsträger übergehenden Mittel für die gemeinnützige Körperschaft auch weiterhin (auf Dauer) und damit mindestens **final** zur Verwendung für steuerbegünstigte Zwecke zur Verfügung stehen.

Mit der Ausgliederung darf die gemeinnützige Körperschaft im Ergebnis keinen Vermögensverlust erleiden. Eine schädliche Vermögensminderung tritt nicht ein, wenn die Vermögenswerte auf eine (selbständige) Kapitalgesellschaft übertragen werden, deren Alleingesellschafterin die gemeinnützige Körperschaft selbst ist. Wird z. B. ein steuerpflichtiger wirtschaftlicher Geschäftsbetrieb in eine (100 %ige) steuerpflichtige oder steuerbegünstigte Tochtergesellschaft eingebracht, werden die Einzelwirtschaftsgüter des Geschäftsbetriebs von der steuerbegünstigten Körperschaft ab diesem Zeitpunkt mittelbar gehalten. Die gemeinnützigkeitsrechtlich gebotene Mittelerhaltung wäre damit sichergestellt (zur Besteuerung der stillen Reserven siehe unten). Der Geschäftsbetrieb bzw. der ausgegliederte Teilbereich wird lediglich in einer anderen Rechtsform weitergeführt (es vollzieht sich eine Vermögensumschichtung [= Hingabe von Vermögen gegen Gewährung von Gesellschaftsrechten] bzw. ein Aktivtausch in der Bilanz oder Vermögensaufstellung der gemeinnützigen Körperschaft). Die Übertragung auf die Kapitalgesellschaft kann dabei entweder im Wege einer handelsrechtlich korrekt vollzogenen Sachkapitalgründung oder Sachkapitalerhöhung oder auch über eine andere (verdeckte) Einlage erfolgen (in diesem Sinne auch Thiel, GmbHR 1997 S. 10, Fn. 39).

Wird das Ziel verfolgt, eine Übertragung (Ausgliederung) auf eine Personengesellschaft oder eine Kapitalgesellschaft durchzuführen, an der neben der gemeinnützigen Körperschaft weitere Gesellschafter beteiligt sind, muss über einen zu vereinbarenden **Wertausgleich** (eine Barabfindung, ein Aufgeld) sichergestellt sein, dass der gemeinnützigen Körperschaft mit der Ausgliederung im Ergebnis keine Mittel entzogen werden.

Zu den gemeinnützigkeitsrechtlichen Problemen beim Formwechsel oder der Abspaltung verweise ich auf den Beitrag von Orth in Recht und Sport, a. a. O., und die Ausführungen von Schauhoff im Handbuch der Gemeinnützigkeit, 3. Auflage, Rz. 100 ff. zu § 19.

Die durch die Ausgliederung gewonnenen Geschäftsanteile sind bei der steuerbegünstigten Körperschaft entweder der Vermögensverwaltung oder dem (einheitlichen) steuerpflichtigen wirtschaftlichen Geschäftsbetrieb, § 64 Abs. 2 AO, zuzuordnen. Hierzu ist auf die Ausführungen zu Tz. 2.14.3.2 zu verweisen. Zur Einordnung der Beteiligung an einer Personengesellschaft siehe Tz. 2.14.3.3.

In den meisten Fällen wird die **Ausgliederung eines steuerpflichtigen wirtschaftlichen Geschäftsbetriebs in eine steuerpflichtige Kapitalgesellschaft** angestrebt. Dabei ist zu beachten, dass Leistung und Gegenleistung nach wirtschaftlichen Gesichtspunkten gegeneinander abgewogen sein müssen (siehe Tz. 2.5.7) und die in dem Geschäftsbetrieb ruhenden stillen Reserven mit dem Vermögensübergang grundsätzlich zu versteuern sind. Die Grundsätze der Betriebsaufgabe, § 16 EStG, gelten hier sinngemäß. Wird die Ausgliederung eines steuerpflichtigen wirtschaftlichen Geschäftsbetriebs, der auch nach umwandlungssteuerlichen Gesichtspunkten als **Betrieb** bzw. **Teilbetrieb** eingeordnet werden kann (siehe BMF-Schreiben vom

11.11.2011 – IV C 2 – S 1978-b/08/10001 Rn. 15.02), jedoch so vollzogen, dass die Regelungen des **§ 20 UmwStG** greifen (= Einbringung gegen Ausgabe neuer Anteile sowie Antrag auf Ansatz mit dem Buch- bzw. einem Zwischenwert bei der Beteiligungsgesellschaft), kann die Besteuerung der in dem Geschäftsbetrieb enthaltenen stillen Reserven ganz oder teilweise vermieden werden. Die steuerbegünstigte Körperschaft hält, wenn der Einbringungsvorgang bis zum 12.12.2006 und damit vor Inkrafttreten des SEStEG erfolgt ist, mit den durch die Ausgliederung bzw. Einbringung geschaffenen Anteilen **einbringungsgeborene Anteile** i. S. des § 21 Abs. 1 Satz 1 UmwStG a. F. Die Qualifizierung als einbringungsgeborene Anteile bleibt gem. § 27 UmwStG auch unter der Herrschaft des neuen Rechts erhalten. Eine innerhalb der Sperrfrist von 7 Jahren (§ 8b Abs. 4 KStG a. F.) vollzogene Veräußerung dieser Anteile bzw. die Verwirklichung einer der in § 21 Abs. 2 UmwStG a. F. genannten Vorgänge (Realisationstatbestände) führt dann bei der gemeinnützigen Körperschaft zur (vollständigen) Steuerpflicht der in den Anteilen ruhenden stillen Reserven (§ 21 Abs. 3 Nr. 2 UmwStG a. F.). Zudem unterliegt der über die eingezahlten Kapitalanteile/geleisteten Sacheinlagen hinausgehende Anteil am Veräußerungserlös grundsätzlich der Pflicht zur zeitnahen Mittelverwendung. Dies gilt allerdings nicht für die Mittel, die seinerzeit zur Ausstattung des steuerpflichtigen wirtschaftlichen Geschäftsbetriebs investiert wurden, da hierzu nur zulässiges Vermögen geeignet ist. Insoweit kann es – gerade bei vor einer Ausgliederung langfristig unterhaltenen Betrieben – bei der Bezifferung des Investitionsvolumens zu Schwierigkeiten in der Nachweisführung kommen.

Für Einbringungsanteile, die nach dem 12.12.2006 (nach Inkrafttreten des SEStEG) entstanden sind, gelten die o. g. Ausführungen mit der Maßgabe, dass die neu ausgegebenen Anteile nur in dem Umfang der im Zeitpunkt der Einbringung vorhandenen stillen Reserven steuerverhaftet bleiben. Wertsteigerungen nach der Einbringung sind somit für einen steuerpflichtigen Veräußerungsgewinn irrelevant, für Wertminderungen gilt dasselbe. Zum anderen schmilzt der steuerverhaftete Teil mit jedem vollen Jahr nach der Einbringung um jeweils 1/7 ab (§ 22 Abs. 1 Satz 3 UmwStG n. F.). Eine Veräußerung innerhalb der 7-jährigen Frist wirkt als rückwirkendes Ereignis i. S. von § 175 Abs. 1 Satz 1 Nr. 2 AO auf den Zeitpunkt der Einbringungshandlung zurück (§ 22 Abs. 1 Satz 2 UmwStG n. F.) und führt in dem betreffenden Veranlagungszeitraum zur Realisation des Einbringungsgewinns I. Für die steuerliche sowie gemeinnützigkeitsrechtliche Behandlung des Einbringungsgewinns I gelten die o. g. Ausführungen sinngemäß.

Gemäß § 22 Abs. 3 UmwStG n. F. hat die Körperschaft innerhalb des 7-Jahres-Zeitraums jährlich zum 31.05. den Nachweis zu erbringen, dass keine schädliche Anteilsübertragung (bzw. kein der Anteilsübertragung gleichgestellter Vorgang i. S. des § 22 Abs. 1 Satz 6 UmwStG n. F.) erfolgt ist, welcher zu einer rückwirkenden Besteuerung des (anteiligen) Einbringungsgewinns führt. Zu einer rückwirkenden Besteuerung kommt es nach einer Fiktion des § 22 Abs. 3 UmwStG n. F. auch dann, wenn der notwendige Nachweis nicht fristgerecht zum 31.05. eines jeden Jahres erbracht wird – und zwar ungeachtet dessen, ob tatsächlich eine Veräußerung (bzw. ein ihr gleichgestellter Vorgang) stattgefunden hat oder nicht (zur Ausgliederungsproblematik siehe auch Schauhoff im Handbuch der Gemeinnützigkeit, 3. Auflage Rz. 70 ff. zu § 19, sowie Hüttemann in Gemeinnützigkeits- und Spendenrecht, 3. Auflage, Rz. 7.76 ff. m. w. N.).

Wie bereits oben ausgeführt, muss die steuerbegünstigte Körperschaft das Vermögen, das in Geschäftsanteilen an einer Kapitalgesellschaft „gespeichert" ist, auf Dauer (final) für die satzungsmäßigen Zwecke sichern. Wird z. B. das Ziel verfolgt, im Anschluss an die Ausgliederung über eine Kapitalerhöhung neue Gesellschafter für die Kapitalgesellschaft zu gewinnen (z. B. über einen Börsengang), muss die gemeinnützige Körperschaft z. B. über die Festsetzung eines angemessenen Aufgeldes sicherstellen, dass der zum Zeitpunkt der Kapitalerhöhung bestehende Wert ihrer Geschäftsanteile oder Aktien nicht geschmälert wird. Andernfalls würde bei der steuerbegünstigten Körperschaft ein gemeinnützigkeitsschädlicher Vermögensverlust eintreten. So müsste z. B. die Ausgabe von **Vorzugsaktien an Vereinsmitglieder** als schädliche Mittelverwendung eingestuft werden. Eine Ausgabe von Vorzugsaktien **an Funktionäre** oder sonstige Angestellte der Körperschaft wäre zudem als lohnsteuerpflichtiger Sachbezug zu behandeln (siehe dazu Orth, Recht und Sport, a. a. O., S. 77 ff.).

In diesem Zusammenhang ist zu beachten, dass die Zahlung von **Verlustabdeckungen an eine (Tochter-)Kapitalgesellschaft** für die weitere Anerkennung der Gemeinnützigkeit grundsätzlich schädlich ist. Das gilt gerade für die im Wege einer Ausgliederung gewonnenen Anteile. Es gelten insoweit die Ausführungen zu Tz. 2.5.5.2 und 2.5.5.3 sinngemäß. Die vertragliche Vereinbarung einer Verlustübernahmeverpflichtung (etwa nach § 302 AktG) ist bereits dem Grunde nach als gemeinnützigkeitsschädlich einzustufen.

Zu beachten ist, dass durch die Ausgliederung selbst immer dann eine steuerpflichtige Kapitalgesellschaft bzw. ein steuerpflichtiger wirtschaftlicher Geschäftsbetrieb i. S. der §§ 14, 64 AO entsteht, wenn bisherige **Hilfstätigkeiten** einer gemeinnützigen Organisation (z. B. Küche, Wäscherei, Reinigungsdienst, Buchführungsdienstleistungen, Gehaltsabrechnungsstellen, Beratungsdienstleistungen) auf eine Kapitalgesellschaft **ausgegliedert werden** (siehe Schröder in DStR 2004 S. 1815 oder auch Schick in DB 2008 S. 893). Die bisher im Rahmen der gemeinnützigen Körperschaft als reine Hilfsfunktion einzustufende Tätigkeit wird nach Ausgliederung von der selbständigen Kapitalgesellschaft entgeltlich gegenüber dem Gesellschafter erbracht. Mit dieser Tätigkeit begründet die aufnehmende Kapitalgesellschaft, auch dann, wenn sie selbst im Übrigen als gemeinnützig anerkannt sein sollte, einen steuerpflichtigen wirtschaftlichen Geschäftsbetrieb i. S. der §§ 14, 64 AO. Zudem ist zu beachten, dass möglicherweise mit der Ausgliederung die gemeinnützigkeitsrechtliche Mittelbindung verloren geht (siehe hierzu Tz. 2.5.5.4, FinMin Brandenburg vom 22.12.2004, DStR 2005 S. 290, sowie AEAO Nr. 28 zu § 55 Abs. 1 Nr. 5 AO i. d. F. des BMF-Schreibens vom 31.01.2014). Die in diesem Zusammenhang entstehenden Problemstellungen zeigt umfassend Bartmuß am Beispiel der Gründung von Medizinischen Versorgungszentren in DB 2007 S. 706 auf.

> **Beispiel:**
>
> Das wegen Förderung des öffentlichen Gesundheitswesens als gemeinnützig anerkannte Krankenhaus stellt u. a. mit folgenden unselbständigen Betriebsabteilungen den laufenden Betrieb der Klinik sicher:
>
> – Reinigungsdienst
>
> – Küche
>
> – Technische Dienste (Facility-Management)
>
> Diese Dienste sollen künftig von einer noch zu gründenden (voll steuerpflichtigen) Tochter-GmbH entgeltlich gegenüber dem Krankenhaus erbracht werden.
>
> Die Räume, das Inventar, aber auch Teile des Personals werden der Tochter-GmbH vom Krankenhaus entgeltlich überlassen.
>
> Die Tätigkeit der Tochter-GmbH beschränkt sich darauf, sonstige Dienstleistungen an das Krankenhaus oder andere Einrichtungen zu erbringen. Sie selbst führt also keine

steuerbegünstigten Tätigkeiten aus und kann daher nicht als gemeinnützig anerkannt werden.

Bei der (gemeinnützigen) Muttergesellschaft entsteht ein steuerpflichtiger wirtschaftlicher Geschäftsbetrieb „Betriebsaufspaltung" (siehe dazu auch Tz. 2.14.4.3).

Hinweis: *Nach einem Beschluss der Körperschaftsteuerreferenten des Bundes und der Länder ist die Betriebsaufspaltung dann (= Ausnahme) dem Bereich der Vermögensverwaltung zuzuordnen, wenn die Tochter-GmbH ihre Dienstleistungen **ausschließlich** an die gemeinnützige Muttergesellschaft erbringt. Werden hingegen entsprechende Dienstleistungen auch an andere gemeinnützige Einrichtungen, an sonstige gewerbliche oder auch private Marktteilnehmer ausgeführt, sind die Vorgänge insgesamt einem steuerpflichtigen wirtschaftlichen Geschäftsbetrieb zuzuordnen.*

*Die Muttergesellschaft darf – auch bei Zuordnung des Vorgangs zur Vermögensverwaltung – nur solche Mittel zur Ausstattung der Tochter-GmbH (Stammkapital und sonstiges Eigenkapital etc.) verwenden, die bei ihr nach Maßgabe der Mittelverwendungsgrundsätze dem zulässigen Vermögen (= „Dauervermögen") zugeordnet sind. **In keinem Fall** dürfen Mittel, die der zeitnahen Verwendungspflicht unterliegen, zur Gründung und weiteren Vermögensausstattung der Tochter-GmbH eingesetzt werden (so ausdrücklich u. a. OFD Frankfurt vom 08.12.2004, DStR 2005 S. 600).*

Hinweis: *Zunehmend verfolgen z. B. Krankenhäuser das Ziel, eine Verzahnung der ambulanten und stationären Versorgung von Patienten dadurch herzustellen oder zu verbessern, dass sie auf dem Krankenhausgelände oder in der Nähe der eigenen Häuser die Ansiedlung von niedergelassenen Ärzten, Apothekern, Optikern, Sanitätshäusern und anderen Partnern fördern. Sie richten dazu Dienstleistungszentren ein und überlassen Räumlichkeiten an die jeweiligen Partner und gestellen diesen Partnern dann auch Sachmittel (Stichwort: Mitnutzung von Großgeräten) und Fachpersonal.*

*Entsprechende Gestaltungen können nur dann ohne Gefährdung der Gemeinnützigkeit durch die Trägereinrichtung umgesetzt werden, wenn der Träger diese Maßnahmen mit Fremdmitteln finanziert (beachte: Dabei darf kein Verlust entstehen, siehe auch in Tz. 2.5.5.2) oder dazu Mittel einsetzt, die **nicht** der zeitnahen Verwendungspflicht nach § 55 Abs. 1 Nr. 5 AO unterliegen (siehe hierzu auch Bartmuß, DB 2007 S. 706).*

Zu „Medizinische Versorgungszentren" (MVZ) als Zweckbetriebe i. S. des § 66 AO siehe Tz. 2.16.2.

In dem Beispielfall werden die wesentlichen Betriebsgrundlagen entgeltlich an die steuerpflichtige Tochter-GmbH überlassen. Bis zur Begründung der Betriebsaufspaltung werden die Einrichtungsgegenstände etc. direkt im ideellen Bereich oder im Zweckbetrieb Krankenhaus unter Mittelverwendungsaspekten verwendet (sie sind für die Satzungszwecke „in Gebrauch").

Nach den Mittelverwendungsregelungen (§ 55 AO) werden diese Wirtschaftsgüter mit Begründung der Betriebsaufspaltung Bestandteil des auf diese Weise entstandenen steuerpflichtigen wirtschaftlichen Geschäftsbetriebs oder sind der Vermögensverwaltung zuzuordnen. In beiden Fällen erfolgt damit also eine **„Umwidmung" dieser Vermögensgegenstände (= „Sphärenwechsel")**. Sie sind aus dem Mittelsegment „bereits für Satzungszwecke eingesetztes Vermögen" in Vermögensgegenstände umzugliedern, die „als noch nicht verwendet" einzustufen sind.

Führt die Umwidmung dieser Mittel in der Mittelverwendungsrechnung zu einem „Verwendungsrückstand" (siehe Tz. 2.5.9.1.2, sind entsprechende Mittel im Laufe der beiden Folgejahre (§ 55 Abs. 1 Nr. 5 AO) für steuerbegünstigte Zwecke zu verwenden. Stellt die Finanzverwaltung fest, dass die Körperschaft den Verwendungsrückstand in den zwei Folgejahren tatsächlich nicht abgebaut hat, wird sie grundsätzlich eine Verwendungsauflage erteilen (§ 63 Abs. 4 AO, Tz. 2.13.10) und bei Nichtbefolgen der Auflage der Körperschaft die Steuerbegünstigung entziehen.

Thiel und Eversberg vertreten in ihrem Beitrag in DB 2007 S. 191 zur Reichweite des Gebots der zeitnahen Mittelverwendung die Auffassung, dass Vermögenswerte ohne gemeinnützigkeitsschädliche Folgen im Rahmen der Vermögensverwaltung eingesetzt werden können, wenn bei der Nutzungsüberlassung die Förderung der Satzungszwecke im Vordergrund steht. Es müsse bei Tätigkeiten, die ihrem Grundcharakter nach der Vermögensverwaltung zuzuordnen seien, in Anlehnung an die Einordnung von wirtschaftlichen Geschäftsbetrieben in steuerpflichtige wirtschaftliche Geschäftsbetriebe nach §§ 14, 64 AO oder steuerfreie Zweckbetriebe nach §§ 14, 65 ff. AO auch in diesem Bereich eine vergleichbare Zuordnung erfolgen. Sie verwenden hier den **Begriff einer „Zweck-Vermögensverwaltung"** im Unterschied zur übrigen („normalen") Vermögensverwaltung.

Sie stellen die „Zweck-Vermögensverwaltung" einer unmittelbaren Erfüllung der Satzungszwecke gleich und kommen zu dem Ergebnis, dass der Einsatz von Mitteln hierfür im Einklang mit dem Gebot der zeitnahen Mittelverwendung steht.

Ausgehend davon kommen sie in ihrem Beitrag u. a. auch zu dem Ergebnis, dass etwa die Übertragung eines Vermögenswertes, der bisher als „nutzungsgebundenes Vermögen" in einem Zweckbetrieb verwendet wurde, auf eine steuerpflichtige (Tochter-)Dienstleistungs-GmbH oder die (Fremd-)Vermietung dieses Wertes im Rahmen einer „Zweck-Vermögensverwaltung" ebenfalls ohne Verstoß gegen das Gebot der zeitnahen Mittelverwendung möglich seien.

Kennzeichnend für die Annahme einer Zweckbetriebstätigkeit ist, dass eine Körperschaft damit **unmittelbar** die steuerbegünstigten Zwecke verwirklichen muss (AEAO Nr. 2 zu § 65 AO, Anhang 1). Vermögensverwaltende Tätigkeiten sind hingegen gerade dadurch geprägt, dass dabei Vermögen einem Dritten gegen Entgelt zur Nutzung überlassen wird und dann (erst) der Nutzer selbst unmittelbar tätig wird. In diesem Zusammenhang ist auch auf das Urteil des BFH vom 06.04.2005 (I R 85/04, BStBl 2005 II S. 545) einzugehen, in dem der BFH zur Überlassung eines medizinischen Großgerätes und nichtärztlichen medizinisch-technischen Personals durch ein gemeinnütziges Krankenhaus darauf hingewiesen hat, dass allein die Tatsache, dass die ausgeführte Nutzungsüberlassung die Verwirklichung der satzungsmäßigen Zwecke erleichtere und ihnen dienlich sei, weil – wie in dem Urteilsfall vorgetragen – das Krankenhaus hierdurch zusätzliche Einnahmen erziele, für die Annahme eines Zweckbetriebs nicht ausreiche (zur mittelbaren Förderung siehe auch BFH vom 07.03.2007 I R 90/04, BStBl 2007 II S. 628 m. w. N., und vom 16.05.2007 I R 14/06, BStBl 2007 II S. 808).

Dabei muss m. E. in diesem Zusammenhang darauf geachtet werden, dass nicht gegen das EU-Beihilferecht verstoßen wird. So fordert etwa Hüttemann (DB 2006 S. 914), dass eine strikte **Trennung der Sphären erhalten** bleiben muss, um zu verhindern, dass finanzielle Vorteile des ideellen Bereichs, der Vermögensverwaltung oder von Zweckbetrieben über verdeckte Maßnahmen der Quersubventionierung im Rahmen steuerpflichtiger wirtschaftlicher Geschäftsbetriebe eingesetzt werden. Dabei ist ebenso zu beachten, dass mit einem entscheidenden Einfluss auf eine (steuerpflichtige) Kapitalgesellschaft – auch ohne Vorliegen einer Betriebsaufspaltung – nach den Annahmen des EuGH bereits eine (schädliche) beihilferechtliche „wirtschaftliche Tätigkeit" angenommen werden kann.

Ich komme daher auch unabhängig von den Hinweisen auf das EU-Beihilferecht zu dem Ergebnis, dass die in dem oben angesprochenen Beispiel zur **Ausgliederung von Dienstleistungen** auf eine eigenständige (steuerpflichtige) Dienstleistungs-GmbH angeführte Übertragung von Vermögenswerten der gemeinnützigen Krankenhaus-Muttergesellschaft auf die steuerpflichtige Tochter-GmbH nur zulässig ist, **wenn hierfür „zulässiges Vermögen" eingesetzt wird** (kritisch zu den Ausführungen von Thiel/Eversberg; siehe auch Rösch/Woitschell in DB 2007 S. 1434 sowie die Replik von Thiel/Eversberg hierzu in DB 2007 S. 1436). Aus den vorgenannten Gründen kann auch den Ausführungen von Schick (DB 2008 S. 893) zur Betriebsaufspaltung und einer steuerbegünstigten Tochter-GmbH nicht gefolgt werden.

Die **Ausgliederung eines Zweckbetriebs (§§ 14, 65 bis 68 AO)** gegen Gewährung von Gesellschaftsrechten bzw. die unentgeltliche Übertragung **auf einen Rechtsträger, der seinerseits wegen Verfolgung gemeinnütziger Zwecke als steuerbegünstigt anerkannt ist,** kann dagegen grundsätzlich ohne Gefährdung der Gemeinnützigkeit für die übertragende Körperschaft erfolgen.

Beispiel:
Der wegen Förderung der öffentlichen Gesundheitspflege als gemeinnützig anerkannte Verein betreibt verschiedene Krankenhäuser, die jeweils Zweckbetriebscharakter haben, § 67 AO. Der Verein gliedert eines der Häuser gegen Gewährung von Gesellschaftsrechten auf eine Krankenhaus-GmbH aus. Die übernehmende Krankenhaus-GmbH wird ebenfalls als gemeinnützig anerkannt.

Wenn der übertragende Verein im Anschluss an den Vermögensübergang auch weiterhin selbst unmittelbar steuerbegünstigte Zwecke verfolgt (siehe hierzu Tz. 2.7), wird dem Verein nach Verwirklichung dieses Vorgangs die Steuerbegünstigung (unverändert) zuerkannt werden. Die Problematik des § 58 Nr. 2 AO stellt sich hier nicht, da beim Verein als Alleingesellschafter der gGmbH mit diesem Vorgang keine Vermögensverluste eingetreten sind (= Aktivtausch).

Allerdings stellt die Beteiligung an der steuerbegünstigten Kapitalgesellschaft bei dem Verein Vermögensverwaltung (§ 14 Satz 3 AO) dar (AEAO Nr. 3 zu § 64 Abs. 1 AO). Mithin wird im Zuge der Ausgliederung der bislang unmittelbar unterhaltene Zweckbetrieb (§ 67 AO) in den Bereich der Vermögensverwaltung überführt. Nach den Ausführungen im AEAO Nr. 28 zu § 55 Abs. 1 Nr. 5 AO i. d. F. des BMF-Schreibens vom 31.01.2014 würde insoweit, wie innerhalb des ausgegliederten Krankenhausbetriebs zeitnah zu verwendende Mittel gebunden sind, die Verwendungspflicht wiederaufleben. Im vorliegenden Fall sollte m. E. jedoch zugunsten einer praxisorientierten Behandlung des **„Sphärenwechsels"** berücksichtigt werden, dass das ausgegliederte Vermögen auch bei dem neuen Rechtsträger (= 100 %ige Tochtergesellschaft) innerhalb eines Zweckbetriebs zu steuerbegünstigten Zwecken verwendet wird. Aus diesem Grund erscheint es vertretbar, wenn die Pflicht zur zeitnahen Mittelverwendung ausnahmsweise erst im Zeitpunkt einer etwaigen Veräußerung der Anteile an der gGmbH bzw. eines Verlustes der Zweckbetriebseigenschaft auflebt.

Abwandlung:
Die Übertragung des Zweckbetriebs erfolgt unentgeltlich und die Gesellschaftsanteile der gGmbH werden von einem Fremden (z. B. einer anderen gemeinnützigen Einrichtung) gehalten.

Wenn der übertragende Verein im Anschluss an den Vermögensübergang auch weiterhin selbst unmittelbar steuerbegünstigte Zwecke verfolgt und die Grenzen des § 58

Nr. 2 AO mit der Vermögensübertragung bei ihm nicht überschritten sind, wird dem Verein nach Verwirklichung dieses Vorgangs die Steuerbegünstigung (unverändert) zuerkannt werden.

In beiden Fällen wird unterstellt, dass die übertragenen Mittel von der gGmbH unmittelbar, ausschließlich und zeitnah für gemeinnützige Zwecke verwendet werden.

Hinsichtlich der steuerlichen Behandlung einer unentgeltlichen Übertragung oder Ausgliederung eines Zweckbetriebs gegen Gewährung von Gesellschaftsrechten auf einen anderen – ebenfalls steuerbegünstigten – Rechtsträger stellt sich das Problem der Besteuerung stiller Reserven nicht. Zwar kommt im letztgenannten Fall ein Ansatz zu Buch- bzw. Zwischenwerten bei der übernehmenden Körperschaft gem. § 20 Abs. 2 Nr. 1 UmwStG nicht in Betracht. Allerdings sind von der Steuerbefreiung nach § 5 Abs. 1 Nr. 9 KStG i. V. m. §§ 65 ff. AO auch die im Zeitraum der Steuerbefreiung entstandenen stillen Reserven mit umfasst, sodass ein etwaiger Veräußerungsgewinn des Zweckbetriebs steuerfrei ist. Auf der Ebene der übernehmenden gemeinnützigen Körperschaft sind die zugegangenen Wirtschaftsgüter in einer Anfangsbilanz für den fortgeführten Zweckbetrieb mit dem Teilwert nach Maßgabe der §§ 4, 5 und 6 EStG anzusetzen, da sich auf dieser Ebene ein Einlagevorgang vollzieht.

Wie aus den Ausführungen zu den gemeinnützigkeitsrechtlichen Konsequenzen im o. g. Ausgangsbeispiel zu ersehen ist, treten besondere Fragestellungen immer dann auf, wenn bei einer fortbestehenden gemeinnützigen Körperschaft ein Zweckbetrieb etwa wegen Überschreitens von Zweckbetriebsgrenzen (siehe z. B. in §§ 67a, 68 Nr. 2 AO) oder einer erfolgten Veränderung der Betriebsstrukturen **„aus der Zweckbetriebseigenschaft aussteigt" (= „Sphärenwechsel")**. Mit dem Wandel des Zweckbetriebs zum steuerpflichtigen wirtschaftlichen Geschäftsbetrieb oder zur Vermögensverwaltung liegen insoweit wieder Mittel vor, die grundsätzlich zeitnah zu verwenden sind (siehe AEAO Nr. 28 zu § 55 Abs. 1 Nr. 5 AO, Anhang 1).

Beispiel:
Der Verein selbst ist alleiniger Gesellschafter einer **steuerpflichtigen** Hotel-GmbH. Er gliedert eines seiner Krankenhäuser im Wege der Übertragung auf die Hotel-GmbH aus.

Mit der Ausgliederung selbst hat der gemeinnützige Verein keinen Vermögensverlust erlitten. Die bisher im zweckbetrieblichen Bereich eingesetzten Mittel haben jedoch einen Wandel erfahren. Sie sind nunmehr entsprechend der Einstufung der Anteile an der Hotel-GmbH entweder der Vermögensverwaltung oder dem (einheitlichen) steuerpflichtigen wirtschaftlichen Geschäftsbetrieb zuzuordnen. Auch wird der ausgegliederte Zweckbetrieb (in Abgrenzung zu dem o. g. Beispiel) bei der Hotel-GmbH, die ihrerseits nicht steuerbegünstigt ist, nicht mehr zur Verwirklichung steuerbegünstigter Zwecke genutzt.

Die bisher im Rahmen des Krankenhauses genutzten Wirtschaftsgüter unterliegen nach dem Wandel (wieder unmittelbar) der Verpflichtung, sie zeitnah für die satzungsmäßigen Zwecke zu verwenden. Sie sind in der Mittelverwendungsrechnung aus dem Mittelsegment „bereits für Satzungszwecke eingesetzt" in Vermögensgegenstände umzugliedern, die „als noch nicht verwendet" einzustufen sind. Ergibt die Mittelverwendungsrechnung unter Berücksichtigung einer Umwidmung einen „Verwendungsrückstand" (siehe Tz. 2.5.9.1.2), sind entsprechende Mittel im Laufe der beiden Folgejahre (§ 55 Abs. 1 Nr. 5 AO) zwingend für steuerbegünstigte Zwecke zu verwenden. Kann nach Aufgabe des Krankenhausbetriebs keine satzungsmäßige Nutzung dieser Wirtschaftsgüter erreicht werden, muss die Körperschaft die betreffenden Vermögenswerte veräußern und den erzielten Veräußerungserlös sodann (zeitnah) für Satzungszwecke verwenden (verbrauchen oder in Gebrauch nehmen).

Auf eine „Versilberung" der Wirtschaftsgüter kann nur dann verzichtet werden, wenn auch nach der vollzogenen Umwidmung der Wirtschaftsgüter zum Hotelbetrieb die Mittelverwendungsrechnung (vgl. Tz. 2.5.9.1) für den gemeinnützigen Verein noch keinen Verwendungsrückstand ausweist. Gleiches gilt für den Fall, dass eine Auflösung freier Rücklagen (§ 62 Abs. 1 Nr. 3 AO – bis 31.12.2013: § 58 Nr. 7 Buchst. a AO) in Betracht kommt, deren frei werdende Mittel zeitnah für steuerbegünstigte satzungsmäßige Zwecke verwendet werden (siehe in diesem Zusammenhang auch die Ausführungen unter Tz. 2.5.9.4).

Die im Zweckbetrieb Krankenhaus bisher angesammelten stillen Reserven sind nicht steuerpflichtig. Hier greift m. E. § 13 Abs. 5 i. V. m. Abs. 2 KStG. Für die Anwendung der §§ 20, 21 UmwStG ist daher kein Raum.

2.5.5.6 Zuwendungen an Mitglieder

Die **Mitglieder** (im Sinne dieser Vorschrift gehören dazu auch der **Stifter** oder dessen Erben sowie **Trägerkörperschaften** bei Betrieben gewerblicher Art – § 55 Abs. 3 AO, Tz. 2.5.10) oder **Gesellschafter** dürfen von der Körperschaft keine Gewinnanteile und in ihrer **Eigenschaft als Mitglieder oder Gesellschafter** keine sonstigen Zuwendungen erhalten. Eine Zuwendung erhält ein Mitglied aus Mitteln der Körperschaft, wenn deren Vermögenswerte eingesetzt werden, um den wirtschaftlichen Vorteil dem Mitglied zukommen zu lassen (siehe Leisner-Egensperger in H/H/Sp, Rz. 173 ff. sowie Rz. 186 ff. zu § 55 AO).

Eine (schädliche) **Zuwendung in diesem Sinne** ist mit dem BFH (siehe Urteile vom 23.10.1991 I R 19/91, BStBl 1992 II S. 62, sowie vom 27.11.2013, BFH/NV 2014 S. 984) anzunehmen, wenn die Körperschaft ihrem Mitglied oder Gesellschafter einen wirtschaftlichen Vorteil bewusst unentgeltlich oder gegen zu niedriges Entgelt zukommen lässt. Das FG Saarland (Urteil vom 30.08.2000, EFG 2000 S. 1352) geht in Übereinstimmung mit der Rechtsprechung des BFH von einer unzulässigen Mittelzuwendung an Gesellschafter einer gemeinnützigen GmbH aus, wenn eine **verdeckte Gewinnausschüttung** nach § 8 Abs. 3 KStG anzunehmen ist. Es nimmt insbesondere auch dann eine schädliche Zuwendung an, wenn die verschärften **formalen Anforderungen,** die für beherrschende Gesellschafter gelten, nicht eingehalten sind. Dieser Grundgedanke beanspruche in erhöhtem Maße Geltung, wenn ein beherrschender Gesellschafter mit einer gemeinnützigen Körperschaft in Leistungsbeziehungen oder sonstige Zuwendungsverhältnisse trete. Ob diese Grundsätze auch auf eine Stiftung in Bezug auf deren Vorstandsmitglieder undifferenziert übertragbar sind, hängt letztlich von den Gegebenheiten des Einzelfalls ab.

Zur Veräußerung eines Grundstücks durch eine gemeinnützige Kapitalgesellschaft unterhalb des Verkehrswertes im Rahmen eines Dreiecksverhältnisses als gemeinnützigkeitsschädliche verdeckte Gewinnausschüttung siehe FG Saarland vom 05.05.1997 (EFG 1997 S. 1335). Auch der BFH hat in seinem Beschluss vom 08.08.2001 I B 40/01 (BFH/NV 2001 S. 1536) ausgeführt, dass **verdeckte Gewinnausschüttungen** i. S. des § 8 Abs. 3 KStG grundsätzlich gegen § 55 Abs. 1 Nr. 1 Satz 2 AO verstoßen. So hat der BFH festgestellt, dass ein Verein gegen den Grundsatz des Selbstlosigkeit verstößt, wenn er einem Mitglied (im Urteilsfall dem Vorsitzenden seines Vorstandes) für die Vorstandstätigkeit eine Vergütung zahlt, obwohl in der Vereinssatzung festgelegt war, dass der Vorstand seine Tätigkeiten für den Verein ehrenamtlich (im Sinne von unentgeltlich) auszuüben hatte. Zur Einrechnung von Zahlungen im Zusammenhang mit einer ehrenamtlichen Tätigkeit siehe Tz. 2.5.5.

Die zinsverbilligte oder zinsfreie **Darlehensgewährung an Vereinsmitglieder** ist grundsätzlich als schädliche Mittelverwendung zu sehen (siehe dazu BFH vom 23.10.1991, a. a. O., und AEAO Nr. 15 zu § 55 Abs. 1 Nr. 1 AO). Gleiches gilt, wenn die steuerbegünstigte Körperschaft ihren Mitgliedern unentgeltlichen **Rechtsschutz** in allgemeinen Rechtsfragen oder die kostenfreie Rechtsvertretung in Rechtsstreitigkeiten zusagt (beachte: Die Gewährung von Rechtsschutz oder Rechtsvertretung zugunsten von Personen i. S. des § 53 AO kann steuerbegünstigt sein). Sowohl in der kostenfreien Bereitstellung von Unterkunft wie auch in der gezielten und langfristigen Abgabe kostenfreien bzw. kostengünstigen Essens hat das FG München (Urteil vom 29.02.1996, EFG 1996 S. 938) eine unzulässige Zuwendung von Vereinsmitteln an Mitglieder gesehen. Diese Zuwendungen können nur dann als unschädlich für die Gemeinnützigkeit eingeordnet werden, wenn sie bedürftigen Personen i. S. des § 53 AO zugutekommen.

Zur Darlehensvergabe ohne ausreichende vertragliche Fixierung und ohne jegliche Sicherheit an ein in Schwierigkeiten geratenes Mitglied siehe auch FG München vom 29.02.1996 (a. a. O.).

In der Praxis treten vermehrt Fälle auf, in denen steuerbegünstigten Körperschaften Vermögen zugewendet wird (z. B. bei Zuwendungen von Todes wegen) und die empfangende Körperschaft gleichzeitig verpflichtet wird, aus diesem Vermögen heraus einem Dritten oder auch dem Spender selbst im Einzelnen festgelegte Leistungen zu gewähren (z. B. Übertragung eines bestimmten Vermögensgegenstandes; Einräumung einer Forderung; Aussetzung eines Vermächtnisses zugunsten eines Angehörigen, eines langjährigen Lebenspartners oder einer ehemaligen Hausangestellten; Bestellung eines Nießbrauchsrechts oder einer Rentenanwartschaft). Das **zugewendete Vermögen** ist also bereits im Zeitpunkt der Übertragung mit dieser **Verpflichtung belastet** und kommt also (nur) vermindert bei der steuerbegünstigten Körperschaft „an" (zu ertrag- und erbschaftsteuerlichen Aspekten der Vermögenszuflüsse auf der Seite der jeweils begünstigten natürlichen Personen siehe Schauhoff in DB 1996 S. 1693). Die von der steuerbegünstigten Körperschaft später vorgenommene Erfüllung der Verpflichtung ist dann nicht als schädliche Zuwendung i. S. des § 55 Abs. 1 Nr. 1 AO anzusehen (siehe AEAO Nr. 11 zu § 55 Abs. 1 Nr. 1 AO, Anhang 1). Sollte jedoch die „aufgebürdete" Verpflichtung den Gesamtwert des erhaltenen Vermögens übersteigen, wäre die Übernahme des Vermögens als schädliche Mittelverwendung i. S. des § 55 AO anzusehen. Die steuerbegünstigte Körperschaft muss auch dann zur Meidung eines Verstoßes im Sinne der Mittelverwendungspflicht ggf. die Vermögensübertragung ausschlagen, wenn zum geschenkten Vermögen z. B. ein Gewerbebetrieb oder ein Wirtschaftsgut der Vermögensverwaltung zählt, das mit erheblichen Verlustrisiken behaftet ist, siehe dazu auch IFSt-Schrift Nr. 338.

Die Körperschaft darf zur Erfüllung einer solchen Verpflichtung auch Vermögen verwenden, das bei ihr der (zulässigen) Vermögensverwaltung zugeordnet ist (insbesondere auch eine Rücklage nach § 62 Abs. 1 Nr. 3 AO – bis 31.12.2013: § 58 Nr. 7 Buchst. a AO –, Tz. 2.8.7). (Erst) wenn die (einschließlich der Vermögenszugänge) vorhandenen flüssigen **Vermögensteile zur Erfüllung der Verpflichtung** nicht ausreichen, darf die Körperschaft (ausnahmsweise) auch laufendes Einkommen (laufende Erträge) dafür einsetzen. Die Grenze dafür hat der AEAO in Nr. 12 zu § 55 Abs. 1 Nr. 1 AO (Anhang 1) auf ein Drittel des laufenden Einkommens (bezogen auf den jeweiligen Veranlagungszeitraum) festgelegt (zur Eindrittelgrenze gelten die Ausführungen zu § 58 Nr. 6 AO – bis 31.12.2013: § 58 Nr. 5 AO – sinngemäß, siehe Tz. 2.8.5).

Für steuerbegünstigte Stiftungen gibt es auf der Grundlage des § 58 Nr. 6 AO (bis 31.12.2013: § 58 Nr. 5 AO) die Möglichkeit, auch dann, wenn sie über ausreichend flüssige Vermögensmittel zur Erfüllung entsprechender Verpflichtungen verfügen sollten, bis zu einem Drittel des laufenden Einkommens dafür einzusetzen. Bei Rentenverpflichtungen ist der gesamte Rentenzahlungsbetrag bei der Eindrittelgrenze zu berücksichtigen (vgl. AEAO Nr. 12 und 13 zu § 55 Abs. 1 Nr. 1 AO, Anhang 1). Soweit das Urteil des BFH vom 21.01.1998 (II R 16/95, BStBl 1998 II S. 758) hiervon abweicht, wendet die Finanzverwaltung es über den entschiedenen Einzelfall hinaus nicht an (siehe Nichtanwendungserlass durch das BMF-Schreiben vom 06.11.1998, BStBl 1998 I S. 1446).

Angemessene Vergütungen, mit denen eine Tätigkeit z. B. als Geschäftsführer, als Aufsichtsratsmitglied oder als Angestellter abgegolten wird, oder angemessene Zinsen, die für die Überlassung eines Darlehens gezahlt werden, sind keine Zahlungen, die auf der Eigenschaft als Mitglied oder Gesellschafter beruhen (Hinweis auf Tz. 2.5.7).

Das gilt auch in den Fällen, in denen Mitglieder „ihrer" Körperschaft entgeltliche Leistungen in Form eines Kauf-, Dienst- oder Werkvertrages erbringen und die von der Körperschaft erbrachte Gegenleistung nach wirtschaftlichen Grundsätzen gegeneinander abgewogen (= angemessen) ist (AEAO Nr. 10 zu § 55 Abs. 1 AO, Anhang 1; siehe auch BFH vom 03.12.1996 I R 67/95, BStBl 1997 II S. 474; zum Prüfungsumfang vonseiten der Finanzverwaltung siehe Abschn. 10.7 Beispiel 2 Buchst. b UStAE). Das Mittelverwendungsgebot des § 55 Abs. 1 Nr. 1 AO gilt auch für den Bereich der wirtschaftlichen Geschäftsbetriebe und die Vermögensverwaltung (BFH vom 28.10.2004 I R 94/04, BFH/NV 2005 S. 160). Steuerbegünstigte Körperschaften dürfen daher auch **im Rahmen der wirtschaftlichen Geschäftsbetriebe und der Vermögensverwaltung** nur **angemessene Vergütungen** zahlen.

In diesem Zusammenhang wird häufig die Frage diskutiert, ob und ggf. in welchem Umfang im Rahmen der **Betreuung der Mitglieder** Ausgaben von den steuerbegünstigten Körperschaften getragen werden dürfen (etwa im Rahmen von Vereinsfesten, Ausflügen, Geschenke für besondere persönliche Ereignisse der Mitglieder). Nach der Regelung im AEAO Nr. 9 zu § 55 Abs. 1 Nr. 1 AO (siehe Anhang 1) sind dann keine (schädlichen) Zuwendungen anzunehmen, wenn es sich bei den Aufwendungen um Annehmlichkeiten handelt, wie sie im Rahmen der Betreuung von Mitgliedern allgemein üblich und nach allgemeiner Verkehrsauffassung als angemessen anzusehen sind. Eine feste (betragsmäßige) Grenze ist nicht genannt. Die steuerbegünstigten Körperschaften müssen darauf achten, dass sie in dieser Sache „die Kirche im Dorf lassen" (nur angemessene Aufwendungen tragen). Gibt eine steuerbegünstigte Körperschaft in übermäßigem Umfang Mittel für die Betreuung der Mitglieder aus, ist die Gemeinnützigkeit gefährdet. Lässt sich die steuerbegünstigte Körperschaft bei der Vergabe von Annehmlichkeiten an Mitglieder von den nachfolgenden Grundsätzen leiten, wird m. E. die Steuerbegünstigung regelmäßig nicht gefährdet sein:

– Es sollten grundsätzlich keine Geldgeschenke gemacht werden. Denkbar sind z. B. Geschenke wie Blumen, Genussmittel (Frühstückskorb), Bücher, Schallplatten oder auch angemessene Zuschüsse zu Vereinsfesten oder -ausflügen bzw. zur Bewirtung anlässlich von Vereinsversammlungen.

– Die Geschenke dürfen nicht zu einer besonderen Bereicherung der Mitglieder/des Mitglieds führen.

– Sonderzuwendungen an einzelne Mitglieder sollten vermieden werden. Geschenke zu besonderen persönlichen Ereignissen der Mitglieder wie etwa einem besonderen Geburtstag, einem Ehejubiläum oder einer Ehrung für langjährige Arbeit für den Verein können dagegen als unbedenklich angesehen werden.

Zu Aufmerksamkeiten und üblichen Zuwendungen an Arbeitnehmer aus lohnsteuerlicher Sicht siehe R 19.5 Abs. 4 und R 19.6 LStR (Sachzuwendungen bis zu einem Wert von 60 Euro; bis 2014: 40 Euro).

Der BFH hat es in seinem Urteil vom 13.04.1956 (III 242/55 U, BStBl 1956 III S. 171) als unschädlich angesehen, wenn ein Verein zur Pflege des guten Buches seinen Mitgliedern die von ihm veröffentlichten Bücher unentgeltlich überlässt, um seinen Bestrebungen auf diese Weise eine größere Durchschlagskraft zu verleihen.

In der **verbilligten Abgabe von Eintrittskarten an Mitglieder** z. B. für eine von dem Verein durchgeführte Konzertveranstaltung oder die Meisterschaftsspiele des Sportvereins ist grundsätzlich eine Ermäßigung des Mitgliedsbeitrags zu sehen (zu den besonderen Fragestellungen, wenn verbilligte Eintrittskarten für Veranstaltungen gewährt werden, die im Rahmen eines steuerpflichtigen wirtschaftlichen Geschäftsbetriebes stattfinden – z. B. Profisportveranstaltungen i. S. des § 67a AO –, siehe Schauhoff im Handbuch der Gemeinnützigkeit, 3. Auflage, Rz. 17 am Ende zu § 9). Eine Vorteilsgewährung an die Mitglieder und damit ein Verstoß gegen die Selbstlosigkeit i. S. des § 55 Abs. 1 Nr. 1 AO kann dann (noch) nicht angenommen werden, wenn der Ermäßigungsbetrag den Mitgliedsbeitrag des Kalenderjahres nicht übersteigt (siehe hierzu auch die Überlegungen des Bundesrechnungshofes und Jansen in DStR 1992 S. 133). Diese Betrachtungsweise wurde durch einen neuerlichen Beschluss der KSt-Referatsleiter der obersten Finanzbehörden des Bundes und der Länder bestätigt. Auch Schauhoff im Handbuch der Gemeinnützigkeit (3. Auflage, Anm. 16 und 17 zu § 9) sieht einen durch den Mitgliedsbeitrag abgedeckten verbilligten Bezug von Fachzeitschriften oder begünstigten Besuch von Bildungs- oder wissenschaftlichen Veranstaltungen noch als unschädlich an. Dabei müsse jedoch die Allgemeinheit durch diese Maßnahmen grundsätzlich angesprochen sein.

Im Rahmen von Leistungsbeziehungen zwischen verbundenen steuerbegünstigten Körperschaften bzw. juristischen Personen des öffentlichen Rechts ergibt sich regelmäßig, dass Leistungen – unabhängig davon, ob diese einem Zweckbetrieb oder einem steuerpflichtigen wirtschaftlichen Geschäftsbetrieb zugehörig sind – lediglich zu Selbstkosten erbracht werden (siehe auch Tz. 2.8.2.3). Da sich die Frage, ob etwaige Konditionen von einem ordentlichen und gewissenhaften Geschäftsleiter auch mit einem Nichtgesellschafter als Auftraggeber vereinbart worden wären, grundsätzlich negativ beantworten lässt, sind in entsprechend gelagerten Fällen die Folgen einer **verdeckten Gewinnausschüttung** (§ 8 Abs. 3 Satz 2 KStG) zu ziehen. Diese stehen in Widerspruch zu dem Selbstlosigkeitsgebot des § 55 Abs. 1 Nr. 1 Satz 2 AO.

Nach dem Urteil des BFH vom 27.11.2013 I R 17/12 (BFHE 244 S. 194) erfordert eine angemessene Vergütung die Erhebung eines **Kostenausgleichs zzgl. eines marktüblichen Gewinnaufschlags**. Zugleich wird die Möglichkeit der „Heilung" einer abweichenden Entgeltbemessung auf Grundlage des § 58 Nr. 2 AO für den Fall negiert, dass die auftraggebende Gesellschafterin nach § 5 Abs. 1 Nr. 9 KStG i. V. m. §§ 51 ff. AO selbst von der Körperschaftsteuer befreit ist oder es sich um eine juristische Person des öffentlichen Rechts handelt. Dieser Beurteilung liegt die Überlegung zugrunde, dass die ersparten Mittel nicht mit der Auflage einbehalten würden, diese ausschließlich zu steuerbegünstigten Zwecken zu verwenden, und damit eine Begünstigung steuerlich nicht begünstigter Bereiche nicht ausgeschlossen werden könne.

Hinweis: *Als Lösungsvorschlag könnte der Problematik der nicht explizit vereinbarten Mittelbindung in der Praxis m. E. auf verschiedene Weise begegnet werden: z. B. durch*

- *die Vornahme von Vereinbarungen (eindeutig und im Vorhinein getroffen), die Einsparungen an eine steuerbegünstigte Sparte zu koppeln,*
- *den Nachweis, dass der Zuwendungsempfänger mindestens einen Betrag in Höhe der Begünstigung für steuerbegünstigte Zwecke verwendet (so auch Kirchhain in DB 2014 S. 1832) oder*
- *den notwendigen Ausschluss einer schädlichen Verwendung, wenn die Gesellschafterin lediglich begünstigte Tätigkeitsbereiche (ideell und zweckbetrieblich) unterhält.*

Zum praktischen Umgang mit der neuen BFH-Rechtsprechung befindet sich derzeit ein entsprechendes BMF-Schreiben in Arbeit.

2.5.5.7 Förderung politischer Parteien

Die steuerbegünstigten Körperschaften dürfen nach § 55 Abs. 1 Nr. 1 letzter Satz AO ihre Mittel weder für die unmittelbare noch für die mittelbare Unterstützung oder Förderung politischer Parteien verwenden. Diese Bestimmung ist durch das Parteienfinanzierungsgesetz vom 22.12.1983 (BStBl 1984 I S. 7) mit Wirkung ab dem 01.01.1984 in § 55 AO eingefügt worden und hat **Geltung für alle steuerbegünstigten Körperschaften.** Damit wurde die bis dahin in § 49 Abs. 2 EStDV enthaltene Regelung in die AO übernommen. Diese Bestimmung korrespondiert mit der ebenfalls durch das oben angesprochene Gesetz geänderten Vorschrift des § 25 Abs. 1 Nr. 2 Parteiengesetz. Danach ist es den Parteien untersagt, Spenden von Körperschaften entgegenzunehmen, die steuerbegünstigte Zwecke i. S. der §§ 51 bis 68 AO verfolgen (zu diesen Fragen siehe auch BFH vom 14.03.1990 I B 79/89, BFH/NV 1991 S. 485).

2.5.6 Rückzahlung von Kapitalanteilen und Sacheinlagen
(§ 55 Abs. 1 Nr. 2 und Abs. 2 AO)

Im Fall ihres Ausscheidens oder bei Auflösung oder Aufhebung dürfen Mitglieder (Gesellschafter) einer steuerbegünstigten Körperschaft nur ihre eingezahlten Kapitalanteile **(Bareinlagen)** oder den gemeinen Wert ihrer **Sacheinlagen** zurückerhalten (siehe dazu den Beschluss des BFH vom 12.10.2012 I R 59/09, BStBl 2012 II S. 226, zu einer gemeinnützigen Kapitalgesellschaft, die ihrem ausscheidenden Gesellschafter über seine eingezahlten Kapitalanteile hinaus über den als Gehalts- und Abfindungszahlung verschleierten Kaufpreis Gewinn ausschüttete; siehe bereits Tz. 2.5.5.1). Unter Bar- und Sacheinlagen sind die Einlagen im Sinne des Handelsrechts zu verstehen, für die dem Mitglied (Gesellschafter) Gesellschaftsrechte eingeräumt worden sind. Von dieser Bestimmung sind deshalb nur **Kapitalgesellschaften** betroffen, nicht aber Vereine (siehe AEAO Nr. 22 zu § 55 Abs. 1 Nr. 2 und 4 AO, Anhang 1; bezüglich Stiftungen und Betrieben gewerblicher Art wird auf § 55 Abs. 3 AO – vgl. Tz. 2.5.10 – hingewiesen). Ausdrücklich ausgenommen von einer zulässigen Rückerstattung sind Kapitalerhöhungen der steuerbegünstigten Körperschaft, für dessen Bildung Gesellschaftsmittel (z. B. nach § 57c GmbHG) verwendet wurden (siehe AEAO Nr. 22 zu § 55 Abs. 1 Nr. 2 und 4 AO; siehe auch Tz. 2.5.9.3).

Soweit Kapitalanteile und Sacheinlagen von der Vermögensbindung ausgenommen werden, kann von dem Gesellschafter nicht die Spendenbegünstigung des § 10b EStG (§ 9 Abs. 1 Nr. 2 KStG, § 9 Nr. 5 GewStG) in Anspruch genommen werden (BFH vom 05.02.1992 I R 63/91, BStBl 1992 II S. 748).

Hat der Gesellschafter bei der Ausstattung der gemeinnützigen Kapitalgesellschaft das Buchwertprivileg des § 6 Abs. 1 Nr. 4 Satz 4 und Nr. 5 EStG in Anspruch genommen, ist die spätere Rückgewährung auf den ursprünglichen Buchwert beschränkt. Bei Rückgabe des Wirtschaftsgutes selbst ist eine mögliche Wertdifferenz durch den Gesellschafter in Geld auszugleichen (es gilt § 55 Abs. 3 AO, siehe auch Tz. 2.5.10).

Bei der Ermittlung des gemeinen Wertes der Sacheinlagen kommt es auf die **Verhältnisse im Zeitpunkt der Sacheinlage** an (§ 55 Abs. 2 AO). Die in der Zeit zwischen der Einbringung und der Rückgabe der eingebrachten Wirtschaftsgüter eingetretenen Wertsteigerungen bleiben für steuerbegünstigte Zwecke gebunden. Wird das im Wert gestiegene Wirtschaftsgut zurückgegeben, so hat der Empfänger die Wertdifferenz in Geld auszugleichen (vgl. AEAO Nr. 30 zu § 55 Abs. 2 AO, Anhang 1).

Unentgeltliche Zuwendungen (Geldmittel, Sachspenden, Leihgaben u. a.), für die keine Gesellschaftsrechte eingeräumt worden sind, fallen nicht unter § 55 Abs. 1 Nr. 2 AO (vgl. auch AEAO Nr. 22 zu § 55 Abs. 1 Nr. 2 und 4 AO, Anhang 1).

2.5.7 Begünstigungsverbot (§ 55 Abs. 1 Nr. 3 AO)

Eine steuerbegünstigte Körperschaft darf **keine Person** durch Ausgaben, die dem Zweck der Körperschaft fremd sind, oder durch unverhältnismäßig hohe Vergütungen **begünstigen** (zu schädlichen Zuwendungen siehe auch Tz. 2.5.5.6). Das trifft in besonderem Maße für Mitglieder oder Gesellschafter der steuerbegünstigten Körperschaft zu. So hat der BFH ausdrücklich festgestellt, dass sich verdeckte Gewinnausschüttungen i. S. des § 8 Abs. 3 KStG auch im Verhältnis zwischen einem Verein und seinen Mitgliedern vollziehen können und **verdeckte Gewinnausschüttungen** i. S. des § 8 Abs. 3 KStG grundsätzlich gegen § 55 Abs. 1 Nr. 1 Satz 2 AO verstoßen (BFH vom 08.08.2001 I B 40/01, BFH/NV 2001 S. 1536; siehe auch BFH vom 27.11.2013 I R 17/12, BFHE 244 S. 194, und die Ausführungen in Tz. 2.5.5.6). Es ist hier vor allem an unverhältnismäßig hohe Aufwandsentschädigungen oder Sitzungsgelder, unangemessene Reisekosten u. a. an Vorstands-, Aufsichtsrats- oder Beiratsmitglieder einer Körperschaft zu denken. Die Grenze, ab der Vergütungen als unangemessen anzusehen sind, lässt sich nicht nach absoluten Beträgen festlegen. Als angemessen ist das anzusehen, was für eine vergleichbare Tätigkeit oder Leistung üblicherweise auch von nicht steuerbegünstigten Einrichtungen (Wirtschaftsunternehmen, staatlichen Einrichtungen) gezahlt wird. So kann z. B. ein (auch sonst übliches) Spitzenhonorar für den Vortrag eines Wissenschaftlers oder für dessen Tätigkeit im Beirat einer wissenschaftlichen Zwecken dienenden Stiftung noch als angemessen anzuerkennen sein.

Als schädliche Ausgabe in diesem Sinne sind z. B. auch Einnahmenverzichte (wie **gewährte Preisvorteile**) zu werten. Bei Darlehen an Arbeitnehmer kann der (teilweise) Verzicht auf eine übliche Verzinsung jedoch als Bestandteil des Arbeitslohns angesehen werden, wenn dieser insgesamt, also einschließlich des Zinsvorteils, angemessen ist und der Zinsverzicht auch von der Körperschaft als Arbeitslohn behandelt wird (z. B. Abführung von Lohnsteuer und Sozialversicherungsbeiträgen), siehe AEAO Nr. 15 zu § 55 Abs. 1 Nr. 1 AO, Anhang 1.

Zudem hat der BFH in seiner Entscheidung vom 08.08.2001 (a. a. O.) deutlich gemacht, dass z. B. auch die Zahlung von angemessenen Vergütungen an Organmitglieder einer gemeinnützigen Körperschaft dann eine schädliche Mittelverwendung i. S. des § 55 Abs. 1 Nr. 1 und 3 AO darstellt, wenn in der Satzung des Vereins, der Stiftung oder im Gesellschaftsvertrag (bei einer gemeinnützigen GmbH oder AG) ausdrücklich festgelegt ist, dass Tätigkeiten für die gemeinnützige Körperschaft ehrenamtlich auszuüben sind. Angemessene Vergütungen dürfen steuerbegünstigte Körperschaften daher immer nur dann im Einklang mit dem Gemeinnützigkeitsrecht zahlen, wenn in der Satzung eine Bestimmung zur Zahlung etwaiger Tätigkeitsvergütungen enthalten ist (siehe weiter unten).

Der Begriff **„Ehrenamt"** ist weder im BGB noch in einem anderen Zusammenhang gesetzlich definiert. Der BFH geht z. B. in seiner Entscheidung vom 08.08.2001 I B 40/01 (BFH/NV 2001 S. 1536) davon aus, dass eine ehrenamtliche Tätigkeit unentgeltlich ausgeübt wird. Unentgeltlich ist die Tätigkeit immer dann, wenn sie von keiner Gegenleistung (weder in Form von Geld noch in Form von Naturalien) abhängig ist.

Dies bedeutet jedoch nicht, dass jeder wirtschaftliche Vorteil zur Verneinung der Unentgeltlichkeit führt. Wird für einen Vereinsvorstand für seine Tätigkeit lediglich eine Aufwandsentschädigung in Form eines **reinen Auslagenersatzes,** insbesondere für Fahrtkosten, Schreib- und Portoauslagen, geleistet, so steht dies der Unentgeltlichkeit nicht entgegen (siehe auch BT-Drucksache 16/10120 S. 7). Dabei können Fahrt- und Reisekosten pauschal ohne Bedenken in Höhe des lohnsteuerlich zugelassenen Umfangs, im Übrigen nur auf der Grundlage von Einzelnachweisen, ersetzt werden.

Wurden Vergütungen als Ersatz für entgangene Verdienste bzw. Pauschalleistungen für Zeitaufwand gezahlt, können die Tätigkeiten **nicht** als ehrenamtlich eingestuft werden. Der Einzelnachweis der Aufwendungen ist nicht erforderlich, wenn pauschale Zahlungen den tatsächlichen Aufwand offensichtlich nicht übersteigen; dies gilt nicht, wenn durch die pauschalen Zahlungen auch Zeitaufwand abgedeckt werden soll (BMF-Schreiben vom 25.11.2008, BStBl 2008 I S. 895).

Im Vereinsrecht besteht die Besonderheit, dass der Vorstand nach den Regelungen in § 27 Abs. 3, §§ 664 ff. BGB keinen Anspruch auf eine Vergütung für seine Organtätigkeiten hat. Für die Rechtsstellung des Vorstands verweist der Gesetzgeber in § 27 Abs. 3, § 86 BGB auf die Vorschriften des Auftragsrechts. Für Mitglieder anderer Organe (wie etwa dem Beirat oder dem Aufsichtsrat) gelten diese Grundsätze entsprechend. Damit haben die Organmitglieder von Vereinen nach § 670 BGB nur Anspruch auf Ersatz der ihnen tatsächlich entstandenen Aufwendungen. Von dieser gesetzlichen Vorgabe kann nach § 40 BGB nur durch eine ausdrückliche Satzungsregelung (eine „Öffnungsklausel") abgewichen werden. Will ein Verein seine Organmitglieder für Tätigkeiten in Ausübung ihres Vereinsamtes bezahlen, muss dies in der Satzung ausdrücklich vorgesehen sein oder es muss eine Öffnungsklausel vorliegen. Durch das Ehrenamtsstärkungsgesetz vom 21.03.2013 (BGBl 2013 I S. 556) wurde der (durch Satzung oder Gesellschaftsvertrag abdingbare) Grundsatz des unentgeltlichen Tätigwerdens von Mitgliedern des Vorstands mit Wirkung ab dem 01.01.2015 gesetzlich festgeschrieben. Aus abgabenrechtlicher Sicht handelt es sich insoweit jedoch lediglich um eine **klarstellende** Regelung, da sich die Finanzverwaltung bereits mit BMF-Schreiben vom 14.10.2009 (BStBl 2009 I

S. 1318), neuerlich mit BMF-Schreiben vom 21.11.2014 (IV C 4 – S 2121/07/0010 :032, BStBl 2014 I S. 1581), sowie den Ausführungen im AEAO Nr. 23 zu § 55 Abs. 1 Nr. 3 AO im Zuge der Umsetzung der durch das Gesetz zur weiteren Stärkung des bürgerschaftlichen Engagements vom 10.10.2007 (BGBl 2007 I S. 2332) geschaffenen Möglichkeit zur Inanspruchnahme des Ehrenamts-Freibetrags nach § 3 Nr. 26a EStG für die Notwendigkeit einer entsprechenden Satzungsregelung (mit einer seinerzeit festgelegten Übergangsfrist für Satzungsänderungen bis zum 31.12.2010) ausgesprochen hatte. Mithin verstößt eine Körperschaft, deren Satzung nicht ausdrücklich die **Bezahlung des Vorstands** erlaubt und die dennoch Aufwandsentschädigungen oder sonstige Vergütungen an Mitglieder des Vorstands zahlt, **gegen das Gebot der Selbstlosigkeit des § 55 AO.** Hierbei wird u. a. darauf hingewiesen, dass zur Bezahlung des Vorstands auch Vergütungen gehören, die – z. B. wegen einer Aufrechnung oder der Durchführung einer Aufwands-/Rückspende – nicht in bar oder durch Überweisung tatsächlich ausgezahlt werden.

Vereine, die **ohne** eine Öffnungsklausel in der Satzung entsprechende Zahlungen an Organmitglieder leisten, bewirken damit eine fehlerhafte Mittelverwendung i. S. des § 55 Abs. 1 Nr. 3 AO, die zur Aberkennung der Steuerbegünstigungen führt. Das gilt auch, wenn der Verein an Vorstandsmitglieder Zahlungen nach Maßgabe des § 3 Nr. 26a EStG erbringen will (beachte: In der Praxis werden diese Zahlungen häufig auch dann als „Aufwandsersatz" bezeichnet, wenn damit Zeitaufwand vergütet wird).

Die in diesem Zusammenhang festgelegte Übergangsfrist zur Anpassung betroffener Satzungen bis zum **31.12.2010** bleibt von der neuerlichen, zivilrechtlichen Gesetzesänderung durch das Ehrenamtsstärkungsgesetz (a. a. O.) unberührt. Das gilt auch dann, wenn nur Zahlungen im Rahmen der sog. „Ehrenamtspauschale" (bis zu 720 Euro; bis 31.12.2012: 500 Euro, § 3 Nr. 26a EStG, siehe dazu Tz. 4.6.2) geleistet werden.

Hinweis: *Hüttemann (a. a. O.) schlägt folgende Formulierungen für eine Vereinssatzung vor:*

Die Mitglieder des Vorstandes erhalten eine monatliche Aufwandspauschale in Höhe von .... € sowie zusätzlich Ersatz ihrer tatsächlichen Auslagen.

oder

Die Mitglieder des Vorstandes haben Anspruch auf eine angemessene Vergütung. Über die Höhe der Vergütung entscheidet die Mitgliederversammlung.

(siehe hierzu auch die Mustervorschläge im Anhang 5)

Werden zusätzlich zur Erledigung der Vorstandstätigkeiten von Organmitgliedern auch andere Aufgaben ausgeübt, wie etwa die eines Platzwartes oder Hausmeisters bzw. nebenberufliche Tätigkeiten als Übungsleiter, Ausbilder, Erzieher, Betreuer etc. gegen Zahlung einer angemessenen Vergütung, erhalten sie diese Zahlungen nicht in ihrer Eigenschaft als Organmitglieder. Diesen Tätigkeiten liegen grundsätzlich gesonderte Vereinbarungen zwischen dem Verein und dem Übungsleiter etc. zugrunde. Zahlungen für die Erledigung dieser Aufgaben unterliegen – soweit sie der Höhe nach angemessen sind – nicht den vorgenannten Einschränkungen (sie unterliegen bei Einhaltung der Voraussetzungen des § 3 Nr. 26, Nr. 26a EStG bei den Empfängern bis zu 2.400 Euro [bis 31.12.2012: 2.100 Euro] bzw. 720 Euro [bis 31.12.2012: 500 Euro] nicht der Einkommensteuer, siehe dazu Tz. 4.6). Sie können also auch ohne eine Satzungsänderung – eine „Öffnungsklausel" – (ggf. wie bisher) an Organmitglieder des Vereins gezahlt werden.

Bei Vereinsmitgliedern und Stiftern, die im Verein bzw. in der Stiftung maßgeblichen Einfluss auf die Willensbildung haben, sollten Aufwendungen zugunsten dieser Personen nur aufgrund klarer, **im Vorhinein abgeschlossener und tatsächlich auch durchgeführter Vereinbarungen** geleistet werden. Werden entsprechende Aufwendungen gezahlt, ohne dass dem klare Vereinbarungen zugrunde liegen, oder wird von diesen Vereinbarungen abgewichen, liegt die Vermutung nahe, dass den Aufwendungen nicht die vorgegebene schuldrechtliche Vereinbarung, sondern die Absicht zugrunde liegt, der dem Verein oder der Stiftung „nahestehenden" Person einen (unzulässigen) Vorteil zuzuwenden. Zweckmäßigerweise sollten zumindest Arbeits- und Mietverträge schriftlich abgeschlossen werden. An diese Verträge müssen sich die Beteiligten halten, d. h., die dort wechselseitig versprochenen Leistungen müssen auch tatsächlich erbracht werden. Eventuelle Vertragsänderungen, z. B. Miet- oder Gehaltsänderungen, sind schriftlich festzuhalten und sollten nur mit Wirkung für die Zukunft vereinbart werden (in diesem Sinne auch FG Saarland vom 02.10.1996, EFG 1997 S. 38).

Bei Verstößen gegen die vorgenannten Grundsätze kann die Körperschaft für die Veranlagungszeiträume, in denen der **schädliche Mittelabfluss** vollzogen wurde, nicht als steuerbegünstigt anerkannt werden. Möglicherweise **wirkt ein solcher Verstoß über den Veranlagungszeitraum** der (schädlichen) Verausgabung der Mittel hinaus.

> **Beispiel:**
> Eine steuerbegünstigte GmbH erwirbt ein Grundstück von der Ehefrau des Geschäftsführers zu einem weit überhöhten (unangemessenen) Kaufpreis.
> Hierin ist ein Verstoß gegen den Grundsatz des § 55 Abs. 1 Nr. 3 AO zu sehen, der zur Versagung der Steuerbefreiung der Körperschaft für den Veranlagungszeitraum des Grundstückserwerbs führt. Dieser Verstoß führt auch zur Versagung der Steuerbefreiung für die nachfolgenden Veranlagungszeiträume, wenn die Körperschaft einen ihr möglicherweise zustehenden Ersatz- oder Erstattungsanspruch (in Höhe des überhöhten Kaufpreises) nicht geltend macht (im Übrigen müsste in dem hier geschilderten Fall auch geprüft werden, ob der Geschäftsführer in Höhe des Preisvorteils ggf. Arbeitslohn bezogen hat).

Hält z. B. eine steuerbegünstigte Körperschaft sämtliche (stimmrechtsvermittelnde) Geschäftsanteile an einer steuerpflichtigen Kapitalgesellschaft und werden dem Geschäftsführer der Kapitalgesellschaft mit Duldung der steuerbegünstigten Körperschaft (etwa bei Personenidentität in den Entscheidungsgremien) Vermögensvorteile zugewendet, die dem Grunde nach als verdeckte Gewinnausschüttungen zu qualifizieren sind, ist eine schädliche Mittelzuwendung i. S. des § 55 Abs. 1 Nr. 3 AO anzunehmen. In diesem Fall ist ein **„Durchgriff" durch die** – an sich rechtlich selbständige – **Kapitalgesellschaft** zulässig. Denn im Ergebnis ist auf diese Weise durch Mitwirkung bzw. Untätigkeit des gemeinnützigen Gesellschafters bei der steuerbegünstigten Körperschaft ein unzulässiger Mittelabfluss eingetreten. In Fällen, in denen eine steuerbegünstigte Körperschaft zwar über die nominelle Anteilsmehrheit an einer Kapitalgesellschaft verfügt, jedoch über keine bzw. eine geminderte Beteiligung an den entsprechenden Stimmrechten (vgl. z. B. Doppelstiftungsmodelle), kann ihr die Geschäftspolitik innerhalb der Kapitalgesellschaft (z. B. überhöhte Geschäftsführergehälter oder eine hohe Thesaurierungsquote) nicht unter gemeinnützigkeitsrechtlichen Gesichtspunkten zugerechnet werden (in diesem Sinne auch Ihle in RNotZ 2009, Heft 12 S. 637, sowie Gummert in Die Stiftung – Jahreshefte zum Stiftungswesen, 6. Jahrgang 2012, S. 118). Im Zuge des Erwerbs etwaiger Anteile oder der Annahme einer Zuwendung hat die steuerbegünstigte Körperschaft jedoch darauf zu achten, dass ihr durch die Beteiligung ein angemessener Vermögensvorteil vermittelt wird, der einer Verwirklichung ihrer satzungsmäßigen Zwecke zuträglich ist.

Werden bei wissenschaftlichen Tagungen, Vorträgen und Veranstaltungen zu einem geringen Teil auch Aufwendungen für übliche **Annehmlichkeiten** und kleine Aufmerksamkeiten getragen, ist hierin noch keine unzulässige Mittelverwendung zu erkennen.

2.5.8 Vermögensbindung (§ 55 Abs. 1 Nr. 4 AO)

§ 55 Abs. 1 Nr. 4 AO enthält den wichtigen Grundsatz der **Vermögensbindung.** Durch ihn soll sichergestellt werden, dass auch im Fall der Auflösung oder Aufhebung der Körperschaft oder bei Wegfall ihres bisherigen (steuerbegünstigten) Zwecks das Vermögen nur für gemeinnützige, mildtätige oder kirchliche Zwecke verwendet oder auf eine steuerbegünstigte Körperschaft bzw. eine Körperschaft des öffentlichen Rechts zur Verwendung für steuerbegünstigte Zwecke übertragen wird. Das Vermögen, das sich vor dem Eintritt in die Steuerbegünstigung angesammelt hat, unterliegt ebenso der Vermögensbindung nach § 55 Abs. 1 Nr. 4 AO wie das Vermögen, welches seit dem Eintritt in die Steuerbegünstigung gebildet wurde (FinMin Brandenburg vom 31.08.1993, FR 1993 S. 758, und Gmach, FR 1995 S. 85, 90). Die Mitglieder (Gesellschafter) dürfen nur ihre eingezahlten Kapitalanteile und den gemeinen Wert ihrer Sacheinlagen zurückerhalten (vgl. oben zu § 55 Abs. 1 Nr. 2 AO – Tz. 2.5.6). Für den Wertansatz zurückzugewährender Sacheinlagen gelten die Ausführungen in Tz. 2.5.6 entsprechend (vgl. auch § 55 Abs. 2 AO).

Der bisherige Zweck einer Körperschaft kann durch Satzungsänderung oder auch durch die tatsächliche Geschäftsführung wegfallen. In beiden Fällen greift die Vermögensbindung ein (vgl. Tz. 2.11).

Die **Vermögensbindung muss in der Satzung ausdrücklich geregelt sein** (§ 61 AO). Fehlt sie, so können steuerliche Vergünstigungen nicht gewährt werden; wird sie nachträglich aufgehoben oder so geändert, dass sie den steuerlichen Anforderungen nicht mehr entspricht, gilt sie **von Anfang an als nicht ausreichend** mit der Folge, dass Steuern nacherhoben werden (vgl. Tz. 2.11).

Es fehlt an einer ausreichenden Vermögensbindung, wenn für den Fall der Auflösung oder Aufhebung der steuerbegünstigten Körperschaft oder des Wegfalls ihres steuerbegünstigten Zwecks eine ausländische Körperschaft außerhalb der EU- bzw. EWR-Staaten als Empfängerin des Vermögens benannt wird. Nach dem Wortlaut des § 55 Abs. 1 Nr. 4 AO muss es sich bei einem Empfänger des Vermögens um eine „steuerbegünstigte Körperschaft" handeln.

Nach Änderung des § 5 Abs. 2 Nr. 2 KStG durch das JStG 2009 sind in die Körperschaftsteuerbefreiung nach § 5 Abs. 1 Nr. 9 KStG alle in der Europäischen Union bzw. in dem Gebiet des Europäischen Wirtschaftsraums ansässigen, in Deutschland beschränkt steuerpflichtigen Körperschaften einbezogen worden (vgl. hierzu auch Tz. 2.1.1). Auch diese Körperschaften können dem Grunde nach als Letztempfänger in der Vermögensbindung einer inländischen oder im EU-/EWR-Ausland ansässigen steuerbegünstigten Körperschaft genannt werden (siehe AEAO Nr. 25 zu § 55 Abs. 1 Nr. 4 AO sowie Nr. 1 zu § 61 AO). Dabei gilt, dass eine wirksame Vermögensbindung bei Benennung einer EU-/EWR-Körperschaft nur dann vorliegt, wenn die als Letztempfängerin genannte Körperschaft mit ihren Aktivitäten tatsächlich auch die Anforderungen des strukturellen Inlandsbezugs erfüllt, d. h., dass natürliche Personen, die ihren Wohnsitz oder ihren gewöhnlichen Aufenthalt im Geltungsbereich dieses Gesetzes haben, gefördert werden oder die Tätigkeit der Körperschaft neben der Verwirklichung der steuerbegünstigten Zwecke auch zum Ansehen der Bundesrepublik Deutschland im Ausland beitragen kann (ausführlicher zum strukturellen Inlandsbezug siehe zu § 51 Abs. 2 AO, Tz. 2.1.1.1). Die Einsetzung einer ausländischen juristischen Person des öffentlichen Rechts als Letztempfängerin kommt hingegen nicht in Betracht.

Hinweis: *Der strukturelle Inlandsbezug (§ 51 Abs. 2 AO) wurde mit Wirkung ab dem 01.01.2009 neu in die AO aufgenommen.*

Im Umgang mit dieser Anforderung gibt es weiterhin offene Fragen, insbesondere hinsichtlich einer geeigneten Nachweisführung durch ausländische Körperschaften, für die in Bezug auf die Möglichkeit einer Ansehenssteigerung der Bundesrepublik Deutschland im Ausland eine Indizwirkung nicht in Betracht kommt.

Diese Fragestellung kann vermieden werden, wenn in der Vermögensbindung als Letztempfänger eine inländische steuerbegünstigte Körperschaft des privaten oder öffentlichen Rechts benannt wird. Im Zweifel kann daran gedacht werden, eine im Inland ansässige Förderkörperschaft i. S. des § 58 Nr. 1 AO zu benennen. Denn inländische Förderkörperschaften i. S. des § 58 Nr. 1 AO werden auch dann als steuerbegünstigt anerkannt, wenn sie steuerbegünstigte Zwecke im Ausland fördern (siehe dazu § 58 Nr. 1 AO Tz. 2.8.1; zum strukturellen Inlandsbezug von Förderkörperschaften siehe auch BT-Drucksache 16/11108 S. 56).

Für den Fall, dass das nach Abzug von Verbindlichkeiten bzw. etwaigen Kapitalanteilen/Sacheinlagen verbleibende Vermögen einer anderen steuerbegünstigten Körperschaft oder juristischen Person des öffentlichen Rechts übertragen werden soll (§ 55 Abs. 1 Nr. 4 Satz 2 AO), muss sichergestellt sein, dass bei der Mittelempfängerin eine ausschließliche und unmittelbare Verwendung für steuerbegünstigte Zwecke stattfindet. Die hingebende Körperschaft kann den ordnungsgemäßen Vermögensanfall über die Vorlage eines **Freistellungsbescheides, einer Anlage zum KSt-Bescheid bzw. einer § 60a-Feststellung der Empfängerkörperschaft nachweisen.** Einer juristischen Person des öffentlichen Rechts sollte im Zuge der Mittelübertragung eine entsprechende **Verwendungsauflage** erteilt werden. Eine tatsächliche Verwendung zu anderen (nicht begünstigten) Zwecken durch die Mittelempfängerin oder eine rückwirkende Aberkennung der Steuerbegünstigung (§ 61 Abs. 3 AO) kann m. E. aus Gründen des **Vertrauensschutzes** keine schädlichen Folgen für die hingebende Körperschaft, die nicht bösgläubig ist, auslösen (vgl. auch die Ausführungen zum Vertrauensschutz für Mittelweitergaben nach § 58 Nr. 1 bis 3 AO unter Tz. 2.8.1, 2.8.2.1 sowie 2.8.3.1).

Mit dem JStG 2009 hat der Gesetzgeber die bisher im AEAO zu § 60 AO enthaltene Mustersatzung überarbeitet und als Anlage 1 zu § 60 AO in das Gesetz aufgenommen (vgl. Anhang 5). Damit können gemeinnützigen Körperschaften, die nach dem 31.12.2008 gegründet werden, und allen bereits existierenden gemeinnützigen Körperschaften, die nach dem 31.12.2008 eine Satzungsänderung vornehmen, nur dann (weiterhin) die Steuervergünstigungen des Gemeinnützigkeitsrechtes zuerkannt werden, wenn sie die Festlegungen der Mustersatzung in ihre Satzung oder ihren Gesellschaftsvertrag übernehmen (Art. 97 § 1f Abs. 2 EGAO). Das gilt insbesondere für die Regelungen zur Vermögensbindung.

2.5.9 Grundsatz der zeitnahen Mittelverwendung (§ 55 Abs. 1 Nr. 5 AO)

Steuerbegünstigte Körperschaften müssen ihre Mittel grundsätzlich zeitnah für ihre steuerbegünstigten satzungsmäßigen Zwecke verwenden, § 55 Abs. 1 Nr. 5 AO (zum Mittelbegriff siehe Tz. 2.5.5). Den Grundsatz der zeitnahen Mittelverwendung hat der Gesetzgeber mit dem Gesetz zur weiteren steuerlichen Förderung von Stiftungen vom 14.07.2000 (BStBl 2000 I S. 1192) ausdrücklich gesetzlich festgeschrieben. Damit besteht für steuerbegünstigte Körperschaften grundsätzlich ein Verbot, Mittel lediglich mit dem Ziel, das eigene Vermögen zu mehren, anzusammeln. Bereits vor Inkrafttreten des Gesetzes vom 14.07.2000 war anerkannt, dass steuerbegünstigte Körperschaften ihre Mittel stets zeitnah für die satzungsmäßigen Zwecke zu verwenden hatten. Diese Verpflichtung wurde bisher aus dem Zusammenspiel der Regelungen zur Rücklagenbildung (§ 58 Nr. 6, 7 Buchst. a und b AO a. F. – ab 01.01.2014: § 62 Abs. 1 AO – i. V. m. § 63 Abs. 4 AO) abgeleitet.

Da der Gesetzeswortlaut in § 55 Abs. 1 Nr. 5 AO sowie die ebenfalls mit dem Gesetz vom 14.07.2000 ausdrücklich gesetzlich geregelten Ausnahmen vom Grundsatz der zeitnahen Mittelverwendung (§ 58 Nr. 11 AO a. F. – ab 01.01.2014: § 62 Abs. 3 AO –; vgl. dazu im Einzelnen Tz. 2.13.4) wörtlich mit den Formulierungen im AEAO i. d. F. vor Inkrafttreten des Gesetzes vom 14.07.2000 (Nr. 27 und 28 zu § 55 Abs. 1 Nr. 5 AO) übereinstimmen, hat der mit dem Gesetz vom 14.07.2000 festgeschriebene Grundsatz der zeitnahen Mittelverwendung im Ergebnis (nur) klarstellende Bedeutung. Die bisherigen Verwaltungsregelungen und Entscheidungen der Finanzgerichte zum Grundsatz der zeitnahen Mittelverwendung haben damit auch nach dem 14.07.2000 weiterhin uneingeschränkte Bedeutung.

2.5.9.1 Mittelverwendungsrechnung/zeitnahe Verwendung von Mitteln

2.5.9.1.1 Grundaussagen

Nach § 55 Abs. 1 Nr. 5 Satz 2 AO ist auch die Verwendung der Mittel für die Anschaffung oder Herstellung von Vermögensgegenständen, die satzungsgemäßen Zwecken dienen, **eine korrekte Mittelverwendung** im Sinne der AO. In AEAO Nr. 26 zu § 55 Abs. 1 Nr. 5 AO ist hierzu beispielhaft der Bau eines Altenheims oder der Kauf von Sportgeräten oder medizinischen Geräten genannt.

In erster Linie wird eine steuerbegünstigte Körperschaft zur Umsetzung ihrer satzungsmäßigen Ziele jedoch laufend Mittel verwenden (= verbrauchen). So wird sie Mittel sowohl **für die unmittelbare Verwirklichung** der Satzungszwecke einsetzen, aber auch für die mittelbare Umsetzung ihrer Zwecke verbrauchen. Eine korrekte Verwendung in diesem Sinne ist z. B. anzunehmen, wenn sie laufende Ausgaben wie etwa Lohnzahlungen, Mietzahlungen etc. im Zusammenhang mit der laufenden Tätigkeit zur direkten Umsetzung ihrer Zwecke tätigt. Dies ist beispielhaft anzunehmen, wenn ein Verein zur Förderung der Jugendhilfe Lohnaufwand für Betreuer und Mieten für Jugendhilfeeinrichtungen trägt. Um die satzungsmäßigen Ziele erfolgreich umsetzen zu können, müssen steuerbegünstigte Körperschaften geeignete Strukturen und eine schlagkräftige Organisation aufbauen. **Laufende Aufwendungen** für die eigene Verwaltung wie Mieten, Löhne, für Beratungsleistungen, Verbrauchsmaterialien etc. sind, Angemessenheit unterstellt, im Rahmen einer korrekten Geschäftsführung eine zulässige Mittelverwendung i. S. des § 55 Abs. 1 Nr. 5 AO (zu den [noch zulässigen] Verwaltungsausgaben und Ausgaben für Spenden- und Mitgliederwerbung siehe Tz. 2.5.5.1).

Der Grundsatz der zeitnahen Mittelverwendung des § 55 Abs. 1 Nr. 5 AO verpflichtet die gemeinnützigen Körperschaften, die zugeflossenen Mittel umgehend (gegenwartsnah, siehe auch Hüttemann, Gemeinnützigkeits- und Spendenrecht, 3. Auflage 2015, Rz. 5.13), spätestens jedoch im Laufe der auf die Vereinnahmung der Mittel folgenden zwei Kalender- oder Wirtschaftsjahre, für die steuerbegünstigten satzungsmäßigen Zwecke zu verwenden (AEAO Nr. 27 zu § 55 Abs. 1 Nr. 5 AO, Anhang 1). Insoweit wurde die Frist zur zeitnahen Mittelverwendung mit dem Ehrenamtsstärkungsgesetz vom 21.03.2013 (BGBl 2013 I S. 556) mit Wirkung vom 01.01.2013 um ein Jahr verlängert. Die verlängerte Frist findet nach Maßgabe des AEAO Nr. 29 zu § 55 Abs. 1 Nr. 5 AO auf alle Mittel Anwendung, die **nach dem 31.12.2011 vereinnahmt** wurden. Diese zeitliche Anwendbarkeit ist dem Umstand geschuldet, dass Mittel, die bereits im laufenden Jahr 2011 vereinnahmt wurden, nach den Festlegungen des § 55 Abs. 1 Nr. 5 AO vor Inkrafttreten des Ehrenamtsstärkungsgesetzes (a. a. O.) bereits bis zum 31.12.2012 satzungskonform verausgabt sein mussten. Eine Anwendbarkeit der neuen Rechtsgrundsätze, die erst mit dem 01.01.2013 wirksam wurden, kommt für etwaige Mittel danach nicht in Betracht. Ein (ursprünglich) vor dem 01.01.2012 liegender Zufluss von Mitteln unter Inanspruchnahme der verlängerten Verwendungsfrist kommt allenfalls für Mittel in Betracht, die bislang in gebundenen Rücklagen (§ 62 Abs. 1 Nr. 1, 2 und 4 AO) „verhaftet" waren, deren Rechtsgrund nach dem 31.12.2011 entfällt, sodass es zu einer Auflösung der Rücklagen nach Maßgabe des § 62 Abs. 2 Satz 2 und 3 AO und gleichsam zu einem Wiederaufleben der (nunmehr verlängerten) Verwendungsfrist kommt.

Die Frist des § 55 Abs. 1 Nr. 5 AO für die zeitnahe Verwendung von Mitteln kann darüber hinaus nicht mit der Begründung verlängert werden, die Überlegungen zur Verwendung seien noch nicht abgeschlossen (BMF vom 15.02.2002, BStBl 2002 I S. 267).

2.5.9.1.2 Erstellung einer Mittelverwendungsrechnung

Wenn eine steuerbegünstigte Körperschaft zunächst Mittel (teilweise) ansammelt (egal, aus welchen Gründen), **muss** sie die Zuordnung der Mittel zum zulässigen (vorübergehenden) Vermögen (zu den Ausnahmen von der zeitnahen Verwendungspflicht siehe Tz. 2.5.9.3) bzw. die Bestimmung zur Verwendung in den beiden Folgejahren durch eine eigenständige **Mittelverwendungsrechnung,** die **neben** der laufenden Einnahmenüberschussrechnung bzw. Bilanz und Vermögensaufstellung zu erstellen ist, nachweisen (AEAO Nr. 27 zu § 55 Abs. 1 Nr. 5 AO, Anhang 1). **Die Mittelverwendungsrechnung kann zwar aus der Bilanz bzw. Vermögensaufstellung abgeleitet werden.** Sie richtet sich jedoch allein an dem Grundsatz der zeitnahen Verwendungspflicht i. S. des § 55 Abs. 1 Nr. 5 AO aus (zur Möglichkeit der Ableitung dieser Neuberechnung aus der Bilanz siehe auch Orth, DB 1997 S. 1341).

Die insoweit erforderliche Überprüfung hat nach Thiel (DB 1992 S. 1900 Tz. IV. 3) nach dem **Zu- und Abflussprinzip** zu erfolgen. Um insbesondere bei unübersichtlichen Vermögensverhältnissen auch über mehrere Jahre hinweg eine Überprüfung der zeitnahen Verwendung vornehmen zu können, hat Thiel eine Mittelverwendungsrechnung entwickelt, die auf jedes Geschäftsjahr bezogen die Ermittlung eines möglichen Mittelvortrags oder eines etwaigen Verwendungsrückstandes ermöglicht (siehe dazu Thiel, DB 1992 S. 1900 Tz. VI. und VII., und Rote Seiten zu Stiftung & Sponsoring 1998).

2 Erläuterung der Bestimmungen des Abschnitts „Steuerbegünstigte Zwecke" in der AO

Es ist i. d. R. sehr schwierig, aus den Vermögensaufstellungen oder Bilanzen der steuerbegünstigten Körperschaften zu erkennen, welche Mittel bereits für die satzungsmäßigen Zwecke eingesetzt (investiert) sind, welche Mittel der zulässigen Vermögensverwaltung zugeordnet werden können oder welche Mittel noch der zeitnahen Verwendungspflicht unterliegen. Besonders deutlich wird diese Schwierigkeit, wenn die Frage zu prüfen ist, in welchem Umfang eine Körperschaft zulässig Mittel in Rücklagen nach § 62 Abs. 1 AO (bis 31.12.2013: § 58 Nr. 6, 7 Buchst. a oder b AO) ansammelt. So können die **Rücklagen im bilanziellen Sinne** (= nach handels- bzw. steuerrechtlichen Grundsätzen gebildete Rücklagen) nicht mit den Mitteln gleichgesetzt werden, die in den gemeinnützigkeitsspezifischen Rücklagen gebunden und (noch) für steuerbegünstigte Zwecke zu verwenden sind. Denn in der Bilanz als Rücklagen dargestellte Mittel können möglicherweise bereits ganz oder teilweise in solche Wirtschaftsgüter des Anlagevermögens investiert sein, die für steuerbegünstigte Zwecke eingesetzt sind oder z. B. der zulässigen Vermögensverwaltung zuzuordnen sind.

Beispiele:

1. Eine gemeinnützige Krankenhaus-GmbH weist auf der Aktivseite ihrer Bilanz folgende Werte aus:

   a) Grund und Boden
   800.000 €
   b) Krankenhausgebäude
   2.000.000 €
   c) Inventar
   2.000.000 €
   d) sonstige Wirtschaftsgüter
   200.000 €

   Auf der Passivseite der Bilanz ist ausgewiesen:

   a) Stammkapital
   500.000 €
   b) Rücklagen
   3.000.000 €
   c) Verbindlichkeiten
   1.500.000 €

2. Ein gemeinnütziger Kindergarten hat aus Gewinnen aus wirtschaftlichen Geschäftsbetrieben und Spenden Mittel i. H. von 300.000 € zulässigerweise in einer Rücklage nach § 62 Abs. 1 Nr. 2 AO (bis 31.12.2013: § 58 Nr. 6 AO) angesammelt und in der Bilanz auch als solche ausgewiesen (siehe Tz. 2.8.6). Nach angemessener Zeit wird der von vornherein geplante Kindergartenneubau errichtet. Die angesammelten Barmittel werden für steuerbegünstigte Zwecke somit verwendet. Gleichwohl weist der Kindergarten in seiner Bilanz weiterhin eine entsprechende Rücklage aus. Ihr stehen jetzt jedoch keine „Mittel" mehr gegenüber, die (noch) für steuerbegünstigte Zwecke zu verwenden wären, sondern Wirtschaftsgüter, die für satzungsmäßige Zwecke eingesetzt sind.

Die vorgenannten Schwierigkeiten zur Einordnung der Mittel hat Thiel zum Anlass genommen, eine gesonderte Mittelverwendungsrechnung zu entwickeln (siehe dazu Tz. VI. und VII. in DB 1992 S. 1900). Die Überprüfung der Mittel mithilfe der Verwendungsrechnung wird insbesondere bei unübersichtlichen Vermögensverhältnissen geboten sein. Dabei wird man feststellen, dass die Mittel, die die steuerbegünstigten Körperschaften noch für satzungsmäßige Zwecke zu verwenden haben, in aller Regel in Form von Wertpapieren, Bankguthaben oder Bargeld angesammelt werden (sog. „flüssige Mittel").

Insbesondere bei steuerbegünstigten Körperschaften, die jährlich Handels- oder Steuerbilanzen erstellen, kann unter Berücksichtigung der nachfolgend dargestellten Überlegungen eine **"Mittelverwendungsrechnung" aus den Bilanzen abgeleitet** werden (zu den Problemen, aus einer handelsrechtlichen Ergebnisverwendung die gemeinnützigkeitsrechtliche Mittelverwendung „abzulesen", siehe auch Hüttche, GmbHR 1997 S. 1095). Diese Rechnung lehnt sich an die von Thiel (a. a. O.) entwickelten Grundsätze an. Anders als bei Thiel kann dabei jedoch auf größere Umrechnungen bestimmter Bilanzpositionen verzichtet werden. Auch die hier vorgestellte Berechnung basiert auf der Grundaussage, dass **sämtliche Vermögensgegenstände** einer steuerbegünstigten Körperschaft **als Mittel** i. S. des § 55 Abs. 1 Nr. 1 Satz 1 AO zu werten sind (zum Verständnis der Bilanzansätze und ihrer Bedeutung im Hinblick auf die Mittelverwendung i. S. des § 55 AO siehe das o. a. Beispiel 1). Eine liquiditätsorientierte Ermittlung und Darstellung der Mittelverwendung enthält der Beitrag von Schröder in DStR 2005 S. 1238.

Thiel nimmt grundsätzlich auch eine **Mittelbindung in Höhe der Regel-AfA** an (siehe dazu Thiel, a. a. O., Tz. IV. 4, und in Rote Seiten, Stiftung & Sponsoring 1998 S. 9). Nach meiner Auffassung ist eine AfA-Bindung dann nicht gerechtfertigt, wenn die Körperschaft tatsächlich Aufwendungen für die laufende Instandhaltung und Modernisierung der Gebäude und Anlagen tätigt. In diesen Fällen dürfte es regelmäßig an einer konkreten Wiederbeschaffungsplanung i. S. des § 62 Abs. 1 Nr. 2 AO (bis 31.12.2013: § 58 Nr. 6 AO; siehe auch Tz. 2.8.6) fehlen. Ist ein Neubau, eine Erweiterung, eine grundlegende Sanierung etc. jedoch tatsächlich beabsichtigt, kann nach den Grundsätzen des § 62 Abs. 1 Nr. 1 bzw. 2 AO (bis 31.12.2013: § 58 Nr. 6 AO) eine gesonderte Rücklage gebildet werden (weiterführend hierzu siehe auch Tz. 2.8.6.2).

Erläuterungen zur Mittelverwendungsrechnung

Grundlage für die hier vorgestellte Berechnung sind die jeweilige Bilanz und die dort ausgewiesenen (Buch-)Werte.

Gesamtbetrag der Mittel (§ 55 AO)

Zunächst sind die **aktiven Wirtschaftsgüter im Einzelnen zu betrachten.** Sie sind in die Wirtschaftsgüter, die bereits für steuerbegünstigte Zwecke eingesetzt sind, und solche, die (noch) keiner steuerbegünstigten Verwendung zugeführt sind, einzugruppieren. Diese Betrachtung ist in Bezug auf die immateriellen Wirtschaftsgüter, das Sachanlagevermögen und die Vorräte durchzuführen. Die Vermögenswerte, die noch nicht für die begünstigten Zwecke eingesetzt sind, sind i. d. R. der Vermögensverwaltung (= Immobilien, die nicht für die gemeinnützigen Zwecke selbst eingesetzt sind, sondern z. B. „frei" vermietet werden, Rechte, die entgeltlich vergeben sind, etc.) oder dem „geduldeten" steuerpflichtigen wirtschaftlichen Geschäftsbetrieb (dem notwendigen Betriebsvermögen dieser Geschäftsbetriebe) zuzuordnen.

Bei den Finanzanlagen, Wertpapieren und dem Kassenbestand ist keine Unterscheidung erforderlich.

Die Mittelverwendungsrechnung stützt sich grundsätzlich auf das **Zu- und Abflussprinzip** (vgl. Thiel, a. a. O., Tz. IV. 3). Thiel verzichtet daher mangels Zufluss auf die Erfassung **sämtlicher Forderungen** auf der „Mittelseite". Hingegen nimmt er bezüglich der Verbindlichkeiten in Höhe ihres Nominalwertes (auch ohne Abfluss) eine „Verwendung bzw. Bindung" im Sinne der Mittelverwendung an. Nach Ansicht von Ellermann/Gietz im Steuerrecht der Krankenhäuser, Tz. 6.2.11.2, sind die werthaltigen Forderungen der steuerbegünstigten Körperschaften in die

Mittelverwendungsrechnung in der Höhe einzubeziehen, wie ihnen vergleichbare Verbindlichkeiten gegenüberstehen (Vergleichbarkeit hier in erster Linie im Sinne der Fälligkeit der Forderungen und Verbindlichkeiten). Kurzfristige Forderungen sind danach in der Höhe zu erfassen, wie ihnen Verbindlichkeiten mit vergleichbarer Laufzeit (bis zu einem Jahr) gegenüberstehen. Entsprechend gilt, dass übrige Forderungen nur in der Höhe zu berücksichtigen sind, wie ihnen „übrige" (längerfristige) Verbindlichkeiten gegenüberstehen. Damit wird der Notwendigkeit Rechnung getragen, für die (spätere) Tilgung von Darlehen und die Erfüllung der sonstigen Verpflichtungen die entsprechenden Mittel zeitgerecht zur Verfügung zu haben. Meines Erachtens hängt die Entscheidung über die Berücksichtigung von Forderungen sowie Verbindlichkeiten innerhalb der Mittelverwendungsrechnung – unabhängig von ihrer jeweiligen Laufzeit – von der Frage ab, ob die steuerbegünstigte Körperschaft die Nebenrechnung nach dem Zu- und Abflussprinzip aufstellt oder sich für eine bilanzielle Darstellung entscheidet. Während im ersteren Fall beide Bilanzposten mangels tatsächlichen Zu- bzw. Abflusses unberücksichtigt bleiben, findet im letzteren Fall eine Berücksichtigung der realisierten Vermögensmehrungen bzw. gebundenen Vermögensminderungen statt (so auch Hüttemann in Gemeinnützigkeits- und Spendenrecht, 3. Auflage 2015, Rz. 5.26; anders noch in der Vorauflage). Die Auswahl zwischen den beiden alternativen Darstellungsformen dürfte wohl vorrangig von der Art der vorgenommenen Gewinnermittlung (durch Betriebsvermögensvergleich nach § 4 Abs. 1, § 5 EStG bzw. durch Einnahmenüberschussrechnung nach § 4 Abs. 3 EStG) abhängen. Bei der Erstellung der Mittelverwendungsrechnung nach dem Zu- und Abflussprinzip sollte die Körperschaft insbesondere sicherstellen, dass eine ausreichende Liquidität zur Bedienung eingegangener Verbindlichkeiten vorgehalten wird.

In jedem Fall dürfen die Bilanzpositionen, die lediglich eine Abgrenzungsfunktion haben und damit nicht als Vermögenswerte (= Mittel) anzusehen sind, wie die Rechnungsabgrenzungsposten (= RAP) oder die Ausgleichposten nach dem KHG auf der „Mittelseite" **nicht** miterfasst werden.

Der Gesamtbetrag der Mittel i. S. des § 55 AO, über den die Körperschaft zum Stichtag verfügt, ergibt sich aus der Zusammenrechnung der Summen I + II + III.

Verwendung bzw. Bindung der Mittel

Die Mittel sind auf ihre Verwendung bzw. ihre Bindungen im Sinne der Mittelverwendung nach § 55 AO zu überprüfen.

Zunächst ist die Summe der Vermögenswerte zu berücksichtigen, die bereits für die steuerbegünstigten Zwecke der Körperschaft eingesetzt sind **(= Zwischensumme I)**.

Soweit die Körperschaft **echte Verbindlichkeiten** eingegangen ist (= es bestehen Ansprüche eines Dritten auf Erfüllung der entsprechenden Verpflichtung; Kreditaufnahme etc.), muss die Körperschaft Mittel in Höhe des Nominalbetrages zur Erfüllung der Verbindlichkeiten vorhalten. Insoweit besteht eine Bindung von Mitteln (siehe Thiel, a. a. O., Tz. IV. 5. d). Zusagen oder „Selbstverpflichtungen" der Körperschaft zur Umsetzung bestimmter Projekte etc. zählen zu den Rücklagen i. S. des § 62 Abs. 1 AO (bis 31.12.2013: § 58 Nr. 6, 7 Buchst. a oder b AO).

Entsprechend sind auch nur **„echte" Rückstellungen** als Bindungen i. S. des § 55 AO zu werten. Hierzu rechnen etwa Rückstellungen für die Abschlussarbeiten, rückständiger Urlaub der Arbeitnehmer, Pensionszusagen an Arbeitnehmer nach § 6a EStG etc. Auch hier ist stets eine kritische Unterscheidung zu den Rücklagen nach § 62 Abs. 1 AO (bis 31.12.2013: § 58 Nr. 6, 7 Buchst. a und b AO) vorzunehmen.

2.5 § 55 AO: Selbstlosigkeit

Sonderposten nach dem KHG können weder als Verbindlichkeiten noch als Rückstellungen im Sinne der Mittelverwendungsrechnung behandelt werden (siehe dazu auch BFH vom 19.07.1995 I R 56/94, BStBl 1996 II S. 28).

Nach den Grundsätzen zur zeitnahen Mittelverwendung (siehe oben) kann die Körperschaft bestimmte Mittel dauerhaft der Vermögensverwaltung zuführen. Zu diesen Mitteln zählen insbesondere die Mittel, die der Körperschaft als **"Grundstock oder Ausstattungskapital"** von ihren Mitgliedern, Gesellschaftern, Stiftern oder sonstigen Spendern als solches zugewandt wurden (also das Stiftungskapital einer Stiftung, das Grund- oder Stammkapital der gemeinnützigen Kapitalgesellschaft etc., siehe insbesondere Tz. 2.5.9.3). Ebenso dürfen sie notwendiges Betriebsvermögen in den "geduldeten" steuerpflichtigen wirtschaftlichen Geschäftsbetrieben über längere Zeit "parken" (zur Problematik der Ausstattung eines steuerpflichtigen wirtschaftlichen Geschäftsbetriebs oder einer Beteiligung an einer steuerpflichtigen Kapitalgesellschaft mit gemeinnützig gebundenen Mitteln siehe Tz. 2.5.5.4). Diese "Bindungen" sind in der Berechnung durch einen entsprechenden Abzug zu berücksichtigen.

Die nach § 62 Abs. 1 AO (bis 31.12.2013: § 58 Nr. 6, Nr. 7 Buchst. a und b AO) gebildeten Rücklagen (Tz. 2.8.6 und 2.8.7 ff.) sind ebenso als Mittelbindung auszuweisen.

Die steuerbegünstigten Körperschaften müssen die ihnen nach dem 31.12.2011 zugeflossenen Mittel spätestens in den auf den Zufluss folgenden zwei Kalender- oder Wirtschaftsjahren für ihre steuerbegünstigten satzungsmäßigen Zwecke verwenden (§ 55 Abs. 1 Nr. 5 AO, AEAO Nr. 27 zu § 55 Abs. 1 Nr. 5 AO). Zeigt sich aufgrund der vorstehenden Berechnung ein **Verwendungsrückstand,** also ein **positiver Endbestand** (= Mittelüberhang), kann aus dem Vergleich mit den Ergebnissen der Verwendungsrechnungen für die beiden Vorjahre abgeleitet werden, ob und ggf. in welchem Umfang der Mittelüberhang aus einem Mittelzufluss der beiden vorangegangenen Wirtschafts- bzw. Kalenderjahre entstanden ist. Besteht der Mittelüberhang ganz oder teilweise aus Mitteln der weiter zurückliegenden Vorjahre, liegt ein Verstoß gegen den Grundsatz der zeitnahen Mittelverwendungspflicht vor, auf den das Finanzamt ggf. mit einer Fristsetzung nach § 63 Abs. 4 AO reagieren wird.

Ergibt die o. a. Berechnung einen **Verwendungsüberhang,** also einen **negativen Endbestand** für die Körperschaft (= sie hat bereits mehr Vermögen – zeitnah – verwendet, als von ihr nach § 55 Abs. 1 Nr. 5 AO gefordert wurde), liegt **kein** Verstoß gegen das Gebot der zeitnahen Mittelverwendung vor. Gleichzeitig bedeutet dies, dass die Körperschaft, bezogen auf die ihr nach dem Stichtag noch zufließenden (zeitnah) zu verwendenden Mittel, ein Wahlrecht hat. Die Körperschaft kann den hier eingetretenen Verwendungsüberhang beibehalten oder das bisher im Vorgriff geschmälerte Kapital in Höhe des Verwendungsüberhangs in den Folgejahren mit neuen Mitteln wieder auffüllen (vgl. Thiel, a. a. O., Tz. IV. 6).

2 Erläuterung der Bestimmungen des Abschnitts „Steuerbegünstigte Zwecke" in der AO

Zeile \ Spalte a	b	c	d
1 Mittelverwendungsrechnung für (Kalenderjahr- oder Wirtschafts-)Jahr			
2	Bilanzwert (Buchwert)	bereits für steuerbegünstigte Zwecke eingesetzt	noch keiner steuerbegünstigten Verwendung zugeführt
3 immaterielle Wirtschaftsgüter			
4 Sachanlagevermögen			
5 Vorräte			
6 **Zwischensumme I**			
7 **Summe I**			
8 Finanzanlagen			
9 Bank, Kasse, Wertpapiere			
10 **Summe II**			
11 kurzfristige Forderungen (nur soweit vergleichbare Verbindlichkeiten bestehen)			
12 übrige Forderungen (nur soweit vergleichbare Verbindlichkeiten bestehen)			
13 **Summe III**			
14 **Gesamtbetrag der Mittel (Summe aus I + II + III)**			
15 – bereits für begünstigte Zwecke eingesetzte Mittel (= nutzungsgebundenes Vermögen) **Zwischensumme I** (Spalte c, Zeile 6)			
16 – Verbindlichkeiten			
17 – Rückstellungen			
18 – Wirtschaftsgüter der – zulässigen – Vermögensverwaltung (Buchwert)			
19 – Wirtschaftsgüter des steuerpflichtigen wirtschaftlichen Geschäftsbetriebs (Buchwert)			
20 – **Rücklagen** (§ 58 Nr. 6 und Nr. 7 Buchst. a und b AO) (ggf. gesonderten **Rücklagenspiegel** beifügen)			
21 **Verwendungsrückstand (Ergebnis = positiv)** oder **Verwendungsüberhang (Ergebnis = negativ)**			

2.5.9.1.3 Beispiel einer Mittelverwendungsrechnung

Mit dem nachfolgenden Beispiel soll die praktische Anwendung der hier dargestellten Mittelverwendungsrechnung veranschaulicht werden.

Beispiel:
Die vom zuständigen Finanzamt wegen Förderung des öffentlichen Gesundheitswesens als gemeinnützig anerkannte GmbH wurde zum 01.01.2012 gegründet und

betreibt ein Krankenhaus. Die gGmbH erstellt jährliche Abschlüsse, die den Vorgaben des HGB bzw. des KHG entsprechen. Die Bilanz zum 31.12.13 ist unten dargestellt. Anzumerken ist Folgendes:

Die gGmbH hat in ihrem Gründungsjahr von einem Spender ein Mehrfamilienhaus übertragen bekommen. Sie hat es zulässigerweise der Vermögensverwaltung zugeordnet. Es ist in der Bilanz-Position „Grundstücke" mit seinem Buchwert = 4.300.000 € enthalten.

Die gGmbH betreibt einen Kiosk, den das Finanzamt bisher als steuerpflichtigen wirtschaftlichen Geschäftsbetrieb behandelt hat. Der Buchwert des notwendigen Betriebsvermögens dieses Betriebs ist mit 200.000 € in der Bilanz erfasst.

Das Krankenhaus hat einigen Arbeitnehmern langfristige Darlehen gewährt. Unter den Forderungen sind sie mit dem Nominalbetrag (= Buchansatz) i. H. von 1.000.000 € ausgewiesen.

Nach den Beschlüssen der gGmbH sind (zulässige) Rücklagen nach § 62 Abs. 1 Nr. 2 AO für die Anschaffung eines medizinischen Großgerätes i. H. von 500.000 €, eine Betriebsmittelrücklage nach § 62 Abs. 1 Nr. 1 AO i. H. von 600.000 € und eine freie Rücklage nach § 62 Abs. 1 Nr. 3 AO i. H. von 400.000 € gebildet worden.

In den laufenden Aufwendungen des Jahres 13 der Körperschaft sind Ausgaben i. H. von 1.200.000 € für die laufende Modernisierung und Instandhaltung des Anlagevermögens enthalten.

Die Mittelverwendungsrechnung auf den 31.12.12 hat einen Verwendungsrückstand von 5.000.000 € ausgewiesen.

2 Erläuterung der Bestimmungen des Abschnitts „Steuerbegünstigte Zwecke" in der AO

Bilanz der gemeinnützigen Krankenhaus-GmbH zum 31.12.13

	€	€		€
A Anlagevermögen			**A Eigenkapital**	
I. Immaterielle Vermögensgegenstände		160.000	gezeichnetes Kapital	200.000
II. Sachanlagen			Kapitalrücklagen	6.000.000
Grundstücke	26.000.000		Gewinnrücklagen	18.000.000
techn. Anlagen	2.300.000		Jahresüberschuss	1.420.000
Einrichtungen, Ausstattung	8.000.000	36.300.000	**B Sonderposten**	
			Sonderposten aus Förderung nach KHG	25.200.000
III. Finanzanlagen				
Wertpapiere	6.500.000		**C Rückstellungen**	
Beteiligungen	2.000.000	8.500.000	Rückstellungen für Pensionen	4.520.000
B Umlaufvermögen			sonstige Rückstellungen	430.000
I. Vorräte			**D Verbindlichkeiten**	
Roh-, Hilfs- und Betriebsstoffe		4.800.000	gegenüber Kreditinstituten > 1 Jahr	2.300.000
II. Forderungen und sonstige Vermögensgegenstände			gegenüber Kreditinstituten < 1 Jahr	2.500.000
Forderungen aus Lieferungen und Leistungen	15.500.000		aus Lieferungen und Leistungen	10.300.000
Forderungen an Arbeitnehmer	1.000.000			
Forderungen an Gesellschafter	220.000	16.720.000		
III. Schecks; Bank, Kasse		4.300.000		
C Ausgleichsposten nach dem KHG		60.000		
D RAP		30.000		
Summe		**70.870.000**	**Summe**	**70.870.000**

2.5 § 55 AO: Selbstlosigkeit

Zeile \ Spalte a	b	c	d
1	**Mittelverwendungsrechnung für (Kalenderjahr- oder Wirtschafts-)Jahr 07**		
2	Bilanzwert (Buchwert)	bereits für steuerbegünstigte Zwecke eingesetzt	noch keiner steuerbegünstigten Verwendung zugeführt
3 immaterielle Wirtschaftsgüter	160.000	160.000	
4 Sachanlagevermögen	79.300.000	74.800.000	4.300.000 Mehrfamilienhaus 200.000 Kiosk
5 Vorräte	4.800.000	4.800.000	
6 **Zwischensumme I**		79.760.000	
7 **Summe I**	84.260.000		
8 Finanzanlagen	8.500.000		
9 Bank, Kasse, Wertpapiere	4.300.000		
10 **Summe II**	12.800.000		
11 kurzfristige Forderungen (nur soweit vergleichbare Verbindlichkeiten bestehen)	12.800.000	"entsprechende" Verbindlichkeiten: aus Lieferungen und Leistungen 10.300.000 gegenüber Kredit-I (< 1 Jahr) 2.500.000	
12 übrige Forderungen (nur soweit vergleichbare Verbindlichkeiten bestehen)	1.220.000	"entsprechende" Verbindlichkeiten: gegenüber Kredit-I (> 1 Jahr) 2.300.000	
13 **Summe III**	14.020.000		
14 **Gesamtbetrag der Mittel (Summe aus I + II + III)**		111.080.000	
15 − bereits für begünstigende Zwecke eingesetzte Mittel (= nutzungsgebundenes Vermögen) **Zwischensumme I** (Spalte c, Zeile 6)		− 79.760.000	
16 − Verbindlichkeiten		− 15.100.000	
17 − Rückstellungen		− 4.950.000	
18 − Wirtschaftsgüter der − zulässigen − Vermögensverwaltung (Buchwert)		− 4.500.000	Mehrfamilienhaus 4.300.000 gez. Kapital 200.000
19 − Wirtschaftsgüter des steuerpflichtigen wirtschaftlichen Geschäftsbetriebs (Buchwert)		− 200.000	
20 − **Rücklagen** (§ 58 Nr. 6 und Nr. 7 Buchst. a und b AO) (ggf. gesonderten **Rücklagenspiegel** beifügen)		− 3.700.000	
21 **Verwendungsrückstand (Ergebnis = positiv) oder Verwendungsüberhang (Ergebnis = negativ)**		= + 2.870.000	
Verwendungsrückstand 31.12.06		+ 1.000.000	

Abgleich zwischen:

Summe der Aktiva laut Bilanz und
Summe der Mittel laut Mittelverwendungsrechnung

Aktiva laut Bilanz	113.870.000
In der Mittelverwendungsrechnung nicht zu erfassen – Ausgleichsposten KHG – RAP (kein Ansatz, da lediglich Abgrenzposten)	./. 60.000 ./. 30.000

– Forderungen gesamt: 16.720.000
  Ansatz nur in Höhe vergleichbarer Verbindlichkeiten
  Ansatz: 12.800.000
                       + 1.220.000
                       = 14.020.000
	./. 2.700.000

Mittel laut Mittelverwendungsrechnung	111.080.000

Der Verwendungsrückstand zum 31.12.13 beträgt 10.510.000 €. Bereits zum 31.12.12 bestand ein Verwendungsrückstand i. H. von 5.000.000 €. Im Laufe des Jahres 13 wurden Mittel i. H. von 1.200.000 € für die laufende Modernisierung und Instandhaltung des Anlagevermögens in Einklang mit dem Satzungszweck verwendet. Weitere 1.500.000 € wurden zulässigerweise abgabenrechtlichen Rücklagen zugeführt. Mithin wurde der aus dem Jahr 12 resultierende Verwendungsrückstand (= Mittelvortrag) im Jahr 13 i. H. von 2.700.000 € verbraucht. Der zum 31.12.13 ausgewiesene Verwendungsrückstand resultiert danach i. H. von 2.300.000 € aus Mitteln, die der Körperschaft im Jahr 12 zugeflossen sind. Eine unzulässige Ansammlung von Mitteln (= Verstoß gegen den Grundsatz der zeitnahen Mittelverwendung nach § 55 Abs. 1 Nr. 5 AO) wäre nur dann gegeben, wenn die satzungskonforme Verwendung von Mitteln im Jahr 14 unter diesem Wert bleibt. Im gegebenen Fall wird die Finanzverwaltung der gemeinnützigen Krankenhaus-GmbH eine angemessene Verwendungsfrist nach Maßgabe des § 63 Abs. 4 AO auferlegen.

Hinweis: *Die durch das Ehrenamtsstärkungsgesetz vom 21.03.2013 (BGBl 2013 I S. 556) mit Wirkung ab dem 01.01.2013 nach § 55 Abs. 1 Nr. 5 Satz 3 AO um ein Jahr verlängerte Mittelverwendungsfrist für Mittel, die der steuerbegünstigten Körperschaft nach dem 31.12.2011 zugeflossen sind, bedingt zwar eine gewisse „Entspannung" in Bezug auf die zeitnahe Verwendung vorhandener Mittel. Andererseits ergeben sich für steuerbegünstigte Körperschaften, die zum Ende eines Kalender- bzw. Wirtschaftsjahres über einen Verwendungsrückstand (= Mittelvortrag) verfügen, erheblich erweiterte Nachweispflichten, da der jeweilige Mittelvortrag in diesen Fällen über die zwei Folgejahre gesondert zu überwachen bzw. nachzuweisen ist.*

2.5.9.2 Folgerungen aus Verstößen gegen das Gebot zeitnaher Mittelverwendung

Verstößt eine steuerbegünstigte Körperschaft gegen den Grundsatz der zeitnahen Mittelverwendungspflicht – hat sie also in erheblichem Maße einen Mittelverwendungsrückstand –, kann grundsätzlich für den bzw. die Veranlagungszeiträume, in denen dieser **Verstoß wirkt, die Steuerbegünstigung aberkannt werden.** Das Finanzamt kann bzw. wird der Körperschaft jedoch eine Frist für die Verwendung der Mittel setzen. Die tatsächliche Geschäftsführung der Körperschaft gilt dann als ordnungsgemäß, wenn die Körperschaft die Mittel innerhalb der gesetzten Frist für steuerbegünstigte Zwecke verwendet (siehe AEAO Nr. 2 zu § 63 AO; Tz. 2.13.3).

Bei Aberkennung der Gemeinnützigkeit für einen oder einige Veranlagungszeiträume, z. B. wegen unzulässiger Ansammlung von Mitteln und Zuerkennung der Gemeinnützigkeit in Folgezeiträumen, ist der „Ein- und Ausstieg" in die normale Versteuerung nach Maßgabe des § 13 Abs. 4 KStG vorzunehmen (vgl. auch Tz. 4.1.5). Erfüllt die Körperschaft die mit der Steuerpflicht einhergehende Verpflichtung zur Zahlung der anfallenden Steuer (erst) nach Wiedererlangung der Gemeinnützigkeit, ist in der Erfüllung dieser Verpflichtung selbst keine schädliche Mittelverwendung zu sehen. Das Vermögen der Körperschaft ist bei „Wiedereintritt" in die Steuerbefreiung letztlich um die Steuerverpflichtungen gemindert. Es ist nicht erforderlich, dass die Körperschaft bereits vor (Wieder-)Zuerkennung der Gemeinnützigkeit über ausreichendes Vermögen/ausreichende Mittel zur Tilgung dieser Verpflichtungen verfügt.

Mit dem **„Ausstieg" aus der Steuerbegünstigung** hat sich die gemeinnützigkeitsrechtliche Qualität der Mittel dem Grunde nach nicht verändert. Entsprechend der Satzung und den Vorgaben der §§ 51 ff. AO hat die Körperschaft auch in den Veranlagungszeiträumen, in denen eine vollständige Steuerpflicht besteht, die **Mittel entsprechend den Vorgaben der §§ 55 ff. AO zu verwenden** (siehe hierzu auch § 61 AO, Tz. 2.11). Hat eine Körperschaft z. B. mit zeitnah zu verwendenden Mitteln eine Vermögensanlage erworben (z. B. ein Mietwohngrundstück) oder unzulässig in einen steuerpflichtigen wirtschaftlichen Geschäftsbetrieb investiert, kann die Steuerbegünstigung in den Folgejahren nur dann wiedererlangt werden, wenn die Vermögensanlage veräußert wird oder die Mittel dem Geschäftsbetrieb entzogen werden, um sie sodann umgehend für die steuerbegünstigten Zwecke einzusetzen. Die Körperschaft löst ansonsten die Nachversteuerung aus, § 61 Abs. 3 AO (10-Jahres-Frist).

2.5.9.3 Ausnahmen von der zeitnahen Verwendungspflicht/besondere Fallgestaltungen

Von der Verpflichtung zur **zeitnahen** (fortlaufenden) Verwendung sind u. a. die nachfolgend aufgeführten Mittel (Vermögenswerte) **ausgenommen:**

a) Nach § 4 Abs. 2 Nr. 1 GemV waren gemeinnützige Körperschaften (lediglich) verpflichtet, etwaige Gewinne bzw. Erträge für die satzungsmäßigen Zwecke zu verwenden. Unter die Begriffe „Gewinne" und „Erträge" fielen nicht Mitgliedsbeiträge und Spenden. Die steuerbegünstigten Körperschaften waren also bis Ende 1976 nicht verpflichtet, Beiträge und Spendeneinnahmen zeitnah für satzungsmäßige Zwecke einzusetzen; sie konnten dem Vermögen zugeführt werden. Diese **„Altspenden und -beiträge"** bleiben auch unter der Herrschaft des neuen Rechts (ab 01.01.1977) von der Verpflichtung zur zeitnahen Mittelverwendung ausgenommen (vgl. KSt-Kartei NRW § 5 KStG Karte H 20).

b) Das **„Ausstattungskapital"** einer gemeinnützigen Körperschaft (z. B. das Stiftungskapital einer Stiftung, das Grund- oder Stammkapital einer Kapitalgesellschaft) unterliegt nicht der zeitnahen Verwendungspflicht. Mit der Zurverfügungstellung des Ausstattungskapitals ist entweder gesetzlich (z. B. durch das

Gesellschafts- bzw. Stiftungsrecht) oder durch eine entsprechende Auflage des Stifters, Gesellschafters oder Spenders die Verpflichtung verbunden, diese Mittel auf Dauer für die Körperschaft verfügbar zu halten. Dieser Kapitalstock darf bzw. soll mithin nicht geschmälert werden. Nur die Erträge aus diesem Vermögen unterliegen der zeitnahen Verwendungspflicht (zum Problem bei Zuwendung von Vermögen, das mit Ansprüchen Dritter belastet ist, siehe unten).

c) Die Vermögenswerte, die die steuerbegünstigten Körperschaften im Rahmen ihrer **zulässigen** (steuerunschädlichen) **vermögensverwaltenden Tätigkeit** halten.

Hierzu zählen die Mittel, die nach § 62 Abs. 3 AO (bis 31.12.2013: § 58 Nr. 11 AO) zulässigerweise dem Vermögen zugeführt werden dürfen:

Nr. 1 Zuwendungen von Todes wegen, wenn der Erblasser keine Verwendung für den laufenden Aufwand der Körperschaft vorgeschrieben hat

Nr. 2 Zuwendungen, bei denen der Zuwendende ausdrücklich erklärt, dass sie zur Ausstattung der Körperschaft mit Vermögen oder zur Erhöhung des Vermögens bestimmt sind

Nr. 3 Zuwendungen aufgrund eines Spendenaufrufs der Körperschaft, wenn aus dem Spendenaufruf ersichtlich ist, dass Beträge zur Aufstockung des Vermögens erbeten werden

Nr. 4 Sachzuwendungen, die ihrer Natur nach zum Vermögen gehören

Hierzu die nachfolgenden Beispiele:

– Die von einer steuerbegünstigten Körperschaft in vorangegangener (voll) steuerpflichtiger Zeit angesammelten Mittel (Vermögenswerte) können im Rahmen der vermögensverwaltenden Tätigkeit ohne Gefährdung der Steuerbegünstigung gehalten werden, da die Pflicht zur zeitnahen Mittelverwendung nur für solche Mittel besteht, die auch im Zeitraum der Steuerbegünstigung erworben wurden.

– Zuwendungen, die ihrer Natur nach bereits zur Vermögensbildung dienen (Sachzuwendungen, wie z. B. die Übertragung von Grundstücken – insbesondere Mietwohngrundstücken –, Gesellschaftsanteilen oder Beteiligungen), vgl. KSt-Kartei NRW § 5 KStG Karte H 20.

– Zuwendungen (Spenden, vgl. Tz. 3.10), die der steuerbegünstigten Körperschaft mit der Auflage gegeben werden, sie zur Erhöhung des Vermögens der Körperschaft einzusetzen. Ebenso sind auch Zuwendungen aufgrund eines Spendenaufrufs zu beurteilen – auch ohne ausdrückliche Erklärung des einzelnen Spenders –, wenn aus dem Aufruf ersichtlich ist, dass Beiträge zur Aufstockung des Kapitals der steuerbegünstigten Körperschaft erbeten werden.

Diese Möglichkeit hat besondere Bedeutung für Stiftungen, und zwar insbesondere für sog. Zustiftungen (siehe auch FinSen Berlin vom 05.06.1987 – III C 21 – S 0178 – 1/86, FR 1987 S. 397) des Stifters oder Dritter, also solche Zuwendungen, die dazu bestimmt sind, dem Stiftungsvermögen zuzuwachsen. Die Möglichkeit, Zustiftungen vorzunehmen, muss jedoch ausdrücklich in der Satzung vorgesehen sein. Zustiftungen können auch in Sachzuwendungen (z. B. Grundstücken, Beteiligungen) bestehen.

– Die einer steuerbegünstigten Körperschaft gemachten Zuwendungen von Todes wegen sind grundsätzlich als Zuwendungen zum Vermögen der steuerbegünstigten Körperschaft anzusehen. Ausgenommen sind davon lediglich solche Zuwendungen, bei denen der Erblasser ausdrücklich eine Verwendung für den laufenden Aufwand vorgeschrieben hat.

– Die Mittel, die in Form einer zulässigen (Kapital-)Rücklage nach § 62 Abs. 1 Nr. 1 und 2 AO bzw. § 62 Abs. 3 und 4 AO (bis 31.12.2013: § 58 Nr. 6, 7 Buchst. a und b, Nr. 11 oder 12 AO) angesammelt und gehalten werden.

2.5.9.4 Einzelfragen zur zeitnahen Mittelverwendungspflicht

Eine zeitnahe Mittelverwendung liegt nicht vor, wenn eine steuerbegünstigte Körperschaft einer anderen, ebenfalls steuerbegünstigten Körperschaft ein unverzinsliches oder niedrigverzinsliches Darlehen gewährt. Die Mittel werden in diesem Fall nicht endgültig für steuerbegünstigte Zwecke verwendet. Da die Mittel nicht für steuerbegünstigte Zwecke verbraucht (= verwendet i. S. von § 55 Abs. 1 Nr. 1 AO) werden, ist ein solches Darlehen mit Ausnahme der Zinslosigkeit wie jede andere Form der Kapitalanlage zu werten. Der Zinsverzicht ist in diesen Fällen wegen § 58 Nr. 2 AO gemeinnützigkeitsunschädlich. Die Körperschaften dürfen also auch, wenn Darlehensnehmer wiederum andere steuerbegünstigte Körperschaften sind, Darlehen ohne Gefährdung der eigenen Gemeinnützigkeit nur geben, wenn diese Darlehen aus Mitteln gegeben werden können, die bei ihr selbst nicht der zeitnahen Verwendungspflicht unterliegen.

Die **Vergabe von Darlehen aus Mitteln,** die der zeitnahen Verwendungspflicht unterliegen, ist dann unschädlich für die Gemeinnützigkeit, wenn die das Darlehen gebende Körperschaft damit unmittelbar ihre eigenen steuerbegünstigten Zwecke verwirklicht (AEAO Nr. 14 zu § 55 Abs. 1 Nr. 1 AO, Anhang 1).

Dies kann z. B. der Fall sein, wenn die Körperschaft im Rahmen ihrer jeweiligen steuerbegünstigten Zwecke Darlehen im Zusammenhang mit einer Schuldnerberatung zur Ablösung von Bankschulden, Stipendien für die wissenschaftliche Ausbildung teilweise als Darlehen oder Darlehen an Nachwuchskünstler für die Anschaffung von Instrumenten vergibt. Voraussetzung ist, dass sich die Darlehensvergabe von einer gewerbsmäßigen Kreditvergabe dadurch unterscheidet, dass sie zu günstigeren Bedingungen erfolgt als zu den allgemeinen Bedingungen am Kapitalmarkt (z. B. Zinslosigkeit, Zinsverbilligung).

Die Vergabe von Darlehen aus zeitnah für die steuerbegünstigten Zwecke zu verwendenden Mitteln an andere steuerbegünstigte Körperschaften ist im Rahmen des § 58 Nr. 1 und Nr. 2 AO ausnahmsweise zulässig (mittelbare Zweckverwirklichung), wenn die andere Körperschaft die darlehensweise erhaltenen Mittel **unmittelbar** für steuerbegünstigte Zwecke **innerhalb** der für eine zeitnahe Mittelverwendung vorgeschriebenen Frist verwendet. Darlehen, die zur unmittelbaren Verwirklichung der steuerbegünstigten Zwecke vergeben werden, sind im Rechnungswerk der das Darlehen gebenden Körperschaft entsprechend kenntlich zu machen. Es muss sichergestellt und für die Finanzbehörden nachprüfbar sein, dass die Rückflüsse, d. h. Tilgung und Zinsen, bei der Darlehensgeberin dann wieder zeitnah für die steuerbegünstigten Zwecke verwendet werden (AEAO Nr. 14 zu § 55 Abs. 1 Nr. 1 AO, Anhang 1).

Die Darlehensvergabe aus zeitnah zu verwendenden Mitteln an andere steuerbegünstigte Körperschaften dürfte vor allem bei den überregional organisierten Dachverbänden vorkommen (der gemeinnützige Bundesverband, § 57 Abs. 2 AO, vergibt entsprechende Darlehensmittel an seine steuerbegünstigte Untergliederung).

Das Gebot der zeitnahen Mittelverwendung hat auch zur Folge, dass verwendungspflichtige **Mittel nicht dem Stiftungs- und sog. Ausstattungskapital** zugeführt werden dürfen. Ebenso ist es grundsätzlich unzulässig, Mittel zur Vermögensausstattung einer anderen (ggf. noch zu gründenden) steuerbegünstigten Stiftung anzusammeln bzw. zu verwenden. Ausnahmen sind lediglich im Rahmen der § 58 Nr. 3 AO i. d. F. des Ehrenamtsstärkungsgesetzes mit Wirkung ab dem 01.01.2014 (Tz. 2.8.3) sowie des § 62 Abs. 1 Nr. 3 AO (bis 31.12.2013: § 58 Nr. 7 Buchst. a AO, vgl. Tz. 2.8.7) denkbar. Denn die Zuführung von zeitnah zu verwendenden Mitteln zum Vermögen einer anderen Körperschaft kann nicht anders beurteilt werden als die Zuführung zum eigenen Vermögen (FinMin Brandenburg vom 22.12.2004, DStR 2005 S. 290).

Stiftungen haben nach den einschlägigen Stiftungsgesetzen der Länder (zu Stiftungen allgemein siehe auch Tz. 2.1.4) die Verpflichtung, die Substanz und die Ertragskraft des Stiftungsvermögens auf Dauer zu erhalten. Gelegentlich wird in diesem Zusammenhang auch die Auffassung vertreten, dass die **Kapitalerhaltungspflicht einer Stiftung** Vorrang vor der Verpflichtung zur zeitnahen Mittelverwendung des § 55 Abs. 1 Nr. 5 AO hat (siehe u. a. Carstensen in WpG 1996 S. 781, 788; zu dieser Frage auch Orth in DB 1997 S. 1341, 1348). Dem kann nicht zugestimmt werden. Eine Stiftung, die steuerbegünstigt sein will, muss ihr Konzept zur dauerhaften Erhaltung der Substanz und der Ertragskraft des Stiftungsvermögens im Rahmen der gemeinnützigkeitsrechtlichen Vorgaben umsetzen. Das vom Stiftungsvorstand zu erstellende Substanzerhaltungskonzept muss mit den Bestimmungen des § 55 AO i. V. m. den Rücklageregelungen nach § 62 Abs. 1, 3 und 4 AO (bis 31.12.2013: § 58 Nr. 6, 7 Buchst. a und b, Nr. 11 und 12 AO) in Einklang stehen. Steht das Substanzerhaltungskonzept in Widerspruch zu den steuerlichen Regelungen, droht der Stiftung der Entzug der Gemeinnützigkeit (in diesem Sinne auch Thiel in Rote Seiten zum Magazin Stiftung & Sponsoring, 1998; Thiel, GmbHR 1997 S. 10).

Gelegentlich sind Fälle zu beurteilen, in denen einer steuerbegünstigten Körperschaft **Vermögen** zugewendet wird, **das mit Ansprüchen Dritter rechtswirksam belastet** ist. Etwa wenn von Todes wegen ein Mietwohngrundstück auf eine gemeinnützige Stiftung oder einen gemeinnützigen Verein übertragen wird und die empfangende Stiftung bzw. der Verein damit gleichzeitig zur Erfüllung eines Vermächtnisses verpflichtet ist. Das auf die Stiftung/den Verein übergehende Vermögen ist also bereits im Zeitpunkt der Übernahme um diesen Anspruch gemindert. Entsprechendes gilt, wenn z. B. eine Vermögensübertragung mit der Verpflichtung zur Zahlung einer lebenslangen Rente, einem Nießbrauch etc. belastet ist. Eine gemeinnützige Körperschaft darf das betreffende Vermögen nur übernehmen, wenn unter Berücksichtigung der Verpflichtungen noch ein positives Vermögen verbleibt. Die Erfüllung der übernommenen Ansprüche aus dem zugewendeten Vermögen ist dann keine schädliche Mittelverwendung i. S. des § 55 Abs. 1 Nr. 1 AO. Dies gilt auch dann, wenn die Körperschaft die Ansprüche aus ihrem zulässigen (bereits vor der Übernahme vorhandenen) Vermögen erfüllt. Sie darf zur Erfüllung der Ansprüche in begrenztem Umfang auch Mittel einsetzen, die der zeitnahen Verwendungspflicht unterliegen (vgl. AEAO Nr. 11 und 12 zu § 55 Abs. 1 Nr. 1 AO, Anhang 1).

Der BFH hat in seinem Urteil vom 21.01.1998 (II R 16/95, BStBl 1998 II S. 758) die Auffassung vertreten, dass die Verwendung von Mitteln für die Erfüllung von Verbindlichkeiten, die vor der Übertragung des Vermögens auf eine Stiftung wirksam begründet worden seien und im Zuge der Ausführung des Stiftungsgeschäftes auf die Stiftung übergehen, in jedem Fall unschädlich für die Gemeinnützigkeit sei. Die Finanzverwaltung wendet dieses Urteil jedoch nicht uneingeschränkt an (vgl. BMF-Schreiben vom 06.11.1998, BStBl 1998 I S. 1446). Danach kann insgesamt **höchstens ein Drittel des Einkommens einer Stiftung** für Leistungen i. S. des § 58 Nr. 6 AO (bis 31.12.2013: § 58 Nr. 5 AO) oder **für die Erfüllung von anderen Ansprüchen,** die durch die Übertragung von belastetem Vermögen begründet sind, eingesetzt werden (siehe hierzu auch Kirchhain in Gemeinnützige Familienstiftung, Verlag Peter Lang). Meines Erachtens ist die Berücksichtigung der Eindrittelgrenze allerdings insoweit entbehrlich, wie sich der Stifter im Stiftungsgeschäft die Nutzungen des übertragenen Vermögens mit dinglicher Wirkung vorbehält (z. B. im Rahmen der Einräumung eines Vorbehaltsnießbrauchs). In diesem Fall sind die Erträge aus dem mit dem Vorbehaltsnießbrauch belasteten Stiftungsvermögen, soweit der Vorbehalt wirkt, nach den allgemeinen Grundsätzen der Einkünfteerzielung dem Stifter – und nicht der Stiftung – als eigene Einkünfte zuzurechnen, sodass es nicht zu einer Inanspruchnahme von Stiftungserträgen kommt (so auch Ihle in RNotZ 2009, Heft 12 S. 630).

Im Rahmen einer ordnungsmäßigen Verwaltung des Vermögens werden regelmäßig Aufwendungen zur **Pflege und Erhaltung von Vermögensgegenständen** anfallen. Verwendet eine steuerbegünstigte Körperschaft Mittel für entsprechende Zwecke, ist darin noch kein Verstoß gegen § 55 Abs. 1 Nr. 1 AO zu sehen. Denn derartige Maßnahmen zielen nicht auf eine Vermögensmehrung, sondern auf den Erhalt der bestimmungsgemäßen Nutzungsmöglichkeit ab. Davon sind jedoch Aufwendungen ausgeschlossen, die letztlich eine Vermögensmehrung bewirken (etwa wenn im Zuge von Baumaßnahmen die Substanz wesentlich vermehrt oder im Wesen erheblich verändert wird).

Es ist auch zulässig, dass z. B. bei absehbaren größeren Erhaltungsmaßnahmen (wie etwa der Dachreparatur an einem Mietwohngrundstück der Körperschaft) entsprechende Mittel über einen längeren Zeitraum angesammelt werden (AEAO Nr. 1 zu § 62 AO, Anhang 1). Bei einer solchen Mittelansammlung sind die zur Rücklagenbildung i. S. des § 62 Abs. 1 Nr. 1 und 2 AO (bis 31.12.2013: § 58 Nr. 6 AO) bestehenden Voraussetzungen sinngemäß zu beachten (siehe Tz. 2.5.5 sowie 2.8.6 f.).

Eine Verwendung oder auch **Ansammlung** von Mitteln zur Pflege und Erhaltung des Vermögens ist jedoch **nur aus den Erträgen/Überschüssen der Vermögensverwaltung** zulässig. Werden über diese Grenze hinaus Mittel für die Pflege und Erhaltung des Vermögens verwendet, gelten die Grundsätze zum Ausgleich von Verlusten in steuerpflichtigen wirtschaftlichen Geschäftsbetrieben sinngemäß (siehe dazu unten).

Vom Gebot der zeitnahen Mittelverwendung (§ 55 Abs. 1 Nr. 5 AO) sind Mittel ausgenommen, die dem sog. „zulässigen Vermögen" zugeordnet sind (siehe dazu die Ausführungen oben unter Tz. 2.5.9.3 und AEAO Nr. 16 zu § 62 Abs. 3 AO, Anhang 1). Von der Pflicht zur zeitnahen Mittelverwendung sind aber auch die **Wirtschaftsgüter** ausgenommen, **die durch Umschichtung entstanden sind** (z. B. bei Verkauf eines zum „zulässigen Vermögen" gehörenden Grundstücks einschließlich des den Buchwert des Grundstücks übersteigenden Veräußerungserlöses, AEAO Nr. 28 zu § 55 Abs. 1 Nr. 5 AO). Nur wenn sich der An- und Verkauf von Stiftungsvermögen als wirtschaftlicher Geschäftsbetrieb darstellt, sollen die Gewinne daraus der sofortigen Verwendungspflicht unterliegen (KSt-Kartei NRW § 5 KStG Karte H 25). Dieser Auffassung kann jedoch dann nicht zugestimmt werden, wenn die veräußerten Wirtschaftsgüter zum Ausstattungsvermögen gehört haben.

Mittel, die aus der Abschreibung von Wirtschaftsgütern des zulässigen Vermögens stammen, sind in diesem Sinne ebenfalls „Umschichtungsmittel". Auch sie unterliegen damit nicht dem Gebot der zeitnahen Mittelverwendung. Sie dürfen dauerhaft angesammelt werden und sollten in einer Mittelverwendungsrechnung (zur Mittelverwendungsrechnung siehe unter Tz. 2.5.9.1) gesondert dargestellt werden (z. B. als Rücklage, die allein aus den Abschreibungsbeträgen des „zulässigen Vermögens" aufgebaut wird).

Eine Rücklage, die sich aus den Abschreibungsbeträgen des „zulässigen Vermögens" aufbaut, ist um Tilgungsbeträge zu mindern, die für ein Darlehen anfallen, das zur Anschaffung eines Wirtschaftsgutes aufgenommen wird, das bei der Körperschaft der Vermögensverwaltung zugeordnet wird, um eine insoweit unzulässige Mittelansammlung zu verhindern.

Beispiel:

Der als gemeinnützig anerkannte Verein verfügt über 500.000 €, die bei ihm dem „zulässigen Vermögen" zugeordnet sind und auf einem Festgeldkonto verzinslich angelegt werden.

Der Vorstand erwirbt unter Einsatz eines Darlehens sowie der Mittel auf dem Festgeldkonto ein Wohn- und Geschäftshaus. Das Gebäude ordnet der Verein der Vermögensverwaltung sowie dem „zulässigen Vermögen" zu. Das Darlehen i. H. von 300.000 € tilgt der Verein jährlich mit 6.000 €.

Mieteinnahmen:		60.000 €
Werbungskosten		
AfA (2 % von 800.000 €)	16.000 €	
Zinsen (300.000 € × 4,0 %)	12.000 €	
übrige Kosten	18.000 €	
		./. 46.000 €
Überschuss		14.000 €

Die Zuführung zur „Abschreibungsrücklage" ist um die Tilgungsbeträge für das Darlehen zu kürzen.

Zugang (2 % von 800.000 €)	16.000 €
Korrektur wegen Tilgung	6.000 €
Aufbau der Rücklage mit	10.000 €

Auch die Aufwendungen, die zu einer Erweiterung oder erheblichen Verbesserung eines Wirtschaftsgutes des „zulässigen Vermögens" führen, mindern zunächst die Abschreibungsrücklage. In den Folgejahren kann die Abschreibungsrücklage dann wieder in Höhe der (erhöhten) „AfA-Raten" aufgefüllt werden.

Unter Berufung auf die Ausführungen von Thiel in DB 1992 S. 1900 (Tz. V. 4) wird vielfach die Auffassung vertreten, dass für die Wirtschaftsgüter, die von gemeinnützigen Körperschaften im ideellen Bereich – insbesondere in Zweckbetrieben – genutzt werden, eine („automatische") Mittelansammlung bis zur Höhe der steuerlich berücksichtigungsfähigen (Regel-)Abschreibungen für Abnutzung zulässig sei. Die Ansammlung entsprechender Mittel soll dabei vor dem Hintergrund einer zu erwartenden Wiederbeschaffung dieser Wirtschaftsgüter nach den Grundsätzen des § 62 Abs. 1 Nr. 2 AO (bis 31.12.2013: § 58 Nr. 6 AO) möglich sein. Nach meiner Auffassung ist eine **(automatische) „AfA-Rücklage" jedoch ausgeschlossen,** wenn die Körperschaft tatsächlich fortlaufend Aufwendungen für die laufende Instandhaltung und Modernisierung der Gebäude und Anlagen des ideellen Bereichs tätigt. In diesen Fällen fehlt es dann an einer konkreten Wiederbeschaffungsplanung i. S. des § 62 Abs. 1 Nr. 2 AO (bis 31.12.2013: § 58 Nr. 6 AO; vgl. auch Tz. 2.5.9.1.2 sowie Tz. 2.8.6). Steht zu einem späteren Zeitpunkt tatsächlich konkret eine Ersatzbeschaffung (die Errichtung eines Neubaus, die Ausführung einer Erweiterung, eine grundlegende Sanierung etc.) an, kann nach den Grundsätzen des § 62 Abs. 1 Nr. 2 AO (bis 31.12.2013: § 58 Nr. 6 AO) eine gesonderte Rücklage gebildet werden.

Zu den zeitnah zu verwendenden Mitteln zählen auch die aus (steuerpflichtigen) wirtschaftlichen Geschäftsbetrieben erzielten Gewinne (siehe BFH vom 15.07.1998 I R 156/94, BStBl 2002 II S. 162) sowie Überschüsse aus dem Bereich der Vermögensverwaltung. Da den steuerbegünstigten Körperschaften eine ordnungsmäßige Führung (nach kaufmännischen Grundsätzen) der steuerpflichtigen wirtschaftlichen Geschäftsbetriebe ermöglicht werden muss, ist es zulässig, dass **innerhalb eines (steuerpflichtigen) wirtschaftlichen Geschäftsbetriebs sowie innerhalb der Vermögensverwaltung** unter gewissen Voraussetzungen **Rücklagen** gebildet werden. Als Instrumente der Mittelbeschaffung steht es auch diesen Tätigkeitsbereichen zu, Kapital zu binden, das nach vernünftiger kaufmännischer Beurteilung als existenzsichernd eingestuft wird (siehe BFH-Urteil vom 15.07.1998, a. a. O., AEAO Nr. 2 zu § 55 Abs. 1 Nr. 1 AO sowie Tz. 2.5.5 und Tz. 2.5.9).

Der BFH hat in seinem Urteil vom 15.07.1998 (a. a. O.) ebenfalls die Bildung freier Rücklagen im steuerpflichtigen wirtschaftlichen Geschäftsbetrieb ausdrücklich als möglich angesehen. Allerdings hält er eine Rücklagenbildung nur dann für zulässig, **wenn die Gewinnthesaurierung betriebswirtschaftlich notwendig ist.** Im Urteilsfall wurde eine (erhebliche) Rücklage für Maßnahmen zu (notwendigen) strukturellen Marktanpassungen bzw. zu einer Betriebserweiterung dem Grunde nach anerkannt. Den Nachweis, dass der Umfang der vorgenommenen Gewinnthesaurierung zur Sicherung des Geschäftsbetriebs betriebswirtschaftlich geboten ist, hat die Körperschaft zu erbringen. Eine fast vollständige Zuführung des Gewinns zu einer Rücklage im wirtschaftlichen Geschäftsbetrieb ist nur dann unschädlich für die Gemeinnützigkeit, wenn die Körperschaft nachweist, dass die betriebliche Mittelverwendung zur Sicherstellung ihrer Existenz geboten war (BMF vom 15.02.2002, BStBl 2002 I S. 267).

Hat eine Körperschaft zunächst Wirtschaftsgüter, für deren Anschaffung zeitnah zu verwendende Mittel verwendet wurden, im steuerbegünstigten Bereich eingesetzt und werden sie dort nach geraumer Zeit nicht mehr benötigt, unterliegen diese **Vermögenswerte** dann **wieder der zeitnahen Verwendungspflicht.** So muss z. B. ein Krankenhaus, das seine Bettenkapazität reduziert und einen Teil der danach nicht mehr benötigten Gebäude veräußert, den erlösten Kaufpreis zeitnah für satzungsmäßige Zwecke verwenden. Meines Erachtens kann eine zeitnahe Verwendung der frei werdenden Mittel auch darin bestehen, eine (zeitlich begrenzte) Projektbzw. Wiederbeschaffungsrücklage nach Maßgabe des § 62 Abs. 1 Nr. 1 und 2 AO zu bilden (so auch Hüttemann in DB 2014 S. 442).

Ein Wiederaufleben der Pflicht zur zeitnahen Mittelverwendung ist auch für den Fall zu bejahen, dass bislang begünstigt eingesetzte (und aus zeitnah zu verwendenden Mitteln angeschaffte) Vermögensgegenstände in den Bereich der Vermögensverwaltung oder in den steuerpflichtigen wirtschaftlichen Geschäftsbetrieb überführt werden, Nach einem erfolgten „Sphärenwechsel" lebt die Pflicht zur zeitnahen Mittelverwendung in Höhe des Verkehrswerts dieser Vermögensgegenstände wieder auf (siehe AEAO Nr. 28 zu § 55 Abs. 1 Nr. 5 AO sowie Tz. 2.5.5.1). Hier kann ein Ausgleich der frei werdenden Mittel allerdings – abgesehen von einer Veräußerung der betreffenden Wirtschaftsgüter unter zeitnaher und satzungskonformer Verwendung des Erlöses – auch durch eine Auflösung etwaiger freier Rücklagen nach § 62 Abs. 1 Nr. 3 AO (bis 31.12.2013: § 58 Nr. 7 Buchst. a AO) oder ein Abschmelzen eines möglichen Verwendungsüberhangs lt. Mittelverwendungsrechnung erfolgen.

2 Erläuterung der Bestimmungen des Abschnitts „Steuerbegünstigte Zwecke" in der AO

Durch das Gesetz zur Modernisierung des GmbH-Rechts und zur Bekämpfung von Missbräuchen (MoMiG) vom 23.10.2008 (BGBl 2008 I S. 2026) wird seit dem 01.11.2008 die Gründung von Gesellschaften mit der Bezeichnung „Unternehmergesellschaft (haftungsbeschränkt)" oder „UG" (sog. **Mini-GmbH**) zugelassen, die bei einem Stammkapital von unter 25.000 Euro bis zum Erreichen dieser Mindestausstattung gem. § 5 Abs. 1 GmbHG fortlaufend 25 % ihres Jahresüberschusses in eine gesetzliche Rücklage einstellen müssen. Die Bildung dieser Rücklage ist bis zum Erreichen des Mindest-Stammkapitals im Einklang mit dem Grundsatz der zeitnahen Mittelverwendung gem. § 55 Abs. 1 Nr. 5, § 62 AO (bis 31.12.2013: § 58 AO) möglich (siehe AEAO Nr. 21 zu § 55 Abs. 1 Nr. 1 AO sowie Tz. 2.1.1 und Tz. 2.5.5).

Bei steuerbegünstigten Kapitalgesellschaften tritt gelegentlich der Fall ein, dass eine **Kapitalerhöhung aus Gesellschaftsmitteln** durchzuführen ist. Die Kapitalgesellschaft darf dafür jedoch keine Mittel einsetzen, die bei ihr (noch) der zeitnahen Verwendungspflicht unterliegen. Eine Kapitalerhöhung aus Gesellschaftsmitteln muss die gemeinnützige Kapitalgesellschaft aus den in der Handelsbilanz dargestellten Rücklagen (hier also Rücklagen im bilanztechnischen Sinne) vornehmen. Stehen diesen Rücklagen Mittel gegenüber, die bereits für steuerbegünstigte Zwecke oder im Rahmen der zulässigen Vermögensverwaltung eingesetzt sind (z. B. im Anlagevermögen des Zweckbetriebs oder in einem Mietwohngrundstück; siehe dazu oben zu „Rücklagen im bilanztechnischen Sinne" mit Beispielen), bestehen aus gemeinnützigkeitsrechtlicher Sicht keine Einwendungen gegen diese Kapitalerhöhung.

Bei einer gemeinnützigkeitsrechtlich zulässigen Kapitalerhöhung aus Gesellschaftsmitteln ist sicherzustellen (z. B. durch Gesellschaftsvertrag), dass das durch die Kapitalerhöhung entstehende Nennkapital dem Zugriff der Gesellschafter entzogen wird. Eine Rückzahlung an die Gesellschafter gem. § 55 Abs. 1 Nr. 2 und 4 AO (siehe Tz. 2.5.6 und Tz. 2.5.8) wäre unzulässig (siehe AEAO Nr. 22 zu § 55 Abs. 1 Nr. 2 und 4 AO). Dies gilt nicht, soweit die Gesellschafter selbst steuerbegünstigte Körperschaften i. S. des § 5 Abs. 1 Nr. 9 KStG sind (eine teilweise andere Auffassung vertritt Gronemann in „Kapitalerhöhung bei einer gemeinnützigen GmbH", DB 1981 S. 1589).

Gelegentlich gehen steuerbegünstigte Körperschaften **typisch stille Beteiligungen** (= Vermögensverwaltung) ein und vereinbaren dabei eine Verlustbeteiligung. Im Fall eines Verlustes wird die Einlage des stillen Gesellschafters in Höhe des Verlustes gemindert. Nach § 232 Abs. 2 Satz 2 HGB wird die Einlage aus späteren Gewinnen wieder aufgefüllt. Die zur Auffüllung der Einlage verwendeten Gewinne können deshalb nicht für die satzungsmäßigen Zwecke der steuerbegünstigten Körperschaft verwendet werden. Da sich die übernommene Beteiligung am Verlust im Allgemeinen auf die Höhe des vereinbarten Gewinnanteils auswirkt, ist die Verlustbeteiligung lediglich eine Frage der angemessenen Beteiligung des stillen Gesellschafters am Ergebnis des Handelsgewerbes. Ein Verstoß gegen die Selbstlosigkeit wird darin nicht gesehen werden können. Eine andere Beurteilung wird aber zu gelten haben, wenn z. B. im Interesse der Finanzierung des Beteiligungsunternehmens vereinbart wird, dass nur ein bestimmter Teil des Gewinnanteils (z. B. 50 %) entnommen werden darf und der verbleibende Teil des Gewinns dem Unternehmen zinslos oder auch verzinslich (u. U. unkündbar) als Darlehen zu überlassen ist (zum Zinsverzicht durch eine gemeinnützige Körperschaft siehe BFH vom 23.10.1991 I R 19/91, BStBl 1992 II S. 62). In einem solchen Fall könnte der als Darlehen überlassene Teil der Erträge nicht bzw. nicht zeitnah für satzungsmäßige Zwecke verwendet werden; es würde damit ein Verstoß gegen den Grundsatz der Selbstlosigkeit (= zeitnahe Mittelverwendungspflicht nach § 55 Abs. 1 Nr. 5 AO) vorliegen.

Gemeinnützige Körperschaften müssen die **Mittel, die sie bis zur endgültigen Verwendung für die satzungsmäßigen Zwecke halten, ertragbringend anlegen** (BFH vom 23.10.1991, a. a. O.). Da keine bestimmte Anlageform vorgeschrieben bzw. ausgeschlossen ist (siehe dazu auch Tz. 2.5.5.3.3), dürfen gemeinnützige Kapitalgesellschaften grundsätzlich auch Anteile an Kapitalgesellschaften zeichnen (zu der Frage, unter welchen Voraussetzungen diese Beteiligung noch der Vermögensverwaltung zuzuordnen ist, siehe Tz. 2.14.3.2). Dabei müssen steuerbegünstigte Körperschaften, da sie dem Gebot der zeitnahen Mittelverwendung unterliegen, stets das Ziel verfolgen, eine laufende Rendite aus dieser **Anlageform** zu erwirtschaften. Insbesondere in den Fällen, in denen die steuerbegünstigte Körperschaft entscheidend auf das Ausschüttungsverhalten der Kapitalgesellschaft Einfluss nehmen kann, muss sie auf **eine laufende Ausschüttung** der von der Kapitalgesellschaft erzielten Gewinne hinwirken (in diesem Sinne auch Helios in Steuerliche Gemeinnützigkeit und EG-Beihilferecht 2005 S. 186 und Hüttemann in DB 2006 S. 914, 918).

Eine **Thesaurierung von Gewinnen in der Kapitalgesellschaft** ist aus gemeinnützigkeitsrechtlicher Sicht nur insoweit zulässig, als vernünftige kaufmännische Gründe für eine entsprechende Thesaurierung sprechen und wenn der Nachweis gelingt, dass die Mittelansammlung in der Kapitalgesellschaft zur Sicherstellung der Existenz der Gesellschaft geboten ist. Insoweit gelten die zur Bildung von Rücklagen in einem wirtschaftlichen Geschäftsbetrieb i. S. der §§ 14, 64 AO gemachten Ausführungen sinngemäß (insbesondere ist m. E. in diesem Zusammenhang auch das Urteil des BFH vom 15.07.1998 I R 156/94, BStBl 2002 II S. 162, zu beachten; in diesem Sinne auch Alber in Dötsch/Pung/Möhlenbrock, Rz. 328 zu § 5 Abs. 1 Nr. 9 KStG).

Um die Gemeinnützigkeit nicht zu gefährden, kann es daher erforderlich werden, dass die steuerbegünstigte Körperschaft eine andere Anlageform wählt. Grundsätzlich unterliegen die bei einer **Umschichtung von „zulässigem Dauervermögen"** erzielten Buchgewinne (stillen Reserven) nicht der zeitnahen Mittelverwendungspflicht (siehe hier unter Tz. 2.5.9.3). Hat die Kapitalgesellschaft eine unzulässige Thesaurierung, wie vorstehend beschrieben, vorgenommen, werden mit einer „Umschichtung" dann nicht nur die stillen Reserven, sondern auch die zuvor in der Kapitalgesellschaft ungerechtfertigt angesammelten Gewinne realisiert. Die auf diesem Weg im Nachhinein „freigesetzten" Erträge aus der Beteiligung unterliegen (unverändert) der zeitnahen Verwendungspflicht. Die frei gewordenen Mittel können m. E. in analoger Anwendung der Grundsätze des AEAO Nr. 14 zu § 62 Abs. 2 AO auch in die Rücklagen nach § 62 Abs. 1 Nr. 1, 2 und 4 AO eingestellt werden (bis 31.12.2013: § 58 Nr. 6 und 7 Buchst. b AO). Bei diesen Mitteln handelt es sich allerdings nicht um sonstige nach § 55 Abs. 1 Nr. 5 AO zeitnah zu verwendende Mittel (§ 58 Nr. 3, § 62 Abs. 1 Nr. 3 AO).

Grundsätzlich zulässig ist es, wenn nicht ausgezahlte Gewinnanteile im Rahmen einer **zulässigen Rücklagenbildung** dem Beteiligungsunternehmen als Darlehen gegen angemessene Verzinsung überlassen werden und es der gemeinnützigen Körperschaft nach der vertraglichen Gestaltung möglich ist, die Rückzahlung des Darlehens dann zu verlangen, wenn es die Verwirklichung der satzungsmäßigen Zwecke (für die die Mittel nach Maßgabe des § 62 Abs. 1 Nr. 1 bzw. 2 AO (bis 31.12.2013: § 58 Nr. 6 AO) angesammelt worden sind) erfordert. Auch eine Zurverfügungstellung im Rahmen einer Rücklage nach § 62 Abs. 1 Nr. 4 AO – bis 31.12.2013: § 58 Nr. 7 Buchst. b AO – sowie einer Mittelansammlung nach § 62 Abs. 1 Nr. 3 AO (bis 31.12.2013: § 58 Nr. 7 Buchst. a AO) wäre zulässig. In diesem Rahmen kann eine steuerbegünstigte Körperschaft auch an einem Schütt-aus-hol-zurück-Verfahren teilnehmen (so auch FinSen Berlin vom 29.12.1993, DB 1993 S. 511).

2.5.10 Stiftungen und Betriebe gewerblicher Art (§ 55 Abs. 3 AO)

Die oben angesprochenen Bestimmungen, dass **Mitglieder** (Gesellschafter) im Fall ihres Ausscheidens, bei Auflösung der steuerbegünstigten Körperschaft oder bei Wegfall des begünstigten Zwecks ohne Verstoß gegen die Vermögensbindung ihre eingezahlten Kapitalanteile und den gemeinen Wert ihrer Sacheinlagen zurückerhalten dürfen (§ 55 Abs. 1 Nr. 2 und 4 AO), gelten entsprechend bei **Stiftungen** für die Stifter und deren Erben und bei **Betrieben gewerblicher Art von juristischen Personen des öffentlichen Rechts** für die Trägerkörperschaft. Daraus folgt, dass z. B. das eingebrachte Stiftungskapital und etwaige Zustiftungen satzungsmäßig von der Vermögensbindung ausgenommen werden können, um die eingebrachten Werte im Fall des Erlöschens der Stiftung an den Stifter oder dessen Erben zurückfallen zu lassen. Desgleichen kann das einem Betrieb gewerblicher Art von der Trägerkörperschaft gewidmete Vermögen bei Aufhebung des steuerbegünstigten Betriebs gewerblicher Art oder bei Wegfall des bisherigen steuerbegünstigten Zwecks an die Trägerkörperschaft zurückübertragen werden. Für Zuwendungen, die (zulässigerweise) von der Vermögensbindung ausgenommen sind, kann vom Stifter der Spendenabzug gem. § 10b EStG und § 9 Abs. 1 Nr. 2 KStG nicht in Anspruch genommen werden (AEAO Nr. 22 zu § 55 Abs. 1 Nr. 2 und 4 AO, Anhang 1, und BFH vom 05.02.1992 I R 63/91, BStBl 1992 II S. 748; siehe auch Tz. 3.3.2.1).

Für die Rückgabe von Wirtschaftsgütern (durch Stiftungen und Betriebe gewerblicher Art), die ursprünglich aus einem Betriebsvermögen zum Buchwert entnommen worden sind (§ 6 Abs. 1 Nr. 4 Satz 4 EStG), enthält der zweite Halbsatz des § 55 Abs. 3 AO insofern eine Einschränkung, als der Zuwendende nicht den gemeinen Wert des eingebrachten Wirtschaftsgutes, sondern nur den dem **ursprünglichen Buchwert** der Entnahme entsprechenden Betrag zurückerhalten darf. Stille Reserven und Wertsteigerungen (insbesondere in eingebrachten Grundstücken und Beteiligungen) bleiben deshalb für steuerbegünstigte Zwecke gebunden. Bei Rückgabe des Wirtschaftsgutes selbst hat der Empfänger die Wertdifferenz in Geld auszugleichen.

2.6 § 56 AO: Ausschließlichkeit

Ausschließlichkeit liegt vor, wenn eine Körperschaft nur ihre steuerbegünstigten satzungsmäßigen Zwecke verfolgt.

Neben der selbstlosen und unmittelbaren Verfolgung steuerbegünstigter Zwecke ist als weitere Grundvoraussetzung für die Anerkennung als steuerbegünstigte Körperschaft erforderlich, dass die Körperschaft die steuerbegünstigten Zwecke ausschließlich verfolgt. Eine **ausschließliche Zweckverfolgung** kann nach § 56 AO angenommen werden, wenn eine Körperschaft nur ihre steuerbegünstigten satzungsmäßigen Zwecke verfolgt. Das Ziel einer steuerbegünstigten Körperschaft muss es daher sein, **alle Tätigkeiten auf die Erreichung des steuerbegünstigten**

2.6 § 56 AO: Ausschließlichkeit

Zwecks auszurichten. In einem gewissen Widerspruch dazu steht auf den ersten Blick die gesetzlich ausdrücklich zugelassene bzw. geduldete vermögensverwaltende Tätigkeit oder die Unterhaltung steuerpflichtiger wirtschaftlicher Geschäftsbetriebe. Denn nach § 64 AO ist u. a. bestimmt, dass die Steuervergünstigungen nur für die Besteuerungsgrundlagen, die dem wirtschaftlichen Geschäftsbetrieb zugeordnet sind (Einkünfte, Umsätze, Vermögen), verloren gehen. Die Steuervergünstigung als solche ist also nicht allein deshalb in Frage gestellt, weil ein wirtschaftlicher Geschäftsbetrieb unterhalten wird. Wie auch der BFH in seinem Urteil vom 23.07.2003 (I R 29/02, BStBl 2003 II S. 930) deutlich macht, sind mit dem Ausschließlichkeitsgrundsatz auch solche Betätigungen vereinbar, die eine Gemeinwohlförderung vorbereiten und ermöglichen sollen. Steuerpflichtige wirtschaftliche Geschäftsbetriebe können daher in Einklang mit § 56 AO ausgeübt werden, wenn sie den satzungsmäßigen Zwecken sachlich untergeordnet sind und letztlich als Mittelbeschaffungstätigkeit zur ausschließlichen Zweckverfolgung dienen. Ein wirtschaftlicher Geschäftsbetrieb i. S. der §§ 14, 64 AO darf hingegen in der Gesamtschau nicht zum Selbstzweck werden (BFH vom 04.04.2007 I R 76/05, BStBl 2007 II S. 631) und als losgelöster Zweck oder gar Hauptzweck neben die Verfolgung der steuerbegünstigten Zwecke der Körperschaft treten (AEAO Nr. 1 zu § 56 AO). In einem solchen Fall kann die Betätigung der Körperschaft nicht in einen steuerfreien und in einen steuerpflichtigen Teil aufgeteilt werden; vielmehr ist dann die Körperschaft insgesamt als steuerpflichtig zu behandeln. Ein **schädlicher Selbstzweck** wäre m. E. anzunehmen, wenn die wirtschaftliche Tätigkeit keinen unmittelbaren Bezug zu den Satzungszwecken aufweist und keine (monetären) Vorteile für die Verwirklichung selbiger bereithält. Dies ist z. B. dann der Fall, wenn der steuerpflichtige wirtschaftliche Geschäftsbetrieb dauerdefizitär ist, und zwar unabhängig davon, ob die erwirtschafteten Verluste im Rahmen des horizontalen Verlustausgleichs in dem einheitlichen wirtschaftlichen Geschäftsbetrieb gem. § 64 Abs. 2 AO i. V. m. AEAO Nr. 3 zu § 55 Abs. 1 Nr. 1 AO regelmäßig ausgeglichen werden können (so auch Hüttemann in DB 2012 S. 253 und Gemeinnützigkeits- und Spendenrecht, 2. Auflage, Rz. 101 zu § 4, sowie Kümpel in FR 2014 S. 52).

Beispiel:
Der steuerbegünstigte Sportverein (§ 52 Abs. 2 Nr. 21 AO) betreibt die dem Verein angeschlossene Gaststätte, die als traditioneller und beliebter Treffpunkt der Vereinsmitglieder gilt, selbst. Während die Heimspiele der Bezirksliga-Mannschaft regelmäßig ausverkauft sind und zusammen mit dem Ergebnis eines kleinen Shops, der den Vertrieb entsprechender Merchandising-Artikel übernommen hat, zu einem Gewinn von ca. 100.000 € p. a. führen, schreibt die Gaststätte regelmäßig rote Zahlen, indem kleinere Verluste von rd. 5.000 € p. a. erwirtschaftet werden.

Bei der Gaststätte handelt es sich um einen steuerpflichtigen wirtschaftlichen Geschäftsbetrieb nach §§ 14, 64 AO, der dauerdefizitär ist. Er ist mithin nicht geeignet, Mittel für die Verwirklichung des Satzungszwecks des Sportvereins bereitzustellen. Da er keine (monetären) Vorteile bereithält, ist davon auszugehen, dass er aus einem anderen, gemeinnützigkeitsfremden und mithin schädlichen Grund (= Selbstzweck) unterhalten wird. Obgleich der einheitliche wirtschaftliche Geschäftsbetrieb (hier: Gaststätte + Ligabetrieb + Merchandising-Shop) insgesamt einen Gewinn ausweist (§ 64 Abs. 2 AO), kann der dauerhafte Ausgleich von Verlusten aus der Gaststätte mit Mitteln, die in der Folge nicht mehr für die Verwendung zu satzungsmäßigen Zwecken zur Verfügung stehen, nicht hingenommen werden. Wenn der Verein den dauerdefizitären Gaststättenbetrieb aufrechterhält, verstößt er damit gegen den Grundsatz der Ausschließlichkeit.

In diesem Sinne ist auch die **Verwaltung des eigenen Vermögens als unschädliche Nebentätigkeit** anzusehen. Diese Tätigkeiten müssen dabei mit dem Grundsatz der

Selbstlosigkeit in Einklang stehen (vgl. dazu im Einzelnen Tz. 2.5.2). Auch diese Betätigungen dürfen also nur mit dem Ziel der Unterstützung der satzungsmäßigen Tätigkeiten ausgeübt werden, indem durch sie Mittel zu deren Förderung bereitgestellt werden (siehe auch BFH vom 23.10.1991 I R 19/91, BStBl 1992 II S. 62).

Mit der Novellierung des Anwendungserlasses zur Abgabenordnung durch das BMF-Schreiben vom 17.01.2012 (BStBl 2012 I S. 83) wurde die innerhalb der Fachliteratur stets umstrittene gewichtende **Geprägesichtweise** aufgegeben, wonach zur Prüfung eines Verstoßes gegen die Grundsätze der Selbstlosigkeit und Ausschließlichkeit der Umfang begünstigter Tätigkeiten (ideeller Bereich sowie Zweckbetriebe) gegen den der nicht begünstigten Aktivitäten (steuerpflichtige wirtschaftliche Geschäftsbetriebe sowie Vermögensverwaltung) abgewogen wurde (vgl. bereits Tz. 2.5.2). Mithin ist der Umfang etwaiger wirtschaftlicher Aktivitäten einer steuerbegünstigten Körperschaft auch aus Sicht der Finanzverwaltung unerheblich, soweit deren Unterhaltung um des steuerbegünstigten Zwecks willen erfolgt. Dieser Grundsatz bedeutet für sämtliche steuerbegünstigten Körperschaften (insbesondere Mittelbeschaffungskörperschaften i. S. des § 58 Nr. 1 AO), dass das Ausschließlichkeitsgebot selbst dann als erfüllt anzusehen ist, wenn sie sich vollständig aus Mitteln eines steuerpflichtigen wirtschaftlichen Geschäftsbetriebs oder aus der Vermögensverwaltung finanzieren (siehe AEAO Nr. 1 zu § 56 AO).

Der Grundsatz der Ausschließlichkeit wird nicht verletzt, wenn **mehrere steuerbegünstigte Zwecke** nebeneinander verfolgt werden; alle Zwecke müssen jedoch satzungsmäßig festgelegt sein (siehe AEAO Nr. 2 zu § 56 AO, Anhang 1).

Die Unterhaltung eines **Zweckbetriebs,** in dem sich auch die Tätigkeit der Körperschaft erschöpfen kann, stellt ebenfalls keinen Verstoß gegen das Erfordernis der Ausschließlichkeit dar.

Die Satzung selbst muss uneingeschränkt dem Ausschließlichkeitsgebot folgen. In der Satzung muss zum Ausdruck gebracht werden, dass alle Tätigkeiten der Körperschaft **ausschließlich** auf die Verwirklichung steuerbegünstigter Zwecke auszurichten sind. Steuervergünstigungen können daher nicht gewährt werden, wenn Ziele zum Satzungszweck erklärt werden, die nicht zu den steuerbegünstigten Zwecken i. S. der §§ 52 bis 54 AO zählen (siehe dazu auch FG Niedersachsen vom 18.02.1997, EFG 1997 S. 1340). So kann z. B. einer Körperschaft die Gemeinnützigkeit nicht zuerkannt werden, die einen **steuerpflichtigen wirtschaftlichen Geschäftsbetrieb zum Satzungszweck erhebt** (siehe hierzu auch BFH vom 30.09.1981 III R 2/80, BStBl 1982 II S. 148; das Gutachten der Unabhängigen Sachverständigenkommission zur Prüfung des Gemeinnützigkeits- und Spendenrechts, S. 36, und AEAO Nr. 12 zu § 52 AO, Anhang 1). Die bloße Erwähnung eines steuerpflichtigen wirtschaftlichen Geschäftsbetriebes in der Satzung im Sinne einer Mittelbeschaffungstätigkeit ist jedoch unschädlich (siehe BFH vom 18.12.2002 I R 15/02, BStBl 2003 II S. 384). Diese Grundsätze gelten sinngemäß auch für vermögensverwaltende Tätigkeiten.

> *Hinweis: Bei der Gestaltung der Satzung ist es aus den vorgenannten Gründen empfehlenswert, etwaige Aktivitäten, die nicht dem ideellen oder zweckbetrieblichen Bereich zuzuordnen sind, sondern aus Gründen der Mittelerwirtschaftung unterhalten werden, außerhalb der Ausführungen zum steuerbegünstigten Zweck zu benennen. Auf diese Weise wird dem Auftrag der Satzung Rechnung getragen, die Organisation der Körperschaft und die Befugnisse ihrer Organe festzulegen, während gleichzeitig die Annahme einer Erweiterung der eigentlichen (steuerbegünstigten) Sat-*

zungszwecke durch die vermögensverwaltenden bzw. erwerbswirtschaftlichen Tätigkeiten ausscheidet.

Gelegentliche gesellige Veranstaltungen, die ein im Übrigen auf Gemeinnützigkeit ausgerichteter Verein (z. B. ein Sportverein oder Gesangverein) durchführt, sind als Nebenzweck anzusehen (vgl. auch § 58 Nr. 7 AO [bis 31.12.2013: § 58 Nr. 8 AO] – Tz. 2.8.8). Es ist auch unschädlich, wenn auf die vereinsinterne Pflege der Geselligkeit (Kameradschaft) in der Satzung hingewiesen wird (siehe hierzu BFH vom 11.03.1999 V R 57, 58/96, BStBl 1999 II S. 331, und Tz. 2.2.5 – Kameradschaft). Dabei sollte aber zum Ausdruck kommen, dass gesellige Veranstaltungen nur in untergeordnetem Umfang durchgeführt werden dürfen. Wenn die Pflege der Geselligkeit im Vordergrund der Vereinstätigkeit steht oder einen der satzungsmäßigen oder tatsächlichen Hauptzwecke darstellt, kann die Gemeinnützigkeit nicht anerkannt werden (diese Frage sollte z. B. bei Karnevalsvereinen bzw. bei Schützenvereinen besonders geprüft werden; zu dieser Frage siehe BFH vom 31.10.1963 I 320/61 U, BStBl 1964 III S. 20, zu einem Traditionsverein von Wehrmachtsangehörigen).

Im § 58 AO sind bestimmte **Ausnahmen** vom Grundsatz der Ausschließlichkeit aufgeführt.

2.7 § 57 AO: Unmittelbarkeit

(1) ₁**Eine Körperschaft verfolgt unmittelbar ihre steuerbegünstigten satzungsmäßigen Zwecke, wenn sie selbst diese Zwecke verwirklicht.** ₂**Das kann auch durch Hilfspersonen geschehen, wenn nach den Umständen des Falls, insbesondere nach den rechtlichen und tatsächlichen Beziehungen, die zwischen der Körperschaft und der Hilfsperson bestehen, das Wirken der Hilfsperson wie eigenes Wirken der Körperschaft anzusehen ist.**

(2) Eine Körperschaft, in der steuerbegünstigte Körperschaften zusammengefasst sind, wird einer Körperschaft, die unmittelbar steuerbegünstigte Zwecke verfolgt, gleichgestellt.

2.7.1 Grundsatz der Unmittelbarkeit

Eine grundlegende Forderung des Gemeinnützigkeitsrechts ist die Forderung, dass die steuerbegünstigten Zwecke durch die Körperschaft **selbst** verwirklicht werden (siehe nur Leisner-Egensperger in H/H/Sp, Rz. 4 zu § 57 AO). **Die Zwecke müssen durch eigenes Tätigwerden verfolgt werden.** Das Wirken eines Dritten, auf den man möglicherweise „irgendwie" Einfluss hat, reicht nicht aus. So muss z. B. ein Bildungsverein selbst Vortrags- oder Informationsveranstaltungen durchführen (vgl. hierzu BFH vom 23.10.1991 I R 19/91, BStBl 1992 II S. 62). Unmittelbarkeit i. S. des § 57 Abs. 1 Satz 1 AO setzt voraus, dass die Tätigkeiten einer Körperschaft darauf abzielen, die steuerbegünstigten Zwecke als solche direkt zu fördern, ohne dass eine weitere Aktivität, eine andere Person oder Leistung zwischengeschaltet ist (vgl. auch FG Niedersachsen vom 18.03.2004, EFG 2004 S. 1650). Eine Ausnahme von diesem Grundsatz ist insoweit zulässig, als sich die steuerbegünstigte Körperschaft gemäß § 57 Abs. 1 Satz 2 AO einer Hilfsperson bedienen kann (siehe weiter unten sowie Tz. 2.7.4).

Die Tätigkeit (die Leistung) der Körperschaft muss die direkte Umsetzung der eigenen (steuerbegünstigten) Satzungszwecke bewirken. Das gilt auch für den Fall, dass eine Körperschaft als Hilfsperson in die Verwirklichung der steuerbegünstigten Satzungszwecke ihrer Auftraggeberin eingebunden ist und mit ihrer Hilfspersonentätigkeit zugleich eigene steuerbegünstigte Satzungszwecke verfolgt (siehe BFH-Urteile vom 06.02.2013 I R 59/11, BStBl 2013 II S. 603, sowie vom 27.11.2013 I R 17/12, BFHE 244 S. 194; AEAO Nr. 2 zu § 57 AO und Tz. 2.7.4). Insoweit hat der BFH jüngst seine Maßstäbe, aus denen nach bisheriger Rechtsprechung (vgl. Urteile vom 17.02.2010 I R 2/08, BStBl 2010 II S. 1006, und vom 13.06.2012 I R 71/11, BFH/NV 2013 S. 89) ein unmittelbares Tätigwerden abzuleiten war, geändert.

Tätigkeiten, die bei den Körperschaften lediglich als Hilfstätigkeiten einzustufen sind, allerdings im Rahmen der (unmittelbaren) Zweckverwirklichung anfallen, wie etwa die eigenen Verwaltungstätigkeiten, Mittelbeschaffungsaktivitäten etc., sind unschädliche mittelbare Betätigungen (siehe so Hüttemann, Wirtschaftliche Betätigung und Gemeinnützigkeit, S. 29). Werden sie hingegen ausgegliedert und dann entgeltlich an die Stammkörperschaft erbracht, wird auf der Ebene der leistenden (Tochter-)Gesellschaft damit ein steuerpflichtiger wirtschaftlicher Geschäftsbetrieb begründet (siehe dazu auch Tz. 2.5.5.5).

Der BFH hat in einigen Fällen die Gewährung von Steuervergünstigungen verneint, weil steuerbegünstigte Zwecke **nicht** unmittelbar verfolgt wurden:

> Fachverband für das Zelt- und Wohnwagenwesen (BFH vom 22.10.1971 III R 52/70, BStBl 1972 II S. 204).
>
> Bau einer Stadthalle (Mehrzweckhalle – BFH vom 19.06.1974 I R 14/72, BStBl 1974 II S. 664).
>
> Errichtung und Betrieb eines Regionalflughafens (BFH vom 21.08.1974 I R 81/73, BStBl 1975 II S. 121).
>
> Orden, der auf die Verbreitung geistiger und sittlicher Werte gerichtet ist (BFH vom 13.12.1978 I R 36/76, BStBl 1979 II S. 492).
>
> Gewährung von Unterkunft und Verpflegung an Lehrgangsteilnehmer eines Sportverbandes sowie die Reinigung und Instandhaltung von Trainingsräumen und -anlagen des Sportverbandes (BFH vom 25.02.1981 II R 110/77, BStBl 1981 II S. 478).
>
> Der Betrieb einer Krankenhausapotheke (BFH vom 18.10.1990 V R 76/89, BStBl 1991 II S. 268).Gehaltsabrechnungsstellen für steuerbegünstigte Körperschaften (FinSen Berlin vom 29.12.1992, DB 1993 S. 511; FG Baden-Württemberg vom 03.02.1993, EFG 1993 S. 619).
>
> Zentraleinkauf durch einen Dachverband (BFH vom 15.10.1997 II R 94/94, BFH/NV 1998 S. 150).
>
> Kaufmännische Verwaltung für gemeinnützige Einrichtungen (BFH vom 07.11.1996 V R 34/96, BStBl 1997 II S. 366).
>
> Entwicklung eines Vergütungssystems für Krankenhausleistungen (BFH vom 07.03.2007 I R 90/04, BStBl 2007 II S. 628).
>
> Erbringung von Laborleistungen für Krankenhäuser (BFH vom 06.02.2013 I R 59/11, BStBl 2013 II S. 603).

Gemeinnützigkeit ist zu versagen, wenn bereits die Satzung oder der Gesellschaftsvertrag die Verwirklichung des Satzungszwecks der Körperschaft durch Gründung oder Erwerb von anderen Gesellschaften und durch eine Beteiligung an solchen Gesellschaften, also eine lediglich mittelbare Zweckverfolgung, vorgibt.

2.7.2 Einzelfälle

So hat etwa das FG Baden-Württemberg entschieden (Urteil vom 31.07.1997, EFG 1997 S. 1341), dass allein die **Verpachtung von Gebäuden** an einen gemeinnützigen Träger zum Betrieb von Altenpflege- und Behindertenwohnheimen **keine unmittelbar gemeinnützige Tätigkeit** sei, da der begünstigte Personenkreis allenfalls mittelbar gefördert werde. Derartige Verpachtungen könnten als Nebentätigkeiten nur dann „unschädlich" für die Steuerbegünstigung sein, wenn außerdem eine unmittelbar gemeinnützige (Haupt-)Tätigkeit entfaltet werde. Wenn z. B. ein bisher von einem als gemeinnützig anerkannten Verein betriebenes Krankenhaus auf eine gemeinnützige Krankenhaus-Tochterkapitalgesellschaft ausgegliedert wird und der Verein der Kapitalgesellschaft den Grund und Boden mit dem Krankenhausgebäude verpachtet, kann der Verein grundsätzlich nur dann noch weiterhin als steuerbegünstigt behandelt werden, wenn er neben der Verpachtungstätigkeit selbst auch weiterhin unmittelbar steuerbegünstigte Zwecke verfolgt. Eine unmittelbare Zweckverfolgung ist dabei grundsätzlich auch dann noch anzunehmen, wenn der Verein sich dabei einer Hilfsperson, § 57 Abs. 1 Satz 2 AO, bedient (siehe hierzu auch Tz. 2.14.4.3; zu praktischen Lösungsansätzen siehe auch Holland in DStR 2006 S. 1783, Tz. 4). Die weitere Zuerkennung der Steuerbegünstigung für den Verein, der mit den Pachtentgelten ausschließlich Einkünfte aus dem Bereich der Vermögensverwaltung generiert, ist vor dem Hintergrund der Aufgabe der Geprägesichtweise (vgl. Tz. 2.6) ansonsten nur unter Anpassung seiner Satzung und Aufnahme eines Förderzwecks nach Maßgabe des § 58 Nr. 1 AO möglich, zu dessen Verwirklichung er die im Rahmen der Vermögensverwaltung erzielten Überschüsse an weitere steuerbegünstigte Körperschaften bzw. juristische Personen des öffentlichen Rechts zur Verwendung für ihre steuerbegünstigten Zwecke weiterleitet. Zudem sind bei dem Verein gem. AEAO Nr. 28 zu § 55 Abs. 1 Nr. 5 AO (Anhang 1) die abgabenrechtlichen Folgen des eintretenden „Sphärenwechsels" zu prüfen (= Wiederaufleben der Pflicht zur zeitnahen Mittelverwendung in Höhe des Verkehrswerts), soweit das verpachtete und bislang zweckbetrieblich genutzte Grundvermögen ursprünglich aus zeitnah zu verwendenden Mitteln angeschafft wurde (vgl. Tz. 2.5.9.4). Es sollte jedoch auch im vorliegenden Beispielsfall zugunsten einer praxisorientierten Behandlung des **„Sphärenwechsels"** berücksichtigt werden, dass das ausgegliederte Vermögen bei dem neuen Rechtsträger (= 100 %ige Tochtergesellschaft) unverändert innerhalb eines Zweckbetriebs zu steuerbegünstigten Zwecken verwendet wird. Aus diesem Grund erscheint es aus meiner Sicht vertretbar, wenn die Pflicht zur zeitnahen Mittelverwendung ausnahmsweise erst im Zeitpunkt einer etwaigen Veräußerung der Anteile an der gGmbH bzw. eines Verlustes der Zweckbetriebseigenschaft auflebt (vgl. bereits Tz. 2.5.5.5).

Das Erfordernis der **Unmittelbarkeit** ist bei Stiftungen erfüllt, die **Preise verleihen,** wenn dadurch ein Anreiz gegeben wird, auf dem Gebiet ihrer gemeinnützigen Satzungszwecke tätig zu werden. Das gilt auch für Stiftungen, deren Tätigkeit sich im Wesentlichen auf Preisverleihungen beschränkt (OFD Münster vom 02.02.1979 – S 2729 – 24 – St 13 – 31, KSt-Kartei NRW § 5 KStG Karte H 12; zur Offenlegung der Förderrichtlinien siehe Tz. 2.2.7).

Eine unmittelbare Förderung der Kunst durch einen Verein, der kulturelle Zwecke fördert, ist z. B. nicht anzunehmen, wenn sich die Förderung von Künstlern darauf beschränkt, den **Lebensunterhalt der Künstler** zu finanzieren (insoweit bestehen auch Bedenken hinsichtlich der Förderung der Allgemeinheit und der Selbstlosigkeit, siehe auch R 10b.1 Abs. 1 Satz 3 EStR). Eine unmittelbare Verwirklichung der

Satzungszwecke liegt jedoch vor, wenn und soweit konkrete, für die Öffentlichkeit bestimmte **Kunstobjekte** eines Künstlers, z. B. durch die Finanzierung von Sachaufwendungen, gefördert werden oder wenn im Rahmen eines Förderprogramms Künstler beauftragt werden, Denkmäler und Kunstwerke entsprechend den Satzungszwecken zu restaurieren.

2.7.3 Zusammenarbeit zwischen steuerbegünstigten Körperschaften; Kooperationen

Die Regelungen des § 57 Abs. 1 AO ermöglichen die Zuerkennung der Steuerbegünstigung nur, wenn die Körperschaft **durch eigenes unmittelbares Tätigwerden** die Allgemeinheit in Verwirklichung der steuerbegünstigten satzungsmäßigen Zwecke fördert.

Ob unmittelbares Handeln i. S. des § 57 AO tatsächlich vorliegt, hängt von den Gegebenheiten in jedem Einzelfall ab. Es ist daher immer dann, wenn verschiedene Einrichtungen bei der Verwirklichung steuerbegünstigter Zwecke zusammenarbeiten, eingehend zu prüfen, ob von einzelnen Körperschaften lediglich Vorbereitungsleistungen für andere Einrichtungen erbracht werden, wobei der Leistungsempfänger dann unter Inanspruchnahme dieser Vorleistungen seine steuerbegünstigten Zwecke erfüllt (vgl. auch Woitschell in Ernst & Young, KStG, § 5 Rz. 429.1 f.), oder ob die jeweiligen (Einzel-)Leistungen eigenverantwortlich erbracht werden und ihrer Art nach den förderungswürdigen Zwecken/Personen unmittelbar zugutekommen. Werden sie eigenverantwortlich erbracht und sind sie bei isolierter Betrachtung bereits als unmittelbare Verwirklichung der Satzungszwecke anzusehen, kann regelmäßig von einem unmittelbaren Tätigwerden zur Verwirklichung der eigenen Satzungszwecke ausgegangen werden. Im Rahmen der Beurteilung eines Zweckbetriebs der Wohlfahrtspflege nach § 66 AO kommt es nach neuerer BFH-Rechtsprechung dabei nicht mehr auf das Bestehen zivilrechtlicher Vertragsbeziehungen zu dem förderungswürdigen Personenkreis an, sondern ausschließlich auf die tatsächliche (faktische) Erbringung der zweckverwirklichenden Dienstleistungen (siehe BFH vom 06.02.2013 I R 59/11, BStBl 2013 II S. 603, und vom 27.11.2013 I R 17/12, BFHE 244 S. 194; insoweit liegt eine Änderung der Rechtsprechung des BFH vor: anders noch die Urteile des BFH vom 16.12.2009 I R 49/08, BStBl 2011 S. 398, und vom 17.02.2010 I R 2/08, BStBl 2010 II S. 1006; siehe auch zum Thema Hilfspersonen in Tz. 2.7.4).

> *Hinweis:* *Bei dem Austausch von Leistungen zwischen steuerbegünstigten Körperschaften oder einer Zusammenarbeit von steuerbegünstigten Körperschaften muss stets kritisch hinterfragt werden, ob die jeweils von der ausführenden Körperschaft erbrachte (Teil-)Leistung als unmittelbares Tätigwerden i. S. des § 57 Abs. 1 AO eingestuft werden kann. Nur dann, wenn diese Frage bejaht wird, kann der Körperschaft die Gemeinnützigkeit zuerkannt und bei ihr ein Zweckbetrieb i. S. des § 65 bzw. des § 66 AO angenommen werden.*
>
> *Entscheidende Weichen werden bei der Abstimmung und Ausgestaltung der Zusammenarbeit der betroffenen steuerbegünstigten Körperschaften gestellt. Die ausschließlich fremdbestimmte Leistungserbringung im Rahmen einer Personalüberlassung kann beispielsweise nicht zur Annahme der „Unmittelbarkeit" i. S. des § 57 Abs. 1 AO führen. Aus den getroffenen Vereinbarungen zur Erbringung und Abrechnung der jeweiligen Leistungsbestandteile und der Art und Weise der tatsächlichen Umset-*

zung muss eindeutig hervorgehen, dass die beteiligten steuerbegünstigten Einrichtungen in der Zusammenarbeit jeweils die eigenen gemeinnützigen, mildtätigen oder kirchlichen Zwecke eigenverantwortlich verwirklichen. Nur dann kann eine „Unmittelbarkeit" i. S. des § 57 AO bejaht werden.

2.7.4 Hilfspersonentätigkeit

Die Verwirklichung der steuerbegünstigten Zwecke kann auch durch **Hilfspersonen** erfolgen (§ 57 Abs. 1 Satz 2 AO). Das Wirken der Hilfspersonen muss nach den rechtlichen und tatsächlichen Beziehungen, die zwischen der Körperschaft und den Hilfspersonen bestehen, wie ein eigenes Wirken der Körperschaft anzusehen sein. Der Hilfsperson sind mithin klare Auflagen hinsichtlich der Durchführung der entsprechenden Maßnahmen und der dabei zu verwendenden Mittel verbunden mit der Verpflichtung zu machen, zu bestimmten Zeiten Rechenschaft über die Aktivitäten und die verwendeten Mittel abzulegen.

Hinweis: Die Voraussetzungen, die verwaltungsseitig an eine Hilfsperson i. S. des § 57 Abs. 1 Satz 2 AO gestellt werden, legen ein überwiegend fremdbestimmtes Handeln nah, welches durch die Vorgaben ihrer jeweiligen Auftraggeberin geprägt ist. So knüpft der AEAO (Nr. 2 zu § 57 AO) an ein Hilfspersonenverhältnis die folgenden Regeln:

– Die Hilfsperson hat **nach den Weisungen der Körperschaft** einen konkreten Auftrag auszuführen,

– die Körperschaft hat nachzuweisen, dass sie den Inhalt und den Umfang der Tätigkeit der Hilfsperson **im Innenverhältnis bestimmen** kann,

– die Körperschaft hat die Pflicht, das Handeln der Hilfsperson zu **überwachen** und

– es ist die **weisungsgemäße Verwendung** der Mittel von der Auftraggeberin sicherzustellen.

– Diese Bedingungen stehen in einem gewissen Spannungsverhältnis zu den Anforderungen, die die Rechtsprechung (siehe BFH-Urteile vom 17.02.2010 I R 2/08, BStBl 2010 II S. 1006, vom 06.02.2013 I R 59/11, BStBl 2013 II S. 603, sowie vom 27.11.2013 I R 17/12, BFHE 244 S. 194) an eine Hilfsperson stellt, welche aus ihrer Tätigkeit als Hilfsperson die Steuerbegünstigung ableiten möchte und zu diesem Zweck **selbständig und eigenverantwortlich** handeln muss (siehe auch weiter unten).

Einen Lösungsansatz im Rahmen dieses Zielkonflikts bietet das bestandskräftige Urteil des Niedersächsischen FG vom 08.04.2010 – 6 K 139/09, das für die Annahme eines Hilfspersonenverhältnisses darauf abstellt, ob die Tätigkeit **mit dem Willen der übergeordneten Körperschaft** erfolgt, was letztlich nur dann der Fall sei, wenn die Tätigkeit jedenfalls hinsichtlich ihres **Ziels** im Wesentlichen durch die Körperschaft veranlasst sei. Die Auswahl der konkreten Maßnahmen, die zu einer Zielerreichung führen, bleibt in diesem Fall der operativ tätigen Hilfsperson vorbehalten, wodurch ihrem Handeln die gebotene Selbständigkeit zugesprochen werden kann.

Hilfspersonen in diesem Sinne können natürliche oder juristische Personen sein. Die Hilfspersonen brauchen also nicht Angestellte (Organe oder Hilfskräfte) der steuerbegünstigten Körperschaft zu sein. Die Körperschaft muss aber ausreichend **auf das Handeln der Hilfspersonen einwirken** können. Unmittelbares Wirken kann z. B. anerkannt werden, wenn die gesamte Führung einer Krankenanstalt einer anderen Person übertragen wird und eine unmittelbare Einwirkung auf sie durch die übertragende Körperschaft besteht (BFH vom 31.10.1957 III 158/57 U, BStBl 1958 III S. 170). Unmittelbarkeit ist nicht gegeben, wenn Mittel oder Einrichtungen der Auftraggeberin einer „Hilfsperson" zur freien Verfügung – ohne Einwirkungsmöglichkeit der auftraggebenden Körperschaft auf deren Verwendung oder Nutzung – überlassen werden. Es wäre in einem solchen Fall aber zu prüfen, ob es sich um eine unschädliche Überlassung von Mitteln oder von Räumen i. S. von § 58 Nr. 1, 2, 4 und 5 AO (bis 31.12.2013: § 58 Nr. 1 bis 4 AO) handelt (vgl. Tz. 2.8.1 bis 2.8.4).

Es ist aus gemeinnützigkeitsrechtlicher Sicht zulässig, dass sich eine Körperschaft zur Verwirklichung ihrer satzungsmäßigen Zwecke stets der Zwischenschaltung einer Hilfsperson bedient. Die Steuerbegünstigung einer Körperschaft, die nur über eine Hilfsperson das Merkmal der Unmittelbarkeit erfüllt (§ 57 Abs. 1 Satz 2 AO), ist unabhängig davon zu gewähren, wie die Hilfsperson gemeinnützigkeitsrechtlich behandelt wird (AEAO Nr. 2 zu § 57 AO). Diese Beurteilung impliziert bereits, dass auch die Hilfsperson selbst als steuerbegünstigt i. S. der §§ 51 ff. AO anerkannt werden kann.

Während der BFH in seiner älteren (inzwischen überholten) Rechtsprechung davon ausging, dass die Tätigkeit als Hilfsperson lediglich die Unterstützung einer anderen Körperschaft bei deren gemeinnütziger Tätigkeit – und damit die ausschließliche Verwirklichung fremder gemeinnütziger Zwecke – zum Inhalt habe, die nur einer einzigen Einrichtung zugerechnet werden könne (vgl. BFH vom 07.03.2007, BStBl 2007 II S. 628), wird nunmehr auch die Annahme einer eigenen Steuerbegünstigung der Hilfsperson für Recht erkannt (siehe BFH-Urteile vom 17.02.2010 I R 2/08, BStBl 2010 II S. 1006, vom 06.02.2013 I R 59/11, BStBl 2013 II S. 603, sowie vom 27.11.2013 I R 17/12, BFHE 244 S. 194, und AEAO Nr. 2 zu § 57 AO). Dabei wird vorausgesetzt, dass die Körperschaft mit ihrer Hilfspersonentätigkeit nicht nur die steuerbegünstigte Tätigkeit einer anderen Körperschaft unterstützt, sondern zugleich eigene steuerbegünstigte Satzungszwecke verfolgt und ihren Beitrag selbständig und eigenverantwortlich erbringt. Auch müssen die übrigen Voraussetzungen, die gem. §§ 51 ff. AO an die Steuerbegünstigung geknüpft sind, durch die Hilfsperson erfüllt werden. Bei der Beurteilung des Grundsatzes der Unmittelbarkeit nach § 57 AO kommt es allerdings nicht auf die Gestaltung der den Leistungen zugrunde liegenden Verträge an. Da die Hilfsperson – wie oben ausgeführt – naturgemäß einen Vertrag mit ihrer Auftraggeberin abschließt, der eine Leistungserbringung für selbige zum Inhalt hat, kommt es für die Bejahung des Unmittelbarkeitserfordernisses vielmehr auf das tatsächliche (faktische) Tätigwerden der Hilfsperson an. So setzt ein unmittelbares Tätigwerden im Rahmen eines Zweckbetriebs nach § 66 AO voraus, dass die Hilfsperson ihre Leistungen in tatsächlicher Hinsicht unmittelbar gegenüber dem begünstigten Personenkreis i. S. des § 53 AO erbringt; siehe BFH-Urteil vom 27.11.2013 I R 17/12, BFHE 244 S. 194, sowie die entsprechende Kommentierung durch Gosch in BFH/PR 8/2014 S. 263).

> **Beispiel:**
> Die wegen Förderung der Volks- und Berufsbildung (§ 52 Abs. 2 Nr. 7 AO) sowie mildtätiger Zwecke (§ 53 AO) als steuerbegünstigt anerkannte A-Stiftung unterhält

eine Beschäftigungsgesellschaft (= Zweckbetrieb), die Maßnahmen zur Qualifizierung und Betreuung langzeitarbeitsloser Menschen durchführt, um ihnen eine Integration in den Arbeitsmarkt zu ermöglichen. Nach einigen Jahren errichtet sie eine 100 %ige Tochtergesellschaft (B-GmbH), die nach ihrer Satzung ausschließlich und unmittelbar die soziale Betreuung (Suchtberatung, psychologische Begleitung etc.) der förderungswürdigen Personen übernimmt. Zu diesem Zweck schließt die A-Stiftung, die diese Aufgaben bislang selbst übernommen hat, mit der B-GmbH einen Dienstleistungsvertrag ab, aus dem sich Art und Umfang der Tätigkeiten ergeben (§ 57 Abs. 1 Satz 2 AO).

Obwohl die B-GmbH mit den förderungswürdigen Personen keinen Vertrag über die Betreuungs- und Beratungsleistungen abschließt, sondern ihre Dienstleistungen – rein zivilrechtlich – gegenüber ihrer Gesellschafterin erbringt, die damit ihren eigenen Verpflichtungen gegenüber den Maßnahmeteilnehmern nachkommt, ist eine faktische Unmittelbarkeit i. S. des § 57 AO gegeben, indem die B-GmbH in unmittelbarem Kontakt zu den förderungswürdigen Personen steht und in diesem Rahmen Betreuungsleistungen selbst erbringt. Unter Erfüllung der übrigen Voraussetzungen der §§ 51 ff. AO kann eine eigene Steuerbegünstigung der B-GmbH und mithin das Unterhalten eines Zweckbetriebs i. S. des § 66 AO angenommen werden.

Soweit die Hilfsperson nicht nach den o. g. Voraussetzungen mit ihrer Hilfspersonentätigkeit eigene steuerbegünstigte Zwecke verwirklicht (weil eine der Voraussetzungen der §§ 51 ff. AO nicht erfüllt wird), begründet sie mit ihren Leistungen, die sie gegen Entgelt an ihre Auftraggeberin erbringt, einen **steuerpflichtigen wirtschaftlichen Geschäftsbetrieb** (siehe auch Eversberg in Rote Seiten zu Stiftung & Sponsoring 5/2001; siehe in diesem Zusammenhang auch Alber in Dötsch/Pung/Möhlenbrock, Rz. 104 zu § 5 Abs. 1 Nr. 9 KStG).

Eine Hilfspersonentätigkeit liegt jedoch nur vor, wenn mit dieser Tätigkeit dem Auftraggeber tatsächlich die Gemeinnützigkeit vermittelt wird. Ist diese Voraussetzung nicht erfüllt, weil es sich bei der Auftraggeberin um eine juristische Person des öffentlichen Rechts handelt, die in ihrem hoheitlichen Bereich tätig wird, oder um eine voll steuerpflichtige Körperschaft bzw. eine natürliche Person, verbleibt es bei einer eigenen steuerbegünstigten Tätigkeit der auftragnehmenden Körperschaft i. S. des § 57 Abs. 1 Satz 1 AO (vgl. AEAO Nr. 2 letzter Satz zu § 57 AO, Anhang 1).

Beispiel:
Ein Bildungsverein beauftragt mit der Durchführung seiner Bildungsmaßnahmen einen steuerpflichtigen Seminaranbieter. Eigene Tätigkeiten übt der Verein nicht aus. Nach den geschlossenen Vereinbarungen und der tatsächlichen Durchführung der Veranstaltungen ist der Seminaranbieter als Hilfsperson i. S. des § 57 Abs. 1 Satz 2 AO einzuordnen.
Er vermittelt dem Verein die Gemeinnützigkeit.

Abwandlung:
Bei dem beauftragten Seminarveranstalter handelt es sich um eine als gemeinnützig anerkannte Bildungseinrichtung (gGmbH).
Die gGmbH vermittelt dem Bildungsverein auf diese Weise steuerbegünstigte Tätigkeiten (ggf. die Möglichkeit, schon allein auf dieser Grundlage selbst als gemeinnützig anerkannt zu werden).
Mit Durchführung der Bildungsveranstaltungen verwirklicht die gGmbH allerdings zugleich eigene steuerbegünstigte Zwecke. Trotz ihres Dienstleistungsvertrags, nach dem sie die Veranstaltungen für den beauftragenden Bildungsverein erbringt, wird sie im Zuge der Durchführung insbesondere unmittelbar i. S. von § 57 AO tätig, da sie selbst die Teilnehmer unterrichtet. Sie unterhält (unter Erfüllung der übrigen Voraus-

setzungen der §§ 51 ff. AO) insoweit einen steuerbegünstigten Zweckbetrieb (§§ 14, 68 Nr. 8 AO).

Abwandlung:

Im Rahmen ihres hoheitlichen Lehrauftrages erteilt eine Hochschule der gemeinnützigen Bildungseinrichtung (gGmbH) den Auftrag zur Durchführung einer besonderen Lehrgangsreihe.

Nach den oben angesprochenen Beurteilungskriterien („Gemeinnützigkeitsunfähigkeit" des Auftraggebers) ist in diesem Fall nicht von einer Hilfspersonentätigkeit auszugehen.

Mit Durchführung der Lehrgangsreihe verwirklicht die gGmbH vielmehr eigene steuerbegünstigte Zwecke und begründet damit einen Zweckbetrieb (§ 68 Nr. 8 AO).

Beruft sich eine Körperschaft darauf, eine Hilfsperson sei für sie tätig geworden, so muss die Körperschaft durch Vorlage entsprechender Vereinbarungen nachweisen, dass sie den Inhalt und Umfang der Tätigkeit der Hilfsperson bestimmen konnte. Zur **Beweissicherung** schlägt das FinMin Hessen vor, dass die Körperschaft im Vorhinein schriftliche Vereinbarungen mit der Hilfsperson treffen und darin genau festlegen sollte, welche Erfolge bzw. Tätigkeiten die Hilfsperson für die Körperschaft zu bewirken bzw. auszuführen hat, wie über die Verwendung der hierfür vorgesehenen Mittel (turnusmäßig) Rechnung zu legen und wie über die entfalteten Tätigkeiten Bericht zu erstatten ist (vgl. OFD Frankfurt a. M. vom 11.03.2003, DStZ 2003 S. 320).

Grundsätzlich ist zu unterscheiden zwischen dem (steuerbegünstigten) Zweck und den Mitteln zum Zweck. Der verfolgte Zweck muss unmittelbar erfüllt werden, die Mittel zur Erfüllung des begünstigten Zwecks können durch steuerpflichtige Betätigungen beschafft werden, ohne dass es auf die „Unmittelbarkeit" ankommt, sofern es sich dabei nicht um einen steuerschädlichen „Hauptzweck" handelt (vgl. Tz. 2.5.1 und BFH vom 21.08.1985 I R 60/80, BStBl 1986 II S. 88).

2.7.5 Dachorganisationen

Zusammenschlüsse von steuerbegünstigten Körperschaften zu **Dachorganisationen oder Spitzenverbänden** verfolgen oft nicht selbst unmittelbar steuerbegünstigte Zwecke. Sie beschränken sich darauf, die Belange der ihnen angeschlossenen Einrichtungen (insbesondere von Vereinen oder Stiftungen) zu vertreten. Nach § 57 Abs. 2 AO werden derartige Zusammenschlüsse den Körperschaften gleichgestellt, die unmittelbar steuerbegünstigte Zwecke verfolgen. Ein Zusammenschluss in diesem Sinne ist gegeben, wenn die Einrichtung **allgemeine,** aus der Tätigkeit und Aufgabenstellung der Mitgliedskörperschaften erwachsende Interessen wahrnimmt (AEAO Nr. 3 zu § 57 AO). Die Ausgliederung bestimmter (isolierter) Aufgaben auf eine eigens dafür gegründete Körperschaft erfüllt nicht die Begriffsmerkmale der Dachorganisation i. S. des § 57 Abs. 2 AO (keine Dachorganisationen in diesem Sinne sind z. B. Gehalts- und Buchhaltungsstellen für steuerbegünstigte Körperschaften, die Gemeinschaftswäscherei oder -apotheke für mehrere gemeinnützige Krankenhäuser; sie sind regelmäßig als steuerpflichtige wirtschaftliche Geschäftsbetriebe zu beurteilen, siehe auch Tz. 2.14.4.5 und BFH vom 15.10.1997 II R 94/94, BFH/NV 1998 S. 150).

Zwingende Voraussetzung für die Annahme einer steuerbegünstigten Dachorganisation ist, dass **jede der zusammengeschlossenen Einrichtungen sämtliche Voraussetzungen für steuerliche Vergünstigungen erfüllt.** Ist das nicht der Fall, können der Dachorganisation steuerliche Vergünstigungen nicht gewährt werden. Im Fall des rückwirkenden Widerrufs der Gemeinnützigkeit bei Mitgliedsvereinen werden für den Dachverband keine negativen Folgerungen gezogen, sofern der Mangel unverzüglich korrigiert wird. Zur „Sicherstellung" der eigenen Steuerbefreiung sollten Dachverbände daher ihre Mitgliedseinrichtungen dauerhaft auf den Fortbestand der Gemeinnützigkeit überwachen (z. B. durch regelmäßige Vorlage zeitnaher Freistellungsbescheide) und im Zweifel nicht mehr gemeinnützigen Einrichtungen die Mitgliedschaft entziehen.

Auf Dachverbände, die **selbst steuerbegünstigte Zwecke unmittelbar verfolgen,** ist § 57 Abs. 2 AO nicht anwendbar. Bei diesen ist folglich auch die bloße Mitgliedschaft einer nicht gemeinnützigen Organisation für die Steuervergünstigung unschädlich, weil grundsätzlich jede natürliche oder juristische Person Mitglied einer steuerbegünstigten Körperschaft sein kann.

Hinweis: Der Gefahr, dass dem Dachverband die Gemeinnützigkeit entzogen wird, weil eine der ihm angeschlossenen Mitgliedskörperschaften die Steuerbegünstigung verloren hat, kann er dadurch begegnen, dass er neben der Dachverbandstätigkeit selbst nach der Satzung und mit der tatsächlichen Geschäftsführung unmittelbar (einen oder mehrere „eigene") steuerbegünstigte Zwecke verfolgt. Dabei reicht es aus, wenn die Verfolgung der „eigenen" steuerbegünstigten Zwecke als Förderkörperschaft (Spendensammeltätigkeit) i. S. des § 58 Nr. 1 AO ausgestaltet wird.

Die Grundsätze der Selbstlosigkeit und Ausschließlichkeit verbieten es jedoch, dass der Verband nicht gemeinnützige Mitgliedsorganisationen fördert. Schädlich in diesem Sinne wäre z. B. die Zuweisung von Mitteln oder die Erbringung von **unentgeltlichen** Serviceleistungen jeglicher Art, wie etwa Rechtsberatung (AEAO Nr. 3 zu § 57 AO, Anhang 1). Die Erbringung von entgeltlichen Serviceleistungen an nicht gemeinnützige Mitgliedseinrichtungen ist zulässig und wird i. d. R. bei der betreffenden Dachorganisation zur Annahme eines steuerpflichtigen wirtschaftlichen Geschäftsbetriebs i. S. der §§ 14, 64 AO (Tz. 2.14) führen. Aber auch die Ausführung entgeltlicher Serviceleistungen gegenüber steuerbegünstigten Körperschaften führt stets zur Annahme eines steuerpflichtigen wirtschaftlichen Geschäftsbetriebs (siehe dazu auch unter Tz. 2.14.4.2).

2.8 § 58 AO: Steuerlich unschädliche Betätigungen

Die Steuervergünstigung wird nicht dadurch ausgeschlossen, dass

1. eine Körperschaft Mittel für die Verwirklichung der steuerbegünstigten Zwecke einer anderen Körperschaft oder für die Verwirklichung steuerbegünstigter Zwecke durch eine Körperschaft des öffentlichen Rechts beschafft; die Beschaffung von Mitteln für eine unbeschränkt steuerpflichtige Körperschaft des privaten Rechts setzt voraus, dass diese selbst steuerbegünstigt ist,

2. eine Körperschaft ihre Mittel teilweise einer anderen, ebenfalls steuerbegünstigten Körperschaft oder einer Körperschaft des öffentlichen Rechts zur Verwendung zu steuerbegünstigten Zwecken zuwendet,

3. eine Körperschaft ihre Überschüsse der Einnahmen über die Ausgaben aus der Vermögensverwaltung, ihre Gewinne aus den wirtschaftlichen Geschäftsbetrieben ganz oder teilweise und darüber hinaus höchstens 15 Prozent ihrer sonstigen nach § 55 Absatz 1 Nummer 5 zeitnah zu verwendenden Mittel einer anderen steuerbegünstigten Körperschaft oder einer juristischen Person des öffentlichen Rechts zur Vermögensausstattung zuwendet. ₂Die aus den Vermögenserträgen zu verwirklichenden steuerbegünstigten Zwecke müssen den steuerbegünstigten

satzungsmäßigen Zwecken der zuwendenden Körperschaft entsprechen. ₃Die nach dieser Nummer zugewandten Mittel und deren Erträge dürfen nicht für weitere Mittelweitergaben im Sinne des ersten Satzes verwendet werden,

4. eine Körperschaft ihre Arbeitskräfte anderen Personen, Unternehmen, Einrichtungen oder einer Körperschaft des öffentlichen Rechts für steuerbegünstigte Zwecke zur Verfügung stellt,
5. eine Körperschaft ihr gehörende Räume einer anderen, ebenfalls steuerbegünstigten Körperschaft oder einer Körperschaft des öffentlichen Rechts zur Nutzung zu steuerbegünstigten Zwecken überlässt,
6. eine Stiftung einen Teil, jedoch höchstens ein Drittel ihres Einkommens dazu verwendet, um in angemessener Weise den Stifter und seine nächsten Angehörigen zu unterhalten, ihre Gräber zu pflegen und ihr Andenken zu ehren,
7. eine Körperschaft gesellige Zusammenkünfte veranstaltet, die im Vergleich zu ihrer steuerbegünstigten Tätigkeit von untergeordneter Bedeutung sind,
8. ein Sportverein neben dem unbezahlten auch den bezahlten Sport fördert,
9. eine von einer Gebietskörperschaft errichtete Stiftung zur Erfüllung ihrer steuerbegünstigten Zwecke Zuschüsse an Wirtschaftsunternehmen vergibt,
10. eine Körperschaft Mittel zum Erwerb von Gesellschaftsrechten zur Erhaltung der prozentualen Beteiligung an Kapitalgesellschaften im Jahr des Zuflusses verwendet. ₂Dieser Erwerb mindert die Höhe der Rücklage nach § 62 Absatz 1 Nummer 3.

In § 58 AO sind eine Reihe von Vorgängen aufgeführt, die mit dem Gemeinnützigkeitsrecht nicht in Einklang stehen, weil sie nicht mit den Grundsätzen der Ausschließlichkeit, Unmittelbarkeit oder der Selbstlosigkeit vereinbar sind. Kraft ausdrücklicher Regelung in § 58 AO sind sie jedoch in den dort gezogenen Grenzen **ausnahmsweise** für die Steuerbegünstigung unschädlich.

2.8.1 Mittelbeschaffung für steuerbegünstigte Zwecke (§ 58 Nr. 1 AO)

§ 58 Nr. 1 AO ist eine Ausnahme vom Gebot der Unmittelbarkeit (§ 57 AO).

Die Regelung des § 58 Nr. 1 AO gestattet es, auch die Körperschaften als steuerbegünstigt zu behandeln, die ihre Mittel in vollem Umfang bzw. überwiegend (insbesondere eingeworbene Spenden, Zuschüsse) für die Verwirklichung steuerbegünstigter Zwecke einer **anderen Körperschaft** beschaffen, ohne selbst unmittelbar einen steuerbegünstigten Zweck zu erfüllen. Hierzu zählen insbesondere die **Förder-** und **Spendensammelvereine** (z. B. Vereine zur Förderung der Errichtung von Sportanlagen, Schul- oder Universitätsfördervereine). Die beschafften Mittel müssen von einer anderen Körperschaft des privaten Rechts oder einer juristischen Person des öffentlichen Rechts **für die Verwirklichung steuerbegünstigter Zwecke** verwendet werden. Die direkte Weiterleitung an natürliche Personen ist nicht zulässig (insoweit wäre unter Erfüllung der übrigen Voraussetzungen vielmehr ein unmittelbares Tätigwerden im Zuge der Verwirklichung mildtätiger Zwecke – § 53 Nr. 2 AO – gegeben).

Nach einem Beschluss der Referatsleiter der obersten Finanzbehörden des Bundes und der Länder ist auch die Beschaffung von Mitteln für eine andere Mittelbeschaffungskörperschaft von dem Ausnahmetatbestand zur Unmittelbarkeit nach § 58 Nr. 1 AO gedeckt (so auch Suck in SteuK 2013 S. 184 f.). Entscheidend ist, dass am Ende (ggf. mehrerer „Weiterleitungsketten") die weitergegebenen Mittel für die Verwirklichung der steuerbegünstigten Zwecke Verwendung finden, für die sie ursprünglich beschafft wurden (vgl. Verfügung der OFD Frankfurt a. M. vom 19.08.2013 – S 0177 A – 6 – St 53).

2.8 § 58 AO: Steuerlich unschädliche Betätigungen

Als Rechtsform für eine Mittelbeschaffungskörperschaft i. S. des § 58 Nr. 1 AO wird i. d. R. der rechtsfähige oder nichtrechtsfähige Verein oder auch die rechtsfähige und nichtrechtsfähige Stiftung gewählt. Sie arbeiten dann als sog. Fördervereine, Spendensammelvereine oder auch Förderstiftungen. Da § 58 Nr. 1 AO selbst ganz allgemein von „Körperschaften" spricht, können grundsätzlich auch Körperschaften anderer Rechtsform (z. B. gGmbHs) als Mittelbeschaffungskörperschaften auftreten.

Eine Körperschaft, die eine Zweckverwirklichung durch die vollumfängliche bzw. überwiegende Weiterleitung ihrer Mittel an andere steuerbegünstigte Körperschaften oder juristische Personen des öffentlichen Rechts erreicht, muss dennoch den (insoweit zulässigerweise mittelbar) zu fördernden Zweck gemäß §§ 59, 60 AO in ihrer Satzung festlegen (siehe auch Tz. 2.8.1.6 unter Nennung von Formulierungsbeispielen). Dabei ist es erforderlich, dass der Satzungszweck der Förderkörperschaft und der Mittelempfängerin insoweit übereinstimmen. Eine ausschließliche bzw. überwiegende Mittelweitergabe an eine Körperschaft, die wegen der Förderung gänzlich anderer steuerbegünstigter Zwecke steuerbefreit ist, ist nicht durch den Ausnahmetatbestand des § 58 Nr. 1 AO gedeckt und führt zur Versagung der Gemeinnützigkeit der mittelbeschaffenden Körperschaft (vgl. Urteil des FG Hessen vom 26.04.2012 – 4 K 2239/09, DStRE 2013 S. 434 ff.). Im Revisionsverfahren hat der BFH die Entscheidung der Vorinstanz mit Urteil vom 25.06.2014 (I R 41/12, BFH/NV 2015 S. 235) im Ergebnis bestätigt. Die Aberkennung der Steuervergünstigung wird innerhalb der Entscheidungsgründe jedoch aus einer fehlenden Übereinstimmung von tatsächlicher Geschäftsführung und Satzungsbestimmungen abgeleitet, während eine allgemeine Aussage zur (ggf. teilweisen) Kongruenzpflicht von Satzungszwecken mittelbeschaffender bzw. -empfangender Körperschaften unterbleibt.

Eine ausbleibende Übereinstimmung wenigstens eines Satzungszwecks kommt vor dem Hintergrund, dass es sich bei der Beschaffung und Weitergabe von Mitteln um einen Ausnahmetatbestand zum Unmittelbarkeitsgrundsatz (§ 57 AO) handelt, wonach die bloße Weiterleitung von Mitteln durch ihre (finale) zweckkonforme Verwendung gedeckt ist, jedoch nicht in Betracht. Allerdings ist es m. E. in Anlehnung an die Voraussetzungen, die an die Weitergabe von Mitteln im Rahmen eines Endowment nach § 58 Nr. 3 AO zu stellen sind (vgl. Tz. 2.8.3 sowie AEAO Nr. 3 zu § 58 Nr. 3 AO), unschädlich, wenn die betreffenden Körperschaften neben dem übereinstimmenden Zweck, für dessen Verwirklichung die weitergeleiteten Mittel (ausschließlich) Verwendung finden, auch noch weitere Zwecke fördern (für deren Verwirklichung dann aufseiten der Förderkörperschaft ein eigenes, unmittelbares Tätigwerden bzw. die Weiterleitung an eine Empfängerin mit insoweit übereinstimmenden Satzungszwecken zu verzeichnen ist). In jedem Fall muss die Förderkörperschaft (insbesondere für den Fall, dass die Mittelempfängerin noch weitere, divergierende Zwecke fördert oder die weitergeleiteten Mittel der Pflicht zur zeitnahen Verwendung unterliegen) der Empfängerkörperschaft zusammen mit der Mittelweiterleitung eine geeignete **Verwendungsauflage** machen.

Für den Nachweis einer satzungskonformen Mittelverwendung reicht für den Fall der Weiterleitung an eine steuerbegünstigte Körperschaft des privaten Rechts grundsätzlich die **Vorlage eines gültigen Freistellungsbescheides, einer Anlage zum KSt-Bescheid oder einer positiven § 60a-Feststellung (bzw. einer gültigen vorläufigen Bescheinigung)** der Mittelempfängerin aus. Im Fall der Mittelbeschaffung für eine Körperschaft bzw. juristische Person des öffentlichen Rechts, für die der Nachweis einer etwaigen Steuerbegünstigung entfällt (siehe § 58 Nr. 1 2. Halbsatz AO sowie Tz. 2.8.1.4), sollte die satzungskonforme Verwendung der weitergeleiteten Mittel durch eine (formlose) **Vereinbarung** sichergestellt werden. Die tatsächliche Verwendung zu anderen als den übereinstimmenden (und vereinbarten) Zwecken oder eine unzulässige Mittelthesaurierung ist m. E. aus Gründen des **Vertrauensschutzes** (soweit die Förderkörperschaft nicht bösgläubig ist) der jeweiligen Mittelempfängerin zuzurechnen (analog AEAO Nr. 3 zu § 58 Nr. 3 AO; zustimmend Hüttemann in DB 2014 S. 444; anders noch in der Vorauflage; siehe auch Tz. 2.5.8, 2.8.2.1 sowie 2.8.3.1). Die durch den Vertrauensschutz ausgelöste Verhinderung schädlicher gemeinnützigkeitsrechtlicher Folgen für die gutgläubige mittelbeschaffende Körperschaft muss m. E. auch in den Fällen greifen, in denen der Empfängerkörperschaft die Steuerbegünstigung für das Jahr der Mittelweitergabe im steuerlichen Veranlagungsverfahren aberkannt wird oder bei dieser ein Fall der Nachversteuerung i. S. des § 61 Abs. 3 AO eintritt (siehe Tz. 2.12).

Hinweis: Ein häufiges Praxisproblem – insbesondere bei Mittelbeschaffungskörperschaften – stellt die „Überladung" der Satzung mit förderungswürdigen Zwecken dar. Dadurch, dass die Zweckverfolgung überwiegend bzw. ausschließlich durch eine Weitergabe beschaffter Mittel erfolgt, sodass ein eigenes, unmittelbares Tätigwerden nicht erforderlich ist, besteht bei vielen Förderkörperschaften (z. B. Bürgerstiftungen) der Wunsch, eine Vielzahl von Satzungszwecken (im Einzelfall sogar sämtliche steuerbegünstigte Zwecke i. S. der §§ 52 bis 54 AO) aufzunehmen, um die Annahme einer zweckgebundenen Spende nicht mit dem Hinweis auf eine fehlende Satzungsbestimmung ablehnen zu müssen.

Da bei der Aufnahme einer Vielzahl von Satzungszwecken im Regelfall einzelne Zwecke nur sporadisch in geringem Umfang gefördert werden können bzw. sogar dauerhaft gänzlich unberücksichtigt bleiben, ist es erforderlich, die Anzahl sowie Auswahl der Satzungszwecke im Vorhinein genau abzuwägen. Auch wenn das Gemeinnützigkeitsrecht eine gleichzeitige Förderung sämtlicher Satzungszwecke in identischem Umfang nicht fordert, müssen sämtliche Zwecke ernsthaft und nachhaltig verfolgt werden (vgl. bereits Tz. 2.2.1). Ihre Anzahl sollte sich an der wirtschaftlichen Leistungsfähigkeit der Körperschaft orientieren (vgl. Urteil des OVG NRW vom 19.12.2012 16 A 1451/10, DVBl 2013 S. 449), sodass insbesondere die Vielzahl kleiner Stiftungen (mit einem Grundstockvermögen i. H. von etwa 50.000 Euro), die bei dem derzeit niedrigen Zinsniveau über lediglich geringe (gesicherte) Vermögenserträge verfügen, von einer Zwecküberladung absehen sollten. Stattdessen kann die unregelmäßige (nicht überwiegende) Weitergabe von Mitteln an andere steuerbegünstigte Körperschaften oder juristische Personen des öffentlichen Rechts zur Verwirklichung von Zwecken, die nicht den eigenen Satzungszwecken entsprechen, nach Maßgabe des § 58 Nr. 2 AO vorgenommen werden (vgl. Tz. 2.8.2.1).

Aus gemeinnützigkeitsrechtlicher Sicht ist es zulässig, wenn die Förderkörperschaft neben ihrer Fördertätigkeit nach Maßgabe des § 58 Nr. 1 AO auch unmittelbar selbst (§ 57 AO) steuerbegünstigte Zwecke verwirklicht (siehe auch Tz. 2.8.1.6 unter Nennung von Formulierungsbeispielen). Aus meiner Sicht ist es unschädlich, wenn der Anteil der Fördertätigkeit an der gesamten Geschäftstätigkeit der Körperschaft jährlichen Schwankungen unterliegt, mithin in einem Jahr die Fördertätigkeit überwiegt und in einem anderen Jahr ein eigenes, unmittelbares Tätigwerden vorrangig ist. Auch ist m. E. der Begriff des „Beschaffens" nach § 58 Nr. 1 AO weit auszulegen. Nach der herrschenden Meinung innerhalb der Literatur ist es zwar erforderlich, dass die Mittel von vornherein zum Zweck der Weitergabe vereinnahmt, mithin **beschafft** worden sind (siehe Leisner-Egensperger in H/H/Sp, Rz. 29 zu § 58 Nr. 1 AO, sowie Seer in Tipke/Kruse, AO/FGO, Tz. 2 zu § 58 Nr. 1 AO), sodass sie seit dem Zeitpunkt ihrer Vereinnahmung mit dem Ziel der Weitergabe untrennbar verbunden sind. Diese enge Auslegung würde es für den Fall, dass ein und derselbe steuerbegünstigte Zweck sowohl fördernd als auch unmittelbar verwirklicht wird, erforderlich machen, dass im Rahmen der Belegführung nachvollziehbar darzulegen wäre, ob es sich bei den vereinnahmten Mitteln der Körperschaft um solche handelt, die zum Zwecke der Weitergabe beschafft wurden, oder um solche, die für ein eigenes, unmittelbares Tätigwerden vorgesehen sind. Auch würden im Fall einer Satzungsänderung unter nachträglicher Aufnahme der Zweckverwirklichung nach § 58 Nr. 1 AO frühestens nach der Satzungsänderung vereinnahmte Mittel als beschafft gelten können und einer Weitergabe nach § 58 Nr. 1 AO zugänglich sein. Nach dem Sinn und Zweck der Vorschrift, die einen Ausnahmetatbestand zur unmittelbaren Zweckverwirklichung beschreibt, kann es m. E. dahinstehen, ob eine (Förder-)Körperschaft ihre Satzungszwecke unmittelbar verwirklicht oder dies mittelbar über eine Mittelweitergabe nach Maßgabe des § 58 Nr. 1 AO geschieht, solange eine ausschließliche Verwendung für die steuerbegünstigten Satzungszwecke stattfindet.

*Hinweis: Zugunsten einer Identität des **„Mittelbegriffs"** nach § 55 Abs. 1 Nr. 1 Satz 1, § 58 Nr. 1 und 2 AO sollte es ebenfalls möglich sein, die Weitergabe von Sachvermögen über die Vorschrift des § 58 Nr. 1 AO (z. B. die Übertragung eines Zweckbetriebs oder die Zuwendung einzelner Wirtschaftsgüter) zur Verwirklichung steuerbegünstigter Zwecke vorzunehmen. Da es sich insoweit in der Regel um Vermögenswerte handeln wird, die bislang durch die (Förder-)Körperschaft selbst zur Verwirklichung ihrer satzungsmäßigen Zwecke genutzt wurden und mithin nicht mit dem Ziel der Weitergabe beschafft worden sind, ist auch hier eine weite Auslegung des Begriffs des „Beschaffens" geboten.*

2.8.1.1 EU-/EWR-Körperschaften als Förderkörperschaften nach § 58 Nr. 1 AO

Mit dem JStG 2009 hat der Gesetzgeber in § 5 Abs. 2 Nr. 2 KStG festgelegt, dass beschränkt steuerpflichtige Körperschaften mit **Sitz und Ort der Geschäftsleitung im EU-Ausland und im Gebiet des Europäischen Wirtschaftsraums** (EU-/EWR-Körperschaften), die Zwecke im Sinne des Abschnitts „Steuerbegünstigte Zwecke" der AO verfolgen, die Steuervorteile der Gemeinnützigkeit in gleichem Maße in Anspruch nehmen können, wie sie für unbeschränkt steuerpflichtige Körperschaften gelten. Damit können EU-/EWR-Körperschaften grundsätzlich also auch als Mittelbeschaffungskörperschaften i. S. des § 58 Nr. 1 AO ausgestaltet werden (zu den allgemeinen Anforderungen an die Satzung und tatsächliche Geschäftsführung siehe auch Tz. 2.1.1 mit weiteren Hinweisen).

In diesem Zusammenhang ist zu beachten, dass der Gesetzgeber für die Zuerkennung der Steuervergünstigungen des Gemeinnützigkeitsrechtes seit dem 01.01.2009 fordert, dass bei einer Verwirklichung steuerbegünstigter Zwecke im Ausland natürliche Personen, die ihren Wohnsitz oder ihren gewöhnlichen Aufenthalt im Geltungsbereich dieses Gesetzes haben, gefördert werden oder die Tätigkeit der Körperschaft neben der Verwirklichung der steuerbegünstigten Zwecke auch zum Ansehen der Bundesrepublik Deutschland im Ausland beitragen kann (struktureller Inlandsbezug, § 51 Abs. 2 AO, Tz. 2.1.2). Eine EU-/EWR-Förderkörperschaft muss dann den Inlandsbezug ihrer Tätigkeit eindeutig nachweisen. Die in der BT-Drucksache 16/11108 (S. 7) angesprochene Indizwirkung greift nur bei inländischen Körperschaften.

Eine Weiterleitung der von der EU-/EWR-Förderkörperschaft beschafften Mittel an eine unbeschränkt steuerpflichtige (inländische) Körperschaft oder eine beschränkt steuerpflichtige EU-/EWR-Körperschaft, die ihrerseits wegen Förderung steuerbegünstigter Zwecke nach § 5 Abs. 1 Nr. 9 KStG (ggf. i. V. m. § 5 Abs. 2 Nr. 2 KStG) mittels Freistellungsbescheid oder einer entsprechenden Anlage zum KSt-Bescheid steuerfrei gestellt ist, ist ohne weitere Einschränkungen möglich. Als Nachweis für eine satzungskonforme Verwendung reicht in diesen Fällen die Vorlage einer Kopie des maßgeblichen Bescheides aus (siehe bereits Tz. 2.8.1). In den Fällen, in denen die beschränkt steuerpflichtige Mittelempfängerin „lediglich" über eine positive § 60a-Feststellung verfügt, sind zusätzliche Nachweise über die Art der Mittelverwendung erforderlich (= **„qualifizierter Verwendungsnachweis"**; siehe auch AEAO Nr. 1 zu § 58 Nr. 1 AO).

2.8.1.2 Mittelweiterleitung an inländische Körperschaften des privaten Rechts

Die Beschaffung von Mitteln **für eine unbeschränkt steuerpflichtige Körperschaft des privaten Rechts** setzt voraus, dass diese selbst steuerbegünstigt ist. Das bedeutet, es muss sich bei ihr um eine Körperschaft handeln, die nach § 5 Abs. 1 Nr. 9 KStG, § 3 Nr. 6 GewStG von der Körperschaftsteuer und Gewerbesteuer befreit ist, weil sie nach ihrer Satzung und tatsächlichen Geschäftsführung ausschließlich und unmittelbar gemeinnützigen, mildtätigen oder kirchlichen Zwecken dient. Damit soll verhindert werden, dass „exklusiven Sportvereinen" oder gewerblichen, auf Gewinnerzielung ausgerichteten Betätigungen ein Spendensammelverein vorgeschaltet wird (vgl. auch BT-Drucksache 14/3273). Die **Beschaffung von steuerbegünstigten Spenden für nicht gemeinnützige inländische Körperschaften des privaten Rechts** durch die Vorschaltung gemeinnütziger Fördervereine ist damit gesetzlich ausdrücklich **ausgeschlossen** (für Zeiträume vor Inkrafttreten der Ergänzung des § 58 Nr. 1 AO durch das Gesetz vom 20.12.2000, BStBl 2001 I S. 28, siehe Tz. 2.8.1 in der 7. Auflage). Die Förderkörperschaft muss **die korrekte Verwendung** der im Inland hingegebenen Mittel durch Vorlage geeigneter Bescheide bzw. Vereinbarungen **nachweisen** (siehe bereits unter Tz. 2.8.1).

2.8.1.3 Mittelweiterleitung an ausländische Körperschaften

Die Forderung des § 58 Nr. 1 AO, nach der die Empfänger-Körperschaft des privaten Rechts selbst steuerbegünstigt sein muss, gilt ausdrücklich (nur) für „unbeschränkt steuerpflichtige Körperschaften". Damit ist die **Weitergabe von Mitteln** durch die Förderkörperschaft **an eine ausländische Körperschaft,** deren Tätigkeit im Einklang mit dem deutschen Gemeinnützigkeitsrecht steht, möglich (das gilt unverändert auch ab dem 01.01.2009, vgl. auch BT-Drucksache 14/4626 S. 7).

Werden Mittel an eine ausländische Einrichtung (innerhalb oder außerhalb von EU/EWR) weitergeleitet, muss sichergestellt sein, dass es sich bei der Empfängereinrichtung um eine Körperschaft handelt (zum Typenvergleich von in- und ausländischen Körperschaften siehe auch BMF-Schreiben vom 24.12.1999, BStBl 1999 I S. 1076). Zu den begünstigten Empfängereinrichtungen zählen auch ausländische Körperschaften des öffentlichen Rechts (auch außerhalb von EU/EWR). Da hier Auslandssachverhalte zu beurteilen sind, treffen die Förderkörperschaft dabei erhöhte

Nachweispflichten (§ 90 Abs. 2 AO). Zur Prüfung bzw. zum Nachweis, dass die Mittel zulässigerweise an eine ausländische Körperschaft gegangen sind, ist ggf. die Satzung, der Gesellschaftsvertrag oder die einschlägige öffentlich-rechtliche Bestimmung in deutscher Übersetzung anzufordern (vgl. hierzu auch OFD Frankfurt a. M. vom 11.12.1996, FR 1997 S. 194).

Die Weitergabe von Mitteln durch die Förderkörperschaft an eine ausländische Körperschaft ist nur dann möglich, wenn die **Tätigkeit/das Projekt der ausländischen Körperschaft im Einklang mit dem deutschen Gemeinnützigkeitsrecht** steht. Ob es sich dabei jeweils um die Förderung eines steuerbegünstigten Zweckes handelt, ist auf der Grundlage der §§ 52 bis 54 AO zu entscheiden. Im Zuge der tatsächlichen Verwirklichung der Zwecke im Ausland müssen zudem die sonstigen Regelungen des Abschnitts „Steuerbegünstigte Zwecke", wie etwa der Grundsatz der Selbstlosigkeit (§ 55 AO), beachtet werden.

Die Förderkörperschaft muss m. E. stets auch die korrekte Verwendung der von ihr weitergeleiteten Mittel bei der Empfängerkörperschaft (= „**qualifizierter Verwendungsnachweis**") nachweisen, wenn es sich bei der Empfängerin um eine Körperschaft handelt, die weder nach Maßgabe des § 1 KStG unbeschränkt noch nach § 2 KStG beschränkt steuerpflichtig ist, da die gemeinnützigkeitskonforme Mittelverwendung nicht durch die Vorlage eines Freistellungsbescheides oder einer Anlage zum KSt-Bescheid bzw. die formelle Satzungsmäßigkeit nicht mittels einer positiven § 60a-Feststellung belegt werden kann (siehe auch AEAO Nr. 1 zu § 58 Nr. 1 AO). Der insoweit zu führende intensive Einzelnachweis kann z. B. mit einer eingehenden Mittelverwendungsrechnung der ausländischen Körperschaft, einem Bericht über das betreffende Projekt etc. geführt werden (siehe hierzu auch OFD München vom 23.11.2001, DStR 2002 S. 806, und Schauhoff in Handbuch der Gemeinnützigkeit, 3. Auflage, Rz. 56 zu § 9). Fehler bei der Mittelverwendung durch die ausländische Körperschaft oder Mängel bei der Nachweisführung können dabei zum Entzug der Steuerbegünstigung für die Förderkörperschaft führen.

Die Frage des **strukturellen Inlandsbezugs** (§ 51 Abs. 2 AO) ist allein auf der Ebene der Förderkörperschaft zu prüfen. Grundsätzlich gilt, dass bei in Deutschland ansässigen Organisationen – ohne besonderen Nachweis – der Inlandsbezug bereits dadurch erfüllt ist, dass sie sich personell, finanziell, planend, schöpferisch oder anderweitig an der Förderung gemeinnütziger, mildtätiger oder kirchlicher Zwecke im Ausland beteiligen. In der BT-Drucksache 16/11108 wird insoweit von einer (ausreichenden) Indizwirkung gesprochen, die dann auch für Förderkörperschaften gilt, die ausländische Körperschaften unterstützen. Diese Indizwirkung gilt jedoch nicht für EU-/EWR-Förderkörperschaften (Tz. 2.8.1.1). Hier ist dann der Inlandsbezug gesondert zu prüfen bzw. nachzuweisen.

2.8.1.4 Mittelweiterleitung an inländische juristische Personen des öffentlichen Rechts

Eine Förderkörperschaft kann auch dann als steuerbegünstigt anerkannt werden, wenn sie Mittel zur Verwirklichung steuerbegünstigter Zwecke für eine juristische Person des öffentlichen Rechts beschafft und sie an diese weiterleitet. Die Weiterleitung ist auch zulässig, wenn es sich dabei zugleich um hoheitliche Zwecke handelt. Die OFD Frankfurt a. M. weist in ihrer Verfügung vom 10.01.2006 (DB 2006 S. 252) z. B. darauf hin, dass die Förderung der Bildung und Erziehung in öffentlich-rechtlichen Schulen zwar hoheitliche Aufgaben sind, sie aber zugleich als gemeinnützige Zwecke einzustufen sind.

2 Erläuterung der Bestimmungen des Abschnitts „Steuerbegünstigte Zwecke" in der AO

Mit dem Gesetz zur Änderung der Abgabenordnung vom 21.07.2004 (BStBl 2005 I S. 343) hat der Gesetzgeber die Einschränkung in § 58 Nr. 1 AO eingefügt, nach der (nur) bei der Beschaffung von Mitteln für eine unbeschränkt steuerpflichtige Körperschaft des **privaten Rechts** die Voraussetzung erfüllt sein muss, dass die Empfängerkörperschaft selbst steuerbegünstigt ist. Fördervereine, die Mittel für Betriebe gewerblicher Art einer juristischen Person des öffentlichen Rechts sammeln, können also auch dann nach § 58 Nr. 1 AO als steuerbegünstigt anerkannt werden, wenn der zu fördernde Betrieb gewerblicher Art nicht als steuerbegünstigt anerkannt ist. Es muss „nur" sichergestellt sein, dass die von der Förderkörperschaft an den (steuerpflichtigen) Betrieb gewerblicher Art weitergegebenen Mittel tatsächlich für steuerbegünstigte Zwecke verwendet (verbraucht) werden.

Häufig unterhalten juristische Personen des öffentlichen Rechts (steuerpflichtige) **Betriebe gewerblicher Art** wie Museen, Theater, Kindergärten etc., für die eine Anerkennung als gemeinnützige Körperschaft etwa wegen Verstoßes gegen die Satzungsanforderungen (§§ 60 ff. AO) nicht in Betracht kommt oder für die aus sonstigen Gründen die **Steuerbegünstigung nicht angestrebt wird.** Mit der durch das Gesetz zur Änderung der Abgabenordnung vom 21.07.2004 eingefügten (Sonder-)Regelung kann entsprechenden Fördervereinen die Steuerbegünstigung zuerkannt werden.

Beispiel:

Mit der öffentlichen Bücherei unterhält die Stadt einen Betrieb gewerblicher Art (BgA) i. S. von § 1 Abs. 1, § 4 KStG. Neben der entgeltlichen Ausleihe der Medien unterhält der BgA in seinen Räumlichkeiten auch ein öffentliches Café. Der BgA-Stadtbibliothek ist durch das zuständige Finanzamt nicht als gemeinnützige Körperschaft anerkannt worden.

Der Förderverein kann wegen Förderung kultureller Zwecke als gemeinnützig anerkannt werden, wenn er z. B. das Ziel verfolgt, Mittel für die Anschaffung neuer Medien für die Bücherei zu beschaffen. Die Beschaffung von Mitteln für den Café-Betrieb durch den Förderverein ist nach § 58 Nr. 1 AO nicht zulässig.

2.8.1.5 Mittelbeschaffung durch Förderkörperschaften

„Beschafft" die Körperschaft die Mittel durch eigene wirtschaftliche Aktivitäten, liegt i. d. R. insoweit ein steuerpflichtiger wirtschaftlicher Geschäftsbetrieb vor (§§ 14, 64 AO; Tz. 2.14 f.). Um dem Gebot der Ausschließlichkeit (§ 56 AO) Rechnung zu tragen, ist es erforderlich, dass die wirtschaftlichen Aktivitäten den steuerbegünstigten Zwecken sachlich untergeordnet sind und mithin unterhalten werden, um ihre nachhaltige Verwirklichung zu gewährleisten (vgl. bereits Tz. 2.5.2 und Tz. 2.6). Nach Aufgabe der sog. Geprägesichtweise mit BMF-Schreiben vom 17.01.2012 ist bei steuerbegünstigten Körperschaften, insbesondere Mittelbeschaffungskörperschaften, die sich im Rahmen ihrer tatsächlichen Geschäftsführung an die in ihrer Satzung enthaltene Pflicht zur Verwendung sämtlicher Mittel für die satzungsmäßigen Zwecke halten, das Ausschließlichkeitsgebot selbst dann als erfüllt anzusehen, wenn sie sich vollständig aus Mitteln eines steuerpflichtigen wirtschaftlichen Geschäftsbetriebs oder aus der Vermögensverwaltung finanzieren (siehe AEAO Nr. 1 zu § 56 AO).

Die erzielten Einkünfte/Mittel müssen von der Förderkörperschaft nach Abzug der darauf entfallenden Steuern nach Maßgabe des § 58 Nr. 1 AO weitergeleitet werden. Hierbei ist stets kritisch zu prüfen, ob die Förderkörperschaft etwa gezielt zur „Mehrfachnutzung" der Freibeträge und Freigrenzen für steuerbegünstigte Körperschaften gegründet wird (siehe dazu auch unter Tz. 2.1.2.3 und die Hinweise zum Zellteilungsverbot nach § 64 Abs. 4 AO, Tz. 2.14.8).

Als zulässige Mittelbeschaffung in diesem Sinne ist auch die rentierliche Anlage von Vermögen, das nicht der zeitnahen Mittelverwendungspflicht unterliegt (wie z. B. das Ausstattungskapital einer Stiftung, siehe dazu insbesondere Tz. 2.5.9.3), zu sehen, wenn mit den Erträgen die satzungsmäßigen Zwecke durch eine andere Körperschaft verwirklicht werden.

Spendensammel- oder Fördervereine können, um ihre Funktion sinnvoll zu erfüllen, Mittel vorübergehend thesaurieren. Die **Bildung von Rücklagen** i. S. des § 62 Abs. 1 Nr. 1 und 2 AO (bis 31.12.2013: § 58 Nr. 6 AO) ist auch diesen Körperschaften möglich, wenn dies für ihre Zweckerfüllung erforderlich ist (BFH vom 13.09.1989 I R 19/85, BStBl 1990 II S. 28). Diese Voraussetzung ist z. B. erfüllt, wenn die Mittelbeschaffungskörperschaft wegen Verzögerung der von ihr zu finanzierenden steuerbegünstigten Maßnahmen gezwungen ist, die beschafften Mittel zunächst zu thesaurieren.

2.8.1.6 Hinweise zur Satzung einer Mittelbeschaffungs-Körperschaft

Im AEAO Nr. 1 zu § 58 AO (Anhang 1) wird verlangt, dass die **Beschaffung von Mitteln in der Satzung** als Zweck festgelegt ist. Beschränkt sich die Tätigkeit einer Körperschaft auf die Mittelbeschaffung (= alleiniger Satzungszweck), muss in der Satzung festgelegt werden, dass die Körperschaft ihre **gesamten** Mittel für diesen Zweck zu verwenden hat (die Möglichkeit der Rücklagenbildung bleibt davon unberührt). Die OFD Kiel hat in der Verfügung vom 19.06.1998 (StEK AO 1977, § 58 Nr. 12) Musterformulierungen für Fördervereine und -stiftungen veröffentlicht.

Auf die namentliche Festlegung, für welche Körperschaft die Mittel gesammelt werden, kann verzichtet werden (siehe AEAO Nr. 1 zu § 58 Nr. 1 AO, Anhang 1). Es ist m. E. ausreichend, wenn der (die) steuerbegünstigte(n) Zweck(e), für den/die die Körperschaft Mittel beschaffen will, in der Satzung festgelegt ist (sind). Wenn jedoch die unterstützte Körperschaft in der Satzung angegeben ist, darf die Förderkörperschaft Mittel erst nach einer entsprechenden Satzungsänderung an eine andere oder weitere Körperschaft weitergeben. Mittel, die von der Förderkörperschaft gezielt für eine bestimmte Körperschaft eingeworben oder beschafft wurden, müssen grundsätzlich auch an diese weitergegeben werden (siehe FinMin Bayern vom 25.06.1997, DB 1997 S. 1746).

Hinweis: Die Satzung einer Förderkörperschaft könnte in den maßgebenden Passagen etwa wie nachstehend vorgeschlagen abgefasst werden.

> *Im Übrigen wird auf die gesetzlichen Mindestanforderungen, die an die Satzung einer gemeinnützigen Körperschaft gestellt werden, hingewiesen, vgl. die Muster-Satzung in der Anlage 1 zu § 60 AO und die Ausführungen zu Tz. 2.10;*
>
> *beachte: Abweichend von den Mustervorgaben kann bei Förderkörperschaften auf die Festlegung einer unmittelbaren Zweckverfolgung verzichtet werden.*
>
> ***Zweck der Körperschaft***
>
> *Zweck des Vereins (der Stiftung etc.) ist die Förderung ....*
>
> *– von Wissenschaft und Forschung, der Religion ....*
>
> > *(hier sollte nach Möglichkeit einer – oder mehrere – der in § 52 Abs. 2 AO aufgeführten Zwecke genannt werden)*

und/oder
- mildtätiger Zwecke i. S. des § 53 AO

und/oder
- kirchlicher Zwecke i. S. des § 54 AO

durch die ideelle und finanzielle Förderung anderer steuerbegünstigter Körperschaften, von Körperschaften des öffentlichen Rechts oder auch von ausländischen Körperschaften zur ideellen und materiellen Förderung und Pflege der (Benennung von entsprechenden Zwecken) ....

Alternativ kann hier dann auch die Empfängerkörperschaft konkret benannt werden wie zum Beispiel:
der Universität X, des Sportvereins Y,
der Errichtung einer Schule in Z,
eines Hallenbades für die Stadt W etc.

Der Satzungszweck wird insbesondere verwirklicht durch Beschaffung von Mitteln durch Beiträge, Spenden sowie durch Veranstaltungen, die der ideellen Werbung für den geförderten Zweck dienen.

Gelegentlich wollen gemeinnützige Körperschaften ihre Satzungszwecke sowohl selbst unmittelbar durch entsprechende Maßnahmen verwirklichen, aber sich auch die Möglichkeit eröffnen, daneben Mittel für andere steuerbegünstigte Körperschaften oder ausländische Körperschaften zu beschaffen und damit „zusätzlich" als Förderkörperschaft i. S. des § 58 Nr. 1 AO tätig zu werden.

Diese „Doppelrolle" ist mit dem Gemeinnützigkeitsrecht vereinbar. Sie muss dann auch ihren Niederschlag in der Satzung der Körperschaft finden. Andernfalls dürfte die Körperschaft neben der Verwirklichung eigener Zwecke die steuerbegünstigten Zwecke der anderen Körperschaften nur in den Grenzen des § 58 Nr. 2 AO unterstützen.

Die einschlägigen Satzungsbestimmungen sollten dann etwa wie folgt abgefasst werden:

Zweck der Körperschaft

Zweck des Vereins (der Stiftung, etc.) ist die Förderung . ...
- von Wissenschaft und Forschung, der Religion ....
  (hier sollte nach Möglichkeit einer – oder mehrere – der in § 52 Abs. 2 AO aufgeführten Zwecke genannt werden)

und/oder
- mildtätiger Zwecke i. S. des § 53 AO

und/oder
- kirchlicher Zwecke i. S. des § 54 AO

Der Satzungszweck wird insbesondere verwirklicht durch
- Aufbau und Unterhaltung eines wissenschaftlichen Forschungsinstituts

oder
- Veranstaltung von Tagen religiöser Orientierung ...

oder

– Unterhalt und Betrieb eines Altenheims i. S. des § 68 Nr. 1 Buchst. a AO

oder

– etc.

Daneben kann der Verein (die Stiftung) auch die ideelle und finanzielle Förderung anderer steuerbegünstigter Körperschaften, von Körperschaften des öffentlichen Rechts oder auch von ausländischen Körperschaften zur ideellen und materiellen Förderung und Pflege der (Benennung von entsprechenden Zwecken)............ vornehmen.

Alternativ kann hier dann auch die Empfängerkörperschaft konkret benannt werden wie zum Beispiel:

der Universität X, des Sportvereins Y,

der Errichtung einer Schule in Z,

eines Hallenbades für die Stadt W etc.

Die Förderung der vorgenannten Körperschaften wird insbesondere verwirklicht durch Beschaffung von Mitteln durch Beiträge, Spenden sowie durch Veranstaltungen, die der ideellen Werbung für den geförderten Zweck dienen.

2.8.2 Zuwendungen an andere Körperschaften (§ 58 Nr. 2 AO)

2.8.2.1 Zulässige Weiterleitung und Nachweis

Es ist unschädlich, wenn eine Körperschaft, die im Unterschied zu Förderkörperschaften i. S. des § 58 Nr. 1 AO stets selbst unmittelbar steuerbegünstigte Zwecke (eventuell durch Hilfspersonen) verfolgt, ihre Mittel (Geld oder Sachwerte) **teilweise** (im AEAO Nr. 2 zu § 58 AO ist dazu ausgeführt: „nicht überwiegend"; siehe hierzu auch Gietz/Sommerfeld in BB 2001 S. 1501) **einer anderen steuerbegünstigten Körperschaft oder einer juristischen Person des öffentlichen Rechts zur Verwendung zu steuerbegünstigten Zwecken überlässt.** Als Mittelempfänger kommen dabei nicht nur steuerbegünstigte inländische Körperschaften, sondern auch die nach § 5 Abs. 2 Nr. 2 KStG beschränkt steuerpflichtigen Körperschaften (aus EU-/EWR-Staaten) in Betracht (siehe AEAO Nr. 2 zu § 58 Nr. 2 AO). Die Mittelweitergabe an ausländische juristische Personen des öffentlichen Rechts ist hingegen nicht möglich. Eine etwaige Mittelweitergabe muss nicht durch eine besondere Satzungsbestimmung legitimiert werden, sondern ist jeder steuerbegünstigten Körperschaft kraft Gesetzes gestattet.

Die überlassenen Mittel müssen beim Empfänger für steuerbegünstigte Zwecke verwendet werden. Diese Verwendungsauflage ermöglicht auch eine Mittelweitergabe durch die Vornahme von Ausschüttungen und sonstige Zuwendungen an Gesellschafter bzw. Mitglieder, wenn es sich bei diesen um berechtigte Mittelempfänger (siehe oben) handelt (AEAO Nr. 2 zu § 58 Nr. 2 AO). Es ist allerdings nicht erforderlich, dass die steuerbegünstigten Zwecke der überlassenden und der empfangenden Körperschaft übereinstimmen. Vielmehr bietet die Vorschrift des § 58 Nr. 2 AO die Ermächtigungsgrundlage zur Weitergabe von Mitteln an Körperschaften, die steuerbegünstigte Zwecke verfolgen, die aus Sicht der hingebenden Körperschaft nur sporadisch und nicht überwiegend verfolgt werden sollen, sodass eine entsprechende Erweiterung der eigenen Satzung ausscheidet.

2 Erläuterung der Bestimmungen des Abschnitts „Steuerbegünstigte Zwecke" in der AO

Hinweis: Der Umstand, dass die Vorschrift des § 58 Nr. 2 AO eine Kongruenz zwischen den Satzungszwecken der hingebenden und der empfangenden Körperschaft nicht fordert, kann in den Fällen problematisch werden, in denen eine Körperschaft, deren Satzungszwecke sowohl zum Abzug von Spenden als auch von Mitgliedsbeiträgen berechtigen, Mittel in Form von Mitgliedsbeiträgen, für die ein entsprechender Abzug in Anspruch genommen wurde, an eine Körperschaft weiterleitet, die sog. „Freizeitzwecke" nach Maßgabe des § 10b Abs. 1 Satz 8 Nr. 1 bis 4 EStG fördert und für die ein Abzug von Mitgliedsbeiträgen insgesamt ausscheidet.

Meines Erachtens weist Kirchhain (Vortrag zur 9. EUROFORUM-Jahrestagung „Die Non-Profit-Organisation 2014" vom 24.01.2014) zu Recht darauf hin, dass eine etwaige Weitergabe von Mitteln das Risiko einer Spendenhaftung nach § 10b Abs. 4 EStG bei der zuwendenden Körperschaft auslöst (in diesem Sinne auch die Verfügung der OFD Frankfurt a. M. vom 19.08.2013 – S 0177 A – 6 – St 53).

Der wesentliche Unterschied zu § 58 Nr. 1 AO besteht nach Leisner-Egensperger (in H/H/Sp, Rz. 29 zu § 58 Nr. 1 AO) sowie Seer (in Tipke/Kruse, AO/FGO, Tz. 2 zu § 58 Nr. 1 AO) zudem darin, dass die Mittelweiterleitung nicht von Anfang an bezweckt sein muss, indem die weitergegebenen Mittel nicht mit dem (ex ante bestehenden) Ziel der Weiterleitung „beschafft" werden. Vielmehr können auf diese Weise z. B. Mittel, die der zeitnahen Mittelverwendung nach § 55 Abs. 1 Nr. 5 AO unterliegen und für die mangels Investitionsbedarfs (nach vernünftigen Erwägungen) eine zeitnahe Verausgabung bzw. zulässige Thesaurierung in Rücklagen nicht möglich ist, an andere steuerbegünstigte Körperschaften oder juristische Personen des öffentlichen Rechts weitergegeben werden.

Es muss sich bei der „anderen Körperschaft" in jedem Fall um eine **steuerbegünstigte Körperschaft** handeln. Die Empfängerkörperschaft muss im Zeitpunkt der Hingabe der Mittel steuerbegünstigt sein. Die Weitergabe von Mitteln ist grundsätzlich für alle nach §§ 52 bis 54 AO steuerbegünstigten Zwecke möglich.

Der **Nachweis,** dass die Mittel an eine steuerbegünstigte Körperschaft weitergeleitet wurden, kann von der zuwendenden Körperschaft durch **Vorlage der Kopie des letzten Freistellungsbescheides, einer Anlage zum KSt-Bescheid oder einer positiven § 60a-Feststellung (bzw. einer gültigen vorläufigen Bescheinigung)** der Empfängerkörperschaft erbracht werden. Wird der Empfängerkörperschaft im Nachhinein (für das Jahr der Zuwendung) die Steuerbegünstigung aberkannt, ist zu prüfen, ob die Leistungen im **Vertrauen** auf die (bisherige) Gemeinnützigkeit der Empfängerkörperschaft erbracht wurden. Im gegebenen Fall können m. E. für die Geberkörperschaft keine nachteiligen Folgen gezogen werden (vgl. auch Tz. 2.8.1 und Tz 2.8.3.1). Die durch den Vertrauensschutz ausgelöste Verhinderung schädlicher gemeinnützigkeitsrechtlicher Folgen für die gutgläubige hingebende Körperschaft muss m. E. auch dann greifen, wenn bei der Empfängerkörperschaft ein Fall der Nachversteuerung i. S. des § 61 Abs. 3 AO eintritt (siehe Tz. 2.12).

Alternativ können Mittel im Rahmen des § 58 Nr. 2 AO auch einer juristischen Person des öffentlichen Rechts zur Verwendung für steuerbegünstigte Zwecke zugewendet werden. In diesen Fällen sollte der Empfängerin im Zuge der Mittelweitergabe eine Auflage zur korrekten Mittelverwendung (= zu Zwecken i. S. der §§ 52 bis 54 AO) gemacht werden. Eine entsprechende Vereinbarung gilt als Nachweis zur zulässigen Mittelverwendung auf der Seite der hingebenden Körperschaft.

2.8.2.2 Weiterleitung von Mitteln darf teilweise erfolgen

Körperschaften, die nach den Vorgaben der Satzung die steuerbegünstigten Zwecke unmittelbar zu verfolgen haben, müssen mit der tatsächlichen Geschäftsführung auch stets in diesem Sinne tätig werden. Diese Voraussetzung ist regelmäßig dann (noch) als erfüllt anzusehen, wenn die Körperschaft ihre Mittel vorrangig für die eigene Zweckverwirklichung verwendet. Nach der jüngsten umfangreichen Novellierung des AEAO durch das BMF-Schreiben vom 31.01.2014 wird bei der Bemessung der Höhe der maximal zulässigen Mittelweitergabe auf das **Nettovermögen** (= Vermögenswerte abzüglich Verbindlichkeiten) der hingebenden Körperschaft im jeweiligen Veranlagungszeitraum abgestellt. Auf die Höhe der im Veranlagungszeitraum zufließenden bzw. vorgehaltenen zeitnah zu verwendenden Mittel (§ 55 Abs. 1 Nr. 5 AO) kommt es ausdrücklich nicht an (AEAO Nr. 2 zu § 58 Nr. 2 AO). Das bedeutet, dass der Anteil der zeitnah zu verwendenden Mittel, die im Wege des § 58 Nr. 2 AO weitergegeben werden, den Anteil der zeitnah zu verwendenden Mittel, die im gleichen Veranlagungszeitraum für eine unmittelbare Zweckverwirklichung Verwendung finden, grundsätzlich übersteigen kann. Es ist hingegen nicht denkbar, dass eine steuerbegünstigte Körperschaft auf Grundlage des § 58 Nr. 2 AO unter Einhaltung der o. g. Vermögensgrenzen ihre zeitnah zu verwendenden Mittel stets vollumfänglich an empfangsberechtigte Körperschaften bzw. juristische Personen des öffentlichen Rechts weitergibt. In diesem Fall würde sie gegen den Grundsatz der Unmittelbarkeit (§ 57 AO) verstoßen, der vorsieht, dass eine steuerbegünstigte Körperschaft, bei der es sich nicht um eine Mittelbeschaffungskörperschaft i. S. des § 58 Nr. 1 AO handelt, stets (auch) eine unmittelbare Zweckverfolgung (ggf. durch Hilfspersonen, §.57 Abs. 1 Satz 2 AO) vornehmen muss (so auch Hüttemann in DB 2014 S. 444).

Meines Erachtens muss das unmittelbare Tätigwerden in der Gesamtschau auch eine angemessene Ausprägung erfahren. Ob die betreffende Körperschaft noch in ausreichendem Maße selbst unmittelbar zur Förderung steuerbegünstigter Zwecke tätig wird, ist daran „abzulesen" in welchem Umfang sie ihre Mittel selbst verwendet oder sie „lediglich" zur Verwirklichung steuerbegünstigter Zwecke durch andere Körperschaften weiterleitet. Meines Erachtens darf sie sowohl die bei ihr dem Gebot der zeitnahen Verwendung unterliegenden Mittel als auch die Mittel, die sie als „Dauervermögen" hält (zur Begriffsbestimmung siehe Tz. 2.5.9.3), **jeweils nur teilweise** (im Sinne von nicht überwiegend) an andere Körperschaften weiterleiten.

Es dürfen daher in dem jeweils zu beurteilenden Veranlagungszeitraum nicht mehr als die Hälfte der zeitnah zu verwendenden Mittel an andere Körperschaften weitergeleitet werden. Allenfalls dann, wenn größere Schwankungen beim Zufluss dieser Mittel zu erkennen sind, ist m. E. eine Betrachtung über mehrere Veranlagungszeiträume zur Prüfung der Weiterleitungsquote geboten. Werden Mittel, die nicht der zeitnahen Verwendungspflicht unterliegen („Dauervermögen"), übertragen, kann die „zulässige Weiterleitungsquote" nicht auf den jeweiligen Veranlagungszeitraum bezogen werden. So muss dann etwa eine Weiterleitung von 50 % des „Dauervermögens" (z. B. des ertragreichen Mietwohngrundstücks oder der ertragreichen Beteiligung) im Veranlagungszeitraum 01 und eine weitere von 50 % im Veranlagungszeitraum 02 als Verstoß gegen § 58 Nr. 2 AO gewertet werden. Denn auf diese Weise würde die Körperschaft die Grundlage für die Mittelbeschaffung und damit ihre (künftigen) Möglichkeiten zur unmittelbaren Verwirklichung der eigenen Satzungszwecke verlieren. Bei der Weitergabe von „Dauervermögen" muss die Gesamtentwicklung in diesem Bereich betrachtet werden. Ein Verstoß gegen § 58 Nr. 2 AO ist daher dann anzunehmen, wenn im Gesamtergebnis „Dauervermögen" überwiegend weitergeleitet wird.

Von der Möglichkeit einer Weitergabe nach § 58 Nr. 2 AO ausgenommen sind solche Mittel, die aufgrund gesetzlicher Regelungen bei der Körperschaft gebunden sind (z. B. zweckgebundene Rücklagen nach § 62 Abs. 1 Nr. 1 und 2 AO – bis 31.12.2013: § 58 Nr. 6 AO – oder das ungeschmälert zu erhaltende Grundstockvermögen einer Stiftung; siehe OFD Frankfurt a. M. vom 19.08.2013 – S 0177 A – 6 – St 53).

Hinweis: *Erkennt eine steuerbegünstigte Körperschaft, dass sie mit der Weiterleitung von Mitteln an andere Körperschaften zur Verwirklichung steuerbegünstigter Zwecke an die Grenzen des § 58 Nr. 2 AO stößt, sollte sie eine Änderung ihrer Satzung prüfen.*

In vielen Fällen dürfte es sich anbieten, in der Satzung neben der Verwirklichung der steuerbegünstigten Zwecke durch die Körperschaft selbst auch die Möglichkeit zu eröffnen, als Förderkörperschaft nach Maßgabe des § 58 Nr. 1 AO tätig werden zu können (vgl. dazu den Satzungsvorschlag am Ende der Tz. 2.8.1.6).

Wenn die satzungsmäßigen Voraussetzungen vorliegen (siehe dazu im Einzelnen Tz. 2.8.1), können Mittel **sowohl** in der Eigenschaft als **„Förderkörperschaft"** (§ 58 Nr. 1 AO, Tz. 2.8.1) **als auch** im Rahmen des **§ 58 Nr. 2 AO** ohne Gefährdung der Gemeinnützigkeit weitergeleitet werden. Wurden von der betreffenden Körperschaft Mittel gezielt für Förderzwecke i. S. des § 58 Nr. 1 AO eingeworben oder beschafft, müssen sie von der Körperschaft auch entsprechend weitergeleitet werden. Die Verwendung für die eigenen steuerbegünstigten Zwecke wäre unzulässig (siehe auch FinMin Bayern vom 25.06.1997, DB 1997 S. 1746).

Die nach § 58 Nr. 2 AO weitergegebenen Mittel ändern im Zuge der Mittelweitergabe ihre „gemeinnützigkeitsrechtliche Qualität" im Hinblick auf den zulässigen Zeitrahmen ihrer Verwendung nicht. Danach bedingt die Weitergabe von Mitteln, die nach § 55 Abs. 1 Nr. 5 AO der Pflicht zur zeitnahen Verwendung unterliegen, auch bei der Empfängerin die Pflicht, innerhalb der auf den Zufluss folgenden zwei Kalender-/Wirtschaftsjahre eine Verwendung zu steuerbegünstigten Zwecken vorzunehmen. Hingegen unterliegen Mittel des zulässigen Vermögens (z. B. freie Rücklagen nach § 62 Abs. 1 Nr. 3 AO – bis 31.12.2013: § 58 Nr. 7 Buchst. a AO) auch nach der Mittelweitergabe nicht der Pflicht zur zeitnahen Verwendung (AEAO Nr. 2 zu § 58 Nr. 2 AO).

2.8.2.3 Preisnachlässe für Leistungen an steuerbegünstigte Körperschaften

Die Praxis zeigt, dass steuerbegünstigte Körperschaften untereinander häufig Leistungen austauschen und sich gegenseitig besondere Vorteile **(Preisnachlässe)** einräumen. Die gemeinnützigen Körperschaften sind zwar grundsätzlich verpflichtet, ihre Leistungen – unabhängig davon, ob diese einem Zweckbetrieb oder einem steuerpflichtigen wirtschaftlichen Geschäftsbetrieb zugehörig sind – zu **marktüblichen Vergütungen (= Kostenersatz zzgl. eines marktgerechten Gewinnaufschlags)** zu erbringen (vgl. u. a. BFH vom 23.10.1991 I R 19/91, BStBl 1992 II S. 62, sowie vom 27.11.2013 I R 17/12, BFHE 244 S. 194; siehe auch Tz. 2.5.5.6); nach bisheriger Verwaltungsauffassung wurde es jedoch im Rahmen des § 58 Nr. 2 AO als zulässig beurteilt, **anderen steuerbegünstigten Körperschaften** wirtschaftliche Vorteile zu gewähren. Die gemeinnützigkeitsrechtliche Duldung einer **strukturellen Gewinn-**

losigkeit – insbesondere im Zusammenhang konzernierter steuerbegünstigter Körperschaften und deren Leistungsbeziehungen untereinander – steht allerdings seit dem derzeit noch nicht veröffentlichten BFH-Urteil vom 27.11.2013 I R 17/12 (a. a. O.) auf dem Prüfstand (siehe auch Gosch in BFH/PR 2014 S. 262 m. w. N.). Zur Schaffung von Rechtssicherheit im Umgang mit den Urteilsgrundsätzen befindet sich ein klarstellendes BMF-Schreiben derzeit in Bearbeitung.

Beispiele:

1. Die notwendigen Darlehen zum Aufbau einer ambulanten Pflegestation erhält der vom Finanzamt wegen Förderung mildtätiger Zwecke anerkannte „Altenpflegeverein" vom ebenfalls als steuerbegünstigt anerkannten Caritasverband der Stadt. Nach dem abgeschlossenen Darlehensvertrag ist die Pflegeeinrichtung zwar zur Tilgung des Darlehens in einer bestimmten Zeit verpflichtet. Die Kreditgewährung erfolgt über die gesamte Laufzeit jedoch zinslos. Der marktübliche Zins für ein vergleichbares Darlehen beträgt im Zeitpunkt des Vertragsabschlusses 8 %.

   Die zinslose Darlehensgewährung steht im Einklang mit der Gemeinnützigkeit des Caritasverbandes (§ 58 Nr. 2 AO; siehe auch BMF vom 14.12.1994, DB 1995 S. 119; AEAO Nr. 16 zu § 55 Abs. 1 Nr. 1 AO, Anhang 1).

2. Das als gemeinnützig anerkannte Krankenhaus unterhält zur Versorgung der eigenen Patienten eine Großküche. Aus dieser Küche heraus versorgt sie gleichzeitig ein benachbartes, ebenfalls als gemeinnützig anerkanntes Altenheim. Das Entgelt ist so bemessen, dass beim Krankenhaus mit den Essenslieferungen kein Gewinn entsteht. Die Lieferungen, die an die Kantine eines in der Nachbarschaft gelegenen Versicherungsunternehmens gehen, werden zu einem marktüblichen Entgelt abgerechnet. Hiermit erzielt das Krankenhaus Gewinne.

   Mit der Belieferung des Altenheims und des Versicherungsunternehmens unterhält das Krankenhaus einen (einheitlichen) steuerpflichtigen wirtschaftlichen Geschäftsbetrieb (siehe auch BFH vom 18.10.1990 V R 35/85 und V R 76/89, BStBl 1991 II S. 157 und 268). Die Belieferung des Altenheims „unter Preis" ist (bislang) für das Krankenhaus ohne Gefährdung der eigenen Gemeinnützigkeit nach Maßgabe des § 58 Nr. 2 AO möglich. Eine Belieferung des Versicherungsunternehmens „unter Preis" würde hingegen zum Entzug der Gemeinnützigkeit führen (zur Gewinnermittlung, wenn unterhalb der Selbstkosten für gemeinnützige Zwecke geleistet wird, siehe Tz. 4.1.4.1.4).

2.8.3 Lockerung des Endowmentverbots (§ 58 Nr. 3 AO)

Bislang war es aus gemeinnützigkeitsrechtlicher Sicht grundsätzlich nicht möglich, zeitnah zu verwendende Mittel (§ 55 Abs. 1 Nr. 5 AO) einer steuerbegünstigten Körperschaft zu verwenden, um eine andere steuerbegünstigte Körperschaft (z. B. eine gGmbH oder Stiftung) mit Kapital auszustatten („Endowment"). Der Einsatz zeitnah zu verwendender Mittel kam nur unter der Voraussetzung in Betracht, dass die Empfängerkörperschaft die erhaltenen Mittel ebenfalls zeitnah für ihre steuerbegünstigten Zwecke (z. B. durch die Anschaffung oder Herstellung von Vermögensgegenständen, die steuerbegünstigten Zwecken dienen) einsetzte (siehe AEAO Nr. 26 zu § 55 Abs. 1 Nr. 5 AO a. F. – geändert durch das BMF-Schreiben vom 31.01.2014).

Mit dem Ehrenamtsstärkungsgesetz vom 21.03.2013 (BGBl 2013 I S. 556) wurde auf Empfehlung des Finanzausschusses des Bundestags (siehe BT-Drucksache 17/12123 vom 17.01.2013 S. 22) **mit Wirkung ab dem 01.01.2014** die Vorschrift des § 58 Nr. 3 AO neu in das Gesetz implementiert.

Danach kann eine steuerbegünstigte Körperschaft

- ihre Überschüsse aus dem Bereich der Vermögensverwaltung,
- ihre Gewinne aus wirtschaftlichen Geschäftsbetrieben (§§ 14, 64 bis 68 AO) ganz oder teilweise und darüber hinaus
- höchstens 15 % ihrer sonstigen nach § 55 Abs. 1 Nr. 5 AO zeitnah zu verwendenden Mittel

einer anderen steuerbegünstigten Körperschaft oder einer juristischen Person des öffentlichen Rechts zur Vermögensausstattung zuwenden. Als Empfänger eines Endowments kommen dabei in analoger Anwendung der Verwaltungsanweisungen, die für den identischen Gesetzeswortlaut des § 58 Nr. 2 AO gelten, nicht nur steuerbegünstigte inländische Körperschaften, sondern auch die in § 5 Abs. 2 Nr. 2 KStG aufgeführten Körperschaften sowie inländische juristische Personen des öffentlichen Rechts in Betracht.

Als **Ausstattung** in diesem Sinne ist „lediglich" die Hingabe von Mitteln im Zuge der Neugründung oder Kapitalerhöhung bzw. Zustiftung zu verstehen, nicht aber der Erwerb von Anteilen an einer bereits bestehenden Körperschaft, welcher als Vermögensumschichtung (und nicht als Zuwendung) zu bewerten wäre (siehe AEAO Nr. 3 zu § 58 Nr. 3 AO in Übereinstimmung mit den gleichlautenden Verfügungen der OFD Rheinland und der OFD Münster vom 20.09.2012 – S 0174 – 2012/0005 – sowie – S 2729 – 82 – St 13 – 33 –, die auf Grundlage eines entsprechenden Beschlusses der KSt-Referatsleiter der obersten Finanzbehörden des Bundes und der Länder ergangen sind). Vielmehr bedingt die Ausstattung eine endgültige Vermögensentäußerung, sodass die hingebende Körperschaft durch die Vornahme des Endowments nicht zur Anteilseignerin der ausgestatteten Kapitalgesellschaft wird. Diese hält die entstehenden Anteile hingegen selbst.

Meines Erachtens ist die Vornahme eines Endowments auch zugunsten der Vermögensausstattung einer **Verbrauchsstiftung** (§ 80 Abs. 2 Satz 2 BGB i. d. F. des Ehrenamtsstärkungsgesetzes vom 21.03.2013) möglich. Obgleich dieses Vermögen zum sukzessiven Verbrauch bestimmt ist (§ 81 Abs. 1 Satz 2 BGB), ist es für die Errichtung einer Verbrauchsstiftung durch die gesetzlich vorgeschriebene Mindest-Lebensdauer der Stiftung von 10 Jahren erforderlich, dass ihr Ausstattungsvermögen nicht dem Gebot der zeitnahen Mittelverwendung unterliegt. Da die übertragenen Mittel bei der hingebenden Körperschaft noch der Pflicht zur zeitnahen Verwendung nach § 55 Abs. 1 Nr. 5 AO unterlegen haben und nur durch die Weitergabe im Wege des Endowments zu zulässigem Vermögen bei der ausgestatteten Körperschaft werden, sollte die (zwar nicht zeitnahe, aber dennoch sichere und satzungskonforme) Verwendung der Mittel durch die Empfängerkörperschaft nicht schlechtergestellt werden, als eine dauerhafte Vermögensanlage, bei der „lediglich" die aus ihr resultierenden Erträge den (übereinstimmenden) Satzungszwecken unmittelbar zugutekommen.

Konkret kommen für ein Endowment ab dem 01.01.2014 zeitnah zu verwendende Mittel in Betracht, die **seit dem 01.01.2012 zugeflossen** sind, da diese im Zeitpunkt des Inkrafttretens der Vorschrift noch zulässigerweise für eine Verwendung zur Verfügung stehen.

Maßgebend für die Ermittlung der o. g. Grenzen sind die **Verhältnisse des vorangegangenen Kalender- oder Wirtschaftsjahres** (AEAO Nr. 3 zu § 58 Nr. 3 AO, Anhang 1). Bei dem Rückgriff auf die wirtschaftlichen Verhältnisse des jeweiligen

Vorjahres handelt es sich um eine verwaltungsseitig initiierte Vereinfachungsregel, die sich nicht aus dem Gesetzeswortlaut ergibt und für Vorschriften, bei denen die Ermittlung der maßgeblichen Bemessungsgrundlage ähnliche Schwierigkeiten aufwirft (z. B. § 58 Nr. 2, § 58 Nr. 6 AO – bis 31.12.2013: § 58 Nr. 5 AO), nicht in vergleichbarer Form vorgesehen ist. Während die Vereinfachungsregel bei Körperschaften, die jährlich etwa ähnliche wirtschaftliche Ergebnisse erzielen, in größtmöglichem Einklang mit den gesetzlichen Vorgaben steht, kann eine nicht periodengerechte Zuordnung des Endowment-Potenzials bei Körperschaften, deren Einkünfte größeren Schwankungen unterliegen, auf Kritik stoßen (in diesem Sinne auch Kirchhain in DStR 2014 S. 290). Die Reaktionen im Zuge der praktischen Umsetzung dieser Regelung bleiben abzuwarten.

Das Ansparen von Mitteln im Rahmen einer Projektrücklage nach § 62 Abs. 1 Nr. 1 AO zur der Vornahme eines zukünftigen, entsprechend größeren Endowments (zugunsten einer größeren Kapitalausstattung der Mittelempfängerin) ist aus Sicht der Finanzverwaltung unzulässig (siehe AEAO Nr. 4 zu § 62 Abs. 1 Nr. 1 AO).

2.8.3.1 Notwendige Zweckidentität

Voraussetzung für die Vornahme eines Endowments ist die Identität zwischen den Satzungszwecken der hingebenden Körperschaft und den aus den Vermögenserträgen zu verwirklichenden steuerbegünstigten Zwecken der ausgestatteten Körperschaft. Die gesetzlich geforderte Zweckidentität schließt nicht aus, dass beide Körperschaften neben dem/den übereinstimmenden Zweck/en auch noch weitere Zwecke fördern können (AEAO Nr. 3 zu § 58 Nr. 3 AO). Allerdings wird durch den Gesetzeswortlaut festgelegt, dass mit den Erträgen, die aus dem im Wege des Endowments übertragenen Vermögen resultieren, **nur** der/die jeweils übereinstimmende/n Zweck/e gefördert werden darf/dürfen.

Die hingebende Körperschaft muss daher sicherstellen, dass die mittelempfangende Körperschaft mindestens einen übereinstimmenden Satzungszweck verfolgt. Die Legitimation zur Vornahme eines Endowments kann in Anlehnung an die Nachweisführung, die durch eine Förderkörperschaft (§ 58 Nr. 1 bzw. 2 AO) erbracht wird (vgl. Tz. 2.8.1 ff.), durch Vorlage **eines gültigen Freistellungsbescheides, einer Anlage zum KSt-Bescheid oder einer positiven § 60a-Feststellung (bzw. einer gültigen vorläufigen Bescheinigung)** der Mittelempfängerin belegt werden. Im Fall eines Endowments an eine juristische Person des öffentlichen Rechts sollte die satzungskonforme Verwendung der weitergeleiteten Mittel durch eine (formlose) Vereinbarung sichergestellt werden. Für die ausgestattete Körperschaft bedeutet das, dass sie die Mittel gleichsam mit einer **Verwendungsauflage** zu bestimmten satzungsmäßigen Zwecken erhält. Erfolgt eine Verwendung für andere (steuerbegünstigte) Zwecke, liegt eine Mittelfehlverwendung bei der Empfängerkörperschaft vor (siehe AEAO Nr. 3 zu § 58 Nr. 3 AO), während die hingebende Körperschaft, soweit sie nicht bösgläubig ist, **Vertrauensschutz** genießt (siehe auch Tz. 2.5.8, 2.8.1 sowie 2.8.2.1). Die durch den Vertrauensschutz ausgelöste Verhinderung schädlicher gemeinnützigkeitsrechtlicher Folgen für die gutgläubige hingebende Körperschaft muss m. E. auch in den Fällen greifen, in denen der Empfängerkörperschaft die Steuerbegünstigung für das Jahr der Mittelweitergabe (z. B. aufgrund der Fehlverwendung) aberkannt wird oder bei dieser ein Fall der Nachversteuerung i. S. des § 61 Abs. 3 AO eintritt (siehe Tz. 2.12).

Indem die im Wege des Endowments übertragenen Mittel geeignet sind, das Vermögen der Mittelempfängerin dauerhaft zu stärken, da sie bei ihr nicht dem Gebot der zeitnahen Mittelverwendung unterliegen, wird durch die unlösbare Zweckbindung der betreffenden Vermögenserträge auf der Ebene der Mittelempfängerin eine dokumentationsintensive „Topfwirtschaft" (vgl. Kirchhain in DStR 2014 S. 290 m. w. N.) notwendig. Eine genaue Klärung der Mittelherkunft durch die Empfängerkörperschaft sowie weitere „Dokumentationshürden" sind allerdings auch zur Vermeidung einer unzulässigen „Endowmentkaskade" (siehe Tz. 2.8.3.2) erforderlich.

2.8.3.2 Verbot einer „Endowmentkaskade"

Es ist gesetzlich festgeschrieben, dass die im Wege des Endowments zugewandten Mittel sowie deren Erträge nicht für weitere Mittelweitergaben i. S. des § 58 Nr. 3 AO verwendet werden dürfen (§ 58 Nr. 3 Satz 3 AO). Mit dieser Einschränkung in der Verwendungsbreite soll sichergestellt werden, dass die Mittel nicht fortwährend weitergeleitet werden („Kettenweitergaben"), sondern letztlich auch zur Verwirklichung von steuerbegünstigten Zwecken Verwendung finden (siehe BT-Drucksache 17/12123 vom 17.01.2013 S. 22 sowie Emser in NWB 2013 S. 911).

Dadurch, dass die nach § 58 Nr. 3 AO zugewandten Mittel bei der Empfängerkörperschaft grundsätzlich dauerhaft zum Vermögen gehören und mithin regelmäßig zur Erzielung von Erträgen führen, muss die Körperschaft durch geeignete Aufzeichnungen sicherstellen, dass den gesetzlichen Anforderungen entsprochen wird. Durch die unterschiedlichen Verwendungsbeschränkungen (1. Zweckbindung und 2. Endowment-Verbot) entsteht für die Empfängerkörperschaft eine „Topfwirtschaft" (siehe bereits unter Tz. 2.8.3.1), die innerhalb der Mittelverwendungsrechnung (vgl. Tz. 2.5.9.1 ff.) gesondert ausgewiesen werden sollte.

2.8.3.3 Endowment aus zulässigem Vermögen

Von der Vorschrift des § 58 Nr. 3 AO unberührt bleibt die Möglichkeit zur Vornahme eines Endowments nach Maßgabe des § 58 Nr. 1 und 2 AO aus Mitteln, die bereits auf der Ebene der weitergebenden Körperschaft dem zulässigen Vermögen zugehörig sind.

Unter Einsatz nicht zeitnah zu verwendender Mittel ist auch die Anschaffung (≠ Zuwendung) von Anteilen an einer **Kapitalgesellschaft** denkbar, die sich als Vermögensumschichtung bei der steuerbegünstigten Körperschaft darstellt. Dies gilt unabhängig davon, ob die Beteiligung als Vermögensverwaltung oder aufgrund einer entscheidenden Einflussnahme auf die tatsächliche Geschäftsführung der Kapitalgesellschaft als steuerpflichtiger wirtschaftlicher Geschäftsbetrieb zu beurteilen ist. Ebenfalls unerheblich ist mithin die Frage, ob die auszustattende Körperschaft ihrerseits nach §§ 51 ff. AO steuerbegünstigt oder voll steuerpflichtig ist (siehe OFD Frankfurt a. M. vom 09.09.2003 – S 0174 A – 16 – St II 1.03).

Die Kapitalausstattung einer **Stiftung** stellt sich mangels Beteiligung des Stifters bzw. des Zuwendenden hingegen nicht als Vermögensumschichtung dar. In diesem Fall verlassen die Mittel endgültig den Vermögensbereich der steuerbegünstigten Körperschaft. Ist die Empfängerstiftung nicht als steuerbegünstigte Körperschaft i. S. der §§ 51 ff. AO anerkannt, ist jeglicher Mitteleinsatz gemeinnützigkeitsschädlich, da die Mittel endgültig dem steuerbegünstigten Bereich entzogen werden. Ist die Empfängerstiftung als steuerbegünstigte Körperschaft anerkannt, ist die Weitergabe von Mitteln nur unter den Voraussetzungen des § 58 Nr. 1 und 2 AO (vgl. Tz. 2.8.1 und 2.8.2) zulässig (siehe Verfügung der OFD Frankfurt a. M. vom 09.09.2003 – S 0174 A – 16 – St II 1.03).

2.8.4 Überlassung von Arbeitskräften (§ 58 Nr. 4 AO)

2.8.4.1 Ausnahme vom Grundsatz der Unmittelbarkeit

Grundsätzlich muss eine steuerbegünstigte Körperschaft **ihre** Satzungszwecke selbst unmittelbar und ausschließlich verwirklichen, §§ 56 und 57 AO. Stellt eine steuerbegünstigte Körperschaft eigene Arbeitskräfte einer anderen Person, einem anderen Unternehmen, einer anderen Einrichtung oder einer juristischen Person des öffentlichen Rechts für steuerbegünstigte Zwecke zur Verfügung, verwirklicht sie ihre **eigenen** Zwecke nicht mehr selbst. Es mangelt an einer **unmittelbaren** (eigenen) Zweckverwirklichung. Mit § 58 Nr. 4 AO eröffnet der Gesetzgeber den steuerbegünstigten Körperschaften trotz Verstoßes gegen das Gebot der unmittelbaren Zweckverfolgung den Erhalt der Steuerbegünstigung. Diese Vorschrift enthält also lediglich eine Ausnahme vom Erfordernis der unmittelbaren Zweckerfüllung (BFH vom 30.11.1995 V R 29/91, BStBl 1997 II S. 189 m. w. N.). Nach der ausdrücklichen Feststellung des BFH kommt ihr allein für diese Frage Bedeutung zu. Dabei gilt, dass die Überlassung von Arbeitskräften im Rahmen des § 58 Nr. 4 AO nur dann als unschädlich einzustufen ist, wenn sie **teilweise** erfolgt. Erschöpft sich die Tätigkeit einer Körperschaft in der Überlassung von Arbeitskräften, ist keine Gemeinnützigkeit gegeben (FG Baden-Württemberg vom 31.07.1997, EFG 1997 S. 1341).

Die Regelung hat besondere Bedeutung für die **Gestellung von Ordensangehörigen** an Krankenhäuser, Schulen und andere **steuerbegünstigte** Einrichtungen. Neben Arbeitskräften können auch Arbeitsmittel (z. B. Krankenwagen) zur Verfügung gestellt werden (AEAO Nr. 4 zu § 58 Nr. 4; siehe auch § 58 Nr. 5 AO).

Die Arbeitskräfte und Arbeitsmittel können **anderen Personen, Unternehmen, Einrichtungen** oder einer juristischen Person des öffentlichen Rechts zur Verfügung gestellt werden. Es ist nicht Voraussetzung, dass diese ihrerseits steuerbegünstigt sind (z. B. Gestellung von Lehrpersonal an eine Privatschule oder Gestellung einer Ordensschwester für die Betreuung eines Pflegefalles in einem privaten Haushalt). Von den Arbeitskräften dürfen aber nur „**steuerbegünstigte Tätigkeiten**" ausgeübt werden. Hierzu gelten die zu § 58 Nr. 1 AO gemachten Ausführungen (im Hinblick auf die Mittelbeschaffung für Körperschaften des öffentlichen Rechts und deren Verwendung für steuerbegünstigte Zwecke) sinngemäß. Die Arbeitskräfte und Arbeitsmittel müssen dabei zur Verwirklichung steuerbegünstigter Zwecke bei der „einsetzenden" Körperschaft tatsächlich (z. B. als Pflegekraft im Krankenhaus) eingesetzt werden. Schädlich wäre z. B. der Einsatz in der allgemeinen Verwaltung (z. B. als Geschäftsführer, Buchhalter) oder in einem steuerpflichtigen wirtschaftlichen Geschäftsbetrieb einer steuerbegünstigten Körperschaft.

Bereits bei Zurverfügungstellung durch die überlassende Körperschaft muss der Einsatz des Personals oder der Arbeitsmittel festgelegt sein. Eine ganz allgemein gehaltene Überlassung, bei der letztlich erst die einsetzende Körperschaft (allein) über den Einsatz entscheiden kann (etwa freie Entscheidung, ob der Einsatz im steuerbegünstigten oder steuerschädlichen Bereich erfolgt), ist mit § 58 Nr. 4 AO nicht vereinbar. Erfolgt die Überlassung an andere steuerbegünstigte Einrichtungen unentgeltlich oder zu nicht kostendeckenden Entgelten, steht dieser Vorgang in Einklang mit dem Gemeinnützigkeitsrecht (der Verzicht auf ein kostendeckendes Entgelt ist in diesem Zusammenhang keine schädliche Mittelverwendung i. S. von § 55 Abs. 1 Nr. 1 AO, sondern wird regelmäßig durch § 58 Nr. 2 AO abgedeckt).

2.8.4.2 Überlassung gegen Entgelt

Häufig erfolgt eine **Überlassung von Personal oder Arbeitsmitteln** an andere (steuerbegünstigte) Körperschaften **gegen Entgelt**. Dabei ist zu beachten, dass die Tatsache, dass eine ganz oder teilweise unentgeltlich durchgeführte Überlassung an eine steuerbegünstigte Körperschaft (ausnahmsweise noch) wegen § 58 Nr. 2 AO als gemeinnützigkeitsverträglich einzustufen ist, nicht bedeutet, dass eine entgeltliche Überlassung an steuerbegünstigte Körperschaften als Zweckbetrieb einzustufen ist. § 58 Nr. 4 AO begründet weder einen eigenständigen steuerbegünstigten Zweck noch eine „Zweckbetriebsnorm" i. S. der §§ 65 ff. AO (bestätigt durch BFH vom 30.11.1995 V R 29/91, BStBl 1997 II S. 189).

Mangels unmittelbarer Verfolgung der eigenen (steuerbegünstigten) Zwecke ist bei entgeltlicher Überlassung grundsätzlich ein **steuerpflichtiger wirtschaftlicher Geschäftsbetrieb** i. S. der §§ 14, 64 AO anzunehmen (siehe insoweit auch die Urteile des BFH vom 18.10.1990 V R 35/85 und V R 76/89, BStBl 1991 II S. 157 und S. 268 zur Steuerpflicht einer Krankenhauswäscherei und -apotheke, sowie OFD Frankfurt a. M. vom 12.08.1992, DB 1992 S. 2064, und FG Baden-Württemberg vom 03.02.1993, EFG 1993 S. 619 betr. eine zentrale Buchhaltungs- und Abrechnungsstelle für steuerbegünstigte Körperschaften, sowie BFH vom 07.11.1996 V R 34/96, BStBl 1997 II S. 366; zum Zentraleinkauf siehe BFH vom 15.10.1997 II R 94/94, BFH/NV 1998 S. 150. Eine Beurteilung als steuerbegünstigter Zweckbetrieb kommt lediglich in Betracht, wenn im Rahmen eines kooperativen Zusammenwirkens steuerbegünstigter Körperschaften mit der Personalüberlassung nicht nur die satzungsmäßigen Zwecke der anderen beteiligten Körperschaft, sondern zugleich selbständig und eigenverantwortlich eigene steuerbegünstigte Zwecke verfolgt werden (vgl. BFH vom 17.02.2010 I R 2/08, BStBl 2010 II S. 1006, sowie vom 27.11.2013 I R 17/12, BFHE 244 S. 194; zur Frage der **Personalgestellung** siehe insbesondere Tz. 2.15.4.2, Tz. 2.5.5.5 und Tz. 4.5.2).

2.8.5 Überlassung von Räumen (§ 58 Nr. 5 AO)

Die Bestimmung des § 58 Nr. 5 AO regelt eine weitere Ausnahme von dem Gebot der Unmittelbarkeit. Sie erlaubt es den steuerbegünstigten Körperschaften, die ihnen gehörenden Räume (auch) anderen **steuerbegünstigten** Körperschaften oder juristischen Personen des öffentlichen Rechts für deren steuerbegünstigte Zwecke zur Nutzung zu überlassen. Dabei ist der Begriff „Räume" weit auszulegen. Zu den Räumen in diesem Sinne zählen z. B. auch Sportstätten und Freibäder (siehe AEAO Nr. 5 zu § 58 Nr. 5 AO). Dabei gilt, dass die Überlassung von Räumen im Rahmen des § 58 Nr. 5 AO nur dann als unschädlich einzustufen ist, wenn sie **teilweise** erfolgt. Erschöpft sich die Tätigkeit einer Körperschaft in der Überlassung von Räumen, ist keine Gemeinnützigkeit gegeben (FG Baden-Württemberg vom 31.07.1997, EFG 1997 S. 1341).

Die überlassende Körperschaft muss darauf achten, dass die Räumlichkeiten tatsächlich für steuerbegünstigte Zwecke genutzt werden. So wäre z. B. die Überlassung von Räumen und Sportanlagen an einen steuerbegünstigten Sportverein zur Durchführung einer Berufssport- oder auch Unterhaltungsveranstaltung mit § 58 Nr. 5 AO nicht vereinbar (zur Nachweisproblematik siehe auch § 58 Nr. 2 AO, Tz. 2.8.2).

Die Regelung des § 58 Nr. 5 AO begründet keinen eigenständigen (neuen) gemeinnützigen Zweck. Deshalb kann ein Verein, dessen alleiniger Zweck es ist, eine Halle zu errichten und sie anderen steuerbegünstigten Körperschaften für deren steuerbegünstigte Zwecke zu überlassen (sog. Hallenbauvereine), nicht als gemein-

nützig anerkannt werden (siehe dazu u. a. FinMin NRW vom 06.08.1990, DB 1990 S. 1745).
Erfolgt eine Überlassung von Räumen an eine steuerbegünstigte Körperschaft zu steuerbegünstigten Zwecken unentgeltlich, stellt dieser Vorgang **keine** schädliche Mittelverwendung dar (siehe insoweit die Ausführungen zu § 58 Nr. 2 AO, Tz. 2.8.2). Erfolgt die Überlassung entgeltlich, ist gesondert zu prüfen, ob die Einnahmen daraus im Rahmen der Vermögensverwaltung (vgl. Tz. 2.14.3) bezogen werden oder ob die Körperschaft damit einen steuerpflichtigen wirtschaftlichen Geschäftsbetrieb begründet (siehe hierzu auch sinngemäß Tz. 2.8.4).
Nutzt eine Körperschaft ihre Räume im Wesentlichen selbst für steuerbegünstigte Zwecke und überlässt sie die Räume (oder Teile davon) gelegentlich in den Zeiten, in denen sie selbst die Räume nicht nutzt, gegen Entgelt an Dritte – dabei ist es egal, ob die Nutzer ihrerseits steuerbegünstigte oder steuerpflichtige Körperschaften sind oder ob es sich dabei um natürliche Personen handelt –, kann diese Überlassung in entsprechender Anwendung des BFH-Urteils vom 17.12.1957 (I 182/55 U, BStBl 1958 III S. 96) als steuerfreie Vermögensverwaltung angesehen werden (siehe hierzu auch Tz. 2.14.3).
Gestattet die Satzung einer Körperschaft die Überlassung von Räumen an Dritte, so ist dies nur schädlich, wenn sich bereits aus der Satzung ergibt, dass diese Betätigung die Grenzen des § 58 Nr. 5 AO überschreiten wird (BFH vom 24.07.1996 I R 35/94, BStBl 1996 II S. 583).

2.8.6 Stiftungen (§ 58 Nr. 6 AO)
2.8.6.1 Versorgung des Stifters und seiner nächsten Angehörigen

Die Regelungen in § 58 Nr. 6 AO erlauben es **Stiftungen,** ihre steuerbegünstigte Tätigkeit mit der **Versorgung des Stifters und seiner nächsten Angehörigen** zu verbinden (siehe Schauhoff, DB 1996 S. 1693). Von (freiwilligen) Zuwendungen i. S. des § 58 Nr. 6 AO sind dabei Ansprüche abzugrenzen, die ein Stifter für sich oder seine Angehörigen aus dem der Stiftung übertragenen Vermögen „vorbehalten" hat (siehe dazu AEAO Nr. 11 zu § 55 Abs. 1 Nr. 1 AO, Anhang 1, sowie Tz. 2.5.5.6).
Eine Stiftung darf nach § 58 Nr. 6 AO ohne Gefährdung der Gemeinnützigkeit einen Teil, jedoch höchstens ein Drittel ihres Einkommens dazu verwenden, um in angemessener Weise den Stifter und seine nächsten Angehörigen zu unterhalten, ihre Gräber zu pflegen und ihr Andenken zu ehren.
Diese Vorschrift ist eine Ausnahmeregelung im Verhältnis zum Ausschließlichkeitsgrundsatz des § 56 AO und zum Prinzip der Selbstlosigkeit (§ 55 Abs. 1 Nr. 1 Satz 1, Satz 2 Nr. 3 und 5 AO) und **gilt nur für steuerbegünstigte rechtsfähige oder nichtrechtsfähige Stiftungen** (vgl. auch AEAO Nr. 9 zu § 58 Nr. 6 AO, Anhang 1). Bei gemeinnützigen Körperschaften anderer Rechtsform, auch dann, wenn sie stiftungsähnlich verfasst sein sollten (sog. „Nenn-Stiftungen" wie z. B. ein Stiftungs-Verein, eine Stiftungs-GmbH), führen entsprechende Ausgaben stets zum Entzug der Gemeinnützigkeit.
Der Grundsatz der Selbstlosigkeit verbietet es steuerbegünstigten Körperschaften ausdrücklich, Personen – und damit insbesondere den Stifter und/oder seine Angehörigen – durch Ausgaben, die dem Zweck der steuerbegünstigten Stiftung fremd sind, oder durch unverhältnismäßig hohe Vergütungen zu begünstigen (Begünstigungsverbot, § 55 Abs. 1 Nr. 3 AO).
Die Ausnahmeregelung des § 58 Nr. 6 AO ist vor dem Hintergrund zu verstehen, dass der Gesetzgeber ein besonderes Interesse an der Gründung von steuerbegünstigten Stiftungen hat. Den steuerbegünstigten Stiftungen soll dabei ohne Gefähr-

dung der Gemeinnützigkeit die Möglichkeit eröffnet werden, das Andenken an den Stifter und seine Familie auf Dauer (auf ewig) auch mit der Verausgabung von Mitteln (in angemessenem Umfang) zu pflegen. Häufig übertragen Stifter aber auch schon zu Lebzeiten erhebliche Teile ihres Vermögens auf eine Stiftung. Für den Fall, dass der Stifter oder seine nächsten Angehörigen (ihnen entgehen ja im Ergebnis insoweit Erbansprüche) in eine Situation kommen, in der sie ihren (angemessenen) Unterhalt nicht mehr ausreichend gewährt sehen, soll die Möglichkeit für Stiftungen eröffnet werden, ohne Gefährdung der Steuerbegünstigung angemessene Unterhaltsleistungen erbringen zu können.

Stifter und ihre nächsten Angehörigen müssen wissen und akzeptieren, dass ein Stifter sich mit dem Übergang von Vermögensteilen auf „seine" Stiftung endgültig dieser Mittel entäußert hat (sog. „Stiftungsreife"). Nach vollzogener Übertragung der Mittel auf die Stiftung ist die Stiftung neue Eigentümerin. Die Stiftung bzw. die Stiftungsorgane stehen dann in der Verpflichtung, diese Mittel allein nach Maßgabe der Satzungsregelungen, dem Stiftungszivilrecht und den Vorgaben des Gemeinnützigkeitsrechts zu verwenden bzw. zu verwalten.

Nach erfolgter Übertragung der jeweiligen Vermögensgegenstände kann weder der Stifter noch können seine Angehörigen **Ansprüche** gleich welcher Art **auf Rückgabe der Stiftungsmittel** geltend machen. Ebenso sind auch Ansprüche des Stifters oder seiner Angehörigen auf die Herausgabe oder Teilhabe an Erträgnissen, die die Stiftung mit einer rentierlichen Anlage des Stiftungskapitals erzielt, ausgeschlossen. **Nicht** gefolgt werden kann daher der Vorstellung, die Stiftung dürfe das gesamte Drittel des Stiftungseinkommens für die **privatnützige Versorgung der Stifterfamilie** reservieren und losgelöst von den tatsächlichen Bedürfnissen der Versorgungsberechtigten „regelmäßige Ausschüttungen" vornehmen (in diesem Sinne auch Kirchhain in Gemeinnützige Familienstiftung, Verlag Peter Lang, S. 75). Leistungen mit Ausschüttungscharakter, z. B. in Höhe eines bestimmten Prozentsatzes der Erträge, sind ausdrücklich ausgeschlossen (siehe AEAO Nr. 8 zu § 58 Nr. 6 AO, Anhang 1).

Diesem Verständnis des § 58 Nr. 6 AO ist gerade auch deshalb zu folgen, weil einem Stifter, der eine umfassende Versorgung seiner Familienangehörigen sicherstellen will, dafür eine Vielzahl anderer Möglichkeiten zur Verfügung steht (gezielte Übertragung ertragsstarker Vermögensgegenstände auf Angehörige oder dritte Personen, Anordnung von Vermächtnissen, Einräumung eines Nießbrauchs, die Gründung und Ausstattung einer – steuerpflichtigen – Familienstiftung etc., siehe hierzu ausführlich Kirchhain, a. a. O., S. 150 m. w. N.).

2.8.6.2 Begrenzung der Zuwendungen

Mit der Begrenzung der Zuwendungen an den Stifter und seine nächsten Angehörigen auf höchstens ein Drittel des Einkommens der Stiftung wird dem Grundsatz Rechnung getragen, dass die wesentlichen Teile des Einkommens einer steuerbegünstigten Stiftung für die (zeitnahe) Verwirklichung der steuerbegünstigten Zwecke eingesetzt werden müssen. Kirchhain (a. a. O., S. 326) beschreibt die Situation des § 58 Nr. 6 AO zutreffend dahingehend, dass von dem für eine privatnützige Versorgung der Stifterfamilie gedanklich reservierten Einkommensdrittel weiterhin ein möglichst hoher Teilbetrag für steuerbegünstigte Zwecke verwendet werden muss.

Hinweis: „Versorgungsaufwendungen" i. S. des § 58 Nr. 6 AO sind in Fällen der Rückabwicklung der Erbschaftsteuer nach § 29 Abs. 1 Nr. 4 ErbStG ausgeschlossen.

Eine steuerbegünstigte Stiftung darf also allenfalls bis zu **einem Drittel** ihres Einkommens (zum Einkommensbegriff hier siehe unten) für entsprechende Zwecke verwenden. Um auch noch eine ausreichende (laufende) Verwirklichung steuerbegünstigter Zwecke sicherzustellen, dürfen die (freiwilligen) Zuwendungen **zusammen** mit den Zahlungen zur Erfüllung von Verpflichtungen (z. B. Rentenverpflichtungen), die in Zusammenhang mit Vermögensübertragungen auf Stiftungen übergegangen sind, die „Eindrittelgrenze" nicht übersteigen (siehe AEAO Nr. 13 zu § 55 Abs. 1 Nr. 1 AO, Anhang 1; anders siehe BFH vom 21.01.1998 II R 16/95, BStBl 1998 II S. 758, und den dazugehörigen Nichtanwendungserlass vom 06.11.1998, BStBl 1998 I S. 1446). Die Grenze von einem Drittel bezieht sich auf den jeweiligen Veranlagungszeitraum (AEAO Nr. 12 zu § 55 Abs. 1 Nr. 1 AO, Anhang 1). Zu den ertrag- und erbschaftsteuerlichen Aspekten dieser Zuwendungen auf der „Empfängerseite", also den Destinatären, siehe Schauhoff (DB 1996 S. 1693).

Meines Erachtens ist die Berücksichtigung der „Eindrittelgrenze" allerdings insoweit entbehrlich, wie sich der Stifter im Stiftungsgeschäft die Nutzungen des übertragenen Vermögens mit dinglicher Wirkung vorbehält (z. B. im Rahmen der Einräumung eines **Vorbehaltsnießbrauchs**). In diesem Fall sind die Erträge aus dem mit dem Vorbehaltsnießbrauch belasteten Stiftungsvermögen, soweit der Vorbehalt wirkt, nach den allgemeinen Grundsätzen der Einkünfteerzielung dem Stifter – und nicht der Stiftung – als eigene Einkünfte zuzurechnen, sodass es nicht zu einer Inanspruchnahme von Stiftungserträgen kommt (so auch Ihle in RNotZ 2009, Heft 12 S. 630; vgl. bereits unter Tz. 2.5.9.4).

2.8.6.3 Leistungen an den Stifter selbst oder seine nächsten Angehörigen

Das Gebot der Selbstlosigkeit darf von Stiftungen bei der Gewährung von Unterhalt und die Pflege des Andenkens nur in Bezug auf den Stifter selbst und seine nächsten Angehörigen durchbrochen werden. Dabei legt die Finanzverwaltung den **Begriff des „nächsten Angehörigen"** grundsätzlich eng aus. In AEAO Nr. 7 zu § 58 Nr. 6 AO (Anhang 1) ist ausdrücklich ausgeführt, dass der Begriff des nächsten Angehörigen enger ist als der Begriff der Angehörigen nach § 15 AO. Er umfasst danach:

– Ehegatten,
– Eltern, Großeltern, Kinder, Enkel (auch falls durch Adoption verbunden),
– Geschwister,
– Pflegeeltern, Pflegekinder.

Eine Ausweitung des Begriffs „nächster Angehöriger" ist aus meiner Sicht allenfalls in sehr eng zu bestimmenden Ausnahmefällen möglich (zur Ausweitung des Begriffs „nächster Angehöriger" siehe auch Schiffer in Der Fachanwalt für Erbrecht 2006 S. 51). Hier ist etwa an „Angehörigkeits-Verhältnisse" zu denken, die sich nach dem Lebenspartnerschaftsgesetz ergeben, oder an Personen, die gegenüber dem Stifter eine Position vergleichbar der eines Elternteils etc. eingenommen haben. Diese Entscheidung kann jedoch stets nur im Einzelfall getroffen werden und sollte zuvor mit dem örtlich zuständigen Finanzamt abgestimmt werden.

Die Regelungen des § 58 Nr. 6 AO können grundsätzlich auch in Bezug auf den **Zustifter und seine nächsten Angehörigen** angewendet werden. Dabei ist jedoch zu beachten, dass mögliche Unterhaltszahlungen etc. im Verhältnis zu den von ihm gestifteten Vermögenswerten/der Ertragskraft dieser Vermögenswerte betrachtet werden müssen (siehe dazu auch die nachstehenden Beispiele).

2.8.6.4 Unterstützungsleistungen bis zu einem Drittel des Einkommens der Stiftung

Der Einkommensbegriff des § 58 Nr. 6 AO ist identisch mit dem Einkommensbegriff des EStG. Dabei sind als Bemessungsgrundlage sowohl die steuerpflichtigen Einkommensbestandteile als auch die „steuerfreien" Einkommensbestandteile zu nennen. So sind neben dem Gewinn aus den steuerpflichtigen wirtschaftlichen Geschäftsbetrieben nach §§ 14, 64 AO auch die Gewinne/Überschüsse aus Zweckbetrieben (§§ 65 ff. AO) sowie der Überschuss aus der Vermögensverwaltung zu erfassen. Positive und negative Einkünfte sind zu saldieren. Etwaige Verlustverrechnungsbeschränkungen des EStG sind dabei zugunsten der Ermittlung der tatsächlichen Leistungsfähigkeit der Stiftung – mit Ausnahme der des § 15a EStG – unbeachtlich. Bei der Ermittlung sind von den Einnahmen die damit zusammenhängenden Aufwendungen einschließlich der Abschreibungsbeträge abzuziehen (AEAO Nr. 6 zu § 58 Nr. 6 AO, Anhang 1).

Zum Einkommen in diesem Sinne zählen hingegen Spendeneinnahmen oder Zuschüsse ebenso wenig wie etwa das Ausstattungsvermögen selbst. Auch scheiden solche Mittel aus, die in einer Rücklage nach § 62 Abs. 1 AO (bis 31.12.2013: § 58 Nr. 6 und 7 AO) angesammelt sind.

Um die Höhe der maximal zulässigen Zuwendungen zu bestimmen, ist grundsätzlich auf **das Einkommen des betreffenden Veranlagungszeitraums** abzustellen. Besondere Probleme können bei schwankenden Jahresergebnissen auftreten. Ich gehe jedoch davon aus, dass im Einzelfall die Finanzämter die Einkommensentwicklung über einen gewissen Zeitraum berücksichtigen werden.

2.8.6.5 Unterhaltsleistungen

Nach dem grundsätzlichen Verständnis des Begriffs „Unterhaltsleistungen" darf es sich dabei nur um Sach-, Dienst- oder Geldleistungen handeln, soweit sie für einen geordneten Lebensbedarf (Ernährung, Bekleidung, Unterkunft, Ausbildung, persönliche Bedürfnisse) erforderlich sind. Die Übertragung von Mitteln mit dem Ziel, dem Begünstigten einen Vermögensaufbau zu ermöglichen, ist unzulässig (kritisch hierzu siehe Schiffer, Der Fachanwalt für Erbrecht 2006 S. 51).

Gleichzeitig ist mit der Verwendung des Begriffs „Unterhalt" verbunden, dass bei der zu begünstigenden Person auch **tatsächlich ein Bedarf auf eine Hilfe beim laufenden Lebensunterhalt besteht**. Dieser ist immer (erst) dann gegeben, wenn die zu unterstützende Person nicht in der Lage ist, die oben angesprochenen Bedürfnisse aus eigenem Einkommen oder Vermögen oder auch auf der Grundlage eines bestehenden Unterhaltsanspruchs zu bestreiten (Grundgedanke des Subsidiaritätsprinzips). Maßgeblich sind dabei allerdings nicht die Grenzen, die zur Beurteilung der wirtschaftlichen Hilfsbedürftigkeit nach Maßgabe des § 53 Nr. 2 AO herangezogen werden. Vielmehr ist auf den individuellen Lebensstandard des Stifters sowie seiner nächsten Angehörigen zum Zeitpunkt der Stiftungsdotation abzustellen (vgl. AEAO Nr. 8 zu § 58 Nr. 6 AO), sodass ein Unterhaltsbedarf aus einer tatsächlichen Verschlechterung des Lebensstandards abzuleiten ist (siehe auch Emser in NWB 17/2014 S. 1288).

Die Zuwendungen der Stiftung können in diesen Fällen dazu dienen, die eigenen Einkünfte und Bezüge des Empfängers zu ergänzen, um ihn in die Lage zu versetzen, sein Leben in etwa in der Weise zu führen, wie es ihm möglich gewesen wäre, wenn er das Vermögen nicht auf die Stiftung übertragen hätte bzw. wie seine nächsten Angehörigen es andernfalls mithilfe des ererbten Vermögens hätten führen können.

Meines Erachtens ist mit Blick auf die mit dieser Regelung verfolgten Ziele (= Abfederung eines eventuellen Versorgungsrisikos für den Stifter und seine nächsten Angehörigen, da er sein Vermögen/Teile des Vermögens auf die Stiftung übertragen hat) bei der hier anzustellenden **Angemessenheitsprüfung** neben dem Lebensstandard des Stifters im Zeitpunkt der Dotation der Stiftung auch entscheidend auf die Höhe bzw. Ertragskraft des auf die Stiftung übertragenen Vermögens abzustellen. Diese Grundüberlegungen decken sich vom Ansatz her auch mit den Intentionen des Unterhaltsrechts (§§ 1601 ff. BGB), bei dem zur Bemessung von Unterhaltszahlungen grundsätzlich auch auf die Einkommens- und Vermögensverhältnisse des zum Unterhalt Verpflichteten abzustellen ist. Mit Schiffer in DStR 2003 S. 14 stimme ich dabei insoweit überein, dass die nach § 58 Nr. 6 AO als angemessen einzustufenden Beträge nicht aus der sog. Düsseldorfer Unterhaltstabelle abgelesen werden können. Die Grundüberlegungen des Unterhaltsrechts, wie sie in der Düsseldorfer Unterhaltstabelle ihren Niederschlag gefunden haben, sind jedoch auch hier zu berücksichtigen. Das betrifft also in erster Linie den Stifter selbst, seinen Ehegatten und diejenigen seiner Kinder, die im Zeitpunkt der Stiftungsdotation noch ohne eigene Lebensstellung sind und daher ihre Lebensstellung vom Stifter ableiten.

Ich gehe davon aus, dass die Finanzverwaltung bei der Angemessenheitsprüfung nach § 58 Nr. 6 AO keinen besonders engen Maßstab anlegen wird, sondern diese Frage mit dem richtigen Augenmaß betrachten wird. Dabei wird die Finanzverwaltung gerade auch zu berücksichtigen haben, ob bzw. in welchem Umfang der Stifter sich und seine nächsten Angehörigen („vorab") abgesichert hat (siehe oben unter Hinweis auf die Gestaltungsmöglichkeiten des Stifters).

Mit Kirchhain (a. a. O., S. 221) komme ich zu dem Ergebnis, dass die Gewährung von Unterhaltszahlungen, ohne die Bedürftigkeit zu überprüfen, auf die Vornahme von Gewinnausschüttungen hinausliefe, die sich bei optimierter Gestaltung von vornherein – zumindest annähernd – auf das gesamte Einkommensdrittel i. S. des § 58 Nr. 6 AO erstrecken würde.

> **Beispiel 1:**
>
> Der Stifter hat mit einer Dotation von 500.000 € wesentliche Teile seines Vermögens auf eine Stiftung übertragen. Die Stiftung hat das Stiftungskapital in festverzinslichen Anleihen angelegt und erzielt daraus eine Rendite von 6 % (= 30.000 €). Daneben verfügt die Stiftung über weitere Vermögenswerte, die aus einem Spendenaufruf, Zuschüssen etc. angesammelt wurden. Die Stiftung unterhält einen (erfolgreichen) Zweckbetrieb. Sie erzielt aus der Vermögensverwaltung (einschl. des Dotationsvermögens) und dem Zweckbetrieb jährlich ein Einkommen i. S. des § 58 Nr. 6 AO i. H. von 120.000 €.
>
> Der Stifter kann zunächst seinen Lebensbedarf durch eigene Einkünfte und Bezüge decken. Er hat bisher über ein jährliches Einkommen von etwa 100.000 € verfügt. Durch unvorhergesehene Ereignisse reduziert sich sein Einkommen später dauerhaft auf etwa 50.000 €. „Seine" Stiftung hat ihm zugesagt, ihn bei der Sicherung seines Lebensstandards zu unterstützen.
>
> Nach § 58 Nr. 6 AO dürfte die Stiftung den Stifter grundsätzlich max. mit bis zu 40.000 € (= 1/3 von 120.000 €) unterstützen. Dabei ist zu bemerken, dass dieser Betrag als solches nicht einmal ausreichen würde, den (bisherigen) Lebensstandard des Stifters aufrechtzuerhalten.

Die Stiftung konnte in dem betreffenden Jahr jedoch aus dem vom Stifter seinerzeit zugeführten Stiftungskapital von 500.000 € „lediglich" einen Überschuss i. H. von 30.000 € erzielen. Würde die Stiftung den Stifter tatsächlich mit 40.000 € unterstützen, würde sie letztlich (teilweise) Stiftungskapital an den Stifter zurückführen. Hier wäre zu fragen, ob insoweit nicht auch schon ein Verstoß gegen die Vermögensbindung (§ 55 Abs. 1 Nr. 4 AO) bewirkt würde.

Aber auch eine „Dauerunterstützung" des Stifters i. H. von 30.000 € wäre mit dem Gemeinnützigkeitsrecht unter Beachtung der o. a. Ausführungen nicht in Einklang zu bringen. Eine dauerhafte Unterstützung des Stifters kann m. E. allenfalls bis zu einer Höhe von 10.000 € (1/3 von 30.000 €) als unbedenklich eingestuft werden.

Eine einmalige Überschreitung des Betrages von 10.000 € halte ich in Ausnahmefällen für vertretbar, etwa wenn Unterstützungsleistungen an den Stifter z. B. zur Beseitigung eines vorübergehenden Sonderbedürfnisses erforderlich wären und der Stifter dies nicht aus eigenem Einkommen und/oder (verbliebenem) Vermögen abdecken könnte (Beispiel: Beseitigung von Unwetterschäden am Privathaus des Stifters).

Beispiel 2:

Der Stifter verfügt über erhebliches Vermögen. Seine Kinder haben eine hervorragende Ausbildung erhalten und erzielen im Rahmen der eigenen Berufstätigkeit überdurchschnittliche Gehälter. Zudem hat der Stifter auch bereits zu Lebzeiten erhebliches Vermögen auf die Kinder übertragen. Schließlich hat er verfügt, dass das ihm verbliebene Vermögen im Fall seines Todes auf eine steuerbegünstigte Stiftung übertragen wird.

Die Kinder (nächsten Angehörigen) verfügen dank des Einkommens aus der eigenen Berufstätigkeit sowie der Verwaltung des vom Vater zu Lebzeiten bereits auf sie übertragenen Vermögens über einen sehr hohen Lebensstandard.

Die steuerbegünstigte Stiftung erzielt aus dem zugewendeten Vermögen und den sonstigen Tätigkeiten ein erhebliches Einkommen, sodass sie grundsätzlich in der Lage wäre, im Rahmen der „1/3-Grenze" des § 58 Nr. 6 AO Unterstützungsleistungen an die Nachkommen des Stifters zu gewähren.

In einem solchen Fall halte ich jedoch eine Unterstützung der nächsten Angehörigen für nicht vereinbar mit dem Gemeinnützigkeitsrecht. Die notwendigen Aufwendungen für einen angemessenen Lebensunterhalt können die nächsten Angehörigen bereits aus eigenem Einkommen und Vermögen sicherstellen. Der im § 58 Nr. 6 AO enthaltene Grundsatz der Subsidiarität verbietet in diesem Fall die Leistung von „Unterhaltszahlungen".

Letztlich würde in einem vergleichbaren Fall nicht der Lebensunterhalt der nächsten Angehörigen durch eine entsprechende Unterstützung vonseiten der Stiftung gesichert werden. Den Angehörigen würden im Ergebnis eigene Unterhaltsaufwendungen erspart werden. Auf diese Weise würde sich im Ergebnis damit ihr Vermögen weiter steigern.

Die Stiftung würde in diesem Fall gegen das Begünstigungsverbot des § 55 Abs. 1 Nr. 3 AO verstoßen.

2.8.6.6 Regelung der Unterstützung in der Satzung

Es ist nicht gefordert, dass Unterhalt, Grabpflege und Ehrung des Andenkens in der Stiftungssatzung ausdrücklich durch eine Auflage festgelegt sind. Die Aufnahme einer **Regelung in die Satzung einer Stiftung,** die sich an dem Wortlaut des § 58 Nr. 6 AO orientiert, ist unschädlich. Häufig will der Stifter mit einer entsprechenden Regelung gleichzeitig auch die in der Praxis auftretenden Unsicherheiten hinsichtlich der Höhe eines von der Stiftung abzudeckenden angemessenen Unterhalts für sich und seine nächsten Angehörigen eindeutig regeln; einige Stiftungen haben deshalb folgende Formulierung in ihre Satzung aufgenommen:

Die Mittel der Stiftung dürfen nur für die satzungsmäßigen Zwecke verwendet werden. Die Stifterin/der Stifter und ihre/seine Erben/Rechtsnachfolger erhalten keine Zuwendungen aus Mitteln der Stiftung.

Die Stiftung darf allerdings einen Teil, jedoch höchstens ein Drittel ihres Einkommens, dazu verwenden, um in angemessener Weise den Stifter und seine nächsten Angehörigen zu unterhalten, ihre Gräber zu pflegen und ihr Andenken zu ehren.

Ein Stifter oder ein naher Angehöriger verfügt dann über keinen angemessenen Unterhalt, wenn seine Bezüge (§ 53 Nr. 2 AO) nicht höher sind als das Vierfache, beim Alleinstehenden oder Alleinerziehenden das Fünffache des Regelsatzes der Sozialhilfe (§ 28 SGB XII).

Da auch § 58 Nr. 6 AO keinen eigenständigen steuerbegünstigten Zweck begründet, erkennt die Finanzverwaltung eine Stiftung, die nur bedürftige Kinder und Kindeskinder des Stifters unterstützt und sich dabei auf § 58 Nr. 6 AO beruft, nicht als steuerbegünstigt an (siehe u. a. OFD Hannover vom 15.03.2000, DStZ 2000 S. 837, sowie AEAO Nr. 9 zu § 58 Nr. 6 AO, Anhang 1; vgl. auch Tz. 2.3.1).

2.8.6.7 Steuerpflichtige Einkünfte für Stifter

Die durch Zuwendungen i. S. des § 58 Nr. 6 AO begünstigten **natürlichen Personen erzielen insoweit steuerpflichtige Einkünfte.** Nach § 22 Nr. 1 Satz 2 Buchst. a EStG handelt es sich hier um Bezüge, die als solche freiwillig oder aufgrund einer freiwilligen Rechtspflicht gewährt werden. Sie unterliegen in voller Höhe der Einkommensteuer (§ 3 Nr. 40 Buchst. i EStG greift nur für Auskehrungen aus voll steuerpflichtigen Körperschaften). Der Begünstigte hat diese Bezüge als Einkünfte i. S. des § 22 EStG in seiner Einkommensteuererklärung anzugeben. Für die Stiftung besteht insoweit keine Verpflichtung zur Einbehaltung und Abführung von Kapitalertragsteuer (siehe auch Orth in DStR 2001 S. 325 und Schiffer in Der Fachanwalt für Erbrecht 2006 S. 51).

2.8.7 Gesellige Zusammenkünfte (§ 58 Nr. 7 AO)

Gesellige Veranstaltungen sind Veranstaltungen, die der Pflege der Geselligkeit, des Zusammengehörigkeitsgefühls und des besseren Kennenlernens der Mitglieder und deren Angehörigen sowie der Werbung neuer Mitglieder dienen. Gelegentliche gesellige Zusammenkünfte sind bei verschiedenen Körperschaften praktisch unvermeidbar (zur Förderung der Kameradschaft im Gemeinnützigkeitsrecht siehe auch zu Tz. 2.2.5). In § 58 Nr. 7 AO ist klargestellt, dass derartige Zusammenkünfte, die im Vergleich zur steuerbegünstigten Tätigkeit von **untergeordneter Bedeutung** sind, die Steuerbegünstigungen für die Körperschaft nicht ausschließen. Da es sich dem Grunde nach um eine gemeinnützigkeitsschädliche Tätigkeit handelt, die lediglich „geduldet" wird, dürfen die Körperschaften für derartige Zusammenkünfte grundsätzlich keine gemeinnützigkeitsrechtlich gebundenen Mittel verwenden. So ist z. B. die unentgeltliche Bereitstellung oder Überlassung von Speisen und Getränken durch den Verein anlässlich geselliger Veranstaltungen oder die Gewährung von „Zuschüssen" für einen Vereinsausflug grundsätzlich eine schädliche Mittelverwendung. Ist die gesellige Veranstaltung als steuerpflichtiger wirtschaftlicher Geschäftsbetrieb zu beurteilen, stellt eine verbilligte oder unentgeltliche Abgabe von Speisen und Getränken an die Vereinsmitglieder aus dem Geschäftsbetrieb ebenfalls einen Verstoß gegen die Selbstlosigkeit (§ 55 AO) dar. Die steuerbegünstigte Körperschaft darf entsprechende Aufwendungen (ausnahmsweise) insoweit tragen, als sie nach allgemeiner Verkehrsauffassung für die Betreuung von Mitgliedern üblich sind (siehe dazu im Einzelnen Tz. 2.5.5.6).

Die Pflege der Geselligkeit darf nur ein dem begünstigten Hauptzweck untergeordneter Nebenzweck sein. Nehmen die Geselligkeitsveranstaltungen dagegen einen Umfang an, der nicht mehr als von untergeordneter Bedeutung (nicht mehr als Nebenzweck) angesehen werden kann, also zumindest in tatsächlicher Hinsicht als einer der **Hauptzwecke** erscheint, sind steuerliche Vergünstigungen ausgeschlossen (AEAO Nr. 12 zu § 52 AO, Anhang 1).

Durch steuerlich unschädliche gesellige Zusammenkünfte werden Steuervergünstigungen für die Körperschaft als solche nicht ausgeschlossen. Werden bei derartigen Veranstaltungen Einnahmen erzielt (z. B. Eintrittsgelder erhoben oder die Bewirtung der Vereinsmitglieder und der Gäste gegen Entgelt von der Körperschaft durchgeführt), wird damit stets ein **steuerpflichtiger wirtschaftlicher Geschäftsbetrieb i. S. der §§ 14, 64 AO** begründet (siehe auch Tz. 2.14.4). Übersteigen die Einnahmen aus diesen Tätigkeiten zusammen mit den Einnahmen aus anderen steuerpflichtigen wirtschaftlichen Geschäftsbetrieben insgesamt nicht 35.000 Euro, wird Körperschaft- und Gewerbesteuer nicht erhoben (§ 64 Abs. 3 AO; hierzu im Einzelnen Tz. 2.14.6; zur Umsatzsteuer siehe Tz. 4.5).

Zu den Einnahmen aus einer geselligen (Fest-)Veranstaltung gehören auch Einnahmen aus dem **Verkauf von Festschriften** (ohne Anzeigengeschäft), von **Festabzeichen** sowie Einnahmen aus der **Durchführung von Tombolas** (siehe auch BFH vom 04.03.1976 IV R 189/71, BStBl 1976 II S. 472).

2.8.8 Förderung des bezahlten Sports (§ 58 Nr. 8 AO)

Der Gesetzgeber hat in § 58 Nr. 8 AO durch das Vereinsförderungsgesetz vom 18.12.1989 (BStBl 1989 I S. 499) zum Ausdruck gebracht, dass neben der Förderung des (unbezahlten) Sports i. S. des § 52 Abs. 2 Nr. 21 AO (Tz. 2.2.6) grundsätzlich auch der bezahlte Sport steuerunschädlich betrieben werden darf (zur Begriffsbestimmung des bezahlten und unbezahlten Sports vgl. Tz. 2.18.6.1). Die Aufnahme dieser Bestimmung in den Katalog des § 58 AO war im Hinblick auf § 67a Abs. 1 AO erforderlich. Sie wirkt auch nur in Bezug auf sportliche Veranstaltungen, die als Zweckbetriebe i. S. des § 67a Abs. 1 AO (Einnahmen der Veranstaltungen müssen unter 45.000 Euro – bis 31.12.2012: 35.000 Euro – liegen) zu beurteilen sind. Aufwendungen, die einem Sportverein für den bezahlten Sport im Rahmen von Veranstaltungen entstehen, die nach Maßgabe des § 67a Abs. 1 oder Abs. 3 AO als steuerpflichtige wirtschaftliche Geschäftsbetriebe zu behandeln sind, sind nach den allgemeinen gemeinnützigkeitsrechtlichen Grundsätzen zur Beurteilung von steuerpflichtigen wirtschaftlichen Geschäftsbetrieben zu behandeln. Das bedeutet z. B., dass steuerpflichtige sportliche Veranstaltungen, die zusammen mit übrigen steuerpflichtigen Aktivitäten auf Dauer mit Verlusten abschließen, zur Gefährdung der Gemeinnützigkeit führen (siehe dazu insbesondere Tz. 2.14.7).

Die Förderung des bezahlten Sports ist nur neben der Förderung des unbezahlten Sports als gemeinnützigkeitsunschädliche Tätigkeit **möglich.** Die Förderung des Amateursports muss im Vordergrund des Wirkens des jeweiligen Sportvereins stehen. Der bezahlte Sport kann allenfalls als Nebenzweck betrieben werden. Sind sportliche Veranstaltungen nach § 67a Abs. 1 AO wegen Unterschreitens der Zweckbetriebsgrenze als Zweckbetriebe einzustufen, dürfen auch bezahlte Sportler (siehe dazu § 67a AO, Tz. 2.18) steuerunschädlich mit ideellen Mitteln (§ 55 AO) bezahlt werden (die Abdeckung von Verlusten sportlicher „Zweckbetriebsveranstaltungen" nach § 67a Abs. 1 AO durch ideelle Mittel gefährdet nicht die Gemeinnützigkeit des Sportvereins). Der gemeinnützige Sportverein darf also im

Rahmen eines solchen Zweckbetriebs auch gemeinnützigkeitsrechtlich gebundene Mittel zur Förderung des bezahlten Sports einsetzen. Verzichtet der Sportverein auf die Anwendung des § 67a Abs. 1 AO oder sind die Grenzen des § 67a Abs. 1 AO überschritten, ist die Gemeinnützigkeit nur dann nicht gefährdet, wenn die Vergütungen oder anderen Vorteile an die bezahlten Sportler aus den steuerpflichtigen wirtschaftlichen Geschäftsbetrieben oder von Dritten geleistet werden.

2.8.9 Zuschüsse an Wirtschaftsunternehmen (§ 58 Nr. 9 AO)

Die von Gebietskörperschaften (Bund, Länder, Gemeinden) gegründeten steuerbegünstigten Stiftungen verwirklichen ihre satzungsmäßigen Zwecke vielfach dadurch, dass sie an Unternehmen **Zuschüsse für bestimmte Forschungs- und Entwicklungsarbeiten** vergeben. Durch die Regelung des § 58 Nr. 9 AO wird erreicht, dass diese Stiftungen ihre Mittel auch dann ohne Gefährdung ihrer Gemeinnützigkeit vergeben können, wenn die geförderten Unternehmen nicht Hilfspersonen der Stiftungen (§ 57 Abs. 1 Satz 2 AO) sind. Die mittelbare Zweckverwirklichung muss in der Satzung der betreffenden Stiftung festgelegt sein. Die Verwendung der Zuschüsse durch die Wirtschaftsunternehmen muss von der Stiftung nachgewiesen werden (AEAO Nr. 20 zu § 58 Nr. 9 AO, Anhang 1). Ebenso muss die Stiftung etwa durch Bindung entsprechender Auflagen an die überlassenen Mittel sicherstellen, dass die mit den überlassenen Mitteln erzielten Forschungsergebnisse der Allgemeinheit unter den üblichen Bedingungen zugänglich gemacht werden. Zur Auftragsforschung als Zweckbetrieb siehe § 68 Nr. 9 AO, Tz. 2.19.10; zur Besteuerung der öffentlich geförderten Forschungseinrichtungen siehe auch Thiel (DB 1996 S. 1944) und Strahl (FR 2006 S. 1012).

2.8.10 Erwerb von Gesellschaftsrechten (§ 58 Nr. 10 AO)

Nach § 58 Nr. 10 AO wird die Steuervergünstigung nicht dadurch ausgeschlossen, dass eine Körperschaft Mittel im Jahr ihres Zuflusses zum Erwerb von Gesellschaftsrechten zur Erhaltung der prozentualen Beteiligung an Kapitalgesellschaften verwendet. Auf die Herkunft der Mittel kommt es dabei nicht an (siehe AEAO Nr. 12 zu § 58 Nr. 10 AO, Anhang 1).

Eine etwaige Mittelverwendung kommt lediglich für den Fall einer **Kapitalerhöhung,** an welcher die beteiligte Körperschaft in dem Umfang ihrer bisherigen Beteiligungsquote teilnimmt, in Betracht, nicht aber für die erstmalige Anschaffung von Anteilen an einer Kapitalgesellschaft.

Eine Mittelverwendung i. S. des § 58 Nr. 10 AO mindert die Höhe des Rücklagepotenzials nach § 62 Abs. 1 Nr. 3 AO (bis 31.12.2013: § 58 Nr. 7 Buchst. a AO). Gleiches gilt für die Bildung einer Rücklage zum Erwerb von Gesellschaftsrechten zur Erhaltung der prozentualen Beteiligung an Kapitalgesellschaften nach § 62 Abs. 1 Nr. 4 AO (bis 31.12.2013: § 58 Nr. 7 Buchst. b AO; siehe auch Tz. 2.13.2.2). Übersteigen die nach § 58 Nr. 10 AO verwendeten bzw. nach § 62 Abs. 1 Nr. 4 AO zurückgelegten Mittel die Höchstgrenze zur Bildung einer freien Rücklage nach § 62 Abs. 1 Nr. 3 AO desselben Jahres, wird der übersteigende Betrag auf das Rücklagepotenzial zukünftiger freier Rücklagen nach § 62 Abs. 1 Nr. 3 AO angerechnet (vgl. dazu das Berechnungsbeispiel im AEAO Nr. 12 zu § 58 Nr. 10 AO bzw. Nr. 13 zu § 62 Abs. 1 Nr. 4 AO).

2 Erläuterung der Bestimmungen des Abschnitts „Steuerbegünstigte Zwecke" in der AO

2.9 § 59 AO: Voraussetzung der Steuervergünstigung

> Die Steuervergünstigung wird gewährt, wenn sich aus der Satzung, dem Stiftungsgeschäft oder der sonstigen Verfassung (Satzung im Sinne dieser Vorschriften) ergibt, welchen Zweck die Körperschaft verfolgt, dass dieser Zweck den Anforderungen der §§ 52 bis 55 entspricht und dass er ausschließlich und unmittelbar verfolgt wird; die tatsächliche Geschäftsführung muss diesen Satzungsbestimmungen entsprechen.

Die in den einzelnen Steuergesetzen geregelten Steuervergünstigungen können nur gewährt werden, wenn die **satzungsmäßigen Voraussetzungen** dafür erfüllt sind. Ein besonderes Anerkennungsverfahren ist nicht vorgesehen (vgl. auch Tz. 4.1.2.1). Ob die Körperschaft begünstigt ist, entscheidet das Finanzamt grundsätzlich bezüglich jeder Steuerart gesondert im jeweiligen Veranlagungsverfahren durch Steuerbescheid (ggf. Freistellungsbescheid).

2.9.1 Satzung i. S. des § 59 AO

Unter **Satzung im Sinne dieser Vorschriften ist** die Satzung nach § 25 BGB (bei Vereinen), das Stiftungsgeschäft nebst Stiftungssatzung sowie eine sonstige Verfassung (z. B. der Gesellschaftsvertrag einer GmbH) zu verstehen. Bei Betrieben gewerblicher Art juristischer Personen des öffentlichen Rechts (§ 1 Abs. 1 Nr. 6 KStG) muss die sie tragende Körperschaft die Verfassung des Betriebs gewerblicher Art konkret festlegen (BFH vom 31.10.1984 I R 21/81, BStBl 1985 II S. 162). Unterhält eine juristische Person des öffentlichen Rechts mehrere Betriebe gewerblicher Art, ist für **jeden Betrieb** eine **eigene** Satzung erforderlich (AEAO Nr. 2 zu § 59 AO, Anhang 1).

Aus der Satzung muss direkt hervorgehen,

- welchen Zweck die Körperschaft erfüllt,
- dass es sich um einen gemeinnützigen, mildtätigen oder kirchlichen Zweck handelt und
- dass der Zweck selbstlos, ausschließlich und unmittelbar verfolgt wird.

Der Gesetzgeber fordert von jeder Körperschaft, die als steuerbegünstigt anerkannt werden will, dass diese sich in ihrer Satzung ausdrücklich zur unmittelbaren und ausschließlichen Förderung der steuerbegünstigten Zwecke verpflichtet, also in diesem Punkt die **Festlegungen der Mustersatzung,** wie sie sich aus der Anlage 1 zu § 60 AO ergeben, übernimmt (zur Übernahme der Festlegungen der Mustersatzung siehe auch Tz. 2.10.2).

Der Gesetzgeber hat dazu mit Wirkung vom 01.01.2009 in § 60 Abs. 1 Satz 2 AO (eingefügt durch das JStG 2009) durch Bezug auf die Mustersatzung bestimmt, dass die Satzung Festlegungen für die „Auflösung oder Aufhebung der Körperschaft oder den Wegfall der steuerbegünstigten Zwecke" sowie die unmittelbare und ausschließliche Verwirklichung der Satzungszwecke **enthalten muss.** Daraus folgt nicht, dass vor dem 01.01.2009 etwa die Regelungen des § 61 AO zur Vermögensbindung unverbindlich waren. Vielmehr sollte durch die Gesetzesänderung (strenger als nach dem BFH-Beschluss vom 14.07.2004 I R 94/02, BStBl 2005 II S. 721) klargestellt werden, dass die formelle Satzungsmäßigkeit nur bei Vorhandensein einer Vermögensbindung unter Verwendung der Begrifflichkeiten „ausschließlich und unmittelbar" bestätigt werden kann.

2.9 § 59 AO: Voraussetzung der Steuervergünstigung

Die Verwendung z. B. lediglich des Wortes „gemeinnützig" in der Satzung reicht allein nicht aus (BFH vom 20.07.1988 I R 244/83, BFH/NV 1989 S. 479).

Das Unterhalten wirtschaftlicher Geschäftsbetriebe (§§ 14, 64 AO, Tz. 2.14), die keine Zweckbetriebe (§§ 65 bis 68 AO) sind, und die Vermögensverwaltung (Tz. 2.14.3) dürfen nicht als Satzungszweck benannt sein (AEAO Nr. 1 zu § 59 AO, Anhang 1).

In seinem Urteil vom 18.12.2002 (I R 15/02, BStBl 2003 II S. 384) hat sich jedoch der BFH dahingehend geäußert, dass die Steuervergünstigung nicht allein deshalb versagt werden könne, weil die Satzung einer gemeinnützigen Körperschaft (außerhalb der Ausführungen zum steuerbegünstigten Satzungszweck) das Unterhalten eines Nichtzweckbetriebs sowie vermögensverwaltende Tätigkeiten erlaube. Die **Benennung von Nichtzweckbetrieben oder vermögensverwaltender Aktivitäten in der Satzung** darf jedoch nie in der Weise erfolgen, dass damit eine Erweiterung des eigentlichen (steuerbegünstigten) Satzungszwecks zum Ausdruck gebracht wird (siehe hierzu weiterführend in Tz. 2.6 und 2.10.1).

Hinweis: Zur Vermeidung von unnötigen steuerlichen Risiken ist es daher empfehlenswert, auf die Aufnahme von Festlegungen zur Unterhaltung von steuerpflichtigen wirtschaftlichen Geschäftsbetrieben oder von Maßnahmen der Vermögensverwaltung zu verzichten.

Auf die den gesetzlichen Anforderungen entsprechende Satzung kann nicht verzichtet werden (siehe auch BFH vom 31.10.1984 I R 21/81, BStBl 1985 II S. 162, und vom 20.07.1988 I R 244/83, BFH/NV 1989 S. 479). Dies bedeutet auch keinen Formalismus, den die Finanzverwaltung zu vertreten hat (OFH vom 18.04.1946, FR 1946 S. 66).

Nach der Rechtsprechung des BFH hat die gesetzlich vorgeschriebene Festlegung der künftigen Vermögensverwendung die Funktion eines Buchnachweises (vgl. z. B. BFH-Urteil vom 23.07.2009 V R 20/08, BStBl 2010 II S. 719 m. w. N.). Fehlerhafte Satzungsbestimmungen können daher weder durch außerhalb der Satzung getroffene Vereinbarungen noch durch Regelungen in anderen Satzungen ergänzt werden. Ohne Bedeutung ist auch eine den steuerbegünstigten Zwecken tatsächlich entsprechende Geschäftsführung des Vereins (BFH-Urteil vom 21.07.1999 I R 2/98, BFH/NV 2000 S. 297), denn die Berücksichtigung außerhalb der Satzung liegender Begleitumstände oder des nicht in der Satzung manifestierten Willens der Mitglieder würde dem Gebot des Buchnachweises widersprechen (BFH-Beschluss vom 03.09.1999 I B 75/98, BFH/NV 2000 S. 301). Daher müssen Regelungen über die Vermögensbindung sowohl bei Auflösung oder Aufhebung der Körperschaft oder bei Wegfall ihres steuerbegünstigten Zwecks in der Satzung selbst getroffen werden (ebenso Leisner-Egensperger in H/H/Sp, Rz. 4 zu § 61 AO).

Die aus gemeinnützigkeitsrechtlicher Sicht zwingend in eine Satzung aufzunehmenden Bestandteile sind in der Anlage 1 zu § 60 AO (Anhang 5) festgelegt (Mustersatzung; kritisch zu einer Forderung, die Formulierungen der Mustersatzung stets wörtlich übernehmen zu müssen, Ullrich in DStR 2009 S. 2471). Es empfiehlt sich, bei der Abfassung einer neuen Satzung oder bei Änderung einer bestehenden Satzung sich weitestgehend wortgetreu an diesen Formulierungen zu orientieren und vor abschließender Beschlussfassung den **Satzungsentwurf mit dem örtlich zuständigen Finanzamt abzustimmen** (siehe auch unter Tz. 2.10).

2.9.2 Vertrauensschutz bei geprüfter Satzung

Hat das zuständige Finanzamt die Satzung einer Körperschaft zunächst einmal mittels eines positiven Bescheides über die Feststellung der satzungsmäßigen Voraussetzungen nach § 60a AO (siehe Tz. 2.11) bzw. vor Inkrafttreten des § 60a AO durch das Ehrenamtsstärkungsgesetz vom 21.03.2013 (BGBl 2013 I S. 556) mit Wirkung zum 29.03.2013 durch Ausstellung einer vorläufigen Bescheinigung bzw. im Rahmen des Veranlagungsverfahrens durch Erteilung eines Freistellungsbescheides „anerkannt" und stellt es bei einer späteren Überprüfung gleichwohl Satzungsmängel fest, wird das Finanzamt aus dieser Feststellung aus Vertrauensschutzgründen grundsätzlich keine nachteiligen Folgerungen für die abgelaufenen Veranlagungszeiträume ziehen. Denn der Körperschaft ist nach einer Anweisung in AEAO Nr. 4 zu § 59 AO (Anhang 1) trotz einer ggf. fehlerhaften Satzung für abgelaufene Veranlagungszeiträume und für das Kalenderjahr, in dem die Satzung beanstandet wurde, als steuerbegünstigt zu behandeln. Das gilt nicht, wenn bei der tatsächlichen Geschäftsführung gegen die Vorschriften des Gemeinnützigkeitsrechts verstoßen wurde.

In diesen Fällen sieht die Regelung im AEAO die Erteilung von Auflagen mit angemessener Fristsetzung durch das zuständige Finanzamt zur Änderung der Satzung vor. Es ist jedoch zu beachten, dass die im AEAO festgeschriebene **Vertrauensschutzregelung nur die Verwaltung bindet.** Die Finanzgerichte können in einem Rechtsstreit die Satzungsmängel gleichwohl aufgreifen und die Gemeinnützigkeit der Körperschaft allein wegen festgestellter Satzungsmängel in Frage stellen (siehe z. B. BFH vom 25.01.2005 I R 52/03, BStBl 2005 II S. 514 – Versagung der Steuerbegünstigung wegen Mängeln bei der Vermögensbindung, und vom 23.07.2009 V R 20/08, BStBl 2010 II S. 719).

2.9.3 Einzelfragen zur Satzung

Für jedes steuerrechtlich selbständige Gebilde ist eine Satzung erforderlich. Regionale Untergliederungen von **(Groß-)Vereinen** können selbständige Steuersubjekte sein (siehe dazu und zu den Anforderungen an die jeweilige Satzung die Ausführungen zu § 51 AO unter Tz. 2.1.2.3). Privatrechtliche Körperschaften, die mehrere steuerbegünstigte Anstalten oder Einrichtungen betreiben (die als solche keine selbständigen Steuersubjekte sind), haben nur eine Satzung aufzustellen. Juristische Personen des öffentlichen Rechts müssen dagegen für jeden ihrer Betriebe gewerblicher Art (Anstalten, Einrichtungen, Stiftungen) eine Satzung aufstellen, sofern dafür steuerliche Vergünstigungen begehrt werden (BFH vom 31.10.1984 I R 21/81, BStBl 1985 II S. 162).

Wird eine noch zu errichtende Stiftung durch letztwillige Verfügung als Erbin eingesetzt, so wirkt die den gemeinnützigkeitsrechtlichen Vorschriften entsprechende Satzung nicht nur zivilrechtlich (§ 84 BGB), sondern auch steuerrechtlich auf den Tag nach dem Todestag des Stifters zurück. Die Steuerbefreiung erstreckt sich damit auch auf die durch das zunächst unselbständige Zweckvermögen erzielten Einkünfte (FG Düsseldorf vom 20.03.2003, EFG 2003 S. 895).

Neben den Anforderungen an die Satzung ist im § 59 AO auch bestimmt, dass die **tatsächliche Geschäftsführung den Satzungsbestimmungen entsprechen muss.** Die tatsächliche Geschäftsführung muss sich also im Rahmen der satzungsmäßig festgelegten Zwecke halten. Es reicht nicht aus, dass durch die tatsächliche Geschäftsführung zwar auch an sich steuerbegünstigte Zwecke verwirklicht werden. Die tatsächliche Betätigung muss den in der Satzung besonders herausgestellten Zwecken entsprechen. Eine Körperschaft, die in tatsächlicher Hinsicht über den Satzungszweck hinaus im steuerbegünstigten Bereich tätig wird (einen weiteren an sich steuerbegünstigten Hauptzweck verfolgt), läuft Gefahr, die Steuervergünstigungen einzubüßen. Wenn der Zweck einer Körperschaft nach der Satzung z. B. auf die Unterhaltung eines Kindergartens gerichtet ist und die Körperschaft in späterer Zeit daneben oder anstelle des Kindergartens ein Altenheim betreiben würde, so bestände zwischen **Satzung und tatsächlicher Geschäftsführung** nicht mehr die notwendige **Übereinstimmung**. Um die Steuervergünstigungen auch weiterhin zu erhalten, müsste die Satzung der tatsächlichen Geschäftsführung angepasst werden.

Ist eine Tätigkeit zum Satzungszweck erklärt, die **nicht** zu den steuerbegünstigten Zwecken i. S. der §§ 52 bis 54 AO gehört, kann der Körperschaft insgesamt die Gemeinnützigkeit nicht zuerkannt werden (siehe BFH vom 28.11.1990 I R 38/86, BFH/NV 1992 S. 90 m. w. N.).

Die tatsächliche Geschäftsführung kann auch dann noch auf die Erfüllung eines gemeinnützigen Zwecks gerichtet sein, wenn die Erfüllung längere Zeit durch außergewöhnliche, nicht von der Körperschaft zu beeinflussende Umstände verhindert wird (BFH vom 11.12.1974 I R 104/73, BStBl 1975 II S. 458; siehe auch BFH vom 15.07.1998 I R 156/94, BStBl 2002 II S. 162).

Zur verfahrensmäßigen Behandlung (kein besonderes Anerkennungsverfahren, Veranlagung, Feststellung über die Einhaltung der satzungsmäßigen Voraussetzungen nach § 60a AO u. a.) Hinweis auf Tz. 1.1 und 4.1.2.1.

2.10 § 60 AO: Anforderungen an die Satzung

(1) ₁Die Satzungszwecke und die Art ihrer Verwirklichung müssen so genau bestimmt sein, dass auf Grund der Satzung geprüft werden kann, ob die satzungsmäßigen Voraussetzungen für Steuervergünstigungen gegeben sind. ₂Die Satzung muss die in der Anlage 1 bezeichneten Festlegungen enthalten.

(2) Die Satzung muss den vorgeschriebenen Erfordernissen bei der Körperschaftsteuer und bei der Gewerbesteuer während des ganzen Veranlagungs- oder Bemessungszeitraums, bei den anderen Steuern im Zeitpunkt der Entstehung der Steuer entsprechen.

Anlage 1 (zu § 60)

Mustersatzung

für Vereine, Stiftungen, Betriebe gewerblicher Art
von juristischen Personen des öffentlichen Rechts,
geistliche Genossenschaften und Kapitalgesellschaften

(nur aus steuerlichen Gründen notwendige Bestimmungen)

§ 1

Der – Die – ... (Körperschaft) mit Sitz in ... verfolgt ausschließlich und unmittelbar – gemeinnützige – mildtätige – kirchliche – Zwecke (nicht verfolgte Zwecke streichen) im Sinne des Abschnitts „Steuerbegünstigte Zwecke" der Abgabenordnung.

Zweck der Körperschaft ist ... (z. B. die Förderung von Wissenschaft und Forschung, Jugend und Altenhilfe, Erziehung, Volks- und Berufsbildung, Kunst und Kultur, Landschaftspflege, Umweltschutz, des öffentlichen Gesundheitswesens, des Sports, Unterstützung hilfsbedürftiger Personen).

Der Satzungszweck wird verwirklicht insbesondere durch . . . (z. B. Durchführung wissenschaftlicher Veranstaltungen und Forschungsvorhaben, Vergabe von Forschungsaufträgen, Unterhaltung einer Schule, einer Erziehungsberatungsstelle, Pflege von Kunstsammlungen, Pflege des Liedgutes und des Chorgesanges, Errichtung von Naturschutzgebieten, Unterhaltung eines Kindergartens, Kinder-, Jugendheimes, Unterhaltung eines Altenheimes, eines Erholungsheimes, Bekämpfung des Drogenmissbrauchs, des Lärms, Förderung sportlicher Übungen und Leistungen).

§ 2

Die Körperschaft ist selbstlos tätig; sie verfolgt nicht in erster Linie eigenwirtschaftliche Zwecke.

§ 3

Mittel der Körperschaft dürfen nur für die satzungsmäßigen Zwecke verwendet werden. Die Mitglieder erhalten keine Zuwendungen aus Mitteln der Körperschaft.

§ 4

Es darf keine Person durch Ausgaben, die dem Zweck der Körperschaft fremd sind, oder durch unverhältnismäßig hohe Vergütungen begünstigt werden.

§ 5

Bei Auflösung oder Aufhebung der Körperschaft oder bei Wegfall steuerbegünstigter Zwecke fällt das Vermögen der Körperschaft

1. an – den – die – das – . . . (Bezeichnung einer juristischen Person des öffentlichen Rechts oder einer anderen steuerbegünstigten Körperschaft), – der – die – das – es unmittelbar und ausschließlich für gemeinnützige, mildtätige oder kirchliche Zwecke zu verwenden hat.

oder

2. an eine juristische Person des öffentlichen Rechts oder eine andere steuerbegünstigte Körperschaft zwecks Verwendung für . . . (Angabe eines bestimmten gemeinnützigen, mildtätigen oder kirchlichen Zwecks, z. B. Förderung von Wissenschaft und Forschung, Erziehung, Volks- und Berufsbildung, der Unterstützung von Personen, die im Sinne von § 53 der Abgabenordnung wegen . . . bedürftig sind, Unterhaltung des Gotteshauses in . . .).

Weitere Hinweise

Bei Betrieben gewerblicher Art von juristischen Personen des öffentlichen Rechts, bei den von einer juristischen Person des öffentlichen Rechts verwalteten unselbständigen Stiftungen und bei geistlichen Genossenschaften (Orden, Kongregationen) ist folgende Bestimmung aufzunehmen:

§ 3 Abs. 2:

„Der – die – das . . . erhält bei Auflösung oder Aufhebung der Körperschaft oder bei Wegfall steuerbegünstigter Zwecke nicht mehr als – seine – ihre – eingezahlten Kapitalanteile und den gemeinen Wert seiner – ihrer – geleisteten Sacheinlagen zurück."

Bei Stiftungen ist diese Bestimmung nur erforderlich, wenn die Satzung dem Stifter einen Anspruch auf Rückgewähr von Vermögen einräumt. Fehlt die Regelung, wird das eingebrachte Vermögen wie das übrige Vermögen behandelt.

Bei Kapitalgesellschaften sind folgende ergänzende Bestimmungen in die Satzung aufzunehmen:

1. § 3 Abs. 1 Satz 2:

    „Die Gesellschafter dürfen keine Gewinnanteile und auch keine sonstigen Zuwendungen aus Mitteln der Körperschaft erhalten."

2. § 3 Abs. 2:

2.10 § 60 AO: Anforderungen an die Satzung

„Sie erhalten bei ihrem Ausscheiden oder bei Auflösung der Körperschaft oder bei Wegfall steuerbegünstigter Zwecke nicht mehr als ihre eingezahlten Kapitalanteile und den gemeinen Wert ihrer geleisteten Sacheinlagen zurück."

3. § 5:

„Bei Auflösung der Körperschaft oder bei Wegfall steuerbegünstigter Zwecke fällt das Vermögen der Körperschaft, soweit es die eingezahlten Kapitalanteile der Gesellschafter und den gemeinen Wert der von den Gesellschaftern geleisteten Sacheinlagen übersteigt, ...".

§ 3 Abs. 2 und der Satzteil „soweit es die eingezahlten Kapitalanteile der Gesellschafter und den gemeinen Wert der von den Gesellschaftern geleisteten Sacheinlagen übersteigt," in § 5 sind nur erforderlich, wenn die Satzung einen Anspruch auf Rückgewähr von Vermögen einräumt.

Aufgrund der Satzung muss geprüft werden können, ob die Voraussetzungen für Steuervergünstigungen erfüllt sind. Daraus ergibt sich, dass der **verfolgte Zweck** (eventuell mehrere verfolgte Zwecke) und die **Art der Verwirklichung** in der **Satzung genau zu bestimmen** sind. Diese Festschreibung hat die Funktion eines Buchnachweises (BFH vom 13.08.1997 I R 19/96, BStBl 1997 II S. 794, und vom 23.07.2009 V R 20/08, DB 2009 S. 2245).

2.10.1 Gesetzliche Vorgaben für die Satzung

Es genügt nicht, nur anzugeben, dass gemeinnützige, mildtätige oder kirchliche Zwecke verfolgt werden (die Selbsteinschätzung als gemeinnützig reicht nicht aus, FG Hamburg vom 08.07.1988, EFG 1989 S. 32). Der Zweck muss vielmehr genau bezeichnet werden (z. B. Förderung des Sports, der Forschung, des Denkmalschutzes). Daneben muss die Satzung genaue Angaben über die Art der Verwirklichung des herausgestellten Zwecks enthalten (siehe BFH vom 20.07.1988 I R 244/83, BFH/NV 1989 S. 479, und vom 23.10.1991 I R 19/91, BStBl 1992 II S. 62 – z. B. Unterhaltung eines Kindergartens, Pflege des Liedgutes und des Chorgesanges, Sammlung von Mitteln für den Bau eines Schwimmbades, Durchführung von Vortrags- und Informationsveranstaltungen; auch das Tätigwerden als Hilfsperson i. S. des § 57 Abs. 1 Satz 2 AO kommt als Variante der Zweckverwirklichung in Betracht, wenn die Körperschaft ihren Beitrag in Erfüllung der eigenen Satzungszwecke selbständig und eigenverantwortlich erbringt (vgl. BFH-Urteile vom 17.02.2010 I R 2/08, BStBl 2010 II S. 1006, sowie vom 27.11.2013 I R 17/12, BFHE 244 S. 194). Dabei wird die genaue Bezeichnung der Art und Weise der Verwirklichung, der Wege und Ziele, durch die die in der Satzung festgelegten Zwecke erreicht werden sollen, umso bedeutungsvoller, je allgemeiner und unbestimmter die Zwecke bezeichnet sind (siehe FG Rheinland-Pfalz vom 11.10.1993, EFG 1994 S. 594, und BFH vom 26.02.1992 I R 47/89, BFH/NV 1992 S. 695, sowie Gmach, FR 1995 S. 91).

Hinweis: Aus Gründen der Eindeutigkeit ist es empfehlenswert, bei der Benennung der geförderten Zwecke (insbesondere vor dem Hintergrund der Vielzahl von Zwecken, die der Katalog des § 52 Abs. 2 AO aufführt) die einschlägigen Zwecke unter **Verwendung des Gesetzeswortlautes** *(z. B. Förderung des Wohlfahrtswesens, Förderung der Heimatpflege und Heimatkunde) zu benennen.*

Auf diese Weise kann eine Kompatibilität zwischen der Satzung und den im Rahmen der tatsächlichen Geschäftsführung auszustellenden Zuwendungsbestätigungen (§ 50 EStDV) sichergestellt werden.

2 Erläuterung der Bestimmungen des Abschnitts „Steuerbegünstigte Zwecke" in der AO

Die für den Satzungszweck und dessen Prüfung wesentlichen Elemente müssen innerhalb der Satzung festgelegt werden. Sie dürfen ihrem Inhalt nach nicht unbestimmt sein und dauernden Änderungen unterliegen (siehe BFH vom 09.07.1986 I R 14/82, BFH/NV 1987 S. 632). Auch die bloße **Bezugnahme auf Satzungen** oder Regelungen Dritter (z. B. eines Dachverbandes) genügt nicht. Seine insoweit enge Haltung hat der BFH mit seinem Urteilen vom 15.12.1993 II R 44/89 (BFH/NV 1994 S. 768) und vom 23.07.2009 V R 20/08 (BStBl 2010 II S. 719) bestätigt; zu ADAC-Motorsportclubs siehe BFH vom 05.08.1992 (X R 165/88, BStBl 1992 II S. 1048), zu Scientology-Organisationen siehe FG Münster vom 25.05.1994 (EFG 1994 S. 810), zu regionalen Untergliederungen siehe Tz. 2.1.2.3 zu § 51 AO (FG München vom 29.02.1996, EFG 1996 S. 938 betr. eine klösterliche Lebensgemeinschaft).

Bei Verfolgung steuerbegünstigter Zwecke muss bereits aufgrund der Satzung beurteilt werden können, ob eine Förderung der Allgemeinheit beabsichtigt ist; es muss auf den **Kreis der zu fördernden Personen** geschlossen werden können. Mildtätige Körperschaften müssen in der Satzung zum Ausdruck bringen, dass der Zweck darauf gerichtet ist, Personen i. S. des § 53 AO, die infolge ihres körperlichen, geistigen oder seelischen Zustandes oder aus wirtschaftlichen Gründen der Hilfe bedürfen, zu unterstützen.

Es genügt grundsätzlich, dass die sog. formelle Satzungsmäßigkeit aufgrund einer **Auslegung der gesamten Satzungsbestimmungen** als gegeben angesehen wird (siehe BFH vom 13.12.1978 I R 39/78, BStBl 1979 II S. 482, vom 20.07.1988 I R 244/83, BFH/NV 1989 S. 479, vom 29.08.1984 I R 203/81, BStBl 1984 II S. 844, und vom 11.06.2001 I B 30/01, BFH/NV 2001 S. 1223 m. w. N.). Zugunsten der Vereinfachung des Verfahrens zur Satzungsprüfung (siehe auch Tz. 2.11) sei allerdings auf die Empfehlung im o. g. Hinweis verwiesen.

Hinweise in der Satzung auf die Pflege vereinsinterner Geselligkeit sind unbedenklich, wenn es sich um einen satzungsmäßigen Nebenzweck handelt, dem auch tatsächlich nur untergeordnete Bedeutung zukommt (vgl. auch Tz. 2.8.8 und BFH vom 11.03.1999 V R 57, 58/96, BStBl 1999 II S. 331).

Ein Verein, der nach seiner Satzung neben steuerbegünstigten Zwecken auch **nicht steuerbegünstigte Tätigkeiten** (Vermögensverwaltung sowie das Unterhalten steuerpflichtiger wirtschaftlicher Geschäftsbetriebe) zu einem eigenständigen Satzungszweck erklärt, kann nicht als gemeinnützig anerkannt werden (so im Ergebnis auch BFH vom 18.12.2002 I R 15/02, BStBl 2003 II S. 384). Etwaige Betätigungen können jedoch (außerhalb der Ausführungen zum Zweck der Körperschaft) an anderer Stelle in der Satzung benannt werden, soweit erkennbar ist, dass sie nicht um ihrer selbst willen betrieben werden, sondern den steuerbegünstigten Satzungszwecken als Modalitäten der Mittelbeschaffung sachlich untergeordnet sind (zur Benennung von steuerpflichtigen wirtschaftlichen Geschäftsbetrieben und der Vermögensverwaltung in der Satzung siehe auch Tz. 2.6 und 2.9.1).

2.10.2 Pflichtfestlegungen in der Satzung

Mit dem JStG 2009 hat der Gesetzgeber, um Auslegungsschwierigkeiten nach Veröffentlichung des BFH-Urteils vom 14.07.2004 (I R 94/02, BStBl 2005 II S. 721) zukünftig zu vermeiden, die bisher im AEAO dargestellte Mustersatzung in aktualisierter Fassung in die AO aufgenommen und damit gesetzlich festgeschrieben (siehe dazu auch BT-Drucksache 16/11108 S. 57 und den Abdruck in Anlage 1 zu § 60 AO). Dieser Mustersatzung ist zu entnehmen, dass die durch § 55 Abs. 1 Nr. 1 bis 4 AO zur Selbstlosigkeit aufgestellten Erfordernisse ausdrücklich in die Satzung aufzunehmen sind, **sofern diese entsprechend der Rechtsform der jeweiligen steuerbegünstigten Einrichtung Gültigkeit haben.** Bei Vereinen ist es z. B. überflüssig, in die Satzung eine dem § 55 Abs. 1 Nr. 2 AO entsprechende Bestimmung aufzunehmen, weil diese Bestimmung bei Vereinen nicht anwendbar ist (weitere zulässige Abweichungen von den Festlegungen der Mustersatzung siehe AEAO Nr. 2 zu § 60 AO). Darüber hinaus ist auch die Einhaltung des Aufbaus/der Reihenfolge der Bestimmungen lt. Mustersatzung entbehrlich.

In der Mustersatzung sind Vorgaben (siehe am Ende der Mustersatzung: Weitere Hinweise) zur Aufnahme bestimmter Satzungsregelungen in Abhängigkeit zur Rechtsform enthalten:

- **Betriebe gewerblicher Art von juristischen Personen des öffentlichen Rechts, bei den von einer juristischen Person des öffentlichen Rechts verwalteten unselbständigen Stiftungen** und bei geistlichen Genossenschaften **(Orden, Kongregationen)** ist die in der Mustersatzung vorgegebene Festlegung zur Rückgabe von eingezahlten Kapitalanteilen aufzunehmen.

- Bei **Stiftungen** kann auf diese Festlegung verzichtet werden, wenn dem Stifter kein Anspruch auf Rückgewähr von Vermögen eingeräumt ist. In diesem Fall unterliegt das „Restvermögen" einer Stiftung den allgemeinen Bestimmungen der Vermögensbindungsregelung.

- **Kapitalgesellschaften** müssen eine gesonderte Bestimmung zum Verbot der Auskehrung von Gewinnanteilen und sonstigen Zuwendungen an ihre Gesellschafter in den Gesellschaftsvertrag (die Satzung) zwingend aufnehmen.

  Nur für den Fall, dass den Gesellschaftern bei Auflösung, Wegfall steuerbegünstigter Zwecke oder ihrem Ausscheiden ein Anspruch auf Rückgewähr ihrer eingezahlten Kapitalanteile eingeräumt wurde (vgl. § 55 Abs. 1 Nr. 4 AO), sind hierzu gesonderte Festlegungen nach Vorgabe der Mustersatzung in den Gesellschaftsvertrag (die Satzung) zu übernehmen.

Die Festlegungen der Mustersatzung zu § 60 AO sind **zwingend** von den steuerbegünstigten Körperschaften in ihrer Satzung aufzugreifen. Diese Verpflichtung gilt **seit dem 01.01.2009** für Körperschaften, die nach dem 31.12.2008 gegründet wurden (vgl. Art. 97 § 1f Abs. 2 EGAO). Für alle steuerbegünstigten Körperschaften, die bereits vor diesem Zeitpunkt gegründet worden sind, greift hinsichtlich ihrer Satzung grundsätzlich die Vertrauensschutzregelung des AEAO Nr. 4 zu § 59 AO. Dieser Bestandsschutz für „Altfälle" bleibt auch bei einer erneuten Satzungsprüfung (der keine Änderung zugrunde liegt) im Rahmen der Veranlagung zwecks Erteilung einer Feststellung über die Einhaltung der satzungsmäßigen Voraussetzungen (§ 60a Abs. 2 Nr. 2 AO; siehe Tz. 2.11.4) erhalten. Wenn jedoch nach dem 31.12.2008 eine Satzungsänderung vorgenommen wird (z. B. um Zahlungen im Rahmen der Ehrenamtspauschale, § 3 Nr. 26a EStG, ohne Verstoß gegen das Mittelverwendungsgebot vornehmen zu können – vgl. hierzu Tz. 2.5.7 – oder aus anderen Gründen), kann diesen Körperschaften nur dann die Steuerbegünstigung (weiterhin) zuerkannt werden, wenn sie dabei die Festlegungen der („neuen") Mustersatzung in ihre überarbeitete Satzung übernehmen.

> *Hinweis: Mit der Verpflichtung zur Aufnahme der Festlegungen der Mustersatzung ist ausdrücklich **nicht** die Pflicht zu einer wortwörtlichen Abbildung verbunden. Vielmehr sollen sämtliche Festlegungen der Mustersatzung ausschließlich nach ihrem Sinn und Zweck Niederschlag in der jeweiligen Satzung finden.*

Insbesondere bei neu gegründeten Körperschaften wird eine wortwörtliche Übernahme der Formulierungen der Mustersatzung verwaltungsseitig zugunsten der Vollständigkeit aller gemeinnützigkeitsrelevanten Festlegungen allerdings regelmäßig empfohlen.

Da eine Zuerkennung der Gemeinnützigkeit für beschränkt steuerpflichtige **EU-/EWR-Körperschaften** nur dann in Betracht kommt, wenn diese sämtliche Voraussetzungen, die für eine Zuerkennung der Steuervergünstigungen für inländische Körperschaften gelten, erfüllen, müssen auch sie die Vorgaben der **sog. formellen Satzungsmäßigkeit vollständig (möglichst wortgetreu) erfüllen**. Bei Anträgen auf Zuerkennung der Gemeinnützigkeit von EU-/EWR-Körperschaften wird die Finanzverwaltung die ins Deutsche übersetzte Satzung der Körperschaft anfordern. Sie wird bei ihnen die sog. formelle Satzungsmäßigkeit intensiv überprüfen und dabei im Besonderen die korrekte Einhaltung der Bestimmungen zur Vermögensbindung einfordern (kritisch zur Forderung, die Formulierungen der Mustersatzung möglichst wörtlich zu übernehmen, Ullrich in DStR 2009 S. 2471).

Will die Körperschaft ihre Zwecke (auch) durch **Hilfspersonen** i. S. des § 57 Abs. 1 Satz 2 AO verwirklichen, muss sie diese Art des Tätigwerdens in der Satzung zum Ausdruck bringen.

Formulierungsvorschlag: „*Die Körperschaft wird sich zur Erfüllung ihrer Aufgaben einer Hilfsperson i. S. des § 57 Abs. 1 Satz 2 AO bedienen, soweit sie die Aufgaben nicht selbst wahrnimmt.*"

Wenn die Körperschaft **ganz oder teilweise als „Förderkörperschaft"** nach § 58 Nr. 1 AO arbeitet, muss sie dieses ebenfalls in der Satzung festlegen (ausführlich siehe hierzu Tz. 2.8.1.6).

In der Praxis können Schwierigkeiten auftreten, wenn sich bei der Festlegung des Satzungszwecks das Betätigungsfeld und mögliche spätere Entwicklungen noch nicht hinreichend übersehen lassen. In derartigen Fällen können sonst notwendige Satzungsänderungen vermieden werden, wenn in der Satzung festgelegt wird, dass der aufgeführte begünstigte Zweck „ ... **insbesondere** durch ... verwirklicht wird". Durch eine derartige Formulierung, die auch in den Mustersatzungen vorgesehen ist, kann für den Betätigungsrahmen ein gewisser Spielraum gewonnen werden. Denn nur in Ausnahmefällen kann eine bis ins Einzelne gehende Angabe zur Art der Verwirklichung der Satzungszwecke gefordert werden (BFH vom 29.08.1984 I R 203/81, BStBl 1984 II S. 844, 846; siehe dazu auch FG Münster vom 23.06.1992, EFG 1993 S. 188).

Satzungen, die auf ehemals geltende Rechtsgrundlagen wie das StAnpG und die GemV verweisen und bei denen die „Selbstlosigkeit" nicht ausdrücklich angesprochen ist, müssen nicht allein aus diesem Grund geändert werden (AEAO Nr. 4 zu § 60 AO, Anhang 1). Bei rechtsfähigen Stiftungen des privaten Rechts wird in einigen Bundesländern im Anerkennungsverfahren (§ 80 BGB) geprüft, ob die satzungsmäßigen Voraussetzungen für steuerliche Vergünstigungen vorliegen (vgl. auch Tz. 2.1.4 sowie KSt-Kartei NRW § 5 KStG Karte H 8 und OFD Münster vom 13.02.1996, DB 1996 S. 504).

Ordensgemeinschaften haben eine den Ordensstatuten entsprechende zusätzliche Erklärung wie unter „Weitere Hinweise" der Mustersatzung zu § 60 AO vorgegeben (siehe in Tz. 2.10 und Tz. 2.10.2 oben) aufzunehmen, die die zuständigen Organe des Ordens bindet.

Für **neu gegründete Körperschaften,** die steuerbegünstigte Zwecke verfolgen, empfiehlt es sich, die Satzung vor einer Beschlussfassung mit dem **zuständigen**

Finanzamt abzustimmen. Dadurch können spätere, ggf. mit erheblichen Umständen verbundene Satzungsänderungen vermieden werden. Im Übrigen können sich die steuerbegünstigten Körperschaften gegenüber der Finanzverwaltung auf die Vertrauensschutzregelung in AEAO Nr. 4 zu § 59 AO (Anhang 1) berufen (siehe auch Tz. 2.9).

2.10.3 Bedeutung der Satzung für Einzelsteuergesetze

Die Satzung und die tatsächliche Geschäftsführung müssen den für die Inanspruchnahme von Steuervergünstigungen aufgestellten Voraussetzungen bei der **Körperschaftsteuer** und bei der **Gewerbesteuer** während des **ganzen Veranlagungs- oder Erhebungszeitraums,** bei den anderen Steuern im **Zeitpunkt der Entstehung der Steuer** entsprechen (§ 60 Abs. 2 AO; siehe auch FG Niedersachsen vom 18.03.2004, EFG 2004 S. 1650, und BFH vom 17.09.2003 I R 85/02, BStBl 2005 II S. 149). Darüber hinaus müssen die satzungsmäßigen Voraussetzungen

– bei der Grundsteuer zu Beginn des Kalenderjahres, für das über die Steuerpflicht zu entscheiden ist (§ 9 Abs. 2 GrStG),
– bei der Umsatzsteuer zu den sich aus § 13 Abs. 1 UStG ergebenden Zeitpunkten,
– bei der Erbschaftsteuer zu den sich aus § 9 ErbStG ergebenden Zeitpunkten

gegeben sein (siehe AEAO Nr. 7 zu § 60 AO, Anhang 1).

Wird z. B. eine aus gemeinnützigkeitsrechtlicher Sicht erforderliche **Änderung der Satzung** (z. B. im Fall des Wechsels einer Körperschaft von der Steuerpflicht in die Steuerbegünstigung unter Ausarbeitung einer den abgabenrechtlichen Anforderungen genügenden Satzung oder im Fall einer Auflagenerteilung durch die Finanzverwaltung für zukünftige Veranlagungszeiträume gem. AEAO Nr. 4 zu § 59 AO) **erst im Laufe eines Veranlagungszeitraums** ins Vereinsregister eingetragen – mithin rechtswirksam (§ 71 BGB) –, entspricht diese Satzung nicht während des ganzen Veranlagungszeitraums den Anforderungen des § 60 AO. Das Niedersächsische FG hat in einem solchen Fall einer Körperschaft die Steuerbegünstigung bei der Körperschaftsteuer für den Veranlagungszeitraum, in dem die Satzungsänderung eingetragen wurde, nicht zuerkannt (siehe Niedersächsisches FG vom 22.11.1990, BB 1991 S. 1114). Nach Leisner-Egensperger in H/H/Sp, Rz. 18 zu § 60 AO, soll der **Antrag auf Eintragung** der Änderung zu Beginn des Veranlagungszeitraums ausreichen.

Meine Erfahrung zeigt, dass die Finanzämter aus Satzungsmängeln dann häufig keine steuerschädlichen Folgerungen ziehen, wenn die tatsächliche Geschäftsführung der Körperschaft den gemeinnützigkeitsrechtlichen Grundsätzen entspricht und die Körperschaft die aufgedeckten Satzungsmängel zeitnah beseitigt (siehe dazu auch BFH vom 06.06.1951 III 69/51 U, BStBl 1951 III S. 148; in diesem Sinne auch AEAO Nr. 4 zu § 59 AO, Anhang 1).

Zur Behandlung von steuerbegünstigten Vereinen im Beitrittsgebiet für den Veranlagungszeitraum 1990 vor Anpassung der Satzungen Hinweis auf FinMin Mecklenburg-Vorpommern vom 06.09.1991 (FR 1991 S. 720).

2.11 § 60a AO: Feststellung der satzungsmäßigen Voraussetzungen

> (1) ₁Die Einhaltung der satzungsmäßigen Voraussetzungen nach den §§ 51, 59, 60 und 61 wird gesondert festgestellt. ₂Die Feststellung der Satzungsmäßigkeit ist für

die Besteuerung der Körperschaft und der Steuerpflichtigen, die Zuwendungen in Form von Spenden und Mitgliedsbeiträgen an die Körperschaft erbringen, bindend.

(2) Die Feststellung der Satzungsmäßigkeit erfolgt

1. auf Antrag der Körperschaft oder

2. von Amts wegen bei der Veranlagung zur Körperschaftsteuer, wenn bisher noch keine Feststellung erfolgt ist.

(3) Die Bindungswirkung der Feststellung entfällt ab dem Zeitpunkt, in dem die Rechtsvorschriften, auf denen die Feststellung beruht, aufgehoben oder geändert werden.

(4) Tritt bei den für die Feststellung erheblichen Verhältnissen eine Änderung ein, ist die Feststellung mit Wirkung vom Zeitpunkt der Änderung der Verhältnisse aufzuheben.

(5) $_1$Materielle Fehler im Feststellungsbescheid über die Satzungsmäßigkeit können mit Wirkung ab dem Kalenderjahr beseitigt werden, das auf die Bekanntgabe der Aufhebung der Feststellung folgt. $_2$§ 176 gilt entsprechend, außer es sind Kalenderjahre zu ändern, die nach der Verkündung der maßgeblichen Entscheidung eines obersten Gerichtshofes des Bundes beginnen.

2.11.1 Verfahren zur Feststellung der formellen Satzungsmäßigkeit

Durch das Ehrenamtsstärkungsgesetz vom 21.03.2013 (BGBl 2013 I S. 556) wurde **mit Wirkung zum 29.03.2013** die Vorschrift des § 60a AO mit Regelungen zu einem förmlichen Feststellungsverfahren über die Einhaltung der satzungsmäßigen Voraussetzungen neu in das Gesetz aufgenommen. Das Feststellungsverfahren löst die bisherige Erteilung einer sog. vorläufigen Bescheinigung (vgl. Anhang 4 in der Vorauflage) ab.

Im Unterschied zu der vorläufigen Bescheinigung, die ebenfalls eine Auskunft über die Einhaltung der satzungsmäßigen Voraussetzungen zum Inhalt hatte, jedoch „nur" nachrichtlicher Natur war, handelt es sich bei einer (gesonderten) Feststellung nach § 60a AO (i. V. m. §§ 179 ff. AO) um einen durch Einspruch anfechtbaren **Bescheid (= Verwaltungsakt)**, der mit einer entsprechenden Rechtsbehelfsbelehrung versehen ist (siehe Anhang 4). Dieser hat nicht unter dem Vorbehalt der Nachprüfung (§ 164 AO) zu erfolgen (AEAO Nr. 1 zu § 60a AO), da der Erlass einer positiven Feststellung einen Vertrauensschutztatbestand für die Vergangenheit auslöst (§ 60a Abs. 5 AO i. V. m. AEAO Nr. 8 zu § 60a Abs. 5 AO, Anhang 1) und die Vorschrift (neben der grundsätzlichen Anwendbarkeit der abgabenrechtlichen Korrekturvorschriften gem. §§ 172 ff. AO) eigene Aufhebungstatbestände aufführt. Während die vorläufige Bescheinigung i. d. R. mit einer Gültigkeit von 18 Monaten erteilt wurde, erfolgt die Feststellung nach § 60a AO **unbefristet** und kann nur unter den Voraussetzungen des § 60a Abs. 4 und 5 AO (vgl. Tz. 2.11.5) aufgehoben werden. Zudem vermittelt sie nicht nur eine **Bindungswirkung** für die Besteuerung der Körperschaft, sondern auch für diejenigen, die gegenüber der Körperschaft Zuwendungen in Form von Mitgliedsbeiträgen oder Spenden erbringen (§ 60a Abs. 1 Satz 2 i. V. m. § 63 Abs. 5 Nr. 2 AO).

Das neu eingeführte Feststellungsverfahren hat „den Auftrag", einen umfassenderen Rechtsschutz zu gewährleisten und insbesondere in den Fällen, in denen die Erteilung einer vorläufigen Bescheinigung mangels einer Anerkennung der formellen Satzungsmäßigkeit durch die Finanzverwaltung bislang abgelehnt wurde, zunächst den außergerichtlichen Rechtsweg zu eröffnen. Im Übrigen war das Rechtsschutzbedürfnis der steuerbegünstigten Körperschaften bereits in der Ver-

2.11 § 60a AO: Feststellung der satzungsmäßigen Voraussetzungen

gangenheit durch einen gewährten Vertrauensschutz auf den Inhalt der vorläufigen Bescheinigung gesichert (siehe AEAO Nr. 8 zu § 59 AO i. d. F. vor dem BMF-Schreiben vom 31.01.2014). Darauf, dass den Vorteilen eines Feststellungsverfahrens gleichsam ein (nicht unerheblicher) bürokratischer Aufwand gegenübersteht, haben bereits Klaßmann und Ritter in S&S, RS 1/2013 S. 11 in Übereinstimmung mit der Einschätzung durch den Bundesrat im Rahmen des Gesetzgebungsverfahrens (siehe Anlage zur BR-Drucksache 663/12 S. 2) zutreffend hingewiesen.

Das Verfahren zur Feststellung der satzungsmäßigen Voraussetzungen nach § 60a AO wird aus Sicht der Finanzverwaltung als **Annexverfahren** zur Körperschaftsteuerveranlagung verstanden, sodass eine Feststellung nur für

– steuerbegünstigte inländische Körperschaften sowie für
– beschränkt steuerpflichtige Körperschaften aus dem EU-/EWR-Raum (§§ 2, 5 Abs. 2 Nr. 2 KStG)

in Betracht kommt (AEAO Nr. 3 zu § 60a Abs. 1 AO, Anhang 1). Daraus folgt, dass im EU-/EWR-Raum ansässige Körperschaften, die zwar nach Maßgabe der § 10b Abs. 1 Satz 2 Nr. 3 EStG, § 9 Abs. 1 Nr. 2 Satz 2 Buchst. c KStG sowie § 9 Nr. 5 Satz 2 Buchst. c GewStG einen Zuwendungsabzug vermitteln, jedoch keine inländischen Einkünfte erzielen, von der Feststellungsberechtigung ausgeschlossen sind. In Übereinstimmung mit dieser Beschränkung ist die Abzugsfähigkeit von Zuwendungen an etwaige Empfänger mit Wirkung vom 01.01.2013 nicht mehr abhängig von dem Nachweis durch eine ordnungsgemäße Zuwendungsbestätigung (§ 50 Abs. 1 Satz 2 EStDV i. d. F. der Verordnung vom 11.12.2012, BGBl 2012 I S. 2637).

Die Anwendungsbeschränkung des § 60a AO wird in der Literatur als gemeinschaftswidrig kritisiert (siehe Kirchhain in DStR 2014 S. 292 sowie Hüttemann in DB 2014 S. 445 f. m. w. N.). Tatsächlich würde die Feststellung der satzungsmäßigen Voraussetzungen für Zuwendungsempfänger im o. g. Sinne zumindest eine Erleichterung hinsichtlich des Nachweises, dass diese die inländischen gemeinnützigkeitsrechtlichen Vorgaben erfüllen, bedeuten. An den Nachweis sind bislang nämlich ebenso hohe Anforderungen geknüpft, wie sie im Rahmen der Prüfung der satzungsmäßigen Voraussetzungen nebst tatsächlicher Geschäftsführung an inländische steuerbegünstigte Körperschaften gestellt werden (vgl. BMF vom 16.05.2011, BStBl 2011 I S. 559; BFH vom 27.05.2009 X R 46/05, BFH/NV 2009 S. 1633, und vom 17.09.2013 I R 16/12, BStBl 2014 II S. 440, sowie FG Düsseldorf vom 14.01.2013 – 11 K 2439/10 E, EFG 2013 S. 678, Revision anhängig unter X R 7/13). Gleichzeitig würde sich die Prüfung zur Erteilung einer Feststellung nach § 60a AO durch die inländische Finanzverwaltung – ebenso wie bei Körperschaften, für die eine Steuerpflicht besteht – auf die Einhaltung der satzungsmäßigen Voraussetzungen beschränken, sodass ein positiver § 60a-Bescheid allein die geforderten Nachweispflichten nicht vollumfänglich erfüllen würde. Eine steuerliche Vergünstigung, die bei Zuwendungen an nicht beschränkt steuerpflichtige Körperschaften im EU-/EWR-Raum nur aus der formellen Satzungsmäßigkeit abgeleitet wird, würde im Vergleich zu den Nachweispflichten unbeschränkt bzw. beschränkt steuerpflichtiger Körperschaften eine ungerechtfertigte Bevorteilung aufweisen. Zudem stellt sich das Problem der örtlichen Zuständigkeit für Körperschaften, bei denen kein Anknüpfungspunkt zum Inland durch eine etwaige Einkunftserzielung besteht. Wenn ernsthaft ein begünstigter Mittelfluss zwischen den EU-/EWR-Staaten stattfinden soll, der nicht durch formelle Hürden gehemmt wird, müssten dafür ohnedies zunächst einheitliche gemeinnützigkeitsrechtliche Standards geschaffen

2 Erläuterung der Bestimmungen des Abschnitts „Steuerbegünstigte Zwecke" in der AO

werden, sodass als Nachweis für die steuerliche Begünstigung stets die Vorlage eines Freistellungsbescheides der jeweiligen Körperschaft als ausreichend angesehen werden könnte.

2.11.2 Zeitpunkt der Feststellung

Nach den gesetzlichen Vorgaben erfolgt eine Feststellung über die formelle Satzungsmäßigkeit

– auf Antrag der Körperschaft oder

– von Amts wegen bei der Veranlagung zur Körperschaftsteuer, wenn bisher noch keine Feststellung erfolgt ist.

Der Antrag kann formlos gestellt werden und wird bei **neu gegründeten Körperschaften** i. d. R. in der Vorlage der durch die Mitglieder oder Gesellschafter beschlossenen Satzung bestehen. Einer vorherigen Registereintragung beim jeweils zuständigen Amtsgericht bedarf es hingegen nicht (siehe AEAO Nr. 4 zu § 60a Abs. 1 AO, Anhang 1), da die Körperschaften häufig als Vorgesellschaften (z. B. als Vorvereine oder als Vor-GmbHs) bereits vor diesem Zeitpunkt tätig werden. In diesem Stadium sollen sie nicht schlechter gestellt werden als nichtrechtsfähige Körperschaften, da sie zur Verwirklichung ihrer Satzungszwecke auf den Zufluss von Mitteln (insbesondere in Form von Spenden unter Ausstellung entsprechender Zuwendungsbestätigungen) angewiesen sind und zugunsten einer (ertrag-)steuerfreien Verwaltung ihres Vermögens ein Interesse an den Feststellungen des § 60a-Bescheides haben.

Eine Ausnahme bilden allerdings die rechtsfähigen Stiftungen, die zunächst einer Anerkennung durch die jeweils zuständige Stiftungsaufsichtsbehörde bedürfen, da hier eine vergleichbare Vorgesellschaft nach h. M. nicht existiert (siehe Hüttemann in DB 2014 S. 446 sowie Kirchhain in DStR 2014 S. 291 m. w. N.).

Bei steuerbegünstigten **Bestandsfällen,** denen im Zuge ihrer Gründung (noch) eine vorläufige Bescheinigung erteilt wurde, erfolgt eine gesonderte Satzungsprüfung sowie Vornahme der § 60a-Feststellung im Rahmen der Veranlagung zur Körperschaftsteuer. Die Bekanntgabe des Feststellungsbescheides kann von dem Bekanntgabedatum des Freistellungsbescheides bzw. des KSt-Bescheides mit Anlage abweichen, da der Feststellung (zzt.) ein personelles (vgl. Anhang 4) und der Festsetzung zur KSt ein maschinelles Verfahren zugrunde liegt. Nach einem Beschluss der KSt-Referatsleiter der obersten Finanzbehörden des Bundes und der Länder bleiben die vor Inkrafttreten des § 60a AO ausgestellten vorläufigen Bescheinigungen weiterhin gültig (siehe LFD Thüringen vom 01.10.2013 – S 0170 A – 34 – A 3.15).

Entscheidend für die Prüfung und anschließende Feststellung ist die jeweils **aktuelle Satzung.** Das Datum, der Satzungsfassung, auf das sich das Prüfungsergebnis und die Bindungswirkung der Feststellung beziehen, wird konkret benannt. Es ist daher sowohl für die erstmalige Vornahme einer § 60a-Feststellung als auch für etwaige weitere Feststellungen (siehe Tz. 2.11.5) notwendig, dass eine Satzungsänderung stets in Abstimmung mit dem jeweils örtlich zuständigen Festsetzungsfinanzamt erfolgt.

Bei Bestandsfällen, die von der (vollen) Steuerpflicht durch Anpassung ihrer Satzung in die Steuerbegünstigung nach §§ 51 ff. AO wechseln, ist die Durchführung einer Feststellung bereits ab dem Zeitpunkt des Beschlusses über die Satzungsänderung möglich. Da die Satzung zur Gewährung einer Steuerbefreiung nach § 5

Abs. 1 Nr. 9 KStG i. V. m. § 3 Nr. 6 GewStG den formellen Voraussetzungen während des ganzen Veranlagungszeitraums entsprechen muss (§ 60 Abs. 2 AO; siehe bereits Tz. 2.10.3), kommt eine Steuerbegünstigung erst ab dem 01.01. des jeweiligen Folgejahres in Betracht.

2.11.3 Gegenstand der Feststellung

Die Feststellung gibt „lediglich" eine Auskunft über die Einhaltung der **satzungsmäßigen Voraussetzungen** nach den §§ 51, 59, 60 und 61 AO (§ 60a Abs. 1 Satz 1 AO). Eine Anerkennung, dass die tatsächliche Geschäftsführung (§ 63 AO) den für die Anerkennung der Steuerbegünstigung notwendigen Erfordernissen entspricht, ist mit ihr hingegen nicht verbunden. Diese unterliegt einer Überprüfung im Rahmen des Veranlagungsverfahrens.

Durch die positive Feststellung nach § 60a AO haben steuerbegünstigte Körperschaften die Möglichkeit, eine **Abstandnahme vom Kapitalertragsteuerabzug** nach § 44a Abs. 4, 7 und 10 Satz 1 Nr. 3 EStG sowie die Erstattung einbehaltener und abgeführter Kapitalertragsteuer nach § 44b Abs. 6 EStG zu erwirken (siehe Tz. 4.2), soweit die zugrunde liegenden Kapitalerträge nicht in einem steuerpflichtigen wirtschaftlichen Geschäftsbetrieb (§§ 14, 64 AO) angefallen sind. Für die Freistellung reicht es aus, wenn der Feststellungsbescheid bzw. eine amtlich beglaubigte Kopie dem kontoführenden Kreditinstitut vor der Durchführung eines etwaigen Steuereinbehalts vorgelegt wird. Insoweit gelten für Feststellungsbescheide nach § 60a AO, deren Erteilung nicht länger als **3 Kalenderjahre** zurückliegt, die Rz. 295 und 296 des BMF-Schreibens vom 09.10.2012 (BStBl 2012 I S. 953) entsprechend. Endet die „3-Jahres-Frist" unterjährig, kann eine Abstandnahme vom Steuerabzug nur für das Kalenderjahr erfolgen, in dem die zuvor genannten Voraussetzungen ganzjährig erfüllt waren. Wird ein Feststellungbescheid nach § 60a AO unterjährig erteilt, kann er hingegen mit Wirkung ab dem 01.01. des betreffenden Kalenderjahres angewendet werden (siehe BMF-Schreiben vom 05.07.2013 BStBl 2013 I S. 881).

Beispiel:

Die formelle Satzungsmäßigkeit des neu entstandenen steuerbegünstigten BgA der Stadt A wird durch eine positive Feststellung nach § 60a AO mit Datum vom 28.08.2014 beschieden.

Der Bescheid bedingt eine Abstandnahme vom Kapitalertragsteuerabzug für die Zeit vom 01.01.2014 bis 31.12.2016.

Abwandlung:

Die Stadt A gibt dem bislang (voll) steuerpflichtigen BgA erstmals eine Satzung, die den Anforderungen der §§ 51, 59, 60 und 61 AO genügt. Die formelle Satzungsmäßigkeit wird durch eine positive Feststellung nach § 60a AO mit Datum vom 12.04.2014 beschieden.

Da die satzungsmäßigen Voraussetzungen zur Inanspruchnahme einer Steuerbefreiung ganzjährig vorliegen müssen, bedingt der Bescheid lediglich eine Abstandnahme vom Kapitalertragsteuerabzug für die Zeit vom 01.01.2015 bis 31.12.2016. Das Jahr 2017 kommt für eine Abstandnahme nicht in Betracht, da bereits mit Ablauf des 11.04.2017 die „3-Jahres-Frist" endet. Eine Abstandnahme kann stattdessen durch die Vorlage eines Freistellungsbescheides bzw. einer Anlage zum KSt-Bescheid (bei Abgabe einer Steuererklärung für den Veranlagungszeitraum 2015) oder durch Vorlage einer entsprechenden NV-Bescheinigung erreicht werden.

Ist die Vorlage der Bescheinigung bzw. des Bescheides vor der Durchführung eines Steuereinbehalts durch den Schuldner der Kapitalerträge unterblieben, kann eine

Erstattung der „zu Unrecht" einbehaltenen Beträge im Zuge der Nachholung des Abstandnahmeverfahrens erwirkt werden (vgl. die Ausführungen unter Tz. 4.2).

Eine positive Feststellung nach § 60a AO versetzt die Körperschaften ferner in die Lage, Zuwendungsbestätigungen nach amtlich vorgeschriebenem Vordruck (§ 50 Abs. 1 EStDV) auszustellen, die den jeweiligen Empfänger zum Zuwendungsabzug nach Maßgabe der § 10b EStG, § 9 Abs. 1 Nr. 2 KStG sowie § 9 Nr. 5 GewStG berechtigen (siehe Tz. 3).

Aus der Feststellung nach § 60a AO ergibt sich, welche steuerbegünstigten Zwecke die Körperschaft nach ihrer Satzung fördert. Zudem wird – in Abhängigkeit von der beschiedenen Zwecksetzung – eine Aussage zur Abzugsfähigkeit der Spenden sowie Mitgliedsbeiträge getroffen (siehe § 10b Abs. 1 Satz 8 Nr. 1 bis 4 EStG, § 9 Abs. 1 Nr. 2 Satz 8 Nr. 1 bis 4 KStG sowie § 9 Nr. 5 Satz 12 Nr. 1 bis 4 GewstG). Auch für die Berechtigung zur Ausstellung von Zuwendungsbestätigungen ist eine **„3-Jahres-Frist"** maßgeblich (§ 63 Abs. 5 Nr. 2 AO), wobei hier eine taggenaue Berechnung (beginnend mit dem Datum des Feststellungsbescheides) möglich ist.

Daraus, dass die **dreijährige Gültigkeitsdauer** der § 60a-Feststellung gesetzlich festgeschrieben ist, ergibt sich, dass in Neugründungsfällen eine Veranlagung zur KSt möglichst zeitnah nach Ablauf des ersten Veranlagungszeitraumes (i. d. R. des Gründungsjahres) erfolgen sollte. Für den Fall, dass innerhalb eines (u. U. nur wenige Wochen/Monate umfassenden) Rumpf-Wirtschaftsjahres noch keine Tätigkeit entfaltet wurde, ist die Abgabe einer Steuererklärung nebst notwendiger Unterlagen (insbesondere Mittelverwendungsrechnung/Gewinnermittlung sowie Tätigkeitsbericht) auch für einen Zeitraum denkbar, der wenigstens ein vollständiges Kalenderjahr umfasst. Es ist für die Erstveranlagung hingegen nicht sinnvoll, zunächst einen 3-Jahres-Turnus (nach welchem sich die spätere Abgabepflicht i. d. R. richten wird, siehe Tz. 4.1.2.1) verstreichen zu lassen, da andernfalls die Möglichkeit besteht, dass die Körperschaft vorübergehend „in ein Loch fällt", in dem die steuerlichen Begünstigungen keine Anwendung finden (so zutreffend Leisner-Egensperger in H/H/Sp, AO/FGO, Rz. 30 zu § 60a AO).

Nach der Erteilung eines Freistellungsbescheides bzw. einer Anlage zum KSt-Bescheid leiten sich die Berechtigungen zur Abstandnahme vom Kapitalertragsteuerabzug bzw. zur Erstattung einbehaltener Abzugsbeträge sowie zur Ausstellung von Zuwendungsbestätigungen (§ 50 EStDV) unmittelbar aus diesen ab (siehe § 63 Abs. 5 Nr. 2 AO) mit der Maßgabe, dass deren Datum nicht länger als **5 Jahre** zurückliegt (§ 63 Abs. 5 Nr. 1 AO).

2.11.4 Ablehnung eines Antrags auf Feststellung

Ergibt die abgabenrechtliche Prüfung der erstmals formulierten bzw. geänderten Satzung, dass einzelne Bestimmungen nicht mit dem Gemeinnützigkeitsrecht vereinbar sind, sodass eine formelle Satzungsmäßigkeit nicht bestätigt werden kann, ist der Antrag auf Feststellung durch einen förmlichen Bescheid abzulehnen (vgl. Anhang 4). Bevor es allerdings zum Erlass eines etwaigen Ablehnungsbescheides, der im Wege des Einspruchs angefochten werden kann, kommt, wird das jeweils zuständige Finanzamt zunächst auf die konkret bestehenden Mängel hinweisen und im Rahmen eines Erörterungsverfahrens die Gelegenheit zur Nachbesserung einräumen. Nur in den Fällen, in denen eine gebotene Satzungsänderung ausbleibt, kommt eine Ablehnung der § 60a-Feststellung in Betracht.

Sollte im Neugründungsfall die Feststellung der satzungsmäßigen Voraussetzungen abgelehnt werden und erfolgt eine Nachbesserung, die in Einklang mit den abga-

2.11 § 60a AO: Feststellung der satzungsmäßigen Voraussetzungen

benrechtlichen Vorgaben steht, innerhalb desselben Veranlagungszeitraums, können die steuerlichen Begünstigungen gem. § 60 Abs. 2 AO grundsätzlich erst ab dem 01.01. des Folgejahres gewährt werden (siehe auch Tz. 2.11.2). Etwas anderes gilt nur für den Fall, dass die Körperschaft in der Zwischenzeit keine nach außen gerichtete Geschäftstätigkeit aufgenommen und zu diesem Zweck Mittel verwendet hat (AEAO Nr. 8 zu § 60 AO, Anhang 1).

Die fehlende Übernahme der Festlegungen lt. Mustersatzung führt bei Satzungen von Bestandskörperschaften, die bis zum 31.12.2008 beschlossen (und anschließend nicht mehr geändert) wurden, grundsätzlich nicht dazu, dass ein formeller Mangel, der im Fall einer ausbleibenden Anpassung die Ablehnung der § 60a-Feststellung rechtfertigen würde, vorliegt (siehe AEAO Nr. 2 zu § 60a Abs. 1 AO sowie bereits Tz. 2.10.2). Dies gilt allerdings nicht für Satzungsmängel, die bereits vor der Einfügung der Mustersatzung in das Gesetz durch das JStG 2009 zwingender Bestandteil der Satzung sein mussten (z. B. eine Aussage zur satzungsmäßigen Vermögensbindung nach § 55 Abs. 1 Nr. 4, § 61 Abs. 1 AO – ohne Betrachtung der Ausnahmetatbestände nach § 62 AO a. F.). Wurde eine Steuerbegünstigung trotz dieses Satzungsmangels in der Vergangenheit zuerkannt und wurde im Rahmen der tatsächlichen Geschäftsführung nicht gegen Vorschriften des Gemeinnützigkeitsrechts verstoßen, sind aufgrund eines bestehenden Vertrauensschutzes der Körperschaft keine nachteiligen Folgen für die Vergangenheit zu ziehen (siehe auch AEAO Nr. 4 zu § 59 AO). Vielmehr hat das Finanzamt zum Zweck der Nachbesserung eine angemessene Frist zu setzen (z. B. die nächste ordentliche Mitglieder-/Gesellschafterversammlung), wobei der Erlass einer positiven § 60a-Feststellung erst im Anschluss möglich ist. Für die betreffende Körperschaft ergeben sich daraus keine Nachteile, da ihre Berechtigung zur Abstandnahme vom Steuerabzug bzw. zur Erteilung von Zuwendungsbestätigungen auf den Feststellungen innerhalb der vorläufigen Bescheinigung bzw. des letzten Freistellungsbescheides oder der Anlage zum KSt-Bescheid basiert. Ein Vertrauensschutz für die Vergangenheit gilt in gleicher Weise für den Fall, dass die positive Feststellung nach § 60a AO auf einem materiellen Fehler basiert (siehe AEAO Nr. 8 zu § 60a Abs. 5 AO sowie die Ausführungen zu Tz. 2.11.5).

Nach Auffassung der Finanzverwaltung ist ein Grund zur Ablehnung der Feststellung trotz Vorliegen einer formellen Satzungsmäßigkeit auch dann gegeben, wenn im Zeitpunkt der Entscheidung bereits gesicherte Erkenntnisse darüber vorliegen, dass die tatsächliche Geschäftsführung nicht in Einklang mit dem Gemeinnützigkeitsrecht stehen wird (siehe AEAO Nr. 2 zu § 60a Abs. 1 AO, Anhang 1). Dadurch, dass die Feststellung nach § 60a AO lediglich eine verbindliche Aussage über die Einhaltung der satzungsmäßigen Voraussetzungen trifft und ausdrücklich keine Beurteilung der tatsächlichen Geschäftsführung der Körperschaft vornimmt (vgl. bereits Tz. 2.11.3), lässt sich diese Handhabung nicht aus den verfahrensrechtlichen Vorschriften ableiten. Allerdings nimmt § 60a Abs. 1 AO u. a. unmittelbaren Bezug zu den §§ 51, 59 AO, deren Regelungsinhalte sich auch auf die tatsächliche Geschäftsführung beziehen. Dem Grunde nach soll die verwaltungsseitig vorgesehene Einschränkung ein bilaterales Schutzbedürfnis abdecken: Zum einen soll verhindert werden, dass über einen gewissen Zeitraum steuerliche Vergünstigungen zu Unrecht in Anspruch genommen werden, bei denen der Staat zunächst „in Vorkasse" tritt; zum anderen soll auch vermieden werden, dass die Vergünstigungen, die die betreffende Körperschaft während der Zeit ihrer (vermeintlichen) Steuerbefreiung in Anspruch nimmt bzw. gewährt, im Zuge der Aberkennung „geballt" zurückgefordert werden (z. B. in Form erhöhter Steuerfestsetzungen oder einer

Spendenhaftung). Ob die im Erlasswege implementierte Regelung auch einer gerichtlichen Überprüfung standhält, wird die Praxis zeigen.

2.11.5 Aufhebungsgründe

Die Bindungswirkung der § 60a-Feststellung für die Körperschaft sowie für etwaige Mitglieder und/oder Spender ist an die Gültigkeit der ihr zugrunde liegenden Rechtsvorschriften gekoppelt. Entfallen einschlägige Rechtsgrundlagen (z. B. aufgrund einer Änderung der abgabenrechtlichen Vorschriften), ist ab dem Zeitpunkt des Wirksamwerdens der rechtlichen Änderungen auch eine Bindungswirkung nicht mehr gegeben (§ 60a Abs. 3 AO). Einer Aufhebung der bislang gültigen § 60a-Feststellung bedarf es dafür nicht. Leisner-Egensperger weist in H/H/Sp, AO/FGO, Rz. 36 zu § 60a AO, zu Recht darauf hin, dass ein etwaiger „stiller Ablauf" der Gültigkeit des Feststellungsbescheides nur gegen die Körperschaft wirkt und den Vertrauensschutz gutgläubiger Spender (§ 10b Abs. 4 Satz 1 EStG) unberührt lässt.

Es können allerdings auch Tatbestände auftreten, die eine förmliche Aufhebung (vgl. Anhang 4) des zuvor erteilten Feststellungsbescheides erforderlich machen. So kommt eine Aufhebung nach Maßgabe des § 60a Abs. 4 AO in Betracht, wenn sich die tatsächlichen Verhältnisse ändern, die für die Vornahme der Feststellung entscheidungserheblich waren (= die Formulierungen innerhalb der zu beurteilenden Satzung). Von Relevanz sind insoweit allerdings nur Bestimmungen, die gem. §§ 51, 59, 60 und 61 AO für die Zuerkennung der formellen Satzungsmäßigkeit aus abgabenrechtlicher Sicht von Bedeutung sind (z. B. Zweckänderungen, Änderungen im Bereich der Vermögensbindung, siehe AEAO Nr. 7 zu § 60a Abs. 4 AO, Anhang 1). Eine Änderung der Verhältnisse tritt in dem Zeitpunkt der Beschlussfassung über die **Satzungsänderung** ein und ist nicht abhängig von dem Zeitpunkt der Eintragung beim zuständigen Registergericht (siehe bereits Tz. 2.11.2). Um eine i. S. von § 60 Abs. 2 AO lückenlose Beschlussfassung über formell ordnungsmäßige Satzungsfassungen zu gewährleisten, ist die vorherige Abstimmung der geplanten Satzungsänderung mit dem örtlich zuständigen Finanzamt geboten. Auf diese Weise kann sich der Aufhebung nach § 60a Abs. 4 AO der Erlass einer neuen § 60a-Feststellung (z. B. über geänderte Satzungszwecke) anschließen.

Die Beschränkung des Aufhebungstatbestandes nach § 60a Abs. 4 AO auf eine Änderung gemeinnützigkeitsrechtlich relevanter Bestimmungen lässt den Anspruch einer Körperschaft auf Vornahme einer Feststellung gem. § 60a Abs. 2 Nr. 1 AO auch bei steuerlich unbedeutenden Satzungsänderungen (z. B. Regelungen zur inneren Organisation der Körperschaft) unberührt. Mithin kann eine Körperschaft aus Gründen der Rechtssicherheit grundsätzlich bei jeder Satzungsänderung den Erlass eines Bescheides fordern. Einer Aufhebung der jeweils vorangegangenen Feststellung bedarf es in diesen Fällen allerdings nicht (siehe AEAO Nr. 7 zu § 60a Abs. 4 AO), sodass mehrere wirksame Feststellungsbescheide nebeneinander existieren können, die jedoch jeweils auf unterschiedliche Satzungsfassungen Bezug nehmen. Maßgeblich (z. B. für die Berechtigung zur Ausstellung von Zuwendungsbestätigungen) ist stets der Bescheid, der sich auf die aktuellste Satzungsfassung bezieht.

Stellt sich nach Erlass eines positiven Feststellungsbescheides nach § 60a AO heraus, dass diesem ein **materieller Fehler** zugrunde liegt (z. B. indem die tatsächlichen Satzungszwecke von den positiv beschiedenen Satzungszwecken abweichen), ist ebenfalls ein Tatbestand gegeben, der eine Aufhebung der fehlerhaften

Feststellung nach § 60a Abs. 5 AO rechtfertigt. Aus Gründen des Vertrauensschutzes kommt eine Aufhebung unter Erlass eines berichtigten Feststellungsbescheides allerdings nur mit Wirkung für die Zukunft, ab dem 01.01. des jeweiligen Folgejahres in Betracht. Die Regelung des § 176 AO gilt hier entsprechend, es sei denn, die Änderung betrifft Kalenderjahre, die erst nach der Verkündung der maßgeblichen Entscheidung eines obersten Gerichtshofes des Bundes beginnen.

Erlangt die Finanzverwaltung nach Erlass eines positiven Feststellungsbescheides nach § 60a AO Kenntnis davon, dass die tatsächliche Geschäftsführung nicht den Satzungsbestimmungen entspricht und mithin eine Zuerkennung der Steuerbegünstigung im Rahmen des Veranlagungsverfahrens ausgeschlossen ist, kann eine Aufhebung der Feststellung, die sich grundsätzlich nur auf die Einhaltung der satzungsmäßigen Voraussetzungen bezieht, nicht erfolgen. Die Verwaltung behält sich in einem solchen Fall jedoch (ebenfalls aus Gründen eines bilateralen Schutzbedürfnisses, siehe bereits Tz. 2.11.4) vor, die durch die Feststellung vermittelten Begünstigungen durch Erlass einer KSt-Festsetzung (ggf. über 0 Euro) bzw. im laufenden ersten Veranlagungszeitraum durch Erlass eines entsprechenden KSt-Vorauszahlungsbescheides abzuerkennen. Die Körperschaft ist in diesem Fall auf eine mögliche Haftungsinanspruchnahme nach § 10b Abs. 4 EStG hinzuweisen (siehe AEAO Nr. 4 zu § 63 AO, Anhang 1).

Die Möglichkeit des Eingreifens in einen laufenden Veranlagungszeitraum durch Erlass eines KSt-Vorauszahlungsbescheides ist auch für den Fall einer Bestandskörperschaft vorgesehen, deren tatsächliche Geschäftsführung sich nach Erlass eines Freistellungsbescheides bzw. einer Anlage zum KSt-Bescheid als nicht ordnungsgemäß erweist (vgl. Tz. 2.14.4).

2.12 § 61 AO: Satzungsmäßige Vermögensbindung

(1) Eine steuerlich ausreichende Vermögensbindung (§ 55 Abs. 1 Nr. 4) liegt vor, wenn der Zweck, für das das Vermögen bei Auflösung oder Aufhebung der Körperschaft oder bei Wegfall ihres bisherigen Zwecks verwendet werden soll, in der Satzung so genau bestimmt ist, dass auf Grund der Satzung geprüft werden kann, ob der Verwendungszweck steuerbegünstigt ist.

(2) (weggefallen)

(3) ₁Wird die Bestimmung über die Vermögensbindung nachträglich so geändert, dass sie den Anforderungen des § 55 Abs. 1 Nr. 4 nicht mehr entspricht, so gilt sie von Anfang an als steuerlich nicht ausreichend. ₂§ 175 Abs. 1 Satz 1 Nr. 2 ist mit der Maßgabe anzuwenden, dass Steuerbescheide erlassen, aufgehoben oder geändert werden können, soweit sie Steuern betreffen, die innerhalb der letzten zehn Kalenderjahre vor der Änderung der Bestimmung über die Vermögensbindung entstanden sind.

2.12.1 Ausgestaltung der Vermögensbindung

Mit den Regelungen des § 61 AO will der Gesetzgeber sicherstellen, dass das Vermögen, das die Körperschaft unter den Vorgaben des Gemeinnützigkeitsrechts gebildet hat, auch auf Dauer („final") für steuerbegünstigte Zwecke verwendet (verbraucht) wird. § 61 AO ist als formelle Bestimmung zur Sicherstellung der Selbstlosigkeit zu verstehen und hat die Funktion eines Buchnachweises (BFH vom 23.07.2009 V R 20/08, BStBl 2010 II S. 719).

2 Erläuterung der Bestimmungen des Abschnitts „Steuerbegünstigte Zwecke" in der AO

Im § 55 Abs. 1 Nr. 4 AO ist zwingend vorgeschrieben, dass das Vermögen im Fall der **Auflösung** oder **Aufhebung** der Körperschaft oder bei **Wegfall ihres bisherigen (steuerbegünstigten) Zwecks** nur für steuerbegünstigte Zwecke verwendet werden darf. Fehlt z. B. eine Aussage für den Wegfall des Satzungszwecks, ist die sog. formelle Satzungsmäßigkeit nicht gegeben (Niedersächsisches FG vom 20.10.1992 VI 247/88 und vom 18.03.2004, EFG 2004 S. 1650). Ergänzend dazu bestimmt § 61 Abs. 1 AO, dass die Vermögensbindung nur dann als ausreichend angesehen werden kann, wenn der Verwendungszweck in der Satzung so genau bezeichnet ist, dass aufgrund der Satzung geprüft werden kann, ob der **Verwendungszweck steuerbegünstigt** ist (siehe auch BFH vom 21.07.1999 I R 2/98, BFH/NV 2000 S. 297). So können fehlerhafte Satzungsbestimmungen weder durch außerhalb der Satzung getroffene Vereinbarungen noch durch Regelungen in anderen Satzungen ergänzt werden (BFH vom 23.07.2009, a. a. O.).

Mit dem JStG 2009 hat der Gesetzgeber, um Auslegungsschwierigkeiten nach Veröffentlichung des BFH-Urteils vom 14.07.2004 (I R 94/02, BStBl 2005 II S. 721) zukünftig zu vermeiden, die bisher im AEAO dargestellte Mustersatzung in aktualisierter Fassung in die AO aufgenommen und damit **gesetzlich festgeschrieben** (siehe dazu auch BT-Drucksache 16/11108 S. 57 und den Abdruck in Anlage 1 zu § 60 AO). Nur die darin enthaltenen Festlegungen decken die Vorgaben des § 61 AO zur Vermögensbindung ab. Die steuerbegünstigten Körperschaften können für den Fall der Auflösung, Aufhebung oder des Wegfalls ihres steuerbegünstigten Zwecks bestimmen, dass

a) das Vermögen an eine im Vorhinein **genau zu benennende** (inländische) juristische Person des öffentlichen Rechts oder eine (andere) steuerbegünstigte Körperschaft auszukehren bzw. weiterzugeben ist. Dabei ist gleichzeitig bereits satzungsmäßig festzuschreiben, dass dieser Empfängerkörperschaft die Auflage zu machen ist, das übertragene Vermögen unmittelbar und ausschließlich für steuerbegünstigte Zwecke zu verwenden.

Damit kann die steuerbegünstigte Empfängerkörperschaft später selbst über den mit dem Vermögen zu verwirklichenden steuerbegünstigten Zweck bestimmen.

Hinweis: Die Finanzämter fordern bei erstmaliger Prüfung der Satzung dann regelmäßig die Vorlage einer Ablichtung des Freistellungsbescheides der benannten Körperschaft.

oder

b) der **Zweck,** für den das auszukehrende Vermögen später einmal zu verwenden ist, bereits **genau festgelegt** wird (siehe auch Tipke/Kruse, Rz. 1 zu § 61 AO). Dann kann auf die exakte Benennung der Empfängerkörperschaft verzichtet werden. Die Mustersatzung fordert für diese Fälle lediglich die Festlegung darauf, dass das Vermögen an (irgend-)eine juristische Person des öffentlichen Rechts oder (irgend-)eine steuerbegünstigte Körperschaft geht.

Der anzugebende Verwendungszweck muss nicht mit den satzungsmäßigen Zwecken der Körperschaft, die die Auskehrung vornimmt, übereinstimmen, er muss aber in jedem Fall steuerbegünstigt sein. Eine differenzierte Dokumentation und Behandlung solcher Mittel, die dem Zuwendenden seinerzeit einen erhöhten Abzugsbetrag i. H. von 10 % des Gesamtbetrags der Einkünfte vermittelten (§ 10b Abs. 1 EStG a. F.), erscheint vor dem Hintergrund des Wegfalls etwaiger Aufzeichnungs- und Nachweispflichten aufgrund der Vereinheitlichung der Höchstsätze auf 20 % durch das Gesetz zur weiteren Stärkung des bürgerschaftlichen Engagements vom 10.10.2007 (BStBl 2007 I S. 815) obsolet (siehe auch FinMin Schleswig-Holstein vom 01.06.2012 – VI 309 – S 0170-162).

Für Körperschaften, die **vor dem 31.12.2007** gegründet wurden, konnten **Ausnahmen** von der Vermögensbindung zugelassen werden. So bestand die Möglichkeit, die Vermögensbindung allgemein ohne Angabe des Verwendungszecks oder einer Empfängerkörperschaft abzufassen, wenn der Verwendungszweck aus zwingenden Gründen im Zeitpunkt der Aufstellung der Satzung noch nicht angegeben werden konnte (§ 62 Abs. 2 AO a. F.). Diese Ausnahmeregelung wurde mit Wirkung zum 01.01.2007 durch das Gesetz zur weiteren Stärkung des bürgerschaftlichen Engagements vom 10.10.2007 (BGBl 2007 I S. 2332, siehe Art. 97 § 1f EGAO) aufgehoben. Weitere Ausführungen hierzu siehe Tz. 2.11 der Vorauflage.

Weiter konnten **Betriebe gewerblicher Art** von Körperschaften des öffentlichen Rechts, die von einer Körperschaft des öffentlichen Rechts verwalteten **unselbständigen Stiftungen** und **geistliche Genossenschaften** (Orden, Kongregationen), die vor dem 01.01.2009 errichtet wurden, ganz auf die **Vermögensbindung** (siehe hierzu § 62 AO a. F. und Art. 97 § 1f EGAO sowie in Tz. 2.12 der Vorauflage) verzichten.

Mit dem Wegfall der vorgenannten Ausnahmeregelungen erfüllen Körperschaften, die sich auf diese Regelungen berufen haben und ihre Satzungen entsprechend abgefasst haben, ab dem Veranlagungszeitraum 2007 bzw. 2009 nicht mehr die sog. formelle Satzungsmäßigkeit. Eine Anpassung der Satzungen wird von den entsprechen Körperschaften jedoch erst gefordert, wenn sie (sonstige) Satzungsänderungen vornehmen, die nach dem 31.12.2008 wirksam werden (Art. 97 § 1f EGAO).

2.12.2 Folgen nachträglicher Änderung der Vermögensbindung

Für den Fall, dass die Bestimmung über die Vermögensbindung nachträglich in einer Weise geändert worden ist, dass sie den Anforderungen des § 55 Abs. 1 Nr. 4 AO und des § 61 AO nicht mehr entspricht, oder wenn durch die **tatsächliche Geschäftsführung** gegen den Grundsatz der Vermögensbindung **verstoßen** wird (Hinweis auf § 63 Abs. 2 AO), gilt die Vermögensbindung von Anfang an als nicht ausreichend. Dadurch soll die missbräuchliche Inanspruchnahme von Steuervergünstigungen ausgeschlossen werden. Ohne diese Regelung könnte im steuerfreien Bereich angesammeltes Vermögen oder könnten eingetretene Wertsteigerungen für nicht begünstigte Zwecke verwendet werden (z. B. durch Verteilung des Vermögens an Gesellschafter, Vereinsmitglieder oder Träger der Einrichtung).

§ 61 Abs. 3 AO sieht vor, dass in einem solchen Fall die **Steuern, die innerhalb der letzten 10 Jahre** vor der Verletzung der Bestimmungen über die Vermögensbindung entstanden sind, durch Erlass, Aufhebung oder Änderung von Steuerbescheiden **nacherhoben werden** (vgl. AEAO Nr. 3 zu § 61 AO, Anhang 1). Die Festsetzungsverjährung (§§ 169 ff. AO) bildet hier keine Grenze (vgl. auch § 175 Abs. 1 Nr. 2 AO). Wegen der Nachversteuerung bei der ErbSt vgl. Tz. 4.7.

Die Bestimmung über die Vermögensbindung in der Satzung einer GmbH oder eines eingetragenen Vereins ist (erst) dann i. S. des § 61 Abs. 3 Satz 1 AO geändert, wenn das **Änderungsverfahren durch die Eintragung der Satzungsänderung** im Handels- bzw. Vereinsregister **abgeschlossen ist**. Der Satzungsänderungsbeschluss der entscheidungsbefugten Organe der Körperschaft stellt für sich noch keine wirksame Satzungsänderung dar (BFH vom 25.04.2001 I R 22/00, BStBl 2001 II S. 518). Aufgrund der Erheblichkeit der Rechtsfolgen, die an eine schädliche Satzungsänderung geknüpft sind, ist in den o. g. Fällen eine Maßgeblichkeit des Beschlusszeitpunktes der zur Entscheidung befugten Organe bzw. Gesellschafter ausdrücklich nicht geboten. Ist die schädliche Satzungsänderung mangels Eintragung im Handels- bzw. Vereinsregister noch nicht wirksam und wird im Rahmen der tatsächlichen Geschäftsführung jedoch bereits entsprechend der angestrebten Satzungsänderung gemeinnützigkeitswidrig gehandelt, ist in dem betreffenden Jahr der Fehlverwendung i. V. m. § 63 Abs. 2 AO ein Verstoß i. S. des § 61 Abs. 3 AO erfüllt. Bei einem nichtrechtsfähigen Verein ist allerdings – mangels Registereintragung – auf den Satzungsänderungsbeschluss abzustellen. Die Festsetzungsfrist des § 169 AO beginnt mit Ablauf des Kalenderjahres, in dem das Ereignis eintritt, das steuerliche Wirkung für die Vergangenheit hat (siehe BFH vom 25.04.2001, a. a. O.).

2.12.3 Rückwirkende Besteuerung

Im Fall einer **rückwirkenden Besteuerung** ist so zu verfahren, als sei die Körperschaft von Anfang an uneingeschränkt steuerpflichtig gewesen. § 13 Abs. 3 Satz 1 KStG (Ansatz der Teilwerte bei Beginn und Erlöschen einer Steuerbefreiung; zur Anwendung des § 13 KStG siehe insbesondere Tz. 4.1.5) ist insoweit nicht anwendbar.

Verstöße gegen § 55 Abs. 1 und Abs. 3 AO, die nicht so schwerwiegend sind, dass sie einer Verwendung des gesamten Vermögens für satzungsfremde Zwecke gleichkommen, begründen die Möglichkeit einer **Nachversteuerung im Rahmen der Festsetzungsverjährung,** §§ 169 ff. AO unter gleichzeitiger Anwendung des § 13 Abs. 3 KStG (siehe auch Tz. 2.14.4, AEAO Nr. 4 zu § 61 AO, Anhang 1; so auch Müller-Gatermann in FR 1995 S. 261, **265**).

Die Nachversteuerung ist auch durchzuführen, wenn die Bestimmungen über die Vermögensbindung erst in einem Zeitpunkt geändert werden, in dem die Körperschaft die Voraussetzungen für steuerliche Vergünstigungen nicht mehr erfüllt.

> **Beispiel:**
>
> Ein steuerbegünstigter Verein hat in den Jahren 01 bis 03 einen Teil seiner Mittel **unzulässigerweise** einer Rücklage zugeführt. Darin kann nicht der Wegfall seines bisherigen Zwecks i. S. von § 55 Abs. 1 Nr. 4 und § 61 Abs. 1 AO gesehen werden. Der Verein büßt zwar die Steuervergünstigungen für die Jahre 01 bis 03 ein, für die vorangegangenen Jahre wird aber keine Nachversteuerung vorgenommen.
>
> Im Jahr 03 wird die bis zu diesem Zeitpunkt steuerlich ausreichende satzungsmäßige Vermögensbindung dahingehend geändert, dass das Vereinsvermögen im Fall der Auflösung an die Mitglieder zu verteilen ist. Dadurch ist die Vermögensbindung für steuerbegünstigte Zwecke aufgehoben worden. Die innerhalb der letzten 10 Jahre vor Aufhebung der Vermögensbindung entstandenen Steuern müssen nacherhoben werden. Für die Nachversteuerung ist es unerheblich, ob die Mittel noch im Vereinsvermögen vorhanden sind oder ob sie der Verein eventuell bereits für steuerbegünstigte Zwecke verwendet hat.

Zu den Problemen der Golfsportvereine, die wegen zu hoher Mitgliedsbeiträge und -umlagen aus der Gemeinnützigkeit ausscheiden (wollen), siehe Müller-Gatermann in FR 1995 S. 261, **264**.

Insgesamt stellt sich ein „Ausstieg" aus einer bestehenden Steuerbegünstigung als problematisch dar. Das Abgabenrecht sieht keine gesonderte Regelung für den Fall vor, dass eine Körperschaft, die zunächst über Jahre hinweg als steuerbegünstigt anerkannt war, ihren Status aufgibt, ohne gleichsam die weiter unten dargestellten (weitreichenden) Folgen einer Nachversteuerung gem. § 61 Abs. 3 AO in Kauf nehmen zu müssen.

Die steuerlichen Folgerungen, die sich bei Körperschaften durch den Wegfall einer ausreichenden Vermögensbindung ergeben, können unter Umständen **sehr schwerwiegend** sein. Es ist deshalb erforderlich, den Bestimmungen über die Vermögensbindung **besondere Beachtung** zu widmen. Für die betreffenden Jahre unterliegt die Körperschaft nach den allgemeinen Regelungen der Besteuerung (siehe auch Becker, DStR 2010 S. 953). **Die „nachträglichen" Folgen** werden sich also im Wesentlichen in folgenden Bereichen ergeben:

- „nachträgliche" Besteuerung der Überschüsse aus der Vermögensverwaltung (z. B. Miet- und Zinseinkünfte entsprechend den Regelungen der §§ 20 und 21 EStG),

- „nachträgliche" Besteuerung der Gewinne aus den bisher als Zweckbetrieb nach §§ 65 ff. AO steuerfrei gestellten wirtschaftlichen Geschäftsbetrieben und den Gewinnen aus solchen Geschäftsbetrieben, die wegen Unterschreitens der Besteuerungsgrenze nach § 64 Abs. 3 AO (siehe Tz. 2.14.6) bisher nicht erfasst wurden (= i. d. R. als Einkünfte aus Gewerbebetrieb, § 15 EStG). Hier dürfte regelmäßig neben der KSt auch GewSt anfallen,

- für die Umsätze im Bereich der Vermögensverwaltung und der Zweckbetriebe entfällt im Nachhinein der begünstigte Umsatzsteuersatz (= zzt. 7 %; § 12 Abs. 2 Nr. 8 UStG). Auch diese Umsätze werden also dann dem Regelsteuersatz von zzt. 19 % unterworfen. Wenn bestimmte Umsätze wegen der Steuerbegünstigung bisher umsatzsteuerfrei vereinnahmt wurden, wird eine entsprechende Nacherhebung der Umsatzsteuer durchgeführt werden,

- Spenden und Zustiftungen, die zunächst nicht der Schenkung- bzw. ErbSt unterlegen haben, können „nachträglich" mit einer entsprechenden Steuer belastet werden (siehe § 13 Abs. 1 Nr. 16 Buchst. b ErbStG, siehe Tz. 4.8),

- die Berechtigung zum Empfang steuerlich abzugsfähiger Spenden wird entfallen. Gleichzeitig kann eine Haftungsverpflichtung wegen fehlverwendeter Spenden nach Maßgabe der § 10b Abs. 4 EStG, § 9 Abs. 3 KStG entstehen (siehe dazu Tz. 3.8),

- ggf. droht auch die Rückforderung solcher Zuschüsse, die seinerzeit auf der Grundlage der Steuerbegünstigung erlangt wurden.

Eine Nachversteuerung gem. § 61 Abs. 3 AO ist auch vorzunehmen, wenn die Körperschaft mit der tatsächlichen Geschäftsführung gegen die geforderte Vermögensbindung verstößt (Hinweis auf § 63 AO, Tz. 2.14.3). Allerdings können auch Verstöße gegen § 55 Abs. 1 Nr. 1 bis 3 AO im Rahmen der tatsächlichen Geschäftsführung so schwerwiegend sein, dass sie einer Verwendung des gesamten Vermögens für satzungsfremde Zwecke gleichkommen und eine Nachversteuerung nach § 61 Abs. 3 AO geboten ist (vgl. BFH-Urteil vom 12.10.2010 I R 59/09, BStBl 2012 II S. 226; AEAO Nr. 6 zu § 61 AO, Anhang 1).

Die satzungsmäßige Vermögensbindung hat schon dann einzugreifen, wenn der begünstigte Zweck **satzungsmäßig** oder auch **tatsächlich** aufgegeben wird (Wegfall des bisherigen Zwecks). In diesem Fall muss das Vermögen dem nach der Satzung vorgesehenen Zweck zugeführt werden. Geschieht das nicht, so kann darin ein schwerwiegender Verstoß gegen die **Vermögensbindung** in tatsächlicher Hinsicht gesehen werden. Die Vermögensbindung greift jedoch dann nicht ein, wenn der bisherige (steuerbegünstigte) Zweck durch einen anderen, **ebenfalls steuerbegünstigten** Zweck satzungsmäßig und tatsächlich ersetzt wird (siehe § 5 der Mustersatzung, Anlage 1 zu § 60 AO).

2.13 § 62 AO: Rücklagen und Vermögensbildung

(1) Körperschaften können ihre Mittel ganz oder teilweise
1. einer Rücklage zuführen, soweit dies erforderlich ist, um ihre steuerbegünstigten, satzungsmäßigen Zwecke nachhaltig zu erfüllen;
2. einer Rücklage für die beabsichtigte Wiederbeschaffung von Wirtschaftsgütern zuführen, die zur Verwirklichung der steuerbegünstigten, satzungsmäßigen Zwecke erforderlich sind (Rücklage für Wiederbeschaffung). ₂Die Höhe der Zuführung bemisst sich nach der Höhe der regulären Absetzungen für Abnutzung eines zu ersetzenden Wirtschaftsguts. ₃Die Voraussetzungen für eine höhere Zuführung sind nachzuweisen;
3. der freien Rücklage zuführen, jedoch höchstens ein Drittel des Überschusses aus der Vermögensverwaltung und darüber hinaus höchstens 10 Prozent der sonstigen nach § 55 Absatz 1 Nummer 5 zeitnah zu verwendenden Mittel. ₂Ist der Höchstbetrag für die Bildung der freien Rücklage in einem Jahr nicht ausgeschöpft, kann diese unterbliebene Zuführung in den folgenden zwei Jahren nachgeholt werden;
4. einer Rücklage zum Erwerb von Gesellschaftsrechten zur Erhaltung der prozentualen Beteiligung an Kapitalgesellschaften zuführen, wobei die Höhe dieser Rücklage die Höhe der Rücklage nach Nummer 3 mindert.

(2) ₁Die Bildung von Rücklagen nach Absatz 1 hat innerhalb der Frist des § 55 Absatz 1 Nummer 5 Satz 3 zu erfolgen. ₂Rücklagen nach Absatz 1 Nummer 1, 2 und 4 sind unverzüglich aufzulösen, sobald der Grund für die Rücklagenbildung entfallen ist. ₃Die freigewordenen Mittel sind innerhalb der Frist nach § 55 Absatz 1 Nummer 5 Satz 3 zu verwenden.

(3) Die folgenden Mittelzuführungen unterliegen nicht der zeitnahen Mittelverwendung nach § 55 Absatz 1 Nummer 5:
1. Zuwendungen von Todes wegen, wenn der Erblasser keine Verwendung für den laufenden Aufwand der Körperschaft vorgeschrieben hat;
2. Zuwendungen, bei denen der Zuwendende ausdrücklich erklärt, dass diese zur Ausstattung der Körperschaft mit Vermögen oder zur Erhöhung des Vermögens bestimmt sind;
3. Zuwendungen auf Grund eines Spendenaufrufs der Körperschaft, wenn aus dem Spendenaufruf ersichtlich ist, dass Beträge zur Aufstockung des Vermögens erbeten werden;
4. Sachzuwendungen, die ihrer Natur nach zum Vermögen gehören.

(4) Eine Stiftung kann im Jahr ihrer Errichtung und in den drei folgenden Kalenderjahren Überschüsse aus der Vermögensverwaltung und die Gewinne aus wirtschaftlichen Geschäftsbetrieben nach § 14 ganz oder teilweise ihrem Vermögen zuführen.

Hinweis: *Durch das Ehrenamtsstärkungsgesetz vom 21.03.2013 (BGBl 2013 I S. 556) wurde neben inhaltlichen Änderungen auch der systematische Aufbau der gemeinnützigkeitsrechtlichen Vorschriften überarbeitet. In diesem Zusammenhang wurden die bislang in § 58 Nr. 6, 7, 11 und 12 AO angesiedelten Bestimmungen zur Rücklagenbildung sowie zur Bildung zulässigen Vermögens mit Wirkung zum 01.01.2014 in den § 62 AO verlagert. Diese Vorschrift, die innerhalb bereits überholter Gesetzgebung verschiedene Ausnahmen von der satzungsmäßigen Vermögensbindung zum Gegenstand hatte, wurde durch das JStG 2007 zunächst eingeschränkt und durch das JStG 2009 schließlich insgesamt aufgehoben (vgl. Tz. 2.12 in der Vorauflage). Auf diese Weise können nunmehr die „gesammelten" Ausnahmetatbestände zum Grundsatz der zeitnahen Mittelver-*

2.13 § 62 AO: Rücklagen und Vermögensbildung

wendung (§ 55 Abs. 1 Nr. 5 AO) an dieser Stelle wiedergefunden werden. Zugunsten einer (weiteren) Einhaltung der satzungsmäßigen Voraussetzungen ist es nicht erforderlich, dass etwaige Verweise auf die bislang im § 58 AO verorteten Vorschriften nach Inkrafttreten des § 62 AO n. F. angepasst werden (siehe Seer in Tipke/Kruse, AO/FGO, Tz. 1 zu § 62 AO).

2.13.1 Gebundene Rücklagen

Die steuerbegünstigten Körperschaften unterliegen vom Grundsatz her der Verpflichtung, ihre Mittel zeitnah für die satzungsmäßigen Zwecke einzusetzen (§ 55 Abs. 1 Nr. 5 AO, siehe Tz. 2.5.9). Eine Thesaurierung selbst erwirtschafteter Mittel ist nur in den (engen) Grenzen des § 62 Abs. 1 und 4 AO (bis 31.12.2013: § 58 Nr. 6, 7 und 12 AO) möglich, wobei es sich jeweils um Ausnahmetatbestände handelt (siehe BFH-Urteil vom 13.09.1989 I R 19/85, BStBl 1990 II S. 28). Zum Begriff der Mittel sowie zur zeitnahen Mittelverwendungspflicht siehe Tz. 2.5.5 und 2.5.9. Zu Zuwendungen, die dem Vermögen zugeordnet werden dürfen, siehe § 62 Abs. 3 AO (bis 31.12.2013: § 58 Nr. 11 AO) und Tz. 2.13.3.

Die steuerbegünstigten Körperschaften dürfen nach Maßgabe des § 62 Abs. 1 Nr. 1 und 2 AO (bis 31.12.2013: § 58 Nr. 6 AO) davon absehen, ihre Mittel (sofort) ganz oder teilweise für steuerbegünstigte Zwecke einzusetzen, wenn **ohne die Ansammlung der Mittel die steuerbegünstigten Zwecke nicht nachhaltig erfüllt werden können**. Der Gesetzgeber verwendet für diese Art der Ansammlung von Mitteln den Begriff der „Bildung einer Rücklage". Es ist allerdings zu beachten, dass dieser Rücklagenbegriff **nicht mit dem Rücklagenbegriff in der Handels- oder Steuerbilanz identisch** ist (siehe dazu auch das Beispiel in Tz. 2.5.9.1.2).

Ungeachtet der Tatsache, dass eine Rücklagenbildung nach vernünftigen kaufmännischen Erwägungen auch in den Bereichen der Vermögensverwaltung sowie innerhalb eines steuerpflichtigen wirtschaftlichen Geschäftsbetriebs möglich ist (siehe bereits zu Tz. 2.5.5, 2.5.9.4 sowie AEAO Nr. 1 zu § 62 AO und Tz. 2.13.1.4), ist die Bildung einer (gebundenen) Rücklage nach Maßgabe des § 62 Abs. 1 Nr. 1 und 2 AO der Verwirklichung der satzungsmäßigen Zwecke untergeordnet und kann nur zugunsten einer Förderung selbiger erfolgen. Mithin kann eine Rücklagenbildung im o. g. Sinne nicht mit der Begründung vorgenommen werden, dass die Überlegungen zur Verwendung der Mittel noch nicht abgeschlossen sind (AEAO Nr. 2 zu § 62 Abs. 1 AO, Anhang 1).

Während das Gesetz bis zum 31.12.2013 mit dem § 58 Nr. 6 AO eine einheitliche Vorschrift für die Bildung von Rücklagen vorsah, die allgemein einer nachhaltigen Zweckerfüllung dienlich sind sowie an die Wiederbeschaffung von Wirtschaftsgütern, welche innerhalb der begünstigten Sphären Verwendung finden, anknüpfen, werden die zugrunde liegenden Tatbestände durch das Ehrenamtsstärkungsgesetz mit Wirkung zum 01.01.2014 zwei eigenständigen Normen (§ 62 Abs. 1 Nr. 1 bzw. 2 AO) zugeordnet.

2.13.1.1 Rücklagen zur nachhaltigen Zweckerfüllung (§ 62 Abs. 1 Nr. 1 AO)

Eine Rücklagenbildung i. S. des § 62 Abs. 1 Nr. 1 AO ist nur zulässig, wenn die Körperschaft ohne die Rücklage die steuerbegünstigten satzungsmäßigen Zwecke nicht nachhaltig erfüllen kann. Es reicht nicht aus, wenn durch die Rücklagenbildung ganz allgemein die Leistungsfähigkeit der Körperschaft erhalten oder gesteigert werden soll (AEAO Nr. 4 zu § 62 Abs. 1 Nr. 1 AO; siehe insoweit jedoch die Möglichkeit der Rücklagenbildung nach § 62 Abs. 1 Nr. 3 AO [bis 31.12.2013: § 58

Nr. 7 AO], Tz. 2.13.2; für Stiftungen gilt zusätzlich § 62 Abs. 4 AO [bis 31.12.2013: § 58 Nr. 12 AO], siehe Tz. 2.13.4). Die Mittel müssen vielmehr **im Vorhinein** für bestimmte satzungsmäßige Vorhaben (z. B. die Finanzierung eines zweckverwirklichenden Projekts = **Projektrücklage** oder die erstmalige Anschaffung eines den Satzungszwecken dienlichen Wirtschaftsgutes = **Investitionsrücklage**) angesammelt werden, für deren Umsetzung im Zeitpunkt der Rücklagenbildung bereits konkrete inhaltliche und zeitliche Vorstellungen bestehen („irgendwann einmal" genügt nicht). Für den Fall, dass für ein bestimmtes Vorhaben ein genauer Zeitpunkt für die Durchführung noch nicht endgültig festgelegt ist, die spätere Umsetzung aber glaubhaft ist und bei den finanziellen Verhältnissen der steuerbegünstigten Körperschaft in einem angemessenen – überschaubaren – Zeitraum auch verwirklicht werden kann, ist auch insoweit eine Rücklagenbildung zulässig (z. B. bei einer Reparaturmaßnahme, bei der der genaue Zeitpunkt der Durchführung der Maßnahme nicht genau vorhersehbar ist, vgl. AEAO Nr. 4 zu § 62 Abs. 1 Nr. 1 AO, Anhang 1). Grundsätzlich sollte dabei ein Zeitraum von 6 Jahren nicht überschritten werden (vgl. Rundverfügung der OFD Frankfurt a. M. vom 17.02.2014 II. Tz. 2.1).

Die Einschränkung der Rücklagenbildung – „soweit dies erforderlich ist" – beschränkt die Rücklagenbildung dem Grunde und der Höhe nach (Thiel, DB 1992 S. 1900, m. w. N.). Thiel zieht daraus m. E. zu Recht die Konsequenz, dass bei einer Rücklagenbildung für ein erst nach einigen Jahren zu verwirklichendes Projekt der in die Rücklage einzustellende Betrag abzuzinsen ist. Dabei kann aus Vereinfachungsgründen der in § 12 Abs. 3 BewG vorgegebene Zinssatz von 5,5 % angewendet werden.

Bei der Rücklagenbildung nach § 62 Abs. 1 Nr. 1 AO kommt es auf die Herkunft der Mittel nicht an. Einer entsprechenden Rücklage können also alle Mittel, die der zeitnahen Verwendungspflicht unterliegen (z. B. auch Spendenmittel oder laufende Vermögenserträge), zugeführt werden.

Beispiele zulässiger Rücklagen i. S. des § 62 Abs. 1 Nr. 1 AO:

a) Ein Sportverein beabsichtigt, ein Grundstück zu erwerben, um darauf eine **neue Sportanlage** zu errichten. Um den Erwerb des Grundstücks und die Herstellungskosten der geplanten Sportanlage finanzieren zu können, sammelt der Verein Mittel an.

b) Ein Verein will in späteren Jahren eine umfangreiche **wissenschaftliche Vortragsreihe** durchführen. Zur Finanzierung ist die Ansammlung von Mitteln erforderlich.

c) Um Vorsorge für den Fall zu treffen, dass die für **periodisch wiederkehrende Ausgaben** einzusetzenden Mittel (z. B. Löhne, Gehälter, Mieten, verbindlich zugesagte Stipendien) zu späterer Zeit einmal nicht in der erforderlichen Höhe zur Verfügung stehen, kann eine steuerbegünstigte Körperschaft zulässigerweise in Höhe des Mittelbedarfs für eine angemessene Zeitperiode Mittel ansammeln (sog. **Betriebsmittelrücklage** = Mittel für „schlechte Zeiten"), vgl. dazu AEAO Nr. 4 zu § 62 Abs. 1 Nr. 1 AO, Anhang 1.

Nur die wiederkehrenden Ausgaben im o. a. Sinne (= laufende Verpflichtungen gegenüber Dritten) können in die Berechnung der Betriebsmittelrücklage einbezogen werden. So muss z. B. die AfA unberücksichtigt bleiben. Zur Festlegung der sachgerechten Höhe einer Betriebsmittelrücklage ist die Gesamtsituation der Körperschaft zu würdigen. Dabei ist insbesondere zu berücksichtigen, wie sich die Liquidität der betreffenden Einrichtung darstellt. Ausdrücklich unbeachtlich soll hingegen die Frage danach sein, ob zur Abdeckung der anfallenden Aufwendungen bereits angesammelte freie Rücklagen nach § 62 Abs. 1 Nr. 3 AO (bis 31.12.2013: § 58 Nr. 7 Buchst. a AO) zur Verfügung stehen. Die Rücklage nach § 62 Abs. 1 Nr. 1 AO kann unabhängig von dem Vorhandensein und der Höhe einer Rücklage nach § 62 Abs. 1 Nr. 3 AO gebildet werden (AEAO Nr. 5 zu § 62 Abs. 1

Nr. 1 AO i. d. F. des BMF-Schreibens vom 31.01.2014; anders noch in der Vorauflage).

Es kann keine allgemeingültige Zeitperiode (der Mittelbedarf für ein, zwei oder ggf. bis zu 12 Monate) für die Berechnung der (noch zulässigen) Höhe einer Rücklage dieser Art angegeben werden. Dabei muss man sich an den Verhältnissen des jeweiligen Einzelfalls orientieren und darauf abstellen, in welchem Maß bzw. in welcher Höhe die Körperschaft mit regelmäßigen Einnahmen rechnen kann und in welchem Umfang sie nach den bestehenden Erfahrungen tatsächlich mit einer Gefährdung der Einnahmen rechnen muss. Anhaltspunkte dafür können u. a. auch die tatsächlich eingetretenen Forderungsausfälle in den abgelaufenen Veranlagungszeiträumen geben. Dabei ist die Zeitperiode umso weiter zu fassen, je „unsicherer" die Einnahmen sind. So kann bei einer Körperschaft, die sich überwiegend aus „unsicheren" und unregelmäßig fließenden Spenden finanziert, eine größere Zeitspanne als angemessen angesehen werden als bei einer Körperschaft, deren Einnahmen z. B. überwiegend aus „sicheren" öffentlichen Zuschüssen oder aus „sicheren" Entgelten (wie z. B. bei Krankenhäusern) bestehen. Werden fast ausschließlich „sichere" Einnahmen erzielt, kann allenfalls der Mittelbedarf für einen Monat in eine Betriebsmittelrücklage eingestellt werden. Finanziert die Körperschaft den laufenden Betrieb neben „sicheren" Einnahmen auch mit sonstigen Einnahmen wie Zuschüssen, Spenden etc., ist je nach Einzelfall von einem 2- oder 3-monatigen Mittelbedarf auszugehen. Nur dann, wenn überwiegend „unsichere" Einnahmen vorliegen, kann über die vorgenannte Größenordnung hinausgegangen werden (siehe auch Buchna/Koopmann, Die steuerliche Betriebsprüfung 1998 S. 225, 253).

d) Die **Versorgung der Mitglieder einer Ordensgemeinschaft** ist regelmäßig Bestandteil der Statuten des Ordens. Zur Sicherstellung ihrer Versorgungsverpflichtung sammeln diese Einrichtungen zum Teil erhebliche Mittel an. Diese Mittelansammlungen haben entweder den Charakter einer Pensionsrückstellung (vgl. § 6a EStG) oder sind gemeinnützigkeitsrechtlich als Rücklage i. S. des § 62 Abs. 1 Nr. 1 AO zu werten. Zur Bestimmung der (zulässigen) Höhe der Altersversorgungsmittel kann m. E. grundsätzlich auf die Grundsätze zur Ermittlung von Pensionsrückstellungen nach § 6a EStG zurückgegriffen werden. Ausgangsgröße ist dabei nicht eine zugesagte Rente oder Pension, sondern der zu erwartende (monatliche) Aufwand, der für die Versorgung der betreffenden Mitglieder voraussichtlich entstehen wird. Die künftig anfallenden Aufwendungen hierfür entstehen daher in Abhängigkeit zur jeweils anzunehmenden künftigen Versorgung (Versorgung zusammen mit den aktiven Ordensmitgliedern, Versorgung in einer ordenseigenen Alteneinrichtung oder Versorgung in einer „fremden" Alten- oder Pflegeeinrichtung). Die mit der Anlage dieser Mittel erwirtschafteten Vermögenserträge (Zinsen, Mieten etc.) stehen für die Bildung einer freien Rücklage nach § 62 Abs. 1 Nr. 3 AO (bis 31.12.2013: § 58 Nr. 7 Buchst. a AO) nicht zur Verfügung (siehe hierzu auch Tz. 2.8.7).

e) Die vorsorgliche Bildung einer Rücklage zur Bezahlung von **Steuern außerhalb eines steuerpflichtigen wirtschaftlichen Geschäftsbetriebs,** solange Unklarheit darüber besteht, ob die Körperschaft insoweit in Anspruch genommen wird (AEAO Nr. 4 zu § 62 Abs. 1 Nr. 1 AO, Anhang 1).

Da eine Rücklagenbildung nach § 62 Abs. 1 Nr. 1 AO die Aufrechterhaltung der Liquidität der betreffenden Körperschaft zum Ziel hat, um auf die Weise eine nachhaltige und unmittelbare Verwirklichung der (eigenen) Satzungszwecke zu gewährleisten, rechtfertigt eine beabsichtigte Vermögensausstattung nach § 58 Nr. 3 AO (siehe Tz. 2.8.3) keine Rücklagenbildung nach § 62 Abs. 1 Nr. 1 AO (AEAO Nr. 4 zu § 62 Abs. 1 Nr. 1 AO). Während die Option zur planmäßigen und vorübergehenden Thesaurierung von Mitteln, die grundsätzlich der zeitnahen Verwendungspflicht unterliegen, nur zugunsten einer Investition in unmittelbar begünstigte Vorhaben bzw. den Satzungszwecken dienliche Wirtschaftsgüter möglich ist, wird durch ein Endowment i. S. des § 58 Nr. 3 AO der Weg für eine allenfalls mittelbare Förderung (durch die Erträge des hingegebenen Vermögens) geebnet (a. A. Kirchhain in DStR 2014 S. 291 sowie Hüttemann in DB 2014 S. 446). Von dem Ausschluss einer Endowment-Rücklage unberührt bleibt die Zulässigkeit einer Bildung von Rücklagen durch eine Mittelbeschaffungskörperschaft i. S. des § 58 Nr. 1 AO (siehe BFH-Urteil vom 13.09.1989 I R 19/85 BStBl 1990 II S. 28).

2.13.1.2 Rücklagen für Wiederbeschaffung (§ 62 Abs. 1 Nr. 2 AO)

Die bis zum 31.12.2013 gemeinsam mit den Projekt- und Betriebsmittelrücklagen unter die Vorschrift des § 58 Nr. 6 AO zu subsumierende Möglichkeit der Rücklagenbildung für Wirtschaftsgüter, die einer Ersatzbeschaffung bedürfen, findet sich seit dem 01.01.2014 unter den eigenständigen Bestimmungen des § 62 Abs. 1 Nr. 2 AO.

Danach ist es auch zulässig, dass eine steuerbegünstigte Körperschaft Mittel für die Wiederbeschaffung von Wirtschaftsgütern ansammelt, zu deren Anschaffung die laufenden Einnahmen nicht ausreichen und die für satzungsmäßige Zwecke eingesetzt sind. Nach dem Gesetzeswortlaut kann eine Rücklagenbildung in Höhe der regulären Absetzungen für Abnutzung des zu ersetzenden Wirtschaftsgutes erfolgen. Eines besonderen Nachweises bedarf es nur für den Fall, dass eine höhere Zuführung beabsichtigt ist (z. B. durch erhöhte Anschaffungskosten, die mit einem moderneren oder hochwertigeren Ersatz-Wirtschaftsgut einhergehen oder die frühzeitige Ersetzung des betreffenden Wirtschaftsgutes). Eine Rücklagenbildung nach § 62 Abs. 1 Nr. 2 AO kann – ebenso wie eine vorübergehende Mittelthesaurierung nach § 62 Abs. 1 Nr. 1 AO (mit Ausnahme einer Rücklagenbildung für Steuern außerhalb eines steuerpflichtigen wirtschaftlichen Geschäftsbetriebs; siehe Tz. 2.13.1.1) – nicht rein vorsorglich erfolgen, sondern muss von der tatsächlichen Absicht der Wiederbeschaffung geleitet sein. Während die Wiederbeschaffungsabsicht bislang für jedes Wirtschaftsgut gesondert glaubhaft gemacht werden musste, reicht es für eine positive Nachweisführung nach Maßgabe des BMF-Schreibens vom 31.01.2014 nunmehr aus, wenn eine Rücklagenbildung nach § 62 Abs. 1 Nr. 2 AO stattfindet (siehe AEAO Nr. 6 zu § 62 Abs. 1 Nr. 2 AO). Lediglich für Immobilien sollen (weiterhin) höhere Anforderungen an eine Darstellung der Wiederbeschaffungsabsicht gestellt werden, um zu vermeiden, dass über Jahr(zehnt)e pauschal Rücklagen gebildet werden, die tatsächlich nicht in einen Neubau, eine Erweiterung bzw. eine grundlegende Sanierung investiert werden, allerdings in der Zwischenzeit einer gemeinnützigen Mittelverwendung entzogen sind.

2.13.1.3 Darstellung von Rücklagen nach § 62 Abs. 1 Nr. 1 und 2 AO

Zu der Frage, wie die steuerbegünstigten Körperschaften die Bildung von Rücklagen i. S. des § 62 Abs. 1 Nr. 1 und 2 AO darzustellen bzw. nachzuweisen haben, ist im Gesetz selbst keine Aussage gemacht. Der AEAO Nr. 14 zu § 62 Abs. 2 AO (siehe Anhang 1) enthält dazu lediglich den Hinweis, dass die steuerbegünstigten Körperschaften dem Finanzamt die Voraussetzungen für die **Bildung einer Rücklage im Einzelnen darzulegen** (soweit dies nach den vorstehenden Grundsätzen erforderlich ist) und in der Rechnungslegung – ggf. in einer besonderen Nebenrechnung – auszuweisen haben. Eine Kontrolle soll jederzeit und ohne besonderen Aufwand möglich sein (siehe auch BFH vom 20.12.1978 I R 21/76, BStBl 1979 II S. 496).

Bei bilanzierenden Körperschaften kann nicht ohne Weiteres von den in der Bilanz ausgewiesenen („bilanztechnischen") Rücklagen auf Mittel geschlossen werden, die (noch) der Pflicht zur zeitnahen Verwendung für steuerbegünstigte Zwecke unterliegen (vgl. dazu Tz. 2.5.9.1.2).

Es genügt danach nicht, Mittel für einen bestimmten begünstigten Zweck anzusammeln und im Reinvermögen (undifferenziert) auszuweisen. Bilanzierende Körperschaften sollten daher eine Rücklage nach § 62 Abs. 1 Nr. 1 und 2 AO (soweit möglich) gesondert **in der Bilanz** auch als solche offen, d. h. getrennt vom übrigen Reinvermögen, ausweisen und in den Anlagen zur Bilanz **erläutern**. Nicht bilanzierende Körperschaften sollten ihrem jährlichen Geschäftsbericht bzw. ihrer Körperschaftsteuererklärung eine gesonderte Aufstellung (Nebenrechnung) über die Bildung und Fortentwicklung der jeweiligen Rücklage nach § 62 Abs. 1 Nr. 1 bzw. 2 AO sowie eine Ausfertigung des Beschlusses der Körperschaft beifügen, in dem Aussagen zur beabsichtigten Verwendung der angesammelten Mittel enthalten sind.

Zur Ermittlung der bei einer Körperschaft (noch) zeitnah zu verwendenden Mittel bzw. der Mittel, die einer Rücklage zugeführt werden können, verweise ich auf die Ausführungen unter Tz. 2.5.9.1 – Stichwort: Mittelverwendungsrechnung.

Zu den Mitteln i. S. des § 55 Abs. 1 Nr. 1 AO gehören auch die Überschüsse aus steuerpflichtigen wirtschaftlichen Geschäftsbetrieben (nach Abzug der darauf entfallenden Steuern). Sie können daher unter den allgemeinen Voraussetzungen einer Rücklage i. S. des § 62 Abs. 1 Nr. 1 und 2 AO zugeführt werden. Der steuerpflichtige Überschuss aus dem **wirtschaftlichen Geschäftsbetrieb** darf dadurch aber nicht geschmälert werden; die Zuführung zu der **Rücklage kann also nicht steuerfrei erfolgen** (siehe AEAO Nr. 8 zu § 62 Abs. 1 Nr. 2 AO, Anhang 1).

Da ein **Zweckbetrieb** i. S. der §§ 65 bis 68 AO ein wirtschaftlicher Geschäftsbetrieb (§ 14 AO, Tz. 2.14) ist, der gerade wegen seiner engen Verbindung bzw. Übereinstimmung mit der satzungsmäßigen Betätigung der steuerbegünstigten Körperschaft dem steuerfreien Bereich zugeordnet ist, ist eine Rücklagenbildung i. S. des § 62 Abs. 1 Nr. 1 und 2 AO auch für bzw. im Rahmen eines Zweckbetriebs unter den allgemeinen Voraussetzungen möglich.

2.13.1.4 Bildung von Rücklagen in steuerpflichtigen wirtschaftlichen Geschäftsbetrieben und im Bereich der Vermögensverwaltung

Werden Rücklagen innerhalb der steuerpflichtigen wirtschaftlichen Geschäftsbetriebe und im Bereich der Vermögensverwaltung gebildet, werden entsprechende Mittel auf dieser Stufe zunächst zurückgehalten und damit nicht für eine zeitnahe Verwirklichung der Satzungszwecke verwendet.

Die Finanzverwaltung und die Rechtsprechung lassen die Thesaurierung von Mitteln auf diesen Ebenen zu, wenn dies zur Existenzsicherung des Geschäftsbetriebs und/oder Erhaltung der Vermögensanlage wirtschaftlich geboten ist (siehe bereits zu Tz. 2.5.5, 2.5.9.4 und Tz. 2.13.1 sowie AEAO Nr. 1 zu § 62 AO). So ist die **Bildung von Rücklagen im steuerpflichtigen wirtschaftlichen Geschäftsbetrieb und im Bereich der Vermögensverwaltung** nach AEAO Nr. 2 zu § 55 Abs. 1 Nr. 1 AO (Anhang 1) nicht ausgeschlossen. Die Rücklagen müssen bei vernünftiger kaufmännischer Beurteilung wirtschaftlich begründet sein (entsprechend § 14 Nr. 5 KStG). Für die Bildung einer Rücklage im steuerpflichtigen wirtschaftlichen Geschäftsbetrieb muss ein konkreter Anlass gegeben sein, der auch aus objektiver unternehmerischer Sicht die Bildung der Rücklage rechtfertigt (z. B. eine geplante Betriebsverlegung, Werkserneuerung oder Kapazitätserweiterung).

In diesem Sinne hält der BFH die Thesaurierung von Gewinnen in einem steuerpflichtigen wirtschaftlichen Geschäftsbetrieb grundsätzlich für zulässig. Im Urteilsfall wurde vorgetragen, dass die (besonders hohe) Rücklage wegen einer zur Existenzsicherung notwendigen Marktanpassung und Betriebserweiterung notwendig gewesen sei. Den Nachweis, dass diese Maßnahme aus betriebswirtschaftlicher Sicht geboten ist, hat die Körperschaft zu erbringen (BFH vom 15.07.1998 I R 156/94, BStBl 2002 II S. 162; siehe auch BMF-Schreiben vom 15.02.2002, BStBl 2002 I S. 267). Voraussetzung ist jedoch, dass die Mittel für eine etwaige Rücklage ebenfalls aus dem steuerpflichtigen wirtschaftlichen Geschäftsbetrieb stammen (vgl. Rundverfügung der OFD Frankfurt a. M. vom 17.02.2014 II. Tz. 2.3.2).

Auch im Bereich der Vermögensverwaltung dürfen **Rücklagen für die Durchführung konkreter Reparatur- oder Erhaltungsmaßnahmen** an Vermögensgegenständen i. S. des § 21 EStG gebildet werden. Die Maßnahmen, für deren Durchführung die Rücklagen gebildet werden, müssen notwendig sein, um den ordnungsgemäßen Zustand des Vermögensgegenstandes zu erhalten oder wiederherzustellen, und in einem angemessenen Zeitraum durchgeführt werden können (z. B. geplante Erneuerung eines undichten Daches; AEAO Nr. 1 zu § 62 AO, Anhang 1). Da mit diesen Rücklagen die steuerbegünstigten Zwecke als solche nicht unmittelbar gefördert werden, handelt es sich hier nicht um „klassische" Rücklagen nach § 62 Abs. 1 Nr. 1 und 2 AO. Diese Mittelansammlung und ihr Einsatz im „satzungsfremden" Bereich der Körperschaft stellt dem Grunde nach eine schädliche Mittelverwendung nach § 55 AO dar. Sie kann in sinngemäßer Anwendung der Ausführungen zu Tz. 2.5.5.2.5 aus gemeinnützigkeitsrechtlicher Sicht geduldet werden (= Stichwort „Mittelverbrauch" und Risikoabwägung in Bezug auf die in diesem Bereich eingesetzten Mittel).

Sammelt die Körperschaft Abschreibungsbeträge für Wirtschaftsgüter der Vermögensverwaltung gesondert an (Stichwort: „Umschichtungsmittel" in Tz. 2.5.9.4), sind diese mit Rücklagen für Erhaltungsmaßnahmen zu verrechnen. Im Zeitpunkt des Abflusses der „Reparaturmittel" mindern diese Beträge als „Unkosten" die Bemessungsgrundlage für die Bildung freier Rücklagen nach § 62 Abs. 1 Nr. 3 AO (bis 31.12.2013: § 58 Nr. 7 Buchst. a AO; siehe Tz. 2.8.7).

2.13.2 Weitere Rücklagen (§ 62 Abs. 1 Nr. 3 und 4 AO)

Durch das Steuerbereinigungsgesetz 1986 vom 19.12.1985 (BStBl 1985 I S. 735, 742) ist seinerzeit die Nr. 7 in § 58 AO a. F. neu eingefügt worden. Den steuerbegünstigten Körperschaften war danach mit Wirkung ab dem 01.01.1985 die Möglichkeit gegeben, **jährlich** bis zu einem „Viertel ihrer Überschüsse aus den Einnahmen über die Unkosten" aus vermögensverwaltender Tätigkeit (Tz. 2.15.3) in eine **freie Rücklage,** deren Gesamthöhe nicht beschränkt ist, einzustellen (§ 62 Abs. 1 Nr. 3 AO, bis 31.12.2013: § 58 Nr. 7 Buchst. **a** AO). Seit dem 01.01.2000 besteht die Möglichkeit, **bis zu einem Drittel** des Überschusses der Einnahmen über die Unkosten aus der Vermögensverwaltung und darüber hinaus höchstens 10 % der sonstigen nach § 55 Abs. 1 Nr. 5 AO zeitnah zu verwendenden Mittel der freien Rücklage nach § 62 Abs. 1 Nr. 3 AO zuzuführen (Gesetz zur weiteren Förderung von Stiftungen vom 14.07.2000, BStBl 2000 I S. 1034).

Ebenfalls mit Wirkung ab dem 01.01.1985 ist geregelt, dass steuerbegünstigte Körperschaften Mittel zum Erwerb von Gesellschaftsrechten **zum Erhalt der prozentualen Beteiligung an Kapitalgesellschaften** ohne Gefährdung der Steuervergünstigung ansammeln bzw. im Jahr des Zuflusses verwenden dürfen (§ 62 Abs. 1 Nr. 4

AO, bis 31.12.2013: § 58 Nr. 7 Buchst. **b** AO – Tz. 2.13.2.2). Siehe dazu auch Jost (DB 1986 S. 1593) und Schad/Eversberg (DB 1986 S. 2149).

2.13.2.1 Freie Rücklage (§ 62 Abs. 1 Nr. 3 AO)

Über die vorgenannten Möglichkeiten zur Rücklagenbildung für konkrete Vorhaben oder Anschaffungen zugunsten einer satzungsmäßigen Zweckverwirklichung hinaus ist es steuerbegünstigen Körperschaften ebenfalls innerhalb bestimmter Grenzen möglich, Mittel vorzuhalten, über deren Verwendung noch nicht abschließend bestimmt ist. Nach Maßgabe des § 62 Abs. 1 Nr. 3 AO (bis 31.12.2013: § 58 Nr. 7 a) AO) können sie

– höchstens ein Drittel des Überschusses aus der Vermögensverwaltung und darüber hinaus

– höchstens 10 % der sonstigen nach § 55 Abs. 1 Nr. 5 AO zeitnah zu verwendenden Mittel

einer freien Rücklage zuführen. Diese insoweit zurückgelegten Mittel sind nicht nur vorübergehend der Pflicht zur zeitnahen Mittelverwendung nach § 55 Abs. 1 Nr. 5 AO entzogen, sondern geeignet, das Vermögen der Körperschaft dauerhaft zu stärken. Einer Auflösung der freien Rücklage bedarf es während der Dauer des Bestehens der Körperschaft mithin nicht (AEAO Nr. 11 zu § 62 Abs. 1 Nr. 3 AO). Die mit der Rücklage einhergehende Verwendungsfreiheit eröffnet ebenfalls die jederzeitige Verwendung (i. S. eines endgültigen Verbrauchs) der eingestellten Mittel für die satzungsmäßigen Zwecke und wird „lediglich" durch die allgemeine steuerbegünstigte Mittelbindung nach § 55 Abs. 1 Nr. 1 Satz 1 AO begrenzt. Danach scheidet eine Verwendung für satzungsfremde Zwecke (z. B. für einen Verlustausgleich im Rahmen eines steuerpflichtigen wirtschaftlichen Geschäftsbetriebs oder im Bereich der Vermögensverwaltung) aus.

2.13.2.1.1 Rücklagen aus dem Überschuss der Vermögensverwaltung

Für die Bildung einer freien Rücklage nach § 62 Abs. 1 Nr. 3 AO ist auf den Überschuss der Einnahmen über die Unkosten aus der Vermögensverwaltung **eines Jahres** abzustellen. Maßgebend sind die Einnahmen und die Unkosten aus der **gesamten** vermögensverwaltenden Tätigkeit der Körperschaft. Die Ergebnisse aus einzelnen Bereichen der Vermögensverwaltung sind zusammenzurechnen. Die Einnahmen und Unkosten, die im Rahmen einer als Betriebsaufspaltung zu qualifizierenden Überlassung von Wirtschaftsgütern anfallen, sind nicht zu berücksichtigen. Sie fallen innerhalb eines steuerpflichtigen wirtschaftlichen Geschäftsbetriebs an (Tz. 2.15.4.3).

In die Bemessungsgrundlage des § 62 Abs. 1 Nr. 3 AO können nur die Mittel eingehen, die dem Grunde nach der Pflicht zur zeitnahen Verwendung unterliegen (§ 55 Abs. 1 Nr. 5 AO). Werden Wirtschaftsgüter, die die Körperschaft dauerhaft im Rahmen ihrer Vermögensverwaltung halten darf (siehe dazu Tz. 2.5.9 und 2.5.9.3), veräußert und werden dabei Gewinne oder Verluste realisiert (Stichwort: Umschichtungsgewinn, siehe dazu auch AEAO Nr. 16 zu § 62 Abs. 3 AO und in Tz. 2.5.9.3), sind diese nicht mit in die Bemessungsgrundlage nach § 62 Abs. 1 Nr. 3 AO einzubeziehen.

2 Erläuterung der Bestimmungen des Abschnitts „Steuerbegünstigte Zwecke" in der AO

Die Rücklagenzuführung darf **pro Jahr** ein Drittel des Überschusses der Einnahmen über die Unkosten aus Vermögensverwaltung nicht übersteigen. Der Überschuss/Verlust aus mehreren Vermögensverwaltungen ist zu saldieren.

Beispiel:

Gebäudevermietung	./. 8.000 €
Ertrag aus Wertpapieren	5.000 €
Ergebnis	./. 3.000 €

Eine Rücklage ist in diesem Jahr nicht möglich.

Unkostenüberschüsse eines Jahres sind **vorzutragen** und in den Folgejahren zunächst mit Überschüssen aus Vermögensverwaltung zu verrechnen, sodass eine Unterdeckung auch die Möglichkeiten der Bildung freier Rücklagen in den nachfolgenden Jahren einschränkt (siehe OFD Frankfurt a. M. vom 17.02.2014, Tz. 2.2.1). Nur auf diese Weise ist gewährleistet, dass insgesamt nicht mehr als ein Drittel des Überschusses aus Vermögensverwaltung der freien Rücklage zugeführt wird.

Beispiel:

Jahre	01	02	03	04
Überschuss aus:				
Gebäudevermietung	500 €	2.000 €	./. 2.000 €	1.000 €
Wertpapiererträge	1.000 €	1.000 €	1.000 €	1.000 €
Höchstzulässige Rücklagen:				
01: ⅓ von	1.500 €		=	500 €
02: ⅓ von	3.000 €		=	1.000 €
03: ⅓ von	(./. 1.000 €)		=	—
04: ⅓ von	(2.000 € ./. 1 000 €)		=	334 €

Die durch das Ehrenamtsstärkungsgesetz vom 21.03.2013 (BGBl 2013 I S. 556) mit Wirkung vom 01.01.2014 neu eingefügte Bestimmung des § 62 Abs. 1 Nr. 3 Satz 2 AO erlaubt erstmals eine **Nachholung** der Bildung freier Rücklagen, wenn der zulässige Höchstbetrag in einem Jahr nicht ausgeschöpft wurde. Diese hat innerhalb von 2 Jahren nach Ablauf des Jahres der unterbliebenen Zuführung zu erfolgen und kann zusätzlich zu den „regulären" freien Rücklagen gebildet werden, deren Höhe sich aus der maßgeblichen Bemessungsgrundlage des Nachholjahres ableitet. Das für eine Nachholung zur Verfügung stehende Zeitfenster beschränkt sich auch vor dem Hintergrund der Regelung des § 62 Abs. 2 Satz 1 AO, wonach die Bildung sämtlicher Rücklagen innerhalb der Frist des § 55 Abs. 1 Nr. 5 Satz 3 AO zu erfolgen hat (siehe Tz. 2.13.3), auf die beiden Jahre, die dem Jahr des jeweiligen Mittelerwerbs folgen. Eine Ausweitung auf bis zu vier Jahre ist hingegen nicht denkbar. Darüber hinaus wird die Höhe der möglichen Zuführung zu einer (freien) Rücklage durch die Höhe der im Zuführungszeitpunkt tatsächlich noch vorhandenen zeitnah zu verwendenden Mittel begrenzt (siehe AEAO Nr. 14 zu § 62 Abs. 2 AO).

Beispiel:

Eine steuerbegünstigte Körperschaft verfügt nach ihren gesamten Überschüssen aus dem Bereich der Vermögensverwaltung sowie sonstigen zeitnah zu verwendenden Mitteln des Jahres 01 über eine Bemessungsgrundlage zur Bildung einer freien Rücklage nach § 62 Abs. 1 Nr. 3 Satz 1 AO i. H. von 10.000 €.

Von den rücklagefähigen Mitteln stehen zum Zuführungszeitpunkt am Jahresende (31.12.01) noch tatsächlich 8.000 € zur Verfügung, da die Mittel im Übrigen bereits für satzungsmäßige Zwecke verwendet wurden.

Im Jahr 01 ist die mögliche Zuführung zur freien Rücklage auf die tatsächlich noch vorhandenen zeitnah zu verwendenden Mittel i. H. von 8.000 € begrenzt. Bei ausreichender Liquidität der betreffenden Körperschaft ist eine Nachholung der in 01 unterbliebenen (aber dem Grunde nach zulässigen) Rücklagenbildung ganz oder teilweise i. H. von 2.000 € in den Jahren 02 bzw. 03 möglich. Die Bildung kann zusätzlich zu einer etwaigen Rücklagenbildung erfolgen, die auf die Höhe der rücklagefähigen Mittel der Jahre 02 bzw. 03 zurückzuführen ist.

Die Auslegung des **Begriffs „Überschuss"** i. S. des § 62 Abs. 1 Nr. 3 Satz 1 AO ist in Anlehnung an die allgemeinen einkommensteuerlichen Grundsätze zur Bestimmung der Einkünfte (§ 2 Abs. 2 Satz 1 Nr. 2 EStG) = Einnahmen (§ 8 Abs. 1 EStG) abzgl. Werbungskosten (§ 9 Abs. 1 EStG) vorzunehmen. Aufwendungen im Rahmen steuerlich unschädlicher Betätigungen nach § 58 AO zählen nicht zu den Unkosten (siehe AEAO Nr. 9 zu § 62 Abs. 1 Nr. 3 AO, Anhang 1).

Zu den Einnahmen aus Vermögensverwaltung gehören zwar auch die bei der Veräußerung von Wirtschaftsgütern der Vermögensverwaltung erzielten Beträge. Sie sind jedoch nicht in die Bemessungsgrundlage für die Rücklagenbildung einzubeziehen, da sie als solche bereits **nicht** zu den zeitnah zu verwendenden Mitteln i. S. des § 55 Abs. 1 Nr. 5 AO gehören (Vermögensumschichtung ist nicht gemeinnützigkeitsschädlich; AEAO Nr. 28 zu § 55 Abs. 1 Nr. 5 AO, Anhang 1).

Beispiel:

Der als gemeinnützig anerkannte Verein hat vor einigen Jahren ein Aktienpaket für 250.000 € erworben. Dieser Vermögenswert ist Bestandteil des „zulässigen Vermögens".

Die laufenden Zins- und Dividendeneinnahmen belaufen sich auf 80.000 €, Ausgaben (Werbungskosten) im Zusammenhang mit der Verwaltung des Vermögens sind bei dem Verein i. H. von 20.000 € angefallen.

Der Verein verkauft sein Aktienpaket

a) für 350.000 €

b) für 150.000 €

Bemessungsgrundlage für die Bildung der freien Rücklage (§ 62 Abs. 1 Nr. 3 AO) ist der Überschuss aus der Vermögensverwaltung i. H. von 60.000 €. In Höhe von 20.000 € (1/3 von 60.000 €) können Mittel der freien Rücklage zugeführt werden. In jedem Fall sind 40.000 € zeitnah für steuerbegünstigte Zwecke zu verwenden.

In der Sachverhaltsvariante a) hat der Verein neben den laufenden (grundsätzlich zeitnah zu verwendenden) Einkünften einen „Umschichtungsgewinn" i. H. von 100.000 € erzielt, den der Verein zusätzlich zu den 250.000 € dem „zulässigen Vermögen" zuordnen kann.

In der Sachverhaltsvariante b) hat der Verein einen „Umschichtungsverlust" realisiert. Im „zulässigen Vermögen" verbleiben danach nur noch 150.000 €. Auch in diesem Fall muss der Verein 40.000 €, die aus der laufenden Verwaltung des Vermögens erwirtschaftet wurden, zeitnah für die steuerbegünstigten Zwecke verwenden. Eine „Verrechnung" mit „Umschichtungsverlusten" ist ausgeschlossen.

2.13.2.1.2 Rücklagen aus sonstigen Mitteln nach § 55 Abs. 1 Nr. 5 AO

Mit dem Gesetz zur weiteren Förderung von Stiftungen vom 14.07.2000 (BStBl 2000 I S. 1192) wurde für alle gemeinnützigen Körperschaften eine weitere Möglichkeit zur Bildung bzw. Aufstockung einer freien Rücklage geschaffen. Bis zu 10 % der sonstigen nach § 55 Abs. 1 Nr. 5 AO zeitnah zu verwendenden Mittel dürfen erstmals seit dem Kalender- bzw. Wirtschaftsjahr 2000 der Rücklage nach § 62 Abs. 1 Nr. 3 AO (bis 31.12.2013: § 58 Nr. 7 Buchst. a AO) zugeführt werden.

Zu den sonstigen (zeitnah zu verwendenden) Mitteln in diesem Sinne zählen alle Mittel i. S. des § 55 AO, wie z. B. Spendenmittel, Mitgliedsbeiträge oder die Gewinne aus Zweckbetrieben und steuerpflichtigen wirtschaftlichen Geschäftsbetrieben i. S. der §§ 14, 64 AO (zum Mittelbegriff siehe auch Tz. 2.5.5). Um eine Doppelbegünstigung zu vermeiden, dürfen die Mittel aus der Vermögensverwaltung nicht (zusätzlich) in die Bemessungsgrundlage für die „10 %-Rücklage" nach § 62 Abs. 1 Nr. 3 2. Halbsatz AO einbezogen werden.

Im Rahmen der **Bemessungsgrundlage für die „10 %-Rücklage"** sind die Überschüsse bzw. Gewinne aus steuerpflichtigen wirtschaftlichen Geschäftsbetrieben und Zweckbetrieben zu berücksichtigen. Dabei ist auf das Ergebnis des einheitlichen steuerpflichtigen wirtschaftlichen Geschäftsbetriebs i. S. des § 64 Abs. 2 AO (Tz. 2.15.5) oder das Gesamtergebnis aller Zweckbetriebe abzustellen. Ein Verlust aus dem Bereich der Zweckbetriebe oder des einheitlichen steuerpflichtigen wirtschaftlichen Geschäftsbetriebs mindert die jeweilige Bemessungsgrundlage nicht. Wenn die gemeinnützige Körperschaft die Möglichkeit zur Schätzung oder Pauschalierung der Gewinne nach § 64 Abs. 5 oder 6 AO in Anspruch nimmt, kann anstelle der geschätzten bzw. pauschal ermittelten Beträge auf die tatsächlichen Gewinne abgestellt werden. Das Pauschalierungsergebnis ist insoweit unbeachtlich.

Der Grundsatz der zeitnahen Mittelverwendung des § 55 Abs. 1 Nr. 5 AO (Tz. 2.5.9) verpflichtet die gemeinnützigen Körperschaften, die zugeflossenen Mittel umgehend (gegenwartsnah, Hüttemann in Gemeinnützigkeits- und Spendenrecht, 3. Auflage 2015, Rz. 5.13), spätestens jedoch im Laufe der auf die Vereinnahmung der Mittel folgenden zwei Kalender- oder Wirtschaftsjahre für die steuerbegünstigten satzungsmäßigen Zwecke zu verwenden (siehe AEAO Nr. 29 zu § 55 Abs. 1 Nr. 5 AO sowie bereits Tz. 2.5.9.1.1). Als Bemessungsgrundlage für die Bildung der 10 %-Rücklage nach § 62 Abs. 1 Nr. 3 2. Halbsatz AO können daher m. E. nur die zum Ende des Kalender- bzw. Wirtschaftsjahres (noch) vorhandenen Mittel, die nach Maßgabe des § 55 Abs. 1 Nr. 5 AO (weiterhin) der zeitnahen Verwendungspflicht unterliegen, für eine Rücklagenzuführung in Betracht kommen (so auch Hüttemann, DB 2000 S. 1584, der insoweit von der „Nettogröße" spricht, und Lex in DStR 2000 S. 1939).

Die Finanzverwaltung lässt es jedoch auch zu, dass die Bruttoeinnahmen aus dem ideellen Bereich, also z. B. die Spenden- und Mitglieder**einnahmen,** als Teil der Bemessungsgrundlage berücksichtigt werden können (vgl. AEAO Nr. 10 zu § 62 Abs. 1 Nr. 3 AO, Anhang 1).

2.13.2.1.3 Aufbau und „Verbrauch der Rücklage" nach § 62 Abs. 1 Nr. 3 AO

Die Regelungen in § 62 Abs. 1 Nr. 3 Satz 1 AO (bis 31.12.2013: § 58 Nr. 7 Buchst. a AO) geben vor, bis zu welcher Höhe eine freie Rücklage grundsätzlich gebildet werden kann (Bemessungsgrundlage). Diese wird durch die Zuführung von Mitteln zu zweckgebundenen Rücklagen nach § 62 Abs. 1 Nr. 1 und 2 AO nicht berührt (AEAO Nr. 13 zu § 62 Abs. 1 Nr. 4 AO, Anhang 1). Über die Zuführung von Mitteln zu einer freien Rücklage müssen die entscheidungsbefugten Gremien der Körperschaft (die Gesellschafterversammlung der gGmbH, der Vorstand oder die Mitgliederversammlung eines gemeinnützigen Vereins) im Zusammenhang mit der Feststellung der Bilanz oder der Vermögensaufstellung auf den Schluss des Kalender- oder Wirtschaftsjahres entscheiden. Dabei kann über die Zuführung zu einer Rücklage nach § 62 Abs. 1 Nr. 3 AO immer nur in Bezug auf die Mittel entschieden werden, die zum Schluss des Kalender- bzw. Wirtschaftsjahres noch vorhanden sind. Hat eine gemeinnützige Körperschaft im Laufe des Jahres bereits einen erheblichen Teil der Mittel für steuerbegünstigte Zwecke verwendet, stehen diese Mittel für eine Rücklagenbildung nicht mehr zur Verfügung. Wäre auf der Grundlage der o. a. Regelungen dem Grunde nach die Bildung einer höheren Rücklage zwar möglich, stehen zum Jahresende jedoch in diesem Umfang nicht mehr ausreichend Mittel zur Verfügung, kann gemäß der durch das Ehrenamtsstärkungsgesetz vom 21.03.2013 (BGBl 2013 I S. 556) mit Wirkung zum 01.01.2014 neu eingefügten Festlegung des § 62 Abs. 1 Nr. 3 Satz 2 AO der in dem betreffenden Jahr nicht mögliche **Rücklagenaufbau in den zwei Folgejahren nachgeholt werden** (siehe AEAO Nr. 11 zu § 62 Abs. 1 Nr. 3 AO sowie bereits zu Tz. 2.13.2.1.1).

Bestimmte Zuwendungen darf eine Körperschaft dem zulässigen Vermögen zuführen, § 62 Abs. 3 AO (vgl. auch Tz. 2.13.4). Hat die Körperschaft diese Möglichkeit in Anspruch genommen, sind diese Mittel aus der Bemessungsgrundlage nach § 62 Abs. 1 Nr. 3 AO herauszurechnen (siehe AEAO Nr. 16 zu § 62 Abs. 3 AO).

Es steht den Körperschaften frei, die in der Rücklage nach § 62 Abs. 1 Nr. 3 AO angesammelten Mittel auf Dauer ertragbringend anzulegen (= Vermögensverwaltung) und somit erst zu späterer Zeit für steuerbegünstigte satzungsmäßige Zwecke einzusetzen, sie einer anderen steuerbegünstigten Körperschaft bzw. Körperschaft des öffentlichen Rechts zur Verwendung für steuerbegünstigte Zwecke zu übertragen (§ 58 Nr. 2 AO), sie beispielsweise auch für die Erhaltung der Kapitalquote bei Kapitalerhöhungen (siehe Tz. 2.13.2.2) oder zur Erhöhung des eigenen Nennkapitals (Tz. 2.5.9.4) einzusetzen. Eine Verwendung im Sinne eines „Verbrauchs" im „steuerschädlichen Bereich", wie etwa zur **Verlustabdeckung** (siehe dazu Tz. 2.5.5.2) **im Rahmen eines steuerpflichtigen wirtschaftlichen Geschäftsbetriebs, ist hingegen unzulässig.** Die Verwendungsfreiheit wird durch die allgemeine gemeinnützigkeitsrechtliche Mittelbindung nach § 55 Abs. 1 Nr. 1 Satz 1 AO begrenzt.

Gemeinnützige Körperschaften sind grundsätzlich nicht verpflichtet, die freien Rücklagen während der Dauer ihres Bestehens aufzulösen. Auf diese Weise sind sie geeignet, das Vermögen der Körperschaft zugunsten einer dauerhaften Leistungserhaltung zu vermehren und insbesondere inflationsverursachte Wertverluste auszugleichen (vgl. Seer in Tipke/Kruse, AO/FGO, Rz. 7 zu § 62 AO).

Die **Rücklagen nach § 62 Abs. 1 Nr. 1 bis 4 AO** können zwar unabhängig voneinander gebildet werden, da sie auf verschiedenen Voraussetzungen beruhen und unterschiedlichen Zwecken dienen. Sie stehen jedoch in einer gewissen **Wechselwirkung zueinander.** Die laufenden Vermögenserträge aus der Anlage von Mitteln, die für ein konkretes Projekt im Rahmen des § 62 Abs.1 Nr. 1 und 2 AO zurückgelegt werden, entziehen sich der Möglichkeit, sie in eine Rücklagendotierung nach § 62 Abs. 1 Nr. 3 AO einzubeziehen. Die Berücksichtigung von Erträgen aus Mitteln, die in einer projektbezogenen Rücklage angesammelt werden (Rücklagen nach § 62 Abs. 1 Nr. 1 und 2 AO), zum Aufbau einer Rücklage nach § 62 Abs. 1 Nr. 3 AO würde im Ergebnis eine zusätzliche, vom Gesetzgeber nicht gewollte (Über-)Dotierung der freien Rücklagen zur Folge haben (siehe insbesondere Thiel, DB 1992 S. 1900 Tz. V. 2).

Steuerbegünstigte Körperschaften konnten, beginnend mit dem Veranlagungszeitraum 1985, freie Rücklagen nach § 58 Nr. 7 Buchst. a AO a. F. bilden (Wahlrecht). In vielen Fällen ist festzustellen, dass diese Rücklagen jedoch unter Einbeziehung von Erträgen aus Projektrücklagen gebildet worden sind und die Finanzämter den überhöhten Rücklagenbetrag bisher nicht aufgegriffen haben. Für die abgelaufenen Veranlagungszeiträume liegen i. d. R. bestandskräftige Körperschaftsteuerbescheide (Freistellungsbescheide) vor. Mit einer (bestandskräftigen) Zuerkennung der Gemeinnützigkeit ist jedoch die Überprüfung dieser Rücklagen nicht ausgeschlossen. Die freie Rücklage ist eine „einfache" Besteuerungsgrundlage, die mangels gesonderter Feststellung auch in den Folgejahren in vollem Umfang überprüft werden kann. Werden bei einer späteren **Überprüfung Mittelüberhänge** festgestellt, wird das Finanzamt grundsätzlich eine Auflage nach § 63 Abs. 4 AO erteilen (siehe hierzu Buchna/Koopmann, Die steuerliche Betriebsprüfung 1998, S. 225, 253 m. w. N. und mit Hinweisen zur „nachträglichen" Ermittlung der korrekten freien Rücklage).

Gemeinnützige Stiftungen (aber auch andere Körperschaften) dürfen auch dann freie Rücklagen nach § 62 Abs. 1 Nr. 3 AO bilden, wenn diese Möglichkeit nicht in ihrer Satzung erwähnt ist. Satzungsänderungen sind nicht erforderlich. Ebenso ist es (aus steuerlicher Sicht) zulässig, dass gemeinnützige Stiftungen ihre freien Rücklagen dem Stiftungskapital zuführen. Die Stiftungen haben jedoch zu prüfen, ob entsprechende Zuführungen mit dem jeweiligen Stiftungsgesetz in Einklang stehen.

Die Höhe der Zuführungen zu freien Rücklagen wird bei Verwendung bzw. Ansammlung von Mitteln nach Maßgabe des § 62 Abs. 1 Nr. 4 AO (bis 31.12.2013: § 58 Nr. 7 Buchst. b AO) eingeschränkt (siehe dazu im Einzelnen Tz. 2.13.2.2).

Wie bei den Rücklagen nach § 62 Abs. 1 Nr. 1 und 2 AO haben die steuerbegünstigten Körperschaften die Grundlagen für die Bildung einer Rücklage nach § 62 Abs. 1 Nr. 3 AO dem Finanzamt gegenüber darzulegen und in ihrer Rechnungslegung darzustellen (vgl. Tz. 2.13.1.3).

2.13.2.2 Rücklagen zum Erwerb von Gesellschaftsrechten (§ 62 Abs. 1 Nr. 4 AO)

Die Verwendung bzw. Ansammlung von Mitteln zur **Erhaltung** der prozentualen Beteiligungsquote an **Kapitalgesellschaften** ist eine steuerlich unschädliche Tätigkeit (siehe bereits Tz. 2.8.10 zu § 58 Nr. 10 AO; zur Risikoabwägung einer Kapitalerhöhung siehe weiter unten). Der erstmalige Erwerb eines Anteils an einer Kapitalgesellschaft zur Begründung einer bzw. Erhöhung der bisherigen Beteiligung ist hiernach nicht begünstigt (kann jedoch ggf. mit Mitteln der zulässigen Vermögensverwaltung gemeinnützigkeitsunschädlich erfolgen, siehe dazu Tz. 2.13.2.1 zu § 62 Abs. 1 Nr. 3 AO). Der Einsatz von Mitteln zum Erwerb oder zur Erhaltung der Beteiligungsquote an einer **Personengesellschaft** stellt grundsätzlich eine schädliche Mittelverwendung dar (Tz. 2.5.5.4) und wird durch § 62 Abs. 1 Nr. 4 AO (bis 31.12.2013: § 58 Nr. 7 Buchst. b AO) nicht zu einer unschädlichen Verwendung. Hier gelten die Überlegungen zu Investitionen in steuerpflichtige wirtschaftliche Geschäftsbetriebe, Tz. 2.5.5.4. Aus dem Zusammenspiel der Regelungen des § 62 Abs. 1 Nr. 3 und 4 AO ergibt sich, dass eine (zulässige) Rücklagenbildung nach § 62 Abs. 1 Nr. 4 AO sich nur auf Beteiligungen beziehen kann, die bei der Körperschaft der Vermögensverwaltung zuzuordnen sind (zu Beteiligungen, die als steuerpflichtiger wirtschaftlicher Geschäftsbetrieb zu werten sind, vgl. Tz. 2.15.3.2).

Die Körperschaften können Mittel zum Erwerb neuer Anteile zur Erhaltung der Beteiligungsquote direkt im Jahr des Mittelzuflusses verwenden oder im Hinblick auf eine in zukünftigen Veranlagungszeiträumen anstehende Kapitalerhöhung ansammeln. Im Gegensatz zur freien Rücklage nach § 62 Abs. 1 Nr. 3 AO ist die Körperschaft hierbei nicht auf bestimmte Mittel beschränkt. Der „Mittel-Begriff" im

§ 62 Abs. 1 Nr. 4 AO ist identisch mit dem „Mittel-Begriff" i. S. des § 55 Abs. 1 Nr. 1 AO (Tz. 2.5.5).

Eine **Rücklagenbildung** nach § 62 Abs. 1 Nr. 4 AO ist nur zulässig, wenn sich der **Bedarf für eine Kapitalerhöhung** bereits konkret abzeichnet (sie wirtschaftlich begründet ist). Im Übrigen ist die Beteiligung an einer Kapitalerhöhung ohne Gefährdung der Gemeinnützigkeit nur möglich, wenn sich aus der Beteiligung auf Dauer ein Überschuss erzielen lässt (siehe hierzu auch Tz. 2.5.5.3.3). So ist z. B. eine Kreditaufnahme zur Beteiligung an einer Kapitalerhöhung grundsätzlich nur möglich, wenn aus der Beteiligung ausreichend hohe Erträge zur Tilgung und Verzinsung des Kredits zur Verfügung stehen. In diesem Sinne ist also eine Risikoabwägung vorzunehmen.

Die Verwendung bzw. Ansammlung von Mitteln im Rahmen des § 62 Abs. 1 Nr. 4 AO ist der Höhe nach grundsätzlich **unbegrenzt** möglich, findet ihre Grenze jedoch in dem zu erwartenden Anteil am Kapitalerhöhungsbetrag (vgl. OFD Frankfurt a. M. vom 17.02.2014, II. Tz. 2.2.2). Darüber hinaus ist zu beachten, dass die für Zwecke des § 62 Abs. 1 Nr. 4 AO eingesetzten Beträge die möglichen Zuführungen zur freien Rücklage nach § 62 Abs. 1 Nr. 3 AO mindern. Die Minderungen beziehen sich dabei unmittelbar auf die Höchstgrenze zur Bildung einer freien Rücklage nach § 62 Abs. 1 Nr. 3 Satz 1 AO, sodass durch ihre „Herabsetzung" keine Möglichkeit zu einer etwaigen Nachholung i. S. von § 62 Abs. 1 Nr. 3 Satz 2 AO geschaffen wird. Übersteigt der für die Erhaltung der Beteiligungsquote verwendete bzw. angesammelte Betrag die Höchstgrenze zur Bildung einer freien Rücklage nach § 62 Abs. 1 Nr. 3 AO des entsprechenden Jahres, ist in den Folgejahren eine Zuführung zur freien Rücklage erst wieder möglich, wenn die für eine freie Rücklage verwendbaren Mittel insgesamt die für die Erhaltung der Beteiligungsquote verwendeten oder angesammelten Mittel übersteigen.

Beispiel:

Eine steuerbegünstigte Körperschaft hat bis zum 31.12.07 eine Rücklage nach § 62 Abs. 1 Nr. 3 AO i. H. von 50.000 € gebildet. Sie ist an einer GmbH beteiligt, die voraussichtlich im Jahr 10 eine Kapitalerhöhung durchführen wird (Anteil der Körperschaft an der Kapitalerhöhung = 75.000 €). Die Körperschaft sammelt daher ab 08 entsprechende Mittel an und bildet eine Rücklage nach § 62 Abs. 1 Nr. 4 AO. Die Körperschaft erzielt jährlich einen Überschuss aus Vermögensverwaltung von 45.000 €. Zudem verfügt sie zum Stichtag 31.12.07 bis 31.12.10 jeweils über sonstige zeitnah zu verwendende Mittel (= einen Verwendungsrückstand) i. H. von 50.000 €, der eine Rücklagenbildung nach § 62 Abs. 1 Nr. 3 AO ermöglicht (siehe Tz. 2.13.2.1). Die Körperschaft möchte (neben der Rücklage nach § 62 Abs. 1 Nr. 4 AO) jeweils die höchstmögliche Rücklage nach § 62 Abs. 1 Nr. 3 AO bilden.

Die Rücklagen nach § 62 Abs. 1 Nr. 3 und 4 AO entwickeln sich wie folgt:

2 Erläuterung der Bestimmungen des Abschnitts „Steuerbegünstigte Zwecke" in der AO

	Rücklage § 58 Nr. 7 Buchst. a AO	Rücklage § 58 Nr. 7 Buchst. b AO	Hinweis auf:
31.12.07	50.000 €		
Zugang		15.000 €	§ 58 Nr. 7 Buchst. a 1. Halbsatz AO
		5.000 €	§ 58 Nr. 7 Buchst. a 2. Halbsatz AO
31.12.08	50.000 €	20.000 €	
Zugang 09		15.000 €	§ 58 Nr. 7 Buchst. a 1. Halbsatz AO
		5.000 €	§ 58 Nr. 7 Buchst. a 2. Halbsatz AO
31.12.09	50.000 €	40.000 €	
Zugang „10"		15.000 €	§ 58 Nr. 7 Buchst. a 1. Halbsatz AO
		5.000 €	§ 58 Nr. 7 Buchst. a 2. Halbsatz AO
Abgang/Kap-Erhöhung		./. 75.000 €	
31.12.10	50.000 €	./. 15.000 €	
Zugang 11	15.000 €		§ 58 Nr. 7 Buchst. a 1. Halbsatz AO
	5.000 €		§ 58 Nr. 7 Buchst. a 2. Halbsatz AO
Verrechnung mit der Kap-Erhöhung in 10	./. 15.000 €		
	5.000 €		
31.12.11	55.000 €	0 €	

2.13.3 Grundsätzliches zur Bildung und Auflösung von Rücklagen
(§ 62 Abs. 2 AO)

Die Bildung sämtlicher Rücklagen nach § 62 Abs. 1 Nr. 1 bis 4 AO hat nach Maßgabe des § 62 Abs. 2 Satz 1 AO innerhalb der Frist zur zeitnahen Mittelverwendung nach § 55 Abs. 1 Nr. 5 Satz 3 AO zu erfolgen. Soweit keine Nachweiserleichterungen greifen (siehe bereits Tz. 2.13.1.2 sowie AEAO Nr. 6 zu § 62 Abs. 1 Nr. 2 AO), hat die steuerbegünstigte Körperschaft dem zuständigen Finanzamt die Voraussetzungen für die Bildung einer Rücklage im Einzelnen darzulegen (AEAO Nr. 14 zu § 62 Abs. 2 AO). Ist von einer steuerbegünstigten Körperschaft zunächst eine gebundene Rücklage i. S. des § 62 Abs. 1 Nr. 1, 2 bzw. 4 AO zulässigerweise gebildet worden, der **Grund für die Rücklagenbildung** im Nachhinein aber **weggefallen** oder hat die Körperschaft ihr ursprüngliches Vorhaben aufgegeben, muss sie die betreffende Rücklage unverzüglich auflösen. Die dadurch frei werdenden Mittel sind nach Maßgabe des § 55 Abs. 1 Nr. 5 Satz 3 AO zeitnah für satzungsmäßige Zwecke zu verwenden. Es ist der steuerbegünstigten Körperschaft jedoch auch möglich, eine neue gebundene Rücklage (für ein anderes Vorhaben) i. S. des § 62 Abs. 1 Nr. 1, 2 oder 4 AO zu bilden. Die Verwendung zugunsten eines Endowments nach § 58 Nr. 3 AO (siehe Tz. 2.8.3) oder die teilweise Einstellung in eine freie Rücklage nach § 62 Abs. 1 Nr. 3 AO ist hingegen nicht zulässig, da es sich bei den frei werdenden Mitteln nicht um sonstige zeitnah zu verwendende Mittel i. S. der jeweiligen Vorschriften handelt (AEAO Nr. 14 zu § 62 Abs. 2 AO, Anhang 1). Ohne eine zeitnahe Verwendung dieser Mittel – ggf. im Rahmen einer vom Finanzamt eingeräumten Frist nach § 63 Abs. 4 AO bzw. der Bildung einer neuen Rücklage – würde die Körperschaft ihre Steuerbegünstigung gefährden.

2.13.4 Zuführung von Mitteln zum (zulässigen) Vermögen (§ 62 Abs. 3 AO)

Mit dem Gesetz zur weiteren Förderung von Stiftungen vom 14.07.2000 (BStBl 2000 I S. 1192) wurde der Grundsatz der zeitnahen Mittelverwendung in § 55 Abs. 1 Nr. 5 AO gesetzlich festgeschrieben (siehe dazu Tz. 2.5.9). Der Gesetzgeber hat offensichtlich die Notwendigkeit gesehen, gleichzeitig klarstellend zu regeln, **in welchen (Ausnahme-)Fällen Mittel dauerhaft dem Vermögen zugeführt werden dürfen.** Die Steuervergünstigungen der Gemeinnützigkeit sind nicht ausgeschlossen, wenn eine Körperschaft

1. Zuwendungen von Todes wegen, wenn der Erblasser keine Verwendung für den laufenden Aufwand der Körperschaft vorgeschrieben hat,
2. Zuwendungen, bei denen der Zuwendende ausdrücklich erklärt, dass sie zur Ausstattung der Körperschaft mit Vermögen oder zur Erhöhung des Vermögens bestimmt sind,
3. Zuwendungen aufgrund eines Spendenaufrufs der Körperschaft, wenn aus dem Spendenaufruf ersichtlich ist, dass Beträge zur Aufstockung des Vermögens erbeten werden,
4. Sachzuwendungen, die ihrer Natur nach zum Vermögen gehören,

ihrem Vermögen zuführt (bis 31.12.2013: § 58 Nr. 11 Buchst. a bis d AO). Die steuerbegünstigte Körperschaft hat also das Wahlrecht (soweit nicht ausdrückliche Auflagen seitens des Zuwendenden bestehen), diese Mittel zeitnah für steuerbegünstigte Zwecke zu verwenden oder diese Mittel auf Dauer zu thesaurieren. Damit hat der Gesetzgeber die seinerzeit im AEAO enthaltene Verwaltungsanweisung fast wörtlich in das Gesetz übernommen. Es ist festzuhalten, dass eine steuerbegünstigte Körperschaft auf der Grundlage dieser Regelungen grundsätzlich die Mittel ihrem (Dauer-)Vermögen zuordnen darf bzw. muss, die der Zuwendende mit einer entsprechenden Auflage, mindestens jedoch einer entsprechenden Erwartung (vgl. § 62 Abs. 3 Nr. 2 und 3 AO) zugewendet hat. Während aus Sicht der Finanzverwaltung die Möglichkeiten zur Behandlung von Zuwendungen als zulässiges Vermögen nach § 62 Abs. 3 AO als abschließend beurteilt werden (siehe AEAO Nr. 16 zu § 62 Abs. 3 AO, Anhang 1), hat sich innerhalb der Literatur eine z. T. moderatere Sichtweise etabliert. Nach S e e r in Tipke/Kruse, AO/FGO, Rz. 17 zu § 62 AO, seien

Fälle denkbar, in denen der Zuwendende zwar nicht ausdrücklich die weitere Zweckbestimmung erklärt habe, diese aber aus den Umständen entnommen werden könne (siehe auch Hüttemann in DB 2000 S. 1584 f.).

Zur Frage, welche Zuwendungen ihrer Natur nach zum Vermögen einer gemeinnützigen Körperschaft gehören (§ 62 Abs. 3 Nr. 4 AO), gibt das Gesetz selbst keine weiteren Hinweise. An dieser Stelle ist auf den AEAO a. F. zu verweisen, der beispielhaft hierzu ein Mietwohngrundstück nennt, das der steuerbegünstigten Körperschaft zugewendet wird. Schindler nennt in BB 2000 S. 2077 m. E. zu Recht auch die Zuwendung eines Aktienpaketes oder einer Beteiligung an einer Personengesellschaft.

Werden Mittel nach den Regeln des § 62 Abs. 3 AO dem Vermögen zugeführt, sind sie aus der Bemessungsgrundlage für Zuführungen von sonstigen zeitnah zu verwendenden Mitteln (§ 58 Nr. 3, § 62 Abs. 1 Nr. 3 AO) herauszurechnen.

Die Zuordnung der jeweiligen Mittel zum (Dauer-)Vermögen hat die Körperschaft etwa durch einen entsprechenden Vorstandsbeschluss, eine ausdrückliche Festlegung (Erläuterung) im Jahresabschluss sowie in der Mittelverwendungsrechnung (siehe Tz. 2.5.9.1) eindeutig auszuweisen.

Im Übrigen verweise ich auf die Ausführungen unter Tz. 2.5.9.3 zu den Ausnahmen von der zeitnahen Mittelverwendungspflicht und die dort genannten Fallgestaltungen.

2.13.5 Vermögenszuführungen bei Stiftungen (§ 62 Abs. 4 AO)

Die ursprünglich mit dem Gesetz zur weiteren Förderung von Stiftungen vom 14.07.2000 (BStBl 2000 I S. 1192) geschaffene **Sonderregelung für Stiftungen** in § 58 Nr. 12 AO wurde durch das Ehrenamtsstärkungsgesetz vom 21.03.2013 (BGBl 2013 I S. 556) mit Wirkung ab dem 01.01.2014 erweitert. Nach § 62 Abs. 4 AO dürfen steuerbegünstigte Stiftungen im Jahr ihrer Errichtung und in den drei folgenden Kalenderjahren die Überschüsse aus der Vermögensverwaltung und die Gewinne aus wirtschaftlichen Geschäftsbetrieben (§ 14 AO) ganz oder teilweise ihrem Vermögen zuführen und damit insoweit den Grundsatz der zeitnahen Mittelverwendung durchbrechen. Die Verlängerung der Zuführungsfrist um ein Jahr kommt insbesondere den kleinen Stiftungen zugute, die mit einem („Mindest"-)Ausstattungsvermögen von rd. 50.000 Euro errichtet werden, und soll die Rahmenbedingungen für eine dauernde und nachhaltige Erfüllung des Stiftungszwecks weiter stärken.

Die Ausnahmeregelung des § 62 Abs. 4 AO greift allerdings **nur** für **rechtsfähige und nichtrechtsfähige Stiftungen** des öffentlichen und privaten Rechts. Zur Abgrenzung der Stiftung von den übrigen Körperschaften und zu der Frage, ab wann eine Stiftung als errichtet gilt, siehe Tz. 2.1.4.

Da keine Einschränkung hinsichtlich der wirtschaftlichen Geschäftsbetriebe vorgenommen ist, können sowohl die Gewinne der Zweckbetriebe (§§ 65 bis 68 AO) als auch die Gewinne der steuerpflichtigen wirtschaftlichen Geschäftsbetriebe (§§ 14, 64 AO) des Errichtungsjahres sowie der drei Folgejahre in voller Höhe thesauriert werden. Für die Bemessung der zuführungsfähigen Mittel ist stets auf das saldierte (positive) Ergebnis der Bereiche der Vermögensverwaltung, der Zweckbetriebe sowie des (einheitlichen) steuerpflichtigen wirtschaftlichen Geschäftsbetriebs abzustellen (nach Vornahme eines etwaigen vertikalen Verlustausgleichs; siehe AEAO Nr. 17 zu § 62 Abs. 4 AO, Anhang 1).

Die Zuordnung dieser Mittel zum (Dauer-)Vermögen hat die Körperschaft z. B. durch einen entsprechenden Vorstandsbeschluss, eine ausdrückliche Festlegung (Erläuterung) im Jahresabschluss sowie in der Mittelverwendungsrechnung (siehe Tz. 2.5.9.1) eindeutig auszuweisen.

2.14 § 63 AO: Anforderungen an die tatsächliche Geschäftsführung

(1) Die tatsächliche Geschäftsführung der Körperschaft muss auf die ausschließliche und unmittelbare Erfüllung der steuerbegünstigten Zwecke gerichtet sein und den Bestimmungen entsprechen, die die Satzung über die Voraussetzungen für Steuervergünstigungen enthält.

(2) Für die tatsächliche Geschäftsführung gilt sinngemäß § 60 Abs. 2, für eine Verletzung der Vorschrift über die Vermögensbindung § 61 Abs. 3.

(3) Die Körperschaft hat den Nachweis, dass ihre tatsächliche Geschäftsführung den Erfordernissen des Absatzes 1 entspricht, durch ordnungsmäßige Aufzeichnungen über ihre Einnahmen und Ausgaben zu führen.

(4) Hat die Körperschaft ohne Vorliegen der Voraussetzungen Mittel angesammelt, kann das Finanzamt ihr eine angemessene Frist für die Verwendung der Mittel setzen.

(5) $_1$Körperschaften im Sinne des § 10b Absatz 1 Satz 2 Nummer 2 des Einkommensteuergesetzes dürfen Zuwendungsbestätigungen im Sinne des § 50 Absatz 1 der Einkommensteuer-Durchführungsverordnung nur ausstellen, wenn

1. das Datum der Anlage zum Körperschaftsteuerbescheid oder des Freistellungsbescheids nicht länger als fünf Jahre zurückliegt oder

2. die Feststellung der Satzungsmäßigkeit nach § 60a Absatz 1 nicht länger als drei Kalenderjahre zurückliegt und bisher kein Freistellungsbescheid oder keine Anlage zum Körperschaftsteuerbescheid erteilt wurde.

$_2$Die Frist ist taggenau zu berechnen.

2.14.1 Tatsächliche Geschäftsführung

Voraussetzung für die Zuerkennung der Steuerbegünstigungen nach Maßgabe der jeweiligen Einzelsteuergesetze ist, dass die Körperschaft tatsächlich unmittelbar, ausschließlich und zeitnah (fortlaufend) mit ihren Tätigkeiten die in der Satzung festgeschriebenen Zwecke verwirklicht. Der Inhalt der Satzung und die tatsächliche Geschäftsführung müssen miteinander im Einklang stehen. Es besteht eine spezielle **Bindung an die Satzungsbestimmungen.**

Verfolgt beispielsweise eine Körperschaft tatsächlich einen steuerbegünstigten Zweck, der nicht den in der Satzung festgelegten steuerbegünstigten Zwecken entspricht, so liegt ein Verstoß gegen die gesetzlich festgelegten Voraussetzungen für die Inanspruchnahme steuerlicher Vergünstigungen vor. Die Körperschaft muss entweder die durch die Satzung nicht gedeckte Betätigung aufgeben oder aber die Satzung entsprechend ändern (bei geringfügigen Satzungsmängeln siehe Tz. 2.10.3 am Ende; zum Vertrauensschutz bei bereits einmal anerkannten Satzungen siehe AEAO Nr. 4 zu § 59 AO, Anhang 1, und Tz. 2.9.2).

Steuerbegünstigte Körperschaften werden von ihren satzungs- bzw. verfassungsgemäß berufenen Organen vertreten. Ihr Handeln ist den Körperschaften wie eigenes Handeln zuzurechnen. Der **Vorstand** einer steuerbegünstigten Körperschaft **ist für die tatsächliche Geschäftsführung der Körperschaft verantwortlich.** Er hat die Tätigkeiten der Körperschaft zu steuern und die für die Körperschaft handelnden Personen (ehrenamtlich Tätige oder Angestellte) zu überwachen. Deshalb ist dem

Vorstand und damit der steuerbegünstigten Körperschaft das Handeln der für die Körperschaft tätigen Personen zuzurechnen. Ein Fehlverhalten der für die Körperschaft handelnden Personen, das der Vorstand erkennt (oder bei der üblichen Sorgfalt hätte erkennen müssen) und nicht verhindert, ist der Körperschaft selbst zuzurechnen. So kann z. B. bei größeren Körperschaften durch ein Organisationsverschulden ein entsprechendes Fehlverhalten gegeben sein, wenn der Vorstand die delegierte Verantwortung nicht genügend kontrolliert (siehe auch BFH vom 27.09.2001 V R 17/99, BStBl 2002 II S. 169). Hierzu verweise ich auch auf das BFH vom 13.03.2003 (VII R 46/02, BStBl 2003 II S. 556). In dieser Entscheidung hat der BFH auf den Grundsatz der Gesamtverantwortung aller Vorstandsmitglieder in einem Verein hingewiesen. Soweit ein Organ nach außen selbständig auftritt, greift § 31 BGB auch dann, wenn die Vertretungsmacht überschritten ist (siehe dazu u. a. Kümpel in DStR 2001 S. 152).

Wird z. B. die **Geschäftsführung von mehreren Personen** gemeinschaftlich ausgeübt, so bestimmt sich die tatsächliche Geschäftsführung i. d. R. nach den Handlungen, die von sämtlichen Geschäftsführern oder von einem oder mehreren mit Zustimmung (Einwilligung oder Genehmigung) der anderen vorgenommen werden. Sind einzelne Geschäftsführer für die Umsetzung nicht steuerbegünstigter Zwecke verantwortlich, beeinträchtigen auch diese Handlungen grundsätzlich die Steuerbefreiung der Körperschaft, wenn damit zwar ihre (Gesamt-)Vertretungsmacht überschritten ist, sie jedoch innerhalb des ihnen zugewiesenen Wirkungskreises tätig werden (siehe dazu BGH vom 08.07.1986 VI ZR 47/85, DB 1986 S. 2275, betr. die Haftung eines Vereins nach § 31 BGB).

Der BFH hat auch das Handeln einer anderen, in maßgeblicher Position für die Körperschaft tätigen Person in seinem Urteil vom 27.09.2001 (V R 17/99, BStBl 2002 II S. 169) der Körperschaft selbst zugerechnet. Eine Zurechnung des Handelns dieser Person komme insbesondere dann in Betracht, wenn der Vorstand dieses kenne, aber gleichwohl nicht unterbinden würde. So könne ein Vorstand nicht wesentliche Angelegenheiten delegieren und eine Verantwortung dadurch vermeiden, dass er die delegierte Tätigkeit nicht (genügend) kontrolliere.

Es ist erforderlich, dass sich die **tatsächliche Geschäftsführung im Rahmen der allgemeinen Rechtsordnung** (der verfassungsmäßigen Ordnung) hält. Von einer Förderung der Allgemeinheit kann bei einer Missachtung der Rechtsordnung (z. B. durch Gewalt gegen Personen oder Sachen, Unterschlagungen, Betrügereien, aber auch durch Nichtbefolgung polizeilicher Anordnungen), die gerade den Schutz des Einzelnen und damit auch der Allgemeinheit sichern soll und sichert, nicht (mehr) die Rede sein (so BFH vom 29.08.1984 I R 215/81, BStBl 1985 II S. 106; siehe auch BFH vom 13.12.1978 I R 39/78, BStBl 1979 II S. 482, und vom 29.08.1984 I R 203/81, BStBl 1984 II S. 844). Dabei ist zu prüfen, ob die jeweiligen Rechtsverstöße auch tatsächlich der Körperschaft (oder nur einzelnen Mitgliedern der Körperschaft) verbindlich zuzurechnen sind (siehe BFH vom 29.08.1984 I R 215/81, BStBl 1985 II S. 106; vgl. Tz. 2.2.7). Gewaltfreier Widerstand (z. B. Sitzblockaden) gegen geplante Maßnahmen des Staates verstößt grundsätzlich nicht gegen die verfassungsmäßige Ordnung (siehe AEAO Nr. 5 zu § 63, Anhang 1 m. w. N.).

Ein Verstoß gegen die allgemeine Rechtsordnung in diesem Sinne liegt auch dann vor, wenn eine Körperschaft nachhaltig steuerliche Erklärungspflichten nicht erfüllt (siehe FG Berlin vom 24.02.1997, EFG 1997 S. 1006; im Urteilsfall hatte die Körperschaft trotz mehrfacher Aufforderung und Erinnerung Steuererklärungen nicht abgegeben). So hat auch der BFH in seinem Urteil vom 27.09.2001 (V R 17/99, BStBl 2002 II S. 169) eine dem Verein zuzurechnende Lohnsteuerverkürzung/Lohnsteuer-

2.14 § 63 AO: Anforderungen an die tatsächliche Geschäftsführung

hinterziehung als Verstoß gegen die Rechtsordnung gewürdigt, die Grundlage für die Versagung der Gemeinnützigkeit war.

Die tatsächliche Geschäftsführung umfasst auch die **Ausstellung von Zuwendungsbestätigungen (§ 50 Abs. 1 EStDV)**. Eine Berechtigung zur Ausstellung von Zuwendungsbestätigungen wird aus dem Vorhandensein eines gültigen Freistellungsbescheides bzw. einer Anlage zum KSt-Bescheid (§ 63 Abs. 5 Nr. 1 AO) oder einer gültigen Feststellung über die formelle Satzungsmäßigkeit nach § 60a Abs. 1 AO (§ 63 Abs. 5 Nr. 2 AO) abgeleitet. Durch das Ehrenamtsstärkungsgesetz vom 21.03.2013 (BGBl 2013 I S. 556) wird innerhalb des mit Wirkung zum 29.03.2013 neu eingefügten § 63 Abs. 5 AO erstmals (klarstellend) gesetzlich festgeschrieben, dass zum Zweck der Ausstellung ordnungsgemäßer Zuwendungsbestätigungen ein Freistellungsbescheid bzw. eine Anlage zum KSt-Bescheid eine 5-jährige und eine positive Feststellung nach § 60a Abs. 1 AO eine 3-jährige Gültigkeit besitzen. Die Frist beginnt mit dem Tag der Ausstellung des jeweiligen Bescheides und ist taggenau zu berechnen. Nach einem Beschluss der KSt-Referatsleiter der obersten Finanzbehörden des Bundes und der Länder bleiben die vor Inkrafttreten des § 60a AO ausgestellten vorläufigen Bescheinigungen weiterhin gültig (siehe auch Verfügung der LFD Thüringen vom 01.10.2013 – S 0170 A – 34 – A 3.15 – sowie bereits unter Tz. 2.11.2).

Die Ausstellung von Gefälligkeitsbescheinigungen stellt einen Verstoß gegen die Gemeinnützigkeit dar (BFH vom 03.12.1996 I R 67/95, BStBl 1997 II S. 474). In diesen Fällen ist die Gemeinnützigkeit zu versagen (siehe OFD Frankfurt a. M. vom 12.08.1992, DB 1992 S. 2009, und AEAO Nr. 3 zu § 63 AO, Anhang 1).

Steuerbegünstigte Körperschaften dürfen im Rahmen der tatsächlichen Geschäftsführung zur Verwirklichung der Satzungszwecke auch Betätigungen ausüben, die in der Satzung nicht festgeschrieben sind. Der Gesetzgeber nennt im Abschnitt „Steuerbegünstigte Zwecke" der Abgabenordnung in diesem Zusammenhang **vermögensverwaltende Tätigkeiten** oder die Unterhaltung **steuerpflichtiger wirtschaftlicher Geschäftsbetriebe** (§§ 14, 64 AO). Diese Tätigkeiten dürfen von steuerbegünstigten Körperschaften im Einklang mit dem Ausschließlichkeitsgrundsatz (§ 56 AO, Tz. 2.6) ausgeführt werden, wenn sie um der steuerbegünstigten Zwecke willen erfolgen und in diesem Zusammenhang als Instrument zur Mittelbeschaffung dienen. Ein Verstoß gegen den Ausschließlichkeitsgrundsatz ist hingegen anzunehmen, wenn die nicht begünstigten Tätigkeiten in der Gesamtschau zum Selbstzweck werden und in diesem Sinne neben die Verfolgung der steuerbegünstigten Zwecke der Körperschaft treten. Die Unterhaltung einer vermögensverwaltenden Tätigkeit oder eines steuerpflichtigen wirtschaftlichen Geschäftsbetriebs als ein von den steuerbegünstigten Satzungszwecken losgelöster Zweck oder gar Hauptzweck der Körperschaft führt zu einer Aberkennung der Steuerbegünstigung (siehe bereits Tz. 2.5.2, 2.6 und 2.8.1.5 sowie AEAO Nr. 1 zu § 56 AO, Anhang 1).

Die tatsächliche Geschäftsführung muss auf die Erfüllung der satzungsmäßigen Zwecke gerichtet sein (siehe dazu auch Tz. 2.9). Die Körperschaft muss sich bemühen, ihre steuerbegünstigten Zwecke gegenwartsnah, d. h. (so Hüttemann in Wirtschaftliche Betätigung und steuerliche Gemeinnützigkeit, S. 35) gegenwärtig oder so frühzeitig, wie nach den Umständen möglich, zu verwirklichen. Ist die Körperschaft für längere Zeit durch Umstände an der Erfüllung ihrer Satzungszwecke gehindert, die durch sie nicht zu beeinflussen sind, ist darin noch kein Mangel in der tatsächlichen Geschäftsführung zu sehen (BFH vom 11.12.1974 I R 104/73, BStBl 1975 II S. 458). Verfolgt eine Körperschaft nach ihrer Satzung mehrere gemeinnützige Zwecke, ist es für die Zuerkennung der Steuerbegünstigung nicht notwendig, dass diese stets gleichzeitig und in gleichem Umfang verfolgt werden. Es muss jedoch erkennbar sein, dass jeder Satzungszweck eine ernsthafte und nachhaltige Verwirklichung erfährt, indem kein Zweck dauerhaft unberücksichtigt bleibt (siehe bereits Tz. 2.2.1; anders noch in der Vorauflage).

2.14.2 Zuordnung von Mängeln der Geschäftsführung zu einem Veranlagungszeitraum

Für die Inanspruchnahme von Steuervergünstigungen bei der Körperschaftsteuer und Gewerbesteuer muss die tatsächliche Geschäftsführung während des **ganzen Veranlagungszeitraums** den vorgeschriebenen Anforderungen entsprechen. § 63 Abs. 2 AO verweist ausdrücklich auf § 60 Abs. 2 AO und verpflichtet zu einer sinngemäßen Anwendung dieser Rechtsgrundsätze. Ein Verstoß zu einem beliebigen Zeitpunkt im Veranlagungszeitraum führt daher zum Wegfall der Steuerbegünstigung für das betreffende Steuerjahr.

Gelegentlich legen Vereine, Stiftungen etc. (Körperschaften i. S. des § 1 Abs. 1 Nr. 4 bis 6 KStG) oder auch steuerbegünstigte Kapitalgesellschaften Rechnung für einen Zeitraum, der vom Kalenderjahr abweicht. Den Nachweis der ordnungsgemäßen Geschäftsführung muss eine gemeinnützige Körperschaft mit einem abweichenden Wirtschaftsjahr dann unter Vorlage der Rechnungslegung für zwei (abweichende) Wirtschaftsjahre führen (vgl. auch FinMin NRW vom 27.07.1994 – S 0170 – 41 – V B 4).

Verstöße gegen gemeinnützigkeitsrechtliche Grundsätze sind dann zeitlich einem der beiden Veranlagungszeiträume, die jeweils dem Kalenderjahr entsprechen, zuzuordnen, um den Veranlagungszeitraum bestimmen zu können, für den die Gemeinnützigkeit entfällt.

Gemeinnützige Körperschaften sind mit den Gewinnen des (einheitlichen) steuerpflichtigen wirtschaftlichen Geschäftsbetriebs körperschaft- und gewerbesteuerpflichtig. Bei der Ermittlung des zu versteuernden Einkommens bzw. des Gewerbeertrages für den steuerpflichtigen wirtschaftlichen Geschäftsbetrieb sind die allgemein geltenden Vorschriften zur Ermittlung des Einkommens sowie des Gewerbeertrages zu beachten. So ist in entsprechender Anwendung des § 7 Abs. 4 KStG auch bei Körperschaften i. S. des § 5 Abs. 1 Nr. 9 KStG, die nach den Vorschriften des HGB (freiwillig) ordnungsgemäß Bücher führen und Abschlüsse für einen vom Kalenderjahr abweichenden Zeitraum erstellen, auf Antrag für die Besteuerung des Gewinns des steuerpflichtigen wirtschaftlichen Geschäftsbetriebs das Ergebnis des (abweichenden) Wirtschaftsjahres der Einkommensermittlung zugrunde zu legen (R 31 Abs. 2 KStR).

Die Möglichkeit, die Ergebnisse des abweichenden Wirtschaftsjahres bei der Ermittlung des zu versteuernden Einkommens bzw. des Gewerbeertrages zu berücksichtigen, hat grundsätzlich nur Bedeutung im Rahmen der partiellen Körperschaft- und Gewerbesteuerpflicht. In AEAO Nr. 21 zu § 64 AO (Anhang 1) hat die Finanzverwaltung bestimmt, dass für die Frage, ob die **Besteuerungsgrenze i. S. des § 64 Abs. 3 AO** überschritten ist, die im (abweichenden) Wirtschaftsjahr erzielten Einnahmen maßgeblich sind. Dabei ist auf die Summe der Einnahmen des Wirtschaftsjahres abzustellen, das in dem Veranlagungszeitraum endet, der gemeinnützigkeitsrechtlich zu prüfen ist. Entsprechendes gilt auch für die Beurteilung der Zweckbetriebsgrenze nach § 67a Abs. 1 AO bei Sportvereinen mit einem abweichenden Wirtschaftsjahr.

Den Nachweis, dass die Körperschaft ihre Mittel zeitnah verwendet hat, hat sie mittels einer gesonderten Nebenrechnung zu führen (vgl. Tz. 2.5.9.1). Erstellt die gemeinnützige Körperschaft (freiwillig) nach den Vorschriften des HGB Abschlüsse für ein vom Kalenderjahr abweichendes Wirtschaftsjahr, ist **eine Nebenrechnung** für die Zwecke des § 55 Abs. 1 Nr. 5 AO, die **aus dieser Bilanz abgeleitet** wird, ein ausreichender Nachweis. Die Frist für die korrekte zeitnahe Verwendung nach § 55 Abs. 1 Nr. 5 AO bezieht sich dabei auf das (abweichende) Wirtschaftsjahr.

Wie bereits oben erläutert, gilt für gemeinnützige Körperschaften, die ihre Rechnungslegung abweichend vom Kalenderjahr erstellen, dass Verstöße gegen gemeinnützigkeitsrechtliche Grundsätze im ideellen Bereich, der Vermögensverwaltung oder in einem Zweckbetrieb – auch bei Ergebnisermittlung für den Zweckbetrieb für eine vom Kalenderjahr abweichende Periode – zeitlich einem der in Betracht kommenden Veranlagungszeiträume zuzuordnen sind. Dieser Grundsatz gilt auch für einen Gemeinnützigkeitsverstoß, der sich in einem (einheitlichen) steuerpflichtigen wirtschaftlichen Geschäftsbetrieb vollzieht, für den der Gewinn abweichend vom Kalenderjahr ermittelt wird.

Für den **Veranlagungs- oder Erhebungszeitraum,** dem der Verstoß zugeordnet werden muss, ist dann ein „normaler" Körperschaftsteuer- oder Gewerbesteuermessbescheid zu erteilen, während für den anderen Veranlagungs- oder Erhebungszeitraum der Erlass eines Körperschaft- und Gewerbesteuerfreistellungsbescheides in Betracht kommt (zu den verfahrensrechtlichen Fragestellungen siehe Tz. 4.1.2).

Für die Zuordnung eventueller Verstöße der Geschäftsführung bei der Grundsteuer, der Umsatzsteuer oder auch der Erbschaftsteuer ist auf die Verhältnisse im **Zeitpunkt der Entstehung der Steuer** abzustellen (siehe dazu auch unter Tz. 2.10.3).

2.14.3 Verstöße gegen die Vermögensbindung

Verstöße der tatsächlichen Geschäftsführung gegen den Grundsatz der Vermögensbindung führen – wie bei satzungsmäßigen Verstößen – zur **Nachversteuerung** gem. § 61 Abs. 3 AO (vgl. § 63 Abs. 2 AO sowie bereits Tz. 2.12.3).

> **Beispiel:**
> Eine steuerbegünstigte Körperschaft wird aufgelöst. Entgegen der steuerlich anerkannten satzungsmäßigen Vermögensbindung verteilt sie ihr Vermögen an ihre Mitglieder. Es liegt ein Verstoß gegen die (tatsächliche) Vermögensbindung vor. Für die vorzunehmende Nachversteuerung gilt § 61 Abs. 3 AO.

Wegen der Auswirkungen bei Wegfall des begünstigten Zwecks vgl. Tz. 2.12.3.

Verstöße der tatsächlichen Geschäftsführung gegen § 55 Abs. 1 Nr. 1 bis 3 AO können so schwerwiegend sein, dass sie einer **Verwendung des gesamten Vermögens** für satzungsfremde Zwecke gleichkommen (siehe BFH vom 12.10.2010 I R 59/09, BStBl 2012 II S. 226, sowie bereits unter Tz. 2.5.5.1, 2.5.6 und 2.12.3). Auch in diesen Fällen ist dann zwingend eine Nachversteuerung nach Maßgabe des § 61 Abs. 3 AO vorzunehmen. Derartige Verstöße führen bei Verschulden der Geschäftsführer einer als gemeinnützig anerkannten GmbH zu einer Schadensersatzpflicht gegenüber der Gesellschaft (§ 43 GmbHG, Priester in GmbHR 1999 S. 149). Schadensersatzpflichten oder Haftungsansprüche etwa gegen den Vorstand sind in vergleichbaren Fällen stets von gemeinnützigen Körperschaften zu prüfen und geltend zu machen. Verstöße der Geschäftsführung gegen die gemeinnützigkeitsrechtlichen Bestimmungen, die nicht als so schwerwiegend anzusehen sind, führen grundsätzlich nur für die Jahre zur Versagung der steuerlichen Vergünstigungen, in denen gegen die Bestimmungen verstoßen worden ist (vgl. Tz. 2.12.3).

2.14.4 Verfahrenshinweise bei Entzug der Gemeinnützigkeit

Über die Zuerkennung der Gemeinnützigkeit entscheidet das jeweils zuständige Finanzamt durch Erteilung von Körperschaft- und Gewerbesteuer**freistellungsbescheiden** (vgl. dazu im Einzelnen in Tz. 4.1.2). Hat das Finanzamt der Körperschaft zunächst die Gemeinnützigkeit mit einem Freistellungsbescheid zuerkannt und stellt es nachträglich, z. B. im Verlauf einer Betriebsprüfung, fest, dass die Körperschaft in einem Zeitraum, für den die Steuerbegünstigung bereits erteilt wurde, gegen das Gemeinnützigkeitsrecht verstoßen hat, kann das Finanzamt den Freistellungsbescheid zu einem späteren Zeitpunkt aufheben oder ändern, wenn dies nach den (allgemeinen) Berichtigungsvorschriften der AO möglich ist (BFH vom 13.11.1996 I R 152/93, BStBl 1998 II S. 711).

Der (nachträgliche) **Entzug der Gemeinnützigkeit** kann also nur im Einklang mit den §§ 129 ff. und §§ 172 ff. AO erfolgen. So besteht z. B. eine Änderungsmöglichkeit (nur), wenn dem Finanzamt entsprechende Verstöße (Tatsachen oder Beweismittel) nachträglich bekannt werden, die eine Berichtigung der Freistellungsbescheide tragen. Steht der Freistellungsbescheid unter dem Vorbehalt der Nachprüfung (§ 164 AO) oder ist er nach § 165 AO vorläufig ergangen, kann die Finanzbehörde diese Bescheide, auch ohne dass die (engeren) Bestimmungen der §§ 129 ff. AO oder §§ 172 ff. AO erfüllt sind, ändern, wenn und soweit der Vorbehalt oder der Vorläufigkeitsvermerk zum Berichtigungszeitpunkt noch Gültigkeit hat.

Sind mit der Aufhebung oder Berichtigung eines Freistellungsbescheides Zweckbetriebe erstmalig der Ertragsbesteuerung zu unterwerfen, sind die Sonderregelungen des § 13 KStG zum Übergang der Wirtschaftsgüter des Zweckbetriebs in die Steuerpflicht zu beachten (siehe auch Tz. 4.1.5).

Erlangt die Finanzverwaltung nach Erlass eines positiven Feststellungsbescheides nach § 60a AO, eines Freistellungsbescheides bzw. einer Anlage zum KSt-Bescheid Kenntnis davon, dass die tatsächliche Geschäftsführung für einen Folgezeitraum (der noch nicht veranlagt wurde) nicht den Satzungsbestimmungen entspricht und mithin eine Zuerkennung der Steuerbegünstigung im Rahmen des Veranlagungsverfahrens ausgeschlossen ist, behält sich die Verwaltung aus Gründen eines bilateralen Schutzbedürfnisses (siehe bereits zu Tz. 2.11.4) vor, die durch die Bescheide vermittelten Begünstigungen durch Erlass einer KSt-Festsetzung (ggf. über 0 Euro) bzw. im laufenden ersten Veranlagungszeitraum nach Erlass des begünstigenden Bescheides durch Erlass eines entsprechenden KSt-Vorauszahlungsbescheides abzuerkennen (siehe AEAO Nr. 4 zu § 63 AO, Anhang 1, sowie bereits zu Tz. 2.11.5). Die Körperschaft ist in diesem Fall auf eine mögliche Haftungsinanspruchnahme nach § 10b Abs. 4 EStG hinzuweisen.

2.14.5 Nachweis/Aufzeichnungspflichten

Die Körperschaft ist verpflichtet, durch **ordnungsmäßige Aufzeichnung** ihrer Einnahmen und Ausgaben den Nachweis zu führen, dass die tatsächliche Geschäftsführung den festgelegten Anforderungen und den Satzungsbestimmungen entspricht (§ 63 Abs. 3 AO).

Denn anhand der Einnahmen und Ausgaben wird das Finanzamt die Art und Weise der tatsächlichen Geschäftsführung „ablesen".

Der BFH hat in seinem Urteil vom 23.07.2003 (I R 29/02, BStBl 2003 II S. 930) noch einmal darauf hingewiesen, dass die jeweilige Körperschaft die **Feststellungslast** für den Nachweis trägt, dass die tatsächliche Geschäftsführung zu den maßgeblichen Zeitpunkten bzw. in dem zu beurteilenden Veranlagungszeitraum den Anforderungen des § 63 Abs. 1 AO entsprochen hat. Der BFH hat in diesem Urteil ausdrücklich festgestellt, dass weder eine einmal erteilte vorläufige Bescheinigung (seit dem 29.03.2013: eine positive Feststellung über die Einhaltung der satzungsmäßigen Voraussetzungen nach § 60a Abs. 1 AO) noch ein für Vorjahre erlassener Freistellungsbescheid zu einer Umkehr der Feststellungslast führt oder ein Präjudiz für eine Folgeentscheidung bedeutet. So hat eine gemeinnützige Körperschaft den geforderten Nachweis bei Fehlen entsprechender Beweismittel nicht erbracht (siehe auch Beschluss des BFH vom 28.10.2004 I B 95/04, BFH/NV 2005 S. 160).

Nach § 63 Abs. 3 AO ist den steuerbegünstigten Körperschaften zum Nachweis der tatsächlichen Geschäftsführung keine besondere Form zur Aufzeichnung der Einnahmen und Ausgaben oder des Vermögens vorgeschrieben (siehe aber unter Tz. 2.5.9.1 ff.). Der BFH hat in diesem Zusammenhang ausgeführt, dass **gemeinnützige Körperschaften diese Feststellungslast** in der Weise erfüllen können, dass sie detaillierte Geschäfts- und Tätigkeitsberichte sowie Aufzeichnungen über ihre finanziellen Verhältnisse vorlegen (BFH vom 23.07.2003, a. a. O.).

Die steuerbegünstigten Körperschaften sind i. d. R. bereits nach außersteuerlichen Normen verpflichtet, Aufzeichnungen zu führen.

Wer nach anderen Gesetzen als den Steuergesetzen Bücher und Aufzeichnungen zu führen hat, die für die Besteuerung von Bedeutung sind, hat die Verpflichtung, die ihm nach den anderen Gesetzen obliegen, auch für die Besteuerung zu erfüllen (§ 140 AO). Die nach außersteuerlichen Regelungen erstellten Aufzeichnungen sind daher zum Nachweis der tatsächlichen Geschäftsführung geeignet und dem zuständigen Finanzamt vorzulegen.

§ 63 Abs. 3 AO spricht lediglich davon, dass der Nachweis der tatsächlichen Geschäftsführung **durch ordnungsgemäße Aufzeichnung der Einnahmen und Ausgaben** zu führen ist. Die Aufzeichnungen müssen also der **Wahrheit** entsprechen und so angelegt sein, dass sie von einem sachverständigen Dritten erschlossen werden können (§ 145 AO).

Im Übrigen sind die Ordnungsvorschriften der §§ 146 und 147 AO zu erfüllen (siehe hierzu auch BFH vom 24.06.2009 VIII R 80/06, BStBl 2010 II S. 452). Davon kann ausgegangen werden, wenn in Bezug auf die gefertigten Aufzeichnungen (unabhängig davon, ob ein Jahresabschluss nach § 238 HGB erstellt wurde oder „nur" eine Einnahmen-Ausgaben-Rechnung vorgelegt wird) die allgemeinen Grundsätze ordnungsmäßiger Rechnungslegung beachtet werden, wie sie für handelsrechtliche Abschlüsse grundsätzlich gelten. Das verlangt von den steuerbegünstigten Körperschaften insbesondere die Beachtung der nachfolgend genannten Grundsätze:

– Richtigkeit und Willkürfreiheit

– Klarheit und Übersichtlichkeit

– Vollständigkeit und Saldierungsverbot

– Einzelbewertung der Vermögensgegenstände und Schuldposten

Ergänzend dazu müssen die den Aufzeichnungen zugrunde liegenden Belege **vollständig** vorliegen.

Um auch die Vergleichbarkeit der jährlich vorzulegenden Aufzeichnungen zu gewährleisten, sind darüber hinaus auch die Grundsätze der vorsichtigen Bewertung von Vermögen und Schulden, der Bewertungs- und Gliederungsstetigkeit und der Fortführung der Tätigkeit (going concern) zu beachten.

Ist ein **Mangel** hinsichtlich der **Ordnungsmäßigkeit** festzustellen, hat die Körperschaft für den jeweiligen Veranlagungszeitraum den Nachweis der korrekten Geschäftsführung i. S. der §§ 51 ff. AO nicht erbracht, sodass die Steuerbegünstigung für diesen Zeitraum nicht zuerkannt werden kann.

2.14.6 Außersteuerliche Aufzeichnungspflichten

Die steuerbegünstigten Körperschaften haben schon außerhalb des § 63 AO **unterschiedlichste Aufzeichnungspflichten** zu erfüllen. Diese Verpflichtungen beziehen sich auf **sämtliche Einnahmen** und Ausgaben sowie das **gesamte Vermögen** (also einschließlich der Wirtschaftsgüter des ideellen Bereichs und der Vermögensverwaltung). Sie decken (Ordnungsmäßigkeit im vorgenannten Sinne unterstellt) grundsätzlich bereits die nach § 63 Abs. 3 AO geforderten Nachweispflichten ab.

- **Vereine** unterliegen einer regelmäßigen Auskunfts- und Rechenschaftspflicht gegenüber ihren Mitgliedern. Der Vereinsvorstand muss in regelmäßigen Abständen (jährlich) Rechenschaft gegenüber der Mitgliederversammlung ablegen. Hierauf finden, soweit keine Sonderregelungen in der Vereinssatzung getroffen sind, die allgemeinen Vorschriften des BGB zum Auftragsrecht (§§ 664 bis 670 BGB) Anwendung, § 27 Abs. 3 BGB. Die somit bereits nach § 259 BGB erforderliche Aufzeichnung aller Einnahmen und Ausgaben sowie die Anfertigung eines Bestandsverzeichnisses (§ 260 BGB) nebst Verpflichtung zur Aufbewahrung der dazugehörenden Belege gelten über § 140 AO auch für die Besteuerung bzw. zum Nachweis der ordnungsgemäßen Geschäftsführung nach § 63 Abs. 3 AO (das Muster eines einfachen Bestandsverzeichnisses, das ggf. auf die Belange der jeweiligen Körperschaft zuzuschneiden ist, nebst Vermögensrechnung ist in den Anhängen 7 und 8 abgedruckt).

- **Stiftungen** unterliegen regelmäßig nach Maßgabe des Stiftungsrechts des betreffenden Landes und/oder der Satzung der Verpflichtung, Rechenschaft über ihre Einnahmen und Ausgaben sowie ihr Vermögen abzugeben. Auch hier gelten, soweit keine Sonderregelungen greifen, die allgemeinen Vorschriften des BGB zum Auftragsrecht (siehe oben), ausführlich hierzu siehe Orth (DB 1997 S. 1341); hinzuweisen ist in diesem Zusammenhang auch auf die in 2013 umfangreich überarbeitete Stellungnahme des Instituts der Wirtschaftsprüfer (IDW) zur Rechnungslegung von Stiftungen IDW RS HFA 5; in dieser werden insbesondere die seit der Ursprungsfassung aus dem Jahr 2000 vorgenommenen Änderungen des HGB sowie Neuerungen durch das BilMoG berücksichtigt (siehe Klaßmann zum 8. Stiftungsrechtstag an der Ruhr-Universität Bochum).

- **Kapitalgesellschaften** sind über das AktG, GmbHG bzw. nach dem HGB zur Erstellung von Jahresabschlüssen nebst Anhang und Lagebericht verpflichtet (§§ 264 ff. HGB). Auch die als steuerbegünstigt anerkannten Kapitalgesellschaften haben ihre Abschlüsse in Form und Darstellung nach den Vorgaben des HGB zu erstellen und darin **alle** Geschäftsvorfälle zu erfassen (also neben dem Bereich der Geschäftsbetriebe auch den ideellen Bereich und die Vermögensverwaltung). Zudem unterliegen sie (größenabhängig) der Verpflichtung zur Veröffentlichung ihrer Jahresabschlussunterlagen (siehe hierzu auch Hüttche in GmbHR 1997 S. 1095).

- **Krankenhäuser und Pflegeeinrichtungen**
  Für jedes Krankenhaus oder jede Pflegeeinrichtung (Pflegedienst, Pflegeheim, Sozialstation) besteht unabhängig von ihrer Rechtsform die Verpflichtung zur Erstellung einer Bilanz, einer Gewinn-und-Verlust-Rechnung und eines

Anhangs nach den Vorgaben der Krankenhaus- bzw. Pflege-Buchführungsverordnung. Dabei sind den vorgenannten Einrichtungen die Gliederung der Bilanz sowie der Gewinn-und-Verlust-Rechnung etc. und der Kontenrahmen im Einzelnen vorgegeben (Krankenhaus-Buchführungs-VO, BGBl 1987 I S. 1046; Pflege-Buchführungs-VO, BGBl 1995 I S. 1528; zur Einführung der Pflege-Buchführungs-VO siehe Wien, FR 1997 S. 366, und Eickstädt, DB 1998 S. 2429). Vereine, Stiftungen oder auch Kapitalgesellschaften, die eine dieser Einrichtungen betreiben, sind zur Erstellung von Jahresabschlüssen nach diesen Vorgaben verpflichtet.

- **Publizitätsgesetz**
Die besonderen Rechnungslegungsvorschriften für Kapitalgesellschaften gelten auch für vollkaufmännisch eingerichtete Stiftungen und Vereine weitgehend sinngemäß, sofern sie zwei der drei im Publizitätsgesetz (§ 1 Abs. 1 PublG) genannten Grenzwerte überschreiten (Bilanzsumme > 65 Mio. Euro, Umsatzerlöse > 130 Mio. Euro, Anzahl der Arbeitnehmer > 5.000).

Hinweis: Die Einhaltung besonderer Regelungen bei der Rechnungslegung fordert z. B. der Deutsche Fußball-Bund (DFB) im Rahmen des Lizenzierungsverfahrens für die Zulassung zum Lizenzspielbetrieb ein (siehe dazu Ellrott und Galli in WPg 2000 S. 269 m. w. N. sowie das Ligastatut der DFL, das als Download-Datei über www.Bundesliga.de zur Verfügung steht).

2.14.7 Gesonderte Aufzeichnungspflichten nach Handels- und Steuerrecht

Darüber hinaus gelten auch für die steuerbegünstigten Körperschaften die auf den Einzelfall bezogenen allgemeinen **Buchführungs- und Aufzeichnungspflichten nach Handels- und Steuerrecht.**

- Unterhält z. B. ein als gemeinnützig anerkannter Verein einen Zweckbetrieb i. S. der §§ 65 ff. AO und/oder einen steuerpflichtigen wirtschaftlichen Geschäftsbetrieb i. S. des § 64 AO, der für sich betrachtet die Kaufmannseigenschaft nach §§ 1 bis 7 HGB besitzt, besteht in Bezug auf diese Geschäftsbetriebe Buchführungspflicht nach §§ 238 ff. HGB.
- Auch für die steuerbegünstigten Körperschaften gelten die allgemeinen Vorschriften der AO zur Führung von Büchern und Aufzeichnungen.

Körperschaften, die bereits nach anderen Vorschriften zur Führung von Büchern verpflichtet sind (siehe oben), müssen diese auch über § 140 AO für Zwecke des § 63 Abs. 3 AO vorlegen. Besteht **keine** Verpflichtung zur Führung entsprechender Bücher nach handelsrechtlichen Vorgaben, kann die Finanzverwaltung auch steuerbegünstigte Körperschaften zur Erstellung entsprechender Aufzeichnungen (ausnahmsweise) verpflichten. Diese Verpflichtung kann sich dann jedoch nur auf den (die) in Betracht kommenden Geschäftsbetrieb(e) beziehen.

Unterhält die steuerbegünstigte Körperschaft einen steuerpflichtigen wirtschaftlichen Geschäftsbetrieb i. S. des § 64 AO, der als solcher als Betrieb der Land- und Forstwirtschaft (§ 13 EStG) oder als Gewerbebetrieb (§ 15 EStG) einzustufen ist, kann das Finanzamt die Körperschaft dazu verpflichten, den Gewinn daraus nach § 5 Abs. 1 EStG (auf der Grundlage einer ordentlichen Buchführung) zu ermitteln, § 141 Abs. 2 AO. Diese Verpflichtung kann vom Finanzamt ausgesprochen werden, wenn die **Buchführungsgrenzen** des § 141 AO vom Geschäftsbetrieb überschritten werden. In diesem Fall sind von der Körperschaft entsprechende Bilanzen, Gewinn- und-Verlust-Rechnungen, Inventare und Jahresabschlüsse mit den erforderlichen Anlagen für den Geschäftsbetrieb zu fertigen. Damit geht dann die Verpflichtung einher, die empfangenen und abgesandten Handelsbriefe mit den Buchungsbelegen aufzubewahren (§ 257 HGB). Insoweit besteht nach § 5b EStG für Wirtschaftsjahre von steuerbegünstigten Körperschaften, die nach dem 31.12.2014 beginnen, auch die Verpflichtung, den Inhalt der Bilanz sowie der Gewinn- und Verlustrechnung durch Datenfernübertragung und nach amtlich vorgeschriebenem Datensatz zu übermitteln (sog. E-Bilanz; vgl. BMF vom 28.09.2011 (BStBl 2011 I S. 855), vom 19.12.2013 (IV C 6 – S 2133-b/11/10009 :004, 2013/0966930) sowie vom 13.06.2014 (BStBl 2014 I S. 886); Gleiches gilt für die steuerbegünstigten Körperschaften i. S. des § 1 Abs. 1 Nr. 1 bis 3 KStG oder solche steuerbegünstigten Körperschaften, die freiwillig Bücher führen und jeweils einen steuerpflichtigen wirtschaftlichen Geschäftsbetrieb unterhalten, dessen (Brutto-)Einnahmen 35.000 Euro/Jahr übersteigen (§ 64 Abs. 3 AO); im Einzelnen zur Taxonomie sowie den Übermittlungsmöglichkeiten für steuerbegünstigte Körperschaften, die nach §§ 14, 64 AO partiell steuerpflichtig sind, siehe Tz. 4.1.5.2.

Für die Frage der Buchführungspflicht sind alle steuerpflichtigen wirtschaftlichen Geschäftsbetriebe als ein steuerpflichtiger wirtschaftlicher Geschäftsbetrieb zu behandeln (AEAO Nr. 11 zu § 64 AO, Anhang 1). Für die Frage, ob die Grenzen überschritten sind, kommt es also auf die Werte (Einnahmen, Überschuss, Vermögen) des (steuerpflichtigen) Gesamtbetriebs an. Bei einem vom Kalenderjahr abweichenden Wirtschaftsjahr sind die Werte des abweichenden Gewinnermittlungszeitraums maßgebend (zu den Möglichkeiten, ein abweichendes Wirtschaftsjahr zu wählen, siehe Tz. 2.14.2 m. w. N.).

Die Buchführungsgrenzen sind in § 141 AO zurzeit wie folgt gezogen:

	bei der Land- und Forstwirtschaft	bei Gewerbetreibenden
Umsätze einschl. der steuerfreien Umsätze, ausgenommen die Umsätze nach § 4 Nr. 8 bis 10 UStG im Kalenderjahr	500.000 €	500.000 €
selbst bewirtschaftete land- und forstwirtschaftliche Flächen mit einem Wirtschaftswert (§ 46 BewG)	25.000 €	
Gewinn aus Gewerbebetrieb bzw. Land- und Forstwirtschaft im Wirtschaftsjahr bzw. Kalenderjahr	50.000 €	50.000 €

- Werden diese Grenzen von den Geschäftsbetrieben nicht überschritten oder hat das zuständige Finanzamt (auch bei Überschreiten der o. a. Grenzen) bisher darauf verzichtet, die Körperschaft zur Buchführung nach § 141 AO aufzufordern, bleibt die Körperschaft dazu verpflichtet, den Gewinn aus dem (einen) steuerpflichtigen wirtschaftlichen Geschäftsbetrieb auf der Grundlage einer Einnahmenüberschussrechnung nach § 4 Abs. 3 EStG zu ermitteln. Hierzu sind die Einnahmen und Ausgaben des Geschäftsbetriebs aufzuzeichnen und zur Überschussermittlung miteinander zu saldieren. Ergänzend sind dabei insbesondere die Regelungen zur Abschreibung für Abnutzungen (AfA) sowie die „gesonderte Behandlung" der Zu- und Abflüsse bei Darlehensvorgängen (H 4.5 (2) EStH) zu beachten (zur Aufzeichnung der sog. geringwertigen Wirtschaftsgüter siehe § 6 Abs. 2 und 2a EStG und R 5.4 Abs. 3 EStR).

Auch hier gilt die durch das Jahressteuergesetz 2007 in **§ 4 Abs. 3 EStG** für „Überschussmittler" geforderte **Erstellung eines Verzeichnisses,** in dem

– die nicht abnutzbaren Wirtschaftsgüter des Anlagevermögens,

– die zum Umlaufvermögen gehörenden Anteile an Kapitalgesellschaften, Wertpapiere und vergleichbare verbriefte Forderungen und Rechte, Grund und Boden und Gebäude

mit dem Tag der Anschaffung oder Herstellung sowie ihren Anschaffungs- oder Herstellungskosten zu erfassen sind.

- Ist der unterhaltene wirtschaftliche Geschäftsbetrieb als Handelsbetrieb zu qualifizieren, sind unabhängig von einer Buchführungspflicht (§ 141 AO) die Handelswaren sowie die Rohstoffe, unfertigen Erzeugnisse etc. (§ 143 AO, **Wareneingangsbuch**) aufzuzeichnen; ggf. besteht auch eine Aufzeichnungspflicht nach § 144 AO (= Veräußerung von Waren an andere gewerbliche Unternehmer).
- Steuerbegünstigte Körperschaften, die Zuwendungsbestätigungen i. S. des § 50 EStDV (Spendenbescheinigungen) ausstellen, haben die Vereinnahmung und Verwendung dieser **Zuwendungen ordnungsgemäß aufzuzeichnen**, § 50 Abs. 4 EStDV (siehe Anhang 2). Eine ordnungsgemäße Aufzeichnung in diesem Sinne liegt nur dann vor, wenn jede Einzelspende vollständig unter Beachtung des allgemeinen Saldierungsverbotes erfasst ist (siehe oben). Auch die Spenden und Mitgliedsbeiträge, für die keine Zuwendungsbestätigung ausgestellt wird, sind gesondert aufzuzeichnen.

Zudem ist jede erhaltene Sachspende in der Einnahmen-und-Ausgaben-Rechnung gesondert als Einnahme zu erfassen (= mit dem Spendenwert, d. h. mit dem in der Zuwendungsbestätigung ausgewiesenen Wert). Bei Sachspenden und dem Verzicht auf die Erstattung von Aufwand müssen sich zudem aus den Aufzeichnungen der Körperschaft bzw. den vorzuhaltenden Belegen auch die Grundlagen für den von der Körperschaft bestätigten Wert der Zuwendung ergeben.

Entsprechende Unterlagen sind zusammen mit dem Doppel der Zuwendungsbestätigung zur Buchführung zu nehmen (§ 50 Abs. 4 Satz 2 EStDV; siehe auch BMF vom 02.06.2000, BStBl 2000 I S. 592 Rn. 9).

Um den ordnungsmäßigen Nachweis führen zu können, müssen Spenden und sonstige Einnahmen sowie die damit getätigten Ausgaben konten- und buchmäßig getrennt abgewickelt werden, siehe hierzu auch Rn. 5 des BMF-Schreibens vom 02.06.2000, a. a. O. (dazu eignet sich auch das im Anhang 6 abgedruckte Muster einer Aufzeichnung für die Einnahmen und Ausgaben; ggf. nach einer entsprechenden Ergänzung).

Da die vorzulegenden Aufzeichnungen dem Grundsatz der Klarheit und Übersichtlichkeit zu genügen haben, ist es erforderlich, dass innerhalb der Einnahmen-und-Ausgaben-Rechnung bzw. der Gewinn-und-Verlust-Rechnung eine **Trennung nach den unterschiedlichen „Sphären"** (Einnahmen- bzw. Ausgabenbereichen der steuerbegünstigten Körperschaft, siehe dazu die Übersicht zu Tz. 2.15.1) vorgenommen wird (in diesem Sinne auch Orth, DB 1997 S. 1341, u. a. unter Bezugnahme auf das Gutachten der Unabhängigen Sachverständigenkommission zur Prüfung des Gemeinnützigkeits- und Spendenrechts, Schriftenreihe des BMF, Heft 40/1988 S. 30 und 200).

■ Der ideelle Bereich
- ☐ Mitgliedsbeiträge
- ☐ Spenden
- ☐ (Zu-)Stiftungen
- ☐ sonstige Einnahmen
- ☐ Personalausgaben
- ☐ Erbschaften
- ☐ Zuschüsse
- ☐ Bußgelder

2 Erläuterung der Bestimmungen des Abschnitts „Steuerbegünstigte Zwecke" in der AO

- ☐ Sachausgaben (Miete, Bürobedarf etc.)
- ☐ sonstige Ausgaben ideeller Bereich
- ■ Die Vermögensverwaltung
  - ☐ Kapitalerträge
  - ☐ Aufwendungen – Kapitalerträge
  - ☐ Mieteinnahmen
  - ☐ Aufwendungen – Mieteinnahmen
  - ☐ sonstige Einnahmen und Ausgaben
    Bei einer umfangreichen Vermögensverwaltung halte ich es für erforderlich, eine auf die einzelnen Objekte bzw. die jeweilige Anlageform bezogene Überschussermittlung zu erstellen (z. B. wenn Grundstücke, Gebäude, Mietwohnungen gehalten werden). Nur so kann dann im Zweifel nachgewiesen werden, dass sich die Körperschaft mit der Vermögensverwaltung im gemeinnützigkeitsrechtlich zulässigen Rahmen bewegt (hier im Sinne einer Abgrenzung zum steuerpflichtigen wirtschaftlichen Geschäftsbetrieb, § 64 AO).
- ■ bezogen auf den **jeweiligen** Zweckbetrieb
  - ☐ Betriebseinnahmen
  - ☐ Betriebsausgaben
- ■ bezogen auf den **jeweiligen** steuerpflichtigen wirtschaftlichen Geschäftsbetrieb, § 64 Abs. 1 AO (siehe hierzu auch Tz. 4.1.4, ggf. bezogen auf den Gesamtbetrieb, § 64 Abs. 2 AO)
  - ☐ Betriebseinnahmen
  - ☐ Betriebsausgaben

Das Finanzamt muss in die Lage versetzt werden, mit angemessenem Zeitaufwand eine Überprüfung durchführen zu können (§ 145 AO). Bei Erstellung einer Einnahmenüberschussrechnung sind die Aufzeichnungen daher nach den einzelnen Tätigkeitsbereichen getrennt aufzustellen, d. h., die Einnahmen und Ausgaben der jeweiligen gemeinnützigkeitsrechtlichen Sphären sind einander gegenüberzustellen (weitere Einzelheiten hierzu siehe Lutter, BB 1988 S. 489, und Alber in Dötsch/Pung/Möhlenbrock, Rz. 193 ff. zu § 5 Abs. 1 Nr. 9 KStG; siehe dazu auch oben). Bei bilanzierenden Körperschaften hat im Rahmen der Gewinnermittlung ebenfalls eine Trennung der jeweiligen Bereiche (z. B. durch Führung gesonderter Konten) zu erfolgen.

• Die Körperschaften, die nicht zur Aufstellung einer Bilanz verpflichtet sind, müssen auf das Ende des Veranlagungszeitraums jeweils eine Vermögensrechnung (Vermögensaufstellung) anfertigen (Muster siehe Anhang 8). In dieser Aufstellung sind **sämtliche** Vermögensgegenstände und **sämtliche** Schuldposten der Körperschaft zu verzeichnen.

• Führt die Körperschaft steuerbare **Umsätze im Sinne des UStG** aus und nimmt sie die Möglichkeit des Vorsteuerabzuges, § 15 UStG, in Anspruch, muss sie die Umsätze und die erhaltenen Leistungen einzeln aufzeichnen (§ 22 UStG und § 63 UStDV). Dabei reicht es aus, wenn die angesprochenen Umsätze und die an die Körperschaft erbrachten (Eingangs-)Leistungen jeweils als Bruttobeträge einschließlich der Umsatzsteuer getrennt nach Steuersätzen sowie steuerfreien Umsätzen aufgezeichnet und (erst) bei Abgabe der USt-Erklärungen (oder USt-Voranmeldungen) in die Bemessungsgrundlage für die Umsätze und die jeweilige Steuer aufgeteilt werden (Abschn. 22.5 Abs. 1 UStAE; zu Kleinunternehmern siehe Abschn. 22.5 Abs. 3 UStAE).

- Beschäftigt die Körperschaft Arbeitnehmer, hat die Körperschaft in ihrer Eigenschaft als Arbeitgeber am Ort der Betriebsstätte für **jeden Arbeitnehmer** und **jedes** Kalenderjahr ein Lohnkonto zu führen. In das Lohnkonto sind die für den Lohnsteuerabzug erforderlichen Merkmale aus der Lohnsteuerkarte bzw. seit dem 01.01.2013 die Elektronischen LohnSteuerAbzugsMerkmale (ELStAM) zu übernehmen (zu den notwendigen Einzelangaben siehe § 7 LStDV). Aufzeichnungserleichterungen können für Arbeitnehmer mit geringem Arbeitslohn und in den Fällen der §§ 40, 40a und 40b EStG in Betracht kommen (Stichwort: Pauschalversteuerung).

    Hinweis: Zur Bestimmung der „Profi-Eigenschaft" von Sportlern i. S. von § 67a Abs. 3 AO gilt eine 400 Euro-Grenze, siehe AEAO Nr. 32 zu § 67a AO (Anhang 1). Auch diese Zahlungen sind einkommen- bzw. lohnsteuerpflichtige Einnahmen der betreffenden Sportler. Insoweit trifft den Verein die Verpflichtung zum Einbehalt und zur Abführung der gesetzlichen Lohnsteuer. Auch für diese Beträge gelten somit die vorstehenden Aufzeichnungspflichten (zur Arbeitnehmereigenschaft von Sportlern siehe auch Tz. 2.19.6.1).

Die hier dargestellten Aufzeichnungspflichten können mithilfe der am Markt in vielfältiger Form vorhandenen „Buchhaltungsangebote" erfüllt werden. Zu verweisen ist hier beispielhaft auf eine in Reuber, Die Besteuerung der Vereine (zu Stichwort Aufzeichnungen unter VII), dargestellte Durchschreibebuchhaltung, den (vereinfachten) Kontenrahmen für Vereine bei DATEV oder auch diverse PC-Software-Lösungen.

Im Anhang 6 ist ein Muster einer (stark) vereinfachten Einnahmen-und-Ausgaben-Rechnung abgedruckt, die sich m. E. insbesondere für kleine steuerbegünstigte Vereine eignet. Die dort beispielhaft vorgegebene Einteilung der Einnahmen und Ausgaben kann, bezogen auf die bei jedem Verein gegebenen besonderen Verhältnisse, abweichend von dem Vorschlag vorgenommen werden. Die Führung der Aufzeichnungen nach dem dargestellten Muster gibt der Körperschaft zudem die Möglichkeit, sich auch kurzfristig einen Überblick über das Ergebnis in den verschiedenen Tätigkeitsbereichen zu verschaffen.

2.14.8 Hinweise zur Gewinnermittlung nach § 4 Abs. 3 EStG

Aus einer Aufzeichnung nach dem vorstehenden Muster kann eine Einnahmenüberschussrechnung, die den steuerlichen Gewinnermittlungsgrundsätzen genügt (siehe dazu auch Tz. 4.1.4.1), abgeleitet werden. Dazu sind die Salden der Einnahmen und Ausgaben einander gegenüberzustellen. Das sich daraus ergebende (Zwischen-)Ergebnis ist u. a. bezüglich folgender Punkte zu überprüfen und ggf. zu ändern:

- Der Zufluss eines **Darlehens** stellt steuerlich ebenso wenig eine Betriebseinnahme dar, wie der Abfluss einer Darlehensauszahlung eine steuerliche Betriebsausgabe ist. Auch zur Tilgung eines Darlehens geleistete Zahlungen dürfen das steuerliche Ergebnis nicht mindern (siehe R 4.5 EStR und H 4.5 (2) „Darlehen" EStH). Lediglich die Zinsen für einen Kredit sind als Betriebsausgabe steuerlich abzugsfähig.

- Die **Anschaffung** von abnutzbaren oder nicht abnutzbaren **Wirtschaftsgütern** stellt für sich betrachtet keine Betriebsausgabe dar. Lediglich die jeweiligen Beträge der Absetzungen für Abnutzung (AfA) können steuerlich abgezogen werden. Die entsprechenden Werte können dem Bestandsverzeichnis (Muster siehe Anhang 7) entnommen werden. Auch die Regelungen für geringwertige Wirtschaftsgüter (§ 6 Abs. 2 und 2a EStG) sind zu beachten.

- Auch **Sacheinnahmen** oder **Sachausgaben** (= Güter in Geldeswert, § 8 Abs. 1 EStG) sind in die steuerliche Einnahmenüberschussrechnung einzubeziehen. Erhält z. B. ein Verein, der in seiner Vereinszeitschrift Werbeanzeigen für eine Brauerei aufgenommen hat, als Werbeentgelt statt eines bestimmten Geldbetrages 10 Fässer Bier geliefert, ist als Einnahme im wirtschaftlichen Geschäftsbetrieb „Werbung" der Gegenwert der erhaltenen Bierfässer zu erfassen.

2.14.9 Weitere Unterlagen und Beweismittel

Erfüllen die Buchführung bzw. die Aufzeichnungen die gestellten Anforderungen nicht, **so fehlt der Nachweis,** dass die tatsächliche Geschäftsführung den gesetzlich vorgeschriebenen Anforderungen und den Satzungsbestimmungen entspricht. Eine Körperschaft, die diesen Nachweis nicht erbringt, kann nicht als gemeinnützig anerkannt werden (siehe BFH vom 23.07.2003 I R 29/02, BStBl 2003 II S. 930).

Der Nachweis der tatsächlichen Geschäftsführung ist durch ordnungsgemäße Aufzeichnung der Einnahmen und Ausgaben zu führen. Dazu sind die vorstehend dargestellten Grundsätze zu beachten. Die steuerbegünstigten Körperschaften haben darüber hinaus den Nachweis zu erbringen, dass sie ihre Mittel tatsächlich fortlaufend (zeitnah) für die satzungsmäßigen Zwecke verwendet haben (in Gebrauch genommen haben). Kann dieser Nachweis nicht anhand der Grundaufzeichnungen (der Einnahmen-Ausgaben-Rechnung bzw. des Jahresabschlusses mit der Bilanz und Gewinn-und-Verlust-Rechnung) geführt werden, hat die Körperschaft eine gesonderte **Mittelverwendungsrechnung** zu erstellen (der AEAO Nr. 27 zu § 55 Abs. 1 Nr. 5 AO, Anhang 1, spricht ausdrücklich von einer **Nebenrechnung;** zum Vorschlag einer Einheitsrechnungslegung siehe Orth, DB 1997 S. 1341). Bezüglich einer den Anforderungen des § 63 Abs. 3 AO genügenden Mittelverwendungsrechnung, die aus einer Bilanz oder einer Vermögensaufstellung abgeleitet werden kann, verweise ich auf die Ausführung in Tz. 2.5.9.1.

Neben den aufgezeichneten Einnahmen und Ausgaben (nebst zugehöriger Belege) kann das Finanzamt zur Prüfung der tatsächlichen Geschäftsführung auch **weitere Unterlagen und Beweismittel** anfordern. Hier sind z. B. die Protokolle der Jahreshauptversammlung, sonstiger Mitgliederversammlungen, der Vorstandssitzungen sowie die Geschäfts- und Kassenberichte und einzelne Verträge zu nennen. Ebenso besteht grundsätzlich die Möglichkeit, auch Einzelangaben zu durchgeführten Projekten mit Angaben zur Art und Weise der Durchführung, der Angabe, welche weiteren Einrichtungen oder Einzelpersonen daran beteiligt waren etc., bis hin zu einschlägigem Schriftwechsel hierzu anzufordern (so auch BFH vom 23.07.2003 I R 29/02, BStBl 2003 II S. 930).

Zu den gesetzlichen Anforderungen gehört auch der Nachweis, dass eine Einrichtung in besonderem Maße den in § 53 AO benannten Personen dient (vgl. Tz. 2.3.4; siehe auch OFD Frankfurt a. M. vom 14.03.2002, DB 2002 S. 870).

Die Verwirklichung steuerbegünstigter **Zwecke im Ausland** ist von der als gemeinnützig anerkannten Körperschaft nachzuweisen (bei einer ausschließlichen Zweckverwirklichung im Ausland ist auf die Ausführungen zum strukturellen Inlandsbezug als „zusätzliches Tatbestandsmerkmal" in Tz. 2.1.1.1 hinzuweisen; auch bei einer Mittelweitergabe nach Maßgabe des § 58 Nr. 1 AO an eine ausländische Körperschaft, die im Inland weder unbeschränkt (§ 1 KStG) noch beschränkt steuerpflichtig (§ 2 KStG) ist, trifft die steuerbegünstigte (Förder-)Körperschaft eine erhöhte Nachweispflicht („qualifizierter Verwendungsnachweis"), siehe bereits Tz. 2.8.1.3). Dieser Nachweis ist u. a. durch eine ordnungsgemäße Aufzeichnung der für das Auslandsprojekt getätigten Ausgaben zu führen (§ 63 Abs. 3 AO). Diese Verpflichtung wird durch die erhöhte Vorsorgepflicht für Beweismittel bei der Beurteilung von Sachverhalten außerhalb des Geltungsbereichs der AO gem. § 90 AO konkretisiert. Je nach Lage und Größenordnung des Falles ist unter Berücksichtigung des Grundsatzes der Verhältnismäßigkeit zu entscheiden, welche Nachweise gefordert werden (siehe auch OFD Frankfurt a. M. vom 11.12.1996, FR 1997 S. 194). Als Nachweise der satzungsmäßigen Mittelverwendung im Ausland können folgende – erforderlichenfalls ins Deutsche übersetzte – Unterlagen dienen:

- die im Zusammenhang mit der ausländischen Mittelverwendung abgeschlossenen Verträge und entsprechende Vorgänge,
- Belege über den Abfluss der Mittel ins Ausland und Quittungen des Zahlungsempfängers über den Erhalt der Mittel,
- ausführliche Tätigkeitsbeschreibungen der im Ausland entfalteten Aktivitäten,
- Material über die getätigten Projekte (Prospekte, Presseveröffentlichungen),
- Gutachten z. B. eines örtlichen Wirtschaftsprüfers bei großen und andauernden Projekten,
- Zuwendungsbescheide ausländischer Behörden, wenn die Maßnahmen dort öffentlich gefördert werden,
- Bestätigung einer deutschen Auslandsvertretung, dass die behaupteten Projekte durchgeführt werden.

Dabei ist zu beachten, dass die Finanzbehörden sich auf der Grundlage von DBA-Bestimmungen oder den Amtshilferegelungen im EU-Bereich zur Klärung von Besteuerungsfragen an die Finanzbehörden in ausländischen Staaten wenden können (siehe auch BFH vom 14.07.2004 I R 94/02, BStBl 2005 II S. 721).

2.14.10 Fristsetzung zur Verwendung von Mitteln

Das Finanzamt kann in den Fällen, in denen es feststellt, dass eine Körperschaft unzulässig Mittel angesammelt hat (zur zeitnahen Mittelverwendungspflicht und Rücklagenbildung siehe Tz. 2.5.9 und 2.8.6 ff.), der Körperschaft eine **angemessene Frist zur Verwendung der unzulässig angesammelten Vermögenswerte** setzen (§ 63 Abs. 4 AO). Dabei sollte die Bemessung der Frist stets unter Berücksichtigung der Umstände des jeweiligen Einzelfalls erfolgen. Die Körperschaft kann ihre Gemeinnützigkeit erhalten, wenn sie die Mittel innerhalb der gesetzten Frist für steuerbegünstigte Zwecke verwendet (siehe AEAO Nr. 2 zu § 63 AO). Diese Rechtsfolge (= „Heilung" der unzulässigen Mittelansammlung), die bislang auch gesetzlich festgelegt war (vgl. § 63 Abs. 4 Satz 2 AO a. F.), ist durch das Ehrenamtsstärkungsgesetz vom 21.03.2013 (BGBl 2013 I S. 556) unbeabsichtigt entfallen, sodass mithilfe des BMF-Schreibens vom 31.01.2014 der alte Rechtszustand wiederhergestellt wird.

Über die Anwendung der Vorschrift entscheidet das Finanzamt nach pflichtgemäßem Ermessen. Eine Fristsetzung kommt insbesondere in den Fällen in Betracht, in denen eine Körperschaft in Unkenntnis der Rechtslage Mittelüberhänge nicht zeitgerecht verwendet, ansonsten aber steuerbegünstigte Zwecke verfolgt hat. Die Vorschrift sollte jedoch keine Körperschaft dazu verleiten, Mittel planmäßig anzusammeln. Stellt das Finanzamt eine planmäßige (unzulässige) Mittelansammlung fest, kann es in Ausübung seines Ermessens von einer Fristsetzung absehen und der

Körperschaft die Gemeinnützigkeit für den gesamten Zeitraum des schädlichen Verhaltens versagen.

2.14.11 Anzeigepflichten

Dem zuständigen Finanzamt sind nach § 137 AO die Umstände anzuzeigen, die für die steuerliche Erfassung notwendig sind, insbesondere der Erwerb der Rechtsfähigkeit, die Änderung der Rechtsform, die Beschlüsse, durch die für steuerliche Vergünstigungen wesentliche Satzungsbestimmungen geändert werden, die Verlegung der Geschäftsleitung oder des Sitzes und die Auflösung.

Die Mitteilungen sind innerhalb eines Monats seit dem meldepflichtigen Ereignis zu erstatten (§ 137 Abs. 2 AO).

Auch den für die Erhebung der Realsteuern zuständigen Gemeinden sind die für sie bedeutsamen Tatsachen mitzuteilen.

2.15 § 64 AO: Steuerpflichtige wirtschaftliche Geschäftsbetriebe

(1) Schließt das Gesetz die Steuervergünstigung insoweit aus, als ein wirtschaftlicher Geschäftsbetrieb (§ 14) unterhalten wird, so verliert die Körperschaft die Steuervergünstigung für die dem Geschäftsbetrieb zuzuordnenden Besteuerungsgrundlagen (Einkünfte, Umsätze, Vermögen), soweit der wirtschaftliche Geschäftsbetrieb kein Zweckbetrieb (§§ 65 bis 68) ist.

(2) Unterhält die Körperschaft mehrere wirtschaftliche Geschäftsbetriebe, die keine Zweckbetriebe (§§ 65 bis 68) sind, werden diese als ein wirtschaftlicher Geschäftsbetrieb behandelt.

(3) Übersteigen die Einnahmen einschließlich Umsatzsteuer aus wirtschaftlichen Geschäftsbetrieben, die keine Zweckbetriebe sind, insgesamt nicht 35.000 Euro im Jahr, so unterliegen die diesen Geschäftsbetrieben zuzuordnenden Besteuerungsgrundlagen nicht der Körperschaftsteuer und der Gewerbesteuer.

(4) Die Aufteilung einer Körperschaft in mehrere selbständige Körperschaften zum Zweck der mehrfachen Inanspruchnahme der Steuervergünstigung nach Absatz 3 gilt als Missbrauch von rechtlichen Gestaltungsmöglichkeiten im Sinne des § 42.

(5) Überschüsse aus der Verwertung unentgeltlich erworbenen Altmaterials außerhalb einer ständig dafür vorgehaltenen Verkaufsstelle, die der Körperschaftsteuer und der Gewerbesteuer unterliegen, können in Höhe des branchenüblichen Reingewinns geschätzt werden.

(6) Bei den folgenden steuerpflichtigen wirtschaftlichen Geschäftsbetrieben kann der Besteuerung ein Gewinn von 15 Prozent der Einnahmen zugrunde gelegt werden:

1. Werbung für Unternehmen, die im Zusammenhang mit der steuerbegünstigten Tätigkeit einschließlich Zweckbetrieben stattfindet,

2. Totalisatorbetriebe,

3. Zweite Fraktionierungsstufe der Blutspendedienste.

Das nachfolgend abgedruckte Schaubild soll einen Überblick über die verschiedenen **Tätigkeitsfelder** (Sphären) **steuerbegünstigter Körperschaften** geben. Steuerbegünstigte Körperschaften müssen ihre Einnahmen und Ausgaben entsprechend strukturieren. Von besonderer Bedeutung sind dabei die Zuordnung der Tätigkeiten und Einnahmen zum wirtschaftlichen Geschäftsbetrieb mit der Unterteilung in Zweckbetriebe und steuerpflichtige wirtschaftliche Geschäftsbetriebe.

2.15 § 64 AO: Steuerpflichtige wirtschaftliche Geschäftsbetriebe

Tätigkeitsfelder/Einnahmen- und Ausgabenbereiche			
ideeller Bereich	Vermögensverwaltung § 14 AO	wirtschaftliche Geschäftsbetriebe	
		Zweckbetriebe §§ 65, 66, 67, 67a und 68 AO	steuerpflichtige Geschäftsbetriebe §§ 64, 14 AO
– Mitgliederbeiträge	– Zinsen, Dividenden etc. (= Erträge aus Geldanlagen)	– Kursgebühren für Unterricht (z. B. Berufsbildung) – Verkauf der Vereinszeitschrift	– Verkauf von Speisen und Getränken (z. B. bei Vereinsveranstaltungen, Vereinsfesten)
– Spenden	– Mieteinnahmen (z. B. aus Haus- und Grundstücksvermietungen)	– Verkauf von Vereinsinfomaterial	– eine Betriebsaufspaltung
– Zuschüsse		– Einnahmen der Erholungsheime	– Basare, Flohmärkte
– Erbschaften	– Pachteinnahmen (z. B. bei Verpachtung der Vereinsgaststätte, bei Verpachtung der Werberechte in der Vereinszeitschrift)	– Verkaufserlöse der Behindertenwerkstatt	– Eintrittsgelder und Bewirtungserlöse bei Vereinsveranstaltungen
			– Entgelte des Zentraleinkaufs oder sonstiger Serviceleistungen
			– Entgelte aus Gruppenversicherung
			– Verkauf des Sammelgutes aus Altmaterialsammlungen
		– Eintrittsgelder etc. aus sportlichen Veranstaltungen nach § 67a Abs. 1 und 3 AO	– Eintrittsgelder etc. aus steuerpflichtigen sportlichen Veranstaltungen nach § 67a Abs. 1 und 3 AO
			Beachte: Körperschaft- und Gewerbesteuerpflicht tritt erst ein, wenn die Gesamteinnahmen des Wirtschafts- bzw. Kalenderjahres den Betrag von 35.000 € übersteigen (§ 64 Abs. 3 AO)

2.15.1 Grundsätzliches

Steuerbegünstigte Körperschaften können ihre „guten Zwecke" nur in dem Maße verwirklichen, wie ihnen dafür Mittel zur Verfügung stehen. Sie setzen zur Verwirklichung der Satzungszwecke in erster Linie Mitgliedsbeiträge und Spendeneinnahmen sowie erzielte Überschüsse aus vermögensverwaltenden Tätigkeiten ein. Fast jede steuerbegünstigte Körperschaft versucht, darüber hinaus zusätzliche Einnahmen durch wirtschaftliche Tätigkeiten zu erzielen. Der Frage, ob und ggf. in welchem Umfang die Einnahmen, das Vermögen oder der Gewinn aus diesen Tätigkeiten der Besteuerung unterliegt, kommt daher besondere Bedeutung zu. Zum grundsätzlichen Verbot, einen steuerpflichtigen wirtschaftlichen Geschäftsbetrieb mit ideellen Mitteln auszustatten, siehe Tz. 2.5.5.4.

Den Umfang der Steuerbegünstigung legt das jeweilige Einzelsteuergesetz fest. Bei einem Blick auf die Regelungen in den Einzelsteuergesetzen erkennt man, dass regelmäßig der (steuerpflichtige) wirtschaftliche Geschäftsbetrieb von den Steuerbegünstigungen ausgeschlossen ist. Die Körperschaft verliert nach Maßgabe der in Betracht kommenden Einzelsteuergesetze (nur) für die Besteuerungsgrundlagen (Vermögen, Einkünfte, Umsätze), die dem Betrieb zuzuordnen sind, die Steuervergünstigung. **Im Übrigen bleiben der Körperschaft die steuerlichen Vergünstigungen erhalten.** Dem liegt der Gedanke zugrunde, dass einer steuerbegünstigten Körperschaft, die die Mittel zur Erfüllung ihres steuerbegünstigten Satzungszwecks selbst durch Maßnahmen erwirbt, die an sich außerhalb der begünstigten Betätigung liegen, die Steuervergünstigung **insoweit** versagt werden soll, als ein über eine bloße Vermögensverwaltung (vgl. Tz. 2.14.3) hinausgehender Geschäftsbetrieb vorliegt und dieser naturgemäß zu anderen Unternehmen gleicher Geschäftsrichtung mehr oder weniger in Wettbewerb tritt (vgl. insoweit BFH vom 21.08.1985, BStBl 1986 II S. 88). Damit hat der Gesetzgeber für (inländische) steuerbegünstigte Körperschaften eine weitgehende Wettbewerbsneutralität erreicht. Sie genügt nach Ansicht von Hüttemann den Forderungen des Art. 81 ff. EGV n. F. (dem europäischen Beihilfenverbot; siehe Hüttemann, DB 2006 S. 914).

Erfüllt der wirtschaftliche Geschäftsbetrieb die Voraussetzungen für die Annahme eines **Zweckbetriebs** (§§ 65 bis 68 AO), bleiben die jeweiligen Steuervergünstigungen auch insoweit erhalten. Wenn man sich mit den Thesen des EuGH in seinem Urteil vom 10.01.2006 Rs. C-222/04 „Cassa di Risparmio di Firenze" (www.curia.eu) auseinandersetzt, wird man wohl zu dem Ergebnis kommen müssen, dass insbesondere die Steuervergünstigungen für gemeinnützige Körperschaften im Bereich der Zweckbetriebe Beihilfencharakter haben können (so Hüttemann, a. a. O.; ausführlich zu diesen Fragen siehe auch Helios in Steuerliche Gemeinnützigkeit und EG-Beihilferecht, Verlag Dr. Kovac).

Zu den Einzelsteuergesetzen, die Steuervergünstigungen für (steuerpflichtige) wirtschaftliche Geschäftsbetriebe ausschließen, gehören:

§ 5 Abs. 1 Nr. 9 KStG,   § 13 Abs. 1 Nr. 16 Buchst. b ErbStG,

§ 3 Nr. 6 GewStG,   § 3 Abs. 1 Nr. 3 Buchst. b GrStG i. V. m.

§ 12 Abs. 2 Nr. 8 Satz 2 UStG,   Abschn. 12 Abs. 4 GrStR.

Die Regelungen des § 64 AO im Überblick:

- In § 64 Abs. 1 AO wird der **steuerpflichtige** wirtschaftliche Geschäftsbetrieb mittels Abgrenzung zur (steuerfreien) Vermögensverwaltung, § 14 AO, und den (steuerfreien) Zweckbetrieben, §§ 65 bis 68 AO, festgelegt.
- Die Möglichkeit der gemeinnützigkeits**un**schädlichen Verrechnung von Gewinnen und Verlusten verschiedener steuerpflichtiger wirtschaftlicher Geschäftsbetriebe sieht § 64 Abs. 2 AO vor (Tz. 2.15.5).
- Eine Besteuerungsgrenze hinsichtlich der Körperschaft- und Gewerbesteuer ist nach § 64 Abs. 3 AO (Tz. 2.15.6) gegeben.

- Das sog. Zellteilungsverbot zur Vermeidung rechtsmissbräuchlicher Gestaltungen i. S. von § 42 AO ist in § 64 Abs. 4 AO festgeschrieben.
- Die Möglichkeit zur Schätzung eines branchenüblichen Reingewinns bei der Verwertung von unentgeltlich erworbenem Altmaterial wird durch § 64 Abs. 5 AO (Tz. 2.15.9) eingeräumt.
- Ein Wahlrecht, den Gewinn aus bestimmten Werbetätigkeiten, Totalisatorbetrieben sowie bei Blutspendediensten mit der zweiten Fraktionierungsstufe pauschal zu ermitteln und mit diesem Wert der Besteuerung zu unterwerfen, eröffnet (mit Wirkung ab dem Jahr 2000) die Regelung des § 64 Abs. 6 AO (Tz. 2.15.10).

Der Begriff „wirtschaftlicher Geschäftsbetrieb" ist einheitlich für alle Steuerarten in § 14 AO geregelt. Dieser Begriffsbestimmung kommt außerhalb des Gemeinnützigkeitsrechts insbesondere für Berufsverbände ohne öffentlich-rechtlichen Charakter (§ 5 Abs. 1 Nr. 5 KStG), für politische Parteien (§ 5 Abs. 1 Nr. 7 KStG) und für die Gewerbesteuer (§ 2 Abs. 3 GewStG) Bedeutung zu (Hinweis hierzu auf R 16 Abs. 4 ff. KStR).

Die den steuerbegünstigten Körperschaften mit § 64 AO ausdrücklich zugestandene Möglichkeit, steuerpflichtige („steuerschädliche") wirtschaftliche Geschäftsbetriebe unterhalten zu dürfen, steht in einem Spannungsverhältnis zu den Geboten der Selbstlosigkeit (§ 55 AO; Tz. 2.5) und Ausschließlichkeit (§ 56 AO; Tz. 2.6). Die Körperschaften verlieren (ausnahmsweise) die (gesamte) Gemeinnützigkeit, wenn ein (steuerpflichtiger) wirtschaftlicher Geschäftsbetrieb i. S. des § 64 AO zum Satzungszweck (Hauptzweck) erhoben wird (§ 60 AO; Tz. 2.10.1).

Die sog. „Geprägetheorie", nach der grundsätzlich die Steuerbegünstigung aberkannt wurde, wenn der „steuerschädliche" Geschäftsbetrieb das Wirken der Körperschaft bestimmt, d. h. im Vordergrund steht und ihr das Gepräge gibt, wurde durch die Finanzverwaltung aufgegeben (siehe hierzu Tz. 2.5.2).

Zweck der partiellen Steuerpflicht gemeinnütziger Körperschaften mit ihren wirtschaftlichen Geschäftsbetrieben ist (auch), dass der marktwirtschaftliche Wettbewerb vor möglichen Beeinträchtigungen durch wirtschaftliche Geschäftsbetriebe geschützt werden soll (siehe Orth, FR 2007 S. 326 m. w. N.).

Über die Steuerpflicht oder Steuerfreiheit der wirtschaftlichen Tätigkeiten wird bezüglich jeder Steuerart im Rahmen des betreffenden Veranlagungsverfahrens mittels Steuerbescheid bzw. mittels Freistellungsbescheid entschieden (zu den verfahrensrechtlichen Regelungen siehe Tz. 4.1.2).

2.15.2 Begriff des wirtschaftlichen Geschäftsbetriebs

§ 14 AO: Wirtschaftlicher Geschäftsbetrieb

> $_1$Ein wirtschaftlicher Geschäftsbetrieb ist eine selbständige nachhaltige Tätigkeit, durch die Einnahmen oder andere wirtschaftliche Vorteile erzielt werden und die über den Rahmen einer Vermögensverwaltung hinausgeht. $_2$Die Absicht, Gewinn zu erzielen, ist nicht erforderlich. $_3$Eine Vermögensverwaltung liegt in der Regel vor, wenn Vermögen genutzt, zum Beispiel Kapitalvermögen verzinslich angelegt oder unbewegliches Vermögen vermietet oder verpachtet wird.

Der Begriff „wirtschaftlicher Geschäftsbetrieb" ist weiter als der Begriff des Gewerbebetriebs oder des land- und forstwirtschaftlichen Betriebs im Sinne des EStG. Er umfasst jede selbständige nachhaltige Tätigkeit, durch die Einnahmen oder andere wirtschaftliche Vorteile erzielt werden und die **über den Rahmen einer Vermögens-**

verwaltung hinausgeht. Gewinnerzielungsabsicht und wirtschaftliche Verselbständigung (z. B. durch einen geschlossenen Geschäftskreis, durch eine besondere Leitung oder eine eigene Buchführung) werden nicht vorausgesetzt.

Für die Annahme eines wirtschaftlichen Geschäftsbetriebs müssen **sämtliche** der in § 14 AO aufgeführten Erfordernisse erfüllt sein.

Selbständigkeit i. S. des § 14 AO ist nicht die persönliche Selbständigkeit einer juristischen Person, sondern die **sachliche Selbständigkeit** der Betätigung im Sinne einer Abgrenzung von einem steuerbegünstigten Wirkungsbereich (BFH vom 26.02.1992, BStBl 1992 II S. 693 m. w. N.). Sie muss sich also vom steuerbegünstigten Wirkungsbereich der Körperschaft abgrenzen lassen. Dieses Erfordernis ist erfüllt, wenn sich die Betätigung von der Gesamtbetätigung der Körperschaft wirtschaftlich abhebt und nicht mit dieser eine Einheit bildet (RFH vom 25.03.1941, RStBl 1941 S. 421, und BFH vom 20.09.1963, BStBl 1963 III S. 532), ihre Ausübung also auch ohne die andere[n] Betätigung[en] möglich ist.

Dabei bilden alle Tätigkeiten, die unabdingbar für die konkrete Form der Einnahmeerzielung sind, einen einheitlichen wirtschaftlichen Geschäftsbetrieb (Herbert, Die wirtschaftlichen Geschäftsbetriebe des gemeinnützigen Vereins, S. 42). Der BFH stellt dabei auf eine enge sachliche, wirtschaftliche und organisatorische Verknüpfung der einzelnen Tätigkeiten ab, siehe dazu u. a. BFH vom 27.10.1993, BStBl 1994 II S. 573, zur Müllbeseitigung; vom 26.02.1992, BStBl 1992 II S. 693, zur Altkleidersammlung; vom 02.03.1990, BStBl 1990 II S. 1012, zur Überlassung von Tennisplätzen; vom 18.01.1995, BStBl 1995 II S. 446, zur Beherbergung von allein reisenden Erwachsenen in Jugendherbergen.

Der Begriff **„nachhaltig"** i. S. des § 14 AO stimmt mit dem zum Umsatzsteuerrecht entwickelten und später in das GewStG und das EStG übernommenen Begriff „nachhaltig" überein (vgl. dazu auch AEAO Nr. 2 zu § 64 Abs. 1 AO). Danach ist eine Tätigkeit (Betätigung) – ohne Rücksicht auf das Motiv des Tätigwerdens – grundsätzlich nachhaltig, wenn sie auf **Wiederholung** angelegt ist, d. h., wenn die – i. d. R. Mehrzahl von – Tätigkeiten (wiederholter Leistungsaustausch, BFH vom 31.07.1990, BStBl 1991 II S. 66) von dem Entschluss getragen sind, sie zu wiederholen und daraus eine (ständige) Erwerbsquelle zu machen, und sie dann auch tatsächlich wiederholt werden. Nachhaltigkeit ist auch schon gegeben, wenn bei einer Tätigkeit der allgemeine Wille besteht, gleichartige oder ähnliche Handlungen bei sich bietender Gelegenheit zu wiederholen (BFH vom 11.04.1989, BStBl 1989 II S. 621). Anhaltspunkte für eine Wiederholungsabsicht sind z. B. Werbung durch den Verein, leistungsbereite Betriebsorganisation oder Verankerung in der Satzung (Herbert, Die wirtschaftlichen Geschäftsbetriebe gemeinnütziger Vereine, S. 48; weitere Beispiele siehe in Abschn. 2.3 Abs. 2f UStAE zu § 2 UStG).

Wiederholte Tätigkeiten liegen auch vor, wenn der Grund zum Tätigwerden auf einem einmaligen Entschluss beruht, die Erledigung aber mehrere (Einzel-)Tätigkeiten erfordert. Nachhaltigkeit ist auch dann anzunehmen, wenn die Tätigkeit von vornherein nur für eine abgegrenzte Zeit beabsichtigt ist (vgl. BFH vom 21.08.1985, BStBl 1986 II S. 88, und vom 09.11.1988 I R 200/85, BFH/NV 1989 S. 342 m. w. N.). So kommt etwa Valentin in UStB 2000 S. 109 zu dem Ergebnis, dass die für die Annahme einer Nachhaltigkeit erforderliche Planmäßigkeit des Vorgehens bei einer langfristigen Nutzungsüberlassung durch die damit verbundene Dauerhaftigkeit der Betätigung indiziert werde (zu einem Ballonsportverein, der seinen Ballon mit einem Werbespruch, Firmenlogo etc. beschriften lässt und in dieser Sache einen längerfristigen „Nutzungsvertrag" mit dem zu bewerbenden Unternehmen abschließt; siehe auch FG Köln vom 13.12.2000, EFG 2001 S. 389).

So hat der BFH mit seinen beiden Urteilen vom 21.08.1985 (BStBl 1986 II S. 88 und S. 92) entschieden, dass eine Körperschaft durch das Betreiben der Restauration anlässlich der von ihr durchgeführten Veranstaltungen (Flugtag, Hallen- und Waldfest) nachhaltig tätig wurde, da das Verwirklichen dieses Entschlusses eine Vielzahl von (Einzel-)Tätigkeiten erforderte, die in ihrer tatsächlichen und rechtlichen Vielfalt und Verschiedenartigkeit überwiegend in den wirtschaftlich-gewerblichen Bereich einzuordnen waren.

Die Körperschaft muss mit ihrer Tätigkeit auch am **wirtschaftlichen Verkehr** teilnehmen. Eine Teilnahme am **allgemeinen** wirtschaftlichen Verkehr ist nicht erforderlich (BFH vom 08.03.1967, BStBl 1967 II S. 373). Bei der Beurteilung, ob eine Beteiligung am wirtschaftlichen Verkehr vorliegt, wird darauf abgestellt, ob die Betätigung zu Steuerpflichtigen, die ihre Tätigkeit zum Zweck der Gewinnerzielung ausüben, in Konkurrenz tritt und ob die Tätigkeit auf einen Leistungs- oder Güteraustausch gerichtet ist (BFH vom 24.01.1990 X R 44/88, BFH/NV 1990 S. 798). Das gilt auch dann, wenn sich die Betätigung nur auf den Kreis der Mitglieder beschränkt (BFH vom 02.10.1968, BStBl 1969 II S. 43, und vom 21.08.1985 I R 5/81, BFH/NV 1986 S. 239), Leistungen nur an einen einzigen Abnehmer erbracht werden (BFH vom 22.01.2003, BStBl 2003 II S. 464) oder wenn die Körperschaft nur kostendeckende Einnahmen erzielt (BFH vom 27.10.1993, BStBl 1994 II S. 573).

Durch die Betätigung muss die Körperschaft Einnahmen oder sonstige **wirtschaftliche Vorteile** erzielen. § 14 AO erfasst ausdrücklich auch „sonstige wirtschaftliche Vorteile". Der Vorteilsbegriff des § 14 AO ist also weitreichender als der Einnahmenbegriff nach §§ 4 und 8 Abs. 1 EStG.

Keine wirtschaftlichen Vorteile in diesem Sinne sind z. B. Spenden im Sinne bedingungsloser und auflagenfreier Zuwendungen (BFH vom 24.11.1987, BStBl 1988 II S. 220) oder auch Erbschaften (Herbert, Die wirtschaftlichen Geschäftsbetriebe gemeinnütziger Vereine, S. 55; zu Zuwendungen von Sponsoren und Mäzenen siehe Tz. 2.14.4.1 und die dort genannten Fundstellen).

Ein wirtschaftlicher Geschäftsbetrieb liegt stets vor, wenn durch entsprechende Betätigungen der Körperschaft die **Begriffsvoraussetzungen des Gewerbebetriebs** (§ 15 Abs. 2 EStG, siehe auch BFH vom 27.07.1988, BStBl 1989 II S. 134 m. w. N., und vom 27.03.2001, BStBl 2001 II S. 449) und des land- und forstwirtschaftlichen Betriebs (§ 13 EStG) erfüllt sind. Aber auch soweit eine Körperschaft sonstige Einkünfte i. S. des § 22 Nr. 3 EStG erzielt, kann ein wirtschaftlicher Geschäftsbetrieb i. S. des § 14 AO vorliegen (BFH vom 08.06.1966, BStBl 1966 III S. 632). Für die Annahme eines wirtschaftlichen Geschäftsbetriebs ist die Absicht, Gewinn zu erzielen, nicht erforderlich (so ausdrücklich § 14 AO; siehe auch BFH vom 18.01.1984, BStBl 1984 II S. 451). Hierunter fallen grundsätzlich alle Einnahmen aus Leistungen für jedes Tun, Dulden oder Unterlassen, das Gegenstand eines entgeltlichen Vertrages sein kann und um des Entgelts willen erbracht wird.

Erbringt die Körperschaft **Leistungen gegenüber ihren Mitgliedern,** kann der gesamte oder ein Teil des satzungsmäßig festgelegten Mitgliedsbeitrages als Einnahme des wirtschaftlichen Geschäftsbetriebs beurteilt werden. Nach R 42 Abs. 3 KStR ist er im Zweifel im Schätzungswege in einen steuerfreien Teil (echter Mitgliedsbeitrag) und einen steuerpflichtigen Teil (pauschalierte Gegenleistung) aufzuteilen (siehe zu diesen Fragen auch Sahm in UR 1995 S. 210 und BFH vom 21.04.1993 XI R 84/90, BFH/NV 1994 S. 60; zu Mitgliedsbeiträgen und Aufnahmegebühren als Leistungsentgelte siehe u. a. BFH vom 09.08.2007 V R 27/04, BFHE 217 S. 314, DB 2007 S. 2238).

Durch einen (oder auch mehrere) wirtschaftliche Geschäftsbetriebe werden Steuervergünstigungen für die Körperschaft als solche nicht ausgeschlossen (BFH vom 21.08.1985, BStBl 1986 II S. 88).

Wegen der Behandlung wirtschaftlicher Geschäftsbetriebe bei der **Körperschaftsteuer** und der **Ermittlung des Überschusses** aus wirtschaftlichen Geschäftsbetrieben wird auf Tz. 4.1.5 hingewiesen.

2.15.3 Abgrenzung des wirtschaftlichen Geschäftsbetriebs von der Vermögensverwaltung

Die (nicht steuerpflichtige) vermögensverwaltende Tätigkeit einer Körperschaft ist durch die **Nutzung des Vereinsvermögens** der Körperschaft durch Dritte gegen Entgelt gekennzeichnet. Sie besteht i. d. R. darin, dass Kapitalvermögen verzinslich oder in Anteilspapieren angelegt, unbewegliches Vermögen vermietet oder verpachtet wird, Rechte entgeltlich überlassen werden. Dem Bereich der Vermögensverwaltung können damit regelmäßig die Tätigkeiten zugeordnet werden, die auf die Erzielung von Einkünften aus Kapitalvermögen i. S. des § 20 EStG oder aus Vermietung und Verpachtung i. S. des § 21 EStG gerichtet sind. Auch der BFH nimmt die hier erforderliche Abgrenzung anhand der allgemeinen ertragsteuerlichen Kriterien vor (BFH vom 26.02.1992, BStBl 1992 II S. 693, und vom 21.05.1997 I R 164/94, BFH/NV 1997 S. 825).

So bleiben z. B. Zinseinnahmen aus Spargutthaben, Einkünfte aus der Vermietung oder Verpachtung von Grundvermögen, der Verpachtung einer Vereinsgaststätte (zum Wahlrecht bei Betriebsverpachtungen siehe R 16 Abs. 5 EStR und H 16 (5) „Verpächterwahlrecht" EStH sowie BFH vom 04.04.2007, BStBl 2007 II S. 725), der Überlassung von Werberechten oder des Bewirtungsrechtes sowie Lizenzgebühren (vgl. auch Tipke/Kruse, Tz. 12 zu § 64 AO; zur Lizenzvergabe an Forschungsergebnissen siehe Strahl in DStR 2000 S. 2163 m. w. N.) steuerfrei. Wird das Werbe- oder Bewirtungsrecht jedoch jeweils von Veranstaltung zu Veranstaltung neu vergeben, wird zu prüfen sein, ob die Körperschaft das Recht hier nicht unter Beteiligung am allgemeinen wirtschaftlichen Verkehr durch Umschichtung nutzt und damit ein (steuerpflichtiger) wirtschaftlicher Geschäftsbetrieb anzunehmen ist. Auf den Umfang des auf diese Weise genutzten Vermögens kommt es nicht an (BFH vom 12.03.1964, BStBl 1964 III S. 364).

Der **An- und Verkauf von Wertpapieren** überschreitet die Grenze zur gewerblichen Betätigung nur, wenn sich die Körperschaft hiermit „wie ein Händler" verhält (siehe hierzu u. a. BFH vom 20.12.2000, BStBl 2001 II S. 706). Der BFH hat in seinem Urteil vom 19.02.1997 (BStBl 1997 II S. 399) beispielsweise darauf abgestellt, ob lediglich der Beginn bzw. das Ende einer in erster Linie auf Fruchtziehung gerichteten Tätigkeit vorliegt oder ob die Umschichtung von Vermögen und die Verwertung der Vermögenssubstanz in den Vordergrund getreten waen. Im Urteilsfall hatte der Steuerpflichtige in vier Jahren weniger als 50 Einzelgeschäfte dieser Art getätigt. Der BFH hat dabei noch eine vermögensverwaltende Tätigkeit angenommen (siehe in diesem Zusammenhang auch BFH vom 29.10.1998, BStBl 1999 II S. 448, und vom 30.07.2003, BStBl 2004 II S. 408).

Die steuerbegünstigte Körperschaft muss auf eine **angemessene (marktübliche) Verzinsung** des Kapitals bzw. des entsprechenden Pachtzinses dringen. Der bewusste Verzicht auf die Nutzbarmachung von Vermögen (Verzicht auf Vermögenserträge) ist als Verstoß gegen das Gebot der Selbstlosigkeit (§ 55 AO; Tz. 2.5.9.4) mit dem Gemeinnützigkeitsrecht nicht vereinbar (so Hüttemann, Wirtschaftliche Betätigung und steuerrechtliche Gemeinnützigkeit, S. 108; siehe auch BFH vom 23.10.1991, BStBl 1992 II S. 62; weiter siehe auch Tz. 2.5.7.2).

Eine Vermietung oder Verpachtung ist als gewerbliche Betätigung anzusehen, wenn z. B. nicht unbedeutende Nebenleistungen gewährt werden oder wenn ein **häufiger Wechsel der Mieter** spekulative Absichten und eine Beteiligung am allgemeinen wirtschaftlichen Verkehr erkennen lassen. Eine Abgrenzung kann grundsätzlich anhand der allgemeinen einkommensteuerlichen Grundsätze zur Abgrenzung des Gewerbebetriebs von der Vermögensverwaltung (siehe R 15.7 EStR) erfolgen (zur Betriebsaufspaltung bei steuerbegünstigten Körperschaften siehe Tz. 2.15.4.3).

2.15.3.1 Überlassung von Grundstücken und Betrieben

Die Finanzverwaltung beurteilt eine (auf längere Dauer angelegte) Verpachtung von gastronomischen Anlagen an selbständige Unternehmer auch dann grundsätzlich als Tätigkeit im Bereich der steuerfreien Vermögensverwaltung, wenn die überlassende Körperschaft **geringfügige zusätzliche Leistungen** zu erbringen hat. So wird z. B. die Abhängigkeit des Pachtzinses und des wirtschaftlichen Erfolges der Gastronomie von der Häufigkeit und der Attraktivität der von der steuerbegünstigten Körperschaft durchgeführten Veranstaltungen als unschädliche Nebenleistung für die Annahme der Vermögensverwaltung angesehen (sie liege in der Natur der Sache, siehe OFD Frankfurt a. M. vom 25.02.2003, KSt-Kartei HE § 5 KStG Karte 84, betr. die Verpachtung der Gastronomie eines Pferderennvereins, m. E. zweifelhaft; siehe hierzu auch BFH vom 22.04.2009 I R 15/07, BStBl 2011 II S. 475, und Tz. 2.2.6).

Anders ist hingegen die „Nutzungsüberlassung" von Teilnehmern eines Fachkongresses für Werbezwecke zu beurteilen (siehe dazu auch BFH vom 25.04.1968, BStBl 1969 II S. 94; siehe auch FG München vom 20.11.2000, EFG 2001 S. 539).

Bei der einheitlichen Vermietung eines Schützenplatzes (außerhalb von Schützenfesten) an **einen** Veranstalter handelt es sich um eine Tätigkeit im Rahmen der Vermögensverwaltung; der Verein beschränkt sich damit auf die Nutzung seines Vermögens (RFH vom 06.05.1941, RStBl 1941 S. 743).

Dagegen ist die Vermietung einzelner **Standplätze an Schausteller** und Gewerbetreibende anlässlich eines sich alljährlich wiederholenden Schützenfestes als eigenständiger (steuerpflichtiger) wirtschaftlicher Geschäftsbetrieb anzusehen, ebenso die Überlassung von Standplätzen bei Ausstellungen, Kongressen, Messen etc. (RFH vom 20.12.1938, RStBl 1938 S. 688; BFH vom 21.12.1954, BStBl 1955 III S. 59, und vom 25.04.1968, BStBl 1969 II S. 94; Niedersächsisches FG vom 25.08.1980, EFG 1981 S. 259; FG Hamburg vom 15.06.2006, EFG 2007 S. 218).

In seinem Urteil vom 17.12.1957 (BStBl 1958 III S. 96) hat der BFH die häufig wechselnde Vermietung von Sälen und Nebenräumen durch einen als gemeinnützig anerkannten Verein trotz des damit verbundenen Wettbewerbs mit gewerblichen Vermietern noch dem Bereich der Vermögensverwaltung zugeordnet. Dabei hat der BFH berücksichtigt, dass der Verein die Räume überwiegend zur Erfüllung seiner gemeinnützigen Zwecke zwar benötigte, aber nicht dauernd für diese Zwecke brauchte und dass er zur ordnungsgemäßen Verwaltung seines Grundbesitzes eine Vermietung dieser Räume für die Zeit, in der er sie nicht selbst nutzte, anstreben musste.

2 Erläuterung der Bestimmungen des Abschnitts „Steuerbegünstigte Zwecke" in der AO

Aus meiner Sicht ist zweifelhaft, ob bei häufig wechselnden Mietern noch eine vermögensverwaltende Tätigkeit angenommen werden kann (s. in diesem Zusammenhang auch Strahl in FR 1998 S. 761 Tz. II. 2 m. w. N. und R 15.7 Abs. 2 EStR).

Hinweis: *Mit einer Parkplatzvermietung wird ein steuerpflichtiger wirtschaftlicher Geschäftsbetrieb begründet. Bei einer entgeltlichen Überlassung von Parkraum (ohne feste Zuordnung von Einzelstellflächen) an Bedienstete nimmt die OFD Hannover mit Verfügung vom 26.01.1999 (DB 1999 S. 506) noch eine vermögensverwaltende Tätigkeit an.*

Die **Verpachtung** eines **landwirtschaftlichen Besitzes** sowie die Verpachtung eines **ganzen Gewerbebetriebs** (z. B. die Verpachtung einer Vereinsgaststätte) ist i. d. R. der vermögensverwaltenden Tätigkeit zuzuordnen. Wird ein zunächst selbst betriebener wirtschaftlicher Geschäftsbetrieb verpachtet, steht auch den steuerbegünstigten Körperschaften in einem solchen Fall ein **Wahlrecht** zu (BFH vom 04.04.2007, BStBl 2007 II S. 725). Erklärt die Körperschaft im Fall der Verpachtung, dass sie den Betrieb mit der Verpachtung nicht aufgeben will, oder gibt sie keine derartige Erklärung ab, so **gilt der wirtschaftliche Geschäftsbetrieb als fortbestehend.** Die Körperschaft unterhält daher in diesem Fall weiterhin einen wirtschaftlichen Geschäftsbetrieb, sie muss die stillen Reserven nicht auflösen und bleibt hinsichtlich des verpachteten Betriebs körperschaft-, gewerbe- und vermögensteuerpflichtig (R 53 Abs. 3 KStR; siehe auch AEAO Nr. 2 zu § 64 AO, Anhang 1, i. V. m. R 16 Abs. 5 EStR; Gewerbesteuerpflicht entfällt nicht, BFH vom 04.04.2007, BStBl 2007 II S. 725; zu den steuerlichen Folgen bei Beginn oder Ende der partiellen Steuerpflicht siehe Tz. 4.1.6).

2.15.3.2 Halten von Beteiligungen an Kapitalgesellschaften

Die **Beteiligung an einer Kapitalgesellschaft** (z. B. an einer GmbH) ist grundsätzlich der Vermögensverwaltung zuzuordnen (AEAO Nr. 3 zu § 64 AO, Anhang 1; siehe auch BFH vom 27.03.2001, BStBl 2001 II S. 449); das gilt dann auch in Bezug auf den Gewinn für die Veräußerung von Anteilen bei einer Beteiligung i. S. von § 17 EStG.

Nach Einführung des sog. **Halb- bzw. Teileinkünfteverfahrens** bleiben auf der Ebene von Körperschaften die offen und verdeckt von einer (Tochter-)Kapitalgesellschaft bezogenen Ausschüttungen bei der Besteuerung außer Ansatz (§ 8b Abs. 1 KStG). Ebenfalls sind auch die Gewinne aus der Veräußerung von Anteilen an (Tochter-)Kapitalgesellschaften auf der Ebene von Körperschaften grundsätzlich außer Ansatz zu lassen (§ 8b Abs. 2 KStG). Andererseits gelten 5 % der Ausschüttungen oder 5 % der Gewinne aus der Veräußerung von Anteilen an Kapitalgesellschaften als Betriebsausgaben, die bei der Ermittlung des Einkommens nicht abgezogen werden können (§ 8b Abs. 3 und 5 KStG). Die damit auf Ebene der Körperschaften allgemein eintretende 5 %ige Steuerpflicht bei Bezug von Ausschüttungen oder Erzielung von Veräußerungsgewinnen trifft steuerbegünstigte Körperschaften jedoch nur für solche Anteile, die in einem steuerpflichtigen wirtschaftlichen Geschäftsbetrieb gehalten werden, da sich nichtabziehbare Betriebsausgaben nach § 8b Abs. 3 oder 5 KStG nur im Rahmen der partiellen Steuerpflicht auswirken können.

Sind Anteile an Kapitalgesellschaften dem Bereich der Vermögensverwaltung zuzuordnen, unterliegen sie keiner (weiteren) Ertragsteuerbelastung. Von der Einbehaltung der Kapitalertragsteuer kann die ausschüttende Körperschaft Abstand nehmen (§ 44a EStG, siehe dazu ausführlicher Tz. 4.2).

2.15 § 64 AO: Steuerpflichtige wirtschaftliche Geschäftsbetriebe

Verfügt eine steuerbegünstigte Körperschaft ferner über sog. **einbringungsgeborene Anteile** i. S. des § 21 UmwStG a. F. (gilt nur für Anteile, die bis zum 12.12.2006 eingebracht wurden), so sind diesbezüglich noch die alten Steuerverhaftungsregeln zu beachten. Werden die erhaltenen Anteile trotz siebenjähriger Veräußerungssperre innerhalb dieses Zeitraumes gewinnbringend veräußert, ist der Veräußerungsgewinn der Besteuerung zu unterwerfen. Dadurch entsteht gem. § 22 Abs. 4 UmwStG a. F. ein (eigenständiger) wirtschaftlicher Geschäftsbetrieb (Tz. 4.1.5), auch wenn die einbringungsgeborenen Anteile in der Vermögensverwaltung gehalten wurden. Der Veräußerungsgewinn (oder auch ein Veräußerungsverlust) ist im Jahr der Veräußerung Teil des **einheitlichen** wirtschaftlichen Geschäftsbetriebs (siehe auch AEAO Nr. 17 zu § 64 Abs. 3 AO, Anhang 1). Mit Ende des Jahres 2013 endete spätestens die 7-jährige Veräußerungssperre für die alteinbringungsgeborenen Anteile.

Für Anteile, die aus einem Einbringungsvorgang hervorgegangen sind, der nach dem 12.12.2006 zum Handelsregister angemeldet wurde, ist nach aktueller Fassung des UmwStG bei Veräußerung dieser Anteile innerhalb einer Frist von sieben Jahren nach dem Einbringungszeitpunkt ein Einbringungsgewinn nach Maßgabe des § 22 UmwStG i. d. F. des SEStEG vom 07.12.2006 zu besteuern. Sofern diese Einbringung unter dem gemeinen Wert erfolgte, greift eine rückwirkende Versteuerung des dann zu ermittelnden Einbringungsgewinns (§ 20 Abs. 2 Satz 2 UmwStG n. F.) im Wirtschaftsjahr der Einbringung. Dieser Einbringungsgewinn gilt, vermindert um jeweils 1/7 für jedes seit dem Einbringungszeitpunkt abgelaufene Zeitjahr, als im wirtschaftlichen Geschäftsbetrieb des Veranlagungszeitraums entstanden, in dem die Einbringung vollzogen wurde. Ausführlich hat Orth in DB 2007 S. 419 die Besteuerung von Einbringungsvorgängen bei gemeinnützigen Körperschaften auf der Grundlage des UmwStG i. d. F. des SESTEG dargestellt. Zur Fortgeltung des „alten" Umwandlungssteuerrechts nach SEStEG siehe auch Walzer in DB 2009 S. 2341.

Weiter hat die Zuordnung von Anteilen an Kapitalgesellschaften zur Vermögensverwaltung oder zum steuerpflichtigen wirtschaftlichen Geschäftsbetrieb eine besondere Bedeutung i. V. m. dem Grundsatz der **zeitnahen Mittelverwendung.** Nur der Überschuss der Werbungskosten („Unkosten") über die (offenen oder verdeckten) Ausschüttungen von Anteilen, die der Vermögensverwaltung zugeordnet sind, können bis zu einem Drittel in einer freien Rücklage (§ 62 Abs. 1 Nr. 3 AO – bis 31.12.2013: § 58 Nr. 7 Buchst. a AO) dauerhaft angesammelt werden. Sind die Anteile einem steuerpflichtigen wirtschaftlichen Geschäftsbetrieb zugeordnet, gehen die Ausschüttungen für die Bemessung einer freien Rücklage in die 10 %-Begrenzung für die sonstigen zeitnah zu verwendenden Mittel ein (Tz. 2.8.7.1); Hinweis: zur Behandlung von „Umschichtungsgewinnen oder -verlusten" siehe das Beispiel in Tz. 2.8.7.1.

Die Auswirkungen einer Zuordnung von Anteilen an Kapitalgesellschaften zur Vermögensverwaltung oder zum steuerpflichtigen wirtschaftlichen Geschäftsbetrieb zeigt noch einmal die nachstehende Übersicht:

	Vermögensverwaltung	Geschäftsbetrieb, §§ 14, 64 AO
offene oder verdeckte Gewinnausschüttungen	keine Ertragsteuerbelastung	Diese Bezüge bleiben außer Ansatz (§ 8b Abs. 1 KStG).
	Freistellung vom Kapitalertragsteuereinbehalt, siehe Tz. 4.2	In Höhe von 5 % der Ausschüttungen werden nichtabziehbare Betriebsausgaben angenommen (§ 8b Abs. 5 KStG).
		keine Freistellung vom Kapitalertragsteuereinbehalt, siehe Tz. 4.2
Gewinne aus der Veräußerung von Anteilen	keine Ertragsteuerbelastung	Die Veräußerungsgewinne bleiben außer Ansatz (§ 8b Abs. 2 KStG).
		In Höhe von 5 % der Veräußerungsgewinne werden nichtabziehbare Betriebsausgaben angenommen (§ 8b Abs. 3 KStG).
	Ausnahme: Veräußerung von einbringungsgeborenen Anteilen nach §§ 20, 21 UmwStG a. F. oder § 22 UmwStG i. d. F. des SESTEG	
zeitnahe Mittelverwendung	Bis zu 1/3 des Überschusses aus den Ausschüttungen kann in eine Rücklage nach § 62 Abs. 1 Nr. 3 AO (bis 31.12.2013: § 58 Nr. 7 Buchst. a AO) eingestellt werden, siehe Tz. 2.8.7.1.1.	Eine eigenständige Rücklagenbildung für Ausschüttungsüberschüsse oder „Umschichtungsgewinne" ist nicht möglich.
	Veräußerungsgewinne unterliegen als „Umschichtungsgewinne" nicht der zeitnahen Verwendungspflicht, Tz. 2.8.7.1.1.	Zur Möglichkeit, bis zu 10 % des Gewinns des einheitlichen Geschäftsbetriebs in eine freie Rücklage einzustellen, siehe Tz. 2.8.7.1.2.

Die Beteiligung ist einem steuerpflichtigen wirtschaftlichen Geschäftsbetrieb zuzuordnen, wenn die Körperschaft in tatsächlicher Hinsicht einen **entscheidenden Einfluss auf die laufende Geschäftsführung der Kapitalgesellschaft** nimmt und damit über die Kapitalgesellschaft am allgemeinen wirtschaftlichen Geschäftsverkehr teilnimmt. Eine Einflussnahme auf die Kapitalgesellschaft „lediglich" im Rahmen der gesetzlich zustehenden Gesellschafterrechte und -pflichten kann die Annahme eines wirtschaftlichen Geschäftsbetriebs jedoch nicht rechtfertigen. Erst ein aktives Eingreifen in die Geschäftsführung einer Kapitalgesellschaft wird die Tätigkeit als einen wirtschaftlichen Geschäftsbetrieb ausweisen (BFH vom 30.06.1971, BStBl 1971 II S. 753; FG Köln vom 15.07.2009, EFG 2010 S. 350, und nachfolgend BFH vom 20.08.2010 I R 97/09, BFH/NV 2011 S. 312; a. A. Roolf, DB 1985 S. 1156; zustimmend Schick, DB 1985 S. 1812; umfassend hierzu siehe Lex, DB 1997 S. 349; siehe auch AEAO Nr. 3 zu § 64 AO, Anhang 1). Diese Grundsätze finden sich im Kern auch in dem Urteil des EuGH vom 10.01.2006 zu einer italienischen Bankenstiftung (Rs. C-222/04 „Cassa di Risparmio di Firenze") wieder. So kommt Hüttemann (DB 2006 S. 914, 918) zu dem Schluss, dass auch mit Blick auf das EG-Beihilferecht (im Inland) an dieser Rechtslage festgehalten werden muss.

Ein entscheidender Einfluss auf die laufende Geschäftsführung ist stets anzunehmen, wenn hinsichtlich der Geschäftsführung in der Beteiligungsgesellschaft und der steuerbegünstigten Körperschaft Personalunion besteht.

Das kann im Einzelfall auch dann angenommen werden, wenn keine Mehrheitsbeteiligung an der Kapitalgesellschaft gehalten wird. Dabei gilt eine Beteiligung jedoch erst ab 25 % als wesentlich (sog. Sperrminorität). Wenn gleichgerichtete Interessen mit anderen Anteilseignern verfolgt werden, ist allerdings auch eine geringere Beteiligung ausreichend (dazu Fischer, § 64 AO, Rz. 126). In der Entscheidung vom 30.06.1971 (BStBl 1971 II S. 753) hat der BFH ein aktives Eingreifen in die Geschäftsführung der GmbH bei Personalunion angenommen und damit einen wirtschaftlichen Geschäftsbetrieb bejaht, in dem die Körperschaft nur Anteile i. H. von 10 % an der Betriebskapitalgesellschaft hielt. Die vorstehend dargelegten Grundsätze sind zwar zu wirtschaftlichen Geschäftsbetrieben von Berufsverbänden entwickelt worden (siehe R 16 Abs. 5 KStR). Da der Begriff des wirtschaftlichen Geschäftsbetriebs einheitlich zu beurteilen ist, ist es gerechtfertigt, diese Grundsätze auch auf wirtschaftliche Geschäftsbetriebe steuerbegünstigter Einrichtungen anzuwenden (zur Anrechnung von Körperschaftsteuer und/oder Kapitalertragsteuer s. Tz. 4.1.4 und 5.1.5.3).

Ausgehend von diesen Grundsätzen hat die Finanzverwaltung Gestaltungen der Eishockey-Profi-Liga (DEL), bei denen das Recht auf Austragung der Spiele auf die DEL-GmbH übertragen wurde, als (insgesamt) steuerpflichtigen wirtschaftlichen Geschäftsbetrieb beurteilt (vgl. FinMin Brandenburg vom 07.03.1996, DB 1996 S. 1161). Zu Fragen der Betriebsaufspaltung bei medizinischen Versorgungszentren am Beispiel eines Krankenhauskonzerns siehe Döring/Fischer, DB 2007 S. 1831, und Bartmuß, DB 2007 S. 706.

Besteht die Beteiligung an einer **Kapitalgesellschaft, die selbst ausschließlich der Vermögensverwaltung** dient, so liegt auch bei Einflussnahme auf die Geschäftsführung kein wirtschaftlicher Geschäftsbetrieb vor (siehe R 16 Abs. 5 KStR, AEAO Nr. 3 zu § 64 AO, Anhang 1).

Handelt es sich bei der Kapitalgesellschaft, an der die Anteile gehalten werden, um eine steuerbegünstigte Körperschaft i. S. der §§ 51 ff. AO, ist m. E. die Einflussnahme auf die laufende Geschäftsführung unschädlich (siehe auch IFSt Nr. 330 S. 32 sowie die allgemeinen Überlegungen zur Betriebsaufspaltung im Verhältnis zu einer steuerbegünstigten Kapitalgesellschaft, OFD Münster vom 26.07.1995, DB 1995 S. 1785). Im Übrigen bliebe zu prüfen, ob die steuerbegünstigte Tochtergesellschaft als Hilfsperson i. S. des § 57 Abs. 1 Satz 2 AO eingestuft werden kann.

Die Beteiligung an einer Kapitalgesellschaft kann nicht als Vermögensverwaltung angesehen werden, wenn die steuerbegünstigte Körperschaft sowohl an einer **GmbH & Co. KG** als Kommanditist als auch an der Komplementär-GmbH als Gesellschafter beteiligt ist. In diesem Fall ist die GmbH-Beteiligung der als wirtschaftlichen Geschäftsbetrieb zu behandelnden Beteiligung an der Personengesellschaft (siehe dazu unten) zuzuordnen (= ist als Sonderbetriebsvermögen Teil des Geschäftsbetriebs).

Vermögensverwaltung liegt nicht vor, wenn zwischen der steuerbegünstigten Körperschaft und der Kapitalgesellschaft ein **Organschaftsverhältnis** mit Gewinnabführungsvereinbarung besteht. Die Frage, ob im Bereich steuerbegünstigter Körperschaften überhaupt Organschaftsverhältnisse mit Gewinnabführungsvereinbarungen anzuerkennen sind, wird nicht einheitlich beurteilt. Im Sinne des § 14 Abs. 1 Satz 1 Nr. 2 KStG kann eine Körperschaft, die nach § 5 Abs. 1 Nr. 9 KStG steuerbefreit ist, nicht als **Organträger** fungieren („Der Organträger muss ... eine nicht steuerbefreite Körperschaft, Personenvereinigung oder Vermögensmasse sein").

Der Anerkennung einer steuerbegünstigten Körperschaft als Organgesellschaft mit **Gewinnabführungsverpflichtung** (dabei muss es sich nach §§ 14 und 17 KStG stets um eine Kapitalgesellschaft handeln) steht die Bestimmung des § 55 Abs. 1 Nr. 1 AO entgegen. Danach dürfen Mittel der steuerbegünstigten Körperschaft nur für satzungsmäßige Zwecke verwendet werden; Mitglieder oder Gesellschafter dürfen keine Gewinnanteile oder sonstigen Zuwendungen in ihrer Eigenschaft als Mitglieder oder Gesellschafter aus Mitteln der Gesellschaft erhalten. In der Abführung des Gewinns aufgrund eines Gewinnabführungsvertrages sind unzulässige Zuwendungen im Sinne dieser Bestimmung zu sehen.

2.15.3.3 Beteiligung an Personengesellschaften

Der BFH vertrat lange die Auffassung, dass die **Beteiligung an einer gewerblich tätigen Personengesellschaft** stets als wirtschaftlicher Geschäftsbetrieb anzusehen ist, wenn die steuerbegünstigte Körperschaft Mitunternehmer dieser Personengesellschaft ist (d. h. Mitunternehmerinitiative und -risiko trägt, GrS des BFH vom 25.06.1984, BStBl 1984 II S. 751; BFH vom 27.07.1988, BStBl 1989 II S. 134; bestätigt durch BFH vom 27.03.2001, BStBl 2001 II S. 449). Mit Urteil vom 25.05.2011 (BStBl 2011 II S. 858) stellte der BFH jedoch klar, dass die Beteiligung einer gemeinnützigen Körperschaft an einer gewerblich geprägten vermögensverwaltenden Personengesellschaft keinen wirtschaftlichen Geschäftsbetrieb begründet (siehe dazu auch AEAO Nr. 3 zu § 64 Abs. 1 AO, Anhang 1). Dies ergibt sich schon aus dem Wortlaut des § 14 AO, wonach ein wirtschaftlicher Geschäftsbetrieb nur dann vorliegt, wenn die Betätigung über den Rahmen einer Vermögensverwaltung hinausgeht. Vermögensverwaltenden Tätigkeiten misst der Gesetzgeber keine erhebliche Wettbewerbsrelevanz zu, sodass sich auch aus dem Zweck der Besteuerung wirtschaftlicher Geschäftsbetriebe keine Besteuerung gewerblich geprägter Einkünfte ergibt, wie sie hier nur aufgrund der Fiktion des § 15 Abs. 3 Nr. 2 EStG erzielt werden. Ob eine an einer Personengesellschaft oder Gemeinschaft beteiligte steuerbegünstigte Körperschaft gewerbliche Einkünfte bezieht und damit einen wirtschaftlichen Geschäftsbetrieb unterhält, wird im gesonderten und einheitlichen Gewinnfeststellungsbescheid der Personengesellschaft bindend festgestellt. Dem steuerpflichtigen wirtschaftlichen Geschäftsbetrieb „Beteiligung an einer Personengesellschaft" sind dann entsprechend den allgemeinen einkommensteuerlichen Grundsätzen auch ggf. anfallende Sonderbetriebseinnahmen oder Sonderbetriebsausgaben (z. B. Vergütungen für ein der Personengesellschaft gewährtes Darlehen) sowie Sonderbetriebsvermögen zuzuordnen.

Bezüglich des wirtschaftlichen Geschäftsbetriebs **„Beteiligung an einer Personengesellschaft"** ist auf der Ebene der steuerbegünstigten Körperschaft selbst zu entscheiden, ob insoweit ein **Zweckbetrieb** i. S. der §§ 65 ff. AO oder ein (steuerpflichtiger) wirtschaftlicher Geschäftsbetrieb vorliegt (siehe AEAO Nr. 3 zu § 64, Anhang 1). Schließen sich z. B. mehrere steuerbegünstigte Körperschaften zu einer GbR zusammen, um gemeinsam steuerbegünstigte Zwecke zu verwirklichen (z. B.

gemeinsame Durchführung von Bildungsveranstaltungen, gemeinsame Unterhaltung von Museen, Bibliotheken), wird i. d. R. insoweit ein Zweckbetrieb anzunehmen sein.

Wird die Personengesellschaft ausschließlich im vermögensverwaltenden Bereich tätig (werden z. B. nur Einkünfte i. S. der §§ 20, 21 EStG von der Personengesellschaft erzielt), ist der Anteil an der Personengesellschaft bei der steuerbegünstigten Körperschaft auch dann der Vermögensverwaltung zuzuordnen, wenn es sich hierbei um eine gewerblich geprägte Personengesellschaft (§ 15 Abs. 3 Nr. 2 EStG) handelt. Über die Art der Tätigkeit der Gesellschafter einer Personengesellschaft kann nur einheitlich mit Bindungswirkung das für die Feststellung zuständige Finanzamt entscheiden. Wird insofern der Gesellschaft eine gewerbliche Tätigkeit nachgewiesen, begründet die steuerbegünstigte Körperschaft als Mitunternehmerin damit nicht zugleich einen wirtschaftlichen Geschäftsbetrieb, da gewerbliche Einkünfte zwar i. d. R., aber nicht notwendigerweise mit Einkünften aus wirtschaftlichen Geschäftsbetrieben i. S. des § 14 AO deckungsgleich sind. Über die Steuerfreiheit oder die Zurechenbarkeit der gewerblichen Einkünfte zum wirtschaftlichen Geschäftsbetrieb ist bei der steuerbegünstigten Körperschaft unabhängig vom Feststellungsverfahren zu entscheiden, da hier nur die von allen Gesellschaftern gemeinschaftlich verwirklichten Merkmale miteinbezogen werden. Soweit aus den Urteilen des BFH vom 27.07.1988 (BStBl 1989 II S. 134) und vom 27.03.2001 (BStBl 2001 II S. 449) eine andere Auffassung hervorgeht, wird daran nicht mehr länger festgehalten (siehe dazu BFH vom 25.05.2011, BStBl 2011 II S. 858).

Eine **stille Beteiligung** ist i. d. R. der Vermögensverwaltung zuzuordnen. Dagegen ist **eine atypische (unechte) stille Beteiligung** – sofern sich die Beteiligungsgesellschaft nicht auf die Vermögensverwaltung beschränkt – als wirtschaftlicher Geschäftsbetrieb anzusehen.

Überlegungen zur Optimierung des steuerlichen Ergebnisses der wirtschaftlichen Tätigkeiten gemeinnütziger Körperschaften in Bezug auf eine Abgrenzung/Umgestaltung zur steuerfreien Vermögensverwaltung hat Orth in FR 1995 S. 253, **256** vorgestellt.

Zu den Grenzen der Ausgliederung von Vermögen (Outsourcing) auf eine (steuerpflichtige) Tochtergesellschaft siehe Orth in JbFStR 1993/1994 S. 357, ausführlich hierzu auch Tönnes/Wewel in DStR 1998 S. 274 und Schröder in DStR 2004 S. 1815, 1859 sowie hier unter Tz. 2.5.5.5.

2.15.4 Beispiele (steuerpflichtiger) wirtschaftlicher Geschäftsbetriebe und Einzelfälle

Für wirtschaftliche Geschäftsbetriebe, die nicht die Voraussetzungen für die Annahme eines Zweckbetriebs (§§ 65 bis 68 AO) erfüllen, kommen Steuervergünstigungen nicht in Betracht. Es ist aber durchaus möglich, dass im Einzelfall Steuern nicht zu erheben sind, weil die Besteuerungsgrenze des § 64 Abs. 3 AO (Tz. 2.15.6) oder die in den verschiedenen Steuergesetzen geregelten Freibeträge oder Freigrenzen nicht überschritten werden.

2.15.4.1 Sponsoring

Im Bereich der steuerbegünstigten Körperschaften hat der Begriff des „Sponsoring" eine große Bedeutung. So lagen die Aufwendungen für Sponsoringmaßnahmen im Jahr 2009 bei ca. 4,4 Mrd. Euro (Studie Sponsor Visions 2012).

2 Erläuterung der Bestimmungen des Abschnitts „Steuerbegünstigte Zwecke" in der AO

Die Finanzverwaltung hat im AEAO Nr. 7 bis 10 zu § 64 AO (Anhang 1) zu den steuerlichen Fragen rund um das Sponsoring Stellung genommen.

Unter Sponsoring ordnet die Finanzverwaltung die Gewährung von Geld oder geldwerten Vorteilen durch Unternehmen zur Förderung von Personen, Gruppen und/oder Organisationen in sportlichen, kulturellen, kirchlichen, wissenschaftlichen, sozialen, ökologischen oder ähnlich bedeutsamen gesellschaftspolitischen Bereichen ein, mit der regelmäßig auch eigene unternehmensbezogene Ziele der Werbung oder Öffentlichkeitsarbeit verfolgt werden. **Leistungen eines Sponsors** beruhen häufig auf einer vertraglichen Vereinbarung zwischen dem Sponsor und dem Empfänger der Leistungen (Sponsoring-Vertrag), in dem Art und Umfang der Leistungen des Sponsors und des Empfängers geregelt sind (Rz. 1 BMF-Schreiben vom 18.02.1998, BStBl 1998 I S. 212).

Der Sponsor handelt also regelmäßig als Unternehmer, der mit seiner Zuwendung letztlich vorrangig eigenwirtschaftliche Interessen nach dem Prinzip „Förderung gegen Öffentlichkeit" (Weiand, BB 1998 S. 345) verfolgt (in Gewinnerzielungsabsicht). Der klassische Spender oder Mäzen handelt hingegen aus altruistischen Motiven. Die steuerliche Beurteilung aufseiten des Sponsors wird grundsätzlich an dem **Begriff der Betriebsausgaben (**§ 4 Abs. 4 EStG) einerseits und dem Spendenbegriff (§ 10b EStG, § 9 Abs. 1 Nr. 2 KStG) andererseits ausgerichtet sein. Davon abzugrenzen sind dann allenfalls noch Aufwendungen, die dem Bereich der allgemeinen Lebensführung zuzuordnen sind, § 12 EStG (BMF-Schreiben vom 18.02.1998, BStBl 1998 I S. 212, Rz. 2).

Wegen des grundsätzlich weit zu fassenden Betriebsausgabenbegriffs (§ 4 Abs. 4 EStG) sind gerade die von Unternehmen mit dem Ziel der Werbung und Öffentlichkeitsarbeit (z. B. gezielte Imagepflege im Rahmen eines Werbekonzeptes) getätigten Aufwendungen grundsätzlich als laufende Betriebsausgaben abzugsfähig (kritisch zur weiteren Auslegung siehe FG Münster vom 19.01.2007 – 9 K 3856/04, EFG 2007 S. 1470). Dies trifft vor allem dann zu, wenn der Sponsor wirtschaftliche Vorteile, die in der Sicherung oder Erhöhung seines unternehmerischen Ansehens liegen, für sein Unternehmen erstrebt (dazu OFD Frankfurt a. M. vom 08.10.2014 – S 2223 A-197-St 227). Für die Berücksichtigung der Aufwendungen als Betriebsausgaben kommt es nicht darauf an, ob die Leistungen notwendig, üblich oder zweckmäßig sind; die Aufwendungen dürfen auch dann als Betriebsausgaben abgezogen werden, wenn die Geld- oder Sachleistungen des Sponsors und die erstrebten Werbeziele für das Unternehmen nicht gleichwertig sind. Bei einem krassen Missverhältnis zwischen den Leistungen des Sponsors und dem erstrebten wirtschaftlichen Vorteil ist der Betriebsausgabenabzug allerdings zu versagen, § 4 Abs. 5 Satz 1 EStG (Rz. 5 BMF-Schreiben vom 18.02.1998, a. a. O.). Der Betriebsausgabenabzug ist auch dann ausgeschlossen, wenn die Aufwendungen als Kosten der Lebensführung des Sponsors einzustufen sind, Rz. 8 im BMF-Schreiben vom 18.02.1998, a. a. O. (siehe hierzu u. a. FG Bremen vom 16.10.1987, EFG 1988 S. 107). Zu den insoweit vorzunehmenden Abgrenzungsentscheidungen gibt die Rechtsprechung des BFH (Urteile vom 25.11.1987, BStBl 1988 II S. 220, vom 09.08.1989, BStBl 1990 II S. 237, und vom 12.02.1990, BStBl 1991 II S. 258) Entscheidungshilfen. Zur Angemessenheit der zwischen Sponsor und Gesponserten ausgetauschten Leistungen siehe u. a. das Urteil des FG Hessen vom 23.11.1998 (EFG 1999 S. 496).

Da zwischen dem Betriebsausgaben- oder Werbungskostenabzug beim Sponsor und der Behandlung bei der Empfängerkörperschaft **kein Korrespondenzprinzip** besteht, ist unabhängig von der Einordnung der Aufwendungen beim Sponsor bei der empfangenden Körperschaft zu entscheiden, ob die zugeflossenen Einnahmen

- dem (ertrag)steuerfreien Bereich
  als Spende, als Einnahme im Rahmen der Vermögensverwaltung oder eines Zweckbetriebs

oder

- dem steuerpflichtigen Bereich
  als Zufluss in einem steuerpflichtigen wirtschaftlichen Geschäftsbetrieb

zuzuordnen sind. Dabei ist zu beachten, dass die Sponsorenleistungen auch dann, wenn sie dem ertragsteuerfreien Bereich der Vermögensverwaltung oder dem Zweckbetrieb zugeordnet sind, grundsätzlich der Umsatzsteuer unterliegen (zu den umsatzsteuerlichen Fragestellungen s. auch Thiel, DB 1998 S. 842 unter IV., und Rasche in UStB 2001 S. 208). Röthel/Konold stellen in DStR 2009 S. 15 dar, dass die ertragsteuerlichen Abgrenzungsfragen nicht auf die umsatzsteuerlichen Bestimmungen zum Leistungsaustausch übertragbar sind.

Die **Beurteilung** der Zuwendungen **bei der gesponserten Körperschaft** richtet sich allein nach den allgemeinen Zuordnungsgrundsätzen. Nur wenn die erhaltenen Geld- oder Sachmittel alle Merkmale einer freiwilligen (oder aufgrund einer freiwillig eingegangenen Rechtspflicht) und unentgeltlichen Zuwendung erfüllen (zum Spendenbegriff siehe Tz. 3.3.2), kann die Körperschaft vom Zufluss einer (steuerfreien) Spende ausgehen, für die sie eine ordentliche Zuwendungsbestätigung ausstellen darf. Aufseiten der Körperschaft ist also entscheidend darauf abzustellen, ob die steuerbegünstigte Körperschaft gegenüber dem Sponsor (Gegen-)Leistungen zu erbringen hat (s. hierzu insbesondere BFH vom 25.11.1987, BStBl 1988 II S. 220, und vom 09.08.1989, BStBl 1990 II S. 237). Beschränkt sich dabei die gesponserte Körperschaft darauf, z. B. im Ausstellungskatalog, der Vereinszeitschrift, im Rechenschaftsbericht etc. den Namen des Sponsors (ohne Firmenlogo) zu nennen, wird i. d. R. keine Gegenleistung der Körperschaft anzunehmen sein, die der Vermögensverwaltung oder dem wirtschaftlichen Geschäftsbetrieb zuzuordnen wäre.

Muss die Körperschaft für den Erhalt der Zuwendungen jedoch eine Gegenleistung erbringen, sind diese der Vermögensverwaltung oder der Sphäre der wirtschaftlichen Geschäftsbetriebe zuzuordnen. Zu den „klassischen" Einnahmen im Bereich der Vermögensverwaltung zählen die (Sponsoren-)Einnahmen aus der

- Überlassung von Werberechten und
- (langfristigen) Überlassung von Werbeflächen (siehe auch AEAO Nr. 9 zu § 67a AO, Anhang 1).

Dem Bereich der Vermögensverwaltung sind m. E. auch die Vereinbarungen zuzurechnen, mit denen dem Sponsor z. B. für eine festgelegte Zeit oder im Rahmen bestimmter Veranstaltungen gestattet wird, das Logo der steuerbegünstigten Körperschaft für eigene Werbezwecke zu nutzen, um damit zum Ausdruck zu bringen, dass der Unternehmer die Körperschaft gesponsert hat. Thiel (a. a. O.) führt hierzu folgendes Beispiel an:

> Eine Software-Firma hat eine Aids-Hilfe-Einrichtung mit einem Millionenbetrag unterstützt; die Aids-Hilfe hat der Software-Firma gestattet, in ihrer Eigenwerbung auf ihr Engagement für die Aids-Hilfe aufmerksam zu machen. Die Aids-Hilfe entfaltet keine Werbeaktivitäten zugunsten der Software-Firma. Die entgeltliche Übertragung des Rechts, den Namen der Aids-Hilfe für kommerzielle Zwecke zu nutzen, fällt in den Bereich der Vermögensverwaltung.

Hinweis: *(Sponsoring-)Einnahmen im Rahmen der ertragsteuerfreien Werbung unterliegen i. d. R. der Umsatzsteuer mit dem begünstigten Steuersatz, vgl. dazu Tz. 4.5.12.*

Ein wirtschaftlicher Geschäftsbetrieb liegt (noch) nicht vor, wenn der Empfänger der Leistungen z. B. auf Plakaten, Veranstaltungshinweisen, in Ausstellungskatalogen oder in anderer Weise auf die Unterstützung durch den Sponsor **lediglich hinweist.** Dieser Hinweis kann unter Verwendung des Namens, Emblems oder Logos des Sponsors, jedoch ohne besondere Hervorhebung erfolgen (Rz. 9 im BMF-Schreiben vom 18.02.1998, a. a. O.). Damit sollte dem Vorwurf begegnet werden, schon der bloße Dank des Gesponserten an den Geldgeber werde zum Gegenstand der Besteuerung gemacht. Thiel (a. a. O.) weist in seinem Beitrag ausdrücklich darauf hin, dass in dieser Regelung eine Billigkeitsmaßnahme zu sehen sei (hierzu siehe auch Schauhoff, DB 1998 S. 494; dessen Ansicht, ein Mittelbeschaffungsbetrieb „Werbung" könne als Zweckbetrieb angesehen werden, kann m. E. nicht gefolgt werden; so auch Thiel, a. a. O., Fn. 30). Zur steuerlichen Behandlung des Logos des Sponsors auf der Internetseite der gemeinnützigen Körperschaft vertritt die Finanzverwaltung die Auffassung, dass (nur) in den Fällen, in denen zu den Internetseiten der gesponserten Firma umgeschaltet werden kann, eine (aktive) Werbeleistung der Körperschaft gegeben sei (vgl. FinMin Bayern vom 11.02.2000, DB 2000 S. 548).

Betreibt hingegen die Körperschaft selbst **aktiv eine Werbetätigkeit,** indem sie z. B. ein laufendes Inseratengeschäft in der Vereinszeitschrift unterhält (BFH vom 28.11.1961, BStBl 1962 III S. 73), vorhandene Flächen selbst an Unternehmen für Werbezwecke vergibt, sie selbst aktive Werbeaussagen macht, anlässlich eigener Veranstaltungen dem Sponsor die Möglichkeit einräumt, Erklärungen zum Unternehmen und seinen Produkten abzugeben (BFH vom 07.11.2007, BStBl 2008 II S. 949), oder zur „einfachen" Überlassung weitere Nebenleistungen hinzutreten, ist stets ein steuerpflichtiger wirtschaftlicher Geschäftsbetrieb anzunehmen. Mit diesen Tätigkeiten begründet die gesponserte Körperschaft neben den ideellen Aktivitäten oder neben einem Zweckbetrieb einen eigenständigen (steuerpflichtigen) wirtschaftlichen Geschäftsbetrieb (in diesem Sinne § 67a Abs. 1 Satz 2 AO, der insoweit allgemein gilt; vgl. hierzu auch AEAO Nr. 14 zu § 68 AO, Anhang 1). Über die unentgeltliche Überlassung von „Werbemobilen", die von der Körperschaft werbewirksam einzusetzen sind, hat der BFH mit Urteil vom 16.04.2008 entschieden. Diese Werbeleistung begründet bei der nutzenden Körperschaft einen wirtschaftlichen Geschäftsbetrieb, sofern sie aktiv an der Werbemaßnahme mitwirkt (z. B. bei vertraglicher Verpflichtung, das Fahrzeug über den zu eigenen Zwecken notwendigen Umfang hinaus einzusetzen, siehe dazu OFD Karlsruhe vom 15.01.2013 – S 7100 I). Zur Benennung eines Saales in einem Museum nach dem Sponsor siehe FinMin Bayern vom 11.02.2000 (DB 2000 S. 548).

Die Gewinne aus diesen Sponsoringaktivitäten sind ertragsteuerpflichtig. Zudem unterliegen diese Umsätze dem Regelsteuersatz bei der Umsatzsteuer (Tz. 4.5.12).

Der BFH kommt in seiner Entscheidung vom 07.11.2007 (BStBl 2008 II S. 949) zu dem Ergebnis, das auch mit einer Duldungsleistung ohne weitere Zusatzleistung vonseiten des Vereins (z. B. der Überlassung eines Standplatzes bei Vereinsveranstaltungen) ein steuerpflichtiger wirtschaftlicher Geschäftsbetrieb begründet werden kann. Dieses Urteil ist amtlich veröffentlicht (siehe oben) und wird daher von der Finanzverwaltung grundsätzlich angewendet. Da der AEAO bisher nicht angepasst wurde, kann davon ausgegangen werden, dass die in Nr. 9 zu § 64 AO bzw. im Sponsoringerlass vom 18.02.1998 (a. a. O.) aufgeführten „Sponsoring-Duldungsleistungen" im Rahmen einer Billigkeitserwägung (siehe dazu oben Schauhoff und Thiel, a. a. O.) weiterhin von der Finanzverwaltung nicht der Ertragsbesteuerung unterworfen werden. Zu den umsatzsteuerlichen Besonderheiten siehe Röthel/Konold in DStR 2009 S. 15 und Tz. 4.5.12.

An dieser Stelle ist besonders auf den Beitrag von Boochs in NWB Fach 3 S. 10525 ff. zu verweisen, der sich umfassend mit Fragen des Kultur- und Sportsponsorings auseinandersetzt (siehe auch Buschmann in StBP 1996 S. 35; Breuninger/Prinz in DStR 1994 S. 1401). Zu schenkungsteuerlichen Aspekten von Zuwendungen durch Sponsoren und Mäzene siehe ausführlich Thiel in DB 1993 S. 2452, DB 1998 S. 842 und Schauhoff in DStR 2004 S. 1465. Zu sog. Werbemobilen siehe u. a. Rasche in UStB 2001 S. 208.

2.15.4.2 Personal- und Sachmittelgestellung

Die **entgeltliche Gestellung von Personal und Sachmitteln** erfolgt, auch wenn sie nur gegen Aufwendungsersatz ausgeführt wird, grundsätzlich im Leistungsaustausch (Abschn. 1.6 UStAE zu § 1 UStG) und begründet damit bei einer steuerbegünstigten Körperschaft grundsätzlich einen steuerpflichtigen wirtschaftlichen Geschäftsbetrieb i. S. der §§ 14, 64 AO (BFH vom 06.04.2005, BStBl 2005 II S. 545). Die entgeltliche Personalüberlassung kann allerdings dann im Rahmen eines steuerbegünstigten Zweckbetriebs erfolgen, wenn die Körperschaft im Rahmen eines kooperativen Zusammenwirkens steuerbegünstigter Körperschaften mit der Personalüberlassung nicht nur die satzungsmäßigen Zwecke der anderen beteiligten Körperschaft, sondern zugleich selbständig und eigenverantwortlich eigene steuerbegünstigte Zwecke verfolgt (vgl. BFH vom 17.02.2010 I R 2/08, BStBl 2010 II S. 1006). Gegenstand des vorgenannten Urteils war eine Personalgestellung in Jugendhilfeeinrichtungen zur Betreuung von entwicklungsgestörten und behinderten Kindern (siehe auch Tz. 2.16.1).

Erfolgt die Gestellung unentgeltlich oder gegen ein zu geringes Entgelt zugunsten **steuerbegünstigter Einrichtungen,** ist das nach Maßgabe des § 58 Nr. 2 AO gemeinnützigkeitsrechtlich unschädlich (siehe auch die Beispiele in Tz. 2.8.2; bei einer – teilweise – unentgeltlichen Gestellung zu „steuerpflichtigen" Zwecken ist die Steuerbegünstigung gefährdet).

Unabhängig von der Frage der unmittelbaren Verfolgung eigener steuerbegünstigter Zwecke ist eine **entgeltliche Überlassung immer als steuerpflichtiger wirtschaftlicher Geschäftsbetrieb** nach § 64 AO einzustufen, wenn die „übernehmende" Person oder Einrichtung mit dem gestellten Personal bzw. den gestellten Sachmitteln eigenwirtschaftliche Zwecke verfolgt (es liegt dann ein Mangel der Selbstlosigkeit i. S. des § 55 AO vor, Tz. 2.5.1). Dann kann die Überlassung bereits dem Grunde nach nicht als Verfolgung steuerbegünstigter Zwecke beurteilt werden (siehe dazu BFH vom 07.11.1996, BStBl 1997 II S. 366). Das gilt auch dann, wenn diese Leistungen von der Umsatzsteuer freigestellt sind. So weist auch der BFH in seiner Entscheidung vom 06.04.2005 (BStBl 2005 II S. 545) darauf hin, dass die Voraussetzungen für eine KSt- und GewSt-Befreiung einerseits und die USt-Befreiung andererseits nicht deckungsgleich sind.

Beispiele:
1. Das als gemeinnützig anerkannte Krankenhaus unterhält neben der Buchhaltung für eigene Zwecke einen steuerpflichtigen wirtschaftlichen Geschäftsbetrieb – **Abrechnung und Buchhaltung** –, mit dem es entsprechende Leistungen gegen Entgelt „am Markt" erbringt (siehe dazu auch OFD Frankfurt vom 12.08.1992, DB 1992 S. 2064, sowie die dazugehörige Neuregelung des FinMin Baden-Württemberg vom 14.02.1995, DB 1995 S. 406, und BFH vom 07.11.1996, BStBl 1997 II S. 366, sowie vom 29.01.2009, BStBl 2009 II S. 560). Als Leiter des Geschäfts-

betriebs ist eine Person tätig, die bei einer (anderen) als gemeinnützig anerkannten Einrichtung angestellt ist und von dieser dem Krankenhaus (lediglich) entgeltlich für eine festgelegte Zeit gestellt wird.

Die überlassende gemeinnützige Einrichtung unterhält mit der entgeltlichen Personalüberlassung einen steuerpflichtigen wirtschaftlichen Geschäftsbetrieb (§§ 14, 64 AO). Das Fehlen einer unmittelbar gemeinnützigen Tätigkeit durch die andere Einrichtung wird mit der Gestellung „in den" steuerpflichtigen wirtschaftlichen Geschäftsbetrieb hinein deutlich.

2. Das wegen Förderung des öffentlichen Gesundheitswesens als gemeinnützig anerkannte Krankenhaus räumt angestellten und freien Ärzten die Möglichkeit ein, in dem Krankenhaus Patienten „auf eigene Rechnung" zu behandeln (**Betriebe einer Privatambulanz** im Krankenhaus durch den angestellten oder freien Arzt). Diese Ärzte erbringen ihre Leistungen direkt gegenüber den Patienten und rechnen sie auch selbst mit ihnen ab. Den Ärzten werden dazu die notwendigen Sachmittel (Räumlichkeiten, Geräte, Verbrauchsmaterial etc.) und das erforderliche Hilfspersonal entgeltlich vom Krankenhaus zur Verfügung gestellt.

Die Überlassung des Personals und die Zurverfügungstellung der Sachmittel erfolgt unmittelbar gegenüber dem behandelnden Arzt, der damit seine eigenwirtschaftlichen Zwecke verfolgt (Erzielung privater Einkünfte). Entsprechend seiner („privatärztlichen") Anweisungen wird das Personal tätig. Das Personal und die Sachmittel werden also letztlich („nur") mittelbar für die Versorgung der betreffenden Patienten eingesetzt (so auch Ellermann/Gietz in Steuerrecht der Krankenhäuser, S. 492). Die Gestellungsleistungen an angestellte Ärzte des Krankenhauses sind zwar grundsätzlich nach § 4 Nr. 14 UStG i. V. m. Abschn. 4.14.6 Abs. 2 Nr. 4 UStAE zu § 4 Nr. 14 UStG von der Umsatzsteuer befreit, fallen beim Krankenhaus jedoch in einem steuerpflichtigen wirtschaftlichen Geschäftsbetrieb i. S. der §§ 14, 64 AO an. Es fehlt insoweit an einer unmittelbar eigenen steuerbegünstigten Tätigkeit des Krankenhauses (bestätigt durch das rkr. Urteil des FG Köln vom 01.02.2001 – 13 K 6633/00; so auch FinMin NRW vom 09.03.2005, DB 2005 S. 582).

3. Patienten können mit dem Krankenhaus vereinbaren, dass die ärztlichen Leistungen ihnen gegenüber nur vom jeweiligen ärztlichen Leiter der Abteilung oder seinem Vertreter persönlich erbracht werden. Als Bestandteil seines Anstellungsvertrages wird dem Leiter der betreffenden Abteilung (Chefarzt) regelmäßig das Recht eingeräumt, diese (wahlärztlichen) Leistungen direkt mit dem Patienten selbst abzurechnen (Liquidationsrecht). Von den erzielten Behandlungserlösen müssen die Chefärzte „Nutzungsentgelte" für die Überlassung von Personal und Sachmitteln an das Krankenhaus abführen. Die Chefärzte sind, soweit sie gegenüber Patienten wahlärztliche Leistungen gegen Entgelt erbringen, selbständig tätig, Abschn. 2.2 UStAE zu § 2 UStG. Die Finanzverwaltung rechnet diese Einnahmen dem Zweckbetrieb Krankenhaus zu, da der Vertrag über die gesondert berechenbaren wahlärztlichen Leistungen ausschließlich zwischen dem Patienten und dem Krankenhaus geschlossen wird und die Leistungen im Ergebnis unmittelbar den Patienten zugutekommen. Der Chefarzt ist insoweit als Hilfsperson des Krankenhauses i. S. des § 57 Abs. 1 Satz 2 AO zu beurteilen, da er im Rahmen seiner Dienstvereinbarung mit dem Krankenhaus die wahlärztlichen Leistungen gegenüber den Patienten erbringt. Aufgrund dieser rechtlichen und tatsächlichen Beziehungen zwischen dem Krankenhaus und dem Chefarzt einerseits und dem Krankenhaus und den Patienten andererseits ist davon auszugehen, dass das Krankenhaus mit der Personal- und Sachmittelgestellung an den Chefarzt unmittelbar seine steuerbegünstigten satzungsmäßigen Zwecke verfolgt (siehe hierzu OFD Frankfurt a. M. vom 19.08.2013 – S 0186 A-6-St 53 – sowie Tz. 2.18.5).

4. Mit der Überlassung von Dienstleistungspersonal und Ärzten, die als sog. Springer anderen Krankenhäusern entgeltlich zur Verfügung gestellt wird, begründet ein Krankenhaus einen wirtschaftlichen Geschäftsbetrieb i. S. der §§ 14, 64 AO (siehe Klähn in DStZ 2000 S. 679).

5. Die entgeltliche (Mit-)Überlassung eines medizinischen Großgerätes und des nichtärztlichen medizinischen Personals stellt einen wirtschaftlichen Geschäftsbetrieb i. S. der §§ 14, 64 AO dar (BFH vom 06.04.2005, BStBl 2005 II S. 545). Ent-

2.15 § 64 AO: Steuerpflichtige wirtschaftliche Geschäftsbetriebe

sprechendes gilt dann auch für die Überlassung von Operationsbereichen und der damit verbundenen Gestellung von medizinischem Hilfspersonal unabhängig davon, wie dieser Vorgang umsatzsteuerlich zu beurteilen ist (zur Einordnung der OP-Überlassung durch Praxiskliniken als eng verbundene Umsätze nach § 4 Nr. 16 UStG siehe BMF vom 15.06.2006, BStBl 2006 I S. 405).

In diesem Zusammenhang stellt sich gelegentlich das Problem, dass ein Krankenhaus mit den Ärzten Entgelte vereinbart, die unterhalb der allgemein am Markt erzielbaren Vergütung liegen. Werden die Kosten dieses Geschäftsbetriebs nicht erwirtschaftet, entstehen Verluste. Bei Vereinbarung eines Entgelts unterhalb der Marktwerte wird regelmäßig ein Verstoß gegen Mittelverwendungsgrundsätze (siehe § 55 AO, Tz. 2.5.1) zu besorgen sein. Schließt dieser Geschäftsbetrieb mit Verlusten ab, sind die Ausführungen zu Tz. 2.5.5.2 zu beachten.

6. Das als gemeinnützig anerkannte Altenheim gliedert seinen Küchenbetrieb auf eine neu gegründete, steuerpflichtige **Catering-GmbH** aus. Die Geschäftsanteile der Catering-GmbH werden vom Altenheim zu 100 % gehalten (zum Outsourcing siehe Tz. 2.5.5.5; beachte hier insbesondere die Problematik der Ausgliederung bzw. „Umwidmung" von Vermögen des ideellen Bereichs in eine steuerpflichtige Kapitalgesellschaft). Der Catering-Gesellschaft werden das vorhandene (Küchen-)Personal sowie die Küchenräume nebst Inventar zur Verfügung gestellt (zur Begründung einer Betriebsaufspaltung siehe Tz. 2.15.4.3). Die Personal- und Raumgestellung wird bei der Bemessung der Entgelte für die Leistungen der Catering-Gesellschaft (Versorgung der Bewohner des Altenheims) in Abzug gebracht.

Da die Personalgestellung nicht unentgeltlich erfolgt (die Personalgestellung wird mit der Gegenleistung „Catering" vergütet), begründet das Altenheim mit dieser Art der Personalgestellung einen steuerpflichtigen wirtschaftlichen Geschäftsbetrieb. Im Übrigen sind damit auch die Voraussetzungen für die Annahme einer Betriebsaufspaltung erfüllt. Werden bei der Bemessung der an die Catering-GmbH zu zahlenden Vergütungen die Vergütungen lediglich um die dem Altenheim entstandenen Aufwendungen für das überlassene Personal gekürzt, vereinnahmt das Altenheim dem Grunde nach regelmäßig ein zu niedriges Entgelt für die Personal- und Sachmittelgestellung. Für die Gewinnermittlung gelten hier die allgemeinen Grundsätze (Tz. 4.1.5.1).

Für die entgeltliche Überlassung von **Mitgliedern geistlicher Genossenschaften** und Angehöriger von Mutterhäusern für steuerbegünstigte Zwecke gilt Folgendes: Grundlage für die entgeltliche Entsendung von Mitgliedern geistlicher Genossenschaften und Mutterhäuser ist regelmäßig ein Gestellungsvertrag eigener Art (der u. a. kirchenrechtliche Vorgaben beachtet). Mit der entgeltlichen Personalgestellung begründen auch geistliche Genossenschaften einen wirtschaftlichen Geschäftsbetrieb nach § 14 AO. Dieser kann als Zweckbetrieb nach § 65 AO beurteilt werden, wenn er in seiner Gesamtrichtung dazu dient, die (eigenen) steuerbegünstigten Zwecke **unmittelbar** zu verwirklichen (siehe dazu BFH vom 30.11.1995, BStBl 1997 II S. 189). Wie Matheja in UR 1980 S. 195 darstellt, sind die Besonderheiten dieser Verträge darin zu sehen, dass die Mitglieder der geistlichen Genossenschaften, auch wenn sie in einer anderen (steuerbegünstigten) Einrichtung tätig sind, ihre Selbständigkeit nicht verlieren. Matheja spricht davon, dass diese Personen mit dem Mutterhaus zu identifizieren sind (siehe in diesem Zusammenhang auch Tz. 2.7.3).

Beispiel:

Die steuerbegünstigte Ordensgemeinschaft stellt einer Kirchengemeinde gegen Entgelt Ordensangehörige zur Verfügung. Die Ordensleute erfüllen in der Gemeinde seelsorgerische und pastorale Aufgaben.

Der wegen Verfolgung mildtätiger und religiöser Zwecke als steuerbegünstigt anerkannte Schwesternorden stellt der als gemeinnützig anerkannten Krankenhaus-Betriebs-GmbH mehrere Schwestern entgeltlich im Wege eines speziellen Gestellungs-

2 Erläuterung der Bestimmungen des Abschnitts „Steuerbegünstigte Zwecke" in der AO

vertrages zur Verfügung. Die Ordensschwestern werden in folgenden Bereichen eingesetzt:

– als Pflegepersonal auf verschiedenen Stationen des Krankenhauses,
– als Leiterin des von der Krankenhaus-GmbH unterhaltenen steuerpflichtigen Abrechnungs- und Buchhaltungsbetriebs (siehe dazu Beispiel oben),
– als Mitarbeiterin in der allgemeinen Verwaltung des Krankenhauses.

Auf der Grundlage der vorstehenden Ausführungen erfolgt nur die Überlassung der Ordensleute für die Gemeindearbeit und die Tätigkeit der Ordensschwestern für den Pflegebereich im Rahmen eines Zweckbetriebs nach § 65 AO.

Die übrigen Fälle stellen keine Tätigkeiten dar, die als unmittelbares Handeln im steuerbegünstigten Bereich zu werten sind.

Die hier vorgenommene Beurteilung stimmt im Ergebnis auch mit den umsatzsteuerlichen Regelungen überein. Nach § 4 Nr. 27 Buchst. a UStG sind grundsätzlich (nur) die Entgelte aus einer Personalgestellung durch religiöse und weltanschauliche Einrichtungen für die unter § 4 Nr. 14 Buchst. b, Nr. 16, 18, 21, 22 Buchst. a, Nr. 23 und 25 UStG genannten Tätigkeiten und für Zwecke geistigen Beistands umsatzsteuerfrei. So legt Abschn. 4:27.1 Abs. 2 Satz 4 UStAE zu § 4 Nr. 27 UStG z. B. begünstigte schulische Zwecke allein auf die Erteilung von Unterricht fest.

2.15.4.3 Betriebsaufspaltung

Die Tätigkeit einer steuerbegünstigten Einrichtung, die sich äußerlich als reine Vermögensverwaltung darstellt, ist als steuerpflichtige wirtschaftliche Betätigung anzusehen, wenn die eigentliche wirtschaftliche Tätigkeit im Wege der **Betriebsaufspaltung** auf eine Kapitalgesellschaft ausgegliedert worden ist (z. B. Mehrheitsbeteiligung an einer Kapitalgesellschaft und Überlassung von Grundstücken an diese – Hinweis auch auf DB 1980 S. 425). Dazu ist auf den AEAO Nr. 3 zu § 64 AO, Anhang 1, die KSt-Kartei NRW § 5 KStG Karte H 26 und BFH vom 05.06.1985 I S 2-3/85, BFH/NV 1986 S. 433, sowie vom 21.05.1997 I R 164/94, BFH/NV 1997 S. 825, zur Verpachtung der Werberechte an die vereineigene GmbH hinzuweisen. So auch Raupach in JbFStR 1993/1994 S. 405 ff. und in Recht und Sport, Heft 23, S. 29. Siehe hierzu auch die Gestaltungen der Deutschen Eishockey-Profi-Liga (DEL) (FinMin Brandenburg vom 07.03.1996, DB 1996 S. 1161).

Nach ständiger Rechtsprechung des BFH setzt die Annahme einer Betriebsaufspaltung eine **sachliche** und **personelle** Verflechtung zwischen verschiedenen Rechtsträgern voraus, die die Möglichkeit eröffnet, einen einheitlichen geschäftlichen Betätigungswillen auszuüben, der auf die Ausübung einer gewerblichen Tätigkeit gerichtet ist (siehe auch H 15.7 EStH und BMF vom 07.10.2002, BStBl 2002 I S. 1028).

Die personelle Verflechtung ist u. a. gegeben, wenn eine Person oder Personengruppe, die das Besitzunternehmen beherrscht, in der Lage ist, auch in der Betriebsgesellschaft ihren Willen durchzusetzen, siehe u. a. BFH vom 24.02.1994 im BStBl 1994 II S. 466 (zur faktischen Beherrschung siehe z. B. BFH vom 26.10.1988, BStBl 1989 II S. 155). Eine **Personenidentität** in den Organen der Besitz- bzw. Betriebsgesellschaft ist nicht erforderlich (BFH vom 21.05.1997 I R 164/94, BFH/NV 1997 S. 825). Eine kapitalistische Betriebsaufspaltung ist anzunehmen, wenn die Besitzgesellschaft eine Kapitalgesellschaft ist und sie die Beteiligung an der Betriebskapitalgesellschaft unmittelbar zu mehr als 50 % hält (zur kapitalistischen Betriebsaufspaltung BFH vom 27.08.1992, BStBl 1993 II S. 134). Diese Überlegungen gelten sinngemäß auch für juristische Personen des öffentlichen Rechts. Sie begründen bei Vorliegen der übrigen Voraussetzungen des § 4 Abs. 1 KStG mit der

2.15 § 64 AO: Steuerpflichtige wirtschaftliche Geschäftsbetriebe

Annahme einer Betriebsaufspaltung einen Betrieb gewerblicher Art (§ 1 Abs. 1 Nr. 6 KStG).

Die **sachliche Verflechtung** als weitere Voraussetzung für die Annahme einer Betriebsaufspaltung liegt vor, wenn der Betriebsgesellschaft durch die Besitzgesellschaft (-körperschaft) materielle oder immaterielle Wirtschaftsgüter zur Nutzung überlassen werden und diese Wirtschaftsgüter (eine) wesentliche Betriebsgrundlage der Betriebsgesellschaft bilden. Neben der Überlassung von Betriebsgrundstücken an die Betriebsgesellschaft kann eine sachliche Verflechtung in diesem Sinne auch bei Überlassung von Lizenzen, Veranstalter- und Vermarktungsrechten, Personal und sonstigen Sachmitteln gegeben sein (Einzelfälle siehe auch oben). Eine sachliche Verflechtung ist auch dann anzunehmen, wenn die Überlassung zur Nutzung unentgeltlich erfolgt (BFH vom 24.04.1991, BStBl 1991 II S. 713, und Schmidt, Kommentar zum EStG, 33. Auflage, Rz. 809 zu § 15 EStG).

So hat der BFH in seinem Urteil vom 21.05.1997 I R 164/94 (BFH/NV 1997 S. 825) ausdrücklich festgestellt, dass ein gemeinnütziger Verein mit der Verpachtung von Werberechten an eine GmbH, deren alleiniger Gesellschafter der Verein war, einen steuerpflichtigen wirtschaftlichen Geschäftsbetrieb, §§ 14, 64 AO, in Form einer Betriebsaufspaltung begründet hat. Weitere Anwendungsbeispiele für die Annahme einer Betriebsaufspaltung bei Vorliegen der personellen Verflechtung sind etwa:

– die Ausgliederung einer Profisportabteilung beim gemeinnützigen Sportverein (siehe FinMin Brandenburg vom 07.03.1996, DB 1996 S. 1161, betr. die DEL),

– die Verwertung der Namensrechte, Vereinssymbole (Logo) etc. durch eine gesondert für diese Zwecke gegründete (Betriebs-)Kapitalgesellschaft (siehe hierzu auch Raupach in Recht und Sport, Heft 23, S. 54 ff.),

– die Überlassung von Räumen durch ein als gemeinnützig anerkanntes Krankenhaus an eine (steuerpflichtige) GmbH, deren Anteile das Krankenhaus in vollem Umfang oder mehrheitlich hält, die ein Medizinisches Versorgungszentrum (MVZ) betreibt (Bartmuß, DB 2007 S. 706).

Diese Rechtsgrundsätze sind auf Nutzungsüberlassungen an Betriebskapitalgesellschaften durch gemeinnützige Kapitalgesellschaften oder durch als gemeinnützig anerkannte Betriebe gewerblicher Art von juristischen Personen des öffentlichen Rechts zu übertragen.

Auch mit der Bestellung eines Erbbaurechts an einem Grundstück zugunsten einer Betriebskapitalgesellschaft kann eine sachliche Verflechtung begründet werden.

Die Finanzverwaltung wendet die Grundsätze der Betriebsaufspaltung dann allgemein nicht an, wenn sowohl das Betriebs- als auch das Besitzunternehmen steuerbegünstigt ist (AEAO Nr. 3 zu § 64 AO, Anhang 1). Dabei ist zu beachten, dass die Verpächterin selbst nur dann (weiter) als gemeinnützig anerkannt werden kann, wenn sie etwa nach einer Ausgliederung des bisher von ihr selbst betriebenen Zweckbetriebs weiterhin eine eigene gemeinnützige Tätigkeit **unmittelbar** entfaltet. Die Einschaltung einer **Hilfsperson** i. S. des § 57 Abs. 1 Satz 2 AO wäre dabei ausreichend (siehe dazu OFD Münster vom 26.07.1995, DB 1995 S. 1785; bestätigt durch FG Baden-Württemberg vom 31.07.1997 – 3 K 268/93, EFG 1997 S. 1341; siehe hierzu auch in Tz. 2.7.4).

Die dazu erzielten Pachtzinsen ordnet die Finanzverwaltung dem Bereich der Vermögensverwaltung zu.

Beispiel:
Der wegen Förderung des öffentlichen Gesundheitswesens als gemeinnützig anerkannte Verein betreibt selbst ein Krankenhaus (= Zweckbetrieb, § 67 AO). Er ist alleiniger Gesellschafter einer ebenfalls als steuerbegünstigt anerkannten Krankenhaus-GmbH. Der Verein überlässt dieser GmbH pachtweise das Krankenhausgebäude mit dem dazugehörenden Grund und Boden sowie verschiedenen Einrichtungsgegenständen und Betriebsvorrichtungen.

Unterhält die als gemeinnützig anerkannte Betriebskapitalgesellschaft neben dem ideellen Bereich oder dem Zweckbetrieb auch einen steuerpflichtigen wirtschaftlichen Geschäftsbetrieb und dienen die überlassenen wesentlichen Betriebsgrundlagen anteilig auch diesem Geschäftsbetrieb, so fallen die anteiligen Pachteinnahmen nach den Grundsätzen der Betriebsaufspaltung im steuerpflichtigen wirtschaftlichen Geschäftsbetrieb der Besitzkörperschaft an.

Diese Grundsätze sind auch auf gemeinnützige Einrichtungen **(Betriebe gewerblicher Art)** von juristischen Personen des öffentlichen Rechts sinngemäß anzuwenden, die bisher als Eigenbetriebe geführt wurden und nach einer Umwandlung in selbständigen Eigengesellschaften oder Betriebskapitalgesellschaften unter Zurückbehaltung wesentlicher Betriebsgrundlagen fortgeführt werden. In der Regel werden dabei Betriebsgrundstücke zur Meidung der sonst anfallenden Grunderwerbsteuer nicht auf die Eigengesellschaft oder Betriebskapitalgesellschaft übertragen. Diese Wirtschaftsgüter werden der ausgegliederten Eigengesellschaft fortan pachtweise überlassen. Die OFD Hannover (Verfügung vom 23.07.1998 – S 2729 – 87 – StO 214/S 2729 – 160 – StH 233) nimmt in Bezug auf die Pachtentgelte dann keinen steuerpflichtigen wirtschaftlichen Geschäftsbetrieb an, wenn die Körperschaft des öffentlichen Rechts mit der verpachtenden Einrichtung als solches einen als gemeinnützig anerkannten Betrieb gewerblicher Art unterhält. Vereinnahmt sie die Pachtentgelte außerhalb eines Betriebs gewerblicher Art, ordnet sie die Pachteinnahmen der steuerfreien Vermögensverwaltung zu, da mit dieser Gestaltung im Vergleich zu dem vor der Verpachtung gestalteten Sachverhalt keine steuerlichen Vorteile eintreten. Die OFD Hannover weist in diesem Zusammenhang ausdrücklich darauf hin, dass in den Fällen der Betriebsumwandlung die Grundsätze der Vermögensbindung (§ 61 AO, Tz. 2.12) zu beachten sind. Ist z. B. sichergestellt, dass die Betriebsgrundstücke auf Dauer **unentgeltlich** dem gemeinnützigen Eigenbetrieb oder der gemeinnützigen Betriebskapitalgesellschaft überlassen werden, kann m. E. die Einhaltung der Vermögensbindung angenommen werden.

2.15.4.4 Werbeleistungen und Verpachtung des Werberechts

Betreibt die steuerbegünstigte Körperschaft selbst aktiv das „Werbegeschäft", schließt sie also z. B. selbst die Verträge mit den Werbepartnern ab und erbringt sie die (Werbe-)Leistung unmittelbar selbst, sind die Einnahmen aus dieser Tätigkeit bei der Körperschaft dem steuerpflichtigen wirtschaftlichen Geschäftsbetrieb zuzuordnen (siehe dazu BFH vom 13.03.1991 und 27.03.1991, BStBl 1992 II S. 101 und 103; siehe hierzu auch FG München vom 30.07.1996, EFG 1996 S. 1180, sowie das dazu ergangene BFH-Urteil vom 02.07.1997 I R 67/96; zur Einkommensermittlung siehe Tz. 4.1.5.1). Zu den typischen Werbeleistungen in diesem Sinne zählen das **Anzeigen- und Inseratengeschäft** z. B. durch Aufnahme von Anzeigen in Vereinszeitschriften und Programmheften (siehe auch BFH vom 04.03.1976, BStBl 1976 II S. 472, und R 16 Abs. 4 Satz 13 KStR), die **Überlassung von Werbeflächen** in Gebäuden oder auf Grundstücken, auf Fahrzeugen, die Zurverfügungstellung von Lautsprecheranlagen für Werbedurchsagen (BFH vom 16.04.2008, BStBl 2008 II

2.15 § 64 AO: Steuerpflichtige wirtschaftliche Geschäftsbetriebe

S. 909) sowie die Überlassung eines Standes bei Veranstaltungen eines Vereins an ein Unternehmen, das dort seine Produkte vorstellen kann. Diese Leistungen gehen über eine vermögensverwaltende Tätigkeit hinaus, da ohne die Veranstaltung des Vereins z. B. der Werbestand nutzlos wäre (vgl. u. a. BFH vom 07.11.2007, BStBl 2008 II S. 949 m. w. N.).

Von Sportvereinen werden die Werbeleistungen vornehmlich durch entsprechende Aufdrucke auf den benutzten Sportgeräten und Trikots der Sportler, den Banden in den Sportstätten und durch sonstige Stadionreklame erbracht (auch bei angemieteten Sportstätten); siehe hierzu auch BFH vom 09.12.1981 (BStBl 1983 II S. 27). Der Vorstellung des FG Köln (vgl. FG Köln vom 17.02.2006, EFG 2006 S. 1108), nach der zur Annahme eines steuerpflichtigen wirtschaftlichen Geschäftsbetriebs zusätzlich darauf abzustellen sei, ob dem Grunde nach mit dem betreffenden Vorgang (Urteilsfall: Nutzung von Trikots mit Werbeaufdruck) überhaupt eine Werbewirksamkeit erkennbar eintrete, kann nicht zugestimmt werden. Im dem Urteilsfall wurde einer (Jugend-)Sportmannschaft ein Trikotsatz mit Werbeaufdruck zur Verfügung gestellt. Mit Valentin (Anmerkung zu diesem Urteil a. a. O.) muss doch wohl gesehen werden, dass zumindest der Umstand, dass statt neutraler Trikots ein Trikotsatz mit Werbeaufdruck überlassen wurde und damit für den Unternehmer ein Zusatzaufwand entstanden ist, darauf hinweist, dass mindestens der Unternehmer selbst von einer gewissen Öffentlichkeits- und Werbewirksamkeit ausgegangen ist.

In § 67a Abs. 1 AO ist ausdrücklich festgelegt, dass die Einnahmen aus Werbung nicht zu den sportlichen Veranstaltungen zählen, siehe auch Tz. 2.19.6.4. Wird der **Vereinsname als Werbeträger** eingesetzt, sind entsprechende (Werbe-)Einnahmen ebenso in einem wirtschaftlichen Geschäftsbetrieb i. S. der §§ 14, 64 AO zu erfassen (vgl. OFD Hannover vom 04.04.2000, DB 2000 S. 900) wie die Installation eines Links auf der Homepage der gemeinnützigen Körperschaft, wenn damit auf die Internetseite des Sponsors geschaltet werden kann (FinMin Bayern vom 11.02.2000, DB 2000 S. 548; BFH vom 07.11.2007, BStBl 2008 II S. 949).

In mehreren Entscheidungen hat sich der BFH mit der Zuordnung von Aufwendungen auseinandergesetzt, die bei gemeinnützigen Körperschaften im Zusammenhang mit Werbeleistungen entstehen (siehe hierzu BFH vom 27.03.1991, BStBl 1992 II S. 103, vom 21.07.1999 I R 55/98, BFH/NV 2000 S. 85). Mit Einführung des § 64 Abs. 6 AO ab dem 01.01.2000 wird an der (Wahl-)Möglichkeit einer **pauschalen Kostenaufteilung** (vgl. AEAO a. F. Nr. 4 zu § 64 AO) nicht mehr festgehalten. Zum Wahlrecht des § 64 Abs. 6 AO siehe Tz. 2.15.10, im Übrigen verweise ich hier auf die Ausführungen zu Tz. 4.1.5.1.

Überlässt die steuerbegünstigte Körperschaft das Werberecht als solches (das Recht, die Werbung im Einflussbereich der Körperschaft durchzuführen/durchführen zu lassen, z. B. an den Banden in vereinseigenen oder gemieteten Sportstätten, Lautsprecheranlagen) gegen Entgelt einem Dritten (Werbeunternehmer), der dann seinerseits (in eigenem Namen und auf eigene Rechnung) in Ausnutzung dieses Rechts Werbeverträge mit interessierten Werbepartnern abschließt, sind die Einnahmen aus der Überlassung **(Verpachtung) der Werberechte** an den Werbeunternehmer bei der Körperschaft der steuerfreien Vermögensverwaltung zuzuordnen (s. AEAO Nr. 9 zu § 67a AO, Anhang 1, und Fußnote zu BFH vom 27.03.1991 in BStBl 1991 II S. 103). So hat der BFH mit Urteil vom 08.03.1967 (BStBl 1967 III S. 373) entschieden, dass eine Körperschaft, die das Verlagsrecht mit Anzeigenteil an einen Verlag entgeltlich überträgt und sich jeglicher aktiven Mitwirkung am Anzeigengeschäft enthält, insoweit Einnahmen im Rahmen der Vermögensverwaltung bezieht.

2 Erläuterung der Bestimmungen des Abschnitts „Steuerbegünstigte Zwecke" in der AO

Der BFH folgt in seinem bislang nicht veröffentlichten Urteil vom 02.07.1997 I R 67/96 dem FG München vom 30.07.1996 (EFG 1996 S. 1180) und ordnet die **Verpachtung der Bandenwerbung** wegen des engen Zusammenhangs mit der betreffenden Sportveranstaltung grundsätzlich nicht der Vermögensverwaltung zu (zur bloßen Vermietung von Reklameflächen trete die Anziehungskraft der Sportveranstaltung hinzu; zusammen mit der „Sonderleistung" werde dann ein steuerpflichtiger wirtschaftlicher Geschäftsbetrieb begründet).

Die entgeltliche Übertragung des Werberechts ist jedoch nach der derzeitigen Verwaltungspraxis nur dann der Vermögensverwaltung zuzuordnen, wenn dem Pächter (Werbeunternehmer) ein angemessener Gewinn verbleibt (AEAO Nr. 9 zu § 67a AO, Anhang 1). Ein **angemessener Gewinn** im vorgenannten Sinne kann m. E. noch angenommen werden, wenn dem Werbeunternehmer ein Gewinn von mindestens 10 % des Überschusses aus dem jeweiligen Werbegeschäft verbleibt (maßgeblicher Überschuss = Werbeeinnahmen gemindert um die beim Pächter angefallenen Betriebsausgaben mit Ausnahme der Pachtzahlung an den Verein – davon 10 %). Maßgebend sind die Verhältnisse zum Zeitpunkt des Vertragsabschlusses.

Tritt als Werbeunternehmer eine Person/Einrichtung auf, die der steuerbegünstigten Körperschaft nahesteht (z. B. ein sog. Förderverein), stellt sich regelmäßig die Frage, ob insoweit ggf. die Voraussetzungen für die Annahme einer Betriebsaufspaltung oder auch einer rechtsmissbräuchlichen Gestaltung i. S. des § 42 AO vorliegen. Im Fall der Übertragung der Werbe- und Vermarktungsrechte auf eine von der steuerbegünstigten Körperschaft beherrschte (Betriebs-)Kapitalgesellschaft wird regelmäßig eine steuerpflichtige Betriebsaufspaltung begründet, siehe dazu Tz. 2.15.4.3.

Hinweis: Aus meiner Sicht ist es zweifelhaft, ob nach Einführung des Wahlrechts – ab 01.01.2000 –, Gewinne aus Werbetätigkeiten, die im Zusammenhang mit steuerbegünstigten Tätigkeiten einschließlich Zweckbetrieben stattfinden, pauschal zu ermitteln (vgl. § 64 Abs. 6 AO, Tz. 2.15.10), künftig daran festgehalten werden kann, durch eine Verpachtung der jeweiligen Werberechte eine Zuordnung der Werbetätigkeiten (der Einnahmen) zur ertragsteuerfreien Vermögensverwaltung zu erreichen.

Die entgeltliche Überlassung des Rechts zur Nutzung von **Werbeflächen auf der Sportbekleidung** (z. B. auf dem Trikot, den Sportschuhen, den Helmen) ist nicht als Vermögensverwaltung zu behandeln (siehe AEAO Nr. 9 zu § 67a AO, Anhang 1). Die Gestattung einer aktiven Werbeaussage (z. B. „Der Tennisverband A empfiehlt die Benutzung des X-Balles") ist ebenfalls als steuerpflichtiger wirtschaftlicher Geschäftsbetrieb, die alleinige Gestattung einer Aussage wie „Ausrüster der Meisterschaft des X-Verbandes" ist dagegen als steuerfreie Vermögensverwaltung anzusehen.

Mit Bar- und Sachzuwendungen von Sportartikelherstellern zum Zwecke der Verwendung ihrer Produkte (Verpflichtung, die Materialmarke ausschließlich in den Meisterschaftsspielen einzusetzen) begründet der betreffende Sportverein (-verband) einen steuerpflichtigen wirtschaftlichen Geschäftsbetrieb. Dabei führt der bestimmungsgemäße Verbrauch der erhaltenen Sachzuweisungen (im Urteilsfall wurden die überlassenen Spielbälle in den Meisterschaftsspielen von den angeschlossenen Sportvereinen eingesetzt und damit verbraucht) nicht zur Annahme von Betriebsausgaben des Geschäftsbetriebs „Werbung" (FG Saarland vom 26.06.1997, EFG 1997 S. 1153). Zur Überlassung von **Trikots mit Werbeaufdruck** siehe auch FG Köln vom 17.02.2006 (EFG 2006 S. 1108).

Zum steuerpflichtigen wirtschaftlichen Geschäftsbetrieb „Werbung" zählt z. B. bei Sportvereinen, die Sechstagerennen, Pferderennen, Tennisturniere usw. durchführen, auch das Austragen von Wettkämpfen, bei denen Unternehmen Prämien für siegreiche Sportler aussetzen (BFH vom 28.11.1990, BStBl 1991 II S. 381). Mit der Durchführung entsprechender Wettkämpfe ist i. d. R. die Benennung des **Wettkampfes mit dem Firmennamen,** aber auch die Ausführung von Werbedurchsagen anlässlich der Veranstaltung sowie die Veröffentlichung von Werbeanzeigen etc. verbunden. Die Zahlung des Rennpreises an den siegreichen Sportler ist keine Betriebsausgabe des wirtschaftlichen Geschäftsbetriebs Werbung (FinMin Nordrhein-Westfalen vom 21.11.1994, KSt-Kartei NW H 74 zu § 5 KStG; siehe auch FG Düsseldorf vom 04.03.1997, EFG 1997 S. 1156). Der Abzug als Betriebsausgabe ist bei der sportlichen Veranstaltung i. S. des § 67a AO vorzunehmen.

Zur Überlassung von **Kfz mit Werbeaufdrucken (sog. Werbemobile)** an gemeinnützige Körperschaften siehe OFD Karlsruhe vom 15.01.2013 – S 7100 I – und BFH vom 16.04.2008 (BStBl 2008 II S. 909), zur umsatzsteuerlichen Behandlung Hinweis auf Rasche in UStB 2001 S. 208 sowie FG München vom 13.05.2004 (EFG 2004 S. 1329); siehe auch Tz. 4.1.5.3.

2.15.4.5 ABC der steuerpflichtigen wirtschaftlichen Geschäftsbetriebe

Als (steuerpflichtige) wirtschaftliche Geschäftsbetriebe sind i. d. R. anzusehen:

- **Abfallbeseitigung** und **Abfallverwertung** bilden einen einheitlichen steuerpflichtigen wirtschaftlichen Geschäftsbetrieb (BFH vom 27.10.1993, BStBl 1994 II S. 573); das gilt auch für die **Sonderabfallentsorgung** (FinMin Baden-Württemberg vom 17.07.1995, DStR 1995 S. 1271).
- Verwertung (Veräußerung) von gesammeltem **Altmaterial** siehe BFH vom 26.02.1992, BStBl 1992 II S. 693, und § 64 Abs. 5 AO sowie BMF vom 25.09.1995, BStBl 1995 I S. 630 (z. B. aus Papier- und Altkleidersammlungen, nur in Ausnahmefällen wird ein Zweckbetrieb vorliegen, Tz. 2.16.2 zu § 65 AO); zur Überschussermittlung siehe Tz. 2.15.9. Die OFD Frankfurt a. M. hat sich am 29.03.2012 (S 0171 A – 22 – St 53) zur steuerlichen Behandlung von Altmaterialsammlungen durch steuerbegünstigte Körperschaften geäußert, insbesondere ist auch die Vermittlung/Überlassung von Stellplätzen für Altmaterialcontainer ein steuerpflichtiger wirtschaftlicher Geschäftsbetrieb; zum Verkauf von **Nachlassgegenständen** siehe BFH vom 09.09.1993 (BStBl 1994 II S. 57).
- **Ansichtskartenverkauf** etc. von Tierparks (FinMin Brandenburg vom 17.08.1994, DB 1994 S. 1902).
- **Anzeigengeschäft,** siehe dazu unter „Werbung" bzw. Tz. 2.15.4.4.
- Die entgeltliche Überlassung von **Arbeitskräften** und **Arbeitsmitteln** ist regelmäßig als steuerpflichtiger wirtschaftlicher Geschäftsbetrieb zu beurteilen (siehe dazu Tz. 2.15.4.2), das gilt auch für die reine **Vermittlung** und Beratung von arbeitslosen Personen, wenn sie z. B. im Auftrag der Agentur für Arbeit ausgeführt wird; zu Arbeitnehmerüberlassungsgesellschaften siehe auch OFD Frankfurt a. M. vom 18.07.1997 (DB 1997 S. 2055). Wenn die Körperschaft im Rahmen eines kooperativen Zusammenwirkens steuerbegünstigter Körperschaften mit der Personalüberlassung nicht nur die satzungsmäßigen Zwecke der anderen beteiligten Körperschaft, sondern zugleich selbständig und eigenverantwortlich eigene steuerbegünstigte Zwecke verfolgt (vgl. BFH vom 17.02.2010 I R 2/08, BStBl 2010 II S. 1006), geschieht die entgeltliche Personalüberlassung dann allerdings im Rahmen eines steuerbegünstigten Zweckbetriebs. Gegenstand des vor-

genannten Urteils war eine Personalgestellung in Jugendhilfeeinrichtungen zur Betreuung von entwicklungsgestörten und behinderten Kindern (siehe auch Tz. 2.16.1).

- Zur **Auftragsforschung** s. BFH vom 30.11.1995, BStBl 1997 II S. 189, und § 68 Nr. 9 AO, Tz. 2.20.10. Die Verwertung von Forschungsergebnissen unter Einbringung von (zusätzlichen) Nebenleistungen, wie etwa gezielte Beratung, begründet einen steuerpflichtigen wirtschaftlichen Geschäftsbetrieb (Strahl in DStR 2000 S. 2163). **Forschungstätigkeiten** von Krankenhäusern hat das FG Baden-Württemberg als steuerpflichtigen wirtschaftlichen Geschäftsbetrieb eingeordnet (FG Baden-Württemberg vom 11.07.2002, EFG 2003 S. 22; zur Forschung gegen Entgelt siehe auch BFH vom 07.03.2007, BStBl 2007 II S. 628).

- Werbeaufschrift auf einem Heißluftballon, der einem **Ballonsportverein** unentgeltlich zur Verfügung gestellt wird, führt zur Annahme eines wirtschaftlichen Geschäftsbetriebs i. S. der §§ 14, 64 AO (siehe BFH vom 01.08.2002, BStBl 2003 II S. 438).

- Durchführung von (Pfennig-)**Basaren, Flohmärkten** oder **Straßenfesten** (siehe dazu DB 1982 S. 1300 und BFH vom 11.02.2009, BStBl 2009 II S. 516; vgl. auch Tz. 4.1.5.3).

- Zum Verkauf von zugekauften Waren in einer Verkaufsstelle einer **Behindertenwerkstatt** siehe OFD Frankfurt a. M. vom 02.03.2012 (DB 2012 S. 1358) sowie AEAO Nr. 5 zu § 68 AO (Anhang 1).

- Durchführung von sog. **Benefizveranstaltungen** oder öffentlichen **Festen** (FG München vom 25.05.1984, EFG 1984 S. 628, und FG Saarland vom 12.06.1985, EFG 1986 S. 38; zu Benefizveranstaltungen eines gemeinnützigen Umweltschutzvereins siehe FG München vom 08.03.1999 – 7 K 3032/96).

- Die entgeltliche (Rechts-)**Beratung** von Vereinsmitgliedern und Nichtmitgliedern (siehe auch R 16 Abs. 1 Satz 5 KStR und FG München vom 02.06.2000, EFG 2000 S. 1146).

- Entgeltlich erbrachte **Beratungsleistungen** auch, wenn sie gegenüber steuerbegünstigten Körperschaften erbracht wurden (siehe z. B. FG Berlin vom 15.01.2002, EFG 2002 S. 518).

- Die zum Teil von großen steuerbegünstigten Körperschaften unterhaltenen **Beschaffungsstellen,** die die von den nachgeordneten selbständigen Untergliederungen benötigten Gegenstände zentral einkaufen und mit (oder auch ohne) Aufschlag an die Untergliederungen verkaufen, begründen mit diesen Aktivitäten einen steuerpflichtigen wirtschaftlichen Geschäftsbetrieb (siehe AEAO Nr. 3 zu § 65 AO, Anhang 1, sowie FinMin Thüringen vom 21.07.1994, DB 1994 S. 1700). Für die Annahme eines Zweckbetriebs fehlt es u. a. an einem unmittelbaren Tätigwerden für steuerbegünstigte Zwecke (siehe auch BFH vom 18.10.1990, BStBl 1991 II S. 157 und 268). In diesem Sinne ausdrücklich BFH vom 15.10.1997 II R 94/94 (BFH/NV 1998 S. 150).

- Entgeltliche **Betreuungs-, Service und Pflegeleistungen** im Bereich des altenbetreuten Wohnens einer steuerbegünstigten Körperschaft an einen steuerpflichtigen Vermieter begründeten in der Vergangenheit nach dem BFH-Urteil vom 16.12.2009 (I R 49/08, BStBl 2011 II S. 398) weder einen Betrieb der Wohlfahrtspflege noch einen steuerbefreiten Zweckbetrieb. Im Urteilsfall erbrachte ein gemeinnütziger Verein Betreuungsleistungen an Mieter (Senioren) von Altenwohnungen; Vertragsbeziehungen bestanden allerdings ausschließlich zum Vermieter. Aufgrund der Änderung der Rechtsprechung (vgl. BFH vom 27.11.2013 I

R 17/12, DB 2014 S. 1173), mit der ein Abstellen auf die faktische und nicht mehr wie bisher auf die vertragliche Leistungsbeziehung einhergeht, können die Leistungen m. E. nunmehr als steuerbegünstigter Zweckbetrieb gewürdigt werden (vgl. auch Hüttemann, 3. Auflage, S. 528 f., Tz. 6.178).

- Die entgeltliche **Besichtigung** von Türmen, Kirchen, Schlössern (beachte jedoch Tz. 2.20.8).
- Die entgeltliche **Besteigung** von Aussichtstürmen (RFH vom 23.07.1938, RStBl 1938 S. 914).
- **Betriebsverpachtung** eines zuvor selbst betriebenen wirtschaftlichen Geschäftsbetriebs (BFH vom 04.04.2007, BStBl 2007 II S. 725).
- **Bewirtung** siehe Restauration.
- **Beteiligung** an einer Personengesellschaft (siehe BFH vom 27.03.2001, BStBl 2001 II S. 449, insbesondere Festhaltung des BFH vom 16.11.2011 I R 31/10, BFH/NV 2012 S. 786, im Fall einer unselbständigen gemeinnützigen Stiftung; sofern die Beteiligung nicht an einer gewerblich geprägten vermögensverwaltenden Personengesellschaft gehalten wird, so BFH vom 25.05.2011, BStBl 2011 II S. 858) oder in bestimmten Fällen auch die Beteiligung an einer Kapitalgesellschaft (Tz. 2.15.3).
- **Bierzeltbetrieb** (BFH vom 09.11.1988 I R 200/85, BFH/NV 1989 S. 342); siehe auch Restauration.
- **Blutspendedienste;** der Verkauf von Produkten der 2. Fraktionierungsstufe und Weiterverarbeitung abgelaufener Vollblutkonserven (FinMin Niedersachsen vom 21.11.1995, DB 1995 S. 2568; FG Brandenburg vom 17.10.2001, EFG 2002 S. 121; im Übrigen Hinweis auf § 64 Abs. 6 AO, Tz. 2.15.10).
Die regionalen Untergliederungen des Deutschen Roten Kreuzes erbringen regelmäßig gegenüber den rechtlich selbständigen Blutspendediensten (diese werden i. d. R. in der Rechtsform der GmbH betrieben) Unterstützungsleistungen gegen Entgelt. Die jeweilige Untergliederung des DRK begründet mit diesen Leistungen nach einer Entscheidung der obersten Finanzbehörden des Bundes und der Länder einen Zweckbetrieb i. S. des § 65 AO. Die von ihnen vereinnahmten Entgelte sind nach § 12 Abs. 2 Nr. 8 Buchst. a UStG dem ermäßigten Umsatzsteuersatz zu unterwerfen (siehe u. a. OFD Hannover vom 23.01.2008 – S 0183 A – St 33.1 –, BFH vom 18.03.2004, BStBl 2004 II S. 798, und FG Düsseldorf vom 08.11.2006, EFG 2007 S. 305).
- Der Betrieb einer allgemein zugänglichen **Cafeteria** eines Seniorenheims (BFH vom 24.01.1990, BStBl 1990 II S. 470), eines**Cafés** eines Jugendzentrums (BFH vom 11.04.1990, BStBl 1990 II S. 724, und FinMin Brandenburg vom 22.07.1993, DB 1993 S. 1648); ein Mensa- und Cafeteriabetrieb eines Studentenwerks begründet jedoch einen Zweckbetrieb (BFH vom 11.05.1988, BStBl 1988 II S. 908, Abgrenzung durch Sächsisches FG vom 05.04.2005, EFG 2006 S. 303), siehe dazu auch zu § 66 AO, Tz. 2.17.2. Cafeteria einer Körperschaft, die ausschließlich Behinderte beschäftigt, als Zweckbetrieb siehe FG Niedersachsen vom 11.12.1998 (EFG 1999 S. 859).
- **Car-Sharing**-Vereine (siehe BFH vom 12.06.2008, BStBl 2009 II S. 221).
- Öffentliche **Disco-** oder **Tanzveranstaltungen** sind grundsätzlich steuerpflichtige wirtschaftliche Geschäftsbetriebe (bei Tanzsportvereinen kann insoweit ggf. ein Zweckbetrieb nach § 67a AO gegeben sein; zu Schauauftritten von Tanzsportvereinen siehe auch § 67a AO). Ein Zweckbetrieb kann allenfalls dann angenommen

werden, wenn zum Satzungszweck des Vereins z. B. auch die Jugendhilfe/-erziehung zählt und die Veranstaltung ihren Platz im Gesamtkonzept des Vereins hat.
- **Drittmittelverwaltung** als steuerpflichtiger wirtschaftlicher Geschäftsbetrieb siehe FG Berlin vom 04.09.2006 (EFG 2007 S. 291).
- Der Betrieb einer **Druckerei** (RFH vom 25.03.1935, RStBl 1935 S. 855).
- Der **„Eine-Welt-Laden"** ist ein steuerpflichtiger wirtschaftlicher Geschäftsbetrieb (FG Baden-Württemberg vom 11.02.1998, EFG 1998 S. 846).
- Zur entgeltlichen Abgabe der bei der Verbrennung von Müll entstehenden **Energie** an Dritte siehe zu Abfallverwertung.
- Die Unterhaltung eines **Erholungsheims** (vgl. auch Tz. 2.2.5 und § 68 Nr. 1 Buchst. a AO, Tz. 2.20.1).
- **Fahrdienste** für den ärztlichen Notfalldienst (siehe OFD Frankfurt a. M. vom 17.03.1995, FR 1995 S. 486).
- Mit der Veranstaltung von **Faschings-** und **Universitätsbällen** begründet eine Hochschule regelmäßig einen steuerpflichtigen Betrieb gewerblicher Art, siehe Strahl in FR 1998 S. 761 unter Hinweis auf FG München vom 07.11.1996, EFG 1997 S. 707.
- Bei der Herausgabe von **Festschriften** ist zu prüfen, ob sie mit dem durchgeführten Fest einen einheitlichen wirtschaftlichen Geschäftsbetrieb bilden (BFH vom 04.03.1976, BStBl 1976 II S. 472).
- Durchführung von **Feuerbestattungen** (FG Sachsen-Anhalt vom 22.01.2004, EFG 2004 S. 1087, nachgehend BFH vom 03.02.2005 I B 66-68/04, BFH/NV 2005 S. 1213).
- Unterhaltung eines **Fitness-** und Wellnessbereichs siehe FG Köln vom 20.02.2008 (EFG 2008 S. 892), zu Fitnessveranstaltungen als Zweckbetrieb nach § 67a AO siehe Tz. 2.19.2.
- Selbst bewirtschaftete **Forstbetriebe** sind wirtschaftliche Geschäftsbetriebe, die nach § 5 Abs. 1 Nr. 9 Satz 2 KStG nicht der Körperschaftsteuer unterliegen (Gewerbesteuerpflicht besteht insoweit nicht). Märkle und Alber (BB, Beilage 2 zum Heft 3/1990) werfen die Frage auf, ob Verluste eines Forstbetriebs gemeinnützigkeitsunschädlich aus Mitteln des steuerbegünstigten Bereichs abgedeckt werden dürfen.
- Betrieb einer (Vereins-)**Gaststätte** (RFH vom 23.07.1938, RStBl 1938 S. 913, BFH vom 19.06.1974, BStBl 1974 II S. 664).
- Zentrale **Gehaltsabrechnungsstellen,** Buchstellen begründen einen steuerpflichtigen wirtschaftlichen Geschäftsbetrieb (OFD Frankfurt a. M. vom 12.08.1992, DB 1992 S. 2064, und FG Baden-Württemberg vom 10.01.2001, EFG 2001 S. 936, sowie BFH vom 07.11.1996, BStBl 1997 II S. 366, FG Nürnberg vom 04.08.2006, EFG 2007 S. 459, und BFH vom 29.01.2009, BStBl 2009 II S. 560).
- So genannte **gesellige Veranstaltungen,** bei denen die Körperschaften Einnahmen (z. B. aus der Erhebung von Eintrittsgeldern oder Bewirtungsentgelten) erzielen, sind stets – auch wenn ausschließlich Vereinsmitglieder teilnehmen – steuerpflichtige wirtschaftliche Geschäftsbetriebe. Bei kleinen Körperschaften kommt es ggf. infolge der Besteuerungsgrenze des § 64 Abs. 3 AO (Tz. 2.15.6) nicht zu einer Körperschaft- oder Gewerbesteuer. Bei der Umsatzsteuer sind Besonderheiten zu beachten (vgl. Tz. 4.5). Vereinsinterne gesellige Veranstaltungen dürfen jedoch nur in untergeordnetem Umfang durchgeführt werden (§ 58 Nr. 7 AO, Tz. 2.8.7). Werden gesellige Veranstaltungen für einen besonders

2.15 § 64 AO: Steuerpflichtige wirtschaftliche Geschäftsbetriebe

schutzwürdigen Personenkreis durchgeführt (z. B. behinderte oder ältere Menschen, Jugendliche), kann insoweit ein Zweckbetrieb vorliegen (AEAO Nr. 8 zu § 66 AO, Anhang 1).

- Mit der **Hörsaal-** und **Seminarraumvermietung** ist bei Universitäten, Fachhochschulen oder vergleichbaren Einrichtungen grundsätzlich ein steuerpflichtiger Betrieb gewerblicher Art anzunehmen, siehe hierzu Strahl in FR 1998 S. 761.
- Der Betrieb von **Kantinen, Kasinos** (vgl. auch zu Cafés).
- Zu **Karnevalsveranstaltungen** siehe § 65 AO (Tz. 2.16.2).
- **Kirmesveranstaltung** eines Schützenvereins (FG Düsseldorf vom 24.05.1973, EFG 1974 S. 34; zur Vermietung von Standplätzen anlässlich von Schützenfesten siehe BFH vom 21.12.1954, BStBl 1955 III S. 59).
- **Kleinverkäufe,** wie z. B. der Verkauf von Ansichtskarten, Postern, Dias u. Ä. (FinMin Brandenburg vom 17.08.1994, DB 1994 S. 1902).
- Durchführung von **Krankenfahrten/Krankentransporten** mit Personenkraftwagen, die nicht besonders für Krankentransporte eingerichtet sind (siehe FinMin NRW vom 18.03.1983 – S 0171 – 52 – VB 4 – in KSt-Kartei NRW § 5 KStG Karte H 35; zur Steuerpflicht von Notfalleinsätzen und Krankentransporten siehe BFH vom 18.09.2007, BStBl 2009 II S. 126; vgl. aber auch Tz. 2.17.2).
- **Krankenhausapotheken** und **-wäschereien,** auch wenn sie ausschließlich für andere steuerbegünstigte Krankenhäuser tätig werden (BFH vom 18.10.1990, BStBl 1991 II S. 157 und 268, sowie vom 19.07.1995, BStBl 1996 II S. 28). Im Zusammenhang mit der Abgabe von Zytostatika kann die Krankenhausapotheke auch Zweckbetrieb sein, beachte Tz. 2.18.5.
- Einrichtung eines **Kreditschutzes** (siehe BFH vom 06.02.2013, BStBl 2013 II S. 603, sowie R 10 Abs. 4 Satz 10 KStR).
- Betrieb eines **Krematoriums** (FG Sachsen-Anhalt vom 22.01.2004, EFG 2004 S. 1087); Kommunales Krematorium als Betrieb gewerblicher Art (BFH vom 29.10.2008, BStBl 2009 II S. 1022).
- **Laborleistungen** (siehe R 16 Abs. 4 Satz 10 KStR und BFH vom 06.02.2013, BStBl 2013 II S. 603; s. Tz. 2.17.2 mit weiteren Hinweisen).
- Die Unterhaltung eines **landwirtschaftlichen Betriebs** (siehe BFH vom 15.01.1960, BStBl 1960 III S. 131, und vom 16.03.1977, BStBl 1977 II S. 493; vgl. auch zu „Forstbetrieb").
- Zur Durchführung einer **Lotterie/Tombola** vgl. Tz. 2.20.7.
- Mit **Materialprüfung,** Blutalkoholuntersuchung, Konstruktionsarbeiten und Verwaltungstätigkeiten oder **Projektträgerschaft** begründen Hochschulen grundsätzlich steuerpflichtige Betriebe gewerblicher Art, s. dazu Strahl in FR 1998 S. 761 unter Hinweis auf Doemen (UR 1997 S. 285).
- **Mietberatung** im Auftrag einer juristischen Person des öffentlichen Rechts (FG Berlin vom 15.01.2002, EFG 2002 S. 518).
- **Müllverbrennung** siehe Abfallentsorgung.
- Betrieb eines **Museums-Shops** (FG Rheinland-Pfalz vom 29.01.2009 – 6 K 1351/06, DStRE 2010 S. 549).
- Schaffung **naturschutzrechtlicher Ausgleichsflächen** kann zur Annahme eines wirtschaftlichen Geschäftsbetriebs i. S. der §§ 14, 64 AO führen. Die Gestaltungen sind sehr vielfältig, sodass im Einzelfall aber auch ein Zweckbetrieb angenommen werden kann (so OFD Frankfurt a. M. vom 14.02.2014 – S 0184 A – 20 –

St 53) oder bei Vorliegen eines forstwirtschaftlichen Betriebes keine Ertragsteuerpflicht eintritt (§ 5 Abs. 1 Nr. 9 KStG schließt die Steuerpflicht insoweit aus; siehe auch § 3 Nr. 6 GewStG).

– Mit der **Parkplatzvermietung** wird ein steuerpflichtiger wirtschaftlicher Geschäftsbetrieb unterhalten.

– **Pensionsstall** eines Reitvereins (BFH vom 02.10.1968, BStBl 1969 II S. 43). Auch das FG Köln hat in seiner rechtskräftigen Entscheidung vom 22.01.2008 (EFG 2008 S. 1829) die Einnahmen aus Pferdepensionsverträgen einem steuerpflichtigen wirtschaftlichen Geschäftsbetrieb zugeordnet und damit die Auffassung der Finanzverwaltung hierzu bestätigt. Gleichzeitig hat es hier umfassend die Ablehnung einer Umsatzsteuerbefreiung aufgrund der 6. EG-Richtlinie begründet. Dem entgegen richtet sich der BFH mit Urteil vom 16.10.2013 (XI R 34/11, DB 2014 S. 282), wonach Dienstleistungen eines gemeinnützigen Reitsportvereins, wenn sie in einem engen Zusammenhang mit dem Sport stehen und für dessen Ausübung unerlässlich sind, einen Zweckbetrieb nach § 65 AO darstellen können und von der Umsatzsteuer befreit oder zumindest dem ermäßigten Steuersatz unterliegen können.

– Zur **Personalgestellung** siehe unten Tz. 2.15.4.2.

– Betrieb einer **Restauration/Bewirtung** anlässlich einer Vereinsveranstaltung (Verkauf von Esswaren und Getränken), vgl. BFH vom 21.08.1985, BStBl 1986 II S. 88 und 92.

– **Rechtsberatungen** gegen Entgelt.

– Im Ausnahmefall kann eine **Schülerfirma** steuerpflichtiger wirtschaftlicher Geschäftsbetrieb sein (OFD Koblenz vom 20.10.2003, DB 2003 S. 2572, OFD Frankfurt a. M. vom 29.03.2011 – S 0171 A – 146 – St 53).

– **Scientology-Seminare** – Bücherverkäufe siehe FG Münster vom 25.05.1994, EFG 1994 S. 810.

– Der Betrieb von **Solaranlagen** durch gemeinnützige Körperschaften (OFD Chemnitz vom 21.11.2006, DB 2006 S. 2605); anders bei Schülerfirmen.

– Der Verkauf von **Speisen und Getränken** (siehe dazu auch Restauration und Bewirtung). Auch Verkäufe anlässlich sportlicher oder kultureller Veranstaltungen, selbst wenn ausschließlich Sportler, Kampfrichter, sonstige Mitwirkende etc. beköstigt werden (§ 67a Abs. 1, § 68 Nr. 7 AO).

– Der Verkauf von **Sportartikeln** – Merchandising (Ausnahme: Es handelt sich um gebrauchte oder nicht mehr benötigte Sportgeräte).

– Zur Erteilung von **Sportunterricht** und anderen **sportlichen Veranstaltungen** siehe Tz. 2.19.2.

– Mit der entgeltlichen Überlassung der (Mit-)Nutzung einer zentralen **Telefonanlage** entsteht ein steuerpflichtiger wirtschaftlicher Geschäftsbetrieb (BFH vom 07.11.1996, BStBl 1997 II S. 366).

– Verkauf von **Tierbüchern, Tierfutter** etc. durch Tierparks.

– Der Betrieb einer **Tierpension** durch Tierheime (OFD Frankfurt a. M. vom 09.08.2005, DB 2005 S. 1880).

– **Totalisatorbetrieb** eines Rennvereins (siehe BFH vom 05.06.2003, BStBl 2005 II S. 305, und vom 22.04.2009 I R 15/07, BStBl 2011 II S. 475).

– Die vorübergehende **Unterbringung von Aus- und Übersiedlern** sowie Asylbewerbern, Obdachlosen und Bürgerkriegsflüchtlingen stellt grundsätzlich einen

2.15 § 64 AO: Steuerpflichtige wirtschaftliche Geschäftsbetriebe

steuerpflichtigen wirtschaftlichen Geschäftsbetrieb dar. Mit Schreiben vom 20.11.2014 (IV C 2 – S 2730/0-01, BStBl 2014 I S. 1613) hat das BMF allerdings für die vorübergehende Unterbringung von Bürgerkriegsflüchtlingen und Asylbewerbern, wenn die Entgelte dafür aus öffentlichen Kassen gezahlt werden, Billigkeitsregelungen getroffen. Danach ist die vorübergehende Unterbringung in Einrichtungen steuerbegünstigter Körperschaften, die ausschließlich dem satzungsmäßigen Zweck der Körperschaft dienen (einschl. Zweckbetriebe und Vermögensverwaltung), als Zweckbetrieb i. S. des § 65 AO bzw. des § 66 AO zu behandeln. Soweit umsatzsteuerliche und andere besondere steuerliche Vorschriften auf Leistungen dieser Einrichtungen Anwendung finden, werden sie auch auf die Leistungen im Zusammenhang mit der vorübergehenden Unterbringung von Bürgerkriegsflüchtlingen und Asylbewerbern angewendet. Hier sind insbesondere die Umsatzsteuerbefreiungen nach § 4 Nr. 18, 23 bzw. 24 UStG oder die Umsatzsteuerermäßigung nach § 12 Abs. 2 Nr. 8 UStG zu nennen. Die vorübergehende Unterbringung in zum Hoheitsbereich des öffentlchen Rechts gehörenden Einrichtungen sind nach vorgenanntem BMF-Schreiben ohne Prüfung, ob ein Betrieb gewerblicher Art vorliegt, dem hoheitlichen Bereich zuzuordnen.

– Werden von steuerbegünstigten Körperschaften (Fort-)Bildungseinrichtungen unterhalten, wird insoweit regelmäßig mit der Unterrichtstätigkeit und der damit verbundenen Unterbringung und Verpflegung der Teilnehmer ein Zweckbetrieb vorliegen (siehe zu § 68 Nr. 8 AO). Wird die Einrichtung von Fremden (insbesondere nicht steuerbegünstigten Interessenten) gegen Entgelt genutzt, kann die („einfache") Raumüberlassung in Ausnahmefällen als Vermögensverwaltung angesehen werden (siehe hierzu BFH vom 17.12.1957, BStBl 1958 III S. 96). Die Gewährung von **Unterkunft und Verpflegung** an „Fremde" erfolgt jedoch stets im Rahmen eines steuerpflichtigen wirtschaftlichen Geschäftsbetriebs (siehe dazu auch zu Tz. 2.20.9).

– Vermitteln/Durchführen von **Urlaubs-** oder **Touristikreisen** (Ausnahme: Diese Veranstaltungen kommen ausschließlich Jugendlichen oder älteren Menschen zugute) siehe auch Tz. 2.2.6.

– Das Entgelt für die Aufnahme einer Firmen- oder Markenbezeichnung in den Namen eines Vereins **(Vereinsname als Werbeträger)** ist in einem steuerpflichtigen wirtschaftlichen Geschäftsbetrieb zu vereinnahmen (OFD Hannover vom 04.04.2000, DB 2000 S. 900, siehe auch FG Baden-Württemberg vom 24.09.2004, EFG 2005 S. 320).

– **Verkauf von Kondomen, Einwegspritzen** an Prostituierte und Drogenabhängige siehe OFD Frankfurt a. M. vom 13.10.1998 (DB 1998 S. 2300).

– Der **Verlag** oder der **Vertrieb** von Zeitschriften (RFH vom 26.03.1935, RStBl 1935 S. 855, R 16 Abs. 4 Satz 11 KStR).

– Der **Verleih** von Filmen, Tonbändern etc. (siehe R 16 Abs. 4 Satz 10 KStR).

– **Vermarktung** eines Weltmeisterschaftsturniers (FG München vom 14.11.2005, EFG 2006 S. 285).

– **Vermietung** von Grundstücken, Grundstücksteilen und Betriebsvorrichtungen an häufig wechselnde Mieter (vgl. Tz. 2.14.3; zur Vermietung von **Sportstätten, -geräten** siehe Tz. 2.19.2, siehe auch BFH vom 02.03.1990, BStBl 1990 II S. 1012).

– Die **Vermietung an Urlaubsgäste** in Krankenhäusern und Altenheimen (Ergänzungsbelegung) führt zur Annahme eines steuerpflichtigen wirtschaftlichen Geschäftsbetriebs (OFD Frankfurt a. M. vom 06.07.1998, DB 1998 S. 1493).

- Die **Verpachtung** eines bisher selbst betriebenen Geschäftsbetriebs erfolgt in einem steuerpflichtigen wirtschaftlichen Geschäftsbetrieb (BFH vom 04.04.2007, BStBl 2007 II S. 725).

- Einsatz eines **Verpflegungszuges des DRK** (BFH vom 20.06.1988 V B 82/87, BFH/NV 1989 S. 144).

- Der Abschluss/die Vermittlung von **Versicherungen** (siehe R 16 Abs. 4 Satz 10 KStR), aber auch z. B. das Inkasso von Versicherungsbeiträgen und Erledigung anderer Verwaltungsaufgaben gegen Entgelt oder Gewinnbeteiligung (BFH vom 15.10.1997, BStBl 1998 II S. 175, und Fidorra in DB 1999 S. 559). Zu freiwilligen Zuwendungen im Rahmen von Gruppenversicherungen siehe OFD Hannover vom 14.02.2000, DB 2000 S. 449.

- Mit der **Verwaltung fremden Grundbesitzes** wird eine Tätigkeit ausgeübt, die grundsätzlich einem steuerpflichtigen wirtschaftlichen Geschäftsbetrieb zuzuordnen ist (BFH vom 24.07.1996, BStBl 1996 II S. 583).

- Die Übernahme von **Verwaltungsaufgaben** für andere gemeinnützige Körperschaften (BFH vom 07.11.1996, BStBl 1997 II S. 366, und FG Köln vom 05.12.2000, EFG 2001 S. 410, sowie FG Nürnberg vom 04.08.2006, EFG 2007 S. 459).

- **Verwertung** der geistigen Arbeit von Vereinsmitgliedern (hier: Orden) aufgrund eines **Verlagsvertrages** (siehe BFH vom 06.11.1968, BStBl 1969 II S. 93).

- Betrieb eines Fitness- und **Wellness**bereichs, siehe FG Köln vom 20.02.2008 (EFG 2008 S. 892) zu Fitnessveranstaltungen als Zweckbetrieb nach § 67a AO und Tz. 2.19.2.

- **Werbeaufschrift** auf einem Heißluftballon, der einem Ballonsportverein unentgeltlich zur Verfügung gestellt wird, führt zur Annahme eines wirtschaftlichen Geschäftsbetriebs i. S. der §§ 14, 64 AO (siehe BFH vom 01.08.2002, BStBl 2003 II S. 438).

- Mit dem Einsatz eines mit Werbeaufschriften versehenen Fahrzeugs (**„Werbebus"**) kann eine gemeinnützige Körperschaft einen steuerpflichtigen wirtschaftlichen Geschäftsbetrieb begründen; zur Abgrenzung zur Vermögensverwaltung siehe OFD Frankfurt a. M. vom 07.07.1999 (DB 1999 S. 1780); siehe auch Rasche in UStB 2001 S. 208 und FG München vom 13.05.2004 (EFG 2004 S. 1329) sowie BFH vom 16.04.2008 (BStBl 2008 II S. 909).

- Überlassung von **Werbeständen** (Standplätzen) anlässlich einer Fortbildungsveranstaltung (FG München vom 20.11.2000, EFG 2001 S. 539).

- Die kommerzielle **Werbung** für Wirtschaftsunternehmen und sonstige Auftraggeber.

- **Wertpapierhandel** als gewerbliche Tätigkeit siehe BFH vom 19.02.1997 (BStBl 1997 II S. 399) und vom 20.12.2000 (BStBl 2001 II S. 706).

- Herausgabe von **Zeitschriften**; Zeitschriften, die allein Informationen zu den verfolgten steuerbegünstigten Zwecken oder zu Vereinsinterna geben, können Zweckbetriebe sein (BFH vom 18.12.2002 I R 60/01, BFH/NV 2003 S. 1025). Zeitschriften mit allgemein interessierendem Inhalt sind als steuerpflichtige wirtschaftliche Geschäftsbetriebe zu behandeln.

- **Zentraleinkauf** siehe Beschaffungsstelle.

2.15.5 Der einheitliche (steuerpflichtige) wirtschaftliche Geschäftsbetrieb (§ 64 Abs. 2 AO)

Nach § 64 Abs. 2 AO sind bei einer steuerbegünstigten Körperschaft, die mehrere (steuerpflichtige) wirtschaftliche Geschäftsbetriebe unterhält, sämtliche Betriebe als **ein** wirtschaftlicher Geschäftsbetrieb zu behandeln. Diese mit dem Vereinsförderungsgesetz (vom 18.12.1989, BStBl 1989 I S. 499) mit Wirkung ab 1990 geschaffene Regelung hat grundsätzlich (nur) Bedeutung bezüglich der Frage, ob und ggf. in welchem Umfang eine Steuerbegünstigung durch das Unterhalten mehrerer (§ 64 Abs. 2 AO = eines) wirtschaftlicher Geschäftsbetriebe eingeschränkt ist. § 64 Abs. 2 AO ist nicht als Einkommensermittlungsvorschrift für steuerbegünstigte Körperschaften zu verstehen. Das Einkommen (der Gewinn) der steuerbegünstigten Körperschaften aus den unterhaltenen Geschäftsbetrieben ist (abweichend von § 64 Abs. 2 AO) allein nach den einschlägigen Bestimmungen der Einzelsteuergesetze, bezogen auf den einzelnen Geschäftsbetrieb, (gesondert) zu ermitteln (siehe dazu auch Tz. 4.1.5).

Entscheidende Bedeutung erlangt § 64 Abs. 2 AO im Hinblick auf die Möglichkeit, ohne Gefährdung der Gemeinnützigkeit einen **Verlustausgleich zwischen mehreren wirtschaftlichen Geschäftsbetrieben** vornehmen zu können. Bis zum Inkrafttreten des § 64 Abs. 2 AO waren die einzelnen Geschäftsbetriebe auch aus gemeinnützigkeitsrechtlicher Sicht getrennt zu behandeln. Die Abdeckung von Verlusten einzelner wirtschaftlicher Geschäftsbetriebe mit Überschüssen aus anderen Betrieben der Körperschaft führte stets zur Gefährdung der Gemeinnützigkeit der Körperschaft (vgl. AEAO a. F. Nr. 5 zu § 67a AO, Anhang 1). Die nach § 64 Abs. 2 AO vorzunehmende Wertung bedeutet, dass Verluste einzelner Geschäftsbetriebe grundsätzlich aus den Gewinnen oder Überschüssen anderer wirtschaftlicher Geschäftsbetriebe ohne Gefährdung der Gemeinnützigkeit abgedeckt werden können. Eine Gefährdung der Gemeinnützigkeit tritt erst ein, wenn der (einheitliche) steuerpflichtige wirtschaftliche Geschäftsbetrieb mit (Dauer-)Verlusten abschließt (AEAO Nr. 12 zu § 64 AO, Anhang 1, und BFH vom 01.07.2009 I R 6/08, BFH/NV 2009 S. 1837; zur Frage der Verluste in steuerpflichtigen wirtschaftlichen Geschäftsbetrieben als schädliche Mittelverwendung siehe Tz. 2.5.5.2).

Bei Vorliegen der entsprechenden Voraussetzungen gewährt § 64 Abs. 6 AO den gemeinnützigen Körperschaften ab dem 01.01.2000 das Wahlrecht, den Gewinn bestimmter steuerpflichtiger wirtschaftlicher Geschäftsbetriebe pauschal mit 15 % der Einnahmen der Besteuerung zugrunde zu legen. Für die Frage, ob der (einheitliche) steuerpflichtige wirtschaftliche Geschäftsbetrieb mit Gewinn oder Verlust abgeschlossen hat, ist auf das tatsächliche Ergebnis abzustellen, das sich nach den allgemeinen Regelungen ergeben würde (siehe auch E v e r s b e r g in Rote Seiten zu Stiftung & Sponsoring 5/2001).

Auch die steuerpflichtigen **sportlichen Veranstaltungen** i. S. des § 67a AO (sowohl bei Überschreiten der Zweckbetriebsgrenze des § 67a Abs. 1 AO als auch bei Ausübung des Wahlrechts nach § 67a Abs. 2 und 3 AO die Veranstaltungen mit bezahlten Sportlern, Tz. 2.19.5) sind **Teil des einheitlichen steuerpflichtigen wirtschaftlichen Geschäftsbetriebs** i. S. des § 64 Abs. 2 AO (siehe auch § 64 Abs. 3 AO, Tz. 2.15.6). Es können auch Vergütungen und andere Vorteile an bezahlte Sportler einer steuerpflichtigen sportlichen Veranstaltung aus dem Überschuss des (einheitlichen) steuerpflichtigen wirtschaftlichen Geschäftsbetriebs geleistet werden, § 67a Abs. 3 Satz 3 AO (zu verschiedenen Gestaltungsmöglichkeiten infolge dieser Regelung siehe **Neufang**, INF 1990 S. 54, und **Märkle/Alber**, BB, Beilage 2 zu Heft 3/1990).

2.15.6 Die Besteuerungsgrenze (§ 64 Abs. 3 AO)

Die in § 64 Abs. 3 AO festgelegte Besteuerungsgrenze wirkt ausdrücklich nur in Bezug auf die Körperschaft- und Gewerbesteuer. Somit unterliegen die Besteuerungsgrundlagen der steuerpflichtigen wirtschaftlichen Geschäftsbetriebe, auch wenn die Besteuerungsgrenze unterschritten wird, nach Maßgabe der jeweiligen Bestimmungen der Grund- und Umsatzsteuer.

Die Besteuerungsgrenze ist durch das Gesetz vom 10.10.2007 (BGBl 2007 I S. 2332) ab dem Veranlagungszeitraum 2007 rückwirkend auf 35.000 Euro festgesetzt worden.

Übersteigt die Summe der Einnahmen (Einnahmen = einschließlich Umsatzsteuer) aus sämtlichen steuerpflichtigen wirtschaftlichen Geschäftsbetrieben (z. B. die Summe der Einnahmen aus den Vereinsfesten, dem Verkauf von Speisen und Getränken, den steuerpflichtigen sportlichen Veranstaltungen, der steuerpflichtigen Werbung, der Altmaterialverwertung) im Kalenderjahr nicht den Betrag von 35.000 Euro **(Besteuerungsgrenze)**, wird weder Körperschaftsteuer noch Gewerbesteuer erhoben. Wurde für den (einheitlichen) steuerpflichtigen wirtschaftlichen Geschäftsbetrieb ein abweichendes Wirtschaftsjahr gewählt (zum abweichenden Wirtschaftsjahr siehe auch Tz. 2.14.2), ist die Summe der Einnahmen des abweichenden Wirtschaftsjahres, das in dem maßgeblichen Veranlagungszeitraum endet, maßgebend. Übersteigen die Einnahmen die Besteuerungsgrenze, ist der Überschuss oder Gewinn der steuerpflichtigen wirtschaftlichen Geschäftsbetriebe nach den allgemeinen Grundsätzen (vgl. Tz. 4.1.5) zu ermitteln (Ausnahmen: Gewinnschätzung bei der steuerpflichtigen Altmaterialverwertung siehe Tz. 2.15.9 und die pauschale Gewinnermittlung des § 64 Abs. 6 AO) und der Körperschaft- und Gewerbesteuer zu unterwerfen, soweit die Freibeträge des § 24 KStG und § 11 Abs. 1 GewStG (jeweils = 5.000 Euro ab Veranlagungszeitraum 2009, bis einschließlich 2008 = 3.835 Euro) überschritten sind.

Wird eine Körperschaft im Laufe eines Veranlagungszeitraums gegründet, erfolgt keine zeitanteilige Umrechnung der 35.000-Euro-Grenze.

Ob die Einnahmen die Besteuerungsgrenze überschreiten, ist für jedes Jahr gesondert zu prüfen. Dabei ist zu beachten, dass es sich bei der Besteuerungsgrenze um eine absolute Grenze ohne Gleit- oder Übergangsregelung handelt.

Beispiel:
Der gemeinnützige Musikverein bezieht im Kalenderjahr 01 neben den Mitgliedsbeiträgen und Spenden folgende Einnahmen:

– Eintrittsgelder für Konzerte	38.000 €
– Eintrittsgelder Sommerfest	7.000 €
– Verkauf von Speisen und Getränken	13.000 €
– Einnahmen Verkaufsbasar	5.000 €
– Werbung in der Vereinszeitung	3.000 €

Die Einnahmen aus den Konzertveranstaltungen fallen in einem Zweckbetrieb an (§ 68 Nr. 7 AO). Da die Einnahmen aus den steuerpflichtigen Aktivitäten weniger als 35.000 € betragen, wird weder Körperschaft- noch Gewerbesteuer erhoben.

Hinweis: *Die Umsatzsteuerpflicht der Einnahmen ist gesondert zu prüfen; siehe Tz. 4.5.*

2.15 § 64 AO: Steuerpflichtige wirtschaftliche Geschäftsbetriebe

Bei Gemeinschaften gemeinnütziger Körperschaften oder **bei Beteiligung an einer Personengesellschaft** sind für die Frage, ob die Besteuerungsgrenze überschritten ist, die anteiligen Einnahmen (nicht der anteilige Gewinn) maßgebend (AEAO Nr. 17 zu § 64 AO, Anhang 1, und BFH vom 27.03.2001, BStBl 2001 II S. 449, beachte Änderung mit Urteil des BFH vom 25.05.2011, BStBl 2011 II S. 858, vgl. auch AEAO Nr. 3 Satz 3 zu § 64 AO, Anhang 1, siehe Tz. 2.15.3.3).

Ist die **Beteiligung an einer Kapitalgesellschaft** als (steuerpflichtiger) wirtschaftlicher Geschäftsbetrieb zu werten (z. B. bei Annahme einer Betriebsaufspaltung, Einfluss auf die tatsächliche Geschäftsführung der Kapitalgesellschaft, siehe auch Tz. 2.15.3), ist die Dividende als Einnahme i. S. des § 64 Abs. 3 AO anzusehen. Das gilt auch im Geltungszeitraum des Halb- bzw. Teileinkünfteverfahrens. So sind die Bezüge i. S. des § 8b Abs. 1 KStG und die Erlöse aus der Veräußerung von Anteilen i. S. des § 8b Abs. 2 KStG den Einnahmen nach § 64 Abs. 3 AO zuzuordnen.

Wird der Gewinn des steuerpflichtigen wirtschaftlichen Geschäftsbetriebs nach § 4 Abs. 3 EStG mittels einer Einnahmenüberschussrechnung ermittelt, sind grundsätzlich **alle zugeflossenen leistungsbezogenen Einnahmen** zu berücksichtigen. Der Zufluss ist dabei nach Maßgabe des § 11 EStG zu bestimmen. Dabei sind nicht nur die steuerpflichtigen Einnahmen zu erfassen, sondern auch Einnahmen, die ggf. aufgrund besonderer Regelungen nicht der Ertragsteuer unterliegen (als Einnahme in diesem Sinne ist z. B. ein Veräußerungserlös zu erfassen, der wegen Bildung einer Rücklage nach §6b EStG steuerfrei ist; Hinweis dazu auf AEAO Nr. 19 zu § 64 AO, Anhang 1). Hingegen sind all die Einnahmen, die keinen unmittelbaren Leistungsbezug haben, nicht zu berücksichtigen. So werden von der Finanzverwaltung etwa Zuschüsse für die Anschaffung oder Herstellung von Wirtschaftsgütern des steuerpflichtigen wirtschaftlichen Geschäftsbetriebs, erstattete Betriebsausgaben wie z. B. die Erstattung von Gewerbe- oder Umsatzsteuer, nicht leistungsbezogene Einnahmen aus Versicherungsleistungen, der Zufluss von Darlehen, Entnahmen i. S. des § 4 Abs. 1 EStG, Investitionszulagen oder die Auflösung von Rücklagen nicht als „schädliche" Einnahmen i. S. des § 64 Abs. 3 AO eingestuft.

Bei den Körperschaften, die ihren Gewinn durch Bestandsvergleich ermitteln, ist zur Berechnung der Besteuerungsgrenze von den **sog. „Soll-Einnahmen"** auszugehen, vorausgesetzt, dass sie auch tatsächlich (ggf. auch erst nach Ablauf des maßgebenden Wirtschaftsjahres) zufließen. So ist z. B. als Einnahme in diesem Sinne der gewinnerhöhend zu buchende Forderungseingang (nicht der später dann erfolgsneutral zu buchende Zahlungseingang) zu erfassen. So stellen auch im Jahr des Zuflusses (nicht erst im Jahr der Gewinnrealisierung) vereinnahmte Vorauszahlungen Einnahmen in diesem Sinne dar.

Unabhängig von der Art der Gewinnermittlung wird die **Aufdeckung stiller Reserven** z. B. infolge einer erklärten Betriebsaufgabe oder wegen einer nach § 13 Abs. 5 KStG durchzuführenden Abschlussbesteuerung nicht als Einnahme i. S. des § 64 Abs. 3 AO erfasst. In diesen Fällen ist zwar bei der Körperschaft ein ertragsteuerpflichtiger Gewinn entstanden, Einnahmen sind der Körperschaft jedoch nicht zugeflossen.

2.15.7 Wirkung der Besteuerungsgrenze

Die Regelung des § 64 Abs. 3 AO besagt lediglich, dass bei Unterschreiten der Besteuerungsgrenze die jeweils zuzuordnenden Besteuerungsgrundlagen nicht der Körperschaft- und Gewerbesteuer unterliegen. Im Unterschied zu § 67a Abs. 1 AO unterhalten die steuerbegünstigten Körperschaften insoweit also weiterhin einen dem Grunde nach steuerpflichtigen (steuerschädlichen) wirtschaftlichen Geschäftsbetrieb. Dieser wird also auch bei Unterschreiten der Besteuerungsgrenze nicht zum Zweckbetrieb i. S. des § 65 AO (so auch Thiel/Eversberg, DB 1990 S. 290, 344).

Soweit Einzelsteuergesetze Steuervergünstigungen für wirtschaftliche Geschäftsbetriebe ausschließen, können die Steuervergünstigungen von den wirtschaftlichen Geschäftsbetrieben, die die Besteuerungsgrenze unterschreiten, **nicht** in Anspruch genommen werden (die Umsätze dieser wirtschaftlichen Geschäftsbetriebe unterliegen z. B. grundsätzlich dem vollen Umsatzsteuersatz, § 12 Abs. 1 i. V. m. Abs. 2 Nr. 8 UStG, Tz. 4.5.12). Deshalb ist z. B. auch bei einem Wechsel von der Körperschaftsteuer- und Gewerbesteuerpflicht in einem Veranlagungszeitraum zur Steuerfreiheit der Erträge (besser: Nichterhebung der Körperschaft- und Gewerbesteuer) im folgenden Veranlagungszeitraum eine Schlussbesteuerung nach § 13 KStG nicht durchzuführen.

Diese Auslegung des § 64 Abs. 3 AO bedeutet, dass die Körperschaften auch bei Unterschreiten der Besteuerungsgrenze **keine ideellen Mittel** (Tz. 2.5.5.2) **in den wirtschaftlichen Geschäftsbetrieben** verwenden dürfen. Besonders wichtig ist, dass die Gesamtheit der wirtschaftlichen Geschäftsbetriebe auch bei Unterschreiten der Besteuerungsgrenze nicht mit (Dauer-)Verlusten abschließen darf (§ 55 AO, Tz. 2.5.5.2.1; siehe auch BFH vom 01.07.2009 I R 6/08, BFH/NV 2009 S. 1837). Die steuerbegünstigten Körperschaften sind daher gehalten, die Ergebnisse der wirtschaftlichen Geschäftsbetriebe auch bei Unterschreiten der Besteuerungsgrenze jeweils zu ermitteln und auf die „Verlustgefahr" hin zu überprüfen. Im Übrigen gelten die allgemeinen Aufzeichnungspflichten (siehe Tz. 2.14.5) unabhängig vom Unter- oder Überschreiten der Besteuerungsgrenze des § 64 Abs. 3 AO.

Bei Unterschreiten der Besteuerungsgrenze unterliegen die Besteuerungsgrundlagen des steuerpflichtigen wirtschaftlichen Geschäftsbetriebs (die Gewinne oder auch Verluste) **nicht** der Körperschaft- und Gewerbesteuer. Der Verlust aus steuerpflichtigen wirtschaftlichen Aktivitäten kann also bei Unterschreiten der Besteuerungsgrenze **nicht** im Rahmen eines Verlustabzugs nach weiterer Maßgabe des § 10d EStG „verwertet" werden (so auch FG Rheinland-Pfalz vom 03.07.1996, EFG 1997 S. 306).

Beispiele:

1. Eine steuerbegünstigte Körperschaft erzielt in den Veranlagungszeiträumen 01 bis 03 folgende Einnahmen aus steuerpflichtigen wirtschaftlichen Geschäftsbetrieben:

01	02	03
25.000 €	36.000 €	40.000 €

   und ermittelt folgende Ergebnisse:

01	02	03
./. 2.500 €	10.000 €	./. 1.500 €

   Der Verlust des Jahres 01 kann somit nicht nach 02 vorgetragen werden. Da im Jahr 02 und 03 die Besteuerungsgrenze überschritten ist, die Ergebnisse der Jahre 02 und 03 also der Körperschaft- und Gewerbesteuer zu unterwerfen sind, kann in Höhe des Verlustes 03 ein Verlustrücktrag nach 02 vorgenommen werden.

2. Die steuerbegünstigte Körperschaft erzielt in den Veranlagungszeiträumen 01 bis 03 folgende Einnahmen aus steuerpflichtigen wirtschaftlichen Geschäftsbetrieben:

01	02	03
38.500 €	29.000 €	37.000 €

   und ermittelt folgende Ergebnisse:

01	02	03
./. 2.500 €	4.000 €	5.000 €

Der Verlust des Jahres 01 darf nicht mit dem Gewinn des Jahres 02 verrechnet werden, da die Besteuerungsgrenze im Jahr 02 nicht überschritten wird. Der „verbleibende Verlust" aus 01 kann jedoch im Jahr 03 nach weiterer Maßgabe des § 10d EStG abgezogen werden, da die Besteuerungsgrundlagen des Jahres 03 der Körperschaft- und Gewerbesteuer unterliegen (Einnahmen 03: 37.000 €).

Ein verbleibender Verlust ist gem. § 10d Abs. 4 EStG gesondert festzustellen. Das Ergebnis der Veranlagungszeiträume, in denen die Körperschaft die Besteuerungsgrenze nicht überschreitet, darf den verbleibenden Verlust nicht verändern. In der gesonderten Feststellung ist dann der jeweilige Vorjahresverlust (unverändert) auszuweisen (siehe auch FG Rheinland-Pfalz vom 03.07.1996, EFG 1997 S. 306).

Zu Sportvereinen ist besonders auf das Zusammenwirken der Besteuerungsgrenze des § 64 Abs. 3 AO und der sog. Zweckbetriebsgrenze in § 67a Abs. 1 AO einzugehen. Übersteigen bei einem Sportverein die Einnahmen aus sportlichen Veranstaltungen die Zweckbetriebsgrenze und verzichtet der Verein auf seine Optionsmöglichkeit nach § 67a Abs. 2 AO (Tz. 2.19.4), begründet der Verein mit den sportlichen Veranstaltungen einen steuerpflichtigen wirtschaftlichen Geschäftsbetrieb. Ausgehend von § 64 Abs. 2 AO, wonach alle steuerpflichtigen wirtschaftlichen Geschäftsbetriebe als ein wirtschaftlicher Geschäftsbetrieb zu behandeln sind, hat der Sportverein mit **Überschreiten der Zweckbetriebsgrenze des § 67a Abs. 1 AO** gleichzeitig die Besteuerungsgrenze des § 64 Abs. 3 AO überschritten (Tz. 2.19.6.4). Die Überschüsse und Gewinne aus den übrigen wirtschaftlichen Geschäftsbetrieben unterliegen zusammen mit den Ergebnissen der sportlichen Veranstaltungen der Körperschaft- und Gewerbesteuer.

Bei Sportvereinen, die aus sportlichen Veranstaltungen weniger als 45.000 Euro (bis einschl. 2012: weniger als 35.000 Euro) Einnahmen erzielen und auch nicht nach § 67a Abs. 3 AO optiert haben, wirken sich die Einnahmen aus sportlichen Veranstaltungen nicht auf die Besteuerungsgrenze des § 64 Abs. 3 AO aus (die Einnahmen aus sportlichen Veranstaltungen fallen dann in einem Zweckbetrieb an). Erzielen Sportvereine dann (daneben) aus (steuerpflichtigen) wirtschaftlichen Tätigkeiten weniger als 45.000 Euro (bis einschl. 2012: 35.000 Euro) Einnahmen, wird insgesamt keine Körperschaft- und Gewerbesteuer erhoben (zur Umsatzsteuer siehe Tz. 4.5).

Hat ein Sportverein nach § 67a Abs. 3 AO optiert, sind die Einnahmen aus **steuerpflichtigen** sportlichen Veranstaltungen Teil des einheitlichen steuerpflichtigen wirtschaftlichen Geschäftsbetriebs nach § 64 Abs. 2 AO. Ihre Einnahmen sind bei Ermittlung der Besteuerungsgrenze des § 64 Abs. 3 AO mit einzubeziehen.

2.15.8 Das sog. Zellteilungsverbot (§ 64 Abs. 4 AO)

Die mit dem Begriff „Zellteilungsverbot" umschriebene Regelung des § 64 Abs. 4 AO soll die **missbräuchliche (mehrfache) Inanspruchnahme der Vorteile der Besteuerungsgrenze** i. S. des § 64 Abs. 3 AO und der Freibeträge nach § 24 KStG und § 11 Abs. 1 GewStG verhindern. Die Annahme einer missbräuchlichen Gestaltung i. S. des § 64 Abs. 4 AO führt dazu, dass hinsichtlich der steuerpflichtigen Aktivitäten der „aufgeteilten" Körperschaften die Vorteile der Besteuerungsgrenze und der vorgenannten Freibeträge insgesamt nur einmal gewährt werden können (die „steuerpflichtigen" Einnahmen der beteiligten Körperschaften sind für die Frage, ob die Besteuerungsgrenze – einmal – greift, zusammenzurechnen).

2 Erläuterung der Bestimmungen des Abschnitts „Steuerbegünstigte Zwecke" in der AO

Mit der Regelung des § 64 Abs. 4 AO hat der Gesetzgeber die Gründung neuer (selbständiger) Körperschaften (z. B. rechtsfähige oder nichtrechtsfähige Vereine) und die Übertragung bestimmter bisher vom „Alt-Verein" ausgeübter Tätigkeiten mit dem Ziel, die o. a. Steuervergünstigung mehrfach in Anspruch zu nehmen, als Missbrauch von Gestaltungsmöglichkeiten i. S. von § 42 AO bewertet.

Beispiel:

Ein Verein zur Förderung wissenschaftlicher Zwecke führt u. a. steuerpflichtige Auftragsforschungen durch. Er erzielt daraus jährlich Einnahmen von 68.000 €. Die Vereinsmitglieder gründen schließlich einen weiteren Verein mit gleicher Zielsetzung, der ebenfalls steuerpflichtige Auftragsforschung durchführt. Die beiden Vereine „teilen" sich die anfallenden Forschungsaufträge, sodass jeder Verein jährlich jeweils Einnahmen i. H. von 34.000 € aus den steuerpflichtigen Aktivitäten erzielt.

Die Auslegung des Missbrauchstatbestandes i. S. des § 64 Abs. 4 AO hat unter Beachtung der allgemeinen Grundsätze zu § 42 AO zu erfolgen. Ein Missbrauch i. S. des § 64 Abs. 4 AO ist daher immer dann anzunehmen, wenn neben dem Vorteil der mehrfachen Inanspruchnahme der Steuervergünstigungen des § 64 Abs. 3 AO keine anderen (z. B. wirtschaftlichen) Gründe für eine entsprechende Aufteilung vorliegen.

Neben dem Vorliegen (sonstiger) wirtschaftlich vernünftiger Gründe müssen für eine Anerkennung der Aufgliederung in mehrere Vereine die neuen Vereine selbständige Körperschaften sein (vgl. dazu Tz. 2.1.2.3), die vom Hauptverein weder wirtschaftlich abhängig noch weisungsgebunden sind. Als eine missbräuchliche Aufgliederung in diesem Sinne wird die Untergliederung von sog. **Großvereinen in regionale Gliederungen** (siehe hierzu AEAO Nr. 24 zu § 64 AO, Anhang 1, unter Hinweis auf AEAO Nr. 2 zu § 52 AO) nicht angesehen.

Eine „zulässige" Aufteilung kann z. B. vorliegen, wenn eine steuerbegünstigte Körperschaft verschiedene Zwecke nebeneinander verfolgt, die dem Grunde nach weder inhaltlich noch organisatorisch miteinander verbunden sind und künftig von jeweils selbständigen Körperschaften verfolgt werden sollen (Beispiel: wenn eine Körperschaft bisher neben einem Behindertenheim eine Bildungseinrichtung unterhalten hat und diese Tätigkeiten künftig z. B. aus organisatorischen Gründen durch jeweils selbständige Körperschaften verwirklichen will).

2.15.9 Reingewinnschätzung bei Altmaterialverwertung (§ 64 Abs. 5 AO)

Eine steuerbegünstigte Körperschaft, die in geschäftsmäßiger Form die Sammlung und nachfolgende Veräußerung von Altmaterial organisiert und durchführt, unterhält damit einen (steuerpflichtigen) wirtschaftlichen Geschäftsbetrieb. Das gilt auch dann, wenn sie die aus dieser Tätigkeit erzielten Gewinne letztlich wieder für steuerbegünstigte Zwecke einsetzt (BFH vom 26.02.1992, BStBl 1992 II S. 693). Es ist unerheblich, ob die Mittelbeschaffung der Haupt- oder Nebenzweck der Kleidersammlung ist. Wird das Altmaterial von vornherein mit dem Ziel gesammelt, es zu veräußern, vollzieht sich die Sammlung bereits im Rahmen des Geschäftsbetriebs. Für die Gewinnermittlung kann in diesen Fällen nicht von einer zunächst zugewendeten Sachspende in den ideellen Bereich der Körperschaft mit anschließender Einlage (zum Teilwert) in den Geschäftsbetrieb ausgegangen werden (vgl. auch OFD Frankfurt a. M. vom 14.11.2001, DB 2002 S. 351).

In (engen) Ausnahmefällen kann eine Altmaterialsammlung einen Zweckbetrieb i. S. des § 65 AO begründen (siehe dazu Tz. 2.16.2).

Gelegentlich wird **Altmaterial durch gewerbliche Altmaterialhändler** in Zusammenarbeit mit steuerbegünstigten Organisationen mittels besonderer Container gesammelt, auf denen der Namenszug der betreffenden steuerbegünstigten Organisation aufgebracht ist. Die den steuerbegünstigten Einrichtungen in diesem Zusammenhang zufließenden Einnahmen („Provisionen") fallen nicht im Rahmen einer Altmaterialverwertung i. S. des § 64 Abs. 5 AO an. Mit diesen Einnahmen begründet die Körperschaft dann einen steuerpflichtigen wirtschaftlichen Geschäftsbetrieb eigener Art (s. OFD Frankfurt a. M. vom 14.11.2001, a. a. O.).

Die Zulassung einer Reingewinnschätzung nach § 64 Abs. 5 AO beschränkt sich ausschließlich auf die Verwertung, also Veräußerung von unentgeltlich erworbenen (gespendeten oder gesammelten) Altmaterialien (wie z. B. Altkleider, -papier, -glas, -metall), wenn die **Verwertung außerhalb einer ständig vorgehaltenen Verkaufsstelle** geschieht. Eine Verkaufsstelle in diesem Sinne liegt nicht vor, wenn das gesammelte Material nicht mehr gebrauchsfähig ist. Das kann regelmäßig angenommen werden, wenn das Altmaterial in gelegentlich (ggf. auch regelmäßig) stattfindenden Sammlungen zusammengetragen oder auch in bereitgestellten Containern gesammelt wird und dann z. B. jeweils direkt an Altwaren(groß)händler veräußert wird.

Schädlich wäre z. B. das Unterhalten eines fest eingerichteten Second-Hand-Ladens oder das Abhalten regelmäßiger Verkaufsveranstaltungen (wie Basare, Flohmärkte etc.), also der Einzelverkauf gebrauchter Sachen, so ausdrücklich auch BFH vom 11.02.2009 (BStBl 2009 II S. 516).

Die Überschüsse aus der Verwertung unentgeltlich erworbenen Altmaterials **können** bei Vorliegen der o. a. Voraussetzungen in Höhe eines „branchenüblichen" Reingewinns geschätzt werden. Die Körperschaften haben also **ein Wahlrecht.** Sie können insoweit auch eine Gewinnermittlung nach allgemeinen Grundsätzen durchführen (dazu siehe auch Tz. 4.1.5).

Eine Gewinnermittlung nach allgemeinen Grundsätzen wird i. d. R. für die Körperschaften ungünstiger sein, da bei der Reingewinnschätzung neben den tatsächlich entstandenen Betriebsausgaben auch fiktive Betriebsausgaben berücksichtigt werden (ohne Rücksicht auf die tatsächlichen Verhältnisse ist der Gewinn in Höhe des branchenüblichen Reingewinns zu schätzen, Finanzausschuss des Deutschen Bundestages, BT-Drucksache 11/5582 S. 58, wie z. B. bei Einsatz freiwilliger Helfer die ersparten Lohnkosten, bei unentgeltlich zur Verfügung gestellten Fahrzeugen die ersparten Transportkosten). Die Ermittlung des Gewinns nach allgemeinen Grundsätzen kann dann von Vorteil sein, wenn z. B. andere steuerpflichtige Aktivitäten zu Verlusten führen und diese Verluste nicht durch Gewinne aus anderen wirtschaftlichen Geschäftsbetrieben ausgeglichen werden können. In diesen Fällen würde ansonsten die Aberkennung der Steuerbegünstigung drohen.

Zu der Frage, ob eine steuerbegünstigte Körperschaft die Sonderregelung des § 64 Abs. 5 AO in Anspruch nehmen kann, wenn sie sich mit anderen Körperschaften zur Durchführung der Altmaterialsammlung zusammengeschlossen hat, siehe OFD Frankfurt a. M. vom 31.03.1993 (DB 1993 S. 1217).

Nimmt eine Körperschaft die Sonderregelung des § 64 Abs. 5 AO in Anspruch, muss sie die Einnahmen und Ausgaben der Altmaterialsammlung **gesondert aufzeichnen** und sie bei den anderen steuerpflichtigen wirtschaftlichen Geschäftsbetrieben außer Ansatz lassen (AEAO Nr. 34 zu § 64 AO, Anhang 1).

Der branchenübliche Reingewinn ist nach AEAO Nr. 27 zu § 64 AO (siehe Anhang 1) bei der Verwertung von Altpapier mit 5 % und bei der Verwertung von anderem Altmaterial mit 20 % anzusetzen. Zu den maßgeblichen Einnahmen gehört **nicht** die im Bruttopreis enthaltene Umsatzsteuer.

Die **Einnahmen** aus der Verwertung von Altmaterial sind in die Berechnung der Besteuerungsgrenze (§ 64 Abs. 3 AO) einzubeziehen. Betragen die Einnahmen aus der Altmaterialverwertung zusammen mit den Einnahmen aus anderen wirtschaftlichen Tätigkeiten **weniger** als 35.000 Euro, unterliegen die Überschüsse bzw. Gewinne aus diesen Tätigkeiten weder der Körperschaft- noch der Gewerbesteuer (besteht insoweit Umsatzsteuerpflicht, Tz. 4.5, unterliegen die Einnahmen dem vollen Steuersatz, § 12 Abs. 1 UStG).

2.15.10 Pauschalbesteuerung von wirtschaftlichen Geschäftsbetrieben

Bei der Gewinnermittlung eines steuerpflichtigen wirtschaftlichen Geschäftsbetriebs stellt sich insbesondere dann die Zuordnung von Betriebsausgaben als schwierig dar, wenn neben den durch den Betrieb verursachten Einzelkosten angefallene Gemeinkosten aufzuteilen sind. Der BFH hat in verschiedenen Entscheidungen zum Ausdruck gebracht, dass Aufwendungen, die auch ohne den steuerpflichtigen wirtschaftlichen Geschäftsbetrieb in gleicher Höhe im steuerfreien Bereich entstanden wären, den Gewinn des Geschäftsbetriebs nicht mindern dürfen. Eine Aufteilung sei allenfalls nach bestimmten objektiven und sachgerechten Maßstäben möglich (BFH vom 27.03.1991, BStBl 1992 II S. 103, zuletzt BFH vom 21.07.1999 I R 55/98, BFH/NV 2000 S. 85; vgl. hierzu auch Tz. 4.1.4.1). Aus der bisherigen Rechtsprechung wurde ein „Aufteilungsverbot" für gemischt veranlasste Aufwendungen abgeleitet. Ergab eine Gewichtung, dass eine Ausgabe vorrangig durch den ideellen Bereich bzw. den wirtschaftlichen Geschäftsbetrieb veranlasst war, so war sie nach bisheriger Rechtsprechung grundsätzlich dem jeweiligen Bereich in vollem Umfang zuzuordnen. Die Finanzverwaltung sah dagegen unabhängig von der primären Veranlassung eine anteilige Berücksichtigung von gemischt veranlassten Aufwendungen als Betriebsausgaben des steuerpflichtigen wirtschaftlichen Geschäftsbetriebs dann als zulässig an, wenn ein objektiver Maßstab für die Aufteilung der Aufwendungen, beispielsweise nach zeitlichen Gesichtspunkten, auf den ideellen Bereich einschließlich der Zweckbetriebe und den steuerpflichtigen wirtschaftlichen Geschäftsbetrieb besteht (vgl. AEAO zu § 64 Nr. 6). Mit seinem Urteil vom 15.01.2015 (I R 48/13, DStR 2015 S. 821) hat der BFH seine bisherige Rechtsauffassung aufgegeben und sich grundsätzlich der Auffassung der Finanzverwaltung angeschlossen. Voraussetzung für die Aufteilung gemischt veranlasster Aufwendungen ist demnach, dass objektivierbare zeitliche oder quantitative Kriterien für die Abgrenzung der Veranlassungszusammenhänge vorhanden sind.

Mit der Einführung des § 64 Abs. 6 AO mit Wirkung ab dem 01.01.2000 hat der Gesetzgeber gemeinnützigen Körperschaften das Wahlrecht eingeräumt, bei den wirtschaftlichen Geschäftsbetrieben i. S. der §§ 14, 64 AO:

– Werbung, die im Zusammenhang mit steuerbegünstigten Tätigkeiten einschließlich Zweckbetrieben stattfindet,

– Totalisator und

– zweite Fraktionierungsstufe der Blutspendedienste

den Gewinn mit 15 % der Einnahmen der Besteuerung zugrunde zu legen. Dieses Wahlrecht kann die Körperschaft formlos für jedes Jahr gesondert mit Abgabe der jeweiligen Steuererklärung ausüben. Verzichtet sie auf die Besteuerung der Gewinne nach Maßgabe des § 64 Abs. 6 AO, hat die Gewinnermittlung nach allgemeinen Grundsätzen zu erfolgen (vgl. hierzu auch Tz. 4.1.5.1). Der bisher für den

Bereich der Werbeleistungen mögliche (pauschale) Betriebsausgabenabzug von 25 % (siehe AEAO a. F. Nr. 4 zu § 64 AO) ist mit Einführung des § 64 Abs. 6 AO entfallen.

Bemessungsgrundlage sind die Einnahmen ohne Umsatzsteuer (im Gegensatz zu § 64 Abs. 3 AO hat der Gesetzgeber in § 64 Abs. 6 AO keinen Hinweis auf die Umsatzsteuer angebracht; siehe auch AEAO Nr. 27 zu § 64 AO, Anhang 1).

Nimmt die Körperschaft dieses Wahlrecht in Anspruch, muss sie die Einnahmen und Ausgaben dieser Geschäftsbetriebe gesondert aufzeichnen und sie bei den anderen Geschäftsbetrieben außer Ansatz lassen (siehe insoweit auch Tz. 2.15.9 und AEAO Nr. 34 zu § 64 AO, Anhang 1). Diese Aufzeichnungen sind dann auch Grundlage für die „Verlustprüfung" i. S. des § 64 Abs. 2 AO (siehe Tz. 2.15.6).

Eine Anwendung der Pauschalisierungsregelung nach § 64 Abs. 6 AO auf einen nicht mehr als gemeinnützig anerkannten Verein scheidet aus (vgl. Hessisches FG vom 26.04.2012 – 4 K 2789/11, EFG 2012 S. 1776).

Ich gehe davon aus, dass in der Praxis insbesondere Abgrenzungsprobleme bei der Anwendung dieser Vorschrift im Zusammenhang mit Werbeleistungen auftreten werden. Das Wahlrecht nach § 64 Abs. 6 AO **greift** nur im Zusammenhang mit **Werbeleistungen** für Unternehmen, die **im Zusammenhang mit der steuerbegünstigten Tätigkeit** einschließlich Zweckbetrieben durchgeführt werden. Erbringt also eine gemeinnützige Körperschaft Werbeleistungen sowohl im Zusammenhang mit ihrer ideellen Tätigkeit als auch mit steuerpflichtigen wirtschaftlichen Geschäftsbetrieben, ist eine eindeutige Trennung vorzunehmen. Im Zweifel sind die erzielten Einnahmen im Schätzungswege aufzuteilen.

Die Gewinne aus Werbeleistungen, die **im Zusammenhang mit** (anderen) **steuerpflichtigen wirtschaftlichen Geschäftsbetrieben** erbracht werden, wie z. B. **steuerpflichtigen sportlichen Veranstaltungen** i. S. des § 67a AO oder Festveranstaltungen sowie eigenen Bewirtungsbetrieben der Körperschaft, sind nach allgemeinen Grundsätzen zu ermitteln. Da in diesen Fällen ohnehin die durch den wirtschaftlichen Geschäftsbetrieb entstandenen Ausgaben in vollem Umfang als Betriebsausgaben in Abzug zu bringen sind und die mit der Werbeleistung angefallenen (zusätzlichen) Aufwendungen ebenfalls den Gewinn mindern, erübrigt sich insoweit eine Pauschalbesteuerung nach § 64 Abs. 6 AO sowie der bisher zulässige pauschale Betriebsausgabenabzug (siehe oben).

Wird der Gewinn aus dem Totalisatorbetrieb bei Pferderennvereinen pauschal ermittelt, sind die maßgebenden Einnahmen wie folgt zu ermitteln (vgl. dazu AEAO Nr. 31 zu § 64 AO, Anhang 1):

> Wetteinnahmen
> ./. Rennwettsteuer (Totalisatorsteuer)
> ./. Auszahlungen an die Wetter

Im Übrigen verweise ich auf die Ausführungen von Schmidt/Fritz in DB 2001 S. 2062.

Hinweis: *Der BFH hat bei einem Verein zur Förderung der Traberzucht die Auszahlung von Züchterprämien, die mit der Genehmigung zum Betrieb eines Totalisatorunternehmens verbunden waren, als Betriebsausgaben des steuerpflichtigen wirtschaftlichen Geschäftsbetriebs „Totalisatorunternehmen" zum Abzug zugelassen (BFH vom 05.06.2003, BStBl 2005 II S. 305). Nach Auffassung der obersten Finanzbehörden der Länder handelt es sich bei diesen Zahlungen jedoch um Aufwendungen zur Erfüllung der Satzungszwecke, die nach § 10 Nr. 1 KStG nicht als Betriebsaus-*

gaben abzugsfähig sind (vgl. BMF vom 24.03.2005, BStBl 2005 I S. 608 – Nichtanwendungserlass, entgegen der Finanzverwaltung, siehe FG Düsseldorf vom 22.06.2006, EFG 2007 S. 740).

In seiner Entscheidung vom 22.04.2009 I R 15/07 (BStBl 2011 II S. 475) hat der BFH über die Revision gegen das Urteil des FG Düsseldorf vom 22.06.2006 (a. a. O.) abschließend entschieden. Danach unterhält der Verein zur Förderung der Traberzucht in dem Urteilsfall mit der Veranstaltung von **Trabrennen** einen steuerpflichtigen wirtschaftlichen Geschäftsbetrieb i. S. der §§ 14, 64 AO. Die von dem Verein verfolgten Zuchtzwecke und auch die pferdesportlichen Leistungsprüfungen im Einklang mit dem Tierschutzgesetz hat der BFH als Nebenzwecke zu den kommerziellen Rennsportveranstaltungen eingestuft, da der Geschäftsbetrieb „Rennbetrieb" nicht in seiner Gesamtrichtung dazu diene, die steuerbegünstigten Zwecke (= die züchterischen Zwecke) zu verwirklichen, sondern sie mindestens in gleicher Weise auch durch den sportlichen Charakter der Rennen geprägt seien (§ 65 Nr. 1 AO). Die Auslese besonders leistungsfähiger Traber mache es nicht erforderlich, sie vor zahlendem Publikum und i. V. m. der Auslobung erheblicher Preisgelder durchzuführen (§ 65 Nr. 2 AO).

Bei dem Trabrennverein bilden der Renn- und der Totalisatorbetrieb einen einheitlichen steuerpflichtigen wirtschaftlichen Geschäftsbetrieb (§ 64 Abs. 2 AO), dessen Gesamtgewinn der Besteuerung zugrunde zu legen ist. Für Trabrennvereine, die einen Totalisatorbetrieb – wie im Urteilsfall aufgezeigt – in fester Verbindung mit einem Rennbetrieb unterhalten, scheidet die gesonderte Anwendung der Pauschalbesteuerung nach § 64 Abs. 6 AO aus.

Im Übrigen stellt sich in Bezug auf diese Vereine die Frage, ob eine Zuerkennung der Gemeinnützigkeit künftig noch erfolgen kann. Der BFH hat in seiner Entscheidung ausdrücklich darauf hingewiesen, dass keine Förderung der Allgemeinheit bei einer Förderung der gewerblichen Tierzucht angenommen werden könne.

Gegen das Urteil wurde Beschwerde beim BVerfG eingelegt (Az. 1 BvR 2924/09). Die Beschwerde wurde jedoch mit BVerFG-Beschluss vom 26.01.2011 nicht angenommen.

2.16 § 65 AO: Zweckbetrieb

Ein Zweckbetrieb ist gegeben, wenn

1. der wirtschaftliche Geschäftsbetrieb in seiner Gesamtrichtung dazu dient, die steuerbegünstigten satzungsmäßigen Zwecke der Körperschaft zu verwirklichen,

2. die Zwecke nur durch einen solchen Geschäftsbetrieb erreicht werden können und

3. der wirtschaftliche Geschäftsbetrieb zu nicht begünstigten Betrieben derselben oder ähnlicher Art nicht in größerem Umfang in Wettbewerb tritt, als es bei Erfüllung der steuerbegünstigten Zwecke unvermeidbar ist.

2.16.1 Allgemeines

Steuerbegünstigte Körperschaften, die mit einer selbständigen nachhaltigen Tätigkeit Einnahmen oder andere wirtschaftliche Vorteile erzielen, die über den Rahmen einer Vermögensverwaltung hinausgehen, unterhalten insoweit einen wirtschaftlichen Geschäftsbetrieb, § 14 AO (zum Begriff des wirtschaftlichen Geschäftsbetriebs siehe auch Tz. 2.15.1). Erfüllt dieser Geschäftsbetrieb die Tatbestandsmerkmale des § 65 AO, ist er dem begünstigten Bereich zuzuordnen. Das gilt ebenso für wirtschaftliche Geschäftsbetriebe, die die Tatbestandsmerkmale der §§ 66, 67, 67a und 68 AO erfüllen. Sie werden mit dem Begriff „Zweckbetrieb" umschrieben. Für sie gelten die Steuervergünstigungen, die das jeweilige Einzelsteuergesetz für die ihnen zugeordneten Besteuerungsgrundlagen einräumt. So unterliegen z.B. die Überschüsse bzw. Gewinne dieser Geschäftsbetriebe nicht der Ertragsbesteuerung (§ 5 Abs. 1 Nr. 9 KStG, § 3 Nr. 6 GewStG), die Umsätze dieser Betriebe unterliegen – soweit sie umsatzsteuerbar und umsatzsteuerpflichtig sind – grundsätzlich dem begünstigten Steuersatz von zurzeit 7 % der Umsatzsteuer (§ 12 Abs. 2 Nr. 8 UStG). Darüber hinaus ist festzuhalten, dass die Körperschaft ihre Mittel (zum Mittelbegriff siehe Tz. 2.5.5) ohne Einschränkungen in Zweckbetrieben einsetzen darf. So ist z.B. die Abdeckung von Verlusten, die in einem Zweckbetrieb entstanden sind, durch Mitgliedsbeiträge, Spenden, Zuschüsse und sonstige Mittel ohne Gefährdung der Gemeinnützigkeit möglich.

Hüttemann beschreibt in seinem Beitrag in DB 2006 S. 914 – unter Hinweis auf das Urteil des EuGH vom 10.01.2006 betr. eine italienische Bankenstiftung (www.curia.eu) – Überlegungen, nach denen Steuervergünstigungen für gemeinnützige Körperschaften, insbesondere im Bereich der Zweckbetriebe, Beihilfecharakter haben können. Die Entwicklungen der Fragen zur Vereinbarkeit der Zweckbetriebsbefreiungen mit dem Gemeinsamen Markt nach Art. 87 Abs. 3 EGV n. F. bleibt abzuwarten.

In § 65 AO ist der Zweckbetrieb allgemein bestimmt; die §§ 66 bis 68 AO enthalten **Sonderregelungen für Einrichtungen der Wohlfahrtspflege,** für **Krankenhäuser** und bestimmte **Sportveranstaltungen** sowie eine beispielhafte **Aufzählung einzelner Zweckbetriebe.** Die Sondervorschriften haben rechtsbegründenden (konstituierenden) Charakter. Der Gesetzgeber nimmt bei Erfüllung der dort genannten Voraussetzungen einen Zweckbetrieb auch dann an, wenn die Tatbestandsmerkmale des § 65 AO nicht erfüllt sind (z. B. zum Wettbewerbsgesichtspunkt). Sie sind gegenüber § 65 AO rechtssystematisch als vorrangige Spezialvorschriften zu verstehen (BFH vom 04.06.2003, BStBl 2004 II S. 660). Daher sollte zunächst immer geprüft werden, ob ein wirtschaftlicher Geschäftsbetrieb die Zweckbetriebseigenschaft nach §§ 66 bis 68 AO besitzt. „Erst danach" sollte die Annahme eines Zweckbetriebs nach § 65 AO geprüft werden.

Ein Zweckbetrieb ist ein wirtschaftlicher Geschäftsbetrieb, der wegen seiner engen Verbindung mit der steuerbegünstigten Betätigung dem steuerfreien Bereich zugeordnet und deshalb steuerlich begünstigt ist.

Die Voraussetzungen für die Annahme eines Zweckbetriebs nach § 65 AO müssen kumulativ erfüllt sein:

1. **Der Zweckbetrieb muss in seiner Gesamtrichtung tatsächlich und unmittelbar die steuerbegünstigten satzungsmäßigen Zwecke verwirklichen.**

    Das bedeutet, dass die zu beurteilende (wirtschaftliche) Tätigkeit selbst und nicht nur die durch sie erzielten Einnahmen der Verwirklichung der in der Satzung festgelegten (steuerbegünstigten) Zwecke dienen muss (siehe BFH vom

26.04.1995, BStBl 1995 II S. 767, siehe auch Hüttemann/Schauhoff, Der BFH als Wettbewerbshüter, DB 2011 S. 319 bis 325). Die Voraussetzungen für die Annahme eines Zweckbetriebs nach § 65 AO sind u. a. dann nicht erfüllt, wenn der Betrieb nur mittelbar der Verwirklichung satzungsmäßiger Zwecke dient, z. B. durch eine bloße Verwendung der Erträge für begünstigte satzungsmäßige Zwecke. Allein die Tatsache, dass der wirtschaftliche Geschäftsbetrieb die Verwirklichung der satzungsmäßigen Zwecke erleichtert und ihnen dienlich ist, führt nicht zu deren unmittelbaren Verwirklichung (so der BFH in ständiger Rechtsprechung, vgl. z. B. BFH vom 10.05.1955, BStBl 1955 III S. 177, vom 21.08.1985, BStBl 1986 II S. 88, und vom 15.10.1997 II R 94/94, BFH/NV 1998 S. 150, und vom 06.04.2005, BStBl 2005 II S. 545). Allerdings kann eine steuerbefreite Körperschaft, die eine andere steuerbefreite Körperschaft bei der Verwirklichung satzungsmäßiger Zwecke gegen Entgelt selbständig und eigenverantwortlich unterstützt, einen Zweckbetrieb gem. § 65 AO unterhalten, wenn sie hierdurch zugleich eigene satzungsmäßige Zwecke verfolgt (BFH vom 17.02.2010 I R 2/08, BStBl 2010 II S. 1006). In dem Urteil, das zur Personalgestellung in Jugendhilfeeinrichtungen zur Betreuung von entwicklungsgestörten und behinderten Kindern und Jugendlichen ergangen ist, hat der BFH die entgeltliche Überlassung der Betreuer als möglichen Zweckbetrieb nach §§ 65 und 66 AO geprüft. Ein Zweckbetrieb gem. § 66 AO kam aufgrund der nicht gegebenen Unmittelbarkeit nach damaliger Auffassung des BFH nicht in Betracht, da das Vertragsverhältnis zwischen der Klägerin (eine wegen Förderung der Jugendhilfe und des Wohlfahrtswesen als gemeinnützig anerkannte GmbH) und einem Dritten bestand und die Leistungen folglich nicht unmittelbar gegenüber den in § 53 AO genannten Personen erbracht wurden. An dieser Stelle sei darauf hingewiesen, dass der BFH mit Urteil vom 27.11.2013 (I R 17/12, DB 2014 S. 1173) seine Rechtsauffassung zur Unmittelbarkeit und diesbezügliche Abstellung auf das Vertragsverhältnis aufgegeben hat (siehe hierzu unsere Ausführungen zu Tz. 2.16.2). Hinsichtlich der Würdigung eines Zweckbetriebs nach § 65 AO stellte der BFH fest, dass das Handeln als Hilfsperson allein keine steuerbegünstigte Tätigkeit begründet, da die Hilfsperson fremde gemeinnützige Zwecke ihres Auftraggebers verwirklicht. Dies gilt jedoch nicht, wenn die Körperschaft mit ihrer Hilfstätigkeit nicht nur die steuerbegünstigte Tätigkeit einer anderen Körperschaft unterstützt, sondern zugleich eigene steuerbegünstigte Satzungsziele verfolgt. Auch wenn die GmbH aufgrund des Vertragsverhältnisses lediglich als Erfüllungsgehilfe anzusehen war, verwirklichte sie mit den Hilfeleistungen, soweit sie die Betreuungsleistungen selbständig und eigenverantwortlich erbracht hat, zugleich eigene satzungsmäßige Zwecke. Hinsichtlich der Prüfung der weiteren Voraussetzungen nach § 65 Nr. 3 AO wurde die Sache an das FG zurückverwiesen (zu weiteren Ausführungen zu dem Urteil vgl. Tz. 2.7.3).

Für die Verwirklichung des Satzungszwecks ist es nicht zwingend erforderlich, dass die steuerbegünstigte Körperschaft sämtliche Leistungen selbst erbringt. Sie kann sich dazu einer Hilfsperson i. S. des § 57 Abs. 1 Satz 2 AO bedienen (vgl. dazu auch in Tz. 2.7.4) oder die Steuerbegünstigung in Zusammenarbeit mit einer anderen Körperschaft unter Einbringung von eigenen Teilleistungen erreichen. Zu der Frage, ob und ggf. unter welchen Voraussetzungen etwa bei einer Zusammenarbeit mit einer anderen steuerbegünstigten Körperschaft die jeweils Beteiligten damit auf ihrer Ebene eine Zwecksbetriebstätigkeit begründen, verweise ich auf die Ausführungen in Tz. 2.7.3.

Als weitere Beispiele aus der Rechtsprechung zur Anerkennung von Teilleistungen als steuerbegünstigte Tätigkeit sind hierzu auch die Werbung für freiwillige Blutspenden, die Vorbereitung und Durchführung von Blutspendeaktionen sowie die Betreuung der Spender zur Erfüllung des Satzungszwecks „Blutspendedienst" zu nennen. Die vorgenannten Aktivitäten stellen sich auch dann als notwendige Voraussetzung für die Erfüllung des Satzungszwecks dar, wenn die Gewinnung der Blutspenden von der Blutabnahme bis zur Lieferung des Blutes an Krankenhäuser durch eine andere Person erfolgt (BFH vom 18.03.2004, BStBl 2004 II S. 798). Dementsprechend hat der BFH in seiner Rechtsprechung Tätigkeiten im Bereich von Verwaltungsaufgaben, die das Bundesamt für Zivildienst auf einen Verband der freien Wohlfahrtspflege übertragen hatte, als steuerbegünstigten Zweckbetrieb gem. § 65 AO anerkannt (BFH vom 23.07.2009 V R 93/07, UR 2009 S. 848). Die von dem Wohlfahrtsverband erbrachten Leistungen bezogen sich nicht allgemein auf Verwaltungstätigkeiten, sondern dienten ausschließlich dazu, den Einsatz von Zivildienstleistenden bei nach § 4 ZDG anerkannten Beschäftigungsstellen zu ermöglichen. Der Verband der freien Wohlfahrtspflege hatte es demzufolge übernommen, Verbandseinrichtungen bei der Anerkennung als Beschäftigungsstelle und bei der Zuweisung von Zivildienstleistenden zu unterstützen. Nach Auffassung des BFH kann auch die Betreuung der nur im Rahmen des Zivildienstes und damit nur vorübergehend den amtlichen Beschäftigungsstellen zugewiesenen Personen den erforderlichen Bezug zur Sozialfürsorge und sozialen Sicherheit aufweisen.

Der Geschäftsbetrieb darf **von der Verfolgung der steuerbegünstigten Zwecke nicht trennbar** sein. Er muss vielmehr als das unentbehrliche und einzige Mittel zur Erreichung des steuerbegünstigten Zwecks anzusehen sein. Die Verwirklichung des konkreten satzungsmäßigen Zwecks darf ohne die Unterhaltung des Zweckbetriebs „nicht denkbar" sein. Fischer weist dabei ausdrücklich darauf hin, dass eine mit der eigentlichen Zweckverwirklichung „eng verbundene Dienstleistung" für die Annahme eines Zweckbetriebs nicht ausreicht (Fischer in jurisPR SteuerR 16/2004 Anm. 6; so auch der BFH in seinen Entscheidungen zur Personal- und Sachmittelgestellung durch Krankenhäuser, BFH vom 06.04.2005, BStBl 2005 II S. 545). Verfolgt die Körperschaft mit der wirtschaftlichen Tätigkeit als solches zwar steuerbegünstigte Zwecke, sind diese Zwecke jedoch in der eigenen Satzung nicht als Satzungszweck festgelegt, kann ein Zweckbetrieb nicht angenommen werden (siehe dazu Tz. 2.9 und AEAO Nr. 2 zu § 65 AO, Anhang 1).

Die vom Gesetzgeber gewählte Formulierung **„Gesamtrichtung"** ist im Übrigen dahingehend zu verstehen, dass nicht jede geringfügige, außerhalb des Satzungszwecks liegende Tätigkeit die Zweckbetriebseigenschaft stört. Als „unschädlich" sind geringfügige satzungsfremde Tätigkeiten einzustufen. Der BFH hat in verschiedenen Urteilen einen Leistungsanteil von bis zu 10 % noch als von untergeordneter Bedeutung und damit als unschädlich angesehen (siehe BFH vom 18.01.1995, BStBl 1995 II S. 446 m. w. N.; in dem Urteil, das zu Jugendherbergen ergangen ist, hat der BFH die Übernachtungen von allein reisenden Erwachsenen im Vergleich zur Gesamtzahl der Übernachtungen geprüft).

2. **Der wirtschaftliche Geschäftsbetrieb muss für die Verwirklichung der satzungsmäßigen Zwecke unentbehrlich sein,** die Zwecke dürfen nur durch ihn unmittelbar erreicht werden können. Eine wirtschaftliche Betätigung kann nur dann zur Annahme eines steuerbegünstigten Zweckbetriebs führen, wenn die steuerbegünstigten Zwecke ohne diese (wirtschaftliche) Betätigung nicht

erreichbar wären (siehe BFH vom 13.08.1986, BStBl 1986 II S. 831, und vom 15.10.1997 II R 94/94, BFH/NV 1998 S. 150 m. w. N., und vom 12.06.2008 V R 33/05, BStBl 2009 II S. 221, außerdem vom 23.07.2009 V R 93/07, UR 2009 S. 848). Begünstigte Zwecke und wirtschaftlicher Geschäftsbetrieb müssen gleichsam **eine Einheit** bilden. Der Zweck muss sich mit der Unterhaltung des wirtschaftlichen Geschäftsbetriebs decken und in ihm unmittelbar seine Erfüllung finden (RFH vom 24.07.1937, RStBl 1937 S. 1103, und vom 23.07.1938, RStBl 1938 S. 913; BFH vom 02.10.1968, BStBl 1969 II S. 43). Die Höhe der Entgelte (ggf. lediglich Selbstkosten oder u. U. sogar unter den Selbstkosten) ist in diesen Fällen nicht entscheidend (FG Münster vom 08.12.1966, EFG 1967 S. 476). Ein Zweckbetrieb kann also nur dann angenommen werden, wenn die (entgeltliche) Tätigkeit selbst, nicht die Entgelterhebung als solche, für die Verwirklichung der steuerbegünstigten Satzungszwecke erforderlich ist.

Zu beachten ist, dass sich die „Notwendigkeit" i. S. von § 65 Nr. 2 AO nur auf die Erforderlichkeit der konkreten entgeltlichen Tätigkeit, nicht aber auf die Ausgestaltung der Leistungsbeziehung bezieht (Hüttemann/Schauhoff, Der BFH als Wettbewerbshüter, DB 2011 S. 319 bis 325). Wenn eine Einrichtung der Altenhilfe ihrer satzungsmäßigen Tätigkeit „Förderung der Altenhilfe" nachkommen will, ist es erforderlich, die Betreuungs- und Pflegeleistungen gegenüber den hilfsbedürftigen Personen zu erbringen. Nicht relevant hinsichtlich der „Notwendigkeit" ist, ob die Tätigkeit vertraglich mittelbar oder unmittelbar gegenüber dem begünstigten Personenkreis erbracht wird (Hüttemann/Schauhoff, a. a. O.).

Hinsichtlich der Zweckbetriebseigenschaft des § 65 AO ist weiterhin zu prüfen, ob die entfalteten Aktivitäten eine losgelöste Tätigkeit eigener Art darstellen oder aber ob ein Zusammenhang mit den gemeinnützigen Satzungszwecken besteht (BFH vom 16.10.2013 XI R 34/11, DB 2014 S. 282). Der erkennende Senat hatte festgestellt, dass zwischen einer von einem gemeinnützigen Reitsportverein betriebenen Pferdepension und dem verfolgten Satzungszweck „Förderung des Reitsports als Leistungs- und Freizeitbreitensport sowie die Pflege und Erhaltung der Freude am Pferd" unzweifelhaft ein Zusammenhang i. S. von § 65 Nr. 2 AO besteht. Zur Beurteilung der Zweckbetriebseigenschaft der Pensionspferdehaltung bedarf es insoweit näherer Feststellungen.

Ein Verein, dessen Zweck z. B. darauf gerichtet ist, Kinder tagsüber zu betreuen, kann diesen Zweck nur durch den (Zweck-)Betrieb eines Kindergartens erfüllen. Die Tätigkeit muss in ihrer Gesamtheit selbst der Zweckerreichung und nicht lediglich zur Mittelbeschaffung dienen. Schließlich stellt der Zweckbetrieb nach § 65 AO einen für die Vereinszwecke „unentgeltlichen Hilfsbetrieb" dar (BFH vom 05.08.2010, BStBl 2011 II S. 191). Hat sich eine Körperschaft z. B. satzungsmäßig den Zweck gesetzt, bedürftige Personen i. S. des § 53 AO mit warmen Mahlzeiten zu versorgen, so kann dieser mildtätige Zweck nur durch einen Mahlzeitendienst erfüllt werden. Entsprechendes gilt z. B. auch für Einrichtungen der Fürsorgeerziehung; die Erziehung und Ausbildung der betreuten Personen kann nicht ohne land- und forstwirtschaftliche und handwerkliche (oder auch andere) Betriebe erfolgen (vgl. auch Tz. 2.20.6 und BFH vom 26.04.1995, BStBl 1995 II S. 767, insbesondere Festhaltung durch BFH vom 13.06.2012 I R 71/11, BFH/NV 2013 S. 89, zu arbeitstherapeutischen Beschäftigungsgesellschaften).

Die Überlassung von Sportanlagen an vereinsfremde Sportler gegen Entgelt erfüllt z. B. nicht die Voraussetzungen für die Annahme eines Zweckbetriebs, da nicht erkennbar ist, dass die Erhebung einer Benutzungsgebühr das unentbehrliche und einzige Mittel zur Erreichung des steuerbegünstigten Zwecks ist (BFH vom 09.04.1987, BStBl 1987 II S. 659; vgl. Tz. 2.19.2). Auch der Betrieb eines Cafés in einem Jugendzentrum ist, obwohl es für die gemeinnützigen Zwecke des Vereins als förderlich angesehen werden kann, nicht unerlässlich für die Verwirklichung der steuerbegünstigten Zwecke (BFH vom 11.04.1990, BStBl 1990 II S. 724; siehe dazu auch FinMin Brandenburg vom 22.07.1993, DB 1993 S. 1648).

3. **Der wirtschaftliche Geschäftsbetrieb darf zu vergleichbaren nicht begünstigten Betrieben nicht in größerem Umfang in Wettbewerb treten, als es für die Erfüllung der begünstigten Zwecke unvermeidbar ist (Wettbewerbsklausel).**

Ein Wettbewerb im Verhältnis zu anderen Zweckbetrieben, die demselben steuerbegünstigten Zweck dienen, ist unschädlich (siehe AEAO Nr. 4 zu § 65, Anhang 1).

Die Wettbewerbsklausel dient u. a. zum Schutz der steuerlich nicht begünstigten Betriebe (ist eine Dritte schützende Norm, auf die eine Konkurrentenklage gestützt werden kann, siehe BFH vom 15.10.1997, BStBl 1998 II S. 63 m. w. N., und vom 05.10.2006, BStBl 2007 II S. 243) und verlangt ein Abwägen zwischen dem Interesse der Allgemeinheit an einem intakten, nicht durch steuerrechtliche Begünstigungen beeinträchtigten Wettbewerb einerseits und an der Förderung gemeinnütziger Aktivitäten andererseits (BFH vom 13.06.2012 I R 71/11, BFH/NV 2013 S. 89).

Erweist sich, dass der steuerbegünstigte Zweck auch ohne die steuerrechtlich begünstigte entgeltliche Tätigkeit zu erreichen ist, dann ist das Interesse an der Wahrnehmung der Wettbewerbsneutralität vorrangig und aus der Sicht der Gemeinnützigkeit der Wettbewerb vermeidbar (siehe BFH vom 26.04.1995, BStBl 1995 II S. 767 m. w. N.). Es sollen durch die steuerlichen Begünstigungen eines wirtschaftlichen Geschäftsbetriebs weder Wettbewerber verdrängt noch zu Lasten potenzieller Konkurrenten Marktzutrittsschranken errichtet werden (BFH vom 30.03.2000, BStBl 2000 II S. 705 m. w. N., und vom 03.04.2008 V R 74/07, UR 2008 S. 698, und vom 29.01.2009 V R 46/06, BStBl 2009 II S. 560). Der wirtschaftliche Geschäftsbetrieb muss nicht nur dem Grunde nach ein notwendiges Mittel zur Erreichung der ideellen Zwecke der Körperschaft sein. Vielmehr sind ein steuerbegünstigter Zweckbetrieb bzw. ein unvermeidbarer Wettbewerb i. S. von § 65 Nr. 3 AO nur dann zu bejahen, wenn der Geschäftsbetrieb sich auch in seinem Umfang, d. h. in quantitativer Hinsicht, auf den zur Erreichung dieser Zwecke erforderlichen Umfang beschränkt (dazu Mahlzeitendienst als Zweckbetrieb, BFH vom 13.06.2012 I R 71/11, BFH/NV 2013 S. 89). Der BFH hält hier insofern an seiner früheren Rechtsprechung fest, als im Rahmen der erforderlichen Abwägung der Sachverhalt einzelfallbezogen zu würdigen ist. Die Vorgabe nach der einzelfallbezogenen Prüfung des jeweils erforderlichen Umfangs wird mangels weiterer präziserer Vorgaben in der Praxis zu erheblichen Problemen führen (vgl. auch Fischer, jurisPR-SteuerR, 2/2013 Anm. 1). Bietet eine gemeinnützige Körperschaft ihre Dienstleistungen und Waren einem Personenkreis an, der das Waren- oder Dienstleistungsangebot der steuerpflichtigen Unternehmen überwiegend nicht in Anspruch nimmt, tritt der Wettbewerbsgedanke jedoch zurück (BFH vom 17.02.2010, BStBl 2010 II S. 1006; BFH vom 13.06.2012, I R 71/11, BFH/NV 2013 S. 89).

Die Konkurrenz ist für steuerpflichtige Gewerbetreibende umso härter, als die begünstigte Körperschaft in der Kalkulation ihrer Entgelte auf Gewinne verzichten will (BFH vom 02.10.1968, BStBl 1969 II S. 43). Dabei bedarf es keines Nachweises, mit welchen anderen Steuerpflichtigen die Körperschaft im Einzelfall konkurriert. Bereits **potenzieller Wettbewerb** ist nach § 65 Nr. 3 AO geschützt (BFH vom 15.10.1997, BStBl 1998 II S. 63, Nichtanwendungsregelung zum Urteil des BFH vom 30.03.2000, BStBl 2000 II S. 705, in AEAO Nr. 4 zu § 65 AO und Tipke/Kruse, Rz. 4 zu § 65 AO, sowie umfassend FG Sachsen-Anhalt vom 22.01.2004, EFG 2004 S. 1087). Zur Frage des (vermeidbaren) Wettbewerbs bei einem Hotel, das einen gemeinsamen Urlaub von Behinderten mit nichtbehinderten Angehörigen ermöglichen will, siehe FG Köln vom 27.01.1998 (EFG 1998 S. 756). Zur Wettbewerbsprüfung nach § 65 Nr. 3 AO bei der Überlassung von Sportanlagen durch eine steuerbegünstigte Körperschaft siehe BFH vom 20.03.2014 V R 4/13, UR 2014 S. 732, speziell zur Vermietung von Eishallen siehe auch BFH vom 18.08.2011 V R 64/09, HFR 2012 S. 784.

Es lässt sich oft nur schwer entscheiden, ob ein Verstoß gegen die Wettbewerbsklausel vorliegt oder nicht. Bei der Beurteilung ist jeweils auf die gesamten Umstände des einzelnen Falles abzustellen (BFH vom 13.06.2012 I R 71/11, BFH/NV 2013 S. 89). Sind die von der Körperschaft verfolgten gemeinnützigen Zwecke auch ohne steuerrechtlich begünstigte entgeltliche Tätigkeiten zu erreichen, so ist aus der Sicht des Gemeinnützigkeitsrechts eine Beeinträchtigung des Wettbewerbs vermeidbar (BFH vom 11.04.1990, BStBl 1990 II S. 724). Auch in diesem Zusammenhang ist darauf hinzuweisen, dass ebenfalls in dieser Frage die **Feststellungslast bei der steuerbegünstigten Körperschaft** liegt (BFH vom 23.07.2003, BStBl 2003 II S. 930, zur Feststellungslast allgemein). Die Entscheidung der Frage, ob sich der Wettbewerb im zulässigen Rahmen gehalten hat, kann m. E. nicht davon abhängig gemacht werden, dass die vereinnahmten Entgelte die Kosten höchstens decken oder nur wenig überschreiten, dass also nur ein verhältnismäßig geringer Überschuss erzielt worden ist (so auch BFH vom 27.10.1993, BStBl 1994 II S. 573; in diesem Sinne muss auch die Entscheidung des EuGH vom 10.01.2006, www.curia.eu, verstanden werden; siehe BFH vom 05.10.2006 VII R 24/03, BStBl 2007 II S. 243). Die kostendeckende Erhebung von Entgelten klassifiziert einen wirtschaftlichen Geschäftsbetrieb nicht unmittelbar als einen Zweckbetrieb (BFH vom 17.02.2010, BStBl 2010 II S. 1006). Die vorstehenden Grundsätze hat der BFH in seinen Urteilen vom 04.04.2007 (BStBl 2007 II S. 631) und vom 29.01.2009 V R 46/06 (BStBl 2009 II S. 560, beachte in diesem Zusammenhang BMF vom 12.04.2011 für Selbstversorgungsbetriebe sowie AEAO Nr. 4 zu § 65 AO, Anhang 1) noch einmal bekräftigt und zu Forschungstätigkeiten deutlich gemacht, dass die Eigenforschung auch ohne Auftragsforschung betrieben werden kann und daher auch kein Zweckbetrieb nach § 65 AO vorliegt, wenn die mit der Auftragsforschung gewonnenen Erkenntnisse der eigenen Forschung mittelbar förderlich sind.

Stehen die Leistungen eines Unternehmens in Konkurrenz zu den Leistungen eines gemeinnützigen Vereins, kann das Unternehmen unter bestimmten Voraussetzungen unbeschadet des Steuergeheimnisses vom Finanzamt Auskunft darüber verlangen, wie die mithilfe der entsprechenden Tätigkeiten erzielten Umsätze beim Verein besteuert wurden. Ein Auskunftsanspruch hinsichtlich der Besteuerung des Konkurrenten ergibt sich, wenn der Unternehmer substantiiert und glaubhaft darlegt, dass er durch eine aufgrund von Tatsachen zu vermutende oder zumindest nicht mit hinreichender Wahrscheinlichkeit auszuschließende unzutreffende Besteuerung bzw. Nichtbesteuerung seines Konkurrenten befürchten muss, konkret feststellbare, ebenfalls durch Tatsachen belegte Wettbewerbsnachteile zu erleiden. Eben diese Wettbewerbsnachteile sollen eigentlich durch die Bezugnahme in § 12 Abs. 2 Nr. 8 Buchst. a UStG auf u. a. § 65 AO verhindert werden (BFH vom 26.01.2012, BStBl 2012 II S. 541). Während das FG Münster (Urteil vom 07.12.2010, EFG 2011 S. 1383) in der Vorinstanz entschied, dass für den Auskunftsanspruch der Unternehmer auch darlegen muss, dass er gegen die Steuerbehörde mit Aussicht auf Erfolg eine Konkurrentenklage erheben kann, ließ der BFH diesen Punkt offen.

Der **Wettbewerbsgesichtspunkt** spielt bei den Zweckbetrieben nach **§§ 66 bis 68 AO keine Rolle,** da der Gesetzgeber es dort unterlassen hat, eine dem § 65 Nr. 3 AO vergleichbare Wettbewerbsklausel aufzunehmen (vgl. auch FinMin Baden-Württemberg vom 03.03.1987 – S 0184 A – 16/86, NWB 1987 Fach 1 S. 103). Sie sind gegenüber § 65 AO rechtssystematisch als vorrangige Spezialvorschriften zu verstehen. Das gilt jedoch nur, wenn die Betätigungen i. S. der §§ 66 bis 68 AO in der Gesamtrichtung noch einen Zweckbetrieb darstellen (BFH vom 04.06.2003, BStBl 2004 II S. 660, und vom 29.01.2009, BStBl 2009 II S. 560). Potenzielle Konkurrenten haben dies aus übergeordneten Gesichtspunkten hinzunehmen.

Wenn der Wettbewerb das unvermeidbare Maß nicht überschritten hat (es steht also nicht jeglicher Wettbewerb der Annahme eines Zweckbetriebs entgegen), dürfte die Höhe des erwirtschafteten Überschusses nicht entscheidend sein. Ein wirtschaftlicher Geschäftsbetrieb, der einen verhältnismäßig hohen Überschuss erzielt, wird erfahrungsgemäß ohnehin die für die Annahme eines Zweckbetriebs aufgestellten sehr engen anderen Voraussetzungen (die auf eine Verwirklichung steuerbegünstigter Zwecke auch durch den Zweckbetrieb hinauslaufen) nicht erfüllen. Hier ist insbesondere die Frage der Selbstlosigkeit des Handelns der Körperschaft zu stellen (§ 55 AO, Tz. 2.5).

Die Annahme eines Zweckbetriebs nach § 65 AO setzt voraus, dass alle Voraussetzungen erfüllt sind. Die in den §§ 66 bis 68 AO genannten wirtschaftlichen Geschäftsbetriebe gelten kraft Gesetzes als Zweckbetriebe, obwohl in Einzelfällen die allgemeinen Voraussetzungen für die Annahme eines Zweckbetriebs (§ 65 AO) nicht erfüllt sind (siehe hierzu auch BFH vom 18.01.1995, BStBl 1995 II S. 446). Aus den Beispielen in § 68 AO lassen sich aber Anhaltspunkte für die Auslegung des Begriffs „Zweckbetrieb" herleiten.

Die hier angesprochenen Abgrenzungsfragen sind auch in einer Vielzahl der im ABC der steuerpflichtigen wirtschaftlichen Geschäftsbetriebe aufgezählten Fälle von der Rechtsprechung erörtert worden (s. Tz. 2.15.4.5).

2.16.2 Beispielhafte Aufzählung einzelner Zweckbetriebe

– Anerkannte **Adoptionsvermittlungsstellen** als Zweckbetriebe (FinMin Niedersachsen vom 24.05.2000 – S 0170 – 76 – 31).
– **Altmaterialsammlungen** von steuerbegünstigten Körperschaften, bei denen das Sammelgut zur Mittelbeschaffung weiterveräußert wird, sind grundsätzlich als steuerpflichtige wirtschaftliche Geschäftsbetriebe einzustufen (so auch BFH vom 26.02.1992, BStBl 1992 II S. 693, und vom 11.02.2009, BStBl 2009 II S. 516; zur Gewinnermittlung siehe Tz. 2.15.9). Das gilt unabhängig davon, ob die Mittelbeschaffung mithilfe der Altmaterialsammlung Haupt- oder Nebenzweck der Sammlungen ist.

Der **Einzel**verkauf von gesammelten Kleidungsstücken aus einer Kleiderkammer oder einer ähnlichen Einrichtung an hilfsbedürftige Personen i. S. des § 53 AO kann als Zweckbetrieb i. S. des § 66 AO (Tz. 2.16) behandelt werden. Die insoweit bundeseinheitlich abgestimmte Regelung ist in der Verfügung der OFD Frankfurt a. M. vom 14.11.2001 – S 7242 A – 1/85 – St I 22 – festgehalten.

Weiterhin kann die Altmaterialsammlung m. E. einen steuerbegünstigten Zweckbetrieb darstellen, wenn die Tätigkeit in ihrer Gesamtrichtung der Verwirklichung satzungsmäßiger gemeinnütziger Aufgaben dient. Dies kann beispielsweise der Fall sein, wenn die Altmaterialsammlungen im Rahmen von Qualifizierungs- und Fortbildungsmaßnahmen von hilfsbedürftigen Personen durch Beschäftigungsgesellschaften (§ 65 AO), Werkstätten für behinderte Menschen (§ 68 Nr. 3 Buchst. a AO), Einrichtungen für Beschäftigungs- und Arbeitstherapie (§ 68 Nr. 3 Buchst. b AO) oder von Integrationsprojekten (§ 68 Nr. 3 Buchst. c AO) durchgeführt werden.

– **Arbeitstherapie** und Arbeitnehmerüberlassung als Zweckbetrieb siehe OFD Frankfurt a. M. vom 18.07.1997 (DB 1997 S. 2055).

– **Auftragsforschung** kann unter den Voraussetzungen des § 68 Nr. 9 AO einen Zweckbetrieb bilden, im Übrigen Hinweise auf Tz. 2.15.4.5.

– **Aus-** und **Weiterbildungstätigkeiten** begründen regelmäßig einen Zweckbetrieb (vgl. BMF-Schreiben vom 11.03.1992, BStBl 1993 I S. 214, bestätigt mit BMF vom 21.03.2014, BStBl 2012 I S. 370, zu sog. Beschäftigungsgesellschaften).

– **Automatenverkauf** von Einmalspritzen an Drogenabhängige (OFD Frankfurt a. M. vom 13.10.1998, DB 1998 S. 2300).

– **Beschäftigungsgesellschaften** von Körperschaften, die arbeitslosen oder von Arbeitlosigkeit bedrohten Personen durch Angebot von Arbeit und beruflichen Qualifizierungsmaßnahmen helfen wollen, sind nicht schon dann Zweckbetriebe, wenn sie den von Arbeitslosigkeit bedrohten Personen eine Beschäftigung bieten. Beschäftigungsgesellschaften sind allerdings dann als Zweckbetriebe i. S. des § 65 AO zu beurteilen, wenn sie schwer vermittelbare und von Arbeitslosigkeit bedrohte Personen beruflich qualifizieren und/oder sozialpädagogisch betreuen, um sie auf eine Tätigkeit im normalen Arbeitsprozess vorzubereiten. Dienen die vom Betrieb erbrachten Leistungen bzw. Lohnaufträge nur dieser Vorbereitung und sind sie zur angestrebten Wiedereingliederung der geförderten Personen in den Arbeitsprozess erforderlich, steht § 65 Nr. 2 und 3 AO der Qualifizierung als Zweckbetrieb nicht entgegen (BFH vom 26.04.1995, BStBl 1995 II S. 767, und OFD Frankfurt a. M. vom 18.07.1997, DB 1997 S. 2055, BMF vom 11.03.1992, BStBl 1993 I S. 214).

– Die Leistungen von **Betreuungsvereinen** werden regelmäßig im Rahmen von Zweckbetrieben erbracht (siehe BMF vom 21.09.2000, BStBl 2000 I S. 1251, und OFD Erfurt vom 24.10.2000, DStR 2000 S. 2133, bestätigt durch BMF vom 27.03.2012, BStBl 2012 I S. 370).

– Zur **Betriebsaufspaltung** als Zweckbetrieb nach § 65 AO siehe Tz. 2.15.4.3.

– Leistungen der regionalen Untergliederung des DRK bei der Durchführung von Blutspendeterminen des **Blutspendedienstes** werden im Rahmen des Zweckbetriebs nach § 65 AO ausgeübt (FG Düsseldorf vom 08.11.2006, EFG 2007 S. 305, BFH vom 04.09.2007 V B 226/06 und OFD Rheinland vom 25.01.2008, ohne Az.).

– **Bildungsreisen,** wenn sie von Bildungsvereinen, Volkshochschulen etc. in (sehr) engem Zusammenhang mit bestimmten Kursen, Seminaren usw. durchgeführt werden (siehe auch § 68 Nr. 8 AO, Tz. 2.20.9).

- **Cafeteria** einer Werkstatt für behinderte Menschen, die unter Einsatz von Menschen mit Behinderung betrieben wird (FG Schleswig-Holstein vom 11.12.1998, EFG 1999 S. 858; FG Rheinland-Pfalz vom 07.02.2007 – 1 K 1695/05) oder die z. B. innerhalb eines Altenheimes liegt und damit für die Öffentlichkeit nicht zugänglich ist.
- **Dialyse-Vereine** können einen Zweckbetrieb begründen (siehe dazu OFD Frankfurt a. M. vom 30.03.1993, DB 1993 S. 1116).
- Die Herausgabe von **Druckschriften** zu den satzungsmäßigen Aktivitäten (BFH vom 23.11.1988, BStBl 1989 II S. 391, betr. Verkauf von Unterrichtsmaterial eines Friedensvereins; siehe auch BFH vom 18.12.2002 I R 60/01, BFH/NV 2003 S. 1025).
- Die Durchführung eines **Fachkongresses** durch eine Gesellschaft, die die Wissenschaft und Forschung fördert, wird regelmäßig als Zweckbetrieb nach § 65 AO einzustufen sein (siehe auch FinMin Bayern vom 13.04.2000, DB 2000 S. 954).
- Zu **Flugrettungsdiensten** siehe Tz. 2.17.2 und zu Rettungsdiensten BFH vom 27.11.2013 (I R 17/12, DB 2014 S. 1173).
- **Ganztagsschulangebot** durch gemeinnützige Körperschaften können in Anlehnung an AEAO Nr. 13 zu § 68 AO Zweckbetriebe nach § 65 AO sein; zur Umsatzsteuer siehe OFD Rheinland vom 05.06.2007 (DB 2007 S. 1439); für gemeinnützige Körperschaften gilt dann der ermäßigte Steuersatz nach § 12 Abs. 2 Nr. 8 UStG.
- Die Durchführung von **geselligen Veranstaltungen** kann in Ausnahmefällen einen Zweckbetrieb begründen (AEAO Nr. 8 zu § 66 AO, Anhang 1).
- Wenn sich ausschließlich steuerbegünstigte Körperschaften zur Durchführung (gemeinsamer) gemeinnütziger, mildtätiger oder kirchlicher Aktivitäten z. B. in Form einer **Gesellschaft bürgerlichen Rechts** zusammenschließen, kann die Beteiligung der jeweiligen steuerbegünstigten Körperschaft an der GbR als Zweckbetrieb behandelt werden (siehe dazu in Tz. 2.15.3.1). Zur umsatzsteuerlichen Behandlung solcher Zusammenschlüsse siehe Tz. 4.5.12.
- **Jugendreisen** können als Zweckbetriebe angesehen werden (vgl. KSt Kartei NW Karte H 23 zu § 5 KStG).
- Die traditionelle Brauchtumspflege in Form des Karnevals, der Fastnacht oder des Faschings ist nach § 52 Abs. 2 Nr. 4 AO gemeinnütziger Zweck (Tz. 2.2.6). Die Verwirklichung der Brauchtumspflege in **Karnevalssitzungen** (Veranstaltungen mit Büttenreden, Tanz- und Gesangsdarbietungen etc.) oder durch **Karnevalsumzüge** ist, wenn die Karnevalsvereine dabei Entgelte erzielen (z. B. Eintrittsgelder, entgeltliche Überlassung von Plätzen auf Zuschauertribünen bei Umzügen, Entgelte aus der Überlassung von Rundfunk- und Fernsehübertragungsrechten etc.), Zweckbetrieb i. S. des § 65 AO (siehe dazu auch FG Rheinland-Pfalz vom 27.05.2010, EFG 2010 S. 1552). Steht bei „Karnevalsveranstaltungen" mehr die allgemeine Unterhaltung und Geselligkeit im Vordergrund und spielt die begünstigte „traditionelle Brauchtumspflege" dabei lediglich eine untergeordnete Rolle, wie z. B. bei allgemeinen Tanzveranstaltungen (z. B. Masken- oder Kostümbällen), ist ein steuerpflichtiger wirtschaftlicher Geschäftsbetrieb anzunehmen (siehe auch Thiel/Eversberg, DB 1990 S. 290, 344, und FG Nürnberg – II 21/91, EFG 1991 S. 629). Ist ein Zweckbetrieb anzunehmen und verkaufen die Karnevalsvereine anlässlich dieser Veranstaltungen Speisen und Getränke, begründen sie mit der Bewirtung ihrer Gäste einen eigenständigen steuerpflichtigen wirtschaftlichen Geschäftsbetrieb. Ist in dem Eintrittsgeld für die „Zweckbetriebsveranstaltung" gleichzeitig das Entgelt für die von dem Ver-

ein durchgeführte Bewirtung enthalten, ist dieser Teil des Entgelts – ggf. im Wege der Schätzung – zu ermitteln und dem steuerpflichtigen wirtschaftlichen Geschäftsbetrieb zuzuordnen.

- Ein **Kiosk,** der Beschäftigungsmöglichkeiten für psychisch Kranke schafft (FG Niedersachsen vom 19.08.1997, EFG 1998 S. 407).
- Zu **Mensa- und Cafeteriabetrieben** eines Studentenwerkes siehe BFH vom 11.05.1988, BStBl 1988 II S. 908, und OFD Erfurt vom 01.08.1995, DB 1995 S. 2398, und Tz. 2.17.2. Mensabetriebe, die **Schüler** mit Speisen und Getränken versorgen, sind ebenfalls als Zweckbetriebe einzustufen (siehe u. a. OFD Frankfurt a. M. vom 20.10.2000, DB 2000 S. 2350). Die Einordnung als Zweckbetrieb ist m. E. unabhängig davon vorzunehmen, in welcher Form die Schule betrieben wird (Ganztags- oder Halbtagsschule).
- Zur **Müllverbrennung** siehe Tz. 2.15.4.5.
- **Musikveranstaltungen** im Festzelt einer Brauerei (AEAO Nr. 13 zu § 68 AO, Anhang 1).
- Die Durchführung von **Organtransporten** (OFD Köln vom 28.02.1986, StEK AO 1977, § 65 Nr. 24).
- Zu **Pflegeleistungen** im Rahmen der Pflegeversicherung siehe FinMin Brandenburg vom 18.10.1995 (DB 1995 S. 2397); zur umsatzsteuerlichen Behandlung der Pflegeeinrichtungen siehe BMF vom 14.11.1997 (BStBl 1997 I S. 957) und OFD Frankfurt vom 18.03.2009.
- **Pilgerreisen** können unter bestimmten Voraussetzungen als Zweckbetriebe eingestuft werden (FinSen Berlin vom 29.12.1992, DB 1993 S. 511).
- **Rettung von Menschen;** anders bei Bergung von Gegenständen, siehe Koch/Scholtz, Rz. 12 zu § 65 AO.
- Zu **Schauauftritten** von Tanzsportvereinen siehe BFH vom 04.05.1994 (BStBl 1994 II S. 886) und AEAO Nr. 13 zu § 68 AO.
- **Schülerbetreuung** (OFD Düsseldorf vom 11.11.1996, DB 1996 S. 2364).
- **Schülerfirmen,** deren Einnahmen aus wirtschaftlichen Tätigkeiten weniger als 35.000 Euro betragen, sind Zweckbetriebe (OFD Koblenz vom 20.10.2003, DB 2003 S. 2572).
- Zur Überlassung von **Sportgeräten** als Zweckbetrieb eigener Art nach § 65 AO siehe Tz. 2.19.3.
- Zu **Solaranlagen,** die zu Lehr- und Demonstrationszwecken betrieben werden, siehe OFD Chemnitz vom 21.11.2006 (DB 2006 S. 2605).
- **Tierheime** begründen mit der Aufnahme und Versorgung von Fundtieren einen Zweckbetrieb. Einnahmen für Tierpensionsleistungen sind Teil eines steuerpflichtigen wirtschaftlichen Geschäftsbetriebs (OFD Frankfurt a. M. vom 09.08.2005, DB 2005 S. 1880).
- Eintrittsgelder für einen **Tierparkbesuch** (FinMin Niedersachsen vom 05.04.1982, StEK AO 1977, § 65 Nr. 10).
- **Tonträgerverkauf** durch eine als gemeinnützig anerkannte Chorgemeinschaft (FG Düsseldorf vom 26.05.1993, EFG 1993 S. 752).
- Die Erteilung von **Unterricht** gegen Entgelt (z. B. durch Bildungs- oder Kulturvereine, Volkshochschulen etc.; zu Musikunterricht siehe KSt-Kartei NRW Karte H 11 zu § 5 KStG; zu Sportunterricht siehe Tz. 2.19.2).

- Der Verkauf einer **Vereinszeitschrift,** die ausschließlich über die (satzungsmäßigen) Aktivitäten der steuerbegünstigten Körperschaft berichtet. Hinsichtlich der in einer solchen Zeitschrift betriebenen Anzeigenwerbung kann ein (gesonderter) wirtschaftlicher Geschäftsbetrieb „Werbung" vorliegen, Tz. 2.15.4.4, siehe auch R 16 Abs. 4 KStR und BFH vom 18.12.2002 I R 60/01 (BFH/NV 2003 S. 1025).
- **Vortrags-** und **Seminarveranstaltungen** zur Verwirklichung steuerbegünstigter Zwecke (BFH vom 23.10.1991, BStBl 1992 II S. 62, zu einem „ökologischen Musterhof", und vom 04.04.2007 I R 76/05, BStBl 2007 II S. 631).
- **Warenverkauf** und **Dienstleistungen** als Ausfluss beruflicher Qualifikations- und Umschulungsmaßnahmen (BMF vom 11.03.1992, BStBl 1993 I S. 214, zu Beschäftigungsgesellschaften, und BFH vom 26.04.1995, BStBl 1995 II S. 767).
- Erteilung von Genehmigungen zur Durchführung von **Wettkampfveranstaltungen** (BMF vom 05.10.1990, BStBl 1990 I S. 649). Dies gilt **nicht,** soweit Genehmigungen für Profi-Sportler erteilt werden.
- Verkauf von **Wohlfahrtsbriefmarken** durch steuerbegünstigte Körperschaften (aus sachlichen Billigkeitsgründen; siehe FinMin Niedersachsen vom 26.08.1991, FR 1991 S. 574).

2.17 § 66 AO: Wohlfahrtspflege

(1) Eine Einrichtung der Wohlfahrtspflege ist ein Zweckbetrieb, wenn sie in besonderem Maß den in § 53 genannten Personen dient.

(2) ₁Wohlfahrtspflege ist die planmäßige, zum Wohle der Allgemeinheit und nicht des Erwerbs wegen ausgeübte Sorge für notleidende oder gefährdete Mitmenschen. ₂Die Sorge kann sich auf das gesundheitliche, sittliche, erzieherische oder wirtschaftliche Wohl erstrecken und Vorbeugung oder Abhilfe bezwecken.

(3) ₁Eine Einrichtung der Wohlfahrtspflege dient in besonderem Maße den in § 53 genannten Personen, wenn diesen mindestens zwei Drittel ihrer Leistungen zugutekommen. ₂Für Krankenhäuser gilt § 67.

2.17.1 Allgemeines

§ 66 AO ist eine eigenständige Zweckbetriebsvorschrift. Eine steuerbegünstigte Körperschaft, die mit einem wirtschaftlichen Geschäftsbetrieb die Tatbestandsmerkmale des § 66 AO erfüllt, begründet unabhängig davon, ob sie damit auch die Voraussetzungen des § 65 AO ganz oder teilweise erfüllt, insoweit einen Zweckbetrieb eigener Art. Sie ist als Sonderregelung für wirtschaftliche Geschäftsbetriebe zu verstehen, die sich mit der Wohlfahrtspflege befassen. Betätigungen auf dem Gebiet der Wohlfahrtspflege werden in erster Linie durch Spitzenverbände der freien Wohlfahrtspflege, ihre Untergliederungen und Mitglieder erfüllt. Die Annahme eines Zweckbetriebs i. S. des § 66 AO ist aber nicht davon abhängig (im Gegensatz zu den Regelungen nach § 4 Nr. 18 UStG, Abschn. 4.18.1 UStAE), dass die betreffende Einrichtung einem anerkannten Wohlfahrtsverband angeschlossen ist.

> Die nachstehenden Vereinigungen gelten als amtlich anerkannte Verbände der freien Wohlfahrtspflege (§ 23 UStDV):
> 1. Diakonisches Werk der Evangelischen Kirche in Deutschland e. V.
> 2. Deutscher Caritasverband e. V.
> 3. Deutscher Paritätischer Wohlfahrtsverband – Gesamtverband e. V.
> 4. Deutsches Rotes Kreuz e. V.

5. Arbeiterwohlfahrt – Bundesverband e. V.
6. Zentralwohlfahrtsstelle der Juden in Deutschland e. V.
7. Deutscher Blinden- und Sehbehindertenverband e. V.
8. Bund der Kriegsblinden Deutschlands e. V.
9. Verband Deutscher Wohltätigkeitsstiftungen e. V.
10. Bundesarbeitsgemeinschaft Selbsthilfe von Menschen mit Behinderung und chronischer Erkrankung und ihren Angehörigen e. V.
11. Sozialverband VdK Deutschland e. V.

Ein Zweckbetrieb i. S. des § 66 AO kann jedoch nur angenommen werden, wenn eine steuerbegünstigte Körperschaft mit dem wirtschaftlichen Geschäftsbetrieb tatsächlich und unmittelbar wohlfahrtspflegerische Zwecke verfolgt. Es gelten insoweit die in Tz. 2.16.1 zu Nr. 1 gemachten Ausführungen sinngemäß (siehe auch zu Tz. 2.17.3). Im Fall der Personalgestellung einer steuerbegünstigten Körperschaft an eine andere gemeinnützige Körperschaft lag bislang auch dann keine Unmittelbarkeit vor, wenn die steuerbegünstigte Körperschaft durch die Gestellung nicht nur die satzungsmäßigen Zwecke der anderen Körperschaft verfolgte, sondern auch ihre eigenen. War der BFH in der Vergangenheit davon ausgegangen, dass die Unmittelbarkeit und somit ein Zweckbetrieb der Wohlfahrtspflege nach § 66 AO nicht gegeben ist, wenn das Vertragsverhältnis zwischen den Körperschaften besteht und die Leistungen nicht unmittelbar gegenüber den in § 53 AO genannten Personen geleistet werden (vgl. dazu BFH vom 17.02.2010 I R 2/08, BStBl 2010 II S. 1006, und unsere Ausführungen in Tz. 2.16.1 und 2.7.3), so hält er an dieser Auffassung nicht mehr fest. Eine Einrichtung der Wohlfahrtspflege nach § 66 AO muss nicht zwingend in unmittelbaren vertraglichen Beziehungen zu den von ihr betreuten Hilfsbedürftigen stehen. Vielmehr ist es maßgeblich, dass die Hilfeleistungen in tatsächlicher Hinsicht selbst und unmittelbar gegenüber den Hilfsbedürftigen erbracht werden (BFH vom 27.11.2013 I R 17/12, DB 2014 S. 1173).

Nach Nr. 2 des AEAO zu § 66 AO (Anhang 1) darf die Wohlfahrtspflege nicht des Erwerbs wegen ausgeübt werden. Die Voraussetzungen der Selbstlosigkeit, wie sie in § 55 AO geregelt sind, gelten auch für Einrichtungen der Wohlfahrtspflege. Diesen Grundsatz hat der BFH in seinem Urteil vom 27.11.2013 (I R 17/12, DB 2014 S.1173, ebenso BFH vom 18.10.1990, BStBl 1991 II S. 268) bestätigt und darauf hingewiesen, dass mit wohlfahrtspflegerischen Tätigkeiten verbundene eigenwirtschaftliche Interessen der steuerbegünstigten Körperschaften für die Annahme eines Zweckbetriebs nach § 66 AO schädlich sind. Ein wirtschaftlicher Geschäftsbetrieb agiert nicht allein deshalb **„des Erwerbs wegen"** i. S. von § 66 Abs. 2 Satz 1 AO, weil er seine Leistungen zu denselben Bedingungen anbietet wie private gewerbliche Unternehmen (Abgrenzung zum Senatsbeschluss vom 18.09.2007 I R 30/06, BStBl 2009 II S. 126).

Der BFH stellt gleichzeitig fest, dass eine Gewinnerzielung nicht autonomisch zum Ausschluss der Steuerbegünstigung führt. Als zulässige Gewinnverwendung i. S. des § 66 AO werden der Inflationsausgleich sowie die Finanzierung von betrieblichen Erhaltungs- und Modernisierungsmaßnahmen erachtet. Maßgeblich ist, dass mit dem Betrieb keine Gewinne angestrebt werden, die über den konkreten Finanzierungsbedarf hinausgehen (BFH vom 27.11.2013 I R 17/12, DB 2014 S. 1173).

Nach § 66 Abs. 1 AO ist eine Einrichtung der Wohlfahrtspflege ein Zweckbetrieb, wenn sie **in besonderem Maße** einem bestimmten Personenkreis zugutekommt. § 66 Abs. 1 AO stellt dabei auf Personen i. S. des § 53 AO ab, also auf Personen, die infolge ihres persönlichen Zustandes oder wegen ihrer finanziellen Lage der Hilfe anderer bedürfen (zu dem Personenkreis i. S. des § 53 AO siehe im Einzelnen Tz. 2.3 ff.).

Zu den als gemeinnützig anzuerkennenden Zwecken i. S. des § 52 Abs. 1 AO gehört auch die Förderung des Wohlfahrtswesens (siehe § 52 Abs. 2 Nr. 2 AO). Zur Auslegung und zum Verständnis des Begriffs des Wohlfahrtswesens, der umfassender als („nur") die Wohlfahrtspflege ist, kann auf die in § 66 Abs. 2 AO enthaltene Umschreibung des Begriffs der Wohlfahrtspflege zurückgegriffen werden.

Wohlfahrtspflege ist die planmäßige, zum Wohle der Allgemeinheit und nicht des Erwerbs wegen ausgeübte Sorge für Not leidende oder gefährdete Mitmenschen. Der hier angesprochene Personenkreis der (bereits) Not leidenden oder („nur") gefährdeten Personen bezieht sich dabei auf Personen, die bereits jetzt

- infolge ihres körperlichen, geistigen oder seelischen Zustandes der unmittelbaren Hilfe in bestimmten Lebenssituationen bedürfen (§ 53 Nr. 1 AO, Tz. 2.3),
- wegen ihrer wirtschaftlichen Notlage der finanziellen Unterstützung (ggf. Unterstützung durch Sachmittel) bedürfen (§ 53 Nr. 2 AO, Tz. 2.3)
- oder denen eine der vorstehend beschriebenen Notlagen droht.

Die Wohlfahrtspflege zielt mit ihren Maßnahmen darauf ab, **Abhilfe zu schaffen oder vorbeugend zu wirken.** Dabei können sich die Tätigkeiten auf das gesundheitliche, sittliche, erzieherische oder wirtschaftliche Wohl erstrecken. Der Begriff der Wohlfahrtspflege ist also weiter gefasst als die Mildtätigkeit nach § 53 AO, da mildtätige Aktivitäten sich „nur" auf bereits hilfsbedürftige Personen erstrecken.

Die wirtschaftlichen Geschäftsbetriebe, die als Zweckbetriebe i. S. des § 66 AO eingestuft werden, müssen mit ihren Tätigkeiten auf die Sorge für das gesundheitliche, sittliche, erzieherische oder wirtschaftliche Wohl der Not leidenden oder gefährdeten Personen abzielen. Deshalb sind z. B. normale Unterrichtseinrichtungen nicht als Wohlfahrtseinrichtungen einzustufen (sie können wegen Förderung der Bildung als gemeinnützig anerkannt werden und ggf. einen Zweckbetrieb nach § 65 AO bilden).

Die Leistungen der Zweckbetriebe nach § 66 AO müssen **den hilfsbedürftigen oder gefährdeten Personen unmittelbar zugutekommen.** Die steuerlichen Vorteile, die aus der Zweckbetriebseigenschaft erwachsen, werden nicht für Leistungen gewährt, die gegenüber anderen Körperschaften erbracht werden – auch wenn die andere Körperschaft selbst gemeinnützig tätig ist. So hat z. B. der BFH die Leistungen einer zentralen Krankenhausapotheke, die für mehrere steuerbegünstigte Krankenhäuser tätig wurde, nicht als Zweckbetrieb i. S. des § 66 AO angesehen, da sie ihre Leistungen nicht direkt an den betroffenen Personenkreis, sondern in Lieferbeziehungen zu den jeweils angeschlossenen Krankenhausträgern erbrachte (vgl. BFH vom 18.10.1990, BStBl 1991 II S. 268; in diesem Sinne auch die Entscheidungen zu Beschaffungsstellen und Gehaltsabrechnungsstellen in Tz. 2.15.4 und zu Forschungseinrichtungen in BFH vom 30.11.1995, BStBl 1997 II S. 189, vom 07.11.1996, BStBl 1997 II S. 366, sowie vom 04.04.2007 I R 76/05, BStBl 2007 II S. 631, und OFD Frankfurt vom 05.03.2008; zu Blutspendediensten BFH vom 18.03.2004, BStBl 2004 II S. 798).

2.17.2 Einzelbeispiele

In § 68 AO ist eine Anzahl von typischen Wohlfahrtseinrichtungen aufgezählt. Es gehören u. a. noch dazu: Betreuungseinrichtungen für Menschen mit Behinderung,

Pflegeheime, Flüchtlingsheime und Obdachlosenheime. Für Krankenanstalten gilt die im § 67 AO getroffene Sonderregelung.

Entgeltliche Hilfeleistungen für Menschen mit Behinderung können grundsätzlich einen Zweckbetrieb in Gestalt einer Einrichtung der Wohlfahrtspflege nach § 66 AO bilden. Der Wettbewerbsgesichtspunkt spielt bei derartigen Zweckbetrieben kraft ausdrücklicher gesetzlicher Regelung keine Rolle (so in Abschn. 12.9 Abs. 3 UStAE zu § 12 Abs. 2 Nr. 8 UStG unter Hinweis auf BFH-Rechtsprechung).

Mit der entgeltlichen **Beförderung kranker oder verletzter Personen** mit Kraft-, Luft- und Wasserfahrzeugen begründen gemeinnützige Körperschaften einen Zweckbetrieb i. S. des § 66 AO. Von einem Zweckbetrieb i. S. des § 66 AO kann grundsätzlich ausgegangen werden, wenn dazu Fahrzeuge eingesetzt werden, die mit einer speziellen Einrichtung für den Krankentransport ausgestattet sind (vgl. dazu auch Abschn. 4.17.2 Abs. 1 UStAE). Diese Leistungen unterliegen nicht der Umsatzsteuer (§ 4 Nr. 17 Buchst. b UStG). Mit der Durchführung von Krankenfahrten, für die ein Arzt die Beförderung in einem (normalen) PKW, Mietwagen oder Taxi verordnet hat, begründet die Körperschaft jedoch einen steuerpflichtigen wirtschaftlichen Geschäftsbetrieb (Abschn. 12.9 Abs. 4 Nr. 3 UStAE zu § 12 Abs. 2 Nr. 8 UStG).

Die Beförderungen behinderter Personen, die nicht durch Spezialfahrzeuge erfolgen muss, erfolgt bei Ausführung durch gemeinnützige Körperschaften auch dann im Rahmen eines Zweckbetriebs nach § 66 AO, wenn die Beförderung ohne Begleitpersonen ausgeführt wird. Voraussetzung für das Vorliegen eines Zweckbetriebs ist, dass die betreffenden Personen im Hinblick auf die Beförderung hilfsbedürftig sind (FinMin Rheinland-Pfalz vom 21.04.1987, DB 1987 S. 1513, und Kirchhof in Kirchhof/Söhn/Mellinghoff, Kommentar zum EStG, Rz. B 290 zu § 10b EStG). Ob diese Leistungen nach § 4 Nr. 18 UStG von der Umsatzsteuer befreit sind, ist im Einzelfall zu entscheiden. Sind diese Leistungen umsatzsteuerpflichtig, unterliegen sie regelmäßig dem ermäßigten Umsatzsteuersatz, § 12 Abs. 2 Nr. 8 Buchst. a UStG.

Der BFH hat mit Urteil vom 06.02.2013 (I R 59/11, BStBl 2013 II S. 603) entschieden, dass eine von gemeinnützigen Krankenhausträgern gegründete GmbH, die **Laborleistungen** für die Krankenhäuser erbringt, nicht selbst unmittelbar gemeinnützige oder mildtätige Zwecke verfolgt. Eine Einrichtung der Wohlfahrtspflege liegt nicht vor, wenn die Leistungen sich nicht als unmittelbare Hilfeleistungen gegenüber den Bedürftigen, sondern vielmehr als Dienstleistungen gegenüber dem eigentlichen Leistungserbringer darstellen. In diesem Fall fehlt es an der erforderlichen Unmittelbarkeit. Die Laborleistungen stellten sich in diesem Zusammenhang als Vorbereitungsleistungen dar, die die Krankenhäuser dabei unterstützen sollten, ihre Patienten medizinisch zu betreuen, waren aber nicht als unmittelbare Behandlungs- oder Betreuungsleistungen „am Patienten" zu qualifizieren (vgl. Märtens, jurisPR-SteuerR 32/2013 Anm. 1).

Der BFH hatte mit Beschluss vom 18.09.2007 (BStBl 2009 II S. 126) entschieden, dass gewerbliche **Rettungsdienste und Krankentransporte** nicht von der Gewerbesteuer befreit sind. Unabhängig von der zu treffenden Entscheidung hat der BFH ausgeführt, dass nach seiner Auffassung auch die Rettungsdienste und Krankentransporte gemeinnütziger Wohlfahrtsverbände und der juristischen Personen des öffentlichen Rechts körperschaft- und gewerbesteuerpflichtige Betriebe seien, da sie um des Erwerbs willen und nicht zum Wohl der Allgemeinheit ausgeübt werden. In seiner Begründung führte der BFH aus, dass maßgeblich für die Frage, ob die

Tätigkeit „des Erwerbs wegen" ausgeführt wird, allein ausschlaggebend ist, ob die Aktivitäten zu Bedingungen ausgeführt werden, die objektiv geeignet sind, Gewinne zu erzielen. Davon sei regelmäßig auszugehen, wenn die gleichen Leistungen zu denselben Konditionen wie von nicht steuerbefreiten Anbietern erbracht werden und deren Tätigkeit als Gewerbebetrieb einzustufen ist (BFH-Beschluss vom 18.09.2007, BStBl 2009 II S. 126). Diese Auslegung wurde in der Literatur als zu eng angesehen (vgl. Hüttemann, Gemeinnützigkeit und Spendenrecht, 3. Aufl., Tz. 6228, Schaufhoff/Kirchhain, Gemeinnützigkeit im Umbruch durch Rechtsprechung, DStR 2008 S. 807). Die Finanzverwaltung reagierte auf den Beschluss mit einem Nichtanwendungserlass (BMF vom 20.01.2009 – IV C 4 – S 0185/08/10001; OFD Frankfurt a. M. vom 16.03.2009 – S 0184 A – 2 – St 53).

Der BFH hat mit Urteil vom 27.11.2013 (I R 17/12, DB 2014 S. 1173) den Begriff „des Erwerbs wegen" abweichend zu seiner früheren Rechtsprechung neu definiert. Ein wirtschaftlicher Geschäftsbetrieb agiert nicht allein deshalb „des Erwerbs wegen", weil er seine Leistungen zu denselben Bedingungen anbietet wie private gewerbliche Unternehmen. Insbesondere findet die Wettbewerbsklausel, wie sie in § 65 Nr. 3 AO geregelt ist, in den speziellen Zweckbetriebsvorschriften keine Anwendung. Folglich gilt sie auch nicht für Einrichtungen der Wohlfahrtspflege nach § 66 AO. Grundsätzlich akzeptiert der Gesetzgeber in diesem Bereich ein Nebeneinander von steuerbegünstigten und primär gewinnorientierten Betrieben. Entscheidend ist in dieser Hinsicht, dass mit dem Betrieb keine Gewinne angestrebt werden, die über den konkreten Finanzierungsbedarf hinausgehen, d. h. die Wohlfahrtspflege nicht nur als Vorwand zur eigenen Vermögensmehrung dient. Eine Gewinnerzielung führt damit nicht autonomisch zum Ausschluss der Steuerbegünstigung. Als zulässige Gewinnverwendung i. S. des § 66 AO sieht der BFH die Verwendung der Überschüsse zum Inflationsausgleich als auch zur Finanzierung von betrieblichen Erhaltungs- und Modernisierungsmaßnahmen an (BFH vom 27.11.2013 I R 17/12, DB 2014 S. 1173).

Im Zusammenhang mit der Wettbewerbsproblematik möchte ich auf die Anweisungen der Finanzverwaltung zu § 30 AO (Möglichkeiten/Verpflichtungen der Finanzverwaltung zur Weitergabe von Informationen zur Durchführung einer Konkurrentenklage, AEAO Nr. 4.7 zu § 30 AO, Anhang 1) hinweisen. Hiernach sind Anträge auf Erteilung von Auskünften über die Besteuerung Dritter bei der Anwendung drittschützender Normen (u. a. §§ 64 bis 68 AO und § 2 Abs. 3 UStG) zur Vorbereitung einer Konkurrentenklage zulässig. Allerdings setzt dieser Auskunftsanspruch voraus, dass der Steuerpflichtige glaubhaft und begründet darlegt, durch die unzutreffende Besteuerung des Konkurrenten konkret feststellbare und spürbare Wettbewerbsnachteile zu erleiden und deshalb gegen die Steuerbehörde mit Aussicht auf Erfolg ein subjektives öffentliches Recht auf Drittschutz geltend machen zu können.

Betreuungs-, Service- und Pflegeleistungen eines steuerbegünstigten Vereins an einen gewerblichen Vermieter im Rahmen des **„betreuten Wohnens"** stellten nach dem Urteil des BFH vom 16.12.2009 I R 49/08 (BStBl 2011 II S. 398) keinen Zweckbetrieb i. S. des § 66 AO oder § 68 Nr. 1 AO dar. In dem vorgenannten Urteilsfall hatte ein gewerblicher Vermieter mit Senioren für seine Wohnobjekte Mietverträge abgeschlossen, in denen neben der Vermietung der Wohnung die Erbringung von sog. Basisleistungen zugesichert wurde. Zur Erbringung dieser Basisleistungen (Betreuungs-, Service- und Pflegeleistungen) verpflichtete der gewerbliche Vermieter einen als gemeinnützig anerkannten Verein. Das Entgelt für die Basisleistungen wurde durch den Vermieter vereinnahmt. Der BFH war der Ansicht, dass die Leistungen im Bereich des altenbetreuten Wohnens einen steuerpflichtigen wirtschaftlichen Geschäftsbetrieb darstellen, da der Verein vertraglich zur Leistungserbringung nur gegenüber dem gewerblichen Vermieter und nicht gegenüber den hilfsbedürftigen Personen verpflichtet war. Die Basisleistungen wurden gegenüber den Mietern der Altenwohnungen wirtschaftlich auf Rechnung und Gefahr des gewerblichen Vermieters erbracht, sodass der steuerbegünstigte Verein nur als Erfüllungshilfe des Vermieters anzusehen war. In der Verpflichtung des Vereins, die Betreuungs-, Pflege- und Serviceleistungen gegenüber dem gewerblichen Vermieter gegen Entgelt zu erbringen, sah der BFH weder einen Betrieb der Wohlfahrtspflege noch einen anderen steuerbegünstigten Zweckbetrieb.

Der BFH hat seine Rechtsansicht mit Urteil vom 27.11.2013 (I R 17/12, DB 2014 S. 1173) aufgegeben und stellt nunmehr auf die **tatsächliche Leistungsbeziehung** und nicht – wie in der Vergangenheit – auf die vertragliche Unmittelbarkeit ab. Für die Zweckbetriebseigenschaft ist entscheidend, dass die Aktivitäten zur Verwirklichung der eigenen Satzungszwecke ausgeübt werden und insofern unentbehrlich sind. Die konkrete Ausgestaltung der Vertragsbeziehungen ist für die „unmittelbare" Erfüllung der Leistungen nach aktueller Rechtsprechung nicht mehr relevant (vgl. Hüttemann, 3. Aufl., S. 529, Tz. 6.178). Die Betreuungs-, Service- und Pflegeleistungen können daher, soweit diese durch die steuerbegünstigte Einrichtung im Rahmen ihrer satzungsmäßigen Tätigkeit selbst und darüber hinaus direkt gegenüber dem begünstigten Personenkreis erbracht werden, einen steuerbegünstigten Zweckbetrieb begründen.

Fahrdienste für den ärztlichen Notfalldienst sind als steuerpflichtige Geschäftsbetriebe zu behandeln. Das gilt, selbst wenn ausgebildete Sanitäter und Fahrzeuge mit medizinischer Ausstattung eingesetzt werden, da der Fahrdienst in erster Linie der Berufstätigkeit der Ärzte und nur mittelbar dem Patienten zugutekommt (OFD Frankfurt a. M. vom 16.09.2009 – S 0184 A – 13 – St 53).

Die entgeltlich von **Flugrettungsdiensten** durchgeführten Primärflüge (Notfalleinsätze) als auch die sog. Sekundärflüge der Flugrettungsdienste (Rückholung von Kranken aus dem Ausland, Organtransporte u. Ä.) stellen grundsätzlich einen Zweckbetrieb i. S. des § 66 AO dar. Die Sekundärflüge können mit den Krankentransporten von Krankenwagen verglichen werden, die ihrerseits ebenfalls als Zweckbetriebe i. S. des § 66 AO einzustufen sind (OFD Frankfurt a. M. vom 17.02.1989 – S 0171A – 38 – St II 12, KSt-Kartei OFD Frankfurt Karte H 43 zu § 5 KStG).

Mensa- und Cafeteriabetriebe der Studentenwerke können einen Zweckbetrieb i. S. des § 66 AO begründen (vgl. auch BFH vom 11.05.1988, BStBl 1988 II S. 908). Dabei sind Studenten (ohne entsprechende Einzelprüfung) als wirtschaftlich Hilfsbedürftige i. S. des § 53 AO anzusehen (siehe AEAO Nr. 5 zu § 66 AO, Anhang 1, wohl auf der Grundlage des BMF-Schreibens vom 08.04.1991, BStBl 1991 I S. 485). Gleiches gilt für **Schulmensabetriebe** unabhängig davon, ob die Schule einen Ganz- oder Halbtagsbetrieb unterhält (siehe OFD Frankfurt a. M. vom 20.10.2000, DB 2000 S. 2350). Die typischen Zweckbetriebsleistungen der Mensa- und Cafeteriabetriebe bestehen in der (verbilligten) Versorgung der Studenten mit Getränken und Verpflegung. In der Regel verkaufen diese Betriebe auch alkoholische Getränke oder andere Handelswaren, die nicht der Grundversorgung der Studenten zugeordnet werden können (wie etwa Tabak- und Schreibwaren). Der Mensa- und Cafeteriabetrieb ist einheitlich (zum Begriff des „einheitlichen" Geschäftsbetriebs siehe Tz. 2.15.2) entweder als Zweckbetrieb nach § 66 AO oder als steuerpflichtiger Geschäftsbetrieb nach § 64 AO zu beurteilen. Die Veräußerung von Handelswaren (alkoholischer Getränke, Tabak- und Schreibwaren etc.) kann nicht als Tätigkeit gewertet werden, mit der wohlfahrtspflegerische Zwecke i. S. des § 66 AO verwirklicht werden. Sie sind jedoch nach Auffassung der Finanzverwaltung für die Zweckbetriebseigenschaft in dem betreffenden Veranlagungszeitraum unschädlich, wenn die genannten Umsätze 5 % des Gesamtumsatzes (Unschädlichkeitsgrenze) nicht übersteigen (vgl. OFD Erfurt vom 01.08.1995, DB 1995 S. 2398). In die „Unschädlichkeitsgrenze" sind auch die Umsätze aus einem Partyservice mit einzubringen.

Hinweis: *Die Umsätze der Mensabetriebe an Studenten sind grundsätzlich nach § 4 Nr. 18 UStG von der Umsatzsteuer befreit. Hier wird auf die Einhaltung der Unschädlichkeitsgrenze im vorangegangenen Kalenderjahr abgestellt (Abschn. 4.18.1 Abs. 9 UStAE). Es ist jedoch zu beachten, dass auch bei Annahme eines Zweckbetriebs die Leistungen an andere Personen, wie z. B. die Angestellten der Universität oder Besucher, der Umsatzsteuer zu unterwerfen sind. Zur Anwendung des ermäßigten Steuersatzes vgl. Abschn. 12.9 Abs. 4 Nr. 6 UStAE zu § 12 Abs. 2 Nr. 8 UStG.*

Cafés (Teestuben), in denen vorwiegend Jugendliche verkehren (vgl. BFH vom 11.04.1990, BStBl 1990 II S. 724), können nur dann als Zweckbetriebe nach § 66 AO eingestuft werden, wenn zwei Drittel der Leistungen den in § 53 AO genannten Personen zugutekommen. Es kann nicht ohne Weiteres davon ausgegangen werden, dass sämtliche Jugendliche zum Personenkreis nach § 53 AO zählen. Im Einzelfall ist daher nachzuweisen oder glaubhaft zu machen, dass die Besucher einer solchen Einrichtung zu mehr als zwei Drittel als wirtschaftlich bedürftig in diesem Sinne einzustufen sind.

Pflegedienstleistungen, die von steuerbegünstigten Körperschaften im Rahmen der Pflegeversicherung (häusliche Pflege) erbracht werden, bilden i. d. R. einen Zweckbetrieb nach § 66 AO (FinMin Sachsen-Anhalt vom 11.04.1996, DB 1996 S. 1703).

Bei **Altentages- oder -begegnungsstätten** kann regelmäßig von Einrichtungen der Wohlfahrtspflege i. S. des § 66 AO ausgegangen werden. Anders ist jedoch eine allgemein zugängliche Cafeteria eines Seniorenheims zu beurteilen (BFH vom 24.01.1990, BStBl 1990 II S. 470).

Zu **arbeitstherapeutischen Beschäftigungsgesellschaften** siehe auch Tz. 2.16.2.

Auf der Grundlage von § 95 SGB V werden von im System der gesetzlichen Krankenversicherung tätigen Leistungserbringern, insbesondere Krankenhäusern, **„Medizinische Versorgungszentren" (MVZ)** gegründet. Hierbei handelt es sich um Einrichtungen der ambulanten Pflege, die mithilfe angestellter Ärzte oder freiberuflicher Vertragsärzte ambulante medizinische Leistungen erbringen. Nach einer Entscheidung der obersten Finanzbehörden des Bundes und der Länder können die MVZ bei Vorliegen der übrigen Voraussetzungen für die Gemeinnützigkeit Zweckbetriebe nach § 66 AO sein. Voraussetzung hierfür ist, dass mindestens zwei Drittel der Leistungen hilfsbedürftigen Personen i. S. des § 53 AO zugutekommen. Eine Beurteilung als Zweckbetrieb nach §§ 65, 67 AO kommt hingegen nicht in Betracht (OFD Frankfurt a. M. vom 26.09.2006, DB 2006 S. 2261). Das Merkmal der Hilfsbedürftigkeit i. S. des § 53 AO kann m. E. im Allgemeinen als erfüllt angesehen werden, wenn die Behandlungskosten durch die gesetzliche oder private Krankenkasse ohne ergänzende Zuzahlung durch den Patienten erstattet werden.

Sozialkaufhäuser richten ihr Angebot, meist bestehend aus gebrauchten und/oder gespendeten Waren, sowohl an die Allgemeinheit als auch an bedürftige Personen, wie beispielsweise Sozialhilfeempfänger. Häufig werden diese Sozialkaufhäuser von Wohlfahrtsverbänden getragen. In Abhängigkeit von der Zielsetzung kann ein Sozialkaufhaus die Zweckbetriebseigenschaft als Einrichtung der Wohlfahrtspflege nach § 66 AO erfüllen. Möglich ist aber auch ein Integrationsprojekt i. S. des § 68 Nr. 3 Buchst. c AO bzw. eine Beschäftigungsgesellschaft i. S. des § 65 AO (siehe Tz. 2.20.4.3).

2.17.3 Umfang eines Zweckbetriebs nach § 66 AO

Einen Zweckbetrieb i. S. des § 66 AO begründet eine Körperschaft nur mit Leistungen, die als solche wohlfahrtspflegerischen Charakter haben (zum Begriff der Wohlfahrtspflege siehe oben). Nur wenn die „Fremdleistungen" nach den tatsächlichen Umständen von den begünstigten Leistungen unterschieden werden können, kann in Bezug auf die **„Fremdleistungen" ein eigenständiger (steuerpflichtiger) Geschäftsbetrieb** angenommen werden (siehe hierzu auch BFH vom 18.01.1995, BStBl 1995 II S. 446; der BFH gibt dort auch Merkmale für eine Unterscheidung der Leistungen an).

Die Formulierung in § 66 Abs. 1 und Abs. 3 AO, nach der Einrichtungen der Wohlfahrtspflege einen Zweckbetrieb bilden, wenn sie „in besonderem Maße" den in § 53 AO genannten Personen dienen, weist darauf hin, dass ihre wohlfahrtspflegerischen Leistungen nicht in vollem Umfang auf die Förderung Notleidender oder Bedürftiger gerichtet sein müssen.

Das Gesetz verlangt „lediglich" entsprechende Tätigkeiten „in besonderem Maße". Es genügt, wenn diesen Personen **mindestens zwei Drittel** der Leistungen zugutekommen (§ 66 Abs. 3 AO). Das Zahlenverhältnis der begünstigten zu den nicht begünstigten Personen ist nicht entscheidend. Es reicht nicht aus, wenn der betreute Personenkreis zu zwei Dritteln Not leidend oder bedürftig ist; die Leistungen, die diesem Personenkreis gewährt werden, müssen mindestens zwei Drittel aller Leistungen in dem jeweils maßgebenden Besteuerungszeitraum oder am Stichtag betragen.

Der „schädliche" Leistungsanteil bei Zweckbetrieben i. S. des § 66 Abs. 2 AO (bis zu einem Drittel der Gesamtleistungen) ist auch **Teil des steuerunschädlichen Geschäftsbetriebs.** Auch insoweit gelten die Vergünstigungen für Zweckbetriebe (BFH vom 11.05.1988, BStBl 1988 II S. 908, und vom 09.04.1987, BStBl 1987 II S. 659); bei der Umsatzsteuer sind die Umsätze im steuerbegünstigten bzw. steuerschädlichen Bereich jedoch gesondert zu beurteilen.

Die Wohlfahrtseinrichtung muss nachweisen, dass die Voraussetzung der Zweidrittelgrenze erfüllt ist. Diese Verpflichtung ergibt sich aus § 63 Abs. 3 AO; danach hat die Körperschaft durch ordnungsgemäße Aufzeichnungen den **Nachweis zu führen,** dass die tatsächliche Geschäftsführung den steuerlichen Anforderungen entspricht. Der Nachweis über die wirtschaftliche Mildtätigkeit muss anhand einer Selbstberechnung, die sowohl das Einkommen wie auch das Vermögen umfasst, nachgewiesen werden (AEAO Nr. 2 zu § 53 AO, Anhang 1; zu den Nachweisproblemen bei Wohlfahrtseinrichtungen siehe auch Wiemhoff, BB 1977 S. 1599 und BB 1978 S. 959).

Bei laufender Unterstützung wirtschaftlich Bedürftiger ist es der Körperschaft im Allgemeinen möglich und zumutbar, die Einkommens- und eventuell die Vermögensverhältnisse der Unterstützten festzustellen oder sie sich von diesen angeben zu lassen (vgl. auch Tz. 2.14.2). Das gilt z. B. auch bei Gästen eines Erholungsheims (§ 68 Abs. 1 Buchst. a AO). Bei Kleiderkammern, Suppenküchen, Obdachlosenasylen und den sog. Tafeln kann auf den Nachweis der 2/3-Grenze verzichtet werden, wenn ein Bescheid nach § 53 Nr. 2 Satz 8 AO vorliegt (AEAO Nr. 7 zu § 66 AO, Anhang 1).

In begründeten Einzelfällen wäre es sicherlich einfacher, auf die Anzahl standardisierter Leistungen oder (in Ausnahme zu AEAO Nr. 3 Satz 4 zu § 66 AO) auf die Anzahl der betreuten Personen statt auf die konkreten Umsatzerlöse abzustellen (siehe dazu Schauhoff/Kirchhain, „Was bringt der neue AEAO für gemeinnützige Körperschaften?", DStR 2012 S. 266).

Bei den Insassen eines Pflegeheims werden die wirtschaftlichen Verhältnisse im Allgemeinen nicht entscheidend sein, weil es sich dabei um Personen handelt, die wegen ihres körperlichen Zustandes der Hilfe bedürfen. Hilfsbedürftigkeit kann im Übrigen ohne Nachprüfung bei Personen angenommen werden, die das 75. Lebensjahr vollendet haben (vgl. AEAO Nr. 4 zu § 53 AO, Anhang 1; siehe hierzu auch die Hinweise in Tz. 2.3.2).

2.18 § 67 AO: Krankenhäuser

> (1) Ein Krankenhaus, das in den Anwendungsbereich des Krankenhausentgeltgesetzes oder der Bundespflegesatzverordnung fällt, ist ein Zweckbetrieb, wenn mindestens 40 Prozent der jährlichen Belegungstage oder Berechnungstage auf Patienten entfallen, bei denen nur Entgelte für allgemeine Krankenhausleistungen (§ 7 des Krankenhausentgeltgesetzes, § 10 der Bundespflegesatzverordnung) berechnet werden.
>
> (2) Ein Krankenhaus, das nicht in den Anwendungsbereich des Krankenhausentgeltgesetzes oder der Bundespflegesatzverordnung fällt, ist ein Zweckbetrieb, wenn mindestens 40 Prozent der jährlichen Belegungstage oder Berechnungstage auf Patienten entfallen, bei denen für die Krankenhausleistungen kein höheres Entgelt als nach Absatz 1 berechnet wird.

Die Vorschrift des § 67 AO enthält ebenfalls eine eigenständige Zweckbetriebsregelung. In § 67 AO ist festgelegt, unter welchen Voraussetzungen der wirtschaftliche Geschäftsbetrieb **„Krankenhaus" als Zweckbetrieb** anzusehen ist. Mit BMF-Schreiben vom 14.01.2015 wurde der AEAO um Ausführungen zu § 67 AO erweitert, die neben der Definition der Begriffe Krankenhaus und Krankenhausleistungen insbesondere auch die dem Zweckbetrieb Krankenhaus zuzurechnenden Leistungen näher erläutern. In § 67 AO wird zwischen Krankenhäusern, die in den Anwendungsbereich des Krankenhausentgeltgesetzes (KHEntG) und der Bundespflegesatzverordnung (BPflV) fallen (§ 67 Abs. 1 AO), und Krankenhäusern, die nicht in den Anwendungsbereich des KHEntG und der BPflV fallen (§ 67 Abs. 2 AO), unterschieden.

2.18.1 Der Begriff „Krankenhaus"

Der Begriff **„Krankenhaus"** ist weder in § 67 AO noch in sonstigen Steuergesetzen erläutert. Die Definition, die neuerdings (BMF-Schreiben vom 14.01.2015) auch im AEAO zu § 67 AO enthalten ist, ergibt sich aus dem Krankenhausfinanzierungsgesetz (KHG). § 2 Nr. 1 KHG beschreibt Krankenhäuser als Einrichtungen, in denen durch ärztliche und pflegerische Hilfeleistungen Krankheiten, Leiden oder Körperschäden festgestellt, geheilt oder gelindert werden sollen oder Geburtshilfe geleistet wird und in denen zu versorgende Personen untergebracht oder verpflegt werden können (zur Begriffsbestimmung siehe auch R 82 EStR 1999 i. V. m. R 7f EStR).

Diese Definition gilt allgemein im Steuerrecht. Nur in diesem Umfang ist § 67 AO Spezialregelung zur allgemeinen Definition des Zweckbetriebs nach § 65 AO. Eine wirtschaftliche Betätigung mit anderem Gegenstand ist gesondert zu betrachten. In der Regel werden die Tatbestandsmerkmale für die Annahme eines (eigenständigen) wirtschaftlichen Geschäftsbetriebs erfüllt sein. Ist insoweit ein steuerpflichtiger wirtschaftlicher Geschäftsbetrieb (§§ 14, 64 AO) anzunehmen, kommt Ertragsteuerpflicht bzw. die Anwendung des vollen Steuersatzes nach den einschlägigen Vorschriften in Betracht (vgl. auch BFH vom 18.10.1990, BStBl 1991 II S. 157, und vom 30.04.2009 V R 3/08, BStBl 2012 II S. 873).

Um klarzustellen, dass die Vorschrift auch Schwangere oder lediglich zur Untersuchung aufgenommene Personen umfasst, die streng genommen keine „Kranken" sind, ist in § 67 AO von Patienten die Rede.

Bei Zugrundelegen der Definition des § 2 Nr. 1 KHG begründen Krankenhäuser nur mit ihren ärztlichen und pflegerischen Leistungen einen Zweckbetrieb i. S. des § 67 AO. Zu dem Zweckbetrieb Krankenhaus gehören daher alle Einnahmen und Ausgaben, Umsätze und Vermögensgegenstände, die mit den Leistungen an Patienten als Benutzer des jeweiligen Krankenhauses zusammenhängen. Hierzu zählen in erster Linie die stationäre oder teilstationäre Aufnahme (Unterbringung und Verpflegung) von Patienten, deren ärztliche und pflegerische Betreuung einschließlich der Lieferung der zur Behandlung erforderlichen Arznei-, Heil- und Hilfsmittel (vgl. auch Rau/Dürrwächter/Flick/Geist, Anm. 147 zu § 4 Nr. 16 UStG 2008). Auf der Grundlage von § 39 Abs. 1 Satz 1 SGB V sind darüber hinaus gleichfalls vor- und nachstationären Behandlungen als auch ambulante Behandlungen im Krankenhaus möglich (BFH vom 31.07.2013 I R 82/12, DB 2013 S. 2898).

Für die Zurechnung von Behandlungsleistungen zum Zweckbetrieb Krankenhaus ist es unbeachtlich, wenn die Behandlungen von Patienten des Krankenhauses durch einen ermächtigen Arzt als Dienstaufgabe innerhalb einer nichtselbständigen Tätigkeit (Einkünfte nach § 19 EStG) erbracht werden (vgl. AEAO zu § 67 AO).

Sonstige Tätigkeiten fallen nicht in den Bereich des Begriffs „Krankenhaus".

Hochschulkrankenhäuser erfüllen stets den Begriff des Krankenhauses i. S. des § 2 Nr. 1 KHG (R 82 EStR 1999). Der Betrieb gewerblicher Art (BgA) „Hochschulkrankenhaus" kann als Zweckbetrieb i. S. des § 67 AO eingestuft werden, wenn er neben den formellen Voraussetzungen (Vorliegen einer gesonderten Satzung für den Krankenhaus-BgA, siehe BFH vom 31.10.1984, BStBl 1985 II S. 162, und Tz. 2.1.6 mit weiteren Hinweisen) mit seinen Krankenhausleistungen den Rahmen des § 67 AO einhält. Auch bei Hochschulkrankenhäusern ist zu prüfen, ob sie über den Zweckbetrieb i. S. des § 67 AO hinaus steuerpflichtige wirtschaftliche Geschäftsbetriebe unterhalten (s. weiter unten). Innerhalb des (einheitlichen) Betriebs gewerblicher Art „Hochschulkrankenhaus" sind diese Geschäftsbetriebe bzw. der einheitliche Geschäftsbetrieb nach Maßgabe des § 64 Abs. 2 AO im Rahmen der partiellen Steuerpflicht nach § 5 Abs. 1 Nr. 9 KStG zu besteuern, wenn die Voraussetzungen der §§ 14, 64 AO erfüllt sind. Dies gilt auch dann, wenn der Geschäftsbetrieb für sich betrachtet nicht die Voraussetzungen für die Annahme eines Betriebs gewerblicher Art nach § 1 Abs. 1 Nr. 6 i. V. m. § 4 KStG erfüllt.

Es ist nicht erforderlich, dass das Krankenhaus i. S. des § 67 AO im Krankenhausbedarfsplan angeführt wird. Das Vorhandensein oder Fehlen einer Konzession kann aber im Einzelfall als Beweisanzeichen dafür gewertet werden, ob ein Krankenhaus vorliegt oder nicht.

Die Bedeutung des § 67 AO geht über den Bereich der steuerbegünstigten Körperschaften hinaus; die Bestimmung gilt auch für die Fälle, in denen ein Krankenhaus von einer nicht begünstigten Körperschaft, einer natürlichen Person oder von einer Personengesellschaft betrieben wird. Insoweit wird hingewiesen auf § 7f EStG, § 3 Nr. 20 GewStG, § 4 Nr. 16 UStG und § 4 Nr. 6 GrStG.

Krankenhäuser können nur mit ihren ärztlichen oder pflegerischen Leistungen einen Zweckbetrieb i. S. des § 67 AO begründen. Leistungen der **Belegärzte sowie der Beleghebammen und -entbindungspfleger** gehören nicht zu den allgemeinen Krankenhausleistungen (siehe dazu: Die Besteuerung der Krankenhäuser, 4. Auflage, S. 284, bzw. § 2 Abs. 1 bis 3 BPflV; zu Belegärzten siehe insbesondere BFH vom 25.11.1993, BStBl 1994 II S. 212). Hiervon zu unterscheiden sind reine **Belegkrankenhäuser,** in denen nur Patienten der Belegärzte behandelt und untergebracht werden. Diese sind als Krankenhäuser i. S. des § 67 AO zu werten (BFH vom 25.11.1993, BStBl 1994 II S. 212).

In R 82 Abs. 1 und 2 EStR 1999 (i. V. m. R 7f EStR 2012) ist ausdrücklich festgehalten, dass eine Einrichtung, die ein Krankenhaus i. S. des § 2 Nr. 1 KHG unterhält, auch teilweise als Krankenhaus angesehen werden kann. Dies ist der Fall, wenn ein Krankenhausteil räumlich oder nach seiner Versorgungsaufgabe als Einheit, z. B. als Abteilung oder besondere Einrichtung, von den anderen Bereichen der Einrichtung abgrenzbar ist.

So können z. B. Trägerkörperschaften von Reha-Einrichtungen, Sanatorien und Kuranstalten unter bestimmten Voraussetzungen auch dann als gemeinnützig behandelt werden, wenn sie in ihren Einrichtungen sog. Ergänzungsbelegungen (z. B. Aufnahme von Urlaubsgästen) vornehmen. Dies ist möglich, wenn ein abgrenzbarer Krankenhausteil verbleibt. § 67 AO ist in diesem Fall nur auf den Krankenhausteil anzuwenden. Die Vermietung an die Urlaubsgäste ist dann ein gesonderter steuerpflichtiger wirtschaftlicher Geschäftsbetrieb. Erfolgt die Nutzung für Urlaubsgäste nicht nur vorübergehend (zur „Kapazitätsauslastung"), sondern auf Dauer und sind damit Teile eines Zweckbetriebs in einen steuerpflichtigen wirtschaftlichen Geschäftsbetrieb „umgewandelt" worden, stellt sich in diesem Zusammenhang die Frage einer steuerschädlichen Mittelverwendung. Hierzu wird auf Tz. 2.5.5.5 verwiesen, bei der Gewinnermittlung ist in diesen Fällen § 13 KStG zu beachten, siehe dazu unter Tz. 4.1.5.

Für die Annahme eines verbleibenden **funktional abgrenzbaren Krankenhauses** reicht eine buchmäßige Abgrenzung nicht aus (die nach § 63 Abs. 2 AO ohnehin erforderlich ist). Bei einer Abgrenzung nach Versorgungsaufgaben liegt ein als Einheit anzusehender Krankenhausteil nur vor, wenn der Teil eine gewisse Selbständigkeit und organisatorische Geschlossenheit aufweist. Im Einzelfall sind an die Trennung keine überzogenen Anforderungen zu stellen. Dies bedeutet, dass die Abgrenzung nach räumlichen Merkmalen bei der Unterbringung (verschiedene Etagen oder Gebäudeteile) für die Annahme eines verbleibenden Krankenhauses genügt (siehe hierzu OFD Frankfurt a. M. vom 06.07.1998, DB 1998 S. 1493).

2.18.2 Anwendungsbereich des Krankenhausentgeltgesetzes (KHEntG) und der Bundespflegesatzverordnung (BPflV)

Ein Krankenhaus i. S. von § 67 Abs. 1 AO liegt vor, wenn es neben der Erfüllung der weiteren Voraussetzungen des § 67 AO unter den Anwendungsbereich des Krankenhausentgeltgesetzes (KHEntG) und der Bundespflegesatzverordnung (BPflV) fällt. Hierunter sind alle nach dem Krankenhausfinanzierungsgesetz (KHG) geförderten und alle nicht geförderten Krankenhäuser mit Ausnahme der in § 1 Abs. 2 KHEntG i. V. m. § 3 KHG genannten Krankenhäuser erfasst. Das sind

a) die in § 3 KHG bezeichneten Krankenhäuser:
  - Krankenhäuser im Straf- oder Maßregelvollzug
  - Polizeikrankenhäuser
  - Krankenhäuser der Träger der gesetzlichen Rentenversicherung der Arbeiter oder Angestellten oder der gesetzlichen Unfallversicherung

b) die in § 20 Abs. 1 KHG bezeichneten Krankenhäuser, die nach § 5 Abs. 1 Nr. 2, 4 oder 7 KHG nicht gefördert werden:
  - Krankenhäuser, die die in § 67 genannten Voraussetzungen nicht erfüllen, z. B. wegen Überschreitens der 40 %-Grenze
  - Tuberkulosekrankenhäuser
  - Vorsorge- und Rehabilitationseinrichtungen

§ 67 AO wurde mit dem Jahressteuergesetz 2007 vom 13.12.2006 an die seit dem 01.01.2004 geltenden Bestimmungen des Krankenhausfinanzierungsgesetzes (KHG) angepasst. Die (geänderten) Regelungen gelten ab dem 01.01.2003 (vgl. Art. 97 § 1c Abs. 3 EGAO).

Auch in der (rückwirkend) ab dem 01.01.2003 geltenden Fassung des § 67 AO wird unterschieden zwischen Krankenhäusern, die in den Anwendungsbereich des Krankenhausentgeltgesetzes (KHEntG) und der Bundespflegesatzverordnung (BPflV) fallen (§ 67 Abs. 1 AO), und Krankenhäusern, die nicht in den Anwendungsbereich des KHEntG oder der BPflV fallen (§ 67 Abs. 2 AO). Nach § 67 Abs. 1 AO ist ein Krankenhaus, das in diese Anwendungsbereiche fällt, ein Zweckbetrieb, wenn mindestens 40 % der jährlichen Belegungs- oder Berechnungstage auf Patienten entfallen, bei denen nur Entgelte für allgemeine Krankenhausleistungen (§ 7 KHEntG, § 10 BPflV) berechnet werden. Ein Krankenhaus, das nicht unter das KHEntG oder die BPflV fällt, ist ein Zweckbetrieb, wenn mindestens 40 % der jährlichen Belegungs- oder Berechnungstage auf Patienten entfallen, bei denen für die Krankenhausleistungen kein höheres Entgelt berechnet wird, als es ein unter das KHEntG oder die BPflV fallendes Krankenhaus nach § 67 Abs. 1 AO berechnen würde (§ 67 Abs. 2 AO).

Einrichtungen der Erwachsenen- sowie der Kinder- und Jugendpsychiatrie (psychiatrische Krankenhäuser und Abteilungen an Allgemeinkrankenhäusern) sowie Einrichtungen für Psychosomatik und psychotherapeutische Medizin wurden nicht in das DRG-Vergütungssystem einbezogen. Die voll- und teilstationären Leistungen dieser Krankenhäuser oder Krankenhausabteilungen werden weiter nach der BPflV abgerechnet.

Allgemeine Krankenhausleistungen sind die Krankenhausleistungen, die unter Berücksichtigung der Leistungsfähigkeit des Krankenhauses im Einzelfall nach Art und Schwere der Krankheit für die medizinisch zweckmäßige und ausreichende Versorgung des Patienten notwendig sind. Das sind in erster Linie die Unterbringung und Verpflegung der stationär oder teilstationär aufgenommenen Patienten, deren ärztliche und pflegerische Betreuung einschließlich der Lieferung der zur Behandlung erforderlichen Arznei-, Heil- und Hilfsmittel sowie die Behandlung und Versorgung ambulanter Patienten (vgl. AEAO zu § 67 AO, Anhang 1).

Seit dem 01.01.2004 ist mit § 17b Abs. 1 Satz 1 KHG für die Vergütung der allgemeinen Krankenhausleistungen ein durchgängiges, leistungsorientiertes und pauschaliertes Entgeltsystem eingeführt worden (Fallpauschalen). Mit diesen Entgelten werden die allgemeinen vollstationären und teilstationären Krankenhausleistungen für einen Behandlungsfall vergütet. Dabei erfolgt die Vergütung nach einem einheitlichen Katalog für die jeweils in Anspruch genommenen Leistungen grundsätzlich unabhängig von der Dauer des Krankenhausaufenthalts. Bisher erfolgte eine Abrechnung i. d. R. nach Tagessätzen. Die BPflV gilt seit dem 01.01.2004 nur noch für psychiatrische Einrichtungen, Einrichtungen für Psychosomatik und psychotherapeutische Medizin. An die Stelle der BPflV treten im Ergebnis die entsprechenden Regelungen des KHEntG.

2.18.3 Krankenhäuser i. S. von § 67 Abs. 2 AO

Ein Krankenhaus, das nicht unter das KHEntG oder BPflV fällt, ist ein Zweckbetrieb, wenn mindestens 40 % der jährlichen Belegungs- oder Berechnungstage auf Patienten entfallen, bei denen es für die Krankenhausleistungen kein höheres Entgelt verlangt als ein dem KHEntG oder der BPflV unterliegendes Krankenhaus. In diesen Fällen ist also grundsätzlich eine Vergleichsrechnung zu erstellen, in der für das Haus die Entgelte für die allgemeinen Krankenhausleistungen nach Maßgabe des KHEntG oder BPflV zu berechnen sind. Zur Berechnung der 40 %-Grenze bei Belegkrankenhäusern siehe BFH vom 25.11.1993, BStBl 1994 II S. 212, vom 24.01.2008 V R 54/06, BStBl 2008 II S. 643, sowie vom 16.12.2010 V ER-S-3/10.

Zur Anwendung des § 67 Abs. 2 AO bei Vorsorge- und Rehabilitationseinrichtungen siehe Klähn in DStZ 1999 S. 902.

Belegärzte (= nicht Angestellte des Krankenhauses, vgl. auch § 18 Abs. 1 KHEntG) rechnen ihre ärztlichen Leistungen unmittelbar gegenüber ihren Patienten, der kassenärztlichen Vereinigung oder dem sonst für den betreffenden Patienten eintretenden Zahlungspflichtigen ab. Rechnet der Belegarzt gegenüber dem Patienten nach der Gebührenordnung für Ärzte (GOÄ) ab, steht er dem Krankenhausarzt gleich, der eine Wahlleistung gegenüber dem Patienten erbringt. In diesem Fall ist der Arzt nicht an (ersatz)kassenärztliche Gebührenbestimmungen gebunden, sondern kann grundsätzlich innerhalb einer Gebührenspanne vom Einfachen bis Dreifachen des Gebührensatzes liquidieren. Demnach setzt die Anwendung des § 67 Abs. 2 i. V. m. Abs. 1 AO auf (reine) Belegkrankenhäuser voraus, dass der Belegarzt höchstens 60 % der jährlichen Pflegetage gegenüber Patienten nach der GOÄ abrechnet. Es müssen also mindestens 40 % der jährlichen Pflegetage auf Patienten entfallen, deren ärztliche Behandlung der Belegarzt über Krankenschein oder entsprechend den für Kassenabrechnungen geltenden Vergütungssätzen abrechnet.

2.18.4 Berechnung der Zweckbetriebsgrenze nach § 67 AO

Ab dem 01.01.2004 ist ein Krankenhaus als Zweckbetrieb einzuordnen, wenn **mindestens 40 % der jährlichen Belegungstage auf Patienten** entfallen, bei denen nur Entgelte für allgemeine Krankenhausleistungen (§ 7 KHEntG, § 10 BPflV) **nach dem KHEntG** berechnet werden.

Wenn also mehr als 60 % der jährlichen Belegungstage auf Patienten entfallen, die Wahlleistungen in Anspruch nehmen, sind die Voraussetzungen des § 67 AO nicht mehr erfüllt. Das heißt, ein entsprechendes Krankenhaus ist dann nicht mehr im Rahmen eines Zweckbetriebs tätig und kann damit nicht als steuerbegünstigte Körperschaft nach § 5 Abs. 1 Nr. 9 KStG anerkannt werden. Entsprechend gehen dann auch die Befreiungen des § 4 Nr. 14 UStG, § 3 Nr. 20 GewStG, § 4 Nr. 6 GrdStG verloren.

2 Erläuterung der Bestimmungen des Abschnitts „Steuerbegünstigte Zwecke" in der AO

Für die Prüfung, ob ein Krankenhaus die Voraussetzungen des § 67 AO erfüllt, sind daher die Anzahl der Belegungstage der Patienten, die Wahlleistungen in Anspruch nehmen (= „schädliche" Patienten i. S. des § 67 AO), in Relation zu der Anzahl der Belegungstage der Patienten, für die lediglich die Fallpauschalen in Rechnung gestellt werden (= „unschädliche" Patienten i. S. des § 67 AO), zu setzen (OFD Rheinland vom 01.12.2010 – S 0186-2010/0001). Wenn die Anzahl der Belegungstage der „unschädlichen" Patienten mindestens 40 % bezogen auf die Gesamtbelegungstage beträgt, ist das Krankenhaus im Rahmen eines Zweckbetriebs nach § 67 AO tätig. Dies gilt sinngemäß für Krankenhäuser i. S. von § 67 Abs. 2 AO mit der Maßgabe, dass dann ein unschädlicher Patient vorliegt, wenn diesem ein Entgelt in Rechnung gestellt wird, das die für die in Anspruch genommenen Leistungen normalerweise zu berechnende Fallpauschale nicht übersteigt.

Um eine eindeutige Aussage zur Zweckbetriebseigenschaft eines Krankenhauses vornehmen zu können, müssen die **Belegungstage der Patienten** also für steuerliche Zwecke weiterhin **aufgezeichnet werden.** Dabei ist unabhängig davon, für welche konkrete Behandlung oder an welchen Tagen eine Wahlleistung vereinbart ist, der betreffende Patient insgesamt mit seinen Verweiltagen/Belegtagen als „schädlicher Patient" bei der Ermittlung der Belegungsquote i. S. des § 67 AO einzustufen.

> **Beispiel:**
> Nach dem zwischen dem Patienten und dem Krankenhaus geschlossenen Behandlungsvertrag wird der Patient stationär aufgenommen. Der Patient hat dabei die Wahlleistung „Unterbringung im Einzelzimmer" vereinbart.
>
> Im Rahmen der Behandlung wird der Patient operiert und verbringt einen Tag im Aufwachraum des Krankenhauses. An den restlichen Tagen wird er – wie vereinbart – in einem Einzelzimmer untergebracht. Die Wahlleistung „Einzelzimmer" wird zusätzlich zur Fallpauschale mit ihm gesondert abgerechnet.
>
> Der Patient hat zwar an einem Tag seines Aufenthaltes in dem Krankenhaus die Wahlleistung „Einzelzimmer" tatsächlich nicht in Anspruch genommen. Gleichwohl gilt dieser Patient auch für diesen Tag als „schädlicher Patient" i. S. des § 67 AO.

Zu den besonderen Wahlleistungen, die statt oder ergänzend zu den allgemeinen Krankenhausleistungen erbracht werden und grundsätzlich nicht über Fallpauschalen und die BPflV abgerechnet werden, gehören:

– die besondere Unterbringung (Ein- und Zweibettzimmer),

– die besondere Ausstattung des Zimmers,

– die Behandlung durch einen bestimmten Arzt sowie

– eine besondere Verpflegung.

Für die Frage, ob ein „schädlicher" oder „unschädlicher" Patient i. S. des § 67 AO anzunehmen ist, ist grundsätzlich auf die Wahlleistungen abzustellen, die das Krankenhaus selbst i. V. m. einer stationären oder teilstationären Unterbringung und Behandlung gegenüber dem Patienten erbringt.

Über die vom Krankenhaus zu erbringenden Leistungen (einschließlich Wahlleistungen) wird eine vertragliche Vereinbarung zwischen dem Patienten und dem Krankenhaus geschlossen (Wahlleistungsvereinbarung, § 17 KHEntG). Vertragspartner sind dabei der Patient und das Krankenhaus. Ein deutliches Indiz dafür, dass das Krankenhaus selbst die Wahlleistung „Chefarzt-Behandlung" entweder durch angestellte oder auch durch Einbindung frei praktizierender Ärzte erbringt, ist gegeben, wenn das Krankenhaus unmittelbar dem Patienten gegenüber für eventuelle Behandlungsfehler haftet.

Es sind aber auch Fälle zu beurteilen, in denen das Krankenhaus neben der Unterbringung im Krankenhaus lediglich die pflegerischen Leistungen erbringt. Die ärztliche Versorgung erfolgt in diesen Fällen dann etwa durch einen frei praktizierenden Arzt auf der Grundlage eines gesonderten Behandlungsvertrages zwischen dem Patienten und dem betreffenden Arzt (zu den **Belegarztregelungen** s. §§ 18 und 19 KHEntG). Diese Fälle sind wie folgt zu beurteilen:

– Die Unterbringungs- und Pflegeleistungen erbringt das Krankenhaus gegenüber dem Patienten und rechnet diese Leistungen dann auch selbst mit dem Patienten bzw. seiner Krankenversicherung ab (§ 18 KHEntG).

  Diese Leistungen sind Krankenhausleistungen i. S. des § 67 AO. Auch diese sind zur Prüfung der Zweckbetriebseigenschaft nach den o. a. Grundsätzen zu untersuchen. Die Patienten, denen das Krankenhaus Wahlleistungen in Rechnung stellt (z. B. für eine besondere Unterbringung und Verpflegung), sind für das Krankenhaus als „schädliche" Patienten i. S. des § 67 AO einzuordnen.

– Die ärztlichen Leistungen erbringt der Arzt eigenständig gegenüber dem Patienten und rechnet diese dann auch gegenüber „seinem" Patienten gesondert ab. Diese Arztleistungen können nach Auffassung des FinMin NRW bei der Prüfung der 40 %-Grenze des § 67 Abs. 1 AO mit ihren Belegungs- bzw. Pflegetagen nur dann als „unschädliche Patienten" einbezogen werden, wenn die Vertragspartner die ärztlichen Leistungen über Krankenschein oder entsprechend den für Kassenabrechnungen geltenden Vergütungssätzen abrechnen. Rechnen die Vertragspartner ihre Leistungen nach der Gebührenordnung der Ärzte (GOÄ) ab, sollen diese der Inanspruchnahme von Wahlleistungen durch einen Krankenhausarzt gleichstehen (vgl. FinMin NRW vom 09.03.2005, DB 2005 S. 582). Zu Belegarztleistungen in Fällen des § 67 Abs. 2 AO siehe Tz. 2.18.3.

Aus Billigkeitsgründen können bei der Berechnung der 40 %-Grenze die Wahlleistungen Telefon- und Fernsehgeräteüberlassung außen vor gelassen werden. Soweit Patienten nur die Wahlleistungen Telefon- und Fernsehnutzung in Anspruch nehmen, werden diese als „unschädliche" Patienten i. S. des § 67 AO gewertet (OFD Rheinland vom 10.03.2006 – S 0186 – 1000-St 1/S 7172-1000-St 4). Allerdings begründet das Krankenhaus aufgrund der entgeltlichen Überlassung von Telefonen und Fernsehgeräten einen steuerpflichtigen wirtschaftlichen Geschäftsbetrieb, da dies nicht zu den pflegesatzfähigen Krankenhausleistungen zählt (vgl. OFD Rheinland vom 01.12.2010 – S 0186-2010/0001; BFH vom 26.08.2010, BStBl 2011 II S. 296). In vielen Fällen treffen Krankenhäuser mit privaten Krankenversicherungen (PKV) bezüglich der **Wahlleistung „Unterkunft"** gesonderte Vereinbarungen. Im Leistungsfall vergüten die PKV dann die von dem Versicherungsnehmer in Anspruch genommene Wahlleistung „Unterkunft" in der vereinbarten Höhe. Es ist dabei davon auszugehen, dass die PKV die jeweilige Zimmerausstattung einschließlich sämtlicher angebotener Merkmale (z. B. Kühlschrank, Haartrockner) als medizinisch notwendig ansieht. Insbesondere kommt es seitens des Patienten nicht zu einer gesonderten „Hinzuwahl" bestimmter Zusatzleistungen, sondern der Patient hat nur die Wahl zwischen einem Ein-, Zwei- oder Mehrbettzimmer mit allen damit jeweils verknüpften Ausstattungsmerkmalen. Die Einnahmen aus der (Gesamt-)Wahlleistung „Unterkunft" gehören beim Krankenhaus zu den originären Krankenhausleistungen.

Patienten, die diese Leistungen in Anspruch nehmen, zählen zu den „schädlichen" Patienten im Sinne der o. a. Ausführungen. Wenn der Krankenhausbetrieb insgesamt – also einschließlich der Pflegetage, die auch auf diese Patienten entfallen –

noch als Zweckbetrieb nach § 67 AO einzustufen ist, gehört die „Wahlleistungs-Unterkunft" zum Zweckbetrieb nach § 67 AO. Das gilt dann auch für die Umsatzsteuer, sodass die dafür vereinnahmten Entgelte nach § 4 Nr. 14 UStG von der Umsatzsteuer befreit sind.

Die Leistungen, die Patienten – über die von den PKV akzeptierten Kosten für bestimmte Wahlleistungen – „hinzuwählen", rechnen die Krankenhäuser dann unmittelbar selber mit den Patienten ab (z. B. Bereitstellung von Telefon, Fernsehen, Erledigung von Botengängen). Mit diesen durch das Krankenhaus gegen Entgelt erbrachten Sonderleistungen entsteht auf der Ebene des Krankenhauses ein (zusätzlicher, eigenständiger) steuerpflichtiger wirtschaftlicher Geschäftsbetrieb neben dem Krankenhaus-Zweckbetrieb i. S. des § 67 AO.

Die dem Krankenhaus mit den Zusatz(wahl)leistungen entstandenen Aufwendungen müssen gegenüber den betreffenden Patienten abgerechnet und erhoben werden. Andernfalls würden sich die allgemeinen Pflegesätze unzulässigerweise erhöhen. Ein gezielter Verzicht auf die Abrechnung, um z. B. die 40 %-Grenze noch zu unterschreiten, hätte die Aberkennung der Gemeinnützigkeit zur Folge. Erbringt ein gemeinnütziges Krankenhaus auf Grundlage eines Kooperationsvertrags mit einem anderen gemeinnützigen Krankenhaus, z. B. mit einem berufsgenossenschaftlichen Unfallkrankenhaus, eigenständig stationäre Behandlungsleistungen, so sind diese bei Einhaltung der 40 %-Grenze dem Krankenhaus-Zweckbetrieb nach § 67 AO zuzurechnen. Wie bei ambulanten Behandlungsleistungen zu verfahren ist, ist noch nicht abschließend geklärt (OFD Frankfurt a. M. vom 19.08.2013 – S 0186 A-6-St 53).

Weiterhin sind medizinische Wahlleistungen (z. B. Schönheitsoperationen als Leistungen bei fehlender medizinischer Indikation oder medizinische Alternativbehandlungen) bei der Bestimmung der Zweckbetriebseigenschaft nicht zu berücksichtigen (BFH vom 26.08.2010, BStBl 2011 II S. 296).

2.18.5 Wirtschaftliche Aktivitäten eines Krankenhauses

Übt ein Krankenhaus über die Leistungen nach § 67 AO hinaus auch **andere wirtschaftliche Tätigkeiten** aus, ist **gesondert zu prüfen,** ob insoweit ein eigenständiger steuerpflichtiger wirtschaftlicher Geschäftsbetrieb (§ 64 AO) oder ein (weiterer) Zweckbetrieb nach Maßgabe der §§ 65, 66 oder 68 AO vorliegt. Zu dieser Abgrenzungsproblematik siehe BFH vom 18.10.1990, BStBl 1991 II S. 157 und 268, zu Krankenhausapotheken und -wäschereien und allgemein siehe BFH vom 18.01.1995, BStBl 1995 II S. 446, und auch vom 06.04.2005, BStBl 2005 II S. 545.

Beispiele:

Tätigkeit	Einstufung als			Umsatzsteuersatz			Hinweise
	Zweckbetrieb	wirtschaftl. Geschäftsbetrieb	Vermögensverwaltung	19%	7%	0%	
Ambulanz							
• Krankenhausambulanz	§ 67 AO					X	§ 4 Nr. 14 Buchst. b UStG, eng verbundener Umsatz Abschn. 4.14.6 Abs. 2 UStAE

2.18 § 67 AO: Krankenhäuser

Tätigkeit	Einstufung als			Umsatzsteuersatz			Hinweise
	Zweckbetrieb	wirtschaftl. Geschäftsbetrieb	Vermögensverwaltung	19%	7%	0%	
• Chefarztambulanz		§ 64 AO		X			Abschn. 4.14.6 Abs. 3 UStAE, § 12 Abs. 2 Nr. 8 Buchst. a UStG, EuGH vom 13.03.2014
• onkologische Behandlung mit Zytostatika							
selbst hergestellt	§ 67 AO					X	BFH (nv)
nicht selbst hergestellt		§ 64 AO		X			
Apotheke: Lieferung an							
• ambulant und ehemals stationär behandelte Patienten zur Überbrückung gegen Entgelt		§ 64 AO		X			Abschn. 4.14.6 Abs. 3 Nr. 2 UStAE OFD Frankfurt a. M. vom 07.01.2015
• (teil-)stationäre Patienten des Krankenhauses	§ 67 AO					X	§ 4 Nr. 14 Buchst. b UStG, eng verbundener Umsatz Abschn. 4.14.6 Abs. 2 UStAE
• ambulant behandelte Patienten							
– Krankenhausambulanz (z. B. Notfallambulanz, ambulantes Operieren i. S. des § 115b SGB V)	§ 67 AO					X	§ 4 Nr. 14 Buchst. b UStG, eng verbundener Umsatz Abschn. 4.14.6 Abs. 2 UStAE
• stationär behandelte Patienten	§ 67 AO					X	§ 4 Nr. 14 Buchst. b UStG, eng verbundener Umsatz Abschn. 4.14.6 Abs. 2 UStAE
• Personal		§ 64 AO		X			Abschn. 4.14.6 Abs. 3 UStAE, OFD Frankfurt a. M. vom 07.01.2015
• andere Krankenhäuser		§ 64 AO		X			Abschn. 4.14.6 Abs. 3 UStAE, OFD Frankfurt a. M. vom 07.01.2015
Apotheke: Abgabe von Zytostatika (selbst hergestellt)							
• gesetzlich versicherte Patienten							

2 Erläuterung der Bestimmungen des Abschnitts „Steuerbegünstigte Zwecke" in der AO

Tätigkeit	Einstufung als			Umsatzsteuersatz			Hinweise
	Zweckbetrieb	wirtschaftl. Geschäftsbetrieb	Vermögensverwaltung	19%	7%	0%	
– Versorgungsauftrag des Krankenhauses umfasst sowohl die sich aus § 39 SGB V ergebenden stationären und ambulanten Behandlungsleistungen als auch die für Krankenhäuser vorgesehenen (Instituts-)Ermächtigungen zu einer vertragsärztlichen Versorgungen gem. §§ 116a ff. SGB V	§ 67 AO					X[1]	OFD NRW vom 26.01.2015; BMF vom 14.01.2015; BFH vom 31.07.2013 und 24.09.2014
– Leistungen aufgrund der persönlichen Ermächtigung eines Krankenhausarztes zur vertragsärztlichen Versorgung gem. § 116 SGB V	§ 67 AO					X[1]	OFD NRW vom 26.01.2015; BMF vom 14.01.2015; BFH vom 31.07.2013 und 24.09.2014
• privat versicherte Patienten							
– Behandlungsvertrag zwischen Krankenhaus und Patienten	§ 67 AO					1	OFD NRW vom 26.01.2015; BMF vom 14.01.2015; BFH vom 31.07.2013 und 24.09.2014
– Leistungen der Privatambulanz durch Chefarzt im Rahmen seiner Nebentätigkeitserlaubnis im Rahmen seiner selbständigen Tätigkeit		§ 64 AO					OFD NRW vom 26.01.2015; BMF vom 14.01.2015; BFH vom 31.07.2013 und 24.09.2014

---

1 Laut BFH vom 24.09.2014 (V R 19/11, BFHE 247 S. 369): Umsatzsteuerlich ist die Verabreichung von Zytostatika im Rahmen einer ambulant in einem Krankenhaus durchgeführten ärztlichen Heilbehandlung, die dort individuell für den einzelnen Patienten in einer Apotheke dieses Krankenhauses hergestellt werden, als ein mit der ärztlichen Heilbehandlung eng verbundener Umsatz gem. § 4 Nr. 14 Buchst. b UStG steuerfrei (BFH vom 24.09.2014 V R 19/11, BFHE 247 S. 369, entgegen Abschn. 11 Abs. 3 Nr. 4 UStR 2005 und Abschn. 4.14 Abs. 3 Nr. 3 UStAE, siehe unsere Ausführungen in Tz. 4.5.8.2.). Da eine Veröffentlichung im BStBl bisher nicht stattgefunden hat und derzeit auch nicht bekannt ist, ob eine solche beabsichtigt ist, ist das Urteil bisher über den Einzelfall hinaus nicht anzuwenden (siehe hierzu OFD NRW vom 26.01.2015).

2.18 § 67 AO: Krankenhäuser

Tätigkeit	Einstufung als			Umsatzsteuersatz			Hinweise
	Zweckbetrieb	wirtschaftl. Geschäftsbetrieb	Vermögensverwaltung	19%	7%	0%	
Auftragsforschung							
• Träger nicht öffentlich finanziert		§ 64 AO		X			BFH vom 30.11.1995 und 04.04.2007, Ausnahme: nicht steuerbarer echter Zuschuss, Abschn. 10.2 UStAE
• Wissenschafts-/Forschungseinrichtung (überwiegend öffentlich finanziert)	§ 68 Nr. 9 AO				X		OFD Frankfurt vom 06.03.2012, BFH vom 04.04.2007; § 12 Abs. 2 Nr. 8 Buchst. a UStG, Ausnahme: nicht steuerbarer echter Zuschuss, Abschn. 10.2 UStAE
Automatenumsätze							
• eigene Automaten		§ 64 AO		X	X		abhängig von Warengruppe
• Vermietung des Rechts an Dritte		§ 64 AO	X	X	X		Vertrag besonderer Art (OFD Karlsruhe vom 15.01.2013; BFH vom 15.04.2010)
Beherbergung							
• Begleitpersonen (ärztlich verordnet)	§ 65 AO					X	§ 4 Nr. 14 Buchst. b UStG; sofern ärztlich verordnet/medizinisch notwendig (vgl. EuGH vom 01.12.2005; OFD Karlsruhe vom 15.01.2013;
• Personal/Fremde als langfristige Vermietung (nur Räume)			X			X	§ 4 Nr. UStG, mehr als 6 Monate, § 9 AO
• Personal/Fremde als kurzfristige Vermietung (Hotelbetrieb)		§ 64 AO			X		§ 4 Nr. 2 Satz 2 UStG, § 12 Abs. Nr. 11 UStG (ab 2010)
Beschaffungsstelle: Leistungen für andere Einrichtungen		§ 64 AO		X	X		abhängig von Warengruppe
Blutalkoholuntersuchung		§ 64 AO		X			Abschn. 4.14.5 Abs. 6 Nr. 5 UStAE, OFD Karlsruhe vom 15.01.2013
Cafeteria (Eigenbetrieb)		§ 64 AO		X			OFD Koblenz vom 28.07.2004 (bei nicht öffentlich zugänglicher Personalcafeteria vereinzelt auch Zweckbetrieb von FinVerw akzeptiert); je nach Warengruppe ggf. 7 % (z. B. Zeitschriften), OFD Karlsruhe vom 15.01.2013 (falls Personalcafeteria Zweckbetrieb: 7 %)

2 Erläuterung der Bestimmungen des Abschnitts „Steuerbegünstigte Zwecke" in der AO

Tätigkeit	Einstufung als			Umsatzsteuersatz			Hinweise
	Zweckbetrieb	wirtschaftl. Geschäftsbetrieb	Vermögensverwaltung	19%	7%	0%	
Catering							
• Mahlzeitendienst/ Essen auf Rädern	§ 68 Nr. 1 AO					X	§ 4 Nr. 18 UStG, sofern Voraussetzungen erfüllt, ansonsten 7 %, § 12 Abs. 2 Nr. 8 Buchst. a UStG, OFD Karlsruhe vom 15.01.2013
• fremde Dritte		§ 64 AO			X		7 % nach § 12 Abs. 2 Nr. 1 UStG, sofern Zusatzleistungen erbracht werden 19 %; bei „Versorgungseinrichtungen" grundsätzlich 7 % nach § 12 Abs. 2 Nr. 8 Buchst. a UStG (strittig: BFH vom 29.01.2009); zur Abgrenzung: BMF vom 20.03.2013, OFD Karlsruhe vom 15.01.2013
Einrichtung (Überlassung) wie OP-Saal, Röntgenanlage und die damit verbundene Personalgestellung		§ 64 AO			X		Abschn. 4.14.6 Abs. 2 UStAE, OFD Karlsruhe vom 15.01.2013
Getränkeverkauf		§ 64 AO		X	X		abhängig von Warengruppe, OFD Frankfurt a. M. vom 07.01.2015
Großgeräteüberlassung		§ 64 AO			X		§ 4 Nr. 14 Buchst. b UStG, Abschn. 4.14.6 Abs. 2 UStAE zu Großgeräten OFD Frankfurt a. M. vom 07.01.2015 (abschließende Aufzählung); Vermögensverwaltung denkbar, aber strittig
Gutachten							
• medizinisch-therapeutisch notwendig	§ 67 AO					X	§ 4 Nr. 14 Buchst. b UStG, Abschn. 4.14.6 Abs. 2 Nr. 8 UStAE Beurteilung diverser Gutachten: BMF vom 13.12.2001 und 08.11.2001; OFD Karlsruhe vom 15.01.2013
• nicht medizinisch-therapeutisch notwendig		§ 64 AO		X			OFD Karlsruhe vom 15.01.2013; Negativabgrenzung/-aufzählung in BMF vom 08.11.2001
Kindergarten	§ 68 AO					X	§ 4 Nr. 23 UStG
Kiosk							
• selbst betrieben		§ 64 AO		X	X		OFD Karlsruhe vom 15.01.2013, abhängig von Warengruppe

2.18 § 67 AO: Krankenhäuser

Tätigkeit	Einstufung als			Umsatzsteuersatz			Hinweise
	Zweckbetrieb	wirtschaftl. Geschäftsbetrieb	Vermögensverwaltung	19%	7%	0%	
• vermietet/verpachtet			X		X		§ 4 Nr. 12 UStG (Räumlichkeiten), OFD Karlsruhe vom 15.01.2013, aber Vermietung von Betriebsvorrichtungen/Einrichtungsgegenständen: USt-pflichtig 7 %
Krankenbeförderung							
• Normalfahrzeuge	§ 64 AO				X		bloße Personenbeförderung AEAO Nr. 6 zu § 66 AO; OFD Karlsruhe vom 15.01.2013
• Spezialfahrzeuge	§ 66 AO					X	§ 66 AO, aber: BFH vom 18.09.2007: stpfl. wirtschaftl. Geschäftsbetrieb, hierzu Teil-Nichtanwendungserlass BMF vom 20.01.2009; § 4 Nr. 17 Buchst. b UStG, Abschn. 4.17.2 UStAE, OFD Karlsruhe vom 15.01.2013
Krankenpflegeschule	§ 68 Nr. 5 und 8 AO					X	§ 52 AO; § 4 Nr. 21 oder 22 UStG (OFD Karlsruhe vom 15.01.2013)
Laborleistungen							
• für Patienten	§ 67 AO					X	nicht steuerbar, da keine Umsätze, sondern innerbetriebliche Leistungsverrechnung
• für Dritte (Ärzte, andere Einrichtungen)	§ 64 AO			X		X	BFH vom 06.02.2013, BStBl 2013 II S. 603, steuerfrei, wenn medizinisch-therapeutisch: § 4 Nr. 4 Buchst. b UStG, wenn von Einrichtung ärztlicher Heilbehandlung, Diagnostik oder Befunderhebung erbracht, OFD Karlsruhe vom 15.01.2013; steuerpflichtig, wenn nicht medizinisch-therapeutisch: Abschn. 4.14.5 Abs. 6 UStAE, OFD Karlsruhe vom 15.01.2013;
Medizinisches Versorgungszentrum	§ 66 AO					X	OFD Frankfurt a. M. vom 26.09.2006 und BMF vom 15.06.2006
Mobilfunkantennen			X			X	Vermietung der Dachfläche, FG Saarland vom 20.10.2009; § 4 Nr. 2 UStG, OFD Frankfurt a. M. vom 15.10.2012

2 Erläuterung der Bestimmungen des Abschnitts „Steuerbegünstigte Zwecke" in der AO

Tätigkeit	Einstufung als			Umsatzsteuersatz			Hinweise
	Zweckbetrieb	wirtschaftl. Geschäftsbetrieb	Vermögensverwaltung	19%	7%	0%	
Notarzt im Rettungsdienst							
• Bereitstellen von Notärzten für Rettungsdienst-/fahrzeug bzw. Rettungssanitäter	§ 66 AO					X	AEAO Nr. 6 zu § 66 AO (aber: zunehmend kritisch hinterfragt; vertragliche Gestaltung entscheidend); vgl. auch BFH vom 27.11.2013; § 4 Nr. 14 UStG; OFD Karlsruhe vom 15.08.2013; Niedersächsisches FG vom 13.11.2008 (strittig: Fahrdienste); ggf. § 4 Nr. 18 UStG, sofern „Leistungsbündel" erbracht (BFH vom 08.08.2013)
• bloße Gestellung des (Not-)Arztes an Rettungsdienst bzw. Kreis/Stadt	§ 66 AO (BFH)	§ 64 AO				X	BFH vom 27.11.2013 I R 17/12; § 4 Nr. 14 UStG; OFD Karlsruhe vom 15.01.2013
Parkplatzvermietung							
• selbst betrieben		§ 64 AO		X			an Personal: in Einzelfällen deutlich unterschiedliche Auffassungen der Finanzverwaltung (Vermögensverwaltung: OFD Hannover vom 26.01.1999); an Patienten: in Einzelfällen wird hierin derzeit ein Zweckbetrieb gesehen; sofern Vermögensverwaltung 7 % möglich; sofern Zweckbetrieb 7 %, in Einzelfällen steuerfrei nach § 4 Nr. 14 Buchst. b UStG (eng verbundener Umsatz); OFD Karlsruhe vom 15.01.2013
• Vermietung/Verpachtung (vollständig an Dritte überlassen)			X		X		
Personalgestellung							
• an angestellte Ärzte		§ 64 AO				X	OFD Frankfurt a. M. vom 19.08.2013; § 4 Nr. 14 Buchst. b UStG, eng verbundener Umsatz Abschn. 4.14.6 Abs. 2 UStAE, OFD Frankfurt a. M. vom 07.01.2015
• an selbständige Ärzte		§ 64 AO				X	FG Köln vom 01.02.2001, BFH vom 06.04.2005; OFD Frankfurt a. M. vom 07.01.2015, sofern für die ärztliche Versorgung der Krankenhauspatienten unerlässlich, BFH vom 18.01.2005

2.18 § 67 AO: Krankenhäuser

Tätigkeit	Einstufung als			Umsatzsteuersatz			Hinweise
	Zweckbetrieb	wirtschaftl. Geschäftsbetrieb	Vermögensverwaltung	19%	7%	0%	
• an Chefärzte	§ 67 AO					X	BMF vom 15.06.2006; OFD Niedersachsen vom 25.09.2012
• nicht-medizinisches/ nicht-pflegerisches Personal		§ 64 AO		X			OFD Karlsruhe vom 15.01.2013
Pflegeeinrichtungen	§ 68 AO					X	AEAO Nr. zu § 68 AO; AEAO Nr. 4 zu § 66 AO; ggf. § 4 Nr. 18 UStG
Physikalische Therapie	§ 66 AO					X	§ 66 AO; ggf. § 4 Nr. 14 oder 18 UStG
Sachmittelüberlassung							
• an Chefärzte	§ 67 AO	§ 64 AO		X		X	abhängig davon, ob ambulante (wirtschaftl. Geschäftsbetrieb: FinMin NRW vom 09.03.2005; OFD Rheinland vom 01.12.2010; OFD Frankfurt a. M. vom 19.08.2013; uneinheitliche umsatzsteuerliche Betrachtung in Einzelfällen möglich, analog zu Abschn. 4.14.6 Abs. 2 UStAE) oder stationäre Behandlung (Zweckbetrieb: OFD Frankfurt a. M. vom 19.08.2013; FinMin NRW vom 09.03.2005; OFD Rheinland vom 01.12.2010; Abschn. 4.14.6 Abs. 2 UStAE, § 4 Nr. 14 Buchst. b UStG; OFD Karlsruhe vom 15.01.2013)
• an selbständige Ärzte		§ 64 AO		X			FinMin NRW vom 09.03.2005; OFD Rheinland vom 01.12.2010; OFD Frankfurt a. M. vom 19.08.2013; OFD Frankfurt a. M. vom 07.01.2015
• an Personal/ Dritte		§ 64 AO		X			OFD Karlsruhe vom 15.01.2013; BFH vom 06.04.2005; Ausnahme: im Zusammenhang mit der Überlassung von Großgeräten und medizinischen Einrichtungen steuerfrei, Abschn. 4.14.6 Abs. 2 UStAE

2 Erläuterung der Bestimmungen des Abschnitts „Steuerbegünstigte Zwecke" in der AO

Tätigkeit	Einstufung als			Umsatzsteuersatz			Hinweise
	Zweckbetrieb	wirtschaftl. Geschäftsbetrieb	Vermögensverwaltung	19%	7%	0%	
Schönheitsoperationen							
• medizinisch indiziert	§ 67 AO					X	§ 4 Nr. 14 UStG, BFH vom 15.07.2004, 07.10.2010, 19.06.2013, EuGH vom 21.03.2013; OFD Karlsruhe vom 15.01.2013, OFD Frankfurt a. M. vom 01.08.2013, Nachweis der medizinischen Indikatoren durch Einzelgutachten (FG Rheinland-Pfalz vom 12.01.2012 und 04.12.2014)
• nicht medizinisch indiziert		§ 64 AO		X			BFH vom 15.07.2004; Abschn. 4.14.6 Abs. 3 Nr. 6 UStAE, BFH vom 19.06.2013, EuGH vom 21.03.2013, OFD Frankfurt a. M. vom 01.08.2013
Telefon-/TV-Überlassung							
• vom Krankenhaus an Patienten		§ 64 AO		X			OFD Niedersachsen vom 25.09.2012, OFD Frankfurt a. M. vom 19.08.2013; EuGH vom 01.12.2005, OFD Karlsruhe vom 15.01.2013, Abschn. 4.14.6 Abs. 3 Nr. 10 UStAE
• Vermietung des Rechts an Dritte			X	X			sofern nicht weitere Betriebsvorrichtungen überlassen werden (z. B. Serverraum o. Ä.) bzw. durch Krankenhaus weitere Serviceleistungen gegenüber. Betreiber geschuldet; § 12 Abs. 2 Nr. 8 Buchst. a UStG, Anwendung ggf. kritisch, BFH vom 20.03.2014
Untersuchungsleistungen für niedergelassene Ärzte, andere Einrichtungen		§ 64 AO		X	X		abhängig von Art und Empfänger der Leistung
Verwaltungsdienstleistungen (Gehaltsabrechnungen, Buchführung etc.)		§ 64 AO		X			kein Zweckbetrieb nach § 68 Nr. 2 AO, BFH vom 23.07.2009 und 29.01.2009; OFD Karlsruhe vom 15.01.2013, Ausnahme: steuerfrei nach EU-Recht bei Dienstleistungen im Bereich der „sozialen Sicherheit" (BFH vom 23.07.2009)

2.18 § 67 AO: Krankenhäuser

Tätigkeit	Einstufung als			Umsatzsteuersatz			Hinweise
	Zweckbetrieb	wirtschaftl. Geschäftsbetrieb	Vermögensverwaltung	19%	7%	0%	
Wäschereileistungen	§ 68 Nr. 2 AO	§ 64 AO		X	X		BFH vom 19.07.1995 und 18.10.1990, ggf. Zweckbetrieb nach § 68 Nr. 2 AO (Selbstversorgungseinrichtung); nach neuer Rechtsprechung BFH vom 29.01.2009 kritisch; sofern Zweckbetrieb nach § 68 Nr. 2 Buchst. b AO; 7 %, § 12 Abs. 2 Nr. 8 UStG, Abschn. 4.14.6 Abs. 3 Nr. 9 UStAE, BFH vom 18.10.1990
Wahlärztliche Leistungen	§ 67 AO					X	§ 4 Nr. 14 Buchst. b UStG, OFD Frankfurt a. M. vom 19.08.2013 (Zweckbetrieb bei nichtselbständiger Tätigkeit des Chefarztes); § 4 Nr. 14 Buchst. b UStG
Warenverkäufe							
• an Patienten/ Besucher	§ 64 AO			X	X		abhängig von Warengruppe
• Arbeitstherapie	§ 65 AO					X	Hilfsgeschäft, Zweckbetrieb eigener Art nach § 65 AO ; § 4 Nr. 16 UStG i. V. m. Abschn. 4.16.6 Abs. 2 UStAE,
Wellnessleistungen		§ 64 AO		X			

Zu weiteren wirtschaftlichen Aktivitäten von Krankenhäusern, insbesondere zur Personal- und Sachmittelgestellung, verweisen wir auch auf unsere Ausführungen (mit Beispielen) zu Tz. 2.15.4.2. Darüber hinaus ist Folgendes anzumerken:

Mit Urteilen vom 31.07.2013 (I R 31/12, BFH/NV 2014 S. 185, und I R 82/12, DB 2013 S. 2898; siehe auch FG Münster vom 24.10.2012, EFG 2013 S. 159) entschied der BFH, dass die Abgabe von **Zytostatika** durch eine Krankenhausapotheke an ambulant behandelte Patienten zur unmittelbaren Verabreichung im Krankenhaus dem Zweckbetrieb Krankenhaus zuzurechnen ist. Dies gilt auch dann, wenn die Ermächtigung zur Durchführung ambulanter Behandlungen nicht dem Krankenhaus im Wege einer sog. Institutsermächtigung, sondern dem Chefarzt des Krankenhauses erteilt wird, der die Behandlung als Dienstaufgabe durchführt. Bei der Abgabe von Zytostatika handelt es sich um eine von einem Krankenhaus typischerweise gegenüber den Patienten erbrachte Leistung, die auf eine effektive ambulante Behandlung im Krankenhaus abzielt. Die Behandlungen müssen nicht zwingend stationär erfolgen. Auch die Abgabe an private Patienten hindert in diesem Zusammenhang nicht die Zurechnung zum Zweckbetrieb Krankenhaus. Die ambulante onkologische Behandlung ist als ärztliche Leistung vom Versorgungsauftrag des Krankenhauses umfasst und daher grundsätzlich dem Zweckbetrieb zuzurechnen (vgl. auch Klaßmann, das Krankenhaus 2012, S. 908, 910, sowie AEAO zu § 67 AO, Anhang 1). Generell regelt der Versorgungsauftrag eines Krankenhauses gem. § 8 Abs. 1 Satz 4 KHEntG, welche Leistungen ein Krankenhaus unabhängig von der Art der Krankenversicherungsträger erbringen darf. Dass die Behandlung ambulant erfolgt, ist nach der Rechtsauffassung des BFH kein Grund, sie nicht als eine vom Zweckbetrieb des § 67 AO erfasste ärztliche Leistung zu werten. Vielmehr geht § 39 Abs. 1 Satz 1 SGB V davon aus, dass neben stationären, teilstationären und vor- und nachstationären Behandlungen gleichfalls ambulante Behandlungen im Krankenhaus möglich sind. Darüber ermöglicht der Gesetzgeber durch § 116 SGB V, dass Krankenhausärzte zur ambulanten vertragsärztlichen Versorgung ermächtigt werden können (BFH vom 31.07.2013 I R 31/12, BFH/NV 2014 S. 185, und I R 82/12, DB 2013 S. 2898).

Außerdem ist es unbeachtlich, ob die Krankenhausapotheke durch die Medikamentenlieferung in ein tatsächliches oder potenzielles Wettbewerbsverhältnis zu steuerlich nicht begünstigten Apotheken tritt, da die Spezialregelung des § 67 AO Krankenhäuser einschränkungslos zu Zweckbetrieben qualifiziert und somit die Wettbewerbsklausel für allgemeine Zweckbetriebe nach § 65 Nr. 3 AO verdrängt (BFH vom 31.07.2013 I R 31/12, BFH/NV 2014 S. 185, und I R 82/12, DB 2013 S. 2898).

Die entgeltliche **(Mit-)Überlassung** eines **medizinischen Großgerätes** und nicht ärztlichen medizinisch-technischen **Personals** an eine ärztliche Gemeinschaftspraxis durch ein Krankenhaus stellt nach der höchstrichterlichen Rechtsprechung einen steuerpflichtigen wirtschaftlichen Geschäftsbetrieb dar (BFH vom 06.04.2005, BStBl 2005 II S. 545). Nach dem vorgenannten Urteil ist die Nutzungsüberlassung des Großgerätes nicht der Vermögensverwaltung zuzurechnen, wenn über die reine Vermietungstätigkeit hinaus erhebliche weitere Leistungen in Form von Personal und Verbrauchsmaterial zur Verfügung gestellt werden.

Hinsichtlich der Personal- und Sachmittelgestellung durch ein gemeinnütziges Krankenhaus an einen Krankenhausarzt ist im Sinne der Finanzverwaltung grundsätzlich zu prüfen, ob der Arzt unmittelbarer Nutznießer ist. Dies ist dann der Fall, wenn der Arzt durch die Gestellung von Personal und Sachmitteln in die Lage versetzt wird, seine eigenwirtschaftlichen Zwecke zu verfolgen, und somit private Einkünfte erzielt. Seitens des Krankenhauses ergibt sich hierbei nur ein „mittelbarer" Einsatz für die Versorgung der Patienten, sodass damit ein wirtschaftlicher Geschäftsbetrieb begründet wird (Klaßmann in BDO „Aktuelles" vom 31.08.2012).

Krankenhäuser räumen im Regelfall im Rahmen des Anstellungsvertrags ihren **Chefärzten** das Recht ein, gegen Zahlung eines **Nutzungsentgelts** für die Inanspruchnahme von Personal und Inventar sog. Wahlleistungen gegenüber stationär aufgenommenen Patienten des Krankenhauses zu erbringen und diese selbst zu liquidieren. Die entgeltliche Personal- und Sachmittelgestellung des Krankenhauses an den Chefarzt zur Erbringung von Wahlleistungen gegenüber Krankenhauspatienten ist dem Zweckbetrieb Krankenhaus i. S. des § 67 AO zuzurechnen (OFD Frankfurt a. M. vom 19.08.2013 – S 0186 A-6-St 53; siehe auch unsere weiteren Ausführungen zu Tz. 2.15.4.2).

Neben dem Anstellungsvertrag und der Regelung der Liquidationsberechtigung im Hinblick auf die ärztlichen Wahlleistungen gegenüber Krankenhauspatienten ist Gegenstand der Vereinbarungen zwischen dem Krankenhaus und den Chefärzten i. d. R. auch eine separate Regelung über sog. „**Nebentätigkeiten**". Danach haben Chefärzte häufig die Möglichkeit, im Rahmen einer von ihnen betriebenen „**Ambulanz**" im eigenen Namen und auf eigene Rechnung auch solche Patienten zu behandeln, die sich nicht in stationärer Behandlung des Krankenhauses befinden. Das Krankenhaus stellt den Chefärzten hierfür gegen Nutzungsentgelt ebenfalls Personal und Sachmittel zur Verfügung. Mit der entgeltlichen Personal- und Sachmittelgestellung an den Chefarzt begründet das Krankenhaus einen steuerpflichtigen wirtschaftlichen Geschäftsbetrieb. Das Krankenhaus wird damit nicht mehr im Rahmen seines Zweckbetriebs i. S. des § 67 AO tätig, weil es an einer unmittelbaren Förderung der steuerbegünstigten satzungsmäßigen Zwecke fehlt und das Krankenhaus im Übrigen auch nicht selbstlos die Allgemeinheit fördert (OFD Frankfurt vom 19.08.2013 – S 0186 A-6-St 53).

Ein anteiliger Abzug von Aufwendungen als **Betriebsausgaben** – soweit sie mit dem steuerpflichtigen wirtschaftlichen Geschäftsbetrieb **Personal- und Sachmittelgestellung an Chefärzte** in Zusammenhang stehen – ist möglich, wenn eine Mitveranlassung durch den steuerpflichtigen wirtschaftlichen Geschäftsbetrieb besteht und ein objektiver Maßstab für die Aufteilung der Aufwendungen auf den ideellen Bereich einschließlich der Zweckbetriebe und den steuerpflichtigen wirtschaftlichen Geschäftsbetrieb vorhanden ist. Dabei sind die einzelnen Aufwendungen isoliert zu betrachten (AEAO Nr. 6 zu § 64 Abs. 1 AO, Anhang 1). Es bestehen daher keine Bedenken, dass bei der Gewinnermittlung z. B. anteilige Personalkosten für Arzthelferinnen, Schreibdienst und Buchhaltung und auf der Grundlage des „Tarifs der Deutschen Krankenhausgesellschaft für die Abrechnung erbrachter Leistungen und für die Kostenerstattungen vom Arzt an das Krankenhaus" (DKG-NT) ermittelte Sachkosten als Betriebsausgaben berücksichtigt werden. Die Berücksichtigung des anteiligen Grundgehalts des Chefarztes selbst kommt nicht in Betracht, da die Nebentätigkeit außerhalb der vertraglichen Dienstverpflichtungen stattfindet.

Weiterhin muss beachtet werden, ob die den Ärzten berechneten Sach- und Personalkosten bereits im steuerfreien Bereich bei den mit den Kostenträgern ausgehandelten Pflegesätzen bzw. Fallpauschalen erfasst wurden. Dieselben Aufwendungen könnten im wirtschaftlichen Geschäftsbetrieb dann nicht zusätzlich abgezogen werden (OFD Rheinland vom 01.12.2010 – S 0186-2010/0001).

Zum Betrieb einer **Privatambulanz** im Krankenhaus durch einen angestellten oder freien Arzt sowie zum Liquidationsrecht von **Chefärzten, wahlärztliche Leistungen** direkt mit dem Patienten abzurechnen, verweisen wir weiterhin auf unsere Ausführungen zu Tz. 2.15.4.2 (Personal- und Sachmittelgestellung).

Hinweis: *Der BFH hat mit dem Urteil vom 05.10.2005 (BStBl 2006 II S. 94) entschieden, dass ein angestellter Chefarzt mit den Einnahmen aus dem ihm eingeräumten Liquidationsrecht im stationären Bereich für die gesondert berechenbaren wahlärztlichen Leistungen i. d. R. Arbeitslohn bezieht, wenn die wahlärztlichen Leistungen innerhalb des Dienstverhältnisses erbracht werden. Hierzu haben die OFD Rheinland und die OFD Münster in der Verfügung vom 28.04.2006 (DB 2006 S. 1083) umfassend Stellung genommen.*

Sie weisen darin u. a. darauf hin, dass bei den Chefärzten Einkünfte aus selbständiger Arbeit nur vorliegen, wenn die Verträge über die wahlärztlichen Leistungen unmittelbar zwischen den Patienten und dem Chefarzt abgeschlossen werden und die Liquidation durch den Chefarzt erfolgt. Soweit den Chefärzten neben den wahlärztlichen Leistungen im stationären Bereich auch die Möglichkeit eingeräumt wird, auf eigene Rechnung und eigenes Risiko Leistungen im ambulanten Bereich gegenüber den

2 Erläuterung der Bestimmungen des Abschnitts „Steuerbegünstigte Zwecke" in der AO

> *Patienten zu erbringen, beziehen die Chefärzte insoweit ebenfalls Einkünfte aus selbständiger Arbeit.*
> *Auch die OFD Frankfurt nahm in ihrer Rundverfügung vom 02.05.2013 (S 2332 A-98-St 211) ebenfalls Bezug auf das BFH-Urteil (a. a. O.) und wies ergänzend darauf hin, dass es sich bei Zahlungen, die regelmäßig geleistet werden und denen der gleiche Abrechnungszeitraum zugrunde liegt, um laufenden Arbeitslohn i. S. der R 39b.2 Abs. 1 LStR handelt. Außerdem wurde die Gutachtertätigkeit von Chefärzten und nachgeordneten Ärzten/Assistenzärzten im Hinblick auf selbständige und nichtselbständige Arbeit voneinander abgegrenzt.*
> *In diesem Zusammenhang verweise ich auch auf den Beitrag von Koopmann/Buchna in „Die steuerliche Betriebsprüfung" 1998 S. 225, 253 und Tz. 4.5 ff.*

Belegarztleistungen sind dadurch gekennzeichnet, dass zwischen dem Arzt und dem Krankenhaus (Belegarzt-)Verträge abgeschlossen werden. Dabei sind die Belegärzte nach § 19 KHEntG dazu verpflichtet, dem Krankenhaus (mindestens) die dem Krankenhaus mit den Überlassungsleistungen angefallenen Kosten zu erstatten.

Das Krankenhaus überlässt dem behandelnden Arzt gegen Entgelt Personal und Sachmittel. Diese setzt der Arzt zur Erbringung seiner ärztlichen Leistungen ein. Mit der entgeltlichen Personal- und Sachmittelgestellung begründet das Krankenhaus einen steuerpflichtigen wirtschaftlichen Geschäftsbetrieb i. S. der §§ 14, 64 AO. Den Gewinn aus dieser Tätigkeit hat das Krankenhaus der Körperschaft- und Gewerbesteuer zu unterwerfen (der steuerlich maßgebliche Gewinn wird von der Finanzverwaltung mindestens in Höhe eines häufig im Belegarztvertrag vereinbarten Vorteilsausgleichs angenommen). Zudem unterliegen die Entgelte, die das Krankenhaus damit erzielt, der Umsatzsteuer mit dem Regelsteuersatz von 19 %, da insoweit kein „eng verbundener Umsatz" i. S. des § 4 Nr. 14 UStG vorliegt (vgl. auch BMF-Schreiben vom 26.06.2009, BStBl 2009 I S. 756, und in Tz. 4.5.8.2).

Zur Bedarfsbewertung von Krankenhäusern nach § 147 BewG siehe FinMin Baden-Württemberg vom 31.07.1997 (DB 1997 S. 1896).

2.19 § 67a AO: Sportliche Veranstaltungen

> (1) ₁Sportliche Veranstaltungen eines Sportvereins sind ein Zweckbetrieb, wenn die Einnahmen einschließlich Umsatzsteuer insgesamt 45.000 Euro im Jahr nicht übersteigen. ₂Der Verkauf von Speisen und Getränken sowie die Werbung gehören nicht zu den sportlichen Veranstaltungen.
>
> (2) ₁Der Sportverein kann dem Finanzamt bis zur Unanfechtbarkeit des Körperschaftsteuerbescheids erklären, dass er auf die Anwendung des Absatzes 1 Satz 1 verzichtet. ₂Die Erklärung bindet den Sportverein für mindestens fünf Veranlagungszeiträume.
>
> (3) ₁Wird auf die Anwendung des Absatzes 1 Satz 1 verzichtet, sind sportliche Veranstaltungen eines Sportvereins ein Zweckbetrieb, wenn
>
> 1. kein Sportler des Vereins teilnimmt, der für seine sportliche Betätigung oder für die Benutzung seiner Person, seines Namens, seines Bildes oder seiner sportlichen Betätigung zu Werbezwecken von dem Verein oder einem Dritten über eine Aufwandsentschädigung hinaus Vergütungen oder andere Vorteile erhält, und

2. kein anderer Sportler teilnimmt, der für die Teilnahme an der Veranstaltung von dem Verein oder einem Dritten im Zusammenwirken mit dem Verein über eine Aufwandsentschädigung hinaus Vergütungen oder andere Vorteile erhält.

₂Andere sportliche Veranstaltungen sind ein steuerpflichtiger wirtschaftlicher Geschäftsbetrieb. ₃Dieser schließt die Steuervergünstigung nicht aus, wenn die Vergütungen oder anderen Vorteile ausschließlich aus wirtschaftlichen Geschäftsbetrieben, die nicht Zweckbetriebe sind, oder von Dritten geleistet werden.

2.19.1 Grundsätzliches

Die Regelungen des § 67a AO sind mit dem Ziel geschaffen worden, insbesondere für kleinere Sportvereine eine wesentliche Vereinfachung des Besteuerungsverfahrens zu erreichen.

Sportliche Veranstaltungen von Sportvereinen, die die Voraussetzungen des § 67a Abs. 1 AO (Unterschreiten der Zweckbetriebsgrenze) oder des § 67a Abs. 3 AO erfüllen, sind kraft Gesetzes Zweckbetriebe. Auf die allgemeinen Voraussetzungen für die Annahme eines Zweckbetriebs (§ 65 AO) ist nicht abzustellen (BFH vom 25.07.1996, BStBl 1997 II S. 154, und vom 30.03.2000, BStBl 2000 II S. 705).

Die Vergünstigungen des § 67a AO gelten nicht für Vereine, die „lediglich" in ihrem Vereinsnamen oder ihrer Satzung den Begriff „Sport" verwenden (z. B. Skatsport, Hundesport). Die Regelungen des § 67a AO können nur von Körperschaften in Anspruch genommen werden, die **Sport i. S. des § 52 Abs. 2 Nr. 21 AO** fördern (zum Sportbegriff in diesem Sinne siehe Tz. 2.2.6 und BFH vom 29.10.1997, BStBl 1998 II S. 9).

So sind z. B. die **Pferderennvereine** nicht dem Bereich des § 67a AO zuzuordnen. Sie fördern die Tierzucht i. S. des § 52 Abs. 2 Nr. 23 AO (siehe Tz. 2.2.6 und OFD Frankfurt vom 25.02.2003, KSt-Kartei HE § 5 KStG Karte 84). Nach der Entscheidung des BFH vom 22.04.2009 I R 15/07 (BStBl 2011 II S. 475) kann der Rennbetrieb von Trabrennvereinen nicht als Zweckbetrieb nach § 65 AO eingeordnet werden. Da der Verein nach seiner Satzung nicht auf die Förderung des Sports i. S. des § 52 Abs. 2 Nr. 21 AO ausgerichtet war, war auch kein Raum für die Annahme eines Zweckbetriebs nach § 67a AO. Nach Veröffentlichung der vorstehenden Entscheidung muss jeder Trabrennverein daraufhin überprüft werden, ob er weiterhin als gemeinnützig anerkannt werden kann (siehe auch Tz. 2.14.10).

Hingegen üben **Reit- und Fahrvereine** Sport i. S. des § 52 Abs. 2 Nr. 21 AO aus (mit Springreiten, Dressur etc.). Sportvereine in diesem Sinne sind auch Sportverbände (AEAO Nr. 2 zu § 67a AO, Anhang 1).

Die Sonderregelung des § 67a AO schließt die Anwendung der Grundregel zur Annahme eines Zweckbetriebs nach § 65 AO nicht aus (BFH vom 25.07.1996, a. a. O.). Sportvereine, die mit einer wirtschaftlichen Aktivität die Begriffsmerkmale des § 65 AO abdecken, unterhalten dann einen weiteren („normalen") Zweckbetrieb nach § 65 AO.

2.19.2 Begriff der sportlichen Veranstaltung

Unter einer sportlichen Veranstaltung i. S. des § 67a AO (und § 4 Nr. 22 Buchst. b UStG) ist die organisatorische Maßnahme eines Sportvereins zu verstehen, die es aktiven Sportlern (nicht nur Mitgliedern des Vereins) ermöglicht, Sport zu treiben (BFH vom 25.07.1996, BStBl 1997 II S. 154, und vom 30.03.2000, BStBl 2000 II S. 705). Eine bestimmte Organisationsform oder -struktur schreibt das Gesetz nicht vor. Es dürfen nur geringe Anforderungen an das Vorliegen einer organisatorischen

2 Erläuterung der Bestimmungen des Abschnitts „Steuerbegünstigte Zwecke" in der AO

Maßnahme gestellt werden. Der BFH hat in seinem Urteil vom 25.07.1996 weiter ausgeführt, dass die untere Grenze der sportlichen Veranstaltung erst dann unterschritten ist, wenn sich die organisatorische Maßnahme auf Sonderleistungen für einzelne Personen beschränkt. Er führt in diesem Zusammenhang beispielhaft die (einfache) Nutzungsüberlassung von Sportgeräten oder -anlagen, eine konkrete Dienstleistung, wie z. B. die (bloße) Beförderung zum Ort der sportlichen Betätigung oder ein spezielles Training für einzelne Sportler, an (bestätigt durch Urteil des BFH vom 09.08.2007 V R 27/04, DB 2007 S. 2238, und BMF vom 27.11.2000, BStBl 2000 I S. 1548; siehe auch Abschn. 4.22.2 Abs. 2 UStAE zu § 4 Nr. 22 UStG betr. Eintrittsgelder einer Kunsteisbahn).

Nach Auffassung des BFH (Urteil vom 27.04.2006, BStBl 2007 II S. 16) ist es dabei in jedem Fall erforderlich, dass **aktive Sportler** die Möglichkeit haben, **Sport zu treiben**. Reine Freizeitbeschäftigungen – egal in welcher Organisationsform – begründen keine „sportlichen Veranstaltungen". Eine Einordnung kann z. B. danach vorgenommen werden, wie sie zum Stichwort „Sportverein" vorgeschlagen wurde.

Erzielt ein Sportverein oder -verband mit der Durchführung einer sportlichen Veranstaltung in diesem Sinne Einnahmen, die gleichzeitig die Begriffsmerkmale des wirtschaftlichen Geschäftsbetriebs (§ 14 AO) erfüllen, gelten für die Frage, ob insoweit ein steuerpflichtiger wirtschaftlicher Geschäftsbetrieb (§§ 14, 64 AO) anzunehmen ist oder damit ein Zweckbetrieb begründet wird, die Spezialvorschriften des § 67a AO. Wirtschaftliche Betätigungen im sportlichen Bereich, die keine sportlichen Veranstaltungen i. S. des § 67a AO sind, können „ersatzweise" gem. § 65 AO die Voraussetzungen eines Zweckbetriebs erfüllen, denn die Sonderregelungen des § 67a AO schließen die Anwendung der Grundregel zum Zweckbetrieb (§ 65 AO) nicht aus (AEAO Nr. 11 und 12 zu § 67a AO, Anhang 1; bestätigt durch BFH vom 30.03.2000, BStBl 2000 II S. 705). So ist beispielsweise das von einem gemeinnützigen Schwimmverein angebotene Jedermannschwimmen als Zweckbetrieb i. S. des § 65 AO zu werten, wenn Angebote, die nicht unmittelbar dem Schwimmen dienen, z. B. eine Sauna, von untergeordneter Bedeutung sind. Direkte Konkurrenz zu steuerpflichtigen Schwimmbädern besteht bei Vereinsschwimmbädern nicht, da ihr Angebot sich im Umfang meist erheblich unterscheidet (vgl. AEAO Nr. 13 Buchst. c zu § 67a AO, Anhang 1; auch Rang/Baldauf, Besteuerung kommunaler Sportstätten und Schwimmbäder sowie vergleichbarer Einrichtungen – Ertragsteuerliche Aspekte, DStZ 2014 S. 38).

Mit dem Begriff **Veranstaltung** ist deutlich gemacht, dass neben der „einfachen" Überlassung von Sportgeräten (siehe nachstehend) oder „einfachen" Dienstleistung, die zwar zur Sportausübung als solche notwendig ist, weitere organisatorische Maßnahmen des Vereins hinzutreten müssen, um damit dem Sportler ein „Gesamtereignis" anzubieten (siehe auch BFH vom 25.07.1996, a. a. O.). Zu den sportlichen Veranstaltungen in diesem Sinne zählen in erster Linie Veranstaltungen von Sportvereinen, bei denen sich Sportler aktiv sportlich betätigen und für die Möglichkeit zur Teilnahme an dem Wettkampf z. B. eine Start- oder Teilnahmegebühr entrichten (wie z. B. bei Volksläufen, Volksschwimmen, Trimmveranstaltungen).

Weiter zählt zu den sportlichen Veranstaltungen i. S. des § 67a AO die (entgeltliche) Durchführung von **Sportunterricht** und von **Sportreisen.** Als **weitere Beispiele** sportlicher Veranstaltungen i. S. des § 67a AO sind Schauauftritte von Tanzsportvereinen (BFH vom 04.05.1994, BStBl 1994 II S. 886; AEAO Nr. 3 zu § 67a AO, Anhang 1), Sprungveranstaltungen von Fallschirmsportvereinen (BFH vom 25.07.1996, BStBl 1997 II S. 154), Durchführung eines City-Marathon-Laufs (FG München vom 12.06.1991, EFG 1992 S. 47) und das Vereinsschwimmen sowie die

Durchführung von Schwimmkursen eines Vereins (AEAO Nr. 13 Buchst. b zu § 67a AO, Anhang 1) zu nennen. Auch Gymnastikkurse, etwa für sog. Trendsportarten wie Pilates, Body Forming oder Rückenfitness, zählen als sportliche Veranstaltungen (FG Köln vom 08.10.2009 – 10 K 3794/06, EFG 2010 S. 367). Nach einer Entscheidung der obersten Finanzbehörden des Bundes und der Länder können Sportvereine mit dem Betrieb eines **Fitness-Studios** einen Zweckbetrieb i. S. des § 67a AO unterhalten, wenn die Benutzer der Räume und Geräte beim Training von einem Übungsleiter betreut werden. Werden Räume und Sportgeräte ohne qualifizierte Betreuung durch den Verein überlassen, liegt nach der Regelung im AEAO Nr. 12 zu § 67a AO ein Zweckbetrieb i. S. des § 65 AO vor, wenn deren Mieter Mitglieder des Sportvereins sind (kritisch hierzu u. a. Fischer in jurisPR-SteuerR 26/2008 Anm. 5).

Ebenso gehören hierzu auch Veranstaltungen in **Anwesenheit von zahlendem Publikum** (z. B. die Meisterschaftsspiele und Turniere, zu denen die Zuschauer gegen Zahlung eines Eintrittsgelds Zutritt erhalten).

Die **Aus- und Fortbildung in sportlichen Fähigkeiten** gehört zu den typischen und wesentlichen Tätigkeiten eines Sportvereins. Organisiert ein Sportverein Sportkurse und -lehrgänge (Training), bietet der Verein damit den teilnehmenden Sportlern ein „Gesamtereignis" an, mit dem der Begriff der sportlichen Veranstaltung i. S. des § 67a AO regelmäßig erfüllt ist (zu Einzeltraining siehe unten).

Für die Einordnung des **Sportunterrichts** (z. B. Reit-, Ski-, Tennis-, Schwimmunterricht) als sportliche Veranstaltung ist es ohne Bedeutung, ob der Unterricht durch Beiträge oder Sonderentgelte abgegolten wird, ob er auch Nichtmitgliedern erteilt wird oder ob der Ausbilder eine Bezahlung erhält. Ebenso ist es unschädlich für die Annahme einer sportlichen Veranstaltung, dass der Verein mit dem Sportunterricht in Konkurrenz zu gewerblichen Sportlehrern (z. B. Reitlehrer, Skilehrer, Tennislehrer, Schwimmlehrer oder Fitness-Studios) tritt, weil § 67a AO als die speziellere Vorschrift dem § 65 AO vorgeht. Wird neben dem Sportunterricht den Teilnehmern an Sportlehrgängen in eigenen Einrichtungen für die Dauer des Lehrgangs Unterkunft und Verpflegung gewährt, ist m. E. in Anlehnung an § 68 Nr. 8 AO auch diese Leistung zu den sportlichen Veranstaltungen i. S. des § 67a AO zu rechnen und einheitlich mit diesen zu beurteilen.

Trainiert ein Verein durch einen hierfür bestellten Trainer **einzelne Mitglieder** (oder einzelne Nichtmitglieder), ist dies eine Dienstleistung und keine „Veranstaltung" i. S. des § 67a AO (BFH vom 25.07.1996, BStBl 1997 II S. 154). In einem solchen Fall sollte zunächst geprüft werden, ob der Einzelunterricht ggf. Bestandteil des Mannschaftstrainings ist und damit im weitesten Sinne noch als sportliche Veranstaltung nach § 67a AO angesehen werden kann (z. B. gezieltes Einzeltraining für einzelne Mitglieder der Vereinsmannschaft im Rahmen der Meisterschaftsrunde). Kann der Einzelunterricht nicht als sportliche Veranstaltung i. S. des § 67a AO eingestuft werden, ist zu prüfen, ob insoweit die Voraussetzungen für die Annahme eines Zweckbetriebs nach § 65 AO erfüllt sind. Nach meiner Auffassung kann im Einzelfall in Anlehnung an AEAO Nr. 14 zu § 67a AO (Anhang 1) das **Einzeltraining für Vereinsmitglieder** als Zweckbetrieb „eigener Art" und das **Einzeltraining für Nichtmitglieder** als steuerpflichtiger wirtschaftlicher Geschäftsbetrieb (§§ 14, 64 AO) einzustufen sein. Das FG Niedersachsen kommt in seiner Entscheidung vom 03.01.2008 (EFG 2008 S. 891) zu dem Ergebnis, dass ein Golfsportverein mit der Erteilung von **Golfeinzelunterricht** einen steuerpflichtigen wirtschaftlichen Geschäftsbetrieb begründet. Nachgehend entschied der BFH, dass sich der Golfsportverein jedoch für die Inanspruchnahme einer Steuerbefreiung für Golfeinzelunterricht auf das Unionsrecht berufen kann. Ob in diesem Zusammenhang auch § 4 Nr. 22 Buchst. a UStG greifen kann, wurde ausdrücklich offengelassen (BFH vom 02.03.2011 XI R 21/09, UR 2011 S. 589).

Eine **Sportreise** kann nur dann als sportliche Veranstaltung („organisatorische Maßnahme") i. S. des § 67a AO eingeordnet werden, wenn aktive Sportler an einer solchen Reise teilnehmen und die sportliche Betätigung wesentlicher und notwendiger Bestandteil der Reise ist (z. B. Reise zum Wettkampfort). Wird anlässlich von Reisen auch Sport getrieben, steht bei diesen jedoch die Erholung der Teilnehmer im Vordergrund (ist z. B. wesentlicher Teil der Reise das touristische Angebot oder die Gestaltung der Freizeit, bei der die sportliche Betätigung und Urlaub miteinander verbunden sind, sog. Touristikreisen), handelt es sich nicht um eine sportliche Veranstaltung, sondern um einen steuerpflichtigen wirtschaftlichen Geschäftsbetrieb. Die Einordnung einer Sportreise als Zweckbetrieb kann grundsätzlich nur dann erfolgen, wenn die veranstaltende Körperschaft nachweisen kann, dass anlässlich der Reise tatsächlich ein geordneter Trainings- oder Wettkampfbetrieb unterhalten wurde (Trainingseinheiten wurden absolviert, die von entsprechend qualifizierten Trainern nach einem vorher festgelegten Programm durchgeführt wurden; entsprechende Teilnahmenachweise können vorgelegt werden, wenn z. B. Aufwendungen für die Anmietung entsprechender Sportanlagen oder -geräte nachgewiesen werden; Versicherungsunterlagen können vorgelegt werden, die einen Trainings- oder Wettkampfbetrieb absichern, etc.).

Nicht zu den sportlichen Veranstaltungen zählt die einfache Vermietung von Sportstätten oder Sportgeräten (siehe dazu auch unten) oder die entgeltliche Erteilung von **Wettkampfgenehmigungen** oder Sportlerausweisen durch Sportverbände (diese sind regelmäßig Zweckbetriebe nach § 65 AO, siehe BMF vom 05.10.1990, BStBl 1990 I S. 638, und AEAO Nr. 11 und Nr. 12 zu § 67a AO, Anhang 1).

Werden jedoch Wettkampfgenehmigungen, Sportlerausweise etc. für ProfisSportler (zum Begriff „Profisportler" siehe Tz. 2.19.6.1) ausgestellt, ist insoweit ein steuerpflichtiger wirtschaftlicher Geschäftsbetrieb anzunehmen.

2.19.3 Vermietung von Sportstätten und Sportgeräten

Die **Vermietung von Sportstätten und Betriebsvorrichtungen** für sportliche Zwecke auf **längere Dauer** ist der (steuerfreien) Vermögensverwaltung (§ 14 Satz 3 AO) zuzuordnen (vgl. auch Tz. 2.15.3). Längere Dauer in diesem Sinne liegt vor, wenn das betreffende Mietobjekt während der gesamten Dauer des Mietverhältnisses für den ausschließlichen Gebrauch durch **einen** Mieter zur Verfügung steht. Wird ein Schwimmbad zur Durchführung des Schulschwimmens an die Träger von Schulen vermietet, ist von einer längeren Dauer der Vermietung auszugehen, wenn eine stundenweise Nutzungsmöglichkeit für mindestens ein Schulhalbjahr (mindestens 6 Monate) besteht. Damit gehören sowohl die Vermietung als auch unselbständige Nebenleistungen, wie beispielsweise die Schwimmbadreinigung, zur Vermögensverwaltung (AEAO Nr. 13 Buchst. a zu § 67a AO, Anhang 1).

Die Vermietung von Sportstätten auf kurze Dauer (z. B. die **stundenweise Vermietung** von Tennisplätzen, auch dann, wenn die Anmietung für einen längeren Zeitraum im Voraus für bestimmte Zeiten festgelegt ist) ist **keine sportliche Veranstaltung** i. S. des § 67a AO, sondern eine Tätigkeit, die die Voraussetzungen für die Annahme eines wirtschaftlichen Geschäftsbetriebs erfüllt (siehe BFH vom 25.10.1988, BStBl 1989 II S. 291). Diese Tätigkeit ist als Zweckbetrieb eigener Art i. S. des § 65 AO zu beurteilen, wenn es sich bei den Mietern um Mitglieder des Ver-

2.19 § 67a AO: Sportliche Veranstaltungen

eins handelt. Kurzfristige Vermietungen **an Nichtmitglieder** führen zur Annahme eines steuerpflichtigen wirtschaftlichen Geschäftsbetriebs (beachte: BFH vom 09.04.1987, BStBl 1987 II S. 659; AEAO Nr. 12 zu § 67a AO, Anhang 1). Allerdings wird durch die Überlassung einer Sportstätte ausschließlich an verschiedene Vereine im Regelfall die Grenze zur gewerblichen Vermietungstätigkeit noch nicht überschritten (OFD Münster vom 03.02.2009, Kurzinfo KSt 2/2007 (Aktualisierung), DStR 2009 S. 1313).

In der entgeltlichen Überlassung von beweglichen Gegenständen, z. B. Tennis- oder Golfschlägern, i. V. m. der Vermietung von Sportstätten ist ein Hilfsgeschäft zu sehen, das das steuerliche Schicksal des Hauptgeschäftes teilt (AEAO Nr. 14 zu § 67a AO, Anhang 1). Bei der alleinigen Überlassung von Sportgeräten, z. B. eines Flugzeugs, bestimmt sich die Zweckbetriebseigenschaft danach, ob die Sportgeräte Mitgliedern oder Nichtmitgliedern überlassen werden. Das gilt jedoch dann nicht, wenn sich diese Tätigkeit allein auf die Vercharterung von Flugzeugen beschränkt und der Verein selbst keine Förderung des (Flug-)Sports im eigentlichen Sinne betreibt (siehe auch FG Köln vom 10.10.2002, EFG 2003 S. 422, und zur „Freizeitfliegerei" Gmach, FR 1996 S. 308).

Werden Sportanlagen (z. B. Tennishallen) sowohl **an Vereinsmitglieder als auch an Nichtmitglieder zu identischen Bedingungen vermietet,** liegt ein (einheitlicher) steuerpflichtiger wirtschaftlicher Geschäftsbetrieb vor. Lediglich dann, wenn die Vermietung an Fremde in geringem Umfang erfolgt (= von untergeordneter Bedeutung, weniger als 10 % der Gesamtleistung), kann insgesamt ein Zweckbetrieb im o. a. Sinne vorliegen.

Erfolgt die **Vermietung** an Vereinsmitglieder und Nichtmitglieder **zu unterschiedlichen Bedingungen** (etwa reservierte Zeiten oder unterschiedliches Mietentgelt, siehe hierzu FG Düsseldorf vom 23.07.1997, EFG 1998 S. 416), ist dem in der steuerlichen Beurteilung Rechnung zu tragen. Es liegen dann zwei selbständige wirtschaftliche Geschäftsbetriebe vor, die steuerlich unterschiedlich zu würdigen sind (Mitgliedervermietung = Zweckbetrieb; Nichtmitgliedervermietung = steuerpflichtiger wirtschaftlicher Geschäftsbetrieb). Hierzu wird auf BFH vom 02.03.1990 (BStBl 1990 II S. 1012) und vom 10.01.1992 (BStBl 1992 II S. 684) verwiesen. Abgrenzungskriterien nennt auch das BFH-Urteil vom 18.01.1995 (BStBl 1995 II S. 446).

Mit der **Überlassung von Golfsportanlagen** durch einen als gemeinnützig anerkannten Golfsportverein gegen Entgelt an Nichtmitglieder (gegen Zahlung von **Greenfee**) begründet der Verein unter Hinweis auf die Regelungen im AEAO Nr. 12 zu § 67a AO (Anhang 1) einen steuerpflichtigen wirtschaftlichen Geschäftsbetrieb. Erfolgt die Überlassung der Sportanlagen an Mitglieder gegen ein Sonderentgelt oder auch, wenn der Mitgliedsbetrag ganz oder teilweise als Nutzungsentgelt eingestuft werden sollte (vgl. etwa die Entscheidung des EuGH vom 21.03.2002 Rs. C-174/00 „Kennemer Golf & Country Club", UR 2002 S. 320), ist insoweit ein Zweckbetrieb nach § 65 AO anzunehmen.

Für die **Umsatzsteuer** kommt der BFH in seiner Entscheidung vom 03.04.2008 V R 74/07 (DStR 2008 S. 1481) zu dem Ergebnis, dass diese Nutzungsentgelte sowohl, wenn sie von Mitgliedern, als auch, wenn sie von Nichtmitgliedern erhoben werden, unter Hinweis auf Art. 13 Teil A Abs. 2 Buchst. b der Richtlinie 77/388 EWG (vgl. Art. 132 Abs. 1 Buchst. b MwStSystRL) von der Umsatzsteuer befreit sein können. Berufen sich die Sportvereine jedoch nicht auf die Steuerbefreiungsvorschriften des Unionsrechts, sind die Nutzungsentgelte im Inland als umsatzsteuerbare und umsatzsteuerpflichtige Leistungen dem unternehmerischen Bereich der Vereine zuzuordnen und – soweit eine Überlassung an Nichtmitglieder erfolgt – mit dem vollen Umsatzsteuersatz zu versteuern. Soweit die Überlassung an Mitglieder erfolgt, unterlagen die Entgelte bislang dem begünstigten Umsatzsteuersatz von 7 %. Der BFH hat entgegen der bisherigen Rechtsauffassung mit Urteil vom 20.03.2014 (V R 4/13, UR 2014 S. 732) entschieden, dass in einem solchen Fall der ermäßigte Steuersatz nach § 12 Abs. 2 Nr. 8 Buchst. a UStG nicht mehr zur Anwendung kommt, da das Bereitstellen von Sportanlagen aus umsatzsteuerlicher Sicht weder Vermögensverwaltung noch Zweckbetrieb sei (BFH vom 20.03.2014 V R 4/13, UR 2014 S. 732). Die Überlassung von Sportanlagen gegen Mitgliedsbeiträge stellt nach aktueller Rechtsprechung damit einen Leistungsaustausch dar, der dem Regelsteuersatz von 7 % und nicht dem ermäßigten Steuersatz von 19 % unterliegt, soweit die Steuerbefreiung nach der Mehrwertsteuersystemrichtlinie nicht in Anspruch genommen wird.

Hinweis: *Will ein Verein die Vorsteuer aus Investitionen nach § 15 UStG in Anspruch nehmen, sind hierzu steuerpflichtige Ausgangsleistungen für die betreffenden Investitionsgüter erforderlich. In diesem Fall darf sich der Verein nicht auf die Steuerbefreiungsvorschriften des Unionsrechts berufen.*

Zu den für Sportvereine durch die Rechtsprechung des BFH im Ergebnis eröffneten Wahlrechten – „Rosinenpickerei" – (siehe die Urteile vom 09.08.2007 V R 27/04, DStR 2007 S. 1719, und vom 11.10.2007 V R 69/06, DB 2008 S. 40) verweise ich auf den Beitrag von Klein in DStR 2008 S. 1016 und die weiteren Ausführungen unter Tz. 4.5.5.2.

Schließt z. B. ein Verein, in dem sich verschiedene Sportvereine zusammengeschlossen haben (Dachverband), mit dem Eigentümer einer Sporthalle einen langfristigen Mietvertrag und vermietet der Verband im Anschluss daran diese Halle für das Training und die Meisterschaftsspiele stundenweise an die jeweils angeschlossenen Vereine oder an sonstige Interessenten (Untervermietung), begründet der **Dachverband** mit dieser Tätigkeit einen **steuerpflichtigen wirtschaftlichen Geschäftsbetrieb** i. S. der §§ 14, 64 AO. Die Billigkeitsregelungen im AEAO Nr. 11 zu § 67a AO (Anhang 1) betreffen ausschließlich die kurzfristige Vermietung an Vereinssportler (natürliche Personen). Eine Erweiterung dieser Ausnahmeregelung auf Leistungsbeziehungen zwischen einem Dachverband und seinen angeschlossenen Vereinen ist ausgeschlossen. Ich verweise hierzu u. a. auf das Urteil des BFH vom 15.10.1997 II R 94/94 (BFH/NV 1998 S. 150 m. w. N.).

Die Unterhaltung von Club-Häusern, Kantinen, Pferdepensionen, Vereinsheimen oder Vereinsgaststätten und der Verkauf von Speisen und Getränken z. B. während sportlicher Veranstaltungen – auch wenn er an Wettkampfteilnehmer, Schiedsrichter etc. erfolgt – sind keine „sportliche Veranstaltungen", auch wenn diese Einrichtungen ihr Angebot nur an Mitglieder richten (AEAO Nr. 6 und 10 zu § 67a AO, Anhang 1; siehe auch Tz. 2.15.4).

Die Verwaltung von Sporthallen sowie das Einziehen der Hallenmieten einschließlich des Mahn- und Vollstreckungswesens durch einen gemeinnützigen Verein gegen Entgelt im Auftrag einer Stadt ist ebenfalls keine sportliche Veranstaltung (BFH vom 05.08.2010, BStBl 2011 II S.191).

2.19.4 Zweckbetriebsgrenze (§ 67a Abs. 1 AO)

Die Besteuerung der sportlichen Veranstaltungen ist für kleinere Sportvereine durch Einführung einer sog. Zweckbetriebsgrenze ab dem Veranlagungszeitraum

1990 (§ 67a Abs. 1 AO) wesentlich erleichtert worden. Die sportlichen Veranstaltungen eines Sportvereins sind ein **Zweckbetrieb,** wenn die Einnahmen einschließlich Umsatzsteuer (also die Bruttoeinnahmen) aus allen sportlichen Veranstaltungen eines Kalenderjahres den Betrag von **45.000 Euro nicht übersteigen** (wurde ein abweichendes Wirtschaftsjahr gewählt – siehe dazu auch Tz. 4.1.5.1.3 –, sind die Einnahmen des abweichenden Wirtschaftsjahres maßgebend). Auf die Höhe der Ausgaben für sportliche Veranstaltungen kommt es nicht an (siehe AEAO Nr. 17 und 18 zu § 67a AO, Anhang 1).

Für die Veranlagungszeiträume bis einschließlich 2012 galt eine Zweckbetriebsgrenze von 35.000 Euro (vgl. Gesetz vom 10.10.2007, BGBl 2007 I S. 2332). Mit Wirkung vom 01.01.2013 beträgt die Grenze nunmehr 45.000 Euro (vgl. Ehrenamtsstärkungsgesetz vom 21.03.2013, BGBl 2013 I S. 556). Der Gesetzgeber verfolgt damit die Intention, Anreize zu setzen, solche Veranstaltungen durchzuführen. Gleichzeitig möchte er die Vereine von der Bürokratie entlasten. Nach Hüttemann war diese Anpassung schon aufgrund der Geldentwertung naheliegend; eine Erhöhung der Grenze auf 45.000 Euro sollte auch bei wirtschaftlichen Geschäftsbetrieben nach § 64 Abs. 3 AO Anwendung finden (Hüttemann, DB 2012 S. 2592).

2.19.4.1 Einnahmen i. S. des § 67a Abs. 1 AO

Zu den Einnahmen aus sportlichen Veranstaltungen **gehören** z. B. die Start- oder Teilnahmegebühren, die Eintrittsgelder, die Einnahmen aus der Vergabe von Rundfunk- oder Fernsehübertragungsrechten (zum Charakter dieser Rechte siehe BMF vom 23.01.1996, BStBl 1996 I S. 89 Tz. 2.4), die erhaltenen Ablösezahlungen bei Vereinswechsel eines („vereinseigenen") Sportlers, die Entgelte für den Sportunterricht oder die Sportreisen. Ebenso zählen dazu die Einnahmen aus dem Verkauf von Programmheften, wenn sie **anlässlich** sportlicher Veranstaltungen erstellt und veräußert werden. Das Inseratengeschäft in Programmheften ist dem steuerpflichtigen wirtschaftlichen Geschäftsbetrieb „Werbung" zuzuordnen (vgl. Tz. 2.15.4.4).

Bei Spielgemeinschaften von Sportvereinen ist – unabhängig von der Qualifizierung der Einkünfte im Feststellungsbescheid für die Gemeinschaft – bei der Körperschaftsteuerveranlagung der beteiligten Sportvereine zu entscheiden, ob ein Zweckbetrieb oder ein steuerpflichtiger wirtschaftlicher Geschäftsbetrieb gegeben ist. Dabei ist für die Beurteilung der Frage, ob die Zweckbetriebsgrenze des § 67a Abs. 1 Satz 1 AO überschritten wird, die Höhe der anteiligen Einnahmen (nicht des anteiligen Gewinns) maßgeblich.

Nicht zu den Einnahmen aus sportlichen Veranstaltungen zählen die Einnahmen aus dem **Verkauf von Speisen und Getränken und der Werbung,** auch wenn sie anlässlich sportlicher Veranstaltungen erzielt werden (§ 67a Abs. 1 Satz 2 AO). Diese Aktivitäten begründen bei den Sportvereinen stets steuerpflichtige wirtschaftliche Geschäftsbetriebe i. S. des § 64 AO (ggf. greift insoweit die Besteuerungsgrenze des § 64 Abs. 3 AO). Das gilt auch für den Verkauf von Speisen und Getränken an Wettkampfteilnehmer, Schiedsrichter, Kampfrichter, Sanitäter usw. Wird für den Besuch einer sportlichen Veranstaltung mit Bewirtung ein einheitlicher Eintrittspreis bezahlt, so ist dieser – ggf. im Wege der Schätzung – in einen Entgeltanteil für den Besuch der sportlichen Veranstaltung und in einen Entgeltanteil für die Bewirtungsleistungen aufzuteilen (AEAO Nr. 7 zu § 67a AO, Anhang 1). Zum Einnahmenbegriff gelten auch hier die Ausführungen zu § 64 Abs. 3 AO sinngemäß (siehe dazu Tz. 2.15.6 und AEAO Nr. 19 zu § 64 AO, Anhang 1).

2.19.4.2 Wirkung der Zweckbetriebsgrenze

Wird die Zweckbetriebsgrenze mit den erzielten Einnahmen aus sportlichen Veranstaltungen **nicht** überschritten, liegt kraft ausdrücklicher gesetzlicher Regelung (stets) ein **Zweckbetrieb** vor, es sei denn, der Sportverein hat das Wahlrecht nach § 67a Abs. 2 und 3 AO ausgeübt. Ist ein Zweckbetrieb i. S. des § 67a Abs. 1 AO anzunehmen (Zweckbetriebsgrenze wird nicht überschritten), ist die Tatsache, dass auch bezahlte Sportler (zum Begriff „bezahlter Sportler" siehe Tz. 2.19.6.1) teilgenommen haben und Vergütungen oder andere Vorteile an die bezahlten Sportler aus dem Zweckbetrieb geleistet wurden, unschädlich. Die Herkunft der Mittel, mit denen die Sportler bezahlt werden, ist in diesem Fall ohne Bedeutung. Auch Verluste, die aus Zweckbetrieben i. S. des § 67a Abs. 1 AO entstanden sind, können gemeinnützigkeitsunschädlich durch sog. ideelle Mittel (§ 55 AO) abgedeckt werden. Das gilt auch dann, wenn bezahlte Sportler an den Veranstaltungen teilgenommen haben (siehe hierzu auch § 58 Nr. 8 AO, geändert mit Wirkung vom 01.01.2014 durch Gesetz vom 21.03.2013, und AEAO Nr. 18 zu § 67a AO, Anhang 1).

Die Entrichtung von Ablösezahlungen für die „Übernahme" eines Sportlers an den „abgebenden" Sportverein ist bei Unterschreiten der Zweckbetriebsgrenze auch dem Zweckbetrieb i. S. des § 67a Abs. 1 AO zuzuordnen und – Angemessenheit unterstellt – uneingeschränkt zulässig (AEAO Nr. 19 zu § 67a AO, Anhang 1, zur Beurteilung von Ablösezahlungen bei Anwendung des § 67a Abs. 2 und 3 AO, Tz. 2.19.6.4). Andererseits sind vom Verein vereinnahmte Ablösezahlungen für die „Abgabe" eines Sportlers in die Berechnung der Zweckbetriebsgrenze des § 67a Abs. 1 AO einzubeziehen.

Übersteigen die Einnahmen aus sportlichen Veranstaltungen die (Zweckbetriebs-)Grenze von 45.000 Euro (für Veranlagungszeiträume bis 2012: 35.000 Euro), sind **alle** sportlichen Veranstaltungen des Sportvereins, auch wenn an ihnen keine bezahlten Sportler teilgenommen haben, steuerpflichtige wirtschaftliche Geschäftsbetriebe (AEAO Nr. 1 zu § 67a AO, Anhang 1). Die wegen Überschreitens der Zweckbetriebsgrenze steuerpflichtigen sportlichen Veranstaltungen sind zusammen mit den übrigen (steuerpflichtigen) wirtschaftlichen Geschäftsbetrieben des Sportvereins als ein steuerpflichtiger wirtschaftlicher Geschäftsbetrieb zu behandeln (§ 64 Abs. 2 AO, Tz. 2.15.5). Sind die sportlichen Veranstaltungen wegen Über- bzw. Unterschreitung der Zweckbetriebsgrenze in einem Veranlagungszeitraum als steuerpflichtiger wirtschaftlicher Geschäftsbetrieb, im folgenden Veranlagungszeitraum jedoch als Zweckbetrieb zu behandeln, ist grundsätzlich jeweils die Schlussbesteuerung nach Maßgabe des § 13 KStG durchzuführen (vgl. dazu Tz. 4.1.6 und § 13 Abs. 5 KStG).

Die Regelungen des § 67a AO gelten auch in Bezug auf die Besteuerung von Sportvereinen, die Fußballveranstaltungen unter Einsatz von Lizenzspielern nach dem Bundesligastatut des Deutschen Fußballbundes e. V. durchführen. Zu den Überlegungen zur Ausgliederung von Sportabteilungen in Sportkapitalgesellschaften siehe u. a. Orth in Recht und Sport, Heft 25 S. 65 ff. m. w. N., und Tz. 2.5.5.5.

Übersteigen die Einnahmen aus sportlichen Veranstaltungen im Kalenderjahr (bei Vorliegen eines abweichenden Wirtschaftsjahres gilt Tz. 2.14.6 insoweit sinngemäß) den Betrag von 45.000 Euro – also die Zweckbetriebsgrenze –, sind die **sportlichen Veranstaltungen** des jeweiligen Jahres steuerpflichtige wirtschaftliche Geschäftsbetriebe (bis 2012 war die Zweckbetriebsgrenze auf 35.000 Euro festgelegt). Die sportlichen Veranstaltungen sind bei Überschreiten der Zweckbetriebsgrenze **auch dann steuerpflichtig, wenn an den Veranstaltungen ausschließlich Amateure teil-**

genommen haben. Schließen die steuerpflichtigen sportlichen Veranstaltungen mit einem Verlust ab (das wird bei Amateursport-Veranstaltungen erfahrungsgemäß regelmäßig der Fall sein, siehe dazu auch Tz. 2.19.5), sind diese Verluste mit den Überschüssen oder Gewinnen aus (den anderen) steuerpflichtigen wirtschaftlichen Geschäftsbetrieben gemeinnützigkeitsunschädlich abzudecken (Gestaltungsbeispiele siehe Neufang, INF 1990 S. 19, 54). Denn nach § 64 Abs. 2 AO sind alle wirtschaftlichen Geschäftsbetriebe, die keine Zweckbetriebe sind, als **ein** wirtschaftlicher Geschäftsbetrieb zu behandeln. Verbleibt auch nach Verrechnung mit den Gewinnen aus den anderen wirtschaftlichen Geschäftsbetrieben noch ein Verlust, der mit ideellen Mitteln abzudecken wäre, ist die Gemeinnützigkeit des Sportvereins gefährdet (zum Verhältnis der steuerpflichtigen sportlichen Veranstaltungen zu anderen wirtschaftlichen Geschäftsbetrieben siehe § 64 Abs. 2 AO, Tz. 2.15.5).

2.19.5 Wahlrecht (§ 67a Abs. 2 AO)

Die Sportvereine können auf Antrag auf die Anwendung der Grundsätze des § 67a Abs. 1 AO (die Zweckbetriebsgrenze) verzichten (§ 67a Abs. 2 und Abs. 3 AO). Dieses Wahlrecht kann bis zum Eintritt der Bestandskraft (der Unanfechtbarkeit) des betreffenden Körperschaftsteuer- bzw. Freistellungsbescheides ausgeübt werden.

Verzichtet ein Sportverein auf die Anwendung des § 67a Abs. 1 AO, ist **jede sportliche Veranstaltung gesondert daraufhin zu prüfen,** ob sie als Zweckbetrieb oder als steuerpflichtige sportliche Veranstaltung einzuordnen (siehe dazu Tz. 2.19.5 ff.) ist. Übt ein Sportverein dieses Wahlrecht aus, ist er an die Anwendung der Grundsätze des § 67a Abs. 3 AO für mindestens fünf Veranlagungszeiträume (das Jahr der erstmaligen Anwendung und die vier folgenden Veranlagungszeiträume) gebunden. Die Grundsätze des § 67a Abs. 3 AO finden in den vier „Folgejahren" auch dann Anwendung, wenn in einem der „Folgejahre" die Einnahmen aus sportlichen Veranstaltungen 45.000 Euro nicht übersteigen sollten. Der Widerruf ist – auch nach Ablauf der Bindungsfrist – nur mit Wirkung ab dem Beginn eines Kalender- oder Wirtschaftsjahres zulässig (es gelten sinngemäß die Regelungen in Abschn. 19.2 Abs. 2 und 6 UStAE zu § 19 UStG).

Die Einräumung dieses Wahlrechts bringt insbesondere für die Sportvereine Vorteile, die mit ihren Einnahmen aus sportlichen Veranstaltungen über 45.000 Euro liegen und aus den Amateursportveranstaltungen Verluste erzielen, die sie mit den Gewinnen oder Überschüssen aus den übrigen wirtschaftlichen Geschäftsbetrieben nicht ausgleichen können. Diesen Vereinen droht bei Nichtanwendung des Wahlrechts grundsätzlich der Entzug der Gemeinnützigkeit (weitere Überlegungen zu Gestaltungen im Hinblick auf § 64 Abs. 2 und § 67a Abs. 3 AO siehe Thiel/Eversberg, DB 1990 S. 290, 344, und „Vereine und Steuern", Informations-Broschüre des Landes Nordrhein-Westfalen).

Die Regelungen zur steuerlichen Behandlung der einzelnen sportlichen Veranstaltungen nach § 67a Abs. 3 AO i. d. F. des Vereinsförderungsgesetzes vom 18.12.1989 entsprechen dem § 67a AO i. d. F. des Steuerbereinigungsgesetzes 1986 vom 19.12.1985 (BStBl 1985 I S. 735). Sind die einzelnen sportlichen Veranstaltungen (zum Begriff „sportliche Veranstaltungen" siehe oben) nach Maßgabe des § 67a Abs. 3 AO als Zweckbetriebe – Veranstaltungen ohne Beteiligung von Profisportlern – zu beurteilen, kommt es auf die Höhe der Einnahmen aus diesen Veranstaltungen nicht an. Auch wenn die Einnahmen aus den dann als Zweckbetrieb zu beurteilenden sportlichen Veranstaltungen 45.000 Euro übersteigen, ist ein Zweckbetrieb anzunehmen. Ein bei Zweckbetriebsveranstaltungen ggf. entstandener Verlust kann ohne Gefährdung der Gemeinnützigkeit durch ideelle Mittel abgedeckt werden. (Nur) die Abdeckung von Verlusten in **Nicht**zweckbetrieben stellt eine Mittelfehlverwendung dar (Tz. 2.5.5.2.1).

2.19.6 Steuerpflichtige oder steuerfreie sportliche Veranstaltungen
(§ 67a Abs. 3 AO)

Übt ein Verein das ihm zugestandene Wahlrecht nach § 67a Abs. 2 AO aus, ist zur Beurteilung der Frage, ob nach § 67a Abs. 3 AO ein Zweckbetrieb oder ein steuerpflichtiger wirtschaftlicher Geschäftsbetrieb anzunehmen ist, **jede sportliche Veranstaltung** gesondert danach zu beurteilen, ob an ihr bezahlte Sportler oder **ausschließlich** unbezahlte Sportler – Amateure – teilgenommen haben.

Bei **allen** Sportarten sind unter sportlichen Veranstaltungen i. S. des § 67a AO grundsätzlich die einzelnen Wettbewerbe zu verstehen, die in engem zeitlichem und örtlichem Zusammenhang durchgeführt werden (nicht die gesamte Meisterschaftsrunde, sondern jedes einzelne Spiel). Für die Frage, ob ein gesamtes Turnier oder jedes einzelne Spiel eine gesonderte sportliche Veranstaltung darstellt, ist von wesentlicher Bedeutung, ob für jedes Spiel gesondert Eintritt erhoben wird und ob die Einnahmen und Ausgaben für jedes Spiel gesondert ermittelt werden (AEAO Nr. 24 zu § 67a AO, Anhang 1).

Sportliche Veranstaltungen (das jeweilige Meisterschaftsspiel, der jeweilige Sportkursus oder die jeweilige Sportreise), an denen **kein** bezahlter Sportler teilnimmt, sind stets **als Zweckbetriebe zu behandeln.** Auf die Höhe der Überschüsse dieser sportlichen Veranstaltungen kommt es nicht an.

Zu den sportlichen Veranstaltungen eines Sportvereins zählen die innerhalb einer **Meisterschaftsrunde** ausgetragenen Heimspiele (AEAO Nr. 24 zu § 67a AO, Anhang 1). Bezogen auf **jedes Heimspiel,** ist bei der Einordnung der jeweiligen Veranstaltung nach § 67a Abs. 3 AO **gesondert** zu entscheiden, ob das ausgetragene Meisterschaftsspiel ein Zweckbetrieb oder eine steuerpflichtige sportliche Veranstaltung ist. Damit ist lediglich die Einordnung der jeweiligen Veranstaltung klargestellt. Zur Frage der Aufteilung oder Zuordnung der für den gesamten Spielbetrieb der Mannschaft(en) angefallenen Aufwendungen siehe Tz. 2.19.6.4.

Sportliche Veranstaltungen, an denen bezahlte Sportler **teilnehmen,** sind stets **steuerpflichtige wirtschaftliche Geschäftsbetriebe.** Bereits die Teilnahme eines **einzelnen** bezahlten Sportlers wandelt die betreffende(n) Veranstaltung(en) zu einer **steuerpflichtigen** Veranstaltung.

Es kommt nach dem Gesetz nicht darauf an, ob ein Verein eine Veranstaltung von vornherein als steuerpflichtigen wirtschaftlichen Geschäftsbetrieb angesehen hat oder ob er – aus welchen Gründen auch immer – zunächst irrtümlich einen Zweckbetrieb angenommen hat (AEAO Nr. 23 zu § 67a AO, Anhang 1). Ist ein Sportler in einem Kalenderjahr als bezahlter Sportler anzusehen, sind **alle** in dem Kalenderjahr durchgeführten sportlichen Veranstaltungen des Vereins, an denen dieser Sportler teilnimmt, ein steuerpflichtiger wirtschaftlicher Geschäftsbetrieb. Bei einem vom Kalenderjahr abweichenden Wirtschaftsjahr ist das abweichende Wirtschaftsjahr zugrunde zu legen (AEAO Nr. 26 zu § 67a AO, Anhang 1).

Für die nach gemeinnützigkeitsrechtlichen Grundsätzen erforderliche Abgrenzung zwischen bezahlten und unbezahlten Sportlern – Profi- oder Amateursportlern – (siehe dazu Tz. 2.19.6.1) ist allein auf die Regelungen des § 67a Abs. 3 AO abzustellen. Ob ein Sportler nach den Regelungen seines Sportverbandes als Profi- oder Amateursportler einzustufen ist, ist für steuerliche Zwecke unerheblich.

Beispiel:
An den Meisterschaftsspielen des Vereins haben in den Monaten Januar bis November des Jahres ausschließlich Vereinssportler teilgenommen, die in dieser Zeit als Amateure i. S. des § 67a Abs. 3 AO einzustufen waren (zum Begriff des bezahlten Sportlers siehe Tz. 2.19.6.1). Im Dezember des Jahres schließt ein Spieler der Mannschaft einen Werbevertrag ab und erhält noch im Dezember des betreffenden Jahres die ersten Zahlungen in seiner Eigenschaft als Werbeträger.

Dieser Sportler gilt damit für das gesamte Kalenderjahr als bezahlter Sportler i. S. des § 67a Abs. 3 AO.

Alle Meisterschaftsspiele, Trainingsveranstaltungen, Sportreisen etc., an denen dieser (eine) Sportler in diesem Kalenderjahr teilgenommen hat, sind damit (nachträglich) zu steuerpflichtigen sportlichen Veranstaltungen i. S. des § 67a Abs. 3 AO geworden. Das gilt auch dann, wenn alle übrigen Sportler Amateursportler geblieben sind.

Auch für die sportlichen Veranstaltungen der Monate Januar bis November sind die steuerlichen Konsequenzen (nachträglich) zu ziehen:

– volle Körperschaft- und Gewerbesteuerpflicht der Überschüsse aus diesen Veranstaltungen;

– der Verlust aus steuerpflichtigen sportlichen Veranstaltungen darf nicht durch ideelle Mittel (Spenden etc.) abgedeckt werden (siehe hierzu auch zu § 55 AO, Tz. 2.5.5.2);

– die Einnahmen unterliegen der vollen Umsatzsteuer (19 % statt 7 % oder 0 %).

Hinweis: *Die Vereine sollten ihre Sportler auf die steuerlichen Folgen einer Änderung des steuerlichen Profi- bzw. Amateurstatus hinweisen. R e u b e r (Die Besteuerung der Vereine, Stichwort Sportliche Veranstaltungen II. 3.5) schlägt in diesem Zusammenhang vor, die Sportler schriftlich hierüber zu informieren und gleichzeitig von ihnen eine Erklärung unterzeichnen zu lassen (zu Musterverträgen siehe auch das DFB-Steuerhandbuch, Deutscher Fußball-Bund).*

2.19.6.1 Bezahlte/unbezahlte Sportler

„Bezahlter Sportler i. S. des § 67a AO ist, wer für seine sportliche Betätigung oder für die Benutzung seiner Person, seines Namens, seines Bildes oder seiner sportlichen Betätigung zu Werbezwecken bezahlt wird."

Bei der Einordnung ist jede sportliche Veranstaltung separat hinsichtlich des § 67a Abs. 3 AO zu prüfen. Dabei ist aus der Sicht des jeweils zu beurteilenden Vereins hinsichtlich der teilnehmenden Sportler zwischen Sportlern des Vereins – i. d. R. **Vereinsmitgliedern** – (§ 67a Abs. 3 Satz 1 Nr. 1 AO) und anderen – **vereinsfremden** – Sportlern (§ 67a Abs. 3 Satz 1 Nr. 2 AO) zu unterscheiden.

2.19.6.2 Vereinssportler

Als Sportler des Vereins i. S. von § 67a Abs. 3 Satz 1 Nr. 1 AO gelten alle Sportler, die **für** den Verein auftreten, z. B. in einer Mannschaft des Vereins mitwirken. Es ist nicht erforderlich, dass der Sportler Mitglied ist (AEAO Nr. 31 zu § 67a AO, Anhang 1). Als **bezahlter** Sportler gilt ein **Vereinssportler,** wenn er für seine sportliche Betätigung (im Verein oder außerhalb des Vereins) bezahlt wird, d. h. vom Verein oder einem Dritten über eine Aufwandsentschädigung hinaus Vergütungen oder andere Vorteile erhält, oder wenn er Zahlungen in seiner Eigenschaft als „Werbeträger" bekommt. Hierzu gehören auch Zahlungen aus sog. Ausrüsterverträgen (so FG Hessen vom 16.10.2000, EFG 2001 S. 683).

Bei **Vereinssportlern** i. S. des § 67a Abs. 3 Nr. 1 AO kommt es nicht darauf an, ob die Zahlungen eines Dritten „im Zusammenwirken" mit dem Verein geleistet werden. **Jede Bezahlung eines Dritten,** die über eine Aufwandsentschädigung hinausgeht, führt für den Vereinssportler zur Annahme der „Profi-Eigenschaft" (zu Zahlungen Dritter siehe auch FG Düsseldorf vom 04.05.2000, EFG 2001 S. 136). Beschränkt sich die Zahlung nur auf den Ersatz der entstandenen Kosten (Fahrtkosten, Unterkunft etc.), ist das unschädlich. Die Sportvereine müssen daher „ihre Sportler" (vereinseigene Sportler i. S. des § 67a AO) jährlich daraufhin „überwachen", ob sie ggf. im Laufe des Jahres Vergütungen von Dritten erhalten haben (z. B. für Werbeleistungen), die den Sportler zum bezahlten Sportler i. S. des § 67a Abs. 3 AO machen.

Als (unschädliche) **Aufwandsentschädigung** in diesem Sinne gilt eine pauschale Zahlung von 400 Euro durchschnittlich pro Monat (= 4.800 Euro im Jahr) oder der Ersatz der nachgewiesenen tatsächlichen (höheren) Kosten des Sportlers (vgl. AEAO Nr. 32 zu § 67a AO, Anhang 1). Die laufenden Zuwendungen der Stiftung Deutsche Sporthilfe und der Sporthilfe Berlin sind auf die Aufwandspauschale von 400 Euro nicht anzurechnen (AEAO Nr. 34 zu § 67a AO, Anhang 1). Weisen die Sportler die tatsächlichen Aufwendungen nach, so muss sich der Nachweis auch auf die Aufwendungen erstrecken, die den Zuwendungen der Stiftung Deutsche Sporthilfe und der Sporthilfe Berlin gegenüberstehen. Zu Preisgeldern siehe unten.

Die oben angesprochene (unschädliche) Aufwandsentschädigung stellt bei den Sportlern regelmäßig **steuerpflichtigen Arbeitslohn** dar (zur Lohnsteuerpflicht für Amateur-Sportler siehe BFH vom 23.10.1992, BStBl 1993 II S. 303, und vom 27.09.2001, BStBl 2002 II S. 169). Sportler, die den Sport selbständig als Beruf ausüben, sind grundsätzlich **als Gewerbetreibende** i. S. des § 15 EStG anzusehen (vgl. dazu auch BFH vom 22.01.1964, BStBl 1964 III S. 207, betr. Berufsboxer, und FG Hessen vom 16.10.2001, EFG 2001 S. 683, betr. eine Hochleistungssportlerin). Dabei kommt es nicht darauf an, ob der Sportler nach den Kategorien seines Sportverbandes als Amateur gilt (BFH vom 19.07.1990, BStBl 1991 II S. 333; zur Abzugsteuer nach § 50a EStG s. Tz. 2.19.7.4).

Erfolgen Zahlungen an sog. **Spielertrainer,** ist zu unterscheiden, ob diese Zahlungen für die Trainertätigkeit oder für die Ausübung des Sports erfolgen. Wird der Spielertrainer nur für die Trainertätigkeit bezahlt oder erhält er für die Tätigkeit als Spieler nicht mehr als den Ersatz seiner Aufwendungen, ist seine Teilnahme unschädlich für die Zweckbetriebseigenschaft der sportlichen Veranstaltung (AEAO Nr. 36 zu § 67a AO, Anhang 1).

Ist ein Sportler ab einem bestimmten Zeitpunkt in einem Kalenderjahr (bzw. Wirtschaftsjahr) als bezahlter Sportler anzusehen, sind alle von „seinem" Verein in dem Kalenderjahr durchgeführten sportlichen Veranstaltungen, an denen der Sportler teilnimmt, ein steuerpflichtiger wirtschaftlicher Geschäftsbetrieb. Nach dem AEAO Nr. 26 zu § 67a AO (Anhang 1) kommt es dabei nicht darauf an, ob der Sportler die Merkmale des bezahlten Sportlers erst nach Beendigung der sportlichen Veranstaltung erfüllt (s. dazu auch das Beispiel in Tz. 2.19.6).

2.19.6.3 Vereinsfremde Sportler

Nehmen **vereinsfremde** Sportler an sportlichen Veranstaltungen teil, gelten diese Sportler für den veranstaltenden Verein nur dann als bezahlte Sportler, wenn sie von dem (veranstaltenden) Verein selbst oder von einem Dritten im Zusammenwirken mit dem Verein für die Teilnahme an der Veranstaltung mehr als eine Aufwandsentschädigung erhalten. Die Regelung über die Unschädlichkeit der Zahlung pauschaler Aufwandsentschädigungen bis zu 400 Euro gilt hier nicht (AEAO Nr. 33 zu § 67a AO, Anhang 1). Der veranstaltende Verein darf, um die Zweckbetriebseigenschaft der Veranstaltung nicht zu verlieren, also lediglich die dem Sportler tatsächlich im Zusammenhang mit der Veranstaltung entstandenen Kosten erstatten. Als Erstattung der tatsächlich entstandenen Kosten können m. E. auch Zahlungen in Höhe der für Dienstgänge oder Dienstreisen geltenden lohnsteuerrechtlichen Pauschalen (siehe dazu auch Tz. 2.19.7.1) angesehen werden.

Die Tatsache, dass ein vereinsfremder Sportler ansonsten als bezahlter Sportler gilt, ist dabei unerheblich. Es ist allein entscheidend, ob der vereinsfremde Sportler **vom veranstaltenden Verein** oder von Dritten im Zusammenwirken mit dem veranstaltenden Verein für die Teilnahme an der Veranstaltung über eine Aufwandsentschädigung hinaus Vergütungen erhält.

Sportler, die einem bestimmten Sportverein angehören und nicht selbst unmittelbar Mitglied eines Sportverbandes sind, sind bei Beurteilung der Zweckbetriebseigenschaft von Veranstaltungen des Verbandes als vereinsfremde Sportler anzusehen. Zahlungen der jeweiligen Vereine an Sportler im Zusammenhang mit der jeweiligen Veranstaltung des Verbandes (z. B. Länderwettkampf) sind dann als Zahlungen von Dritten i. S. des § 67a AO anzusehen (AEAO Nr. 38 zu § 67a AO, Anhang 1).

Für die Einordnung als steuerpflichtige sportliche Veranstaltung **reicht es bereits aus, wenn ein bezahlter Sportler an der Veranstaltung teilnimmt.** Die Teilnahme auch von **un**bezahlten Sportlern führt zu keiner anderen Beurteilung.

Auch die Zahlung eines **Preisgeldes** für die (erfolgreiche) Teilnahme an der sportlichen Veranstaltung begründet grundsätzlich bereits einen steuerpflichtigen wirtschaftlichen Geschäftsbetrieb (AEAO Nr. 35 zu § 67a AO, Anhang 1). Auch **Geschenke können den Charakter einer Bezahlung haben** und damit den „beschenkten" Sportler zum Profi machen (z. B. Schmuckstücke, Kfz-Gestellung, unentgeltliche oder verbilligte Urlaubsreisen). Die Bewertung der Sachpreise oder „Geschenke" hat zu den Endpreisen am Abgabeort zu erfolgen. Zu den Sonderregelungen bei der Besteuerung von Reitsportvereinen in Bezug auf die Beurteilung von Preisgeldern bei Reitturnieren siehe Buchna (DStZ 1993 S. 274); in diesem Zusammenhang siehe auch FinMin Sachsen vom 31.07.1995 (DB 1995 S. 1937), der den Sportlerbegriff nach Art. 17 OECD-Musterabkommen auslegt.

2.19.6.4 Einnahmen und Ausgaben sportlicher Veranstaltungen

Die Einnahmen sämtlicher steuerpflichtigen sportlichen Veranstaltungen i. S. des § 67a Abs. 3 AO sind in die Berechnung der Besteuerungsgrenze des § 64 Abs. 3 AO mit einzubeziehen. Körperschaft- oder Gewerbesteuer kann daher erst anfallen, wenn die Einnahmen aus steuerpflichtigen sportlichen Veranstaltungen **zusammen mit den übrigen Einnahmen aus wirtschaftlichen Geschäftsbetrieben** 35.000 Euro übersteigen (siehe dazu auch § 64 Abs. 2 AO).

Die Gewinne bzw. Überschüsse aus steuerpflichtigen sportlichen Veranstaltungen sind nach den allgemeinen steuerlichen Einkommensermittlungsvorschriften zu ermitteln (siehe auch Tz. 4.1.5). Nach einer Entscheidung der obersten Finanzbehörden des Bundes und der Länder sind die Grundsätze des BFH-Urteils vom 27.03.1991 (BStBl 1992 II S. 103) über die entschiedene Fragestellung hinaus (= Behandlung von anteiligen Veranstaltungskosten im steuerpflichtigen Geschäftsbetrieb Werbung) nicht anzuwenden (siehe dazu auch die Fußnote zu diesem Urteil im BStBl a. a. O. und AEAO a. F. Nr. 4 zu § 64 AO). Ein anteiliger Abzug der im ideellen Bereich oder in Zweckbetrieben angefallenen Aufwendungen (etwa anteilige AfA oder anteilige Personalkosten) als Betriebsausgaben des steuerpflichtigen wirtschaftlichen Geschäftsbetriebs, § 64 AO, wird grundsätzlich nur dann zugelassen, wenn eine Zuordnung/Aufteilung nach objektiven Maßstäben (z. B. nach zeitlichen Gesichtspunkten, tatsächlich feststellbarem anteiligem Personaleinsatz, anteiliger Flächennutzung) möglich ist (siehe hierzu insbesondere Tz. 2.5.5.2.2).

Zu den berücksichtigungsfähigen Aufwendungen einer sportlichen Veranstaltung zählen neben den Vergütungen an die teilnehmenden Sportler auch alle übrigen Kosten, die im Zusammenhang mit der Veranstaltung entstehen, wie z. B. die Kosten für Sportgeräte, Sportanlagen, Trainerbezahlung, Meldegelder (siehe auch BFH vom 15.07.1987, BStBl 1988 II S. 75). Es ist nicht zulässig, die Vergütungen an bezahlte Sportler in Ausgaben des steuerbegünstigten Bereichs (bis zu 400 Euro monatlich) und in Vergütungen der steuerpflichtigen sportlichen Veranstaltung (den 400 Euro übersteigenden Betrag) aufzuteilen. Etwaiger Aufwandsersatz an unbezahlte Sportler für die Teilnahme an einer steuerpflichtigen sportlichen Veranstaltung ist grundsätzlich auch als Ausgabe dieser Veranstaltung zu behandeln. Aus Vereinfachungsgründen lässt es die Finanzverwaltung jedoch zu, dass Aufwandspauschalen (Tz. 2.19.6.2) an unbezahlte Sportler aus dem steuerbegünstigten Bereich gezahlt werden (AEAO Nr. 28 zu § 67a AO, Anhang 1).

Vergütungen an Trainer, die sowohl unbezahlte als auch bezahlte Sportler ausbilden, sind nach den im Einzelfall gegebenen Abgrenzungsmöglichkeiten aufzuteilen – ggf. zu schätzen (z. B. anteiliger Zeitaufwand, Zahl der jeweils trainierten Sportler/Mannschaften). Werden unbezahlte Sportler für eine Veranstaltung trainiert, an der auch bezahlte Sportler teilnehmen, sind die gesamten Trainingskosten Ausgaben der steuerpflichtigen sportlichen Veranstaltung.

Zu den sportlichen Veranstaltungen eines Sportvereins zählen die innerhalb einer **Meisterschaftsrunde** ausgetragenen Heimspiele (AEAO Nr. 24 zu § 67a AO, Anhang 1). Bezogen auf jedes einzelne Heimspiel, ist bei der Einordnung der jeweiligen Veranstaltungen nach § 67a Abs. 3 AO gesondert zu entscheiden, ob das ausgetragene Meisterschafts(heim)spiel ein Zweckbetrieb oder eine steuerpflichtige sportliche Veranstaltung ist. Damit ist lediglich die Einordnung der jeweiligen Veranstaltungen klargestellt, aber noch keine Aussage zur Aufteilung oder Zuordnung der für den gesamten Spielbetrieb der Mannschaft(en) angefallenen Aufwendungen gemacht.

Da die Heimspiele (die wirtschaftlichen Geschäftsbetriebe) nur durchgeführt werden können, wenn der Verein mit seiner Mannschaft an der gesamten Meisterschaftsrunde (einschließlich Auswärtsspielen) teilnimmt, sind die insgesamt durch den Meisterschaftsspielbetrieb veranlassten Ausgaben als Betriebsausgaben den Heimspielen zuzuordnen. Die insgesamt bei dem Verein hierfür angefallenen Aufwendungen, wie z. B. für die Spieler, Sportgeräte, Hallen- und Platzmieten, Trainer, Fahrtkosten, sind dann entsprechend der Einordnung der Heimspiele als Zweckbetrieb oder steuerpflichtige sportliche Veranstaltung dem steuerfreien oder steuerpflichtigen Bereich zuzuordnen. Anteilig können auch Aufwendungen des ideellen Bereichs als Betriebsausgaben abgezogen werden (siehe oben). Dem folgend können auch Aufwendungen für die Jugend- oder Nachwuchsförderung in dem Umfang dem Spielbetrieb zugeordnet und entsprechend aufgeteilt werden, als nach objektiven Merkmalen ein eindeutiger (zielgerichteter) Zusammenhang mit dem Spielbetrieb der Meistermannschaft etc. nachgewiesen werden kann. Die Zuordnung von Aufwendungen des Jugendbereichs bedarf dabei einer besonders kritischen Überprüfung (siehe insoweit die Überlegungen des BFH vom 27.03.1991, BStBl 1992 II S. 103).

Zu den Einnahmen aus sportlichen Veranstaltungen gehören auch die **Ablösezahlungen,** die einem Sportverein für die Freigabe von Sportlern zufließen (zur Berücksichtigung im Rahmen der Zweckbetriebsgrenze Tz. 2.19.4). Wird ein Sportler abgelöst, der in den letzten 12 Monaten vor seiner Freigabe bezahlter Sportler war, sind die Einnahmen dem steuerpflichtigen wirtschaftlichen Geschäftsbetrieb „sportliche Veranstaltung" zuzuordnen (AEAO Nr. 40 zu § 67a AO, Anhang 1). Wird ein Amateursportler abgelöst, sind die Zahlungen dem Zweckbetrieb sportliche Veranstaltungen i. S. des § 67a Abs. 3 AO zuzuordnen. Zum Ort der Leistung beim Transfer von Fußballspielern nach Maßgabe des § 3a Abs. 1 UStG siehe OFD Koblenz vom 15.12.1999 (DB 2000 S. 354).

Aus den Mitteln einer sportlichen Veranstaltung, die nach § 67a Abs. 3 AO als Zweckbetrieb zu beurteilen ist, kann ohne Gefährdung der Gemeinnützigkeit eine Ablösezahlung für einen Amateursportler bis zu 2.557 Euro gezahlt werden. Bei Übersteigen der 2.557-Euro-Grenze sind die tatsächlich entstandenen Ausbildungskosten für den Sportler nachzuweisen.

Zahlungen eines Sportvereins an einen anderen Sportverein für die Übernahme eines Sportlers sind dem Bereich der steuerpflichtigen „sportlichen Veranstaltung" zuzuordnen, wenn der übernommene Sportler beim aufnehmenden Verein in den ersten 12 Monaten nach Vereinswechsel als bezahlter Sportler anzusehen ist. Die Zahlungen sind unschädlich für die Gemeinnützigkeit des Sportvereins, wenn sie aus dem steuerpflichtigen wirtschaftlichen Geschäftsbetrieb i. S. des § 64 Abs. 2 AO geleistet werden. Die Zahlung einer **Ablöseentschädigung** vollzieht sich im Rahmen eines umsatzsteuerbaren und **umsatzsteuerpflichtigen Leistungsaustausches** (Abschn. 1.1 Abs. 11 UStAE zu § 1 UStG), zum Ort der Leistung siehe Abschn. 3a.9 Abs. 2 UStAE zu § 3a UStG und OFD Koblenz vom 15.12.1999 (a. a. O.). Zu den Ablösezahlungen (Transferentschädigungen), die nach den Vorschriften des Lizenzspielerstatuts des Deutschen Fußballbundes bei dem Wechsel eines Spielers gezahlt werden, hat der BFH mit Urteil vom 26.08.1992 (BStBl 1992 II S. 977) entschieden, dass der zahlende Verein damit Anschaffungskosten für ein immaterielles (abschreibungsfähiges) Wirtschaftsgut – Spielerlaubnis – erbringt (kritisch dazu siehe Jansen in FR 1995 S. 461 und Söffing in BB 1996 S. 523 sowie Kaiser in DB 2004 S. 1109; der BFH hält weiterhin mit Urteil vom 14.12.2011, BStBl 2012 II S. 238, an dieser Auffassung fest). Eine Aufspaltung des Lizenzspielervertrages in einen Arbeitsvertrag und eine Spielerlaubnis (mit Recht auf Transferentschädigung) ist nicht möglich.

Schließen die steuerpflichtigen **sportlichen Veranstaltungen mit Verlust** ab (gewinnmindernd sind sämtliche Aufwendungen zu berücksichtigen, die durch die sportlichen Veranstaltungen verursacht sind, insbesondere auch die über eine Aufwandsentschädigung hinaus an Sportler gezahlten Vergütungen und anderen Vorteile), liegt erst dann ein Verstoß gegen § 55 AO vor, wenn dieser Verlust weder durch Gewinne aus (anderen) wirtschaftlichen Geschäftsbetrieben noch durch Zahlungen Dritter oder mittels Erhebung besonderer Umlagen etc. ausgeglichen werden kann. Diese Zahlungen Dritter oder auch Umlagebeträge sind **nicht** spendenbegünstigt.

Zur Verlustproblematik siehe Tz. 2.5.5.2.

2.19.6.5 Hinweise der Umsatzsteuer

Für die **Umsatzsteuer** wird in erster Linie wohl die Einordnung der Heimspiele als Zweckbetrieb oder steuerpflichtige sportliche Veranstaltungen in Bezug auf die richtige Festlegung des Umsatzsteuersatzes (Zweckbetrieb = ermäßigter Steuersatz, vgl. auch Tz. 4.5.5.2) von besonderer Bedeutung sein. Bei (Sport-)Vereinen wird der unternehmerische Bereich durch die gesamten zur Ausführung von entgeltlichen Leistungen entfalteten Tätigkeiten einschließlich aller unmittelbar hierfür dienenden Vorbereitungen gebildet (Abschn. 2.10 Abs. 2 UStAE zu § 2 UStG). Zum unternehmerischen Bereich der Sportvereine zählen daher (neben Leistungen im Bereich der Vermögensverwaltung und der sonstigen Geschäftsbetriebe, siehe auch Übersicht zu Tz. 4.5.4) immer die sportlichen Veranstaltungen sowohl in ihrer Eigenschaft als Zweckbetrieb oder auch als steuerpflichtige sportliche Veranstaltung. Zur Frage, ob und ggf. auf welcher Grundlage bei einem Sportverein Mitgliedsbeiträge zu den Betriebseinnahmen eines steuerpflichtigen wirtschaftlichen Geschäftsbetriebs zählen, verweise ich auch auf die Ausführungen in Tz. 4.5.5.2 – Stichwort: Urteil des EuGH zum Kennemer Golf & Country Club vom 21.03.2002 Rs. C-174/00, UR 2002 S. 320, und den Beitrag von Klein in DStR 2008 S. 1016.

Unter Beachtung der allgemeinen Voraussetzungen des § 15 UStG kann der Sportverein daher die Umsatzsteuerbeträge, die auf (Vor-)Leistungen lasten, die er für diesen unternehmerischen Bereich bezieht, als **Vorsteuer** geltend machen (der Vorsteuerabzug ist jedoch insbesondere dann ausgeschlossen, wenn die vereinnahmten Teilnehmergebühren nach § 4 Nr. 22 Buchst. b UStG umsatzsteuerfrei sind, § 15 Abs. 2 UStG). Das betrifft die „direkten" Vorleistungen für sportliche Veranstaltungen, wie etwa für Stadionmiete, Werbeaufwendungen etc., als auch die Vorleistungen, die den sportlichen Veranstaltungen im Vorfeld dienen, wie z. B. die Trainingsaufwendungen, Fahrtkosten (Abschn. 2.10 Abs. 3 UStAE zu § 2 UStG). Im Übrigen siehe hierzu Tz. 4.5.15.1.

2.19.7 Sonstige Einzelfragen zu Sport und Steuern

2.19.7.1 (Lohn-)Steuerpflicht der Zahlungen an Sportler und Funktionäre

Erhalten Sportler oder Funktionsträger eines Sportvereins (Geschäftsführer, Trainer, Platzwart etc.) Zahlungen im Zusammenhang mit ihrem „Auftreten" oder ihren Tätigkeiten für den Verein, muss der Verein immer der Frage nachgehen, ob insoweit bei den Empfängern steuerpflichtige Einkünfte im Sinne des EStG begründet werden und den Verein damit besondere Erklärungs- und Abführungsverpflichtungen treffen. Denn wenn diese Zahlungen z. B. als **Arbeitslohn** zu qualifizieren sind und der **Verein die Position eines Arbeitgebers** eingenommen hat, ist der Verein grundsätzlich zur Einbehaltung und Abführung der Lohnsteuer (zzgl. Kirchensteuer und Solidaritätszuschlag), §§ 38 ff. EStG, und von **Sozialabgaben** verpflichtet. Werden Zahlungen an ausländische Sportler geleistet, kommt auf den Verein grundsätzlich die Verpflichtung zur Einbehaltung und Abführung der Abzugsteuer nach § 50a Abs. 4 EStG zu (siehe zu 2.19.7.4).

Erhalten die Sportler oder Funktionäre vom Verein lediglich **Aufwandsentschädigungen**, z. B. für

– Fahrtkosten für die Fahrten zum Training, zum Wettkampf oder Trainingslager,
– Übernachtung bei Aufenthalten im Trainingslager, bei Wettkämpfen,
– die Sportausrüstung (Trikot, Sportgeräte etc.),

– Mehraufwendungen für Verpflegung bei Reisetätigkeiten für den Verein (beachte: Auch wenn die tatsächlichen Aufwendungen höher sind, kann nur in Höhe der „Mehraufwandspauschalen" – siehe unten – ein steuerfreier Ersatz geleistet werden),

werden damit keine steuerpflichtigen Einkünfte bei den Sportlern ausgelöst (BFH vom 23.10.1992, BStBl 1993 II S. 303; H 19.3 LStH 2011/2013). Das gilt jedoch nur, wenn sich der Ersatz auf die **tatsächlich entstandenen** (einzeln nachzuweisenden) **Aufwendungen** erstreckt.

Werden die Aufwendungen pauschal ersetzt, etwa im Rahmen der „Amateurregelung" zu § 67a AO (Tz. 2.19.6.2 mit bis zu 400 Euro im Durchschnitt je Kalendermonat), liegt **kein** Einzelnachweis der Aufwendungen vor. Nur wenn die Vergütungen die mit den Tätigkeiten zusammenhängenden Aufwendungen im Kalenderjahr **unwesentlich übersteigen,** wird noch keine Steuerpflicht ausgelöst (BFH vom 23.10.1992, a. a. O.). J a n s e n nimmt die Grenze der **„Unwesentlichkeit"** bei umgerechnet 400 Euro im Jahr je Person an (FR 1995 S. 461).

In allen anderen Fällen ist stets davon auszugehen, dass der Sportler bzw. Funktionär (lohn)steuerpflichtige Einkünfte erzielt. In seiner Einkommensteuererklärung hat der Sportler/Funktionär die erhaltenen Vergütungen anzugeben und kann die ihm entstandenen Aufwendungen als Werbungskosten oder Betriebsausgaben steuermindernd ansetzen. Die Übungsleiter- und die Ehrenamtspauschale (§ 3 Nr. 26 und 26a EStG) können Amateursportler nicht in Anspruch nehmen (siehe dazu auch BMF vom 25.11.2008, BStBl 2008 I S. 985; im Übrigen siehe auch unter Tz. 4.6).

Den Ersatz von Aufwendungen können Vereine in Form von Pauschalbeträgen, ohne gleichzeitige Auslösung einer Steuerpflicht, nur insoweit vornehmen, als ein entsprechender Werbungskostenabzug nach § 9 Abs. 4a und 5 EStG gesetzlich anerkannt ist (R 9.5 LStR, BMF vom 20.08.2001, BStBl 2001 I S. 541, sowie vom 30.09.2013, BStBl 2013 I S. 1279); das gilt also

– bei Benutzung eines Kfz für „Vereinsfahrten" je gefahrenen km 0,30 Euro,
– für Verpflegungsmehraufwand
  bei einer Abwesenheit pro Kalendertag
    von 24 Stunden 24 Euro,
    von weniger als 24 Stunden, aber mehr als 8 Stunden 12 Euro,
    am An- und Abreisetag bei einer Reise mit Übernachtung 12 Euro.

Hinweis: *Es besteht die Möglichkeit, Vergütungen für Verpflegungsmehraufwendungen, die die vorgenannten Beträge übersteigen, gesondert pauschal mit 25 % zu besteuern (keine Erhebung von Sozialversicherungsbeiträgen), § 40 Abs. 2 Satz 1 Nr. 4 EStG.*

Erhalten also Sportler oder Funktionäre Vergütungen, die die entstandenen Aufwendungen (oder zulässigen Pauschalen) nicht nur unwesentlich übersteigen, erzielen diese Personen steuerpflichtige Einkünfte. Sie erzielen dann regelmäßig Einkünfte i. S. des § 15 oder § 22 Nr. 3 EStG oder im Rahmen ihrer Eigenschaft als Arbeitnehmer des Vereins Einkünfte i. S. des § 19 EStG.

Von Personen, die nebenberuflich z. B. als Trainer, Betreuer oder in ähnlicher Funktion für einen gemeinnützigen Sportverein tätig werden, können die Einnahmen davon jährlich bis zu 2.400 Euro (bis 2012: 2.100 Euro) steuerfrei bezogen werden (hier greift die sog. Übungsleiterpauschale nach § 3 Nr. 26 EStG, siehe auch

Tz. 4.6.1). Geht die Vergütung über den Freibetrag von 2.400 Euro im Jahr hinaus, hat der Verein die entsprechenden Melde- und Beitragspflichten bei der Sozialversicherung zu erfüllen. Bis monatlich 650 Euro (450 Euro zzgl. 200 Euro monatlich nach § 3 Nr. 26 EStG) ist eine Abrechnung auf Minijob-Basis möglich (zu geringfügigen Beschäftigungsverhältnissen siehe auch Tz. 2.18.7.3). In diesem Zusammenhang gelten auch die Bestimmungen des **Mindestlohngesetzes** (vom 11.08.2014, BGBl 2014 I S. 1348), wonach die Vergütung mindestens **8,50 Euro** pro Stunde betragen muss und eine Dokumentation der Arbeitszeiten erforderlich ist. Werden sonstige Tätigkeiten, die nicht unter § 3 Nr. 26 EStG fallen (Vorstandstätigkeit, Platzwart, Schiedsrichter etc.), nebenberuflich ausgeübt, können Einnahmen bis zu 720 Euro (bis 2012: 500 Euro) im Jahr steuerfrei bezogen werden (sog. Ehrenamtspauschale, § 3 Nr. 26a EStG, siehe auch Tz. 4.6.2; beachte: gilt nicht für Amateursportler, siehe u. a. BMF vom 25.11.2008, a. a. O.).

Zu den Einkünften von Berufsboxern, Sechstagefahrern, Fußballlizenzspielern und Schiedsrichtern siehe Jansen (a. a. O., m. w. N.). Die von Sportlern neben oder als Ausfluss ihrer sportlichen Tätigkeit erzielten Werbeeinnahmen sind entweder als Einkünfte i. S. des § 15 EStG oder auch als Einkünfte in Zusammenhang mit ihrer Stellung als Arbeitnehmer steuerpflichtig (siehe dazu BMF vom 25.08.1995, DB 1995 S. 1935).

2.19.7.2 Arbeitgeberpflichten der steuerbegünstigten Körperschaften

In vielen Fällen sind die bezahlten Sportler und Funktionäre als (nichtselbständige) Arbeitnehmer für „ihren" Verein tätig. Diese Einkünfte unterliegen dann bei ihnen nach § 19 EStG der Besteuerung. Damit einher geht die Verpflichtung aufseiten der Vereine, in ihrer Eigenschaft als Arbeitgeber die lohnsteuer- und sozialversicherungsrechtlichen Abführungspflichten zu erfüllen. Bei Fehlverhalten drohen die Inanspruchnahme als Haftungsschuldner sowie Straf- und Bußgeldverfahren.

Eine **nichtselbständige Tätigkeit** liegt vor, wenn die Tätigkeit in einem Dienstverhältnis ausgeübt wird. Ein Dienstverhältnis ist anzunehmen, wenn der Beschäftigte dem Auftraggeber seine Arbeitskraft schuldet. Dies ist der Fall, wenn der Beschäftigte in der Betätigung seines geschäftlichen Willens unter der Leitung des Auftraggebers steht oder im geschäftlichen Organismus dessen Weisungen zu folgen verpflichtet ist (so § 1 Abs. 2 LStDV; ständige Rechtsprechung siehe u. a. BFH vom 23.10.1992, BStBl 1993 II S. 303).

Nach der Rechtsprechung ist Nichtselbständigkeit insbesondere bei folgenden Umständen anzunehmen:

– persönliche Abhängigkeit, Weisungsgebundenheit hinsichtlich Ort, Zeit und Inhalt der Tätigkeit, feste Arbeitszeiten, feste Bezüge, Urlaubsanspruch, Anspruch auf Sozialleistungen, Fortsetzung der Bezüge im Krankheitsfall, keine Pflicht zur Beschaffung von Arbeitsmitteln.

Das Gesamtbild der Verhältnisse ist letztlich entscheidend für die Bestimmung der Selbständigkeit bzw. Nichtselbständigkeit (= Lohnsteuerpflicht) der ausgeübten Tätigkeit. Zu beachten ist dabei, dass sich die Merkmale ggf. auch aus dem bloßen tatsächlichen Verhalten und erst recht durch schriftliche oder mündliche Vereinbarungen ergeben (BFH vom 23.10.1992, a. a. O., und BMF vom 05.10.1990, BStBl 1990 I S. 638). So ist z. B. bei Fußballspielern, die aufgrund eines mit ihrem Verein abgeschlossenen Vertrages laufende Bezüge erhalten, ein entsprechendes Beschäftigungsverhältnis anzunehmen. Zu den lohnsteuerlichen Pflichten wird auf die §§ 38 ff. EStG und die amtlichen LStR verwiesen.

Häufig beschäftigen Sportvereine ihre Trainer und Übungsleiter auf Honorarbasis. Entsprechend werden sie als Selbständige behandelt, obwohl dies in den meisten Fällen eine Fehleinschätzung ist. Im Fall eines Handballtrainers definierte das LSG Baden-Württemberg (Urteil vom 30.07.2014 L 5 R 4091/11) die Kriterien für eine abhängige Beschäftigung, die zumindest auf Mannschaftssportarten regelmäßig zutreffen. Demnach ist dem Übungsleiter eine völlig freie Gestaltung seiner Tätigkeit nicht möglich, wenn er an die Trainingszeiten und Hallenbelegungspläne des Vereins gebunden ist. Die eigenverantwortliche Gestaltung von Trainingsinhalten unternimmt er als qualifizierter Übungsleiter, den der Verein gerade aufgrund seiner Kenntnisse und Fähigkeiten zur Durchführung des vom Verein angebotenen Trainings beschäftigt. Die Übungsstunden werden dabei in den Sportstätten des Vereins durchgeführt. Somit spricht eine eigenständige Gestaltung nicht generell für einen selbständigen Übungsleiter. Weiterhin trägt der Trainer auch kein unternehmerisches Risiko, sofern er nicht für die Zahl der Trainingsteilnehmer verantwortlich ist und davon unabhängig bezahlt wird. Schließlich bleiben die einzelnen Sportveranstaltungen Teil der Betriebsorganisation des Vereins, und der wirtschaftliche Erfolg der sportlichen Leistung kommt unmittelbar dem Verein zugute, jedoch nicht dem Trainer. Diese Kriterien verdeutlichen, dass Trainer nur in Ausnahmefällen Selbständige sind.

Nach meiner Kenntnis gehen Vereine gelegentlich dazu über, mit ihren Beschäftigten (= Sportlern) Vereinbarungen dergestalt zu vereinbaren, dass der Sportler (= Arbeitnehmer) seine steuerlichen Verpflichtungen selbst zu regeln hat. Diese Vereinbarungen sind steuerlich unbeachtlich. Sie lösen regelmäßig einen Haftungsanspruch gegen den Verein in seiner Eigenschaft als Arbeitgeber aus. In diesem Zusammenhang ist zu beachten, dass auch Zahlungen Dritter als lohnsteuerpflichtige Leistungen zu behandeln sind (§ 38 Abs. 1 Satz 2 EStG). Hier ist an Siegprämien in Form von Geld- oder Sachleistungen, Aufstiegs- oder Nichtabstiegsprämien etc. zu denken, die häufig von Sponsoren oder Mäzenen ausgezahlt werden.

Der Verstoß gegen die Verpflichtungen zur Einbehaltung und Abführung der Lohn- und Kirchensteuer sowie der Sozialversicherungsabgaben kann auch zum Entzug der Gemeinnützigkeit führen (BFH vom 27.09.2001, BStBl 2002 II S. 169, betr. einen Fall, in dem Fußballspieler Zahlungen aus einem Sponsorenpool erhalten haben).

Der Verein in seiner Eigenschaft **als Arbeitgeber haftet** grundsätzlich für die Lohnsteuer, die er einzubehalten und abzuführen hat (§ 42d EStG). Kann der Verein – z. B. wegen Liquiditätsproblemen oder weil ein Insolvenzverfahren eröffnet wurde – die Haftungsschuld nicht selbst begleichen, wird das zuständige Finanzamt prüfen, ob ggf. der Vereinsvorstand persönlich in seiner Eigenschaft als gesetzlicher Vertreter des Vereins für die vom Verein nicht ordnungsgemäß einbehaltenen und abgeführten Lohnsteuerbeträge haftet. Der BFH hat mit seinem Urteil vom 23.06.1998 (BStBl 1998 II S. 761) ausdrücklich festgestellt, dass auch ein ehrenamtlich und unentgeltlich tätiger Vorsitzender eines Vereins für die ordnungsgemäße Anmeldung und Abführung der einzubehaltenden Lohn- und Kirchensteuern zu sorgen habe und für den Fall, dass er seiner Verpflichtung zumindest grob fahrlässig nicht nachgekommen sei, als Haftungsschuldner (§ 69 i. V. m. § 34 AO) in Anspruch genommen werden könne. Bei mehreren Verantwortlichen in der Vertretung des Vereins gelte grundsätzlich die Gesamtverantwortung (s. hierzu auch v. Wedelstädt, DB 1998 S. 2047). Diese Grundsätze gelten auch nach Einführung der zivilrechtlichen Haftungserleichterungen für ehrenamtlich tätige Vorstände durch das Gesetz vom 28.09.2009, BGBl 2009 I S. 3161, (siehe dazu Tz. 2.1.2.2) unverändert fort.

2 Erläuterung der Bestimmungen des Abschnitts „Steuerbegünstigte Zwecke" in der AO

Hinweis: *Liegen die Voraussetzungen einer geringfügigen Beschäftigung vor (siehe dazu § 40a EStG), kann die Einkommen- bzw. Lohnsteuer als Abgeltungsteuer pauschaliert werden (= 20 bzw. 25 % des vereinbarten Arbeitslohns zzgl. Kirchensteuer und Solidaritätszuschlag oder 2 % bei „Minijobs").*

Auch dann, wenn die gesamte Werbetätigkeit eines Sportvereins auf eine selbständige Vermarktungsgesellschaft ausgegliedert wird, kann bezüglich der Werbeeinnahmen der betreffenden Sportler Arbeitslohn vorliegen. Der Verein oder die Vermarktungsgesellschaft ist dann zur Einbehaltung und Abführung der darauf entfallenden Lohnsteuer sowie der Sozialabgaben verpflichtet (siehe hierzu BMF vom 25.08.1995, DB 1995 S. 1935).

2.19.7.3 Geringfügige Beschäftigungsverhältnisse

Die Regelungen zu den geringfügigen Beschäftigungsverhältnissen (Minijob) sehen ein Zusammenspiel zwischen sozialversicherungs- und steuerrechtlichen Regelungen vor. Es wird sozialversicherungsrechtlich und steuerrechtlich zwischen verschiedenen Arten der geringfügigen Beschäftigung unterschieden. Informationen hierzu können im Internet u. a. unter www.minijob-zentrale.de abgerufen werden. Nachstehend wird der Versuch unternommen, einen (kurzen) Überblick hierüber zu geben.

Das Arbeitsentgelt von kurzfristig oder geringfügig Beschäftigten ist stets steuerpflichtig. Die Lohnsteuer kann pauschal oder nach den Merkmalen der Lohnsteuerkarte erhoben werden. Wird der Lohn pauschal versteuert, bleibt er in jedem Fall bei der persönlichen Einkommensteuerveranlagung des Arbeitnehmers unberücksichtigt.

Kurzfristige Beschäftigung (§ 40a Abs. 1 EStG)

Für eine kurzfristige Beschäftigung kann der Arbeitgeber bei Verzicht auf die Vorlage der Lohnsteuerkarte die Lohnsteuer pauschal mit 25 % des Arbeitsentgelts zzgl. Solidaritätszuschlag und ggf. Kirchensteuer erheben.

Eine kurzfristige Beschäftigung liegt vor, wenn der Arbeitnehmer bei dem Arbeitgeber (der gemeinnützigen Körperschaft):

– gelegentlich – nicht regelmäßig wiederkehrend – beschäftigt wird,

– die Beschäftigung dabei 18 zusammenhängende Arbeitstage nicht übersteigt,

– der Arbeitslohn während der Beschäftigungsdauer 62 Euro durchschnittlich je Arbeitstag nicht übersteigt,

– oder die Beschäftigung zu einem unvorhersehbaren Zeitpunkt sofort erforderlich wird.

Eine kurzfristige Beschäftigung i. S. des § 40a Abs. 1 EStG darf auch neben einem Dienstverhältnis zu einem anderen Arbeitgeber ausgeübt werden (R 40a.1 Abs. 1 LStR). Liegen diese Voraussetzungen nicht vor, muss die Versteuerung anhand der Merkmale der vorgelegten Lohnsteuerkarte erfolgen. Im Zweifel muss von dem Arbeitnehmer die Vorlage einer Lohnsteuerkarte mit der LSt-Klasse VI gefordert werden.

Die Pauschalsteuer nach § 40a Abs. 1 EStG i. H. von 25 % ist stets an das Betriebsstättenfinanzamt abzuführen (keine Zahlung an die „Minijob-Zentrale" als die Deutsche Rentenversicherung Knappschaft Bahn-See/Verwaltungsstelle Cottbus).

2.19 § 67a AO: Sportliche Veranstaltungen

Geringfügig entlohnte Beschäftigung; 450 Euro-Minijob
(§ 40a Abs. 2 und 2a EStG)

Für geringfügig entlohnte Beschäftigungen besteht ebenfalls die Möglichkeit der pauschalen Lohnsteuererhebung. Das Steuerrecht unterscheidet hier zwischen einer 2-prozentigen einheitlichen Pauschsteuer (§ 40a Abs. 2 EStG) und einer pauschalen Lohnsteuer von 20 % zzgl. Solidaritätszuschlag und Kirchensteuer (§ 40a Abs. 2a EStG).

- **Einheitliche Pauschsteuer von 2 %**

Verzichtet der Arbeitgeber auf die Vorlage einer Lohnsteuerkarte, ist die Lohnsteuer einschließlich Solidaritätszuschlag und Kirchensteuer für einen 450 Euro-Minijob mit einem einheitlichen Pauschsteuersatz von insgesamt 2 % des Arbeitsentgelts zu erheben.

Dabei knüpft § 40a Abs. 2 EStG allein an die sozialversicherungsrechtliche Beurteilung als geringfügige Beschäftigung an. Ein Minijob in diesem Sinne ist nur dann anzunehmen, wenn **der Arbeitgeber** einen pauschalen Beitrag zur **gesetzlichen Rentenversicherung zu entrichten hat**. Nach § 8 SGB IV liegt eine geringfügige Beschäftigung vor, wenn

– das Arbeitsentgelt aus dieser Beschäftigung regelmäßig im Monat 450 Euro nicht übersteigt

oder

– die Beschäftigung innerhalb eines Kalenderjahres auf längstens 2 Monate oder 50 Arbeitstage (für die Jahre 2015 bis 2018: 3 Monate oder 70 Arbeitstage; vgl. § 115 SGB IV) nach ihrer Eigenart begrenzt zu sein pflegt oder im Voraus vertraglich begrenzt ist, es sei denn, dass die Beschäftigung berufsmäßig ausgeübt wird und ihr Entgelt 450 Euro im Monat nicht übersteigt.

Für diese Beschäftigung muss **der Arbeitgeber** Rentenversicherungsbeiträge (Pauschalbeitrag mit oder ohne Aufstockungsbetrag des Arbeitnehmers) zahlen. In der einheitlichen Pauschsteuer ist neben der Lohnsteuer auch der Solidaritätszuschlag und die Kirchensteuer enthalten. Der einheitliche Pauschsteuersatz beträgt auch 2 %, wenn der Arbeitnehmer keiner erhebungsberechtigten Religionsgemeinschaft angehört. Die einheitliche Pauschsteuer ist zusammen mit den sonstigen Abgaben für Minijobs ausschließlich an die Minijob-Zentrale zu zahlen.

Für geringfügig entlohnte Minijobs zahlen Arbeitgeber Pauschalbeiträge i. H. von maximal 30,99 % des Verdienstes. Das sind neben 15 % zur Renten- und 13 % zur Krankenversicherung noch die einheitliche Pauschsteuer von 2 % (sofern nicht per Lohnsteuerkarte abgerechnet wird) sowie Umlagen zum Ausgleich der Arbeitgeberaufwendungen bei Krankheit (U1: 0,7 %) und Mutterschaft (U2: 0,24) sowie eine Insolvenzgeldumlage (0,15 %). Für Minijobber, die privat oder gar nicht krankenversichert sind, zahlen Arbeitgeber keinen Pauschalbeitrag zur Krankenversicherung.

Bei der Prüfung, ob die für 450 Euro-Minijobs vorgesehene Verdienstgrenze von 450 Euro im Monat überschritten wird, ist vom regelmäßigen monatlichen Arbeitsentgelt auszugehen. Dem regelmäßigen monatlichen Arbeitsverdienst sind auch einmalige Einnahmen hinzuzurechnen, die mit hinreichender Sicherheit mindestens einmal jährlich gezahlt werden, wie zum Beispiel das Weihnachtsgeld oder Urlaubsgeld. Wer also 450 Euro monatlich verdient, daneben aber noch ein Urlaubs- oder Weihnachtsgeld erhält, ist nicht mehr geringfügig beschäftigt.

2 Erläuterung der Bestimmungen des Abschnitts „Steuerbegünstigte Zwecke" in der AO

Nicht zum regelmäßigen Arbeitsentgelt gehören einmalige Einnahmen, laufende Zulagen, Zuschläge, Zuschüsse sowie ähnliche Einnahmen, die zusätzlich zum Arbeitsentgelt gezahlt werden, soweit sie steuerfrei sind. Insbesondere zu erwähnen sind hier steuerfreie Vergütungen als Übungsleiter etc. bis zu 2.400 Euro bzw. 720 Euro für „Ehrenamtstätigkeiten" im Kalenderjahr (§ 3 Nr. 26 bzw. 26a EStG, Tz. 4.6). Hierunter fallen z. B. Einnahmen aus nebenberuflichen Tätigkeiten als Übungsleiter in Sportvereinen, als Ausbilder, Erzieher, Betreuer oder aus vergleichbaren Tätigkeiten sowie die Pflege alter, kranker oder behinderter Menschen. Der steuerliche Freibetrag ist für die Ermittlung des Arbeitsentgelts in der Sozialversicherung in gleicher Weise zu berücksichtigen wie im Steuerrecht.

Der steuerfreie Jahresbetrag von 2.400 Euro bzw. 720 Euro kann anteilig (z. B. monatlich mit 200 Euro bzw. 60 Euro) oder einmalig (z. B. jeweils zum Jahresbeginn bzw. zu Beginn der Beschäftigung) angesetzt werden. Die darüber hinaus vom Arbeitgeber geleisteten Zahlungen stellen Arbeitsentgelt dar.

Beispiel:
Eine Hausfrau übt im Rahmen einer abhängigen Beschäftigung im Auftrag einer gemeinnützigen Körperschaft eine nebenberufliche Lehrtätigkeit aus. Sie arbeitet für ein monatliches Arbeitsentgelt von 650 €. Vom Arbeitsentgelt wird monatlich ein Betrag von 200 € unter Hinweis auf § 3 Nr. 26 EStG als steuer- und sozialversicherungsfrei behandelt.

Es handelt sich um einen 450 €-Minijob, weil das Arbeitsentgelt unter Berücksichtigung des monatlichen Freibetrags von 200 € den Betrag von 450 € nicht übersteigt.

Arbeitnehmer, die bereits einer versicherungspflichtigen Hauptbeschäftigung nachgehen, können daneben nur einen 450 Euro-Minijob ausüben. Der zweite und jeder weitere 450 Euro-Minijob wird aber mit der Hauptbeschäftigung zusammengerechnet und ist i. d. R. („normal") versicherungspflichtig in der Renten-, Kranken- und Pflegeversicherung. Lediglich Arbeitslosenversicherungsbeiträge müssen für diese Beschäftigungen nicht gezahlt werden. Ausgenommen von der Zusammenrechnung mit der versicherungspflichtigen Beschäftigung wird stets der zeitlich zuerst aufgenommene Minijob.

Beispiel:
Eine Arbeitnehmerin übt bei Arbeitgeber A eine sozialversicherungspflichtige Hauptbeschäftigung aus und verdient monatlich 2.000 € brutto. Sie nimmt einen 450 €-Minijob bei Arbeitgeber B auf. Hier verdient sie monatlich 160 €. Dieser Minijob wird nicht mit der versicherungspflichtigen Hauptbeschäftigung zusammengerechnet und bleibt versicherungsfrei. Als die Arbeitnehmerin noch einen zweiten Minijob für monatlich 200 € bei Arbeitgeber C aufnimmt, wird dieser Minijob mit der Hauptbeschäftigung zusammengerechnet und ist versicherungspflichtig.

Nicht zusammengerechnet werden Einkünfte aus 450 Euro-Minijobs und Einkünfte, die neben den 450 Euro-Minijobs aus Wehrdienst, Zivildienst, während einer Elternzeit oder aufgrund von Arbeitslosigkeit von der Agentur für Arbeit bezogen werden. In diesen Fällen bleiben die Minijobs sozialversicherungsfrei, sofern das Arbeitsentgelt aus allen Minijobs zusammen nicht mehr als 450 Euro beträgt.

Hat ein Arbeitnehmer, der keiner versicherungspflichtigen Hauptbeschäftigung nachgeht, mehrere 450 Euro-Minijobs bei verschiedenen Arbeitgebern nebeneinander, sind die Arbeitsentgelte aus diesen Beschäftigungen zusammenzurechnen (nicht zu berücksichtigen sind Arbeitsentgelte aus kurzfristigen Beschäftigungen). Wird bei Zusammenrechnung mehrerer 450 Euro-Minijobs die monatliche Grenze von 450 Euro überschritten, so handelt es sich nicht mehr um versicherungsfreie Minijobs. Vielmehr sind diese als versicherungspflichtig bei der zuständigen Krankenkasse zu melden.

Beispiel:
Ein Arbeitnehmer arbeitet seit dem 1. Januar beim Arbeitgeber A und verdient dort monatlich 400 €. Einen Monat später, am 1. Februar, nimmt er beim Arbeitgeber B einen weiteren Minijob auf und erhält dort monatlich 300 €. Der Arbeitnehmer ist für den Monat Januar noch versicherungsfrei, weil sein Monatsverdienst nicht über 450 € liegt. Mit seinem zweiten Minijob übersteigt er jedoch die 450 €-Grenze und ist ab Februar sozialversicherungspflichtig in beiden Beschäftigungen.

Wählt der Arbeitgeber für einen Minijob nicht die pauschale Lohnsteuererhebung oder liegen die Voraussetzungen dafür nicht vor, so ist die Lohnsteuer vom Arbeitsentgelt nach Maßgabe der vorgelegten Lohnsteuerkarte zu erheben.

- **Pauschale Lohnsteuer von 20 %**

Hat der Arbeitgeber für das Arbeitsentgelt eines 450 Euro-Minijobs den Beitrag zur gesetzlichen Rentenversicherung von 15 % nicht zu entrichten, kann er die pauschale Lohnsteuer mit einem Steuersatz von 20 % des Arbeitsentgelts erheben. Hinzu kommen der Solidaritätszuschlag und die Kirchensteuer nach dem jeweiligen Landesrecht. Hierbei handelt es sich dem Grunde nach auch um 450 Euro-Minijobs. Sie müssen diese z. B. wegen Prüfung der Zusammenrechnung mit einer Hauptbeschäftigung bei der zuständigen Krankenkasse melden. Die Pauschalsteuer ist – anders als die einheitliche Pauschsteuer – nicht an die Minijob-Zentrale, sondern stets an das Betriebsstättenfinanzamt abzuführen.

Hinweis: Zum Beispiel bei der Beschäftigung von Rentnern oder Studenten sollte die Vorlage einer Lohnsteuerkarte erwogen werden, weil hierdurch zumindest im Lohnsteuer-Abzugsverfahren i. d. R. eine Steuerbelastung vermieden werden kann.

Die kurzfristigen oder geringfügigen Beschäftigungsverhältnisse sind in jedem Fall der zuständigen Einzugsstelle (der „Minijob-Zentrale", die Deutsche Rentenversicherung Knappschaft-Bahn-See/Verwaltungsstelle Cottbus) zu melden. Bei Verstößen gegen die Meldepflichten kann ein Bußgeld von bis zu 5.000 Euro verhängt werden.

2.19.7.4 Hinweise zur Abzugsteuer nach § 50a Abs. 4 EStG

Besondere steuerliche Probleme treten auf, wenn der Sportverein Zahlungen an einen Sportler oder einen Dritten (z. B. ausländischen Sportverein oder eine ausländische Veranstaltungsfirma) leistet, der mit seinen Einkünften im Inland (nur) der beschränkten Einkommensteuerpflicht unterliegt (§ 1 Abs. 4 i. V. m. Abs. 2 Nr. 1 und § 49 EStG). Die Frage, ob eine Person nicht beschränkt steuerpflichtig ist, muss im Zweifel vom Veranstalter (Vergütungsschuldner) durch Vorlage einer Bescheinigung des deutschen Wohnsitzfinanzamtes des Vergütungsgläubigers über dessen unbeschränkte deutsche Steuerpflicht geklärt werden (§ 73e Satz 6 EStDV). Der auszahlende Verein unterliegt nach Maßgabe des § 50a Abs. 1 EStG der Verpflichtung, von Zahlungen an den Sportler oder beschränkt steuerpflichtige Dritte grundsätzlich 15 % (zzgl. Solidaritätszuschlag) einzubehalten und an das zuständige Finanzamt abzuführen. Dieser Steuerabzug wird nicht erhoben, wenn die Einnahmen je Darbietung 250 Euro nicht übersteigen (§ 50a Abs. 2 Satz 3 EStG).

Diese Abführungsverpflichtung trifft den „zahlenden" inländischen Verein, wenn der „ausländische" Sportler Einkünfte aus sportlichen Darbietungen oder durch deren Verwertung im Inland oder aus der Ausübung einer Tätigkeit als Berufssportler erzielt. Das gilt auch dann, wenn nicht der Sportler selbst Vertragspartner des Vereins ist, wenn er sich z. B. über eine Agentur, einen anderen Verband oder Ähnliches „vermitteln" lässt. Typische Beispiele für abzugspflichtige Zahlungen an ausländische Sportler sind z. B. die den Sportlern gezahlten Startgelder und Siegprämien. Übernommene Reisekosten gehören nur insoweit zu den abzugspflichtigen Einnahmen, als die Fahrt- und Übernachtungskosten und die Vergütungen für Verpflegungsmehraufwand die Pauschbeträge nach § 4 Abs. 5 Satz 1 Nr. 5 EStG übersteigen (§ 50a Abs. 2 Satz 2 EStG).

Die Abzugsverpflichtung besteht auch dann, wenn der Sportler als sog. „Amateur" nach den Grundsätzen des nationalen oder internationalen Sportverbandes anzusehen ist. Einnahmen, die nicht in Geld bestehen, sind mit den üblichen Endpreisen am Abgabeort anzusetzen (= der Betrag der erstatteten/übernommenen Reise- und Übernachtungskosten sowie der Wert des Sachpreises).

Die Einkommen- oder Körperschaftsteuer auf Einkünfte, die beschränkt steuerpflichtige Teilnehmer (ausländische Vereine und deren Sportler) an inländischen Spielen im Rahmen europäischer Vereinswettbewerbe in Mannschaftssportarten aus diesen Spielen erzielen (genannt werden Basketball, Eishockey, Fußball, Volleyball sowie vergleichbare Mannschaftssportarten), wird gem. § 50 Abs. 4 EStG erlassen, wenn der jeweilige Ansässigkeitsstaat im Gegenzug auf die Besteuerung der Einkünfte von Teilnehmern, die in Deutschland ansässig sind, in Zusammenhang mit den auf seinem Hoheitsgebiet ausgetragenen Spielen verzichtet (vgl. BMF vom 20.03.2008, BStBl 2008 I S. 538).

Die Einbehaltungs- und Abführungspflicht nach § 50a Abs. 1 EStG entfällt, wenn der betreffende Sportler für den Verein als Arbeitnehmer tätig wird, dann unterliegen die an ihn gezahlten Vergütungen dem „normalen" Lohnsteuerabzug, § 38 Abs. 1 Nr. 1 EStG; zur Abgrenzung nichtselbständige/selbständige Tätigkeit siehe Tz. 2.19.7.1.

Ausführlich hierzu mit Einzelbeispielen siehe BMF-Schreiben vom 25.11.2010 (BStBl 2010 I S. 1350) und das dem amtlichen Vordruck für den Steuerabzug nach § 50a EStG beigefügte Merkblatt (Download u. a. unter:
https://www.finanzamt.bayern.de/Informationen/Formulare/Auslandssachverhalte/Steuerabzug_bei_Verguetungen_an_beschraenkt_Steuerpflichtige/Merkblatt_StAb_2014_(13).pdf).

2.20 § 68 AO: Einzelne Zweckbetriebe

Zweckbetriebe sind auch:

1. a) Alten-, Altenwohn- und Pflegeheime, Erholungsheime, Mahlzeitendienste, wenn sie in besonderem Maß den in § 53 genannten Personen dienen (§ 66 Abs. 3),

   b) Kindergärten, Kinder-, Jugend- und Studentenheime, Schullandheime und Jugendherbergen,

2. a) landwirtschaftliche Betriebe und Gärtnereien, die der Selbstversorgung von Körperschaften dienen und dadurch die sachgemäße Ernährung und ausreichende Versorgung von Anstaltsangehörigen sichern,

   b) andere Einrichtungen, die für die Selbstversorgung von Körperschaften erforderlich sind, wie Tischlereien, Schlossereien, wenn die Lieferungen und sonstigen Leistungen dieser Einrichtungen an Außenstehende dem Wert nach 20 Prozent der gesamten Lieferungen und sonstigen Leistungen des Betriebs – einschließlich der an die Körperschaft selbst bewirkten – nicht übersteigen,

3. a) Werkstätten für behinderte Menschen, die nach den Vorschriften des Dritten Buches Sozialgesetzbuch förderungsfähig sind und Personen Arbeitsplätze bieten, die wegen ihrer Behinderung nicht auf dem allgemeinen Arbeitsmarkt tätig sein können,

b) Einrichtungen für Beschäftigungs- und Arbeitstherapie, in denen behinderte Menschen aufgrund ärztlicher Indikationen außerhalb eines Beschäftigungsverhältnisses zum Träger der Therapieeinrichtung mit dem Ziel behandelt werden, körperliche oder psychische Grundfunktionen zum Zwecke der Wiedereingliederung in das Alltagsleben wiederherzustellen oder die besonderen Fähigkeiten und Fertigkeiten auszubilden, zu fördern und zu trainieren, die für eine Teilnahme am Arbeitsleben erforderlich sind, und

c) Integrationsprojekte im Sinne des § 132 Abs. 1 des Neunten Buches Sozialgesetzbuch, wenn mindestens 40 Prozent der Beschäftigten besonders betroffene schwerbehinderte Menschen im Sinne des § 132 Abs. 1 des Neunten Buches Sozialgesetzbuch sind,

4. Einrichtungen, die zur Durchführung der Blindenfürsorge und zur Durchführung der Fürsorge für Körperbehinderte unterhalten werden,

5. Einrichtungen über Tag und Nacht (Heimerziehung) oder sonstige betreute Wohnformen,

6. von den zuständigen Behörden genehmigte Lotterien und Ausspielungen, wenn der Reinertrag unmittelbar und ausschließlich zur Förderung mildtätiger, kirchlicher oder gemeinnütziger Zwecke verwendet wird,

7. kulturelle Einrichtungen, wie Museen, Theater, und kulturelle Veranstaltungen, wie Konzerte, Kunstausstellungen; dazu gehört nicht der Verkauf von Speisen und Getränken,

8. Volkshochschulen und andere Einrichtungen, soweit sie selbst Vorträge, Kurse und andere Veranstaltungen wissenschaftlicher oder belehrender Art durchführen; dies gilt auch, soweit die Einrichtungen den Teilnehmern dieser Veranstaltung selbst Beherbergung und Beköstigung gewähren,

9. Wissenschafts- und Forschungseinrichtungen, deren Träger sich überwiegend aus Zuwendungen der öffentlichen Hand oder Dritter oder aus der Vermögensverwaltung finanziert. ₂Der Wissenschaft und Forschung dient auch die Auftragsforschung. ₃Nicht zum Zweckbetrieb gehören Tätigkeiten, die sich auf die Anwendung gesicherter wissenschaftlicher Erkenntnisse beschränken, die Übernahme von Projektträgerschaften sowie wirtschaftliche Tätigkeiten ohne Forschungsbezug.

Der einführende Halbsatz in § 68 AO stellt klar, dass die beispielhaft in § 68 AO aufgezählten Zweckbetriebe ohne Prüfung der allgemeinen Voraussetzungen des § 65 AO Zweckbetriebe kraft Gesetzes sind. Die Aufzählung in § 68 AO hat also rechtsbegründenden Charakter (siehe hierzu auch BFH vom 18.01.1995, BStBl 1995 II S. 446, und vom 04.06.2003, BStBl 2004 II S. 660). So spielt z. B. der Wettbewerbsgesichtspunkt bei den hier aufgezählten Zweckbetrieben keine Rolle. Allerdings kann nicht jede Tätigkeit einer Einrichtung, die ihrem Wortlaut nach unter die Regelungen des § 68 AO fällt, uneingeschränkt begünstigt sein. Sie muss sich in ihrer Gesamtrichtung noch als Zweckbetrieb darstellen (BFH vom 04.06.2003, a. a. O., und BMF vom 02.03.2006, BStBl 2006 I S. 242; siehe auch Tz. 2.20.3).

Aus den Beispielen lassen sich wichtige Anhaltspunkte für die Auslegung der Begriffe „Zweckbetrieb" (§ 65 AO) und „Einrichtungen der Wohlfahrtspflege" (§ 66 AO) entnehmen. Gemeinsamer Grundgedanke dieser Anwendungsbeispiele ist vor allem die Erwägung, dass die gemeinnützige Körperschaft ihre Dienstleistungen oder Waren einem Personenkreis (insbesondere wirtschaftlich oder körperlich bedürftigen Personen, Kindern, Schülern und Studenten) anbietet, der das Waren- oder Dienstleistungsangebot der steuerpflichtigen Unternehmen nicht in Anspruch nimmt (BFH vom 15.12.1993, BStBl 1994 II S. 314).

Wegen des Nachweises, ob die Voraussetzungen erfüllt sind, Hinweis auf Tz. 2.14.5 und 2.17.

2.20.1 Altenheime und vergleichbare Einrichtungen (§ 68 Nr. 1 Buchst. a AO)

Altenheime, Altenwohnheime und Pflegeheime sind Einrichtungen, in denen alte Menschen sowie pflegebedürftige oder behinderte Volljährige nicht nur vorübergehend aufgenommen und betreut werden (vgl. § 1 Heimgesetz – HeimG). Der Betrieb eines Heimes ist der zuständigen Landesbehörde anzuzeigen (§ 12 HeimG). Altenheime sind Einrichtungen, in denen alte Menschen, die nicht pflegebedürftig, aber zur Führung eines eigenen Haushalts außerstande sind, Unterkunft, Verpflegung und Betreuung erhalten. Altenwohnheime sind Einrichtungen, in denen alte Menschen, die zur Führung eines eigenen Haushalts noch imstande sind, Unterkunft in abgeschlossenen Wohnungen erhalten. Im Bedarfsfall werden von dem Träger Verpflegung und Betreuung gewährt. Pflegeheime sind Einrichtungen, in denen volljährige Personen, die wegen Krankheit oder Behinderung pflegebedürftig sind, Unterkunft, Verpflegung, Betreuung und Pflege erhalten. Einrichtungen zur vorübergehenden Aufnahme pflegebedürftiger Personen (Kurzzeitpflege) sind keine Pflegeheime (BFH vom 01.12.1994, BStBl 1995 II S. 220; Abschn. 4.16.1 ff. UStAE zu § 4 Nr. 16 UStG).

Die genannten Einrichtungen sind nur dann Zweckbetriebe, wenn sie als Heim nach Maßgabe des HeimG anzuerkennen sind und in **besonderem Maße den in § 53 AO genannten Personen dienen.**

Diesen (begünstigten) Personen müssen mindestens zwei Drittel der Leistungen des Zweckbetriebs zugutekommen (vgl. Tz. 2.17). Altenheime, die im Wesentlichen finanziell gut gestellte gesunde Personen aufnehmen, sind also nicht begünstigt.

Körperliche Hilfsbedürftigkeit i. S. des § 53 Nr. 1 AO kann ohne Nachprüfung bei Personen angenommen werden, die das 75. Lebensjahr vollendet haben (vgl. Tz. 2.3.2 und AEAO Nr. 4 zu § 53 AO, Anhang 1). Zum Nachweis der Voraussetzungen vgl. im Übrigen Tz. 2.14.5.

Mit dem Begriff **„betreutes Wohnen"** werden häufig Wohnangebote oder besondere Wohnformen mit ergänzenden Dienstleistungen, die vornehmlich auf den Bedarf älterer oder aus anderen Gründen betreuungsbedürftiger Personen abgestimmt sind, umschrieben. Auch wenn die Finanzverwaltung ohne Nachprüfung bei Personen, die das 75. Lebensjahr vollendet haben, von Hilfsbedürftigkeit i. S. des § 53 Nr. 1 AO ausgeht, kann die Vermietung von Wohnraum nicht allein deshalb als Zweckbetrieb eingestuft werden, weil dort ausschließlich oder überwiegend Personen leben, die 75 Jahre und älter sind. Die Annahme eines Zweckbetriebs nach § 68 Nr. 1 Buchst. a AO scheidet in diesen Fällen i. d. R. aus, da diese Regelung nur für Einrichtungen gilt, die dem HeimG unterliegen. Die (Dauer-)Vermietung von Wohnungen – auch, wenn sie eine altengerechte Ausgestaltung auf-

2.20 § 68 AO: Einzelne Zweckbetriebe

weisen – ist grundsätzlich als vermögensverwaltende Tätigkeit i. S. der §§ 14, 64 AO einzustufen.

Die Beschaffung und Zurverfügungstellung von Wohnraum ist nach Rechtsauffassung des BFH vom 24.07.1996 (BStBl 1996 II S. 583) jedoch dann als mildtätige Zweckverfolgung zu werten, wenn sie als Hilfe für Menschen zu werten ist, die aufgrund besonderer sozialer Probleme unter Wohnraumnot leiden oder von ihr bedroht sind. Eine GmbH, die ihr gehörende Wohnungen vorrangig an Personen vermietet, die die Voraussetzungen des § 53 AO erfüllen, verfolgt daher mildtätige Zwecke. Nach § 66 Abs. 3 AO müssen mindestens zwei Drittel der Leistungen dem vorgenannten Personenkreis unmittelbar zugutekommen. Darüber hinaus ist bei der Gestaltung der Mietpreise zu beachten, dass die Festsetzung mit dem Gebot der Selbstlosigkeit korrespondiert. Nach Auffassung des BFH setzt die Selbstlosigkeit nicht voraus, dass der Mietzins wesentlich unter der Markt- bzw. Kostenmiete liegt. Es reicht vielmehr aus, dass die gemeinnützige Körperschaft die jeweilige Wohnung zu einem Mietzins vermietet, der nur die tatsächlichen Aufwendungen einschließlich der regulären Absetzung für Abnutzung (AfA) deckt und keinen Gewinnaufschlag enthält. Ebenso ist die Berücksichtigung einer Eigenkapitalverzinsung bei Sozialwohnungen unschädlich, wenn nachgewiesen kann, dass die tatsächlichen Aufwendungen einschließlich der regulären AfA höher als die nach den gesetzlichen Vorschriften ermittelte Kostenmiete sind und somit die Vermietung keinen eigenwirtschaftlichen Zwecken i. S. von § 55 Satz 1 AO dient. Neben diesen Voraussetzungen ist die formelle Satzungsmäßigkeit nachzuweisen, insbesondere muss der Gesellschaftsvertrag der in Anlage 1 zu § 60 AO befindlichen Mustersatzung entsprechen, damit eine Anerkennung als gemeinnützige Einrichtung erfolgen kann (BFH vom 24.07.1996, BStBl 1996 II S. 583).

Mit den Zusatzleistungen zum „betreuten Wohnen" kann eine steuerbegünstigte Körperschaft einen Zweckbetrieb i. S. des § 66 AO begründen, wenn diese Leistungen darauf abzielen, Abhilfe oder Milderung der altersbedingten Einschränkungen zu erreichen (siehe Tz. 2.3.3 und auch FinMin Sachsen-Anhalt vom 11.04.1996, DB 1996 S. 1703). Zu den umsatzsteuerlichen Fragestellungen i. V. m. dem „betreuten Wohnen" siehe auch Tz. 4.5.8.1.

Bei Pflegeheimen, deren Leistungen mindestens zu zwei Dritteln Personen zugutekommen, die infolge ihres körperlichen, geistigen oder seelischen Zustandes der Hilfe bedürfen (§ 53 Nr. 1 AO), kommt es auf die **wirtschaftlichen Verhältnisse** der gepflegten Personen nicht an.

Erholungsheime (z. B. Müttererholungsheime) und **Mahlzeitendienste** (z. B. Essen auf Rädern, siehe dazu auch BFH vom 13.06.2012 I R 71/11, BFH/NV 2013 S. 89) sind in den Beispielkatalog aufgenommen worden. In diesen Beispielsfällen müssen die Leistungen ebenfalls zu mindestens zwei Dritteln den in § 53 AO bezeichneten Personen zugutekommen.

Einrichtungen zur vorübergehenden Aufnahme pflegebedürftiger Personen und Einrichtungen, in denen die ambulante Pflege kranker und pflegebedürftiger Personen geleistet wird, werden i. d. R. als Zweckbetriebe i. S. des § 66 AO zu behandeln sein.

Ein allgemein zugängliches Café eines Seniorenheims ist **nicht** Teil des Zweckbetriebs i. S. des § 68 Nr. 1 Buchst. a AO (BFH vom 24.01.1990, BStBl 1990 II S. 470).

2.20.2 Kindergärten usw. (§ 68 Nr. 1 Buchst. b AO)

Zur Klarstellung sind **Kinderheime, Schullandheime** und **Jugendherbergen** in den Katalog aufgenommen worden. Diese Einrichtungen sind im Allgemeinen wegen **Förderung der Jugendpflege** begünstigt. Sie können ihre Leistungen entsprechend ihrer Zweckbestimmung nach meiner Ansicht nur dann ordnungsgemäß erbringen, wenn sie neben der Unterkunft und Betreuung der Kinder und Jugendlichen auch deren Beköstigung übernehmen. Entgegen Fischer in H/H/Sp, Rz. 14 zu § 68 AO, umfasst der Zweckbetriebsbegriff des § 68 Nr. 1 Buchst. b AO auch die mit dem Betrieb dieser Einrichtungen notwendige Versorgung mit Speisen und Getränken (vergleichbar den Ausführungen in AEAO Nr. 5 zu § 68 Nr. 3 AO, Anhang 1).

Die in § 68 Nr. 1 Buchst. b AO bezeichneten Einrichtungen brauchen ihre Leistungen nicht zu mindestens zwei Dritteln den in § 53 AO bezeichneten Personen zu gewähren. Der Zweck der hier genannten Einrichtungen ist i. d. R. darauf gerichtet, gemeinnützige Zwecke (insbesondere Jugendhilfe, Erziehung, vgl. Tz. 2.2.5) zu verwirklichen. Gemeinnützige Zwecke werden nur verfolgt, wenn durch eine Tätigkeit die Allgemeinheit gefördert wird (vgl. Tz. 2.2.2). Ein Kindergarten, der nur Kinder von Angehörigen eines bestimmten Betriebs aufnimmt, ist demgemäß grundsätzlich nicht gemeinnützig. Zu prüfen ist in diesem Fall, ob die Steuerbegünstigung wegen Förderung mildtätiger Zwecke in Frage kommt.

Jugendherbergen erbringen i. d. R. auch Übernachtungs- und Verpflegungsleistungen an allein reisende Erwachsene. Leistungen an diese Personengruppe gehören nicht zu den üblichen Zweckbetriebsleistungen einer Jugendherberge nach § 68 Nr. 1 Buchst. b AO. Wenn diese Leistungen vom „normalen" Leistungsangebot abgegrenzt werden können, begründet die Jugendherberge damit einen eigenständigen (steuerpflichtigen) wirtschaftlichen Geschäftsbetrieb gem. § 64 AO. Lassen sich diese Leistungen nicht abgrenzen und können sie nicht mehr als nur von untergeordneter Bedeutung eingestuft werden (= 10 % der Gesamtleistungen), ist der gesamte Herbergsbetrieb als (einheitlicher) steuerpflichtiger wirtschaftlicher Geschäftsbetrieb einzustufen (BFH vom 18.01.1995, BStBl 1995 II S. 446).

2.20.3 Selbstversorgungseinrichtungen (§ 68 Nr. 2 AO)

Zu den steuerlich begünstigten **Selbstversorgungseinrichtungen** i. S. von § 68 Nr. 2 Buchst. a AO gehören neben den land- und forstwirtschaftlichen Betrieben und Gärtnereien auch andere Einrichtungen, die für die Selbstversorgung (die Betätigung) der Körperschaft erforderlich sind. In den meisten Fällen handelt es sich dabei um Einrichtungen der Wohlfahrtspflege (Hinweis auf das Urteil des OFH vom 13.09.1947, FR 1948 S. 14).

Bei einer landwirtschaftlichen oder gärtnerischen Selbstversorgungseinrichtung ist vorauszusetzen, dass die sie tragende Körperschaft Personen Kost und Unterkunft gewährt, weil derartige Selbstversorgungseinrichtungen dem Zweck dienen müssen, die Ernährung und die Versorgung von **Anstaltsangehörigen** zu sichern. Die erzeugten Produkte müssen für eine sachgemäße Ernährung geeignet sein. Der Kreis der steuerbegünstigten Selbstversorgungseinrichtungen ist dadurch in gewisser Weise eingeschränkt.

Als **„andere Einrichtung"** i. S. von **§ 68 Nr. 2 Buchst. b AO** kann nur ein Handwerksbetrieb oder handwerksähnlicher Betrieb, nicht aber ein Handelsbetrieb oder ein Dienstleistungsbetrieb zur Erbringung von Verwaltungsleistungen in Betracht kommen. In § 68 Nr. 2 AO wird der Begriff „Selbstversorgung" im Zusammenhang mit land- und forstwirtschaftlichen Betrieben, Tischlereien und Schlossereien verwendet. Der Gesetzgeber spricht damit also ausschließlich **Produktionseinrichtungen oder handwerkliche Dienstleistungseinheiten** an. Nach der aktuellen Rechtsprechung des BFH werden von § 68 Nr. 2 AO nur solche Einrichtungen erfasst, die den darin genannten Einrichtungen ähnlich sind. Dies trifft auf handwerksähnliche Leistungen, nicht aber auf Verwaltungs- und Geschäftsstellen zu, da es sich bei den vorgenannten Aktivitäten um Verwaltungsdienstleistungen handelt, die reine Verwaltungstätigkeiten darstellen und in dieser Art bei nahezu allen Wirtschaftsunternehmen anfallen. Auch die Tatsache, dass eine Verwaltungs- bzw. Geschäftsstelle zu Selbstversorgungszwecken unterhalten wird, rechtfertigt aus Sicht des BFH keine andere Beurteilung. Somit kann die Übernahme von Aufgaben im Bereich Geschäftsführung, Personal- und Rechnungswesen, die ein gemeinnütziger Verein für angeschlossene Mitgliedseinrichtungen erbringt, nicht einen steuerbegünstigten Zweckbetrieb i. S. von § 68 Nr. 2 Buchst. b AO darstellen (BFH vom 29.01.2009, BStBl 2009 II S. 560). Ebenso könnten beispielsweise Krankenhausapotheken (siehe Tz. 2.15.4), die überwiegend fertige Medikamente einkaufen und weitergeben, nicht als Selbstversorgungseinrichtungen in diesem Sinne behandelt werden. Soweit Krankenhausapotheken andere Krankenhäuser mit Medikamenten versorgen, unterhalten sie stets einen steuerpflichtigen wirtschaftlichen Geschäftsbetrieb (so BFH vom 18.10.1990, BStBl 1991 II S. 268).

Eine Tätigkeit i. S. des § 68 Nr. 2 AO kann einer gewissen Organisationseinheit (Einrichtung) zugeordnet sein, die mit einer gewissen Abgrenzbarkeit (Selbständigkeit der zu beurteilenden Tätigkeit) ausgestattet ist (zur sachlichen Selbständigkeit von Geschäftsbetrieben nach §§ 14, 64 AO siehe das BFH-Urteil vom 26.02.1992, BStBl 1992 II S. 693). Die entgeltliche Überlassung von Personal- oder Sachmitteln, die für die laufende Geschäftsführung einer gemeinnützigen Körperschaft eingesetzt werden, kann nicht einem Selbstversorgungsbetrieb i. S. des § 68 Nr. 2 AO zugeordnet werden.

Andererseits ist der Kreis der betroffenen Körperschaften jedoch weiter zu ziehen als bei Unterhaltung von landwirtschaftlichen oder gärtnerischen Betrieben, denn die Aufzählung in § 68 Nr. 2 AO ist nicht abschließend. Es können z. B. in Betracht kommen: die Kfz-Werkstatt eines Rettungshilfsdienstes, die Reparaturwerkstatt eines Sportvereins, der Schlossereibetrieb in einem Jugenderziehungsheim, Lieferungen der (Groß-)Küche eines Altenheims oder der Wäschereibetrieb eines Krankenhauses (BFH vom 18.10.1990, BStBl 1991 II S. 157).

Die genannten Selbstversorgungseinrichtungen dienen **unmittelbar** der Erfüllung steuerbegünstigter Zwecke, sofern sie nur für die **„eigene" Körperschaft** tätig werden. Es ist oft nicht auszuschließen, dass Selbstversorgungseinrichtungen in gewissem Umfang Erzeugnisse auch an Dritte verkaufen (z. B. weil sich der eigene Bedarf nicht genau abschätzen lässt oder weil die Erzeugung die Erwartungen übertroffen hat) oder gelegentlich Leistungen gegenüber Dritten erbringen (z. B. an Angestellte der Körperschaft). Aus diesem Grund hat der Gesetzgeber Lieferungen und sonstige **Leistungen an Außenstehende in geringfügigem Umfang,** das heißt nicht mehr als 20 % des Wertes der gesamten Lieferungen und Leistungen der Einrichtung, als unschädlich angesehen (vgl. AEAO Nr. 4 zu § 68 Nr. 2 AO).

Die Leistungen an Außenstehende werden ebenfalls immer dann im Rahmen eines steuerpflichtigen wirtschaftlichen Geschäftsbetriebs erbracht, wenn die Körperschaft für den Verkauf von Produkten oder die Erbringung von Dienstleistungen an Dritte gezielt zusätzliche Investitionen tätigt, wenn sie etwa gezielt dafür, dass sie diese Leistungen erbringen kann, zusätzliches Personal einstellt oder zusätzliche

Betriebsausstattungen (wie besondere PC mit speziell auf den Kunden abgestimmten Programmen, zusätzliche Maschinen etc.) anschafft.

Unter „Außenstehende" sind Dritte zu verstehen, mit denen die Körperschaft in Leistungsbeziehungen tritt. Leistungen an unselbständige Abteilungen der Körperschaft selbst fallen auch dann nicht darunter, wenn die Leistungen untereinander „abgerechnet" (also den jeweiligen Abteilungen zugerechnet) werden.

Erbringt die Selbstversorgungseinrichtung Leistungen an andere steuerbegünstigte Körperschaften, sind auch diese Leistungen als an „Außenstehende" i. S. von § 68 Nr. 2 AO erbracht zu behandeln (BFH vom 18.10.1990, BStBl 1991 II S. 157, betr. eine Krankenhauszentralwäscherei).

Bei Überschreiten der **20 %-Grenze** liegt ein steuerpflichtiger wirtschaftlicher Geschäftsbetrieb vor, der dann die **gesamten** Leistungen an **Außenstehende** umfasst. Das Tätigwerden gegenüber der „eigenen" Körperschaft begründet keinen wirtschaftlichen Geschäftsbetrieb (siehe Tipke/Kruse, Tz. 5 zu § 68 AO). Zur Bestimmung der 20 %-Grenze ist auf objektive Parameter abzustellen. Es sind die Fremdleistungen ins Verhältnis zur Gesamtleistung der Selbstversorgungseinrichtung zu stellen. Bei einem Wäschereibetrieb könnte dazu z. B. die jeweils angefallene gesamte Wäschemenge (nach Stückzahl oder Gewicht ermittelt) dem eigenen Haus und den Fremdleistungen zugeordnet werden. Bei einem Schlossereibetrieb sind die jeweiligen Arbeitsstunden der Mitarbeiter zur Bestimmung der Leistungsverhältnisse als sachgerechter Maßstab denkbar (siehe hierzu auch Baumann/Penne-Goebel in DB 2005 S. 695).

Nach dem BFH-Urteil vom 29.01.2009 (BStBl 2009 II S. 560) sind Selbstversorgungseinrichtungen nach § 68 Nr. 2 Buchst. b AO nur dann ein Zweckbetrieb, wenn sie nicht regelmäßig ausgelastet sind und deshalb auch Leistungen an Dritte erbringen (siehe auch AEAO Nr. 4 zu § 68 AO, Anhang 1). Die Vorschrift umfasst damit nicht solche Einrichtungen, die nachhaltig über Jahre hinweg Leistungen an Dritte ausführen und sich hierfür personell entsprechend aufstocken, auch wenn die Leistungen an Dritte nicht mehr als 20 % der Gesamtleistung betragen. Die 20 %-Grenze stellt damit nach der Rechtsprechung des BFH eine fixe Grenze dar, die allerdings nicht dauerhaft als Maßstab für Leistungen an Dritte zugrunde gelegt werden darf (BFH vom 29.01.2009, BStBl 2009 II S. 560). Leistungen der Selbstversorgungseinrichtungen an Dritte können demnach nur dann steuerbegünstigt sein, wenn sie lediglich zur vorübergehenden Kapazitätsauslastung erfolgen und die 20 %-Grenze nicht übersteigen. Eine dauerhafte und planmäßige Erbringung von Leistungen an Außenstehende stellt sich nach Auffassung des BFH unabhängig von der 20 %-Grenze als schädlich dar. Festzustellen ist, dass der BFH mit vorgenanntem Urteil eine vom Gesetzgeber ganz bewusst aus Vereinfachungsgründen bestimmte Umsatzgrenze durch zusätzliche Kriterien ergänzt hat und dadurch der Anwendungsbereich des § 68 Nr. 2 Buchst. b AO eingeschränkt wurde (Hüttemann/Schauhoff, Der BFH als Wettbewerbshüter, DB 2011 S. 319 bis 325). Im Übrigen gibt der BFH in seiner Entscheidung keine Kriterien zu erkennen, wie zukünftig eine Abgrenzung zwischen sog. handwerksnahen und sog. dienstleistungsnahen Betrieben in Betracht kommt (siehe hierzu auch Seeger/Brox, Das Ende der Steuerbegünstigung für Selbstversorgungsbetriebe nach § 68 Nr. 2 Buchst. b AO, DStR 2009 S. 2459).

Gemäß BMF-Schreiben vom 12.04.2011 (BStBl 2011 I S. 538) finden die allgemeinen Grundsätze des BFH-Urteils (29.01.2009, BStBl 2009 II S. 560) für nach dem 31.12.2009 gegründete Selbstversorgungsbetriebe i. S. des § 68 Nr. 2 Buchst. b AO

Anwendung. Für vor diesem Stichtag gegründete Selbstversorgungsbetriebe galt zunächst eine Übergangsregelung, doch greift seit Veranlagungszeitraum 2013 auch für diese Einrichtungen das BFH-Urteil.

Hinweis: Für steuerbegünstigte Unternehmen, die in der Vergangenheit mit ihren Selbstversorgungseinrichtungen die 20 %-Grenze regelmäßig konstant unterschritten, gleichzeitig jedoch diese Leistungen über Jahre hinweg planmäßig an Dritte erbracht haben, wird durch das vorgenannte BFH-Urteil im Hinblick auf die steuerliche Behandlung eine hohe Rechtsunsicherheit und damit einhergehend auch ein hohes finanzielles Risiko geschaffen. Es empfiehlt sich, die Leistungen der Selbstversorgungsbetriebe an Dritte unter Berücksichtigung der neuen Kriterien des BFH zu § 68 Nr. 2 AO zu prüfen.

2.20.4 Beschäftigung von behinderten Menschen (§ 68 Nr. 3 AO)

Durch das Gesetz zur Förderung der Ausbildung und Beschäftigung schwerbehinderter Menschen vom 23.04.2004 (BStBl 2004 I S. 474) wurde § 68 Nr. 3 AO neu gefasst. Die Neufassung gilt grundsätzlich ab dem 01.01.2003 (BGBl 2004 I S. 606). Die Regelung zu den Integrationsprojekten (§ 68 Nr. 3 Buchst. c AO) gelten auch für vor diesem Zeitraum beginnende Veranlagungszeiträume.

Nach der Gesetzesänderung werden die besonders auf die Bedürfnisse behinderter Menschen **zugeschnittenen Beschäftigungsmöglichkeiten** weitgehend von § 68 Nr. 3 AO erfasst. So wurde z. B. die bisher im AEAO Nr. 8 zu § 68 Nr. 3 AO enthaltene Definition der arbeitstherapeutischen Einrichtungen in § 68 Nr. 3 Buchst. b AO übernommen. Auf der Grundlage des § 68 Nr. 3 Buchst. c AO ist es jetzt grundsätzlich auch möglich, einzelne Integrationsprojekte als Zweckbetrieb i. S. des § 68 AO einzustufen.

Die hier angesprochenen Einrichtungen übernehmen im Allgemeinen die Herstellung und die Be- oder Verarbeitung von Gegenständen gegen Entgelt. **Der Umsatz an Außenstehende ist** – anders als bei den Selbstversorgungseinrichtungen i. S. von § 68 Nr. 2 AO – **nicht beschränkt.** Die Beschäftigung Nichtbehinderter (Stammpersonal) wird – über einen längeren Zeitraum gesehen – nur in einem für den Arbeitsablauf notwendigen Ausmaß zulässig sein.

Es wird als unschädlich angesehen, wenn die betreuten Personen fremden Betrieben gegen Entgelt zur Arbeitsleistung zur Verfügung gestellt werden und dies aus arbeitstherapeutischen Gründen geschieht (zu arbeitstherapeutischen Beschäftigungsgesellschaften siehe BFH vom 26.04.1995, BStBl 1995 II S. 767).

2.20.4.1 Werkstätten für behinderte Menschen (§ 68 Nr. 3 Buchst. a AO)

Der Begriff „**Werkstätten für behinderte Menschen**" (WfbM) ergibt sich aus § 136 SGB IX. Es handelt sich dabei um eine Einrichtung zur Teilhabe behinderter Menschen am Arbeitsleben und zur Eingliederung in das Arbeitsleben. „Sie hat denjenigen behinderten Menschen, die wegen Art oder Schwere der Behinderung nicht, noch nicht oder noch nicht wieder auf dem allgemeinen Arbeitsmarkt beschäftigt werden können,

- eine angemessene berufliche Bildung und eine Beschäftigung zu einem ihrer Leistung angemessenen Arbeitsentgelt aus dem Arbeitsergebnis anzubieten und

- zu ermöglichen, ihre Leistungs- und Erwerbsfähigkeit zu erhalten, zu entwickeln, zu erhöhen oder wiederzugewinnen und dabei ihre Persönlichkeit weiterzuentwickeln."

Ergänzend ist eine WfbM nach der bis zum 31.12.2004 geltenden Fassung des BSHG definiert als Einrichtung der beruflichen und sozialen Eingliederung, die Arbeitsplätze zur Verfügung stellt bzw. Gelegenheit zur Ausübung einer geeigneten Beschäftigung gibt.

Werkstätten für Behinderte sind förderungswürdig, wenn deren Arbeitsplätze den besonderen Verhältnissen der Menschen mit Behinderung Rechnung tragen. Sie bedürfen einer Anerkennung durch die Bundesagentur für Arbeit, die im Einvernehmen mit dem überörtlichen Träger der Sozialhilfe über die Anerkennung einer Einrichtung als Werkstatt für behinderte Menschen durch Anerkennungsbescheid entscheidet (§ 142 SGB IX).

Alle derartigen Werkstätten werden mit ihren anerkannten Arbeitsfeldern in einem Verzeichnis, der sog. REHADAT-Datenbank, geführt. Als Arbeitsfelder werden dort beispielhaft die Produktion (Kunsthandwerk, Möbel, Gärtnereibedarf und -produkte sowie Spielwaren) und Auftragsarbeiten (im Wesentlichen Dienstleistungen in den Bereichen Metall, Holz, Kunststoff- und Elektromontage, Näherei, Stickerei, Lackierarbeiten, Recycling und Verpackungsarbeiten, Hauswirtschaft mit Catering und Reinigungsarbeiten sowie Garten- und Landschaftspflege) genannt. Auch die Errichtung und Führung von Betriebsstätten (räumlich außerhalb der WfbM) bedarf einer entsprechenden Anerkennung.

Aus den vorgenannten Ausführungen wird deutlich, dass nach dem SGB IX anerkannte Werkstätten verpflichtet sind, fortdauernd und nachhaltig geeignete Arbeitsplätze in den verschiedenen Arbeitsfeldern in Haupt- und Nebenbetrieben sowie in Form ausgelagerter Arbeitsplätze vorzuhalten, um ihren sozialgesetzlichen Auftrag der fortgesetzten Teilhabeleistung von Menschen mit Behinderungen erfüllen zu können. Eine Beschränkung der Beschäftigungsfelder einer WfbM auf bestimmte Bereiche, wie z. B. die Produktion, wird durch das SGB IX nicht vorgenommen (vgl. Seeger, Ermäßigter Steuersatz bei Beschäftigungsbetrieben der Behindertenhilfe, Umsatzsteuerberater 2015 S. 19).

Zu der Werkstatt für Menschen mit Behinderungen gehören auch **ausgelagerte Arbeitsplätze** i. S. des § 5 Abs. 4 Werkstättenverordnung (WVO). Diese ermöglichen den im Arbeits- und Sozialverhalten geeigneten Beschäftigten eine Weiterentwicklung in Richtung des allgemeinen Arbeitsmarktes durch vor Ort stattfindende Qualifizierungsmaßnahmen unter Realbedingungen. Der Beschäftigte wird am Arbeitsplatz begleitet, wobei er insbesondere Unterstützung durch einen Jobcoach der Werkstatt erfährt. Dabei steht das prozessorientierte Lernen gegenüber dem zielorientierten Ansatz im Vordergrund. Weiterhin wird die berufliche Qualifikation des behinderten Menschen fortlaufend in Form von ganzjährigen Kursen, Seminaren, Projekten und gezielten individuellen Maßnahmen ausgebaut. Gemäß der Geschäftsanweisung zum Arbeitnehmerüberlassungsgesetz (AÜG) von Februar 2014 (vgl. Abschn. 1.1.5 Abs. 13 zu § 1 AÜG) dient die (auch dauerhafte) Beschäftigung auf ausgelagerten Arbeitsplätzen von in Werkstätten beschäftigten behinderten Menschen deren Rehabilitation. Damit erfüllt die Werkstatt für behinderte Menschen ihren in § 136 Abs. 1 SGB IX festgesetzten gesetzlichen Auftrag auch gegenüber denjenigen Beschäftigen, die außerhalb der Einrichtung arbeiten. Da es sich im Rahmen der Rehabilitation zwar um ein arbeitnehmerähnliches Rechtsverhältnis, jedoch nicht um ein Arbeitsverhältnis handelt, liegt hierbei keine Arbeitnehmerüberlassung im Sinne des AÜG vor. Ob ausgelagerte Arbeitsplätze auf die Beschäftigungsquote angerechnet werden können, sollte mit der Finanzverwaltung abgestimmt werden, siehe Tz. 2.19.4.3.

Aus der speziellen Zweckbetriebsnorm des § 68 AO für Werkstätten für Menschen mit Behinderung, Einrichtungen für Beschäftigungs- und Arbeitstherapie als auch Integrationsunternehmen ist zu entnehmen, dass der Wettbewerbsgedanke zurücktreten muss, wenn die Aktivitäten ein notwendiges Mittel zur Erreichung eines ideellen Zwecks darstellen, den die Wettbewerber nicht verfolgen. Der Verkauf von Erzeugnissen ist daher eine unvermeidbare Folge der Unterhaltung dieser Betriebe, solange Wettbewerbsverzerrungen durch zumutbare Vorkehrungen soweit möglich – z. B. durch den Verkauf zu marktüblichen Preisen – reduziert werden (vgl. Hüttemann, 3. Auflage, S. 543, Tz. 6.203).

In seiner Entscheidung vom 04.06.2003 (BStBl 2004 II S. 660) zu einer Einrichtung für Beschäftigungs- und Arbeitstherapie, die zur Eingliederung von Menschen mit Behinderung eine Süßmosterei betrieb, hat der BFH klargestellt, dass nicht jede Einrichtung, die ihrem Wortlaut nach unter die Regelungen des § 68 Nr. 3 AO fällt, uneingeschränkt begünstigt sein muss. Die steuerliche Vergünstigung setzt danach voraus, dass sich die **Einrichtung in ihrer Gesamtrichtung noch als Zweckbetrieb** darstellt. So ist etwa das Fehlen oder das nicht in ausreichender Anzahl vorhandene Personal, das medizinisch, psychologisch, pädagogisch oder anderweitig spezifiziert geschult ist, um im Hinblick auf die besonderen Belange der betroffenen schwerbehinderten Menschen deren Heranführung an das Erwerbsleben zu fördern, bzw. die Unterlassung gleichwertiger Ersatzmaßnahmen ein deutliches Indiz dafür, dass eine Tätigkeit i. S. des § 68 Nr. 3 Buchst. a, b oder c AO in der Gesamtrichtung nicht (mehr) als Zweckbetrieb eingestuft werden kann (siehe auch BMF vom 09.02.2007, BStBl 2007 I S. 218).

Der Tätigkeitsbereich einer Werkstatt für behinderte Menschen lässt sich nicht auf reine Werkstätten eingrenzen, sondern kann ebenfalls Dienstleistungen umfassen. Nach einer Entscheidung des FG Schleswig-Holstein vom 11.12.1998 (EFG 1999 S. 858) ist auch eine von einer anerkannten Werkstatt für Behinderte betriebene Cafeteria als Zweckbetrieb i. S. von § 68 Nr. 3 AO anzusehen, wenn diese als Maßnahme einer wirksamen Eingliederung von Menschen mit Behinderung in das Arbeitsleben zu werten ist.

Die Verkaufsstellen bzw. **Läden von Werkstätten für behinderte Menschen** sind grundsätzlich als Zweckbetriebe einzustufen, wenn in ihnen ausschließlich Produkte veräußert werden, die von den Werkstätten für Behinderte hergestellt worden sind. Von einer Herstellung in einer Werkstatt für behinderte Menschen ist auszugehen, wenn die Produkte unter Verwendung von Roh- und Grundmaterial in der Werkstatt gefertigt wurden. Werden von ihnen jedoch neben eigenen Waren oder von anderen Werkstätten für behinderte Menschen hergestellte Waren auch zugekaufte Waren veräußert, wird mit dem Weiterverkauf der zugekauften Waren ein gesonderter steuerpflichtiger wirtschaftlicher Geschäftsbetrieb begründet (AEAO Nr. 5 zu § 68 AO, Anhang 1).

In diesem Zusammenhang ist zu beachten, dass Handelsbetriebe, die keine Läden oder Verkaufsstellen von Werkstätten für behinderte Menschen darstellen, als Integrationsprojekt (vgl. AEAO Nr. 6 zu § 68 AO, Anhang 1) oder auch als zusätzlicher Arbeitsbereich, zusätzlicher Betriebsteil oder zusätzliche Betriebsstätte einer (anerkannten) Werkstatt für behinderte Menschen gegründet werden können (AEAO Nr. 7 zu § 68 AO, Anhang 1). Handelsbetriebe stellen auch die sog. Capability-

Märkte (CAP-Märkte) dar, die als wohnortnahe Einzelhandelsgeschäfte beispielsweise mit einem Lebensmittelvollsortiment und entsprechendem Fachpersonal betrieben werden und behinderten Menschen eine Möglichkeit zur Teilhabe am Arbeitsleben auf dem allgemeinen Arbeitsmarkt auch außerhalb von Werkstätten für behinderte Menschen bieten (AEAO Nr. 7 zu § 68 AO, Anhang 1).

Hinweis: *Bei Gründung eines Handelsbetriebs ist es – ebenso wie bei der Erweiterung der Werkstatt um einen zusätzlichen Produktions- oder Dienstleistungsbereich – Voraussetzung für die Einstufung als steuerbegünstigter Zweckbetrieb, dass die Werkstatt für behinderte Menschen bei den Anerkennungsbehörden (§ 142 SGB IX) die Erweiterung der anerkannten Werkstatt um den zusätzlichen Arbeitsbereich, den Betriebsteil oder die zusätzliche Betriebsstätte „Handelsbetrieb" etc. anzeigt und um deren Einbeziehung in die Anerkennung nach § 142 SGB IX ersucht. Die Anerkennungsbehörde hat zu prüfen, ob die anerkannte Werkstatt für behinderte Menschen auch mit einer solchen Erweiterung insgesamt noch die Anerkennungsvoraussetzungen als Werkstatt für behinderte Menschen nach § 142 SGB IX erfüllt (AEAO Nr. 7 zu § 68 AO, Anhang 1).*

Der Einstufung der Handelsbetriebe als Arbeitsbereich der Werkstatt oder als Integrationsprojekt (§ 68 Nr. 3 Buchst. c AO) durch die Sozialbehörde kommt besondere Bedeutung zu, da diese grundsätzlich von der zuständigen Finanzbehörde übernommen werden soll. Letztlich obliegt allerdings dem zuständigen Finanzamt die rechtsverbindliche Entscheidung im Einzelfall. Gleichwohl der von der Sozialbehörde erlassene Anerkennungsbescheid nach § 142 SGB IX (bzw. für Integrationsunternehmen nach § 134 SGB IX) kein Grundlagenbescheid i. S. von § 171 Abs. 10 AO darstellt, kommt diesem grundsätzlich Tatbestandswirkung zu (AEAO Nr. 7 zu § 68 AO, Anhang 1).

Werkstattläden, die als Arbeitsbereich der Werkstatt durch die Sozialbehörde anerkannt sind und folglich Menschen mit Behinderung für den ersten Arbeitsmarkt qualifizieren, können unter den vorgenannten Voraussetzungen als steuerbegünstigter Zweckbetrieb betrieben werden. Das gilt m. E. entgegen der derzeitigen Auffassung der Finanzverwaltung auch für den Teil der zugekauften Ware, wenn die Verkaufstätigkeit im Rahmen einer Qualifizierungsmaßnahme des Menschen mit Behinderung und somit in Ausübung der satzungsmäßigen Zwecke erfolgt.

Zu den Zweckbetrieben gehören auch die von den Trägern der Behindertenwerkstätten unterhaltenen **Kantinen,** weil die besondere Situation der Menschen mit Behinderung auch während der Mahlzeiten eine Betreuung erfordert (AEAO Nr. 5 zu § 68 AO, Anhang 1). Nach einer Entscheidung der KSt-Referenten des Bundes und der Länder war ein begünstigter Zweckbetrieb nur dann anzunehmen, wenn die **Wertschöpfung** (Veredelungsleistung) durch die Werkstätte für behinderte Menschen mehr als 10 % des Nettowertes der zugekauften Waren betrug (OFD Koblenz vom 05.07.2006, DB 2006 S. 2478). Die Wertschöpfungsquote wurde für die gemeinnützigkeitsrechtliche Betrachtung außer Kraft gesetzt, ist allerdings immer noch relevant hinsichtlich der Anwendung des ermäßigten Umsatzsteuersatzes für den Verkauf von Waren, die in einer Werkstätte für behinderte Menschen selbst hergestellt worden sind, sowie für zum Zwecke der Be- oder Verarbeitung zugekaufte Waren (Abschn. 12.9 Abs. 12 UStAE zu § 12 Abs. 2 Nr. 8 Buchst. a UStG).

2.20.4.2 Einrichtungen für Beschäftigungs- und Arbeitstherapie (§ 68 Nr. 3 Buchst. b AO)

Einrichtungen für Beschäftigungs- und Arbeitstherapie, die der Eingliederung von behinderten Menschen dienen, sind besondere Einrichtungen, in denen eine Behandlung von Menschen mit Behinderung aufgrund ärztlicher Indikationen erfolgt. Während eine Beschäftigungstherapie ganz allgemein das Ziel hat, körperliche oder psychische Grundfunktionen zum Zwecke der Wiedereingliederung in das Alltagsleben wiederherzustellen, zielt die Arbeitstherapie darauf ab, die besonderen Fähigkeiten und Fertigkeiten auszubilden, zu fördern und zu trainieren, die für die Teilnahme am Arbeitsleben erforderlich sind. Beschäftigungs- und Arbeitstherapie sind vom medizinischen Behandlungszweck geprägt und erfolgen regelmäßig außerhalb eines Beschäftigungsverhältnisses mit dem Träger der Therapieeinrichtung. Ob eine entsprechende Einrichtung vorliegt, ergibt sich aufgrund der Vereinbarungen über Art und Umfang der Heilbehandlung und Rehabilitation zwischen dem Träger der Einrichtung und den Leistungsträgern (so AEAO Nr. 7 zu § 68 AO, Anhang 1).

2.20.4.3 Integrationsprojekte (§ 68 Nr. 3 Buchst. c AO)

Zu den Integrationsprojekten haben die OFD Düsseldorf und die OFD Münster in der Verfügung vom 14.06.2004 (DB 2004 S. 1397) umfangreich Stellung genommen. Danach sind Integrationsprojekte i. S. des § 132 SGB IX rechtlich und wirtschaftlich selbständige Unternehmen (Integrationsunternehmen) oder unternehmensinterne oder von öffentlichen Arbeitgebern i. S. des § 73 Abs. 3 SGB IX geführte Betriebe (Integrationsbetriebe) oder Abteilungen (Integrationsabteilungen) zur Beschäftigung schwerbehinderter Menschen, deren Teilhabe an einer sonstigen Beschäftigung auf dem allgemeinen Arbeitsmarkt aufgrund von Art oder Schwere der Behinderung oder wegen sonstiger Umstände voraussichtlich auf besondere Schwierigkeiten stößt (so auch AEAO Nr. 6 zu § 68 AO, Anhang 1).

Während Integrationsprojekte i. S. des § 132 SGB IX mindestens 25 % und höchstens 50 % schwerbehinderte Menschen beschäftigen sollen, um sozialversicherungsrechtlich als Integrationsprojekt anerkannt werden zu können, bedarf es für die steuerliche Eignung als Zweckbetrieb nach § 68 Nr. 3 Buchst. c AO einer Beschäftigungsquote von mindestens 40 %. Es ist also durchaus möglich, dass ein Projekt zwar die Anforderungen des § 132 SGB IX erfüllt, dieses Integrationsprojekt gleichwohl nicht zur Annahme eines Zweckbetriebs i. S. des § 68 Nr. 3 Buchst. c AO führt.

Für Integrationsprojekte existiert im Unterschied zu Werkstätten für behinderte Menschen kein förmliches Anerkennungsverfahren. Nachgewiesen wird die Eigenschaft als Integrationsprojekt mit dem Bescheid des zuständigen Integrationsamtes über erbrachte Leistungen nach § 134 SGB IX (Leistungsbescheid – AEAO Nr. 6 zu § 68 AO, Anhang 1).

Eine Schwerbehinderung i. S. des § 132 SGB IX setzt einen Grad der Behinderung von mindestens 50 % voraus (§ 2 Abs. 2 SGB IX). Schwerbehinderten Menschen gleichgestellt sind behinderte Menschen mit einem Grad der Behinderung von weniger als 50, aber wenigstens 30, wenn sie infolge ihrer Behinderung ohne die Gleichstellung einen geeigneten Arbeitsplatz nicht erlangen oder nicht behalten können (gleichgestellte behinderte Menschen). Schwerbehinderten Menschen gleichgestellt sind auch behinderte Jugendliche und junge Erwachsene während einer Zeit der Berufsausbildung, auch wenn der Grad der Behinderung weniger als

30 beträgt oder ein Grad der Behinderung nicht festgestellt ist. Der Nachweis der Behinderung wird bei diesen durch eine Stellungnahme der Agentur für Arbeit bzw. durch einen Bescheid über Leistungen zur Teilhabe am Arbeitsleben erbracht (§ 68 Abs. 4 SGB IX). Wegen weiterer Einzelheiten wird auf das SGB IX hingewiesen.

Für eine Anerkennung als Integrationsprojekt ist es u. a. auch Voraussetzung, dass den schwerbehinderten Menschen neben der Beschäftigung auch eine nach § 133 SGB IX erforderliche arbeitsbegleitende Betreuung angeboten wird.

Für die **Berechnung der Beschäftigungsquote** ist auf die Regelung in § 75 SGB IX abzustellen (AEAO Nr. 6 zu § 68 AO, Anhang 1). Danach werden grundsätzlich nur die Beschäftigten des Integrationsprojektes berücksichtigt, die auf Arbeitsplätzen i. S. des § 73 SGB IX beschäftigt sind (siehe § 75 Abs. 1 SGB IX). Teilzeitbeschäftigte, die mit einer wöchentlichen Arbeitszeit von weniger als 18 Stunden beschäftigt sind, sind damit nicht berücksichtigungsfähig, es sei denn, die (geringere) Teilzeitbeschäftigung ist aufgrund der Art und Schwere der Behinderung notwendig (§ 75 Abs. 2 Satz 3 SGB IX). Teilzeitbeschäftigte, die über diese Grenze hinausgehen, werden voll angerechnet. Verfügt ein Integrationsprojekt über wenigstens 20 Arbeitsplätze und ist damit beschäftigungspflichtig (vgl. § 71 Abs. 1 SGB IX), kann das Vorliegen der Voraussetzungen der 40 %-Quote über die Anzeige nach § 80 Abs. 2 SGB IX geführt werden (AEAO Nr. 6 zu § 68 AO, Anhang 1). Ob eine Anrechnung von ausgelagerten Arbeitsplätzen gem. § 5 Abs. 4 WVO auf die Beschäftigungsquote erfolgen kann, sollte im Vorfeld individuell mit der Finanzverwaltung abgestimmt werden. Auch bei Einrichtungen der vorstehend beschriebenen Art muss gewährleistet sein, dass die Grundsätze der Selbstlosigkeit (§ 55 Abs. 1 Satz 1 AO) beachtet werden.

Eine Körperschaft verfolgt allerdings dann nicht ausschließlich gemeinnützige Zwecke, wenn die Beschäftigung behinderter Menschen im Rahmen eines Integrationsprojekts nach der Vertragsgestaltung erkennbar dazu dient, den ermäßigten Umsatzsteuersatz zugunsten einer nicht gemeinnützigen Körperschaft zu nutzen (vgl. BFH vom 23.02.2012, BStBl 2012 II S. 544). Bei der Prüfung der Frage, ob eine wirtschaftliche Tätigkeit eines Integrationsprojektes in der Gesamtrichtung noch ein Zweckbetrieb ist, ist auf den Zusammenhang der Beschäftigung schwerbehinderter Menschen mit den von der Einrichtung erzielten Umsätzen abzustellen. Das bedeutet, dass sich die Leistungen des steuerbegünstigten Integrationsprojekts noch zu einem angemessenen Teil als Wertschöpfung der von Fachkräften begleiteten Behindertenarbeit darstellen müssen (BFH vom 23.02.2012, BStBl 2012 II S. 544, Vorinstanz FG Baden-Württemberg vom 19.10.2009, EFG 2010 S. 532). Dem angeführten Urteil lag die Fallkonstellation zugrunde, dass eine als Integrationsprojekt i. S. des § 68 Nr. 3 Buchst. c AO anerkannte gGmbH sich im Rahmen des Kooperationsvertrages mit einer nicht gemeinnützigen GmbH verpflichtete, ausschließlich diese GmbH bei der Durchführung und Abwicklung von Leasinggeschäften zu unterstützen. Diese sog. Subleasinggeschäfte wurden als steuerbegünstigter Zweckbetrieb in Form eines Integrationsbetriebs deklariert. Die erzielten Leasingumsätze resultierten dabei bei weitem nicht aus der Tätigkeit der schwerbehinderten Arbeitnehmer, die lediglich die mit dem Leasinggeschäft verbundenen einfachen Verwaltungsarbeiten ausgeführt hatten. Aufgrund der Zweckbetriebseigenschaft der gGmbH wendete die nicht gemeinnützige GmbH den ermäßigten Steuersatz auf ihre Umsätze an und erzielte dadurch einen erheblichen Steuervorteil. Dabei waren neben einer nicht behinderten Arbeitnehmerin nur zwei schwerbehinderte Arbeitnehmer angestellt, von denen überdies einer nur zu 50 % teilzeitbeschäftigt gewesen war. Letztendlich erfolgte nur eine geringfügige Förderung behinderter Arbeitnehmer durch Beschäftigung im Leasingbereich. Die das Leasinggeschäft prägenden und für seinen Erfolg wesentlichen Tätigkeiten wurden von (nicht behinderten) Beschäftigten des Leasingunternehmers wahrgenommen, sodass die Subleasinggeschäfte des Integrationsprojekts nicht als Zweckbetrieb anerkannt wurden. Nach Ansicht des BFH war die Gemeinnützigkeit in diesem Fall zu verneinen, da die Vertragsausgestaltung eindeutig auf die Erzielung eines steuerlichen Vorteils für die nicht gemeinnützige GmbH ausgelegt war.

Handelsbetriebe, die von den Sozialbehörden als Integrationsprojekte gefördert werden, stellen grundsätzlich einen steuerbegünstigten Zweckbetrieb nach § 68 Nr. 3 Buchst. c AO dar, wenn die Beschäftigungsquote von 40 % der Personengruppe erreicht ist. Zu den Voraussetzungen für die Einstufung von Handelsbetrieben und sog. Capability-Märkten (CAP-Märkten) als Integrationsprojekt siehe unsere Ausführungen zu Tz. 2.20.4.1 (siehe auch AEAO Nr. 7 zu § 68 AO, Anhang 1).

Mit der Einordnung als Zweckbetrieb nach § 68 Nr. 3 Buchst. c AO ist grundsätzlich die Entscheidung verbunden, die umsatzsteuerbaren und umsatzsteuerpflichtigen Leistungen eines Integrationsprojekts nach § 12 Abs. 2 Nr. 8 Buchst. a UStG dem ermäßigten Umsatzsteuersatz von 7 % zu unterwerfen (gleichzeitig steht den gemeinnützigen Körperschaften mit dem Bezug von Leistungen für ein Integrationsprojekt grundsätzlich der Vorsteueranspruch zu). Erbringt also eine gemeinnützige Körperschaft über ein Integrationsprojekt i. S. des § 68 Nr. 3 Buchst. c AO Leistungen an Abnehmer, die vom Vorsteuerabzug ausgeschlossen sind, kann die gemeinnützige Körperschaft diese Leistung im Vergleich zu anderen Marktteilnehmern durch Weitergabe des Umsatzsteuervorteils (7 % statt 19 %) am Markt zu erheblich günstigeren Preisen anbieten. Der Finanzverwaltung sind Gestaltungen bekannt geworden, mit denen diese Umsatzsteuervorteile etwa durch Einschaltung eines **Integrationsprojekts als Subunternehmer** oder i. V. m. Zeitarbeitsfirmen angestrebt wurden oder auch die Nutzung des ermäßigten Steuersatzes zur Anbahnung von Geschäftsbeziehungen zu nicht vorsteuerabzugsberechtigten Leistungsempfängern gezielt eingesetzt wurden.

Durch das Jahressteuergesetz 2007 wurde § 12 Abs. 2 Nr. 8 Buchst. a UStG um folgenden Satz 3 erweitert:

> Für Leistungen, die im Rahmen eines Zweckbetriebs ausgeführt werden, gilt Satz 1 nur, wenn der Zweckbetrieb nicht in erster Linie der Erzielung zusätzlicher Einnahmen durch die Ausführung von Umsätzen dient, die in unmittelbarem Wettbewerb mit dem allgemeinen Steuersatz unterliegenden Leistungen anderer Unternehmer ausgeführt werden, oder wenn die Körperschaft mit diesen Leistungen ihrer in §§ 66 bis 68 der Abgabenordnung bezeichneten Zweckbetriebe ihre steuerbegünstigten satzungsgemäßen Zwecke selbst verwirklicht.

Zur Bestimmung des Umsatzsteuersatzes für Leistungen von Integrationsprojekten ab dem 01.01.2007 hat das BMF in seinem Schreiben vom 09.02.2007 (BStBl 2007 I S. 218) umfassend Stellung genommen (Übernahme dieser Stellungnahme in Abschn. 12.9 UStAE).

Auch nach Inkrafttreten der vorgenannten Ergänzung des § 12 Abs. 2 Nr. 8 Buchst. a UStG gilt, dass für die Leistungen der Zweckbetriebe i. S. der §§ 65 ff. AO und die in § 68 Nr. 1 bis 9 AO definierten Zweckbetriebe grundsätzlich der begünstigte Umsatzsteuersatz von 7 % Anwendung findet (siehe ausführlich hierzu im BMF-Schreiben vom 09.02.2007, a. a. O.).

2.20.5 Einrichtungen der Fürsorge für Blinde und Körperbehinderte
(§ 68 Nr. 4 AO)

Zu den begünstigten Einrichtungen i. S. des § 68 Nr. 4 AO sind im Wesentlichen Werkstätten zu rechnen, in denen Blinde oder Körperbehinderte tätig sind.

„Zur Durchführung der Blindenfürsorge und zur Durchführung der Fürsorge für Körperbehinderte unterhalten werden" bedeutet, dass die Einrichtung nach Art und Umfang notwendig und geeignet ist, den vorgeschriebenen Zweck zu erfüllen. Die **Umsätze mit Dritten sind nicht begrenzt.** Im Übrigen gelten die Ausführungen zu Tz. 2.20.4 sinngemäß.

2.20.6 Einrichtungen über Tag und Nacht (Heimerziehung) oder sonstige betreute Wohnformen
(§ 68 Nr. 5 AO)

§ 68 Nr. 5 AO wurde mit Gesetz vom 26.06.2013 mit Wirkung vom 01.01.2014 geändert. Nach dem Wortlaut des § 68 Nr. 5 AO a. F. galten als steuerunschädliche Zweckbetriebe die Einrichtungen der **Fürsorgeerziehung** und der **freiwilligen Erziehungshilfe,** die erforderlich sind, um die betreuten Personen im Rahmen des gesetzten Erziehungszwecks an Arbeit und an ein geordnetes Leben zu gewöhnen. Bei den begünstigten Einrichtungen handelte es sich in den meisten Fällen um **land- und forstwirtschaftliche, gärtnerische und handwerkliche Betriebe.** Die Umsätze erzeugter Produkte oder hergestellter Waren mit Dritten unterlagen keinen Beschränkungen. Dazu auch Seer in Tipke/Kruse, Rz. 11 zu § 68 AO.

Durch Einführung des Sozialgesetzbuchs (SGB) – Achtes Buch (VIII) – Kinder- und Jugendhilfe – (Art. 1 des Gesetzes vom 26.06.1990, BGBl 1990 I S. 1163), das das Gesetz für Jugendwohlfahrt ersetzte, änderten sich die Bezeichnungen in der Kinder- und Jugendhilfe. Die Begrifflichkeiten „Einrichtungen der Erziehungshilfe" und „freiwillige Erziehungshilfe" wurden von der Formulierung „Einrichtungen über Tag und Nacht (Heimerziehung) oder sonstigen betreuten Wohnformen" abgelöst. Da im Zweckbetriebskatalog des § 68 Nr. 5 AO auf Einrichtungen nach dem Gesetz für Jugendwohlfahrt verwiesen wird, war dieser Verweis an die Begrifflichkeiten des SGB VIII anzupassen (vgl. Begründung zum Gesetzesentwurf des Bundesrates zum Jahressteuergesetz 2013, Drucksache 17/13033 vom 10.04.2013).

Was unter freiwilliger Erziehungshilfe i. S. des § 68 Nr. 5 AO zu verstehen ist, ergibt sich aus den §§ 13 ff. SGB VIII. Nach § 13 SGB VIII (Jugendsozialarbeit) soll jungen Menschen, die zum Ausgleich sozialer Benachteiligung oder zur Überwindung individueller Beeinträchtigungen in erhöhtem Maße auf Unterstützung angewiesen sind, im Rahmen der Jugendhilfe sozialpädagogische Hilfe angeboten werden, die ihre schulische und berufliche Ausbildung, Eingliederung in die Arbeitswelt und ihre soziale Integration fördert. Dabei können geeignete sozialpädagogisch begleitete Ausbildungs- und Beschäftigungsmaßnahmen angeboten werden, die, ggf. als ausbildungsbegleitende Hilfen, den Fähigkeiten und dem Entwicklungsstand dieser jungen Menschen Rechnung tragen (vgl. § 27 Abs. 3 SGB VIII i. V. m. § 13 Abs. 2 SGB VIII). Hierzu gehören z. B. Maßnahmen zum Abbau von Sprach- und Bildungsdefiziten, Förderung der Fachpraxis und Fachtheorie und sozialpädagogische Begleitung.

Förderungsbedürftige Auszubildende sind dabei regelmäßig lernbeeinträchtigte und sozial benachteiligte Auszubildende, die wegen der in ihrer Person liegenden Gründe ohne die Förderung

- eine Berufsausbildung nicht beginnen, fortsetzen, erfolgreich beenden können oder
- nach dem Abbruch einer Berufsausbildung eine weitere Ausbildung nicht beginnen oder
- nach erfolgreicher Beendigung einer Berufsausbildung ein Arbeitsverhältnis nicht begründen oder festigen können.

Bestandteil der Heimerziehung und sonstigen betreuten Wohnformen ist auch die Ausbildung und Beschäftigung der Jugendlichen. Nach § 27 SGB VIII (Hilfe zur Erziehung) gehören auch Ausbildungs- und Beschäftigungsmaßnahmen dazu. Hilfe zur Erziehung umfasst insbesondere die Gewährung pädagogischer und damit verbundener therapeutischer Leistungen. Sie soll ebenfalls bei Bedarf Ausbildungs- und Beschäftigungsmaßnahmen i. S. des § 13 Abs. 2 SGB VIII einschließen. In den letzten Jahren sind verschiedene Formen der Kombination von Ausbildungs- und Beschäftigungsmaßnahmen mit Hilfe zur Erziehung entwickelt worden. § 13 Abs. 3 Satz 2 SGB VIII verpflichtet im ambulanten und stationären Bereich zur Vorhaltung von Hilfeformen, die die Hilfe zur Erziehung mit Ausbildungs- und Beschäftigungsmaßnahmen koppeln.

Hinsichtlich der Leistungen, die der Zweckbetrieb nach § 68 Nr. 5 AO beinhaltet, ist auf die sozialgesetzlichen Regelungen der Kinder- und Jugendhilfe abzustellen, insbesondere auf den § 34 SGB VIII (Heimerziehung, sonstige betreute Wohnformen), der wie folgt lautet:

> „Hilfe zur Erziehung in einer Einrichtung über Tag und Nacht (Heimerziehung) oder in einer sonstigen betreuten Wohnform soll Kinder und Jugendliche durch eine Verbindung von Alltagserleben mit pädagogischen und therapeutischen Angeboten in ihrer Entwicklung fördern. Sie soll entsprechend dem Alter und Entwicklungsstand des Kindes oder des Jugendlichen sowie den Möglichkeiten der Verbesserung der Erziehungsbedingungen in der Herkunftsfamilie
>
> 1. eine Rückkehr in die Familie zu erreichen versuchen oder
> 2. die Erziehung in einer anderen Familie vorbereiten oder
> 3. eine auf längere Zeit angelegte Lebensform bieten und auf ein selbständiges Leben vorbereiten.
>
> Jugendliche sollen in Fragen der Ausbildung und Beschäftigung sowie der allgemeinen Lebensführung beraten und unterstützt werden."

Die o. g. Vorschrift beschreibt das Aufgabenprofil der Heimerziehung und der Erziehung in einer sonstigen betreuten Wohnform als typische Formen der Hilfe zur Erziehung nach § 27 SGB VIII (Hilfen zur Erziehung). Solche umfassen nach § 27 Abs. 3 SGB VIII insbesondere die Gewährung pädagogischer und damit verbundener therapeutischer Leistungen. Wenn es im Hinblick auf den besonderen individuellen Unterstützungsbedarf bzw. angesichts der Angebote auf dem Ausbildungs- oder Arbeitsmarkt notwendig ist, schließt die Hilfe in der Einrichtung gem. § 27 Abs. 3 Satz 2 SGB VIII Ausbildungs- und Beschäftigungsmaßnahmen i. S. des § 13 Abs. 2 SGB VIII ein. Die Bandbreite dieser Angebote reicht von der Schule, die auf die besonderen Bedürfnisse der jungen Menschen in den Einrichtungen abgestimmt ist, über berufsvorbereitende Bildungsmaßnahmen bis hin zu Ausbildungsgängen, die nach Leistungsvermögen differenzierte Abschlüsse ermöglichen.

Die vorgenannte Normenreihe lässt erkennen, dass die abgabenrechtlich nach § 68 Nr. 5 AO steuerbegünstigten Leistungen „sonstiger betreuter Wohnformen" ihre Rechtsgrundlage unverändert im Abschnitt „Kinder- und Jugendhilferecht" des SGB VIII haben und dementsprechend auch Ausbildungs- und Beschäftigungsmaßnahmen durch ambulante Einrichtungen umfassen.

Im Wesentlichen sind hinsichtlich der Steuerbegünstigung des § 68 Nr. 5 AO n. F. die vorangehenden Ausführungen zur alten Fassung auch weiterhin anwendbar. Die Steuerbegünstigung des § 68 Nr. 5 AO n. F. betrifft damit neben den stationären Leistungen aus der Heimerziehung und betreuten Wohnformen ambulante Leistungen aus Ausbildungs- und Beschäftigungsmaßnahmen, insbesondere aus land- und forstwirtschaftlichen, gärtnerischen und handwerklichen Betrieben. Die Umsätze erzeugter Produkte, hergestellter Waren oder erbrachter Dienstleistungen unterliegen keinen Beschränkungen, soweit diese aus der Qualifizierung oder Betreuung der Maßnahmeteilnehmer resultieren. Steuerunschädlich ist auch die Gestellung von betreuten Personen an private Betriebe der genannten Art zur Arbeitsleistung. Im Übrigen gelten auch in Bezug auf diese Einrichtungen die Ausführungen zu den Grenzen der Zweckbetriebsregelung in Tz. 2.20.4 sinngemäß.

2.20.7 Lotterien und Ausspielungen (§ 68 Nr. 6 AO)

Mit der Durchführung einer Tombola oder Lotterie begründet ein gemeinnütziger Verein grundsätzlich einen (steuerpflichtigen) wirtschaftlichen Geschäftsbetrieb, § 64 AO. Die Lotterieeinnahmen sind im Rahmen der 35.000 Euro-Grenze des § 64 Abs. 3 AO zu berücksichtigen.

Nur in **Ausnahmefällen** können Lotterien und Ausspielungen als **steuerfreie Zweckbetriebe** behandelt werden. Nach § 68 Nr. 6 AO können nur die von den zuständigen Behörden genehmigten Lotterien und Ausspielungen Zweckbetriebe sein, wenn der Reinertrag unmittelbar und ausschließlich zur Förderung mildtätiger, kirchlicher oder gemeinnütziger Zwecke verwendet wird. Die Beschränkung auf höchstens zwei Lotterien oder Ausspielungen im Jahr ist seit dem 01.01.2000 entfallen.

Das Gesetz enthält keine Einschränkung zum Umfang der Tätigkeit und zur Höhe des Spielkapitals. Lotterien und Ausspielungen dürfen deshalb ein beträchtliches Ausmaß annehmen. Es müssen aber die allgemein gesetzlich gezogenen Grenzen – insbesondere des § 65 AO – eingehalten werden. Die jährliche Veranstaltung einer Tombola durch eine Mittelbeschaffungskörperschaft ist im Rahmen der Gesamtbetrachtung selbst dann als steuerbegünstigter Zweckbetrieb nach § 68 Nr. 6 AO zu beurteilen, wenn die Körperschaft die Mittel überwiegend aus der Ausrichtung der Tombola erzielt (vgl. AEAO Nr. 10 zu § 68 AO, Anhang 1).

Nach der Lotterieverordnung des Landes Nordrhein-Westfalen sind z. B. nur **öffentliche** Lotterien und Ausspielungen genehmigungspflichtig und damit genehmigungsfähig. Öffentlich ist eine Lotterie oder Ausspielung, wenn sie entweder jedermann oder zwar nur einem begrenzten, aber nicht durch persönliche Beziehungen verbundenen Personenkreis zugänglich gemacht wird.

Veranstaltungen in einem „Privatzirkel" sind also **nicht** öffentlich und daher **nicht** genehmigungspflichtig (z. B. innerhalb eines festen Personenkreises, dessen Mitglieder durch Beruf, persönliche Bekanntschaft, gemeinsame Interessen oder in ähnlicher Weise innerlich miteinander verbunden sind).

Nur die Vereine, die Lotterien und Ausspielungen veranstalten, an denen neben den Mitgliedern auch Freunde, Bekannte oder sonstige Personen teilnehmen dürfen, führen somit genehmigungspflichtige (= genehmigungsfähige) öffentliche Lotterien durch. Je nach Zuschnitt der Veranstaltung (Ort der Veranstaltung, Größe des Spielkapitals, Dauer der Veranstaltung usw.) ist für die Genehmigung entweder die örtliche Gemeinde, der Regierungspräsident oder aber das Innenministerium zuständig (siehe FinMin Bayern vom 08.03.1994 – 33 –S 0187 – 21 – 16 686, dazu eine Veröffentlichung in DB 1994 S. 914).

Eine Lotterie oder Ausspielung kann von der Finanzverwaltung also nur dann als Zweckbetrieb nach § 68 Nr. 6 AO behandelt werden, wenn die **Genehmigung** der zuständigen Behörde vorgelegt wird. In allen anderen Fällen liegt insoweit immer ein steuerpflichtiger wirtschaftlicher Geschäftsbetrieb nach § 64 AO vor.

Hinweis: *In einigen Bundesländern sind Lotterieveranstaltungen bis zu einer bestimmten Größenordnung per Verwaltungserlass pauschal genehmigt.*

Werden Sachspenden für eine Lotterie, die nach § 68 Nr. 6 AO als Zweckbetrieb zu beurteilen ist, zugewendet, kann der Spender sie im Rahmen der Höchstbeträge nach Maßgabe der § 10b EStG, § 9 Abs. 1 Nr. 2 KStG, § 9 Nr. 5 GewStG steuerlich abziehen.

Erfüllt die durchgeführte Lotterie oder Tombola z. B. mangels Genehmigungsfähigkeit nicht die Voraussetzungen für die Annahme eines Zweckbetriebs, gilt m. E. für die „Spendeneigenschaft" der Zuwendungen:

– Findet der Reinerlös bzw. Überschuss (ggf. nach Abzug der anfallenden Steuern) direkt Verwendung für die steuerbegünstigten Zwecke, dann sind die gespendeten Geld- oder Sachpreise im Ergebnis über den „Katalysator" der Lotterieveranstaltung dem „guten Zweck" zugeführt worden (im Sinne des finalen Spendenbegriffs wie im BFH-Urteil vom 05.02.1992, BStBl 1992 II S. 748, beschrieben, siehe auch Tz. 3.3 zu Spenden); der Spendenabzug ist nach Maßgabe des § 10b EStG und des § 9 Abs. 1 Nr. 2 KStG möglich.

– Wird eine Lotterie als Bestandteil einer **geselligen Veranstaltung**, also eines steuerpflichtigen wirtschaftlichen Geschäftsbetriebs i. S. der §§ 14, 64 AO, durchgeführt (siehe dazu Tz. 2.15.4.4), gehen die gespendeten Geld- und Sachpreise in die Gesamteinnahmen und -ausgaben der Veranstaltung ein. Sie werden dort „mitverbraucht". Ein Spendenabzug ist in diesen Fällen ausgeschlossen.

Führt eine steuerbegünstigte Körperschaft nicht öffentliche Lotterien, z. B. eine Tombola anlässlich einer geselligen Veranstaltung, durch, so fallen diese nicht unter das Rennwett- und Lotteriegesetz. Gewinne und Umsätze solcher Lotterien und Ausspielungen gehören zu den Gewinnen und Umsätzen der geselligen Veranstaltung und teilen deren Schicksal.

Eine Befreiung von der Lotteriesteuer ist mit der Regelung im § 68 Nr. 6 AO nicht verbunden (vgl. auch Tz. 4.9).

Hinweis: *Falls eine Lotterie/Tombola von der Rennwett- und Lotteriesteuer befreit ist, entfällt die Umsatzsteuerbefreiung (§ 4 Nr. 9 Buchst. b Satz 2 UStG). Die Umsätze sind dann umsatzsteuerpflichtig. Wenn es sich um eine Lotterie/Tombola im Rahmen eines Zweckbetriebs handelt, erfolgt eine Besteuerung mit dem ermäßigten Umsatzsteuersatz von 7 % (§ 12 Abs. 2 Nr. 8 UStG).*

Auch wenn eine Körperschaft mit der Lotterie oder Ausspielung zusammen mit den Einnahmen des sonstigen Geschäftsbetriebs i. S. der §§ 14,

2 Erläuterung der Bestimmungen des Abschnitts „Steuerbegünstigte Zwecke" in der AO

64 AO die Besteuerungsgrenze des § 64 Abs. 3 AO (= 35.000 Euro) überschreitet, ist davon auszugehen, dass die Lotterie oder Ausspielung noch keinen Zweckbetriebscharakter annimmt, wenn die Umsätze je Lotterie oder Ausspielung den Betrag von 17.500 Euro im Jahr nicht übersteigen (BMF vom 09.02.2007, BStBl 2007 I S. 218).

2.20.8 Kulturelle Einrichtungen und Veranstaltungen
(§ 68 Nr. 7 AO)

Kulturelle Einrichtungen und Veranstaltungen können nur dann als Zweckbetriebe i. S. des § 68 Nr. 7 AO eingeordnet werden, wenn die Förderung der Kultur **Satzungszweck** der Körperschaft ist. Die steuerliche Begünstigung von kulturellen Einrichtungen ist sinnvoll, weil das Kulturleben auf eine Vielfalt des Angebotes angewiesen ist (BFH vom 15.12.1993, BStBl 1994 II S. 314). Sie sind stets als Zweckbetriebe zu behandeln. Auf die Höhe des Überschusses wird nicht abgestellt.

Zu den kulturellen Einrichtungen i. S. des § 68 Nr. 7 AO zählen z. B. Museen, Theater, Bibliotheken oder Sammlungen. Unter kulturellen Veranstaltungen im Sinne dieser Vorschrift sind u. a. Ausstellungen, Führungen, Theateraufführungen, Vorträge, Konzerte von Orchestern und Chören sowie von Musik- und Spielmannszügen zu verstehen (vgl. hierzu auch BFH vom 21.08.1985, BStBl 1986 II S. 92). Konzerte sind Aufführungen von Musikstücken, bei denen Instrumente und/oder die menschliche Stimme eingesetzt werden (BFH vom 26.04.1995, BStBl 1995 II S. 519). Die Ausführungen des BFH im Urteil vom 04.05.1994 (BStBl 1994 II S. 886) sind sinngemäß auch auf kulturelle Veranstaltungen nach § 68 Nr. 7 AO anzuwenden. Demnach kann eine kulturelle Veranstaltung i. S. des § 68 Nr. 7 AO auch vorliegen, wenn der Kulturverein in Erfüllung seiner Satzungszwecke im Rahmen einer Veranstaltung einer anderen Person oder Körperschaft kulturelle Darbietungen erbringt. Die Veranstaltung, bei der die Darbietung präsentiert wird, braucht selbst nicht steuerbegünstigt zu sein. Das BMF-Schreiben vom 10.07.1995 (DB 1995 S. 1589) nennt als Beispiel ein volkstümliches Musikkonzert eines Musikvereins, das im Festzelt einer Brauerei stattfindet (siehe hierzu AEAO Nr. 13 zu § 68 Nr. 7 AO, Anhang 1).

Zu den **Einnahmen** aus kulturellen Einrichtungen und Veranstaltungen gehören insbesondere Eintrittsgelder, Teilnehmergebühren, Benutzungsgebühren und Erlöse aus dem Verkauf von Festschriften, Ausstellungskatalogen und Programmen. Nicht zu den Einnahmen gehören dagegen Spenden, Beiträge und öffentliche Zuschüsse.

Die gesetzliche Regelung sieht steuerliche Vergünstigungen nur für die kulturelle Veranstaltung als solche, nicht aber für einen z. B. damit verbundenen Restaurationsbetrieb vor (vgl. BFH vom 21.08.1985, a. a. O.; zu Restaurationsbetrieb siehe Tz. 2.15.4).

Der Verkauf von Speisen und Getränken anlässlich entsprechender Veranstaltungen begründet einen steuerpflichtigen wirtschaftlichen Geschäftsbetrieb (AEAO Nr. 14 zu § 68 AO, Anhang 1). Gleiches gilt für Werbeleistungen. Ist in dem Eintrittsgeld für die „Zweckbetriebsveranstaltung" gleichzeitig das Entgelt für die von dem Verein durchgeführte Bewirtung enthalten, ist dieser Teil des Entgelts – ggf. im Wege der Schätzung – zu ermitteln und dem steuerpflichtigen wirtschaftlichen Geschäftsbetrieb zuzuordnen.

2.20.9 Volkshochschulen usw. (§ 68 Nr. 8 AO)

Die Bestimmung ist durch das Gesetz zur Neufassung des UStG und zur Änderung anderer Gesetze vom 26.11.1979 (BStBl 1979 I S. 654) mit Wirkung ab 01.01.1980 eingeführt worden.

Die Aussage, dass **Volkshochschulen** und andere gemeinnützige Einrichtungen als Zweckbetriebe zu behandeln sind, soweit sie Veranstaltungen wissenschaftlicher oder belehrender Art durchführen, lässt sich unmittelbar aus § 65 AO herleiten, sodass der Vorschrift insoweit nur klarstellende Bedeutung zukommt. Entsprechende Einrichtungen führen z. B. Kurse, Arbeitsgemeinschaften, Lehrgänge, Vorträge mit Aussprachen, Seminare, Kurz-Exkursionen, Filmvorführungen, die den allgemeinen Bildungsbedürfnissen der Teilnehmer insbesondere auf wissenschaftlichem, kulturellem, staatsbürgerlichem und musischem Gebiet dienen, durch (Fischer in H/H/Sp, Rz. 22 zu § 68 AO, siehe auch Abschn. 4.22.1 Abs. 1 UStAE zu § 4 Nr. 22 UStG). Nach dieser Vorschrift gilt auch die entgeltliche **Beherbergung** und **Beköstigung** der Veranstaltungsteilnehmer als Zweckbetrieb. Beherbergungs- und Beköstigungsleistungen werden auch dann im Rahmen eines Zweckbetriebs nach § 68 Nr. 8 AO erbracht, wenn sich die Einrichtung insoweit dritter Personen (z. B. eines Hotels) bedient. Neben der Freistellung von der Körperschaftsteuer und Gewerbesteuer hatte dies in der Vergangenheit insbesondere Auswirkungen bei der Umsatzsteuer; die Leistungen unterlagen der Umsatzsteuer nur mit dem ermäßigten Steuersatz.

Der BFH hat in seiner aktuellen Rechtsprechung entschieden, das Übernachtungs- und Verpflegungsleistungen, die ein gemeinnütziger Verein im Zusammenhang mit steuerfreien Seminaren erbringt, nicht dem ermäßigten Steuersatz von 7 % nach § 12 Abs. 2 Nr. 8 Buchst. a UStG unterliegen (BFH vom 08.02.2012 VR 14/11, BStBl 2012 II S. 630). Nach dem BMF-Schreiben vom 29.04.2014 (IV D 2 – S 7242a/12/10001, BStBl 2014 I S. 814) wird es für vor dem 01.01.2013 ausgeführte Umsätze nicht beanstandet, wenn der gemeinnützige Bildungsträger die Beherbergungs- und Verpflegungsumsätze bei Vorliegen der weiteren Voraussetzungen dem ermäßigten Steuersatz von 7 % nach § 12 Abs. 2 Nr. 8 Buchst. a UStG unterwirft (vgl. auch unsere Ausführungen zu Tz. 4.5.12.3).

Hinweis: Für nach dem 31.12.2009 erbrachte Beherbergungsleistungen ist die Anwendung des ermäßigten Steuersatzes von 7 % gem. § 12 Abs. 2 Nr. 11 UStG möglich.

Zu beachten ist, dass nur die Beherbergung und Beköstigung der Veranstaltungsteilnehmer einen Zweckbetrieb nach § 68 Nr. 8 AO begründet. Wird auch anderen (Fremden) gegenüber eine entsprechende Leistung erbracht, liegt insoweit kein Zweckbetrieb i. S. des § 68 Nr. 8 AO vor (BFH vom 11.04.1990, BStBl 1990 II S. 724; zur Abgrenzungsproblematik siehe BFH vom 18.01.1995, BStBl 1995 II S. 446).

2.20.10 Forschungstätigkeiten (§ 68 Nr. 9 AO)

Die mit dem Jahressteuergesetz 1997 aufgenommene Regelung des § 68 Nr. 9 AO über die Zweckbetriebseigenschaft von Forschungseinrichtungen ist ab dem 01.01.1997 anzuwenden. Insbesondere wird hierbei nicht nach Wissenschaftseinrichtungen und Forschungseinrichtungen unterschieden, sodass die nachfolgenden Erläuterungen für beide Tätigkeitsgebiete anzuwenden sind.

Die Finanzverwaltung hatte die **Auftragsforschung** durch gemeinnützige Körperschaften i. d. R. als Zweckbetrieb i. S. des § 65 AO behandelt. Sie hatte nur dann einen steuerpflichtigen Geschäftsbetrieb angenommen, wenn dem Auftraggeber Exklusivrechte übertragen wurden. Nach dem Urteil des BFH vom 30.11.1995 (BStBl 1997 II S. 189) kann an dieser Beurteilung nicht mehr festgehalten werden (ausdrücklich bestätigt durch BFH vom 04.04.2007, BStBl 2007 II S. 631). Das FG Baden-Württemberg kommt in seinem Urteil vom 11.07.2002 (EFG 2003 S. 22) daher zutreffend dazu, dass die Auftragsforschung (außerhalb des § 68 Nr. 9 AO) auch unabhängig von der Frage, ob Exklusivrechte vermittelt wurden, stets als steuerpflichtiger wirtschaftlicher Geschäftsbetrieb einzuordnen ist. Der Aussage des FG Berlin in seiner Entscheidung vom 04.09.2006 (EFG 2007 S. 291), nach der Forschungseinrichtungen von Krankenhäusern, soweit sie Auftragsforschung betreiben, als Zweckbetriebe nach § 65 AO zu behandeln sind, ist daher zu widersprechen (siehe auch BFH vom 04.04.2007, a. a. O.). Mit den Regelungen des § 68 Nr. 9 AO wird im Ergebnis erreicht, dass in den hier genannten Fällen (ausnahmsweise) die von einer gemeinnützigen Körperschaft erbrachte Auftragsforschung als Zweckbetrieb einzustufen ist. Für den Einzelfall ist zu prüfen, ob eine steuerpflichtige Auftragsforschung als ein nach § 56 AO schädlicher Nebenzweck zu beurteilen ist (siehe dazu auch AEAO Nr. 15 zu § 68 AO, Anhang 1).

Voraussetzung für die Annahme eines Zweckbetriebs nach § 68 Nr. 9 AO ist, dass eine Körperschaft sowohl die satzungsmäßigen Voraussetzungen für die Zuerkennung der Gemeinnützigkeit erfüllt (§§ 59 bis 61 AO) und in ihrer tatsächlichen Geschäftsführung diese Zwecke auch ausschließlich und unmittelbar selbstlos verwirklicht. Es gelten für diese Einrichtungen also die allgemeinen gemeinnützigkeitsrechtlichen Grundsätze. Nur dann, wenn die betreffende Körperschaft die Förderung von Wissenschaft und Forschung zum Satzungszweck hat, kann dem Grunde nach ein entsprechender Zweckbetrieb angenommen werden. Verfolgt die Körperschaft noch weitere steuerbegünstigte Zwecke, kommt die Anwendung des § 68 Nr. 9 AO nur in Betracht, wenn bei der tatsächlichen Geschäftsführung die Forschungstätigkeit überwiegt. Wird die Voraussetzung des § 68 Nr. 9 AO nicht erfüllt, ist bei der Beurteilung der Zweckbetriebseigenschaft einer Forschungstätigkeit auf § 65 AO abzustellen. Zur gemeinnützigkeitsrechtlichen Behandlung von Forschungseinrichtungen des privaten Rechts siehe OFD Frankfurt a. M. vom 06.03.2012 – S 0187 A – 12 – St 53.

Die spezielle Regelung des § 68 Nr. 9 AO geht der allgemeinen Regelung in § 65 AO vor, d. h., für Forschungseinrichtungen, auf die § 68 Nr. 9 AO angewendet werden kann, ist es völlig unerheblich, ob die Voraussetzungen des § 65 AO erfüllt sind. Daraus folgt jedoch, dass die Forschungstätigkeit dieser Einrichtungen insgesamt als steuerpflichtiger wirtschaftlicher Geschäftsbetrieb eingestuft wird, wenn die Voraussetzungen des § 68 Nr. 9 AO nicht erfüllt sind, da auch hierbei nicht auf § 65 AO zurückgegriffen werden kann, selbst wenn die dortigen Voraussetzungen für einen Zweckbetrieb erfüllt wären (vgl. OFD Frankfurt a. M. vom 06.03.2012 – S 0187 A – 12 – St 53, I 2). Nach Auffassung des BFH liegt ein einheitlicher wirtschaftlicher Geschäftsbetrieb nur dann vor, wenn sich nach den tatsächlichen Verhältnissen die Auftragsforschung nicht von der Grundlagenforschung trennen lässt (BFH vom 30.11.1995, BStBl 1997 II S. 189).

Für Fälle, auf die § 68 Nr. 9 AO nicht anzuwenden ist, da bei der Körperschaft keine ausschließliche oder überwiegende Forschungstätigkeit vorliegt, erfolgt die Beurteilung der Zweckbetriebseigenschaft nach § 65 AO (vgl. OFD Frankfurt a. M. vom 06.03.2012 – S 0187 A – 12 – St 53, I 2).

Staatliche Hochschulen verfolgen mit der Ausübung von Forschung und Lehre hoheitliche Aufgaben und unterliegen mit ihrem Hoheitsbereich nicht der Besteuerung, § 4 Abs. 5 KStG. Mit der Ausführung von Forschungsaufträgen im Leistungsaustausch begründen Hochschulen, wenn auch die übrigen Voraussetzungen erfüllt sind (siehe dazu u. a. R 6 KStR und H 6 KStH; Annahme einer Einrichtung i. S. des § 4 KStG, Überschreiten der Gewichtigkeitsgrenze von 35.000 Euro – bis 2006: 30.678 Euro), einen Betrieb gewerblicher Art (BgA) i. S. des § 1 Abs. 1 Nr. 6 i. V. m. § 4 KStG. Im Einzelfall kann für die Prüfung der BgA-Voraussetzungen auf die Ebene des jeweiligen Lehrstuhls ("je Professor") abgestellt werden. Mit Zuschüssen, die eine Hochschule für die Durchführung von Forschungsvorhaben erhält, begründen Hochschulen keine BgA-Tätigkeiten (zur Abgrenzung zwischen echten Zuschüssen und Entgelt siehe Abschn. 10.2 Abs. 1 bis 7 UStAE zu § 10 UStG und BMF vom 15.08.2006, BStBl 2006 I S. 502; zur Besteuerung von Hochschulen siehe auch den Leitfaden der OFD Münster, der unter http://www.ofd-muenster.de/die_ofd_nrw/leitfaeden_arbeits_und_praxishilfen/06_leitfaden_hochschule.php zum Download zur Verfügung steht).

Auch wenn der Zweck eines BgA auf die Förderung von Wissenschaft und Forschung ausgerichtet ist und der BgA über eine eigenständige Satzung verfügen sollte, die den gemeinnützigkeitsrechtlichen Anforderungen genügt (vgl. dazu im Einzelnen in Tz. 2.9), kann er nicht als gemeinnützig anerkannt und nicht als Zweckbetrieb nach § 68 Nr. 9 AO eingestuft werden. Nach ständiger Rechtsprechung des BFH ist ein BgA als eigenständiges Steuersubjekt einzuordnen (vgl. hierzu H 33 KStH m. w. N.), sodass auf dieser Ebene die gemeinnützigkeitsrechtlichen Voraussetzungen, insbesondere auch die Anwendung der Zweckbetriebsfiktion des § 68 Nr. 9 AO, zu prüfen sind. Die Einnahmen des Auftragsforschungs-BgA bestehen aus den im Leistungsaustausch erzielten Entgelten. Für die Einordnung als Zweckbetrieb i. S. des § 68 Nr. 9 AO ist auf die Einnahmenverhältnisse des Trägers der Wissenschafts- und Forschungseinrichtung abzustellen (siehe dazu nachstehend). Generell ist als Träger diejenige Körperschaft anzusehen, die die Einrichtung betreibt. Bei einem BgA hingegen ist dieser selbst maßgeblicher Träger, auch wenn er zivilrechtlich kein eigenständiges Rechtssubjekt darstellt (FG Münster vom 10.04.2014, EFG 2014 S. 1521). Da die Einnahmen eines Auftragsforschungs-BgA so gut wie ausschließlich – also "überwiegend" i. S. des § 68 Nr. 9 AO – aus den Entgelten für die erbrachten Forschungsleistungen bestehen, ist dieser BgA stets in vollem Umfang als steuerpflichtiger wirtschaftlicher Geschäftsbetrieb einzuordnen.

Der Gesetzgeber hat die Auftragsforschung der staatlichen Hochschulen daher zur Gleichstellung mit Forschungstätigkeiten gemeinnütziger Einrichtungen nach § 68 Nr. 9 AO mit Schaffung der Sondervorschriften § 5 Abs. 1 Nr. 23 KStG und § 3 Nr. 30 GewStG von der Ertragsteuer freigestellt (Lex-specialis-Regelung, siehe dazu auch in BT-Drucksache 15/1945; a. A. u. a. Strahl in FR 2006 S. 1012).

Da somit für die Leistungen eines Auftragsforschungs-BgA die Anwendung des ermäßigten Umsatzsteuersatzes nach § 12 Abs. 2 Nr. 8 Buchst. a UStG ausscheidet, unterliegen die umsatzsteuerbaren Leistungen dieses BgA dem Regelsteuersatz von zurzeit 19 % (zur Anwendung des ermäßigten Umsatzsteuersatzes bei Zweckbetrieben i. S. des § 68 Nr. 9 AO siehe am Ende dieser Tz.). Die derzeit geltende Rechtslage führt dazu, dass der Umsatzsteuersatz im Ergebnis vom steuerlichen Status des Trägers der Wissenschafts- und Forschungseinrichtung abhängig ist und damit bei Abwicklung von Forschungsaufträgen für Abnehmer, die nicht zum Vorsteuerabzug berechtigt sind (z. B. wenn die öffentliche Hand selbst Auftraggeber ist), der "Einkauf" von Forschungsleistungen bei "Auftragsforschungs-BgA" einen entsprechend höheren endgültigen Aufwand verursacht. Außerdem verstößt die Anwendung des ermäßigten Umsatzsteuersatzes auf Auftragsforschungsleistungen von Universitäten oder privaten gemeinnützigen Forschungseinrichtungen gegen die unionsrechtlichen Vorgaben. Nach Nr. 15 des Anhangs III der MwStSystRL 2006/11/EG unterliegen nur solche Leistungen dem ermäßigten Umsatzsteuersatz, die von Einrichtungen erbracht werden, die für wohltätige Zwecke oder im Bereich der sozialen Sicherheit tätig sind (FG Münster vom 10.04.2014, EFG 2014 S. 1521).

Die Zweckbetriebsregelung des § 68 Nr. 9 AO ist auf solche Forschungseinrichtungen beschränkt, deren Träger sich überwiegend aus Zuwendungen der öffentlichen Hand oder Dritter oder aus der Vermögensverwaltung finanzieren. Ohne diese Begrenzung wären sonst auch Forschungseinrichtungen gemeinnützig, die ausschließlich Auftragsforschungen für gewerbliche Unternehmen betreiben. Während bisher jedoch für Forschungseinrichtungen, deren Träger diese Finanzierungsvoraussetzung nicht erfüllen, grundsätzlich eine Verfolgung eigenwirtschaftlicher Zwecke angenommen wurde, orientiert sich Nr. 15 des AEAO zu § 68 AO nun am BFH-Urteil vom 04.04.2007 (BStBl 2007 II S. 631; siehe auch OFD Frankfurt a. M. vom 06.03.2012 – S 0187 A – 12 – St 53). Demnach muss in solchen Fällen unter Berücksichtigung sämtlicher Umstände überprüft werden, ob die Auftragsforschung von der steuerbegünstigten Tätigkeit getrennt werden kann. In diesem Fall kann der Träger der Einrichtung nach § 5 Abs. 1 Nr. 9 KStG steuerbefreit sein, gleichzeitig begründet die Auftragsforschung einen steuerpflichtigen wirtschaftlichen Geschäftsbetrieb i. S. des § 64 AO. Insbesondere kann eine Körperschaft auch dann noch selbstlos tätig sein, wenn sie sich nahezu ausschließlich durch einen wirtschaftlichen Geschäftsbetrieb finanziert (BFH vom 15.07.1998, BStBl 2002 II S. 162). § 68 Nr. 9 AO darf nicht als abschließende Sonderregelung betrachtet werden, mangels Erfüllung der Voraussetzungen nach § 68 Nr. 9 AO sollte auf die allgemeinen Grundsätze zurückgegriffen werden (siehe hierzu Hüttemann, 3. Auflage, Rz. 6.273).

Unter Zuwendungen sind hier **Mittelzuflüsse der öffentlichen Hand** oder von Dritten zu verstehen, die der Forschungseinrichtung ohne Gegenleistung gewährt werden (vgl. auch den Zuschussbegriff im Umsatzsteuerrecht; siehe auch in Tz. 4.5.2 S. 558), wie Spenden, Mitgliedsbeiträge, Zuschüsse von anderen Institutionen oder Zuwendungen nach § 58 Nr. 1 oder 2 AO einer anderen gemeinnützigen Körperschaft. Zuwendungen von dritter Seite sind ausnahmslos unentgeltliche Leistungen. Hierzu zählen jedoch nicht Mittelzuflüsse aus der Ressortforschung, deren Ergebnisse in erster Linie dem sie finanzierenden Ministerium zur Verfügung stehen (BFH vom 04.04.2007, BStBl 2007 II S. 631). Zum Begriff der Vermögensverwaltung bzw. der Mittelzuflüsse hieraus ist auf die allgemeinen Ausführungen zur Vermögensverwaltung i. S. des § 14 AO hinzuweisen (Tz. 2.15.3).

Die zu beurteilenden Forschungseinrichtungen müssen sich **überwiegend** aus den vorgenannten Zuwendungen und aus Zuflüssen der Vermögensverwaltung finanzieren. Dabei ist auf die jeweils steuerrechtlich selbständige Einrichtung abzustellen. Maßgebend ist daher die – gesamte – Einnahmenseite des (selbständigen) Forschungs-Vereins, der Forschungs-GmbH und des selbständigen Forschungs-BgA (selbständiger BgA i. S. der R 6 KStR). Dabei sind die Einnahmen aus Vermögensverwaltung und die Zuwendungen Dritter den übrigen Einnahmen gegenüberzustellen. Die Prüfung der Art der Finanzierung kann sich also nicht auf einzelne (steuerlich unselbständige) Abteilungen einer Körperschaft beziehen. Funktionale Untergliederungen (Abteilungen) von Körperschaften gelten nicht als selbständige Steuersubjekte (§ 51 Satz 3 AO).

Da die gesetzliche Regelung insoweit keine besondere Aussage enthält, wurde in der Literatur zumeist die Ansicht vertreten, dass die „Überwiegend-Prüfung" jährlich vorzunehmen sei. Maßgebend sind dabei in Anlehnung an die Grundsätze zu § 64 Abs. 3 und § 67a Abs. 1 AO die Einnahmen (= Finanzierung) des betreffenden Kalender- bzw. Wirtschaftsjahres (siehe auch FG Köln vom 22.06.2005, EFG 2005 S. 1492). Die OFD Frankfurt a. M. hat jedoch klargestellt, dass grundsätzlich ein Dreijahreszeitraum zugrunde zu legen ist, welcher sich aus dem zu beurteilenden und den beiden vorangegangenen Veranlagungszeiträumen zusammensetzt (vgl. OFD Frankfurt a. M. vom 06.03.2012 – S 0187 A – St 53, III 5).

Körperschaften, die sich überwiegend aus anderen Mitteln finanzieren (z. B. neben Zuwendungen und vermögensverwaltenden Erträgen überwiegend Einnahmen aus steuerpflichtigen wirtschaftlichen Geschäftsbetrieben erzielen), begründen mit der Ausführung entgeltlicher Auftragsforschungen stets einen steuerpflichtigen wirtschaftlichen Geschäftsbetrieb. Hier gelten die Ausführungen des BFH in seinem Urteil vom 30.11.1995 (BStBl 1997 II S. 189) uneingeschränkt.

Zu den Rechtsfolgen bei Überschreiten der Grenzen des § 68 Nr. 9 AO siehe OFD Frankfurt a. M. vom 16.06.2005 (DB 2005 S. 1659) und BFH vom 04.04.2007 (BStBl 2007 II S. 631).

Die Einnahmen und Überschüsse aller Zweckbetriebe, die der Träger außerhalb der Forschung unterhält, sind bei dem Finanzierungsschlüssel des § 68 Nr. 9 AO weder als Zuwendungen noch als andere (schädliche) Mittelzuflüsse zu erfassen. Darunter fallen z. B. auch die Einnahmen (Tagungsbeiträge) einer Forschungseinrichtung aus der Durchführung eines wissenschaftlichen Kongresses, der ein Zweckbetrieb ist. Soweit Forschungseinrichtungen umsatzsteuerpflichtige Leistungen ausführen (z. B. Auftragsforschung), sind für die Berechnung der überwiegenden Finanzierung stets die Einnahmen einschließlich Umsatzsteuer maßgeblich (siehe FinMin Bayern vom 13.04.2000, DB 2000 S. 954).

Zur Abgrenzung von Einnahmen der Vermögensverwaltung siehe in dem Beitrag von Stahl in FR 2006 S. 1012 diese Fragestellung in Verbindung mit der Überlassung von Know-how und der Begründung von Betriebsaufspaltungen.

Gelegentlich gliedern Forschungseinrichtungen einen Teil ihrer Auftragsforschung auf eine steuerpflichtige Tochtergesellschaft (GmbH) aus, um den für die Zweckbetriebseigenschaft nach § 68 Nr. 9 AO vorgegebenen „Finanzierungsschlüssel" sicherzustellen. Die Finanzverwaltung sieht in einer solchen Gestaltung nicht generell eine missbräuchliche Gestaltung i. S. des § 42 AO. Eine Ausgliederung (Outsourcing) ist jedoch nur unter den in Tz. 2.5.5.5 genannten Voraussetzungen möglich. Besonders zu prüfen ist in diesen Fällen, ob diese Ausgliederung auch mit den Grundsätzen der gemeinnützigkeitsrechtlichen Mittelbindung vereinbar ist (siehe Tz. 2.5.5.4). Stellt die gemeinnützige Forschungseinrichtung ihrer Tochtergesellschaft dann z. B. Personal und Sachmittel gegen Entgelt zur Verfügung, begründet die Forschungseinrichtung insoweit einen steuerpflichtigen wirtschaftlichen Geschäftsbetrieb i. S. der §§ 14, 64 AO, dessen Einnahmen und Überschüsse bei dem Finanzierungsschlüssel des § 68 Nr. 9 AO ebenso als „schädliche" Einnahmen zu erfassen sind wie die aus dieser Tochtergesellschaft zufließenden Gewinnausschüttungen (siehe dazu FinMin Bayern vom 13.04.2000, DB 2000 S. 954).

Infolge der Ausgliederung bestimmter Tätigkeiten auf eine Tochtergesellschaft können die Voraussetzungen für die Annahme einer umsatzsteuerlichen Organschaft (§ 2 Abs. 2 UStG) vorliegen. Der für die Annahme der Zweckbetriebseigenschaft nach § 68 Nr. 9 AO maßgebende Finanzierungsschlüssel ist auf der Ebene der jeweiligen Körperschaft gesondert zu prüfen. Auf den Finanzierungsschlüssel des gesamten Organkreises kommt es dabei nicht an. So kann z. B. der Fall eintreten, dass bei einer Gesamtbetrachtung des (umsatzsteuerlichen) Organkreises die „schädlichen" Einnahmen zwar überwiegen, bei einer Einzelbetrachtung jedoch einzelne Körperschaften ihre Forschungsaufträge im Rahmen eines Zweckbetriebs nach § 68 Nr. 9 AO ausführen. Soweit die Umsätze des Organkreises aus Zweckbetrieben heraus erbracht werden, unterliegen diese also dem ermäßigten Steuersatz (§ 12 Abs. 2 Nr. 8 Buchst. a UStG) und im Übrigen dem Regelsteuersatz. Das entspricht im Übrigen m. E. auch dem Grundgedanken des Abschn. 12.9 UStAE zu § 12 Abs. 2 Nr. 8 UStG.

Von der Zweckbetriebsannahme sind ausdrücklich die Tätigkeiten der Forschungseinrichtungen, die für die Erfüllung des gemeinnützigen Zwecks selbst nicht notwendig sind oder die in erster Linie der Beschaffung von (zusätzlichen) Mitteln für die steuerbegünstigten Zwecke dienen, ausgeschlossen. Dazu gehören neben den „üblichen" steuerpflichtigen wirtschaftlichen **Geschäftsbetrieben ohne Forschungsbezug** (wie etwa Kantinen oder Verwaltungstätigkeiten auch für andere Forschungseinrichtungen) sonstige „einfache" Dienstleistungen wie Projektträgerschaften, Materialprüfungen und Blutalkoholuntersuchungen im Auftrag der Strafverfolgungsbehörden. Diese Tätigkeiten sind und bleiben als eigenständige steuerpflichtige wirtschaftliche Geschäftsbetriebe i. S. des § 64 AO zu besteuern (zum BFH-Urteil vom 30.11.1995, a. a. O., und weiteren Überlegungen zur Besteuerung von Forschungseinrichtungen siehe Thiel in DB 1996 S. 1944 sowie Seer in DStR 1997 S. 436). Zur Abgrenzung zwischen Forschungstätigkeit und nicht begünstigten Tätigkeiten siehe auch OFD Frankfurt a. M. vom 06.03.2012 – S 0187 A – 12 – St 53.

Von einer Tätigkeit ohne Forschungsbezug ist dann auszugehen, wenn diese nicht als eigenständige wissenschaftliche Leistung zu werten ist. Das ist z. B. der Fall, wenn (lediglich) gesicherte wissenschaftliche Erkenntnisse zur Erbringung der entgeltlichen Leistung eingesetzt werden, wie bei der Durchführung von Routinemessungen, Anwendungsbeobachtungen bei Pharmaprodukten oder auch der Anfertigung von Gutachten. Davon ist auch auszugehen, wenn Forschungsergebnisse durch weitere Untersuchungen, Versuche etc. auf die besonderen Verhältnisse des Auftraggebers angepasst oder erweitert werden.

Ob die Umsätze der Forschungszweckbetriebe i. S. des § 68 Nr. 9 AO nach § 12 Abs. 2 Nr. 8 Buchst. a Satz 3 UStG bei der Umsatzsteuer (ausnahmsweise) dem Regelsteuersatz unterworfen werden müssen (vgl. dazu Strahl in FR 2006 S. 1012), ist im Einzelfall zu überprüfen. Mit Strahl komme ich zu dem Ergebnis, dass es i. d. R. bei dem ermäßigten Steuersatz bleiben wird, da im Allgemeinen davon ausgegangen werden kann, dass die zu beurteilenden Leistungen schon ihrer Art nach auf den Gegenstand der gemeinnützigen Zwecksetzung einer Wissenschafts- und Forschungseinrichtung ausgerichtet sein werden (siehe auch BT-Drucksache 16/2712).

Hinweis zum Begriff Projektträgerschaft: Hierbei handelt es sich um die fachliche und verwaltungsmäßige Betreuung und Abwicklung der Förderung der öffentlichen Hand für Forschungs- und Entwicklungsvorhaben („wissenschaftlich-technische oder administrative Managementaufgaben"), Fischer in H/H/Sp, Rz. 27 zu § 68 AO, und FG Berlin vom 04.09.2006 (EFG 2007 S. 291).

3 Steuerlicher Spendenabzug

3.1 Grundsätzliches

Die steuerbegünstigten Körperschaften finanzieren ihre Aufgaben zu einem wesentlichen Teil mit Mitgliedsbeiträgen und den ihnen zugewendeten Spenden. Das EStG, KStG und GewStG lassen die Möglichkeit zu, bei den Personen, die etwaige Zuwendungen leisten, diese unter bestimmten Voraussetzungen steuermindernd zu berücksichtigen. Durch die steuermindernde Berücksichtigung von Spenden soll zu privatem, uneigennützigem Handeln angeregt werden (BFH vom 22.09.1993 X R 107/91, BStBl 1993 II S. 874; siehe Geserich in Kirchhof/Söhn/ Mellinghoff, Kommentar zum EStG, Rz. A 27 zu § 10b EStG). Fischer beschreibt die steuerlich **abziehbare Spende als ein** „Steuersurrogat", „eine **fiskalische Alternative zur Steuerzahlung**" (Fischer in FR 2006 S. 1001 u. a. auch unter Hinweis auf Tipke, Kirchhof und Seer in Fn. 15 seines Beitrags).

Wie die Übersicht in Tz. 2.15 zeigt, „bewegt" sich eine gemeinnützige Körperschaft in verschiedenen Tätigkeitsfeldern (Sphären). Sie kann grundsätzlich steuerlich abzugsfähige Spenden zur Verwendung im ideellen Bereich, der Vermögensverwaltung (da mindestens eine finale Verwendung für die begünstigten Zwecke sichergestellt ist, vgl. insoweit u. a. BFH vom 05.02.1992 I R 63/91, BStBl 1992 II S. 748) und für Zweckbetriebe i. S. der §§ 65 ff. AO entgegennehmen. Zuwendungen zur Verwendung (= zum Verbrauch) in einem steuerpflichtigen wirtschaftlichen Geschäftsbetrieb i. S. des § 64 AO sind von der Spendenbegünstigung ausgenommen (siehe hierzu Tz. 3.10).

Wegen der besonderen Bedeutung der steuerlichen Abzugsfähigkeit von Spenden und Beiträgen an steuerbegünstigte Körperschaften wird im Folgenden auf die dafür geltenden Bestimmungen näher eingegangen.

Über die Frage, ob eine Ausgabe steuerbegünstigt ist, muss bei der Veranlagung des Spendengebers selbständig durch das für ihn zuständige Finanzamt entschieden werden. Die Prüfung durch das „Spender-Finanzamt" erstreckt sich auch nach Einführung der **Vertrauensschutzregelung** (vgl. Tz. 3.7) darauf, ob die Spende tatsächlich für die in der Bestätigung angegebenen steuerbegünstigten Zwecke verwendet wurde. Bei Feststellung einer fehlerhaften Verwendung muss in Bezug auf den Spender geprüft werden, ob er Kenntnis von der **fehlerhaften Verwendung** hatte und/oder die Bestätigung durch unlautere Mittel oder falsche Angaben erwirkt hat. Sonstige Feststellungen, die ggf. eine Haftung des Spendenempfängers auslösen (vgl. Tz. 3.8), sind dem Finanzamt der Empfängerkörperschaft mitzuteilen.

Die Zuwendungen, die eine Personengesellschaft oder -gemeinschaft für steuerbegünstigte Zwecke leistet, können in der nach § 180 AO durchzuführenden gesonderten und einheitlichen Feststellung (mit) festgestellt werden, § 180 Nr. 2 Buchst. a AO. Diese Feststellung entfaltet rechtliche Bindungswirkung für die Beteiligten. Sie enthält Besteuerungsgrundlagen, die mit den gemeinschaftlichen Einkünften in Zusammenhang stehen.

3.1.1 Rechtsgrundlagen

Ausgaben – Spenden und Mitgliedsbeiträge –, die zur Förderung mildtätiger, kirchlicher, gemeinnütziger sowie staatspolitischer Zwecke hingegeben werden, mindern im Rahmen der in den jeweiligen Einzelsteuergesetzen bestimmten Höchstgrenzen das steuerpflichtige Einkommen bzw. den Gewerbeertrag. Maßgebend dafür sind die Bestimmungen und Anweisungen in § 10b EStG, § 9 Abs. 1 Nr. 2 KStG und § 9 Nr. 5 i. V. m. § 8 Nr. 9 GewStG, § 50 EStDV sowie R 10b.1 EStR, R 47 KStR (siehe Anhang 2).

Mit Inkrafttreten der Änderung durch das Gesetz zur weiteren Stärkung des bürgerschaftlichen Engagements ab dem 01.01.2007 ist eine weitgehende Vereinheitlichung der steuerbegünstigten Zwecke im Sinne des EStG – den „Spendenregelungen" in § 10b EStG, § 9 Abs. 1 Nr. 2 KStG, § 9 Nr. 5 GewStG – mit den Regelungen der §§ 52 bis 54 AO erreicht worden. Es wurden die bisher in den §§ 48 und 49 EStDV a. F. zum Begriff der steuerbegünstigten Zwecke und zur Bestimmung der Zuwendungsempfänger enthaltenen Regelungen unmittelbar in das EStG, KStG und GewStG übernommen. Seit dem 01.01.2007 ist damit eine weitgehende Übereinstimmung zwischen den „Spendenregelungen" und dem Gemeinnützigkeitsrecht gegeben, obwohl sich diese Bestimmungen mit unterschiedlichen Rechtsnormen an unterschiedliche Steuersubjekte wenden (vgl. auch BFH vom 05.02.1992 I R 63/91, BStBl 1992 II S. 748).

Soweit Regelungen angesprochen werden, die nur bis zum Inkrafttreten der Änderungen durch das Gesetz zur weiteren Stärkung des bürgerschaftlichen Engagements vom 10.10.2007 (BGBl 2007 I S. 2332) Geltung hatten, wird darauf gesondert hingewiesen.

Das „formelle Spendenrecht" hat bereits zum 01.01.2000 mit der Abschaffung des sog. Durchlaufspendenverfahrens grundlegende Änderungen erfahren. Hierzu verweise ich auf die einschlägigen Ausführungen in der 8. Auflage.

Zivilrechtlich ist die **Spende als Schenkung einzuordnen.** In § 516 BGB wird bestimmt, dass „eine Zuwendung, durch die jemand aus seinem Vermögen einen anderen bereichert, eine Schenkung ist, wenn beide Teile darüber einig sind, dass die Zuwendung unentgeltlich erfolgt". Das Schenkungsversprechen bedarf grundsätzlich der notariellen Beurkundung (§ 518 BGB). Ein eventuell eingetretener Formmangel kann nach § 518 Abs. 2 BGB durch die Bewirkung der Leistung geheilt werden. Dies ist der Regelfall bei den meisten Spenden bzw. Schenkungen, bei denen der Spender einen Geldbetrag auf das Konto des Empfängers einzahlt.

Lehmann (DB 2006 S. 1281) teilt die Schenkungen/Spenden hinsichtlich ihrer konkreten Ausgestaltung in freie Schenkungen, Wunschschenkungen, Zweckschenkungen und Schenkungen unter Auflage ein und macht in seinem Beitrag deutlich, dass für den Fall, dass der Zweck der Schenkung (der Spende) nicht erreicht wird, der Schenker einen Herausgabeanspruch nach § 812 Abs. 1 BGB (Ausbleiben des bezweckten Erfolgs) oder auch nach den Regeln über den Wegfall der Geschäftsgrundlage (§ 313 BGB) erlangt.

Er sieht ausgehend vom Grundsatz von Treu und Glauben (§ 242 BGB) die Pflicht der Parteien, sich gegenseitig über entscheidungserhebliche Tatbestände zu informieren. Es spricht nach seiner Auffassung deshalb einiges dafür, dass sowohl bei Einzel- als auch Massenspenden der Spendenempfänger den Spender darüber informieren muss, dass die Erfüllung des Zwecks oder der Auflage nicht mehr möglich ist. Im Fall der Massenspenden empfiehlt er, hierzu einen Hinweis auf der Internethomepage der Hilfsorganisation, in den Vereinspublikationen oder eine Mitteilung in einer (über-) regionalen Tageszeitung vorzunehmen.

Ob ein Rückforderungsrecht entsteht, hängt auch davon ab, ob der Spendenempfänger nach Auslegung des Spenderwillens (§ 157 BGB) den verbleibenden Betrag nicht auch einer anderen, ggf. gleichartigen Verwendung zuführen kann und darf.

3.1.2 Abzug von Zuwendungen (Spenden und Mitgliedsbeiträgen) bei der Gewerbesteuer

Auch bei der Gewerbesteuer mindern Ausgaben i. S. von § 10b EStG sowie § 9 Abs. 1 Nr. 2 KStG (Spenden an politische Parteien und freie Wählergemeinschaften sind hingegen davon ausgeschlossen), die aus einem Gewerbebetrieb geleistet werden, den Gewerbeertrag.

Die Abzugsfähigkeit von Zuwendungen (Spenden und Mitgliedsbeiträgen) ist bei der Gewerbesteuer sowohl dem Grunde als auch der Höhe nach ausschließlich von Merkmalen abhängig, die sich **auf den jeweiligen Gewerbebetrieb beziehen.** Ein Abzug kommt nur dann in Betracht, wenn die Spenden und Mitgliedsbeiträge aus Mitteln des Gewerbebetriebs unmittelbar nach der Entnahme aus dem Betrieb dem begünstigten Zweck zugewendet werden. Mit Ausnahme der Körperschaften und anderen Personenvereinigungen, die mit ihrem gesamten Vermögen und sämtlichen Einkünften einen Gewerbebetrieb kraft Rechtsform begründen, muss die Herkunft dieser Mittel (z. B. aus dem Privatvermögen, dem Betriebsvermögen des freiberuflichen Bereiches, dem land- und forstwirtschaftlichen Betrieb) jeweils im Einzelnen geprüft bzw. nachgewiesen werden. Bei einem vom Kalenderjahr abweichenden Wirtschaftsjahr sind Zuwendungen für den Erhebungszeitraum zu berücksichtigen, in dem das Wirtschaftsjahr endet, in dem diese geleistet wurden.

Für die Frage, welche Ausgaben dem Grunde nach als Zuwendungen bei der Gewerbesteuer abzugsfähig sind, stimmen die Regelungen in § 9 Nr. 5 GewStG mit denen in § 10b Abs. 1 EStG und § 9 Abs. 1 Nr. 2 KStG überein (siehe auch R 8.5 GewStR). Insoweit gelten auch für die Gewerbesteuer die hier im Abschnitt 3 dargestellten Grundsätze entsprechend (wie z. B. zur Vorlage von Zuwendungsbestätigungen). Zu den Interdependenzen, bezogen auf den Spendenabzug bei Kapitalgesellschaften, bei der Körperschaftsteuer und der Gewerbesteuer, siehe Orth in DStR 1995 S. 733.

3.2 Zuwendungsberechtigte Körperschaften

3.2.1 Inländische Zuwendungsempfänger

Die Berechtigung zur Entgegennahme steuerbegünstigter Spenden und Mitgliedsbeiträge steht nur den in § 10b Abs. 1 Satz 2 EStG, § 9 Abs. 1 Nr. 2 Satz 2 KStG und § 9 Nr. 5 Satz 2 GewStG ausdrücklich genannten Einrichtungen zu (bis 31.12.2006 siehe § 48 Abs. 3 EStDV).

Bis zum Ergehen des Gesetzes zur Umsetzung steuerlicher EU-Vorgaben sowie zur Änderung steuerlicher Vorschriften vom 08.04.2010 (BGBl 2010 I S. 386) war für den Abzug von Zuwendungen als Sonderausgabe u. a. Voraussetzung, dass sie an eine **inländische** juristische Person des öffentlichen Rechts, eine **inländische** öffentliche Dienststelle oder eine unbeschränkt bzw. beschränkt steuerpflichtige Körperschaft i. S. des § 5 Abs. 1 Nr. 9 KStG gezahlt wurden.

Mit dem o. g. Gesetz wurde allerdings, u. a. dem Urteil des EuGH vom 27.01.2009 Rs. C-318/07 „Persche" und dem Anschlussurteil des BFH vom 27.05.2009 X R 46/05 (BFH/NV 2009 S. 1633) folgend, für alle noch nicht bestandskräftigen Fälle

(§ 52 Abs. 24e EStG) festgelegt, dass entsprechende Zuwendungen den Spendenabzug im Inland auslösen, wenn sie

„1. an eine juristische Person des öffentlichen Rechts oder an eine öffentliche Dienststelle, **die in einem Mitgliedstaat der Europäischen Union oder in einem Staat belegen ist,** auf den das Abkommen über den Europäischen Wirtschaftsraum (EWR-Abkommen) Anwendung findet, oder

2. an eine nach § 5 Absatz 1 Nummer 9 des Körperschaftsteuergesetzes steuerbefreite Körperschaft, Personenvereinigung oder Vermögensmasse oder

3. an eine Körperschaft, Personenvereinigung oder Vermögensmasse, **die in einem Mitgliedstaat der Europäischen Union oder in einem Staat belegen ist,** auf den das Abkommen über den Europäischen Wirtschaftsraum (EWR-Abkommen) Anwendung findet, und die nach § 5 Absatz 1 Nummer 9 des Körperschaftsteuergesetzes in Verbindung mit § 5 Absatz 2 Nummer 2 zweiter Halbsatz des Körperschaftsteuergesetzes steuerbefreit wäre, wenn sie inländische Einkünfte erzielen würde,

geleistet werden."

Weitere Voraussetzung ist, dass diese Staaten gegenseitig Amtshilfe im Bereich der Steuerfestsetzung und gegenseitige Unterstützung bei der zwischenstaatlichen Beitreibung von Steuerforderungen leisten.

Entsprechend sind seither auch Spenden in den Vermögensstock einer in einem EU-/EWR-Staat belegenen Stiftung des öffentlichen Rechts oder einer im Inland weder unbeschränkt noch beschränkt steuerpflichtigen Stiftung des privaten Rechts, die von der KSt befreit wäre, wenn sie inländische Einkünfte erzielen würde, nach § 10b Abs. 1a EStG begünstigt.

Mit Schreiben vom 06.04.2010 (BStBl 2010 I S. 386) hat das BMF klargestellt, dass diese Ausweitung des Spendenabzugs nur auf Zuwendungen an Körperschaften Anwendung findet, die in EU-/EWR-Staaten ansässig sind. Zu Zuwendungsempfängern außerhalb der EU-/EWR-Staaten siehe Tz. 3.2.3.

3.2.2 Zuwendungsempfänger im EU-Ausland und EWR-Gebiet

Mit dem JStG 2009 hat der Gesetzgeber in § 5 Abs. 2 Nr. 2 KStG festgelegt, dass auch **beschränkt steuerpflichtige Körperschaften** mit **Sitz und Ort der Geschäftsleitung im EU-Ausland bzw. im Gebiet des Europäischen Wirtschaftsraums,** die Zwecke im Sinne des Abschnitts „Steuerbegünstigte Zwecke" der AO verfolgen, die Steuervorteile der Gemeinnützigkeit in gleichem Maße in Anspruch nehmen können, wie sie für unbeschränkt steuerpflichtige Körperschaften gelten (zu den allgemeinen Anforderungen an die Satzung und die tatsächliche Geschäftsführung der EU-/EWR-Körperschaften siehe Tz. 2.1.1 mit weiteren Hinweisen). Diese Änderung gilt nach ausdrücklicher Festlegung in § 34 Abs. 5a KStG i. d. F. des JStG 2009 **auch für Veranlagungszeiträume vor 2009.**

Die durch die inländischen Finanzbehörden nach § 5 Abs. 1 Nr. 9 KStG als steuerbegünstigt anerkannten (beschränkt körperschaftsteuerpflichtigen) EU-/EWR-Körperschaften sind damit ebenfalls zum Empfang von im Inland steuerlich abzugsfähigen Zuwendungen berechtigt.

Das Gesetz zur Umsetzung steuerlicher EU-Vorgaben sowie zur Änderung steuerlicher Vorschriften vom 08.04.2010 (a. a. O.) legt darüber hinaus fest, dass neben den im EU-/EWR-Gebiet ansässigen juristischen Personen des öffentlichen Rechts und öffentlichen Dienststellen der EU-/EWR-Staaten auch die EU-/EWR-Körperschaften des privaten Rechts, die bei einer angenommenen beschränkten Körperschaftsteuerpflicht im Inland wegen Verfolgung steuerbegünstigter Zwecke nach § 5 Abs. 1 Nr. 9 KStG steuerbefreit wären, dem Grunde nach begünstigte Empfänger i. S. von § 10b EStG, § 9 Abs. 1 Nr. 2 KStG und § 9 Nr. 5 GewStG sind (siehe bereits unter Tz. 3.2.1).

Damit verbunden ist die in § 10b Abs. 1 Satz 6 EStG (entsprechende Regelungen wurden auch in § 9 Abs. 1 Nr. 2 KStG und § 9 Nr. 5 GewStG aufgenommen) festgelegte Forderung, dass Zuwendungen an juristische Personen des öffentlichen Rechts einschließlich ihrer Dienststellen, mit denen steuerbegünstigte Zwecke ausschließlich im Ausland verwirklicht werden, als weitere Voraussetzung den **strukturellen Inlandsbezug** erfüllen müssen, wie dies für eine Steuerbefreiung nach § 5 Abs. 1 Nr. 9 KStG gilt. Die Einbindung des strukturellen Inlandsbezugs gilt also ebenso für Zuwendungen an EU-/EWR-Körperschaften des privaten Rechts, die bei einer angenommenen beschränkten Körperschaftsteuerpflicht nach § 5 Abs. 1 Nr. 9 KStG steuerbefreit wären. Damit wird der Abzug von Spenden und Mitgliedsbeiträgen an Zuwendungsempfänger im EU-/EWR-Ausland insoweit von denselben Voraussetzungen wie für inländische Zuwendungsempfänger abhängig gemacht (vgl. auch BT-Drucksache 17/506 S. 25).

Die Abzugsmöglichkeit für Spenden an Einrichtungen in einem EU-/EWR-Staat ist danach also dann gegeben, wenn die Empfängereinrichtung **alle** Voraussetzungen der §§ 51 bis 68 AO erfüllt. Der Steuerpflichtige (= der Spender), der den steuerlichen Abzug im Inland begehrt, muss den inländischen Steuerbehörden bzw. den inländischen Finanzgerichten alle Belege, die ihnen für die Beurteilung der Fragestellungen zum Spendenabzug notwendig erscheinen, vorlegen. Der BFH weist in seinem Beschluss vom 27.05.2009 X R 46/05 (BFH/NV 2009 S. 1633) ergänzend darauf hin, dass für den Fall, dass sich die Nachprüfung der vorgelegten Belege und Auskünfte als schwierig erweisen sollte und auch Amtshilfebemühungen nicht möglich sind oder keine weiteren Erkenntnisse bringen, die inländischen Finanzbehörden nicht daran gehindert sind, den beantragten Steuerabzug zu verweigern (vgl. hierzu auch BMF vom 06.04.2010, BStBl 2010 I S. 386). Die Modalitäten der Nachweiserbringung für die Berechtigung zum Spendenabzug in etwaigen Fällen wurden in einem weiteren BMF-Schreiben vom 16.05.2011 (BStBl 2011 I S. 559) geregelt. Danach gelten für ausländische Zuwendungsempfänger die für die Gewährung einer Steuerbefreiung nach § 5 Abs. 1 Nr. 9 KStG für inländische Körperschaften, Personenvereinigungen oder Vermögensmassen maßgebenden Grundsätze entsprechend. Der ausländische Zuwendungsempfänger muss nach der Satzung, dem Stiftungsgeschäft oder der sonstigen Verfassung die Voraussetzungen der formellen Satzungsmäßigkeit erfüllen und im Rahmen seiner tatsächlichen Geschäftsführung ausschließlich und unmittelbar gemeinnützigen, mildtätigen oder kirchlichen Zwecken dienen (§§ 51 bis 68 AO; siehe auch BFH vom 17.09.2013 I R 16/12, BStBl 2014 II S. 440, sowie FG Düsseldorf vom 14.01.2013 – 11 K 2439/10 E, EFG 2013 S. 678, Revision anhängig unter X R 7/13). Der Nachweis über die Erfüllung der gemeinnützigkeitsrechtlichen Vorgaben muss durch den inländischen Spender gegenüber dem für ihn zuständigen Finanzamt erbracht werden.

Geeignete Belege (ggf. auch für die beiden der Zuwendung vorangegangenen Jahre) sind unter den Voraussetzungen des § 90 Abs. 2 AO insoweit insbesondere

– die Satzung,

– ein Tätigkeits- sowie Kassenbericht,

- eine Aufstellung über die Einnahmen und Ausgaben (getrennt nach Tätigkeitsbereichen),
- eine Vermögensübersicht mit Nachweisen über die Bildung und Entwicklung etwaiger Rücklagen,
- Aufzeichnungen über die Vereinnahmung von Zuwendungen und deren zweckgerechte Verwendung,
- Vorstandsprotokolle sowie
- Aufzeichnungen über die Prüfung der Hilfsbedürftigkeit der betreuten Personen für den Fall, dass Einzelpersonen unterstützt werden (§ 53 AO).

Insbesondere reichen Bescheinigungen (= Zuwendungsbestätigungen) von im Inland weder beschränkt noch unbeschränkt steuerpflichtigen Organisationen als alleiniger Nachweis nicht aus. Die beigebrachten Nachweise dienen dazu, zu prüfen, ob

- es sich bei der EU-/EWR-Einrichtung um eine Körperschaft im Sinne des inländischen KStG handelt, da die inländischen Steuervergünstigungen des Gemeinnützigkeits- und Spendenrechts für Personengesellschaften ausgeschlossen sind,
- es sich bei der EU-/EWR-Einrichtung um eine juristische Person des öffentlichen Rechtes oder eine öffentliche Dienststelle handelt,
- die Satzungszwecke bzw. die von der öffentlichen Einrichtung verfolgten Zwecke als steuerbegünstigte Zwecke i. S. der §§ 52 bis 54 AO einzuordnen sind,
- der Grundsatz der Selbstlosigkeit, § 55 AO, mit seinen diversen Ausprägungen, insbesondere der Verpflichtung, die Mittel ausschließlich und unmittelbar für die steuerbegünstigten Zwecke zu verwenden, sowie einer Regelung zur Vermögensbindung, erfüllt ist und
- auch die sonstigen Grundanforderungen, die das inländische Gemeinnützigkeitsrecht an eine Satzung (zu den Satzungsanforderungen ab dem Veranlagungszeitraum 2009 siehe Tz. 2.10.2) sowie eine ordnungsgemäße tatsächliche Geschäftsführung stellt, eingehalten sind.

Hinweis: *Soweit die inländischen Behörden oder Gerichte es für ihre Entscheidung für erforderlich erachten, werden sie für die Originalunterlagen auch eine Übersetzung vom Spender bzw. der ausländischen Empfängereinrichtung einfordern. Zum Umfang der erforderlichen Nachweise siehe auch bei Hüttemann/Helios unter V. 3. in DB 2009 S. 701.*

Im Übrigen hat die zuständige inländische Finanzbehörde die Möglichkeit, den EU-/EWR-Ansässigkeitsstaat der Empfängerkörperschaft zur Prüfung der Voraussetzungen für die Abziehbarkeit der Zuwendungen um Amtshilfe zu bitten.

Der EuGH hat auf die bereits im Urteil vom 14.09.2006 Rs. C-386/04 „Stauffer" (EuGH-E 2006 I S. 8203) getroffene Aussage in der Rechtssache „Persche" (a. a. O.) Bezug genommen, nach der es grundsätzlich Sache jedes einzelnen Mitgliedstaats sei, ob und für welche Arten von gemeinnützigen Tätigkeiten dieser bestimmte Steuervergünstigungen vorsehen möchte. Der Spendenabzug kann dem im Inland ansässigen Spender nur zuerkannt werden, wenn die EU-/EWR-Einrichtung **alle** Voraussetzungen der §§ 51 bis 68 AO erfüllt (vgl. auch BFH-Urteile vom 27.05.2009, a. a. O., und vom 17.09.2013 I R 16/12, BStBl 2014 II S. 440, sowie FG Düsseldorf vom 14.01.2013 – 11 K 2439/10 E, EFG 2013 S. 678, Revision anhängig unter X R 7/13). Dadurch, dass jedoch insbesondere keine europaeinheitlichen Gemeinnützigkeitsstandards existieren, stellt sich ein lückenloser Nachweis darüber, dass die Satzung und die tatsächliche Geschäftsführung der ausländischen Empfängerkör-

3.2 Zuwendungsberechtigte Körperschaften

perschaft den inländischen Voraussetzungen des Abgabenrechts entsprechen, denkbar schwierig dar (vgl. bereits zu Tz. 2.11.1).

Mit dem JStG 2009 hat der Gesetzgeber u. a. die bis zum 31.12.2008 im AEAO dargestellte **Mustersatzung** in aktualisierter Fassung in die AO aufgenommen und damit **gesetzlich für alle Körperschaften,** die Steuervorteile wegen Förderung steuerbegünstigter Zwecke i. S. der §§ 51 ff. AO in Anspruch nehmen wollen, **festgeschrieben** (zu den Pflichtfestlegungen in der Satzung siehe Tz. 2.10.2 mit weiteren Hinweisen). Die Festlegungen der Mustersatzung gem. Anlage 1 zu § 60 AO (abgedruckt im Anhang 5) sind damit **zwingend von den inländischen steuerbegünstigten Körperschaften zu übernehmen.** Sie gelten für alle ab dem 01.01.2009 gegründeten Körperschaften und sind auch zwingend von den Körperschaften zu erfüllen, die bereits vor diesem Zeitpunkt gegründet wurden, wenn sie eine Satzungsänderung durchführen (siehe Art. 97 § 1f Abs. 2 EGAO).

Die inländischen Finanzbehörden werden daher für eine steuermindernde Berücksichtigung von Zuwendungen an EU-/EWR-Einrichtungen fordern, dass diese die formelle Satzungsmäßigkeit im Sinne der AO vollständig erfüllen – also über eine Satzung verfügen, die den strengen Vorgaben der AO genügt (kritisch hierzu u. a. Ullrich in DStR 2009 S. 2471).

Zudem wurde mit dem JStG 2009 der **strukturelle Inlandsbezug** eingeführt (vgl. Tz. 2.1.1.1). Danach setzt die Steuervergünstigung bei ausschließlicher Verwirklichung steuerbegünstigter Zwecke im Ausland voraus, dass natürliche Personen, die ihren Wohnsitz oder ihren gewöhnlichen Aufenthalt im Geltungsbereich dieses Gesetzes haben, gefördert werden oder die Tätigkeit der Körperschaft neben der Verwirklichung der steuerbegünstigten Zwecke auch zum Ansehen der Bundesrepublik Deutschland im Ausland beitragen kann.

Mit der Einführung des strukturellen Inlandsbezugs wird deutlich, dass die vom Deutschen Bundestag erwünschten Steuervergünstigungen für gemeinnütziges Handeln und der damit verbundene Verzicht auf Steuereinnahmen nur insoweit zu rechtfertigen sind, als die geförderten gemeinnützigen, mildtätigen oder kirchlichen Tätigkeiten – auch wenn sie von ausländischen Organisationen erbracht werden – einen Bezug zu Deutschland besitzen (so im Bericht des Finanzausschusses zum Entwurf des JStG 2009; BT-Drucksache 16/11108 S. 57). Die ausländische Einrichtung muss also seit dem Veranlagungszeitraum 2009 nachweisen, dass sie mit der Verfolgung steuerbegünstigter Zwecke i. S. der §§ 52 bis 54 AO den geforderten Inlandsbezug erfüllt. Der Finanzausschuss weist dazu beispielhaft darauf hin, dass dies etwa der Fall ist, wenn in Deutschland lebende natürliche Personen von der ausländischen Einrichtung gefördert werden, selbst wenn die Personen sich zu diesem Zweck im Ausland aufhalten. Ich verweise an dieser Stelle auf die Ausführungen zum strukturellen Inlandsbezug, das dort abgedruckte Beispiel zum Spendenabzug in Tz. 2.1.1.1 und die Möglichkeit der Einschaltung von Förderkörperschaften (hierzu siehe auch Tz. 2.8.1.1).

Nach den Erfahrungen der vergangenen Veranlagungs- sowie Prüfungszeiträume besteht ein Prüfungsschwerpunkt der inländischen Finanzbehörden bei Zuwendungen, die an EU-/EWR-Einrichtungen abgeflossen sind, in der Kontrolle der formellen Satzungsmäßigkeit und des strukturellen Inlandsbezug bei den jeweiligen Empfängerkörperschaften.

3.2.3 Zuwendungsempfänger, die außerhalb des EU- bzw. EWR-Gebietes ansässig sind

Die für Zuwendungen an Körperschaften mit Sitz und Ort der Geschäftsleitung im EU-Ausland und im EWR-Gebiet geltenden Sonderregelungen auf der Grundlage des Gemeinschaftsrechts (Tz. 3.2.2) greifen nicht für Zuwendungsempfänger mit Sitz und Ort der Geschäftsleitung außerhalb des Gemeinschaftsgebietes (so auch BMF vom 06.04.2010, BStBl 2010 I S. 386).

Hier gilt, dass Zuwendungen eines Steuerinländers an eine Einrichtung im Drittland keinen Steuerabzug im Rahmen der Spendenregelungen des EStG, KStG und GewStG auslösen. In diesem Zusammenhang ist lediglich auf die Möglichkeit hinzuweisen, Zuwendungen an eine nach § 5 Abs. 1 Nr. 9 KStG steuerbefreite Körperschaft oder eine inländische juristische Person des öffentlichen Rechts mit der Auflage zu geben, sie für entsprechende Projekte im Ausland zu verwenden (siehe hierzu auch zu Förderkörperschaften, Tz. 2.8.1 ff.).

3.2.4 Berechtigung zur Ausstellung von Zuwendungsbestätigungen

Ein Zuwendungsempfänger muss **im Zeitpunkt der Ausstellung der Zuwendungsbestätigung** hierzu berechtigt sein. Eine Zuwendungsbestätigung, die von einer Körperschaft ausgestellt wird, die im – insoweit maßgeblichen – Zeitpunkt der Ausstellung bereits dem Grunde nach zu einer solchen Handlung nicht befugt ist (z. B. durch eine Aberkennung der Steuerbegünstigung), kann nicht Grundlage für die Erlangung des Sonderausgabenabzugs nach § 10b EStG sein. Eine seinerzeit zu Unrecht ausgestellte Zuwendungsbestätigung wird auch nicht im Nachhinein dadurch ordnungsgemäß, dass der Körperschaft im Rahmen des (nachgelagerten) Veranlagungsverfahrens die Steuerbegünstigung für das Jahr der Zuwendung (wieder) zuerkannt wird (siehe BFH vom 19.07.2011 X R 32/10, BFH/NV 2012 S. 179). Hinsichtlich des Vertrauensschutzes eines gutgläubigen Spenders sind die Ausführungen zu Tz. 3.7 und zu einer möglichen (Aussteller-)Haftung diejenigen zu Tz. 3.8.2.1 zu beachten.

Hinweis: Sollte die Zuwendungsempfängerin zum Zeitpunkt des Zuflusses keine Berechtigung zur Ausstellung von Zuwendungsbestätigungen besitzen, kann sie dem Spender nach einer Zuerkennung der Steuerbegünstigung nachträglich für das Jahr der Zuwendung eine ordnungsgemäße Zuwendungsbestätigung ausstellen. Zwar gilt die nachträgliche Erteilung einer Bestätigung nicht als rückwirkendes Ereignis i. S. des § 175 Abs. 2 Satz 2 AO. Jedoch hat der Zuwendende die Möglichkeit, gegen den Einkommensteuerbescheid, in dem der Abzug der Zuwendung versagt worden ist, Einspruch einzulegen und im Laufe dieses Einspruchsverfahrens oder eines ggf. anschließenden Klageverfahrens eine ordnungsgemäße Zuwendungsbestätigung eines (nunmehr) hierzu befugten Ausstellers nachzureichen. Die Möglichkeit hierzu besteht bis zum Schluss der mündlichen Verhandlung vor dem FG (vgl. BFH vom 19.07.2011, a. a. O.).

Durch die Änderungen des Spendenrechts durch das Gesetz zur weiteren Stärkung des bürgerschaftlichen Engagements vom 10.10.2007 (BGBl 2007 I S. 2332) verfügen seit dem 01.01.2007 alle nach § 5 Abs. 1 Nr. 9 KStG steuerfrei gestellten Körperschaften „automatisch" über die Berechtigung, steuerbegünstigte Zuwendungen zu empfangen und entsprechende Bestätigungen nach § 50 EStDV zu erteilen. Gemäß § 50 Abs. 1 Satz 1 EStDV handelt es sich dabei um eine materiell-rechtliche Voraussetzung zur Vornahme des Zuwendungsabzugs (siehe auch Anhang 3). Zu der bis zum 31.12.2006 notwendigen „Zusatz-Entscheidung" beim Spendenabzug, wenn die Steuerbegünstigung wegen Förderung gemeinnütziger Zwecke zuerkannt wurde (Prüfung, ob die verfolgten gemeinnützigen Zwecke als „besonders förderungswürdig" eingestuft waren), vgl. Tz. 3.2.4 in der Vorauflage.

Einzig bei Zuwendungen an Empfänger nach § 10b Abs. 1 Satz 2 Nr. 1 und 3 EStG, die im Inland weder beschränkt (§ 2 KStG) noch unbeschränkt (§ 1 KStG) steuerpflichtig sind und mithin weder über eine gesonderte Feststellung nach § 60a AO (siehe Tz. 2.11.1) noch über einen Freistellungsbescheid bzw. eine Anlage zum KSt-Bescheid verfügen (vgl. § 63 Abs. 5 AO), entfällt nach Maßgabe des § 50 Abs. 1 Satz 2 EStDV mit Wirkung ab dem 01.01.2013 für die Vornahme des Zuwendungsabzugs die Pflicht zur Vorlage einer ordnungsgemäßen Zuwendungsbestätigung (klargestellt durch die Verordnung zum Erlass und zur Änderung steuerlicher Verordnungen vom 11.12.2012, BGBl 2012 I S. 2637).

Unter Aufrechterhaltung der bereits vor dem 01.01.2007 geltenden Grundsätze (vgl. die näheren Ausführungen zu Tz. 3.2.5 in der Vorauflage) ist der steuermindernde Abzug von Mitgliedsbeiträgen gem. § 10b Abs. 1 Satz 8 EStG (analoge Festlegungen finden sich innerhalb des § 9 Abs. 1 Satz 8 KStG sowie des § 9 Nr. 5 Satz 12 GewStG) für **Beitragszahlungen** an Körperschaften ausgeschlossen, die

– den Sport (§ 52 Abs. 2 Nr. 21 AO),

– kulturelle Betätigungen, die in erster Linie der Freizeitgestaltung dienen,

– die Heimatpflege und Heimatkunde (§ 52 Abs. 2 Nr. 22 AO) oder

– Zwecke i. S. des § 52 Abs. 2 Nr. 23 AO – Freizeitzwecke –

fördern.

Soweit die Förderung des Sports, der Heimatpflege und Heimatkunde sowie der Freizeitzwecke i. S. des § 52 Abs. 2 Nr. 23 AO genannt sind, sind Mitgliedsbeiträge in jedem Fall vom Spendenabzug ausgeschlossen. So sind etwa auch Mitgliedsbeiträge an einen **Förderverein** i. S. des § 58 Nr. 1 AO, der eine Körperschaft, die lediglich einen dieser Zwecke verfolgt, unterstützt, nach der eindeutigen Regelung in § 10b Abs. 1 Satz 8 EStG vom Steuerabzug insgesamt ausgeschlossen.

Einzig in Bezug auf die **Förderung kultureller Betätigungen** hat der Gesetzgeber festgelegt, dass Mitgliedsbeiträge an entsprechende Körperschaften nur dann vom Steuerabzug ausgeschlossen sind, wenn sie in erster Linie der Freizeitgestaltung dienen. Das ist z. B. bei Musik- oder Gesangvereinen und ähnlich agierenden Körperschaften regelmäßig anzunehmen, wenn sich die Mitglieder im Zuge der Zweckverwirklichung selbst kulturell betätigen, indem sie singen, musizieren oder Theater spielen. Auf die Frage, ob und ggf. in welchem Umfang diese Vereine öffentliche Konzerte durchführen oder Theateraufführungen stattfinden, kommt es hingegen nicht an.

Den Sonderausgabenabzug von Mitgliedsbeiträgen an gemeinnützige Körperschaften, die Kunst und Kultur fördern (sog. **Kulturfördervereine** i. S. des § 58 Nr. 1 AO), hat der Gesetzgeber mit § 10b Abs. 1 Satz 7 EStG zielgenauer ausgestaltet und klargestellt. Danach sind diese Mitgliedsbeiträge auch bei Gewährung von Vergünstigungen der geförderten Einrichtung (z. B. Jahresgaben, verbilligter Eintritt, Veranstaltungen für Mitglieder) steuerlich abziehbar. Es bleibt jedoch bei der Voraussetzung, dass durch die Gewährung von Vergünstigungen die Mitgliedschaft in einem sog. Kulturförderverein nicht den Charakter einer eigenen kulturellen Betätigung des Mitglieds, die in erster Linie seiner Freizeitbetätigung dient, annehmen darf.

3.2.5 Durchlaufstellen

Bis zum 31.12.1999 war die Abzugsfähigkeit von Spenden an Körperschaften, die bestimmte als besonders förderungswürdig anerkannte gemeinnützige Zwecke förderten, nur möglich, wenn sie über eine inländische juristische Person des öffentlichen Rechts geleitet wurden – sog. Durchlaufspendenverfahren – (siehe hierzu ausführlich in der 8. Auflage). Inländische juristische Personen des öffentlichen Rechts, die Gebietskörperschaften sind, und ihre Dienststellen sowie inländische kirchliche juristische Personen des öffentlichen Rechts können jedoch auch weiterhin **(freiwillig)** ihnen zugewendete Spenden an Zuwendungsempfänger i. S. des § 10b Abs. 1 EStG weiterleiten (Thiel in DB 2000 S. 392, Myßen in INF 2000 S. 385). **Ausgeschlossen hiervon ist jedoch stets die Weiterleitung von Mitgliedsbeiträgen, sonstigen Mitgliedsumlagen und Aufnahmegebühren,** weil diese dem betreffenden Verein unmittelbar geschuldet werden und deshalb nicht mit steuerlicher Wirkung über eine Durchlaufstelle geleitet werden können (siehe hierzu auch BFH vom 28.04.1987 IX R 7/83, BStBl 1987 II S. 814).

Als Durchlaufstellen scheiden solche juristische Personen des öffentlichen Rechts oder Dienststellen aus, die selbst keine steuerbegünstigten Zwecke verfolgen, wie z. B. öffentlich-rechtliche Sparkassen oder öffentlich-rechtliche Rundfunk- und Fernsehanstalten (OFD Frankfurt a. M. vom 13.07.1995, FR 1995 S. 38). Die Empfängerbeschränkung für den Spendenabzug beruht auf der Erwägung, dass nur die nach diesen Grundsätzen als Durchlaufstelle zugelassenen öffentlichen Körperschaften oder Dienststellen einer ständigen Verwaltungskontrolle hinsichtlich der Verwendung dieser Mittel unterliegen (BFH vom 28.04.1987, a. a. O.).

Die Durchlaufstelle muss die tatsächliche Verfügungsmacht über die Spendenmittel erhalten (siehe u. a. Niedersächsisches FG vom 19.03.1986, EFG 1987 S. 175, sowie BMF vom 03.01.1986, BStBl 1986 I S. 52; die hier ausgeführten Grundsätze haben insoweit weiterhin sinngemäß Geltung). Dies geschieht i. d. R. durch Buchung auf deren Konto. Die Durchlaufstelle muss die Vereinnahmung der Spenden und ihre Verwendung (Weiterleitung) **getrennt** und unter Beachtung der haushaltsrechtlichen Vorschriften nachweisen (siehe auch BFH vom 04.04.1963 I 67/61, HFR 1963 S. 299).

Vor der Weiterleitung der Spenden an einen Zuwendungsempfänger i. S. des § 10b Abs. 1 EStG muss die Durchlaufstelle prüfen, ob dieser wegen Verfolgung gemeinnütziger, mildtätiger oder kirchlicher Zwecke i. S. des § 5 Abs. 1 Nr. 9 KStG anerkannt worden ist bzw. über eine gültige vorläufige Bescheinigung oder einen positiven Feststellungsbescheid nach § 60a Abs. 1 AO verfügt und damit die Verwendung der Spenden für steuerbegünstigte Zwecke sichergestellt ist. **Die Durchlaufstelle muss prüfen,** ob die Körperschaft, die der Spender als Letztempfänger für seine Spende bestimmt hat, für den Veranlagungszeitraum, in dem die Zuwendung beim Spender steuerlich begünstigt werden soll, tatsächlich von der Körperschaft befreit ist (siehe auch OFD Düsseldorf und OFD Münster vom 05.10.2005, DB 2005 S. 2270, sowie BFH vom 05.04.2006 I R 20/05, BStBl 2007 II S. 450). Zuwendungsbestätigungen, in denen in diesem Zusammenhang falsche Angaben von der Durchlaufstelle bestätigt werden, entfalten keinen Vertrauensschutz (siehe BFH vom 05.04.2006, a. a. O.).

Die Durchlaufstelle muss sich die gültige vorläufige Bescheinigung bzw. positive Feststellung nach § 60a Abs. 1 AO oder, wenn bereits eine Veranlagung zur Körperschaftsteuer erfolgt ist, den letzten Freistellungsbescheid bzw. KSt-Bescheid mit Anlage der begünstigten Körperschaft vorlegen lassen. Dabei darf der Freistellungsbescheid/KSt-Bescheid mit Anlage nicht länger als 5 Jahre seit dem Tag der Ausstellung der Zuwendungsbestätigung vom zuständigen Finanzamt erlassen oder, wenn eine vorläufige Bescheinigung bzw. ein Feststellungsbescheid nach § 60a Abs. 1 AO zur Beurteilung der Steuerbegünstigung vorgelegt wird, diese(r) nicht länger als 3 Jahre seit dem Tag der Ausstellung der Zuwendungsbestätigung vom Finanzamt erteilt worden sein. Gleichwohl ausgestellte Zuwendungsbestätigungen werden vom Finanzamt nicht als ausreichender Nachweis für den Spendenabzug anerkannt werden (vgl. BMF vom 07.11.2013, BStBl 2013 I S. 1333).

Die Zuwendungsbestätigung darf nur von der Durchlaufstelle ausgestellt werden. Sollte die Empfängerkörperschaft selbst eine weitere – zweite – Zuwendungsbestätigung ausstellen, so handelt es sich insoweit um eine unrichtige Zuwendungsbestätigung i. S. des § 10b Abs. 4 Satz 2 erste Alternative EStG. Die Empfängerkörperschaft haftet dann für die dem Fiskus aufgrund der Zweitbestätigung entgehenden Steuern (vgl. auch OFD München vom 19.07.2000, DStR 2000 S. 1349; siehe hierzu auch Myßen in INF 2000 S. 385).

3.2.6 Ausstellung von Zuwendungsbestätigungen nach Auftragsrecht in einem Listenverfahren

Steuerbegünstigte Körperschaften können grundsätzlich auf zivilrechtlicher Grundlage einen Dritten (z. B. den entsprechenden Dachverband) beauftragen, Zuwendungen für sie entgegenzunehmen und Zuwendungsbestätigungen im Namen der betreffenden Körperschaft auszustellen. Hierzu hat die Finanzverwaltung umfassend Stellung genommen und auch die haftungsrechtlichen Konsequenzen einer entsprechenden Beauftragung aufgezeigt (siehe hierzu OFD München vom 19.07.2000, DStR 2000 S. 1349, zur Ausstellung von Zuwendungsbestätigungen durch Landessportbünde im Auftrag angeschlossener Sportvereine).

Verschiedentlich wird anlässlich von Katastrophen, terroristischen Übergriffen oder anderen Ereignissen von spontanen Initiativen durch die Presse oder von öffentlichen Einrichtungen zu **Spendenaktionen** aufgerufen. Die Spender überweisen in diesen Fällen ihre Zuwendungen auf ein von den Initiatoren benanntes Bankkonto letztlich mit der Auflage, diese Beträge für die in dem Aufruf benannten Zwecke zu verwenden. Der Kontoinhaber/Initiator tritt damit im Ergebnis als Treuhänder für den Spender auf. Den Einzelspendern kann von der Empfängerkörperschaft unter folgenden Voraussetzungen eine steuerwirksame Zuwendungsbestätigung ausgestellt werden:

- die Mittel werden für einen spendenbegünstigten Zweck i. S. von § 10b EStG, § 9 Abs. 1 Nr. 2 KStG, § 9 Nr. 5 GewStG eingeworben,
- der jeweilige Initiator erstellt eine Liste, aus der die folgenden Informationen hervorgehen:
  - die geleistete Einzelspende,
  - der Tag der Zahlung sowie
  - der Name des jeweiligen Spenders,
- die gesammelten Spenden werden zeitgleich mit Übergabe der Spenderliste an eine inländische juristische Person des öffentlichen Rechts oder eine inländische öffentliche Dienststelle oder eine nach § 5 Abs. 1 Nr. 9 KStG steuerbefreite Körperschaft weitergeleitet/überwiesen,
- der/die Initiatoren versichern mit Übergabe der Liste ausdrücklich die Richtigkeit der in der Spenderliste enthaltenen Angaben,

3 Steuerlicher Spendenabzug

– die Empfängerkörperschaft verpflichtet sich zur ordnungsgemäßen Verwendung der erhaltenen Beträge.

Die Beträge, die dem Initiator von Spendern in bar übergeben werden, können grundsätzlich auch in dem hier dargestellten Listenverfahren berücksichtigt werden, wenn sie ebenfalls in der Liste mit den notwendigen Einzelangaben erfasst und zusammen mit den übrigen Beträgen der Empfängerkörperschaft zugeleitet werden. Die Empfängerkörperschaft kann dann den jeweiligen Spendern steuerwirksame Zuwendungsbestätigungen erteilen.

Im Zusammenhang mit bestimmten Feierlichkeiten wie Geburtstagen, Jubiläen oder auch anlässlich von Beerdigungen wird häufig zu Spenden für bestimmte steuerbegünstigte Einrichtungen aufgerufen. Wenn die vorstehend dargestellten Grundsätze beachtet werden, kann aus meiner Sicht auch in diesen Fällen den Einzelspendern von der Empfängerkörperschaft eine steuerlich korrekte Zuwendungsbestätigung erteilt werden.

3.2.7 Zuerkennung der Berechtigung zur Ausstellung von Zuwendungsbestätigungen

Das für die Empfängerkörperschaft örtlich zuständige Finanzamt unterrichtet diese mittels eines Freistellungsbescheids, einer Anlage zum Körperschaftsteuerbescheid oder einer positiven Feststellung über die Einhaltung der satzungsmäßigen Voraussetzungen nach § 60a Abs. 1 AO (bis 28.03.2013: einer vorläufigen Bescheinigung) darüber, ob die Körperschaft berechtigt ist, steuerwirksame Zuwendungsbestätigungen zu erstellen (siehe hierzu auch Tz. 3.9.1 und 4.1.2). Ob und in welchem Umfang eine Körperschaft befugt ist, Zuwendungsbestätigungen auszustellen, kann nach einer Entscheidung des BFH vom 23.09.1999 (XI R 66/98, BStBl 2000 II S. 533) Gegenstand einer Feststellungsklage sein. Während eine Körperschaft vor dem Inkrafttreten des § 60a AO, der durch das Gesetz zur Stärkung des Ehrenamts (Ehrenamtsstärkungsgesetz) vom 21.03.2013 (BGBl 2013 I S. 556) eingeführt wurde, die Erteilung einer sog. vorläufigen Bescheinigung auch im Wege einer einstweiligen Anordnung erreichen konnte (vgl. BFH vom 23.09.1998 I B 82/98, BStBl 2000 II S. 320; siehe auch unter Tz. 4.1.2.3), ist es ihr nunmehr möglich, sich innerhalb des außergerichtlichen Rechtsbehelfsverfahrens durch Einlegung eines Einspruchs gegen die förmliche Ablehnung zur Erteilung einer positiven Feststellung nach § 60a Abs. 1 AO zu wenden.

3.2.8 Hinweis auf Spenden zu staatspolitischen Zwecken

Natürliche Personen können grundsätzlich nach Maßgabe der § 10b Abs. 2, § 34g EStG Ausgaben zur Förderung **staatspolitischer Zwecke** steuerlich in Abzug bringen. Ausgaben zur Förderung staatspolitischer Zwecke sind Mitgliedsbeiträge und **Spenden an politische Parteien** i. S. des § 2 des Parteiengesetzes. Aufwendungen zur Unterstützung von unabhängigen Wählergemeinschaften sind lediglich im Rahmen des § 34g EStG abzugsfähig (zum Begriff der politischen Partei und freien Wählergemeinschaft siehe BFH vom 07.12.1990 X R 1/85, BStBl 1991 II S. 508).

3.3 Ausgaben zur Förderung steuerbegünstigter Zwecke

Ausgaben zur Förderung gemeinnütziger, mildtätiger und kirchlicher Zwecke können im Rahmen der in den Einzelsteuergesetzen festgelegten Höchstbeträge steuermindernd berücksichtigt werden.

Nach § 10b Abs. 1 Satz 1 EStG sind **Zuwendungen** zur Förderung der in § 10b EStG genannten steuerbegünstigten Zwecke **Spenden** und **Mitgliedsbeiträge**. Ich gehe davon aus, dass sich diese Differenzierung im allgemeinen Sprachgebrauch nicht durchsetzen wird. Mit dem Begriff „Spendenabzug" werden daher nach meiner Einschätzung auch weiterhin sowohl Mitgliedsbeiträge als auch Spenden angesprochen werden. Im Weiteren wird eine Unterscheidung immer dann deutlich gemacht, wenn es für die Beurteilung oder Verdeutlichung der jeweils erörterten Fragestellungen erforderlich ist.

3.3.1 Mitgliedsbeiträge

Mitgliedsbeiträge sind die Beiträge, die von Mitgliedern einer Personenvereinigung (Verein) aufgrund der Satzung lediglich in ihrer Eigenschaft als Mitglieder erhoben werden (§ 8 Abs. 5 KStG). Sind Mitglieder z. B. aufgrund eines gesonderten Vereinsbeschlusses, einer gesonderten Vereinbarung oder in anderer Weise zur Zahlung von **Mitgliedsumlagen oder Aufnahmegebühren** verpflichtet, sind diese ebenfalls als Mitgliedsbeiträge einzuordnen. Denn nur mit einer entsprechenden Zahlung erreichen es die Mitglieder, die Mitgliedschaft erstmalig zu erlangen oder sie auf Dauer zu erhalten (vgl. auch die Ausführungen in Tz. 2.2.4 und R 10b.1 EStR, abgedruckt im Anhang 2).

Wenn Vereine ihren Mitgliedern wirtschaftliche Vorteile vermitteln oder wenn z. B. mit der Mitgliedschaft in dem Verein der Anspruch gegen den Verein auf die Erbringung bestimmter Leistungen verbunden ist, ist regelmäßig davon auszugehen, dass in dem festgelegten Mitgliedsbeitrag ein (pauschaliertes) Entgelt für die von dem Verein zu erbringenden Leistungen enthalten ist. In diesen Fällen sind die Mitgliedsbeiträge durch Schätzung in einen reinen Mitgliedsbeitrag und einen Teil, der (pauschal) als Entgelt für die von dem Verein zu erbringenden Leistungen einzuordnen ist, aufzuteilen (siehe insoweit auch R 42 KStR und H 42 KStH).

Diese Frage dürfte sich z. B. regelmäßig bei Schulträger- oder Kindergartenträgervereinen stellen. Hat der Trägerverein das **Schulgeld oder das Entgelt für die laufende Betreuung der Kinder** so niedrig festgesetzt, dass der normale Betrieb der Schule oder des Kindergartens nur durch einen entsprechend hohen Mitgliedsbeitrag aufrechterhalten werden kann, so ist der Mitgliedsbeitrag in ein (pauschales) Entgelt für die Schulung bzw. Betreuung der Kinder und einen restlichen Anteil (reiner Mitgliedsbeitrag) aufzuteilen. Der gemeinnützige Schulträger- oder Kindergartenträgerverein darf lediglich über den echten Mitgliedsbeitrag eine ordnungsgemäße Zuwendungsbestätigung erteilen. Werden Zuwendungsbestätigungen auch über den entgeltlichen Teil erteilt, droht die Spendenhaftung (siehe dazu Tz. 3.8 sowie BFH vom 12.08.1999 XI R 65/98, BStBl 2000 II S. 65, bestätigt im Urteil vom 02.08.2006 XI R 6/03, BStBl 2007 II S. 8) und ggf. auch der Entzug der Gemeinnützigkeit.

Nach dem 31.12.1999 sind Zuwendungsbestätigungen zwingend nach den amtlichen Vordruck-Mustern auszustellen (vgl. dazu aktuell die BMF-Schreiben vom 07.11.2013, BStBl 2013 I S. 1333, und vom 26.03.2014, BStBl 2014 I S. 791, sowie Anhang 3). In den Zuwendungsbestätigungen ist stets anzugeben, ob es sich bei

3 Steuerlicher Spendenabzug

den angegebenen Zahlungen um Mitgliedsbeiträge handelt oder ob in der Bestätigung ausschließlich Spenden ausgewiesen sind (siehe hierzu Rz. 7 im BMF-Schreiben vom 02.06.2000, BStBl 2000 I S. 592; weitere Erläuterungen siehe Tz. 3.9).

3.3.2 Spenden

3.3.2.1 Allgemeines

Spenden sind freiwillige und unentgeltliche **Wertabgaben,** also Geld- oder Sachzuwendungen (Ausgaben), die das geldwerte Vermögen des Spenders mindern (ein freiwilliges Vermögensopfer); siehe auch BFH vom 23.05.1989 X R 17/85, BStBl 1989 II S. 879, und vom 20.02.1991 X R 191/87, BStBl 1991 II S. 690. Die Spenden können aus dem Einkommen und Vermögen geleistet werden. Eine Beschränkung hinsichtlich der Herkunft der gespendeten Mittel gibt es nicht. Mit der Hingabe der Mittel muss der Steuerpflichtige (bei Zusammenveranlagung mit dem Ehegatten) **endgültig** wirtschaftlich belastet sein (BFH vom 20.02.1991, a. a. O.). Eine endgültige wirtschaftliche Belastung ist dann nicht gegeben, wenn der „Spender" sich das Recht auf Rückforderung der geleisteten Beträge vorbehält (siehe bereits Tz. 2.5.6 und 2.5.10). Ist die Rückforderung an den Eintritt eines möglichen zukünftigen Ereignisses geknüpft (z. B. die Erfüllung eines Besteuerungstatbestandes), gilt der vorgenannte Grundsatz m. E. unabhängig davon, ob mit dem Eintritt des Ereignisses lediglich mit einer geringen Wahrscheinlichkeit zu rechnen ist. Eine endgültige wirtschaftliche Belastung ist erst dann anzunehmen, wenn der Zuwendende auf sein Rückforderungsrecht wirksam verzichtet bzw. die Möglichkeit zu einer Inanspruchnahme endgültig auszuschließen ist.

Es muss erkennbar sein, dass der Spender das Geld bzw. die Wirtschaftsgüter zur **Verwendung** für die in § 10b EStG, § 9 Abs. 1 Nr. 2 KStG bzw. § 9 Nr. 5 GewStG genannten Zwecke (zu den spendenbegünstigten Zwecken siehe Tz. 3.2.4) durch die Empfängerkörperschaft gezielt bestimmt hat. Die Empfängerkörperschaft muss entsprechend der vom Spender erteilten Auflage die Mittel tatsächlich verwenden (zum Problem des Vertrauensschutzes bei falscher Verwendung siehe Tz. 3.7). Die endgültige (finale) Verwendung zu steuerbegünstigten Zwecken muss bei Hingabe der Spende absehbar sein. So hat der BFH z. B. in seinem Urteil vom 05.02.1992 (I R 63/91, BStBl 1992 II S. 748) die Erstausstattung einer Stiftung nicht als Spende anerkannt, weil für den Fall der Auflösung oder des Wegfalls steuerbegünstigter Zwecke das Vermögen an den Stifter wieder zurückfallen sollte (zur Erstausstattung von Stiftungen siehe auch unter Tz. 3.10).

Nutzungen und Leistungen sind ausdrücklich nach § 10b Abs. 3 EStG, § 9 Abs. 2 KStG und § 9 Nr. 5 GewStG vom Abzug als Spende ausgeschlossen. Das bedeutet, dass der Abzug des Aufwands an Zeit und Arbeitskraft sowie von Vermögensminderungen, die lediglich anlässlich der Nutzung eines Wirtschaftsguts entstehen, vom Spendenabzug ausgeschlossen ist (zu Aufwandsverzicht siehe Tz. 3.3.2.7).

3.3.2.2 Freiwilligkeit

Um die **Freiwilligkeit** zu bejahen, darf der Spender zur Leistung weder rechtlich noch aus anderen Gründen verpflichtet sein (keine Freiwilligkeit bei Zahlungen anlässlich der Einstellung von Strafverfahren, vgl. Hessisches FG vom 24.04.1986, EFG 1986 S. 492, und BFH vom 19.12.1990 X R 40/86, BStBl 1991 II S. 234; bei Zahlungen aufgrund einer Bewährungsauflage vgl. BFH vom 08.04.1964 VI 83/63 U, BStBl 1964 III S. 333; siehe auch Drasdo, DStR 1987 S. 327, oder in Erfüllung einer Vermächtnisschuld BFH vom 22.09.1993 X R 107/91, BStBl 1993 II S. 874; zur Vornahme von Leistungen aufgrund einer Bestimmung lt. Stiftungsgeschäft bzw. Satzung siehe BFH vom 12.10.2011 I R 102/10, BStBl 2014 II S. 484).

Freiwilligkeit ist auch anzunehmen, wenn sich der Spender (freiwillig) zu einer Leistung gegenüber einem Spendenempfänger in rechtlich verbindlicher Form verpflichtet (vgl. BFH vom 13.12.1978 I R 64/77, BStBl 1979 II S. 488, und vom 25.11.1987 I R 126/85, BStBl 1988 II S. 220; siehe hierzu auch Geserich in Kirchhof/Söhn/Mellinghoff, Kommentar zum EStG, Anm. B 36 ff. zu § 10b EStG). Mit Urteil vom 05.02.1992 (I R 63/91, BStBl 1992 II S. 748) hat der BFH die Freiwilligkeit durch eine freiwillig begründete Rechtspflicht zur Übertragung von Stiftungsvermögen nach § 82 BGB nicht in Zweifel gezogen. Die Freiwilligkeit wird auch nicht dadurch ausgeschlossen, dass der Spendenempfänger den Spender durch moralischen Druck zur Zahlung zu veranlassen sucht (siehe BFH vom 13.12.1978, a. a. O., und vom 13.08.1997, BStBl 1997 II S. 794). Der Druck darf jedoch nicht so weit gehen, dass der Verbleib oder Eintritt in den Verein **faktisch** von der erbetenen Spende abhängt (siehe auch AEAO Nr. 1.3.1.7 zu § 52 AO, Anhang 1, und Tz. 2.2.4). Uneigennützige Beweggründe werden nicht vorausgesetzt.

3.3.2.3 Unentgeltlichkeit

Eine Spende muss **unentgeltlich** geleistet werden. Dabei darf sich die Auslegung des Begriffs der unentgeltlichen Leistung nicht auf den engen bürgerlich-rechtlichen Begriff von Leistung und Gegenleistung beschränken. Ein Spendenabzug ist schon dann ausgeschlossen, wenn die Zuwendung an die Empfängerkörperschaft mittelbar und ursächlich mit einem von einem Dritten gewährten Vorteil zusammenhängt. Auch dann, wenn der Vorteil nicht unmittelbar wirtschaftlicher Natur ist, ist der Spendenabzug ausgeschlossen (siehe dazu BFH vom 19.12.1990 X R 40/86, BStBl 1991 II S. 234, betr. eine Auflage nach § 153a Abs. 1 Satz 2 StPO zur Erlangung eines straf- und verfahrensrechtlichen Vorteils; wenn Verwaltungshandeln als Gegenleistung erwartet wird, siehe BFH vom 13.07.1994 I R 5/93, BStBl 1995 II S. 134).

So hat der BFH in seiner Entscheidung vom 02.08.2006 (XI R 6/03, BStBl 2007 II S. 8) der Zahlung einer **Beitrittsspende an einen Golfsportverein** Entgeltcharakter beigemessen. Auch wenn diese Zahlungen dem Grunde nach freiwillig geleistet wurden, eröffneten im Urteilsfall erst die „Spenden" den Neumitgliedern die Möglichkeit zur Nutzung der Sportanlagen. Die Finanzierung des Vereins war darauf ausgerichtet, mit den „Spenden" die Erhaltung und den weiteren Aufbau der Sportanlagen zu ermöglichen. Im Zusammenhang hiermit ist auch auf die Entscheidung zur Zahlung von „Spenden" zur Deckung von Schulkosten (BFH vom 12.08.1999 XI R 65/98, BStBl 2000 II S. 65) und auf das EuGH-Urteil vom 21.03.2002 in der Rechtssache „Kennemer Golf & Country Club" (DB 2002 S. 1588) zu verweisen.

Der Spendenabzug ist in jedem Fall zu versagen, wenn die „Spende" bei wirtschaftlicher Betrachtung ein Entgelt für eine Leistung des Spendenempfängers sein soll (so auch Kulosa in H/H/R, Rz. 21 zu § 10b EStG; kein Leistungsaustausch, siehe BFH vom 01.04.1960 VI 134/58 U, BStBl 1960 III S. 231). Die Spende darf **keinen – auch nicht teilweisen – Entgeltcharakter haben** (BFH vom 25.08.1987 IX R 24/85, BStBl 1987 II S. 850, und vom 12.08.1999 XI R 65/98, BStBl 2000 II S. 65, sowie FG Hamburg vom 26.08.1993, EFG 1994 S. 477, zu Elternbeiträgen an Schulen als Spende; vgl. auch Tz. 3.10), beispielsweise wenn ein Wirtschaftsgut unter dem normalen Preis an eine steuerbegünstigte Körperschaft verkauft wird.

3 Steuerlicher Spendenabzug

3.3.2.4 Spendenmotivation

Aus dem Merkmal des § 10b Abs. 1 Satz 1 EStG „zur Förderung ..." hat der BFH abgeleitet, dass eine Spende um der Sache willen gegeben sein müsse; die Spendenmotivation müsse im Vordergrund stehen. Ein Spendenabzug sei deshalb bereits dann ausgeschlossen, wenn die Zuwendungen an den Empfänger unmittelbar und ursächlich mit einem von einem Dritten gewährten Vorteil zusammenhingen (BFH vom 22.09.1993 X R 107/91, BStBl 1993 II S. 874, und vom 21.10.2008 X R 44/05, BFH/NV 2009 S. 375).

Der BFH versteht unter einer Spende im Übrigen eine **freiwillig oder aufgrund einer freiwillig eingegangenen Rechtspflicht** erbrachte Leistung eines Steuerpflichtigen, die kein Entgelt für eine bestimmte Leistung eines Empfängers ist und die in keinem tatsächlichen wirtschaftlichen Zusammenhang mit dessen Leistung steht (Urteil vom 12.09.1990 I R 65/86, BStBl 1991 II S. 258 m. w. N.). Diese Ausgaben sind bei natürlichen Personen den nichtabzugsfähigen Kosten der Lebensführung (§ 12 Nr. 1 Satz 2 EStG) und, soweit Körperschaften diese Leistungen erbringen, als nichtabzugsfähige Betriebsausgaben nach § 9 Abs. 1 Nr. 2 KStG zu beurteilen und damit zur Ermittlung des Einkommens (außerhalb der Bilanz) hinzuzurechnen. Sie sind nur „ausnahmsweise" (nach den Regelungen der § 10b EStG, § 9 Abs. 1 Nr. 2 i. V. m. Abs. 2 KStG und § 9 Nr. 5 GewStG) steuermindernd zu berücksichtigen. Soweit Spenden aus einem Betriebsvermögen heraus geleistet werden, sind sie also von den (sonstigen) Betriebsausgaben abzugrenzen. Nur die Aufwendungen, die durch den Betrieb als solchen veranlasst sind, sind als Betriebsausgaben einzustufen (§ 4 Abs. 4 EStG).

Zur Abgrenzung der (sonstigen) Betriebsausgaben von Spenden ist die Motivation des Ausgebenden entscheidend. Zur Spende gehört eine deutlich überwiegende und im Vordergrund stehende **„Spendenmotivation"**. Spenden für steuerbegünstigte Zwecke werden meist um der Sache willen aus Liberalität und ohne die Erwartung eines besonderen Vorteils für den Spender gegeben. Überwiegen diese Ziele deutlich, so handelt es sich um Spenden, auch wenn für die Zuwendung ein betrieblicher Nebenanlass besteht (BFH vom 25.11.1987 I R 126/85, BStBl 1988 II S. 220, und vom 12.09.1990 I R 65/86, BStBl 1991 II S. 258). Eine Spendenmotivation ist dann zu verneinen, wenn die Zuwendung – ggf. im Verbund mit gleichgerichteten Leistungen anderer Vereinsmitglieder – unmittelbar und ursächlich mit einem durch den Verein ermöglichten Vorteil zusammenhängt und damit letztlich zu einer (zumindest teilweisen) Zuwendung des Zahlenden im eigenen Interesse führt (BFH vom 02.08.2006 XI R 6/03, BStBl 2007 II S. 8 m. w. N.).

3.3.2.5 Abgrenzung zu (Sponsoring-)Betriebsausgaben

Die jeweilige **Motivation** muss nach dem Urteil des BFH vom 09.08.1989 (I R 4/84, BStBl 1990 II S. 237) an äußerlichen Umständen erkennbar sein. Für die Annahme von (sonstigen) Betriebsausgaben (i. d. R. Ausgaben für Werbezwecke) reicht es nicht aus, wenn mit den Aufwendungen die Öffentlichkeit lediglich auf die Person des „Spenders" aufmerksam gemacht werden soll. So reicht es nach Auffassung des BFH z. B. nicht aus, wenn auf einem Gegenstand, für dessen Anschaffung oder Herstellung der Gewerbetreibende der steuerbegünstigten Körperschaft Geld oder Sachmittel zur Verfügung gestellt hat, in der örtlichen Presse lediglich ein entsprechender Hinweis auf die Person des „Geldgebers" gemacht wird (z. B. Hinweisplakette auf einer gestifteten Parkbank oder einem gestifteten Kunstwerk; siehe auch FG Münster vom 19.01.2007 – 9 K 3856/04, EFG 2007 S. 1470).

3.3 Ausgaben zur Förderung steuerbegünstigter Zwecke

Im sog. **„Sponsoringerlass"** (BMF-Schreiben vom 18.02.1998, BStBl 1998 I S. 212) hat sich die Finanzverwaltung von dieser relativ engen Auslegung des Betriebsausgabenbegriffs in Bezug auf Zuwendungen an steuerbegünstigte Empfänger gelöst (siehe hierzu auch Tz. 2.15.4.1).

Zuwendungen aus einem Betriebsvermögen erfüllen nach dem BMF-Schreiben vom 18.02.1998 (a. a. O.), Rz. 2 bis 5, regelmäßig den Betriebsausgabenbegriff, wenn der Sponsor mit der Zuwendung wirtschaftliche Vorteile, die insbesondere in der Sicherung und Erhöhung seines unternehmerischen Ansehens liegen können, für sein Unternehmen erstrebt oder für Produkte seines Unternehmens werben will. Das ist insbesondere der Fall, wenn der Empfänger der Leistungen auf Plakaten, Veranstaltungshinweisen, in Ausstellungskatalogen, auf den von ihm benutzten Fahrzeugen oder anderen Gegenständen auf das Unternehmen oder auf Produkte des Sponsors werbewirksam hinweist (siehe AEAO Nr. 10 zu § 64 Abs. 1 AO, Anhang 1). Die Berichterstattung in Zeitungen, Rundfunk oder Fernsehen kann einen wirtschaftlichen Vorteil, den der Sponsor für sich erstrebt, begründen, insbesondere wenn sie in seine Öffentlichkeitsarbeit eingebunden ist oder der Sponsor an Pressekonferenzen oder anderen öffentlichen Veranstaltungen des Empfängers mitwirken und eigene Erklärungen über sein Unternehmen oder seine Produkte abgeben kann. Wirtschaftliche Vorteile können auch dadurch erreicht werden, dass der Sponsor durch Verwendung des Namens, von Emblemen oder Logos des Empfängers oder in anderer Weise öffentlichkeitswirksam auf seine Leistungen aufmerksam macht (kritisch hierzu FG Münster vom 19.01.2007 – 9 K 3856/04, EFG 2007 S. 1470). Für die Berücksichtigung der Aufwendungen als Betriebsausgaben kommt es nicht darauf an, ob die Leistungen notwendig, üblich oder zweckmäßig sind; die Aufwendungen dürfen auch dann als Betriebsausgaben abgezogen werden, wenn die Geld- oder Sachleistungen und die erstrebten Werbeziele für das Unternehmen nicht gleichwertig sind. Bei einem ausgeprägten Missverhältnis zwischen den Leistungen des Sponsors und dem erstrebten wirtschaftlichen Vorteil ist der Betriebsausgabenabzug allerdings zu versagen (§ 4 Abs. 5 Satz 1 Nr. 7 EStG). Zu umsatzsteuerlichen Fragen im Zusammenhang mit Sponsoringleistungen siehe u. a. Rasche in UStB 2001 S. 208.

Von (sonstigen) Betriebsausgaben kann grundsätzlich ausgegangen werden, wenn der Zahlung eine konkrete Gegenleistung der Empfängerkörperschaft gegenübersteht. Das ist z. B. dann der Fall, wenn die steuerbegünstigte Körperschaft (aktiv) öffentlich für ein gewerbliches Unternehmen Werbung betreibt. So stellt z. B. auch die „Spende" eines Trikots mit Werbeaufdruck an einen Sportverein mit der Maßgabe, dass diese Trikots von den Sportlern anlässlich ihrer öffentlichen Auftritte getragen werden, für den Zahlenden eine (sonstige) Betriebsausgabe und für den Sportverein eine Einnahme im steuerpflichtigen wirtschaftlichen Geschäftsbetrieb – Werbung – dar (siehe dazu Niedersächsisches FG vom 27.10.1988 VI 54/87 und BFH vom 09.12.1981, BStBl 1983 II S. 27; siehe auch Tz. 2.15.4.1 und AEAO Nr. 9 zu § 67a AO, Anhang 1).

Als Umstände im Sinne der oben zitierten Rechtsprechung, die für einen Betriebsausgabenabzug sprechen, kommen auch die Ausgaben in Betracht, die der Verbesserung des Ansehens des Unternehmens in der Öffentlichkeit allgemein dienen und die Teil eines **gezielten Werbekonzeptes** oder einer **zielgerichteten Öffentlichkeitsarbeit** sind. Wegen der nicht immer einfach vorzunehmenden Abgrenzung zwischen Spendenmotivation und betrieblicher Veranlassung kann der Betriebsausgabenabzug jedoch nur zuerkannt werden, wenn die vorgetragene gezielte Unternehmensstrategie auch tatsächlich in der Öffentlichkeit in Erscheinung tritt

3 Steuerlicher Spendenabzug

(Berichte in den Medien, in öffentlichen Veranstaltungen etc.). Unter diesen Voraussetzungen können insbesondere die unter dem Begriff des Sponsorings zusammengefassten Aufwendungen im Bereich der Sozialarbeit, der Kultur oder des Sports als betrieblich motiviert beurteilt werden. Ob oder in welchem Umfang die Empfängerkörperschaft die „Sponsoringleistungen" als Leistungsentgelte versteuert oder selbst auch als Spendeneinnahme beurteilt (siehe hierzu Tz. 2.15.4.1), ist für die steuerliche Beurteilung beim Sponsor unerheblich. Zwischen dem Betriebsausgabenabzug beim Sponsor und der steuerlichen Behandlung bei der Empfängerkörperschaft besteht kein Korrespondenzprinzip. Es ist daher durchaus denkbar, dass Sponsoringleistungen bei dem zuwendenden Unternehmen als Betriebsausgabe nach § 4 Abs. 4 EStG zu behandeln sind, während sie bei der Empfängerkörperschaft im ideellen Bereich anfallen, da aus ihrer Sicht mit der Vereinnahmung der Mittel weder der Tatbestand des § 14 AO erfüllt ist noch ein Leistungsaustausch (siehe dazu Tz. 4.5.4.3) angenommen werden kann. Möglicherweise sind auf der Ebene der Empfängerkörperschaft alle Merkmale einer Spende nach § 10b EStG erfüllt, sodass die Körperschaft für die erhaltenen Zahlungen eine Zuwendungsbestätigung erstellen kann.

Zum Problemkreis Kultur- und Sportsponsoring siehe Boochs in NWB, Fach 3 S. 10525 m. w. N.

3.3.2.6 Zeitliche Zuordnung – Abflussprinzip

Die zeitliche Zuordnung der Spenden hat nach dem **Abflussprinzip** zu erfolgen, § 11 Abs. 2 EStG (siehe auch BFH vom 23.10.1996 X R 75/94, BStBl 1997 II S. 239, so auch Hessisches FG vom 28.04.1999, EFG 1999 S. 769), es sei denn, die seinerzeitige Großspendenregelung sowie die Stiftungsspendenregelungen ließen eine abweichende Verteilung der Spenden zu; seit dem 01.01.2007 greift ausschließlich der Spendenvortrag (§ 10b Abs. 1 Satz 9 EStG).

Verpflichtet sich z. B. ein Spender freiwillig zur Hingabe einer Spende, kann die Spende erst in dem Veranlagungszeitraum steuermindernd berücksichtigt werden, in dem der Spender die Ausgabe tatsächlich geleistet hat, sie also bei ihm abgeflossen ist, siehe auch Kulosa in H/H/R, Rz. 25 und 26 zu § 10b EStG (zu Spenden in Erbfällen siehe Tz. 3.10; zur Beurteilung eines Spendenvortrags siehe Tz. 3.5.1 und zum Abfluss von Sachspenden siehe Tz. 3.4.1).

3.3.2.7 Verzicht auf Aufwandsersatz

In § 10b Abs. 3 Satz 5 und 6 EStG ist ausdrücklich geregelt, dass Aufwendungen, die Steuerpflichtigen in Zusammenhang mit Tätigkeiten zugunsten steuerbegünstigter Körperschaften entstehen, nur dann als Zuwendung abziehbar sind, wenn

– der Spender gegenüber der Körperschaft, für die er tätig wird, einen **Rechtsanspruch auf Ersatz seiner mit der Tätigkeit verbundenen Aufwendungen hat (§ 670 BGB).** Dieser Anspruch muss nach der gesetzlichen Vorgabe durch **Vertrag oder aufgrund der Satzung** (auch einer aufgrund einer Satzungsermächtigung ergangenen Vereinsordnung, Reisekostenordnung etc.) bestehen und darf nicht unter der Bedingung des Verzichts eingeräumt sein. Der Anspruch muss den Spender in die Lage versetzen, jederzeit von dem Verein Ersatz seiner Aufwendungen zu verlangen. Sonstige Ersatzansprüche (der Verzicht darauf) sind nach § 10b EStG nicht spendenbegünstigt (siehe auch OFD Frankfurt a. M. vom 20.04.1998, DB 1998 S. 1159).

3.3 Ausgaben zur Förderung steuerbegünstigter Zwecke

Der **Anspruch muss ernsthaft bestehen und werthaltig** sein. Der BFH hat hierzu in seiner Entscheidung vom 09.05.2007 XI R 23/06 (BFH/NV 2007 S. 2251) darauf hingewiesen, dass für die Anerkennung der Aufwandsspende die Werthaltigkeit des einzelnen Anspruchs gewährleistet sein muss. Die Empfängerkörperschaft muss jeweils alternativ zur Erfüllung des jeweiligen Anspruchs in der Lage sein. Dabei stehe der Anerkennung von Aufwandsspenden der Umstand, dass das Vermögen der Empfängerkörperschaft nicht alle Ansprüche abdecken könne, nicht bereits von vornherein entgegen. Entscheidend sei die Werthaltigkeit **zum Zeitpunkt der Zusage und des Verzichts.** Hierbei kommt es auf die jeweiligen Verhältnisse im Einzelfall an.

Wie das FG München (Urteil vom 07.07.2009 – 6 K 3583/07, EFG 2009 S. 1823) in der Folgeentscheidung festgestellt hat, war die Empfängerkörperschaft zivilrechtlich verpflichtet, die angesammelten Aufwandsersatzansprüche jeweils zum Jahresende in einer Gesamtsumme zu bezahlen. Zu diesem Zeitpunkt konnte die Körperschaft diese Ansprüche mit ihrem Vermögen jedoch nicht abdecken. Die Ansprüche waren damit nicht werthaltig. Weiter kam das FG zu dem Ergebnis, dass die Empfängerkörperschaft von Anfang an nicht damit rechnete, einer entsprechenden Zahlungsverpflichtung ausgesetzt zu sein, da sie andernfalls ihre wirtschaftliche Existenz gefährdet hätte. Die der Empfängerkörperschaft nahestehenden „Beauftragten" hätten von vornherein zu erkennen gegeben, später zu verzichten. Es bestand in dem Urteilsfall also von Anfang an ein Grundkonsens über den späteren Verzicht.

Der BFH hat es in seinem Urteil vom 03.12.1996 (I R 67/95, BStBl 1997 II S. 474) jedoch zugelassen, dass ein Vereinsmitglied dem betreffenden Verein zunächst einen bestimmten Betrag spendet, damit anschließend der Verein mithilfe der Spende seinen Anspruch auf Aufwandsersatz erfüllen kann. Zur einschränkenden Anwendung dieses Urteils siehe BMF-Schreiben vom 07.06.1999 (BStBl 1999 I S. 591); dieses findet jedoch nur noch Anwendung auf alle Zusagen auf Aufwendungsersatz sowie Vergütungen, die bis zum 31.12.2014 erteilt worden sind; ab dem 01.01.2015 sind die Grundsätze des aktualisierten BMF-Schreibens vom 25.11.2014 (BStBl 2014 I S. 1584) maßgebend.

– der Spender auf diesen Anspruch verzichtet (siehe hierzu auch das Beispiel in Tz. 3.4.6); das BMF-Schreiben vom 25.11.2014 (a. a. O.) setzt in diesem Zusammenhang zusätzlich voraus, dass die Ernsthaftigkeit des betreffenden Anspruchs auch durch eine **zeitliche Nähe** der Verzichtserklärung zur maßgeblichen Fälligkeit dokumentiert wird; die Verzichtserklärung ist danach noch zeitnah, wenn bei einmaligen Ansprüchen **innerhalb von 3 Monaten** und bei einer regelmäßigen Tätigkeit **alle 3 Monate** ein Verzicht erklärt wird.

Dabei gilt es den Grundsatz zu beachten, dass sog. Aufwandsspenden nur dann als Spende Berücksichtigung finden können, wenn beim Spender nachweislich eine tatsächliche Vermögenseinbuße eingetreten ist. Dabei muss zudem klar sein, dass die von der Empfängerkörperschaft erteilten Aufträge und die damit im Zusammenhang entstandenen Aufwendungen „fremdnütziger" Natur sind. Sie dürfen nicht (auch nicht teilweise) im eigenen Interesse des Zuwendenden getätigt worden sein.

Um den Rechtsanspruch des Spenders auf Ersatz der ihm entstandenen Kosten eindeutig nachweisen zu können, sind ernstlich gewollte, klare, eindeutige und widerspruchsfreie Abmachungen im Vorhinein zu treffen. Es empfiehlt sich, diese schriftlich festzulegen, oder es sollte eine entsprechende Regelung in die Satzung der Körperschaft aufgenommen werden (rückwirkende Regelungen sind schädlich,

3 Steuerlicher Spendenabzug

BMF vom 07.09.1999, a. a. O.). Für den jeweiligen Anspruchsberechtigten sind entsprechende Einzelabrechnungen erforderlich (siehe auch OFD Kiel vom 18.05.1998, DB 1998 S. 1740, und OFD Frankfurt a. M. vom 21.02.2002, DB 2002 S. 818; zur Rechtslage vor 1990 siehe S. 180 in der 5. Auflage und OFD Frankfurt a. M. vom 30.03.1995, a. a. O.).

Von ernsthaft vereinbarten Aufwandsersatzansprüchen kann nur dann ausgegangen werden, wenn die darin festgelegten Aufgaben vom Spender tatsächlich in der vereinbarten Art und Weise erledigt und auf dieser Grundlage die entstandenen Aufwendungen gesondert nachgewiesen und dann entsprechend der Vereinbarung tatsächlich auch zu den jeweils vereinbarten Zeitpunkten gesondert abgerechnet werden. Sämtliche (Abrechnungs-)Unterlagen hat die Empfängerkörperschaft aufzubewahren.

Bei dem **Verzicht auf die Erstattung** von Aufwendungen handelt es sich um eine **(abgekürzte) Geldspende** (= auf die Auszahlung an den Spender und die spätere Rückzahlung an die Körperschaft wird verzichtet). Erst durch den Verzicht kommt es zu einem endgültigen Vermögensabfluss beim Spender und einer entsprechenden Bereicherung beim Spendenempfänger. Dieser Verzicht muss zivilrechtlich wirksam werden. Die Zuwendungsbestätigung kann die Empfängerkörperschaft somit (erst) für das Jahr des Zugangs der entsprechenden Verzichtserklärung bei ihm ausstellen (siehe auch hierzu FG München vom 07.07.2009, a. a. O.).

Ein Hinweis auf den Aufwandsverzicht muss in der Zuwendungsbestätigung, die nach dem 31.12.1999 ausgestellt wird, ausdrücklich gemacht werden (vgl. die amtlichen Muster für Zuwendungsbestätigungen im Anhang 3). Die Körperschaft hat diese Vorgänge im Rahmen ihrer Aufzeichnungspflichten (§ 63 AO) in ihren Unterlagen zu dokumentieren (Anspruchsgrundlage, Berechnung der entsprechenden Ansprüche etc.). Zu beachten ist, dass die Einräumung unangemessen hoher Vergütungs- oder Erstattungsansprüche gemeinnützigkeitsschädlich ist (§ 55 Abs. 1 Nr. 3 AO). Die Finanzverwaltung erkennt regelmäßig Vergütungen (einen Aufwandsersatzverzicht) bei Einsatz eines PKW i. H. von 0,30 Euro je gefahrenen Kilometer als angemessen an (OFD Frankfurt a. M. vom 21.02.2002, a. a. O.; zum pauschalen Ersatz von Unterkunft und Verpflegungsaufwendungen siehe OFD Kiel vom 14.10.1998, DB 1998 S. 2298).

Bei natürlichen Personen stellt die (von vornherein so vereinbarte) unentgeltliche Bereitstellung der Arbeitskraft selbst keine Spende im steuerlichen Sinne dar (BFH-Urteil vom 28.04.1978 VI R 147/75, BStBl 1979 II S. 297).

Demgegenüber kann der **Verzicht auf** eine durch Vertrag oder Satzung **vereinbarte Lohnzahlung** eine abzugsfähige Spende begründen. Dabei ist zu beachten, dass dem Spender mit dem Verzicht auf die Auszahlung der vereinbarten Lohnzahlungen Einkünfte i. S. des § 19 EStG zugeflossen sind; soweit es sich dabei auf der Ebene des Spenders um Einkünfte anderer Art handeln sollte (z. B. Einkünfte aus Gewerbebetrieb, § 15 EStG, freiberufliche Einkünfte, § 18 EStG, oder sonstige Einkünfte nach § 22 EStG), sind sie bzw. diese Einkunftsart zu berücksichtigen. Für Lohnzahlungen hat der Arbeitgeber (die gemeinnützige Körperschaft) sowohl den Lohnsteuerabzug vorzunehmen als auch die entsprechenden Abgaben an die Sozialversicherung zu leisten (zu den Arbeitgeberpflichten siehe auch in Tz. 2.19.6.1). Der Spender hat diese Einkünfte in seiner Einkommensteuererklärung anzugeben, um auch auf seiner Ebene dafür Sorge zu tragen, dass eine Versteuerung der von ihm erzielten Einkünfte tatsächlich erfolgt. Ausnahmen gelten nur, soweit es sich bei diesen Zahlungen um steuerfreie Übungsleitervergütungen (§ 3 Nr. 26 EStG,

Tz. 4.6.1), Vergütungen für eine nebenberufliche Betätigung im Ehrenamt (§ 3 Nr. 26a EStG, Tz. 4.6.2) oder sonstige steuerfrei gezahlte Aufwandsentschädigungen (z. B. § 3 Nr. 12 EStG) handelt. In Höhe des in der Zuwendungsbestätigung angegebenen Lohnverzichts bzw. Verzichts auf andere Einkünfte tritt dann im Rahmen der Spendenhöchstbeträge eine steuerliche Entlastung ein. Ein „Steuergewinn" tritt also nur ein, wenn die Beträge, auf die verzichtet wird, nicht der Besteuerung unterliegen (z. B. in Höhe der Übungsleiterpauschale oder der steuerfreien Zahlungen für ehrenamtliche Tätigkeiten), sie gleichzeitig aber als Spenden steuerwirksam angesetzt werden können.

Da Löhne üblicherweise zeitnah ausgezahlt werden, ist es auch erforderlich, auf den Anspruch auf Lohnauszahlung zeitnah (und nicht erst zum Jahreswechsel oder erst im nächsten Veranlagungszeitraum) zu verzichten. Bei nicht zeitnaher Auszahlung (nicht zeitnahem Verzicht) vermutet die Finanzverwaltung, dass kein Arbeitsverhältnis bestand (OFD Frankfurt a. M. vom 21.02.2002, a. a. O.).

Verzichtet ein Steuerpflichtiger auf **andere Vergütungsansprüche** (z. B. seine Ansprüche aus einem Kaufvertrag, Darlehensvertrag, die ihm zustehende Übungsleitervergütung oder sonstige Tätigkeitsvergütungen), gelten die genannten Ausführungen zum sog. Aufwandsverzicht sinngemäß (zu „Verzichtsspenden", die Aufwendungen oder Vergütungen eines steuerpflichtigen wirtschaftlichen Geschäftsbetriebs betreffen, siehe BFH vom 27.03.1991 I R 31/89, BStBl 1992 II S. 103, und Thiel, DB 1993 S. 1208).

3.3.2.8 Abgrenzung zwischen Spende und verdeckter Gewinnausschüttung i. S. von § 8 Abs. 3 KStG

Eine unbeschränkt steuerpflichtige Kapitalgesellschaft kann Ausgaben zur Förderung steuerbegünstigter Zwecke (Spenden und Mitgliedsbeiträge) nur „vorbehaltlich des § 8 Abs. 3 KStG" im Rahmen der festgelegten Höchstgrenzen steuerlich in Abzug bringen (§ 9 Abs. 1 Nr. 2 Satz 1 KStG). Zuwendungen, die als verdeckte Gewinnausschüttungen (vGA) i. S. des § 8 Abs. 3 KStG zu beurteilen und damit als verdeckte Einkommensverteilung einzustufen sind, sind vom Abzug ausgeschlossen und außerhalb der Bilanz dem Einkommen der Körperschaft wieder hinzuzurechnen.

Eine vGA ist immer dann anzunehmen, wenn bei einer Körperschaft eine Vermögensminderung oder verhinderte Vermögensmehrung eingetreten ist, die durch das Gesellschaftsverhältnis veranlasst ist, sich auf das Einkommen (den Unterschiedsbetrag i. S. des § 4 Abs. 1 Satz 1 EStG) der Körperschaft ausgewirkt hat und nicht auf einem ordnungsgemäßen Gewinnverteilungsbeschluss beruht. Eine Veranlassung durch das Gesellschaftsverhältnis ist anzunehmen, wenn ein ordentlicher und gewissenhafter Geschäftsführer die Vermögensminderung gegenüber einer Person, die nicht Gesellschafter ist, nicht hingenommen hätte (vgl. R 36 KStR und H 36 KStH). Eine schädliche Vorteilsziehung in diesem Sinne ist auch dann gegeben, wenn der zu beurteilende Vermögensvorteil nicht unmittelbar dem Gesellschafter selbst, sondern einer dem Gesellschafter nahestehenden Person zugutekommt (R 36 Abs. 1 Satz 3 KStR).

Für die Annahme einer vGA ist zudem erforderlich, dass die bei der Kapitalgesellschaft eingetretene Gewinnminderung geeignet ist, bei dem Gesellschafter einen sonstigen Bezug i. S. des § 20 Abs. 1 Nr. 1 EStG auszulösen (BFH vom 07.08.2002 I R 2/02, BStBl 2004 II S. 131). Für diese Eignung genügt (so Gosch in Kommentar zum KStG, § 8 Rz. 227) aber ein mittelbarer materieller oder immaterieller Vorteil, wenn dem Gesellschafter eine der Zuwendung korrespondierende Einnahme als Folge des Nahestehens und eine dadurch bedingte gesellschaftliche Mitveranlassung auch persönlich zuzurechnen ist (siehe hierzu auch in BFH vom 19.12.2007 I R 83/06, BFH/NV 2008 S. 988).

In diesem Zusammenhang weist Gosch (StBp 2000 S. 125) m. E. zutreffend darauf hin, dass Spenden regelmäßig durch eine ideelle Nähe der die Unternehmensführung bestimmenden Gesellschafter zum Empfänger der Zuwendung mitveranlasst sein werden. Aus diesem Grund können derartige auf die Motive der Gesellschaftsorgane einwirkende Voreinstellungen für sich nicht ausreichend sein, um die Abzugsfähigkeit des Spendenaufwands aufgrund eines Nahestehens des Empfängers bzw. der persönlichen Interessen des Gesellschafters zu versagen. Auf der Ebene der Kapitalgesellschaft muss grundsätzlich ein Handlungsspielraum der Geschäftsführung für Spenden zu altruistischen Zwecken bestehen. Die Entscheidung darüber, ob eine als Spende bezeichnete Zuwendung einer Kapitalgesellschaft eine abzugsfähige Spende oder sachlich eine vGA darstellt, hängt von den Umständen des einzelnen Falles ab (siehe auch FG Köln vom 22.08.2006, EFG 2007 S. 1932).

Wenn z. B. eine Kapitalgesellschaft eine gemeinnützige Stiftung gründet, die Organe dieser Stiftung (teilweise) in Personalunion mit Vertretern der Geschäftsleitung der Kapitalgesellschaft besetzt sind und auch im Namen der neuen Stiftung ein Bezug zur Kapitalgesellschaft hergestellt ist, wird zu prüfen sein, ob das von der Kapitalgesellschaft aufgebrachte Stiftungskapital sowie spätere Zustiftungen oder Einzelzuwendungen als Spende nach Maßgabe des § 9 Abs. 1 Nr. 2 KStG und des § 9 Nr. 5 GewStG abzugsfähig oder als vGA zu behandeln sind.

Die in meinem Beispiel angesprochene neue Stiftung ist im Sinne der vGA-rechtlichen Überlegungen als nahestehende Person (R 36 Abs. 1 Satz 3 KStR sowie in H 36 KStH und BFH vom 19.12.2007 I R 83/06, BFH/NV 2008 S. 988) einzustufen. Eine vGA kann jedoch nur dann angenommen werden, wenn zusätzlich zu der Eigenschaft, nahestehende Person zu sein, die Vermögensausstattung der Stiftung durch das Gesellschaftsverhältnis veranlasst ist. Mit der in § 9 Abs. 1 Nr. 2 KStG enthaltenen Formulierung bringt der Gesetzgeber m. E. zum Ausdruck, dass er davon ausgeht, dass gerade auch ein ordentlich handelnder (Fremd-)Geschäftsführer einer Kapitalgesellschaft grundsätzlich Ausgaben tätigt und in den Grenzen des § 9 Abs. 1 Nr. 2 KStG tätigen darf, die den Charakter von Zuwendungen (Spenden) haben (siehe in diesem Zusammenhang auch Weyand in INF 2002 S. 214). So hat auch der BFH in ständiger Rechtsprechung die steuermindernde Berücksichtigung von Spenden bei Kapitalgesellschaften bzw. Betrieben gewerblicher Art dem Grunde nach nicht in Frage gestellt (siehe u. a. BFH vom 19.06.1974 I R 94/71, BStBl 1974 II S. 586).

Wenn also eine Kapitalgesellschaft mit der Gründung einer Stiftung spendenbegünstigte Zwecke fördern will und in diesem Zusammenhang auch keine (weiteren) Zusatz- oder Nebenzwecke verfolgt, ist damit m. E. grundsätzlich die erforderliche Spendenmotivation gegeben (zum Spendenbegriff und zur Spendenmotivation siehe oben und auch Krämer in Dötsch/Pung/Möhlenbrock, Rz. 119 ff. zu § 9 KStG m. w. N.).

Allein eine eventuelle Bezugnahme auf die Kapitalgesellschaft im Namen der Stiftung führt für sich betrachtet nach meiner Ansicht nicht zu einer anderen Beurteilung. Eine vGA ist jedoch dann anzunehmen, wenn sich z. B. der Gesellschafter der Kapitalgesellschaft mit der Spende oder den (Zu-)Stiftungsbeträgen einer eigenen

Verpflichtung entledigt oder damit in anderer Weise (Vermögens-)Vorteile für die Gesellschafter der Kapitalgesellschaft verbunden sind (siehe dazu auch FG Schleswig-Holstein vom 16.06.1999, EFG 2000 S. 193). Hierbei darf nicht außer Acht gelassen werden, ob die Stiftung ggf. die Gesellschafter und nächsten Angehörigen der Stifter-Kapitalgesellschaft im Rahmen der Regelungen des § 58 Nr. 6 AO (bis 31.12.2013: § 58 Nr. 5 AO) unterstützen soll (vgl. hierzu auch BFH vom 10.06.2008 I B 19/08, BFH/NV 2008 S. 1704, und FG Hamburg vom 12.12.2007, EFG 2008 S. 634). Ist die Empfängerkörperschaft selbst Gesellschafterin der „spendenden" Kapitalgesellschaft, sind die vom BFH aufgestellten Regelungen zum Fremdspendenrahmen zu beachten (vgl. u. a. BFH vom 19.06.1974, a. a. O., zu Spenden von Sparkassen an ihre Gewährträger; vgl. hierzu in H 47 KStH und BFH vom 08.04.1992 I R 126/90, BStBl 1992 II S. 849).

Im Übrigen ist m. E. eine vGA auch dann anzunehmen, wenn nicht die Kapitalgesellschaft selbst aus eigener (Spenden-)Motivation Zuwendungen tätigt, sondern letztlich **(private) Motive eines Gesellschafters** ursächlich für die Zuwendungen sind. Dieses kann nach Auffassung des Hessischen FG (siehe Urteil vom 23.11.1998, EFG 1999 S. 496) z. B. der Fall sein, wenn eigene Aufwendungen des Gesellschafters als Mäzen, bei denen das Geltungsbedürfnis der Person des Gesellschafters im Vordergrund steht, von der Kapitalgesellschaft übernommen werden.

Als nahestehende Person im Sinne der Rechtsprechung zur Annahme von vGA hat das FG Köln in seinem Urteil vom 23.08.2006 (EFG 2006 S. 1932, bestätigt durch BFH vom 18.12.2007 I R 83/06, BFH/NV 2008 S. 988) die Wohnort(kirchen)gemeinde bzw. einen übergeordneten Verbund der Gemeinden eingestuft, zu dem der beherrschende Gesellschafter der im Urteilsfall angesprochenen Kapitalgesellschaft eine mitgliedschaftliche Verbindung hatte. In einer über mehrere Jahre verstetigten Bevorzugung der dem beherrschenden Gesellschafter nahestehenden Einrichtung sah das FG den Handlungsspielraum, der einem fremden Geschäftsführer in Bezug auf Zuwendungen zu altruistischen Zwecken grundsätzlich einzuräumen sei, als überschritten an. Neu fasst in seiner Anmerkung zu dem Urteil (siehe EFG 2006 S. 1937) die Entscheidung zusammen. Danach kommt er zu dem Ergebnis, dass das FG eine vGA angenommen habe, weil in dem Streitfall zahlreiche Indizien dafür sprächen, dass der altruistische Zweck der Zuwendungen, der zunächst jeder „Spende" innewohne, durch das Eigeninteresse des Gesellschafters an einer Förderung „seiner Kirche" und dem damit verbundenen Prestigegewinn verdrängt worden sei.

In seiner Entscheidung vom 19.01.2007 (EFG 2007 S. 1470) hat das FG Münster die Schenkung eines Kunstwerkes durch eine GmbH an die Stadt, die als Mehrheitsgesellschafterin an dieser GmbH beteiligt war, insoweit als vGA eingeordnet, als der sog. Fremdspendenrahmen überschritten wurde.

3.4 Sachspenden

3.4.1 Allgemeines

Als Zuwendung i. S. von § 10b Abs. 1, 1a EStG, § 9 Abs. 1 Nr. 2 KStG und § 9 Nr. 5 GewStG gilt auch die Zuwendung von Wirtschaftsgütern **mit Ausnahme von Nutzungen und Leistungen** (siehe dazu ausführlicher mit Beispielen Tz. 3.4.6). Auch in Bezug auf Sachspenden gilt das Abflussprinzip. Eine Sachspende wird mit Übergabe des wirtschaftlichen Eigentums an Wirtschaftsgütern bewirkt (BFH vom

08.08.1990 X R 149/88, BStBl 1991 II S. 70; zum Wirtschaftsgutbegriff siehe BFH vom 28.05.1979 I R 1/76, BStBl 1979 II S. 734).

Bei **Sachspenden** muss eine **Bewertung** der zugewendeten Wirtschaftsgüter durchgeführt werden. Ist das Wirtschaftsgut unmittelbar vor seiner Zuwendung einem Betriebsvermögen entnommen worden, so bemisst sich die Zuwendungshöhe nach dem Wert, der bei der Entnahme angesetzt wurde, **und** nach der Umsatzsteuer, die auf die Entnahme entfällt (vgl. § 10b Abs. 3 Satz 2 EStG i. d. F. des Ehrenamtsstärkungsgesetzes vom 21.03.2013, BGBl 2013 I S. 556). Wenn die Wirtschaftsgüter vor der Zuwendung vom Spender in seinem sonstigen Vermögen (= Privatvermögen) gehalten wurden, ist grundsätzlich zur Bestimmung der Zuwendungshöhe auf den gemeinen Wert dieser Wirtschaftsgüter abzustellen.

Mit dem JStG 2009 ist für alle Sachspendenzuwendungen nach dem 31.12.2008 durch § 10b Abs. 3 Satz 3 und 4 EStG eine Einschränkung der Bewertung mit dem gemeinen Wert wirksam geworden. Danach kann der Ansatz der Sachspende mit dem gemeinen Wert nur erfolgen, wenn dessen Veräußerung im Zeitpunkt der Zuwendung keinen Besteuerungstatbestand erfüllen würde. In diesen Fällen dürfen bei Ermittlung der Zuwendungshöhe die fortgeführten Anschaffungs- und Herstellungskosten nur überschritten werden, soweit eine Gewinnrealisierung stattgefunden hat (siehe hierzu auch unter Tz. 3.4.3).

3.4.2 Ansatz mit dem gemeinen Wert

Bei Sachspenden ist eine Bewertung der zugewendeten Wirtschaftsgüter durchzuführen. An den Nachweis des Wertes der Spenden werden strenge Anforderungen gestellt. Grundsätzlich ist der **gemeine Wert** der gespendeten Wirtschaftsgüter anzusetzen. Der gemeine Wert wird durch den Preis bestimmt, der im gewöhnlichen Geschäftsverkehr nach der Beschaffenheit des Wirtschaftsguts bei einer Veräußerung zu erzielen wäre. Dabei sind alle Umstände, die den Preis beeinflussen, zu berücksichtigen. Ungewöhnliche oder persönliche Verhältnisse sind nicht zu berücksichtigen (§ 9 Abs. 2 BewG). Der so definierte Wert dürfte bei funktionierendem Markt (siehe BFH vom 23.05.1989 X R 17/85, BStBl 1989 II S. 879) wohl dem sog. Marktwert entsprechen. Darüber hinaus lassen sich keine allgemeingültigen Regelungen zur Wertfindung von Sachspenden aufstellen.

In R B 9.3 Satz 2 ErbStR zu § 9 BewG heißt es: Der **gemeine Wert von Kunstgegenständen** und Sammlungen ist unter Berücksichtigung der schwierigen Verwertungsaussichten vorsichtig zu ermitteln. Dieser Vorsichtsgrundsatz ist bei der Wertermittlung für Sachzuwendungen allgemein zu beachten (siehe dazu auch das BFH-Urteil vom 23.05.1989, a. a. O., und die Ausführungen zur Altkleider- und Altmöbelbewertung in Tz. 3.4.7).

Kann der Wert eines Wirtschaftsguts (= einer Sachzuwendung) nicht ohne Weiteres bestimmt werden, weil z. B. „ein Preis im gewöhnlichen Geschäftsverkehr" (§ 9 BewG) aus vergleichbaren Fremdverkäufen nicht abgeleitet werden kann, muss unter Beachtung des vorstehend angesprochenen Vorsichtsprinzips der gemeine Wert sachgerecht geschätzt werden. Dabei sind die jeweiligen wertbestimmenden Faktoren zu berücksichtigen.

Bewertungsprobleme treten in der Praxis z. B. im Zusammenhang mit der Zuwendung von seltenen Einzelstücken an ein Museum (Übertragung von Kunstwerken, alten Maschinen für ein Industriemuseum, Oldtimer etc.) oder auch bei der Zuwendung von ausgebildeten und in einigen Fällen bereits erfolgreich eingesetzten Reit-

3.4 Sachspenden

pferden auf. In der Regel kann in diesen Fällen der gemeine Wert für die übertragenen Wirtschaftsgüter nicht aus Fremdverkäufen abgeleitet werden.

Folgende Anhaltspunkte oder Faktoren sind m. E. dann bei der Bestimmung des gemeinen Wertes zu berücksichtigen:

- Als Ausgangswert können die Anschaffungs- oder Herstellungskosten (vgl. dazu auch die Hinweise im amtlichen Vordruck für Sachzuwendungen, abgedruckt im Anhang 3) zuzüglich weiterer Aufwendungen wie die Kosten für eine durchgeführte Restaurierung oder Instandsetzung des Wirtschaftsguts oder bei Reitpferden etwa die Aufwendungen für die Ausbildung des Pferdes etc. berücksichtigt werden.

- Unterliegen die Wirtschaftsgüter einem Wertverzehr oder werden in absehbarer Zeit erhebliche Restaurierungsarbeiten anfallen, ist der vorstehend angesprochene Ausgangswert zu mindern.

- Wertsteigerungen können als Zuschläge zum (korrigierten) Ausgangswert angesetzt werden; können keine konkreten Anhaltspunkte für wertsteigernde Umstände genannt werden, kann im Einzelfall eine Wertsteigerung in Anlehnung an die Entwicklung der allgemein geltenden Indizes Berücksichtigung finden.

- Häufig werden diese Wirtschaftsgüter versichert; Anhaltspunkte für die Ermittlung des gemeinen Wertes können dann auch aus den Versicherungsunterlagen abgeleitet werden.

- Wertgutachten für Wirtschaftsgüter, deren Wert nicht aus Verkäufen abgeleitet werden kann, sollten sich an diesen Grundsätzen orientieren.

- Der reine Materialwert, der etwa bei Veräußerung an einen Altmaterialhändler erzielt werden würde, kann als Untergrenze bei der Bestimmung des gemeinen Wertes gelten.

Wenn die Sachspende vom Zuwendungsgeber **aus dem Privatvermögen** gegeben wurde, muss die Empfängerkörperschaft Unterlagen, die zur Ermittlung des angegebenen Wertes der Sachspende hergezogen wurden (z. B. ein Gutachten über den aktuellen Wert oder der sich aus der ursprünglichen Rechnung ergebende historische Kaufpreis unter Berücksichtigung einer Abschreibung für Abnutzung), zusammen mit dem Doppel der erstellten Zuwendungsbestätigung in die Buchführung aufnehmen (BMF-Schreiben vom 02.06.2000, BStBl 2000 I S. 592). Der gutgläubige Spender kann grundsätzlich auf die Richtigkeit der ihm ausgehändigten Zuwendungsbestätigung vertrauen (vgl. Tz. 3.7). Das gilt grundsätzlich auch in Bezug auf den dort bestätigten Wert einer Sachzuwendung.

Der **Vertrauensschutz greift dann nicht,** wenn für den Spender selbst erkennbar war, dass der in der Bestätigung angegebene Wert nicht zutreffend ist. Hat die Empfängerkörperschaft Zweifel hinsichtlich des Wertes der Spende, hat der Spender die Aufgabe, den Wert der Spende „einwandfrei" nachzuweisen (BFH vom 22.10.1972 VI R 310/69, BStBl 1972 II S. 55, und vom 23.05.1989 X R 17/85, BStBl 1989 II S. 879). Kann die Empfängerkörperschaft diesen Zweifel für sich nicht ausräumen, sollte sie der Wertangabe in der Spendenbescheinigung (vgl. auch Tz. 3.9) die Bemerkung „nach Angabe des Spenders" hinzufügen. Zur Haftung bei fehlerhaft ausgestellten Zuwendungsbestätigungen, also bei falschen Wertangaben, siehe Tz. 3.8.

3.4.3 Ansatz mit fortgeführten Anschaffungs- und Herstellungskosten

Mit dem JStG 2009 ist für alle Sachspendenzuwendungen nach dem 31.12.2008 durch § 10b Abs. 3 Satz 3 und 4 EStG **eine Einschränkung der Bewertung mit dem gemeinen Wert** wirksam geworden. Danach kann der Ansatz der Sachspende mit dem gemeinen Wert nur erfolgen, wenn die Veräußerung des Wirtschaftsguts im Zeitpunkt der Zuwendung keinen Besteuerungstatbestand erfüllen würde. In allen übrigen Fällen dürfen bei Ermittlung der Zuwendungshöhe die fortgeführten Anschaffungs- und Herstellungskosten nur überschritten werden, soweit eine Gewinnrealisierung stattgefunden hat.

Die bis zu diesem Zeitpunkt geltende Fassung des § 10b Abs. 3 EStG konnte zu steuerlichen Ergebnissen führen, die vom Gesetzgeber nicht gewollt waren und das Steueraufkommen beeinträchtigen konnten. In der Stellungnahme des Bundesrates zum Entwurf des JStG 2009 wird hierzu auf Folgendes hingewiesen (BR-Drucksache 545/08):

> Wird z. B. eine Beteiligung i. S. des § 17 EStG einer gemeinnützigen Einrichtung zugewandt, so führt dies mangels eines Realisationstatbestandes i. S. des § 17 EStG nicht zur Entstehung eines Veräußerungsgewinns. Gleichzeitig konnte aber nach der bisherigen Fassung des § 10b EStG für die Beteiligungsspende eine Zuwendungsbestätigung in Höhe des gemeinen Wertes der Beteiligung ausgestellt werden.
>
> Dies führt zu ungerechtfertigten Steuervorteilen.
>
> Eine Änderung des § 17 EStG wäre nicht ausreichend, da hiermit z. B. Übertragungen von Wirtschaftsgütern, die nach § 23 EStG steuerverhaftet sind, ebenso wenig erfasst werden könnten wie bestimmte Gestaltungen mit einbringungsgeborenen Anteilen (§ 21 UmwStG a. F.).

Werden also z. B. durch eine natürliche Person Anteile an einer Kapitalgesellschaft, die als Beteiligung i. S. des § 17 EStG einzuordnen sind (etwa Beteiligungsquote im Zeitpunkt der Zuwendung mindestens 1 %), auf eine steuerbegünstigte Körperschaft übertragen, darf die Empfängerkörperschaft in der Zuwendungsbestätigung als Wert dieser Sachspende nur die fortgeführten Anschaffungskosten, die der Steuerpflichtige und/oder seine Rechtsvorgänger aufgewendet haben, in der Zuwendungsbestätigung ausweisen. Die Beschränkung des Spendenwertes auf die fortgeführten Anschaffungs- und Herstellungskosten gilt ebenso für Grundstücke und Rechte, die den Vorschriften des bürgerlichen Rechts über Grundstücke unterliegen, bei denen der Zeitraum zwischen Anschaffung und Übertragung auf die steuerbegünstigte Körperschaft nicht mehr als 10 Jahre beträgt, oder bei anderen Wirtschaftsgütern, wenn der Zeitraum zwischen Anschaffung und Übertragung auf die steuerbegünstigte Körperschaft nicht mehr als 1 Jahr beträgt (§ 23 Abs. 1 Nr. 1 und 2 EStG). Die Angaben zu den (fortgeführten) Anschaffungs- und Herstellungskosten hat der Spender gegenüber der Empfängerkörperschaft zu machen und entsprechende Nachweise vorzulegen.

Werden Anteile an einer Kapitalgesellschaft übertragen, die nicht über § 17 EStG steuerverhaftet sind (etwa Beteiligungsquote im Zeitpunkt der Zuwendung unter 1 %), oder erfolgt die Übertragung von Wirtschaftsgütern außerhalb der „Sperrzeiten" des § 23 EStG, ist in der Zuwendungsbestätigung der gemeine Wert der Anteile bzw. der jeweiligen Wirtschaftsgüter auszuweisen (zum gemeinen Wert von Anteilen an Kapitalgesellschaften siehe u. a. den Leitfaden der OFD NRW; Download unter http://www.ofd.nrw.de/die_ofd_nrw/leitfaeden_arbeits_und_ praxishilfen/05_leitfaden_kapital.php).

Erfolgt die Übertragung der wesentlichen Beteiligung auf eine steuerbegünstigte Kapitalgesellschaft, an der der Spender selbst als Gesellschafter beteiligt ist, ist eine verdeckte Einlage anzunehmen, die in der Hand des Spenders zunächst die Besteuerung der in diesen Anteilen ruhenden stillen Reserven nach Maßgabe des § 17 Abs. 1 Satz 2 EStG auslöst. Denn der Gesetzgeber hat für diese Fälle keine Ausnahmeregelungen, vergleichbar dem § 6 Abs. 1 Nr. 4 Satz 4 EStG, geschaffen.

Hat der Spender diese Anteile zuvor in seinem Betriebsvermögen gehalten, ist in diesen Fällen die Versteuerung nach § 6 Abs. 6 EStG vorzunehmen (a. A. Hüttemann, DB 2008 S. 1590). Hat sich der Spender (= Gesellschafter) für den Fall, dass die gemeinnützige Kapitalgesellschaft liquidiert wird, oder für den Fall, dass die steuerbegünstigten Zwecke nicht mehr (weiter-)verfolgt werden, die **Rückgewähr der geleisteten Einlagen** vorbehalten (§ 55 Abs. 1 Nr. 4 AO), ist mit dem Vollzug der verdeckten Einlage beim Spender (= Gesellschafter) keine endgültige Entreicherung eingetreten. Ein Spendenabzug ist ausgeschlossen. Ein Spendenabzug ist jedoch möglich, wenn die Einlagen des Spenders (Gesellschafters) in vollem Umfang der Vermögensbindung unterliegen (§ 55 Abs. 1 Nr. 4 AO; siehe auch unter Tz. 3.3.2.1 und 3.10).

Überträgt ein Spender seine Anteile i. S. des § 17 EStG z. B. auf einen steuerbegünstigten Verein oder eine steuerbegünstigte Stiftung, ist keine Besteuerung der stillen Reserven zu besorgen. Verdeckte Einlagen sind mangels einer entsprechenden Gesellschafterstellung nicht gegeben. Da auch sofort eine endgültige Entreicherung des Spenders eintritt, ist die Spendenqualität dieser Zuwendung unzweifelhaft (zur Problematik der Bewertung dieser Anteile bei Übernahme in einen steuerpflichtigen wirtschaftlichen Geschäftsbetrieb der gemeinnützigen Körperschaft mit den Anschaffungskosten des Rechtsvorgängers siehe Schauhoff in DStR 1996 S. 366). Hat der Spender Anteile an Kapitalgesellschaften bisher in seinem Betrieb gehalten, gelten die allgemeinen Grundsätze für Spendenentnahmen aus dem Betriebsvermögen, siehe dazu nachstehend.

Gelegentlich sind **Zuwendungen** an gemeinnützige Körperschaften **mit Auflagen** verbunden (z. B. Verpflichtungen zu Renten- oder Unterhaltszahlungen; siehe dazu auch Beispiele in Tz. 2.5.9.4). Der (gemeine) Wert der Spende mindert sich in diesen Fällen um den Wert der damit auf die Körperschaft übergehenden Verpflichtung.

3.4.4 Sachspenden aus dem Betriebsvermögen; Buchwertprivileg

Sachspenden, die aus einem Betriebsvermögen heraus zu steuerbegünstigten Zwecken zugewendet werden, werden in Höhe des Entnahmewertes i. S. des § 6 Abs. 1 Nr. 4 EStG nebst der Umsatzsteuer, die auf die Entnahme entfällt, im Rahmen des Spendenabzugs berücksichtigt (§ 10b Abs. 3 Satz 2 EStG, § 9 Abs. 2 Satz 3 KStG, § 9 Nr. 5 Satz 13 GewStG); dies gilt grundsätzlich auch für begünstigte Empfängerkörperschaften, die im EU-/EWR-Ausland ansässig sind (siehe Tz. 3.2.2).

Ein Gewerbetreibender, Selbständiger oder Land- und Forstwirt, der ein Wirtschaftsgut unmittelbar nach dessen Entnahme aus dem Betrieb einer nach § 5 Abs. 1 Nr. 9 KStG steuerbefreiten Körperschaft, Personenvereinigung, Vermögensmasse oder einer juristischen Person des öffentlichen Rechts für steuerbegünstigte Zwecke unentgeltlich überlässt (im Sinne von übertragen; siehe zu den begrifflichen Unschärfen Hüttemann, DB 2008 S. 1590), muss diese Entnahme im Rahmen seiner Gewinnermittlung grundsätzlich mit dem Teilwert ansetzen (§ 6 Abs. 1 Nr. 4 Satz 1 EStG). Der Ansatz zum Teilwert würde also auch in Spendenfällen eine Versteuerung der in dem zugewendeten Wirtschaftsgut enthaltenen stillen Reserven auslösen. Der Gesetzgeber hat für Entnahmen aus dem Betriebsvermögen zur Förderung spendenbegünstigter Zwecke jedoch ein **„Buchwertprivileg"** geschaffen. Der betreffende Steuerpflichtige hat in diesen Fällen ein Wahlrecht. Er kann diese Entnahme mit dem Buchwert ansetzen und damit die Aufdeckung und Besteuerung der in dem gespendeten Wirtschaftsgut enthaltenen stillen Reserven vermeiden (§ 6 Abs. 1 Nr. 4 Satz 4 EStG). Das Buchwertprivileg bezieht sich auf alle Wirtschaftsgüter im Sinne des Steuerrechts und schließt u. a. Forderungen, Lizenzen und Gesellschaftsbeteiligungen ein (siehe Hüttemann, a. a. O., m. w. N.). Ausgeschlossen hiervon ist jedoch ausdrücklich die Entnahme von Nutzungen und Leistungen (§ 6 Abs. 1 Nr. 4 Satz 5 EStG).

Das hier erläuterte Wahlrecht gilt ausdrücklich auch für Körperschaften, die aus ihrem Betriebsvermögen heraus entsprechende Sachzuwendungen tätigen (§ 9 Abs. 2 Satz 3 KStG).

Das Buchwertprivileg des § 6 Abs. 1 Nr. 4 Satz 4 EStG gilt für Sachspendenentnahmen, die für die in § 10b Abs. 1 Satz 1 EStG genannten Zwecke Verwendung finden, also für Zuwendungen, die zur Förderung gemeinnütziger, mildtätiger und kirchlicher Zwecke verwendet werden.

Das Buchwertprivileg ist für Sachzuwendungen zu staatspolitischen Zwecken (§ 10b Abs. 2 EStG –Parteispenden) ausdrücklich ausgeschlossen.

Ein Wirtschaftsgut, das unmittelbar vor der Zuwendung aus einem Betriebsvermögen entnommen wurde, darf bei der Ermittlung der Ausgabenhöhe für Zwecke des Spendenabzugs den **bei der Entnahme angesetzten Wert nebst der auf die Entnahme entfallenden Umsatzsteuer** nicht überschreiten (§ 10b Abs. 3 Satz 2 EStG). Hat der Spender ein Wirtschaftsgut unmittelbar vor der Zuwendung aus seinem Betriebsvermögen entnommen und diese Entnahme im Rahmen seiner Buchführung mit dem Buchwert (nebst Umsatzsteuer) angesetzt, ist dieser Wert für Zwecke des Spendenabzugs (zwingend) zu übernehmen (zur Umsatzsteuerproblematik siehe unten). In diesen Fällen entfällt die Notwendigkeit, für Zwecke des Spendenabzugs eine (besondere) Bewertung der zugewendeten Wirtschaftsgüter vorzunehmen.

Angaben über den Entnahmewert kann immer nur der jeweilige Betriebsinhaber machen. Die Empfängerkörperschaft muss daher bei Zuwendungen, die aus einem Betriebsvermögen gegeben werden, den anzusetzenden Entnahmewert beim Spender in jedem Einzelfall erfragen. Die Empfängerkörperschaft muss daher **keine** eigenständige Bewertung dieser Wirtschaftsgüter vornehmen oder besondere Unterlagen hierzu in ihre Buchführung aufnehmen (vgl. auch Tz. 9 im BMF-Schreiben vom 02.06.2000, BStBl 2000 I S. 592). In der von der Empfängerkörperschaft auszustellenden Zuwendungsbestätigung ist in diesen Fällen ausdrücklich anzugeben, dass die vereinnahmte Sachspende aus dem Betriebsvermögen des Zuwendenden stammt, und mit dem **Entnahmewert** (oder ggf. dem niedrigeren gemeinen Wert) **nebst hierauf entfallender Umsatzsteuer** in der Bestätigung auszuweisen (zu den amtlichen Mustern für Zuwendungsbestätigungen Hinweis auf den Anhang 3). Hat der betreffende Steuerpflichtige die Sachspendenentnahme in seiner Buchführung mit dem Teilwert oder einem Wert zwischen Buch- und Teilwert angesetzt, ist diese Spende zwingend mit **diesem** (Entnahme-)Wert sowie der auf die Entnahme entfallenden Umsatzsteuer in der Zuwendungsbestätigung auszuweisen.

Nach § 10b Abs. 3 Satz 2 EStG darf der bei der Entnahme angesetzte Wert **nicht überschritten werden.** Sollte der gemeine Wert (siehe hierzu oben) der Wirtschaftsgüter, die aus dem Betriebsvermögen heraus zugewendet wurden, niedriger als der vom Spender in seiner Buchführung angesetzte Entnahmewert sein, ist immer der (niedrigere) gemeine Wert in der Zuwendungsbestätigung anzusetzen.

3.4.5 Umsatzsteuer bei Sachspenden aus dem Betriebsvermögen

Die Sachspende (Entnahme) aus einem Betriebsvermögen ist umsatzsteuerlich einer Lieferung gleichgestellt (§ 3 Abs. 1b UStG). **Die umsatzsteuerliche Bemessungsgrundlage für die Sachspenden-Entnahme** („Spenden-Lieferung") ist in § 10 Abs. 4 Nr. 1 UStG festgelegt. Für umsatzsteuerliche Zwecke ist im Ergebnis auf den Wiederbeschaffungswert des aus dem unternehmerischen Bereich heraus gespendeten Gegenstandes abzustellen. Dieser Wert weicht also von der ertragsteuerlichen Bewertung der Spende ab. Die Umsatzsteuer auf die „Spenden-Lieferung" ist nach § 12 Nr. 3 EStG und § 10 Nr. 2 KStG eine nichtabziehbare Ausgabe.

Auch in Höhe der Umsatzsteuer auf „Spenden-Lieferungen" wird also letztlich beim Spender eine Vermögensminderung (Vermögensopfer) ausgelöst. Der Wert einer Sachspende aus einem Betriebsvermögen muss daher auch die darauf anfallende Umsatzsteuer umfassen. Der Wortlaut des § 10b Abs. 3 Satz 2 EStG wurde durch das Ehrenamtsstärkungsgesetz vom 21.03.2013 (BGBl 2013 I S. 556) insoweit klarstellend ergänzt, während der Wortlaut des § 9 Abs. 2 Satz 3 KStG als Wert einer solchen Sachspende weiterhin (jedoch zu Unrecht) nur den einkommensteuerlichen Entnahmewert (§ 6 Abs. 1 Nr. 4 EStG) ausweist.

> **Beispiel:**
>
> Ein Autohändler wendet einem wegen Förderung der Wohlfahrtspflege nach § 5 Abs. 1 Nr. 9 KStG steuerbefreiten Verein einen bisher als Vorführwagen genutzten PKW zu. Der Verein setzt das Fahrzeug ausschließlich für steuerbegünstigte Zwecke ein.
>
> Im Zeitpunkt der Zuwendung hat das Fahrzeug einen Buchwert von 7.500 €. Der Händler müsste für ein gleichwertiges Fahrzeug einen Einkaufspreis zzgl. Nebenkosten i. H. von 11.000 € aufwenden. Der Teilwert beträgt 10.000 €.
>
> Der Autohändler erfasst die Sachspendenentnahme mit dem Buchwert. Umsatzsteuerlich hat der Händler mit dieser Entnahme einen Umsatz i. S. des § 3 Abs. 1b Nr. 1 UStG bewirkt. Umsatzsteuerliche Bemessungsgrundlage ist, obwohl die Entnahme nach § 6 Abs. 1 Nr. 4 Satz 4 EStG mit dem Buchwert angesetzt wurde, der Wiederbeschaffungspreis i. S. des § 10 Abs. 4 Nr. 1 UStG. Die Umsatzsteuer auf diese Sachspendenentnahme beträgt somit 2.090 € (19 % von 11.000 €).
>
> Der in der Zuwendungsbestätigung anzusetzende Wert setzt sich daher wie folgt zusammen:
>
> | | |
> |---|---|
> | Buchwert: | 7.500 € |
> | Umsatzsteuer: | 2.090 € (= 19 % von 11.000 €) |
> | | 9.590 € |
>
> Für den Fall, dass der Autohändler die Sachspendenentnahme mit dem Teilwert ansetzen würde, wäre folgender Wert in der Zuwendungsbestätigung auszuweisen:
>
> | | |
> |---|---|
> | Teilwert: | 10.000 € |
> | Umsatzsteuer: | 2.090 € (= 19 % von 11.000 €) |
> | | 12.090 € |
>
> Bei Ansatz des Teilwertes würde der Händler zwar mit der Entnahme die in dem Wirtschaftsgut enthaltenen stillen Reserven (zunächst) der Ertragsbesteuerung unterwerfen. Andererseits kann er in dieser Höhe bei der Einkommen- und Gewerbesteuer den Spendenabzug steuermindernd wieder geltend machen. Der Teil- oder Buchwertansatz wird also in den meisten Fällen einer Sachspendenentnahme nicht zu einer ertragsteuerlichen Belastung führen. Nur dann, wenn der Spender mit der Summe seiner Spenden den Spendenrahmen überschreitet und auch ein „Spendenvortrag"

(§ 10b Abs. 1 Satz 9 EStG) sich nicht auswirkt, können steuerliche Nachteile eintreten. Der Ansatz der Sachspendenentnahme mit dem Buchwert führt also im Ergebnis zur Erweiterung des in § 10b EStG, § 9 Abs. 1 Nr. 2 KStG und § 9 Nr. 5 GewStG festgelegten Spendenrahmens.

Das vorstehende Beispiel zeigt die Abwicklung einer Sachspendenentnahme aus einem Betriebsvermögen. Der Kaufmann muss seine Sachspenden in jedem Fall im Rahmen seiner Buchführung korrekt als Entnahme buchen. Die Berücksichtigung einer **Sachspende aus dem Betriebsvermögen** im Rahmen der Spendenhöchstbeträge, ohne dass eine entsprechende Entnahmebuchung vorgenommen würde, würde im Ergebnis eine unzulässige Doppelberücksichtigung der Sachspende als Betriebsausgabe und zusätzlich als Spende bewirken. Da die Empfängerkörperschaft in der Zuwendungsbestätigung zwingend angeben muss (vgl. das amtliche Muster einer Spendenbestätigung betr. Sachzuwendungen, abgedruckt in Anhang 3), dass eine Sachzuwendung aus dem Betriebsvermögen stammt, erhält die Finanzverwaltung die Möglichkeit, zu prüfen, ob der Kaufmann die Sachspende auch tatsächlich als Entnahme gebucht hat. Eine fehlerhafte Angabe der Empfängerkörperschaft hierzu in der Zuwendungsbestätigung (= Bestätigung einer Spende aus dem Privatvermögen, obwohl tatsächlich eine Zuwendung aus dem Betriebsvermögen heraus vorliegt) kann die Spendenhaftung (siehe Tz. 3.8) auslösen oder in gravierenden Fällen auch die Gemeinnützigkeit gefährden.

3.4.6 Nutzungen und Leistungen für steuerbegünstigte Zwecke

Für **Nutzungen und Leistungen** ist nach § 10b Abs. 3 Satz 1 EStG ein Spendenabzug ausdrücklich ausgeschlossen (siehe auch § 9 Abs. 2 Satz 2 KStG). In diesem Zusammenhang ist in § 6 Abs. 1 Nr. 4 Satz 5 EStG festgelegt, dass Zuwendungen aus einem Betrieb in Form von Nutzungen und Leistungen zu spendenbegünstigten Zwecken **stets** mit dem Teilwert zu buchen sind. Die umsatzsteuerliche Bemessungsgrundlage bilden die bei der Ausführung dieser Leistungen entstandenen Kosten (§ 10 Abs. 4 Nr. 2 und 3 UStG).

> **Beispiel:**
>
> Ein wegen Förderung der Kunst und Kultur als gemeinnützig anerkannter Verein begründet mit der Durchführung eines Konzertes einen Zweckbetrieb i. S. des § 68 Nr. 7 AO. Für einen Auftritt bei diesem Konzert hat der Verein einen bekannten Konzertpianisten gewinnen können.
>
> Der Pianist ermittelt seinen Gewinn aus künstlerischer Tätigkeit mittels einer Einnahmenüberschussrechnung nach den Grundsätzen des § 4 Abs. 3 EStG. Er ist Unternehmer im Sinne des UStG. Seine Einnahmen unterliegen mit 7 % der Umsatzsteuer (§ 12 Abs. 2 Nr. 7 Buchst. a UStG). Als Betriebsausgaben hat er in seiner Gewinnermittlung auch die im Zusammenhang mit dem Auftritt bei dem Verein angefallenen Aufwendungen für Anreise, Unterkunft etc. berücksichtigt (= 2.500 €) und den Vorsteuerabzug geltend gemacht. Dem Verein hat er weder seine übliche Gage noch die von ihm getragenen Aufwendungen in Rechnung gestellt. Es war von vornherein vereinbart, dass der Künstler unentgeltlich auftreten würde.
>
> Mit dem Verzicht auf die Berechnung eines Honorars und einer Weiterberechnung der mit dem Auftritt in Zusammenhang stehenden Aufwendungen hat der Künstler eine Entnahme i. S. des § 4 Abs. 1 i. V. m. § 6 Abs. 1 Nr. 4 EStG bewirkt. Diese Entnahme ist mit dem Teilwert, § 6 Abs. 1 Nr. 4 Satz 5 EStG (= den mit der Entnahme entstandenen Selbstkosten, siehe auch Kulosa in Schmidt, Kommentar zum EStG, 34. Auflage, Anm. 506 zu § 6 EStG; hier: 2.500 €), zu bewerten. Hiermit hat der Künstler zugleich eine umsatzsteuerbare und umsatzsteuerpflichtige Leistung i. S. des § 3 Abs. 9a Nr. 2 UStG erbracht. Der Steuersatz für diese (sonstige) Leistung beträgt 7 %,

§ 12 Abs. 2 Nr. 7 Buchst. a UStG. Die Bemessungsgrundlage bilden die bei der Ausführung der Leistung entstandenen Kosten (§ 10 Abs. 4 Nr. 2 und 3 UStG).
Der Künstler hat im Zusammenhang mit dem Auftritt für den Verein einen Vermögensverlust i. H. von 2.675 € erlitten (2.500 € tatsächlich getragene Aufwendungen + 175 € USt auf die Entnahme). Diese Aufwendungen führen bei dem Künstler weder zu einer Minderung des Gewinns aus selbständiger Tätigkeit, da insoweit die Voraussetzungen für eine Entnahme gegeben sind, noch kann er sie als Spende steuerlich abziehen, da Nutzungen und Leistungen und die damit in Zusammenhang stehenden Aufwendungen im Rahmen von § 10b EStG, § 9 KStG und § 9 Nr. 5 GewStG nicht abzugsfähig sind.

Abwandlung:
Der Künstler hat mit dem Verein vertraglich die Zahlung einer Gage sowie die Erstattung der ihm im Zusammenhang mit dem Konzert entstandenen Aufwendungen vereinbart. Im Nachhinein (= innerhalb von 3 Monaten nach Eintritt der Fälligkeit seines Anspruchs) verzichtet der Künstler gegenüber dem Verein auf die Erfüllung dieser Forderung.

Der Künstler hat trotz des Verzichtes auf die Forderung insoweit sowohl eine Betriebseinnahme gewinnerhöhend zu erfassen als auch diesen Vorgang der Umsatzsteuer zu unterwerfen. Da es sich bei diesem Verzicht letztlich um eine abgekürzte Geldspende handelt, indem auf die Auszahlung des Forderungsbetrages an den Künstler und die spätere Rückzahlung an den Verein verzichtet wird, kann der Verein eine ordnungsgemäße Zuwendungsbestätigung in Höhe des ausgesprochenen Forderungsverzichtes (einschl. Umsatzsteuer) erstellen. Der Künstler kann in dieser Höhe den Spendenabzug geltend machen (zu Zuwendungsbestätigungen bei „Aufwandsspenden" siehe Tz. 3.3.2.7).

Es bleibt festzuhalten, dass hier ein Spendenabzug gewährt werden kann, im Grundbeispiel jedoch die tatsächlich beim Künstler eingetretenen Vermögensminderungen vom Spendenabzug ausgeschlossen bleiben.

3.4.7 Weitere Einzelfragen

Das sog. Buchwertprivileg gilt ausdrücklich nur, wenn die Zuwendung an die gemeinnützige Empfängerkörperschaft **zur Verwendung für steuerbegünstigte Zwecke nach § 52 Abs. 2 Nr. 1 bis 25, § 53 und § 54 AO unentgeltlich** vorgenommen wird.

Erhält die begünstigte Körperschaft Zuwendungen aus dem Betrieb des Spenders, die zur direkten Verwendung (besser: zum Verbrauch) **in einem steuerpflichtigen wirtschaftlichen Geschäftsbetrieb** bestimmt sind (siehe dazu auch Beispiele in Tz. 3.10, siehe hierzu auch FG Düsseldorf vom 05.02.1997, EFG 1997 S. 423), muss der Unternehmer diese Entnahme in seiner Gewinnermittlung **mit dem Teilwert** erfassen. Das Buchwertprivileg ist für diese Fälle ausgeschlossen. Mangels Verwendung der Zuwendung für spendenbegünstigte Zwecke darf die Empfängerkörperschaft hierüber auch keine steuerwirksamen Zuwendungsbestätigungen ausstellen. Der gemeinnützigen Körperschaft droht andernfalls die Haftungsinanspruchnahme (siehe Tz. 3.8) und ggf. der Entzug der Gemeinnützigkeit (AEAO Nr. 3 zu § 63 AO, Anhang 1; siehe hierzu auch weitere Beispiele von Buchna in Stiftung & Sponsoring-ring 1998, Heft 3 und 4); a. A. Hüttemann, DB 2008 S. 1590.

Wird ein **Betrieb oder Teilbetrieb** unentgeltlich auf eine steuerbegünstigte Körperschaft übertragen (häufig im Zuge der Gründung oder ergänzenden Ausstattung einer gemeinnützigen Stiftung), erfüllt der Steuerpflichtige nicht den Tatbestand der Entnahme i. S. des § 6 Abs. 1 Nr. 4 EStG (= keine „Entlassung" der einzelnen Wirtschaftsgüter aus dem Betrieb). Dieser Geschäftsvorfall ist nach Maßgabe des § 6 Abs. 3 EStG abzuwickeln, d. h., die Wirtschaftsgüter des Betriebs/Teilbetriebs sind zu Buchwerten von der übernehmenden Körperschaft fortzuführen. Beim bisherigen Betriebsinhaber (Spender) unterbleibt die Aufdeckung der in dem Betriebsvermögen vorhandenen stillen Reserven. In der Regel ist die Übertragung eines gesamten Betriebs/Teilbetriebs als **Verwendung für spendenbegünstigte Zwecke** zu beurteilen (s. dazu Tz. 3.10). Die Spende kann nur mit dem steuerlichen Übertragungswert (= Buchwert) des § 10b Abs. 3 EStG steuermindernd berücksichtigt werden. Der Verzicht auf die Besteuerung der stillen Reserven einerseits, aber die steuermindernde Berücksichtigung der Übertragung zum gemeinen Wert andererseits wäre mit der aus § 10b Abs. 3 EStG erkennbaren Intention des Gesetzgebers (= Steuerminderung nur in Höhe des steuerlich erfassten Entnahmewertes) nicht vereinbar.

Hinweis: *Die unentgeltliche Übertragung eines Betriebs/Teilbetriebs ist umsatzsteuerlich nicht steuerbar nach § 1 Abs. 1a UStG.*

Die unentgeltliche Übertragung eines Gewerbebetriebs durch einen Einzelunternehmer an eine steuerbegünstigte Körperschaft, bei der die Fortführung des Gewerbebetriebs einen Zweckbetrieb (§§ 65 ff. AO) begründet, löst die Regelungen des § 6 Abs. 1 Nr. 4 Satz 4 und 5 EStG aus (das Buchwertprivileg; siehe auch BFH vom 05.02.2002 VIII R 53/99, BStBl 2003 II S. 237).

Ein besonderes Problem stellt die Bewertung gebrauchter Wirtschaftsgüter, insbesondere gebrauchter **Kleidungsstücke** oder **gebrauchter Möbel** (Altkleider, Altmöbel), dar. Der BFH hat dazu in seinem Urteil vom 23.05.1989 (X R 17/85, BStBl 1989 II S. 879) festgestellt, dass der gemeine Wert von Kleidungsstücken durch Gebrauch, aber auch schon durch bloßen Zeitablauf gemindert wird. Sie sind nach kurzer Zeit auch als neue Wirtschaftsgüter nur noch schwer, als gebrauchte nur ausnahmsweise verkäuflich. Dass Wirtschaftsgüter, weil sie nicht verbraucht sind, noch einen Nutzungswert haben können, verschafft ihnen noch keinen Marktwert im Sinne eines gemeinen Wertes. Der Wert gebrauchter Kleidungsstücke muss in jedem Einzelfall daraufhin überprüft werden, ob bzw. in welcher Höhe dafür noch ein (Markt-)Wert besteht (z. B. noch verkaufsfähig im Secondhandshop?) oder ob insoweit nur noch ein reiner (Alt-)Material- oder Lumpenwert vorhanden ist. Bei Altkleidern wird daher ein gemeiner Wert über dem reinen Lumpen- oder Materialwert nur in wenigen Ausnahmefällen feststellbar sein. Bei Zweifeln zum Wert der Spende siehe oben.

3.5 Begrenzung des Abzugs für Ausgaben zu steuerbegünstigten Zwecken („Spendenhöchstbetrag")

3.5.1 Allgemeines

Die Ausgaben zur Förderung steuerbegünstigter Zwecke – Mitgliedsbeiträge und Spenden – mindern den Gesamtbetrag der Einkünfte einer natürlichen Person als Sonderausgaben nach § 10b Abs. 1 und 1a EStG, die Summe der Einkünfte einer Körperschaft als abziehbare Ausgaben nach § 9 Abs. 1 Nr. 2 KStG und den Gewerbeertrag nach § 9 Nr. 5 GewStG.

Zur Abzugsfähigkeit von Spenden und Mitgliedsbeiträgen nach § 10b Abs. 1 EStG, zur sog. Großspendenregelung sowie Spenden an Stiftungen für den laufenden Aufwand bzw. zu Ausstattungszwecken nach § 10b Abs. 1a EStG gemäß der bis zum 31.12.2006 geltenden Rechtslage vgl. die Ausführungen in der Vorauflage.

3.5 Begrenzung des Abzugs für Ausgaben zu steuerbegünstigten Zwecken

Mit dem Gesetz zur weiteren Stärkung des bürgerschaftlichen Engagements vom 10.10.2007 (BGBl 2007 I S. 2332) wurde das Spendenrecht mit Wirkung ab dem 01.01.2007 erheblich vereinfacht.

Seit dem 01.01.2007 hat der Gesetzgeber eine weitgehende Vereinheitlichung der steuerbegünstigten Zwecke im EStG, KStG, GewStG und in der AO erreicht. In § 52 Abs. 2 AO hat der Gesetzgeber eine grundsätzlich abschließende Aufstellung der als gemeinnützig anzuerkennenden Zwecke eingefügt und darin alle bisher in der Anlage 1 zu § 48 Abs. 2 EStDV als besonders förderungswürdig eingestuften gemeinnützigen Zwecke aufgenommen. Durch den Wegfall der Anlage 1 zu § 48 Abs. 2 EStDV und die Aufnahme eines Verweises in § 10b Abs. 1 EStG, § 9 Abs. 1 Nr. 2 KStG und § 9 Nr. 5 GewStG auf die nach § 52 Abs. 2 AO gemeinnützigen Zwecke sind Ausgaben für alle gemeinnützigen Zwecke steuerlich abzugsfähig. Die bisher für den Spendenabzug vorgenommene Unterscheidung zwischen den (einfachen) gemeinnützigen Zwecken und den als besonders förderungswürdig anerkannten gemeinnützigen Zwecken ist damit entfallen. Steuerlich abzugsfähig sind grundsätzlich Spenden und Mitgliedsbeiträge an die Körperschaften, die wegen Förderung gemeinnütziger Zwecke (§ 52 Abs. 2 AO) sowie der Förderung mildtätiger (§ 53 AO) und kirchlicher Zwecke (§ 54 AO) nach § 5 Abs. 1 Nr. 9 KStG steuerbefreit sind. Seit dem 01.01.2007 sind (wie bisher) **Mitgliedsbeiträge** für sportliche Zwecke, kulturelle Betätigungen, die in erster Linie der Freizeitgestaltung dienen, die Heimatpflege und Heimatkunde und die in § 52 Abs. 2 Nr. 23 AO genannten Freizeitzwecke **vom Abzug** nach § 10b Abs. 1 EStG, § 9 Abs. 1 Nr. 2 KStG und § 9 Nr. 5 GewStG **ausgeschlossen** (siehe bereits Tz. 3.2.5).

Eine **Vereinfachung des Spendenrechts** ist auch dadurch erreicht worden, dass Zuwendungen, die seit dem 01.01.2007 an steuerbegünstigte Körperschaften abgeflossen sind, ohne Unterscheidung der jeweils verfolgten Zwecke bis zur Höhe von

– 20 % des Gesamtbetrages der Einkünfte oder alternativ
– 4 ‰ der Summe der gesamten Umsätze und der im Kalenderjahr aufgewendeten Löhne und Gehälter

steuerlich abzugsfähig sind. Die noch bis zum 31.12.2006 sehr komplizierte Ermittlung des Höchstbetrages der steuerlich abzugsfähigen Zuwendungen ist damit weitgehend entfallen.

Darüber hinaus können seit dem 01.01.2007 Zuwendungen, die sich im Jahr ihres Abflusses steuerlich wegen Überschreitens der Abzugshöchstbeträge nicht auswirken, ohne Einschränkungen auf die Folgejahre vorgetragen werden. Die bis zum 31.12.2006 nur für sog. Großspenden (Einzelzuwendungen von mehr als 25.565 Euro) bestehende **Spendenrücktrags- und -vortragsmöglichkeit ist aufgehoben** worden. Die bis zum 31.12.2006 noch nicht verbrauchten „Großspendenvorträge" sind im Rahmen der Höchstbeträge der Veranlagungszeiträume 2007 ff. abzugsfähig.

Der Wegfall der bisherigen Spendenvortragsbeschränkungen führt im Ergebnis dazu, dass sich Zuwendungen i. S. des § 10b Abs. 1 und 1a EStG über alle Anschlussveranlagungszeiträume betrachtet grundsätzlich in vollem Umfang steuerlich auswirken können. Auch für die Spendenüberhänge seit 2007 gilt, dass diese gesondert festzustellen sind. § 10d Abs. 4 EStG gilt sinngemäß. In diesem Zusammenhang ist jedoch einschränkend darauf hinzuweisen, dass ein nicht ausgeschöpfter Spendenvortrag im Erbfall nicht auf den Erben übergeht (siehe BFH vom 21.10.2008 X R 44/05, BFH/NV 2009 S. 375, und auch in Tz. 3.10).

Die speziell für Zuwendungen an Stiftungen ab dem Veranlagungszeitraum 2000 geschaffene Möglichkeit, einen **Zusatzhöchstbetrag** i. H. von 20.450 Euro abziehen

3 Steuerlicher Spendenabzug

zu können, ist seit dem 01.01.2007 entfallen. Zuwendungen für die laufende Geschäftsführung **an steuerbegünstigte Stiftungen** sind im Rahmen des (deutlich erhöhten) allgemeinen Spenden-Höchstbetrages abzugsfähig.

Ab dem Veranlagungszeitraum 2000 hat der Gesetzgeber bei der Einkommen- und Gewerbesteuer für **Zuwendungen in den Vermögensstock** von (neu gegründeten) Stiftungen den Abzug von bis zu 307.000 Euro innerhalb eines Zehnjahreszeitraums eröffnet. Diese Abzugsmöglichkeit wurde mit Wirkung ab dem 01.01.2007 der Höhe nach ausgebaut (Abzug von bis zu 1 Mio. Euro) und dahingehend erweitert, dass seit dem 01.01.2007 auch Zuwendungen in den Vermögensstock von bereits seit längerem existierenden (Alt-)Stiftungen zum Abzug zugelassen werden. Während es sich dabei bis zum 31.12.2012 um einen personengebundenen Höchstbetrag von 1 Mio. Euro pro Person handelte, der bei nach §§ 26, 26b EStG zusammenveranlagten Ehegatten für jeden Ehegatten persönlich galt, wurde die Abzugsmöglichkeit mit dem Gesetz zur Stärkung des Ehrenamts (Ehrenamtsstärkungsgesetz) vom 21.03.2013 (BGBl 2013 I S. 556) für zusammenveranlagte Ehegatten mit Wirkung ab dem 01.01.2013 insoweit weiterentwickelt, als nunmehr ein gemeinsamer Höchstbetrag von 2 Mio. Euro besteht. Diese Regelung trägt gleichsam zu einer Erleichterung des Prüfungs- und Veranlagungsverfahrens bei, da der Nachweis, wem das Vermögen vor der maßgeblichen Zuwendung zuzurechnen war, damit entfällt (zu Einzelheiten zum Abzug nach § 10b Abs. 1a EStG siehe Tz. 3.5.6.2).

3.5.2 Berechnung des allgemeinen Abzugshöchstbetrages

Zur Rechtslage bis zum 31.12.2006 siehe die Ausführungen in der 8. Auflage.

Seit dem 01.01.2007 ist die Berechnung des Abzugshöchstbetrages für Zuwendungen (Spenden und Mitgliedsbeiträge) – § 10b Abs. 1 Satz 1 EStG, § 9 Abs. 1 Nr. 2 Satz 1 KStG, § 9 Nr. 5 Satz 1 GewStG – erheblich vereinfacht worden und kann nach dem folgenden Schema erfolgen:

a) 20 % des Gesamtbetrages der Einkünfte (bei Körperschaften: des Einkommens vor Abzug der Zuwendungen) oder	
b) 4 ‰ der Summe der gesamten Umsätze und der im Kalenderjahr aufgewendeten Löhne und Gehälter	
Summe der Zuwendungen (Spenden und abzugsfähige Mitgliedsbeiträge) **Abziehbar:** höherer Betrag von a) und b), max. Summe der Zuwendungen	–
verbleibender Betrag = Spendenvortrag (gesondert festzustellen, es gilt § 10d Abs. 4 EStG sinngemäß)	=

Für die Berechnung des Abzugshöchstsatzes bei der **Gewerbesteuer** ist auf den Gewinn i. S. des § 7 GewStG als eigenständige Bemessungsgrundlage für die

3.5 Begrenzung des Abzugs für Ausgaben zu steuerbegünstigten Zwecken

Gewerbesteuer abzustellen. Haben Körperschaften ihren Gewinn (Gewinn hier i. S. des § 7 GewStG) zuvor um Ausgaben/Spenden i. S. des § 9 Abs. 1 Nr. 2 KStG gemindert, muss insoweit zunächst eine entsprechende Hinzurechnung (§ 8 Nr. 9 GewStG) erfolgen. Abzugsfähig sind 20 % des Gewinns aus Gewerbebetrieb (i. S. von § 7 GewStG). Alternativ gilt auch hier die Größe 4 ‰ der Summe der gesamten Umsätze und der im Wirtschaftsjahr aufgewendeten Löhne und Gehälter **des Betriebs,** aus dem die Zuwendungen geleistet wurden. Für die Berechnung kann also dem Grunde nach auch das o. a. Schema übernommen werden.

Für die Berechnung des Abzugshöchstbetrages bei der Gewerbesteuer kann natürlich nur auf die Spenden und Mitgliedsbeiträge, die aus dem zu beurteilenden Betrieb abgeflossen sind, oder bei der Bestimmung der Bemessungsgrundlage auf den Gewinn nach § 7 GewStG und die Umsätze, Löhne und Gehälter des betreffenden Betriebs abgestellt werden. Die für Gewerbesteuer maßgebende Berechnung ist daher wie folgt vorzunehmen:

**a) 20 % des Gewinns
nach § 7 GewStG**
(nach Hinzurechnung, § 8 Nr. 9
GewStG bei Körperschaften)

oder

**b) 4 ‰ der Summe der gesamten
Umsätze und der im Kalenderjahr
aufgewendeten Löhne und Gehälter
des Betriebs**

Summe der Zuwendungen
(Spenden und abzugsfähige
Mitgliedsbeiträge)
Abziehbar:
höherer Betrag von a) und b), max.
Summe der Zuwendungen   −

verbleibender Betrag =
Gewerbesteuer-Spendenvortrag   =
(gesondert festzustellen, es gilt
§ 10d Abs. 4 EStG sinngemäß)

Die Berechnung des Höchstbetrages der abzugsfähigen Spenden nach § 10b Abs. 1 Satz 1 EStG und § 9 Nr. 5 Satz 1 GewStG wird an dem nachfolgenden Beispiel dargestellt. Insbesondere sollen die unterschiedlichen Merkmale, auf die bei der Berechnung der Höchstbeträge abzustellen ist, deutlich werden.

Beispiel:

In 01 hat A Zuwendungen (Spenden und Mitgliedsbeiträge) an verschiedene Einrichtungen geleistet.

A betreibt zwei selbständige Gewerbebetriebe und verfügt darüber hinaus über weitere Einkunftsquellen.

Im Jahr 01 hat der Gewerbebetrieb 1 einem Verein zur Förderung wissenschaftlicher Zwecke 32.000 € zugewendet. Aus dem Gewerbetrieb 2 wurde eine mildtätige Stiftung für die laufende Geschäftsführung mit einem Betrag i. H. von 20.000 € gefördert.

Aus seinem übrigen Einkommen bzw. seinem Privatvermögen hat A an den örtlichen Sportverein in 01 Mitgliedsbeiträge i. H. von 1.000 € und Spenden i. H. von 7.000 €

3 Steuerlicher Spendenabzug

geleistet und dem Förderverein zur Unterstützung des städtischen Museums den jährlichen Mitgliedsbeitrag i. H. von 2.000 € überwiesen.

Der Gesamtbetrag der Einkünfte des A beläuft sich im Jahr 01 auf 250.000 €. Darin ist der Gewinn des Betriebs 1 (= Gewinn i. S. des § 7 GewStG) i. H. von 150.000 € enthalten. Die Summe der Löhne, Gehälter und Umsätze dieses Betriebs beträgt 2,5 Mio. €. Der Betrieb 2 hat mit einem Verlust i. H. von 100.000 € abgeschlossen. In diesem Betrieb sind in 01 Löhne, Gehälter und Umsätze i. H. von 4 Mio. € angefallen.

Einkommensteuer 01

a) 20 % des Gesamtbetrages der Einkünfte
20 % von 250.000 €   50.000 €

oder

b) 4 ‰ der Summe der gesamten Umsätze und der im Kalenderjahr aufgewendeten Löhne und Gehälter
4 ‰ von 6,5 Mio. €   26.000 €

Summe der Zuwendungen
   Wissenschaftsspende   32.000 €
   Spende für die mildtätige Stiftung   20.000 €
   Spende Sportverein   7.000 €
   Mitgliedsbeitrag[1] Museumsverein   2.000 €
                                   61.000 €

Abziehbar:
höherer Betrag von a) und b), max.
Summe der Zuwendungen   − 50.000 €

verbleibender Betrag =
Einkommensteuer-Spendenvortrag
(gesondert festzustellen, es gilt
§ 10d Abs. 4 EStG sinngemäß)   = 11.000 €

Gewerbesteuer 01 für den Betrieb 1:

a) 20 % des Gewinns i. S. des § 7 GewStG
20 % von 150.000 €   30.000 €

oder

b) 4 ‰ der Summe der gesamten Umsätze und der im Kalenderjahr aufgewendeten Löhne und Gehälter
4 ‰ von 2,5 Mio. €   10.000 €

Summe der Zuwendungen
   Wissenschaftsspende   32.000 €   32.000 €

Abziehbar:
höherer Betrag von a) und b), max.
Summe der Zuwendungen   − 30.000 €

---

[1] Der Mitgliedsbeitrag an den Sportverein ist vom Abzug ausgeschlossen (§ 10b Abs. 1 Satz 8 Nr. 1 EStG), für den Mitgliedsbeitrag zur Kulturförderung besteht keine Einschränkung (siehe auch Tz. 3.2.5).

3.5 Begrenzung des Abzugs für Ausgaben zu steuerbegünstigten Zwecken

verbleibender Betrag =
Gewerbesteuer-Spendenvortrag
(gesondert festzustellen, es gilt
§ 10d Abs. 4 EStG sinngemäß)

= 2.000 €

Gewerbesteuer 01 für den Betrieb 2:

a) 20 % des Gewinns i. S. des
§ 7 GewStG
in 01 hat der Betrieb einen
Verlust erlitten

0 €

oder

b) 4 ‰ der Summe der gesamten
Umsätze und der im Kalenderjahr
aufgewendeten Löhne und Gehälter
4 ‰ von 4 Mio. €

16.000 €

Summe der Zuwendungen
 Spende an die mildtätige
 Stiftung 20.000 €

20.000 €

Abziehbar:
höherer Betrag von a) und b), max.
Summe der Zuwendungen

− 16.000 €[1]

verbleibender Betrag =
Gewerbesteuer-Spendenvortrag
(gesondert festzustellen, es gilt
§ 10d Abs. 4 EStG sinngemäß)

= 4.000 €[2]

3.5.3 Gesonderte Feststellung des Spendenüberhangs (§ 10b Abs. 1 Satz 9 EStG)

Zuwendungen, die beim Spender nach dem 31.12.2008 an eine steuerbegünstigte Körperschaft abgeflossen sind und sich im Jahr des Abflusses steuerlich nicht ausgewirkt haben, sind (von Amts wegen) in den Folgejahren im Rahmen der für den Spender dann maßgebenden allgemeinen Höchstbeträge des § 10b Abs. 1 EStG, § 9 Abs. 1 Nr. 2 KStG und § 9 Nr. 5 GewStG abzuziehen. Diese Abzugsmöglichkeit besteht unbegrenzt (= keine Eingrenzung auf eine bestimmte Anzahl von Folgejahren).

In § 10b Abs. 1 Satz 9 und 10 EStG (es gilt eine sinngemäße Anwendung bei der Körperschaft- und Gewerbesteuer) ist angeordnet, dass

– die Zuwendungsbeträge, die die Höchstbeträge nach § 10b Abs. 1 Satz 1 EStG überschreiten,

oder

– die Zuwendungsbeträge, die den um die Beträge nach § 10 Abs. 3 und 4 (Vorsorgeaufwendungen), § 10c (Sonderausgaben-Pauschbetrag, Vorsorgepauschale) und § 10d EStG (Verlustabzug) verminderten Gesamtbetrag der Einkünfte überschreiten,

---

1 Um diesen Betrag erhöht sich der nach § 10a GewStG vortragsfähige Gewerbeverlust, der nach § 10a Satz 6 GewStG gesondert festzustellen ist.
2 Insoweit ist eine (eigenständige) gesonderte Feststellung der vortragsfähigen Zuwendungen durchzuführen.

in den folgenden Veranlagungszeiträumen als Sonderausgaben abzuziehen sind. In diesen Spendenvortrag sind jedoch **nicht** die Vermögensstockspenden (§ 10b Abs. 1a EStG, siehe Tz. 3.5.6.2) mit einzubeziehen (vgl. auch BMF vom 18.12.2008, BStBl 2009 I S. 16).

In § 10b Abs. 1 Satz 9 EStG ist also festgelegt, dass zunächst der Gesamtbetrag der Einkünfte um die Vorsorgeaufwendungen, den Sonderausgaben-Pauschbetrag bzw. die Vorsorgepauschale und den Verlustabzug zu kürzen sind. Der danach verbleibende Gesamtbetrag der Einkünfte ist um die Zuwendungen i. S. des § 10b Abs. 1 EStG bis auf einen Betrag von 0 Euro zu mindern. Der Restbetrag der Zuwendungen ist auf die Folgejahre vorzutragen.

Der am Schluss eines Veranlagungszeitraums verbleibende Zuwendungsüberhang ist von dem für die Besteuerung des Spenders zuständigen Finanzamt gesondert festzustellen. Diese Feststellung ist i. d. R. mit dem Einkommensteuerbescheid für das betreffende Jahr verbunden. Er kann aber auch gesondert ergehen. Im Folgejahr bzw. in den Folgejahren sind diese Beträge im Rahmen der Höchstbeträge des betreffenden Folgejahres als Sonderausgabe abzuziehen. Bei der gesonderten Feststellung in den Folgejahren sind die festgestellten Spendenüberhänge des Vorjahres jeweils um die in den betreffenden Folgejahren „verbrauchten" Spendenüberhänge zu vermindern und um nicht abgezogene Zuwendungen der Folgejahre zu erhöhen. Es gelten hierzu die Regelungen in § 10d Abs. 4 EStG sinngemäß.

3.5.4 Abzug von Zuwendungen i. V. m. der Begünstigung nicht entnommener Gewinne nach § 34a EStG

Die Vorschrift des § 34a EStG über die Begünstigung der nicht entnommenen Gewinne aus Land- und Forstwirtschaft, Gewerbebetrieb oder selbständiger Arbeit i. S. des § 2 Abs. 1 Nr. 1 bis 3 EStG wurde durch das Unternehmensteuerreformgesetz 2008 vom 14.08.2007 (BStBl 2007 I S. 630) mit Wirkung ab dem Veranlagungszeitraum 2008 in das EStG eingefügt. Zur Klärung von Zweifelsfragen im Zusammenhang mit der Anwendung dieser Vorschrift verweise ich auf das „Anwendungsschreiben" des BMF vom 11.08.2008 (BStBl 2008 I S. 838).

Mit Einführung des § 34a EStG können natürliche Personen erreichen, dass die von ihnen im Rahmen eines Einzelunternehmens oder einer Personengesellschaft erzielten, aber nicht entnommenen betrieblichen Gewinne zunächst bei der Einkommensteuer mit einem Steuersatz von 28,25 % (zzgl. Solidaritätszuschlag und ggf. Kirchensteuer) besteuert werden. Werden diese Gewinne dann zu einem späteren Zeitpunkt entnommen oder greift einer der festgelegten Nachbesteuerungstatbestände, wird eine „Nachsteuer" i. H. von 25 % festgesetzt, die im Jahr, in dem diese Nachsteuer anfällt, Abgeltungswirkung hat.

Die nicht entnommenen betrieblichen Gewinne, die auf Antrag des Steuerpflichtigen nach § 34a EStG dem ermäßigten Steuersatz von 28,25 % unterworfen werden, sind in dem Jahr, in dem sie erzielt werden, in voller Höhe Bestandteil des Gesamtbetrages der Einkünfte. Sie erhöhen daher in diesem Veranlagungszeitraum die Bemessungsgrundlage für den Höchstbetrag nach § 10b EStG (= für die „Normalspenden") und den Abzugsumfang nach § 10b Abs. 1a EStG (= für „Vermögensstockspenden").

Kommt es in den Folgejahren zu einer Nachversteuerung der nicht entnommenen Gewinne, hat dieser Vorgang keinen Einfluss auf die Höhe des Gesamtbetrages der Einkünfte im „Nachsteuerjahr".

3.5 Begrenzung des Abzugs für Ausgaben zu steuerbegünstigten Zwecken

Hinweis: *Bei Ausübung des Wahlrechts nach § 34a EStG sollte der Spender, insbesondere wenn Spenden in nennenswertem Umfang geleistet wurden, die Auswirkungen des Spendenabzugs im Rahmen der Ausübung seines Wahlrechts nach § 34a EStG berücksichtigen.*

Denn soweit nicht entnommene betriebliche Gewinne im Gesamtbetrag der Einkünfte enthalten sind und im Rahmen der Höchstbeträge nach § 10b Abs. 1 und Abs. 1a EStG diese Gewinne durch den Spendenabzug entlastet werden, tritt insoweit nur eine Entlastung i. H. von 28,25 % (zzgl. Solidaritätszuschlag und ggf. Kirchensteuer) ein. Bei der dann später anfallenden „Nachsteuer" tritt keine Minderung wegen geleisteter Spenden nach § 10b ESG ein.

Um eine „Spendenentlastung" mit dem regelmäßig höheren Tarifsteuersatz zu erreichen, muss der Spender die nach § 34a EStG max. zulässige Gewinnrücklage in der Weise begrenzen, dass eine möglichst vollständige Entlastung dieser Einkünfte durch den Spendenabzug erreicht werden kann.

Beispiel:
Der Steuerpflichtige erzielt in 08 einen betrieblichen Gewinn i. H. von 600.000 € und einen Verlust aus Vermietung und Verpachtung i. H. von 100.000 €.
In 08 hat der Steuerpflichtige Zuwendungen in einer Gesamthöhe von 200.000 € an gemeinnützige Körperschaften geleistet.
Ein Spendenabzug ist im Jahr 08 i. H. von 100.000 € vorzunehmen
(Gesamtbetrag der Einkünfte von 500.000 € × 20 %)

Gewinn § 15 EStG	600.000 €
Verlust § 21 EStG	./. 100.000 €
Gesamtbetrag der Einkünfte in 08	500.000 €
Höchstbetrag § 10b EStG 08	100.000 €

Wenn der Steuerpflichtige einen Antrag nach § 34a EStG stellen will, sollte er diesen im vorliegenden Beispiel der Höhe nach auf einen Betrag von 400.000 € begrenzen (ohne Beachtung von Progressionswirkungen etc.).

Gewinn § 15 EStG	600.000 €
Verlust § 21 EStG	./. 100.000 €
Spendenabzug	./. 100.000 €
max. Gewinnrücklage i. S. des § 34a EStG	400.000 €

Für 08 ergibt sich daraus folgende Berechnung:

Gesamtbetrag der Einkünfte in 08	500.000 €
Spendenabzug	./. 100.000 €
zu versteuerndes Einkommen 08	400.000 €

Die Versteuerung erfolgt mit 28,25 %.

In diesem Fall führt die Minderung der Gewinnrücklage um den in 08 abzugsfähigen Teil der Zuwendungen dazu, dass in den Folgejahren in dieser Höhe keine Nachversteuerung mehr erhoben wird.

(Nachrichtlich: Der Spendenvortrag ist für 08 mit 100.000 € gesondert festzustellen.)

3.5.5 Spendenabzug unter Beachtung der Abgeltungsteuer ab dem Veranlagungszeitraum 2009

Mit dem Unternehmensteuerreformgesetz 2008 hat der Gesetzgeber ab dem Veranlagungszeitraum 2009 eine Abgeltungsteuer auf Kapitaleinkünfte eingeführt. Bei

3 Steuerlicher Spendenabzug

Kapitalerträgen i. S. des § 20 EStG, die nach den Vorschriften der §§ 43 ff. EStG dem Kapitalertragsteuerabzug von 25 % (zzgl. Solidaritätszuschlag und ggf. Kirchensteuer) unterlegen haben, ist die Einkommensteuer mit dem Steuerabzug grundsätzlich abgegolten (§ 43 Abs. 5 Satz 1 EStG); (nur) in bestimmten Fällen kann der Steuerpflichtige beantragen, dass die Kapitalerträge in die Einkommensteuerveranlagung mit einbezogen werden (§ 32d EStG).

Diese Grundaussage gilt nur für Kapitalerträge, die dem Steuerpflichtigen im Privatvermögen zufließen. Werden die Kapitalerträge aufgrund des Subsidiaritätsprinzips (§ 20 Abs. 8 EStG) anderen Einkunftsarten zugerechnet, sind die Kapitalerträge (wie bisher) in die Einkommensteuerveranlagung einzubeziehen.

Die Abgeltungswirkung bedeutet, dass Spenden und Mitgliedsbeiträge an gemeinnützige Körperschaften die Steuer auf Kapitalerträge nicht mindern. Zudem sind die (privaten) Kapitalerträge zunächst nicht im Gesamtbetrag der Einkünfte enthalten und haben deshalb auch keinen (erhöhenden) Einfluss auf die Bemessungsgrundlage für den Spendenabzug. Das Antragsrecht des § 2 Abs. 5b Satz 2 Nr. 1 EStG a. F., wonach den Steuerpflichtigen die Möglichkeit eingeräumt wurde, die Kapitalerträge, die der Abgeltungsteuer unterliegen, für die Berechnung des Spendenhöchstbetrages berücksichtigen zu lassen, ist durch das Steuervereinfachungsgesetz 2011 vom 01.11.2011 (BGBl 2011 I S. 2131) mit Wirkung ab dem 01.01.2012 entfallen.

> **Beispiel:**
>
> A erzielt in 2013 Einkünfte aus nichtselbständiger Arbeit (§ 19 EStG) i. H. von 200.000 € sowie Kapitalerträge i. H. von 50.000 €, die der Abgeltungsteuer unterliegen. Er wendet im Jahr 2013 zudem verschiedenen gemeinnützigen Körperschaften Spenden i. H. von 50.000 € zu.
>
> Die Spendenzahlungen in 2013 wirken sich wie folgt aus:
>
> | | |
> |---|---:|
> | Gesamtbetrag der Einkünfte für 2013 | 200.000 € |
> | Höchstbetrag § 10b Abs. 1 EStG (= 20 % von 200.000 €) | ./. 40.000 € |
> | Zu versteuerndes Einkommen | 160.000 € |
>
> Nachrichtlich: Die in 2013 nicht abgezogenen Spenden sind nach § 10b Abs. 1 Satz 9 EStG gesondert festzustellen und auf die Folgejahre vorzutragen (Spendenvortrag: 10.000 €).

Nur dann, wenn Kapitalerträge in die „normale" Besteuerung mit einbezogen werden, greifen auch insoweit die allgemeinen Besteuerungsregelungen. Diese Einkünfte fließen dann in den Gesamtbetrag der Einkünfte mit ein, erhöhen damit gleichzeitig u. a. die Bemessungsgrundlage zur Berechnung des max. möglichen Spendenabzugs und erzeugen dann entsprechend höhere Steuerentlastungen für das „Spendenjahr".

In folgenden Fällen ist eine Einbeziehung von „Abgeltungs-Einkünften" in die Regelbesteuerung möglich:

– Nach § 20 Abs. 8 EStG sind „Abgeltungs-Einkünfte", soweit sie zu den Einkünften aus Land- und Forstwirtschaft (§ 13 EStG), aus Gewerbebetrieb (§ 15 EStG), aus selbständiger Tätigkeit (§ 18 EStG) oder Vermietung und Verpachtung (§ 21 EStG) gehören, auch diesen zuzurechnen.

Die Abgeltungswirkung des § 43 Abs. 5 EStG greift insoweit nicht. Die Kapitalerträge sind dann unter Anrechnung der auf der ersten Stufe einbehaltenen Steuerabzugsbeträge auf die entstehende Einkommensteuer im normalen Veranlagungsverfahren zu erfassen.

3.5 Begrenzung des Abzugs für Ausgaben zu steuerbegünstigten Zwecken

- Mit dem JStG 2008 ist gem. § 32d Abs. 1 Nr. 3 EStG ein gesondertes Antragsrecht für Steuerpflichtige eingeführt worden, die

  zu mindestens 25 % an einer Kapitalgesellschaft beteiligt sind

  oder

  zu mindestens 1 % an einer Kapitalgesellschaft beteiligt sind und beruflich für diese tätig sind.

Hinweis: *Dieses Antragsrecht kann grundsätzlich immer nur für die betreffende Kapitalbeteiligung mit Wirkung für einen 5-Jahres-Zeitraum einheitlich ausgeübt werden. Vor dessen Ablauf ist jedoch ein Widerruf des Antrags möglich, der die Zulässigkeit einer erneuten Antragstellung für dieselbe Beteiligung ausschließt.*

Wenn Steuerpflichtige in einem bestimmten Veranlagungszeitraum in nennenswertem Umfang Zuwendungen an gemeinnützige Körperschaften leisten wollen, sollte stets geprüft werden, wie eine möglichst hohe Steuerminderung i. V. m. Abgeltungseinkünften erreicht werden kann.

Um die Zusammenhänge des Spendenabzugs mit der Abgeltungsteuer deutlich zu machen, verweise ich auf die nachfolgenden Beispiele und den Beitrag von Schienke-Ohletz/Selzer in DStR 2008 S. 136.

Beispiel:

Der Steuerpflichtige bezieht in 2013 ausschließlich der Abgeltungsteuer unterliegende Einkünfte i. S. des § 20 EStG i. H. von 100.000 €. Es fällt also eine Abgeltungsteuer von 25.000 € (ohne Solidaritätszuschlag und Kirchensteuer) an. Im Jahr 2013 leistet der Steuerpflichtige zudem eine Spende i. H. von 20.000 €.

Für den Steuerpflichtigen ist dem Grunde nach für das Jahr 2013 keine Einkommensteuerveranlagung durchzuführen. Die Besteuerung der Kapitaleinkünfte ist mit dem durchgeführten Steuereinbehalt an der Quelle abgeschlossen (§ 43 Abs. 5 EStG).

Auch ein Spendenvortrag nach § 10b Abs. 1 Satz 9 EStG kommt hier nicht zum Zuge. Da im Jahr 2013 kein Gesamtbetrag der Einkünfte vorhanden ist, liegt der Spendenhöchstbetrag bei 0 €.

Ohne weitere Maßnahmen treten bei dem Steuerpflichtigen für 2013 in Bezug auf die Spendenbeträge keinerlei Steuerentlastungen ein.

Abwandlung:

Der Steuerpflichtige ist an einer GmbH & Co. KG beteiligt und hat einen Teil seines Kapitalstamms (20 %) als Sonderbetriebsvermögen dieser Mitunternehmerbeteiligung zugeordnet.

In diesem Fall sind die erzielten Kapitalerträge des Jahres 2013 (teilweise) über § 20 Abs. 8 EStG als gewerbliche Einkünfte festzustellen.

Danach erzielt der Steuerpflichtige in 2013 Einkünfte i. S. des § 20 EStG i. H. von 80.000 €; i. H. von 20.000 € liegen Einkünfte nach § 15 EStG vor.

Der Spendenabzug kann wie folgt vorgenommen werden:

Einkünfte § 15 EStG	20.000 €
Einkünfte § 20 EStG	80.000 €
Berechnung des zu versteuernden Einkommens:	
Gesamtbetrag der Einkünfte (Einkünfte § 15 EStG)	20.000 €
Höchstbetrag § 10b Abs. 1 EStG:	
(= 20 % von 20.000 €)	./. 4.000 €
Zu versteuerndes Einkommen in 2013	16.000 €

Bei dieser Gestaltung haben die Spenden des Jahres 2013 zu einer Steuerentlastung geführt.

3.5.6 Zusätzlicher Abzug für Zuwendungen an Stiftungen

Mit dem Gesetz zur weiteren steuerlichen Förderung von Stiftungen vom 14.07.2000 (BStBl 2000 I S. 1192) hat der Gesetzgeber die steuerlichen Rahmenbedingungen für Stiftungen seinerzeit deutlich verbessert und **zusätzliche** Abzugsmöglichkeiten für Zuwendungen an Stiftungen geschaffen.

Über die allgemeinen Höchstbeträge (siehe Tz. 3.5.2) hinaus war für Zuwendungen an Stiftungen des öffentlichen Rechts und an nach § 5 Abs. 1 Nr. 9 KStG steuerbefreite Stiftungen des privaten Rechts ein weiterer Sonderausgabenabzug bis zu einer Höhe von 20.450 Euro mit Wirkung **ab dem 01.01.2000** steuermindernd möglich (§ 10b Abs. 1 Satz 3 EStG a. F.). Darüber hinaus konnten (zusätzlich) Zuwendungen in den Vermögensstock einer neu gegründeten Stiftung innerhalb eines Zehnjahreszeitraums bei der Einkommen- und Gewerbesteuer bis zur Höhe von 307.000 Euro neben dem allgemeinen Abzugsrahmen und den Zuwendungen nach § 10b Abs. 1 Satz 3 EStG a. F. geltend gemacht werden (§ 10b Abs. 1a EStG a. F.).

3.5.6.1 Abzugsbetrag für Zuwendungen an Stiftungen (§ 10b Abs. 1 Satz 3 EStG)

Der Zusatzhöchstbetrag nach § 10b Abs. 1 Satz 3 EStG ist ab dem 01.01.2007 entfallen. Die Rechtslage zum Zusatzhöchstbetrag ist in Tz. 3.5.4 und Tz. 3.5.4.1 der 8. Auflage dargestellt. Die Änderungen durch das Gesetz vom 10.10.2007 (BGBl 2007 I S. 2332) gelten grundsätzlich rückwirkend für Zuwendungen, die nach dem 31.12.2006 geleistet wurden. Die rückwirkende Versagung des Zusatzhöchstbetrages nach § 10b Abs. 1 Satz 3 EStG a. F. kann bei Zuwendungen an Stiftungen, die in 2007 geleistet wurden, auf Antrag vermieden werden (§ 52 Abs. 24b EStG a. F.; siehe auch BMF vom 18.12.2008, BStBl 2009 I S. 16).

3.5.6.2 Abzugsbetrag für Zuwendungen in das zu erhaltende Vermögen (Vermögensstock) von Stiftungen (§ 10b Abs. 1a EStG)

3.5.6.2.1 Rechtsentwicklung

Mit dem Gesetz zur weiteren steuerlichen Förderung von Stiftungen vom 14.07.2000 (BStBl 2000 I S. 1192) hat der Gesetzgeber seinerzeit mit Wirkung zum 01.01.2000 einen Sonderausgabenabzug für Zuwendungen zum Vermögensstock einer Stiftung des öffentlichen Rechts oder einer nach § 5 Abs. 1 Nr. 9 KStG steuerfrei gestellten Stiftung des privaten Rechts eingeführt. Die Begünstigung **war bis zum 31.12.2006** auf die Dotation von Stiftungskapital zugunsten einer **neu gegründeten Stiftung beschränkt**.

Für den Stifter bestand ab dem 01.01.2000 die Möglichkeit (= das Antragswahlrecht), diese Zuwendungen im Jahr der Zuwendung und in den folgenden neun Jahren bis zu einem Betrag von 307.000 Euro neben den als Sonderausgaben i. S. des § 10b Abs. 1 Satz 3 EStG a. F. abziehbaren Beträgen (zusätzlich) steuerwirksam geltend zu machen. Der Abzugsbetrag für die Dotation einer Stiftung im Gründungsstadium (307.000 Euro) stand einem Steuerpflichtigen innerhalb eines Zehnjahreszeitraums nur einmal zur Verfügung (§ 10b EStG a. F., § 9 Nr. 5 GewStG a. F.). Die Rechtslage bis einschließlich 31.12.2006 ist mit umfangreichen Berechnungsbeispielen in Tz. 3.5.4.2 der 8. Auflage dargestellt.

Mit dem Gesetz zur weiteren Stärkung des bürgerschaftlichen Engagements vom 10.10.2007 (BGBl 2007 I S. 2332) ist der Abzugsbetrag für Zuwendungen in den Vermögensstock von Stiftungen erheblich erweitert worden. Der Abzugsbetrag beträgt für Zuführungen, die nach dem 01.01.2007 in den Vermögensstock einer Stiftung

3.5 Begrenzung des Abzugs für Ausgaben zu steuerbegünstigten Zwecken

fließen, 1 Mio. Euro. Zudem kann der Abzugsbetrag vom Stifter auch für Zuwendungen (Spenden) in den Vermögensstock einer **bereits bestehenden Stiftung** (= Zustiftung) geltend gemacht werden. Das gilt auch für Stiftungen, die vor Inkrafttreten des Änderungsgesetzes gegründet wurden.

Zuwendungen, die zur Begründung oder Verstärkung des Vermögensstocks einer Stiftung gegeben werden, kann der Spender/Stifter nur auf Antrag nach § 10b Abs. 1a EStG abziehen. Stellt der Spender/Stifter keinen Antrag, gelten auch für die Vermögensstockspenden die allgemeinen Regelungen nach § 10b Abs. 1 EStG.

Hat der Spender/Stifter den Antrag für einen Abzug von Vermögensstockspenden nach § 10b Abs. 1a EStG gestellt, kann er diese Spendenbeträge innerhalb eines Zeitraums von 10 Jahren beliebig auf die einzelnen Jahre verteilen. Der Spender/Stifter kann in der Einkommensteuererklärung für das Jahr des Abflusses der Vermögensstockspende beantragen, in welcher Höhe diese nach § 10b Abs. 1a EStG behandelt werden soll. Innerhalb des Zehnjahreszeitraums ist ein Wechsel zwischen § 10b Abs. 1a und § 10b Abs. 1 EStG nicht zulässig.

Vermögensstockspenden, die nicht innerhalb des 10-jährigen Abzugszeitraums nach § 10b Abs. 1a EStG verbraucht wurden, gehen in den allgemeinen unbefristeten Spendenvortrag nach § 10b Abs. 1 EStG über (siehe hierzu BMF vom 18.12.2008, BStBl 2009 I S. 16).

3.5.6.2.2 Voraussetzungen für den Zusatzabzug

Nach § 10b Abs. 1a EStG und § 9 Nr. 5 Satz 9 GewStG sind Zuwendungen in das zu erhaltende Vermögen (**Vermögensstock**) einer Stiftung des öffentlichen Rechts oder der nach § 5 Abs. 1 Nr. 9 KStG steuerfrei gestellten Stiftungen des privaten Rechts begünstigt. Mit der durch das Ehrenamtsstärkungsgesetz vom 21.03.2013 (BGBl 2013 I S. 556) eingefügten Spezifizierung des besonders begünstigten Vermögens als solches, das dauerhaft und ungeschmälert zu erhalten ist, wird eine Abgrenzung zu dem verbrauchbaren Vermögen einer sog. Verbrauchsstiftung (§ 80 Abs. 2 Satz 2 BGB; vgl. Tz. 2.1.4.6) vorgenommen. Zu den begünstigten Zuwendungen gehören Spenden an rechtsfähige (selbständige) und nichtrechtsfähige (unselbständige, fiduziarische) Stiftungen des privaten Rechts (unveröffentlichtes BMF-Schreiben vom 21.03.2000 – IV C 6 – S 0171 – 54/00 – und Schindler, BB 2000 S. 2077) ebenso wie an rechtsfähige und nichtrechtsfähige Stiftungen des öffentlichen Rechts (zu Stiftungen allgemein siehe auch Tz. 2.1.4). Von diesen Begünstigungen sind jedoch sog. „Nennstiftungen" ausgeschlossen; das sind Körperschaften in der Rechtsform des (steuerbegünstigten) Vereins oder der (gemeinnützigen) GmbH, die lediglich den Begriff „Stiftung" in ihrer Firma oder dem Vereinsnamen führen (siehe u. a. Crezelius/Rawert in ZEV 2000 S. 421 m. w. N. und unter Tz. 2.1.4). Ebenfalls ausgeschlossen sind Spenden in das verbrauchbare Vermögen einer Stiftung (§ 10b Abs. 1a Satz 2 EStG; siehe auch § 80 Abs. 2 Satz 2 BGB).

Für Zuwendungen an eine Stiftung des privaten Rechts verlangt das Gesetz ausdrücklich, dass die Stiftung nach § 5 Abs. 1 Nr. 9 KStG steuerbefreit sein muss. Zuwendungen an Stiftungen des öffentlichen Rechts sind nach dem Wortlaut des Gesetzes auch dann begünstigt, wenn die Stiftung des öffentlichen Rechtes nicht ausdrücklich nach § 5 Abs. 1 Nr. 9 KStG steuerbefreit ist. In Bezug auf Zuwendungen in den Vermögensstock einer Stiftung des öffentlichen Rechts gelten die allgemeinen Grundsätze für Zuwendungen an juristische Personen des öffentlichen Rechts sinngemäß (vgl. dazu Tz. 3.2.1).

3 Steuerlicher Spendenabzug

Durch das Gesetz zur Umsetzung steuerlicher EU-Vorgaben sowie zur Änderung steuerlicher Vorschriften vom 08.04.2010 (BGBl 2010 I S. 386) sind die besonderen Vergünstigungen für Zuwendungen in den Vermögensstock von Stiftungen auf Zuwendungen in den Vermögensstock einer in einem EU-/EWR-Staat belegenen Stiftung des öffentlichen Rechts oder einer im Inland weder unbeschränkt noch beschränkt steuerpflichtigen EU-/EWR-Stiftung des privaten Rechts ausgedehnt worden (siehe hierzu auch Tz. 3.2.2).

Der zusätzliche Sonderausgabenabzug nach § 10b Abs. 1a EStG bzw. § 9 Nr. 5 Satz 9 GewStG kann nur von natürlichen Personen in Anspruch genommen werden. Im Rahmen der Einkommensermittlung für **Körperschaften** ist dieser Abzugsbetrag **nicht vorgesehen.** Der Gesetzgeber hat gezielt in § 9 Abs. 1 Nr. 2 KStG auf eine entsprechende Abzugsmöglichkeit verzichtet.

Die Absichten des Gesetzgebers werden durch die Regelungen in § 9 Nr. 5 Satz 9 GewStG verdeutlicht. Eine Gewerbesteuerentlastung tritt bezüglich des Sonderabzuges für Zuwendungen in den Vermögensstock einer Stiftung nur für Einzelunternehmer und Personengesellschaften ein. Die Formulierung im Gewerbesteuergesetz sieht aber keine Beschränkung auf der Ebene der Personengesellschaft vor, soweit an ihr Körperschaften beteiligt sind.

Für Zuwendungen in den Vermögensstock ist seit dem 01.01.2007 die Begrenzung der Begünstigung auf **Zuwendungen in Neugründungsfällen entfallen.** Der Abzugsbetrag nach § 10b Abs. 1a EStG, § 9 Nr. 5 Satz 9 GewStG gilt damit auch für Dotationsspenden an bereits bestehende Stiftungen (insbesondere auch an Stiftungen, die bereits vor Inkrafttreten des Gesetzes zur weiteren Stärkung des bürgerschaftlichen Engagements vom 10.10.2007 gegründet waren, § 10b Abs. 1a EStG; BT-Drucksache 16/5200 S. 16 f.).

Um die Vorteile des Sonderabzugsbetrages nach § 10b Abs. 1a EStG in Anspruch nehmen zu können, muss der (Zu-)Stifter die Zuwendung in den Vermögensstock einer Stiftung in seiner Einkommen- oder Gewerbesteuererklärung getrennt von den übrigen Zuwendungen nachweisen. Eine Stiftung hat daher in den **Zuwendungsbestätigungen** entsprechende Angaben zu machen. Ich verweise hierzu auf die im Anhang 3 abgedruckten amtlichen Muster für Zuwendungsbestätigungen.

Zuwendungen in den Vermögensstock einer Förderstiftung (einer Stiftung, die sich ganz oder teilweise auf die Sammlung und Weitergabe von Mitteln i. S. des § 58 Nr. 1 AO beschränkt) sind nach § 10b Abs. 1a EStG, § 9 Nr. 5 Satz 9 GewStG ebenfalls begünstigt.

3.5.6.2.3 Antragsrecht des (Zu-)Stifters

Auf Antrag des (Zu-)Stifters kann der seit dem 01.01.2007 geltende (Sonder-)Abzugshöchstbetrag i. H. von 1 Mio. Euro als steuermindernde Sonderausgabe entweder im (Abfluss-)Jahr der Zuwendung selbst oder in den folgenden 9 Veranlagungszeiträumen geltend gemacht werden. Ein im Jahr der Zuwendung oder den folgenden Veranlagungszeiträumen verbleibendes Abzugsvolumen ist durch das zuständige Wohnsitzfinanzamt des Spenders gesondert festzustellen. Es gilt insoweit § 10d Abs. 4 EStG sinngemäß (§ 10b Abs. 1a Satz 4 EStG).

Wie oben angesprochen, sind Zuwendungen in den Vermögensstock einer Stiftung grundsätzlich im Rahmen des allgemeinen Höchstbetrages des § 10b Abs. 1 EStG abzugsfähig. Zuwendungen, die sich im Jahr des Abflusses beim Spender im Rahmen der Höchstbeträge nach § 10b Abs. 1 EStG steuerlich nicht auswirken, sind seit dem 01.01.2007 ohne Einschränkungen (weder hinsichtlich der Höhe noch in Bezug

3.5 Begrenzung des Abzugs für Ausgaben zu steuerbegünstigten Zwecken

auf die Anzahl der Vortragsjahre) **auf die Folgeveranlagungsjahre vortragsfähig.** Das bedeutet, dass die mit einer Zuwendung an steuerbegünstigte Körperschaften verbundene Steuerminderung in (fast) jedem Fall (irgendwann) eintreten wird. Diese Grundaussage muss insoweit eingeschränkt werden, als nicht ausgeschöpfte Spendenvorträge auf den Erben nicht übertragen werden (vgl. BFH-Urteil vom 21.10.2008 X R 44/05, BFH/NV 2009 S. 375) und auch Änderungen im Steuerrecht (Steuersatz, Progression etc.) sich nicht übersehen lassen. Der Sonderabzugsbetrag führt im Ergebnis dazu, dass die Steuervorteile aus der Zuwendung in den Vermögensstock einer Stiftung zu einem vom Spender selbst bestimmten Zeitpunkt (= Antragsrecht) steuerwirksam eingesetzt werden können.

3.5.6.2.4 Abzug bei Ehegatten

Nach dem Wortlaut des § 10b Abs. 1a EStG kann der Abzugshöchstbetrag von jedem Steuerpflichtigen i. H. von 1 Mio. Euro innerhalb von 10 Jahren (nur) einmal in Anspruch genommen werden. Während es sich dabei bis zum 31.12.2012 um einen personengebundenen Höchstbetrag handelte, der bei nach §§ 26, 26b EStG zusammenveranlagten Ehegatten für jeden Ehegatten persönlich galt, wurde die Abzugsmöglichkeit mit dem Ehrenamtsstärkungsgesetz vom 21.03.2013 (BGBl 2013 I S. 556) für zusammenveranlagte Ehegatten mit Wirkung ab dem 01.01.2013 insoweit weiterentwickelt, als nunmehr ein gemeinsamer Höchstbetrag von 2 Mio. Euro besteht (siehe bereits unter Tz. 3.5.1).

Diese Regelung trägt gleichsam zu einer Erleichterung des Prüfungs- und Veranlagungsverfahrens bei, da der Nachweis, wem das Vermögen vor der maßgeblichen Zuwendung zuzurechnen war, damit entfällt.

3.5.6.2.5 Bestimmung des Abzugszeitraums (10 Jahre)

Der in § 10b Abs. 1a Satz 1 EStG angesprochene **Zehnjahreszeitraum** beginnt mit dem Veranlagungszeitraum der jeweiligen Zuwendung(en), wobei jede weitere Zuwendung in einem folgenden Veranlagungszeitraum den Beginn eines neuen Zehnjahreszeitraums begründet.

Der Sonderabzugsbetrag wird allgemein für Zuwendungen in das zu erhaltende Vermögen (Vermögensstock) von Stiftungen gewährt. Der Steuerpflichtige kann daher innerhalb eines Zehnjahreszeitraums den Sonderabzug für Zuwendungen beantragen, die er in den Vermögensstock verschiedener steuerbegünstigter Stiftungen geleistet hat. Für die Überwachung der Zehnjahresfrist ist das Wohnsitzfinanzamt des Stifters zuständig.

Der Abzugsbetrag von 1 Mio. Euro bzw. bei nach den §§ 26, 26b EStG zusammenveranlagten Ehegatten i. H. von 2 Mio. Euro bezieht sich auf einen zusammenhängenden Zehnjahreszeitraum und kann der Höhe nach innerhalb dieses Zeitraums nur einmal in Anspruch genommen werden (§ 10b Abs. 1a Satz 3 EStG). Bis zum 31.12.2006 waren Zuwendungen in den Vermögensstock auf Neugründungsfälle beschränkt und innerhalb der bis zu diesem Zeitpunkt gültigen Zehnjahresfrist nur bis zu einer Höhe von 307.000 Euro abzugsfähig. Die Erhöhung des Abzugsbetrages seit dem 01.01.2007 führt nicht dazu, dass sich der Spendenrahmen für Stiftungsdotationen, die beim Spender bis zum 31.12.2006 abgeflossen sind, nachträglich erweitert (siehe auch BMF vom 18.12.2008, BStBl 2009 I S. 16).

3 Steuerlicher Spendenabzug

Beispiel:
Die wegen Förderung der Bildung als gemeinnützig anerkannte A-Stiftung erlangte als selbständige Stiftung mit Überreichung der Anerkennungsurkunde am 02.05.2006 die Rechtsfähigkeit.

Der Stifter hat der Stiftung noch im Mai 2006 die im Stiftungsgeschäft zugesagte Zahlung in den Vermögensstock i. H. von 1 Mio. € überwiesen.

Der Stifter konnte einen Teil der Zuwendungen an die Stiftung im Rahmen des allgemeinen Spendenhöchstbetrages (§ 10b Abs. 1 EStG a. F. i. H. von 5 % des Gesamtbetrages seiner Einkünfte) sowie des Zusatzhöchstbetrages i. H. von 20.450 € (§ 10b Abs. 1 Satz 3 EStG a. F.) abziehen. Da nach den bisherigen Regelungen für Zuwendungen zur Förderung der Bildung der Großspendenrücktrag oder -vortrag nicht in Betracht kam, hat er beantragt, den Rest im Rahmen des Sonderabzugsbetrages nach § 10b Abs. 1a EStG a. F. (bis zu 307.000 €) als Sonderausgabe abzuziehen.

Für die weitere Darstellung soll davon ausgegangen werden, dass der Stifter nach § 10b Abs. 1 Satz 1 EStG a. F. 9.550 € und zusätzlich 20.450 € nach § 10b Abs. 1 Satz 3 EStG a. F. als Sonderausgaben abziehen konnte.

Für einen Teil der „restlichen" Stiftungsspende (= 970.000 €) beantragt er für den VZ 2006 den Sonderabzugsbetrag i. H. von 100.000 € nach § 10b Abs. 1a EStG a. F. Die restlichen Abzugsbeträge sollen nach seiner Vorstellung in den VZ 2007 ff. abgezogen werden.

Die Zuwendungen sind in 2006 an die Stiftung abgeflossen. Diese Zuwendungen unterliegen damit in vollem Umfang den Spendenregelungen, die bis zum 31.12.2006 Geltung hatten (§ 10b Abs. 1a EStG a. F.).

Die Stiftung fördert Bildungszwecke i. S. des § 52 Abs. 2 AO. Die Großspendenregelung „alter Art" (der Spendenrück- oder -vortrag) ist für diese Zuwendungen ausgeschlossen. Die in 2006 nach § 10b Abs. 1 EStG nichtabzugsfähigen Beträge kann der Steuerpflichtige daher in 2007 ff. (= bis längstens zum VZ 2015) nur bis zur Höhe von 207.000 € abziehen – diesen Betrag hat das Finanzamt gesondert festzustellen (§ 10b Abs. 1a EStG a. F. i. V. m. § 10d Abs. 4 EStG).

Im Ergebnis bleibt es damit auch nach der Erweiterung des Sonderabzugsbetrages nach § 10b Abs. 1a EStG ab dem 01.01.2007 für die in 2006 bei A abgeflossenen Stiftungsspenden bei der Beschränkung des maximal möglichen Abzugs nach Maßgabe der Regelungen in § 10b Abs. 1a EStG a. F.

Der Sonderabzugsbetrag des § 10b Abs. 1a EStG kann innerhalb eines Zehnjahreszeitraums nur einmal in Anspruch genommen werden. Hat ein Steuerpflichtiger bereits den Sonderabzugsbetrag nach dem bis zum 31.12.2006 geltenden Recht ganz oder teilweise in Anspruch genommen, so kann er für Zuwendungen in den Vermögensstock einer Stiftung, die bei ihm nach dem 31.12.2006 abfließen, den Sonderabzug nur in Höhe der Differenz zwischen dem bis zu diesem Zeitpunkt geltend gemachten Abzugsbetrag (höchstens 307.000 Euro) und dem neuen Höchstbetrag von 1 Mio. Euro geltend machen. Die Begrenzung der Höhe nach auf die Differenz zwischen dem neuen Höchstbetrag und dem Betrag nach altem Recht gilt für die „Restlaufzeit" der 10-Jahres-Frist, die mit der erstmaligen Zuwendung (und i. d. R. gleichzeitigen – ggf. teilweisen – Inanspruchnahme des Sonderabzugsbetrages nach altem Recht) zu laufen begonnen hat. Für den Differenzbetrag gilt ein eigenständiger 10-Jahres-Zeitraum (siehe hierzu das Beispiel im BMF-Schreiben vom 18.12.2008, BStBl 2009 I S. 16).

(Erst) nach Ablauf der 10-Jahres-Frist für den Differenzbetrag steht für den Steuerpflichtigen der Sonderabzugsbetrag in voller Höhe wieder für einen neuen 10-Jahres-Zeitraum zur Verfügung.

Beispiel (Fortsetzung des o. a. Beispiels)**:**
Der Steuerpflichtige hat seine Stiftung in 2010 mit einer weiteren Zuwendung in den Vermögensstock i. H. von 1 Mio. € bedacht. Den Sonderabzugsbetrag für die Stif-

3.5 Begrenzung des Abzugs für Ausgaben zu steuerbegünstigten Zwecken

tungsdotation in 2006 i. H. von 307.000 € hat A in 2007 und 2008 in vollem Umfang in Anspruch genommen.
In 2010 und 2011 erzielt er jeweils einen Gesamtbetrag der Einkünfte i. H. von 250.000 €. In 2010 und in 2011 hat er keine weiteren Zuwendungen i. S. des § 10b EStG geleistet. Der Steuerpflichtige stellt den Antrag, von den Vermögensstockspenden insgesamt 800.000 € nach § 10b Abs. 1a EStG zu behandeln, und beantragt den Sonderabzug nach § 10b Abs. 1a EStG für 2010 und 2011 jeweils i. H. von 180.000 €.
Die Berechnung der abzugsfähigen Zuwendungen für 2010 und 2011 ist nachfolgend dargestellt.

Einkommensteuerveranlagung 2010
Berechnung des Sonderausgabenabzugsbetrages für die Vermögensstockspenden nach § 10b Abs. 1a EStG für 2010:

Abzugsbetrag (max.) für 2010		1.000.000 €
mit Zuwendung des Jahres 2006 bereits verbraucht		./. 307.000 €
in den Jahren bis 2015 abziehbar		693.000 €
in den Jahren bis 2019 abziehbar		307.000 €
von den Vermögensstockspenden 2010 (= 1.000.000 €) sind auf Antrag des Steuerpflichtigen nur 800.000 € nach § 10b Abs. 1a EStG zu behandeln		
davon Verbrauch bis 2015 max.	693.000 €	693.000 €
Restbetrag bis 2019	307.000 €	
der Steuerpflichtige stellt in 2010 den Antrag, 180.000 € nach § 10b Abs. 1a EStG abzuziehen		./. 180.000 €

gesonderte Feststellung des verbleibenden Abzugsbetrages nach § 10b Abs. 1a EStG im Rahmen der ESt-Veranlagung für **2010:**

verbleibender Abzugsbetrag bis einschl. VZ 2015	513.000 €
Abzugsbetrag i. H. von in den VZ 2016 bis 2019	307.000 €

Berechnung des Sonderausgabenabzugs nach § 10b Abs. 1 EStG für 2010:
20 % des Gesamtbetrages der Einkünfte

20 % von 250.000 €	50.000 €
Summe der Zuwendungen i. S. des § 10b Abs. 1 EStG in 2010	200.000 €
(der Steuerpflichtige hat die Behandlung der Vermögensstockspende mit 200.000 € nach § 10b Abs. 1 EStG beantragt)	
abziehbar	./. 50.000 €
verbleibender Betrag	150.000 €

gesonderte Feststellung des verbleibenden Abzugsbetrages nach § 10b Abs. 1 EStG im Rahmen der ESt-Veranlagung für **2010:**	150.000 €

Einkommensteuerveranlagung 2011
Berechnung des Sonderausgabenabzugsbetrages für die Vermögensstockspenden nach § 10b Abs. 1a EStG für 2011:

3 Steuerlicher Spendenabzug

Ausgangswert:
gesonderte Feststellung des verbleibenden Abzugsbetrages nach § 10b Abs. 1a EStG im Rahmen der ESt-Veranlagung 2010:

verbleibender Abzugsbetrag
bis einschl. VZ 2015
513.000 €

Abzug in 2011:
Abzug lt. Antrag des Steuerpflichtigen für 2011 ./. 180.000 €
verbleiben 333.000 €

---

gesonderte Feststellung des verbleibenden Abzugsbetrages nach § 10b Abs. 1a EStG im Rahmen der ESt-Veranlagung für **2011:**

verbleibender Abzugsbetrag bis einschl. VZ 2015	333.000 €
Abzugsbetrag i. H. von	307.000 €
in den VZ 2016 bis 2019	

Berechnung des Sonderausgabenabzugs nach § 10b Abs. 1 EStG für 2011:
20 % des Gesamtbetrages der Einkünfte

20 % von 250.000 €   50.000 €

Summe der Zuwendungen i. S. des § 10b Abs. 1   0 €
EStG in 2011
Vortrag nach § 10b Abs. 1 EStG aus 2010   150.000 €   150.000 €
(der Steuerpflichtige hat die Behandlung der Vermögensstockspende in 2010 mit 200.000 € nach § 10b Abs. 1 EStG beantragt)
abziehbar   ./. 50.000 €

verbleibender Betrag   100.000 €

---

gesonderte Feststellung des verbleibenden Abzugsbetrages nach § 10b Abs. 1 EStG im Rahmen der ESt-Veranlagung für **2011:**   100.000 €

3.5.6.2.6 Folge von Fehlverwendungen

Zuwendungen i. S. des § 10b Abs. 1a EStG liegen nur vor, wenn diese Mittel in das zu erhaltende Vermögen („Vermögensstock") der Stiftung geleistet werden. Hiermit ist das Vermögen angesprochen, das der Stiftung mit der Auflage übertragen wird, es dauerhaft ertragbringend anzulegen, um mit den erzielten Erträgen nachhaltig die Satzungszwecke zu verwirklichen (siehe auch Lex in DStR 2000 S. 1939). Daher sieht auch das amtliche Muster einer Zuwendungsbestätigung für Zuwendungen i. S. des § 10b Abs. 1a EStG (siehe Anhang 3) ausdrücklich entsprechende Bestätigungen dahingehend vor, dass der Spender gezielt Zuwendungen in das zu erhaltende Vermögen (Vermögensstock) vorgenommen hat und es sich nicht um eine Zuwendung in das verbrauchbare Vermögen einer Stiftung handelt. Eine Verwendung dieser Mittel für die laufende Geschäftsführung, also z. B. auch für den Einsatz bzw. Verbrauch dieser Mittel für satzungsmäßige Zwecke der Stiftung, wäre eine schädliche Verwendung in diesem Sinne. Eine Fehlverwendung in diesem Sinne löst dann grundsätzlich den Haftungstatbestand i. S. des § 10b Abs. 4 EStG aus.

Als Fehlverwendung ist auch einzustufen, wenn eine Förderstiftung (zum Begriff Förderstiftung siehe oben) Mittel, die ihr für den zu erhaltenden Vermögensstock zugewendet wurden, auf eine andere steuerbegünstigte Körperschaft übertragen würde (auch dann, wenn diese Mittel dort dem Dauervermögen zugeordnet würden). Die Weiterleitung von laufenden Erträgen der Förderstiftung ist unschädlich.

Zu den Fragestellungen bei Zuwendungen in den Vermögensstock einer (fiduziarischen) Verbrauchsstiftung verweise ich auf Wallenhorst in DStR 2002 S. 984.

3.6 Einzelfragen zu den Abzugsbeträgen

Sind die Aufwendungen eines Unternehmens als Spenden zu qualifizieren (vgl. Tz. 3.3.2.8), so sind sie auch, wenn für die Zuwendung ein betrieblicher Nebenanlass besteht, nur in Höhe der in den § 10b EStG, § 9 Abs. 1 Nr. 2 KStG, § 9 Nr. 5 GewStG festgelegten Höchstgrenzen abziehbar (siehe auch BFH vom 25.11.1987 I R 126/85, BStBl 1988 II S. 220).

Religionsgemeinschaften, die mindestens in einem Bundesland als juristische Person des öffentlichen Rechts anerkannt sind, können grundsätzlich Kirchensteuern erheben. Vielfach verzichten sie jedoch darauf. **Beiträge** der Mitglieder dieser Religionsgemeinschaften sind wie gezahlte Kirchensteuer als Sonderausgaben nach § 10 Abs. 1 Nr. 4 EStG abzuziehen (vgl. R 10.7 EStR und H 10.7 EStH). Leisten Mitglieder über ihren Beitrag hinaus freiwillige Zuwendungen an die Religionsgemeinschaft, sind diese bei Vorliegen der sonstigen Voraussetzungen (insbesondere Vorliegen einer ordnungsgemäßen Zuwendungsbestätigung, vgl. Anhang 3) als Spende im Rahmen des § 10b EStG abzugsfähig.

In § 10b Abs. 2 EStG i. V. m. § 34g EStG ist der Abzug von Ausgaben zu **staatspolitischen Zwecken** – Parteispenden – geregelt. Staatspolitische Zwecke in diesem Sinne sind Mitgliedsbeiträge und Spenden an politische Parteien i. S. des § 2 PartG. Zuwendungen an **unabhängige Wählergemeinschaften** sind nur nach § 34g EStG begünstigt.

Zur Spenden-Höchstbetragsberechnung bei Einkünften aus einer **Organschaft** nimmt die Finanzverwaltung in R 47 Abs. 5 KStR und H 47 KStH Stellung (siehe hierzu auch BFH vom 23.01.2002 XI R 95/97, BStBl 2003 II S. 9).

Bei **Kreditinstituten** ist zur Bestimmung der Summe der Umsätze auf die Entgelte für die Kreditgewährung abzustellen und nicht auf die Summe der Kredite, Schecks und Wechselgeschäfte (BFH vom 04.12.1996 I R 151/93, BStBl 1997 II S. 327).

3.7 Vertrauensschutz für den Spender

Der Spender muss seinem Finanzamt nachweisen, dass die Voraussetzungen für einen Abzug der Zuwendungen erfüllt sind. Der Nachweis muss sich dabei darauf erstrecken, dass der Empfänger entweder eine juristische Person des öffentlichen Rechts oder öffentliche Dienststelle oder **eine nach § 5 Abs. 1 Nr. 9 KStG steuerbefreite Körperschaft ist** und die Spende für deren steuerbegünstigte satzungsmäßige

3 Steuerlicher Spendenabzug

Zwecke verwendet wird (vgl. BFH vom 19.03.1976 VI R 72/73, BStBl 1976 II S. 338). Die Vorschrift erfasst nicht Gestaltungen, in denen die Bestätigung zwar inhaltlich unrichtig ist, der darin ausgewiesene Sachverhalt aber ohnehin keinen Spendenabzug rechtfertigt (BFH vom 05.04.2006 I R 20/05, BStBl 2007 II S. 450). Um eine nach § 5 Abs. 1 Nr. 9 KStG steuerbegünstigte Körperschaft handelt es sich, wenn diese die Voraussetzungen für Steuervergünstigungen i. S. der §§ 51 bis 68 AO erfüllt (vgl. Tz. 4.1 f.).

Diesen Nachweis hat der Spender durch eine den von der Finanzverwaltung geforderten Voraussetzungen entsprechende Zuwendungsbestätigung zu führen (siehe R 10b.1 EStR, Anhang 3, sowie Tz. 3.9).

Hinweis: Zuwendungsbestätigungen, in denen das angegebene Datum des Steuerbescheides (Freistellungsbescheides bzw. KSt-Bescheides nebst Anlage) länger als 5 Jahre bzw. das Datum der gültigen vorläufigen Bescheinigung oder der Feststellung nach § 60a Abs. 1 AO länger als 3 Jahre seit dem Tag der Ausstellung der Spendenbestätigung zurückliegt, werden von der Finanzverwaltung grundsätzlich nicht als ausreichender Nachweis für den Spendenabzug anerkannt (§ 63 Abs. 5 AO). Sie können jedoch im Hinblick auf die Vertrauensschutzregelung des § 10b Abs. 4 Satz 1 EStG (§ 9 Abs. 3 Satz 1 KStG, § 9 Nr. 5 Satz 13 GewStG) letztmalig noch bei der Veranlagung für das Kalenderjahr, für das sie vorgelegt worden sind, berücksichtigt werden. In diesem Fall weist das zuständige Finanzamt den Steuerpflichtigen darauf hin, dass künftig Spendenbestätigungen steuerbegünstigter Körperschaften nur noch dann als ausreichender Spendennachweis anerkannt werden, wenn das in der Spendenbestätigung angegebene Datum des Steuerbescheides nicht länger als 5 Jahre bzw. das Datum der gültigen vorläufigen Bescheinigung oder der Feststellung nach § 60a Abs. 1 AO nicht länger als 3 Jahre seit dem Tag der Ausstellung der Spendenbestätigung zurückliegt. Eine letztmalige Anerkennung der Spendenbestätigungen aus Vertrauensschutzgründen kommt nicht in Betracht, wenn das Finanzamt Spendenbestätigungen aus dem vorgenannten Grund bereits in der Vergangenheit beanstandet und den Steuerpflichtigen entsprechend unterrichtet hat.

Für den **gutgläubigen Spender** besteht eine gesetzliche Vertrauensschutzregelung. Die steuermindernde Wirkung einer Spende oder des Mitgliedsbeitrages bleibt dem gutgläubigen Spender grundsätzlich auch dann erhalten, wenn der Spendenempfänger die Spende oder den abzugsfähigen Mitgliedsbeitrag zweckwidrig verwendet (vgl. § 10b Abs. 4 EStG, § 9 Abs. 3 KStG, § 9 Nr. 5 GewStG). Das Vertrauen des Spenders in die Richtigkeit des gesamten Inhalts der Spendenbestätigung ist geschützt (Geserich in Kirchhof/Söhn/Mellinghoff, Kommentar zum EStG, § 10b Rdnr. E 6). Das betrifft die Angaben, die in dem amtlich vorgeschriebenen Vordruck einer Zuwendungsbestätigung zu machen sind (vgl. die mit BMF vom 07.11.2013, BStBl 2013 I S. 1333, veröffentlichten verbindlichen Muster; Hinweis hierzu auch auf Tz. 3.9 sowie Anhang 3). Damit sind insbesondere Angaben zur Person des Zuwendenden (Spenders), zur Art und Höhe sowie zum Zeitpunkt der Zuwendung angesprochen. Ebenso die Aussage, dass bzw. ob es sich bei dem bestätigten Betrag um eine Spende oder einen Mitgliedsbeitrag handelt. Darüber hinaus betrifft dies auch Angaben dazu, dass der Aussteller zum Kreis der spendenempfangsberechtigten Körperschaften gehört mit Hinweisen zu seiner Körperschaftsteuerbefreiung sowie Aussagen, zu welchem Zweck die Zuwendung verwendet werden wird.

3.7 Vertrauensschutz für den Spender

Die Bestätigung bezweckt, den Abzug bestimmter Beträge als Spende oder Mitgliedsbeitrag zu ermöglichen. Damit wird zwangsläufig zum Ausdruck gebracht, dass der Betrag als Spende oder Mitgliedsbeitrag empfangen worden ist. Danach sind alle Beträge, die in einer Zuwendungsbestätigung angegeben sind, als Spenden- oder Mitgliedsleistung ausgewiesen und nehmen an der Richtigkeitsgewähr und damit an der Vertrauensschutzregelung des § 10b Abs. 4 Satz 1 EStG teil. Weist die Bestätigung bestimmte Beträge, die keine Spenden oder Mitgliedsbeiträge sind, als solche aus (z. B. wegen des entgeltlichen Charakters der Zuwendung), ist die Bestätigung unrichtig. Der BFH hat daher in seinem Urteil vom 12.08.1999 (XI R 65/98, BStBl 2000 II S. 65, betr. die Qualifizierung von Schulgeldzahlungen als Spende oder Leistungsentgelt) ausdrücklich festgehalten, dass sich der Vertrauensschutz auf die zutreffende Qualifizierung einer Zahlung als Spende erstreckt und dass das Wohnsitz-Finanzamt bei der Einkommensteuerveranlagung des Spenders u. a. nicht die Frage der Unentgeltlichkeit zu prüfen habe.

Der Spender (Beitragszahler) kann nur **dann nicht auf die Richtigkeit der ihm ausgestellten Bestätigung** und damit auf die steuermindernde Wirkung der **Zuwendung vertrauen,** wenn er selbst

a) die Bestätigung durch unlautere Mittel oder durch falsche Angaben erwirkt hat oder

b) ihm die Unrichtigkeit der Bestätigung bekannt oder infolge grober Fahrlässigkeit nicht bekannt war.

So hat der BFH z. B. in seinem Urteil vom 02.08.2006 (XI R 6/03, BStBl 2007 II S. 8) deutlich gemacht, dass der Vertrauensschutz nicht greift, wenn der Steuerpflichtige die Unrichtigkeit der Bestätigung gekannt oder grob fahrlässig nicht erkannt hat. Dabei sind nach Ansicht des BFH die individuellen Maßstäbe entscheidend. Es genügt nicht, dass der Steuerpflichtige die tatsächlichen Umstände kennt, die zur Rechtswidrigkeit der Bestätigung geführt haben. Er muss das – wenn auch laienhafte – Bewusstsein von der Rechtswidrigkeit der Bestätigung selbst gehabt haben. Maßgebender Zeitpunkt für die Kenntnis der Unrichtigkeit der Bestätigung ist die Einreichung der Steuererklärung.

Als unlautere Mittel im vorgenannten Sinne sind in Anlehnung an § 130 Abs. 2 Nr. 2 AO z. B. die arglistige Täuschung, Drohung und Bestechung einzustufen. Falsche Angaben liegen vor, wenn der Spender die für den Spendenabzug maßgebenden Tatsachen unrichtig oder unvollständig darstellt.

In diesem Zusammenhang wird insbesondere darauf hingewiesen, dass bei der Zuwendung einer Sachspende in der Zuwendungsbestätigung der Wert des überlassenen Gegenstandes seitens der Körperschaft genau anzugeben ist und der Spender der Empfängerkörperschaft Unterlagen zur Wertbestimmung überlassen muss (vgl. auch Tz. 9 im BMF-Schreiben vom 02.06.2000, BStBl 2000 I S. 592). Eine Zuwendungsbestätigung ist unrichtig, wenn der Wert einer Sachzuwendung zu hoch angegeben wird. Hat der Spender die für die Wertfindung maßgebenden Tatsachen falsch oder unvollständig angegeben, kann er keinen Vertrauensschutz aus der erstellten Zuwendungsbestätigung ableiten.

Maßgebender Zeitpunkt für die Kenntnis der Fehlerhaftigkeit der Bestätigung ist die Abgabe der jeweiligen Steuererklärung, also der Zeitpunkt, zu dem die Steuerminderung aus der Zuwendung geltend gemacht wird (siehe auch OFD Frankfurt a. M. vom 15.12.2003, DStR 2004 S. 772).

Wird einem Spender/Beitragszahler die Unrichtigkeit der Bestätigung nicht bzw. erst nach diesem Zeitpunkt bekannt, greift der Vertrauenstatbestand. Der Spender kann auch dann auf die Richtigkeit der Bestätigung vertrauen, wenn die Empfängerkörperschaft die Steuervergünstigung und die Berechtigung zum Spendenempfang rückwirkend verliert.

Widerruft der Aussteller eine unrichtige Zuwendungsbestätigung, bevor der Spender seine Steuererklärung mit der (unrichtigen) Bestätigung bei seinem Finanzamt abgegeben hat, besteht kein Vertrauensschutz.

Ist ein Spender nach den vorstehenden Kriterien als bösgläubig einzustufen, kann die Spende (der Beitrag) bei ihm steuerlich **nicht** abgezogen werden. Ist eine Veranlagung unter Einbeziehung des Spendenabzugs bereits durchgeführt, ist der Steuerbescheid – soweit nach den allgemeinen verfahrensrechtlichen Voraussetzungen möglich – zu berichtigen (so auch BFH vom 02.08.2006, a. a. O.). Die Haftung nach § 10b Abs. 4 Satz 2 EStG, § 9 Abs. 3 Satz 2 KStG, § 9 Nr. 5 Satz 14 GewStG greift in diesen Fällen nicht.

Für den Fall, dass der Spender den zunächst zugewendeten Betrag zurückerhält, ist er verpflichtet, seine Steuererklärung zu berichtigen (§ 153 Abs. 1 Nr. 1, Abs. 2 AO). Die Vertrauensschutzregelung steht einer Rückabwicklung des Spendenabzugs nach § 173 Abs. 1 Nr. 1, § 175 Abs. 1 Nr. 2 AO insoweit nicht entgegen (so Geserich in Kirchhof/Söhn/Mellinghoff, Kommentar zum EStG, § 10b Rdnr. E 22).

3.8 Haftung des Spendenempfängers

3.8.1 Allgemeines

Der Gesetzgeber hat als Gegengewicht dazu, dass der Steuerpflichtige grundsätzlich von der Richtigkeit der ihm ausgehändigten Zuwendungsbestätigung ausgehen kann (§ 10b Abs. 4 Satz 1 EStG, § 9 Abs. 3 Satz 1 KStG, § 9 Nr. 5 Satz 13 GewStG), mit den Regelungen in § 10b Abs. 4 Satz 2 EStG, § 9 Abs. 3 Satz 2 ff. KStG, § 9 Nr. 5 Satz 14 ff. GewStG einen Haftungstatbestand für den Aussteller einer Zuwendungsbestätigung bzw. für denjenigen, der eine unrichtige Verwendung der in der Zuwendungsbestätigung ausgewiesenen Beträge veranlasst, geschaffen. Danach haftet für die entgangene Einkommensteuer, wer vorsätzlich oder grob fahrlässig eine unrichtige Bestätigung ausstellt oder veranlasst, dass Zuwendungen nicht zu den in der Bestätigung angegebenen steuerbegünstigten Zwecken verwendet werden. Durch das Ehrenamtsstärkungsgesetz vom 21.03.2013 (BGBl 2013 I S. 556) wurde die Veranlasserhaftung (siehe Tz. 3.8.2.2) durch den Wegfall des Wortes „wer" innerhalb der § 10b Abs. 4 Satz 2 EStG, § 9 Abs. 3 Satz 2 KStG sowie § 9 Nr. 5 Satz 14 GewStG mit Wirkung ab dem 01.01.2013 an den Grad des Verschuldens der handelnden Personen geknüpft. Während bis zu diesem Zeitpunkt das Vorliegen einfacher Fahrlässigkeit für die Haftungsinanspruchnahme ausreichend war, muss nunmehr vorsätzlich oder zumindest grob fahrlässig über die zweckwidrige Verwendung der Zuwendung entschieden worden sein. Die Lockerung der Verschuldensfrage ist gerade für unberatene und kleine Vereine zu begrüßen, da die Verantwortlichen beispielsweise bei der Abgrenzung eines durch die Körperschaft unterhaltenen Zweckbetriebes nach Maßgabe der §§ 65 bis 68 AO von einem steuerpflichtigen wirtschaftlichen Geschäftsbetrieb nach § 64 AO häufig vor größere Probleme gestellt wurden (so auch Emser in NWB 13/2013 S. 916). Mit der Änderung ist ein Hemmnis zur Ausübung ehrenamtlicher Tätigkeit für Organmitglieder entfallen, da eine etwaige Inanspruchnahme nunmehr einheitlich das Bestehen eines Vorsatzes oder grober Fahrlässigkeit voraussetzt. Der Haftungsbetrag ist mit 30 % des zugewendeten Betrages anzusetzen.

3.8 Haftung des Spendenempfängers

Eine damit übereinstimmende Haftungsregelung für Zuwendungen von Körperschaften ist in § 9 Abs. 3 Satz 2 KStG festgelegt. Soweit Zuwendungen aus einem Gewerbebetrieb betroffen sind, greift ein (zusätzlicher) Haftungsanspruch nach Maßgabe des § 9 Nr. 5 Satz 14 ff. GewStG i. H. von 15 %.

Das Finanzamt, das für die Besteuerung der Empfängerkörperschaft zuständig ist, ist auch für den Erlass eines Haftungsbescheides i. S. des § 10b Abs. 4 Satz 2 EStG zuständig (siehe dazu u. a. OFD Frankfurt a. M. vom 27.05.1994, ESt-Kartei der OFD Frankfurt zu § 10b EStG F. 1 Karte 16). Die Prüfung dieser Haftungsfrage muss erfolgen, sobald dem betreffenden Finanzamt Hinweise auf unrichtig ausgestellte Zuwendungsbestätigungen oder eine Fehlverwendung von Spenden und Mitgliedsbeiträgen bekannt werden. Der Einstieg in eine entsprechende Prüfung hat spätestens dann zu erfolgen, wenn der betreffenden Körperschaft die Steuerbegünstigung und damit die Berechtigung zum Empfang (weiterer) steuerlich abzugsfähiger Zuwendungen entzogen wird.

Zwischen der „Gemeinnützigkeitsentscheidung" im Körperschaftsteuer-(Freistellungs-)Bescheid und dem Spendenabzug bzw. der Spendenhaftung besteht **keine** Beziehung wie etwa zwischen einem Grundlagen- und Folgebescheid (§ 175 AO). Im Haftungsverfahren ist unabhängig von der Zu- oder Aberkennung der Gemeinnützigkeit zu entscheiden, ob wegen Verfehlungen durch den **Aussteller** der Zuwendungsbestätigung oder den **Verwender** der Zuwendung eine Haftung in Betracht kommt (so auch BFH vom 10.09.2003, BStBl 2004 II S. 352). Es sind z. B. folgende Fallgestaltungen denkbar:

> Dem Verein wurde wegen Förderung der Gesundheitspflege stets die Gemeinnützigkeit zuerkannt. Nach Durchführung einer Betriebsprüfung wurde der Körperschaft wegen unzulässiger Zuwendungen an verschiedene Vereinsmitglieder die Gemeinnützigkeit versagt. Die ursprünglich erteilten Freistellungsbescheide wurden nach den Regelungen der §§ 172 ff. AO berichtigt. Die errechneten Steuerbeträge wurden mittels (geänderter) Körperschaft-, Gewerbe- und Umsatzsteuerbescheide erhoben. Die Betriebsprüfung konnte feststellen, dass die von der Körperschaft empfangenen und ordnungsgemäß bestätigten Spenden korrekt für die „bespendeten" Zwecke eingesetzt wurden.
>
> Weder eine „Verwender"-Haftung noch eine „Aussteller-Haftung" kommen hier in Betracht (siehe unten).
>
> Nach den Feststellungen des für die Empfängerkörperschaft zuständigen Finanzamtes hat der für die Jahre 01 bis 10 als steuerbegünstigt anerkannte Verein die Spenden des Jahres 07 in voller Höhe für unzulässige Zuwendungen an die Vorstandsmitglieder verwandt. Der Vereinskassierer hat für die Spenden des Jahres 07 ordentliche Spendenbestätigungen i. S. von § 10b EStG, § 50 EStDV ausgestellt. Für die Veranlagungszeiträume 08 bis 10 hat das Finanzamt keine gemeinnützigkeitsrechtlichen Verfehlungen festgestellt. Das Finanzamt hat daher davon abgesehen, die bisher erteilten Freistellungsbescheide für die Jahre 08 ff. zu berichtigen. Die fehlerhafte Mittelverwendung in 07 hat grundsätzlich den Entzug der Gemeinnützigkeit zur Folge. Da jedoch mit der Aberkennung der Gemeinnützigkeit keine Steuerzahlungspflichten auf die Körperschaft zukommen würden (= kein steuerpflichtiges Einkommen, keine Umsatzsteuerpflicht etc.), verzichtet das Finanzamt zunächst auf den Erlass entsprechend berichtigter Körperschaft-, Gewerbe- und Umsatzsteuerbescheide. Da der Verein in den Folge-

3 Steuerlicher Spendenabzug

jahren keine weiteren Verfehlungen begangen hatte, wurde die Berechtigung zum (weiteren) Empfang sowie zur Ausstellung ordentlicher Spendenbescheinigungen nicht eingeschränkt.

In diesem Fall greift die „Verwender-Haftung" unabhängig von der „Nicht-Korrektur" der Steuerbescheide.

Die **Aussteller- bzw. Veranlasserhaftung ist also unabhängig von der gemeinnützigkeitsrechtlichen Behandlung der Empfängerkörperschaft** im Haftungsverfahren zu prüfen (siehe auch Geserich in Kirchhof/Söhn/Mellinghoff, Kommentar zum EStG, § 10b Rdnr. E 52). Wie der BFH in seinem Urteil vom 10.09.2003 (XI R 58/01, BStBl 2004 II S. 352) ausführt, hat der Gesetzgeber den Spendenabzug nicht davon abhängig gemacht, dass dem Zuwendungsempfänger für den Veranlagungszeitraum, in dem er die Zuwendung erhielt, tatsächlich eine Freistellung von der Körperschaftsteuer nach § 5 Abs. 1 Nr. 9 KStG zuerkannt ist (siehe auch OFD Frankfurt a. M. vom 17.03.2014 – S 2223 A – 95 – St 53 Tz. IV). Mit den Haftungsregelungen sollen Fehlleitungen von Zuwendungen sanktioniert werden. Dies wird erreicht, wenn, wie in den vorstehenden Beispielen dargestellt, unabhängig von der Entscheidung zur Gemeinnützigkeit im Haftungsverfahren die Tatbestandsmerkmale des § 10b Abs. 4 Satz 2 EStG gesondert geprüft werden.

Die vorsätzlich bzw. grob fahrlässig falsche Ausstellung der Zuwendungsbestätigung oder fehlerhafte Verwendung von Zuwendungen ist (ggf. allein) im Haftungsverfahren von dem für die Empfängerkörperschaft zuständigen Finanzamt darzulegen. Die Rechtsgrundlage für den Haftungsanspruch ist in Abhängigkeit von der Herkunft der Zuwendungen gegeben (siehe oben). Stellt das Finanzamt eine fehlerhafte Verwendung oder falsch ausgestellte Zuwendungsbestätigung fest, ohne die Herkunft der Zuwendungen auf der Spenderseite im Einzelnen bestimmen zu können, reicht es m. E. aus, wenn der Haftungsbescheid sowohl auf § 10b Abs. 4 EStG als auch auf § 9 Abs. 3 KStG gestützt wird. Die „zusätzliche" Gewerbesteuerhaftung kann nur dann (und insoweit) durchgesetzt werden, wenn das zuständige Finanzamt die Herkunft der Zuwendungen aus einem Gewerbebetrieb nachweisen kann (bei Spenden von einer steuerpflichtigen Kapitalgesellschaft kann wegen Gewerbesteuerpflicht kraft Gesetzes regelmäßig auch die 15 %ige Gewerbesteuerhaftung geltend gemacht werden).

Die entsprechenden Regelungen sind in Abhängigkeit von der Person des Spenders bzw. der Herkunft der Spendenmittel für natürliche Personen in § 10b Abs. 4 EStG, für Körperschaften in § 9 Abs. 3 KStG sowie bei Zuwendungen aus einem Gewerbebetrieb in § 9 Nr. 5 Satz 14 GewStG festgelegt. Die jeweiligen Tatbestandsmerkmale sind deckungsgleich. Zu unterscheiden ist bei der Haftungsregelung zwischen der sog. Aussteller- und Veranlasserhaftung.

3.8.2 Haftungstatbestände

Eine Haftung kommt in Betracht, wenn **vorsätzlich** oder **grob fahrlässig**

a) die Bestätigung über Spenden oder Mitgliedsbeiträge falsch ausgestellt wurde, z. B. bei Sachspenden ein überhöhter Wert bescheinigt wird (Hinweis: Auch die missbräuchliche Ausstellung von Spendenbestätigungen erfüllt i. d. R. den Tatbestand der objektiven Steuerverkürzung und führt grundsätzlich zur Aberkennung der Steuerbegünstigung, Tz. 2.14.1),

oder

b) die Zuwendungen **nicht** zu den in der Bestätigung angegebenen steuerbegünstigten Zwecken verwendet wurden (auch in diesen Fällen kann ggf. die Aberkennung der Steuerbegünstigung drohen, Tz. 2.2.7 und 2.14.1).

3.8.2.1 Ausstellerhaftung

Die **Ausstellerhaftung** nach § 10b Abs. 4 Satz 2 EStG, § 9 Abs. 3 Satz 2 KStG und § 9 Nr. 5 Satz 14 GewStG greift, wenn eine natürliche Person schuldhaft **(mit Vorsatz oder grober Fahrlässigkeit)** die fragliche Spendenbestätigung **fehlerhaft** ausstellt (zur Person des Haftungsschuldners siehe unten). Dieses vorsätzlich fehlerhafte Handeln ist z. B. gegeben, wenn eine „ordentliche" Zuwendungsbestätigung gezielt mit falschen Angaben gefertigt wird, wie etwa, wenn

– in der Bescheinigung auf einen nicht vorhandenen Freistellungsbescheid verwiesen wird,

– die Satzung(szwecke) zwischenzeitlich geändert wurde(n) und der bisherige (alte) Freistellungsbescheid damit überholt ist,

– eine Bestätigung ausgestellt wird, obwohl der Körperschaft dazu die Berechtigung vom Finanzamt nicht erteilt oder zwischenzeitlich entzogen wurde,

– bei Sachspenden die Bestätigung eines zu hohen Wertes vorgenommen wird (die Körperschaft erhält eine Spende i. H. von 300 Euro – bestätigt wird eine Spende von 3.000 Euro) oder

– Zuwendungen bestätigt werden, die die Körperschaft nie erhalten hat.

Die **Ausstellerhaftung** kann sich nur auf solche **Zuwendungsbestätigungen** beziehen, die als solche überhaupt geeignet sind, zur steuerlichen Berücksichtigung nach § 10b EStG zu dienen (= die entsprechenden Grundangaben enthalten, die einen Spendenabzug ermöglichen, also dem amtlichen Muster entsprechend ausgestellt sind, vgl. dazu Tz. 3.9). Eine einfache „Spendenquittung" oder vergleichbare Einzahlungsbestätigung ohne die steuerlichen „Muss-Bestandteile" ist keine ordentliche Spendenbestätigung i. S. von § 10b Abs. 4 EStG, § 9 Abs. 3 KStG, § 9 Nr. 5 GewStG und kann daher keine Ausstellerhaftung auslösen, es sei denn, es handelt sich um eine Buchungsbestätigung oder einen Einzahlungsbeleg i. S. des § 50 Abs. 2 EStDV.

Die Ausstellerhaftung ist jedoch bereits dann begründet, wenn aus den Unterlagen oder aufgrund anderer Umstände ersichtlich ist, dass unrichtige Bestätigungen ausgefertigt worden sind. Eine Zuordnung und Qualifikation der Unrichtigkeit im einzelnen Steuerrechtsverhältnis ist häufig nicht oder nur mit großen Schwierigkeiten möglich; deshalb muss die Verwaltung **nicht den konkreten Einzelfall ermitteln** (siehe Geserich in Kirchhof/Söhn/Mellinghoff, Kommentar zum EStG, § 10b Rdnr. E 42 unter Hinweis auf BT-Drucksache 11/4176). Da der Haftungstatbestand an den Vertrauensschutz beim Zuwendenden ankoppelt (a. A. FG Münster in seinem rechtskräftigen Urteil vom 05.12.2014 – 9 K 1072/06), greift die Ausstellerhaftung bereits dann, wenn der Zuwendende (= Spender) mit der ausgestellten Bestätigung gutgläubig den Sonderausgabenabzug in seinem Besteuerungsverfahren geltend machen kann (könnte).

Die Finanzämter haben bei der Haftungsprüfung jedoch auch stets die Frage zu prüfen, ob der Spender ggf. bösgläubig gehandelt hat. Nach Ansicht der OFD Frankfurt a. M. vom 17.03.2014 (S 2223 A – 95 – St 53, Tz. II) hat jedoch der Aussteller der unrichtigen Spendenbestätigung die Darlegungs- und Beweislast für die den Vertrauensschutz ausschließenden Gründe im Haftungsverfahren.

Werden auch nach dem 01.01.2000 juristische Personen des öffentlichen Rechts oder öffentliche Dienststellen zur Ausstellung von Zuwendungsbestätigungen (als „Durchlaufstelle"; zum Durchlaufspendenverfahren siehe in der 8. Auflage Tz. 3.6) eingeschaltet, sind diese Einrichtungen (direkter) Aussteller der steuerlich wirksamen Zuwendungsbestätigungen. Über eine solche „Durchlaufstelle" können nur Spenden steuerwirksam bestätigt werden. Mitgliedsbeiträge sind von diesem Verfahren ausgeschlossen (siehe dazu Tz. 3.2.6 sowie die Ausführungen unter R 10b.1 Abs. 2 EStR).

Bemessungsgrundlage für die „Aussteller-Haftung" ist der Betrag (der Wert), mit dem eine (Sach-)Spende in der Bestätigung genannt ist.

3.8.2.2 Veranlasserhaftung

Durch das Ehrenamtsstärkungsgesetz vom 21.03.2013 (BGBl 2013 I S. 556) wurde die Veranlasserhaftung durch den Wegfall des Wortes „wer" innerhalb der § 10b Abs. 4 Satz 2 EStG, § 9 Abs. 3 Satz 2 KStG sowie § 9 Nr. 5 Satz 14 GewStG mit Wirkung ab dem 01.01.2013 an den Grad des Verschuldens der handelnden Personen geknüpft. Während bis zu diesem Zeitpunkt das Vorliegen einfacher Fahrlässigkeit für die Haftungsinanspruchnahme ausreichend war, muss nunmehr vorsätzlich oder zumindest grob fahrlässig über die zweckwidrige Verwendung der Zuwendung entschieden worden sein. Wie bei der Ausstellerhaftung ist auch die Veranlasserhaftung an den Vertrauensschutz beim Spender gekoppelt (siehe auch Heinicke in Schmidt, 34. Auflage, Rz. 56 zu § 10b EStG; a. A. FG Münster in seinem rechtskräftigen Urteil vom 05.12.2014 – 9 K 1072/06). Vor einer Haftungsinanspruchnahme ist daher in beiden Fällen zunächst die Gutgläubigkeit des Spenders zu prüfen. Die Darlegungs- und Beweislast für die den Vertrauensschutz ausschließenden Gründe hat der Aussteller der Zuwendungsbestätigung (OFD Frankfurt a. M. vom 17.03.2014 – S 2223 A – 95 – St 53).

Bei der Veranlasserhaftung kommt es darauf an, ob die empfangene Zuwendung schuldhaft (im Sinne von vorsätzlich oder zumindest grob fahrlässig) fehlverwendet wurde. Eine **solche Fehlverwendung** ist z. B. gegeben, wenn die Körperschaft schuldhaft

– Spendenmittel in einem steuerpflichtigen wirtschaftlichen Geschäftsbetrieb verbraucht (siehe hierzu Tz. 2.5.5 und 3.10 sowie AEAO Nr. 3 zu § 55 Abs. 1 Nr. 1 AO, Anhang 1),

– ohne entsprechende Auflage des Spenders die Zuwendungen dem Bereich der Vermögensverwaltung zuordnet,

– Profisportler außerhalb der Grenzen des § 67a Abs. 1 AO damit bezahlt oder

– einzelnen Vereinsmitgliedern unzulässige Zuwendungen daraus gewährt.

Nach der gesetzlichen Regelung ist eine Haftung immer dann anzunehmen, wenn die Zuwendungen nicht zu „den in der Bestätigung angegebenen steuerbegünstigten Zwecken" verwendet werden. Bei enger, streng am Wortlaut des Gesetzes orientierter Auslegung könnte also eine Haftung bereits greifen, wenn z. B. eine wegen Förderung der öffentlichen Gesundheitspflege und Förderung des Umweltschutzes steuerbegünstigte Körperschaft in der Zuwendungsbestätigung bescheinigt, die Spende zur Förderung der Gesundheitspflege zu verwenden, sie jedoch tatsächlich für Zwecke des Umweltschutzes verwendet. Eine solche Auslegung wäre m. E. nicht zulässig, da Zuwendungen für die vorgenannten Zwecke jeweils im gleichen Umfang abzugsfähige Spenden sind und damit ein Steuerausfall nicht

3.8 Haftung des Spendenempfängers

eintreten kann. Denn der hier zu betrachtende Haftungstatbestand setzt (mindestens) eine Gefährdung des Steueranspruchs dem Grunde nach voraus. Der Haftungstatbestand ist immer dann erfüllt, wenn die Spenden oder Beiträge (überhaupt) nicht zu **spendenbegünstigten** Zwecken verwendet wurden.

Die Finanzverwaltung wird in Haftungsfällen **keine Einzelfallprüfung** dahingehend vornehmen, ob sich der in Rede stehende Spendenabzug bei dem (Einzel-)Spender steuerlich ausgewirkt hat (siehe auch OFD Frankfurt a. M. vom 17.03.2014 – S 2223 A – 95 – St 53). Der Haftungsschuldner hat jedoch die Möglichkeit, den Nachweis zu führen, dass ein Steuerausfall in dem betreffenden Haftungsfall (bezogen auf jede Einzelspende) tatsächlich (überhaupt) nicht eingetreten ist (sog. Möglichkeit der Exkulpation, siehe auch Rathke und Ritter in NWB 42/2012 S. 3377) bzw. der Spender bösgläubig war (so auch Heinicke, a. a. O.). Kann dieser Nachweis nicht geführt werden, legt § 10b Abs. 4 EStG bzw. § 9 Abs. 3 KStG fest, dass für entgangene Steuern im Haftungsfall von einem Steuersatz von 30 % auszugehen ist (ggf. zzgl. Gewerbesteuerhaftung i. H. von 15 %, § 9 Nr. 5 GewStG). Der Nachweis eines niedrigeren Steuerausfalls im Einzelfall schlägt für Haftungszwecke also nicht durch. Die Haftungshöhe bestimmt sich im Fall der „Veranlasser-Haftung" nach der Höhe der fehlverwendeten Zuwendungen (siehe hierzu auch Oppermann/Peter in DStZ 1998 S. 424, IV. 4).

Wenn sich eine Körperschaft aufgrund des letzten Freistellungsbescheids (Steuerbescheids) oder einer gültigen vorläufigen Bescheinigung bzw. einer Feststellung nach § 60a Abs. 1 AO des Finanzamts für steuerfrei halten darf, darf sie steuerlich abzugsfähige Zuwendungen in Empfang nehmen. Wird die **Steuerbefreiung später rückgängig gemacht,** entfällt ab dem Zeitpunkt der Rückgängigmachung der Steuervergünstigung auch die Berechtigung zur Ausstellung von Spendenbescheinigungen.

Mit Einführung der Vertrauensschutzregelungen in § 10b Abs. 4 Satz 1 EStG, § 9 Abs. 3 Satz 1 KStG und § 9 Nr. 5 Satz 13 GewStG ab dem Veranlagungszeitraum 1990 wirkt die gültige vorläufige Bescheinigung, aber auch die gesonderte Feststellung über die Einhaltung der satzungsmäßigen Voraussetzungen nach § 60a Abs. 1 AO hinsichtlich des Rechts auf Empfang steuerbegünstigter Zuwendungen so, als sei die Körperschaft gem. § 5 Abs. 1 Nr. 9 KStG von der Körperschaftsteuer befreit (BFH vom 23.09.1998 I B 82/98, BStBl 2000 II S. 320). Wird daher z. B. später im Hauptsacheverfahren (Veranlagungsverfahren) die Körperschaft tatsächlich nicht von der Körperschaftsteuer nach § 5 Abs. 1 Nr. 9 KStG freigestellt, ist eine eventuelle Fehlleitung der steuerwirksam bestätigten Zuwendungen jeweils einzeln zu prüfen und ggf. mittels Haftungsbescheid zu sanktionieren. Eine Inanspruchnahme per Haftungsbescheid bezüglich aller erhaltenen Zuwendungen allein aufgrund der Tatsache, dass die Steuerbefreiung für den betreffenden Zeitraum nicht zuerkannt oder aberkannt wurde, kann nicht erfolgen (siehe u. a. BFH vom 10.09.2003 XI R 58/01, BStBl 2004 II S. 352). Für die Rechtslage vor Inkrafttreten der Vertrauensschutzregelung wird auf die Ausführungen in der 7. Auflage, Tz. 3.8 (S. 309), verwiesen.

Mit einer rückwirkenden Aberkennung der Steuerbegünstigung bzw. einer Nichtanerkennung der Gemeinnützigkeit im Veranlagungsverfahren nach zuvor erteilter vorläufiger Bescheinigung bzw. einer positiven Feststellung nach § 60a Abs. 1 AO greift also eine Haftung erst und insoweit ein, als Spenden oder abzugsfähige Mitgliedsbeiträge tatsächlich vorsätzlich oder grob fahrlässig falsch verwendet wurden oder Spendenbestätigungen nach selbigen Verschuldensmaßstäben unrichtig ausgestellt wurden (siehe dazu auch die o. a. Beispiele).

3.8.3 Haftungsschuldner

Nach dem Wortlaut des § 10b Abs. 4 Satz 2 EStG ist zunächst nicht eindeutig erkennbar, gegen wen sich eine mögliche Haftungsschuld richtet. Nach dem Gesetz ist Haftungsschuldner, „**wer** vorsätzlich oder grob fahrlässig eine unrichtige Bestätigung ausstellt oder veranlasst, dass . . .". Die Haftung bezieht sich damit weder allein gegen die Empfängerkörperschaft noch gegen die für sie handelnde natürliche Person. Beide kommen für eine Haftung grundsätzlich in Betracht. Insoweit besteht bezüglich einer möglichen Haftungsinanspruchnahme grundsätzlich ein Auswahlermessen. Märkle („Der Verein", 8. Auflage, S. 253) geht dabei grundsätzlich von einer Haftung der Empfängerkörperschaft aus und nimmt nur in Ausnahmefällen eine persönliche Haftung der handelnden Personen an (hierzu Hinweis auf Teufel, FR 1993 S. 772, der sich für eine ausschließliche Spendenhaftung der Körperschaft ausspricht).

Für die **Frage, „wer" als Haftungsschuldner in Anspruch zu nehmen ist,** ist zunächst auf den Grundsatz zu verweisen, dass Körperschaften nach zivilrechtlichen und steuerrechtlichen Grundsätzen für durch ihre Vertreter begründete Verpflichtungen einstehen müssen (vgl. dazu m. w. N. Oppermann/Peter in DStZ 1998 S. 424). In seinem Beschluss vom 14.01.1998 (EFG 1998 S. 753) hat das FG Köln zu den Spendenhaftungsregelungen zwar ausdrücklich festgehalten, dass sowohl die Körperschaft als auch die veranlassenden natürlichen Personen als Gesamtschuldner i. S. des § 44 Abs. 1 AO anzusehen sind. Mit dem JStG 2009 vom 19.12.2008 (BStBl 2009 I S. 74) wurde mit Wirkung ab dem Veranlagungszeitraum 2009 jedoch jeweils durch Einfügung von § 10b Abs. 4 Satz 4 EStG, § 9 Abs. 3 Satz 3 KStG und § 9 Nr. 5 Satz 15 GewStG eine Reihenfolge der Inanspruchnahme der Gesamtschuldner bei der **Veranlasserhaftung** festgelegt. Vorrangig haftet der Zuwendungsempfänger (z. B. der Verein). Die handelnde Person wird im Rahmen der Veranlasserhaftung (§ 10b Abs. 4 Satz 2 2. Alternative EStG) nur in Anspruch genommen, wenn die Inanspruchnahme der Empfängerkörperschaft erfolglos ist, der Haftungsanspruch also weder durch Zahlung, Aufrechnung, Erlass oder Verjährung erloschen ist (§ 47 AO) noch Vollstreckungsmaßnahmen gegen ihn zum Erfolg führen.

Diese (Auswahl-)Reihenfolge **gilt nicht** für die **Ausstellerhaftung** (§ 10b Abs. 4 Satz 2 1. Alternative EStG). Hier hat das zuständige Finanzamt beim Erlass eines (Spenden-)Haftungsbescheids sein Auswahlermessen ausgehend vom Bestehen einer Gesamtschuldnerschaft zwischen dem Aussteller der Zuwendungsbestätigung und der Empfängerkörperschaft auszuüben.

Die Ausstellerhaftung trifft grundsätzlich nur die Körperschaft selbst, da § 50 Abs. 1 EStDV ausdrücklich anordnet, dass Zuwendungsbestätigungen vom Empfänger auszustellen sind. Da als Zuwendungsempfänger nur die in § 10b Abs. 1 Satz 2 EStG genannten Einrichtungen in Betracht kommen, sind diese allein „Aussteller" der Zuwendungsbestätigungen (vgl. BFH-Urteil vom 24.04.2002 XI R 123/96, BStBl 2003 II S. 128, sowie Rundverfügung der OFD Frankfurt a. M. vom 17.03.2014 – S 2223 A – 95 – St 53 Tz. I). Die bei der Körperschaft **für die Ausstellung** von Spendenbestätigungen oder **die Verwendung der Spenden verantwortlichen Personen** (i. d. R. der Vorstand oder der Vereinskassierer) sind jedoch dann vorrangig als Haftungsschuldner in Anspruch zu nehmen, wenn sie mit der (vorsätzlich oder grob fahrlässig) falschen Ausstellung von Spendenbestätigungen oder der falschen Verwendung der Spenden außerhalb des ihnen zugewiesenen Wirkungskreises tätig

3.8 Haftung des Spendenempfängers

geworden sind (siehe OFD Frankfurt a. M. vom 17.03.2014 – S 2223 A – 95 – St 53; ggf. greift insoweit auch eine Haftung nach § 71 AO).

In diesem Zusammenhang ist auch das Urteil des BFH vom 23.06.1998 (VII R 4/98, BStBl 1998 II S. 761) zu erwähnen, in dem ausdrücklich festgestellt wird, dass auch ein **ehrenamtlich und unentgeltlich tätiger Vereinsvorsitzender** für Steuerforderungen gegen die Körperschaft im Wege der Haftung in Anspruch genommen werden kann (zur Haftung eines Organmitgliedes oder eines besonderen Vertreters für einen bei der Wahrnehmung ihrer Pflichten verursachten Schaden vgl. § 31a BGB; zum Grundsatz der Gesamtverantwortlichkeit aller Vorstandsmitglieder auch bei steuerbegünstigten Körperschaften siehe BFH vom 13.03.2003 VII R 46/02, BStBl 2003 II S. 556). Diese Grundsätze dürften auch für die „Spendenhaftung" Geltung haben.

Auch wenn die steuerbegünstigte Körperschaft selbst durch das zuständige Finanzamt als Haftungsschuldnerin in Anspruch genommen wird, besteht für die Körperschaft immer auch die Möglichkeit, für den eingetretenen Schaden den **Rückgriff auf ihre Organmitglieder** zu nehmen – Innenhaftung – (siehe hierzu auch Schiffer in Stiftung & Sponsoring 2006 S. 26). Wie Schiffer zu Recht ausführt, ist diese „Kann-Vorschrift" i. d. R. eine „Muss-Vorschrift". Dabei haften entsprechende Personen nach allgemeinen zivilrechtlichen Haftungsregelungen auch für leicht fahrlässige Pflichtverletzungen, soweit die Festlegungen des § 31a BGB (Haftungsausschluss) einer Inanspruchnahme nicht entgegenstehen (siehe Tz. 2.1.2.2 sowie auch Wallenhorst in DStZ 2003 S. 531, 535). Verzichtet die steuerbegünstigte Körperschaft auf die Durchsetzung eines bestehenden Haftungsanspruchs im Innenverhältnis, kann damit ein Verstoß gegen das Mittelverwendungsgebot nach § 55 AO vorliegen, der zum Entzug der Gemeinnützigkeit führt (vgl. Tz. 2.5.5).

Hat z. B. eine Körperschaft, die nicht nach §§ 51 ff. AO als steuerbegünstigt anerkannt wurde, eine natürliche Person oder eine BGB-Gesellschaft „ordentliche" Zuwendungsbestätigungen ausgestellt, greift auch hier die „Spendenhaftung". Haftungsschuldner ist dann die betreffende natürliche Person bzw. der Gesellschafter der BGB-Gesellschaft. Bei steuerpflichtigen Körperschaften gilt zur Auswahl der Haftungsschuldner das vorstehend zu steuerbegünstigten Empfängerkörperschaften Ausgeführte sinngemäß (s. OFD Frankfurt a. M. vom 17.03.2014 – S 2223 A – 95 – St 53).

Nimmt eine **juristische Person des öffentlichen Rechts** oder eine öffentliche Dienststelle Zuwendungen für spendenbegünstigte Zwecke entgegen und verwendet sie diese Mittel im Anschluss daran selbst in eigener Verantwortung, haftet die juristische Person des öffentlichen Rechts bzw. öffentliche Dienststelle, wenn die Mittel vorsätzlich oder grob fahrlässig nicht für steuerbegünstigte Zwecke verwendet werden oder die Bestätigung von ihr bzw. ihren Mitarbeitern in vorgenannt schuldhafter Weise unrichtig ausgestellt wurde. Auch in diesen Fällen kommen als Haftungsschuldner sowohl die juristische Person des öffentlichen Rechts bzw. die öffentliche Dienststelle selbst als auch der betreffende Mitarbeiter in Betracht (zum Auswahlermessen siehe oben; im Übrigen siehe hierzu ausführlich Oppermann/Peter in DStZ 1998 S. 424).

Ist die juristische Person des öffentlichen Rechts oder die öffentliche Dienststelle hingegen „lediglich" als Durchlaufstelle eingesetzt (Tz. 3.2.6), haftet sie, wenn einer ihrer Bediensteten die Bestätigung vorsätzlich oder grob fahrlässig unrichtig ausstellt oder sie ihre Aufsichts- und Prüfungspflichten objektiv pflichtwidrig verletzt. Hält sie sich an die einschlägigen Regelungen der Finanzverwaltung, dürften nach Auffassung von Thiel/Eversberg (DB 1990 S. 290, 395, Fn. 141) Haftungsansprüche kaum praktisch werden (so im Ergebnis auch OFD Frankfurt a. M. vom 27.05.1994, DB 1994 S. 1900). Wurden die Spendenbeträge von der Durchlaufstelle an den begünstigten Empfänger weitergeleitet und von diesem falsch verwendet, sind die Empfängerkörperschaft oder die für sie handelnden Personen als Haftungsschuldner in Anspruch zu nehmen (s. dazu auch unter „Ausstellerhaftung"; siehe hierzu auch Myßen, INF 2000 S. 385, zur Ausstellung von Zuwendungsbestätigungen im Auftrag durch einen Dritten sowie Tz. 3.2.7; siehe zu Haftungsfragen OFD München vom 19.07.2000, DStR 2000 S. 1349).

3.8.4 Erlass von (Spenden-)Haftungsbescheiden

Die Spendenhaftung begründet einen Haftungstatbestand eigener Art. Bei der Spendenhaftung geht es nicht darum, im Haftungswege eine Steuer, die mittels Einkommen- oder Körperschaftsteuerbescheid gegen den betreffenden Spender (noch) festgesetzt werden könnte, nachzuerheben. Denn wegen des in diesen Fällen bestehenden Vertrauensschutzes ist die Festsetzung einer Steuer gegen den Spender gerade ausgeschlossen, soweit der Spender die Bestätigung nicht durch unlautere Mittel oder falsche Angaben erwirkt hat oder ihm die Unrichtigkeit der Bestätigung bekannt oder in Folge grober Fahrlässigkeit nicht bekannt war. Eine Ablaufhemmung nach § 191 Abs. 3 Satz 4 AO tritt somit nicht ein, weil bei der Spendenhaftung der Haftungsanspruch nicht an das Bestehen eines Steueranspruchs gebunden ist (siehe auch BT-Drucksache 16/10494 S. 6).

Mit dem JStG 2009 vom 18.12.2008 (BStBl 2009 I S. 74) wurde in § 10b Abs. 4 EStG, § 9 Abs. 3 KStG und § 9 Nr. 5 GewStG eine gesonderte Ablaufhemmung der **Festsetzungsfrist** für Spendenhaftungsbescheide eingeführt. Die Festsetzungsfrist für einen Haftungsbescheid ist nach § 10b Abs. 4 Satz 5 EStG, § 9 Abs. 3 Satz 3 2. Halbsatz KStG und/oder § 9 Nr. 5 Satz 15 2. Halbsatz GewStG nunmehr an den Ablauf der Festsetzungsfrist für die Festsetzung der Körperschaftsteuer für den Veranlagungszeitraum gebunden, in dem die unrichtige Bestätigung ausgestellt worden ist oder veranlasst wurde, dass die Zuwendung nicht zu den in der Bestätigung angegebenen steuerbegünstigten Zwecken verwendet wurde.

Die „Spendenhaftung" ist der Höhe nach gesetzlich festgelegt. Die entgangene Einkommen- oder Körperschaftsteuer ist mit 30 % des jeweils zugewendeten Betrages anzusetzen. Sind darüber hinaus auch Gewerbesteuerbeträge ausgefallen, ist dieser Steuerausfall mit 15 % **neben** der Haftung für Einkommen- oder Körperschaftsteuer (zusätzlich) anzusetzen (§ 10b Abs. 4 Satz 3 EStG, § 9 Abs. 3 Satz 2 2. Halbsatz KStG, § 9 Nr. 5 Satz 16 GewStG). Diese Sätze sind gesetzlich festgelegt und können, auch wenn im Einzelfall ein niedrigerer Steuerausfall festgestellt werden sollte, nicht entsprechend ermäßigt werden. Eine Prüfung der steuerlichen Verhältnisse beim Spender hat im Rahmen der Haftung nach § 10b Abs. 4 EStG, § 9 Abs. 3 KStG nicht zu erfolgen (so auch Geserich in Kirchhof/Söhn/Mellinghoff, Kommentar zum EStG, Anm. E 72 zu § 10b EStG). Der „Spenden-Haftungstatbestand" gewinnt daher einen gewissen Strafcharakter. Nach Thiel/Eversberg (DB 1990 S. 290, 395) ist jedoch stets zu prüfen, ob der Erlass eines Haftungsbescheides ermessensgerecht ist (s. auch Gierlich in FR 1991 S. 518).

Für die „Spendenhaftungsbescheide" gilt grundsätzlich § 191 AO. Dem Haftenden ist vor Erlass des Bescheides grundsätzlich rechtliches Gehör zu gewähren (siehe auch OFD Frankfurt a. M. vom 17.03.2014 – S 2223 A – 95 – St 53 Tz. VI). Im Haftungsbescheid sind die Gründe für die Ermessensentscheidung darzustellen. Insbesondere sind, wenn mehrere Personen als Haftende in Betracht kommen, die Erwägungen zu erläutern, warum gerade die in Anspruch genommene Person unter mehreren zur Haftung ausgewählt und herangezogen wird (siehe hierzu auch BFH vom 23.02.1999 XI B 128/98, BFH/NV 1999 S. 1055, sowie OFD Frankfurt a. M. 08.07.2013 – S 0370 A – 15 – St 23 Tz. VI). Die Zuständigkeit für die Prüfung und den Erlass des Haftungsbescheides liegt bei dem Finanzamt, das nach den allgemeinen Regelungen für die Besteuerung der Empfängerkörperschaft zuständig ist (s. hierzu auch OFD Frankfurt a. M. vom 27.05.1994, DB 1994 S. 1900).

Das Finanzamt der Empfängerkörperschaft ist auch für die Durchführung des Haftungsverfahrens hinsichtlich ausgefallener Gewerbesteuerbeträge zuständig. Die mittels eines entsprechenden Haftungsbescheides erhobenen Beträge fließen der für den Spendenempfänger zuständigen Gemeinde zu. Nach ausdrücklicher Regelung in § 9 Nr. 5 Satz 16 ff. GewStG bleibt die Befugnis der Gemeinde zur Erhebung dieser Steuer davon unberührt. § 184 Abs. 3 AO gilt sinngemäß.

3.9 Zuwendungsbestätigungen

3.9.1 Verbindliche Muster

Abzugsfähige Spenden und Mitgliedsbeiträge i. S. des § 10b Abs. 1 Satz 1 EStG, § 9 Abs. 1 Nr. 2 Satz 1 KStG und § 9 Nr. 5 Satz 1 GewStG sind durch eine Zuwendungsbestätigung nachzuweisen (§ 50 Abs. 1 EStDV). Die aktuellen amtlich verbindlichen Muster für Zuwendungsbestätigungen hat das BMF mit Schreiben vom 07.11.2013 (BStBl 2013 I S. 1333) veröffentlicht. Sie sind hier im Anhang 3 abgedruckt und stehen zum Download im Formular-Management-System unter https://www.formulare-bfinv.de/ffw/content.do zur Verfügung.

Die geforderte (Spenden-)Bestätigung ist eine unverzichtbare **sachliche Voraussetzung des Spendenabzugs** (BFH vom 05.02.1992 I R 63/91, BStBl 1992 II S. 748 m. w. N., und vom 06.03.2003 XI R 13/02, BStBl 2003 II S. 554). Sie ist nicht nur ein bloßes Beweismittel, dessen Fehlen lediglich einen Verfahrensmangel bedeutet. Entsprechend hat das FG Hannover in seinem Urteil vom 07.10.1965 (EFG 1966 S. 270) freiwillige Spenden in den Opferstock einer Kirche nicht zum Spendenabzug zugelassen und ausdrücklich darauf hingewiesen, dass die erforderliche Spendenbescheinigung nicht durch eine eidesstattliche Versicherung des Spenders ersetzt werden kann (gleiche Auffassung FG Nürnberg vom 29.11.1960, EFG 1961 S. 342 betr. eine Kollektenspende). Nach Änderung des § 175 AO mit Wirkung zum 01.01.2005 kann eine **(nachträglich) vorgelegte Zuwendungsbestätigung** nicht mehr als ein Ereignis mit Rückwirkung eingestuft werden (für die Veranlagungszeiträume bis einschließlich 2004 siehe BFH vom 06.03.2003, a. a. O.), das die Berichtigung eines Steuerbescheides des Spenders auslösen kann. Zuwendungsbestätigungen sind daher stets zeitnah vorzulegen, um eine Berücksichtigung im Besteuerungsverfahren zu erreichen.

Das Spendenrecht sieht in § 10b Abs. 1a EStG und § 9 Nr. 5 Satz 9 ff. GewStG besondere Vorteile für Zuwendungen an Stiftungen vor (siehe Tz. 3.5.6). Um eine zutreffende steuerliche Berücksichtigung dieser Zuwendungen zu gewährleisten, muss eine **Stiftung** in der von ihr auszustellenden Zuwendungsbestätigung **zusätzliche Angaben** machen. So ist in der Bestätigung ausdrücklich kenntlich zu machen, dass es sich bei dem Empfänger der Zuwendung um eine inländische Stiftung handelt und in welchem Umfang Mittel gezielt zur Stärkung des Vermögensstocks zugewendet werden (siehe hierzu das BMF vom 07.11.2013, a. a. O., mit den amtlichen Mustern für Zuwendungsbestätigungen von Stiftungen, abgedruckt im Anhang 3).

Die Empfängerkörperschaft, die ihren Spendern und/oder Mitgliedern Zuwendungsbestätigungen erstellt, muss die speziell auf die eigenen Erfordernisse abgestimmten Bestätigungsvordrucke selbst herstellen. Um sicherzustellen, dass der Spender unter Vorlage dieser Bestätigung den Spendenabzug tatsächlich auch in Anspruch nehmen kann, muss die Bestätigung zwingend die für den betreffenden Einzelfall einschlägigen Angaben aus dem amtlichen Mustervordruck übernehmen. Eine zwar als Zuwendungsbestätigung gekennzeichnete Bestätigung, die aber nicht alle Angaben des amtlichen Musters enthält, wird vom Finanzamt des Spenders steuerlich nicht anerkannt werden.

Abweichungen vom amtlichen Muster sind lediglich in Bezug auf die optische Hervorhebung von Textpassagen etwa durch Einrahmungen, die Übernahme des Logos der Körperschaft, graphische oder farbliche Gestaltungen der Bestätigung und vorangestellte Ankreuzkästchen zulässig. Das BMF-Schreiben vom 07.11.2013 (BStBl 2013 I S. 1333) verlangt ausdrücklich, dass die Wortwahl und die Reihenfolge der in den amtlichen Vordrucken vorgeschriebenen Textpassagen zu übernehmen sind. Die Bestätigung darf jedoch so gestaltet werden, dass sich der Name und die Anschrift des Zuwendenden als Briefadresse für die Übersendung eignet. Zwingend sind immer die im amtlichen Muster abgedruckten Hinweise auf die Haftungsregelungen des § 10b Abs. 4 EStG, § 9 Abs. 3 KStG und § 9 Nr. 5 GewStG und die Gültigkeitsdauer der Bestätigung zu übernehmen. Allenfalls auf der Rückseite der Zuwendungsbestätigung dürfen Danksagungen oder Werbeaussagen, die auf die Ziele der Empfängerkörperschaft aufmerksam machen, aufgedruckt werden.

Die von der Körperschaft erstellte Zuwendungsbestätigung darf die Größe DIN A4 nicht überschreiten.

Das für die Empfängerkörperschaft zuständige Finanzamt unterrichtet die Körperschaft mittels eines Freistellungsbescheides oder einer positiven Feststellung über die Einhaltung der satzungsmäßigen Voraussetzungen nach § 60a Abs. 1 AO (bis 28.03.2013: durch vorläufige Bescheinigung) darüber, ob Zuwendungen an die Körperschaft beim Spender zum Abzug führen. Diese Angaben sollen die Körperschaft lediglich nach Art einer unverbindlichen Auskunft über die Rechtsauffassung des Betriebsfinanzamtes der Körperschaft unterrichten. Sie sind nicht Bestandteil des jeweiligen Bescheids und auch kein sonstiger Verwaltungsakt i. S. des § 118 AO, sodass gegen sie ein Rechtsbehelf nicht gegeben ist.

Hinweis: *Übergangsweise bleiben die bislang ausgestellten vorläufigen Bescheinigungen weiterhin gültig und die betroffenen Körperschaften sind übergangsweise weiterhin zur Ausstellung von Zuwendungsbestätigungen berechtigt. Diese Körperschaften haben in ihren Zuwendungsbestätigungen anzugeben, dass sie durch vorläufige Bescheinigung den steuerbegünstigten Zwecken dienend anerkannt worden sind (BMF vom 07.11.2013, a. a. O.).*

Die Körperschaft, die eine Zuwendung erhält, hat in der zu erteilenden Bestätigung unter Hinweis auf den **letzten Freistellungsbescheid** bzw. die Anlage zum KSt-Steuerbescheid oder, wenn ein solcher bisher nicht erteilt wurde, auf eine **vorläufige Bescheinigung** des Finanzamtes zu bestätigen, dass sie nach § 5 Abs. 1 Nr. 9 KStG von der Körperschaftsteuer befreit ist, und den gespendeten Betrag oder die Sachspende für steuerbegünstigte satzungsmäßige Zwecke verwendet. Der Verwendungszweck muss in der Bescheinigung so genau angegeben werden, dass eine zuverlässige Beurteilung möglich ist, ob die Körperschaft für diesen Zweck zur Ausstellung einer Zuwendungsbestätigung berechtigt ist. Es bestehen keine Bedenken, wenn der Zuwendungsempfänger in seinen Zuwendungsbestätigungen alle ihn betreffenden steuerbegünstigten Zwecke nennt. Aus steuerlichen Gründen bedarf es keiner Kenntlichmachung, für welchen konkreten steuerbegünstigten Zweck die Zuwendung erfolgt bzw. verwendet wird.

Der zugewendete Betrag ist sowohl in Ziffern als auch in Buchstaben zu benennen. Für die Benennung in Buchstaben ist es nicht zwingend erforderlich, dass der zugewendete Betrag in einem Wort (z. B. „einhundertfünfundzwanzig") genannt wird; ausreichend ist die Buchstabenbenennung der jeweiligen Ziffern (z. B. „eins – zwei – fünf").

Zuwendungsbestätigungen, in denen das angegebene Datum des Steuerbescheids (Freistellungsbescheids) länger als 5 Jahre oder das Datum der vorläufigen Bescheinigung bzw. der Feststellung nach § 60a Abs. 1 AO länger als 3 Jahre seit dem Tag der Ausstellung der Bestätigung zurückliegt, werden grundsätzlich nicht als ausreichender Nachweis für den Abzug anerkannt (§ 63 Abs. 5 AO; siehe auch BMF vom 07.11.2013, BStBl 2013 I S. 1333).

Die Zuwendungsbestätigung muss mindestens von einer durch Satzung oder Auftrag zur Entgegennahme von Zahlungen berechtigten Person unterschrieben werden. Einen entsprechenden Auftrag kann nur die durch die Satzung zum Empfang von Zahlungen berechtigte Person erteilen. Auf die Vollziehung der **handschriftlichen Unterschrift** kann grundsätzlich nicht verzichtet werden. Eine eigenhändige Unterschrift ist nicht erforderlich, wenn Spendenbestätigungen maschinell nach einem vorher mit dem Finanzamt abgestimmten Verfahren erstellt werden (s. dazu R 10b.1 Abs. 4 EStH, Anhang 2). Der Aufdruck einer rechtsverbindlichen Unterschrift als Faksimile reicht dann aus.

Für jede Einzelzuwendung ist grundsätzlich eine gesonderte Bestätigung auszustellen. Das BMF hat daher mit Schreiben vom 07.11.2013 (a. a. O.) verschiedene amtliche Vordruckmuster veröffentlicht (hier abgedruckt im Anhang 3). Nach einem Beschluss der obersten Finanzbehörden des Bundes und der Länder bestehen jedoch keine Bedenken, wenn bis zum 31.12.2014 noch die zuvor geltenden Muster für Zuwendungsbestätigungen gemäß BMF-Schreiben vom 30.08.2012 (BStBl 2012 I S. 884) verwendet werden (siehe BMF vom 26.03.2014, BStBl 2014 I S. 791). Die Muster 1 und 2 betreffen Bestätigungen über Zuwendungen an inländische juristische Personen des öffentlichen Rechts oder inländische öffentliche Dienststellen (Muster 1 für Geldzuwendungen; Muster 2 für Sachzuwendungen). Das BMF-Schreiben vom 07.11.2013 fordert in Rdnr. 8 von den juristischen Personen des öffentlichen Rechts, die Zuwendungen an eine andere juristische Person des öffentlichen Rechts weiterleiten, einen ausdrücklichen Hinweis in der Zuwendungsbestätigung auf die vorgenommene Weiterleitung.

Juristische Personen des öffentlichen Rechts und öffentliche Dienststellen, die auch über den 01.01.2000 hinaus als „Durchlaufstellen" tätig werden (siehe dazu R 10b.1 Abs. 2 EStH sowie Tz. 3.2.6), müssen in den Zuwendungsbestätigungen dann einen Hinweis auf die Weiterleitung der Zuwendungen an den Letztempfänger und Angaben zur Freistellung des Letztempfängers oder zu einer gültigen vorläufigen Bescheinigung bzw. einer positiven Feststellung nach § 60a Abs. 1 AO machen.

Körperschaften, die nach Maßgabe des § 5 Abs. 1 Nr. 9 KStG als steuerbefreit anerkannt sind, dürfen seit dem 01.01.2000 über die ihnen zugewendeten Mittel selbst steuerwirksame Zuwendungsbestätigungen ausstellen (Hinweis hierzu u. a. auf

Tz. 3.2.5). Die als gemeinnützig anerkannten Körperschaften müssen ihre Bestätigungen entsprechend den im BMF-Schreiben vom 07.11.2013 (a. a. O.) bzw. übergangsweise nach den bisherigen im BMF-Schreiben vom 30.08.2012 (a. a. O.) veröffentlichten Mustern 3 und 4 (Abdruck der aktuellen Muster im Anhang 3) gestalten. Das amtliche Vordruckmuster Nr. 3 fasst Mitgliedsbeiträge und Geldzuwendungen in einem Vordruck zusammen. Steuerbegünstige Einrichtungen, bei denen die **Mitgliedsbeiträge** steuerlich nicht abziehbar sind (siehe Tz. 3.2.5), müssen ausdrücklich bestätigen, dass in den ausgewiesenen Geldzuwendungen keine Mitgliedsbeiträge i. S. des § 10b Abs. 1 Satz 8 enthalten sind.

Werden „normale" Geldzuwendungen bestätigt, ist eine Bestätigung nach Muster 3 auszustellen (siehe im Anhang 3). In einer solchen Bestätigung ist dann stets eine Aussage dazu aufzunehmen, ob es sich bei der **Geldspende** ggf. um einen **Verzicht auf die Erstattung von Aufwendungen** handelt.

Das Muster 4 betrifft die Bestätigung von Sachzuwendungen. Neben der genauen **Bezeichnung der Sachzuwendung** mit Alter, Zustand, Kaufpreis etc. muss in der Bestätigung eine Aussage dazu gemacht werden, ob die Zuwendung aus dem Privat- oder Betriebsvermögen des Spenders stammt. Grundsätzlich ist dabei zu bestätigen, ob bzw. dass geeignete Unterlagen, die zur Wertermittlung gedient haben, z. B. Rechnungen, Gutachten, vorliegen. Lediglich in Fällen, in denen die Sachspende aus dem Betriebsvermögen des Zuwendenden stammt, braucht der Zuwendungsempfänger keine zusätzlichen Unterlagen in seine Buchführung aufzunehmen, ebenso sind Angaben über die Unterlagen, die zur Wertermittlung gedient haben, nicht erforderlich. Zur Bewertung von Sachspenden siehe umfassend auch Tz. 3.4.

3.9.2 Sammelbestätigungen, Vereinfachungsregelungen

Die Empfängerkörperschaft muss grundsätzlich für **jede Einzelzuwendung eine gesonderte Zuwendungsbestätigung** ausstellen, die den geforderten Voraussetzungen entspricht. Hat ein Steuerpflichtiger z. B. in einem Kalenderjahr verschiedene Barzuwendungen gemacht, muss über jede dieser Zuwendungen grundsätzlich eine gesonderte Zuwendungsbestätigung ausgestellt werden. Daher ist es nicht zulässig, in einer Zuwendungsbestätigung gleichzeitig Mitgliedsbeiträge und „normale" Spenden zu bescheinigen (siehe dazu auch die vorstehend dargestellten unterschiedlichen Anforderungen an Bestätigungen über Mitgliedsbeiträge und Geldzuwendungen).

Unter Berücksichtigung der in Rdnr. 6 im BMF-Schreiben vom 02.06.2000 (a. a. O.) sowie der in Rdnr. 9 im BMF-Schreiben vom 07.11.2013 (BStBl 2013 I S. 1333) getroffenen Regelungen dürfen steuerbegünstigte Körperschaften jedoch (ausnahmsweise) sog. **Sammelbestätigungen** ausstellen. Hierzu ist zu beachten, dass entweder auf der Rückseite der Sammelbestätigung oder in einer gesonderten Anlage jede einzelne Zuwendung mit Datum, Betrag und Art der Zuwendung (wie z. B. Mitgliedsbeitrag oder Geldspende) gesondert auszuweisen ist. Zu der Frage, wie sog. Kleinspenden i. S. von § 50 Abs. 2 Nr. 2 EStDV im Wert von bis zu 200 Euro im Rahmen einer Sammelbestätigung zu behandeln sind, siehe OFD Magdeburg vom 01.02.2001 (DStZ 2001 S. 333).

Aus **Vereinfachungsgründen** wird nach § 50 Abs. 2 EStDV (Anhang 2) unter bestimmten Voraussetzungen der **Bareinzahlungsbeleg** oder die Buchungsbestätigung des Kreditinstituts als Spendennachweis angesehen (in Katastrophenfällen oder bei Spenden **bis 200 Euro**). Das vereinfachte Spendennachweisverfahren gilt auch für die im Lastschriftverfahren geleisteten Zuwendungen bis zu 200 Euro. Hiernach genügt die Buchungsbestätigung (z. B. Kontoauszug oder Lastschrifteinzugsbeleg), wenn aus ihr außer Namen und Kontonummer des Auftraggebers und Empfängers, Betrag und Buchungstag auch der steuerbegünstigte Zweck, für den die Zuwendung verwendet wird, und die Angaben über die Steuerbegünstigung der Körperschaft hervorgehen.

Durch die Verordnung zum Erlass und zur Änderung steuerlicher Verordnungen vom 11.12.2012 (BGBl 2012 I S. 2637) wurde der Wortlaut des § 50 Abs. 2 Nr. 2 EStDV mit Wirkung vom 01.01.2013 dahingehend erweitert, dass die Buchungsbestätigung anstelle des Namens und der Kontonummer des Auftraggebers bzw. Empfängers alternativ ein **sonstiges Identifizierungsmerkmal** der Beteiligten aufweisen kann.

*Hinweis: In Anlehnung an diese Erweiterung, durch welche insbesondere eine Abwicklung von Spenden auf den Wegen des vereinfachten Zahlungsverkehrs ermöglicht werden soll, haben die Referatsleiter der obersten Finanzbehörden des Bundes und der Länder beschlossen, dass bei Spenden, die über **PayPal** durchgeführt worden sind, als Buchungsbestätigung i. S. des § 50 Abs. 2 Satz 1 und 2 EStDV ein Kontoauszug des PayPal-Kontos zusammen mit einem Ausdruck über die Transaktionsdetails der Zuwendung genügen. Auf dem Kontoauszug müssen der Kontoinhaber und dessen E-Mail-Adresse ersichtlich sein. Dabei stellt die E-Mail-Adresse das (alternativ zur Kontonummer) geforderte „sonstige Identifikationsmerkmal" dar, weil sie der Zuordnung des Buchungsvorgangs zu einer Person dient. Aus den Ausdrucken des PayPal-Kontos und der dazugehörigen Transaktionsdetails ergibt sich für den Regelfall hinreichend glaubhaft, ob der Zahlungsvorgang auch tatsächlich abgeschlossen wurde. Der vom Empfänger herzustellende Beleg i. S. des § 50 Abs. 2 Nr. 2 Buchst. b oder c EStDV muss allerdings weiterhin vorliegen. Dieser kann dem Spender auch als Download zur Verfügung gestellt werden.*

Zu den **Buchungsbestätigungen** gehört auch eine elektronische Buchungsbestätigung wie z. B. der PC-Ausdruck beim Online-Banking. Dabei ist zu beachten, dass der PC-Ausdruck nur die von einem Kreditinstitut ausgefertigte Buchungsbestätigung ersetzen kann. Wie aus einer Buchungsbestätigung müssen deshalb auch aus dem PC-Ausdruck Name und Kontonummer des Auftraggebers und Empfängers bzw. ein sonstiges Identifizierungsmerkmal, der Betrag und der Buchungstag ersichtlich sein. Für den vereinfachten Nachweis von Zuwendungen nach § 50 Abs. 2 Nr. 2 Buchst. b EStDV (Zuwendungen bis zu 200 Euro an eine gemeinnützige Körperschaft) ist auch bei der Nachweisführung durch PC-Ausdruck zusätzlich ein vom Zahlungsempfänger hergestellter Beleg mit den erforderlichen Aufdrucken – steuerbegünstigter Zweck, für den die Zuwendung verwendet wird, Angaben über die Freistellung des Empfängers von der Körperschaftsteuer, Spende oder Mitgliedsbeitrag – vorzulegen (OFD Frankfurt a. M. vom 08.02.2006, DB 2006 S. 530).

3.9.3 Aufbewahrungs- und Aufzeichnungspflichten

Die Empfängerkörperschaft muss jeweils ein **Doppel der erstellten Bestätigung aufbewahren,** § 50 Abs. 4 EStDV. Es ist auch zulässig, dass das jeweilige Doppel in elektronischer Form gespeichert wird. Dabei sind dann die Grundsätze ordnungsgemäßer DV-gestützter Buchführungssysteme (vgl. BMF-Schreiben vom 07.11.1995, BStBl 1995 I S. 738) zu beachten. Bezüglich dieser Unterlagen gelten die allgemeinen steuerlichen Aufbewahrungsfristen des § 147 Abs. 3 AO (6 bzw. 10 Jahre; Aufbewahrungspflicht besteht mindestens für die Zeit, für die die Festsetzungsfrist bei der Empfängerkörperschaft noch nicht abgelaufen ist).

Die Körperschaft hat die Vereinnahmung der **Zuwendungen** und ihre zweckentsprechende Verwendung **ordnungsgemäß aufzuzeichnen.** Eine ordnungsgemäße Aufzeichnung liegt dabei nur dann vor, wenn alle Einzelvorgänge (jede Einzelspende) vollständig unter Beachtung des allgemeinen Saldierungsverbotes erfasst sind (siehe auch Tz. 2.14.5). Dabei ist auch die Vereinnahmung der (Einzel-)Spenden und der Mitgliedsbeiträge gesondert aufzuzeichnen, für die keine Zuwendungsbestätigung ausgestellt wird. Ebenso ist jede erhaltene Sachspende in der Einnahmen- und Ausgabenrechnung gesondert als Einnahme zu erfassen (= mit dem Spendenwert, d. h. mit dem in der Zuwendungsbestätigung ausgewiesenen Wert). Bei Sachspenden und dem Verzicht auf die Erstattung von Aufwand müssen sich zudem aus den Aufzeichnungen der Körperschaft die Grundlagen für den von der Körperschaft bestätigten Wert der Zuwendung ergeben. Diese Unterlagen sind zusammen mit der entsprechenden Zuwendungsbestätigung zur Buchführung zu nehmen (§ 50 Abs. 4 Satz 2 EStDV, siehe auch BMF vom 02.06.2000, a. a. O., Rdnr. 9). Bei Verstoß gegen diese Aufzeichnungs- oder Aufbewahrungspflichten ist die Anerkennung der Gemeinnützigkeit gefährdet.

3.9.4 Elektronische Erstellung von Zuwendungsbestätigungen

Voraussetzung für die steuerliche Anerkennung von Zuwendungen i. S. des § 10b EStG, § 9 Abs. 2 KStG und § 9 Nr. 5 GewStG ist grundsätzlich die Vorlage einer nach amtlich vorgeschriebenem Vordruck ausgestellten Zuwendungsbestätigung. Mit dem Steuerbürokratieabbaugesetz vom 19.12.2008 (BGBl 2008 I S. 2850) wurde durch Ergänzung von § 50 Abs. 1a EStDV die Möglichkeit geschaffen, grundsätzlich ab dem Veranlagungszeitraum 2009 entsprechende Bestätigungen elektronisch zu erstellen.

Der Zuwendende kann danach den Zuwendungsempfänger bevollmächtigen, die Zuwendungsbestätigung der Finanzbehörde nach amtlich vorgeschriebenem Datensatz durch Datenfernübertragung nach Maßgabe der Steuerdaten-Übermittlungsverordnung zu übermitteln. Der Zuwendende hat dem Zuwendungsempfänger zu diesem Zweck seine Identifikationsnummer (§ 139b AO) mitzuteilen. Die Vollmacht kann nur mit Wirkung für die Zukunft widerrufen werden. Der Datensatz ist bis zum 28. Februar des Jahres, das auf das Jahr folgt, in dem die Zuwendung geleistet worden ist, an die Finanzbehörde zu übermitteln. Der Zuwendungsempfänger hat dem Zuwendenden die nach Satz 1 übermittelten Daten elektronisch oder auf dessen Wunsch als Ausdruck zur Verfügung zu stellen; in beiden Fällen ist darauf hinzuweisen, dass die Daten der Finanzbehörde übermittelt worden sind.

Hinweis: Das Verfahren zur elektronischen Übermittlung von Zuwendungsbestätigungen gem. § 50 Abs. 1a EStG befindet sich aktuell noch in der Pilotierungsphase und wird voraussichtlich erstmals für den Veranlagungszeitraum 2015 zum Einsatz kommen.

3.10 Einzelfragen zum Spendenabzug

Eine Spende, die von der empfangenden Körperschaft einem **Zweckbetrieb** zugeführt wird, ist als für steuerbegünstigte satzungsmäßige Zwecke verwendet anzusehen, weil ein Zweckbetrieb in seiner Gesamtrichtung dazu dienen muss, die steuer-

3.10 Einzelfragen zum Spendenabzug

begünstigten satzungsmäßigen Zwecke zu verwirklichen. So ist z. B. auch die Zuwendung von Geld- oder Sachpreisen für eine Tombola, die als Zweckbetrieb i. S. des § 68 Nr. 6 AO zu qualifizieren ist, als Spende steuerlich abzugsfähig.

Wird eine Spende mit der Bestimmung gegeben, sie in einem (steuerschädlichen) **wirtschaftlichen Geschäftsbetrieb** zu verwenden, also zu verbrauchen, wie das z. B. der Fall ist, wenn Speisen und Getränke für eine gesellige Veranstaltung oder eine steuerpflichtige Benefizveranstaltung zugewendet werden oder wenn sie entsprechende Auflage tatsächlich in dieser Weise verwendet wird (z. B. zur Abdeckung des Verlustes aus einem steuerschädlichen wirtschaftlichen Geschäftsbetrieb, vgl. AEAO Nr. 3 zu § 55 Abs. 1 Nr. 1 AO; siehe auch BFH vom 23.02.1999 XI B 128/98, BFH/NV 1999 S. 1055, sowie in Tz. 2.5.5.2), ist das Erfordernis der Verwendung zu steuerbegünstigten satzungsmäßigen Zwecken **nicht** erfüllt.

Auch die Zuwendungen, die einer steuerbegünstigten Körperschaft mit der Auflage gemacht werden, die Mittel in das „Dauervermögen" zu übernehmen (vgl. § 62 Abs. 3 AO), sind im Rahmen der allgemeinen Abzugshöchstbeträge nach § 10b Abs. 1 EStG, § 9 Abs. 1 Nr. 2 KStG und § 9 Nr. 5 GewStG steuerlich abzugsfähig. Werden einer steuerbegünstigten Körperschaft Mittel mit der Auflage zugewendet, sie dauerhaft zu halten und sie zur Mittelbeschaffung einzusetzen, kann die Körperschaft diese Mittel im Ausnahmefall auch in einem steuerpflichtigen wirtschaftlichen Geschäftsbetrieb einsetzen (vgl. dazu auch unter Tz. 2.5.5.4). Daher kann auch die **Zuwendung eines (kompletten) Betriebs** oder Teilbetriebs Gegenstand einer steuerwirksamen Zuwendung sein (in diesem Sinne müssen m. E. auch die Ausführungen in R E 13.8 Abs. 2 Satz 5 und 6 ErbStR verstanden werden, vgl. hierzu auch Thiel in DB 1993 S. 2452). Mit der Zuwendung eines Betriebs oder Teilbetriebs wird auf der Ebene des Spenders keine Besteuerung der stillen Reserven ausgelöst. Hier greift § 6 Abs. 3 EStG (siehe auch Kußmaul/Meyering in StB 2004 S. 56). Als Spendenwert ist dann in der Zuwendungsbestätigung in Anlehnung an § 6 Abs. 1 Nr. 4 Satz 4 EStG i. V. m. § 10b Abs. 3 EStG der Buchwert des übertragenen Betriebsvermögens auszuweisen.

Davon zu unterscheiden sind Vorgänge, bei denen sich bereits der Zugang der Mittel selbst im Rahmen eines steuerpflichtigen wirtschaftlichen Geschäftsbetriebs vollzieht (= bei Annahme des Geschäftsbetriebs), wie dieses bei Altmaterialsammlungen, Basaren etc. der Fall ist (vgl. hierzu nachstehend zur **„Einlagetheorie"**).

Gelegentlich stellt sich die Frage, wie eine Spende zu beurteilen ist, die zwar für steuerbegünstigte Zwecke gegeben wird, deren Verwertung aber nur im Rahmen eines wirtschaftlichen Geschäftsbetriebs möglich ist (siehe hierzu auch FG Düsseldorf vom 05.02.1997, EFG 1997 S. 473).

Beispiel:
Eine Getränkefirma spendet einem reinen Amateursportverein für die Beschaffung von Sportgeräten 100 Kisten Fruchtsaft. Um die Spende dem ausdrücklich bestimmten begünstigten Zweck nutzbar zu machen, wird der Fruchtsaft in der vereinseigenen Kantine zu üblichen Preisen verkauft. Für den Erlös beschafft der Verein Sportgeräte. Nach meiner Ansicht handelt es sich beim Spender um eine abzugsfähige Sachspende, weil der wirtschaftliche Geschäftsbetrieb hier nur als Mittel eingeschaltet wurde, um die Spende dem begünstigten Zweck zuzuführen. Insoweit kann man davon sprechen, dass dem wirtschaftlichen Geschäftsbetrieb die Funktion eines „Katalysators" zukommt.

Es ist auch darüber zu entscheiden, wie die Spende in dem wirtschaftlichen Geschäftsbetrieb zu behandeln ist. Wird der Erlös aus dem Verkauf des Fruchtsaftes als Betriebseinnahme erfasst und stehen der Einnahme keine Beschaffungskosten gegenüber (der Fruchtsaft ist unentgeltlich in den wirtschaftlichen Geschäftsbetrieb gelangt), würde sich der Gewinn um den vollen Erlös erhöhen. Dieses Ergebnis kann nicht zufriedenstellen. Da die Sachspende im steuerbegünstigten Bereich angefallen ist, ist sie nach meiner Ansicht unter Anwendung des § 6 Abs. 1 Nr. 5 EStG als Einlage mit dem Teilwert einzubuchen.

Eine unzulässige Verwendung von Spendenmitteln liegt vor, wenn diese zur Förderung einer **politischen Partei** verwendet werden (vgl. auch Tz. 2.2.7).

Umlagen oder Zuschüsse, die eine steuerbegünstigte Körperschaft zum Ausgleich von in einem (steuerpflichtigen) wirtschaftlichen Geschäftsbetrieb entstandenen Verlusten erhebt bzw. erhält, sind **keine** steuerbegünstigten Spenden (vgl. AEAO Nr. 3 zu § 55 Abs. 1 Nr. 1 AO, Anhang 1).

Eine **Spende** kann nicht in einen abziehbaren und einen nichtabziehbaren Teil je nach satzungsmäßiger (oder nicht satzungsmäßiger) Verwendung **aufgeteilt** werden. Das bedeutet, dass bei (teilweiser) nicht satzungsgemäßer Verwendung einer bestimmten Spende der gesamte zugewendete Betrag steuerlich nicht abzugsfähig ist (s. dazu BFH vom 07.11.1990 X R 203/87, BStBl 1991 II S. 547, und vom 12.08.1999 XI R 65/98, BStBl 2000 II S. 65).

Sonderzuschläge, die ein Käufer von **Wohlfahrtsbriefmarken** über den Gebührenwert der Briefmarken hinaus entrichtet, sind ebenso wenig als Spende abzugsfähig (BFH vom 13.06.1969 VI R 12/67, BStBl 1969 II S. 701) wie Aufwendungen für **Lose einer Wohltätigkeitstombola** oder Eintrittskarten für eine Benefizveranstaltung (z. B. Konzert oder Fußballspiel zugunsten einer steuerbegünstigten Körperschaft), vgl. BFH vom 29.01.1971 (VI R 159/68, BStBl 1971 II S. 799).

Der Verzicht auf einen **Aufwendungsersatzanspruch** ist unter den Voraussetzungen des § 10b Abs. 3 EStG (Tz. 3.3.2.7) grundsätzlich als Spende abzugsfähig. In seinem Urteil vom 03.12.1996 (I R 67/95, BStBl 1997 II S. 474) hat der BFH einen Aufwendungsverzicht auch für einen Fall als Spende anerkannt, in dem der Spender der Körperschaft zuvor einen bestimmten Betrag zugewendet hat, damit die Körperschaft ihm anschließend seinen Anspruch auf Aufwendungsersatz erfüllen kann. In diesen Fällen ist jedoch zu prüfen, ob der Anspruch auf Ersatz der Aufwendungen unter der Bedingung des Verzichts (der vorherigen Einzahlung) eingeräumt worden ist, § 10b Abs. 3 Satz 6 EStG (siehe hierzu auch BMF-Schreiben vom 07.06.1999, BStBl 1999 I S. 591; dieses findet jedoch nur noch Anwendung auf alle Zusagen auf Aufwendungsersatz sowie Vergütungen, die bis zum 31.12.2014 erteilt worden sind; ab dem 01.01.2015 sind die Grundsätze des aktualisierten BMF-Schreibens vom 25.11.2014, BStBl 2014 I S. 1584, maßgeblich; siehe auch FG München vom 07.07.2009, EFG 2009 S. 1823).

Die kostenlose **Blutspende** z. B. an das Deutsche Rote Kreuz stellt keine abzugsfähige Sachspende dar. Insoweit fehlt es an einer Minderung des Vermögens (Vermögensopfer) des Spenders (s. auch OFD Frankfurt a. M. vom 15.12.1994, FR 1995 S. 287). Entsprechend ist auch die **Organspende** zu beurteilen (a. A. Brandt in H/H/R, Anm. 200 zu § 10b EStG).

Geld- und Sachzuwendungen, die ein Stifter im Rahmen der **Erstausstattung** oder zur späteren Aufstockung **einer Stiftung** leistet, sind bei Vorliegen der übrigen Voraussetzungen (insbesondere auch Vorlage der Spendenbestätigung zur Zuwendungsbestätigung siehe Tz. 3.9) steuerlich abzugsfähig. Ein Abzug kommt nicht in Betracht, wenn das gestiftete Vermögen von der Vermögensbindung ausgenommen ist (vgl. Tz. 2.5.6). Der steuerliche Abzug scheitert daran, dass das Stiftungskapital nicht (auch nicht bei Auflösung oder Wegfall steuerbegünstigter Zwecke) für spendenbegünstigte Zwecke verwendet werden wird (keine finale Verwendung). Es

3.10 Einzelfragen zum Spendenabzug

steht in diesen Fällen ja unter dem Vorbehalt des Rückfalls an den Stifter (BFH vom 05.02.1992 I R 63/91, BStBl 1992 II S. 748; siehe auch Tz. 3.3.2.1).

Zu den Besonderheiten von Zuwendungen, die bis zum 31.12.2006 zugeflossen sind und einen differenzierten Zuwendungsabzug auslösen, siehe unter 3.10 in der 8. Auflage.

Im Zusammenhang mit der Gründung von Stiftungen stellt sich regelmäßig die Frage, **zu welchem Zeitpunkt das Stiftungskapital mit steuerlicher Wirkung der Stiftung zugeflossen bzw. beim Stifter abgeflossen ist.** Der Stifter kann die Zuwendung in dem Veranlagungszeitraum nach § 10b EStG steuermindernd in Abzug bringen, in dem diese bei ihm abgeflossen ist. Insoweit ist auf § 11 EStG Bezug zu nehmen. Diese Frage ist gerade dann für den Stifter von besonderer Bedeutung, wenn sich die Gründung einer Stiftung um einen Jahreswechsel herum vollzieht. Für den Zuwendungsabzug sind in jedem Fall eine endgültige Entreicherung des Stifters, aber auch das Vorhandensein eines Rechtsträgers, der als Empfänger des Vermögens in Betracht kommt, erforderlich. Fallen der Veranlagungszeitraum des Mittelabflusses beim Stifter und der Zuerkennung der Rechtsfähigkeit der Stiftung im Zuge ihrer Anerkennung durch die Stiftungsaufsicht auseinander, so kann ein Spendenabzug nach § 10b EStG bzw. § 9 Abs. 1 Nr. 2 KStG unter Erfüllung der übrigen Voraussetzungen (insbesondere der Vorlage einer ordnungsgemäßen Zuwendungsbestätigung nach § 50 EStDV) erst im Jahr der Anerkennung der Stiftung erfolgen (vgl. BFH-Urteil vom 11.02.2015 X R 36/11 sowie die Ausführungen in Kapitel 2.1.4.5). Die bislang auf Grundlage eines Erlasses des FinMin NRW vom 30.11.2000 – S 2223 – 1040 – V B 2 – vorgesehene Billigkeitsregel, die unter Beachtung verschiedener Voraussetzungen einen Spendenabzug bereits für den Veranlagungszeitraum vor dem maßgeblichen Jahreswechsel vorsah (vgl. Vorauflage), kann aufgrund der neueren BFH-Rechtsprechung grundsätzlich keine Anwendung mehr finden (siehe auch die Arbeitshilfe „Stiftungen aus steuerlicher Sicht" der OFD NRW, 4. Auflage, Kapitel 8.4.2).

Die Ausstellung einer ordnungsgemäßen Zuwendungsbestätigung ist allerdings von einer Erfüllung der Voraussetzungen des § 63 Abs. 5 AO abhängig. Insoweit ist m. E. auch auf H 2 „Beginn der Steuerpflicht" KStH zu verweisen (siehe auch in Tz. 2.1.4 sowie FG Hessen vom 18.03.2004, EFG 2004 S. 1251; ablehnend für den Fall, dass die Widerrufsoption nach § 81 Abs. 2 BGB nicht ausgeschlossen war, siehe FG Kiel vom 04.06.2009, EFG 2009 S. 1486).

Einzelzuwendungen, bei denen der Spender ausdrücklich erklärt, dass die Spende zur **Erhöhung des Vermögens** der steuerbegünstigten Körperschaft bestimmt ist, sowie Zahlungen aufgrund eines Spendenaufrufs auch ohne ausdrückliche Erklärung des Zuwendenden, wenn aus dem Spendenaufruf ersichtlich ist, dass Beträge zur Aufstockung des Kapitals der steuerbegünstigten Körperschaft erbeten werden, sind als Spende abzugsfähig (vgl. auch § 62 Abs. 3 AO – bis 31.12.2013: § 58 Nr. 11 AO – und Tz. 2.5.9.1.1). Das Gleiche gilt auch grundsätzlich für Zuwendungen von Todes wegen, es sei denn, der Erblasser verfügt ausdrücklich eine Verwendung für den laufenden Aufwand der Körperschaft. Auch Sachzuwendungen an steuerbegünstigte Körperschaften, die ihrer Natur nach der Vermögensbildung dienen (Beispiel: Zuwendung eines Mietwohngrundstücks), sind als Spende abzugsfähig. Die vorgenannten Grundsätze haben nicht nur Geltung für steuerbegünstigte Stiftungen, sondern auch für alle übrigen steuerbegünstigten Körperschaften (z. B. Vereine oder Kapitalgesellschaften).

3 Steuerlicher Spendenabzug

Bei **Zahlungen von Eltern an Schulen** (eventuell **Schulvereine**) oder an Kindergärten, in denen eigene Kinder untergebracht sind, handelt es sich regelmäßig nicht um freiwillige Zahlungen, sondern bei wirtschaftlicher Betrachtung um **Entgelte für eine Leistung,** die die Schule oder der Kindergarten erbringt; sie können deshalb nicht als Spenden i. S. von § 10b EStG anerkannt werden (vgl. auch BFH vom 01.04.1960 VI 134/58 U, BStBl 1960 III S. 231). Die Finanzverwaltung hat bis einschließlich des Veranlagungszeitraums 1988 als Spenden i. S. von § 10b EStG auch den Teilbetrag der laufenden Mitgliedsbeiträge von Eltern, deren Kinder die Schule besuchen, der den zur Deckung der unmittelbaren Kosten des Schulbetriebs erforderlichen Beitrag übersteigt, berücksichtigt. Der BFH hat in seinem „Schulgeld-Urteil" vom 25.08.1987 (IX R 24/85, BStBl 1987 II S. 850, bestätigt durch BFH vom 12.08.1999 XI R 65/98, BStBl 2000 II S. 65) festgestellt, dass zu der Gegenleistung, für die die Eltern das Schulgeld entrichten, sämtliche Leistungen der Schule gehören. Daher können Eltern, deren Kinder die Schule besuchen, nicht zur Deckung von Schulkosten – gleich welcher Art –, sondern allenfalls für besondere Veranstaltungen oder Anschaffungen außerhalb des Schulbetriebs steuerwirksam spenden. Zu denken ist dabei z. B. an öffentliche Konzerte und Vorträge, an den Kauf eines Ruderbootes oder die Errichtung eines Tennisplatzes oder auch an die Lehrerausbildung an einer Hochschule und Schulbaukosten (s. hierzu BMF vom 04.11.1991, BStBl 1992 I S. 266). Seit dem Veranlagungszeitraum 1991 können Schulgeldzahlungen unter den Voraussetzungen des § 10 Abs. 1 Nr. 9 EStG teilweise (30 %) als Sonderausgaben abgezogen werden.

Zur Ausstellung von Zuwendungsbestätigungen durch **Elternbeiräte** verweise ich auf die Verfügung der OFD Nürnberg vom 14.07.1997 (DB 1997 S. 1689).

Die Errichtung oder Erweiterung von Vereinsanlagen (z. B. von Golfplätzen, Tennishallen, Segelhäfen) wird gelegentlich dadurch finanziert, dass die **Kosten auf die Mitglieder umgelegt** werden und (oder) neue Mitglieder nur aufgenommen werden, wenn sie sich verpflichten, „Spenden" in bestimmter Höhe zu leisten (eventuell der Höhe nach gestaffelt für Familienangehörige oder Jugendliche). Bei derartigen Zahlungen, die als **Aufbauspenden, Eintrittsspenden, Bausteine** oder Ähnliches bezeichnet werden, ist ohne Rücksicht auf die Bezeichnung im Einzelfall zu prüfen, ob es sich um echte Spenden i. S. von § 10b Abs. 1 EStG oder um nichtabziehbare Aufnahmegebühren, Beiträge oder Umlagen handelt (siehe auch BFH vom 02.08.2006 XI R 6/03, BStBl 2007 II S. 8).

Nach Auffassung der Finanzverwaltung (vgl. AEAO Nr. 1.2 zu § 52 AO, Anhang 1, und Tz. 2.2.4) handelt es sich **nicht** um **freiwillige** Zuwendungen i. S. des § 10b Abs. 1 EStG, wenn die Aufnahme in den Verein oder der Verbleib in diesem faktisch davon abhängen, dass derartige Zahlungen versprochen werden. Die Folge ist, dass insoweit ein Abzug nicht in Betracht kommt (ggf. droht der Entzug der Gemeinnützigkeit, siehe auch Tz. 2.2.4). Sind danach Mitgliedsbeiträge bzw. -umlagen anzunehmen, sind sie in der Zuwendungsbestätigung ausdrücklich als solche zu bescheinigen (vgl. dazu das Muster im Anhang 3).

Der BFH hat in seiner Entscheidung vom 02.08.2006 (a. a. O.) der Zahlung einer **Beitrittsspende** an einen Golfsportverein **Entgeltcharakter** beigemessen. Auch wenn diese Zahlungen dem Grunde nach freiwillig geleistet sein sollten, eröffneten im Urteilsfall doch erst die „Spenden" den Neumitgliedern die Möglichkeit zur Nutzung der Sportanlagen. Die Finanzierung des Vereins war dabei darauf ausgerichtet, mit den „Spenden" die Erhaltung und den weiteren Aufbau der Sportanlagen zu ermöglichen. Diese Grundsätze sind auch zu beachten, wenn vergleichbare Einzahlungen von den (langjährigen) Mitgliedern gefordert werden, um den weiteren

3.10 Einzelfragen zum Spendenabzug

Betrieb der gemeinnützigen Einrichtung zu sichern (= die Möglichkeit zu erhalten, die Angebote der Einrichtung in der Eigenschaft als Mitglied auch weiter nutzen zu können). Im Zusammenhang hiermit ist auch auf die Entscheidung zur Zahlung von „Spenden" zur Deckung von Schulkosten (BFH vom 12.08.1999 XI R 65/98, BStBl 2000 II S. 65) und das EuGH-Urteil vom 21.03.2002 in der Rechtssache „Kennemer Golf & Country Club" Rs. C-174/00 (DB 2002 S. 1588) hinzuweisen.

Die zeitliche Zuordnung der Spenden hat nach dem Abflussprinzip zu erfolgen. Insoweit ist § 11 Abs. 2 EStG einschlägig. Spenden, die in Erfüllung einer letztwilligen Verfügung (z. B. aufgrund eines Vermächtnisses oder einer Auflage nach § 1940 BGB) vom **Erben** an eine steuerbegünstigte Körperschaft gegeben werden, sind keine Spenden des **Erben** (BFH vom 22.09.1993 X R 107/91, BStBl 1993 II S. 874, und Anmerkungen dazu von Brunner in DStR 1994 S. 782). Sie können nach einer Entscheidung des BFH vom 23.10.1996 (X R 75/94, BStBl 1997 II S. 239) auch nicht (nachträglich) als Spende des **Erblassers** (in dessen letzter Einkommensteuerveranlagung) steuermindernd berücksichtigt werden, da der Erblasser bis zu seinem Tod die Tatbestandsmerkmale des § 10b EStG nicht verwirklicht hat (siehe auch BFH vom 21.10.2008 X R 44/05, BFH/NV 2009 S. 375).

Eine Stiftung kann von Todes wegen durch Testament oder Erbvertrag (= Stiftungsgeschäft) begründet werden. In diesen Fällen wird die Stiftung als Erbin eingesetzt. Nach § 84 BGB gilt eine Stiftung, die erst nach dem Tode des Stifters die Anerkennung durch die zuständige Landesbehörde erhält, für die Zuwendungen des Stifters als schon vor dessen Tod entstanden. Gemeint ist damit, dass durch die gesetzliche Fiktion des § 84 BGB eine Rechtsperson auf den Zeitpunkt des Erbanfalls angenommen wird, die in der Lage ist, das übergehende Vermögen zu empfangen. Der Vermögensübergang von Todes wegen stellt allerdings keine Zuwendung i. S. des § 10b EStG dar, da eine Entreicherung zu den Lebzeiten des Erblassers unterblieben ist und ein Abfluss des Vermögens erst mit dessen Tod eintritt (siehe BFH-Urteil vom 16.02.2011 X R 46/09, BStBl 2011 II S. 685). Die Errichtung einer steuerbegünstigten Stiftung von Todes wegen löst mithin beim Stifter keinen Zuwendungsabzug nach Maßgabe des § 10b EStG aus (so auch Kirchhain zur 8. EUROFORUM-Jahrestagung vom 25.01.2013).

Spenden an eine (inländische) steuerbegünstigte Körperschaft zur Verwendung **für steuerbegünstigte Zwecke im Ausland** sind grundsätzlich steuerlich abzugsfähig (vgl. R 10b.1 Abs. 5 EStR, Anhang 2; siehe insbesondere hierzu Tz. 2.1.1.1). Die korrekte Verwendung der Spende im Ausland wird insbesondere in Zweifelsfällen von der Finanzverwaltung eingehend geprüft (z. B. unter Einschaltung des Auswärtigen Amtes bzw. deutscher Botschaften oder Konsulate, des Bundesministeriums für wirtschaftliche Zusammenarbeit und Entwicklung oder der Kirchen). Die steuerbegünstigte Körperschaft hat dabei in besonderem Maße ihre Mitwirkungspflichten zur Aufklärung des Sachverhalts zu erfüllen (§ 90 Abs. 2 AO; siehe hierzu auch OFD Frankfurt a. M. vom 13.07.1995, FR 1996 S. 38). Bei den in R 10b.1 Abs. 5 EStR (Anhang 2) genannten Spendenempfängern kann auch bei Verwendung der Spenden im Ausland allgemein davon ausgegangen werden, dass die Spenden für steuerbegünstigte Zwecke verwendet werden.

Zahlungen, die Besucher einer sog. **Benefizveranstaltung** leisten, sind nur dann als Spende abzugsfähig, wenn die Annahme einer rechtlichen Verknüpfung zwischen dem Zugang zu der Veranstaltung und der Spende restlos ausgeräumt ist. Eine rechtliche Verknüpfung in diesem Sinne besteht erst dann nicht mehr, wenn der Veranstalter ausdrücklich erklärt, dass für den Besuch der Veranstaltung ein der Höhe nach genau festgelegtes (nicht spendenfähiges) Eintrittsgeld erhoben wird und es darüber hinaus jedem Besucher freigestellt wird, ob und ggf. in welcher Höhe er freiwillige Spenden leisten will. Dabei steht es dem Veranstalter frei, in seinem Spendenaufruf z. B. einen unverbindlichen betragsmäßigen Orientierungsrahmen zu nennen, der es ermöglicht, dass die Hilfsaktion ihren Zweck in dem gewünschten Umfang erfüllen kann. Darüber hinaus muss natürlich sichergestellt sein, dass jedem Spender die von ihm tatsächlich geleistete Spende einwandfrei nachprüfbar zugeordnet werden kann (s. hierzu mit Beispielen auch Buchna in Stiftung & Sponsoring 1998, Heft 3 und 4).

Nur bei einer **eindeutigen Trennung zwischen Entgelt und Spenden** ist es denkbar, dass z. B. in Zusammenhang mit der Veräußerung von Büchern, Schallplatten, CDs oder Kalendern zugeflossene zusätzliche Mittel als Spenden qualifiziert werden können (= eindeutiger Kaufpreis für den Gegenstand und daneben Erwartung zusätzlicher Spendenmittel).

Gelegentlich führen Firmen oder Privatpersonen sog. **Benefizveranstaltungen** zugunsten einer steuerbegünstigten Körperschaft durch. Bei diesen Veranstaltungen haben die Teilnehmer Gelegenheit, zugunsten dieser Einrichtung zu spenden. Diese Spenden werden dann nicht direkt an die begünstigte Einrichtung überwiesen, sondern zunächst auf ein Konto des Veranstalters eingezahlt oder ihm direkt (in bar) übergeben. Der Veranstalter überweist dann die eingegangenen Beträge in einer Summe auf ein Konto der Einrichtung unter Beifügung einer **Liste der Spender** und der jeweils gespendeten Beträge mit der Bitte, den jeweiligen Spendern entsprechende Spendenbestätigungen auszustellen. In diesen Fällen kann die steuerbegünstigte Körperschaft unter Beachtung der unter Tz. 3.2.7 dargestellten Grundsätze steuerlich wirksame Zuwendungsbestätigungen ausstellen, wenn nach den Gegebenheiten des Einzelfalls der Veranstalter die Stellung eines Treuhänders oder eines Boten eingenommen hat. Der Veranstalter hat dabei eine ausdrückliche Versicherung abzugeben, dass die in der Liste aufgeführten Einzelspender und die ihnen zugeordneten Spendenbeträge mit den Angaben in den Bankbelegen übereinstimmen bzw. bei Barspenden, dass diese Personen diese Beträge tatsächlich geleistet haben. Der Veranstalter hat der steuerbegünstigten Körperschaft dazu geeignete (Nachweis-)Unterlagen vorzulegen.

Auskünfte darüber, ob eine Körperschaft wegen Verfolgung gemeinnütziger, mildtätiger oder kirchlicher Zwecke steuerbegünstigt ist, unterliegen nicht dem Steuergeheimnis (§ 30 AO), wenn die Frage der Abzugsfähigkeit von Spenden für das Besteuerungsverfahren anderer von Bedeutung ist (vgl. auch Tz. 1.1). Das BMF hat dazu im Einzelnen in AEAO Nr. 4.2 zu § 30 AO (Anhang 1) nach Abstimmung mit den obersten Finanzbehörden der Länder Folgendes ausgeführt:

> „Auskünfte darüber, ob eine Körperschaft wegen Verfolgung gemeinnütziger, mildtätiger oder kirchlicher Zwecke steuerbegünstigt ist oder nicht, sind dem Spender nur dann zu erteilen, wenn:
>
> – er im Besteuerungsverfahren die Berücksichtigung der geleisteten Spende beantragt (§ 30 Abs. 4 Nr. 1 i. V. m. Abs. 2 Nr. 1 Buchstabe a),
>
> – die Körperschaft ihm den Tatsachen entsprechend mitgeteilt hat, dass sie zur Entgegennahme steuerlich abzugsfähiger Spenden berechtigt ist,
>
> – die Körperschaft wahrheitswidrig behauptet, sie sei zur Entgegennahme steuerlich abzugsfähiger Spenden berechtigt (§ 30 Abs. 4 Nr. 1 i. V. m. Abs. 2 Nr. 1 Buchstabe a, vgl. AEAO zu § 85); die Richtigstellung kann öffentlich erfolgen, wenn die Körperschaft ihre wahrheitswidrige Behauptung öffentlich verbreitet.

3.10 Einzelfragen zum Spendenabzug

Ansonsten ist der Spender bei Anfragen stets an die Körperschaft zu verweisen, sofern keine Zustimmung der Körperschaft zur Auskunftserteilung vorliegt."

Zur Unterrichtung der Gemeinden über die Gemeinnützigkeit von Vereinen bei Durchlaufspenden siehe OFD Düsseldorf und OFD Münster vom 05.10.2005 (DB 2005 S. 2270).

Mit seinem Urteil vom 15.10.1997 (BStBl 1998 II S. 63) hat der BFH entschieden, dass § 5 Abs. 1 Nr. 9 KStG eine drittschützende Norm ist. Wettbewerber haben daher grundsätzlich gegenüber dem für die Besteuerung einer steuerbegünstigten Körperschaft zuständigen Finanzamt einen Anspruch, dass die Körperschaft hinsichtlich eines wirtschaftlichen Geschäftsbetriebs besteuert wird, falls dieser Betrieb nicht die Voraussetzungen gem. §§ 65 bis 68 AO erfüllt und sich die Nichtbesteuerung zum Nachteil des Wettbewerbers auswirkt. Potenzielle Wettbewerber müssen dazu substantiiert geltend machen können, dass eine rechtswidrige Nichtbesteuerung oder zu geringe Besteuerung des mit ihnen in Wettbewerb stehenden Steuerpflichtigen zu einem zu ihrem Nachteil verfälschten Wettbewerb führt (zur **Konkurrentenklage** siehe auch EuGH vom 10.01.2006 Rs. C-222/04, www.curia.eu sowie BFH vom 05.10.2006 VII R 24/03, BStBl 2007 II S. 243).

In der Konsequenz dieses Urteils liegt es, einen **Auskunftsanspruch** des Konkurrenten gegen das Finanzamt zu bejahen (zur Vorbereitung einer etwaigen Konkurrentenklage), sofern der Dritte substantiiert das Konkurrenzverhältnis und seine mögliche Beeinträchtigung durch etwaige Steuerbefreiungen darlegt (Bestätigung durch das BFH-Urteil vom 26.01.2012 VII R 4/11, BStBl 2012 II S. 541). An den Nachweis hat der BFH allerdings sehr hohe Anforderungen gestellt, die nur in besonderen Einzelfällen erfüllt sein dürften. Zudem ist der Auskunftsanspruch eingeschränkt. Im AEAO Nr. 4.7 zu § 30 AO (Anhang 1) ist hierzu festgelegt:

„Anträge auf Erteilung von Auskünften über die Besteuerung Dritter bei der Anwendung drittschützender Normen (u. a. §§ 64 bis 68 AO und § 2 Abs. 3 UStG) sind zur Vorbereitung einer Konkurrentenklage grundsätzlich zulässig (vgl. BFH-Urteil vom 05.10.2006 VII R 24/03, BStBl 2007 II S. 243). Ein solcher Auskunftsanspruch setzt allerdings voraus, dass der Steuerpflichtige substantiiert und glaubhaft darlegt, durch die unzutreffende Besteuerung des Konkurrenten konkret feststellbare und spürbare Wettbewerbsnachteile zu erleiden und deshalb gegen die Steuerbehörde mit Aussicht auf Erfolg ein subjektives öffentliches Recht auf steuerlichen Drittschutz geltend machen zu können. Die Auskünfte sind auf das für die Rechtsverfolgung notwendige Maß zu beschränken. In der Auskunft dürfen deshalb nur Angaben über die Art und Weise der Besteuerung der für die Konkurrenzsituation relevanten Umsätze der fraglichen öffentlichen Einrichtung gemacht werden, nicht aber über die Höhe dieser Umsätze und der hierauf festgesetzten Steuer. Der betroffene Dritte soll gehört werden."

Übrige Auskünfte, wie z. B. die Höhe der Steuer(mess)beträge, können nicht erteilt werden.

Zum Sonderproblem des Abzugs von **Spenden der Sparkassen** an ihre Gewährträger ist auf H 47 „Zuwendungen und Spenden ..." KStH und BFH vom 08.04.1992 (I R 126/90, BStBl 1992 II S. 849) zu verweisen (siehe auch Janssen in DStZ 2001 S. 160).

Zu Spenden einer Körperschaft i. V. m. **verdeckten Gewinnausschüttungen** i. S. des § 8 Abs. 3 KStG verweise ich auf Brandt in H/H/R, Anm. 200 zu § 10b EStG sowie die Ausführungen zu Tz. 3.3.2.8.

Nach § 29 Abs. 1 Nr. 4 Satz 1 ErbStG erlischt die grundsätzlich anfallende Erbschaft- bzw. Schenkungsteuer mit Wirkung für die Vergangenheit, u. a. soweit Vermögensgegenstände, die von Todes wegen oder durch Schenkung erworben wurden, innerhalb von 24 Monaten nach dem Zeitpunkt der Entstehung der Steuer einer inländischen Stiftung zugewendet werden, die nach der Satzung ausschließlich und unmittelbar steuerbegünstigten Zwecken i. S. der §§ 52 bis 54 der AO mit Ausnahme der Zwecke, die nach § 52 Abs. 2 Nr. 23 der AO gemeinnützig sind, dient (zur Anwendung des § 29 Abs. 1 Nr. 4 ErbStG siehe auch in Tz. 2.8.5: Ausschluss in Fällen des § 58 Nr. 6 AO – bis 31.12.2013: § 58 Nr. 5 AO). Diese Vergünstigung kann nicht neben dem Spendenabzug zusätzlich in Anspruch genommen werden. Zum Verhältnis der Erbschaftsteuer bei Weitergabe des Nachlassvermögens an eine gemeinnützige Stiftung und der Inanspruchnahme des Spendenabzugs nach § 10b EStG, § 9 Abs. 1 Nr. 2 KStG bzw. § 9 Nr. 5 GewStG siehe auch FG Rheinland-Pfalz vom 27.04.2001 (DStRE 2001 S. 872).

Über **Zuwendungen,** die prominente Kandidaten im Rahmen von **Spiel- und Quizshows** erspielen, dürfen gemeinnützige Organisationen grundsätzlich keine Zuwendungsbestätigungen erstellen (BMF-Schreiben vom 27.04.2006, BStBl 2006 I S. 342; siehe auch FG Hamburg vom 14.11.2007, EFG 2008 S. 842).

Zur Unterstützung von Opfern großer **Katastrophen** ergreifen steuerbegünstigte Körperschaften häufig Maßnahmen, um den Opfern direkt Hilfe zu leisten oder um zusätzliche Mittel für die Opfer einzuwerben. Die obersten Finanzbehörden des Bundes und der Länder begleiten diese Maßnahmen dann regelmäßig durch Billigkeitsregelungen. So wird i. d. R. die Erstellung von Zuwendungsbestätigungen erleichtert (Sonderkontenverfahren, § 50 Abs. 2 Nr. 1 EStDV) oder es werden besondere Spendenaktionen von gemeinnützigen Körperschaften für geschädigte Personen zugelassen. Diese Entscheidungen werden dann stets zeitnah auf der Internetseite des Bundesfinanzministeriums veröffentlicht (vgl. z. B. BMF vom 17.06.2014, BStBl 2014 I S. 889, zu steuerlichen Maßnahmen zur Unterstützung der Opfer des Hochwassers auf dem Balkan – Bosnien-Herzegowina, Kroatien und Serbien).

4 Behandlung der steuerbegünstigten Körperschaften nach den verschiedenen Steuergesetzen

Mit den folgenden Ausführungen wird auf die Behandlung der steuerbegünstigten Körperschaften nach Maßgabe der Bestimmungen in den einzelnen Steuergesetzen eingegangen. Das **besondere Schwergewicht** wurde dabei auf die im § 5 Abs. 1 Nr. 9 KStG getroffene Regelung gelegt, weil u. a. beim Spendenabzug auf diese Bestimmung Bezug genommen wird (vgl. § 50 EStDV, Anhang 2) und die Regelungen in anderen Steuergesetzen (z. B. bei der Gewerbesteuer) der körperschaftsteuerlichen Regelung entsprechen. Aus diesem Grund wird auch auf die Besteuerung der wirtschaftlichen Geschäftsbetriebe und die verfahrensmäßige Behandlung der steuerbegünstigten Körperschaften im Rahmen des Körperschaftsteuerrechts näher eingegangen.

4.1 Körperschaftsteuer

§ 5 Abs. 1 Nr. 9 KStG

> **(1) Von der Körperschaftsteuer sind befreit**
>
> ....
>
> 9. Körperschaften, Personenvereinigungen und Vermögensmassen, die nach der Satzung, dem Stiftungsgeschäft oder der sonstigen Verfassung und nach der tatsächlichen Geschäftsführung ausschließlich und unmittelbar gemeinnützigen, mildtätigen oder kirchlichen Zwecken dienen (§§ 51 bis 68 der Abgabenordnung). ₂Wird ein wirtschaftlicher Geschäftsbetrieb unterhalten, ist die Steuerbefreiung insoweit ausgeschlossen. ₃Satz 2 gilt nicht für selbst bewirtschaftete Forstbetriebe;
>
> ....

4.1.1 Grundsätzliches

Über die Frage, ob eine Körperschaft die Voraussetzungen für die Steuerbefreiung nach § 5 Abs. 1 Nr. 9 KStG erfüllt und ob und inwieweit ein wirtschaftlicher Geschäftsbetrieb vorliegt, wird nicht in einem besonderen Verfahren oder durch besondere Anerkennung einer Behörde, sondern für jede in Betracht kommende Steuerart und für jeden Veranlagungszeitraum im Veranlagungsverfahren entschieden (AEAO Nr. 3 zu § 59 AO, Anhang 1, u. a. BFH vom 19.04.1989, BStBl 1989 II S. 595 m. w. N., und vom 11.03.1999, BStBl 1999 II S. 331; zum Verfahren siehe Tz. 4.1.2). Ist jedoch bereits für eine andere Steuer (z. B. für die Körperschaft- oder Gewerbesteuer) darüber entschieden, ob und ggf. in welchem Bereich die Körperschaft steuerbegünstigte Zwecke verfolgt, so wird die Finanzverwaltung diese Entscheidung im Allgemeinen auch auf andere Steuerarten übertragen (in diesem Sinne siehe z. B. Abschn. 12.9 Abs. 1 UStAE). Die Befreiung von der Körperschaftsteuer kommt nur in Betracht, wenn die in den §§ 51 bis 68 AO aufgestellten Voraussetzungen während des **ganzen Veranlagungszeitraums** vorgelegen haben (siehe auch Tz. 2.14.1).

Eine Körperschaft, bei der nach dem Ergebnis der Überprüfung die gesetzlichen Voraussetzungen für die steuerliche Behandlung als **steuerbegünstigte Körper-**

schaft vorliegen, **muss** deshalb auch **als solche behandelt werden,** und zwar ohne Rücksicht darauf, ob ein entsprechender Antrag gestellt worden ist oder nicht. Ein Verzicht auf die Behandlung als steuerbegünstigte Körperschaft ist für das Steuerrecht unbeachtlich (vgl. AEAO Nr. 3 zu § 59 AO, Anhang 1).

Dabei gilt uneingeschränkt der Grundsatz der Abschnittsbesteuerung. Hat z. B. das Finanzamt die Satzung einer Körperschaft in einem abgelaufenen Veranlagungszeitraum oder mit einer vorläufigen Bescheinigung als den gemeinnützigen Grundsätzen entsprechend beurteilt, kann es in den nachfolgenden Veranlagungszeiträumen hierzu auch eine andere (negative) Entscheidung treffen (vgl. auch BFH vom 05.08.1992, BStBl 1992 II S. 1048). (Nur) auf der Grundlage der Anweisungen in AEAO Nr. 4 zu § 59 AO (Anhang 1) kann sich eine steuerbegünstigte Körperschaft gegenüber der Finanzverwaltung auf eine Vertrauensschutzregelung berufen (vgl. auch in Tz. 2.9.2).

Eine Körperschaft kann nur dann nach dieser Vorschrift von der Körperschaftsteuer befreit werden, wenn sie in dem zu beurteilenden Veranlagungszeitraum alle Voraussetzungen für die Gemeinnützigkeit erfüllt. Die spätere Erfüllung einer der Voraussetzungen für die Gemeinnützigkeit, z. B. des Merkmals der Unmittelbarkeit (§ 57 AO), kann nicht auf frühere, abgelaufene Veranlagungszeiträume zurückwirken (BMF vom 15.02.2002, BStBl 2002 I S. 267, AEAO Nr. 3 Satz 2 zu § 51 Abs. 1 AO).

Unterhält eine an sich steuerbegünstigte Einrichtung einen **wirtschaftlichen Geschäftsbetrieb,** so ist **sie insoweit** (partiell) **körperschaftsteuerpflichtig.** In diesem Umfang wird die Steuervergünstigung eingeschränkt (§ 5 Abs. 1 Nr. 9 Satz 2 KStG). Eine Körperschaft, die Einnahmen durch Maßnahmen erwirbt, die an sich außerhalb der gemeinnützigen Tätigkeit liegen und über eine bloße Vermögensverwaltung hinausgehen (vgl. Tz. 2.15.3), sollen, da sie naturgemäß zu anderen Unternehmen gleicher Geschäftsrichtung mehr oder minder in Wettbewerb treten, ebenfalls der Besteuerung unterliegen. Die Steuerpflicht des Gewinns aus einem wirtschaftlichen Geschäftsbetrieb wird dabei nicht dadurch ausgeschlossen, dass die steuerbegünstigte Körperschaft den Überschuss der Einnahmen über die Ausgaben für satzungsmäßige Zwecke verwendet (BFH vom 21.08.1985, BStBl 1986 II S. 88). Durch steuerliche Begünstigungen für einen wirtschaftlichen Geschäftsbetrieb dürfen weder Wettbewerber verdrängt werden noch dürfen zu Lasten potenzieller Konkurrenten Marktzutrittsschranken errichtet werden (BFH vom 30.03.2000, BStBl 2000 II S. 705). Nur Zweckbetriebe (§§ 65 ff. AO) sind von der Steuerpflicht befreit.

Steuersubjekt ist nicht der wirtschaftliche Geschäftsbetrieb, sondern **die Körperschaft.** Unterhält eine steuerbegünstigte Körperschaft mehrere steuerpflichtige wirtschaftliche Geschäftsbetriebe, die keine Zweckbetriebe sind, sind die Einkünfte jedes steuerpflichtigen wirtschaftlichen Geschäftsbetriebs gesondert zu ermitteln. Das zu versteuernde Einkommen der Körperschaft wird also durch den Saldo der Einzelergebnisse der steuerpflichtigen Geschäftsbetriebe gebildet und mittels Körperschaftsteuerbescheid festgestellt bzw. festgesetzt (auch bei Vorhandensein mehrerer steuerpflichtiger Geschäftsbetriebe ergeht je Veranlagungszeitraum immer nur **ein Körperschaftsteuerbescheid;** siehe R 16 Abs. 7 KStR). Nach § 64 Abs. 2 AO sind zwar mehrere (steuerpflichtige) wirtschaftliche Geschäftsbetriebe als **ein** Geschäftsbetrieb zu behandeln. Hiermit hat der Gesetzgeber jedoch keine Einkommensermittlungsvorschrift geschaffen. Den steuerbegünstigten Körperschaften wird über den § 64 Abs. 2 AO („lediglich") die Möglichkeit eröffnet, ohne Gefährdung der Gemeinnützigkeit in dem betreffenden Wirtschaftsjahr einen Verlustaus-

gleich zwischen verschiedenen wirtschaftlichen Geschäftsbetrieben vorzunehmen (vgl. dazu Tz. 2.15.5, Tz. 2.5.5.2 und unter Tz. 4.1.5.1.1).
Die Finanzverwaltung sieht hierin jedoch auch eine Einkommensermittlungsregelung. So gilt § 64 Abs. 2 AO nach AEAO Nr. 11 zu § 64 (Anhang 1) auch für die Ermittlung des steuerpflichtigen Einkommens und für die Beurteilung der Buchführungspflicht nach § 141 Abs. 1 AO. Mehrere steuerbegünstigte Betriebe gewerblicher Art von juristischen Personen des öffentlichen Rechts einer Trägerkörperschaft können dagegen nicht zusammengefasst werden (vgl. dazu Tz. 2.1.6 und 2.9.3).
Werden jedoch im Rahmen eines als gemeinnützig anerkannten Betriebs gewerblicher Art verschiedene steuerpflichtige wirtschaftliche Geschäftsbetriebe unterhalten, für die insoweit dann eine partielle Steuerpflicht gegeben ist, sind die Grundsätze des § 64 Abs. 2 AO insoweit zu beachten.

Beispiel:
Die Stadt M betreibt ein Krankenhaus und unterhält damit einen Betrieb gewerblicher Art (BgA), der wegen Förderung des öffentlichen Gesundheitswesens als gemeinnützig anerkannt ist. In diesem Krankenhaus sind ein Kiosk mit Blumenhandel sowie eine Besucher-Cafeteria eingerichtet. Sie bilden innerhalb des Krankenhausbetriebs für sich keine gesonderte Einrichtung, die zur Annahme eines oder mehrerer selbständiger BgA führt. Mit diesen Geschäftsbetrieben ist der Krankenhaus-BgA partiell gewerbe- und körperschaftsteuerpflichtig. Die Grundsätze des § 64 Abs. 2 AO kommen zur Anwendung.

4.1.2 Verfahrensmäßige Behandlung

4.1.2.1 Zuerkennung der Steuerbegünstigung

Wie alle übrigen Körperschaften sind auch gemeinnützige Körperschaften zur Abgabe von Steuererklärungen nach Maßgabe der Einzelsteuergesetze verpflichtet. Die Regelungen der §§ 149 ff. AO in Verbindung mit den Einzelsteuergesetzen sehen für gemeinnützige Körperschaften keine besonderen Regelungen vor. Das für die betreffende Körperschaft zuständige Finanzamt kann jedoch von der jährlichen Aufforderung zur Abgabe von Steuererklärungen absehen (siehe dazu auch Hüttemann; Gemeinnützigkeit und Spendenrecht, 2015, S. 603, Rz. 7.11). Allein die verspätete Abgabe der Steuererklärung ist nicht ausreichend, um einem Verein die Gemeinnützigkeit abzusprechen (FG Münster vom 30.06.2011 – 9 K 2649/10 K, EFG 2012 S. 492).

Ob die Voraussetzungen für eine Steuerbefreiung der Körperschaft vorliegen (insbesondere, ob die Geschäftsführung den Satzungsbestimmungen und den Erfordernissen der §§ 51 bis 68 AO entspricht), prüft das zuständige Finanzamt regelmäßig nach Ablauf des jeweiligen Veranlagungszeitraums anhand eines besonderen Steuererklärungsvordrucks (Fragebogens). Diese Erklärung bezieht sich auf Angaben zur Körperschaft- und Gewerbesteuer (siehe Anhang 9). In der Regel führt die Finanzverwaltung diese **Überprüfung** jeweils **im Abstand von drei Jahren** durch, soweit die Einnahmen im steuerpflichtigen wirtschaftlichen Geschäftsbetrieb unterhalb von 35.000 Euro liegen. Bisher war dieses in AEAO Nr. 7 zu § 59 AO a. F. geregelt. Im neuen Anwendungserlass ist diese Vereinfachungsregelung nicht mehr vorgesehen, allerdings ergibt sich diese Vereinfachungsregelung weiterhin aus der Verfügung der OFD-Münster vom 05.12.2008 (S 2729-49-St 13-33). Zudem findet sich in den Erläuterungen zu der Erklärung zur Körperschaftsteuer und Gewerbesteuer von Körperschaften, die gemeinnützigen, mildtätigen oder kirchlichen Zwecken dienen (Gem 1), weiterhin der Hinweis, dass steuerbegünstigte Körperschaften – wenn nicht wegen umfangreicher wirtschaftlicher Betätigungen regelmäßig Steuern anfallen – im Allgemeinen nur in dreijährigem Abstand anhand der vereinfachten Erklärung Gem 1 geprüft werden. Die Prüfung umfasst alle 3 Jahre, wobei der Schwerpunkt aber auf dem letzten Jahr liegt. Wenn die Voraussetzungen für die Steuerbefreiung der Körperschaft in vollem Umfang bei diesen Steuerarten gegeben sind, wird ein **Freistellungsbescheid** erteilt, mit dem die Steuerbefreiung des jeweils überprüften Veranlagungszeitraums bestätigt wird.

Mit dem Freistellungsbescheid wird verbindlich festgestellt, dass die Körperschaft aufgrund des vom Finanzamt geprüften Sachverhalts eine bestimmte Steuer dem Grunde nach überhaupt nicht oder für einen bestimmten Veranlagungs- oder Erhebungszeitraum nicht schuldet. Dieser **Freistellungsbescheid ist wie ein Steuerbescheid zu behandeln,** § 155 Abs. 1 Satz 3 AO (BFH vom 13.11.1996, BStBl 1998 II S. 711). Es sind deshalb sämtliche Vorschriften, die für Steuerbescheide gelten, auch für Freistellungsbescheide anzuwenden. Freistellungsbescheide können daher vorläufig oder unter dem Vorbehalt der Nachprüfung ergehen (§§ 164 und 165 AO) und nur unter den Voraussetzungen der §§ 129, 164, 165 und 172 ff. AO geändert werden.

Der Körperschaft- und Gewerbesteuerfreistellungsbescheid ist in einem Vordruck zusammengefasst (siehe Anhang 10). Materiell-rechtlich handelt es sich dabei jeweils um selbständige Bescheide i. S. des § 155 Abs. 1 AO (im nachfolgenden Text als Freistellungsbescheid bezeichnet). Die Freistellungsbescheide wirken **nicht** über diesen Veranlagungszeitraum hinaus. Schweigen und Untätigkeit des Finanzamts in der Folgezeit schaffen deshalb auch keinen schutzwürdigen Vertrauenstatbestand nach den Grundsätzen von Treu und Glauben (vgl. BFH vom 13.12.1978, BStBl 1979 II S. 481, und vom 19.04.1989, BStBl 1989 II S. 595). Ebenso bleibt festzuhalten, dass der Freistellungsbescheid auch keine Grundlagenwirkungen gegenüber anderen Steuerverwaltungsakten entfaltet (siehe BFH vom 10.01.1992, BStBl 1992 II S. 684, betr. Investitionszulage, und vom 11.03.1999, BStBl 1999 II S. 331).

Der Freistellungsbescheid enthält **Hinweise zur Ausstellung von Zuwendungsbestätigungen.** Sofern nach Lage der Dinge kein Bedürfnis für die Erteilung eines Freistellungsbescheides besteht (z. B. weil die Körperschaft keine Spenden, Zuschüsse etc. erwartet), kann die Finanzverwaltung von der Erteilung eines Freistellungsbescheides absehen.

Auf Antrag ist für **jeden Veranlagungszeitraum** nach Überprüfung der tatsächlichen Geschäftsführung – sofern die Voraussetzungen dafür erfüllt sind – ein Körperschaftsteuer-(Freistellungs-)Bescheid zu erteilen, wenn dieser z. B. für die Bewilligung **öffentlicher Zuschüsse** erforderlich ist.

Steuerbefreite **Körperschaften, die einen steuerpflichtigen wirtschaftlichen Geschäftsbetrieb** unterhalten, der die Besteuerungsgrenzen des § 64 Abs. 3 AO (Tz. 2.15.6) überschreitet, müssen **jährlich** Steuererklärungen abgeben. Darüber hinaus sind Körperschaften immer dann zur Abgabe einer Körperschaftsteuererklärung (bzw. des Fragebogens zur Gemeinnützigkeit) verpflichtet, wenn sie dazu vom Finanzamt aufgefordert werden. Es gelten insoweit die allgemeinen Grundsätze zur Abgabe von Steuererklärungen (§§ 149 ff. AO).

Wie oben bereits ausgeführt, führt das Betreiben eines steuerpflichtigen wirtschaftlichen Geschäftsbetriebs nicht zur Versagung der (vollen) Steuerbefreiung für die Körperschaft (zur sachlichen Steuerpflicht der steuerpflichtigen wirtschaftlichen Geschäftsbetriebe siehe Fischer in H/H/Sp, Rz. 24 zu § 64 AO). Die Körperschaft verliert lediglich bezüglich der diesem Geschäftsbetrieb zuzuordnenden Besteuerungsgrundlagen die Steuervergünstigung. Die Festsetzung der im Rahmen der **partiellen Steuerpflicht** entstehenden Steuer erfolgt durch einen „normalen" Körperschaft- und/oder Gewerbesteuerbescheid. Ergänzend zur Festsetzung der Steuer wird das Finanzamt in dem jeweiligen Bescheid eine Aussage aufnehmen, aus der hervorgeht, dass die Körperschaft im Übrigen steuerfrei ist (siehe Anhang 10).

Die Begründung eines steuerpflichtigen wirtschaftlichen Geschäftsbetriebs schränkt die Möglichkeit der Körperschaft nicht ein, für ihren steuerbegünstigten Bereich unter den üblichen Voraussetzungen Spenden und Mitgliedsbeiträge zu vereinnahmen und steuerlich wirksame Zuwendungsbestätigungen auszustellen. Das Finanzamt weist darauf in aller Regel auch in dem Körperschaftsteuerbescheid, mit dem die Körperschaftsteuer für den steuerpflichtigen wirtschaftlichen Geschäftsbetrieb festgesetzt wird, hin (vgl. dazu Vordruck in Anhang 10). Diese Hinweise stimmen inhaltlich mit den auf den Freistellungsbescheiden erteilten Informationen überein.

Ein **Freistellungsbescheid** kann auch erteilt werden, wenn zwar ein steuerpflichtiger wirtschaftlicher Geschäftsbetrieb unterhalten wird, dieser aber unter Berücksichtigung des Freibetrags nach § 24 KStG zu keiner Körperschaftsteuer oder gem. R 79 Abs. 1 KStR zu keiner Körperschaftsteuer-Erhebung führt – wohl im Hinblick auf Billigkeitserwägungen werden gelegentlich auch gemeinnützige Kapitalgesellschaften nur alle 3 Jahre zur Abgabe der Steuererklärungen aufgefordert.

4.1.2.2 Aberkennung der Steuerbegünstigung

In der Regel erfolgt die Überprüfung der tatsächlichen Geschäftsführung gemeinnütziger Körperschaften durch das zuständige Finanzamt an Amtsstelle. Grundsätzlich besteht für die Finanzverwaltung auch die Möglichkeit, hinsichtlich des Gemeinnützigkeitsbereichs eine Außenprüfung durchzuführen, siehe hierzu ausführlich Buchna/Koopmann, Die steuerliche Betriebsprüfung 1998 S. 225/253, und Teufel, DB 1999 S. 874, sowie FG Köln vom 23.03.2000, EFG 2000 S. 910.

Sind bei einer bisher ganz oder teilweise steuerbefreiten Körperschaft die Voraussetzungen für Steuervergünstigungen nicht mehr gegeben, ist z. B. die Satzung steuerschädlich geändert worden oder ist in einem Jahr unter Verstoß gegen den Grundsatz der Selbstlosigkeit (§ 55 AO) eine unangemessen hohe Vergütung gezahlt worden, so erkennt das Finanzamt die Steuerbefreiung für die Veranlagungszeiträume, in denen der steuerschädliche Zustand eingetreten ist oder besteht, grundsätzlich nicht an und setzt die Steuern entsprechend fest. Wenn ein **Verstoß** gegen die satzungsmäßige oder tatsächliche **Vermögensbindung** vorliegt, entfallen die Steuervergünstigungen mit rückwirkender Kraft und es ist eine **Nachversteuerung** durchzuführen (vgl. Tz. 2.12).

Der **„Widerruf"** der Gemeinnützigkeit kann allein im Rahmen des Steuerfestsetzungsverfahrens (also bei der Veranlagung für den betreffenden Steuerabschnitt) erfolgen, nicht aber durch einen Verwaltungsakt außerhalb des Veranlagungsverfahrens (BFH vom 13.12.1978, BStBl 1979 II S. 481, und vom 13.11.1996, BStBl 1998 II S. 711). Der Freistellungsbescheid steht verfahrensrechtlich dem „normalen" Steuerbescheid gleich. Ist also einer Körperschaft für einen bereits abgelaufenen Veranlagungszeitraum ein Freistellungsbescheid erteilt worden, kann dieser Bescheid nur durch einen „normalen" Steuerbescheid ersetzt werden, wenn der Tatbestand der §§ 129, 164, 165 oder 172 ff. AO erfüllt ist.

4 Andere Steuergesetze

Ist das Finanzamt nach Überprüfung der Überzeugung, dass die Körperschaft nicht die Voraussetzungen für eine Steuerbefreiung erfüllt, erteilt es der Körperschaft einen „normalen" Steuerbescheid. Mit den entsprechenden Körperschaft- und/oder Gewerbesteuerbescheiden werden die Steuern in der entstandenen Höhe festgesetzt. Ist die Körperschaft insgesamt steuerpflichtig, liegt sie mit ihren Besteuerungsgrundlagen jedoch unterhalb der jeweiligen Freibeträge und Freigrenzen, wird das Finanzamt jeweils Steuerbescheide über 0 Euro erteilen, um damit die Steuerpflicht zum Ausdruck zu bringen (BFH vom 13.11.1996, a. a. O.; siehe hierzu auch Kümpel in DStR 2001 S. 152).

Ein auf **0 Euro lautender Steuerbescheid** kann grundsätzlich mit dem **Einspruch** angefochten werden, wenn sich die Körperschaft dadurch beschwert fühlt, dass die Steuerbefreiung verneint worden ist (BFH vom 14.09.1994, BStBl 1995 II S. 499, und vom 13.11.1996, BStBl 1998 II S. 711; so auch FG Hamburg vom 07.09.2004, EFG 2005 S. 158). Mit Urteil vom 23.09.2014 hat das FG Münster (EFG 2000 S. 910) die Voraussetzungen für eine Klage gegen einen auf 0 Euro lautenden Einspruch noch weiter konkretisiert und geurteilt, dass in den Fällen, in denen im Rahmen der Körperschaftsteuerbescheide die Steuerbefreiung des § 5 Abs. 1 Nr. 9 KStG geprüft und (zunächst für Zwecke der Körperschaftsteuer) die Gemeinnützigkeit verneint wird, eine Klagebefugnis auch hinsichtlich eines auf 0 Euro lautenden Körperschaftsteuerbescheides besteht, soweit diese Entscheidung sich in bindender Weise mit hinreichender Wahrscheinlichkeit für den Steuerpflichtigen anderweitig nachteilig auswirkt. Dies wäre etwa der Fall, wenn im Jahr der Aberkennung Spenden vereinnahmt wurden etc.

Hat eine Körperschaft für einen bereits abgelaufenen Veranlagungszeitraum einen Freistellungsbescheid erhalten und werden im darauf folgenden Veranlagungszeitraum dem Finanzamt Verfehlungen der Körperschaft gegen gemeinnützigkeitsrechtliche Grundsätze bekannt, kann es geboten sein, der Körperschaft einen **Körperschaftsteuer-Vorauszahlungsbescheid** (ggf. über 0 Euro) zu erteilen, in dem zum Ausdruck gebracht wird, dass die Körperschaft (im laufenden Veranlagungszeitraum) nicht die Voraussetzungen für eine Steuerbefreiung nach § 5 Abs. 1 Nr. 9 KStG erfüllt. Gleichzeitig wird der Körperschaft dann mitgeteilt, dass die Berechtigung zum Empfang steuerlich abzugsfähiger Zuwendungen mit sofortiger Wirkung entfällt und Zuwiderhandlungen ggf. einen Haftungsanspruch (vgl. Tz. 3.8) auslösen.

4.1.2.3 Erteilung eines Bescheids nach § 60a AO

Körperschaften, bei denen die Voraussetzungen der Steuervergünstigung noch nicht im Veranlagungsverfahren festgestellt worden sind (das sind im Allgemeinen neu gegründete Körperschaften), wurde auf Antrag bisher eine **vorläufige Bescheinigung zur Beurteilung der Berechtigung zur Ausstellung von Zuwendungsbestätigungen** erteilt (siehe hierzu AEAO Nr. 6 zu § 59 AO a. F.), wenn die eingereichte Satzung alle in §§ 59 bis 61 AO aufgestellten Voraussetzungen erfüllte. Die vorläufige Bescheinigung wurde zur Beurteilung der Abziehbarkeit von Spenden und Mitgliedsbeiträgen oder für eine Gebührenbefreiung erteilt (AEAO Nr. 4 zu § 59 AO a. F.). Nachteil der vorläufigen Bescheinigung war, dass diese keinen Verwaltungsakt darstellte und sich hieraus grundsätzlich kein Vertrauensschutz ableiten ließ.

Mit dem Ehrenamtsstärkungsgesetz wurde die Regelung der vorläufigen Bescheinigung abgeschafft und durch den Bescheid nach § 60a AO abgelöst. § 60a AO regelt die Feststellung der satzungsmäßigen Voraussetzungen. Erfüllt die Satzung einer Körperschaft die satzungsgemäßen Vorausetzungen nach den §§ 51, 59, 60 und 61 AO, wird dieses durch einen Bescheid nach § 60a AO gesondert festgestellt. Wesentlicher Vorteil hierbei ist, dass dieser Bescheid die Finanzverwaltung bindet und auch die Möglichkeit des Rechtsbehelfsverfahrens ermöglicht.

Örtlich zuständig für die Feststellung gem. § 60a AO ist das Finanzamt, in dessen Bezirk sich die Geschäftsleitung der Körperschaft befindet (§ 20 Abs. 1 AO).

Die Feststellung erfolgt entweder auf Antrag oder von Amts wegen bei der Veranlagung zur Körperschaftsteuer, wenn bis zu diesem Zeitpunkt noch keine Feststellung erfolgt ist. Bei geplanter Neugründung kann bereits vor einer Registereintragung oder einer Anerkennung bzw. Genehmigung der Körperschaft eine Feststellung der satzungsgemäßen Voraussetzungen erfolgen, sofern zu diesem Zeitpunkt bereits eine Körperschaftsteuerpflicht besteht. Allerdings darf eine Feststellung erst nach einem wirksamen Organbeschluss, beispielsweise durch eine Satzung, erfolgen (siehe AEAO Nr. 4 zu § 60a Abs. 1 AO).

Der AEAO Nr. 1 Satz 2 zu § 60a AO legt fest, dass es sich bei der Feststellung um die gesonderte Feststellung von Besteuerungsgrundlagen nach §§ 179 ff. AO handelt. Der Bescheid ergeht daher nicht unter dem Vorbehalt der Nachprüfung. Dies ist auch nur folgerichtig, da dem zuständigen Finanzamt im Zeitpunkt der Prüfung der Satzung alle notwendigen Informationen (in Form der Satzung) vorliegen.

Für die Besteuerung der Körperschaft und der Steuerpflichtigen, die Zuwendungen in Form von Spenden und Mitgliedsbeiträgen an die Körperschaft erbringen, ist die Feststellung der Satzungsmäßigkeit nach § 60a AO bindend. Werden die Vorschriften, auf denen die Feststellung beruht, aufgehoben oder geändert, dann entfällt diese Bindungswirkung des Feststellungsbescheids ab diesem Zeitpunkt.

Zuwendungsbestätigungen dürfen nach § 63 Abs. 5 AO nur noch ausgestellt werden, wenn entweder eine Anlage zum Körperschaftsteuerbescheid, der nicht älter ist als 5 Jahre, ein Freistellungsbescheid oder ein Feststellungsbescheid nach § 60a AO, der nicht älter ist als 3 Jahre, erteilt wurden. Hierbei ist zu beachten, dass die Ausstellung von Zuwendungsbestätigungen unter Verweis auf den Feststellungsbescheid nach § 60a AO **ausschließlich** für neu gegründete Körperschaften gilt. Bei Körperschaften, denen von Amts wegen im Rahmen der Veranlagung (neben einem Freistellungsbescheid) ein Bescheid nach § 60a AO erteilt wird, ist in den Zuwendungsbestätigungen **ausschließlich** auf den **Freistellungsbescheid** hinzuweisen. Eine umfassende Darstellung der Feststellung der satzungsmäßigen Voraussetzungen nach § 60a AO ist in Tz. 2.11 zu finden.

4.1.3 Grundlagen der Beteiligungsbesteuerung

Die **Besteuerung von Beteiligungen** an anderen Körperschaften und Personenvereinigungen hat der Gesetzgeber im § 8b KStG näher geregelt. Nach § 8b Abs. 1 Satz 1 KStG bleiben Gewinnanteile (Dividenden), Ausbeuten und sonstige Bezüge (z. B. verdeckte Gewinnausschüttungen) aus Aktien, Genussrechten, mit denen das Recht am Gewinn und Liquidationserlös einer Kapitalgesellschaft verbunden ist, aus Anteilen an Gesellschaften mit beschränkter Haftung und an Erwerbs- und Wirtschaftsgenossenschaften, Bezüge, die nach der Auflösung einer Körperschaft oder Personenvereinigung anfallen und die nicht in der Rückzahlung von Nennkapital bestehen, sowie andere Bezüge i. S. des § 20 Abs. 1 Nr. 1, 2, 9 und 10 Buchst. a EStG bei der Ermittlung des Einkommens außer Ansatz. Wird ein Anteil an einer Körperschaft oder Personenvereinigung, deren Leistungen beim Empfänger die vorgenannten Bezüge darstellen, veräußert, so bleibt auch ein eventuell entstandener Veräußerungsgewinn außer Ansatz (§ 8b Abs. 2 Satz 1 KStG). Jedoch gelten 5 % dieser Gewinne als nichtabzugsfähige Betriebsausgaben (§ 8b Abs. 3 Satz 1 KStG). Daraus ergibt sich, dass faktisch 95 % der Veräußerungsgewinne steuerfrei sind.

Im Rahmen der Besteuerung von Beteiligungserträgen ist zu differenzieren, ob die jeweiligen Beteiligungen der **Vermögensverwaltung** oder dem **steuerpflichtigen wirtschaftlichen Geschäftsbetrieb** zuzuordnen sind. Grundsätzlich sind Beteiligungen an Kapitalgesellschaften gem. § 14 Satz 3 AO der Sphäre der Vermögensverwaltung zuzuordnen. Dies gilt auch für mehrheitliche Beteiligungen. In diesem Fall unterliegen weder die Gewinnausschüttungen noch die Veräußerungsgewinne (nach § 5 Abs. 1 Nr. 9 KStG) einer Besteuerung. Werden die Beteiligungen dem steuerpflichtigen wirtschaftlichen Geschäftsbetrieb zugeordnet, so sind die oben dargestellten Grundsätze des § 8b KStG anzuwenden. Die zuletzt genannte Zuordnung stellt eine Ausnahme dar und kann zum Beispiel aus der Tatsache resultieren, dass der Anteilseigner dazu in der Lage ist, einen entscheidenden Einfluss auf die Geschäftsführung der jeweiligen Kapitalgesellschaft auszuüben, sodass die Beteiligung an dieser dem steuerpflichtigen Bereich des Anteilseigners zuzuordnen ist, sofern dieser nicht ausschließlich vermögensverwaltend tätig ist. Weitere Ursachen für die Zuordnung der Beteiligung in den steuerpflichtigen wirtschaftlichen Geschäftsbetrieb sind beispielsweise die Zuordnung der Beteiligung zum Betriebsvermögen des steuerpflichtigen wirtschaftlichen Geschäftsbetriebs oder das Vorliegen einer Betriebsaufspaltung. In diesen Fällen sind faktisch 5 % der Erträge steuerpflichtig.

Seit dem 01.03.2013 wurde mit dem **§ 8b Abs. 4 Satz 1 KStG n. F.** eine Ausnahme der Steuerbefreiung nach § 8b Abs. 1 KStG für sog. **Streubesitzdividenden** eingeführt. Sofern die Beteiligung am Grund- oder Stammkapital (d. h. am Nominalkapital) einer ausschüttenden Körperschaft zu Beginn eines Kalenderjahres weniger als 10 % beträgt, sind die Bezüge i. S. des § 8b Abs. 1 KStG abweichend von Abs. 1 bei der Ermittlung des Einkommens zu berücksichtigen, d. h., sie sind Bestandteil des zu versteuernden Einkommens und damit steuerpflichtig. Zur Ermittlung der Beteiligungshöhe ist grundsätzlich nur auf die unmittelbare Beteiligung abzustellen, d. h., über Tochter- oder Schwestergesellschaften gehaltene Beteiligungen werden in die Berechnung der Beteiligungsquote nicht mit einbezogen. Eine Beteiligung von mindestens 10 %, die unterjährig erworben wird, gilt gem. § 8b Abs. 4 Satz 6 KStG n. F. als zum Beginn des Kalenderjahres erworben. Veräußerungsgewinne werden hingegen von § 8b Abs. 4 KStG nicht erfasst, d. h., sie bleiben auch bei Streubesitzbeteiligungen im Ergebnis weiterhin zu 95 % steuerfrei.

§ 8c KStG als sog. **Mantelkaufregelung** begrenzt den Verlustabzug bei erworbenen Körperschaften. Er soll verhindern, dass weitgehend vermögenslose Gesellschaften mit steuerlichen Verlustvorträgen übernommen werden, um die Steuerbelastung zu senken. Die grundlegenden Beschränkungen des Verlustabzugs werden in § 8c Abs. 1 Satz 1 und 2 KStG genannt. Die Verlustabzugsbeschränkung wirkt danach zweistufig, wobei ein Fünfjahreszeitraum betrachtet wird. Dieser Zeitraum beginnt mit dem ersten mittelbaren oder unmittelbaren Beteiligungserwerb. Dabei ist es irrelevant, ob ein ungenutzter Verlust vorliegt. Zur Beurteilung der Beteiligungserwerbe werden vorgenommene Anschaffungen von Beteiligungen an einer Körperschaft innerhalb dieses Zeitraums addiert. Weiterhin löst jeder Anteilserwerb aber auch wieder einen neuen Fünfjahreszeitraum aus. Daraus kann sich eine Überlagerung der Fünfjahreszeiträume ergeben.

Schädlich ist ein **Beteiligungserwerb**, wenn innerhalb des **Fünfjahreszeitraums** eine zu hohe Beteiligung an der Gesellschaft mit Verlustvorträgen erlangt wird. Wenn ein Erwerber mittelbar oder unmittelbar zwischen 25 % und 50 % des gezeichneten Kapitals, der Mitgliedschaftsrechte, Beteiligungsrechte oder der Stimmrechte an einer Körperschaft erwirbt, bewirkt das einen entsprechenden anteiligen Verlustuntergang (§ 8c Abs. 1 Satz 1 KStG). Liegt der schädliche Beteiligungserwerb über 50 %, geht der Verlustabzug vollständig unter (§ 8c Abs. 1 Satz 2 KStG). Als Erwerber gilt auch eine Gruppe von Erwerbern, die gleichgerichtete Interessen verfolgt (§ 8c Abs. 1 Satz 3 KStG). Die Rechtsfolgen des § 8c Abs. 1 KStG werden durch den schädlichen Beteiligungserwerb auch ausgelöst, wenn dieser später rückabgewickelt wird.

Ausnahmetatbestände wurden insbesondere durch das Wachstumsbeschleunigungsgesetz vom 22.12.2009 hinzugefügt und durch das Jahressteuergesetz 2010 ergänzt. Die in diesem Zuge eingeführte Konzernklausel besagt, dass kein schädlicher Beteiligungserwerb vorliegt, „wenn an dem übertragenden und an dem übernehmenden Rechtsträger dieselbe Person zu jeweils 100 % mittelbar oder unmittelbar beteiligt ist" (§ 8c Abs. 1 Satz 5 KStG). Dadurch sollen Umstrukturierungen, die innerhalb eines Konzerns erfolgen, von der Verlustverrechnungsbeschränkung ausgenommen werden.

Weiterhin wurde in den Sätzen 6 bis 9 eine „**Stille-Reserven-Regelung**" eingeführt. Diese legt fest, dass „ein nicht abziehbarer nicht genutzter Verlust [...] abgezogen werden [kann], soweit er bei einem schädlichen Beteiligungserwerb im Sinne des Satzes 1 die anteiligen und bei einem schädlichen Beteiligungserwerb im Sinne des Satzes 2 die gesamten zum Zeitpunkt des schädlichen Beteiligungserwerbs vorhandenen im Inland steuerpflichtigen stillen Reserven des Betriebsvermögens der Körperschaft nicht übersteigt" (§ 8c Abs. 1 Satz 6 KStG). Mit dieser Regelung soll sichergestellt werden, dass der Erwerber für die zukünftigen Steuerlasten, die er durch die stillen Reserven übernimmt, Steuervorteile in Form der Verlustvorträge erhält. Stille Reserven werden in § 8c Abs. 1 Satz 7 bis 9 KStG näher definiert. So sind stille Reserven grundsätzlich als die Differenz zwischen dem auf den Beteiligungserwerb entfallenden in der steuerlichen Gewinnermittlung ausgewiesenen Eigenkapital und dem auf dieses Eigenkapital entfallenden gemeinen Wert der erworbenen Beteiligung definiert (§ 8c Abs. 1 Satz 7 KStG). Im Fall eines negativen Eigenkapitals sind stille Reserven die Differenz zwischen dem in der steuerlichen Gewinnermittlung ausgewiesenen Eigenkapital und dem diesen Anteil entsprechenden gemeinen Wert des Betriebsvermögens der Körperschaft (§ 8c Abs. 1 Satz 8 KStG). „Bei der Ermittlung der stillen Reserven ist nur das Betriebsvermögen zu berücksichtigen, das der Körperschaft ohne steuerrechtliche Rückwirkung, insbesondere ohne Anwendung des § 2 Absatz 1 des Umwandlungssteuergesetzes, zuzurechnen ist" (§ 8c Abs. 1 Satz 9 KStG).

Handelt es sich beim Anteilseigner um eine **natürliche Person**, muss § 8b KStG darüber hinaus mit § 3 Nr. 40 EStG, welcher die Anwendung des Teileinkünfteverfahrens bei natürlichen Personen als Anteilseigner regelt, in Bezug gesetzt werden. Danach sind **40 %** der in § 3 Nr. 40 EStG genannten **Bezüge aus Beteiligungen steuerfrei**. Zu diesen Bezügen gehören u. a. Bezüge i. S. des § 20 Abs. 1 Nr. 1, 2 und 9 EStG, Betriebsvermögensmehrungen oder Einnahmen aus der Veräußerung oder der Entnahme von Anteilen an Körperschaften, Personenvereinigungen und Vermögensmassen, deren Leistungen beim Empfänger zu Einnahmen i. S. des § 20 Abs. 1 Nr. 1 und 9 EStG gehören, und der Veräußerungspreis, soweit er auf die Veräußerung von Anteilen an Körperschaften, Personenvereinigungen und Vermögensmassen entfällt, deren Leistungen beim Empfänger zu Einnahmen i. S. des § 20 Abs. 1 Nr. 1 und 9 EStG gehören (vgl. hierzu insbesondere § 3 Nr. 40 Buchst. a bis e EStG). Daraus ergibt sich, dass diese Erträge nur zu 60 % der Steuer unterworfen werden. Aus diesem Grund sind auch die Werbungskosten nur zu 60 % anzusetzen (§ 3c Abs. 2 EStG).

Personengesellschaften können, da es sich nicht um Körperschaften handelt, nicht als gemeinnützige Einrichtungen anerkannt werden. Vielmehr ist die Sphärenzuordnung auf **Ebene des Anteilseigners** zu prüfen. Im Ergebnis kann die Beteiligung an einer Personengesellschaft damit sowohl der Vermögensverwaltung, dem steuerpflichtigen wirtschaftlichen Geschäftsbetrieb oder auch dem Zweckbetrieb zugeordnet werden.

Aus ertragsteuerlicher Sicht ist die **Beteiligung** an einer gewerblichen Mitunternehmerschaft selbst gewerblich. Folglich ist die Beteiligung einer gemeinnützigen Körperschaft an einer Personengesellschaft **grundsätzlich** als **wirtschaftlicher Geschäftsbetrieb** anzusehen. Auf Ebene der steuerbegünstigten Körperschaft ist dann zu entscheiden, ob insoweit ein (steuerfreier) Zweckbetrieb i. S. der §§ 65 ff. AO oder ein (steuerpflichtiger) wirtschaftlicher Geschäftsbetrieb vorliegt. Soweit durch die Personengesellschaft ausschließlich vermögensverwaltende Tätigkeiten ausgeübt werden, ist die Beteiligung an dieser dem steuerbegünstigten Bereich der Vermögensverwaltung zuzuordnen (vgl. AEAO Nr. 3 zu § 64 Abs. 1 AO).

Die Beteiligung einer gemeinnützigen Einrichtung an einer **gewerblich geprägten rein vermögensverwaltenden** Personengesellschaft stellt **keinen** steuerpflichtigen wirtschaftlichen Geschäftsbetrieb dar (BFH vom 25.05.2011, BStBl 2012 II S. 858). Zwar erzielen die Gesellschafter (und damit auch eine als Mitunternehmerin beteiligte gemeinnützige Körperschaft) bei einer gewerblich geprägten Personengesellschaft gewerbliche Einkünfte, doch geschieht dies aus materiell-rechtlicher Sicht nur aufgrund der Fiktion des § 15 Abs. 3 Nr. 2 EStG. Dem Grunde nach gehen die Gesellschafter einer vermögensverwaltenden Tätigkeit nach.

Der **Erwerb** einer Beteiligung an einer Kapitalgesellschaft oder Personengesellschaft ist aus gemeinnützigkeitsrechtlicher Sicht grundsätzlich aus freien Rücklagen i. S. von § 62 Abs. 1 Nr. 3 AO zu finanzieren. Dies bedeutet, dass grundsätzlich nur nicht zeitnah zu verwendende Mittel hierfür eingesetzt werden können (vgl. OFD Frankfurt vom 28.03.2014 und OFD Münster/Rheinland vom 20.09.2012). In diesem Zusammenhang ist allerdings darauf hinzuweisen, dass die Vermögensausstattung einer steuerbegünstigten Kapitalgesellschaft im Wege der **Errichtung z. B. einer gGmbH** nach den Regelungen der **OFD Frankfurt vom 09.09.2003** auch aus zeitnah zu verwendenden Mitteln zulässig ist, wenn die Empfängerkörperschaft die erhaltenen Mittel ebenfalls zeitnah für ihre steuerbegünstigten Zwecke einsetzt. Dies kann auch durch die Anschaffung oder Herstellung von Vermögensgegenständen, die steuerbegünstigten Zwecken dienen, erfolgen (AEAO Nr. 26 zu § 55 Abs. 1 Nr. 5 AO).

Die Beteiligung an einer anderen Gesellschaft kann dann die Gemeinnützigkeit der Mutterkörperschaft gefährden, wenn ihr diese Mittel endgültig entzogen werden, d. h., wenn der Anteilseigner dauerhaft Verluste aus Beteiligung erwirtschaftet und die Beteiligung im wirtschaftlichen Geschäftsbetrieb bzw. der Vermögensverwaltung gehalten wird. Hierbei ist jedoch zu beachten, dass diese Fallkonstellation dann unproblematisch ist, wenn vor der Investitionsentscheidung davon ausgegangen werden konnte, dass hieraus keine Verluste entstehen und diese Annahme auch ausreichend dokumentiert wurde.

4.1.4 Einschränkung der Steuerbefreiung, Auswirkungen auf das Anrechnungs- und Halb- bzw. Teileinkünfteverfahren

Durch § 5 Abs. 2 KStG wird der Umfang der Steuerbefreiung – abgesehen von der Steuerpflicht der wirtschaftlichen Geschäftsbetriebe – (weiter) eingeschränkt. Insoweit wird dem Grunde nach bei den steuerbegünstigten Körperschaften eine weitere „partielle" Steuerpflicht begründet. Die Steuerbefreiung gilt danach nicht

1. **für inländische Einkünfte, die dem Steuerabzug vollständig oder teilweise unterliegen,** auch dann, wenn sie außerhalb eines steuerpflichtigen wirtschaftlichen Geschäftsbetriebs anfallen.

    Hierunter fallen sämtliche Einnahmen der steuerbefreiten Körperschaften, die mit Kapitalertragsteuer belastet sind. Diese Einkünfte werden jedoch nicht im Rahmen einer Körperschaftsteuerveranlagung besteuert. Nach § 32 Abs. 1 Nr. 1 KStG ist die Körperschaftsteuer durch den vorgenommenen Steuerabzug abgegolten.

    Die Körperschaften haben jedoch die Möglichkeit, sich entweder die zunächst bei der Auszahlung einbehaltene Kapitalertragsteuer erstatten zu lassen (§ 44b EStG) oder mit der Vorlage einer NV-Bescheinigung oder des Freistellungsbescheides beim Schuldner der Kapitalerträge bzw. dem Kreditinstitut den Abzug dieser Steuer zu vermeiden (siehe dazu auch Tz. 4.2).

2. **für beschränkt steuerpflichtige (ausländische) Körperschaften,** die weder Sitz noch Geschäftsleitung im Inland haben. Ausländische Körperschaften mit Sitz und Ort der Geschäftsleitung **außerhalb** der EU bzw. des EWR können die Vorteile der Steuerbefreiung nicht in Anspruch nehmen. Sie unterliegen stets (auch wenn sie steuerbegünstigte Zwecke i. S. der §§ 52 ff. AO verfolgen sollten) mit ihren inländischen Einkünften im Rahmen der beschränkten Steuerpflicht nach § 2 Nr. 1 KStG der Körperschaftsteuer (zu den Körperschaften mit Sitz und Ort der Geschäftsleitung **innerhalb** der EU bzw. des EWR, die steuerbegünstigte Zwecke i. S. der §§ 51 ff. AO verfolgen, siehe Tz. 2.1.1).

3. soweit die Regelungen des § 38 Abs. 2 KStG anzuwenden sind.

    Wenn eine nach § 5 Abs. 1 KStG steuerbefreite Körperschaft Ausschüttungen tätigt, ist die Steuerbefreiung grundsätzlich insoweit (wieder) ausgeschlossen, als die Grundsätze der Körperschaftsteuererhöhung nach § 38 Abs. 2 KStG greifen sollten.

    Mit Abschaffung des sog. Anrechnungsverfahrens hat der Gesetzgeber seinerzeit Regelungen zur Ermittlung des zu dem Zeitpunkt noch vorhandenen Körperschaftsteuerguthabens (siehe § 36 Abs. 7 und § 37 Abs. 1 KStG) und der Feststellung des positiven Teilbetrags EK 02 (§ 38 Abs. 1 KStG) geschaffen. Mit dem SESTEG (Gesetz über steuerliche Begleitmaßnahmen zur Einführung der Europäischen Gesellschaft und Änderung weiterer Vorschriften vom 07.12.2006, BStBl 2007 I S. 4) ist nunmehr festgelegt, dass ein auf den 31.12.2006 festgestelltes Körperschaftsteuerguthaben innerhalb eines zehnjährigen Zeitraums (2008 bis 2017) in 10 gleichen Jahresbeträgen unabhängig von einer Ausschüttung der Kapitalgesellschaft ausgezahlt wird. Die bisherigen Regelungen für eine Körperschaftsteuernacherhebung (§ 38 Abs. 1 bis 3 KStG) wurden durch ein ausschüttungsunabhängiges Nachzahlungssystem ersetzt (§ 38 Abs. 4 bis 10 KStG).

    Für gemeinnützige Kapitalgesellschaften, die nach den vorgenannten Regelungen zum 31.12.2006 noch über ein Körperschaftsteuerguthaben verfügen, erfolgt die Auszahlung dieses Guthabens nach den allgemeinen Grundsätzen (siehe

4 Andere Steuergesetze

dazu u. a. in „Grüne Reihe – Körperschaftsteuer", 18. Auflage, Tz. 8.3.11). Sonderregelungen für gemeinnützige Körperschaften sind hierbei nicht zu beachten.

Das nunmehr geltende sog. Nachzahlungsmodell für das EK 02 (vgl. dazu u. a. in „Grüne Reihe – Körperschaftsteuer", 18. Auflage, Tz. 8.4.2) entfaltet für gemeinnützige Kapitalgesellschaften dann keine Wirkung, wenn sie bis zum 30.09.2008 den Antrag auf Anwendung der bisherigen Regelungen gestellt haben (§ 34 Abs. 16 KStG). Dabei gilt, dass eine Körperschaftsteuererhöhung nach dem bisherigen Recht bei Körperschaften i. S. des § 5 Abs. 1 Nr. 9 KStG grundsätzlich nicht zur Anwendung kommen konnte.

Denn die als gemeinnützig anerkannten Körperschaften dürfen unter Beachtung des Grundsatzes der Selbstlosigkeit (§ 55 AO) allenfalls Ausschüttungen an Gesellschafter bewirken, die ihrerseits von der Körperschaftsteuer befreit sind. Ohne Verstoß gegen die Regelungen des § 55 AO ist grundsätzlich auch eine Ausschüttung an eine juristische Person des öffentlichen Rechts denkbar, wenn diese dann die Ausschüttungsbeträge wieder für steuerbegünstigte Zwecke verwendet (vgl. hierzu Tz. 2.8.2). Für Ausschüttungen dieser Art, die von steuerbefreiten Körperschaften bewirkt werden, schließt § 38 Abs. 3 KStG ausdrücklich eine Körperschaftsteuererhöhung aus, es sei denn, diese Leistungen entfallen auf Anteile, die vom steuerbegünstigten Empfänger in einem steuerpflichtigen wirtschaftlichen Geschäftsbetrieb oder einem nicht von der Körperschaftsteuer befreiten Betrieb gewerblicher Art gehalten werden.

Eine Körperschaftsteuererhöhung nach § 38 Abs. 2 KStG wird daher nur in Ausnahmefällen zum Zuge kommen.

4.1.4.1 Einführung des Halb- bzw. Teileinkünfteverfahrens

Mit dem Gesetz zur Senkung der Steuersätze und zur Reform der Unternehmensbesteuerung (StSenkG) vom 23.10.2000 (BStBl 2000 I S. 1428) wurde das Anrechnungsverfahren mit grundsätzlicher Wirkung ab dem Veranlagungszeitraum 2001 durch das Halbeinkünfteverfahren ersetzt (zu den Anwendungszeiträumen siehe § 34 KStG) und durch das Unternehmensteuerreformgesetz 2008 (Gesetz vom 14.08.2007, BStBl 2007 I S. 630) mit Wirkung ab dem Veranlagungszeitraum 2009 zu einem Teileinkünfteverfahren weiterentwickelt. Die Regelungen des KStG zur Steuerpflicht, zu den Steuerbefreiungen – wie den Bestimmungen zur Gemeinnützigkeit in § 5 Abs. 1 Nr. 9 KStG – sowie zur Ermittlung des Einkommens wurden nicht verändert. Körperschaften, die im Zusammenhang mit einer Beteiligung an einer anderen Körperschaft oder Personenvereinigung Gewinnausschüttungen und sonstige Bezüge erhalten, unterliegen mit diesen Einkommensteilen nicht der Besteuerung (§ 8b Abs. 1 KStG, zur Berücksichtigung von nichtabziehbaren Betriebsausgaben i. H. von 5 % der Bezüge siehe § 8b Abs. 5 KStG). Die aus der Veräußerung einer Beteiligung erzielten Gewinne sind nach Maßgabe des § 8b Abs. 2 KStG ebenfalls grundsätzlich von der Besteuerung ausgenommen (zum Ansatz nichtabzugsfähiger Betriebsausgaben siehe § 8b Abs. 3 KStG und zu den Ausnahmeregelungen siehe insbesondere § 8b Abs. 4 KStG; zur Weitergeltung des § 8b Abs. 4 KStG auch nach den Änderungen durch das SEStEG und den „Anschlussregelungen" siehe Dötsch/Pung in DB 2006 S. 2763). Die Regelungen des § 8b KStG, die Bestimmungen zur Feststellung und Fortschreibung des steuerlichen Einlagekontos sowie zum Übergang vom Anrechnungs- zum Halbeinkünfteverfahren sind grundsätzlich auch von den nach § 5 Abs. 1 Nr. 9 KStG steuerbefreiten Körperschaften zu beachten.

4.1.4.2 Notwendigkeit zur Durchführung der besonderen Feststellungsverfahren im Halb- bzw. Teileinkünfteverfahren

Im Rahmen des Halb- bzw. Teileinkünfteverfahrens sind insbesondere **Kapitalgesellschaften** zur Abgabe gesonderter Erklärungen zur Ermittlung und Fortschreibung ihres steuerlichen Einlagekontos (§ 27 Abs. 2 KStG) verpflichtet. Für sonstige Körperschaften, etwa Betriebe gewerblicher Art, greift diese Verpflichtung sinngemäß (siehe dazu § 27 Abs. 7 KStG). Zu den Änderungen dieser Regelungen durch das SEStEG ab dem Veranlagungszeitraum 2006 siehe Dötsch/Pung in DB 2006 S. 2648. Für gemeinnützige Körperschaften stellt sich auch die Frage, ob und in welchem Umfang sie entsprechende Feststellungserklärungen zu erstellen haben.

Insoweit ist davon auszugehen, dass die Finanzverwaltung gegenüber den steuerbegünstigten Körperschaften immer dann aus **Billigkeitserwägungen** in Anlehnung an die Ausführungen in R 79 KStR auf die Abgabe von Feststellungserklärungen nach § 27 KStG verzichten wird, wenn die Durchführung eines entsprechenden Feststellungsverfahrens für die Besteuerung der Körperschaft und ihre Gesellschafter voraussichtlich keine steuerlichen Auswirkungen haben wird.

In diesem Zusammenhang ist zu beachten, dass gemeinnützige Körperschaften allenfalls **Gewinnausschüttungen an Gesellschafter** vornehmen dürfen, **die ihrerseits als steuerbegünstigt anerkannt sind** bzw. wenn es sich bei dem Gesellschafter um eine juristische Person des öffentlichen Rechts handelt. In diesen Fällen wird mit einer Ausschüttung eine Körperschaftsteuererhöhung nach § 38 Abs. 2 KStG i. d. R. nicht greifen (siehe oben). Die Gesellschaftsanteile an gemeinnützigen Kapitalgesellschaften werden in den meisten Fällen von gemeinnützigen Einrichtungen oder von juristischen Personen des öffentlichen Rechts gehalten. Leistungen einer gemeinnützigen Kapitalgesellschaft, die bei ihr das steuerliche Einlagekonto nach Maßgabe des § 27 KStG berühren, werden für die Besteuerung des gemeinnützigen Gesellschafters regelmäßig keine steuerliche Bedeutung haben. Diese Aussage gilt auch für den Fall, dass die Gesellschaftsanteile in einem steuerpflichtigen wirtschaftlichen Geschäftsbetrieb oder Betrieb gewerblicher Art gehalten werden, da entsprechende Einlagerückzahlungen nach § 8b Abs. 2 KStG mit Ausnahme der pauschalen Betriebsausgabenkürzung von 5 % (§ 8b Abs. 3 Satz 1 KStG) bei der Ermittlung des Einkommens der „Gesellschafter-Körperschaft" außer Ansatz bleiben.

In der Regel wird sich also nur dann die Notwendigkeit zur Durchführung eines Feststellungsverfahrens ergeben, wenn für die steuerbegünstigte Körperschaft auf der Grundlage der letzten Feststellung des zur Ausschüttung verwendbaren Eigenkapitals nach § 47 KStG a. F. nach Maßgabe des § 36 Abs. 7 KStG ein Körperschaftsteuerguthaben i. S. des § 37 KStG zu ermitteln war. Es werden daher in erster Linie nur die steuerbegünstigten Körperschaften, die bereits unter der Herrschaft des Anrechnungsverfahrens zur Gliederung des verwendbaren Eigenkapitals (vgl. § 47 KStG a. F.) verpflichtet waren und über ein Körperschaftsteuerguthaben nach § 37 KStG verfügt haben, das jetzt im Zeitraum von 2008 bis 2017 zur Auszahlung kommt (§ 38 Abs. 4 bis 10 KStG), betroffen sein.

Die letzte Feststellung des zur Ausschüttung verwendbaren Eigenkapitals nach § 47 KStG a. F. war bei einem kalenderjahrgleichen Wirtschaftsjahr auf den 31.12.2000 zu treffen. Ebenfalls auf den 31.12.2000 war dann eine Feststellung der

Teilbeträge durchzuführen, die Grundlage für das Verfahren zur weiteren Ermittlung und Fortschreibung des steuerlichen Einlagekontos, des Körperschaftsteuerguthabens und des bisherigen „EK 02-Bestandes" war (§ 36 Abs. 7 KStG).

Für den Fall, dass das zuständige Finanzamt zunächst aus Billigkeitserwägungen auf entsprechende Feststellungen verzichtet hat und es die gemeinnützige Körperschaft zu einem späteren Zeitpunkt erstmals zur Abgabe einer Erklärung zur gesonderten Feststellung der Bestände des steuerlichen Einlagekontos nach § 27 Abs. 2 KStG auffordern sollte, sind m. E. die Vermögensmehrungen der Vorjahre grundsätzlich dem „neutralen Vermögen" zuzuordnen. Die gemeinnützige Körperschaft wird dann nachweisen oder glaubhaft machen müssen, ob und in welchem Umfang ihr in den Jahren, in denen auf entsprechende Feststellungen verzichtet wurde, Einlagen der Gesellschafter zugegangen sind, die nicht in das Nennkapital geleistet wurden (siehe auch § 27 Abs. 2 KStG i. d. F. des SEStEG und Dötsch/Pung, DB 2006 S. 2648, **2652**).

4.1.4.3 Behandlung von Beteiligungserträgen und Gewinnen aus der Veräußerung von Beteiligungen im Halb- bzw. Teileinkünfteverfahren

Nach § 8b Abs. 1 KStG sind die Bezüge i. S. des § 20 Abs. 1 Nr. 1 und 2 des EStG (Gewinnanteile etc.) und die aus der **Veräußerung von Anteilen an Körperschaften** und Personenvereinigungen erzielten Veräußerungsgewinne (§ 8b Abs. 2 KStG) grundsätzlich nicht der Besteuerung zu unterwerfen (zu Ausnahmen siehe u. a. § 8b Abs. 4 KStG; zur Weitergeltung des § 8b Abs. 4 KStG auch nach den Änderungen durch das SEStEG und den „Anschlussregelungen" siehe Dötsch/Pung, DB 2006 S. 2763, sowie Orth, DB 2007 S. 419). Die Regelungen des § 8b KStG haben für alle Körperschaften i. S. des § 1 Abs. 1 KStG Geltung und damit auch für gemeinnützige Körperschaften besondere Bedeutung.

Im Rahmen der Einkommensermittlung bleiben daher auch entsprechende Beteiligungserträge bei einer nach § 5 Abs. 1 Nr. 9 KStG steuerbefreiten Körperschaft außer Ansatz, soweit sie auf Anteile an Körperschaften und Personenvereinigungen entfallen, die im Betriebsvermögen eines wirtschaftlichen Geschäftsbetriebs i. S. der §§ 14, 64 AO gehalten werden. Auch auf dieser Ebene greift dann die pauschale Betriebsausgabenkürzung von 5 % der Bezüge i. S. des § 8b Abs. 1 KStG nach § 8b Abs. 5 KStG.

Wenn eine gemeinnützige Körperschaft Anteile an einer Kapitalgesellschaft hält, sind grundsätzlich drei Fallgruppen zu unterscheiden:

– Die Geschäftsanteile sind dem Bereich der Vermögensverwaltung zuzuordnen (siehe dazu auch Tz. 2.15.3).

– Die Geschäftsanteile sind Teil eines Zweckbetriebs i. S. der §§ 65 ff. AO.

– Das Halten einer Beteiligung an einer Kapitalgesellschaft stellt für sich betrachtet bereits einen steuerpflichtigen wirtschaftlichen Geschäftsbetrieb i. S. der §§ 14, 64 AO dar (Stichwort: tatsächlicher Einfluss auf die laufende Geschäftsführung der Beteiligungsgesellschaft, siehe dazu auch Tz. 2.15.3), oder die Anteile an einer Kapitalgesellschaft sind dem Betriebsvermögen eines steuerpflichtigen wirtschaftlichen Geschäftsbetriebs zuzuordnen (vgl. Tz. 4.1.5).

4.1.4.4 Beteiligungserträge im Bereich der Vermögensverwaltung und der Zweckbetriebe

Gemeinnützige Körperschaften unterliegen nur mit den Gewinnen aus steuerpflichtigen wirtschaftlichen Geschäftsbetrieben der Ertragsbesteuerung (§ 5 Abs. 1 Nr. 9 KStG, § 3 Nr. 6 GewStG; siehe hierzu auch § 64 AO, Tz. 2.15 ff.). Nur insoweit erfolgt eine Ermittlung des zu versteuernden Einkommens (des Gewerbeertrages) mit Festsetzung der tariflichen Steuer (mit Festsetzung des Steuermessbetrages) nach allgemeinen Grundsätzen.

Die **Erträge aus Beteiligungen,** die dem Bereich der **Vermögensverwaltung** zuzuordnen sind (vgl. Tz. 2.15.3), sind von der partiellen Steuerpflicht nach § 5 Abs. 1 Nr. 9 KStG nicht umfasst. Soweit sie dem Steuerabzug unterliegen, ist die Körperschaftsteuer dem Grunde nach durch den Steuerabzug abgegolten (§ 32 Abs. 1 Nr. 1 KStG).

Gemeinnützige Körperschaften können jedoch die Einbehaltung und Abführung der Kapitalertragsteuer bezogen auf Ausschüttungen von Anteilen an einer GmbH, von Namensaktien nicht börsenorientierter Aktiengesellschaften, von Anteilen an Wirtschaftsgenossenschaften sowie aus Genussrechten oder Erträgen aus Teilschuldverschreibungen, Einnahmen aus (typischen) stillen Beteiligungen vermeiden, die sie im Bereich der Vermögensverwaltung oder auch in Zweckbetrieben i. S. der §§ 65 ff. AO halten (§ 44a Abs. 7 EStG). Die nach § 5 Abs. 1 Nr. 9 KStG steuerbefreite Körperschaft muss dem Schuldner der Kapitalerträge durch eine Bescheinigung die Steuerbegünstigung nachweisen und erklären, dass die Anteile bei ihr nicht einem steuerpflichtigen wirtschaftlichen Geschäftsbetrieb zugeordnet sind. Wurde gleichwohl die Kapitalertragsteuer einbehalten, kann die Einbehaltung nach § 44b Abs. 5 EStG vom Schuldner der Kapitalerträge rückgängig gemacht werden.

Nach Einführung des **Halbeinkünfteverfahrens** unterliegt das Einkommen der ausschüttenden Körperschaft einem einheitlichen Steuersatz von 25 % und ab dem Veranlagungszeitraum 2008 15 %. Auf die Ermittlung und Festsetzung eines besonderen Steuersatzes auf thesaurierte bzw. ausgeschüttete Beträge verzichtet das KStG. Ausschüttungen, die im Anwendungszeitraum des Halb- bzw. Teileinkünfteverfahrens von gemeinnützigen Körperschaften im Bereich der Vermögensverwaltung erzielt werden, unterliegen damit im Ergebnis nur einer definitiven Körperschaftsteuerbelastung von 25 % und für Veranlagungszeiträume ab 2008 von 15 %.

Für die Beteiligungserträge, die von gemeinnützigen Körperschaften in einem **Zweckbetrieb** vereinnahmt werden, gelten die vorstehenden Ausführungen für Beteiligungserträge im Bereich der Vermögensverwaltung sinngemäß, sodass insoweit ebenfalls gilt, dass entsprechende Erträge im Halb- bzw. Teileinkünfteverfahren lediglich einer Definitivsteuer von 25 % und ab Veranlagungszeitraum 2008 von 15 % unterliegen.

4.1.4.5 Beteiligungserträge in wirtschaftlichen Geschäftsbetrieben i. S. der §§ 14, 64 AO

Beteiligungserträge, die in einem wirtschaftlichen Geschäftsbetrieb i. S. der §§ 14, 64 AO anfallen, sind bei der Ermittlung des Einkommens im **Anwendungszeitraum des § 8b KStG** außer Ansatz zu lassen. Bei der Einkommensermittlung ist die pauschale Kürzung des Betriebsausgabenabzugs nach § 8b Abs. 5 KStG jedoch zu beachten, sodass die Beteiligungserträge in einem steuerpflichtigen wirtschaftlichen Geschäftsbetrieb (nur) zu 95 % von der Besteuerung freigestellt sind. Auf

4 Andere Steuergesetze

diese Weise wird eine mehrfache Besteuerung der von Körperschaften erzielten Erträge weitgehend vermieden. In Bezug auf die Gewerbesteuerpflicht der Gewinne aus wirtschaftlichen Geschäftsbetrieben ist jedoch zu beachten, dass ggf. eine Hinzurechnung der (zunächst) nach § 8b Abs. 1 KStG außer Ansatz gelassenen Beteiligungserträge zu erfolgen hat (§ 8 Nr. 5 GewStG).

Die Möglichkeit, vom Steuerabzug Abstand zu nehmen oder die Erstattung dieser Beträge zu beantragen, ist ausgeschlossen, wenn eine steuerbegünstigte Körperschaft Anteilseignerin ist und sie die zu beurteilenden Geschäftsanteile in einem wirtschaftlichen Geschäftsbetrieb i. S. der §§ 14, 64 AO verwaltet (siehe auch BMF vom 12.01.2006, BStBl 2006 I S. 101).

Obwohl die zugrunde liegenden Beteiligungserträge von der Besteuerung nach § 8b Abs. 1 KStG i. V. m. § 8b Abs. 5 KStG weitgehend ausgenommen sind, erfolgt in diesen Fällen eine **Anrechnung der einbehaltenen und abgeführten Kapitalertragsteuerbeträge** im Zuge der für das betreffende Wirtschaftsjahr durchzuführenden Körperschaftsteuerveranlagung (§ 31 KStG, § 36 Abs. 2 Nr. 2 EStG).

Beispiel:

Der als gemeinnützig anerkannte Bildungsverein ist alleiniger Gesellschafter einer (voll steuerpflichtigen) Catering-GmbH. Da der Vorsitzende des Vereins gleichzeitig Geschäftsführer der Catering-GmbH ist, begründet der Verein mit dem Halten dieser Beteiligung einen wirtschaftlichen Geschäftsbetrieb i. S. der §§ 14, 64 AO (vgl. auch Tz. 2.15.3). Neben seinen Zweckbetrieben unterhält der Verein keine weiteren Geschäftsbetriebe. Das Wirtschaftsjahr des Vereins und der GmbH entspricht dem Kalenderjahr.

Im Jahr 2015 beschließt die Gesellschafterversammlung der Catering-GmbH eine Ausschüttung für 2014 i. H. von 110.000 €. Diese Ausschüttung entspricht den gesellschaftsrechtlichen Vorschriften und fließt im Laufe des Jahres 2015 an den Bildungsverein ab.

Die Catering-GmbH hat diese Gewinnausschüttung nach Maßgabe des KStG abzuwickeln. Diese Ausschüttung unterliegt dem Kapitalertragsteuerabzug mit 25 %, zzgl. SolZ i. H. von 5,5 % (§ 43 Abs. 1, § 43a EStG; da der Anteil als steuerpflichtiger wirtschaftlicher Geschäftsbetrieb zu beurteilen ist, ist eine KapSt-Abstandnahme nach § 44a Abs. 7 EStG ausgeschlossen, siehe auch BMF vom 12.01.2006, BStBl 2006 I S. 101).

Dem Bildungsverein fließt im Laufe des Jahres 2015 eine (Bar-)Dividende i. H. von 80.987,50 € zu. Zusätzlich erhält er von der Catering-GmbH eine Bescheinigung über die einbehaltene und abgeführte Kapitalertragsteuer und den SolZ (§ 45a EStG).

Der Bildungsverein hat diese Ausschüttung in der für den steuerpflichtigen wirtschaftlichen Geschäftsbetrieb „Beteiligung Catering-GmbH" zu erstellenden Gewinnermittlung als Beteiligungsertrag mit insgesamt 110.000 € (Zufluss von 80.987,50 €, Forderung auf Erstattung/Anrechnung der KapSt zzgl. SolZ i. H. von zusammen 29.012,50 €) auszuweisen. Bei der Ermittlung des zu versteuernden Einkommens für 2015 ist der gesamte Beteiligungsertrag jedoch nach Maßgabe des § 8b Abs. 1 KStG außer Ansatz zu lassen. Andererseits sind nach § 8b Abs. 5 KStG aber noch 5 % des Dividendenbetrags als nichtabziehbare Ausgaben zu berücksichtigen.

Da der Verein in 2015 keine (sonstigen) steuerpflichtigen Einkünfte bezogen hat, ergibt sich für ihn ein Einkommen i. H. von 5.500 €. Nach Minderung um den Freibetrag nach § 24 KStG i. H. von 5.000 € verbleibt ein zu versteuerndes Einkommen i. H. von 500 €.

zu versteuerndes Einkommen 500 € × 15 % (KSt-Satz nach § 23 KStG)

KSt	75,00 €
SolZ	4,12 €
Summe	79,12 €
KapSt/SolZ-Anrechnung	29.012,50 €

Die durch Steuerbescheinigung nachgewiesenen
Kapitalertragsteuer- und SolZ-Beträge werden bei
dem Verein im Zuge der KSt-Veranlagung 2015
in voller Höhe (= 29.012,50 €) angerechnet
(§ 31 KStG, § 36 Abs. 1 Nr. 2 EStG).

Erstattung   28.933,38 €

Wie die vorstehenden Ausführungen zeigen, kommt daher der Zuordnung einer Beteiligung zur ertragsteuerfreien Vermögensverwaltung, zu einem Zweckbetrieb oder zum wirtschaftlichen Geschäftsbetrieb i. S. der §§ 14, 64 AO für die Frage, welche ertragsteuerlichen Belastungen die Erträge aus einer Beteiligung bei einer gemeinnützigen Körperschaft auslösen, mit Ausnahme der pauschalen Betriebsausgabenkürzung (§ 8b Abs. 3 und Abs. 5 KStG) keine besondere Bedeutung zu. Weitere Auswirkungen werden sich im Einzelfall zeigen, wenn eine Zuordnung zum steuerpflichtigen wirtschaftlichen Geschäftsbetrieb vorzunehmen ist und eine Hinzurechnung der Beteiligungserträge bei der Gewerbesteuer (§ 8 Nr. 5 GewStG) Gewerbesteuerzahlungen auslösen.

Für die Frage der korrekten und zeitnahen Mittelverwendung nach Maßgabe des § 55 AO (vgl. Tz. 2.5.9 ff.) ist die Zuordnung zur Vermögensverwaltung oder zum wirtschaftlichen Geschäftsbetrieb jedoch weiterhin zu beachten.

Mit dem Gesetz zur Senkung der Steuersätze und zur Reform der Unternehmensbesteuerung (StSenkG) vom 23.10.2000 (BStBl 2000 I S. 1428) gilt für alle Körperschaften einheitlich ab dem Veranlagungszeitraum 2001 ein **Körperschaftsteuersatz** von 25 % (§ 23 Abs. 1 KStG) des zu versteuernden Einkommens. Für die Veranlagungszeiträume ab 2008 beträgt der Körperschaftsteuersatz 15 %.

Grundsätzlich lösen Gewinne wirtschaftlicher Geschäftsbetriebe, die nicht den Rücklagen zugeführt werden, bei steuerbefreiten Körperschaften eine **(zusätzliche) Kapitalertragsteuer** – ab 2009 – i. H. von 15 % aus (§ 20 Abs. 1 Nr. 10 Buchst. b, § 43 Abs. 1 Nr. 7c, § 43a Abs. 1 Nr. 2 EStG). Die nach § 5 Abs. 1 Nr. 9 KStG von der Körperschaftsteuer befreiten gemeinnützigen Körperschaften sind **von dieser Verpflichtung jedoch ausgenommen** (§ 44a Abs. 7 EStG). Die Vorlage einer NV-Bescheinigung ist in diesen Fällen entbehrlich, da Gläubiger und Schuldner dieser Abzugsteuer identisch sind.

Die Gewinne der wirtschaftlichen Geschäftsbetriebe i. S. der §§ 14, 64 AO unterliegen, neben der Belastung mit Gewerbesteuer, also stets (nur) der Körperschaftsteuer mit 25 % und ab 2008 mit 15 %. Wie die vorstehenden Ausführungen zeigen, ist damit grundsätzlich ein weitgehender Gleichklang in der steuerlichen Belastung von Gewinnen bei gemeinnützigen Körperschaften unabhängig davon erreicht, ob wirtschaftliche Aktivität innerhalb der Körperschaft im Rahmen eines wirtschaftlichen Geschäftsbetriebs oder durch eine Kapitalgesellschaft ausgeführt wird, deren Anteile von der steuerbegünstigten Körperschaft gehalten werden. Bei diesem Vergleich können sich steuerliche Vorteile für eine Besteuerung wirtschaftlicher Aktivitäten im Rahmen eines wirtschaftlichen Geschäftsbetriebs allenfalls unter Berücksichtigung der Besteuerungsgrenze des § 64 Abs. 3 AO (vgl. Tz. 2.15.6) sowie des Freibetrages nach § 24 KStG ergeben.

4.1.5 Besteuerung der wirtschaftlichen Geschäftsbetriebe

Die Gewinne oder Überschüsse der wirtschaftlichen Geschäftsbetriebe i. S. der §§ 14, 64 AO (vgl. Tz. 2.15) sind von der Steuerbefreiung nach § 5 Abs. 1 Nr. 9 KStG ausgenommen (§ 5 Abs. 1 Nr. 9 Satz 2 KStG, zu weiteren Ausnahmen siehe

Tz. 4.1.4). Insoweit besteht eine **partielle Steuerpflicht** (siehe hierzu auch in H/H/Sp, Rz. 24 zu § 64 AO). Anzumerken bleibt in diesem Zusammenhang, dass die Regelungen zur Besteuerungsgrenze (§ 64 Abs. 3 AO, siehe Tz. 2.15.6) in Einzelfällen (doch) zu einer Freistellung der Ergebnisse der wirtschaftlichen Geschäftsbetriebe führen können. Zur Anwendung des Freibetrages nach § 24 KStG i. H. von 5.000 Euro wird auf Tz. 4.1.5.2 verwiesen.

Begründet eine Körperschaft mit bestimmten Tätigkeiten einen **wirtschaftlichen Geschäftsbetrieb** i. S. der §§ 14, 64 AO, muss geprüft werden, ob und in welchem Umfang die Körperschaft damit Einkünfte erzielt, die im Rahmen der partiellen Körperschaftsteuerpflicht zu besteuern sind. Eine Besteuerung kann nur erfolgen, wenn die mit diesen Aktivitäten erzielten Einnahmen die Tatbestandsmerkmale einer der sieben **Einkunftsarten** i. S. des § 2 Abs. 1 EStG erfüllen (§ 8 Abs. 1 KStG, R 33 KStR). Im Unterschied zur Betrachtung nach § 64 Abs. 2 AO ist im Rahmen der partiellen Steuerpflicht jeder wirtschaftliche Geschäftsbetrieb für sich zu beurteilen (siehe auch BFH vom 27.03.1991, BStBl 1992 II S. 103, noch zu § 64 AO a. F.). Die Regelungen der §§ 14, 64 AO sind keine Einkommensermittlungsvorschriften. Sie haben lediglich für die Beurteilung der Steuerbefreiung der Körperschaften – die Frage der Gemeinnützigkeit, insbesondere der Möglichkeit zur Verrechnung von Verlusten einzelner Geschäftsbetriebe (AEAO Nr. 13 zu § 64 AO, Anhang 1) – Bedeutung. Die Ermittlung des zu versteuernden Einkommens vollzieht sich im Rahmen der partiellen Steuerpflicht nach den allgemeinen körperschaft- und einkommensteuerlichen Grundsätzen (§ 8 Abs. 1 KStG i. V. m. § 2 EStG). So sind z. B. die Einkünfte aus Landwirtschaft nach Maßgabe der §§ 13 bis 14a EStG zu ermitteln.

Die als gemeinnützig anerkannten Kapitalgesellschaften beziehen auch im Rahmen der partiellen Steuerpflicht nur gewerbliche Einkünfte (§ 8 Abs. 2 KStG). Das gilt auch für Betriebe gewerblicher Art (siehe § 8 Abs. 1 Satz 2 KStG und H 33 „Einkunftsart" KStH). Die rechtsfähigen oder nichtrechtsfähigen Vereine, Stiftungen, Anstalten oder anderen Zweckvermögen können hingegen grundsätzlich **Einkünfte aus allen sieben Einkunftsarten** beziehen (R 32 Abs. 2 KStR). Bei ihnen ist also grundsätzlich die Zuordnung der Tätigkeiten i. S. der §§ 14, 64 AO zu einer Einkunftsart zu prüfen. Da die Einkünfte aus Kapitalvermögen sowie aus Vermietung und Verpachtung der (ohnehin) steuerfreien Vermögensverwaltung zuzuordnen sind, entfällt insoweit eine Zuordnung (Einkünfte aus selbständiger oder nichtselbständiger Tätigkeit dürften bei Körperschaften wohl kaum praktisch werden).

Auch die Erzielung von **Veräußerungsgewinnen** i. S. der §§ 17 und 23 EStG vollzieht sich bei gemeinnützigen Körperschaften außerhalb eines wirtschaftlichen Geschäftsbetriebs i. S. des § 14 AO (OFD Münster vom 29.09.1982, DStR 1982 S. 685). Zu beachten ist jedoch, dass die Veräußerung von sog. **„sperrfristbehafteten Anteilen"** innerhalb einer Sperrfrist von 7 Jahren nach dem Einbringungszeitpunkt zu einer rückwirkenden anteiligen Aufdeckung der stillen Reserven und Entstehung eines entsprechenden steuerpflichtigen Übertragungsgewinns bei der übertragenden Trägerkörperschaft führt. Somit können im Rahmen der partiellen Steuerpflicht folgende Einkünfte in Betracht kommen:

– Einkünfte aus Land- und Forstwirtschaft, § 13 EStG (beachte: Einkünfte aus selbst betriebenen **Forstbetrieben** sind nicht steuerpflichtig, § 5 Abs. 1 Nr. 9 Satz 3 KStG),

– Einkünfte aus Gewerbebetrieb, § 15 EStG,

– sonstige Einkünfte, hier: § 22 Nr. 3 EStG (siehe auch Tz. 2.15.2).

4.1 Körperschaftsteuer

Bei der „Einkünfteprüfung" ist insbesondere zu beachten, dass der Begriff des wirtschaftlichen Geschäftsbetriebs i. S. des § 14 AO weit gefasst ist (siehe dazu auch Tz. 2.15.2, ausführlich hierzu Schauhoff, § 7, Rz. 117 ff. im Handbuch der Gemeinnützigkeit, 3. Auflage). So erfüllt z. B. eine Tätigkeit auch dann die Tatbestandsmerkmale des § 14 AO, wenn sie **ohne** Teilnahme am **allgemeinen** wirtschaftlichen Verkehr oder **ohne** Gewinnerzielungsabsicht ausgeübt wird, Tz. 2.15.2 (bei mangelnder Gewinnerzielungsabsicht stellt sich jedoch die Frage nach einer fehlerhaften Mittelverwendung, vgl. Tz. 2.5.5.2.1). Fehlen diese Merkmale, liegt zwar ein wirtschaftlicher Geschäftsbetrieb vor, gewerbliche Einkünfte i. S. des § 15 EStG werden dann jedoch nicht erzielt (bei Kapitalgesellschaften kommt es wegen § 8 Abs. 2 KStG darauf nicht an; vgl. hierzu Thiel, GmbHR 1997 S. 10). Ist die Gewerblichkeit bestimmter Tätigkeiten zu verneinen, bleibt zu prüfen, ob insoweit ggf. sonstige Einkünfte i. S. von § 22 Nr. 3 EStG vorliegen (siehe dazu auch BFH vom 08.06.1966, BStBl 1966 III S. 632).

> **Beispiel:**
>
> Der als gemeinnützig anerkannte Sportverein veräußert verschiedene Sportartikel (zum Teil mit Vereinsaufdruck) ausschließlich an seine Mitglieder zu Selbstkosten. Dabei kommt es jedoch vor, dass bei Zuordnung der Einnahmen und Ausgaben nach dem Zuflussprinzip (§ 11 EStG) in einem Jahr ein Überschuss, in dem anderen Jahr ein Fehlbetrag zu verzeichnen ist.
>
> Mangels Beteiligung am allgemeinen wirtschaftlichen Verkehr erzielt der Verein insoweit keine gewerblichen Einkünfte (§ 15 EStG), sondern sonstige Einkünfte i. S. des § 22 Nr. 3 EStG. Dabei ist zu beachten, dass Verluste aus einer Tätigkeit i. S. des § 22 Nr. 3 EStG nur mit positiven Einkünften i. S. des § 22 Nr. 3 EStG ausgeglichen werden können.

Auch die **Gewerbesteuer** sieht eine **partielle Steuerpflicht** für den wirtschaftlichen Geschäftsbetrieb vor (§ 3 Nr. 6 GewStG). Ausgenommen von der partiellen Gewerbesteuerpflicht sind nur die Tätigkeiten, die dem Bereich der Land- und Forstwirtschaft zuzuordnen sind. Bei der gewerbesteuerlichen Beurteilung von wirtschaftlichen Geschäftsbetrieben ist zu beachten, dass unabhängig von der Art der jeweils bezogenen Einkünfte steuerbegünstigte Kapitalgesellschaften stets mit **allen** Tätigkeiten i. S. der §§ 14, 64 AO der partiellen Gewerbesteuerpflicht unterliegen, denn Kapitalgesellschaften begründen bereits kraft Rechtsform einen Gewerbebetrieb (§ 2 Abs. 2 GewStG). Aber auch die steuerbegünstigten (nichtrechtsfähigen) **Vereine**, rechtsfähigen Stiftungen und sonstige juristische Personen des privaten Rechts begründen mit Tätigkeiten, die einem wirtschaftlichen Geschäftsbetrieb i. S. der §§ 14, 64 AO zuzuordnen sind – unabhängig von der Frage, ob insoweit gewerbliche Einkünfte i. S. des § 15 EStG erzielt werden –, stets einen (partiell steuerpflichtigen) Gewerbebetrieb (§ 2 Abs. 3 GewStG; siehe auch BFH vom 16.12.1998, BStBl 1999 II S. 366, und vom 04.04.2007, BStBl 2007 II S. 725).

4.1.5.1 Gewinnermittlung

4.1.5.1.1 Grundlagen

In der Regel werden im Rahmen des wirtschaftlichen Geschäftsbetriebs Einkünfte aus Gewerbebetrieb (§ 15 EStG) erzielt. **Besteuerungsgrundlage** ist dann **der Gewinn i. S. des § 2 Abs. 2 Nr. 2 i. V. m. §§ 4 ff. EStG** (vgl. auch BFH vom 08.06.1966, BStBl 1966 III S. 632). Insoweit beschränken sich die nachfolgenden Ausführungen auf Aussagen zur Ermittlung des Gewinns i. S. des § 15 EStG.

4 Andere Steuergesetze

Bei steuerbegünstigten Körperschaften sind ertragsteuerlich zwei Bereiche voneinander abzugrenzen. Auf der einen Seite ist der steuerfreie Bereich mit der ideellen Sphäre, der Vermögensverwaltung und den Zweckbetrieben zu sehen. Dem gegenüber steht der steuerpflichtige wirtschaftliche Geschäftsbetrieb, § 64 AO (siehe dazu auch die Übersicht unter Tz. 2.15). In die Ermittlung des Gewinns für den steuerpflichtigen wirtschaftlichen Geschäftsbetrieb i. S. der §§ 14, 64 AO sind daher (nur) die Einnahmen und Ausgaben einzubeziehen, die durch den steuerpflichtigen Geschäftsbetrieb selbst veranlasst sind. Ist der Gewinn durch einen Betriebsvermögensbereich zu ermitteln, sind die Betriebsvermögensmehrungen und Betriebsvermögensminderungen des steuerpflichtigen wirtschaftlichen Geschäftsbetriebs entsprechend der Gewinnformel des § 4 Abs. 1 Satz 1 EStG um Entnahmen zu erhöhen und um Einlagen zu mindern.

Für Zwecke der Einkommensermittlung ist grundsätzlich für jeden Geschäftsbetrieb gesondert eine eigenständige Gewinnermittlung vorzunehmen. Die Finanzverwaltung erhebt jedoch keine Einwendungen, wenn auch für Zwecke der Einkommensermittlung **die einzelnen Geschäftsbetriebe als ein Betrieb** behandelt werden (AEAO Nr. 11 zu § 64 AO, Anhang 1), also alle steuerpflichtigen wirtschaftlichen Aktivitäten (alle Geschäftsbetriebe, mit denen Einkünfte nach § 15 EStG erzielt werden) einheitlich als eigenständige Einheit „Betrieb" i. S. des § 4 Abs. 1 EStG angesehen werden. Daraus ergeben sich vielfältige Abgrenzungsprobleme, die mit denen, die bei der Besteuerung natürlicher Personen zwischen dem betrieblichen Bereich einerseits und dem Bereich der persönlichen Lebensführung bzw. den übrigen Einkünften andererseits auftreten, vergleichbar sind). Ähnlich ist die Abgrenzungsproblematik bei den Betrieben gewerblicher Art von juristischen Personen des öffentlichen Rechts zur hoheitlichen Tätigkeit (siehe dazu Lang/Seer in FR 1994 S. 521).

Als Gewinn des wirtschaftlichen Geschäftsbetriebs ist grundsätzlich der Überschuss der Betriebseinnahmen über die Betriebsausgaben anzusetzen. Dieser Gewinn ist daher durch **Einnahmenüberschussrechnung** (§ 4 Abs. 3 EStG) zu ermitteln. Besteht jedoch bereits aufgrund der Rechtsform der steuerbegünstigten Körperschaft (z. B. bei GmbHs) oder aufgrund steuerlicher Vorschriften nach Aufforderung durch das Finanzamt (§§ 140 ff. AO) eine Verpflichtung zur **Gewinnermittlung durch Bestandsvergleich,** sind die Gewinne des wirtschaftlichen Geschäftsbetriebs nach diesen Grundsätzen zu ermitteln (zu den Buchführungs- bzw. Aufzeichnungspflichten siehe auch Tz. 2.14.5). Wird von der Körperschaft eine Handelsbilanz erstellt, ist, bezogen auf den wirtschaftlichen Geschäftsbetrieb, auf der Grundlage der Handelsbilanz unter Beachtung der steuerlich maßgebenden Ansätze (§ 60 Abs. 2 EStDV) eine eigenständige Gewinnermittlung (eigenständige Steuerbilanz) zu erstellen (aus der Handels- oder Steuerbilanz abzuleiten).

Ermittelt die steuerbegünstigte Körperschaft (ggf. auch freiwillig) ihren Gewinn durch Bestandsvergleich und **weicht ihr Wirtschaftsjahr vom Kalenderjahr** ab, so kann in entsprechender Anwendung des § 7 Abs. 4 KStG auf Antrag das Wirtschaftsjahr der Besteuerung zugrunde gelegt werden (siehe auch AEAO Nr. 21 zu § 64 AO, Anhang 1, und FinMin Nordrhein-Westfalen vom 27.07.1994, DB 1994 S. 2318).

4.1.5.1.2 Zuordnung von Wirtschaftsgütern

Im Rahmen der Gewinnermittlung ist zunächst zu entscheiden, welche Wirtschaftsgüter im Einzelnen dem Betrieb zuzuordnen sind. Diese Entscheidung ist nach den

Grundsätzen zu treffen, die für die Annahme notwendigen Betriebsvermögens gelten. Das heißt, es können nur die Wirtschaftsgüter dem wirtschaftlichen Geschäftsbetrieb zugeordnet werden, die **unmittelbar für Zwecke dieses Betriebs genutzt werden**. Bewegliche Wirtschaftsgüter, die sowohl dem wirtschaftlichen Geschäftsbetrieb als auch dem steuerfreien Bereich dienen, sind dem wirtschaftlichen Geschäftsbetrieb zuzurechnen, wenn sie diesem überwiegend dienen. Grundstücke, Grundstücksteile oder Gebäudeteile, die selbständige Wirtschaftsgüter sind, gehören nur zum wirtschaftlichen Geschäftsbetrieb, soweit sie ausschließlich und unmittelbar für dessen Zwecke genutzt werden (entsprechend R 4.2 Abs. 3 bis 9 EStR). Die Aufteilung unterschiedlich genutzter Grundstücksteile wird im Allgemeinen nach der Nutzfläche vorzunehmen sein.

Bei der Frage, ob bzw. in welchem Umfang eine steuerbegünstigte Körperschaft den steuerpflichtigen wirtschaftlichen Geschäftsbetrieb mit (zusätzlichem gewillkürtem) Betriebsvermögen ausstatten darf, ist zu beachten, dass die Körperschaft Mittel grundsätzlich nur für steuerbegünstigte Zwecke verwenden darf (§ 55 AO, so auch Kümpel in DStR 1999 S. 1505).

4.1.5.1.3 Zuordnung der Betriebseinnahmen und -ausgaben

In die Gewinnermittlung sind sämtliche **Betriebseinnahmen und -ausgaben** einzubeziehen, die dem wirtschaftlichen Geschäftsbetrieb zuzuordnen sind. Dem wirtschaftlichen Geschäftsbetrieb sind die Aufwendungen zuzuordnen, die durch ihn veranlasst werden, § 4 Abs. 4 EStG (vgl. dazu auch Thiel, DB 1993 S. 1208). Umgekehrt sind ihm die Einnahmen zuzurechnen, die durch ihn veranlasst sind. Betrieblich veranlasst sind alle Aufwendungen, die dem wirtschaftlichen Geschäftsbetrieb **unmittelbar zugeordnet** werden können, weil sie ausschließlich zur Erzielung der steuerpflichtigen Einnahmen geleistet werden. Das sind regelmäßig die Aufwendungen, die ohne ihn nicht angefallen oder – zumindest – geringer gewesen wären (BFH vom 27.03.1991, BStBl 1992 II S. 103, und vom 21.07.1999 I R 55/98, BFH/NV 2000 S. 85; siehe auch Thiel, a. a. O.). Zur Zuordnung von Gemeinkosten siehe unten.

Kann die Zuordnung von Ausgaben nicht eindeutig vorgenommen werden, da sie auf mehreren, steuerlich unterschiedlich zu beurteilenden Tätigkeiten beruhen, ist zur Zuordnung der Aufwendungen nach Auffassung des BFH (vgl. Urteil vom 27.03.1991, BStBl 1992 II S. 103, bestätigt durch Urteil vom 05.02.1992 I R 59/91, BFH/NV 1993 S. 341, und vom 21.07.1999 I R 55/98, BFH/NV 2000 S. 85) eine **Gewichtung nach den verschiedenen Anlässen ihrer Entstehung** vorzunehmen. So sei der primäre Anlass für das Entstehen einer Ausgabe für die vorzunehmende Einordnung maßgebend, wenn die Ausgabe auch ohne die andere Tätigkeit entstanden wäre. Wäre die Ausgabe ohne den steuerpflichtigen wirtschaftlichen Geschäftsbetrieb geringer gewesen, seien die entsprechenden Aufwendungen nach objektiven und sachgerechten Maßstäben aufzuteilen.

Der BFH hatte in dem Urteilsfall, betreffend einen als gemeinnützig anerkannten Sportverein, zu entscheiden, ob und ggf. in welchem Umfang Ausgaben für das Training und die Spiele (z. B. Aufwendungen für Trainer, Schiedsrichter, Fahrtkosten, Hallenmiete) als Betriebsausgaben im wirtschaftlichen Geschäftsbetrieb „Werbung" den Gewinn mindern können. Der BFH hat diese Aufwendungen nicht (auch nicht teilweise) als **Betriebsausgaben der Werbetätigkeit** zugeordnet, da ihre Entstehung primär durch die sportlichen (Zweckbetriebs-)Veranstaltungen veranlasst war. Für die Frage der Zuordnung der Aufwendungen ist nach Auffassung des BFH nicht entscheidend, dass der wirtschaftliche Geschäftsbetrieb seinerseits durch die steuerbegünstigte Tätigkeit der Körperschaft veranlasst ist. Aufwendungen, die durch die steuerbegünstigte Tätigkeit veranlasst seien, seien nicht deswegen ganz oder teilweise dem wirtschaftlichen Geschäftsbetrieb zuzuordnen, weil sie dessen Einnahmen erhöhen.

Diese Beurteilung des BFH hat in der Fachliteratur zu einer heftigen Diskussion geführt, in der neben Thiel (a. a. O.) auch Lang und Seer (FR 1994 S. 521) sowie andere Autoren die vom BFH vertretene Auffassung mit überzeugenden Argumenten kritisiert haben. Die Finanzverwaltung wendet die Grundsätze des BFH-Urteils vom 27.03.1991 (BStBl 1992 II S. 103) auf gemischte Aufwendungen insoweit nicht an, als eine Aufteilung von Aufwendungen nach objektiven Maßstäben akzeptiert wird (siehe AEAO Nr. 5 und 6 zu § 64 AO; Hinweis: Nach Einführung des § 64 Abs. 6 AO kann bei steuerpflichtigen Werbeeinnahmen nicht mehr an einem pauschalen Abzug von Veranstaltungskosten – vgl. AEAO a. F. Nr. 4 zu § 64 AO – festgehalten werden, siehe auch Tz. 2.15.10).

Die steuerpflichtigen wirtschaftlichen Geschäftsbetriebe der gemeinnützigen Körperschaften sind, wie Lang und Seer (a. a. O.) es ausdrücken, funktional als die für die Gewinnermittlung zu separierende Einheit „Betrieb" i. S. des § 4 Abs. 1 EStG zu verstehen. Neben Ausgaben, die unmittelbar (direkt oder allein) durch die betriebliche Tätigkeit der gemeinnützigen Körperschaften veranlasst sind, fallen regelmäßig aber auch **gemischte Aufwendungen oder Gemeinkosten** bei den Körperschaften an. Bei der Gewinnermittlung im Rahmen der partiellen Steuerpflicht ist über § 8 Abs. 1 KStG auch § 3c EStG zu beachten. Im Übrigen müssen nach § 10 Nr. 1 KStG die mit dem Satzungszweck zusammenhängenden Einnahmen und Ausgaben für die Besteuerung der Körperschaft außer Betracht bleiben.

Danach dürfen Ausgaben, die mit dem steuerfreien Bereich (dem Satzungszweck) in **unmittelbarem wirtschaftlichem Zusammenhang** stehen, bei der Ermittlung der steuerpflichtigen Einkünfte nicht berücksichtigt werden (vgl. dazu auch BFH vom 15.07.1987, BStBl 1988 II S. 75). Sind jedoch Ausgaben zu verzeichnen, die sowohl mit dem steuerfreien Bereich als auch mit der steuerpflichtigen Einkunftserzielung in einem wirtschaftlichen Zusammenhang stehen, muss eine **Aufteilung auf die beiden Bereiche** erfolgen. Die Zuordnung von „gemischten Aufwendungen" hat die Finanzverwaltung vor und auch nach Ergehen des BFH-Urteils vom 27.03.1991 (BStBl 1992 II S. 103) dem Grunde nach stets zugelassen (vgl. dazu die ständigen Regelungen in R 43 und 44 KStR; siehe auch zur Zuordnung von Steuerberatungskosten bei Körperschaften in BMF vom 21.12.2007, BStBl 2008 I S. 256, dort Tz. 9, oder den Abzug von Ausgaben des hoheitlichen Bereichs bei Betrieben gewerblicher Art, R 33 Abs. 3 KStR). Die insoweit vorzunehmende Aufteilung muss nach objektiven Maßstäben durchgeführt werden (ggf. geschätzt werden, siehe dazu AEAO Nr. 5 und 6 zu § 64 AO).

Der BFH ist in seiner Entscheidung vom 05.06.2003 (BStBl 2005 II S. 305) zu dem Ergebnis gekommen, dass Aufwendungen, die ein Traberzuchtverein im Zusammenhang mit dem Totalisatorbetrieb aufgrund einer öffentlichen Auflage zur Auszahlung von Züchterprämien zu tragen hatte, Betriebsausgaben des steuerpflichtigen Geschäftsbetriebs „Totalisator" sind. Die Finanzverwaltung wendet dieses Urteil jedoch nicht über den entschiedenen Einzelfall hinaus an. Denn eine gemeinnützige Körperschaft ist bereits nach § 55 Abs. 1 Nr. 1 AO verpflichtet, ihre Mittel ausschließlich zur Förderung gemeinnütziger Zwecke einzusetzen. Ein steuerlicher Abzug derartiger Aufwendungen als Betriebsausgaben scheidet aus. Nichtabziehbar sind nach § 10 Nr. 1 KStG Aufwendungen für die Erfüllung von Zwecken, die in der Satzung vorgeschrieben sind. Die **Aufwendungen** für gemeinnützige oder satzungsmäßige Zwecke können auch nicht **aufgrund einer „Auflage"** als abziehbare Betriebsausgaben behandelt werden (BMF vom 24.03.2005, BStBl 2005 I S. 608). Zur Änderung der Rechtsprechung in Bezug auf die Gemeinnützigkeit von Trabrennvereinen siehe BFH vom 22.04.2009 I R 15/07 (BStBl 2011 II S. 475). Den Ausführungen in AEAO Nr. 5 und 6 zu § 64 AO ist zu entnehmen, dass die Finanzverwaltung im Rahmen der Einkommensermittlung für steuerpflichtige wirtschaftliche Geschäftsbetriebe „gemischte Aufwendungen" anteilig als Betriebsausgaben berücksichtigen wird (ausführlicher dazu siehe Tz. 2.5.5.2.3; a. A. Fischer in H/H/Sp, Rz. 70 ff. zu § 64 AO). Abweichend zu den in AEAO Nr. 5 und 6 zu § 64 AO gemachten Ausführungen können im Rahmen der Ermittlung des zu besteuernden Gewinns der steuerpflichtigen wirtschaftlichen Geschäftsbetriebe natürlich auch erhöhte Abschreibungen, Sonder-AfA, degressive AfA etc. abgezogen werden.

4.1.5.1.4 Kostenkorrektureinlagen oder -entnahmen

Unabhängig von der für die betreffende Körperschaft maßgebenden Gewinnermittlungsmethode (Bestandsvergleich, § 4 Abs. 1 EStG, oder Einnahmenüberschussrechnung, § 4 Abs. 3 EStG) schlagen Lang und Seer (a. a. O.) dazu den Ansatz sog. Kostenkorrektureinlagen oder -entnahmen vor.

> **Beispiele:**
> 1. Der als gemeinnützig anerkannte Reitverein führt in seiner Reithalle im Laufe des Jahres verschiedene gesellige Veranstaltungen durch (Reiterball, Karnevalsfest, Winterfest etc.). Die anteilig auf die ansonsten ausschließlich für steuerbegünstigte Zwecke genutzte Reitanlage entfallenden Aufwendungen wie AfA, Finanzierungszinsen etc. sind über eine **Kosteneinlage** gewinnmindernd im steuerpflichtigen Geschäftsbetrieb „gesellige Veranstaltungen" zu berücksichtigen.
> 2. Der als gemeinnützig anerkannte Turn- und Sportverein verfügt über eine eigene Vereinsgaststätte. In den Zeiten, in denen diese Räumlichkeiten nicht für die Bewirtung von Gästen genutzt werden, wird der zur Gaststätte gehörende Saal für regelmäßige Trainingseinheiten (Gymnastik, Tanzsport etc.) genutzt. Die anteilig darauf entfallenden Wertabflüsse wie AfA, Finanzierungszinsen etc. sind dann als **Kostenentnahme** gewinnerhöhend zu erfassen (siehe insoweit auch § 6 Abs. 1 Nr. 4, R 6.12 EStR und H 6.12 „Nutzung" EStH). Diese Entnahmen können gleichzeitig den Tatbestand der unternehmensfremden Verwendung von Gegenständen i. S. des § 3 Abs. 9a Nr. 1 UStG erfüllen.
> 3. Ein als gemeinnützig anerkanntes Altenwohn- und -pflegeheim verfügt über ein Parkhaus. Den Besuchern werden Parkplätze gegen (marktübliches) Entgelt überlassen. Die Mitarbeiter können die Parkplätze unentgeltlich nutzen.
>
>   Mit dem Parkhausbetrieb unterhält die gemeinnützige Einrichtung einen steuerpflichtigen wirtschaftlichen Geschäftsbetrieb i. S. der §§ 14, 64 AO. Die Mitarbeiter der Einrichtung sind der ideellen Sphäre der Körperschaft zuzurechnen. Für Zwecke der Gewinnermittlung müsste daher hier bzgl. der Mitarbeiternutzung des Parkhauses eine **Kostenentnahme** berücksichtigt werden. Aus umsatzsteuerlicher Sicht wäre dieser Vorgang m. E. noch als ein mit dem Betrieb der Einrichtung eng verbundener Umsatz i. S. des Abschn. 4.16.6 UStAE einzustufen und daher nach § 4 Nr. 16 UStG steuerfrei zu belassen, allerdings ist zu beachten, dass insoweit ein anteiliger Vorsteuerabzug aus Anschaffung/Herstellung und Betrieb des Parkhauses ausgeschlossen ist.

Auch übrige Gemeinkosten, wie allgemeine Verwaltungsaufwendungen, Personalkosten etc., sind nach objektiven Maßstäben anteilig als Kostenentnahmen oder Kosteneinlagen zu berücksichtigen.

Dabei können nur tatsächlich erwachsene Aufwendungen (einschließlich anteiliger AfA) berücksichtigt werden. Im Einzelfall werden bei der Aufteilung der Ausgaben Schätzungen (z. B. bei Fernsprechgebühren, Versicherungsprämien, anteiligen Löhnen bei verschiedenartiger Beschäftigung) nicht zu vermeiden und auch nicht zu beanstanden sein. Werden Wirtschaftsgüter, die nach den o. a. Grundsätzen nicht dem wirtschaftlichen Geschäftsbetrieb zugeordnet werden können, durch den wirtschaftlichen Geschäftsbetrieb (mit)genutzt, sind **Absetzungen für Abnutzungen** und andere anteilige Kosten, die auf die Nutzung von Wirtschaftsgütern durch den wirtschaftlichen Geschäftsbetrieb entfallen, nach Maßgabe der tatsächlichen betrieblichen Inanspruchnahme oder Nutzung abzugsfähig (siehe AEAO Nr. 6 zu § 64 AO, Anhang 1).

4.1.5.1.5 Leistungen „unter Preis" in der Gewinnermittlung

Körperschaften gefährden grundsätzlich auch dann ihre Gemeinnützigkeit, wenn sie mit dem steuerpflichtigen wirtschaftlichen Geschäftsbetrieb Leistungen „unter Preis" erbringen (AEAO Nr. 10 zu § 55 AO, Anhang 1), also auf die am Markt erzielbare Vergütung (teilweise) verzichten. Nur wenn der Verzicht auf (Teil-)Vergütungen gegenüber einer anderen, ebenfalls als steuerbegünstigt anerkannten Körperschaft ausgesprochen wird und die Grenzen des § 58 Nr. 2 AO nicht überschritten werden, ist die eigene Gemeinnützigkeit dadurch nicht gefährdet (vgl. Tz. 2.8.2 und Tz. 4.1.5.1.6).

Unabhängig von der Frage der (noch) richtigen Mittelverwendung (§ 55 i. V. m. § 58 AO) ist der Gewinn des steuerpflichtigen wirtschaftlichen Geschäftsbetriebs nach den allgemeinen Grundsätzen zu ermitteln. Wird der Preisnachlass mit dem Ziel gewährt, die steuerbegünstigten Zwecke der anderen Körperschaft zu unterstützen, ist der **Preisvorteil nicht durch den Betrieb des Geschäftsbetriebs verursacht.** Diese Vorgänge stehen in diesen Fällen mit betriebsfremden Erwägungen in Zusammenhang, für die im Rahmen der Gewinnermittlung die Entnahmeregelungen des § 6 Abs. 1 Nr. 4 EStG bzw. die Grundsätze der verdeckten Gewinnausschüttung (§ 9 Abs. 1 Nr. 2 KStG i. V. m. § 8 Abs. 3 KStG) Anwendung finden.

> **Beispiel:**
>
> Ein gemeinnütziger Verein ist alleiniger Gesellschafter verschiedener Krankenhäuser. Die jeweiligen Krankenhäuser werden in der Rechtsform der gemeinnützigen GmbH geführt. Eines der in diesem Verbund stehenden Krankenhäuser erbringt den anderen Häusern und dem gemeinnützigen Trägerverein verschiedenste (zentrale) Dienstleistungen gegen Entgelt:
>
> – Verwaltungstätigkeiten wie etwa die zentrale Lohnbuchhaltung, DV-Leistungen etc.,
>
> – den Zentraleinkauf und eine Zentralapotheke.
>
> Diese Dienstleistungen werden auch gegenüber „fremden" steuerbegünstigten Körperschaften und sonstigen Einrichtungen (natürlichen Personen, nicht steuerbefreiten Körperschaften etc.) erbracht.
>
> Den sonstigen (steuerpflichtigen) Einrichtungen berechnet das Zentralkrankenhaus das am Markt (max.) erzielbare Entgelt (einschl. Gewinnaufschlag). Den „eigenen" und „fremden" steuerbegünstigten Leistungsempfängern wird lediglich ein Entgelt berechnet, das die jeweiligen Einzelkosten abdeckt. Die Gemeinkostenanteile und Gewinnaufschläge werden nicht in Rechnung gestellt.
>
> Mit den hier angesprochenen Dienstleistungen begründet das Zentralkrankenhaus einen steuerpflichtigen wirtschaftlichen Geschäftsbetrieb i. S. der §§ 14, 64 AO (siehe dazu unter Tz. 2.15.4.2 und 2.15.4).

Da die Preisnachlässe ausschließlich steuerbegünstigten Körperschaften gewährt werden und sie den Rahmen des § 58 Nr. 2 AO nicht überschreiten, ist die weitere Anerkennung der Gemeinnützigkeit für das Zentralkrankenhaus nicht gefährdet.

Für die Gewinnermittlung gilt Folgendes:

Der Grund für die eingeräumten Preisnachlässe liegt hier offensichtlich in dem Bestreben, (andere) steuerbegünstigte Körperschaften zu fördern (im Ergebnis Mittelzuwendungen i. S. des § 58 Nr. 2 AO zu bewirken). Im Beispielsfall werden die Vorteile sowohl den „eigenen" als auch den „fremden" steuerbefreiten Körperschaften gleichermaßen gewährt. Diese Vorgänge sind daher nach (Kosten-)Entnahmegrundsätzen in Anlehnung an § 6 Abs. 1 Nr. 4 EStG zu korrigieren. Als Berechnungsgrundlage ist bzgl.

a) der Verwaltungsdienstleistungen

von den tatsächlichen Selbstkosten der Zentralabteilung auszugehen (unter Einschluss der anteiligen Gemeinkosten),

b) der über den Zentraleinkauf weiterveräußerten Einzelwirtschaftsgüter

der Teilwert der jeweiligen Wirtschaftsgüter zugrunde zu legen.

Hinweis: *Umsatzsteuerlich werden dabei Lieferungen oder sonstige Leistungen i. S. des § 3 Abs. 1b und 9a UStG ausgelöst (siehe dazu auch Tz. 4.5).*

Abwandlung:

Bei der Preisgestaltung gewährt das Zentralkrankenhaus lediglich den „eigenen" steuerbegünstigten Einrichtungen einen Preisvorteil.

In diesem Fall sind die Voraussetzungen für die Annahme verdeckter Gewinnausschüttungen i. S. des § 8 Abs. 3 KStG gegeben (beachte: Die leistende Einrichtung hat hier die Rechtsform der GmbH). Bei der Besteuerung dieser Vorgänge sind die am Markt erzielbaren Vergütungen (Fremdentgelte) für die Verwaltungsdienstleistungen und die gemeinen Werte der über den Zentralverkauf veräußerten Einzelwirtschaftsgüter zugrunde zu legen (R 37 KStR und H 37 „Hingabe von Wirtschaftsgütern", „Nutzungsüberlassungen" KStH). Zu den Auswirkungen dieser Ausschüttung im Halbeinkünfteverfahren siehe Tz. 4.1.4.

4.1.5.1.6 Leistungsaustausch zwischen gemeinnützigen Körperschaften

Viele gemeinnützige Körperschaften begegnen dem zunehmenden **Wettbewerbsdruck** seitens der Privatwirtschaft, indem einzelne steuerbegünstigte Zweckbetriebe und nicht begünstigte Dienstleistungen in Form von **Servicefunktionen** zentral in einer Körperschaft gebündelt werden, um so Synergien auszuschöpfen. Erfahrungsgemäß werden innerhalb eines Konzernverbunds gemeinnütziger Einrichtungen vorwiegend die Aufgaben der Verwaltung (z. B. strategische und operative Geschäftsführung, Controlling, Personal etc.) gebündelt und ggf. auf eine gemeinnützige Tochtergesellschaft übertragen. Im Folgenden wird der Fall betrachtet, dass eine gemeinnützige Körperschaft die Aufgaben der Verwaltung zur Deckung der Selbstkosten an andere gemeinnützige Körperschaften sowohl innerhalb als auch außerhalb des Konzernverbundes erbringt. Bei dieser gemeinnützigen Körperschaft wird nach Auffassung der BFH-Rechtsprechung ein wirtschaftlicher Geschäftsbetrieb i. S. des § 14 AO begründet (BFH vom 29.01.2009 V R 46/06, BStBl 2009 II S. 560, zur Kritik vgl. Seeger/Brox „Das Ende der Steuerbegünstigung für Selbstversorgungszweckbetriebe nach § 68 Nr. 2 b AO", DStR 2009 S. 2459). Die **Absicht, Gewinne zu erzielen,** ist für die Begründung eines wirtschaftlichen Geschäftsbetriebs nach der Legaldefinition **nicht erforderlich.** Der „verbilligte" Leistungsaustausch zur Deckung der Selbstkosten steht der Begründung eines wirtschaftlichen Geschäftsbetriebs daher nicht entgegen. Wirtschaftliche Geschäftsbetriebe, die die Leistungen lediglich gegen Kostendeckung erbringen, begründen insoweit zwar eine **persönliche, aber keine sachliche Körperschaftsteuerpflicht** (vgl. Hüttemann in Gemeinnützigkeits- und Spendenrecht, 3. Auflage 2015, § 7 Rn. 34; Seeger/Milde in NWB 2014 S. 2613 f.).

Tätigkeiten, die im Rahmen eines wirtschaftlichen Geschäftsbetriebs erbracht werden, sind – sofern es an der Gewinnerzielungsabsicht mangelt – der **außerbetrieblichen Sphäre der gemeinnützigen Körperschaft zuzuordnen,** sodass die entsprechenden Einkünfte als **nicht steuerbare Einkünfte** zu behandeln sind. Die in § 8 Abs. 2 KStG enthaltene Fiktion, dass sämtliche Einkünfte ohne Rücksicht auf eine tatsächlich vorliegende Gewinnerzielungsabsicht körperschaftsteuerrechtlich als Einkünfte aus Gewerbebetrieb zu behandeln sind, ist auf gemeinnützige Kapitalgesellschaften nicht uneingeschränkt übertragbar.

Die Feststellung der gemeinnützigkeitsrechtlichen Zulässigkeit der Mittelverwendung hat keine Bindungswirkung bezogen auf die Gewinnermittlung im wirtschaftlichen Geschäftsbetrieb. Bei Vorliegen nicht fremdüblicher Konditionen ist der jeweilige Leistungsaustausch daher stets im Hinblick auf die **Regelungen zur verdeckten Gewinnausschüttung** (§ 8 Abs. 3 KStG) zu prüfen. Sofern ein „verbilligter" Leistungsaustausch und die daraus resultierende verhinderte Vermögensmehrung **durch das Gesellschaftsverhältnis** veranlasst sind und nicht auf einem den gesellschaftsrechtlichen Vorschriften entsprechenden Gewinnverteilungsbeschluss beruhen, ist eine außerbilanzielle Korrektur um den (angemessenen) Gewinnaufschlag vorzunehmen, da die Gewinnerzielungsabsicht der Gesellschafter zumindest für steuerliche Zwecke dem wirtschaftlichen Geschäftsbetrieb der gemeinnützigen Körperschaft zuzurechnen ist (vgl. Hüttemann in Gemeinnützigkeits- und Spendenrecht, 3. Auflage 2015, § 7 Rn. 65).

Unter Berücksichtigung gemeinnützigkeitsrechtlicher Besonderheiten ist es gemeinnützigen Körperschaften möglich, die **Förderung anderer gemeinnütziger Körperschaften durch Weiterleitung von Mitteln** in der Satzung zu bestimmen. Eine solche Förderung erfolgt nicht nur über eine Verschaffung von (liquiden) Mitteln, sondern kann entsprechend den satzungsrechtlichen Vorgaben **auch durch eine verbilligte (im Sinne von Selbstkosten deckende) Abgabe von Dienstleistungen** an andere steuerbegünstigte Unternehmen erfolgen. Es handelt sich dann um eine Form der Verwirklichung steuerbegünstigter Förderzwecke anderer – auch „konzernfremder" – Körperschaften gem. § 58 Nr. 1 AO. In diesem Zusammenhang ist auch zu prüfen, ob der Selbstkostenpreis nicht bereits innerhalb der Bandbreite möglicher Marktpreise liegt. Schließlich ist bei steuerbegünstigten Unternehmen oftmals eine höhere Kostenstruktur als bei gewerblichen Unternehmen gegeben.

Die Ursache für die nur kostendeckende Abgabe der Leistungen und den inhärenten Verzicht der Vermögensmehrung ist nicht in der gesellschaftlichen Nähe der austauschenden Unternehmen zu suchen, sondern in **einem konkreten Satzungsauftrag im Sinne ideeller Zweckverfolgung.** Sofern der „verbilligte" Leistungsaustausch gem. § 58 Nr. 1 AO eine satzungsmäßige Tätigkeit darstellt, die lediglich für ertragsteuerliche Zwecke dem Grunde nach eine (persönliche) Steuerpflicht begründet, ist das „Interesse des Gesellschafters" für den Austausch nicht maßgeblich, weshalb die Tätigkeit konsequenterweise auch **nicht „als durch das Gesellschaftsverhältnis veranlasst"** qualifiziert werden kann. Ein ordentlicher Geschäftsführer, der derartige Tätigkeiten erbringt, würde sich vielmehr in einen gesellschaftsrechtlich unzulässigen Widerspruch zu „seinem" Satzungsauftrag begeben, wenn er die Leistungen zu fremdüblichen Preisen erbringen würde. Die **fehlende Gewinnerzielungsabsicht löst daher in diesem Fall nicht die Rechtsfolgen einer verdeckten Gewinnausschüttung** aus. Gleiches muss nach unserer Auffassung für gemeinnützige Unternehmen gelten, die ohne expliziten Satzungsauftrag nach § 58 Nr. 1 AO ihre Leistungen tatsächlich verbilligt (im Sinne von Selbstkosten) auch an andere konzernfremde steuerbegünstigte Unternehmen erbringen (§ 58 Nr. 2 AO).

Die vornehmlich von **Kümpel** vertretene Auffassung, wonach der „verbilligte" Leistungsaustausch stets die Annahme der gesellschaftlichen Veranlassung begründe, da ein ordentlicher und gewissenhafter Kaufmann stets darauf achten würde, **dass** die Gesellschaft mit ihren Tätigkeiten eine angemessene Kapitalverzinsung erziele (vgl. Kümpel, FR 2014 S. 54), überzeugt in der vertretenen Absolutheit nicht. Sie verkennt, dass eine weiter gehende Differenzierung hinsichtlich der jeweiligen Motivation der Vereinbarung nicht marktkonformer Konditionen erforderlich ist. Wenn und soweit objektiv anerkennenswerte Gründe für eine Verhinderung der Vermögensmehrung gegeben sind, **entspricht es vielmehr der ordentlichen und gewissenhaften Geschäftsführung, den Leistungsaustausch entsprechend „verbilligt" zu veranlassen.** Ein ordentlicher Geschäftsführer würde sich in einen Widerspruch zu „seinem" Satzungsauftrag begeben, wenn er entsprechende Leistungen gegenüber anderen gemeinnützigen Körperschaften mit einem über die Selbstkosten hinausgehenden Gewinnaufschlag berechnen würde. Schließlich übersieht die Auffassung m. E., dass die Anforderungen an die Geschäftsführung sowie deren Zielsetzung, die bei gewerblichen, nicht gemeinnützigen Gesellschaften vorausgesetzt bzw. angenommen werden, nicht ohne Weiteres auf gemeinnützige Gesellschaften übertragen werden können und es mithin an der Vergleichbarkeit fehlt. **Geboten ist vielmehr der Vergleich gemeinnütziger Unternehmen mit gleichem Satzungsauftrag.** Die Auffassung, nach der gemeinnützige Körperschaften für ihre steuerpflichtigen Leistungen gegenüber Dritten marktübliche Preise nehmen müssen, erweist sich m. E. nach als nicht überzeugend. Aus dem von ihm zur Begründung herangezogenen Urteil des BFH vom 23.10.1991 I R 19/91 (BStBl 1992 II S. 62) folgt dies gerade nicht. Der BFH hatte den Fall zu entscheiden, dass ein steuerbegünstigter Verein seinem Vorstandsmitglied, einer natürlichen Person, den vereinseigenen landwirtschaftlichen Betrieb möglicherweise verbilligt überlassen hatte, und forderte für die Prüfung der Angemessenheit der Pachtzinsen die Berücksichtigung „marktüblicher" Pachtzinsen für vergleichbare landwirtschaftliche Betriebe. Daraus darf nach meinem Dafürhalten nicht der Schluss gezogen werden, dass bei Leistungen eines steuerpflichtigen wirtschaftlichen Geschäftsbetriebs gegenüber anderen steuerbegünstigten Körperschaften generell marktübliche Preise verlangt werden müssen, soweit hierdurch nämlich eine Verfolgung satzungsmäßiger Zwecke (§ 58 Nr. 1 oder Nr. 2 AO) zum Ausdruck kommt. Überdies handelt es sich bei dem gewährten Preisnachlass auch nicht um sog. gesellschaftliche Aufwendungen für satzungsmäßige Zwecke i. S. des § 10 Nr. 1 KStG, die bei der Ermittlung des Gewinns des wirtschaftlichen Geschäftsbetriebs nicht abgezogen werden dürfen, da sie auf Basis des Selbstlosigkeitsgebotes einer altruistischen Motivation entspringen. Schlussendlich verbleibt damit m. E. kein Raum, den Gewinn des steuerpflichtigen wirtschaftlichen Geschäftsbetriebs in Höhe der geforderten Preisverbilligung (Differenz zwischen Selbstkosten und Marktpreis) zu erhöhen. Die verbilligte Überlassung im vom BFH zu bewertenden Sachverhalt erfolgte nämlich außerhalb des Anwendungsbereichs des § 58 AO, da der begünstigte Pächter gerade keine steuerbegünstigte Körperschaft ist.

Im Rahmen einer ergänzenden Betrachtung der aktuellen Rechtsprechung ist insbesondere das **BFH-Urteil vom 27.11.2013** (I R 17/12, DB 2014 S. 1173) hervorzuheben. Demnach ist es als begünstigungsschädliche Gewinnausschüttung i. S. von

4 Andere Steuergesetze

§ 55 Abs. 1 Nr. 1 Satz 2 AO anzusehen, wenn eine Eigengesellschaft (GmbH) einer kommunalen Trägerkörperschaft (Landkreis) für die von ihr zu erbringenden Leistungen (hier: Durchführung des bodengebundenen Rettungsdiensts) ein Entgelt erhält, das einem Fremdvergleich (in Gestalt des Kostenausgleichs zzgl. eines marktüblichen Gewinnaufschlags) nicht standhält. Hinsichtlich der Bedeutung dieses Urteils für den hier diskutierten Fall, dass eine gemeinnützige Körperschaft die Aufgaben der Verwaltung zur Deckung der Selbstkosten an andere gemeinnützige Körperschaften übernimmt, muss allerdings **einschränkend** darauf hingewiesen werden, dass der Landkreis eine **Körperschaft des öffentlichen Rechts** darstellt. Demnach kann es sich bei der eventuellen verdeckten Gewinnausschüttung in Form der verhinderten Vermögensmehrung nach aktueller BFH-Rechtsprechung nicht um eine Zuwendung „zu steuerbegünstigten Zwecken" i. S. von § 58 Nr. 2 AO handeln. Die Ersparnis käme dem Gesamthaushalt der Trägerkörperschaft zugute und diese verfolgt nicht ausschließlich Zwecke, die nach Maßgabe der §§ 51 ff. AO steuerbegünstigt sind, sodass § 58 Nr. 1 bzw. Nr. 2 AO somit keine Anwendung finden kann (vgl. auch Gosch in BFH/PR 2014 S. 262). Ob der generelle Ausschluss einer Fördertätigkeit gem. § 58 Nr. 1 bzw. Nr. 2 AO bei einem nicht marktüblichen Tätigwerden zugunsten einer öffentlich-rechtlich verfassten Gesellschafterin gerechtfertigt ist, steht zur Diskussion (vgl. Kirchhain in DB 2014 S. 1832 f.). Diese nicht fremdübliche Vergütung stellt aktuell eine unzulässige Begünstigung eines Gesellschafters dar, die zur Versagung der Steuerbegünstigungen führt, da eine Heilung über § 58 Nr. 2 AO nicht möglich ist.

4.1.5.1.7 Verdeckte Gewinnausschüttung als Risiko für steuerbegünstigte Unternehmen

Für steuerbegünstigte Einrichtungen ist insbesondere der **Wegfall der Gemeinnützigkeit** ein ernstzunehmendes Risiko. Dies würde beispielsweise eine Ertragsbesteuerung der bisher steuerbefreiten Zweckbetriebe und der Vermögensverwaltung für den jeweiligen Veranlagungszeitraum, schlimmstenfalls für die zurückliegenden 10 Jahre vor dem Wegfall der Gemeinnützigkeit auslösen. Weitere Folgen des Verlustes der Gemeinnützigkeit wären u. a. eine Grundsteuerpflicht für den gesamten Grundstücksbestand, der Wegfall des ermäßigten Umsatzsteuersatzes für Leistungen im Rahmen von Zweckbetrieben und Vermögensverwaltung und ggf. außersteuerliche Folgen wie z. B. die Rückzahlung von Zuschüssen, die auf der Grundlage der Gemeinnützigkeit gewährt wurden.

§ 55 AO „Selbstlosigkeit" regelt, welche Formen der Mittelverwendung zu einem **Verlust der Gemeinnützigkeit** für den entsprechenden Veranlagungszeitraum führen können. Steuerbegünstigte Körperschaften dürfen ihre Mittel nur für die in der Satzung festgelegten gemeinnützigen, mildtätigen oder kirchlichen Zwecke verwenden (§ 55 Abs. 1 Nr. 1 Satz 1 AO). Daher darf keine Person durch **unverhältnismäßige Vergütungen** oder Ausgaben, die dem Zweck der Körperschaft fremd sind, begünstigt werden (§ 55 Abs. 1 Nr. 3 AO). Weiterhin dürfen die Mitglieder bzw. Gesellschafter grundsätzlich keine Gewinnanteile (außer in Fällen des § 58 Nr. 2 AO) und bei ihrem Ausscheiden nicht mehr als ihre eingezahlten Kapitalanteile erhalten (§ 55 Abs. 1 Nr. 1 Satz 2 und Nr. 2 AO). Letzteres ist damit zu begründen, dass dem bisherigen Anteilseigner sonst mehr als der Wert entgolten würde, der den Anteilen bei Fortführung des steuerbegünstigten Zweckes zukommt. Daher liegt bei über diesen Betrag hinausgehenden Zahlungen regelmäßig eine Mittelfehlverwendung i. S. des § 55 Abs. 1 Nr. 1 Satz 1 AO vor. Dementsprechend folgt aus § 55 AO, dass auch offene Gewinnausschüttungen für steuerbegünstigte Körperschaften grundsätzlich unzulässig sind. Ausnahmsweise ist eine Gewinnausschüttung oder sonstige Zuwendung jedoch möglich, wenn es sich bei dem Begünstigten um eine ebenfalls steuerbegünstigte Körperschaft handelt (AEAO Nr. 2 Satz 2 zu § 58 AO, Anhang 1).

Ebenso wie offene Gewinnausschüttungen sind auch **verdeckte Gewinnausschüttungen** durch § 55 Abs. 1 Nr. 1 Satz 2 und Nr. 2 AO grundsätzlich **untersagt**. Eine verdeckte Gewinnausschüttung i. S. des § 8 Abs. 3 Satz 2 KStG ist eine Vermögensminderung oder verhinderte Vermögensmehrung, die durch das Gesellschafts- bzw. Mitgliedschaftsverhältnis veranlasst ist, sich auf die Höhe des Einkommens auswirkt und in keinem Zusammenhang mit einer offenen Ausschüttung steht. Maßgebend für eine verdeckte Gewinnausschüttung ist, dass keine angemessene Gegenleistung des Begünstigten vorliegt.

Der **BFH hat mit dem Urteil vom 12.10.2010** (I R 59/09, BStBl 2012 II S. 226) bestätigt, dass insbesondere verdeckte Gewinnausschüttungen einen schwer wiegenden Verstoß gegen die Selbstlosigkeit gem. § 55 Abs. 1 Nr. 1 bis 3 AO darstellen können. Im zu beurteilenden Fall zahlte eine gemeinnützige GmbH ein überhöhtes Geschäftsführergehalt und eine überhöhte Abfindung an ihren ehemaligen Gesellschafter. Der BFH sah darin eine verdeckte Kaufpreiszahlung für die erworbenen Anteile und somit einen klaren Verstoß gegen den Grundsatz der Selbstlosigkeit. Dabei war es unbedeutend, dass die Gelder erst an eine gemeinnützige Körperschaft gezahlt wurden, die sie dann an den steuerpflichtigen ehemaligen Gesellschafter weiterleitete (vgl. BFH vom 12.10.2010 I R 59/09, a. a. O., Rz. 18). Diese „Rückzahlung" war als Mittelfehlverwendung zu qualifizieren und hat zu einem Verbrauch des gesamten Vermögens der gemeinnützigen GmbH geführt, sodass der BFH gem. § 61 Abs. 3 AO die Gemeinnützigkeit der Gesellschaft rückwirkend aberkannte, soweit sich in den jeweiligen Jahren eine unzulässige Auskehrung der erwirtschafteten Gewinne erkennen ließ. Der Grundsatz der Vermögensbindung besagt, dass das Vermögen einer steuerbegünstigten Körperschaft, soweit es die eingezahlten Kapitalanteile der Mitglieder und den gemeinen Wert der von den Mitgliedern geleisteten Sacheinlagen übersteigt, bei Auflösung oder Aufhebung der Körperschaft oder bei Wegfall ihres bisherigen Zweckes nur für steuerbegünstigte Zwecke verwendet werden darf. Bei nachträglicher Änderung der Bestimmung über die Vermögensbindung, sodass sie den Anforderungen des § 55 Abs. 1 Nr. 4 AO nicht mehr entspricht, gilt sie gem. § 61 Abs. 3 Satz 1 AO von Anfang an als steuerlich nicht ausreichend.

Im Rahmen der Würdigung dieses Urteils für die Praxis ist es fraglich, ob die überhöhte Kaufpreiszahlung (auch) eine verdeckte Gewinnausschüttung an die Körperschaft darstellt, welche die Anteile erworben hat. Der BFH hat mit einem Obiter Dictum in Aussicht gestellt, dass der **Kauf von Anteilen an einer steuerbegünstigten GmbH** zu einem **überhöhten Kaufpreis**, der wie im vorliegenden Sachverhalt den Marktwert des Unternehmens widerspiegelt, eine **verdeckte Gewinnausschüttung** an den Erwerber darstellen kann. Diese Fragestellung hat er allerdings nicht abschließend zum Gegenstand seiner Entscheidung gemacht. Nach meiner Auffassung resultiert daraus jedoch nicht, dass ein Kaufpreis für den Erwerb von Anteilen an einer steuerbegünstigten GmbH zukünftig auf die Höhe des Stammkapitals zuzüglich der geleisteten Sacheinlage limitiert ist.

Der BFH hat in seiner Begründung anerkanntermaßen darauf abgestellt, dass es sich – auch nach Auffassung der Klägerin – bei den streitbefangenen Zahlungen um verdeckte Kaufpreiszahlungen für die Anteile der Klägerin handelt, die zweifelsfrei im Widerspruch zu § 55 Abs. 1 Nr. 2 AO stehen. Dabei hat er nach meiner

Auffassung im Besonderen auf die sog. **„Nämlichkeit" der Mittel,** die final aus dem Vermögen der Klägerin geleistet worden sind, abgestellt. Der BFH führt dazu aus, dass, gleich, ob unmittelbar aus dem Vermögen der Klägerin oder – über das Rechtsinstitut der sog. verdeckten Gewinnausschüttung „virtuell" – aus dem Vermögen der Erwerberin durch Zahlungen des verdeckten Kaufpreises eine unzulässige Auskehrung erwirtschafteter Gewinne aus dem Vermögen der Klägerin erfolgte, die als Verstoß gegen die oben genannte Rechtsnorm eine Mittelfehlverwendung begründete, sodass die Gemeinnützigkeit der Klägerin abzuerkennen war. Insoweit ist dem BFH nicht zu widersprechen.

Nach meinem Dafürhalten bleibt aber die Frage offen, ob die Erwerberin bei Zahlung eines entsprechenden Kaufpreises (über dem Nominalwert der Einlagen der veräußernden Gesellschafter) aus eigenen Mitteln ebenfalls ihre Gemeinnützigkeit gefährdet hätte. Dagegen spricht nach meiner Auffassung, dass zwischen einem Erwerber und dem Veräußerer üblicherweise kein Rechtsverhältnis i. S. des § 55 Abs. 1 Nr. 2 AO besteht, das eine Anwendung und damit eine Beachtung dieser Rechtsnorm rechtfertigt. Soweit eine steuerbegünstigte Erwerberin den Kaufpreis aus sog. freien Mitteln finanzieren kann, sehe ich – auch unter Beachtung der Regelungen des § 55 Abs. 1 Nr. 3 AO – keine Grundlage, einen Kaufpreis maximal in Höhe der bisherigen Einlagen des Veräußerers festlegen zu müssen.

Die **Festlegung eines Kaufpreises** für Anteile an einer gGmbH muss sich nach meiner Auffassung gleichermaßen wie für Anteile an einer GmbH nach den Grundsätzen der Marktüblichkeit unter fremden Dritten und unter Beachtung der Grundsätze der Ordnungsmäßigkeit der Geschäftsführung bestimmen lassen, sodass für Anteile an einer gGmbH grundsätzlich auch ein Kaufpreis vereinbart werden kann, der die Höhe des Stammkapitals zuzüglich der geleisteten Sacheinlage übersteigt. Schüttet dagegen eine steuerbegünstigte Körperschaft die aus der gemeinnützigen, mildtätigen oder kirchlichen Tätigkeit erzielten Gewinne überwiegend verdeckt an ihre nicht steuerbegünstigten Gesellschafter aus, liegt darin eine so gewichtige Abkehr von gemeinnützigkeitsrechtlichen Grundsätzen, dass von einem „Wegfall des bisherigen Zwecks" i. S. des § 55 Abs. 1 Nr. 4 AO auszugehen ist. Demnach kann eine verdeckte Gewinnausschüttung zur **rückwirkenden Aberkennung der Gemeinnützigkeit** führen (vgl. BFH vom 12.10.2010 I R 59/09, a. a. O., Rz. 23 und 24). Weiterhin kann eine verdeckte Gewinnausschüttung vorliegen, wenn das Ergebnis des wirtschaftlichen Geschäftsbetriebs belastet wird, um dem Gesellschafter einen Vorteil zu gewähren (so auch Schauhoff (2010), § 8 Tz. 100).

Zuwendungen, die von einer gemeinnützigen Körperschaft an eine ebenfalls gemeinnützige Körperschaft erfolgen, sind jedoch als Form der Mittelweiterleitung gem. § 58 Nr. 2 bzw. 1 AO möglich. Zwischen gemeinnützigen Einrichtungen sind Gewinnausschüttungen daher unschädlich für die Beurteilung der Gemeinnützigkeit. Gewährt das gemeinnützige Mutterunternehmen ihrem gemeinnützigen Tochterunternehmen beispielsweise auf eine Leistung einen Preisnachlass, ist dies für die gemeinnützigkeitsrechtliche Beurteilung unschädlich. Auch die verbilligte Überlassung von Personal oder Räumen für steuerbegünstigte Zwecke ist nach § 58 Nr. 3 und 4 AO möglich und unschädlich für die Gemeinnützigkeit der überlassenden Körperschaft.

4.1.5.1.8 Unternehmensvertrag bei steuerbegünstigten Einrichtungen – Cash-Pooling

4.1.5.1.8.1 Grundsätzliches

Cash-Managementsysteme erleichtern die Zentralisierung und Optimierung der konzerninternen Liquiditätsplanung. Insbesondere können bisher den Banken vorbehaltene Finanzfunktionen auch konzernintern durchgeführt werden. Hierdurch ist es möglich, innerbetriebliche Finanzfunktionen zu optimieren und neue Ertragsquellen zu erschließen bzw. Kostensenkungspotenziale zu nutzen.

Ein wichtiger Anwendungsfall moderner Cash-Managementsysteme im Verbund ist das sog. Cash-Pooling. Vor dem Hintergrund einer möglicherweise angespannten Kostensituation im gemeinnützigen Bereich kann das Cash-Pooling auch unter den restriktiven Vorschriften des Gemeinnützigkeitsrechts ein sinnvolles Finanzinstrument zur Nutzung von Kostensenkungspotenzialen darstellen.

Unter Cash-Pooling versteht man den Ausgleich von Liquiditätsbedarf und Liquiditätsbestand zwischen Konzerngesellschaften. Für den Konzern ermöglicht dies die Hebung erheblicher Synergien, da die innerbetriebliche Finanzfunktion optimiert wird, wobei neue Ertragsquellen erschlossen bzw. Kostensenkungspotenziale genutzt werden (vgl. Polster-Grüll et al., Cash Pooling: Modernes Liquiditätsmanagement aus finanzwirtschaftlicher, rechtlicher und steuerlicher Sicht, 2. Auflage 2004, S. 6).

Cash-Pooling bezeichnet die **tägliche automatische Konsolidierung der Salden** mehrerer Zahlungsverkehrskonten der Konzerngesellschaften gegen ein Zielkonto. Man unterscheidet dabei zwischen physischem Cash-Pooling und virtuellem Cash-Pooling, auch „Notional Cash-Pooling" genannt. Erfolgt der regelmäßige Liquiditätsausgleich durch einen Transfer aller Bankkonten über ein Zielkonto, das sog. Masterkonto, spricht man von physischem Cash-Pooling. In diesem Fall wird nur der Saldo des Masterkontos durch eine Kreditaufnahme gedeckt bzw. bei Banken oder auf dem Kapitalmarkt angelegt. Beim virtuellen Cash-Pooling erfolgt die Zinsoptimierung durch die fiktive Gegenrechnung der valutarischen Salden aller Ursprungskonten. Während beim physischen Cash-Pooling meist eine rechtlich selbständige Konzerngesellschaft die Berechnung durchführt, übernimmt dies beim virtuellen Cash-Pooling eine Bank. Zur Bestimmung der Soll- bzw. Habenzinssätze nutzt die Bank den berechneten „virtuellen" Saldo.

4.1.5.1.8.2 Gesellschaftsrechtliche Vorgaben

Für alle beteiligten Konzerngesellschaften und deren Geschäftsführer bzw. Vorstände können sich aus dem Cash-Pooling Haftungs- und Strafbarkeitsrisiken ergeben. Diese resultieren daraus, dass aus Sicht des GmbH- und Aktienrechts der Finanzmittelabfluss der Tochtergesellschaften vor dem Hintergrund der Kapitalerhaltungsregeln als kritisch gesehen werden kann (vgl. Sieger/Wirtz, ZIP 2005 S. 2277). So ist u. U. die Auszahlung der vom Gesellschafter geleisteten Einlage nicht ausgeschlossen, soweit eine Gesellschaft Mittel im Cash-Pool anlegt, die materiell dem Stammkapital/Grundkapital zuzuordnen sind. Daraus folgt, dass eine Teilnahme am Cash-Pooling nur insoweit zulässig ist, als das Eigenkapital der Konzerngesellschaften nicht „berührt" wird und dieser Zahlungsfluss nicht als Rückzahlung auszulegen ist (vgl. sog. „Cash Pool I und II"-Entscheidungen des BGH vom 16.01.2006 II ZR 76/04, DStR 2006 S. 764, bzw. vom 20.07.2009 II ZR 273/07, DStR 2009 S. 1858; Altmeppen, ZIP 2006 S. 1025). Zur Minimierung dieser Risiken

4 Andere Steuergesetze

ist daher ein Vertrag aufzusetzen, der einen hohen Grad an Informationsaustausch zwischen den teilnehmenden Konzerngesellschaften und eine detaillierte Dokumentation aller Sachverhalte, die das Cash-Pooling und die finanzielle Lage der Konzerngesellschaften betreffen, festlegt. Weiterhin ist dafür Sorge zu tragen, dass die Bedingungen im Cash-Pool einem Drittvergleich standhalten.

4.1.5.1.8.3 Gemeinnützigkeitsrechtliche Vorgaben

Bei gemeinnützigen Körperschaften sind für die Einführung eines konzernweiten Cash-Poolings insbesondere das **Mittelverwendungsgebot** und das **Begünstigungsverbot** zu berücksichtigen.

Gemäß dem Grundsatz der Mittelverwendung sind die Mittel einer gemeinnützigen Körperschaft zeitnah für ihre steuerbegünstigten satzungsmäßigen Zwecke einzusetzen (vgl. § 55 Abs. 1 Nr. 5 AO). Weiterhin müssen gemeinnützige Körperschaften ihre Mittel jederzeit wirtschaftlich anlegen, solange die fristgerechte und satzungsmäßige Verwendung sichergestellt ist (dies ergibt sich im Umkehrschluss aus § 55 Abs. 1 Nr. 3 AO).

Im Fall eines Liquiditätsüberschusses aufseiten der gemeinnützigen Konzerngesellschaft ist für das Ertrag bringende Anlegen Folgendes zu beachten:

- Zeitnah zu verwendende Mittel dürfen nur überlassen werden, wenn die überlassenen Mittel fristgerecht für die gemeinnützigen Zwecke eingesetzt werden.
- Zeitnah zu verwendende Mittel dürfen langfristig nur an andere ebenfalls steuerbegünstigte Körperschaften überlassen werden, die diese darlehensweise erhaltenen Mittel unmittelbar für steuerbegünstigte Zwecke innerhalb der vorgeschriebenen Frist verwenden müssen.
- Mittel, die nicht der Pflicht zur zeitnahen Verwendung unterliegen, können, unabhängig von Überlassungsdauer und Gemeinnützigkeitsstatus, der darlehensnehmenden Körperschaft zu fremdüblichen Bedingungen gemeinnützigkeitsrechtlich uneingeschränkt überlassen werden.

Die Teilnahme am und der Mitteleinsatz im Cash-Pool ist also gemeinnützigkeitsrechtlich grundsätzlich als unschädlich einzustufen, da es sich um einen Zusammenschluss von Konzerngesellschaften zur kurzfristigen Bündelung der Liquidität im Unternehmen handelt. Der kurzfristige Anlagehorizont ermöglicht einen stets fristgerechten Einsatz der Mittel für die satzungsmäßigen Zwecke (vgl. § 55 Abs. 1 Nr. 5 AO). Außerdem würde diese Art der Kapitalanlage auch mit externen Anbietern, z. B. Banken, durchgeführt werden, da sie nur Liquiditätszwecken dient.

Darüber hinaus muss vorbehaltlich der Regelungen in § 58 Nr. 2 AO bei jeder Leistungsbeziehung im steuerbegünstigten Konzern das Begünstigungsverbot beachtet werden. Aus Konzernsicht ist das Cash-Pool-Verfahren vorteilhaft, weil insbesondere ein ausgeglichener Cash-Pool-Saldo die Kreditaufnahme verringert und somit keine Zinsen an externe Kreditgeber gezahlt werden müssen. Zur Verdeutlichung soll das folgende stark vereinfachte Beispiel dienen:

> **Beispiel:**
> Ein Konzern besteht aus den Konzerngesellschaften A und B. Die beiden Konzerngesellschaften vereinbaren die Einführung eines konzernweiten Cash-Pools, um die externe Zinslast zu senken. Konzerngesellschaft A verfügt über liquide Mittel i. H. von 200, während Konzerngesellschaft B einen Bedarf an Liquidität i. H. von 200 hat. Im Rahmen des Cash-Pools kann diese Liquidität automatisch zwischen den Gesellschaften transferiert werden.

Im Gemeinnützigkeitsrecht muss aber sichergestellt werden, dass die Kapital überlassenden Konzerngesellschaften angemessen vergütet werden, da sie bei einer Anlage am Kapitalmarkt auch Zinsen erhalten würden. Ohne angemessene Vergütung dieser Gesellschaften würden die Kapital aufnehmenden Gesellschaften begünstigt, da sie im Gegensatz zu einer externen Kapitalaufnahme keine Zinsen zahlen müssten. Vorbehaltlich der Regelungen in § 58 Nr. 1 oder Nr. 2 AO müssen daher die Vorteile des Cash-Pools **verursachungsgerecht** denjenigen Gesellschaften zufließen, die am Cash-Pool teilnehmen. Die Angemessenheit der Vergütung kann gemäß des Fremdvergleichsgrundsatzes über den Preis einer vergleichbaren Leistung oder Tätigkeit am Markt bestimmt werden (vgl. Seeger/Thier „Cash Pooling – Ein sinnvolles Finanzinstrument zur Nutzung von Kostensenkungspotenzialen auch im gemeinnützigen Konzern", DStR 2011 S. 184).

4.1.5.1.8.4 Implementierung eines Cash-Pool-Systems unter gemeinnützigkeitsrechtlichen Gesichtspunkten

Bei der Implementierung eines Cash-Pool-Systems muss mit Blick auf das Mittelverwendungsgebot sichergestellt werden, dass die Konzerngesellschaften nicht dauerhaft einen gleichbleibenden Betrag im Cash-Pool belassen.

Eine **Begünstigung nicht steuerbegünstigter Konzerngesellschaften** durch die Mittel der steuerbegünstigten Konzerngesellschaften ist auch innerhalb des Cash-Pools **schädlich**. Daher ist eine fremdübliche Ausgestaltung des Cash-Pools zu gewährleisten, um das Begünstigungsverbot einzuhalten. Die Teilnahmekonditionen am Cash-Pool im gemeinnützigen Konzern sind wie unter fremden Dritten in Form eines zivilrechtlich wirksamen Vertrags auszugestalten. Des Weiteren ist durch eine geeignete Methodik die verursachungsgerechte Zuordnung der sich aus dem Cash-Pool ergebenden (Zins-)Vorteile sicherzustellen. Die angemessene Vergütung muss dabei sowohl für die Kapitalaufnahme- und Kapitalanlagesituation als auch für die Koordinierungstätigkeit im Cash-Pool untersucht werden. Zur verursachungsgerechten Verteilung der Vorteile aus dem Cash-Pool müssen die Forderungen und Verbindlichkeiten wie unter fremden Dritten behandelt werden. Dafür sind die gewährten Soll- und Habenzinssätze einer gesonderten Prüfung zu unterziehen.

Dabei kann es im Konzern grundsätzlich zu fünf verschiedenen Szenarien kommen: (Annahmen: In dem folgenden Beispiel existieren nur die Konzerngesellschaften A und B. Eine Kapitalaufnahme kann zum kurzfristen Sollzinssatz von 6 % erfolgen, während eine Anlage mit dem kurzfristigen Habenzinssatz von 1 % verzinst wird)

1. Die am Cash-Pool teilnehmenden Konzerngesellschaften haben Liquiditätsüberschüsse:

    Beide Konzerngesellschaften besitzen überschüssige Liquidität, die auf das Ziel-Konto transferiert wird. Anschließend wird der Saldo zu externen Konditionen angelegt. Die resultierenden Habenzinsen i. H. von 1 % werden unmittelbar an die Konzerngesellschaften durchgereicht.

2. Die am Cash-Pool teilnehmenden Konzerngesellschaften haben Kapitalaufnahmebedarf:

    Beide Konzerngesellschaften haben Kapitalaufnahmebedarf und ihr negativer Saldo wird auf das Ziel-Konto transferiert. Anschließen wird in Höhe des negativen Saldos Kapital aufgenommen. In diesem Fall werden die resultierenden Sollzinsen von 6 % direkt an die Konzerngesellschaften weitergeleitet.

3. Kapitalaufnahmebedarf auf Ebene des Cash-Pools:

    Konzerngesellschaft A besitzt überschüssige Liquidität i. H. von 100, während Konzerngesellschaft B einen Kapitalbedarf i. H. von 200 aufweist. Der Vorteil des

Cash-Pooling besteht nun darin, dass sich ein Cash-Pool-Saldo von –100 ergibt und die konzernexterne Kapitalaufnahme sinkt, da Konzerngesellschaft A intern weitere 100 für Konzerngesellschaft B zur Verfügung stellt. Dieses Darlehen muss jedoch angemessen vergütet werden. Wie bereits bekannt, beträgt der kurzfristige Sollzinssatz 6 %. Diese 6 % erhält sowohl die Bank als auch Konzerngesellschaft A für das zur Verfügung gestellte Kapital. Konzerngesellschaft B muss hingegen 6 % für das aufgenommene Kapital zahlen.

4. Liquiditätsüberschüsse auf Ebene des Cash-Pools:

Konzerngesellschaft A verfügt über Liquidität i. H. von 200, während Konzerngesellschaft B einen Kapitalaufnahmebedarf von 100 aufweist. In diesem Fall ergibt sich ein Cash-Pool-Saldo von 100 auf dem Zielkonto. Dieser überschüssige Saldo kann zu 1 % angelegt werden. Weiterhin gewährt Konzerngesellschaft A ein Darlehen von 100, das mit 6 % verzinst wird. Die angemessene Vergütung für Konzerngesellschaft A besteht also aus 6 % für die 100 des Darlehens und 1 % für die 100, die angelegt werden können, da diese wirtschaftlich Konzerngesellschaft A zuzurechnen sind. Konzerngesellschaft B muss hingegen 6 % Zinsen für die aufgenommenen 100 zahlen.

5. Ausgeglichener Cash-Pool-Saldo:

Im letzten Szenario verfügt Konzerngesellschaft A über Liquidität i. H. von 100 und Konzerngesellschaft B hat einen Kapitalaufnahmebedarf i. H. von 100. Daraus ergibt sich auf Ebene des Cash-Pools ein Saldo von 0. Daher liegen keine externen Refinanzierungszinssätze vor und die angemessene Vergütung muss über die Renditen vergleichbarer risikobehafteter Investments bestimmt werden. In unserem Beispiel liegen vergleichbare Zinssätze vor und daher könnte Konzerngesellschaft A wiederum 6 % Zinsen für das Darlehen verlangen.

Darüber hinaus muss auch die **Koordinierungstätigkeit** von rechtlich selbständigen Konzernfinanzierungsgesellschaften **angemessen vergütet** werden. Im Idealfall erfolgt dies über die Preisvergleichsmethode; da die Zielsetzungen von Banken und Konzernfinanzierungsgesellschaften jedoch sehr verschieden sind, ist es schwierig, direkte Vergleichsdaten zu identifizieren. Als Alternative kann daher die Kostenaufschlagsmethode genutzt werden. Als Kostenbasis dienen dabei die bei der Durchführung und Bereitstellung des Cash-Pools anfallenden und um den Gesellschafteraufwand geminderten Vollkosten (verrechenbare Kosten). Für die Festlegung des Gewinnzuschlags müssen die übernommenen Funktionen, die eingegangenen Risiken und die eingesetzten Wirtschaftsgüter berücksichtigt werden. Die deutsche Finanzverwaltung gestattet für diese Art der Routinetätigkeiten einen Gewinnzuschlag von 5 % bis 10 % der verrechenbaren Vollkosten (vgl. BMF vom 24.12.1999 – IV B 4 – S 1300 – 111/99, BStBl 1999 I S. 1076, Tz. 3.1.2). Werden diese Besonderheiten berücksichtigt, ist kein Verstoß gegen das Begünstigungsverbot gem. § 55 Abs. 1 Nr. 3 AO anzunehmen.

Die Einführung eines konzernweiten Cash-Pools erfordert aus gemeinnützigkeitsrechtlicher Sicht die Einhaltung der gemeinnützigkeitsrechtlichen (zeitnahen) Mittelverwendung und die Überprüfung des Begünstigungsverbots.

Für Liquiditätsüberschüsse aufseiten einer gemeinnützig agierenden Konzerngesellschaft ist zu beachten, dass überlassenes Kapital aus zeitnah zu verwendenden Mitteln nur fristgerecht für die gemeinnützigen Zwecke eingesetzt werden darf. Eine langfristige Überlassung kann nur an ebenfalls steuerbegünstigte Körperschaften erfolgen, wobei diese die erhaltenen Mittel fristgerecht für steuerbegünstigte Zwecke verwenden müssen. Eine langfristige Aufnahme bzw. Anlage von Kapital sollte daher im Rahmen des Cash-Pools vertraglich beschränkt werden. Das Begünstigungsverbot kann durch eine fremdübliche Ausgestaltung des Cash-Poolings mit Hilfe angemessener Zinssätze und Vergütungen der Koordinierungstätigkeit eingehalten werden. Eine fremdübliche Ausgestaltung der Zinssätze ermöglicht dabei eine verursachungsgerechte Aufteilung der durch das Cash-Pooling erlangten Vorteile. Die angemessene Vergütung der Koordinierungstätigkeit ist insbesondere zu gewährleisten, wenn die koordinierende Gesellschaft nicht selbst am Cash-Pool teilnimmt.

Festzuhalten ist, dass es steuerbegünstigten Körperschaften trotz der restriktiven Vorschriften des Gemeinnützigkeitsrechts grundsätzlich nicht verwehrt ist, an einem konzernweiten Cash-Pool zu partizipieren.

4.1.5.2 E-Bilanz

§ 5b EStG: Elektronische Übermittlung von Bilanzen sowie Gewinn- und Verlustrechnungen

> **(1)** $_1$**Wird der Gewinn nach § 4 Absatz 1, § 5 oder § 5a ermittelt, so ist der Inhalt der Bilanz sowie der Gewinn- und Verlustrechnung nach amtlich vorgeschriebenem Datensatz durch Datenfernübertragung zu übermitteln.** $_2$**Enthält die Bilanz Ansätze oder Beträge, die den steuerlichen Vorschriften nicht entsprechen, so sind diese Ansätze oder Beträge durch Zusätze oder Anmerkungen den steuerlichen Vorschriften anzupassen und nach amtlich vorgeschriebenem Datensatz durch Datenfernübertragung zu übermitteln.** $_3$**Der Steuerpflichtige kann auch eine den steuerlichen Vorschriften entsprechende Bilanz nach amtlich vorgeschriebenem Datensatz durch Datenfernübertragung übermitteln.** $_4$**§ 150 Absatz 7 der Abgabenordnung gilt entsprechend.** $_5$**Im Fall der Eröffnung des Betriebs sind die Sätze 1 bis 4 für den Inhalt der Eröffnungsbilanz entsprechend anzuwenden.**
>
> **(2)** $_1$**Auf Antrag kann die Finanzbehörde zur Vermeidung unbilliger Härten auf eine elektronische Übermittlung verzichten.** $_2$**§ 150 Absatz 8 der Abgabenordnung gilt entsprechend.**

Das Bestreben der Regierung, den Bürokratieabbau voranzutreiben, erreicht mit der Einführung der E-Bilanz eine neue Stufe. Elektronische Bilanz bzw. E-Bilanz bezeichnet die elektronische Datenübermittlung von Bilanzen und Gewinn-und-Verlust-Rechnungen an das Finanzamt. Dem Steuerpflichtigen steht es frei, ob er eine Handelsbilanz mit Überleitungsrechnung oder die Steuerbilanz übermittelt.

Mit **Schreiben vom 28.09.2011** (IV C 6 – S 2133-b/11/10009, 2011/0770620, BStBl 2011 I S. 855) legte das BMF die genauen Rahmenbedingungen für die Anwendung der E-Bilanz fest. Diese Rahmenbedingungen wurden in den vergangenen Jahren durch die BMF-Schreiben vom 05.06.2012 (IV C 6 – S 2133-b/11/10016, 2012/0492960, BStBl 2012 I S. 598), vom 27.06.2013 (IV C 6 – S 2133-b/11/10016:003, 2013/0611768, BStBl 2013 I S. 844) und vom 13.06.2014 (IV C 6 – S 2133-b/11/10016:004, 2014/0522315, BStBl 2014 I S. 886) ergänzt und aktualisiert. Die Regelungen zur E-Bilanz sind grundsätzlich erstmals für Wirtschaftsjahre, die nach dem 31.12.2011 beginnen, anzuwenden. Es wird allerdings nicht beanstandet, wenn für das erste Wirtschaftsjahr, das nach dem 31.12.2011 beginnt, die Bilanz und Gewinn-und-Verlust-Rechnung noch in Papierform abgegeben werden (BMF vom 28.09.2011, a. a. O., Rn. 26 und 27). Daher beginnt die Verpflichtung zur Übermittlung einer E-Bilanz faktisch erst für Wirtschaftsjahre, die 2013 beginnen.

Für steuerbefreite Körperschaften und juristische Personen des öffentlichen Rechts muss aufgrund einer Übergangsregelung **erst für Wirtschaftsjahre, die 2015 beginnen**, eine elektronische Datenübertragung erfolgen (BMF vom 28.09.2011, a. a. O., Rn. 7). Generell kann die Finanzbehörde auf eine elektronische Übermittlung verzichten, wenn die technischen Möglichkeiten nur mit einem erheblichen finanziellen Aufwand geschaffen werden können oder der Steuerpflichtige nach seinen individuellen Kenntnissen und Fähigkeiten nicht oder nur eingeschränkt in der Lage ist, die Möglichkeiten der elektronischen Übermittlung zu nutzen (§ 5b Abs. 2 Satz 2 EStG i. V. m. § 150 Abs. 8 AO).

Mit § 5b EStG verpflichtet der Gesetzgeber **unabhängig von Rechtsform und Größe** des Unternehmens Steuerpflichtige, die ihren Gewinn nach § 4 Abs. 1, § 5 oder § 5a EStG ermitteln, den Inhalt der Bilanz sowie der Gewinn-und-Verlust-Rechnung nach amtlich vorgeschriebenem Datensatz durch Datenfernübertragung zu übermitteln. Diese Vorschrift gilt auch, wenn die Bilanz und Gewinn-und-Verlust-Rechnung freiwillig aufgestellt wird. Ebenso müssen Liquidationsbilanzen, Zwischenbilanzen und Bilanzen, die wegen einer Betriebsveräußerung, Betriebsaufgabe, Änderung der Gewinnermittlungsart oder in Umwandlungsfällen aufzustellen sind, durch Datenfernübertragung übermittelt werden.

Mit **BMF-Schreiben vom 19.12.2013** (IV C 6 – S 2133b/11/10009:004, 2013/0966930) wurde auch die Rechtslage der Übermittlungspflichten für steuerbegünstigte Körperschaften geklärt. Persönlich und vollumfänglich von der Körperschaftsteuer befreite Körperschaften, Personenvereinigungen und Vermögensmassen sind von der Erstellung der E-Bilanz befreit, § 5b EStG findet hier keine Anwendung (BMF vom 19.12.2013). Gemäß BMF gilt dies insbesondere auch für ausschließlich und unmittelbar gemeinnützigen, mildtätigen oder kirchlichen Zwecken dienende Körperschaften, die neben ihrer ideellen Tätigkeit keine körper- oder gewerbesteuerpflichtigen wirtschaftlichen Geschäftsbetriebe unterhalten und die ihren Gewinn tatsächlich durch Einnahmenüberschussrechnung i. S. von § 4 Abs. 3 EStG („EÜR") ermitteln. Nach dem Gesetz müssen allerdings Körperschaften, deren Einkünfte nur teilweise von der Steuer befreit sind, beispielsweise gemeinnützige Körperschaften nach § 5 Abs. 1 Nr. 9 KStG, die aufzustellende Bilanz und Gewinn-und-Verlust-Rechnung per Datenfernübertragung übermitteln (BMF vom 28.09.2011, a. a. O., Rn. 5). Gemäß BMF-Schreiben vom 19.12.2013 ist für eine teilweise steuerpflichtige Körperschaft, welche gesetzlich verpflichtet ist, eine (Gesamt-)Bilanz sowie eine (Gesamt-)Gewinn-und-Verlust-Rechnung aufzustellen, nur die Übermittlung eines Datensatzes für den steuerpflichtigen Teilbereich verpflichtend (einheitlicher steuerpflichtiger wirtschaftlicher Geschäftsbetrieb). Eine freiwillige Übermittlung von Daten über diesen steuerpflichtigen Teilbereich hinaus soll zwar ab November 2014 möglich (BMF vom 19.12.2013) sein, jedoch erscheint der praktische Nutzen hierfür gering.

Sollte die Gesamtkörperschaft nur eine **Gesamtbilanz** sowie eine Gesamt-Gewinn-und-Verlust-Rechnung aufgestellt und den Gewinn des partiell steuerpflichtigen Teilbereichs in einer (außerbilanziellen) Nebenrechnung ermittelt haben, so können im Berichtsteil „Steuerliche Gewinnermittlung für besondere Fälle" die bisherigen Positionen im Bereich „Steuerliche Gewinnermittlung für steuerpflichtige wirtschaftliche Geschäftsbetriebe" genutzt werden. Dies bedeutet eine Komprimierung des Gesamtergebnisses der bisherigen Nebenrechnung, da lediglich der steuerliche Gewinn als **Einzelbetrag** (zur Plausibilisierung mit der Steuererklärung) ebenfalls übermittelt wird. In der dieser Position zugeordneten Erläuterungsposition ist auch eine Darstellung der bisherigen detaillierten Nebenrechnung (wie z. B. die steuerliche Gewinnermittlung von wirtschaftlichen Geschäftsbetrieben) möglich.

In der dem BMF-Schreiben vom 19.12.2013 beigefügten Anlage wird eine Übersicht über die genauen Regelungen der Pflicht zur Übermittlung einer E-Bilanz bei steuerbegünstigten Körperschaften gegeben. Juristische Personen des öffentlichen Rechts müssen die eventuell aufzustellenden Bilanzen und Gewinn-und-Verlust-Rechnungen ihrer Betriebe gewerblicher Art übermitteln (BMF vom 28.09.2011,

4.1 Körperschaftsteuer

a. a. O., Rn. 6). Allerdings gelten sowohl für die nach § 5 Abs. 1 Nr. 9 KStG steuerbegünstigten Körperschaften als auch für die juristischen Personen des öffentlichen Rechts spezielle Übergangsregelungen, die es ihnen erlauben, ihre Bilanzen und Gewinn-und-Verlust-Rechnungen erst für Wirtschaftsjahre, die nach dem 31.12.2014 beginnen, per Datenfernübertragung zu übermitteln. Während dieser Übergangszeit können die Unterlagen in Papierform eingereicht werden und müssen auch noch nicht die Gliederung gemäß der Taxonomie enthalten (BMF vom 28.09.2011, a. a. O., Rn. 7).

Gemäß § 51 Abs. 4 Nr. 1b EStG kann das BMF im Einvernehmen mit den obersten Finanzbehörden der Länder den Mindestumfang der elektronisch zu übermittelnden Bilanzen und Gewinn-und-Verlust-Rechnungen bestimmen. Diese Übermittlung der Daten muss im XBRL-Format erfolgen (BMF vom 28.09.2011, a. a. O., Rn. 8). XBRL (Extensible Business Reporting Language) ist ein international verbreiteter Standard, der es ermöglicht, Unternehmensinformationen in standardisierter Form aufzubereiten und mit Behörden oder Geschäftspartnern auszutauschen. Die Struktur, aus der ein XBRL-Informationspaket besteht, wird mittels einer sog. Taxonomie genau definiert.

Als **Taxonomie** bezeichnet man das spezielle Datenschema für die Jahresabschlussdaten, das das Bundesministerium der Finanzen festgelegt hat. In dieser Taxonomie werden die verschiedenen Positionen, z. B. in der Bilanz, und ihre Beziehungen zueinander definiert. Eine Taxonomie stellt also eine Art erweiterten Kontenrahmen dar, der die Gliederungstiefe der Jahresabschlussdaten festlegt. Für die elektronische Übermittlung ist insbesondere die Kerntaxonomie relevant. Sie beinhaltet die Positionen für alle Rechtsformen, von denen jedoch nur die Positionen ausgefüllt werden müssen, zu denen auch tatsächlich Geschäftsvorfälle vorliegen. Weiterhin wurden Branchentaxonomien für bestimmte Wirtschaftszweige entwickelt. Man unterscheidet hierbei die Spezialtaxonomien für Banken, Versicherungen sowie Zahlungsinstituten und die Ergänzungstaxonomien, die z. B. für Krankenhäuser und Pflegeeinrichtungen entwickelt wurden. Jedoch ist es dem Steuerpflichtigen nicht möglich, individuelle Erweiterungen der Taxonomien vorzunehmen (BMF vom 28.09.2011, a. a. O., Rn. 10). In den vergangenen Jahren wurde die 2011 erstmalig geltende Taxonomie (Version 5.0) bereits aktualisiert und um Branchentaxonomien erweitert. Die letzte Änderung wurde durch das BMF-Schreiben vom 13.06.2014 (BStBl 2014 I S. 886) amtlich bekannt gegeben, danach ist die Version 5.3 die derzeit amtliche Taxonomie.

An die Finanzverwaltung muss insbesondere das Stammdatenmodul, welches Dokumentinformationen, Informationen zum Bericht und Informationen zum Unternehmen umfasst, sowie aus dem Jahresabschlussmodul die Bilanz, die Gewinn-und-Verlust-Rechnung, die Ergebnisverwendung, die Kapitalkontenentwicklung für Personenhandelsgesellschaften, die steuerlichen Gewinnermittlungen (z. B. für den wirtschaftlichen Geschäftsbetrieb), die steuerlichen Modifikationen (insbesondere Überleitungsrechnungen) und Detailinformationen zu Positionen übermittelt werden (BMF vom 28.09.2011, a. a. O., Anlage zu Rn. 11). Positionen, die in der Taxonomie als „für handelsrechtlichen Einzelabschluss unzulässig" gekennzeichnet wurden, dürfen nicht für die Übermittlung genutzt werden. Sind Positionen als „steuerlich unzulässig" deklariert, müssen sie durch eine Umgliederung/Überleitung aufgelöst werden und dürfen ebenfalls nicht an die Finanzverwaltung übermittelt werden (BMF vom 28.09.2011, a. a. O., Rn. 11 und 12).

Die **Taxonomie** legt den Mindestumfang der zu übermittelnden Daten über die Mussfelder fest. Diese Felder sind in jedem Fall auszufüllen. Liegt der entsprechende Wert in der ordnungsmäßigen individuellen Buchführung nicht vor oder kann nicht aus ihr abgeleitet werden, muss zur erfolgreichen Übermittlung der Daten das Feld mit dem NIL-Wert, das bedeutet „ohne Wert", gefüllt werden. Die Ableitung kann aus dem Hauptbuch oder aus den Nebenbüchern, z. B. aus dem Beteiligungsverzeichnis erfolgen. Bei Summenmussfeldern müssen auch die darunterliegenden Ebenen zwingend ausgefüllt werden, um die rechnerische Richtigkeit der übermittelten Daten sicherzustellen (BMF vom 28.09.2011, a. a. O., Rn. 16). Einen Spezialfall bildet das „Mussfeld, Kontennachweis erwünscht", denn hier kann ein Auszug aus der Summen-/Saldenliste der in diese Position einfließenden Konten im XBRL-Format mitgeschickt werden (BMF vom 28.09.2011, a. a. O., Rn. 17). Zusätzlich können noch Auffangpositionen genutzt werden. Diese sollen Eingriffe in das Buchungsverhalten vermeiden und die rechnerische Richtigkeit sicherstellen, falls eine durch Mussfelder vorgegebene Differenzierung nicht aus der Buchführung abgeleitet werden kann (BMF vom 28.09.2011, a. a. O., Rn. 19). Vermutlich bleiben diese Auffangpositionen jedoch nur für die ersten Anwendungsjahre erhalten, um die Einführung der E-Bilanz zu erleichtern. Später sollte die Buchführung dann so an das System angepasst worden sein, dass keine Auffangpositionen mehr nötig sind. Besonderheiten sind insbesondere bei der Übermittlung einer Handelsbilanz mit Überleitungsrechnung zu beachten. So muss die Handelsbilanz noch nicht die vorgegebene Mussfeldtiefe erfüllen. Erst durch Umgliederungen, die in den „Steuerlichen Modifikationen" vorgenommen werden, muss diese Mussfeldtiefe erreicht werden.

4.1.5.3 Einzelfragen

Bei der Ermittlung des Gewinns eines steuerpflichtigen wirtschaftlichen Geschäftsbetriebs (z. B. **Altmaterialsammlungen,** Basare, Flohmärkte) kann grundsätzlich der sog. **Einlagetheorie** nicht gefolgt werden. Die Einlagetheorie geht davon aus, dass z. B. bei der Sammlung und dem Verkauf von Altmaterial der Vorgang in eine (Sach-)Spende des entsprechenden Altmaterials an den steuerbegünstigten ideellen Bereich der Körperschaft und einer anschließenden Einlage der Wirtschaftsgüter (zum Teilwert, § 6 Abs. 1 Nr. 5 EStG) in den steuerpflichtigen wirtschaftlichen Geschäftsbetrieb aufzuteilen ist. Wie bei einem gewerblichen Unternehmen (z. B. Altmaterialhändler) gehören der Erwerb und die anschließende Veräußerung des Altmaterials zum einheitlichen „Unternehmensbereich" (zum steuerpflichtigen wirtschaftlichen Geschäftsbetrieb) der Körperschaft (BFH vom 26.02.1992, BStBl 1992 II S. 693, und OFD Frankfurt a. M. vom 14.11.2001, DB 2002 S. 351). Ausnahme m. E.: eindeutige „Katalysator-Fälle" wie in Tz. 3.10 dargestellt.

Zum Zeitpunkt der Gewinnrealisierung der im wirtschaftlichen Geschäftsbetrieb „Altmaterialsammlung" zu erfassenden Wirtschaftsgüter siehe Kümpel in FR 1999 S. 888.

Zu den **Einnahmen** eines steuerpflichtigen wirtschaftlichen Geschäftsbetriebs „Werbetätigkeit" gehören auch **Sachzuwendungen** (z. B. wenn die Gegenleistung für die Werbemaßnahme in Sachzuwendungen – Sportbekleidung, Sportgeräte etc. – der Sportartikelindustrie oder anderer Werbepartner besteht), vgl. BFH vom 09.12.1981 (BStBl 1983 II S. 27). Der bestimmungsgemäße Verbrauch der erhaltenen Sachzuwendungen (im Urteilsfall wurden die überlassenen Spielbälle in den Meisterschaftsspielen von den angeschlossenen Sportvereinen eingesetzt und damit verbraucht) führt jedoch nicht zur Annahme von Betriebsausgaben des Geschäftsbetriebs „Werbung" (FG Saarland vom 26.06.1997, EFG 1997 S. 1153).

Mit der Überlassung von Sachmitteln an gemeinnützige Einrichtungen zur Nutzung im Rahmen von Werbevereinbarungen (z. B. mit der Überlassung von **Werbemobilen,** siehe dazu u. a. OFD Frankfurt a. M. vom 14.11.2014 – S 7119 A – 5 – St 110) wird bei der gemeinnützigen Körperschaft ein steuerpflichtiger wirtschaftlicher Geschäftsbetrieb begründet, wenn die Körperschaft sich dazu verpflichtet, die überlassenen Wirtschaftsgüter (die Fahrzeuge) werbewirksam einzusetzen (siehe OFD Frankfurt vom 14.11.2014; zur Überlassung eines [Werbe-]Ballons an einen Ballonsportverein siehe auch FG Köln vom 13.12.2000, EFG 2001 S. 389, BFH vom 01.08.2002, BStBl 2003 II S. 438, und Valentin in UStB 2000 S. 109). Ohne die von der Körperschaft erbrachte Werbeleistung hätte sie selbst zur Verwirklichung ihrer Satzungsziele (für den ideellen Bereich) entsprechende Anschaffungskosten aufwenden müssen und ggf. auch die laufenden Aufwendungen selbst tragen müssen. Unter Beachtung der zu Tz. 4.1.5.1.4 dargestellten Grundsätze zur Kostenkorrektureinlage oder -entnahme sind sie in der Gewinnermittlung des Geschäftsbetriebs „Werbung" in Höhe der für den ideellen Bereich ersparten Ausgaben (= durch Werbeleistungen erwirtschafteten Einnahmen) als Betriebseinnahmen zu erfassen. Im Ergebnis werden dies letztlich die von dem jeweiligen Werbepartner getragenen Aufwendungen für die Anschaffung sowie sämtliche Ausgaben für die laufende Unterhaltung des überlassenen Wirtschaftsguts sein. Die der Körperschaft im Zusammenhang mit der von ihr zu erbringenden Werbeleistung entstehenden eigenen Ausgaben kann sie als Betriebsausgaben mindernd in Abzug bringen, wenn sie das Wahlrecht des § 64 Abs. 6 AO (siehe auch Tz. 2.15.10) nicht in Anspruch nimmt. Der durch die bestimmungsgemäße Verwendung des überlassenen Wirtschaftsguts eintretende Wertverzehr kann nicht als Betriebsausgabe berücksichtigt werden. Insoweit gelten die o. a. Hinweise sinngemäß.

Zwischen dem wirtschaftlichen Geschäftsbetrieb und „seiner" (der ihn tragenden) Körperschaft können für die dem wirtschaftlichen Geschäftsbetrieb zuzuordnenden oder die von ihm mitgenutzten Wirtschaftsgüter keine **Miet- oder Pachtvereinbarungen** mit steuerlicher Wirkung geschlossen werden. Zahlungen aufgrund entsprechender Vereinbarungen mindern den steuerlichen Gewinn des wirtschaftlichen Geschäftsbetriebs nicht.

Im Rahmen der Gewinnermittlung können Löhne nur dann als Betriebsausgaben abgezogen werden, wenn sie tatsächlich den Vermögensbereich der Körperschaft verlassen haben. Von einem Abfluss aus dem Vermögensbereich der Körperschaft kann ausgegangen werden, wenn sich der Verzicht auf Lohn seinem wirtschaftlichen Gehalt nach als Verwendung von bei dem Berechtigten zuvor zugeflossenen Einkommensteilen erweist. Das ist z. B. dann der Fall, wenn der Verzicht mit der Bedingung verbunden ist, die Beträge einem Dritten zuzuwenden. Entsprechendes gilt auch bei einer ausdrücklichen **Zuwendung der Löhne in den ideellen Bereich** der auszahlungsverpflichteten Körperschaft. Nach (der bundeseinheitlich abgestimmten, mittlerweile aber aufgehobenen) Auffassung des FinMin Mecklenburg-Vorpommern (vom 21.03.1996, DB 1996 S. 1444) hatte der Verzicht in diesen Fällen zeitnah, also in unmittelbarem Anschluss an die Arbeitsleistung, zu erfolgen. Es ist hier deutlich hervorzuheben, dass der Zahlungsempfänger (Arbeitnehmer) diese Einnahmen zu versteuern hat (in seiner Einkommensteuererklärung hat er diese Einnahmen anzugeben). Die gemeinnützige Körperschaft sollte in diesen Fällen prüfen, ob die Voraussetzungen für eine Pauschalierung der Lohnsteuer nach § 40a EStG gegeben sind. Die Berücksichtigung von fiktiven Löhnen ist nur im Rahmen der Reingewinnschätzung bei Altmaterialverwertung möglich (vgl. dazu Tz. 2.15.9).

4 Andere Steuergesetze

Die Statuten der geistlichen Orden sehen regelmäßig vor, dass die Mitglieder ihrer **Ordensgemeinschaft** u. a. die gesamte Arbeitskraft zur Verfügung stellen. Im Gegenzug verpflichtet sich die Ordensgemeinschaft, ihren Mitgliedern einen (einfachen) Unterhalt zu gewähren und sie im Alter und bei Krankheit zu versorgen. Werden Ordensangehörige in steuerpflichtigen wirtschaftlichen Geschäftsbetrieben des Ordens eingesetzt, können die Unterhaltsaufwendungen des Ordens (ggf. anteilig) Betriebsausgaben des wirtschaftlichen Geschäftsbetriebs sein (BFH vom 17.12.1997, BStBl 1998 II S. 357). Entsprechende Pauschsätze werden in der Verfügung der OFD Nürnberg vom 11.07.1991 (KSt-Kartei München und Nürnberg § 5 Abs. 1 Nr. 9 KStG Karte 3.1) angegeben.

Erhaltene **Spenden** für steuerbegünstigte Zwecke und echte **Mitgliedsbeiträge** gehören nicht zu den **Einnahmen eines steuerpflichtigen Geschäftsbetriebs,** auch wenn sie z. B. **anlässlich** einer (steuerpflichtigen) geselligen Veranstaltung gegeben werden (BFH vom 04.03.1976, BStBl 1976 II S. 472; zu Spenden und Benefizveranstaltungen siehe Tz. 3.10). Auch wenn eine Körperschaft rückwirkend die Steuerbefreiung verliert, erhöhen die erhaltenen Spenden und Mitgliedsbeiträge **nicht** das steuerpflichtige Einkommen. Mitgliedsbeiträge sind bereits nach § 8 Abs. 5 KStG, R 42 Abs. 1 und 2 KStR bei der Ermittlung des Einkommens außer Ansatz zu lassen (ausgenommen, soweit es sich dabei um pauschalierte Entgelte für wirtschaftliche Leistungen des Vereins zugunsten seiner Mitglieder handelt, R 42 Abs. 3 KStR). Spenden (Tz. 3.3.2) erfüllen bereits den Einkünfte-Begriff (§ 2 Abs. 2 EStG) nicht. Somit werden z. B. auch Spenden an Kapitalgesellschaften, bei denen nach § 8 Abs. 2 KStG grundsätzlich alle Einkünfte als Einkünfte aus Gewerbebetrieb gelten, bei rückwirkendem Wegfall der Steuerbefreiung nicht zu steuerpflichtigen Einnahmen (a. A. Thiel in GmbHR 1997 S. 10).

Werden im Rahmen eines steuerpflichtigen wirtschaftlichen Geschäftsbetriebs (z. B. in der Gastwirtschaft eines Gemeindehauses) Speisen oder **Waren aus sozialen Gründen verbilligt** abgegeben, so ist darin im Allgemeinen keine verdeckte Gewinnausschüttung zu sehen. Wenn der Wirtschaftsbetrieb jedoch nicht einmal die Selbstkosten berechnet oder Waren sowie Speisen unentgeltlich abgibt, handelt es sich um nichtabzugsfähige Ausgaben, die den Gewinn des Wirtschaftsbetriebs nicht berühren dürfen. Die abgegebenen Waren müssen bei der Gewinnermittlung wenigstens mit den Selbstkosten (Einkaufspreis zzgl. tatsächlicher Gemeinkosten) angesetzt werden (BFH vom 06.12.1960, HFR 1961 S. 206; siehe dazu auch Tz. 4.1.5.1.4).

Bei der Ermittlung des Einkommens sind die aus wirtschaftlichen Geschäftsbetrieben (an eine andere steuerbegünstigte Körperschaft) **geleisteten Spenden** im Rahmen der Höchstbeträge nach § 9 Abs. 1 Nr. 2 KStG, § 9 Nr. 5 GewStG abzugsfähig (vgl. auch BFH vom 13.03.1991, BStBl 1991 II S. 645). Bei der Berechnung der Spendenhöchstbeträge können nur die Werte der steuerpflichtigen wirtschaftlichen Geschäftsbetriebe (nicht auch Merkmale des Zweckbetriebs oder des übrigen ideellen Bereichs) als Bemessungsgrundlage zugrunde gelegt werden – also das steuerpflichtige Einkommen oder die Summe der Umsätze, Löhne und Gehälter der wirtschaftlichen Geschäftsbetriebe. Ein Spendenabzug ist auch dann möglich, wenn die Spendenempfängerin gleichartige steuerbegünstigte Zwecke wie die Spenderin verfolgt. § 10 Nr. 1 KStG (Nichtabziehbarkeit von Aufwendungen für die Erfüllung von Zwecken des Steuerpflichtigen, die durch Satzung u. Ä. vorgeschrieben sind: „§ 9 Abs. 1 Nr. 2 KStG bleibt unberührt") steht dem Spendenabzug grundsätzlich nicht entgegen.

„Spenden" an die **eigene** Trägerkörperschaft können bei der Einkommensermittlung des wirtschaftlichen Geschäftsbetriebs nicht abgezogen werden (BFH vom 27.03.2001, BStBl 2001 II S. 449; R 47 Abs. 7 KStR).

Gewinne aus steuerpflichtigen wirtschaftlichen Geschäftsbetrieben (z. B. aus dem Anzeigengeschäft) dürfen nicht mit **Verlusten** aus einem (steuerbefreiten) **Zweckbetrieb** (z. B. einer steuerbegünstigten Sportveranstaltung, § 67a AO) **verrechnet** werden (siehe o. a. BFH vom 04.03.1976, BStBl 1976 II S. 472).

Die „Ausschüttung" eines Überschusses an die Mitglieder (eventuell in der Form eines nachträglichen Preisnachlasses) kann nicht zu Betriebsausgaben führen (BFH vom 18.10.1960, BStBl 1960 III S. 496). Abgesehen davon wäre in der Ausschüttung grundsätzlich ein Verstoß gegen § 55 AO zu sehen (siehe Tz. 2.5.5.6).

In dem o. a. Urteil vom 04.03.1976 hat sich der BFH auch mit der Frage befasst, wie zu verfahren ist, wenn eine Veranstaltung von **mehreren Körperschaften** in der Form einer **BGB-Gesellschaft** durchgeführt wird. Der BFH kommt dabei zu dem Ergebnis, dass die in einem gemeinsam unterhaltenen wirtschaftlichen Geschäftsbetrieb erzielten Einkünfte für alle Beteiligten **einheitlich festzustellen** sind; das gilt auch, wenn die betroffenen Körperschaften nach verschiedenen rechtlichen Gesichtspunkten von der Körperschaftsteuer befreit sind und dadurch der Umfang der jeweils **steuerpflichtigen** Einkünfte unterschiedlich groß ist (siehe dazu auch Tz. 2.15.3).

Der **Freibetrag** nach § 24 KStG i. H. von 5.000 Euro (bis Veranlagungszeitraum 2008: 3.835 Euro) gilt auch für steuerpflichtige **wirtschaftliche Geschäftsbetriebe** (Ausnahme siehe unten).

Grundsätzlich ist davon abzusehen, Körperschaften, denen der Freibetrag nach § 24 KStG zusteht, zur Körperschaftsteuer zu veranlagen, wenn deren Einkommen unterhalb des Betrages von 5.000 Euro (bis 2008: 3.835 Euro) liegt. Sie haben dann Anspruch auf eine sog. NV-Bescheinigung (siehe dazu auch unten), R 79 Abs. 1 KStR. Eine Veranlagung mit Ermittlung des zu versteuernden Einkommens hat jedoch dann zu erfolgen, wenn im Rahmen des wirtschaftlichen Geschäftsbetriebs durch vereinnahmte Kapitalerträge **anrechenbare Kapitalertragsteuer** angefallen ist. Die Anrechnungsbeträge sind dann im Zuge der „0-Veranlagung" zu berücksichtigen und zu erstatten.

Beispiel:

Einkommen eines Vereins (einschl. Nettodividende von 750 € + Kapitalertragsteuer 250 €)	2.500 €
./. Freibetrag gem. § 24 KStG	2.500 €
zu versteuern	0 €
Körperschaftsteuer	0 €
Kapitalertragsteuer	./. 250 €
zu erstatten	250 €

Bezieht die Körperschaft im Rahmen eines steuerpflichtigen wirtschaftlichen Geschäftsbetriebs Kapitalerträge, die dem Zinsabschlag unterliegen (z. B. Sparzinsen), und führt die Körperschaftsteuerveranlagung unter Berücksichtigung des Freibetrages zu einem 0-Fall, kann die Körperschaft beim Finanzamt eine sog. NV-Bescheinigung beantragen und nach Vorlage dieser Bescheinigung bei den Kreditinstituten eine Abstandnahme vom Zinsabschlag auch für diese Kapitalerträge erwirken (siehe dazu im Einzelnen Tz. 4.2).

Die **Freibetragsregelung gilt nicht,** wenn es sich bei der den steuerpflichtigen wirtschaftlichen Geschäftsbetrieb tragenden Körperschaft um eine Körperschaft handelt, deren Leistungen bei den Empfängern zu den Einnahmen i. S. des § 20 Abs. 1 Nr. 1 oder Nr. 2 EStG gehören (§ 24 Nr. 1 KStG). Auch für eine nach § 5 Abs. 1 Nr. 9 KStG steuerbefreite Kapitalgesellschaft kommt dieser Freibetrag daher nicht zur Geltung. Hierbei ist jedoch auf die Bagatellregelung des R 79 Abs. 1 KStR zu verweisen. Danach kann die Festsetzung von Steuern unterbleiben, wenn das Einkommen der Körperschaft (dauerhaft) offensichtlich 500 Euro nicht übersteigt.

Das für eine steuerbegünstigte Körperschaft im Rahmen der partiellen Steuerpflicht nach § 5 Abs. 1 Nr. 9 KStG zu ermittelnde zu versteuernde Einkommen unterliegt unabhängig von der Rechtsform der Körperschaft mit 15 % (bis 2008: 25 %) der Besteuerung (§ 23 Abs. 1 KStG).

Für die Steuern, die von wirtschaftlichen Geschäftsbetrieben zu entrichten sind, kann unter den allgemein geltenden Voraussetzungen ein **Erlass aus Billigkeitsgründen** (§§ 227, 163 AO) in Betracht kommen. Bei der Prüfung der Frage, ob ausreichende Gründe für einen Erlass vorliegen, wird zunächst geprüft, ob es dem wirtschaftlichen Geschäftsbetrieb möglich ist, die Steuern aus den ihm zur Verfügung stehenden Mitteln zu entrichten. Ist das der Fall, sind die Voraussetzungen für einen Erlass nicht gegeben. Ist der Betrieb nicht in der Lage, die Steuern zu entrichten, so wird ein Steuererlass auch nicht in Betracht kommen, wenn die den Betrieb tragende Körperschaft die Steuern aus ihrem steuerfreien Bereich aufbringen kann.

4.1.6 Beginn und Erlöschen einer Steuerbefreiung

§ 13 KStG regelt die Gewinnermittlung in den Fällen, in denen

a) eine bisher steuerpflichtige Körperschaft, Personenvereinigung oder Vermögensmasse (erstmals bzw. wieder) von der Körperschaftsteuer befreit wird bzw.

b) eine bisher steuerbefreite Körperschaft, Personenvereinigung oder Vermögensmasse **steuerpflichtig** wird.

Ein Wechsel von der Steuerpflicht zur Steuerbefreiung und umgekehrt kann insbesondere durch Gesetzesänderung, durch Änderung des Geschäfts-(Satzungs-)Zwecks oder durch Änderung der Tätigkeit (der tatsächlichen Geschäftsführung) einer Körperschaft eintreten.

Zweck dieser Regelung ist,

– bei **Eintritt der Steuerbefreiung** die während der Steuerpflicht entstandenen stillen Reserven aufzudecken und der Besteuerung zu unterwerfen, bevor sie aus der Steuerpflicht ausscheiden, und

– bei **Eintritt der Steuerpflicht** die während des Bestehens der Steuerfreiheit entstandenen stillen Reserven nach Eintritt der Steuerpflicht von der Besteuerung freizustellen.

(Nur) soweit Körperschaften Gewinneinkünfte erzielen (gewerbliche oder land- und forstwirtschaftliche Einkünfte), sind die in diesen Betrieben gebildeten stillen Reserven „steuerverhaftet". Steuerpflichtige Vereine, Stiftungen, Anstalten etc. sind davon also (nur) mit ihren Einkünften i. S. der §§ 13 und 15 EStG betroffen, siehe R 32 Abs. 2 und 3 KStR (Einkünfte nach § 18 EStG dürften bei Körperschaften wohl nicht praktisch werden). Bilanzierungspflichtige Körperschaften, wie etwa die Kapitalgesellschaften und Genossenschaften, aber auch die Betriebe gewerblicher Art nach § 1 Abs. 6, § 4 KStG, erzielen mit all ihren Tätigkeiten stets Einkünfte i. S.

des § 15 EStG (R 33 KStR und H 33 „Einkunftsart" KStH). Bei ihnen unterliegen also alle stillen Reserven der Besteuerung.

Ist eine Körperschaft zunächst voll steuerpflichtig und **wechselt sie zur (vollen) Steuerbefreiung,** sieht die Grundregelung in § 13 Abs. 1 i. V. m. Abs. 3 KStG die Aufstellung einer Schlussbilanz auf den Zeitpunkt vor, zu dem die Steuerpflicht endet. In dieser Bilanz sind die zu erfassenden Wirtschaftsgüter mit dem Teilwert anzusetzen.

Für die Fälle, in denen die Körperschaft aus der Steuerbefreiung in die Steuerpflicht wechselt, sieht § 13 Abs. 2 KStG vor, auf den Zeitpunkt, zu dem die Steuerpflicht beginnt, eine Anfangsbilanz aufzustellen. Darin sind die Wirtschaftsgüter ebenfalls mit Teilwerten zu erfassen. Auch hier gelten (in umgekehrter Hinsicht) die o. a. Ausführungen sinngemäß. Denn die Pflicht zur Erstellung einer Anfangsbilanz kann sich auch hier nur auf die Wirtschaftsgüter beziehen, die in der Zeit der Steuerpflicht einem Betriebsvermögen zuzurechnen waren. Der BFH hat es jedoch abgelehnt, in der Anfangsbilanz einen originären Geschäftswert anzusetzen (BFH vom 09.08.2000, BStBl 2001 II S. 71; zur Kritik an dieser Entscheidung siehe u. a. Hüttemann, Gemeinnützigkeits- und Spendenrecht, 2015, S. 642, Rz. 7.72). Bemessungsgrundlage für die nach dem Wechsel in die Steuerpflicht anfallenden Abschreibungen ist der Teilwert zum Übergangsstichtag.

Die Verpflichtung, beim Wechsel von der Steuerpflicht in die Steuerbefreiung eine Schlussbilanz aufzustellen, besteht auch, wenn der Gewinn vorher durch **Einnahmenüberschussrechnung** ermittelt worden ist (R 54 Abs. 1 Satz 4 KStR). Es sind dann die beim Wechsel von der Einnahmenüberschussrechnung zum Bestandsvergleich erforderlichen Zu- und Abrechnungen vorzunehmen (insoweit gelten die Regelungen in R 4.6 Abs. 1 und 2 EStR). Entsprechendes gilt auch für den umgekehrten Fall, in dem eine bisher steuerbefreite Körperschaft steuerpflichtig wird und der Gewinn vorher durch Einnahmenüberschussrechnung ermittelt worden ist.

Beginnt oder erlischt die Steuerbefreiung nur teilweise, dann gelten die vorgenannten Grundsätze nur bezogen auf die sich verändernden Teilbereiche (das insoweit betroffene Betriebsvermögen), § 13 Abs. 5 KStG.

> **Beispiel:**
> Der als gemeinnützig anerkannte Bildungsverein unterhält verschiedene Einrichtungen (eigene Häuser), in denen er seine Bildungsarbeit durchführt. Den Teilnehmern an seinen Veranstaltungen bietet er neben dem Unterrichtsprogramm gleichzeitig Unterkunft und Verpflegung. Damit unterhält der Verein Zweckbetriebe i. S. des § 68 Nr. 8 AO. Mit Beginn des Jahres 10 betreibt der Verein in einem seiner Häuser ausschließlich einen Hotel- und Pensionsbetrieb. Ein Bezug zu seiner ideellen Bildungstätigkeit besteht nicht mehr.
>
> Das zuständige Finanzamt erkennt den Verein auch nach „(Teil-)Umwidmung" der Einrichtung weiterhin als gemeinnützig an (zur Problematik der Mittelverwendung in wirtschaftlichen Geschäftsbetrieben Tz. 2.5.5). Der Verein ist künftig mit dem Pensionsbetrieb partiell körperschaftsteuerpflichtig (§ 5 Abs. 1 Nr. 9 KStG, § 64 AO). Für den Pensionsbetrieb ist ab dem Veranlagungszeitraum 10 der Gewinn im Rahmen einer Einnahmenüberschussrechnung (§ 4 Abs. 3 EStG) zu ermitteln. In dem gesondert zu führenden Bestandsverzeichnis sind die diesem Betrieb dienenden Wirtschaftsgüter (das notwendige Betriebsvermögen) mit den Teilwerten zum 01.01.10 zu erfassen und entsprechend fortzuschreiben. Nach Übergang in die Steuerpflicht sind die zum 01.01.10 darzustellenden Teilwerte Bemessungsgrundlage für die Abschreibungen. Wenn der Verein den Gewinn des Pensionsbetriebs (freiwillig oder nach Aufforderung durch das Finanzamt, siehe Tz. 2.14.7) mittels Bestandsvergleich ermittelt, sind die Wirtschaftsgüter des Pensionsbetriebs in der Anfangsbilanz zum 01.01.10 mit dem Teilwert zu erfassen.

Für Körperschaften, die nach § 5 Abs. 1 Nr. 9 KStG steuerbefreit sind (= gemeinnützige Körperschaften), ist i. V. m. den Regelungen zum Spendenabzug in § 9 Abs. 1 Nr. 2 KStG eine Sonderregelung für den Beginn der Steuerbefreiung geschaffen worden, § 13 Abs. 4 KStG. Körperschaften, die nach Eintritt in die Steuerbefreiung nach § 5 Abs. 1 Nr. 9 KStG **steuerbegünstigte Zwecke** fördern (= Zwecke i. S. des § 9 Abs. 1 Nr. 2 KStG), haben in der auf das **Ende der Steuerpflicht** aufzustellenden Bilanz das betreffende Betriebsvermögen mit dem Buchwert anzusetzen. (Beachte: Zuvor ggf. gebildete Rechnungsabgrenzungsposten sind in jedem Fall gewinnerhöhend aufzulösen, denn § 13 Abs. 4 KStG hält diese Vergünstigungen nur für „Wirtschaftsgüter" vor). Hier hat der Gesetzgeber also gezielt auf die Versteuerung der gebildeten stillen Reserven verzichtet. Dieser Verzicht gilt bei vollem oder teilweisem Eintritt in die Steuerbefreiung. Erlischt bei einer gemeinnützigen Körperschaft, die diesen Vorteil bei „Einstieg" in die Steuerbefreiung in Anspruch genommen hat, zu einem späteren Zeitpunkt die Steuerbefreiung wieder ganz oder teilweise, so sind in der dann aufzustellenden Anfangsbilanz auf den Beginn der (neuen) Steuerpflicht die Wirtschaftsgüter, die auch bereits in der seinerzeitigen Schlussbilanz erfasst waren, mit den fortgeführten („alten") Buchwerten anzusetzen, § 13 Abs. 4 Satz 2 KStG. Auf diese Weise soll vermieden werden, dass sich eine Körperschaft beim Wechsel in die Steuerbefreiung und wieder zurück in die Steuerpflicht durch unterschiedliche Bewertungsmethoden einen ungerechtfertigten Steuervorteil verschafft.

Beispiel:

Der Altenheim e. V. A-Stadt betreibt seit dem Jahr 01 ein (privates) Altenheim. Neben dem Betrieb des Altenheims führt der Verein Aufklärungsarbeiten zur Situation der alten Menschen in unserer Gesellschaft durch. Der Verein verfügt u. a. über ein vermietetes Mehrfamilienhaus, Einlagen auf Festgeldkonten und ein Wertpapierdepot. Den Gewinn aus dem Altenheimbetrieb, der nach § 3 Nr. 20 GewStG von der Gewerbesteuer befreit ist, ermittelt der Verein im Wege einer Einnahmenüberschussrechnung, § 4 Abs. 3 EStG. In dem für den Betrieb geführten Bestandsverzeichnis sind die Wirtschaftsgüter des notwendigen Betriebsvermögens (Altenheimbetrieb) zu fortgeführten Buchwerten aufgezeichnet. Gegenüber den ursprünglichen Anschaffungskosten sind das Mehrfamilienhaus und die im Depot gehaltenen Wertpapiere im Wert erheblich gestiegen. Die Anerkennung als gemeinnützige Körperschaft nach § 5 Abs. 1 Nr. 9 KStG konnte wegen Mängeln der Satzung (der Vermögensanfall im Fall der Auflösung sah die Auskehrung des Vermögens an die Vereinsmitglieder vor) bisher nicht erfolgen. Nach Neufassung dieser Bestimmungen im Laufe des Jahres 15 ist dem Verein mit Beginn des Veranlagungszeitraums 16 die (volle) Steuerbefreiung zuzuerkennen.

Nach § 13 Abs. 1 KStG hat der e. V. auf den Zeitpunkt, zu dem die Steuerpflicht endet (hier: auf den 31.12.15), eine Schlussbilanz zu erstellen. Abweichend von der Grundregel (= Ansatz zum Teilwert, § 13 Abs. 3 KStG) greift hier die Ausnahme des § 13 Abs. 4 KStG. Die vom Altenheimverein verfolgten Zwecke zählen zu den nach § 9 Abs. 1 Nr. 2 KStG steuerbegünstigten Zwecken. In der Schlussbilanz sind (auch) die Wirtschaftsgüter des Betriebsvermögens (weiterhin) mit dem Buchwert anzusetzen. Denn die Überlegungen zum Buch- oder Teilwertansatz betreffen nur das Betriebsvermögen der bisher steuerpflichtigen Körperschaft. Die Wirtschaftsgüter des ideellen Bereichs, das Kapitalvermögen oder auch das Immobilienvermögen (Vermietung und Verpachtung) sind davon ohnehin nicht berührt.

Wäre das in dem Beispiel angesprochene Altenheim von einer GmbH geführt worden, hätte der Wechsel von der Steuerpflicht zur Steuerbefreiung zum 31.12.15 ebenfalls nicht zur Besteuerung der stillen Reserven geführt. Bei der GmbH wäre zwar auch das Mehrfamilienhaus sowie das Wertpapierdepot Teil des (steuerpflichtigen/steuerverhafteten) Betriebsvermögens (Hinweis auf § 8 Abs. 2 KStG) gewesen, wegen der Sonderregelung des § 13 Abs. 4 KStG wäre aber auch insoweit der Buchwertansatz in der Schlussbilanz zum Tragen gekommen (anders z. B. bei dem Wechsel zur Steuerbefreiung bei einem Berufsverband, § 5 Abs. 1 Nr. 5 KStG).

Wird der zu beurteilenden Körperschaft der Status der Steuerbefreiung wegen Förderung gemeinnütziger Zwecke zuerkannt, unterhält sie aber (weiterhin) einen steuerpflichtigen wirtschaftlichen Geschäftsbetrieb (§ 5 Abs. 1 Nr. 9 KStG, § 64 AO), sind die **Bilanzansätze/Buchwerte der Wirtschaftsgüter des Geschäftsbetriebs** unverändert fortzuführen. Insoweit bleibt es ja unverändert bei der (partiellen) Steuerpflicht.

Die Überführung eines Betriebs oder Teilbetriebs (= eines wirtschaftlichen Geschäftsbetriebs i. S. der §§ 14, 64 AO) in den steuerbefreiten Bereich ist ein unter § 13 Abs. 5 KStG fallender teilweiser Beginn der Steuerbefreiung. In seinem Schreiben vom 01.02.2002 (BStBl 2002 I S. 221) hat das BMF mitgeteilt, dass diese Regelung auch greift, wenn z. B. vor Überführung in den steuerbefreiten Bereich die **Aufgabe des wirtschaftlichen Geschäftsbetriebs** i. S. des § 16 EStG erklärt wird. § 13 Abs. 4 Satz 1 KStG ist in diesen Fällen jedoch ausgeschlossen, soweit Wirtschaftsgüter vor der Überführung in den steuerbefreiten Bereich oder in engem zeitlichem Zusammenhang danach veräußert werden. Das BMF führt in diesem Zusammenhang aus, dass der Förderung steuerbegünstigter Zwecke i. S. des § 9 Abs. 1 Nr. 2 KStG auch die von einer steuerbegünstigten Körperschaft im Rahmen der Vermögensverwaltung genutzten Wirtschaftsgüter dienen.

Davon dürften insbesondere folgende Fallgestaltungen betroffen sein:

- die bisher selbst betriebene Vereinsgaststätte wird künftig **verpachtet**. Die Wirtschaftsgüter des bisherigen Geschäftsbetriebs fallen damit in den Bereich der Vermögensverwaltung und sind auf Dauer (final) für die steuerbegünstigten Zwecke einzusetzen

  = keine Besteuerung der stillen Reserven in Anwendung des § 13 Abs. 4 KStG;

- eine bisher als steuerpflichtiger wirtschaftlicher Geschäftsbetrieb eingeordnete **Betriebsaufspaltung** wird beendet. Die bisher wegen Überlassung an die Betriebsgesellschaft der partiellen Steuerpflicht unterlegenen Wirtschaftsgüter werden (wieder) in den steuerbegünstigten Bereich übernommen (ggf. in die „normale" Vermögensverwaltung eingebunden)

  = keine Besteuerung der stillen Reserven in Anwendung des § 13 Abs. 4 KStG;

- die steuerbegünstigte Körperschaft ist **beherrschend** an einer **Kapitalgesellschaft** beteiligt. Sie hat den bisher entscheidenden Einfluss auf die laufende Geschäftsführung dieser Kapitalgesellschaft beendet. Damit gehen die Gesellschaftsanteile wieder zurück in den Vermögensverwaltungsbereich der Körperschaft

  = keine Besteuerung der stillen Reserven in Anwendung des § 13 Abs. 4 KStG.

Verstößt eine nach § 5 Abs. 1 Nr. 9 KStG steuerbefreite Körperschaft in der Weise gegen den Grundsatz der Vermögensbindung (§ 61 AO), dass die satzungsmäßige **Vermögensbindung von Anfang an als nicht ausreichend** gilt (§ 61 Abs. 3 AO), ist **§ 13 KStG nicht anwendbar.** Ein solcher Fall liegt z. B. vor, wenn die Vermögensbindung ersatzlos aufgehoben wird, das Vermögen tatsächlich für satzungsfremde Zwecke verwendet wird oder wenn eine Körperschaft nach Wegfall steuerbegünstigter Zwecke weiterbesteht und ihr Vermögen nicht entsprechend der Vermögensbindung überträgt. Die Körperschaft ist dann so zu stellen, als sei sie von Anfang an voll steuerpflichtig gewesen. Die in den Wirtschaftsgütern des Betriebsvermögens ruhenden stillen Reserven unterliegen dann uneingeschränkt der Versteuerung.

Nach § 61 Abs. 3 AO i. V. m. § 175 Abs. 1 Satz 1 Nr. 2 AO können in den vorgenannten Fällen die Steuerbescheide, die Steuern betreffen, die innerhalb von 10 Jahren vor der erstmaligen Verletzung der Vermögensbindung entstanden sind, noch aufgehoben oder geändert werden. Sind stille Reserven bei der Körperschaft vor diesem Zeitraum entstanden, unterliegen diese ebenfalls der Versteuerung, da die Körperschaft so zu stellen ist, als sei sie von Anfang an voll steuerpflichtig gewesen. Eine Anfangsbilanz zu Teilwerten (§ 13 Abs. 3 KStG), etwa zu Beginn des vorgenannten 10-Jahres-Zeitraums, kann nicht aufgestellt werden. Die Körperschaft hat die Buchwerte der Wirtschaftsgüter (unverändert) fortzuführen, sodass die stillen Reserven bei der Veräußerung der Wirtschaftsgüter oder bei Liquidation der Körperschaft der Besteuerung unterworfen werden.

Soweit Wirtschaftsgüter einer Körperschaft **nicht zu einem Betriebsvermögen gehören** (das kann insbesondere bei Vereinen und Stiftungen der Fall sein), werden Wertveränderungen nach den allgemein geltenden steuerlichen Bestimmungen regelmäßig nicht bei der Einkommensermittlung erfasst. Eine besondere Regelung hinsichtlich des Beginns oder der Beendigung der Steuerpflicht ist deshalb insoweit nicht erforderlich.

Anders verhält es sich aber mit Beteiligungen i. S. von § 17 EStG. Für diesen Ausnahmefall ist im § 13 Abs. 6 KStG bestimmt, dass Beteiligungen i. S. des § 17 EStG, die nicht zum Betriebsvermögen einer Körperschaft gehören, im Fall des Eintritts der Steuerbefreiung grundsätzlich als zum gemeinen Wert veräußert gelten. Die in der Beteiligung ruhenden stillen Reserven sind grundsätzlich bei Beginn der Steuerbefreiung zu versteuern. Ausgenommen sind aber auch bei dieser Regelung die in § 13 Abs. 4 KStG angesprochenen Fälle, in denen in der Schlussbilanz (ausnahmsweise) die Buchwerte anzusetzen sind (= Beginn der Steuerbefreiung wegen Förderung von Spendenzwecken nach § 9 Abs. 1 Nr. 2 KStG; also Steuerbefreiung nach § 5 Nr. 1 Nr. 9 KStG).

Die **Beteiligungen i. S. des § 17 EStG** werden dann der steuerfreien **Vermögensverwaltung** zugeordnet. Eine Veräußerung dieser Anteile während der Phase der Steuerbefreiung kann ohne eine Versteuerung nach § 17 EStG erfolgen (siehe auch KSt-Kartei NRW § 5 KStG Karte H 31 und Tz. 2.15.3). Sollte die Körperschaft später einmal wieder in die Steuerpflicht eintreten, wird die „alte" Eigenschaft als Anteile i. S. des § 17 EStG fortgeführt. Für spätere Veräußerungsvorgänge wäre auf die ursprünglichen Anschaffungskosten abzustellen. Wird die Beteiligung ggf. im Laufe späterer Veranlagungszeiträume einmal in den steuerpflichtigen wirtschaftlichen Geschäftsbetrieb eingelegt, muss dort dann eine Erfassung mit den ursprünglichen Anschaffungskosten (oder dem dann bestehenden niedrigeren Teilwert) erfolgen (§ 5 Abs. 1 Nr. 9 i. V. m. § 8 Abs. 1 KStG und § 6 Abs. 1 Nr. 5 Satz 1 Buchst. b EStG).

Hinweis: Zur Besteuerung entsprechender Veräußerungsgewinne im Anwendungszeitraum des § 8b KStG siehe Tz. 4.1.3.

4.2 Kapitalertragsteuer /Zinsabschlag/Abgeltungsteuer

Den steuerbegünstigten Körperschaften fließen neben Beitragseinnahmen, Zuschüssen und den Einnahmen aus steuerpflichtigen wirtschaftlichen Geschäftsbetrieben im Rahmen ihrer vermögensverwaltenden Tätigkeit sowie ihrer Zweckbetriebe zum Teil in beträchtlichem Umfang Kapitalerträge zu. Diese Erträge unterliegen grundsätzlich dem Steuerabzug in Form der 10 %igen, der 20- bzw.

25 %igen Kapitalertragsteuer oder des 30- bzw. 35 %igen Zinsabschlages und ab 2009 der sog. Abgeltungsteuer i. H. von 25 % bzw. 15 % (§ 43 EStG).

Mit Einführung des **Zinsabschlags** bzw. der **Abgeltungsteuer** auf (fast) alle Zinseinnahmen, die von Kreditinstituten oder öffentlichen Schuldbüchern auszuzahlen sind, werden entsprechende Steuerbeträge grundsätzlich auch von allen Zinsen auf Spareinlagen, Anleihen, Bundesschatzbriefen etc. erhoben. Steuerbegünstigte Körperschaften können jedoch erreichen, dass ihnen die Kapitalerträge ohne diesen Steuerabzug zu 100 % zufließen (Abstandnahmeverfahren) bzw. die zunächst einbehaltene Steuer später erstattet wird (Erstattungsverfahren).

Der jeweils zu beschreitende Weg – Abstandnahmeregelung oder Erstattungsverfahren – ist von der Art der jeweils erzielten Kapitalerträge abhängig (siehe auch Storg in NWB Fach 3 S. 14265).

Abstandnahme von der Kapitalertragsteuer

Die nach § 5 Abs. 1 Nr. 9 KStG steuerbegünstigten Körperschaften können in weitem Umfang die Einbehaltung und Abführung der Kapitalertragsteuer auch nach Einführung des Abgeltungsteuersystems ab 2009 vermeiden.

In jedem Fall sind davon jedoch die Kapitalerträge ausgeschlossen, die bei der gemeinnützigen Körperschaft in einem (steuerpflichtigen) wirtschaftlichen Geschäftsbetrieb i. S. der §§ 14, 64 AO anfallen, § 44a Abs. 4 Satz 5 i. V. m. § 44a Abs. 7 Satz 3 EStG (siehe auch BMF vom 09.10.2012, BStBl 2012 I S. 953, Rz. 296).

Rechtsgrundlage für die Abstandnahme in Bezug auf **Zinserträge** (Einlagezinsen, Erträge aus festverzinslichen Wertpapieren, Erträgen aus sog. Finanzinnovationen, Einnahmen aus der Veräußerung von Zinsscheinen), die eine nach § 5 Abs. 1 Nr. 9 KStG steuerbegünstigte Körperschaft erzielt, ist § 44a Abs. 4 und 7 EStG.

Die steuerbegünstigte Körperschaft muss dem Kreditinstitut, dem öffentlichen Schuldbuch etc. **nachweisen,** dass sie vom zuständigen Finanzamt **als steuerbegünstigt anerkannt ist.** Dazu kann die Körperschaft dem Schuldner der Kapitalerträge entweder eine gültige NV-Bescheinigung oder eine amtlich beglaubigte Ablichtung des letzten Freistellungsbescheides bzw. der vorläufigen Bescheinigung vorlegen (BMF vom 09.10.2012, BStBl 2012 I S. 953, Rz. 295; siehe dazu auch die nachstehenden Ausführungen).

Für **Ausschüttungen,** die nach dem 31.12.2003 an eine nach § 5 Abs. 1 Nr. 9 KStG steuerbegünstigte Körperschaft abfließen, gilt eine **gesonderte Abstandnahmeregelung** (§ 44a Abs. 7 EStG). Diese Regelung ermöglicht es in vielen Fällen, Dividendenzahlungen an gemeinnützige Körperschaften ohne Einbehaltung und Abführung von Kapitalertragsteuerbeträgen vorzunehmen. Die Abstandnahmeregelung für Dividendenzahlungen an gemeinnützige Körperschaften gilt für Gewinnanteile

– aus GmbH-Anteilen,

– Namensaktien **nicht börsennotierter** Aktiengesellschaften,

– Genossenschaftsdividenden sowie

– bei Erträgen aus Genussrechten, mit denen das Recht am Gewinn und Liquidationserlös einer Kapitalgesellschaft verbunden ist.

Darüber hinaus ist in § 44a Abs. 7 EStG auch die Abstandnahme für Einnahmen aus der Beteiligung an einem Handelsunternehmen als stiller Gesellschafter und für Zinsen aus partiarischen Darlehen geregelt.

Auch in den Fällen des § 44a Abs. 7 EStG gilt, dass die steuerbegünstigte Körperschaft dem Schuldner der Zins- bzw. Dividendenzahlung nachweisen muss, dass sie vom zuständigen Finanzamt als steuerbegünstigt anerkannt ist. Das BMF hat mit Schreiben vom 09.10.2012 (a. a. O., Rz. 295) darauf hingewiesen, dass dazu sowohl die Vorlage einer sog. NV-Bescheinigung als auch die Vorlage einer amtlich beglaubigten Ablichtung des letzten Freistellungsbescheides bzw. der vorläufigen Bescheinigung über die Gemeinnützigkeit ausreichend ist. Das Gleiche gilt nunmehr bei Vorlage einer positive Feststellung nach § 60a AO (siehe Tz. 2.11.3). Gemäß BMF-Schreiben vom 05.07.2013 gelten Rz. 295 und 296 des BMF-Schreibens vom 09.10.2012 (a. a. O.) auch entsprechend, wenn eine amtlich beglaubigte Kopie des Feststellungsbescheides nach § 60a AO des Finanzamts überlassen wird, dessen Erteilung nicht länger als 3 Kalenderjahre zurückliegt. Endet diese 3-Jahres-Frist unterjährig, kann eine Abstandnahme vom Steuerabzug nur für das Kalenderjahr erfolgen, in dem die zuvor genannten Voraussetzungen ganzjährig erfüllt waren. Wird ein Feststellungsbescheid nach § 60a AO unterjährig erteilt, kann er mit Wirkung ab dem 1. Januar des betreffenden Kalenderjahres angewendet werden.

Erstattung der Kapitalertragsteuer im Sammelantragsverfahren

Durch das Amtshilferichtlinie-Umsetzungsgesetz (AmtshilfeRLUmsG) vom 26.06.2013 (BStBl 2013 I S. 1809) wurden § 44b Abs. 1 sowie § 45b EStG aufgehoben; damit entfällt auch das Sammelantragsverfahren. Dies war geboten, da durch die Erweiterung der Abstandnahme in § 44a Abs. 1 EStG auf Kapitalerträge i. S. des § 43 Abs. 1 Satz 1 Nr. 1 und 2 EStG die Erstattung durch das Bundeszentralamt für Steuern nicht mehr erforderlich ist. § 45b EStG ist insoweit gem. § 52a Abs. 16c Satz 5 EStG letztmals auf Kapitalerträge anzuwenden, die dem Gläubiger vor dem 01.01.2013 zufließen.

Nachholung des Abstandnahmeverfahrens

Ist zunächst ohne Beachtung der Abstandnahmemöglichkeit Kapitalertragsteuer durch den Schuldner der Kapitalerträge einbehalten und an das für ihn zuständige Betriebsstättenfinanzamt abgeführt worden, hat der Schuldner der Kapitalerträge bei Vorliegen der Voraussetzungen (Vorlage der NV-Bescheinigung oder Ablichtung des Freistellungsbescheides oder der vorläufigen Bescheinigung und Rückforderung einer ausgestellten Steuerbescheinigung – im Original) die Abstandnahme „nachträglich" zu bewirken. Der Schuldner der Kapitalerträge kann dazu entweder auf Antrag die Steueranmeldung, mit der die Kapitalertragsteuer an das Betriebsstättenfinanzamt abgeführt wurde, ändern oder stattdessen bei der nächsten von ihm abzugebenden Steueranmeldung den Korrekturbetrag in Abzug bringen (siehe § 44b Abs. 5 EStG).

Macht die auszahlende Stelle von dieser Möglichkeit jedoch keinen Gebrauch, gilt nach dem BMF-Schreiben vom 09.10.2012 (a. a. O., Rz. 300) der Grundsatz, dass bei der betreffenden Einrichtung die Körperschaftsteuer durch den Steuerabzug abgegolten ist (§ 32 Abs. 1 KStG). Eine Veranlagung zur Körperschaftsteuer findet nicht statt. Zur Vermeidung von sachlichen Härten kann die Kapitalertragsteuer dann auf Antrag der betroffenen Organisation von dem für sie zuständigen Betriebsstättenfinanzamt erstattet werden. Das gilt auch für Fälle, in denen die Kapitalertragsteuer ohne rechtliche Verpflichtung einbehalten wurde (vgl. BMF vom 09.10.2012, a. a. O., Rz. 307).

Erstattung von Kapitalertragsteuer bei Treuhanddepots für nichtrechtsfähige Stiftungen

Bei Kapitalerträgen, die inländischen juristischen Personen des öffentlichen Rechts über einen Treuhänder zufließen, sieht das geltende Recht keine Abstandnahme vom Steuerabzug und keine Erstattung der einbehaltenen Kapitalertragsteuer vor. Eine Veranlagung zur Körperschaftsteuer findet nicht statt; die Körperschaftsteuer ist durch den Steuerabzug vom Kapitalertrag abgegolten (§ 32 KStG). Zur Vermeidung von sachlichen Härten wird durch das BMF-Schreiben vom 09.10.2012 (a. a. O., Rz. 302) zugelassen, dass die Kapitalertragsteuer auf Antrag der betroffenen Körperschaft in der gesetzlich zulässigen Höhe von dem für sie zuständigen Finanzamt erstattet wird.

Entsprechendes gilt für Kapitalerträge, die vor dem 01.01.2011 zugeflossen sind, in den Fällen, in denen ein inländisches Kreditinstitut das Vermögen einer nichtrechtsfähigen Stiftung des privaten Rechts in Form eines Treuhanddepots verwaltet und bei der Stiftung die Voraussetzungen für eine Körperschaftsteuerbefreiung vorliegen. Bei Kapitalerträgen, die nach dem 31.12.2010 zufließen, gilt das Treuhandkonto oder -depot abweichend von § 44a Abs. 6 Satz 1 EStG für die Anwendung des § 44a Abs. 4, 7 und 10 Satz 1 Nr. 3 EStG sowie des § 44b Abs. 6 i. V. m. § 44a Abs. 7 EStG als im Namen der Stiftung geführt, wenn Konto oder Depot durch einen Zusatz zur Bezeichnung eindeutig sowohl vom übrigen Vermögen des anderen Berechtigten zu unterscheiden als auch steuerlich der Stiftung zuzuordnen ist (§ 44a Abs. 6 Satz 3, § 52a Abs. 16a Satz 2 EStG). Für Kapitalerträge, die im Kalenderjahr 2011 zugeflossen sind, kann entsprechend verfahren werden (BMF vom 16.08.2011, BStBl 2011 I S. 787).

Nachweis der Steuerbegünstigung (NV-Bescheinigung; Freistellungsbescheid)

Wie bereits oben angesprochen, muss in diesen Fällen nachgewiesen werden, dass die Körperschaft, die die Abstandnahmeregelung für sich in Anspruch nehmen will, nach § 5 Abs. 1 Nr. 9 KStG von der Körperschaftsteuer befreit ist. Die Körperschaft kann dazu der auszahlenden Stelle eine von dem für die Besteuerung der Körperschaft zuständigen Finanzamt ausgestellte **NV 2-Bescheinigung** oder eine **amtlich beglaubigte Kopie** dieser Bescheinigung vorlegen (siehe BMF vom 09.10.2012, a. a. O., Rz. 295).

Damit der Schuldner der Kapitalerträge (z. B. das Kreditinstitut) den Umfang der Steuerbefreiung bei der Auszahlung von Kapitalerträgen erkennen kann, muss die steuerbegünstigte Körperschaft zusätzlich schriftlich mitteilen, ob das Konto oder die getätigte Anlage dem steuerfreien oder dem steuerpflichtigen Tätigkeitsbereich der Körperschaft zuzuordnen ist.

Die NV-Bescheinigung wird auf entsprechenden Antrag hin von dem für die steuerbegünstigte Körperschaft zuständigen Finanzamt ausgestellt. Der Gültigkeitszeitraum beträgt regelmäßig drei Jahre. Der Vordruck, mit dem diese Bescheinigung beantragt werden kann (Vordruck NV 2 A, siehe im Anhang 11), ist entweder beim örtlich zuständigen Finanzamt erhältlich oder kann über die Homepage des BMF per Download abgerufen werden.

Die Erstattung der Steuerbeträge ist ausgeschlossen, wenn die Kapitalerträge im Rahmen eines steuerpflichtigen wirtschaftlichen Geschäftsbetriebs anfallen (siehe BMF vom 09.10.2012, a. a. O., Rz. 296). Entsprechende Angaben sind im Antragsvordruck NV 2 A zu machen. Das Finanzamt wird dann möglicherweise keine NV-Bescheinigung ausstellen. Alternativ kann die Körperschaft der auszahlenden Stelle eine amtlich beglaubigte Kopie des letzten Freistellungsbescheides überlassen, der für den fünften oder einen späteren Veranlagungszeitraum vor dem Veranlagungszeitraum des Zuflusses der Kapitalerträge erteilt worden ist. Entsprechendes gilt, wenn eine amtlich beglaubigte Kopie der vorläufigen Bescheinigung über die Gemeinnützigkeit überlassen wird, deren Gültigkeit im Veranlagungszeitraum des

Zuflusses der Kapitalerträge oder später endet (siehe BMF vom 09.10.2012, a. a. O., Rz. 295 ff., 308).

Die von steuerbegünstigten Körperschaften **in einem steuerpflichtigen wirtschaftlichen Geschäftsbetrieb** (siehe Tz. 2.15) **bezogenen Kapitalerträge** erhöhen den Gewinn bzw. Überschuss dieses Betriebs und unterliegen insoweit der partiellen Körperschaftsteuerpflicht. Auf die festzusetzende Körperschaftsteuer sind die einbezahlten Steuerbeträge entsprechend § 36 Abs. 2 Nr. 2 EStG anzurechnen. Weder die Erstattung noch die Abstandnahme kommt hier in Betracht (siehe oben). Kann die steuerbegünstigte Körperschaft jedoch den Freibetrag nach § 24 KStG i. H. von 5.000 Euro (bis 2008: 3.835 Euro) in Anspruch nehmen und bleibt der gesamte Gewinn oder Überschuss des steuerpflichtigen wirtschaftlichen Geschäftsbetriebs der Körperschaft noch unter 5.000 Euro bzw. 3.835 Euro, kommt es nicht zur Festsetzung von Körperschaftsteuer. Ein ggf. zunächst einbehaltener Steuerabzug müsste im Veranlagungszeitraum erstattet werden. In diesem Fall kann die Körperschaft jedoch auch eine „besondere" NV-Bescheinigung (Vordruck NV 3 B, siehe Anhang 11) beim Finanzamt beantragen und damit wie oben beschrieben auch bezüglich der im wirtschaftlichen Geschäftsbetrieb anfallenden Kapitalerträge das Erstattungs- und Abstandnahmeverfahren beschreiten (zur Erteilung von NV 3 B-Bescheinigungen siehe BMF vom 09.10.2012, a. a. O., Rz. 284).

Keine Kapitalertragsteuer auf Gewinne der steuerpflichtigen wirtschaftlichen Geschäftsbetriebe

Nach dem Besteuerungsmodell des Halb- bzw. Teileinkünfteverfahrens werden die laufenden Gewinne zunächst auf der Ebene der Kapitalgesellschaft besteuert. Bei Auskehrung der Gewinne erfolgt in einem zweiten Schritt eine (weitere) Besteuerung dieser Gewinne auf der Ebene des Gesellschafters. Zur Vermeidung einer übermäßigen Besteuerung werden die Ausschüttungen auf der Ebene des Gesellschafters jedoch nur zur Hälfte bzw. seit 2009 zu 60 % besteuert. Um eine in etwa vergleichbare Ertragsteuerbelastung für die Gewinne eines steuerpflichtigen wirtschaftlichen Geschäftsbetriebs zu erreichen, sieht das Halb- bzw. Teileinkünfteverfahren für die in einem Geschäftsbetrieb einer steuerbegünstigten Körperschaft erzielten Gewinne grundsätzlich eine Zusatzbelastung dieser Gewinne mit Kapitalertragsteuerbeträgen i. H. von 10 % bzw. 20 % und seit 2009 von 15 % vor, wenn diese Gewinne den betrieblichen Bereich verlassen und für satzungsmäßige Zwecke Verwendung finden (§ 20 Abs. 1 Nr. 10 Buchst. b, § 43 Abs. 1 Nr. 7c EStG). Dabei gilt die steuerbegünstigte Körperschaft als Gläubigerin und der steuerpflichtige wirtschaftliche Geschäftsbetrieb als Schuldner der Kapitalerträge (§ 44 Abs. 6 EStG).

Nach § 44a Abs. 7 EStG ist dieser Steuerabzug bei Körperschaften, die nach § 5 Abs. 1 Nr. 9 KStG von der Körperschaftsteuer befreit sind, jedoch nicht vorzunehmen. Ein besonderer **„Zusatznachweis"** der Steuerbegünstigung (die Erteilung einer NV-Bescheinigung) **ist für den Verzicht auf die Kapitalertragsteuer nicht erforderlich.**

4.3 Gewerbesteuer

§ 3 Nr. 6 GewStG

> **Von der Gewerbesteuer sind befreit**
>
> ....

> 6. Körperschaften, Personenvereinigungen und Vermögensmassen, die nach der Satzung, dem Stiftungsgeschäft oder der sonstigen Verfassung und nach der tatsächlichen Geschäftsführung ausschließlich und unmittelbar gemeinnützigen, mildtätigen oder kirchlichen Zwecken dienen (§§ 51 bis 68 der Abgabenordnung). ₂Wird ein wirtschaftlicher Geschäftsbetrieb – ausgenommen Land- und Forstwirtschaft – unterhalten, ist die Steuerfreiheit insoweit ausgeschlossen;
>
> ....

Wenn die Voraussetzungen für die Inanspruchnahme steuerlicher Vergünstigungen nach der Abgabenordnung **während des ganzen Bemessungszeitraums** gegeben sind, ist die steuerbegünstigte Körperschaft ohne Rücksicht auf ihre Rechtsform (z. B. auch als GmbH) von der Gewerbesteuer befreit. Wie bei der Körperschaftsteuer gilt auch bei der Gewerbesteuer die Einschränkung, dass die Körperschaft **insoweit gewerbesteuerpflichtig ist, als sie einen wirtschaftlichen Geschäftsbetrieb** (hier aber ausgenommen Land- und Forstwirtschaft) unterhält. Zweckbetriebe i. S. der §§ 65 ff. AO unterliegen nicht der Gewerbesteuer. Der wirtschaftliche Geschäftsbetrieb ist jedoch erst dann gewerbesteuerpflichtig, wenn die Einnahmen einschließlich Umsatzsteuer 35.000 Euro übersteigen (§ 64 Abs. 3 AO).

Nach § 2 Abs. 2 GewStG gelten Kapitalgesellschaften stets in vollem Umfang als Gewerbebetriebe im Sinne des GewStG. Für die rechtsfähigen und nichtrechtsfähigen Vereine, die sonstigen juristischen Personen des privaten Rechts, wie die rechtsfähigen Stiftungen, gilt der wirtschaftliche Geschäftsbetrieb entsprechend der ausdrücklichen gesetzlichen Fiktion stets als Gewerbebetrieb (§ 2 Abs. 3 GewStG). Der Begriff „wirtschaftlicher Geschäftsbetrieb" ist für diese Körperschaften damit weiter als der Begriff „Gewerbebetrieb". Denn für die Annahme eines wirtschaftlichen Geschäftsbetriebs ist – im Gegensatz zum Gewerbebetrieb – Gewinnerzielungsabsicht und Beteiligung am allgemeinen wirtschaftlichen Verkehr nicht erforderlich, um die Gewerbesteuerpflicht dem Grunde nach anzunehmen. Der wirtschaftliche Geschäftsbetrieb kann also der Gewerbesteuer unterliegen, auch wenn die Begriffsmerkmale „Gewerbebetrieb" im Sinne des GewStG nicht erfüllt sind, vgl. R 2.1 Abs. 5 GewStR.

Für **nichtrechtsfähige** Anstalten, Stiftungen und andere Zweckvermögen des privaten Rechts oder für Betriebe gewerblicher Art des öffentlichen Rechts ist (partielle) Gewerbesteuerpflicht bei Verfolgung steuerbegünstigter Zwecke im Übrigen jedoch nur gegeben, wenn mit dem steuerpflichtigen wirtschaftlichen Geschäftsbetrieb gewerbliche Einkünfte i. S. des § 15 Abs. 2 EStG erzielt werden (Glanegger/Güroff, Anm. 160 ff. zu § 2 GewStG), die Begriffsmerkmale des Gewerbebetriebs also erfüllt sind.

Ist danach für eine steuerbegünstigte Körperschaft dem Grunde nach Gewerbesteuerpflicht gegeben, unterliegen die entsprechenden wirtschaftlichen Aktivitäten – **mit Ausnahme der Land- und Forstwirtschaft** – der partiellen Gewerbesteuerpflicht (§ 2 GewStG i. V. m. § 3 Nr. 6 GewStG).

Wegen der Ermittlung des bei der Gewerbesteuer zugrunde zu legenden Überschusses des (steuerpflichtigen) wirtschaftlichen Geschäftsbetriebs vgl. Tz. 4.1.5. Bei der Ermittlung des Gewerbeertrags sind die in den §§ 8 und 9 GewStG festgelegten Hinzurechnungen und Kürzungen zu berücksichtigen.

Der Steuermessbetrag beträgt gem. § 11 GewStG seit dem Erhebungszeitraum 2008 3,5 % des auf volle 100 Euro abgerundeten Gewerbeertrags.

Für Körperschaften, die nach § 3 Nr. 6 GewStG von der Gewerbesteuer befreit sind und damit nur mit ihren wirtschaftlichen Geschäftsbetrieben i. S. der §§ 14, 64 AO

4 Andere Steuergesetze

der partiellen Gewerbesteuerpflicht unterliegen, ist der ermittelte Gewerbeertrag stets um einen Freibetrag i. H. von 5.000 Euro (bis 2008: 3.900 Euro) zu kürzen, § 11 Abs. 1 Nr. 2 GewStG. Dieser Freibetrag gilt für alle partiell steuerpflichtigen gemeinnützigen Körperschaften unabhängig von ihrer Rechtsform (damit ausdrücklich auch für gemeinnützige Kapitalgesellschaften).

Hinweis: *Nach § 3 Nr. 20 GewStG können Krankenhaus-, Altenheim-, Altenwohnheim- und Pflegeheimbetriebe auch dann von der Gewerbesteuer befreit sein, wenn sie nicht von gemeinnützigen Körperschaften betrieben werden. So können auch Einrichtungen dieser Art, die von natürlichen Personen, Personengesellschaften, Körperschaften des öffentlichen Rechts oder sonstigen („normal" steuerpflichtigen) Körperschaften betrieben werden, mit diesem Betrieb von der Gewerbesteuer befreit sein. Soweit Krankenhäuser unterhalten werden, stellt § 3 Nr. 20 GewStG darauf ab, dass im Erhebungszeitraum die Voraussetzungen des § 67 Abs. 1 oder 2 AO erfüllt sein müssen (siehe dazu Tz. 2.18). Werden Altenheime etc. betrieben, nimmt § 3 Nr. 20 GewStG auf § 61 Abs. 1 SGB XII und § 53 Nr. 2 AO Bezug.*

4.4 Vermögensteuer und Einheitsbewertung

§ 3 Abs. 1 Nr. 12 VStG Befreiungen

> **(1) Von der Vermögensteuer sind befreit**
>
> ....
>
> **12. Körperschaften, Personenvereinigungen und Vermögensmassen, die nach der Satzung, dem Stiftungsgeschäft oder der sonstigen Verfassung und nach der tatsächlichen Geschäftsführung ausschließlich und unmittelbar gemeinnützigen, mildtätigen oder kirchlichen Zwecken dienen.** ₂**Wird ein wirtschaftlicher Geschäftsbetrieb unterhalten, ist die Steuerfreiheit insoweit ausgeschlossen.** ₃**Satz 2 gilt nicht für die selbstbewirtschaftete forstwirtschaftliche Nutzung eines Betriebs der Land- und Forstwirtschaft (§ 34 des Bewertungsgesetzes) und für Nebenbetriebe im Sinne des § 42 des Bewertungsgesetzes, die dieser Nutzung dienen;**
>
> ....

Das VStG ist durch das JStG 1997 nicht aufgehoben worden und gilt deshalb weiter. Es kann aber aufgrund des Beschlusses des BVerfG vom 22.06.1995 (BStBl 1995 II S. 655) wegen der teilweisen Verfassungswidrigkeit (ab 1997) nicht mehr vollzogen werden (Nachweis siehe bei Thiel in DB 1997 S. 64 Fn. 3); siehe hierzu im Übrigen die Ausführungen in Tz. 4.4 der 7. Auflage.

4.5 Umsatzsteuer

4.5.1 Allgemeines

Die Umsatzsteuer ist eine Objektsteuer. Ihre Höhe bemisst sich nach bestimmten Merkmalen des Steuergegenstandes, ohne dass auf die persönlichen Verhältnisse des Steuersubjektes Rücksicht genommen wird (vgl. auch BFH vom 28.09.1993 V B 90/93, UR 1994 S. 279). So kennt das Umsatzsteuerrecht anders als z. B. das Ertragsteuerrecht **keine persönliche Steuerbefreiung** für Körperschaften bei Verfolgung gemeinnütziger Zwecke.

4.5 Umsatzsteuer

Bemessungsgrundlage der Umsatzsteuer sind die Aufwendungen des Verbrauchers für den Leistungsbezug, daher ist sie nach ihrem Zweck und nach der Belastungswirkung als allgemeine Verbrauchsteuer einzustufen. Verfahrensrechtlich ist die Umsatzsteuer gleichzeitig eine Verkehrsteuer, sodass z. B. die Regelungen der Abgabenordnung z. B. zur Vorbehaltsfestsetzung (§ 164 AO), zur Festsetzungsfrist (§ 169 Abs. 2 Satz 1 AO) und zur Berichtigung von Steuerbescheiden (§§ 172 ff. AO) anzuwenden sind.

Das Umsatzsteuerrecht wird auch als „Allphasen-Netto-Umsatzsteuer mit Vorsteuerabzug" beschrieben und wegen seiner Wirkungsweise auch als Mehrwertsteuer bezeichnet. Nationale Rechtsgrundlagen für die Erhebung der Umsatzsteuer (EU: Mehrwertsteuer, nachfolgend wird die Bezeichnung des deutschen Umsatzsteuergesetzes weiterverwendet) sind das Umsatzsteuergesetz (UStG), die USt-Durchführungsverordnung (UStDV) und die Einfuhrumsatzsteuer-Befreiungsverordnung 1993 (EUStBV). Das UStG ist durch Gesetz vom 20.02.2005 als UStG 2005 in Neufassung bekannt gemacht worden. Seitdem ist es mehrfach geändert worden, zuletzt durch das Gesetz zur Anpassung der Abgabenordnung an den Zollkodex und zur Änderung weiterer steuerlicher Vorschriften vom 22.12.2014 (BGBl 2014 I S. 2417).

Die Ausführungsbestimmungen der Bundesfinanzverwaltung (BMF) zum UStG sind im Umsatzsteueranwendungserlass (UStAE) zu finden, der die Umsatzsteuerrichtlinien 2008 (UStR) zum 01.11.2010 abgelöst hat. Während bisher die UStR als allgemeine Verwaltungsvorschrift nach Art. 108 Abs. 7 GG mit Zustimmung des Bundesrats erlassen wurden, soll der UStAE als sog. „Verwaltungsregelung zur Anwendung des UStG" nicht mehr der Zustimmung des Bundesrats bedürfen. Faktisch stellt der neue UStAE meiner Meinung nach unverändert eine allgemeine Verwaltungsvorschrift dar, sodass auch dieser der Zustimmung des Bundesrats bedurft hätte. Sofern die Länder dagegen aber nicht aufbegehren, bleibt der Verstoß gegen die grundgesetzliche Norm sanktionslos. Zur Kritik an dieser Vorgehensweise vgl. z. B. Lippross in „Grüne Reihe Umsatzsteuer", 23. Auflage 2012, Tz. 1.1.2, und Küffner/Maunz/Langer/Zugmaier, USt 2014, Vorwort. Beim UStAE handelt es sich nicht um eine Rechtsnorm, sondern um eine Auslegungsanweisung für die Finanzverwaltung. Er bindet daher nur die nachgeordneten Verwaltungsbehörden, für den einzelnen Staatsbürger und für die Finanzgerichte ist er grundsätzlich nicht verbindlich.

Der Regelsteuersatz beträgt in Deutschland seit dem 01.01.2007 19 %, der ermäßigte Steuersatz 7 %. Letzterer wird unter anderem auf bestimmte Leistungen gemeinnütziger Unternehmen (§ 12 Abs. 2 Nr. 8 Buchst. a UStG) sowie auf Lebensmittel, Zeitschriften und Bücher sowie künstlerische Leistungen angewandt. Im Rahmen von Sonderregelungen im UStG (§§ 23, 24 UStG) können bestimmte Berufsgruppen und Wirtschaftszweige sowie die land- und forstwirtschaftlichen Betriebe sog. Durchschnittssätze bei der Besteuerung anwenden.

Umsatzsteuer und Unionsrecht

Das Gemeinschaftsrecht hat – ergänzend zum nationalen Recht – bei der Umsatzsteuer zunehmend an Bedeutung gewonnen. Nach Art. 113 des Vertrags über die Arbeitsweise der Europäischen Union (AEUV) sind die Rechtsvorschriften über die Umsatzsteuern innerhalb der EU zu harmonisieren. Dadurch sollen auf Unionsebene gleiche Wettbewerbsbedingungen geschaffen und Wettbewerbsverfälschungen durch unterschiedliche umsatzsteuerliche Regelungen vermieden werden.

4 Andere Steuergesetze

Die Harmonisierung erfolgt durch Rechtsakte der EU. Als solche kommen insbesondere Verordnungen und Richtlinien in Betracht. Während EU-Verordnungen unmittelbar in jedem Mitgliedstaat gelten und Rechte sowie Pflichten für die von ihnen betroffenen Bürger begründen, richten sich EU-Richtlinien an die jeweiligen Mitgliedstaaten. Die Mitgliedstaaten sind verpflichtet, die Richtlinien fristgemäß und vollständig in nationales Recht umzusetzen. Der deutsche Gesetzgeber ist bei der Ausgestaltung des nationalen Umsatzsteuerrechts folglich nicht mehr frei, sondern an die Vorgaben des EU-Rechts gebunden. Im Bereich der Umsatzsteuer ist die wichtigste EU-Richtlinie die zum 01.01.2007 in Kraft getretene Mehrwertsteuersystemrichtlinie (MwStSystRL).

Wie allen anderen EU-Richtlinien kommt auch der MwStSystRL unter bestimmten Voraussetzungen eine unmittelbare Wirkung im Verhältnis zwischen Bürger und Mitgliedstaat zu (vgl. Hüttemann, 2015, Tz. 7.109). Dies bedeutet vor allem, dass sich gemeinnützige Einrichtungen gegenüber der Finanzbehörde und den Finanzgerichten auf die Vorgaben der MwStSystRL berufen können, soweit das nationale Recht zu ihren Gunsten von der Richtlinie abweicht, eine richtlinienkonforme Auslegung wegen der Wortlautgrenze nicht möglich ist und die Richtlinienbestimmung unbedingt und hinreichend genau ist. Bestehen Zweifel über die Auslegung einer Richtlinienbestimmung, so entscheidet der EuGH auf Vorlage des nationalen Gerichts nach Art. 267 AEUV. Der Anwendungsvorrang des Unionsrechts und die Auslegungskompetenz des EuGH haben in den letzten Jahren dazu geführt, dass die Weiterentwicklung des Umsatzsteuerrechts weitestgehend in den Händen der EU liegt. Die unmittelbare Wirkung der MwStSysRL gilt nur zugunsten des Steuerbürgers. Der Staat, der eine Richtlinie fehlerhaft umsetzt, kann sich gegenüber seinem Bürger, der sich auf das nationale Umsetzungsgesetz verlassen hat, nicht auf die Richtlinie berufen.

Des Weiteren ist auf die sog. Durchführungsverordnung zur MwStSystRL (MwStVO) hinzuweisen, die der Rat der EU mit Verordnung vom 15.03.2011 (Nr. 282/2011) erlassen hat. Sie enthält spezifische Regelungen zu einzelnen Anwendungsfragen und ist ausschließlich im Hinblick auf eine unionsweit einheitliche steuerliche Behandlung dieser Einzelfälle konzipiert. Als EU-Verordnung gilt sie unmittelbar in jedem Mitgliedstaat.

Insgesamt ist festzustellen, dass sich für gemeinnützige Einrichtungen eine eingehende Befassung mit den Regelungen und Vorgaben der MwStSystRL und ergänzenden Bestimmungen als lohnenswert erweist, soweit es insbesondere um die Durchsetzung von Befreiungsregelungen nach § 4 UStG im Verhältnis zu Art. 132 Abs. 1 MwStSystRL geht, deren Regelungsgehalt der EuGH in zahlreichen Urteilen konkretisiert hat. In der nachfolgenden Kommentierung wird daher punktuell auf die EuGH-Rechtsprechung eingegangen, soweit dieser für die Auslegung der Rechtsnorm aus meiner Sicht besondere Bedeutung zukommt.

Im Mittelpunkt der weiteren Ausführungen stehen die Vorschriften des UStG, soweit sie für gemeinnützige Unternehmen von besonderer praktischer Bedeutung sind. Dabei ist zunächst auf den umsatzsteuerlichen Grundtatbestand des § 1 UStG und die Frage, ob ein Leistungsaustausch gegeben ist, einzugehen. Daran schließen sich Ausführungen zur Unternehmereigenschaft und zur Abgrenzung von Lieferungen und Leistungen an. Des Weiteren nehmen die Befreiungsregelungen in § 4 UStG sowie Fragen im Zusammenhang mit dem ermäßigten Umsatzsteuersatz einen größeren Raum ein. Einen weiteren Schwerpunkt bilden die Regelungen zum Vorsteuerabzug sowie abschließend einige verfahrensrechtliche Hinweise.

4.5.2 Grundtatbestandsmerkmale des Umsatzsteuergesetzes

§ 1 Abs. 1 UStG

(1) ₁Der Umsatzsteuer unterliegen die folgenden Umsätze:

1. die Lieferungen und sonstigen Leistungen, die ein Unternehmer im Inland gegen Entgelt im Rahmen seines Unternehmens ausführt. ₂Die Steuerbarkeit entfällt nicht, wenn der Umsatz auf Grund gesetzlicher oder behördlicher Anordnung ausgeführt wird oder nach gesetzlicher Vorschrift als ausgeführt gilt;
2. (weggefallen)
3. (weggefallen)
4. die Einfuhr von Gegenständen im Inland oder in den österreichischen Gebieten Jungholz und Mittelberg (Einfuhrumsatzsteuer);
5. der innergemeinschaftliche Erwerb im Inland gegen Entgelt.

Leistungsaustausch als Gegenstand der Besteuerung

Gegenstand der Besteuerung nach dem UStG ist der Umsatz. Nach § 1 Abs. 1 Nr. 1 UStG werden Leistungen (Lieferungen und sonstige Leistungen), die ein Unternehmer im Inland gegen Entgelt im Rahmen seines Unternehmens ausführt, erfasst. Die Umsatzsteuer knüpft damit an die Ausführung eines **Leistungsaustausches** an. Ein Leistungsaustausch setzt voraus, dass Leistender und Leistungsempfänger vorhanden sind und der Leistung eine Gegenleistung (Entgelt) gegenübersteht. Für die Annahme eines Leistungsaustauschs müssen Leistung und Gegenleistung in einem wechselseitigen Zusammenhang stehen. § 1 Abs. 1 Nr. 1 UStG setzt für den Leistungsaustausch einen unmittelbaren, nicht aber einen inneren (synallagmatischen) Zusammenhang zwischen Leistung und Entgelt voraus (BFH vom 15.04.2010 V R 10/08, BStBl 2010 II S. 879). Bei Leistungen, zu deren Ausführung sich die Vertragsparteien in einem gegenseitigen Vertrag verpflichtet haben, liegt grundsätzlich ein Leistungsaustausch vor (BFH vom 08.11.2007 V R 20/05, BStBl 2009 II S. 483). Auch wenn die Gegenleistung für die Leistung des Unternehmers nur im nichtunternehmerischen Bereich verwendbar ist (z. B. eine zugewendete Reise), kann sie Entgelt sein. Die Entrichtung von Geld als Gegenleistung ist keine Leistung im umsatzsteuerlichen Sinne. Die Gegenleistung muss in Geld bestehen oder zumindest in einem Geldbetrag ausdrückbar sein. Gegenleistung in Geld in diesem Sinne ist auch eine Aufrechnung mit einer Geldforderung oder die Übernahme einer Geldverbindlichkeit durch den Leistungsempfänger.

Fehlt nur eine dieser Voraussetzungen, liegt kein Leistungsaustausch und damit grundsätzlich auch keine steuerbare Leistung i. S. des § 1 UStG vor. Ein Leistungsaustausch in diesem Sinne ist auch dann anzunehmen, wenn die erhaltene Gegenleistung vom Unternehmer tatsächlich nur im nichtunternehmerischen Bereich verwendet werden kann (vgl. Abschn. 1.1 Satz 5 UStAE). Das ist z. B. der Fall, wenn sich ein gemeinnütziger Sportverein dazu verpflichtet, Werbeleistungen durch entsprechende Aufdrucke auf den Trikots seiner Spieler zu erbringen und er als Entgelt nicht einen bestimmten Geldbetrag, sondern mehrere Trikotsätze erhält, die ausschließlich in der Amateurspielerabteilung Verwendung finden. Der Verein bewirkt hiermit einen Umsatz i. S. des § 1 Abs. 1 Nr. 1 UStG. Dass die vereinnahmte Gegenleistung in der Sportabteilung verwendet (in Gebrauch genommen) wird, ist für die Annahme eines Leistungsaustausches unmaßgeblich (zum Begriff „Leistungsaustausch" im Übrigen siehe Abschn. 1.1 UStAE).

Der **Leistungsaustausch** umfasst alles, was Gegenstand einer Leistung im Rechtsverkehr sein kann. So hat der BFH z. B. bereits in seinem Urteil vom 31.08.1955 (BStBl 1955 III S. 333) entschieden, dass sich die Freigabe eines Fußballvertragsspielers gegen Zahlung einer Ablöseentschädigung im Leistungsaustausch vollzieht.

Den Lieferungen und sonstigen Leistungen in diesem Sinne hat der Gesetzgeber die sog. **unentgeltlichen Wertabgaben** gleichgestellt. Sie sind nach § 3 Abs. 1b und 9a UStG immer dann anzunehmen, wenn ein Unternehmer, also z. B. auch eine als steuerbegünstigt anerkannte Körperschaft, die als Unternehmer im Sinne des UStG einzustufen ist,

- **Gegenstände,** die dem Unternehmensbereich (zum Umfang des Unternehmens im Sinne des UStG siehe Tz. 4.5.4) zugeordnet sind,
  - für Zwecke **außerhalb** des Unternehmens (z. B. für den ideellen Bereich der steuerbegünstigten Körperschaft),
  - für das Personal für dessen privaten Bedarf, sofern keine Aufmerksamkeiten vorliegen,
  - zur unentgeltlichen Zuwendung an Dritte

  entnimmt

  oder

- **Gegenstände,** die dem Unternehmensbereich zugeordnet sind und für die der Vorsteuerabzug ganz oder teilweise in Anspruch genommen wurde,
  - für Zwecke **außerhalb** des Unternehmens (z. B. für den ideellen Bereich)
  - oder den privaten Bedarf des Personals, sofern keine Aufmerksamkeiten vorliegen,

  verwendet

  oder

- sonstige Leistungen
  - **unentgeltlich** für Zwecke **außerhalb** des Unternehmens (z. B. zugunsten einer anderen steuerbegünstigten Körperschaft)
  - oder für den privaten Bedarf seines Personals, sofern keine Aufmerksamkeiten vorliegen,

  erbringt.

Der Vollständigkeit halber wird an dieser Stelle erwähnt, dass darüber hinaus auch die Einfuhr (§ 1 Abs. 1 Nr. 4 UStG) sowie der innergemeinschaftliche Erwerb (§ 1 Abs. 1 Nr. 5 UStG) Gegenstand der Besteuerung nach dem UStG sind.

Für die Frage, ob und ggf. in welchem Umfang eine Leistung der Umsatzbesteuerung unterliegt, ist an jeden **einzelnen Leistungsvorgang** (-gegenstand) selbständig anzuknüpfen. Der jeweilige Leistungsvorgang ist dann gesondert umsatzsteuerlich zu beurteilen. Bezogen auf jede Einzelleistung ist also zu bestimmen, ob sie umsatzsteuerbar und umsatzsteuerpflichtig ist.

Ist jedoch ein einheitlicher wirtschaftlicher Vorgang einzuordnen, ist auf der Grundlage der auch für das Umsatzsteuerrecht geltenden wirtschaftlichen Betrachtungsweise dieser Vorgang auch dann, wenn er bürgerlich-rechtlich in selbständige Teile aufgegliedert werden kann, umsatzsteuerlich als ein unteilbares Ganzes einheitlich zu besteuern (Abschn. 3.10 UStAE zur **Einheitlichkeit der Leistung**). Dies bestätigt auch das BFH-Urteil vom 10.01.2013 (V R 31/10, BStBl 2013 II S. 352), demnach wird eine Aufspaltung des Vorgangs nicht durch den Umstand gerechtfertigt, dass beide Bestandteile im Wirtschaftsleben auch getrennt erbracht werden, wenn es dem durchschnittlichen Besucher um die Verbindung beider Elemente geht. Andererseits hat das BMF mit Schreiben vom 09.12.2014 (BStBl 2014 I S. 1620) bei Verpflegungsleistungen, die im Zusammenhang mit Beherbergungsleistungen erbracht werden, festgelegt, dass der **Grundsatz der Einheitlichkeit der Leistung vom Aufteilungsgebot** selbständiger Hauptleistungen (Abschn. 12.16 Abs. 8 Satz 1 UStAE) **verdrängt** wird und die Verpflegungsleistungen insoweit dem Regelsteuersatz unterliegen.

Der BFH hat zudem z. B. in seinen Urteilen vom 28.09.2000 (BStBl 2001 II S. 78) entschieden, dass ein Sport- und Freizeitzentrum, das den Benutzern gegen ein pauschales Eintrittsgeld die Benutzung der gesamten Einrichtung (u. a. Schwimmbad, Sauna, Sportraum, Sportgeräte, Ruhe- und Kommunikationszentrum) gestattet, eine einheitliche Leistung erbringt, die **nicht** aufgeteilt werden kann und deshalb auch **nicht** teilweise nach § 12 Abs. 2 Nr. 9 UStG ermäßigt zu besteuern ist.

In Änderung seiner bis dahin geltenden Rechtsprechung hat der BFH in seinen Urteilen vom 31.05.2001 (BStBl 2001 II S. 658), vom 11.03.2009 (XI R 71/08, BFH/NV 2009 S. 1151) und 11.10.2007 (V R 69/06, BFH/NV 2008 S. 322) ausgehend von dem Grundsatz der Einheitlichkeit der Leistung entschieden, dass bei der **Vermietung von Sportanlagen** eine Aufteilung in eine umsatzsteuerfreie Grundstücksvermietung und eine umsatzsteuerpflichtige Vermietung von Betriebsvorrichtungen nicht vorgenommen werden kann, sondern eine einheitliche steuerpflichtige Leistung anzunehmen ist (vgl. Abschn. 4.12.11 Abs. 1 und 2 UStAE).

Diese Grundsätze müssen insbesondere die als gemeinnützig anerkannten **Sportvereine,** die (stundenweise) ihre Sporthallen an Mitglieder und/oder Nichtmitglieder entgeltlich vermieten, beachten. Nur soweit eine Steuerbefreiung nicht eingreift, bleibt zu prüfen, ob auf solche Leistungen der ermäßigte Steuersatz Anwendung findet, weil sie – wie die Überlassung von Sportanlagen an Mitglieder – in einem steuerbegünstigten Zweckbetrieb ausgeführt werden (vgl. dazu AEAO Nr. 12 zu § 67a AO). Hier bleibt allerdings abzuwarten, wie die Finanzverwaltung mit der „Sportanlagen-Entscheidung" des BFH vom 20.03.2014 (V R 4/13, BFH/NV 2014 S. 1470) umgehen wird (siehe dazu auch Tz. 4.5.8.1).**Fehlender Leistungsaustausch / Nichtsteuerbarkeit von Entgelten**

„Gegen Entgelt" ist eine Leistung nur dann erbracht, wenn ein unmittelbarer Zusammenhang zwischen Leistung und Gegenleistung besteht. Der BFH hat früher die Auffassung vertreten, dass die Leistung „final" auf den Erhalt einer Gegenleistung gerichtet sein muss. Das Erfordernis der „Finalität" der Leistung hat der BFH inzwischen ausdrücklich aufgegeben (BFH vom 20.08.2009, BStBl 2010 II S. 88); ausreichend sei ein kausaler Zusammenhang zwischen einer Leistung und einer vom Leistungsempfänger aufgewendeten Gegenleistung (vgl. Lippross, UStG, Tz. 2.2, S. 107, und Tehler in Reiß, UStG, Tz. 211 zu § 1). Auf die Bezeichnung der Gegenleistung kommt es dabei nicht an, da allein maßgebend ist, ob die Zahlung wegen der Leistung erfolgt. Folglich können z. B. auch sog. Aufwandsentschädigungen, Beiträge, Kostenersatz, Schadensersatz, Verlustübernahmen, Zuschüsse und ähnliche Zahlungen, wenn sie für eine Leistung getätigt werden, ein steuerbares Entgelt i. S. des § 1 Nr. 1 UStG darstellen. Dabei gehören zum Entgelt nach § 10 Abs. 1 Satz 3 UStG auch Zahlungen eines Dritten, unabhängig davon, ob Rechtsbeziehungen zum Leistenden oder Leistungsempfänger bestehen oder nicht.

4 Andere Steuergesetze

Ein Leistungsaustausch liegt ebenfalls nicht vor, wenn eine Rückgabe durch den Lieferungsempfänger erfolgt, d. h. eine Lieferung rückgängig gemacht wird (Abschn. 1.1 Abs. 4 UStAE). Hier ist aus Sicht des ursprünglichen Lieferungsempfängers abzugrenzen, ob eine nicht steuerbare Rückgabe oder eine steuerbare Rücklieferung vorliegt (vgl. BFH vom 27.06.1995 V R 27/94, BStBl 1995 II S. 756, und vom 12.11.2008 XI R 46/07, BStBl 2009 II S. 558).

Sachzuwendungen an Arbeitnehmer

Die Frage, ob ein umsatzsteuerpflichtiger Leistungsaustausch vorliegt, stellt sich auch bei Sachzuwendungen (z. B. freie Verpflegung, Unterkunft oder Überlassung eines Firmenwagens) durch den Arbeitgeber an seine Arbeitnehmer. Erhält ein Arbeitnehmer aufgrund seines Dienstverhältnisses Lieferungen oder sonstige Leistungen (Sachleistungen) von seinem Arbeitgeber, besteht die Gegenleistung in der anteiligen Arbeitsleistung des Arbeitnehmers (vgl. Weymüller in UStG, Tz. 129 in f zu § 1). Es liegt ein sog. „tauschähnlicher Vorgang" (vgl. auch § 3 Abs. 12 UStG) vor. Diesem liegt die Festlegung zugrunde, dass eine Gegenleistung für eine Leistung nicht aus Geld bestehen muss, sondern auch ganz oder teilweise in Form einer Lieferung oder sonstigen Leistung erbracht werden kann. Die Entgeltlichkeit und damit verbunden die Steuerbarkeit der Zuwendungen nach § 1 Abs. 1 Nr. 1 UStG wird fingiert. Damit liegen bei Sachzuwendungen an Mitarbeiter grundsätzlich umsatzsteuerpflichtige Umsätze vor.

Eine Ausnahme ist jedoch gegeben, wenn die Sachzuwendung lediglich eine Aufmerksamkeit darstellt. Nach Abschn. 1.8 Abs. 3 UStAE umfasst eine Aufmerksamkeit eine Zuwendung des Arbeitgebers, die nach ihrer Art und nach ihrem Wert einem Geschenk entspricht, das im gesellschaftlichen Verkehr üblicherweise ausgetauscht wird und zu keiner ins Gewicht fallenden Bereicherung des Arbeitnehmers führt. Als Richtwert werden Zuwendungen bis zu einem Wert von 40 Euro angeführt.

Voraussetzungen der Nichtsteuerbarkeit von Zuschüssen

Bei Zuschüssen sind nach Abschn. 10.2 Abs. 1 UStAE folgende drei Fälle zu unterscheiden:

1. Entgelt für eine Leistung des Zuschussempfängers an den Zuschussgeber (sog. unechter (steuerbarer) Zuschuss),
2. zusätzliches Entgelt von dritter Seite i. S. des § 10 Abs. 1 Satz 3 UStG (ebenfalls sog. unechter (steuerbarer) Zuschuss),
3. echter nicht steuerbarer Zuschuss.

> **Beispiel** für einen „unechten Zuschuss" nach Nr. 2:
>
> Die Bundesagentur für Arbeit gewährt einer Werkstatt für Menschen mit Behinderungen pauschale Zuwendungen zu den Sach-, Personal- und Beförderungskosten, die für die Betreuung, Ausbildung, Unterbringung und Verpflegung der behinderten Menschen entstehen.
>
> Die Zahlungen sind Entgelt von dritter Seite für die Leistungen der Werkstatt (Zahlungsempfänger) an die behinderten Menschen, da der einzelne behinderte Mensch auf diese Zahlungen einen Anspruch hat. Sie sind folglich steuerbar und nach § 4 Nr. 16 Buchst. f UStG umsatzsteuerbefreit.

Nur wenn ein „echter Zuschuss" vorliegt, handelt es sich, im Gegensatz zu den „unechten Zuschüssen", um einen nicht steuerbaren Umsatz. Eine Gesetzesregelung zu „echten Zuschüssen" gibt es bisher nicht, jedoch stellt Abschn. 10.2 Abs. 7 UStAE den Leistungsaustausch als wesentliches Abgrenzungskriterium dar. Echte Zuschüsse liegen entsprechend vor, wenn die Zuschusszahlungen nicht aufgrund eines Leistungsaustauschverhältnisses erbracht werden. Dies ist der Fall, wenn die Zahlungen nicht an bestimmte Umsätze anknüpfen, sondern unabhängig von einer bestimmten Leistung des Empfängers gewährt werden (vgl. hierzu die Ausführungen in Tz. 4.5.11.1 zu § 10 UStG). Es darf keine vertraglichen Bindungen aufseiten des Zahlungsempfängers geben, denn bei Leistungen, zu denen sich die Vertragsparteien in einem gegenseitigen Vertrag verpflichtet haben, liegt nach dem BFH-Urteil vom 18.12.2008 (V R 38/06, BStBl 2009 II S. 749) grundsätzlich ein Leistungsaustausch vor.

Von einem echten (nicht umsatzsteuerbaren) **Zuschuss** ist dann auszugehen, wenn der Zahlungsempfänger diese Zahlungen zur Förderung seiner Zwecke und nicht überwiegend im Interesse des Leistungsempfängers erhält. Die Abgrenzung von (zusätzlichem) Entgelt (= Leistungsaustausch) oder echtem Zuschuss ist also nach der **Person** des Bedachten und nach dem **Förderungsziel** vorzunehmen. Für die Einordnung entsprechender Zahlungen kommt es auf die Bezeichnung als „Zuschuss, Zuwendung, Beihilfe, Prämie, Ausgleichsbetrag usw." nicht an. Jeder Einzelvorgang ist in jedem Fall gesondert daraufhin zu untersuchen, ob ein echter Zuschuss anzunehmen ist oder ein Leistungsaustausch gegeben ist, der der Umsatzsteuer unterliegt (vgl. auch Tz. 4.5.11.1).

Die Rechtsprechung, wie etwa das BFH-Urteil vom 27.11.2008 (V R 8/07, BStBl 2009 II S. 397), zeigt, dass die Betrachtung des Einzelfalls für die Frage, ob ein Leistungsaustausch gegeben ist, künftig unvermeidbar sein wird, da es bei der Vielzahl von Gestaltungsmöglichkeiten hinsichtlich der Zuschüsse kaum möglich erscheint, ein Leistungsaustauschverhältnis von vornherein auszuschließen.

Bei Zahlungen aus öffentlichen Kassen kann es an einem Leistungsaustausch fehlen, sofern der Zuschuss nur der Förderung der Tätigkeit des Empfängers allgemein, aus strukturpolitischen, volkswirtschaftlichen oder allgemeinpolitischen Gründen dient. Er darf dementsprechend keinesfalls ein Gegenwert für eine Leistung des Zahlungsempfängers an den Geldgeber sein. (Zu weiteren Ausführungen hinsichtlich Zuschüssen aus öffentlichen Kassen siehe BFH vom 18.12.2008 V R 38/06, BStBl 2009 II S. 749). Im Urteil vom 27.11.2008 kommt der BFH jedoch zum – die Steuerbefreiung von Zuwendungen deutlich einschränkenden – Ergebnis, dass Zuwendungen öffentlicher Kassen allerdings auch bei Interessenerfüllung der Allgemeinheit eine Steuerbarkeit nicht ausschließen. Ein steuerbarer Leistungsaustausch und kein Zuschuss liegt vor, wenn ein (nicht steuerbegünstigter) Verein gegenüber einem Mitglied, einer Körperschaft des öffentlichen Rechts, journalistische Medienarbeit (insbesondere Herstellung, Erwerb, Verbreitung und Vertrieb von Rundfunkprogrammen) erbringt und hierfür einen als „Finanzzuweisung" bezeichneten Jahresbetrag erhält. Auch eine durch einen Haushaltsbeschluss gedeckte Ausgabe der öffentlichen Hand oder einer Körperschaft des öffentlichen Rechts kann mit einer Gegenleistung des Empfängers in unmittelbarem Zusammenhang stehen. Maßgebend ist dabei nicht die haushaltsrechtliche Befugnis zur Ausgabe, sondern der Grund der Zahlung.

Im vorgenannten Urteil sind verschiedene Kirchengemeinden, kirchliche Dienste sowie eine Landeskirche Mitglieder eines nicht als gemeinnützig anerkannten eingetragenen Vereins. Vereinszweck ist die Förderung der kirchlichen Medienarbeit durch die Herausgabe von Pressediensten, Zeitschriften, Büchern und Beiträgen in Rundfunk und Fernsehen. Zudem ist der Verein Organträger der E-GmbH, auf die die Tätigkeit des Rundfunkdienstes übertragen wurde. Anlässlich eines Haushaltsbeschlusses zahlte die Landeskirche einen Finanzzuschuss an den Verein, der diesen zweckentsprechend für die Erstellung von Rundfunkbeiträgen an die E-GmbH weiterleitete.

Der BFH schloss sich den vorangegangenen Auffassungen an und bejahte ebenfalls die Steuerpflicht der Zahlungen. Um die Steuerpflicht zu begründen, muss zum einen zwischen der Leistung und dem erhaltenen Gegenwert ein unmittelbarer Zusammenhang bestehen. Dieser ergibt sich aus einem Rechtsverhältnis zwischen beiden Parteien, nämlich die Erfüllung der Medienarbeit. Aufgrund des Haushaltsbeschlusses der Landeskirche ist deutlich erkennbar, in welcher Art und Weise der Zuschuss einzusetzen ist. Mittels des Bewilligungsbescheids, der den Wert des Zuschusses und der dafür geforderten Leistung benennt, wird das Rechtsverhältnis begründet und steht damit als **Förderungsziel** im Vordergrund. Zum anderen muss ein identifizierbarer Leistungsempfänger vorhanden sein, der aus der Leistung einen konkreten Vorteil zieht. Im Streitfall liegt dieser Vorteil der Landeskirche in der Übernahme der journalistischen Medienarbeit und in der Präsentation der christlichen Lehre im privaten Rundfunk und Fernsehen. Demgemäß ist die Landeskirche als Leistungsempfänger die **Person,** deren eigene Interessen überwiegend erfüllt werden. Ein Interesse der Allgemeinheit schließt die Steuerbarkeit nicht aus. Vielmehr ist auf die wirtschaftlich konkrete Gegenleistung in der Form der Medienarbeit abzustellen.

Hinzuweisen ist an dieser Stelle auf einen Beitrag von Prof. Dr. Lippross in DStR 2009 S. 781 ff., der die BFH-Rechtsprechung kritisch beleuchtet.

In Abgrenzung zu dem vorgenannten BFH-Urteil hat das FG Düsseldorf am 09.12.2013 (5 K 2789/11 U, EFG 2014 S. 676) rechtskräftig entschieden, dass die bloße Etatisierung von Mitteln im Haushalt der Landeskirchensynode, die sodann ohne Bewilligungsbescheid und ohne Begründung eines schuld-, gesellschafts- oder satzungsrechtlichen Rechtsverhältnisses an eine kirchlichen Zwecken dienende Mediengesellschaft vergeben werden, für die Annahme eines zur Umsatzsteuerbarkeit von Zuschüssen führenden Leistungsaustauschverhältnisses nicht ausreicht.

Es ging darum, ob und ggf. inwieweit Zahlungen der Landeskirche an die Rechtsvorgängerin der Klägerin und an die Klägerin umsatzsteuerpflichtig sind. Das Finanzamt bewertete diese Zahlungen als Leistungsentgelte und berechnete hierfür mit dem ermäßigten Steuersatz von 7 % Umsatzsteuern. Gesellschafter der Klägerin sind die Landeskirche, zahlreiche Kirchenkreise und weitere. Gegenstand der Klägerin ist nach dem Gesellschaftsvertrag die Verkündigung des Evangeliums in der Öffentlichkeit. Dieser Zweck wird einerseits durch den Betrieb eines Aus- und Fortbildungsinstituts erfüllt. Andererseits verwirklicht die Klägerin kirchliche Zwecke unter Beachtung der publizistischen Grundsätze der Kirche in Deutschland durch die Herstellung, Verbreitung und Auswertung von Medienprodukten in den Bereichen Medien, Öffentlichkeitsarbeit und Journalismus. Die Geschäftsfelder waren in den streitigen Veranlagungszeiträumen Redaktion und Verlag, Aus- und Fortbildung, Mediathek und Geschenkeshop sowie Ton- und Fernsehstudio.

Die Klägerin erhielt die oben aufgeführten Zahlungen als Zuschüsse – und zwar ausschließlich auf der Grundlage der jährlichen Haushaltsbeschlüsse der Landessynode. Die Entscheidung, ob und wann und in welcher Höhe der Zuschuss gewährt wird, liegt im alleinigen Ermessen der Landessynode. Es gibt weder eine vertragliche Vereinbarung über die Gewährung der Zuschüsse, noch gibt es Bewilligungsbescheide oder dergleichen, aus dem sich ein Anspruch der Klägerin bzw. eine entsprechende Zahlungsverpflichtung der Landeskirche herleiten ließe. Die

Beteiligten vertraten bis 2009 übereinstimmend die Auffassung, es handele sich bei den streitigen Zahlungen um echte nicht steuerbare Zuschüsse. Das Finanzamt änderte dann seine Sichtweise mit Blick auf das Urteil des BFH vom 27.11.2008. Das FG Düsseldorf entschied jedoch, dass die vom Landeskirchenamt an die Klägerin geleisteten Zahlungen echte Zuschüsse darstellen und nicht umsatzsteuerpflichtig sind – ein der Umsatzsteuer unterliegender Leistungsaustausch besteht nicht.

Die Finanzverwaltung folgt durch die Veröffentlichung der Rechtsprechung im BStBl bislang der Auffassung des BFH, dabei orientiert sie sich zur Abgrenzung von echten und unechten Zuschüssen im Wesentlichen an den vom BFH aktuell aufgestellten Grundsätzen.

Mitgliedsbeiträge: Steuerpflichtiges Entgelt oder „echte" Mitgliedsbeiträge?

Ein Leistungsaustausch ist auch nicht anzunehmen, wenn etwa Vereine **Mitgliedsbeiträge** vereinnahmen, um in Erfüllung ihres Satzungszwecks die Gesamtbelange ihrer Mitglieder wahrzunehmen (siehe BFH vom 12.04.1962, BStBl 1962 III S. 260; siehe auch Tz. 3.3.1). Die Finanzverwaltung hält auch nach Veröffentlichung des EuGH-Urteils vom 21.03.2002 zum Kennemer Golf & Country Club (Rs. C-174/00, UR 2002 S. 320), wonach auch echte Mitgliedsbeiträge ein steuerbares Entgelt für die Leistungen eines Verein sein können, an dieser Auffassung fest (so ausdrücklich in Abschn. 1.4 Abs. 1 UStAE). In Wahrnehmung dieser Satzungszwecke treten Vereine also nach derzeit geltender Verwaltungsansicht **nicht** als Unternehmer auf. Die Finanzverwaltung hat mit der Auffassung des EuGH bis heute ihre Schwierigkeiten. Zwar kam sie in der Vergangenheit zu dem Ergebnis, dass Jahresbeiträge oder auch Aufnahmegebühren, die Mitglieder an ihren Sportverein zahlen, als Gegenleistung für die von dem Verein zu erbringenden Dienstleistungen zu werten sind (siehe BFH vom 09.08.2007 V R 27/04, DB 2007 S. 2238 zu Flugsportvereinen, und vom 11.10.2007 V R 69/06, DB 2008 S. 40 zu Golfsportvereinen). Allerdings wurden diese Urteile bis heute nicht amtlich im BStBl veröffentlicht, dennoch können sich Vereine auf diese ständige Rechtsprechung des BFH berufen.

Für die Frage, ob ein Leistungsaustausch vorliegt, sind grundsätzlich „echte" von „unechten" Mitgliedsbeiträgen abzugrenzen (vgl. Abschn. 1.4 UStAE). Echte Mitgliedsbeiträge sind nicht umsatzsteuerbar, da sie nicht für die Erfüllung von Sonderbelangen einzelner Mitglieder entrichtet werden, sondern zur Erfüllung der den Gesamtbelangen sämtlicher Mitglieder dienenden satzungsgemäßen Gemeinschaftszwecke. Es fehlt an einem Leistungsaustausch mit dem einzelnen Mitglied. Für die Einordnung als „echte" Mitgliedsbeiträge kommt es nicht darauf an, ob die Angebote des Vereins durch die Mitglieder tatsächlich genutzt werden oder ob diese den Verein nur als „passives" Mitglied unterstützen. Unechte Beiträge, die in Abhängigkeit von einer konkret bemessenen Gegenleistung des Vereins gezahlt werden, sind umsatzsteuerbar. Die Rechtsprechung unterscheidet hierbei zwischen steuerunschädlichen Vereinsleistungen, die im Allgemeininteresse der Mitglieder stehen, und anderen entgeltlichen Leistungen, die im Sonderinteresse einzelner Mitglieder erbracht werden. Letzteres wird insbesondere dann angenommen, wenn der Beitrag nach dem individuellen Vorteil des Mitglieds bemessen wird (BFH vom 21.04.1993 XI R 84/90, BFH/NV 1994 S. 60; FG München vom 28.05.1999 7 K 1332/95, EFG 1999 S. 1096). Als wesentliches Indiz für die Annahme echter Mitgliedsbeiträge wird von der Finanzverwaltung ihre gleichmäßige Erhebung nach einem für alle Mitglieder verbindlichen Bemessungsmaßstab angesehen (vgl. Abschn. 1.4 Abs. 2 UStG). Unschädlich ist eine Differenzierung nach persönlichen Kriterien wie etwa dem Alter, Vermögen, Einkommen, Familienstatus oder der Betriebsgröße. In Einzelfällen können die Vereinsleistungen allerdings selbst bei

4 Andere Steuergesetze

gleicher Beitragszahlung umsatzsteuerbar sein. Das ist dann der Fall, wenn die Vereinstätigkeiten hauptsächlich auf Leistungen beruhen, die dem Sonderinteresse der Mitglieder dienen (BFH vom 07.11.1996 V R 34/96, BStBl 1997 II S. 366, und vom 09.05.1974 V R 128/71, BStBl 1974 II S. 530).

Der BFH hat in mehreren Entscheidungen noch einmal herausgestellt, dass Mitgliedsbeiträge insbesondere bei **Sportvereinen** umsatzsteuerbar sein können. In seiner Entscheidung vom 09.08.2007 (V R 27/04, DStR 2007 S. 1719) stellt der BFH erstmalig klar, dass die Grundsätze der EuGH-Entscheidung vom 21.03.2002 auf die nationale Beurteilung der Mitgliedsbeiträge zu Sportvereinen anwendbar sind. Auf der Basis der EuGH-Entscheidung kam der BFH im Fall eines Luftsportvereins zum Entschluss, dass bei Sportvereinen stets ein unmittelbarer Zusammenhang zwischen der Leistung des Vereins, den Mitgliedern Vorteile wie Sportanlagen zur Verfügung zu stellen, und den Mitgliedsbeiträgen besteht. Der BFH hob die frühere anderweitige Rechtsprechung (BFH vom 20.12.1984 V R 25/76, BStBl 1985 II S. 176) ausdrücklich auf.

In der Entscheidung vom 11.10.2007 (V R 69/06 DB 2008 S. 40) bekräftigte der BFH diese Aussagen erneut. Im Fall eines **Golfvereins** wurde bestätigt, dass Mitgliedsbeiträge und Aufnahmegebühren Entgelte für die Leistungen eines Sportvereins an seine Mitglieder sein können. Es komme hierbei nicht darauf an, ob die Mitglieder die Vorteile tatsächlich in Anspruch nehmen.

In der darauf folgenden Entscheidung vom 12.06.2008 (V R 33/05, BStBl 2009 II S. 221) entschied der BFH, dass der Vorgang einer Überlassung von Kraftfahrzeugen durch einen **„Carsharing"-Verein** an seine Mitglieder umsatzsteuerbar und -pflichtig mit dem Regelsteuersatz nach § 12 Abs. 1 UStG ist. Hierbei war es nicht erforderlich, auf die Kriterien der EuGH-Rechtsprechung zurückzugreifen, da sich die Umsatzsteuerbarkeit und der Regelsteuersatz bereits nach allgemeinen umsatzsteuerlichen Grundsätzen ergaben. Der BFH verneinte explizit die Möglichkeit der Berufung auf die EU-Richtlinie, da die Überlassung der Kraftfahrzeuge nicht im Rahmen wohltätiger Zwecke erfolgte.

Daneben ist anzumerken, dass das FG Köln in seiner Entscheidung vom 22.01.2008 (6 K 2707/03, EFG 2008 S. 1829) einem gemeinnützigen **Reitverein** die Berufung auf die Steuerbefreiung der EU-Richtlinie verwehrte. In einer weiteren Entscheidung des FG Köln vom 20.02.2008 (FG Köln vom 20.02.2008 – 7 K 4943/05, EFG 2008 S. 892) kam er im Fall eines gemeinnützigen Golfvereins auf Grundlage der EuGH-Rechtsprechung zum Ergebnis, dass die zur Verfügung gestellte Golfanlage an Nichtmitglieder als ein umsatzsteuerbarer Leistungsaustausch einzustufen ist. Nach der EU-Richtlinie ist jedoch eine Steuerbefreiung einschlägig. Die Revision beim BFH gegen diese FG-Entscheidung wurde zurückgenommen (BFH vom 16.02.2011 XI R 48/08, nicht dokumentiert).

Mit der Änderung in der Rechtsprechung des BFH haben die betroffenen Vereine zurzeit aus meiner Sicht dem Grunde nach ein „Wahlrecht". Die Mitgliedsbeiträge können nach geltender Verwaltungsauffassung als nicht steuerbar behandelt werden oder sie können auf der Grundlage des Art. 132 Abs. 1 Buchst. m MwStSystRL die bisherige Behandlung als steuerbare, aber steuerfreie Entgelte fortsetzen, sodass keine Umsatzsteuer auf Mitgliedsbeiträge anfällt. Alternativ können betroffene Vereine die Mitgliedsbeiträge unter Bezugnahme auf die BFH-Rechtsprechung vom 09.08.2007 im Rahmen abzugebender Umsatzsteuererklärungen als umsatzsteuerpflichtig behandeln mit der Möglichkeit, bei größeren Investitionen auch den Vorsteueranspruch geltend machen zu können. Erbringt ein Verein dage-

gen (Einzel-)Leistungen, die den Sonderbelangen der einzelnen Mitglieder dienen, und erhebt er dafür „Beiträge" entsprechend der tatsächlichen oder vermuteten Inanspruchnahme seiner Tätigkeit, so liegt ein Leistungsaustausch vor (vgl. BFH vom 04.07.1985, BStBl 1986 II S. 153, vom 07.11.1996, BStBl 1997 II S. 366, und vom 29.10.2008 XI R 59/07, UR 2009 S. 127; vgl. Beispiel zu Trägervereinen in Tz. 3.3.1).
Wann die seit dem Urteil des EuGH im Jahr 2002 bekannt gegebenen unionsrechtlichen Vorgaben zu einer Anpassung des UStG führen, bleibt abzuwarten.

Personalüberlassungen – Freistellung von Arbeitnehmern

Personalgestellungen sowie Personalüberlassungen gegen Entgelt, auch gegen Aufwendungsersatz, erfolgen grundsätzlich im Rahmen eines Leistungsaustausches und stellen sonstige Leistungen nach § 3a Abs. 4 Nr. 7 UStG dar. In den folgenden Beispielsfällen liegt bei der **Freistellung** von Arbeitnehmern durch den Unternehmer gegen Erstattung der Aufwendungen wie Lohnkosten, Sozialversicherungsbeiträge und ähnliche Kosten jedoch mangels eines konkretisierbaren Leistungsempfängers kein Leistungsaustausch vor (vgl. auch Abschn. 1.1 Abs. 16 UStAE), diese Personalüberlassungen bleiben also im Ergebnis von der Umsatzsteuer befreit:

1. Freistellung für Luftschutz- und Katastrophenschutzübungen;
2. Freistellung für Sitzungen des Gemeinderats oder seiner Ausschüsse;
3. Freistellung an das Deutsche Rote Kreuz, das Technische Hilfswerk, den Malteser- Hilfsdienst, die Johanniter-Unfallhilfe oder den Arbeiter-Samariter-Bund;
4. Freistellung an die Feuerwehr für Zwecke der Ausbildung, zu Übungen und zu Einsätzen;
5. Freistellung für Wehrübungen;
6. Freistellung zur Teilnahme an der Vollversammlung einer Handwerkskammer, an Konferenzen, Lehrgängen und dgl. einer Industriegewerkschaft, für eine Tätigkeit im Vorstand des Zentralverbands Deutscher Schornsteinfeger e. V., für die Durchführung der Gesellenprüfung im Schornsteinfegerhandwerk, zur Mitwirkung im Gesellenausschuss nach § 69 Abs. 4 HwO;
7. Freistellung für Sitzungen der Vertreterversammlung und des Vorstands der Verwaltungsstellen der Bundesknappschaft;
8. Freistellung für die ehrenamtliche Tätigkeit in den Selbstverwaltungsorganen der Allgemeinen Ortskrankenkassen, bei Innungskrankenkassen und ihren Verbänden;
9. Freistellung als Heimleiter in Jugenderholungsheimen einer Industriegewerkschaft;
10. Freistellung von Bergleuten für Untersuchungen durch das Berufsgenossenschaftliche Forschungsinstitut für Arbeitsmedizin;
11. Freistellung für Kurse der Berufsgenossenschaft zur Unfallverhütung;
12. Personalkostenerstattung nach § 147 Abs. 2a SGB V für die Überlassung von Personal durch den Arbeitgeber an eine Betriebskrankenkasse.

Kein Leistungsaustausch bei Personalbeistellungen

Von der Personalgestellung gegen Entgelt und der Freistellung von Arbeitnehmern für bestimmte Zwecke ist die sog. Personalbeistellung zu unterscheiden. Personalbeistellungen kommen z. B. vor, wenn steuerbegünstigte Krankenhäuser ihre Fachabteilungen, z. B. die Radiologie oder den Laborbereich, aufgeben bzw. auf selbständig tätige Ärzte oder Praxen ausgliedern und diese Unternehmen anschließend für die Patienten des Krankenhauses entsprechende Leistungen erbringen. Das

Krankenhaus überlässt das Fachpersonal, das häufig aus versorgungsrechtlichen Gründen weiterhin beim Krankenhaus tätig bleibt, im Wege der Personalbeistellung gegen Kostenersatz an die Dienstleister. Diese Personalbeistellung bleibt nur unter Einhaltung der engen Voraussetzungen des Abschn. 1.1 Abs. 6 und 7 UStAE von der Umsatzbesteuerung ausgenommen, hilfsweise können entgeltliche Personalüberlassungen im Bereich medizinischer Heilbehandlungen unter bestimmten Voraussetzungen des § 4 Nr. 14 UStG von der Umsatzsteuer befreit bleiben.

Bei der Abgrenzung zwischen steuerbarer Leistung und nicht steuerbarer Beistellung von Personal des Auftraggebers ist unter entsprechender Anwendung der Grundsätze der sog. Materialbeistellung darauf abzustellen, ob der Auftraggeber an den Auftragnehmer selbst eine Leistung (als Gegenleistung) bewirken oder nur zur Erbringung der Leistung durch den Auftragnehmer beitragen will. Falls der Unternehmer mit seiner Personalbeistellung an der Erbringung der bestellten Leistung mitwirkt, wird auf diese Weise gleichzeitig auch der Inhalt der gewollten Leistung näher bestimmt. Ohne entsprechende Beistellung obliegt es dem Auftragnehmer, jegliche erforderlichen Mittel für die Erbringung der Leistung selbst zu beschaffen. Aus diesem Grund sind Beistellungen, sofern sie nicht im Austausch für eine gewollte Leistung aufgewendet werden, nicht Bestandteil des Leistungsaustausches (vgl. BFH vom 15.04.2010 V R 10/08, BStBl 2010 II S. 879).

Festzuhalten ist folglich, dass die wesentliche Voraussetzung für eine tauschähnliche Leistung zwei sich gegenüberstehende entgeltliche Leistungen i. S. des § 1 Abs. 1 Nr. 1 UStG sind, die nur durch die Vereinbarung eines Entgelts (sog. Tausch) miteinander verbunden sind. Überlässt der Auftraggeber sein angestelltes Personal unentgeltlich an einen Auftragnehmer lediglich zur Durchführung eines konkreten Auftrags (sog. Personalbeistellung), liegt keine sonstige Leistung i. S. des § 3 Abs. 9 UStG vor (siehe BFH vom 06.12.2007 V R 42/06, BStBl 2009 II S. 493).

Eine **nicht steuerbare Personalbeistellung** des Auftraggebers **setzt voraus**, dass das Personal lediglich im Zusammenhang mit der Leistung des Auftragnehmers **für den Auftraggeber** eingesetzt wird (vgl. BFH vom 06.12.2007 V R 42/06, BStBl 2009 II S. 493, und vom 12.05.2009, BStBl 2010 II S. 854). Der Personaleinsatz des Auftraggebers für Geschäfte des Auftragnehmers an **Drittkunden muss vertraglich** und **faktisch ausgeschlossen** sein. Es obliegt dem Auftragnehmer, dafür Sorge zu tragen, da er die objektive Beweislast hierfür trägt. Für einen solchen Fall muss die Entlohnung des überlassenen Personals weiter nur durch den Auftraggeber erfolgen. Er allein muss zudem über das Weisungsrecht verfügen. Der Auftragnehmer dagegen kann nur in dem Umfang Weisungen erteilen, der zur Erbringung der Leistung erforderlich ist. Mit Urteil vom 18.01.2005 (V R 35/02, BStBl 2005 II S. 507) entschied der BFH, dass die Gestellung von Personal seitens eines Krankenhauses an eine Arztpraxis ein mit dem Betrieb des Krankenhauses eng verbundener Umsatz sein kann, sofern die Personalgestellung für die ärztliche Versorgung der Krankenhauspatienten unerlässlich ist. Darüber hinaus kann im Ausnahmefall ein mit dem Betrieb des Krankenhauses eng verbundener Umsatz sogar dann gegeben sein, wenn die Arztpraxis neben den Krankenhauspatienten auch andere Patienten versorgt. Für die Entscheidungsfindung, ob ein derartiger Fall vorliegt, muss der Einzelfall unter Gesamtwürdigung aller Umstände betrachtet werden.

Im Streitfall hatte ein Krankenhaus eine eigene Abteilung für Röntgendiagnostik, Strahlentherapie und Nuklearmedizin, welche es zugunsten einer Gemeinschaftspraxis aufgab. Diese erwarb die Geräte und übernahm das bisher in dieser Abteilung eingesetzte Personal, jedoch nur insoweit die Mitarbeiter damit einverstanden waren. Diejenigen Arbeitnehmer, die diesem Wechsel des Arbeitgebers nicht zustimmten, wurden im Zuge einer Personalgestellung gegen Zahlung der tatsächlich verausgabten Personalkosten und einen Zuschlag für den Verwaltungsaufwand zur Verfügung gestellt. Die Gemeinschaftspraxis wurde vom Krankenhaus vermietet, da sie in dessen Räumlichkeiten ausgeübt wurde. Sie versorgte stationäre, ambulante sowie sonstige Patienten des Krankenhauses, die wahlärztliche Leistungen in Anspruch nahmen. Bei diesen Leistungen, die die Praxis gegenüber dem Krankenhaus erbrachte, handelt es sich ausschließlich um steuerfreie Umsätze nach § 4 Nr. 14 UStG. Die Personalgestellung an die Gemeinschaftspraxis ist in diesem Fall zu Recht nach § 4 Nr. 16 UStG a. F. von 1993 (in der aktuellen Fassung des UStG unter § 4 Nr. 14 UStG zu finden) umsatzsteuerfrei behandelt worden.

Diese Steuerbefreiung wäre ausgeschlossen, wenn die Ausübung der Tätigkeiten, für welche eine Steuerbefreiungsnorm greift, nicht unerlässlich sind oder sie im Wesentlichen dazu bestimmt sind, der Einrichtung zusätzliche Tätigkeiten zu verschaffen, die in unmittelbarem Wettbewerb mit Tätigkeiten von der Umsatzsteuer unterliegenden gewerblichen Unternehmen durchgeführt werden.

Der BFH vertrat die Auffassung, dass die streitige Personalgestellung nicht im Wesentlichen dazu bestimmt war, dem Krankenhaus zusätzliche Tätigkeiten zu verschaffen, die in unmittelbarem Wettbewerb mit einem gewerblichen Personalvermittlungsunternehmen durchgeführt werden. Ein unmittelbarer Wettbewerb liege hier allein schon deshalb nicht vor, da die betroffenen Mitarbeiter nicht bereit waren, ihr Arbeitsverhältnis mit dem Krankenhaus zu beenden. Ein schädlicher Wettbewerb sei folglich nicht ersichtlich, da die Personalgestellung im Streitfall nur Übergangscharakter habe und aus arbeitsvertraglichen Beziehungen zwischen dem Krankenhaus und seinen Mitarbeitern resultiere.

Im Anschluss an das oben beschriebene Urteil argumentierte der BFH in einem weiteren Fall (Urteil vom 25.01.2006 V R 46/04, BStBl 2006 II S. 481) in die gleiche Richtung.

Er verdeutlichte erneut, dass die Personalgestellung durch ein Krankenhaus an eine Arztpraxis ein mit dem Betrieb des Krankenhauses eng verbundener, nach § 4 Nr. 16 Buchst. b UStG a. F. von 1993 steuerfreier Umsatz sein kann. Als Beispiel wird angeführt, dass ein Krankenhaus medizinische Großgeräte der Arztpraxis durch eigenes Personal nutzen darf und im Gegenzug sein Personal zur Bedienung der Geräte auch für die Nutzung durch die Arztpraxis gegen Kostenerstattung überlässt.

Ein mit dem Betrieb des Krankenhauses eng verbundener Umsatz kann demnach ausnahmsweise auch dann vorliegen, wenn die Arztpraxis nicht nur die Krankenhauspatienten, sondern auch andere Patienten versorgt. Ob ein derartiger Ausnahmefall vorliegt, kann nur unter Gesamtwürdigung aller Umstände des Einzelfalls beurteilt werden.

Vertragsgestaltungen für ein freiwilliges soziales bzw. ökologisches Jahr im Kontext einer umsatzsteuerpflichtigen Personalüberlassung

Für junge Menschen im Alter von 16 bis 27 Jahren bietet das freiwillige soziale Jahr (FSJ) und das freiwillige ökologische Jahr (FÖJ) eine Grundlage, sich bürgerschaftlich zu engagieren. Es handelt sich dabei um ein Bildungs- und Orientierungsjahr (von 6 bis 18 Monaten), das von einem öffentlichen oder freien Maßnahmeträger (meist Landesverbände) pädagogisch begleitet wird. Der Arbeitseinsatz der Freiwilligen erfolgt nicht beim Träger, sondern wird in überwiegend praktischer Hilfstätigkeit in gemeinwohlorientierten Einrichtungen (z. B. Krankenhäuser, Altenheime,

Fahrdienste, Sportvereine) bzw. in Einrichtungen, die im Bereich Natur- und Umweltschutz tätig sind (Einsatzstellen), geleistet.

Die Rahmenbedingungen und Vertragsverhältnisse zwischen Freiwilligen, Maßnahmeträgern und Einsatzstellen werden im Jugendfreiwilligendienstegesetz (JFDG) zusammengefasst. Um am FSJ oder FÖJ teilnehmen zu können, sind die Freiwilligen verpflichtet, eine Teilnahmevereinbarung mit dem Maßnahmeträger abzuschließen.

Möglich ist auch eine dreiseitige Vereinbarungen zwischen Freiwilligen, Trägern und Einsatzstellen (§ 11 Abs. 2 JFDG). Je nachdem, ob die zwei- oder dreiseitige Vertragsgestaltung gewählt wird, besteht eine unterschiedliche umsatzsteuerliche Leistungsbeziehung und entsprechend unterschiedliche steuerliche Auswirkungen.

Im Fall der Verwendung einer zweiseitigen Vereinbarung liegt regelmäßig eine umsatzsteuerpflichtige Personalgestellung vor, der Fall der dreiseitigen Vereinbarung hingegen führt nicht zur Umsatzsteuerpflicht.

Zweiseitige Vereinbarung zwischen Freiwilligem und Maßnahmeträger

Bei der zweiseitigen Vertragsgestaltung (§ 11 Abs. 1 JFDG) vereinbaren der teilnehmende Freiwillige und der Maßnahmeträger üblicherweise die Arbeitszeit, den Urlaubsanspruch, die Seminarteilnahmepflicht sowie die Vergütung für das FSJ/FÖJ. Darüber hinaus erhält der Freiwillige eine unentgeltliche Unterkunft, Verpflegung sowie die benötigte Arbeitskleidung. Alternativ kann der Maßnahmeträger stattdessen eine entsprechende Geldersatzleistung entrichten. Außerdem zahlt dieser neben den Arbeitgeber- und Arbeitnehmerbeiträgen zur Sozialversicherung dem Freiwilligen ein sog. Taschengeld. Die Einsatzstelle entrichtet dem Maßnahmeträger die Sozialversicherungsbeiträge, das Taschengeld sowie einen monatlichen pauschalen Betrag für die Verwaltungskosten, die dem Träger aufgrund der Verwaltung, Lohnbuchhaltung, Gehaltsabrechnung usw. entstanden sind.

Folglich besteht in diesem Fall keine Rechtsbeziehung zwischen dem Freiwilligen und der Einsatzstelle, sodass dessen gestellte Dienste dem Träger zugerechnet werden, welche die Einsatzstelle entgeltlich in Anspruch nimmt. Demzufolge liegt ein umsatzsteuerbarer und umsatzsteuerpflichtiger Leistungsaustausch in Form einer Personalüberlassung zwischen dem Maßnahmeträger und der Einsatzstelle vor, der dem Regelsteuersatz nach § 12 Abs. 1 UStG unterliegt. Der Träger erbringt die Leistung im Rahmen eines wirtschaftlichen Geschäftsbetriebs und schließt daher den ermäßigten Steuersatz aus (siehe § 12 Abs. 2 Nr. 8 Buchst. a Satz 2 UStG).

Dreiseitige Vereinbarung zwischen Freiwilligem, Maßnahmeträger und Einsatzstelle

Die zweite mögliche Vertragsgestaltung nach § 11 Abs. 2 JFDG sieht eine dreiseitige Vereinbarung vor, nach welcher ein Rechtsverhältnis besteht, das die jeweiligen Rechte und Pflichten ausschließlich und unmittelbar der Einsatzstelle und dem Maßnahmeträger zurechnet. Damit findet **keine entgeltliche Personalüberlassung** statt, da die Einsatzstelle die Berechtigung des Arbeitseinsatzes des Freiwilligen hat und gleichzeitig die Verpflichtung zur Zahlung der von ihr übernommenen Kosten zur Sozialversicherung und des Taschengeldes trägt. Leistungen, die im Zuge der formalen Bildungsarbeit seitens des Trägers ausgeführt und von der betroffenen Einsatzstelle entgeltlich beglichen werden, sind nach § 4 Nr. 22 Buchst. a UStG steuerfrei (vgl. OFD Hannover vom 17.08.2009 – S 7100 – 621 – StO 171; OFD Frankfurt a. M. vom 13.03.2009 – S 7100 A – 271 – St 110).

Bundesfreiwilligendienst

Mit der Aussetzung des Wehrdienstes und damit auch des Zivildienstes zum 01.07.2011 erfolgte zur Kompensation des Wegfalls des Zivildienstes die Einführung eines, neben dem FSJ/FÖJ, weiteren Freiwilligendienstes: dem Bundesfreiwilligendienst (BFD). Im für Personen jeden Alters geöffneten BFD engagieren sich Frauen und Männer für das Allgemeinwohl, insbesondere im sozialen, ökologischen und kulturellen Bereich sowie im Bereich des Sports, der Integration und des Zivil- und Katastrophenschutzes. Die gesetzliche Grundlage stellt das Gesetz über den Bundesfreiwilligendienst (BFDG) dar. In der Regel erfolgt die Teilnahme am BFD über 12 Monate, mindestens jedoch sechs und höchstens 18 Monate. In Ausnahmefällen auch 24 Monaten.

Hinsichtlich der Organisation und der umsatzsteuerlichen Leistungsbeziehungen bestehen beim BFD Unterschiede zum FSJ/FÖJ. Wie beim FSJ/FÖJ ist der Freiwillige bei einer von der Bundesbehörde anerkannten Einsatzstelle tätig. Insbesondere wurden die vormals als Zivildienststellen anerkannten Einrichtungen als Einsatzstellen anerkannt. Entgegen dem FSJ/FÖJ ist es jedoch nicht gesetzlich vorgeschrieben, dass sich die Einsatzstellen einem Träger anschließen. Zwar wird entsprechend der Homepage des BFD (www.bundesfreiwilligendienst.de) angestrebt, dass die Einsatzstellen Trägern zugeordnet sind, es soll aber dennoch möglich sein, dass sich die Einsatzstellen direkt einer Zentralstelle auf Bundesebene anschließen. Die Zentralstellen fungieren als Bindeglied zwischen dem Bundesamt und den Einsatzstellen/Trägern und sollen die ordnungsgemäße Durchführung des BFD sicherstellen.

Dem BFD liegt eine vertragliche Vereinbarung zwischen dem Bund und dem/der Freiwilligen zugrunde. Das BFDG legt fest, dass die Einsatzstellen an die Freiwilligen Unterkunft, Verpflegung und Arbeitskleidung oder entsprechende Geldersatzleistungen sowie ggf. ein Taschengeld zu leisten haben. Den Einsatzstellen wird der Aufwand für das Taschengeld, die Sozialversicherungsbeiträge und die pädagogische Begleitung im Rahmen der im Haushaltsplan vorgesehenen Mittel erstattet. Hierbei erfolgt kein umsatzsteuerpflichtiger Leistungsaustausch zwischen dem Bund und den Einsatzstellen. Insbesondere liegt keine Personalgestellung vor, da die Einsatzstelle dem Bund keine Kosten für die Überlassung der Freiwilligen erstattet.

4.5.3 Innergemeinschaftliche Erwerbe (Warenbezüge aus dem EU-Ausland)

§ 1a UStG

(1) Ein innergemeinschaftlicher Erwerb gegen Entgelt liegt vor, wenn die folgenden Voraussetzungen erfüllt sind:

1. Ein Gegenstand gelangt bei einer Lieferung an den Abnehmer (Erwerber) aus dem Gebiet eines Mitgliedstaates in das Gebiet eines anderen Mitgliedstaates oder aus dem übrigen Gemeinschaftsgebiet in die in § 1 Abs. 3 bezeichneten Gebiete, auch wenn der Lieferer den Gegenstand in das Gemeinschaftsgebiet eingeführt hat,

2. der Erwerber ist

   a) ein Unternehmer, der den Gegenstand für sein Unternehmen erwirbt, oder

   b) eine juristische Person, die nicht Unternehmer ist oder die den Gegenstand nicht für ihr Unternehmen erwirbt,

   und

3. die Lieferung an den Erwerber

4 Andere Steuergesetze

a) wird durch einen Unternehmer gegen Entgelt im Rahmen seines Unternehmens ausgeführt und

b) ist nach dem Recht des Mitgliedstaates, der für die Besteuerung des Lieferers zuständig ist, nicht auf Grund der Sonderregelung für Kleinunternehmer steuerfrei.

....

Erwirbt eine steuerbegünstigte Körperschaft Waren im Rahmen eines innergemeinschaftlichen Erwerbs, können diese durch die steuerbegünstigte Körperschaft **steuerfrei** bezogen werden. Sie müssen dann jedoch durch den Importeur selbst – die steuerbegünstigte Körperschaft – im Inland der Besteuerung unterworfen werden. Damit stellt sich der Importeur so, als hätte er eine im Inland steuerpflichtige Lieferung oder Leistung erworben.

Der Gesetzgeber hat in diesem Zusammenhang festgelegt,

- dass Gegenstände im Zusammenhang mit einer Lieferung körperlich von einem EU-Mitgliedstaat in einen anderen gelangen müssen und
- der Abnehmer im Zusammenhang damit zum Steuerpflichtigen wird.

Grundsätzlich ist jeder Unternehmer i. S. des § 2 UStG bei einem Warenbezug aus dem übrigen Gemeinschaftsgebiet erwerbsteuerpflichtig. Der Gesetzgeber hat den erwerbsteuerpflichtigen Abnehmerkreis aber über den Kreis der Unternehmer noch erweitert.

Es unterliegen auch

- Unternehmer, die ausschließlich steuerfreie Umsätze tätigen, die nicht zum Vorsteuerabzug berechtigen,
- Kleinunternehmer, die § 19 Abs. 1 UStG anwenden,
- pauschal versteuernde Land- und Forstwirte nach § 24 Abs. 1 bis 3 UStG sowie
- **juristische Personen,** die für ihren nichtunternehmerischen Bereich Waren beziehen,

der **Erwerbsbesteuerung,** wenn die Entgelte für alle Erwerbe dieser Personen den Betrag von 12.500 Euro im vorangegangenen Kalenderjahr überschritten haben bzw. voraussichtlich im laufenden Kalenderjahr in Deutschland überschreiten werden.

Dabei muss gesehen werden, dass die Option zur Erwerbsbesteuerung vorteilhaft sein kann, sollte die Erwerbsschwelle von 12.500 Euro nicht überschritten werden. Steuerbegünstigte Körperschaften, die z. B. entsprechende Erwerbe für den ideellen Bereich vornehmen, können bei Nichtüberschreitung der Erwerbsschwelle zur Erwerbsteuerpflicht optieren. Während bis Ende 2010 zur Option eine entsprechende Erklärung gegenüber dem zuständigen Finanzamt abgegeben werden musste, gilt seit dem 01.01.2011 die Verwendung einer dem Erwerber erteilten USt-IdNr. gegenüber dem Lieferer als Option zur Erwerbsbesteuerung. Die Ausübung der Option bindet den Unternehmer (die steuerbegünstigte Körperschaft) dann mindestens für zwei Jahre (§ 1a Abs. 4 UStG). Wird auf die Anwendung der Erwerbsschwelle verzichtet, unterliegt der Erwerb in jedem Fall der Erwerbsbesteuerung nach § 1a Abs. 1 und 2 UStG.

Beispiel:
Ein als gemeinnützig anerkannter Verein bezieht eine neue Computerausstattung von einem italienischen Lieferanten.

Der italienische Lieferant erteilt eine Rechnung über eine steuerfreie innergemeinschaftliche Lieferung. Der Verein hat dem Lieferanten in Italien dazu seine USt-IdNr. mitgeteilt. Ohne Durchführung der Erwerbsbesteuerung hätte der Verein die italienische Umsatzsteuer i. H. von 20 % entrichten müssen.

Die Computerausrüstung verwendet der Verein ausschließlich in seinem ideellen – nichtunternehmerischen – Bereich. Der Verein erklärt gegenüber dem zuständigen Finanzamt diesen Vorgang als innergemeinschaftlichen Erwerb und führt die darauf entfallende Erwerbsteuer in voller Höhe (i. H. von 19 %) an das Finanzamt ab.

Zwei Jahre später bestellt der Verein einen Trikotsatz für die Jugendmannschaft in Dänemark in einem Wertumfang von lediglich 5.000 €. Der Verein hat auch in diesem Fall seine USt-IdNr. bei der Bestellung dem dänischen Vertragspartner mitgeteilt (und damit – erneut – seine Option zur Erwerbsbesteuerung ausgeübt). Ohne Option (= ohne Mitteilung der USt-IdNr.) wäre die höhere dänische Umsatzsteuer (= von zurzeit 25 %) an den Lieferanten mit der Rechnung zu entrichten gewesen.

Die Option zur Erwerbsteuer kann auch bei kleineren Warenbezügen aus EU-Mitgliedstaaten vorteilhaft sein. Durch Herabsetzung auf den günstigeren inländischen Steuersatz kann z. B. eine Ware aus Dänemark (Normalsteuersatz dort 25 %) um 6 % günstiger eingekauft werden.

Mit der Beantragung einer USt-IdNr., ihrer Verwendung im Geschäftsverkehr mit den EU-Lieferanten und der Abgabe der entsprechenden Umsatzsteuer-Voranmeldungen wird die Option wirksam ausgeübt.

Weitere Informationen zur Erteilung der USt-IdNr. erhalten Sie unter www.bzst.de.

4.5.4 Der Unternehmerbegriff

§ 2 UStG

(1) ₁Unternehmer ist, wer eine gewerbliche oder berufliche Tätigkeit selbständig ausübt. ₂Das Unternehmen umfasst die gesamte gewerbliche oder berufliche Tätigkeit des Unternehmers. ₃Gewerblich oder beruflich ist jede nachhaltige Tätigkeit zur Erzielung von Einnahmen, auch wenn die Absicht, Gewinn zu erzielen, fehlt oder eine Personenvereinigung nur gegenüber ihren Mitgliedern tätig wird.

(2) ₁Die gewerbliche oder berufliche Tätigkeit wird nicht selbständig ausgeübt,

1. soweit natürliche Personen, einzeln oder zusammengeschlossen, einem Unternehmen so eingegliedert sind, dass sie den Weisungen des Unternehmers zu folgen verpflichtet sind;

2. wenn eine juristische Person nach dem Gesamtbild der tatsächlichen Verhältnisse finanziell, wirtschaftlich und organisatorisch in das Unternehmen des Organträgers eingegliedert ist (Organschaft). ₂Die Wirkungen der Organschaft sind auf Innenleistungen zwischen den im Inland gelegenen Unternehmensteilen beschränkt. ₃Diese Unternehmensteile sind als ein Unternehmen zu behandeln. ₄Hat der Organträger seine Geschäftsleitung im Ausland, gilt der wirtschaftlich bedeutendste Unternehmensteil im Inland als der Unternehmer.

(3) ₁Die juristischen Personen des öffentlichen Rechts sind nur im Rahmen ihrer Betriebe gewerblicher Art (§ 1 Abs. 1 Nr. 6, § 4 des Körperschaftsteuergesetzes) und ihrer land- oder forstwirtschaftlichen Betriebe gewerblich oder beruflich tätig.

....

4.5.4.1 Allgemeiner Unternehmerbegriff (§ 2 Abs. 1 UStG)

In Abschn. 2.1 Abs. 1 UStAE wird der **Unternehmerbegriff** i. S. des § 2 UStG unter Hinweis auf die Rechtsprechung wie folgt umschrieben:

4 Andere Steuergesetze

Natürliche und juristische Personen sowie Personenzusammenschlüsse können Unternehmer sein. Unternehmer ist jedes selbständig tätige Wirtschaftsgebilde, das nachhaltig Leistungen gegen Entgelt ausführt oder die durch objektive Anhaltspunkte belegte Absicht hat, eine unternehmerische Tätigkeit gegen Entgelt und selbständig auszuüben und erste Investitionsausgaben für diesen Zweck tätigt.

Der in § 2 Abs. 1 Satz 1 UStG verwandte Begriff der **gewerblichen oder beruflichen Tätigkeit** zur Bestimmung des Unternehmerbegriffs nach dem UStG geht über den Begriff des Gewerbebetriebs nach dem EStG und dem GewStG hinaus (vgl. BFH vom 05.09.1963, BStBl 1963 III S. 520). Eine gewerbliche oder berufliche Tätigkeit setzt voraus, dass Leistungen im wirtschaftlichen Sinne ausgeführt werden.

Ein Unternehmen im Sinne des UStG ist (nur) dann anzunehmen, wenn die gewerbliche oder berufliche Tätigkeit **nachhaltig** ausgeübt wird. In Abschn. 2.3 Abs. 5 UStAE wird ausgeführt, dass dies bereits dann anzunehmen ist, wenn die zu beurteilende Tätigkeit auf Dauer zur Erzielung von Entgelten angelegt ist, und dazu auf die BFH-Urteile vom 30.07.1986 (BStBl 1986 II S. 874) und vom 18.07.1991 (BStBl 1991 II S. 776) verwiesen.

Ob dies der Fall ist, richtet sich nach dem Gesamtbild der Verhältnisse im Einzelfall. Als Kriterien für die Nachhaltigkeit einer Tätigkeit kommen nach dem BFH-Urteil vom 18.07.1991 (a. a. O.) insbesondere in Betracht:

– mehrjährige Tätigkeit,
– planmäßiges Handeln,
– auf Wiederholung angelegte Tätigkeit,
– die Ausführung mehr als nur eines Umsatzes,
– Vornahme mehrerer gleichartiger Handlungen unter Ausnutzung derselben Gelegenheit oder desselben dauernden Verhältnisses,
– langfristige Duldung eines Eingriffs in den eigenen Rechtskreis,
– Intensität des Tätigwerdens,
– Beteiligung am Markt,
– Auftreten wie ein Händler,
– Unterhalten eines Geschäftslokals,
– Auftreten nach außen, z. B. gegenüber Behörden.

4.5.4.2 Unternehmerbegriff in umsatzsteuerlichen Organschaftsfällen (§ 2 Abs. 2 UStG)

Ob eine steuerbegünstigte Körperschaft oder z. B. eine ihr nachgeschaltete Tochtergesellschaft jeweils als selbständiges Unternehmen fungiert, hängt von ihrer umsatzsteuerrechtlichen Selbständigkeit ab.

Nach § 2 Abs. 2 UStG verliert eine juristische Person des Privatrechts die umsatzsteuerrechtliche Selbständigkeit, wenn sie nach dem Gesamtbild der Verhältnisse finanziell, wirtschaftlich und organisatorisch in ein anderes Unternehmen (den Organträger) eingegliedert ist. Die Lieferungen und Leistungen dieser Einrichtung (Organgesellschaft) mit Dritten sind dann vom Organträger der Umsatzsteuer zu unterwerfen. Zu den Voraussetzungen für die Annahme einer umsatzsteuerlichen **Organschaft** und deren Wirkungsweise siehe § 2 Abs. 2 UStG sowie Abschn. 2.8 UStAE.

Liegen die Voraussetzungen für die Annahme einer umsatzsteuerlichen Organschaft vor, sind die zwischen dem Organträger und den Organgesellschaften erbrachten Leistungen als nichtumsatzsteuerbare Innenleistungen einzustufen. Die gegenüber Dritten durch die Organgesellschaft erbrachten Leistungen sind umsatzsteuerlich als Leistungen des Organträgers zu behandeln.

Im Unterschied zum Ertragsteuerrecht (vgl. dazu §§ 14 ff. KStG) ist für die Annahme eines wirksamen Organschaftsverhältnisses im Umsatzsteuerrecht der Abschluss eines Gewinnabführungsvertrages **nicht** erforderlich. In jedem Fall muss jedoch neben der finanziellen Eingliederung für Umsatzsteuerzwecke auch eine wirtschaftliche und organisatorische Eingliederung in das Organträgerunternehmen gegeben sein. Die drei Eingliederungsmerkmale müssen nach Abschn. 2.8 Abs. 1 Satz 2 UStAE jedoch nicht gleichermaßen ausgeprägt sein. Nach § 2 Abs. 2 Nr. 2 Satz 1 UStG ist die Beurteilung der umsatzsteuerlichen Organschaft vielmehr „nach dem Gesamtbild der Verhältnisse" vorzunehmen (vgl. Abschn. 2.8 Abs. 1 Satz 3 UStAE). Eine Organgesellschaft kann auch dann unselbständig sein, wenn die Eingliederung auf einem der drei Gebiete nicht vollkommen ausgeprägt ist. Nicht ausreichend ist allerdings, dass die Eingliederung nur in Bezug auf zwei der drei Eingliederungsmerkmale besteht. Die Begründung eines Organschaftsverhältnisses kann bei gemeinnützigen Körperschaften Probleme in Bezug auf das Gebot der Selbstlosigkeit sowie der Unmittelbarkeit auslösen, siehe hierzu u. a. in Tz. 2.15.3.2.

Das Vorliegen von nichtsteuerbaren Innenleistungen hat insbesondere dann Vorteile, wenn die Organ(tochter)gesellschaft ihre Leistungen an ein Trägerunternehmen erbringt, das überwiegend steuerfreie Umsätze ohne Vorsteuerabzugsmöglichkeit erbringt. Daher werden gerade i. V. m. der Ausgliederung von wirtschaftlichen Geschäftsbetrieben aus einer gemeinnützigen „Stammkörperschaft" auf rechtlich selbständige Gesellschaften, deren Anteile von der gemeinnützigen „Stammkörperschaft" gehalten werden, zur Vermeidung der mit einer Umstrukturierung ansonsten auftretenden umsatzsteuerlichen Mehrbelastungen Organschaftsverhältnisse nach § 2 Abs. 2 UStG gezielt angestrebt.

> **Beispiel:**
> Der als gemeinnützig anerkannte Krankenhaus e. V. beschließt, den Küchen- und Wäschereibereich auf eine Tochterkapitalgesellschaft, die Service-GmbH, auszugliedern. Die Tochtergesellschaft erbringt nach der Ausgliederung Küchen- und Wächereileistungen gegen Entgelt an den Krankenhaus e. V. Die Anteile an der Service-GmbH werden allein vom Krankenhaus e. V. gehalten.
>
> Ohne Begründung eines umsatzsteuerlichen Organschaftsverhältnisses zwischen dem Krankenhaus e. V. (= Organträger) und der Service-GmbH (= Organgesellschaft) würden die Umsätze der Service-GmbH der Umsatzsteuer unterliegen. Gerade personalintensive Dienstleistungen wie z. B. in den Bereichen Küche, Reinigung und Wäsche würden als Folge einer Ausgliederung mit erheblichen (zusätzlichen) Umsatzsteuern belastet. Der Krankenhaus e. V., der im Wesentlichen steuerfreie Leistungen nach § 4 Nr. 14 Buchst. b UStG erbringt, könnte diese Umsatzsteuerbeträge nicht als Vorsteuern nach § 15 UStG abziehen (§ 15 Abs. 2 Nr. 1 UStG).

Zu den einzelnen Eingliederungsmerkmalen, die kumulativ gegeben sein müssen, ist Folgendes anzumerken.

Unternehmereigenschaft des Organträgers

Umsatzsteuerliche Organschaften sind grundsätzlich auch zwischen steuerbegünstigten Körperschaften möglich (vgl. Hüttemann, 2015, Tz. 7.122, mit Verweis auf Herzig, Organschaft, S. 405 ff.) Der Anwendungsbereich der umsatzsteuerlichen Organschaft ist nach Ansicht der Finanzverwaltung aber grundsätzlich nur dann eröffnet, wenn die Organträgerin **umsatzsteuerliche Unternehmerin** ist (vgl. Abschn. 2.8 Abs. 6 i. V. m. Abschn. 2.3 Abs. 2 UStAE) und die **Beteiligungen** an

4 Andere Steuergesetze

Organgesellschaften im **unternehmerischen Bereich** gehalten werden. Der Vollständigkeit halber sei darauf hingewiesen, dass nach Auffassung der EuGH-Rechtsprechung für die Begründung einer umsatzsteuerlichen Organschaft die Unternehmereigenschaft des Organträgers nicht zwingend erforderlich ist (vgl. beispielsweise EuGH vom 09.04.2013 Rs. C-85/11, DStR 2013 S. 806, und vom 25.04.2013 Rs. C-480/10, UR 2013 S. 423). Allerdings ist bislang weder der nationale Gesetzgeber noch die Finanzverwaltung (vgl. BMF vom 05.05.2014, BStBl 2014 I S. 820) dieser Auffassung gefolgt, sodass aus Gründen der Rechtssicherheit zunächst weiterhin davon auszugehen ist, dass für die Begründung einer umsatzsteuerlichen Organschaft die Unternehmereigenschaft des Organträgers gegeben sein muss.

Das **Halten einer Beteiligung** stellt nach Auffassung der Finanzverwaltung eine **unternehmerische Tätigkeit** dar, wenn die gesellschaftsrechtliche Beteiligung in Zusammenhang mit einem unternehmerischen Grundgeschäft erworben, gehalten oder veräußert wird; es sich hierbei also um ein Hilfsgeschäft handelt. Hierzu zählt nach Abschn. 2.3 Abs. 4 UStAE jede Tätigkeit, die die Haupttätigkeit mit sich bringt. Maßgebend ist, dass zwischen dem unternehmerischen Grundgeschäft und dem Erwerb der Beteiligung ein erkennbarer und objektiver wirtschaftlicher Zusammenhang gegeben ist. Dieser Zusammenhang ist gegeben, wenn die Aufwendungen für die gesellschaftsrechtliche Beteiligung zu den Kostenelementen der Umsätze aus der Haupttätigkeit des Anteilseigners gehören (vgl. EuGH-Urteil vom 26.05.005 Rs. C-465/03, UR 2005 S. 382). Werden Kosten für Beteiligungen folglich aus den Umsätzen der Haupttätigkeiten finanziert, dürfte dadurch ein erkennbarer und objektiver wirtschaftlicher Zusammenhang und damit zugleich eine unternehmerische Tätigkeit im Verständnis der Verwaltungsauffassung gegeben sein.

> **Beispiel:**
> Eine steuerbegünstigte Krankenhaus-GmbH, die im Rahmen ihres Zweckbetriebs nach AEAO Nr. 1 Satz 3 zu § 67 AO (vgl. BMF vom 14.01.2015, BStBl 2015 I S. 76) auch die Unterbringung und Verpflegung der Patienten gewährleistet und die ihre Verpflegungsleistungen auf eine selbständige Tochter-GmbH ausgegliedert hat, an der sie zu 100 % beteiligt ist, finanziert mit ihren Entgelten aus Fallpauschalen auch die Kosten der Beteiligung an der Tochter-GmbH, sodass die Beteiligung insoweit der unternehmerischen Tätigkeit der Krankenhaus-GmbH zugeordnet werden kann. Dieses gilt nach meinem Dafürhalten unbenommen davon, ob die Krankenhaus-GmbH ihrerseits entgeltliche Leistungen an die Tochter-GmbH erbringt oder nicht.

Sonderfall: Finanzholding/Förderkörperschaft als Unternehmerin

Das bloße Erwerben, Halten und Veräußern von gesellschaftsrechtlichen Beteiligungen stellt grundsätzlich keine unternehmerische Tätigkeit im Sinne des UStG dar, sondern wird vielmehr dem (nichtunternehmerischen) Bereich der Vermögensverwaltung zugeordnet. Wer sich an einer Kapitalgesellschaft beteiligt, übt zwar eine „Tätigkeit zur Erzielung von Einnahmen" aus; gleichwohl ist er im Regelfall **mit dieser Tätigkeit nicht** Unternehmer im Sinne des UStG, weil Dividenden und andere Gewinnbeteiligungen aus Gesellschaftsverhältnissen nicht als umsatzsteuerrechtliches Entgelt im Rahmen eines Leistungsaustausches anzusehen sind (Abschn. 2.3 Abs. 2 UStAE). Soweit daneben eine weiter gehende Geschäftstätigkeit ausgeübt wird, die für sich die Unternehmereigenschaft begründet, ist diese vom nichtunternehmerischen Bereich zu trennen.

Dies bedeutet, dass eine Holding, deren Zweck sich allein auf das Halten und Verwalten gesellschaftsrechtlicher Beteiligungen beschränkt und die keine Leistungen gegen Entgelt erbringt **(sog. Finanzholding)**, nicht Unternehmer i. S. des § 2 UStG ist und somit – zumindest nach derzeit herrschender Auffassung – nicht als Organträgerin tätig werden kann. Demgegenüber ist eine Holding, die im Sinne einer einheitlichen Leitung aktiv in das laufende Tagesgeschäft ihrer Tochtergesellschaften eingreift (sog. Führungs- oder Funktionsholding), unternehmerisch tätig, wenn und soweit diese Leistungen gegen Entgelt erbracht werden, z. B. in Form von administrativen, finanziellen, kaufmännischen und technischen Dienstleistungen. Wird eine Finanzholding in diesem Sinne nur gegenüber einigen Tochtergesellschaften geschäftsleitend tätig, während sie Beteiligungen an anderen Tochtergesellschaften lediglich hält und verwaltet (sog. gemischte Holding), hat sie sowohl einen unternehmerischen als auch einen nichtunternehmerischen Bereich.

Das Erwerben, Halten und Veräußern von gesellschaftsrechtlichen Beteiligungen stellt **(bei einer reinen Finanzholding)** nach Abschn. 2.3 Abs. 3 Satz 5 UStAE i. V. m. der EuGH-Rechtsprechung (EuGH vom 06.02.1997 Rs. C-80/95, EuGHE I S. 745) **nur dann** eine unternehmerische Tätigkeit dar, soweit

Nr. 1 Beteiligungen im Sinne eines gewerblichen Wertpapierhandels gewerbsmäßig erworben und veräußert werden und dadurch eine nachhaltige, auf Einnahmeerzielungsabsicht gerichtete Tätigkeit entfaltet wird,

Nr. 2 die Beteiligung der Förderung einer bestehenden oder beabsichtigten unternehmerischen Tätigkeit (z. B. Sicherung günstiger Einkaufskonditionen, Verschaffung von Einfluss bei potenziellen Konkurrenten, Sicherung günstiger Absatzkonditionen) dient oder

Nr. 3 die Beteiligung zum Zwecke des unmittelbaren Eingreifens in die Verwaltung der Gesellschaft, an der die Beteiligung besteht, erfolgt. Die Eingriffe müssen dabei jedoch nach Auffassung der Finanzverwaltung zwingend durch unternehmerische – also entgeltliche – administrative, finanzielle, kaufmännische oder technische Dienstleistungen i. S. von § 1 Abs. 1 Nr. 1 und § 2 Abs. 1 UStG erfolgen.

Die Regelung zur vorgenannten Nr. 3 darf im Hinblick auf das Erfordernis entgeltlicher Dienstleistungen gegenüber einer Organgesellschaft allerdings nicht generell zur Bedingung für das Vorliegen der wirtschaftlichen Eingliederung erhoben werden. Die Regelung zu Nr. 3 gilt nach meinem Dafürhalten explizit nur für eine sog. Finanzholding, bei der die für eine Organträgerin notwendige Unternehmereigenschaft nur und erst durch die entgeltlichen Dienstleistungen gegenüber der Organgesellschaft begründet werden, anderenfalls gäbe es bei der Finanzholding keinen unternehmerischen Bereich.

Eine sog. **gemischte Holding**, die neben dem Halten von Beteiligungen durch entgeltliche Leistungen auch eigene unternehmerische Tätigkeiten im Sinne des UStG entfaltet (z. B. die Verpachtung von Immobilien, Durchführung von Bildungsmaßnahmen) kann die gewollte Zuordnung von Beteiligungen an Verbundunternehmen zu ihrem unternehmerischen Bereich nach meiner Auffassung auch ohne entgeltliche Dienstleistungen gegenüber den Verbundunternehmen erreichen, indem sie die allgemeinen Voraussetzungen des Abschn. 2.3 Abs. 4 UStAE zur Zuordnung von Beteiligungen als unternehmerischen Zweck (Halten der Beteiligung in Zusammenhang mit einem unternehmerischen Grundgeschäft, siehe oben) erfüllt.

*Hinweis: Dieses gilt nach meiner Auffassung auch für nach § 51 AO begünstigte sog. Förderkörperschaften, also z. B. ehemalige sog. **Komplexträger der Wohlfahrtspflege**, die nach Ausgliederung ihrer operativen Bereiche auf selbständige Tochterunternehmen die Förderung des Gesundheitswesens beispielsweise durch die Mittelbeschaffung nach § 58 Nr. 1 AO zum Zweck haben. Verpachten derartige Förderkörperschaften zur Mittel-*

beschaffung ihre Immobilien gegen Entgelt an die Tochterunternehmen oder Dritte, entfalten sie insoweit eine unternehmerische Tätigkeit nach § 2 UStG.

Finanzielle Eingliederung

Unter der **finanziellen Eingliederung** ist der Besitz der entscheidenden Anteilsmehrheit an der Organgesellschaft zu verstehen, die es ermöglicht, Beschlüsse in der Organgesellschaft durchzusetzen. Wenn die Beteiligungsverhältnisse den Stimmrechtsverhältnissen entsprechen, liegt eine finanzielle Eingliederung vor, wenn die Beteiligung mehr als 50 % beträgt, sofern keine höhere qualifizierte Mehrheit für die Beschlussfassung in der Organschaft erforderlich ist (BFH vom 01.12.2010 XI R 43/08, BStBl 2011 II S. 600). Entsprechen die Beteiligungsverhältnisse nicht den Stimmrechtsverhältnissen, so kommt es auf die Mehrheit der Stimmrechte an. Die Beteiligung braucht nicht unmittelbar zu bestehen, eine mittelbare Beteiligung reicht aus. Jedoch ist es im Fall einer Gesellschaft, die nicht selbst an der Organgesellschaft beteiligt ist, nicht ausreichend, dass nur ein oder mehrere Gesellschafter auch mit Stimmenmehrheit an der Organgesellschaft beteiligt sind, um die finanzielle Eingliederung zu begründen (BFH vom 02.08.1979 V R 111/77, BStBl 1980 II S. 20, vom 22.04.2010 V R 9/09, BStBl 2011 II S. 597, und vom 01.12.2010 XI R 43/08, BStBl 2011 II S. 600). Dies ist insbesondere der Fall bei bloßer Anteilsmehrheit mehrerer Gesellschafter, da diese Gesellschafter ihre Stimmrechte nicht zwingend einheitlich ausüben müssen (BFH vom 22.04.2010 V R 9/09, BStBl 2011 II S. 597). Weiterhin hat der BFH mit Urteil vom 01.12.2010 (XI R 43/08, BStBl 2011 II S. 600) klargestellt, dass Beherrschungs- oder Gewinnabführungsverträge nicht dazu geeignet sind, das Fehlen einer unmittelbaren oder mittelbaren Beteiligung zu kompensieren.

Wirtschaftliche Eingliederung

Für die Annahme einer **wirtschaftlichen Eingliederung** wird vorausgesetzt, dass die Organgesellschaft nach dem Willen des Unternehmers im Rahmen des Gesamtunternehmens, und zwar in engem wirtschaftlichem Zusammenhang mit diesem, es fördernd und ergänzend wirtschaftlich tätig ist (BFH vom 22.06.1967 V R 89/66, BStBl 1967 III S. 715). Im wirtschaftlichen Gesamtkonzept des Organträgers erscheint das Wirken der Organgesellschaft daher als dessen Bestandteil. Es ist jedoch **nicht erforderlich**, dass die Organgesellschaft ausschließlich und überwiegend für den Organträger tätig ist (vgl. BFH vom 09.09.1993 V R 124/89, BStBl 1994 II S. 129). Mit Beschluss vom 20.09.2006 (V B 138/05, BFH/NV 2007 S. 281) hat der BFH zur Organschaft ergänzend erläutert, dass es der Annahme einer Organschaft nicht entgegenstehe, wenn bei deutlicher Ausprägung der finanziellen und organisatorischen Eingliederung das dritte Eingliederungsmerkmal der wirtschaftlichen Eingliederung weniger stark ausgeprägt ist. Eine wirtschaftliche Verflechtung von Organträger und Organgesellschaft kann dabei sowohl unmittelbar als auch mittelbar über die Unternehmensbereiche unterschiedlicher Organgesellschaften vorliegen (BFH vom 20.08.2009 V R 30/06, BStBl 2010 II S. 863). Die Beteiligung an der Kapitalgesellschaft muss dabei nach Abschn. 2.8 Abs. 6 Satz 2 UStAE dem unternehmerischen Bereich des Anteilseigners zugeordnet werden können (siehe dazu Tz. 4.5.5.1). Für die Beurteilung der wirtschaftlichen Eingliederung kann neben den genannten Kriterien insbesondere die Entstehungsgeschichte der steuerpflichtigen Tochtergesellschaft eine entscheidende Rolle spielen (vgl. Abschn. 2.8 Abs. 6a UStAE).

Weiterhin liegt die **wirtschaftliche Eingliederung** bei besonderer Ausprägung der finanziellen und organisatorischen Eingliederung **schon vor**, wenn zwischen dem Organträger und der Organgesellschaft aufgrund gegenseitiger Förderung und Ergänzung **mehr als nur unerhebliche wirtschaftliche Beziehungen bestehen** (BFH vom 29.10.2008 XI R 74/07, BStBl 2009 II S. 256); insbesondere braucht die Organgesellschaft nicht wirtschaftlich vom Organträger abhängig zu sein (BFH vom 03.04.2003, BStBl 2004 II S. 434).

In zwei Urteilen aus dem Jahr 2009 verneinte der BFH die wirtschaftliche Eingliederung und konkretisierte mit seinen Entscheidungen die bisher sehr allgemein gehaltenen Kriterien für die wirtschaftliche Eingliederung. Das BFH-Urteil vom 18.06.2009 (V R 4/08, BStBl 2010 II S. 310) führt die Kriterien Entgeltlichkeit und Wesentlichkeit zur Beurteilung einer wirtschaftlichen Eingliederung an. Nach dem Leitsatz dieses Urteils müssen – in dem entschiedenen Fall einer Kommune als Körperschaft des öffentlichen Rechts – Leistungen des Organträgers an die Organgesellschaft entgeltlich erfolgen und ihnen muss für das Unternehmen der Organgesellschaft eine mehr als nur unwesentliche wirtschaftliche Bedeutung zukommen, um eine wirtschaftliche Eingliederung – in das Unternehmen der Kommune – zu begründen. Dabei ist allerdings zu bedenken, dass die Kommune erst und nur durch diese Tätigkeiten ihre Unternehmereigenschaft begründete. Eine unentgeltliche Nutzungsüberlassung sowie eine Verlustübernahme genügten in diesem Fall nicht, um die Entgeltlichkeit zu begründen. Des Weiteren stellte der geleistete Winterdienst für den BFH nur eine unbedeutende Entlastung dar, ebenso kamen aber auch z. B. Buchführungs- und Personalverwaltungsleistungen nur unwesentliche Bedeutung zu.

Mit Urteil vom 20.08.2009 (V R 30/06, BStBl 2010 II S. 863) bekräftigt der BFH diese Spezifizierung und untergliedert den Begriff der Wesentlichkeit weiter in die Aspekte der Art und des Umfangs. Dieses Urteil ist für die Beurteilung der wirtschaftlichen Eingliederung durchaus von Relevanz, da hier erstmalig auf das tatsächliche Umsatzverhältnis zur Bewertung der wirtschaftlichen Verflechtung zurückgegriffen wird. Dem Urteil lag die spezielle Fallkonstellation zugrunde, dass es sich bei der Obergesellschaft um einen Nichtunternehmer in Gestalt einer Körperschaft des öffentlichen Rechts, der seine Betriebe gewerblicher Art und seine Beteiligungsgesellschaften in ein Organschaftsverhältnis binden wollte, handelte. Die vermeintliche wirtschaftliche Eingliederung in den unternehmerischen Bereich der Körperschaft des öffentlichen Rechts beruhte alleine auf der entgeltlichen Erbringung von administrativen und kaufmännischen Leistungen in den Bereichen der Buchführung der laufenden Personalverwaltung, welche unstrittig auf Ebene der Körperschaft des öffentlichen Rechts zu einem Betrieb gewerblicher Art führten. In diesem Fall hatte der BFH – in Fortführung seiner ständigen Rechtsprechung – die Begründung der wirtschaftlichen Eingliederung versagt, da es sich bei der Übernahme von allgemeinen Verwaltungsaufgaben um eine für den Betrieb der Tochtergesellschaft eher unbedeutende Entlastung handelt.

Weiter gehende entgeltliche Leistungsbeziehungen seitens der Beteiligungsgesellschaft an die Körperschaft des öffentlichen Rechts, welche den unternehmerischen Bereich der Körperschaft des öffentlichen Rechts betrafen, waren nach Auffassung des BFH in dem zu beurteilenden Sachverhalt nicht gegeben, sodass sich die wirtschaftliche Eingliederung nur aus Leistungen der Körperschaft des öffentlichen Rechts an die Beteiligungsgesellschaft ergeben konnte. Das BMF hat diese Urteile unter Verweis **auf die Forderung des Vorliegens von entgeltlichen Leistungsbeziehungen**, denen für das Unternehmen der Organgesellschaft mehr als nur unwesentliche Bedeutung zukommt, zwar in Abschn. 2.8 Abs. 6 UStAE übernommen. Allerdings wurde diese Forderung **auf den speziellen Fall**, in dem die wirtschaftliche Eingliederung auf Leistungen des Organträgers gegenüber der Organgesellschaft beruht, **ausdrücklich beschränkt** und ist daher für **andere Fälle nicht generell anwendbar**.

Der Vollständigkeit halber ist darauf hinzuweisen, dass der BFH in der Fortentwicklung seiner Rechtsprechung auch hier ausdrücklich gefordert hat, dass die Leistungsbeziehungen zwischen Organträger und Organgesellschaft den unternehmerischen Bereich betreffen. Dies ist insbesondere bei juristischen Personen des öffentlichen Rechts sowie bei steuerbegünstigten Körperschaften relevant, die neben dem unternehmerischen Bereich auch über nichtunternehmerische Bereiche (ideelle, hoheitliche oder vermögensverwaltende Sphäre) verfügen. Sollten Leistungsbeziehungen den nichtunternehmerischen Bereich berühren, dürfen diese bei der Beurteilung der wirtschaftlichen Eingliederung nicht herangezogen werden. Das Gleiche gilt für unentgeltliche Leistungsbeziehungen, da mangels Entgeltlichkeit eine unternehmerische Tätigkeit nicht ausgelöst wird.

Fraglich ist, ob es vor dem Hintergrund der höchstrichterlichen Rechtsprechung – insbesondere dem oben zitierten Urteils des BFH vom 20.08.2009 – tatsächlich zu einer Verschärfung des Kriteriums der wirtschaftlichen Eingliederung gekommen ist. In diesem Zusammenhang ist zunächst festzustellen, dass bereits die ursprünglich verwendete Begrifflichkeit des „vernünftigen Zusammenhangs" wenig greifbar war. Die Begrifflichkeit der „Wesentlichkeit", die nunmehr als maßgebliches Kriterium gehandelt wird, ist ebenso unbestimmt, wenn nicht sogar deckungsgleich, denn eine „Wesentlichkeit" nach Art und Umfang lässt sich ohne Weiteres auch unter den Begriff des „vernünftigen Zusammenhangs" subsumieren.

Somit sind die Grenzen der wirtschaftlichen Eingliederung in der Fortentwicklung der Rechtsprechung erkennbar nicht enger gezogen worden, sondern allenfalls näher identifiziert worden. Klare Vorgaben für das Merkmal der wirtschaftlichen Eingliederung wurden seitens der Rechtsprechung nicht definiert. Es wurden weder bestimmte Mindestumsätze noch qualitative Ausprägungen (vgl. Nordmeyer/Seeger, UStB 9/2011 S. 280 ff.) genannt; vielmehr wird weiterhin auf die allgemeinen Grundsätze zur wirtschaftlichen Eingliederung verwiesen.

Nach ständiger Rechtsprechung sind die Anforderungen an die „wirtschaftliche Eingliederung" erfüllt, wenn die Tätigkeiten von Organträger und Organgesellschaft aufeinander abgestimmtsind und sich dabei fördern und ergänzen (vgl. Hummel, MwStR 9/2013 S. 294 ff.). Dies ist regelmäßig gegeben, wenn eine inhaltliche Nähe der Dienstleistungen der Organgesellschaft zum Unternehmen des Organträgers vorliegt.

Als Beispiel können sog. Servicegesellschaften von Krankenhäusern gelten, die nahezu ausschließlich „patientennahe" Dienstleistungen – beispielsweise im Bereich der Reinigung, der Verpflegung oder der Wäscherei – an ein Krankenhaus erbringen. Hier wird das Merkmal der wirtschaftlichen Eingliederung seitens der Literatur regelmäßig mit der inhaltlichen Nähe zum Krankenhausbetrieb sowie mit dem gesteigerten Hygienebedarf in Krankenhäusern bejaht (vgl. König/Hauptvogel/Zeidler, BB 2005 Sonderdruck 9 S. 17; Slapio, DStR 2000 S. 1000; Heintzen, DStR 1999 S. 1800). Hier ist darauf hinzuweisen, dass nach der Neufassung des AEAO vom 15.01.2015 auch die Unterkunft und Verpflegung zum steuerbegünstigten Zweckbetrieb nach § 67 AO zählt.

Das Niedersächsische FG hat in einem Urteil vom 22.08.2013 (16 K 317/12) das Vorliegen einer umsatzsteuerlichen Organschaft zwischen einer Krankenhausgesellschaft als Organträgerin und einer Reinigungsgesellschaft als Organgesellschaft entgegen der Auffassung der Finanzverwaltung rechtskräftig bejaht und dabei insbesondere die Anwendung der Verhältniszahl (Verhältnis der Reinigungsumsätze zu den Umsätzen des Krankenhauses) – den Ausführungen des BFH im genannten Urteil vom 20.08.2009 folgend – für nicht sachgerecht erachtet. Im zu beurteilenden Sachverhalt war eine Krankenhausgesellschaft zu 50,98 % an einer Servicegesellschaft beteiligt, die nahezu ausschließlich Dienstleistungen an die Krankenhausgesellschaft erbringt. Dabei handelt es sich vorwiegend um Reinigungsdienstleistungen, welche sich an den speziellen Hygienestandards eines Krankenhausbetriebs ausrichten und daher für die umfassende und ordnungsgemäße Patientenversorgung unverzichtbar sind. Da sich die Aktivitäten der Servicegesellschaft in der Erbringung von Leistungen gegenüber der Krankenhausgesellschaft nahezu erschöpften, hat das Finanzgericht die Servicegesellschaft als Übernehmerin von Aufgaben einer unselbständigen Abteilung der Krankenhausgesellschaft gewertet und damit die wirtschaftliche Eingliederung bejaht.

Zusammenfassend zum Begriff der wirtschaftlichen Eingliederung hat der BFH in seinem Beschluss vom 18.03.2010 (V B 57/08, BFH/NV 2010 S. 1312) Folgendes ausgeführt: „Für die wirtschaftliche Eingliederung genügt ein vernünftiger wirtschaftlicher Zusammenhang im Sinne einer wirtschaftlichen Einheit, Kooperation oder Verflechtung. Die Tätigkeiten von Organträger und Organgesellschaft müssen lediglich aufeinander abgestimmt sein und sich dabei fördern und ergänzen. Insbesondere bei deutlicher Ausprägung der finanziellen und organisatorischen Eingliederung genügt hierfür das Bestehen von mehr als nur unerheblichen Beziehungen zwischen Organträger und Organgesellschaft." Diese Grundsätze hat der BFH in seinem Beschluss ausdrücklich als „grundsätzlich geklärt" angesehen und das BMF hat diese Grundsätze in Abschn. 2.8 Abs. 6 UStAE übernommen.

Bei einer sog. Betriebsaufspaltung, d. h., wenn der Organträger z. B. eine für die Betriebsführung eines Altenheims erforderliche Immobilie an die steuerbegünstigte Organgesellschaft verpachtet, ist immer dann von einer wirtschaftlichen Eingliederung auszugehen, wenn es sich bei dem Grundstück um eine wesentliche Betriebsgrundlage handelt und die Immobilie für die Betriebsgesellschaft (Organgesellschaft) eine besondere Bedeutung hat, z. B. wenn sie für deren Tätigkeit besonders gestaltet ist.

Organisatorische Eingliederung

Die **organisatorische Eingliederung** ist nach Abschn. 2.8 Abs. 7 UStAE gegeben, wenn der Organträger durch „organisatorische Maßnahmen" sicherstellt, dass in der Organgesellschaft sein Wille auch tatsächlich ausgeführt wird und somit die mit der finanziellen Eingliederung verbundene Möglichkeit der Beherrschung der Tochtergesellschaft durch die Muttergesellschaft in der laufenden Geschäftsführung tatsächlich wahrgenommen wird. Nach Rechtsprechung des BFH muss entweder der Organträger durch die Art und Weise der Geschäftsführung die Organgesellschaft beherrschen oder aber es muss zumindest durch die Gestaltung der Beziehungen zwischen Organträger und Organgesellschaft sichergestellt sein, dass eine vom Willen des Organträgers abweichende Willensbildung bei der Organtochter nicht stattfindet (vgl. BFH vom 05.12.2007 V R 26/06, BStBl 2008 II S. 451, und vom 03.04.2008 V R 76/05, BStBl 2008 II S. 905). Das BMF hat die Grundsätze der Rechtsprechung durch **Schreiben vom 07.03.2013** (IV D 2 – S 7105/11/10001, 2013/0213861, BStBl 2013 I S. 333) in Abschn. 2.8 Abs. 7 ff. UStAE übernommen. Es reicht hingegen nicht aus, dass es dem Organträger bloß möglich ist, seinen Willen durchzusetzen (etwa aufgrund der finanziellen Beherrschung). Von einer finanziellen Eingliederung kann weder auf die organisatorische noch auf die wirtschaftliche Eingliederung geschlossen werden (BFH vom 05.12.2007 V R 26/06, BStBl 2008 II S. 451, und vom 03.04.2008 V R 76/05, BStBl 2008 II S. 905). Dabei setzt die organisatorische Eingliederung regelmäßig eine personelle Verflechtung zwischen den Geschäftsführungen des Organträgers und der Organgesellschaft voraus (BFH vom 03.04.2008 V R 76/05, BStBl 2008 II S. 905, und vom 28.10.2010 V R 7/10, BStBl 2011 II S. 391). Ist die Geschäftsführung bei der Mutter- und der Tochtergesellschaft bei Einzelgeschäftsführung personenidentisch, geht die Finanzverwaltung generell von einer organisatorischen Eingliederung aus (sog. **Personalunion Stufe 1**).

Für das Vorliegen einer organisatorischen Eingliederung ist es jedoch nicht in jedem Fall erforderlich, dass die Geschäftsführungen von Mutter- und Tochtergesellschaft vollständig personenidentisch sind. Auch wenn nur einzelne Geschäftsführer des Organträgers in der Geschäftsführung der Organgesellschaft sitzen, kann eine organisatorische Eingliederung vorliegen (BFH vom 28.01.1999 V R 32/98, BStBl 1999 II S. 258). Sind neben den personenidentischen Geschäftsführern weitere Personen zur Geschäftsführung berufen, hängt die organisatorische Eingliederung von der Ausgestaltung der Geschäftsführungsbefugnis in der Tochtergesellschaft ab. Sofern in der Organgesellschaft eine Gesamtgeschäftsführungsbefugnis vereinbart wurde und die Entscheidungen durch Mehrheitsbeschluss getroffen werden, kann eine organisatorische Eingliederung nur dann vorliegen, wenn die personenidentischen Geschäftsführer über die Mehrheit der Stimmrechte verfügen. Sollten die personenidentischen Geschäftsführer nur über eine Stimmenminderheit bzw. die fremden Geschäftsführer nur über eine Einzelgeschäftsführungsbefugnis verfügen, müssen zusätzlich institutionell abgesicherte Maßnahmen ergriffen werden, die ein Handeln gegen den Willen des Organträgers verhindern sollen. Diese Maßnahmen können zum Beispiel durch ein umfassendes Weisungsrecht des Organträgers gegenüber der Geschäftsführung der Organgesellschaft, die Berechtigung zur Bestellung und Abberufung aller Geschäftsführer der Organgesellschaft oder das schriftlich vereinbarte Letztentscheidungsrecht des personenidentischen Geschäftsführers umgesetzt werden (siehe hierzu Abschn. 2.8 Abs. 8 Satz 7ff. UStAE).

Grundsätzlich kann die organisatorische Eingliederung auch ohne eine Geschäftsführer-Personalunion bejaht werden, wenn der oder die Geschäftsführer der Organgesellschaft beim Organträger lediglich Mitarbeiter sind (sog. **Personalunion Stufe 2**). In diesem Fall muss der Mitarbeiter des Organträgers dessen Weisungen bei der Geschäftsführung der Organgesellschaft aufgrund eines zum Organträger bestehenden Anstellungsverhältnisses und einer sich hieraus ergebenden persönlichen Abhängigkeit befolgen, weil er bei weisungswidrigem Verhalten vom Organträger als Geschäftsführer der Organgesellschaft uneingeschränkt abberufen werden kann (BFH vom 07.07.2011 V R 53/10, BStBl 2013 II S. 218). Es reicht nicht aus, wenn der Mitarbeiter des Mehrheitsgesellschafters nur Prokurist bei der möglichen Organgesellschaft ist, während der einzige Geschäftsführer dieser vermeintlichen Organgesellschaft weder Geschäftsführer noch Mitarbeiter des Mehrheitsgesellschafters ist (BFH vom 28.10.2010 V R 7/10, BStBl 2011 II S. 391; vgl. hierzu auch Dodenhoff, UR 9/2014, S. 337).

Steuerbegünstigte Einrichtungen haben ihre operativen steuerbegünstigten Tätigkeiten wie auch gewerbliche Hilfsfunktionen in den letzten Jahren verstärkt auf Tochter- und Enkelgesellschaften übertragen und sind daher häufig im Verbund mit zahlreichen Organgesellschaften tätig. Die Praxis zeigt, dass die Forderung nach einer Personalunion in der Geschäftsführung derart zahlreicher Verbundunternehmen mit dem Ziel der Herstellung der umsatzsteuerlichen Organschaft häufig mit Schwierigkeiten belastet ist. Daher werden häufig Wege gesucht, unter Abbau personenidentischer Führungsstrukturen bzw. Bestellung sog. „Fremdgeschäftsführer" die Organgesellschaften gleichwohl unter das Weisungsrecht des Organträgers zu stellen.

Gibt es keinerlei Identität zwischen geschäftsführenden oder leitenden Organen beim Organträger und den Organgesellschaften, kann eine organisatorische Eingliederung in Ausnahmefällen auch durch eine entsprechend „enge" Geschäftsordnung erreicht werden, die die Geschäftsführung („sog. Fremdgeschäftsführer") an die Geschäftspolitik des Organträgers bindet und der Geschäftsführung bzw. dem Vorstand des Vereins Letztentscheidungs-Kompetenzen gegenüber etwaigen Fremdgeschäftsführern einräumt (sog. **Personalunion Stufe 3**). In seiner Entscheidung vom 05.12.2007 (V R 26/06, BStBl 2008 II S. 451) verneinte der BFH eine Personenidentität in den Vertretungsorganen, da die Organgesellschaft zwei Geschäftsführer mit Einzelvertretungsbefugnis besaß. Allerdings kommt der BFH zu dem Ergebnis, dass sich eine organisatorische Eingliederung grundsätzlich auch aus schriftlich vereinbarten Geschäftsordnungen für die Geschäftsführung ableiten lässt. In diesem Fall ist aber anzumerken, dass es entscheidend darauf ankommen wird, dass die Vorgaben dieser Geschäftsordnung tatsächlich wahrgenommen werden, um dadurch eine tatsächliche Einflussnahme des Organträgers auf die laufende Geschäftsführung der Tochtergesellschaften nachweisen zu können. Insbesondere muss der Organträger durch schriftlich fixierte Vereinbarungen seine Entscheidungsbefugnis nachweisen und den Geschäftsführer der Organgesellschaft bei Verstößen gegen seine Anweisungen haftbar machen können (BFH vom 05.12.2007 V R 26/06, BStBl 2008 II S. 451). Ein Beherrschungsvertrag nach § 291 AktG oder eine Eingliederung der Organgesellschaft nach §§ 319, 320 AktG reichen für das Vorliegen einer organisatorischen Eingliederung aus, ein Teilbeherrschungsvertrag reicht seit Veröffentlichung des **BMF-Schreibens vom 05.05.2014** (IV D 2 – S 7105/11/10001, 2014/0394588), BStBl 2014 I S. 820) ebenfalls aus. Über die Geschäftsordnung hinaus sollten weitere organisatorische Maßnahmen implementiert werden, damit der Organträger viele Einflussmöglichkeiten auf die Organgesellschaften hat. Zu den möglichen organisatorischen Maßnahmen zählen eine umfassende Informationsberechtigung des Organträgers bzw. eine regelmäßige Informationspflicht der Organgesellschaft, konkrete Geschäftsführerordnungen und Konzernrichtlinien, Zustimmungsvorbehalte des Organträgers für bedeutende Geschäfte, ein generelles Weisungsrecht des Organträgers und Sanktionen für Verstöße gegen die Anweisungen des Organträgers (vgl. Schütze/Winter, UR 2009 S. 403). Werden nur einzelne Maßnahmen implementiert, kann dies u. U. nicht genügen, um eine organisatorische Eingliederung zu begründen. So entschied der BFH in seinem Urteil vom 07.07.2011 (V R 53/10, BStBl 2012 II S. 218), dass Zustimmungsvorbehalte zugunsten der Gesellschafterversammlung für sich genommen nicht für die organisatorische Eingliederung ausreichen.

Das **BMF** hat mit Schreiben vom **05.05.2014** (a. a. O.) den Abschn. 2.8 Abs. 10a UStAE neu eingefügt. Hiernach kann eine organisatorische Eingliederung auch über eine Beteiligungskette zum Organträger begründet sein. Wenn sichergestellt ist, dass der Organträger die Organgesellschaften durch Art und Weise der Geschäftsführung beherrscht, ist es jedoch ausreichend, wenn die der organisatorischen Eingliederung dienenden Maßnahmen zwischen zwei Organgesellschaften oder zwei Schwestergesellschaften ergriffen werden. Es ist des Weiteren ausreichend, wenn die organisatorische Eingliederung mittelbar über eine unternehmerisch oder nichtunternehmerisch tätige Tochtergesellschaft des Organträgers erfolgt. Dadurch wird eine **nichtunternehmerisch tätige Tochtergesellschaft** allerdings **nicht** zum Bestandteil des Organkreises. Zur weiteren Entwicklung der möglichen Einbeziehung von Nichtunternehmern in den Organkreis bleibt der Ausgang der vom BFH in den Verfahren XI R 17/11 (MwStR 2014 S. 202) und XI R 38/12 (MwStR 2014 S. 209) dem EuGH vorgelegten Vorabentscheidungsersuchen abzuwarten.

Für die gesellschaftsrechtlichen Weisungsmöglichkeiten des Organträgers ist festzuhalten, dass bei einer GmbH die Gesellschafterversammlung das oberste Willensbildungsorgan darstellt. Der oder die Gesellschafter können durch einfachen Beschluss jede Angelegenheit an sich ziehen, wenn die Satzung nichts anderes bestimmt (vgl. § 47 Abs. 1 GmbHG). Die Geschäftsführer der Organgesellschaft müssen den Weisungen der Gesellschafterversammlung grundsätzlich Folge leisten (vgl. § 37 GmbHG). Der Organträger ist mit seiner Stimmenmehrheit in der Gesellschafterversammlung der Organgesellschaft in der Lage, der Geschäftsführung der Organgesellschaft eine Geschäftsordnung zu geben oder Richtlinien zu beschließen. Daran ist die Geschäftsführung gebunden. Die Geschäftsordnung stellt damit einen weiteren Bestandteil des Instrumentariums „Willensdurchsetzung" des Organträgers dar und besitzt so zugleich Indizwirkung für eine vorliegende organisatorische Eingliederung.

Hinweis: *Derartige Geschäftsordnungen sollten dem Organträger für die Anerkennung der organisatorischen Eingliederung regelmäßig die Möglichkeit der dominierenden Einflussnahme auf über das Tagesgeschäft hinausgehende Maßnahmen einräumen. Als solche sind sämtliche wesentlichen geschäftlichen Entscheidungen der laufenden Geschäftsführung anzusehen, die der Geschäftsführung/Gesellschafterversammlung des Organträgers nach Maßgabe der Geschäftsordnung ggf. zur Beschlussempfehlung vorzulegen sind. In die Disposition einer derartigen Geschäftsordnung sollten insbesondere Kernbereiche laufender Geschäftsführung wie beispielsweise die finanzielle, personelle oder strategische Führung des Unternehmens gestellt werden. Ich empfehle bei sog. „Fremdgeschäftsführern", den Entwurf einer derartigen Geschäftsordnung im Hinblick auf die Absicherung der umsatzsteuerlichen Organschaft (hier: organisatorische Eingliederung) vor Unterzeichnung mit der zuständigen Finanzbehörde abzustimmen.*

Insolvenzverfahren

Gemäß Abschn. 2.8 Abs. 12 UStAE endet die Organschaft bei Organgesellschaften, bei denen der Organträger Geschäftsführer ist, ausschließlich dann bereits vor Eröffnung des Insolvenzverfahrens mit der Bestellung eines vorläufigen Insolvenzverwalters im Rahmen der Anordnung von Sicherungsmaßnahmen, wenn der vorläufige Insolvenzverwalter den maßgeblichen Einfluss auf die Organgesellschaft erhält und ihm eine vom Willen des Organträgers abweichende Willensbildung in der Organgesellschaft möglich ist (vgl. BFH vom 13.03.1997 V R 96/96, BStBl 1997 II S. 580, für den Sequester nach der KO, und vom 24.08.2011 V R 53/09, BStBl 2012 II S. 256). Diese Regelung gilt auch bei Insolvenz des Organträgers. Solange dem vorläufigen Insolvenzverwalter eine vom Willen des Vorstands abweichende Willensbildung beim Organträger nicht möglich ist, steht das Insolvenzverfahren der Organschaft grundsätzlich nicht entgegen.

Bisher ging der Senat in seiner Rechtsprechung davon aus, dass insbesondere zur Bestellung von Verwaltern im Vorfeld einer Konkurs- oder Insolvenzeröffnung davon auszugehen ist, dass sich die organisatorische Eingliederung (ohne Möglichkeit zur Willensdurchsetzung) auch daraus ergeben kann, dass eine vom Organträger abweichende Willensbildung in der Organgesellschaft ausgeschlossen ist. An dieser Auffassung hielt der BFH in seinem Urteil vom 08.08.2013 (V R 18/13, BFHE 242 S. 433) nicht mehr fest.

4.5.5 Unternehmereigenschaft

4.5.5.1 Unternehmereigenschaft und steuerbegünstigte Körperschaften

Steuerbegünstigte Körperschaften, die entweder als juristische Personen des Privatrechts (wie eingetragene Vereine, rechtsfähige Stiftungen oder gemeinnützige Kapitalgesellschaften) oder als nichtrechtsfähige Vereine, nichtrechtsfähige Anstalten, nichtrechtsfähige Stiftungen oder sonstige Zweckvermögen verfasst sind, sind grundsätzlich als **unternehmerfähige** Wirtschaftsgebilde einzustufen (vgl. auch Tz. 4.5.4.1). Die Unternehmereigenschaft i. S. des § 2 UStG erfüllen sie, wenn sie Leistungen gegen Entgelt ausführen. Dabei reicht allein die Absicht, Einnahmen zu erzielen, aus. Auf eine Gewinnerzielungsabsicht kommt es nicht an.

Die Unternehmereigenschaft im Sinne des UStG wird durch Personenvereinigungen (rechtsfähige oder nichtrechtsfähige Vereine) auch dann erfüllt, wenn diese ausschließlich gegenüber ihren Mitgliedern nachhaltig Leistung gegen Entgelt erbringen (§ 2 Abs. 1 Satz 3 UStG).

Dabei ist, wie oben bereits ausgeführt, ein Leistungsaustausch **nicht** anzunehmen, wenn ein Verein Mitgliedsbeiträge vereinnahmt, um in Erfüllung seines Satzungszwecks die Gesamtbelange der Mitglieder wahrzunehmen (= „echte Mitgliedsbeiträge", vgl. Abschn. 2.10 Abs. 1 UStAE). Diese Aufgaben (= diese Einnahmen und Ausgaben) gehören nicht zum unternehmerischen Bereich des Vereins. Nur soweit Vereine (oder andere Einrichtungen) neben echten Mitgliedsbeiträgen oder Zuschüssen auch (echte) Entgelte für Lieferungen oder sonstige Leistungen vereinnahmen, sind sie Unternehmer mit einer unternehmerischen Sphäre im Sinne des UStG.

Der Grundsatz, nach dem eine Unternehmereigenschaft i. S. des § 2 UStG nur dann erfüllt ist, wenn das „**unternehmerfähige Wirtschaftsgebilde**" tatsächlich Leistungen gegen Entgelt ausführt, gilt unabhängig von der Rechtsform, in der die Tätigkeit ausgeübt wird. Daher können neben Vereinen oder Stiftungen grundsätzlich auch gemeinnützige Kapitalgesellschaften oder Personengesellschaften einen nichtunternehmerischen Bereich besitzen (vgl. BFH vom 20.12.1984, BStBl 1985 II S. 176, und vom 18.11.2004 V R 16/03, BStBl 2005 II S. 503, vgl. Aufsatz Dr. Grünwald, Umfang der Unternehmereigenschaft einer Holding, DStR 2005 S. 1377, und BFH vom 14.04.2008 XI B 171/07, BFH/NV 2008 S. 1215). In diesem Zusammenhang wird auch auf die Urteile des FG München vom 18.09.2013 (3 K 2796/11, EFG 2014 S. 598; Az. BFH: V R 54/13) zum nichtunternehmerischen Bereich eines nicht als gemeinnützig anerkannten Vereins sowie vom 24.04.2013 (3 K 734/10, EFG 2013 S. 1532; Az. BFH: XI R 27/13) zum Umfang des nichtwirtschaftlichen Bereichs eines als gemeinnützig anerkannten Vereins (Zweck: Wiedereingliederung von schwer vermittelbaren Arbeitslosen) verwiesen.

Sogenannte **Hilfsgeschäfte,** die der Betrieb des nichtunternehmerischen Bereichs mit sich bringt, vollziehen sich **außerhalb** des unternehmerischen Bereichs. Sie sind als nichtsteuerbare Vorgänge einzustufen. Das gilt auch dann, wenn sie wiederholt oder mit einer gewissen Regelmäßigkeit ausgeführt werden. So sind beispielsweise die Veräußerung von Gegenständen wie etwa Kraftfahrzeuge oder Einrichtungsgegenstände, die dem ideellen bzw. nichtunternehmerischen Bereich zugeordnet sind, oder die Überlassung von im ideellen Bereich eingesetzten Gegenständen (z. B. Kraftfahrzeuge, Telefone) an den Arbeitnehmer für die private Nutzung als Hilfsgeschäfte zu klassifizieren.

Eine gemeinnützige Stiftung ist im Rahmen der Vermögensverwaltung unternehmerisch tätig, wenn sie nachhaltig handelt. Dementsprechend ist die Erzielung von Miet- und Pachteinnahmen dem unternehmerischen Bereich zuzuordnen. Die Zinseinnahmen und sonstige Einnahmen aus Kapitalvermögen dagegen sind grundsätzlich nicht als nachhaltige Betätigung zu verstehen und fallen daher in den nichtunternehmerischen Bereich.

Vereine

Gemeinnützige Vereine können grundsätzlich dem unternehmerischen Bereich i. S. von § 2 Abs. 1 UStG zugeordnet werden. Hiervon ist allerdings der ideelle Teil, also die Tätigkeit im eigentlichen Gemeinnützigkeitsbereich, von der unternehmerischen Sphäre auszuschließen (vgl. Abschn. 2.10 Abs. 1 Satz 2 UStAE). Folglich sind Ausgangsleistungen im ideellen Bereich nicht steuerbar. Zugleich sind damit die Eingangsleistungen für den ideellen Bereich auch nicht für einen Vorsteuerabzug bestimmt. Die Vermögensverwaltung, der Zweckbetrieb und der wirtschaftliche Geschäftsbetrieb sind dem unternehmerischen Bereich zuzuordnen. Das hat zur Folge, dass die Ausgangsleistungen steuerbar sind und dementsprechend bezüglich der Eingangsleistungen ein Vorsteuerabzug möglich ist, sofern diesen keine steuerfreien Umsätze gegenüberstehen.

Die Nutzung der Vereinsanlagen durch Schüler- und Jugendmannschaften ist keine unentgeltliche Wertabgabe i. S. von § 3 Abs. 9a Nr. 2 UStG, da die Vereinstätigkeit, die den Schüler- und Jugendbereich betrifft, der ideellen Sphäre des Vereins zuzuordnen ist. Für Leistungen der gemeinnützigen Einrichtung im Jugendsportbereich greift grundsätzlich die Befreiungsnorm nach § 4 Nr. 22 Buchst. b bzw. § 4 Nr. 25 Satz 3 Buchst. a UStG.

Unternehmereigenschaft – Halten von Beteiligungen

Der umsatzsteuerlichen Organschaft kommt im Non-Profit-Bereich eine hohe Bedeutung zu. So haben viele Non-Profit-Organisationen zwischenzeitlich ihre operativen Betriebe und Hilfsbetriebe aus verschiedenen Gründen auf selbständige Tochter-GmbHs ausgegliedert. Diese stehen zueinander häufig in einem regen Leistungsbezug, der aufgrund der hergestellten Organschaft regelmäßig nicht der Umsatzsteuer unterliegt. Damit die Organschaft in der Vergangenheit funktionierte, musste das Mutterunternehmen im umsatzsteuerlichen Verständnis Unternehmer sein. Dabei genügte es vormals, wenn die Holding Leistungen gegen Entgelt anbot, unabhängig davon, ob es sich dabei um umsatzsteuerbefreite oder steuerpflichtige Leistungen handelte.

Die Finanzverwaltung fordert auch im Hinblick auf das Halten von Beteiligungen eine unternehmerische Tätigkeit und hat dafür eigene Kriterien aufgestellt. Das BMF-Schreiben vom 26.01.2007 (BStBl 2007 I S. 211) sowie die entsprechenden Ausführungen in Abschn. 2.3 Abs. 2 UStAE geben Hinweise zur Thematik „Erwerb, Halten und Veräußern von Beteiligungen" sowie zum Umfang der Unternehmereigenschaft und der Organschaft (siehe oben zu Tz. 4.5.4.2 Unternehmereigenschaft der Organträgerin).

Eine Organschaft zwischen Mutter- und Tochtergesellschaft soll nur insoweit möglich sein, als das Halten der Beteiligung an der Tochtergesellschaft nach den Grundsätzen des BMF-Schreibens selbst als unternehmerische Tätigkeit zu beurteilen ist. Der Umfang der Organschaft soll sich dabei lediglich auf den Kreis der Beteiligungen erstrecken, die dem unternehmerischen Bereich zugeordnet werden können.

Das BMF-Schreiben vom 26.01.2007 (a. a. O.) enthält im Weiteren Ausführungen zu Fragen des Vorsteuerabzugs bei Zuordnung der Beteiligung zum Unternehmen und kommt im Hinblick auf die Organschaft zu der Feststellung, dass eine Beteiligung, die nach den oben genannten Grundsätzen nicht dem unternehmerischen Bereich der Mutter zugeordnet werden kann, die Voraussetzungen der wirtschaftlichen Eingliederung in das Mutterunternehmen nicht erfüllt und damit die Gesellschaft, an der die Beteiligung besteht, nicht mehr zum Kreis der organschaftlich verbundenen Unternehmen gerechnet werden darf.

Für eine umsatzsteuerliche Organschaft im Verbund gemeinnütziger und ggf. gewerblicher Gesellschaften war es bereits in der Vergangenheit notwendig und geboten, einer gemeinnützigen Holding für die Begründung der Unternehmereigenschaft eine eigene unternehmerische Tätigkeit zu vermitteln, die sich zwar in steuerfreien Leistungen, nicht aber allein in einer Fördertätigkeit oder dem Halten von Beteiligungen erschöpfen durfte. Die unternehmerische Tätigkeit umfasste mit dem Bereich der Vermögensverwaltung zugleich alle gesellschaftsrechtlichen Beteiligungen.

4.5.5.2 Unternehmereigenschaft und Unternehmerbereich bei sportlichen Veranstaltungen

Der Richtliniengeber hat für die umsatzsteuerliche Einordnung von **sportlichen Veranstaltungen** in Abschn. 2.1 Abs. 6 UStAE eine besondere Regelung geschaffen. Danach ist bei Sportveranstaltungen auf eigenem Sportplatz **der Platzverein als Unternehmer** anzusehen und mit seinen gesamten Einnahmen aus der Veranstaltung zur Umsatzsteuer heranzuziehen. Der Gastverein hat auch, wenn ihm Anteile aus den Veranstaltungseinnahmen zufließen, diese Beträge **nicht** (ein weiteres Mal) der Umsatzsteuer zu unterwerfen.

Bei Sportveranstaltungen hat der mit der Durchführung der Veranstaltung und insbesondere mit der Erledigung der Kassengeschäfte und der Abrechnung beauftragte Verein als Unternehmer die gesamten Einnahmen der Umsatzsteuer zu unterwerfen, während der andere Verein die ihm zufließenden Beträge nicht der Umsatzsteuer zu unterwerfen hat. Tritt bei einer Sportveranstaltung nicht einer der beteiligten Vereine, sondern der jeweilige Verband als Veranstalter auf, hat der veranstaltende Verband die Gesamteinnahmen aus der jeweiligen Veranstaltung zu versteuern, während die Einnahmenanteile bei den beteiligten Vereinen **nicht** der Umsatzsteuer unterliegen.

4.5.5.3 Die Sphären im Umsatzsteuerrecht

Nach alter Rechtslage erfolgte für die umsatzsteuerliche Betrachtung bei gemeinnützigen Körperschaften eine Abgrenzung der unternehmerischen von der nichtunternehmerischen Sphäre. Mit dem EuGH-Urteil vom 12.02.2009 „VLNTO" (Rs. C-515/07, Slg. 2009, I-00839) entwickelte sich jedoch eine „neue Sphärentheorie", die durch verschiedene BFH-Urteile (u. a. BFH vom 06.05.2010 V R 29/09, BStBl 2010 II S. 885, vom 03.03.2011 V R 23/10, BStBl 2012 II S. 74, und vom 29.06.2010 V

4 Andere Steuergesetze

B 160/08, BFH/NV 2010 S. 1876) auch in die deutsche Rechtsprechung übernommen wurde.

Begrifflich unterscheidet der BFH in dem Grundsatzurteil vom 09.12.2010 (V R 17/10, BStBl 2012 II S. 53) drei Tätigkeitsbereiche/Sphären. Die Finanzverwaltung hat sich im BMF-Schreiben vom 02.01.2012 (BStBl 2012 I S. 60, Abschn. 2.3 Abs. 1a UStAE) der Lehre von den drei Tätigkeitsbereichen angeschlossen, will aber an dem Begriffspaar unternehmerisch/nichtunternehmerisch festhalten. Es sei zu unterscheiden zwischen

- unternehmerischer Tätigkeit = wirtschaftlicher Tätigkeit,
- nichtunternehmerischer = nichtwirtschaftlicher Tätigkeit. In diesem Bereich sei allerdings nochmals zu differenzieren zwischen
  - nichtwirtschaftlicher Tätigkeit im engeren Sinne und
  - unternehmensfremder Tätigkeit (Entnahmen für den privaten Bedarf des Unternehmers, den privaten Bedarf seines Personals oder für private Zwecke der Gesellschafter).

Die begrifflichen Unterscheidungen sind für die Praxis verwirrend (vgl. dazu Lippross, USt, 23. Auflage, S. 461). Im Ergebnis besteht kein Zweifel, dass nunmehr drei Tätigkeitsbereiche/Sphären zu unterscheiden sind:

- die unternehmerische = wirtschaftliche Tätigkeit **(Sphäre 1),**
- die nichtwirtschaftliche, aber unternehmensnahe Tätigkeit **(Sphäre 2),**
- die nichtwirtschaftliche unternehmensfremde Tätigkeit **(Sphäre 3).**

Zur **Sphäre 2** gehören nach Ansicht des BFH insbesondere

- die Tätigkeit eines Vereins, soweit er seine ideellen Zwecke verfolgt, ohne dabei steuerbare Leistungen zu erbringen,
- unentgeltliche Leistungen eines Unternehmens, soweit es sich nicht um Leistungen für den privaten Bedarf des Unternehmens oder für den privaten Bedarf seines Personals handelt,
- die hoheitliche Tätigkeit einer juristischen Person des Rechts,
  - soweit diese Tätigkeit nicht wegen ihrer Wettbewerbsrelevanz dem unternehmerischen Bereich zuzurechnen ist und
  - wenn die juristische Person des öffentlichen Rechts (in einem anderen Bereich) auch unternehmerisch tätig ist (vgl. BFH vom 03.03.2011, BStBl 2012 II S. 74),
- die Verwaltung und Veräußerung von Gegenständen, zum Beispiel Beteiligungen, die nicht zum Unternehmensvermögen (Sphäre 1) gehören,
- die Nichtverwendung eines Gegenstandes, den der Unternehmer teilweise unternehmerisch nutzt.

Demnach können gemeinnützige Körperschaften einen unternehmerischen und einen nichtunternehmerischen Bereich haben, wobei im nichtunternehmerischen Bereich nochmals weiter zwischen nichtwirtschaftlichen Tätigkeiten im engeren Sinne und unternehmensfremden Tätigkeiten differenziert wird.

Wie Korf in seiner Besprechung der EuGH-Entscheidung vom 19.02.2009 (vgl. in DB 2009 S. 758 ff.) herausstellt, sind die Sphären unabhängig von der zuvor auf deutscher Ebene üblichen Betrachtung des „Unternehmens" zu differenzieren. Für die Sphärenzuordnung und insbesondere auch für die Bestimmung des Vorsteuerabzugs wird auf europäischer Ebene zum einen betrachtet, ob wirtschaftliche Tätigkeiten (die unter die Anwendung der MwSt fallen) vorliegen, und zum anderen, ob ein Steuerpflichtiger „als solcher" handelt.

4.5 Umsatzsteuer

Wirtschaftliche Tätigkeiten bestehen in der entgeltlichen Lieferung oder Erbringung von Dienstleistungen. Fehlt es an dieser Ausrichtung auf die Leistung von Gegenständen oder Dienstleistungen, wie etwa im ideellen Bereich gemeinnütziger Körperschaften, sind die Tätigkeiten dem nichtwirtschaftlichen Bereich zuzuordnen. Der Umsatzsteuer unterliegen grundsätzlich nur Leistungen im wirtschaftlichen Bereich, diese können steuerpflichtig oder steuerfrei sein. Entsprechend besteht hier die Berechtigung zum Vorsteuerabzug. Ist ein Unternehmer sowohl im wirtschaftlichen als auch im nichtwirtschaftlichen Bereich tätig, ergibt sich nur ein anteiliger Vorsteuerabzug. Näheres zum Vorsteuerabzug wird unter Tz. 4.5.15.3 ausgeführt.

Die nachstehende Übersicht zeigt die **unternehmerische** und die **nichtunternehmerische** Sphäre der gemeinnützigen Körperschaften sowie die Abgrenzung der nichtwirtschaftlichen von der unternehmensfremden und verdeutlicht diese anhand der dort aufgeführten Einnahmenbeispiele.

Tätigkeitsfelder/Einnahmen- und Ausgabenbereiche			
Ideeller Bereich	**Vermögensverwaltung § 14 AO**	**Wirtschaftliche Geschäftsbetriebe § 14 AO**	
		Zweckbetriebe §§ 65, 66, 67, 67a und 68 AO	**Steuerpflichtige Geschäftsbetriebe §§ 14, 64 AO**
Mitgliederbeiträge	– Zinsen, Dividenden etc. (= Erträge aus Geldanlagen)	– Kursgebühren aus Unterrichtsveranstaltungen	– Verkauf von Speisen und Getränken (z. B. bei Vereinsfesten)
Spenden	– Mieteinnahmen (z. B. aus Haus- und Grundstücksvermietungen)	– Einnahmen aus Bildungsreisen	– Betriebsaufspaltung
Zuschüsse	– Pachteinnahmen (z. B. aus der Überlassung von Werberechten, der Verpachtung der Vereinsgaststätte)	– Einnahmen aus dem Verkauf von Infomaterial und Druckschriften	– Veranstaltung von Basaren, Flohmärkten
Erbschaften		– Einnahmen aus Wohlfahrtstätigkeiten	– Veranstaltung von geselligen Veranstaltungen/Vereinsfesten (Eintrittsgelder, Bewirtungserlöse)
		– (in Ausnahmefällen) Verkaufserlöse aus Altmaterialsammlungen	– (regelmäßig) die Verkaufserlöse aus Altmaterialsammlungen
		– Eintrittsgelder, Ablöseeinnahmen aus sportlichen Veranstaltungen, § 67a Abs. 1 und 3 AO	– Eintrittsgelder, Ablöseeinnahmen aus (steuerpfl.) sportlichen Veranstaltungen, § 67a Abs. 1 und 3 AO
	Der unternehmerische Bereich		
	7 % § 12 Abs. 2 Nr. 8 UStG	7 % § 12 Abs. 2 Nr. 8 UStG	19 % § 12 Abs. 1 UStG

4 Andere Steuergesetze

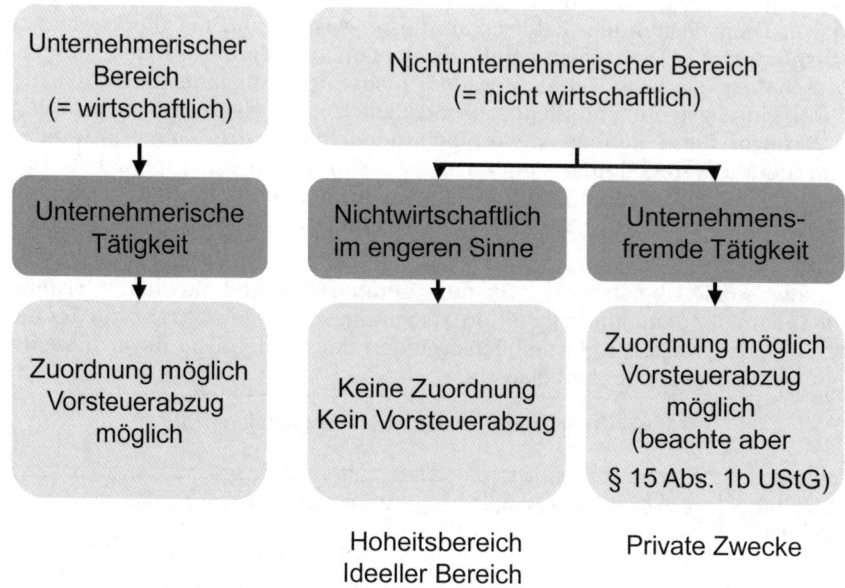

4.5.5.4 Unternehmereigenschaft und Betrieb von Anlagen zur Energieerzeugung

In den vergangenen Jahren und insbesondere auch vor dem Hintergrund der Förderung erneuerbarer Energien hat die eigenständige Energiegenerierung durch Einrichtungen oder auch private Haushalte an Bedeutung gewonnen. Besondere Relevanz, auch in der steuerlichen Diskussion, haben dabei Photovoltaikanlagen und Kraft-Wärme-Kopplungsanlagen (z. B. Blockheizkraftwerk). Durch diese Anlagen zur Energieerzeugung kann eine Unternehmereigenschaft begründet werden, wie unter anderem der BFH in seinem Urteil vom 18.12.2008 (V R 80/07, BStBl 2011 II S. 292) festgestellt hat. Mit BMF-Schreiben vom 14.03.2011 (IV D 2 – S 7124/07/10002, BStBl 2011 I S. 254) wurden die Feststellungen des Urteils als Änderungen in Abschn. 2.5 UStAE aufgenommen.

Entsprechend dem Anwendungserlass dient eine Anlage zur Stromgewinnung (die unter § 3 des Erneuerbare-Energien-Gesetzes oder unter § 5 des Kraft-Wärme-Kopplungsgesetzes fällt) ausschließlich der nachhaltigen Erzielung von Einnahmen aus der Stromerzeugung, wenn der Anlagenbetreiber den erzeugten Strom ganz oder teilweise, regelmäßig und nicht nur gelegentlich in das allgemeine Stromnetz einspeist. Durch eine solche Tätigkeit wird, unabhängig von der Höhe der erzielten Einnahmen und der leistungsmäßigen Auslegung der Anlage, die Unternehmereigenschaft des Betreibers begründet, wenn dieser nicht bereits anderweitig unternehmerisch tätig ist. Ist die Anlage mittelbar oder unmittelbar mit dem allgemeinen Stromnetz verbunden, kann grundsätzlich von der Unternehmereigenschaft des Anlagenbetreibers ausgegangen werden. Eine Unternehmereigenschaft des Betreibers der Anlage ist grundsätzlich nicht gegeben, wenn eine physische Einspeisung des erzeugten Stroms nicht möglich ist (z. B. aufgrund unterschiedlicher Netzspannungen), weil hierbei kein Leistungsaustausch zwischen dem Betreiber der Anlage und dem des allgemeinen Stromnetzes vorliegt.

4.5 Umsatzsteuer

Photovoltaikanlagen

Die umsatzsteuerliche Beurteilung von Photovoltaikanlagen hat die Finanzverwaltung mit Schreiben vom 19.09.2014 (Umsatzsteuerliche Behandlung neuer Photovoltaikanlagen: Inbetriebnahme seit dem 01.04.2012) überarbeitet, dadurch entsteht eine differenzierte Betrachtung von Anlagen, die vor dem 01.04.2012 ans Netz gegangen sind, und solchen, die ab dem 01.04.2012 in Betrieb genommen wurden.

Photovoltaikanlagen mit Inbetriebnahme vor dem 01.04.2012

Die umsatzsteuerliche Beurteilung einer Photovoltaikanlage richtet sich nach der sog. „Einspeisefiktion". Es wird zunächst davon ausgegangen, dass die gesamte vom Anlagenbetreiber aus solarer Strahlungsenergie erzeugte Elektrizität an einen Netzbetreiber geliefert wird, unabhängig davon, wo die Elektrizität tatsächlich verbraucht wird. Hat der Anlagenbetreiber einen Direktverbrauch an Elektrizität, erfolgt weiterhin die fiktive Betrachtung, dass der Anlagenbetreiber seinen Strom vollständig vom Netzbetreiber bezieht, somit quasi eine Rücklieferung erfolgt. Der Direktverbrauch wird bei der Einspeisefiktion letztlich mittels einer verminderten Einspeisevergütung berücksichtigt.

Bedeutender Vorteil der Einspeisefiktion ist, dass durch diese der volle Vorsteuerabzug bei den Anschaffungs- und Herstellungskosten, den laufenden Betriebskosten und auch dem Direktverbrauch geltend gemacht werden kann. Allerdings bestimmt sich die Höhe der Vorsteuer, die bei der Rücklieferung des Stroms abziehbar ist, danach, inwieweit der Anlagenbetreiber den Strom zur Ausführung steuerpflichtiger Ausgangsumsätze verwendet (vgl. hierzu ausführlich Tz. 4.5.15 zu § 15 UStG). Ändert sich das Verhältnis der steuerpflichtigen Ausgangsumsätze, hat zudem eine Anpassung nach § 15a UStG für den Berichtigungszeitraum von 10 Jahren zu erfolgen.

> **Vereinfachtes Beispiel zum Vorsteuerabzug bei Photovoltaikanlagen:**
>
> Dieses Beispiel ist vereinfachend an Abschn. 2.5 Abs. 5 UStAE angelehnt und soll die Methodik des Vorsteuerabzugs verdeutlichen.
>
> Im Jahr 2012 wird von einer Werkstätte für behinderte Menschen (WfbM) eine Photovoltaikanlage für 20.000 € zzgl. 3.800 € Umsatzsteuer angeschafft. Wegen eines Blitzeinschlags ergeben sich im gleichen Jahr Reparaturen an der Anlage i. H. von 10.000 € zzgl. 1.900 € Umsatzsteuer. Die jährliche Leistung der Photovoltaikanlage beträgt 10.000 kWh, die auch dem Direktverbrauch der WfbM entspricht. Die reguläre Einspeisevergütung beträgt 24,43 Cent/kWh, die Einspeisevergütung für den Direktverbrauch 8,05 Cent/kWh. In der WfbM erfolgt die Nutzung des Stroms zu 70 % im Produktionsbereich (umsatzsteuerpflichtige Ausgangsumsätze) und zu 30 % in der Betreuung (steuerfreie Ausgangsumsätze).
>
> Für die Hinlieferung (Umsatz des Anlagenbetreibers) ergibt sich eine umsatzsteuerliche Bemessungsgrundlage von 10.000 kWh × 24,43 Cent/kWh = 2.443,00 €. Die Umsatzsteuer darauf beträgt 464,17 €, sodass sich ein Bruttowert für die Hinlieferung von 2.907,17 € ergibt. Um den Umsatz des Netzbetreibers für die Rücklieferung ermitteln zu können, ist zunächst der Erlös pro kWH zu berechnen. Dieser ergibt sich als Differenz zwischen der regulären Einspeisevergütung (Netzeinspeisung) und der verminderten Einspeisevergütung (Direktverbrauch): 24,43 Cent/kWh – 8,05 Cent/kWh = 16,38 Cent/kWh. Mittels dieses Werts ergibt sich dann für die Rücklieferung ein Nettowert von 10.000 kWh × 16,38 Cent/kWh = 1.638,00 €, eine Umsatzsteuer i. H. von 311,22 € und daraus ein Bruttowert für die Rücklieferung i. H. von 1.949,22 €.
>
> Für den Vorsteuerabzug aus den Anschaffungskosten und Reparaturen ist die Einspeisefiktion relevant. Da fiktiv davon ausgegangen wird, dass 100 % des erzeugten Stroms an den Netzbetreiber geleistet werden, ist trotz der 100 % Direktverbrauchs der volle Vorsteuerabzug sowohl bei den Anschaffungskosten als auch den Reparaturen (3.800 € bzw. 1.900 €) möglich.

Für den Vorsteuerabzug aus der Rücklieferung durch den Energieversorger ist die Einspeisefiktion jedoch nicht von Relevanz. Die Vorsteuer kann in Höhe der anteiligen umsatzsteuerpflichtigen Ausgangsumsätze geltend gemacht werden, d. h. im Beispiel 70 % × 311,22 € = 217,85 €. Somit ergibt sich in diesem Beispiel der Photovoltaikanlage der WfbM ein Gesamtvorsteuerabzug i. H. von 5.917,85 € für das Jahr 2012.

Photovoltaikanlagen mit Inbetriebnahme ab dem 01.04.2012

Im Rahmen der umsatzsteuerlichen Beurteilung neuer Photovoltaikanlagen ist auf die Neufassung im Abschn. 2.5 UStAE und das BMF-Schreiben vom 19.09.2014 (BStBl 2014 I S. 1287, Umsatzsteuerrechtliche Behandlung neuer Photovoltaikanlagen: Inbetriebnahme seit dem 01.04.2012) hinzuweisen.

Für Photovoltaikanlagen, die nach dem 31.03.2012 in Betrieb genommen wurden und nicht unter die Übergangsvorschrift nach § 66 Abs. 18a EEG fallen, gilt das EEG in der ab 01.04.2012 geltenden Fassung. Bei der umsatzsteuerrechtlichen Behandlung dieser Photovoltaikanlagen ist Abschn. 2.5 Abs. 10 bis 16 UStAE zu beachten. Die Stromlieferung des Betreibers einer Photovoltaikanlage an den Netzbetreiber umfasst umsatzsteuerrechtlich den physisch eingespeisten und den kaufmännisch-bilanziell weitergegebenen Strom. Der dezentral verbrauchte Strom wird nach EEG nicht vergütet und ist nicht Gegenstand der Lieferung an den Netzbetreiber. Damit wird die bisherige Fiktion der vollen Lieferung an den Netzbetreiber aufgehoben.

Der Betreiber einer Photovoltaikanlage ist unter den Voraussetzungen des § 15 UStG zum Vorsteuerabzug berechtigt. Wird der erzeugte Strom nur zum Teil unternehmerisch (z. B. zur entgeltlichen Einspeisung) und im Übrigen im Rahmen des dezentralen Verbrauchs nichtunternehmerisch verwendet, liegt eine teilunternehmerische Verwendung vor, die grundsätzlich nur im Umfang der unternehmerischen Verwendung zum Vorsteuerabzug berechtigt (vgl. Abschn. 15.2b Abs. 2 UStAE), sofern die unternehmerische Nutzung mindestens 10 % beträgt (§ 15 Abs. 1 Satz 2 UStG). Zum Vorsteuerabzug aus Baumaßnahmen, die der Unternehmer im Zusammenhang mit der Installation einer Photovoltaikanlage in Auftrag gibt, vgl. Abschn. 15.2c Abs. 8 Beispiele 1 und 2 UStAE. Soweit eine Photovoltaikanlage für nichtwirtschaftliche Tätigkeiten im engeren Sinne verwendet wird (vgl. Abschn. 2.3 Abs. 1a UStAE), ist eine Zuordnung der Anlage zum Unternehmen nicht möglich. Der Vorsteuerabzug aus der Anschaffung der Photovoltaikanlage ist insoweit ausgeschlossen. Die erforderliche Vorsteueraufteilung ist nach dem Verhältnis der betreffenden Strommengen vorzunehmen; zur Ermittlung der dezentral verbrauchten Strommenge vgl. Abschn. 2.5 Abs. 16 UStAE. Erhöht sich die Nutzung des dezentralen Stromverbrauchs für nichtwirtschaftliche Tätigkeiten im engeren Sinne, unterliegt die Erhöhung der Wertabgabenbesteuerung nach § 3 Abs. 1b Satz 1 Nr. 1 UStG. Bei Erhöhung der unternehmerischen Verwendung des erzeugten Stroms kommt eine Berichtigung des Vorsteuerabzugs nach § 15a UStG aus Billigkeitsgründen in Betracht (vgl. Abschn. 15a.1 Abs. 7 UStAE). Zum Berichtigungszeitraum vgl. Abschn. 15a.3 Abs. 2 UStAE. Besteht die nichtunternehmerische Verwendung der Photovoltaikanlage in einer unternehmensfremden (privaten) Nutzung, hat der Unternehmer ein Zuordnungswahlrecht und kann den vollen Vorsteuerabzug aus der Anschaffung der Photovoltaikanlage geltend machen, wenn die unternehmerische Nutzung mindestens 10 % beträgt (§ 15 Abs. 1 Satz 2 UStG). Zum Ausgleich unterliegt der dezentral (privat) verbrauchte Strom der Wertabgabenbesteuerung nach § 3 Abs. 1b Satz 1 Nr. 1 UStG.

Führt der dezentral verbrauchte Strom zu einer steuerpflichtigen unentgeltlichen Wertabgabenbesteuerung nach § 3 Abs. 1b Satz 1 Nr. 1 UStG, ist für die Bemessungsgrundlage nach § 10 Abs. 4 Satz 1 Nr. 1 UStG der fiktive Einkaufspreis im Zeitpunkt des Umsatzes maßgebend (vgl. BFH vom 12.12.2012 XI R 3/10, BStBl 2014 II S. 809).

Blockheizkraftwerke

Bei **Blockheizkraftwerken** wird neben dem Strom auch Wärme produziert, die ebenfalls direkt beim Anlagenbetreiber verbraucht werden oder an Dritte geliefert werden kann. Für den Vorsteuerabzug gelten die allgemeinen Regelungen des § 15 UStG (vgl. Tz. 4.5.15). Dabei ist zunächst danach zu differenzieren, welcher prozentuale Anteil der Anlage der Wärmeerzeugung und welcher der Stromerzeugung zugeordnet werden kann. Entsprechend ergibt sich für den der Wärme- bzw. Stromerzeugung zugeordneten Anlagenteil ein unterschiedlicher Vorsteuerabzug. Die Leistungsverhältnisse können durch an den Anlagen vorhandene Messeinrichtungen, die den Umfang der eingespeisten Strommenge, des privat entnommenen Stroms und die abgegebene Wärme erfassen, ermittelt werden. Liegt eine solche Messeinrichtung nicht vor, kann auch eine vom Hersteller der Anlage zu beziehende „Stromkennzahl" Aufschluss über die Nutzungsverhältnisse geben (vgl. OFD Karlsruhe vom 25.09.2012 – S 7104/6). Zur Bemessungsgrundlage bei dezentralem Verbrauch von Strom vgl. Abschn. 2.5 Abs. 18 UStAE.

Zu berücksichtigen ist, dass der Betreiber eines Blockheizkraftwerks, anders als bei einer Photovoltaikanlage, ein Zuordnungswahlrecht hat. Bei Anschaffung oder Herstellung der Anlage kann der Betreiber die Anlage entweder vollständig seinem Unternehmen zuordnen (und damit den vollen Vorsteuerabzug geltend machen) oder auch nur anteilig der unternehmerischen Nutzung (teilweiser Vorsteuerabzug). Auch eine ganze Zuordnung zum nichtunternehmerischen Bereich (kein Vorsteuerabzug) ist möglich.

Erfolgt eine vollständige oder anteilige Zuordnung der Anlage zum unternehmerischen Bereich, erfolgt hinsichtlich des erzeugten Stroms eine analoge umsatzsteuerliche Behandlung wie bei Photovoltaikanlagen. Hingegen gibt es bei der Wärme keine Fiktion der steuerpflichtigen Drittlieferung. Der Vorsteuerabzug aus den Anschaffungskosten des Blockheizkraftwerks sowie den laufenden Betriebskosten für den Direktverbrauch von Wärme ist entsprechend der steuerpflichtigen Nutzung im Unternehmen möglich.

4.5.5.5 Beginn und Ende der Unternehmereigenschaft

Der Beginn und das Ende der Unternehmereigenschaft werden in Abschn. 2.6 Abs. 1 bzw. Abs. 6 UStAE geregelt. Demnach beginnt die Unternehmereigenschaft mit dem ersten nach außen erkennbaren, auf eine Unternehmertätigkeit gerichteten Tätigwerden, wenn die spätere Ausführung entgeltlicher Leistungen beabsichtigt ist und die Ernsthaftigkeit der Absicht durch objektive Merkmale nachgewiesen oder glaubhaft gemacht werden kann. Die Unternehmereigenschaft endet mit dem letzten Tätigwerden. Dieses liegt erst dann vor, wenn der Unternehmer alle Rechtsbeziehungen abgewickelt hat, die mit dem (aufgegebenen) Betrieb im Zusammenhang stehen (BFH vom 21.04.1993 XI R 50/90, BStBl 1993 II S. 696). Unbeachtlich ist dabei der Zeitpunkt der Einstellung oder Abmeldung eines Gewerbebetriebs.

4.5.6 Lieferung und sonstige Leistung

§ 3 UStG

(1) Lieferungen eines Unternehmers sind Leistungen, durch die er oder in seinem Auftrag ein Dritter den Abnehmer oder in dessen Auftrag einen Dritten befähigt, im eigenen Namen über einen Gegenstand zu verfügen (Verschaffung der Verfügungsmacht).

....

(1b) $_1$Einer Lieferung gegen Entgelt werden gleichgestellt
1. die Entnahme eines Gegenstands durch einen Unternehmer aus seinem Unternehmen für Zwecke, die außerhalb des Unternehmens liegen;
2. die unentgeltliche Zuwendung eines Gegenstands durch einen Unternehmer an sein Personal für dessen privaten Bedarf, sofern keine Aufmerksamkeiten vorliegen;
3. jede andere unentgeltliche Zuwendung eines Gegenstands, ausgenommen Geschenke von geringem Wert und Warenmuster für Zwecke des Unternehmens.

$_2$Voraussetzung ist, dass der Gegenstand oder seine Bestandteile zum vollen oder teilweisen Vorsteuerabzug berechtigt haben.

....

(4) $_1$Hat der Unternehmer die Bearbeitung oder Verarbeitung eines Gegenstands übernommen und verwendet er hierbei Stoffe, die er selbst beschafft, so ist die Leistung als Lieferung anzusehen (Werklieferung), wenn es sich bei den Stoffen nicht nur um Zutaten oder sonstige Nebensachen handelt. $_2$Das gilt auch dann, wenn die Gegenstände mit dem Grund und Boden fest verbunden werden.

....

(5a) Der Ort der Lieferung richtet sich vorbehaltlich der §§ 3c, 3e, 3f und 3g nach den Absätzen 6 bis 8.

....

(9) $_1$Sonstige Leistungen sind Leistungen, die keine Lieferungen sind. $_2$Sie können auch in einem Unterlassen oder im Dulden einer Handlung oder eines Zustands bestehen. $_3$In den Fällen der §§ 27 und 54 des Urheberrechtsgesetzes führen die Verwertungsgesellschaften und die Urheber sonstige Leistungen aus.

(9a) Einer sonstigen Leistung gegen Entgelt werden gleichgestellt
1. die Verwendung eines dem Unternehmen zugeordneten Gegenstands, der zum vollen oder teilweisen Vorsteuerabzug berechtigt hat, durch einen Unternehmer für Zwecke, die außerhalb des Unternehmens liegen, oder für den privaten Bedarf seines Personals, sofern keine Aufmerksamkeiten vorliegen; dies gilt nicht, wenn der Vorsteuerabzug nach § 15 Absatz 1b ausgeschlossen oder wenn eine Vorsteuerberichtigung nach § 15a Absatz 6a durchzuführen ist;
2. die unentgeltliche Erbringung einer anderen sonstigen Leistung durch den Unternehmer für Zwecke, die außerhalb des Unternehmens liegen, oder für den privaten Bedarf seines Personals, sofern keine Aufmerksamkeiten vorliegen.

....

(12) $_1$Ein Tausch liegt vor, wenn das Entgelt für eine Lieferung in einer Lieferung besteht. $_2$Ein tauschähnlicher Umsatz liegt vor, wenn das Entgelt für eine sonstige Leistung in einer Lieferung oder sonstigen Leistung besteht.

Der Umsatzsteuer unterliegen (nur) die Lieferungen und sonstigen Leistungen, die ein Unternehmer im **Inland** gegen Entgelt im Rahmen seines Unternehmens ausführt. Im Grundfall bestimmt der Gesetzgeber den Ort einer Lieferung dort, wo die Beförderung oder Versendung an den Abnehmer beginnt (§ 3 Abs. 6 UStG). Das Gesetz differenziert zwischen Lieferungen und sonstigen Leistungen, da damit unterschiedliche Rechtsfolgen hinsichtlich der Steuerbarkeit aufgrund unterschiedlicher Bestimmungen über den Ort der Leistung oder auch hinsichtlich des Steuersatzes verbunden sind (vgl. Weymüller, UStG, 2015, Tz. 19 zu § 3).

4.5.6.1 Speisenversorgung

Die Abgabe von Speisen und Getränken gehört regelmäßig zu den Geschäftsfeldern der gemeinnützigen Unternehmen im Rahmen der Geschäftsbereiche medizinischer, pflegender und betreuender Leistungen. Als Beispiele sind Krankenhäuser, Alten- und Pflegeheime, Werkstätten, mobile Essendienste und Speisendienste zu nennen. Als problematisch gilt die Abgrenzung zwischen den dem ermäßigten Steuersatz von 7 % unterliegenden Lieferungen und den dem Regelsteuersatz von 19 % unterliegenden sonstigen Leistungen (Restaurationsleistungen).

Bei der Speisenabgabe wird umsatzsteuerlich zunächst danach unterschieden, ob es sich um eine „Lieferung" oder eine „sonstige Leistung" im Sinne des Umsatzsteuerrechts handelt. Während die Einordnung einer Speisenabgabe als reine „Lieferung" stets den Zugang zum ermäßigten Umsatzsteuersatz ermöglicht, ist die Speisenabgabe in Verbindung mit der Erbringung von Dienstleistungen wie z. B. Geschirrreinigung, Ausgabe der Speisen vor Ort, Vorhandensein von Verzehrvorrichtungen wie Tischen als „sonstige Leistung" nach Art eines Restaurationsumsatzes „zum Verzehr an Ort und Stelle" insgesamt dem Regelsteuersatz von derzeit 19 % zu unterwerfen.

Die umsatzsteuerlichen Unterscheidungskriterien für Lieferungen und sonstige Leistungen sind für die Speiseversorgung gesetzlich nicht geregelt, sondern orientieren sich an den allgemeingültigen Grundsätzen des Umsatzsteuerrechts und sind daher fließend. Die umsatzsteuerliche Beurteilung der Abgabe von Speisen durch Unternehmer war in den letzten Jahren Gegenstand zahlreicher BFH-Urteile und FG-Entscheidungen. Auf die Vorlage von vier BFH-Beschlüssen hat auch der EuGH in seinem Urteil vom 10.03.2011 (Rs. C-497/09, C-499/09, C-501/09, C-502/09, BStBl 2013 II S. 256) zur umsatzsteuerlichen Behandlung von Speisen entschieden. Diese Rechtsprechung wurde in der Folgerechtsprechung des BFH berücksichtigt. Abschn. 3.6 UStAE zur Abgrenzung von Lieferungen und sonstigen Leistungen bei der Abgabe von Speisen und Getränken wurde daraufhin durch das BMF-Schreiben vom 20.03.2013 (IV D 2 – S 7100/07/10050-06, BStBl 2013 I S. 444) neu gefasst. Im Folgenden soll zunächst auf die Regelungen des BMF-Schreibens eingegangen werden, um im Anschluss die aktuelle Rechtsprechung darzustellen.

Im Bereich der Speisenversorgung ist außerdem zu berücksichtigen, dass mit BFH-Urteil vom 29.01.2009 (V R 46/06, BStBl 2009 II S. 560) die Möglichkeiten, eine Speiseversorgung im Rahmen eines sog. Selbstversorgungszweckbetriebs (§ 68 Nr. 2 Buchst. b AO) zu erbringen und damit den ermäßigten Steuersatz in Anspruch nehmen zu können, stark eingeschränkt wurden. In der Umsetzung der Rechtsprechung hat die Finanzverwaltung für Selbstversorgungszweckbetriebe, die bereits vor dem 01.01.2010 bestanden, bis zum 31.12.2012 eine Nichtaufgriffsregelung geschaffen und entsprechende Betriebe noch als Zweckbetrieb anerkannt (BMF-Schreiben vom 12.04.2011, BStBl 2011 I S. 538). Bei steuerbegünstigten Unternehmen, soweit sie die Speisen selbst herstellen, sollte jedoch geprüft werden, ob die Speisenabgabe ggf. im Rahmen eines Zweckbetriebs nach § 66 AO (z. B. bei einer

Tafel) oder eines Zweckbetriebs nach § 68 Nr. 1 Buchst. a AO (z. B. dem ambulanten Essensdienst) erbracht werden, und daher nur dem ermäßigten Steuersatz zu unterziehen ist.

Zunächst soll aufgezeigt werden, wie im BMF-Schreiben vom 20.03.2013 (a. a. O.) anhand von insgesamt 16 Beispielsfällen zusammenfassend dargestellt wird, wie im Fall der Speisenversorgung Lieferungen von sonstigen Leistungen abgegrenzt werden.

Nach § 12 Abs. 2 Nr. 1 UStG ermäßigt sich die Umsatzsteuer auf 7 % für die Lieferung von Nahrungsmitteln und Speisen i. S. des § 3 Abs. 1 UStG. Demgegenüber ist der Regelsteuersatz von derzeit 19 % anzuwenden, wenn mit der Lieferung auch Leistungen verbunden sind, die über die bloße Vermarktung hinausgehen, und dadurch eine sonstige Leistung i. S. des § 3 Abs. 9 UStG vorliegt. Leistungen, die über die Vermarktung hinausgehen, sind nach Auffassung des BMF stets anzunehmen, wenn sich der leistende Unternehmer nicht auf die Ausübung der Handels- und Verteilfunktion des Lebensmittelhandels beschränkt (vgl. BMF-Schreiben vom 20.03.2013, a. a. O.). Jedes einzelne der folgenden über die Vermarktung hinausgehenden Leistungselemente soll stets und insgesamt zur Annahme einer Dienstleistung führen:

- Bereitstellung einer die Bewirtung fördernden Infrastruktur;
- Servieren der Speisen und Getränke;
- Gestellung von Bedienungs-, Koch- oder Reinigungspersonal;
- Durchführung von Service-, Bedien- oder Spülleistungen im Rahmen einer die Bewirtung fördernden Infrastruktur oder in den Räumlichkeiten des Kunden;
- Nutzungsüberlassung von Geschirr oder Besteck;
- Überlassung von Mobiliar (z. B. Tischen und Stühlen) zur Nutzung außerhalb der Geschäftsräume des Unternehmers;
- Reinigung bzw. Entsorgung von Gegenständen, wenn die Überlassung dieser Gegenstände ein berücksichtigungsfähiges Dienstleistungselement darstellt (vgl. BFH vom 10.08.2006 V R 55/04, BStBl 2007 II S. 480);
- Individuelle Beratung bei der Auswahl der Speisen und Getränke;
- Beratung der Kunden hinsichtlich der Zusammenstellung und Menge von Mahlzeiten für einen bestimmten Anlass.

Die Überlassung stellt kein berücksichtigungsfähiges Dienstleistungselement dar, wenn die überlassenen Gegenstände (Geschirr, Platten etc.) vornehmlich Verpackungsfunktion erfüllen. Hierbei ist ebenso die anschließende Reinigung bzw. Entsorgung der überlassenen Gegenstände bei der Gesamtbetrachtung nicht zu berücksichtigen.

Folgende Elemente sind hingegen notwendig mit der Vermarktung von Speisen verbunden und im Rahmen der vorzunehmenden Gesamtbetrachtung **nicht** zu berücksichtigen, d. h., werden derartige Leistungen erbracht, bleibt es bei der Einordnung als ermäßigt zu besteuernde Speisenlieferung:

- Darbietung von Waren in Regalen;
- Zubereitung der Speisen;
- Transport der Speisen und Getränke zum Ort des Verzehrs einschließlich der damit in Zusammenhang stehenden Leistungen wie Kühlen oder Wärmen, der hierfür erforderlichen Nutzung von besonderen Behältnissen und Geräten sowie der Vereinbarung eines festen Lieferzeitpunkts;

- übliche Nebenleistungen wie z. B. Verpacken, Beigabe von Einweggeschirr oder -besteck;
- Bereitstellung von Papierservietten;
- Abgabe von Senf, Ketchup, Mayonnaise, Apfelmus oder ähnlicher Beigaben;
- Bereitstellung von Abfalleimern an Kiosken, Verkaufsständen, Würstchenbuden usw.;
- Bereitstellung von Einrichtungen und Vorrichtungen, die in erster Linie dem Verkauf von Waren dienen (z. B. Verkaufstheken und -tresen sowie Ablagebretter an Kiosken, Verkaufsständen, Würstchenbuden usw.);
- bloße Erstellung von Leistungsbeschreibungen (z. B. Speisekarten oder -pläne);
- Erläuterung des Leistungsangebots;
- Einzug des Entgelts für Schulverpflegung von den Konten der Erziehungsberechtigten.

Stets eine Lieferung stellt die Abgabe von zubereiteten oder nicht zubereiteten Speisen mit oder ohne Beförderung, jedoch ohne andere unterstützende Dienstleistungen, dar. Nicht gesondert zu berücksichtigen sind die unselbständigen Teile der Beförderung in Form der Sicherstellung der Verzehrfertigkeit während des Transports (z. B. Warmhalten in besonderen Behältnissen) sowie die Vereinbarung eines festen Zeitpunkts für die Übergabe der Speisen an den Kunden. Die Abgabe von Waren aus Verkaufsautomaten stellt stets eine Lieferung dar.

Hinweis: In der Praxis steuerbegünstigter Krankenhaus- und Altenheimbetriebe weit verbreitet ist der Zukauf von Speisen, die mittels dem sog. Cook&chill-Verfahren hergestellt werden. Dabei übernimmt der Lieferant die Zubereitung und Vorgarung der Speisen, um sie anschließend durch Schnellkühlung bis zu 4 Tage lagern zu können. In diesem Zustand liefert der Lieferant die (noch nicht verzehrfähigen) Speisen z. B. an den Krankenhausbetrieb aus, der diese mittels bestimmter Vorrichtungen (sog. „Regeneriertechnik") zu Ende gart und sie anschließend an die Patienten zum Verzehr übergibt.

Umsatzsteuerlich stellt die Lieferung der im Rahmen des Cook&chill-Verfahrens zubereiteten Lebensmittel durch den Lieferant nach meiner Auffassung keine Lieferung oder sonstige Leistung (i. S. von § 3 Abs. 9 UStG) verzehrfertiger Speisen dar, sodass die Bestimmung des anzuwendenden Umsatzsteuersatzes allein aus der Anlage 2 zu § 12 Abs. 2 Nr. 1 UStG nach den allgemeinen Grundsätzen über die Lieferung von Lebensmitteln abzuleiten ist.

Diese Grundsätze gelten gleichermaßen für Imbissstände wie für Verpflegungsleistungen in Kindertagesstätten, Schulen und Kantinen, Krankenhäusern, Pflegeheimen oder ähnlichen Einrichtungen, bei Leistungen von Catering-Unternehmen (Partyservice) und Mahlzeitendiensten („Essen auf Rädern"). Ebenso gelten sie für unentgeltliche Wertabgaben.

Beispiel 1:

Der Catering-Unternehmer A verabreicht in einer Schule aufgrund eines mit dem Schulträger geschlossenen Vertrags verzehrfertig angeliefertes Mittagessen. A übernimmt mit eigenem Personal die Ausgabe des Essens, die Reinigung der Räume sowie der Tische, des Geschirrs und des Bestecks.

Es liegen nicht begünstigte sonstige Leistungen i. S. des § 3 Abs. 9 UStG vor. Neben den Speisenlieferungen werden Dienstleistungen erbracht, die nicht notwendig mit der Vermarktung von Speisen verbunden sind (Bereitstellung von Verzehrvorrichtungen, Reinigung der Räume sowie der Tische, des Geschirrs und des Bestecks) und die bei Gesamtbetrachtung des Vorgangs das Lieferelement qualitativ überwiegen.

Beispiel 2:

Ein Schulverein bietet in der Schule für die Schüler ein Mittagessen an. Das verzehrfertige Essen wird von dem Catering-Unternehmer A dem Schulverein in Warmhaltebehältern zu festgelegten Zeitpunkten angeliefert und anschließend durch die Mitglieder des Schulvereins an die Schüler ausgegeben. Das Essen wird von den Schülern in einem Mehrzweckraum, der über Tische und Stühle verfügt, eingenommen. Der Schulverein übernimmt auch die Reinigung der Räume sowie der Tische, des Geschirrs und des Bestecks.

Der Catering-Unternehmer A erbringt begünstigte Lieferungen i. S. des § 12 Abs. 2 Nr. 1 UStG, da sich seine Leistung auf die Abgabe von zubereiteten Speisen und deren Beförderung ohne andere unterstützende Dienstleistungen beschränkt.

Der Schulverein erbringt sonstige Leistungen i. S. des § 3 Abs. 9 UStG. Neben den Speisenlieferungen werden Dienstleistungen erbracht, die nicht notwendig mit der Vermarktung von Speisen verbunden sind (Bereitstellung von Verzehrvorrichtungen, Reinigung der Räume sowie der Tische, des Geschirrs und des Bestecks) und die bei Gesamtbetrachtung des Vorgangs das Lieferelement qualitativ überwiegen. Bei Vorliegen der weiteren Voraussetzungen können die Umsätze dem ermäßigten Steuersatz nach § 12 Abs. 2 Nr. 8 UStG unterliegen.

Beispiel 3:

Wie Beispiel 2, jedoch beliefert der Catering-Unternehmer A den Schulverein mit Tiefkühlgerichten. Er stellt hierfür einen Tiefkühlschrank und ein Auftaugerät (Regeneriertechnik) zur Verfügung. Die Endbereitung der Speisen (Auftauen und Erhitzen) sowie die Ausgabe erfolgt durch den Schulverein.

Der Catering-Unternehmer A erbringt begünstigte Lieferungen i. S. des § 12 Abs. 2 Nr. 1 UStG. Die Bereitstellung der Regeneriertechnik stellt eine Nebenleistung zur Speisenlieferung dar.

Hinweis: *Nach einer Verfügung der OFD Hannover vom 22.03.2006 (2006-03-22 S 0184-14-StO 255) ist die Versorgung von Schülern mit Speisen und Getränken als steuerfreier Zweckbetrieb – Mahlzeitendienst i. S. des § 68 Nr. 1 Buchst. a AO – anzusehen. Schülerinnen und Schüler sind ohne Einzelfallprüfung als wirtschaftlich hilfsbedürftig i. S. des § 53 AO zu behandeln. Deshalb könnten auch sog. Mensavereine oder Schülervereine, deren einziger Zweck die Versorgung der Schüler mit Speisen und Getränken ist, als gemeinnützig anerkannt werden (BFH vom 11.05.1988, BStBl 1988 II S. 908; AEAO Nr. 5 zu § 66 AO, siehe Anhang 1). Zur Auslegung des Begriffs „Studierende" vgl. LSF Sachsen vom 15.10.2013.*

Zur umsatzsteuerlichen Behandlung der entgeltlichen Verpflegung von Lehrern und Schülern durch Schulfördervereine siehe OFD Frankfurt vom 14.01.2014; BFH vom 12.02.2009 V R 47/07, BStBl 2009 II S. 677, und ausführlich Dorau/Heidler in DStR 2008 S. 702 ff.: „Die umsatzsteuerliche Behandlung der Abgabe von Speisen insbesondere durch gemeinnützige Einrichtungen – Darstellung der aktuellen Rechtsprechung und Verwaltungsansicht". Das Bundesfinanzministerium hat mit Schreiben vom 14.09.2012 die Umsatzsteuerbefreiung und -ermäßigung des Schulessens nach den § 4 Nr. 18, Nr. 23 UStG und nach § 12 Abs. 2 Nr. 8 Buchst. a UStG konkretisiert.

4.5 Umsatzsteuer

Beispiel 4:

Ein Unternehmer beliefert ein Krankenhaus mit Mittag- und Abendessen für die Patienten. Er bereitet die Speisen nach Maßgabe eines mit dem Leistungsempfänger vereinbarten Speiseplans in der Küche des auftraggebenden Krankenhauses fertig zu. Die Speisen werden zu festgelegten Zeitpunkten in Großgebinden an das Krankenhauspersonal übergeben, das den Transport auf die Stationen, die Portionierung und Ausgabe der Speisen an die Patienten sowie die anschließende Reinigung des Geschirrs und Bestecks übernimmt.

Es liegen begünstigte Lieferungen i. S. des § 12 Abs. 2 Nr. 1 UStG vor, da sich die Leistung des Unternehmers auf die Abgabe von zubereiteten Speisen ohne andere unterstützende Dienstleistungen beschränkt. Die durch das Krankenhauspersonal erbrachten Dienstleistungselemente sind bei der Beurteilung des Gesamtvorgangs nicht zu berücksichtigen.

Beispiel 5:

Sachverhalt wie im Beispiel 4. Ein Dritter ist jedoch verpflichtet, das Geschirr und Besteck in der Küche des Krankenhauses zu reinigen.

Soweit dem Unternehmer die durch den Dritten erbrachten Spülleistungen nicht zuzurechnen sind, beschränkt sich seine Leistung auch in diesem Fall auf die Abgabe von zubereiteten Speisen ohne andere unterstützende Dienstleistungen. Es liegen daher ebenfalls begünstigte Lieferungen an das Krankenhaus vor.

Beispiel 6:

Ein Unternehmer bereitet mit eigenem Personal die Mahlzeiten für die Patienten in der angemieteten Küche eines Krankenhauses zu, transportiert die portionierten Speisen auf die Stationen und reinigt das Geschirr und Besteck. Die Ausgabe der Speisen an die Patienten erfolgt durch das Krankenhauspersonal.

Es liegen begünstigte Lieferungen i. S. des § 12 Abs. 2 Nr. 1 UStG vor. Die Reinigung des Geschirrs und Bestecks ist im Rahmen der Gesamtbetrachtung nicht zu berücksichtigen, da die Überlassung dieser Gegenstände kein berücksichtigungsfähiges Dienstleistungselement darstellt.

Beispiel 7:

Ein Mahlzeitendienst übergibt Einzelabnehmern verzehrfertig zubereitetes Mittag- und Abendessen in Warmhaltevorrichtungen auf vom Mahlzeitendienst zur Verfügung gestelltem Geschirr, auf dem die Speisen nach dem Abheben der Warmhaltehaube als Einzelportionen verzehrfertig angerichtet sind. Dieses Geschirr wird – nach einer Vorreinigung durch die Einzelabnehmer – zu einem späteren Zeitpunkt vom Mahlzeitendienst zurückgenommen und endgereinigt.

Es liegen begünstigte Lieferungen i. S. des § 12 Abs. 2 Nr. 1 UStG vor. Da das Geschirr vornehmlich eine Verpackungsfunktion erfüllt, überwiegt seine Nutzungsüberlassung sowie Endreinigung das Lieferelement nicht qualitativ. Auf das Material oder die Form des Geschirrs kommt es dabei nicht an.

Beispiel 8:

Ein Mahlzeitendienst übergibt Einzelabnehmern verzehrfertig zubereitetes Mittag- und Abendessen in Transportbehältnissen und Warmhaltevorrichtungen, die nicht dazu bestimmt sind, dass Speisen von diesen verzehrt werden. Die Ausgabe der Speisen auf dem Geschirr der Einzelabnehmer und die anschließende Reinigung des Geschirrs und Bestecks in der Küche der Einzelabnehmer übernimmt der Pflegedienst des Abnehmers. Zwischen Mahlzeiten- und Pflegedienst bestehen keine Verbindungen.

Es liegen begünstigte Lieferungen i. S. des § 12 Abs. 2 Nr. 1 UStG vor, da sich die Leistung des Mahlzeitendienstes auf die Abgabe von zubereiteten Speisen und deren Beförderung ohne andere unterstützende Dienstleistungen beschränkt. Die Leistungen des Pflegedienstes sind bei der Beurteilung des Gesamtvorgangs nicht zu berücksichtigen.

4 Andere Steuergesetze

Die Frage des Steuersatzes bei Speisenlieferungen hat erhöhte Bedeutung im Bereich des Bezugs von Speisen, da die in Rechnung gestellte Umsatzsteuer regelmäßig einen Kostenfaktor für ein Unternehmen im Gesundheits- und Sozialbereich darstellt. Über Gestaltungen des Sachverhalts kann auf die Höhe des Steuersatzes Einfluss genommen werden, die Intensität der Gestaltung muss jedoch mit den eigenen betrieblichen Zielen abgestimmt sein. Der umfangreiche Katalog von Beispielen des BMF ermöglicht eine erste Orientierung bei der Einstufung der Frage zum Steuersatz, die abschließende Beurteilung wird jedoch auch weiterhin regelmäßig einer individuellen Beratung vorbehalten sein. Insbesondere die Beispiele 5 und 7 zeigen, wie geringfügig erscheinende Veränderungen der Sachverhalte zu einer völlig anderslautenden umsatzsteuerlichen Beurteilung der Leistungen führen können.

Die vom BMF konstatierten Dienstleistungselemente, die stets zur Anwendung des Regelsteuersatzes führen sollen, wenn sie zusammen mit einer Speisenlieferung angeboten werden, sind als Versuch einer Systematisierung zu werten, können aber im Einzelfall zu unsachgerechten Ergebnissen führen, wie nachfolgendes Beispiel verdeutlicht.

Beispiel:

Beim sog. Cook&chill-Verfahren werden vorgegarte Speisen auf speziellem, zur Endgarung notwendigem Geschirr an die Kunden ausgeliefert. Die noch nicht verzehrfertigen Speisen werden häufig durch Mitarbeiter der Einrichtungen wie Krankenhäuser oder Altenheime auf Spezialgeschirr, das zur Endgarung der Speisen erforderlich ist, entgegengenommen, in besonderen Vorrichtungen endgegart und dann in Eigenregie an die Patienten ausgegeben. Soweit das Spezialgeschirr vom Anbieter der Speisen gestellt wird, würde dieses Kriterium nach dem BMF-Schreiben vom 20.03.2013 (a. a. O.) zur Anwendung des Regelsteuersatzes für die gesamte Leistung führen, da die Überlassung des Geschirrs nicht vornehmlich eine Verpackungsfunktion erfüllt. Dabei würde jedoch außer Acht bleiben, dass der Kunde, hier das Krankenhaus oder das Altenheim, vom Caterer gar keine verzehrfertigen Speisen erhält und insoweit auch nicht über etwaige Dienstleistungselemente des Caterers im Darreichungsbereich von „verzehrfertigen Speisen" geurteilt werden kann. Hier bedarf das BMF-Schreiben einer Klarstellung bzw. weiteren Fallkategorisierung.

Hinweis: In diesem Zusammenhang sei darauf hingewiesen, dass stets zu prüfen ist, wem das wirtschaftliche Risiko des erhöhten Steuersatzes zuzurechnen ist. Vertragsvereinbarungen z. B. mit dem Zusatz „zzgl. der gesetzlichen Umsatzsteuer" ermöglichen regelmäßig die Nachberechnung von Umsatzsteuern an den Leistungsempfänger, soweit die Verjährung noch nicht eingetreten ist. Dem letztgenannten Aspekt kann bei Vertragsabschluss durch die Aufnahme des Verzichts der Verjährungseinrede Rechnung getragen werden.

Der BFH bestärkte in seinem Urteil vom 18.12.2008 V R 55/0 (DB 2009 S. 656), dass ein „Bündel von Elementen und Handlungen", die vom „Zubereiten bis zum Darreichen der Speisen" reichen, zum Regelsteuersatz führen. Demnach ist der Regelsteuersatz dann anzuwenden, wenn die Zubereitung im verzehrfertigen Zustand zu einem bestimmten Zeitpunkt erfolgt. Weitere Hinweise, die den Regelsteuersatz für die Speisenversorgung auslösen, sind nicht nur die Zubereitungen und die Darreichungen von Speisen, deren Anrichten in Gefäßen oder das Überlassen von Geschirr und Besteck zur Nutzung, sondern auch der Transport zum Kunden zum vereinbarten Zeitpunkt oder die lebensmittelrechtlich erforderliche Endreinigung der überlassenen Gegenstände.

4.5 Umsatzsteuer

Lebensmittelzubereitung in diesem Sinne ist daher die Vermischung und Vermengung einzelner Bestandteile (vgl. BFH vom 05.10.1999 VII R 42/98, DB 2000 S. 556), nicht aber die verzehrfertige Zubereitung im Sinne eines Kochens, Bratens, Backens o. Ä.

Hinweis: **Speisenversorgung** *Die steuerliche Behandlung von Speisenlieferungen durch steuerbegünstigte Unternehmen an Dritte bringt gerade im Bereich der Umsatzsteuer vielschichtige Probleme hervor, da eine Vielzahl von gesetzlichen Regelungen, Urteilen und Verwaltungsanweisungen zu beachten sind. An der richtigen Einordnung hängt letztendlich die Frage nach dem zutreffenden Umsatzsteuersatz. Fehleinschätzungen in diesem Bereich können entweder zu hohen Steuernachzahlungen führen oder aber den Preis für Kunden unattraktiv werden lassen.*

Das BMF-Schreiben vom 20.03.2013 (a. a. O.) umfasst die Neufassung des Abschn. 3.6 UStAE als Konsequenz des EuGH-Urteils vom 10.03.2011 und diverser BFH-Urteile vom 08.06.2011, 30.06.2011, 12.10.2011 und vom 23.11.2011 sowie der Verordnung (EU) Nr. 282/11 des Rates vom 15.03.2011 (ABl EU Nr. L 77 S. 1). Auf Vorlage des BFH hat der EuGH in seinem Urteil vom 10.03.2011 (Rs. C-497/09, C-499/09, C-501-09 und C-502/09, UR 2011 S. 272) Stellung zur Abgrenzung von Lieferungen und sonstigen Leistungen im Fall der Speisenversorgung bezogen. Nach Auffassung des EuGH liegen bei Speisenlieferungen mit Dienstleistungselementen grundsätzlich einheitliche Leistungen vor. Ob eine Speisenlieferung (7 % USt) oder eine Dienstleistung (19 % USt) vorliegt, ist nach der Dominanz der Leistungselemente zu beurteilen. So ist die Abgabe frisch zubereiteter Speisen oder Nahrungsmittel zum sofortigen Verzehr an Imbissständen oder -wagen oder in Kino-Foyers mit dem ermäßigten Steuersatz zu besteuern. Bei Tätigkeiten eines Partyservice, die einen größeren Dienstleistungsanteil beinhalten, ist hingegen der Regelsteuersatz anzuwenden. Sollten jedoch nur sog. Standardspeisen (Speisen, die nicht auf Bestellung einzelner Kunden, sondern entsprechend der erwarteten Nachfrage vorbereitet werden und für deren Verzehr lediglich einfache Verzehrtheken ohne Sitzgelegenheit vorgehalten werden) vorliegen, ist wiederum der ermäßigte Steuersatz anzuwenden. Zudem entschied der EuGH, dass bei der Lieferung von Gegenständen der Begriff „Nahrungsmittel" in Anhang H Kategorie 1 der 6. EG-Richtlinie auch Speisen oder Mahlzeiten umfasst, die durch Kochen, Braten oder Backen oder auf sonstige Weise zum sofortigen Verzehr zubereitet worden sind. Dies widerspricht der vorherigen Auffassung des BFH, dass allein die Zubereitung der Speisen ein schädliches Element für den ermäßigten Steuersatz ist.

In seiner Folgerechtsprechung entschied der BFH analog dem EuGH, dass die Abgabe von Bratwürsten, Pommes frites und ähnlichen standardisiert zubereiteten Speisen an einem nur mit behelfsmäßigen Verzehrvorrichtungen ausgestatteten Imbissstand eine einheitliche Leistung darstellt, die als Lieferung dem ermäßigten Steuersatz unterliegt (BFH vom 30.06.2011 V R 35/08, BStBl 2013 II S. 244). Dabei dürfen die Verzehrvorrichtungen nur als Dienstleistungselement berücksichtigt werden, wenn sie vom Leistenden als Teil einer einheitlichen Leistung zur Verfügung gestellt werden. Als nicht mehr nur behelfsmäßige Verzehrvorrichtung gilt bereits ein Tisch mit Sitzgelegenheiten. Ein solcher führt zu dem Regelsteuersatz unterliegenden Restaurationsleistungen (BFH vom 30.06.2011 V R 18/10, BStBl 2013 II S. 246). Im Fall des Verkaufs von Nachos und Popcorn an Verkaufstheken im Eingangsbereich zu Kinosälen unterliegen die Umsätze dem ermäßigten Steuersatz. Das im Kinofoyer bereitgestellte Mobiliar ist dabei nicht zu berücksichtigen, wenn es nicht ausschließlich dazu bestimmt ist, den Verzehr von Lebensmitteln zu erleichtern (BFH vom 30.06.2011 V R 3/07 BStBl 2013 II S. 241).

An der EuGH-Rechtsprechung orientiert sich ebenfalls das BFH-Urteil vom 14.07.2011 (V S 8/11, BFH/NV 2011 S. 1741). Dem Urteil lag die Fragestellung zugrunde, ob die Speisenversorgung von Kindertagesstätten durch einen Caterer dem ermäßigten Steuersatz unterliegt. Hinsichtlich der Speisen wurde vertraglich vereinbart, dass diese auf die ernährungsphysiologischen Bedürfnisse der Essensteilnehmer ausgerichtet sind und ein altersgerechtes und abwechslungsreiches Essen darstellen. Der BFH entschied, dass bei summarischer Prüfung des Tatbestands keine Abgabe von Standardspeisen als Ergebnis einfacher und standardisierter Zubereitungsvorgänge nach Art eines z. B. Imbissstandes vorliegt, wenn der Unternehmer mit seinen Speisen vertragliche Verpflichtungen zur Berücksichtigung der „ernährungsphysiologischen Bedürfnisse der Essensteilnehmer" und zur Darreichung „eines altersgerechten und abwechslungsreichen Essens" sowie zur Darreichung „abwechslungsreicher Kost" in Kindertageseinrichtungen erfüllen sollen. Entsprechend ist die Speiseversorgung der Kindertagesstätte mit dem Regelsteuersatz zu besteuern.

In einem weiteren Urteil ging es um die umsatzsteuerliche Behandlung der Zubereitung von Speisen im Altenwohn- und Pflegeheim (BFH vom 12.10.2011 V R 66/09, BStBl 2013 II S. 250). Eine GmbH betrieb in verschiedenen Heimen jeweils eine Großküche und bereitete dort Speisen für die Heimbewohner zu, die dann in entsprechenden Behältnissen unportioniert auf die einzelnen Stationen der Heime transportiert wurden. Auf den Stationen befanden sich Gemeinschaftsküchen, in denen Speisen und Getränke durch das Pflegepersonal der Heime portioniert und an die Heimbewohner ausgegeben wurden. Geschirr und Besteck wurde in den Gemeinschaftsküchen aufbewahrt und gespült. Die Einnahme der Mahlzeiten durch die Heimbewohner erfolgte in den auf den Stationen befindlichen Gemeinschaftsaufenthaltsräumen. Die Einrichtungsgegenstände sowohl der Gemeinschaftsküchen als auch der Gemeinschaftsaufenthaltsräume befanden sich im Eigentum der GmbH, die der Klägerin die gesamte Einrichtung und Ausstattung der Altenwohn- und Pflegeheime zur Verfügung stellte. Der BFH entschied, dass es sich bei den in der Großküche der Heime zur Verpflegung der Bewohner zubereiteten Speisen nicht um Standardspeisen als Ergebnis einfacher und standardisierter Zubereitungsvorgänge nach Art eines Imbissstandes handelt, sodass deren Abgabe zu festen Zeitpunkten in Wärmebehältern keine Lieferung, sondern eine dem Regelsteuersatz unterliegende sonstige Leistung darstellt.

Vor dem Hintergrund der aktuellen Rechtsprechung zur Speisenversorgung ist letztlich das Urteil des FG Münster vom 15.03.2011 (15 K 3840/08 U, UR 2011 S. 787) anzuführen. Die Klägerin ist eine gemeinnützige GmbH, deren gesellschaftsvertragsmäßiger Zweck die Förderung der politischen und sozialen Bildung und insbesondere die Weiterbildung von Arbeitnehmern ist. Um den Gesellschaftszweck zu erfüllen, wurden Seminare nebst Unterkunft und Verpflegung angeboten. Die „Hotelleistungen" wurden dabei mit dem ermäßigten Steuersatz in Rechnung gestellt, mit der Begründung, dass die Beherbergungs- und Verpflegungsleistungen im Rahmen der steuerbegünstigten Seminartätigkeit ausgeführt wurden. Dieser Auffassung widersprach das FG Münster in seinem Urteil. Im Zusammenhang mit steuerbefreiten Seminarumsätzen erbrachte Beherbergungs- und Verpflegungsleistungen sind nicht nach § 4 Nr. 22 Buchst. a UStG steuerbefreit. Insbesondere handelt es sich bei den Beherbergungs- und Verpflegungsleistungen nicht um mit der Ausbildung oder Fortbildung „eng verbundene" steuerfreie Dienstleistungen oder steuerfreie Nebenleistungen zu einer steuerfreien Hauptleistung. Im Rahmen eines Zweckbetriebs erbrachte Lieferungen und sonstige Leistungen sind ausweislich der Regelung des § 12 Abs. 2 Nr. 8 Buchst. a Satz 3 UStG nur unter den dort genannten weiteren Voraussetzungen mit dem ermäßigten Steuersatz zu besteuern.

Diese Auffassung wurde durch das BFH-Urteil vom 08.03.2012 (V R 14/11, BStBl 2012 II S. 630) bestätigt, welches mit BMF-Schreiben vom 29.04.2014 (IV D 2 – S 7242-a/12/10001, 2014/0392596, BStBl 2014 I S. 814) auch in den Abschn. 12.9 UStAE aufgenommen wurde. Demnach sind Übernachtungs- und Verpflegungsleistungen, die ein gemeinnütziger Verein im Zusammenhang mit steuerfreien Seminaren erbringt, gem. § 12 Abs. 2 Nr. 8 Buchst. a Satz 3 UStG nicht dem ermäßigten Steuersatz zu unterwerfen (Näheres hierzu unter Tz. 4.5.12).

4.5.6.2 Werklieferung, Werkleistung und Beistellungen

Für die Bestimmung des Orts der Leistung und den Steuersatz ist ebenfalls die Differenzierung einer Werklieferung von einer Werkleistung notwendig (vgl. auch Abschn. 3.8 UStAE). Eine **Werklieferung** liegt vor, wenn für die Werkherstellung selbst beschaffte Stoffe verwendet werden, die nicht nur als Zutaten oder sonstige Nebensachen zu klassifizieren sind (z. B. ein Maler, der mit einem neuen Innenanstrich für eine Jugendhilfeeinrichtung beauftragt ist, arbeitet mit seiner selbst beschafften Farbe und Malerausrüstung). Falls das Werk aus mehreren Hauptstoffen besteht, handelt es sich schon dann um eine Werklieferung, wenn der Werkunternehmer lediglich einen Hauptstoff oder einen Teil eines Hauptstoffs selbst beschafft hat und die restlichen Stoffe vom Besitzer gestellt werden. Verwendet dagegen der Werkunternehmer bei seiner Leistung keinen einzigen selbst beschafften Hauptstoff, sondern entweder nur Stoffe, die als Zutaten oder sonstige Nebensachen zu verstehen sind, oder gar keine Stoffe, so liegt eine **Werkleistung** vor (z. B. der Maler bekommt von der Jugendhilfe sowohl die Farbe als auch die Malerausrüstung gestellt). Unter Zutaten und sonstigen Nebensachen i. S. des § 3 Abs. 4 Satz 1 UStG sind Lieferungen zu erfassen, die aus der Sicht eines Durchschnittsbetrachters nicht das Hauptaugenmerk des Umsatzes sind (vgl. BFH vom 09.06.2005 V R 50/02, BStBl 2006 II S. 98).

Materialbeistellungen seitens des Bestellers an den Werkunternehmer stellen bei Werklieferungen keinen Leistungsaustausch dar (vgl. Abschn. 3.8 Abs. 2 UStAE). Die umsatzsteuerliche Behandlung von sog. Personalbeistellungen ist oben unter Tz. 4.5.2 zu § 1 UStG ausgeführt.

4.5.7 Ort der sonstigen Leistung

§ 3a UStG

> (1) ₁Eine sonstige Leistung wird vorbehaltlich der Absätze 2 bis 8 und der §§ 3b, 3e und 3f an dem Ort ausgeführt, von dem aus der Unternehmer sein Unternehmen betreibt. ₂Wird die sonstige Leistung von einer Betriebsstätte ausgeführt, gilt die Betriebsstätte als der Ort der sonstigen Leistung.
>
> (2) ₁Eine sonstige Leistung, die an einen Unternehmer für dessen Unternehmen ausgeführt wird, wird vorbehaltlich der Absätze 3 bis 8 und der §§ 3b, 3e und 3f an dem Ort ausgeführt, von dem aus der Empfänger sein Unternehmen betreibt. ₂Wird die sonstige Leistung an die Betriebsstätte eines Unternehmers ausgeführt, ist stattdessen der Ort der Betriebsstätte maßgebend. ₃Die Sätze 1 und 2 gelten entsprechend bei einer sonstigen Leistung an eine ausschließlich nicht unternehmerisch tätige juristische Person, der eine Umsatzsteuer-Identifikationsnummer erteilt worden ist,

und bei einer sonstigen Leistung an eine juristische, die sowohl unternehmerisch als auch nicht unternehmerisch tätig ist; dies gilt nicht für sonstige Leistungen, die ausschließlich für den privaten Bedarf des Personals oder eines Gesellschafters bestimmt sind.

(3) Abweichend von den Absätzen 1 und 2 gilt:

1. ₁Eine sonstige Leistung im Zusammenhang mit einem Grundstück wird dort ausgeführt, wo das Grundstück liegt. ₂Als sonstige Leistungen im Zusammenhang mit einem Grundstück sind insbesondere anzusehen:

    a) sonstige Leistungen der in § 4 Nr. 12 bezeichneten Art,

    b) sonstige Leistungen im Zusammenhang mit der Veräußerung oder dem Erwerb von Grundstücken,

    c) sonstige Leistungen, die der Erschließung von Grundstücken oder der Vorbereitung, Koordinierung oder Ausführung von Bauleistungen dienen.

2. ₁Die kurzfristige Vermietung eines Beförderungsmittels wird an dem Ort ausgeführt, an dem dieses Beförderungsmittel dem Empfänger tatsächlich zur Verfügung gestellt wird. ₂Als kurzfristig im Sinne das Satzes 1 gilt eine Vermietung über einen ununterbrochenen Zeitraum

    a) von nicht mehr als 90 Tagen bei Wasserfahrzeugen,

    b) von nicht mehr als 30 Tagen bei anderen Beförderungsmitteln.

    ₃Die Vermietung eines Beförderungsmittels, die nicht als kurzfristig im Sinne des Satzes 2 anzusehen ist, an einen Empfänger, der weder ein Unternehmer ist, für dessen Unternehmen die Leistung bezogen wird, noch eine nicht unternehmerisch tätige juristische Person, der eine Umsatzsteuer-Identifikationsnummer erteilt worden ist, wird an dem Ort erbracht, an dem der Empfänger seinen Wohnsitz oder Sitz hat. ₄Handelt es sich bei dem Beförderungsmittel um ein Sportboot, wird abweichend von Satz 3 die Vermietungsleistung an dem Ort ausgeführt, an dem das Sportboot dem Empfänger tatsächlich zur Verfügung gestellt wird, wenn sich auch der Sitz, die Geschäftsleitung oder eine Betriebsstätte des Unternehmers, von wo aus diese Leistung tatsächlich erbracht wird, an diesem Ort befindet.

3. Die folgenden sonstigen Leistungen werden dort ausgeführt, wo sie vom Unternehmer tatsächlich erbracht werden:

    a) kulturelle, künstlerische, wissenschaftliche, unterrichtende, sportliche, unterhaltende oder ähnliche Leistungen, wie Leistungen im Zusammenhang mit Messen und Ausstellungen, einschließlich der Leistungen der jeweiligen Veranstalter sowie die damit zusammenhängenden Tätigkeiten, die für die Ausübung der Leistungen unerlässlich sind, an einen Empfänger, der weder ein Unternehmer ist, für dessen Unternehmen die Leistung bezogen wird, noch eine nicht unternehmerisch tätige juristische Person, der eine Umsatzsteuer-Identifikationsnummer erteilt worden ist,

    b) die Abgabe von Speisen und Getränken zum Verzehr an Ort und Stelle (Restaurationsleistung), wenn diese Abgabe nicht an Bord eines Schiffs, in einem Luftfahrzeug oder in einer Eisenbahn während einer Beförderung innerhalb des Gemeinschaftsgebiets erfolgt,

    c) Arbeiten an beweglichen körperlichen Gegenständen und die Begutachtung dieser Gegenstände für einen Empfänger, der weder ein Unternehmer ist, für dessen Unternehmen die Leistung ausgeführt wird, noch eine nicht unternehmerisch tätige juristische Person, der eine Umsatzsteuer-Identifikationsnummer erteilt worden ist.

4. Eine Vermittlungsleistung an einen Empfänger, der weder ein Unternehmer ist, für dessen Unternehmen die Leistung bezogen wird, noch eine nicht unternehme-

risch tätige juristische Person, der eine Umsatzsteuer-Identifikationsnummer erteilt worden ist, wird an dem Ort erbracht, an dem der vermittelte Umsatz als ausgeführt gilt.

5. Die Einräumung der Eintrittsberechtigung zu kulturellen, künstlerischen, wissenschaftlichen, unterrichtenden, sportlichen, unterhaltenden oder ähnlichen Veranstaltungen, wie Messen und Ausstellungen, sowie die damit zusammenhängenden sonstigen Leistungen an einen Unternehmer für dessen Unternehmen oder an eine nicht unternehmerisch tätige juristische Person, der eine Umsatzsteuer-Identifikationsnummer erteilt worden ist, wird an dem Ort erbracht, an dem die Veranstaltung tatsächlich durchgeführt wird.

(4) $_1$Ist der Empfänger einer der in Satz 2 bezeichneten sonstigen Leistungen weder ein Unternehmer, für dessen Unternehmen die Leistung bezogen wird, noch eine nicht unternehmerisch tätige juristische Person, der eine Umsatzsteuer-Identifikationsnummer erteilt worden ist, und hat er seinen Wohnsitz oder Sitz im Drittlandsgebiet, wird die sonstige Leistung an seinem Wohnsitz oder Sitz ausgeführt. $_2$Sonstige Leistungen im Sinne des Satzes 1 sind:

1. die Einräumung, Übertragung und Wahrnehmung von Patenten, Urheberrechten, Markenrechten und ähnlichen Rechten;

2. die sonstigen Leistungen, die der Werbung oder der Öffentlichkeitsarbeit dienen, einschließlich der Leistungen der Werbungsmittler und der Werbeagenturen;

3. die sonstigen Leistungen aus der Tätigkeit als Rechtsanwalt, Patentanwalt, Steuerberater, Steuerbevollmächtigter, Wirtschaftsprüfer, vereidigter Buchprüfer, Sachverständiger, Ingenieur, Aufsichtsratsmitglied, Dolmetscher und Übersetzer sowie ähnliche Leistungen anderer Unternehmer, insbesondere die rechtliche, wirtschaftliche und technische Beratung;

4. die Datenverarbeitung;

5. die Überlassung von Informationen einschließlich gewerblicher Verfahren und Erfahrungen;

6. a) Bank- und Finanzumsätze, insbesondere der in § 4 Nummer 8 Buchstabe a bis h bezeichneten Art und die Verwaltung von Krediten und Kreditsicherheiten, sowie Versicherungsumsätze der in § 4 Nummer 10 bezeichneten Art,

    b) die sonstigen Leistungen im Geschäft mit Gold, Silber und Platin. $_2$Das gilt nicht für Münzen und Medaillen aus diesen Edelmetallen;

7. die Gestellung von Personal;

8. der Verzicht auf Ausübung eines der in Nummer 1 bezeichneten Rechte;

9. der Verzicht, ganz oder teilweise eine gewerbliche oder berufliche Tätigkeit auszuüben;

10. die Vermietung beweglicher körperlicher Gegenstände, ausgenommen Beförderungsmittel;

11. (weggefallen in der ab dem 01.01.2015 geltenden Fassung)

12. (weggefallen in der ab dem 01.01.2015 geltenden Fassung)

13. (weggefallen in der ab dem 01.01.2015 geltenden Fassung)

14. die Gewährung des Zugangs zum Erdgasnetz, zum Elektrizitätsnetz oder zu Wärme- oder Kältenetzen und die Fernleitung, die Übertragung oder Verteilung über diese Netze sowie die Erbringung anderer damit unmittelbar zusammenhängender sonstiger Leistungen.

(5) $_1$Ist der Empfänger einer der in Satz 2 bezeichneten sonstigen Leistungen

1. kein Unternehmer, für dessen Unternehmen die Leistung bezogen wird,

2. keine ausschließlich nicht unternehmerisch tätige juristische Person, der eine Umsatzsteuer-Identifikationsnummer erteilt worden ist,

3. keine juristische Person, die sowohl unternehmerisch als auch nicht unternehmerisch tätig ist, bei der die Leistung nicht ausschließlich für den privaten Bedarf des Personals oder eines Gesellschafters bestimmt ist,

wird die sonstige Leistung an dem Ort ausgeführt, an dem der Leistungsempfänger seinen Wohnsitz, seinen gewöhnlichen Aufenthaltsort oder seinen Sitz hat. ₂Sonstige Leistungen im Sinne des Satzes 1 sind:

1. die sonstigen Leistungen auf dem Gebiet der Telekommunikation;

2. die Rundfunk- und Fernsehdienstleistungen;

3. die auf elektronischem Weg erbrachten sonstigen Leistungen.

(6) ₁Erbringt ein Unternehmer, der sein Unternehmen von einem im Drittlandsgebiet liegenden Ort aus betreibt,

1. eine in Absatz 3 Nr. 2 bezeichnete Leistung oder die langfristige Vermietung eines Beförderungsmittels,

2. eine in Absatz 4 Satz 2 Nummer 1 bis 10 bezeichnete sonstige Leistung an eine im Inland ansässige juristische Person des öffentlichen Rechts oder

3. eine in Absatz 5 Satz 2 Nummer 1 und 2 bezeichnete Leistung,

ist diese Leistung abweichend von Absatz 1, Absatz 3 Nummer 2 oder Absatz 4 Satz 1 oder Absatz 5 als im Inland ausgeführt zu behandeln, wenn sie dort genutzt oder ausgewertet wird. ₂Wird die Leistung von einer Betriebsstätte eines Unternehmers ausgeführt, gilt Satz 1 entsprechend, wenn die Betriebsstätte im Drittlandsgebiet liegt.

(7) ₁Vermietet ein Unternehmer, der sein Unternehmen vom Inland aus betreibt, kurzfristig ein Schienenfahrzeug, einen Kraftomnibus oder ein ausschließlich zur Beförderung von Gegenständen bestimmtes Straßenfahrzeug, ist diese Leistung abweichend von Absatz 3 Nr. 2 als im Drittlandsgebiet ausgeführt zu behandeln, wenn die Leistung an einen im Drittlandsgebiet ansässigen Unternehmer erbracht wird, das Fahrzeug für dessen Unternehmen bestimmt ist und im Drittlandsgebiet genutzt wird. ₂Wird die Vermietung des Fahrzeugs von einer Betriebsstätte eines Unternehmers ausgeführt, gilt Satz 1 entsprechend, wenn die Betriebsstätte im Inland liegt.

(8) ₁Erbringt ein Unternehmer eine Güterbeförderungsleistung, ein Beladen, Entladen, Umschlagen oder ähnliche mit der Beförderung eines Gegenstandes im Zusammenhang stehende Leistungen im Sinne des § 3b Absatz 2, eine Arbeit an beweglichen körperlichen Gegenständen oder eine Begutachtung dieser Gegenstände oder eine Reisevorleistung im Sinne des § 25 Absatz 1 Satz 5, ist diese Leistung abweichend von Absatz 2 als im Drittlandsgebiet ausgeführt zu behandeln, wenn die Leistung dort genutzt oder ausgewertet wird. ₂Satz 1 gilt nicht, wenn die dort genannten Leistungen in einem der in § 1 Absatz 3 genannten Gebiete tatsächlich ausgeführt werden.[1]

In § 3a UStG (und auch den folgenden §§ 3b bis 3g UStG) wird festgelegt, an welchem Ort eine sonstige Leistung als erbracht gilt. Wesentlich ist diese Festlegung für grenzüberschreitende Leistungen, da am Leistungsort die Steuerpflicht und auch der Steuerschuldner festgemacht werden und damit bestimmt wird, ob Umsatzsteuer im Inland oder Ausland zu erheben ist. Elementar für die Bestimmung

---

[1] § 3a Abs. 8 Satz 2 und 3 UStG in der bis 2014 geltenden Fassung: „₂Erbringt ein Unternehmer eine sonstige Leistung auf dem Gebiet der Telekommunikation, ist diese Leistung abweichend von Absatz 1 als im Drittlandsgebiet ausgeführt zu behandeln, wenn die Leistung dort genutzt oder ausgewertet wird. ₃Die Sätze 1 und 2 gelten nicht, wenn die dort genannten Leistungen in einem der in § 1 Absatz 3 genannten Gebiete tatsächlich ausgeführt werden."

des Leistungsorts ist die Differenzierung zwischen Unternehmern und Nicht-Unternehmern.

Werden Leistungen an Nicht-Unternehmer erbracht, wird als Grundregel zur Bestimmung des Ortes der sonstigen Leistungen auf den Ort abgestellt, von dem aus der Unternehmer sein Unternehmen betreibt (§ 3a Abs. 1 UStG). Steuerschuldner ist der Leistungserbringer. Folgendes Beispiel verdeutlicht den Sachverhalt:

> **Beispiel:**
> Eine Werkstatt für behinderte Menschen aus Bonn übernimmt die Gartenpflege für einen Kunden aus Köln.
> Der Ort der sonstigen Leistung ist demzufolge bei der Werkstatt für behinderte Menschen in Bonn.

Die Ortsbestimmung bei Dienstleistungen an Unternehmer oder nichtunternehmerisch tätige juristische Personen mit USt-IdNr. richtet sich hingegen gem. §§ 3 Abs. 2 UStG seit 2010 nach dem Land des Empfängers, wobei in einigen Fällen von diesem Grundsatz abgewichen wird. Das folgende Beispiel unterstreicht den Sachverhalt:

> **Beispiel:**
> Ein Reinigungsunternehmen aus Brüssel putzt bei einer Steuerberatungsgesellschaft aus Münster die Fenster.
> Der Ort der sonstigen Leistung ist demnach bei der Steuerberatungsgesellschaft in Münster.

Durch die Neuregelung des Empfängerortsprinzips für Dienstleistungen an einen Unternehmer eines anderen Mitgliedstaates wird die Steuerschuld auf den Leistungsempfänger übertragen. Diese Situation wird als „Reverse Charge" (Wechsel der Steuerschuldnerschaft auf den Leistungsempfänger) bezeichnet (vgl. dazu Tz. 4.5.13).

Für die Anwendung der richtigen Leistungsortbestimmung ist der Nachweis der Unternehmereigenschaft essentiell. Die MwStSystRL und das UStG sehen allerdings keine Nachweispflicht vor. Abschn. 3a.2 Abs. 9 UStAE besagt, dass aus Vereinfachungsgründen der Leistungserbringer von der Unternehmereigenschaft des Leistungsempfängers ausgehen kann, sofern dieser eine USt-IdNr. besitzt. Das gilt selbst dann, wenn sich der Tatbestand nachträglich als unzutreffend erweist. Da es sich hierbei um eine Vertrauensschutzregelung handelt, wird jedoch vorausgesetzt, dass der Leistungserbringer die Daten des Leistungsempfängers wie etwa den Namen, Anschrift und USt-IdNr. beim Bundeszentralamt für Steuern (BZSt) kontrollieren lässt.

Da Unternehmer aus dem Drittland über keine USt-IdNr. verfügen, kann der Nachweis über eine Unternehmerbescheinigung erfolgen (Abschn. 3a.2 Abs. 11 UStAE). Problematisch ist dieses bei Ländern, die keine derartige Bescheinigung kennen. Es ist bei ansässigen Empfängern im Drittland nur dann statthaft die Nachweispflicht zu vernachlässigen, wenn die Leistung auch bei einem Nicht-Unternehmer dem Empfängerortsprinzip zuzurechnen wäre, sodass der Status in einem solchen Fall ohnehin unerheblich ist. Für Dienstleistungen, die in Zusammenhang mit Grundstücken erbracht werden, gilt nach wie vor das Belegenheitsortsprinzip. So fällt die Umsatzsteuer z. B. bei Hotelübernachtungen oder Ferienhausvermietungen an dem Ort an, an welchem die vermietete Immobilie steht.

Für **kulturelle, künstlerische, wissenschaftliche, unterrichtende, sportliche, unterhaltende** oder ähnliche Leistungen (sog. tätigkeitsbezogene Leistungen), wie Leistungen im Zusammenhang mit Messen und Ausstellungen, einschließlich der Leistungen der jeweiligen Veranstalter sowie die damit zusammenhängenden Tätigkeiten, die für die Ausübung der Leistung unerlässlich sind, an einen Empfänger der Nicht-Unternehmer oder eine nicht unternehmerisch tätige juristische Person mit USt-IdNr., ist festgelegt, dass sie dort ausgeführt werden, **wo der Unternehmer jeweils** ausschließlich oder zu einem wesentlichen **Teil tätig wird** (§ 3a Abs. 3 Nr. 3 Buchst. a UStG). Bei diesen Leistungen bestimmt die Ausübung der Tätigkeit selbst den Leistungsort. Es kommt dabei also nicht darauf an, wo der Unternehmer, z. B. der Künstler, seine Gesamttätigkeit überwiegend ausübt. Es ist der einzelne Umsatz zu betrachten (Abschn. 3a.6 Abs. 1 UStAE). Zum Ort der Leistung bei wissenschaftlichen Gutachten siehe Abschn. 3a.6 Abs. 5 UStAE.

Der jeweiligen Ortsbestimmung kommt immer dann besondere Bedeutung zu, wenn Leistungen aus einem anderen EU-Staat oder einem Drittland bezogen werden oder wenn sie durch die steuerbegünstigte Körperschaft innerhalb der EU oder auch über die Grenze der EU hinaus erbracht werden.

Erbringt die steuerbegünstigte Körperschaft Lieferungen oder sonstige Leistungen nicht im Inland, sind diese Vorgänge im Inland nach dem UStG nicht steuerbar und nicht steuerpflichtig. Soweit die steuerbegünstigte Körperschaft den Unternehmerbegriff nach den Umsatzsteuerregelungen des anderen Staates erfüllt, hat die Körperschaft dort – vergleichbar dem innerstaatlichen Recht – Umsatzsteuerpflichten zu erfüllen.

4.5.8 Steuerbefreiungen

Bestimmte (steuerbare) Umsätze hat der Gesetzgeber ausdrücklich von der Umsatzsteuerpflicht befreit. Die Befreiungsvorschriften beziehen sich einerseits auf bestimmte Eingangsumsätze (nach § 4b UStG sind bestimmte innergemeinschaftliche Erwerbe und bestimmte Einfuhrvorgänge nach § 5 UStG von der Umsatzbesteuerung ausgenommen), insbesondere aber auf die in § 4 UStG genannten Ausgangsumsätze (weitere Regelungen siehe §§ 6 bis 8 UStG sowie § 25 Abs. 2 UStG, § 25c UStG und § 26 Abs. 5 UStG).

Die Befreiung der Umsätze von der Umsatzsteuerpflicht hat nicht immer nur Vorteile. Unterliegen die Ausgangsumsätze nach § 4 Nr. 8 bis 28 UStG nicht der Umsatzsteuer, ist damit gleichzeitig auch der Vorsteuerabzug (vgl. Tz. 4.5.15) ausgeschlossen, § 15 Abs. 2 UStG.

> **Beispiel:**
> Die wegen Förderung der Bildung als gemeinnützig anerkannte Volkshochschule erbringt mit ihren Leistungen (Kurse, Vorträge etc.) umsatzsteuerbare Leistungen, die nach § 4 Nr. 22 Buchst. a UStG nicht umsatzsteuerpflichtig sind.
>
> Die Volkshochschule hat einen Neubau mit neuen Seminarräumen errichtet. Auf den Eingangsleistungen (den Herstellungskosten) sowie den sonstigen laufenden Betriebsausgaben zur Unterhaltung der Volkshochschule (mit Ausnahme der Personalkosten) lasten in erheblichen Umfang die von den leistenden Unternehmern in Rechnung gestellten Umsatzsteuerbeträge.
>
> Diese Umsatzsteuerbeträge kann die Volkshochschule nicht als Vorsteuer in Abzug bringen (§ 15 Abs. 2 UStG).

Um die hier beispielhaft beschriebenen nachteiligen Wirkungen der Steuerbefreiung zu vermeiden, kann der Unternehmer (= die gemeinnützige Körperschaft, wenn sie die Kleinunternehmerregelung des § 19 UStG nicht in Anspruch nimmt) auf bestimmte Steuerbefreiungen verzichten. Ein solches Optionsrecht erstreckt sich z. B. auf Grundstücksumsätze nach § 4 Nr. 9 Buchst. a UStG, Umsätze im Zusammenhang mit Grundstücken nach § 4 Nr. 12 UStG und auf Umsätze von Blindenwerkstätten nach § 4 Nr. 19 UStG. Die Einzelheiten hierzu regelt § 9 UStG (siehe zum „Verzicht auf Steuerbefreiungen" auch die Abschn. 9.1 und 9.2 UStAE und Tz. 4.5.10).

Die Steuerbefreiungen sind Ausnahmevorschriften und deshalb grundsätzlich eng auszulegen (vgl. exemplarisch EuGH vom 08.05.2003 „Seeling", UR 2003 S. 288). Die Auslegung darf allerdings nicht so eng erfolgen, dass der Befreiung ihre Wirkung genommen wird (vgl. EuGH vom 10.06.2010 „Copygene", UR 2010 S. 526). Der deutsche Gesetzgeber hat die unionsrechtlichen Befreiungsvorschriften noch immer nicht vollständig und ordnungsgemäß umgesetzt. Bei solchen Umsetzungsdefiziten des nationalen Gesetzgebers kann sich der Steuerpflichtige unmittelbar auf die entsprechenden Befreiungsvorschriften der MwStSystRL berufen (vgl. EuGH vom 11.12.2008, DStRE 2009 S. 110 zu Art. 312 Abs. 1 Buchst. f MwStSystRL).

Zu einigen der aus der Sicht der Praxis für gemeinnützige Körperschaften besonders bedeutenden Befreiungsvorschriften wird auf die nachstehenden Abschnitte verwiesen.

4.5.8.1 Grundstücksvermietungen und ähnliche Vorgänge

§ 4 Nr. 12 UStG

Von den unter § 1 Abs. 1 Nr. 1 fallenden Umsätzen sind steuerfrei:

.....

12. a) die Vermietung und die Verpachtung von Grundstücken, von Berechtigungen, für die die Vorschriften des bürgerlichen Rechts über Grundstücke gelten, und von staatlichen Hoheitsrechten, die Nutzungen von Grund und Boden betreffen,

b) die Überlassung von Grundstücken und Grundstücksteilen zur Nutzung auf Grund eines auf Übertragung des Eigentums gerichteten Vertrags oder Vorvertrags,

c) die Bestellung, die Übertragung und die Überlassung der Ausübung von dinglichen Nutzungsrechten an Grundstücken.

$_2$Nicht befreit sind die Vermietung von Wohn- und Schlafräumen, die ein Unternehmer zur kurzfristigen Beherbergung von Fremden bereithält, die Vermietung von Plätzen für das Abstellen von Fahrzeugen, die kurzfristige Vermietung auf Campingplätzen und die Vermietung und die Verpachtung von Maschinen und sonstigen Vorrichtungen aller Art, die zu einer Betriebsanlage gehören (Betriebsvorrichtungen), auch wenn sie wesentliche Bestandteile eines Grundstücks sind;

.....

Vermietung und Verpachtung von Grundstücken

Nach dieser Vorschrift sind die Umsätze aus der Vermietung und Verpachtung von **Grundstücken** von der Umsatzsteuer befreit. Dies erfolgt analog Art. 135 Abs. 1 Buchst. l MwStSysRL. Die Steuerbefreiung greift z. B. auch für die Überlassung von Verkaufs- oder Büroräumen. Zur Erhaltung des Vorsteuerabzugs kann jedoch ggf. nach § 9 Abs. 1 UStG zur Umsatzsteuer optiert werden (vgl. Tz. 4.5.10).

Wesentlich für die Beurteilung der Umsatzsteuerpflicht von Vermietungsleistungen ist die Abgrenzung zwischen kurzfristigen und langfristigen Vermietungsleistungen. Die Grenze liegt bei einer Verweildauer von 6 Monaten. Dies ist keine gesetzliche Regelung, sondern basiert auf einer schon vor Annahme der 6. EG-Richtlinie (Vorläuferin der MwStSystRL) ergangenen Rechtsprechung des BFH, welche aber vom EuGH akzeptiert wurde. Wird die Überlassung auf eine geringere Dauer beschränkt, bleibt sie auch dann kurzfristig, wenn sie sich aufgrund neu gefasster Entschlüsse der Vertragsparteien auf mehr als 6 Monate verlängert. Ist dagegen keine zeitliche Begrenzung vorgesehen, bleibt sie auch dann steuerfrei, wenn sie aufgrund neu gefasster Entschlüsse schon vor Ablauf von 6 Monaten beendet wird. Wird an mehrere Personen nur teilweise kurzfristig vermietet, bleiben die nicht kurzfristigen Vermietungen nur dann steuerfrei, wenn der Vermieter nachweist, welche Gebäudeteile mit welchen Verweildauern vermietet werden.

Ausdrücklich ausgenommen von der Steuerbefreiung nach § 4 Nr. 12 UStG sind die **Vermietung von Zimmern** in Hotels und Gasthöfen oder die Vermietung von Ferienwohnungen, Campingplätzen sowie die Vermietung von Plätzen für das Abstellen von Fahrzeugen oder die Vermietung von Betriebsvorrichtungen. Auch dieser Ausschluss der kurzfristigen Vermietungsleistungen erfolgt analog Art. 135 Abs. 2 MwStSystRL. Die Ausnahmen sollen folgend näher erläutert werden.

Beherbergungsleistungen

Die kurzfristige Vermietung von Wohn- oder Schlafräumen an Fremde unterliegt der Umsatzsteuerpflicht. Mit Gesetz zur Beschleunigung des Wirtschaftswachstums vom 22.12.2009 (BGBl 2009 I 3950) wurde der Umsatzsteuersatz für kurzfristige Beherbergungen ab dem 01.01.2010 von 19 % auf 7 % gesenkt (zum ermäßigten Steuersatz vgl. Tz. 4.5.12). Neben dem klassischen Hotelgewerbe werden auch kurzfristige Beherbergungen in Gasthäusern und vergleichbaren Einrichtungen begünstigt. Dementsprechend fallen auch die Beherbergungsleistungen gegenüber nicht medizinisch indizierten Personen in Krankenhäusern, Gästen von Altenheimbewohnern etc. unter die Begünstigung. Die nicht der Vermietung dienenden (Neben-)Leistungen sind von der Begünstigung ausgenommen, auch wenn diese mit dem Entgelt für die Vermietung abgegolten sind. Damit ist insbesondere das Frühstück mit dem Regelsteuersatz zu versteuern. Ein ggf. einheitliches Beherbergungsentgelt ist für Zwecke der unterschiedlichen Besteuerung künftig aufzuteilen und in der Rechnung getrennt auszuweisen (vgl. BMF vom 05.03.2010 – IV D 2 – S 7210/07/1003 2010/0166200, BStBl 2010 I S. 259, und vom 09.12.2014, BStBl 2014 I S. 1620).

Ertragsteuerlich werden kurzfristige Beherbergungen von Fremden durch steuerbegünstigte Einrichtungen, mit denen selbst keine steuerbegünstigten Zwecke erfüllt werden, im Rahmen eines steuerpflichtigen wirtschaftlichen Geschäftsbetriebs erbracht.

Vermietung von Plätzen für das Abstellen von Fahrzeugen

Die entgeltliche **Überlassung von Parkplätzen** durch gemeinnützige Körperschaften an Besucher oder sonstige Nutzer unterliegt stets gem. §§ 4 Nr. 12 Satz 2 UStG der Umsatzsteuer. Da eine gemeinnützige Körperschaft mit der ständig wechselnden Vermietung der Stellflächen einen steuerpflichtigen wirtschaftlichen Geschäftsbetrieb i. S. der §§ 14, 64 AO unterhält, entsteht die Umsatzsteuer in diesen Fällen mit 19 %. Das gilt auch für die Parkraumüberlassung durch gemeinnützige Krankenhäuser, auch dann, wenn sie damit eine Auflage erfüllen, die im Zusammenhang mit dem Betrieb eines Krankenhauses (= eines Zweckbetriebs) verbunden sein sollte.

Hinsichtlich der Parkplatzüberlassung an Mitarbeiter ist auf einen bundeseinheitlich abgestimmten Erlass des FinMin Baden-Württemberg vom 28.10.1998 sowie eine Verfügung der OFD Hannover vom 26.01.1999 (DB 1999 S. 506 f.) hinzuweisen, die zur Grundsteuerbefreiung von landeseigenen Stellplätzen bei entgeltlicher Überlassung an Bedienstete und Studenten von juristischen Personen des öffentlichen Rechts ergangen sind. Danach haben sich die Körperschaftsteuer-Referenten der obersten Finanzbehörden des Bundes und der Länder darauf verständigt, dass die entgeltliche (dauerhafte) Überlassung von Stellplätzen (auch mithilfe eines Schrankenbetriebs, aber ohne Bewachung) an Mitarbeiter und Studenten bei der Körperschaft ertragsteuerlich nicht als Betrieb gewerblicher Art bzw. wirtschaftlicher Geschäftsbetrieb, sondern als vermögensverwaltende Tätigkeit anzusehen ist. Diese Annahme wurde durch Erlass des FinMin Sachsen-Anhalt vom 17.02.2014 bestätigt. Danach richtet sich die Einordnung von entgeltlich an Bedienstete überlassenen Stellplätzen auf landeseigenen Grundstücken als BgA nach R 10 Abs. 4 Satz 3 KStR 2004. Hiernach ist die Parkraumüberlassung durch eine Körperschaft des öffentlichen Rechts an Bedienstete als Vermögensverwaltung anzusehen, soweit sie ohne weitere Leistungen, z. B. Bewachung, erfolgt. Unter Anwendung dieser Regelung halte ich es für sachgerecht, wenn steuerbegünstigte Körperschaften die dauerhafte Vermietung reiner Mitarbeiterparkplätze als vermögensverwaltende Tätigkeit im Hinblick auf die Anwendbarkeit des ermäßigten Steuersatzes prüfen (siehe zu diesem Thema auch Tz. 2.15.3.1).

Eine entgeltliche Überlassung von Parkplätzen durch gemeinnützige Körperschaften kommt auch in Frage, wenn die Parkplatzvermietung im Rahmen eines Zweckbetriebs erfolgt. Dies ist z. B. der Fall, wenn die Parkplatzvermietung Teil eines Integrationsprojektes (§ 68 Nr. 3 Buchst. c AO, vgl. ausführlich Tz. 2.20.4.3) ist und etwa die Parktickets durch behinderte Menschen ausgegeben werden. Die Umsatzbesteuerung zum ermäßigten Steuersatz kann sich dann wegen der Zweckbetriebseigenschaft des Integrationsprojektes aus § 12 Abs. 2 Nr. 8 Buchst. a UStG ergeben.

Überlassung von Betriebsvorrichtungen oder technischen Anlagen in Zusammenhang mit einer Grundstücksvermietung

Auch dann, wenn Betriebsanlagen zivilrechtlich als Teile des Grundstücks einzuordnen sind, ist die Vermietung von Betriebsanlagen stets umsatzsteuerpflichtig (vgl. BFH vom 28.05.1998 V R 19/96, BStBl 2010 II S. 307). Wird in Verbindung mit der Überlassung von Betriebsanlagen ein einheitliches Entgelt vereinbart, ist dieses in ein Entgelt für die Grundstücksüberlassung und die Vermietung der Betriebsanlage aufzuteilen.

Steuerfrei ist nur die entgeltliche Überlassung eines Grundstücks einschließlich aufstehender Gebäude und Gebäudeteile (vgl. auch BFH vom 08.10.1991, BStBl 1992 II S. 209). Die gleichzeitige Überlassung von Zubehör ist nur dann ebenfalls steuerfrei, wenn sie als unselbständige Nebenleistung zur Grundstücksvermietung anzusehen ist. Die Steuerbefreiung erstreckt sich nach Auffassung des BMF i. d. R. ebenfalls nicht auf mitvermietete Einrichtungsgegenstände, z. B. Büromobiliar (BMF vom 22.07.2014, BStBl 2014 I S. 1113).

Gemischte Verträge

Umfasst die Leistungsvereinbarung sowohl Elemente einer Grundstücksüberlassung als auch anderer Leistungen, liegt ein gemischter Vertrag vor (vgl. Abschn. 4.12.5 UStAE). Dies ist beispielsweise bei Verträgen, die ein Inhaber eines Alten- oder Pflegeheims mit einzelnen Personen abschließt, der Fall. Für die umsatzsteuerliche Beurteilung der Leistungen ist bei gemischten Verträgen nach den allgemeinen Grundsätzen des Abschn. 3.10 Abs. 1 bis 4 UStAE zunächst zu prüfen, ob es sich um eine einheitliche Leistung oder um mehrere selbständige

Leistungen handelt. Entsprechend der EuGH-Rechtsprechung ist i. d. R. jede Lieferung und sonstige Leistung als eigene selbständige Leistung zu betrachten (vgl. EuGH-Urteil vom 25.02.1999 Rs. C-349/96, EuGHE I S. 973). Wenn mehrere untereinander gleichzusetzende Faktoren zur Erreichung eines Ziels beitragen und aufgrund dessen zusammengehören, ist die Annahme einer einheitlichen Leistung nur gerechtfertigt, sofern die einzelnen Faktoren so ineinandergreifen, dass sie bei natürlicher Betrachtung hinter dem Ganzen zurücktreten.

Liegen mehrere selbständige Leistungen vor, ist zu prüfen, ob diese nach den Grundsätzen von Haupt- und Nebenleistung (vgl. Abschn. 3.10 Abs. 5 UStAE) einheitlich zu beurteilen sind. Liegt eine Nebenleistung vor, ist diese umsatzsteuerlich wie die Hauptleistung zu behandeln. Eine Leistung ist grundsätzlich dann als Nebenleistung zu einer Hauptleistung anzusehen, wenn sie im Vergleich zur Hauptleistung nebensächlich ist, mit ihr eng – im Sinne einer wirtschaftlich gerechtfertigten Abrundung und Ergänzung – zusammenhängt und üblicherweise in ihrem Gefolge vorkommt (vgl. BFH vom 10.09.1992 V R 99/88, BStBl 1993 II S. 316). Davon kann insbesondere ausgegangen werden, wenn die Leistung für den Leistungsempfänger keinen eigenen Zweck, sondern das Mittel darstellt, um die Hauptleistung des Leistenden unter optimalen Bedingungen in Anspruch zu nehmen (vgl. BFH vom 31.05.2001 V R 97/98, BStBl 2001 II S. 658).

Dementsprechend hat der BFH mit Urteil vom 20.08.2009 (V R 21/08, BFH/NV 2010 S. 473) entschieden, dass die Vermietung einer Erstausrüstung (Mobiliar) in Verbindung mit der **Vermietung eines Seniorenheims** nach den Grundsätzen der Einheitlichkeit der Leistung nach § 4 Nr. 12 UStG insgesamt von der Umsatzsteuer befreit ist. Das Gericht hat seine Entscheidung darauf gestützt, dass die Klägerin vereinbarungsgemäß ein für den Betrieb eines Seniorenheims im beschriebenen Umfang funktionsfähig eingerichtetes Gebäude überlassen hat. Unter diesen Umständen diente die Überlassung des Mobiliars nur dazu, die vertragsmäßige Nutzung des als Seniorenpflegeheim vermieteten Gebäudes unter optimalen Bedingungen in Anspruch zu nehmen. Nach den für den Senat bindenden Feststellungen des FG (§ 118 Abs. 2 FGO) handelte es sich bei dem Mobiliar im Übrigen auch nicht um Betriebsvorrichtungen, deren Überlassung nach § 4 Nr. 12 Satz 2 UStG steuerpflichtig ist.

Gegen eine in dieser Weise gleichlautende aktuelle Entscheidung des FG Niedersachsen vom 13.02.2014 (5 K 282/12, BB 2014 S. 2457) hat die Finanzbehörde Revision beim BFH (Az.: V R 37/14) eingelegt. Liegt eine einheitlich zu beurteilende Leistung vor, ist für die Steuerbefreiung nach § 4 Nr. 12 Satz 1 Buchst. a UStG entscheidend, ob das Vermietungselement der Leistung ihr Gepräge gibt (vgl. BFH vom 31.05.2001 V R 97/98, BStBl 2001 II S. 658, und vom 24.01.2008 V R 12/05, BStBl 2009 II S. 60). In diesem Fall ist die Leistung insgesamt steuerfrei. Eine Aufteilung des Entgelts in einen auf das Element der Grundstücksüberlassung und einen auf den Leistungsteil anderer Art entfallenden Teil ist nicht zulässig. Liegen mehrere selbständig zu beurteilende Leistungen vor, hat die umsatzsteuerliche Beurteilung einzeln zu erfolgen.

Verträge besonderer Art

Wenn die Gebrauchsüberlassung des Grundstücks gegenüber einer anderen wesentlichen Leistung zurücktritt und das Vertragswerk ein einheitliches, unteilbares Ganzes darstellt, liegt ein Vertrag besonderer Art vor. In diesem Fall kommt weder für die gesamte Leistung noch für einen Teil der Leistung die Steuerbefreiung nach § 4 Nr. 12 UStG in Betracht. In Abschn. 4.12.6 Abs. 2 UStAE sind Einzel-

beispiele für Verträge besonderer Art aufgeführt. Nachstehend daraus einige Beispiele, die auch für gemeinnützige Körperschaften von Bedeutung sein dürften:
1. Der Veranstalter einer Ausstellung überlässt den Ausstellern unter besonderen Auflagen Freiflächen in **Hallen zur Schaustellung** gewerblicher Erzeugnisse.
Gleiches muss z. B. Geltung haben für einen Verein, der einen wissenschaftlichen Kongress ausrichtet und verschiedenen Interessenten Ausstellungsflächen anlässlich des Kongresses entgeltlich überlässt.
2. Ein Schützenverein vergibt für die Dauer eines von ihm veranstalteten Schützenfestes Teilflächen des **Festplatzes** unter bestimmten Auflagen zur Aufstellung von Verkaufsständen, Schankzelten, Schaubuden, Karussells und dergleichen (BFH vom 21.12.1954, BStBl 1955 III S. 59).
3. Eine Gemeinde überlässt Grundstücksflächen für die Dauer eines Jahrmarkts, an dem neben Verkaufsbetrieben überwiegend Gaststätten-, Vergnügungs- und Schaubetriebe teilnehmen (BFH vom 07.04.1960 V 143/58 U, BStBl 1960 III S. 261, und vom 25.04.1968 V 120/64, BStBl 1969 II S. 94).
...
7. Eine Gemeinde gestattet einem Unternehmer, auf öffentlichen Wegen und Plätzen **Anschlagtafeln** zu errichten und auf diesen Wirtschaftswerbung zu betreiben (BFH vom 31.07.1962, BStBl 1962 III S. 476).
Auch eine gemeinnützige Körperschaft kann die Überlassung von Grundstücken oder Gebäudeflächen als Werbeflächen nicht steuerfrei nach § 4 Nr. 12 UStG vornehmen. Hier wäre zu prüfen, ob diese Überlassung ggf. der Vermögensverwaltung zugeordnet werden kann und daher zum ermäßigten Steuersatz (§ 12 Abs. 2 Nr. 8 UStG) erfolgen kann.
8. Ein Unternehmer gestattet die Benutzung eines **Sportplatzes** oder eines Schwimmbades (Sportanlage) gegen Eintrittsgeld (vgl. BFH vom 31.05.2001, BStBl 2001 II S. 658).
Zur entgeltlichen Überlassung von Sportanlagen siehe auch Tz. 4.5.2.
9. Ein Golfclub stellt vereinsfremden Spielern seine Anlage gegen Entgelt (sog. Greenfee) zur Verfügung (vgl. BFH vom 09.04.1987, BStBl 1987 II S. 659).
...
12. Betreiber eines Alten- oder Pflegeheims erbringen gegenüber pflegebedürftigen Heiminsassen umfassende medizinische und pflegerische Betreuung und Versorgung. Die nach § 4 Nr. 12 Satz 1 Buchst. a UStG steuerfreie Vermietung von Grundstücken tritt hinter diese Leistungen zurück (vgl. BFH vom 21.04.1993 XI R 55/90, BStBl 1994 II S. 266). Für die Leistungen der Alten- oder Pflegeheimbetreiber kann die Steuerbefreiung nach § 4 Nr. 16 Satz 1 Buchst. c, d oder l UStG in Betracht kommen.
13. Schützen wird gestattet, eine überdachte Schießanlage zur Ausübung des Schießsports gegen ein Eintrittsgeld und ein nach Art und Anzahl der abgegebenen Schüsse bemessenes Entgelt zu nutzen (vgl. BFH vom 24.06.1993, BStBl 1994 II S. 52, und vom 31.05.2001, BStBl 2001 II S. 658).
14. Standortmietverträge über Funkfeststationen – Zur umsatzsteuerlichen Behandlung vgl. Verfügung der OFD Frankfurt vom 15.10.2012.
Danach sind Standortmietverträge über Funkfeststationen stets als steuerfreie Grundstücksvermietung i. S. des § 4 Nr. 12 Buchst. a UStG anzusehen. Dagegen ist die Gestattung zur Errichtung einer Sirene auf einem Grundstück im Hinblick auf die vernachlässigbar gering überlassene Grundstücksfläche weiterhin als Vertrag besonderer Art nach Abschn. 4.12.6 Abs. 1 UStAE eingestuft worden, auf den die Steuerbefreiung nach § 4 Nr. 12 UStG weder für die gesamte Leistung noch für einen Teil der Leistung anzuwenden ist.

Im Fall einer Zusammensetzung vieler Teilleistungen, die allerdings als einheitliche Gesamtleistung klassifiziert werden und zugleich Elemente der Nutzungsüberlassung bezüglich eines Grundstücks aufweisen, greift die Steuerbefreiungsnorm nur dann, wenn die Grundstücksüberlassung im Vordergrund steht und somit den Kern der Leistung darstellt. Die Vermietung eines Grundstücks unterliegt in diesem Zusammenhang der Umsatzsteuer, wenn diese zwar zur Erbringung der Leistung im weiteren Sinne dazugehört, der wirtschaftliche Gehalt der sonstigen Leistung allerdings nicht in der Grundstücksüberlassung liegt. In diesem Fall handelt es sich lediglich um ein „Mittel zur Durchführung" der eigentlichen Leistung. Dieser Sachverhalt kommt überwiegend bei der kurzfristigen Überlassung von Sport-, Fitness- oder ähnlichen Einrichtungen vor.

Die Gestaltung der Verträge ist ausschlaggebend für die umsatzsteuerliche Behandlung. Handelt es sich um einen Vertrag besonderer Art, in dem die Leistungen als komplexe und pauschale Kombination der Leistungen dargestellt werden, so sind diese im Bereich des wirtschaftlichen Geschäftsbetriebs steuerpflichtig. An dieser Stelle ist zu beachten, ob jede erbrachte Leistung, für sich betrachtet, eine eigene Verkehrsfähigkeit und daher auch grundsätzlich selbständig und unabhängig voneinander Gegenstand einzelner Leistungsvereinbarungen sein könnte. Das bedeutet, dass überlassene Vermögensgegenstände, überlassenes Personal oder Vermietungstätigkeiten trotz einheitlich vereinbarten Leistungsentgeltes ertragsteuerlich und umsatzsteuerlich getrennt voneinander zu würdigen sind und für jeden einzelnen Leistungstatbestand die steuerliche Behandlung selbständig zu klären ist.

Vor dem 01.01.2011 war im Zusammenhang mit Grundstücken und der „Seeling-Rechtsprechung" auch die umsatzsteuerpflichtige unentgeltliche Wertabgabe (§ 3 Abs. 9a Nr. 1 UStG) zu berücksichtigen. Für gemischt genutzte Gebäude, deren Bau vor dem 01.01.2011 begonnen hat, greift die Übergangsregelung des § 27 Abs. 16 UStG. **Unentgeltliche Wertabgaben** nach § 3 Abs. 9a Nr. 1 UStG im Zusammenhang mit einem Grundstück, Gebäuden (oder Teilen davon) sind zu besteuern, denn sie stellen keine Grundstücksvermietung i. S. des § 4 Nr. 12 UStG dar.

Mit der aktuellen EuGH- und BHF-Rechtsprechung, die auch in Abschn. 3.4 Abs. 2 UStAE Berücksichtigung gefunden hat, entfällt jedoch die Wertabgabenbesteuerung (vgl. ausführlich Tz. 4.5.11.2).

Vermietung von Sportanlagen und anderen Anlagen

Die Überlassung von Sportanlagen durch den Sportanlagenbetreiber an Endverbraucher zur Nutzung (z. B. stundenweise Vermietung einer Tennishalle an Einzelsportler) ist eine einheitliche steuerpflichtige Leistung (vgl. BFH vom 31.05.2001 V R 97/98, BStBl 2001 II S. 658; siehe auch Abschn. 3.10 UStAE), die dem Regelsteuersatz von 19 % unterliegt. Es erfolgt keine Aufteilung der Entgelte in eine nach § 4 Nr. 12 UStG steuerfreie Grundstücksüberlassung und eine umsatzsteuerpflichtige Überlassung der Betriebsvorrichtungen.

Für die als gemeinnützig anerkannten Sportvereine gilt, dass sie mit einer stundenweisen Überlassung von Sportanlagen an ihre Mitglieder zur Ausübung des Sports einen umsatzsteuerbaren und umsatzsteuerpflichtigen Leistungsaustausch bewirken (es greift keine Befreiung nach § 4 Nr. 12 UStG). Bisher galt, dass gemeinnützig anerkannte Sportvereine durch Leistungen dieser Art an ihre Mitglieder einen Zweckbetrieb eigener Art nach § 65 AO unterhalten, die Entgelte unterlagen dem ermäßigten Steuersatz. Durch das BFH-Urteil vom 20.03.2014 (V R 4/13, UR 2014 S. 732) wurde diese Auffassung allerdings revidiert. Demnach unterliegt die Überlassung von Sportanlagen durch eine steuerbegünstigte Körperschaft nur dann dem ermäßigten Steuersatz von zurzeit 7 %, wenn die Voraussetzungen des Zweckbetriebs nach §§ 65 ff. AO vorliegen. Hier ist insbesondere die Wettbewerbsprüfung nach § 65 Nr. 3 AO von Bedeutung, da Sportanlagen in unmittelbarem Wettbewerb mit dem allgemeinen Steuersatz unterliegenden Leistungen anderer Unternehmer überlassen werden (siehe auch BFH vom 10.11.2011 V R 41/10, UR 2012 S. 272; vgl. auch Tz. 4.5.12). Im Hinblick auf die Anwendung des ermäßigten Steuersatzes kommt der BFH zu dem Ergebnis, dass eine Vermögensverwaltung eine nichtwirtschaftliche Tätigkeit voraussetzt, wie z. B. das bloße Halten von Gesellschaftsanteilen. Damit stellt die entgeltliche Überlassung von Sportanlagen an die Mitglieder des Vereins aus umsatzsteuerlicher Sicht keine Vermögensverwaltung (mehr) dar und unterliegt daher dem Regelsteuersatz (vgl. Weisheit, IWW Stiftungsbrief vom 27.08.2014 – keine Anwendung des ermäßigten Umsatzsteuersatzes bei Vermögensverwaltung?).

Hinweis: Berufung auf EU-Recht auch gegenüber Nichtmitgliedern Der Verein kann sich auch bezüglich seiner Leistungen gegenüber Nichtmitgliedern auf das Unionsrecht berufen. Der BFH hat mit Urteil vom 03.04.2008 (V R 74/07, UStR 2008 S. 698) entschieden, dass die Überlassung von Golfbällen und die Nutzungsüberlassung einer Golfanlage an Nichtmitglieder eines gemeinnützigen Vereins gegen Entgelt nach Art. 13 Teil A Abs. 1 Buchst. m der 6. EG-RL steuerfrei sein kann. Dies ist vom EuGH mit Urteil vom 19.12.2013 (Rs. C-495/12, UR 2014 S. 192) in einem Verfahren zum britischen Steuerrecht bestätigt worden (vgl. Walkenhorst, UStB 2014 S. 224).

Eine **Aufteilung der Leistungen** in eine steuerfreie Grundstücksüberlassung und eine steuerpflichtige Überlassung von Betriebsanlagen ist jedoch vorzunehmen, wenn eine gesamte Sportanlage einem anderen Unternehmer als Betreiber überlassen wird (vgl. hierzu ausdrücklich in Abschn. 4.12.11 Abs. 2 UStAE). Die in diesen Fällen dann geltenden Aufteilungsgrundsätze sind umfassend in Abschn. 4.12.11 Abs. 3 UStAE aufgeführt.

4.5.8.2 Steuerbefreiungen bei Lieferungen und sonstigen Leistungen im Gesundheitswesen

§ 4 Nr. 14 UStG

> Von den unter § 1 Abs. 1 Nr. 1 fallenden Umsätzen sind steuerfrei:
>
> . . . . .
>
> 14. a) ₁Heilbehandlungen im Bereich der Humanmedizin, die im Rahmen der Ausübung der Tätigkeit als Arzt, Zahnarzt, Heilpraktiker, Physiotherapeut, Hebamme oder einer ähnlichen heilberuflichen Tätigkeit durchgeführt werden. ₂Satz 1 gilt nicht für die Lieferung oder Wiederherstellung von Zahnprothesen (aus Unterpositionen 9021 21 und 9021 29 00 des Zolltarifs) und kieferorthopädischen Apparaten (aus Unterposition 9021 10 des Zolltarifs), soweit sie der Unternehmer in seinem Unternehmen hergestellt oder wiederhergestellt hat;
>
> b) ₁Krankenhausbehandlungen und ärztliche Heilbehandlungen einschließlich der Diagnostik, Befunderhebung, Vorsorge, Rehabilitation, Geburtshilfe und Hospizleistungen sowie damit eng verbundene Umsätze, die von Einrichtungen des öffentlichen Rechts erbracht werden. ₂Die in Satz 1 bezeichneten Leistungen sind auch steuerfrei, wenn sie von
>
> > aa) zugelassenen Krankenhäusern nach § 108 des Fünften Buches Sozialgesetzbuch,
> >
> > bb) Zentren für ärztliche Heilbehandlung und Diagnostik oder Befunderhebung, die an der vertragsärztlichen Versorgung nach § 95 des Fünften

Buches Sozialgesetzbuch teilnehmen oder für die Regelungen nach § 115 des Fünften Buches Sozialgesetzbuch gelten,

cc) Einrichtungen, die von den Trägern der gesetzlichen Unfallversicherung nach § 34 des Siebten Buches Sozialgesetzbuch an der Versorgung beteiligt worden sind,

dd) Einrichtungen, mit denen Versorgungsverträge nach den §§ 111 und 111a des Fünften Buches Sozialgesetzbuch bestehen,

ee) Rehabilitationseinrichtungen, mit denen Verträge nach § 21 des Neunten Buches Sozialgesetzbuch bestehen,

ff) Einrichtungen zur Geburtshilfe, für die Verträge nach § 134a des Fünften Buches Sozialgesetzbuch gelten,

gg) Hospizen, mit denen Verträge nach § 39a Abs. 1 des Fünften Buches Sozialgesetzbuch bestehen, oder

hh) Einrichtungen, mit denen Verträge nach § 127 in Verbindung mit § 126 Absatz 3 des Fünften Buches Sozialgesetzbuch über die Erbringung nichtärztlicher Dialyseleistungen bestehen,

erbracht werden und es sich ihrer Art nach um Leistungen handelt, auf die sich die Zulassung, der Vertrag oder die Regelung nach dem Sozialgesetzbuch jeweils bezieht, oder

ii) von Einrichtungen nach § 138 Abs. 1 Satz 1 des Strafvollzugsgesetzes erbracht werden;

c) Leistungen nach den Buchstaben a und b, die von

aa) Einrichtungen, mit denen Verträge zur hausarztzentrierten Versorgung nach § 73b des Fünften Buches Sozialgesetzbuch oder zur besonderen ambulanten ärztlichen Versorgung nach § 73c des Fünften Buches Sozialgesetzbuch bestehen, oder

bb) Einrichtungen nach § 140b Abs. 1 des Fünften Buches Sozialgesetzbuch erbracht werden, mit denen Verträge zur integrierten Versorgung nach § 140a des Fünften Buches Sozialgesetzbuch bestehen,

erbracht werden;

d) sonstige Leistungen von Gemeinschaften, deren Mitglieder Angehörige der in Buchstabe a bezeichneten Berufe oder Einrichtungen im Sinne des Buchstaben b sind, gegenüber ihren Mitgliedern, soweit diese Leistungen für unmittelbare Zwecke der Ausübung der Tätigkeiten nach Buchstabe a oder Buchstabe b verwendet werden und die Gemeinschaft von ihren Mitgliedern lediglich die genaue Erstattung des jeweiligen Anteils an den gemeinsamen Kosten fordert;

e) die zur Verhütung von nosokomialen Infektionen und zur Vermeidung der Weiterverbreitung von Krankheitserregern, insbesondere solcher mit Resistenzen, erbrachten Leistungen eines Arztes oder einer Hygienefachkraft, an in den Buchstaben a, b und d genannte Einrichtungen, die diesen dazu dienen, ihre Heilbehandlungsleistungen ordnungsgemäß unter Beachtung der nach dem Infektionsschutzgesetz und den Rechtsverordnungen der Länder nach § 23 Absatz 8 des Infektionsschutzgesetzes bestehenden Verpflichtungen zu erbringen;

....

Nach § 4 Nr. 14 Buchst. a UStG sind „Heilbehandlungen im Bereich der Humanmedizin, die im Rahmen der Ausübung der Tätigkeit als Arzt, Zahnarzt, Heilpraktiker, Physiotherapeut, Hebamme oder einer ähnlichen heilberuflichen Tätigkeit durchgeführt werden" von der Umsatzsteuer befreit. Gleiches gilt nach § 4 Nr. 14

4.5 Umsatzsteuer

Buchst. b UStG für „Krankenhausbehandlungen und ärztliche Heilbehandlungen einschließlich der Diagnostik, Befunderhebung, Vorsorge, Rehabilitation, Geburtshilfe, und Hospizleistungen sowie damit eng verbundene Umsätze" von Einrichtungen des öffentlichen Rechts und anderen in § 4 Nr. 14 Buchst. b Satz 2 Doppelbuchst. aa bis hh UStG aufgezählten Einrichtungen. Die Befreiungsvorschrift beruht auf Art. 132 Abs. 1 Buchst. b und c MwStSystRL und ist in enger Anlehnung an die gemeinschaftsrechtlichen Vorgaben mit Wirkung zum 01.01.2009 neu gefasst worden. Sie ist richtlinienkonform auszulegen.

Die Vorschrift ist nicht nur sprachlich dem Wortlaut des Art. 132 Abs. 1 Buchst. b und c MwStSystRL angepasst worden. Im Unterschied zum bisherigen Recht sind auch die Befreiungstatbestände für ärztliche Tätigkeiten (§ 4 Nr. 14 UStG a. F.) und Krankenhausbehandlungen (§ 4 Nr. 16 UStG a. F.) in § 4 Nr. 14 UStG zusammengefasst worden. Ferner ist die Verweisung auf § 67 AO (40 %-Grenze) als Voraussetzung der Steuerbefreiung eines privatrechtlichen Krankenhauses aufgegeben worden. Nunmehr kommt es für die Steuerbefreiung eines privaten Krankenhauses entscheidend auf Zulassung eines Krankenhauses nach § 108 SGB V an (vgl. Hüttemann, 2015, Tz. 7.158).

§ 4 Nr. 14 Buchst. a und Buchst. b UStG unterscheiden sich nicht hinsichtlich der Art, sondern des Ortes der Leistungserbringung. Unter Buchst. a findet die Erfüllung der Leistung stets außerhalb eines Krankenhauses oder einer ähnlichen Einrichtung im Rahmen eines persönlichen Vertrauensverhältnisses zwischen Patienten und Behandelndem statt. Das bedeutet im Einzelnen, dass die Behandlung beispielsweise in Praxisräumen, in der Wohnung des Patienten oder an einem anderen Ort vollzogen wird. Im Gegensatz dazu fallen unter Buchst. b alle Leistungen, die aus einer Gesamtheit von ärztlichen Heilbehandlungen in Einrichtungen mit sozialer Zweckbestimmung bestehen. Diese Krankenhaus- und ärztlichen Heilbehandlungen nach Buchst. b finden folglich in Einrichtungen mit sozialer Zweckbestimmung statt. Darunter sind vor allem die Bereiche der Diagnostik, Befunderhebung, Vorsorge, Rehabilitation, Geburtshilfe und Hospizleistungen zu verstehen. Diese Konstellation ergibt sich aus den Ausführungen des SGB V und SGB XI sowie des Strafvollzugsgesetzes. Es ist zu beachten, dass die befreiten Leistungen stets dem Schutz der Gesundheit des Betroffenen dienen müssen. Dabei spielt es keine Rolle, welche heilberufliche Leistung an wen erbracht wird und wer diese erbringt. Dementsprechend greift die Norm unabhängig davon, ob die Tätigkeit von einem freiberuflichen oder angestellten Arzt, Heilpraktiker oder Unternehmer etc. ausgeübt wird. Ergänzend ist anzuführen, dass heilberufliche Leistungen nur dann steuerfrei sind, wenn sie ein therapeutisches Ziel verfolgen. Infolgedessen sind schriftstellerische oder wissenschaftliche Tätigkeiten, die Beiträge einer ärztlichen Fachzeitschrift sind, keine Heilbehandlungsleistungen. Dasselbe gilt für viele weitere Tätigkeiten, wie z. B. für Lehrtätigkeiten, Lieferungen von Hilfsmitteln wie etwa Kontaktlinsen oder Schuheinlagen sowie für Vortragstätigkeiten, auch wenn der Vortrag für Zwecke der Fortbildung an Ärzte gerichtet ist (siehe dazu Abschn. 4.14.1 Abs. 5 UStAE sowie BMF vom 26.06.2009 – IV B 9 – S 7170/08/10009, BStBl 2009 I S. 756).

Neben dem Kriterium der Heilbehandlung muss zwingend auch eine entsprechende Befähigung des Unternehmens vorhanden sein, damit die Steuerbefreiungsnorm nach § 4 Nr. 14 Buchst. a UStG Anwendung findet. Diese zweite Voraussetzung ist erfüllt, wenn es sich um eine Tätigkeit eines der in § 4 Nr. 14 Buchst. a Satz 1 UStG bezeichneten Katalogberufe oder einer ähnlichen heilberuflichen Ausübung handelt (vgl. Abschn. 4.14.4 Abs. 6 und 7 UStAE).

4 Andere Steuergesetze

Krankenhäuser

Der Begriff des Krankenhauses ist im Steuerrecht nicht definiert. Die Begriffsbestimmung orientiert sich an den leicht abweichenden Krankenhausdefinitionen des § 2 Nr. 1 KHG und § 107 Abs. 1 SGB V. Entsprechend SGB V sind „Krankenhäuser" Einrichtungen, die der Krankenhausbehandlungen oder Geburtshilfe dienen, fachlich-medizinisch unter kontinuierlicher ärztlicher Leitung stehen, über ausreichende, ihrem Versorgungsauftrag entsprechende diagnostische und therapeutische Möglichkeiten verfügen und darüber hinaus nach wissenschaftlich anerkannten Methoden arbeiten sowie stets über ärztliches Pflege-, Funktions- und medizinisch-technisches Personal verfügen, die darauf eingerichtet sind, in erster Linie mittels ärztlicher und pflegerischer Hilfeleistung Krankheiten der Patienten zu erkennen, zu heilen, ihre Verschlimmerung zu verhüten, Krankheitsbeschwerden zu lindern oder Geburtshilfe zu leisten, und in denen die Patienten untergebracht und verpflegt werden können (vgl. § 107 Abs. 1 SGB V).

Wird ein Krankenhaus in Form einer Einrichtung des privaten Rechts betrieben, so greift die Steuerbefreiung nach § 4 Nr. 14 Buchst. b Satz 2 Doppelbuchst. aa UStG nur, wenn es nach § 108 SGB V zugelassen ist. Dies sind anerkannte Hochschulkliniken, Krankenhäuser, die in den Krankenhausplan eines Landes aufgenommen sind (Plankrankenhäuser), und derartige Krankenhäuser, die einen Versorgungsvertrag mit den Landesverbänden der Krankenkassen und den Verbänden der Ersatzkassen abgeschlossen haben (vgl. BMF vom 26.06.2009, a. a. O.).

Im Fall eines nach § 108 SGB V anerkannten Krankenhauses, das im Rahmen einer Organschaft auch eine Klinik führt, die nur Privatpatienten versorgt, erstreckt sich die für Umsätze des Plankrankenhauses geltende Umsatzsteuerbefreiung nicht auf diejenigen der Privatklinik (vgl. hierzu OFD Frankfurt a. M. vom 16.02.2010 – S 7170 A – 85 – St 112 –, DStR 2010 S. 807).

Wird ein Krankenhaus nicht in Form einer juristischen Person des öffentlichen Rechts geführt und fällt es weder unter den § 108 SGB V noch ist es eine Einrichtung i. S. des § 4 Nr. 14 Buchst. b Satz 2 UStG, so ist es mit den nach § 4 Nr. 14 Buchst. b Satz 1 UStG genannten Leistungen steuerpflichtig (sog. **Privatkliniken**). Das heißt, dass auch die Fülle der in sonstigen Krankenhausleistungen eingebetteten ärztlichen Heilbehandlungsleistungen von der Umsatzsteuerbefreiung ausgeschlossen ist (vgl. BFH vom 18.03.2004 V R 53/00, BStBl 2004 II S. 677). Abzuwarten bleibt, inwieweit das BFH-Urteil vom 18.08.2011 (V R 27/10, UR 2011 S. 902, Anschluss-Urteil: FG Münster vom 13.12.2011 15 K 4458/08 U) dafür richtungsweisend sein kann, dass Leistungen privatärztlicher Kliniken, die nicht nach § 105 SGB V zugelassen sind, ebenfalls unter die Anwendung des § 4 Nr. 14 Buchst. b UStG fallen. Im angeführten Urteil (vgl. auch die Ausführungen zu Hygiene- und Konsiliarärzten im Rahmen der mit Krankenhausbehandlungen eng verbundenen Umsätze) knüpft der BFH seine Entscheidung zur Umsatzsteuerbefreiung nämlich nicht an das Vorliegen einer bestimmten Einrichtung, sondern vielmehr an die ärztliche Qualifikation der Leistungserbringer an.

Bisher hatte das FG Schleswig-Holstein mit Urteil vom 17.07.2013 (4 K 104/12, EFG 2013 S. 1884) entschieden, dass eine Privatklinik, die nicht nach § 108 SGB V als Krankenhaus zugelassen ist und deswegen auch nicht nach § 4 Nr. 14 Buchst. b Satz 2 Doppelbuchst. aa UStG umsatzsteuerbefreit ist, sich für die Steuerbefreiung der Umsätze aus der Krankenhausbehandlung und damit eng verbundener Umsätze unmittelbar auf Art. 132 Abs. 1 Buchst. b MwStSystRL berufen kann. Die Revision beim BFH (Az.: XI R 38/13) ist derzeit noch ausstehend.

Diese Ansicht wurde ebenfalls bestätigt vom FG Münster mit Urteil vom 14.03.2014 (15 K 4236/11 U, EFG 2014 S. 1047). Der Fall betraf eine GmbH, die im Streitjahr (2009) eine Klinik für Angststörungen betrieb. Sie behandelte Patienten mit psychischen Krankheitserscheinungen (Angstzustände, Asperger, Essstörungen, Depressionen, Panikstörungen, posttraumatische Belastungsstörungen sowie Sucht und Zwang). Ihre Leistungen umfassten außerdem Krankenpflege, Versorgung mit Arzneimitteln sowie Unterkunft und Verpflegung. Die Patienten wurden in Einzelzimmern mit Bad, Balkon, Fernseher und Telefon untergebracht. Die Klägerin erfüllte nicht die Voraussetzungen des § 108 SGB V. Die GmbH behandelte die Umsätze steuerfrei, dagegen vertrat das Finanzamt im Anschluss an eine Außenprüfung die Auffassung, dass die Heilbehandlungsleistungen der GmbH nur in einem der Vorjahre nach § 4 Nr. 16 UStG a. F. steuerfrei gewesen seien, da im vorangegangenen Kalenderjahr mindestens 40 % der Leistungen Versicherten der gesetzlichen Krankenversicherung zugutegekommen seien. Im Streitjahr seien die Leistungen aufgrund der Neuregelung nach § 4 Nr. 14 Buchst. b UStG steuerpflichtig.

Der BFH hat nun mit Urteil vom 23.10.2014 (V R 20/14, bisher n. v.) die Steuerfreiheit der medizinischen Leistungen bestätigt und folgt dem FG Münster in der Auffassung, dass § 4 Nr. 14 Buchst. b Satz 2 Doppelbuchst. aa UStG i. V. m. §§ 108, 109 SGB V die Steuerfreiheit der Leistungserbringung in Krankenhäusern, die von Unternehmern betrieben werden, die keine Einrichtungen des öffentlichen Rechts sind, unter einen sozialversicherungsrechtlichen Bedarfsvorbehalt stellt, der mit dem Unionsrecht nicht vereinbar ist. Daher konnte sich die GmbH für die Steuerfreiheit auf Art. 132 Abs. 1 Buchst. b MwStSystRL als inhaltlich unbedingte und hinreichend genaue Bestimmung des Unionsrechts zu Recht berufen. Von der Umsatzsteuerbefreiung ausgenommen bleibt die Überlassung der Fernsehgeräte und Telefone (BFH vom 26.08.2010 V R 5/08, BStBl 2011 II S. 296), die die GmbH bereits umsatzversteuert hatte.

Zentren für ärztliche Heilbehandlung und Diagnostik sowie ärztlicher Befunderhebung

Zentren für **ärztliche Heilbehandlung** oder **Diagnosekliniken** sind Einrichtungen, in denen durch ärztliche Leistungen Krankheiten, Leiden oder Körperschäden festgestellt, geheilt oder gelindert werden sollen. Diese Einrichtungen unterscheiden sich insofern von Krankenhäusern, als dass sie den Patienten üblicherweise keine Unterkunft und Verpflegung gewähren (vgl. Abschn. 4.14.5 Abs. 5 UStAE).

Unter **Einrichtungen ärztlicher Befunderhebung** sind Institutionen zu verstehen, die durch ärztliche Leistungen den Zustand menschlicher Organe, Gewebe, Körperflüssigkeiten oder Ähnlichem feststellen. Diese Leistungen sind nur dann steuerbefreit, wenn ein therapeutisches Ziel im Vordergrund steht. So sind beispielsweise Blutalkoholuntersuchungen für gerichtliche Zwecke in Einrichtungen ärztlicher Befunderhebung nicht von einer Umsatzsteuerfreiheit erfasst (vgl. Abschn. 4.14.6 Abs. 3 Nr. 5 i. V. m. Abschn. 4.14.1 Abs. 5 Nr. 6 UStAE). Voraussetzung für die Steuerbefreiung nach § 4 Nr. 14 Buchst b Satz 2 Doppelbuchst. bb UStG der Leistungen aus oben benannten Einrichtungen in der Rechtsform des privaten Rechts ist eine Teilnahme an der vertragsärztlichen Versorgung nach § 95 SGB V (Medizinische Versorgungszentren) oder die Anwendung des § 115 SGB V (z. B. Praxiskliniken). Ein Sonderfall der vertragsärztlichen Versorgung stellt § 75 Abs. 9 SGB V dar. Hiernach sind kassenärztliche Vereinigungen verpflichtet, mit Einrichtungen der Schwangerschaftskonfliktberatung Verträge über die ambulante Leistungserbringung und Vergütungsvereinbarungen zu schließen. Dasselbe gilt für Leistungen

4 Andere Steuergesetze

klinischer Chemiker sowie von Laborärzten, welche nicht auf einem persönlichen Vertrauensverhältnis gegenüber Patienten beruhen (vgl. Abschn. 4.14.5 Abs. 7 bis 9 UStAE). Als erfüllt gilt die Anforderung an die Steuerbefreiung auch dann, wenn eine diagnostische Leistung von einer Einrichtung erbracht wird, die auf Grundlage einer durch die gesetzlichen Krankenversicherungen abgeschlossenen vertraglichen Vereinbarung an der Heilbehandlung beteiligt worden ist. Insbesondere gilt dies für labordiagnostische Typisierungsleistungen, die im Rahmen der Vorbereitung einer Stammzellentransplantation zur Suche nach einem geeigneten Spender für die Behandlung einer lebensbedrohlich erkrankten Person erbracht und durch das Zentrale Knochenmarkspender-Register Deutschland beauftragt werden.

Medizinische Versorgungszentren

Bei medizinischen Versorgungszentren handelt es sich um rechtsformunabhängige fachlich übergreifende ärztlich geleitete Einrichtungen, in denen Ärzte als Angestellte oder Vertragsärzte tätig sind (§ 95 Abs. 1 SGB V). Nehmen medizinische Versorgungszentren an der vertragsärztlichen Versorgung nach § 95 Abs. 1 SGB V teil, dann erbringen sie steuerfreie Leistungen nach § 4 Nr. 14 Buchst. b Satz 2 Doppelbuchst. bb UStG. Dagegen erbringen die an einem medizinischen Versorgungszentrum als selbständige Unternehmer tätigen Ärzte steuerfreie Leistungen nach § 4 Nr. 14 Buchst. a Satz 1 UStG, wenn sie diese Leistungen gegenüber dem medizinischen Versorgungszentrum erbringen (vgl. Abschn. 4.14.5 Abs. 10 UStAE).

Einrichtungen nach § 115 SGB V

Die Vorschriften des § 115 SGB V beziehen sich auf zwischen Krankenkassen, Krankenhäusern und Vertragsärzten abgeschlossene Verträge und Rahmenempfehlungen, die das Ziel haben, eine nahtlose ambulante und stationäre Heilbehandlung gegenüber dem Leistungsempfänger zu gewährleisten. Hierunter fallen insbesondere Einrichtungen, in denen Patienten durch Zusammenarbeit mehrerer Vertragsärzte ambulant oder stationär versorgt werden (z. B. Praxiskliniken)(vgl. Abschn. 4.14.5 Abs. 11 bis 13 UStAE).

Einrichtungen der gesetzlichen Unfallversicherung

Handelt es sich um Einrichtungen, die von den Trägern der gesetzlichen Unfallversicherung nach § 34 SGB VII an der Versorgung beteiligt worden sind, erbringen diese als anerkannte Einrichtung nach § 4 Nr. 14 Buchst. b Satz 2 Doppelbuchst. cc UStG steuerfreie Heilbehandlungsleistungen i. S. des § 4 Nr. 14 Buchst. b Satz 1 UStG. Die Beteiligung von Einrichtungen an der Durchführung von Heilbehandlungen oder der Versorgung durch Träger der gesetzlichen Unfallversicherungen gem. § 34 SGB VII kann auch durch Verwaltungsakt erfolgen (vgl. Abschn. 4.14.5 Abs. 14 UStAE).

Versorgungsverträge nach § 111 und § 111a SGB V

Vorsorge- oder Rehabilitationseinrichtungen, mit denen ein Versorgungsvertrag nach § 111 SGB V besteht, sind fachlich-medizinisch unter kontinuierlicher ärztlicher Verantwortung sowie unter Mitwirkung von speziell geschultem Personal stehende Einrichtungen, die der stationären Behandlung der Patienten dienen, um eine Schwächung der Gesundheit zu beseitigen, einer Gefährdung der gesundheitlichen Entwicklung eines Kindes vorsorglich entgegenzuwirken (sog. Vorsorge), eine Krankheit zu heilen, ihre Verschlimmerung zu vermeiden, Krankheitsbeschwerden zu lindern oder im Anschluss an Krankenhausbehandlungen den dabei erzielten Behandlungserfolg zu festigen (sog. Rehabilitation). Derartige Vorsorge- und Rehabilitationseinrichtungen wie etwa die Einrichtung des Müttergenesungswerkes, mit welchen ein Versorgungsvertrag gem. § 111a SGB V besteht, sind mit ihren medizinischen Leistungen zur Vorsorge oder zur medizinischen Rehabilitation nach § 4 Nr. 14 Buchst. b Satz 2 Doppelbuchst. dd UStG steuerfrei (vgl. Abschn. 4.14.5 Abs. 15 bis 17 UStAE).

Medizinische Rehabilitationseinrichtungen

Nach § 4 Nr. 14 Buchst. b Satz 2 Doppelbuchst. ee UStG gelten Rehabilitationsdienste und Rehabilitationseinrichtungen, mit denen Verträge nach § 21 SGB IX (Rehabilitation und Teilhabe behinderter Menschen) bestehen, als anerkannte Einrichtungen und sind damit steuerfrei (vgl. Abschn. 4.14.5 Abs. 18 UStAE).

Einrichtungen zur Geburtshilfe

Von Hebammen geleitete Einrichtungen des privaten Rechts zur Geburtshilfe, wie etwa Geburtshäuser und Entbindungsheime, erbringen mit der Unterstützung bei der Geburt und der Überwachung des Wochenbettverlaufs sowohl ambulante als auch stationäre Leistungen, welche unter die Steuerbefreiung nach § 4 Nr. 14 Buchst. b Satz 2 Doppelbuchst. ff UStG fallen, sofern für diese Einrichtungen Verträge nach § 134a SGB V gelten. Die Steuerbefreiungsnorm greift in diesen Fällen unabhängig von den sozialversicherungsrechtlichen Abrechnungsfähigkeiten dieser Leistungen (vgl. Abschn. 4.14.5 Abs. 19 UStAE).

Hospize

Hospize sind besondere Einrichtungen, die auf die Begleitung eines würdevolleren Sterbens spezialisiert sind. Leistungen in und von Hospizen können wie auch bei den Einrichtungen zur Geburtshilfe sowohl ambulant als auch stationär ausgeführt werden. Nach § 4 Nr. 14 Buchst. b Satz 2 Doppelbuchst. gg UStG sind stationäre und teilstationäre Hospizleistungen umsatzsteuerbefreit, sofern sie von Einrichtungen des privaten Rechts erbracht werden und mit ihnen Verträge nach § 39a Abs. 1 SGB V existieren. In diesen Verträgen werden Regelungen getroffen bezüglich Zuschüssen zur stationären oder teilstationären Versorgung in Hospizen, in denen palliativ-medizinische Behandlungen erbracht werden, wenn eine ambulante Versorgung im eigenen Haus ausgeschlossen ist.

Ambulante Hospizleistungen, bei welchen die fachliche Verantwortung von Gesundheits- und Krankenpflegern oder anderen vergleichbar qualifizierten medizinischen Fachkräften getragen werden, sind bereits gem. § 4 Nr. 14 Buchst. a UStG umsatzsteuerbefreit (vgl. Abschn. 4.14.5 Abs. 20 bis 22 UStAE).

Maßregelvollzug

Die Umsätze von Krankenhäusern des Maßregelvollzugs, die von juristischen Personen des öffentlichen Rechts betrieben werden, fallen unter die Befreiungsvorschrift nach § 4 Nr. 14 Buchst. b Satz 1 UStG. Einrichtungen des privaten Rechts, denen im Wege der Beleihung die Durchführung des Maßregelvollzugs übertragen wird und die nicht über eine Zulassung nach § 108 SGB V verfügen, sind mit ihren Leistungen ebenfalls nach § 4 Nr. 14 Buchst. b Satz 2 Doppelbuchst. hh UStG steuerfrei, sofern es sich um Einrichtungen nach § 138 Abs. 1 Satz 1 Strafvollzugsgesetz handelt. Hierbei handelt es sich insbesondere um psychiatrische Krankenhäuser und Entziehungsanstalten, in welchen psychisch kranke oder suchtkranke Straftäter behandelt sowie untergebracht werden. Neben den ärztlichen Behandlungsleistungen greift die Steuerbefreiung auch auf Leistungen der Unterbringung, Verpflegung und Verwahrung der Personen, die in diesen Einrichtungen untergebracht sind (vgl. Abschn. 4.14.5 Abs. 23 UStAE).

4 Andere Steuergesetze

Eng verbundene Umsätze

Zusätzlich sind nach § 4 Nr. 14 Buchst. b UStG auch die Umsätze von der Umsatzsteuer befreit, die mit dem Betrieb der Einrichtung **eng verbunden** sind.

Unter der Bezeichnung „eng verbundene Umsätze mit Krankenhausbehandlungen und ärztlichen Heilbehandlungen" sind Leistungen zu verstehen, die für die entsprechenden Einrichtungen nach der allgemeinen Verkehrsauffassung üblich und unerlässlich sind, regelmäßig und generell beim laufenden Betrieb vorkommen und auf diese Weise unmittelbar oder mittelbar zusammenhängen (vgl. EuGH vom 20.06.2002 Rs. C-287/00, BFH vom 01.12.1977 V R 37/75, BStBl 1978 II S. 173). Zu beachten ist hierbei, dass die Umsätze nicht im Wesentlichen dazu gedacht sein dürfen, den Einrichtungen zusätzliche Einnahmen durch Tätigkeiten zu verschaffen, die im direkten Wettbewerb zu steuerpflichtigen Umsätzen anderer Unternehmer stehen.

Die nach Ansicht der Finanzverwaltung als **eng verbunden** einzustufenden Umsätze sind in Abschn. 4.14.6 Abs. 2 UStAE wie folgt aufgeführt:

1. die stationäre oder teilstationäre Aufnahme von Patienten, deren ärztliche und pflegerische Betreuung einschließlich der Lieferungen der zur Behandlung erforderlichen Medikamente;
2. die Behandlung und Versorgung ambulanter Patienten;
3. die Lieferungen von Körperersatzstücken und orthopädischen Hilfsmitteln, soweit sie unmittelbar mit einer Leistung i. S. des § 4 Nr. 14 Buchst. b UStG in Zusammenhang stehen;
4. die Überlassung von Einrichtungen (z. B. Operationssaal, Röntgenanlage, medizinsch-technische Großgeräte) und die damit verbundene Gestellung von medizinischem Hilfspersonal durch Einrichtungen nach § 4 Nr. 14 Buchst. b UStG an andere Einrichtungen dieser Art, an angestellte Ärzte für deren selbständige Tätigkeit und an niedergelassene Ärzte zur Mitbenutzung;
5. .(gestrichen)
6. die Gestellung von Ärzten und von medizinischem Hilfspersonal durch Einrichtungen nach § 4 Nr. 14 Buchst. b UStG an andere Einrichtungen dieser Art;
7. die Lieferungen von Gegenständen des Anlagevermögens, z. B. Röntgeneinrichtungen, Krankenfahrstühle und sonstige Einrichtungsgegenstände. Zur Veräußerung des gesamten Anlagevermögens siehe Abschn. 4.14.6 Abs. 3 Nr. 11 UStAE;
8. die Erstellung von ärztlichen Gutachten gegen Entgelt, sofern ein therapeutischer Zweck im Vordergrund steht.

Eng verbundene Umsätze sind bei stationärer Aufnahme die ärztliche Behandlung und Versorgung mit Arznei-, Verband-, Heil- und Hilfsmitteln sowie die Unterbringung und Verpflegung der Patienten (Abschn. 4.14.6 Abs. 2 Nr. 1 UStAE). Bei ambulanten Vorsorge- und Rehabilitationsmaßnahmen zählen Unterkunft und Verpflegung nicht zu den eng verbundenen Umsätzen, da Vorsorge- und Rehabilitationseinrichtungen insoweit mit Hoteliers, Pensionsbetreibern, privaten Zimmervermietern und ähnlichen Unternehmern am Ort konkurrieren (OFD Erfurt vom 25.07.2000 – S 7172 A – 03 – St 343, UR 2001 S. 36).

Im Zusammenhang mit eng zu Krankenhausleistungen verbundenen Umsätzen ist das BFH-Urteil vom 18.08.2011 (V R 27/10, UR 2011 S. 902, Anschluss: FG Münster 13.12.2011 – 15 K 4458/08 U, EFG 2013 S. 980) zu berücksichtigen. In seinem Urteil entschied der BFH, dass infektionshygienische Leistungen eines Arztes, die dieser für andere Ärzte und/oder Krankenhäuser erbringt, damit diese ihre Heilbehandlungsleistungen ordnungsgemäß unter Beachtung der für sie nach dem Infektionsschutzgesetz bestehenden Verpflichtungen erbringen, als nach § 4 Nr. 14 UStG steuerfreie Heilbehandlungsleistungen zu behandeln sind. Der BFH folgt der

4.5 Umsatzsteuer

Rechtsprechung des EuGH und argumentiert, dass jegliche ärztliche Leistung, die über Diagnose und Behandlung einen therapeutischen Zweck erfüllt, als Heilbehandlung steuerfrei ist. Erforderlich sei nur, dass die ärztliche Leistung zum Schutz einschließlich der Aufrechterhaltung und Wiederherstellung der menschlichen Gesundheit erbracht wird und im Rahmen der jeweiligen Gesamtheilbehandlung einen notwendigen Teilaspekt darstellt. Ist der therapeutische Zweck im Rahmen der Heilbehandlung erfüllt, komme es insoweit auch nicht auf den Charakter der Leistung als beratend oder unmittelbar heilend an. Eine mittelbare Leistungserbringung sei ausreichend, ein enges Vertrauensverhältnis zwischen Arzt und Patient sei nicht notwendig.

Aus dem Urteil abzuleiten sein dürfte, dass auch konsiliarärztliche und honorarärztliche Leistungen ohne unmittelbaren Patientenkontakt als eng mit der Krankenhausbehandlung verbundene Leistungen steuerfrei nach § 4 Nr. 14 UStG zu behandeln sind. Die erbrachten Leistungen müssen sich lediglich als Teil einer Gesamtbehandlung mit eigenständigem Nutzen erweisen. Hiervon kann ausgegangen werden, wenn ein hinzugezogener kooperierender Arzt derart in den Behandlungsprozess einbezogen wird, dass er einen unerlässlichen, festen und untrennbaren Bestandteil erbringt, welcher therapeutischen Zwecken dient.

Hinsichtlich der umsatzsteuerlichen Behandlung der Abgabe von Zytostatika ist auf das Urteil des BFH vom 15.05.2012 (V R 19/11, BStBl 2012 II S. 803) zu verweisen. Im vorhergehenden Verfahren beim FG Münster (5 K 435/09 U, EFG 2011 S. 1470) klagte eine Krankenhausapotheke, die ihre Umsätze für die Abgabe von Zytostatika als umsatzsteuerfreie Leistungen deklariert hatte, gegen die Entscheidung der Finanzverwaltung, welche die Umsätze aus der Zytostatikaabgabe unter Berufung auf Abschn. 100 Abs. 3 UStR (aktuell Abschn. 4.14.6 Abs. 3 UStAE) als nicht eng mit der Krankenhausbehandlung verbundene Umsätze und damit umsatzsteuerpflichtig behandelte. Sowohl Finanzgericht als auch BFH entschieden zugunsten der klagenden Krankenhausapotheke, dass es sich bei der Abgabe von Zytostatika um eng mit der Krankenhausbehandlung verbundene, nach § 4 Nr. 14 UStG von der Umsatzsteuer befreite Umsätze handelt. Der BFH begründete seine Entscheidung damit, dass nicht zwischen im Krankenhaus stationär und ambulant behandelten Patienten zu differenzieren ist. Der Rechtsprechung des EuGH folgend bestimme sich der mit der Krankenhaus- oder Heilbehandlung eng verbundene Umsatz nur danach, ob die Leistung an den Empfänger einer Krankenhausbehandlung oder ärztlichen Behandlung erbracht wird. Für die Klassifizierung als eng mit der Krankenhausbehandlung verbundene Umsätze müssen diese für die Verwirklichung der therapeutischen Zielsetzung unentbehrlich sein. Unerheblich ist die Unentbehrlichkeit hinsichtlich alternativer Methoden zur Arzneimittelbeschaffung oder die Vereinbarung eines einheitlichen Entgelts für Heilbehandlung und Nebenleistung (Zytostatikalieferung). Eine Abgabe von Arzneimittel an eigene Patienten des Krankenhauses wird bei individuell für einzelne Patienten hergestellte Arzneimittel sowohl bei der Abgabe durch die Krankenhausapotheke selbst als auch bei der Abgabe durch gem. § 116 SGB V zur Teilnahme an der vertragsärztlichen Versorgung ermächtigte Krankenhausärzte oder auch durch selbständig tätige Krankenhausärzte bejaht. Dementsprechend ist es unwesentlich, ob im Rahmen der ganzheitlichen Heilbehandlung Leistungen von unterschiedlichen Unternehmern (ermächtigter Krankenhausarzt und Krankenhausapotheke) erbracht werden. Entsprechend EuGH-Rechtsprechung ist nicht ausschlaggebend, dass Haupt- und Nebenleistung von einem identischen Leistungserbringer erbracht werden, sondern

4 Andere Steuergesetze

dass sowohl Haupt- als auch Nebenleistung einem identischen Leistungsempfänger zugehen.

Der BFH stellte abschließend fest, dass Krankenhausapotheken mit den individuell für Krankenhauspatienten hergestellten Zytostatika nicht im Wettbewerb zu öffentlichen Apotheken stehen. Vergleichbare Leistungen öffentlicher Apotheken sind umsatzsteuerpflichtig zu behandeln. Auch das EuGH bestätigt mit Urteil vom 13.03.2014 (C-366/12), dass eine Lieferung von Gegenständen wie den im BFH-Verfahren mit Urteil vom 15.05.2012 (a. a. O.) fraglichen zytostatischen Medikamenten, die von innerhalb eines Krankenhauses selbständig tätigen Ärzten im Rahmen einer ambulanten Krebsbehandlung verschrieben worden sind, nicht gem. Art. 13 Teil A Abs. 1 Buchst. c der 6. RL von der Mehrwertsteuer befreit werden kann, es sei denn, diese Lieferung ist in tatsächlicher und in wirtschaftlicher Hinsicht von der Hauptleistung der ärztlichen Heilbehandlung untrennbar, was zu prüfen Sache des vorlegenden Gerichts ist.

Hinweis: *Die aktuellen Verlautbarungen der Finanzverwaltung und der Umsatzsteuer-Anwendungserlass gehen nach wie vor von einer Umsatzsteuerpflicht aus. Bisher hat sich „nur" die Oberfinanzdirektion NRW mit Schreiben vom 26.01.2015 zu dem Themenkreis geäußert. Die OFD weist insoweit mangels Veröffentlichung der BFH-Rechtsprechung im BStBl darauf hin, dass das Urteil über den Einzelfall hinaus nicht anzuwenden ist. Dies kann als Indiz gewertet werden, dass die Finanzverwaltung die Rechtsprechung zur umsatzsteuerfreien Medikamentenlieferung eher restriktiv auslegen wird.*

Ausdrücklich als **nicht eng verbunden** stuft die Finanzverwaltung in Abschn. 4.14.6 Abs. 3 UStAE i. V. m. BMF vom 26.06.2009 (a. a. O., Rz. 66) folgende Umsätze ein:

1. die entgeltliche Abgabe von Speisen und Getränken an Besucher;
2. die Lieferungen von Arzneimitteln an das Personal oder Besucher sowie die Abgabe von Medikamenten gegen gesondertes Entgelt an ehemals ambulante oder stationäre Patienten zur Überbrückung;
3. die Arzneimittellieferungen einer Krankenhausapotheke an Krankenhäuser anderer Träger (BFH vom 18.10.1990 V R 76/89, BStBl 1991 II S. 268) sowie die entgeltlichen Medikamentenlieferungen an Ambulanzen des Krankenhauses, an Polikliniken, an Institutsambulanzen, an sozialpädiatrische Zentren – soweit es sich in diesen Fällen nicht um nicht steuerbare Innenumsätze des Trägers der jeweiligen Krankenhausapotheke handelt – und an öffentliche Apotheken. ₂Auch die Steuerbefreiung nach § 4 Nr. 18 UStG kommt insoweit nicht in Betracht;
4. die Abgabe von Medikamenten zur unmittelbaren Anwendung durch ermächtigte Krankenhausambulanzen an Patienten während der ambulanten Behandlung sowie die Abgabe von Medikamenten durch Krankenhausapotheken an Patienten im Rahmen ambulanter Behandlung im Krankenhaus;
5. die Erstellung von Alkohol-Gutachten, Zeugnissen oder Gutachten über das Sehvermögen, über Berufstauglichkeit, in Versicherungsangelegenheiten oder in Unterbringungssachen, Untersuchungsleistungen wie z. B. Röntgenaufnahmen zur Erstellung eines umsatzsteuerpflichtigen Gutachtens (vgl. hierzu auch BMF-Schreiben vom 08.11.2001, BStBl 2001 I S. 826, und EuGH-Urteil vom 20.11.2003 Rs. C-307/01, EuGHE 2003 I S. 13989);
6. ästhetisch-plastische Leistungen, soweit ein therapeutisches Ziel nicht im Vordergrund steht. Indiz hierfür kann sein, dass die Kosten regelmäßig nicht durch Krankenversicherungen übernommen werden (vgl. BFH vom 17.07.2004 V R 27/03, BStBl 2004 II S. 862);
7. Leistungen zur Prävention und Selbsthilfe i. S. des § 20 SGB V, die keinen unmittelbaren Krankheitsbezug haben, weil sie lediglich „den allgemeinen Gesundheitszustand verbessern und insbesondere einen Beitrag zur Verminderung sozial

bedingter Ungleichheiten von Gesundheitschancen erbringen" sollen – § 20 Abs. 1 Satz 2 SGB V – (vgl. BFH vom 07.07.2005 V R 23/04, BStBl 2005 II S. 904);

8. Supervisionsleistungen (vgl. BFH vom 30.06.2005 V R 1/02, BStBl 2005 II S. 675);

9. die Leistungen der Zentralwäschereien (vgl. BFH vom 18.10.1990 V R 35/85, BStBl 1991 II S. 157). Dies gilt sowohl für die Fälle, in denen ein Krankenhaus in seiner Wäscherei auch die Wäsche anderer Krankenhäuser reinigt, als auch für die Fälle, in denen die Wäsche mehrerer Krankenhäuser in einer verselbständigten Wäscherei gereinigt wird. Auch die Steuerbefreiung nach § 4 Nr. 18 UStG kommt nicht in Betracht;

10. die Telefongestellung an Patienten, die Vermietung von Fernsehgeräten und die Unterbringung und Verpflegung von Begleitpersonen (EuGH vom 01.12.2005 Rs. C-394/04 und C-395/04, EuGHE I S. 10373);

11. die Veräußerung des gesamten beweglichen Anlagevermögens und der Warenvorräte nach Einstellung des Betriebs (BFH vom 01.12.1977 V R 37/75, BStBl 1978 II S. 173). Es kann jedoch die Steuerbefreiung nach § 4 Nr. 28 UStG in Betracht kommen.

In der Vergangenheit ist nicht immer beachtet worden, dass zwar die Steuerbefreiung für die Krankenhausbehandlungen nach Art. 132 Abs. 1 Buchst. b MwStSystRL auch für eng verbundene Umsätze gilt, eine solche Bezugnahme in der Steuerbefreiung für ärztliche Heilbehandlungen nach Art. 132 Abs. 1 Buchst. c MwStSystRL aber fehlt (so auch im Vorlagebeschluss des BFH „Klinikum Dortmund gGmbH" vom 15.05.2012 V R 19/11, BStBl 2012 II S. 803). Deshalb hat der EuGH in der Rs. „Klinikum Dortmund gGmbH" eine Steuerfreiheit der Lieferung von Zytostatika durch eine Krankenhausapotheke an selbständig tätige Ärzte zutreffend verneint (EuGH vom 13.03.2014 Rs. C-366/12 „Klinikum Dortmund gGmbH", DStR 2014 S. 587), während – diese im Ausgangsverfahren ebenfalls umstrittene Sachverhaltsvariante wird im EuGH-Urteil leider nicht mehr erwähnt – eine entsprechende Lieferung im Zusammenhang mit der ambulanten Versorgung von Krebspatienten durch das Krankenhaus selbst als eng verbundener Umsatz steuerbefreit ist. Aus diesen Überlegungen folgt für andere steuerbare Sachverhalte wie z. B. Überlassung von Personal oder Geräten, dass ein nach Art. 132 Abs. 1 Buchst. b MwStSystRL befreiter eng verbundener Umsatz nur dann vorliegt, wenn dieser gerade mit einer Krankenhausbehandlung oder ärztlichen Behandlung durch ein (anderes) Krankenhaus eng verbunden ist und auch von einer Einrichtung erbracht wird, die in den subjektiven Anwendungsbereich der Steuerbefreiung nach Art. 132 Abs. 1 Buchst. b MwStSystRL fällt (vgl. Hüttemann 2015, Tz. 7.161). Nach diesen Grundsätzen ist z. B. Überlassung von Geräten an eine Arztpraxis durch ein Krankenhaus regelmäßig nicht befreit, weil die Überlassung nicht mit der Heilbehandlungstätigkeit des Krankenhauses, sondern nur mit derjenigen der Arztpraxis eng verbunden ist. Es bleibt abzuwarten, ob die Finanzverwaltung ihre bisherige Sichtweise insoweit zukünftig aufgibt.

Leistungen von Einrichtungen zur integrierten Versorgung

Einrichtungen, mit denen Verträge zur hausarztzentrierten Versorgung nach § 73b SGB V oder zur besonderen ambulanten ärztlichen Versorgung nach § 73c SGB V bestehen, sowie Einrichtungen i. S. des § 140b Abs. 1 SGB V, die Leistungen nach § 4 Nr. 14 Buchst. a und b UStG ausführen, soweit mit ihnen Verträge zur integrierten Versorgung nach § 140a SGB V bestehen, sind als nach § 4 Nr. 14 Buchst. c UStG steuerfreie Umsätze zu klassifizieren (Abschn. 4.14.9 UStAE). Zu derartigen Einrichtungen gehören vor allem:

Nach § 73b Abs. 4 SGB V:

4 Andere Steuergesetze

1. vertragsärztliche Leistungserbringer, die an der hausärztlichen Versorgung nach § 73 Abs. 1a SGB V teilnehmen, und deren Gemeinschaften;
2. Gemeinschaften, die mindestens die Hälfte der an der hausärztlichen Versorgung teilnehmenden Allgemeinärzte des Bezirks einer Kassenärztlichen Vereinigung vertreten;
3. Träger von Einrichtungen, die eine hausarztzentrierte Versorgung nach § 73b Abs. 1 SGB V durch vertragsärztliche Leistungserbringer, die an der hausärztlichen Versorgung nach § 73 Abs. 1a SGB V teilnehmen, anbieten;
4. Kassenärztliche Vereinigungen, soweit Gemeinschaften von vertragsärztlichen Leistungserbringern, die an der hausärztlichen Versorgung nach § 73 Abs. 1a SGB V teilnehmen, sie hierzu ermächtigt haben.

Nach § 73c Abs. 3 SGB V:

1. vertragsärztliche Leistungserbringer;
2. Gemeinschaften vertragsärztlicher Leistungserbringer;
3. Träger von Einrichtungen, die eine besondere ambulante Versorgung nach § 73c Abs. 1 SGB V durch vertragsärztliche Leistungserbringer anbieten;
4. Kassenärztliche Vereinigungen.

Nach § 140b Abs. 1 SGB V:

1. die zur vertragsärztlichen Versorgung zugelassenen Ärzte und Zahnärzte;
2. die Träger zugelassener Krankenhäuser, sofern sie die Berechtigung zur Versorgung besitzen, Träger von stationären Vorsorge- und Rehabilitationseinrichtungen, soweit mit ihnen ein Versorgungsvertrag nach § 111 SGB V besteht, Träger von ambulanten Rehabilitationseinrichtungen;
3. Träger von Einrichtungen nach § 95 Abs. 1 Satz 2 SGB V (medizinische Versorgungszentren);
4. Träger von Einrichtungen, die eine integrierte Versorgung nach § 140a SGB V durch zur Versorgung der Versicherten nach dem Vierten Kapitel des SGB V berechtigte Leistungserbringer anbieten (sog. Managementgesellschaften);
5. Pflegekassen und zugelassene Pflegeeinrichtungen auf Basis des § 92b SGB XI;
6. Gemeinschaften der vorgenannten Leistungserbringer und deren Gemeinschaften;
7. Praxiskliniken i. S. des § 115 Abs. 2 Satz 1 Nr. 1 SGB V.

Im Rahmen eines Vertrages zur integrierten Versorgung nach §§ 140a ff. SGB V wird die vollständige bzw. teilweise ambulante und/oder stationäre Versorgung der Mitglieder der jeweiligen Krankenkasse auf eine Einrichtung i. S. des § 140b Abs. 1 SGB V übertragen mit dem Ziel, eine bevölkerungsbezogene Flächendeckung der Versorgung zu ermöglichen.

Managementgesellschaften sind Träger, die nicht selbst Versorger sind, sondern eine Versorgung durch dazu berechtigte Leistungserbringer anbieten. Sie erbringen mit der Übernahme der Versorgung von Patienten und dem „Einkauf" von Behandlungsleistungen Dritter sowie der Einhaltung vereinbarter Ziele und Qualitätsstandards steuerfreie Leistungen, wenn die beteiligten Leistungserbringer die jeweiligen Heilbehandlungsleistungen unmittelbar mit der Managementgesellschaft abrechnen. In diesen Fällen ist die Wahrnehmung von Managementaufgaben als unselbständiger Teil der Heilbehandlungsleistungen der Managementgesellschaft gegenüber der jeweiligen Krankenkasse anzusehen. Sofern in einem Vertrag zur vollständigen bzw. teilweisen ambulanten und/oder stationären Versorgung nach § 140a SGB V jedoch lediglich Steuerungs-, Koordinierungs- und/oder Managementaufgaben von der Krankenkasse auf die Managementgesellschaft übertragen werden, handelt es sich hierbei um eine Auslagerung von Verwaltungsaufgaben. Diese Leistungen gegenüber der jeweiligen Krankenkasse stellen keine begünstigten Heilbehandlungen dar und sind steuerpflichtig.

4.5.8.3 Arbeitsmarktdienstleistungen

§ 4 Nr. 15b UStG

> Von den unter § 1 Abs. 1 Nr. 1 fallenden Umsätzen sind steuerfrei:
> .....
> 15b. Eingliederungsleistungen nach dem Zweiten Buch Sozialgesetzbuch, Leistungen der aktiven Arbeitsförderung nach dem Dritten Buch Sozialgesetzbuch und vergleichbare Leistungen, die von Einrichtungen des öffentlichen Rechts oder anderen Einrichtungen mit sozialem Charakter erbracht werden. Andere Einrichtungen mit sozialem Charakter im Sinne dieser Vorschrift sind Einrichtungen,
>
> a) die nach § 178 des Dritten Buches Sozialgesetzbuch zugelassen sind,
>
> b) die für ihre Leistungen nach Satz 1 Verträge mit den gesetzlichen Trägern der Grundsicherung für Arbeitsuchende nach dem Zweiten Buch Sozialgesetzbuch geschlossen haben oder
>
> c) die für Leistungen, die denen nach Satz 1 vergleichbar sind, Verträge mit juristischen Personen des öffentlichen Rechts, die diese Leistungen mit dem Ziel der Eingliederung in den Arbeitsmarkt durchführen, geschlossen haben;
> .....

Die Regelung wurde zum 01.01.2015 neu in das UStG aufgenommen. Damit wurde eine eigenständige Befreiungsnorm für Arbeitsmarktdienstleistungen nach dem SGB II und SGB III geschaffen und zugleich die Steuerbefreiung für „eng mit der Sozialfürsorge und der sozialen Sicherheit verbundene Leistungen" nach Art. 132 Abs. 1 Buchst. g MwStSystRL in nationales Recht umgesetzt.

Ziel ist es, Eingliederungsleistungen, die im Rahmen des SGB II an oder für die Eingliederung von erwerbsfähigen Leistungsberechtigten in Ausbildung oder Arbeit erbracht werden, sowie Leistungen der aktiven Arbeitsförderung, die von den Agenturen für Arbeit im Rahmen des SGB III über besondere Einrichtungen an erwerbsfähige Leistungsberechtigte, Arbeitslose, von Arbeitslosigkeit bedrohte Arbeitsuchende oder Ausbildungssuchende erbracht werden, von der Umsatzsteuer zu befreien.

Außerdem sollen dadurch „vergleichbare Leistungen" wie z. B. solche, die im Rahmen von Bundes- und Landesprogrammen sowie Programmen anderer Gebietskörperschaften an die genannten Personenkreise mit dem Ziel der Eingliederung in den Arbeitsmarkt (Ausbildung oder Arbeit) erbracht werden, ebenfalls befreit werden.

Der Begriff der „anderen Einrichtung mit sozialem Charakter" bestimmt sich nach § 4 Nr. 15b Satz 2 UStG. Gemäß § 176 SGB III ist die Zulassung des Trägers durch eine fachkundige Stelle grundsätzlich Voraussetzung für die Durchführung von Maßnahmen der Arbeitsförderung. Soweit eine Zulassung für einzelne nach dem SGB II zu erbringende Leistungen bzw. für vergleichbare Leistungen nicht gesetzlich vorgesehen ist, ergibt sich der soziale Charakter der Einrichtung dadurch, dass die Einrichtung für ihre Leistungen nach § 4 Nr. 15b Satz 1 UStG Verträge mit den gesetzlichen Trägern der Grundsicherung für Arbeitsuchende nach dem SGB II bzw. mit den die vergleichbaren Leistungen durchführenden juristischen Personen des öffentlichen Rechts geschlossen hat. Verträge in diesem Sinne liegen auch vor, wenn der Leistungsaustausch auf einem Zuwendungsbescheid beruht, der die gegenseitigen Rechte und Pflichten bestimmt.

Nach gefestigter Rechtsprechung des EuGH umfasst der Begriff „Einrichtungen" unabhängig von der Rechts- oder Organisationsform des Leistungserbringers sowohl natürliche als auch juristische Personen. Für die Anerkennung eines Unternehmers als eine Einrichtung mit sozialem Charakter reicht es jedoch nicht aus, wenn der Unternehmer lediglich als Subunternehmer für eine anerkannte Einrichtung tätig wird, es sei denn, der Subunternehmer erfüllt selbst die Voraussetzungen für die Umsatzsteuerfreiheit (vgl. BFH vom 08.11.2007 V R 2/06, BStBl 2008 II S. 634; amtliche Begründung zur gesetzlichen Neuregelung, BT-Drucksache 18/1529).

Für Unternehmer, die mit ihren Leistungen unter die Neuregelung fallen, ist die damit verbundene Rechtssicherheit zu begrüßen. Es bleibt aber auch nach der Neuregelung dabei, dass das deutsche Umsatzsteuerrecht eine Vielzahl einzelner Leistungen in den Steuerbefreiungsnormen aufführt, während Art. 132 Abs. 1 Buchst. g MwStSystRL eine Art Generalklausel für den Bereich der Sozialfürsorge und der sozialen Sicherheit bereitstellt. Es wird sich auch nach der Neuregelung kaum vermeiden lassen, dass die Rechtsprechung bestimmte Leistungen als eng mit der Sozialfürsorge und der sozialen Sicherheit verbunden definiert und auch nicht in § 4 Nr. 15b UStG genannte Kriterien als für eine Anerkennung als Einrichtung mit sozialem Charakter ausreichen lässt. Es stellt sich deshalb die Frage nach dem Sinn eines Leistungskatalogs im deutschen Recht, wenn sich der Steuerpflichtige daneben auf Art. 132 Abs. 1 Buchst. g MwStSystRL berufen kann (vgl. Heidner/Korn/Leonard/Robisch in Bunjes, UStG, 2014, Rn. 1–11).

4.5.8.4 Altenheime und Pflegeheime

§ 4 Nr. 16 UStG

> Von den unter § 1 Abs. 1 Nr. 1 fallenden Umsätzen sind steuerfrei:
>
> . . . . .
>
> 16. die mit dem Betrieb von Einrichtungen zur Betreuung oder Pflege körperlich, geistig oder seelisch hilfsbedürftiger Personen eng verbundenen Leistungen, die von
>
>> a) juristischen Personen des öffentlichen Rechts,
>>
>> b) Einrichtungen, mit denen ein Vertrag nach § 132 des Fünften Buches Sozialgesetzbuch besteht,
>>
>> c) Einrichtungen, mit denen ein Vertrag nach § 132a des Fünften Buches Sozialgesetzbuch, § 72 oder § 77 des Elften Buches Sozialgesetzbuch besteht oder die Leistungen zur häuslichen Pflege oder zur Heimpflege erbringen und die hierzu nach § 26 Abs. 5 in Verbindung mit § 44 des Siebten Buches Sozialgesetzbuch bestimmt sind,
>>
>> d) Einrichtungen, die Leistungen der häuslichen Krankenpflege oder Haushaltshilfe erbringen und die hierzu nach § 26 Abs. 5 in Verbindung mit den §§ 32 und 42 des Siebten Buches Sozialgesetzbuch bestimmt sind,
>>
>> e) Einrichtungen, mit denen eine Vereinbarung nach § 111 des Neunten Buches Sozialgesetzbuch besteht,
>>
>> f) Einrichtungen, die nach § 142 des Neunten Buches Sozialgesetzbuch anerkannt sind,

g) Einrichtungen, soweit sie Leistungen erbringen, die landesrechtlich als niedrigschwellige Betreuungsangebote nach § 45b des Elften Buches Sozialgesetzbuch anerkannt sind,

h) Einrichtungen, mit denen eine Vereinbarung nach § 75 des Zwölften Buches Sozialgesetzbuch besteht,

i) Einrichtungen, mit denen ein Vertrag nach § 8 Absatz 3 des Gesetzes zur Errichtung der Sozialversicherung für Landwirtschaft, Forsten und Gartenbau über die Gewährung von häuslicher Krankenpflege oder Haushaltshilfe nach §§ 10 und 11 des Zweiten Gesetzes über die Krankenversicherung der Landwirte, § 10 des Gesetzes über die Alterssicherung der Landwirte oder nach § 54 Absatz 2 des Siebten Buches Sozialgesetzbuch besteht,

j) Einrichtungen, die aufgrund einer Landesrahmenempfehlung nach § 2 der Frühförderungsverordnung als fachlich geeignete interdisziplinäre Frühförderstellen anerkannt sind,

k) Einrichtungen, die als Betreuer nach § 1896 Absatz 1 des Bürgerlichen Gesetzbuchs bestellt worden sind, sofern es sich nicht um Leistungen handelt, die nach § 1908i Absatz 1 in Verbindung mit § 1835 Absatz 3 des Bürgerlichen Gesetzbuchs vergütet werden, oder

l) Einrichtungen, bei denen im vorangegangenen Kalenderjahr die Betreuungs- oder Pflegekosten in mindestens 25 Prozent der Fälle von den gesetzlichen Trägern der Sozialversicherung oder der Sozialhilfe oder der für die Durchführung der Kriegsopferversorgung zuständigen Versorgungsverwaltung einschließlich der Träger der Kriegsopferfürsorge ganz oder zum überwiegenden Teil vergütet worden sind,

erbracht werden. ₂Leistungen im Sinne des Satzes 1, die von Einrichtungen nach den Buchstaben b bis l erbracht werden, sind befreit, soweit es sich ihrer Art nach um Leistungen handelt, auf die sich die Anerkennung, der Vertrag oder die Vereinbarung nach Sozialrecht oder die Vergütung jeweils bezieht;

....

Die Vorschrift befreit die mit dem Betrieb von Einrichtungen zur Betreuung oder Pflege körperlich, geistig oder seelisch hilfsbedürftiger Personen eng verbundenen Leistungen. Wenn der Träger keine juristische Person des öffentlichen Rechts ist (§ 4 Satz 1 Nr. 16 Buchst. a UStG), müssen diese Einrichtungen bestimmte Voraussetzungen (§ 4 Nr. 16 Satz 1 Buchst. b bis l und Satz 2 UStG) erfüllen. Die Vorschrift soll Art. 132 Abs. 1 Buchst. g i. V. m. Art. 133 und 134 MwStSystRL umsetzen (Stadie, UStG, S. 590). Ziel dieser Befreiungsvorschrift ist die Entlastung der von den genannten Einrichtungen erbrachten, eng mit der Sozialfürsorge und der sozialen Sicherheit verbundenen Leistungen, um die Kosten für die Sozialversicherungsträger bzw. den Betroffenen zu senken und sie damit dem Einzelnen, der sie in Anspruch nehmen möchte, zugänglicher zu machen. § 4 Nr. 16 Satz 1 Buchst. l UStG ist als Auffangtatbestand anzusehen.

Voraussetzung für diese Befreiungsvorschrift ist eine begünstigte Einrichtung, die selbst Umsätze ausführt, welche unmittelbar durch den Betrieb der Einrichtung bewirkt werden. Darüber hinaus ist für diese Steuerbefreiung zwingend notwendig, dass die Betreuungs- und Pflegeleistungen an hilfsbedürftige Personen erbracht werden.

Die Voraussetzungen für die Steuerbefreiung, dass die Leistungen an hilfsbedürftige Personen erbracht wurden, müssen für jede betreute oder gepflegte Person beleg- und buchmäßig nachgewiesen werden. Die genauen Nachweis-Voraussetzungen hierfür sind in Abschn. 4.16.2 UStAE zu finden.

4 Andere Steuergesetze

Hilfsbedürftig ist eine Person dann, wenn sie aufgrund ihres körperlichen, geistigen oder seelischen Zustands der Betreuung oder Pflege bedarf. Darunter fallen Personen, die krank, behindert oder von einer Behinderung bedroht sind, sowie auch Personen, bei denen eine erhebliche Einschränkung der Alltagskompetenz oder ein Grundpflegebedarf besteht (§ 45a SGB XI – Soziale Pflegeversicherung). Darüber hinaus sind ebenfalls diejenigen Personen als hilfsbedürftig zu klassifizieren, denen aufgrund des Zweiten Gesetzes über die Krankenversicherung der Landwirte (KVLG 1989), des Gesetzes über die Alterssicherung der Landwirte (ALG) oder des SGB VII (Gesetzliche Unfallversicherung) eine Haushaltshilfe gewährt wird.

Die Betreuungs- und Pflegeleistungen können ambulant oder stationär (vorübergehend oder dauerhaft) erbracht werden. Betreuung oder Pflege beinhaltet Hilfsleistungen bei den gewöhnlichen und regelmäßig wiederkehrenden Verrichtungen des täglichen Lebens. Sie kann sich auf Dienstleistungen bei der hauswirtschaftlichen Versorgung beschränken oder auch ein Bündel von Dienstleistungen und bei teilstationärer oder stationärer Aufnahme auch die Unterbringung und Verpflegung umfassen. Begünstigt sind darüber hinaus auch Dienstleistungen zur Betreuung behinderter oder von Behinderung bedrohter Menschen, insbesondere Leistungen der Rehabilitation, wie z. B. heilpädagogische Leistungen zur Früherkennung und Frühförderung behinderter Kinder. Betreuungsleistungen können auch Leistungen zum Erwerb praktischer Kenntnisse und Fähigkeiten sein (Stadie, UStG, S. 590).

Finden in stationären Einrichtungen Pflege- und Betreuungsleistungen auch **an nicht hilfsbedürftige Personen** statt, so ist der Leistungsumfang festzustellen. Beträgt dieser weniger als **10 % der gesamten Leistungen,** so ist die Steuerbefreiung nicht zu beanstanden. Sie greift auch in diesem Fall insgesamt für die mit dem Betrieb einer Einrichtung eng verbundenen Umsätze, selbst wenn in geringem Umfang Personen aufgenommen werden, die nicht betreuungs- oder pflegebedürftig sind.

Der § 4 Nr. 16 UStG verzichtet auf eine ausdrückliche Benennung einzelner Einrichtungen und enthält lediglich eine allgemeine Definition der Betreuungs- und Pflegeleistungen. In den Anwendungsbereich der Steuerbefreiung fallen die Leistungen, die im Rahmen ihrer sozialrechtlichen Anerkennung Betreuungs- und Pflegeleistungen darstellen. Typische Beispiele für solche Einrichtungen sind Alten- und Pflegeheime.

Altenheime sind Einrichtungen, in denen ältere Menschen, die nicht mehr im Stande sind den eigenen Hausstand zu führen, Unterkunft, Verpflegung und Betreuung erhalten. Die in solchen Einrichtungen untergebrachten Personen sind grundsätzlich nicht pflegebedürftig. Die Leistungen von Altenwohnheimen fallen nicht unter den § 4 Nr. 16 Buchst. d UStG, wenn bei diesen, wie regelmäßig, nur eine steuerfreie Vermietung nach § 4 Nr. 12 UStG vorliegt. Die Vermietungsleistungen sind grundsätzlich nur nach § 4 Nr. 12 UStG steuerbefreit. Werden neben der Wohnraumüberlassung mit den Bewohnern Verträge geschlossen, die Leistungen zur Betreuung oder Pflege zum Gegenstand haben, dann handelt es sich um zwei voneinander getrennt zu betrachtende Leistungen. Ausgehend von eigenständigen Leistungen der Betreuung und Pflege sind diese unter den Voraussetzungen des § 4 Nr. 16 UStG umsatzsteuerfrei (vgl. BFH vom 04.05.2011 XI R 35/10, BStBl 2011 II S. 836). Das Finanzamt versagte einem „Senioren-Wohnstift" die Steuerbefreiung nach § 4 Nr. 16 Buchst. d UStG (Streitjahr 2001), da nicht mindestens 40 % der Leistungen persönlich oder wirtschaftlich hilfsbedürftigen Menschen zugutegekommen sind. Dem ist das FG München gefolgt (Urteil vom 22.04.2010 – 14 K 63/07, EFG

2011 S. 1025), da weniger als 40 % der geförderten Personen eine Pflegestufe zuerkannt wurde. Demgegenüber hält der BFH (Urteil vom 19.03.2013 XI R 45/10, BFHE 241 S. 79) eine Steuerbefreiung nach § 4 Nr. 16 Buchst. d UStG für möglich: Eine Pflegestufe sei nicht erforderlich, vielmehr reiche eine „einfache" Pflegebedürftigkeit aus; allerdings müsse das FG prüfen, ob es sich um eine einheitliche Leistung gehandelt habe. Schließich komme eine unmittelbare Anwendung von Art. 132 Abs. 1 Buchst. g MwStSysRL in Betracht.

Stationäre Pflegeeinrichtungen (Pflegeheime) dagegen sind selbständige wirtschaftliche Einrichtungen, in denen Pflegebedürftige von ausgebildeten Fachkräften gepflegt werden und diese somit die Verantwortung für die Pflegebedürftigen tragen. Die Bewohner in derartigen Einrichtungen können entweder ganztägig (vollstationär), nur tagsüber oder nur nachts (teilstationär) untergebracht und verpflegt werden (§ 71 Abs. 2 SGB XI). Die Betreuungs- oder Pflegeleistungen an hilfsbedürftige Personen in stationären Pflegeeinrichtungen sind nach § 4 Nr. 16 Satz 1 Buchst. c bzw. d UStG von der Umsatzsteuer befreit, sofern mit den Einrichtungen ein Versorgungsvertrag gem. § 72 SGB XI existiert bzw. diese zur Heimpflege gem. § 26 Abs. 5 i. V. m. § 44 SGB VII vorgesehen oder die Voraussetzungen nach § 4 Nr. 16 Satz 1 Buchst. k UStG erfüllt sind.

Nach Ansicht des BFH (Beschluss vom 21.08.2013 V R 20/12, BStBl 2014 II S. 90) liegt in der Überlassung von Pflegekräften durch eine Zeitarbeitsfirma eine „eng verbundene" Leistung i. S. von Art. 132 Abs. 1 Buchst. g MwStSystRL. Hieraus ergeben sich weiterführende Fragen, über welche vom EuGH zum derzeitigen Stand noch nicht entschieden wurde (Rs. C-594/13). Zum einen ist fraglich, ob sich die Anerkennung einer Zeitarbeitsfirma „als Einrichtung mit sozialem Charakter" auch daraus ergeben kann, dass sie staatlich geprüfte Pflegekräfte an andere Pflegeeinrichtungen überlässt, sowie ob es für die Unerlässlichkeit i. S. von Art. 134 MwStSystRL ausreiche, dass die Zieleinrichtung keine eigenen Pflegekräfte hat.

Die Tätigkeit als freiberuflicher Mitarbeiter im Bereich der Arbeitstherapie eines Therapiezentrums unterliegt gemäß BFH-Urteil vom 08.08.2013 (V R 8/12, BFHE 242 S. 548) weder nach § 4 Nr. 14 UStG (ärztliche Heilbehandlung oder arztähnliche Tätigkeit) mangels erforderlichen Befähigungsnachweises noch nach § 4 Nr. 16 Buchst. b UStG der Steuerbefreiung. Eine Befreiung nach § 4 Nr. 16 Buchst. b UStG soll daran scheitern, dass der Kläger weder eine Einrichtung des öffentlichen Rechts sei, noch eine „Krankenanstalt" betreibe. Schließlich seien die Leistungen auch nicht kraft Unionsrecht befreit, da der Kläger weder die persönlichen Bedingungen des Art. 132 Abs. 1 Buchst. b MwStSystRL erfülle („Krankenanstalt") noch eine „Einrichtung mit sozialem Charakter" i. S. von Art. 132 Abs. 1 Buchst. g MwStSystRL darstelle.

Neben den Leistungen der Alten-, Pflege- und Altenwohnheime werden durch § 4 Nr. 16 UStG auch die Betreuungs- und/oder Pflegeleistungen weiterer Einrichtungen von der Umsatzsteuer befreit. Auf diese Einrichtungen wird folgend genauer eingegangen (vgl. auch Abschn. 4.16.5 UStAE).

Zunächst sind auch **Haushaltshilfeleistungen** unter bestimmten Voraussetzungen von der Umsatzsteuer befreit. Eine Haushaltshilfe erhält derjenige, dem beispielsweise aufgrund einer Krankenhausbehandlung die Weiterführung des Haushalts nicht möglich ist. Die Leistungen sind nach § 4 Nr. 16 Satz 1 Buchst. b UStG steuerfrei, wenn diese von Einrichtungen erbracht werden, mit denen ein Vertrag nach § 132 SGB V (Gesetzliche Krankenversicherung) besteht. Hauptsächlich sind darunter Einrichtungen zu verstehen, die durch die Gestellung von Haushaltshilfen Umsätze erzielen (vgl. BFH vom 30.07.2008 XI R 61/07, BStBl 2009 II S. 68).

Die von Einrichtungen erbrachten Leistungen zur **häuslichen Pflege und Betreuung** sowie **hauswirtschaftlichen Versorgung** sind steuerfrei, sofern die betroffenen Einrichtungen einen Vertrag nach § 132a SGB V (Versorgung mit häuslicher Krankenpflege) mit der Krankenkasse bzw. mit der zuständigen Pflegekasse einen Vertrag nach § 77 SGB XI (Häusliche Pflege durch Einzelpersonen) geschlossen haben oder mit ihnen ein Versorgungsvertrag

- nach § 72 SGB XI (zugelassene Pflegeeinrichtungen – § 4 Nr. 16 Satz 1 Buchst. c UStG),
- nach § 8 Abs. 3 Satz 2 SVLFGG (Inanspruchnahme anderer geeigneter Personen, Einrichtungen oder Unternehmen zur Gewährung von häuslicher Krankenpflege, Betriebs- und Haushaltshilfe – § 4 Nr. 16 Satz 1 Buchst. i UStG) über die Gewährung von Leistungen nach § 8 KVLG 1989 i. V. m. § 37 SGB V besteht
- oder wenn sie hierzu gem. § 26 Abs. 5 i. V. m. §§ 32 bzw. 44 SGB VII (Leistungen bei Pflegebedürftigkeit durch häusliche Krankenpflege bzw. Pflege) bestimmt sind (§ 4 Nr. 16 Satz 1 Buchst. i UStG)
- bzw. wenn die Voraussetzungen nach § 4 Nr. 16 Satz 1 Buchst. l UStG erfüllt sind (vgl. BMF 20.07.2009 – IV B 9 – S 7172/09/10002, BStBl 2009 I S. 774).

Ebenfalls von der Umsatzsteuer befreit werden können Leistungen der **Integrationsfachdienste**. Dabei handelt es sich um Dienste Dritter, die sich an Maßnahmen zur Teilhabe schwerbehinderter Menschen am Arbeitsleben beteiligen. Sie sind somit bemüht, die Erwerbsfähigkeit des genannten Personenkreises herzustellen oder wiederherzustellen. Unter weiteren Voraussetzungen können sie ebenfalls zur beruflichen Eingliederung von behinderten (aber nicht schwerbehinderten) Menschen tätig werden (§ 109 Abs. 1 und 4 SGB IX – Rehabilitation und Teilhabe behinderter Menschen). Sie können zur Teilhabe (schwer-)behinderter Menschen am Arbeitsleben (Aufnahme, Ausübung und Sicherung einer möglichst dauerhaften Beschäftigung) beteiligt werden, indem sie die (schwer-)behinderten Menschen beraten, unterstützen und auf geeignete Arbeitsplätze vermitteln sowie die Arbeitgeber informieren, beraten und ihnen Hilfe leisten (§ 110 SGB IX). Anders als bei den Leistungen der Arbeitsvermittlungsagenturen ist das vordergründige Ziel hier die Betreuung behinderter Menschen zur Eingliederung ins Arbeitsleben.

Die Voraussetzung für eine Inanspruchnahme der Steuerbefreiung nach § 4 Nr. 16 Satz 1 Buchst. e UStG für Leistungen der Integrationsfachdienste ist, dass diese im Auftrag der Integrationsämter oder der Rehabilitationsträger ausgeübt werden sowie, dass zwischen ihnen eine Vereinbarung nach § 111 SGB IX besteht. Für die Steuerbefreiung ausschließlich relevant ist, dass das Integrationsamt mit dem Integrationsfachdienst eine Vereinbarung abgeschlossen hat, in der dieser als Integrationsfachdienst benannt ist. Wenn diese (Grund-)Vereinbarung besteht, sind alle Tätigkeiten des Integrationsfachdienstes im Rahmen des gesetzlichen Auftrags (§ 110 SGB IX) steuerbefreit. Unerheblich ist dabei, wer den konkreten Auftrag im Einzelfall erteilt (z. B. Integrationsamt, Rehabilitationsträger oder Träger der Arbeitsverwaltung).

Eine **Werkstatt für behinderte Menschen** i. S. von § 142 SGB IX ist zum einen eine Einrichtung zur Teilhabe behinderter Menschen am Arbeitsleben und zum anderen eine Eingliederungsmaßnahme in das Arbeitsleben; diese ist grundsätzlich durch § 4 Nr. 16 UStG umsatzsteuerbefreit. Allen behinderten Personen steht es offen, an solchen Werkstätten teilzunehmen, allerdings muss zu erwarten sein, dass sie spätestens nach ihrer Berufsbildung in diesem Bereich wenigstens ein Mindestmaß wirtschaftlich verwertbarer Arbeitsleistungen erbringen werden (§ 136 Abs. 1 und 2 SGB IX). Für behinderte Menschen, die die Voraussetzungen für die Beschäftigung in der Werkstatt nicht erfüllen, gibt es die Möglichkeit, in Einrichtungen oder Gruppen betreut und gefördert zu werden, die der Werkstatt angegliedert sind (sog. Förderbetreuungsbereich nach § 136 Abs. 3 SGB IX). Die an Werkstätten für behinderte Menschen und deren angegliederten Betreuungseinrichtungen gezahlten Pflegegelder sind als Entgelte für die Betreuungs-, Beköstigungs-, Beherbergungs- und Beförderungsleistungen dieser Werkstätten anzusehen (vgl. Abschn. 4.18.1 Abs. 11 UStAE). Diese Leistungen sind nach § 4 Nr. 16 Satz 1 Buchst. f UStG von der Umsatzsteuer befreit, sofern sie von Werkstätten oder deren Zusammenschlüssen erbracht werden und wenn die entsprechende Werkstatt nach § 142 SGB IX anerkannt ist.

Niedrigschwellige Betreuungsangebote nach § 4 Nr. 16 Satz 1 Buchst. g UStG sind Angebote, in denen Helfer unter pflegefachlicher Anleitung die Betreuung von Pflegebedürftigen mit erheblichem Bedarf an allgemeiner Beaufsichtigung und Betreuung in Gruppen oder im häuslichen Bereich übernehmen sowie pflegende Angehörige entlasten und beratend unterstützen (§ 45c Abs. 3 SGB XI). Das sind beispielsweise Betreuungsgruppen für Pflegebedürftige, die unter demenzbedingten Fähigkeitsstörungen, geistigen Behinderungen oder psychischen Erkrankungen leiden. Helferkreise sorgen für eine stundenweise Entlastung pflegender Angehörigen im häuslichen Bereich, die Tagesbetreuung in Kleingruppen oder die Einzelbetreuung durch anerkannte Helfer oder familienentlastende Dienste. Solche niedrigschwelligen Betreuungsangebote werden vor allem von ambulanten Pflegediensten, von Wohlfahrtsverbänden, Betroffenenverbänden, Nachbarschaftshäusern, Kirchengemeinden und anderen Organisationen und Vereinen erbracht, allerdings auch von Einzelpersonen. Umsätze von Einrichtungen sind nach § 4 Nr. 16 Satz 1 Buchst. g UStG steuerfrei, soweit sie Leistungen erbringen, die landesrechtlich als niedrigschwellige Betreuungsangebote nach § 45b SGB XI anerkannt oder zulässig sind.

Nach § 4 Nr. 16 Satz 1 Buchst. j UStG umsatzsteuerbefreite **interdisziplinäre Frühförderstellen** sind familien- und wohnortnahe Dienste und Einrichtungen wie etwa die sozialpädiatrischen Zentren, die der Früherkennung, Behandlung und Förderung von Kindern dienen, um in interdisziplinärer Zusammenarbeit von qualifizierten medizinisch-therapeutischen und pädagogischen Fachkräften eine drohende oder bereits eingetretene Behinderung so früh wie möglich zu erkennen und die Behinderung durch gezielte Förder- und Behandlungsmaßnahmen auszugleichen oder zu mildern. Die Leistungen der interdisziplinären Frühförderstellen werden grundsätzlich in ambulanter Form erbracht, die die mobile Form mit umfasst (§ 3 Frühförderungsverordnung). Diese durch interdisziplinäre Frühförderstellen erbrachten Leistungen sind nach § 4 Nr. 16 Satz 1 Buchst. j UStG umsatzsteuerfrei, sofern sichergestellt ist, dass die Stellen auf der Grundlage einer Landesrahmenempfehlung nach § 2 Frühförderungsverordnung als fachlich geeignet anerkannt sind. Darüber hinaus können die von sozialpädiatrischen Zentren (§ 4 Frühförderungsverordnung, § 119 SGB V) ausgeführten Leistungen zur Früherkennung und Frühförderung behinderter oder von Behinderung bedrohter Kinder unter den weiteren Voraussetzungen des § 4 Nr. 14 Buchst. b Satz 2 Doppelbuchst. bb UStG ebenfalls von der Umsatzsteuer befreit sein.

Rechtliche Betreuung erhalten volljährige Personen, welche aufgrund einer psychischen oder einer körperlichen, geistigen oder seelischen Behinderung ihre

4 Andere Steuergesetze

Angelegenheiten ganz oder teilweise nicht besorgen können. Diese **rechtlichen Betreuungsleistungen** nach §§ 1896 ff. BGB sind durch den neu eingefügten § 4 Nr. 16 Satz 1 Buchst. k UStG seit 01.07.2013 explizit von der Umsatzsteuer befreit, sofern sie von Einrichtungen, denen die Betreuung durch einen Betreuungsbeschluss übertragen wurde, erbracht werden. Vor der Einfügung war umstritten, ob sich Berufsbetreuer für ihre entgeltlichen Betreuungsleistungen unmittelbar auf die Steuerbefreiung nach Art. 132 Abs. 1 Buchst. g MwStSystRL berufen konnten. Diese Einrichtungen können sowohl natürliche als auch juristische Personen sein. Nach Ansicht des BFH (Urteile vom 25.04.2013 V R 7/11, BStBl 2013 II S. 976, und vom 16.10.2013 XI R 19/11, BFH/NV 2014 S. 190) handelt es sich bei der rechtlichen Betreuung i. S. von §§ 1896 ff. BGB um eine „eng mit der Sozialfürsorge und der sozialen Sicherheit verbundene Dienstleistung" i. S. von Art. 132 Abs. 1 Buchst. g MwStSystRL; die Betreuer sind ferner auch „Einrichtungen mit sozialem Charakter". Hierfür spreche neben der gerichtlichen Bestellung und Überwachung auch die Steuerbefreiung der Betreuungsvereine. Zu beachten ist hierbei, dass Leistungen, die nach § 1908i Abs. 1 Satz 1 i. V. m. § 1835 Abs. 3 BGB vergütet werden, nicht gem. § 4 Nr. 16 Satz 1 Buchst. k UStG steuerbefreit sind. Bei diesen Leistungen handelt es sich nicht um Betreuungsleistungen im engeren Sinne. Wenn beispielsweise der Betreuer Rechtsanwalt ist und den Betreuten in einem Prozess vertritt, ist diese Betreuungsleistung nicht steuerbefreit nach § 4 Nr. 16 Satz 1 Buchst. k UStG (vgl. BFH vom 25.04.2013 V R 7/11, BStBl 2013 II S. 976).

Zu den begünstigten Leistungen zählen letztlich auch **sonstige Betreuungs- oder Pflegeleistungen** nach § 4 Nr. 16 Satz 1 Buchst. l UStG (Auffangtatbestand). Hierzu zählen insbesondere Leistungen zur Betreuung hilfsbedürftiger Personen zum Erwerb praktischer Kenntnisse und Fähigkeiten, die nötig und ebenso geeignet sind, behinderten oder von Behinderung bedrohten Menschen die für sie erreichbare Teilnahme am Leben in der Gemeinschaft zu ermöglichen. Ein Beispiel hierfür ist der Unterricht im Umgang mit dem Langstock als Orientierungshilfe für blinde Menschen. Auch derartige Leistungen zählen dazu, die im Rahmen der Eingliederungshilfe nach § 54 SGB XII erbracht werden oder die die Pflegeberatungsleistung gem. § 7a SGB XI betreffen, sofern diese nicht bereits Teil der Betreuungs- oder Pflegeleistung einer Einrichtung zur häuslichen Pflege sind.

Werden Betreuungs- oder Pflegeleistungen an hilfsbedürftige Personen von Einrichtungen ausgeführt, bei denen es an einer Anerkennung nach dem Sozialrecht mangelt und mit denen weder ein Vertrag noch eine Vereinbarung nach dem Sozialrecht besteht, sind diese im Sinne des Auffangtatbestandes umsatzsteuerfrei. Das ist allerdings nur dann der Fall, wenn im vorangegangenen Kalenderjahr die Betreuungs- oder Pflegekosten in mindestens 25 % der Fälle dieser Einrichtung von den gesetzlichen Trägern der Sozialversicherung oder der Sozialhilfe oder der für die Durchführung der Kriegsopferversorgung zuständigen Versorgungsverwaltung einschließlich der Träger der Kriegsopferfürsorge ganz oder zum überwiegenden Teil vergütet worden sind (vgl. Abschn. 4.16.3 Abs. 1 UStAE).

Die Betreuungs- und Pflegekosten im vorangegangenen Kalenderjahr müssen in mindestens 25 % der Fälle von den gesetzlichen Trägern der Sozialversicherung oder der Sozialhilfe oder der für die Durchführung der Kriegsopferversorgung zuständigen Versorgungsverwaltung einschließlich der Träger der Kriegsopferfürsorge ganz oder zum überwiegenden Teil vergütet worden sein, um die 25 %-Grenze nach § 4 Nr. 16 Satz 1 Buchst. l UStG zu erreichen.

Für die Ermittlung der 25 %-Grenze nach § 4 Nr. 16 Satz 1 Buchst. l UStG ist von der Anzahl der hilfsbedürftigen Menschen innerhalb eines Kalendermonats auszugehen. Die stationäre oder teilstationäre Aufnahme einer Person im Laufe eines Kalendermonats in einer derartigen Einrichtung gilt als ein Pflegefall. Die Erbringung ambulanter Betreuungs- oder Pflegeleistungen für eine Person in einem Kalendermonat stellen insgesamt nur einen Fall dar. Im Fall des Betreibens von mehreren verschiedenartigen Einrichtungen gem. § 4 Nr. 16 Satz 1 UStG durch einen Unternehmer sind die Leistungen zur Ermittlung der Gesamtzahl der Pflegefälle jeder Einrichtung gesondert zuzuordnen.

Die Kosten eines Pflegefalls werden von den gesetzlichen Trägern der Sozialversicherung, Sozialhilfe, Kriegsopferfürsorge oder der für die Durchführung der Kriegsopferversorgung zuständigen Versorgungsverwaltung zum überwiegenden Teil getragen, d. h., die Kosten des Falls werden von seinem Träger allein oder von mehreren gemeinsam zu mehr als 50 % übernommen. Der Zeitpunkt der Kostenerstattung ist dabei belanglos. Kostenzuschüsse oder Kostenerstattungen anderer Einrichtungen wie etwa bei privaten Krankenkassen, Beihilfestellen für Beamte oder Wohlfahrtsverbänden sind den eigenen Aufwendungen der hilfsbedürftigen Person zuzurechnen.

Für die Feststellung der 25 %-Grenze sind die Verhältnisse des Vorjahres heranzuziehen. Nimmt der Unternehmer seine Tätigkeit innerhalb eines Kalenderjahres neu auf, ist auf die voraussichtlichen Verhältnisse des laufenden Jahres abzustellen.

Schulungskurse und Beratungen, die Pflegeeinrichtungen im Auftrag der Pflegekassen durchführen, sind eng mit den Pflegeleistungen verbundene Umsätze. Sie werden i. d. R. nicht als Pflegefallleistung angesehen und bei der Berechnung der 25 %-Grenze nicht betrachtet. Diese Umsätze sind danach steuerfrei, wenn im vorangegangenen Kalenderjahr mindestens 25 % der Fälle der Einrichtung ganz oder zum überwiegenden Teil von der Sozialversicherung, Sozialhilfe, Kriegsopferfürsorge oder der für die Durchführung der Kriegsopferversorgung zuständigen Versorgungsverwaltung getragen worden sind.

Anzuwenden ist die Umsatzsteuerbefreiung auch auf die Umsätze, die eng mit dem Betrieb von Einrichtungen zur Betreuung oder Pflege dieser hilfsbedürftigen Personen verbunden sind. Als eng verbunden gelten Leistungen, die für eine Einrichtung zur Betreuung oder Pflege hilfsbedürftiger Menschen nach der Verkehrsauffassung typisch und unerlässlich sind, regelmäßig und allgemein beim laufenden Betrieb vorkommen und damit unmittelbar oder mittelbar zusammenhängen. Die Umsätze dürfen nicht im Wesentlichen dazu bestimmt sein, den Einrichtungen zusätzliche Einnahmen durch Tätigkeiten zu verschaffen, die in unmittelbarem Wettbewerb zu steuerpflichtigen Umsätzen anderer Unternehmen stehen (vgl. EuGH-Urteil vom 01.12.2005 Rs. C-394/04 und C-395/04, EuGHE I S. 10373; Abschn. 4.16.6 UStAE). Entsprechend können folgende Umsätze zu den eng verbundenen Umsätzen zählen:

1. die stationäre oder teilstationäre Aufnahme von hilfsbedürftigen Personen, deren Betreuung oder Pflege einschließlich der Lieferungen der zur Betreuung oder Pflege erforderlichen Medikamente und Hilfsmittel, z. B. Verbandsmaterial;

2. die ambulante Betreuung oder Pflege hilfsbedürftiger Personen;

3. die Lieferung von Gegenständen, die im Wege der Arbeitstherapie hergestellt worden sind, sofern kein nennenswerter Wettbewerb zu den entsprechenden Unternehmen der gewerblichen Wirtschaft besteht. Ein solcher Wettbewerb ist anzunehmen, wenn für den Absatz der im Wege der Arbeitstherapie erstellten Gegenstände geworben wird;

4 Andere Steuergesetze

4. die Gestellung von Personal durch Einrichtungen nach § 4 Nr. 16 Satz 1 UStG an andere Einrichtungen dieser Art.

Nicht zu den eng verbundenen Umsätzen gehören hingegen insbesondere:

1. die entgeltliche Abgabe von Speisen und Getränken an Besucher;
2. die Telefongestellung an hilfsbedürftige Personen, die Vermietung von Fernsehgeräten und die Unterbringung und Verpflegung von Begleitpersonen;
3. die Veräußerung des gesamten beweglichen Anlagevermögens und der Warenvorräte nach Einstellung des Betriebs. Es kann jedoch die Steuerbefreiung nach § 4 Nr. 28 UStG in Betracht kommen;
4. die Lieferung und Überlassung von medizinischen Pflegemitteln oder Pflegehilfsmitteln.

Die mit dem Betrieb von Einrichtungen zur Betreuung oder Pflege körperlich, geistig oder seelisch hilfsbedürftiger Personen eng verbundenen Leistungen sind nach § 4 Nr. 16 Satz 1 Buchst. a UStG unbeschränkt steuerfrei, sofern sie von Einrichtungen des öffentlichen Rechts ausgeführt werden. Beschränkt wird die Steuerbefreiung jedoch, wenn die begünstigte Einrichtung dagegen von einer anderen anerkannten Einrichtung mit sozialem Charakter in Form einer juristischen Person des Privatrechts oder natürlichen Person betrieben wird. Dann ist für die Steuerbefreiung zudem erforderlich, dass eine Einrichtung gem. § 4 Nr. 16 Buchst. b bis l UStG vorliegt. Des Weiteren muss es sich gem. § 4 Nr. 16 Satz 2 UStG bei den von privaten Einrichtungen erbrachten Leistungen um Umsätze handeln, die sich „ihrer Art nach" auf die Anerkennung, den Vertrag oder die Vereinbarung nach dem Sozialrecht oder auf die Vergütung beziehen. Dabei umfasst der Begriff „Einrichtungen" unabhängig von der Rechts- oder Organisationsform des Leistungserbringers sowohl natürliche als auch juristische Personen. Als andere Einrichtungen sind auch Einrichtungen anzusehen, die in der Form privatrechtlicher Gesellschaften betrieben werden, deren Anteile nur von juristischen Personen des öffentlichen Rechts gehalten werden. Für die Anerkennung eines Unternehmers als eine Einrichtung mit sozialem Charakter reicht es für sich allein nicht schon aus, dass der Unternehmer lediglich als Subunternehmer für eine anerkannte Einrichtung tätig ist.

Zur Verdeutlichung werden an dieser Stelle zwei Beispiele aus dem BMF-Schreiben vom 20.07.2009 – IV B 9 – S 7172/09/10002 (BStBl 2009 I S. 774) angeführt:

> **Beispiele:**
> 1. Ein Unternehmer erbringt Haushaltshilfeleistungen im Rahmen eines Vertrags nach § 132 SGB V mit der Krankenkasse A an eine hilfsbedürftige Person. Daneben erbringt er die identischen Haushaltshilfeleistungen an Privatpersonen, an Privatversicherte sowie an die Krankenkasse B. Ein Vertrag nach § 132 SGB V besteht mit der Krankenkasse B nicht. Der Unternehmer stellt eine begünstigte Einrichtung nach § 4 Nr. 16 Satz 1 Buchst. b UStG dar. Somit sind die gesamten Haushaltsleistungen i. S. des § 132 SGB V steuerfrei.
> 2. Ein Unternehmer, der Leistungen in verschiedenen Bereichen erbringt, z. B. neben einem nach § 72 SGB XI zugelassenen Pflegeheim auch einen Integrationsfachdienst betreibt, hat die Voraussetzung für die Steuerbefreiung für beide Bereiche gesondert nachzuweisen (Vereinbarung nach § 111 SGB IX).

In der unter **Tz. 2.18.5** abgedruckten **Tabelle zu den wirtschaftlichen Aktivitäten**, die häufig durch gemeinnützige Krankenhäuser oder Altenheime gegen Entgelt ausgeübt werden, wird der Versuch gemacht, einen Überblick zur Einordnung dieser Tätigkeiten als Zweckbetriebstätigkeit oder Tätigkeit, mit der die Einrichtung einen steuerpflichtigen wirtschaftlichen Geschäftsbetrieb i. S. der §§ 14, 64 AO begründet, zu geben. Damit verbunden sind Angaben zur Einordnung dieser Leistungen nach dem UStG.

4.5.8.5 Lieferung von menschlichen Organen etc. und Krankenbeförderung

§ 4 Nr. 17 UStG

> Von den unter § 1 Abs. 1 Nr. 1 fallenden Umsätzen sind steuerfrei:
> .....
> 17. a) die Lieferungen von menschlichen Organen, menschlichem Blut und Frauenmilch,
>
> b) die Beförderungen von kranken und verletzten Personen mit Fahrzeugen, die hierfür besonders eingerichtet sind;
>
> .....

Die Lieferung von menschlichen Organen, menschlichem Blut und von Frauenmilch ist nach § 4 Nr. 17 Buchst. a UStG steuerfrei gestellt. In Abschn. 4.17.1 Abs. 1 UStAE ist bestimmt, welche Produkte zu menschlichem Blut in diesem Sinne gehören. Ausgeschlossen davon sind ausdrücklich Plasmapräparate (Hinweis: Mit dem **Verkauf von fraktionierten Blutkonserven** begründen Blutspendedienste einen steuerpflichtigen wirtschaftlichen Geschäftsbetrieb; vgl. § 64 Abs. 6 AO und Tz. 2.15.4.5 und Tz. 2.15.10) sowie Lieferungen allogener menschlicher Knochen (Änderung des Abschn. 4.17.1 Abs. 2 UStAE mit BMF-Schreiben vom 10.12.2014 – IV D 3 – S 7015/14/10001, 2014/1073025, BStBl 2014 I S. 1622).

Nur der **Transport von kranken oder verletzten Personen** in Fahrzeugen, die für den Krankentransport besonders hergerichtet sind, kann nach § 4 Nr. 17 Buchst. b UStG steuerfrei erfolgen. Diese Fahrzeuge müssen durch die vorhandene Einrichtung (z. B. Liegen, Spezialsitze) die typischen Merkmale eines Krankenfahrzeugs aufweisen. Auch eine Bodenverankerung für Rollstühle, eine Auffahrrampe sowie eine seitlich ausfahrbare Trittstufe können spezielle Einrichtungen für den Transport von Kranken und Verletzten darstellen. Unproblematisch für die Umsatzsteuerbefreiung ist es, wenn das Fahrzeug nicht dauerhaft für die Beförderung von kranken und verletzten Personen eingerichtet ist, lediglich im Zeitpunkt der begünstigten Beförderung bedarf es der geforderten speziell für die Beförderung verletzter und kranker Personen bestimmten Ausstattung und Bauart des Fahrzeugs. Werden von dem Unternehmer nicht nur ausschließlich kranke oder verletzte Personen befördert, ist das auf die Beförderung der weiteren Personen entfallende Entgelt steuerpflichtig. Ein einheitliches Entgelt für steuerfreie und steuerpflichtige Beförderungsleistungen ist aufzuteilen (vgl. Abschn. 4.17.2 Abs. 2 UStAE).

Von der Umsatzsteuer befreit werden grundsätzlich die Leistungen der **Notfallrettung**, d. h. sowohl die Leistungen der Lebensrettung und Betreuung von Notfallpatienten als auch deren Beförderung (Abschn. 4.17.2 Abs. 5 UStAE). Befreit sind ebenfalls mit der Notfallrettung verbundene Leistungen zur Sicherstellung der Einsatzbereitschaft der Rettungsmittel und des Personals (Vorhalteleistungen), soweit sie vom gleichen Unternehmer, der die Hauptleistung erbringt, erbracht werden.

Neben dem Bereich der Notfallrettung bedarf es der gesonderten Betrachtung der **Krankenfahrten**. Hierbei handelt es sich um Fahrten von Patienten, für die ein Arzt die Beförderung in einem Personenkraftwagen, Mietwagen oder Taxi angeordnet hat. Werden die Krankenfahrten von gemeinnützigen und mildtätigen Organisationen ausgeführt, erfüllen sie nicht die Voraussetzungen des § 66 Abs. 2 AO und finden daher nicht im Rahmen einer Einrichtung der Wohlfahrtspflege statt (Abschn. 12.9 Abs. 4 Nr. 3 UStAE). Die erbrachten Leistungen unterliegen dem allgemeinen Steuersatz (Abschn. 4.18 Abs. 12 UStAE). Lediglich der Transport von körperlich oder geistig behinderten Menschen, die auf den Transport eines Rollstuhls angewiesen sind, wird neben der Beförderung von akut erkrankten und verletzten Personen entsprechend Abschn. 4.17.2 Abs. 3 UStAE (vgl. auch BFH vom 12.08.2004 V R 45/03, BStBl 2005 II S. 314) von der Umsatzsteuer befreit.

4.5.8.6 Leistungen der freien Wohlfahrtspflege

§ 4 Nr. 18 UStG

> **Von den unter § 1 Abs. 1 Nr. 1 fallenden Umsätzen sind steuerfrei:**
>
> .....
>
> **18. die Leistungen der amtlich anerkannten Verbände der freien Wohlfahrtspflege und der der freien Wohlfahrtspflege dienenden Körperschaften, Personenvereinigungen und Vermögensmassen, die einem Wohlfahrtsverband als Mitglied angeschlossen sind, wenn**
>
> > **a) diese Unternehmer ausschließlich und unmittelbar gemeinnützigen, mildtätigen oder kirchlichen Zwecken dienen,**
> >
> > **b) die Leistungen unmittelbar dem nach der Satzung, Stiftung oder sonstigen Verfassung begünstigten Personenkreis zugute kommen und**
> >
> > **c) die Entgelte für die in Betracht kommenden Leistungen hinter den durchschnittlich für gleichartige Leistungen von Erwerbsunternehmen verlangten Entgelten zurückbleiben.**
>
> ₂**Steuerfrei sind auch die Beherbergung, Beköstigung und die üblichen Naturalleistungen, die diese Unternehmer den Personen, die bei den Leistungen nach Satz 1 tätig sind, als Vergütung für die geleisteten Dienste gewähren;**
>
> .....

Der § 4 Nr. 18 UStG stellt für steuerbegünstigte Unternehmen eine bedeutsame Umsatzsteuerbefreiung dar. Die Regelung beruht auf Art. 132 Abs. 1 Buchst. g MwStSystRL:

> (1) Die Mitgliedstaaten befreien folgende Umsätze von der Steuer:
>
> .....
>
> „g) eng mit der Sozialfürsorge und der sozialen Sicherheit verbundene Dienstleistungen und Lieferungen von Gegenständen, einschließlich derjenigen, die durch Altenheime, Einrichtungen des öffentlichen Rechts oder andere von dem betreffenden Mitgliedstaat als Einrichtungen mit sozialem Charakter anerkannte Einrichtungen bewirkt werden;"

Der EuGH sieht das Ziel der Befreiung darin, durch eine günstigere Mehrwertsteuerbehandlung die Kosten bestimmter im sozialen Sektor erbrachter Leistungen zu senken und dadurch diese Leistungen dem Einzelnen, der sie in Anspruch nehmen könnte, zugänglicher zu machen. Bei der Bestimmung des Kreises der begünstigten Einrichtungen „mit sozialem Charakter" haben die nationalen Behörden einen gewissen Ermessensspielraum, müssen aber den Neutralitätsgrundsatz beachten (vgl. Hüttemann, 2015, Tz. 7.168).

Begünstigte Einrichtungen

Der deutsche Gesetzgeber hat die Umsatzsteuerbefreiung für Leistungen der Wohlfahrtspflege in persönlicher Hinsicht auf die Leistungen der amtlich anerkannten Verbände der freien Wohlfahrtspflege begrenzt. Die amtlich anerkannten Verbände der freien Wohlfahrtspflege sind im § 23 UStDV aufgeführt (vgl. Tz. 2.17.1). Die Körperschaft, die die Steuerbefreiung nach § 4 Nr. 18 UStG in Anspruch nehmen will, muss entweder selbst als Verband der freien Wohlfahrtspflege anerkannt sein oder einem solchen als Mitglied angeschlossen sein. Eine mittelbare Mitgliedschaft würde ausreichen (Abschn. 4.18.1 Abs. 4 UStAE). Als mittelbare Mitgliedschaft ist die Mitgliedschaft bei einer der freien Wohlfahrtspflege dienenden Körperschaft oder Personenvereinigung anzusehen, die ihrerseits einem amtlich anerkannten Wohlfahrtsverband als Mitglied angeschlossen ist (z. B. Werkstätten für behinderte Menschen als Mitglieder einer Wohlfahrtseinrichtung, die Mitglied eines amtlich anerkannten Wohlfahrtsverbandes ist). Die mittelbare Mitgliedschaft bei einem amtlich anerkannten Wohlfahrtsverband reicht daher aus, wenn auch die übrigen Voraussetzungen des § 4 Nr. 18 UStG gegeben sind, um die Steuerbefreiung nach dieser Vorschrift in Anspruch zu nehmen. Allein die Tatsache, dass die Gesellschafter einer gemeinnützigen GmbH gemeinnützige Verbände der freien Wohlfahrtspflege sind, reicht nicht aus (siehe OFD Frankfurt a. M. vom 08.10.1997, DB 1997 S. 2407).

Fraglich ist, ob das für die Umsatzsteuerbefreiung geforderte Merkmal der „Mitgliedschaft in einem amtlich anerkannten Wohlfahrtsverband" mit den Vorgaben der MwStSystRL vereinbar ist. Art. 133 MwStSystRL gewährt den Mitgliedstaaten ein Wahlrecht, die Anwendung der Befreiung von der Erfüllung einzelner oder mehrerer Voraussetzungen abhängig zu machen (u. a. Verbot einer systematischen Gewinnerzielung/Gewinnausschüttung). Die Mitgliedstaaten verfügen zudem bei der Entscheidung, welche privatrechtlichen Einrichtungen sie als „Einrichtungen mit sozialem Charakter" anerkennen, über einen gewissen Ermessensspielraum (zuletzt EuGH vom 15.11.2012 Rs. C-174/11 „Zimmermann", UR 2013 S. 35). Vor diesem Hintergrund dürfte die Anknüpfung der Steuerbefreiung an die Mitgliedschaft in einem anerkannten Wohlfahrtsverband i. S. von § 23 UStDV einer Überprüfung im Sinne des Unionsrechts nicht standhalten, sodass sich bis zu einer gesetzlichen Neuregelung auch andere, nicht einem Wohlfahrtsverband angehörende Einrichtungen unmittelbar auf die Befreiung des Art. 132 Abs. 1 Buchst. g MwStSystRL erfolgreich berufen können dürften.

Unmittelbare Leistungen

Die Frage, ob die bezeichneten Einrichtungen ausschließlich und unmittelbar gemeinnützigen, mildtätigen oder kirchlichen Zwecken dienen, ist nach den Bestimmungen der §§ 51 bis 68 AO zu beurteilen. Ein Unternehmer verfolgt steuerbegünstigte Zwecke unmittelbar, wenn er sie selbst verwirklicht. Unmittelbar gemeinnützigen Zwecken können Leistungen aber auch dann dienen, wenn sie an einen Empfänger bewirkt werden, der seinerseits ausschließlich gemeinnützige oder wohltätige Zwecke verfolgt (BFH vom 08.07.1971 V R 1/68, BStBl 1972 II S. 70). Eine Unmittelbarkeit verneint hat der BFH dagegen bei Arzneimittellieferungen oder Leistungen einer zentralen Krankenhauswäscherei an andere steuerbegünstigte Einrichtungen ebenso wie die Überlassung von Telefonanlagen (BFH vom 18.10.1990, BStBl 1991 II S. 157 und 268, vom 07.11.1996 V R 34/96, BStBl 1997 II S. 366, und vom 30.04.2009 V R 3/08, BStBl 2013 II S. 873).

Ob eine Leistung dem nach der Satzung, Stiftung oder sonstigen Verfassung begünstigten Personenkreis unmittelbar zugutekommt, ist unabhängig davon zu prüfen, wer Vertragspartner der Wohlfahrtseinrichtung und damit Leistungsempfänger im Rechtssinne ist. Im Urteil des BFH vom 15.09.2011 (V R 16/11, UR 2012 S. 112, **Steuerfreier Behindertenfahrdienst**) wurde entschieden, dass die Leistungen eines Mitglieds eines Wohlfahrtsverbandes auch dann dem begünstigten Personenkreis unmittelbar i. S. von § 4 Nr. 18 Buchst. b UStG zugutekommen, wenn es Fahrdienstleistungen ohne Zwischenschaltung Dritter an Menschen mit Behinderung erbringt und dabei aufgrund eines mit einer anderen Person abgeschlossenen Vertrages tätig wird. Für die Steuerfreiheit nach § 4 Nr. 18 UStG kommt es nicht auf die Zweckbetriebsvoraussetzung des § 66 AO an. Liefert ein Unternehmer z. B. Gegenstände, mit deren Herstellung Schwerversehrte aus arbeitstherapeutischen Gründen beschäftigt werden, gegen Entgelt an die auftraggebenden Firmen, sind diese Umsätze nicht nach § 4 Nr. 18 UStG steuerfrei, diese Umsätze unterliegen unter den Voraussetzungen des § 12 Abs. 2 Nr. 8 Buchst. a Satz 3 UStG dem ermäßigten Steuersatz.

Steuerbefreit sind nur die Umsätze der Wohlfahrtspflege. Unterhält z. B. eine Wohlfahrtseinrichtung neben einem **Erholungsheim** für gesundheitlich gefährdete Kinder ein als gemeinnützig anerkanntes Schülerheim (insoweit liegt keine Wohlfahrtspflege vor), erstreckt sich die Steuerbefreiung gem. § 4 Nr. 18 UStG nur auf die Leistungen des Erholungsheims. Für das Schülerheim könnte aber Steuerbefreiung gem. § 4 Nr. 23 UStG in Betracht kommen (vgl. Abschn. 4.23.1 UStAE). Zu den steuerfreien Leistungen gehören auch Sachleistungen, die dem beschäftigten Personal als Vergütung für geleistete Dienste gewährt werden (vgl. Abschn. 4.18.1 Abs. 7 UStAE).

Leistungen einer Einrichtung der Wohlfahrtspflege an andere steuerbegünstigte Körperschaften oder Behörden sind nicht nach § 4 Nr. 18 UStG steuerfrei, wenn sie nicht unmittelbar, sondern allenfalls mittelbar hilfsbedürftigen Personen i. S. der §§ 53, 66 AO zugutekommen (BFH vom 07.11.1996 V R 34/96, BStBl 1997 II S. 366, Verwaltungsaufgaben eines Paritätischen Landesverbandes). Dagegen entschied der BFH mit Urteil vom 23.07.2009 (V R 93/07, UR 2009 S. 848, **Umsatzsteuerfreiheit für Leistungen nach dem Zivildienstgesetz**), dass Leistungen, die ein Verein aufgrund eines nach § 5a Abs. 2 ZDG abgeschlossenen Vertrages erbringt und die dazu dienen, dass Zivildienstleistende für amtliche Beschäftigungsstellen im sozialen Bereich tätig sind, nach unionsrechtlichen Bestimmungen (Art. 13 Teil A Abs. 1 Buchst. g der Richtlinie 77/388/EWG ist allerdings außer Kraft, aktuelle Norm: Art. 132 Abs. 1 Buchst. g MwStSystRL) als eng mit der Sozialfürsorge und sozialen Sicherheit verbundene Dienstleistungen steuerfrei sein können. Wohingegen eine Steuerbefreiung im vorliegenden Fall durch den § 4 Nr. 18 UStG aufgrund fehlender Unmittelbarkeit nicht in Frage kommt. Diese fehlende Unmittelbarkeit ist für die unionsrechtliche Auslegung nicht direkt entscheidend, da in diesem Fall auf „eng mit der Sozialfürsorge und der sozialen Sicherheit verbundene Dienstleistungen" abgestellt wird (hierzu ausführlich Theobald, Arbeitsteilige Zusammenarbeit gemeinnütziger und gewerblicher Körperschaften, DStR 2011 S. 946 ff.). Die Finanzverwaltung plant in Kürze die Veröffentlichung der Entscheidung.

Mit Urteil vom 08.06.2011 (XI R 22/09, DStR 2011 S. 1659) hat der BFH entschieden, dass bei einem gemeinnützigen Verein, der gegenüber Senioren im Rahmen des **„betreuten Wohnens"** ein Leistungsbündel erbringt, das durch Leistungen der in § 75 BSHG (Altenhilfe) genannten Art geprägt wird, die einheitliche Leistung unionsrechtlich (Art. 13 Teil A Abs. 1 Buchst. g der Richtlinie 77/388/EWG) steuerfrei ist, auch wenn der Verein insoweit nur gegenüber dem Vermieter der Seniorenwohnungen verpflichtet ist. Aufgrund fehlender Unmittelbarkeit muss die Steuerbefreiung durch § 4 Nr. 18 UStG verneint werden. Für die unionsrechtliche Auslegung ist, wie im BFH-Urteil vom 23.07.2009 (a. a. O.) ebenfalls angemerkt, zum einen entscheidend, dass es sich um Leistungen handelt, die eng mit der Fürsorge oder der sozialen Sicherheit verbunden sind, und zum anderen, dass diese Leistungen von Einrichtungen des öffentlichen Rechts oder anderen Einrichtungen, die von dem betreffenden Mitgliedstaat als Einrichtungen mit im Wesentlichen sozialem Charakter anerkannt worden sind, erbracht werden.

Ein nicht zu einem anerkannten Verband der freien Wohlfahrtspflege gehörender Verein kann sich gemäß BFH-Urteil vom 01.12.2010 (XI R 46/08, DStR 2011 S. 362) für die Inanspruchnahme einer Steuerbefreiung für einen **Haus-Notruf-Dienst** ebenfalls unmittelbar auf das Unionsrecht berufen. Wohingegen für die im Rahmen eines notärztlichen Transportdienstes und eines Menüservices erbrachten Leistungen keine unionsrechtliche Steuerbefreiung in Betracht kommt, da es sich nach Auffassung der Finanzverwaltung nicht um mit der Sozialfürsorge oder der sozialen Sicherheit eng verbundene Leistungen handelt.

Zur Umsatzsteuerpflicht der entgeltlich erbrachten Unterstützungsleistungen der regionalen DRK-Untergliederungen für den Blutspendedienst hat der BFH mit Urteil vom 18.03.2004 (BStBl 2004 II S. 798) entschieden und die Umsatzsteuerpflicht bejaht. Das FG Düsseldorf hat im 2. Rechtsgang diese Leistungen als Zweckbetriebsleistungen dem ermäßigten Steuersatz nach § 12 Abs. 2 Nr. 8 Buchst. a UStG unterworfen. Das Verfahren vor dem FG Düsseldorf wurde durch Entscheidung und erneute Weiterleitung an den BFH mit anschließender Rücknahme von Seiten der FinVerw abgeschlossen (vgl. FG Düsseldorf vom 08.11.2006, EFG 2007 S. 305, BFH vom 04.09.2007 V B 226/06,n. v., und OFD Rheinland vom 25.01.2008).

Die gemeinnützigen Einrichtungen begründen mit Leistungen, die nicht unmittelbar dem begünstigten Personenkreis gegenüber erbracht werden, stets einen steuerpflichtigen wirtschaftlichen Geschäftsbetrieb i. S. der §§ 14, 64 AO, siehe dazu auch Tz. 2.15.4.5.

Die Steuerfreiheit für die Beherbergung, Beköstigung, ausgenommen die Abgabe von alkoholischen Getränken, und die üblichen Naturalleistungen an Personen, die bei den begünstigten Leistungen tätig sind, kommt nur dann in Betracht, wenn diese Sachzuwendungen als Vergütung für geleistete Dienste gewährt werden. Diese Voraussetzung ist erfüllt, wenn der Arbeitnehmer nach dem Arbeitsvertrag, den mündlichen Abreden oder nach den sonstigen Umständen des Arbeitsverhältnisses (z. B. faktische betriebliche Übung) neben dem Barlohn einen zusätzlichen Lohn in Form der Sachzuwendungen erhält. Unschädlich ist es hierbei, wenn die Beteiligten aus verrechnungstechnischen Gründen einen Bruttogesamtlohn bilden und hierauf die Sachzuwendungen anrechnen. Die Sachzuwendungen werden jedoch nicht als Vergütung für geleistete Dienste gewährt, wenn sie auf den Barlohn des Arbeitnehmers angerechnet werden. Die Sachzuwendungen haben hier nicht die Eigenschaft eines Arbeitslohnes. Vielmehr liegt ein besonderer Umsatz an den Arbeitnehmer vor, der nicht unter die Befreiung des § 4 Nr. 18 UStG fällt (vgl. BFH vom 03.03.1960 V 103/58 U, BStBl 1960 III S. 169).

Die Umsätze der **Altenheime** von Körperschaften, die einem Wohlfahrtsverband als Mitglied angeschlossen sind, sind unter den § 4 Nr. 18 UStG genannten Voraussetzungen steuerfrei, wenn die Körperschaft der freien Wohlfahrtspflege dient. Diese Voraussetzung kann auch dann erfüllt sein, wenn die in dem Altenheim aufgenommenen Personen nicht wirtschaftlich, sondern körperlich oder geistig hilfsbedürftig sind, denn die Wohlfahrtspflege umfasst nicht nur die Sorge für das wirtschaftliche, sondern u. a. auch für das gesundheitliche Wohl (BFH vom 20.11.1969, V R 40/66, BStBl 1970 II S. 190).

Bestimmten Leistungen im Bereich des **ärztlichen Notfalldienstes,** welche als Erfüllungsgehilfe einer Kassenärztlichen Vereinigung durch den Mitgliedsverein eines anerkannten Wohlfahrtsverbandes erbracht werden, fehlt es für die Steuerbefreiung nach § 4 Nr. 18 Buchst. c UStG nicht an **„Unmittelbarkeit",** so entschied das der BFH am 08.08.2013 (V R 13/12, BFHE 242 S. 557). Nach Ansicht des BFH liegen die Voraussetzungen der (nationalen) Befreiungsvorschrift hinsichtlich des einheitlichen Leistungsbündels vor, da die Vorschrift richtlinienkonform auszulegen sei: Der aus dem EuGH-Urteil vom 15.11.2012 (Rs. C-174/11 „Zimmermann") abzuleitende Vorrang spezieller Befreiungen (in diesem Fall § 4 Nr. 16 UStG) stehe der Befreiung nicht entgegen, da keine speziellere Befreiung für solche Leistungen existiere; außerdem sei auch eine „unmittelbare" Leistungserbringung gegeben, da es nicht auf die vertraglichen Beziehungen zur Kassenärztlichen Vereinigung, sondern auf die tatsächlichen Verhältnisse ankomme.

Gemeinnützige Studentenwerke, die Mitglieder eines amtlich anerkannten Wohlfahrtsverbands sind, können für ihre in Mensa- und Cafeteria-Betrieben getätigten Umsätze von Speisen und Getränken an Studenten die Steuerbefreiung nach § 4 Nr. 18 UStG in Anspruch nehmen. Dies gilt für die entgeltliche Abgabe von alkoholischen Getränken nur dann, wenn damit das Warenangebot ergänzt wird und dieser Anteil im vorangegangenen Kalenderjahr nicht mehr als 5 % des Gesamtumsatzes betragen hat. Bei der Veräußerung von Tabakwaren im Rahmen des Mensabetriebs, die aufgrund des Unterschreitens der Unschädlichkeitsgrenze von 5 % dem Zweckbetrieb zuzuordnen ist, wurde in Einzelfällen eine Verwendung des ermäßigten Steuersatzes nicht beanstandet, generell tendiert die Meinung der Finanzverwaltung trotz Zweckbetriebseigenschaft allerdings zur Verwendung des Regelsteuersatzes von 19 %. Wegen der Anwendung des ermäßigten Steuersatzes bei der entgeltlichen Abgabe von Speisen und Getränken an Nichtstudierende vgl. Abschn. 12.9 Abs. 4 Nr. 6 UStAE.

Die **Kolpinghäuser** sind zwar Mitglieder des Deutschen Caritasverbandes, sie dienen jedoch nicht der freien Wohlfahrtspflege, weil die Aufnahme in den Kolpinghäusern ohne Rücksicht auf die Bedürftigkeit der aufzunehmenden Personen erfolgt. Die Befreiungsvorschrift des § 4 Nr. 18 UStG ist daher auf die Kolpinghäuser nicht anzuwenden.

Die nach dem SGB XII an **Werkstätten für behinderte Menschen** gezahlten Pflegegelder sind als Entgelte für die Betreuungs-, Beköstigungs-, Beherbergungs- und Beförderungsleistungen dieser Werkstätten anzusehen. Diese Leistungen sind unter den Voraussetzungen des § 4 Nr. 18 UStG umsatzsteuerfrei. Zur Frage der Behandlung der Umsätze im Werkstattbereich wird auf Abschn. 12.9 Abs. 4 Nr. 4 UStAE hingewiesen.

Betreuungsleistungen, die gemeinnützige Einrichtungen, i. d. R. Betreuungsvereine, an mittellose Personen erbringen, unterlagen früher dem ermäßigten Umsatzsteuersatz von 7 %. Mit Urteil vom 17.02.2009 (XI R 67/06, BStBl 2013 II S. 967) hat der BFH entschieden, dass gemeinnützige Unternehmen sich für die Umsatzsteuerfreiheit dieser Leistungen unmittelbar auf Art. 132 Abs. 1 Buchst. g MwStSystRL berufen können. Für vermögend Betreute gilt nach Auffassung des BFH auch die nationale Befreiungsnorm des § 4 Nr. 18 UStG. Im Streitfall hatte ein gemeinnütziger Verein gegen die Auffassung des Finanzamts geklagt, nach der Betreuungsleistungen gegenüber mittellosen Personen durch Vereinsbetreuer nicht nach Art. 132 Abs. 1 Buchst. g MwStSystRL von der Umsatzsteuer befreit sind. Das FG Düsseldorf hat die Auffassung des Klägers in erster Instanz bestätigt, auch in zweiter Instanz bejahte der BFH die Umsatzsteuerfreiheit und erklärte, dass Betreuungsleistungen an mittellose Empfänger unmittelbar nach Art. 132 Abs. 1 Buchst. g MwStSystRL steuerfrei zu stellen sind. Zudem führte er aus, dass Leistungen an vermögend Betreute bereits nach den nationalen Steuerbefreiungsnormen zu befreien sind.

Entgeltsbeschränkung

Voraussetzung für die Steuerbefreiung nach § 4 Nr. 18 Buchst. c UStG ist nach Abschn. 4.18.1 Abs. 15 UStAE, dass die Entgelte für die in Betracht kommenden Leistungen von den zuständigen Behörden genehmigt sind oder das genehmigte Entgelt nicht übersteigen (sog. Abstandsgebot).

Der Zweck der Regelung liegt nicht etwa darin, Wettbewerbsverzerrungen zu Lasten umsatzsteuerpflichtiger gewerblicher Unternehmen zu verhindern, denn der Vorteil aus der Umsatzsteuerbefreiung vergrößert den Wettbewerbsvorteil noch (so auch Hüttemann, UR 2006 S. 441 [445]). Der Zweck dieser Bestimmung liegt deshalb in der Beschränkung der Befreiung auf solche Leistungen, die nicht in erster Linie der Gewinnerzielung, sondern der Unterstützung hilfsbedürftiger Personen dienen.

Für weitere Überlegungen zur Anwendung der Rechtsnorm ist zu bedenken, dass der deutsche Gesetzgeber die Vorgaben der Richtlinie in Bezug auf § 4 Nr. 18 UStG nicht richtig umgesetzt hat (vgl. BFH vom 17.02.2009 XI R 67/06, BStBl 2013 II S. 967). Zwar sieht Art. 133 Buchst. c MwStSystRL die Möglichkeit vor, die Steuerbefreiung unter anderem von der Höhe der verlangten Entgelte abhängig zu machen. Ein Entgeltvergleich ist hier aber nur für den Fall vorgesehen, dass keine „Preise angewendet werden, die von den zuständigen Behörden genehmigt sind". Mit anderen Worten: Die Richtlinie schließt ein Abstandsgebot bei „genehmigten Preisen" ausdrücklich aus. Da gesetzlich vorgeschriebene Entgelte wie zum Beispiel für die **Bereitstellung des Hausnotrufs** mit einer Monatspauschale von derzeit 18,36 Euro nach § 78 SGB XI (Vertrag über die Bereitstellung von Pflegehilfsmitteln) unter den Begriff der „genehmigten" Preise fallen, ist das Abstandsgebot folglich in diesen Fällen nicht anwendbar. Dieser Auffassung hat sich der BFH zwischenzeitlich für die **Besteuerung von Betreuungsleistungen** explizit angeschlossen (BFH vom 25.04.2013 V R 7/11, BStBl 2013 II S. 976; BMF vom 22.11.2013, BStBl 2013 I S. 1590; vgl. Hüttemann, 2015, Tz. 7.173).

Da der deutsche Gesetzgeber die Umsatzsteuerbefreiung nach Art. 132 Abs. 1 Buchst. g MwStSystRL für „**eng mit der Sozialfürsorge und der sozialen Sicherheit verbundene Dienstleistungen**" und Lieferungen von Gegenständen" lediglich dadurch unzureichend umgesetzt hat, dass er die bereits bei Inkrafttreten der Richtlinie vorhandenen Steuerbefreiungstatbestände des UStG im Wesentlichen unverändert weitergeführt hat (so BFH vom 16.10.2013 XI R 19/11, BFH/NV 2014 S. 190), können sich Steuerpflichtige unmittelbar auf diese Befreiungsvorschrift berufen. Allerdings reicht es dafür nicht aus, dass die betreffende Einrichtung eng mit der Sozialfürsorge oder der sozialen Sicherheit verbundene Dienstleistungen erbringt, sondern es bedarf auch der Anerkennung als **Einrichtung mit sozialem Charakter** (zuletzt BFH vom 08.08.2013 V R 8/12, UR 2013 S. 951). Diese Anerkennung, die sich nach den Regelungen des nationalen Rechts bestimmt, kann sich – bei gemeinnützigen Einrichtungen – zum Beispiel aus der Mitgliedschaft in einem der amtlich anerkannten Verbände der freien Wohlfahrtspflege ergeben. Nach der Rechtsprechung des BFH kann sich die Anerkennung als Einrichtung mit sozialem Charakter auch aus der Übernahme der Kosten für seine Leistungen durch Krankenkassen oder andere Einrichtungen der sozialen Sicherheit ergeben (BFH vom 01.12.2010 XI R 46/08, BFHE 232 S. 232). Gleiches gilt, wenn das Unternehmen die begünstigten Leistungen aufgrund vertraglicher Vereinbarungen mit Trägern der Sozialversicherung erbracht hat. Nicht erforderlich ist nach der Rechtsprechung eine vollständige Übernahme der Kosten, vielmehr kommt es darauf an, dass es sich der Art nach um Leistungen handelt, für die die Kosten von den Sozialversicherungen übernehmbar sind (BFH vom 26.01.2012 V R 52/10, BFH/NV 2012 S. 817, und vom 01.12.2010 XI R 46/08, BFHE 232 S. 232).

Reformbestrebungen zu § 4 Nr. 18 UStG

Angesichts der meines Erachtens berechtigten Kritik an der derzeitigen Fassung des § 4 Nr. 18 UStG im Hinblick auf eine nicht richtlinienkonforme Umsetzung des Art. 132 Abs. 1 Buchst. g MwStSystRL i. V. m. Art. 133 Buchst. c MwStSystRL hat das BMF im Zuge des Jahressteuergesetzes 2013 erstmals eine Neufassung von § 4 Nr. 18 UStG vorgelegt. Die Umsatzsteuerbefreiung sollte sich danach nicht mehr an den Leistungen der amtlich anerkannten Verbände der freien Wohlfahrtspflege ausrichten, sondern für alle Leistungen gelten, die eng mit der Sozialfürsorge verbunden sind und von Einrichtungen des öffentlichen Rechts oder anderen Einrichtungen mit sozialem Charakter erbracht werden. Eine Einrichtung mit sozialem Charakter sollte danach gegeben sein, wenn sich die Einrichtung im Vorjahr überwiegend aus Zahlungen öffentlicher Kassen finanziert hat.

Nachdem deutlich wurde, dass die vorgesehene Neuformulierung, auch aus Sicht der Bundesarbeitsgemeinschaft der Freien Wohlfahrtspflege, eine Vielzahl von Problemen aufwerfen würde, wurde dieses Vorhaben bis auf Weiteres zurückgestellt. Durch das EuGH-Urteil vom 15.11.2012 (Rs. C-174/11 „Zimmermann"), mit dem der EuGH die nationale Regelung von § 4 Nr. 18 UStG als einen Verstoß gegen den Neutralitätsgrundsatz angesehen und ihn insofern als unionsrechtswidrig eingestuft hatte, wurde im Zuge des Jahressteuergesetzes 2015 ein weiterer Ansatz unternommen, den § 4 Nr. 18 UStG zu reformieren.

Mit der Neuformulierung von § 4 Nr. 18 UStG soll eine Öffnung der Umsatzsteuerbefreiung auf alle Einrichtungen ohne Gewinnstreben, die Leistungen der sozialen Sicherheit und der Sozialfürsorge erbringen, erfolgen. Eine Begrenzung auf die in § 23 UStDV aufgelisteten Verbände soll entfallen. Als Einrichtung mit sozialem Charakter werden nach dem vorliegenden Entwurf Einrichtungen definiert, die keine systematische Gewinnerzielung anstreben und etwaige Gewinne, die trotzdem anfallen, nicht entnehmen, sondern zur Erhaltung oder Verbesserung der durch die Einrichtung erbrachten Leistungen verwenden.

Die Bundesarbeitsgemeinschaft der Freien Wohlfahrtspflege e. V. (BAGFW) hat zu dem Referentenentwurf am 20.10.2014 umfassend Stellung genommen (http://www.bagfw.de/gremien-themen/finanzkommission/detail/article/stellungnahme-der-bagfw-zur-neufassung-der-umsatzsteuerbefreiung-fuer-leistungen-imbereich-der-sozialen-sicherheit). Die Stellungnahme enthält zahlreiche Hinweise zum bisherigen Verständnis der nach § 4 Nr. 18 UStG umsatzsteuerbefreiten Leistungen und macht deutlich, welche Fragestellungen mit der geplanten Neuregelung einhergehen. Im Sinne einer höheren Rechtssicherheit bleibt zu hoffen, dass die Bestrebungen zur Reformierung des § 4 Nr. 18 UStG zeitnah umgesetzt werden.

4.5.8.7 Umsätze der Blinden

§ 4 Nr. 19 UStG

> Von den unter § 1 Abs. 1 Nr. 1 fallenden Umsätzen sind steuerfrei:
>
> .....
>
> 19. a) die Umsätze der Blinden, die nicht mehr als zwei Arbeitnehmer beschäftigen. ₂Nicht als Arbeitnehmer gelten der Ehegatte, der eingetragene Lebenspartner, die minderjährigen Abkömmlinge, die Eltern des Blinden und die Lehrlinge. ₃Die Blindheit ist nach den für die Besteuerung des Einkommens maßgebenden Vorschriften nachzuweisen. ₄Die Steuerfreiheit gilt nicht für die Lieferungen von Energieerzeugnissen im Sinne des § 1 Abs. 2 und 3 des Energiesteuergesetzes und Branntweinen, wenn der Blinde für diese Erzeugnisse Energiesteuer oder Branntweinabgaben zu entrichten hat, und für Lieferungen im Sinne der Nummer 4a Satz 1 Buchstabe a Satz 2,
>
> b) die folgenden Umsätze der nicht unter Buchstabe a fallenden Inhaber von anerkannten Blindenwerkstätten und der anerkannten Zusammenschlüsse von Blindenwerkstätten im Sinne des § 143 des Neunten Buches Sozialgesetzbuch:
>
> aa) die Lieferungen von Blindenwaren und Zusatzwaren,
>
> bb) die sonstigen Leistungen, soweit bei ihrer Ausführung ausschließlich Blinde mitgewirkt haben;
>
> .....

Hinsichtlich der beschäftigten Arbeitnehmer i. S. von § 4 Nr. 19 UStG kommt es nicht speziell auf die Anzahl der Arbeitnehmer, sondern vielmehr auf ihre zeitliche Arbeitsleistung an (Abschn. 4.19.1 Abs. 2 UStAE). So ist die Steuerbefreiung für Umsätze von Blinden auch zulässig, wenn mehr als zwei Teilzeitkräfte beschäftigt werden, deren Beschäftigungszeit – bezogen jeweils auf den Kalendermonat – die von zwei ganztägig beschäftigten Arbeitnehmern nicht übersteigt.

Neben den Eltern des Blinden gelten auch Lehrlinge nicht als Arbeitnehmer des Blinden. Der Begriff des Lehrlings ist weitgehend durch den Begriff „Auszubildender" ersetzt worden. Dabei handelt es sich um Personen, die zum Zwecke der Berufsausbildung nach den einschlägigen Vorschriften in einem Ausbildungsverhältnis beschäftigt werden. Vergleiche zu den Regelungen im Einzelnen die Vorschriften in §§ 1 ff. Berufsbildungsgesetz (BBiG).

Nach meiner Auffassung gehören auch Praktikanten und Volontäre nicht zu den Arbeitnehmern des blinden Unternehmers. Obwohl es sich bei ihnen weder um Auszubildende im Sinne des BBiG noch um Familienangehörige handelt, arbeiten sie ebenso wie der genannte Personenkreis aufgrund eines besonderen Arbeitsverhältnisses, das nicht von dem Grundsatz „Lohn gegen Arbeit" geprägt ist, sondern zur Ausbildung oder zum Einstieg in den Beruf dient. Da die Steuerbefreiung des § 4 Nr. 19 UStG der wirtschaftlichen Förderung der Blinden dienen soll, darf die Beschäftigung von freiwilligen Arbeitskräften nicht dazu führen, dass die Steuerbefreiung insgesamt nicht eingreift (vgl. Weymüller, UStG, Tz. 25 zu § 4 Nr. 19 UStG).

Betriebe, in denen ausschließlich Blindenwaren hergestellt werden, werden als Blindenwerkstätten (siehe Abschn. 4.19.2 UStAE) tituliert. Wesentliche Voraussetzung für derartige Betriebe ist, dass andere Personen als Blinde lediglich mit Hilfs- oder Nebenarbeiten beschäftigt sind. Auch die Umsätze von jenen Blindenwaren, die nicht in der eigenen Blindenwerkstätte hergestellt sind, fallen unter die Steuerbefreiung gem. § 4 Nr. 19 UStG.

4.5.8.8 Theater und andere kulturelle Leistungen

§ 4 Nr. 20 UStG

> Von den unter § 1 Abs. 1 Nr. 1 fallenden Umsätzen sind steuerfrei:
>
> .....
>
> 20. a) die Umsätze folgender Einrichtungen des Bundes, der Länder, der Gemeinden oder der Gemeindeverbände: Theater, Orchester, Kammermusikensembles, Chöre, Museen, botanische Gärten, zoologische Gärten, Tierparks, Archive, Büchereien sowie Denkmäler der Bau- und Gartenbaukunst. ₂Das Gleiche gilt für die Umsätze gleichartiger Einrichtungen anderer Unternehmer, wenn die zuständige Landesbehörde bescheinigt, dass sie die gleichen kulturellen Aufgaben wie die in Satz 1 bezeichneten Einrichtungen erfüllen. ₃Steuerfrei sind auch die Umsätze von Bühnenregisseuren und Bühnenchoreographen an Einrichtungen im Sinne der Sätze 1 und 2, wenn die zuständige Landesbehörde bescheinigt, dass deren künstlerische Leistungen diesen Einrichtungen unmittelbar dienen.[1] ₄Museen im Sinne dieser Vorschrift sind wissenschaftliche Sammlungen und Kunstsammlungen,
>
> b) die Veranstaltung von Theatervorführungen und Konzerten durch andere Unternehmer, wenn die Darbietungen von den unter Buchstabe a bezeichneten Theatern, Orchestern, Kammermusikensembles oder Chören erbracht werden;
>
> .....

§ 4 Nr. 20 Buchst. a UStG befreit kulturelle Dienstleistungen. Zu den begünstigten Unternehmern zählen Gebietskörperschaften sowie gleichartige Einrichtungen privater Unternehmer, sofern sie eine entsprechende Bescheinigung der zuständigen Landesbehörde vorweisen können. § 4 Nr. 20 Buchst. b UStG begünstigt die Veranstaltung von Theatervorführungen und Konzerten anderer Unternehmer, sofern sie ihre Dienstleistungen in den unter § 4 Nr. 20 Buchst. a UStG aufgeführten Einrichtungen erbringen. § 4 Nr. 20 UStG fördert kulturpolitisch erwünschte Umsätze. Die begünstigten Unternehmer, die in erheblichem Umfang staatlich subventioniert werden, sollen steuerlich entlastet werden. Die Eintrittspreise von Theatern sollen als Teil der Kultur nicht mit Umsatzsteuer belastet sein.

Mit Wirkung zum 01.01.2011 wurde die Vorschrift geändert und der Satz „Für die Erteilung der Bescheinigung gilt § 181 Abs. 1 und 5 der Abgabenordnung (AO) entsprechend." eingefügt. Für die Erteilung oder die Aufhebung der Bescheinigung sowie alle anderen damit im Zusammenhang stehenden Aspekte des Verwaltungsverfahrens ist das jeweilige Verwaltungsverfahrensgesetz des Landes maßgebend, dem die bescheinigende Behörde angehört, vgl. auch BMF-Schreiben vom 20.08.2012 (BStBl 2012 I S. 877).

Mit Inkrafttreten des AmtshilfeRLUmsG fallen ab Juli 2013 auch die selbständig tätigen Bühnenregisseure und -choreographen unter die Steuerbefreiung des § 4 Nr. 20 UStG.

---

1 Folgender Satz 4 wurde mit Wirkung ab 01.01.2015 aufgehoben: „₄Für die Erteilung der Bescheinigung gilt § 181 Absatz 1 und 5 der Abgabenordnung entsprechend."

4.5 Umsatzsteuer

Begünstigte Einrichtungen – Einrichtungen der Gebietskörperschaften

Das Gesetz setzt in § 4 Nr. 20 Buchst. a Satz 1 UStG voraus, dass es sich um Einrichtungen des Bundes, der Länder, der Gemeinden oder Gemeindeverbände handelt, die in der Form eines Betriebs gewerblicher Art nach § 2 Abs. 1 UStG geführt werden. Für die Inanspruchnahme der Steuerbefreiung ist somit erforderlich, dass die kulturellen Einrichtungen von der Gebietskörperschaft unmittelbar in eigener Verwaltung geführt werden. Es reicht daher nicht aus, wenn die Gebietskörperschaft nur an einer zwischengeschalteten Gesellschaft beteiligt ist, da in diesem Fall die Gesellschaft (beispielsweise Theater-GmbH), nicht aber die Gebietskörperschaft selbst der Unternehmer ist. Ebenfalls liegt kein Betreiben vor, wenn eine der angeführten Gebietskörperschaften einer anderen lediglich Mittel zur Verfügung stellt. In diesen Fällen kommt jedoch die Steuerbefreiung nach § 4 Nr. 20 Buchst. a Satz 2 UStG unter den dort genannten Voraussetzungen in Frage.

Gleichartige Einrichtungen anderer Unternehmer

Andere Unternehmen sind nach § 4 Nr. 20 Buchst. a Satz 2 UStG von der Umsatzsteuer befreit, wenn durch eine Bescheinigung der zuständigen Landesbehörde nachgewiesen wird, dass sie die gleichen kulturellen Aufgaben erfüllen wie die in Satz 1 bezeichneten Einrichtungen.

In Betracht kommen öffentlich-rechtliche Körperschaften aller Art, z. B. Institute, Stiftungen, Kirchen, privatrechtliche juristische Personen aller Art, eingetragene Vereine sowie natürliche Personen. Die von diesen Unternehmern betriebenen Einrichtungen müssen den in § 4 Nr. 20 Buchst. a Satz 1 UStG aufgezählten Einrichtungen gleichartig sein, d. h., es muss sich ebenfalls um Theater, Orchester, Kammermusikensembles, Chöre, Museen, botanische Gärten, zoologische Gärten, Tierparks, Archive, Büchereien und Denkmäler der Bau- und Gartenkunst handeln. Eine Erweiterung über die Aufzählung hinaus ist nicht zulässig.

Materiell-rechtliche Voraussetzung für die Berufung auf die Steuerbefreiung ist die Vorlage einer Bescheinigung der zuständigen Landesbehörde, in der nachgewiesen wird, dass die Unternehmer die gleichen kulturellen Aufgaben wie die Gebietskörperschaften erfüllen. Die Bezeichnung bezieht sich somit nicht auf den einzelnen Umsatz, sondern betrifft die Vergleichbarkeit der kulturellen Aufgaben. Gemäß § 4 Nr. 20 Buchst. a Satz 3 UStG gilt für die Erteilung der Bescheinigung die Vorschrift des § 181 Abs. 1 und 5 AO entsprechend.

Zur Steuerbefreiung für kulturelle Einrichtungen siehe BMF-Schreiben vom 03.04.1980 (BStBl 1980 I S. 190). Im Übrigen vgl. auch Abschn. 4.20.1 bis 4.20.5 UStAE.

Hinweis: Die Bescheinigung der zuständigen Landesbehörde kann auch von Amts wegen beantragt werden (Abschn. 4.20.5 i. V. m. Abschn. 4.21.5 Abs. 2, 3 und 6 UStAE).

Die Umsätze eines Musikvereins sind nach § 4 Nr. 20 Buchst. a UStG steuerfrei, wenn der Verein die gleichen kulturellen Aufgaben wahrnimmt wie das Orchester des Bundes, der Länder, der Gemeinden oder der Gemeindeverbände.

Eine erteilte Bescheinigung der Kultusbehörde zur Umsatzsteuerbefreiung gilt für 4 Jahre, welche grundsätzlich vom Verein beantragt wird. Die Erteilung einer Bescheinigung nach § 4 Nr. 20 Buchst. a Satz 2 UStG durch die zuständige Kultusbehörde setzt nicht einen Antrag des Unternehmers voraus. Das BVerwG bestätigte in seinem Urteil vom 04.05.2006 (10 C 10.05), dass auch das Finanzamt diesen Antrag stellen kann. Wird die Bescheinigungsbehörde durch das Ersuchen des Finanzamts um entsprechende Prüfung in das Besteuerungsverfahren eingebunden, verbleibt ihr kein Handlungsermessen. Die Bescheinigung ist vielmehr zwingend zu erteilen, wenn die gesetzlichen Voraussetzungen des § 4 Nr. 20 Buchst. a Satz 2 UStG vorliegen.

Diese Bescheinigung hat zur Folge, dass der Verein beispielsweise seine Auftrittsgagen oder Eintrittsgelder für die eigenen Konzerte nicht mehr der Umsatzsteuer unterwerfen muss, er aber im Gegenzug die Vorsteuern (wie etwa aus den Anschaffungskosten für Musikinstrumente oder Uniformen), die jetzt im Zusammenhang mit steuerfreien Umsätzen stehen, nicht mehr geltend machen kann.

Eine Option nach § 9 UStG ist demzufolge nicht möglich. Ein anderes Auslegungsergebnis wäre auch mit dem Sinn der Vorschrift unvereinbar. Sie zielt darauf ab, die Wettbewerbsgleichheit zwischen den in § 4 Nr. 20 Buchst. a Satz 1 UStG bezeichneten Einrichtungen der öffentlichen Hand mit den in Satz 2 der Vorschrift beschriebenen gleichartigen Einrichtungen anderer Unternehmer herzustellen. Die Zielsetzung, Wettbewerbsneutralität der Umsatzbesteuerung sicherzustellen, würde konterkariert, wenn dem privaten Unternehmer insoweit ein Wahlrecht zugunsten eines im Einzelfall ihm günstigeren Vorsteuerabzugs eingeräumt würde, über das die unmittelbar kraft Gesetzes steuerbefreiten öffentlichen Unternehmer nach § 4 Nr. 20 Buchst. a Satz 1 UStG nicht verfügen.

Gemäß Urteil des BFH vom 21.11.2013 (V R 33/10, BFHE 244 S. 63) kann eine steuerfreie Veranstaltung von Theatervorführungen nach § 4 Nr. 20 Buchst. b UStG vorliegen, wenn ein Touristikunternehmen sämtliche Eintrittskarten einer Theatervorführung kauft. Der Touristikunternehmer übernimmt das volle wirtschaftliche Risiko der Aufführung und tritt in eigenem Namen als Veranstalter auf.

Abgrenzung zur ermäßigten Umsatzbesteuerung

Zu beachten ist das Verhältnis der Steuerbefreiung zu § 12 Abs. 2 Nr. 7 Buchst. a UStG. Nach dieser Vorschrift ermäßigt sich der Steuersatz für die Leistungen der Theater, Orchester und Museen sowie für die Veranstaltungen von Theatervorführungen und Konzerten durch andere Unternehmer auf 7 %. Begünstigt sind diejenigen Leistungen, die nicht unter die Befreiungsvorschrift des § 4 Nr. 20 Buchst. b UStG fallen. Die Anwendung des ermäßigten Steuersatzes setzt die Steuerpflicht des Umsatzes voraus und ist daher im Verhältnis zu § 4 Nr. 20 UStG nur subsidiär anwendbar. Ein Wahlrecht zwischen der Steuerfreiheit nach § 4 Nr. 20 Buchst. a Satz 2 UStG und dem ermäßigten Steuersatz nach § 12 Abs. 2 Nr. 7 UStG besteht somit nicht.

4.5.8.9 Unmittelbare Leistungen für Schul- und Bildungszwecke

§ 4 Nr. 21 UStG

> Von den unter § 1 Abs. 1 Nr. 1 fallenden Umsätzen sind steuerfrei:
>
> ....
>
> 21. a) die unmittelbar dem Schul- und Bildungszweck dienenden Leistungen privater Schulen und anderer allgemein bildender oder berufsbildender Einrichtungen,
>
>   aa) wenn sie als Ersatzschulen gemäß Artikel 7 Abs. 4 des Grundgesetzes staatlich genehmigt oder nach Landesrecht erlaubt sind oder
>
>   bb) wenn die zuständige Landesbehörde bescheinigt, dass sie auf einen Beruf oder eine von einer juristischen Person des öffentlichen Rechts abzulegende Prüfung ordnungsgemäß vorbereiten,
>
>   b) die unmittelbar dem Schul- und Bildungszweck dienenden Unterrichtsleistungen selbständiger Lehrer

aa) an Hochschulen im Sinne der §§ 1 und 70 des Hochschulrahmengesetzes und öffentlichen allgemein bildenden oder berufsbildenden Schulen oder

bb) an privaten Schulen und anderen allgemein bildenden oder berufsbildenden Einrichtungen, soweit diese die Voraussetzungen des Buchstabens a erfüllen;

....

§ 4 Nr. 21 UStG befreit die unmittelbar dem Schul- und Bildungszweck dienenden Leistungen privater und anerkannt vergleichbarer Schulen und Bildungseinrichtungen sowie die Unterrichtsleistungen selbständiger Lehrer an Hochschulen oder privaten oder anerkannt vergleichbaren Schulen und Bildungseinrichtungen. Die Vorschrift soll die schulische und berufliche Ausbildung und Fortbildung fördern. Gleichzeitig erfolgt mit § 4 Nr. 21 UStG eine umsatzsteuerliche Gleichstellung von privaten und öffentlichen Schulen, die in der Regel nach § 2 Abs. 3 UStG nicht der Umsatzsteuer unterliegen. § 4 Nr. 21 UStG steht im Kontext mit den übrigen Vorschriften nach § 4 Nr. 22, 23 und 25 UStG, mit denen Umsätze im Bereich von Erziehung, Pädagogik und Jugendarbeit von der Umsatzsteuer ausgenommen werden. Unter den genannten Voraussetzungen kommt ggf. auch eine Steuerbefreiung nach § 4 Nr. 22 oder 25 UStG in Betracht.

Ersatzschulen – Genehmigung

§ 4 Nr. 21 Buchst. a Doppelbuchst. aa UStG begünstigt die sog. Ersatzschulen. Dabei handelt es sich um private Schulen, die nach Art. 7 Abs. 4 GG in ihren Bildungszielen den öffentlichen Schulen entsprechen und als Ersatz für eine in einem Bundesland vorhandene oder grundsätzlich vorgesehene öffentliche Schule dienen. In Betracht kommen beispielsweise Montessori-, Waldorf-, Rudolf-Steiner-Schulen, durch deren Besuch der gesetzlichen Schulpflicht genügt wird, da sie in ihren Bildungszielen Grundschulen, Haupt-, Realschulen sowie Gymnasien entsprechen und an ihnen Schulabschlüsse wie auf den öffentlichen Schulen abgelegt werden können.

Als private Schulen kann die Ersatzschule sowohl von Privatpersonen, nichtrechtsfähigen Personenvereinigungen (BGB-Gesellschaft, OHG, KG), Kapitalgesellschaften (AG, KG auf Aktien, GmbH) oder sonstigen juristischen Personen des privaten Rechts (z. B. rechtsfähige Vereine, rechtsfähige Stiftungen), aber auch von nichtrechtsfähigen Vereinen, Anstalten, Stiftungen und anderen Zweckvermögen des privaten Rechts betrieben werden.

Die Steuerbefreiung kann nur in Anspruch genommen werden, wenn die Ersatzschule staatlich genehmigt oder landesrechtlich erlaubt ist. Dabei reicht die bloße Genehmigungsfähigkeit nicht aus. Die Bescheinigung ist materiell-rechtliche Voraussetzung für die Steuerbefreiung. Der Nachweis kann durch Vorlage einer Bescheinigung der Schulaufsichtsbehörde erbracht werden. Zu beachten ist, dass die Bescheinigung sowohl vom Unternehmer als auch von Amts wegen beantragt bzw. eingeholt werden kann (Abschn. 4.21.5. Abs. 2 Satz 1 UStAE). Dem Unternehmer ist es daher nicht möglich, durch die Nichtvorlage der Bescheinigung die Steuerpflicht zu wählen, um so in den Genuss des Vorsteuerabzugs zu gelangen. Darüber hinaus muss er damit rechnen, dass die Finanzbehörde bei der zuständigen Landesbehörde eine Überprüfung der schon erteilten Bescheinigung anregt (Abschn. 4.21.5 Abs. 2 Satz 4 UStAE). Die Bescheinigung kann auch rückwirkend erteilt werden (BFH vom 20.08.2009 V R 25/08, BStBl 2010 II S. 15). Allerdings entfaltet eine Bescheinigung nur Wirkung für den Zeitraum, der von der Bestätigung inhaltlich erfasst ist (OFD Magdeburg vom 03.03.2014).

4 Andere Steuergesetze

Da es sich bei der Bescheinigung um einen Grundlagenbescheid handelt, kann er Grundlage für eine Änderung des Steuerbescheids nach § 175 Abs. 1 Satz 1 Nr. 1 AO sein. Wird also nachträglich eine Bescheinigung für die Vergangenheit eingeholt, ist der Steuerbescheid unter den Voraussetzungen des § 175 Abs. 1 Satz 1 Nr. 1 AO zu ändern. Der Steuerpflichtige ist daher im eigenen Interesse gehalten, eine Bescheinigung, ggf. auch eine Negativbescheinigung (Ablehnung der beantragten Bescheinigung) zu beantragen. Ansonsten muss damit gerechnet werden, dass das Finanzamt spätestens im Rahmen einer Prüfung selbst die Erteilung einer Bescheinigung beantragt, die zur Versagung des Vorsteuerabzugs führt. Versäumt er es, eine solche Bescheinigung zu beantragen, muss er damit rechnen, dass das Finanzamt zulässigerweise den Antrag während der Umsatzsteuerprüfung stellt. Die Bescheinigung kann dann auch – anders als die Neuregelung in § 4 Nr. 20 UStG – rückwirkend erteilt werden (vgl. FG Niedersachsen vom 16.09.2010 – 16 K 295/09, EFG 2011 S. 25, und Weymüller, UStG, Tz. 44 zu § 4 Nr. 21 UStG).

Befreite Leistungen

Voraussetzung für die Inanspruchnahme der Steuerfreiheit ist, dass die Ersatzschule unmittelbar dem Schul- und Bildungszweck dienende Leistungen erbringt. Das Tatbestandsmerkmal „unmittelbar" beschreibt die Art und Weise, in der die Leistungen bei der Erfüllung des Schulzwecks und Bildungszwecks der Einrichtung eingesetzt werden müssen. Unmittelbar dem Schulzweck und Bildungszweck dienen daher die Leistungen, die ihn nicht nur ermöglichen, sondern ihn selbst bewirken. Nicht dem Schul- und Bildungszweck dient die Unterbringung und Verpflegung von Schülern durch einen Schulträger. Insoweit kommt jedoch – zumindest für Leistungen an Schüler bis zur Vollendung des 27. Lebensjahres – eine Steuerbefreiung des § 4 Nr. 23 UStG in Betracht, bei der Unterbringung durch steuerbegünstigte Einrichtungen kann unter Umständen auch § 4 Nr. 18 UStG eingreifen.

Auch die Lieferung von Lehr- und Lernmaterial durch den Träger der Einrichtung dient grundsätzlich nicht unmittelbar dem Schul- und Bildungszweck. Insoweit kann jedoch unter Umständen eine unselbständige Nebenleistung in Betracht kommen, die ebenfalls unter die Steuerbefreiung des § 4 Nr. 21 UStG fällt, sofern das Material den Unterricht inhaltlich ergänzt, zum Einsatz im Unterricht bestimmt ist, von der Schule bzw. Einrichtung für diese Zwecke selbst entworfen worden ist und bei Dritten nicht bezogen werden kann (vgl. hierzu BFH vom 12.12.1985 V R 15/80, BStBl 1986 II S. 499, und vom 17.04.2008 V R 39/05, BFH/NV 2008 S. 1712).

Die entgeltliche Ausarbeitung von Prüfungsaufgaben für andere Einrichtungen stellt ebenfalls keine unmittelbar dem Schul- und Bildungszweck dienende Leistung dar, vgl. hierzu OFD Hannover vom 27.06.2006.

Andere allgemeinbildende oder berufsbildende Einrichtungen

Bei den anderen allgemeinbildenden oder berufsbildenden Einrichtungen handelt es sich grundsätzlich um alle Institutionen, von denen die genannten Zwecke verfolgt und entgeltliche Unterrichtsleistungen angeboten werden. In Betracht kommen beispielsweise Nachhilfeeinrichtungen, Fernlehrinstitute, Repetitorien und Bildungseinrichtungen von Industrie- und Handwerkskammern, Verbänden usw. Für die Inanspruchnahme der Steuerbefreiung kommt es auf die Rechtsform des Trägers der Einrichtung nicht an, auf § 4 Nr. 21 Buchst. a Doppelbuchst. bb UStG können sich daher natürliche Personen oder Personenzusammenschlüsse sowie Personen- und Kapitalgesellschaften berufen.

Nach Ansicht der Verwaltung erfordert der Begriff der „Einrichtung", dass ein festliegendes Lehrprogramm und Lehrpläne zur Vermittlung eines Unterrichtsstoffes für die Erreichung eines bestimmten Lehrgangsziels sowie geeignete Unterrichtsräume oder -vorrichtungen vorhanden sind. Darüber hinaus soll der Betrieb einer Bildungseinrichtung auf eine gewisse Dauer angelegt sein (Abschn. 4.21.2 Abs. 2 Satz 6 UStAE). Diese Vorgabe entspricht allerdings nicht dem Gesetz. Auch wenn ein Veranstalter lediglich einzelne Vorträge oder eine Vortragsreihe anbietet, kann ihm seine Eigenschaft als „Einrichtung" nicht abgesprochen werden, sofern er einen organisatorischen Rahmen für seine Leistungen bereitstellt. Dieses Kriterium ist auch erfüllt, wenn ein Veranstalter beispielsweise für seine Vorträge immer wieder andere Räume an verschiedenen Orten anmietet (vgl. Weymüller, UStG, Tz. 32 zu § 4 Nr. 21 UStG).

Die Klägerin im Urteil des BVerwG vom 12.06.2013 (9 C 4/12, BVerwGE 147 S. 1) führte an öffentlichen Schulen Testverfahren durch, um berufsübergreifend einsetzbare Kompetenzen und Neigungen der Schüler festzustellen (entsprechende Tests sind in NRW auch Teil des Unterrichts), und begehrt insoweit eine Bescheinigung nach § 4 Nr. 21 Buchst. a Doppelbuchst. bb UStG. Nach Ansicht des BVerwG kann ein Anspruch auf Erteilung der Bescheinigung bestehen, da der Begriff „zur Vorbereitung auf einen Beruf" i. S. von § 4 Nr. 21 UStG – abweichend von der bisherigen Rechtsprechung – erweiternd auszulegen sei („Vorbereitung auf einen Beruf schlechthin"). Dies gebiete auch das unionsrechtliche Effektivitätsgebot, da solche Leistungen unter den Begriff des „Hochschulunterrichts" i. S. von Art. 132 Abs. 1 Buchst. i MwStSystRL fallen können.

Der BFH hat sich mit Urteil vom 20.03.2014 (V R 3/13, BFHE 245 S. 391) der Auffassung des EuGH (Urteil vom 28.01.2010 Rs. C-473/08 „Eulitz") angeschlossen und bestätigt, dass es für die Anwendung der Steuerfreiheit nach Art. 132 Abs. 1 Buchst. j MwStSystRL nicht mehr darauf ankommt, ob der Privatlehrer an einer Schule oder Hochschule tätig ist, ob er sich an Schüler oder Hochschüler wendet oder ob es sich um einen in einem Lehr- oder Studienplan eingebetteten Unterricht handelt. Das Unionsrecht bezieht sich auf jegliche Aus- und Fortbildung, die nicht den Charakter bloßer Freizeitgestaltung hat. Ein Lehrplan ist nicht zwingend für die Steuerfreiheit erforderlich. Außerdem steht es der Steuerfreiheit nicht entgegen, dass mehreren Personen gleichzeitig Unterricht erteilt wird.

Verfolgung allgemeinbildender oder berufsbildender Zwecke

Voraussetzung für die Steuerfreiheit nach deutschem Recht ist, dass die Bildungsinstitute allgemeinbildende oder berufsbildende Zwecke verfolgen. Unter allgemeinbildenden Zwecken ist die Vermittlung eines breit gefächerten Wissen zu verstehen, d. h. ein Wissen, das die Grundlage für Leben und Bildung darstellt. Im Gegensatz dazu vermitteln Spezialkenntnisse nur sehr begrenzte und fachspezifische Lerninhalte. Dagegen werden an berufsbildenden Einrichtungen Fähigkeiten gelehrt, die zur Ausübung bestimmter beruflicher Tätigkeiten notwendig sind und ihrer Art nach den Zielen der Berufsausbildung, der Berufsfortbildung oder der Umschulung dienen.

Fortbildungs- und Ausbildungsleistungen sollen nach BFH-Rechtsprechung bei einer GmbH gegeben sein, wenn diese im Auftrag der Bundesanstalt für Arbeit und für den Arbeitsförderungsdienst der Bundeswehr durchgeführt und Kurse in den Fachbereichen Gastronomie, Floristik, Textil und EDV/Schreibtechnik für Langzeitarbeitslose, Spätaussiedler und Asylanten veranstaltet werden (BFH vom 21.03.2007 V R 28/04, BFH/NV 2007 S. 1604). Unter die berufsbildenden Schulen fallen vor allem Berufsschulen als berufsbegleitende Schulen, die neben der eigentlichen Berufsausbildung im Betrieb besucht werden (Teilzeitschulen), außerdem freiwillige Berufsfachschulen, Berufsaufbauschulen, Fachschulen und Fachoberschulen, Hotel- und Gaststättenschulen.

Sowohl allgemeinbildende als auch berufsbildende Zwecke verfolgen Sonderschulen für Schüler mit körperlicher, seelischer oder geistiger Behinderung (Blinde, Taubstumme, Schwerhörige, Körperbehinderte, Lernbehinderte u. a.). Für die Beurteilung, ob eine Schule oder andere Bildungseinrichtung allgemeinbildenden oder berufsbildenden Charakter hat, ist auf die Art der erbrachten Leistungen und ihre generelle Eignung, den Zielen der Allgemeinbildung oder der Berufsaus- oder der Berufsfortbildung zu dienen, abzustellen. Dabei ist vor allem auf den Inhalt der von den zuständigen Landesbehörden erteilten Bescheinigungen abzustellen.

Von der Bundesagentur für Arbeit geförderte Maßnahmen zur beruflichen Ausbildung, Fortbildung, beruflichen Umschulung oder zur **(Wieder-)Eingliederung Arbeitsloser** sind nach der Finanzverwaltung von der Steuerbefreiung erfasst. Umsätze aus Maßnahmen der aktiven Arbeitsförderung, die im Wesentlichen aktive Unterstützung bei der Stellensuche, der Erstellung von Bewerbungsunterlagen und die Unterweisung und das Training berufsunabhängiger Fähigkeiten zur Arbeitsaufnahme beinhalten **(sog. Jobcoaching)** und die nach § 37a SGB III aufgrund vertraglicher Vereinbarung an das beauftragende Arbeitsamt erbracht und an dieses abgerechnet werden, fallen **nicht** unter die Voraussetzungen des § 4 Nr. 21 Buchst. a UStG (FG Berlin-Brandenburg vom 21.04.2010 – 2 K 998/05, DStRE 2010 S. 1458). Soweit steuerbegünstigte Unternehmen diese Leistungen anbieten, kann ggf. eine Umsatzsteuerbefreiung nach § 4 Nr. 18 UStG in Betracht kommen.

Auch das sog. **Existenzgründungscoaching** i. S. des § 2 Abs. 1 der Richtlinie für aus Mitteln des Europäischen Sozialfonds (ESF) mitfinanzierte zusätzliche arbeitsmarktpolitische Maßnahmen im Bereich des Bundes (BAnz. 2004 S. 24741) als Form der Unternehmensberatung fällt nicht unter die Vorschrift des § 4 Nr. 21 UStG (BMF vom 27.04.2000).

Die nach § 43 AufenthG erbrachten Leistungen **(Integrationskurse)** dienen als Maßnahme der Eingliederung in den Arbeitsmarkt dem Erwerb ausreichender Kenntnisse der deutschen Sprache und fallen unter die Steuerbefreiung nach § 4 Nr. 21 UStG, wenn sie von einem vom Bundesamt für Migration und Flüchtlinge zur Durchführung der Integrationskurse zugelassenen Kursträger erbracht werden (BMF vom 03.03.2011, BStBl 2011 I S. 233; anders noch OFD Hannover vom 03.07.2006). Auf die Steuerbefreiung nach § 4 Nr. 21 UStG kann sich auch ein eingetragener, gemeinnützig tätiger Verein hinsichtlich berufsorientierender Maßnahmen berufen, dessen satzungsgemäßer Gegenstand die Unterstützung sozial benachteiligter sowie hilfsbedürftiger Personen ist (VG Aachen vom 22.10.2010 – 7 K 1519/09).

Mit dem Gesetz zur Verbesserung der Eingliederungschancen am Arbeitsmarkt vom 20.12.2011 (BGBl 2011 I S. 2854) wurden arbeitsmarktpolitische Maßnahmen mit Wirkung zum 01.04.2012 neu geregelt und Abschn. 4.21.2 UStAE neu gefasst. Insbesondere erkennt die Verwaltung Maßnahmen zur **Aktivierung und beruflichen Eingliederung** i. S. von **§ 45 SGB III** mit Ausnahme von § 45 Abs. 4 Satz 3 Nr. 2 und Abs. 7 SGB III, Weiterbildungsmaßnahmen entsprechend den Anforderungen der §§ 179, 180 SGB III, Aus- und Weiterbildungsmaßnahmen (einschließlich der Berufsvorbereitung und der blindentechnischen und vergleichbaren speziellen Grundausbildung zur beruflichen Eingliederung von Menschen mit Behinderung) i. S. von § 112 SGB III sowie berufsvorbereitende, berufsbegleitende bzw. außerbetriebliche Maßnahmen nach §§ 48, 130 SGB III, §§ 51, 53 SGB III,

§§ 75, 76 SGB III bzw. § 49 SGB III, die von der Bundesagentur für Arbeit und über § 16 SGB II den Trägern der Grundsicherung für Arbeitsuchende nach § 6 SGB II gefördert werden, als Maßnahmen, die allgemein oder berufsbildenden Zwecken dienen, an. Zur Umsatzsteuerfreiheit sog. **Arbeitsmarktdienstleistungen** von Werkstätten für behinderte Menschen vgl. Seeger, Werkstätten und Arbeitsmarktdienstleistungen, Werkstatt-Dialog, Ausgabe 5/2011, Bundesarbeitsgemeinschaft der Werkstätten für Menschen mit Behinderungen, BAG: WfbM.

4.5.8.10 Vorträge, Kurse, Sportveranstaltungen

§ 4 Nr. 22 UStG

Von den unter § 1 Abs. 1 Nr. 1 fallenden Umsätzen sind steuerfrei:

. . . .

22. a) **die Vorträge, Kurse und anderen Veranstaltungen wissenschaftlicher oder belehrender Art, die von juristischen Personen des öffentlichen Rechts, von Verwaltungs- und Wirtschaftsakademien, von Volkshochschulen oder von Einrichtungen, die gemeinnützigen Zwecken oder dem Zweck eines Berufsverbandes dienen, durchgeführt werden, wenn die Einnahmen überwiegend zur Deckung der Kosten verwendet werden,**

b) **andere kulturelle und sportliche Veranstaltungen, die von den in Buchstabe a genannten Unternehmern durchgeführt werden, soweit das Entgelt in Teilnehmergebühren besteht;**

. . . .

§ 4 Nr. 22 UStG begünstigt vor allem sonstige Leistungen auf dem Gebiet der Erwachsenenbildung, die von juristischen Personen des öffentlichen Rechts, Verwaltungs- und Wirtschaftsakademien, Volkshochschulen und von Einrichtungen, die gemeinnützigen Zwecken oder dem Zweck eines Berufsverbandes dienen, erbracht werden. Befreit sind Vorträge, Kurse (z. B. für Buchführung, Fremdsprachen, Malen, Musik, Zeichnen, Kochen), andere Veranstaltungen wissenschaftlicher oder belehrender Art (z. B. Veranstaltungen der Gewerkschaften für Betriebs- bzw. Personalräte zur Schulung in der Sozialpolitik) oder andere kulturelle und sportliche Veranstaltungen durch die o. g. Unternehmer, soweit das Entgelt in Teilnehmergebühren besteht.

§ 4 Nr. 22 Buchst. a UStG fördert bildungspolitische Zwecke vor allem im Bereich der Erwachsenenbildung. Da den Träger der Bildungseinrichtungen oft erhebliche Zuschüsse aus öffentlicher Hand gewährt werden, soll vermieden werden, dass die Belastung der ausgeführten Umsätze mit Umsatzsteuer zu einer Erhöhung der Zuschüsse führt. Die Regelung des § 4 Nr. 22 Buchst. b UStG soll verhindern, dass aktive Teilnehmer an kulturellen und sportlichen Veranstaltungen mit Umsatzsteuer belastet werden. Zu beachten sind mögliche Überschneidungen der Vorschrift mit § 4 Nr. 21 Buchst. a und Nr. 23 UStG, die ebenfalls Steuerbefreiungen im Bereich der Bildung enthalten. Während § 4 Nr. 22 Buchst. a UStG jedoch außerschulische Bildungsleistungen vor allem an Erwachsene begünstigt, setzt § 4 Nr. 21 Buchst. a UStG die Erteilung der Unterrichtsleistungen an Schulen und anderen anerkannten Bildungseinrichtungen zur Erreichung eines Schulabschlusses voraus.

Nach der BFH-Rechtsprechung sind im Rahmen der Steuerbefreiung nach § 4 Nr. 22 Buchst. a UStG allerdings nicht alle Vorträge, Kurse und andere Veranstaltungen zur Erlernung von Fähigkeiten oder Fertigkeiten „wissenschaftlicher oder belehrender Art" im Sinne dieser Vorschrift befreit, sondern nur diejenigen, die als

Erziehung von Kindern und Jugendlichen, als Schul- oder Hochschulunterricht, als Ausbildung, Fortbildung oder berufliche Umschulung anzusehen sind (BFH vom 07.10.2010 V R 12/10, BStBl 2011 II S. 303).

Auf die Steuerbefreiung können sich daher die Veranstalter von Seminaren berufen, die bereits nach ihrer Thematik eine Zweckrichtung und Eignung zur beruflichen Fortbildung erkennen lassen. Dies ist bei Veranstaltungsthemen wie z. B. „Kundenbindung", „Verkaufen im Verdrängungswettbewerb" oder „Personalmanagement" gegeben. Die erforderliche Zweckrichtung und Eignung zur beruflichen Fortbildung ist dann zu bejahen, wenn die Seminare dazu dienen, die Effizienz bei der Bewältigung beruflicher Herausforderungen zu verbessern und ein bloßer Freizeitcharakter der Seminare verneint werden kann (BFH vom 07.10.2010 V R 12/10, BStBl 2011 II S. 303).

Dagegen kann ein Arbeitsvermittler, der Arbeitslosen aufgrund eines mit diesen abgeschlossenen Vermittlungsvertrags Arbeitsverträge vermittelt, sich auch dann nicht auf die Steuerbefreiung des Gemeinschaftsrechts berufen, wenn er das Entgelt aufgrund eines vom Arbeitslosen vorgelegten Vermittlungsgutscheins von der Agentur für Arbeit erhält. Er ist nicht als anerkannte Einrichtung mit sozialem Charakter anzusehen, wenn er seine Vermittlungsleistungen auf der Grundlage eines mit den einzelnen Arbeitslosen abgeschlossenen Vertrags erbringt und die Kostenübernahme durch die Agentur für Arbeit nicht auf einer unmittelbaren vertraglichen Beziehung zu dieser beruht (Schleswig-Holsteinisches FG vom 17.07.2013 – 4 K 32/11, EFG 2013 S. 1615, Rev. eingelegt, Az. BFH: XI R 35/13, vgl. Weymüller, UStG, Tz. 35 ff. zu § 4 Nr. 22 UStG).

Zu Veranstaltungen belehrender Art gehört auch der von gemeinnützigen Sportvereinen (im Sinne eines Zweckbetriebs nach § 67a AO) gegen Entgelt erteilte Sportunterricht (vgl. Tz. 2.19.2). Das gilt sowohl für die Erteilung von Sportunterricht gegenüber Mitgliedern des Vereins als auch gegenüber Nichtmitgliedern (Abschn. 4.22.1 Abs. 4 UStAE).

Für Kurse zur Vorbereitung auf die Jagdprüfung, die von gemeinnützigen Vereinen angeboten sowie durchgeführt werden, kann die Steuerbefreiung nach § 4 Nr. 22 Buchst. a UStG ebenfalls greifen.

Hinsichtlich Verpflegungsleistungen, die im Rahmen eines nach § 4 Nr. 22 Buchst. a UStG steuerbefreiten Seminars erbracht werden, ist das BFH-Urteil vom 07.10.2010 (V R 12/10, BStBl 2011 II S. 303) zu beachten. Dem Urteil zugrunde lag der Tatbestand, dass ein Berufsverband für Arbeitnehmer in der Rechtsform eines eingetragenen Vereins Tagesseminare in Hotels zu unternehmerbezogenen Themen erbracht hat und sowohl die Seminar- als auch Verpflegungsleistungen den Teilnehmern mit Umsatzsteuer in Rechnung gestellt hat. Sowohl Finanzamt als auch Finanzgericht vertraten die Ansicht, dass es sich bei den Seminarleistungen um nach § 4 Nr. 22 UStG umsatzsteuerbefreite Leistungen und bei den Verpflegungsleistungen um damit verbundene steuerbefreite Nebenleistungen handle. Der BHF schloss sich hinsichtlich der Verpflegungsleistungen dieser Auffassung nicht an und entschied, dass die Verpflegungsleistungen („umfangreiche Bewirtung in Hotels mit Spitzengastronomie") im vorliegenden Fall nicht als eng mit der Aus- oder Fortbildung verbundene Dienstleistungen einzustufen sind. Es handle sich nicht um eine für die Aus- und Fortbildung unerlässliche Leistung, sondern die Verpflegung stelle nur eine nützliche Maßnahme dar, um den Komfort und das Wohlbefinden bei der Inanspruchnahme der Bildungsmaßnahme zu steigern. Anders könnte der Sachverhalt jedoch entsprechend der EuGH-Rechtsprechung vom

11.12.2008 (Rs. C-371/07) zu beurteilen sein, wenn keine umfangreichen Verpflegungsleistungen, sondern etwa nur kleine Gerichte (z. B. Sandwiches) im Seminarraum oder in Kaffeepausen serviert werden. Diese Art der Verpflegung könnte unter bestimmten Voraussetzungen als für die Seminarleistung unerlässlich und damit umsatzsteuerfrei als eng verbundene Leistung eingestuft werden.

Mit Urteil vom 15.03.2011 (15 K 3840/08 U, EFG 2011 S. 1574) hat das FG Münster unter Bezug auf vorgenanntes BFH-Urteil entschieden, dass für die Verpflegungsleistungen im Rahmen eines Seminares der ermäßigte Umsatzsteuersatz nicht anzuwenden ist. Auch die Revision beim BFH (Urteil vom 08.03.2012 V R 14/11, BStBl 2012 II S. 630) bestätigt die Entscheidung des FG Münster, dass die Leistungen der Klägerin weder steuerfrei sind noch dem ermäßigten Steuersatz gem. § 12 Abs. 2 Nr. 8 Buchst. a UStG unterliegen. Zu Übernachtungs- und Verpflegungsleistungen einer Bildungsstätte vgl. im Übrigen OFD Frankfurt vom 04.03.2011.

Als „andere kulturelle und sportliche Veranstaltungen" i. S. von § 4 Nr. 22 Buchst. b UStG kommen z. B. **Musikwettbewerbe, Trachtenfeste** und **Sportwettkämpfe** in Betracht. Die Befreiung für derartige Veranstaltungen gilt aber nur insoweit, als das Entgelt hierfür in Teilnehmergebühren besteht. Als Teilnehmergebühr sind solche Entgelte anzusehen, die gezahlt werden, um an den Veranstaltungen aktiv teilnehmen zu können (z. B. Startgelder). Soweit das Entgelt für die Veranstaltungen in Eintrittsgeldern der Zuschauer besteht, kommt die Steuerbefreiung nicht in Betracht (Hinweis auf Abschn. 4.22.2 Abs. 5 UStAE). Zur Abgrenzung des Begriffs „Veranstaltung" von einfachen, nicht von der Umsatzsteuer befreiten sonstigen Leistungen wie die bloße Nutzungsüberlassung oder bestimmte Dienstleistungen siehe BFH vom 25.07.1996 (BStBl 1997 II S. 154) und vom 20.11.2008 V B 264/07 (BFH/NV 2009 S. 430). Vor dem Hintergrund dieser Abgrenzung ist auch das Urteil des BFH vom 05.08.2010 (V R 54/09, BStBl 2011 II S. 191) zu sehen. Hierin wurde entschieden, dass die Verwaltung von Sporthallen sowie das Einziehen der Hallenmieten einschließlich des Mahnwesens und Vollstreckungswesens durch einen gemeinnützigen Verein gegen Entgelt einer Stadt keine sportliche Veranstaltung i. S. des § 4 Nr. 22 UStG darstellt. Für die Steuerbefreiung kommt es nicht darauf an, dass der Unternehmer formell als gemeinnützigen Zwecken dienend anerkannt ist (FinBeh Hamburg vom 07.03.1985, UR 1985 S. 209).

Um die Steuerbefreiung nach § 4 Nr. 22 Buchst. a und b UStG in Anspruch nehmen zu können, muss die Voraussetzung, dass die Einnahmen überwiegend zur Deckung der Kosten verwendet werden, erfüllt sein. Erforderlich ist daher, dass der Unternehmer für jede einzelne Veranstaltung einen Nachweis über die Verwendung der Einnahmen erstellt. Insoweit muss sich ergeben, dass die Einnahmen „überwiegend", also zu mehr als 50 %, die Unkosten decken müssen.

Diese Maßnahme soll den Zweck verfolgen, die Teilnehmergebühren und Eintrittsgelder im gewissen Maße niedrig zu halten, sodass möglichst viele Personen die Gelegenheit bekommen, an Angeboten in Bildungseinrichtungen teilnehmen zu können. Das Gewinnstreben steht bei solchen Institutionen zwar nicht im Vordergrund, jedoch muss auch diesen Institutionen gestattet sein, in einem gewissen Rahmen Überschüsse erzielen zu dürfen. Dementsprechend müssen die Einnahmen überwiegend – d. h. konkret zu mehr als 50 % – kostendeckend sein. Zu diesen Kosten gehören unter anderem die Honorare der Vortragenden, die Ausgaben für Kursleiter, die Löhne der Mitarbeiter, die Aufwendungen der Raummiete, Heizung und Beleuchtung sowie diverse Kosten bezüglich der Programmausdrucke, der Vorlesungsverzeichnisse, der Werbung etc.

4.5.8.11 Beherbergung und Beköstigung von Jugendlichen

§ 4 Nr. 23 UStG

> Von den unter § 1 Abs. 1 Nr. 1 fallenden Umsätzen sind steuerfrei:
>
> ....
>
> 23. die Gewährung von Beherbergung, Beköstigung und der üblichen Naturalleistungen durch Einrichtungen, wenn sie überwiegend Jugendliche für Erziehungs-, Ausbildungs- oder Fortbildungszwecke oder für Zwecke der Säuglingspflege bei sich aufnehmen, soweit die Leistungen an die Jugendlichen oder an die bei ihrer Erziehung, Ausbildung, Fortbildung oder Pflege tätigen Personen ausgeführt werden. ₂Jugendliche im Sinne dieser Vorschrift sind alle Personen vor Vollendung des 27. Lebensjahres. ₃Steuerfrei sind auch die Beherbergung, Beköstigung und die üblichen Naturalleistungen, die diese Unternehmer den Personen, die bei den Leistungen nach Satz 1 tätig sind, als Vergütung für die geleisteten Dienste gewähren. ₄Die Sätze 1 bis 3 gelten nicht, soweit eine Leistung der Jugendhilfe des Achten Buches Sozialgesetzbuch erbracht wird;
>
> ....

Soweit die Beherbergung, Beköstigung und die üblichen Naturalleistungen im Rahmen der Jugendhilfe nach SGB VIII (vgl. § 2 SGB VIII) erfolgen und die Steuerbefreiung deshalb nach § 4 Nr. 23 Satz 4 UStG entfällt, kommt eine Befreiung der Umsätze nach § 4 Nr. 25 UStG in Betracht. Da § 4 Nr. 23 Satz 4 UStG nur die Beherbergung, Beköstigung und die üblichen Naturalleistungen umfasst, ist hinsichtlich der anderen Leistungen im Zusammenhang mit Erziehung, Ausbildung und Fortbildung von Jugendlichen auch an § 4 Nr. 21 und 22 UStG und unter Umständen an § 4 Nr. 25 UStG zu denken. Im Verhältnis zu Leistungen der freien Wohlfahrtspflege ist § 4 Nr. 18 UStG vorrangig anzuwenden, § 4 Nr. 24 UStG enthält eine Steuerbefreiung für die im Zusammenhang mit Jugendherbergen getätigten Umsätze.

Einrichtung

Mit dem Begriff „Einrichtung" hat das UStG einen Begriff des Unionsrechts übernommen. Als Einrichtung sind alle Unternehmer unabhängig von ihrer Rechtsform zu verstehen. Insbesondere werden davon auch natürliche Personen oder Personenzusammenschlüsse – soweit sie sich unternehmerisch betätigen – erfasst. Auf die Steuerbefreiung können sich daher sowohl Betriebe gewerblicher Art juristischer Personen des öffentlichen Rechts, Körperschaften, natürliche Personen und Personenvereinigungen berufen, aber auch Ferienbauernhöfe oder Handwerker, die Auszubildende aufnehmen.

Aufnahme Jugendlicher

„Aufnehmen" im Sinne der Bestimmung setzt nicht voraus, dass den Jugendlichen Unterkunft und volle Verpflegung gewährt wird. Unter die Befreiung fallen deshalb grundsätzlich auch Kindergärten, Kindertagesstätten oder Halbtags-Schülerheime, die Schüler bei der Anfertigung der Schulaufgaben und bei der Freizeitgestaltung überwachen. Der Begriff „Aufnahme" ist an keine zeitlichen Vorgaben gebunden. Vielmehr fällt darunter auch eine nur stundenweise Betreuung. Es ist nicht erforderlich, dass die Jugendlichen rund um die Uhr betreut, untergebracht und versorgt werden. Bei Vorliegen der übrigen Voraussetzungen können sich auch Kindergärten, Kindertagesstätten, Kinderhorte und Einrichtungen, die Schüler nur stundenweise während der Schularbeiten oder in der Freizeit betreuen, auf die Steuerbefreiung berufen.

Ein Steuerpflichtiger, der lediglich Reiseleistungen in Form von Schul- und Studienreisen an Schulen, für Vereine und Gruppen durchführt, kann für diese Leistungen nicht die Steuerbefreiung beanspruchen, da die Gewährung von Beherbergung, Beköstigung usw. nur dann begünstigt ist, wenn dem Unternehmer selbst die Erziehung, Ausbildung oder Fortbildung der aufgenommenen Jugendlichen obliegt und er diese bei sich aufnimmt. Der Steuerpflichtige kann sich jedoch auf die Richtlinienregelung nach Maßgabe der Auslegung des EuGH berufen, wenn sie zu steuerlich günstigeren Ergebnissen führt (BFH vom 21.11.2013 V R 11/11, UR 2014 S. 372). Die Leistungen müssen dem genannten Personenkreis tatsächlich **zugutekommen.** Es kommt hierbei nicht darauf an, wer Vertragspartner des Unternehmers und damit Leistungsempfänger im Rechtssinne ist.

Erziehungs-, Ausbildungs- und Fortbildungszwecke

Für die Steuerbefreiung ist ferner erforderlich, dass die Aufnahme der Jugendlichen zu den genannten Zwecken erfolgt. Die Erziehungs-, Ausbildungs- oder Fortbildungsleistungen müssen dem Unternehmer, der die Jugendlichen aufgenommen hat, selbst obliegen (vgl. auch BFH vom 28.09.2000, BStBl 2001 II S. 691, und BMF vom 28.09.2001, BStBl 2001 I S. 726). Dabei ist es jedoch nicht erforderlich, dass der Unternehmer die Erziehungs-, Ausbildungs- und Fortbildungsleistungen allein erbringt. Der Einsatz von Hilfskräften ist unschädlich. Es reicht aber nicht aus, wenn die Leistungen lediglich von einem Dritten ausgeführt werden, sondern das Handeln der Dritten muss dem Unternehmer zurechenbar sein. Gemäß Abschn. 4.23.1 Abs. 1 UStAE ist es für die Steuerbefreiung nach § 4 Nr. 23 UStG ausreichend, wenn der leistende Unternehmer konkrete Erziehungs-, Ausbildungs- oder Fortbildungszwecke, z. B. in seiner Satzung, festschreibt und den Leistungsempfänger vertraglich dazu verpflichtet, sich im Rahmen seines Aufenthaltes an diesen pädagogischen Grundsätzen zu orientieren. Auch in diesen Fällen erbringt der leistende Unternehmer – zumindest mittelbar – Leistungen i. S. des § 4 Nr. 23 UStG, die über Beherbergungs- und Verpflegungsleistungen hinausgehen.

Die genannten Zwecke umfassen nicht nur den beruflichen Bereich, sondern die gesamte geistige, sittliche und körperliche Erziehung und Fortbildung von Jugendlichen. Hierzu gehört u. a. auch die sportliche Erziehung.

Von der Umsatzsteuer befreit sind auch die Entgelte für **Tagesheime** für Schüler, in denen die Schüler beim Anfertigen der Schulaufgaben unterstützt werden und ihnen Möglichkeit gegeben wird, ihre Freizeit in einem Spielraum oder bei sportlichen Übungen zu verbringen. Hierzu ist es nicht notwendig, dass die Kinder ihren Mittelpunkt der Lebensbeziehungen in das Heim verlegen. Auch die Aufnahme anlässlich der Säuglingspflege fällt unter die Befreiungsnorm nach § 4 Nr. 23 UStG. Die Säuglingsheime sind aufgrund der fehlenden zeitlichen Beschränkung in dieser Norm steuerfrei, sodass die Vorschrift auch dann gilt, wenn Säuglinge nur für einen Tag oder mehrere Tage beherbergt bzw. lediglich beköstigt sowie übliche Naturalleistungen erbracht werden (sog. Tagessäuglingsheime).

Nach § 4 Nr. 23 UStG sind unter „Jugendlichen" alle Personen vor Vollendung des 27. Lebensjahres zu verstehen. Die Leistungen an Jugendliche müssen den Leistungen gegenüber Erwachsenen überwiegen, andernfalls entfällt die Steuerbefreiung (vgl. hierzu BFH vom 24.05.1989 V R 127/84, BStBl 1989 II S. 912).

Auch der Aufnahme von berufstätigen Jugendlichen aufgrund von Erziehungszwecken in ein mit staatlichen Mitteln gefördertes Jugendwohnheim ist nichts entgegenzusprechen. Es ist von der Rechtsprechung nicht beanstandet worden, das Tatbestandsmerkmal des Erziehungszwecks weit auszulegen. Daher können unter bestimmten Voraussetzungen auch Jugendliche, die bereits berufstätig sind, für Erziehungszwecke aufgenommen werden. In Betracht kommt dieser Fall insbesondere bei Personen, bei denen es sich um junge, erziehbare und bildungsfähige Menschen – im Alter bis zu 27 Jahren – handelt, da durch den Beginn der Erwerbstätigkeit die Notwendigkeit der Erziehungsarbeit nicht verloren geht. Die Entgelte für die Unterbringung und Verpflegung in einem mit staatlichen Mitteln errichteten und durch Zuschüsse aus dem Landesjugendplan geförderten Jugendwohnheim unterliegen ebenfalls gem. § 4 Nr. 23 UStG nicht der Umsatzsteuer.

Nicht umsatzsteuerbefreit ist die Beherbergung und Beköstigung von Jugendlichen, die für kürzere Zeit (ca. 1 Woche) in einem Urlaubsaufenthalt mit Freizeitangebot und Freizeitgestaltung in Zusammenhang stehen, da dieses nicht unter die Begrifflichkeit einer „Aufnahme zu Erziehungs-, Ausbildungs- und Fortbildungszwecken" fällt (siehe BFH vom 12.05.2009 V R 35/07, BStBl 2009 II S. 1032, und vom 30.07.2008 V R 66/06, BStBl 2010 II S. 507). Dagegen sind die Umsätze eines **Hotels, das Jugendliche zur Ausbildung** im eigenen Betrieb aufnimmt und ihnen Kost und Unterbringung in den Hotelräumen gewährt, steuerfrei (BFH vom 24.05.1989 V R 127/84, BStBl 1989 II S. 912). Dies gilt ebenso für die Umsätze im Rahmen der Vermietung von Wohnungen durch ein Studentenwerk an Bedienstete, die in Studentenwohnheimen tätig sind, um die Unterbringung von Studenten am Hochschulort zu gewährleisten (BFH vom 19.05.2005 V R 32/03, BStBl 2005 II S. 900).

Nicht auf die Steuerbefreiung nach § 4 Nr. 23 UStG berufen kann sich die Inhaberin eines Ponyhofs, die ausgebildete Erzieherin ist und Reitunterricht, Ferienlager, Kinderbetreuung anbietet (FG Nürnberg vom 22.01.2013 – 2 K 534/11, EFG 2013 S. 1270).

Beherbergung, Beköstigung und übliche Naturalleistungen

§ 4 Nr. 23 UStG befreit die Gewährung von Beherbergung, Beköstigung und der üblichen Naturalleistungen. Darunter fallen im Wesentlichen die Unterbringung zum Wohnen, Schlafen und Arbeiten sowie die Verpflegung der Jugendlichen. Zu den üblichen Naturalleistungen gehören die mit dem Aufnahmezweck unmittelbar zusammenhängenden Leistungen neben der Beherbergung und Beköstigung. Für die Beköstigung reicht die Ausgabe von einzelnen warmen oder kalten Speisen und Getränken aus (BFH vom 26.04.1990 V R 55/85, BFH/NV 1992 S. 8455).

Umsätze, die aus der entgeltlichen Verpflegung von Schülern und Lehrern einer Ganztagsschule durch einen privaten Förderverein stammen, ohne dass dieser Jugendliche zu Erziehungs-, Ausbildungs- oder Fortbildungszwecken aufnimmt und hierdurch z. B. auch Erziehungsaufgaben übernimmt, fallen nicht unter den § 4 Nr. 23 UStG (BFH vom 12.02.2009 V R 47/07, BStBl 2009 II S. 677). Sie können jedoch unter den entsprechenden Voraussetzungen nach § 4 Nr. 18 UStG von der Umsatzsteuer befreit sein oder nach § 12 Abs. 2 Nr. 8 Buchst. a UStG dem ermäßigten Umsatzsteuersatz unterliegen (vgl. hierzu mit zahlreichen Beispielen OFD Frankfurt vom 14.01.2014, MwStR 2014 S. 217). Nach § 4 Nr. 23 UStG ist die Gewährung von Beherbergung, Beköstigung und der üblichen Naturalleistungen durch Einrichtungen von der Umsatzsteuer befreit, wenn sie überwiegend Jugendliche für Erziehungs-, Ausbildungs- oder Fortbildungszwecke oder für Zwecke der Säuglingspflege bei sich aufnehmen, soweit die Leistungen an die Jugendlichen oder an die bei ihrer Erziehung, Ausbildung, Fortbildung oder Pflege tätigen Personen ausgeführt werden. Hinsichtlich der Anwendung der Steuerbefreiungsvorschriften ist zudem anzumerken, dass künftig § 4 Nr. 23 UStG nicht gilt, soweit eine Leistung der Jugendhilfe nach SGB VIII erbracht wird. Die Leistungen nach § 2

Abs. 2 SGB VIII und die Inobhutnahme nach § 42 SGB VIII sind somit nur unter den Voraussetzungen des § 4 Nr. 25 UStG steuerfrei.

Zu den **steuerfreien** Leistungen gehört gem. § 4 Nr. 23 Satz 1 UStG auch die Gewährung von Beherbergung, Beköstigung und der üblichen Naturalleistungen an bei der **Erziehung, Ausbildung, Fortbildung oder Pflege der Jugendlichen tätigen Personen,** auch wenn diese für die Sachleistungen ein Entgelt entrichtet haben.

Nur bezüglich des Haus- und Hilfspersonals steht gem. § 4 Nr. 23 Satz 3 UStG die Steuerbefreiung der Sachleistungen unter der Voraussetzung, dass diese als Vergütung für geleistete Dienste gewährt wird. Weiter ist hinzuweisen auf § 4 Nr. 24 UStG – Umsatzsteuerbefreiung für Jugendherbergswerke.

4.5.8.12 Jugendhilfe

§ 4 Nr. 25 UStG

> Von den unter § 1 Abs. 1 Nr. 1 fallenden Umsätzen sind steuerfrei:
>
> ....
>
> 25. $_1$Leistungen der Jugendhilfe nach § 2 Abs. 2 des Achten Buches Sozialgesetzbuch und die Inobhutnahme nach § 42 des Achten Buches Sozialgesetzbuch, wenn diese Leistungen von Trägern der öffentlichen Jugendhilfe oder anderen Einrichtungen mit sozialem Charakter erbracht werden. $_2$Andere Einrichtungen mit sozialem Charakter im Sinne dieser Vorschrift sind
>
> a) von der zuständigen Jugendbehörde anerkannte Träger der freien Jugendhilfe, die Kirchen und Religionsgemeinschaften des öffentlichen Rechts sowie die amtlich anerkannten Verbände der freien Wohlfahrtspflege,
>
> b) Einrichtungen, soweit sie
>
> > aa) für ihre Leistungen eine im Achten Buch Sozialgesetzbuch geforderte Erlaubnis besitzen oder nach § 44 oder § 45 Abs. 1 Nr. 1 und 2 des Achten Buches Sozialgesetzbuch einer Erlaubnis nicht bedürfen,
> >
> > bb) Leistungen erbringen, die im vorangegangenen Kalenderjahr ganz oder zum überwiegenden Teil durch Träger der öffentlichen Jugendhilfe oder Einrichtungen nach Buchstabe a vergütet wurden oder
> >
> > cc) Leistungen der Kindertagespflege erbringen, für die sie nach § 23 Abs. 3 des Achten Buches Sozialgesetzbuch geeignet sind.
>
> $_3$Steuerfrei sind auch
>
> a) die Durchführung von kulturellen und sportlichen Veranstaltungen, wenn die Darbietungen von den von der Jugendhilfe begünstigten Personen selbst erbracht oder die Einnahmen überwiegend zur Deckung der Kosten verwendet werden und diese Leistungen in engem Zusammenhang mit den in Satz 1 bezeichneten Leistungen stehen,
>
> b) die Beherbergung, Beköstigung und die üblichen Naturalleistungen, die diese Einrichtungen den Empfängern der Jugendhilfeleistungen und Mitarbeitern in der Jugendhilfe sowie den bei den Leistungen nach Satz 1 tätigen Personen als Vergütung für die geleisteten Dienste gewähren;
>
> c) Leistungen, die von Einrichtungen erbracht werden, die als Vormünder nach § 1773 des Bürgerlichen Gesetzbuchs oder als Ergänzungspfleger nach § 1909 des Bürgerlichen Gesetzbuchs bestellt worden sind, sofern es sich nicht um Leistungen handelt, die nach § 1835 Absatz 3 des Bürgerlichen Gesetzbuchs vergütet werden;

4 Andere Steuergesetze

....

Seit Neufassung des § 4 Nr. 23 UStG durch das Jahressteuergesetz 2008 (siehe hierzu BMF vom 02.07.2008, BStBl 2008 I S. 690) sind sämtliche Leistungen der Jugendhilfe nach § 2 Abs. 2 SGB VIII sowie die Inobhutnahme von Kindern und Jugendlichen nach § 42 SGB VIII (als andere Aufgabe der Jugendhilfe) unter bestimmten Voraussetzungen von der Umsatzsteuer befreit. Unter die Leistungen nach § 2 Abs. 2 SGB VIII fallen:

- Angebote der Jugendarbeit, der Jugendsozialarbeit und des erzieherischen Kinder- und Jugendschutzes,
- Angebote zur Förderung der Erziehung in der Familie,
- Angebote zur Förderung von Kindern in Tageseinrichtungen und in Tagespflege,
- Hilfe zur Erziehung und ergänzende Leistungen,
- Hilfe für seelisch behinderte Kinder und Jugendliche und ergänzende Leistungen,
- Hilfe für junge Volljährige und Nachbetreuung.

Ebenfalls steuerfrei sind eng mit der Jugendhilfe verbundene Leistungen, wie z. B. die Durchführung von kulturellen und sportlichen Veranstaltungen (vgl. § 4 Nr. 25 Satz 3 Buchst. a und b UStG). Auch die Einbeziehung von Eltern in die Durchführung von Veranstaltungen der Jugendhilfe ist für die Steuerbefreiung unschädlich, sofern diese Leistungen in engem Zusammenhang mit den Leistungen der Jugendhilfe stehen (vgl. Abschn. 4.25.2 Abs. 2 UStAE).

Die Steuerfreiheit der oben genannten Leistungen setzt voraus, dass sie durch Träger der öffentlichen Jugendhilfe (§ 69 SGB VIII) oder andere Einrichtungen mit sozialem Charakter erbracht werden. Der Begriff der „anderen Einrichtungen mit sozialem Charakter" wird hierbei in Anlehnung an die EU-rechtliche Grundlage (Art. 132 Abs. 1 Buchst. h MwStSystRL) verwendet. Insoweit anerkannt sind:

- von der zuständigen Jugendbehörde anerkannte Träger der freien Jugendhilfe,
- Kirchen und Religionsgemeinschaften des öffentlichen Rechts,
- amtlich anerkannte Verbände der freien Wohlfahrtspflege sowie
- bestimmte weitere Einrichtungen, soweit sie Leistungen erbringen, die von Trägern der öffentlichen oder der freien Jugendhilfe überwiegend vergütet werden.

Somit können steuerbefreite Jugendhilfeleistungen neben den Trägern der freien Jugendhilfe auch von bestimmten weiteren Einrichtungen/Personen erbracht werden. Das BMF hat die EuGH-Rechtsprechung aufgegriffen und weist ausdrücklich darauf hin, dass auch natürliche Personen zu den begünstigten Leistungserbringern gehören können, d. h. eine „Einrichtung mit sozialem Charakter" sein können. Allerdings reicht es für die Anerkennung eines Unternehmers als eine Einrichtung mit sozialem Charakter für sich allein nicht schon aus, dass der Unternehmer lediglich als Subunternehmer für eine nach § 4 Nr. 25 Satz 2 Buchst. b UStG anerkannte Einrichtung tätig ist (vgl. BMF vom 10.12.2014 – IV D 3 – S 7015/14/10001– 2014/1073025, BStBl 2014 I S. 1622, sowie Abschn. 4.25.1 Abs. 2 UStAE).

In § 4 Nr. 25 UStG wird statt auf die „Jugendlichen" auf „die von der Jugendhilfe begünstigten Personen" abgestellt. Damit wird der Tatsache Rechnung getragen, dass in die Durchführung von kulturellen und sportlichen Veranstaltungen in Einzelfällen auch Eltern einbezogen werden können. Zudem wird auf eine eigenständige Definition des „Jugendlichen" verzichtet, sodass sich der Kreis der leistungsberechtigten Personen bei Angeboten der Jugendarbeit in angemessenem Umfang auch auf Personen über 27 Jahre erweitern kann.

Durch die Neuregelung in 2008 wurde der Kreis der leistungsberechtigten Personen deutlich erweitert. Der Gesetzgeber reagiert mit dieser Anpassung angemessen auf die sozialrechtliche Entwicklung im Bereich der Kinder- und Jugendhilfe. Insbesondere ist damit auch klargestellt, dass Jugendhilfeleistungen nach SGB VIII umsatzsteuerfrei sind, und zwar unabhängig davon, ob sie stationär oder ambulant durchgeführt werden.

Zwischen dem Begriff des Leistungsberechtigten und dem des Leistungsadressaten wird im SGB VIII ein Unterschied gezogen. Leistungsberechtigte Personen sind in diesem Sinne i. d. R. Eltern. In bestimmten Fällen handelt es sich bei diesen Personen aber auch um Kinder, die im Rahmen der Förderung Tageseinrichtungen besuchen, die Teilnehmer an Veranstaltungen der Jugendarbeit (§ 11 SGB VIII) sind, die an Eingliederungshilfe für seelisch Behinderte (§ 35a SGB VIII) oder junge Volljährige oder die im Rahmen von Veranstaltungen der Jugendarbeit (§ 11 SGB VIII) sowie von Hilfe für junge Volljährige (§ 41 SGB VIII) teilnehmen. Dagegen sind unter Leistungsadressaten bei Hilfen von Eltern nicht nur die Eltern, sondern auch die Kinder und Jugendlichen zu verstehen.

Eng verbundene Leistungen der Jugendhilfe können unter die Steuerbefreiung nach § 4 Nr. 25 UStG fallen. Hierbei handelt es sich um Fälle der Durchführung von kulturellen und sportlichen Veranstaltungen, sofern die Darbietungen von den von der Jugendhilfe begünstigten Personen selbst erbracht oder die Einnahmen überwiegend zur Deckung der Kosten verwendet werden.

Zu den steuerfreien Leistungen gehören gem. § 4 Nr. 25 Satz 3 Buchst. b UStG auch die entgeltliche Beköstigung von Mitarbeitern der Jugendhilfe, auch wenn diese für die Sachleistungen ein Entgelt entrichtet haben. Nur bezüglich des Haus- und Hilfspersonals steht die Steuerbefreiung der Sachleistungen unter der Voraussetzung, dass diese als Vergütung für geleistete Dienste erfolgen.

Mit Wirkung ab dem 26.06.2013 wurde § 4 Nr. 25 Satz 3 Buchst. c UStG eingefügt (siehe hierzu Gesetz vom 26.06.2013, BGBl 2013 I S. 1809, mit Wirkung vom 01.07.2013), welcher nun auch Leistungen von der Umsatzsteuer befreit, die von Einrichtungen erbracht werden, die als Vormund oder als Ergänzungspfleger bestellt worden sind (siehe hierzu Abschn. 4.25.2 Abs. 5 bis 9 UStAE).

4.5.8.13 Ehrenamtliche Tätigkeiten

§ 4 Nr. 26 UStG

> **Von den unter § 1 Abs. 1 Nr. 1 fallenden Umsätzen sind steuerfrei:**
>
> ....
>
> **26. die ehrenamtliche Tätigkeit,**
> > **a) wenn sie für juristische Personen des öffentlichen Rechts ausgeübt wird oder**
> > **b) wenn das Entgelt für diese Tätigkeit nur in Auslagenersatz und einer angemessenen Entschädigung für Zeitversäumnis besteht;**
>
> ....

Unter dem Begriff der „ehrenamtlichen Tätigkeit" wird die Mitwirkung natürlicher Personen verstanden, die bei der Erfüllung öffentlicher Aufgaben eingeschaltet werden. Diese Tätigkeit findet aufgrund behördlicher Bestellung außerhalb eines haupt- oder nebenamtlichen Dienstverhältnisses statt, sodass für diese Ausübung lediglich eine Entschädigung besonderer Art gezahlt wird (vgl. BFH vom 16.12.1987 X R 7/82, BStBl 1988 II S. 384). Im Einzelnen gehören zu diesen Tätigkeiten diejenigen, die im gewöhnlichen Sprachgebrauch als ehrenamtlich bezeichnet werden, sowie solche, die explizit in einem Gesetz benannt werden. Dementsprechend kann als ehrenamtliche Tätigkeit auch die Tätigkeit eines Ratsmitgliedes im Aufsichtsrat einer kommunalen Eigengesellschaft (BFH vom 04.05.1994 XI R 86/92, BStBl 1994 II S. 773) bezeichnet werden. Liegt ein eigennütziges Erwerbsstreben oder eine Hauptberuflichkeit vor bzw. wird der Einsatz nicht für eine fremdnützig bestimmte Einrichtung erbracht, kann unabhängig von der Höhe der Entschädigung nicht von einer ehrenamtlichen Tätigkeit ausgegangen werden (siehe hierzu Abschn. 4.26.1 Abs. 1 Satz 6 UStAE, eingefügt durch BMF vom 27.03.2013, BStBl 2013 I S. 452).

Für juristische Personen des öffentlichen Rechts kann nur dann eine ehrenamtliche Tätigkeit nach § 4 Nr. 26 Buchst. a UStG vorliegen, wenn diese für deren nichtunternehmerischen Bereich ausgeübt wird.

Der BFH entschied in seinem Urteil vom 20.08.2009 (V R 32/08, BStBl 2010 II S. 88), dass die Tätigkeit im Aufsichtsrat einer Volksbank keine ehrenamtliche Tätigkeit sei und folglich umsatzsteuerpflichtig ist. Der BFH begründete seine Entscheidung mit dem Argument, dass die Tätigkeiten der Aufsichtsratsmitglieder als selbständig und nachhaltig anzusehen sind, und darüber hinaus werden dafür Entgelte im Rahmen eines Leistungsaustausches gezahlt, sodass hierfür keine Befreiungsvorschrift in Betracht zu ziehen ist. Die Aufsichtsratstätigkeit als solche ist nach dem BFH bereits keine ehrenamtliche Tätigkeit, sodass sich die Prüfung hinsichtlich des Entgelts erübrigt.

Übersteigt das für die Tätigkeit erhaltene Entgelt entgegen des § 4 Nr. 26 Buchst. b UStG den Auslagenersatz und eine angemessene Entschädigung für Zeitversäumnis, so besteht in vollem Umfang Steuerpflicht. Eine Entschädigung von 50 Euro je Tätigkeitsstunde ist regelmäßig als angemessen anzusehen, sofern die Vergütung für die gesamten ehrenamtlichen Tätigkeiten den Betrag von 17.500 Euro im Jahr nicht übersteigt (siehe hierzu Abschn. 4.26.1 Abs. 4 Satz 3 UStAE, eingefügt durch BMF vom 27.03.2013, BStBl 2013 I S. 452).

Für Umsätze, die nach dem 31.12.2012 ausgeführt werden, gilt: Wrd statt des tatsächlichen Zeitaufwands eine monatliche oder jährliche pauschale Vergütung sowie ein gesondertes Urlaubs-, Weihnachts- bzw. Krankheitsgeld gezahlt, ist die Steuerbefreiung nach § 4 Nr. 26 UStG auf sämtliche für diese Tätigkeit gezahlten Vergütungen nicht anwendbar (siehe hierzu Abschn. 4.26.1 Abs. 5 UStAE, eingefügt durch BMF vom 27.03.2013, BStBl 2013 I S. 452).

Mit Ausnahme hiervon unterliegt eine pauschal gezahlte Aufwandsentschädigung nicht der Umsatzsteuer, wenn der Vertrag, die Satzung oder der Beschluss eines laut Satzung hierzu befugten Gremiums zwar eine Pauschale vorsieht, aber zugleich festgehalten ist, dass der ehrenamtliche Tätige durchschnittlich eine bestimmte Anzahl an Stunden pro Woche/Monat/Jahr für die fremdnützig bestimmte Einrichtung tätig ist und die Betragsgrenzen gem. Abschn. 4.26.1 Abs. 4 UStAE nicht überschritten werden. Die Anpassung von Vertrag, Satzung oder Beschluss musste bis 31.03.2014 vollzogen sein.

Zu den Auswirkungen des Überschreitens der Umsatzgrenze der Kleinunternehmerregelung und des Verzichts auf Zahlung einer AR-Vergütung, wenn arbeitsvertraglich eine Anrechnung der Vergütung auf eine Tantieme-Zahlung erfolgt wäre, vgl. Ausführungen der OFD Frankfurt vom 04.04.201-■?

4.5.8.14 Personalgestellung

§ 4 Nr. 27 UStG

> Von den unter § 1 Abs. 1 Nr. 1 fallenden Umsätzen sind steuerfrei:
>
> ....
>
> 27. a) die Gestellung von Personal durch religiöse und weltanschauliche Einrichtungen für die in Nummer 14 Buchstabe b, in den Nummern 16, 18, 21, 22 Buchstabe a sowie in den Nummern 23 und 25 genannten Tätigkeiten und für Zwecke geistigen Beistands,
>
>   b) die Gestellung von land- und forstwirtschaftlichen Arbeitskräften durch juristische Personen des privaten oder des öffentlichen Rechts für land- und forstwirtschaftliche Betriebe (§ 24 Abs. 2) mit höchstens drei Vollarbeitskräften zur Überbrückung des Ausfalls des Betriebsinhabers oder dessen voll mitarbeitenden Familienangehörigen wegen Krankheit, Unfalls, Schwangerschaft, eingeschränkter Erwerbsfähigkeit oder Todes sowie die Gestellung von Betriebshelfern an die gesetzlichen Träger der Sozialversicherung;
>
> ....

Der Anwendungsbereich der Steuerbefreiung nach § 4 Nr. 27 Buchst. a UStG wurde mit dem „Kroatienanpassungsgesetz" zum 01.01.2015 an das Unionsrecht angepasst. War bisher ausschließlich die Gestellung von Mitgliedern geistlicher Genossenschaften und Angehörigen von Mutterhäusern für gemeinnützige, mildtätige, kirchliche oder schulische Zwecke steuerbefreit, gilt die Steuerbefreiung künftig für die Gestellung von Personal durch religiöse und weltanschauliche Einrichtungen für die unter § 4 Nr. 14 Buchst. b, Nr. 16, 18, 21, 22 Buchst. a sowie Nr. 23 und 25 UStG genannten Tätigkeiten und für Zwecke geistigen Beistands. Dies entspricht Art. 132 Abs. 1 Buchst. k MwStSystRL.

Unter den Begriff religiöse und weltanschauliche Einrichtungen fallen alle Einrichtungen, die unter den Schutz des Art. 4 Abs. 1 und 2 GG und Art. 140 GG i. V. m. Art. 137 der Weimarer Reichsverfassung fallen. Dies sind z. B. Kirchen in der Rechtsform einer juristischen Person des öffentlichen Rechts, geistige Genossenschaften oder Mutterhäuser. Für die Steuerbefreiung nach § 4 Nr. 27 Buchst. a UStG kommt es nicht darauf an, ob die Einrichtung die Verkündung oder Verbreitung bestimmter religiöser oder weltanschaulicher Ansichten zum Ziel hat und ob der Hauptzweck der Einrichtung in unmittelbar u. a. mit der Religionsausübung zusammenhängenden Tätigkeiten besteht.

Die Voraussetzung, dass die Gestellung von Personal für bestimmte unter § 4 Nr. 27 Buchst. a UStG genannte, regelmäßig dem Gemeinwohl dienende Tätigkeiten erfolgt, ist erfüllt, wenn die Einrichtung, der das Personal gestellt wird, steuerfreie Leistungen nach § 4 Nr. 14 Buchst. b, Nr. 16, 18, 21, 22 Buchst. a sowie Nr. 23 und 25 UStG erbringt, und wenn die überlassene Person in diesem steuerbegünstigten Bereich tätig wird. Die Befreiung gilt danach insbesondere für die Personalgestellung der begünstigten Einrichtungen für Zwecke der Krankenhausbehandlung und ärztlichen Heilbehandlungen in Krankenanstalten, der Sozialfürsorge und der sozialen Sicherheit, der Kinder- und Jugendbetreuung, der Erziehung, des Schul- und Hochschulunterrichts sowie der Aus- und Fortbildung. Die Gestellung von Personal für Verwaltungsaufgaben fällt nicht unter § 4 Nr. 27 Buchst. a (FinMin Schleswig-Holstein vom 28.11.2013, MwStR 2014 S. 106).

Der Begriff „Gestellung von Personal" umfasst nicht nur – wie bisher – die Gestellung von Mitgliedern und Angehörigen der Einrichtungen, sondern künftig auch die Gestellung abhängig beschäftigter Arbeitnehmer. Wird Personal für Zwecke geistigen Beistands, z. B. für Zwecke des Abhaltens von Gottesdiensten, gestellt, muss die aufnehmende Einrichtung keine weiteren Voraussetzungen erfüllen.

4.5.8.15 Lieferung von Gegenständen ohne Vorsteuerabzug

§ 4 Nr. 28 UStG

> **Von den unter § 1 Abs. 1 Nr. 1 fallenden Umsätzen sind steuerfrei:**
>
> ....
>
> **28. die Lieferungen von Gegenständen, für die der Vorsteuerabzug nach § 15 Abs. 1a ausgeschlossen ist oder wenn der Unternehmer die gelieferten Gegenstände ausschließlich für eine nach den Nummern 8 bis 27 steuerfreie Tätigkeit verwendet hat.**

Die Lieferung von Gegenständen fällt unter die Befreiungsnorm nach § 4 Nr. 28 UStG, sofern der Unternehmer Tätigkeiten verwendet, die nach § 4 Nr. 8 bis 27 UStG umsatzsteuerfrei sind. Hierfür ist es zudem zwingend, dass die Voraussetzungen über den gesamten Verwendungszeitraum erfüllt sind.

Veräußert ein Arzt folglich einige seiner Einrichtungsgegenstände, welche ausschließlich seiner steuerfreien Tätigkeit nach § 4 Nr. 14 UStG dienen, so ist die Veräußerung umsatzsteuerbefreit. Ergänzend ist anzumerken, dass die Befreiungsvorschrift nach § 4 Nr. 28 UStG weder unmittelbar noch entsprechend auf sonstige Leistungen anzuwenden ist (siehe hierzu BFH vom 26.04.1995 XI R 75/94, BStBl 1995 II S. 746).

Werden Gegenstände der Unternehmer veräußert, die lediglich in geringfügigem Umfang – d. h. höchstens 5 % – für steuerfreie Tätigkeiten genutzt wurden, so kann die Steuerbefreiung nach § 4 Nr. 28 UStG unter der Voraussetzung des Verzichts auf einen anteiligen Vorsteuerabzug dennoch in Anspruch genommen werden. Nach dieser Befreiungsnorm ist zudem auch die Lieferung von Gegenständen steuerfrei, für die der Vorsteuerabzug nach § 15 Abs. 1a UStG ausgeschlossen ist. Allerdings kann die Befreiung hierbei nur dann greifen, wenn im Zeitpunkt der Lieferung die Vorsteuer für die gesamten Anschaffungs- oder Herstellungskosten inklusive der Nebenkosten und der nachträglichen Anschaffungs- oder Herstellungskosten nicht abgezogen werden konnte. Veräußert ein Unternehmer z. B. Einrichtungen, die aus seinem Gästehaus stammen und auf welche der Vorsteuerabzug nach § 15 Abs. 1a UStG ausgeschlossen war, so ist die Veräußerung nun nach § 4 Nr. 28 UStG steuerfrei.

4.5.9 Steuervergütung (§ 4a UStG)

§ 4a UStG Steuervergütung

> **(1) ₁Körperschaften, die ausschließlich und unmittelbar gemeinnützige, mildtätige oder kirchliche Zwecke verfolgen (§§ 51 bis 68 der Abgabenordnung), und juristischen Personen des öffentlichen Rechts wird auf Antrag eine Steuervergütung zum Ausgleich der Steuer gewährt, die auf der an sie bewirkten Lieferung eines Gegenstands, seiner Einfuhr oder seinem innergemeinschaftlichen Erwerb lastet, wenn die folgenden Voraussetzungen erfüllt sind:**
>
> **1. Die Lieferung, die Einfuhr oder der innergemeinschaftliche Erwerb des Gegenstands muss steuerpflichtig gewesen sein.**

2. Die auf die Lieferung des Gegenstands entfallende Steuer muss in einer nach § 14 ausgestellten Rechnung gesondert ausgewiesen und mit dem Kaufpreis bezahlt worden sein.
3. Die für die Einfuhr oder den innergemeinschaftlichen Erwerb des Gegenstands geschuldete Steuer muss entrichtet worden sein.
4. Der Gegenstand muss in das Drittlandsgebiet gelangt sein.
5. Der Gegenstand muss im Drittlandsgebiet zu humanitären, karitativen oder erzieherischen Zwecken verwendet werden.
6. Der Erwerb oder die Einfuhr des Gegenstands und seine Ausfuhr dürfen von einer Körperschaft, die steuerbegünstigte Zwecke verfolgt, nicht im Rahmen eines wirtschaftlichen Geschäftsbetriebs und von einer juristischen Person des öffentlichen Rechts nicht im Rahmen eines Betriebs gewerblicher Art (§ 1 Abs. 1 Nr. 6, § 4 des Körperschaftsteuergesetzes) oder eines land- und forstwirtschaftlichen Betriebs vorgenommen worden sein.
7. Die vorstehenden Voraussetzungen müssen nachgewiesen sein.

$_2$Der Antrag ist nach amtlich vorgeschriebenem Vordruck zu stellen, in dem der Antragsteller die zu gewährende Vergütung selbst zu berechnen hat.

(2) Das Bundesministerium der Finanzen kann mit Zustimmung des Bundesrates durch Rechtsverordnung näher bestimmen,
1. wie die Voraussetzungen für den Vergütungsanspruch nach Absatz 1 Satz 1 nachzuweisen sind und
2. in welcher Frist die Vergütung zu beantragen ist.

4.5.10 Verzicht auf Steuerbefreiung

§ 9 UStG

(1) Der Unternehmer kann einen Umsatz, der nach § 4 Nr. 8 Buchstabe a bis g, Nr. 9 Buchstabe a, Nr. 12, 13 oder 19 steuerfrei ist, als steuerpflichtig behandeln, wenn der Umsatz an einen anderen Unternehmer für dessen Unternehmen ausgeführt wird.

(2) $_1$Der Verzicht auf Steuerbefreiung nach Absatz 1 ist bei der Bestellung und Übertragung von Erbbaurechten (§ 4 Nr. 9 Buchstabe a), bei der Vermietung oder Verpachtung von Grundstücken (§ 4 Nr. 12 Satz 1 Buchstabe a) und bei den in § 4 Nr. 12 Satz 1 Buchstabe b und c bezeichneten Umsätzen nur zulässig, soweit der Leistungsempfänger das Grundstück ausschließlich für Umsätze verwendet oder zu verwenden beabsichtigt, die den Vorsteuerabzug nicht ausschließen. $_2$Der Unternehmer hat die Voraussetzungen nachzuweisen.

(3) Der Verzicht auf Steuerbefreiung nach Absatz 1 ist bei Lieferungen von Grundstücken (§ 4 Nr. 9 Buchstabe a) im Zwangsversteigerungsverfahren durch den Vollstreckungsschuldner an den Ersteher bis zur Aufforderung zur Abgabe von Geboten im Versteigerungstermin zulässig. Bei anderen Umsätzen im Sinne von § 4 Nummer 9 Buchstabe a kann der Verzicht auf Steuerbefreiung nach Absatz 1 nur in dem gemäß § 311b Absatz 1 des Bürgerlichen Gesetzbuchs notariell zu beurkundenden Vertrag erklärt werden.

Der Verzicht auf die Steuerbefreiung, die sog. Option, ist nur insoweit zulässig, als dass der Empfänger der Leistung das Grundstück nur für solche Umsätze benutzt oder zu verwenden beabsichtigt, die den Vorsteuerabzug nicht ausschließen. Nicht nur das gesamte Grundstück ist unter dem Begriff Grundstück zu verstehen, sondern auch selbständig nutzbare Grundstücksteile wie etwa Wohnungen, gewerbliche Flächen oder Praxisräume. Verwendet der Empfänger der Leistung das gesamte Grundstück oder aber lediglich einzelne Grundstücksteile ausschließlich für Umsätze, die zum Vorsteuerabzug berechtigen, ist der Verzicht auf die Steuerbefreiung des einzelnen Umsatzes möglich. Im Fall einer räumlich oder zeitlich gemischten Nutzung mehrerer Grundstücksteile ist die Zulässigkeit der Option bei jedem Grundstücksteil einzeln zu betrachten. Hierbei spielt es keine Rolle, ob die Verwendung der Grundstücksteile zivilrechtlich in einem einheitlichen Vertrag geregelt ist. Im Fall eines vereinbarten Gesamtentgelts ist dieser nach einem geeigneten Schätzungsweg aufzuteilen. Vermietet ein Eigentümer eines Gebäudes seine Wohnungen an einen Unternehmer, der wiederum diese Wohnungen an Privatpersonen vermietet, so kann weder der Eigentümer noch der andere Unternehmer die Option nach § 9 UStG in Anspruch nehmen. Nach § 9 Abs. 2 UStG kommt der Verzicht auf die Steuerbefreiung für den Eigentümer aus dem Grund nicht in Betracht, da der Unternehmer diese für steuerfreie Umsätze verwendet, die den Vorsteuerabzug ausschließen. Da dieser die Wohnungen an Privatpersonen und nicht an andere Unternehmer vermietet, ist auch hier gem. § 9 Abs. 1 UStG die Option untersagt.

Die Voraussetzungen für einen Verzicht auf die Steuerbefreiung sind seitens des Vermieters nachzuweisen. Dieser Nachweis ist an keine Form gebunden, sodass er beispielsweise durch eine Bestätigung des Mieters oder auch aus Bestimmungen des Mietvertrags erbracht werden kann.

Verwendet der Leistungsempfänger das Grundstück bzw. einzelne Grundstücksteile nur in sehr geringem Umfang für Umsätze, die den Vorsteuerabzug ausschließen (Ausschlussumsätze), ist der Verzicht auf Steuerbefreiung zur Vermeidung von Härten nach Abschn. 9.2 Abs. 3 UStAE weiterhin zulässig. Eine geringfügige Verwendung für Ausschlussumsätze kann angenommen werden, wenn im Fall der steuerpflichtigen Vermietung die auf den Mietzins für das Grundstück bzw. für den Grundstücksteil entfallende Umsatzsteuer im Besteuerungszeitraum (Kalenderjahr, § 16 Abs. 1 Satz 2 UStG) höchstens zu 5 % vom Vorsteuerabzug ausgeschlossen wäre (Bagatellgrenze). Für die Vorsteueraufteilung durch den Leistungsempfänger (Mieter) gelten die allgemeinen Grundsätze (vgl. Abschn. 15.16 bis 15.18 UStAE).

Bei den unter das GrEStG fallenden Umsätzen i. S. von § 4 Nr. 9 Buchst. a UStG kann – soweit es sich nicht um die in § 9 Abs. 3 Satz 1 UStG geregelten Grundstückslieferungen im Zwangsversteigerungsverfahren handelt – der Verzicht auf Steuerbefreiung nur in dem gem. § 311b Abs. 1 BGB notariell zu beurkundenden Vertrag – insbesondere also einem Grundstückskaufvertrag – erklärt werden. Die Vorschrift dient dem Schutz des erwerbenden Unternehmers, der gem. § 13b Abs. 2 Nr. 3, Abs. 5 Satz 1 UStG Schuldner der Umsatzsteuer ist, vor einer nachträglichen Option des Veräußerers. Nach Ansicht der Finanzverwaltung ist es auch zulässig, die Option in einer (nachträglichen) notariell zu beurkundenden Vertragsergänzung oder -änderung zu erklären (BMF vom 31.03.2004 – IV D 1 – S 7279 – 107/04, BStBl 2004 I S. 453; ebenso Niedersächsisches FG vom 22.08.2013 – 16 K 286/12).

4.5.11 Bemessungsgrundlage für die Umsatzsteuer

§ 10 UStG

> (1) ₁Der Umsatz wird bei Lieferungen und sonstigen Leistungen (§ 1 Abs. 1 Nr. 1 Satz 1) und bei dem innergemeinschaftlichen Erwerb (§ 1 Abs. 1 Nr. 5) nach dem Entgelt bemessen. ₂Entgelt ist alles, was der Leistungsempfänger aufwendet, um die Leistung zu erhalten, jedoch abzüglich der Umsatzsteuer. ₃Zum Entgelt gehört auch, was ein anderer als der Leistungsempfänger dem Unternehmer für die Leistung gewährt. ₄Bei dem innergemeinschaftlichen Erwerb sind Verbrauchsteuern, die vom

Erwerber geschuldet oder entrichtet werden, in die Bemessungsgrundlage einzubeziehen. ₅Bei Lieferungen und dem innergemeinschaftlichen Erwerb im Sinne des § 4 Nr. 4a Satz 1 Buchstabe a Satz 2 sind die Kosten für die Leistungen im Sinne des § 4 Nr. 4a Satz 1 Buchstabe b und die vom Auslagerer geschuldeten oder entrichteten Verbrauchsteuern in die Bemessungsgrundlage einzubeziehen. ₆Die Beträge, die der Unternehmer im Namen und für Rechnung eines anderen vereinnahmt und verausgabt (durchlaufende Posten), gehören nicht zum Entgelt.

(2) ₁Werden Rechte übertragen, die mit dem Besitz eines Pfandscheins verbunden sind, so gilt als vereinbartes Entgelt der Preis des Pfandscheins zuzüglich der Pfandsumme. ₂Beim Tausch (§ 3 Abs. 12 Satz 1), bei tauschähnlichen Umsätzen (§ 3 Abs. 12 Satz 2) und bei Hingabe an Zahlungs statt gilt der Wert jedes Umsatzes als Entgelt für den anderen Umsatz. ₃Die Umsatzsteuer gehört nicht zum Entgelt.

(3) (weggefallen)

(4) ₁Der Umsatz wird bemessen

1. bei dem Verbringen eines Gegenstands im Sinne des § 1a Abs. 2 und des § 3 Abs. 1a sowie bei Lieferungen im Sinne des § 3 Abs. 1b nach dem Einkaufspreis zuzüglich der Nebenkosten für den Gegenstand oder für einen gleichartigen Gegenstand oder mangels eines Einkaufspreises nach den Selbstkosten, jeweils zum Zeitpunkt des Umsatzes;

2. bei sonstigen Leistungen im Sinne des § 3 Abs. 9a Nr. 1 nach den bei der Ausführung dieser Umsätze entstandenen Ausgaben, soweit sie zum vollen oder teilweisen Vorsteuerabzug berechtigt haben. ₂Zu diesen Ausgaben gehören auch die Anschaffungs- oder Herstellungskosten eines Wirtschaftsguts, soweit das Wirtschaftsgut dem Unternehmen zugeordnet ist und für die Erbringung der sonstigen Leistung verwendet wird. ₃Betragen die Anschaffungs- oder Herstellungskosten mindestens 500 Euro, sind sie gleichmäßig auf einen Zeitraum zu verteilen, der dem für das Wirtschaftsgut maßgeblichen Berichtigungszeitraum nach § 15a entspricht;

3. bei sonstigen Leistungen im Sinne des § 3 Abs. 9a Nr. 2 nach den bei der Ausführung dieser Umsätze entstandenen Ausgaben. ₂Satz 1 Nr. 2 Sätze 2 und 3 gilt entsprechend.

₂Die Umsatzsteuer gehört nicht zur Bemessungsgrundlage.

(5) ₁Absatz 4 gilt entsprechend für

1. Lieferungen und sonstige Leistungen, die Körperschaften und Personenvereinigungen im Sinne des § 1 Abs. 1 Nr. 1 bis 5 des Körperschaftsteuergesetzes, nichtrechtsfähige Personenvereinigungen sowie Gemeinschaften im Rahmen ihres Unternehmens an ihre Anteilseigner, Gesellschafter, Mitglieder, Teilhaber oder diesen nahestehende Personen sowie Einzelunternehmer an ihnen nahestehende Personen ausführen;

2. Lieferungen und sonstige Leistungen, die ein Unternehmer an sein Personal oder dessen Angehörige auf Grund des Dienstverhältnisses ausführt,

wenn die Bemessungsgrundlage nach Absatz 4 das Entgelt nach Absatz 1 übersteigt; der Umsatz ist jedoch höchstens nach dem marktüblichen Entgelt zu bemessen. ₂Übersteigt das Entgelt nach Absatz 1 das marktübliche Entgelt, gilt Absatz 1.

(6) ₁Bei Beförderungen von Personen im Gelegenheitsverkehr mit Kraftomnibussen, die nicht im Inland zugelassen sind, tritt in den Fällen der Beförderungseinzelbesteuerung (§ 16 Abs. 5) an die Stelle des vereinbarten Entgelts ein Durchschnittsbeförderungsentgelt. ₂Das Durchschnittsbeförderungsentgelt ist nach der Zahl der beförderten Personen und der Zahl der Kilometer der Beförderungsstrecke im Inland (Personenkilometer) zu berechnen. ₃Das Bundesministerium der Finanzen kann mit Zustimmung des Bundesrates durch Rechtsverordnung das Durchschnittsbeförderungsentgelt je Personenkilometer festsetzen. ₄Das Durchschnittsbeförderungs-

entgelt muss zu einer Steuer führen, die nicht wesentlich von dem Betrag abweicht, der sich nach diesem Gesetz ohne Anwendung des Durchschnittsbeförderungsentgelts ergeben würde.

4.5.11.1 Entgelt i. S. des § 10 Abs. 1 UStG

Für Umsätze, die nach den Bestimmungen des UStG steuerbar sind und für die keine Befreiungsbestimmungen des § 4 UStG greifen, ist die Bemessungsgrundlage zur Berechnung der Umsatzsteuer zu bestimmen.

Der Grundsatz, dass der Umsatz nach dem Entgelt zu bemessen ist, ist in § 10 Abs. 1 Satz 1 UStG festgelegt. Entgelt in diesem Sinne ist alles, was der Leistungsempfänger tatsächlich aufwendet, um die Leistung zu erhalten, abzüglich der Umsatzsteuer selbst (§ 10 Abs. 1 Satz 2 UStG). Ausdrücklich gehört zum Entgelt auch das, was ein anderer als der Leistungsempfänger dem ausführenden Unternehmer für die Leistung gewährt (§ 10 Abs. 1 Satz 3 UStG).

Wenn ein Dritter im Zusammenhang mit einem Leistungsaustausch Zahlungen an den ausführenden Unternehmer leistet, gehören auch diese zum Entgelt i. S. des § 10 UStG. Die **Entgelte von dritter Seite** werden häufig als Zuschüsse bezeichnet. Nur soweit es sich dabei um „echte" Zuschüsse handelt, sind diese Zahlungen nicht als Entgelt i. S. des § 10 Abs. 1 UStG einzustufen (zur Einordnung der Zuschüsse siehe Tz. 4.5.2, unten stehende Ausführungen und Abschn. 10.2 UStAE; siehe auch eine Aufzählung von Einzelfällen bei Lippross, Grüne Reihe Umsatzsteuer, 23. Auflage, S. 804 f.).

Dabei kann das Entgelt in Geld (Bar- oder Buchgeld) oder in einer (Gegen-)Leistung anderer Art des Leistungsempfängers bestehen. Erbringt der Leistungsempfänger für eine Lieferung im Gegenzug an den Unternehmer ebenfalls eine Lieferung, spricht man insoweit von einem Tausch; erbringt er jedoch eine Lieferung oder sonstige Leistung als Gegenleistung, ist ein tauschähnlicher Umsatz gegeben (§ 3 Abs. 12 UStG). In diesen Fällen ist das Entgelt (= ist die Bemessungsgrundlage) für den selbst ausgeführten Umsatz durch den Wert bestimmt, den der Tauschgegenstand oder die sonstige Leistung hat (siehe dazu § 10 Abs. 2 Satz 2 UStG).

Wird ein anderes Wirtschaftsgut als Entgelt geliefert, ist grundsätzlich der gemeine Wert dieses Wirtschaftsgutes (= gemeiner Wert i. S. des § 9 BewG) maßgebend (siehe Abschn. 10.5 Abs. 1 UStAE). Bei Vermittlung einer sonstigen Leistung als Gegenleistung bestimmt sich deren Wert grundsätzlich nach dem Marktwert der Gegenleistung. Dabei ist dieser Wert der Wert, den der Empfänger der Dienstleistung den Dienstleistungen beimisst, die er sich verschaffen will, und wird dem Betrag entsprechen, den er zu diesem Zweck aufzuwenden bereit ist (vgl. EuGH vom 03.07.2001, UR 2001 S. 346). Soweit der Leistungsempfänger für die von ihm erbrachte Gegenleistung konkrete Aufwendungen getätigt hat, ist daher der gemeine Wert dieser Gegenleistung nicht maßgeblich.

Darüber hinaus ist zur Abgrenzung der Beurteilung eines umsatzsteuerlichen Zuschusses der Abschn. 10.2 UStAE zu berücksichtigen. Im Folgenden werden die für die gemeinnützigen Gesellschaften zentralen Auszüge dieses Erlasses abgebildet:

(1) $_1$Zahlungen unter den Bezeichnungen „Zuschuss, Zuwendung, Beihilfe, Prämie, Ausgleichsbetrag u. Ä." (Zuschüsse) können entweder

1. Entgelt für eine Leistung an den Zuschussgeber (Zahlenden),
2. (zusätzliches) Entgelt eines Dritten oder

3. echter Zuschuss

sein. ₂Der Zahlende ist Leistungsempfänger, wenn er für seine Zahlung eine Leistung vom Zahlungsempfänger erhält. ₃Der Zahlende kann ein Dritter sein (§ 10 Abs. 1 Satz 3 UStG), der selbst nicht Leistungsempfänger ist.

Zuschüsse als Entgelt für Leistungen an den Zahlenden

. . . . .

Zuschüsse als zusätzliches Entgelt eines Dritten

(3) ₁Zusätzliches Entgelt im Sinne des § 10 Abs. 1 Satz 3 UStG sind solche Zahlungen, die von einem anderen als dem Leistungsempfänger für die Lieferung oder sonstige Leistung des leistenden Unternehmers (Zahlungsempfängers) gewährt werden. ₂Ein zusätzliches Entgelt kommt in der Regel nur dann in Betracht, wenn ein unmittelbarer Leistungsaustausch zwischen dem Zahlungsempfänger und dem zahlenden Dritten zu verneinen ist (vgl. BFH vom 20.2.1992, V R 107/87, BStBl II S. 705). ₃Der Dritte ist in diesen Fällen nicht Leistungsempfänger. ₄Ein zusätzliches Entgelt liegt vor, wenn der Leistungsempfänger einen Rechtsanspruch auf die Zahlung hat, die Zahlung in Erfüllung einer öffentlich-rechtlichen Verpflichtung gegenüber dem Leistungsempfänger oder zumindest im Interesse des Leistungsempfängers gewährt wird (vgl. BFH-Urteil vom 25.11.1986, V R 109/78, BStBl 1987 II S. 228). ₅**Diese** Zahlung gehört unabhängig von der Bezeichnung als „Zuschuss" zum Entgelt, wenn der Zuschuss dem Abnehmer des Gegenstands oder dem Dienstleistungsempfänger zugutekommt, der Zuschuss gerade für die Lieferung eines bestimmten Gegenstands oder die Erbringung einer bestimmten sonstigen Leistung gezahlt wird und mit der Verpflichtung der den Zuschuss gewährenden Stelle zur Zuschusszahlung das Recht des Zahlungsempfängers (des Leistenden) auf Auszahlung des Zuschusses einhergeht, wenn er einen steuerbaren Umsatz bewirkt hat (vgl. BFH-Urteil vom 9.10.2003, V R 51/02, BStBl 2004 II S. 322).

Beispiel 1:

₁Die BA gewährt einer Werkstatt für behinderte Menschen pauschale Zuwendungen zu den Sach-, Personal- und Beförderungskosten, die für die Betreuung und Ausbildung der behinderten Menschen entstehen.

₂Die Zahlungen sind Entgelt von dritter Seite für die Leistungen der Werkstatt für behinderte Menschen (Zahlungsempfänger) an die behinderten Menschen, da der einzelne behinderte Mensch auf diese Zahlungen einen Anspruch hat.

Beispiel 2:

₁Ein Bundesland gewährt einem Studentenwerk einen Zuschuss zum Bau eines Studentenwohnheims. ₂Der Zuschuss wird unmittelbar dem Bauunternehmer ausgezahlt.

₃Es liegt Entgelt von dritter Seite für die Leistung des Bauunternehmers an das Studentenwerk vor.

₆Wird das Entgelt für eine Leistung des Unternehmers wegen der Insolvenz des Leistungsempfängers uneinbringlich und zahlt eine Bank, die zu dem Leistungsempfänger Geschäftsbeziehungen unterhalten hat, an den Unternehmer gegen Abtretung der Insolvenzforderung einen Betrag, der sich – unter Berücksichtigung von Gewährleistungsansprüchen – an der Höhe des noch nicht bezahlten Entgelts orientiert, kann diese Zahlung Entgelt eines Dritten für die Leistung des Unternehmers sein (vgl. BFH-Urteil vom

19.10.2001, V R 48/00, BStBl 2003 II S. 210, zur Abtretung einer Konkursforderung).

(4) ₁Nicht zum zusätzlichen Entgelt gehören hingegen Zahlungen eines Dritten dann, wenn sie dem leistenden Unternehmer (Zahlungsempfänger) zu dessen Förderung und nicht überwiegend im Interesse des Leistungsempfängers gewährt werden. ₂Die Abgrenzung von zusätzlichem Entgelt und echtem Zuschuss wird somit nach der Person des Bedachten und nach dem Förderungsziel vorgenommen (BFH-Urteil vom 8.3.1990, V R 67/89, BStBl II S. 708). ₃Ist die Zahlung des Dritten an den Zahlungsempfänger ein echter Zuschuss, weil sie zur Förderung des Zahlungsempfängers gewährt wird, ist es unbeachtlich, dass der Zuschuss auch dem Leistungsempfänger zugutekommt, weil er nicht das Entgelt aufzubringen hat, das der Zahlungsempfänger – ohne den Zuschuss – verlangen müsste (vgl. BFH-Urteil vom 9.10.1975, V R 88/74, BStBl 1976 II S. 105).

(5) ₁Ein zusätzliches Entgelt ist anzunehmen, wenn die Zahlung die Entgeltzahlung des Leistungsempfängers ergänzt und sie damit preisauffüllenden Charakter hat. ₂Die Zahlung dient der Preisauffüllung, wenn sie den erklärten Zweck hat, das Entgelt für die Leistung des Zahlungsempfängers an den Leistungsempfänger auf die nach Kalkulationsgrundsätzen erforderliche Höhe zu bringen und dadurch das Zustandekommen eines Leistungsaustauschs zu sichern oder wenigstens zu erleichtern (vgl. BFH-Urteil vom 24.8.1967, V R 31/64, BStBl III S. 717). ₃Die von Versicherten der gesetzlichen Krankenkassen nach § 31 Abs. 3 SGB V zu entrichtende Zuzahlung bei der Abgabe von Arzneimitteln ist Entgelt von dritter Seite für die Lieferung des Arzneimittels durch die Apotheke an die Krankenkasse.

.....

Echte Zuschüsse

(7) ₁Echte Zuschüsse liegen vor, wenn die Zahlungen nicht auf Grund eines Leistungsaustauschverhältnisses erbracht werden (vgl. BFH-Urteile vom 28.7.1994, V R 19/92, BStBl 1995 II S. 86, und vom 13.11.1997, V R 11/97, BStBl 1998 II S. 169). ₂Das ist der Fall, wenn die Zahlungen nicht an bestimmte Umsätze anknüpfen, sondern unabhängig von einer bestimmten Leistung gewährt werden, weil z. B. der leistende Unternehmer (Zahlungsempfänger) einen Anspruch auf die Zahlung hat oder weil in Erfüllung einer öffentlich-rechtlichen Verpflichtung bzw. im überwiegenden öffentlich-rechtlichen Interesse an ihn gezahlt wird (vgl. BFH-Urteile vom 24.8.1967, V R 31/64, BStBl III S. 717, und vom 25.11.1986, V R 109/78, BStBl 1987 II S. 228). ₃Echte Zuschüsse liegen auch vor, wenn der Zahlungsempfänger die Zahlungen lediglich erhält, um ganz allgemein in die Lage versetzt zu werden, überhaupt tätig zu werden oder seine nach dem Gesellschaftszweck obliegenden Aufgaben erfüllen zu können. ₄So sind Zahlungen echte Zuschüsse, die vorrangig dem leistenden Zahlungsempfänger zu seiner Förderung aus strukturpolitischen, volkswirtschaftlichen oder allgemeinpolitischen Gründen gewährt werden (BFH-Urteil vom 13.11.1997, a. a. O.). ₅Dies gilt auch für Beihilfen in der Landwirtschaft, durch die Strukturveränderungen oder Verhaltensänderungen z. B. auf Grund von EG-Marktordnungen gefördert werden sollen. ₆**Ebenso stellen Marktprämie einschließlich Managementprämie (§ 33g EEG) bzw. Flexibilitätsprämie (§ 33i EEG) echte, nichtsteuerbare Zuschüsse dar, vgl. Abschnitt 2.5 Abs. 24.** ₇Vorteile in

Form von Subventionen, Beihilfen, Förderprämien, Geldpreisen und dergleichen, die ein Unternehmer als Anerkennung oder zur Förderung seiner im allgemeinen Interesse liegenden Tätigkeiten ohne Bindung an bestimmte Umsätze erhält, sind kein Entgelt (vgl. BFH-Urteil vom 6.8.1970, V R 94/68, BStBl II S. 730). ₈Die bloße technische Anknüpfung von Förderungsmaßnahmen an eine Leistung des Zahlungsempfängers führt nicht dazu, dass die Förderung als zusätzliches Entgelt für die Leistung zu beurteilen ist, wenn das Förderungsziel nicht die Subvention der Preise zugunsten der Abnehmer (Leistungsempfänger), sondern die Subvention des Zahlungsempfängers ist (vgl. BFH-Urteil vom 8.3.1990, V R 67/89, BStBl II S. 708).

Beispiel 1:

₁Zuschüsse, die die BA bestimmten Unternehmern zu den Löhnen und Ausbildungsvergütungen oder zu den Kosten für Arbeitserprobung und Probebeschäftigung gewährt.

₂Damit erbringt die BA weder als Dritter zusätzliche Entgelte zugunsten der Vertragspartner des leistenden Unternehmers, noch erfüllt sie als dessen Leistungsempfänger eigene Entgeltsverpflichtungen.

Beispiel 2:

₁Zuschüsse, die von den gesetzlichen Trägern der Grundsicherung für Arbeitssuchende für die Teilnehmer an Arbeitsgelegenheiten mit Mehraufwandsentschädigung zur Abdeckung des durch die Ausübung des Zusatzjobs entstehenden tatsächlichen Mehraufwands gezahlt werden, sind echte Zuschüsse. ₂Ein unmittelbarer Zusammenhang zwischen einer erbrachten Leistung und der Zuwendung besteht nicht.

Beispiel 3:

₁Für die Einrichtung von Zusatzjobs können den Arbeitsgelegenheiten mit Mehraufwandsentschädigung die entstehenden Kosten von den gesetzlichen Trägern der Grundsicherung für Arbeitssuchende erstattet werden. ₂Die Erstattung kann sowohl Sach- als auch Personalkosten umfassen und pauschal ausgezahlt werden.

₃Diese Maßnahmekostenpauschale stellt einen echten Zuschuss an die Arbeitsgelegenheit dar, sie soll ihre Kosten für die Einrichtung und die Durchführung der Zusatzjobs abdecken. ₄Ein individualisierbarer Leistungsempfänger ist nicht feststellbar.

Beispiel 4:

₁Qualifizierungsmaßnahmen, die eine Arbeitsgelegenheit mit Mehraufwandsentschädigung selbst oder von einem externen Weiterbildungsträger durchführen lässt.

₂Qualifizierungsmaßnahmen, die von der Arbeitsgelegenheit selbst durchgeführt werden und bei denen deren eigenunternehmerisches Interesse im Vordergrund steht, sind keine Leistungen im umsatzsteuerrechtlichen Sinn; ebenso begründet die Vereinbarung zur Durchführung von Qualifizierungsmaßnahmen, bei denen deren eigenunternehmerisches Interesse im Vordergrund steht, durch externe Weiterbildungsträger keinen Vertrag zugunsten Dritter. ₃Die von den gesetzlichen Trägern der Grundsicherung für Arbeitssuchende insoweit geleisteten Zahlungen sind kein Entgelt für eine Leistung der Arbeitsgelegenheit gegenüber diesen Trägern oder dem Weiterzubildenden, sondern echte Zuschüsse. ₄Für die Beurteilung der Leistungen der externen Weiterbildungsträger gelten die allgemeinen umsatzsteuerrechtlichen Grundsätze.

Beispiel 5:

₁Zuwendungen des Bundes und der Länder nach den vom Bundesministerium des Innern (BMI) herausgegebenen Grundsätzen zur Regelung von Kriterien und Höhe der Förderung des Deutschen Olympischen Sportbundes – Bereich Leistungssport – sowie den vom BMI entworfenen Vereinbarungs-/Vertragsmuster, die bundesweit zur

Weiterleitung der Bundeszuwendung bei der Förderung der Olympiastützpunkte und Bundesleistungszentren verwendet werden sollen, zu den Betriebs- und Unterhaltskosten ausgewählter Sportstätten. $_2$Im Allgemeinen liegt kein Leistungsaustausch zwischen dem Träger der geförderten Sportstätte und dem Träger des Olympiastützpunkts vor, auch wenn Nutzungszeiten für einen bestimmten Personenkreis in den Zuwendungsbedingungen enthalten sind, denn die Zuwendungen werden im Regelfall für die im allgemeinen Interesse liegende Sportförderung zur Verfügung gestellt. $_3$Dies gilt auch für die Förderung des Leistungssports. $_4$Die normierten Auflagen für den Zuwendungsempfänger reichen für die Annahme eines Leistungsaustauschverhältnisses nicht aus. $_5$Sie haben lediglich den Zweck, den Zuwendungsgeber über den von ihm erhofften und erstrebten Nutzen des Projekts zu unterrichten und die sachgerechte Verwendung der eingesetzten Fördermittel sicherzustellen, und werden daher als echte Zuschüsse gewährt.

Zuwendungen aus öffentlichen Kassen

(8) $_1$Ob Zuwendungen aus öffentlichen Kassen echte Zuschüsse sind, ergibt sich nicht aus der haushaltsrechtlichen Erlaubnis zur Ausgabe, sondern allein aus dem Grund der Zahlung (vgl. BFH-Urteile vom 27.11.2008, V R 8/07, BStBl 2009 II S. 397, und vom 18.12.2008, V R 38/06, BStBl 2009 II S. 749). $_2$Werden Zuwendungen aus öffentlichen Kassen ausschließlich auf der Grundlage des Haushaltsrechts in Verbindung mit den dazu erlassenen Allgemeinen Nebenbestimmungen vergeben, liegen in der Regel echte Zuschüsse vor. $_3$Denn die in den Allgemeinen Nebenbestimmungen normierten Auflagen für den Zuwendungsempfänger reichen grundsätzlich für die Annahme eines Leistungsaustauschverhältnisses nicht aus. $_4$Sie haben den Sinn, den Zuwendungsgeber über den von ihm erhofften und erstrebten Nutzen des Projekts zu unterrichten und die sachgerechte Verwendung der eingesetzten Fördermittel sicherzustellen. $_5$Grund der Zahlung ist in diesen Fällen die im überwiegenden öffentlichen Interesse liegende Förderung des Zuwendungsempfängers, nicht der Erwerb eines verbrauchsfähigen Vorteils durch den Zuwendungsgeber.

(9) $_1$Wird die Bewilligung der Zuwendungen über die Allgemeinen Nebenbestimmungen hinaus mit besonderen Nebenbestimmungen verknüpft, kann ein Leistungsaustauschverhältnis vorliegen. $_2$Besondere Nebenbestimmungen sind auf den jeweiligen Einzelfall abgestellte Regelungen, die Bestandteil jeder Zuwendung sein können und im Zuwendungsbescheid oder -vertrag besonders kenntlich zu machen sind. $_3$Dort können Auflagen und insbesondere Vorbehalte des Zuwendungsgebers hinsichtlich der Verwendung des Tätigkeitsergebnisses geregelt sein, die auf einen Leistungsaustausch schließen lassen. $_4$Entsprechendes gilt für vertraglich geregelte Vereinbarungen. $_5$Denn bei Leistungen, zu denen sich die Vertragsparteien in einem gegenseitigen Vertrag verpflichtet haben, liegt grundsätzlich ein Leistungsaustausch vor (vgl. BFH-Urteil vom 18.12.2008, V R 38/06, BStBl 2009 II S. 749). $_6$Regelungen zur technischen Abwicklung der Zuwendung und zum haushaltsrechtlichen Nachweis ihrer Verwendung sind umsatzsteuerrechtlich regelmäßig unbeachtlich (vgl. BFH-Urteil vom 28.7.1994, V R 19/92, BStBl 1995 II S. 86).

4.5.11.2 Bemessungsgrundlage bei unentgeltlichen Wertabgaben

Der Umsatzsteuer können jedoch auch solche Vorgänge unterliegen, für die **keine** gesonderte Gegenleistung aufgewendet wird. Das ist der Fall, wenn aus dem unternehmerischen Bereich unentgeltliche Wertabgaben bewirkt werden.

4.5 Umsatzsteuer

Gerade die steuerbegünstigten Körperschaften müssen sich mit den Regelungen zur Bestimmung der Bemessungsgrundlage für die zu entrichtende Umsatzsteuer bei unentgeltlichen Wertabgaben nach § 3 Abs. 1b UStG und unentgeltlichen sonstigen Leistungen nach § 3 Abs. 9a UStG, die entgeltlichen Lieferungen oder sonstigen Leistungen gleichgestellt sind, auseinandersetzen (siehe auch Tz. 4.5.2).

Eine **unentgeltliche Wertabgabe** nach **§ 3 Abs. 1b** UStG liegt vor, wenn

eine steuerbegünstigte Körperschaft **Gegenstände,** die sie bei Anschaffung dem Unternehmensbereich (zum Umfang des Unternehmens im Sinne des UStG siehe Tz. 4.5.4.1) zugeordnet hat und damit zum vollen oder teilweisen Vorsteuerabzug berechtigt war,

- für Zwecke außerhalb des Unternehmens (z. B. für den ideellen Bereich der steuerbegünstigten Körperschaften),
- für das Personal für dessen privaten Bedarf, sofern keine Aufmerksamkeiten vorliegen,

oder

- zur unentgeltlichen Zuwendung an Dritte, ausgenommen Geschenke von geringem Wert und Warenmuster für Zwecke des Unternehmens,

entnimmt.

Zum Zeitpunkt dieses Umsatzes (= zum Entnahmezeitpunkt) ist der Wert des entnommenen oder überführten Gegenstandes zu bestimmen. Grundsätzlich ist der Einkaufspreis zzgl. Nebenkosten, der für den Gegenstand oder einen gleichartigen Gegenstand von der steuerbegünstigten Körperschaft aufzuwenden wäre, maßgebend (= Zeitwert). Dieser fiktive Einkaufspreis entspricht i. d. R. dem Wiederbeschaffungspreis im Zeitpunkt der Entnahme. Kann **kein** Einkaufspreis ermittelt werden, sind die Kosten anzusetzen, die der Unternehmer im Zeitpunkt der Wertabgabe aufwenden müsste (Selbstkosten) (siehe auch Abschn. 10.6 Abs.1 UStAE, zuletzt geändert durch BMF vom 19.09.2014 – IV D 2 – S 7124/12/10001-02, BStBl 2014 I S. 1287).

Die Fälle der unentgeltlichen Wertabgabe nach § 3 Abs. 1b UStG sind im Zusammenhang mit dem Wahlrecht zu sehen, das den Unternehmen bei Anschaffung oder Herstellung einzelner Wirtschaftsgüter nach § 15 Abs. 1 Satz 2 UStG zugestanden wird. Der Unternehmer hat das Wahlrecht, einen gemischt genutzten Gegenstand, wenn er mindestens zu 10 % unternehmerisch genutzt wird, in vollem Umfang dem unternehmerischen Bereich oder dem nichtunternehmerischen Bereich zuzuordnen oder ihn entsprechend seinem tatsächlichen Nutzungsanteil dem genannten Bereich jeweils anteilig zuzuordnen. Die vorgenommene Zuordnung ist Grundlage für den Umfang des Vorsteueranspruchs, der aus der Beschaffung dieses Gegenstandes entsteht (zu diesem Wahlrecht siehe Abschn. 15.2c Abs. 2 UStAE sowie Tz. 4.5.15).

Beispiel:

Die wegen Förderung der Forschung und Bildung als gemeinnützig anerkannte Stiftung führt mit Aufträgen im Bereich der Auftragsforschung steuerbare und steuerpflichtige Umsätze aus. Da die Stiftung damit einen Zweckbetrieb nach § 68 Nr. 9 AO begründet, unterliegen ihre Forschungsumsätze grundsätzlich dem ermäßigten Steuersatz von 7 % (§ 12 Abs. 2 Nr. 8 Buchst. a UStG). Die Anwendung des ermäßigten Steuersatzes kann vor dem Hintergrund der BFH-Rechtsprechung vom 20.03.2014 (V R 4/13, UR 2014 S. 732) zukünftig zu hinterfragen sein. Die Stiftung führt darüber hinaus in größerem Umfang entgeltliche Bildungsveranstaltungen durch. Die erzielten „Bildungsentgelte" sind nach § 4 Nr. 22 UStG von der Umsatzsteuer befreit.

Verschiedenste Computer und sonstige Anlagenteile hat die Stiftung bei Anschaffung dem Zweckbetrieb Auftragsforschung zugeordnet und die darauf entfallenden Vorsteuerbeträge in vollem Umfang nach Maßgabe des § 15 UStG abgezogen.

Nach Abschluss verschiedener Aufträge

- „entnimmt" sie einen der Computer aus dem unternehmerischen Bereich zur weiteren Nutzung im ideellen Bereich der Stiftung,
- überträgt sie Teile der Anlagen unentgeltlich der Universität, die diese Gegenstände in ihrem Forschungs- und Lehrbetrieb einsetzt,
- „entnimmt" sie zwei weitere Computer dem Bereich der Auftragsforschung und setzt sie dann im Zweckbetrieb Bildung (§ 68 Nr. 8 AO) ein.

Mit der Weiternutzung des Computers im ideellen Bereich der Stiftung sowie der unentgeltlichen Übertragung der Anlagenteile an die Universität hat die Stiftung eine unentgeltliche Wertabgabe nach § 3 Abs. 1b UStG bewirkt (= diese Gegenstände haben den unternehmerischen Bereich der Stiftung verlassen). Der Umsatz hierfür ist nach dem Einkaufspreis oder den Selbstkosten zum Zeitpunkt der Entnahme für den gebrauchten Computer bzw. die gebrauchten Anlagengegenstände zu bemessen.

Die Zuwendung der gebrauchten Anlagengegenstände an die Universität unterliegt dabei dem Regelsteuersatz von zurzeit 19 %.

Die Überführung des Computers an den **eigenen** nichtunternehmerischen Bereich der Stiftung unterliegt – vorbehaltlich der Anwendung des BFH-Urteils vom 20.03.2014 (siehe oben) – hingegen nur dem ermäßigten Steuersatz von 7 % (Abschn. 12.9 Abs. 1 Satz 6 UStAE).

Die beiden Computer, die künftig für den Zweckbetrieb Bildung eingesetzt werden, haben den unternehmerischen Bereich der Stiftung tatsächlich nicht verlassen. Denn die Stiftung erbringt im Bildungsbereich steuerbare Leistungen, die jedoch nach § 4 Nr. 22 UStG von der Umsatzsteuer befreit sind. Mit der (Weiter-)Nutzung der Computer im Bildungsbereich wird also keine unentgeltliche Wertabgabe vollzogen. Hier ist eine Vorsteuerkorrektur nach § 15a UStG zu prüfen.

Wenn die Computer innerhalb eines Zeitraums von 5 Jahren nach Anschaffung in den Bildungsbereich wechseln, ist eine Berichtigung der Vorsteuer aus dem Anschaffungsvorgang nach § 15a UStG zu beachten.

Eine **unentgeltliche Wertabgabe** nach **§ 3 Abs. 9a** UStG liegt vor, wenn

1. eine steuerbegünstigte Körperschaft **Gegenstände,** die dem Unternehmensbereich zugeordnet sind und für die der **Vorsteuerabzug ganz** oder **teilweise** in Anspruch genommen wurde,
   - für Zwecke außerhalb des Unternehmens (z. B. für den ideellen Bereich)
   - oder den privaten Bedarf des Personals, sofern keine Aufmerksamkeiten vorliegen,

   verwendet werden.

Die Bemessungsgrundlage für diese unentgeltlichen Wertabgaben bilden die bei der Ausführung dieser Umsätze entstandenen Ausgaben. Als Bemessungsgrundlage sind jedoch nur die (anteiligen) Ausgaben zu erfassen, die bei dem Unternehmen tatsächlich angefallen sind und die zum vollen oder teilweisen Vorsteuerabzug berechtigt haben (§ 10 Abs. 4 Nr. 2 UStG). Auszuscheiden sind dabei also z. B. Steuern, Gebühren und Beiträge oder auch anteilige Personalkosten.

Ausdrücklich weist der Gesetzgeber darauf hin, dass zu den (anteiligen) Ausgaben auch die Ausgaben gehören, die für die Anschaffung oder Herstellung von Wirtschaftsgütern, soweit sie dem Unternehmen zugeordnet sind, und für die Ausführung unentgeltlicher Wertabgaben in diesem Sinne verwendet werden (siehe auch Abschn. 10.6 UStAE).

Betragen die Anschaffungs- oder Herstellungskosten für diese Wirtschaftsgüter mindestens 500 Euro oder mehr, sind sie dazu gleichmäßig auf einen Zeitraum zu verteilen, der dem für das Wirtschaftsgut maßgeblichen Berichtigungszeitraum nach § 15a UStG entspricht (siehe auch Abschn. 10.6 Abs. 3 UStAE). Der Verteilungszeitraum beträgt danach grundsätzlich 5 Jahre und wird bei Leistungen, die sich auf Grundstücke beziehen, gesetzlich auf 10 Jahre ausgedehnt (siehe auch Abschn. 15a.3 UStAE).

Eine **unentgeltliche Wertabgabe** nach **§ 3 Abs. 9a UStG** liegt auch vor, wenn

2. eine steuerbegünstigte Körperschaft **sonstige Leistungen**
   – unentgeltlich für Zwecke außerhalb des Unternehmens (z. B. Einsatz betrieblicher Arbeitskräfte für unternehmensfremde Zwecke, Abschn. 3.4 Abs. 5 UStAE)
   – oder für den privaten Bedarf seines Personals, sofern keine Aufmerksamkeiten vorliegen,

   erbringt.

Die Bemessungsgrundlage für diese Art unentgeltlicher Wertabgaben bilden die bei der Ausführung dieser Umsätze entstandenen Ausgaben (§ 10 Abs. 4 Nr. 3 UStG). Im Unterschied zur Wertabgabebesteuerung bei Verwendung von unternehmerisch genutzten Gegenständen sind die bei der Ausführung dieser Umsätze entstandenen Ausgaben auch dann Teil der Bemessungsgrundlage, wenn sie keinen Vorsteuerabzug ausgelöst haben. So ist insbesondere zu beachten, dass bei der Ermittlung der Bemessungsgrundlage für Wertabgaben in der Form sonstiger Leistungen die (nicht mit Vorsteuer behafteten) Personalkosten zu berücksichtigen sind.

Die Bestimmung der Bemessungsgrundlage für unentgeltliche Wertabgaben nach § 3 Abs. 9a UStG hatte zeitweise infolge der sog. „Seeling-Rechtsprechung" (siehe EuGH vom 08.05.2003, BStBl 2004 II S. 378) auch eine ganz besondere Bedeutung für die steuerbegünstigten Körperschaften erlangt. Nach der Seeling-Rechtsprechung war die private Mitbenutzung des dem umsatzsteuerlichen Unternehmen zugeordneten Gebäudes steuerpflichtig, dadurch erhielt der Unternehmer insoweit den Vorsteuerabzug bereits im Zeitpunkt der Anschaffung. Durch das Jahressteuergesetz 2010 wurde diese Regelung durch die Neuregelung des § 15 Abs. 1b UStG weitreichend verändert. Danach gilt für alle nach dem 31.12.2010 angeschafften bzw. hergestellten Gebäude, dass der nichtunternehmerisch genutzte Gebäudeteil zwar wahlweise noch dem umsatzsteuerlichen Unternehmen zugeordnet werden kann, ein Vorsteuerabzug ist insoweit allerdings nicht mehr zulässig.

> **Beispiel:**
> Die in dem oben genannten Beispiel angesprochene, wegen Förderung der Forschung und Bildung als gemeinnützig anerkannte Stiftung hat ein neues Gebäude errichtet. Die Flächen in dem Gebäude werden von der Stiftung wie folgt genutzt:
> – ideeller Bereich der Stiftung: 50 %
> – umsatzsteuerfreier Zweckbetrieb – Bildung (wie z. B. Seminarräume):   35 %
> – umsatzsteuerbare und umsatzsteuerpflichtige Auftragsforschung: 15 %
>
> Die Stiftung hat die von ihr im Zusammenhang mit der Herstellung des Gebäudes entrichteten Umsatzsteuerbeträge, soweit sie den Vorsteuerabzug nach § 15 UStG auslösen können, gesondert ermittelt.
>
> Mit der Nutzung für die Auftragsforschung sowie den Bildungs-Zweckbetrieb nutzt die Stiftung das Gesamtgebäude zu 50 % für den unternehmerischen Bereich. Die Mindestnutzung für den unternehmerischen Bereich von 10 % (§ 15 Abs. 1 UStG, Abschn. 15.2 Abs. 21 Nr. 2 UStAE) ist damit überschritten. Mit Zuordnung zum Unternehmen kann die Stiftung dem Grunde nach die Vorsteuer aus den Herstellungskosten für das Gebäude in vollem Umfang abziehen. Der Vorsteuerabzug ist jedoch insoweit **ausgeschlossen,** als die Stiftung unter Verwendung des Gebäudes steuerfreie Umsätze ausführt.

4 Andere Steuergesetze

Die Stiftung kann die Vorsteuerbeträge daher nur i. H. von 65 % in Anspruch nehmen. Soweit das Gebäude auf den Bildungs-Zweckbetrieb entfällt, ist der Vorsteuerabzug gesperrt (§ 15 Abs. 2 i. V. m. § 4 Nr. 22 UStG).

Der Vorsteuerabzug auf die nichtunternehmerische Nutzung (= den ideellen Bereich) steht in Abhängigkeit zum Anschaffungs- bzw. Herstellungsdatum:

- Wurde das Gebäude vor dem 01.01.2011 angeschafft bzw. hergestellt, ist der Vorsteuerabzug nicht ausgeschlossen. Mit Beginn der Gebäudenutzung auch für den ideellen Bereich bewirkt die Stiftung damit fortlaufend unentgeltliche Wertabgaben i. S. des § 3 Abs. 9a UStG, für die die Bemessungsgrundlage nach § 10 Abs. 4 Nr. 2 UStG zu bestimmen ist. Das bedeutet, dass 50 % der Gebäudeherstellungskosten, die den Vorsteuerabzug ermöglicht haben, auf die ersten 10 Jahre ab Beginn der Nutzung verteilt als unentgeltliche Wertabgabe der Umsatzsteuer unterliegen.

    Diese Umsätze sind jedoch (nur) mit 7 % der Umsatzsteuer zu unterwerfen (§ 12 Abs. 2 Nr. 8 Buchst. a UStG, Abschn. 612.9 Abs. 1 Satz 6 UStAE).

- Wurde das Gebäude nach dem 31.12.2010 angeschafft bzw. hergestellt, ist der Vorsteuerabzug ausgeschlossen.

4.5.11.3 Mindestbemessungsgrundlage (§ 10 Abs. 5 UStG)

Mit den Regelungen zur Mindestbemessungsgrundlage sollen Fälle erfasst werden, bei denen der Unternehmer mit seinen Leistungsempfängern Entgelte vereinbart, die **nicht marktgerecht** sind, um ansonsten aus umsatzsteuerlicher Sicht nicht gerechtfertigte Steuervorteile zu vermeiden.

Bei den in § 10 Abs. 5 UStG angesprochenen Sachverhalten muss der Unternehmer daher auch bei **entgeltlichen** Leistungen als Bemessungsgrundlage zur Ermittlung der Umsatzsteuer die Grundsätze für Umsätze ohne Gegenleistungen (Bemessungsgrundlage nach § 10 Abs. 4 UStG) berücksichtigen. Die Regelungen des § 10 Abs. 5 UStG sollen sicherstellen, dass verbilligte Leistungen an Personen, die dem Unternehmen nahestehen, so besteuert werden wie unentgeltliche Wertabgaben.

Grundsätzlich können zwar auch bei den als gemeinnützig anerkannten Körperschaften Sachverhalte auftreten, die die Mindestbemessungsgrundlage nach § 10 Abs. 5 UStG auslösen. Mitglieder oder Gesellschafter gemeinnütziger Körperschaften dürfen im Gegensatz zu Mitgliedern oder Gesellschaftern von steuerpflichtigen Körperschaften nach § 55 Abs. 1 Nr. 1 AO jedoch keine Gewinnanteile und in ihrer Eigenschaft als Mitglieder auch keine sonstigen Vorteile aus Mitteln der steuerbegünstigten Körperschaft erhalten (vgl. dazu in Tz. 2.5.5). Aus Vereinfachungsgründen müssen gemeinnützige Körperschaften daher die Kosten der Leistungen (= die Mindestbemessungsgrundlage) erst dann ermitteln, wenn die Entgelte offensichtlich **nicht kostendeckend** sind (Abschn. 10.7 Abs. 1 UStAE).

Sollte ein solcher Sachverhalt festzustellen sein, wird das zuständige Finanzamt grundsätzlich immer auch prüfen, ob damit ein Verstoß gegen das Mittelverwendungsgebot nach § 55 AO vorliegt und ggf. der Entzug der Gemeinnützigkeit zu prüfen ist.

Sofern ein **marktübliches,** die Kosten jedoch nicht deckendes Entgelt vereinbart wurde, ist es **unzulässig,** die Mindestbemessungsgrundlage anzuwenden, indem die Bemessungsgrundlage über das vereinbarte Entgelt hinaus erhöht wird (vgl. EuGH vom 29.05.1997 Rs. C 63/96 „Skripalle", BStBl 1997 II S. 841; BFH vom 08.10.1997 XI R 8/86, BStBl 1997 II S. 840). Aufgrund dieser Rechtsprechung wurden § 10 Abs. 5 Satz 1 Halbsatz 2 und Satz 2 UStG **mit Wirkung zum 01.08.2014** durch das Kroatien-Beitritts-Gesetz vom 25.07.2014 ergänzt. Sofern deshalb beispielsweise zwischen nahestehenden Personen nach § 10 Abs. 5 UStG **nachweislich die ortsübliche Miete** vereinbart wurde, darf diese nicht auf die im Zusammenhang mit der Vermietung entstandenen höheren Ausgaben, die zum vollen oder teilweisen Vorsteuerabzug berechtigt haben (§ 10 Abs. 4 Satz 1 Nr. 2 UStG), hochgeschleust werden. Vielmehr ist Umsatzsteuer auf Basis der niedrigeren vereinbarten ortsüblichen Miete zu entrichten. Dies bietet insofern Gestaltungsmöglichkeiten, als der BFH auch in dem Fall, dass der mit dem Leistungsempfänger vereinbarte Preis unter dem marktüblichen Preis liegt, die Anwendbarkeit der über dem marktüblichen Entgelt liegenden Bemessungsgrundlage nach § 10 Abs. 4 UStG verneinte, wenn der Leistende seine Leistung in Höhe des marktüblichen Entgelts bereits versteuert hat (vgl. BFH vom 07.10.2010 V R 4/10, UR 2011 S. 626). Auch in jüngerer finanzgerichtlicher Rechtsprechung, die jedoch derzeit beim BFH anhängig ist, wird davon ausgegangen, dass § 10 Abs. 5 Nr. 2 i. V. m. Abs. 4 Satz 1 Nr. 3 UStG bei richtlinienkonformer Auslegung dergestalt anzuwenden ist, dass das vereinbarte niedrigere Entgelt auf das (fiktive) marktübliche Entgelt, nicht jedoch auf die bei der Ausführung der Umsätze entstandenen noch höheren Ausgaben hochzuschleusen ist (vgl. FG Münster vom 15.10.2013 – 5 K 3191/10 U, EFG 2013 S. 2046, anhängig beim BFH unter Az. XI R 37/13).

Dies bedeutet, dass eine Besteuerung auf Basis der Bemessungsgrundlage nach § 10 Abs. 4 UStG dadurch vermieden werden kann, dass auf das zwischen dem vereinbarten Entgelt und der Bemessungsgrundlage nach § 10 Abs. 4 UStG (d. h. Einkaufspreis bzw. Selbstkosten bei Lieferungen und Aufwendungen bei sonstigen Leistungen) liegende marktübliche Entgelt die Umsatzsteuer abgeführt wird. Die Finanzverwaltung scheint dieses Urteil – mangels Veröffentlichung im BStBl – derzeit nicht anzuerkennen. Zumindest geht sie ganz allgemein davon aus, dass bei Vereinbarung eines niedrigeren als des marktüblichen Entgelts die Bemessungsgrundlage nach § 10 Abs. 4 UStG (und nicht das marktübliche Entgelt) heranzuziehen ist, sofern das vereinbarte Entgelt diese unterschreitet (vgl. Abschn. 10.7. Abs. 1 Satz 5 UStAE und Weymüller, UStG, Tz. 53.4 zu § 10 UStG).

4.5.12 Steuersätze

§ 12 UStG

> **(1) Die Steuer beträgt für jeden steuerpflichtigen Umsatz 19 Prozent der Bemessungsgrundlage (§§ 10, 11, 25 Abs. 3 und § 25a Abs. 3 und 4).**
>
> **(2) Die Steuer ermäßigt sich auf 7 Prozent für die folgenden Umsätze:**
>
> ....
>
> **8. a) die Leistungen der Körperschaften, die ausschließlich und unmittelbar gemeinnützige, mildtätige oder kirchliche Zwecke verfolgen (§§ 51 bis 68 der Abgabenordnung). ₂Das gilt nicht für Leistungen, die im Rahmen eines wirtschaftlichen Geschäftsbetriebs ausgeführt werden. ₃Für Leistungen, die im Rahmen eines Zweckbetriebs ausgeführt werden, gilt Satz 1 nur, wenn der Zweckbetrieb nicht in erster Linie der Erzielung zusätzlicher Einnahmen durch die Ausführung von Umsätzen dient, die in unmittelbarem Wettbewerb mit dem allgemeinen Steuersatz unterliegenden Leistungen anderer Unternehmer ausgeführt werden, oder wenn die Körperschaft mit diesen Leistungen ihrer in §§ 66 bis 68 der Abgabenordnung bezeichneten Zweckbetriebe ihre steuerbegünstigten satzungsgemäßen Zwecke selbst verwirklicht,**
>
> **b) die Leistungen der nichtrechtsfähigen Personenvereinigungen und Gemeinschaften der in Buchstabe a Satz 1 bezeichneten Körperschaften, wenn diese Leistungen, falls die Körperschaften sie anteilig selbst ausführten, insgesamt nach Buchstabe a ermäßigt besteuert würden;**

4.5.12.1 Allgemeines

§ 12 Abs. 2 Nr. 8 Buchst. a UStG regelt die Anwendung des ermäßigten Steuersatzes von 7 % auf Umsätze der Körperschaften, die ausschließlich und unmittelbar gemeinnützige, mildtätige oder kirchliche Zwecke i. S. der §§ 51 bis 68 AO verfolgen, soweit diese Leistungen nicht im Rahmen eines wirtschaftlichen Geschäftsbetriebs ausgeführt werden. Für Leistungen, die im Rahmen eines Zweckbetriebs ausgeführt werden, gilt der ermäßigte Steuersatz nur unter bestimmten Bedingungen. § 12 Abs. 2 Nr. 8 Buchst. b UStG regelt, wann der ermäßigte Steuersatz für Zusammenschlüsse von steuerbegünstigten Körperschaften anzuwenden ist.

Die Frage nach der Höhe des Steuersatzes ist nur dann relevant, wenn ein steuerbarer Umsatz i. S. des § 1 UStG vorliegt und der Umsatz nicht nach § 4 UStG steuerfrei ist. Eine Steuerfreiheit von Leistungen, die im Zusammenhang mit den genannten begünstigten Zwecken ausgeführt werden, kann sich beispielsweise aus § 4 Nr. 14, 16, 17, 18, 20, 22 und 23 UStG ergeben.

Nach Abschn. 12.9 Abs. 1 Satz 6 UStAE können auch die **unentgeltlichen Wertabgaben** der gemeinnützigen Körperschaften in den eigenen nichtunternehmerischen Bereich dem ermäßigten Steuersatz von zurzeit 7 % unterliegen. Das gilt immer dann, wenn die unentgeltlichen Wertabgaben aus den in § 12 Abs. 2 Nr. 8 Buchst. a UStG angesprochenen Bereichen (insbesondere dem Zweckbetrieb) „entnommen" werden und die in § 12 Abs. 2 Nr. 8 Buchst. a Satz 3 UStG genannten Voraussetzungen erfüllen (vgl. auch Abschn. 3.2 UStAE, a. A. BFH vom 02.02.2007 V B 90/05, UR 2007 S. 383).

Die Körperschaft muss die in § 51 Abs. 1 AO genannten steuerbegünstigten Zwecke verfolgen und auch die übrigen Voraussetzungen der §§ 51 ff. AO erfüllen, insbesondere auch die satzungsmäßigen Voraussetzungen (BFH vom 23.07.2009, BStBl 2010 II S. 719). Ob diese Voraussetzungen vorliegen, wird jeweils im Veranlagungsverfahren und nicht durch einen besonderen Verwaltungsakt entschieden. Soweit allerdings für eine andere Steuerart bereits über das Vorliegen steuerbegünstigter Zwecke entschieden ist, wird diese Entscheidung ohne weitere Prüfung auch für den Bereich der Umsatzsteuer zugrunde gelegt (Abschn. 12.9 Abs. 1 Satz 4 UStAE).

Unionsrechtliche Grundlage für § 12 Abs. 2 Nr. 8 Buchst. a UStG ist Art. 98 Abs. 2 i. V. m. Anhang III MwStSystRL. Danach dürfen die Mitgliedstaaten die Lieferung von Gegenständen und Erbringung von Dienstleistungen durch von den Mitgliedstaaten anerkannte gemeinnützige Einrichtungen für wohltätige Zwecke und im Bereich der sozialen Sicherheit ermäßigt besteuert, soweit diese Leistungen nicht nach Art. 132, 135 und 136 MwStSystRL steuerbefreit sind.

Da die Richtlinie den Begriff „für wohltätige Zwecke und im Bereich der sozialen Sicherheit" nicht definiert und auch der EuGH bisher noch keine Gelegenheit hatte, sich zum Verständnis des Begriffs zu äußern, ist derzeit nach Kommentarauffassung (vgl. Hüttemann, 2015, Tz. 7.206) ungeklärt, ob mit „wohltätigen Zwecken" nur soziale Zwecke im engeren Sinne gemeint sind oder ob – ausgehend von einem weiten unionsrechtlichen Verständnis – praktisch alle gemeinnützigen bzw. gemeinwohldienlichen Tätigkeiten begünstigt sind. Vor diesem Hintergrund lässt sich derzeit nicht abschließend feststellen, ob die Anwendung der Steuerermäßigung nach § 12 Abs. 2 Nr. 8 Buchst. a UStG auf alle steuerbegünstigten Zwecke unionsrechtskonform ist oder die Grenzen des Mitgliedstaatenwahlrechts überschreitet. Mögliche Verstöße sieht die Rechtsprechung vor allem im Bereich der Auftragsforschung (zuletzt FG Münster vom 10.04.2014 – 5 K 2409/10 U, EFG 2014 S. 1521) und der Vermögensverwaltung (BFH vom 20.03.2014 V R 4/13, UR 2014 S. 732). Der BFH wendet die Vorschrift mit Blick auf den eindeutigen Wortlaut zumindest im Grundsatz allerdings weiterhin an (BFH vom 08.03.2012 V R 14/11, BStBl 2012 II S. 630). Dagegen vermag die Begründung des V. Senats zur Ablehnung des ermäßigten Steuersatzes aufgrund des BFH-Urteils vom 24.09.2014 V R 11/14 (sog. Scanner-Fall) nach meiner Auffassung nicht zu überzeugen. Zu weiteren Ausführungen vgl. Hüttemann, 2015, Tz. 7.206.

Die Steuerermäßigung gilt nicht für Leistungen, die im Rahmen des steuerpflichtigen wirtschaftlichen Geschäftsbetriebs i. S. der §§ 14, 64 AO ausgeführt werden; für derartige Leistungen kann jedoch eventuell eine Steuerermäßigung nach anderen Bestimmungen, z. B. für kulturelle Leistungen nach § 12 Abs. 2 Nr. 7 UStG, in Betracht kommen.

Umsätze, die eine steuerbegünstigte Körperschaft im Rahmen ihrer vermögensverwaltenden Tätigkeiten ausübt (vgl. Tz. 2.15.3), unterlagen, soweit sie nicht aus anderen Gründen bereits von der Umsatzsteuer befreit sind (Beispiel: Vermietung und Verpachtung von Grundstücken, § 4 Nr. 12 UStG), in der Vergangenheit ebenfalls dem ermäßigten Steuersatz von 7 % (Abschn. 12.9 Abs. 3 Satz 6 UStAE), dieses dürfte vorbehaltlich einer derzeit noch ausstehenden Anwendung des BFH-Urteils vom 20.03.2014 (V R 4/13, UR 2014 S. 732 – steuerbare Leistungen eines Sportvereins) durch die Finanzverwaltung zukünftig nicht mehr gelten.

Zum Steuersatz bei Zweckbetrieben (§ 12 Abs. 2 Nr. 8 Buchst. a Satz 3 UStG)

§ 12 Abs. 2 Nr. 8 Buchst. a Satz 3 UStG ist durch das Jahressteuergesetz 2007 (JStG 2007, BGBl 2006 I S. 2878) mit Wirkung zum 19.12.2006 angefügt worden. Danach gilt der ermäßigte Steuersatz für Leistungen, die im Rahmen eines Zweckbetriebs ausgeführt werden, nur dann, wenn der Zweckbetrieb nicht in erster Linie der Erzielung zusätzlicher Einnahmen durch die Ausführung von Umsätzen dient, die in unmittelbarem Wettbewerb mit dem allgemeinen Steuersatz unterliegenden Leistungen anderer Unternehmer ausgeführt werden, oder wenn die Körperschaft mit diesen Leistungen ihrer in §§ 66 bis 68 AO bezeichneten Zweckbetriebe ihre steuerbegünstigten satzungsgemäßen Zwecke selbst verwirklicht.

Diese Regelung diente nach dem Willen des Gesetzgebers der Klarstellung und sollte ungerechtfertigte Steuer- und weitreichende Wettbewerbsvorteile vermeiden (siehe Gesetzesentwurf des Jahressteuergesetzes 2007, BT-Drucksache 16/2712 S. 75). Die Finanzverwaltung hat dazu in Abschn. 12.9 Abs. 8 bis Abs. 15 UStAE umfangreiche Anwendungshinweise aufgenommen (vgl. BMF vom 09.02.2007, BStBl 2007 I S. 218). In der Praxis ist aktuell wahrzunehmen, dass Finanzverwaltung und Rechtsprechung auf der Grundlage dieser gesetzlichen Regelung zunehmend von der Möglichkeit Gebrauch machen, die Voraussetzungen des ermäßigten Steuersatzes unabhängig davon zu prüfen, dass ein steuerbegünstigter Zweckbetrieb gegeben ist. Im Ergebnis können Leistungen eines steuerbegünstigten Zweckbetriebs sowohl dem ermäßigten Steuersatz wie auch dem Regelsteuersatz unterliegen (aktuell vgl. hierzu auch FG Niedersachsen vom 30.05.2013 – 16 K 180/12, sog. Scanner-Fall, und Zurückverweisung nach Revision durch den BFH, BFH vom 24.09.2014 V R 11/14). Zur nach meiner Auffassung berechtigten Kritik an dieser Regelung siehe Leisner, DB 2007 S. 1047, und Hüttemann, 2015, Tz. 7.207.

4.5.12.2 Wirtschaftlicher Geschäftsbetrieb – Zweckbetriebe – Abgrenzung

Die Steuerermäßigung gilt nicht für die Leistungen, die im Rahmen eines wirtschaftlichen Geschäftsbetriebs ausgeführt werden. Der Begriff des wirtschaftlichen Geschäftsbetriebs ist in § 14 AO bestimmt. Nach § 64 AO bleibt die Steuervergünstigung für einen wirtschaftlichen Geschäftsbetrieb jedoch bestehen, soweit es sich um einen Zweckbetrieb i. S. der §§ 65 bis 68 AO handelt. Für die Annahme eines Zweckbetriebs ist nach § 65 AO vor allem erforderlich, dass der wirtschaftliche Geschäftsbetrieb zu den nicht begünstigten Betrieben derselben oder ähnlichen Art nicht in größerem Umfang in Wettbewerb treten darf, als es bei der Erfüllung der steuerbegünstigten Zwecke unvermeidbar ist. Liegt nach den §§ 66 bis 68 AO ein Zweckbetrieb vor, müssen die allgemeinen Voraussetzungen des § 65 AO für die Annahme eines Zweckbetriebs **nicht** erfüllt sein (vgl. BFH vom 18.01.1995 V R 139-142/92, BStBl 1995 II S. 446, und vom 25.07.1996 V R 7/95, BStBl 1997 II S. 154).

Das BMF hat mit Schreiben vom 09.02.2007 (BStBl 2007 I S. 218) betont, dass auch dann der begünstigte Steuersatz für Leistungen von Zweckbetrieben zur Anwendung kommt, wenn die Auswirkungen auf den Wettbewerb nicht auf das zur Erfüllung der steuerbegünstigten Zwecke unvermeidbare Maß beschränkt sind. Voraussetzung für diese Rückausnahme ist, dass der Geschäftsbetrieb in seiner **Gesamtrichtung noch als ein Zweckbetrieb** eingeordnet werden kann. Die Körperschaft muss mit diesen Leistungen ihrer in den §§ 65 bis 68 AO bezeichneten Zweckbetriebe satzungsgemäßen Zwecke **selbst verwirklichen.** Fraglich ist allerdings, wann steuerbegünstigte Zwecke selbst verwirklicht werden. Hierzu enthält das UStG keine gesetzlichen Definitionen, sodass für eine Beurteilung dieser Frage auf andere Rechtsvorschriften, wie Abschn. 12.9 Abs. 8 ff. UStAE, § 68 Nr. 3 Buchst. a AO sowie § 57 AO, zurückgegriffen werden muss.

Eine andere Beurteilung kann nur dann greifen, wenn der Zweckbetrieb in erster Linie dazu dient, mit seinen Leistungen zusätzliche Einnahmen für die steuerbegünstigte Körperschaft zu erzielen, die in unmittelbarem Wettbewerb mit dem allgemeinen Steuersatz unterliegenden Leistungen anderer Unternehmer ausgeführt werden. Betragen die „schädlichen" Einnahmen durch derartige (zusätzliche und wettbewerbsrelevante) Leistungen mehr als 50 % der Gesamteinnahmen des betreffenden Zweckbetriebs, entfällt die Möglichkeit, die Einnahmen des Zweckbetriebs mit 7 % zu besteuern (Abschn. 12.9 Abs. 11 UStAE).

Ein gesonderter Einzelfall stellen Werkstätten für behinderte Menschen nach § 68 Nr. 3 Buchst. a AO dar. Der Verkauf von Waren, die in einer Werkstätte für behinderte Menschen selbst hergestellt worden sind, gehört zum Zweckbetrieb (vgl. Abschn. 12.9 Abs. 12 UStAE). Hier kann zur Vereinfachung davon ausgegangen werden, dass der Zweckbetrieb „Werkstatt für behinderte Menschen" mit dem Verkauf dieser Waren sowie von zum Zwecke der Be- oder Verarbeitung zugekaufter Waren nicht in erster Linie der Erzielung zusätzlicher Einnahmen dient, sofern die Wertschöpfung durch die Werkstatt für behinderte Menschen mehr als 10 % des Nettowerts der zugekauften Waren beträgt. Der Verkauf übriger Waren unterliegt nicht dem ermäßigten Steuersatz.

Die Einschränkungen des § 12 Abs. 2 Nr. 8 Buchst. a Satz 3 UStG betreffen offensichtlich Gestaltungen, mit denen die Zweckbetriebseigenschaft gezielt zur Ausnutzung der Steuervergünstigungen des § 12 Abs. 2 Nr. 8 UStG ausgenutzt werden soll und die den Charakter einer Zweckbetriebstätigkeit nicht mehr erkennen lassen. Der Finanzverwaltung sind so z. B. Gestaltungen bekannt geworden, mit denen diese Umsatzsteuervorteile etwa durch Einschaltung eines Integrationsprojektes (§ 68 Nr. 3 Buchst. c AO) als Subunternehmer oder i. V. m. Zeitarbeitsfirmen angestrebt wurden oder auch die Nutzung des ermäßigten Steuersatzes zur Anbahnung von Geschäftsbeziehungen zu nicht vorsteuerabzugsberechtigten Leistungsempfängern gezielt eingesetzt wurden.

Es bleibt festzuhalten, dass die steuerbaren Umsätze, für die keine Steuerbefreiungsregelung greift und die im Rahmen eines wirtschaftlichen Geschäftsbetriebs i. S. der §§ 14, 64 AO erbracht werden, **stets dem Regelsteuersatz von 19 %** unterliegen.

4.5.12.3 Wirtschaftlicher Geschäftsbetrieb – Zweckbetriebe – Beispiele

In Abschn. 12.9 Abs. 4 UStAE hat die Finanzverwaltung verschiedene Regelungen zur Abgrenzung von wirtschaftlichen Geschäftsbetrieben und Zweckbetrieben, die bei der umsatzsteuerlichen Einordnung dieser Vorgänge zu beachten sind, zusammengestellt. Danach gilt Folgendes:

1. Die Tätigkeit der **Landessportbünde** im Rahmen der Verleihung des Deutschen Sportabzeichens und des Deutschen Jugendsportabzeichens stellt einen Zweckbetrieb i. S. des § 65 AO dar. Entsprechendes gilt bei gemeinnützigen Sportverbänden für die Genehmigung von Wettkampfveranstaltungen der Sportvereine, die Genehmigung von Trikotwerbung sowie für die Ausstellung oder Verlängerung von Sportausweisen für Sportler.

2. Die Herstellung und Veräußerung von Erzeugnissen, die in der 2. Stufe der **Blutfraktionierung** gewonnen werden – Plasmaderivate wie Albumin, Globulin, Gerinnungsfaktoren – durch die Blutspendedienste des Deutschen Roten Kreuzes, sind ein nicht begünstigter wirtschaftlicher Geschäftsbetrieb (§§ 14 und 64 Abs. 6 Nr. 3 AO; vgl. in diesem Zusammenhang auch FinMin Niedersachsen vom 21.11.1995, DB 1995 S. 2568).

3. **Krankenfahrten,** die von gemeinnützigen und mildtätigen Organisationen ausgeführt werden, erfüllen nicht die Voraussetzungen des § 66 Abs. 2 AO und finden deshalb nicht im Rahmen einer Einrichtung der Wohlfahrtspflege statt. Die Annahme eines Zweckbetriebs nach § 65 AO scheidet aus Wettbewerbsgründen aus, sodass die Krankenfahrten als wirtschaftlicher Geschäftsbetrieb i. S. der §§ 64 und 14 AO zu behandeln sind. Krankenfahrten sind Fahrten von Patienten, für die ein Arzt die Beförderung in einem Personenkraftwagen, Mietwagen oder Taxi verordnet hat. Zur Steuerbefreiung vgl. Abschn. 4.17.2 und 4.18.1 Abs. 12 UStAE. (Hinweis: Ein Zweckbetrieb i. S. des § 66 AO, dessen Umsätze dann mit 7 % zu besteuern sind, ist nur in den in Nr. 2 genannten Ausnahmefällen anzunehmen.)

4. Bei den **Werkstätten für behinderte Menschen** umfasst der Zweckbetrieb (§ 68 Nr. 3 Buchst. a AO) auch den eigentlichen Werkstattbereich. In diesem Bereich werden i. d. R. keine nach § 4 Nr. 18 UStG steuerfreien Umsätze ausgeführt. Die steuerpflichtigen Umsätze unterliegen nach Maßgabe des Abschn. 12.9 Abs. 8 bis 15 UStAE dem ermäßigten Steuersatz. Die den Werkstätten für behinderte Menschen in Rechnung gestellten Umsatzsteuerbeträge, die auf Leistungen entfallen, die andere Unternehmer für den Werkstattbetrieb ausgeführt haben, können deshalb nach § 15 Abs. 1 UStG in vollem Umfang als Vorsteuern abgezogen werden. Eine Aufteilung der Vorsteuerbeträge in einen abziehbaren und einen nichtabziehbaren Teil entfällt. Das gilt insbesondere auch insoweit, als Investitionen für den Werkstattbereich – z. B. Neubau oder Umbau, Anschaffung von Einrichtungsgegenständen oder Maschinen – vorgenommen werden.

5. Als Zweckbetrieb werden nach § 68 Nr. 6 AO die von den zuständigen Behörden genehmigten **Lotterien und Ausspielungen** steuerbegünstigter Körperschaften anerkannt, wenn der Reinertrag unmittelbar und ausschließlich zur Förderung gemeinnütziger, mildtätiger oder kirchlicher Zwecke verwendet wird. Eine nachhaltige Tätigkeit i. S. des § 14 AO und des § 2 Abs. 1 Satz 3 UStG liegt auch dann vor, wenn Lotterien oder Ausspielungen jedes Jahr nur einmal veranstaltet werden. Deshalb ist auch in diesen Fällen grundsätzlich ein Zweckbetrieb gegeben, für dessen Umsätze der ermäßigte Steuersatz in Betracht kommt. Soweit öffentliche Lotterien und Ausspielungen von steuerbegünstigten Körperschaften der Lotteriesteuer unterliegen (vgl. §§ 17 und 18 RennwLottG), sind die daraus erzielten Umsätze nach § 4 Nr. 9 Buchst. b UStG steuerfrei.

6. **Mensa- und Cafeteria-Betriebe,** die von gemeinnützigen Studentenwerken unterhalten werden, die einem Wohlfahrtsverband angeschlossen sind, werden als Zweckbetriebe angesehen (siehe hierzu auch Tz. 2.16.2). Speisen- und Getränkeumsätze, die in diesen Betrieben an Nichtstudierende ausgeführt werden, unterliegen deshalb nach Maßgabe des Abschn. 12.9 Abs. 8 bis 15 UStAE dem ermäßigten Steuersatz. Nichtstudierender ist, wer nach dem jeweiligen Landesstudentenwerks- bzw. Landeshochschulgesetz nicht unter den begünstigten Personenkreis des Studentenwerks fällt, insbesondere Hochschulbedienstete, z. B. Hochschullehrer, wissenschaftliche Räte, Assistenten und Schreibkräfte sowie Studentenwerksbedienstete und Gäste. Dies gilt z. B. auch für die Umsätze von alkoholischen Flüssigkeiten, sofern diese das Warenangebot des Mensa- und Cafeteria-Betriebs ergänzen und lediglich einen geringen Teil des Gesamtumsatzes ausmachen. Als geringer Anteil am Gesamtumsatz wird es angesehen, wenn diese Umsätze im vorangegangenen Kalenderjahr nicht mehr als 5 % des Gesamtumsatzes betragen haben. Wegen der Steuerbefreiung für die Umsätze in Mensa- und Cafeteria-Betrieben vgl. Abschn. 4.18.1 Abs. 9 UStAE.

7. Die kurzfristige Vermietung von Wohnräumen und Schlafräumen an Nichtstudierende durch ein **Studentenwerk** ist ein selbständiger wirtschaftlicher Geschäftsbetrieb, wenn sie sich aus tatsächlichen Gründen von den satzungsmäßigen Leistungen abgrenzen lässt. Dieser wirtschaftliche Geschäftsbetrieb ist kein Zweckbetrieb; dessen Umsätze unterliegen der Besteuerung nach dem Regelsteuersatz (BFH vom 19.05.2005 V R 32/03, BStBl 2005 II S. 900). Zur Anwendung der Steuerermäßigung nach § 12 Abs. 2 Nr. 11 UStG vgl. Abschn. 12.16 UStAE.

8. Die entgeltliche Überlassung von Kfz durch einen **„Carsharing"**-Verein an seine Mitglieder ist kein Zweckbetrieb (vgl. BFH vom 12.06.2008 V R 33/05, BStBl 2009 II S. 221).

9. Die nicht nur gelegentliche Erbringung von **Geschäftsführungs- und Verwaltungsleistungen** für einem Verein angeschlossene Mitgliedsvereine stellt keinen Zweckbetrieb dar (vgl. BFH vom 29.01.2009 V R 46/06, BStBl 2009 II S. 560).

10. Die **Verwaltung von Sporthallen** sowie das Einziehen der Hallenmieten einschließlich des Mahn- und Vollstreckungswesens durch einen gemeinnützigen Verein gegen Entgelt im Namen und für Rechnung einer Stadt ist kein begünstigter Zweckbetrieb (vgl. BFH vom 05.08.2010 V R 54/09, BStBl 2011 II S. 191).

Nach § 68 Nr. 7 AO sind **kulturelle Einrichtungen** und Veranstaltungen einer steuerbegünstigten Körperschaft unabhängig von einer Umsatz- oder Einkommensgrenze als Zweckbetrieb zu behandeln. Werden im Zusammenhang mit einer Zweckbetriebsveranstaltung auch Speisen und Getränke verkauft, gehören diese Umsätze nicht zum Zweckbetrieb nach § 68 Nr. 7 AO. Wird ein einheitliches Entgelt für die Teilnahme an der Veranstaltung selbst und die Beköstigung anlässlich der Veranstaltung vereinnahmt, ist eine sachgerechte Aufteilung des Entgelts auf den Zweckbetriebsumsatz und die übrigen Leistungsvorgänge ggf. im Schätzungsweg vorzunehmen. Auch die Entgelte für **Werbeleistungen** im Zusammenhang mit kulturellen Veranstaltungen können nicht dem Zweckbetrieb selbst zugerechnet werden. Sie unterliegen stets dem Regelsteuersatz nach § 12 Abs. 1 UStG.

Gelegentlich führen gemeinnützige Körperschaften im Zusammenhang mit **Zweckbetriebsveranstaltungen** den **Verkauf von Speisen und Getränken** an die Teilnehmer oder Zuschauer der Veranstaltung durch, oder es wird Werbung gegen Entgelt bei diesen Veranstaltungen betrieben (z. B. anlässlich von Heimspielen in der eigenen Sporthalle, dem Stadion oder aus Anlass einer Konzertveranstaltung). Diese wirtschaftlichen Aktivitäten begründen bei der Körperschaft einen eigenständigen steuerpflichtigen wirtschaftlichen Geschäftsbetrieb (siehe auch AEAO Nr. 6 und 7 zu § 67a AO, Anhang 1). Insoweit unterliegen die Umsätze dem Regelsteuersatz nach § 12 Abs. 1 UStG (Abschn. 12.9 Abs. 3 Satz 1 UStAE).

Übernachtungs- und Verpflegungsleistungen, die ein gemeinnütziger Verein im Zusammenhang mit steuerfreien **Seminaren** anbietet, werden zwar im Rahmen eines steuerbegünstigten Zweckbetriebs erbracht, sind jedoch gem. § 12 Abs. 2 Nr. 8 Buchst. a Satz 3 UStG nicht dem ermäßigten Steuersatz zu unterwerfen. Dies ist die Auffassung des BFH (Urteil vom 08.03.2012 V R 14/11, BStBl 2012 II S. 630), welche mit BMF-Schreiben vom 29.04.2014 (IV D 2 – S 7242-a/12/10001, 2014/0392596, BStBl 2014 I S. 814) auch in den Abschn. 12.9 Abs. 10 Nr. 7 UStAE aufgenommen wurde. Der BFH kommt zu dieser einschränkenden Auslegung zum einen durch eine tätigkeitsbezogene Auslegung des Begriffs „Zweckbetrieb" und zum anderen unter Berufung auf ein unionsrechtliches Gebot der engen Auslegung von Ausnahmebestimmungen, d. h. der weiten Auslegung von Bestimmungen, die solche Ausnahmen einschränken. Hinsichtlich der praktischen Umsetzung des Urteils ist zu unterscheiden:

- Grundlage des BFH-Urteils ist die (weite) Auslegung des Vorbehalts in § 12 Abs. 2 Nr. 8 Buchst. a Satz 3 UStG, der nach Abschn. 12 Abs. 9 Satz 2 UStAE keine Anwendung findet auf Zweckbetriebe i. S. von § 65 AO. Auf solche Zweckbetriebe ist vielmehr (zu Recht) der ermäßigte Satz ohne Einschränkung anzuwenden, weil dem Wettbewerbsvorbehalt bereits im Rahmen des § 65 AO Rechnung getragen wird.

- Für die Zweckbetriebe nach §§ 66 bis 68 AO kommt es nach dem BFH-Urteil entscheidend auf die sachliche Abgrenzung des einzelnen „Zweckbetriebs" an, den der V. Senat nicht betriebs-, sondern tätigkeitsbezogen versteht. Dies führt z. B. bei § 68 Nr. 8 AO zu einer getrennten Beurteilung von Bildungs- und Beköstigungsleistungen, d. h., die Prüfkriterien des § 12 Abs. 2 Nr. 8 Buchst. a Satz 3 UStG sind auf beide Tätigkeiten gesondert anzuwenden.

Sportveranstaltungen

Häufig schließen sich gemeinnützige, mildtätige oder kirchliche Körperschaften zur Erreichung ihrer (gemeinsamen) ideellen Ziele in Form einer Personenvereinigung oder Gemeinschaft zusammen (z. B. zur Durchführung einer größeren Sportver-

4 Andere Steuergesetze

anstaltung, einer gemeinsamen Lotterie oder Ausspielung). Diese Zusammenschlüsse sind aus steuerlicher Sicht jeweils gesondert zu beurteilen und erfüllen auch jeweils für sich den Unternehmerbegriff des § 2 UStG. Die Umsätze dieser Zusammenschlüsse unterliegen, soweit der jeweilige Zusammenschluss überhaupt als Regelunternehmer zu behandeln ist (§ 19 UStG, Tz. 4.5.19), dem ermäßigten Steuersatz von 7 %, wenn

- der Zusammenschluss selbst als nichtrechtsfähige Personenvereinigung (ein nichtrechtsfähiger Verein) oder **nichtrechtsfähige** Gemeinschaft (z. B. Gesellschaft bürgerlichen Rechts) zu beurteilen ist,
- die Mitglieder ausschließlich Körperschaften i. S. der §§ 51 ff. AO sind,
- die Leistungen des Zusammenschlusses, würden sie von den jeweiligen Mitgliedern selbst erbracht, als Leistung eines Zweckbetriebs oder der Vermögensverwaltung zu besteuern sind.

Die Leistungen des Zusammenschlusses unterliegen insgesamt dem vollen Steuersatz (19 %), wenn der Zusammenschluss neben den begünstigten Leistungen auch Leistungen erbringt, die (ggf. nur bei einem der Mitglieder) nicht nach § 12 Abs. 2 Nr. 8 Buchst. a UStG begünstigt wären. Wenn sich also z. B. mehrere Sportvereine zur Durchführung eines (gemeinsamen) Sportfestes zusammenschließen, muss sichergestellt sein, dass die anteiligen Einnahmen des Zusammenschlusses bei keinem der Mitglieder im Rahmen einer steuerpflichtigen sportlichen Veranstaltung i. S. des § 67a AO anfallen (Abschn. 12.10 Satz 6 UStAE).

Besondere Anweisungen enthält der Abschn. 12.9 Abs. 6 UStAE zur Beurteilung der umsatzsteuerlichen Besonderheiten bei **sportlichen Veranstaltungen.** Nach § 67a Abs. 1 AO sind sportliche Veranstaltungen eines Sportvereins ein Zweckbetrieb, wenn die Einnahmen einschließlich Umsatzsteuer 45.000 Euro (bis 01.01.2013: 35.000 Euro) im Jahr nicht übersteigen (Änderung der Einnahmengrenze siehe BMF vom 10.12.2014 – IV D 3 – S 7015/14/10001, 2014/1073025, BStBl 2014 I S. 1622). Das gilt unabhängig davon, ob bezahlte Sportler i. S. des § 67a Abs. 3 AO teilnehmen oder nicht. Die Umsätze von Speisen und Getränken sowie die Werbung anlässlich einer sportlichen Veranstaltung gehören nicht zum Zweckbetrieb (dazu wird auf die o. a. Ausführungen verwiesen). Ein nach § 67a Abs. 2 und 3 AO körperschaftsteuerrechtlich wirksamer Verzicht auf die Anwendung des § 67a Abs. 1 Satz 1 AO gilt auch für Zwecke der Umsatzsteuer. Nach § 67a Abs. 3 AO sind aber auch in einem derartigen Verzichtsfall sportliche Veranstaltungen eines Sportvereins ein Zweckbetrieb, wenn

- kein Sportler des Vereins teilnimmt, der für seine sportliche Betätigung oder für die Benutzung seiner Person, seines Namens, seines Bildes oder seiner sportlichen Betätigung zu Werbezwecken von dem Verein oder einem Dritten über eine Aufwandsentschädigung hinaus Vergütungen oder andere Vorteile erhält, und
- kein anderer Sportler teilnimmt, der für die Teilnahme an der Veranstaltung von dem Verein oder einem Dritten im Zusammenwirken mit dem Verein über eine Aufwandsentschädigung hinaus Vergütungen oder andere Vorteile erhält.

Andere sportliche Veranstaltungen sind ein nicht begünstigter wirtschaftlicher Geschäftsbetrieb. Durch einen derartigen wirtschaftlichen Geschäftsbetrieb wird die Gemeinnützigkeit des Vereins unter den Voraussetzungen des § 67a Abs. 3 Satz 3 AO nicht berührt. Wegen weiterer Einzelheiten zur Behandlung sportlicher Veranstaltungen vgl. AEAO zu § 67a AO (siehe auch die umfangreichen Hinweise in Tz. 2.19).

Eine steuerbegünstigte sportliche oder kulturelle Veranstaltung i. S. der §§ 67a, 68 Nr. 7 AO kann auch dann vorliegen, wenn ein Sport- oder Kulturverein in Erfüllung seiner Satzungszwecke im Rahmen einer Veranstaltung einer anderen Person oder Körperschaft eine sportliche oder kulturelle Darbietung erbringt (vgl. dazu auch Tz. 2.19.2 und 2.20.8). Die Veranstaltung, bei der die sportliche oder kulturelle Darbietung präsentiert wird, braucht keine steuerbegünstigte Veranstaltung zu sein (vgl. BFH vom 04.05.1994, BStBl 1994 II S. 886). Umsätze, die ein als gemeinnützig anerkannter Sport- oder Kulturverein im Rahmen einer „Fremdveranstaltung" erbringt, unterliegen bei den steuerbegünstigten Vereinen daher auch dem ermäßigten Steuersatz.

Sponsoring

Die umsatzsteuerliche Einordnung des Sponsorings stellt sich oft problematisch dar. Im Gegensatz zur ertragsteuerlichen Behandlung fehlte zu diesem Bereich bislang eine einheitliche Verwaltungsrichtlinie. Im Einzelfall war es daher schwierig zu klären, wie insbesondere die Bemessungsgrundlage zu ermitteln ist und ob bei gemeinnützigen Vereinen die Werbeleistungen dem Regel- oder dem ermäßigten Steuersatz nach § 12 Abs. 2 Nr. 8 Buchst. a UStG unterliegen.

Nach der Verfügung der OFD Karlsruhe vom 15.01.2013 gelten **Geldzahlungen** eines Sponsors als Entgelt für steuerpflichtige Leistungen an den Sponsor, wenn nach dem Sponsoring-Vertrag explizite Leistungen, wie z. B. Banden- oder Trikotwerbung, Anzeigen, Vorhalten von Werbedrucken, vereinbart wurden. Da es sich hierbei um Umsätze im Rahmen eines steuerpflichtigen wirtschaftlichen Geschäftsbetriebs handelt, unterliegen diese Leistungen auch bei steuerbegünstigten Einrichtungen dem allgemeinen Steuersatz.

Abschn. 1.1 Abs. 23 UStAE regelt die umsatzsteuerliche Behandlung von Sponsoringleistungen und hat nach einer aktuellen Änderung durch das BMF-Schreiben vom 25.07.2014 (BStBl 2014 I S. 1114) nun folgende Fassung:

> „$_1$Weist der Empfänger von Zuwendungen aus einem Sponsoringvertrag auf Plakaten, in Veranstaltungshinweisen, in Ausstellungskatalogen, auf seiner Internetseite oder in anderer Weise auf die Unterstützung durch den Sponsor lediglich hin, erbringt er insoweit keine Leistung im Rahmen eines Leistungsaustausches. $_2$Dieser Hinweis kann unter Verwendung des Namens, Emblems oder Logos des Sponsors, jedoch ohne besondere Hervorhebung oder Verlinkung zu dessen Internetseite, erfolgen und ist somit nicht steuerbar. $_3$Dies gilt auch, wenn der Sponsor auf seine Unterstützung in gleicher Art und Weise lediglich hinweist. $_4$Dagegen ist von einer Leistung des Zuwendungsempfängers an den Sponsor auszugehen, wenn dem Sponsor das ausdrückliche Recht eingeräumt wird, die Sponsoringmaßnahme im Rahmen eigener Werbung zu vermarkten."

Die vorgenannten Grundsätze gelten für alle ab dem 01.01.2013 verwirklichten Sachverhalte (zur Kritik an dieser Regelung vgl. Dr. Fritz, Stiftung & Sponsoring, 5/2014). Soweit in der Vergangenheit in Sponsoring-Verträgen das Recht eingeräumt wurde, unter Verwendung des Namens und Logos auf die Zusammenarbeit mit einem Vertragspartner hinzuweisen, unterlag diese Leistung dem ermäßigten Umsatzsteuersatz, wenn es sich dabei um eine sonstige Leistung in Form einer sog. „Duldungsleistung" handelte. Nach dem BMF-Schreiben vom 13.11.2012 (BStBl 2012 I S. 1169) ergab sich für derartige nicht hervorgehobene werbende Hinweise nicht einmal mehr eine Umsatzsteuerbarkeit.

Nunmehr soll nach den Regelungen des BMF-Schreibens vom 25.07.2014 (BStBl 2014 I S. 1114) allerdings von einer umsatzsteuerbaren Leistung des Zuwendungsempfängers an den Sponsor auszugehen sein, *„wenn dem Sponsor das ausdrück-*

liche Recht eingeräumt wird, die Sponsoring-Maßnahme im Rahmen eigener Werbung zu vermarkten." Unter einer Sponsoringsmaßnahme in diesem Sinne dürfte nach bisheriger Auffassung der Finanzverwaltung die Gewährung von Geld durch Unternehmen an Organisationen zu verstehen sein, mit der regelmäßig auch eigene unternehmensbezogene Ziele der Werbung oder Öffentlichkeitsarbeit verfolgt werden (AEAO Nr. 7 zu § 64, siehe Anhang 1).

Die Überlassung von Namens- und ggf. auch Logorechten an einen Sponsor für dessen Produkt- oder Dienstleistungswerbung wird von der Finanzverwaltung folglich als umsatzsteuerpflichtiger Leistungsaustausch angesehen, auf den in der Vergangenheit der ermäßigte Umsatzsteuersatz (für Vermögensverwaltung) zur Anwendung kam. Im Hinblick auf die Entscheidung des BFH vom 20.03.2014 (V R 4/13, UR 2014 S. 732) dürften derartige Leistungen in Zukunft – vorbehaltlich einer derzeit noch ausstehenden Anwendungsregelung der Finanzverwaltung – dem Regelsteuersatz unterliegen.

Hinweis: *Vertragspartner von Sponsoringvereinbarungen sollten angesichts der sich zügig entwickelnden Rechtslage bezüglich der Umsatzbesteuerung von Sponsoringleistungen in Betracht ziehen, bezüglich des Wertes der Sponsoringleistung eine sog. „Nettowertvereinbarung" zuzüglich der gesetzlichen Umsatzsteuer zu treffen, damit die geförderte Organisation im Fall einer Nachbelastung mit Umsatzsteuer diese dem Vertragspartner ggf. nachberechnen kann.*

Sofern zu den Leistungen der gesponserten Einrichtung auch Eintrittsberechtigungen zu Veranstaltungen gehören, muss das Entgelt nach Schreiben des BMF vom 28.11.2006 (BStBl 2006 I S. 791) aufgeteilt werden. Für das Entgelt, welches auf die Eintrittsberechtigungen entfällt, kann eine Steuerbefreiung oder der ermäßigte Steuersatz in Betracht kommen.

In den meisten Fällen sind die Sponsorengelder umsatzsteuerbar und umsatzsteuerpflichtig. Sofern der Verein dies rechtzeitig erkennt, stellt die Umsatzsteuer i. d. R. kein Problem dar. In den Rechnungen über die steuerpflichtigen Umsätze muss grundsätzlich die Umsatzsteuer gesondert ausgewiesen werden. Ob und ggf. in welcher Höhe ein Vorsteuerabzug aus der Rechnung des Sponsors zulässig ist, beurteilt sich nach der tatsächlichen Verwendung der Sach- und Dienstleistung (vgl. OFD Karlsruhe vom 15.01.2013 – S 7100 Karte 17).

Eine entgeltliche Leistung i. S. des § 1 Abs. 1 Nr. 1 UStG setzt stets einen Leistungsaustausch voraus, der dann gegeben ist, wenn sich die Leistung auf den Erhalt einer Gegenleistung richtet und die wechselseitig erbrachten Leistungen miteinander verbunden sind. Einem unternehmerisch tätigen Sponsor obliegt es, diese Verbindung nachzuweisen, damit er berechtigt ist, aus der Zuwendung den Vorsteuerabzug zu ziehen.

Im Gegensatz dazu besteht insbesondere bei einer Zuwendung durch Privatpersonen bei Stiftungen und Förderern ein gemeinsames Interesse, den Leistungsaustausch zu vermeiden, damit einerseits dem Förderer der Spendenabzug ermöglicht und andererseits der zugewendete Betrag nicht durch die Umsatzsteuer geschmälert wird. Als Empfehlung für die Praxis sind stets eindeutige Vereinbarungen zu treffen.

Bei **Sachspenden** von Unternehmern ist § 3 Abs. 1b Satz 1 Nr. 3 UStG zu beachten, sodass im Fall der Übertragung eines Gegenstandes an eine Stiftung, der nicht bloß ein geringwertiges Geschenk darstellt und somit beim Unternehmer zum vollen oder teilweisen Vorsteuerabzug berechtigt, die Übertragung der entgeltlichen Lieferung gleichgestellt und daher umsatzsteuerbar ist.

Obige Ausführungen für Geldleistungen eines Sponsors sind ebenso auf Sach- oder Dienstleistungen im Rahmen des Sponsorings anzuwenden. Als Bemessungsgrundlage ist der gemeine Wert der Sach- oder Dienstleistung des Sponsors anzusetzen (vgl. OFD Karlsruhe vom 15.01.2013 – S 7100 Karte 17; § 3 Abs. 12, § 10 Abs. 2 UStG). Der gemeine Wert ist gem. Abschn. 10.5 Abs. 1 Satz 6 UStAE auch dann anzusetzen, wenn er den Wert der Werbeleistung der steuerbegünstigten Einrichtung übersteigt. Bei einem krassen Missverständnis zwischen dem Wert der Leistung des Sponsors und dem erstrebten wirtschaftlichen Vorteil ist beim Sponsor der Vorsteuerabzug zu versagen, wenn der Betriebsausgabenabzug nicht zugelassen wird.

Die entgeltliche Überlassung von Sachmitteln ist problematischer, als auf den ersten Blick zu erkennen ist. In der Praxis stellen Sponsoren oftmals Sachmittel (wie etwa PKW) zur Verfügung, die mit Werbeaufschriften versehen werden. Der Auffassung der Finanzverwaltung zufolge liegt in einem derartigen Fall ein tauschähnlicher Umsatz gem. § 3 Abs. 12 Satz 2 UStG vor (vgl. OFD Frankfurt vom 26.08.2008 – S 7119 A – 5 – St 110), da die Werbefirma bereits mit Übergabe des Fahrzeugs zu Beginn des Nutzungszeitraums eine Lieferung i. S. des § 3 Abs. 1 UStG an die betreffende Institution erbringt und schon zu diesem Zeitpunkt das wirtschaftliche Eigentum an dem Fahrzeug auf die Institution übergeht (vgl. BFH vom 16.04.2008 XI R 56/06, BStBl 2008 II S. 909). Die Werbeleistung, die die Institution mit der Duldung der Anbringung der Werbeflächen auf dem Fahrzeug und dessen werbewirksamen Einsatzes an die Werbefirma erbringt, begründet eine Leistung im Rahmen eines tauschähnlichen Umsatzes und ist somit umsatzsteuerbar (vgl. OFD Karlsruhe vom 15.01.2013 – S 7100 Karte 16).

Werbemobile

Bei der Überlassung von Fahrzeugen (Werbemobile) an soziale Institutionen, Sportvereine und Kommunen wird von der OFD Karlsruhe zwischen unterschiedlichen Sachverhalten differenziert: Die Werbefirma übergibt das Fahrzeug der Institution zur Nutzung, behält jedoch den Fahrzeugbrief bis zum Ende der Vertragslaufzeit. Im Sachverhalt (1) wird nach Ende der Vertragslaufzeit, welche mit der betriebsgewöhnlichen Nutzungsdauer übereinstimmt, das Werbemobil auf die Institution übertragen. Ebenso im Sachverhalt (2), allerdings ist die betriebsgewöhnliche Nutzungsdauer hier länger als die Vertragslaufzeit. Im Sachverhalt (3) wird das Werbemobil nach Vertragsende an die Werbefirma zurückgegeben.

Auf Seite der **durch die Werbefirma erbrachten Leistung** stellt der Sachverhalt (1) mit der Übergabe des Fahrzeugs eine Lieferung nach § 3 Abs. 1 UStG dar. Wohingegen bei den Sachverhalten (2) und (3) nach dem Gesamtbild der Verhältnisse des Einzelfalls entschieden werden muss, ob die Fahrzeugüberlassung eine Lieferung oder eine sonstige Leistung darstellt (Ausführlich hierzu OFD Karlsruhe vom 15.01.2013 – S 7100 Karte 16).

Die Bemessungsgrundlage für die Lieferung bzw. sonstige Leistungen ist der gemeine Wert der Werbeleistung der Institution. Dieser ist dann gem. § 10 Abs. 2 Satz 2 UStG zu bestimmen, indem der von der Werbefirma gezahlte Einkaufspreis für das Fahrzeug ohne die Kosten für die Anbringung der Werbung herangezogen wird (vgl. hierzu EuGH vom 23.11.1988 Rs. C-230/87, UR 1990 S. 307, und vom 02.06.1994 Rs. C-33/93, UR 1995 S. 64, sowie BFH vom 28.03.1996, BStBl 1998 II S. 2784, und OFD Karlsruhe vom 15.01.2013 – S 7100 Karte 16). Das ist konkret der

Betrag, den der Empfänger der Werbeleistung, die nicht bar abgegolten wird, zu diesem Zweck aufzuwenden bereit ist (vgl. OFD Frankfurt vom 26.08.2008 – S 7119 A – 5 – St 110, UR 2008 S. 938).

Die **von der steuerbegünstigten Institution erbrachten Werbeleistungen** begründen unter den im BMF-Schreiben vom 18.02.1998 (BStBl 1998 I S. 212) bezeichneten Voraussetzungen bei einem Verein einen wirtschaftlichen Geschäftsbetrieb und unterliegen dem Regelsteuersatz von 19 %. Hierfür ist ausschlaggebend, dass der Verein aktiv an der Werbemaßnahme mitwirkt. Ist dies nicht der Fall, liegt grundsätzlich kein Leistungsaustausch vor (OFD Karlsruhe vom 15.01.2013). Aufgrund des BMF-Schreibens vom 13.11.2012 in Verbindung mit der Verfügung des LfSt Sachsen vom 15.05.2014 wird dagegen ein Leistungsaustausch von einzelnen Finanzverwaltungen verneint, wenn einer gemeinnützigen Körperschaft ein sog. Werbemobil mit der Verpflichtung zur Duldung der angebrachten Werbung, aber ohne Verpflichtung zu weiteren aktiven Werbeleistungen überlassen wird. Derartige Duldungsleistungen wurden bisher von der Finanzverwaltung als umsatzsteuerbare Leistungen eingestuft und dem ermäßigten Umsatzsteuersatz unterworfen (OFD Karlsruhe vom 25.09.2012).

Aktive Mitwirkung an Werbemaßnahme und somit eine Ausübung einer nachhaltigen wirtschaftlichen Tätigkeit zur Erzielung von Einnahmen kann bei juristischen Personen des öffentlichen Rechts einen Betrieb gewerblicher Art begründen. Sofern diese Tätigkeit sich innerhalb der Gesamtbetätigung der juristischen Person des öffentlichen Rechts wirtschaftlich heraushebt und von einigem Gewicht ist (R 6 Abs. 4 und 5 KStR). Liegt keine aktive Mitwirkung vor, so liegt auch kein Leistungsaustausch und damit keine wirtschaftliche Tätigkeit vor.

Der gemeine Wert des Fahrzeugs stellt nach § 10 Abs. 2 Satz 2 UStG die Bemessungsgrundlage für die Werbeleistung dar.

Ein Vorsteuerabzug kommt unter den Voraussetzungen des § 15 UStG grundsätzlich in Betracht, wenn die Institution über den Bezug des Werbemobils eine ordnungsgemäße Rechnung mit gesondertem Umsatzsteuerausweis erhalten hat und die unternehmerische Nutzung des Fahrzeugs mindestens 10 % beträgt. Der Vorsteuerabzug entfällt allerdings, soweit das Fahrzeug für Umsätze verwendet wird, die den Vorsteuerabzug nach § 15 Abs. 2 UStG ausschließen.

Nach BMF-Schreiben vom 24.04.2012 (BStBl 2012 I S. 533) und Abschn. 15.19 Abs. 3 UStAE besteht seit dem 01.01.2013 eine Berechtigung zum Vorsteuerabzug nur noch im Umfang der Verwendung für die unternehmerische – wirtschaftliche – Tätigkeit. Die auf die Eingangsleistung entfallende Steuer ist entsprechend dem Verwendungszweck in eine abziehbaren und einen nichtabziehbaren Anteil aufzuteilen.

Setzt die Institution das Fahrzeug lediglich werbewirksam ein und ist sie nicht verpflichtet, separate Werbefahrten durchzuführen, kommt ein Vorsteuerabzug nicht in Betracht, da die Aufwendungen für die bezogenen Leistungen kein Kostenelement des ausgeführten Umsatzes „Werbeleistung" werden, sie dieser somit wirtschaftlich nicht zuzurechnen sind (vgl. BFH vom 15.07.1993, BStBl 1993 II S. 810, und vom 10.04.1997, BStBl 1997 II S. 552, sowie OFD Frankfurt vom 26.08.2008, a. a. O.).

Ist die Nutzung eines Sachmittels als umsatzsteuerbar zu klassifizieren, ist wiederum fraglich, ob ein **Vorsteuerabzug** bei der empfangenden Körperschaft möglich ist. Wird die Sachleistung in einem unternehmerischen Bereich der Stiftung eingesetzt, ist der Vorsteuerabzug zumindest insoweit zulässig. Das betrifft konkret die

Aufwendungen zur Erbringung der Werbeleistung und zur Unterhaltung des Sachmittels. Nach Auffassung der Finanzverwaltung kann der unternehmerische Bereich bereits dann begründet werden, wenn z. B. ein Verein zusätzliche Werbemaßnahmen durchführt.

Unter den Voraussetzungen des § 15 Abs. 1 UStG ist ein Vorsteuerabzug bei einem Gegenstand, der sowohl für unternehmerische als auch für unternehmensfremde oder nichtwirtschaftliche Zwecke im engeren Sinne verwendet wird, nur zulässig, wenn die unternehmerische Nutzung mindestens 10 % beträgt. Der Vorsteuerabzug entfällt, soweit der Gegenstand für Umsätze verwendet wird, die den Vorsteuerabzug nach § 15 Abs. 2 UStG ausschließen (vgl. OFD Karlsruhe vom 15.01.2013 – S 7100 Karte 17).

Seit dem 01.01.2013 besteht für juristische Personen des öffentlichen Rechts und Vereine eine Berechtigung zum Vorsteuerabzug nur noch im Umfang der Verwendung für unternehmerische – wirtschaftliche – Tätigkeit (vgl. Abschn. 15.19 Abs. 3 UStAE). Die auf die Eingangsleistung entfallende Steuer ist entsprechend dem Verwendungszweck in einen abziehbaren und einen nichtabziehbaren Anteil aufzuteilen.

Wird der Gegenstand für unternehmerische Zwecke oder nichtwirtschaftliche Tätigkeiten im engeren Sinne und für unternehmensfremde Zwecke verwendet, kann der Unternehmer diesen nur im Umfang der Nutzung für unternehmerische und für unternehmensfremde Zwecke dem Unternehmensvermögen zuordnen. Die Nutzung für unternehmensfremde Zwecke ist grundsätzlich als entgeltliche Wertabgabe zu besteuern. Die Verwendung für nichtwirtschaftliche Tätigkeiten im engeren Sinne schließt den Vorsteuerabzug aus. Insoweit entfällt eine Besteuerung als unentgeltliche Wertabgabe (vgl. OFD Karlsruhe vom 15.01.2013 – S 7100 Karte 17).

Soweit der Gegenstand für steuerfreie Umsätze verwendet wird, ist der Vorsteuerabzug nach § 15 Abs. 2 UStG ausgeschlossen. Weitere Vorsteuerabzugsverbote ergeben sich aus § 15 Abs. 1a und 1b UStG.

Nach dem Urteil des BFH vom 13.01.2011 (V R 12/08, BStBl 2012 II S. 6, vgl. auch Abschn. 15.2 Abs. 15a Satz 5 UStAE) ist der Vorsteuerabzug ausgeschlossen, wenn der Sponsor bereits bei Bezug von Gegenständen oder sonstigen Leistungen die Absicht hat, die Leistungsbezüge für unentgeltliche Wertabgaben zu verwenden. Zugleich entfällt somit die Besteuerung von (anschließenden) unentgeltlichen Wertabgaben, zu deren Voraussetzungen die Vorsteuerabzugsberechtigung für den unentgeltlich gelieferten oder verwendeten Gegenstand gehört (vgl. Lippross in Grüne Reihe Umsatzsteuer, 23. Auflage, S. 768).

4.5.12.4 Ermäßigter Steuersatz bei Leistungen der Zweckbetriebe steuerbegünstigter Körperschaften

Die umsatzsteuerliche Begünstigung eines wirtschaftlichen Geschäftsbetriebs nach § 12 Abs. 2 Nr. 8 UStG kann nach den Regelungen des UStAE (Abschn. 12.9 Abs. 8 UStAE) auch dann gewährt werden, wenn sich die Auswirkungen auf den Wettbewerb, die von den Umsätzen eines wirtschaftlichen Geschäftsbetriebs ausgehen, **nicht** auf das zur Erfüllung des steuerbegünstigten Zwecks unvermeidbare Maß beschränken. Voraussetzung ist jedoch, dass sich ein derartiger Geschäftsbetrieb in seiner Gesamtrichtung als ein Zweckbetrieb darstellt, mit dem erkennbar darauf abgezielt wird, die satzungsmäßigen Zwecke der Körperschaft zu verwirklichen. Die Anwendung der Steuerermäßigungsvorschrift des § 12 Abs. 2 Nr. 8 Buchst. a

UStG kann daher nicht lediglich von einer gesetzlichen Zugehörigkeitsfiktion zum begünstigten Bereich einer Körperschaft abhängig gemacht werden. Vielmehr ist es erforderlich, dass auch die ausgeführten Leistungen von ihrer tatsächlichen Ausgestaltung her und in ihrer Gesamtrichtung dazu bestimmt sind, den in der Satzung bezeichneten steuerbegünstigten Zweck der Körperschaft selbst zu verwirklichen. Insoweit gilt allein der Betrieb eines steuerbegünstigten Zweckbetriebs selbst nicht als steuerbegünstigter Zweck. Die Regelung des § 12 Abs. 2 Nr. 8 Buchst. a Satz 3 UStG zielt darauf ab, Wettbewerbsverzerrungen durch die Inanspruchnahme des ermäßigten Steuersatzes auf den unionsrechtlich zulässigen Umfang zu beschränken und dadurch missbräuchlichen Gestaltungen zu begegnen.

Nur soweit die Körperschaft mit den Leistungen ihrer in §§ 66 bis 68 AO bezeichneten Zweckbetriebe ihre steuerbegünstigten satzungsgemäßen Zwecke **selbst verwirklicht,** kommt der ermäßigte Steuersatz uneingeschränkt zur Anwendung. Für die **übrigen Umsätze** gilt dies nur, wenn der Zweckbetrieb **nicht in erster Linie der Erzielung zusätzlicher Einnahmen dient,** die in unmittelbarem Wettbewerb mit dem allgemeinen Steuersatz unterliegenden Leistungen anderer Unternehmer ausgeführt werden (vgl. BFH vom 05.08.2010 V R 54/09, BStBl 2011 II S. 191); ist diese Voraussetzung nicht erfüllt, unterliegen die übrigen Leistungen des Zweckbetriebs dem allgemeinen Steuersatz.

Zur Abgrenzung steuerbegünstigter Zweckbetriebe, die ihre satzungsmäßigen Zwecke selbst verwirklichen, und solchen, die nicht in erster Linie der Erzielung zusätzlicher Einnahmen dienen, hat die Finanzverwaltung im Wege einer typisierenden Betrachtung eine entsprechende Klassifizierung von Zweckbetrieben in die Abschn. 12.9 Abs. 9 und Abs. 10 UStAE aufgenommen.

Zweckbetriebe, die nicht in erster Linie der Erzielung zusätzlicher Einnahmen dienen

Da nach § 65 AO als Zweckbetriebe anerkannte wirtschaftliche Geschäftsbetriebe hinsichtlich ihrer Anerkennung als Zweckbetrieb bereits nachzuweisen haben, dass sie bezüglich ihrer steuerbegünstigten Leistungen zu nicht begünstigten Betrieben derselben oder ähnlicher Art nicht in größerem Umfang in Wettbewerb treten, als es zur Erfüllung der steuerbegünstigten Zwecke unvermeidbar ist, vertritt die Finanzverwaltung die Auffassung, dass der ermäßigte Steuersatz auf Zweckbetriebe nach § 65 AO uneingeschränkt anwendbar ist. Gleiches gilt für die folgenden steuerbegünstigten Zweckbetriebe:

– Einrichtungen der Wohlfahrtspflege i. S. des § 66 AO, denn diese dürfen nach Abs. 2 dieser Vorschrift nicht des Erwerbs wegen ausgeübt werden,
– in § 68 Nr. 1 Buchst. a AO aufgeführte Alten-, Altenwohn- und Pflegeheime, Erholungsheime oder Mahlzeitendienste, denn diese müssen mindestens zwei Drittel ihrer Leistungen gegenüber den in § 53 AO genannten Personen erbringen (§ 66 Abs. 3 AO), um Zweckbetrieb sein zu können, und
– Selbstversorgungseinrichtungen nach § 68 Nr. 2 AO, denn diese dürfen höchstens 20 % ihrer Leistungen an Außenstehende erbringen, um als Zweckbetrieb anerkannt zu werden.

Als allgemeiner Zweckbetrieb nach § 65 AO gelten zum Beispiel sog. **Beschäftigungsgesellschaften,** die hilfsbedürftigen Personen i. S. des § 53 AO Qualifizierung, sozialpädagogische Betreuung und Beschäftigungsmöglichkeiten zur Vorbereitung auf den ersten Arbeitsmarkt bieten. Der BFH hat in verschiedenen Entscheidungen (BFH vom 26.04.1995 I R 35/93, BStBl 1995 II S. 767 „Lohnaufträge", und vom 13.06.2013 I R 71/11, BFH/NV 2013 S. 89 „Mahlzeitendienst") festgestellt, dass eine arbeitstherapeutische Beschäftigungsgesellschaft in der Gesamtrichtung, d. h. mit den sie begründenden Tätigkeiten und nicht nur mit den durch den Betrieb erzielten Einnahmen, zur (Selbst-)Verwirklichung ihrer steuerbegünstigten satzungsmäßigen Zwecke beiträgt.

Die Grundsätze der BFH-Rechtsprechung sind nach meiner Auffassung insoweit von Bedeutung, dass ihnen nicht nur eine „Positivprüfung" im Sinne einer zweckbetriebsunschädlichen Wettbewerbsrelevanz zugesprochen wird, sondern mit den Tätigkeiten der zu beschäftigenden „Klientel" zugleich eine steuerbegünstigte Selbstverwirklichung steuerbegünstigter Zwecke im Sinne der nachfolgend genannten Betriebe zugesprochen wird.

Zweckbetriebe, mit deren Leistungen die steuerbegünstigten Zwecke selbst verwirklicht werden

Mit den satzungsmäßig erbrachten Leistungen der folgenden Katalog-Zweckbetriebe wird nach Auffassung der Finanzverwaltung eine unmittelbare (Selbst-)Verwirklichung der steuerbegünstigten Zwecke der Körperschaft erreicht, sodass die nachfolgend genannten Leistungen ebenfalls dem ermäßigten Steuersatz unterliegen, sofern sie nicht nach § 4 UStG befreit sind (Abschn. 12.9 Abs. 10 UStAE):

- Krankenhäuser. Umsätze auf dem Gebiet der Heilbehandlung sind Leistungen, mit deren Ausführung selbst der steuerbegünstigte Zweck eines in § 67 AO bezeichneten Zweckbetriebs verwirklicht wird;

- Sportvereine. Die z. B. als Eintrittsgeld für die von den Vereinen durchgeführten sportlichen Veranstaltungen erhobenen Beträge sind Entgelte für Leistungen, mit deren Ausführung selbst die steuerbegünstigten Zwecke eines in § 67a AO bezeichneten Zweckbetriebs verwirklicht werden. Dies gilt nicht, wenn die Besteuerungsgrenze des § 67a Abs. 1 AO überschritten wurde und im Falle des Verzichts auf deren Anwendung hinsichtlich der in § 67a Abs. 3 Satz 2 AO genannten Veranstaltungen;

- Kindergärten, Kinder-, Jugend- und Studenten- oder Schullandheime. Mit der Ausführung der Betreuungs- oder Beherbergungsumsätze selbst werden die steuerbegünstigten Zwecke der in § 68 Nr. 1 Buchst. b AO bezeichneten Zweckbetriebe verwirklicht;

- Einrichtungen für Beschäftigungs- und Arbeitstherapie. Mit der Ausführung der aufgrund ärztlicher Indikation außerhalb eines Beschäftigungsverhältnisses erbrachten Therapie-, Ausbildungs- oder Förderungsleistungen selbst wird der steuerbegünstigte Zweck eines in § 68 Nr. 3 Buchst. b AO bezeichneten Zweckbetriebs verwirklicht;

- Einrichtungen zur Durchführung der Blindenfürsorge, der Fürsorge für Körperbehinderte, der Fürsorgeerziehung und der freiwilligen Erziehungshilfe. Mit der Ausführung der gegenüber diesem Personenkreis erbrachten Leistungen auf dem Gebiet der Fürsorge selbst werden die steuerbegünstigten Zwecke der in § 68 Nr. 4 und 5 AO bezeichneten Zweckbetriebe verwirklicht;

- Kulturelle Einrichtungen, wie Museen, Theater, Konzerte und Kunstausstellungen. Die z. B. als Eintrittsgeld erhobenen Beträge sind Entgelt für Leistungen, mit deren Ausführung selbst die steuerbegünstigten Zwecke eines in § 68 Nr. 7 AO bezeichneten Zweckbetriebs verwirklicht werden;

- Volkshochschulen u. ä. Einrichtungen. Mit der Durchführung von Lehrveranstaltungen selbst werden die steuerbegünstigten Zwecke der in § 68 Nr. 8 AO bezeichneten Zweckbetriebe verwirklicht; soweit dabei den Teilnehmern Beherbergungs- oder Beköstigungsleistungen erbracht werden, vgl. BFH-Urteil vom 08.03.2012 V R 14/11, BStBl 2012 II S. 630, sowie die Ausführungen in Abschn. 12.9 Abs. 11 UStAE;

– Wissenschafts- und Forschungseinrichtungen, deren Träger sich überwiegend aus Zuwendungen der öffentlichen Hand oder Dritter oder aus der Vermögensverwaltung finanzieren. Mit der Ausführung von Forschungsumsätzen selbst werden die steuerbegünstigten Zwecke der in § 68 Nr. 9 AO bezeichneten Forschungseinrichtungen verwirklicht. Dies gilt auch für die Auftragsforschung. Die Steuerermäßigung kann nicht in Anspruch genommen werden für Tätigkeiten, die sich auf die Anwendung gesicherter wissenschaftlicher Erkenntnisse beschränken, für die Übernahme von Projekttätigkeiten sowie für wirtschaftliche Tätigkeiten ohne Forschungsbezug.

Für bestimmte Ausgestaltungsformen gemeinnütziger Zwecke, die den oben genannten Katalogzweckbetrieben zugeordnet werden können, wird ebenfalls eine Selbstverwirklichung steuerbegünstigter Zwecke angenommen, wie z. B. bei Leistungen des betreuten Wohnens, Hausnotrufleistungen und bBetreuten Krankentransporten.

Einrichtungen für Beschäftigungs- und Arbeitstherapie

Zu den Einrichtungen für Beschäftigungs- und Arbeitstherapie zählen nach der Verfügung der OFD Frankfurt vom 07.08.2014 auch die nach § 136 Abs. 3 SGB IX an eine Werkstatt für behinderte Menschen angegliederten Förderbetreuungsbereiche. Behinderte Menschen, die die in § 136 Abs. 2 SGB IX genannten Aufnahmekriterien für die Förderung und Beschäftigung in einer Werkstatt für behinderte Menschen nicht oder noch nicht erfüllen, werden nach § 136 Abs. 3 SGB IX in Förderbetreuungsbereiche aufgenommen. Diese sind den Werkstätten für behinderte Menschen organisatorisch angegliedert, aber rechtlich nicht Teil dieser Werkstätten. Eine räumliche Anbindung erleichtert die Anforderung, behinderte Menschen, die noch nicht die Voraussetzungen für eine Werkstattaufnahme erfüllen, an Maßnahmen der Teilhabe am Arbeitsleben in einer Werkstatt heranzuführen und hierauf vorzubereiten.

Es gelten nicht die gesetzlichen Aufgaben der Werkstätten und die an diese gerichteten fachlichen Anforderungen, da im Mittelpunkt die Förderung, Betreuung und Pflege behinderter Menschen steht. Für die in den Einrichtungen aufgenommenen behinderten Menschen gelten ausdrücklich nicht die Vorschriften für behinderte Menschen in den Werkstätten. Die behinderten Menschen stehen gegenüber den Einrichtungen **nicht** in einem arbeitnehmerähnlichen Rechtsverhältnis, wie dies nach § 138 SGB IX für die in den Werkstätten beschäftigten behinderten Menschen gilt.

Aufgaben und Ziele des Förderbetreuungsbereichs sind die Förderung, Betreuung und Pflege behinderter Menschen. In diese Einrichtungen können nur diejenigen behinderten Menschen aufgenommen werden, bei denen von der Fähigkeit, wenigstens ein Mindestmaß wirtschaftlich verwertbarer Arbeitsleistung zu erbringen, nicht ausgegangen werden kann, weil das Ausmaß der erforderlichen Betreuung und Pflege die Teilnahme an Maßnahmen der beruflichen Bildung und eine Beschäftigung nicht zulässt.

Die Pflege- und Betreuungsleistungen, die in den Förderbetreuungsbereichen erbracht werden, fallen unter die Steuerbefreiung des § 4 Nr. 18 UStG, sofern diese Leistungen von einem amtlich anerkannten Verband der freien Wohlfahrtspflege oder einem ihm angeschlossenen Mitglied sowie Mitgliedern von Wohlfahrtsverbänden ausgeführt werden und die weiteren Voraussetzungen der Vorschrift erfüllt sind. Die Leistungen können auch nach § 4 Nr. 16 Buchst. f UStG steuerfrei sein, sofern die Einrichtungen nach § 142 SGB IX (Anerkennungsverfahren für Werkstätten für behinderte Menschen) anerkannt sind. Die nach dem SGB an die anerkannten Förderbetreuungsbereiche gezahlten Pflegegelder sind als Entgelte für die Betreuungs-, Beköstigungs-, Beherbergungs- und Beförderungsleistungen dieser Werkstätten anzusehen und unterliegen der Steuerbefreiung. Werden daneben durch sog. Einzelmaßnahmen (Beschäftigungsmaßnahmen) Umsätze erzielt, die nicht unmittelbar den Pflege- und Betreuungsleistungen zugeordnet werden können, unterliegen diese nicht den Steuerbefreiungen, sondern können nach Verwaltungsauffassung dem ermäßigten Steuersatz unterliegen, wenn sie im Rahmen eines Zweckbetriebs erbracht werden. Hinsichtlich des Vorsteuerabzugs vgl. OFD Frankfurt vom 29.01.2007 (S 7175 A – 13 – St 112).

Soweit die vorgenannten Zweckbetriebe andere Umsätze erbringen oder hier nicht genannte Katalog-Zweckbetriebe wie z. B. **Werkstätten für behinderte Menschen** oder **Integrationsunternehmen** neben Betreuungs- und Qualifizierungsleistungen auch Leistungen durch die Beschäftigung von schwerbehinderten Menschen erbringen, kann (nur) vermutet werden, dass die Finanzverwaltung die Auffassung vertritt, dass die genannten Einrichtungen mit derartigen Beschäftigungsleistungen ihre steuerbegünstigten Zwecke nicht selbst verwirklichen, sodass eine Steuerermäßigung für diese Leistungen nur unter Einhaltung der Wettbewerbsregelungen des § 12 Abs. 2 Nr. 8 Buchst. a Satz 3 1. Alt. UStG i. V. m. Abschn. 12.9 Abs. 11 ff. UStAE gewährt werden soll (so auch Sterzinger, UR 2014 S. 381).

Zur Frage, wann eine Selbstverwirklichung steuerbegünstigter Zwecke gegeben ist, enthält das UStG weder in § 12 UStG noch in § 4 UStG eine Legaldefinition. Die Prüfung der Selbstverwirklichung steuerbegünstigter Zwecke kann folglich nur im Kontext der Norm des § 57 AO (Unmittelbarkeit) erfolgen, denn die für die Inanspruchnahme der Steuervergünstigung erforderliche Unmittelbarkeit ist abgabenrechtlich dann gegeben, wenn der Unternehmer diese Zwecke selbst verwirklicht. Das Unmittelbarkeitsprinzip betrifft also „die Zurechnung eines bewirkten Erfolgs zu einem Tätigwerden der Körperschaft". Wer eine Steuerbegünstigung wegen Gemeinnützigkeit begehrt, muss also darlegen, dass er selbst Tätigkeiten vorgenommen hat, durch die die Allgemeinheit auf materiellem, geistigem oder sittlichem Gebiet gefördert wird (Hüttemann, 2015, Tz. 4.35).

Bei Beschäftigungsbetrieben für behinderte Menschen sind in Bezug auf das Merkmal der Unmittelbarkeit bzw. die Selbstverwirklichung der Zwecke nach meiner Auffassung zwei Wirkungskreise zu erkennen: zum einen dort, wo die Betriebe entsprechend ihres sozialgesetzlichen Auftrags mit eigenen Mitarbeitern gegenüber den aufgenommenen Menschen mit Behinderungen verschiedene Sozial- wie Eingliederungsleistungen (wie z. B. Betreuung, Qualifizierung, Unterbringung, Beförderung und Verpflegung) erbringen. Zum anderen ist unmittelbares Handeln aber auch dort festzustellen, wo die Betriebe ihren sozialgesetzlichen Auftrag „Angebot dauerhafter und vielfältiger Arbeitsplätze" unter wesentlicher Beteiligung bzw. Beschäftigung schwerbehinderter Menschen erfüllen und die Arbeitsergebnisse – im Rahmen von Produktions-, Dienst- und Handelsleistungen gleichermaßen – unter Einbindung dieser Personengruppe am Markt angeboten werden.

Anders als bei steuerbegünstigten Unternehmen z. B. im Gesundheits- oder Pflegebereich, wo das steuerbegünstigte Wirken der Körperschaft i. d. R. endet, sobald die hilfsbedürftige Person entsprechende Hilfeleistungen empfängt, gehören bei

Beschäftigungsbetrieben der Behindertenhilfe neben der Qualifizierung und Betreuung auch die fortgesetzte bzw. dauerhafte Beschäftigung mittels auf die besonderen Bedürfnisse der schwerbehinderten Menschen angepasster Arbeitsplätze zur steuerbegünstigten Zweckverwirklichung.

Die über die vorgenannten Regelungen des UStAE vermeintlich zum Ausdruck kommende Auffassung der Finanzverwaltung, dass Betriebe der Behindertenhilfe mit ihren Beschäftigungsleistungen ihre steuerbegünstigte Zwecke nicht selbst verwirklichen, stößt in der Literatur nach meiner Auffassung aus folgenden Überlegungen zutreffend auf Kritik (Weymüller, UStG, Rn. 46.2 zu § 12 Abs. 2 Nr. 8 UStG), wenn man sich entlang der sozialgesetzlichen Grundlagen vergegenwärtigt, welchen Auftrag die Werkstätten haben.

Der Begriff des **Arbeitsbereichs** bei einer nach § 142 SGB IX anerkannten Werkstatt für behinderte Menschen definiert sich nach den sozialgesetzlichen Regelungen des § 41 SGB IX. Er umfasst danach nicht nur die Produktion bzw. Herstellung von Waren, sondern umfasst die Aufnahme, Ausübung und Sicherung einer der Eignung und Neigung des behinderten Menschen entsprechenden Beschäftigung, eine Teilnahme an arbeitsbegleitenden Maßnahmen zur Erhaltung und Verbesserung der im Berufsbildungsbereich erworbenen Leistungsfähigkeit und zur Weiterentwicklung der Persönlichkeit sowie eine Förderung des Übergangs geeigneter behinderter Menschen auf den allgemeinen Arbeitsmarkt durch geeignete Maßnahmen (vgl. Seeger, UStB 2015 S. 19). Weiterhin umfasst der Auftrag einer Werkstatt für behinderte Menschen nach § 136 Abs. 1 Satz 2 SGB IX ausdrücklich auch eine angemessene berufliche Bildung und Beschäftigung der behinderten Menschen sowie die Möglichkeit, ihre Leistungs- oder Erwerbsfähigkeit zu erhalten, zu entwickeln, zu erhöhen oder wiederzugewinnen und dabei ihre Persönlichkeit weiterzuentwickeln. Die Beschäftigungsleistungen einer Werkstatt für behinderte Menschen „typischerweise" auf Produktionsleistungen zu beschränken (siehe unten Einzelfälle „Werkstätten für behinderte Menschen"), findet in den sozialgesetzlichen Normen folglich keine Grundlage.

4.5.12.5 Leistungen, mit deren Ausführung die steuerbegünstigten Zwecke nicht selbst verwirklicht werden

Nach Abschn. 12.9 Abs. 11 UStAE gilt Folgendes:

> „(11) $_1$Vorbehaltlich der Regelungen der Absätze 12 bis 14 unterliegen von Zweckbetrieben ausgeführte Leistungen, mit deren Ausführung selbst nicht steuerbegünstigte Zwecke verwirklicht werden, nur dann dem ermäßigten Steuersatz, wenn der Zweckbetrieb insgesamt nicht in erster Linie der Erzielung von zusätzlichen Einnahmen durch die Ausführung von Umsätzen dient, die in unmittelbarem Wettbewerb mit dem allgemeinen Steuersatz unterliegenden Leistungen anderer Unternehmer ausgeführt werden. $_2$Einnahmen aus derartigen Umsätzen werden zusätzlich erzielt, wenn die Umsätze nicht lediglich Hilfsumsätze (Abschnitt 19.3 Abs. 2 Sätze 4 und 5) sind (zusätzliche Einnahmen). $_3$Ein Zweckbetrieb dient in erster Linie der Erzielung zusätzlicher Einnahmen, wenn mehr als 50 % seiner gesamten steuerpflichtigen Umsätze durch derartige **(zusätzliche und wettbewerbsrelevante)** Leistungen erzielt werden. $_4$**Leistungen sind dann nicht wettbewerbsrelevant, wenn sie auch bei allen anderen Unternehmern dem ermäßigten Steuersatz unterliegen (z. B. die Lieferungen von Speisen oder seit dem 1.1.2010 Beherbergungsleistungen).** $_5$Umsatzsteuerfreie Umsätze sowie umsatzsteuerrechtlich als nicht steuerbare Zuschüsse zu beurteilende Zuwendungen sind – unabhängig von einer ertragsteuerrechtlichen Beurteilung als Betriebseinnahmen – keine zusätzlichen Einnahmen im Sinne des Satzes 3. $_6$Aus Vereinfachungsgründen kann davon ausgegangen werden, dass ein Zweckbetrieb nicht in erster Linie der Erzielung zusätzlicher Einnahmen dient, wenn

der Gesamtumsatz im Sinne des § 19 Abs. 3 UStG des Zweckbetriebs die Besteuerungsgrenze des § 64 Abs. 3 AO insgesamt nicht übersteigt. ₇Da sich bei Leistungen gegenüber in vollem Umfang zum Vorsteuerabzug berechtigten Unternehmen kein Wettbewerbsvorteil ergibt, ist es nicht zu beanstanden, wenn diese Umsätze bei der betragsmäßigen Prüfung unberücksichtigt bleiben."

Die in Fettdruck vorgenannte Ergänzung des UStAE erfolgte durch BMF-Schreiben vom 29.04.2014 (BStBl 2014 I S. 814) und war notwendig, nachdem in der Praxis Auslegungsfragen auftraten, welche Leistungen dem Topf der „schädlichen" wettbewerbsrelevanten Einnahmen zuzurechnen sind. Die Regelungserweiterung ist zurück zu führen auf das BFH-Urteil vom 08.03.2012 (V R 14/11, BStBl 2012 II S. 630), wonach der BFH entschieden hat, dass Übernachtungs- und Verpflegungsleistungen, die ein gemeinnütziger Verein im Zusammenhang mit steuerfreien Seminaren erbringt, zwar im Rahmen eines steuerbegünstigten Zweckbetriebs nach § 68 Nr. 8 AO erbracht werden, diese gem. § 12 Abs. 2 Nr. 8 Buchst. a Satz 3 UStG aber nicht dem ermäßigten Steuersatz unterliegen. Die Übernachtungs- und Verpflegungsleistungen begründeten im Streitfall einen Zweckbetrieb, der umsatzsteuerrechtlich vorrangig der Erzielung zusätzlicher Einnahmen diente.

Zusätzliche Einnahmen in diesem Sinne liegen bereits dann vor, wenn die Körperschaft diese in Zusammenhang mit Leistungen erzielt, die für die Verwirklichung ihres steuerbegünstigten satzungsmäßigen Zwecks (hier: Förderung der Volks- und Berufsbildung nach § 52 Abs. 2 Nr. 7 AO) nicht unerlässlich sind. Schließlich erbrachte die Klägerin ihre Beherbergungs- und Verpflegungsleistungen auch in unmittelbarem Wettbewerb zu Leistungen von Hotelbetreibern. Zu weiteren Anwendungsfragen vgl. OFD Niedersachsen vom 27.06.2014.

Auch wenn man für die einengende Sichtweise des BFH in diesem Fall Verständnis entwickeln kann, stößt diese Auffassung im Schrifttum auf deutliche Kritik (Kirchhain, npoR 2012 S. 123), weil es den Anwendungsbereich des ermäßigten Steuersatzes im Ergebnis vom Zweckbetriebsbegriff nach §§ 65 ff. AO abkoppelt. Die Finanzverwaltung übernimmt diese Auffassung gleichwohl und hat dazu entsprechende Anwendungsregelungen erlassen (vgl. BMF vom 29.04.2014, BStBl 2014 I S. 814). Fraglich ist, ob vor diesem Hintergrund auch Produktivleistungen, die z. B. im Rahmen der **Fürsorgeerziehung und freiwilligen Erziehungshilfen** (im Sinne von Leistungen eines Zweckbetriebs nach § 68 Nr. 5 AO, der ab dem 01.01.2014 lautet: *„Einrichtungen über Tag und Nacht (Heimerziehung) oder sonstige betreute Wohnformen"*) durch auszubildende Jugendliche erbracht werden, als „zusätzliche und wettbewerbsrelevante Einnahmen" anzusehen sind.

Mit der Ausführung der gegenüber diesem Personenkreis erbrachten Leistungen auf dem Gebiet der Fürsorge werden die steuerbegünstigten Zwecke der in § 68 Nr. 4 und 5 AO bezeichneten Zweckbetriebe nach Abschn. 12.9 Abs. 10 Nr. 4 UStAE selbst verwirklicht. Daraus könnte man grundsätzlich ableiten, dass steuerbegünstigte Einrichtungen mit der Erbringung von Lieferungen und Leistungen, die anlässlich der Durchführung von Fürsorgeleistungen (im Sinne von Ausbildungs- und Berufsbildungsleistungen) durch die hilfsbedürftigen Personen im Namen und für Rechnung der steuerbegünstigten Unternehmen erbracht werden (z. B. Produktions- oder Dienstleistungen), ihre steuerbegünstigten Zwecke **nicht** selbst verwirklichen.

Diese Auffassung ist nach meinem Dafürhalten nicht zutreffend, da sie aus dem Verständnis der Vorschrift des § 4 Nr. 18 UStG und Abschn. 4.18.1 Abs. 5 Satz 2 UStAE entstammt und nur dort sachgerecht ist, wo es um eine Abgrenzung von Qualifizierungs- und Beschäftigungsleistungen geht und die Qualifizierungsleistungen zutreffend nur nach § 4 Nr. 18 (Nr. 21 ff.) UStG unter den dort genannten Voraussetzungen umsatzsteuerbefreit sein können. Sie darf aber dort nicht angewendet werden, wo die Lieferung von produzierten Gegenständen als Ausfluss von Leistungen im Bereich der sozialen Sicherheit steuerbegünstigter Unternehmen, die damit eine Ausbildungsplatz- und Beschäftigungsmöglichkeit bieten, umsatzsteuerlich zu beurteilen ist.

Für derartige „Folgeleistungen", die als Produktions- und Dienstleistungen z. B. Ausfluss eines Ausbildungszweckbetriebs „sonstige betreute Wohnformen" nach § 68 Nr. 5 AO sein können und zugleich eine unmittelbare Zweckverwirklichung darstellen, gestattet der deutsche Gesetzgeber mit § 12 Abs. 2 Nr. 8 a UStG auf unionsrechtlicher Grundlage des Art. 98 Abs. 2 MwStSystRL zulässigerweise eine Anwendung des ermäßigten Steuersatzes. Dieses soll nach der herrschenden Kommentarliteratur gleichermaßen für Leistungen von Beschäftigungsgesellschaften gelten (Hüttemann, 2015, Rn. 7.206 am Ende und MwStR 2014 S. 115).

In der Praxis ist im Übrigen festzustellen, dass die Finanzverwaltung von der Nichtbeanstandungsregelung des Abschn. 12.9 Abs. 11 Satz 7 UStAE und der Erforschung „zusätzlicher bzw. wettbewerbsrelevanter Einnahmen" regelmäßig Abstand nimmt, wenn die Leistungen gegenüber in vollem Umfang zum Vorsteuerabzug berechtigten Unternehmen erbracht wurden.

4.5.12.6 Einzelfälle

Werkstätten für behinderte Menschen (WfbM)

Nach Abschn. 12.9 Abs. 12 UStAE gilt Folgendes:

> „(12) $_1$Bei Werkstätten für behinderte Menschen (§ 68 Nr. 3 Buchstabe a AO) gehört der Verkauf von Waren, die in einer Werkstätte für behinderte Menschen selbst hergestellt worden sind, zum Zweckbetrieb. $_2$Aus Vereinfachungsgründen kann davon ausgegangen werden, dass der Zweckbetrieb „Werkstatt für behinderte Menschen" mit dem Verkauf dieser Waren sowie von zum Zwecke der Be- oder Verarbeitung zugekaufter Waren nicht in erster Linie der Erzielung zusätzlicher Einnahmen dient, wenn die Wertschöpfung durch die Werkstatt für behinderte Menschen mehr als 10 % des Nettowerts (Bemessungsgrundlage) der zugekauften Waren beträgt. $_3$Im Übrigen kommt auf den Verkauf anderer Waren der ermäßigte Steuersatz nicht zur Anwendung. $_4$Mit sonstigen Leistungen, die keine Werkleistungen sind, werden die steuerbegünstigten Zwecke der Einrichtung im Allgemeinen nicht verwirklicht, da ihnen das dem Begriff einer Werkstatt innewohnende Element der Herstellung oder Be-/Verarbeitung fehlt. $_5$Sofern sonstige Leistungen ausnahmsweise von einem Zweckbetrieb im Sinne des § 68 Nr. 3 Buchstabe a AO ausgeführt werden sowie bei Werkleistungen gelten hinsichtlich der Anwendung des ermäßigten Steuersatzes die folgenden Ausführungen für Zweckbetriebe nach § 68 Nr. 3 Buchstabe c AO entsprechend."

Zur umsatzsteuerlichen Behandlung von Werkstätten für behinderte Menschen vgl. OFD Frankfurt vom 29.01.2007 – S 7104 A – 25 – St 11.

Verkaufsstellen bzw. Läden von Werkstätten für Menschen mit Behinderungen (WfbM) sind grundsätzlich als Zweckbetriebe einzustufen, wenn in ihnen ausschließlich Produkte veräußert werden, die von einer WfbM hergestellt worden sind. Beim Verkauf von Produkten durch eine Verkaufsstelle bzw. einen WfbM-Laden ist folglich zu unterscheiden, ob die Produkte unter Verwendung von Roh- oder Grundmaterial in der Werkstatt hergestellt wurden, oder ob es sich um zugekaufte Waren (sog. Handelswaren) handelt, d. h., Waren, die nicht in den Produktionsprozess der Werkstätte eingehen und unverändert weiterveräußert werden, gelten nach Verwaltungsauffassung als steuerpflichtiger wirtschaftlicher Geschäftsbetrieb.

Von einer Herstellung in einer Werkstatt für Menschen mit Behinderungen ist auszugehen, wenn die Produkte unter Verwendung von Roh- und Grundmaterial in der Werkstatt angefertigt wurde. Der Einkauf von Waren für die Produktion bleibt bei der Beurteilung der Zweckbetriebseigenschaft einer Verkaufsstelle außer Betracht. Es ist deshalb für die Anerkennung als **„Herstellungsprozess"** ohne Bedeutung, zu welchem Anteil die von einer WfbM hergestellten Waren aus zugekauftem Material bestehen (vgl. OFD Frankfurt vom 10.08.2005).

Zugekauft in diesem Sinne sind nur Waren, die nicht in den Produktionsprozess der WfbM eingehen, d. h. unverändert weiterveräußert werden, aber auch solche Produkte, die für den Verkauf aufbereitet werden. Auch bei der bloßen Aufbereitung von Waren ist noch von einer „Herstellung durch eine WfbM" auszugehen, wenn die **Wertschöpfung** (Veredelungsleistung) durch die WfbM **mehr als 10 % des Nettowerts** (Bemessungsgrundlage) der zugekauften Waren beträgt (bisher AEAO a. F. Nr. 5 Satz 4 zu § 68 Nr. 3). Diese Regelung ist im Zuge der Änderung des Anwendungserlasses zur Abgabenordnung 2012 aufgehoben worden, eine gleichlautende Regelung befindet sich aber unverändert im vorgenannten UStAE.

Die Frage, wann WfbM bei Verwendung zugekaufter Produkte für ihre Produktions-, Verarbeitungs- oder Verkaufsleistungen den ermäßigten Steuersatz anwenden dürfen, ist folglich unabhängig von der Frage, ob es sich dabei um Leistungen eines Zweckbetriebs handelt, unverändert nach den entsprechenden Verwaltungsregelungen des Umsatzsteuerrechts zu beurteilen. Der Zukauf von Fertigprodukten, die in den Produktionsprozess der WfbM eingehen bzw. als Teil eines Gesamtproduktes (mit) veräußert werden, ist danach als Bestandteil der WfbM-Leistung dem Zweckbetrieb zuzuordnen und unterliegt insoweit der ermäßigten Besteuerung. So können z. B. die von einer WfbM für das selbst hergestellte Produkt „Fahrzeuganhänger" verbauten zugekauften Halbfabrikate bzw. Fertigprodukte mit dem ermäßigten Steuersatz angeboten werden. Bei der Be- oder Verarbeitung von zugekauften Fertigprodukten im Zuge einer sog. „Aufbereitung" (z. B. Veredelung oder Kommissionierung) durch Mitarbeiter einer WfbM ist für die Anwendung des ermäßigten Steuersatzes dagegen weiterhin die Wertschöpfungsquote zu prüfen, d. h., auf den Nettoeinkaufswert der für die Aufbereitungsleistung zugekauften Produkte muss unverändert eine Wertschöpfung von mehr als 10 % nachgewiesen werden können, damit der ermäßigte Steuersatz nach Auffassung der Verwaltung angewendet werden darf.

Zur Selbstverwirklichung steuerbegünstigter Zwecke einer Werkstatt für behinderte Menschen im Rahmen eines **Hoffestes** und Verkauf von Waren auf einem **Bauernmarkt** vgl. Urteil des FG Rheinland-Pfalz vom 07.02.2007 (Az.: 1 K 1695/05).

Der Warenaustausch zwischen Werkstätten für behinderte Menschen ist unschädlich für die Zweckbetriebseigenschaft, soweit der Austausch sich auf Produkte von Behindertenwerkstätten beschränkt. Der Warenaustausch mit Werkstätten in anderen EG-Ländern kann ebenfalls unschädlich für die Zweckbetriebseigenschaft sein. Der Träger der Werkstatt hat auf geeignete Weise nachzuweisen, dass sein Geschäftspartner in dem anderen EG-Land eine Werkstätte für behinderte Menschen ist, die einer solchen i. S. des § 136 SGB IX vergleichbar ist (vgl. OFD Frankfurt vom 02.03.2012). Danach gilt im Übrigen, dass die vorstehenden Grundsätze nicht auf sog. **„Dritte-Welt-Läden"** übertragen werden können. Hierbei handelt es sich grundsätzlich um einen steuerpflichtigen wirtschaftlichen Geschäftsbetrieb.

Nach den Regelungen des UStAE werden mit **„sonstigen Leistungen, die keine Werkleistungen sind",** die steuerbegünstigten Zwecke der Einrichtung (einer

4 Andere Steuergesetze

WfbM) im Allgemeinen nicht verwirklicht, da ihnen das dem Begriff einer Werkstatt innewohnende Element der Herstellung oder Be-/Verarbeitung fehlt (Abschn.12.9 Abs. 12 Satz 4 UStAE, zur Kritik an dieser Auffassung Seeger, UStB 2015 S. 17). In der Praxis gestatten die Finanzbehörden nach meiner Erfahrung allerdings auch bei sonstigen Leistungen, soweit diese von WfbM im Rahmen steuerbegünstigter Zweckbetriebe erbracht werden, bisher die Anwendung des ermäßigten Umsatzsteuersatzes, soweit dabei die in Abschn. 12.9 Abs. 13 UStAE nachfolgend genannten Voraussetzungen für die ermäßigte Umsatzbesteuerung der Leistungen von Integrationsprojekten erfüllt werden.

Integrationsprojekte

Nach Abschn. 12.9 Abs. 13 UStAE gilt Folgendes:

„(13) $_1$Integrationsprojekte im Sinne von § 132 Abs. 1 SGB IX unterliegen weder nach § 132 SGB IX noch nach § 68 Nr. 3 Buchstabe c AO bestimmten Voraussetzungen in Bezug auf die Ausführung ihrer Leistungen; sie können dementsprechend mit der Ausführung ihrer Leistungen selbst keinen steuerbegünstigten Zweck erfüllen. $_2$Daher ist bei Überschreiten der Besteuerungsgrenze (§ 64 Abs. 3 AO) grundsätzlich zu prüfen, ob die Einrichtung in erster Linie der Erzielung von zusätzlichen Einnahmen dient. $_3$Dies ist regelmäßig der Fall,

- wenn die besonders betroffenen schwerbehinderten Menschen im Sinne des § 132 Abs. 1 SGB IX nicht als Arbeitnehmer der Einrichtung beschäftigt sind, sondern lediglich z. B. von Zeitarbeitsfirmen entliehen werden; dies gilt nicht, soweit die entliehenen Arbeitnehmer über die nach § 68 Nr. 3 Buchstabe c AO erforderliche Quote hinaus beschäftigt werden, oder
- wenn die Einrichtung von anderen Unternehmern in die Erbringung von Leistungen lediglich zwischengeschaltet wird oder sich zur Erbringung eines wesentlichen Teils der Leistung anderer Subunternehmer bedient, die nicht selbst steuerbegünstigt sind.

$_4$Anhaltspunkte dafür, dass ein Zweckbetrieb nach § 68 Nr. 3 Buchstabe c AO in erster Linie der Erzielung zusätzlicher Einnahmen durch Steuervorteile dient, sind insbesondere:

- Fehlen einer nach Art und Umfang der erbrachten Leistungen erforderlichen Geschäftseinrichtung;
- Nutzung des ermäßigten Steuersatzes als Werbemittel, insbesondere zur Anbahnung von Geschäftsverbindungen zu nicht vorsteuerabzugsberechtigten Leistungsempfängern;
- Erbringung von Leistungen fast ausschließlich gegenüber nicht vorsteuerabzugsberechtigten Leistungsempfängern;
- das Fehlen von medizinisch, psychologisch, pädagogisch oder anderweitig spezifiziert geschultem Personal, welches im Hinblick auf die besonderen Belange der besonders betroffenen schwerbehinderten Menschen geeignet ist, deren Heranführung an das Erwerbsleben zu fördern, bzw. die Unterlassung gleichwertiger Ersatzmaßnahmen;
- die Beschäftigung der besonders betroffenen schwerbehinderten Menschen nicht im eigentlichen Erwerbsbereich der Einrichtung, sondern überwiegend in Hilfsfunktionen.

$_5$Aus Vereinfachungsgründen können diese Anhaltspunkte unberücksichtigt bleiben, wenn der Gesamtumsatz der Einrichtung (§ 19 Abs. 3 UStG) den für Kleinunternehmer geltenden Betrag von 17 500 € im Jahr (Kleinunternehmergrenze, § 19 Abs. 1 UStG) je Beschäftigtem, der zu der Gruppe der besonders betroffenen schwerbehinderten Menschen im Sinne des § 132 Abs. 1 SGB IX zählt, nicht übersteigt, oder wenn der durch die Anwendung des ermäßigten Steuersatzes im Kalenderjahr erzielte Steuervorteil insgesamt den um Zuwendungen Dritter gekürzten Betrag nicht übersteigt, welchen die Einrichtung im Rahmen der Beschäftigung aller besonders betroffenen schwerbehinderten Menschen im Sinne des § 132 Abs. 1 SGB IX in diesem Zeitraum

zusätzlich aufwendet. ₆Vorbehaltlich des Nachweises höherer tatsächlicher Aufwendungen kann als zusätzlich aufgewendeter Betrag die um Lohnzuschüsse Dritter gekürzte Summe der Löhne und Gehälter, die an die besonders betroffenen schwerbehinderten Menschen im Sinne des § 132 Abs. 1 SGB IX ausgezahlt wird, zu Grunde gelegt werden. ₇Als erzielter Steuervorteil gilt die Differenz zwischen der Anwendung des allgemeinen Steuersatzes und der Anwendung des ermäßigten Steuersatzes auf den ohne Anwendung der Steuerermäßigung nach § 12 Abs. 2 Nr. 8 UStG dem allgemeinen Steuersatz unterliegenden Teil des Gesamtumsatzes der Einrichtung.
....

(15) ₁Für die Anwendung der Absätze 8 ff. ist das Gesamtbild der Verhältnisse im Einzelfall maßgebend. ₂Bei der Prüfung der betragsmäßigen Nichtaufgriffsgrenzen sowie bei der Gegenüberstellung der zusätzlichen Einnahmen zu den übrigen Einnahmen ist dabei auf die Verhältnisse des abgelaufenen Kalenderjahres sowie auf die voraussichtlichen Verhältnisse des laufenden Kalenderjahres abzustellen."

Für (Beschäftigungs-)Leistungen von Integrationsprojekten kommt eine Steuerbefreiung nach § 4 Nr. 18 UStG nicht in Betracht, weil die Leistungen nicht unmittelbar dem nach der Satzung, Stiftung oder sonstigen Verfassung begünstigten Personenkreis zugutekommen (§ 4 Nr. 18 Buchst. b UStG). Diese Leistungen sind vielmehr an Dritte gerichtet (vgl. OFD Frankfurt vom 07.08.2014).

Die Finanzverwaltung vertritt die Auffassung, dass Integrationsprojekte mit ihren Leistungen selbst keinen steuerbegünstigten Zweck erfüllen. Dieser wird vielmehr (nur) durch den Einsatz von Menschen mit Behinderungen und deren Heranführung an den allgemeinen Arbeitsmarkt begründet. Insbesondere sei bei Integrationsprojekten zu prüfen, ob die Einrichtung in erster Linie der Erzielung zusätzlicher Einnahmen dient. Typisierend sei regelmäßig davon auszugehen, wenn die besonders betroffenen Menschen nicht als Arbeitnehmer im Integrationsprojekt beschäftigt, sondern lediglich z. B. von Zeitarbeitsfirmen entliehen werden. Ferner wird eine schädliche Erzielung zusätzlicher Einnahmen angenommen, wenn das Integrationsprojekt von anderen Unternehmen in die Erbringung von Leistungen lediglich zwischengeschaltet wird oder sich zur Erbringung eines wesentlichen Teils der Leistung anderer Subunternehmer bedient, die nicht selbst steuerbegünstigt sind.

Die Einengung des ermäßigten Umsatzsteuersatzes ist zwar vor dem Hintergrund der in der Praxis erfolgten missbräuchlichen Inanspruchnahme verständlich, aus steuersystematischer Sicht allerdings auch bedenklich (vgl. zur Kritik Leisner, DB 2007 S. 1047). Der ermäßigte Umsatzsteuersatz und der damit für Integrationsprojekte einhergehende Steuervorteil ist für eine Vielzahl von Integrationsunternehmen von hoher Bedeutung, um wirtschaftlich überlebensfähig zu sein (vgl. Lutz/Kurz, Steuerliche Behandlung von Integrationsprojekten, DStR 2012 S. 1260).

In der Öffentlichkeit bekannt geworden sind Integrationsprojekte als sog. **CAP-Märkte**. In den Märkten arbeiten Menschen mit und ohne Behinderungen gemeinsam. Der Name leitet sich von Handicap ab, der englischen Bezeichnung für Benachteiligung. Betrieben werden CAP-Märkte i. d. R. von örtlichen Integrationsunternehmen oder Werkstätten für behinderte Menschen im Rahmen eines Social Franchisings, von denen es Ende 2013 in Deutschland rd. 100 Filialen gab. CAP-Märkte sollen zum einen „geeignete Arbeitsplätze außerhalb der Werkstatt" auf dem sog. ersten Arbeitsmarkt für Menschen mit geistiger, psychischer und körperlicher Behinderung schaffen. Zum anderen sind die Märkte mit ihrem Lebensmittelvollsortiment für die Nahversorgung konzipiert und in zentralen Lagen in Stadt(teil)- oder Ortszentren angesiedelt, um „Versorgungslücken für Bewohner, die auf ein zu Fuß erreichbares Angebot angewiesen sind," zu schließen (Quelle: http://de.wikipedia.org/wiki/CAP).

4 Andere Steuergesetze

Die Leistungen der CAP-Märkte wie auch anderer Integrationsprojekte werden von der Finanzverwaltung nach Maßgabe der Kriterien des Abschn. 12.9 Abs. 13 UStAE ermäßigt besteuert.

Das **FG Niedersachsen** hat mit Urteil vom **30.05.2013** (Az.: 16 K 180/12; **sog. Scanner-Fall**) entschieden, dass für Zweckbetriebe nicht sämtliche Leistungen zwingend dem begünstigten Steuersatz mit 7 % unterliegen, wenn der einzelne Umsatz überwiegend nichts mit dem sozialen oder gemeinnützigen Zweck der Körperschaft zu tun hat.

Im Streitfall verfolgte ein nach § 132 SGB IX anerkanntes **Integrationsunternehmen** die Förderung der Behindertenhilfe u. a. durch Dienstleistungen für Archivsysteme, deren Entwicklung und Vertrieb sowie damit zusammenhängende Dienstleistungen. Während das Unternehmen die gesamten Leistungen dem ermäßigten Steuersatz unterwarf, widersprach die Finanzverwaltung dem ermäßigten Steuersatz für den Verkauf von drei Scannern an eine Versicherungsgesellschaft, die zuvor von dem Gesellschafter erworben wurden. Das Finanzgericht bestätigte die Auffassung der Finanzverwaltung mit der Begründung, dass zu den arbeitsvertraglich festgelegten Aufgaben des beschäftigten schwerbehinderten Mitarbeiters zwar neben dem Digitalisieren von Daten auch die Fehlersuche und -behebung von Scannern gehörte, nicht aber der Verkauf, die Aufstellung, Einweisung oder Wartung von Scannern, die Verkaufseinnahmen folglich insoweit nicht zur Verwirklichung der steuerbegünstigten Zwecke beigetragen haben.

Mit **BFH-Urteil vom 24.09.2014** (V R 11/14, n. v.) hat der V. Senat die eingelegte Revision zur abschließenden Entscheidung an das FG Niedersachsen zurückverwiesen. Danach sind die Begriffe, die – mittelbar oder unmittelbar – gem. § 12 Abs. 2 Nr. 8 Buchst. a UStG zur Anwendung des Regelsteuersatzes führen, weit und die Begriffe, die zur Anwendung des ermäßigten Steuersatzes führen, eng auszulegen. Das deutsche UStG entspricht nur insoweit dem Unionsrecht, als Art. 98 Abs. 2 und 3 MwStSystRL i. V. m. Anhang III Nr. 15 den Mitgliedstaaten erlaubt, einen ermäßigten Steuersatz für die „Lieferung von Gegenständen und Erbringung von Dienstleistungen durch von den Mitgliedstaaten anerkannte gemeinnützige Einrichtungen für wohltätige Zwecke und im Bereich der sozialen Sicherheit, soweit sie nicht gemäß den Art. 132, 135 und 136 von der Steuer befreit sind," anzuwenden.

Demgegenüber ist § 12 Nr. 8 Buchst. a Satz 1 UStG insoweit richtlinienwidrig, als die Vorschrift nicht nur die Leistungen, die steuerbegünstigte Körperschaften für wohltätige Zwecke und im Bereich der sozialen Sicherheit erbringen, sondern alle Leistungen dieser Körperschaften umfasst. Die Umsätze der Klägerin werden von Art. 98 Abs. 2 und 3 MwStSystRL i. V. m. Anhang III Nr. 15 nicht umfasst, weil weder die **Veräußerung von Scannern** noch die Erbringung von **Dienstleistungen für Archivsysteme** sowie deren Entwicklung und Vertrieb und damit zusammenhängende Dienstleistungen Leistungen für wohltätige Zwecke oder im Bereich der sozialen Sicherheit sind. Da die Feststellungen des FG keine Beurteilung der Zweckbetriebseigenschaft der Klägerin zuließen, wies der BFH die Sache an das FG Niedersachsen zurück (MwStR 2015 S. 114). Eine abschließende Entscheidung durch das FG Niedersachsen steht derzeit (März 2015) noch aus.

Die Entscheidung vermag nach meiner Auffassung nicht zu überzeugen, weil sie – zumindest in der weiteren Urteilsbegründung – keine Auseinandersetzung mit der Rechtsfrage erkennen lässt, ob die betreffenden Dienstleistungen einen Beitrag im Bereich der sozialen Sicherheit darstellen können, soweit sie – wie vorliegend –

unter wesentlicher Beteiligung von schwerbehinderten Menschen im Rahmen eines nach § 68 Nr. 3 Buchst. c AO anerkannten steuerbegünstigten Zweckbetriebs erbracht wurden.

Die Anwendung des ermäßigten Umsatzsteuersatzes auf Leistungen gemeinnütziger Einrichtungen beruht auf Anhang III MwStSystRL, der ein Verzeichnis der Gegenstände und Dienstleistungen enthält, auf die ermäßigte Mehrwertsteuersätze angewandt werden können (vgl. Hüttemann, 2015, Rn. 7.206). Nach Anhang III Nr. 15 MwStSystRL können die Mitgliedstaaten einen ermäßigten Steuersatz anwenden auf

> „15. Lieferung von Gegenständen und Erbringung von Dienstleistungen durch von den Mitgliedstaaten anerkannte gemeinnützige Einrichtungen für wohltätige Zwecke und im Bereich der sozialen Sicherheit, soweit sie nicht gemäß den Artikeln 132, 135 und 136 von der Steuer befreit sind".

Für die vom BFH in dem vorgenannten Fall aufgeworfene Frage, ob § 12 Abs. 2 Nr. 8 Buchst. a UStG richtlinienkonform ist, kommt es vor allem darauf an, wie man das zweite Tatbestandsmerkmal des Anhangs III Nr. 15 – „**Leistungen** für wohltätige Zwecke und **im Bereich der sozialen Sicherheit**" – versteht. Der EuGH hatte bisher noch keine Gelegenheit, sich zum Begriff „für wohltätige Zwecke und im Bereich der sozialen Sicherheit" zu äußern. Für weiter gehende Ausführungen siehe oben zu Tz. 4.5.12.1 Allgemeines (Unionsrechtliche Grundlage).

Zusammenschlüsse steuerbegünstigter Einrichtungen
(§ 12 Abs. 2 Nr. 8 Buchst. b UStG)

Die Ermäßigung des Steuersatzes nach § 12 Abs. 2 Nr. 8 Buchst. b UStG für Leistungen von nichtrechtsfähigen Personenvereinigungen oder Gemeinschaften steuerbegünstigter Körperschaften wird nur unter bestimmten Voraussetzungen gewährt. Nach Abschn. 12.10 UStAE müssen zum einen alle Mitglieder der nichtrechtsfähigen Personenvereinigung oder Gemeinschaft steuerbegünstigte Körperschaften nach §§ 51 ff. AO sein und zum anderen müssen sämtliche Leistungen, soweit sie zum Teil von den Mitgliedern der Personenvereinigung oder der Gemeinschaft ausgeführt werden, nach § 12 Abs. 2 Nr. 8 Buchst. a UStG dem ermäßigten Steuersatz unterliegen. Infolgedessen kann eine Personenvereinigung oder Gemeinschaft die Vorschrift der Steuerermäßigung nur dann für ihre Leistungen beanspruchen, wenn sie steuerbegünstigte Zwecke verfolgt. Ein derartiger Fall liegt z. B. bei Zweckbetrieben vor.

Daneben besteht allerdings die Möglichkeit, die wirtschaftlichen Geschäftsbetriebe, die nicht Zweckbetriebe sind, z. B. Vereinsgaststätten, jeweils als eine gesonderte Personenvereinigung oder Gemeinschaft abzubilden, deren Leistungen nach dem allgemeinen Steuersatz der Umsatzsteuer unterliegen. Im Fall einer begünstigten und daneben einer bestehenden nicht begünstigten Personenvereinigung oder Gemeinschaft müssen u. a. die erforderlichen Aufzeichnungen dieser Zusammenschlüsse, soweit sie für Umsatzsteuerzwecke benötigt werden, voneinander getrennt erfasst werden.

Falls eine Personenvereinigung oder Gemeinschaft auch Zweckbetriebe, für deren Leistungen der ermäßigte Steuersatz nach § 12 Abs. 2 Nr. 8 Buchst. a Satz 3 UStG auch nur zum Teil versagt ist, oder wirtschaftliche Geschäftsbetriebe umfasst, die keine Zweckbetriebe darstellen, so ist die Steuerermäßigung ausgeschlossen (Abschn. 12.10 Satz 5 UStAE). Ein Beispiel hierfür wäre eine Gemeinschaft aus der kulturellen Veranstaltung des einen und dem Bewirtungsbetrieb des anderen gemeinnützigen Vereins. Darüber hinaus gilt auch bei gemeinschaftlichen Sportveranstaltungen, dass durch die Zurechnung der anteiligen Einnahmen der Personenvereinigung oder der Gemeinschaft bei keinem Vereinigungs- oder Gemeinschaftsmitglied ein wirtschaftlicher Geschäftsbetrieb entstehen darf, der kein Zweckbetrieb ist.

4.5.13 Bezug von Leistungen von im Ausland ansässigen Unternehmern (Leistungsempfänger als Steuerschuldner)

§ 13b UStG Leistungsempfänger als Steuerschuldner

(1) Für nach § 3a Absatz 2 im Inland steuerpflichtige sonstige Leistungen eines im übrigen Gemeinschaftsgebiet ansässigen Unternehmers entsteht die Steuer mit Ablauf des Voranmeldungszeitraums, in dem die Leistungen ausgeführt worden sind.

(2) Für folgende steuerpflichtige Umsätze entsteht die Steuer mit Ausstellung der Rechnung, spätestens jedoch mit Ablauf des der Ausführung der Leistung folgenden Kalendermonats:

1. Werklieferungen und nicht unter Absatz 1 fallende sonstige Leistungen eines im Ausland ansässigen Unternehmers;

2. Lieferungen sicherungsübereigneter Gegenstände durch den Sicherungsgeber an den Sicherungsnehmer außerhalb des Insolvenzverfahrens;

3. Umsätze, die unter das Grunderwerbsteuergesetz fallen;

4. Werklieferungen und sonstige Leistungen, die der Herstellung, Instandsetzung, Instandhaltung, Änderung oder Beseitigung von Bauwerken dienen, mit Ausnahme von Planungs- und Überwachungsleistungen. ₂Nummer 1 bleibt unberührt;

5. Lieferungen

   a) der in § 3g Absatz 1 Satz 1 genannten Gegenstände eines im Ausland ansässigen Unternehmers unter den Bedingungen des § 3g und

   b) von Gas über das Erdgasnetz und von Elektrizität, die nicht unter Buchstabe a fallen;

6. Übertragung von Berechtigungen nach § 3 Nummer 3 des Treibhausgas-Emissionshandelsgesetzes, Emissionsreduktionseinheiten nach § 2 Nummer 20 des Projekt-Mechanismen-Gesetzes und zertifizierten Emissionsreduktionen im Sinne von § 2 Nummer 21 des Projekt-Mechanismen-Gesetzes;

7. Lieferungen der in der Anlage 3 bezeichneten Gegenstände;

8. Reinigen von Gebäuden und Gebäudeteilen. ₂Nummer 1 bleibt unberührt;

9. Lieferungen von Gold mit einem Feingehalt von mindestens 325 Tausendstel, in Rohform oder als Halbzeug (aus Position 7108 des Zolltarifs) und von Goldplattierungen mit einem Goldfeingehalt von mindestens 325 Tausendstel (aus Position 7109);

10. Lieferungen von Mobilfunkgeräten, Tablet-Computern und Spielekonsolen sowie von integrierten Schaltkreisen vor Einbau in einen zur Lieferung auf der Einzelhandelsstufe geeigneten Gegenstand, wenn die Summe der für sie in Rechnung zu stellenden Entgelte im Rahmen eines wirtschaftlichen Vorgangs mindestens 5.000 Euro beträgt; nachträgliche Minderungen des Entgelts bleiben dabei unberücksichtigt;

11. Lieferungen der in der Anlage 4 bezeichneten Gegenstände, wenn die Summe der für sie in Rechnung zu stellenden Entgelte im Rahmen eines wirtschaftlichen Vorgangs mindestens 5.000 Euro beträgt; nachträgliche Minderungen des Entgelts bleiben dabei unberücksichtigt.

(3) Abweichend von den Absatz 1 und 2 Nummer 1 entsteht die Steuer für sonstige Leistungen, die dauerhaft über einen Zeitraum von mehr als einem Jahr erbracht werden, spätestens mit Ablauf eines jeden Kalenderjahres, in dem sie tatsächlich erbracht werden.

(4) ₁Bei der Anwendung der Absätze 1 bis 3 gilt § 13 Absatz 1 Nummer 1 Buchstabe a Satz 2 und 3 entsprechend. ₂Wird in den in den Absätzen 1 bis 3 sowie in den in Satz 1 genannten Fällen das Entgelt oder ein Teil des Entgelts vereinnahmt, bevor die Leistung oder die Teilleistung ausgeführt worden ist, entsteht insoweit die Steuer mit Ablauf des Voranmeldungszeitraums, in dem das Entgelt oder das Teilentgelt vereinnahmt worden ist.

(5) ₁In den in den Absätzen 1 und 2 Nummer 1 bis 3 genannten Fällen schuldet der Leistungsempfänger die Steuer, wenn er ein Unternehmer oder eine juristische Person ist; in den in Absatz 2 Nummer 5 Buchstabe a, Nummer 6, 7, 9 und 11 genannten Fällen schuldet der Leistungsempfänger die Steuer, wenn er ein Unternehmer ist. ₂In den in Absatz 2 Nummer 4 Satz 1 genannten Fällen schuldet der Leistungsempfänger die Steuer unabhängig davon, ob er sie für eine von ihm erbrachte Leistung im Sinne des Absatzes 2 Nummer 4 Satz 1 verwendet, wenn er ein Unternehmer ist, der nachhaltig entsprechende Leistungen erbringt; davon ist auszugehen, wenn ihm das zuständige Finanzamt eine im Zeitpunkt der Ausführung des Umsatzes gültige auf längstens drei Jahre befristetete Bescheinigung, die nur mit Wirkung für die Zukunft widerrufen oder zurückgenommen werden kann, darüber erteilt hat, dass er ein Unternehmer ist, der entsprechende Leistungen erbringt. ₃Bei den in Absatz 2 Nummer 5 Buchstabe b genannten Lieferungen von Erdgas schuldet der Leistungsempfänger die Steuer, wenn er ein Wiederverkäufer von Erdgas im Sinne des § 3g ist. ₄Bei den in Absatz 2 Nummer 5 Buchstabe b genannten Lieferungen von Elektrizität schuldet der Leistungsempfänger in den Fällen die Steuer, in denen der liefernde Unternehmer und der Leistungsempfänger Wiederverkäufer von Elektrizität im Sinne des § 3g sind. ₅In den in Absatz 2 Nummer 8 Satz 1 genannten Fällen schuldet der Leistungsempfänger die Steuer unabhängig davon, ob er sie für eine von ihm erbrachte Leistung im Sinne des Absatzes 2 Nummer 8 Satz 1 verwendet, wenn er ein Unternehmer ist, der nachhaltig entsprechende Leistungen erbringt; davon ist auszugehen, wenn ihm das zuständige Finanzamt eine im Zeitpunkt der Ausführung des Umsatzes gültige auf längstens drei Jahre befristete Bescheinigung, die nur mit Wirkung für die Zukunft widerrufen oder zurückgenommen werden kann, darüber erteilt hat, dass er ein Unternehmer ist, der entsprechende Leistungen erbringt. ₆Die Sätze 1 bis 5 gelten auch, wenn die Leistung für den nichtunternehmerischen Bereich bezogen wird. ₇Sind Leistungsempfänger und leistender Unternehmer in Zweifelsfällen übereinstimmend vom Vorliegen der Voraussetzungen des Absatzes 2 Nummer 4, 5 Buchstabe b, Nummer 7 bis 11 ausgegangen, obwohl dies nach der Art der Umsätze unter Anlegung objektiver Kriterien nicht zutreffend war, gilt der Leistungsempfänger dennoch als Steuerschuldner, sofern dadurch keine Steuerausfälle entstehen. ₈Die Sätze 1 bis 6 gelten nicht, wenn bei dem Unternehmer, der die Umsätze ausführt, die Steuer nach § 19 Absatz 1 nicht erhoben wird. ₉Die Sätze 1 bis 8 gelten nicht, wenn ein in Absatz 2 Nummer 2, 7 oder 9 bis 11 genannter Gegenstand von dem Unternehmer, der die Lieferung bewirkt, unter den Voraussetzungen des § 25a geliefert wird.

(6) Die Absätze 1 bis 5 finden keine Anwendung, wenn die Leistung des im Ausland ansässigen Unternehmers besteht

1. in einer Personenbeförderung, die der Beförderungseinzelbesteuerung (§ 16 Absatz 5) unterlegen hat,

2. in einer Personenbeförderung, die mit einem Fahrzeug im Sinne des § 1b Absatz 2 Satz 1 Nummer 1 durchgeführt worden ist,

3. in einer grenzüberschreitenden Personenbeförderung im Luftverkehr,

4. in der Einräumung der Eintrittsberechtigung für Messen, Ausstellungen und Kongresse im Inland,

5. in einer sonstigen Leistung einer Durchführungsgesellschaft an im Ausland ansässige Unternehmer, soweit diese Leistung im Zusammenhang mit der Veranstaltung von Messen und Ausstellungen im Inland steht, oder

6. in der Abgabe von Speisen und Getränken zum Verzehr an Ort und Stelle (Restaurationsleistung), wenn diese Abgabe an Bord eines Schiffs, in einem Luftfahrzeug oder in einer Eisenbahn erfolgt.

(7) ₁Ein im Ausland ansässiger Unternehmer im Sinne des Absatzes 2 Nummer 1 und 5 ist ein Unternehmer, der im Inland, auf der Insel Helgoland und in einem der in § 1 Absatz 3 bezeichneten Gebiete weder einen Wohnsitz, seinen gewöhnlichen Aufenthalt, seinen Sitz, seine Geschäftsleitung oder eine Betriebsstätte hat; dies gilt auch, wenn der Unternehmer ausschließlich einen Wohnsitz oder einen gewöhnlichen Aufenthaltsort im Inland, aber seinen Sitz, den Ort der Geschäftsleitung oder eine Betriebsstätte im Ausland hat. ₂Ein im übrigen Gemeinschaftsgebiet ansässiger Unternehmer ist ein Unternehmer, der in den Gebieten der übrigen Mitgliedstaaten der Europäischen Gemeinschaft, die nach dem Gemeinschaftsrecht als Inland dieser Mitgliedstaaten gelten, einen Wohnsitz, seinen gewöhnlichen Aufenthalt, seinen Sitz, seine Geschäftsleitung oder eine Betriebsstätte hat; dies gilt nicht, wenn der Unternehmer ausschließlich einen Wohnsitz oder einen gewöhnlichen Aufenthaltsort in den Gebieten der übrigen Mitgliedstaaten der Europäischen Union, die nach dem Gemeinschaftsrecht als Inland dieser Mitgliedstaaten gelten, aber seinen Sitz, den Ort der Geschäftsleitung oder eine Betriebsstätte im Drittlandsgebiet hat. ₃Hat der Unternehmer im Inland eine Betriebsstätte und führt er einen Umsatz nach Absatz 1 oder Absatz 2 Nummer 1 oder Nummer 5 aus, gilt er hinsichtlich dieses Umsatzes als im Ausland oder im übrigen Gemeinschaftsgebiet ansässig, wenn die Betriebsstätte an diesem Umsatz nicht beteiligt ist. ₄Maßgebend ist der Zeitpunkt, in dem die Leistung ausgeführt wird. ₅Ist es zweifelhaft, ob der Unternehmer diese Voraussetzungen erfüllt, schuldet der Leistungsempfänger die Steuer nur dann nicht, wenn ihm der Unternehmer durch eine Bescheinigung des nach den abgabenrechtlichen Vorschriften für die Besteuerung seiner Umsätze zuständigen Finanzamts nachweist, dass er kein Unternehmer im Sinne der Sätze 1 und 2 ist.

(8) Bei der Berechnung der Steuer sind die §§ 19 und 24 nicht anzuwenden.

(9) Das Bundesministerium der Finanzen kann mit Zustimmung des Bundesrates durch Rechtsverordnung bestimmen, unter welchen Voraussetzungen zur Vereinfachung des Besteuerungsverfahrens in den Fällen, in denen ein anderer als der Leistungsempfänger ein Entgelt gewährt (§ 10 Absatz 1 Satz 3), der andere an Stelle des Leistungsempfängers Steuerschuldner nach Absatz 5 ist.

(10) ₁Das Bundesministerium der Finanzen kann mit Zustimmung des Bundesrates durch Rechtsverordnung den Anwendungsbereich der Steuerschuldnerschaft des Leistungsempfängers nach den Absätzen 2 und 5 auf weitere Umsätze erweitern, wenn im Zusammenhang mit diesen Umsätzen in vielen Fällen der Verdacht von Steuerhinterziehung in einem besonders schweren Fall aufgetreten ist, die voraussichtlich zu erheblichen und unwiederbringlichen Steuermindereinnahmen führen. ₂Voraussetzungen für eine solche Erweiterung sind, dass

1. die Erweiterung frühestens zu dem Zeitpunkt in Kraft treten darf, zu dem die Europäische Kommission entsprechend Artikel 199b Absatz 3 der Richtlinie 2006/112/EG des Rates vom 28. November 2006 über das gemeinsame Mehrwertsteuersystem (ABl L 347 vom 11.12.2006, S. 1) in der Fassung von Artikel 1 Nummer 1 der Richtlinie 2013/42/EU (ABl L 201 vom 26.7.2013, S. 1) mitgeteilt hat, dass sie keine Einwände gegen die Erweiterung erhebt;

2. die Bundesregierung einen Antrag auf eine Ermächtigung durch den Rat entsprechend Artikel 395 der Richtlinie 2006/112/EG in der Fassung von Artikel 1 Num-

mer 2 der Richtlinie 2013/42/EG (ABl L 201 vom 26.7.2013, S. 1) gestellt hat, durch die die Bundesrepublik Deutschland ermächtigt werden soll, in Abweichung von Artikel 193 der Richtlinie 2006/112/EG, die zuletzt durch die Richtlinie 2013/61/EU (ABl L 353 vom 28.12.2013, S. 5) geändert worden ist, die Steuerschuldnerschaft des Leistungsempfängers für die von der Erweiterung nach Nummer 1 erfassten Umsätze zur Vermeidung von Steuerhinterziehungen einführen zu dürfen;

3. die Verordnung nach neun Monaten außer Kraft tritt, wenn die Ermächtigung nach Nummer 2 nicht erteilt worden ist; wurde die Ermächtigung nach Nummer 2 erteilt, tritt die Verordnung außer Kraft, sobald die gesetzliche Regelung, mit der die Ermächtigung in nationales Recht umgesetzt wird, in Kraft tritt.

Das UStG stellt darauf ab, ob ein steuerbarer und steuerpflichtiger Umsatz im Inland ausgeführt wird. Auch ausländische Unternehmer unterliegen daher mit ihren Umsätzen im Inland dem inländischen Umsatzsteuerrecht und sind dazu verpflichtet, ihre Umsätze im Inland nach den allgemeinen Grundsätzen im Voranmeldungsverfahren bzw. mittels einer Umsatzsteuer-Jahreserklärung zu ermitteln und an das für sie zuständige inländische Finanzamt abzuführen.

§ 13b UStG wurde zuletzt mit Wirkung ab 01.01.2015 durch Gesetz vom 22.12.2014 (BGBl 2014 I S. 2417) neu gefasst. Für bestimmte Umsätze von ausländischen (oder auch von bestimmten inländischen) Unternehmern sind im UStG Regelungen enthalten, mit denen die **Steuerschuldnerschaft** bei dem Empfänger der Leistung festgelegt wird (§ 13b Abs. 2 und 5 UStG). Damit fallen die Steuerschuldnerschaft und die i. d. R. dem Grunde nach gegebene Berechtigung zum Vorsteuerabzug (vgl. dazu Tz. 4.5.15) in der Person des Leistungsempfängers zusammen. Auf diese Weise wird das Risiko für den Fiskus, dass der leistende Unternehmer die Umsatzsteuer nicht entrichtet, der Leistungsempfänger aber den Vorsteuerabzug geltend macht, in großem Umfang vermieden.

Diese Bestimmungen haben uneingeschränkt Geltung für die steuerbegünstigten Körperschaften, die den Unternehmerbegriff nach dem UStG erfüllen. Bei ihnen erstreckt sich die Umkehr der Steuerschuldnerschaft ausdrücklich auch **auf den nichtunternehmerischen Bereich** (= den ideellen Bereich, vgl. die Übersicht in Tz. 4.5.5.3).

Die Umkehr der Steuerschuldnerschaft gilt für steuerbegünstigte Körperschaften auch dann, wenn die steuerbegünstigte Körperschaft die Vorteile der sog. Kleinunternehmerregelung (§ 19 Abs. 1 Satz 3 UStG) in Anspruch nimmt. Auch in diesem Fall muss die Körperschaft die nach § 13b Abs. 2 i. V. m. Abs. 5 UStG geschuldete Umsatzsteuer dem zuständigen Finanzamt erklären und abführen. Fällt dagegen der leistende Unternehmer unter die Kleinunternehmerregelung gem. § 19 Abs. 1 UStG, so kommt es nicht zur Umkehr der Steuerschuldnerschaft (§ 13b Abs. 5 Satz 7 UStG).

Grundsätzlich gilt die Verpflichtung zur Übernahme der Steuerschuldnerschaft gem. § 13b Abs. 5 UStG i. V. m. § 13b Abs. 2 Nr. 1 UStG für Verträge über die Erbringung von Dienstleistungen und Werklieferungen mit ausländischen Unternehmern.

Ausländischer Unternehmer in diesem Sinne ist, wer als Unternehmer nicht im Inland ansässig ist (§ 13b Abs. 7 UStG). Das sind Unternehmer, die im Inland weder einen Wohnsitz, seinen gewöhnlichen Aufenthalt, seinen Sitz, die Geschäftsleitung oder eine Betriebsstätte unterhalten.

Rechnet der ausländische Unternehmer gegenüber der steuerbegünstigten Körperschaft mit deutscher Umsatzsteuer ab und geht aus den vorgelegten Unterlagen

4 Andere Steuergesetze

nicht zweifelsfrei hervor, ob bezogen auf ihn eine Ansässigkeit im In- oder Ausland vorliegt, so ist der Unternehmer verpflichtet, eine sog. Ansässigkeitsbescheinigung des zuständigen deutschen Finanzamts vorzulegen (Formular USt 1 TS, zuletzt geändert durch BMF vom 10.12.2013 – IV D 3 – S 7279/10/10002, 2013/1141439, BStBl 2013 I S. 1623). Das zuständige inländische Finanzamt bestätigt darin dann ausdrücklich, dass für ausgeführte Werklieferungen und sonstige Leistungen des betroffenen Unternehmers der Leistungsempfänger (= die gemeinnützige Körperschaft) nicht die Steuerschuldnerschaft für die von diesem Unternehmer ausgeführten Umsätze übernimmt.

Handelt es sich um einen im Ausland ansässigen Unternehmer (§ 13b Abs. 7 UStG), umfasst die Umkehr der Steuerschuldnerschaft nach § 13b Abs. 5 UStG u. a.:

- Werklieferungen oder -leistungen, bei denen dem deutschen Auftraggeber das fertige Werk im Inland durch den ausländischen Unternehmer übergeben wird.

    Beispiele für die Umkehr der Steuerschuldnerschaft bei Werklieferungen:
    - Die als gemeinnützig anerkannte Forschungseinrichtung hat an dem im Inland belegenen Forschungszentrum durch ein polnisches Bauunternehmen einen Erweiterungsbau errichten lassen.
    - Das niederländische Spezialunternehmen hat dem als gemeinnützig anerkannten Krankenhaus e. V. eine komplette Laboreinrichtung inkl. Montage etc. geliefert.
    - Der niederländische Lieferant führt im Folgejahr Reparaturarbeiten an den gelieferten Laboreinrichtungen durch.

- **Dienstleistungen,** bei denen sich für den ausländischen Unternehmer der Leistungsort in Deutschland befindet, weil die Leistung
    - im Zusammenhang mit einem in Deutschland belegenen Grundstück steht.

        Das ist etwa der Fall, wenn die gemeinnützige Körperschaft einen im Ausland ansässigen Architekten mit der Planung eines Umbaus der im Inland belegenen Schulungs- und Verwaltungsgebäude beauftragt (§ 3a Abs. 3 Nr. 1 UStG).

    - am Tätigkeitsort Deutschland erbracht wird.

        Das betrifft insbesondere kulturelle, künstlerische, wissenschaftliche, unterrichtende, sportliche, unterhaltende oder ähnliche Leistungen von im Ausland ansässigen Künstlern, Seminarveranstaltern, Dozenten, Sportlern etc. (§ 3a Abs. 3 Nr. 3 Buchst. a UStG).

    - in § 3a Abs. 2 Nr. 3 Buchst. c UStG genannt ist, wenn der Umsatz am Ort der Registrierung des deutschen Auftraggebers zu besteuern ist.

        Dabei sind sowohl die für den unternehmerischen als auch den nichtunternehmerischen Bereich genutzten Leistungen einheitlich im Inland steuerbar. Sie führen dann zur Umkehr der Steuerschuldnerschaft.

        Hierzu gehören u. a. die Einräumung von Patenten, Urheberrechten und ähnlichen Rechten, Werbeleistungen und andere Leistungen, die der Öffentlichkeitsarbeit dienen, Beratungsleistungen rechtlicher, wirtschaftlicher und technischer Natur, die Überlassung von Informationen und gewerblichen Verfahren einschließlich Software-Überlassung auf elektronischem Wege, die Personalgestellung, die Vermietung beweglicher körperlicher Gegenstände, ausgenommen die Fahrzeugvermietung, die Leistungen auf dem Gebiet der Telekommunikation, Rundfunk und Fernsehdienstleistungen sowie auf elektronischem Weg erbrachte Dienstleistungen.

Die steuerbegünstigte Körperschaft schuldet den Steuerbetrag bei Inanspruchnahme der o. g. Eingangsleistungen gegenüber „ihrem" Finanzamt. Nur soweit die Körperschaft auch nach den allgemeinen Regelungen zum Vorsteuerabzug berechtigt ist, kann insoweit die **„Eingangssteuer"** in Abzug gebracht werden.

4.5 Umsatzsteuer

Beispiel:
Der wegen Förderung der Bildung als steuerbegünstigt anerkannte Verein lässt sein Seminargebäude von einem niederländischen Bauunternehmen renovieren. Der Verein selbst erbringt ausschließlich Leistungen, die den Vorsteuerabzug ausschließen (§ 15 Abs. 2 UStG).

Die Gesamtleistung des niederländischen Unternehmers gegenüber dem Bildungsverein unterliegt in Deutschland der Besteuerung. Steuerschuldner ist der gemeinnützige Verein gegenüber seinem inländischen Finanzamt. Der Verein hat die auf das Entgelt (den Nettopreis) anfallende Steuer mit der Umsatzsteuer-Voranmeldung zu erklären und diesen Betrag in voller Höhe abzuführen.

Da der gemeinnützige Verein selbst nicht zum Abzug von Vorsteuerbeträgen berechtigt ist, tritt bei dem Verein insoweit eine endgültige Vermögensbelastung ein.

Die Eingangsrechnung des ausländischen Unternehmers sollte nach § 14 Abs. 4 i. V. m. § 14a Abs. 4 UStG folgende Angaben enthalten:
– den Namen und die Anschrift des leistenden Unternehmers,
– den Namen und die Anschrift des Leistungsempfängers,
– das Ausstellungsdatum,
– die Rechnungsnummer,
– die Menge und die handelsübliche Bezeichnung des Gegenstandes der (Werk-)Lieferung oder die Art und den Umfang der sonstigen Leistung,
– den Zeitpunkt der (Werk-)Lieferung oder der sonstigen Leistung,
– das Entgelt für die (Werk-)Lieferung oder die sonstige Leistung (§ 10 UStG) und
– einen Hinweis auf die Steuerschuld des Rechnungsempfängers.

Dabei ist zu beachten, dass ein fehlender Hinweis auf die Steuerschuld des Rechnungsempfängers die Umkehr der Steuerschuldnerschaft **nicht außer Kraft** setzt. Denn nach § 13b Abs. 5 i. V. m. Abs. 2 Nr. 1 UStG ist die Steuerschuldnerschaft unabhängig von der Rechnungsausstellung des leistenden Unternehmers definiert.

Die Bemessungsgrundlage für die Steuerschuld des Auftraggebers ergibt sich aus dem mit dem ausländischen Vertragspartner vereinbarten Entgelt, das i. d. R. mit dem Nettobetrag in der Eingangsrechnung identisch sein wird. Der anzuwendende Steuersatz ist grundsätzlich der Normalsatz von derzeit 19 %.

Die inländischen steuerbegünstigten Körperschaften müssen die Bemessungsgrundlage und den Steuerschuldbetrag gem. § 22 UStG gesondert aufzeichnen und gesondert in den Umsatzsteuererklärungen ausweisen. Die eventuell in Betracht kommenden Vorsteuerbeträge aus der Übernahme der Steuerschuld sind ebenfalls gesondert zu erfassen und in der Umsatzsteuer-Erklärung gesondert anzugeben.

4.5.14 Ausstellung von Rechnungen

§ 14 UStG

(1) ₁Rechnung ist jedes Dokument, mit dem über eine Lieferung oder sonstige Leistung abgerechnet wird, gleichgültig, wie dieses Dokument im Geschäftsverkehr bezeichnet wird. ₂Die Echtheit der Herkunft der Rechnung, die Unversehrtheit ihres Inhalts und ihre Lesbarkeit müssen gewährleistet werden. ₃Echtheit der Herkunft bedeutet die Sicherheit der Identität des Rechnungsausstellers. ₄Unversehrtheit des Inhalts bedeutet, dass die nach diesem Gesetz erforderlichen Angaben nicht geändert wurden. ₅Jeder Unternehmer legt fest, in welcher Weise die Echtheit der Herkunft, die Unversehrtheit des Inhalts und die Lesbarkeit der Rechnung gewährleistet werden. ₆Dies kann durch jegliche innerbetriebliche Kontrollverfahren erreicht wer-

den, die einen verlässlichen Prüfpfad zwischen Rechnung und Leistung schaffen können. ₇Rechnungen sind auf Papier oder vorbehaltlich der Zustimmung des Empfängers auf elektronischem Weg zu übermitteln. ₈Eine elektronische Rechnung ist eine Rechnung, die in einem elektronischen Format ausgestellt und empfangen wird.

(2) ₁Führt der Unternehmer eine Lieferung oder eine sonstige Leistung nach § 1 Abs. 1 Nr. 1 aus, gilt Folgendes:

1. führt der Unternehmer eine steuerpflichtige Werklieferung (§ 3 Abs. 4 Satz 1) oder sonstige Leistung im Zusammenhang mit einem Grundstück aus, ist er verpflichtet, innerhalb von sechs Monaten nach Ausführung der Leistung eine Rechnung auszustellen;

2. führt der Unternehmer eine andere als die in Nummer 1 genannte Leistung aus, ist er berechtigt, eine Rechnung auszustellen. ₂Soweit er einen Umsatz an einen anderen Unternehmer für dessen Unternehmen oder an eine juristische Person, die nicht Unternehmer ist, ausführt, ist er verpflichtet, innerhalb von sechs Monaten nach Ausführung der Leistung eine Rechnung auszustellen. ₃Eine Verpflichtung zur Ausstellung einer Rechnung besteht nicht, wenn der Umsatz nach § 4 Nr. 8 bis 28 steuerfrei ist. ₄§ 14a bleibt unberührt.

₂Unbeschadet der Verpflichtungen nach Satz 1 Nr. 1 und 2 Satz 2 kann eine Rechnung von einem in Satz 1 Nr. 2 bezeichneten Leistungsempfänger für eine Lieferung oder sonstige Leistung des Unternehmers ausgestellt werden, sofern dies vorher vereinbart wurde (Gutschrift). ₃Die Gutschrift verliert die Wirkung einer Rechnung, sobald der Empfänger der Gutschrift dem ihm übermittelten Dokument widerspricht. ₄Eine Rechnung kann im Namen und für Rechnung des Unternehmers oder eines in Satz 1 Nr. 2 bezeichneten Leistungsempfängers von einem Dritten ausgestellt werden.

(3) Unbeschadet anderer nach Absatz 1 zulässiger Verfahren gelten bei einer elektronischen Rechnung die Echtheit der Herkunft und die Unversehrtheit des Inhalts als gewährleistet durch

1. eine qualifizierte elektronische Signatur oder eine qualifizierte elektronische Signatur mit Anbieter-Akkreditierung nach dem Signaturgesetz vom 16. Mai 2001 (BGBl I S. 876), das zuletzt durch Artikel 4 des Gesetzes vom 17. Juli 2009 (BGBl I S. 2091) geändert worden ist, in der jeweils geltenden Fassung oder

2. elektronischen Datenaustausch (EDI) nach Artikel 2 der Empfehlung 94/820/EG der Kommission vom 19. Oktober 1994 über die rechtlichen Aspekte des elektronischen Datenaustauschs (ABl Nr. L 338 vom 28.12.1994 S. 98), wenn in der Vereinbarung über diesen Datenaustausch der Einsatz von Verfahren vorgesehen ist, die die Echtheit der Herkunft und die Unversehrtheit der Daten gewährleisten.

(4) ₁Eine Rechnung muss folgende Angaben enthalten:

1. den vollständigen Namen und die vollständige Anschrift des leistenden Unternehmers und des Leistungsempfängers,

2. die dem leistenden Unternehmer vom Finanzamt erteilte Steuernummer oder die ihm vom Bundeszentralamt für Steuern erteilte Umsatzsteuer-Identifikationsnummer,

3. das Ausstellungsdatum,

4. eine fortlaufende Nummer mit einer oder mehreren Zahlenreihen, die zur Identifizierung der Rechnung vom Rechnungsaussteller einmalig vergeben wird (Rechnungsnummer),

5. die Menge und die Art (handelsübliche Bezeichnung) der gelieferten Gegenstände oder den Umfang und die Art der sonstigen Leistung,

6. den Zeitpunkt der Lieferung oder sonstigen Leistung; in den Fällen des Absatzes 5 Satz 1 den Zeitpunkt der Vereinnahmung des Entgelts oder eines Teils des

4.5 Umsatzsteuer

Entgelts, sofern der Zeitpunkt der Vereinnahmung feststeht und nicht mit dem Ausstellungsdatum der Rechnung übereinstimmt,

7. das nach Steuersätzen und einzelnen Steuerbefreiungen aufgeschlüsselte Entgelt für die Lieferung oder sonstige Leistung (§ 10) sowie jede im Voraus vereinbarte Minderung des Entgelts, sofern sie nicht bereits im Entgelt berücksichtigt ist,

8. den anzuwendenden Steuersatz sowie den auf das Entgelt entfallenden Steuerbetrag oder im Fall einer Steuerbefreiung einen Hinweis darauf, dass für die Lieferung oder sonstige Leistung eine Steuerbefreiung gilt,

9. in den Fällen des § 14b Abs. 1 Satz 5 einen Hinweis auf die Aufbewahrungspflicht des Leistungsempfängers und

10. in den Fällen der Ausstellung der Rechnung durch den Leistungsempfänger oder durch einen von ihm beauftragten Dritten gemäß Absatz 2 Satz 2 die Angabe „Gutschrift".

$_2$In den Fällen des § 10 Abs. 5 sind die Nummern 7 und 8 mit der Maßgabe anzuwenden, dass die Bemessungsgrundlage für die Leistung (§ 10 Abs. 4) und der darauf entfallende Steuerbetrag anzugeben sind. $_3$Unternehmer, die § 24 Abs. 1 bis 3 anwenden, sind jedoch auch in diesen Fällen nur zur Angabe des Entgelts und des darauf entfallenden Steuerbetrags berechtigt.

(5) $_1$Vereinnahmt der Unternehmer das Entgelt oder einen Teil des Entgelts für eine noch nicht ausgeführte Lieferung oder sonstige Leistung, gelten die Absätze 1 bis 4 sinngemäß. $_2$Wird eine Endrechnung erteilt, sind in ihr die vor Ausführung der Lieferung oder sonstigen Leistung vereinnahmten Teilentgelte und die auf sie entfallenden Steuerbeträge abzusetzen, wenn über die Teilentgelte Rechnungen im Sinne der Absätze 1 bis 4 ausgestellt worden sind.

(6) Das Bundesministerium der Finanzen kann mit Zustimmung des Bundesrates zur Vereinfachung des Besteuerungsverfahrens durch Rechtsverordnung bestimmen, in welchen Fällen und unter welchen Voraussetzungen

1. Dokumente als Rechnungen anerkannt werden können,

2. die nach Absatz 4 erforderlichen Angaben in mehreren Dokumenten enthalten sein können,

3. Rechnungen bestimmte Angaben nach Absatz 4 nicht enthalten müssen,

4. eine Verpflichtung des Unternehmers zur Ausstellung von Rechnungen mit gesondertem Steuerausweis (Absatz 4) entfällt oder

5. Rechnungen berichtigt werden können.

(7) $_1$Führt der Unternehmer einen Umsatz im Inland aus, für den der Leistungsempfänger die Steuer nach § 13b schuldet, und hat der Unternehmer im Inland weder seinen Sitz noch seine Geschäftsleitung, eine Betriebsstätte, von der aus der Umsatz ausgeführt wird oder die an der Erbringung dieses Umsatzes beteiligt ist, oder in Ermangelung eines Sitzes seinen Wohnsitz oder gewöhnlichen Aufenthalt im Inland, so gelten abweichend von den Absätzen 1 bis 6 für die Rechnungserteilung die Vorschriften des Mitgliedstaats, in dem der Unternehmer seinen Sitz, seine Geschäftsleitung, eine Betriebsstätte, von der aus der Umsatz ausgeführt wird, oder in Ermangelung eines Sitzes seinen Wohnsitz oder gewöhnlichen Aufenthalt hat. $_2$Satz 1 gilt nicht, wenn eine Gutschrift gemäß Absatz 2 Satz 2 vereinbart worden ist

Eine Rechnung ist nach § 14 Abs. 1 UStG i. V. m. § 31 Abs. 1 UStDV ein Dokument oder eine Mehrzahl von Dokumenten, die eine detaillierte Aufstellung über eine Geldforderung für eine Lieferung oder sonstige Leistung enthält und mit der dementsprechend abgerechnet werden kann. Gemäß § 14 UStG ist die explizite Benennung einer Rechnung als solche nicht zwingend. Es ist völlig ausreichend, wenn aus dem Inhalt des Dokuments erkennbar ist, dass der Unternehmer über eine Leistung abrechnet. Schriftstücke, die nicht der Abrechnung einer Leistung dienen und sich nur auf den Zahlungsverkehr beziehen (z. B. Mahnungen), sind keine Rechnungen. Diese Schriftstücke sind selbst dann keine Rechnungen, wenn alle geforderten Angaben aus § 14 Abs. 4 UStG komplett angegeben sind. Rechnungen können in Papierform oder als elektronisches Dokument, sofern der Empfänger damit einverstanden ist, übermittelt werden.

Ein Vertrag kann auch als Rechnung angesehen werden, wenn dieser die geforderten Angaben aus § 14 Abs. 4 UStG beinhaltet. Fehlende Angaben im Vertrag können in anderweitigen Papieren belegt sein, sofern der Vertrag auf diese Unterlage hinweist (siehe auch § 31 Abs. 1 UStDV). Ist der Zeitraum der jeweiligen Leistung oder Teilleistung im Vertrag nicht angeführt, genügt es, wenn sich dieser aus den einzelnen Zahlungsbelegen, wie etwa aus den Ausfertigungen der Überweisungsaufträge, ergibt. Typische Beispiele hierfür sind Verträge über Miet- oder Pachtverhältnisse, Wartungsverträge oder Pauschalverträge mit einem Steuerberater (vgl. hierzu BFH vom 07.07.1988 V B 72/86, BStBl 1988 II S. 913).

Wenn der Unternehmer eine steuerpflichtige Werklieferung oder sonstige Leistung im Zusammenhang mit einem Grundstück erbringt, ist er in jedem Fall gem. § 14 Abs. 2 Satz 1 Nr. 1 UStG verpflichtet, in einem Zeitraum von **6 Monaten** nach Ausführung der Leistung eine Rechnung auszustellen. Diesbezüglich ist bei einer Vereinnahmung des Entgelts bzw. eines Teils des Entgelts vor Leistungsausführung innerhalb von sechs Monaten die Rechnungsstellung durchzuführen. Auch wenn der Leistungsempfänger **kein Unternehmer** ist, der die Leistung für sein Unternehmen bezieht, besteht diese **Verpflichtung** zur Rechnungsstellung. Zudem ist unerheblich, ob der Leistungsempfänger einer steuerpflichtigen Werklieferung oder sonstigen Leistung zugleich der Eigentümer des Grundstücks ist. Die in § 4 Nr. 12 Satz 2 UStG bezeichneten steuerpflichtigen sonstige Leistungen bedürfen keiner Rechnung, sofern diese weder an einen anderen Unternehmer für dessen Unternehmen noch an eine juristische Person erbracht werden.

Bei sog. **Innenumsätzen,** z. B. zwischen Betriebsabteilungen desselben Unternehmens oder innerhalb eines Organkreises, handelt es sich um innerbetriebliche Vorgänge. Für diese Innenumsätze ausgestellte Belege mit gesondertem Steuerausweis stellen umsatzsteuerrechtlich **keine** Rechnungen dar, sondern sind unternehmensinterne Buchungsbelege. Die darin ausgewiesene Steuer wird **nicht** nach § 14c Abs. 2 UStG geschuldet (vgl. BFH vom 28.10.2010 V R 7/10, BStBl 2011 II S. 391, und Abschn. 14c.2 Abs. 2a UStAE).

Elektronische Rechnungen sind vorbehaltlich der Zustimmung des Rechnungsempfängers zu übermitteln. Bei der Zustimmung des Empfängers bedarf es keiner besonderen Form (vgl. Abschn. 14.4 Abs. 1 UStAE). Dem Rechnungssteller ist die Weise, in dem er die elektronische Rechnung übermittelt, vorbehaltlich der Zustimmung des Rechnungsempfängers freigestellt.

Sofern keine qualifizierte elektronische Signatur verwendet oder die Rechnung per elektronischen Datenaustausch (EDI) übermittelt wird, müssen die Echtheit der Herkunft, die Unversehrtheit des Inhalts und die Lesbarkeit der Rechnung durch ein innerbetriebliches Kontrollverfahren, welches einen verlässlichen **Prüfpfad** zwischen Rechnung und Leistung schaffen kann, gesichert werden (siehe hierzu Abschn. 14.4 UStAE). Die Echtheit der Herkunft einer Rechnung wir durch die Sicherstellung der Identität des Rechnungsstellers gewährleistet. Sofern die erforderlichen Angaben nach dem UStG während der Übermittlung der Rechnung nicht geändert wurden, ist die Unversehrtheit des Inhalts einer Rechnung gewährleistet und die Lesbarkeit der Rechnung ist gegeben, wenn die Rechnung für das menschliche Auge lesbar ist.

Mit dem Amtshilferichtlinie-Umsetzungsgesetz vom 26.06.2013 (BGBl 2013 I S. 1809) wurde der § 14 UStG zuletzt geändert. Größte Veränderung war das Einfügen des Absatzes 7. Danach sind für Umsätze, die nach § 1 Abs. 1 Nr. 1 UStG im Inland steuerbar sind, grundsätzlich die Vorschriften zur Rechnungsausstellung nach den §§ 14, 14a UStG anzuwenden. Wenn der Unternehmer zwar nicht im Inland, aber in einem anderen Mitgliedstaat ansässig ist und im Inland steuerbare Umsätze nach § 1 Abs. 1 Nr. 1 UStG ausführt, für welche der Leistungsempfänger die Steuer nach § 13b Abs. 5 i. V. m. Abs. 1 und 2 UStG schuldet, gelten für die Rechnungserteilung die Vorschriften des Mitgliedstaates, in dem der Unternehmer seinen Sitz, seine Geschäftsleitung, eine Betriebsstätte, von der aus der Umsatz ausgeführt wird, oder in Ermangelung eines Sitzes seinen Wohnsitz oder gewöhnlichen Aufenthalt hat (§ 14 Abs. 7 Satz 1 UStG). Vereinbaren die am Leistungsaustausch Beteiligten, dass der Leistungsempfänger über den Umsatz abrechnet (Gutschrift, § 14 Abs. 2 Satz 2 UStG), greift der Grundsatz nach Satz 1 (§ 14 Abs. 7 Satz 2 UStG).

Gutschrift

Eine Rechnung kann auch durch den Leistungsempfänger im Wege der Gutschrift erfolgen. Seit dem 30.06.2013 muss sie auch Gutschrift genannt werden; früher konnte sie auch als Rechnung bezeichnet werden, musste aber erkennen lassen, dass sie über eine Leistung des Empfängers der Abrechnung ausgestellt wird. Die Erstellung einer Gutschrift als Leistungsempfänger birgt nach der neueren Rechtsprechung des BFH (Urteil vom 23.01.2013 XI R 25/11, BStBl 2013 II S. 417) allerdings große Gefahren, weil der Widerspruch danach ohne Begründung und auch bei einer zutreffenden Abrechnung mittels Gutschrift die Wirkung als Rechnung entfallen lassen soll. Damit würde nach der Auffassung des BFH auch der Vorsteuerabzug des Leistungsempfängers entfallen, selbst wenn die Leistung erbracht und der Bruttobetrag gezahlt worden ist (vgl. Weymüller; Rn. 185 zu § 14 UStG).

Keine Gutschrift im Sinne des UStG ist die nur im allgemeinen Sprachgebrauch bezeichnete sog. Gutschrift, die sich als Korrektur einer zuvor ergangenen Rechnung darstellt (vgl. Abschn. 14.3 Abs. 1 Satz 6 UStAE). Daher sind Mitteilungen über gewährte Boni, Skonti oder Rabatte gleichfalls auch keine Gutschriften im vorgenannten Sinne. Auch „Gutschriften", die Nachlässe (Barzahlungs-, Mengen- und Sonderrabatte) einräumen bzw. Korrekturen bei Rückwaren, Gewichtsmängeln oder Preisdifferenzen behandeln, sind keine Gutschriften im umsatzsteuerrechtlichen Sinn, sondern sind buchhalterisch als Umsatzreduzierung zu erfassen.

4.5.15 Vorsteuerabzug

§ 15 UStG

(1) ₁Der Unternehmer kann die folgenden Vorsteuerbeträge abziehen:

1. die gesetzlich geschuldete Steuer für Lieferungen und sonstige Leistungen, die von einem anderen Unternehmer für sein Unternehmen ausgeführt worden sind. Die Ausübung des Vorsteuerabzugs setzt voraus, dass der Unternehmer eine nach den §§ 14, 14a ausgestellte Rechnung besitzt. Soweit der gesondert ausgewiesene Steuerbetrag auf eine Zahlung vor Ausführung dieser Umsätze entfällt, ist

er bereits abziehbar, wenn die Rechnung vorliegt und die Zahlung geleistet worden ist;

2. die entstandene Einfuhrumsatzsteuer für Gegenstände, die für sein Unternehmen nach § 1 Absatz 1 Nummer 4 eingeführt worden sind;
3. die Steuer für den innergemeinschaftlichen Erwerb von Gegenständen für sein Unternehmen, wenn der innergemeinschaftliche Erwerb nach § 3d Satz 1 im Inland bewirkt wird;
4. die Steuer für Leistungen im Sinne des § 13b Absatz 1 und 2, die für sein Unternehmen ausgeführt worden sind. Soweit die Steuer auf eine Zahlung vor Ausführung dieser Leistungen entfällt, ist sie abziehbar, wenn die Zahlung geleistet worden ist;
5. die nach § 13a Abs. 1 Nr. 6 geschuldete Steuer für Umsätze, die für sein Unternehmen ausgeführt worden sind.

₂Nicht als für das Unternehmen ausgeführt gilt die Lieferung, die Einfuhr oder der innergemeinschaftliche Erwerb eines Gegenstands, den der Unternehmer zu weniger als 10 Prozent für sein Unternehmen nutzt.

(1a) ₁Nicht abziehbar sind Vorsteuerbeträge, die auf Aufwendungen, für die das Abzugsverbot des § 4 Abs. 5 Satz 1 Nr. 1 bis 4, 7 oder des § 12 Nr. 1 des Einkommensteuergesetzes gilt, entfallen. ₂Dies gilt nicht für Bewirtungsaufwendungen, soweit § 4 Abs. 5 Satz 1 Nr. 2 des Einkommensteuergesetzes einen Abzug angemessener und nachgewiesener Aufwendungen ausschließt.

(1b) ₁Verwendet der Unternehmer ein Grundstück sowohl für Zwecke seines Unternehmens als auch für Zwecke, die außerhalb des Unternehmens liegen, oder für den privaten Bedarf seines Personals, ist die Steuer für die Lieferungen, die Einfuhr und den innergemeinschaftlichen Erwerb sowie für die sonstigen Leistungen im Zusammenhang mit diesem Grundstück vom Vorsteuerabzug ausgeschlossen, soweit sie nicht auf die Verwendung des Grundstücks für Zwecke des Unternehmens entfällt. ₂Bei Berechtigungen, für die die Vorschriften des bürgerlichen Rechts über Grundstücke gelten, und bei Gebäuden auf fremdem Grund und Boden ist Satz 1 entsprechend anzuwenden.

(2) ₁Vom Vorsteuerabzug ausgeschlossen ist die Steuer für die Lieferungen, die Einfuhr und den innergemeinschaftlichen Erwerb von Gegenständen sowie für die sonstigen Leistungen, die der Unternehmer zur Ausführung folgender Umsätze verwendet:

1. steuerfreie Umsätze;
2. Umsätze im Ausland, die steuerfrei wären, wenn sie im Inland ausgeführt würden.

₂Gegenstände oder sonstige Leistungen, die der Unternehmer zur Ausführung einer Einfuhr oder eines innergemeinschaftlichen Erwerbs verwendet, sind den Umsätzen zuzurechnen, für die der eingeführte oder innergemeinschaftlich erworbene Gegenstand verwendet wird.

.....

(4) ₁Verwendet der Unternehmer einen für sein Unternehmen gelieferten, eingeführten oder innergemeinschaftlich erworbenen Gegenstand oder eine von ihm in Anspruch genommene sonstige Leistung nur zum Teil zur Ausführung von Umsätzen, die den Vorsteuerabzug ausschließen, so ist der Teil der jeweiligen Vorsteuerbeträge nicht abziehbar, der den zum Ausschluss vom Vorsteuerabzug führenden Umsätzen wirtschaftlich zuzurechnen ist. ₂Der Unternehmer kann die nicht abziehbaren Teilbeträge im Wege einer sachgerechten Schätzung ermitteln. ₃Eine Ermittlung des nicht abziehbaren Teils der Vorsteuerbeträge nach dem Verhältnis der Umsätze, die den Vorsteuerabzug ausschließen, zu den Umsätzen, die zum Vorsteuer-

abzug berechtigen, ist nur zulässig, wenn keine andere wirtschaftliche Zurechnung möglich ist. ₄In den Fällen des Absatzes 1b gelten die Sätze 1 bis 3 entsprechend.

(4a) Für Fahrzeuglieferer (§ 2a) gelten folgende Einschränkungen des Vorsteuerabzugs:

1. Abziehbar ist nur die auf die Lieferung, die Einfuhr oder den innergemeinschaftlichen Erwerb des neuen Fahrzeugs entfallende Steuer.
2. Die Steuer kann nur bis zu dem Betrag abgezogen werden, der für die Lieferung des neuen Fahrzeugs geschuldet würde, wenn die Lieferung nicht steuerfrei wäre.
3. Die Steuer kann erst in dem Zeitpunkt abgezogen werden, in dem der Fahrzeuglieferer die innergemeinschaftliche Lieferung des neuen Fahrzeugs ausführt.

(4b) Für Unternehmer, die nicht im Gemeinschaftsgebiet ansässig sind und die nur Steuer nach § 13b Absatz 5 schulden, gelten die Einschränkungen des § 18 Abs. 9 Sätze 4 und 5 entsprechend.

(5) Das Bundesministerium der Finanzen kann mit Zustimmung des Bundesrates durch Rechtsverordnung nähere Bestimmungen darüber treffen,

1. in welchen Fällen und unter welchen Voraussetzungen zur Vereinfachung des Besteuerungsverfahrens für den Vorsteuerabzug auf eine Rechnung im Sinne des § 14 oder auf einzelne Angaben in der Rechnung verzichtet werden kann,
2. unter welchen Voraussetzungen, für welchen Besteuerungszeitraum und in welchem Umfang zur Vereinfachung oder zur Vermeidung von Härten in den Fällen, in denen ein anderer als der Leistungsempfänger ein Entgelt gewährt (§ 10 Abs. 1 Satz 3), der andere den Vorsteuerabzug in Anspruch nehmen kann, und
3. wann in Fällen von geringer steuerlicher Bedeutung zur Vereinfachung oder zur Vermeidung von Härten bei der Aufteilung der Vorsteuerbeträge (Absatz 4) Umsätze, die den Vorsteuerabzug ausschließen, unberücksichtigt bleiben können oder von der Zurechnung von Vorsteuerbeträgen zu diesen Umsätzen abgesehen werden kann.

4.5.15.1 Das Vorsteuersystem

Ein Kernstück des heutigen Mehrwertsteuersystems (der „Allphasen-Netto-Umsatzsteuer mit Vorsteuerabzug") ist die Wirkungsweise des Vorsteuerabzugs in der Kette der umsatzsteuerpflichtigen Unternehmer.

Jeder Unternehmer im Sinne des UStG kann die in dem betreffenden Besteuerungszeitraum (ggf. Voranmeldungszeitraum) anfallenden Vorsteuerbeträge von der Umsatzsteuer, die für seine Leistungen gegenüber Dritten entstanden sind, absetzen (§ 15 Abs. 1 UStG i. V. m. § 16 Abs. 2 Satz 1 UStG). Diese Systematik kann daher auch zu einem **Überhang an Vorsteuerbeträgen** führen, die dann durch das zuständige Finanzamt an den Unternehmer ausgezahlt werden. Das ist immer dann der Fall, wenn in dem maßgebenden Besteuerungszeitraum (= Voranmeldungszeitraum, § 18 Abs. 2 UStG) die Vorsteuerbeträge die entstandenen Umsatzsteuerbeträge übersteigen.

Die Grundvoraussetzung für einen Vorsteuerabzug hat der Gesetzgeber in § 15 Abs. 1 UStG festgelegt. Danach kann ein

- Unternehmer (zum Unternehmerbegriff, soweit er für steuerbegünstigte Körperschaften maßgebend ist, vgl. Tz. 4.5.4)
- die von ihm geschuldeten Steuern für Lieferungen und sonstige Leistungen,
- die von einem **anderen** Unternehmer für seinen unternehmerischen Bereich (zu den unternehmerischen Bereichen bei steuerbegünstigten Körperschaften siehe

Tz. 4.5.5.3) ausgeführt wurden, bei Berechnung der eigenen Umsatzsteuer abziehen,

- wenn er über eine Rechnung verfügt, in der diese Leistungen ihm gegenüber abgerechnet werden und der darauf entfallende Umsatzsteuerbetrag **gesondert ausgewiesen** ist (zu den Voraussetzungen an eine Rechnung siehe §§ 14, 14a UStG, Tz. 4.5.15.2).

Steuerbegünstigte Körperschaften, die die Vorteile der sog. Kleinunternehmerregelung (vgl. Tz. 4.5.19) in Anspruch nehmen, sind **persönlich nicht** zum Vorsteuerabzug berechtigt (§ 19 Abs. Satz 21 UStG).

4.5.15.2 Rechnungen, die zum Vorsteuerabzug berechtigen

Entscheidend setzt die Möglichkeit des Vorsteuerabzugs neben der Unternehmereigenschaft die Vorlage einer ordnungsgemäßen Rechnung mit den Pflichtangaben gem. § 14 Abs. 4 UStG voraus.

Pflichtangaben in einer Rechnung:

- Name und Anschrift des leistenden Unternehmers und des Leistungsempfängers
- die dem leistenden Unternehmer erteilte Steuernummer oder USt-IdNr.
- Ausstellungsdatum
- fortlaufende Rechnungsnummer
- Menge und Art der gelieferten Gegenstände oder Umfang und Art der Leistung
- Zeitpunkt der Lieferung oder sonstigen Leistung
- nach unterschiedlichen Steuersätzen und einzelnen Steuerbefreiungen aufgeschlüsseltes Entgelt, Steuersatz sowie auf das jeweilige Entgelt entfallender Steuerbetrag, bei Steuerbefreiung Hinweis darauf
- in den Fällen des § 14b Abs. 1 Satz 5 UStG (Werklieferung) einen Hinweis auf die Aufbewahrungspflicht des Leistungsempfängers und
- bei Ausstellung der Rechnung durch den Leistungsempfänger oder von ihm beauftragten Dritten die Angabe „Gutschrift".

Der Vorsteuerabzug kann von steuerbegünstigten Körperschaften nur für solche Leistungen geltend gemacht werden, die für den **unternehmerischen** Bereich bezogen werden (zur Abgrenzung der Sphären einer steuerbegünstigten Körperschaft im umsatzsteuerlichen Sinne vgl. Tz. 4.5.5.3 mit der dazu abgedruckten Übersicht). Sofern eine Leistung ausschließlich für unternehmerische Tätigkeiten bezogen wird, ist sie vollständig dem Unternehmen zuzuordnen (Zuordnungsgebot). Dagegen ist eine Zuordnung zum Unternehmen ausgeschlossen, wenn die Leistung ausschließlich für nichtunternehmerische Tätigkeiten bezogen wird **(Zuordnungsverbot)** (siehe auch Abschn. 15.2c Abs. 1 UStAE). Sofern der Umfang der unternehmerischen Verwendung eines einheitlichen Gegenstandes nicht mindestens 10 % (unternehmerische Mindestnutzung) erreicht, greift das Zuordnungsverbot nach § 15 Abs. 1 Satz 2 UStG (vgl. Abschn. 15.2c Abs. 5 bis 7 UStAE). Bei teilbaren Leistungen sind die bezogenen Leistungen entsprechend der tatsächlichen Verwendung dieser Leistungen der unternehmerischen oder nichtunternehmerischen Sphäre zuzuordnen (siehe auch Abschn. 15.2c Abs. 2 UStAE).

4.5.15.3 Vorsteuerabzug bei gemischt genutzten Gegenständen

Beim Erwerb eines einheitlichen Gegenstandes, der sowohl im unternehmerischen als auch im nichtunternehmerischen Bereich (teilunternehmerische Verwendung) genutzt werden soll, gilt Folgendes (Abschn. 15.2c Abs. 2 Nr. 2 UStAE):

– Besteht die nichtunternehmerische Tätigkeit in einer nichtwirtschaftlichen Tätigkeit im engeren Sinne (vgl. Abschn. 2.3 Abs. 1a Satz 4 UStAE), besteht grundsätzlich ein Aufteilungsgebot. Der Unternehmer hat kein Wahlrecht zur vollständigen Zuordnung (vgl. Abschn. 2.10, 2.11, 15.19, 15.21 und 15.22 UStAE und BFH-Urteil vom 03.03.2011 V R 23/10, BStBl 2012 II S. 74). Es besteht grundsätzlich ein Aufteilungsgebot. Aus Billigkeitsgründen kann der Unternehmer den Gegenstand im vollen Umfang in seinem nichtunternehmerischen Bereich belassen. Eine spätere Vorsteuerberichtigung zugunsten des Unternehmers im Billigkeitswege nach Abschn. 15a.1 Abs. 7 ist in diesem Fall allerdings ausgeschlossen.

– Besteht die nichtunternehmerische Tätigkeit dagegen in einer unternehmensfremden Verwendung (vgl. Abschn. 2.3 Abs. 1a Satz 3 UStAE), so besteht ein Zuordnungswahlrecht für den Unternehmer. Er kann den Gegenstand

  – insgesamt seiner unternehmerischen Tätigkeit zuordnen,

  – in vollem Umfang in seinem nichtunternehmerischen Bereich belassen oder

  – im Umfang der tatsächlichen (ggf. zu schätzenden) unternehmerischen Verwendung seiner unternehmerischen Tätigkeit zuordnen (vgl. BFH vom 07.07.2011 V R 42/09, BStBl 2014 II S. 76, und V R 21/10, BStBl 2014 II S. 81).

Die **ideelle Tätigkeit** von Vereinen und die hoheitliche Tätigkeit juristischer Personen des öffentlichen Rechts sind **als nichtwirtschaftliche** Tätigkeit einzuordnen. Diese nichtwirtschaftliche Tätigkeit ist grundsätzlich mit der unternehmensfremden Tätigkeit anderer Unternehmer vergleichbar. Beide Tätigkeiten sind dem nichtunternehmerischen Bereich zuzurechnen (Abschn. 3.3 Abs. 1 Satz 4 UStAE). Im Gegensatz zu allen anderen Unternehmern können Vereine und juristische Personen des öffentlichen Rechts in solchen Fällen nur im Umfang der unternehmerischen Nutzung den Vorsteuerabzug geltend machen (Abschn. 15.2 Abs. 15a Satz 6 bis 8 und Abschn. 15.19 Abs. 3 UStAE).

Wenn ein getrenntes Wirtschaftsgut im umsatzsteuerrechtlichen Sinne neu hergestellt wird, besteht kein Zuordnungswahlrecht. So kann beispielsweise ein ausschließlich für private Wohnzwecke zu nutzendes Einfamilienhaus als Anbau an eine Werkhalle auf dem Betriebsgelände des Unternehmens nicht dem Unternehmen zugeordnet werden, sofern beide Gebäude räumlich voneinander abgrenzbar sind (vgl. BFH vom 23.09.2009 XI R 18/08, BStBl 2010 II S. 313).

Die oben aufgezeigte Einteilung ergibt sich aus den BMF-Schreiben vom 02.01.2012 (IV D 2 – S 7300/11/10002, 2011/1014846, BStBl 2012 I S. 60) und vom 02.01.2014 (IV D 2 – S 7300/12/10002:001, 2013/1156482, BStBl 2014 I S. 119) und wird in folgender Abbildung zusammengefasst dargestellt:

4 Andere Steuergesetze

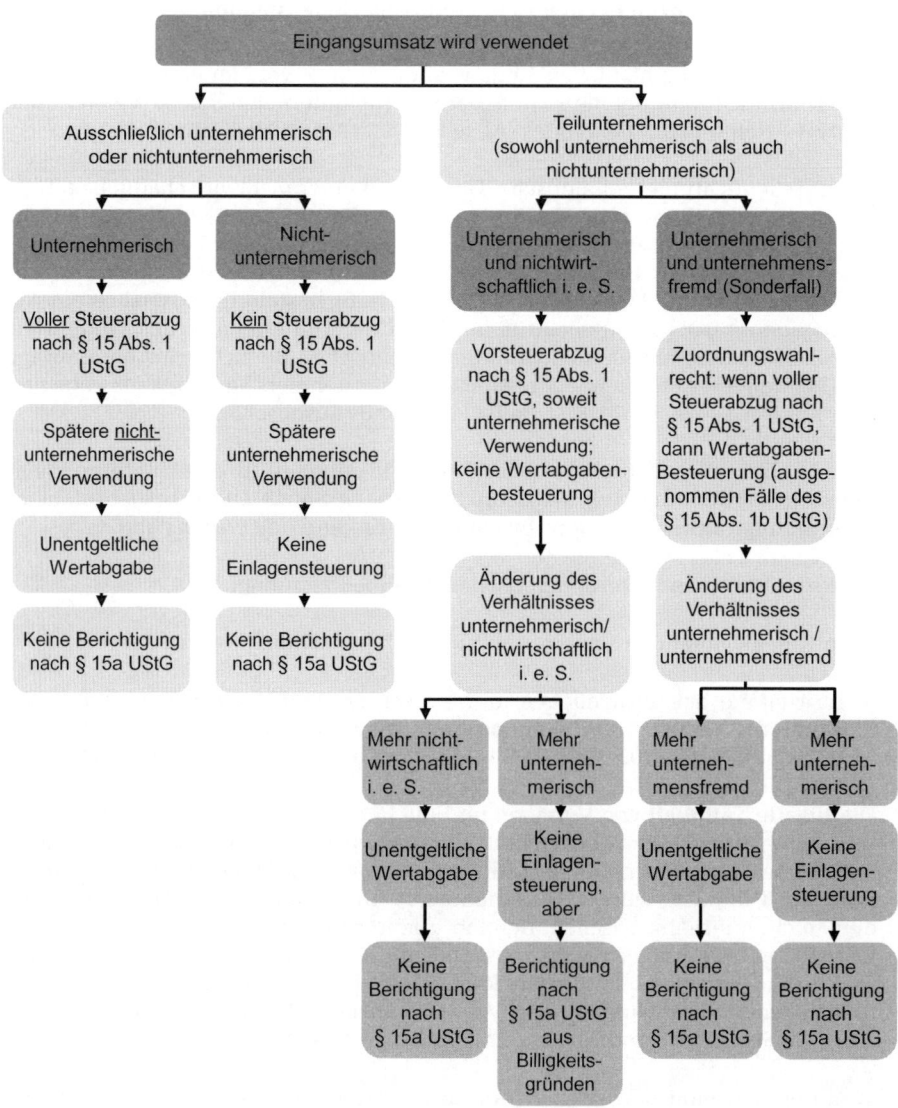

Das BMF-Schreiben vom 02.01.2014 (BStBl 2014 I S. 119) macht des Weiteren Angaben zum **Prognosezeitraum:** Wenn ein einheitlich genutzter Gegenstand von Anfang an ausschließlich nichtunternehmerisch verwendet wird, kann grundsätzlich davon ausgegangen werden, dass der Gegenstand nicht für das Unternehmen bezogen worden ist. Wenn ein Gegenstand, für den von vorneherein die Absicht zu einer dauerhaften unternehmerischen Nutzung besteht, zunächst und nur übergangsweise nichtunternehmerisch verwendet wird, kann in Ausnahmefällen jedoch ein Leistungsbezug für das Unternehmen vorliegen. Bei dieser Beurteilung ist u. a. das Verhältnis der vorübergehenden nichtunternehmerischen Nutzungszeit zur

Gesamtnutzungsdauer des Gegenstands von Bedeutung (vgl. EuGH vom 19.07.2012 Rs. C-334/10, EuGHE I S. 10205).

Im Urteil des **FG München vom 24.04.2013** (3 K 734/10, EFG 2013 S. 1532) verfolgt eine gemeinnützige GmbH unmittelbar gemeinnützige Zwecke durch die Eingliederung von Langzeitarbeitslosen und unterhält in diesem Rahmen den Zweckbetrieb Elektronik-Schrott-Recycling. Der **Vorsteuerabzug** wurde durch das Finanzamt nur **teilweise** zugelassen. Die Klägerin forderte einen vollen Vorsteuerabzug, da sämtliche Kosten dem Zweckbetrieb dienen. Das Finanzgericht hat die Klage als unbegründet abgewiesen, die Revision (Az. BFH: XI R 27/13) ist noch offen. Tenor der Entscheidung des FG ist, dass die gemeinnützige GmbH zugleich wirtschaftlichen und nichtwirtschaftlichen gemeinnützigen Tätigkeiten nachgeht, deswegen ist der Vorsteuerabzug auf Aufwendungen nur insoweit zulässig, als diese der wirtschaftlichen Tätigkeit der gGmbH zuzurechnen sind. Eine Aufteilung der Vorsteuerbeträge nach der in § 15 Abs. 4 UStG bezeichneten Methode bezweckt eine genaue Zuordnung der Vorsteuerbeträge zu den Umsätzen, denen sie wirtschaftlich zuzurechnen sind.

Diese Entscheidung wird unter Bezugnahme auf die Grundsätze des BFH-Urteils vom 03.03.2011 (V R 23/10, BStBl 2012 II S. 74) begründet. Danach ist ein Vorsteuerabzug nur zulässig, soweit ein direkter und unmittelbarer Zusammenhang zu wirtschaftlichen (steuerpflichtigen) Umsätzen vorliegt. Ein Abzug der Vorsteuer ist unzulässig, soweit ein direkter und unmittelbarer Zusammenhang zu wirtschaftlichen (steuerfreien) Umsätzen oder nichtwirtschaftlicher Tätigkeit im engeren Sinne besteht. Soweit kein direkter und unmittelbarer Zusammenhang zu erkennen ist, ist ein Vorsteuerabzug möglich, wenn Kosten zu allgemeinen Aufwendungen gehören und Bestandteil des Preises der von ihm erbrachten Leistungen sind (vgl. EuGH vom 06.09.2012 Rs. C-496/11). Die gGmbH unterhält einen wirtschaftlichen und nichtwirtschaftlichen Bereich innerhalb eines Steuersubjekts, denn der Hauptzweck ist die Verwirklichung des nichtwirtschaftlichen Bereichs (Verfolgung gemeinnütziger Zwecke). Dies hat zur Folge, dass keine direkte Zuordnung von Eingangsleistungen zum „Zweckbetrieb" möglich ist und dass eine analoge Aufteilung der Vorsteuer nach § 15 Abs. 4 UStG vorgenommen werden muss. Im Ergebnis führt dies zu der Verwendung nur noch eines Vorsteuerschlüssels für die gesamte gGmbH.

In einem Urteil des **BFH (Urteil vom 22.08.2013** V R 19/09, UR 2014 S. 68) errichtete die Klägerin in den Jahren 2003 und 2004 ein Wohn- und Geschäftshaus, das sie nach Fertigstellung teils steuerpflichtig, teils steuerfrei vermietete. Den Prozentsatz für den Vorsteuerabzug berechnete die Klägerin auf Grundlage der kalkulierten Umsätze. Nach einer Vorlage an den EuGH hatte dieser mit Urteil vom 08.11.2012 (Rs. C-511/10) entschieden, dass das Unionsrecht bei der Errichtung eines gemischt genutzten Gebäudes die Festlegung auch eines anderen Zuordnungsschlüssels, des Aufteilungsschlüssels (**Flächenschlüssel**), als des Umsatzschlüssels erlaubt. Voraussetzung sei aber, dass dieser andere Aufteilungsmaßstab „eine präzisere Bestimmung des Pro-rata-Satzes gewährleistet". Das BFH bestätigt diese Auffassung des EuGH. Aus dem Urteil des BFH ergibt sich, dass bei einer Gebäudeerrichtung alle Vorsteuerbeträge in die Vorsteueraufteilung einzubeziehen sind, wobei es für die Erfassung von Vorsteuerbeträgen als Gegenstand der Vorsteueraufteilung i. S. von § 15 Abs. 4 UStG auf die Berichtigungsobjekte nach § 15a UStG ankommt.

Vorsteueraufteilung im Sinne einer wirtschaftlichen Zurechnung ist nur noch zulässig für Vorsteuerbeträge, die der Berichtigung nach § 15a UStG unterliegen. Für laufende Bezüge, die sich nicht auf ein Wirtschaftsgut beziehen und bei denen keine andere wirtschaftliche Zuordnung möglich ist, kommt nur noch die Aufteilung nach dem Unternehmensschlüssel, also dem Vorsteuerschlüssel für das gesamte Unternehmen, in Betracht. Das **EU-Recht** geht von einem **Gesamtumsatzschlüssel** aus und erlaubt nur in ganz bestimmten Fällen eine Abweichung. Die nationale Regelung ist deswegen nur dann unionsrechtskonform, wenn sich dieses Grundsatz-Ausnahme-Verhältnis auch im deutschen Recht wiederfindet. Deswegen muss der Grundsatz die Anwendung des Gesamtumsatzschlüssels sein und nur in Ausnahmen § 15 Abs. 4 UStG gelten, daher soll sich § 15 Abs. 4 UStG nur auf § 15a UStG-Objekte beziehen (**BFH vom 22.08.2013** V R 19/09, UR 2014 S. 68).

Mit **Urteil vom 07.05.2014** (V R 1/10, UR 2014 S. 618) hält der BFH nicht in vollem Umfang an seinem oben genannten Urteil fest. Dieses besagt, dass sich bei der Errichtung eines gemischt genutzten Gebäudes die Vorsteueraufteilung im Regelfall nach dem objektbezogenen **Flächenschlüssel** richtet. Die Vorsteuerbeträge sind nur dann nach dem (objektbezogenen) Umsatzschlüssel aufzuteilen, wenn erhebliche Unterschiede in der Ausstattung der verschiedenen Zwecken dienenden Räume bestehen. Der Gesamtumsatzschlüssel greift, falls die Leistungsbezüge keinen Ausgangsumsätzen zugeordnet werden können.

Ein derzeit anhängiges Verfahren des BFH (XI R 10/14; Vorinstanz: FG Berlin-Brandenburg 30.04.2013 – 2 K 2191/08) fordert die Klärung zweier Rechtsfragen zum Vorsteuerabzug eines eingetragenen und als gemeinnützig anerkannten Vereins, dessen Zweck die Förderung der Erziehung und Berufsausbildung ist. **Es soll geklärt werden**, ob die Vorsteuerbeträge bei Anwendung des Umsatzschlüssels zur sachgerechten Aufteilung des Vorsteuerabzugs aus gemischt veranlassten Aufwendungen im Verhältnis der steuerpflichtigen Umsätze zu den übrigen Einnahmen einschließlich der nicht steuerbaren Umsätze (Zuschüsse, Subventionen, Spenden, Mitgliedsbeiträge) aufzuteilen sind und ob die gleichen Aufteilungsgrundsätze auch im Rahmen des Organkreises einer umsatzsteuerrechtlichen Organschaft zwischen einem gemeinnützigen Organträger und seiner kommerziellen Tochtergesellschaft als Organgesellschaft gelten.

4.5.15.4 Vorsteuerausschluss

Der **Vorsteuerabzug** ist trotz zwingender oder gewählter Zuordnung eines Gegenstandes zum unternehmerischen Bereich **ausgeschlossen,** wenn der Unternehmer steuerfreie oder bestimmte nichtsteuerbare Umsätze ausführt, § 15 Abs. 2 UStG. Das betrifft also ganz besonders den Bezug von Lieferungen und sonstigen Leistungen, die für die Ausführung steuerfreier Umsätze verwendet werden (§ 15 Abs. 2 Nr. 1 UStG). Diese Ausschlussregelung hat daher besondere Bedeutung für die steuerbegünstigten Körperschaften, da gerade sie in großem Umfang Leistungen ausführen, die nach den Regelungen des § 4 Nr. 8 ff. UStG von der Umsatzsteuer nicht erfasst werden.

Zu den „Ausschluss-Umsätzen" gehören auch die unentgeltlichen Wertabgaben nach § 3 Abs. 1b und Abs. 9a UStG. Das gilt jedoch **nicht** für die nichtunternehmerische Verwendung eines dem unternehmerischen Bereich zugeordneten Grundstücks oder Gebäudes (Gebäudeteils), da der EuGH entschieden hat, dass die nichtunternehmerische Verwendung von Grundstücken nicht als steuerfreie Grundstücksvermietung i. S. des § 4 Nr. 12 Satz 1 Buchst. a UStG einzuordnen ist (siehe unten).

Beispiel:
Die gemeinnützige Krankenhaus-GmbH führt folgende Leistungen aus:

- Betreuung und Versorgung der Patienten nebst den damit eng verbundenen Umsätzen
- Lieferung von Medikamenten an andere Krankenhäuser und Ambulanzpatienten
- Wäschereileistungen für andere Krankenhäuser

Die mit den Patienten oder Krankenkassen abgerechneten Betreuungs- und Versorgungsleistungen sind steuerfreie Leistungen nach § 4 Nr. 14 UStG.

Für die Lieferung von **Medikamenten** an andere Einrichtungen und Ambulanzpatienten gilt die Steuerbefreiung nach § 4 Nr. 14 UStG nicht. Soweit **Wäschereileistungen** gegen gesondertes Entgelt für andere Einrichtungen erbracht werden, liegen umsatzsteuerbare und umsatzsteuerpflichtige Leistungen vor, die entweder dem Regelsteuersatz oder dem ermäßigten Umsatzsteuersatz von 7 % unterliegen (zur Beantwortung der Frage, in welchen Fällen mit Wäschereileistungen ein Zweckbetrieb nach § 68 Nr. 2 Buchst. b AO begründet werden kann, siehe Tz. 2.20.3).

Die Lieferungen und sonstigen Leistungen anderer Unternehmen, die das Krankenhaus zur Ausführung der oben genannten Ausgangsleistungen verwendet, sind in einem ersten Schritt **in vollem Umfang** dem unternehmerischen Bereich des Krankenhauses zuzuordnen.

- Die Eingangsleistungen, die zur Ausführung von Krankenhausleistungen i. S. des § 4 Nr. 14 UStG verwendet werden, sind in vollem Umfang vom Vorsteuerabzug ausgeschlossen (§ 15 Abs. 2 Nr. 1 UStG).
- Bei den einzelnen **Medikamenten**, die an die Krankenhausapotheke geliefert werden, handelt es sich um vertretbare Sachen. Soweit diese zur Weiterlieferung an andere Einrichtungen oder Ambulanzpatienten verwendet werden, ist der Vorsteuerabzug nicht ausgeschlossen, da die Weiterlieferung dieser Gegenstände seitens des Krankenhauses im Rahmen eines steuerpflichtigen wirtschaftlichen Geschäftsbetriebs in einem umsatzsteuerbaren und umsatzsteuerpflichtigen Leistungsaustauschverhältnis erfolgt und mit dem Regelsteuersatz der Umsatzsteuer unterliegt (vgl. Tz. 2.20.3).
- Vorbezüge des Krankenhauses für die **Wäscherei** können nur insoweit den Vorsteuerabzug auslösen, als sie ihrerseits für umsatzsteuerbare und umsatzsteuerpflichtige Leistungen verwendet werden (= soweit diese Leistungen an Fremdeinrichtungen erbracht werden). Handelt es sich dabei um vertretbare Sachen (anteiliges Waschmittel, anteilige Energie etc.), ist eine direkte Zuordnung/Aufteilung mit der Folge des Vorsteuerabzugs möglich (Abschn. 15.2c Abs. 2 Nr. 1 UStAE). Soweit das Krankenhaus jedoch etwa einzelne Maschinen oder Gebäudeteile im Rahmen der Wäschereitätigkeit sowohl für die eigenen Krankenhausleistungen als auch die Fremdwäscherei nutzt, sind diese in einen abziehbaren und einen nichtabziehbaren Teil aufzuteilen (Abschn. 15.16 UStAE).

4.5.15.5 Erleichterungen beim Vorsteuerabzug

Vereinen, Forschungsbetrieben und ähnlichen Einrichtungen gewährt das Finanzamt auf Antrag Erleichterungen beim Vorsteuerabzug. Einzelheiten dazu ergeben sich aus Abschn. 2.10 Abs. 6 ff. UStAE (siehe auch das Hessische FG in seiner Entscheidung vom 06.12.2006, EFG 2007 S. 872, zu einer gemeinnützigen Beschäftigungsgesellschaft). Nachfolgend ist ein Auszug aus Abschn. 2.10 UStAE abgedruckt.

(6) $_1$Wegen der Schwierigkeiten bei der sachgerechten Zuordnung der Vorsteuern und bei der Versteuerung der unentgeltlichen Wertabgaben kann das Finanzamt auf Antrag folgende Erleichterungen gewähren:

$_2$Die Vorsteuern, die teilweise dem unternehmerischen und teilweise dem nichtunternehmerischen Bereich zuzurechnen sind, werden auf diese Bereiche nach dem Verhältnis aufgeteilt, das sich aus folgender Gegenüberstellung ergibt:

1. Einnahmen aus dem unternehmerischen Bereich abzüglich der Einnahmen aus Hilfsgeschäften dieses Bereichs

   und

2. Einnahmen aus dem nichtunternehmerischen Bereich abzüglich der Einnahmen aus Hilfsgeschäften dieses Bereichs.

₃Hierzu gehören alle Einnahmen, die der betreffenden Einrichtung zufließen, insbesondere die Einnahmen aus Umsätzen, z. B. Veranstaltungen, Gutachten, Lizenzüberlassungen, sowie die Mitgliederbeiträge, Zuschüsse, Spenden usw. ₄Das Finanzamt kann hierbei anordnen, dass bei der Gegenüberstellung das Verhältnis des laufenden, eines früheren oder mehrerer Kalenderjahre zu Grunde gelegt wird. ₅Falls erforderlich, z. B. bei Zugrundelegung des laufenden Kalenderjahrs, kann für die Voranmeldungszeiträume die Aufteilung zunächst nach dem Verhältnis eines anderen Zeitraums zugelassen werden. ₆Außerdem können alle Vorsteuerbeträge, die sich auf die sog. **Verwaltungsgemeinkosten** beziehen, z. B. die Vorsteuern für die Beschaffung des Büromaterials, einheitlich in den **Aufteilungsschlüssel** einbezogen werden, auch wenn einzelne dieser Vorsteuerbeträge an sich dem unternehmerischen oder dem nichtunternehmerischen Bereich ausschließlich zuzurechnen wären. ₇Werden in diese Aufteilung Vorsteuerbeträge einbezogen, die durch die Anschaffung, die Herstellung, den innergemeinschaftlichen Erwerb oder die Einfuhr einheitlicher Gegenstände, ausgenommen Fahrzeuge i. S. des § 1b Absatz 2 UStG, angefallen sind, z. B. durch den Ankauf eines für den unternehmerischen und den nichtunternehmerischen Bereich bestimmten Computers, braucht der Anteil der nichtunternehmerischen Verwendung des Gegenstandes **nicht** als unentgeltliche Wertabgabe i. S. des § 3 Absatz 9a Nr. 1 UStG versteuert zu werden. ₈Dafür sind jedoch alle durch die Verwendung oder Nutzung dieses Gegenstandes anfallenden Vorsteuerbeträge in die Aufteilung einzubeziehen. ₉Bei einer nachträglichen Erhöhung des Anteils der nichtunternehmerischen Verwendung des Gegenstands ist nur der entsprechende Erhöhungsanteil als unentgeltliche Wertabgabe zu versteuern (vgl. Abschnitt 3.4 Abs. 2 Satz 4). ₁₀Die Versteuerung der Überführung eines solchen Gegenstands in den nichtunternehmerischen Bereich als unentgeltliche Wertabgabe (§ 3 Absatz 1b Satz 1 Nr. 1 UStG) bleibt unberührt.

(7) ₁Das Finanzamt kann im Einzelfall ein anderes Aufteilungsverfahren zulassen. ₂Zum Beispiel kann es gestatten, dass die teilweise dem unternehmerischen Bereich zuzurechnenden Vorsteuern, die auf die Anschaffung, Herstellung und Unterhaltung eines Gebäudes entfallen, insoweit als das Gebäude dauernd zu einem feststehenden Anteil für Unternehmenszwecke verwendet wird, entsprechend der beabsichtigten bzw. tatsächlichen Verwendung und im Übrigen nach dem in Absatz 6 bezeichneten Verfahren aufgeteilt werden.

Beispiel:

₁Bei einem Vereinsgebäude, das nach seiner Beschaffenheit dauernd zu 75 % als Gastwirtschaft und im Übrigen mit wechselndem Anteil für unternehmerische und nichtunternehmerische Vereinszwecke verwendet wird, können die nicht ausschließlich zurechenbaren Vorsteuern von vornherein zu 75 % als abziehbar behandelt werden. ₂Der restliche Teil von 25 % kann entsprechend dem jeweiligen Einnahmeverhältnis (vgl. Absatz 6) in einen abziehbaren und einen nichtabziehbaren Teil aufgeteilt werden.

4.5 Umsatzsteuer

(8) ₁Ein vereinfachtes Aufteilungsverfahren ist nur unter dem Vorbehalt des jederzeitigen Widerrufs zu genehmigen und kann mit Auflagen verbunden werden. ₂Es darf nicht zu einem offensichtlich unzutreffenden Ergebnis führen. ₃Außerdem muss sich die Einrichtung verpflichten, das Verfahren mindestens für fünf Kalenderjahre anzuwenden. ₄Ein Wechsel des Verfahrens ist jeweils nur zu Beginn eines Besteuerungszeitraums zu gestatten.

(9) Beispiele zur Unternehmereigenschaft und zum Vorsteuerabzug:

Beispiel 1:

₁Ein Verein hat die Aufgabe, die allgemeinen ideellen und wirtschaftlichen Interessen eines Berufsstands wahrzunehmen (Berufsverband). ₂Er dient nur den Gesamtbelangen aller Mitglieder. ₃Die Einnahmen des Berufsverbandes setzen sich ausschließlich aus Mitgliederbeiträgen zusammen.

₄Der Berufsverband wird nicht im Rahmen eines Leistungsaustausches tätig. ₅Er ist nicht Unternehmer. ₆Ein Vorsteuerabzug kommt nicht in Betracht.

Beispiel 2:

₁Der in Beispiel 1 bezeichnete Berufsverband übt seine Tätigkeit in gemieteten Räumen aus. ₂Im Laufe des Jahres hat er seine Geschäftsräume gewechselt, weil die bisher genutzten Räume vom Vermieter selbst beansprucht wurden. ₃Für die vorzeitige Freigabe der Räume hat der Verein vom Vermieter eine Abstandszahlung erhalten. ₄Die übrigen Einnahmen des Vereins bestehen ausschließlich aus Mitgliederbeiträgen.

₅Hinsichtlich seiner Verbandstätigkeit, die außerhalb eines Leistungsaustausches ausgeübt wird, ist der Verein nicht Unternehmer. ₆Bei der Freigabe der Geschäftsräume gegen Entgelt liegt zwar ein Leistungsaustausch vor. ₇Die Leistung des Vereins ist aber nicht steuerbar, weil die Geschäftsräume nicht im Rahmen eines Unternehmens genutzt worden sind. ₈Der Verein ist nicht berechtigt, für die Leistung eine Rechnung mit gesondertem Ausweis der Steuer zu erteilen. ₉Ein Vorsteuerabzug kommt nicht in Betracht.

Beispiel 3:

₁Der in Beispiel 1 bezeichnete Berufsverband betreibt neben seiner nicht steuerbaren Verbandstätigkeit eine Kantine, in der seine Angestellten gegen Entgelt beköstigt werden. ₂Für die Verbandstätigkeit und die Kantine besteht eine gemeinsame Verwaltungsstelle. ₃Der Kantinenbetrieb war in gemieteten Räumen untergebracht. ₄Der Verein löst das bisherige Mietverhältnis und mietet neue Kantinenräume. ₅Vom bisherigen Vermieter erhält er für die Freigabe der Räume eine Abstandszahlung. ₆Die Einnahmen des Vereins bestehen aus Mitgliederbeiträgen, Kantinenentgelten und der vom Vermieter gezahlten Abstandszahlung.

₇Der Verein ist hinsichtlich seiner nicht steuerbaren Verbandstätigkeit nicht Unternehmer. ₈Nur im Rahmen des Kantinenbetriebs übt er eine unternehmerische Tätigkeit aus. ₉In den unternehmerischen Bereich fällt auch die entgeltliche Freigabe der Kantinenräume. ₁₀Diese Leistung ist daher steuerbar, aber als eine der Vermietung eines Grundstücks gleichzusetzende Leistung nach § 4 Nr. 12 Satz 1 Buchstabe a UStG steuerfrei (vgl. EuGH-Urteil vom 15.12.1993, C-63/92 BStBl 1995 II S. 480). ₁₁Die Vorsteuerbeträge, die dieser Leistung zuzurechnen sind, sind nicht abziehbar. ₁₂Lediglich die den **Kantinenumsätzen** zuzurechnenden Vorsteuern können abgezogen werden.

₁₃Wendet der Verein eine Vereinfachungsregelung an, so kann er die Vorsteuern, die den Kantinenumsätzen ausschließlich zuzurechnen sind, z. B. den Einkauf der Kantinenwaren und des Kantineninventars, voll abziehen. ₁₄Die für die gemeinsame Verwaltungsstelle angefallenen Vorsteuern, z. B. für Büromöbel und Büromaterial, sind nach dem Verhältnis der Einnahmen aus Mitgliederbeiträgen und der Freigabe der Kantinenräume zu den Einnahmen aus dem Kantinenbetrieb aufzuteilen. ₁₅Die Verwendung der Büromöbel der gemeinsamen Verwaltungsstelle für den nichtunternehmerischen Bereich braucht in diesem Fall nicht als unentgeltliche Wertabgabe nach § 3 Absatz 9a Nr. 1 UStG versteuert zu werden.

Beispiel 4:

$_1$Ein Verein, der ausschließlich satzungsmäßige Gemeinschaftsaufgaben wahrnimmt, erzielt außer echten Mitgliederbeiträgen Einnahmen aus **gelegentlichen Verkäufen** von im Verein angefallenem **Altmaterial** und aus der Erstattung von Fernsprechkosten für private Ferngespräche seiner Angestellten.

$_2$Die Altmaterialverkäufe und die Überlassung des Telefons an die Angestellten unterliegen als Hilfsgeschäfte zur nichtunternehmerischen Tätigkeit nicht der Umsatzsteuer. $_3$Der Verein ist nicht Unternehmer. $_4$Ein Vorsteuerabzug kommt nicht in Betracht.

Beispiel 5:

$_1$Mehrere juristische Personen des öffentlichen Rechts gründen eine GmbH zu dem Zweck, die Möglichkeiten einer Verwaltungsvereinfachung zu untersuchen. $_2$Die Ergebnisse der Untersuchungen sollen in einem Bericht zusammengefasst werden, der allen interessierten Verwaltungsstellen auf Anforderung kostenlos zu überlassen ist. $_3$Die Tätigkeit der GmbH wird ausschließlich durch echte Zuschüsse der öffentlichen Hand finanziert. $_4$Weitere Einnahmen erzielt die GmbH nicht.

$_5$Die Tätigkeit der GmbH vollzieht sich **außerhalb** eines Leistungsaustausches. $_6$Die GmbH ist nicht Unternehmer und daher **nicht** zum Vorsteuerabzug berechtigt.

Beispiel 6:

$_1$Die im Beispiel 5 bezeichnete GmbH verwendet für ihre Aufgabe eine Datenverarbeitungsanlage. $_2$Die Kapazität der Anlage ist mit den eigenen Arbeiten nur zu 80 % ausgelastet. $_3$Um die Kapazität der Anlage voll auszunutzen, überlässt die GmbH die Anlage einem Unternehmer gegen Entgelt zur Benutzung. $_4$Die Einnahmen der GmbH bestehen außer dem Benutzungsentgelt nur in Zuschüssen der öffentlichen Hand.

$_5$Die entgeltliche Überlassung der Datenverarbeitungsanlage ist eine nachhaltige Tätigkeit zur Erzielung von Einnahmen. $_6$Insoweit ist die GmbH Unternehmer. $_7$Die Leistung unterliegt der Umsatzsteuer. $_8$Die Unternehmereigenschaft erstreckt sich nicht auf die unentgeltliche Forschungstätigkeit der GmbH.

$_9$Für die Überlassung der Datenverarbeitungsanlage sind von der GmbH Rechnungen mit gesondertem Ausweis der Steuer zu erteilen. $_{10}$Die Vorsteuern für die Anschaffung und Nutzung der Datenverarbeitungsanlage sind nur im Umfang der Verwendung für die unternehmerische Tätigkeit abzugsfähig (vgl. Abschnitt 15.2b Abs. 2 UStAE). $_{11}$Außerdem können die der entgeltlichen Überlassung der Datenverarbeitungsanlage zuzurechnenden Vorsteuerbeträge, insbesondere in dem Bereich der **Verwaltungsgemeinkosten**, abgezogen werden. $_{12}$Bei Anwendung einer Vereinfachungsregelung kann die GmbH die Vorsteuern für die Verwaltungsgemeinkosten sowie die durch die Anschaffung und Nutzung der Datenverarbeitungsanlage angefallenen Vorsteuerbeträge nach dem Verhältnis der Einnahmen aus der Überlassung der Anlage an den Unternehmer zu den öffentlichen Zuschüssen auf den unternehmerischen und den nichtunternehmerischen Bereich aufteilen.

Beispiel 7:

$_1$Mehrere Industriefirmen oder juristische Personen des öffentlichen Rechts gründen gemeinsam eine GmbH zum Zwecke der Forschung. $_2$Die Forschungstätigkeit wird vorwiegend durch echte Zuschüsse der Gesellschafter finanziert. $_3$Außerdem erzielt die GmbH Einnahmen aus der Verwertung der Ergebnisse ihrer Forschungstätigkeit, z. B. aus der Vergabe von Lizenzen an ihren Erfindungen.

$_4$Die Vergabe von Lizenzen gegen Entgelt ist eine nachhaltige Tätigkeit zur Erzielung von Einnahmen. $_5$Mit dieser Tätigkeit erfüllt die GmbH die Voraussetzungen für die Unternehmereigenschaft. $_6$Die vorausgegangene Forschungstätigkeit steht mit der Lizenzvergabe in unmittelbarem Zusammenhang. $_7$Sie stellt die Vorbereitungshandlung für die unternehmerische Verwertung der Erfindungen dar und kann daher nicht aus dem unternehmerischen Bereich der GmbH ausgeschieden werden (vgl. auch BFH vom 30.09.1965, V 176/63 U, BStBl 1965 III S. 682). $_8$Auf das Verhältnis der echten Zuschüsse zu den Lizenzeinnahmen kommt es bei dieser Beurteilung nicht an. ₉Unter den Voraussetzungen des § 15 UStG ist die GmbH in vollem Umfange zum Vorsteuerabzug berechtigt. ₁₀Außerdem hat sie für ihre Leistungen Rechnungen mit gesondertem Steuerausweis zu erteilen.

₁₁Dies gilt nicht, soweit die GmbH in einem abgrenzbaren Teilbereich die Forschung ohne die Absicht betreibt, Einnahmen zu erzielen.

Beispiel 8:

₁Einige Wirtschaftsverbände haben eine GmbH zur Untersuchung wirtschafts- und steuerrechtlicher Grundsatzfragen gegründet. ₂Zu den Aufgaben der GmbH gehört auch die Erstellung von Gutachten auf diesem Gebiet gegen Entgelt. ₃Die Einnahmen der GmbH setzen sich zusammen aus echten Zuschüssen der beteiligten Verbände und aus Vergütungen, die für die Gutachten von den Auftraggebern gezahlt worden sind.

₄Die Erstellung von Gutachten ist eine nachhaltige Tätigkeit zur Erzielung von Einnahmen. ₅Die GmbH übt diese Tätigkeit als Unternehmer aus. ₆In der Regel wird davon auszugehen sein, dass die Auftraggeber Gutachten bei der GmbH bestellen, weil sie annehmen, dass die GmbH auf Grund ihrer Forschungstätigkeit über besondere Kenntnisse und Erfahrungen auf dem betreffenden Gebiet verfügt. ₇Die Auftraggeber erwarten, dass die von der GmbH gewonnenen Erkenntnisse in dem Gutachten verwertet werden. ₈Die Forschungstätigkeit steht hiernach mit der Tätigkeit als Gutachter in engem Zusammenhang. ₉Sie ist daher in den unternehmerischen Bereich einzubeziehen. ₁₀Vorsteuerabzug und gesonderter Steuerausweis wie im Beispiel 7.

Beispiel 9:

₁Eine Industriefirma unterhält ein eigenes Forschungslabor. ₂Darin werden die im Unternehmen hergestellten Erzeugnisse auf Beschaffenheit und Einsatzfähigkeit untersucht und neue Stoffe entwickelt. ₃Die Entwicklungsarbeiten setzen eine gewisse Grundlagenforschung voraus, die durch echte Zuschüsse der öffentlichen Hand gefördert wird. ₄Die Firma ist verpflichtet, die Erkenntnisse, die sie im Rahmen des durch öffentliche Mittel geförderten Forschungsvorhabens gewinnt, der Allgemeinheit zugänglich zu machen.

₅Die Firma übt mit ihren Lieferungen und sonstigen Leistungen eine unternehmerische Tätigkeit aus. ₆Auch die Grundlagenforschung soll dazu dienen, die Verkaufstätigkeit zu steigern und die Marktposition zu festigen. ₇Obwohl es insoweit an einem Leistungsaustausch fehlt, steht die Grundlagenforschung in unmittelbarem Zusammenhang mit der unternehmerischen Tätigkeit. ₈Die Grundlagenforschung wird daher im Rahmen des Unternehmens ausgeübt. ₉Vorsteuerabzug und gesonderter Steuerausweis wie im Beispiel 7.

4.5.15.6 Vorsteuerabzug bei Werkstätten für behinderte Menschen

Systematik des Vorsteuerabzugs bei Werkstätten für behinderte Menschen

Der Betrieb einer Werkstatt für behinderte Menschen, der darauf gerichtet ist, entgeltliche Leistungen durch den Verkauf von in der Werkstatt für behinderte Menschen hergestellten bzw. bearbeiteten Produkten zu erbringen, ist eine unternehmerische Tätigkeit. Während die gegenüber den Menschen mit Behinderung erbrachten Betreuungs-, Beköstigungs-, Beförderungs- und Pflegeleistungen umsatzsteuerfrei gem. § 4 Nr. 16 Buchst. f und Nr. 18 UStG sind, sind die Werkstattleistungen steuerpflichtig, unterliegen jedoch ggf. dem ermäßigten Steuersatz (Abschn. 12.9 Abs. 4 Nr.4 UStAE). Zum Vorsteuerabzug berechtigen lediglich die steuerpflichtigen Werkstattumsätze, nicht jedoch die steuerfreien Leistungen. Die den Werkstätten für behinderte Menschen in Rechnung gestellten Umsatzsteuerbeträge, die auf Leistungen entfallen, die andere Unternehmer für den Werkstattbetrieb ausgeführt haben, können in vollem Umfang als Vorsteuern abgezogen werden. Eine Aufteilung in einen abziehbaren und einen nichtabziehbaren Teil entfällt.

Dies gilt insbesondere auch insoweit, als Investitionen für den Werkstattbereich (z. B. Neubau oder Umbau, Anschaffung neuer Einrichtungsgegenständen oder Maschinen) vorgenommen werden (vgl. Abschn. 12.9 Abs. 4 Nr. 4 UStAE).

Die **allgemeine Verwaltung der Werkstatt für behinderte Menschen** dient sowohl der Ausführung von Umsätzen, die den Vorsteuerabzug zulassen, als auch der Ausführung von Umsätzen, die den Vorsteuerabzug gem. § 15 Abs. 2 UStG ausschließen. Nach § 15 Abs. 4 UStG sind deshalb die für die allgemeine Verwaltung angefallenen Vorsteuern grundsätzlich aufzuteilen. Dies gilt sowohl für die Vorsteuern aus Inventaranschaffungen, Umbaukosten und sonstigen Verwaltungskosten als auch für die mit diesem Bereich zusammenhängenden Unterhaltungskosten für Miete, Mietnebenkosten, Kosten für Heizung und Energieversorgung.

Mit dem Zwischenurteil des **FG Hamburg vom 27.10.2004** VII 52/00 (EFG 2005 S. 406) wurde die Aufteilung der Kosten des Verwaltungsbereichs einer Werkstatt für behinderte Menschen in einen abziehbaren und nichtabziehbaren Anteil bestätigt, wenn durch die Verwaltung sowohl Leistungen für den steuerfreien Wirkungsbereich (Betreuung, Beherbergung und Beköstigung) als auch Leistungen für den steuerpflichtigen Werkstättenbereich erbracht werden. Das FG Hamburg sah die Aufteilung der gemischt veranlassten Vorsteuern nach **Umsätzen** als sachgerechten Maßstab i. S. des § 15 Abs. 4 UStG an. Das Gericht konnte keinen sachgerechteren Aufteilungsmaßstab für die Ermittlung der abziehbaren Vorsteuern erkennen. Nach Auffassung des FG spiegeln die Umsätze den eigentlichen Wirkungsbereich der Werkstatt für behinderte Menschen wider, der darin besteht, den betroffenen Personenkreis im Hinblick auf die Eingliederung in den allgemeinen Arbeitsmarkt zu fördern und auszubilden. Die Aufteilung der gemischt veranlassten Vorsteuerbeträge nach dem zeitlichen Umfang, in dem die „gewerblichen" Mitarbeiter der Klägerin in den beiden Wirkungsstätten tätig sind, führt nach Auffassung des FG Hamburg zu keinem sachgerechten Ergebnis. Zu beachten ist, dass es sich vorliegend nur um ein „Zwischenurteil" gem. § 99 Abs. 1 FGO handelt. Zu einem **rechtskräftigen Urteil** ist es im vorliegenden Fall **nicht** gekommen, da zwischen den Parteien ein Vergleich geschlossen wurde.

Alternative Schlüssel zur Ermittlung der Vorsteuern aus Verwaltungsgemeinkosten

Unstrittig ist, dass die für die allgemeine Verwaltung angefallenen Vorsteuern nach § 15 Abs. 4 UStG aufzuteilen sind. Da das Personal und die Sachmittel des allgemeinen Verwaltungsbereichs i. d. R. sowohl für steuerfreie (Betreuungsbereich) als auch für steuerpflichtige Zwecke (Werkstattbereich) eingesetzt werden, ist die Vorsteueraufteilung grundsätzlich zeitanteilig vorzunehmen. Fehlen (repräsentative) Aufzeichnungen darüber, welche Verwaltungsarbeiten mit welchem Zeitaufwand im Einzelnen erledigt wurden, sind die Vorsteuern im Wege einer sachgerechten Schätzung aufzuteilen. Eine Ermittlung des nichtabziehbaren Teils der Vorsteuerbeträge nach dem Verhältnis der steuerfreien zu den steuerpflichtigen Umsätzen der Werkstatt für behinderte Menschen ist **nur noch dann zulässig**, wenn **keine** andere wirtschaftliche Zurechnung möglich ist. Das Verhältnis der abgerechneten Pflegetagegelder im (steuerpflichtigen) Werkstattbereich zu den Pflegetagegeldern in den übrigen (steuerfreien) Bereichen stellt im Allgemeinen keinen sachgerechten Aufteilungsmaßstab dar (vgl. Verfügung der OFD Hannover vom 20.06.2001 – außer Kraft gesetzt mit Wirkung zum 12.02.2012; die Folgeverfügung der OFD Hannover vom 13.02.2012 regelt die Ausstellung von Bescheinigungen nach § 4 Nr. 21 Buchst. a Doppelbuchst. bb UStG).

4.5 Umsatzsteuer

Unter Berücksichtigung der vorgenannten Ausführungen kommen für einen sachgerechten Vorsteuerabzug insbesondere folgende Schlüssel in Betracht, soweit nicht genaue Ermittlungsmethoden, beispielsweise getrennte Zähler für Gas, Wasser, Strom, existieren:

Gemeinkosten	Bemessungsgrundlage für die Vorsteueraufteilung
Energiekosten, Technik, Reinigungskosten	Nutzfläche Werkstattbereich: Betreuungsbereich
Interne Betriebe (Hausmeister, Maurer, Tischler, Klempner, Bauhof etc.)	Nutzfläche Werkstattbereich: Betreuungsbereich
Geschäftsleitung, Finanz- und Rechnungswesen, Controlling, Personalverwaltung (EDV-Kosten, Büromaterial, Beratungskosten, Reisekosten, übrige Verwaltungskosten)	Angefallene Personalkosten Werkstattbereich: Betreuungsbereich (Aufteilung auf Basis einer repräsentativen Zeiterhebung bzw. auf Basis des Personalschlüssels)
Küche	Verhältnis Essenportionen an Menschen mit Behinderung (steuerfrei): Gesamtzahl ausgegebener Essen
Fuhrpark	Anteil Personenbeförderung (steuerfrei) zur Gesamtfahrleistung (Fahrtenbuch)

Um Rechtssicherheit zu erhalten, empfiehlt es sich, die Systematik des Vorsteuerabzuges im Vorfeld auf der Grundlage der oben dargestellten Schlüssel mit dem zuständigen Finanzamt abzustimmen.

Im Hinblick auf die Frage, ob z. B. sog. „**echte Zuschüsse**" bei der Ermittlung der abziehbaren Vorsteuern bzw. der Festlegung des Vorsteuerschlüssels zu berücksichtigen sind, ist auf eine aktuelle Entscheidung des **BFH vom 24.09.2014** V R 54/13 (n. v., DStRE 2014 S. 1382) hinzuweisen. Danach ist ein Verein nicht zum Vorsteuerabzug berechtigt, wenn er im Rahmen seiner Gesamtbetätigung sowohl einer unternehmerischen als auch einer nichtwirtschaftlichen Tätigkeit nachgeht und die fragliche Eingangsleistung nicht unmittelbar und direkt der unternehmerischen Tätigkeit zuzurechnen ist.

Vorliegend hatte der BFH zur Frage des Vorsteuerabzugs bei einem sowohl wirtschaftlich als auch nichtwirtschaftlich tätigen Verein zu entscheiden. Die nichtwirtschaftliche Tätigkeit des Vereins sah der BFH unter Hinweis auf die EuGH-Rechtsprechung (Urteil vom 12.02.2009 Rs. C-515/07 „VNLTO", DStR 2009 S. 369) in der Wahrnehmung der allgemeinen Interessen der Mitglieder des Vereins begründet. Im Ergebnis hält der BFH eine **schätzweise Vorsteueraufteilung** nach dem Verhältnis der steuerpflichtigen Umsätze zu den gesamten Umsätzen für zutreffend. Dabei sollen sowohl die nichtsteuerbaren Mitgliedsbeiträge als auch die nichtsteuerbaren Zuschüsse bei der Bildung der Vorsteuerquote im Zähler zu berücksichtigen sein.

Dies hat zur Folge, dass sich die vereinnahmten **nichtsteuerbaren** Zuschüsse bei einer Schätzung nach § 162 AO negativ auf die Vorsteuerquote auswirken. Inwieweit diese Formel zur Bildung der Vorsteuerquote über den Einzelfall hinaus Gültigkeit hat, ist jedoch äußerst fraglich. So weist der BFH ausdrücklich darauf hin, dass der Verein seinen Mitwirkungspflichten im Hinblick auf die Ermittlung der Vorsteuerquote nicht nachgekommen ist. Aufgrund dieses Umstands hält es der BFH für gerechtfertigt, die Vorsteuerquote nach § 162 AO zu schätzen. Aus Sicht des BFH ist es grundsätzlich Aufgabe des Steuerpflichtigen, eine unmittelbare

Zuordnung von Eingangsumsätzen zu Ausgangsumsätzen vorzunehmen. Die unmittelbare Zuordnung zur wirtschaftlichen Tätigkeit führt dabei stets zum Recht auf vollen Vorsteuerabzug (vgl. u. a. BFH vom 03.03.2011 V R 23/10, BStBl 2012 II S. 74). Soweit eine unmittelbare Zuordnung zu einzelnen Ausgangsumsätzen nicht möglich ist, obliegt es dem Steuerpflichtigen, die Eingangsleistungen seiner wirtschaftlichen Gesamttätigkeit zuzuordnen. Gehören die Leistungen als Preisbestandteile zu den allgemeinen Aufwendungen für die wirtschaftliche Tätigkeit, steht dem Steuerpflichtigen ebenfalls in voller Höhe der Vorsteuerabzug zu.

Für die Praxis bedeutet die vom BFH normierte **Mitwirkungspflicht**, dass insbesondere zuschussfinanzierte Einrichtungen hier einen viel höheren **Dokumentationsaufwand** betreiben müssen, um den Vorsteuerabzug sicherzustellen. Nur durch eine geeignete Dokumentation kann der Steuerpflichtige seinen Mitwirkungspflichten nachkommen. Auf der anderen Seite wird hiermit deutlich, dass die Grundsätze des Urteils gerade nicht zur Anwendung kommen können, wenn der Steuerpflichtige seine Mitwirkungspflichten erfüllt. In diesem Fall ist kein Raum für die vorgenommene Schätzung.

Die negative Berücksichtigung von Zuschüssen in anderen Fällen widerspricht nach Auffassung der Kommentarliteratur den unionsrechtlichen Vorgaben (Küffner/Fietz, DStR 2015 S. 425 ff.). Allgemein ist festzustellen, dass in der MwStSystRL und im UStG eine Vorschrift zur Vorsteueraufteilung bei gleichzeitig wirtschaftlicher und nichtwirtschaftlicher Tätigkeit fehlt (vgl. BFH vom 03.03.2011 V R 23/10, BStBl 2012 II S. 74). Die **Vorsteueraufteilung** hat in diesen Fällen grundsätzlich in analoger Anwendung von § 15 Abs. 4 UStG – d. h. im Wege der **sachgerechten Schätzung** – zu erfolgen. Unklar bleibt aber dann noch die Frage, ob und wie sich nicht steuerbare Zuschüsse auf die Bildung der Vorsteuerquote auswirken. Das Unionsrecht gibt hier einen Anhaltspunkt: nach Art. 174 Abs. 1 Satz 2 MwStSystRL „können" Mitgliedstaaten den Betrag der Subventionen (echte Zuschüsse) in den Nenner einbeziehen (vgl. FG Schleswig-Holstein vom 07.09.2006 – 4 K 223/04, EFG 2006 S. 1867). Die Mitgliedstaaten haben somit ein Wahlrecht, ob sie echte Zuschüsse bei der Vorsteuerquote negativ berücksichtigen wollen. Die Regelung in Art. 174 MwStSystRL ist hier zwar nicht einschlägig, da dieses Wahlrecht nur für die Bildung der Vorsteuerquote bei steuerfreien und steuerpflichtigen Umsätzen besteht. Dennoch kann diese Regelung bei der Vorsteueraufteilung bei gleichzeitig wirtschaftlicher und nichtwirtschaftlicher Tätigkeit in analoger Weise angewandt werden.

Da Deutschland von der Regelung des Art. 174 Abs. 1 Satz 2 MwStSystRL keinen Gebrauch gemacht hat, **müssen echte Zuschüsse** bei der Bildung der Vorsteuerquote grundsätzlich **unberücksichtigt** bleiben (vgl. FG Schleswig-Holstein vom 07.09.2006, EFG 2006 S. 1867; FG Berlin-Brandenburg vom 10.05.2012 – 5 K 5347/09, vgl. Küffner/Fietz, DStR 2015 S. 425).

4.5.15.7 Vorsteuerpauschale für steuerbegünstigte Körperschaften (§ 23a UStG)

§ 23a UStG Durchschnittssatz für Körperschaften, Personenvereinigungen und Vermögensmassen im Sinne des § 5 Abs. 1 Nr. 9 des Körperschaftsteuergesetzes

> (1) ₁Zur Berechnung der abziehbaren Vorsteuerbeträge (§ 15) wird für Körperschaften, Personenvereinigungen und Vermögensmassen im Sinne des § 5 Abs. 1 Nr. 9 des Körperschaftsteuergesetzes, die nicht verpflichtet sind, Bücher zu führen und auf Grund jährlicher Bestandsaufnahmen regelmäßig Abschlüsse zu machen, ein

Durchschnittssatz von 7 Prozent des steuerpflichtigen Umsatzes, mit Ausnahme der Einfuhr und des innergemeinschaftlichen Erwerbs, festgesetzt. $_2$Ein weiterer Vorsteuerabzug ist ausgeschlossen.

(2) Der Unternehmer, dessen steuerpflichtiger Umsatz, mit Ausnahme der Einfuhr und des innergemeinschaftlichen Erwerbs, im vorangegangenen Kalenderjahr 35.000 Euro überstiegen hat, kann den Durchschnittssatz nicht in Anspruch nehmen.

(3) $_1$Der Unternehmer, bei dem die Voraussetzungen für die Anwendung des Durchschnittssatzes gegeben sind, kann dem Finanzamt spätestens bis zum 10. Tag nach Ablauf des ersten Voranmeldungszeitraums eines Kalenderjahres erklären, dass er den Durchschnittssatz in Anspruch nehmen will. $_2$Die Erklärung bindet den Unternehmer mindestens für fünf Kalenderjahre. $_3$Sie kann nur mit Wirkung vom Beginn eines Kalenderjahres an widerrufen werden. $_4$Der Widerruf ist spätestens bis zum 10. Tag nach Ablauf des ersten Voranmeldungszeitraums dieses Kalenderjahres zu erklären. $_5$Eine erneute Anwendung des Durchschnittssatzes ist frühestens nach Ablauf von fünf Kalenderjahren zulässig.

Mit § 23a UStG ist eine weitere Umsatzsteuervergünstigung für steuerbegünstigte Körperschaften im UStG enthalten. Die Regelung des § 23a UStG erlaubt es steuerbegünstigten Körperschaften, die Vorsteuer abweichend von der oben dargestellten Grundregelung mit einem **Pauschalsatz von 7 %** der steuerpflichtigen Umsätze in Anspruch zu nehmen (ein Vorsteuerabzug über diesen Betrag hinaus ist dann ausgeschlossen).

Voraussetzungen für die Inanspruchnahme des Pauschalabzugs sind, dass die Körperschaft

– nach § 5 Abs. 1 Nr. 9 KStG steuerbefreit ist,
– sie nicht zur Führung von Büchern verpflichtet ist
und
– der steuerpflichtige Umsatz (Umsätze des steuerpflichtigen wirtschaftlichen Geschäftsbetriebs sowie die steuerpflichtigen Umsätze der Zweckbetriebe und der Vermögensverwaltung) im Vorjahr **35.000 Euro** nicht überstiegen hat.

Die Körperschaft, die diese Voraussetzungen erfüllt, kann den pauschalen Vorsteuerabzug mit 7 % beantragen und ist damit gleichzeitig von den besonderen Aufzeichnungspflichten des § 22 Abs. 2 Nr. 5 und 6 UStG befreit (§ 66a UStDV).

Dieses Wahlrecht muss die steuerbegünstigte Körperschaft bis zum 10. Tag nach Ablauf des ersten Voranmeldungszeitraums eines Kalenderjahres ausüben. Die auf diese Weise zu treffende Entscheidung bindet die Körperschaft für mindestens **5 Kalenderjahre** und kann von ihr erst danach mit Wirkung vom Beginn des entsprechenden Kalenderjahres widerrufen werden.

Hinweis: Voranmeldungszeitraum ist grundsätzlich das Kalendervierteljahr, § 18 Abs. 2 UStG.

Die einmal getroffene Wahl der Vorsteuerpauschalierung bindet die Körperschaft fünf Jahre. Diese Frist wird weder verlängert noch endet sie, wenn in einem Jahr des Bindungszeitraums die Voraussetzungen für die Pauschalierung entfallen (z. B. weil die Umsatzgrenze von 35.000 Euro in einem Jahr überschritten ist).

Beispiel:
Eine Körperschaft erzielt in den Jahren 01 bis 06 folgende Umsätze:

01	25.000 €
02	24.000 €
03	37.000 €
04	26.000 €

05	25.000 €
06	25.000 €

Die Körperschaft hat ab dem Jahr 02 die Pauschalierung der Vorsteuer nach Maßgabe des § 23a UStG beantragt. Da der Umsatz des Jahres 01 unter 35.000 € lag, war die hier begehrte Wahlmöglichkeit gegeben. Im Rahmen der Umsatzsteuer-Erklärung für 02 und 03 ist die Vorsteuer zu pauschalieren. Da der Umsatz des Jahres 03 die 35.000 €-Grenze überschritten hat, können die Vorsteuern 04 **nicht** pauschal abgezogen werden (Einzelnachweis ist erforderlich). Erst für die Jahre 05 ff. greift die Vorsteuerpauschalierung wieder. Frühestens mit Wirkung ab dem Jahr 07 kann die Pauschalierung widerrufen werden.

4.5.16 Berichtigung des Vorsteuerabzugs

§ 15a UStG

(1) $_1$Ändern sich bei einem Wirtschaftsgut, das nicht nur einmalig zur Ausführung von Umsätzen verwendet wird, innerhalb von fünf Jahren ab dem Zeitpunkt der erstmaligen Verwendung die für den ursprünglichen Vorsteuerabzug maßgebenden Verhältnisse, ist für jedes Kalenderjahr der Änderung ein Ausgleich durch eine Berichtigung des Abzugs der auf die Anschaffungs- oder Herstellungskosten entfallenden Vorsteuerbeträge vorzunehmen. $_2$Bei Grundstücken einschließlich ihrer wesentlichen Bestandteile, bei Berechtigungen, für die die Vorschriften des bürgerlichen Rechts über Grundstücke gelten, und bei Gebäuden auf fremdem Grund und Boden tritt an die Stelle des Zeitraums von fünf Jahren ein Zeitraum von zehn Jahren.

(2) $_1$Ändern sich bei einem Wirtschaftsgut, das nur einmalig zur Ausführung eines Umsatzes verwendet wird, die für den ursprünglichen Vorsteuerabzug maßgebenden Verhältnisse, ist eine Berichtigung des Vorsteuerabzugs vorzunehmen. $_2$Die Berichtigung ist für den Besteuerungszeitraum vorzunehmen, in dem das Wirtschaftsgut verwendet wird.

(3) $_1$Geht in ein Wirtschaftsgut nachträglich ein anderer Gegenstand ein und verliert dieser Gegenstand dabei seine körperliche und wirtschaftliche Eigenart endgültig oder wird an einem Wirtschaftsgut eine sonstige Leistung ausgeführt, gelten im Fall der Änderung der für den ursprünglichen Vorsteuerabzug maßgebenden Verhältnisse die Absätze 1 und 2 entsprechend. $_2$Soweit im Rahmen einer Maßnahme in ein Wirtschaftsgut mehrere Gegenstände eingehen oder an einem Wirtschaftsgut mehrere sonstige Leistungen ausgeführt werden, sind diese zu einem Berichtigungsobjekt zusammenzufassen. $_3$Eine Änderung der Verhältnisse liegt dabei auch vor, wenn das Wirtschaftsgut für Zwecke, die außerhalb des Unternehmens liegen, aus dem Unternehmen entnommen wird, ohne dass dabei nach § 3 Abs. 1b eine unentgeltliche Wertabgabe zu besteuern ist.

(4) $_1$Die Absätze 1 und 2 sind auf sonstige Leistungen, die nicht unter Absatz 3 Satz 1 fallen, entsprechend anzuwenden. $_2$Die Berichtigung ist auf solche sonstigen Leistungen zu beschränken, für die in der Steuerbilanz ein Aktivierungsgebot bestünde. $_3$Dies gilt jedoch nicht, soweit es sich um sonstige Leistungen handelt, für die der Leistungsempfänger bereits für einen Zeitraum vor Ausführung der sonstigen Leistung den Vorsteuerabzug vornehmen konnte. $_4$Unerheblich ist, ob der Unternehmer nach den §§ 140, 141 der Abgabenordnung tatsächlich zur Buchführung verpflichtet ist.

(5) $_1$Bei der Berichtigung nach Absatz 1 ist für jedes Kalenderjahr der Änderung in den Fällen des Satzes 1 von einem Fünftel und in den Fällen des Satzes 2 von einem Zehntel der auf das Wirtschaftsgut entfallenden Vorsteuerbeträge auszugehen. $_2$Eine kürzere Verwendungsdauer ist entsprechend zu berücksichtigen. $_3$Die Verwendungsdauer wird nicht dadurch verkürzt, dass das Wirtschaftsgut in ein anderes einbezogen wird.

(6) Die Absätze 1 bis 5 sind auf Vorsteuerbeträge, die auf nachträgliche Anschaffungs- oder Herstellungskosten entfallen, sinngemäß anzuwenden.

(6a) Eine Änderung der Verhältnisse liegt auch bei einer Änderung der Verwendung im Sinne des § 15 Absatz 1b vor.

(7) Eine Änderung der Verhältnisse im Sinne der Absätze 1 bis 3 ist auch beim Übergang von der allgemeinen Besteuerung zur Nichterhebung der Steuer nach § 19 Abs. 1 und umgekehrt und beim Übergang von der allgemeinen Besteuerung zur Durchschnittssatzbesteuerung nach den §§ 23, 23a oder 24 und umgekehrt gegeben.

(8) ₁Eine Änderung der Verhältnisse liegt auch vor, wenn das noch verwendungsfähige Wirtschaftsgut, das nicht nur einmalig zur Ausführung eines Umsatzes verwendet wird, vor Ablauf des nach den Absätzen 1 und 5 maßgeblichen Berichtigungszeitraums veräußert oder nach § 3 Abs. 1b geliefert wird und dieser Umsatz anders zu beurteilen ist als die für den ursprünglichen Vorsteuerabzug maßgebliche Verwendung. ₂Dies gilt auch für Wirtschaftsgüter, für die der Vorsteuerabzug nach § 15 Absatz 1b teilweise ausgeschlossen war.

(9) Die Berichtigung nach Absatz 8 ist so vorzunehmen, als wäre das Wirtschaftsgut in der Zeit von der Veräußerung oder Lieferung im Sinne des § 3 Abs. 1b bis zum Ablauf des maßgeblichen Berichtigungszeitraums unter entsprechend geänderten Verhältnissen weiterhin für das Unternehmen verwendet worden.

(10) ₁Bei einer Geschäftsveräußerung (§ 1 Abs. 1a) wird der nach den Absätzen 1 und 5 maßgebliche Berichtigungszeitraum nicht unterbrochen. ₂Der Veräußerer ist verpflichtet, dem Erwerber die für die Durchführung der Berichtigung erforderlichen Angaben zu machen.

(11) Das Bundesministerium der Finanzen kann mit Zustimmung des Bundesrates durch Rechtsverordnung nähere Bestimmungen darüber treffen,

1. wie der Ausgleich nach den Absätzen 1 bis 9 durchzuführen ist und in welchen Fällen zur Vereinfachung des Besteuerungsverfahrens, zur Vermeidung von Härten oder nicht gerechtfertigten Steuervorteilen zu unterbleiben hat;

2. dass zur Vermeidung von Härten oder eines nicht gerechtfertigten Steuervorteils bei einer unentgeltlichen Veräußerung oder Überlassung eines Wirtschaftsguts

   a) eine Berichtigung des Vorsteuerabzugs in entsprechender Anwendung der Absätze 1 bis 9 auch dann durchzuführen ist, wenn eine Änderung der Verhältnisse nicht vorliegt,

   b) der Teil des Vorsteuerbetrags, der bei einer gleichmäßigen Verteilung auf den in Absatz 9 bezeichneten Restzeitraum entfällt, vom Unternehmer geschuldet wird,

   c) der Unternehmer den nach den Absätzen 1 bis 9 oder Buchstabe b geschuldeten Betrag dem Leistungsempfänger wie eine Steuer in Rechnung stellen und dieser den Betrag als Vorsteuer abziehen kann.

Ob und ggf. in welchem Umfang der Unternehmer einen Vorsteueranspruch geltend machen kann, richtet sich nach den Verhältnissen zum Zeitpunkt des Bezug der entsprechenden Lieferung. Ändern sich die Verhältnisse, die für einen (teilweisen oder vollständigen) Ausschluss vom Vorsteuerabzug maßgebend waren, in der Verwendungsphase, sieht § 15a UStG unter bestimmten Voraussetzungen eine Berichtigung des ursprünglichen Vorsteuerabzugs vor.

Nach § 15a Abs. 1 UStG ist eine Berichtigung durchzuführen, wenn:
– ein Wirtschaftsgut angeschafft oder hergestellt wurde
– auf dieses Wirtschaftsgut Vorsteuerbeträge entfallen
– die für den Vorsteuerabzug maßgebenden Verhältnisse sich geändert haben

Diese Änderungen müssen sich innerhalb von 5 Jahren (bei Grundstücksleistungen 10 Jahren) ab dem Zeitpunkt der erstmaligen Verwendung vollzogen haben.

Die Berichtigung ist durch den Unternehmer für den Voranmeldungszeitraum vorzunehmen, in dem sich die Verhältnisse geändert haben. Dabei ist von den gesamten Vorsteuerbeträgen auszugehen, die auf die Anschaffung oder Herstellung des Wirtschaftsgutes entfallen (Ermittlung eines prozentualen Verhältnisses des ursprünglichen Vorsteuerabzugs zum Vorsteuervolumen insgesamt).

Werden noch verwendungsfähige Wirtschaftsgüter vor Ablauf des Berichtigungszeitraums von 5 oder 10 Jahren in den nichtunternehmerischen Bereich überführt, ist eine unentgeltliche Wertabgabe nach § 3 Abs. 1b UStG zu besteuern, wenn der Gegenstand bei seiner ursprünglichen Zuordnung zum unternehmerischen Bereich den Vorsteuerabzug (ggf. auch nur teilweise) ausgelöst hat, § 15a Abs. 8 UStG (vgl. dazu u. a. Tz. 4.5.11.2). Diese Regelung ist ebenso wie die Besteuerung sonstiger Leistungen nach § 3 Abs. 9a UStG eine Korrekturvorschrift im Zusammenhang mit dem Vorsteuersystem.

Beispiel:

Der wegen Förderung des Sports als gemeinnützig anerkannte Verein hat auf seinem Sportgelände ein Gebäude neu errichtet, in dem er einen Gastronomiebetrieb betreibt (Vereinsgaststätte). Die Vorsteuerbeträge im Zusammenhang mit der Herstellung des Gebäudes sowie der Betriebsausstattung hat der Verein in vollem Umfang abgezogen, da die errichtete Immobilie in vollem Umfang für die unternehmerische Tätigkeit bzw. die Ausführung von umsatzsteuerpflichtigen Umsätzen verwendet werden sollte.

Nach Ablauf von 6 Jahren wird der Gaststättenbetrieb eingestellt. Die Räume sowie einige Teile der Betriebsausstattung werden künftig für die laufende Vereinstätigkeit (= Nutzungen für die ideellen Zwecke und auch für Sportkurse etc., die nach § 4 Nr. 22 Buchst. b UStG steuerfrei sind) verwendet.

Soweit einzelne Teile der Betriebsausstattung als selbständige Wirtschaftsgüter einzuordnen sind, ist eine Vorsteuerkorrektur nach § 15a UStG nicht mehr erforderlich. Der insoweit maßgebliche 5-jährige Berichtigungszeitraum ist bereits abgelaufen.

Für die auf das Gebäude entfallenden Vorsteuerbeträge ist eine Vorsteuerkorrektur vorzunehmen, da insoweit ein Berichtigungszeitraum von 10 Jahren gilt (§ 15a Abs. 1 Satz 2 UStG).

Bei Gegenständen, die nur für den nichtunternehmerischen Bereich bezogen wurden, später aber gelegentlich im unternehmerischen Bereich verwendet werden, sind die auf die Anschaffung oder Herstellung dieser Gegenstände entfallenden Steuerbeträge im Zeitpunkt der Anschaffung oder Herstellung nicht abziehbar. Das Gleiche gilt, wenn diese Gegenstände später ganz in den unternehmerischen Bereich überführt werden. Für diese Wirtschaftsgüter ist auch eine **Vorsteuerkorrektur** nach § 15a UStG **ausgeschlossen.**

Eine Vorsteuerkorrektur zum Vorteil des Unternehmers (der gemeinnützigen Körperschaft) ist nur dann möglich, wenn die Gegenstände zum Zeitpunkt der Anschaffung oder Herstellung zwar dem unternehmerischen Bereich zugeordnet wurden, die Vorsteuer aber deshalb nicht gezogen werden konnte, weil sie z. B. für die Ausführung von steuerfreien Umsätzen eingesetzt wurden. Ändert sich in der Folgezeit die Nutzung der Wirtschaftsgüter in der Weise, dass mit ihnen Umsätze ausgeführt werden, die den Vorsteuerabzug nicht ausschließen, kann eine Vorsteuerkorrektur nach Maßgabe des § 15a UStG greifen.

Zu weiteren Einzelheiten zur Berechnung der Korrekturbeträge und zur Durchführung des Verfahrens verweise ich auf die eingehenden Regelungen in Abschn. 15a.1 ff. UStAE.

4.5.17 Kein voller Vorsteuerabzug bei gemischter Nutzung von Gebäuden – Hinweise auf Aufhebung der sog. Seeling-Entscheidung des EuGH

Nach dem Urteil des EuGH vom 08.05.2003 Rs. C-269/00 (BStBl 2004 II S. 378) war es zulässig, dass Unternehmer, also auch die als gemeinnützig anerkannten Körperschaften, die ein Gebäude errichten, dieses auch dann insgesamt dem Unternehmen (dem unternehmerischen Bereich) zuordnen können, um die auf das gesamte Gebäude – einschließlich des nichtunternehmerisch genutzten Teils – entfallenden Vorsteuerbeträge nach Maßgabe des § 15 Abs. 1 UStG abzuziehen, wenn sie es teilweise unternehmerisch und teilweise nichtunternehmerisch (für den ideellen Bereich) nutzen.

Das Jahressteuergesetz 2010 hob die Anwendung dieses Seeling-Modells durch die Neuregelung des § 15 Abs. 1b UStG auf. Seit dem gilt für alle nach dem 31.12.2010 angeschafften bzw. hergestellten Gebäude, dass der nichtunternehmerisch genutzte Teil des Gebäudes zwar wahlweise noch dem umsatzsteuerlichen Unternehmen zugeordnet werden kann, ein Vorsteuerabzug allerdings insoweit nicht mehr zulässig ist.

4.5.18 Änderung der Bemessungsgrundlage

§ 17 UStG

(1) ₁Hat sich die Bemessungsgrundlage für einen steuerpflichtigen Umsatz im Sinne des § 1 Abs. 1 Nr. 1 geändert, hat der Unternehmer, der diesen Umsatz ausgeführt hat, den dafür geschuldeten Steuerbetrag zu berichtigen. ₂Ebenfalls ist der Vorsteuerabzug bei dem Unternehmer, an den dieser Umsatz ausgeführt wurde, zu berichtigen. ₃Dies gilt nicht, soweit er durch die Änderung der Bemessungsgrundlage wirtschaftlich nicht begünstigt wird. ₄Wird in diesen Fällen ein anderer Unternehmer durch die Änderung der Bemessungsgrundlage wirtschaftlich begünstigt, hat dieser Unternehmer seinen Vorsteuerabzug zu berichtigen. ₅Die Sätze 1 bis 4 gelten in den Fällen des § 1 Abs. 1 Nr. 5 und des § 13b sinngemäß. ₆Die Berichtigung des Vorsteuerabzugs kann unterbleiben, soweit ein dritter Unternehmer den auf die Minderung des Entgelts entfallenden Steuerbetrag an das Finanzamt entrichtet; in diesem Fall ist der dritte Unternehmer Schuldner der Steuer. ₇Die Berichtigungen nach den Sätzen 1 und 2 sind für den Besteuerungszeitraum vorzunehmen, in dem die Änderung der Bemessungsgrundlage eingetreten ist. ₈Die Berichtigung nach Satz 4 ist für den Besteuerungszeitraum vorzunehmen, in dem der andere Unternehmer wirtschaftlich begünstigt wird.

(2) Absatz 1 gilt sinngemäß, wenn

1. das vereinbarte Entgelt für eine steuerpflichtige Lieferung, sonstige Leistung oder einen steuerpflichtigen innergemeinschaftlichen Erwerb uneinbringlich geworden ist. Wird das Entgelt nachträglich vereinnahmt, sind Steuerbetrag und Vorsteuerabzug erneut zu berichtigen;

2. für eine vereinbarte Lieferung oder sonstige Leistung ein Entgelt entrichtet, die Lieferung oder sonstige Leistung jedoch nicht ausgeführt worden ist;

3. eine steuerpflichtige Lieferung, sonstige Leistung oder ein steuerpflichtiger innergemeinschaftlicher Erwerb rückgängig gemacht worden ist;

4. der Erwerber den Nachweis im Sinne des § 3d Satz 2 führt;

5. Aufwendungen im Sinne des § 15 Abs. 1a getätigt werden.

(3) ₁Ist Einfuhrumsatzsteuer, die als Vorsteuer abgezogen worden ist, herabgesetzt, erlassen oder erstattet worden, so hat der Unternehmer den Vorsteuerabzug entsprechend zu berichtigen. ₂Absatz 1 Satz 7 gilt sinngemäß.

(4) Werden die Entgelte für unterschiedlich besteuerte Lieferungen oder sonstige Leistungen eines bestimmten Zeitabschnitts gemeinsam geändert (z. B. Jahresboni, Jahresrückvergütungen), so hat der Unternehmer dem Leistungsempfänger einen Beleg zu erteilen, aus dem zu ersehen ist, wie sich die Änderung der Entgelte auf die unterschiedlich besteuerten Umsätze verteilt.

Nach § 10 Abs. 1 bis 5 UStG lässt sich entscheiden, ob sich die Bemessungsgrundlage für einen steuerpflichtigen Umsatz geändert hat (siehe hierfür Abschn. 10.1 bis 10.7 UStAE). Die Berichtigung wird für den Besteuerungszeitraum vorgenommen, in welchem die Änderung der Bemessungsgrundlage vorgefallen ist. Auch die Berechnung der Vorauszahlungen unterliegt gem. § 18 Abs. 1 Satz 2 UStG der Pflicht der Berichtigung. Wird durch den leistenden Unternehmer und den Leistungsempfänger die vollständige oder teilweise Rückzahlung des entrichteten Entgelts vereinbart, mindert sich die Bemessungsgrundlage nur in dem Besteuerungszeitraum, in dem die Rückgewähr erfolgt, soweit das Entgelt tatsächlich zurückgezahlt wird (BFH vom 18.09.2008 V R 56/06, BStBl 2009 II S. 250). Erfolgt eine Minderung des Kaufpreises, die beispielsweise aufgrund Mängel entstand, ist die Änderung der Bemessungsgrundlage im Zeitpunkt der tatsächlichen Realisierung der Ansprüche vorzunehmen (siehe EuGH-Urteil vom 29.05.2001 Rs. C-86/99, UR 2001 S. 349). Selbst wenn sich die Berichtigung der Steuern mit der Berichtigung der Vorsteuer genau ausgleichen würde und daher zum selben Ergebnis führe, ist trotzdem eine Berichtigung stets zwingend erforderlich.

Wird einem Unternehmer für eine Lieferung Skonti gewährt und berechnet er diesen lediglich auf den Preis ohne Umsatzsteuer anstatt auf das gesamte Entgelt einschließlich Umsatzsteuer, hat er dennoch den in Anspruch genommenen Vorsteuerabzug gem. § 17 Abs. 1 Satz 2 UStG zu berichtigen. Hierbei ist die Behandlung der Skontobeträge durch den Lieferanten unerheblich.

Die Pflicht zur Berichtigung aufgrund einer Änderung in der Bemessungsgrundlage ist unabhängig davon zu veranlassen, ob eine dementsprechende Änderung des Steuerbetrags in der ursprünglichen Rechnung stattfand (vgl. BFH vom 30.11.1995 V R 57/94, BStBl 1996 II S. 206). Werden die Entgelte für unterschiedliche Lieferungen oder sonstige Leistungen eines bestimmten Zeitraums insgesamt verändert, so muss gem. § 17 Abs. 4 UStG ein **neuer Beleg** erstellt werden, aus welchem ersichtlich wird, wie sich die Änderung der Entgelte auf die einzelnen Umsätze verteilt. Das ist insbesondere bei einem gewährten Jahresboni der Fall.

Wird anlässlich einer Entgeltsminderung der entfallende Steuerbetrag von einem dritten Unternehmer entrichtet, so darf die Vorsteuerberichtigung gem. § 17 Abs. 1 Satz 6 UStG vernachlässigt werden.

Das folgende Beispiel soll den Sachverhalt verdeutlichen.

Beispiel:

Eine Einkaufsgenossenschaft vermittelt eine Lieferung zwischen A und B, bei welcher A der Leistungserbringer ist und B der Leistungsempfänger. Hierbei läuft auch der Abrechnungsverkehr über diese Einkaufsgenossenschaft, sodass diese den Kaufpreis an A entrichtet und somit den gewährten Skonto in Anspruch nimmt. B hingegen zahlt den kompletten Kaufpreis (d. h. ohne Skonto) entsprechend an die Genossenschaft. A muss seine Steuer gem. § 17 Abs. 1 Satz 1 UStG berichtigen. Dagegen muss B gem. § 17 Abs. 1 Satz 6 UStG seinen Vorsteuerabzug nicht berichtigen, sofern die

Genossenschaft die entfallende Steuer auf den Skontobetrag an das Finanzamt entrichtet.

Wird ein Schuldner zahlungsunfähig, sodass das Entgelt für den Leistungserbringer uneinbringlich ist, besteht trotzdem die Pflicht zur Berichtigung der Steuer und des Vorsteuerabzugs.

4.5.19 Besteuerung der Kleinunternehmer (§ 19 UStG)

§ 19 UStG

(1) ₁Die für Umsätze in Sinne des § 1 Abs. 1 Nr. 1 geschuldete Umsatzsteuer wird von Unternehmern, die im Inland oder in den in § 1 Abs. 3 bezeichneten Gebieten ansässig sind, nicht erhoben, wenn der in Satz 2 bezeichnete Umsatz zuzüglich der darauf entfallenden Steuer im vorangegangenen Kalenderjahr 17.500 Euro nicht überstiegen hat und im laufenden Kalenderjahr 50.000 Euro voraussichtlich nicht übersteigen wird. ₂Umsatz im Sinne des Satzes 1 ist der nach vereinnahmten Entgelten bemessene Gesamtumsatz, gekürzt um die darin enthaltenen Umsätze von Wirtschaftsgütern des Anlagevermögens. ₃Satz 1 gilt nicht für die nach § 13a Abs. 1 Nr. 6, § 13b Absatz 5, § 14 c Abs. 2 und § 25b Abs. 2 geschuldete Steuer. ₄In den Fällen des Satzes 1 finden die Vorschriften über die Steuerbefreiung innergemeinschaftlicher Lieferungen (§ 4 Nr. 1 Buchstabe b, § 6a), über den Verzicht auf Steuerbefreiungen (§ 9), über den gesonderten Ausweis der Steuer in einer Rechnung (§ 14 Abs. 4), über die Angabe der Umsatzsteuer-Identifikationsnummern in einer Rechnung (§ 14a Abs. 1, 3 und 7) und über den Vorsteuerabzug (§ 15) keine Anwendung.

(2) ₁Der Unternehmer kann dem Finanzamt bis zur Unanfechtbarkeit der Steuerfestsetzung (§ 18 Abs. 3 und 4) erklären, dass er auf die Anwendung des Absatzes 1 verzichtet. ₂Nach Eintritt der Unanfechtbarkeit der Steuerfestsetzung bindet die Erklärung den Unternehmer mindestens für fünf Kalenderjahre. ₃Sie kann nur mit Wirkung vom Beginn eines Kalenderjahres an widerrufen werden. ₄Der Widerruf ist spätestens bis zur Unanfechtbarkeit der Steuerfestsetzung des Kalenderjahres, für das er gelten soll, zu erklären.

(3) ₁Gesamtumsatz ist die Summe der vom Unternehmer ausgeführten steuerbaren Umsätze im Sinne des § 1 Abs. 1 Nr. 1 abzüglich folgender Umsätze:

1. der Umsätze, die nach § 4 Nr. 8 Buchstabe i, Nr. 9 Buchstabe b und Nr. 11 bis 28 steuerfrei sind;

2. der Umsätze, die nach § 4 Nr. 8 Buchstabe a bis h, Nr. 9 Buchstabe a und Nr. 10 steuerfrei sind, wenn sie Hilfsumsätze sind.

₂Soweit der Unternehmer die Steuer nach vereinnahmten Entgelten berechnet (§ 13 Abs. 1 Nr. 1 Buchstabe a Satz 4 oder § 20), ist auch der Gesamtumsatz nach diesen Entgelten zu berechnen. ₃Hat der Unternehmer seine gewerbliche oder berufliche Tätigkeit nur in einem Teil des Kalenderjahres ausgeübt, so ist der tatsächliche Gesamtumsatz in einen Jahresgesamtumsatz umzurechnen. ₄Angefangene Kalendermonate sind bei der Umrechnung als volle Kalendermonate zu behandeln, es sei denn, dass die Umrechnung nach Tagen zu einem niedrigeren Jahresgesamtumsatz führt.

(4) ₁Absatz 1 gilt nicht für die innergemeinschaftlichen Lieferungen neuer Fahrzeuge. ₂§ 15 Abs. 4a ist entsprechend anzuwenden.

Nach der im § 19 UStG geregelten Besteuerung der sog. Kleinunternehmer wird die Umsatzsteuer **nicht erhoben,** wenn der Umsatz zzgl. der darauf entfallenden Steuer

– im **vorangegangenen** Kalenderjahr **17.500 Euro** nicht überstiegen hat und
– im **laufenden** Kalenderjahr **50.000 Euro** voraussichtlich nicht übersteigen wird.

4 Andere Steuergesetze

Die Kleinunternehmerregelung ist folglich nicht anzunehmen, wenn **eine** dieser Grenzen überschritten ist.

Umsatz i. S. des § 19 Abs. 1 UStG ist grundsätzlich der Gesamtumsatz des Steuerpflichtigen i. S. des § 1 Abs. 1 Nr. 1 UStG (einschließlich unentgeltlicher Wertabgaben für Zwecke außerhalb des Unternehmens, Abschn. 19.1 und Abschn. 3.2 bis 3.4 UStAE) mit Ausnahme der Umsätze aus dem Verkauf von Anlagevermögen und abzüglich der nach § 4 Nr. 11 bis 18 UStG steuerfreien Umsätze (Ausnahme: bestimmte Umsätze nach § 4 Nr. 8 und 9 UStG, siehe § 19 Abs. 3 UStG). In die Berechnung nach § 19 UStG sind von den steuerbegünstigten Körperschaften daher grundsätzlich die Einnahmen des steuerpflichtigen wirtschaftlichen Geschäftsbetriebs (auch wenn die Besteuerungsgrenze nicht überschritten ist) und die umsatzsteuerpflichtigen (mit 7 % zu besteuernden) Einnahmen aus Zweckbetrieben einschließlich der Vermögensverwaltung aufzunehmen.

Die Kleinunternehmer-Regelung kann von allen Steuerpflichtigen, also auch von steuerbegünstigten Körperschaften oder z. B. Zusammenschlüssen steuerbegünstigter Körperschaften, in Anspruch genommen werden.

Der Unternehmer (der Verein), der als Kleinunternehmer anzusehen ist, kann jedoch auch auf diese Regelung verzichten (sog. **Option**). Macht er von dieser Möglichkeit Gebrauch, werden seine Umsätze nach den allgemeinen Grundsätzen der Umsatzsteuer unterworfen (Regelbesteuerung). An diesen Verzicht ist der Verein für mindestens fünf Kalenderjahre gebunden (siehe Abschn. 19.2 UStAE). Der Verzicht auf die Nichterhebung der Umsatzsteuer kann dann vorteilhaft sein, wenn der Verein z. B. bei größeren Anschaffungen oder Baumaßnahmen Anspruch auf den Vorsteuerabzug hat und der Vorsteuerabzug höher ist als die für die Umsätze zu entrichtende Umsatzsteuer.

Beispiel:

Der Gesamtumsatz i. S. des § 19 Abs. 3 UStG der gemeinnützigen Körperschaft beträgt:

im Jahr	Betrag	Steuerpflicht bzw. (Klein-)Unternehmereigenschaft
01	6.500 €	Beginn der Tätigkeit in 01; es ist allein der voraussichtliche Umsatz 01 entscheidend; er liegt unter 17.500 €, Abschn. 19.1 Abs. 4 UStAE => keine Steuerpflicht (zur Umrechnung des Gesamtumsatzes bei Beginn der unternehmerischen Tätigkeit siehe Abschn. 19.3 Abs. 3 UStAE)
02	22.500 €	keine Steuerpflicht, da der Umsatz 01 weniger als 17.500 € betrug **und** der des laufenden Jahres „voraussichtlich" 50.000 € nicht übersteigt
03	12.500 €	Steuerpflicht, da der Umsatz in 02 > 17.500 € war; dass der voraussichtliche Umsatz des laufenden Jahres 03 voraussichtlich 50.000 € unterschreitet, ist hier egal
04	32.000 €	keine Steuerpflicht, da der Umsatz 03 weniger als 17.500 € betrug **und** der des laufenden Jahres voraussichtlich 50.000 € nicht übersteigt

4.5.20 Aufzeichnungspflichten

Gemäß § 22 UStG sind die steuerbegünstigten Körperschaften in ihrer Eigenschaft als Unternehmer verpflichtet, für Umsatzsteuerzwecke (= für den unternehmerischen Bereich) besondere Aufzeichnungen zu führen. Diese Aufzeichnungen müssen im Einzelnen folgende Angaben enthalten:

- Die Entgelte (Rechnungsbetrag ohne Umsatzsteuer), die für **ausgeführte** Lieferungen oder sonstige Leistungen vereinbart worden sind. Dabei ist nach Steuersätzen zu trennen.

  Ferner müssen getrennt erfasst werden die steuerfreien Umsätze und die **nichtsteuerbaren** Umsätze.
- Ferner sind die gezahlten Entgelte für alle **Vorbezüge** und die darauf entfallenden Steuerbeträge aufzuzeichnen.

  Statt der getrennten Erfassung der Nettoentgelte und der Steuerbeträge können auch die Bruttoentgelte aufgezeichnet werden, aus denen am Schluss eines Voranmeldungszeitraums dann die Vorsteuerbeträge herausgerechnet werden. Werden die Bruttoentgelte aufgezeichnet, so muss eine gesonderte Trennung nach Steuersätzen erfolgen. Das kann durch separate Konten oder auch durch entsprechende Kenntlichmachung in der Buchführung (Kennung) geschehen.
- Soweit Vorsteuerbeträge nur anteilig berücksichtigt werden können, muss auf geeignete Weise nachgewiesen werden, wie die Aufteilung erfolgt.

4.5.21 Umsatzsteuererklärungen

Jeder Unternehmer ist verpflichtet, bis zum 10. Tag nach Ablauf eines Kalendermonats eine **Umsatzsteuer-Voranmeldung** abzugeben, in der er selbst seine Steuer errechnet und den errechneten Betrag an das Finanzamt abführt. Eventuelle Vorsteuerüberschüsse werden vom Finanzamt erstattet. Betrug die Steuer für das vorangegangene Kalenderjahr nicht mehr als 7.500 Euro, so ist anstatt des Kalendermonats das Kalendervierteljahr Voranmeldungszeitraum. Sofern die Steuer für das vorangegangene Kalenderjahr nicht mehr als 1.000 Euro betragen hat und es sich nicht um einen Neugründungsfall handelt, kann ein Unternehmer von der Verpflichtung zur Abgabe von Voranmeldungen befreit werden. Dies geschieht i. d. R. von Amts wegen und unterbleibt nur auf Antrag des Unternehmers in begründeten Einzelfällen (vgl. Abschn. 18.2 Abs. 2 Satz 2 und 3 UStAE).

Abzugeben sind die Umsatzsteuer-Voranmeldungen (ebenso wie die Lohnsteueranmeldungen) auf elektronischem Wege.

Bis zum 31.05. des Folgejahres muss außerdem, ebenfalls auf elektronischem Wege zu übermitteln, eine **Jahreserklärung** für das vorangegangene Kalenderjahr erfolgen.

Die Umsatzsteuererklärung als auch die Umsatzsteuer-Voranmeldungen sind nach amtlich vorgeschriebenem Datensatz durch Datenfernübertrag nach Maßgabe der Steuerdaten-Übermittlungsverordnung zu übermitteln. Informationen zur elektronischen Übermittlung sind unter www.elster.de abrufbar.

4.6 Steuerfreie Aufwandsentschädigungen

4.6.1 Übungsleiterfreibetrag (§ 3 Nr. 26 EStG)

§ 3 EStG

> **Steuerfrei sind**
>
> . . . . .
>
> 26. **Einnahmen aus nebenberuflichen Tätigkeiten als Übungsleiter, Ausbilder, Erzieher, Betreuer oder vergleichbaren nebenberuflichen Tätigkeiten, aus nebenberuflichen künstlerischen Tätigkeiten oder der nebenberuflichen Pflege alter, kranker

4 Andere Steuergesetze

> oder behinderter Menschen im Dienst oder im Auftrag einer juristischen Person des öffentlichen Rechts, die in einem Mitgliedstaat der Europäischen Union oder in einem Staat belegen ist, auf den das Abkommen über den Europäischen Wirtschaftsraum Anwendung findet, oder einer unter § 5 Absatz 1 Nummer 9 des Körperschaftsteuergesetzes fallenden Einrichtungen zur Förderung gemeinnütziger, mildtätiger und kirchlicher Zwecke (§§ 52 bis 54 der Abgabenordnung) bis zur Höhe von insgesamt 2.400 Euro im Jahr. $_2$Überschreiten die Einnahmen für die in Satz 1 bezeichneten Tätigkeiten den steuerfreien Betrag, dürfen die mit den nebenberuflichen Tätigkeiten in unmittelbarem wirtschaftlichen Zusammenhang stehenden Ausgaben abweichend von § 3c nur insoweit als Betriebsausgaben oder Werbungskosten abgezogen werden, als sie den Betrag der steuerfreien Einnahmen übersteigen;
>
> .....

Nach § 3 Nr. 26 EStG sind Einnahmen aus einer **nebenberuflichen** Tätigkeit als **Übungsleiter, Ausbilder, Erzieher, Betreuer** oder aus einer vergleichbaren nebenberuflichen Tätigkeit für nebenberufliche künstlerische Tätigkeiten oder für die nebenberufliche Pflege alter, kranker oder behinderter Menschen zur Förderung gemeinnütziger, mildtätiger und kirchlicher Zwecke im Dienst oder Auftrag einer juristischen Person des öffentlichen Rechts, die in einem Mitgliedstaat der Europäischen Union oder in einem Staat belegen ist, auf den das Abkommen über den Europäischen Wirtschaftsraum Anwendung findet, oder einer unter § 5 Abs. 1 Nr. 9 KStG fallenden Einrichtung bis zur Höhe von insgesamt jährlich **2.400 Euro** (bis einschließlich Veranlagungszeitraum 2012: 2.100 Euro) von der Einkommensteuer befreit. Der Freibetrag wurde im Rahmen des Ehrenamtsstärkungsgesetzes vom 21.03.2013 erhöht.

Der Übungsleiterfreibetrag kann für drei Gruppen von Tätigkeiten in Anspruch genommen werden:
- nebenberufliche Tätigkeit als Übungsleiter, Ausbilder, Erzieher, Betreuer und vergleichbare Tätigkeiten,
- nebenberufliche künstlerische Tätigkeit und
- nebenberufliche Pflege alter, kranker und behinderter Menschen.

Eine Tätigkeit wird **nebenberuflich** ausgeübt, wenn sie – bezogen auf das Kalenderjahr – nicht mehr als ⅓ der Arbeitszeit eines vergleichbaren Vollzeiterwerbs in Anspruch nimmt. Maßgebend für diese Einordnung ist also lediglich der aufgebrachte Zeitaufwand für die Nebentätigkeit, ohne dass die Höhe der jeweils erzielten Einnahmen zu berücksichtigen sind. Es können deshalb auch solche Personen nebenberuflich tätig sein, die im steuerrechtlichen Sinne keinen Hauptberuf ausüben, z. B. Hausfrauen, Vermieter, Studenten, Rentner oder Arbeitslose. Übt ein Steuerpflichtiger mehrere verschiedenartige Tätigkeiten i. S. des § 3 Nr. 26 EStG aus, ist die Nebenberuflichkeit für jede Tätigkeit getrennt zu beurteilen. Mehrere gleichartige Tätigkeiten sind zusammenzufassen, wenn sie sich nach der Verkehrsanschauung als Ausübung eines einheitlichen Hauptberufs von jeweils weniger als dem dritten Teil des Pensums einer Arbeitskraft für mehrere gemeinnützige Körperschaften darstellen (siehe auch BFH vom 30.03.1990, BStBl 1990 II S. 854; R 3.26 Abs. 2 LStR 2015; Erhard in Blümich, Kommentar zum EStG, § 3 Rn. 11).

Eine Tätigkeit wird **nicht nebenberuflich** ausgeübt, wenn sie als Teil der Haupttätigkeit anzusehen ist. Dies ist auch bei formaler Trennung von haupt- und nebenberuflicher selbständiger oder nichtselbständiger Tätigkeit für denselben Arbeitgeber anzunehmen, wenn beide Tätigkeiten gleichartig sind und die

4.6 Steuerfreie Aufwandsentschädigungen

Nebentätigkeit unter ähnlichen organisatorischen Bedingungen wie die Haupttätigkeit ausgeübt wird oder der Steuerpflichtige mit der Nebentätigkeit eine ihm aus seinem Dienstverhältnis faktisch oder rechtlich obliegende Nebenpflicht erfüllt (vgl. BMF vom 21.11.2014, BStBl 2014 I S. 1581).

Der Freibetrag wird nur gewährt, wenn die Tätigkeit im Dienst oder im Auftrag einer der in § 3 Nr. 26 EStG genannten Personen erfolgt. Als juristische Personen des öffentlichen Rechts kommen beispielsweise in Betracht Bund, Länder, Gemeinden, Gemeindeverbände, Industrie- und Handelskammern, Handwerkskammern, Rechtsanwaltskammern, Steuerberaterkammern, Wirtschaftsprüferkammern, Ärztekammern, Universitäten oder die Träger der Sozialversicherung. Das gilt auch, wenn diese Tätigkeit im Auftrag einer vergleichbaren juristischen Person ausgeübt wird, die in einem EU/EWR-Mitgliedstaat belegen ist (vgl. u. a. EuGH vom 18.12.2007 Rs. C-281/06 „Jundt", DStRE 2008 S. 666).

Zu den Einrichtungen i. S. des § 5 Abs. 1 Nr. 9 KStG gehören Körperschaften, Personenvereinigungen, Stiftungen und Vermögensmassen, die nach der Satzung oder dem Stiftungsgeschäft und nach der tatsächlichen Geschäftsführung ausschließlich und unmittelbar gemeinnützige, mildtätige oder kirchliche Zwecke verfolgen; damit können auch beschränkt Steuerpflichtige die Vorteile des § 5 Abs. 1 Nr. 9 KStG in Anspruch nehmen (vgl. auch unter Tz. 2.1.1).

Die Begriffe der gemeinnützigen, mildtätigen und kirchlichen Zwecke ergeben sich aus den §§ 52 bis 54 AO. Wird die Tätigkeit im Rahmen der Erfüllung der Satzungszwecke einer juristischen Person ausgeübt, die wegen Förderung gemeinnütziger, mildtätiger oder kirchlicher Zwecke steuerbegünstigt ist, ist im Allgemeinen davon auszugehen, dass die Tätigkeit ebenfalls der Förderung dieser steuerbegünstigten Zwecke dient. Dies gilt auch dann, wenn die nebenberufliche Tätigkeit in einem sog. Zweckbetrieb i. S. der §§ 65 bis 68 AO ausgeübt wird (z. B. Übungsleiter im Rahmen – steuerbegünstigter – sportlicher Veranstaltungen, Erzieher in einer Erziehungseinrichtung der Fürsorgeerziehung oder der freiwilligen Erziehungshilfe nach § 68 Nr. 5 AO; zur nebenberuflichen Pflege i. S. des § 3 Nr. 26 EStG siehe auch Kröger, DStZ 1990 S. 79).

Der Förderung begünstigter Zwecke kann auch eine Tätigkeit für eine juristische Person des öffentlichen Rechts dienen. Dem steht nicht entgegen, dass die Tätigkeit in den Hoheitsbereich der juristischen Person des öffentlichen Rechts fallen kann (vgl. BMF vom 21.11.2014, BStBl 2014 I S. 1581).

Tätigkeiten im Rahmen eines steuerpflichtigen wirtschaftlichen Geschäftsbetriebes wie z. B. als Übungsleiter im Rahmen einer **steuerpflichtigen** Veranstaltung i. S. des § 67a AO oder der Vermögensverwaltung sind nicht nach § 3 Nr. 26 EStG begünstigt.

Erzielt der Steuerpflichtige Einnahmen, die teils für eine Tätigkeit, die unter § 3 Nr. 26 EStG fällt, und teils für eine andere Tätigkeit, die nicht unter § 3 Nr. 12, 26 oder 26a EStG fällt, gezahlt werden, ist lediglich für den entsprechenden Anteil nach § 3 Nr. 26 EStG der Freibetrag zu gewähren.

Der Freibetrag nach § 3 Nr. 26 EStG ist ein Jahresbetrag. Dieser wird auch dann nur einmal gewährt, wenn mehrere begünstigte Tätigkeiten ausgeübt werden. Er ist nicht zeitanteilig aufzuteilen, wenn die begünstigte Tätigkeit lediglich wenige Monate ausgeübt wird.

Die Steuerbefreiung ist auch bei Ehegatten personenbezogen vorzunehmen. Auch bei der Zusammenveranlagung von Ehegatten kann der Freibetrag demnach von jedem Ehegatten bis zur Höhe der Einnahmen, höchstens 2.400 Euro, die er für eine eigene begünstigte Tätigkeit erhält, in Anspruch genommen werden. Eine Übertragung des nicht ausgeschöpften Teils des Freibetrags eines Ehegatten auf höhere Einnahmen des anderen Ehegatten aus der begünstigten nebenberuflichen Tätigkeit ist nicht zulässig.

Unter einer **Tätigkeit als Übungsleiter, Ausbilder oder Erzieher** ist beispielsweise zu verstehen:

– die Tätigkeit eines Sporttrainers, Mannschaftsbetreuers, Jugendwarts
– die Tätigkeit eines Chorleiters oder Dirigenten
– die Lehr- und Vortragstätigkeiten im Rahmen der allgemeinen Bildung und Ausbildung (z. B. Kurse und Vorträge an Schulen, Volkshochschulen, Mütterberatung, Erste-Hilfe-Kurse, Schwimm-Unterricht, Ski-Unterricht, Musik-Unterricht) oder der beruflichen Aus- und Fortbildung (siehe dazu BFH vom 26.03.1992, BStBl 1993 II S. 20)
– Ärzte im Behinderten- und Koronarsport (vgl. Information der OFD Münster vom 07.05.2001, DB 2001 S. 1225)
– zur Tätigkeit als Konrektorassistentin an einer Universität siehe FG Berlin vom 12.10.2004 (EFG 2005 S. 340)
– nebenberuflich tätige Organisten können grundsätzlich die Begünstigungen des § 3 Nr. 26 EStG in Anspruch nehmen
– Vergütungen an Richter, Staatsanwälte und Verwaltungsbeamte des höheren Dienstes, die nebenamtlich als Leiter von Arbeitsgemeinschaften für Referendarinnen und Referendare tätig sind, fallen unter die Befreiungsvorschrift des § 3 Nr. 26 EStG

Seit dem 01.01.2000 ist auch die Tätigkeit des **„Betreuers"** nach § 3 Nr. 26 EStG begünstigt. Es handelt sich hierbei nicht um den Betreuer im Sinne des Betreuungsrechts, der z. B. eine Aufwandsentschädigung nach § 1835a BGB erhalten kann, sondern um denjenigen, der durch einen direkten pädagogisch ausgerichteten persönlichen Kontakt zu den von ihm betreuten Menschen dem Kernbereich des ehrenamtlichen Engagements zuzurechnen ist. Von den Regelungen des § 3 Nr. 26 EStG können also insbesondere Personen Gebrauch machen, die betreuend im Jugend- und Sportbereich gemeinnütziger Vereine tätig sind, z. B. Jugendleiter, Ferienbetreuer, Schulwegbegleiter (siehe Information der OFD Münster vom 07.05.2001, DB 2001 S. 1225, und FinMin Bayern vom 07.04.2004, DB 2004 S. 1177, sowie FG Schleswig-Holstein vom 21.08.2003, EFG 2003 S. 1595).

Die **nebenberufliche Pflege** alter, kranker oder behinderter Menschen umfasst außer der nebenberuflichen Dauerpflege auch nebenberufliche Hilfsdienste

– bei der häuslichen Betreuung durch ambulante Pflegedienste (z. B. bei der Grund- und Behandlungspflege, bei häuslichen Verrichtungen und Einkäufen, beim Schriftverkehr; so auch FG Hamburg vom 23.03.2006 II 317/04),
– bei der Altenhilfe nach dem Muster des § 75 Bundessozialhilfegesetz,

begünstigt sind auch

– die Tätigkeiten von Helfern der **Bahnhofsmission,** sofern es sich um Pflege- und Betreuungsleistungen handelt; sie sind ggf. im Schätzungswege in einen begünstigten und nicht begünstigten Teil aufzuteilen (vgl. R 3.26 Abs. 7 LStR 2015), lediglich für den begünstigten Anteil kann § 3 Nr. 26 EStG gewährt werden,
– die Vergütungen für die Tätigkeit von **Rettungssanitätern** in Rettungs- und Krankenwagen sowie im Rahmen von Großveranstaltungen sind bei Vorliegen aller

4.6 Steuerfreie Aufwandsentschädigungen

Voraussetzungen – insgesamt nach § 3 Nr. 26 EStG – begünstigt; die Einnahmen dieser ehrenamtlichen Rettungskräfte sind nicht in solche aus Rettungseinsätzen und solche aus Bereitschaftszeiten aufzuteilen,

– Vergütungen der **Rettungsschwimmer,** sie fallen in vollem Umfang unter § 3 Nr. 26 EStG,

nicht oder nur teilweise begünstigt sind

– die eigentlichen Tätigkeiten im **Hausnotrufdienst,** sie fallen nicht unter § 3 Nr. 26 EStG; der Freibetrag nach § 3 Nr. 26 EStG ist zu gewähren, soweit die Helfer tatsächliche Rettungseinsätze leisten; als Orientierungsgröße kann m. E. davon ausgegangen werden, dass 50 % der Vergütungen auf eine nach § 3 Nr. 26 EStG begünstigte Tätigkeit entfallen,

– Fahrer und Beifahrer im **Behindertentransport,** ihre Vergütungen sind regelmäßig zu 50 % als nach § 3 Nr. 26 EStG begünstigte Zahlungen einzustufen,

– Helfer des **Mahlzeitendienstes,** sie erbringen keine begünstigten Tätigkeiten i. S. des § 3 Nr. 26 EStG

(ausführlich hierzu siehe Wagner in FR 1991 S. 683, Bergkemper in H/H/R zu § 3 Nr. 26 EStG und in R 3.26 Abs. 1 LStR 2015).

Nicht unter die Tätigkeiten des § 3 Nr. 26 EStG fallen Vorstandsmitglieder, Vereinskassierer, der Geräte- oder Platzwart eines Sportvereins, die Putzfrau oder der Hausmeister einer steuerbegünstigten Einrichtung. Spesen, die einem Schiedsrichter vom Deutschen Fußball-Bund oder einem anderen Sportverband gezahlt werden, gehören nicht zu den nach § 3 Nr. 26 EStG begünstigten Entschädigungen. Sie sind entweder nach § 3 Nr. 26a EStG – bis zu 720 Euro – begünstigt (siehe Tz. 4.6.2) oder sie sind als steuerpflichtige Einnahmen nach § 22 Nr. 3 EStG zu behandeln (siehe OFD Berlin vom 21.02.1996, DB 1996 S. 1497, und BFH vom 01.06.2004 XI B 117/02, BFH/NV 2004 S. 1405). Zu den „Arbeitgeberpflichten" einer gemeinnützigen Körperschaft siehe auch Tz. 2.19.7.1.

Auch die Aufwandsentschädigungen, die sog. Patientenfürsprecher erhalten oder an Statisten bei Theateraufführungen gezahlt werden, fallen ebenso wenig unter die Vorschrift des § 3 Nr. 26 EStG wie Zahlungen an Küchen- oder Reinigungspersonal in Altenheimen, Krankenhäuser etc.

Ebenso sind Unterrichtstätigkeiten durch Lehrer an verschiedenen Schulen, wie z. B. die Lehrtätigkeit einer Musikschullehrerin an einer Musikhochschule nicht als nebenberufliche Tätigkeit einzuordnen und somit nicht durch § 3 Nr. 26 EStG begünstigt (siehe FG Berlin vom 08.08.1989, EFG 1990 S. 220; FG Saarland vom 15.10.1986, EFG 1987 S. 107; FG Hamburg vom 13.07.1989, EFG 1990 S. 163).

Nebenberufliche künstlerische Tätigkeiten i. S. des § 3 Nr. 26 EStG können nach Thiel/Eversberg (DB 1991 S. 118) Tätigkeiten als Kirchenmusiker, Opernsäger, Statist (siehe auch das Sächsische FG vom 06.03.2006, EFG 2006 S. 1036) etc. sein; sie rechnen jedoch (m. E. zu Recht) Musikanten auf Kirmesveranstaltungen, auf Schützen- oder Volksfesten nicht hierzu (zu einer Betriebsausgabenpauschale für Volksmusiker siehe DB 1990 S. 2299).

Ist die betreffende Person für die begünstigte Einrichtung z. B. als Vereinsvorsitzender für die allgemeinen Belange der Körperschaft zuständig und erbringt sie daneben (auch) Dienstleistungen, die zu den begünstigten Tätigkeiten nach § 3 Nr. 26 EStG zählen, kann die ausgezahlte (Gesamt-)Aufwandsentschädigung im Wege einer **sachgerechten Schätzung teilweise der begünstigten Tätigkeit zugeordnet**

4 Andere Steuergesetze

werden (vgl. hierzu OFD Frankfurt a. M. vom 04.02.1993, FR 1993 S. 342, betr. die Aufteilung bei Tätigkeiten der Bahnhofsmission).

Zur steuerlichen Einordnung der Tagegelder an ehrenamtlich tätige Vereinsfunktionäre, soweit sie nicht unter die Befreiung nach § 3 Nr. 26 EStG (oder § 3 Nr. 26a EStG) fallen, siehe BMF vom 13.03.1996 (DB 1996 S. 960).

Eine Tätigkeit in einem **steuerpflichtigen wirtschaftlichen Geschäftsbetrieb** einer im Übrigen steuerbegünstigten Körperschaft erfüllt dagegen nicht das Merkmal der Förderung gemeinnütziger, mildtätiger oder kirchlicher Zwecke (z. B. Übungsleiter, Trainer im Rahmen einer steuerpflichtigen sportlichen Veranstaltung – vgl. Tz. 2.19; siehe auch R 3.26 Abs. 5 LStR 2015).

Beim Lohnsteuerabzug ist eine zeitanteilige Aufteilung des Freibetrags nicht erforderlich. Dies gilt auch dann, wenn feststeht, dass das Dienstverhältnis nicht bis zum Ende des Kalenderjahres besteht. Der Arbeitnehmer hat dem Arbeitgeber jedoch schriftlich zu bestätigen, dass die Steuerbefreiung nach § 3 Nr. 26 EStG nicht bereits in einem anderen Dienst- oder Auftragsverhältnis berücksichtigt worden ist oder berücksichtigt wird. Diese Erklärung ist zum Lohnkonto zu nehmen.

Die **Rückspende** einer steuerfrei ausgezahlten Aufwandsentschädigung oder Vergütung an die steuerbegünstigte Körperschaft ist grundsätzlich zulässig. Für den Spendenabzug sind weiterhin die Grundsätze des aufgehobenen BMF-Schreibens vom 07.06.1999 (BStBl 1999 I S. 591) zur Anerkennung sog. Aufwandsspenden an gemeinnützige Vereine zu beachten (vgl. BMF vom 25.11.2014, BStBl 2014 I S. 158,4 und Tz. 3.3.2.7).

4.6.2 Aufwandsentschädigungen für Vorstandsmitglieder usw.
(§ 3 Nr. 26a EStG)

§ 3 EStG

Steuerfrei sind

.....

26a. Einnahmen aus nebenberuflichen Tätigkeiten im Dienst oder im Auftrag einer juristischen Person des öffentlichen Rechts, die in einem Mitgliedstaat der Europäischen Union oder in einem Staat belegen ist, auf den das Abkommen über den Europäischen Wirtschaftsraum Anwendung findet, oder einer unter § 5 Absatz 1 Nummer 9 des Körperschaftsteuergesetzes fallenden Einrichtung zur Förderung gemeinnütziger, mildtätiger und kirchlicher Zwecke (§§ 52 bis 54 der Abgabenordnung) bis zur Höhe von insgesamt 720 Euro im Jahr. $_2$Die Steuerbefreiung ist ausgeschlossen, wenn für die Einnahmen aus der Tätigkeit – ganz oder teilweise – eine Steuerbefreiung nach § 3 Nummer 12, 26 oder 26b gewährt wird. $_3$Überschreiten die Einnahmen für die in Satz 1 bezeichneten Tätigkeiten den steuerfreien Betrag, dürfen die mit den nebenberuflichen Tätigkeiten in unmittelbarem wirtschaftlichen Zusammenhang stehenden Ausgaben abweichend von § 3c nur insoweit als Betriebsausgaben oder Werbungskosten abgezogen werden, als sie den Betrag der steuerfreien Einnahmen übersteigen;

.....

Ab dem Veranlagungszeitraum 2007 sind Einnahmen aus jeglicher nebenberuflichen Tätigkeit im Dienst oder Auftrag einer juristischen Person des öffentlichen Rechts, die in einem Mitgliedstaat der Europäischen Union oder in einem Staat belegen ist, auf den das Abkommen über den Europäischen Wirtschaftsraum Anwendung findet, oder einer unter § 5 Abs. 1 Nr. 9 KStG fallenden Einrichtung zur

Förderung gemeinnütziger, mildtätiger und kirchlicher Zwecke bis zu einer Höhe von insgesamt 720 Euro im Jahr steuerfrei. Dieser Freibetrag wurde im Rahmen des Ehrenamtsstärkungsgesetz vom 21.03.2013 von 500 Euro auf **720 Euro** angehoben und gilt ab dem Veranlagungszeitraum 2013 für alle nebenberuflichen Betätigungen im Ehrenamt, also insbesondere für Personen, die **nicht** als nebenberufliche Übungsleiter, Ausbilder, Erzieher, Betreuer, Pflegepersonen oder mit einer nebenberuflichen künstlerischen Tätigkeit i. S. des § 3 Nr. 26 EStG eingestuft werden können, wie der Vorstand eines Vereins, der Platzwart eines gemeinnützigen Sportvereins oder sonstige Helfer (zu diesem Personenkreis verweise ich auf die oben gemachten Ausführungen). Er ist als eigenständiger Freibetrag für Vergütungen zu verstehen, die für Tätigkeiten gezahlt werden, die nicht bereits nach § 3 Nr. 26 EStG steuerfrei ausgezahlt werden können. Mit § 3 Nr. 26a EStG ist jedoch keine weitere Aufstockung der Freibeträge für Nebenberufler i. S. von § 3 Nr. 26 EStG verbunden.

Beispiel:
Der Steuerpflichtige ist bei dem als gemeinnützig anerkannten Sportverein als Übungsleiter nebenberuflich tätig. Er hat mit dem Verein einen Vertrag abgeschlossen (zu Musterverträgen für Übungsleiter siehe unter Tz. 17.8 im DFB-Steuer-Handbuch, herausgegeben vom Deutschen Fußball-Bund) und erzielt auf dieser Grundlage jährlich eine Vergütung i. H. von 2.000 €. Gleichzeitig hat der Verein ihn als Geschäftsführer eingestellt und zahlt ihm für diese nebenberufliche Tätigkeit eine Vergütung von monatlich 100 € (= 1.200 € im Jahr). Die Gesamtvergütung beläuft sich also auf 3.200 € im Jahr.

Der Verein kann die Übungsleitervergütung insgesamt steuerfrei nach § 3 Nr. 26 EStG auszahlen, da sie den Betrag von 2.400 € nicht überschreitet. Für die Geschäftsführung kann der Verein bzw. der Steuerpflichtige den Freibetrag nach § 3 Nr. 26a EStG i. H. von 720 € in Anspruch nehmen, sodass von der Gesamtvergütung von 3.200 € ein Betrag von 480 € einkommen- bzw. lohnsteuerpflichtig ist.

Abwandlung:
Der Steuerpflichtige erhält für seine nebenberufliche Übungsleitertätigkeit insgesamt eine Vergütung i. H. von 3.200 €. Eine Geschäftsführertätigkeit wird von ihm nicht ausgeführt.

Der Verein bzw. der Steuerpflichtige kann hier nur den Freibetrag nach § 3 Nr. 26 EStG i. H. von 2.400 € in Anspruch nehmen, sodass insgesamt ein Betrag von 800 € einkommen- bzw. lohnsteuerpflichtig ist.

Hinweis: Im Vereinsrecht besteht die Besonderheit, dass der Vorstand nach den Regelungen in § 27 Abs. 3, §§ 664 ff. BGB keinen Anspruch auf eine Vergütung für seine Organtätigkeit hat. Will ein Verein seine Organmitglieder für die Erledigung ihrer Aufgaben bezahlen, muss dies in der Satzung ausdrücklich vorgesehen sein. Das gilt auch dann, wenn an den Vorstand Zahlungen im Rahmen der Regelungen des § 3 Nr. 26a EStG geleistet werden (vgl. BMF vom 14.10.2009, BStBl 2009 I S. 1318; zu den bis zum 31.12.2010 geltenden Billigkeitsregelungen und den Vorschlägen zur Anpassung der Satzung siehe ausführlich in Tz. 2.5.7).

Das BMF hat umfassend zu den Regelungen des § 3 Nr. 26a EStG in seinem Schreiben vom 25.11.2014 Stellung genommen (IV C 4 – S 2121/07/0010 :032, 2014/0847902, BStBl 2014 I S. 1581). Weitere Ausführungen hierzu siehe unter Tz. 2.1.2.2 und Tz. 3.3.2.7, zum Begriff „Ehrenamt" siehe u. a. Tz. 2.5.7.

Die auch zu § 3 Nr. 26 EStG geltenden Aussagen zur Nebenberuflichkeit, zu den Auftraggebern/Arbeitgebern, zur Förderung der begünstigten Zwecke, zur Abgrenzung verschiedener Tätigkeiten, zum Lohnsteuerabzugsverfahren, zur

Rückspendenmöglichkeit etc. gelten auch in Bezug auf die Vorschrift des § 3 Nr. 26a EStG sinngemäß (siehe auch unter Tz. 4.6.1).

Ein Leitfaden, den das Finanzministerium Baden-Württemberg zum Umgang mit der sog. Ehrenamtspauschale i. S. des § 3 Nr. 26a EStG herausgegeben hat, steht unter www.vereinsbesteuerung.info/pdf/ehrenamtsfreibetrag_bw_II.pdf zum Download zur Verfügung.

4.7 Grundsteuer

§ 3 GrStG: Steuerbefreiung für Grundbesitz bestimmter Rechtsträger

(1) ₁Von der Grundsteuer sind befreit:

.....

3. Grundbesitz, der von

    a) einer inländischen juristischen Person des öffentlichen Rechts,

    b) einer inländischen Körperschaft, Personenvereinigung oder Vermögensmasse, die nach der Satzung, dem Stiftungsgeschäft oder der sonstigen Verfassung und nach ihrer tatsächlichen Geschäftsführung ausschließlich und unmittelbar gemeinnützigen oder mildtätigen Zwecken dient,

    für gemeinnützige oder mildtätige Zwecke benutzt wird;

.....

₂Der Grundbesitz muß ausschließlich demjenigen, der ihn für die begünstigten Zwecke benutzt, oder einem anderen nach den Nummern 1 bis 6 begünstigten Rechtsträger zuzurechnen sein. . . . . . .

§ 4 GrStG: Sonstige Steuerbefreiungen

Soweit sich nicht bereits eine Befreiung nach § 3 ergibt, sind von der Grundsteuer befreit

1. Grundbesitz, der dem Gottesdienst einer Religionsgesellschaft, die Körperschaft des öffentlichen Rechts ist, oder einer jüdischen Kultusgemeinde gewidmet ist;

.....

6. Grundbesitz, der für Zwecke eines Krankenhauses benutzt wird, wenn das Krankenhaus in dem Kalenderjahr, das dem Veranlagungszeitpunkt (§ 13 Abs. 1) vorangeht, die Voraussetzungen des § 67 Abs. 1 oder 2 der Abgabenordnung erfüllt hat. ₂Der Grundbesitz muß ausschließlich demjenigen, der ihn benutzt, oder einer juristischen Person des öffentlichen Rechts zuzurechnen sein.

Einzelheiten zu den aufgeführten Befreiungsbestimmungen ergeben sich aus den Abschnitten 12, 13, 17 und 23 der **Grundsteuer-Richtlinien.**

Weitere Anweisungen zur grundsteuerlichen Behandlung von Grundbesitz, der für sportliche Zwecke benutzt wird, enthalten die Erlasse der obersten Finanzbehörden der Länder vom 15.03.1984 (BStBl 1984 I S. 313).

Zur Unterhaltung von Parkplätzen und Parkhäusern als unentbehrliche Hilfstätigkeit zur Verwirklichung des begünstigten Zwecks wird auf die gleichlautenden Erlasse vom 20.06.1977 (BStBl 1977 I S. 351) hingewiesen.

4.8 Erbschaftsteuer und Schenkungsteuer

§ 13 ErbStG: Steuerbefreiungen

(1) Steuerfrei bleiben

.....

16. Zuwendungen

   a) an inländische Religionsgesellschaften des öffentlichen Rechts oder an inländische jüdische Kultusgemeinden,

   b) an inländische Körperschaften, Personenvereinigungen und Vermögensmassen, die nach der Satzung, dem Stiftungsgeschäft oder der sonstigen Verfassung und nach ihrer tatsächlichen Geschäftsführung ausschließlich und unmittelbar kirchlichen, gemeinnützigen oder mildtätigen Zwecken dienen. ₂Die Befreiung fällt mit Wirkung für die Vergangenheit weg, wenn die Voraussetzungen für die Anerkennung der Körperschaft, Personenvereinigung oder Vermögensmasse als kirchliche, gemeinnützige oder mildtätige Institution innerhalb von zehn Jahren nach der Zuwendung entfallen und das Vermögen nicht begünstigten Zwecken zugeführt wird,

   c) an ausländische Religionsgesellschaften, Körperschaften, Personenvereinigungen und Vermögensmassen der in den Buchstaben a und b bezeichneten Art unter der Voraussetzung, daß der ausländische Staat für Zuwendungen an deutsche Rechtsträger der in den Buchstaben a und b bezeichneten Art eine entsprechende Steuerbefreiung gewährt und das Bundesministerium der Finanzen dies durch förmlichen Austausch entsprechender Erklärungen mit dem ausländischen Staat feststellt;

17. Zuwendungen, die ausschließlich kirchlichen, gemeinnützigen oder mildtätigen Zwecken gewidmet sind, sofern die Verwendung zu dem bestimmten Zweck gesichert ist;

.....

4.8.1 Voraussetzungen für die Steuerbefreiungen

Nach § 13 Abs. 1 Nr. 16 Buchst. a und b ErbStG sind nur Zuwendungen an **inländische** Institutionen steuerbefreit. Zuwendungen an **ausländische Einrichtungen** der genannten Art können lediglich unter den in § 13 Abs. 1 Nr. 16 Buchst. c ErbStG genannten Voraussetzungen bzw. nach § 13 Abs. 1 Nr. 17 ErbStG befreit werden. Die persönliche Begünstigung nach § 13 Abs. 1 Nr. 16 Buchst. a ErbStG erstreckt sich auf alle Organe und Einrichtungen, die notwendige Bestandteile der Religionsgesellschaft und zugleich selbständige Träger des den Zwecken der Religionsgesellschaften dienenden Vermögens sind. Geistliche Orden, Kongregationen, Klöster u. Ä. sind nicht Bestandteile der Kirchen und Religionsgesellschaften (zur Rechtspersönlichkeit einer katholischen Pfarrgemeinde siehe BFH vom 19.02.1998, BStBl 1998 II S. 509); bei Zuwendungen an derartige Einrichtungen wird im Allgemeinen § 13 Abs. 1 Nr. 16 Buchst. b ErbStG anzuwenden sein.

Zuwendungen sind nach § 13 Abs. 1 Nr. 16 Buchst. b ErbStG steuerfrei, wenn sie

– an eine **inländische** Körperschaft, Personenvereinigung oder Vermögensmasse gegeben wurden (Körperschaften hier i. S. des § 1 KStG, siehe auch Tz. 2.1.1)

– und **im Zeitpunkt der Zuwendung** nach der Satzung, dem Stiftungsgeschäft oder der sonstigen Verfassung kirchlichen, gemeinnützigen oder mildtätigen Zwecken dienen. Die Satzung der Körperschaft muss den Anforderungen der §§ 59 bis 62 AO genügen (die sog. formelle Satzungsmäßigkeit muss im Zeitpunkt der

Zuwendung erfüllt sein; Hinweis hierzu u. a. auf AEAO Nr. 1 zu § 60 AO, Anhang 1).

– Die Körperschaft muss mit der tatsächlichen Geschäftsführung ausschließlich und unmittelbar den begünstigten Zwecken dienen.

Für die Auslegung der Begriffe kirchlich, gemeinnützig und mildtätig gelten die Bestimmungen der §§ 51 bis 68 AO. Das ErbStG stellt hier allgemein auf die Verfolgung gemeinnütziger Zwecke ab.

Auf der Grundlage des BFH-Urteils vom 10.04.1991 (BStBl 1992 II S. 41) wird gelegentlich die Auffassung vertreten, dass Zuwendungen an gemeinnützige Körperschaften schon dann erbschaftsteuerpflichtig sind, wenn die begünstigte Körperschaft einen steuerpflichtigen Geschäftsbetrieb nach § 64 AO oder auch einen Zweckbetrieb i. S. der §§ 65 bis 68 AO unterhält. Thiel hat in seinem Beitrag in DB 1993 S. 2452 überzeugend dargelegt, dass diese zu § 7 Abs. 1 Nr. 1 KVStG ergangene Rechtsprechung nicht auf das ErbStG übertragen werden kann. Er hat sich dabei u. a. auf den Erlass des FinMin Mecklenburg-Vorpommern vom 10.06.1993 (DB 1993 S. 1494) bezogen (vgl. dazu auch FinMin Nordrhein-Westfalen vom 17.01.1995, DB 1995 S. 553).

> Zuwendungen an eine Körperschaft, die kirchlichen, gemeinnützigen oder mildtätigen Zwecken dient, unterliegen nur dann und insoweit dem ErbStG, als sie in einem steuerpflichtigen wirtschaftlichen Geschäftsbetrieb i. S. des § 64 AO tatsächlich verwendet (= verbraucht) werden.

Wenn sichergestellt ist, dass mit der Zuwendung mittelbar (noch) die steuerbegünstigten Zwecke verwirklicht werden, kann auch eine Zuwendung in/für einen steuerpflichtigen wirtschaftlichen Geschäftsbetrieb erbschaftsteuerfrei erfolgen. Die in Tz. 3.10 aufgezeigten Beispiele für spendenbegünstigte Zuwendungen in/für steuerpflichtige wirtschaftliche Geschäftsbetriebe gelten hier sinngemäß (siehe hierzu auch Thiel, a. a. O., unter II. 5, bestätigt durch FG Nürnberg vom 30.09.1997, EFG 1998 S. 121; zu dieser Frage siehe auch Götz in NWB 2008 Fach 2 S. 9757 [9769 f.]).

Zu den nach § 13 Abs. 1 Nr. 16 Buchst. b ErbStG steuerfreien Zuwendungen zählen (mit Ausnahme der für einen Verbrauch in einem wirtschaftlichen Geschäftsbetrieb der späteren Stiftung bestimmten Vermögenswerte) auch Zuwendungen im Zuge eines Vermögensübergangs auf eine vom Erblasser angeordnete Stiftung oder aufgrund eines Stiftungsgeschäfts unter Lebenden, sofern die Stiftung nach dem Willen des Erblassers (Schenkers) kirchlichen, gemeinnützigen oder mildtätigen Zwecken dienen soll und die Stiftung zur Zeit der Entstehung der Steuer die Voraussetzungen für eine Anerkennung als kirchlich, gemeinnützig oder mildtätig erfüllt (zum maßgebenden Zeitpunkt des Vermögensübergangs bei Gründung einer Stiftung siehe BFH vom 25.10.1995, BStBl 1996 II S. 99).

Auch dann, wenn die gemeinnützige Stiftung im Rahmen des § 58 Nr. 6 AO verpflichtet ist, den Stifter und seine Angehörigen zu unterhalten, geht dadurch die Gemeinnützigkeit für die Stiftung nicht verloren. Das gilt auch für die Steuerbefreiung des Vermögensübergangs auf die Stiftung nach § 13 Abs. 1 Nr. 16 Buchst. b ErbStG. Allerdings bildet die Zuwendung eines Rechts oder eines anderen Vermögensvorteils an Angehörige des Stifters oder sonstige Personen, z. B. die Auflage des Stifters, dass die Stiftung zukünftig eine Rente aus ihrem Vermögen zu zahlen hat, eine schenkungsteuerbare Leistung des Stifters an die begünstigte Person/seine Angehörigen (siehe dazu ausführlich Schauhoff, DB 1996 S. 1693).

Die Freistellung einer Zuwendung von der Erbschaftsteuer entfällt nachträglich, wenn

- die Voraussetzungen für die Anerkennung als steuerbegünstigte Körperschaft nach §§ 51 bis 68 AO innerhalb von **10 Jahren** nach dem Zeitpunkt der Zuwendung **entfallen**

und

- das betreffende Vermögen (die ursprüngliche Zuwendung) nicht begünstigten Zwecken zugeführt wird bzw. im Zeitpunkt der Aberkennung der Steuerbegünstigung noch nicht für die begünstigten Zwecke verbraucht ist.

Ist für andere Steuerarten, wie z. B. die Körperschaft- oder Umsatzsteuer, entschieden, dass die Körperschaft die Vergünstigungen wegen Verfolgung gemeinnütziger, kirchlicher oder mildtätiger Zwecke nicht (mehr) in Anspruch nehmen kann, ist grundsätzlich auch für den Bereich der Erbschaftsteuer zu prüfen, ob eine Nacherhebung von Erbschaftsteuer in Betracht kommt. Da zwischen den Entscheidungen bei den übrigen Steuerarten und der Erbschaftsteuer jedoch kein Verhältnis wie zwischen Grundlagen- und Folgebescheiden besteht, sind die gemeinnützigkeitsrechtlichen Verstöße im Erbschaftsteuer-Verfahren eigenständig darzulegen. In diesem Zusammenhang ist auch auf die Regelungen in § 13 Abs. 1 Nr. 17 ErbStG hinzuweisen. Danach sind unabhängig von der steuerlichen „Qualität" des Zuwendungsempfängers selbst stets die Zuwendungen, die ausschließlich kirchlichen, gemeinnützigen oder mildtätigen Zwecken gewidmet sind und deren Verwendung zu diesen Zwecken gesichert ist, erbschaft- oder schenkungsteuerfrei. Da die Befreiungen nach dem ErbStG lediglich auf die Sicherung der Verwendung für steuerbegünstigte Zwecke abhebt, also eine zeitnahe Verwendung für steuerbegünstigte Zwecke nicht verlangt, wird eine nachträgliche Besteuerung von Zuwendungen nur erfolgen, wenn

- im Zeitpunkt des Verlustes der Steuerbefreiung wegen Verfolgung kirchlicher, gemeinnütziger oder mildtätiger Zwecke
- die ursprünglich erbschaft- bzw. schenkungsteuerfrei belassenen Zuwendungen noch nicht für die steuerbegünstigten Zwecke verbraucht sind
- und eine zukünftige begünstigte Verwendung nicht gesichert ist.

Deshalb führt z. B. eine nur vorübergehende Aberkennung der Steuerbefreiung (z. B. wenn die Körperschaft ihre Mittel nicht zeitnah verwendet hat, § 63 Abs. 4 AO) nicht zur Nachversteuerung von Zuwendungen nach dem ErbStG.

Eine Nachversteuerung kommt daher insbesondere in folgenden Fällen in Betracht:

- Eine steuerbegünstigte Körperschaft ändert die Satzungsbestimmungen zum Vermögensanfall. Danach ist die (dauerhafte) Bindung/Verwendung der Zuwendungen für steuerbegünstigte Zwecke nicht mehr gesichert (siehe hierzu auch § 61 Abs. 3 AO, Tz. 2.12).

- Eine steuerbegünstigte Körperschaft verstößt mit der tatsächlichen Geschäftsführung schwerwiegend gegen den Grundsatz der Selbstlosigkeit (kehrt z. B. wesentliche Teile des Vereinsvermögens an seine Mitglieder aus).

- Die steuerbegünstigte Körperschaft hat die tatsächliche Geschäftsführung geändert. Künftig verfolgt sie keine steuerbegünstigten Zwecke mehr. Nach der Satzung (= Vermögensanfall bei Wegfall steuerbegünstigter Zwecke) wäre sie zwar verpflichtet, ihr Vermögen steuerbegünstigten Zwecken zuzuführen. Die Körperschaft behält jedoch ihr Vermögen und setzt damit die (neue) geänderte Geschäftsführung fort.

Beispiel:
Der bisher stets als gemeinnützig anerkannte Golfsportverein ändert seine Beitrags- und Aufnahmeregelungen. Künftig hat die Allgemeinheit keinen Zugang mehr zu dem Verein. Mit Änderung der Beitragsregelungen hat der Verein seine gemeinnützige Tätigkeit eingestellt.

Hinweis: Auch bei rückwirkendem Wegfall der Steuerbefreiung gilt für Einzelzuwendungen ein Freibetrag von 2.000 Euro (§ 16 Abs. 2 ErbStG).

4.8.2 Erlöschen der Erbschaft- und Schenkungsteuer in besonderen Fällen nach § 29 Abs. 1 Nr. 4 ErbStG

Nach § 29 Abs. 1 Nr. 4 ErbStG erlischt die Erbschaft-/Schenkungsteuer mit Wirkung für die Vergangenheit, soweit von Todes wegen oder durch Schenkung unter Lebenden erworbene Vermögensgegenstände innerhalb von 24 Monaten nach dem Zeitpunkt der Entstehung der Steuer einer inländischen, als gemeinnützig anerkannten Stiftung zugewendet werden. Ausgenommen sind Stiftungen, die einen Zweck nach § 52 Abs. 2 Nr. 23 AO fördern, sowie Stiftungen, die Leistungen i. S. des § 58 Nr. 6 AO an den Erwerber oder seine nächsten Angehörigen zu erbringen haben. Außerdem darf für die Zuwendung nicht die Vergünstigung gem. § 10b EStG, § 9 Abs. 1 Nr. 2 KStG oder § 9 Nr. 5 GewStG in Anspruch genommen werden.

Der Zuwendende kann somit zwischen der Freistellung von der Erbschaft-/Schenkungsteuer und dem steuerlichen Spendenabzug wählen. Für das Jahr der Zuwendung ist bei der Einkommensteuer, Körperschaftsteuer oder Gewerbesteuer unwiderruflich zu erklären, in welcher Höhe die Zuwendung als Spende zu berücksichtigen ist (§ 29 Abs. 1 Nr. 4 Satz 3 ErbStG). Dieses Wahlrecht wird – unwiderruflich – mit der Geltendmachung des steuerlichen Spendenabzugs für das Jahr der Zuwendung nach § 10b Abs. 1 EStG, § 9 Abs. 1 Nr. 2 KStG und § 9 Nr. 5 Satz 1 bis 4 GewStG ausgeübt. Diese Erklärung ist für die Festsetzung der Erbschaft-/Schenkungsteuer bindend.

Das Wahlrecht des § 29 Abs. 1 Nr. 4 ErbStG gilt auch für Zuwendungen anlässlich der **Neugründung in den Vermögensstock** einer Stiftung. Gemäß § 10b Abs. 1a EStG, § 9 Nr. 5 Satz 5 bis 7 GewStG können diese Zuwendungen im Jahr der Zuwendung und in den folgenden 9 Veranlagungszeiträumen nach Antrag des Steuerpflichtigen bis zu einem Betrag von 1 Mio. Euro (bei Ehegatten, die nach den §§ 26, 26b EStG zusammen veranlagt werden, bei der Einkommensteuer bis zu einem Gesamtbetrag von 2 Mio. Euro) abgezogen werden. Auch insoweit muss der Stifter im Veranlagungsverfahren für das Jahr der Zuwendung unwiderruflich erklären, in welchem Umfang die Vermögensausstattung der neu gegründeten Stiftung in dem in Betracht kommenden Zehnjahreszeitraum bei der Einkommen- und Gewerbesteuer berücksichtigt werden soll und damit auf das Erlöschen des Erbschaft- bzw. Schenkungsteueranspruchs verzichtet wird.

Um eine doppelte Berücksichtigung für dieselbe Zuwendung zu verhindern, teilen die Erbschaft-/Schenkungsteuerstellen den Veranlagungsstellen schriftlich mit, dass das Erlöschen der Erbschaftsteuer nach § 29 Abs. 4 ErbStG begehrt wird.

Die **Rückabwicklung der Erbschaft- oder Schenkungsteuer** auf die ursprüngliche Zuwendung ist gem. § 29 Abs. 1 Nr. 4 Satz 2 1. Alternative ErbStG ausgeschlossen, wenn die Stiftung Leistungen i. S. des § 58 Nr. 6 AO (vgl. ausführlich Tz. 2.8.5) an den Stifter oder seine nächsten Angehörigen zu erbringen hat. Die Rückabwicklung scheidet bereits dann aus, wenn die Stiftung zu entsprechenden Leistungen dem Grunde nach verpflichtet ist. Der Wortlaut des § 29 Abs. 1 Nr. 4 ErbStG kann nicht dahingehend verstanden werden, dass die Rückabwicklung nur in den Fällen ausscheidet, in denen der Destinatär einen Rechtsanspruch auf eine Leistung nach § 58 Nr. 6 AO hat (siehe dazu ausführlich Kirchhain, S. 317 ff. in Gemeinnützige Familienstiftung, Verlag Peter Lang).

4.8.3 Zuwendungen an ausländische Einrichtungen

Nach § 13 Abs. 1 Nr. 16 Buchst. c ErbStG sind Zuwendungen an ausländische Religionsgemeinschaften bzw. gemeinnützige Institutionen steuerbefreit, soweit der ausländische Staat für Zuwendungen an entsprechende deutsche Rechtsträger ebenfalls eine Steuerbefreiung gewährt und das BMF dies durch förmlichen Austausch entsprechender Erklärungen mit dem ausländischen Staat feststellt. Ist diese Gegenseitigkeit nicht gegeben, kann des Weiteren die Befreiungsvorschrift des § 13 Abs. 1 Nr. 17 ErbStG geprüft werden, wonach auch Zuwendungen an ausländische Institutionen zur Verwendung für die bezeichneten Zwecke im Ausland steuerbefreit sind (siehe auch BFH vom 04.09.1996 II R 21/95, BFH/NV 1997 S. 231). Es muss sich hierbei allerdings um begünstigte Zwecke im Sinne des deutschen Steuerrechts handeln. Durch eine Auflage muss die Verwendung für die begünstigten Zwecke ausdrücklich bestimmt sein. Die Verwendung einer Zuwendung zu den genannten Zwecken wird im Allgemeinen als gesichert angesehen werden können, wenn die Verwendung durch eine öffentliche Behörde, einen Beamten in amtlicher Eigenschaft oder eine Religionsgesellschaft erfolgt oder von diesen beaufsichtigt wird.

4.9 Lotteriesteuer

§ 18 Rennwett- und Lotteriegesetz

> Von der Besteuerung ausgenommen sind
> 1. Ausspielungen,
>   a) bei denen Ausweise nicht erteilt werden oder
>   b) bei denen der Gesamtpreis der Lose einer Ausspielung den Wert von 650 Euro nicht übersteigt,
>
>   es sei denn, daß der Veranstalter ein Gewerbetreibender oder Reisegewerbetreibender im Sinne des Gewerberechts ist oder daß die Gewinne ganz oder teilweise in barem Geld bestehen;
> 2. von den zuständigen Behörden genehmigte Lotterien und Ausspielungen, bei denen der Gesamtpreis der Lose einer Lotterie oder Ausspielung
>   a) bei Lotterien und Ausspielungen zu ausschließlich gemeinnützigen, mildtätigen oder kirchlichen Zwecken den Wert von 40.000 Euro,
>   b) in allen anderen Fällen den Wert von 240 Euro nicht übersteigt.

Für die Auslegung der Begriffe „gemeinnützige, mildtätige und kirchliche Zwecke" sind die §§ 51 bis 68 AO maßgebend.

Es ist nicht erforderlich, dass der Veranstalter selbst ausschließlich begünstigte Zwecke verfolgt. Die jeweilige Lotterie oder Ausspielung muss vielmehr **ausschließlich** (eventuell) im Rahmen einer sonstigen Festlichkeit **zu den begünstigten Zwecken** veranstaltet und der Erlös unmittelbar diesen Zwecken zugeführt werden. Die durch die Ausspielung selbst entstandenen Kosten des Veranstalters können aus dem Erlös gedeckt werden. Die Befreiungsbestimmung ist aber nur anwendbar, wenn mindestens ein Viertel der Einsatzsumme (des Spielkapitals) für die begünstigten Zwecke verbleibt. Wird eine dahingehende Bedingung im Genehmigungsbescheid nicht erfüllt, so ist die Befreiungsbestimmung nicht anwendbar (BFH vom 07.07.1954, BStBl 1954 III S. 244).

Eine Lotterie oder Ausspielung liegt vor (vgl. Rau/Dürrwächter/Flick/Geist, Kommentar zum UStG, Anm. 155 zu § 4 Nr. 9 UStG), wenn eine Mehrzahl von Personen vertragsgemäß die Möglichkeit hat, nach einem bestimmten Spielplan einen bestimmten Gewinn zu machen, dessen Erzielung, den Mitspielern erkennbar, vom Zufall abhängt. Üblicherweise spricht man von einer Lotterie, wenn der Gewinn in Geld besteht, und von einer Ausspielung, wenn der Gewinn in Sachen besteht.

Veranstaltet eine gemeinnützige Körperschaft eine Lotterie oder Ausspielung in der in § 18 RennwLottG bezeichneten Form und werden dabei die dort genannten Grenzen nicht überschritten, sind diese Vorgänge von der Rennwett- und Lotteriesteuer befreit. Das UStG befreit nach § 4 Nr. 9 Buchst. b UStG nur die Lotterien von der Umsatzsteuer, die der Rennwett- und Lotteriesteuer unterliegen. Das heißt also, dass Lotterieeinnahmen, die nicht der Rennwett- und Lotteriesteuer unterliegen, stets umsatzsteuerpflichtig sind (§ 4 Nr. 9 Buchst. b Satz 2 UStG). Der Steuersatz, mit dem die Lotterieeinnahmen dann der Umsatzsteuer zu unterwerfen sind, ist davon abhängig, ob die gemeinnützige Körperschaft mit der Lotterie oder Ausspielung einen Zweckbetrieb oder einen steuerpflichtigen wirtschaftlichen Geschäftsbetrieb begründet.

Gemeinnützige Körperschaften können mit der Durchführung einer Lotterie oder Ausspielung einen Zweckbetrieb begründen (zu den Voraussetzungen dafür siehe § 68 Nr. 6 AO und die Ausführungen in Tz. 2.20.7). In diesem Fall sind die Lotterieumsätze grundsätzlich mit dem ermäßigten Steuersatz nach § 12 Abs. 2 Nr. 8 UStG i. H. von 7 % der Umsatzsteuer zu unterwerfen. Unter Hinweis auf § 12 Abs. 2 Nr. 8 Buchst. a Satz 3 UStG i. V. m. § 64 Abs. 3 AO beträgt der Umsatzsteuersatz 19 %, wenn die Lotterieeinnahmen den Betrag von 35.000 Euro übersteigen (vgl. BMF vom 09.02.2007, BStBl 2007 I S. 218). Sind die Einnahmen aus der Lotterie oder Ausspielung jedoch ein Bestandteil eines steuerpflichtigen wirtschaftlichen Geschäftsbetriebs, unterliegen die Lotterieumsätze dem Regelsteuersatz von zurzeit 19 %.

Bis zur Einführung des § 12 Abs. 2 Nr. 8 Buchst. a Satz 3 UStG durch das Jahressteuergesetz 2007 war auf die Leistungen der Körperschaften, die ausschließlich und unmittelbar gemeinnützige, mildtätige oder kirchliche Zwecke verfolgen, stets der ermäßigte Umsatzsteuersatz anzuwenden. Seitdem ist die Anwendung des ermäßigten Steuersatzes davon abhängig, dass der Zweckbetrieb nicht in erster Linie der Erzielung zusätzlicher Einnahmen durch die Ausführung von Umsätzen dient, die in unmittelbarem Wettbewerb mit dem allgemeinen Steuersatz unterliegenden Leistungen anderer Unternehmer ausgeführt werden. Die obersten Finanzbehörden des Bundes und der Länder haben sich darauf verständigt, hinsichtlich der im Rahmen von Zweckbetrieben nach § 68 Nr. 6 AO durchgeführten Lotterien steuerbegünstigter Körperschaften diese Voraussetzung als gegeben anzusehen und auch weiterhin die Anwendung des ermäßigten Steuersatzes nicht zu beanstanden (OFD Frankfurt vom 20.03.2009).

Zur umsatzsteuerlichen Behandlung von Sachlotterien vgl. OFD Niedersachsen vom 26.02.2015 – S 7109 – 5 – St 17. Zum Lotterierecht siehe ausführlich Brücher-Herpol in Stifung & Sponsoring, Rote Seiten 2/2009.

5 Umstrukturierungen gemeinnütziger Unternehmen

5.1 Umstrukturierungen nach Umwandlungsrecht

5.1.1 Grundsätzliches

Umwandlungen und Umstrukturierungen werden von gemeinnützigen Körperschaften durchgeführt, um betriebswirtschaftliche Vorteile generieren zu können und die gemeinnützigkeitsrechtlichen Rahmenbedingungen zu erhalten und zu verbessern. Gemäß § 1 UmwG behandelt das UmwG Verschmelzungen (§§ 2 bis 122 UmwG), Spaltungen (§§ 123 bis 173 UmwG), Vermögensübertragungen (§§ 174 bis 189 UmwG) und Formwechsel (§§ 190 bis 304 UmwG). Während bei Verschmelzung, Spaltung und Vermögensübertragung Vermögen auf einen oder mehrere bereits bestehende oder neu errichtete Rechtsträger übertragen wird und diese in die Gesamt- oder Sonderrechtsnachfolge des übertragenden Rechtsträgers eintreten, findet bei einem Formwechsel kein Transfer von Vermögen statt, da hier nur die Rechtsform gewechselt wird, die Identität des Rechtsträgers aber bestehen bleibt. Kann oder soll eine Umstrukturierung nicht auf der Rechtsgrundlage des UmwG durchgeführt werden, ist es möglich, sie durch Einzelrechtsnachfolge zu verwirklichen.

5.1.2 Steuerliche Folgen von Umstrukturierungen

5.1.2.1 Gemeinnützigkeitsrecht

Für gemeinnützige Körperschaften sind bei Umstrukturierungen, insbesondere wenn Vermögen übertragen wird, die **Auswirkungen auf die Mittel** und den **Status der vermögensübernehmenden Körperschaft** zu beachten. Kommt es zu einem Mittelabfluss, ist dies gem. § 58 Nr. 1 und Nr. 2 AO nur zugunsten anderer steuerbegünstigter Körperschaften oder juristischer Personen des öffentlichen Rechts zulässig. Hingegen muss bei einer Mittelumschichtung geklärt werden, ob eine Umwidmung der Mittel stattfindet oder das Gebot der zeitnahen Mittelverwendung nicht beachtet wird. Unterlagen Mittel bei der übertragenden Körperschaft der zeitnahen Mittelverwendung, müssen sie auch von der **übernehmenden Körperschaft zeitnah für steuerbegünstigte Zwecke** verwendet werden oder in eine projektgebundene Rücklage eingestellt werden. Ebenso muss nutzungsgebundenes Vermögen auch nach der Umstrukturierung weiterhin nutzungsgebunden sein. Vermögen darf dabei nach § 58 Nr. 2 AO stets nur teilweise, das bedeutet in diesem Zusammenhang maximal bis zur Hälfte der Mittel, unentgeltlich übertragen werden.

5.1.2.2 Ertragsteuern

Eine Umstrukturierung erfolgt idealerweise **ertragsteuerneutral,** d. h., die stillen Reserven müssen nicht aufgedeckt und besteuert werden. Im UmwStG wird explizit geregelt, ob der Vermögensübergang auf eine steuerpflichtige Körperschaft eine Ertragsbesteuerung auslöst, mit welchem Wert das übertragene Vermögen steuerlich anzusetzen ist und wie die Bewertung der Anteile am übernehmenden Rechtsträger erfolgt. Das UmwStG ist für die Umstrukturierungen auf Grundlage des UmwG (beim Formwechsel wird nur der Wechsel Kapital- in Personengesellschaft erfasst) und für die Einbringung von Betriebsvermögen durch Einzelrechtsnachfolge anwendbar. Angewendet werden kann das UmwStG **auf Gesellschaften** i. S. des Art. 48 Abs. 2 EGV, d. h. „Gesellschaften des bürgerlichen Rechts und des Handelsrechts einschließlich der Genossenschaften und die sonstigen juristischen Personen des öffentlichen und des privaten Rechts mit Ausnahme derjenigen, die keinen Erwerbszweck verfolgen". „Gesellschaften" i. S. des Art. 48 Abs. 2 EGV und § 1 Abs. 2 und 3 UmwStG können demnach gemeinnützige GmbHs, eingetragene/rechtsfähige Vereine und rechtsfähige Stiftungen sein. Der Erwerbszweck ist bei diesen Gesellschaften gegeben, wenn sie im Rechtsverkehr als rechtlich konfigurierte Marktakteure auftreten und dabei keine Hoheitsrechte ausüben und nicht ausschließlich kulturell oder karitativ tätig sind (BFH vom 14.07.2004), d. h., auch vermögensverwaltende Aktivitäten sind davon erfasst. Gemeinnützige Körperschaften können also grundsätzlich Umstrukturierungen nach dem UmwStG durchführen. Insbesondere für Stiftungen und Vereine ist die Reichweite des UmwStG beschränkt und die Anwendung an Zusatzbedingungen geknüpft. Falls das UmwStG nicht einschlägig ist, muss bei einer unentgeltlichen Übertragung das erhaltene Vermögen von der übernehmenden Körperschaft zwingend zu Buchwerten fortgeführt werden. Besondere Probleme können sich bei der Umstrukturierung daraus ergeben, dass Verluste aufgrund der Anwendung des § 8c KStG wegfallen.

Zum Abschluss dieser allgemeinen Ausführungen soll die folgende Übersicht verdeutlichen, welche **Umstrukturierungsformen** für bestimmte Körperschaften möglich sind.

	Möglichkeiten der Beteiligung von		
Arten der Umwandlung (§ 1 Abs. 1 UmwG)	**Vereinen**	**Stiftungen**	**KapGes**
Verschmelzung (§§ 2 – 122 UmwG)	X	–	X
Spaltung (§§ 123 – 173 UmwG) – Aufspaltung – Abspaltung – Ausgliederung	 X X X	 – – X	 X X X
Vermögensübertragung (§§ 174 – 189 UmwG)	–	–	X
Formwechsel (§§ 190 – 304 UmwG)	X	–	X

5.1.2.3 Schenkungsteuer/Umsatzsteuer/Grunderwerbsteuer

Wenn der übernehmende Rechtsträger eine Gebietskörperschaft (vgl. § 13 Abs. 1 Nr. 15 ErbStG) oder eine gemeinnützige Körperschaft ist und die 10-jährige Verwendungsbindung eingehalten wird, ist die Schenkung von Vermögen schenkungsteuerfrei (vgl. Tz. 4.8).

Für die Umsatzsteuer muss überprüft werden, ob die Umsätze umsatzsteuerbar sind und ob eventuell mittelbare Auswirkungen, z. B. in Form der Gründung einer umsatzsteuerlichen Organschaft, auftreten. Allerdings fällt generell keine Umsatzsteuer an, wenn die gemeinnützige Körperschaft Wirtschaftsgüter des nichtunternehmerischen Bereichs überträgt.

Die Grunderwerbsteuer kann z. B. bei der Übertragung von Grundstücken oder grundstücksgleichen Rechten ausgelöst werden. Spezielle Befreiungsvorschriften für gemeinnützige Körperschaften existieren nicht.

5.1.3 Formen von Umstrukturierungen

5.1.3.1 Verschmelzungen

Bei einer **Verschmelzung** wird das gesamte Vermögen eines bzw. zweier oder mehrerer Rechtsträger auf einen anderen schon bestehenden (Verschmelzung durch Aufnahme, § 2 Nr. 1 UmwG) oder neu gegründeten (Verschmelzung durch Neugründung, § 2 Nr. 2 UmwG) Rechtsträger im Wege der **Gesamtrechtsnachfolge** unter Auflösung ohne Abwicklung übertragen. Mittels Anteilstausch wird den Anteilsinhabern der übertragenden Rechtsträger eine Beteiligung an dem übernehmenden oder neuen Rechtsträger gewährt.

Mit einer Verschmelzung soll die rechtliche Selbständigkeit der fusionierenden Körperschaften aufgehoben werden, da davon ausgegangen wird, dass man gemeinsam effektiver gemeinnützig tätig werden kann. Für gemeinnützige Körperschaften sind nur die Verschmelzung von einer oder mehreren Kapitalgesellschaften auf eine andere Kapitalgesellschaft, von einem oder mehreren Vereinen auf einen anderen Verein (es sei denn, die Satzungen der Vereine stehen dem entgegen; vgl. dazu § 99 Abs. 1 UmwG) und von einem oder mehreren Vereinen auf eine Kapitalgesellschaft möglich (Schauhoff (2010), § 19, Rz. 21, S. 1101). Gemäß § 3 UmwG können Stiftungen generell nicht verschmolzen werden.

Für die Durchführung einer Verschmelzung muss zuerst ein notariell zu beurkundender **Verschmelzungsvertrag** aufgesetzt werden. Diesem Vertrag muss gem. § 13 UmwG von der Gesellschafter- oder Mitgliederversammlung zugestimmt werden. Ab Einberufung dieser Versammlung müssen der Vertrag(sentwurf) und ausgewählte Unternehmensinformationen der fusionierenden Rechtsträger, z. B. Jahresabschlüsse der letzten 3 Jahre, in den Geschäftsräumen aller fusionierenden Rechtsträger ausgelegt werden (§§ 63 f. UmwG). Weiterhin müssen eventuell die Verschmelzungsberichte und der Prüfungsbericht offengelegt werden, in denen wirtschaftliche und rechtliche Gründe für die Fusion genannt und erläutert werden (§ 8 UmwG), z. B. das Austauschverhältnis der Beteiligungen. Wenn einen Monat nach Verschmelzungsbeschluss keine Klage dagegen ergangen ist, können die Vertretungsorgane der fusionierenden Körperschaften die Verschmelzung bei dem für ihre Körperschaft zuständigen Vereins- oder Handelsregister anmelden (§ 16 UmwG). Mit der Eintragung geht das Vermögen (einschließlich Verbindlichkeiten) der übertragenden, erlöschenden Rechtsträger auf den übernehmenden Rechtsträger über (§ 20 UmwG).

Neben einer Fusion nach dem UmwG ist es auch möglich, dass die **Verschmelzung durch Liquidation** oder Übertragung des gesamten Vermögens auf die übernehmende Körperschaft erreicht wird. Fusionen von Stiftungen können nach den einschlägigen Landesstiftungsgesetzen erfolgen.

Gemeinnützigkeitsrechtlich muss insbesondere beachtet werden, dass das Vermögen nur für steuerbegünstigte Zwecke verwendet wird und daher auch nur auf andere gemeinnützige Körperschaften übertragen werden darf. Die übertragende Körperschaft bestimmt mit dem Fusionsbeschluss, an welche gemeinnützige Körperschaft das Vermögen nach ihrer Auflösung fallen soll bzw. für welchen steuerbegünstigten Zweck es verwendet werden soll.

Im Zuge der Fusion kann es zu einer **Aufdeckung der stillen Reserven** kommen, weil übertragene Wirtschaftsgüter mit dem gemeinen Wert angesetzt werden. Handelt es sich bei diesen Wirtschaftsgütern um Ausstattungskapital oder nutzungsgebundenes Vermögen, unterliegen diese stillen Reserven jedoch nicht der zeitnahen Mittelverwendung.

Ob die Verschmelzung ertragsteuerneutral durchgeführt werden kann, ist nur relevant, wenn Wirtschaftsgüter der übertragenden Körperschaft einem steuerpflichtigen wirtschaftlichen Geschäftsbetrieb zugeordnet sind. Falls die übertragenen Wirtschaftsgüter steuerlich dem steuerfreien Bereich zuzuordnen sind, kann es wegen der Steuerbegünstigung nicht zu einer Steuerpflicht kommen.

Die übertragende Körperschaft muss in der **Schlussbilanz** die übergehenden Wirtschaftsgüter mit dem **gemeinen Wert** ansetzen, kann jedoch einen niedrigeren Wertansatz (Buch- oder Zwischenwertansatz) beantragen, wenn die spätere Besteuerung bei der übernehmenden Körperschaft sichergestellt ist. Dies ist z. B. bei der Verschmelzung auf eine steuerpflichtige Körperschaft oder bei der Übertragung eines steuerpflichtigen wirtschaftlichen Geschäftsbetriebs, der von der übernehmenden Körperschaft fortgeführt wird, gegeben (vgl. dazu Dehmer, § 11 UmwStG, Rz. 65; Widmann/Meyer/Widdmann, § 11 UmwStG, Rz. 5878 und 5970). Dem dürfte auch nicht entgegenstehen, wenn der steuerpflichtige wirtschaftliche Geschäftsbetrieb nach der Verschmelzung zu einem Zweckbetrieb wird, da es keinen Unterschied machen sollte, ob der Wechsel von einer steuerpflichtigen zu einer gemeinnützigen Nutzung innerhalb einer gemeinnützigen Körperschaft oder zwischen zwei gemeinnützigen Körperschaften stattfindet.

Die übernehmende Körperschaft muss den von der übertragenden Körperschaft angesetzten Wert beibehalten (§ 12 Abs. 1 Satz 1 UmwStG). Verrechenbare Verluste und verbleibende Verlustvorträge der übertragenden Körperschaft, von der übertragenden Körperschaft nicht ausgeglichene negative Einkünfte, Zinsvortrag (§ 4h Abs. 1 Satz 5 EStG i. V. m. § 8a KStG) und EBITDA-Vortrag (§ 4h Abs. 1 Satz 3 EStG i. V. m. § 8a KStG) gehen bei der Verschmelzung nicht über (§ 12 Abs. 3 Halbsatz 2 i. V. m. § 4 Abs. 2 Satz 2 UmwStG).

Auf Ebene der Gesellschafter wird eine Veräußerung und Wiederanschaffung der Anteile modelliert (§ 13 Abs. 1 UmwStG). Gemeinnützige Gesellschafter müssen die hierbei möglicherweise entstehenden Veräußerungsgewinne jedoch nur versteuern, wenn sie die Beteiligung im wirtschaftlichen Geschäftsbetrieb halten.

5.1.3.2 Spaltungen

Im UmwG wird zwischen **Aufspaltung, Abspaltung und Ausgliederung** unterschieden, wobei die Spaltung jeweils durch Aufnahme oder Neugründung vollzogen werden kann. Aufspaltung bezeichnet die Auflösung der Gesellschaft ohne Abwicklung mit gleichzeitiger Übertragung der Vermögensteile als Gesamtheit im Wege der Sonderrechtsnachfolge an mehrere andere (übernehmende) Rechtsträger (§ 123 Abs. 1 UmwG). Den Anteilsinhabern des sich aufspaltenden Rechtsträgers werden im Wege des Anteilstauschs Beteiligungen an den übernehmenden oder neuen Rechtsträgern gewährt. Bei der Abspaltung werden ein oder mehrere Teile des Vermögens abgespalten und im Wege der Sonderrechtsnachfolge auf einen oder mehrere Rechtsträger übertragen, wobei der abspaltende Rechtsträger als Rumpfunternehmen bestehen bleibt (§ 123 Abs. 2 UmwG). Die Anteilsinhaber des sich spaltenden Unternehmens erhalten eine Beteiligung an dem übernehmenden oder neuen Rechtsträger. Im Fall der Ausgliederung werden ein oder mehrere Teile des Vermögens auf einen oder mehrere übernehmende Rechtsträger ausgegliedert, wobei auch in diesem Fall der übertragende Rechtsträger bestehen bleibt und selbst (und nicht seine Anteilsinhaber) die Anteile an den übernehmenden oder neuen Rechtsträgern erhält (§ 123 Abs. 3 UmwG).

Auf- und Abspaltung ermöglichen eine Änderung der bestehenden Beteiligungs- und Mitgliederstruktur und können zum teilweisen Ausstieg aus der Gemeinnützigkeit genutzt werden. Sie sind für die gleichen Fälle wie die Verschmelzung anwendbar (vgl. dazu MünchGesR V/Pathe, §§ 55 f.; Reichert, Rz. 4513 f.; Stöber, Rz. 797 – 810). Schulden und Forderungen gehen nur bei einer Aufspaltung auf den übernehmenden Rechtsträger über, da bei der Abspaltung die Sonderrechtsnachfolge eintritt und der übertragende Rechtsträger bestehen bleibt (vgl. BFH vom 05.11.2009 IV R 29/08, BFHE 226 S. 492).

Rechtsgrundlage für Auf- und Abspaltungen ist ein Spaltungsvertrag (durch Aufnahme) bzw. ein Spaltungsplan (durch Neugründung). Diese regeln, welche Beteiligungen bzw. Mitgliedschaften bei der übernehmenden Körperschaft fortgeführt werden.

Aus Sicht des Gemeinnützigkeitsrechts müssen bei einer Spaltung **Vermögensbindung** und **Mittelverwendung** berücksichtigt werden. So wird diskutiert, ob eine Abspaltung nicht gegen die Selbstlosigkeit verstößt, da die Gegenleistung für die abgespaltenen Vermögensteile die Gesellschafter der gemeinnützigen Körperschaft erhalten (vgl. dazu Schauhoff (2010), § 19, Rz. 104). Auf- und Abspaltungen führen zur Aufdeckung der stillen Reserven, da ein Ansatz der Wirtschaftsgüter unterhalb des gemeinen Werts nur möglich ist, wenn ein Teilbetrieb, ein Mitunternehmeranteil oder eine hundertprozentige Beteiligung an einer Kapitalgesellschaft übertragen wird und die Besteuerung beim übernehmenden Rechtsträger sichergestellt ist (§ 15 Abs. 1 UmwStG). Bei der Abspaltung muss weiterhin ein Teilbetrieb beim übertragenden Rechtsträger verbleiben.

Ein verbleibender **Verlustvortrag** i. S. des § 10d Abs. 4 Satz 2 EStG ist im Verhältnis der übergehenden Vermögensteile zu dem bei der übertragenden Körperschaft vor der Spaltung bestehenden Vermögen **aufzuteilen** (§ 15 Abs. 4 UmwStG).

Die Vorgehensweise bei der Ausgliederung ist mit der bei der Verschmelzung vergleichbar. Für gemeinnützige Körperschaften wird zwischen der Ausgliederung von steuerpflichtigen und gemeinnützigen Tätigkeiten unterschieden.

Die Übertragung eines **steuerpflichtigen wirtschaftlichen Geschäftsbetriebs** auf eine steuerpflichtige Tochtergesellschaft ist gemeinnützigkeitsrechtlich unbedenklich, da das Vermögen der gemeinnützigen Körperschaft durch den Erwerb der Anteile an der Tochtergesellschaft erhalten bleibt (AEAO Nr. 16 Satz 4 zu § 58 Nr. 7 AO). Wird notwendiges oder gewillkürtes Betriebsvermögen übertragen, müssen die stillen Reserven aufgedeckt und besteuert werden, wenn nicht gem. § 20 UmwStG der Buchwert oder ein Zwischenwert angesetzt werden kann. Werden alle wesentlichen Betriebsgrundlagen eines wirtschaftlichen Geschäftsbetriebs auf die Tochterkapitalgesellschaft übertragen und ist sichergestellt, dass das ausgegliederte Vermögen bei der übernehmenden Körperschaft später besteuert wird, kann eine ertragsteuerneutrale Ausgliederung möglich sein. So ist unter diesen Voraussetzungen auf Antrag der Ansatz des Buch- oder eines Zwischenwerts möglich (§ 20 Abs. 2 UmwStG). Der Wert, mit dem der übernehmende Rechtsträger das eingebrachte Betriebsvermögen ansetzt, gilt für den einbringenden Rechtsträger als Veräußerungspreis und als Anschaffungskosten der Gesellschaftsanteile (§ 20 Abs. 4 UmwStG). Wird der gemeine Wert oder ein Zwischenwert angesetzt, muss die jeweilige Differenz zum Buchwert vom übernehmenden Rechtsträger als einbringungsbedingter Veräußerungsgewinn versteuert werden.

Darüber hinaus kann es bei Ansatz zu **Buch- oder Zwischenwert** zu einer Aufdeckung der stillen Reserven kommen, wenn der übertragende Rechtsträger die als Gegenleistung erhaltene Beteiligung innerhalb von 7 Jahren nach dem Einbringungszeitpunkt veräußert. In diesem Fall ist die Differenz von historischem gemeinem Wert (Zeitpunkt der Einbringung) und dem bei der Einbringung festgesetzten Buch- oder Zwischenwert abzüglich der Kosten für den Vermögensübergang rückwirkend auf den Einbringungszeitpunkt als Einbringungsgewinn I zu versteuern (vgl. Schauhoff (2010), § 19, Rz. 76, und § 22 Abs. 1 Satz 1 und 2 UmwStG). Dieser Einbringungsgewinn verringert sich mit jedem abgelaufenen Jahr nach der Einbringung um ein Siebtel (§ 22 Abs. 1 Satz 3 UmwStG).

Unabhängig von diesem 7-Jahres-Zeitraum muss bei einer Veräußerung der Beteiligung die Differenz zwischen Veräußerungspreis und aktuellen Anschaffungskosten besteuert werden (Schauhoff (2010), § 19, Rz. 77). Ist der 7-Jahres-Zeitraum schon abgelaufen wird diese Differenz jedoch nur besteuert, wenn die Beteiligung im steuerpflichtigen wirtschaftlichen Geschäftsbetrieb gehalten wird.

5.1.3.3 Vermögensübertragungen

Im Bereich der Vermögensübertragungen wird zwischen Voll- und Teilübertragungen unterschieden. Diese ist ausschließlich unter Beteiligung von jPdöR möglich. Bei der Vollübertragung wird das Vermögen eines oder mehrerer Rechtsträger als Ganzes auf einen anderen Rechtsträger übertragen (§ 174 Abs. 1 UmwG). Hingegen werden bei der Teilübertragung nur ein oder mehrere Teile des Vermögens auf einen oder mehrere Rechtsträger übertragen, wobei hierbei der übertragende Rechtsträger bestehen bleibt (§ 174 Abs. 2 UmwG). Der Unterschied zu Verschmelzung und Spaltung besteht darin, dass die Gegenleistung für die Anteile an dem übertragenden Rechtsträger in einer Barleistung und nicht in Anteilen an dem übernehmenden oder neuen Rechtsträger besteht. Diese Barleistung erhält entweder die übertragende Körperschaft selbst oder aber ihre Gesellschafter. Die Regelungen zur Vollübertragung sind mit denen zur Verschmelzung und die zur Teilübertragung mit denen zur Spaltung zu vergleichen.

Übertragungen von einem gemeinnützigen Verein oder einer gemeinnützigen Stiftung auf eine juristische Person des öffentlichen Rechts fallen nicht in den Anwendungsbereich der Vermögensübertragung. Hier ist eine Übertragung nur im Wege der Einzelrechtsnachfolge möglich. Für die Beurteilung der Gemeinnützigkeit macht es grundsätzlich keinen Unterschied, ob eine gemeinnützige Körperschaft ihr Vermögen auf eine andere gemeinnützige Körperschaft oder auf eine juristische Person des öffentlichen Rechts überträgt, da juristische Personen des öffentlichen Rechts im Gesetz explizit als Empfänger von gemeinnützigkeitsrechtlich gebundenem Vermögen genannt werden (vgl. z. B. § 58 Nr. 1 und Nr. 2 AO). Es ist jedoch zu prüfen, ob das übertragene Vermögen im Hoheitsbereich, in einem steuerbegünstigten Betrieb gewerblicher Art oder in einem steuerpflichtigen Betrieb gewerblicher Art verwendet werden soll. Denn unter gemeinnützigkeitsrechtlichen Gesichtspunkten kann nur eine Verwendung für steuerbegünstigte Zwecke gemeinnützigkeitsrechtlich unschädlich sein.

5.1.3.4 Formwechsel

Es ist einem Rechtsträger möglich, durch einen Formwechsel seine Rechtsform zu verändern (§ 190 UmwG), wobei die **Identität des Rechtsträgers** bestehen bleibt. Ein Rechtsformwechsel wird häufig genutzt, um die Haftung zu begrenzen und die

Entscheidungs- und Finanzierungsstruktur zu verändern. § 191 UmwG regelt welche Rechtsformen gewechselt werden können. Außerhalb des UmwStG kann ein Rechtsformwechsel durch Neuerrichtung und anschließende Vermögensübertragung durchgeführt werden. Da die Identität des Rechtsträgers nach dem Formwechsel fortbesteht (§ 1 Abs. 1 Nr. 1 UmwG), kann die Gemeinnützigkeit weiter gelten, auch wenn die Satzung nicht in den gemeinnützigkeitsrechtlich relevanten Bestandteilen, wie z. B. der Vermögensbindungsklausel, geändert wurde. Ebenso kommt es zu keiner Ertragbesteuerung (vgl. Schauhoff (2010), § 19, Tz. 123 f.).

5.2 Verselbständigung von Zweckbetrieben und steuerpflichtigen wirtschaftlichen Geschäftsbetrieben

Für eine gemeinnützige Körperschaft kann es aus verschiedenen Gründen von Vorteil sein, wenn wirtschaftlich tätige Einheiten als eigenständige Kapitalgesellschaften organisiert sind/werden. Die Verselbständigung ermöglicht häufig eine Steigerung der Wettbewerbsfähigkeit durch die Implementierung eines unternehmerischen Konzepts (z. B. Profit-Center-System), die Senkung des Kostenniveaus (insbesondere im Bereich Personal) oder durch eine Neuausrichtung bei der Ausgestaltung von Leitung und Kontrolle. Auch Fragen der Haftung, Mitbestimmung und der Finanzierung sind mögliche Motive für die Verselbständigung. Die Übertragung einzelner Unternehmensteile auf eine bereits bestehende oder neu zu gründende Tochtergesellschaft kann zivilrechtlich im Wege der Einzel- oder der Gesamtrechtsnachfolge (z. B. als Ausgliederung i. S. des § 123 Abs. 3 UmwG) vollzogen werden.

Hinsichtlich der gemeinnützigkeitsrechtlichen Anforderungen und Folgewirkungen wird auf Tz. 2.5.5.5 verwiesen.

Die Bewertung des übertragenen Betriebsvermögens und die ggf. daraus resultierende Ertragsteuerbelastung sind abhängig von der Art ihrer Übereignung. Bei einer **unentgeltlichen Übertragung von Betriebsvermögen** hat die übernehmende Gesellschaft die Wirtschaftsgüter nach § 6 Abs. 3 Satz 3 EStG i. V. m. § 8 Abs. 1 Satz 1 KStG grundsätzlich mit dem Buchwert anzusetzen. Für steuerbegünstigte Körperschaften entsteht bei einer solchen Mittelweitergabe nach § 58 Nr. 2 bzw. § 58 Nr. 1 AO keine Ertragsteuerbelastung.

Der **Verkauf einzelner Wirtschaftsgüter** führt zur Aufdeckung der stillen Reserven. Werden die Wirtschaftsgüter dabei aus einem Zweckbetrieb heraus verkauft, sind die aufgedeckten stillen Reserven gem. § 5 Abs. 1 Nr. 9 KStG von der Körperschaftsteuer befreit. Falls bei einem solchen Verkauf kein Fremdvergleichspreis vereinbart werden sollte, sind hinsichtlich der Gemeinnützigkeit die Voraussetzungen des § 58 Nr. 1 bzw. Nr. 2 AO zu prüfen (vgl. Schauhoff (2010), § 19, Rz. 89). Bei einer Veräußerung aus einem steuerpflichtigen wirtschaftlichen Geschäftsbetrieb kommt es hingegen zu einer Versteuerung des Veräußerungsgewinns gem. § 16 Abs. 3 i. V. m. § 8 Abs. 1 Satz 1 KStG.

Eine **ertragsteuerneutrale Übertragung eines steuerpflichtigen wirtschaftlichen Geschäftsbetriebs** kann jedoch unter den Voraussetzungen der §§ 20 ff. UmwStG durchgeführt werden. Nach § 20 Abs. 2 Satz 1 UmwStG gilt der Grundsatz, dass die übernehmende Gesellschaft das eingebrachte Betriebsvermögen mit dem gemeinen Wert anzusetzen hat. Dieser Wert gilt gem. § 20 Abs. 3 Satz 1 UmwStG für den Einbringenden als Veräußerungspreis und als Anschaffungskosten der Beteiligung, was die Aufdeckung der stillen Reserven und damit eine entsprechende Ertragsteuerbelastung mit sich bringt. Um diese zu vermeiden, gesteht § 20 Abs. 2 Satz 2 UmwStG der übernehmenden Gesellschaft das Wahlrecht zu, das Betriebsvermögen auf Antrag mit dem Buchwert oder einem Zwischenwert anzusetzen.

Der sachliche Anwendungsbereich der §§ 20 ff. UmwStG umfasst bei Körperschaften nach § 1 Abs. 3 UmwStG u. a. **Übertragungsvorgänge auf Rechtsgrundlage des § 123 UmwG** (Ausgliederung). Übertragende Rechtsträger i. S. des § 123 UmwG können Kapitalgesellschaften, eingetragene Vereine und rechtsfähige Stiftungen sein (§ 124 i. V. m. § 3 Abs. 1 UmwG). Bei der Ausgliederung, als ein Unterfall der Spaltung, wird diese Gegenleistung direkt im Wege einer Sonderrechtsnachfolge dem übertragenden Rechtsträger gewährt (vgl. Schauhoff (2010), § 19, Rz. 100).

Zur Frage der subjektiven Anforderungen an den übertragenden Rechtsträger verweist § 1 Abs. 4 Satz 1 Nr. 1 UmwStG auf Art. 48 Abs. 2 EGV bzw. Art. 34 EWRA, wonach Gesellschaften, die keinen Erwerbszweck verfolgen, ausgeschlossen sind. Ob die Tätigkeiten einer gemeinnützigen Körperschaft mit einem Erwerbszweck verfolgt werden, ist im Einzelfall gesondert zu entscheiden. Grundsätzlich kann davon ausgegangen werden, dass das Vorliegen eines Erwerbszwecks zu bejahen ist, sobald die Aktivitäten der Körperschaft über die reine Vermögensverwaltung hinausgehen (vgl. zu dieser Frage ausführlich Orth, DB 2007 S. 419 (S. 421 f.)).

Auch auf Vermögensübertragungen im Wege der Einzelrechtsnachfolge kann die Begünstigung des UmwStG Anwendung finden, sofern die **Einzelübertragungen aller wesentlichen Betriebsgrundlagen** in einem einheitlichen Vorgang erfolgen (§ 1 Abs. 3 Nr. 4 UmwStG). Diese Art der Übertragung steht neben den oben genannten Rechtsformen auch nicht eingetragenen Vereinen und Stiftungen offen.

Der übernehmende Rechtsträger muss eine Kapitalgesellschaft oder eine Genossenschaft sein (§ 20 Abs. 1 UmwStG).

Weitere Voraussetzung für den **Buchwert- bzw. Zwischenwertansatz** ist, dass der jeweilige Zweckbetrieb bzw. steuerpflichtige wirtschaftliche Geschäftsbetrieb einen **einbringungsfähigen Unternehmensteil** – also einen Betrieb oder Teilbetrieb i. S. des § 20 Abs. 1 UmwStG – darstellt, d. h., dass alle wesentlichen Betriebsgrundlagen auf die empfangende Körperschaft übertragen werden können. Die Beurteilung der Wesentlichkeit erfolgt dabei für Zwecke des UmwStG ausschließlich nach der funktionalen Betrachtungsweise (vgl. BMF vom 16.08.2000 – IV C 2 – S 1909 – 23/00, BStBl 2000 I S. 1253). Als Übertragung im Sinne des UmwStG genügt grundsätzlich die Verschaffung des wirtschaftlichen Eigentums. Eine reine Nutzungsüberlassung reicht hingegen regelmäßig nicht aus, sodass es in diesen Fällen regelmäßig zu einer Betriebsaufspaltung kommen kann (BMF vom 11.11.2011 – IV C 2 – S 1978-b/08/10001, BStBl 2011 I S. 1314, Tz. 15.07 und 20.06; für weiterführende Erläuterungen zur Übertragung des wirtschaftlichen Eigentums, insbesondere zum qualifizierten Miet- oder Pachtvertrag, vgl. Kutt, DB 2006 S. 1132). Für die Anwendbarkeit des **Wahlrechts zur Buch- oder Zwischenwertübertragung** müssen überdies die drei Voraussetzungen des § 20 Abs. 2 Nr. 1 bis 3 UmwStG kumulativ erfüllt sein. So muss das übernommene Betriebsvermögen bei der übernehmenden Körperschaft der Besteuerung unterliegen, die Passivposten des eingebrachten Betriebsvermögens (ohne Eigenkapital) dürfen die Aktivposten nicht übersteigen und das Besteuerungsrecht der Bundesrepublik Deutschland hinsichtlich des Gewinns aus der Veräußerung des eingebrachten Betriebsvermögens darf nicht ausgeschlossen oder beschränkt sein.

Hieraus ergibt sich die Frage, ob § 20 Abs. 2 Nr. 1 UmwStG die Einbringung in steuerbegünstigte Körperschaften generell ausschließen soll oder ob die partielle Steu-

5.2 Verselbständigung von Zweckbetrieben und stpfl. wirtschaftl. Geschäftsbetrieben

erpflicht der in einem steuerpflichtigen wirtschaftlichen Geschäftsbetrieb gebundenen Vermögenswerte ausreicht. Die Gesetzesmaterialien (Bundestagsdrucksache 16/3369) geben hierzu folgenden Hinweis: „*In Nummer 1 wird klarstellend geregelt, dass in den Fällen der Einbringung in eine steuerfreie Gesellschaft ein Buchwert- oder Zwischenwertansatz nicht zulässig ist.*"

Diese Formulierung geht jedoch zu weit, da der eigentliche Zweck des § 22 Abs. 2 Nr. 1 UmwStG, der darin besteht, die **Besteuerung der stillen Reserven zu sichern**, auch im Fall einer partiellen Steuerpflicht erreicht wird. Dies gilt jedenfalls immer dann, wenn ein eingebrachter steuerpflichtiger wirtschaftlicher Geschäftsbetrieb als solcher fortgeführt wird und somit auch in Zukunft der partiellen Steuerpflicht unterliegt (so auch Orth, DB 2007 S. 419). Auch eine spätere Umwidmung des eingebrachten Betriebsvermögens eines steuerpflichtigen wirtschaftlichen Geschäftsbetriebs zu Zweckbetriebsvermögen ist wegen des Buchwertprivilegs nach § 13 Abs. 4 Satz 1 KStG und § 6 Abs. 1 Nr. 4 Satz 4 EStG unschädlich. Mithin kann bei § 20 Abs. 2 Nr. 1 UmwStG rein auf die partielle Steuerverhaftung des Betriebsvermögens zum Einbringungszeitpunkt abgestellt werden (vgl. Kirchhain in Schauhoff, § 19, Rz. 89; Mutscher in Frotscher/Maas, UmwStG, § 20 UmwStG, Rz. 71, Stand: 07.02.2012). Somit ist diese erste Voraussetzung auch dann erfüllt, wenn die übernehmende Körperschaft selbst zwar gemeinnützig ist, aber die übertragenen Wirtschaftsgüter in einem steuerpflichtigen wirtschaftlichen Geschäftsbetrieb hält (vgl. Hüttemann, § 7, Rz. 77). Der Ansatz mit dem Buchwert bzw. einem unter dem gemeinen Wert liegenden Zwischenwert ist im Ergebnis zulässig, sofern der steuerpflichtige wirtschaftliche Geschäftsbetrieb in Form eines Teilbetriebs, eines Mitunternehmeranteils oder einer hundertprozentigen Beteiligung an einer Kapitalgesellschaft übertragen wird und sichergestellt ist, dass dieser Geschäftsbetrieb bei der übernehmenden Körperschaft der Körperschaftsteuer unterliegt (vgl. Schauhoff (2010), § 19, Rz. 106).

Demgegenüber erfüllen **Zweckbetriebe i. S. des §§ 65 bis 68 AO** nach herrschender Meinung **nicht** die Voraussetzungen des § 20 Abs. 2 Nr. 1 UmwStG, da das eingebrachte Betriebsvermögen nach der Einbringung der nach § 5 Abs. 1 Nr. 9 KStG steuerbegünstigten Sphäre zuzuordnen ist, sodass die Besteuerung stiller Reserven nicht sichergestellt ist und eine zentrale Voraussetzung des § 20 UmwStG nicht erfüllt wird. Entsprechend ist das eingebrachte Betriebsvermögen zwingend mit dem gemeinen Wert anzusetzen (vgl. Hüttemann, § 7, Rz. 76).

Dem kann entgegengehalten werden, dass die so erzwungene Aufdeckung der stillen Reserven nicht zu steuerpflichtigen Gewinnen führt, da sie sich im steuerfreien Bereich abspielt. Mithin wird der Zweck der Verhinderung einer Besteuerungslücke durch § 20 Abs. 2 Satz 2 Nr. 1 UmwStG in Bezug auf steuerbegünstigte Körperschaften nicht erreicht. Folgt man dieser Argumentation, so scheint eine Versagung des Bewertungswahlrechts i. S. des § 20 Abs. 2 Satz 2 UmwStG für diesen Fall nicht zweckmäßig. Darüber hinaus wird darauf hingewiesen, dass die Kosten für die Ermittlung des gemeinen Werts des Betriebsvermögens gerade gemeinnützigen Körperschaften erspart werden sollten, indem auch hier eine einfache Übertragung zu Buchwerten von der Finanzverwaltung geduldet wird (so u. a. Hüttemann, § 7, Rz. 77; Herlinghaus in Rödder/Herlinghaus/van Lieshaut, 2008, § 20 UmwStG, Rz. 31). Nach dem derzeitigen Rechtsstand ist die Einbringung eines Zweckbetriebs in eine steuerbegünstigte Körperschaft zu Buchwerten nach § 20 UmwStG jedoch nicht möglich.

Wird das Betriebsvermögen zum Buchwert oder einem Zwischenwert eingebracht und werden die im Gegenzug gewährten **Anteile innerhalb von 7 Jahren ver-**

äußert, hat der Einbringende gem. § 22 Abs. 1 UmwStG rückwirkend für das Jahr der Einbringung den sog. Einbringungsgewinn I zu versteuern. Zu Kontrollzwecken muss der Einbringende in den 7 Jahren nach der Einbringung dem Finanzamt jährlich nachweisen, wem die aus dem Einbringungsvorgang stammenden Anteile auf den jeweiligen Jahresstichtag zuzurechnen sind (§ 22 Abs. 3 Nr. 1 UmwStG).

Der **Einbringungsgewinn I** wird wie folgt ermittelt:

gemeiner Wert des eingebrachten Betriebsvermögens im Einbringungszeitpunkt
./. Kosten des Vermögensübergangs
./. Wert, mit dem die Übernehmerin das eingebrachte Betriebsvermögen angesetzt hat
= Unterschiedsbetrag
× ein Siebtel des Unterschiedsbetrags für jedes seit dem Einbringungszeitpunkt bis zur Veräußerung der Anteile vollendete Zeitjahr
= zu versteuernder Einbringungsgewinn I

Da der Einbringungsgewinn I auf den Einbringungszeitpunkt zurückbezogen wird, sind die steuerlichen Wertentwicklungen aus der Zeit zwischen der Einbringung und der Anteilsveräußerung im Einbringungsgewinn I nicht enthalten, sodass der Einbringungsgewinn I nur die stillen Reserven erfasst, die bis zum Einbringungszeitpunkt entstanden sind. Die Aufdeckung der in dieser Zeit gebildeten stillen Reserven wäre demnach ertragsteuerfrei möglich, sofern die Beteiligung bei der einbringenden steuerbegünstigten Körperschaft der Vermögensverwaltung zugeordnet wird. Hier ist jedoch der Sondertatbestand des § 22 Abs. 4 Nr. 2 UmwStG zu beachten, wonach der **Anteilsveräußerungsgewinn** stets als in einem steuerpflichtigen wirtschaftlichen Geschäftsbetrieb der Körperschaft entstanden gilt. Auf den Anteilsveräußerungsgewinn ist § 8b Abs. 2 und 3 KStG anwendbar.

Die übernehmende Körperschaft kann den versteuerten Einbringungsgewinn I gem. § 23 Abs. 2 UmwStG im Wirtschaftsjahr der Veräußerung **ohne Gewinnauswirkung als Erhöhungsbetrag des Betriebsvermögens** ansetzen, wenn die Versteuerung durch den Einbringenden mittels einer Bescheinigung des zuständigen Finanzamts nachgewiesen wird.

Umsatzsteuer

Bei der Übertragung von Wirtschaftsgütern aus dem unternehmerischen Bereich (Zweckbetrieb, steuerpflichtiger wirtschaftlicher Geschäftsbetrieb) einer steuerbegünstigten Körperschaft handelt es sich grundsätzlich um steuerbare Umsätze i. S. des § 1 Abs. 1 Nr. 1 UStG. Sind jedoch die Voraussetzungen für eine **Geschäftsveräußerung im Ganzen i. S. des § 1 Abs. 1a UStG** erfüllt, ist der Vorgang nicht umsatzsteuerbar. Die Voraussetzungen des § 1 Abs. 1a UStG können im Übrigen auch bei einer Vermietung oder Verpachtung von einzelnen wesentlichen Wirtschaftsgütern erfüllt sein (vgl. Schauhoff (2010), § 19, Rz. 13; BFH vom 26.01.1994 III R 39/91, BStBl 1994 II S. 458).

Die Übertragung eines unternehmerisch tätigen Geschäftsbetriebs kann zudem die Umsatzsteuerpflicht für konzerninterne Leistungsverflechtungen nach sich ziehen, sofern nicht die Eingliederungsmerkmale einer **umsatzsteuerlichen Organschaft i. S. des § 2 Abs. 2 Nr. 2 UStG** erfüllt sind. Dies kann in Anbetracht der Tatsache, dass steuerbegünstigte Körperschaften wegen der Ausführung (überwiegend) umsatzsteuerfreier Ausgangsumsätze regelmäßig nicht bzw. nicht voll zum Vorsteuerabzug berechtigt sind, zu einer erheblichen Kostenbelastung führen. Zur Beseitigung der oftmals erheblichen Rechtsunsicherheit in Bezug auf die Eingliederungsvoraussetzungen (finanzielle, organisatorische und wirtschaftliche Eingliederung) bietet sich die Beantragung einer verbindlichen Auskunft i. S. des § 89 AO beim zuständigen Finanzamt an.

Bei der Übertragung von Wirtschaftsgütern aus dem nichtunternehmerischen Bereich (ideeller Bereich, Vermögensverwaltung) fällt grundsätzlich keine Umsatzsteuer an (vgl. Schauhoff (2010), § 19, Rz. 13).

Grunderwerbsteuer

Werden im Zuge der Verselbständigung eines Zweckbetriebs bzw. steuerpflichtigen wirtschaftlichen Geschäftsbetriebs Grundstücke, grundstücksgleiche Rechte oder Anteile an grundstückshaltenden Gesellschaften übertragen, kann dies **Grunderwerbsteuer** auslösen. Eine gesonderte Steuerbefreiung für gemeinnützige Körperschaften kennt das GrEStG nicht. Auch die unentgeltliche Übertragung eines Grundstücks auf eine gemeinnützige Tochtergesellschaft stellt nach der Rechtsprechung keine gem. § 3 Nr. 2 GrEStG von der Grunderwerbsteuer befreite Schenkung dar, da es sich hierbei nicht um eine freigiebige Zuwendung, sondern um eine gesellschaftsrechtlich veranlasste Übereignung handelt (vgl. BFH vom 17.10.2007 II R 63/05, BStBl 2008 II S. 381).

Von der Grunderwerbsteuer sind seit Inkrafttreten des Wachstumsbeschleunigungsgesetzes zum 01.01.2010 jedoch die in der **grunderwerbsteuerlichen Konzernklausel des § 6a GrEStG** genannten Umstrukturierungen befreit. Dies setzt u. a. voraus, dass an dem Umwandlungsvorgang ausschließlich ein herrschendes Unternehmen und ein oder mehrere von diesem herrschenden Unternehmen abhängige Gesellschaften oder mehrere von einem herrschenden Unternehmen abhängige Gesellschaften beteiligt sind. Als abhängig gilt eine Gesellschaft, an der das herrschende Unternehmen innerhalb von fünf Jahren vor und nach dem Rechtsvorgang unmittelbar oder mittelbar zu mindestens 95 % ununterbrochen beteiligt ist.

Mit dem Amtshilferichtlinie-Umsetzungsgesetz vom 26.06.2013 (BGBl 2013 I S. 1809) wurde der Anwendungsbereich des § 6a GrEStG u. a. um den Tatbestand der **Einbringung** erweitert. Begünstigungsfähig sind demnach nunmehr auch Rechtsvorgänge, durch die ein Gesellschafter **im Wege einer Gesamtrechtsnachfolge** (Verschmelzung, Aufspaltung, Abspaltung, Ausgliederung) ein Grundstück auf eine Kapitalgesellschaft überträgt (vgl. Weilbach, Baumann, in Weilbach, GrEStG, § 6a GrEStG, Rz. 13b, Stand: 12.05.2014). Die Einbringung eines Grundstücks im Wege der Einzelrechtsnachfolge ist von der Steuerbegünstigung ausdrücklich ausgeschlossen (vgl. gleichlautende Ländererlasse vom 09.10.2013, BStBl 2013 I S. 1375).

Anhang 1 Auszug aus dem Anwendungserlass zur AO

BMF vom 31.01.2014 – IV A 3 – S 0062/14/10002 (BStBl I S. 290), zuletzt geändert durch BMF vom 14.01.2015 – IV A 3 – S 0062/14/10009 (BStBl 2015 I S. 76)

AEAO zu § 51 – Allgemeines:

Zu § 51 Abs. 1 AO:

1. ₁Unter Körperschaften i. S. d. § 51 AO, für die eine Steuervergünstigung in Betracht kommen kann, sind Körperschaften, Personenvereinigungen und Vermögensmassen i. S. d. KStG zu verstehen. ₂Dazu gehören auch die juristischen Personen des öffentlichen Rechts mit ihren Betrieben gewerblicher Art (§ 1 Abs. 1 Nr. 6, § 4 KStG), nicht aber die juristischen Personen des öffentlichen Rechts als solche.

2. Regionale Untergliederungen (Landes-, Bezirks-, Ortsverbände) von Großvereinen sind als nichtrechtsfähige Vereine (§ 1 Abs. 1 Nr. 5 KStG) selbständige Steuersubjekte i. S. d. Körperschaftsteuerrechts, wenn sie

    a) über eigene satzungsmäßige Organe (Vorstand, Mitgliederversammlung) verfügen und über diese auf Dauer nach außen im eigenen Namen auftreten und

    b) eine eigene Kassenführung haben.

    ₁Die selbständigen regionalen Untergliederungen können nur dann als gemeinnützig behandelt werden, wenn sie eine eigene Satzung haben, die den gemeinnützigkeitsrechtlichen Anforderungen entspricht. ₂Zweck, Aufgaben und Organisation der Untergliederungen können sich auch aus der Satzung des Hauptvereins ergeben.

3. ₁Über die Befreiung von der Körperschaftsteuer nach § 5 Abs. 1 Nr. 9 KStG wegen Förderung steuerbegünstigter Zwecke ist stets für einen bestimmten Veranlagungszeitraum zu entscheiden (Grundsatz der Abschnittsbesteuerung). ₂Eine Körperschaft kann nur dann nach dieser Vorschrift von der Körperschaftsteuer befreit werden, wenn sie in dem zu beurteilenden Veranlagungszeitraum alle Voraussetzungen für die Steuerbegünstigung erfüllt. ₃Die spätere Erfüllung einer der Voraussetzungen für die Steuerbegünstigung kann nicht auf frühere, abgelaufene Veranlagungszeiträume zurückwirken.

4. Wird eine bisher steuerpflichtige Körperschaft nach § 5 Abs. 1 Nr. 9 KStG von der Körperschaftsteuer befreit, ist eine Schlussbesteuerung nach § 13 KStG durchzuführen.

5. ₁Für die Steuerbegünstigung einer Körperschaft reichen Betätigungen aus, mit denen die Verwirklichung der steuerbegünstigten Satzungszwecke nur vorbereitet wird. ₂Die Tätigkeiten müssen ernsthaft auf die Erfüllung eines steuerbegünstigten satzungsmäßigen Zwecks gerichtet sein. ₃Die bloße Absicht, zu einem ungewissen Zeitpunkt einen der Satzungszwecke zu verwirklichen, genügt nicht (BFH-Urteil vom 23.7.2003, I R 29/02, BStBl II S. 930).

6. Die Körperschaftsteuerbefreiung einer Körperschaft, die nach ihrer Satzung steuerbegünstigte Zwecke verfolgt, endet, wenn die eigentliche steuerbegünstigte Tätigkeit eingestellt und über das Vermögen der Körperschaft das Kon-

kurs- oder Insolvenzverfahren eröffnet wird (BFH-Urteil vom 16.5.2007, I R 14/06, BStBl II S. 808).

Zu § 51 Abs. 2 AO:

7. ₁Verwirklicht die Körperschaft ihre förderungswürdigen Zwecke nur außerhalb von Deutschland, setzt die Steuerbegünstigung – neben den sonstigen Voraussetzungen der §§ 51 ff. AO – zusätzlich den so genannten Inlandsbezug nach § 51 Abs. 2 AO i. d. F. des JStG 2009 vom 19.12.2008 (BGBl I S. 2794) voraus. ₂Dieser liegt zum einen vor, wenn natürliche Personen, die ihren Wohnsitz oder ihren gewöhnlichen Aufenthalt im Inland haben, gefördert werden. ₃Auf die Staatsangehörigkeit der natürlichen Personen kommt es dabei nicht an.

₁Falls durch die Tätigkeit im Ausland keine im Inland lebenden Personen gefördert werden, ist ein Inlandsbezug gegeben, wenn die Tätigkeit der Körperschaft neben der Verwirklichung der steuerbegünstigten Zwecke auch zur Verbesserung des Ansehens Deutschlands im Ausland beitragen kann. ₂Dabei bedarf es keiner spürbaren oder messbaren Auswirkung auf das Ansehen Deutschlands im Ausland. ₃Bei im Inland ansässigen Körperschaften ist der mögliche Beitrag zum Ansehen Deutschlands im Ausland – ohne besonderen Nachweis – bereits dadurch erfüllt, dass sie sich personell, finanziell, planend, schöpferisch oder anderweitig an der Förderung gemeinnütziger und mildtätiger Zwecke im Ausland beteiligen (Indizwirkung). ₄Der Feststellung der positiven Kenntnis aller im Ausland Begünstigten oder aller Mitwirkenden von der Beteiligung deutscher Organisationen bedarf es dabei nicht.

₁Ausländische Körperschaften können den Inlandsbezug ebenfalls erfüllen, beispielsweise indem sie ihre steuerbegünstigten Zwecke zum Teil auch in Deutschland verwirklichen oder – soweit sie nur im Ausland tätig sind – auch im Inland lebende natürliche Personen fördern, selbst wenn die Personen sich zu diesem Zweck im Ausland aufhalten. ₂Bei der Tatbestandsalternative des möglichen Ansehensbeitrags zugunsten Deutschlands entfällt zwar bei ausländischen Körperschaften die Indizwirkung, die Erfüllung dieser Tatbestandsalternative durch ausländische Einrichtungen ist aber nicht grundsätzlich ausgeschlossen.

₁Der nach § 51 Abs. 2 AO bei Auslandsaktivitäten zusätzlich geforderte Inlandsbezug wirkt sich nicht auf die Auslegung der weiteren, für die Anerkennung der Gemeinnützigkeit notwendigen Voraussetzungen aus. ₂Deren Vorliegen ist weiterhin unabhängig von der Frage, ob die Tätigkeit im In- oder Ausland ausgeübt wird, zu prüfen. ₃Der Inlandsbezug hat somit insbesondere keine Auswirkung auf Inhalt und Umfang der in den §§ 52 bis 53 AO beschriebenen förderungswürdigen Zwecke. ₄Daher können beispielsweise kirchliche Zwecke weiterhin nur zugunsten inländischer Religionsgemeinschaften, die Körperschaften des öffentlichen Rechts sind, verfolgt werden; andererseits kann die Förderung der Religion nach § 52 Abs. 2 Satz 1 Nr. 2 AO wie bisher auch im Ausland erfolgen; auch kann wie bisher z. B. eine hilflose Person im Ausland unterstützt werden (§ 53 Nr. 1 AO).

₁Mit der Prüfung des Inlandsbezugs selbst ist keine zusätzliche inhaltliche Prüfung der Tätigkeit der Körperschaft verbunden. ₂Das heißt, es ist weder ein weiteres Mal zu ermitteln, ob die Körperschaft gemeinnützige oder mildtätige Zwecke i. S. d. §§ 52 und 53 AO fördert, noch kommt es darauf an, ob die

Tätigkeit mit den im Ausland geltenden Wertvorstellungen übereinstimmt und somit nach ausländischen Maßstäben ein Beitrag zum Ansehen Deutschlands geleistet werden kann. ₃Falls die Verfolgung der in den §§ 52 und 53 AO genannten förderungswürdigen Zwecke zu bejahen ist, ist daher davon auszugehen, dass eine solche Tätigkeit dem Ansehen Deutschlands im Ausland nicht entgegensteht. ₄Der Inlandsbezug wird für die Anerkennung der Gemeinnützigkeit ab Veranlagungszeitraum 2009 vorausgesetzt.

Zu § 51 Abs. 3 AO:

8. Der Ausschluss so genannter extremistischer Körperschaften von der Steuerbegünstigung ist nunmehr in § 51 Abs. 3 AO gesetzlich geregelt.

9. ₁Die Ergänzung des § 51 AO soll klarstellen, dass eine Körperschaft nur dann als steuerbegünstigt behandelt werden kann, wenn sie weder nach ihrer Satzung und ihrer tatsächlichen Geschäftsführung Bestrebungen i. S. d. § 4 des BVerfSchG verfolgt noch dem Gedanken der Völkerverständigung zuwiderhandelt. ₂§ 4 BVerfSchG ist im Zusammenhang mit § 3 BVerfSchG zu lesen, der die Aufgaben der Verfassungsschutzbehörden des Bundes und der Länder und die Voraussetzungen für ein Tätigwerden des Verfassungsschutzes festlegt. ₃Die Aufgabe besteht in der Sammlung und Auswertung von Informationen über die in § 3 Abs. 1 BVerfSchG erwähnten verfassungsfeindlichen Bestrebungen, die § 4 BVerfSchG zum Teil definiert. ₄So beinhaltet § 4 BVerfSchG im ersten Absatz eine Legaldefinition von Bestrebungen

a) gegen den Bestand des Bundes oder eines Landes

b) gegen die Sicherheit des Bundes oder eines Landes

c) gegen die freiheitliche demokratische Grundordnung.

Im zweiten Absatz des § 4 BVerfSchG werden die grundlegenden Prinzipien der freiheitlichen demokratischen Grundordnung aufgeführt.

₁Gem. § 51 Abs. 3 Satz 1 AO ist eine Steuervergünstigung auch ausgeschlossen, wenn die Körperschaft dem Gedanken der Völkerverständigung zuwiderhandelt. ₂Diese Regelung nimmt Bezug auf § 3 Abs. 1 Nr. 4 BVerfSchG, der wiederum auf Art. 9 Abs. 2 GG (gegen den Gedanken der Völkerverständigung gerichtete Bestrebungen) sowie Art. 26 Abs. 1 GG (Störung des friedlichen Zusammenlebens der Völker) verweist.

10. ₁Die Regelung des § 51 Abs. 3 Satz 2 AO gilt in allen offenen Fällen. ₂Der Tatbestand des § 51 Abs. 3 Satz 2 AO ist nur bei solchen Organisationen erfüllt, die im Verfassungsschutzbericht des Bundes oder eines Landes für den zu beurteilenden Veranlagungszeitraum ausdrücklich als extremistisch eingestuft werden (BFH-Urteil vom 11.4.2012, I R 11/11, BStBl 2013 II S. 146) . ₃Hat das Finanzamt die Körperschaft bisher als steuerbegünstigt behandelt und wird später ein Verfassungsschutzbericht veröffentlicht, in dem die Körperschaft als extremistisch aufgeführt wird, kommt ggf. eine Änderung nach § 173 Abs. 1 Nr. 1 AO in Betracht.

11. ₁Bei Organisationen, die nicht unter § 51 Abs. 3 Satz 2 AO fallen, ist eine Prüfung nach § 51 Abs. 3 Satz 1 AO vorzunehmen (vgl. Nr. 9 des AEAO zu § 51). ₂Insbesondere eine Erwähnung als „Verdachtsfall" oder eine nur beiläufige Erwähnung im Verfassungsschutzbericht, aber auch sonstige Erkenntnisse bieten im Einzelfall Anlass zu weitergehenden Ermittlungen der Finanzbehörde, z. B. auch durch Nachfragen bei den Verfassungsschutzbehörden.

Anhang 1   AEAO-Auszug

12. Die Finanzbehörden sind befugt und verpflichtet, den Verfassungsschutzbehörden Tatsachen i. S. d. § 51 Abs. 3 Satz 3 AO unabhängig davon mitzuteilen, welchen Besteuerungszeitraum diese Tatsachen betreffen.

AEAO zu § 52 – Gemeinnützige Zwecke:

1. ₁Die Gemeinnützigkeit einer Körperschaft setzt voraus, dass ihre Tätigkeit der Allgemeinheit zugute kommt (§ 52 Abs. 1 Satz 1 AO). ₂Dies ist nicht gegeben, wenn der Kreis der geförderten Personen infolge seiner Abgrenzung, insbesondere nach räumlichen oder beruflichen Merkmalen, dauernd nur klein sein kann (§ 52 Abs. 1 Satz 2 AO). ₃Hierzu gilt Folgendes:

1.1 Allgemeines

Ein Verein, dessen Tätigkeit in erster Linie seinen Mitgliedern zugute kommt (insbesondere Sportvereine und Vereine, die in § 52 Abs. 2 Nr. 23 AO genannte Freizeitbetätigungen fördern), fördert nicht die Allgemeinheit, wenn er den Kreis der Mitglieder durch hohe Aufnahmegebühren oder Mitgliedsbeiträge (einschließlich Mitgliedsumlagen) klein hält.

Bei einem Verein, dessen Tätigkeit in erster Linie seinen Mitgliedern zugute kommt, ist eine Förderung der Allgemeinheit i. S. d. § 52 Abs. 1 AO anzunehmen, wenn

a) die Mitgliedsbeiträge und Mitgliedsumlagen zusammen im Durchschnitt 1.023 € je Mitglied und Jahr und

b) die Aufnahmegebühren für die im Jahr aufgenommenen Mitglieder im Durchschnitt 1.534 € nicht übersteigen.

1.2 Investitionsumlage

Es ist unschädlich für die Gemeinnützigkeit eines Vereins, dessen Tätigkeit in erster Linie seinen Mitgliedern zugute kommt, wenn der Verein neben den o. a. Aufnahmegebühren und Mitgliedsbeiträgen (einschließlich sonstiger Mitgliedsumlagen) zusätzlich eine Investitionsumlage nach folgender Maßgabe erhebt:

₁Die Investitionsumlage darf höchstens 5.113 € innerhalb von zehn Jahren je Mitglied betragen. ₂Die Mitglieder müssen die Möglichkeit haben, die Zahlung der Umlage auf bis zu zehn Jahresraten zu verteilen. ₃Die Umlage darf nur für die Finanzierung konkreter Investitionsvorhaben verlangt werden. ₄Unschädlich ist neben der zeitnahen Verwendung der Mittel für Investitionen auch die Ansparung für künftige Investitionsvorhaben im Rahmen von nach § 62 Abs. 1 Nr. 1 AO zulässigen Rücklagen und die Verwendung für die Tilgung von Darlehen, die für die Finanzierung von Investitionen aufgenommen worden sind. ₅Die Erhebung von Investitionsumlagen kann auf neu eintretende Mitglieder (und ggf. nachzahlende Jugendliche, vgl. Nr. 1.3.1.2 des AEAO zu § 52) beschränkt werden.

Investitionsumlagen sind keine steuerlich abziehbaren Spenden.

1.3 Durchschnittsberechnung

Der durchschnittliche Mitgliedsbeitrag und die durchschnittliche Aufnahmegebühr sind aus dem Verhältnis der zu berücksichtigenden Leistungen der Mitglieder zu der Zahl der zu berücksichtigenden Mitglieder zu errechnen.

1.3.1 Zu berücksichtigende Leistungen der Mitglieder

1.3.1.1 Grundsatz

$_1$Zu den maßgeblichen Aufnahmegebühren bzw. Mitgliedsbeiträgen gehören alle Geld- und geldwerten Leistungen, die ein Bürger aufwenden muss, um in den Verein aufgenommen zu werden bzw. in ihm verbleiben zu können. $_2$Umlagen, die von den Mitgliedern erhoben werden, sind mit Ausnahme zulässiger Investitionsumlagen (vgl. Nr. 1.2 des AEAO zu § 52) bei der Berechnung der durchschnittlichen Aufnahmegebühren oder Mitgliedsbeiträge zu berücksichtigen.

1.3.1.2 Sonderentgelte und Nachzahlungen

$_1$So genannte Spielgeldvorauszahlungen, die im Zusammenhang mit der Aufnahme in den Verein zu entrichten sind, gehören zu den maßgeblichen Aufnahmegebühren. $_2$Sonderumlagen und Zusatzentgelte, die Mitglieder z. B. unter der Bezeichnung Jahresplatzbenutzungsgebühren zahlen müssen, sind bei der Durchschnittsberechnung als zusätzliche Mitgliedsbeiträge zu berücksichtigen.

Wenn jugendliche Mitglieder, die zunächst zu günstigeren Konditionen in den Verein aufgenommen worden sind, bei Erreichen einer Altersgrenze Aufnahmegebühren nachzuentrichten haben, sind diese im Jahr der Zahlung bei der Berechnung der durchschnittlichen Aufnahmegebühr zu erfassen.

1.3.1.3 Auswärtige Mitglieder

$_1$Mitgliedsbeiträge und Aufnahmegebühren, die auswärtige Mitglieder an andere gleichartige Vereine entrichten, sind nicht in die Durchschnittsberechnungen einzubeziehen. $_2$Dies gilt auch dann, wenn die Mitgliedschaft in dem anderen Verein Voraussetzung für die Aufnahme als auswärtiges Mitglied oder die Spielberechtigung in der vereinseigenen Sportanlage ist.

1.3.1.4 Juristische Personen und Unternehmen in anderer Rechtsform

Leistungen, die juristische Personen und Unternehmen in anderer Rechtsform für die Erlangung und den Erhalt der eigenen Mitgliedschaft in einem Verein aufwenden (so genannte Firmenmitgliedschaften), sind bei den Durchschnittsberechnungen nicht zu berücksichtigen (vgl. Nr. 1.3.2 des AEAO zu § 52).

1.3.1.5 Darlehen

$_1$Darlehen, die Mitglieder dem Verein im Zusammenhang mit ihrer Aufnahme in den Verein gewähren, sind nicht als zusätzliche Aufnahmegebühren zu erfassen. $_2$Wird das Darlehen zinslos oder zu einem günstigeren Zinssatz, als er auf dem Kapitalmarkt üblich ist, gewährt, ist der jährliche Zinsverzicht als zusätzlicher Mitgliedsbeitrag zu berücksichtigen. $_3$Dabei kann typisierend ein üblicher Zinssatz von 5,5 % angenommen werden (BFH-Urteil vom 13.11.1996, I R 152/93, BStBl 1998 II S. 711). $_4$Als zusätzlicher Mitgliedsbeitrag sind demnach pro Jahr bei einem zinslosen Darlehen 5,5 % des Darlehensbetrags und bei einem zinsgünstigen Darlehen der Betrag, den der Verein weniger als bei einer Verzinsung mit 5,5 % zu zahlen hat, anzusetzen.

Diese Grundsätze gelten auch, wenn Mitgliedsbeiträge oder Mitgliedsumlagen (einschließlich Investitionsumlagen) als Darlehen geleistet werden.

1.3.1.6 Beteiligung an Gesellschaften

Kosten für den zur Erlangung der Spielberechtigung notwendigen Erwerb von Geschäftsanteilen an einer Gesellschaft, die neben dem Verein besteht und die die Sportanlagen errichtet oder betreibt, sind mit Ausnahme des Agios nicht als zusätzliche Aufnahmegebühren zu erfassen.

Ein Sportverein kann aber mangels Unmittelbarkeit dann nicht als gemeinnützig behandelt werden, wenn die Mitglieder die Sportanlagen des Vereins nur bei Erwerb einer Nutzungsberechtigung von einer neben dem Verein bestehenden Gesellschaft nutzen dürfen.

1.3.1.7 Spenden

Wenn Bürger im Zusammenhang mit der Aufnahme in einen Sportverein als Spenden bezeichnete Zahlungen an den Verein leisten, ist zu prüfen, ob es sich dabei um freiwillige unentgeltliche Zuwendungen, d. h. um Spenden, oder um Sonderzahlungen handelt, zu deren Leistung die neu eintretenden Mitglieder verpflichtet sind.

$_1$Sonderzahlungen sind in die Berechnung der durchschnittlichen Aufnahmegebühr einzubeziehen. $_2$Dies gilt auch, wenn kein durch die Satzung oder durch Beschluss der Mitgliederversammlung festgelegter Rechtsanspruch des Vereins besteht, die Aufnahme in den Verein aber faktisch von der Leistung einer Sonderzahlung abhängt.

$_1$Eine faktische Verpflichtung ist regelmäßig anzunehmen, wenn mehr als 75 % der neu eingetretenen Mitglieder neben der Aufnahmegebühr eine gleich oder ähnlich hohe Sonderzahlung leisten. $_2$Dabei bleiben passive oder fördernde, jugendliche und auswärtige Mitglieder sowie Firmenmitgliedschaften außer Betracht. $_3$Für die Beurteilung der Frage, ob die Sonderzahlungen der neu aufgenommenen Mitglieder gleich oder ähnlich hoch sind, sind die von dem Mitglied innerhalb von drei Jahren nach seinem Aufnahmeantrag oder, wenn zwischen dem Aufnahmeantrag und der Aufnahme in den Verein ein ungewöhnlich langer Zeitraum liegt, nach seiner Aufnahme geleisteten Sonderzahlungen, soweit es sich dabei nicht um von allen Mitgliedern erhobene Umlagen handelt, zusammenzurechnen.

$_1$Die 75 %-Grenze ist eine widerlegbare Vermutung für das Vorliegen von Pflichtzahlungen. $_2$Maßgeblich sind die tatsächlichen Verhältnisse des Einzelfalls. $_3$Sonderzahlungen sind deshalb auch dann als zusätzliche Aufnahmegebühren zu behandeln, wenn sie zwar von weniger als 75 % der neu eingetretenen Mitglieder geleistet werden, diese Mitglieder aber nach den Umständen des Einzelfalls zu den Zahlungen nachweisbar verpflichtet sind.

$_1$Die vorstehenden Grundsätze einschließlich der 75 %-Grenze gelten für die Abgrenzung zwischen echten Spenden und Mitgliedsumlagen entsprechend. $_2$Pflichtzahlungen sind in diesem Fall in die Berechnung des durchschnittlichen Mitgliedsbeitrags einzubeziehen.

Nicht bei der Durchschnittsberechnung der Aufnahmegebühren und Mitgliedsbeiträge zu berücksichtigen sind Pflichteinzahlungen in eine zulässige Investitionsumlage (vgl. Nr. 1.2 des AEAO zu § 52).

$_1$Für Leistungen, bei denen es sich um Pflichtzahlungen (z. B. Aufnahmegebühren, Mitgliedsbeiträge, Ablösezahlungen für Arbeitsleistungen und Umlagen einschließlich Investitionsumlagen) handelt, dürfen keine Zuwendungsbestätigungen i. S. d. § 50 EStDV ausgestellt werden. $_2$Die Grundsätze des BFH-Urteils vom 13.12.1978, I R 39/78, BStBl 1979 II S. 482, sind nicht anzuwenden, soweit sie mit den vorgenannten Grundsätzen nicht übereinstimmen.

1.3.2 Zu berücksichtigende Mitglieder

$_1$Bei der Berechnung des durchschnittlichen Mitgliedsbeitrags ist als Divisor die Zahl der Personen anzusetzen, die im Veranlagungszeitraum (Kalenderjahr) Mitglieder des Vereins waren. $_2$Dabei sind auch die Mitglieder zu berücksichtigen, die im Laufe des Jahres aus dem Verein ausgetreten oder in ihn aufgenommen worden sind. $_3$Voraussetzung ist, dass eine Dauermitgliedschaft bestanden hat bzw. die Mitgliedschaft auf Dauer angelegt ist.

$_1$Divisor bei der Berechnung der durchschnittlichen Aufnahmegebühr ist die Zahl der Personen, die in dem Veranlagungszeitraum auf Dauer neu in den Verein aufgenommen worden sind. $_2$Bei den Berechnungen sind grundsätzlich auch die fördernden oder passiven, jugendlichen und auswärtigen Mitglieder zu berücksichtigen. $_3$Unter auswärtigen Mitgliedern sind regelmäßig Mitglieder zu verstehen, die ihren Wohnsitz außerhalb des Einzugsgebiets des Vereins haben und/oder bereits ordentliches Mitglied in einem gleichartigen anderen Sportverein sind und die deshalb keine oder geringere Mitgliedsbeiträge oder Aufnahmegebühren zu zahlen haben. $_4$Nicht zu erfassen sind juristische Personen oder Firmen in anderer Rechtsform sowie die natürlichen Personen, die infolge der Mitgliedschaft dieser Organisationen Zugang zu dem Verein haben.

$_1$Die nicht aktiven Mitglieder sind nicht zu berücksichtigen, wenn der Verein ihre Einbeziehung in die Durchschnittsberechnung missbräuchlich ausnutzt. $_2$Dies ist z. B. anzunehmen, wenn die Zahl der nicht aktiven Mitglieder ungewöhnlich hoch ist oder festgestellt wird, dass im Hinblick auf die Durchschnittsberechnung gezielt nicht aktive Mitglieder beitragsfrei oder gegen geringe Beiträge aufgenommen worden sind. $_3$Entsprechendes gilt für die Einbeziehung auswärtiger Mitglieder in die Durchschnittsberechnung.

2. $_1$Bei § 52 Abs. 2 AO handelt es sich grundsätzlich um eine abschließende Aufzählung gemeinnütziger Zwecke. $_2$Die Allgemeinheit kann allerdings auch durch die Verfolgung von Zwecken, die hinsichtlich der Merkmale, die ihre steuerrechtliche Förderung rechtfertigen, mit den in § 52 Abs. 2 AO aufgeführten Zwecken identisch sind, gefördert werden.

2.1 Jugendliche i. S. d. § 52 Abs. 2 Nr. 4 AO bzw. des § 68 Nr. 1 Buchstabe b AO sind alle Personen vor Vollendung des 27. Lebensjahres.

2.2 $_1$Die Förderung von Kunst und Kultur umfasst die Bereiche der Musik, der Literatur, der darstellenden und bildenden Kunst und schließt die Förderung von kulturellen Einrichtungen, wie Theater und Museen, sowie von kulturellen Veranstaltungen, wie Konzerte und Kunstausstellungen, ein. $_2$Zur Förderung von Kunst und Kultur gehört auch die Förderung der Pflege und Erhaltung von Kulturwerten. $_3$Kulturwerte sind Gegenstände von künstlerischer und sonstiger kultureller Bedeutung, Kunstsammlungen und künstlerische Nachlässe, Bibliotheken, Archive sowie andere vergleichbare Einrichtungen.

2.3 $_1$Die Förderung der Denkmalpflege bezieht sich auf die Erhaltung und Wiederherstellung von Bau- und Bodendenkmälern, die nach den jeweiligen landesrechtlichen Vorschriften anerkannt sind. $_2$Die Anerkennung ist durch eine Bescheinigung der zuständigen Stelle nachzuweisen.

2.4 Zur Förderung des Andenkens an Verfolgte, Kriegs- und Katastrophenopfer gehört auch die Errichtung von Ehrenmalen und Gedenkstätten.

Zur Förderung der Tier- bzw. Pflanzenzucht gehört auch die Förderung der Erhaltung vom Aussterben bedrohter Nutztierrassen und Nutzpflanzen.

Anhang 1 AEAO-Auszug

₁Die Förderung des Einsatzes für nationale Minderheiten i. S. d. durch Deutschland ratifizierten Rahmenabkommens zum Schutz nationaler Minderheiten und die Förderung des Einsatzes für die gem. der von Deutschland ratifizierten Charta der Regional- und Minderheitensprachen geschützten Sprachen sind – je nach Betätigung im Einzelnen – Förderung von Kunst und Kultur, Förderung der Heimatpflege und Heimatkunde oder Förderung des traditionellen Brauchtums. ₂Bei den nach der Charta geschützten Sprachen handelt es sich um die Regionalsprache Niederdeutsch sowie die Minderheitensprachen Dänisch, Friesisch, Sorbisch und das Romanes der deutschen Sinti und Roma.

2.5 ₁Unter dem Begriff „bürgerschaftliches Engagement" versteht man eine freiwillige, nicht auf das Erzielen eines persönlichen materiellen Gewinns gerichtete, auf die Förderung der Allgemeinheit hin orientierte, kooperative Tätigkeit. ₂Die Anerkennung der Förderung des bürgerschaftlichen Engagements zugunsten gemeinnütziger, mildtätiger und kirchlicher Zwecke dient der Hervorhebung der Bedeutung, die ehrenamtlicher Einsatz für unsere Gesellschaft hat. ₃Eine Erweiterung der gemeinnützigen Zwecke ist damit nicht verbunden.

2.6 ₁Durch § 52 Abs. 2 Satz 2 AO wird die Möglichkeit eröffnet, Zwecke auch dann als gemeinnützig anzuerkennen, wenn diese nicht unter den Katalog des § 52 Abs. 2 Satz 1 AO fallen. ₂Die Anerkennung der Gemeinnützigkeit solcher gesellschaftlicher Zwecke wird bundeseinheitlich abgestimmt.

3. ₁Internetvereine können wegen Förderung der Volksbildung als gemeinnützig anerkannt werden, sofern ihr Zweck nicht der Förderung der (privat betriebenen) Datenkommunikation durch Zurverfügungstellung von Zugängen zu Kommunikationsnetzwerken sowie durch den Aufbau, die Förderung und den Unterhalt entsprechender Netze zur privaten und geschäftlichen Nutzung durch die Mitglieder oder andere Personen dient. ₂Freiwilligenagenturen können regelmäßig wegen der Förderung der Bildung (§ 52 Abs. 2 Nr. 7 AO) als gemeinnützig behandelt werden, weil das Schwergewicht ihrer Tätigkeit in der Aus- und Weiterbildung der Freiwilligen liegt (BMF-Schreiben vom 15.9.2003, BStBl I S. 446).

4. ₁Bei Körperschaften, die Privatschulen betreiben oder unterstützen, ist zwischen Ersatzschulen und Ergänzungsschulen zu unterscheiden. ₂Die Förderung der Allgemeinheit ist bei Ersatzschulen stets anzunehmen, weil die zuständigen Landesbehörden die Errichtung und den Betrieb einer Ersatzschule nur dann genehmigen dürfen, wenn eine Sonderung der Schüler nach den Besitzverhältnissen der Eltern nicht gefördert wird (Art. 7 Abs. 4 Satz 3 GG und die Privatschulgesetze der Länder). ₃Bei Ergänzungsschulen kann eine Förderung der Allgemeinheit dann angenommen werden, wenn in der Satzung der Körperschaft festgelegt ist, dass bei mindestens 25 % der Schüler keine Sonderung nach den Besitzverhältnissen der Eltern i. S. d. Art. 7 Abs. 4 Satz 3 GG und der Privatschulgesetze der Länder vorgenommen werden darf.

5. ₁Nachbarschaftshilfevereine, Tauschringe und ähnliche Körperschaften, deren Mitglieder kleinere Dienstleistungen verschiedenster Art gegenüber anderen Vereinsmitgliedern erbringen (z. B. kleinere Reparaturen, Hausputz, Kochen, Kinderbetreuung, Nachhilfeunterricht, häusliche Pflege) sind grundsätzlich nicht gemeinnützig, weil regelmäßig durch die gegenseitige Unterstützung in erster Linie eigenwirtschaftliche Interessen ihrer Mitglieder gefördert werden

und damit gegen den Grundsatz der Selbstlosigkeit (§ 55 Abs. 1 AO) verstoßen wird. ₂Solche Körperschaften können jedoch gemeinnützig sein, wenn sich ihre Tätigkeit darauf beschränkt, alte und hilfebedürftige Menschen in Verrichtungen des täglichen Lebens zu unterstützen, und damit die Altenhilfe gefördert bzw. mildtätige Zwecke (§ 53 AO) verfolgt werden. ₃Soweit sich der Zweck der Körperschaften zusätzlich auf die Erteilung von Nachhilfeunterricht und Kinderbetreuung erstreckt, können sie auch wegen Förderung der Jugendhilfe anerkannt werden. ₄Voraussetzung für die Anerkennung der Gemeinnützigkeit solcher Körperschaften ist, dass die aktiven Mitglieder ihre Dienstleistungen als Hilfspersonen der Körperschaft (§ 57 Abs. 1 Satz 2 AO) ausüben.

Vereine, deren Zweck die Förderung esoterischer Heilslehren ist, z. B. Reiki-Vereine, können nicht wegen Förderung des öffentlichen Gesundheitswesens oder der öffentlichen Gesundheitspflege als gemeinnützig anerkannt werden.

6. ₁Ein wesentliches Element des Sports (§ 52 Abs. 2 Nr. 21 AO) ist die körperliche Ertüchtigung. ₂Motorsport fällt unter den Begriff des Sports (BFH-Urteil vom 29.10.1997, I R 13/97, BStBl 1998 II S. 9), ebenso Ballonfahren. ₃Dagegen sind Skat (BFH-Urteil vom 17.2.2000, I R 108, 109/98, BFH/NV S. 1071), Bridge, Gospiel, Gotcha, Paintball, IPSC-Schießen und Tipp-Kick kein Sport i. S. d. Gemeinnützigkeitsrechts. ₄Dies gilt auch für Amateurfunk, Modellflug und Hundesport, die jedoch eigenständige gemeinnützige Zwecke sind (§ 52 Abs. 2 Nr. 23 AO). ₅Schützenvereine können auch dann als gemeinnützig anerkannt werden, wenn sie nach ihrer Satzung neben dem Schießsport (als Hauptzweck) auch das Schützenbrauchtum (vgl. Nr. 11 des AEAO zu § 52) fördern. ₆Die Durchführung von volksfestartigen Schützenfesten ist kein gemeinnütziger Zweck.

7. ₁Die Förderung des bezahlten Sports ist kein gemeinnütziger Zweck, weil dadurch eigenwirtschaftliche Zwecke der bezahlten Sportler gefördert werden. ₂Sie ist aber unter bestimmten Voraussetzungen unschädlich für die Gemeinnützigkeit eines Sportvereins (siehe § 58 Nr. 8 und § 67a AO).

8. ₁Eine steuerbegünstigte allgemeine Förderung des demokratischen Staatswesens ist nur dann gegeben, wenn sich die Körperschaft umfassend mit den demokratischen Grundprinzipien befasst und diese objektiv und neutral würdigt. ₂Ist hingegen Zweck der Körperschaft die politische Bildung, der es auf der Grundlage der Normen und Vorstellungen einer rechtsstaatlichen Demokratie um die Schaffung und Förderung politischer Wahrnehmungsfähigkeit und politischen Verantwortungsbewusstseins geht, liegt Volksbildung vor. ₃Diese muss nicht nur in theoretischer Unterweisung bestehen, sie kann auch durch den Aufruf zu konkreter Handlung ergänzt werden. ₄Keine politische Bildung ist demgegenüber die einseitige Agitation, die unkritische Indoktrination oder die parteipolitisch motivierte Einflussnahme (BFH-Urteil vom 23.9.1999, XI R 63/98, BStBl 2000 II S. 200).

9. ₁Die Förderung von Freizeitaktivitäten außerhalb des Bereichs des Sports ist nur dann als Förderung der Allgemeinheit anzuerkennen, wenn die Freizeitaktivitäten hinsichtlich der Merkmale, die ihre steuerrechtliche Förderung rechtfertigen, mit den im Katalog des § 52 Abs. 2 Nr. 23 AO genannten Freizeitgestaltungen identisch sind. ₂Es reicht nicht aus, dass die Freizeitgestaltung sinnvoll und einer der in § 52 Abs. 2 Nr. 23 AO genannten ähnlich ist (BFH-Urteil vom 14.9.1994, I R 153/93, BStBl 1995 II S. 499). ₃Die Förderung

Anhang 1   AEAO-Auszug

des Baus und Betriebs von Schiffs-, Auto-, Eisenbahn- und Drachenflugmodellen ist identisch im vorstehenden Sinne mit der Förderung des Modellflugs, die Förderung des CB-Funkens mit der Förderung des Amateurfunkens. ₄Diese Zwecke sind deshalb als gemeinnützig anzuerkennen. ₅Nicht identisch im vorstehenden Sinne mit den in § 52 Abs. 2 Nr. 23 AO genannten Freizeitaktivitäten und deshalb nicht als eigenständige gemeinnützige Zwecke anzuerkennen sind z. B. die Förderung des Amateurfilmens und -fotografierens, des Kochens, von Brett- und Kartenspielen und des Sammelns von Gegenständen, wie Briefmarken, Münzen und Autogrammkarten, sowie die Tätigkeit von Reise- und Touristik-, Sauna-, Gesellschafts-, Kosmetik- und Oldtimer-Vereinen. ₆Bei Vereinen, die das Amateurfilmen und -fotografieren fördern, und bei Oldtimer-Vereinen kann aber eine Steuerbegünstigung wegen der Förderung von Kunst oder (technischer) Kultur in Betracht kommen.

10. ₁Obst- und Gartenbauvereine fördern i. d. R. die Pflanzenzucht i. S. d. § 52 Abs. 2 Nr. 23 AO. ₂Die Förderung der Bonsaikunst ist Pflanzenzucht, die Förderung der Aquarien- und Terrarienkunde ist Tierzucht i. S. d. Vorschrift.

11. ₁Historische Schützenbruderschaften können wegen der Förderung der Brauchtumspflege (vgl. Nr. 6 des AEAO zu § 52), Freizeitwinzervereine wegen der Förderung der Heimatpflege, die Teil der Brauchtumspflege ist, als gemeinnützig behandelt werden. ₂Dies gilt auch für Junggesellen- und Burschenvereine, die das traditionelle Brauchtum einer bestimmten Region fördern, z. B. durch das Setzen von Maibäumen (Maiclubs). ₃Die besondere Nennung des traditionellen Brauchtums als gemeinnütziger Zweck in § 52 Abs. 2 Nr. 23 AO bedeutet jedoch keine allgemeine Ausweitung des Brauchtumsbegriffs i. S. d. Gemeinnützigkeitsrechts. ₄Studentische Verbindungen, z. B. Burschenschaften, ähnliche Vereinigungen, z. B. Landjugendvereine, Country- und Westernvereine und Vereine, deren Hauptzweck die Veranstaltung von örtlichen Volksfesten (z. B. Kirmes, Kärwa, Schützenfest) ist, sind deshalb i. d. R. nicht gemeinnützig.

12. ₁Bei Tier- und Pflanzenzuchtvereinen, Freizeitwinzervereinen sowie Junggesellen- oder Burschenvereinen ist besonders auf die Selbstlosigkeit (§ 55 AO) und die Ausschließlichkeit (§ 56 AO) zu achten. ₂Eine Körperschaft ist z. B. nicht selbstlos tätig, wenn sie in erster Linie eigenwirtschaftliche Zwecke ihrer Mitglieder fördert. ₃Sie verstößt z. B. gegen das Gebot der Ausschließlichkeit, wenn die Durchführung von Festveranstaltungen (z. B. Winzerfest, Maiball) Satzungszweck ist. ₄Bei der Prüfung der tatsächlichen Geschäftsführung von Freizeitwinzer-, Junggesellen- und Burschenvereinen ist außerdem besonders darauf zu achten, dass die Förderung der Geselligkeit nicht im Vordergrund der Vereinstätigkeit steht.

13. ₁Soldaten- und Reservistenvereine verfolgen i. d. R. gemeinnützige Zwecke i. S. d. § 52 Abs. 2 Nr. 23 AO, wenn sie aktive und ehemalige Wehrdienstleistende, Zeit- und Berufssoldaten betreuen, z. B. über mit dem Soldatsein zusammenhängende Fragen beraten, Möglichkeiten zu sinnvoller Freizeitgestaltung bieten oder beim Übergang in das Zivilleben helfen. ₂Die Pflege der Tradition durch Soldaten- und Reservistenvereine ist weder steuerbegünstigte Brauchtumspflege noch Betreuung von Soldaten und Reservisten i. S. d. § 52 Abs. 2 Nr. 23 AO. ₃Die Förderung der Kameradschaft kann neben einem steuerbegünstigten Zweck als Vereinszweck genannt werden, wenn sich aus der Satzung ergibt, dass damit lediglich eine Verbundenheit der Vereinsmit-

glieder angestrebt wird, die aus der gemeinnützigen Vereinstätigkeit folgt (BFH-Urteil vom 11.3.1999, V R 57, 58/96, BStBl II S. 331).

14. ₁Einrichtungen, die mit ihrer Tätigkeit auf die Erholung arbeitender Menschen ausgerichtet sind (z. B. der Betrieb von Freizeiteinrichtungen wie Campingplätze oder Bootsverleihe), können nicht als gemeinnützig anerkannt werden, es sei denn, dass das Gewähren von Erholung einem besonders schutzwürdigen Personenkreis (z. B. Kranken oder der Jugend) zugute kommt oder in einer bestimmten Art und Weise (z. B. auf sportlicher Grundlage) vorgenommen wird (BFH-Urteile vom 22.11.1972, I R 21/71, BStBl 1973 II S. 251, und vom 30.9.1981, III R 2/80, BStBl 1982 II S. 148). ₂Wegen Erholungsheimen wird auf § 68 Nr. 1 Buchstabe a AO hingewiesen.

15. Politische Zwecke (Beeinflussung der politischen Meinungsbildung, Förderung politischer Parteien u. dgl.) zählen grundsätzlich nicht zu den gemeinnützigen Zwecken i. S. d. § 52 AO.

    ₁Eine gewisse Beeinflussung der politischen Meinungsbildung schließt jedoch die Gemeinnützigkeit nicht aus (BFH-Urteil vom 29.8.1984, I R 203/81, BStBl II S. 844). ₂Eine politische Tätigkeit ist danach unschädlich für die Gemeinnützigkeit, wenn eine gemeinnützige Tätigkeit nach den Verhältnissen im Einzelfall zwangsläufig mit einer politischen Zielsetzung verbunden ist und die unmittelbare Einwirkung auf die politischen Parteien und die staatliche Willensbildung gegenüber der Förderung des gemeinnützigen Zwecks weit in den Hintergrund tritt. ₃Eine Körperschaft fördert deshalb auch dann ausschließlich ihren steuerbegünstigten Zweck, wenn sie gelegentlich zu tagespolitischen Themen im Rahmen ihres Satzungszwecks Stellung nimmt. ₄Entscheidend ist, dass die Tagespolitik nicht Mittelpunkt der Tätigkeit der Körperschaft ist oder wird, sondern der Vermittlung der steuerbegünstigten Ziele der Körperschaft dient (BFH-Urteil vom 23.11.1988, I R 11/88, BStBl 1989 II S. 391).

    Dagegen ist die Gemeinnützigkeit zu versagen, wenn ein politischer Zweck als alleiniger oder überwiegender Zweck in der Satzung einer Körperschaft festgelegt ist oder die Körperschaft tatsächlich ausschließlich oder überwiegend einen politischen Zweck verfolgt.

AEAO zu § 53 – Mildtätige Zwecke:

1. ₁Der Begriff „mildtätige Zwecke" umfasst auch die Unterstützung von Personen, die wegen ihres seelischen Zustands hilfebedürftig sind. ₂Das hat beispielsweise für die Telefonseelsorge Bedeutung.

2. ₁Völlige Unentgeltlichkeit der mildtätigen Zuwendung wird nicht verlangt. ₂Die mildtätige Zuwendung darf nur nicht des Entgelts wegen erfolgen.

3. ₁Eine Körperschaft, zu deren Satzungszwecken die Unterstützung von hilfebedürftigen Verwandten der Mitglieder, Gesellschafter, Genossen oder Stifter gehört, kann nicht als steuerbegünstigt anerkannt werden. ₂Bei einer derartigen Körperschaft steht nicht die Förderung mildtätiger Zwecke, sondern die Förderung der Verwandtschaft im Vordergrund. ₃Ihre Tätigkeit ist deshalb nicht, wie es § 53 AO verlangt, auf die selbstlose Unterstützung hilfebedürftiger Personen gerichtet. ₄Dem steht bei Stiftungen § 58 Nr. 6 AO nicht entgegen. ₅Diese Vorschrift ist lediglich eine Ausnahme von dem Gebot der Selbstlosigkeit (§ 55 AO), begründet aber keinen eigenständigen gemeinnützi-

gen Zweck. ₆Bei der tatsächlichen Geschäftsführung ist die Unterstützung von hilfebedürftigen Angehörigen grundsätzlich nicht schädlich für die Steuerbegünstigung. ₇Die Verwandtschaft darf jedoch kein Kriterium für die Förderleistungen der Körperschaft sein.

4. ₁Hilfen nach § 53 Nr. 1 AO (Unterstützung von Personen, die infolge ihres körperlichen, geistigen oder seelischen Zustands auf die Hilfe anderer angewiesen sind) dürfen ohne Rücksicht auf die wirtschaftliche Unterstützungsbedürftigkeit gewährt werden. ₂Bei der Beurteilung der Bedürftigkeit i. S. d. § 53 Nr. 1 AO kommt es nicht darauf an, dass die Hilfebedürftigkeit dauernd oder für längere Zeit besteht. ₃Hilfeleistungen wie beispielsweise „Essen auf Rädern" können daher steuerbegünstigt durchgeführt werden. ₄Bei Personen, die das 75. Lebensjahr vollendet haben, kann körperliche Hilfebedürftigkeit ohne weitere Nachprüfung angenommen werden.

5. ₁§ 53 Nr. 2 AO legt die Grenzen der wirtschaftlichen Hilfebedürftigkeit fest. ₂Danach können ohne Verlust der Steuerbegünstigung Personen unterstützt werden, deren Bezüge das Vierfache, beim Alleinstehenden oder Alleinerziehenden das Fünffache des Regelsatzes der Sozialhilfe i. S. d. § 28 SGB XII (jeweilige Regelbedarfsstufe) nicht übersteigen. ₃Etwaige Mehrbedarfszuschläge zum Regelsatz sind nicht zu berücksichtigen. ₄Leistungen für die Unterkunft werden nicht gesondert berücksichtigt. ₅Für die Begriffe „Einkünfte" und „Bezüge" sind die Ausführungen R 33a.1 EStR maßgeblich.

6. ₁Zu den Bezügen i. S. d. § 53 Nr. 2 AO zählen neben den Einkünften i. S. d. § 2 Abs. 1 EStG auch alle anderen für die Bestreitung des Unterhalts bestimmten oder geeigneten Bezüge aller Haushaltsangehörigen. ₂Hierunter fallen auch solche Einnahmen, die im Rahmen der steuerlichen Einkunftsermittlung nicht erfasst werden, also sowohl nicht steuerbare als auch für steuerfrei erklärte Einnahmen (BFH-Urteil vom 2.8.1974, VI R 148/71, BStBl 1975 II S. 139). ₃Gezahlte und empfangene Unterhaltsleistungen sind bei der Einkommensberechnung zu berücksichtigen.

Bei der Beurteilung der wirtschaftlichen Hilfebedürftigkeit von unverheirateten minderjährigen Schwangeren und minderjährigen Müttern, die ihr leibliches Kind bis zur Vollendung seines 6. Lebensjahres betreuen und die dem Haushalt ihrer Eltern oder eines Elternteils angehören, sind die Bezüge und das Vermögen der Eltern oder des Elternteils nicht zu berücksichtigen.

7. Bei Renten zählt der über den von § 53 Nr. 2 Buchstabe a AO erfassten Anteil hinausgehende Teil der Rente zu den Bezügen i. S. d. § 53 Nr. 2 Buchstabe b AO.

8. Bei der Feststellung der Bezüge i. S. d. § 53 Nr. 2 Buchstabe b AO sind aus Vereinfachungsgründen insgesamt 180 € im Kalenderjahr abzuziehen, wenn nicht höhere Aufwendungen, die in wirtschaftlichem Zusammenhang mit den entsprechenden Einnahmen stehen, nachgewiesen oder glaubhaft gemacht werden.

9. ₁Als Vermögen, das zur nachhaltigen Verbesserung des Unterhalts ausreicht und dessen Verwendung für den Unterhalt zugemutet werden kann (§ 53 Nr. 2 Satz 2 AO), ist i. d. R. ein Vermögen mit einem gemeinen Wert (Verkehrswert) von mehr als 15.500 € anzusehen. ₂Dabei bleiben außer Ansatz:

– Vermögensgegenstände, deren Veräußerung offensichtlich eine Verschleuderung bedeuten würde oder die einen besonderen Wert, z. B. Erinne-

rungswert, für die unterstützte Person haben oder zu ihrem Hausrat gehören,
- ein angemessenes Hausgrundstück i. S. d. § 90 Abs. 2 Nr. 8 SGB XII, das die unterstützte Person allein oder zusammen mit Angehörigen, denen es nach dem Tod der unterstützten Person weiter als Wohnraum dienen soll, bewohnt.

$_1$Die Grenze bezieht sich auch bei einem Mehrpersonenhaushalt auf jede unterstützte Person. $_2$H 33a.1 (Geringes Vermögen – „Schonvermögen") EStH gilt entsprechend.

10. $_1$Erbringt eine Körperschaft ihre Leistungen an wirtschaftlich hilfebedürftige Personen, muss sie anhand ihrer Unterlagen nachweisen können, dass die Höhe der Einkünfte und Bezüge sowie das Vermögen der unterstützten Personen die Grenzen des § 53 Nr. 2 AO nicht übersteigen. $_2$Eine Erklärung, in der von der unterstützten Person nur das Unterschreiten der Grenzen des § 53 Nr. 2 AO mitgeteilt wird, reicht allein nicht aus. $_3$Eine Berechnung der maßgeblichen Einkünfte und Bezüge sowie eine Berechnung des Vermögens sind stets beizufügen.

11. $_1$Auf diesen Nachweis ist zu verzichten, wenn die Leistungsempfänger Leistungen nach dem SGB II, SGB XII, WoGG, § 27a BVG oder nach § 6a BKKG beziehen. $_2$Bei Beantragung dieser Sozialleistungen prüft die zuständige Sozialbehörde sowohl die Vermögens- als auch die Einkommensverhältnisse der antragstellenden Personen. $_3$Verfügen sie über ausreichend finanzielle Mittel (Einkommen oder einzusetzendes Vermögen), dann werden die beantragten Leistungen nicht bewilligt.

$_1$Es ist also ausreichend, wenn Empfänger der in § 53 Nr. 2 Satz 6 AO benannten Leistungen ihren für den Empfangszeitraum maßgeblichen Leistungsbescheid oder eine Bescheinigung des Sozialleistungsträgers über den Leistungsbezug bei der Körperschaft einreichen. $_2$Die Körperschaft hat eine Ablichtung des Bescheids oder der Bestätigung aufzubewahren.

12. Beantragt eine Körperschaft die Befreiung von der Nachweispflicht nach § 53 Nr. 2 Satz 8 AO, muss sie nachweisen, dass aufgrund ihrer besonderen Art der gewährten Unterstützungsleistung sichergestellt ist, dass nur wirtschaftlich hilfebedürftige Personen unterstützt werden.

$_1$Auf die Nachweisführung kann verzichtet werden, wenn aufgrund der Art der Unterstützungsleistungen typischerweise davon auszugehen ist, dass nur bedürftige Menschen unterstützt werden. $_2$Hierbei sind die besonderen Gegebenheiten vor Ort sowie Inhalte und Bewerbungen des konkreten Leistungsangebotes zu berücksichtigen. $_3$Im Regelfall müssen Kleiderkammern, Suppenküchen, Obdachlosenasyle und die sogenannten Tafeln keine Nachweise erbringen.

$_1$Dagegen reicht die pauschale Behauptung, dass die Leistungen sowieso nur von Hilfebedürftigen in Anspruch genommen werden, nicht aus. $_2$Werden z. B. bei einem Sozialkaufhaus Leistungen an jeden erbracht, der sie in Anspruch nehmen möchte, dann kommt eine Befreiung nicht in Betracht.

$_1$Der Bescheid über den Nachweisverzicht kann befristet ergehen oder mit anderen Nebenbestimmungen (§ 120 AO) versehen werden. $_2$Treten Änderungen im rechtlichen oder tatsächlichen Bereich ein, dann gelten die Absätze 3 bis 5 des § 60a AO entsprechend. $_3$Dies gilt auch bei materiell-rechtlich fehlerhaften Bescheiden (vgl. Nr. 6 bis 8 des AEAO zu § 60a).

Anhang 1 AEAO-Auszug

AEAO zu § 54 – Kirchliche Zwecke:

₁Ein kirchlicher Zweck liegt nur vor, wenn die Tätigkeit darauf gerichtet ist, eine Religionsgemeinschaft des öffentlichen Rechts zu fördern. ₂Bei Religionsgemeinschaften, die nicht Körperschaften des öffentlichen Rechts sind, kann wegen Förderung der Religion eine Anerkennung als gemeinnützige Körperschaft in Betracht kommen.

AEAO zu § 55 – Selbstlosigkeit:

Zu § 55 Abs. 1 Nr. 1 AO:

1. ₁Eine Körperschaft handelt selbstlos, wenn sie weder selbst noch zugunsten ihrer Mitglieder eigenwirtschaftliche Zwecke verfolgt. ₂Ist die Tätigkeit einer Körperschaft in erster Linie auf Mehrung ihres eigenen Vermögens gerichtet, so handelt sie nicht selbstlos. ₃Eine Körperschaft verfolgt z. B. in erster Linie eigenwirtschaftliche Zwecke, wenn sie ausschließlich durch Darlehen ihrer Gründungsmitglieder finanziert ist und dieses Fremdkapital satzungsgemäß tilgen und verzinsen muss (BFH-Urteile vom 13.12.1978, I R 39/78, BStBl 1979 II S. 482, vom 26.4.1989, I R 209/85, BStBl II S. 670, und vom 28.6.1989, I R 86/85, BStBl 1990 II S. 550).

2. ₁Nach § 55 Abs. 1 AO dürfen sämtliche Mittel der Körperschaft nur für die satzungsmäßigen Zwecke verwendet werden (Ausnahmen siehe § 58 AO). ₂Auch der Gewinn aus dem Zweckbetrieb und aus dem steuerpflichtigen wirtschaftlichen Geschäftsbetrieb (§ 64 Abs. 2 AO) sowie der Überschuss aus der Vermögensverwaltung dürfen nur für die satzungsmäßigen Zwecke verwendet werden. ₃Dies schließt die Bildung von Rücklagen im wirtschaftlichen Geschäftsbetrieb und im Bereich der Vermögensverwaltung nicht aus.

3. ₁Es ist grundsätzlich nicht zulässig, Mittel des ideellen Bereichs (insbesondere Mitgliedsbeiträge, Spenden, Zuschüsse, Rücklagen), Gewinne aus Zweckbetrieben, Erträge aus der Vermögensverwaltung und das entsprechende Vermögen für einen steuerpflichtigen wirtschaftlichen Geschäftsbetrieb zu verwenden, z. B. zum Ausgleich eines Verlustes. ₂Für das Vorliegen eines Verlustes ist das Ergebnis des einheitlichen steuerpflichtigen wirtschaftlichen Geschäftsbetriebs (§ 64 Abs. 2 AO) maßgeblich. ₃Eine Verwendung von Mitteln des ideellen Bereichs für den Ausgleich des Verlustes eines einzelnen wirtschaftlichen Geschäftsbetriebs liegt deshalb nicht vor, soweit der Verlust bereits im Entstehungsjahr mit Gewinnen anderer steuerpflichtiger wirtschaftlicher Geschäftsbetriebe verrechnet werden kann. ₄Verbleibt danach ein Verlust, ist keine Verwendung von Mitteln des ideellen Bereichs für dessen Ausgleich anzunehmen, wenn dem ideellen Bereich in den sechs vorangegangenen Jahren Gewinne des einheitlichen steuerpflichtigen wirtschaftlichen Geschäftsbetriebs in mindestens gleicher Höhe zugeführt worden sind. ₅Insoweit ist der Verlustausgleich im Entstehungsjahr als Rückgabe früherer, durch das Gemeinnützigkeitsrecht vorgeschriebener Gewinnabführungen anzusehen.

4. Ein nach ertragsteuerlichen Grundsätzen ermittelter Verlust eines steuerpflichtigen wirtschaftlichen Geschäftsbetriebs ist unschädlich für die Steuerbegünstigung der Körperschaft, wenn er ausschließlich durch die Berücksich-

tigung von anteiligen Abschreibungen auf gemischt genutzte Wirtschaftsgüter entstanden ist und wenn die folgenden Voraussetzungen erfüllt sind:

- $_1$Das Wirtschaftsgut wurde für den ideellen Bereich angeschafft oder hergestellt und wird nur zur besseren Kapazitätsauslastung und Mittelbeschaffung teil- oder zeitweise für den steuerpflichtigen wirtschaftlichen Geschäftsbetrieb genutzt. $_2$Die Körperschaft darf nicht schon im Hinblick auf eine zeit- oder teilweise Nutzung für den steuerpflichtigen wirtschaftlichen Geschäftsbetrieb ein größeres Wirtschaftsgut angeschafft oder hergestellt haben, als es für die ideelle Tätigkeit notwendig war.
- Die Körperschaft verlangt für die Leistungen des steuerpflichtigen wirtschaftlichen Geschäftsbetriebs marktübliche Preise.
- Der steuerpflichtige wirtschaftliche Geschäftsbetrieb bildet keinen eigenständigen Sektor eines Gebäudes (z. B. Gaststättenbetrieb in einer Sporthalle).

Diese Grundsätze gelten entsprechend für die Berücksichtigung anderer gemischter Aufwendungen (z. B. zeitweiser Einsatz von Personal des ideellen Bereichs in einem steuerpflichtigen wirtschaftlichen Geschäftsbetrieb) bei der gemeinnützigkeitsrechtlichen Beurteilung von Verlusten.

5. Der Ausgleich des Verlustes eines steuerpflichtigen wirtschaftlichen Geschäftsbetriebs mit Mitteln des ideellen Bereichs ist außerdem unschädlich für die Steuerbegünstigung, wenn
   - der Verlust auf einer Fehlkalkulation beruht,
   - die Körperschaft innerhalb von 12 Monaten nach Ende des Wirtschaftsjahres, in dem der Verlust entstanden ist, dem ideellen Tätigkeitsbereich wieder Mittel in entsprechender Höhe zuführt und
   - die zugeführten Mittel nicht aus Zweckbetrieben, aus dem Bereich der steuerbegünstigten Vermögensverwaltung, aus Beiträgen oder aus anderen Zuwendungen, die zur Förderung der steuerbegünstigten Zwecke der Körperschaft bestimmt sind, stammen (BFH-Urteil vom 13.11.1996, I R 152/93, BStBl 1998 II S. 711).

   $_1$Die Zuführungen zu dem ideellen Bereich können demnach aus dem Gewinn des (einheitlichen) steuerpflichtigen wirtschaftlichen Geschäftsbetriebs, der in dem Wirtschaftsjahr nach der Entstehung des Verlustes erzielt wird, geleistet werden. $_2$Außerdem dürfen für den Ausgleich des Verlustes Umlagen und Zuschüsse, die dafür bestimmt sind, verwendet werden. $_3$Derartige Zuwendungen sind jedoch keine steuerbegünstigten Spenden.

6. $_1$Eine für die Steuerbegünstigung schädliche Verwendung von Mitteln für den Ausgleich von Verlusten des steuerpflichtigen wirtschaftlichen Geschäftsbetriebs liegt auch dann nicht vor, wenn dem Betrieb die erforderlichen Mittel durch die Aufnahme eines betrieblichen Darlehens zugeführt werden oder bereits in dem Betrieb verwendete ideelle Mittel mittels eines Darlehens, das dem Betrieb zugeordnet wird, innerhalb der Frist von 12 Monaten nach dem Ende des Verlustentstehungsjahres an den ideellen Bereich der Körperschaft zurückgegeben werden. $_2$Voraussetzung für die Unschädlichkeit ist, dass Tilgung und Zinsen für das Darlehen ausschließlich aus Mitteln des steuerpflichtigen wirtschaftlichen Geschäftsbetriebs geleistet werden.

   $_1$Die Belastung von Vermögen des ideellen Bereichs mit einer Sicherheit für ein betriebliches Darlehen (z. B. Grundschuld auf einer Sporthalle) führt

Anhang 1 AEAO-Auszug

grundsätzlich zu keiner anderen Beurteilung. ₂Die Eintragung einer Grundschuld bedeutet noch keine Verwendung des belasteten Vermögens für den steuerpflichtigen wirtschaftlichen Geschäftsbetrieb.

7. ₁Steuerbegünstigte Körperschaften unterhalten steuerpflichtige wirtschaftliche Geschäftsbetriebe regelmäßig nur, um dadurch zusätzliche Mittel für die Verwirklichung der steuerbegünstigten Zwecke zu beschaffen. ₂Es kann deshalb unterstellt werden, dass etwaige Verluste bei Betrieben, die schon längere Zeit bestehen, auf einer Fehlkalkulation beruhen. ₃Bei dem Aufbau eines neuen Betriebs ist eine Verwendung von Mitteln des ideellen Bereichs für den Ausgleich von Verlusten auch dann unschädlich für die Steuerbegünstigung, wenn mit Anlaufverlusten zu rechnen war. ₄Auch in diesem Fall muss die Körperschaft aber i. d. R. innerhalb von drei Jahren nach dem Ende des Entstehungsjahres des Verlustes dem ideellen Bereich wieder Mittel, die gemeinnützigkeitsunschädlich dafür verwendet werden dürfen, zuführen.

8. Die Regelungen in Nr. 3 bis 7 des AEAO zu § 55 gelten entsprechend für die Vermögensverwaltung.

9. ₁Mitglieder dürfen keine Zuwendungen aus Mitteln der Körperschaft erhalten. ₂Dies gilt nicht, soweit es sich um Annehmlichkeiten handelt, wie sie im Rahmen der Betreuung von Mitgliedern allgemein üblich und nach allgemeiner Verkehrsauffassung als angemessen anzusehen sind.

10. Keine Zuwendung i. S. d. § 55 Abs. 1 Nr. 1 AO liegt vor, wenn der Leistung der Körperschaft eine Gegenleistung des Empfängers gegenübersteht (z. B. bei Kauf-, Dienst- und Werkverträgen) und die Werte von Leistung und Gegenleistung nach wirtschaftlichen Grundsätzen gegeneinander abgewogen sind.

11. ₁Ist einer Körperschaft zugewendetes Vermögen mit vor der Übertragung wirksam begründeten Ansprüchen (z. B. Nießbrauch, Grund- oder Rentenschulden, Vermächtnisse aufgrund testamentarischer Bestimmungen des Zuwendenden) belastet, deren Erfüllung durch die Körperschaft keine nach wirtschaftlichen Grundsätzen abgewogene Gegenleistung für die Übertragung des Vermögens darstellt, mindern die Ansprüche das übertragene Vermögen bereits im Zeitpunkt des Übergangs. ₂Wirtschaftlich betrachtet wird der Körperschaft nur das nach der Erfüllung der Ansprüche verbleibende Vermögen zugewendet. ₃Die Erfüllung der Ansprüche aus dem zugewendeten Vermögen ist deshalb keine Zuwendung i. S. d. § 55 Abs. 1 Nr. 1 AO. ₄Dies gilt auch, wenn die Körperschaft die Ansprüche aus ihrem anderen zulässigen Vermögen einschließlich der Rücklage nach § 62 Abs. 1 Nr. 3 AO erfüllt.

12. ₁Soweit die vorhandenen flüssigen Vermögensmittel nicht für die Erfüllung der Ansprüche ausreichen, darf die Körperschaft dafür auch Erträge verwenden. ₂Ihr müssen jedoch ausreichende Mittel für die Verwirklichung ihrer steuerbegünstigten Zwecke verbleiben. ₃Diese Voraussetzung ist als erfüllt anzusehen, wenn für die Erfüllung der Verbindlichkeiten höchstens ein Drittel des Einkommens der Körperschaft verwendet wird. ₄Die Ein-Drittel-Grenze umfasst bei Rentenverpflichtungen nicht nur die über den Barwert hinausgehenden, sondern die gesamten Zahlungen. ₅Sie bezieht sich auf den Veranlagungszeitraum.

13. ₁§ 58 Nr. 6 AO enthält eine Ausnahmeregelung zu § 55 Abs. 1 Nr. 1 AO für Stiftungen. ₂Diese ist nur anzuwenden, wenn eine Stiftung Leistungen erbringt, die dem Grunde nach gegen § 55 Abs. 1 Nr. 1 AO verstoßen, also z. B. freiwillige Zuwendungen an den in § 58 Nr. 6 AO genannten Personenkreis leistet

oder für die Erfüllung von Ansprüchen dieses Personenkreises aus der Übertragung von Vermögen nicht das belastete oder anderes zulässiges Vermögen, sondern Erträge einsetzt. ₃Im Unterschied zu anderen Körperschaften kann eine Stiftung unter den Voraussetzungen des § 58 Nr. 6 AO auch dann einen Teil ihres Einkommens für die Erfüllung solcher Ansprüche verwenden, wenn ihr dafür ausreichende flüssige Vermögensmittel zur Verfügung stehen. ₄Der Grundsatz, dass der wesentliche Teil des Einkommens für die Verwirklichung der steuerbegünstigten Zwecke verbleiben muss, gilt aber auch für Stiftungen. ₅Daraus folgt, dass eine Stiftung insgesamt höchstens ein Drittel ihres Einkommens für unter § 58 Nr. 6 AO fallende Leistungen und für die Erfüllung von anderen durch die Übertragung von belastetem Vermögen begründeten Ansprüchen verwenden darf.

14. ₁Die Vergabe von Darlehen aus Mitteln, die zeitnah für die steuerbegünstigten Zwecke zu verwenden sind, ist unschädlich für die Gemeinnützigkeit, wenn die Körperschaft damit selbst unmittelbar ihre steuerbegünstigten satzungsmäßigen Zwecke verwirklicht. ₂Dies kann z. B. der Fall sein, wenn die Körperschaft im Rahmen ihrer jeweiligen steuerbegünstigten Zwecke Darlehen im Zusammenhang mit einer Schuldnerberatung zur Ablösung von Bankschulden, Darlehen an Nachwuchskünstler für die Anschaffung von Instrumenten oder Stipendien für eine wissenschaftliche Ausbildung teilweise als Darlehen vergibt. ₃Voraussetzung ist, dass sich die Darlehensvergabe von einer gewerbsmäßigen Kreditvergabe dadurch unterscheidet, dass sie zu günstigeren Bedingungen erfolgt als zu den allgemeinen Bedingungen am Kapitalmarkt (z. B. Zinslosigkeit, Zinsverbilligung).

Die Vergabe von Darlehen aus zeitnah für die steuerbegünstigten Zwecke zu verwendenden Mitteln an andere steuerbegünstigte Körperschaften ist im Rahmen des § 58 Nr. 1 und 2 AO zulässig (mittelbare Zweckverwirklichung), wenn die andere Körperschaft die darlehensweise erhaltenen Mittel unmittelbar für steuerbegünstigte Zwecke innerhalb der für eine zeitnahe Mittelverwendung vorgeschriebenen Frist verwendet.

₁Darlehen, die zur unmittelbaren Verwirklichung der steuerbegünstigten Zwecke vergeben werden, sind im Rechnungswesen entsprechend kenntlich zu machen. ₂Es muss sichergestellt und für die Finanzbehörde nachprüfbar sein, dass die Rückflüsse, d. h. Tilgung und Zinsen, wieder zeitnah für die steuerbegünstigten Zwecke verwendet werden.

15. Aus Mitteln, die nicht dem Gebot der zeitnahen Mittelverwendung unterliegen (Vermögen einschließlich der zulässigen Zuführungen und der zulässig gebildeten Rücklagen), darf die Körperschaft Darlehen nach folgender Maßgabe vergeben:

₁Die Zinsen müssen sich in dem auf dem Kapitalmarkt üblichen Rahmen halten, es sei denn, der Verzicht auf die üblichen Zinsen ist eine nach den Vorschriften des Gemeinnützigkeitsrechts und der Satzung der Körperschaft zulässige Zuwendung (z. B. Darlehen an eine ebenfalls steuerbegünstigte Mitgliedsorganisation oder eine hilfebedürftige Person). ₂Bei Darlehen an Arbeitnehmer aus dem Vermögen kann der (teilweise) Verzicht auf eine übliche Verzinsung als Bestandteil des Arbeitslohns angesehen werden, wenn dieser insgesamt, also einschließlich des Zinsvorteils, angemessen ist und der Zinsverzicht auch von der Körperschaft als Arbeitslohn behandelt wird (z. B. Abführung von Lohnsteuer und Sozialversicherungsbeiträgen).

Anhang 1 AEAO-Auszug

Maßnahmen, für die eine Rücklage nach § 62 Abs. 1 Nr. 1 AO gebildet worden ist, dürfen sich durch die Gewährung von Darlehen nicht verzögern.

16. $_1$Die Vergabe von Darlehen ist als solche kein steuerbegünstigter Zweck. $_2$Sie darf deshalb nicht Satzungszweck einer steuerbegünstigten Körperschaft sein. $_3$Es ist jedoch unschädlich für die Steuerbegünstigung, wenn die Vergabe von zinsgünstigen oder zinslosen Darlehen nicht als Zweck, sondern als Mittel zur Verwirklichung des steuerbegünstigten Zwecks in der Satzung der Körperschaft aufgeführt ist.

17. $_1$Eine Körperschaft kann nicht als steuerbegünstigt behandelt werden, wenn ihre Ausgaben für die allgemeine Verwaltung einschließlich der Werbung um Spenden einen angemessenen Rahmen übersteigen (§ 55 Abs. 1 Nr. 1 und 3 AO). $_2$Dieser Rahmen ist in jedem Fall überschritten, wenn eine Körperschaft, die sich weitgehend durch Geldspenden finanziert, diese – nach einer Aufbauphase – überwiegend zur Bestreitung von Ausgaben für Verwaltung und Spendenwerbung statt für die Verwirklichung der steuerbegünstigten satzungsmäßigen Zwecke verwendet (BFH-Beschluss vom 23.9.1998, I B 82/98, BStBl 2000 II S. 320). $_3$Die Verwaltungsausgaben einschließlich Spendenwerbung sind bei der Ermittlung der Anteile ins Verhältnis zu den gesamten vereinnahmten Mitteln (Spenden, Mitgliedsbeiträge, Zuschüsse, Gewinne aus wirtschaftlichen Geschäftsbetrieben usw.) zu setzen.

$_1$Für die Frage der Angemessenheit der Verwaltungsausgaben kommt es entscheidend auf die Umstände des jeweiligen Einzelfalls an. $_2$Eine für die Steuerbegünstigung schädliche Mittelverwendung kann deshalb auch schon dann vorliegen, wenn der prozentuale Anteil der Verwaltungsausgaben einschließlich der Spendenwerbung deutlich geringer als 50 % ist.

18. $_1$Während der Gründungs- oder Aufbauphase einer Körperschaft kann auch eine überwiegende Verwendung der Mittel für Verwaltungsausgaben und Spendenwerbung unschädlich für die Steuerbegünstigung sein. $_2$Die Dauer der Gründungs- oder Aufbauphase, während der dies möglich ist, hängt von den Verhältnissen des Einzelfalls ab.

$_1$Der in dem BFH-Beschluss vom 23.9.1998, I B 82/98, BStBl 2000 II S. 320, zugestandene Zeitraum von vier Jahren für die Aufbauphase, in der höhere anteilige Ausgaben für Verwaltung und Spendenwerbung zulässig sind, ist durch die Besonderheiten des entschiedenen Falles begründet (insbesondere zweite Aufbauphase nach Aberkennung der Steuerbegünstigung). $_2$Er ist deshalb als Obergrenze zu verstehen. $_3$I. d. R. ist von einer kürzeren Aufbauphase auszugehen.

19. Die Steuerbegünstigung ist auch dann zu versagen, wenn das Verhältnis der Verwaltungsausgaben zu den Ausgaben für die steuerbegünstigten Zwecke zwar insgesamt nicht zu beanstanden, eine einzelne Verwaltungsausgabe (z. B. das Gehalt des Geschäftsführers oder der Aufwand für die Mitglieder- und Spendenwerbung) aber nicht angemessen ist (§ 55 Abs. 1 Nr. 3 AO).

20. $_1$Bei den Kosten für die Beschäftigung eines Geschäftsführers handelt es sich grundsätzlich um Verwaltungsausgaben. $_2$Eine Zuordnung dieser Kosten zu der steuerbegünstigten Tätigkeit ist nur insoweit möglich, als der Geschäftsführer unmittelbar bei steuerbegünstigten Projekten mitarbeitet. $_3$Entsprechendes gilt für die Zuordnung von Reisekosten.

21. $_1$Eine Unternehmergesellschaft i. S. d. § 5a Abs. 1 GmbHG i. d. F. des Gesetzes zur Modernisierung des GmbH-Rechts und zur Bekämpfung von Missbräu-

chen (MoMiG) vom 23.10.2008 (BGBl I S. 2026) ist nach § 5a Abs. 3 GmbHG i. d. F. des MoMiG gesetzlich verpflichtet, von ihrem um einen Verlustvortrag aus dem Vorjahr geminderten Jahresüberschuss bis zum Erreichen des Stammkapitals von 25.000 € mindestens 25 % in eine gesetzliche Rücklage einzustellen. ₂Mit der Bildung dieser Rücklage verstößt die Unternehmergesellschaft grundsätzlich nicht gegen das Gebot der zeitnahen Mittelverwendung.

Zu § 55 Abs. 1 Nr. 2 und 4 AO:

22. ₁Die in § 55 Abs. 1 Nr. 2 und 4 AO genannten Sacheinlagen sind Einlagen i. S. d. Handelsrechts, für die dem Mitglied Gesellschaftsrechte eingeräumt worden sind. ₂Insoweit sind also nur Kapitalgesellschaften, nicht aber Vereine angesprochen. ₃Unentgeltlich zur Verfügung gestellte Vermögensgegenstände, für die keine Gesellschaftsrechte eingeräumt sind (Leihgaben, Sachspenden), fallen nicht unter § 55 Abs. 1 Nr. 2 und 4 AO. ₄Soweit Kapitalanteile und Sacheinlagen von der Vermögensbindung ausgenommen werden, kann von dem Gesellschafter nicht die Spendenbegünstigung des § 10b EStG (§ 9 Abs. 1 Nr. 2 KStG) in Anspruch genommen werden. ₅Eingezahlte Kapitalanteile i. S. d. § 55 Abs. 1 Nr. 2 und 4 AO liegen nicht vor, soweit für die Kapitalerhöhung Gesellschaftsmittel verwendet wurden (z. B. nach § 57c GmbHG).

Zu § 55 Abs. 1 Nr. 3 AO:

23. ₁Bei Vorstandsmitgliedern von Vereinen sind Tätigkeitsvergütungen gemeinnützigkeitsrechtlich nur zulässig, wenn eine entsprechende Satzungsregelung besteht. ₂Zu Einzelheiten bei Zahlungen an den Vorstand steuerbegünstigter Vereine siehe BMF-Schreiben vom 14.10.2009, BStBl I S. 1318.
Diese Regelung gilt für Stiftungen entsprechend.

Zu § 55 Abs. 1 Nr. 4 AO:

24. Eine wesentliche Voraussetzung für die Annahme der Selbstlosigkeit bildet der Grundsatz der Vermögensbindung für steuerbegünstigte Zwecke im Falle der Beendigung des Bestehens der Körperschaft oder des Wegfalles des bisherigen Zwecks (§ 55 Abs. 1 Nr. 4 AO).

    ₁Hiermit soll verhindert werden, dass gemeinnützigkeitsrechtlich gebundenes Vermögen später zu nicht begünstigten Zwecken verwendet wird. ₂Die satzungsmäßigen Anforderungen an die Vermögensbindung sind in § 61 AO geregelt.

25. ₁Eine Körperschaft ist nur dann steuerbegünstigt i. S. d. § 55 Abs. 1 Nr. 4 Satz 2 AO, wenn sie nach § 5 Abs. 1 Nr. 9 KStG von der Körperschaftsteuer befreit ist. ₂Als Empfänger des Vermögens der Körperschaft kommen neben inländischen Körperschaften auch die in § 5 Abs. 2 Nr. 2 KStG aufgeführten Körperschaften in Betracht.

Zu § 55 Abs. 1 Nr. 5 AO:

26. ₁Die Körperschaft muss ihre Mittel grundsätzlich zeitnah für ihre steuerbegünstigten satzungsmäßigen Zwecke verwenden. ₂Verwendung in diesem Sinne ist auch die Verwendung der Mittel für die Anschaffung oder Herstellung von Vermögensgegenständen, die satzungsmäßigen Zwecken dienen

Anhang 1 AEAO-Auszug

(z. B. Bau eines Altenheims, Kauf von Sportgeräten oder medizinischen Geräten).

₁Die Bildung von Rücklagen ist nur unter den Voraussetzungen des § 62 AO zulässig. ₂Davon unberührt bleiben Rücklagen in einem steuerpflichtigen wirtschaftlichen Geschäftsbetrieb und Rücklagen im Bereich der Vermögensverwaltung (vgl. Nr. 2 des AEAO zu § 55).

27. ₁Eine zeitnahe Mittelverwendung ist gegeben, wenn die Mittel spätestens in den auf den Zufluss folgenden zwei Kalender- oder Wirtschaftsjahren für die steuerbegünstigten satzungsmäßigen Zwecke verwendet werden. ₂Am Ende des Kalender- oder Wirtschaftsjahres noch vorhandene Mittel müssen in der Bilanz oder Vermögensaufstellung der Körperschaft zulässigerweise dem Vermögen oder einer zulässigen Rücklage zugeordnet oder als im zurückliegenden Jahr zugeflossene Mittel, die in den folgenden zwei Jahren für die steuerbegünstigten Zwecke zu verwenden sind, ausgewiesen sein. ₃Soweit Mittel nicht schon im Jahr des Zuflusses für die steuerbegünstigten Zwecke verwendet oder zulässigerweise dem Vermögen zugeführt werden, ist ihre zeitnahe Verwendung nachzuweisen, zweckmäßigerweise durch eine Nebenrechnung (Mittelverwendungsrechnung).

28. ₁Nicht dem Gebot der zeitnahen Mittelverwendung unterliegt das Vermögen der Körperschaften, auch soweit es durch Umschichtungen innerhalb des Bereichs der Vermögensverwaltung entstanden ist (z. B. Verkauf eines zum Vermögen gehörenden Grundstücks einschließlich des den Buchwert übersteigenden Teils des Preises). ₂Außerdem kann eine Körperschaft die in § 62 Abs. 3 und 4 AO bezeichneten Mittel ohne für die Gemeinnützigkeit schädliche Folgen ihrem Vermögen zuführen.

₁Werden Vermögensgegenstände veräußert, die satzungsmäßigen Zwecken dienen und aus zeitnah zu verwendenden Mitteln angeschafft worden sind, sind die Veräußerungserlöse zeitnah i. S. d. § 55 Abs. 1 Nr. 5 AO zu verwenden. ₂Werden derartige Vermögensgegenstände in den Bereich der Vermögensverwaltung oder in den steuerpflichtigen wirtschaftlichen Geschäftsbetrieb überführt, lebt die Pflicht zur zeitnahen Mittelverwendung in Höhe des Verkehrswerts dieser Vermögensgegenstände wieder auf.

29. Die Verlängerung der Mittelverwendungsfrist um ein weiteres Jahr durch das Gesetz zur Stärkung des Ehrenamtes vom 21.3.2013 (BGBl I S. 556) gilt für alle Mittel der Körperschaft, die nach dem 31.12.2011 vereinnahmt wurden.

Zu § 55 Abs. 2 AO:

30. ₁Wertsteigerungen bleiben für steuerbegünstigte Zwecke gebunden. ₂Bei der Rückgabe des Wirtschaftsguts selbst hat der Empfänger die Differenz in Geld auszugleichen.

Zu § 55 Abs. 3 AO:

31. ₁Die Regelung, nach der sich die Vermögensbindung nicht auf die eingezahlten Kapitalanteile der Mitglieder und den gemeinen Wert der von den Mitgliedern geleisteten Sacheinlagen erstreckt, gilt bei Stiftungen für die Stifter und ihre Erben sinngemäß (§ 55 Abs. 3 erster Halbsatz AO). ₂Es ist also zulässig, das Stiftungskapital und die Zustiftungen von der Vermögensbindung auszunehmen und im Falle des Erlöschens der Stiftung an den Stifter oder seine

Erben zurückfallen zu lassen. ₃Für solche Stiftungen und Zustiftungen kann aber vom Stifter nicht die Spendenvergünstigung nach § 10b EStG (§ 9 Abs. 1 Nr. 2 KStG) in Anspruch genommen werden.

32. ₁Die Vorschrift des § 55 Abs. 3 zweiter Halbsatz AO, die sich nur auf Stiftungen und Körperschaften des öffentlichen Rechts bezieht, berücksichtigt die Regelung im EStG, wonach die Entnahme eines Wirtschaftsgutes mit dem Buchwert angesetzt werden kann, wenn das Wirtschaftsgut den in § 6 Abs. 1 Nr. 4 Satz 4 EStG genannten Körperschaften unentgeltlich überlassen wird. ₂Dies hat zur Folge, dass der Zuwendende bei der Aufhebung der Stiftung nicht den gemeinen Wert der Zuwendung, sondern nur den dem ursprünglichen Buchwert entsprechenden Betrag zurückerhält. ₃Stille Reserven und Wertsteigerungen bleiben hiernach für steuerbegünstigte Zwecke gebunden. ₄Bei Rückgabe des Wirtschaftsgutes selbst hat der Empfänger die Differenz in Geld auszugleichen.

AEAO zu § 56 – Ausschließlichkeit:

1. ₁Das Ausschließlichkeitsgebot des § 56 AO besagt, dass eine Körperschaft nicht steuerbegünstigt ist, wenn sie neben ihrer steuerbegünstigten Zielsetzung weitere Zwecke verfolgt und diese Zwecke nicht steuerbegünstigt sind. ₂Im Zusammenhang mit der Vermögensverwaltung und wirtschaftlichen Geschäftsbetrieben, die Nicht-Zweckbetriebe sind, folgt daraus, dass deren Unterhaltung der Steuerbegünstigung einer Körperschaft entgegensteht, wenn sie in der Gesamtschau zum Selbstzweck wird und in diesem Sinne neben die Verfolgung des steuerbegünstigten Zwecks der Körperschaft tritt. ₃Die Vermögensverwaltung sowie die Unterhaltung eines Nicht-Zweckbetriebs sind aus der Sicht des Gemeinnützigkeitsrechts nur dann unschädlich, wenn sie um des steuerbegünstigten Zwecks willen erfolgen, indem sie z. B. der Beschaffung von Mitteln zur Erfüllung der steuerbegünstigten Aufgabe dienen. ₄Ist die Vermögensverwaltung bzw. der wirtschaftliche Geschäftsbetrieb dagegen nicht dem steuerbegünstigten Zweck untergeordnet, sondern ein davon losgelöster Zweck oder gar Hauptzweck der Betätigung der Körperschaft, so scheitert deren Steuerbegünstigung an § 56 AO. ₅In einem solchen Fall kann die Betätigung der Körperschaft nicht in einen steuerfreien und in einen steuerpflichtigen Teil aufgeteilt werden; vielmehr ist dann die Körperschaft insgesamt als steuerpflichtig zu behandeln. ₆Bei steuerbegünstigten Körperschaften, insbesondere Mittelbeschaffungskörperschaften, die sich im Rahmen ihrer tatsächlichen Geschäftsführung an die in ihrer Satzung enthaltene Pflicht zur Verwendung sämtlicher Mittel für die satzungsmäßigen Zwecke halten, ist das Ausschließlichkeitsgebot selbst dann als erfüllt anzusehen, wenn sie sich vollständig aus Mitteln eines steuerpflichtigen wirtschaftlichen Geschäftsbetriebs oder aus der Vermögensverwaltung finanzieren. ₇Auf das BFH-Urteil vom 4.4.2007, I R 76/05, BStBl II S. 631, wird hingewiesen.

2. ₁Eine Körperschaft darf mehrere steuerbegünstigte Zwecke nebeneinander verfolgen, ohne dass dadurch die Ausschließlichkeit verletzt wird. ₂Die verwirklichten steuerbegünstigten Zwecke müssen jedoch sämtlich satzungsmäßige Zwecke sein. ₃Will demnach eine Körperschaft steuerbegünstigte Zwecke, die nicht in die Satzung aufgenommen sind, fördern, so ist eine Sat-

zungsänderung erforderlich, die den Erfordernissen des § 60 AO entsprechen muss.

AEAO zu § 57 – Unmittelbarkeit:

1. Die Vorschrift stellt in Absatz 1 klar, dass die Körperschaft die steuerbegünstigten satzungsmäßigen Zwecke selbst verwirklichen muss, damit Unmittelbarkeit gegeben ist (wegen der Ausnahmen Hinweis auf § 58 AO).

2. $_1$Das Gebot der Unmittelbarkeit ist gem. § 57 Abs. 1 Satz 2 AO auch dann erfüllt, wenn sich die steuerbegünstigte Körperschaft einer Hilfsperson bedient. $_2$Hierfür ist es erforderlich, dass nach den Umständen des Falles, insbesondere nach den rechtlichen und tatsächlichen Beziehungen, die zwischen der Körperschaft und der Hilfsperson bestehen, das Wirken der Hilfsperson wie eigenes Wirken der Körperschaft anzusehen ist, d. h. die Hilfsperson nach den Weisungen der Körperschaft einen konkreten Auftrag ausführt. $_3$Hilfsperson kann eine natürliche Person, Personenvereinigung oder juristische Person sein. $_4$Die Körperschaft hat durch Vorlage entsprechender Vereinbarungen nachzuweisen, dass sie den Inhalt und den Umfang der Tätigkeit der Hilfsperson im Innenverhältnis bestimmen kann. $_5$Die Tätigkeit der Hilfsperson muss den Satzungsbestimmungen der Körperschaft entsprechen. $_6$Diese hat nachzuweisen, dass sie die Hilfsperson überwacht. $_7$Die weisungsgemäße Verwendung der Mittel ist von ihr sicherzustellen.

   Die Steuerbegünstigung einer Körperschaft, die nur über eine Hilfsperson das Merkmal der Unmittelbarkeit erfüllt (§ 57 Abs. 1 Satz 2 AO), ist unabhängig davon zu gewähren, wie die Hilfsperson gemeinnützigkeitsrechtlich behandelt wird.

   Die Steuerbegünstigung einer Hilfsperson ist nicht ausgeschlossen, wenn die Körperschaft mit ihrer Hilfspersonentätigkeit nicht nur die steuerbegünstigte Tätigkeit einer anderen Körperschaft unterstützt, sondern zugleich eigene steuerbegünstigte Satzungszwecke verfolgt.

   Keine Hilfspersonentätigkeit, sondern eine eigene unmittelbare Tätigkeit liegt auch dann vor, wenn der auftraggebenden Person dadurch nicht nach § 57 Abs. 1 Satz 2 AO die Gemeinnützigkeit vermittelt wird, z. B. Tätigkeiten im Auftrag von juristischen Personen des öffentlichen Rechts (Hoheitsbereich), voll steuerpflichtigen Körperschaften oder natürlichen Personen.

3. $_1$Ein Zusammenschluss i. S. d. § 57 Abs. 2 AO ist gegeben, wenn die Einrichtung ausschließlich allgemeine, aus der Tätigkeit und Aufgabenstellung der Mitgliederkörperschaften erwachsene Interessen wahrnimmt. $_2$Nach § 57 Abs. 2 AO wird eine Körperschaft, in der steuerbegünstigte Körperschaften zusammengefasst sind, einer Körperschaft gleichgestellt, die unmittelbar steuerbegünstigte Zwecke verfolgt. $_3$Voraussetzung ist, dass jede der zusammengefassten Körperschaften sämtliche Voraussetzungen für die Steuerbegünstigung erfüllt. $_4$Verfolgt eine solche Körperschaft selbst unmittelbar steuerbegünstigte Zwecke, ist die bloße Mitgliedschaft einer nicht steuerbegünstigten Organisation für die Steuerbegünstigung unschädlich. $_5$Die Körperschaft darf die nicht steuerbegünstigte Organisation aber nicht mit Rat und Tat fördern (z. B. Zuweisung von Mitteln, Rechtsberatung).

AEAO zu § 58 – Steuerlich unschädliche Betätigungen:

Zu § 58 Nr. 1 AO:

1. ₁Diese Ausnahmeregelung ermöglicht es, Körperschaften als steuerbegünstigt anzuerkennen, die andere Körperschaften fördern und dafür Spenden sammeln oder auf andere Art Mittel beschaffen (Mittelbeschaffungskörperschaften). ₂Die Beschaffung von Mitteln muss als Satzungszweck festgelegt sein. ₃Ein steuerbegünstigter Zweck, für den Mittel beschafft werden sollen, muss in der Satzung angegeben sein. ₄Es ist nicht erforderlich, die Körperschaften, für die Mittel beschafft werden sollen, in der Satzung aufzuführen. ₅Die Körperschaft, für die Mittel beschafft werden, muss nur dann selbst steuerbegünstigt sein, wenn sie eine unbeschränkt steuerpflichtige Körperschaft des privaten Rechts ist. ₆Werden Mittel für nicht unbeschränkt steuerpflichtige Körperschaften beschafft, muss die Verwendung der Mittel für die steuerbegünstigten Zwecke ausreichend nachgewiesen werden.

Zu § 58 Nr. 2 AO:

2. ₁Die teilweise (nicht überwiegende) Weitergabe eigener Mittel (auch Sachmittel) ist unschädlich. ₂Für die Ermittlung der maximal zulässigen Höhe der Mittelweitergabe ist das Nettovermögen (Vermögenswerte abzüglich Verbindlichkeiten) der Körperschaft im jeweiligen Veranlagungszeitraum maßgebend. ₃Auf die im jeweiligen Veranlagungszeitraum zeitnah zu verwendenden Mittel kommt es nicht an.

Als Mittelempfänger kommen in Betracht:
- inländische steuerbegünstigte Körperschaften,
- die in § 5 Abs. 2 Nr. 2 KStG aufgeführten Körperschaften,
- juristische Personen des öffentlichen Rechts.

₁Ausschüttungen und sonstige Zuwendungen einer steuerbegünstigten Körperschaft sind unschädlich, wenn die Gesellschafter oder Mitglieder als Begünstigte ausschließlich steuerbegünstigte Körperschaften sind. ₂Entsprechendes gilt für Ausschüttungen und sonstige Zuwendungen an juristische Personen des öffentlichen Rechts, die die Mittel für steuerbegünstigte Zwecke verwenden.

₁Die Verwendung der zugewendeten Mittel hat i. S. d. § 55 Abs. 1 Nr. 5 AO zu erfolgen. ₂Wird dagegen verstoßen, liegt eine Mittelfehlverwendung bei der Empfängerkörperschaft vor.

Nicht zeitnah zu verwendende Mittel der Geberkörperschaft (z. B. freie Rücklage) unterliegen jedoch auch bei der Empfängerkörperschaft nicht dem Gebot der zeitnahen Mittelverwendung.

Zu § 58 Nr. 3 AO:

3. ₁Die Weitergabe der Gewinne aus wirtschaftlichen Geschäftsbetrieben (einschließlich Zweckbetriebe), der Überschüsse aus der Vermögensverwaltung sowie höchstens 15 % der sonstigen zeitnah zu verwendenden Mittel zur Vermögensausstattung einer anderen Körperschaft ist unschädlich. ₂Maßgebend für die Ermittlung dieser Grenzen sind die Verhältnisse des vorangegangenen Kalender- oder Wirtschaftsjahres.

Folgende Voraussetzungen müssen erfüllt sein:

Anhang 1   AEAO-Auszug

- Bei der Empfängerkörperschaft handelt es sich um eine steuerbegünstigte Körperschaft oder eine juristische Person des öffentlichen Rechts.
- ₁Die aus den Vermögenserträgen zu verwirklichenden steuerbegünstigten Zwecke der Empfängerkörperschaft müssen übereinstimmen mit den steuerbegünstigten satzungsmäßigen Zwecken der gebenden Körperschaft. ₂Der mit den weitergegebenen Mitteln verfolgte Zweck muss sowohl von der Geber- als auch von der Empfängerkörperschaft gefördert werden. ₃Beide Körperschaften können daneben aber auch noch weitere Zwecke fördern.
- Die zugewandten Mittel und deren Erträge dürfen nicht für weitere Mittelweitergaben nach § 58 Nr. 3 AO zur Vermögensausstattung verwendet werden.
- ₁Die zugewandten Mittel und Erträge unterliegen bei der Empfängerkörperschaft der steuerbegünstigten Mittelverwendungspflicht. ₂Erfolgt eine Verwendung für andere Zwecke, liegt eine Mittelfehlverwendung bei der Empfängerkörperschaft vor.

In diesem Sinne ist auch die Vermögensausstattung einer steuerbegünstigten Kapitalgesellschaft (z. B. gGmbH), die denselben steuerbegünstigten Zweck verfolgt, durch die Hingabe von Kapital bei Neugründung oder im Rahmen einer Kapitalerhöhung erlaubt, nicht aber der Erwerb von Anteilen an einer bereits bestehenden Körperschaft.

Zu § 58 Nr. 4 AO:

4. Eine steuerlich unschädliche Betätigung liegt auch dann vor, wenn nicht nur Arbeitskräfte, sondern zugleich Arbeitsmittel (z. B. Krankenwagen) zur Verfügung gestellt werden.

Zu § 58 Nr. 5 AO:

5. Zu den „Räumen" i. S. d. § 58 Nr. 5 AO gehören beispielsweise auch Sportstätten, Sportanlagen und Freibäder.

Zu § 58 Nr. 6 AO:

6. ₁Eine Stiftung darf einen Teil ihres Einkommens – höchstens ein Drittel – dazu verwenden, die Gräber des Stifters und seiner nächsten Angehörigen zu pflegen und deren Andenken zu ehren. ₂In diesem Rahmen ist auch gestattet, dem Stifter und seinen nächsten Angehörigen Unterhalt zu gewähren.

₁Unter Einkommen ist die Summe der Einkünfte aus den einzelnen Einkunftsarten des § 2 Abs. 1 EStG zu verstehen, unabhängig davon, ob die Einkünfte steuerpflichtig sind oder nicht. ₂Positive und negative Einkünfte sind zu saldieren. ₃Die Verlustverrechnungsbeschränkungen des EStG sind dabei mit Ausnahme der des § 15a EStG unbeachtlich.

Bei der Ermittlung der Einkünfte sind von den Einnahmen die damit zusammenhängenden Aufwendungen einschließlich der Abschreibungsbeträge abzuziehen.

Zur steuerrechtlichen Beurteilung von Ausgaben für die Erfüllung von Verbindlichkeiten, die durch die Übertragung von belastetem Vermögen begründet worden sind, wird auf die Nr. 12 bis 14 des AEAO zu § 55 hingewiesen.

7. ₁Der Begriff des nächsten Angehörigen ist enger als der Begriff des Angehörigen nach § 15 AO. ₂Er umfasst:
   - Ehegatten und Lebenspartner,
   - Eltern, Großeltern, Kinder, Enkel (auch falls durch Adoption verbunden),
   - Geschwister,
   - Pflegeeltern, Pflegekinder.

8. ₁Unterhalt, Grabpflege und Ehrung des Andenkens müssen sich in angemessenem Rahmen halten. ₂Damit ist neben der relativen Grenze von einem Drittel des Einkommens eine gewisse absolute Grenze festgelegt. ₃Maßstab für die Angemessenheit des Unterhalts ist der Lebensstandard des Zuwendungsempfängers. ₄Leistungen mit Ausschüttungscharakter, z. B. in Höhe eines Prozentsatzes der Erträge, sind unzulässig.

9. ₁§ 58 Nr. 6 AO enthält lediglich eine Ausnahmeregelung zu § 55 Abs. 1 Nr. 1 AO für Stiftungen (vgl. Nr. 14 des AEAO zu § 55), begründet jedoch keinen eigenständigen steuerbegünstigten Zweck. ₂Eine Stiftung, zu deren Satzungszwecken die Unterstützung von hilfebedürftigen Verwandten des Stifters gehört, kann daher nicht unter Hinweis auf § 58 Nr. 6 AO als steuerbegünstigt behandelt werden.

Zu § 58 Nr. 7 AO:

10. Gesellige Zusammenkünfte, die im Vergleich zur steuerbegünstigten Tätigkeit nicht von untergeordneter Bedeutung sind, schließen die Steuervergünstigung aus.

Zu § 58 Nr. 9 AO:

11. ₁Diese Ausnahmeregelung ermöglicht es den ausschließlich von einer oder mehreren Gebietskörperschaften errichteten rechtsfähigen und nichtrechtsfähigen Stiftungen, die Erfüllung ihrer steuerbegünstigten Zwecke mittelbar durch Zuschüsse an Wirtschaftsunternehmen zu verwirklichen. ₂Diese mittelbare Zweckverwirklichung muss in der Satzung festgelegt sein. ₃Die Verwendung der Zuschüsse für steuerbegünstigte Satzungszwecke muss nachgewiesen werden.

Zu § 58 Nr. 10 AO:

12. ₁Die Verwendung von Mitteln zum Erwerb von Gesellschaftsrechten zur Erhaltung der prozentualen Beteiligung an Kapitalgesellschaften schließt die Steuervergünstigungen nicht aus (§ 58 Nr. 10 AO). ₂Die Herkunft der Mittel ist dabei ohne Bedeutung. ₃§ 58 Nr. 10 AO ist nicht auf den erstmaligen Erwerb von Anteilen an Kapitalgesellschaften anzuwenden. ₄Hierfür können u. a. freie Rücklagen nach § 62 Abs. 1 Nr. 3 AO eingesetzt werden.

₁Die Höchstgrenze für die Zuführung zu der freien Rücklage vermindert sich um den Betrag, den die Körperschaft zum Erwerb von Gesellschaftsrechten zur Erhaltung der prozentualen Beteiligung an Kapitalgesellschaften ausgibt oder bereitstellt. ₂Übersteigt der für die Erhaltung der Beteiligungsquote verwendete oder bereitgestellte Betrag die Höchstgrenze, ist auch in den Folgejahren eine Zuführung zu der freien Rücklage erst wieder möglich, wenn die

Anhang 1 AEAO-Auszug

für eine freie Rücklage verwendbaren Mittel insgesamt die für die Erhaltung der Beteiligungsquote verwendeten oder bereitgestellten Mittel übersteigen.

Beispiel:
Die Körperschaft erzielt im Jahr 01 folgende Überschüsse bzw. vereinnahmt folgende Mittel i. S. d. § 55 Abs. 1 Nr. 5 AO:

Überschuss Vermögensverwaltung: 21.000 €

Mittel i. S. d. § 55 Abs. 1 Nr. 5 AO: 30.000 €

Im Jahr 01 werden 2.500 € für den Erwerb von Anteilen zum Erhalt der prozentualen Beteiligung eingesetzt.

Ermittlung der freien Rücklage im Jahr 01 unter Beachtung des § 62 Abs. 1 Nr. 3 AO

		Freie Rücklage
Überschuss Vermögensverwaltung	21.000 €	7.000 €
Mittel i. S. d. § 55 Abs. 1 Nr. 5 AO	30.000 €	3.000 €
Gesamt		10.000 €

Der Höchstbetrag für die freie Rücklage im Jahr 01 i. H. v. 10.000 € ist um die Mittel zu kürzen, die für den Erwerb der Anteile zum Erhalt der prozentualen Beteiligung eingesetzt wurden.

Im Jahr 01 kann eine freie Rücklage demnach nur in Höhe von 7.500 € gebildet werden.

Zu § 58 Nr. 2 bis 10 AO:

13. $_1$Die in § 58 Nr. 2 bis 8 AO genannten Ausnahmetatbestände können auch ohne entsprechende Satzungsbestimmung verwirklicht werden. $_2$Entgeltliche Tätigkeiten nach § 58 Nr. 4, 5 oder 7 AO begründen einen steuerpflichtigen wirtschaftlichen Geschäftsbetrieb oder Vermögensverwaltung (z. B. Raumüberlassung). $_3$Bei den Regelungen des § 58 Nr. 6 und 9 AO kommt es jeweils nicht auf die Bezeichnung der Körperschaft als Stiftung, sondern auf die tatsächliche Rechtsform an. $_4$Dabei ist es unmaßgeblich, ob es sich um eine rechtsfähige oder nichtrechtsfähige Stiftung handelt.

AEAO zu § 59 – Voraussetzung der Steuervergünstigung:

1. $_1$Die Vorschrift bestimmt u. a., dass die Steuervergünstigung nur gewährt wird, wenn ein steuerbegünstigter Zweck (§§ 52 bis 54 AO), die Selbstlosigkeit (§ 55 AO) und die ausschließliche und unmittelbare Zweckverfolgung (§§ 56, 57 AO) durch die Körperschaft aus der Satzung direkt hervorgehen. $_2$Eine weitere satzungsmäßige Voraussetzung in diesem Sinn ist die in § 61 AO geforderte Vermögensbindung. $_3$Das Unterhalten wirtschaftlicher Geschäftsbetriebe (§ 14 Sätze 1 und 2 und § 64 AO), die keine Zweckbetriebe (§§ 65 bis 68 AO) sind, und die Vermögensverwaltung (§ 14 Satz 3 AO) dürfen nicht Satzungszweck sein. $_4$Die Erlaubnis zur Unterhaltung eines Nichtzweckbetriebs und die Vermögensverwaltung in der Satzung können zulässig sein (BFH-Urteil vom 18.12.2002, I R 15/02, BStBl 2003 II S. 384). $_5$Bei Körperschaften, die ausschließlich Mittel für andere Körperschaften oder juristische Personen des öffentlichen Rechts beschaffen (§ 58 Nr. 1 AO), kann in der Satzung auf das Gebot der Unmittelbarkeit verzichtet werden.

2. Bei mehreren Betrieben gewerblicher Art einer juristischen Person des öffentlichen Rechts ist für jeden Betrieb gewerblicher Art eine eigene Satzung erforderlich.

3. $_1$Ein besonderes Anerkennungsverfahren ist im steuerlichen Gemeinnützigkeitsrecht nicht vorgesehen. $_2$Ob eine Körperschaft steuerbegünstigt ist, entscheidet das Finanzamt im Veranlagungsverfahren durch Steuerbescheid (ggf. Freistellungsbescheid). $_3$Die Steuerbefreiung soll spätestens alle drei Jahre überprüft werden. $_4$Dabei hat das Finanzamt von Amts wegen die tatsächlichen und rechtlichen Verhältnisse zu ermitteln, die für die Steuerpflicht und für die Bemessung der Steuer wesentlich sind. $_5$Eine Körperschaft, bei der nach dem Ergebnis dieser Prüfung die gesetzlichen Voraussetzungen für die steuerliche Behandlung als steuerbegünstigte Körperschaft vorliegen, muss deshalb auch als solche behandelt werden, und zwar ohne Rücksicht darauf, ob ein entsprechender Antrag gestellt worden ist oder nicht. $_6$Ein Verzicht auf die Behandlung als steuerbegünstigte Körperschaft ist somit für das Steuerrecht unbeachtlich.

4. $_1$Wird bei einer Körperschaft, die bereits nach § 5 Abs. 1 Nr. 9 KStG steuerbefreit war oder eine vorläufige Bescheinigung erhalten hat, im Rahmen der Veranlagung festgestellt, dass die Satzung nicht den Anforderungen des Gemeinnützigkeitsrechts genügt, dürfen aus Vertrauensschutzgründen hieraus keine nachteiligen Folgerungen für die Vergangenheit gezogen werden. $_2$Die Körperschaft ist trotz der fehlerhaften Satzung für abgelaufene Veranlagungszeiträume und für das Kalenderjahr, in dem die Satzung beanstandet wird, als steuerbegünstigt zu behandeln. $_3$Dies gilt nicht, wenn bei der tatsächlichen Geschäftsführung gegen Vorschriften des Gemeinnützigkeitsrechts verstoßen wurde.

   $_1$Die Vertreter der Körperschaft sind aufzufordern, die zu beanstandenden Teile der Satzung so zu ändern, dass die Körperschaft die satzungsmäßigen Voraussetzungen für die Steuervergünstigung erfüllt. $_2$Hierfür ist eine angemessene Frist zu setzen. $_3$Vereinen soll dabei in der Regel eine Beschlussfassung in der nächsten ordentlichen Mitgliederversammlung ermöglicht werden. $_4$Wird die Satzung innerhalb der gesetzten Frist entsprechend den Vorgaben des Finanzamts geändert, ist die Steuervergünstigung für das der Beanstandung der Satzung folgende Kalenderjahr auch dann anzuerkennen, wenn zu Beginn des Kalenderjahres noch keine ausreichende Satzung vorgelegen hat.

   $_1$Die vorstehenden Grundsätze gelten nicht, wenn die Körperschaft die Satzung geändert hat und eine geänderte Satzungsvorschrift zu beanstanden ist. $_2$In diesen Fällen fehlt es an einer Grundlage für die Gewährung von Vertrauensschutz.

AEAO zu § 60 – Anforderungen an die Satzung:

1. $_1$Die Satzung muss so präzise gefasst sein, dass aus ihr unmittelbar entnommen werden kann, ob die Voraussetzungen der Steuerbegünstigung vorliegen (formelle Satzungsmäßigkeit). $_2$Die bloße Bezugnahme auf Satzungen oder andere Regelungen Dritter genügt nicht (BFH-Urteil vom 19.4.1989, I R 3/88, BStBl II S. 595).

2. Die Satzung muss die in der Mustersatzung bezeichneten Festlegungen enthalten, soweit sie für die jeweilige Körperschaft im Einzelfall einschlägig sind.

Anhang 1   AEAO-Auszug

Unter anderem sind in folgenden Fällen Abweichungen vom Wortlaut der Mustersatzung möglich:

a) Bei Mittelbeschaffungskörperschaften (§ 58 Nr. 1 AO) kann entgegen § 1 der Mustersatzung auf das Gebot der Unmittelbarkeit verzichtet werden (vgl. Nr. 1 des AEAO zu § 59).

b) Insbesondere bei Stiftungen ist der in § 3 der Mustersatzung verwendete Begriff „Mitglieder" durch eine andere geeignete Formulierung zu ersetzen (vgl. § 55 Abs. 3 AO).

c) Körperschaften, deren Gesellschafter oder Mitglieder steuerbegünstigte Körperschaften sind und/oder juristische Personen des öffentlichen Rechts, die die Mittel für steuerbegünstigte Zwecke verwenden, können auf die Regelung in § 3 Satz 2 der Mustersatzung verzichten.

d) § 5 der Mustersatzung kann in Satzungen von Vereinen ohne die Formulierung „Aufhebung" verwendet werden.

Derselbe Aufbau und dieselbe Reihenfolge der Bestimmungen wie in der Mustersatzung werden nicht verlangt.

3. ₁Die Bestimmung, dass die Satzung die in der Mustersatzung bezeichneten Festlegungen enthalten muss (§ 60 Abs. 1 Satz 2 AO), gilt für Körperschaften, die nach dem 31.12.2008 gegründet werden oder die ihre Satzung mit Wirkung nach diesem Zeitpunkt ändern. ₂Die Satzung einer Körperschaft, die bereits vor dem 1.1.2009 bestanden hat, braucht nicht allein zur Anpassung an die Festlegungen in der Mustersatzung geändert zu werden.

4. Eine Satzung braucht nicht allein deswegen geändert zu werden, weil in ihr auf Vorschriften des StAnpG oder der GemV verwiesen oder das Wort „selbstlos" nicht verwandt wird.

5. Ordensgemeinschaften haben eine den Ordensstatuten entsprechende zusätzliche Erklärung nach dem Muster der Anlage zu Nr. 5 des AEAO zu § 60 abzugeben, die die zuständigen Organe der Orden bindet.

Anlage zu Nr. 5 zu § 60

Muster einer Erklärung der Ordensgemeinschaften

1. Der – Die ....

   (Bezeichnung der Ordensgemeinschaft)

   mit dem Sitz in ....

   ist eine anerkannte Ordensgemeinschaft der Katholischen Kirche.

2. Der – Die ....

   verfolgt ausschließlich und unmittelbar kirchliche, gemeinnützige oder mildtätige Zwecke, und zwar insbesondere durch

   ....

3. Überschüsse aus der Tätigkeit der Ordensgemeinschaft werden nur für die satzungsmäßigen Zwecke verwendet. Den Mitgliedern stehen keine Anteile an den Überschüssen zu. Ferner erhalten die Mitglieder weder während der Zeit ihrer Zugehörigkeit zu der Ordensgemeinschaft noch im Fall ihres Ausscheidens noch bei Auflösung oder Aufhebung der Ordensgemeinschaft irgendwelche Zuwendungen oder Vermögensvorteile aus deren Mitteln. Es darf keine Person durch Aus-

gaben, die den Zwecken der Ordensgemeinschaft fremd sind, oder durch unverhältnismäßig hohe Vergütungen begünstigt werden.

4. Der – Die ....

wird vertreten durch ....

....

(Ort)   (Datum)

....

(Unterschrift des Ordensobern)

6. Die tatsächliche Geschäftsführung (vgl. § 63 AO) muss mit der Satzung übereinstimmen.

7. Die satzungsmäßigen Voraussetzungen für die Anerkennung der Steuerbegünstigung müssen

    – bei der Körperschaftsteuer vom Beginn bis zum Ende des Veranlagungszeitraums,
    – bei der Gewerbesteuer vom Beginn bis zum Ende des Erhebungszeitraums,
    – bei der Grundsteuer zum Beginn des Kalenderjahres, für das über die Steuerpflicht zu entscheiden ist (§ 9 Abs. 2 GrStG),
    – bei der Umsatzsteuer zu den sich aus § 13 Abs. 1 UStG ergebenden Zeitpunkten,
    – bei der Erbschaftsteuer zu den sich aus § 9 ErbStG ergebenden Zeitpunkten

   erfüllt sein.

8. $_1$Wird bei Neugründungsfällen die Feststellung nach § 60a AO abgelehnt und wird im gleichen Veranlagungszeitraum eine Satzung vorgelegt, die den gemeinnützigkeitsrechtlichen Bestimmungen genügt, kann die Steuerbegünstigung erst ab dem darauffolgenden Veranlagungszeitraum gewährt werden. $_2$Dies gilt nicht, wenn die Körperschaft in der Zwischenzeit keine nach außen gerichteten Tätigkeiten entfaltet und keine Mittelverwendung stattgefunden hat.

    Bei Körperschaften, die bereits vor Beginn des laufenden Veranlagungszeitraums existierten und erstmalig die Steuerbegünstigung oder die Feststellung nach § 60a AO beantragen, kann die Steuerbegünstigung erst ab dem darauffolgenden Veranlagungszeitraum gewährt werden.

AEAO zu § 60a – Feststellung der satzungsmäßigen Voraussetzungen:

1. $_1$Das Verfahren nach § 60a AO löst die so genannte vorläufige Bescheinigung ab. $_2$Die gesonderte Feststellung der Besteuerungsgrundlagen (§§ 179 ff. AO) hat nicht unter dem Vorbehalt der Nachprüfung (§ 164 AO) zu erfolgen.

Zu § 60a Abs. 1 AO:

2. $_1$Hält die Satzung einer Körperschaft die satzungsmäßigen Voraussetzungen nach den §§ 51, 59, 60 und 61 AO ein, wird dies durch einen Bescheid gesondert festgestellt. $_2$Diese Feststellung der Satzungsmäßigkeit ist für die Besteue-

Anhang 1   AEAO-Auszug

rung der Körperschaft und der Steuerpflichtigen, die Zuwendungen in Form von Spenden und Mitgliedsbeiträgen an die Körperschaft erbringen, bindend.

$_1$Die Voraussetzungen für die Feststellungen nach § 60a AO liegen auch dann vor, wenn die Körperschaft bereits vor dem 1.1.2009 bestand und daher eine Anpassung an die Mustersatzung (Anlage 1 zu § 60 AO) bisher nicht vornehmen musste (Art. 97 § 1f EGAO, siehe auch Nr. 3 des AEAO zu § 60). $_2$Liegen im Zeitpunkt der Entscheidung über die gesonderte Feststellung bereits Erkenntnisse vor, dass die tatsächliche Geschäftsführung der Körperschaft den Anforderungen des § 51 AO nicht entsprechen wird, ist die Feststellung nach § 60a Abs. 1 AO abzulehnen.

3. $_1$Das Verfahren nach § 60a AO ist ein Annexverfahren zur Körperschaftsteuerveranlagung. $_2$Eine Feststellung nach § 60a AO ist für Körperschaften ausgeschlossen, die weder unbeschränkt i. S. d. § 1 KStG noch beschränkt i. S. d. § 2 KStG steuerpflichtig sind.

4. Die Feststellung der satzungsmäßigen Voraussetzungen kann bereits vor einer Registereintragung oder einer Anerkennung/Genehmigung der Körperschaft erfolgen, sofern zu diesem Zeitpunkt bereits eine Körperschaftsteuerpflicht besteht.

   Eine Feststellung darf erst nach einem wirksamen Organbeschluss, beispielsweise über die Satzung, erfolgen.

Zu § 60a Abs. 2 AO:

5. Die Feststellung erfolgt auf Antrag der Körperschaft oder von Amts wegen bei der Veranlagung zur Körperschaftsteuer, wenn bisher noch keine Feststellung erfolgt ist.

Zu § 60a Abs. 3 AO:

6. Werden die Vorschriften, auf denen die Feststellung beruht, aufgehoben oder geändert, dann entfällt die Bindungswirkung des Feststellungsbescheids ab diesem Zeitpunkt.

Zu § 60a Abs. 4 AO:

7. $_1$Treten bei den Verhältnissen, die für die Feststellung erheblich waren, Änderungen ein, so ist diese Feststellung ab dem Zeitpunkt der Änderung der Verhältnisse aufzuheben. $_2$Für die Feststellung erheblich sind alle Bestimmungen, die für das Vorliegen der formellen Voraussetzungen gem. §§ 51, 59, 60 und 61 AO von Bedeutung sind (gemeinnützigkeitsrechtliche Bestimmungen). $_3$Dies sind beispielsweise:

   – Änderungen der Zwecke

   – Anpassung an die Mustersatzung

   – Änderung der Vermögensbindung

   $_1$Ändert eine Körperschaft gemeinnützigkeitsrechtlich relevante Bestimmungen ihrer Satzung, so ist die bisherige Feststellung mit Datum des Inkrafttretens der Satzungsänderung aufzuheben. $_2$Zivilrechtliche Änderungen ohne steuerliche Relevanz sind unerheblich. $_3$Wird auf Antrag der Körperschaft bei steuerlich nicht relevanten Satzungsänderungen eine Feststellung vorgenommen, scheidet eine Aufhebung der vorherigen Feststellung aus.

Zu § 60a Abs. 5 AO:

8. ₁Beruht die Feststellung der satzungsmäßigen Voraussetzungen auf einem materiellen Fehler, kann sie mit Wirkung für die Zukunft aufgehoben werden. ₂Die Feststellung wird dann ab dem Jahr aufgehoben, das auf die Bekanntgabe der Aufhebungsentscheidung folgt. ₃Stellt sich also beispielsweise im Mai des Jahres 01 heraus, dass der Feststellung der satzungsmäßigen Voraussetzungen ein materieller Fehler zu Grunde liegt, und ergeht der Bescheid zur Aufhebung der Feststellung nach § 60a AO im August 01, tritt die Aufhebung zum 1.1.02 in Kraft. ₄Die Regelung des § 176 AO ist dabei entsprechend anzuwenden. ₅Dies gilt allerdings nicht für die Kalenderjahre, die nach der Verkündung der maßgeblichen Entscheidung eines obersten Gerichtshofes des Bundes beginnen.

AEAO zu § 61 – Satzungsmäßige Vermögensbindung:

1. ₁Die Vorschrift stellt klar, dass die zu den Voraussetzungen der Selbstlosigkeit zählende Bindung des Vermögens für steuerbegünstigte Zwecke vor allem im Falle der Auflösung der Körperschaft aus der Satzung genau hervorgehen muss (Mustersatzung, § 5). ₂Als Empfänger des Vermögens kommen in Betracht:
   - inländische steuerbegünstigte Körperschaften,
   - die in § 5 Abs. 2 Nr. 2 KStG aufgeführten Körperschaften,
   - juristische Personen des öffentlichen Rechts.

2. ₁Wird die satzungsmäßige Vermögensbindung aufgehoben, gilt sie von Anfang an als steuerlich nicht ausreichend. ₂Die Regelung greift auch ein, wenn die Bestimmung über die Vermögensbindung erst zu einem Zeitpunkt geändert wird, in dem die Körperschaft nicht mehr als steuerbegünstigt anerkannt ist. ₃Die entsprechenden steuerlichen Folgerungen sind durch Steuerfestsetzung rückwirkend zu ziehen.

3. ₁Bei Verstößen gegen den Grundsatz der Vermögensbindung bildet die Festsetzungsverjährung (§§ 169 ff. AO) keine Grenze. ₂Vielmehr können nach § 175 Abs. 1 Satz 1 Nr. 2 AO auch Steuerbescheide noch geändert werden, die Steuern betreffen, die innerhalb von zehn Jahren vor der erstmaligen Verletzung der Vermögensbindungsregelung entstanden sind. ₃Es kann demnach auch dann noch zugegriffen werden, wenn zwischen dem steuerfreien Bezug der Erträge und dem Wegfall der Steuerbegünstigung ein Zeitraum von mehr als fünf Jahren liegt, selbst wenn in der Zwischenzeit keine Erträge mehr zugeflossen sind.

   Beispiel:
   Eine gemeinnützige Körperschaft hat in den Jahren 01 bis 11 steuerfreie Einnahmen aus einem Zweckbetrieb bezogen und diese teils für gemeinnützige Zwecke ausgegeben und zum Teil in eine Rücklage eingestellt. Eine in 11 vollzogene Satzungsänderung sieht jetzt vor, dass bei Auflösung des Vereins das Vermögen an die Mitglieder ausgekehrt wird. In diesem Fall muss das Finanzamt für die Veranlagungszeiträume 01 ff. Steuerbescheide erlassen, welche die Nachversteuerung aller genannten Einnahmen vorsehen, wobei es unerheblich ist, ob die Einnahmen noch im Vereinsvermögen vorhanden sind.

4. Verstöße gegen § 55 Abs. 1 bis 3 AO begründen die Möglichkeit einer Nachversteuerung im Rahmen der Festsetzungsfrist.

5. Die Nachversteuerung gem. § 61 Abs. 3 AO greift nicht nur bei gemeinnützigkeitsschädlichen Änderungen satzungsrechtlicher Bestimmungen über die Vermögensbindung ein, sondern erfasst auch die Fälle, in denen die tatsächliche Geschäftsführung gegen die von § 61 AO geforderte Vermögensbindung verstößt (§ 63 Abs. 2 AO).

   Beispiel:
   Eine gemeinnützige Körperschaft verwendet bei ihrer Auflösung oder bei Aufgabe ihres begünstigten Satzungszweckes ihr Vermögen entgegen der Vermögensbindungsbestimmung in der Satzung nicht für begünstigte Zwecke.

6. ₁Verstöße der tatsächlichen Geschäftsführung gegen § 55 Abs. 1 Nr. 1 bis 3 AO können so schwerwiegend sein, dass sie einer Verwendung des gesamten Vermögens für satzungsfremde Zwecke gleichkommen. ₂Auch in diesen Fällen ist eine Nachversteuerung nach § 61 Abs. 3 AO möglich (vgl. auch BFH-Urteil vom 12.10.2010, I R 59/09, BStBl 2012 II S. 226).

7. ₁Bei der nachträglichen Besteuerung ist so zu verfahren, als ob die Körperschaft von Anfang an uneingeschränkt steuerpflichtig gewesen wäre. ₂§ 13 Abs. 3 KStG ist nicht anwendbar.

AEAO zu § 62 – Rücklagen und Vermögensbildung:

1. ₁Im wirtschaftlichen Geschäftsbetrieb können Rücklagen durch Zuführung des Gewinns gebildet werden. ₂Die Rücklagen müssen bei vernünftiger kaufmännischer Beurteilung wirtschaftlich begründet sein (entsprechend § 14 Abs. 1 Nr. 4 KStG). ₃Es muss ein konkreter Anlass gegeben sein, der auch aus objektiver unternehmerischer Sicht die Bildung der Rücklage im wirtschaftlichen Geschäftsbetrieb rechtfertigt (z. B. eine geplante Betriebsverlegung, Werkserneuerung oder Kapazitätsausweitung). ₄Eine fast vollständige Zuführung des Gewinns zu einer Rücklage im wirtschaftlichen Geschäftsbetrieb ist nur dann unschädlich für die Steuerbegünstigung, wenn die Körperschaft nachweist, dass die betriebliche Mittelverwendung zur Sicherung ihrer Existenz geboten war (BFH-Urteil vom 15.7.1998, I R 156/94, BStBl 2002 II S. 162).

   ₁Im Bereich der Vermögensverwaltung können Rücklagen durch Zuführung der Überschüsse aus der Vermögensverwaltung nur für die Durchführung konkreter Reparatur- oder Erhaltungsmaßnahmen an Vermögensgegenständen i. S. d. § 21 EStG gebildet werden. ₂Die Maßnahmen, für deren Durchführung die Rücklage gebildet wird, müssen notwendig sein, um den ordnungsgemäßen Zustand des Vermögensgegenstandes zu erhalten oder wiederherzustellen, und in einem angemessenen Zeitraum durchgeführt werden können (z. B. geplante Erneuerung eines undichten Daches).

Zu § 62 Abs. 1 AO:

2. Die Bildung einer Rücklage kann nicht damit begründet werden, dass die Überlegungen zur Verwendung der Mittel noch nicht abgeschlossen sind.

Zu § 62 Abs. 1 Nr. 1 AO:

3. ₁Bei der Bildung der Rücklage nach § 62 Abs. 1 Nr. 1 und 2 AO kommt es nicht auf die Herkunft der Mittel an. ₂Der Rücklage dürfen also auch zeitnah zu verwendende Mittel wie z. B. Spenden zugeführt werden.

4. ₁Voraussetzung für die Bildung einer Rücklage nach § 62 Abs. 1 Nr. 1 AO ist in jedem Fall, dass diese erforderlich ist, um die steuerbegünstigten, satzungsmäßigen Zwecke der Körperschaft nachhaltig erfüllen zu können. ₂Das Bestreben, ganz allgemein die Leistungsfähigkeit der Körperschaft zu erhalten, reicht für eine steuerlich unschädliche Rücklagenbildung nach dieser Vorschrift nicht aus (hierfür können nur freie Rücklagen nach § 62 Abs. 1 Nr. 3 AO gebildet werden, vgl. Nr. 13 bis 17 des AEAO zu § 62). ₃Vielmehr müssen die Mittel für bestimmte – die steuerbegünstigten Satzungszwecke verwirklichende – Vorhaben angesammelt werden, für deren Durchführung bereits konkrete Zeitvorstellungen bestehen. ₄Besteht noch keine konkrete Zeitvorstellung, ist eine Rücklagenbildung dann zulässig, wenn die Durchführung des Vorhabens glaubhaft und bei den finanziellen Verhältnissen der steuerbegünstigten Körperschaft in einem angemessenen Zeitraum möglich ist. ₅Die Bildung von Rücklagen für periodisch wiederkehrende Ausgaben (z. B. Löhne, Gehälter, Mieten) in Höhe des Mittelbedarfs für eine angemessene Zeitperiode zur Sicherstellung der Liquidität ist zulässig (so genannte Betriebsmittelrücklage). ₆Ebenfalls unschädlich ist die vorsorgliche Bildung einer Rücklage zur Bezahlung von Steuern außerhalb eines steuerpflichtigen wirtschaftlichen Geschäftsbetriebs, solange Unklarheit darüber besteht, ob die Körperschaft insoweit in Anspruch genommen wird. ₇Eine beabsichtigte Vermögensausstattung nach § 58 Nr. 3 AO rechtfertigt keine Rücklagenbildung nach § 62 Abs. 1 Nr. 1 AO.

5. Die Rücklage nach § 62 Abs. 1 Nr. 1 AO kann unabhängig von dem Vorhandensein und der Höhe einer Rücklage nach § 62 Abs. 1 Nr. 3 AO (freie Rücklage) gebildet werden.

Zu § 62 Abs. 1 Nr. 2 AO:

6. ₁Eine Wiederbeschaffungsrücklage für Fahrzeuge und andere Wirtschaftsgüter, für deren Anschaffung die laufenden Einnahmen nicht ausreichen, ist nach § 62 Abs. 1 Nr. 2 AO zulässig. ₂Eine Wiederbeschaffungsabsicht liegt nur vor, wenn tatsächlich eine Neuanschaffung des einzelnen Wirtschaftsguts geplant und in einem angemessenen Zeitraum möglich ist. ₃Im Regelfall ist als Nachweis für die Wiederbeschaffungsabsicht ausreichend, dass die Rücklage gebildet wurde. ₄Diese Nachweiserleichterung gilt nicht für Immobilien. ₅Reicht die Zuführung von Mitteln in Höhe der Abschreibungen für eine beabsichtigte Wiederbeschaffung nicht aus, dann können auch höhere Mittel der Rücklage zugeführt werden. ₆Der Nachweis darüber ist durch die Körperschaft zu erbringen.

7. ₁Die Regelungen in den vorstehenden Textziffern zu § 62 Abs. 1 Nr. 1 und 2 AO gelten auch für Mittelbeschaffungskörperschaften i. S. d. § 58 Nr. 1 AO (BFH-Urteil vom 13.9.1989, I R 19/85, BStBl 1990 II S. 28). ₂Voraussetzung ist jedoch, dass die Rücklagenbildung dem Zweck der Beschaffung von Mitteln für die steuerbegünstigten Zwecke einer anderen Körperschaft entspricht. ₃Diese Voraussetzung ist z. B. erfüllt, wenn die Mittelbeschaffungskörperschaft wegen zeitlicher Verzögerung der von ihr zu finanzierenden steuerbegünstigten Maßnahmen angehalten ist, die beschafften Mittel zunächst zu thesaurieren.

Anhang 1   AEAO-Auszug

8. Unterhält eine steuerbegünstigte Körperschaft einen steuerpflichtigen wirtschaftlichen Geschäftsbetrieb, so können dessen Erträge der Rücklage erst nach Versteuerung zugeführt werden.

Zu § 62 Abs. 1 Nr. 3 AO:

9. ₁Der freien Rücklage (§ 62 Abs. 1 Nr. 3 AO) darf jährlich höchstens ein Drittel des Überschusses der Einnahmen über die Ausgaben aus der Vermögensverwaltung zugeführt werden. ₂Unter Ausgaben sind Aufwendungen zu verstehen, die dem Grunde nach Werbungskosten sind.

10. ₁Darüber hinaus kann die Körperschaft höchstens 10 % ihrer sonstigen nach § 55 Abs. 1 Nr. 5 AO zeitnah zu verwendenden Mittel einer freien Rücklage zuführen. ₂Mittel i. S. d. Vorschrift sind die Überschüsse bzw. Gewinne aus steuerpflichtigen wirtschaftlichen Geschäftsbetrieben und Zweckbetrieben sowie die Bruttoeinnahmen aus dem ideellen Bereich. ₃Bei Anwendung der Regelungen des § 64 Abs. 5 und 6 AO können in die Bemessungsgrundlage zur Ermittlung der Rücklage statt der geschätzten bzw. pauschal ermittelten Gewinne die tatsächlichen Gewinne einbezogen werden.

₁Verluste aus Zweckbetrieben sind mit entsprechenden Überschüssen zu verrechnen; darüber hinausgehende Verluste mindern die Bemessungsgrundlage nicht. ₂Das gilt entsprechend für Verluste aus dem einheitlichen wirtschaftlichen Geschäftsbetrieb. ₃Ein Überschuss aus der Vermögensverwaltung ist – unabhängig davon, inwieweit er in eine Rücklage eingestellt wurde – nicht in die Bemessungsgrundlage für die Zuführung aus den sonstigen zeitnah zu verwendenden Mitteln einzubeziehen. ₄Ein Verlust aus der Vermögensverwaltung mindert die Bemessungsgrundlage nicht.

11. Wird der jährliche Höchstbetrag der Mittel, die in die freie Rücklage hätten eingestellt werden können, in einem Jahr nicht ausgeschöpft, können Mittel in Höhe des nicht ausgeschöpften Betrages zusätzlich in den beiden Folgejahren in die freie Rücklage eingestellt werden.

₁Eine Körperschaft hätte im Jahr 01 beispielsweise 30.000 € in die freie Rücklage einstellen können. ₂Tatsächlich stellte sie aber nur 25.000 € ein. ₃In den nächsten beiden Jahren kann die Körperschaft zusätzlich zu dem für das jeweilige Jahr zulässigen Betrag nach § 62 Abs. 1 Nr. 3 AO noch weitere 5.000 € in die freie Rücklage des jeweiligen Jahres einstellen. ₄Die Körperschaft kann diesen Betrag auf beide Jahre aufteilen (02: 3.000 €, 03: 2.000 €) oder den ganzen Betrag (entweder 02 oder 03) in die Rücklage einstellen.

₁Die steuerbegünstigte Körperschaft muss die freie Rücklage während der Dauer ihres Bestehens nicht auflösen. ₂Die in die Rücklage eingestellten Mittel können auch dem Vermögen zugeführt werden.

Zu § 62 Abs. 1 Nr. 4 AO:

12. ₁Die Ansammlung von Mitteln zum Erwerb von Gesellschaftsrechten zur Erhaltung der prozentualen Beteiligung an Kapitalgesellschaften ist zulässig (§ 62 Abs. 1 Nr. 4 AO). ₂Die Herkunft der Mittel ist dabei ohne Bedeutung. ₃§ 62 Abs. 1 Nr. 4 AO ist nicht auf den erstmaligen Erwerb von Anteilen an Kapitalgesellschaften anzuwenden. ₄Hierfür können u. a. freie Rücklagen nach § 62 Abs. 1 Nr. 3 AO eingesetzt werden.

AEAO zu § 62

13. ₁Die Höchstgrenze für die Zuführung zu der freien Rücklage mindert sich um den Betrag, den die Körperschaft zum Erwerb von Gesellschaftsrechten zur Erhaltung der prozentualen Beteiligung an Kapitalgesellschaften ausgibt oder in die Rücklage einstellt. ₂Übersteigt der für die Erhaltung der Beteiligungsquote verwendete oder in eine Rücklage eingestellte Betrag die Höchstgrenze, ist auch in den Folgejahren eine Zuführung zu der freien Rücklage erst wieder möglich, wenn die für eine freie Rücklage verwendbaren Mittel insgesamt die für die Erhaltung der Beteiligungsquote verwendeten oder in die Rücklage eingestellten Mittel übersteigen. ₃Die Zuführung von Mitteln zu Rücklagen nach § 62 Abs. 1 Nr. 1 und 2 AO berührt die Höchstgrenze für die Bildung freier Rücklagen dagegen nicht.

Beispiel:
Beispiel für eine Rücklagenbildung nach § 62 Abs. 1 Nr. 3 und 4 AO:

VZ 01

Spenden	10.000 €
Einnahmen aus Vermögensverwaltung	12.000 €
Ausgaben in der Vermögensverwaltung	9.000 €
Gewinne aus	
– Zweckbetrieben	2.500 €
– steuerpflichtigen wirtschaftlichen Geschäftsbetrieben	3.000 €
→ 10 % von (10.000 € + 2.500 € + 3.000 €) =	1.550 €
→ 1/3 von (12.000 € – 9.000 €) =	1.000 €
≙ Potenzial zur Rücklagenbildung nach § 62 Abs. 1 Nr. 3 AO	2.550 €
Tatsächliche Rücklagenbildung im VZ 01:	
nach § 62 Abs. 1 Nr. 4 AO:	3.000 €
nach § 62 Abs. 1 Nr. 3 AO:	0 €
Überhang nach § 62 Abs. 1 Nr. 4 im Verhältnis zu Nr. 3 AO:	450 €

VZ 02

Spenden	20.000 €
Einnahmen aus Vermögensverwaltung	16.000 €
Ausgaben in der Vermögensverwaltung	10.000 €
Gewinne aus	
– Zweckbetrieben	1.000 €
– steuerpflichtigen wirtschaftlichen Geschäftsbetrieben	5.000 €
→ 10 % von (20.000 € + 1.000 € + 5.000 €) =	2.600 €
→ 1/3 von (16.000 € – 10.000 €) =	2.000 €
abzgl. Überhang nach § 62 Abs. 1 Nr. 4 im Verhältnis zu Nr. 3 AO	450 €
≙ Potenzial zur Rücklagenbildung nach § 62 Abs. 1 Nr. 3 AO	4.150 €
Tatsächliche Rücklagenbildung im VZ 02:	
nach § 62 Abs. 1 Nr. 4 AO:	1.000 €
nach § 62 Abs. 1 Nr. 3 AO:	3.150 €

Zu § 62 Abs. 2 AO:

14. ₁Rücklagen sind in der Frist des § 55 Abs. 1 Nr. 5 Satz 3 AO zu bilden. ₂Nur tatsächlich vorhandene Mittel können in eine Rücklage eingestellt werden. ₃Ob die Voraussetzungen für die Bildung einer Rücklage vorliegen, hat die steuerbegünstigte Körperschaft dem zuständigen Finanzamt im Einzelnen darzulegen. ₄Weiterhin muss sie die Rücklagen nach § 62 Abs. 1 AO in ihrer Rech-

nungslegung – ggf. in einer Nebenrechnung – gesondert ausweisen, damit eine Kontrolle jederzeit und ohne besonderen Aufwand möglich ist (BFH-Urteil vom 20.12.1978, I R 21/76, BStBl 1979 II S. 496).

$_1$Entfällt der Grund für die Bildung einer Rücklage nach § 62 Abs. 1 Nr. 1, 2 und 4 AO, so ist diese unverzüglich aufzulösen. $_2$Die dadurch freigewordenen Mittel sind innerhalb der Frist des § 55 Abs. 1 Nr. 5 Satz 3 AO zu verwenden.

$_1$Die freigewordenen Mittel können auch in die Rücklagen nach § 62 Abs. 1 Nr. 1, 2 und 4 AO eingestellt werden. $_2$Bei diesen Mitteln handelt es sich nicht um sonstige nach § 55 Abs. 1 Nr. 5 AO zeitnah zu verwendende Mittel (§ 58 Nr. 3, § 62 Abs. 1 Nr. 3 AO).

15. Vorstehende Grundsätze gelten für Rücklagen im wirtschaftlichen Geschäftsbetrieb und für Rücklagen im Bereich der Vermögensverwaltung entsprechend.

Zu § 62 Abs. 3 AO:

16. $_1$Die in § 62 Abs. 3 AO genannten Zuwendungen können dem Vermögen zugeführt werden. $_2$Die Aufzählung ist abschließend. $_3$Unter Sachzuwendungen, die ihrer Natur nach zum Vermögen gehören, sind Wirtschaftsgüter zu verstehen, die ihrer Art nach von der Körperschaft im ideellen Bereich, im Rahmen der Vermögensverwaltung oder im wirtschaftlichen Geschäftsbetrieb genutzt werden können.

Werden Mittel nach dieser Vorschrift dem Vermögen zugeführt, sind sie aus der Bemessungsgrundlage für Zuführungen von sonstigen zeitnah zu verwendenden Mitteln nach § 62 Abs. 1 Nr. 3 AO herauszurechnen.

Zu § 62 Abs. 4 AO:

17. $_1$Stiftungen dürfen im Jahr ihrer Errichtung und in den drei folgenden Kalenderjahren Überschüsse und Gewinne aus der Vermögensverwaltung, aus Zweckbetrieb und aus steuerpflichtigen wirtschaftlichen Geschäftsbetrieben ganz oder teilweise ihrem Vermögen zuführen. $_2$Für sonstige Mittel, z. B. Zuwendungen und Zuschüsse, gilt diese Regelung dagegen nicht.

Liegen in einem Kalenderjahr positive und negative Ergebnisse aus der Vermögensverwaltung, aus den Zweckbetrieben und dem einheitlichen steuerpflichtigen wirtschaftlichen Geschäftsbetrieb vor, ist eine Zuführung zum Vermögen auf den positiven Betrag begrenzt, der nach der Verrechnung der Ergebnisse verbleibt.

AEAO zu § 63 – Anforderungen an die tatsächliche Geschäftsführung:

1. $_1$Den Nachweis, dass die tatsächliche Geschäftsführung den notwendigen Erfordernissen entspricht, hat die Körperschaft durch ordnungsmäßige Aufzeichnungen (insbesondere Aufstellung der Einnahmen und Ausgaben, Tätigkeitsbericht, Vermögensübersicht mit Nachweisen über die Bildung und Entwicklung der Rücklagen) zu führen. $_2$Die Vorschriften der AO über die Führung von Büchern und Aufzeichnungen (§§ 140 ff. AO) sind zu beachten. $_3$Die Vorschriften des Handelsrechts einschließlich der entsprechenden Buchführungsvorschriften gelten nur, sofern sich dies aus der Rechtsform der Körperschaft oder aus ihrer wirtschaftlichen Tätigkeit ergibt. $_4$Bei der Verwirk-

lichung steuerbegünstigter Zwecke im Ausland besteht eine erhöhte Nachweispflicht (§ 90 Abs. 2 AO).

2. Hat das Finanzamt eine Frist nach § 63 Abs. 4 AO gesetzt, gilt die tatsächliche Geschäftsführung als ordnungsgemäß, wenn die Körperschaft die Mittel innerhalb der gesetzten Frist für steuerbegünstigte Zwecke verwendet.

3. $_1$Die tatsächliche Geschäftsführung umfasst auch die Ausstellung steuerlicher Zuwendungsbestätigungen. $_2$Zuwendungsbestätigungen dürfen nur dann ausgestellt werden, wenn die Voraussetzungen des § 63 Abs. 5 AO vorliegen. $_3$Die Erlaubnis wird an die Erteilung eines Feststellungsbescheids nach § 60a Abs. 1 AO, eines Freistellungsbescheids oder eine Anlage zum Körperschaftsteuerbescheid geknüpft. $_4$Ist der Bescheid nach § 60a AO älter als drei Jahre oder ist der Freistellungsbescheid – beziehungsweise sind die Anlagen zum Körperschaftsteuerbescheid – älter als fünf Jahre, darf die Körperschaft keine Zuwendungsbestätigungen mehr ausstellen.

Bei Missbräuchen auf diesem Gebiet, z. B. durch die Ausstellung von Gefälligkeitsbestätigungen, ist die Steuerbegünstigung zu versagen.

4. Liegen neuere Erkenntnisse nach Bekanntgabe einer Feststellung nach § 60a AO, eines Freistellungsbescheids oder einer Anlage zum Körperschaftsteuerbescheid vor, dass auf Grund der tatsächlichen Geschäftsführung der Körperschaft die Steuerbegünstigung voraussichtlich nicht gewährt werden kann, kann eine Steuerfestsetzung (ggf. mit 0 €) erfolgen.

$_1$Dies kann durch einen Vorauszahlungsbescheid oder einen Körperschaftsteuerbescheid geschehen, in dem jeweils von der vollen Steuerpflicht ausgegangen wird. $_2$Dies hat zur Folge, dass die Körperschaft nicht mehr berechtigt ist, Zuwendungsbestätigungen auszustellen.

Die Körperschaft ist auf eine mögliche Haftungsinanspruchnahme nach § 10b Abs. 4 EStG hinzuweisen.

5. $_1$Die tatsächliche Geschäftsführung muss sich im Rahmen der verfassungsmäßigen Ordnung halten, da die Rechtsordnung als selbstverständlich das gesetzestreue Verhalten aller Rechtsunterworfenen voraussetzt. $_2$Als Verstoß gegen die Rechtsordnung, der die Steuerbegünstigung ausschließt, kommt auch eine Steuerverkürzung in Betracht (BFH-Urteil vom 27.9.2001, V R 17/99, BStBl 2002 II S. 169). $_3$Die verfassungsmäßige Ordnung wird schon durch die Nichtbefolgung von polizeilichen Anordnungen durchbrochen (BFH-Urteil vom 29.8.1984, BStBl 1985 II S. 106). $_4$Gewaltfreier Widerstand, z. B. Sitzblockaden, gegen geplante Maßnahmen des Staates verstößt grundsätzlich nicht gegen die verfassungsmäßige Ordnung (vgl. BVerfG-Beschluss vom 10.1.1995, 1 BvR 718/89, 1 BvR 719/89, 1 BvR 722/89, 1 BvR 723/89, BVerfGE 92 S. 1 bis 25).

AEAO zu § 64 – Steuerpflichtige wirtschaftliche Geschäftsbetriebe:

Zu § 64 Abs. 1 AO:

1. Als Gesetz, das die Steuervergünstigung teilweise, nämlich für den wirtschaftlichen Geschäftsbetrieb (§ 14 Sätze 1 und 2 AO), ausschließt, ist das jeweilige Steuergesetz zu verstehen, also § 5 Abs. 1 Nr. 9 KStG, § 3 Nr. 6 GewStG, § 12 Abs. 2 Nr. 8 Satz 2 UStG, § 3 Abs. 1 Nr. 3 Buchstabe b GrStG i. V. m. A 12 Abs. 4 GrStR.

Anhang 1   AEAO-Auszug

2. ₁Wegen des Begriffs „Wirtschaftlicher Geschäftsbetrieb" wird auf § 14 AO hingewiesen. ₂Zum Begriff der „Nachhaltigkeit" bei wirtschaftlichen Geschäftsbetrieben siehe BFH-Urteil vom 21.8.1985, I R 60/80, BStBl 1986 II S. 88. ₃Danach ist eine Tätigkeit grundsätzlich nachhaltig, wenn sie auf Wiederholung angelegt ist. ₄Es genügt, wenn bei der Tätigkeit der allgemeine Wille besteht, gleichartige oder ähnliche Handlungen bei sich bietender Gelegenheit zu wiederholen. ₅Wiederholte Tätigkeiten liegen auch vor, wenn der Grund zum Tätigwerden auf einem einmaligen Entschluss beruht, die Erledigung aber mehrere (Einzel-)Tätigkeiten erfordert. ₆Die Einnahmen aus der Verpachtung eines vorher selbst betriebenen wirtschaftlichen Geschäftsbetriebs unterliegen so lange der Körperschaft- und Gewerbesteuer, bis die Körperschaft die Betriebsaufgabe erklärt (BFH-Urteil vom 4.4.2007, I R 55/06, BStBl II S. 725).

3. ₁Ob eine an einer Personengesellschaft oder Gemeinschaft beteiligte steuerbegünstigte Körperschaft gewerbliche Einkünfte bezieht, wird im gesonderten und einheitlichen Gewinnfeststellungsbescheid der Personengesellschaft bindend festgestellt (BFH-Urteil vom 27.7.1988, I R 113/84, BStBl 1989 II S. 134). ₂Ob ein steuerpflichtiger wirtschaftlicher Geschäftsbetrieb oder ein Zweckbetrieb (§§ 65 bis 68 AO) vorliegt, ist dagegen bei der Körperschaftsteuerveranlagung der steuerbegünstigten Körperschaft zu entscheiden. ₃Die Beteiligung einer steuerbegünstigten Körperschaft an einer gewerblich geprägten vermögensverwaltenden Personengesellschaft stellt keinen wirtschaftlichen Geschäftsbetrieb dar (BFH-Urteil vom 25.5.2011, I R 60/10, BStBl 2012 II S. 858). ₄Die Beteiligung einer steuerbegünstigten Körperschaft an einer Kapitalgesellschaft ist grundsätzlich Vermögensverwaltung (§ 14 Satz 3 AO). ₅Sie stellt jedoch einen wirtschaftlichen Geschäftsbetrieb dar, wenn mit ihr tatsächlich ein entscheidender Einfluss auf die laufende Geschäftsführung der Kapitalgesellschaft ausgeübt wird oder ein Fall der Betriebsaufspaltung vorliegt (vgl. BFH-Urteil vom 30.6.1971, I R 57/70, BStBl II S. 753; H 15.7 (4) bis H 15.7 (6) EStH 2011). ₆Besteht die Beteiligung an einer Kapitalgesellschaft, die selbst ausschließlich der Vermögensverwaltung dient, so liegt auch bei Einflussnahme auf die Geschäftsführung kein wirtschaftlicher Geschäftsbetrieb vor (vgl. R 16 Abs. 5 KStR). ₇Dies gilt auch bei Beteiligung an einer steuerbegünstigten Kapitalgesellschaft. ₈Die Grundsätze der Betriebsaufspaltung sind nicht anzuwenden, wenn sowohl das Betriebs- als auch das Besitzunternehmen steuerbegünstigt sind. ₉Dies gilt aber nur insoweit, als die überlassenen wesentlichen Betriebsgrundlagen bei dem Betriebsunternehmen nicht in einem steuerpflichtigen wirtschaftlichen Geschäftsbetrieb eingesetzt werden.

4. ₁Bei der Ermittlung des Gewinns aus dem wirtschaftlichen Geschäftsbetrieb sind die Betriebsausgaben zu berücksichtigen, die durch den Betrieb veranlasst sind. ₂Dazu gehören Ausgaben, die dem Betrieb unmittelbar zuzuordnen sind, weil sie ohne den Betrieb nicht oder zumindest nicht in dieser Höhe angefallen wären.

5. ₁Bei so genannten gemischt veranlassten Kosten, die sowohl durch die steuerfreie als auch durch die steuerpflichtige Tätigkeit veranlasst sind, scheidet eine Berücksichtigung als Betriebsausgaben des steuerpflichtigen wirtschaftlichen Geschäftsbetriebs grundsätzlich aus, wenn sie ihren primären Anlass im steuerfreien Bereich haben. ₂Werden z. B. Werbemaßnahmen bei sportlichen oder kulturellen Veranstaltungen durchgeführt, sind die Veranstaltungskosten, soweit sie auch ohne die Werbung entstanden wären, keine Betriebsaus-

gaben des steuerpflichtigen wirtschaftlichen Geschäftsbetriebs „Werbung" (BFH-Urteil vom 27.3.1991, I R 31/89, BStBl 1992 II S. 103; zur pauschalen Gewinnermittlung bei Werbung im Zusammenhang mit der steuerbegünstigten Tätigkeit einschließlich Zweckbetrieben vgl. Nr. 28 ff. des AEAO zu § 64).

6. Unabhängig von ihrer primären Veranlassung ist eine anteilige Berücksichtigung von gemischt veranlassten Aufwendungen (einschließlich Absetzung für Abnutzung) als Betriebsausgaben des steuerpflichtigen wirtschaftlichen Geschäftsbetriebs dann zulässig, wenn ein objektiver Maßstab für die Aufteilung der Aufwendungen (z. B. nach zeitlichen Gesichtspunkten) auf den ideellen Bereich einschließlich der Zweckbetriebe und den steuerpflichtigen wirtschaftlichen Geschäftsbetrieb besteht.

$_1$Danach ist z. B. bei der Gewinnermittlung für den steuerpflichtigen wirtschaftlichen Geschäftsbetrieb „Greenfee" von steuerbegünstigten Golfvereinen – abweichend von den Grundsätzen des BFH-Urteils vom 27.3.1991, I R 31/89, BStBl 1992 II S. 103 – wegen der Abgrenzbarkeit nach objektiven Maßstäben (z. B. im Verhältnis der Nutzung der Golfanlage durch vereinsfremde Spieler zu den Golf spielenden Vereinsmitgliedern im Kalenderjahr) trotz primärer Veranlassung durch den ideellen Bereich des Golfvereins ein anteiliger Betriebsausgabenabzug der Aufwendungen (z. B. für Golfplatz- und Personalkosten) zulässig. $_2$Bei gemeinnützigen Musikvereinen sind Aufwendungen, die zu einem Teil mit Auftritten ihrer Musikgruppen bei eigenen steuerpflichtigen Festveranstaltungen zusammenhängen, anteilig als Betriebsausgaben des steuerpflichtigen wirtschaftlichen Geschäftsbetriebs abzuziehen. $_3$Derartige Aufwendungen sind z. B. Kosten für Notenmaterial, Uniformen und Verstärkeranlagen, die sowohl bei Auftritten, die unentgeltlich erfolgen oder Zweckbetriebe sind, als auch bei Auftritten im Rahmen eines eigenen steuerpflichtigen Betriebs eingesetzt werden. $_4$Als Maßstab für die Aufteilung kommt die Zahl der Stunden, die einschließlich der Proben auf die jeweiligen Bereiche entfallen, in Betracht.

$_1$Auch die Personal- und Sachkosten für die allgemeine Verwaltung können grundsätzlich im wirtschaftlichen Geschäftsbetrieb abgezogen werden, soweit sie bei einer Aufteilung nach objektiven Maßstäben teilweise darauf entfallen. $_2$Bei Kosten für die Errichtung und Unterhaltung von Vereinsheimen gibt es i. d. R. keinen objektiven Aufteilungsmaßstab.

7. $_1$Unter Sponsoring wird üblicherweise die Gewährung von Geld oder geldwerten Vorteilen durch Unternehmen zur Förderung von Personen, Gruppen und/oder Organisationen in sportlichen, kulturellen, kirchlichen, wissenschaftlichen, sozialen, ökologischen oder ähnlich bedeutsamen gesellschaftspolitischen Bereichen verstanden, mit der regelmäßig auch eigene unternehmensbezogene Ziele der Werbung oder Öffentlichkeitsarbeit verfolgt werden. $_2$Leistungen eines Sponsors beruhen häufig auf einer vertraglichen Vereinbarung zwischen dem Sponsor und dem Empfänger der Leistungen (Sponsoring-Vertrag), in dem Art und Umfang der Leistungen des Sponsors und des Empfängers geregelt sind.

8. $_1$Die im Zusammenhang mit dem Sponsoring erhaltenen Leistungen können bei einer steuerbegünstigten Körperschaft steuerfreie Einnahmen im ideellen Bereich, steuerfreie Einnahmen aus der Vermögensverwaltung oder Einnahmen eines steuerpflichtigen wirtschaftlichen Geschäftsbetriebs sein. $_2$Die steuerliche Behandlung der Leistungen beim Empfänger hängt grundsätzlich nicht

davon ab, wie die entsprechenden Aufwendungen beim leistenden Unternehmen behandelt werden. ₃Für die Abgrenzung gelten die allgemeinen Grundsätze.

9. Danach liegt kein wirtschaftlicher Geschäftsbetrieb vor, wenn die steuerbegünstigte Körperschaft dem Sponsor nur die Nutzung ihres Namens zu Werbezwecken in der Weise gestattet, dass der Sponsor selbst zu Werbezwecken oder zur Imagepflege auf seine Leistungen an die Körperschaft hinweist.

   ₁Ein wirtschaftlicher Geschäftsbetrieb liegt auch dann nicht vor, wenn der Empfänger der Leistungen z. B. auf Plakaten, Veranstaltungshinweisen, in Ausstellungskatalogen oder in anderer Weise auf die Unterstützung durch einen Sponsor lediglich hinweist. ₂Dieser Hinweis kann unter Verwendung des Namens, Emblems oder Logos des Sponsors, jedoch ohne besondere Hervorhebung, erfolgen. ₃Entsprechende Sponsoringeinnahmen sind nicht als Einnahmen aus der Vermögensverwaltung anzusehen. ₄Eine Zuführung zur freien Rücklage nach § 62 Abs. 1 Nr. 3 AO ist daher lediglich i. H. v. 10 % der Einnahmen, nicht aber i. H. v. einem Drittel des daraus erzielten Überschusses möglich.

10. ₁Ein wirtschaftlicher Geschäftsbetrieb liegt dagegen vor, wenn die Körperschaft an den Werbemaßnahmen mitwirkt. ₂Dies ist z. B. der Fall, wenn die Körperschaft dem Sponsor das Recht einräumt, in einem von ihr herausgegebenen Publikationsorgan Werbeanzeigen zu schalten, einschlägige sponsorbezogene Themen darzustellen und bei Veranstaltungen der Körperschaft deren Mitglieder über diese Themen zu informieren und dafür zu werben (vgl. BFH-Urteil vom 7.11.2007, I R 42/06, BStBl 2008 II S. 949). ₃Der wirtschaftliche Geschäftsbetrieb kann kein Zweckbetrieb (§§ 65 bis 68 AO) sein. ₄Soweit Sponsoringeinnahmen unmittelbar in einem aus anderen Gründen steuerpflichtigen wirtschaftlichen Geschäftsbetrieb anfallen, sind sie diesem zuzurechnen.

Zu § 64 Abs. 2 AO:

11. ₁Die Regelung, dass bei steuerbegünstigten Körperschaften mehrere steuerpflichtige wirtschaftliche Geschäftsbetriebe als ein Betrieb zu behandeln sind, gilt auch für die Ermittlung des steuerpflichtigen Einkommens der Körperschaft und für die Beurteilung der Buchführungspflicht nach § 141 Abs. 1 AO. ₂Für die Frage, ob die Grenzen für die Buchführungspflicht überschritten sind, kommt es also auf die Werte (Einnahmen, Überschuss) des Gesamtbetriebs an.

12. ₁§ 55 Abs. 1 Nr. 1 Satz 2 und Nr. 3 AO gilt auch für den steuerpflichtigen wirtschaftlichen Geschäftsbetrieb. ₂Das bedeutet u. a., dass Verluste und Gewinnminderungen in den einzelnen steuerpflichtigen wirtschaftlichen Geschäftsbetrieben nicht durch Zuwendungen an Mitglieder oder durch unverhältnismäßig hohe Vergütungen entstanden sein dürfen.

13. ₁Bei einer Körperschaft, die mehrere steuerpflichtige wirtschaftliche Geschäftsbetriebe unterhält, ist für die Frage, ob gemeinnützigkeitsschädliche Verluste vorliegen, nicht auf das Ergebnis des einzelnen steuerpflichtigen wirtschaftlichen Geschäftsbetriebs, sondern auf das zusammengefasste Ergebnis aller steuerpflichtigen wirtschaftlichen Geschäftsbetriebe abzustellen. ₂Danach ist die Gemeinnützigkeit einer Körperschaft gefährdet, wenn die steuerpflichtigen wirtschaftlichen Geschäftsbetriebe insgesamt Verluste erwirtschaften (vgl. Nr. 4 ff. des AEAO zu § 55).

AEAO zu § 64

In den Fällen des § 64 Abs. 5 und 6 AO ist nicht der geschätzte bzw. pauschal ermittelte Gewinn, sondern das Ergebnis zu berücksichtigen, das sich bei einer Ermittlung nach den allgemeinen Regelungen ergeben würde (vgl. Nr. 4 bis 6 des AEAO zu § 64).

Zu § 64 Abs. 3 AO:

14. $_1$Die Höhe der Einnahmen aus den steuerpflichtigen wirtschaftlichen Geschäftsbetrieben bestimmt sich nach den Grundsätzen der steuerlichen Gewinnermittlung. $_2$Bei steuerbegünstigten Körperschaften, die den Gewinn nach § 4 Abs. 1 oder § 5 EStG ermitteln, kommt es deshalb nicht auf den Zufluss i. S. d. § 11 EStG an, so dass auch Forderungszugänge als Einnahmen zu erfassen sind. $_3$Bei anderen steuerbegünstigten Körperschaften sind die im Kalenderjahr zugeflossenen Einnahmen (§ 11 EStG) maßgeblich. $_4$Ob die Einnahmen die Besteuerungsgrenze übersteigen, ist für jedes Jahr gesondert zu prüfen. $_5$Nicht leistungsbezogene Einnahmen sind nicht den für die Besteuerungsgrenze maßgeblichen Einnahmen zuzurechnen (vgl. Nr. 16 des AEAO zu § 64).

15. $_1$Zu den Einnahmen i. S. d. § 64 Abs. 3 AO gehören leistungsbezogene Einnahmen einschließlich Umsatzsteuer aus dem laufenden Geschäft, wie Einnahmen aus dem Verkauf von Speisen und Getränken. $_2$Dazu zählen auch erhaltene Anzahlungen.

16. Zu den leistungsbezogenen Einnahmen i. S. d. Nr. 15 des AEAO zu § 64 gehören z. B. nicht

    a) der Erlös aus der Veräußerung von Wirtschaftsgütern des Anlagevermögens des steuerpflichtigen wirtschaftlichen Geschäftsbetriebs;

    b) Betriebskostenzuschüsse sowie Zuschüsse für die Anschaffung oder Herstellung von Wirtschaftsgütern des steuerpflichtigen wirtschaftlichen Geschäftsbetriebs;

    c) Investitionszulagen;

    d) der Zufluss von Darlehen;

    e) Entnahmen i. S. d. § 4 Abs. 1 EStG;

    f) die Auflösung von Rücklagen;

    g) erstattete Betriebsausgaben, z. B. Umsatzsteuer;

    h) Versicherungsleistungen mit Ausnahme des Ersatzes von leistungsbezogenen Einnahmen.

17. $_1$Ist eine steuerbegünstigte Körperschaft an einer Personengesellschaft oder Gemeinschaft beteiligt, sind für die Beurteilung, ob die Besteuerungsgrenze überschritten wird, die anteiligen (Brutto-)Einnahmen aus der Beteiligung – nicht aber der Gewinnanteil – maßgeblich. $_2$Bei Beteiligung einer steuerbegünstigten Körperschaft an einer Kapitalgesellschaft sind die Bezüge i. S. d. § 8b Abs. 1 KStG und die Erlöse aus der Veräußerung von Anteilen i. S. d. § 8b Abs. 2 KStG als Einnahmen i. S. d. § 64 Abs. 3 AO zu erfassen, wenn die Beteiligung einen steuerpflichtigen wirtschaftlichen Geschäftsbetrieb darstellt (vgl. Nr. 3 des AEAO zu § 64) oder in einem steuerpflichtigen wirtschaftlichen Geschäftsbetrieb gehalten wird.

Anhang 1   AEAO-Auszug

18. In den Fällen des § 64 Abs. 5 und 6 AO sind für die Prüfung, ob die Besteuerungsgrenze i. S. d. § 64 Abs. 3 AO überschritten wird, die tatsächlichen Einnahmen anzusetzen.

19. Einnahmen aus sportlichen Veranstaltungen, die nach § 67a Abs. 1 Satz 1 AO oder – bei einer Option – nach § 67a Abs. 3 AO kein Zweckbetrieb sind, gehören zu den Einnahmen i. S. d. § 64 Abs. 3 AO.

    Beispiel:

    Ein Sportverein, der auf die Anwendung des § 67a Abs. 1 Satz 1 AO (Zweckbetriebsgrenze) verzichtet hat, erzielt im Jahr 01 folgende Einnahmen aus wirtschaftlichen Geschäftsbetrieben:

Sportliche Veranstaltungen, an denen kein bezahlter Sportler teilgenommen hat:	40.000 €
Sportliche Veranstaltungen, an denen bezahlte Sportler des Vereins teilgenommen haben:	20.000 €
Verkauf von Speisen und Getränken:	5.000 €

    Die Einnahmen aus wirtschaftlichen Geschäftsbetrieben, die keine Zweckbetriebe sind, betragen 25.000 € (20.000 € + 5.000 €). Die Besteuerungsgrenze von 35.000 € wird nicht überschritten.

20. $_1$Eine wirtschaftliche Betätigung verliert durch das Unterschreiten der Besteuerungsgrenze nicht den Charakter des steuerpflichtigen wirtschaftlichen Geschäftsbetriebs. $_2$Das bedeutet, dass kein Beginn einer teilweisen Steuerbefreiung i. S. d. § 13 Abs. 5 KStG vorliegt und dementsprechend keine Schlussbesteuerung durchzuführen ist, wenn Körperschaft- und Gewerbesteuer wegen § 64 Abs. 3 AO nicht mehr erhoben werden.

21. Bei Körperschaften mit einem vom Kalenderjahr abweichenden Wirtschaftsjahr sind für die Frage, ob die Besteuerungsgrenze überschritten wird, die in dem Wirtschaftsjahr erzielten Einnahmen maßgeblich.

22. $_1$Der allgemeine Grundsatz des Gemeinnützigkeitsrechts, dass für die steuerbegünstigten Zwecke gebundene Mittel nicht für den Ausgleich von Verlusten aus steuerpflichtigen wirtschaftlichen Geschäftsbetrieben verwendet werden dürfen, wird durch § 64 Abs. 3 AO nicht aufgehoben. $_2$Unter diesem Gesichtspunkt braucht jedoch bei Unterschreiten der Besteuerungsgrenze der Frage der Mittelverwendung nicht nachgegangen zu werden, wenn bei überschlägiger Prüfung der Aufzeichnungen erkennbar ist, dass in dem steuerpflichtigen wirtschaftlichen Geschäftsbetrieb (§ 64 Abs. 2 AO) keine Verluste entstanden sind.

23. $_1$Verluste und Gewinne aus Jahren, in denen die maßgeblichen Einnahmen die Besteuerungsgrenze nicht übersteigen, bleiben bei dem Verlustabzug (§ 10d EStG) außer Ansatz. $_2$Ein rück- und vortragbarer Verlust kann danach nur in Jahren entstehen, in denen die Einnahmen die Besteuerungsgrenze übersteigen. $_3$Dieser Verlust wird nicht für Jahre verbraucht, in denen die Einnahmen die Besteuerungsgrenze von 35.000 € nicht übersteigen.

Zu § 64 Abs. 4 AO:

24. § 64 Abs. 4 AO gilt nicht für regionale Untergliederungen (Landes-, Bezirks-, Ortsverbände) steuerbegünstigter Körperschaften.

Zu § 64 Abs. 5 AO:

25. ₁§ 64 Abs. 5 AO gilt nur für Altmaterialsammlungen (Sammlung und Verwertung von Lumpen, Altpapier, Schrott). ₂Die Regelung gilt nicht für den Einzelverkauf gebrauchter Sachen (Gebrauchtwarenhandel). ₃Basare und ähnliche Einrichtungen sind deshalb nicht begünstigt (vgl. BFH-Urteil vom 11.2.2009, I R 73/08, BStBl II S. 516).

26. § 64 Abs. 5 AO ist nur anzuwenden, wenn die Körperschaft dies beantragt (Wahlrecht).

27. Der branchenübliche Reingewinn ist bei der Verwertung von Altpapier mit 5 % und bei der Verwertung von u. a. Altmaterial mit 20 % der Einnahmen anzusetzen.

Zu § 64 Abs. 6 AO:

28. ₁Bei den genannten steuerpflichtigen wirtschaftlichen Geschäftsbetrieben ist der Besteuerung auf Antrag der Körperschaft ein Gewinn von 15 % der Einnahmen zugrunde zu legen. ₂Der Antrag gilt jeweils für alle gleichartigen Tätigkeiten in dem betreffenden Veranlagungszeitraum. ₃Er entfaltet keine Bindungswirkung für folgende Veranlagungszeiträume.

29. ₁Nach § 64 Abs. 6 Nr. 1 AO kann der Gewinn aus Werbemaßnahmen pauschal ermittelt werden, wenn sie im Zusammenhang mit der steuerbegünstigten Tätigkeit einschließlich Zweckbetrieben stattfinden. ₂Beispiele für derartige Werbemaßnahmen sind die Trikot- oder Bandenwerbung bei Sportveranstaltungen, die ein Zweckbetrieb sind, oder die aktive Werbung in Programmheften oder auf Plakaten bei kulturellen Veranstaltungen. ₃Dies gilt auch für Sponsoring i. S. d. Nr. 10 des AEAO zu § 64.

30. Soweit Werbeeinnahmen nicht im Zusammenhang mit der ideellen steuerbegünstigten Tätigkeit oder einem Zweckbetrieb erzielt werden, z. B. Werbemaßnahmen bei einem Vereinsfest oder bei sportlichen Veranstaltungen, die wegen Überschreitens der Zweckbetriebsgrenze des § 67a Abs. 1 AO oder wegen des Einsatzes bezahlter Sportler ein steuerpflichtiger wirtschaftlicher Geschäftsbetrieb sind, ist § 64 Abs. 6 AO nicht anzuwenden.

31. ₁Nach § 64 Abs. 6 Nr. 2 AO kann auch der Gewinn aus dem Totalisatorbetrieb der Pferderennvereine mit 15 % der Einnahmen angesetzt werden. ₂Die maßgeblichen Einnahmen ermitteln sich wie folgt:

Wetteinnahmen
abzgl. Rennwettsteuer (Totalisatorsteuer)
abzgl. Auszahlungen an die Wetter.

Zu § 64 Abs. 5 und 6 AO:

32. Wird in den Fällen des § 64 Abs. 5 oder 6 AO kein Antrag auf Schätzung des Überschusses oder auf pauschale Gewinnermittlung gestellt, ist der Gewinn nach den allgemeinen Regeln durch Gegenüberstellung der Betriebseinnahmen und der Betriebsausgaben zu ermitteln (vgl. Nr. 4 bis 6 des AEAO zu § 64).

33. Wird der Überschuss nach § 64 Abs. 5 AO geschätzt oder nach § 64 Abs. 6 AO pauschal ermittelt, sind dadurch auch die damit zusammenhängenden tatsäch-

lichen Aufwendungen der Körperschaft abgegolten; sie können nicht zusätzlich abgezogen werden.

34. ₁Wird der Überschuss nach § 64 Abs. 5 AO geschätzt oder nach § 64 Abs. 6 AO pauschal ermittelt, muss die Körperschaft die mit diesen Einnahmen im Zusammenhang stehenden Einnahmen und Ausgaben gesondert aufzeichnen. ₂Die genaue Höhe der Einnahmen wird zur Ermittlung des Gewinns nach § 64 Abs. 5 bzw. 6 AO benötigt. ₃Die mit diesen steuerpflichtigen wirtschaftlichen Geschäftsbetrieben zusammenhängenden Ausgaben dürfen das Ergebnis der anderen steuerpflichtigen wirtschaftlichen Geschäftsbetriebe nicht mindern.

35. Die in den Bruttoeinnahmen ggf. enthaltene Umsatzsteuer gehört nicht zu den maßgeblichen Einnahmen i. S. d. § 64 Abs. 5 und 6 AO.

AEAO zu § 65 – Zweckbetrieb:

1. ₁Der Zweckbetrieb ist ein wirtschaftlicher Geschäftsbetrieb i. S. v. § 14 AO. ₂Jedoch wird ein wirtschaftlicher Geschäftsbetrieb unter bestimmten Voraussetzungen steuerlich dem begünstigten Bereich der Körperschaft zugerechnet.

2. ₁Ein Zweckbetrieb muss tatsächlich und unmittelbar satzungsmäßige Zwecke der Körperschaft verwirklichen, die ihn betreibt. ₂Es genügt nicht, wenn er begünstigte Zwecke verfolgt, die nicht satzungsmäßige Zwecke der ihn tragenden Körperschaft sind. ₃Ebenso wenig genügt es, wenn er der Verwirklichung begünstigter Zwecke nur mittelbar dient, z. B. durch Abführung seiner Erträge (BFH-Urteil vom 21.8.1985, I R 60/80, BStBl 1986 II S. 88). ₄Ein Zweckbetrieb muss deshalb in seiner Gesamtrichtung mit den ihn begründenden Tätigkeiten und nicht nur mit den durch ihn erzielten Einnahmen den steuerbegünstigten Zwecken dienen (BFH-Urteil vom 26.4.1995, I R 35/93, BStBl II S. 767).

3. ₁Weitere Voraussetzung eines Zweckbetriebes ist, dass die Zwecke der Körperschaft nur durch ihn erreicht werden können. ₂Die Körperschaft muss den Zweckbetrieb zur Verwirklichung ihrer satzungsmäßigen Zwecke unbedingt und unmittelbar benötigen. ₃Dies ist z. B. nicht der Fall beim Betrieb einer Beschaffungsstelle (zentraler Ein- und Verkauf von Ausrüstungsgegenständen, Auftragsbeschaffung, etc.), da dieser weder unentbehrlich noch das einzige Mittel zur Erreichung des steuerbegünstigten Zwecks ist.

4. ₁Der Wettbewerb eines Zweckbetriebes zu nicht begünstigten Betrieben derselben oder ähnlicher Art muss auf das zur Erfüllung der steuerbegünstigten Zwecke unvermeidbare Maß begrenzt sein. ₂Wettbewerb i. S. d. § 65 Nr. 3 AO setzt nicht voraus, dass die Körperschaft auf einem Gebiet tätig ist, in der sie tatsächlich in Konkurrenz zu steuerpflichtigen Betrieben derselben oder ähnlicher Art tritt. ₃Der Sinn und Zweck des § 65 Nr. 3 AO liegt in einem umfänglichen Schutz des Wettbewerbs, der auch den potentiellen Wettbewerb umfasst (vgl. BFH-Urteile vom 27.10.1993, I R 60/91, BStBl 1994 II S. 573, und vom 29.1.2009, V R 46/06, BStBl II S. 560). ₄Ein Zweckbetrieb ist daher – entgegen dem BFH-Urteil vom 30.3.2000, V R 30/99, BStBl II S. 705 – bereits dann nicht gegeben, wenn ein Wettbewerb mit steuerpflichtigen Unternehmen lediglich möglich wäre, ohne dass es auf die tatsächliche Wettbewerbssituation vor Ort ankommt. ₅Unschädlich ist dagegen der uneingeschränkte Wettbewerb zwischen Zweckbetrieben, die demselben steuerbegünstigten Zweck dienen und ihn in der gleichen oder in ähnlicher Form verwirklichen.

AEAO zu § 66 – Wohlfahrtspflege:

1. Die Bestimmung enthält eine Sonderregelung für wirtschaftliche Geschäftsbetriebe, die sich mit der Wohlfahrtspflege befassen.

2. $_1$Die Wohlfahrtspflege darf nicht des Erwerbs wegen ausgeführt werden. $_2$Damit ist keine Einschränkung gegenüber den Voraussetzungen der Selbstlosigkeit gegeben, wie sie in § 55 AO bestimmt sind.

3. $_1$Die Tätigkeit muss auf die Sorge für notleidende oder gefährdete Menschen gerichtet sein. $_2$Notleidend bzw. gefährdet sind Menschen, die eine oder beide der in § 53 Nr. 1 und 2 AO genannten Voraussetzungen erfüllen. $_3$Es ist nicht erforderlich, dass die gesamte Tätigkeit auf die Förderung notleidender bzw. gefährdeter Menschen gerichtet ist. $_4$Es genügt, wenn zwei Drittel der Leistungen einer Einrichtung notleidenden bzw. gefährdeten Menschen zugute kommen. $_5$Auf das Zahlenverhältnis von gefährdeten bzw. notleidenden und übrigen geförderten Menschen kommt es nicht an.

4. Eine Einrichtung der Wohlfahrtspflege liegt regelmäßig vor bei häuslichen Pflegeleistungen durch eine steuerbegünstigte Körperschaft im Rahmen des Siebten oder Elften Buches Sozialgesetzbuch, des Bundessozialhilfegesetzes oder des Bundesversorgungsgesetzes.

5. $_1$Die Belieferung von Studentinnen und Studenten mit Speisen und Getränken in Mensa- und Cafeteria-Betrieben von Studentenwerken ist als Zweckbetrieb zu beurteilen. $_2$Der Verkauf von alkoholischen Getränken, Tabakwaren und sonstigen Handelswaren darf jedoch nicht mehr als 5 % des Gesamtumsatzes ausmachen. $_3$Auch bei anderen steuerbegünstigten Körperschaften kann entsprechend der Beurteilung bei den Studentenwerken der Betrieb einer Cafeteria für Studierende auf dem Campus ein Zweckbetrieb der Wohlfahrtspflege sein. $_4$Entsprechendes gilt für die Grundversorgung von Schülerinnen und Schülern mit Speisen und Getränken an Schulen.

6. $_1$Der Krankentransport von Personen, für die während der Fahrt eine fachliche Betreuung bzw. der Einsatz besonderer Einrichtungen eines Krankentransport- oder Rettungswagens erforderlich ist oder möglicherweise notwendig wird, ist als Zweckbetrieb zu beurteilen. $_2$Die steuerbegünstigten Körperschaften üben ihren Rettungsdienst und Krankentransport entgegen der Annahme des BFH in seinem Beschluss vom 18.9.2007, I R 30/06, BStBl 2009 II S. 126, regelmäßig nicht des Erwerbs wegen und zur Beschaffung zusätzlicher Mittel aus, sondern verfolgen damit ihren satzungsmäßigen steuerbegünstigten Zweck der Sorge für Not leidende oder gefährdete Menschen. $_3$Sind die übrigen Voraussetzungen erfüllt, können deshalb auch Leistungen wie der Krankentransport und der Rettungsdienst, die Wohlfahrtsverbände zu denselben Bedingungen wie private gewerbliche Unternehmen anbieten, begünstigte Einrichtungen der Wohlfahrtspflege sein. $_4$Dagegen erfüllt die bloße Beförderung von Personen, für die der Arzt eine Krankenfahrt (Beförderung in PKWs, Taxen oder Mietwagen) verordnet hat, nicht die Kriterien nach § 66 Abs. 2 AO.

7. $_1$Werden die Leistungen unter gleichen Bedingungen sowohl gegenüber hilfebedürftigen als auch nicht hilfebedürftigen Personen erbracht, ist ein einheitlicher wirtschaftlicher Geschäftsbetrieb „Einrichtung der Wohlfahrtspflege" anzunehmen. $_2$Dieser ist als Zweckbetrieb zu behandeln, wenn die 2/3-Grenze des § 66 AO erfüllt wird. $_3$Die Einhaltung dieser Tatbestandsvoraussetzung ist

Anhang 1   AEAO-Auszug

nachzuweisen. ₄Bei Kleiderkammern, Suppenküchen, Obdachlosenasylen und den so genannten Tafeln kann auf den Nachweis der 2/3-Grenze verzichtet werden, wenn ein Bescheid nach § 53 Nr. 2 Satz 8 AO vorliegt.

8. ₁Gesellige Veranstaltungen sind als steuerpflichtige wirtschaftliche Geschäftsbetriebe zu behandeln. ₂Veranstaltungen, bei denen zwar auch die Geselligkeit gepflegt wird, die aber in erster Linie zur Betreuung behinderter Personen durchgeführt werden, können unter den Voraussetzungen der §§ 65, 66 AO Zweckbetrieb sein.

AEAO zu § 67 – Krankenhäuser:

₁Nach § 2 Nr. 1 Krankenhausfinanzierungsgesetz sind Krankenhäuser Einrichtungen, in denen durch ärztliche und pflegerische Hilfeleistung Krankheiten, Leiden oder Körperschäden festgestellt, geheilt oder gelindert werden sollen oder Geburtshilfe geleistet wird und in denen die zu versorgenden Personen untergebracht und verpflegt werden können. ₂Krankenhausleistungen sind Leistungen, die unter Berücksichtigung der Leistungsfähigkeit des Krankenhauses im Einzelfall nach Art und Schwere der Krankheit für die medizinisch zweckmäßige und ausreichende Versorgung der Patienten notwendig sind. ₃Es handelt sich unter anderem um

– ärztliche und pflegerische Behandlung oder

– Versorgung mit Arznei-, Heil- und Hilfsmitteln, die für die Versorgung im Krankenhaus notwendig sind, oder

– Unterkunft und Verpflegung.

₁Zu dem Zweckbetrieb Krankenhaus gehören damit alle Einnahmen und Ausgaben, die mit den ärztlichen und pflegerischen Leistungen an die Patienten als Benutzer des jeweiligen Krankenhauses zusammenhängen (BFH-Urteil vom 6.4.2005, I R 85/04, BStBl II S. 545). ₂Darunter fallen auch die an ambulant behandelte Patienten erbrachten Leistungen, soweit diese Bestandteil des Versorgungsauftrages des Krankenhauses sind. ₃Gleiches gilt auch für Einnahmen und Ausgaben, die in Zusammenhang mit der Abgabe von Medikamenten durch Krankenhausärzte an ambulant behandelte Patienten des Krankenhauses zur unmittelbaren Verabreichung im Krankenhaus stehen (BFH-Urteil vom 31.7.2013, I R 82/12, BStBl 2015 II S. 123). ₄Der Versorgungsauftrag eines Krankenhauses (§ 8 Abs. 1 Satz 4 Krankenhausentgeltgesetz) regelt, welche Leistungen ein Krankenhaus, unabhängig von der Art der Krankenversicherungsträger, erbringen darf. ₅Für die gemeinnützigkeitsrechtliche Beurteilung folgt daraus, dass für Leistungen, die außerhalb des Versorgungsauftrages erbracht werden, eine Zuordnung zum Zweckbetrieb Krankenhaus ausscheidet.

Für die Zurechnung der Behandlungsleistungen zum Zweckbetrieb Krankenhaus ist es unbeachtlich, wenn die Behandlungen von Patienten des Krankenhauses durch einen ermächtigten Arzt als Dienstaufgabe innerhalb einer nichtselbständigen Tätigkeit (Einkünfte nach § 19 EStG) erbracht werden.

AEAO zu § 67a – Sportliche Veranstaltungen:

Allgemeines

1. ₁Sportliche Veranstaltungen eines Sportvereins sind grundsätzlich ein Zweckbetrieb, wenn die Einnahmen einschließlich der Umsatzsteuer aus allen sportlichen Veranstaltungen des Vereins die Zweckbetriebsgrenze von 45.000 € im Jahr nicht übersteigen (§ 67a Abs. 1 Satz 1 AO). ₂Übersteigen die Einnahmen die Zweckbetriebsgrenze von 45.000 €, liegt grundsätzlich ein steuerpflichtiger wirtschaftlicher Geschäftsbetrieb vor.

   ₁Der Verein kann auf die Anwendung der Zweckbetriebsgrenze verzichten (§ 67a Abs. 2 AO). ₂Die steuerliche Behandlung seiner sportlichen Veranstaltungen richtet sich dann nach § 67a Abs. 3 AO.

2. ₁Unter Sportvereinen i. S. d. Vorschrift sind alle gemeinnützigen Körperschaften zu verstehen, bei denen die Förderung des Sports (§ 52 Abs. 2 Nr. 21 AO) Satzungszweck ist; die tatsächliche Geschäftsführung muss diesem Satzungszweck entsprechen (§ 59 AO). ₂§ 67a AO gilt also z. B. auch für Sportverbände. ₃Sie gilt auch für Sportvereine, die Fußballveranstaltungen unter Einsatz ihrer Lizenzspieler nach der „Lizenzordnung Spieler" der Organisation „Die Liga-Fußballverband e.V. – Ligaverband" durchführen.

3. ₁Als sportliche Veranstaltung ist die organisatorische Maßnahme eines Sportvereins anzusehen, die es aktiven Sportlern (die nicht Mitglieder des Vereins zu sein brauchen) ermöglicht, Sport zu treiben (BFH-Urteil vom 25.7.1996, V R 7/95, BStBl 1997 II S. 154). ₂Eine sportliche Veranstaltung liegt auch dann vor, wenn ein Sportverein in Erfüllung seiner Satzungszwecke im Rahmen einer Veranstaltung einer anderen Person oder Körperschaft eine sportliche Darbietung erbringt. ₃Die Veranstaltung, bei der die sportliche Darbietung präsentiert wird, braucht keine steuerbegünstigte Veranstaltung zu sein (BFH-Urteil vom 4.5.1994, XI R 109/90, BStBl II S. 886).

4. ₁Sportreisen sind als sportliche Veranstaltungen anzusehen, wenn die sportliche Betätigung wesentlicher und notwendiger Bestandteil der Reise ist (z. B. Reise zum Wettkampfort). ₂Reisen, bei denen die Erholung der Teilnehmer im Vordergrund steht (Touristikreisen), zählen dagegen nicht zu den sportlichen Veranstaltungen, selbst wenn anlässlich der Reise auch Sport getrieben wird.

5. ₁Die Ausbildung und Fortbildung in sportlichen Fertigkeiten gehört zu den typischen und wesentlichen Tätigkeiten eines Sportvereins. ₂Sportkurse und Sportlehrgänge für Mitglieder und Nichtmitglieder von Sportvereinen (Sportunterricht) sind daher als „sportliche Veranstaltungen" zu beurteilen. ₃Es ist unschädlich für die Zweckbetriebseigenschaft, dass der Verein mit dem Sportunterricht in Konkurrenz zu gewerblichen Sportlehrern (z. B. Reitlehrer, Skilehrer, Tennislehrer, Schwimmlehrer) tritt, weil § 67a AO als die speziellere Vorschrift dem § 65 AO vorgeht. ₄Die Beurteilung des Sportunterrichts als sportliche Veranstaltung hängt nicht davon ab, ob der Unterricht durch Beiträge, Sonderbeiträge oder Sonderentgelte abgegolten wird.

6. ₁Der Verkauf von Speisen und Getränken – auch an Wettkampfteilnehmer, Schiedsrichter, Kampfrichter, Sanitäter usw. – und die Werbung gehören nicht zu den sportlichen Veranstaltungen. ₂Diese Tätigkeiten sind gesonderte steuerpflichtige wirtschaftliche Geschäftsbetriebe. ₃Nach § 64 Abs. 2 AO ist es jedoch möglich, Überschüsse aus diesen Betrieben mit Verlusten aus sport-

Anhang 1   AEAO-Auszug

lichen Veranstaltungen, die steuerpflichtige wirtschaftliche Geschäftsbetriebe sind, zu verrechnen.

7. Wird für den Besuch einer sportlichen Veranstaltung, die Zweckbetrieb ist, mit Bewirtung ein einheitlicher Eintrittspreis bezahlt, so ist dieser – ggf. im Wege der Schätzung – in einen Entgeltsanteil für den Besuch der sportlichen Veranstaltung und in einen Entgeltsanteil für die Bewirtungsleistungen aufzuteilen.

8. Zur Zulässigkeit einer pauschalen Gewinnermittlung beim steuerpflichtigen wirtschaftlichen Geschäftsbetrieb „Werbung" wird auf Nr. 28 bis 35 des AEAO zu § 64 hingewiesen.

9. $_1$Die entgeltliche Übertragung des Rechts zur Nutzung von Werbeflächen in vereinseigenen oder gemieteten Sportstätten (z. B. an der Bande) sowie von Lautsprecheranlagen an Werbeunternehmer ist als steuerfreie Vermögensverwaltung (§ 14 Satz 3 AO) zu beurteilen. $_2$Voraussetzung ist jedoch, dass dem Pächter (Werbeunternehmer) ein angemessener Gewinn verbleibt. $_3$Es ist ohne Bedeutung, ob die sportlichen Veranstaltungen, bei denen der Werbeunternehmer das erworbene Recht nutzt, Zweckbetrieb oder wirtschaftlicher Geschäftsbetrieb sind.

Die entgeltliche Übertragung des Rechts zur Nutzung von Werbeflächen auf der Sportkleidung (z. B. auf Trikots, Sportschuhen, Helmen) und auf Sportgeräten ist stets als steuerpflichtiger wirtschaftlicher Geschäftsbetrieb zu behandeln.

10. Die Unterhaltung von Club-Häusern, Kantinen, Vereinsheimen oder Vereinsgaststätten ist keine „sportliche Veranstaltung", auch wenn diese Einrichtungen ihr Angebot nur an Mitglieder richten.

11. $_1$Bei Vermietung von Sportstätten einschließlich der Betriebsvorrichtungen für sportliche Zwecke ist zwischen der Vermietung auf längere Dauer und der Vermietung auf kurze Dauer (z. B. stundenweise Vermietung, auch wenn die Stunden für einen längeren Zeitraum im Voraus festgelegt werden) zu unterscheiden. $_2$Zur Vermietung öffentlicher Schwimmbäder an Schwimmvereine und zur Nutzung durch Schulen für den Schwimmunterricht siehe Nr. 13 des AEAO zu § 67a.

12. Die Vermietung auf längere Dauer ist dem Bereich der steuerfreien Vermögensverwaltung zuzuordnen, so dass sich die Frage der Behandlung als „sportliche Veranstaltung" i. S. d. § 67a AO dort nicht stellt.

$_1$Die Vermietung von Sportstätten und Betriebsvorrichtungen auf kurze Dauer schafft lediglich die Voraussetzungen für sportliche Veranstaltungen. $_2$Sie ist jedoch selbst keine „sportliche Veranstaltung", sondern ein wirtschaftlicher Geschäftsbetrieb eigener Art. $_3$Dieser ist als Zweckbetrieb i. S. d. § 65 AO anzusehen, wenn es sich bei den Mietern um Mitglieder des Vereins handelt. $_4$Bei der Vermietung auf kurze Dauer an Nichtmitglieder tritt der Verein dagegen in größerem Umfang in Wettbewerb zu nicht begünstigten Vermietern, als es bei Erfüllung seiner steuerbegünstigten Zwecke unvermeidbar ist (§ 65 Nr. 3 AO). $_5$Diese Art der Vermietung ist deshalb als steuerpflichtiger wirtschaftlicher Geschäftsbetrieb zu behandeln.

Indizien für eine Mitgliedschaft, die lediglich darauf gerichtet ist, die Nutzung der Sportstätten und Betriebsvorrichtungen eines Vereins zu ermöglichen, sind:

- die Zeit der Mitgliedschaft,
- die Höhe der Beiträge, die die Mitglieder zu entrichten haben, oder auch
- zivilrechtlich eingeschränkte Rechte der Mitglieder.

Für die Zuordnung der entgeltlichen Überlassung der Sportstätten und Betriebsvorrichtungen an ein Gastmitglied zum Zweckbetrieb ist es daher nicht zu beanstanden, wenn die Gastmitgliedschaft wie eine Vollmitgliedschaft ausgestaltet ist und diese nicht nur für einen kurzen Zeitraum eingegangen wird.

Dagegen ist die entgeltliche Überlassung der Sportstätten und Betriebsvorrichtungen an ein Gastmitglied dem steuerpflichtigen wirtschaftlichen Geschäftsbetrieb zuzuordnen, wenn das Gastmitglied per Satzung nur eingeschränkte Rechte eingeräumt bekommt oder die Mitgliedschaft lediglich für einen kurzen Zeitraum (weniger als sechs Monate) eingegangen wird.

13. Durch den Betrieb eines öffentlichen Schwimmbades werden gemeinnützige Zwecke (öffentliche Gesundheitspflege und Sport) unabhängig davon gefördert, ob das Schwimmbad von einem Verein oder von einer juristischen Person des öffentlichen Rechts als Betrieb gewerblicher Art unterhalten wird.

Die verschiedenen Tätigkeiten eines gemeinnützigen Schwimmvereins sind wie folgt zu beurteilen:

a) Schulschwimmen

$_1$Die Vermietung des Schwimmbads auf längere Dauer an die Träger der Schulen ist als Vermögensverwaltung anzusehen. $_2$Eine Vermietung auf längere Dauer ist in Anlehnung an Abschn. 4.12.3 Abs. 2 UStAE bei stundenweiser Nutzungsmöglichkeit des Schwimmbads durch die Schulen anzunehmen, wenn die Nutzung mehr als ein Schulhalbjahr (mindestens sechs Monate) erfolgt. $_3$Unselbständige Nebenleistungen des Vereins, wie Reinigung des Schwimmbads, gehören mit zur Vermögensverwaltung.

b) Vereinsschwimmen

$_1$Das Vereinsschwimmen und die Durchführung von Schwimmkursen sind nach Maßgabe des § 67a AO Zweckbetriebe (sportliche Veranstaltungen). $_2$Dabei ist es ohne Bedeutung, ob die Teilnehmer an den Schwimmkursen Mitglieder des Vereins oder Vereinsfremde sind.

c) Jedermannschwimmen

$_1$Das Jedermannschwimmen ist insgesamt als Zweckbetrieb i. S. d. § 65 AO anzusehen, wenn die nicht unmittelbar dem Schwimmen dienenden Angebote (zum Beispiel Sauna, Solarium) von untergeordneter Bedeutung sind. $_2$Schwimmbäder, die danach als Zweckbetriebe begünstigt sind, stehen in keinem schädlichen Wettbewerb zu steuerpflichtigen Schwimmbädern (§ 65 Nr. 3 AO), weil sie i. d. R. anders strukturiert sind (so genannte Spaßbäder) und sich ihre Angebote erheblich von dem im Wesentlichen auf das Schwimmen begrenzten Angebot der Vereinsschwimmbäder unterscheiden.

14. $_1$Werden im Zusammenhang mit der Vermietung von Sportstätten und Betriebsvorrichtungen auch bewegliche Gegenstände, z. B. Tennisschläger oder Golfschläger, überlassen, stellt die entgeltliche Überlassung dieser Gegenstände ein Hilfsgeschäft dar, das das steuerliche Schicksal der Hauptleistung teilt (BFH-Urteil vom 30.3.2000, V R 30/99, BStBl II S. 705). $_2$Bei der alleinigen Überlassung von Sportgeräten, z. B. eines Flugzeugs, bestimmt sich

die Zweckbetriebseigenschaft danach, ob die Sportgeräte Mitgliedern oder Nichtmitgliedern des Vereins überlassen werden.

15. § 3 Nr. 26 EStG gilt nicht für Einnahmen, die ein nebenberuflicher Übungsleiter etc. für eine Tätigkeit in einem steuerpflichtigen wirtschaftlichen Geschäftsbetrieb „sportliche Veranstaltungen" erhält.

16. Werden sportliche Veranstaltungen, die im vorangegangenen Veranlagungszeitraum Zweckbetrieb waren, zu einem steuerpflichtigen wirtschaftlichen Geschäftsbetrieb oder umgekehrt, ist grundsätzlich § 13 Abs. 5 KStG anzuwenden.

Zu § 67a Abs. 1 AO:

17. $_1$Bei der Anwendung der Zweckbetriebsgrenze von 45.000 € sind alle Einnahmen der Veranstaltungen zusammenzurechnen, die in dem maßgeblichen Jahr nach den Regelungen der Nr. 1 bis 15 des AEAO zu § 67a als sportliche Veranstaltungen anzusehen sind. $_2$Zu diesen Einnahmen gehören insbesondere Eintrittsgelder, Startgelder, Zahlungen für die Übertragung sportlicher Veranstaltungen in Rundfunk und Fernsehen, Lehrgangsgebühren und Ablösezahlungen. $_3$Zum allgemeinen Einnahmebegriff wird auf die Nr. 15 und 16 des AEAO zu § 64 hingewiesen.

18. $_1$Die Bezahlung von Sportlern in einem Zweckbetrieb i. S. d. § 67a Abs. 1 Satz 1 AO ist zulässig (§ 58 Nr. 8 AO). $_2$Dabei ist die Herkunft der Mittel, mit denen die Sportler bezahlt werden, ohne Bedeutung.

19. Die Zahlung von Ablösesummen ist in einem Zweckbetrieb i. S. d. § 67a Abs. 1 Satz 1 AO uneingeschränkt zulässig.

20. $_1$Bei Spielgemeinschaften von Sportvereinen ist – unabhängig von der Qualifizierung der Einkünfte im Feststellungsbescheid für die Gemeinschaft – bei der Körperschaftsteuerveranlagung der beteiligten Sportvereine zu entscheiden, ob ein Zweckbetrieb oder ein steuerpflichtiger wirtschaftlicher Geschäftsbetrieb gegeben ist. $_2$Dabei ist für die Beurteilung der Frage, ob die Zweckbetriebsgrenze des § 67a Abs. 1 Satz 1 AO überschritten wird, die Höhe der anteiligen Einnahmen (nicht des anteiligen Gewinns) maßgeblich.

Zu § 67a Abs. 2 AO:

21. Ein Verzicht auf die Anwendung des § 67a Abs. 1 Satz 1 AO ist auch dann möglich, wenn die Einnahmen aus den sportlichen Veranstaltungen die Zweckbetriebsgrenze von 45.000 € nicht übersteigen.

22. $_1$Die Option nach § 67a Abs. 2 AO kann bis zur Unanfechtbarkeit des Körperschaftsteuerbescheids widerrufen werden. $_2$Die Regelungen in Abschn. 19.2 Abs. 2 und 6 UStAE sind entsprechend anzuwenden. $_3$Der Widerruf ist – auch nach Ablauf der Bindungsfrist – nur mit Wirkung ab dem Beginn eines Kalender- oder Wirtschaftsjahres zulässig.

Zu § 67a Abs. 3 AO:

23. $_1$Verzichtet ein Sportverein gem. § 67a Abs. 2 AO auf die Anwendung der Zweckbetriebsgrenze (§ 67a Abs. 1 Satz 1 AO), sind sportliche Veranstaltungen ein Zweckbetrieb, wenn an ihnen kein bezahlter Sportler des Vereins teilnimmt und der Verein keinen vereinsfremden Sportler selbst oder im Zusammenwirken mit einem Dritten bezahlt. $_2$Auf die Höhe der Einnahmen oder

Überschüsse dieser sportlichen Veranstaltungen kommt es bei Anwendung des § 67a Abs. 3 AO nicht an. ₃Sportliche Veranstaltungen, an denen ein oder mehrere Sportler teilnehmen, die nach § 67a Abs. 3 Satz 1 Nr. 1 oder 2 AO als bezahlte Sportler anzusehen sind, sind steuerpflichtige wirtschaftliche Geschäftsbetriebe. ₄Es kommt nach dem Gesetz nicht darauf an, ob ein Verein eine Veranstaltung von vornherein als steuerpflichtigen wirtschaftlichen Geschäftsbetrieb angesehen oder ob er – aus welchen Gründen auch immer – zunächst irrtümlich einen Zweckbetrieb angenommen hat.

24. ₁Unter Veranstaltungen i. S. d. § 67a Abs. 3 AO sind bei allen Sportarten grundsätzlich die einzelnen Wettbewerbe zu verstehen, die in engem zeitlichen und örtlichen Zusammenhang durchgeführt werden. ₂Bei einer Mannschaftssportart ist also nicht die gesamte Meisterschaftsrunde, sondern jedes einzelne Meisterschaftsspiel die zu beurteilende sportliche Veranstaltung. ₃Bei einem Turnier hängt es von der Gestaltung im Einzelfall ab, ob das gesamte Turnier oder jedes einzelne Spiel als eine sportliche Veranstaltung anzusehen ist. ₄Dabei ist von wesentlicher Bedeutung, ob für jedes Spiel gesondert Eintritt erhoben wird und ob die Einnahmen und Ausgaben für jedes Spiel gesondert ermittelt werden.

25. ₁Sportkurse und Sportlehrgänge für Mitglieder und Nichtmitglieder von Sportvereinen sind bei Anwendung des § 67a Abs. 3 AO als Zweckbetrieb zu behandeln, wenn kein Sportler als Auszubildender teilnimmt, der wegen seiner Betätigung in dieser Sportart als bezahlter Sportler i. S. d. § 67a Abs. 3 AO anzusehen ist. ₂Die Bezahlung von Ausbildern berührt die Zweckbetriebseigenschaft nicht.

26. ₁Ist ein Sportler in einem Kalenderjahr als bezahlter Sportler anzusehen, sind alle in dem Kalenderjahr durchgeführten sportlichen Veranstaltungen des Vereins, an denen der Sportler teilnimmt, ein steuerpflichtiger wirtschaftlicher Geschäftsbetrieb. ₂Bei einem vom Kalenderjahr abweichenden Wirtschaftsjahr ist das abweichende Wirtschaftsjahr zugrunde zu legen. ₃Es kommt nicht darauf an, ob der Sportler die Merkmale des bezahlten Sportlers erst nach Beendigung der sportlichen Veranstaltung erfüllt. ₄Die Teilnahme unbezahlter Sportler an einer Veranstaltung, an der auch bezahlte Sportler teilnehmen, hat keinen Einfluss auf die Behandlung der Veranstaltung als steuerpflichtiger wirtschaftlicher Geschäftsbetrieb.

27. ₁Die Vergütungen oder anderen Vorteile müssen in vollem Umfang aus steuerpflichtigen wirtschaftlichen Geschäftsbetrieben oder von Dritten geleistet werden (§ 67a Abs. 3 Satz 3 AO). ₂Eine Aufteilung der Vergütungen ist nicht zulässig. ₃Es ist also z. B. steuerlich nicht zulässig, Vergütungen an bezahlte Sportler bis zu 400 € im Monat als Ausgaben des steuerbegünstigten Bereichs und nur die 400 € übersteigenden Vergütungen als Ausgaben des steuerpflichtigen wirtschaftlichen Geschäftsbetriebs „sportliche Veranstaltungen" zu behandeln.

28. ₁Auch die anderen Kosten müssen aus dem steuerpflichtigen wirtschaftlichen Geschäftsbetrieb „sportliche Veranstaltungen", anderen steuerpflichtigen wirtschaftlichen Geschäftsbetrieben oder von Dritten geleistet werden. ₂Dies gilt auch dann, wenn an der Veranstaltung neben bezahlten Sportlern auch unbezahlte Sportler teilnehmen. ₃Die Kosten eines steuerpflichtigen wirtschaftlichen Geschäftsbetriebs „sportliche Veranstaltungen" sind also nicht danach aufzuteilen, ob sie auf bezahlte oder auf unbezahlte Sportler entfallen.

Anhang 1 AEAO-Auszug

$_4$Etwaiger Aufwandsersatz an unbezahlte Sportler für die Teilnahme an einer Veranstaltung mit bezahlten Sportlern ist als eine Ausgabe dieser Veranstaltung zu behandeln. $_5$Aus Vereinfachungsgründen ist es aber nicht zu beanstanden, wenn die Aufwandspauschale (vgl. Nr. 32 des AEAO zu § 67a) an unbezahlte Sportler nicht als Betriebsausgabe des steuerpflichtigen wirtschaftlichen Geschäftsbetriebs behandelt, sondern aus Mitteln des ideellen Bereichs abgedeckt wird.

29. $_1$Trainingskosten (z. B. Vergütungen an Trainer), die sowohl unbezahlte als auch bezahlte Sportler betreffen, sind nach den im Einzelfall gegebenen Abgrenzungsmöglichkeiten aufzuteilen. $_2$Als solche kommen beispielsweise in Betracht der jeweilige Zeitaufwand oder – bei gleichzeitigem Training unbezahlter und bezahlter Sportler – die Zahl der trainierten Sportler oder Mannschaften. $_3$Soweit eine Abgrenzung anders nicht möglich ist, sind die auf das Training unbezahlter und bezahlter Sportler entfallenden Kosten im Wege der Schätzung zu ermitteln.

30. $_1$Werden bezahlte und unbezahlte Sportler einer Mannschaft gleichzeitig für eine Veranstaltung trainiert, die als steuerpflichtiger wirtschaftlicher Geschäftsbetrieb zu beurteilen ist, sind die gesamten Trainingskosten dafür Ausgaben des steuerpflichtigen wirtschaftlichen Geschäftsbetriebs. $_2$Die Vereinfachungsregelung in Nr. 28 letzter Satz des AEAO zu § 67a gilt entsprechend.

31. $_1$Sportler des Vereins i. S. d. § 67a Abs. 3 Satz 1 Nr. 1 AO sind nicht nur die (aktiven) Mitglieder des Vereins, sondern alle Sportler, die für den Verein auftreten, z. B. in einer Mannschaft des Vereins mitwirken. $_2$Für Verbände gilt Nr. 38 des AEAO zu § 67a.

32. $_1$Zahlungen an einen Sportler des Vereins bis zu insgesamt 400 € je Monat im Jahresdurchschnitt sind für die Beurteilung der Zweckbetriebseigenschaft der sportlichen Veranstaltungen – nicht aber bei der Besteuerung des Sportlers – ohne Einzelnachweis als Aufwandsentschädigung anzusehen. $_2$Werden höhere Aufwendungen erstattet, sind die gesamten Aufwendungen im Einzelnen nachzuweisen. $_3$Dabei muss es sich um Aufwendungen persönlicher oder sachlicher Art handeln, die dem Grunde nach Werbungskosten oder Betriebsausgaben sein können.

Die Regelung gilt für alle Sportarten.

33. $_1$Die Regelung über die Unschädlichkeit pauschaler Aufwandsentschädigungen bis zu 400 € je Monat im Jahresdurchschnitt gilt nur für Sportler des Vereins, nicht aber für Zahlungen an andere Sportler. $_2$Einem anderen Sportler, der in einem Jahr nur an einer Veranstaltung des Vereins teilnimmt, kann also nicht ein Betrag bis zu 4.800 € als pauschaler Aufwandsersatz dafür gezahlt werden. $_3$Vielmehr führt in den Fällen des § 67a Abs. 3 Satz 1 Nr. 2 AO jede Zahlung an einen Sportler, die über eine Erstattung des tatsächlichen Aufwands hinausgeht, zum Verlust der Zweckbetriebseigenschaft der Veranstaltung.

34. $_1$Zuwendungen der Stiftung Deutsche Sporthilfe, Frankfurt, und vergleichbarer Einrichtungen der Sporthilfe an Spitzensportler sind i. d. R. als Ersatz von besonderen Aufwendungen der Spitzensportler für ihren Sport anzusehen. $_2$Sie sind deshalb nicht auf die zulässige Aufwandspauschale von 400 € je Monat im Jahresdurchschnitt anzurechnen. $_3$Weisen Sportler die tatsächlichen Aufwendungen nach, so muss sich der Nachweis auch auf die Aufwendungen

AEAO zu § 67a

erstrecken, die den Zuwendungen der Stiftung Deutsche Sporthilfe und vergleichbarer Einrichtungen gegenüberstehen.

35. ₁Bei der Beurteilung der Zweckbetriebseigenschaft einer Sportveranstaltung nach § 67a Abs. 3 AO ist nicht zu unterscheiden, ob Vergütungen oder andere Vorteile an einen Sportler für die Teilnahme an sich oder für die erfolgreiche Teilnahme gewährt werden. ₂Entscheidend ist, dass der Sportler aufgrund seiner Teilnahme Vorteile hat, die er ohne seine Teilnahme nicht erhalten hätte. ₃Auch die Zahlung eines Preisgeldes, das über eine Aufwandsentschädigung hinausgeht, begründet demnach einen steuerpflichtigen wirtschaftlichen Geschäftsbetrieb.

36. ₁Bei einem so genannten Spielertrainer ist zu unterscheiden, ob er für die Trainertätigkeit oder für die Ausübung des Sports Vergütungen erhält. ₂Wird er nur für die Trainertätigkeit bezahlt oder erhält er für die Tätigkeit als Spieler nicht mehr als den Ersatz seiner Aufwendungen (vgl. Nr. 32 des AEAO zu § 67a), ist seine Teilnahme an sportlichen Veranstaltungen unschädlich für die Zweckbetriebseigenschaft.

37. ₁Unbezahlte Sportler werden wegen der Teilnahme an Veranstaltungen mit bezahlten Sportlern nicht selbst zu bezahlten Sportlern. ₂Die Ausbildung dieser Sportler gehört nach wie vor zu der steuerbegünstigten Tätigkeit eines Sportvereins, es sei denn, sie werden zusammen mit bezahlten Sportlern für eine Veranstaltung trainiert, die ein steuerpflichtiger wirtschaftlicher Geschäftsbetrieb ist (vgl. Nr. 30 des AEAO zu § 67a).

38. ₁Sportler, die einem bestimmten Sportverein angehören und die nicht selbst unmittelbar Mitglieder eines Sportverbandes sind, werden bei der Beurteilung der Zweckbetriebseigenschaft von Veranstaltungen des Verbandes als andere Sportler i. S. d. § 67a Abs. 3 Satz 1 Nr. 2 AO angesehen. ₂Zahlungen der Vereine an Sportler im Zusammenhang mit sportlichen Veranstaltungen der Verbände (z. B. Länderwettkämpfe) sind in diesen Fällen als „Zahlungen von Dritten im Zusammenwirken mit dem Verein" (hier: Verband) zu behandeln.

39. ₁Ablösezahlungen, die einem steuerbegünstigten Sportverein für die Freigabe von Sportlern zufließen, beeinträchtigen seine Gemeinnützigkeit nicht. ₂Die erhaltenen Beträge zählen zu den Einnahmen aus dem steuerpflichtigen wirtschaftlichen Geschäftsbetrieb „sportliche Veranstaltungen", wenn der den Verein wechselnde Sportler in den letzten zwölf Monaten vor seiner Freigabe bezahlter Sportler i. S. d. § 67a Abs. 3 Satz 1 Nr. 1 AO war. ₃Ansonsten gehören sie zu den Einnahmen aus dem Zweckbetrieb „sportliche Veranstaltungen".

40. ₁Zahlungen eines steuerbegünstigten Sportvereins an einen anderen (abgebenden) Verein für die Übernahme eines Sportlers sind unschädlich für die Gemeinnützigkeit des zahlenden Vereins, wenn sie aus steuerpflichtigen wirtschaftlichen Geschäftsbetrieben für die Übernahme eines Sportlers gezahlt werden, der beim aufnehmenden Verein in den ersten zwölf Monaten nach dem Vereinswechsel als bezahlter Sportler i. S. d. § 67a Abs. 3 Satz 1 Nr. 1 AO anzusehen ist. ₂Zahlungen für einen Sportler, der beim aufnehmenden Verein nicht als bezahlter Sportler anzusehen ist, sind bei Anwendung des § 67a Abs. 3 AO nur dann unschädlich für die Gemeinnützigkeit des zahlenden Vereins, wenn lediglich die Ausbildungskosten für den den Verein wechselnden Sportler erstattet werden. ₃Eine derartige Kostenerstattung kann bei Zahlungen bis zur Höhe von 2.557 € je Sportler ohne weiteres angenommen werden. ₄Bei höheren Kostenerstattungen sind sämtliche Ausbildungskosten im Einzel-

Anhang 1 AEAO-Auszug

fall nachzuweisen. ₅Die Zahlungen mindern nicht den Überschuss des steuerpflichtigen wirtschaftlichen Geschäftsbetriebs „sportliche Veranstaltungen".

Zur steuerlichen Behandlung von Ablösezahlungen bei Anwendung der Zweckbetriebsgrenze des § 67a Abs. 1 Satz 1 AO vgl. Nr. 17 und 19 des AEAO zu § 67a.

AEAO zu § 68 – Einzelne Zweckbetriebe:

Allgemeines

1. ₁§ 68 AO enthält einen gesetzlichen Katalog einzelner Zweckbetriebe und geht als spezielle Norm der Regelung des § 65 AO vor (BFH-Urteil vom 4.6.2003, I R 25/02, BStBl 2004 II S. 660). ₂Die beispielhafte Aufzählung von Betrieben, die ihrer Art nach Zweckbetriebe sein können, gibt wichtige Anhaltspunkte für die Auslegung der Begriffe Zweckbetrieb (§ 65 AO) im Allgemeinen und Einrichtungen der Wohlfahrtspflege (§ 66 AO) im Besonderen.

Zu § 68 Nr. 1 AO:

2. ₁Wegen der Begriffe „Alten-, Altenwohn- und Pflegeheime" Hinweis auf § 1 des Heimgesetzes. ₂Eine für die Allgemeinheit zugängliche Cafeteria ist ein steuerpflichtiger wirtschaftlicher Geschäftsbetrieb. ₃Soweit eine steuerbegünstigte Körperschaft Leistungen im Rahmen der häuslichen Pflege erbringt, liegt i. d. R. ein Zweckbetrieb nach § 66 AO vor (vgl. Nr. 4 des AEAO zu § 66).

3. ₁Bei Kindergärten, Kinder-, Jugend- und Studentenheimen sowie bei Schullandheimen und Jugendherbergen müssen die geförderten Personen die Voraussetzungen nach § 53 AO nicht erfüllen. ₂Jugendherbergen verlieren ihre Zweckbetriebseigenschaft nicht, wenn außerhalb ihres satzungsmäßigen Zwecks der Umfang der Beherbergung alleinreisender Erwachsener 10 % der Gesamtbeherbergungen nicht übersteigt (BFH-Urteil vom 18.1.1995, V R 139-142/92, BStBl II S. 446).

Zu § 68 Nr. 2 AO:

4. ₁Von § 68 Nr. 2 Buchstabe b AO werden nur solche Selbstversorgungseinrichtungen umfasst, die den darin genannten Handwerksbetrieben vergleichbar sind. ₂Werden auch Leistungen gegenüber Außenstehenden erbracht, sind nur solche Einrichtungen der steuerbegünstigten Körperschaft begünstigt, die nicht regelmäßig ausgelastet sind und deshalb gelegentlich auch Leistungen an Außenstehende erbringen, nicht aber solche, die über Jahre hinweg Leistungen an Außenstehende ausführen und hierfür auch personell entsprechend ausgestattet sind (vgl. BFH-Urteil vom 29.1.2009, V R 46/06, BStBl II S. 560, und BMF-Schreiben vom 12.4.2011, BStBl I S. 538). ₃Außenstehende im Sinne dieser Regelung sind auch Arbeitnehmer der Körperschaft. ₄Bei Lieferungen und Leistungen an Außenstehende tritt die Körperschaft mit Dritten in Leistungsbeziehung. ₅Solange der Umfang dieser Geschäfte an Dritte, hierzu gehören auch Leistungsempfänger, die selbst eine steuerbegünstigte Körperschaft i. S. d. § 68 Nr. 2 AO sind (BFH-Urteil vom 18.10.1990, V R 35/85, BStBl 1991 II S. 157), nicht mehr als 20 % der gesamten Lieferungen und Leistungen der begünstigten Körperschaft ausmachen, bleibt die Zweckbetriebseigenschaft erhalten.

Zu § 68 Nr. 3 AO:

5. ₁Der Begriff „Werkstatt für behinderte Menschen" bestimmt sich nach § 136 SGB IX. ₂Werkstätten für behinderte Menschen bedürfen der förmlichen Anerkennung. ₃Anerkennungsbehörde ist die Bundesagentur für Arbeit, die im Einvernehmen mit dem überörtlichen Träger der Sozialhilfe über die Anerkennung einer Einrichtung als Werkstatt für behinderte Menschen durch Anerkennungsbescheid entscheidet (§ 142 SGB IX).

₁Läden oder Verkaufsstellen von Werkstätten für behinderte Menschen sind grundsätzlich als Zweckbetriebe zu behandeln, wenn dort Produkte verkauft werden, die von der – den Laden oder die Verkaufsstelle betreibenden – Werkstatt für behinderte Menschen oder einer anderen Werkstatt für behinderte Menschen i. S. d. § 68 Nr. 3 Buchstabe a AO hergestellt worden sind. ₂Werden von dem Laden oder der Verkaufsstelle der Werkstatt für behinderte Menschen auch zugekaufte Waren, die nicht von ihr oder von anderen Werkstätten für behinderte Menschen hergestellt worden sind, weiterverkauft, liegt insoweit ein gesonderter steuerpflichtiger wirtschaftlicher Geschäftsbetrieb vor.

Zu den Zweckbetrieben gehören auch die von den Trägern der Werkstätten für behinderte Menschen betriebenen Kantinen, weil die besondere Situation der behinderten Menschen auch während der Mahlzeiten eine Betreuung erfordert.

6. ₁Integrationsprojekte i. S. d. § 132 SGB IX sind rechtlich und wirtschaftlich selbständige Unternehmen (Integrationsunternehmen) oder unternehmensinterne oder von öffentlichen Arbeitgebern i. S. d. § 73 Abs. 3 SGB IX geführte Betriebe (Integrationsbetriebe) oder Abteilungen (Integrationsabteilungen) zur Beschäftigung schwerbehinderter Menschen, deren Teilhabe an einer sonstigen Beschäftigung auf dem allgemeinen Arbeitsmarkt aufgrund von Art oder Schwere der Behinderung oder wegen sonstiger Umstände voraussichtlich auf besondere Schwierigkeiten stößt. ₂Während Integrationsprojekte i. S. d. § 132 SGB IX mindestens 25 % und höchstens 50 % besonders betroffene schwerbehinderte Menschen beschäftigen sollen, um sozialrechtlich als Integrationsprojekt anerkannt werden zu können, bedarf es für die steuerliche Eignung als Zweckbetrieb nach § 68 Nr. 3 Buchstabe c AO einer Beschäftigungsquote von mindestens 40 % dieser Personengruppe. ₃Für Integrationsprojekte wird anders als bei Werkstätten für behinderte Menschen kein förmliches Anerkennungsverfahren durchgeführt. ₄Als Nachweis für die Eigenschaft als Integrationsprojekt dient der Bescheid des zuständigen Integrationsamtes über erbrachte Leistungen nach § 134 SGB IX (Leistungsbescheid). ₅Zusätzlich ist für die steuerliche Beurteilung als Integrationsprojekt nach § 68 Nr. 3 Buchstabe c AO eine Beschäftigungsquote von mindestens 40 % der o. g. Personengruppe nachzuweisen. ₆Die Beschäftigungsquote wird nach den Grundsätzen des § 75 SGB IX berechnet. ₇Es werden also grundsätzlich nur die Beschäftigten des Integrationsprojektes berücksichtigt, die auf Arbeitsplätzen i. S. d. § 73 SGB IX beschäftigt sind (siehe § 75 Abs. 1 SGB IX). ₈Teilzeitbeschäftigte, die mit einer wöchentlichen Arbeitszeit von weniger als 18 Stunden beschäftigt sind, sind damit nicht berücksichtigungsfähig, es sei denn, die (geringere) Teilzeitbeschäftigung ist auf Grund der Art und Schwere der Behinderung notwendig (§ 75 Abs. 2 Satz 3 SGB IX). ₉Ein über diese Grenze hinausgehend Teilzeitbeschäftigter wird voll angerechnet. ₁₀Verfügt ein Integrationsprojekt über wenigstens 20 Arbeitsplätze und ist damit

Anhang 1   AEAO-Auszug

beschäftigungspflichtig (vgl. § 71 Abs. 1 SGB IX), kann das Vorliegen der Voraussetzungen der 40 %-Quote über die Anzeige nach § 80 Abs. 2 SGB IX geführt werden.

7. ₁Zusätzliche Beschäftigungsmöglichkeiten für (schwer-)behinderte Menschen schaffen Handelsbetriebe, die als wohnortnahe Einzelhandelsgeschäfte beispielsweise mit einem Lebensmittelvollsortiment und entsprechendem Einsatz von Fachpersonal betrieben werden. ₂Mit dieser Beschäftigungsform soll behinderten Menschen eine Möglichkeit zur Teilhabe am Arbeitsleben auf dem allgemeinen Arbeitsmarkt auch außerhalb von Werkstätten für behinderte Menschen geboten werden.

₁Handelsbetriebe, die keine Läden oder Verkaufsstellen von Werkstätten für behinderte Menschen i. S. d. Nr. 5 darstellen, können als Integrationsprojekt (vgl. Nr. 6 des AEAO zu § 68) oder als zusätzlicher Arbeitsbereich, zusätzlicher Betriebsteil oder zusätzliche Betriebsstätte einer (anerkannten) Werkstatt für behinderte Menschen gegründet werden. ₂Im letzteren Fall muss die Werkstatt für behinderte Menschen bei den Anerkennungsbehörden (§ 142 SGB IX) die Erweiterung der anerkannten Werkstatt um den zusätzlichen Arbeitsbereich, den Betriebsteil oder die zusätzliche Betriebsstätte „Handelsbetrieb" anzeigen und um deren Einbeziehung in die Anerkennung nach § 142 SGB IX ersuchen. ₃Die Anerkennungsbehörden prüfen, ob die anerkannte Werkstatt für behinderte Menschen auch mit einer solchen Erweiterung insgesamt noch die Anerkennungsvoraussetzungen als Werkstatt für behinderte Menschen nach § 142 SGB IX erfüllt.

Handelsbetriebe, die von den Sozialbehörden als Integrationsprojekte gefördert werden, stellen grundsätzlich einen steuerbegünstigten Zweckbetrieb nach § 68 Nr. 3 Buchstabe c AO dar, wenn die Beschäftigungsquote von 40 % der Personengruppe erreicht ist.

₁Die von den Sozialbehörden vorgenommene sozialrechtliche Einordnung dieser Handelsbetriebe als Teil einer Werkstatt für behinderte Menschen (§ 68 Nr. 3 Buchstabe a AO) oder als Integrationsprojekt (§ 68 Nr. 3 Buchstabe c AO) soll von der zuständigen Finanzbehörde regelmäßig übernommen werden. ₂Dem zuständigen Finanzamt obliegt aber die abschließende rechtsverbindliche Entscheidung im Einzelfall. ₃Dabei kommt den Bescheiden der Sozialbehörden (Anerkennungsbescheid nach § 142 SGB IX bzw. Bescheid über erbrachte Leistungen nach § 134 SGB IX) grundsätzlich Tatbestandswirkung zu. ₄Die Bescheide stellen aber keine Grundlagenbescheide i. S. v. § 171 Abs. 10 AO dar.

8. ₁Einrichtungen für Beschäftigungs- und Arbeitstherapie, die der Eingliederung von behinderten Menschen dienen, sind besondere Einrichtungen, in denen eine Behandlung von behinderten Menschen aufgrund ärztlicher Indikationen erfolgt. ₂Während eine Beschäftigungstherapie ganz allgemein das Ziel hat, körperliche oder psychische Grundfunktionen zum Zwecke der Wiedereingliederung in das Alltagsleben wiederherzustellen, zielt die Arbeitstherapie darauf ab, die besonderen Fähigkeiten und Fertigkeiten auszubilden, zu fördern und zu trainieren, die für eine Teilnahme am Arbeitsleben erforderlich sind. ₃Beschäftigungs- und Arbeitstherapie sind vom medizinischen Behandlungszweck geprägt und erfolgen regelmäßig außerhalb eines Beschäftigungsverhältnisses zum Träger der Therapieeinrichtung. ₄Ob eine entsprechende Einrichtung vorliegt, ergibt sich aufgrund der Vereinbarungen über Art und

Umfang der Heilbehandlung und Rehabilitation zwischen dem Träger der Einrichtung und den Leistungsträgern.

Zu § 68 Nr. 4 AO:

9. Begünstigte Einrichtungen sind insbesondere Werkstätten, die zur Fürsorge von blinden und körperbehinderten Menschen unterhalten werden.

Zu § 68 Nr. 6 AO:

10. $_1$Lotterien und Ausspielungen sind ein Zweckbetrieb, wenn sie von den zuständigen Behörden genehmigt sind oder nach den jeweiligen landesrechtlichen Bestimmungen wegen des geringen Umfangs der Ausspielung oder Lotterieveranstaltung per Verwaltungserlass pauschal als genehmigt gelten. $_2$Die sachlichen Voraussetzungen und die Zuständigkeit für die Genehmigung bestimmen sich nach den lotterierechtlichen Verordnungen der Länder. $_3$Der Gesetzeswortlaut lässt es offen, in welchem Umfang solche Lotterien veranstaltet werden dürfen. $_4$Da eine besondere Einschränkung fehlt, ist auch eine umfangreiche Tätigkeit so lange unschädlich, als die allgemein durch das Gesetz gezogenen Grenzen nicht überschritten werden. $_5$Die jährliche Organisation einer Tombola durch eine Mittelbeschaffungskörperschaft ist im Rahmen der Gesamtbetrachtung selbst dann als steuerbegünstigter Zweckbetrieb nach § 68 Nr. 6 AO zu beurteilen, wenn die Körperschaft die Mittel überwiegend aus der Ausrichtung der Tombola erzielt.

11. $_1$Zur Ermittlung des Reinertrags dürfen den Einnahmen aus der Lotterieveranstaltung oder Ausspielung nur die unmittelbar damit zusammenhängenden Ausgaben gegenübergestellt werden. $_2$Führt eine steuerbegünstigte Körperschaft eine Lotterieveranstaltung durch, die nach dem Rennwett- und Lotteriegesetz nicht genehmigungsfähig ist, z. B. eine Ausspielung anlässlich einer geselligen Veranstaltung, handelt es sich insoweit nicht um einen Zweckbetrieb nach § 68 Nr. 6 AO.

Zu § 68 Nr. 7 AO:

12. Wegen der Breite des Spektrums, die die Förderung von Kunst und Kultur umfasst, ist die im Gesetz enthaltene Aufzählung der kulturellen Einrichtungen nicht abschließend.

13. $_1$Kulturelle Einrichtungen und Veranstaltungen i. S. d. § 68 Nr. 7 AO können nur vorliegen, wenn die Förderung der Kultur Satzungszweck der Körperschaft ist. $_2$Sie sind stets als Zweckbetrieb zu behandeln. $_3$Das BFH-Urteil vom 4.5.1994, XI R 109/90, BStBl II S. 886, zu sportlichen Darbietungen eines Sportvereins (vgl. Nr. 3 des AEAO zu § 67a) gilt für kulturelle Darbietungen entsprechend. $_4$Demnach liegt auch dann eine kulturelle Veranstaltung der Körperschaft vor, wenn diese eine Darbietung kultureller Art im Rahmen einer Veranstaltung präsentiert, die nicht von der Körperschaft selbst organisiert wird und die ihrerseits keine kulturelle Veranstaltung i. S. d. § 68 Nr. 7 AO darstellt. $_5$Wenn z. B. ein steuerbegünstigter Musikverein, der der Förderung der volkstümlichen Musik dient, gegen Entgelt im Festzelt einer Brauerei ein volkstümliches Musikkonzert darbietet, gehört der Auftritt des Musikvereins als kulturelle Veranstaltung zum Zweckbetrieb.

Anhang 1   AEAO-Auszug

14. ₁Der Verkauf von Speisen und Getränken und die Werbung bei kulturellen Veranstaltungen gehören nicht zu dem Zweckbetrieb. ₂Diese Tätigkeiten sind gesonderte wirtschaftliche Geschäftsbetriebe. ₃Wird für den Besuch einer kulturellen Veranstaltung mit Bewirtung ein einheitliches Entgelt entrichtet, so ist dieses – ggf. im Wege der Schätzung – in einen Entgeltsanteil für den Besuch der Veranstaltung (Zweckbetrieb) und für die Bewirtungsleistungen (wirtschaftlicher Geschäftsbetrieb) aufzuteilen.

Zu § 68 Nr. 9 AO:

15. ₁Auf das BMF-Schreiben vom 22.9.1999, BStBl I S. 944, wird verwiesen. ₂Abweichend von Tz. I.5 letzter Satz des genannten BMF-Schreibens kann bei einer Forschungseinrichtung, auf die § 68 Nr. 9 AO anzuwenden ist, deren Träger die Finanzierungsvoraussetzungen der Vorschrift jedoch nicht erfüllt, nicht zwingend davon ausgegangen werden, dass sie in erster Linie eigenwirtschaftliche Zwecke verfolgt. ₃Nach den Grundsätzen des BFH-Urteils vom 4.4.2007, I R 76/05, BStBl II S. 631, ist unter Berücksichtigung der gesamten Umstände des Einzelfalls zu prüfen, ob sich die Auftragsforschung von der steuerbegünstigten Tätigkeit trennen lässt. ₄Ist in diesem Fall die Auftragsforschung von untergeordneter Bedeutung, kann der Träger der Einrichtung nach § 5 Abs. 1 Nr. 9 KStG gleichwohl steuerbefreit sein und die Auftragsforschung lediglich einen steuerpflichtigen wirtschaftlichen Geschäftsbetrieb (§ 64 AO) darstellen. ₅Die Steuerbefreiung nach § 5 Abs. 1 Nr. 9 KStG geht nur dann verloren, wenn die Auftragsforschung als eigenständiger Zweck neben die Eigenforschung (Grundlagenforschung) tritt und somit gegen das Gebot der Ausschließlichkeit des § 56 AO verstoßen wird.

Anhang 2 Gesetzestexte und Verwaltungsvorschriften zum Spendenabzug

§ 10b EStG Steuerbegünstigte Zwecke

(1) ₁Zuwendungen (Spenden und Mitgliedsbeiträge) zur Förderung steuerbegünstigter Zwecke im Sinne der §§ 52 bis 54 der Abgabenordnung können insgesamt bis zu

1. 20 Prozent des Gesamtbetrags der Einkünfte oder
2. 4 Promille der Summe der gesamten Umsätze und der im Kalenderjahr aufgewendeten Löhne und Gehälter

als Sonderausgaben abgezogen werden. ₂Voraussetzung für den Abzug ist, dass diese Zuwendungen

1. an eine juristische Person des öffentlichen Rechts oder an eine öffentliche Dienststelle, die in einem Mitgliedstaat der Europäischen Union oder in einem Staat belegen ist, auf den das Abkommen über den Europäischen Wirtschaftsraum (EWR-Abkommen) Anwendung findet, oder
2. an eine nach § 5 Absatz 1 Nummer 9 des Körperschaftsteuergesetzes steuerbefreite Körperschaft, Personenvereinigung oder Vermögensmasse oder
3. an eine Körperschaft, Personenvereinigung oder Vermögensmasse, die in einem Mitgliedstaat der Europäischen Union oder in einem Staat belegen ist, auf den das Abkommen über den Europäischen Wirtschaftsraum (EWR-Abkommen) Anwendung findet, und die nach § 5 Absatz 1 Nummer 9 des Körperschaftsteuergesetzes in Verbindung mit § 5 Absatz 2 Nummer 2 zweiter Halbsatz des Körperschaftsteuergesetzes steuerbefreit wäre, wenn sie inländische Einkünfte erzielen würde,

geleistet werden. ₃Für nicht im Inland ansässige Zuwendungsempfänger nach Satz 2 ist weitere Voraussetzung, dass durch diese Staaten Amtshilfe und Unterstützung bei der Beitreibung geleistet werden. ₄Amtshilfe ist der Auskunftsaustausch im Sinne oder entsprechend der Amtshilferichtlinie gemäß § 2 Absatz 2 des EU-Amtshilfegesetzes. ₅Beitreibung ist die gegenseitige Unterstützung bei der Beitreibung von Forderungen im Sinne oder entsprechend der Beitreibungsrichtlinie einschließlich der in diesem Zusammenhang anzuwendenden Durchführungsbestimmungen in den für den jeweiligen Veranlagungszeitraum geltenden Fassungen oder eines entsprechenden Nachfolgerechtsaktes. ₆Werden die steuerbegünstigten Zwecke des Zuwendungsempfängers im Sinne von Satz 2 Nummer 1 nur im Ausland verwirklicht, ist für den Sonderausgabenabzug Voraussetzung, dass natürliche Personen, die ihren Wohnsitz oder ihren gewöhnlichen Aufenthalt im Geltungsbereich dieses Gesetzes haben, gefördert werden oder dass die Tätigkeit dieses Zuwendungsempfängers neben der Verwirklichung der steuerbegünstigten Zwecke auch zum Ansehen der Bundesrepublik Deutschland beitragen kann. ₇Abziehbar sind auch Mitgliedsbeiträge an Körperschaften, die Kunst und Kultur gemäß § 52 Absatz 2 Satz 1 Nummer 5 der Abgabenordnung fördern, soweit es sich nicht um Mitgliedsbeiträge nach Satz 8 Nummer 2 handelt, auch wenn den Mitgliedern Vergünstigungen gewährt werden. ₈Nicht abziehbar sind Mitgliedsbeiträge an Körperschaften, die

1. den Sport (§ 52 Absatz 2 Satz 1 Nummer 21 der Abgabenordnung),

2. kulturelle Betätigungen, die in erster Linie der Freizeitgestaltung dienen,

3. die Heimatpflege und Heimatkunde (§ 52 Absatz 2 Satz 1 Nummer 22 der Abgabenordnung) oder

4. Zwecke im Sinne des § 52 Absatz 2 Satz 1 Nummer 23 der Abgabenordnung

fördern. ₉Abziehbare Zuwendungen, die die Höchstbeträge nach Satz 1 überschreiten oder die den um die Beträge nach § 10 Absatz 3 und 4, § 10c und § 10d verminderten Gesamtbetrag der Einkünfte übersteigen, sind im Rahmen der Höchstbeträge in den folgenden Veranlagungszeiträumen als Sonderausgaben abzuziehen. ₁₀§ 10d Absatz 4 gilt entsprechend.

(1a) ₁Spenden zur Förderung steuerbegünstigter Zwecke im Sinne der §§ 52 bis 54 der Abgabenordnung in das zu erhaltende Vermögen (Vermögensstock) einer Stiftung, welche die Voraussetzungen des Absatzes 1 Satz 2 bis 6 erfüllt, können auf Antrag des Steuerpflichtigen im Veranlagungszeitraum der Zuwendung und in den folgenden neun Veranlagungszeiträumen bis zu einem Gesamtbetrag von 1 Million Euro, bei Ehegatten, die nach den §§ 26, 26b zusammen veranlagt werden, bis zu einem Gesamtbetrag von 2 Millionen Euro, zusätzlich zu den Höchstbeträgen nach Absatz 1 Satz 1 abgezogen werden. ₂Nicht abzugsfähig nach Satz 1 sind Spenden in das verbrauchbare Vermögen einer Stiftung. ₃Der besondere Abzugsbetrag nach Satz 1 bezieht sich auf den gesamten Zehnjahreszeitraum und kann der Höhe nach innerhalb dieses Zeitraums nur einmal in Anspruch genommen werden. ₄§ 10d Absatz 4 gilt entsprechend.

(2) ₁Zuwendungen an politische Parteien im Sinne des § 2 des Parteiengesetzes sind bis zur Höhe von insgesamt 1.650 Euro und im Fall der Zusammenveranlagung von Ehegatten bis zur Höhe von insgesamt 3.300 Euro im Kalenderjahr abzugsfähig. ₂Sie können nur insoweit als Sonderausgaben abgezogen werden, als für sie nicht eine Steuerermäßigung nach § 34g gewährt worden ist.

(3) ₁Als Zuwendung im Sinne dieser Vorschrift gilt auch die Zuwendung von Wirtschaftsgütern mit Ausnahme von Nutzungen und Leistungen. ₂Ist das Wirtschaftsgut unmittelbar vor seiner Zuwendung einem Betriebsvermögen entnommen worden, so bemisst sich die Zuwendungshöhe nach dem Wert, der bei der Entnahme angesetzt wurde und nach der Umsatzsteuer, die auf die Entnahme entfällt. ₃Ansonsten bestimmt sich die Höhe der Zuwendung nach dem gemeinen Wert des zugewendeten Wirtschaftsguts, wenn dessen Veräußerung im Zeitpunkt der Zuwendung keinen Besteuerungstatbestand erfüllen würde. ₄In allen übrigen Fällen dürfen bei der Ermittlung der Zuwendungshöhe die fortgeführten Anschaffungs- oder Herstellungskosten nur überschritten werden, soweit eine Gewinnrealisierung stattgefunden hat. ₅Aufwendungen zugunsten einer Körperschaft, die zum Empfang steuerlich abziehbarer Zuwendungen berechtigt ist, können nur abgezogen werden, wenn ein Anspruch auf die Erstattung der Aufwendungen durch Vertrag oder Satzung eingeräumt und auf die Erstattung verzichtet worden ist. ₆Der Anspruch darf nicht unter der Bedingung des Verzichts eingeräumt worden sein.

(4) ₁Der Steuerpflichtige darf auf die Richtigkeit der Bestätigung über Spenden und Mitgliedsbeiträge vertrauen, es sei denn, dass er die Bestätigung durch unlautere Mittel oder falsche Angaben erwirkt hat oder dass ihm die Unrichtigkeit der Bestätigung bekannt oder infolge grober Fahrlässigkeit nicht bekannt war. ₂Wer vorsätzlich oder grob fahrlässig eine unrichtige Bestätigung ausstellt oder veranlasst, dass Zuwendungen nicht zu den in der Bestätigung angegebenen steuerbegünstigten Zwecken verwendet werden, haftet für die entgangene Steuer. ₃Diese ist mit 30 Prozent des zugewendeten Betrags anzusetzen. ₄In den Fällen des Satzes 2 zweite

Alternative (Veranlasserhaftung) ist vorrangig der Zuwendungsempfänger in Anspruch zu nehmen; die in diesen Fällen für den Zuwendungsempfänger handelnden natürlichen Personen sind nur in Anspruch zu nehmen, wenn die entgangene Steuer nicht nach § 47 der Abgabenordnung erloschen ist und Vollstreckungsmaßnahmen gegen den Zuwendungsempfänger nicht erfolgreich sind. ₅Die Festsetzungsfrist für Haftungsansprüche nach Satz 2 läuft nicht ab, solange die Festsetzungsfrist für von dem Empfänger der Zuwendung geschuldete Körperschaftsteuer für den Veranlagungszeitraum nicht abgelaufen ist, in dem die unrichtige Bestätigung ausgestellt worden ist oder veranlasst wurde, dass die Zuwendung nicht zu den in der Bestätigung angegebenen steuerbegünstigten Zwecken verwendet worden ist; § 191 Absatz 5 der Abgabenordnung ist nicht anzuwenden.

§ 9 KStG   Abziehbare Aufwendungen

(1) Abziehbare Aufwendungen sind auch:
1. . . . . .
2. vorbehaltlich des § 8 Absatz 3 Zuwendungen (Spenden und Mitgliedsbeiträge) zur Förderung steuerbegünstigter Zwecke im Sinne der §§ 52 bis 54 der Abgabenordnung bis zur Höhe von insgesamt

    a) 20 Prozent des Einkommens oder

    b) 4 Promille der Summe der gesamten Umsätze und der im Kalenderjahr aufgewendeten Löhne und Gehälter.

    ₂Voraussetzung für den Abzug ist, dass diese Zuwendungen

    a) an eine juristische Person des öffentlichen Rechts oder an eine öffentliche Dienststelle, die in einem Mitgliedstaat der Europäischen Union oder in einem Staat belegen ist, auf den das Abkommen über den Europäischen Wirtschaftsraum (EWR-Abkommen) Anwendung findet, oder

    b) an eine nach § 5 Absatz 1 Nummer 9 steuerbefreite Körperschaft, Personenvereinigung oder Vermögensmasse oder

    c) an eine Körperschaft, Personenvereinigung oder Vermögensmasse, die in einem Mitgliedstaat der Europäischen Union oder in einem Staat belegen ist, auf den das Abkommen über den Europäischen Wirtschaftsraum (EWR-Abkommen) Anwendung findet, und die nach § 5 Absatz 1 Nummer 9 in Verbindung mit § 5 Absatz 2 Nummer 2 zweiter Halbsatz steuerbefreit wäre, wenn sie inländische Einkünfte erzielen würde,

    geleistet werden (Zuwendungsempfänger). ₃Für nicht im Inland ansässige Zuwendungsempfänger nach Satz 2 ist weitere Voraussetzung, dass durch diese Staaten Amtshilfe und Unterstützung bei der Beitreibung geleistet werden. ₄Amtshilfe ist der Auskunftsaustausch im Sinne oder entsprechend der Amtshilferichtlinie gemäß § 2 Absatz 2 des EU-Amtshilfegesetzes. ₅Beitreibung ist die gegenseitige Unterstützung bei der Beitreibung von Forderungen im Sinne oder entsprechend der Beitreibungsrichtlinie einschließlich der in diesem Zusammenhang anzuwendenden Durchführungsbestimmungen in den für den jeweiligen Veranlagungszeitraum geltenden Fassungen oder eines entsprechenden Nachfolgerechtsaktes. ₆Werden die steuerbegünstigten Zwecke des Zuwendungsempfängers im Sinne von Satz 2 Buchstabe a nur im Ausland verwirklicht, ist für die Abziehbarkeit der Zuwendungen Voraussetzung, dass natürliche Personen, die ihren Wohnsitz oder ihren gewöhnlichen Aufenthalt im Geltungsbereich dieses Gesetzes haben, gefördert werden oder dass die Tätigkeit dieses Zuwendungsempfängers neben der Verwirklichung der steuerbegünstigten Zwecke auch zum Ansehen der Bundesrepublik Deutschland beitragen kann. ₇Abziehbar sind auch Mitgliedsbeiträge an Körperschaften, die Kunst und Kultur gemäß § 52 Absatz 2 Nummer 5 der Abgabenordnung fördern, soweit es sich nicht um Mitgliedsbeiträge nach Satz 8 Nummer 2 handelt, auch wenn den Mitgliedern Vergünstigungen gewährt werden. ₈Nicht abziehbar sind Mitgliedsbeiträge an Körperschaften, die

1. den Sport (§ 52 Abs. 2 Nr. 21 der Abgabenordnung),

2. kulturelle Betätigungen, die in erster Linie der Freizeitgestaltung dienen,

3. die Heimatpflege und Heimatkunde (§ 52 Abs. 2 Nr. 22 der Abgabenordnung) oder

4. Zwecke im Sinne des § 52 Abs. 2 Nr. 23 der Abgabenordnung

fördern.

₉Abziehbare Zuwendungen, die die Höchstbeträge nach Satz 1 überschreiten, sind im Rahmen der Höchstbeträge in den folgenden Veranlagungszeiträumen abzuziehen. ₁₀§ 10d Abs. 4 des Einkommensteuergesetzes gilt entsprechend.

(2) ₁Als Einkommen im Sinne dieser Vorschrift gilt das Einkommen vor Abzug der in Absatz 1 Nr. 2 bezeichneten Zuwendungen und vor dem Verlustabzug nach § 10d des Einkommensteuergesetzes. ₂Als Zuwendung im Sinne dieser Vorschrift gilt auch die Zuwendung von Wirtschaftsgütern mit Ausnahme von Nutzungen und Leistungen. ₃Der Wert der Zuwendung ist nach § 6 Absatz 1 Nummer 4 Satz 1 und 4 des Einkommensteuergesetzes zu ermitteln. ₄Aufwendungen zugunsten einer Körperschaft, die zum Empfang steuerlich abziehbarer Zuwendungen berechtigt ist, sind nur abziehbar, wenn ein Anspruch auf die Erstattung der Aufwendungen durch Vertrag oder Satzung eingeräumt und auf die Erstattung verzichtet worden ist. ₅Der Anspruch darf nicht unter der Bedingung des Verzichts eingeräumt worden sein.

(3) ₁Der Steuerpflichtige darf auf die Richtigkeit der Bestätigung über Spenden und Mitgliedsbeiträge vertrauen, es sei denn, dass er die Bestätigung durch unlautere Mittel oder falsche Angaben erwirkt hat oder dass ihm die Unrichtigkeit der Bestätigung bekannt oder infolge grober Fahrlässigkeit nicht bekannt war. ₂Wer vorsätzlich oder grob fahrlässig eine unrichtige Bestätigung ausstellt oder veranlasst, dass Zuwendungen nicht zu den in der Bestätigung angegebenen steuerbegünstigten Zwecken verwendet werden (Veranlasserhaftung), haftet für die entgangene Steuer; diese ist mit 30 Prozent des zugewendeten Betrags anzusetzen. ₃In den Fällen der Veranlasserhaftung ist vorrangig der Zuwendungsempfänger in Anspruch zu nehmen; die natürlichen Personen, die in diesen Fällen für den Zuwendungsempfänger handeln, sind nur in Anspruch zu nehmen, wenn die entgangene Steuer nicht nach § 47 der Abgabenordnung erloschen ist und Vollstreckungsmaßnahmen gegen den Zuwendungsempfänger nicht erfolgreich sind; § 10b Absatz 4 Satz 5 des Einkommensteuergesetzes gilt entsprechend.

§ 9 GewStG   Kürzungen

Die Summe des Gewinns und der Hinzurechnungen wird gekürzt um

. . . . .

5. die aus den Mitteln des Gewerbebetriebs geleisteten Zuwendungen (Spenden und Mitgliedsbeiträge) zur Förderung steuerbegünstigter Zwecke im Sinne der §§ 52 bis 54 der Abgabenordnung bis zur Höhe von insgesamt 20 Prozent des um die Hinzurechnungen nach § 8 Nummer 9 erhöhten Gewinns aus Gewerbebetrieb (§ 7) oder 4 Promille der Summe der gesamten Umsätze und der im Wirtschaftsjahr aufgewendeten Löhne und Gehälter. $_2$Voraussetzung für die Kürzung ist, dass diese Zuwendungen

   a) an eine juristische Person des öffentlichen Rechts oder an eine öffentliche Dienststelle, die in einem Mitgliedstaat der Europäischen Union oder in einem Staat belegen ist, auf den das Abkommen über den Europäischen Wirtschaftsraum (EWR-Abkommen) Anwendung findet, oder

   b) an eine nach § 5 Absatz 1 Nummer 9 des Körperschaftsteuergesetzes steuerbefreite Körperschaft, Personenvereinigung oder Vermögensmasse oder

   c) an eine Körperschaft, Personenvereinigung oder Vermögensmasse, die in einem Mitgliedstaat der Europäischen Union oder in einem Staat belegen ist, auf den das Abkommen über den Europäischen Wirtschaftsraum (EWR-Abkommen) Anwendung findet, und die nach § 5 Absatz 1 Nummer 9 des Körperschaftsteuergesetzes in Verbindung mit § 5 Absatz 2 Nummer 2 zweiter Halbsatz des Körperschaftsteuergesetzes steuerbefreit wäre, wenn sie inländische Einkünfte erzielen würde,

   geleistet werden (Zuwendungsempfänger). $_3$Für nicht im Inland ansässige Zuwendungsempfänger nach Satz 2 ist weitere Voraussetzung, dass durch diese Staaten Amtshilfe und Unterstützung bei der Beitreibung geleistet werden. $_4$Amtshilfe ist der Auskunftsaustausch im Sinne oder entsprechend der Amtshilferichtlinie gemäß § 2 Absatz 2 des EU-Amtshilfegesetzes. $_5$Beitreibung ist die gegenseitige Unterstützung bei der Beitreibung von Forderungen im Sinne oder entsprechend der Beitreibungsrichtlinie einschließlich der in diesem Zusammenhang anzuwendenden Durchführungsbestimmungen in den für den jeweiligen Veranlagungszeitraum geltenden Fassungen oder eines entsprechenden Nachfolgerechtsaktes. $_6$Werden die steuerbegünstigten Zwecke des Zuwendungsempfängers im Sinne von Satz 2 Buchstabe a nur im Ausland verwirklicht, ist für eine Kürzung nach Satz 1 Voraussetzung, dass natürliche Personen, die ihren Wohnsitz oder ihren gewöhnlichen Aufenthalt im Geltungsbereich dieses Gesetzes haben, gefördert werden oder dass die Tätigkeit dieses Zuwendungsempfängers neben der Verwirklichung der steuerbegünstigten Zwecke auch zum Ansehen der Bundesrepublik Deutschland beitragen kann. $_7$In die Kürzung nach Satz 1 sind auch Mitgliedsbeiträge an Körperschaften einzubeziehen, die Kunst und Kultur gemäß § 52 Absatz 2 Nummer 5 der Abgabenordnung fördern, soweit es sich nicht um Mitgliedsbeiträge nach Satz 11 Nummer 2 handelt, auch wenn den Mitgliedern Vergünstigungen gewährt werden. $_8$Überschreiten die geleisteten Zuwendungen die Höchstsätze nach Satz 1, kann die Kürzung im Rahmen der Höchstsätze nach Satz 1 in den folgenden Erhebungszeiträumen vorgenommen werden. $_9$Einzelunternehmen und Personengesellschaften können auf Antrag neben der Kürzung nach Satz 1 eine Kürzung um die im Erhebungszeitraum in das zu erhaltende Vermögen (Vermögensstock) einer Stiftung, die die

Voraussetzungen der Sätze 2 bis 6 erfüllt, geleisteten Spenden in diesem und in den folgenden neun Erhebungszeiträumen bis zu einem Betrag von 1 Million Euro vornehmen. $_{10}$Nicht abzugsfähig nach Satz 9 sind Spenden in das verbrauchbare Vermögen einer Stiftung. $_{11}$Der besondere Kürzungsbetrag nach Satz 9 kann der Höhe nach innerhalb des Zehnjahreszeitraums nur einmal in Anspruch genommen werden. $_{12}$Eine Kürzung nach den Sätzen 1 bis 10 ist ausgeschlossen, soweit auf die geleisteten Zuwendungen § 8 Abs. 3 des Körperschaftsteuergesetzes anzuwenden ist oder soweit Mitgliedsbeiträge an Körperschaften geleistet werden, die

1. den Sport (§ 52 Abs. 2 Nr. 21 der Abgabenordnung),
2. kulturelle Betätigungen, die in erster Linie der Freizeitgestaltung dienen,
3. die Heimatpflege und Heimatkunde (§ 52 Abs. 2 Nr. 22 der Abgabenordnung) oder
4. Zwecke im Sinne des § 52 Abs. 2 Nr. 23 der Abgabenordnung

fördern. $_{13}$§ 10b Absatz 3 und 4 Satz 1 sowie § 10d Absatz 4 des Einkommensteuergesetzes und § 9 Absatz 2 Satz 2 bis 5 und Absatz 3 Satz 1 des Körperschaftsteuergesetzes, sowie die einkommensteuerrechtlichen Vorschriften zur Abziehbarkeit von Zuwendungen gelten entsprechend. $_{14}$Wer vorsätzlich oder grob fahrlässig eine unrichtige Bestätigung über Spenden und Mitgliedsbeiträge ausstellt oder veranlasst, dass entsprechende Zuwendungen nicht zu den in der Bestätigung angegebenen steuerbegünstigten Zwecken verwendet werden (Veranlasserhaftung), haftet für die entgangene Gewerbesteuer. $_{15}$In den Fällen der Veranlasserhaftung ist vorrangig der Zuwendungsempfänger in Anspruch zu nehmen; die natürlichen Personen, die in diesen Fällen für den Zuwendungsempfänger handeln, sind nur in Anspruch zu nehmen, wenn die entgangene Steuer nicht nach § 47 der Abgabenordnung erloschen ist und Vollstreckungsmaßnahmen gegen den Zuwendungsempfänger nicht erfolgreich sind; § 10b Absatz 4 Satz 5 des Einkommensteuergesetzes gilt entsprechend. $_{16}$Der Haftungsbetrag ist mit 15 Prozent der Zuwendungen anzusetzen und fließt der für den Spendenempfänger zuständigen Gemeinde zu, die durch sinngemäße Anwendung des § 20 der Abgabenordnung bestimmt wird. $_{17}$Der Haftungsbetrag wird durch Haftungsbescheid des Finanzamts festgesetzt; die Befugnis der Gemeinde zur Erhebung der entgangenen Gewerbesteuer bleibt unberührt. $_{18}$§ 184 Abs. 3 der Abgabenordnung gilt sinngemäß.

. . . . .

§ 50 EStDV Zuwendungsnachweis

(1) $_1$Zuwendungen im Sinne der §§ 10b und 34g des Gesetzes dürfen nur abgezogen werden, wenn sie durch eine Zuwendungsbestätigung nachgewiesen werden, die der Empfänger unter Berücksichtigung des § 63 Absatz 5 der Abgabenordnung nach amtlich vorgeschriebenem Vordruck ausgestellt hat. $_2$Dies gilt nicht für Zuwendungen an nicht im Inland ansässige Zuwendungsempfänger nach § 10b Absatz 1 Satz 2 Nummer 1 und 3 des Gesetzes.

(1a) $_1$Der Zuwendende kann den Zuwendungsempfänger bevollmächtigen, die Zuwendungsbestätigung der Finanzbehörde nach amtlich vorgeschriebenem Datensatz durch Datenfernübertragung nach Maßgabe der Steuerdaten-Übermitt-

§ 50 EStDV

lungsverordnung zu übermitteln. ₂Der Zuwendende hat dem Zuwendungsempfänger zu diesem Zweck seine Identifikationsnummer (§ 139b der Abgabenordnung) mitzuteilen. ₃Die Vollmacht kann nur mit Wirkung für die Zukunft widerrufen werden. ₄Der Datensatz ist bis zum 28. Februar des Jahres, das auf das Jahr folgt, in dem die Zuwendung geleistet worden ist, an die Finanzbehörde zu übermitteln. ₅Der Zuwendungsempfänger hat dem Zuwendenden die nach Satz 1 übermittelten Daten elektronisch oder auf dessen Wunsch als Ausdruck zur Verfügung zu stellen; in beiden Fällen ist darauf hinzuweisen, dass die Daten der Finanzbehörde übermittelt worden sind.

(2) ₁Als Nachweis genügt der Bareinzahlungsbeleg oder die Buchungsbestätigung eines Kreditinstituts, wenn

1. die Zuwendung zur Hilfe in Katastrophenfällen:

    a) innerhalb eines Zeitraums, den die obersten Finanzbehörden der Länder im Benehmen mit dem Bundesministerium der Finanzen bestimmen, auf ein für den Katastrophenfall eingerichtetes Sonderkonto einer inländischen juristischen Person des öffentlichen Rechts, einer inländischen öffentlichen Dienststelle oder eines inländischen amtlich anerkannten Verbandes der freien Wohlfahrtspflege einschließlich seiner Mitgliedsorganisationen eingezahlt worden ist oder

    b) bis zur Einrichtung des Sonderkontos auf ein anderes Konto der genannten Zuwendungsempfänger geleistet wird. ₂Wird die Zuwendung über ein als Treuhandkonto geführtes Konto eines Dritten auf eines der genannten Sonderkonten geleistet, genügt als Nachweis der Bareinzahlungsbeleg oder die Buchungsbestätigung des Kreditinstituts des Zuwendenden zusammen mit einer Kopie des Barzahlungsbelegs oder der Buchungsbestätigung des Kreditinstituts des Dritten;

2. die Zuwendung 200 Euro nicht übersteigt und

    a) der Empfänger eine inländische juristische Person des öffentlichen Rechts oder eine inländische öffentliche Dienststelle ist oder

    b) der Empfänger eine Körperschaft, Personenvereinigung oder Vermögensmasse im Sinne des § 5 Abs. 1 Nr. 9 des Körperschaftsteuergesetzes ist, wenn der steuerbegünstigte Zweck, für den die Zuwendung verwendet wird, und die Angaben über die Freistellung des Empfängers von der Körperschaftsteuer auf einem von ihm hergestellten Beleg aufgedruckt sind und darauf angegeben ist, ob es sich bei der Zuwendung um eine Spende oder einen Mitgliedsbeitrag handelt oder

    c) der Empfänger eine politische Partei im Sinne des § 2 des Parteiengesetzes ist und bei Spenden der Verwendungszweck auf dem vom Empfänger hergestellten Beleg aufgedruckt ist.

₂Aus der Buchungsbestätigung müssen Name und Kontonummer oder ein sonstiges Identifizierungsmerkmal des Auftraggebers und des Empfängers, der Betrag, der Buchungstag sowie die tatsächliche Durchführung der Zahlung ersichtlich sein. ₃In den Fällen des Satzes 1 Nummer 2 Buchstabe b hat der Zuwendende zusätzlich den vom Zuwendungsempfänger hergestellten Beleg vorzulegen.

(2a) Bei Zuwendungen zur Hilfe in Katastrophenfällen innerhalb eines Zeitraums, den die obersten Finanzbehörden der Länder im Benehmen mit dem Bundesministerium der Finanzen bestimmen, die über ein Konto eines Dritten an eine inländische juristische Person des öffentlichen Rechts, eine inländische öffentliche Dienststelle oder eine nach § 5 Absatz 1 Nummer 9 des Körperschaftsteuergesetzes steuerbefreite Körperschaft, Personenvereinigung oder Vermögensmasse geleistet werden, genügt als Nachweis die auf den jeweiligen Spender ausgestellte Zuwendungsbestätigung des Zuwendungsempfängers, wenn das Konto des Dritten als Treuhandkonto geführt wurde, die Spenden von dort an den Zuwendungsempfänger weitergeleitet wurden und diesem eine Liste mit den einzelnen Spendern und ihrem jeweiligen Anteil an der Spendensumme übergeben wurde.

(3) Als Nachweis für die Zahlung von Mitgliedsbeiträgen an politische Parteien im Sinne des § 2 des Parteiengesetzes genügt die Vorlage von Bareinzahlungsbelegen, Buchungsbestätigungen oder Beitragsquittungen.

(4) $_1$Eine in § 5 Abs. 1 Nr. 9 des Körperschaftsteuergesetzes bezeichnete Körperschaft, Personenvereinigung oder Vermögensmasse hat die Vereinnahmung der Zuwendung und ihre zweckentsprechende Verwendung ordnungsgemäß aufzuzeichnen und ein Doppel der Zuwendungsbestätigung aufzubewahren. $_2$Bei Sachzuwendungen und beim Verzicht auf die Erstattung von Aufwand müssen sich aus den Aufzeichnungen auch die Grundlagen für den vom Empfänger bestätigten Wert der Zuwendung ergeben.

Einkommensteuer-Richtlinien 2012 mit den amtlichen Hinweisen 2014

R 10b.1 EStR Ausgaben zur Förderung steuerbegünstigter Zwecke i. S. d. § 10b Abs. 1 und 1a EStG

Begünstigte Ausgaben

(1) ₁Mitgliedsbeiträge, sonstige Mitgliedsumlagen und Aufnahmegebühren sind nicht abziehbar, wenn die diese Beträge erhebende Einrichtung Zwecke bzw. auch Zwecke verfolgt, die in § 10b Abs. 1 Satz 8 EStG genannt sind. ₂Zuwendungen, die mit der Auflage geleistet werden, sie an eine bestimmte natürliche Person weiterzugeben, sind nicht abziehbar. ₃Zuwendungen können nur dann abgezogen werden, wenn der Zuwendende endgültig wirtschaftlich belastet ist. ₄Bei Sachzuwendungen aus einem Betriebsvermögen darf zuzüglich zu dem Entnahmewert i. S. d. § 6 Abs. 1 Nr. 4 EStG auch die bei der Entnahme angefallene Umsatzsteuer abgezogen werden.

Durchlaufspenden

(2) ₁Das Durchlaufspendenverfahren ist keine Voraussetzung für die steuerliche Begünstigung von Zuwendungen. ₂Inländische juristische Personen des öffentlichen Rechts, die Gebietskörperschaften sind, und ihre Dienststellen sowie inländische kirchliche juristische Personen des öffentlichen Rechts können jedoch ihnen zugewendete Spenden – nicht aber Mitgliedsbeiträge, sonstige Mitgliedsumlagen und Aufnahmegebühren – an Zuwendungsempfänger i. S. d. § 10b Abs. 1 Satz 2 EStG weiterleiten. ₃Die Durchlaufstelle muss die tatsächliche Verfügungsmacht über die Spendenmittel erhalten. ₄Dies geschieht in der Regel (anders insbesondere bei >Sachspenden) durch Buchung auf deren Konto. ₅Die Durchlaufstelle muss die Vereinnahmung der Spenden und ihre Verwendung (Weiterleitung) getrennt und unter Beachtung der haushaltsrechtlichen Vorschriften nachweisen. ₆Vor der Weiterleitung der Spenden an eine nach § 5 Abs. 1 Nr. 9 KStG steuerbefreite Körperschaft, Personenvereinigung oder Vermögensmasse muss sie prüfen, ob die Zuwendungsempfängerin wegen Verfolgung gemeinnütziger, mildtätiger oder kirchlicher Zwecke i. S. d. § 5 Abs. 1 Nr. 9 KStG anerkannt oder vorläufig anerkannt worden ist und ob die Verwendung der Spenden für diese Zwecke sichergestellt ist. ₇Die Zuwendungsbestätigung darf nur von der Durchlaufstelle ausgestellt werden.

Nachweis der Zuwendungen

(3) ₁Zuwendungen nach den §§ 10b und 34g EStG sind grundsätzlich durch eine vom Empfänger nach amtlich vorgeschriebenem Vordruck erstellte Zuwendungsbestätigung nachzuweisen. ₂Die Zuwendungsbestätigung kann auch von einer durch Auftrag zur Entgegennahme von Zahlungen berechtigten Person unterschrieben werden.

Maschinell erstellte Zuwendungsbestätigung

(4) ₁Als Nachweis reicht eine maschinell erstellte Zuwendungsbestätigung ohne eigenhändige Unterschrift einer zeichnungsberechtigten Person aus, wenn der Zuwendungsempfänger die Nutzung eines entsprechenden Verfahrens dem zuständigen Finanzamt angezeigt hat. ₂Mit der Anzeige ist zu bestätigen, dass folgende Voraussetzungen erfüllt sind und eingehalten werden:

1. die Zuwendungsbestätigungen entsprechen dem amtlich vorgeschriebenen Vordruck,
2. die Zuwendungsbestätigungen enthalten die Angabe über die Anzeige an das Finanzamt,
3. eine rechtsverbindliche Unterschrift wird beim Druckvorgang als Faksimile eingeblendet oder es wird beim Druckvorgang eine solche Unterschrift in eingescannter Form verwendet,
4. das Verfahren ist gegen unbefugten Eingriff gesichert,
5. das Buchen der Zahlungen in der Finanzbuchhaltung und das Erstellen der Zuwendungsbestätigungen sind miteinander verbunden und die Summen können abgestimmt werden, und
6. Aufbau und Ablauf des bei der Zuwendungsbestätigung angewandten maschinellen Verfahrens sind für die Finanzbehörden innerhalb angemessener Zeit prüfbar (analog § 145 AO); dies setzt eine Dokumentation voraus, die den Anforderungen der Grundsätze ordnungsmäßiger DV-gestützter Buchführungssysteme genügt.

$_3$Die Regelung gilt nicht für Sach- und Aufwandsspenden.

Prüfungen

(5) $_1$Ist der Empfänger einer Zuwendung eine inländische juristische Person des öffentlichen Rechts, eine inländische öffentliche Dienststelle oder ein inländischer amtlich anerkannter Verband der freien Wohlfahrtspflege einschließlich seiner Mitgliedsorganisationen, kann im Allgemeinen davon ausgegangen werden, dass die Zuwendungen für steuerbegünstigte Zwecke verwendet werden. $_2$Das gilt auch dann, wenn der Verwendungszweck im Ausland verwirklicht wird.

H 10b.1 EStH 2014

Anwendungsschreiben

>BMF vom 18.12.2008 (BStBl 2009 I S. 16) und BMF vom 15.9.2014 (BStBl I S. 1278)

Auflagen

Zahlungen an eine steuerbegünstigte Körperschaft zur Erfüllung einer Auflage nach § 153a StPO oder § 56b StGB sind nicht als Spende abziehbar (>BFH vom 19.12.1990 – BStBl 1991 II S. 234).

Aufwandsspenden

>BMF vom 25.11.2014 (BStBl I S. 1584)

Beitrittsspende

Eine anlässlich der Aufnahme in einen Golfclub geleistete Zahlung ist keine Zuwendung i. S. d. § 10b Abs. 1 EStG, wenn derartige Zahlungen von den Neueintretenden anlässlich ihrer Aufnahme erwartet und zumeist auch gezahlt werden (sog. Beitrittsspende). Die geleistete Zahlung ist als >Gegenleistung des Neumitglieds für den Erwerb der Mitgliedschaft und die Nutzungsmöglichkeit der Golfanlagen anzusehen (>BFH vom 2.8.2006 – BStBl 2007 II S. 8).

Durchlaufspendenverfahren

- >BMF vom 7.11.2013 (BStBl I S. 1333) ergänzt durch BMF vom 26.3.2014 (BStBl I S. 791 – siehe Anhang 3)

- Eine Durchlaufspende ist nur dann abziehbar, wenn der Letztempfänger für denjenigen VZ, für den die Spende steuerlich berücksichtigt werden soll, wegen des begünstigten Zwecks von der Körperschaftsteuer befreit ist (>BFH vom 5.4.2006 – BStBl 2007 II S. 450).

- Für den Abzug von Sachspenden im Rahmen des Durchlaufspendenverfahrens ist erforderlich, dass der Durchlaufstelle das Eigentum an der Sache verschafft wird. Bei Eigentumserwerb durch Einigung und Übergabeersatz (§§ 930, 931 BGB) ist die körperliche Übergabe der Sache an die Durchlaufstelle nicht erforderlich; es sind aber eindeutige Gestaltungsformen zu wählen, die die tatsächliche Verfügungsfreiheit der Durchlaufstelle über die Sache sicherstellen und eine Überprüfung des Ersterwerbs der Durchlaufstelle und des Zweiterwerbs der begünstigten gemeinnützigen Körperschaft ermöglichen.

Elternleistungen an gemeinnützige Schulvereine (Schulen in freier Trägerschaft) und entsprechende Fördervereine

- Als steuerlich begünstigte Zuwendungen kommen nur freiwillige Leistungen der Eltern in Betracht, die über den festgesetzten Elternbeitrag hinausgehen (>BMF vom 4.1.1991 – BStBl 1992 I S. 266). Setzt ein Schulträger das Schulgeld so niedrig an, dass der normale Betrieb der Schule nur durch die Leistungen der Eltern an einen Förderverein aufrechterhalten werden kann, die dieser satzungsgemäß an den Schulträger abzuführen hat, handelt es sich bei diesen Leistungen um ein Entgelt, welches im Rahmen eines >Leistungsaustausches erbracht wird und nicht um steuerlich begünstigte Zuwendungen (>BFH vom 12.8.1999 – BStBl 2000 II S. 65).

- >§ 10 Abs. 1 Nr. 9 EStG

Gebrauchte Kleidung als Sachspende (Abziehbarkeit und Wertermittlung)

Bei gebrauchter Kleidung stellt sich die Frage, ob sie überhaupt noch einen gemeinen Wert (Marktwert) hat. Wird ein solcher geltend gemacht, sind die für eine Schätzung maßgeblichen Faktoren wie Neupreis, Zeitraum zwischen Anschaffung und Weggabe und der tatsächliche Erhaltungszustand durch den Stpfl. nachzuweisen (>BFH vom 23.5.1989 – BStBl II S. 879).

Gegenleistung

- Ein Zuwendungsabzug ist ausgeschlossen, wenn die Ausgaben zur Erlangung einer Gegenleistung des Empfängers erbracht werden. Eine Aufteilung der Zuwendung in ein angemessenes Entgelt und eine den Nutzen übersteigende unentgeltliche Leistung scheidet bei einer einheitlichen Leistung aus. Auch im Fall einer Teilentgeltlichkeit fehlt der Zuwendung insgesamt die geforderte Uneigennützigkeit (>BFH vom 2.8.2006 – BStBl 2007 II S. 8).

- >Beitrittsspende

Rückwirkendes Ereignis

Die Erteilung der Zuwendungsbestätigung nach § 50 EStDV ist kein rückwirkendes Ereignis i. S. d. § 175 Abs. 1 Satz 1 Nr. 2 AO (>§ 175 Abs. 2 Satz 2 AO).

Sachspenden

Zur Zuwendungsbestätigung >BMF vom 7.11.2013 (BStBl I S. 1333) ergänzt durch BMF vom 26.3.2014 (BStBl I S. 791– siehe Anhang 3).

Spenden in das zu erhaltende Vermögen

>BMF vom 15.9.2014 (BStBl I S. 1278)

Spendenhaftung

Die Ausstellerhaftung nach § 10b Abs. 4 Satz 2 1. Alternative EStG betrifft grundsätzlich den in § 10b Abs. 1 Satz 2 EStG genannten Zuwendungsempfänger (z. B. Kommune, gemeinnütziger Verein). Die Haftung einer natürlichen Person kommt allenfalls dann in Frage, wenn diese Person außerhalb des ihr zugewiesenen Wirkungskreises handelt. Die Ausstellerhaftung setzt Vorsatz oder grobe Fahrlässigkeit voraus. Grobe Fahrlässigkeit liegt z. B. bei einer Kommune vor, wenn nicht geprüft wird, ob der Verein, der die Zuwendung erhält, gemeinnützig ist (>BFH vom 24.4.2002 – BStBl 2003 II S. 128). Unrichtig ist eine Zuwendungsbestätigung, deren Inhalt nicht der objektiven Sach- und Rechtslage entspricht. Das ist z. B. dann der Fall, wenn die Bestätigung Zuwendungen ausweist, die Entgelt für Leistungen sind (>BFH vom 12.8.1999 – BStBl 2000 II S. 65). Bei rückwirkender Aberkennung der Gemeinnützigkeit haftet eine Körperschaft nicht wegen Fehlverwendung, wenn sie die Zuwendung zu dem in der Zuwendungsbestätigung angegebenen begünstigten Zweck verwendet (>BFH vom 10.9.2003 – BStBl 2004 II S. 352).

Sponsoring

>BMF vom 18.2.1998 (BStBl I S. 212)

Vermächtniszuwendungen

Aufwendungen des Erben zur Erfüllung von Vermächtniszuwendungen an gemeinnützige Einrichtungen sind weder beim Erben (>BFH vom 22.9.1993 – BStBl II S. 874) noch beim Erblasser (>BFH vom 23.10.1996 – BStBl 1997 II S. 239) als Zuwendungen nach § 10b Abs. 1 EStG abziehbar.

Vertrauensschutz

– Der Schutz des Vertrauens in die Richtigkeit einer Zuwendungsbestätigung erfasst nicht Gestaltungen, in denen die Bescheinigung zwar inhaltlich unrichtig ist, der in ihr ausgewiesene Sachverhalt aber ohnehin keinen Abzug rechtfertigt (>BFH vom 5.4.2006 – BStBl 2007 II S. 450).
– Eine >Zuwendungsbestätigung begründet keinen Vertrauensschutz, wenn für den Leistenden der Zahlung angesichts der Begleitumstände klar erkennbar ist, dass die Zahlung in einem Gegenleistungsverhältnis steht (>BFH vom 2.8.2006 – BStBl 2007 II S. 8).
– >Beitrittsspende

– >Gegenleistung

Zuwendungsbestätigung (§ 50 EStDV)

Die Zuwendungsbestätigung ist eine unverzichtbare sachliche Voraussetzung für den Zuwendungsabzug. Die Bestätigung hat jedoch nur den Zweck einer Beweiserleichterung hinsichtlich der Verwendung der Zuwendung und ist nicht bindend (>BFH vom 23.5.1989 – BStBl II S. 879). Entscheidend ist u. a. der Zweck, der durch die Zuwendung tatsächlich gefördert wird (>BFH vom 15.12.1999 – BStBl 2000 II S. 608). Eine Zuwendungsbestätigung wird vom Finanzamt nicht als Nachweis für den Zuwendungsabzug anerkannt, wenn das Datum des Steuerbescheides/Freistellungsbescheides länger als 5 Jahre bzw. das Datum der vorläufigen Bescheinigung länger als 3 Jahre seit Ausstellung der Bestätigung zurückliegt; dies gilt auch bei Durchlaufspenden (>BMF vom 15.12.1994 – BStBl I S. 884). Eine Aufteilung von Zuwendungen in abziehbare und nichtabziehbare Teile je nach satzungsgemäßer und nichtsatzungsgemäßer anteiliger Verwendung der Zuwendung ist unzulässig (>BFH vom 7.11.1990 – BStBl 1991 II S. 547).

Zur Erstellung und Verwendung der Zuwendungsbestätigungen:
>BMF vom 7.11.2013 (BStBl I S. 1333) ergänzt durch BMF vom 26.3.2014 (BStBl I S. 791 – siehe Anhang 3).

Zuwendungsempfänger im EU-/EWR-Ausland

Der ausländische Zuwendungsempfänger muss nach der Satzung, dem Stiftungsgeschäft oder der sonstigen Verfassung und nach der tatsächlichen Geschäftsführung ausschließlich und unmittelbar gemeinnützigen, mildtätigen oder kirchlichen Zwecken dienen (§§ 51 bis 68 AO). Den Nachweis hierfür hat der inländische Spender durch Vorlage geeigneter Belege zu erbringen (>BMF vom 16.5.2011 – BStBl I S. 559 und BFH vom 17.9.2013 – BStBl 2014 II S. 440).

R 10b.2 EStR Zuwendungen an politische Parteien

$_1$Zuwendungen an politische Parteien sind nur dann abziehbar, wenn die Partei bei Zufluss der Zuwendung als politische Partei i. S. d. § 2 PartG anzusehen ist. $_2$Der Stpfl. hat dem Finanzamt die Zuwendungen grundsätzlich durch eine von der Partei nach amtlich vorgeschriebenem Vordruck erstellte Zuwendungsbestätigung nachzuweisen. $_3$R 10b.1 Abs. 3 Satz 2 und Abs. 4 gilt entsprechend.

H 10b.2 EStH 2014

Parteiengesetz

>Parteiengesetz vom 31.1.1994 (BGBl I S. 149), zuletzt geändert durch Artikel 1 des Zehnten Gesetzes zur Änderung des Parteiengesetzes und Achtundzwanzigsten Gesetzes zur Änderung des Abgeordnetengesetzes vom 23.8.2011 (BGBl I S. 1748).

Zuwendungsbestätigung (§ 50 EStDV)

>BMF vom 7.11.2013 (BStBl I S. 1333) ergänzt durch BMF vom 26.3.2014 (BStBl I S. 791 – siehe Anhang 3).

Anhang 2 Gesetzes- und Richtlinientexte

R 10b.3 EStR Begrenzung des Abzugs der Ausgaben für steuerbegünstigte Zwecke

Alternativgrenze

(1) $_1$Zu den gesamten Umsätzen i. S. d. § 10b Abs. 1 Satz 1 Nr. 2 EStG gehören außer den steuerbaren Umsätzen i. S. d. § 1 UStG auch nicht steuerbare >Umsätze. $_2$Der alternative Höchstbetrag wird bei einem Mitunternehmer von dem Teil der Summe der gesamten Umsätze und der im Kalenderjahr aufgewendeten Löhne und Gehälter der Personengesellschaft berechnet, der dem Anteil des Mitunternehmers am Gewinn der Gesellschaft entspricht.

Stiftungen[1]

(2) Der besondere Abzugsbetrag nach § 10b Abs. 1a EStG steht bei zusammenveranlagten Ehegatten jedem Ehegatten einzeln zu, wenn beide Ehegatten als Spender auftreten.

H 10b.3 EStH 2014

Höchstbetrag in Organschaftsfällen

- >R 47 Abs. 5 KStR 2004

- Ist ein Stpfl. an einer Personengesellschaft beteiligt, die Organträger einer körperschaftsteuerrechtlichen Organschaft ist, bleibt bei der Berechnung des Höchstbetrags der abziehbaren Zuwendungen nach § 10b Abs. 1 EStG auf Grund des G. d. E. das dem Stpfl. anteilig zuzurechnende Einkommen der Organgesellschaft außer Ansatz (>BFH vom 23.1.2002 – BStBl 2003 II S. 9).

Kreditinstitute

Die Gewährung von Krediten und das Inkasso von Schecks und Wechsel erhöht die „Summe der gesamten Umsätze". Die Erhöhung bemisst sich jedoch nicht nach den Kreditsummen, Schecksummen und Wechselsummen, Bemessungsgrundlage sind vielmehr die Entgelte, die der Stpfl. für die Kreditgewährungen und den Einzug der Schecks und Wechsel erhält (>BFH vom 4.12.1996 – BStBl 1997 II S. 327).

Umsätze

Zur „Summe der gesamten Umsätze" gehören die steuerbaren (steuerpflichtige und steuerfreie >BFH vom 4.12.1996 – BStBl 1997 II S. 327) sowie die nicht steuerbaren Umsätze (>R 10b.3 Abs. 1 Satz 1). Ihre Bemessung richtet sich nach dem Umsatzsteuerrecht (>BFH vom 4.12.1996 – BStBl 1997 II S. 327).

---

[1] R 10b.3 Abs. 2 ist infolge der Änderung des § 10b Abs. 1a Satz 1 EStG durch das Ehrenamtsstärkungsgesetz überholt.

Körperschaftsteuer-Richtlinien 2004 mit den amtlichen Hinweisen 2008

R 47 KStR Ausgaben i. S. des § 9 Abs. 1 Nr. 1 und 2 KStG

(1) Für die Frage der Abziehbarkeit der Ausgaben im Sinne des § 9 Abs. 1 Nr. 2 KStG gelten die §§ 48 bis 50 EStDV, die Anlage 1 zu § 48 Abs. 2 EStDV sowie die Anweisungen in R 111 und 113 EStR[1] entsprechend.

(2) ₁Aufwendungen im Sinne des § 9 Abs. 1 Nr. 1 KStG sind bereits bei der Einkunftsermittlung zu berücksichtigen. ₂Die Ausgaben im Sinne des § 9 Abs. 1 Nr. 2 KStG sind vorbehaltlich des § 8 Abs. 3 KStG in der im Gesetz genannten Höhe bei der Ermittlung des Gesamtbetrags der Einkünfte abzuziehen. ₃Entsprechend erhöhen sie einen abziehbaren Verlust.

(3) Die Vorschrift des § 9 Abs. 1 Nr. 2 KStG bezieht sich auch im Fall eines abweichenden Wirtschaftsjahres auf die Ausgaben im Wirtschaftsjahr.

(4) Für die Berechnung des Höchstbetrags der abziehbaren Zuwendungen ist das Einkommen des VZ oder die Summe der gesamten Umsätze und der Löhne und Gehälter des Kalenderjahres maßgebend.

(5) ₁In Organschaftsfällen ist § 9 Abs. 1 Nr. 2 KStG bei der Ermittlung des dem Organträger zuzurechnenden Einkommens der Organgesellschaft eigenständig anzuwenden (§ 15 KStG). ₂Dementsprechend bleibt beim Organträger das zugerechnete Einkommen der Organgesellschaft für die Ermittlung des Höchstbetrags der abziehbaren Zuwendungen außer Betracht. ₃Als Summe der gesamten Umsätze im Sinne des § 9 Abs. 1 Nr. 2 KStG gelten beim Organträger und bei der Organgesellschaft auch in den Fällen, in denen umsatzsteuerrechtlich ein Organschaftsverhältnis vorliegt (§ 2 Abs. 2 Nr. 2 UStG), jeweils nur die eigenen Umsätze. ₄Für die Ermittlung des Höchstbetrags der abziehbaren Zuwendungen beim Organträger sind die Umsätze der Organgesellschaft demnach dem Organträger nicht zuzurechnen. ₅Andererseits sind bei der Organgesellschaft für die Ermittlung des Höchstbetrags der abziehbaren Zuwendungen ihre eigenen Umsätze maßgebend, obwohl die Organgesellschaft nicht Unternehmer im Sinne von § 2 UStG ist und daher umsatzsteuerrechtlich keine steuerbaren Umsätze hat.

(6) ₁Auch Zuwendungen eines Betriebs gewerblicher Art an seine Trägerkörperschaft können unter den Voraussetzungen des § 9 Abs. 1 Nr. 2 KStG abziehbar sein, soweit es sich nicht um eine vGA handelt. ₂Die Entscheidung darüber, ob es sich um eine vGA handelt, hängt von den Umständen des einzelnen Falles ab.

(7) ₁Der wirtschaftliche Geschäftsbetrieb einer Körperschaft, Personenvereinigung oder Vermögensmasse, die im Übrigen wegen Gemeinnützigkeit steuerbegünstigt ist (§ 5 Abs. 1 Nr. 9 KStG), ist kein selbständiges Steuersubjekt. ₂Zuwendungen, die ein solcher wirtschaftlicher Geschäftsbetrieb an diese Körperschaft, Personenvereinigung oder Vermögensmasse zur Förderung deren gemeinnütziger Zwecke gibt, sind deshalb Gewinnverwendung. ₃Die Zuwendungen dürfen deshalb die Einkünfte aus dem wirtschaftlichen Geschäftsbetrieb nicht mindern.

---

1 Jetzt: R 10b.1 und 10b.3 EStR 2012.

H 47 KStH 2008

Auswirkung von Zuwendungen auf den Gewinn

Abzugsfähige Zuwendungen mindern den körperschaftsteuerpflichtigen Gewinn und erhöhen einen vortragsfähigen Verlust einer Kapitalgesellschaft (>BFH vom 21.10.1981 – BStBl 1982 I S. 177).

Höchstbetrag für den Zuwendungsabzug in Organschaftsfällen

Ist ein Steuerpflichtiger an einer Personengesellschaft beteiligt, die Organträger einer körperschaftsteuerrechtlichen Organschaft ist, bleibt bei der Berechnung des Höchstbetrags der abziehbaren Zuwendungen nach § 10b Abs. 1 EStG auf Grund des Gesamtbetrags der Einkünfte das dem Steuerpflichtigen anteilig zuzurechnende Einkommen der Organgesellschaft außer Ansatz (>BFH vom 23.1.2002 – BStBl 2003 II S. 9).

Minderung des zu versteuernden Einkommens einer teilweise steuerbefreiten Körperschaft durch Zuwendungen

Das zu versteuernde Einkommen einer teilweise von der Körperschaftsteuer befreiten Körperschaft darf nicht durch Spenden gemindert werden, die aus dem steuerfreien Bereich der Körperschaft stammen (>BFH vom 13.3.1991 – BStBl II S. 645).

Neuregelung des Spendenabzugs durch das Gesetz zur weiteren Stärkung des bürgerschaftlichen Engagements vom 10.10.2007 – BStBl I S. 815

>BMF vom 18.12.2008 – BStBl 2009 I S. 16

Spendenhaftung

Eine Körperschaft haftet nicht nach § 10b Abs. 4 Satz 2 2. Alt. EStG, § 9 Abs. 3 Satz 2 2. Alt. KStG wegen Fehlverwendung, wenn sie die Spenden zwar zu dem in der Spendenbestätigung angegebenen Zweck verwendet, selbst aber rückwirkend nicht als gemeinnützig anerkannt ist (>BFH vom 10.09.2003 – BStBl 2004 II S. 352).

Sponsoring

>BMF vom 18.2.1998 – BStBl I S. 212

Zuschüsse einer Sparkasse zur Zinsverbilligung eines Darlehens an Gemeinden und Schulverbände

Zuschüsse einer Sparkasse zur Zinsverbilligung von Darlehen an Gemeinden und Schulverbände können abziehbare Spenden sein (>BFH vom 15.5.1968 – BStBl II S. 629).

Zuwendungen an die Trägergemeinde können verdeckte Gewinnausschüttungen sein

Zuwendungen, die ein Eigenbetrieb seiner Trägergemeinde gibt, mindern bei Vorliegen der im Gesetz näher angeführten Voraussetzungen das Einkommen des laufenden Geschäftsjahres. Sie können aber wegen der engen Bindung des Eigenbetriebs an die Trägergemeinde eine vGA sein (>BFH vom 12.10.1978 – BStBl 1979 II S. 192).

Zuwendungen aus wirtschaftlichem Geschäftsbetrieb an Empfänger, die gleichartige Zwecke verfolgen

Zuwendungen, die gemeinnützige Körperschaften, Personenvereinigungen oder Vermögensmassen (§ 5 Abs. 1 Nr. 9 KStG) aus ihrem der Besteuerung unterliegenden Einkommen aus wirtschaftlichen Geschäftsbetrieben Empfängern zuwenden, die die Voraussetzungen des § 49 EStDV erfüllen, sind auch abziehbar, wenn die Empfänger der Zuwendungen gleichartige steuerbegünstigte Zwecke wie die Zuwendenden verfolgen (>BFH vom 3.12.1963 – BStBl 1964 III S. 81).

Zuwendungen und Spenden an Träger der Sparkasse (Gewährträgern)

- Macht eine Sparkasse ihrem Gewährträger oder einer dem Gewährträger nahe stehenden Person eine Zuwendung, liegt keine abziehbare Zuwendung, sondern eine vGA vor, wenn die Sparkasse bei Anwendung der Sorgfalt eines ordentlichen und gewissenhaften Geschäftsleiters die Zuwendung einer fremden Körperschaft nicht gegeben hätte (>BFH vom 21.1.1970 – BStBl II S. 468 und vom 1.12.1982 – BStBl 1983 II S. 150). Eine vGA ist anzunehmen, soweit die an den Gewährträger geleisteten Zuwendungen den durchschnittlichen Betrag an Spenden übersteigen, den die Sparkasse an Dritte zugewendet hat. Dabei ist grundsätzlich auf die Fremdspenden des Wirtschaftsjahrs, in dem die Spende an den Gewährträger geleistet wurde, und der beiden vorangegangenen Wirtschaftsjahre abzustellen. Lediglich für den Fall, dass sich aus der Einbeziehung eines weiter zurückreichenden Zeitraums von nicht mehr als 5 Wirtschaftsjahren eine höhere Summe an durchschnittlichen Fremdspenden ergibt, ist dieser Zeitraum maßgebend. Eine Einbeziehung eines Zeitraums, der nach Ablauf des zu beurteilenden Wirtschaftsjahres liegt, ist nicht möglich (>BFH vom 9.8.1989 – BStBl 1990 II S. 237).

- Ausgaben, die als Einkommensverteilung anzusehen sind, bleiben bei der Vergleichsrechnung unberücksichtigt (>BFH vom 1.2.1989 – BStBl II S. 471). Gibt eine Sparkasse die Spende an einen Dritten und erfüllt sie damit eine Aufgabe, die sich der Gewährträger – wenn auch ohne gesetzliche Verpflichtung – in rechtsverbindlicher Weise gestellt hat, kann darin eine vGA an den Gewährträger durch mittelbare Zuwendung liegen (>BFH vom 19.6.1974 – BStBl II S. 586 und vom 8.4.1992 – BStBl II S. 849).

- Ist ein Landkreis Gewährträger, sind bei der Prüfung, ob die Spenden an den Gewährträger die an Dritte übersteigen, die Spenden zugunsten der kreisangehörigen Gemeinden grundsätzlich als Fremdspenden zu berücksichtigen (>BFH vom 8.4.1992 – BStBl II S. 849).

Zuwendungsbestätigung

>BMF vom 13.12.2007 – BStBl 2008 I S. 4[1] und BMF vom 31.3.2008 – BStBl I S. 565

---

[1] Siehe jetzt BMF vom 26.03.2014 (BStBl 2014 I S. 791 – siehe Anhang 3).

Anhang 3 Zuwendungsbestätigungen

Muster für Zuwendungsbestätigungen (§ 10b EStG)

BMF vom 7.11.2013 – IV C 4 – S 2223/07/0018 :005 (BStBl 2013 I S. 1333) ergänzt durch BMF vom 26.3.2014 – IV C 4 – S 2223/07/0018 :005 (BStBl 2013 I S. 791)

Im Einvernehmen mit den obersten Finanzbehörden der Länder sind die in der Anlage beigefügten Muster für Zuwendungen an inländische Zuwendungsempfänger zu verwenden.

Für die Verwendung der aktualisierten Muster für Zuwendungsbestätigungen gilt Folgendes:

1. Die in der Anlage beigefügten Muster für Zuwendungsbestätigungen sind verbindliche Muster (vgl. § 50 Absatz 1 EStDV). Die Zuwendungsbestätigungen können weiterhin vom jeweiligen Zuwendungsempfänger anhand dieser Muster selbst hergestellt werden. In einer auf einen bestimmten Zuwendungsempfänger zugeschnittenen Zuwendungsbestätigung müssen nur die Angaben aus den veröffentlichten Mustern übernommen werden, die im Einzelfall einschlägig sind. Die in den Mustern vorgesehenen Hinweise zu den haftungsrechtlichen Folgen der Ausstellung einer unrichtigen Zuwendungsbestätigung und zur steuerlichen Anerkennung der Zuwendungsbestätigung sind stets in die Zuwendungsbestätigungen zu übernehmen.

2. Die Wortwahl und die Reihenfolge der vorgegebenen Textpassagen in den Mustern sind beizubehalten, Umformulierungen sind unzulässig. Auf der Zuwendungsbestätigung dürfen weder Danksagungen an den Zuwendenden noch Werbung für die Ziele der begünstigten Einrichtung angebracht werden. Entsprechende Texte sind jedoch auf der Rückseite zulässig. Die Zuwendungsbestätigung darf die Größe einer DIN A4-Seite nicht überschreiten.

3. Gegen optische Hervorhebungen von Textpassagen beispielsweise durch Einrahmungen und/oder vorangestellte Ankreuzkästchen bestehen keine Bedenken. Ebenso ist es zulässig, den Namen des Zuwendenden und dessen Adresse so untereinander anzuordnen, dass die gleichzeitige Nutzung als Anschriftenfeld möglich ist. Fortlaufende alphanumerische Zeichen mit einer oder mehreren Reihen, die zur Identifizierung der Zuwendungsbestätigung geeignet sind, können vergeben werden; die Verwendung eines Briefpapiers mit einem Logo, Emblem oder Wasserzeichen der Einrichtung ist zulässig.

4. Es bestehen keine Bedenken, wenn der Zuwendungsempfänger in seinen Zuwendungsbestätigungen alle ihn betreffenden steuerbegünstigten Zwecke nennt. Aus steuerlichen Gründen bedarf es keiner Kenntlichmachung, für welchen konkreten steuerbegünstigten Zweck die Zuwendung erfolgt bzw. verwendet wird.

5. Der zugewendete Betrag ist sowohl in Ziffern als auch in Buchstaben zu benennen. Für die Benennung in Buchstaben ist es nicht zwingend erforderlich, dass der zugewendete Betrag in einem Wort genannt wird; ausreichend ist die Buchstabenbenennung der jeweiligen Ziffern. So kann z. B. ein Betrag in Höhe von 1.322 Euro als „eintausenddreihundertzweiundzwanzig" oder „eins – drei – zwei – zwei" bezeichnet werden. In diesen Fällen sind allerdings die Leerräume

vor der Nennung der ersten Ziffer und hinter der letzten Ziffer in geeigneter Weise (z. B. durch „X") zu entwerten.

6. Handelt es sich um eine Sachspende, so sind in die Zuwendungsbestätigung genaue Angaben über den zugewendeten Gegenstand aufzunehmen (z. B. Alter, Zustand, historischer Kaufpreis usw.). Für die Sachspende zutreffende Sätze sind in den entsprechenden Mustern anzukreuzen.

   Sachspende aus einem Betriebsvermögen:

   Stammt die Sachzuwendung nach den Angaben des Zuwendenden aus dessen Betriebsvermögen, bemisst sich die Zuwendungshöhe nach dem Wert, der bei der Entnahme angesetzt wurde, und nach der Umsatzsteuer, die auf die Entnahme entfällt (§ 10b Absatz 3 Satz 2 EStG). In diesen Fällen braucht der Zuwendungsempfänger keine zusätzlichen Unterlagen in seine Buchführung aufzunehmen, ebenso sind Angaben über die Unterlagen, die zur Wertermittlung gedient haben, nicht erforderlich. Der Entnahmewert ist grundsätzlich der Teilwert. Der Entnahmewert kann auch der Buchwert sein, wenn das Wirtschaftsgut unmittelbar nach der Entnahme für steuerbegünstigte Zwecke gespendet wird (sog. Buchwertprivileg, § 6 Absatz 1 Nummer 4 Satz 4 und 5 EStG).

   Sachspende aus dem Privatvermögen:

   Handelt es sich um eine Sachspende aus dem Privatvermögen des Zuwendenden, ist der gemeine Wert des gespendeten Wirtschaftsguts maßgebend, wenn dessen Veräußerung im Zeitpunkt der Zuwendung keinen Besteuerungstatbestand erfüllen würde (§ 10b Absatz 3 Satz 3 EStG). Ansonsten sind die fortgeführten Anschaffungs- oder Herstellungskosten als Wert der Zuwendung auszuweisen. Dies gilt insbesondere bei Veräußerungstatbeständen, die unter § 17 oder § 23 EStG fallen (z. B. Zuwendung einer mindestens 1%igen Beteiligung an einer Kapitalgesellschaft (§ 17 EStG), einer Immobilie, die sich weniger als zehn Jahre im Eigentum des Spenders befindet (§ 23 Absatz 1 Satz 1 Nummer 1 EStG), eines anderen Wirtschaftsguts im Sinne des § 23 Absatz 1 Satz 1 Nummer 2 EStG mit einer Eigentumsdauer von nicht mehr als einem Jahr). Der Zuwendungsempfänger hat anzugeben, welche Unterlagen er zur Ermittlung des angesetzten Wertes herangezogen hat. In Betracht kommt in diesem Zusammenhang z. B. ein Gutachten über den aktuellen Wert der zugewendeten Sache oder der sich aus der ursprünglichen Rechnung ergebende historische Kaufpreis unter Berücksichtigung einer Absetzung für Abnutzung. Diese Unterlagen hat der Zuwendungsempfänger zusammen mit der Zuwendungsbestätigung in seine Buchführung aufzunehmen.

7. Die Zeile: „Es handelt sich um den Verzicht auf die Erstattung von Aufwendungen Ja ☐ Nein ☐" ist stets in die Zuwendungsbestätigungen über Geldzuwendungen/Mitgliedsbeiträge zu übernehmen und entsprechend anzukreuzen. Dies gilt auch für Sammelbestätigungen und in den Fällen, in denen ein Zuwendungsempfänger grundsätzlich keine Zuwendungsbestätigungen für die Erstattung von Aufwendungen ausstellt.

8. Werden Zuwendungen an eine juristische Person des öffentlichen Rechts von dieser an andere juristische Personen des öffentlichen Rechts weitergeleitet und werden von diesen die steuerbegünstigten Zwecke verwirklicht, so hat der „Erstempfänger" die in den amtlichen Vordrucken enthaltene Bestätigung wie folgt zu fassen:

Anhang 3 Zuwendungsbestätigungen

> „Die Zuwendung wird entsprechend den Angaben des Zuwendenden an ....[Name des Letztempfängers verbunden mit dem Hinweis auf dessen öffentlich-rechtliche Organisationsform] weitergeleitet."

9. Erfolgt der Nachweis in Form der Sammelbestätigung, so ist der bescheinigte Gesamtbetrag auf der zugehörigen Anlage in sämtliche Einzelzuwendungen aufzuschlüsseln. Es bestehen keine Bedenken, auf der Anlage zur Sammelbestätigung entweder den Namen des Zuwendenden oder ein fortlaufendes alphanumerisches Zeichen anzubringen, um eine sichere Identifikation zu gewährleisten.

10. Für maschinell erstellte Zuwendungsbestätigungen ist R 10b.1 Absatz 4 EStR zu beachten.

11. Nach § 50 Absatz 4 EStDV hat die steuerbegünstigte Körperschaft ein Doppel der Zuwendungsbestätigung aufzubewahren. Es ist in diesem Zusammenhang zulässig, das Doppel in elektronischer Form zu speichern. Die Grundsätze ordnungsmäßiger DV-gestützter Buchführungssysteme (BMF-Schreiben vom 7.11.1995, BStBl I S. 738) sind zu beachten.

12. Für Zuwendungen nach dem 31.12.1999 ist das Durchlaufspendenverfahren keine zwingende Voraussetzung mehr für die steuerliche Begünstigung von Spenden. Seit 1.1.2000 sind alle steuerbegünstigten Körperschaften im Sinne des § 5 Absatz 1 Nummer 9 KStG zum unmittelbaren Empfang und zur Bestätigung von Zuwendungen berechtigt. Dennoch dürfen juristische Personen des öffentlichen Rechts oder öffentliche Dienststellen auch weiterhin als Durchlaufstelle auftreten und Zuwendungsbestätigungen ausstellen (vgl. R 10b.1 Absatz 2 EStR). Sie unterliegen dann aber auch – wie bisher – der Haftung nach § 10b Absatz 4 EStG. Dach- und Spitzenorganisationen können für die ihnen angeschlossenen Vereine dagegen nicht mehr als Durchlaufstelle fungieren.

13. Mit dem Gesetz zur Stärkung des Ehrenamtes vom 21.3.2013 (BGBl I S. 556) wurde mit § 60a AO die Feststellung der satzungsmäßigen Voraussetzungen eingeführt. Nach § 60a AO wird die Einhaltung der satzungsmäßigen Voraussetzungen gesondert vom Finanzamt festgestellt. Dieses Verfahren löst die so genannte vorläufige Bescheinigung ab. Übergangsweise bleiben die bislang ausgestellten vorläufigen Bescheinigungen weiterhin gültig und die betroffenen Körperschaften sind übergangsweise weiterhin zur Ausstellung von Zuwendungsbestätigungen berechtigt. Diese Körperschaften haben in ihren Zuwendungsbestätigungen anzugeben, dass sie durch vorläufige Bescheinigung den steuerbegünstigten Zwecken dienend anerkannt worden sind. Die Bestätigung ist wie folgt zu fassen:

> „Wir sind wegen Förderung (Angabe des begünstigten Zwecks/der begünstigten Zwecke) durch vorläufige Bescheinigung des Finanzamtes (Name), StNr. (Angabe) vom (Datum) ab (Datum) als steuerbegünstigten Zwecken dienend anerkannt."

Außerdem sind die Hinweise zu den haftungsrechtlichen Folgen der Ausstellung einer unrichtigen Zuwendungsbestätigung und zur steuerlichen Anerkennung der Zuwendungsbestätigung folgendermaßen zu fassen:

> „Wer vorsätzlich oder grob fahrlässig eine unrichtige Zuwendungsbestätigung erstellt oder veranlasst, dass Zuwendungen nicht zu den in der Zuwendungsbestätigung angegebenen steuerbegünstigten Zwecken verwendet werden, haftet für die entgangene Steuer (§ 10b Absatz 4 EStG, § 9 Absatz 3 KStG, § 9 Nummer 5 GewStG).
>
> Diese Bestätigung wird nicht als Nachweis für die steuerliche Berücksichtigung der Zuwendung anerkannt, wenn das Datum der vorläufigen Bescheinigung länger als

3 Jahre seit Ausstellung der Bestätigung zurückliegt (BMF vom 15.12.1994 – BStBl I S. 884)."

In Fällen, in denen juristische Personen des öffentlichen Rechts oder Stiftungen des öffentlichen Rechts Zuwendungen an Körperschaften im Sinne des § 5 Absatz 1 Nummer 9 KStG weiterleiten, ist ebenfalls anzugeben, ob die Empfängerkörperschaft durch vorläufige Bescheinigung als steuerbegünstigten Zwecken dienend anerkannt worden ist. Diese Angabe ist hierbei in den Zuwendungsbestätigungen folgendermaßen zu fassen:

„entsprechend den Angaben des Zuwendenden an (Name) weitergeleitet, die/der vom Finanzamt (Name) StNr. (Angabe) mit vorläufiger Bescheinigung (gültig ab: Datum) vom (Datum) als steuerbegünstigten Zwecken dienend anerkannt ist."

Die Hinweise zu den haftungsrechtlichen Folgen der Ausstellung einer unrichtigen Zuwendungsbestätigung und zur steuerlichen Anerkennung der Zuwendungsbestätigung sind dann folgendermaßen zu fassen:

„Wer vorsätzlich oder grob fahrlässig eine unrichtige Zuwendungsbestätigung erstellt oder veranlasst, dass Zuwendungen nicht zu den in der Zuwendungsbestätigung angegebenen steuerbegünstigten Zwecken verwendet werden, haftet für die entgangene Steuer (§ 10b Absatz 4 EStG, § 9 Absatz 3 KStG, § 9 Nummer 5 GewStG).

Nur in den Fällen der Weiterleitung an steuerbegünstigte Körperschaften im Sinne von § 5 Absatz 1 Nummer 9 KStG:

Diese Bestätigung wird nicht als Nachweis für die steuerliche Berücksichtigung der Zuwendung anerkannt, wenn das Datum der vorläufigen Bescheinigung länger als 3 Jahre seit Ausstellung der Bestätigung zurückliegt."

14. Ist der Körperschaft, Personenvereinigung oder Vermögensmasse bisher weder ein Freistellungsbescheid noch eine Anlage zum Körperschaftsteuerbescheid erteilt worden und sieht der Feststellungsbescheid nach § 60a AO die Steuerbefreiung erst für den nächsten Veranlagungszeitraum vor (§ 60 Absatz 2 AO), sind Zuwendungen erst ab diesem Zeitpunkt nach § 10b EStG abziehbar. Zuwendungen, die vor Beginn der Steuerbefreiung nach § 5 Absatz 1 Nummer 9 KStG erfolgen, sind steuerlich nicht nach § 10b EStG begünstigt, da die Körperschaft, Personenvereinigung oder Vermögensmasse in diesem Zeitraum nicht die Voraussetzungen des § 10b Absatz 1 Satz 2 Nummer 2 EStG erfüllt. Zuwendungsbestätigungen, die für Zeiträume vor der Steuerbefreiung ausgestellt werden, sind daher unrichtig und können – bei Vorliegen der Voraussetzungen des § 10b Absatz 4 EStG – eine Haftung des Ausstellers auslösen.

15. Die neuen Muster für Zuwendungsbestätigungen werden als ausfüllbare Formulare unter https://www.formulare-bfinv.de zur Verfügung stehen.

16. Für den Abzug steuerbegünstigter Zuwendungen an nicht im Inland ansässige Empfänger wird auf das BMF-Schreiben vom 16.5.2011 – IV C 4 – S 2223/07/0005 :008 – 2011/0381377 (BStBl I S. 559) hingewiesen.

Das BMF-Schreiben vom 30.8.2012 – IV C 4 – S 2223/07/0018 :005 – 2012/0306063 (BStBl I S. 884) wird hiermit aufgehoben.

Anhang 3 Zuwendungsbestätigungen

Es wird seitens der Finanzverwaltung nicht beanstandet, wenn bis zum 31.12.2013 die bisherigen Muster für Zuwendungsbestätigungen verwendet werden.[1]

---

[1] Ergänzung durch BMF vom 26.3.2014 (BStBl I S. 791):
Die im BStBl 2013 I S. 1333 veröffentlichten Muster für Zuwendungsbestätigungen sind grundsätzlich für Zuwendungen ab dem 1.1.2014 zu verwenden. Im Einvernehmen mit den obersten Finanzbehörden der Länder bestehen jedoch keine Bedenken, wenn bis zum 31.12.2014 noch die nach bisherigem Muster erstellten Zuwendungsbestätigungen (BMF-Schreiben vom 30.8.2012, BStBl I S. 884) weiter verwendet werden.
Zur Erläuterung des Haftungshinweises in den veröffentlichten Mustern für Zuwendungsbestätigungen wird auf Folgendes hingewiesen:
Die tatsächliche Geschäftsführung umfasst auch die Ausstellung steuerlicher Zuwendungsbestätigungen. Zuwendungsbestätigungen dürfen nur dann ausgestellt werden, wenn die Voraussetzungen des § 63 Abs. 5 AO vorliegen:
Die Erlaubnis wird an die Erteilung eines Feststellungsbescheides nach § 60a Abs. 1 AO, eines Freistellungsbescheides oder eine Anlage zum Körperschaftsteuerbescheid geknüpft. Ist der Bescheid nach § 60a AO älter als drei Kalenderjahre oder ist der Freistellungsbescheid – beziehungsweise sind die Anlagen zum Körperschaftsteuerbescheid – älter als fünf Jahre, darf die Körperschaft keine Zuwendungsbestätigungen mehr ausstellen (Nummer 3 des AEAO zu § 63).

Muster für Zuwendungsbestätigungen

Aussteller (Bezeichnung und Anschrift der inländischen juristischen Person des öffentlichen Rechts oder der inländischen öffentlichen Dienststelle)

Bestätigung über Geldzuwendungen

im Sinne des § 10b des Einkommensteuergesetzes an inländische juristische Personen des öffentlichen Rechts oder inländische öffentliche Dienststellen

Name und Anschrift des Zuwendenden:

Betrag der Zuwendung – in Ziffern –	– in Buchstaben –	Tag der Zuwendung:

Es wird bestätigt, dass die Zuwendung nur zur Förderung (Angabe des begünstigten Zwecks/der begünstigten Zwecke)
verwendet wird.

Es handelt sich um den Verzicht auf Erstattung von Aufwendungen   Ja ☐   Nein ☐

Die Zuwendung wird

☐ von uns unmittelbar für den angegebenen Zweck verwendet.

☐ entsprechend den Angaben des Zuwendenden an .... weitergeleitet, die/der vom Finanzamt .... StNr. .... mit Freistellungsbescheid bzw. nach der Anlage zum Körperschaftsteuerbescheid vom .... von der Körperschaftsteuer und Gewerbesteuer befreit ist.

☐ entsprechend den Angaben des Zuwendenden an .... weitergeleitet, der/dem das Finanzamt .... StNr. .... mit Feststellungsbescheid vom .... die Einhaltung der satzungsmäßigen Voraussetzungen nach § 60a AO festgestellt hat.

(Ort, Datum und Unterschrift des Zuwendungsempfängers)

Hinweis:

Wer vorsätzlich oder grob fahrlässig eine unrichtige Zuwendungsbestätigung erstellt oder veranlasst, dass Zuwendungen nicht zu den in der Zuwendungsbestätigung angegebenen steuerbegünstigten Zwecken verwendet werden, haftet für die entgangene Steuer (§ 10b Abs. 4 EStG, § 9 Abs. 3 KStG, § 9 Nr. 5 GewStG).

Nur in den Fällen der Weiterleitung an steuerbegünstigte Körperschaften im Sinne von § 5 Abs. 1 Nr. 9 KStG:

Diese Bestätigung wird nicht als Nachweis für die steuerliche Berücksichtigung der Zuwendung anerkannt, wenn das Datum des Freistellungsbescheides länger als 5 Jahre bzw. das Datum der Feststellung der Einhaltung der satzungsmäßigen Voraussetzungen nach § 60a Abs. 1 AO länger als 3 Jahre seit Ausstellung des Bescheides zurückliegt (§ 63 Abs. 5 AO).

Anhang 3 Zuwendungsbestätigungen

Aussteller (Bezeichnung und Anschrift der inländischen juristischen Person des öffentlichen Rechts oder der inländischen öffentlichen Dienststelle)

Bestätigung über Sachzuwendungen

im Sinne des § 10b des Einkommensteuergesetzes an inländische juristische Personen des öffentlichen Rechts oder inländische öffentliche Dienststellen

Name und Anschrift des Zuwendenden:

Wert der Zuwendung – in Ziffern –	– in Buchstaben –	Tag der Zuwendung:

Genaue Bezeichnung der Sachzuwendung mit Alter, Zustand, Kaufpreis usw.

- ☐ Die Sachzuwendung stammt nach den Angaben des Zuwendenden aus dem Betriebsvermögen. Die Zuwendung wurde nach dem Wert der Entnahme (ggf. mit dem niedrigeren gemeinen Wert) und nach der Umsatzsteuer, die auf die Entnahme entfällt, bewertet.
- ☐ Die Sachzuwendung stammt nach den Angaben des Zuwendenden aus dem Privatvermögen.
- ☐ Der Zuwendende hat trotz Aufforderung keine Angaben zur Herkunft der Sachzuwendung gemacht.
- ☐ Geeignete Unterlagen, die zur Wertermittlung gedient haben, z. B. Rechnung, Gutachten, liegen vor.

Es wird bestätigt, dass die Zuwendung nur zur Förderung (Angabe des begünstigten Zwecks/der begünstigten Zwecke) verwendet wird.

Die Zuwendung wird

- ☐ von uns unmittelbar für den angegebenen Zweck verwendet.
- ☐ entsprechend den Angaben des Zuwendenden an .... weitergeleitet, die/der vom Finanzamt .... StNr. .... mit Freistellungsbescheid bzw. nach der Anlage zum Körperschaftsteuerbescheid vom .... von der Körperschaftsteuer und Gewerbesteuer befreit ist.
- ☐ entsprechend den Angaben des Zuwendenden an .... weitergeleitet, der/dem das Finanzamt .... StNr. .... mit Feststellungsbescheid vom .... die Einhaltung der satzungsmäßigen Voraussetzungen nach § 60a AO festgestellt hat.

(Ort, Datum und Unterschrift des Zuwendungsempfängers)

Hinweis:

Wer vorsätzlich oder grob fahrlässig eine unrichtige Zuwendungsbestätigung erstellt oder veranlasst, dass Zuwendungen nicht zu den in der Zuwendungsbestätigung angegebenen steuerbegünstigten Zwecken verwendet werden, haftet für die entgangene Steuer (§ 10b Abs. 4 EStG, § 9 Abs. 3 KStG, § 9 Nr. 5 GewStG).

Nur in den Fällen der Weiterleitung an steuerbegünstigte Körperschaften im Sinne von § 5 Abs. 1 Nr. 9 KStG:

Diese Bestätigung wird nicht als Nachweis für die steuerliche Berücksichtigung der Zuwendung anerkannt, wenn das Datum des Freistellungsbescheides länger als 5 Jahre bzw. das Datum der Feststellung der Einhaltung der satzungsmäßigen Voraussetzungen nach § 60a Abs. 1 AO länger als 3 Jahre seit Ausstellung des Bescheides zurückliegt (§ 63 Abs. 5 AO).

Muster für Zuwendungsbestätigungen

Aussteller (Bezeichnung und Anschrift der steuerbegünstigten Einrichtung)

Bestätigung über Geldzuwendungen/Mitgliedsbeitrag

im Sinne des § 10b des Einkommensteuergesetzes an eine der in § 5 Abs. 1 Nr. 9 des Körperschaftsteuergesetzes bezeichneten Körperschaften, Personenvereinigungen oder Vermögensmassen

Name und Anschrift des Zuwendenden:

Betrag der Zuwendung – in Ziffern –	– in Buchstaben –	Tag der Zuwendung:

Es handelt sich um den Verzicht auf Erstattung von Aufwendungen   Ja ☐   Nein ☐

☐ Wir sind wegen Förderung (Angabe des begünstigten Zwecks/der begünstigten Zwecke) .... nach dem Freistellungsbescheid bzw. nach der Anlage zum Körperschaftsteuerbescheid des Finanzamtes .... StNr. .... vom .... für den letzten Veranlagungszeitraum .... nach § 5 Abs. 1 Nr. 9 des Körperschaftsteuergesetzes von der Körperschaftsteuer und nach § 3 Nr. 6 des Gewerbesteuergesetzes von der Gewerbesteuer befreit.

☐ Die Einhaltung der satzungsmäßigen Voraussetzungen nach den §§ 51, 59, 60 und 61 AO wurde vom Finanzamt .... StNr. .... mit Bescheid vom .... nach § 60a AO gesondert festgestellt. Wir fördern nach unserer Satzung (Angabe des begünstigten Zwecks/der begünstigten Zwecke) ....

Es wird bestätigt, dass die Zuwendung nur zur Förderung (Angabe des begünstigten Zwecks/der begünstigten Zwecke) verwendet wird.

Nur für steuerbegünstigte Einrichtungen, bei denen die Mitgliedsbeiträge steuerlich nicht abziehbar sind:
☐ Es wird bestätigt, dass es sich nicht um einen Mitgliedsbeitrag handelt, dessen Abzug nach § 10b Abs. 1 des Einkommensteuergesetzes ausgeschlossen ist.

(Ort, Datum und Unterschrift des Zuwendungsempfängers)

Hinweis:

Wer vorsätzlich oder grob fahrlässig eine unrichtige Zuwendungsbestätigung erstellt oder veranlasst, dass Zuwendungen nicht zu den in der Zuwendungsbestätigung angegebenen steuerbegünstigten Zwecken verwendet werden, haftet für die entgangene Steuer (§ 10b Abs. 4 EStG, § 9 Abs. 3 KStG, § 9 Nr. 5 GewStG).

Diese Bestätigung wird nicht als Nachweis für die steuerliche Berücksichtigung der Zuwendung anerkannt, wenn das Datum des Freistellungsbescheides länger als 5 Jahre bzw. das Datum der Feststellung der Einhaltung der satzungsmäßigen Voraussetzungen nach § 60a Abs. 1 AO länger als 3 Jahre seit Ausstellung des Bescheides zurückliegt (§ 63 Abs. 5 AO).

Anhang 3   Zuwendungsbestätigungen

Aussteller (Bezeichnung und Anschrift der steuerbegünstigten Einrichtung)

Bestätigung über Sachzuwendungen

im Sinne des § 10b des Einkommensteuergesetzes an eine der in § 5 Abs. 1 Nr. 9 des Körperschaftsteuergesetzes bezeichneten Körperschaften, Personenvereinigungen oder Vermögensmassen

Name und Anschrift des Zuwendenden:

| Wert der Zuwendung – in Ziffern – | – in Buchstaben – | Tag der Zuwendung: |

Genaue Bezeichnung der Sachzuwendung mit Alter, Zustand, Kaufpreis usw.

☐ Die Sachzuwendung stammt nach den Angaben des Zuwendenden aus dem Betriebsvermögen. Die Zuwendung wurde nach dem Wert der Entnahme (ggf. mit dem niedrigeren gemeinen Wert) und nach der Umsatzsteuer, die auf die Entnahme entfällt, bewertet.

☐ Die Sachzuwendung stammt nach den Angaben des Zuwendenden aus dem Privatvermögen.

☐ Der Zuwendende hat trotz Aufforderung keine Angaben zur Herkunft der Sachzuwendung gemacht.

☐ Geeignete Unterlagen, die zur Wertermittlung gedient haben, z. B. Rechnung, Gutachten, liegen vor.

☐ Wir sind wegen Förderung (Angabe des begünstigten Zwecks/der begünstigten Zwecke) .... nach dem Freistellungsbescheid bzw. nach der Anlage zum Körperschaftsteuerbescheid des Finanzamtes .... StNr. .... vom .... für den letzten Veranlagungszeitraum .... nach § 5 Abs. 1 Nr. 9 des Körperschaftsteuergesetzes von der Körperschaftsteuer und nach § 3 Nr. 6 des Gewerbesteuergesetzes von der Gewerbesteuer befreit.

☐ Die Einhaltung der satzungsmäßigen Voraussetzungen nach den §§ 51, 59, 60 und 61 AO wurde vom Finanzamt .... StNr. .... mit Bescheid vom .... nach § 60a AO gesondert festgestellt. Wir fördern nach unserer Satzung (Angabe des begünstigten Zwecks/der begünstigten Zwecke) ....

Es wird bestätigt, dass die Zuwendung nur zur Förderung (Angabe des begünstigten Zwecks/der begünstigten Zwecke) verwendet wird.

(Ort, Datum und Unterschrift des Zuwendungsempfängers)

Hinweis:

Wer vorsätzlich oder grob fahrlässig eine unrichtige Zuwendungsbestätigung erstellt oder veranlasst, dass Zuwendungen nicht zu den in der Zuwendungsbestätigung angegebenen steuerbegünstigten Zwecken verwendet werden, haftet für die entgangene Steuer (§ 10b Abs. 4 EStG, § 9 Abs. 3 KStG, § 9 Nr. 5 GewStG).

Diese Bestätigung wird nicht als Nachweis für die steuerliche Berücksichtigung der Zuwendung anerkannt, wenn das Datum des Freistellungsbescheides länger als 5 Jahre bzw. das Datum der Feststellung der Einhaltung der satzungsmäßigen Voraussetzungen nach § 60a Abs. 1 AO länger als 3 Jahre seit Ausstellung des Bescheides zurückliegt (§ 63 Abs. 5 AO).

Muster für Zuwendungsbestätigungen

Bezeichnung und Anschrift der Partei

Bestätigung über Geldzuwendungen/Mitgliedsbeitrag
im Sinne des § 34g, § 10b des Einkommensteuergesetzes an politische Parteien im Sinne des Parteiengesetzes

Name und Anschrift des Zuwendenden:

Betrag der Zuwendung – in Ziffern –	– in Buchstaben –	Tag der Zuwendung:

Es handelt sich um den Verzicht auf Erstattung von Aufwendungen   Ja ☐   Nein ☐

Es wird bestätigt, dass diese Zuwendung ausschließlich für die satzungsgemäßen Zwecke verwendet wird.

(Ort, Datum, Unterschrift(en) und Funktion(en))

Hinweis:

Wer vorsätzlich oder grob fahrlässig eine unrichtige Zuwendungsbestätigung erstellt oder veranlasst, dass Zuwendungen nicht zu den in der Zuwendungsbestätigung angegebenen steuerbegünstigten Zwecken verwendet werden, haftet für die entgangene Steuer (§ 34g Satz 3, § 10b Abs. 4 EStG).

Anhang 3 Zuwendungsbestätigungen

Bezeichnung und Anschrift der Partei

Bestätigung über Sachzuwendungen

im Sinne des § 34g, § 10b des Einkommensteuergesetzes an politische Parteien im Sinne des Parteiengesetzes

---

Name und Anschrift des Zuwendenden:

Wert der Zuwendung – in Ziffern –	– in Buchstaben –	Tag der Zuwendung:

Genaue Bezeichnung der Sachzuwendung mit Alter, Zustand, Kaufpreis usw.

☐ Die Sachzuwendung stammt nach den Angaben des Zuwendenden aus dem Betriebsvermögen. Die Zuwendung wurde nach dem Wert der Entnahme (ggf. mit dem niedrigeren gemeinen Wert) und nach der Umsatzsteuer, die auf die Entnahme entfällt, bewertet.

☐ Die Sachzuwendung stammt nach den Angaben des Zuwendenden aus dem Privatvermögen.

☐ Der Zuwendende hat trotz Aufforderung keine Angaben zur Herkunft der Sachzuwendung gemacht.

☐ Geeignete Unterlagen, die zur Wertermittlung gedient haben, z. B. Rechnung, Gutachten, liegen vor.

Es wird bestätigt, dass diese Zuwendung ausschließlich für die satzungsgemäßen Zwecke verwendet wird.

(Ort, Datum, Unterschrift(en) und Funktion(en))

Hinweis:

Wer vorsätzlich oder grob fahrlässig eine unrichtige Zuwendungsbestätigung erstellt oder veranlasst, dass Zuwendungen nicht zu den in der Zuwendungsbestätigung angegebenen steuerbegünstigten Zwecken verwendet werden, haftet für die entgangene Steuer (§ 34g Satz 3, § 10b Abs. 4 EStG).

Muster für Zuwendungsbestätigungen

Bezeichnung und Anschrift der unabhängigen Wählervereinigung

Bestätigung über Geldzuwendungen/Mitgliedsbeitrag

im Sinne des § 34g des Einkommensteuergesetzes an unabhängige Wählervereinigungen

Name und Anschrift des Zuwendenden:

Betrag der Zuwendung – in Ziffern –	– in Buchstaben –	Tag der Zuwendung:

Es handelt sich um den Verzicht auf Erstattung von Aufwendungen   Ja ☐   Nein ☐

Wir sind ein   ☐ rechtsfähiger   ☐ nichtrechtsfähiger Verein ohne Parteicharakter

Der Zweck unseres Vereins ist ausschließlich darauf gerichtet, durch Teilnahme mit eigenen Wahlvorschlägen bei der politischen Willensbildung mitzuwirken, und zwar an Wahlen auf

☐ Bundesebene   ☐ Landesebene   ☐ Kommunalebene

Wir bestätigen, dass wir die Zuwendung nur für diesen Zweck verwenden werden.

☐ Wir sind mit mindestens einem Mandat im (Parlament/Rat) vertreten.

☐ Wir haben der Wahlbehörde/dem Wahlorgan der .... am .... angezeigt, dass wir uns an der .... (folgenden Wahl) .... am .... mit eigenen Wahlvorschlägen beteiligen werden.

☐ An der letzten .... (Wahl) .... am .... haben wir uns mit eigenen Wahlvorschlägen beteiligt.

☐ An der letzten oder einer früheren Wahl haben wir uns nicht mit eigenen Wahlvorschlägen beteiligt und eine Beteiligung der zuständigen Wahlbehörde/dem zuständigen Wahlorgan auch nicht angezeigt.

☐ Wir sind beim Finanzamt .... StNr. .... erfasst.

☐ Wir sind steuerlich nicht erfasst.

(Ort, Datum, Unterschrift(en) und Funktion(en))

Hinweis:

Wer vorsätzlich oder grob fahrlässig eine unrichtige Zuwendungsbestätigung erstellt oder veranlasst, dass Zuwendungen nicht zu den in der Zuwendungsbestätigung angegebenen steuerbegünstigten Zwecken verwendet werden, haftet für die entgangene Steuer (§ 34g Satz 3, § 10b Abs. 4 EStG).

Anhang 3 Zuwendungsbestätigungen

Bezeichnung und Anschrift der unabhängigen Wählervereinigung

Bestätigung über Sachzuwendungen

im Sinne des § 34g des Einkommensteuergesetzes an unabhängige Wählervereinigungen

Name und Anschrift des Zuwendenden:

Wert der Zuwendung – in Ziffern –	– in Buchstaben –	Tag der Zuwendung:

Genaue Bezeichnung der Sachzuwendung mit Alter, Zustand, Kaufpreis usw.

☐ Die Sachzuwendung stammt nach den Angaben des Zuwendenden aus dem Betriebsvermögen. Die Zuwendung wurde nach dem Wert der Entnahme (ggf. mit dem niedrigeren gemeinen Wert) und nach der Umsatzsteuer, die auf die Entnahme entfällt, bewertet.

☐ Die Sachzuwendung stammt nach den Angaben des Zuwendenden aus dem Privatvermögen.

☐ Der Zuwendende hat trotz Aufforderung keine Angaben zur Herkunft der Sachzuwendung gemacht.

☐ Geeignete Unterlagen, die zur Wertermittlung gedient haben, z. B. Rechnung, Gutachten, liegen vor.

Wir sind ein ☐ rechtsfähiger ☐ nichtrechtsfähiger Verein ohne Parteicharakter.

Der Zweck unseres Vereins ist ausschließlich darauf gerichtet, durch Teilnahme mit eigenen Wahlvorschlägen bei der politischen Willensbildung mitzuwirken, und zwar an Wahlen auf

☐ Bundesebene ☐ Landesebene ☐ Kommunalebene

Wir bestätigen, dass wir die Zuwendung nur für diesen Zweck verwenden werden.

☐ Wir sind mit mindestens einem Mandat im (Parlament/Rat) vertreten.

☐ Wir haben der Wahlbehörde/dem Wahlorgan der .... am .... angezeigt, dass wir uns an der .... (folgenden Wahl) .... am .... mit eigenen Wahlvorschlägen beteiligen werden.

☐ An der letzten .... (Wahl) .... am .... haben wir uns mit eigenen Wahlvorschlägen beteiligt.

☐ An der letzten oder einer früheren Wahl haben wir uns nicht mit eigenen Wahlvorschlägen beteiligt und eine Beteiligung der zuständigen Wahlbehörde/dem zuständigen Wahlorgan auch nicht angezeigt.

☐ Wir sind beim Finanzamt .... StNr. .... erfasst.

☐ Wir sind steuerlich nicht erfasst.

(Ort, Datum, Unterschrift(en) und Funktion(en))

Hinweis:

Wer vorsätzlich oder grob fahrlässig eine unrichtige Zuwendungsbestätigung erstellt oder veranlasst, dass Zuwendungen nicht zu den in der Zuwendungsbestätigung angegebenen steuerbegünstigten Zwecken verwendet werden, haftet für die entgangene Steuer (§ 34g Satz 3, § 10b Abs. 4 EStG).

Muster für Zuwendungsbestätigungen

Aussteller (Bezeichnung und Anschrift der inländischen Stiftung des öffentlichen Rechts)

Bestätigung über Geldzuwendungen

im Sinne des § 10b des Einkommensteuergesetzes an inländische Stiftungen des öffentlichen Rechts

Name und Anschrift des Zuwendenden:

Betrag der Zuwendung – in Ziffern –	– in Buchstaben –	Tag der Zuwendung:

Es wird bestätigt, dass die Zuwendung nur zur Förderung (Angabe des begünstigten Zwecks/der begünstigten Zwecke)
verwendet wird.

Es handelt sich um den Verzicht auf Erstattung von Aufwendungen   Ja ☐   Nein ☐

☐ Die Zuwendung erfolgte in das zu erhaltende Vermögen (Vermögensstock).

☐ Es handelt sich <u>nicht</u> um Zuwendungen in das verbrauchbare Vermögen einer Stiftung.

Die Zuwendung wird

☐ von uns unmittelbar für den angegebenen Zweck verwendet.

☐ entsprechend den Angaben des Zuwendenden an .... weitergeleitet, die/der vom Finanzamt .... StNr. .... mit Freistellungsbescheid bzw. nach der Anlage zum Körperschaftsteuerbescheid vom .... von der Körperschaft- und Gewerbesteuer befreit ist.

☐ entsprechend den Angaben des Zuwendenden an .... weitergeleitet, der/dem das Finanzamt .... StNr. .... mit Feststellungsbescheid vom .... die Einhaltung der satzungsmäßigen Voraussetzungen nach § 60a AO festgestellt hat.

_____

(Ort, Datum und Unterschrift des Zuwendungsempfängers)

Hinweis:

Wer vorsätzlich oder grob fahrlässig eine unrichtige Zuwendungsbestätigung erstellt oder veranlasst, dass Zuwendungen nicht zu den in der Zuwendungsbestätigung angegebenen steuerbegünstigten Zwecken verwendet werden, haftet für die entgangene Steuer (§ 10b Abs. 4 EStG, § 9 Abs. 3 KStG, § 9 Nr. 5 GewStG).

Nur in Fällen der Weiterleitung an steuerbegünstigte Körperschaften im Sinne von § 5 Abs. 1 Nr. 9 KStG:

Diese Bestätigung wird nicht als Nachweis für die steuerliche Berücksichtigung der Zuwendung anerkannt, wenn das Datum des Freistellungsbescheides länger als 5 Jahre bzw. das Datum der Feststellung der Einhaltung der satzungsmäßigen Voraussetzungen nach § 60a Abs. 1 AO länger als 3 Jahre seit Ausstellung des Bescheides zurückliegt (§ 63 Abs. 5 AO).

Anhang 3 Zuwendungsbestätigungen

Aussteller (Bezeichnung und Anschrift der inländischen Stiftung des öffentlichen Rechts)

Bestätigung über Sachzuwendungen
im Sinne des § 10b des Einkommensteuergesetzes an inländische Stiftungen des öffentlichen Rechts

Name und Anschrift des Zuwendenden:

| Wert der Zuwendung – in Ziffern – | – in Buchstaben – | Tag der Zuwendung: |

Genaue Bezeichnung der Sachzuwendung mit Alter, Zustand, Kaufpreis usw.

- ☐ Die Sachzuwendung stammt nach den Angaben des Zuwendenden aus dem Betriebsvermögen. Die Zuwendung wurde nach dem Wert der Entnahme (ggf. mit dem niedrigeren gemeinen Wert) und nach der Umsatzsteuer, die auf die Entnahme entfällt, bewertet.
- ☐ Die Sachzuwendung stammt nach den Angaben des Zuwendenden aus dem Privatvermögen.
- ☐ Der Zuwendende hat trotz Aufforderung keine Angaben zur Herkunft der Sachzuwendung gemacht.
- ☐ Geeignete Unterlagen, die zur Wertermittlung gedient haben, z. B. Rechnung, Gutachten, liegen vor.

Es wird bestätigt, dass die Zuwendung nur zur Förderung (Angabe des begünstigten Zwecks/der begünstigten Zwecke)

verwendet wird.

- ☐ Die Zuwendung erfolgte **in das zu erhaltende Vermögen (Vermögensstock)**.
- ☐ Es handelt sich <u>nicht</u> um Zuwendungen in das verbrauchbare Vermögen einer Stiftung.

Die Zuwendung wird
- ☐ von uns unmittelbar für den angegebenen Zweck verwendet.
- ☐ entsprechend den Angaben des Zuwendenden an .... weitergeleitet, die/der vom Finanzamt .... StNr. .... mit Freistellungsbescheid bzw. nach der Anlage zum Körperschaftsteuerbescheid vom .... von der Körperschaft- und Gewerbesteuer befreit ist.
- ☐ entsprechend den Angaben des Zuwendenden an .... weitergeleitet, der/dem das Finanzamt .... StNr. .... mit Feststellungsbescheid vom .... die Einhaltung der satzungsmäßigen Voraussetzungen nach § 60a AO festgestellt hat.

(Ort, Datum und Unterschrift des Zuwendungsempfängers)
Hinweis:
Wer vorsätzlich oder grob fahrlässig eine unrichtige Zuwendungsbestätigung erstellt oder veranlasst, dass Zuwendungen nicht zu den in der Zuwendungsbestätigung angegebenen steuerbegünstigten Zwecken verwendet werden, haftet für die entgangene Steuer (§ 10b Abs. 4 EStG, § 9 Abs. 3 KStG, § 9 Nr. 5 GewStG).

Nur in Fällen der Weiterleitung an steuerbegünstigte Körperschaften im Sinne von § 5 Abs. 1 Nr. 9 KStG:

Diese Bestätigung wird nicht als Nachweis für die steuerliche Berücksichtigung der Zuwendung anerkannt, wenn das Datum des Freistellungsbescheides länger als 5 Jahre bzw. das Datum der Feststellung der Einhaltung der satzungsmäßigen Voraussetzungen nach § 60a Abs. 1 AO länger als 3 Jahre seit Ausstellung des Bescheides zurückliegt (§ 63 Abs. 5 AO).

Muster für Zuwendungsbestätigungen

Aussteller (Bezeichnung und Anschrift der inländischen Stiftung des privaten Rechts)

Bestätigung über Geldzuwendungen
im Sinne des § 10b Einkommensteuergesetzes an inländische Stiftungen des privaten Rechts

Name und Anschrift des Zuwendenden:

Betrag der Zuwendung – in Ziffern –	– in Buchstaben –	Tag der Zuwendung:

Es handelt sich um den Verzicht auf Erstattung von Aufwendungen   Ja ☐   Nein ☐

☐ Wir sind wegen Förderung (Angabe des begünstigten Zwecks/der begünstigten Zwecke) .... nach dem Freistellungsbescheid bzw. nach der Anlage zum Körperschaftsteuerbescheid des Finanzamtes ...., StNr. ...., vom .... für den letzten Veranlagungszeitraum .... nach § 5 Abs. 1 Nr. 9 des Körperschaftsteuergesetzes von der Körperschaftsteuer und nach § 3 Nr. 6 des Gewerbesteuergesetzes von der Gewerbesteuer befreit.

☐ Die Einhaltung der satzungsmäßigen Voraussetzungen nach den §§ 51, 59, 60 und 61 AO wurde vom Finanzamt .... StNr. .... mit Bescheid vom .... nach § 60a AO gesondert festgestellt. Wir fördern nach unserer Satzung (Angabe des begünstigten Zwecks/der begünstigten Zwecke) ....

Es wird bestätigt, dass die Zuwendung nur zur Förderung (Angabe des begünstigten Zwecks/der begünstigten Zwecke) verwendet wird.

☐ Die Zuwendung erfolgte in das zu erhaltende Vermögen (Vermögensstock).

☐ Es handelt sich <u>nicht</u> um Zuwendungen in das verbrauchbare Vermögen einer Stiftung.

(Ort, Datum und Unterschrift des Zuwendungsempfängers)

Hinweis:

Wer vorsätzlich oder grob fahrlässig eine unrichtige Zuwendungsbestätigung erstellt oder veranlasst, dass Zuwendungen nicht zu den in der Zuwendungsbestätigung angegebenen steuerbegünstigten Zwecken verwendet werden, haftet für die entgangene Steuer (§ 10b Abs. 4 EStG, § 9 Abs. 3 KStG, § 9 Nr. 5 GewStG).

Diese Bestätigung wird nicht als Nachweis für die steuerliche Berücksichtigung der Zuwendung anerkannt, wenn das Datum des Freistellungsbescheides länger als 5 Jahre bzw. das Datum der Feststellung der Einhaltung der satzungsmäßigen Voraussetzungen nach § 60a Abs. 1 AO länger als 3 Jahre seit Ausstellung des Bescheides zurückliegt (§ 63 Abs. 5 AO).

Anhang 3 Zuwendungsbestätigungen

Aussteller (Bezeichnung und Anschrift der inländischen Stiftung des privaten Rechts)

Bestätigung über Sachzuwendungen
im Sinne des § 10b des Einkommensteuergesetzes an inländische Stiftungen des privaten Rechts

Name und Anschrift des Zuwendenden:

Wert der Zuwendung – in Ziffern –	– in Buchstaben –	Tag der Zuwendung:

Genaue Bezeichnung der Sachzuwendung mit Alter, Zustand, Kaufpreis usw.

- ☐ Die Sachzuwendung stammt nach den Angaben des Zuwendenden aus dem Betriebsvermögen. Die Zuwendung wurde nach dem Wert der Entnahme (ggf. mit dem niedrigeren gemeinen Wert) und nach der Umsatzsteuer, die auf die Entnahme entfällt, bewertet.
- ☐ Die Sachzuwendung stammt nach den Angaben des Zuwendenden aus dem Privatvermögen.
- ☐ Der Zuwendende hat trotz Aufforderung keine Angaben zur Herkunft der Sachzuwendung gemacht.
- ☐ Geeignete Unterlagen, die zur Wertermittlung gedient haben, z. B. Rechnung, Gutachten, liegen vor.
- ☐ Wir sind wegen Förderung (Angabe des begünstigten Zwecks/der begünstigten Zwecke) .... nach dem Freistellungsbescheid bzw. nach der Anlage zum Körperschaftsteuerbescheid des Finanzamtes .... StNr. ...., vom .... für den letzten Veranlagungszeitraum .... nach § 5 Abs. 1 Nr. 9 des Körperschaftsteuergesetzes von der Körperschaftsteuer und nach § 3 Nr. 6 des Gewerbesteuergesetzes von der Gewerbesteuer befreit.
- ☐ Die Einhaltung der satzungsmäßigen Voraussetzungen nach den §§ 51, 59, 60 und 61 AO wurde vom Finanzamt .... StNr. .... mit Bescheid vom .... nach § 60a AO gesondert festgestellt. Wir fördern nach unserer Satzung (Angabe des begünstigten Zwecks/der begünstigten Zwecke) ....

Es wird bestätigt, dass die Zuwendung nur zur Förderung (Angabe des begünstigten Zwecks/der begünstigten Zwecke) verwendet wird.

- ☐ Die Zuwendung erfolgte in das zu erhaltende Vermögen (Vermögensstock).
- ☐ Es handelt sich nicht um Zuwendungen in das verbrauchbare Vermögen einer Stiftung.

(Ort, Datum und Unterschrift des Zuwendungsempfängers)

Hinweis:

Wer vorsätzlich oder grob fahrlässig eine unrichtige Zuwendungsbestätigung erstellt oder veranlasst, dass Zuwendungen nicht zu den in der Zuwendungsbestätigung angegebenen steuerbegünstigten Zwecken verwendet werden, haftet für die entgangene Steuer (§ 10b Abs. 4 EStG, § 9 Abs. 3 KStG, § 9 Nr. 5 GewStG).

Diese Bestätigung wird nicht als Nachweis für die steuerliche Berücksichtigung der Zuwendung anerkannt, wenn das Datum des Freistellungsbescheides länger als 5 Jahre bzw. das Datum der Feststellung der Einhaltung der satzungsmäßigen Voraussetzungen nach § 60a Abs. 1 AO länger als 3 Jahre seit Ausstellung des Bescheides zurückliegt (§ 63 Abs. 5 AO).

Muster für Zuwendungsbestätigungen

Aussteller (Bezeichnung und Anschrift der steuerbegünstigten Einrichtung)

Sammelbestätigung über Geldzuwendungen/Mitgliedsbeiträge
im Sinne des § 10b des Einkommensteuergesetzes an eine der in § 5 Abs. 1 Nr. 9 des Körperschaftsteuergesetzes bezeichneten Körperschaften, Personenvereinigungen oder Vermögensmassen

Name und Anschrift des Zuwendenden:

Gesamtbetrag der Zuwendung – in Ziffern –	– in Buchstaben –	Zeitraum der Sammelbestätigung:

☐ Wir sind wegen Förderung (Angabe des begünstigten Zwecks/der begünstigten Zwecke) .... nach dem Freistellungsbescheid bzw. nach der Anlage zum Körperschaftsteuerbescheid des Finanzamtes .... StNr. .... vom .... für den letzten Veranlagungszeitraum .... nach § 5 Abs. 1 Nr. 9 des Körperschaftsteuergesetzes von der Körperschaftsteuer und nach § 3 Nr. 6 des Gewerbesteuergesetzes von der Gewerbesteuer befreit.

☐ Die Einhaltung der satzungsmäßigen Voraussetzungen nach den §§ 51, 59, 60 und 61 AO wurde vom Finanzamt .... StNr. .... mit Bescheid vom .... nach § 60a AO gesondert festgestellt. Wir fördern nach unserer Satzung (Angabe des begünstigten Zwecks/der begünstigten Zwecke) ....

Es wird bestätigt, dass die Zuwendung nur zur Förderung (Angabe des begünstigten Zwecks/der begünstigten Zwecke) verwendet wird.
Nur für steuerbegünstigte Einrichtungen, bei denen die Mitgliedsbeiträge steuerlich nicht abziehbar sind:
☐ Es wird bestätigt, dass es sich nicht um einen Mitgliedsbeitrag handelt, dessen Abzug nach § 10b Abs. 1 des Einkommensteuergesetzes ausgeschlossen ist.

Es wird bestätigt, dass über die in der Gesamtsumme enthaltenen Zuwendungen keine weiteren Bestätigungen, weder formelle Zuwendungsbestätigungen noch Beitragsquittungen oder Ähnliches ausgestellt wurden und werden.
Ob es sich um den Verzicht auf Erstattung von Aufwendungen handelt, ist der Anlage zur Sammelbestätigung zu entnehmen.

(Ort, Datum und Unterschrift des Zuwendungsempfängers)

Hinweis:
Wer vorsätzlich oder grob fahrlässig eine unrichtige Zuwendungsbestätigung erstellt oder veranlasst, dass Zuwendungen nicht zu den in der Zuwendungsbestätigung angegebenen steuerbegünstigten Zwecken verwendet werden, haftet für die entgangene Steuer (§ 10b Abs. 4 EStG, § 9 Abs. 3 KStG, § 9 Nr. 5 GewStG).

Diese Bestätigung wird nicht als Nachweis für die steuerliche Berücksichtigung der Zuwendung anerkannt, wenn das Datum des Freistellungsbescheides länger als 5 Jahre bzw. das Datum der Feststellung der Einhaltung der satzungsmäßigen Voraussetzungen nach § 60a Abs. 1 AO länger als 3 Jahre seit Ausstellung des Bescheides zurückliegt (§ 63 Abs. 5 AO).

Anhang 3 Zuwendungsbestätigungen

Anlage zur Sammelbestätigung

Datum der Zuwendung	Art der Zuwendung **(Geldzuwendung/ Mitgliedsbeitrag)**	Verzicht auf die Erstattung von Aufwendungen (ja/nein)	Betrag

Gesamtsumme _____ €

Muster für Zuwendungsbestätigungen

Bezeichnung und Anschrift der Partei

Sammelbestätigung über Geldzuwendungen/Mitgliedsbeiträge

im Sinne des § 34g, § 10b des Einkommensteuergesetzes an politische Parteien im Sinne des Parteiengesetzes

Name und Anschrift des Zuwendenden:

Gesamtbetrag der Zuwendung – in Ziffern –	– in Buchstaben –	Zeitraum der Sammelbestätigung:

Es wird bestätigt, dass diese Zuwendung ausschließlich für die satzungsmäßigen Zwecke verwendet wird.

Es wird bestätigt, dass über die in der Gesamtsumme enthaltenen Zuwendungen keine weiteren Bestätigungen, weder formelle Zuwendungsbestätigungen noch Beitragsquittungen oder Ähnliches ausgestellt wurden und werden.

Ob es sich um den Verzicht auf Erstattung von Aufwendungen handelt, ist der Anlage[1] zur Sammelbestätigung zu entnehmen.

(Ort, Datum, Unterschrift(en) und Funktion(en))

Hinweis:

Wer vorsätzlich oder grob fahrlässig eine unrichtige Zuwendungsbestätigung erstellt oder veranlasst, dass Zuwendungen nicht zu den in der Zuwendungsbestätigung angegebenen steuerbegünstigten Zwecken verwendet werden, haftet für die entgangene Steuer (§ 34g Satz 3, § 10b Abs. 4 EStG).

---

1 Muster der „Anlage zur Sammelbestätigung" siehe S. 830.

Anhang 3 Zuwendungsbestätigungen

Bezeichnung und Anschrift der unabhängigen Wählervereinigung

Sammelbestätigung über Geldzuwendungen/Mitgliedsbeiträge

im Sinne des § 34g des Einkommensteuergesetzes an unabhängige Wählervereinigungen

Name und Anschrift des Zuwendenden:

Gesamtbetrag der Zuwendung – in Ziffern –	– in Buchstaben –	Zeitraum der Sammelbestätigung:

Wir sind ein ☐ rechtsfähiger ☐ nichtrechtsfähiger Verein ohne Parteicharakter

Der Zweck unseres Vereins ist ausschließlich darauf gerichtet, durch Teilnahme mit eigenen Wahlvorschlägen bei der politischen Willensbildung mitzuwirken, und zwar an Wahlen auf

☐ Bundesebene ☐ Landesebene ☐ Kommunalebene

Wir bestätigen, dass wir die Zuwendung nur für diesen Zweck verwenden werden.

☐ Wir sind mit mindestens einem Mandat im (Parlament/Rat) vertreten.

☐ Wir haben der Wahlbehörde/dem Wahlorgan der .... am .... angezeigt, dass wir uns an der .... (folgenden Wahl) .... am .... mit eigenen Wahlvorschlägen beteiligen werden.

☐ An der letzten .... (Wahl) .... am .... haben wir uns mit eigenen Wahlvorschlägen beteiligt.

☐ An der letzten oder einer früheren Wahl haben wir uns nicht mit eigenen Wahlvorschlägen beteiligt und eine Beteiligung der zuständigen Wahlbehörde/dem zuständigen Wahlorgan auch nicht angezeigt.

☐ Wir sind beim Finanzamt .... StNr. .... erfasst.

☐ Wir sind steuerlich nicht erfasst.

Es wird bestätigt, dass über die in der Gesamtsumme enthaltenen Zuwendungen keine weiteren Bestätigungen, weder formelle Zuwendungsbestätigungen noch Beitragsquittungen oder Ähnliches ausgestellt wurden und werden.

Ob es sich um den Verzicht auf Erstattung von Aufwendungen handelt, ist der Anlage[1] zur Sammelbestätigung zu entnehmen.

(Ort, Datum, Unterschrift(en) und Funktion(en))

Hinweis:

Wer vorsätzlich oder grob fahrlässig eine unrichtige Zuwendungsbestätigung erstellt oder veranlasst, dass Zuwendungen nicht zu den in der Zuwendungsbestätigung angegebenen steuerbegünstigten Zwecken verwendet werden, haftet für die entgangene Steuer (§ 34g Satz 3, § 10b Abs. 4 EStG).

---

[1] Muster der „Anlage zur Sammelbestätigung" siehe S. 830.

Aussteller (Bezeichnung und Anschrift der inländischen Stiftung des privaten Rechts)

Sammelbestätigung über Geldzuwendungen
im Sinne des § 10b des Einkommensteuergesetzes an inländische Stiftungen des privaten Rechts

Name und Anschrift des Zuwendenden:

Gesamtbetrag der Zuwendung – in Ziffern –	– in Buchstaben –	Zeitraum der Sammelbestätigung:

☐ Wir sind wegen Förderung (Angabe des begünstigten Zwecks/der begünstigten Zwecke) .... nach dem Freistellungsbescheid bzw. nach der Anlage zum Körperschaftsteuerbescheid des Finanzamtes .... StNr. .... vom .... für den letzten Veranlagungszeitraum .... nach § 5 Abs. 1 Nr. 9 des Körperschaftsteuergesetzes von der Körperschaftsteuer und nach § 3 Nr. 6 des Gewerbesteuergesetzes von der Gewerbesteuer befreit.

☐ Die Einhaltung der satzungsmäßigen Voraussetzungen nach den §§ 51, 59, 60 und 61 AO wurde vom Finanzamt .... StNr. .... mit Bescheid vom .... nach § 60a AO gesondert festgestellt. Wir fördern nach unserer Satzung (Angabe des begünstigten Zwecks/der begünstigten Zwecke) ....

Es wird bestätigt, dass die Zuwendung nur zur Förderung (Angabe des begünstigten Zwecks/der begünstigten Zwecke) verwendet wird.

☐ Es handelt sich <u>nicht</u> um Zuwendungen in das verbrauchbare Vermögen einer Stiftung.

Es wird bestätigt, dass über die in der Gesamtsumme enthaltenen Zuwendungen keine weiteren Bestätigungen, weder formelle Zuwendungsbestätigungen noch Beitragsquittungen oder Ähnliches ausgestellt wurden und werden.

Ob es sich um den Verzicht auf Erstattung von Aufwendungen handelt, ist der Anlage[1] zur Sammelbestätigung zu entnehmen.

Ob die Zuwendung in das zu erhaltende Vermögen (Vermögensstock) erfolgt ist, ist der Anlage zur Sammelbestätigung zu entnehmen.

(Ort, Datum und Unterschrift des Zuwendungsempfängers)

Hinweis:

Wer vorsätzlich oder grob fahrlässig eine unrichtige Zuwendungsbestätigung erstellt oder veranlasst, dass Zuwendungen nicht zu den in der Zuwendungsbestätigung angegebenen steuerbegünstigten Zwecken verwendet werden, haftet für die entgangene Steuer (§ 10b Abs. 4 EStG, § 9 Abs. 3 KStG, § 9 Nr. 5 GewStG).

Diese Bestätigung wird nicht als Nachweis für die steuerliche Berücksichtigung der Zuwendung anerkannt, wenn das Datum des Freistellungsbescheides länger als 5 Jahre bzw. das Datum der Feststellung der Einhaltung der satzungsmäßigen Voraussetzungen nach § 60a Abs. 1 AO länger als 3 Jahre seit Ausstellung des Bescheides zurückliegt (§ 63 Abs. 5 AO).

---

[1] Muster der „Anlage zur Sammelbestätigung" siehe S. 830.

Anhang 4 Bescheide nach § 60a AO

Finanzverwaltung NRW 48124 Münster

Oberfinanzdirektion
Nordrhein-Westfalen

Auskunft erteilt
Frau/Herr Muster

Musterverein e. V.
Musterstraße 123
12345 Musterstadt

Durchwahl-Nr.
1234

Zimmer
567

Steuernummer / Aktenzeichen
123/4567/8910

Datum
01.08.2014

Für neu gegründete Körperschaften

Bescheid nach § 60a Abs. 1 AO
über die gesonderte Feststellung der Einhaltung der satzungsmäßigen Voraussetzungen nach den §§ 51, 59, 60 und 61 AO

Zutreffendes ist ☒ angekreuzt

A. Feststellung

Die Satzung der ☐ vorgenannten Körperschaft ☐ Körperschaft

_____
(Bezeichnung der Körperschaft)

in der Fassung vom _____ (zuletzt geändert am _____) erfüllt die satzungsmäßigen Voraussetzungen nach den §§ 51, 59, 60 und 61 AO.

B. Hinweise zur Feststellung

Eine Anerkennung, dass die tatsächliche Geschäftsführung (§ 63 AO) den für die Anerkennung der Steuerbegünstigung notwendigen Erfordernissen entspricht, ist mit dieser Feststellung nicht verbunden.

Diese Feststellung bindet das Finanzamt hinsichtlich der Besteuerung der Körperschaft und der Steuerpflichtigen, die Zuwendungen in Form von Spenden und Mitgliedsbeiträgen an die Körperschaft erbringen (§ 60a Abs. 1 Satz 2 AO). Die Bindungswirkung dieser Feststellung entfällt ab dem Zeitpunkt, in dem die Rechtsvorschriften, auf denen die Feststellung beruht, aufgehoben oder geändert werden (§ 60a Abs. 3 AO). Tritt bei der für die Feststellung erheblichen Verhältnissen eine Änderung ein, ist die Feststellung mit Wirkung vom Zeitpunkt der Änderung der Verhältnisse aufzuheben (§ 60a Abs. 4 AO).

Bitte beachten Sie, dass die Inanspruchnahme der Steuervergünstigungen auch von der tatsächlichen Geschäftsführung abhängt, die der Nachprüfung durch das Finanzamt – ggf. im Rahmen einer Außenprüfung – unterliegt. Die tatsächliche Geschäftsführung muss auf die ausschließliche und unmittelbare Erfüllung der steuerbegünstigten Zwecke gerichtet sein und den Bestimmungen der Satzung entsprechen.

Dies muss durch ordnungsmäßige Aufzeichnungen (insbesondere Aufstellung der Einnahmen und Ausgaben, Tätigkeitsbericht, Vermögensübersicht mit Nachweisen über Bildung und Entwicklung der Rücklagen) nachgewiesen werden (§ 63 AO). Über die Steuervergünstigungen nach den einzelnen Steuergesetzen wird im Rahmen des Veranlagungsverfahrens entschieden.

In jedem Falle ist die Körperschaft insoweit ertragsteuerpflichtig, als sie einen wirtschaftlichen Geschäftsbetrieb unterhält, der kein Zweckbetrieb ist. Soweit Körperschaftsteuerpflicht gegeben ist, besteht im gleichen Umfang Gewerbesteuerpflicht. Durch die Gewährung der Steuerbefreiung von der Körperschaft- und Gewerbesteuer wird die Umsatzsteuerpflicht grundsätzlich nicht berührt.

Bei Beschäftigung von Arbeitnehmern sind Lohnsteuer, Solidaritätszuschlag und ggf. Kirchensteuer einzubehalten und an das Finanzamt abzuführen.

Dienstgebäude	Telefon	Ld Bk Hess-Thür. Gz. Dus
Andreas-Hofer-Str. 50	0251 934-0	KtoNr. 1683875 BLZ 30050000
48145 Münster	Telefax	IBAN DE59 3005 0000 0001 6835 15
www.finanzamt.nrw.de	0800 10092675300	BIC WELADEDDXXX

IBAN
BIC

Öffentliche Verkehrsmittel: Linie 14 bis Haltestelle Andreas-Hofer-Straße o. Linie 11 bis Haltestelle Liboristraße

Gem 7/8 - Feststellung der satzungsgemäßen Voraussetzungen für neu gegründete Körperschaften   Seite 1
Nr. 742/085 (10.13) OFD Rh St 15

Feststellungsbescheid – neu gegründete Körperschaften

Steuernummer

C. Rechtsbehelfsbelehrung

Gegen diesen Feststellungsbescheid ist der Einspruch gegeben. Ein Einspruch ist jedoch ausgeschlossen, soweit dieser Bescheid einen Verwaltungsakt ändert oder ersetzt, gegen den ein zulässiger Einspruch oder (nach einem zulässigen Einspruch) eine zulässige Klage, Revision oder Nichtzulassungsbeschwerde anhängig ist. In diesem Fall wird der neue Verwaltungsakt Gegenstand des Rechtsbehelfsverfahrens.

Der Einspruch ist bei dem oben genannten Finanzamt schriftlich einzureichen, diesem elektronisch zu übermitteln oder dort zur Niederschrift zu erklären.

Die Frist für die Einlegung des Einspruchs beträgt **einen Monat**. Sie beginnt mit Ablauf des Tages, an dem Ihnen dieser Bescheid bekanntgegeben worden ist. Bei Zusendung durch einfachen Brief oder Zustellung mittels Einschreiben durch Übergabe gilt die Bekanntgabe mit dem dritten Tag nach Aufgabe zur Post als bewirkt, es sei denn, dass der Bescheid zu einem späteren Zeitpunkt zugegangen ist. Bei Zustellung mit Zustellungsurkunde oder mittels Einschreiben mit Rückschein oder gegen Empfangsbekenntnis ist der Tag der Bekanntgabe der Tag der Zustellung.

D. Hinweise zum Kapitalertragsteuerabzug

Bei Kapitalerträgen, die bis zum 31. 12.   zufließen, reicht für die Abstandnahme vom Kapitalertragsteuerabzug nach § 44a Abs. 4, 7 und 10 Satz 1 Nr. 3 EStG die Vorlage dieses Feststellungsbescheides oder die Überlassung einer amtlich beglaubigten Kopie dieses Feststellungsbescheides aus. Das Gleiche gilt bis zum o. a. Zeitpunkt für die Erstattung von Kapitalertragsteuer nach § 44b Abs. 6 EStG durch das depotführende Kredit- oder Finanzdienstleistungsinstitut.

Die Vorlage dieses Feststellungsbescheides ist unzulässig, wenn die Erträge in einem wirtschaftlichen Geschäftsbetrieb anfallen, für den die Befreiung von der Körperschaftsteuer ausgeschlossen ist.

E. Hinweise zur Steuerbegünstigung

Die Körperschaft fördert nach ihrer Satzung
☐ mildtätige   ☐ kirchliche   Zwecke

☐ folgende gemeinnützige Zwecke:

_____
(§ 52 Abs. 2 Satz 1 Nr.(n)   AO)

_____
(§ 52 Abs. 2 Satz 1 Nr.(n)   AO)

_____
(§ 52 Abs. 2 Satz 1 Nr.(n)   AO)

_____
(§ 52 Abs. 2 Satz 2 AO)

F. Hinweise zur Ausstellung von Zuwendungsbestätigungen

Zuwendungsbestätigungen für Spenden
Die Körperschaft ist berechtigt, für Spenden, die ihr zur Verwendung für diese Zwecke zugewendet werden, Zuwendungsbestätigungen nach amtlich vorgeschriebenem Vordruck (§ 50 Abs. 1 EStDV) auszustellen. Die amtlichen Muster für die Ausstellung steuerlicher Zuwendungsbestätigungen stehen im Internet unter https://www.formulare-bfinv.de als ausfüllbare Formulare zur Verfügung.

Zuwendungsbestätigungen für Mitgliedsbeiträge
☐ Die Körperschaft ist berechtigt, für Mitgliedsbeiträge Zuwendungsbestätigungen nach amtlich vorgeschriebenem Vordruck (§ 50 Abs. 1 EStDV) auszustellen.

☐ Die Körperschaft ist **nicht** berechtigt, für Mitgliedsbeiträge Zuwendungsbestätigungen nach amtlich vorgeschriebenem Vordruck (§ 50 Abs. 1 EStDV) auszustellen, weil Zwecke i. S. des § 10b Abs. 1 Satz 8 EStG gefördert werden.

Zuwendungsbestätigungen für Spenden und ggf. Mitgliedsbeiträge i. S. des § 50 Abs. 1 EStDV dürfen nur ausgestellt werden, wenn das Datum dieses Feststellungsbescheides nicht länger als drei Kalenderjahre zurückliegt und bisher kein Freistellungsbescheid oder keine Freistellung mittels Anlage zum Körperschaftsteuerbescheid erteilt wurden. Die Frist ist taggenau zu berechnen (§ 63 Abs. 5 AO).

G. Haftung bei unrichtigen Zuwendungsbestätigungen

Wer vorsätzlich oder grob fahrlässig eine unrichtige Zuwendungsbestätigung ausstellt oder veranlasst, dass Zuwendungen nicht zu den in der Zuwendungsbestätigung angegebenen steuerbegünstigten Zwecken verwendet werden, haftet für die entgangene Steuer.

Dabei wird die entgangene Einkommensteuer oder Körperschaftsteuer mit 30%, die entgangene Gewerbesteuer pauschal mit 15% der Zuwendung angesetzt (§ 10b Abs. 4 EStG, § 9 Abs. 3 KStG, § 9 Nr. 5 GewStG).

Anhang 4 Bescheide nach § 60a AO

Steuernummer

H. Begründung und Nebenbestimmung

Abkürzungen: AO = Abgabenordnung, BStBl = Bundessteuerblatt, EStG = Einkommensteuergesetz, EStDV = Einkommensteuer-Durchführungsverordnung, GewStG = Gewerbesteuergesetz, KStG = Körperschaftsteuergesetz

Seite 3

Feststellungsbescheid – bestehende Körperschaften

Finanzverwaltung NRW 48124 Münster

Oberfinanzdirektion
Nordrhein-Westfalen

Auskunft erteilt
Frau/Herr Muster

	Durchwahl-Nr.	Zimmer
Musterverein e. V.	1234	567
Musterstraße 123		
12345 Musterstadt		

Steuernummer / Aktenzeichen	Datum
123/4567/8910	01.08.2014

Für bestehende Körperschaften

**Bescheid nach § 60a Abs. 1 AO
über die gesonderte Feststellung der Einhaltung der satzungsmäßigen
Voraussetzungen nach den §§ 51, 59, 60 und 61 AO**

Zutreffendes ist ☒ angekreuzt

A. Feststellung

Die Satzung der ☐ vorgenannten Körperschaft ☐ Körperschaft

_____
(Bezeichnung der Körperschaft)

in der Fassung vom   (zuletzt geändert am   ) erfüllt die satzungsmäßigen Voraussetzungen nach den §§ 51, 59, 60 und 61 AO.

B. Hinweise zur Feststellung

Eine Anerkennung, dass die tatsächliche Geschäftsführung (§ 63 AO) den für die Anerkennung der Steuerbegünstigung notwendigen Erfordernissen entspricht, ist mit dieser Feststellung nicht verbunden.

Diese Feststellung bindet das Finanzamt hinsichtlich der Besteuerung der Körperschaft und der Steuerpflichtigen, die Zuwendungen in Form von Spenden und Mitgliedsbeiträgen an die Körperschaft erbringen (§ 60a Abs. 1 Satz 2 AO). Die Bindungswirkung dieser Feststellung entfällt ab dem Zeitpunkt, in dem die Rechtsvorschriften, auf denen die Feststellung beruht, aufgehoben oder geändert werden (§ 60a Abs. 3 AO). Tritt bei den für die Feststellung erheblichen Verhältnissen eine Änderung ein, ist die Feststellung mit Wirkung vom Zeitpunkt der Änderung der Verhältnisse aufzuheben (§ 60a Abs. 4 AO).

Bitte beachten Sie, dass die Inanspruchnahme der Steuervergünstigungen auch von der tatsächlichen Geschäftsführung abhängt, die der Nachprüfung durch das Finanzamt – ggf. im Rahmen einer Außenprüfung – unterliegt. Die tatsächliche Geschäftsführung muss auf die ausschließliche und unmittelbare Erfüllung der steuerbegünstigten Zwecke gerichtet sein und den Bestimmungen der Satzung entsprechen.

Dies muss durch ordnungsmäßige Aufzeichnungen (insbesondere Aufstellung der Einnahmen und Ausgaben, Tätigkeitsbericht, Vermögensübersicht mit Nachweisen über Bildung und Entwicklung der Rücklagen) nachgewiesen werden (§ 63 AO). Über die Steuervergünstigungen nach den einzelnen Steuergesetzen wird im Rahmen des Veranlagungsverfahrens entschieden.

In jedem Falle ist die Körperschaft insoweit ertragsteuerpflichtig, als sie einen wirtschaftlichen Geschäftsbetrieb unterhält, der kein Zweckbetrieb ist. Soweit Körperschaftsteuerpflicht gegeben ist, besteht im gleichen Umfang Gewerbesteuerpflicht. Durch die Gewährung der Steuerbefreiung von der Körperschaft- und Gewerbesteuer wird die Umsatzsteuerpflicht grundsätzlich nicht berührt.

Bei Beschäftigung von Arbeitnehmern sind Lohnsteuer, Solidaritätszuschlag und ggf. Kirchensteuer einzubehalten und an das Finanzamt abzuführen.

Dienstgebäude	Telefon		Ld Bk Hess-Thür, Gz, Dus
Andreas-Hofer-Str. 50	0251 934-0		KtoNr. 1683515 BLZ 30050000
48145 Münster	Telefax		IBAN DE59 3005 0000 0001 6835 15
www.finanzamt.nrw.de	0800 10092675300		BIC WELADEDDXXX
			IBAN
			BIC

Öffentliche Verkehrsmittel: Linie 14 bis Haltestelle Andreas-Hofer-Straße o. Linie 11 bis Haltestelle Liboristraße

Gem 9/10 - Feststellung der satzungsgemäßen Voraussetzungen für bestehende Körperschaften
Nr. 742/086 (10.13) OFD Rh St 15

Anhang 4 Bescheide nach § 60a AO

Steuernummer 123/4567/8910

Für Körperschaften, die bisher nicht nach § 5 Abs. 1 Nr. 9 KStG sowie § 3 Nr. 6 GewStG steuerbefreit waren, gilt Folgendes:

☐ Die Steuerbefreiungen nach § 5 Abs. 1 Nr. 9 KStG sowie § 3 Nr. 6 GewStG können aufgrund des § 60 Abs. 2 AO frühestens ab dem 01. 01. _____ zur Anwendung kommen.

C. Rechtsbehelfsbelehrung

Gegen diesen Feststellungsbescheid ist der Einspruch gegeben. Ein Einspruch ist jedoch ausgeschlossen, soweit dieser Bescheid einen Verwaltungsakt ändert oder ersetzt, gegen den ein zulässiger Einspruch oder (nach einem zulässigen Einspruch) eine zulässige Klage, Revision oder Nichtzulassungsbeschwerde anhängig ist. In diesem Fall wird der neue Verwaltungsakt Gegenstand des Rechtsbehelfsverfahrens.

Der Einspruch ist bei dem oben genannten Finanzamt schriftlich einzureichen, diesem elektronisch zu übermitteln oder dort zur Niederschrift zu erklären.

Die Frist für die Einlegung des Einspruchs beträgt **einen Monat**. Sie beginnt mit Ablauf des Tages, an dem Ihnen dieser Bescheid bekanntgegeben worden ist. Bei Zusendung durch einfachen Brief oder Zustellung mittels Einschreiben durch Übergabe gilt die Bekanntgabe mit dem dritten Tag nach Aufgabe zur Post als bewirkt, es sei denn, dass der Bescheid zu einem späteren Zeitpunkt zugegangen ist. Bei Zustellung mit Zustellungsurkunde oder mittels Einschreiben mit Rückschein oder gegen Empfangsbekenntnis ist der Tag der Bekanntgabe der Tag der Zustellung.

☐
D. Hinweise zum Kapitalertragsteuerabzug

Bei Kapitalerträgen, die bis zum 31. 12. _____ zufließen, reicht für die Abstandnahme vom Kapitalertragsteuerabzug nach § 44a Abs. 4, 7 und 10 Satz 1 Nr. 3 EStG die Vorlage dieses Feststellungsbescheides oder die Überlassung einer amtlich beglaubigten Kopie dieses Feststellungsbescheides aus. Das Gleiche gilt bis zum o. a. Zeitpunkt für die Erstattung von Kapitalertragsteuer nach § 44b Abs. 6 EStG durch das depotführende Kredit- oder Finanzdienstleistungsinstitut.

Die Vorlage dieses Feststellungsbescheides ist unzulässig, wenn die Erträge in einem wirtschaftlichen Geschäftsbetrieb anfallen, für den die Befreiung von der Körperschaftsteuer ausgeschlossen ist.

Für Körperschaften, die bisher nicht nach § 5 Abs. 1 Nr. 9 KStG sowie § 3 Nr. 6 GewStG steuerbefreit waren, gilt Folgendes:

☐ eine Abstandnahme vom Kapitalertragsteuerabzug darf erst für Erträge vorgenommen werden, die ab dem 01. 01. _____ zufließen (siehe unter Punkt B. Hinweise zur Feststellung).

☐
E. Hinweise zur Steuerbegünstigung

Die Körperschaft fördert nach ihrer Satzung

☐ mildtätige   ☐ kirchliche   Zwecke

☐ folgende gemeinnützige Zwecke:

_____
(§ 52 Abs. 2 Satz 1 Nr.(n) _____ AO)

_____
(§ 52 Abs. 2 Satz 1 Nr.(n) _____ AO)

_____
(§ 52 Abs. 2 Satz 1 Nr.(n) _____ AO)

_____
(§ 52 Abs. 2 Satz 2 AO)

☐
F. Hinweise zur Ausstellung von Zuwendungsbestätigungen

Zuwendungsbestätigungen für Spenden
Die Körperschaft ist berechtigt, für Spenden, die ihr zur Verwendung für diese Zwecke zugewendet werden, Zuwendungsbestätigungen nach amtlich vorgeschriebenem Vordruck (§ 50 Abs. 1 EStDV) auszustellen. Die amtlichen Muster für die Ausstellung steuerlicher Zuwendungsbestätigungen stehen im Internet unter https://www.formulare-bfinv.de als ausfüllbare Formulare zur Verfügung.

Zuwendungsbestätigungen für Mitgliedsbeiträge

☐ Die Körperschaft ist berechtigt, für Mitgliedsbeiträge Zuwendungsbestätigungen nach amtlich vorgeschriebenem Vordruck (§ 50 Abs. 1 EStDV) auszustellen.

☐ Die Körperschaft ist nicht berechtigt, für Mitgliedsbeiträge Zuwendungsbestätigungen nach amtlich vorgeschriebenem Vordruck (§ 50 Abs. 1 EStDV) auszustellen, weil Zwecke i. S. des § 10b Abs. 1 Satz 8 EStG gefördert werden.

Zuwendungsbestätigungen für Spenden und ggf. Mitgliedsbeiträge i. S. des § 50 Abs. 1 EStDV dürfen nur ausgestellt werden, wenn das Datum dieses Feststellungsbescheides nicht länger als drei Kalenderjahre zurückliegt und kein Freistellungsbescheid oder keine Freistellung mittels Anlage zum Körperschaftsteuerbescheid erteilt wurden. Die Frist ist taggenau zu berechnen (§ 63 Abs. 5 AO).

Für Körperschaften, die bisher nicht nach § 5 Abs. 1 Nr. 9 KStG sowie § 3 Nr. 6 GewStG steuerbefreit waren, gilt Folgendes:

☐ Zuwendungsbestätigungen dürfen erst für ab dem 01. 01. _____ erhaltene Zuwendungen ausgestellt werden. (siehe unter Punkt B. Hinweise zur Feststellung). Zu den Rechtsfolgen bei unrichtigen Zuwendungsbestätigungen vgl. unter

Seite 2

Ablehnungsbescheid

Steuernummer 123/4567/8910

Punkt „Haftung bei unrichtigen Zuwendungsbestätigungen"

☐
G. Hinweis zum Kapitalertragsteuerabzug, zur Steuerbegünstigung und/oder zur Ausstellung von Zuwendungsbestätigungen

Hinsichtlich der Abstandnahme vom Kapitalertragsteuerabzug, der Steuerbegünstigung und/oder zur Ausstellung von Zuwendungsbestätigungen wird auf den letzten gültigen Freistellungsbescheid bzw. die Anlage zum letzten gültigen Körperschaftsteuerbescheid verwiesen.

H. Haftung bei unrichtigen Zuwendungsbestätigungen

Wer vorsätzlich oder grob fahrlässig eine unrichtige Zuwendungsbestätigung ausstellt oder veranlasst, dass Zuwendungen nicht zu den in der Zuwendungsbestätigung angegebenen steuerbegünstigten Zwecken verwendet werden, haftet für die entgangene Steuer.
Dabei wird die entgangene Einkommensteuer oder Körperschaftsteuer mit 30%, die entgangene Gewerbesteuer pauschal mit 15% der Zuwendung angesetzt (§ 10b Abs. 4 EStG, § 9 Abs. 3 KStG, § 9 Nr. 5 GewStG).

I. Begründung und Nebenbestimmung

Abkürzungen: AO = Abgabenordnung, BStBl = Bundessteuerblatt, EStG = Einkommensteuergesetz, EStDV = Einkommensteuer-Durchführungsverordnung, GewStG = Gewerbesteuergesetz, KStG = Körperschaftsteuergesetz

Anhang 4 Bescheide nach § 60a AO

Oberfinanzdirektion
Nordrhein-Westfalen

Finanzverwaltung NRW 48124 Münster

Auskunft erteilt
Frau/Herr Muster

Musterverein e. V.
Musterstraße 123
12345 Musterstadt

Durchwahl-Nr.
1234

Zimmer
567

Steuernummer / Aktenzeichen
123/4567/8910

Datum

01.08.2014

Bescheid über die Ablehnung einer gesonderten Feststellung der Einhaltung der satzungsmäßigen Voraussetzungen nach § 60a Abs. 1 AO

Zutreffendes ist ☒ angekreuzt

A. Feststellung

Dem Antrag vom   auf Feststellung der Einhaltung der satzungsmäßigen Voraussetzungen nach den §§ 51, 59, 60 und 61 AO wird **nicht** entsprochen.
☐ Die vorgenannte Körperschaft   ☐ Die Körperschaft

_____
(Bezeichnung der Körperschaft)

erfüllt mit ihrer Satzung in der Fassung vom   **nicht** die satzungsmäßigen Voraussetzungen nach den §§ 51, 59, 60 und 61 AO.

B. Begründung

C. Rechtsbehelfsbelehrung

Gegen diesen Bescheid ist der Einspruch gegeben. Ein Einspruch ist jedoch ausgeschlossen, soweit dieser Bescheid einen Verwaltungsakt ändert oder ersetzt, gegen den ein zulässiger Einspruch oder (nach einem zulässigen Einspruch) eine zulässige Klage, Revision oder Nichtzulassungsbeschwerde anhängig ist. In diesem Fall wird der neue Verwaltungsakt Gegenstand des Rechtsbehelfsverfahrens.
Der Einspruch ist bei dem oben genannten Finanzamt schriftlich einzureichen, diesem elektronisch zu übermitteln oder dort zur Niederschrift zu erklären.
Die Frist für die Einlegung des Einspruchs beträgt **einen Monat**. Sie beginnt mit Ablauf des Tages, an dem Ihnen dieser Bescheid bekanntgegeben worden ist. Bei Zusendung durch einfachen Brief oder Zustellung mittels Einschreiben durch Übergabe gilt die Bekanntgabe mit dem dritten Tag nach Aufgabe zur Post als bewirkt, es sei denn, dass der Bescheid zu einem späteren Zeitpunkt zugegangen ist. Bei Zustellung mit Zustellungsurkunde oder mittels Einschreiben mit Rückschein oder gegen Empfangsbekenntnis ist der Tag der Bekanntgabe der Tag der Zustellung.

Dienstgebäude
Andreas-Hofer-Str. 50
48145 Münster
www.finanzamt.nrw.de

Telefon
0251 934-0
Telefax
0800 10092675300

Ld Bk Hess-Thür. Gz. Dus
KtoNr. 1683515   BLZ 30050000
IBAN DE59 3005 0000 0001 6835 15
BIC WELADEDDXXX

IBAN
BIC

Öffentliche Verkehrsmittel: Linie 14 bis Haltestelle Andreas-Hofer-Straße o. Linie 11 bis Haltestelle Liboristraße
Gem 11/12 - Ablehnung einer gesonderten Feststellung nach § 60a AO
Nr. 742/087 (06.13) OFD Rh St 15

Seite 1

Aufhebungsbescheid

Steuernummer

D. Hinweise

Die Körperschaft ist **nicht** berechtigt, für Spenden und Mitgliedsbeiträge Zuwendungsbestätigungen i. S. des § 50 Abs. 1 EStDV auszustellen.
Auf haftungsrechtliche Konsequenzen nach § 10b Abs. 4 EStG, § 9 Abs. 3 KStG, § 9 Nr. 5 GewStG wird hingewiesen.

Abkürzungen: AO = Abgabenordnung, BStBl = Bundessteuerblatt, EStG = Einkommensteuergesetz, EStDV = Einkommensteuer-Durchführungsverordnung, GewStG = Gewerbesteuergesetz, KStG = Körperschaftsteuergesetz

Anhang 4 Bescheide nach § 60a AO

Oberfinanzdirektion
Nordrhein-Westfalen

Finanzverwaltung NRW 48124 Münster

Auskunft erteilt
Frau/Herr Muster

Musterverein e. V.
Musterstraße 123
12345 Musterstadt

Durchwahl-Nr.	Zimmer
1234	567

Steuernummer / Aktenzeichen
123/4567/8910

Datum
01.08.2014

**Bescheid nach § 60a Abs. 4 oder Abs. 5 AO
über die Aufhebung einer gesonderten Feststellung der Einhaltung der satzungsmäßigen Voraussetzungen nach den §§ 51, 59, 60 und 61 AO**

Zutreffendes ist ☒ angekreuzt

A. Aufhebung der gesonderten Feststellung

☐ Der Bescheid über die gesonderte Feststellung der Einhaltung der satzungsmäßigen Voraussetzungen nach den §§ 51, 59, 60 und 61 AO vom   wird aufgehoben mit Wirkung ab:

☐   (Zeitpunkt der Änderung der Verhältnisse – § 60a Abs. 4 AO).

☐ 01.01. (Kalenderjahr, das auf die Aufhebung der Feststellung folgt – § 60a Abs. 5 AO).

☐ Die vorgenannte Körperschaft   ☐ Die Körperschaft

(Bezeichnung der Körperschaft)

erfüllt mit ihrer Satzung in der Fassung vom   nicht mehr die satzungsmäßigen Voraussetzungen nach den §§ 51, 59, 60 und 61 AO. Wegen der Änderung der bei den für die Feststellung erheblichen Verhältnissen wird der Feststellungsbescheid daher nach § 60a Abs. 4 AO aufgehoben.

☐ Der für die ☐ vorgenannte Körperschaft   ☐ Körperschaft

(Bezeichnung der Körperschaft)

mit Datum vom   erteilte Bescheid über die Einhaltung der satzungsmäßigen Voraussetzungen enthält einen materiellen Fehler. Der Feststellungsbescheid wird daher nach § 60a Abs. 5 AO aufgehoben.

B. Begründung

Dienstgebäude
Andreas-Hofer-Str. 50
48145 Münster
www.finanzamt.nrw.de

Telefon
0251 934-0
Telefax
0800 10092675300

Ld Bk Hess-Thür, Gz, Dus
KtoNr. 1683515   BLZ 30050000
IBAN DE59 3005 0000 0001 6835 15
BIC WELADEDDXXX

IBAN
BIC

Öffentliche Verkehrsmittel: Linie 14 bis Haltestelle Andreas-Hofer-Straße o. Linie 11 bis Haltestelle Liboristraße
Gem 13/14 - Aufhebung einer gesonderten Feststellung nach § 60a AO   Seite 1
Nr. 742/088 (06.13) OFD Rh St 15

Aufhebungsbescheid

Steuernummer

C. Rechtsbehelfsbelehrung

Gegen diesen Bescheid ist der Einspruch gegeben. Ein Einspruch ist jedoch ausgeschlossen, soweit dieser Bescheid einen Verwaltungsakt ändert oder ersetzt, gegen den ein zulässiger Einspruch oder (nach einem zulässigen Einspruch) eine zulässige Klage, Revision oder Nichtzulassungsbeschwerde anhängig ist. In diesem Fall wird der neue Verwaltungsakt Gegenstand des Rechtsbehelfsverfahrens.

Der Einspruch ist bei dem oben genannten Finanzamt schriftlich einzureichen, diesem elektronisch zu übermitteln oder dort zur Niederschrift zu erklären.

Die Frist für die Einlegung des Einspruchs beträgt **einen Monat**. Sie beginnt mit Ablauf des Tages, an dem Ihnen dieser Bescheid bekanntgegeben worden ist. Bei Zusendung durch einfachen Brief oder Zustellung mittels Einschreiben durch Übergabe gilt die Bekanntgabe mit dem dritten Tag nach Aufgabe zur Post als bewirkt, es sei denn, dass der Bescheid zu einem späteren Zeitpunkt zugegangen ist. Bei Zustellung mit Zustellungsurkunde oder mittels Einschreiben mit Rückschein oder gegen Empfangsbekenntnis ist der Tag der Bekanntgabe der Tag der Zustellung.

D. Hinweise

Die Körperschaft ist **nicht** mehr berechtigt, auf Grundlage des aufgehobenen Feststellungsbescheides für Spenden und Mitgliedsbeiträge Zuwendungsbestätigungen i. S. des § 50 Abs. 1 EStDV auszustellen.

Auf haftungsrechtliche Konsequenzen nach § 10b Abs. 4 EStG, § 9 Abs. 3 KStG, § 9 Nr. 5 GewStG wird hingewiesen.

Abkürzungen: AO = Abgabenordnung, BStBl = Bundessteuerblatt, EStG = Einkommensteuergesetz, EStDV = Einkommensteuer-Durchführungsverordnung, GewStG = Gewerbesteuergesetz, KStG = Körperschaftsteuergesetz

Anhang 5 Mustersatzung nach Anlage 1 zu § 60 AO

Muster-Satzung eines gemeinnützigen Vereins[1]

§ 1 (Name und Sitz)

Der Verein führt den Namen _____.
Er soll in das Vereinsregister eingetragen werden und trägt dann den Zusatz „e.V."
Der Sitz des Vereins ist _____.

§ 2 (Geschäftsjahr)

Geschäftsjahr ist das Kalenderjahr.

§ 3 (Zweck des Vereins)

Der Verein verfolgt ausschließlich und unmittelbar – gemeinnützige – mildtätige – kirchliche – Zwecke (nicht verfolgte Zwecke streichen) im Sinne des Abschnitts „Steuerbegünstigte Zwecke" der Abgabenordnung.

Zweck des Vereins ist ... (z. B. die Förderung von Wissenschaft und Forschung, Jugend- und Altenhilfe, Erziehung, Volks- und Berufsbildung, Kunst und Kultur, Landschaftspflege, Umweltschutz, des öffentlichen Gesundheitswesens, des Sports, Unterstützung hilfsbedürftiger Personen).

Der Satzungszweck wird verwirklicht insbesondere durch ... (z. B. Durchführung wissenschaftlicher Veranstaltungen und Forschungsvorhaben, Vergabe von Forschungsaufträgen, Unterhaltung einer Schule, einer Erziehungsberatungsstelle, Pflege von Kunstsammlungen, Pflege des Liedgutes und des Chorgesanges, Errichtung von Naturschutzgebieten, Unterhaltung eines Kindergartens, Kinder-, Jugendheimes, Unterhaltung eines Altenheimes, eines Erholungsheimes, Bekämpfung des Drogenmissbrauchs, des Lärms, Förderung sportlicher Übungen und Leistungen).

§ 4 (Selbstlose Tätigkeit)

Der Verein ist selbstlos tätig; er verfolgt nicht in erster Linie eigenwirtschaftliche Zwecke.

§ 5 (Mittelverwendung)

Mittel des Vereins dürfen nur für die satzungsmäßigen Zwecke verwendet werden. Die Mitglieder erhalten keine Zuwendungen aus Mitteln des Vereins.

§ 6 (Verbot von Begünstigungen)

Es darf keine Person durch Ausgaben, die dem Zweck der Körperschaft fremd sind, oder durch unverhältnismäßig hohe Vergütungen begünstigt werden.

---

[1] Als Download entnommen aus den Internetseiten des Justizministeriums NRW: https://www.justiz.nrw.de/Gerichte_Behoerden/ordentliche_gerichte/FGG/Einzelverfahren/Registersachen/Vereinssatzung/index.php.

§ 7 (Erwerb der Mitgliedschaft)

Vereinsmitglieder können natürliche Personen oder juristische Personen werden.
Der Aufnahmeantrag ist schriftlich zu stellen.
Über den Aufnahmeantrag entscheidet der Vorstand.
Gegen die Ablehnung, die keiner Begründung bedarf, steht dem/der Bewerber/in die Berufung an die Mitgliederversammlung zu, welche dann endgültig entscheidet.

§ 8 (Beendigung der Mitgliedschaft)

Die Mitgliedschaft endet durch Austritt, Ausschluss, Tod oder Auflösung der juristischen Person.
Der Austritt erfolgt durch schriftliche Erklärung gegenüber einem vertretungsberechtigten Vorstandsmitglied. Die schriftliche Austrittserklärung muss mit einer Frist von einem Monat jeweils zum Ende des Geschäftsjahres gegenüber dem Vorstand erklärt werden.
Ein Ausschluss kann nur aus wichtigem Grund erfolgen. Wichtige Gründe sind insbesondere ein die Vereinsziele schädigendes Verhalten, die Verletzung satzungsmäßiger Pflichten oder Beitragsrückstände von mindestens einem Jahr. Über den Ausschluss entscheidet der Vorstand. Gegen den Ausschluss steht dem Mitglied die Berufung an die Mitgliederversammlung zu, die schriftlich binnen eines Monats an den Vorstand zu richten ist. Die Mitgliederversammlung entscheidet im Rahmen des Vereins endgültig. Dem Mitglied bleibt die Überprüfung der Maßnahme durch Anrufung der ordentlichen Gerichte vorbehalten. Die Anrufung eines ordentlichen Gerichts hat aufschiebende Wirkung bis zur Rechtskraft der gerichtlichen Entscheidung.

§ 9 (Beiträge)

Von den Mitgliedern werden Beiträge erhoben. Die Höhe der Beiträge und deren Fälligkeit bestimmt die Mitgliederversammlung.

§ 10 (Organe des Vereins)

Organe des Vereins sind
die Mitgliederversammlung
der Vorstand.

§ 11 (Mitgliederversammlung)

Die Mitgliederversammlung ist das oberste Vereinsorgan. Zu ihren Aufgaben gehören insbesondere die Wahl und Abwahl des Vorstands, Entlastung des Vorstands, Entgegennahme der Berichte des Vorstands, Wahl der Kassenprüfer/innen, Festsetzung von Beiträgen und deren Fälligkeit, Beschlussfassung über die Änderung der Satzung, Beschlussfassung über die Auflösung des Vereins, Entscheidung über Aufnahme und Ausschluss von Mitgliedern in Berufungsfällen sowie weitere Aufgaben, soweit sich diese aus der Satzung oder nach dem Gesetz ergeben.
Im ersten Quartal eines jeden Geschäftsjahres findet eine ordentliche Mitgliederversammlung statt.

Der Vorstand ist zur Einberufung einer außerordentlichen Mitgliederversammlung verpflichtet, wenn mindestens ein Drittel der Mitglieder dies schriftlich unter Angabe von Gründen verlangt.

Die Mitgliederversammlung wird vom Vorstand unter Einhaltung einer Frist von einem Monat schriftlich unter Angabe der Tagesordnung einberufen. Die Frist beginnt mit dem auf die Absendung des Einladungsschreibens folgenden Tag. Das Einladungsschreiben gilt als den Mitgliedern zugegangen, wenn es an die letzte dem Verein bekannt gegebene Anschrift gerichtet war.

Die Tagesordnung ist zu ergänzen, wenn dies ein Mitglied bis spätestens eine Woche vor dem angesetzten Termin schriftlich beantragt. Die Ergänzung ist zu Beginn der Versammlung bekanntzumachen.

Anträge über die Abwahl des Vorstands, über die Änderung der Satzung und über die Auflösung des Vereins, die den Mitgliedern nicht bereits mit der Einladung zur Mitgliederversammlung zugegangen sind, können erst auf der nächsten Mitgliederversammlung beschlossen werden.

Die Mitgliederversammlung ist ohne Rücksicht auf die Zahl der erschienenen Mitglieder beschlussfähig.

Die Mitgliederversammlung wird von einem Vorstandsmitglied geleitet.

Zu Beginn der Mitgliederversammlung ist ein Schriftführer zu wählen.

Jedes Mitglied hat eine Stimme. Das Stimmrecht kann nur persönlich oder für ein Mitglied unter Vorlage einer schriftlichen Vollmacht ausgeübt werden.

Bei Abstimmungen entscheidet die einfache Mehrheit der abgegebenen Stimmen.

Satzungsänderungen und die Auflösung des Vereins können nur mit einer Mehrheit von 2/3 der anwesenden Mitglieder beschlossen werden.

Stimmenthaltungen und ungültige Stimmen bleiben außer Betracht.

Über die Beschlüsse der Mitgliederversammlung ist ein Protokoll anzufertigen, das vom Versammlungsleiter und dem Schriftführer zu unterzeichnen ist.

§ 12 (Vorstand)

Der Vorstand im Sinne des § 26 BGB besteht aus dem/der 1. und 2. Vorsitzenden und dem/der Kassierer/in. Sie vertreten den Verein gerichtlich und außergerichtlich. Zwei Vorstandsmitglieder vertreten gemeinsam.

Der Vorstand wird von der Mitgliederversammlung auf die Dauer von einem Jahr gewählt.

Vorstandsmitglieder können nur Mitglieder des Vereins werden.

Wiederwahl ist zulässig.

Der Vorstand bleibt so lange im Amt, bis ein neuer Vorstand gewählt ist.

Bei Beendigung der Mitgliedschaft im Verein endet auch das Amt als Vorstand.

§ 13 (Kassenprüfung)

Die Mitgliederversammlung wählt für die Dauer von einem Jahr eine/n Kassenprüfer/in.

Diese/r darf nicht Mitglied des Vorstands sein.

Wiederwahl ist zulässig.

§ 14 (Auflösung des Vereins)

Bei Auflösung oder Aufhebung des Vereins oder bei Wegfall steuerbegünstigter Zwecke fällt das Vermögen des Vereins

an – den – die – das – ... (Bezeichnung einer juristischen Person des öffentlichen Rechts oder einer anderen steuerbegünstigten Körperschaft), – der – die – das – es unmittelbar und ausschließlich für gemeinnützige, mildtätige oder kirchliche Zwecke zu verwenden hat.

oder

an eine juristische Person des öffentlichen Rechts oder eine andere steuerbegünstigte Körperschaft zwecks Verwendung für ... (Angabe eines bestimmten gemeinnützigen, mildtätigen oder kirchlichen Zwecks, z. B. Förderung von Wissenschaft und Forschung, Erziehung, Volks- und Berufsbildung, der Unterstützung von Personen, die im Sinne von § 53 der Abgabenordnung wegen ... bedürftig sind, Unterhaltung des Gotteshauses in ...).

Ort, **Datum**

Anmerkung:

In einer Vereinssatzung müssen als wesentliche Bestandteile enthalten sein (in der Mustersatzung durch fette Schrift hervorgehoben):

Bestimmungen über den Namen, Sitz und Zweck des Vereins und darüber, dass er in das Vereinsregister eingetragen werden soll (in der Mustersatzung: § 1, § 3 zweiter Gliederungspunkt),

Bestimmungen über Eintritt und Austritt der Mitglieder (in der Mustersatzung: §§ 7, 8),

Bestimmungen darüber, ob und welche Beiträge die Mitglieder zu leisten haben (in der Mustersatzung: § 9),

Bestimmungen über die Bildung des vertretungsberechtigten Vorstandes (in der Mustersatzung: § 12 erster Gliederungspunkt),

Bestimmungen über die Voraussetzungen, unter denen eine Mitgliederversammlung einzuberufen ist, über die Form der Einberufung und über die Beurkundung der Beschlüsse der Mitgliederversammlung (in der Mustersatzung: § 11 zweiter und dritter Gliederungspunkt, vierter Gliederungspunkt Satz 1, letzter Gliederungspunkt),

das Datum der Errichtung.

Die Satzung eines gemeinnützigen Vereins muss aus steuerrechtlichen Gründen auch die in kursiver Schrift wiedergegebenen Festlegungen der Mustersatzung (§§ 3, 4, 5, 6, 14) enthalten (§ 60 Abs. 1 der Abgabenordnung).

Bei den Mustertexten handelt es sich um Vorschläge, die inhaltlich auch abgewandelt werden können (z. B. sind für die Zusammensetzung des Vorstands, für die Form der Einladung zur Mitgliederversammlung und für die Beurkundung der Beschlüsse der Mitgliederversammlung auch andere Regelungen als die hier vorgeschlagenen möglich). Zwingend ist nur, dass in der Satzung überhaupt Regelungen zu diesen Punkten enthalten sind.

Anhang 5 Mustersatzung nach Anlage 1 zu § 60 AO

Hinweise zur Satzungsgestaltung in Verbindung mit der sog. Ehrenamtspauschale (vgl. dazu in Tz. 2.5.7 und Tz. 4.6.2)

Unter Berücksichtigung der diversen BMF-Schreiben (zuletzt BMF vom 21.11.2014 – IV C 4 – S 2121/07/0010 :032, 2014/087902, BStBl 2014 I S. 1581) zu Zahlungen an Vorstandsmitglieder in Verbindung mit § 3 Nr. 26a EStG sollte die Vereinssatzung um folgende Formulierungen in § 12 der vorstehenden Mustersatzung ergänzt werden:

a) wenn die Vorstandsaufgaben nach dem Willen der Mitgliederversammlung ehrenamtlich ausgeübt werden soll:

„Die Mitglieder des Vorstands üben ihre Tätigkeit ehrenamtlich aus, d. h., sie erhalten keine Vergütung, sondern nur Ersatz ihrer tatsächlich entstandenen Aufwendungen."

b) wenn der Vorstand eine durch die Mitgliederversammlung bestimmte Vergütung für ihre Tätigkeit erhalten soll:

„Die Mitglieder des Vorstands erhalten eine monatliche Aufwandspauschale i. H. von ... € sowie zusätzlich Ersatz ihrer tatsächlichen Auslagen."

c) soll die Mitgliederversammlung oder ein anderes Vereinsorgan über die Höhe der Vergütungen entscheiden (= „Ermächtigungs- oder Öffnungsklausel"),

„Die Mitglieder des Vorstands haben Anspruch auf eine angemessene Vergütung. Über die Höhe der Vergütung entscheidet die Mitgliederversammlung."

Oder

„... Über die Höhe entscheidet der Beirat (soweit nach der Satzung eingerichtet oder ein sonstiges genau zu bezeichnendes Vereinsgremium)."

Anhang 6 Muster einer Monats-Überschussrechnung

Muster einer Monats-Überschussermittlung

Einnahmen
Monat: _____ 20___

Tag	Bezeichnung der Einnahmen	Beleg-Nr.	Kasse	unbar	Steuerpfl. Umsatz		Ideeller Bereich/Vermögensverw.				Zweckbetriebe	Wirtschaftsbetriebe				
					7 %	19 %	Beiträge	Spenden-Zuschüsse	Mieten-Pachten	Sonst.		Gesellige Veranst.		Gaststätte Werbung Inserate	Verkäufe	Sonstige Betriebe
												Eintrittsgelder	Sonstiges			

Anhang 6   Muster einer Monats-Überschussrechnung

Muster einer Monats-Überschussermittlung

Ausgaben
Monat: _____ 20____

Tag	Bezeichnung der Ausgaben	Beleg-Nr.	Kasse	unbar	Steuerpfl. Umsatz		Ideeller Bereich/Vermögensverw.			Zweckbetriebe			Wirtschaftsbetriebe					
					7 %	19 %	Verwaltungskosten	Löhne Gehälter	Sonst. Ausgabe	Löhne Gehälter	Gebäudekosten	Sonstige Kosten	Gesellige Veranstaltungen			Gaststätte Inserate Werbung	Sonstige Betriebe
													Wareneinkauf	Musik Saalmiete	Sonstige Kosten		

Bestandsverzeichnis

Gegenstand	Anschaffungs-		Nutzungsdauer	jährliche Abschreibung		Buchwert zum 1.1.20..	Zugang	Abgang	AfA	Restwert am 31.12.20..
	-zeitpunkt	-kosten		in %	in Euro					

Anhang 8 Muster einer Vermögensrechnung

Vermögensrechnung zum 31.12.20..

Vermögensgegenstände:
- immaterielle Vermögensgegenstände
- Grundstücke und grundstücksgleiche Rechte, Bauten
- Finanzanlagen
- Vorräte
- Wertpapiere etc.
- Schecks, Kassenbestand, Guthaben bei Kreditinstituten
- Forderungen
- übrige Vermögensgegenstände

Rohvermögen

Schuldposten:
- ungewisse Verbindlichkeiten (Rückstellungen)
- Verbindlichkeiten gegenüber Kreditinstituten
- übrige Verbindlichkeiten

Summe Schuldposten

Rohvermögen zum 31.12.20..
- Schuldposten zum 31.12.20..

Reinvermögen (Kapital)

Erklärung Gem 1

Grün umrandete Felder nur vom Finanzamt auszufüllen.

| 11 | St.-Nr. | | 3 | Jahr | Vorgang 1 | **20** |

An das Finanzamt

Steuernummer

A. Allgemeine Angaben

Erklärung
zur Körperschaftsteuer und Gewerbesteuer
von Körperschaften, die gemeinnützigen,
mildtätigen oder kirchlichen Zwecken dienen
(§ 5 Abs. 1 Nr. 9 Körperschaftsteuergesetz, § 3 Nr. 6 Gewerbesteuergesetz und §§ 51 bis 68 Abgabenordnung)

für das Kalenderjahr 20
(letztes Jahr des Prüfungszeitraums) ❶

– Eingangsstempel –

Die mit einem Kreis versehenen Zahlen bezeichnen die Erläuterungen in der Anleitung zur Erklärung zur Körperschaftsteuer und Gewerbesteuer von Körperschaften, die gemeinnützigen, mildtätigen oder kirchlichen Zwecken dienen.

Zeile		
1	Bezeichnung der Körperschaft, Personenvereinigung oder Vermögensmasse (nachfolgend als „Körperschaft" bezeichnet)	
2		
3	Straße, Hausnummer	Postleitzahl Postfach
4	Postleitzahl Ort	Telefonisch erreichbar unter Nr.
5	Ort der Geschäftsleitung	Internetadresse
6	Ort des Sitzes	E-Mail
7	Gesetzlicher Vertreter (z. B. Vorsitzender oder Geschäftsführer) (mit Anschrift)	
8		Telefonisch erreichbar unter Nr.
9	Zweck der Körperschaft	
10		
10a	Die Körperschaft verfolgt ☐ kirchliche ☐ mildtätige ☐ folgende gemeinnützige Zwecke.	
11	**Bankverbindung** – Bitte stets angeben – IBAN	
11a	BIC	
12	Geldinstitut (Zweigstelle) und Ort	
13	Name eines von Zeile 1 **abweichenden Kontoinhabers** (Im Fall der Abtretung bitte amtlichen Abtretungsvordruck gesondert übersenden.)	
14	Der Steuerbescheid soll folgendem von den Zeilen 1 bis 8 **abweichenden Empfangsbevollmächtigten/Postempfänger** zugesandt werden.	
15	Empfangsvollmacht ☐ wird gesondert übermittelt. ☐ liegt dem Finanzamt vor.	
16	Abschrift der **Satzung** in der zur Zeit gültigen Fassung vom ☐ wird gesondert übermittelt. ☐ liegt dem Finanzamt vor.	
17	Abschrift des Beschlusses über die Festsetzung der **Mitgliedsbeiträge, Umlagen und Aufnahmegebühren** für das o.g. Kalenderjahr ☐ wird gesondert übermittelt. ☐ liegt dem Finanzamt vor.	

Unterschrift
Ich versichere, dass die tatsächliche Geschäftsführung den satzungsmäßigen Zwecken entspricht.

Bei der Anfertigung dieser Erklärung hat mitgewirkt:
(Name, Anschrift, Tel.-Nr.)

Ort, Datum

(Unterschrift)

Die Steuererklärung muss vom gesetzlichen Vertreter bzw. vom Vertretungsberechtigten der Körperschaft eigenhändig unterschrieben sein.

Hinweis nach den Datenschutzgesetzen : Die mit der Steuererklärung angeforderten Daten werden auf Grund der §§ 149 und 150 AO i.V. mit § 31 KStG, § 14a GewStG und § 25 EStG verlangt.

Gem 1 –Erklärung – Okt. 2013   034086

Anhang 9 Erklärungsvordrucke

- 2 -

Zeile	**B. Einzureichende Unterlagen**
	Bitte reichen Sie eine möglichst weitgehend aufgegliederte Gegenüberstellung der Einnahmen und Ausgaben und eine Aufstellung über das Vermögen am 31.12. des letzten Kalenderjahres des Prüfungszeitraums bzw. den Jahresabschluss (Bilanz und Gewinn- und Verlustrechnung) sowie den Geschäfts- oder Tätigkeitsbericht ein. Fügen Sie bitte auch die entsprechenden Unterlagen für die beiden vorangegangenen Jahre bei. ❶

C. Einzelangaben

Zeile				
18	Die **Gesamteinnahmen** (einschließlich Beiträge, Spenden, Zuschüsse, Einnahmen aus der Vermögensverwaltung und aus wirtschaftlichen Betätigungen, Umsatzsteuer) betragen:			
	☐ nicht mehr als 35 000 € (weiter ab Zeile 29)			
	☐ mehr als 35 000 € (weiter in Zeile 19)			
19	Die **Einnahmen** (einschließlich der Umsatzsteuer) aus wirtschaftlichen Geschäftsbetrieben betragen:			
	☐ nicht mehr als 35 000 € (weiter ab Zeile 29)			
	☐ mehr als 35 000 € (weiter ab Zeile 20)			
20	Art der steuerpflichtigen wirtschaftlichen Geschäftsbetriebe ❷			
	Hinweis:			
	Dazu gehören auch a) *Einnahmen aus sportlichen Veranstaltungen, die nach § 67a Abs. 1 oder 3 Abgabenordnung (AO) ein steuerpflichtiger wirtschaftlicher Geschäftsbetrieb sind,* ❸			
	b) *Einnahmen aus geselligen Veranstaltungen,*			
	c) *Einnahmen aus der Verwertung von Altmaterial (dies gilt auch dann, wenn beantragt wird, den Überschuss aus der Verwertung von Altmaterial nach § 64 Abs. 5 AO in Höhe des branchenüblichen Reingewinns zu schätzen),*			
	d) *Einnahmen aus steuerpflichtigen wirtschaftlichen Geschäftsbetrieben, bei denen der steuerpflichtige Gewinn nach § 64 Abs. 6 AO pauschal mit 15 % der Einnahmen angesetzt wird (z.B. Werbung für Unternehmen, die im Zusammenhang mit der steuerbegünstigten Tätigkeit einschließlich der Zweckbetriebe stattgefunden hat)*			
	und			
	e) *die anteiligen Einnahmen aus Beteiligungen an Personengesellschaften und Gemeinschaften (auch Fest- bzw. Arbeitsgemeinschaften), soweit die Beteiligungen einen steuerpflichtigen wirtschaftlichen Geschäftsbetrieb darstellen.*			
		Einnahmen (einschließlich Umsatzsteuer) EUR	Ausgaben EUR	Überschuss/ Fehlbetrag EUR
21	Summe	0,00	0,00	0,00
22	Art der Zweckbetriebe ❷		Einnahmen (einschließlich Umsatzsteuer) EUR	
23	Summe		0,00	

Erklärung Gem 1

- 3 -

Zeile		
	Nur ausfüllen, wenn die Einnahmen aus steuerpflichtigen wirtschaftlichen Geschäftsbetrieben (siehe Zeile 21) 35 000 € übersteigen und darin Einnahmen aus der Verwertung von Altmaterial enthalten sind.	
24	☐ Wir beantragen, den Überschuss aus der Verwertung des Altmaterials nach § 64 Abs. 5 AO in Höhe des branchenüblichen Reingewinns zu schätzen. Wir erklären, dass das Altmaterial nicht im Rahmen einer ständig dafür vorgehaltenen Verkaufsstelle gesammelt und verwertet wurde.	
25	Einnahmen aus der Verwertung von Altpapier	EUR ▢
	anderem Altmaterial	▢
26	In den in Zeile 21 angegebenen Ausgaben enthaltene Ausgaben, die mit den Einnahmen aus der Verwertung des Altmaterials in Zusammenhang stehen	EUR ▢
	Hinweis: – Der branchenübliche Reingewinn beträgt bei der Verwertung von Altpapier 5 % und bei der Verwertung von anderem Altmaterial 20 % der Einnahmen. Zu den maßgeblichen Einnahmen gehört nicht die im Bruttopreis enthaltene Umsatzsteuer. – Wenn Sie keinen Antrag auf Schätzung des Überschusses aus der Verwertung von Altmaterial nach § 64 Abs. 5 AO stellen, wird der Überschuss nach den allgemeinen Grundsätzen ermittelt (Gegenüberstellung der gesamten Einnahmen und Ausgaben - siehe Zeile 20 - der steuerpflichtigen wirtschaftlichen Geschäftsbetriebe).	
	Nur ausfüllen, wenn die Einnahmen aus steuerpflichtigen wirtschaftlichen Geschäftsbetrieben (siehe Zeile 21) 35 000 € übersteigen und darin Einnahmen aus Werbung für Unternehmen, die im Zusammenhang mit der steuerbegünstigten Tätigkeit einschließlich der Zweckbetriebe stattgefunden hat, aus Totalisatorbetrieben oder aus der Zweiten Fraktionierungsstufe der Blutspendedienste enthalten sind.	
27	☐ Wir beantragen, den Gewinn aus dem steuerpflichtigen wirtschaftlichen Geschäftsbetrieb	
	☐ Werbung für Unternehmen, die im Zusammenhang mit der steuerbegünstigten Tätigkeit einschließlich der Zweckbetriebe stattgefunden hat	
	☐ Totalisator	
	☐ Zweite Fraktionierungsstufe	
	nach § 64 Abs. 6 AO pauschal mit 15% der Einnahmen in Höhe von	EUR ▢ anzusetzen.
28	In den in Zeile 21 angegebenen Ausgaben enthaltene Ausgaben, die mit diesen Einnahmen in Zusammenhang stehen	EUR ▢
	Hinweis: Wenn Sie nicht beantragen, den Gewinn des steuerpflichtigen wirtschaftlichen Geschäftsbetriebs nach § 64 Abs. 6 AO pauschal mit 15 % der Einnahmen anzusetzen, wird er nach den allgemeinen Grundsätzen ermittelt (Gegenüberstellung der gesamten Einnahmen und Ausgaben - siehe Zeile 20 - des steuerpflichtigen wirtschaftlichen Geschäftsbetriebs).	
	Nur für Körperschaften, die mildtätige Zwecke verfolgen ❹	
29	☐ Wir erklären, dass wir uns von der Hilfebedürftigkeit (§ 53 Nr. 1 und 2 AO) des von uns betreuten Personenkreises überzeugt haben und Aufzeichnungen darüber vorliegen.	
30	Wir haben einen Antrag nach § 53 Nr. 2 Satz 8 AO gestellt. Dieser Antrag wurde bewilligt:	
	vom Finanzamt	
	mit Bescheid vom	
	für den Tätigkeitsbereich	
31	☐ Die Voraussetzungen liegen noch immer unverändert vor.	
	Nur für Einrichtungen der Wohlfahrtspflege ❺	
32	☐ Wir erklären, dass mindestens zwei Drittel der Leistungen der Einrichtung hilfebedürftigen Personen (§ 53 Nr. 1 und 2 AO) zugute kommen. Von der Hilfebedürftigkeit haben wir uns überzeugt. Aufzeichnungen darüber liegen vor.	
	Nur für Krankenhäuser ❻	
33	☐ Wir erklären, dass die Voraussetzungen des § 67 AO für die Annahme eines Zweckbetriebes erfüllt sind.	
	Nur für Körperschaften, die Rücklagen gebildet haben ❼ Am Ende des letzten Jahres des Prüfungszeitraums bestanden folgende Rücklagen:	
34	Rücklagen nach § 58 Nr. 6 AO / § 62 Abs. 1 Nr. 1 AO * für die folgenden Vorhaben ❽	EUR

* § 62 AO anzuwenden ab 01.01.2014

Anhang 9 Erklärungsvordrucke

- 4 -

Zeile						
35	Rücklage nach § 62 Abs. 1 Nr. 2 AO* für die beabsichtigte Wiederbeschaffung von Wirtschaftsgütern, die zur Verwirklichung der steuerbegünstigten satzungsmäßigen Zwecke erforderlich sind: ❾					
	zu ersetzendes Wirtschaftsgut	Voraussichtliche Anschaffungs- oder Herstellungskosten für neues (Ersatz-)Wirtschaftsgut	Zuführung Rücklage		Auflösung der Rücklage	kumulierte Rücklage
			Reguläre Absetzung für Abnutzung für bisheriges Wirtschaftsgut	Wenn höhere Zuführung erforderlich: Gesamtbetrag der Zuführung (Nachweis wird gesondert übermittelt)		
		EUR	EUR	EUR	EUR	EUR
36	Freie Rücklage nach § 58 Nr. 7 Buchstabe a AO / § 62 Abs. 1 Nr. 3 AO *❿			EUR		
37	Rücklage für den Erwerb von Gesellschaftsrechten zur Erhaltung der prozentualen Beteiligung nach § 58 Nr. 7 Buchstabe b AO / § 62 Abs. 1 Nr. 4 AO *⓫ an der					
		Kapitalgesellschaft			EUR	

Hinweis: Bitte erläutern Sie auf einem gesonderten Blatt, wie sich die Rücklagen nach § 58 Nr. 7 Buchstaben a und b AO / § 62 AO * seit der letzten Erklärung entwickelt haben.

Zuführung zum Vermögen / Ausstattung anderer Körperschaften

38	Zuführungen zum Vermögen nach § 58 Nr. 11 und 12 AO / § 62 Abs. 3 Nr. 1 bis 4 und Abs. 4 AO * (ggf. 0 € eintragen) ⓬ ⓭		EUR
39	Nur für Körperschaften, die im Überprüfungszeitraum Mittel nach § 58 Nr. 3 AO ¹⁾ weitergegeben oder erhalten haben:⓯		
	Wir haben einer steuerbegünstigten Körperschaft oder einer juristischen Person des öffentlichen Rechts Mittel zur Vermögensausstattung zugewendet:		
	Empfängerkörperschaft/Finanzamt/Steuernummer	begünstigter Zweck	EUR
	Wir haben von einer steuerbegünstigten Körperschaft Mittel zur Vermögensausstattung erhalten:		
	Geberkörperschaft/Finanzamt/Steuernummer	begünstigter Zweck	EUR
40	**Zuwendungen** ⓮ Mitglieder, Gesellschafter oder außenstehende Personen haben unentgeltliche Zuwendungen, die nicht in Erfüllung des Satzungszweckes geleistet wurden, erhalten:		
	☐ Nein ☐ Ja		
	Grund	Betrag	EUR

D. Sonstiges

Es wird darauf hingewiesen, dass dem zuständigen Finanzamt nach § 137 AO die Umstände anzuzeigen sind, die für die steuerliche Erfassung von Bedeutung sind, insbesondere der Erwerb der Rechtsfähigkeit, die Änderung der Rechtsform, die Beschlüsse, durch die für steuerliche Vergünstigungen wesentliche Satzungsbestimmungen geändert werden, die Verlegung der Geschäftsleitung oder des Sitzes und die Auflösung. Mitteilungen dieser Art sind innerhalb eines Monats seit dem meldepflichtigen Ereignis zu erstatten (§ 137 Abs. 2 AO).

1) In der Fassung des Gesetzes zur Stärkung des Ehrenamtes vom 21.03.2013 (BStBl I 2013 S. 339).
* § 62 AO anzuwenden ab 01.01.2014

Anlage Sportvereine (Gem 1 A)

Bezeichnung der Körperschaft	
Steuernummer	

20 ____

Anlage Sportvereine

Zeile			
1	**Einnahmen** aus sportlichen Veranstaltungen		EUR _____

Nur ausfüllen, wenn auf die Anwendung der Zweckbetriebsgrenze (§ 67a Abs. 1 Satz 1 Abgabenordnung - AO -) verzichtet wird oder bereits verzichtet worden ist (§ 67a Abs. 2 und 3 AO). ❸

2	☐ Wir erklären hiermit gemäß § 67a Abs. 2 AO erstmals, dass wir auf die Anwendung der Zweckbetriebsgrenze verzichten. Uns ist bekannt, dass uns die Erklärung für mindestens fünf Veranlagungszeiträume bindet.
3	Kalenderjahr, für das auf die Anwendung der Zweckbetriebsgrenze verzichtet worden ist: _____
4	☐ Die fünfjährige Bindungsfrist ist noch nicht abgelaufen.
5	Die fünfjährige Bindungsfrist ist abgelaufen mit dem Veranlagungszeitraum: _____
6	☐ Wir erklären hiermit, dass wir weiterhin auf die Anwendung der Zweckbetriebsgrenze verzichten (keine neue Bindungsfrist).
7	☐ Wir widerrufen hiermit den Verzicht auf die Anwendung der Zweckbetriebsgrenze (keine weiteren Angaben zu den folgenden Zeilen erforderlich).

Zeile		Einnahmen EUR	Ausgaben EUR	Überschuss/ Fehlbetrag EUR
8	Sportliche Veranstaltungen, die nach § 67a Abs. 3 AO Zweckbetriebe sind.			0,00
9	Andere sportliche Veranstaltungen			0,00

10 Die nachfolgend aufgeführten Sportler haben Vergütungen oder sonstige Vorteile erhalten. Die Vergütungen oder sonstigen Vorteile wurden ausschließlich aus steuerpflichtigen wirtschaftlichen Geschäftsbetrieben oder von Dritten geleistet.

☐ Ja   ☐ Nein

Bitte angeben, in welcher Höhe sonstige Mittel des Vereins verwendet wurden:

EUR _____

Gem 1 A – Anlage Sportvereine – Okt.2013

Anhang 9   Erklärungsvordrucke

–2–

11	Folgende Sportler haben Vergütungen oder sonstige Vorteile erhalten (ggf. weitere Anlagen verwenden):				
	Besteht für einen oder mehrere der genannten Sportler beschränkte Steuerpflicht, ist ein Steuerabzug nach § 50a Abs. 2 i. V. mit § 50a Abs. 1 Nr. 1 EStG vorzunehmen.				
12	☐ Die Anmeldung über den Steuerabzug nach § 50a EStG wird/wurde übermittelt für den/die Sportler der lfd. Nr(n). _____				
Lfd. Nr.	Name und Anschrift des Sportlers	Sportler des Vereins	Vergütungen oder sonstige Vorteile	
			Art	Höhe EUR
1		☐ Ja ☐ Nein		
2		☐ Ja ☐ Nein		
3		☐ Ja ☐ Nein		
4		☐ Ja ☐ Nein		
5		☐ Ja ☐ Nein		
6		☐ Ja ☐ Nein		
7		☐ Ja ☐ Nein		
8		☐ Ja ☐ Nein		
9		☐ Ja ☐ Nein		
10		☐ Ja ☐ Nein		
11		☐ Ja ☐ Nein		
12		☐ Ja ☐ Nein		
13		☐ Ja ☐ Nein		
14		☐ Ja ☐ Nein		
15		☐ Ja ☐ Nein		
16		☐ Ja ☐ Nein		
17		☐ Ja ☐ Nein		
18		☐ Ja ☐ Nein		

Freistellungsbescheid (Nr. 742/069)

Oberfinanzdirektion Nordrhein-Westfalen

Ort, Datum
48145 Münster, 08.08.2014

Steuernummer
123/4567/8910

Straße
Andreas-Hofer-Str. 50

VerzeichnisNr.: 123   Bitte bei Rückfragen angeben.

Finanzverwaltung NRW 48124 Münster

Auskunft erteilt
Frau/Herr Muster

Musterverein e. V.
Musterstraße 123
12345 Musterstadt

Telefon	Zimmer
1234	567

Freistellungsbescheid
zur ☐ Körperschaftsteuer
    ☐ Gewerbesteuer
für das Kalenderjahr

A. Feststellungen

☐ Die vorgenannte Körperschaft
☐ Die Körperschaft
  Bezeichnung

ist nach ☐ § 5 Abs. 1 Nr. 9 KStG von der Körperschaftsteuer befreit,
         ☐ § 3 Nr. 6 GewStG von der Gewerbesteuer befreit,
weil sie ausschließlich und unmittelbar steuerbegünstigten gemeinnützigen Zwecken im Sinne der §§ 51 ff. AO dient.

☐ Für den (einheitlichen) steuerpflichtigen wirtschaftlichen Geschäftsbetrieb ergibt sich unter Berücksichtigung der Besteuerungsgrenze nach § 64 Abs. 3 AO bzw. der Freibeträge nach § 24 KStG und/oder § 11 Abs. 1 Satz 3 GewStG
keine   ☐ Körperschaftsteuer   ☐ Gewerbesteuer
Etwa geleistete Vorauszahlungen werden gesondert abgerechnet.

☐ Auf die Erläuterungen in der Anlage wird hingewiesen.

B. Rechtsbehelfsbelehrung

Gegen diesen Freistellungsbescheid ist der Einspruch gegeben. Ein Einspruch ist jedoch ausgeschlossen, soweit dieser Bescheid einen Verwaltungsakt ändert oder ersetzt, gegen den ein zulässiger Einspruch oder (nach einem zulässigen Einspruch) eine zulässige Klage, Revision oder Nichtzulassungsbeschwerde anhängig ist. In diesem Fall wird der neue Verwaltungsakt Gegenstand des Rechtsbehelfsverfahrens.
Der Einspruch ist beim oben genannten Finanzamt schriftlich einzureichen, diesem elektronisch zu übermitteln oder dort zur Niederschrift zu erklären.
Die Frist für die Einlegung des Einspruchs beträgt **einen Monat**. Sie beginnt mit Ablauf des Tages, an dem Ihnen dieser Bescheid bekanntgegeben worden ist. Bei Zusendung durch einfachen Brief oder Zustellung mittels Einschreiben durch Übergabe gilt die Bekanntgabe mit dem dritten Tag nach Aufgabe zur Post als bewirkt, es sei denn, dass der Bescheid zu einem späteren Zeitpunkt zugegangen ist. Bei Zustellung mit Zustellungsurkunde oder mittels Einschreiben mit Rückschein oder gegen Empfangsbekenntnis ist der Tag der Bekanntgabe der Tag der Zustellung.

C. Hinweis zum Kapitalertragsteuerabzug

Bei Kapitalerträgen, die bis zum 31.12.   zufließen, reicht für die Abstandnahme vom Kapitalertragsteuerabzug nach § 44a Abs. 4, 7 und 10 Satz 1 Nr. 3 EStG die Vorlage dieses Bescheids oder die Überlassung einer amtlich beglaubigten Kopie dieses Bescheides aus. Das Gleiche gilt bis zum o.a. Zeitpunkt für die Erstattung von Kapitalertragsteuer nach § 44b Abs. 6 EStG durch das depotführende Kredit- oder Finanzdienstleistungsinstitut.

Gem 2/3 - Freistellungsbescheid (Verfügung und Bescheid)
Nr. 742/069-V2001 (10.13) OFD Rh St 15

Anhang 10 Freistellungsbescheid

Steuernummer

D. Anmerkungen

Bitte beachten Sie, dass die Inanspruchnahme der Steuerbefreiungen auch von der tatsächlichen Geschäftsführung abhängt, die der Nachprüfung durch das Finanzamt – ggf. im Rahmen einer Außenprüfung – unterliegt. Die tatsächliche Geschäftsführung muss auf die ausschließliche und unmittelbare Erfüllung der steuerbegünstigten Zwecke gerichtet sein und die Bestimmungen der Satzung beachten.

Auch für die Zukunft muss dies durch ordnungsmäßige Aufzeichnung (Aufstellungen der Einnahmen und Ausgaben, Tätigkeitsbericht, Vermögensübersicht mit Nachweisen über Bildung und Entwicklung der Rücklagen) nachgewiesen werden (§ 63 AO).

E. Hinweis zur Steuerbegünstigung

Die Körperschaft fördert

☐ mildtätige ☐ kirchliche Zwecke.
☐ folgende gemeinnützige Zwecke:

(§ 52 Abs. 2 Satz 1 Nr.(n)   AO)

(§ 52 Abs. 2 Satz 1 Nr.(n)   AO)

(§ 52 Abs. 2 Satz 1 Nr.(n)   AO)

(§ 52 Abs. 2 Satz 2 AO)

F. Hinweis zur Ausstellung von Zuwendungsbestätigungen

Zuwendungsbestätigungen für Spenden

Die Körperschaft ist berechtigt, für Spenden, die ihr zur Verwendung für diese Zwecke zugewendet werden, Zuwendungsbestätigungen nach amtlich vorgeschriebenem Vordruck (§ 50 Abs. 1 EStDV) auszustellen.

Die amtlichen Muster für die Ausstellung steuerlicher Zuwendungsbestätigungen stehen im Internet unter http://www.formulare-bfinv.de als ausfüllbare Formulare zur Verfügung.

Zuwendungsbestätigungen für Mitgliedsbeiträge

☐ Die Körperschaft ist berechtigt, für Mitgliedsbeiträge Zuwendungsbestätigungen nach amtlich vorgeschriebenem Vordruck (§ 50 Abs. 1 EStDV) auszustellen.

☐ Die Körperschaft ist **nicht** berechtigt, für Mitgliedsbeiträge Zuwendungsbestätigungen nach amtlich vorgeschriebenem Vordruck (§ 50 Abs. 1 EStDV) auszustellen, weil Zwecke i. S. des § 10b Abs. 1 Satz 8 EStG gefördert werden.

Zuwendungsbestätigungen für Spenden und ggf. Mitgliedsbeiträge dürfen nur ausgestellt werden, wenn das Datum dieses Freistellungsbescheides nicht länger als fünf Jahre zurückliegt. Die Frist ist taggenau zu berechnen (§ 63 Abs. 5 AO).

G. Haftung bei unrichtigen Zuwendungsbestätigungen und fehlverwendeten Zuwendungen

Wer vorsätzlich oder grob fahrlässig eine unrichtige Zuwendungsbestätigung ausstellt oder veranlasst, dass Zuwendungen nicht zu den in der Zuwendungsbestätigung angegebenen steuerbegünstigten Zwecken verwendet werden, haftet für die entgangene Steuer. Dabei wird die entgangene Einkommensteuer oder Körperschaftsteuer mit 30 %, die entgangene Gewerbesteuer pauschal mit 15 % der Zuwendung angesetzt (§ 10b Abs. 4 EStG, § 9 Abs. 3 KStG, § 9 Nr. 5 GewStG).

H. Begründung und Nebenbestimmung

Abkürzungen: AO = Abgabenordnung, BStBl = Bundessteuerblatt, EStG = Einkommensteuergesetz, EStDV = Einkommensteuer-Durchführungsverordnung, GewStG = Gewerbesteuergesetz, KStG = Körperschaftsteuergesetz

Anlage zum Körperschaftsteuerbescheid (Nr. 742/068)

Finanzamt
Nordrhein-Westfalen
Steuernummer
123/4567/8910

Anlage zum Körperschaftsteuerbescheid 2013

vom 01.08.2014   Zutreffendes ist ☒ angekreuzt

Bezeichnung der Körperschaft
Musterverein e. V., Musterstraße 123, 12345 Musterstadt

1. ☐ Die Steuerpflicht erstreckt sich ausschließlich auf den von der Körperschaft unterhaltenen (einheitlichen) steuerpflichtigen wirtschaftlichen Geschäftsbetrieb. Im Übrigen ist die Körperschaft nach § 5 Abs. 1 Nr. 9 KStG von der Körperschaftsteuer befreit, weil sie ausschließlich und unmittelbar steuerbegünstigten
   ☐ gemeinnützigen ☐ mildtätigen ☐ kirchlichen Zwecken im Sinne der §§ 51 ff. AO dient.

   ☐ Die Körperschaft unterhält keinen steuerpflichtigen wirtschaftlichen Geschäftsbetrieb. Sie ist
   nach § 5 Abs. 1 Nr. 9 KStG von der Körperschaftsteuer befreit,
   nach § 3 Nr. 6 GewStG von der Gewerbesteuer befreit,
   weil sie ausschließlich und unmittelbar
   ☐ gemeinnützigen ☐ mildtätigen ☐ kirchlichen Zwecken im Sinne der §§ 51 ff. AO dient.

   ☐ Für den (einheitlichen) steuerpflichtigen wirtschaftlichen Geschäftsbetrieb ergibt sich unter Berücksichtigung der Besteuerungsgrenze nach § 64 Abs. 3 AO bzw. der Freibeträge nach § 24 KStG und/oder § 11 Abs. 1 Satz 3 GewStG keine
   ☐ Körperschafsteuer ☐ Gewerbesteuer

2. **Hinweise zur Steuerbegünstigung**

   Die Körperschaft fördert
   ☐ mildtätige ☐ kirchliche   Zwecke
   ☐ folgende gemeinnützige Zwecke:

   _____
   (§ 52 Abs. 2 Satz 1 Nr.(n)   AO).

   _____
   (§ 52 Abs. 2 Satz 1 Nr.(n)   AO)

   _____
   (§ 52 Abs. 2 Satz 1 Nr.(n)   AO)

   _____
   (§ 52 Abs. 2 Satz 2 AO)

3. **Hinweise zur Ausstellung von Zuwendungsbestätigungen**

   Zuwendungsbestätigungen für Spenden
   Die Körperschaft ist berechtigt, für Spenden, die ihr zur Verwendung für diese Zwecke zugewendet werden, Zuwendungsbestätigungen nach amtlich vorgeschriebenem Vordruck (§ 50 Abs. 1 EStDV) auszustellen.
   Die amtlichen Muster für die Ausstellung steuerlicher Zuwendungsbestätigungen stehen im Internet unter http://www.formulare-bfinv.de als ausfüllbare Formulare zur Verfügung.

   Zuwendungsbestätigungen für Mitgliedsbeiträge
   ☐ Die Körperschaft ist berechtigt, für Mitgliedsbeiträge Zuwendungsbestätigungen nach amtlich vorgeschriebenem Vordruck (§ 50 Abs. 1 EStDV) auszustellen.
   ☐ Die Körperschaft ist **nicht** berechtigt, für Mitgliedsbeiträge Zuwendungsbestätigungen nach amtlich vorgeschriebenem Vordruck (§ 50 Abs. 1 EStDV) auszustellen, weil Zwecke i. S. des § 10b Abs 1 Satz 8 EStG gefördert werden.

   Zuwendungsbestätigungen für Spenden und ggf. Mitgliedsbeiträge dürfen nur ausgestellt werden, wenn das Datum dieser Anlage zum Körperschaftsteuerbescheid nicht länger als fünf Jahre zurückliegt. Die Frist ist taggenau zu berechnen (§ 63 Abs. 5 AO).

Anhang 10 Freistellungsbescheid

4. Haftung bei unrichtigen Zuwendungsbestätigungen und fehlverwendeten Zuwendungen
Wer vorsätzlich oder grob fahrlässig eine unrichtige Zuwendungsbestätigung ausstellt oder veranlasst, dass Zuwendungen nicht zu den in der Zuwendungsbestätigung angegebenen steuerbegünstigten Zwecken verwendet werden, haftet für die entgangene Steuer. Dabei wird die entgangene Einkommensteuer oder Körperschaftsteuer mit 30 %, die entgangene Gewerbesteuer pauschal mit 15 % der Zuwendung angesetzt (§ 10b Abs. 4 EStG, § 9 Abs. 3 KStG, § 9 Nr. 5 GewStG).

5. Hinweis zum Kapitalertragsteuerabzug
Bei Kapitalerträgen, die bis zum 31.12.20___ zufließen, reicht für die Abstandnahme vom Kapitalertragsteuerabzug nach § 44 a Abs. 4, 7 und 10 Satz 1 Nr. 3 EStG die Vorlage dieser Anlage zum Körperschaftsteuerbescheid oder die Überlassung einer amtlich beglaubigten Kopie dieser Anlage aus. Das Gleiche gilt bis zum o.a. Zeitpunkt für die Erstattung von Kapitalertragsteuer nach § 44b Abs. 6 EStG durch das depotführende Kredit- oder Finanzdienstleistungsinstitut. Die Vorlage der Anlage ist unzulässig, wenn die Erträge in einem wirtschaftlichen Geschäftsbetrieb anfallen, für den die Befreiung von der Körperschaftsteuer ausgeschlossen ist.

Abkürzungen: AO = Abgabenordnung, BStBl = Bundessteuerblatt, EStG = Einkommensteuergesetz, EStDV = Einkommensteuer-Durchführungsverordnung, GewStG = Gewerbesteuergesetz, KStG = Körperschaftsteuergesetz

Antrag auf Ausstellung einer Bescheinigung (NV 2 A)

An das Finanzamt

Antrag
auf Ausstellung einer Bescheinigung gemäß

- [ ] § 43 Abs. 2 Satz 4 EStG
- [ ] § 44a Abs. 7 EStG
- [ ] § 38 Abs. 3 KStG
- [ ] § 44a Abs. 4 EStG
- [ ] § 44a Abs. 8 EStG
- [ ] § 44a Abs. 5 EStG
- [ ] § 11 Abs. 2 InvStG

Zeile		
1	Die NV-Bescheinigung soll erstmals für das Jahr 20___ gelten.	

A. Allgemeine Angaben

Zeile		
2	Bezeichnung der Körperschaft, Personenvereinigung oder Vermögensmasse	
3	Straße, Hausnummer	Postleitzahl / Postfach
4	Postleitzahl / Ort	Telefonisch erreichbar unter Nr.
5	Geschäftsleitung	Sitz
6	Gesetzlicher Vertreter oder Vertretungsberechtigter (mit Anschrift)	
7		Telefonisch erreichbar unter Nr.
8	Gegenstand des Unternehmens oder Zweck der Körperschaft, Personenvereinigung oder Vermögensmasse	
9	Empfangsbevollmächtigter / Postempfänger (falls von Zeile 2 abweichend), Name und Anschrift	
10		
11	Empfangsvollmacht [ ] ist beigefügt. [ ] liegt dem Finanzamt vor.	
12	Eine Bescheinigung nach [ ] § 44a Abs. 4 EStG, [ ] § 44a Abs. 5 EStG, [ ] § 44a Abs. 7 EStG, [ ] § 44a Abs. 8 EStG, [ ] § 11 Abs.2 InvStG, [ ] § 38 Abs. 3 KStG 1) ist erteilt worden.	
13	vom Finanzamt ___ unter der Ordnungs-Nummer ___ gültig bis 31.12. ___	

B. Angaben zur körperschaftsteuerlichen Behandlung

Zeile		
14	Die Körperschaft, Personenvereinigung oder Vermögensmasse ist	[ ] unbeschränkt körperschaftsteuerpflichtig i. S. d. § 1 Abs. 1 Nr. 1 bis 5 KStG.
15		[ ] eine juristische Person des öffentlichen Rechts.
16	und wird	[ ] zur Körperschaftsteuer veranlagt
17		beim Finanzamt ___
18		unter Steuernummer ___
19		[ ] uneingeschränkt / mit dem / den steuerpflichtigen wirtschaftlichen Geschäftsbetrieb(en).
20		[ ] mit dem / den Betrieb(en) gewerblicher Art (§ 1 Abs. 1 Nr. 6 KStG).
21		[ ] nicht zur Körperschaftsteuer veranlagt.
22		[ ] nach § 11 Abs. 1 Satz 2 InvStG von der Körperschaftsteuer befreit.

1) In der am 27.12.2007 geltenden Fassung.

NV 2 A
Okt. 2011

Anhang 11 Antragsvordrucke

Zeile		
	Falls ein steuerpflichtiger wirtschaftlicher Geschäftsbetrieb einer von der Körperschaftsteuer befreiten Körperschaft, Personenvereinigung oder Vermögensmasse oder ein Betrieb gewerblicher Art einer juristischen Person des öffentlichen Rechts vorliegt:	
31	Die Kapitalerträge, für die dieser Antrag gestellt wird, entfallen **nicht** auf Anteile, die – in einem steuerpflichtigen wirtschaftlichen Geschäftsbetrieb, für den die Befreiung von der Körperschaftsteuer ausgeschlossen ist, oder – in einem steuerpflichtigen Betrieb gewerblicher Art einer juristischen Person des öffentlichen Rechts gehalten werden.	

C. Bei einem Antrag nach § 44a Abs. 5 EStG

32	Die Kapitalerträge sind Betriebseinnahmen. Die anzurechnende Kapitalertragsteuer ist aufgrund der Art der Geschäfte auf Dauer höher als die festzusetzende Körperschaftsteuer.	

D. Es werden folgende Bescheinigungen benötigt:

Zeile	Bescheinigung i. S. d.	Anzahl der benötigten Bescheinigungen
33	§ 43 Abs. 2 Satz 4 EStG	
34	§ 44a Abs. 4 EStG	
35	§ 44a Abs. 5 EStG	
36	§ 44a Abs. 7 EStG	
37	§ 44a Abs. 8 EStG	
38	§ 11 Abs. 2 InvStG	
39	§ 38 Abs. 3 KStG 1)	

E. Fälle des § 11 Abs. 2 InvStG

40	Fragebogen InvSt 7	ist beigefügt.		liegt dem Finanzamt vor.

Unterschrift

Bei der Anfertigung dieses Antrags hat mitgewirkt:
(Name, Anschrift, Telefon)

Ort, Datum

_____ , _____

_____
(Unterschrift)

Dieser Antrag muss von dem in Zeile 6 genannten Vertretungsberechtigten unterschrieben sein.

Hinweis nach den Datenschutzgesetzen: Die mit diesem Antrag angeforderten Daten werden auf Grund der §§ 149 ff. der Abgabenordnung i. V. m. § 43 Abs. 2 Satz 4 EStG, § 44a Abs. 4, 5, 7 und 8 EStG, § 11 Abs. 2 InvStG sowie § 38 Abs. 3 KStG verlangt.

---

1) In der am 27.12.2007 geltenden Fassung.

Antrag auf Ausstellung einer NV-Bescheinigung (NV 3 A)

An das Finanzamt

Dieser Antrag ist nur erforderlich, wenn Ihre steuerpflichtigen Kapitalerträge 801 € (bei Ehegatten 1602 €) jährlich übersteigen. Ansonsten reicht ein **Freistellungsauftrag** an Ihr Kreditinstitut aus. Eine Bescheinigung wird nicht erteilt in Fällen des Verlustabzugs.

ANTRAG
auf Ausstellung einer Nichtveranlagungs- (NV-) Bescheinigung für unbeschränkt steuerpflichtige und nicht steuerbefreite Körperschaften, Personenvereinigungen und Vermögensmassen
(§ 44 a Abs. 2 Satz 1 Nr. 2 EStG in Verbindung mit § 31 KStG)

Zeile		
1	Die NV-Bescheinigung soll erstmals für das Jahr 20___ gelten.	

A. Allgemeine Angaben

Zeile		
2	Bezeichnung der Körperschaft, Personenvereinigung oder Vermögensmasse	
3		
4	Straße, Hausnummer	Postleitzahl / Postfach
5	Postleitzahl / Ort	Telefonisch erreichbar unter Nr.
6	Geschäftsleitung	Sitz
7	Gesetzlicher Vertreter oder Vertretungsberechtigter (mit Anschrift)	
8		Telefonisch erreichbar unter Nr.
9	Gegenstand des Unternehmens oder Zweck der Körperschaft, Personenvereinigung oder Vermögensmasse	
10	Empfangsbevollmächtigter / Postempfänger (falls von Zeile 2 abweichend), Name und Anschrift	
11		
12	Empfangsvollmacht ☐ ist beigefügt. ☐ liegt dem Finanzamt vor.	
13	Eine Bescheinigung ist bereits erteilt worden vom Finanzamt ___ unter der Ordnungs-Nummer ___ gültig bis 31. 12. ___	

B. Angaben zur körperschaftsteuerlichen Behandlung

Die Körperschaft, Personenvereinigung oder Vermögensmasse ist unbeschränkt körperschaftsteuerpflichtig nach § 1 Abs. 1 Nr. 4, 5 oder 6 KStG

Zeile		
14	und wird	
15	☐ zur Körperschaftsteuer veranlagt	
16	beim Finanzamt ___	
	unter Steuernummer ___	
17	☐ nicht zur Körperschaftsteuer veranlagt.	

NV 3 A
Okt. 2008

034044/08

Anhang 11 Antragsvordrucke

- 2 -

Zeile	C. Angaben zum voraussichtlichen zu versteuernden Einkommen	EUR
	(für das in Zeile 1 genannte Jahr) 20____	
31	Einkünfte aus Land- und Forstwirtschaft	
32	Einkünfte aus Gewerbebetrieb	
33	Einkünfte aus selbständiger Arbeit	
34	Einkünfte aus Kapitalvermögen - Sparer-Pauschbetrag wird vom Finanzamt berücksichtigt - a) Dividenden, Zinsen usw. ①	
35	b) Veräußerungsgewinne	
36	Einkünfte aus Vermietung und Verpachtung	
37	Sonstige Einkünfte	

Weitere Angaben Voraussichtliche Änderungen in den beiden auf das o. a. Kalenderjahr folgenden Jahren.

Hinweis: Das Bundeszentralamt für Steuern ist berechtigt, die Höhe Ihrer Kapitalerträge dem für Sie zuständigen Finanzamt und den Sozialleistungsträgern mitzuteilen.

Mir / Uns ist bekannt, dass ich / wir verpflichtet bin / sind, die ausgestellte NV-Bescheinigung an das Finanzamt zurückzugeben, wenn die Voraussetzungen für ihre Erteilung weggefallen sind.

Bei der Anfertigung dieses Antrags hat mitgewirkt:
(Name, Anschrift, Telefon)

Ort, Datum

(Unterschrift)

Dieser Antrag muss von dem in Zeile 7 genannten Vertretungsberechtigten unterschrieben sein.

Hinweis nach den Datenschutzgesetzen: Die angeforderten Daten werden auf Grund der §§ 149 ff. Abgabenordnung in Verbindung mit § 44 a Abs. 2 Satz 1 Nr. 2 EStG verlangt.

Sie haben grundsätzlich Anspruch auf die Ausstellung einer NV-Bescheinigung, wenn Ihr Einkommen im Kalenderjahr den Freibetrag nach § 24 KStG nicht übersteigt. Die NV-Bescheinigung wird regelmäßig für drei Jahre ausgestellt.

① Anzugeben sind die Bruttoeinnahmen, also einschließlich einer etwa einzubehaltenden Kapitalertragsteuer.

Anhang 12 DATEV-Kontenrahmen[1]

Branchenpaket für Vereine, Stiftungen, Gemeinnützige GmbHs (SKR 49)
Gültig für 2015

Kontenklassen-Übersicht

Konten-klasse	Kontenarten	USt-Hinweise
0	**Bestandskonten** Aktiva	Vorsteuerabzug möglich
1	**Bestandskonten** Passiva	keine USt
2	**Erfolgskonten für Ideellen Bereich** = Einnahmen und Ausgaben gemeinnütziger Vereine und nicht gemeinnütziger Vereine, die keiner Einkunftsart zuzurechnen sind (Tätigkeitsbereich 2000)	keine USt Ausnahme: Erwerbsteuer aus i. g. Erwerb o. Vorsteuerabzug
3	**Erfolgskonten für ertragsteuerneutrale Posten** = bei der steuerlichen Gewinnermittlung gemeinnütziger Vereine und nicht gemeinnütziger Vereine nicht anzusetzende **Einnahmen** und **Ausgaben** (Tätigkeitsbereich 3000)	keine USt
4	**Erfolgskonten für Vermögensverwaltung** = steuerbegünstigte Einnahmen und Werbungskosten gemeinnütziger Vereine und nicht gemeinnütziger Vereine aus **Vermögensverwaltung** (Tätigkeitsbereich 4000)	0 % + 7 % + 19 % USt-Vorsteuerabzug möglich
5	**Erfolgskonten für ertragsteuerfreie Zweckbetriebe Sport** = Betriebseinnahmen und Betriebsausgaben aus **steuerbegünstigten sportlichen Veranstaltungen** gemeinnütziger Vereine nach § 67a Abs. 1 oder Abs. 3 S. 1 AO (Tätigkeitsbereich 5000)	0 % + 7 % USt-Vorsteuerabzug möglich
6	**Erfolgskonten für andere ertragsteuerfreie Zweckbetriebe** = Betriebseinnahmen und Betriebsausgaben aus **anderen steuerbegünstigten Zweckbetrieben** gemeinnütziger Vereine (Tätigkeitsbereich 6000)	0 % + 7 % USt-Vorsteuerabzug möglich
7	**Erfolgskonten für ertragsteuerpflichtige Geschäftsbetriebe Sport** = Betriebseinnahmen und Betriebsausgaben aus **nicht steuerbegünstigten sportlichen Betätigungen** gemeinnütziger Vereine und nicht gemeinnütziger Vereine (Tätigkeitsbereich 7000)	0 % + 7 % + 19 % USt-Vorsteuerabzug möglich
8	**Erfolgskonten für andere ertragsteuerpflichtige Geschäftsbetriebe** = Betriebseinnahmen und Betriebsausgaben aus **anderen nicht steuerbegünstigten wirtschaftlichen Geschäftsbetrieben** gemeinnütziger Vereine und nicht gemeinnütziger Vereine (Tätigkeitsbereich 8000)	0 % + 7 % + 19 % USt-Vorsteuerabzug möglich
9	**Statistikkonten** - Vortragskonten	keine USt

---

[1] Der Abdruck erfolgt mit freundlicher Genehmigung der DATEV e.G.; aus Platzgründen kann hier nur ein Auszug des Kontenrahmens wiedergegeben werden.

Anhang 12 DATEV-Kontenrahmen

Klasse 0
Bestandskonten Aktiva

Immaterielle Vermögenswerte
0010 – 0049

Grundstücke
0050 – 0099

Gebäude,
Außenanlagen etc.
0100 – 0199

Technische Anlagen
und Maschinen
0200 – 0249

Fahrzeuge,
Transportmittel
0250 – 0299

Vereinsausstattung
(Vereinskleidung,
Sportgeräte,
Werkzeuge,
Büroeinrichtungen,
GwG etc.)
0300 – 0399

Sonstige Anlagen und
Ausstattungen
0400 – 0479

Beteiligungen
0500 – 0529

Rechtswerte
(Ablösezahlungen etc.)
0530 – 0539

Ausleihungen,
Wertpapiere des
Anlagevermögens
0540 – 0599

Vorräte
0600 – 0629

Geleistete Anzahlungen
0630 – 0649

Forderungen, sonstige
Vermögensgegenstände
0650 – 0899

Wertpapiere des
Umlaufvermögens
0900 – 0919

Kasse, Bank, Schecks
0920 – 0989

Aktive Rechnungsabgrenzungsposten
0990 – 0999

Klasse 1
Bestandskonten Passiva

Gebundene Rücklagen
1000 – 1049

Freie Rücklagen
1070 – 1074

Sonstige Rücklagen
1075 – 1079

Ergebnisvorträge
Ergebnisvorträge
allgemein 1080

ideeller Bereich
1082

Vermögensverwaltung
1084

Zweckbetriebe Sport
1085

sonstige Zweckbetriebe
1086

Geschäftsbetriebe Sport
1087

sonstige Geschäftsbetriebe 1088

Stiftungskapital
(nur Stiftungen)
1100 – 1114

Ergebnisrücklagen
(nur Stiftungen)
1115 – 1139

Gezeichnetes Kapital
(nur GmbH)
1140

Kapitalrücklage
(GmbH und Stiftung)
1145

Anhang 12 DATEV-Kontenrahmen

Gewinnrücklagen
(nur GmbH)
1150 – 1159

Jahresergebnis
(Vortrag)
1160

Vereinskapital
1170

Sonderposten mit
Rücklagenanteil
1180 – 1199

Rückstellungen
1200 – 1229

Förderungsverpflich-
tungen (nur Stiftungen)
1230 – 1299

Anleihen
1300 – 1329

Erhaltene Anzahlungen
auf Bestellungen
1330 – 1334

Verbindlichkeiten aus
Lieferungen und
Leistungen
1335 – 1349

Verbindlichkeiten aus
Wechseln
1350 – 1359

Verbindlichkeiten
gegenüber verbundenen
Unternehmen
1360 – 1369

Verbindlichkeiten
gegenüber Unternehmen
mit Beteiligungsverhältnis
1370 – 1379

Verbindlichkeiten für
satzungsgemäße
Leistungen
1380 – 1384

Verbindlichkeiten aus
erteilten Zusagen
(nur Stiftungen)
1385 – 1389

Verbindlichkeiten aus
nicht zweckentsprechend
verwendeten Mitteln
1390 – 1394

Verbindlichkeiten aus
bedingt rückzahlungs-
pflichtigen Spenden
1395 – 1399

Verbindlichkeiten gegen-
über Kreditinstituten
1500 – 1599

Sonstige Verbindlichkeiten
1600 – 1989

Passive Rechnungs-
abgrenzungsposten
1990 – 1999

Klasse 2

Erfolgskonten
für ideellen
Bereich = Einnahmen
und Ausgaben gemein-
nütziger Vereine und
nicht gemeinnütziger
Vereine, die keiner
Einkunftsart
zuzurechnen sind
(Tätigkeitsbereich 2000)

**Bereich 2000
Ideeller Bereich**

**Nicht steuerbare
Einnahmen
Bereich 2000**

„echte" Mitgliederbeiträge,
„echte" Aufnahmege-
bühren, Zuschüsse etc.
2000 – 2499

**Nicht anzusetzende
Ausgaben Bereich 2000**

Abschreibungen
2500 – 2502

Übrige Ausgaben
– Bereich 2000 –
Personalkosten,
Reisekosten,
Raumkosten,
Bürobedarf, Telefon,
Abgaben
Landesverband,
Versicherungen,
Mitgliederpflege etc.
2503 – 2999

Anhang 12 DATEV-Kontenrahmen

Klasse 3

Erfolgskonten für ertragsteuerneutrale Posten = bei der steuerlichen Gewinnermittlung gemeinnütziger Vereine und nicht gemeinnütziger Vereine nicht anzusetzende Einnahmen und Ausgaben (Tätigkeitsbereich 3000)

Teilbereich 3200
= Posten des ideellen Bereichs 2000

Steuerneutrale Einnahmen zu Bereich 2000

Schenkungen, Erbschaften, Spenden etc.
3200 – 3249

Nicht abziehbare Ausgaben zu Bereich 2000

gezahlte Spenden etc.
3250 – 3399

Teilbereich 3400 =
Posten des Bereichs 4000
Vermögensverwaltung

Steuerneutrale Einnahmen zu Bereich 4000

Investitionszulage, erstattete Kapitalertragsteuer etc.
3400 – 3449

Nicht abziehbare Ausgaben zu Bereich 4000

3450 – 3499

Teilbereich 3500 =
Posten des Bereichs 5000
Zweckbetriebe Sport

Steuerneutrale Einnahmen zu Bereich 5000
3500 – 3549

Nicht abziehbare Ausgaben zu Bereich 5000
3550 – 3599

Teilbereich 3600 =
Posten des Bereichs 6000
Sonstige Zweckbetriebe

Steuerneutrale Einnahmen zu Bereich 6000
3600 – 3649

Nicht abziehbare Ausgaben zu Bereich 6000
3650 – 3699

Teilbereich 3700 =
Posten des Bereichs 7000
Geschäftsbetriebe Sport

Steuerneutrale Einnahmen zu Bereich 7000
3700 – 3749

Nicht abziehbare Ausgaben zu Bereich 7000
3750 – 3799

Teilbereich 3800 =
Posten des Bereichs 8000
sonstige wirtschaftliche Geschäftsbetriebe

Steuerneutrale Einnahmen zu Bereich 8000
3800 – 3849

Nicht abziehbare Ausgaben zu Bereich 8000
3850 – 3949

Ergebnisverwendungsrechnung

Ergebnisverwendung
3950 – 3999

Klasse 4

Erfolgskonten für Vermögensverwaltung = steuerbegünstigte Einnahmen und Werbungskosten gemeinnütziger Vereine und nicht gemeinnütziger Vereine aus Vermögensverwaltung (Tätigkeitsbereich 4000)

Bereich 4000 =
Vermögensverwaltung gemeinnütziger und nicht gemeinnütziger Vereine

Einnahmen Bereich 4000

Ertragsteuerfreie Einnahmen gemeinnütziger Vereine – aus Vermögensverwaltung
4000 – 4399

Ertragsteuerpflichtige Einnahmen nicht gemeinnütziger Vereine
4400 – 4499

Ausgaben/Werbungskosten des Bereichs 4000

Abschreibungen
4500 – 4505

Sonstige Ausgaben
4506 – 4999

Anhang 12   DATEV-Kontenrahmen

Klasse 5

Erfolgskonten für ertragsteuerfreie Zweckbetriebe Sport
= Betriebseinnahmen und Betriebsausgaben aus steuerbegünstigten sportlichen Veranstaltungen gemeinnütziger Vereine nach § 67a AO (Tätigkeitsbereich 5000)

Teilbereich 5000
= Zweckbetriebe Sport 1, ertragsteuerfreie, jedoch umsatzsteuerpflichtige sportliche Veranstaltungen

Betriebseinnahmen Teilbereich 5000

– aus Eintrittsgeldern
5000 – 5049

– aus Sportreisen
5050 – 5069

– aus sonstigen sportlichen Veranstaltungen
5070 – 5099

– aus Leistungen an Mitglieder
5100 – 5199

– aus veranstaltungsgebundenen Zuschüssen
5200 – 5249

– aus Sonstigem für Zweckbetrieb Sport
5250 – 5279

Betriebsausgaben Teilbereich 5000

Materialaufwand
5280 – 5299

Personalaufwand
5300 – 5449

Abschreibungen
5450 – 5499

Entschädigungen, Sportveranstaltungen
5500 – 5549

Kosten der Sportanlagen
5550 – 5569

Allgemeine Kosten des Sportbetriebs
5570 – 5619

Betriebskosten Fahrzeuge, Transportmittel
5620 – 5629

Betriebskosten Ausstattung, Sportgeräte
5630 – 5649

Sonstige Kosten Zweckbetrieb Sport
5650 – 5699

Teilbereich 5700 = Zweckbetriebe Sport 2, ertrag- und umsatzsteuerfreie sportl. Veranstaltungen

Betriebseinnahmen Teilbereich 5700

– aus Sportunterricht (§ 4 Nr. 22 a UStG)
5700 – 5719

– aus Teilnehmergebühren bei sportlichen Veranstaltungen § 4 Nr. 22 b UStG
5720 – 5739

– aus Sportunterricht Jugendhilfe § 4 Nr. 25 S. 3 b UStG
5740 – 5749

– aus sportlichen Veranstaltungen Jugendhilfe § 4 Nr. 25 S. 3 a UStG
5750 – 5759

– aus Sonstigem
5760 – 5779

Sonstige betriebliche Erträge
5780 – 5799

Betriebsausgaben Teilbereich 5700

Materialaufwand
5800 – 5819

Personalaufwand
5820 – 5839

Abschreibungen
5840 – 5859

Sonstige betriebliche Aufwendungen
5860 – 5989

Ergebnisumbuchung nach 8980
5990 – 5999

Anhang 12   DATEV-Kontenrahmen

Klasse 6

Erfolgskonten für andere ertragsteuerfreie Zweckbetriebe = Betriebseinnahmen und Betriebsausgaben aus anderen steuerbegünstigten Zweckbetrieben gemeinnütziger Vereine wie Kultur, Lotterien und Ausspielungen u. a. (Tätigkeitsbereich 6000)

Teilbereich 6000
= sonstige Zweckbetriebe 1,
ertragsteuerfrei, jedoch umsatzsteuerpflichtig

Sonstige Zweckbetriebe 1 (USt-pflichtig)

Umsatzerlöse
6000 – 6049

Bestandsveränderung
6050 – 6054

Andere aktivierte Eigenleistungen
6055 – 6059

Sonstige betriebliche Erträge
6060 – 6084

Unentgeltliche Wertabgaben 7 % USt
6085 – 6169

Materialaufwand
6170 – 6199

Personalaufwand
6200 – 6279

Abschreibungen
6280 – 6249

Sonstige betriebliche Aufwendungen
6295 – 6449

Zinsen und ähnliche Aufwendungen
6450 – 6459

Außerordentliche Erträge
6460 – 6464

Außerordentliche Aufwendungen
6465 – 6474

Sonstige Steuern
6475 – 6499

Teilbereich 6500
= sonstige Zweckbetriebe 2,
ertrag- und umsatzsteuerfrei

Sonstige Zweckbetriebe 2 (USt-frei)

Umsatzerlöse
6500 – 6549

Bestandsveränderung
6550 – 6554

Andere aktivierte Eigenleistungen
6555 – 6559

Sonstige betriebliche Erträge
6560 – 6584

Unentgeltliche Wertabgaben 0 % USt
6585 – 6669

Materialaufwand
6670 – 6699

Personalaufwand
6700 – 6779

Abschreibungen
6780 – 6799

Sonstige betriebliche Aufwendungen
6800 – 6949

Zinsen und ähnliche Aufwendungen
6950 – 6959

Außerordentliche Erträge
6960 – 6964

Außerordentliche Aufwendungen
6965 – 6974

Sonstige Steuern
6975 – 6989

Ergebnisumbuchung nach 8980
6990 – 6999

Anhang 12 DATEV-Kontenrahmen

Klasse 7

Erfolgskonten für ertragsteuerpflichtige Geschäftsbetriebe Sport = Betriebseinnahmen und Betriebsausgaben aus nicht steuerbegünstigten sportlichen Betätigungen gemeinnütziger und nicht gemeinnütziger Vereine (Tätigkeitsbereich 7000)

Teilbereich 7000
= Geschäftsbetriebe Sport, ertragsteuerpflichtige sportliche Veranstaltungen

Geschäftsbetriebe Sport (USt-pflichtig)

Umsatzerlöse aus bezahltem Sport
7000 – 7049

– aus Fußball mit Lizenzspielern
7050 – 7099

– aus Sonstigem
7100 – 7149

Sonstige betriebliche Erträge
7150 – 7199

Materialaufwand
7200 – 7219

Personalaufwand
7220 – 7269

Abschreibungen
7270 – 7299

Entschädigungen, Sportveranstaltungen
7300 – 7349

Veranstaltungsabhängige Kosten
7350 – 7379

Kosten der Sportanlagen
7380 – 7399

Allgemeine Kosten des Sportbetriebs
7400 – 7429

Betriebskosten Fahrzeuge, Transportmittel
7430 – 7439

Betriebskosten, Ausstattung, Sportgeräte
7440 – 7459

Gewerbesteuer, Abgaben
7460 – 7499

Sonstige Kosten
7500 – 7799

Geschäftsbetriebe Nebentätigkeiten Sport

Umsatzerlöse Kommerzielle Werbung
7800 – 7829

Kurzfristige Vermietung von Sportstätten an Nichtmitglieder
7830 – 7839

Sonstige Erlöse
7840 – 7849

Ausgaben für Werbung
7850 – 7859

Ausgaben zur Sportstättenvermietung
7860 – 7868

Sonstige Kosten
7869 – 7999

Klasse 8

Erfolgskonten für andere steuerpflichtige Geschäftsbetriebe = Betriebseinnahmen und Betriebsausgaben aus anderen nicht steuerbegünstigten wirtschaftlichen Geschäftsbetrieben gemeinnütziger Vereine und nicht gemeinnütziger Vereine (Tätigkeitsbereich 8000)

Teilbereich 8000
= sonstige Geschäftsbetriebe, ertragsteuerpflichtig

Sonstige Geschäftsbetriebe 1

Umsatzerlöse
8000 – 8089

Bestandsveränderung
8090 – 8094

Andere aktivierte Eigenleistungen
8095 – 8099

Sonstige betriebliche Erträge
8100 – 8149

Materialaufwand
8150 – 8209

Personalaufwand
8210 – 8239

Abschreibungen
8240 – 8299

Sonstige betriebliche Aufwendungen
8300 – 8399

Erträge aus Beteiligungen
8400 – 8409

Anhang 12 DATEV-Kontenrahmen

- Erträge aus anderen Wertpapieren
  8410 – 8419

- Sonstige Zinsen und ähnliche Erträge
  8420 – 8429

- Abschreibungen auf Finanzanlagen
  8430 – 8439

- Zinsen und ähnliche Aufwendungen
  8440 – 8449

- Außerordentliche Erträge
  8450 – 8459

- Außerordentliche Aufwendungen
  8460 – 8479

- Sonstige Steuern
  8480 – 8499

- **Sonstige Geschäftsbetriebe 2**

- Umsatzerlöse
  8500 – 8589

- Bestandsveränderung
  8590 – 8594

- Andere aktivierte Eigenleistungen
  8595 – 8599

- Sonstige betriebliche Erträge
  8600 – 8649

- Materialaufwand
  8650 – 8709

- Personalaufwand
  8710 – 8739

- Abschreibungen
  8740 – 8774

- Sonstige betriebliche Aufwendungen
  8775 – 8849

- Erträge aus Beteiligungen
  8850 – 8859

- Erträge aus anderen Wertpapieren
  8860 – 8869

- Sonstige Zinsen und ähnliche Erträge
  8870 – 8879

- Abschreibungen auf Finanzanlagen
  8880 – 8889

- Zinsen und ähnliche Aufwendungen
  8890 – 8899

- Außerordentliche Erträge
  8900 – 8909

- Außerordentliche Aufwendungen
  8910 – 8929

- Sonstige Steuern
  8930 – 8979

- **Ertragsteuerpflichtig gewordene Zweckbetriebe**

- Erträge/Einnahmen
  8980 – 8989

- Aufwendungen/Ausgaben
  8990 – 8999

Anhang 13 MwStSystRL

Auszug aus der Richtlinie 2006/112/EG (MwStSystRL)

Ermäßigte Steuersätze

Artikel 98

(1) Die Mitgliedstaaten können einen oder zwei ermäßigte Steuersätze anwenden.

(2) Die ermäßigten Steuersätze sind nur auf die Lieferungen von Gegenständen und die Dienstleistungen der in Anhang III genannten Kategorien anwendbar.
Die ermäßigten Steuersätze sind nicht anwendbar auf elektronisch erbrachte Dienstleistungen.

(3) Zur Anwendung der ermäßigten Steuersätze im Sinne des Absatzes 1 auf Kategorien von Gegenständen können die Mitgliedstaaten die betreffenden Kategorien anhand der Kombinierten Nomenklatur genau abgrenzen.

ANHANG III
VERZEICHNIS DER LIEFERUNGEN VON GEGENSTÄNDEN UND DIENSTLEISTUNGEN, AUF DIE ERMÄSSIGTE MWST-SÄTZE GEMÄSS ARTIKEL 98 ANGEWANDT WERDEN KÖNNEN

1. Nahrungs- und Futtermittel (einschließlich Getränke, alkoholische Getränke jedoch ausgenommen), lebende Tiere, Saatgut, Pflanzen und üblicherweise für die Zubereitung von Nahrungs- und Futtermitteln verwendete Zutaten sowie üblicherweise als Zusatz oder als Ersatz für Nahrungs- und Futtermittel verwendete Erzeugnisse;
2. Lieferung von Wasser;
3. Arzneimittel, die üblicherweise für die Gesundheitsvorsorge, die Verhütung von Krankheiten und für ärztliche und tierärztliche Behandlungen verwendet werden, einschließlich Erzeugnissen für Zwecke der Empfängnisverhütung und der Monatshygiene;
4. medizinische Geräte, Hilfsmittel und sonstige Vorrichtungen, die üblicherweise für die Linderung und die Behandlung von Behinderungen verwendet werden und die ausschließlich für den persönlichen Gebrauch von Behinderten bestimmt sind, einschließlich der Instandsetzung solcher Gegenstände, sowie Kindersitze für Kraftfahrzeuge;
5. Beförderung von Personen und des mitgeführten Gepäcks;
6. Lieferung von Büchern auf jeglichen physischen Trägern, einschließlich des Verleihs durch Büchereien (einschließlich Broschüren, Prospekte und ähnliche Drucksachen, Bilder-, Zeichen- oder Malbücher für Kinder, Notenhefte oder Manuskripte, Landkarten und hydrografische oder sonstige Karten), Zeitungen und Zeitschriften, mit Ausnahme von Druckerzeugnissen, die vollständig oder im Wesentlichen Werbezwecken dienen;
7. Eintrittsberechtigung für Veranstaltungen, Theater, Zirkus, Jahrmärkte, Vergnügungsparks, Konzerte, Museen, Tierparks, Kinos und Ausstellungen sowie ähnliche kulturelle Ereignisse und Einrichtungen;
8. Empfang von Rundfunk- und Fernsehprogrammen;
9. Dienstleistungen von Schriftstellern, Komponisten und ausübenden Künstlern sowie diesen geschuldete urheberrechtliche Vergütungen;

10. Lieferung, Bau, Renovierung und Umbau von Wohnungen im Rahmen des sozialen Wohnungsbaus;

10a. Renovierung und Reparatur von Privatwohnungen, mit Ausnahme von Materialien, die einen bedeutenden Teil des Wertes der Dienstleistung ausmachen;

10b. Reinigung von Fenstern und Reinigung in privaten Haushalten;

11. Lieferung von Gegenständen und Dienstleistungen, die in der Regel für den Einsatz in der landwirtschaftlichen Erzeugung bestimmt sind, mit Ausnahme von Investitionsgütern wie Maschinen oder Gebäuden;

12. Beherbergung in Hotels und ähnlichen Einrichtungen, einschließlich der Beherbergung in Ferienunterkünften, und Vermietung von Campingplätzen und Plätzen für das Abstellen von Wohnwagen;

12a. Restaurant- und Verpflegungsdienstleistungen, mit der Möglichkeit, die Abgabe von (alkoholischen und/oder alkoholfreien) Getränken auszuklammern;

13. Eintrittsberechtigung für Sportveranstaltungen;

14. Überlassung von Sportanlagen;

15. Lieferung von Gegenständen und Erbringung von Dienstleistungen durch von den Mitgliedstaaten anerkannte gemeinnützige Einrichtungen für wohltätige Zwecke und im Bereich der sozialen Sicherheit, soweit sie nicht gemäß den Artikeln 132, 135 und 136 von der Steuer befreit sind;

16. Dienstleistungen von Bestattungsinstituten und Krematorien, einschließlich der Lieferung von damit im Zusammenhang stehenden Gegenständen;

17. medizinische Versorgungsleistungen und zahnärztliche Leistungen sowie Thermalbehandlungen, soweit sie nicht gemäß Artikel 132 Absatz 1 Buchstaben b bis e von der Steuer befreit sind;

18. Dienstleistungen im Rahmen der Straßenreinigung, der Abfuhr von Hausmüll und der Abfallbehandlung mit Ausnahme der Dienstleistungen, die von Einrichtungen im Sinne des Artikels 13 erbracht werden;

19. kleine Reparaturdienstleistungen betreffend Fahrräder, Schuhe und Lederwaren, Kleidung und Haushaltswäsche (einschließlich Ausbesserung und Änderung);

20. häusliche Pflegedienstleistungen (z. B. Haushaltshilfe und Betreuung von Kindern, älteren, kranken oder behinderten Personen);

21. Friseurdienstleistungen.

Steuerbefreiungen für bestimmte, dem Gemeinwohl dienende Tätigkeiten

Artikel 132

(1) Die Mitgliedstaaten befreien folgende Umsätze von der Steuer:

a) von öffentlichen Posteinrichtungen erbrachte Dienstleistungen und dazugehörende Lieferungen von Gegenständen mit Ausnahme von Personenbeförderungs- und Telekommunikationsdienstleistungen;

b) Krankenhausbehandlungen und ärztliche Heilbehandlungen sowie damit eng verbundene Umsätze, die von Einrichtungen des öffentlichen Rechts oder unter Bedingungen, welche mit den Bedingungen für diese Einrichtungen in sozialer Hinsicht vergleichbar sind, von Krankenanstalten, Zentren für ärztliche Heilbehandlung und Diagnostik und anderen ordnungsgemäß anerkannten Einrichtungen gleicher Art durchgeführt beziehungsweise bewirkt werden;

c) Heilbehandlungen im Bereich der Humanmedizin, die im Rahmen der Ausübung der von dem betreffenden Mitgliedstaat definierten ärztlichen und arztähnlichen Berufe durchgeführt werden;

d) Lieferung von menschlichen Organen, menschlichem Blut und Frauenmilch;

e) Dienstleistungen, die Zahntechniker im Rahmen ihrer Berufsausübung erbringen, sowie Lieferungen von Zahnersatz durch Zahnärzte und Zahntechniker;

f) Dienstleistungen, die selbständige Zusammenschlüsse von Personen, die eine Tätigkeit ausüben, die von der Steuer befreit ist oder für die sie nicht Steuerpflichtige sind, an ihre Mitglieder für unmittelbare Zwecke der Ausübung dieser Tätigkeit erbringen, soweit diese Zusammenschlüsse von ihren Mitgliedern lediglich die genaue Erstattung des jeweiligen Anteils an den gemeinsamen Kosten fordern, vorausgesetzt, dass diese Befreiung nicht zu einer Wettbewerbsverzerrung führt;

g) eng mit der Sozialfürsorge und der sozialen Sicherheit verbundene Dienstleistungen und Lieferungen von Gegenständen, einschließlich derjenigen, die durch Altenheime, Einrichtungen des öffentlichen Rechts oder andere von dem betreffenden Mitgliedstaat als Einrichtungen mit sozialem Charakter anerkannte Einrichtungen bewirkt werden;

h) eng mit der Kinder- und Jugendbetreuung verbundene Dienstleistungen und Lieferungen von Gegenständen durch Einrichtungen des öffentlichen Rechts oder andere von dem betreffenden Mitgliedstaat als Einrichtungen mit sozialem Charakter anerkannte Einrichtungen;

i) Erziehung von Kindern und Jugendlichen, Schul- und Hochschulunterricht, Aus- und Fortbildung sowie berufliche Umschulung und damit eng verbundene Dienstleistungen und Lieferungen von Gegenständen durch Einrichtungen des öffentlichen Rechts, die mit solchen Aufgaben betraut sind, oder andere Einrichtungen mit von dem betreffenden Mitgliedstaat anerkannter vergleichbarer Zielsetzung;

j) von Privatlehrern erteilter Schul- und Hochschulunterricht;

k) Gestellung von Personal durch religiöse und weltanschauliche Einrichtungen für die unter den Buchstaben b, g, h und i genannten Tätigkeiten und für Zwecke geistlichen Beistands;

l) Dienstleistungen und eng damit verbundene Lieferungen von Gegenständen, die Einrichtungen ohne Gewinnstreben, welche politische, gewerkschaftliche, religiöse, patriotische, weltanschauliche, philanthropische oder staatsbürgerliche Ziele verfolgen, an ihre Mitglieder in deren gemeinsamen Interesse gegen einen satzungsgemäß festgelegten Beitrag erbringen, vorausgesetzt, dass diese Befreiung nicht zu einer Wettbewerbsverzerrung führt;

m) bestimmte, in engem Zusammenhang mit Sport und Körperertüchtigung stehende Dienstleistungen, die Einrichtungen ohne Gewinnstreben an Personen erbringen, die Sport oder Körperertüchtigung ausüben;

n) bestimmte kulturelle Dienstleistungen und eng damit verbundene Lieferungen von Gegenständen, die von Einrichtungen des öffentlichen Rechts oder anderen

o) Dienstleistungen und Lieferungen von Gegenständen bei Veranstaltungen durch Einrichtungen, deren Umsätze nach den Buchstaben b, g, h, i, l, m und n befreit sind, wenn die Veranstaltungen dazu bestimmt sind, den Einrichtungen eine finanzielle Unterstützung zu bringen und ausschließlich zu ihrem Nutzen durchgeführt werden, vorausgesetzt, dass diese Befreiung nicht zu einer Wettbewerbsverzerrung führt;

p) von ordnungsgemäß anerkannten Einrichtungen durchgeführte Beförderung von kranken und verletzten Personen in dafür besonders eingerichteten Fahrzeugen;

q) Tätigkeiten öffentlicher Rundfunk- und Fernsehanstalten, ausgenommen Tätigkeiten mit gewerblichem Charakter.

(2) Für die Zwecke des Absatzes 1 Buchstabe o können die Mitgliedstaaten alle erforderlichen Beschränkungen, insbesondere hinsichtlich der Anzahl der Veranstaltungen und der Höhe der für eine Steuerbefreiung in Frage kommenden Einnahmen, vorsehen.

Artikel 133

$_1$Die Mitgliedstaaten können die Gewährung der Befreiungen nach Artikel 132 Absatz 1 Buchstaben b, g, h, i, l, m und n für Einrichtungen, die keine Einrichtungen des öffentlichen Rechts sind, im Einzelfall von der Erfüllung einer oder mehrerer der folgenden Bedingungen abhängig machen:

a) Die betreffenden Einrichtungen dürfen keine systematische Gewinnerzielung anstreben; etwaige Gewinne, die trotzdem anfallen, dürfen nicht verteilt, sondern müssen zur Erhaltung oder Verbesserung der erbrachten Leistungen verwendet werden.

b) Leitung und Verwaltung dieser Einrichtungen müssen im Wesentlichen ehrenamtlich durch Personen erfolgen, die weder selbst noch über zwischengeschaltete Personen ein unmittelbares oder mittelbares Interesse am wirtschaftlichen Ergebnis der betreffenden Tätigkeiten haben.

c) Die Preise, die diese Einrichtungen verlangen, müssen von den zuständigen Behörden genehmigt sein oder die genehmigten Preise nicht übersteigen; bei Umsätzen, für die eine Preisgenehmigung nicht vorgesehen ist, müssen die verlangten Preise unter den Preisen liegen, die der Mehrwertsteuer unterliegende gewerbliche Unternehmen für entsprechende Umsätze fordern.

d) Die Befreiungen dürfen nicht zu einer Wettbewerbsverzerrung zum Nachteil von der Mehrwertsteuer unterliegenden gewerblichen Unternehmen führen.

$_2$Die Mitgliedstaaten, die am 1. Januar 1989 gemäß Anhang E der Richtlinie 77/388/EWG die Mehrwertsteuer auf die in Artikel 132 Absatz 1 Buchstaben m und n genannten Umsätze erhoben, können die unter Absatz 1 Buchstabe d des vorliegenden Artikels genannten Bedingungen auch anwenden, wenn für diese Lieferung von Gegenständen oder Dienstleistungen durch Einrichtungen des öffentlichen Rechts eine Befreiung gewährt wird.

Artikel 134

In folgenden Fällen sind Lieferungen von Gegenständen und Dienstleistungen von der Steuerbefreiung des Artikels 132 Absatz 1 Buchstaben b, g, h, i, l, m und n ausgeschlossen:

a) sie sind für die Umsätze, für die die Steuerbefreiung gewährt wird, nicht unerlässlich;

b) sie sind im Wesentlichen dazu bestimmt, der Einrichtung zusätzliche Einnahmen durch Umsätze zu verschaffen, die in unmittelbarem Wettbewerb mit Umsätzen von der Mehrwertsteuer unterliegenden gewerblichen Unternehmen bewirkt werden.

Literaturhinweise

Altmeppen, Die Grenzen der Zulässigkeit des Cash Pooling, ZIP 2006 S. 1025.

Arndt/Immel, Zur Gemeinnützigkeit des organisierten Sports, BB 1987 S. 1153.

Bartmuß, Wann sind Medizinische Versorgungszentren gemeinnützig? DB 2007 S. 706.

Bauer, Die Steuerpflicht gemeinnütziger Körperschaften nach der Rechtsprechung des Bundesfinanzhofs, FR 1989 S. 61.

Baumann/Penne-Goebel, Die Tätigkeit steuerbegünstigter Körperschaften im Rahmen von Selbstversorgungseinrichtungen i. S. von § 68 Nr. 2 AO, DB 2005 S. 695.

Becker, Das Recht auf Scheitern einer gemeinnützigen Körperschaft, FR 2008 S. 909.

Becker, Der Wegfall des gemeinnützigkeitsrechtlichen Status – Eine Bestandsaufnahme und Hilfestellung für die Praxis, DStR 2010 S. 953.

Beermann/Gosch, Abgabenordnung Finanzgerichtsordnung Kommentar (Loseblattsammlung), Stollfuß Verlag.

Berndt, Stiftung und Unternehmen, 4. Auflage, S. 40.

Blümich, EStG, KStG, GewStG Kommentar (Loseblattsammlung), Verlag Vahlen, München.

Boochs, Kultur- und Sportsponsoring, NWB Fach 3 S. 10525.

Bopp, Das Merkmal der Selbstlosigkeit bei der Verfolgung steuerbegünstigter Zwecke i. S. der §§ 51 ff. AO 1977, DStZ 1999 S. 123.

Breuninger/Prinz, Neues zum Sozio-Sponsoring aus steuerlicher Sicht, DStR 1994 S. 1401.

Brücher-Herpel, Lotterierecht. Lotterien, Tombolas und Co., veranstaltet durch gemeinnützige Organisationen, Stiftung & Sponsoring 2009, Heft 2 Rote Seiten.

Brunner, Kein Spendenabzug nach § 10b EStG beim Erben – Anmerkungen zum BFH-Urteil vom 22.9.1993 X R 107/91, DStR 1994 S. 782.

Buchna, Gefährden Reitsportvereine ihre Gemeinnützigkeit, wenn sie bei Reitturnieren Preisgelder zahlen? DStZ 1993 S. 274.

Buchna, Spendenakquisition mittels Veranstaltungen, Stiftung & Sponsoring 1998, Heft 3 S. 21 bzw. Heft 4 S. 19.

Buchna/Koopmann, Die Prüfung gemeinnütziger Körperschaften, Die steuerliche Betriebsprüfung 1998 S. 225.

Bunjes, Umsatzsteuergesetz: UStG, 14. Auflage, 2014, C. H. Beck Verlag.

Buschmann, Die ertragsteuerliche Behandlung von Sponsoringaufwendungen, StBP 1996 S. 35.

Carstensen, Die ungeschmälerte Erhaltung des Stiftungsvermögens, WPg 1996 S. 781.

Crezelius/Rawert, Das Gesetz zur weiteren steuerlichen Förderung von Stiftungen, ZEV 2000 S. 421.

Dehesselles, Gemeinnützige Körperschaften in der Insolvenz, DStR 2008 S. 2050.

DFB-Steuerhandbuch, Deutscher Fußball-Bund.

Dodenhoff, Eine Putzfrau zum Aufräumen der organisatorischen Eingliederung, UR 2014 S. 337.

Doemen, Forschungseinrichtungen im Umsatzsteuerrecht, UR 1997 S. 285.

Dorau/Heidler, Die umsatzsteuerliche Behandlung der Abgabe von Speisen insbesondere durch gemeinnützige Einrichtungen, DStR 2008 S. 702.

Döring/Fischer, Steuer- und gemeinnützigkeitsrechtliche Behandlung von Gewinnausschüttungen unter Beteiligung gemeinnütziger Körperschaften am Beispiel eines Krankenhauskonzerns, DB 2007 S. 1831.

Literaturhinweise

Dötsch/Pung, SEStEG: Die Änderungen des KStG, DB 2006 S. 2648.

Dötsch/Pung, SEStEG: Die Änderungen des UmwStG, DB 2006 S. 2704 und S. 2763.

Dötsch/Pung/Möhlenbrock, Die Körperschaftsteuer, Kommentar zum Körperschaftsteuergesetz und zu den einkommensteuerrechtlichen Vorschriften der Anteilseigenerbesteuerung (Loseblattsammlung), Schäffer Verlag.

Drasdo, Die steuerliche Behandlung von Geld- und Sachspenden zu Gunsten der caritativen Hilfsorganisationen als Ausgaben i. S. des § 10b EStG, DStR 1987 S. 327.

Eickstädt, Die praktische Umsetzung der Pflege-Buchführungsverordnung (PBV), DB 1998 S. 2429.

Ellermann/Gietz, Steuerrecht der Krankenhäuser: Ein Wegweiser für die Praxis, 2007, Kohlhammer Verlag.

Ellrott/Galli, Neuregelung der Rechnungslegung und Prüfung im deutschen Profifußball, WPg 2000 S. 269.

Emser, Erleichterungen für gemeinnützige Körperschaften und ehrenamtlich Tätige im Bereich des Steuerrechts, NWB 2013 S. 908.

Emser, Neufassung des AEAO: Änderungen aufgrund des Ehrenamtsstärkungsgesetzes, NWB 17/2014.

Ernst & Young AG, Körperschaftsteuergesetz (KStG), Loseblattsammlung, Stollfuß Verlag.

Eversberg, Der steuerpflichtige wirtschaftliche Geschäftsbetrieb – besondere Problemstellungen, Stiftung & Sponsoring 2001, Heft 5 Rote Seiten.

Festschrift zum 70. Geburtstag des Jenaer Gründungsdekan und Stiftungsrechtlers Olaf Werner, 2009, Nomos Verlag.

Fidora, Überschußbeteiligung als steuerpflichtige Einnahme einer gemeinnützigen Körperschaft, DB 1999 S. 559.

Fischer, AO – Abgabenordnung: Praktikerkommentar (Loseblattsammlung), Rehm Verlag.

Fischer, Das EuGH-Urteil Persche zu Auslandsspenden – die Entstaatlichung des Steuerstaates geht weiter, FR 2009 S. 249.

Fischer, Grundfragen der Bewahrung und einer Reform des Gemeinnützigkeitsrechts, zum Gutachten des Wissenschaftlichen Beirats beim BMF „Die abgabenrechtliche Privilegierung gemeinnütziger Zwecke auf dem Prüfstand", FR 2006 S. 1001.

Fischer, Grundfragen des Zweckbetriebs am Beispiel der Pferdepension einer wegen Verfolgung ideeller Zwecke (hier: Pferdesport) begünstigten Körperschaft, jurisPR SteuerR 16/2004 Anm. 6.

Fischer, Ungeklärte Fragen zum Zweckbetrieb (§ 65 AO) am Beispiel von Fitness-Studios gemeinnütziger Sportvereine, jurisPR SteuerR 26/2008 Anm. 5.

Fischer/Ihle, Satzungsgestaltung bei gemeinnützigen Stiftungen, DStR 2008 S. 1692.

Friedrich, Grundlagen und ausgewählte Probleme des Vereinsrechts, DStR 1994 S. 61 und S. 100.

Fritz, Immer noch keine Klarheit beim Sponsoring! Der erneute Sponsoringerlass zur Umsatzsteuer und ein Urteil des BFH, Stiftung & Sponsoring 2014, Heft 5 S. 32.

Frotscher/Maas, Kommentar zum Körperschaft-, Gewerbe- und Umwandlungssteuergesetz (Loseblattsammlung), Haufe Verlag.

Funken/Alexander Obeid, Hedgefonds im Stiftungsportfolio – Fluch oder Segen? Stiftung & Sponsoring 2005, Heft 3 S. 26.

Gast-de Haan, Die Förderung der „Allgemeinheit" als Voraussetzung für die steuerliche Anerkennung der Gemeinnützigkeit von Vereinen, DStR 1996 S. 405.

Geibel, Dachstiftungen, Stiftungszentren und Treuhandstiftungen, Nonprofit Law Yearbook 2011/2012, S. 29.

Geserich, Angemessenheit der Aufwendungen gemeinnütziger Körperschaften für Verwaltung und Spendenwerbung, DStR 2001 S. 604.

Gierlich, Vertrauensschutz und Haftung bei Spenden, FR 1991 S. 518.

Gietz/Sommerfeld, Zulässigkeit von Gewinnausschüttungen steuerbegünstigter Kapitalgesellschaften, BB 2001 S. 1501.

Glanegger/Güroff, GewStG Kommentar, C. H. Beck Verlag.

Gmach, Freizeitaktivitäten und Gemeinnützigkeit, FR 1996 S. 308.

Gmach, Neuere Rechtsprechung zum Recht der steuerbegünstigten Zwecke, FR 1992 S. 313 und 1995 S. 85.

Gosch, Kommunale Rettungsdienst-GmbH kann gemeinnützig sein, BFH/PR 8/2014 S. 261.

Gosch, Spenden als verdeckte Gewinnausschüttungen, StBp 2000 S. 125.

Götz, Die Familienstiftung als Instrument zur Unternehmensnachfolge, NWB 2005 Fach 2 S. 8797.

Götz, Die gemeinnützige Stiftung im Zivil- und Steuerrecht – Rechtliche Vorgaben und Besteuerungsfolgen, NWB 2008 Fach 2 S. 9757.

Gronemann, Kapitalerhöhung bei einer gemeinnützigen GmbH, DB 1981 S. 1589.

Grüne Reihe – Körperschaftsteuer, 18. Auflage, 2009, Erich Fleischer Verlag.

Grüne Reihe – Umsatzsteuer, 23. Auflage, 2012, Erich Fleischer Verlag.

Grünwald, Umfang der Unternehmereigenschaft einer Holding, DStR 2005 S. 1377.

Gummert, Die Stiftung als Mittel der Unternehmensnachfolge, Die Stiftung – Jahreshefte zum Stiftungswesen, 6. Jahrgang 2012 S. 75.

Gutachten der Unabhängigen Sachverständigenkommission zur Prüfung des Gemeinnützigkeits- und Spendenrechts, Schriftenreihe des BMF, Heft 40, Bonn 1988.

Heintzen, Die umsatzsteuerrechtliche Organschaft bei Organisationsprivatisierungen in der öffentlichen Verwaltung, DStR 1999 S. 1799.

Helios, Steuerliche Gemeinnützigkeit und EG-Beihilferecht, 2005, Verlag Dr. Kovac.

Herbert, Die wirtschaftlichen Geschäftsbetriebe des gemeinnützigen Vereins, Verlag Dr. Otto Schmidt KG, Köln.

Herrmann/Heuer/Raupach, Kommentar zur ESt und KSt (Loseblattsammlung), Verlag Dr. Otto Schmidt KG, Köln.

Herzig, Organschaft, Stuttgart 2003, Schäffer Poeschel Verlag.

Holland, Hilfspersonenregelung – Eine Zwischenbilanz, DStR 2006 S. 1783.

Hübschmann/Hepp/Spitaler, AO-Kommentar (Loseblattsammlung), Verlag Dr. Otto Schmidt KG, Köln.

Hummel, Missbrauch der umsatzsteuerlichen Organschaft bei Kooperationen im Gesundheitswesen? MwStR 2013 S. 294.

Hüttche, Zur Rechnungslegung der gemeinnützigen GmbH, GmbHR 1997 S. 1095.

Hüttemann, Anwendung des Abstandsgebots nach § 4 Nr. 18 Buchst. c UStG bei staatlich regulierten Entgelten, UR 2006 S. 441.

Hüttemann, Bessere Rahmenbedingungen für den Dritten Sektor, DB 2012 S. 2592.

Hüttemann, Das Buchwertprivileg bei Sachspenden nach § 6 Abs. 1 Nr. 4 Satz 5 EStG, DB 2008 S. 1590.

Hüttemann, Das Gesetz zur Stärkung des Ehrenamts, DB 2013 S. 774.

Hüttemann, Das Gesetz zur weiteren steuerlichen Förderung von Stiftungen, DB 2000 S. 1584.

Hüttemann, Der geänderte Anwendungserlass zur Gemeinnützigkeit – BMF-Schreiben vom 31.01.2014, DB 2014 S. 442.

Literaturhinweise

Hüttemann, Der neue Anwendungserlass zum Abschnitt „Steuerbegünstigte Zwecke", DB 2012 S. 250.

Hüttemann, Ehrenamt, Organvergütung und Gemeinnützigkeit, DB 2009 S. 1205.

Hüttemann, Gemeinnützigkeits- und Spendenrecht, 3. Auflage, 2015, Verlag Dr. Otto Schmidt KG, Köln.

Hüttemann, Steuervergünstigungen wegen Gemeinnützigkeit und europäisches Beihilfenverbot, DB 2006 S. 914.

Hüttemann, Wirtschaftliche Betätigung und steuerliche Gemeinnützigkeit, 1991, Verlag Dr. Otto Schmidt KG, Köln.

Hüttemann u. a., Die Treuhandstiftung – ein Traditionsmodell mit Zukunft, 2012, S. 48.

Hüttemann/Helios, Gemeinnützige Zweckverfolgung im Ausland nach der „Stauffer"-Entscheidung des EuGH, DB 2006 S. 2481.

Hüttemann/Helios, Zum grenzüberschreitenden Spendenabzug in Europa nach dem EuGH-Urteil vom 27.1.2009, Persche, DB 2009 S. 701.

Hüttemann/Herzog, Steuerfragen bei gemeinnützigen nichtrechtsfähigen Stiftungen, DB 2004 S. 1001.

Hüttemann/Rawert, Die notleidende Stiftung, Stiftung & Sponsoring 2014, Heft 1 Rote Seiten.

Hüttemann/Schauhoff, Der BFH als Wettbewerbshüter, DB 2011 S. 319.

Hüttemann/Schön, Vermögensverwaltung und Vermögenserhaltung im Stiftungs- und Gemeinnützigkeitsrecht, 2007, Carl Heymanns Verlag, Köln.

IFSt (Institut „Finanzen und Steuern" e.V.) Schrift Nr. 330, Teilhabe gemeinnütziger Körperschaften an unternehmerischer Tätigkeit – Zu den Grenzen zwischen steuerunschädlicher Vermögensverwaltung und steuerschädlichem wirtschaftlichem Geschäftsbetrieb, Bonn, 1994.

IFSt (Institut „Finanzen und Steuern" e.V.) Schrift Nr. 338, Unentgeltliche Zuwendungen betrieblichen Vermögens an gemeinnützige Körperschaften, Bonn, 1995.

Ihle, Stiftungen als Instrument der Unternehmens- und Vermögensnachfolge, RNotZ 2009 S. 557 und S. 621.

Isensee/Knobbe-Keuk, Sondervotum Isensee/Knobbe-Keuk zum Gutachten der Unabhängigen Sachverständigenkommission zur Prüfung des Gemeinnützigkeits- und Spendenrechts, Schriftenreihe des BMF, Heft 40, 1988, S. 331.

Jahrbuch der Fachanwälte für Steuerrecht 1993/1994 (JbFSt).

Jansen, Einzelfragen zur Besteuerung von Sportvereinen – Kritische Stellungnahme zu den Bemerkungen des Bundesrechnungshofs 1991 zur Haushalts- und Wirtschaftsführung, DStR 1992 S. 133.

Jansen, Steuerfragen bei Sportlervergütungen und Ablösezahlungen, FR 1995 S. 461.

Janssen, Spenden aus wirtschaftlichen Geschäftsbetrieben und Betrieben gewerblicher Art, DStZ 2001 S. 160.

Kaiser, Die Behandlung von Spielerwerten in der Handelsbilanz und im Überschuldungsstatus im Profifußball, DB 2004 S. 1109.

Kirchhain, Ermäßigter Umsatzsteuersatz nur auf originär gemeinnützige Leistungen? Wider die These eines eigenständigen umsatzsteuerlichen Zweckbetriebsbegriffs, npoR 2012 S. 123.

Kirchhain, Gemeinnützige Familienstiftung – Die Grenzen der steuerlichen Gemeinnützigkeit einer rechtsfähigen Stiftung bürgerlichen Rechts bei privatnütziger Versorgung der Stifterfamilie – Zur Auslegung des § 58 Nr. 5 AO, 2006, Verlag Peter Lang.

Kirchhain, Neue Verwaltungsrichtlinien für NPOs – Der neue Anwendungserlass zur Abgabenordnung im Lichte des Ehrenamtsstärkungsgesetzes, DStR 2014 S. 289.

Kirchhain, Wie viel Gewinn nötig, wie viel möglich? – Leistungsbeziehungen gemeinnütziger Unternehmen und Konzerne auf dem Prüfstand, DB 2014 S. 1831.

Kirchhof, Handbuch des Staatsrechts der Bundesrepublik Deutschland, Bd. I, C. F. Müller Verlag.

Kirchhof, Kommentar zum Einkommensteuergesetz, Dr. Otto Schmidt Verlag, Köln.

Kirchhof/Söhn/Möllinghoff, Kommentar zum EStG (Loseblattsammlung), C. F. Müller Verlag.

Klähn, Personalgestellung im Krankenhausbereich, DStZ 2000 S. 679.

Klähn, Vorsorge- und Rehabilitationseinrichtungen im Blickwinkel von § 67 AO, DStZ 1999 S. 902.

Klaßmann, Aktuelle gemeinnützigkeitsrechtliche Aspekte bei der Personal- und Sachmittelgestellung durch Krankenhäuser an (leitende) Krankenhausärzte, BDO „Aktuelles" vom 31.08.2012.

Klaßmann, Steuerliche Aspekte bei der Erbringung ambulanter Leistungen im Krankenhaus (aus Sicht der Krankenhäuser), Das Krankenhaus 2012 S. 908.

Klaßmann/Ritter, Das „Gesetz zur Stärkung des Ehrenamts" und seine Auswirkungen für steuerbegünstigte Stiftungen, Stiftung & Sponsoring 2013, Heft 1 Rote Seiten.

Klein, Umsatzsteuerliche Behandlung von Mitgliedsbeiträgen, DStR 2008 S. 1016.

Koch/Scholtz, AO Kommentar, 5. Auflage, 1996, Heymanns Verlag GmbH.

Koenig, Abgabenordnung: AO, 3. Auflage, 2014, C. H. Beck Verlag.

König/Hauptvogel/Zeidler, Outsourcing: arbeitsrechtliche und umsatzsteuerliche Aspekte bei privaten Krankenhäusern, BB 2005, Sonderdruck 9, S. 9.

Koopmann/Buchna, Die Prüfung gemeinnütziger Körperschaften – Aufzeichnungspflichten, Mittelverwendung und deren Überprüfung, Die steuerliche Betriebsprüfung 1998 S. 225 und S. 253.

Korf, Zuordnung, Verwendung und Vorsteuerabzug, DB 2009 S. 758.

Kröger, Steuerrecht und Nächstenliebe, DStZ 1986 S. 419.

Kröger, Vereinsförderungsgesetz und karitative Zwecke, DStZ 1990 S. 79.

Küffner/Fietz, Voraussetzungen für den Vorsteuerabzug eines Vereins, DStR 2015 S. 428.

Küffner/Maunz/Langer/Zugmaier, Umsatzsteuer 2014, NWB Verlag.

Kümpel, Anforderungen an die tatsächliche Geschäftsführung bei steuerbegünstigten (gemeinnützigen) Körperschaften, DStR 2001 S. 152.

Kümpel, Die Besteuerung steuerpflichtiger wirtschaftlicher Geschäftsbetriebe, DStR 1999 S. 1505.

Kümpel, Leistungsbeziehungen zwischen verbundenen gemeinnützigen Körperschaften, FR 2014 S. 51.

Kümpel, StEntlG 1999/2000/2002: Vorverlegung der Gewinnrealisierung bei (Alt-)Materialsammlungen steuerbegünstigter Körperschaften, FR 1999 S. 888.

Kußmaul/Meyering, Die Besteuerung der Stiftung: Die privatnützige Stiftung, StB 2004 S. 56.

Kutt, Probleme bei der Übertragung des wirtschaftlichen Eigentums bei Einbringungen nach §§ 20 und 24 UmwStG, DB 2006 S. 1132.

Lang/Seer, Der Betriebsausgabenabzug im Rahmen eines wirtschaftlichen Geschäftsbetriebes gemeinnütziger Körperschaften, FR 1994 S. 521.

Lehmann, Bilanzielle Behandlung von Zuwendungen (Spenden) an gemeinnützige Einrichtungen, DB 2006 S. 1281.

Leisner, Die Umsatzbesteuerung von gemeinnützigen Integrationsprojekten gem. § 68 Nr. 3 c AO durch das Jahressteuergesetz 2007, DB 2007 S. 1047.

Lettl, Wirtschaftliche Betätigung und Umstrukturierung von Ideal-Vereinen, DB 2000 S. 1449.

Lex, Die Mehrheitsbeteiligung einer steuerbegünstigten Körperschaft an einer Kapitalgesellschaft – Vermögensverwaltung oder wirtschaftlicher Geschäftsbetrieb?, DB 1997 S. 349.

Literaturhinweise

Lex, Steuerliche Änderungen für Stiftungen und Spender durch das Gesetz zur weiteren steuerlichen Förderung von Stiftungen – Kritische Bemerkungen zu einer gutgemeinten Reform, DStR 2000 S. 1939.

Lippross, Grüne Reihe – Umsatzsteuer, 23. Auflage, 2012, Erich Fleischer Verlag.

Lippross, Umsatzsteuerliche Folgen der Auslagerung kirchlicher Aufgaben auf eine kirchlich finanzierte Vereinigung, DStR 2009 S. 781.

Lutter, Rechnungslegung von Vereinen: Zur Rechnungslegung und Publizität gemeinnütziger Spenden-Vereine, BB 1988 S. 489.

Lutz/Kurz, Steuerliche Behandlung von Integrationsprojekten, DStR 2012 S. 1260.

Märkle, Der Verein im Zivil- und Steuerrecht, Boorberg Verlag.

Märkle/Alber, Das Vereinsförderungsgesetz, BB 1990, Beilage 2 zum Heft 3.

Märtens, Keine Gemeinnützigkeit eines ausgegliederten Krankenhauslabors, jurisPR SteueR 32/2013 Anm. 1.

Matheja, Sachzuwendungen an gestelltes Personal, UR 1980 S. 195.

Mecking, Regelungsbedarf bei Organvergütung. Für Aufwandsentschädigungen wird Satzungsbestimmung gefordert, Stiftung & Sponsoring 2009, Heft 4 S. 43.

Milatz/Kemcke/Schütz, Stiftungen im Zivil- und Steuerrecht, 2004, Verlag Recht und Wirtschaft GmbH, Heidelberg.

Müller-Gatermann, Gemeinnützigkeit und Sport, FR 1995 S. 261.

Myßen, Das Durchlaufspendenverfahren nach der Neuordnung des Spendenrechts unter haftungsrechtlichen Gesichtspunkten, INF 2000 S. 385.

Neufang, Was bringt das Vereinsförderungsgesetz, INF 1990 S. 54.

Nordmeyer/Seeger, Umsatzsteuerliche Organschaft im NPO-Bereich – Erhöhte Anforderungen an die wirtschaftliche Eingliederung? UStB 2011 S. 280.

Oberbeck/Winheller, Die gemeinnützige Unternehmergesellschaft. Die Pflichtrücklage nach § 5a Abs. 3 GmbHG als Stolperstein? DStR 2009 S. 516.

Oppermann/Peter, Die steuerrechtliche Haftung für rechtswidrig ausgestellte Spendenbescheinigungen, DStZ 1998, S. 424.

Orth, Einbringung eines wirtschaftlichen Geschäftsbetriebs oder eines Betriebs gewerblicher Art in eine Kapitalgesellschaft nach dem UmwStG i. d. F. des SEStEG, DB 2007 S. 419.

Orth, Einkünfte von wirtschaftlichen Geschäftsbetrieben und Betrieben gewerblicher Art ohne Gewinnerzielungsabsicht, FR 2007 S. 326.

Orth, Gemeinnützigkeit und Wirtschaftstätigkeit, FR 1995 S. 253.

Orth, Spendenabzug bei Kapitalgesellschaften – Darstellung und Fallstudie, DStR 1995 S. 733.

Orth, Steuerrechtliche Fragen bei Errichtung und Führung von Sportkapitalgesellschaften, Recht und Sport, Band 25, Scherer, U. (Hrsg.), 1998, S. 65 – 90, Richard Boorberg Verlag.

Orth, Stiftungen und Unternehmenssteuerreform, DStR 2001 S. 325.

Orth, Vereine, Stiftungen, Trusts und verwandte Rechtsformen als Instrumente des Wirtschaftsverkehrs, JbFSt 1993/1994 S. 342 und S. 417.

Orth, Verluste gemeinnütziger Stiftungen aus Vermögensverwaltung, DStR 2009 S. 1397.

Orth, Zur Rechnungslegung von Stiftungen – Überlegungen aus Anlaß des IDW-Diskussionsentwurfs, DB 1997 S. 1341.

Palandt, Bürgerliches Gesetzbuch, C. H. Beck Verlag.

Polster-Grüll et al., Cash Pooling: Modernes Liquiditätsmanagement aus finanzwirtschaftlicher, rechtlicher und steuerlicher Sicht, 2. Auflage, 2004, Linde Verlag.

Priester, Nonprofit-GmbH – Satzungsgestaltung und Satzungsvollzug, GmbHR 1999 S. 149.

Rang/Baldauf, Besteuerung kommunaler Sportstätten und Schwimmbäder sowie vergleichbarer Einrichtungen – Ertragsteuerliche Aspekte, DStZ 2014 S. 38 und S. 68.

Rasche, Sponsoring von Vereinen und öffentlicher Hand, UStB 2001 S. 208.

Rathke/Ritter, Die Spendenhaftung – Folgen fehlerhafter Zuwendungsbestätigungen und Wege zur Vermeidung nachteiliger Konsequenzen, NWB 2012 S. 3373.

Rau/Dürrwächter/Flick/Geist, Kommentar zum Umsatzsteuergesetz (Loseblattsammlung), Verlag Dr. Otto Schmidt KG, Köln.

Raupach, Recht und Sport, Heft 23, Boorberg Verlag.

Recht und Sport, Heft 23 und 25, Boorberg Verlag.

Reiß/Kraeusel/Langer, UStG mit Nebenbestimmungen, Gemeinschaftsrecht – Kommentar (Loseblattsammlung), Stollfuß Verlag.

Reuber, Die Besteuerung der Vereine (Loseblattsammlung), Schäffer Poeschel Verlag.

Richter, Das Verhältnis von Zuwendungen an Stiftungen und Pflichtteilsergänzungsansprüchen, Stiftung & Sponsoring 2004, Heft 3 S. 21.

Rödder/Herlinghaus/van Lieshaut, Umwandlungsteuergesetz Kommentar, 2008, Verlag Dr. Otto Schmidt KG, Köln.

Rösch/Woitschell, Zur Reichweite des Gebots der zeitnahen Mittelverwendung im Gemeinnützigkeitsrecht – Erwiderung und Replik zu dem Beitrag von Thiel und Eversberg, DB 2007 S. 1434.

Röthel/Konold, Umsatzsteuer im Sponsoring unter Berücksichtigung der aktuellen BFH- und EuGH-Rechtsprechung, DStR 2009 S. 15.

Sahm, Mitgliedsbeitrag als steuerbarer Umsatz von Vereinen, UR 1995 S. 210.

Schad/Eversberg, Bildung freier Rücklagen nach § 58 Nr. 7 AO, DB 1986 S. 2149.

Schauhoff, Die Bedeutung des § 13 KStG für gemeinnützige Körperschaften, DStR 1996 S. 366.

Schauhoff, Gemeinnützige Stiftung und Versorgung des Stifters und seiner Nachkommen, DB 1996 S. 1693.

Schauhoff, Große Aufregung um das Sponsoring, DB 1998 S. 494.

Schauhoff, Handbuch der Gemeinnützigkeit, 3. Auflage, 2010, C. H. Beck Verlag.

Schauhoff, Schenkungsteuer auf Sponsorenzahlungen an die Profimannschaft?, – Zur Abgrenzung von Ertragsteuern, Umsatzsteuer und Schenkungsteuer bei Sponsorenzahlungen an gemeinnützige Körperschaften, DStR 2004 S. 1465.

Schauhoff, Verlust der Gemeinnützigkeit durch Verluste? DStR 1998 S. 701.

Schauhoff/Kirchhain, Gemeinnützigkeit im Umbruch durch Rechtsprechung – Anmerkungen zu BFH vom 18.9.2007 I R 30/06 und zu BFH vom 19.12.2007 I R 15/07 sowie Replik zu Heger (DStR 2008 S. 807), DStR 2008 S. 1713.

Schauhoff/Kirchhain, Was bringt der neue AEAO für gemeinnützige Körperschaften?, DStR 2012 S. 261.

Schick, Die Beteiligung einer gemeinnützigen Körperschaft an einer GmbH und der wirtschaftliche Geschäftsbetrieb, DB 1985 S. 1812.

Schick, Die Betriebsaufspaltung unter Beteiligung steuerbegünstigter Körperschaften und ihre Auswirkungen auf die zeitnahe Mittelverwendung, DB 2008 S. 893.

Schienke-Ohletz/Selzer, Abgeltungsteuer und einkommensteuerrechtlicher Spendenabzug, DStR 2008 S. 136.

Schiffer, Aktuelles Beratungs-Know-how Gemeinnützigkeits- und Stiftungsrecht, DStR 2003 S. 14.

Schiffer, Das Risiko der Verantwortung. Haftung von Stiftungen und Organmitgliedern, Stiftung & Sponsoring 2006, S. 26.

Literaturhinweise

Schiffer, Die „steuerliche Familienstiftung" – Zu Problemen in der Praxis mit dem Drittelprivileg (§ 58 Nr. 5 AO), Der Fachanwalt für Erbrecht 2006 S. 51.

Schiffer, Die Stiftung in der Beraterpraxis, 2. Auflage, 2009, Deutscher Anwaltverlag & Institut der Anwaltschaft GmbH.

Schiffer/Pruns, Ein guter Tag für alle, die sich ehrenamtlich engagieren? Das Gesetz zur Haftungsbegrenzung für Vereinsvorstände, Stiftung & Sponsoring 2009, Heft 4 S. 38.

Schindler, Auswirkungen des Gesetzes zur weiteren steuerlichen Förderung von Stiftungen, BB 2000, S. 2077.

Schmidt, Kommentar zum EStG, 33. Auflage, 2014, C. H. Beck Verlag.

Schmidt/Fritz, Änderungen des Gemeinnützigkeitssteuerrechts zu Fördervereinen, Werbebetrieben, Totalisatoren, Blutspendediensten und Lotterien, DB 2001 S. 2062.

Schmidt/Fritz, Kapitalausstattung von Kapitalgesellschaften und Stiftungen durch gemeinnützige Körperschaften, Stiftung & Sponsoring 2001, Heft 5 S. 19.

Schön, Kirchliche Hoheitsbetriebe, DStZ 1999 S. 701.

Schröder, Die steuerbegünstigte und steuerpflichtige GmbH bei Non-Profit-Organisationen (Gründung, Ausgliederung und Hilfspersonen), DStR 2004 S. 1815 und S. 1859.

Schröder, Zeitnahe Mittelverwendung und Rücklagenbildung nach §§ 55 und 58 AO – Ein ökonomisches Verfahren zur Ermittlung und Darstellung, DStR 2005 S. 1238.

Schulte/Ambroziak, Wenn der Plan vom Perpetuum Mobile nicht aufgeht – Die Umwandlung einer Ewigkeitsstiftung in eine Verbrauchsstiftung, Die Stiftung 1/2014 S. 20.

Schütze/Winter, Organisatorische Eingliederung in der umsatzsteuerlichen Organschaft, UR 2009 S. 397.

Schwarz/Pahlke, AO/FGO Kommentar, Haufe Verlag.

Seeger, Ermäßigter Steuersatz bei Beschäftigungsbetrieben der Behindertenhilfe, UStB 2015 S. 19.

Seeger, Werkstätten und Arbeitsmarktdienstleistungen, Werkstatt-Dialog, Ausgabe 5/2011, Bundesarbeitsgemeinschaft der Werkstätten für Menschen mit Behinderungen, BAG: WfbM.

Seeger/Brox, Das Ende der Steuerbegünstigung für Selbstversorgungsbetriebe nach § 68 Nr. 2 Buchst. b AO? DStR 2009 S. 2459.

Seeger/Milde, Leistungsaustausch zwischen gemeinnützigen Körperschaften, NWB 2014 S. 2613.

Seeger/Thier, Cash Pooling – Ein sinnvolles Finanzinstrument zur Nutzung von Kostensenkungspotenzialen auch im gemeinnützigen Konzern, DStR 2011 S. 184.

Seer, Die steuerliche Behandlung des Forschungstransfers unter Berücksichtigung der gesetzlichen Neuregelungen ab 1.1.1997, DStR 1997 S. 436.

Sieger/Wirtz, Cash-Pool – Fehlgeschlagene Kapitalmaßnahmen und Heilung im Recht der GmbH, ZIP 2005 S. 2277.

Slapio, Gestaltungsmöglichkeiten bei umsatzsteuerlicher Organschaft, DStR 2000 S. 999.

Sobotta/von Cube, Die Haftung des Vorstands für das Stiftungsvermögen, DB 2009 S. 2082.

Söffing, Bilanzierung und Abschreibung von Transferzahlungen im Lizenzfußball, BB 1996 S. 523.

Spiegel 42/1991, Adrenalin garantiert. Tausende von Bundesdeutschen sind Anhänger von „Gotcha" – jugendgefährdender Wehrsport oder harmloser Freizeitspaß, Der Spiegel 42/1991 S. 114.

Stadie, Umsatzsteuergesetz Kommentar, Verlag Dr. Otto Schmidt KG, Köln.

Sterzinger, Ermäßigter Steuersatz für Integrationsprojekte und Werkstätten für behinderte Menschen, UR 2014 S. 381.

Storg, Kapitalertragsbesteuerung bei Vereinen, NWB 2006 Fach 3 S. 14265.

Literaturhinweise

Strahl, Gemeinnützigkeit im Forschungsbereich – Chance und Korsett, FR 2006 S. 1012.

Strahl, Steuerliche Aspekte der wirtschaftlichen Betätigung von Hochschulen, FR 1998 S. 761.

Strahl, Steuerliche Konsequenzen der Verwertung von Forschungs- und Entwicklungsergebnissen durch Hochschulen und gemeinnützige Forschungseinrichtungen, DStR 2000 S. 2163.

Strahl, Umsatzsteuerliche Aspekte des Hochschulsports, UR 2001 S. 277.

Streck, Kommentar zum KStG, C. H. Beck Verlag.

Studie „Sponsor Visions 2012" des Fachverbandes Sponsoring (Faspo).

Suck, Zur Zulässigkeit einer mehrfachen Mittelweitergabe nach § 58 Nr. 1 AO, SteuK 2013 S. 184.

Teufel, Außenprüfungen bei gemeinnützigen Organisationen (formelles Prüfungsrecht), DB 1999 S. 874,

Teufel, Zur Haftung bei falsch ausgestellten Spendenbescheinigungen bzw. zweckwidriger Mittelverwendung, FR 1993 S. 772.

Theißen/Daub, Die gemeinnützige GmbH, INF 1994S. 277.

Theobald, Arbeitsteilige Zusammenarbeit gemeinnütziger und gewerblicher Körperschaften, DStR 2011 S. 946.

Thiel, Betriebsausgaben im wirtschaftlichen Geschäftsbetrieb gemeinnütziger Körperschaften, DB 1993 S. 1208.

Thiel, Das Gebot der zeitnahen Mittelverwendung im Gemeinnützigkeitsrecht und seine Bedeutung für die tatsächliche Geschäftsführung gemeinnütziger Stiftungen, Stiftung & Sponsoring 1998, Heft 3 Rote Seiten.

Thiel, Die Besteuerung öffentlich geförderter Forschungseinrichtungen, DB 1996 S. 1944.

Thiel, Die gemeinnützige GmbH, GmbHR 1997 S. 10.

Thiel, Die neue Erbschaft- und Schenkungsteuer, DB 1997 S. 64.

Thiel, Die Neuordnung des Spendenrechts, DB 2000 S. 392.

Thiel, Die zeitnahe Mittelverwendung – Aufgabe und Bürde gemeinnütziger Körperschaften, DB 1992 S. 1900.

Thiel, Die Zuwendung von Sponsoren und Mäzenen aus schenkungsteuerrechtlicher und ertragsteuerrechtlicher Sicht, DB 1993 S. 2452.

Thiel, Sponsoring im Steuerrecht, DB 1998 S. 842.

Thiel/Eversberg, Das Vereinsförderungsgesetz und seine Auswirkungen auf das Gemeinnützigkeits- und Spendenrecht, DB 1990 S. 290 und S. 344.

Thiel/Eversberg, Gesetz zur steuerlichen Förderung von Kunst, Kultur und Stiftung sowie zur Änderung steuerlicher Vorschriften, DB 1991 S. 118.

Thiel /Eversberg, Zur Reichweite des Gebots der zeitnahen Mittelverwendung im Gemeinnützigkeitsrecht, DB 2007 S. 191 und S. 1436.

Tipke/Kruse, Kommentar zur Abgabenordnung 1977 und FGO, Verlag Dr. Otto Schmidt KG, Köln.

Tönnes/Wewel, Ausgliederung wirtschaftlicher Geschäftsbetriebe durch steuerbefreite Einrichtungen, DStR 1998 S. 274.

Ullrich, Praxisfragen der gesetzlichen Mustersatzung für gemeinnützige Körperschaften, DStR 2009 S. 2471.

Valentin, Werbetätigkeit im Sport, UStB 2000 S. 109.

Vereine und Steuern, Informationsschrift des FinMin NRW.

Wachter, Kein Spendenabzug bei Zuwendungen an eine Vorstiftung – Zugleich Besprechung von FG Schleswig-Holstein, Urteil vom 4.6.2009 – 1 K 156/04, DStR 2009 S. 2469.

Walkenhorst, Entgeltliche Überlassung von Sportanlagen ist keine Vermögensverwaltung, UStB 2014 S. 224.

Wallenhorst, Die Erhöhung des Spendenvolumens durch Zuwendungen in den Vermögensstock bei fiduziarischen Verbrauchsstiftungen, DStR 2002 S. 984.

Wallenhorst, Spendenhaftung: Beantwortete und offene Fragen, DStZ 2003 S. 531.

Wallenhorst/Halaczinsky, Die Besteuerung gemeinnütziger Vereine, Stiftungen und der juristischen Personen des öffentlichen Rechts, 6. Auflage, 2009, Verlag Vahlen, München.

Walzer, Einbringungsgeborene Anteile – Friktionen bei der Fortgeltung des „Alten" Umwandlungssteuerrechts nach SEStEG, DB 2009 S. 2341.

Weiand, Das Schreiben des Bundesministeriums der Finanzen vom 9.7.1997 zur ertragsteuerlichen Behandlung des Sponsoring, BB 1998 S. 344.

Weilbach, Kommentar zum Grunderwerbsteuergesetz: GrEStG (Loseblattsammlung), Haufe Verlag.

Weisheit, Keine Anwendung des ermäßigten Umsatzsteuersatzes bei Vermögensverwaltung? IWW Stiftungsbrief vom 27.08.2014, Heft 9/2014, S. 165.

Werner, Die Haftung des Vorstands für Steuerschulden des Vereins, INF 2004 S. 20.

Weymüller, Umsatzsteuergesetz: UStG, 2015, C. H. Beck Verlag.

Widmann/Mayer, Kommentar Umwandlungsgesetz, Umwandlungssteuergesetz (Loseblattsammlung), Stollfuß Verlag.

Wiemhoff, Erholungsheime als steuerbegünstigte Zweckbetriebe (§ 66 AO 1977), BB 1977 S. 1599 und BB 1978 S. 959.

Wien, Steuerbefreiung und Steuerermäßigung gemeinnütziger Körperschaften und die neuen Buchführungspflichten für Pflegeeinrichtungen, FR 1997 S. 366

Weitere Literaturhinweise finden sich im laufenden Text.

Abkürzungen

a. A.	anderer Ansicht	f.	und folgende (Einzahl)
a. a. O.	am angegebenen Ort	ff.	und folgende (Mehrzahl)
Abs.	Absatz	FG	Finanzgericht
Abschn.	Abschnitt	FinMin	Finanzminister
AEAO	Anwendungserlass zur Abgabenordnung	FinSen	Finanzsenator
		FinVerw	Finanzverwaltung
a. F.	alte Fassung	Fn.	Fußnote
AfA	Absetzung für Abnutzung	FÖJ	Freiwilliges ökologisches Jahr
AG	Aktiengesellschaft	FR	Finanz-Rundschau
AktG	Aktiengesetz	FSJ	Freiwilliges soziales Jahr
ALG	Gesetz über die Alterssicherung der Landwirte	G. d. E.	Gesamtbetrag der Einkünfte
		GemV	Gemeinnützigkeitsverordnung
Anl.	Anlage	GesSt	Gesellschaftsteuer
Anm.	Anmerkung	GewStDV	Gewerbesteuer-Durchführungsverordnung
AO	Abgabenordnung		
Art.	Artikel	GewStG	Gewerbesteuergesetz
BAnz	Bundesanzeiger	GewStR	Gewerbesteuer-Richtlinien
BB	Der Betriebsberater	GG	Grundgesetz
BdF	Bundesminister der Finanzen	GmbH	Gesellschaft mit beschränkter Haftung
betr.	betreffend		
BewG	Bewertungsgesetz	GmbHG	GmbH-Gesetz
BFD	Bundesfreiwilligendienst	GmbHR	GmbH-Rundschau
BFH	Bundesfinanzhof	GOÄ	Gebührenordnung der Ärzte
BFH/NV	Sammlung amtlich nicht veröffentlichter Entscheidungen	GrStG	Grundsteuergesetz
		GrStR	Grundsteuer-Richtlinien
BgA	Betrieb gewerblicher Art	GVBl	Gesetz- und Verordnungsblatt
BGB	Bürgerliches Gesetzbuch	H ...	Hinweis ... in einem ...-Steuer-Handbuch
BGBl	Bundesgesetzblatt		
BMF	Bundesminister(ium) der Finanzen	HFR	Höchstrichterliche Finanzrechtsprechung
BMJ	Bundesministerium der Justiz		
BPflV	Bundespflegesatzverordnung	HGB	Handelsgesetzbuch
BSHG	Bundessozialhilfegesetz	H/H/R	Herrmann/Heuer/Raupach Kommentar zum EStG und KStG
BStBl	Bundessteuerblatt		
Buchst.	Buchstabe	H/H/Sp	Hübschmann/Hepp/Spitaler Kommentar zur AO
BVerfG	Bundesverfassungsgericht		
BVerfGE	Entscheidungen des Bundesverfassungsgerichts	i. d. F.	in der Fassung
		i. d. R.	in der Regel
DB	Der Betrieb	IFSt	Institut „Finanzen und Steuern" e. V., Bonn
dergl.	dergleichen		
d. h.	das heißt	i. H.	in Höhe
DRK	Deutsches Rotes Kreuz	i. S.	im Sinne
DStR	Deutsches Steuerrecht	i. V. m.	in Verbindung mit
DStZ	Deutsche Steuer-Zeitung	JBFSt	Jahrbuch der Fachanwälte für Steuerrecht
EFG	Entscheidungen der Finanzgerichte		
eG	eingetragene Genossenschaft	JFDG	Jugendfreiwilligendienstegesetz
EGAO	Einführungsgesetz zur Abgabenordnung	JStG	Jahressteuergesetz
		KapStDV	Kapitalertragsteuer-Durchführungsverordnung
EK	Eigenkapital		
ErbStG	Erbschaftsteuer- und Schenkungsteuergesetz	KG	Kommanditgesellschaft
		KHEntG	Krankenhausentgeltgesetz
EStDV	Einkommensteuer-Durchführungsverordnung	KHG	Gesetz zur wirtschaftlichen Sicherung der Krankenhäuser und zur Regelung der Krankenhauspflegesätze
EStG	Einkommensteuergesetz		
EStR	Einkommensteuerrichtlinien	KVLG	Gesetz über die Krankenversicherung der Landwirte
e. V.	eingetragener Verein		

Abkürzungen

KSt	Körperschaftsteuer	SGB	Sozialgesetzbuch
KStDV	Körperschaftsteuer-Durchführungsverordnung	s. o.	siehe oben
		S&P	???
KStG	Körperschaftsteuergesetz	sog.	so genannt
KStR	Körperschaftsteuer-Richtlinien	StandOG	Standortsicherungsgesetz
KVStG	Kapitalverkehrsteuergesetz	StAnpG	Steueranpassungsgesetz
LFD	Landesfinanzdirektion	StEK	Steuererlasskarten
LfSt	Landesamt für Steuern	StEntlG	Steuerentlastungsgesetz
LottSt	Lotteriesteuer	StLex	Steuer-Lexikon
LStR	Lohnsteuer-Richtlinien	Stpfl.	Steuerpflichtiger
max.	maximal	StRK	Steuerrechtskartei
m. E.	meines Erachtens	StuW	Steuer und Wirtschaft
MinBlFin	Ministerialblatt des Bundesministers der Finanzen	s. u.	siehe unten
m. w. N.	mit weiteren Nachweisen	T/K	Tipke/Kruse Kommentar zur AO und FGO
MwSt	Mehrwertsteuer		
MwStSystRL	Mehrwertsteuer-Systemrichtlinien	Tz.	Textziffer
MwStVO	Mehrwertsteuer-Durchführungsverordnung	u. a.	unter anderem
		u. E.	unseres Erachtens
n. F.	neue Fassung	UR	Umsatzsteuer-Rundschau
NJW	Neue Juristische Wochenschrift	UStAE	Umsatzsteuer-Anwendungserlass
Nr.	Nummer(n)	UStDV	Umsatzsteuer-Durchführungsverordnung
NRW	Nordrhein-Westfalen		
n. v.	nicht veröffentlicht	UStG	Umsatzsteuergesetz
o. a.	oben angegeben	USt-IdNr.	Umsatzsteuer-Identifikationsnummer
OFD	Oberfinanzdirektion		
OFH	Oberster Finanzgerichtshof	UStR	Umsatzsteuer-Richtlinien
o. g.	oben genannt	Vfg.	Verfügung
OHG	Offene Handelsgesellschaft	vGA	verdeckte Gewinnausschüttung
OVG	Oberverwaltungsgericht	vgl.	vergleiche
R	Richtlinienabschnitt	v. H.	vom Hundert
RdF	Reichsminister der Finanzen	VO	Verordnung
Rdvfg.	Rundverfügung	VStG	Vermögensteuergesetz
RennwLottG	Rennwett- und Lotteriegesetz	VZ	Veranlagungszeitraum
RFH	Reichsfinanzhof	WfbM	Werkstatt für behinderte Menschen
rkr.	rechtskräftig	WGG	Wohnungsgemeinnützigkeitsgesetz
Rn.	Randnummer	WGGDV	Verordnung zur Durchführung des Wohnungsgemeinnützigkeitsgesetzes
RStBl	Reichssteuerblatt		
Rz.	Randziffer		
S.	Seite	WiGBl	Gesetzblatt der Verwaltung des vereinigten Wirtschaftsgebietes
s.	siehe		
SEStEG	Gesetz über steuerliche Begleitmaßnahmen zur Einführung der Europäischen Gesellschaft und zur Änderung weiterer steuerrechtlicher Vorschriften	Wj.	Wirtschaftsjahr
		z. B.	zum Beispiel
		Ziff.	Ziffer
		z. Z.	zur Zeit

Paragraphenschlüssel

§	Seite	§	Seite
Abgabenordnung		64 Abs. 5	316
3	24	64 Abs. 6	613
14	20, 281, 497	65	130, 320, 780
30	21, 478	66	331, 385, 781
42	316	67	339, 782
51	20, 27, 737	67a	79, 122, 222, 358, 660, 783
51 Abs. 2	163		
52	122, 740	68	382, 790
52 Abs. 2	69	68 Nr. 1	384
53	77, 104, 276, 333, 384, 574, 747	68 Nr. 1 Buchst. a	574
53 Nr. 2	113	68 Nr. 2	386
54	74, 116, 750	68 Nr. 3	389
55	116, 230, 285, 652, 750	68 Nr. 3 Buchst. c	657
55 Abs. 1	267	68 Nr. 4	396
55 Abs. 1 Nr. 1	155, 178	68 Nr. 5	396
55 Abs. 1 Nr. 2	157	68 Nr. 6	398, 473
55 Abs. 1 Nr. 3	158	68 Nr. 7	400, 659, 661
55 Abs. 1 Nr. 4	162–163, 241	68 Nr. 8	361, 401
55 Abs. 3	184	68 Nr. 9	401
56	184–185, 213, 757	71	465
57	87, 187, 213, 232, 289, 758	90	477
		90 Abs. 2	31
57 Abs. 2	194	118	468
58	187, 195, 759	129	484
58 Nr. 1	196, 200	129 ff.	268
58 Nr. 2	177, 205–206, 209, 295	137	278
		140	269–270
58 Nr. 3	209, 211	141	271
58 Nr. 4	213	145	269
58 Nr. 5	214, 216, 220	155 Abs. 1	484
58 Nr. 6	139, 166, 169, 177, 179, 215, 219, 720	163	522
		164	138, 268, 484
58 Nr. 7	221	165	138, 484
58 Nr. 8	122, 187, 222	172	484
58 Nr. 9	223	172 ff.	268
58 Nr. 10	223	180	407
59	224, 762	191	466
60	227, 763, 844	227	522
60a	233, 235, 237–238, 240, 765	**Aktiengesetz**	
60a Abs. 5	241	302	148
61	123, 241, 721, 767		
62	246, 768	**Bewertungsgesetz**	
63	68, 113, 263, 772	9	644
63 Abs. 4	175, 261, 721		
64	20, 185, 278, 497, 773	**Bürgerliches Gesetzbuch**	
		21	36
64 Abs. 3	138	21 bis 79	35
64 Abs. 4	315		

893

Paragraphenschlüssel

§	Seite	§	Seite
27 Abs. 3	159	22 Nr. 3	715
40	38, 159	23	498
80 bis 88	42	34a	444
84	43	36 Abs. 2 Nr. 2	496
85	43	38	374
86	159	40a	275, 378
87	42, 47	42d	377
157	409	43	527
242	408	43 Abs. 1 Nr. 7c	497
516	408	43 ff.	446
664	38, 159	43a Abs. 1 Nr. 6	497
812 Abs. 1	408	44a Abs. 7	497
1601 ff.	219	44b	528
1835a	714	50a	381
2323	43		

Bundesverfassungsschutzgesetz

4	34		

Erbschaftsteuergesetz

		9	233
		13	719
		13 Abs. 1 Nr. 16 Buchst. b	245, 719
		13 Abs. 1 Nr. 17	721
		16 Abs. 2	722
		29 Abs. 1 Nr. 4	216, 722

Einkommensteuer-Durchführungsverordnung

50	273, 800, 812

Einkommensteuergesetz

3 Nr. 16a	848
3 Nr. 26	62, 711, 717
3 Nr. 26a	160
3 Nr. 40 Buchst. i	221
3c	502
4 Abs. 3	500, 503
4 Abs. 4	292, 501
4 Abs. 5	292
4 Abs. 5 Satz 1 Nr. 7	423
5b	272
6	184, 433
6 Abs. 1 Nr. 4	158
6a	249
8	283
10b	245, 292, 408, 795, 803, 812
10d	314
11	424
12	292
12 Nr. 3	435
13	283, 498
15	283, 498
16	146, 525
17	286, 498, 526
19	376
20	284, 446
20 Abs. 1 Nr. 10 Buchst. b	497
22	221, 498

Gewerbesteuergesetz

2 Abs. 2	531
2 Abs. 3	531
3 Nr. 6	200, 499, 530
3 Nr. 20	106, 532
9	799
9 Nr. 5	408–409
11	315
11 Abs. 1 Nr. 2	532

GmbHG

5a	28
37	560
47 Abs. 1	560

Grundsteuergesetz

3	718
4	718
9	233

Handelsgesetzbuch

232 Abs. 2 Satz 2	182
257	272
264	270

Körperschaftsteuergesetz

1	27, 224
1 Abs. 1 Nr. 6	53, 340
1 Abs. 4	115
4	53, 115, 340

§	Seite	§	Seite
5 Abs. 1 Nr. 9	182, 200, 479, 712	**Sozialgesetzbuch VII**	
5 Abs. 2 Nr. 2	199	26 Abs. 5	608
8 Abs. 2	498	32	608
8 Abs. 3	153, 158	34	596
8 Abs. 5	520	44	608
8b Abs. 1	492, 496		
8b Abs. 3	492	**Sozialgesetzbuch VIII**	
8b Abs. 4	492	2 Abs. 2	634
8b Abs. 5	492	7 Abs. 1 Nr. 4	76
9	408, 797, 809	42	635
10 Nr. 1	520	69	636
10 Nr. 2	435		
13	123, 175, 244, 366, 522	**Sozialgesetzbuch XI**	
		71 Abs. 2	607
14	290	72	608
14 Nr. 5	251	77	608
23 Abs. 1	497		
24	312, 498, 521, 530	**Sozialgesetzbuch XII**	
27 Abs. 2	493	28	108
31	496	47	77
32 Abs. 1	491	61	106
34 Abs. 5a	410	71 Abs. 2	76
38 Abs. 2	491		
47a. F.	493	**Steueranpassungsgesetz**	
		17	20–22
		19	20–22
MwStSystRL			
Art. 132 Abs. 1 Buchst. g	605, 618	**Stiftungsgesetz NRW**	
		12	45
Art. 132 Abs. 1 Buchst. h	636	**Strafprozessordnung**	
Art. 133	605	153a	421
Art. 134	605		
		Umsatzsteuer-Durchführungsverordnung	
		23	615
Rennwett- und Lotteriegesetz		66a	703
18	723		
		Umsatzsteuergesetz	
Sozialgesetzbuch IX		1 Abs. 1 Nr. 1	535, 544
21	597	1 Abs. 1 Nr. 4	536
136	389	1 Abs. 1 Nr. 5	536
		1 Abs. 1a	438
Sozialgesetzbuch V		1a	547
39	597	2	549, 561
95	595	2 Abs. 2	550
107 Abs. 1	594	3	570
108	594	3 Abs. 1b	435, 536, 649
111	596	3 Abs. 1b Satz 1 Nr. 3	662
111a	596	3 Abs. 6	571
115	595	3 Abs. 9	544–545
132a	608	3 Abs. 9a	649–650
134a	597	3 Abs. 9a Nr. 1	590
140a	601	3 Abs. 9a Nr. 2	562
140b	601	3 Abs. 12	644

Paragraphenschlüssel

§	Seite	§	Seite
3 Abs. 12 Satz 2	663	10 Abs. 1 Satz 3	537
3a Abs. 3 Nr. 3		10 Abs. 4 Nr. 1	435
Buchst. a	584	12	653
3a Abs. 4 Nr. 7	543	12 Abs. 1	546, 659
4 Nr. 12	585	12 Abs. 2 Nr. 1	572
4 Nr. 14	591, 603	12 Abs. 2 Nr. 8	
4 Nr. 14		Buchst. a Satz 2	546
Buchst. a und		12 Abs. 2 Nr. 8	
Buchst. b	593	Buchst. b	677
4 Nr. 16	604	12 Abs. 2 Nr. 9	537
4 Nr. 17	613	13b	678
4 Nr. 18	614	14	683, 687
4 Nr. 19	621	14 Abs. 4	690
4 Nr. 20	622	15	650
4 Nr. 21	624, 629	15 Abs. 2	584
4 Nr. 22	649	15a	651
4 Nr. 22		16 Abs. 1 Satz 2	642
Buchst. a	546	17	707
4 Nr. 22		18 Abs. 2	689, 703
Buchst. b	562	19	660, 709
4 Nr. 23	632	22	683, 710
4 Nr. 24	635	22 Abs. 2 Nr. 5 und 6	703
4 Nr. 25	635	23a	702
4 Nr. 25 Satz 3		99 Abs. 1	700
Buchst. a	562		
4 Nr. 26	637	**Umwandlungssteuergesetz**	
4 Nr. 27	639	21 Abs. 2	147
4 Nr. 28	640	21 Abs. 3 Nr. 2	147
4a	640		
4b	584	**Versicherungsaufsichtsgesetz (VAG)**	
5	584	54	142
9	624, 641		
10	642		

Stichwortverzeichnis

A

Abfallbeseitigung 75, 88, 124, 303
Ablehnung 238
Ablösezahlungen 366, 373
Abmahnvereine 88
Abschnittsbesteuerung 482
Abschreibungsverluste 133, 134
Abstandnahme vom Kapitalertragsteuerabzug 237
Abstandnahmeverfahren 528
Abzugsbetrag
— Zuwendungen an Stiftungen 448
— Zuwendungen in den Vermögensstock 448
Abzugshöchstbetrag 450
Abzugsteuer 381
ADAC 62
Adoptionsvermittlungsstellen 327
AfA-Rücklage 180
AG 27
Aids 77, 88
Aktionsgemeinschaften 88
Aktive Werbetätigkeit 294
Akupunktur 88
Alkoholmissbrauch 88
Allgemeine Krankenhausleistungen 342
Allgemeinheit
— Abgrenzung 62
— Ausschnitt der – 63
— eingegrenzte Personengruppe 62
— Förderung der – 58, 61, 70
— Inlandsbezug 31
— Kreis der Vereinsmitglieder 64
— Künstlerförderung 73
— Sonderzahlungen 67
— Zielkonflikt 60
— zum Wohle der – 19, 59
Alpenvereine 88
Altenbegegnungsstätten 337
Altenheime 77, 88, 384, 524
Altenhilfe 76
— Erholung 77
— Freizeitgestaltung 77
Altherrenvereine 88
Altmaterial 303, 518
— Gewinnschätzung 316

— Zweckbetrieb 327
Amateurfilmen 88
Amateurfunken 84
Amateursportler 368
Ambulante Pflegedienste 714
Ambulanz 296
Amtshilfe 30
Angehörige 216
Angemessenheit 219
Anglervereine 88
Anlagegeschäfte 140
Annehmlichkeiten 155
Annexverfahren 235
Anordnung
— einstweilige – 418
Anrechnung
— Kapitalertragsteuer 521
Anrechnungsverfahren 491
Ansichtskarten 303
Ansprüche 216
— auf Rückgabe der Stiftungsmittel 216
Anteile
— einbringungsgeborene – 147
— Veräußerung von einbringungsgeborenen – 286
Antragsvordrucke
— für Ausstellung einer Bescheinigung (NV 2 A) 863
— für Ausstellung einer NV-Bescheinigung (NV 3 A) 865
Anzeigen
— Werbung 300
Anzeigepflichten 278
Aquarienvereine 81
Arbeitgeber 376
Arbeitnehmerüberlassung 88
Arbeitskräfte
— Lohnsteuer 374
— Überlassung von – 213
Arbeitslosenvereine 88
Arbeitsmittelgestellung 213
Arbeitsschutz 89
Arbeitstherapie 89, 328
Arbeitsvermittlung 89
Astrologie 89

897

Stichwortverzeichnis

Astrologievereine 89
Astronomie 89
Atomkraftgegner 89
Aufbewahrungsfristen 272
Aufbewahrungspflicht
— für Zuwendungsbestätigung 472
Aufdeckung stiller Reserven 313
Aufhebung 240
Aufklärungsarbeiten 524
Auflagen
— Zuerkennung der Gemeinnützigkeit 143
Aufnahmegebühren 65, 419
Auftragsforschung 72, 123, 304, 328, 401
Aufwands-/Rückspenden 160
Aufwandsentschädigungen 158, 374, 711, 716
— Auslagenersatz 159
— für Vorstandsmitglieder 716
Aufwandsspenden 425
Aufwandsverzicht
— Aufzeichnungspflichten 426
— Lohnzahlung 426
Aufwendungen
— Erweiterung oder erhebliche Verbesserung eines Wirtschaftsgutes 180
— gemischte – 134
— Mitgliederwerbung 127, 129
— Öffentlichkeitsarbeit 129
— Spendenwerbung 127
— Verwaltungsausgaben 127
— zur Pflege und Erhaltung von Vermögensgegenständen 179
Aufzeichnungen 38, 268
— Mitgliedsbeiträge 472
— Zuwendungen 472
Aufzeichnungspflichten 268, 270, 271
— außersteuerliche – 270
Aurikolo-Medizin 88
Aus- und Übersiedler 308
Aus- und Weiterbildungstätigkeiten 328
Ausbilder 160, 712
Ausbildungsleistungen 633
Ausgleich von Verlusten 139
Ausgleichsflächen
— naturschutzrechtliche – 307
Ausgliederung 146, 151, 405
— Dienstleistungen 151
— Forschungseinrichtungen 405
— Hilfstätigkeiten 148

Auskünfte 478
Auslagenersatz 159
Ausland
— Mitwirkungsverpflichtungen 31
— Nachweis der Tätigkeit 276
— Zweckverfolgung im – 61, 276
Ausländer
— Betreuung 74
Ausländische Körperschaften 28
— Amtshilfe 30
Auslandsspenden 25
Ausnahmen vom Mittelverwendungsgebot 140
Ausschließliche Zweckverfolgung 184
Ausschließlichkeit 184
— AEAO 757
— Ausnahmen 187
— Selbstzweck 121, 185
Ausschließlichkeitsgrundsatz
— Ausnahmeregelung 215
Ausschüttungen 527
Außenprüfung 485
Außenstehende 387, 388
Ausstattungskapital 169, 175
Ausstattungsvermögen 261
Ausstellerhaftung 460, 461
Ausstellung 400
Ausstellung von Zuwendungsbestätigungen 238
Autohilfsclubs 89
Automatenspiel 89
Automatenverkauf 89, 328

B

Badminton 89
Bahnhofsmissionen 714, 716
Ballonfahren 79
Ballonsport 89
Ballonsportverein 310, 519
Bandenwerbung 302
Bar- und Sachzuwendungen
— Sportartikelhersteller 302
Bareinzahlungsbeleg
— als Zuwendungsbestätigung 470
Basare 304
Bausteine (Spenden –) 476
Beförderung kranker oder verletzter Personen 334

Stichwortverzeichnis

Beförderungen behinderter Personen 334
Begrenzung der Zuwendungen 216
Begünstigungsverbot 158
Behinderte 106
Behindertensport 714
Behindertenwerkstätten
— Verkaufsstellen 391
Beiteiligungserträge 487
Beitrittsspenden 65, 804
Belegärzte 343
Belegarztleistungen 358
Belegarztregelungen 345
Belegungstage 343
Benefizveranstaltungen 304, 473, 477
Beratertätigkeiten 89
Beratungsleistungen 304
Berufsbildung 62, 72
Berufsboxer 376
Berufssportler 368, 381
Berufsverbände 123
Beschaffungsstellen 304
Beschäftigung von behinderten Menschen 389
Beschäftigungsgesellschaften 89, 328
Besichtigungen 305
Bestandsvergleich 500
Bestandsverzeichnis
— Muster 851
Bestattungen 124
Besteuerungsgrenze 24, 312, 313, 497
Besteuerungsgrundlagen 484
Besteuerungsverfahren 481
Beteiligung am wirtschaftlichen Verkehr 283
Beteiligung an Personengesellschaften 290
Beteiligungen 526
— Erwerb 144
— stille – 182, 291
Beteiligungserträge
— Gewerbesteuerpflicht 496
— wirtschaftlicher Geschäftsbetrieb 495
— Zweckbetrieb 495
Betreuer 160, 712
Betreutes Wohnen 77, 108, 335, 384
Betreuungsvereine 328
Betriebe
— Aufgabe 525

— Überführung in den steuerbefreiten Bereich 525
Betriebe gewerblicher Art 27, 53, 300, 403, 531
— Satzung 54
— Vermögensbindung 184
Betriebsarztzentren 90
Betriebsaufspaltung 149, 298
— als Zweckbetrieb 289, 304
— Aufgabe 525
— Betriebe gewerblicher Art 299
— sachliche und personelle Verflechtung 298
— zwischen steuerbegünstigten Einrichtungen 189
Betriebskindergärten 62
Betriebsmittelrücklage 248
Betriebsverpachtung 284, 525
Beweislast 268
Beweislastregelungen 120
Bewirtungen 305, 365, 401
— Spenden für – 473
Bewirtungen – Umsatzsteuer 659
Bewirtungsrecht 284
Bezüge 110
Bibliotheken 400
Bierzeltbetriebe 305
Bilanzen 271
Bildhauerei 73
Bildung 72
— Zweckbetrieb 328
Bildungsmaßnahmen
— Hilfspersonen 193
Billard 80, 90
Bindungswirkung 240
Blaukreuz-Vereine 90
Blinde 396
Blutalkoholuntersuchungen 307, 406
Blutfraktionierung 657
Blutspendedienste 305, 328, 617
— Fraktionierungsstufe 318
Blutspenden 323, 474
Bogenschießen 90
Bootsverleih 90
Börsenvereine 123
Branchenüblicher Reingewinn 317
Brauchtum 75, 82
Brettspiele 80

Stichwortverzeichnis

Briefmarkensammeln 86
Buchführung
— Krankenhäuser 270
— Pflegeeinrichtungen 270
Buchführungsdienst 148
Buchführungsgrenzen 271
Buchführungspflicht 271
Buchgewinne 183
Buchhaltungsstellen 194, 306
Buchwertprivileg 434, 437
Bundesliga-Fußballvereine 90
Bundespflegesatzverordnung 341
Bürgerinitiativen 90
Bürgernetzvereine 90
Bürgerschaftliches Engagement 84
Burschenschaften 82
Burschenvereine 82

C

Cafés 337
Cafeteria 305, 325, 336
— Altenheim 329
Camping 90
Carsharing 91
Cash-Pool 513
Cash-Pooling 511
Catering 297
CB-Funk 84
Chöre 622
Chorleiter 714
City-Marathons 360
Consulting 91

D

Dachorganisation 194
Dachverband
— Hallenmiete 364
— Serviceleistungen 195
— Zuwendungsbestätigung durch – 417
Darlehen
— als Mittelverwendung 177
— an Vereinsmitglieder 153
— Risikoabschätzung 140
— Vergabe von – 183
— von Mitgliedern 67
Darlehensvergabe
— Sicherheit 154
Dartsport 91

DATEV
— Auszug aus DATEV – SKR 49 867
Dauervermögen 261
Demokratisches Staatswesen
— Förderung des – 81
Denkmalpflege 75
Denksport 79
Design-Zentren 91
Deutscher Fußball-Bund
— Lizenzspielbetrieb 271
Deutsches Zentralinstitut für soziale Fragen 128
Dialyse 91, 329
Dienstleistungszentren 149
Disco 305
Dombauvereine 116
Doppelbesteuerungsabkommen 28
Drachenfliegen 79
Drachenflug 91
Drehstangen-Tischfußball 80, 103
Dritte Welt 74, 91
Drittmittelverwaltung 306
DRK 310
— Untergliederungen 617
Drogenmissbrauch 91
Druckereien 306
Druckschriften 329
Durchlaufspenden 803
Durchlaufspendenverfahren
— Abschaffung 23
Durchlaufstellen 416, 462
— Haftung 465

E

E-Bilanz 272, 515
— Taxonomie 517
Eheanbahnung 91
Ehrenamt 159
— Freibetrag für Vergütungen 717
Ehrenamtspauschale 160, 375, 376, 716, 848
Eigengesellschaft 300
Einbringungsgewinn I 734
Eine-Welt-Laden 306
Einheitliche Pauschsteuer 379
Einheitsbewertung 532
Einkaufsvereinigungen 91
Einkehrtage 116

900

Einkommensermittlung 503
Einkünfte 109, 125
Einkunftsarten 498
Einlagen 157
Einlagetheorie 518
Einnahmen
— aus Werbung 519
— Begriff 281
— Sachmittel 519
Einnahmenüberschussrechnung 500, 523
Einrichtungen für Beschäftigungs- und Arbeitstherapie 393
Eintrittsgelder 64, 365, 476
Eintrittskarten für Mitglieder 156
Einzelfallprüfung 463
Elternbeiträge 421, 476
Endowment 178, 209
— Ausstattung 210
— Verwendungsauflage 211
— Zweckidentität 211
Endowmentkaskade 212
Endowment-Rücklage 250
Entlastung 39
Entwicklungsgesellschaften 91
Entwicklungshilfe 74
Entzug der Gemeinnützigkeit 137
Erben (Spender) 477
Erbschaftsteuer 719
— Erlöschen der – 722
— Weitergabe des Nachlassvermögens 480
Ergänzungsbelegung 309
Erholung 77, 85, 92
Erholungsheime 385
Erklärungsvordrucke
— Anlage Sportvereine Gem 1 A 857
— Erklärung Gem 1 853
Ersatzschulen 92
Ertragsteuern
— Folgen von Umstrukturierungen 725
Erwachsenenbildung 72
Erwerb von Gesellschaftsrechten 223
Erzieher 160, 712
Erziehungsleistung 633
Esoterikervereine 72, 92
Essen auf Rädern 107
EU/EWR-Körperschaften 30, 199, 232
— Satzung 232

EU/EWR-Mitgliedstaaten 29
EU-Ausland
— gemeinnützige Körperschaften 29
Europäische Gesellschaften 27
EWR-Abkommen 410
Exerzitien 116
Existenzgründer 63
Extremistische Körperschaften 34
Extremistische Zielsetzungen 24, 34
— Feststellungslast 34

F

Fachkongresse 285, 329
Fahrdienste 107, 306, 336
Fahrtkostenersatz 374
Fahrvereine (Reit –) 100
Fallschirmsport 360
Familienferienstätten 92
Familienstiftungen 48
Fasching 82, 306
Fastnacht 82
Ferienbetreuer 714
Festhallen 92
Festschriften 222, 306, 400
Feststellung
— formelle Satzungsmäßigkeit 233
Feststellungsklage 418
Feststellungslast 30, 268, 326
Feststellungsverfahren 493
Feuerbestattung 92
Feuerwehr 92
Film 73
Finanzielle Eingliederung 554
Fitness-Studios 361
FKK 93
Flugrettung 92, 336
Flugrettungsdienst 329
Flugsport 92
— Freizeitfliegerei 80
Förderkörperschaften 163, 199
— qualifizierter Verwendungsnachweis 200, 201
— Satzung 203
— Verwendungsauflage 197
Förderstiftung 455
Förderung
— gemeinnütziger Zwecke 56

Stichwortverzeichnis

Fördervereine 93, 196, 203
— EU/EWR-Körperschaften als – 199
— für Betriebe gewerblicher Art 202
— Hinweise zur Satzung 203
— Inlandsbezug 200
— Mittelbeschaffung 202
— Mittelweiterleitung 200
— Musterformulierungen 203
— Nachweis 200
— Satzung 203, 232
Formwechsel 146, 730
Forschung 71, 93, 123, 401
— Ausgliederung von Tätigkeiten 405
— Finanzierungsschlüssel 405
— Zuschüsse für – 223
Forschungseinrichtungen 93
Forschungsergebnisse 284
Forstbetriebe 306
Fortbildungsleistung 633
Fotoclubs 85
Frauenhäuser 93
Freibeträge 497, 498, 521
— Kapitalgesellschaft 522
Freie Rücklagen 253
— Nachholung 254, 257
— Satzung 258
— Wechselwirkung 257
Freimaurer 93
Freistellung (Zinsabschlag) 526
Freistellungsbescheide 418, 468, 484
— Muster 859
Freiwilligenagenturen 72, 94
Freizeitgestaltung 70, 71, 77, 79, 85
Freizeitwinzervereine 82
Fremdenverkehr 94, 123
Fremdleistungen 338
Fremdspendenrahmen 429
Frieden 74, 94
Fristsetzung 277
Funktionäre (LSt) 374
Fürsorgeeinrichtungen 396
Fußballlizenzspieler 376

G

Ganztagsschulangebot 329
Gartenbauvereine 99
Gehaltsabrechnung 148, 306
Gehaltsabrechnungsstellen 188
Gemeinkosten 502

Gemeinnützige Unternehmen
— Umstrukturierungen 725
— Umstrukturierungen nach Umwandlungsrecht 725
Gemeinnützige Zwecke
— AEAO 740
Gemeinnützigkeit 54
— ABC gemeinnütziger Zwecke 87
— Aberkennung 175, 485
— Ablehnungsbescheid nach § 60a Abs. 1 AO 839
— AEAO 737
— als besonders förderungswürdig anerkannte Zwecke 57
— Aufhebungsbescheid nach § 60a Abs. 1 AO 841
— Aufzählung der Zwecke 56
— ausländische Körperschaften 28
— Auslegung 69
— Beginn der Förderung 58
— Beispiele 69
— Bescheid nach § 60a AO 486
— Cash-Pool 513
— Entwicklung 21
— Entzug der – 268
— Entzug der – Steuerfolgen 245
— Erklärungsvordrucke, siehe dort
— Feststellungsbescheid nach § 60a Abs. 1 AO 834
— Grundlagen 20
— Gutachten 22
— Konkurs 59
— Mustersatzung 844
— Wegfall (Besteuerung) 721
— Widerruf 485
Gemeinnützigkeitrecht
— Folgen von Umstrukturierungen 725
Gemeinnützigkeits-VO 21
Gemeinschaftsbetriebe 194
Gemeinschaftsforschung 123
Gemischte Aufwendungen 502, 503
Genossenschaften 27
Gepräge 120
Geprägetheorie 186
Gerechtigkeitskomitees 94
Geringfügig entlohnte Beschäftigung 379
Geringfügige Beschäftigungsverhältnisse 378
Gesangvereine 84, 94
Geschäftsbetriebe 278, 281
— Anteile an KapGes 286, 313
— Ausstattung 143

Stichwortverzeichnis

— Begriff 281
— Beteiligung an einer Kapitalgesellschaft 313
— Einheitlichkeit 311
— Gewinnermittlung 497, 500
— Löhne 519
— Spenden aus – 521
— Spenden in den – 473
— steuerpflichtige – 278
Geschäftsführung 263
— Anforderungen an die tatsächliche –; AEAO 772
— Mängel 266
— Nachweis der – 268
— Verantwortung für die – 264
Geschäftsführungs- und Verwaltungsleistungen 658
Geschäftsveräußerung im Ganzen
— Umsatzsteuer 734
Geschlechtskrankheiten 94
Gesellige Veranstaltungen 306
— Mittelverwendung für – 187, 221
— Nebenzweck 222
— Satzungsbestimmung 230
— Spende für – 473
Geselligkeit 230
— Förderung der – 83
Gesellschaften bürgerlichen Rechts 40
Gestellung von
— Personal 295
— Sachmitteln 295
Gestellungsleistungen 213, 295
Gesundheitspflege 75, 77
Gewerbesteuer 499, 530
— Freistellungsbescheid (Muster) 859
Gewinnanteile 182
Gewinnausschüttungen an Gesellschafter 493
— Absetzungen für Abnutzungen 504
— Kostenentnahme 503
— Kostenkorrektur 503
— „Nämlichkeit" der Mittel 510
— Verzicht auf (Teil-)Vergütungen 504
Gewinnermittlung nach § 4 Abs. 3 EStG 275
GmbH 27
Golf 64, 94
Golfsport 363
Golfsportanlagen 363
— Überlassung 363
Golfsportvereine 244

Gospiel 79, 94
Gotchaverein 60
Grabpflege 220
Greenfee 363
Großspenden 439
Großvereine 39
Grunderwerbsteuer
— Folgen von Umstrukturierungen 726
— Verselbständigung von Zweckbetrieben und steuerpflichtigen wirtschaftlichen Geschäftsbetriebe 735
Grundsteuer 718
Grundstock 169
Gütesicherung 94
Gymnastik 79

H

Haftung 37, 376
— Durchlaufstellen 465
— Rückgriff auf ihre Organmitglieder 465
— Spenden – 458
— Vereinsvorstand 377
Haftungserleichterungen
— Vereins- und Stiftungsvorstände 44
Haftungsprüfung 461
Halbeinkünfteverfahren 492
— Beteiligungserträge 494
— Einlagekonto 492
— Feststellungsverfahren 493
— Kapitalertragsteuer 497
— Körperschaftsteuererhöhung 491
Hallenbauvereine 94, 214
Handwerkliche Dienstleistungseinheiten 387
Hausmeister 160
Hausnotrufdienst 715
Hedgefonds 142
Heimatpflege 75
Helfer 717
Hilfsbedürftigkeit 77, 106, 606
— Aufzeichnungen 112
— Nachweis 112
— persönliche – 106
— wirtschaftliche – 108
Hilfspersonen 191, 232
— wirtschaftlicher Geschäftsbetrieb 193
Hilfstätigkeiten 148
Hobby 85
Hochschulen 54

Stichwortverzeichnis

Hochschulkrankenhäuser 340
Hoheitliche Aktivitäten 53
Hoheitliche Tätigkeiten 94
Hoheitsbetriebe 54
— kirchliche – 115
Hoheitsträger 124
— Pflichtaufgaben 124
Homosexuellenvereine 95
Hundesport 79, 84

I

Idealvereine 36
Inlandsbezug 24, 31, 61, 163, 200, 201, 411
Inseratengeschäft 294, 300
— in der Vereinszeitschrift 294
Insolvenz 59, 561
Integrationsprojekte 393, 657
Interessen
— eigenwirtschaftliche – 119, 121
— ideelle – 118
— wirtschaftliche – 117, 118
Internetvereine 95
Investitionsrücklage 248
Investitionsumlagen 65, 66, 68, 69, 740

J

Jagdvereine 95
Jugendbetreuung 76
Jugendfürsorge 75
Jugendherbergen 76, 386
Jugendherbergswerke 635
Jugendhilfe 76, 386
Jugendleiter 714
Jugendliche 76
— Freizeitgestaltung 73
Jugendreisen 329
Jugendsekten 95
Jugendwart 714
Jugendweihe 95
Junggesellenvereine 82
Juristische Personen des öffentlichen Rechts 416

K

KAB-Vereine 96
Kameradschaften 70, 83, 96
Kapitalanteile
— im Geschäftsbetrieb 289, 313
— Rücklage für Erwerb 258
— Veräußerung der – 313
— Veräußerung von einbringungsgeborenen Anteilen 286
Kapitalausstattung 209
Kapitalerhaltungspflicht 178
Kapitalerhöhung 182
Kapitalertragsteuer 497, 526, 528
— Abstandsnahme, Nachholung 528
— bei Treuhanddepots 528
— Erstattung von – 528
— Nachweis der Steuerbegünstigung 529
— steuerpflichtiger wirtschaftlicher Geschäftsbetrieb 530
Kapitalgesellschaften 27, 52, 157, 498, 531
— Abschlüsse 270
— Satzung 53
Kapitalverkehrsfreiheit 29
Karneval 82, 329
Kartenspiel 80
Katastrophenfälle 114
Katastrophenschutz 96
Kegeln 80
Kfz mit Werbeaufdrucken 303
Kfz-Werkstatt 387
Kinderbetreuung 96
Kindergärten 69, 76, 386, 632
— Zuwendungen an – 476
Kindergartenvereine
— Mitgliedsbeitrag 419
Kinesiologie 96
Kinos 96
Kiosk 330
Kirchenvermögen 116
— Verwaltung von – 116
Kirchliche Zwecke 114
— AEAO 750
Kirmes 307
Kleingartenvereine 82
Kneippvereine 98
Kolpingvereine 96
Konkurrentenklage 479
Konkurs
— siehe Insolvenz
Kontenrahmen
— DATEV – SKR 49 (Auszug) 867
Konzerte 400
Kooperationen 190

Stichwortverzeichnis

Koronarsport 714
Körperschaften 28
— ausländische – 28, 491
— Mitgliedstaaten der EU 28
Körperschaften des öffentlichen Rechts 53
Körperschaftsteuer
— Anlage zum – Bescheid (Muster) 861
— Freistellungsbescheid (Muster) 859
Körperschaftsteuerguthaben 491
Körperschaftsteuersatz 497
Kosmetikvereine 86
Krankenfahrten 307, 657
Krankenhausentgeltgesetz 341
Krankenhäuser 78, 339
— AEAO 782
— Ambulanz 356
— Apotheke 96, 188, 307, 387
— Begriff 339
— Belegärzte 341
— Chefärzte 356
— Nutzungsentgelt 356
— Überlassung von medizinischen Großgeräten 356
— Wahlleistungen 344
— Wäscherei 97, 307
Krankenhausfinanzierungsgesetz 341
Krankenhausleistungen 342
Krankentransporte 307, 334
Krebs 77
Kreditschutz 307
Krematorien 307
Kriminalprävention 97
Küche 148
Kultur 73, 400, 424
— Gesangvereine 73
— Projekte eines Künstlers 73
— Theaterbesucherorganisationen 73
— Theaterspielvereine 73
Kulturelle Einrichtungen 659
Kulturelle Veranstaltungen 400
Kunst 73
Kunsteisbahn 98
Künstler
— Förderung 189
Kunstobjekte 190
Kunstpreise 73
Kuranstalten 341
Kurheime 92
Kurse 401, 629

L

Landessportbund 657
— Zuwendungsbestätigung durch den – 417
Landjugend 82
Lehrgänge 401
Lehrwerkstätten 98, 124
Leichtathletik 79
Leistungen zwischen steuerbegünstigten Körperschaften 190
Leistungsentgelt 457
Liquidationsrecht 296
Listenverfahren 417, 418
Lizenzen 299
Lizenzgebühren 284
Löhne
— Verzicht 519
Lohnkonto 275
Lohnsteuer 370, 374
— Haftungsschuldner 377
Lotterien und Ausspielungen 398, 658
Lotteriesteuer 723

M

Mahlzeitendienste 77, 385, 715
Malerei 73
Materialprüfung 307, 406
Meditationsvereine 98
Medizinische Versorgungszentren 148, 149, 337
Mensa- und Cafeteria-Betriebe 330, 336, 658
Mietervereine 98
Mildtätige Zwecke
— AEAO 747
Mildtätigkeit 104
— Beispiele 114
— Haushaltsangehörige 112
— Nachweis der Bedürftigkeit 107
— Unterhaltsansprüche 110
— Vermietung von Wohnungen 106, 108
— Zuwendungen 112
Mineralsalztherapie 98
Mini-GmbH 28, 182
Minigolf 80
Minijob 379
Missionen 116

905

Stichwortverzeichnis

Mitglieder
— Beschränkung 64, 70
— Betreuungsaufwand 155, 221
— Darlehensgewährung 153
— Geschenke für - 155
— Umlagen 65
— Vergütungen an - 155
Mitgliederversammlung 38
Mitgliederwerbung 129
Mitgliedsbeiträge 64, 283, 419
— Darlehen 65
— Durchschnittsberechnung 66, 68, 740
— faktische Verpflichtung 65
— Höchstgrenzen 65
— Zinsverzicht 66
Mitgliedschaft
— beschränkte - 69
Mitgliedsumlagen 419
Mittel
— Abschreibung von Wirtschaftsgütern 179
— Begriff 125, 167
— Umwidmung 150
— verbrauchen 164
— verwenden 164
Mittelansammlung
— in der Kapitalgesellschaft 183
Mittelbeschaffung 120, 196, 200
— durch Förderkörperschaften 202
Mittelbeschaffungs-Körperschaft 203
Mittelbindung
— Verlust der - 145
Mittelfehlverwendung
— Zeitpunkt 161
— Zuordnung 161
Mittelsammlung
— bei Stiftungen 262
Mittelüberhang 169
Mittelverwendung 125
— Abflussprinzip 167
— Abschreibungsverlust 133
— Änderung des Verwendungsbereiches 181
— Angemessenheit 127
— Ansammlung AfA-Beträge 179
— Auflage zur Geschäftsbetriebseinstellung 138
— Ausgaben unangemessen 128
— Ausland, Nachweis 201
— Ausnahmen von zeitnahen - 175
— Ausstattung 143
— Ausstattungskapital 169
— belastetes Vermögen 154
— Betreuungsaufwand 155, 221
— Bindung der Mittel 168
— Darlehen 177
— Darlehen an Tochtergesellschaft 140
— Einrichtung eines wirtschaftlichen Geschäftsbetriebs 130
— Einzelfälle schädlicher - 126
— Erwerb neuer Gesellschaftsanteile 130
— Forderungen 167
— Frist zur - 277
— gemischte Aufwendungen 134
— Geschäftsbetrieb 143
— Geschenke für - 155
— gesellige Veranstaltungen 130
— Kapitalerhöhung 182
— Regelung zur - 167
— Rücklagenbegriff 166, 247
— Rückstellungen 168
— schädliche - 126
— Sonderposten 169
— Spendenwerbung 128
— Umschichtung 179
— Verbindlichkeiten 168
— Verlustausgleich 131
— Verstoß gegen - 140, 174
— Verwaltungsausgaben 128
— Verwaltungskosten 128
— Verwendungsauflage 174
— Verwendungsrückstand 169
— Verwendungsüberhang 169
— zeitnahe - 125, 164, 177, 179, 247, 261
— Zinsverzicht 153
Mittelverwendungsrechnung 165, 167, 276
— Beispiel 170
— Mittelvortrag 165
— Verwendungsrückstand 165
— Zu- und Abflussprinzip 165, 167
Mittelweitergabe
— Vertrauensschutz 198
Mittelweiterleitung
— an ausländische Körperschaften 200
— an inländische juristische Personen des öffentlichen Rechts 201
— an inländische Körperschaften des privaten Rechts 200
Mittelzuflüsse der öffentlichen Hand 404
Mitunternehmer 290
Modellflug 79, 84
Monats-Überschussrechnung
— Muster 849
Motorsport 62, 70, 78, 79, 230
Müllverbrennung 124

Mundart 75
Museen 98, 400, 622
Musikschulen 99
Musikveranstaltungen 330
Musikvereine 84
Musikwettbewerbe 631
Musikzüge 98, 400
Mustersatzung 163, 242, 413
— Bestandsschutz 239
— Betriebe gewerblicher Art 231
— gemeinnütziger Verein 844
— Kapitalgesellschaften 231
— Stiftungen 231

N

Nachbarschaftshilfe 123
Nachhaltigkeit 282
Nächster Angehöriger 217
Nachversteuerung 244, 245, 267, 721
Nachweis 270, 276
— steuerbegünstigter Zwecke im Ausland 277
Nachweispflichten 200
Nachweisverzicht 113
Narrenzünfte 99
Naturheilvereine 98
Nebenberufliche Pflege 714
Nebenberufliche Tätigkeiten 712
Nebentätigkeiten 356
— Chefärzte 356
Nennkapital
— Rückzahlung 182
Nennstiftungen 449
Nichtrechtsfähige Stiftungen 46
Normalspenden 444
Notfallambulanzen
— Betreiben von – 99
Notlage 105
Nutzungen und Leistungen
— als Spende 436
— aus dem Betriebsvermögen 436
Nutzungsentgelte 296, 356
— Chefärzte 356
NV-Bescheinigung 529
— Antragsvordruck 865

O

Obstbauvereine 99
Öffentliche Aufgaben 60
Öffnungsklausel 161
Oldtimervereine 86
Orchester 99, 400, 622
Orden (kirchliche) 116, 232
— Personalgestellung 297
— Unterhaltsaufwand 520
Ordensangehörige
— Gestellung von – 213
Ordensgemeinschaft
— Versorgung der Mitglieder 249
Ordnung, verfassungsmäßige 86, 264
Organisatorische Eingliederung 557
Organmitglieder 160
Organschaft 289
Organspenden 474
Organtransport 330
Originäre Krankenhausleistungen 345
Outsourcing 145
— stpfl. wGB in stpfl. Körperschaft 146
— (Teil-)Betrieb 146
— Zweckbetrieb auf begünstigte Körperschaft 151

P

Pacht 284
Pachtzinsen 299
Paintball 60, 99
Paramentenvereine 116
Parkhaus 503
Parkplatzvermietung 308
Parkraumüberlassung 286
Parteien, politische 84
Patientenfürsprecher 715
Pauschalbesteuerung
— Aufzeichnung von Betriebsausgaben 319
Pauschale Lohnsteuer 381
Pauschalleistungen 159
Pensionsstall 308
Persche 409
Personal- und Sachmittelgestellung 357
— Chefärzte 357
Personalgestellung 213, 214, 295, 297
— an Ärzte 296
Personalüberlassung 296

Stichwortverzeichnis

Personengesellschaften 28
— Halten der Anteile 290
Personenidentität
— Entscheidungsgremien 161
Pferdepensionen 364
Pferderennvereine 99, 122, 359
Pferdezucht 81
Pflanzenzucht 81, 122
Pflegebedürftige 106
Pflegedienste 330, 337
Pflegeheime 384
Pflichtaufgaben
— hoheitliche – 94
Pilgerreisen 330
Platzwart 160, 715, 717
Politische Parteien 157, 418
Politische Zwecke 72, 84, 85, 100, 157
Pool-Billard 100
Preise
— Verleihen von – 87
Preisgelder 81, 371
Preisnachlässe 208, 521
Preisverleihungen 87, 124, 189
Priesterseminare 116
Prinzip der Selbstlosigkeit 215
Privatschulen 100
Produktionseinrichtungen 387
Profisportler 368
Projektrücklage 248
Projektträgerschaften 406
Publizitätsgesetz 271

R

Rassegeflügel 81, 100
Räume
— Überlassung 214
Rauschgiftmissbrauch 77
Rechnungslegung
— Deutscher Fußball-Bund 271
Rechte
— Überlassung 284
Rechtsfortbildung 100
Rechtsschutz 154
Regionalflughäfen 100, 188
Rehabilitationseinrichtungen 341, 343
Reiki 100

Reisevereinigungen 100
Reit- und Fahrvereine 359
Reiten 79
Reitsportvereine 100
Religion 116
Religionsgemeinschaften 114
— Beiträge der – 455
Rentenverpflichtungen 155
Reservistenbetreuung 83
Restauration 308, 400
Rettungsdienste 334
Rettungssanitäter 714
Rettungsschwimmer 715
Rückgewähr
— geleistete Einlagen 433
Rücklagen 246
— Anteilserwerb 258
— aus sonstigen Mitteln 255
— Begriff 166, 247
— bei Stiftungen 262
— Durchführung konkreter Reparatur- oder Erhaltungsmaßnahmen 252
— freie – 253
— gebundene – 247
— im steuerpflichtigen wirtschaftlichen Geschäftsbetrieb 181
— Mustersatzung 224
— Nachweis 251
— Überprüfung 258
— Verlustabdeckung 257
— Vermögensbindung und –; AEAO 768
— Vermögensverwaltung – 179
Rücklagenbildung
— Kapitalerhöhung 259
Rückspenden 716
Rundfunkvereine 100

S

Sachausgaben 276
Sacheinlagen 158
Sacheinnahmen 276
Sachliche Verflechtung 299
Sachmittelgestellung 295
— an Ärzte 296
Sachspenden 431, 472
— Altkleider 438
— aus Betriebsvermögen 433
— Bewertung 430
— Bewertung; erteilte Auflagen 433

- Bewertung; fortgeführte Anschaffungs- und Herstellungskosten 432
- Bewertung; Grundstück 432
- Bewertung; Kapitalbeteiligung 432
- Bewertungsunterlagen 273
- Buchwertprivileg 434, 437
- Möbel 438
- Parteispenden 434
- Spendenentnahme 436
- Umsatzsteuer 434
- Unterlagen zur Wertfindung 431, 434

Sachzuwendungen 261, 430
- Anschaffungs- oder Herstellungskosten 431
- Bestimmung des gemeinen Wertes 431

Sammlung (Kunst –) 400
Sanatorien 341
Satzungen 36
- Anforderungen 227
- Auslegung der – 230
- Benennung von Nichtzweckbetrieben 225
- Ehrenamtspauschale 160
- EU/EWR-Körperschaften 232
- gesetzliche Vorgaben 229
- letztwillige Verfügung 226
- Öffnungsklausel 160
- Pflichtfestlegungen 230
- regionale Untergliederung 226
- Vergütungen an Vorstand 160
- Vermögensbindung in den – 241
- Vertrauensschutzregelung 226
- Voraussetzungen der – 224, 227

Satzungsänderungen 162, 163, 233
Satzungsanforderungen
- AEAO 763, 765

Satzungsbestimmungen
- tatsächliche Geschäftsführung 226

Satzungszwecke
- unmittelbare Verwirklichung 164
- Wegfall 242

Saunavereine 86
Schach 80
Schadensersatz 267
Schädliche Mittelverwendung 160
- Erwerb oder zur Erhaltung der Beteiligungsquote an einer Personengesellschaft 258

Schauauftritte 330
Schenkungsteuer 719
- Folgen von Umstrukturierungen 726

Schiedsrichter 715

Schießen (Sport –) 102
Schlossereibetrieb 387
Schlussbilanz 523
Schuldnerberatung 177
Schulen in freier Trägerschaft 101
Schüler 330
Schülerbetreuung 101, 330
Schülerfirmen 101, 308, 330
Schulgeld 457
Schullandheime 386
Schulmensabetrieb 336
Schulvereine 476
- Mitgliedsbeitrag 419
- Zuwendungen an – 476

Schulwegbegleiter 714
Schütt-aus-Hol-zurück 184
Schützenplätze
- Vermietung 285

Schützenvereine 101
- IPSC-Schießen 79, 102
- Satzung 82

Schwimmen 79, 101
Scientology 74, 101, 308
Segelsport 101
Sekten 95, 116
Selbsthilfegruppen 85, 102
Selbstlose Unterstützung 105
Selbstlosigkeit 116, 117
- AEAO 750
- eigennützige Zwecke 118
- eigenwirtschaftliches Handeln 121
- wirtschaftlicher Geschäftsbetrieb 119

Selbstversorgungseinrichtungen 386
- 20 %-Grenze 388
  - Schlossereibetrieb 388
  - Wäschereibetrieb 388

Selbstzweck 185
Seminarveranstaltungen 331
Siegprämien 303
Skat 79
Skiclubs 102
Skifahren 79
Solaranlagen 308, 330
Soldatenbetreuung 83
Soldatenbünde 102
Sonderabfall 75, 88
Sonderabzugsbetrag 450, 452

Stichwortverzeichnis

Sonderzahlungen 67
Sozialhilfesätze 108
Sozialversicherung 378
Spaltungen 728
Sparkassen (Spenden) 479
Spenden 407, 419, 420
— Abflussprinzip 424
— Abzugszeitraum 451
— als Schenkung 408
— an Stiftungen 451
— Aufwendungsersatz, Verzicht auf — 426, 474
— Aufzeichnung von — 273, 472
— aus Betriebsvermögen 422, 433
— Auslands — 29, 31
— Berechtigung zur Entgegennahme 409
— Betrieb 437
— Betrieb/Teilbetrieb als — 437
— Blut — 474
— Buchwertprivileg 437
— eines Betriebs 473
— Einlagetheorie 473
— Einsatz von — im Geschäftsbetrieb 473
— Eintritts — 64, 476
— Elternbeiträge als — 476
— Empfangsberechtigung 409, 469
— endgültige Belastung 420
— Erbe und — 477
— faktischer Zwang 421
— Fehlverwendung 454, 462
— Freiwilligkeit 420
— für Freizeitgestaltung 71
— für Zweckbetriebe 472
— Gewerbesteuer und — 409
— Golfsportverein 421
— Haftung 458, 806, 810
— Haftungsbescheide 466
— Haftungsschuldner 464
— Höchstbeträge 440
— Inlandsbezug 30, 411
— Kirchensteuer als — 455
— Kulturfördervereine 415
— Lohnverzicht als — 519
— Lose als — 474
— Lotterie 399
— Missbrauch 461
— Motivation 292, 422
— Nutzungen als — 420
— Organschaft 455
— Preisaufschlag als — 478
— Rechtsgrundlagen 407
— Religionsgemeinschaften 455
— Rücktrags- und -vortragsmöglichkeit 439

— Rückzahlung der — 458
— Sach — 429
— Schulgeld 476
— Sparkassen und — 479
— Sponsoring und — 292, 423
— Strafauflage als — 420
— über PayPal 471
— Umlagen als — 474
— unentgeltliche — 421
— verdeckte Gewinnausschüttung 427
— Vermächtnis 477
— Vertrauensschutz 455
— Verwendungsnachweis Ausland 411
— Verzicht auf Vergütungen 427
— wesentliche Anteile 433
— Wohlfahrtsmarken als — 474
— Zehnjahreszeitraum 451
— zur Verlustabdeckung 474
— Zuwendung 273
— Zuwendungsempfänger außerhalb der EU 414
— Zuwendungsempfänger im EU-Ausland und EWR-Gebiet 410
— Zuwendungsnachweis 800, 812
Spendenabzug
— bei der Gewerbesteuer 409
— Einkommensteuer 795, 803
— Gewerbesteuer 799
— Körperschaftsteuer 797, 809
Spendenaktion 417
Spendenaufrufe 176
Spendenbescheinigungen
— Zuwendungsbestätigungen, siehe dort
Spendenbestätigung
— bei Feierlichkeiten 418
— durch Fernsehanstalten 416
— durch Sparkassen 416
Spendenempfänger
— Haftung 458
Spendenempfangsberechtigung
— Rückgängigmachung der Steuervergünstigung 463
Spendenentlastung 445
Spendenhaftung
— Exkulpation 463
Spendenhöchstbetrag 438
— Beachtung der Abgeltungsteuer 445
— bei Ehegatten 451
— nicht entnommener Gewinn nach § 34a EStG 444
Spendenrecht
— Reform 23

Spendensammelvereine 196
Spenden-Spiegel 128
Spendenvortrag
— gesonderte Feststellung des – 443
Spender
— gutgläubige – 456
Sphärentrennung 150
Sphärenwechsel 130, 149, 152, 181, 189
— Ausnahme 151, 189
Spielbetrieb 372
Spielbetriebs-KG 66
Spielertrainer 370
Spielgemeinschaften 365
Spielmannszüge 98, 400
Spitzenverbände 194
Sponsorenpool 377
Sponsoring 291
— Angemessenheit der Sponsoringleistung 292
— Internetseite 294, 301
— Spenden und – 423
— Vermögensverwaltung 293
— Werbemobile 295
— wirtschaftliches – 293
Sponsoringaktivitäten 294
Sponsoringleistungen 423
Sport 78, 358
— Ablösezahlungen 366, 373
— Aufnahmegebühr 65
— Aufwandsentschädigungen 370, 374
— bezahlter – 222
— Casting 88
— Einzeltraining 361
— Heimspiele 368, 372
— Meisterschaftsrunde 368, 372
— Mitgliedsbeitrag 65
— Preisgelder 371
— Reise 362
— Sponsoring 424
— Sportlerausweis 362
— sportliche Veranstaltungen 358
— sportliche Veranstaltungen – Verlust 373
— Überlassung von Anlagen 324, 362
— Unterricht 361
— Vermietung von Sportstätten 362
— Wahlrecht bei sportlichen Veranstaltungen 367
— Wettkampfgenehmigungen 362
— Zweckbetriebsgrenze 366
Sportartikel 308
Sportfischerei 102

Sporthilfe 370
Sportler 369
— ausländische – 381
— bezahlte/unbezahlte – 369
— Profi – 275
— Vereinsfremde 370
— Werbeeinnahmen 376
Sportliche Veranstaltungen
— AEAO 783
Sportreisen 360
Sporttrainer 714
Sportunterricht 360, 630
Sportveranstaltungen 359, 629, 660
— Abzugsteuer 381
— Gewinnermittlung 371
— Lohnsteuerpflicht 374
— Profi – 368
— steuerpflichtige – 368
— Umsatzsteuer 374
— Vorsteuerabzug 374
— Zweckbetriebsgrenze 364
Sportvereine 630
— Spielbetriebs-KG 67
Sportwettkämpfe 631
Squash 79
Staatliche Hochschulen 402
Staatspolitische Zwecke 418, 455
Stadthalle 188
Stammkapital 175
Standplätze 310
Standplatzvermietung 285
Start- oder Teilnahmegebühren 365
Stauffer 412
Steuerbefreiung
— Versagung 161
Steuerbegünstigung
— verfahrensmäßige Behandlung 483
— Zuerkennung 483
Steuerbürokratieabbaugesetz 25
Steuererklärungen 483
Steuergeheimnis 21, 478
Steuerlich unschädliche Betätigungen
— AEAO 759
Steuerpflicht
— Beginn/Ende 522
— partielle – 485, 499
Steuervergünstigung
— Aberkennung 130

Stichwortverzeichnis

Stiftungen 27, 41, 498, 531
— Ansammlung von Mitteln 262
— Aufzeichnungspflichten 270
— Ausstattungskapital 175, 177
— der politischen Parteien 100
— Erstausstattung als Spende 420, 474
— fiduziarische – 41, 46
— für den Vermögensstock 448
— Gemeinnützigkeit 43
— Gründung 475
— Haftungserleichterungen 44
— kirchliche – 48
— Landesstiftungsgesetz 42
— öffentlich-rechtliche – 48
— Pflichtteils- und Pflichtteilergänzungsansprüche 43
— Rechtsfähigkeit 42
— Rücklagenbildung 262
— Rückwirkung 43
— Satzung 44
— Steuerpflicht der Zuwendung an Angehörige 221
— Stiftungsaufsichtsbehörde 45
— Stiftungsreife 216
— Stiftungssatzung 43
— Stiftungsverzeichnis 45
— Treuhandverhältnis 46
— unselbständige – 46
— Unterhaltsleistungen 218
— Verbrauchs – 50
— Verleih von Preisen 87, 124
— Vermögensbindung 184
— Vermögensstock 454
— Versorgung des Stifters 215
— Vorstandsvergütungen 44
— Vorstiftung 49
— Weitergabe des Nachlassvermögens an – 480
— Zahlungen an Stifter 178
— zeitnahe Mittelverwendung 175
— Zuwendungsbestätigung 467
Stiftungsaufsicht 42
Stiftungsgeschäft 42
Stiftungsgesetz NRW 45
Stille Beteiligungen 182, 291
Stille Reserven 522
Stipendien 87, 177
— Verleihen von – 87
Strafgefangene 102
Streubesitzdividenden 488
Strukturelle Gewinnlosigkeit 209
Struktureller Inlandsbezug 31, 32, 163, 413
— Förderkörperschaft 201

Studentenheime 102
Studentenwerke 102, 336, 658
Studentische Verbindungen 82

T
Tagegelder 716
Tanzsport 80, 102, 330
Tätigkeitsfelder
— Übersicht 279
Tauchen 62
Taxonomie
— E-Bilanz 517
Technologiezentren 63, 102
Teilnehmergebühren 631
Telefon- und Fernsehnutzung 345
Telefonseelsorge 107
Tennis 79, 103
Terrarienvereine 81
Theater 400, 622
Theatervereine 73, 84
Thesaurierung 261
— von Gewinnen 183
THW-Helfervereinigungen 103
Tierheime 330
Tierparks 103
Tierschutz 103
Tierzucht 81, 122
Tischfußball 103
Tombola 398
Tonträgerverkauf 330
Totalisatorbetrieb 320
Totalisatoren 308, 318, 502
Touristikvereine 86
Touristische Angebote 74
Traberzucht 319
Traberzuchtvereine 502
Trabrennen 81, 99, 320
Trabrennvereine 320
Trachtenfeste 631
Trachtenvereine 83
Traditionsverbände 62, 83
Training 80
Transferentschädigungen 373
Transzendentale Meditation 103
Trikots 423
Trikotwerbung 302

Stichwortverzeichnis

Turnen 79

U

Überlassung
— von Personal oder Arbeitsmitteln gegen Entgelt 214
— von Räumen 214
— von Werbeflächen 300

Überschussrechnung 272

Übertragung
— eines Vermögenswertes 150
— eines Zweckbetriebs 152

Übungsleiter 24, 160, 712, 714
— Nebentätigkeit 712
— Pflege 714
— steuerpflichtige Veranstaltung 713
— steuerpflichtiger wirtschaftlicher Geschäftsbetrieb 716
— Tätigkeit des Betreuers 714

Übungsleiterpauschale 375, 711
— künstlerische Tätigkeiten 715
— nebenberufliche Hilfsdienste 714

Umgehung von Gesetzen 86

Umsätze
— Aufzeichnung 274

Umsatzsteuer 532
— Abgabe von Arzneimitteln 646
— Abgrenzung Zweckbetrieb 656
— Abstandsgebot 619
— Abstandszahlung 697
— allgemeinbildende oder berufsbildende Einrichtungen 626
— Altenheime 604, 617
— Altmaterial 698
— Anlage zur Stromgewinnung 566
— Anlagen zur Energieerzeugung 566
— Arbeitsmarktdienstleistungen 603, 629
— ärztlicher Notfalldienst 618
— Aufnahme Jugendlicher 632
— Aufsichtsratstätigkeit 638
— Aufteilungsgebot selbständiger Hauptleistungen 537
— Aufteilungsschlüssel 696
— Auftragsforschung 655
— Aufzeichnungspflichten 710
— Aus- und Fortbildungsinstitut 540
— Ausbildungsleistungen 633
— ausländische Unternehmer 681
— Ausschlussumsätze 642
— Beginn/Ende der Unternehmereigenschaft 569
— Beherbergung und Beköstigung von Jugendlichen 632
— Beherbergung, Beköstigung und übliche Naturalleistungen 634
— Beherbergungsleistungen 586
— Beistellungen 579
— Belegenheitsortprinzip 583
— Bemessungsgrundlage 642
— Berichtigung des Vorsteuerabzugs 704
— Berufsverband 697
— Beschäftigungs- und Arbeitstherapie 667
— Beschäftigungsgesellschaften 666
— betreutes Wohnens 616
— Betreuungsleistungen 606, 618
— Betriebsaufspaltung 557
— Bildungsentgelte 649
— Blinde 621
— Blindenwerkstätte 621
— Blockheizkraftwerke 569
— Blutspendedienste 613
— Bundesfreiwilligendienst (BFD) 547
— CAP-Märkte 675
— „Carsharing"-Verein 542
— Cook&chill-Verfahren 573, 576
— Diagnosekliniken 595
— Dienstleistungen für Archivsysteme 676
— Dritte-Welt-Läden 673
— Duldungsleistung 661
— Durchschnittssätze 702
— echte Zuschüsse 644, 646, 649, 701
— ehrenamtliche Tätigkeiten 637
— Eingangsrechnung 683
— Eingangssteuer 682
— Eingliederung Arbeitsloser 628
— Einheitlichkeit der Leistung 536
— Einrichtung des Müttergenesungswerkes 596
— Einrichtung mit sozialem Charakter 603, 607, 612, 614, 619, 636
— Einrichtungen ärztlicher Befunderhebung 595
— Einrichtungen der gesetzlichen Unfallversicherung 596
— Einrichtungen für Beschäftigungs- und Arbeitstherapie 668
— Einrichtungen nach § 115 SGB V 596
— Einrichtungen über Tag und Nacht 671
— Einrichtungen zur Geburtshilfe 597
— Einsatzstellen 547
— Einspeisefiktion 567
— Eintrittsgeld 537
— elektronische Rechnungen 686
— Empfängerortsprinzips 583
— eng verbundene Umsätze 545, 598, 611
— Entgelt 644
— Entgelte von dritter Seite 644

913

Stichwortverzeichnis

- Entgeltsbeschränkung 619
- Entschädigung besonderer Art 638
- Erholungsheim 616
- Erleichterungen beim Vorsteuerabzug 695
- ermäßigter Steuersatz 654
- erneuerbare Energien 566
- Ersatzschulen 625
- Erwachsenenbildung 629
- Erwerbsbesteuerung 548
- Erziehung und Berufsausbildung/Vorsteuerabzug 694
- Erziehungshilfe 636
- Erziehungsleistungen 633
- Essen auf Rädern 573
- Existenzgründungscoaching 628
- Flugsportvereine 541
- Folgen von Umstrukturierungen 726
- Förderbetreuungsbereich 609
- Förderbetreuungsbereiche 668
- Förderkörperschaften 553
- Fortbildungsleistungen 633
- freiwilliges ökologisches Jahr (FÖJ) 545
- freiwilliges soziales Jahr (FSJ) 545
- Fremdgeschäftsführer 559
- Fürsorgeerziehung und freiwilligen Erziehungshilfen 667
- gemeinnützige Studentenwerke 618
- Gemischte Verträge 587
- Geschäftsveräußerung im Ganzen 734
- Gestellung abhängig beschäftigter Arbeitnehmer 640
- Gewinnabführungsvertrag 551
- Golfanlage 542
- Golfclubs 589
- Golfvereine 542
- grenzüberschreitende Leistungen 582
- Grundstücksvermietungen 585
- Gutschrift 684, 687
- Halten von Beteiligungen 562
- Haushaltshilfeleistungen 607
- häusliche Pflege und Betreuung 608
- Haus-Notruf-Dienst 617
- hauswirtschaftliche Versorgung 608
- Heilbehandlungsleistungen 593
- Herstellung durch WfbM 673
- Hilfsgeschäfte 561, 696
- Hoffest einer WfbM 673
- Holding 561
- Hospiz 597
- Innenumsätze 686
- innergemeinschaftliche Erwerbe 547
- Inobhutnahme 635
- Insolvenzeröffnung 561
- Insolvenzverfahren 560
- Integrationsfachdienste 608
- Integrationskurse 628
- Integrationsprojekte 674
- Integrationsunternehmen 669, 676
- integrierte Versorgung 601
- interdisziplinäre Frühförderstellen 609
- Jobcoaching 628
- Jugendarbeit 636
- Jugendfreizeiten 634
- Jugendheime 667
- Jugendhilfe 635
- Jugendhilfeleistungen 636
- Jugendsozialarbeit 636
- Jugendwohnheime 633
- Kantinenumsätze 697
- Katalog-Zweckbetriebe 667
- Kindergärten 632, 667
- Kinderheime 667
- kirchliche Medienarbeit 539
- Kleinunternehmer 709
- Kolpinghäuser 618
- Komplexträger 553
- Kraft-Wärme-Kopplungsanlagen 566
- Krankenbeförderung 613
- Krankenhäuser 594, 667
- kulturelle Einrichtungen 667
- kulturelle Leistungen 622
- Kulturverein 661
- kurzfristige Vermietungsleistungen 585
- labordiagnostische Typisierungsleistungen 596
- Landeskirche 540
- langfristige Vermietungsleistungen 585
- Leistungen gegenüber Nichtmitgliedern 591
- Leistungen im Bereich der sozialen Sicherheit 677
- Leistungsaustausch 535
- Leistungsempfänger als Steuerschuldner 678
- Leistungsortbestimmung 583
- Letztentscheidungs-Kompetenzen 559
- Lieferung 570
- Lieferung von menschlichen Organen 613
- Lotterieumsätze 724
- Mahlzeitendienste 573
- Managementgesellschaften 602
- Maßnahmen zur Aktivierung und beruflichen Eingliederung 628
- Maßnahmeträger 546
- Maßregelvollzug 597
- Materialbeistellungen 579
- Medienarbeit 539
- Medikamente 695

Stichwortverzeichnis

- medizinische Rehabilitationseinrichtungen 597
- medizinische Versorgungszentren 596
- Mehrheit der Stimmrechte 554
- Mensa- und Cafeteria-Betriebe 618
- Mindestbemessungsgrundlage 652
- Mitarbeiterparkplätze 587
- Mitgliedsbeiträge 541, 561
- mittellose Personen 618
- Mittelverwendungsgebot 652
- mobile Essendienste 571
- Musikvereine 623
- MwStSystRL (Auszug) 875
- Nettowertvereinbarung 662
- nicht eng verbundene Umsätze 600, 612
- nicht marktgerechte Entgelte 652
- nicht wettbewerbsrelevante Einnahmen 670
- Nichtsteuerbarkeit von Zuschüssen 538
- nichtunternehmerische Sphäre 563
- nichtunternehmerischer Bereich 535
- nichtwirtschaftliche, unternehmensfremde Tätigkeit 564
- nichtwirtschaftliche, unternehmensnahe Tätigkeit 564
- niedrigschwellige Betreuungsangebote 609
- Notfallrettung 613
- Nutzung der Vereinsanlagen 562
- Nutzungsüberlassung von Sportanlagen 590
- Option 624, 641, 710
- Organschaft 563
- Organschaftsfälle 550
- Organschaftsverhältnisse 551
- Ort der sonstigen Leistung 579
- Partyservice 573
- Pauschalsatz 703
- Personalbeistellungen 543
- Personalgestellungen 543, 639
- Personalüberlassungen 543
- Personalunion Stufe 1 558
- Personalunion Stufe 2 558
- Personalunion Stufe 3 559
- Pflegeheime 604
- Pflegeleistungen 606
- Photovoltaikanlagen 566
- Plankrankenhäuser 594
- Praxiskliniken 596
- Privatkliniken 594
- Prognosezeitraum 692
- Prüfpfad 684
- Qualifizierungsleistungen 671
- Rechnungen 683
- rechtliche Betreuungsleistungen 610
- Regeneriertechnik 573
- Reitvereine 542
- Religionsgemeinschaften 636
- Restaurationsleistungen 571
- Reverse Charge 583
- Sachspenden 434, 662
- Sachzuwendungen 617
- Säuglingsheime 633
- Säuglingspflege 633
- Scanner-Fall 676
- schädliche Einnahmen 656
- Schul- und Bildungszwecke 624
- Schullandheime 667
- Schützenvereine 589
- Seeling-Rechtsprechung 651, 707
- Selbstversorgungszweckbetrieb 571
- Selbstverwirklichung 669
- Selbstverwirklichung steuerbegünstigter Zwecke 669
- Servicegesellschaften 556
- sog. Finanzholding 552
- sonstige betreute Wohnformen 671
- sonstige Leistungen 570
- sonstigen Leistungen, die keine Werkleistungen sind 673
- Speisendienste 571
- Speisenlieferungen 572, 577
- Speisenversorgung 571
  - Abgrenzung Lieferung und sonstige Leistung 572, 577
  - Imbissstand 577
  - Mensavereine 574
  - Nahrungsmittel 577
  - Seminare nebst Unterkunft und Verpflegung 578
  - Speisen im Altenwohn- und Pflegeheim 578
  - Versorgung von Kindertagesstätten 578
  - Versorgung von Schülern 574
- Spendenabzug 662
- Sphären/Tätigkeitsbereiche 563
- Sphärentheorie 563
- Sponsoring 661
- Sponsoringleistungen 423
- Sponsoring-Vertrag 661
- sportliche Erziehung 633
- sportliche oder kulturelle Darbietungen 661
- sportliche Veranstaltungen 563
- Sportunterricht 630
- Sportveranstaltungen 659
- Sportvereine 537, 541, 542, 590, 661, 667
- Steuerbefreiungen 584
- Steuersatz bei Zweckbetrieben 655
- Steuersätze 653

Stichwortverzeichnis

- Steuerschuldnerschaft 681
- Steuervergütungen 640
- Stimmrechtsverhältnisse 554
- Studentenheime 667
- Tagesheime 633
- Tagessäuglingsheime 633
- tätigkeitsbezogene Leistungen 583
- Tausch 544, 644
- tauschähnliche Leistungen 544
- tauschähnliche Umsätze 644, 663
- Teilnahmevereinbarung 546
- Therapiezentren 607
- Träger der öffentlichen Jugendhilfe 636
- Überhang an Vorsteuerbeträgen 689
- Überlassung von Fahrzeugen 663
- Überlassung von Kraftfahrzeugen 542
- Überlassung von Parkplätzen 586
- Überlassung von Pflegekräften 607
- Überlassung von Sachmitteln 663
- Übernachtungsleistungen im Rahmen von Seminaren 659, 671
- Übertragung eines Betriebs 438
- Umkehr der Steuerschuldnerschaft 681
- Umsätze von Blinden 621
- Umsatzsteuererklärungen 711
- Umsatzsteuervergünstigungen 703
- Umsatzsteuer-Voranmeldungen 711
- unentgeltliche Wertabgaben 536, 590, 648, 654
- unionsrechtliche Grundlage für Steuerermäßigung 654
- unmittelbare Leistungen der freien Wohlfahrtspflege 615
- Unmittelbarkeitsprinzip 669
- Unternehmerbegriff 549
- Unternehmerbescheinigung 583
- Unternehmereigenschaft 561, 562, 569, 697
- unternehmerische Sphäre 563
- USt-IdNr. 549
- Veranstaltungen der Jugendhilfe 636
- Vereine 562
- Vergütung für ehrenamtliche Tätigkeiten 638
- Vermietung der Betriebsanlage 587
- Vermietung eines Seniorenheims 588
- Vermietung von Sportanlagen 537
- Verpflegungsleistungen im Rahmen von Seminaren 630, 659, 671
- Versorgungsverträge 596
- Vertrag besonderer Art 588, 589
- Verwaltungsgemeinkosten 696
- Verzicht auf Steuerbefreiung 641
- Volkshochschulen 667
- Voranmeldungszeitraum 689
- Vorsorge- oder Rehabilitationseinrichtungen 596
- Vorsteuer, siehe dort
- wahlärztliche Leistungen 545
- Wärme- bzw. Stromerzeugung 569
- Wäschereileistungen 695
- Werbeaufschriften 663
- Werbeflächen 589
- Werbeleistungen 661
- Werbemobile 663
- Werkleistungen 579
- Werklieferungen 579
- Werkstatt für behinderte Menschen 608, 618, 668, 672
- Werkstattbereich 618
- Wertabgabenbesteuerung 568
- Wertschöpfung 673
- wettbewerbsrelevante Einnahmen 671
- Willensbildung 557
- wirtschaftliche Tätigkeit 564
- wirtschaftlicher Geschäftsbetrieb 657, 665
- Wissenschafts- und Forschungseinrichtungen 668
- Wohlfahrtspflege 614
- Zentren für ärztliche Heilbehandlung 595
- Zivildienstleistende 616
- Zuordnungsverbot 690
- Zusammenschlüsse steuerbegünstigter Einrichtungen 677
- zusätzliche Einnahmen 656
- Zuschüsse 538, 644
- Zuschüsse als zusätzliches Entgelt eines Dritten 645
- Zuwendungen 644
- Zuwendungen aus öffentlichen Kassen 539, 648
- Zweckbetriebe 656, 666
- Zytostatika 599, 601

Umsatzsteuer-Durchführungsverordnung
- 31 Abs. 1 685

Umschichtung 179, 183

Umschulung 331

Umstrukturierungen 725
- Formen von Umstrukturierungen 727
- Formwechsel 730
- gemeinnütziger Unternehmen 725
- nach Umwandlungsrecht 725
- Spaltungen 728
- steuerliche Folgen 725
- unentgeltliche Übertragung 731
- Vermögensübertragungen 730
- Verschmelzungen 727

Stichwortverzeichnis

Umwandlungen 725
Umwandlungsrecht
— Umstrukturierungen gemeinnütziger Unternehmen 725
Umweltschutz 75
Umwidmung 149
— Zweckbetrieb 149
Umwidmungen 725
Unfallverhütung 77
Universale Kirche 103
Universitäten 72
Unkostenüberschüsse 254
Unlauterer Wettbewerb 123
Unmittelbarkeit 187
— AEAO 758
— Einbindung einer Spielbetriebs-KG 66
— Grundsatz 187
— Preisverleihungen 87
Unterhaltsansprüche 110
Unterhaltsaufwand (Orden –) 520
Unterhaltsleistungen 218
Unternehmensteuerreformgesetz 445
Unternehmerbegriff 549
— Organschaftsfälle 550
Unternehmergesellschaft (haftungsbeschränkt) 28, 182
Unterricht 330
Unterstützungsleistungen 218
Urlaubs- oder Touristikreisen 309
Urlaubsgäste 341

V

Veranlasserhaftung 460, 464
Verbände der freien Wohlfahrtspflege 615
Verbrauchsstiftung 210
— Teilverbrauch 52
— Umwandlung 51
Verdeckte Gewinnausschüttungen 153, 156, 158, 504, 508
— Spende 427
Vereine 27, 35, 498
— Abteilung 40
— Aufzeichnungspflichten 270
— Eintragung 36
— Entlastung 39
— Großvereine 39
— Haftung 37
— Idealverein 36, 121
— nichtrechtsfähige – 39
— Rechtsfähigkeit 36

— Untergliederungen 39, 40
— Vorstand 37
— Vorstandsvergütungen 38
— wirtschaftliche – 36, 121
— Zeitschriften 331
Vereinseigenschaft
— Entzug der – 121
Vereinsfeste
— Ausgaben für – 155
Vereinsförderungsgesetz 23
Vereinsgaststätten 364
Vereinskassierer 715
Vereinssportler 369
Verfahrenshinweis
— Entzug der Gemeinnützigkeit 268
Verfassungsordnung 86
Verfolgung politischer Zwecke 58
Vergütungen 155, 158
— angemessene – 159
— Ehrenamt 159
— freier Zeitaufwand 159
— unangemessen hohe – 485
— Vereinsvorstand 159
— Zeitaufwand 159
Verkehrsvereine 103
Verlage 309
Verlustausgleich
— Spenden für den – 136
— Umlagen für den – 136
— Zuschüsse für den – 136
Verlustbeteiligung 182
Verluste 140
— Abdeckung durch Darlehen 136
— Ausgleich 131
— gemeinnützigkeitsschädliche – 139
— Liebhaberei 140
— schädliche – 140
— (Tochter-)Kapitalgesellschaft 148
— Vermögensverwaltung 139, 140
— wirtschaftliche Geschäftsbetrieb 138
Vermächtnis 154
— Spende 477
Vermarktungsgesellschaften 378
Vermarktungsrechte 299
Vermögen
— Ansammlung von – 262
— Anspruch Dritter 154, 178
— Pflege und Erhaltung des – 179
— Verwendungsauflage 154
Vermögensaufstellung 166, 274

Stichwortverzeichnis

Vermögensbildung 246
Vermögensbindung 162, 241
— ausländische Körperschaft 162
— Ausnahmen von der — 243
— EU/EWR-Körperschaft 162
— Rücklagen und —; AEAO 768
— satzungsmäßige —; AEAO 767
— Verstoß gegen — 243, 267
Vermögensmassen 27, 41
Vermögensrechnung
— Muster 852
Vermögensstock 454
Vermögensstockspenden 444
Vermögensteuer 532
Vermögensübertragungen 730
Vermögensverwaltung 140, 176
— Anlageform 141
— Anlagegeschäfte 140
— Anlagestrategie 141
— Begriff 282, 284
— Beteiligung an KapGes 286
— Beteiligungserträge 495
— Betriebsaufspaltung 149
— Mittelfehlverwendung 141
— Rücklagen für — 252
— Rücklagenbildung für die — 251
— Verluste 139
Vermögensverzeichnis 270
Verpachtung
— des Spielbetriebs 289
— eines Betriebs 286
— von Nebenräumen 285
— von Rechten 284, 301
Verpachtung des Werberechts 300
Verpflegungskosten 375
Verschmelzungen 727
Versicherungen
— Vermittlung von — 310
Versicherungsvereine 103
Versorgungsaufwendungen 216
Vertrauensschutz 163, 206, 211, 241
Vertriebene 76, 103
Verwaltung des eigenen Vermögens 185
Verwaltung von Sporthallen 658
Verwaltungsaufgaben 310
Verwaltungstätigkeiten 310, 387
Verwendungspflicht
— zeitnahe — 183
Verwendungsrückstand 169

Verwendungsüberhang 169
Verwendungszweck 177
Verzinsung, Angemessenheit 284
Völkerverständigung 34, 74, 103
Volkshochschulen 401, 629
Volkstanz 104
Voraussetzung der Steuervergünstigung
— AEAO 762
Vorläufige Bescheinigung 418, 468, 486
Vorstand
— Vergütungen 159
Vorstandsmitglieder 715
Vorsteuerabzug 664, 687
Vorsteueraufteilung 702
— Flächenschlüssel 694
— Gesamtumsatzschlüssel 694
— ideelle Tätigkeiten 691
Vorsteuerausschluss 694
Vorsteuerkorrektur 650, 706
Vorsteuerpauschale 702
Vorsteuersystem 689
Vorteile
— wirtschaftliche — 283
Vorträge 401, 629
Vorzugsaktien 148

W

Wahlaussagen, politische 85
Wählergemeinschaften 104, 418
Wahlleistung „Unterkunft" 345
Wahlrecht 367
— Zweckbetriebsgrenze 367
Waldorfschulen 104
Wandern 79
Wäscherei 148
Weitergabe von Dauervermögen 207
Weiterleitungsquote 207
Weltanschauliche Zwecke 104
Weltanschauung 74
— humanistische — 95
Werbeaufdruck 423
Werbeaufschrift 310
Werbebus 310
Werbeeinnahmen
— Sachmittel als — 519
— Sportler 376
Werbeflächen 302

Werbeleistungen 294, 300, 319, 659
— Kostenaufteilung 301
— Sportvereine 301
Werbemobile 303, 519
Werbestände 310
Werbetätigkeit 294
Werbeträger
— Vereinsname als – 309
Werbung 310, 423
— Aufteilung von Betriebsausgaben 318
— Gewinnermittlung 501
— Kulturveranstaltung und – 400
— Pauschalbesteuerung 318
— Sponsoring und – 292
— Vereinsname als – 301, 309
— Wettkampf mit dem Firmennamen 303
Werkstätten für behinderte Menschen 389, 657
Wertausgleich 146
Wertpapiere
— An- und Verkauf 284
Wertpapierhandel 310
Westernvereine 82
Wettbewerb 19, 325, 327
Wiederbeschaffung
— Rücklage 250
Wirtschaftliche Aktivitäten 346
— Krankenhaus 346
— Krankenhaus – Übersicht 346
Wirtschaftliche Eingliederung 554
Wirtschaftliche Geschäftsbetriebe 293, 482
— Abschreibungsverluste 133
— An- und Verkauf von Wertpapieren 284
— Anlaufverluste 135, 136
— Anteil an Kapitalgesellschaft 288
— Ausgliederung 145
— Ausstattung 143
— Betriebsaufspaltung 149
— Einheit 282
— Fremdfinanzierung 143
— gemischte Aufwendungen 502
— Gewinnermittlung 499
— Gewinnthesaurierung 181
— Outsourcing 145
— Rücklagen 251
— Rücklagenbildung in – 251
— Selbstlosigkeit 119
— steuerpflichtige –; AEAO 773
— Telefonanlage 308
— Verlustausgleich 132, 311
— Verluste 131

— Verluste Entzug der Gemeinnützigkeit 137
— Verlustermittlung 132
— Verselbständigung von steuerpflichtigen – 731
— zulässiger Umfang 119
— Zuordnung von Betriebseinnahmen und -ausgaben 501
Wirtschaftsförderung 63, 104, 123
Wirtschaftsförderungsgesellschaften 104
Wirtschaftsjahr, abweichendes 500
Wirtschaftsunternehmen
— Zuschuss für – 223
Wissenschaftliche Zwecke 71
Wohlfahrtsmarken 331, 474
Wohlfahrtspflege 331
— AEAO 781
— Begriff 333
Wohlfahrtsverbände 331
Wohlfahrtswesen 78, 331
Wohnung
— Überlassung von – 77

Y

Yoga 104

Z

Zauberkunst 73, 104
Zehnjahreszeitraum 451
Zellteilungsverbot 315
Zentraleinkauf 188, 310
Zeugen Jehovas 104
Zielkonflikt 70
Zinsen 284
Zinslosigkeit 158, 177, 209
Züchter 81
Züchterprämien 319
Zuordnung von Anteilen an Kapitalgesellschaften 287
Zusammenschluss 659
Zusatz(wahl)leistungen 346
Zusatzabzug 449
Zuschüsse 125, 223
Zustiftungen 176
Zuwendungen 153
— an andere Körperschaften 205
— an Angehörige des Stifters 221
— an Mitglieder 153
— Aufzeichnung der – 472

Stichwortverzeichnis

— Berechtigung zur Entgegennahme 409
— Betreuung des Stifters 216
— Betrieb 437
— für den Vermögensstock 448
— Höchstbetrag 440
— in den Vermögensstock 440
— in Katastrophenfällen 480
— mit Auflage 261
— Mitgliederbetreuung 155
— Nachweis 803
— Spendenaufruf zum Vermögen 261
— Spiel- und Quizshows 480
— vom Erblasser 261
— von Todes wegen 261
— zulässige Weiterleitung und Nachweis 205

Zuwendungsbestätigungen 456, 460, 467, 484, 800
— amtlicher Mustervordruck 468
— Ausstellung 265
— Ausstellerhaftung 461
— Berechtigung zur Ausstellung 414, 418
— Buchungsbestätigungen 471
— Doppel der – 471
— durch Fernsehanstalten 416
— durch Sparkassen 416
— Einzelzuwendung 469, 470
— elektronische Erstellung 472
— Erstattung von Aufwendungen 470
— Geldzuwendungen 470
— Haftungsregelung 468
— maschinell erstellte – 803
— Mitgliedsbeiträge 470
— Muster 812
— nach Auftragsrecht 417
— Personengesellschaften 407
— Sachspenden 457
— Sachspenden aus Betriebsvermögen 434
— Sachspenden aus Privatvermögen 431
— Sachzuwendungen 470
— Sammelbestätigung 470
— Spende an Stiftungen 450
— Vereinfachung 470

Zweckbetriebe 320, 321, 338, 382
— AEAO 780
— Ausgliederung 152
— einzelne –; AEAO 790
— Rücklagenbildung in – 251
— Satzungszweck 323
— Umfang 338
— Verselbständigung von – 731
— Wechsel zur Vermögensverwaltung 150
— Wettbewerb 325

Zweckbetriebseigenschaft
— Ende der – 152

Zweckbetriebsgrenze 343, 364, 366

Zwecke
— politische – 58

Zweckvermögen 27, 41, 531